新编五金大手册

主　编　刘胜新　杨明杰
副主编　卢纪富　张　佩　马宗彬　路永生
参　编　陈　永　吴江涛　李　杰　李孔斋　李立碑　孟　迪
　　　　鞠文彬　李　响　高见峰　刘　峰　李立凤　肖树龙
　　　　徐　锟　徐丽娟　李立程　李　菁　陈　夸　邓　晶
　　　　王朋旭　李书珍　孙为云　陈　光　吴奇隆　李晓迪
　　　　王鸿杰　连明洋　付雅迪　王靖博　孙华为　赵　丹
　　　　杨　娟　张兵权　王乐军　胡中华　丛康丽　武倩倩
　　　　李立里　马超宁　霍方方　姚　宇　蒋佳国　吴珊珊
　　　　潘继民　陈凤玲　潘星宇　陈慧敏　王金荣　张金凤

机械工业出版社

本手册是一本五金材料与五金产品综合性大型工具书。其主要内容包括基础资料、金属材料相关知识、常用金属材料的化学成分及力学性能、常用金属材料的品种及规格、建筑装潢五金件、电器五金件、紧固件、传动件、弹簧、密封及润滑件、手工工具、钳工工具、木工工具、电工工具、测量工具、切削工具、气动工具、气动辅件、电动工具、消防及起重器材、常用焊接工具及材料共21章。本手册全面贯彻了现行的相关技术标准，资料新颖；以图表结合的形式为主，配备了丰富的实物图片，查阅方便；采用纸质版与网络版相结合的方式，读者不但可以从纸质版手册中方便地查阅到常用、够用的技术内容，还可以通过扫描二维码，延伸查阅相关技术资料，实用性强。

本手册适合从事五金产品设计、生产、营销、采购、管理的人员及五金产品用户使用。

图书在版编目（CIP）数据

新编五金大手册/刘胜新，杨明杰主编. —北京：机械工业出版社，2020.12

ISBN 978-7-111-66850-3

Ⅰ.①新… Ⅱ.①刘… ②杨… Ⅲ.①五金商品–手册 Ⅳ.①F768.9-62

中国版本图书馆CIP数据核字（2020）第211178号

机械工业出版社（北京市百万庄大街22号 邮政编码100037）
策划编辑：陈保华　　　　　　　　责任编辑：陈保华　王永新
责任校对：王　延　张晓蓉　张　征　封面设计：马精明
责任印制：郜　敏
盛通（廊坊）出版物印刷有限公司印刷
2021年7月第1版第1次印刷
169mm×239mm·88.5印张·2插页·2090千字
标准书号：ISBN 978-7-111-66850-3
定价：259.00元

电话服务	网络服务
客服电话：010–88361066	机 工 官 网：www.cmpbook.com
010–88379833	机 工 官 博：weibo.com/cmp1952
010–68326294	金 书 网：www.golden–book.com
封底无防伪标均为盗版	机工教育服务网：www.cmpedu.com

数字化手册配套资源说明

本手册是机械工业出版社"数字化手册项目"中的一种。机械工业出版社(以下简称机工社)建社以来,立足工程科技,积累了丰富的手册类工具书资源,历经几十年的传承和迭代,机工社的手册类工具书具有专业、权威、系统、实用等突出特色,受到广大专业读者的一致好评。

随着互联网技术的发展,制造业企业正在或即将进行数字化转型,而数字化转型将在技术、管理、商业层面和挖掘新价值层面,发挥出不可估量的作用,帮助企业应对未来的竞争和挑战。企业数字化转型带来的工作方式变化,必然给专业读者的阅读方式带来变化,特别是手册类工具书查询方式的变化。为此,机工社与时俱进,针对手册类工具书设立了"数字化手册项目",通过数字化手册项目,我们期望为读者更好地提供以下6大服务价值:

1) 资料翔实:系统、丰富、全面、实用。
2) 使用方便:查询快速准确、携带方便。
3) 效率提高:对于一些工程计算,提供合适的计算工具帮助读者提高工作效率。
4) 直观学习:提供一些视频供直观参考。
5) 步骤借鉴:尽量按照读者的工作内容进行编写,给读者提供可直接借鉴的操作步骤。
6) 思路参考:以优选、典型案例的形式提示读者尽快找到工作思路。

本数字化手册属于"纸数复合类"纸电融合产品,手册内容通过"纸质书+移动互联网"呈现给读者。除纸质内容外,本手册还提供了160余个二维码,作为数字化配套资源的入口,运用移动终端实现阅读、观看、查询、计算等功能,只要有网络就可以使用,非常方便。

本手册实现了以下4大数字资源功能:

1) 电子表格:125个。读者扫码后可检索、筛选查询,便于读者随时在手机上查找数据,并压缩纸质手册的篇幅。
2) 数字内容:39个。这39个内容通过二维码放到网上,读者可以直接扫码阅读,也便于作者后期对这些内容进行及时更新、修订。
3) 涉及标准:246个。对于本手册中我国已经公开的标准,读者扫描全部电子资源的电子入口二维码,点击相应标准,即可查看国家标准网的标准全文,省去了您的上网搜索时间。
4) 知识体系:1个。我们把目录以知识体系的形式进行了呈现,目前是便于读者点击查看,后续希望可以逐步完善、扩充功能。

除了在纸质书相应内容处放置以上二维码外,为了便于读者使用,我们还制作了全部电子资源的电子入口二维码,便于读者检索查询。

全部电子资源的电子入口二维码

数字化手册的制作是一项创新性的工作,我们愿意努力为读者提供更加优质、便捷的服务,后期我们还会持续生产数字化手册产品,期待各位读者提出您中肯、专业的完善意见,请加"数字化手册编读互动群"。

群名称:数字化手册编读互动群
群号:225663469

机械工业出版社
2021 年 6 月

前　言

五金原指金、银、铜、铁、锡五种金属材料，现在泛指金属及其制品，包括钢铁材料、有色金属材料、机械配件、传动件、电动工具、气动工具、建筑五金、日用五金等方面。制造业中的金属制品与通用设备制造中的通用零部件等分类中的相关产品组成了通常意义上的"小五金"；从金属材料采炼加工到初级金属制品的制造，到通用生产设备的制造，再扩展到国民经济各行业专用设备的制造，这一整个产业链条里的生产活动，都可以称为"大五金"。随着科学技术的进步，五金材料与五金产品的应用越来越广，"大五金"制造在产业集中地区已经蔚然成风。同时，五金材料与五金产品的相关新技术不断涌现，相应的技术标准不断制定和修订。为了满足广大从事五金产品设计、生产、营销、采购、管理的人员及五金产品用户的需求，本着与时俱进、紧跟科技发展步伐的精神，我们以"全面、新颖、实用、便查"为编写宗旨，以现行的国家标准、行业标准及相关技术资料为基础，编写了这本五金材料与五金产品综合性大型工具书。

本手册具有资料新颖、内容全面、查阅方便、实用性强的鲜明特色。

（1）资料新颖　本手册编写过程中，我们全面核实查对了2021年1月以前发布的国家标准、行业标准及相关技术资料，以现行的技术标准资料为基础，经过认真分析，精心筛选，最后进行归纳总结，编写了本手册。

（2）内容全面　本手册涵盖了国民经济建设各研发、生产、使用部门常用的五金材料和产品。其主要内容包括基础资料、金属材料相关知识、常用金属材料的化学成分及力学性能、常用金属材料的品种及规格、建筑装潢五金件、电器五金件、紧固件、传动件、弹簧、密封及润滑件、手工工具、钳工工具、木工工具、电工工具、测量工具、切削工具、气动工具、气动辅件、电动工具、消防及起重器材、常用焊接工具及材料共21章。

（3）查阅方便　我们对相关技术内容进行了科学系统的归纳整理，精心设计表格，删繁就简；手册以图表结合的形式为主，配备了丰富的实物图片，便于读者查阅使用。

（4）实用性强　本手册全面介绍了五金材料及产品的品种、性能、规格、形式及各项技术指标。采用纸质版与网络版相结合的方式，读者不但可以从纸质版手册中方便地查阅到常用、够用的技术内容，还可以通过扫描二维码，延伸查阅相关技术资料。

本手册由刘胜新、杨明杰任主编，卢纪富、张佩、马宗彬、路永生任副主编，第1章由杨明杰、卢纪富、张佩、马宗彬、路永生、吴江涛、李杰、李孔斋、李立碑、孟迪、鞠文彬、李响、陈永编写，第2章由杨明杰、卢纪富、张佩、马宗彬、路永生、陈永、高见峰、刘峰、李立凤、肖树龙、徐锟、徐丽娟、李立程、李菁编写，第3章由杨明杰、卢纪富、张佩、马宗彬、路永生、陈永、陈夸、邓晶、王朋旭、李书珍、孙为云、陈光、吴奇隆、李晓迪编写，第4章由刘胜新编写，第5章由卢纪富、张佩编写，第6章由杨明杰、卢纪富、张佩、马宗彬、路永生、王鸿杰、连明洋、付雅迪、王靖博、孙华为、赵丹、杨娟、张兵权编写，第7章由刘胜新编写，第8章由杨明杰、卢纪富、张佩、马宗彬、路永生、王乐军、胡中华、丛康丽、武倩倩、李立里、马超宁、霍方方、姚宇、陈永编写，第9章由杨明杰、卢纪富、张佩、马宗彬、路永生、蒋佳国、吴珊珊、潘继民、陈凤玲、潘星宇、陈慧敏、王金荣、张金凤、陈永编写，第10章由杨明杰、卢纪富、张佩、马宗彬、路永生编写，第11章由卢纪富编写，第12章由卢纪富编写，第13章由卢纪富、张佩编写，第14章由杨明杰、卢纪富、张佩、马宗彬、路永生编写，第15章由刘胜新编写，第16章由卢纪富、张佩、马宗彬编写，第17章由卢纪富、张佩编写，第18章由卢纪富、张佩编写，第19章由刘胜新编写，第20章由卢纪富、张佩编写，第21章由卢纪富、张佩、路永生编写，全书由陈永统稿，张金凤对全书进行了详细审阅。

  在本手册的编写过程中，我们参考了国内外同行的大量文献资料和相关标准，谨向相关人员表示衷心的感谢！

  由于我们水平有限，手册中疏漏和不足之处在所难免，敬请广大读者批评指正。

编　者

目　录

数字化手册配套资源说明
前言
第1章　基础资料 ………………………… 1
1.1　常用计量单位 ………………………… 1
1.1.1　国际单位制的基本单位 ……… 1
1.1.2　国际单位制中具有专门名称的导出单位 ……………………… 1
1.1.3　我国选定的非国际单位制单位 ………………………………… 1
1.1.4　用于构成十进倍数和分数单位的词头 ………………………… 2
1.1.5　常用法定计量单位及其换算 … 3
1.1.6　常用线规号与公称直径对照 … 3
1.1.7　标准筛网号及目数对照 ……… 4
1.1.8　粒度代号及尺寸范围 ………… 5
1.2　常用物理量名称及符号 ……………… 5
1.3　常用公式 ………………………………… 6
1.3.1　常用面积计算公式 …………… 6
1.3.2　常用体积及表面积计算公式 … 6
1.3.3　常用金属材料理论重量计算公式 ……………………………… 6
1.4　常用数据 ………………………………… 7
1.4.1　常用化学元素的物理性能 …… 7
1.4.2　常用材料的密度 ……………… 7
1.5　常用代号及标记 ………………………… 7
1.5.1　钢铁材料的标记代号和涂色标记 ……………………………… 7
1.5.2　有色金属材料的状态代号和涂色标记 ………………………… 9
1.5.3　热处理工艺代号 ……………… 9
1.5.4　常用塑料及树脂缩写代号 …… 9
1.6　常用新旧对照及换算 ………………… 10
1.6.1　灰铸铁牌号新旧对照 ………… 10
1.6.2　一般工程用铸造碳钢新旧牌号对照 …………………………… 10
1.6.3　碳素结构钢牌号新旧对照 …… 10
1.6.4　不锈钢和耐热钢新旧牌号对照 …………………………… 11
1.6.5　变形铝及铝合金状态代号新旧对照 …………………………… 11
1.6.6　变形铝及铝合金新旧牌号对照 …………………………… 11
1.6.7　金属材料力学性能符号新旧对照 …………………………… 12
1.6.8　各种硬度间的换算 …………… 13
1.6.9　钢铁材料硬度与强度换算 …… 13
1.6.10　有色金属材料硬度与强度换算 ……………………………… 13
1.7　极限与配合 …………………………… 13
1.7.1　基本偏差系列 ………………… 14
1.7.2　公称尺寸至3150mm的标准公差数值 ……………………… 14
1.7.3　孔A～M的基本偏差数值 …… 14
1.7.4　孔N～ZC的基本偏差数值 … 15
1.7.5　轴a～j的基本偏差数值 …… 15
1.7.6　轴k～zc的基本偏差数值 … 15
1.7.7　基孔制和基轴制配合的优先配合 …………………………… 15
1.8　表面粗糙度 …………………………… 15
1.8.1　表面粗糙度的特征 …………… 15
1.8.2　表面粗糙度的符号及意义 …… 15
1.8.3　不同加工方法能达到的表面粗糙度 …………………………… 18
1.8.4　表面光洁度与表面粗糙度数值换算 …………………………… 20
1.9　普通螺纹 ……………………………… 20
1.9.1　普通螺纹的基本牙型 ………… 20
1.9.2　普通螺纹的标记 ……………… 20
1.9.3　普通螺纹的直径与螺距系列 ……………………………… 21

1.9.4 普通螺纹的基本尺寸	25	
1.10 紧固件标记方法	26	
1.11 国家标准及行业标准代号	28	

第2章 金属材料相关知识 29

- 2.1 金属材料的分类 29
  - 2.1.1 钢铁材料的分类 29
  - 2.1.2 有色金属材料的分类 34
- 2.2 常用金属材料性能术语 36
  - 2.2.1 常用金属材料物理性能术语 36
  - 2.2.2 常用金属材料力学性能术语 37
- 2.3 钢铁材料牌号表示方法 39
  - 2.3.1 生铁牌号表示方法 39
  - 2.3.2 铁合金产品牌号表示方法 39
  - 2.3.3 铸铁牌号表示方法 41
  - 2.3.4 铸钢牌号表示方法 42
  - 2.3.5 钢牌号表示方法 44
  - 2.3.6 其他钢铁材料牌号表示方法 50
  - 2.3.7 钢铁及合金牌号统一数字代号体系 50
- 2.4 火花法鉴别钢铁材料的简易方法 51
  - 2.4.1 火花的组成及结构特征 51
  - 2.4.2 常见钢铁材料的火花特征 53
- 2.5 有色金属材料牌号表示方法 55
  - 2.5.1 铝及铝合金牌号（代号）表示方法 55
  - 2.5.2 镁及镁合金牌号（代号）表示方法 57
  - 2.5.3 铜及铜合金牌号表示方法 58
  - 2.5.4 锌及锌合金牌号表示方法 62
  - 2.5.5 钛及钛合金牌号表示方法 62
  - 2.5.6 镍及镍合金牌号表示方法 63
  - 2.5.7 稀土金属材料牌号表示方法 63
  - 2.5.8 贵金属及其合金牌号表示方法 65
- 2.6 金属材料废料的分类分级 66
  - 2.6.1 废钢铁的分类分级 66
  - 2.6.2 镁及镁合金废料的分类分级 67
  - 2.6.3 铝及铝合金废料的分类分级 67
  - 2.6.4 铜及铜合金废料的分类分级 67
  - 2.6.5 锌及锌合金废料的分类分级 67
  - 2.6.6 钛及钛合金废料的分类分级 67
  - 2.6.7 镍及镍合金废料的分类分级 67
- 2.7 金属材料的储运管理 67
  - 2.7.1 钢铁材料的储运管理 67
  - 2.7.2 有色金属材料的储运管理 68

第3章 常用金属材料的化学成分及力学性能 70

- 3.1 生铁及铁合金 70
  - 3.1.1 生铁 70
  - 3.1.2 钒铁 71
  - 3.1.3 硅铁 71
  - 3.1.4 铬铁 73
  - 3.1.5 磷铁 73
  - 3.1.6 锰铁 74
  - 3.1.7 钼铁 74
  - 3.1.8 铌铁 74
  - 3.1.9 硼铁 75
  - 3.1.10 钛铁 75
  - 3.1.11 钨铁 75
- 3.2 铸铁 75
  - 3.2.1 灰铸铁 75
  - 3.2.2 蠕墨铸铁 77
  - 3.2.3 球墨铸铁 78
  - 3.2.4 可锻铸铁 79
  - 3.2.5 耐热铸铁 81
  - 3.2.6 高硅耐蚀铸铁 82
  - 3.2.7 抗磨白口铸铁 82
- 3.3 铸钢 83
  - 3.3.1 一般用途铸造碳钢 83

3.3.2 一般用途低合金铸钢	84	
3.3.3 一般用途耐热铸钢	85	
3.3.4 一般用途耐蚀铸钢	86	
3.4 工模具钢	**89**	
3.4.1 刃具模具用非合金钢	89	
3.4.2 量具刃具用钢	89	
3.4.3 耐冲击工具用钢	90	
3.4.4 轧辊用钢	91	
3.4.5 冷作模具用钢	92	
3.4.6 热作模具用钢	94	
3.4.7 塑料模具用钢	96	
3.4.8 特殊用途模具用钢	99	
3.4.9 高速工具钢	100	
3.5 结构钢	**101**	
3.5.1 碳素结构钢	101	
3.5.2 优质碳素结构钢	102	
3.5.3 合金结构钢	105	
3.5.4 低合金高强度结构钢	118	
3.5.5 保证淬透性结构钢	124	
3.5.6 易切削结构钢	125	
3.5.7 非调质机械结构钢	129	
3.5.8 耐候结构钢	130	
3.5.9 冷镦和冷挤压用钢	132	
3.5.10 高碳铬轴承钢	134	
3.5.11 渗碳轴承钢	135	
3.5.12 弹簧钢	136	
3.6 不锈钢和耐热钢	**138**	
3.6.1 不锈钢和耐热钢的牌号及化学成分	138	
3.6.2 不锈钢的力学性能	143	
3.6.3 耐热钢的力学性能	155	
3.7 铝及铝合金	**161**	
3.7.1 铸造铝合金	161	
3.7.2 压铸铝合金	165	
3.7.3 变形铝及铝合金	166	
3.8 镁及镁合金	**172**	
3.8.1 铸造镁合金	172	
3.8.2 压铸镁合金	174	
3.8.3 变形镁及镁合金	176	
3.9 铜及铜合金	**178**	
3.9.1 铸造铜合金	178
3.9.2 压铸铜合金	182
3.9.3 加工铜及铜合金	183
3.10 锌及锌合金	**195**
3.10.1 铸造锌合金	195
3.10.2 压铸锌合金	196
3.10.3 加工锌及锌合金	197
3.11 钛及钛合金	**198**
3.11.1 铸造钛及钛合金	198
3.11.2 加工钛及钛合金	199
3.12 镍及镍合金	**199**
第4章 常用金属材料的品种及规格	**203**
4.1 生铁和铁合金	**203**
4.1.1 生铁	203
4.1.2 铁合金	203
4.2 钢产品	**205**
4.2.1 盘条和钢筋	205
4.2.2 钢板和钢带	207
4.2.3 无缝钢管	212
4.2.4 冷拔异形钢管	213
4.2.5 特殊用途钢管	214
4.2.6 不锈钢管	217
4.2.7 钢棒	224
4.2.8 钢丝	226
4.2.9 一般用途钢丝绳	229
4.2.10 平衡用扁钢丝绳	239
4.2.11 操纵用钢丝绳	240
4.2.12 高压胶管用镀锌钢丝绳	243
4.2.13 不锈钢丝绳	244
4.2.14 热轧型钢	246
4.2.15 冷弯型钢	257
4.3 铝及铝合金产品	**271**
4.3.1 铝及铝合金板与带	271
4.3.2 铝及铝合金箔	275
4.3.3 铝及铝合金管	279
4.3.4 铝及铝合金棒	283
4.3.5 铝及铝合金线	285
4.3.6 铝及铝合金型材	288
4.4 铜及铜合金产品	**293**

4.4.1	铜及铜合金板与带	293
4.4.2	铜及铜合金箔	301
4.4.3	铜及铜合金管	302
4.4.4	铜及铜合金棒	307
4.4.5	铜及铜合金线	318
4.5	镁及镁合金产品	327
4.5.1	镁及镁合金板与带	327
4.5.2	镁及镁合金管	328
4.5.3	镁及镁合金棒	332
4.6	锌及锌合金	332
4.7	钛及钛合金产品	333
4.7.1	钛及钛合金板与带	333
4.7.2	钛及钛合金管	333
4.8	镍及镍合金产品	335
4.8.1	镍及镍合金板与带	335
4.8.2	镍及镍合金管	336
4.8.3	镍及镍合金棒	336
4.9	钼及钼合金产品	337
4.9.1	钼及钼合金板	337
4.9.2	钼箔	337
4.9.3	钼丝	338
4.10	其他有色金属产品	338
4.10.1	钨及钨合金	338
4.10.2	钽及钽合金	339
4.10.3	铌及铌合金	340
第5章	**建筑装潢五金件**	**342**
5.1	合页	342
5.1.1	H型合页	342
5.1.2	T型合页	342
5.1.3	普通型合页	344
5.1.4	尼龙垫圈合页	345
5.1.5	轴承合页	345
5.1.6	轻型合页	346
5.1.7	双袖型合页	347
5.1.8	脱卸合页	347
5.1.9	抽芯型合页	348
5.1.10	扇形合页	349
5.1.11	自关合页	349
5.1.12	台合页	349
5.1.13	弹簧合页	349
5.1.14	蝴蝶合页	350
5.1.15	自弹杯状暗合页	350
5.2	拉手和执手	350
5.2.1	玻璃大门拉手	350
5.2.2	管子拉手	351
5.2.3	梭子拉手	351
5.2.4	小拉手	352
5.2.5	蟹壳拉手	352
5.2.6	圆柱拉手	352
5.2.7	铝合金门窗拉手	353
5.2.8	底板拉手	354
5.2.9	推板拉手	354
5.2.10	钢窗执手	355
5.3	插销	360
5.3.1	钢插销	360
5.3.2	蝴蝶型插销	361
5.3.3	暗插销	361
5.3.4	翻窗插销	362
5.3.5	铝合金门插销	362
5.3.6	钢门窗用插销	363
5.4	锁具	365
5.4.1	外装双舌门锁	365
5.4.2	叶片锁	366
5.4.3	弹子插芯门锁	366
5.4.4	球形门锁	367
5.4.5	铝合金门锁	369
5.5	龙骨	369
5.5.1	墙体轻钢龙骨	369
5.5.2	轻钢吊顶龙骨	371
5.5.3	铝合金吊顶龙骨	373
5.6	门窗用五金配件	374
5.6.1	铝合金窗用配件	374
5.6.2	木门窗用五金	377
5.6.3	自动闭门器配件	378
5.6.4	定门器	380
5.7	水嘴	381
5.8	阀门	381
5.8.1	阀门型号编制方法	381
5.8.2	闸阀	385
5.8.3	常用内螺纹连接闸阀	386

5.8.4	球阀	388
5.8.5	常用内螺纹连接球阀	389
5.8.6	截止阀	390
5.8.7	常用内螺纹连接截止阀	391
5.8.8	止回阀	393
5.8.9	常用内螺纹止回阀	394

5.9 铸铁管路连接件 … 395
- 5.9.1 基础知识 … 395
- 5.9.2 弯头、三通和四通 … 397
- 5.9.3 异径弯头 … 398
- 5.9.4 45°弯头 … 399
- 5.9.5 中大异径三通 … 399
- 5.9.6 中小异径三通 … 399
- 5.9.7 异径三通 … 400
- 5.9.8 侧小异径三通 … 401
- 5.9.9 异径四通 … 402
- 5.9.10 短月弯、单弯三通和双弯弯头 … 403
- 5.9.11 外接头 … 403
- 5.9.12 内外丝接头 … 404
- 5.9.13 内外螺丝 … 405
- 5.9.14 内接头 … 406
- 5.9.15 管帽和管堵 … 407
- 5.9.16 活接头 … 407
- 5.9.17 活接弯头 … 408

5.10 建筑排水用卡箍式铸铁管及管件 … 409
- 5.10.1 88°弯头 … 409
- 5.10.2 乙字弯头 … 409
- 5.10.3 88°小半径弯头 … 410
- 5.10.4 88°大半径弯头 … 410
- 5.10.5 88°鸭脚支撑弯头 … 410
- 5.10.6 88°长短弯头 … 411
- 5.10.7 45°三通 … 411
- 5.10.8 88°三通 … 412
- 5.10.9 88°TY 三通 … 413
- 5.10.10 88°直角四通 … 414
- 5.10.11 88°四通 … 415
- 5.10.12 承重短管及支架 … 415
- 5.10.13 P 型存水弯 … 416
- 5.10.14 S 型存水弯 … 417
- 5.10.15 H 管 … 417
- 5.10.16 小 H 透气管 … 418
- 5.10.17 防虹吸存水弯 … 418
- 5.10.18 大小接头 … 419
- 5.10.19 堵头 … 419
- 5.10.20 钢带型不锈钢卡箍 … 420
- 5.10.21 拉锁型不锈钢卡箍 … 420
- 5.10.22 加强型不锈钢卡箍 … 421
- 5.10.23 钢带型橡胶密封圈 … 421
- 5.10.24 拉锁型橡胶密封圈 … 422

5.11 铜及不锈钢管路连接件 … 422
- 5.11.1 基础知识 … 422
- 5.11.2 承插式氩弧焊不锈钢管件承口 … 424
- 5.11.3 等径三通 ST、等径接头 SC、管帽 CAP 承插式氩弧焊不锈钢管件 … 424
- 5.11.4 45°弯头 A45E、45°弯头 B45E、90°弯头 A90E、90°弯头 B90E 承插式氩弧不锈钢管件 … 425
- 5.11.5 异径三通 RT、异径接头 RC 承插式氩弧焊不锈钢管件 … 426
- 5.11.6 内螺纹转换接头 FTC 承插式氩弧焊不锈钢管件 … 429
- 5.11.7 外螺纹转换接头 FTC 承插式氩弧焊不锈钢管件 … 429
- 5.11.8 过桥接头 GC 承插式氩弧焊不锈钢管件 … 430
- 5.11.9 承插式钎焊铜管件承、插口 … 430
- 5.11.10 等径三通 ST 承插式钎焊铜管件 … 431
- 5.11.11 等径三通 RT 承插式钎焊铜管件 … 432
- 5.11.12 45°弯头承插式钎焊铜管件 … 434
- 5.11.13 90°弯头钎焊管件 … 434

5.11.14	等径接头钎焊铜管件	435
5.11.15	异径接头钎焊铜管件	436
5.11.16	过桥接头承插式钎焊铜管件	436
5.11.17	管帽接头承插式钎焊铜管件	437
5.11.18	内螺纹转换接头承插式钎焊铜管件	437
5.11.19	外螺纹转换接头承插式钎焊铜管件	438
5.11.20	承插式氩弧焊不锈钢钢管件连接用不锈钢管	439
5.11.21	承插式钎焊铜管件连接用铜管	439
5.12	网	439
5.12.1	六角网	439
5.12.2	波纹方孔网	442
5.12.3	钢板网	444
5.12.4	镀锌电焊网	448
5.12.5	铝板网	448
5.12.6	铝合金花格网	449
5.13	钉	450
5.13.1	一般用途圆钢钉	450
5.13.2	扁圆头钢钉	451
5.13.3	拼合用圆钢钉	451
5.13.4	水泥钉	452
5.13.5	瓦楞钉	452
5.13.6	瓦楞钩钉	453
5.13.7	鞋钉	453
5.13.8	平杆型鞋钉	453
5.13.9	无头焊钉	454
5.13.10	电弧螺柱焊用无头焊钉	454
5.13.11	家具钉	455
5.13.12	麻花钉	455
5.13.13	木螺钉	456
5.13.14	油毡钉	456
5.13.15	鱼尾钉	457
5.13.16	骑马钉	457

第6章 电器五金件 458
6.1	基础知识	458
6.1.1	绝缘电线型号及颜色	458
6.1.2	电气常用图形符号	458
6.1.3	低压电器型号类组代号及派生代号	460
6.1.4	低压电器外壳防护等级分类	462
6.1.5	低压电器常见使用类别	463
6.1.6	低压电器常用量的代号、符号及名称	464
6.2	电线	464
6.2.1	通用绝缘电线	464
6.2.2	通用绝缘软电线	467
6.3	开关及插座	469
6.3.1	常用开关	469
6.3.2	常用插座	470

第7章 紧固件 471
7.1	螺栓	471
7.1.1	六角头螺栓	471
7.1.2	C级六角头螺栓	477
7.1.3	六角头全螺纹螺栓	481
7.1.4	C级六角头全螺纹螺栓	484
7.1.5	六角头细牙全螺纹螺栓	487
7.1.6	B级六角头细杆螺栓	492
7.1.7	B级六角法兰面螺栓（加大系列）	493
7.1.8	B级六角法兰面细杆螺栓（加大系列）	494
7.1.9	小系列六角法兰面螺栓	495
7.1.10	小系列细牙六角法兰面螺栓	496
7.1.11	钢结构用高强度大六角头螺栓	497
7.1.12	B级小方头螺栓	498
7.1.13	C级方头螺栓	499
7.1.14	小半圆头低方颈螺栓	499
7.1.15	加强半圆头方颈螺栓	500
7.1.16	沉头方颈螺栓	501
7.1.17	沉头双榫螺栓	501
7.1.18	活节螺栓	502
7.1.19	地脚螺栓	503
7.1.20	T型槽用螺栓	503
7.1.21	土壤工作部件固定螺栓	505

7.2 螺母 ……………………………… 507

- 7.2.1 C级1型六角螺母 ………… 507
- 7.2.2 1型六角螺母 ……………… 508
- 7.2.3 1型细牙六角螺母 ………… 509
- 7.2.4 2型六角螺母 ……………… 511
- 7.2.5 2型细牙六角螺母 ………… 512
- 7.2.6 六角厚螺母 ………………… 513
- 7.2.7 六角薄螺母 ………………… 513
- 7.2.8 六角细牙薄螺母 …………… 514
- 7.2.9 小六角特扁细牙螺母 ……… 515
- 7.2.10 2型六角法兰面螺母 ……… 516
- 7.2.11 六角细牙法兰面螺母 ……… 517
- 7.2.12 六角自锁螺母 ……………… 517
- 7.2.13 六角盖形螺母 ……………… 519
- 7.2.14 组合式盖形螺母 …………… 520
- 7.2.15 球面六角螺母 ……………… 522
- 7.2.16 焊接六角法兰面螺母 ……… 522
- 7.2.17 焊接型六角法兰面盖形螺母 ……………………………… 523
- 7.2.18 焊接型六角低球面盖形螺母 ……………………………… 525
- 7.2.19 焊接型非金属嵌件六角锁紧盖形螺母 …………………… 526
- 7.2.20 非金属嵌件六角锁紧薄螺母 ……………………………… 527
- 7.2.21 2型非金属嵌件六角法兰面锁紧螺母 …………………… 528
- 7.2.22 2型非金属嵌件细牙六角法兰面锁紧螺母 ……………… 529
- 7.2.23 1型非金属嵌件六角锁紧螺母 …………………………… 529
- 7.2.24 1型非金属嵌件细牙六角锁紧螺母 ……………………… 530
- 7.2.25 2型非金属嵌件六角锁紧螺母 …………………………… 531
- 7.2.26 2型全金属六角法兰面锁紧螺母 ………………………… 531
- 7.2.27 2型全金属细牙六角法兰面锁紧螺母 …………………… 532
- 7.2.28 1型全金属六角锁紧螺母 … 532
- 7.2.29 2型全金属六角锁紧螺母 … 533
- 7.2.30 2型全金属细牙六角锁紧螺母 ……………………………… 533
- 7.2.31 A和B级六角开槽薄螺母 ……………………………… 534
- 7.2.32 A和B级1型六角开槽螺母 ……………………………… 535
- 7.2.33 A和B级2型六角开槽螺母 ……………………………… 535
- 7.2.34 A和B级2型细牙六角开槽螺母 ……………………………… 536
- 7.2.35 C级1型六角开槽螺母 …… 536
- 7.2.36 管接头用六角薄螺母 ……… 537
- 7.2.37 精密机械用六角螺母 ……… 538
- 7.2.38 钢结构用高强度大六角螺母 ……………………………… 538
- 7.2.39 圆翼蝶形螺母 ……………… 539
- 7.2.40 方翼蝶形螺母 ……………… 540
- 7.2.41 冲压蝶形螺母 ……………… 540
- 7.2.42 压铸蝶形螺母 ……………… 541
- 7.2.43 C级方螺母 ………………… 541
- 7.2.44 焊接方螺母 ………………… 542
- 7.2.45 圆螺母 ……………………… 543
- 7.2.46 小圆螺母 …………………… 545
- 7.2.47 带槽圆螺母 ………………… 546
- 7.2.48 端面带孔圆螺母 …………… 546
- 7.2.49 侧面带孔圆螺母 …………… 547
- 7.2.50 滚花高螺母 ………………… 547
- 7.2.51 滚花薄螺母 ………………… 548
- 7.2.52 平头铆螺母 ………………… 548
- 7.2.53 沉头铆螺母 ………………… 550
- 7.2.54 小沉头铆螺母 ……………… 551
- 7.2.55 120°小沉头铆螺母 ………… 551
- 7.2.56 平头六角铆螺母 …………… 552
- 7.2.57 扩口式管接头用A型螺母 ……………………………… 553
- 7.2.58 扩口式管接头用B型螺母 ……………………………… 554
- 7.2.59 卡套式管接头用连接螺母 ……………………………… 555

7.2.60　环形螺母 …………………… 556
7.2.61　扣紧螺母 …………………… 557
7.3　垫圈 ………………………………… 558
　　7.3.1　A级小垫圈 …………………… 558
　　7.3.2　A级大垫圈 …………………… 559
　　7.3.3　A级倒角型平垫圈 …………… 559
　　7.3.4　C级平垫圈 …………………… 560
　　7.3.5　C级大垫圈 …………………… 561
　　7.3.6　C级特大垫圈 ………………… 562
　　7.3.7　标准型弹簧垫圈 ……………… 562
　　7.3.8　组合件用弹簧垫圈 …………… 563
　　7.3.9　轻型弹簧垫圈 ………………… 564
　　7.3.10　重型弹簧垫圈 ……………… 565
　　7.3.11　鞍形弹性垫圈 ……………… 566
　　7.3.12　波形弹性垫圈 ……………… 566
　　7.3.13　单耳止动垫圈 ……………… 567
　　7.3.14　双耳止动垫圈 ……………… 568
　　7.3.15　外舌止动垫圈 ……………… 569
　　7.3.16　圆螺母用止动垫圈 ………… 569
　　7.3.17　内齿锁紧垫圈 ……………… 571
　　7.3.18　内锯齿锁紧垫圈 …………… 571
　　7.3.19　外齿锁紧垫圈 ……………… 572
　　7.3.20　外锯齿锁紧垫圈 …………… 572
　　7.3.21　锥形锁紧垫圈 ……………… 573
　　7.3.22　锥形锯齿锁紧垫圈 ………… 573
　　7.3.23　管接头用锁紧垫圈 ………… 573
　　7.3.24　组合件用外锯齿锁紧
　　　　　　垫圈 ……………………… 574
　　7.3.25　钢结构用高强度垫圈 ……… 574
　　7.3.26　工字钢用方斜垫圈 ………… 575
　　7.3.27　槽钢用方斜垫圈 …………… 575
　　7.3.28　冲模导向装置垫圈 ………… 576
　　7.3.29　球面垫圈 …………………… 576
　　7.3.30　锥面垫圈 …………………… 577
　　7.3.31　开口垫圈 …………………… 578
　　7.3.32　销轴用平垫圈 ……………… 579
　　7.3.33　滚动轴承推力垫圈 ………… 579
7.4　销 …………………………………… 581
　　7.4.1　开口销 ………………………… 581
　　7.4.2　圆锥销 ………………………… 581

　　7.4.3　内螺纹圆锥销 ………………… 584
　　7.4.4　开尾圆锥销 …………………… 585
　　7.4.5　螺尾锥销 ……………………… 586
　　7.4.6　不淬硬钢和奥氏体不锈钢
　　　　　 圆柱销 ……………………… 587
　　7.4.7　淬硬钢和马氏体不锈钢
　　　　　 圆柱销 ……………………… 590
　　7.4.8　不淬硬钢和奥氏体不锈钢内
　　　　　 螺纹圆柱销 ………………… 590
　　7.4.9　淬硬钢和马氏体不锈钢内螺
　　　　　 纹圆柱销 …………………… 591
　　7.4.10　重型直槽弹性圆柱销 ……… 593
　　7.4.11　轻型直槽弹性圆柱销 ……… 596
　　7.4.12　标准型卷制弹性圆柱销 …… 597
　　7.4.13　重型卷制弹性圆柱销 ……… 598
　　7.4.14　轻型卷制弹性圆柱销 ……… 599
　　7.4.15　圆头槽销 …………………… 600
　　7.4.16　沉头槽销 …………………… 600
　　7.4.17　全长锥槽槽销 ……………… 601
　　7.4.18　半长锥槽槽销 ……………… 603
　　7.4.19　半长倒锥槽槽销 …………… 604
　　7.4.20　带导杆及全长平行沟槽
　　　　　　槽销 ……………………… 605
　　7.4.21　带倒角及全长平行沟槽
　　　　　　槽销 ……………………… 607
　　7.4.22　中部槽长为1/3全长
　　　　　　槽销 ……………………… 608
　　7.4.23　中部槽长为1/2全长
　　　　　　槽销 ……………………… 610
　　7.4.24　销轴 ………………………… 611
　　7.4.25　无头销轴 …………………… 614
7.5　螺钉 ………………………………… 616
　　7.5.1　六角头木螺钉 ………………… 616
　　7.5.2　六角头不脱出螺钉 …………… 617
　　7.5.3　六角头自攻螺钉 ……………… 618
　　7.5.4　六角头自挤螺钉 ……………… 620
　　7.5.5　六角法兰面自攻螺钉 ………… 621
　　7.5.6　六角法兰面自钻自攻螺钉 …… 622
　　7.5.7　六角凸缘自攻螺钉 …………… 623
　　7.5.8　六角凸缘自钻自攻螺钉 ……… 625

7.5.9	内六角沉头螺钉 ……………	626
7.5.10	内六角花形沉头螺钉………	628
7.5.11	内六角花形半沉头螺钉……	630
7.5.12	内六角花形盘头螺钉………	631
7.5.13	内六角花形盘头自攻螺钉 …………………………	632
7.5.14	内六角花形沉头自攻螺钉 …………………………	633
7.5.15	内六角花形半沉头自攻螺钉 …………………………	634
7.5.16	内六角花形圆柱头螺钉……	636
7.5.17	内六角花形圆柱头自挤螺钉 …………………………	639
7.5.18	内六角花形低圆柱头螺钉 …………………………	640
7.5.19	内六角圆柱头轴肩螺钉……	642
7.5.20	内六角圆柱头螺钉 …………	644
7.5.21	内六角平圆头螺钉 …………	648
7.5.22	内六角平端紧定螺钉 ………	650
7.5.23	内六角锥端紧定螺钉 ………	652
7.5.24	内六角圆柱端紧定螺钉 ……	653
7.5.25	内六角凹端紧定螺钉 ………	655
7.5.26	开槽圆柱头螺钉 ……………	657
7.5.27	开槽大圆柱头螺钉 …………	658
7.5.28	开槽盘头螺钉 ………………	659
7.5.29	开槽盘头定位螺钉 …………	661
7.5.30	开槽盘头不脱出螺钉 ………	662
7.5.31	开槽沉头螺钉 ………………	663
7.5.32	开槽半沉头螺钉 ……………	665
7.5.33	开槽沉头木螺钉 ……………	666
7.5.34	开槽半沉头木螺钉 …………	668
7.5.35	开槽沉头不脱出螺钉 ………	671
7.5.36	开槽半沉头不脱出螺钉 ……	672
7.5.37	开槽盘头自攻螺钉 …………	673
7.5.38	开槽沉头自攻螺钉 …………	674
7.5.39	开槽无头螺钉 ………………	675
7.5.40	开槽无头轴位螺钉 …………	677
7.5.41	开槽平端紧定螺钉 …………	678
7.5.42	开槽凹端紧定螺钉 …………	679
7.5.43	开槽锥端紧定螺钉 …………	680
7.5.44	开槽长圆柱端紧定螺钉……	681
7.5.45	开槽带孔球面圆柱头螺钉 …………………………	683
7.5.46	开槽球面圆柱头轴位螺钉 …………………………	684
7.5.47	开槽球面大圆柱头螺钉 ……	686
7.5.48	开槽圆柱端定位螺钉 ………	687
7.5.49	开槽锥端定位螺钉 …………	688
7.5.50	十字槽圆柱头螺钉 …………	689
7.5.51	十字槽盘头螺钉 ……………	691
7.5.52	十字槽半沉头螺钉 …………	692
7.5.53	十字槽沉头木螺钉 …………	693
7.5.54	十字槽半沉头木螺钉 ………	696
7.5.55	十字槽盘头自攻螺钉 ………	698
7.5.56	十字槽沉头自攻螺钉 ………	699
7.5.57	十字槽半沉头自攻螺钉 ……	701
7.5.58	十字槽盘头自挤螺钉 ………	702
7.5.59	十字槽沉头自挤螺钉 ………	704
7.5.60	十字槽半沉头自挤螺钉 ……	705
7.5.61	十字槽盘头自钻自攻螺钉 …………………………	707
7.5.62	十字槽沉头自钻自攻螺钉 …………………………	708
7.5.63	十字槽半沉头自钻自攻螺钉 …………………………	709
7.5.64	十字槽凹穴六角自攻螺钉 …………………………	710
7.5.65	滚花高头螺钉 ………………	711
7.5.66	滚花平头螺钉 ………………	712
7.5.67	滚花小头螺钉 ………………	713
7.5.68	滚花头不脱出螺钉 …………	714
7.5.69	塑料滚花头螺钉 ……………	715
7.5.70	方头凹端紧定螺钉 …………	716
7.5.71	方头倒角端紧定螺钉 ………	717
7.5.72	方头长圆柱球面端紧定螺钉 …………………………	718
7.5.73	吊环螺钉 ……………………	719
7.5.74	墙板自攻螺钉 ………………	721
7.6 铆钉 ……………………………		**722**
7.6.1	无头铆钉 ……………………	722

7.6.2	平头铆钉 ……………………	723
7.6.3	半圆头铆钉 …………………	724
7.6.4	扁圆头铆钉 …………………	727
7.6.5	大扁圆头铆钉 ………………	728
7.6.6	扁平头铆钉 …………………	729
7.6.7	平锥头铆钉 …………………	731
7.6.8	平锥头半空心铆钉 …………	733
7.6.9	沉头铆钉 ……………………	735
7.6.10	粗制沉头铆钉 ………………	736
7.6.11	半沉头铆钉 …………………	738
7.6.12	粗制半沉头铆钉 ……………	740
7.6.13	120°半沉头铆钉 ……………	742
7.6.14	空心铆钉 ……………………	744
7.6.15	沉头半空心铆钉 ……………	745
7.6.16	扁圆头半空心铆钉 …………	747
7.6.17	扁平头半空心铆钉 …………	749
7.6.18	大扁圆头半空心铆钉 ………	751
7.6.19	120°沉头半空心铆钉 ………	752
7.6.20	封闭型平头抽芯铆钉（11级）……………………	754
7.6.21	封闭型平圆头抽芯铆钉（06级）……………………	754
7.6.22	封闭型沉头抽芯铆钉（11级）……………………	754
7.6.23	封闭型平圆头抽芯铆钉（30级）……………………	754
7.6.24	封闭型平圆头抽芯铆钉（51级）……………………	755
7.6.25	开口型沉头抽芯铆钉（10级和11级）…………	755
7.6.26	开口型沉头抽芯铆钉（12级）……………………	755
7.6.27	开口型沉头抽芯铆钉（20级、21级和22级）……	755
7.6.28	开口型沉头抽芯铆钉（30级）……………………	755
7.6.29	开口型沉头抽芯铆钉（51级）……………………	755
7.6.30	开口型平圆头抽芯铆钉（20级、21级和22级）……	756
7.6.31	开口型平圆头抽芯铆钉（40级和41级）…………	756
7.6.32	扁圆头击芯铆钉 ……………	756
7.6.33	沉头击芯铆钉 ………………	758
7.6.34	标牌铆钉 ……………………	759

第8章 传动件 ……………………… 761
8.1 轴承 ………………………… 761
8.1.1	滚动轴承代号方法 …………	761
8.1.2	调心球轴承 …………………	773
8.1.3	推力球轴承 …………………	777
8.1.4	圆锥滚子轴承 ………………	784
8.1.5	杆端关节轴承 ………………	794
8.1.6	农机用圆盘轴承 ……………	800
8.1.7	滚针和推力球组合轴承 ……	805
8.1.8	滚针和角接触球组合轴承 ………………………	807
8.1.9	万向节滚针轴承 ……………	807
8.1.10	碳钢深沟球轴承 ……………	813
8.1.11	轧辊油膜轴承 ………………	814
8.1.12	向心关节轴承 ………………	819

8.2 传动带 ……………………… 824
8.2.1	普通V带和窄V带 …………	824
8.2.2	机用皮带扣 …………………	825
8.2.3	带连接用螺栓 ………………	826
8.2.4	活络V带 ……………………	826
8.2.5	平型传动带 …………………	826

8.3 传动链 ……………………… 827
8.3.1	滚子链 ………………………	827
8.3.2	方框链 ………………………	828

第9章 弹簧 ……………………… 830
9.1 圆柱弹簧 …………………… 830
9.1.1	圆柱螺旋弹簧 ………………	830
9.1.2	多股圆柱螺旋弹簧 …………	832
9.1.3	冷卷圆柱螺旋弹簧 …………	833
9.1.4	小型圆柱螺旋压缩弹簧 ……	835
9.1.5	普通圆柱螺旋拉伸弹簧 ……	836
9.1.6	热卷圆柱螺旋压缩弹簧 ……	837
9.1.7	扁钢丝圆柱螺旋压缩弹簧 …	837

9.2 特殊弹簧 …………………… 838
9.2.1	冲模用氮气弹簧 ……………	838

| 9.2.2 橡胶空气弹簧 ································· 839
| 9.2.3 机用钢质波形弹簧 ························· 843
| 9.2.4 橡胶-金属螺旋复合弹簧 ················ 844

第10章 密封及润滑件 ··································· 847
10.1 密封圈 ··· 847
  10.1.1 液压气动用 O 形橡胶
         密封圈 ··· 847
  10.1.2 V_D 形橡胶密封圈 ························ 847
  10.1.3 往复运动用密封圈 ························ 848
10.2 油枪和油杯 ··· 851
  10.2.1 压杆式油枪 ································· 851
  10.2.2 手推式油枪 ································· 852
  10.2.3 直通式压注油杯 ························· 852
  10.2.4 接头式压注油杯 ························· 853
  10.2.5 旋盖式油杯 ································· 853
  10.2.6 压配式压注油杯 ························· 854
  10.2.7 弹簧盖油杯 ································· 854
  10.2.8 针阀式油杯 ································· 856

第11章 手工工具 ·· 857
11.1 手钳 ··· 857
  11.1.1 钢丝钳 ··· 857
  11.1.2 扁嘴钳 ··· 858
  11.1.3 圆嘴钳 ··· 858
  11.1.4 尖嘴钳 ··· 859
  11.1.5 带刃尖嘴钳 ································· 860
  11.1.6 薄管扩口用钳口 ························· 860
  11.1.7 链条管子钳 ································· 860
  11.1.8 防爆用管子钳 ····························· 863
  11.1.9 起重用夹钳 ································· 864
  11.1.10 轴用弹性挡圈安装钳 ················ 867
  11.1.11 孔用弹性挡圈安装钳 ················ 868
  11.1.12 开箱钳 ······································· 868
  11.1.13 铅印钳 ······································· 868
  11.1.14 大力钳 ······································· 868
  11.1.15 胡桃钳 ······································· 868
  11.1.16 羊角起钉钳 ······························· 869
  11.1.17 断线钳 ······································· 869
  11.1.18 鹰嘴断线钳 ······························· 870
  11.1.19 剥线钳 ······································· 870
  11.1.20 紧线钳 ······································· 870

  11.1.21 压线钳 ······································· 871
  11.1.22 线缆钳 ······································· 871
  11.1.23 鸭嘴钳 ······································· 872
  11.1.24 水泵钳 ······································· 872
11.2 扳手 ··· 872
  11.2.1 活扳手 ··· 872
  11.2.2 呆扳手 ··· 873
  11.2.3 敲击呆扳手和敲击梅花
         扳手 ··· 876
  11.2.4 双头呆扳手和双头梅花
         扳手 ··· 879
  11.2.5 两用扳手 ····································· 881
  11.2.6 内四方扳手 ································· 882
  11.2.7 内六角扳手 ································· 883
  11.2.8 内六角花形扳手 ························· 884
  11.2.9 丁字形内六角扳手 ····················· 885
  11.2.10 端面孔活扳手 ··························· 886
  11.2.11 侧面孔钩扳手 ··························· 887
  11.2.12 装双头螺柱扳手 ······················· 887
  11.2.13 端铣刀杆螺钉扳手 ··················· 888
  11.2.14 圆柱柄拉刀夹头用
          扳手 ··· 888
  11.2.15 液压转矩扳手 ··························· 889
  11.2.16 手动套筒扳手-套筒 ··············· 892
  11.2.17 手动套筒扳手-传动方榫和
          方孔 ··· 895
  11.2.18 手动套筒扳手-扳手
          附件 ··· 896
  11.2.19 手动套筒扳手-连接
          附件 ··· 899
  11.2.20 十字柄套筒扳手 ······················· 899
  11.2.21 组合夹具组装用六角套筒
          扳手 ··· 900
  11.2.22 组合夹具组装用丁字形四爪
          扳手 ··· 900
  11.2.23 组合夹具组装用四爪
          扳手 ··· 901
  11.2.24 防爆用桶盖扳手 ······················· 901
  11.2.25 防爆用梅花扳手 ······················· 901
  11.2.26 防爆用活扳手 ··························· 905
  11.2.27 防爆用 F 扳手 ·························· 906

11.2.28 管活两用扳手 …… 907	11.5.3 稀果剪 …… 928
11.2.29 快速管子扳手 …… 907	11.5.4 桑剪 …… 929
11.2.30 阀门扳手 …… 907	11.5.5 高枝剪 …… 930
11.2.31 棘轮扳手 …… 908	**11.6 刀** …… 930
11.2.32 扭力扳手 …… 908	11.6.1 金刚石玻璃刀 …… 930
11.2.33 双向棘轮扭力扳手 …… 908	11.6.2 切苇刀 …… 931
11.2.34 丝锥扳手 …… 908	11.6.3 切纸上下圆刀 …… 932
11.2.35 增力扳手 …… 909	11.6.4 管子割刀 …… 934
11.2.36 消火栓扳手 …… 909	11.6.5 菜刀 …… 935
11.3 旋具 …… 909	11.6.6 金刚石圆规刀 …… 936
11.3.1 螺钉旋具通用技术条件 …… 909	11.6.7 电工刀 …… 936
11.3.2 螺旋棘轮螺钉旋具 …… 910	11.6.8 滚花刀 …… 936
11.3.3 内六角花形螺钉旋具 …… 910	11.6.9 竹刀 …… 937
11.3.4 十字槽螺钉旋具 …… 910	11.6.10 砂轮整形刀 …… 937
11.3.5 十字槽螺钉旋具头 …… 912	11.6.11 金刚石砂轮整形刀 …… 937
11.3.6 十字槽螺钉旋具旋杆 …… 914	**11.7 斧** …… 938
11.3.7 一字槽螺钉旋具 …… 916	11.7.1 采伐斧 …… 938
11.3.8 一字槽螺钉旋具旋杆 …… 917	11.7.2 劈柴斧 …… 938
11.3.9 夹柄螺钉旋具 …… 919	11.7.3 厨房斧 …… 938
11.3.10 带孔梅花形螺钉旋具 …… 919	11.7.4 木工斧 …… 939
11.3.11 多用螺钉旋具 …… 919	11.7.5 多用斧 …… 939
11.4 锤 …… 920	11.7.6 石工斧 …… 940
11.4.1 锤头 …… 920	**11.8 锹和镐** …… 940
11.4.2 铜锤头 …… 920	11.8.1 钢锹 …… 940
11.4.3 什锦锤 …… 920	11.8.2 钢镐 …… 942
11.4.4 道钉锤 …… 921	11.8.3 耙镐 …… 943
11.4.5 防爆用检查锤 …… 922	**11.9 凿** …… 943
11.4.6 防爆用八角锤 …… 923	11.9.1 木凿 …… 943
11.4.7 防爆用圆头锤 …… 924	11.9.2 石工凿 …… 943
11.4.8 八角锤 …… 925	11.9.3 斜边平口凿 …… 944
11.4.9 木工锤 …… 925	11.9.4 平边平口凿 …… 944
11.4.10 钳工锤 …… 926	11.9.5 半圆凿 …… 945
11.4.11 羊角锤 …… 926	**11.10 手工建筑工具** …… 946
11.4.12 圆头锤 …… 926	11.10.1 泥抹子 …… 946
11.4.13 斩口锤 …… 927	11.10.2 泥压子 …… 948
11.4.14 石工锤 …… 927	11.10.3 砌铲 …… 948
11.4.15 电工锤 …… 927	11.10.4 砌刀 …… 950
11.5 剪 …… 927	11.10.5 打砌工具 …… 951
11.5.1 纺织手用剪 …… 927	11.10.6 勾缝器 …… 952
11.5.2 民用剪 …… 928	**第12章 钳工工具** …… 954

12.1	锉	954
12.1.1	钢锉通用技术条件	954
12.1.2	钳工锉	958
12.1.3	锯锉	962
12.1.4	异形锉	965
12.1.5	普通钟表锉	969
12.1.6	特殊钟表锉	973
12.1.7	整形锉	975
12.1.8	电镀金刚石整形锉	981
12.1.9	硬质合金旋转锉通用技术条件	981
12.1.10	硬质合金圆柱形旋转锉	983
12.1.11	硬质合金圆柱形球头旋转锉	984
12.1.12	硬质合金圆球形旋转锉	984
12.1.13	硬质合金椭圆形旋转锉	984
12.1.14	硬质合金弧形圆头旋转锉	985
12.1.15	硬质合金弧形尖头旋转锉	985
12.1.16	硬质合金火炬形旋转锉	985
12.1.17	硬质合金60°和90°圆锥形旋转锉	986
12.1.18	硬质合金锥形圆头旋转锉	986
12.1.19	硬质合金锥形尖头旋转锉	986
12.1.20	硬质合金倒锥形旋转锉	987
12.2	锯	987
12.2.1	机用锯条技术条件	987
12.2.2	手用钢锯条	989
12.2.3	镶片圆锯	991
12.2.4	金属热切圆锯片	992
12.2.5	金刚石圆锯焊接锯片	994
12.2.6	金刚石圆锯烧结锯片	998
12.3	划线工具	1002
12.3.1	划规	1002
12.3.2	长划规	1003
12.3.3	钩头划规	1003
12.3.4	划针	1004
12.3.5	划线盘	1004
12.3.6	大划线盘	1005
12.3.7	划线尺架	1005
12.3.8	划线用V形铁	1006
12.3.9	带夹紧两面V形铁	1006
12.3.10	方箱	1007
12.3.11	尖冲子	1007
12.3.12	圆冲子	1008
12.3.13	半圆头铆钉冲子	1008
12.3.14	四方冲子	1009
12.3.15	六方冲子	1009

第13章 木工工具 …… 1011
13.1 木工锯 …… 1011
13.1.1	木工圆锯片	1011
13.1.2	木工硬质合金圆锯片	1012
13.1.3	木工锯条	1013
13.1.4	木工绕锯条	1014
13.1.5	细木工带锯条	1015

13.2 木工钻 …… 1015
13.2.1	木工钻通用技术条件	1015
13.2.2	木工机用长麻花钻	1019
13.2.3	木工方凿钻	1020
13.2.4	木工销孔钻	1022
13.2.5	木工硬质合金销孔钻	1023

13.3 木工刀 …… 1026
13.3.1	刨刀	1026
13.3.2	木工手用刨刀	1029
13.3.3	木工手用刨刀盖铁	1030
13.3.4	木工机用异型刨刀	1030
13.3.5	木工硬质合金单片指接铣刀	1032
13.3.6	木工硬质合金圆柱铣刀	1033
13.3.7	木工硬质合金直刃镂铣刀	1033
13.3.8	木工硬质合金圆弧铣刀	1034

13.3.9　木工硬质合金封边刀 …… 1037
13.4　其他木工工具 ………… 1038
　13.4.1　木工锤 ………………… 1038
　13.4.2　木工斧 ………………… 1038
　13.4.3　木锉 …………………… 1039

第14章　电工工具 ……………… 1041
14.1　电工刀及电工钳 ……… 1041
　14.1.1　电工刀 ………………… 1041
　14.1.2　电工钳 ………………… 1041
　14.1.3　剥线钳 ………………… 1042
　14.1.4　断线钳 ………………… 1043
　14.1.5　电讯夹扭钳 …………… 1044
　14.1.6　电讯剪切钳 …………… 1045
　14.1.7　熔断器手钳 …………… 1047
14.2　电工指示仪表 ………… 1047
　14.2.1　电工指示仪表的分类 … 1047
　14.2.2　电流表及电压表 ……… 1048
　14.2.3　电阻表 ………………… 1052
　14.2.4　功率表和电能表 ……… 1053
　14.2.5　多功能电能表 ………… 1054
　14.2.6　万用电表 ……………… 1055

第15章　测量工具 ……………… 1057
15.1　卡尺 …………………… 1057
　15.1.1　卡尺通用技术条件 …… 1057
　15.1.2　游标、带表和数显卡尺 … 1059
　15.1.3　游标、带表和数显高度
　　　　　卡尺 ………………… 1062
　15.1.4　游标、带表和数显深度
　　　　　卡尺 ………………… 1064
15.2　千分尺 ………………… 1065
　15.2.1　两点内径千分尺 ……… 1065
　15.2.2　三爪内径千分尺 ……… 1066
　15.2.3　外径千分尺 …………… 1067
　15.2.4　大外径千分尺 ………… 1069
　15.2.5　电子数显外径千分尺 … 1070
　15.2.6　深度千分尺 …………… 1071
　15.2.7　板厚千分尺 …………… 1072
　15.2.8　壁厚千分尺 …………… 1074
　15.2.9　电子数显测微头和深度
　　　　　千分尺 ……………… 1074
　15.2.10　杠杆千分尺 …………… 1076
　15.2.11　公法线千分尺 ………… 1077
　15.2.12　尖头千分尺 …………… 1077
　15.2.13　螺纹千分尺 …………… 1078
　15.2.14　奇数沟千分尺 ………… 1078
　15.2.15　微米千分尺 …………… 1079
　15.2.16　小测头千分尺 ………… 1080
15.3　量尺 …………………… 1081
　15.3.1　直尺 …………………… 1081
　15.3.2　金属直尺 ……………… 1081
　15.3.3　刀口形直尺 …………… 1082
　15.3.4　圆柱直角尺 …………… 1083
　15.3.5　矩形直角尺 …………… 1083
　15.3.6　三角形直角尺 ………… 1084
　15.3.7　刀口形直角尺 ………… 1084
　15.3.8　平面形直角尺 ………… 1085
　15.3.9　宽座直角尺 …………… 1085
　15.3.10　三角尺 ………………… 1086
　15.3.11　游标、带表和数显万能
　　　　　角度尺 ……………… 1086
　15.3.12　钢卷尺 ………………… 1087
　15.3.13　纤维卷尺 ……………… 1089
　15.3.14　塞尺 …………………… 1090
　15.3.15　对刀平塞尺 …………… 1091
　15.3.16　对刀圆柱塞尺 ………… 1092
　15.3.17　建筑用电子水平尺 …… 1092
15.4　量规 …………………… 1093
　15.4.1　普通螺纹量规 ………… 1093
　15.4.2　统一螺纹量规 ………… 1095
　15.4.3　梯形螺纹量规 ………… 1097
　15.4.4　气瓶专用螺纹量规 …… 1098
　15.4.5　用螺纹密封的管螺纹
　　　　　量规 ………………… 1101
　15.4.6　莫氏与米制圆锥量规 … 1106
　15.4.7　内六角量规 …………… 1109
　15.4.8　钻夹圆锥量规 ………… 1110
　15.4.9　杠杆卡规 ……………… 1110
　15.4.10　带表卡规 ……………… 1112
　15.4.11　点焊设备圆锥塞规和圆锥
　　　　　环规 ………………… 1113

15.5 样板 ………………………… 1115
　15.5.1 齿轮渐开线样板 ………… 1115
　15.5.2 齿轮螺旋线样板 ………… 1116
15.6 指示表 ……………………… 1116
　15.6.1 电子数显指示表 ………… 1116
　15.6.2 杠杆指示表 ……………… 1117
　15.6.3 内径指示表 ……………… 1118
　15.6.4 深度指示表 ……………… 1119
　15.6.5 精密压力表 ……………… 1120
15.7 样块及量块 ………………… 1121
　15.7.1 木制件表面粗糙度比较
　　　　 样块 …………………… 1121
　15.7.2 铸造表面粗糙度比较
　　　　 样块 …………………… 1122
　15.7.3 磨、车、镗、铣、插及
　　　　 刨加工表面粗糙度比较
　　　　 样块 …………………… 1123
　15.7.4 角度量块 …………………… 1123
　15.7.5 长度量块 …………………… 1125
　15.7.6 量块附件 …………………… 1126
15.8 常用仪器 …………………… 1128
　15.8.1 垂准仪 ……………………… 1128
　15.8.2 水准仪 ……………………… 1129
　15.8.3 电子水平仪 ………………… 1129
　15.8.4 测斜仪 ……………………… 1131
　15.8.5 光电测距仪 ………………… 1131
　15.8.6 齿轮齿距测量仪 …………… 1132
　15.8.7 万能齿轮测量仪 …………… 1132
　15.8.8 卧式滚刀测量仪 …………… 1133
　15.8.9 土工贯入仪 ………………… 1134
　15.8.10 土工击实仪 ……………… 1135
15.9 其他测量工具 ……………… 1135
　15.9.1 电子称重仪表 ……………… 1135
　15.9.2 弹簧度盘秤 ………………… 1136
　15.9.3 电子台案秤 ………………… 1137
　15.9.4 非自行指示秤 ……………… 1138
　15.9.5 线锤 ………………………… 1139
第16章 切削工具 ……………… 1140
　16.1 钻 …………………………… 1140
　　16.1.1 成套麻花钻 ……………… 1140

16.1.2 硬质合金锥柄麻花钻 ……… 1141
16.1.3 1:50 锥孔锥柄麻花钻 …… 1141
16.1.4 带整体导柱的直柄平底
　　　 锪钻 ………………………… 1142
16.1.5 带可换导柱的莫氏锥柄平底
　　　 锪钻 ………………………… 1142
16.1.6 带整体导柱的直柄90°锥面
　　　 锪钻 ………………………… 1143
16.1.7 带可换导柱的莫氏锥柄90°
　　　 锥面锪钻 …………………… 1143
16.1.8 60°、90°、120°直柄锥面
　　　 锪钻 ………………………… 1144
16.1.9 60°、90°、120°莫氏锥柄
　　　 锥面锪钻 …………………… 1144
16.1.10 A型中心钻 ……………… 1145
16.1.11 B型中心钻 ……………… 1146
16.1.12 R型中心钻 ……………… 1147
16.1.13 定心钻 …………………… 1147
16.1.14 弓摇钻 …………………… 1148
16.1.15 手摇钻 …………………… 1148
16.2 丝锥 ………………………… 1149
　16.2.1 统一螺纹螺母丝锥 ………… 1149
　16.2.2 惠氏螺纹丝锥 ……………… 1153
　16.2.3 短柄机用和手用丝锥 ……… 1156
　16.2.4 螺旋槽丝锥 ………………… 1160
　16.2.5 丝锥夹套 …………………… 1162
　16.2.6 丝锥用弹性夹紧套 ………… 1162
　16.2.7 丝锥用快换套 ……………… 1163
　16.2.8 丝锥用莫氏锥柄接杆 ……… 1166
16.3 铰刀 ………………………… 1168
　16.3.1 手用铰刀 …………………… 1168
　16.3.2 可调节手用铰刀 …………… 1171
　16.3.3 套式手铰刀刀杆 …………… 1175
　16.3.4 莫氏圆锥和米制圆锥
　　　　 铰刀 ………………………… 1175
　16.3.5 丁字形活铰杠 ……………… 1177
16.4 车刀 ………………………… 1177
　16.4.1 高速钢车刀 ………………… 1177
　16.4.2 硬质合金车刀 ……………… 1179
　16.4.3 天然金刚石车刀 …………… 1180

16.5 铣刀 …………………… 1181
- 16.5.1 圆柱形铣刀 …………… 1181
- 16.5.2 T型槽铣刀 …………… 1182
- 16.5.3 尖齿槽铣刀 …………… 1183
- 16.5.4 直柄硬质合金螺旋齿立铣刀 ………………… 1184
- 16.5.5 7/24 锥柄硬质合金螺旋齿立铣刀 ……………… 1184
- 16.5.6 莫氏锥柄硬质合金螺旋齿立铣刀 ……………… 1185
- 16.5.7 直柄粗加工立铣刀 …… 1186
- 16.5.8 削平型直柄粗加工立铣刀 ………………… 1187
- 16.5.9 莫氏锥柄粗加工立铣刀 … 1188
- 16.5.10 直柄立铣刀 ………… 1189
- 16.5.11 莫氏锥柄立铣刀 …… 1190
- 16.5.12 7/24 锥柄立铣刀 …… 1190
- 16.5.13 套式立铣刀 ………… 1191
- 16.5.14 削平直柄可转位螺旋立铣刀 ………………… 1192
- 16.5.15 莫氏锥柄可转位螺旋立铣刀 ………………… 1192
- 16.5.16 圆角铣刀 …………… 1193
- 16.5.17 三面刃铣刀 ………… 1194
- 16.5.18 直柄圆柱形球头立铣刀 ………………… 1194
- 16.5.19 莫氏锥柄圆柱形球头立铣刀 ………………… 1195
- 16.5.20 直柄圆锥形铣刀 …… 1195
- 16.5.21 莫氏锥柄圆锥形立铣刀 ………………… 1196

16.6 板牙 ……………………… 1198
- 16.6.1 圆板牙架 ……………… 1198
- 16.6.2 惠氏螺纹圆板牙 ……… 1200
- 16.6.3 板牙夹套 ……………… 1202

16.7 搓丝及滚丝工具 ………… 1203
- 16.7.1 惠氏螺纹搓丝板 ……… 1203
- 16.7.2 55°圆锥管螺纹搓丝板 … 1206
- 16.7.3 滚丝轮 ………………… 1207
- 16.7.4 统一螺纹滚丝轮 ……… 1214

16.8 砂磨器具 ………………… 1218
- 16.8.1 磨钢球砂轮 …………… 1218
- 16.8.2 菱苦土砂轮 …………… 1219
- 16.8.3 工具磨和工具室用砂轮 … 1220
- 16.8.4 树脂重负荷磨削砂轮 … 1226
- 16.8.5 树脂和橡胶薄片砂轮 … 1227
- 16.8.6 珩磨和超精磨磨石 …… 1228
- 16.8.7 手持抛光磨石 ………… 1230

第17章 气动工具 …………… 1233
17.1 气动工具型号编制方法 … 1233
17.2 气枪 ……………………… 1234
- 17.2.1 T形钉射钉枪 ………… 1234
- 17.2.2 码钉射钉枪 …………… 1234
- 17.2.3 气动充气枪 …………… 1234
- 17.2.4 气动吹尘枪 …………… 1234
- 17.2.5 气动打钉枪 …………… 1235
- 17.2.6 气动拉铆枪 …………… 1235
- 17.2.7 气动喷砂枪 …………… 1236
- 17.2.8 气动洗涤枪 …………… 1236
- 17.2.9 气动圆盘射钉枪 ……… 1236

17.3 气动磨具 ………………… 1236
- 17.3.1 气砂轮机 ……………… 1236
- 17.3.2 直柄式气砂轮机 ……… 1237
- 17.3.3 立式端面气动砂轮机 … 1237
- 17.3.4 角式端面气动砂轮机 … 1238
- 17.3.5 气动抛光机 …………… 1238
- 17.3.6 气动磨光机 …………… 1238
- 17.3.7 气动气门研磨机 ……… 1239
- 17.3.8 气动水冷抛光机 ……… 1239

17.4 气动切削工具 …………… 1240
- 17.4.1 气冲剪 ………………… 1240
- 17.4.2 气动攻丝机 …………… 1240
- 17.4.3 气动式管子坡口机 …… 1241
- 17.4.4 气动手持式切割机 …… 1241
- 17.4.5 气动往复式切割机 …… 1242
- 17.4.6 气剪刀 ………………… 1242
- 17.4.7 气铣 …………………… 1242
- 17.4.8 气钻 …………………… 1243

17.5 气动工程工具 …………… 1243
- 17.5.1 气动扳手 ……………… 1243

17.5.2	气动棘轮扳手 …………… 1244		软管 …………………… 1268
17.5.3	冲击式气扳机 …………… 1244	18.2.3	压缩空气用织物增强橡胶
17.5.4	定转矩气扳机 …………… 1245		软管 …………………… 1269
17.5.5	气铲 ……………………… 1245	18.2.4	家用煤气胶管 …………… 1270
17.5.6	气铲用铲头 ……………… 1246	18.2.5	打气胶管 ………………… 1270
17.5.7	气镐 ……………………… 1247	18.2.6	蒸汽橡胶软管 …………… 1271
17.5.8	气镐用镐钎 ……………… 1247	18.2.7	气体焊接设备焊接、切割和
17.5.9	气锹 ……………………… 1247		类似作业用橡胶软管 …… 1271
17.5.10	气动破碎机 ……………… 1248	18.2.8	农业喷雾用橡胶软管 …… 1272
17.5.11	气动捣固机 ……………… 1248	18.2.9	耐稀酸碱橡胶软管 ……… 1273
17.5.12	气流除尘机 ……………… 1248	18.2.10	钢丝编织增强液压型橡胶
17.5.13	蒸压加气混凝土		软管 …………………… 1274
	切割机 …………………… 1249	18.2.11	农林拖拉机和机具用高温
17.5.14	气动混凝土振动器 ……… 1250		低压输油胶管 …………… 1275
17.5.15	气腿式凿岩机 …………… 1250	18.2.12	工程机械用高温低压输油
17.5.16	煤矿用气动凿岩机 ……… 1251		胶管 …………………… 1275
17.5.17	矿用手持式气动钻机 …… 1251	18.2.13	液化石油气（LPG）用橡胶
17.6	**其他气动工具** ……………… 1252		软管 …………………… 1276
17.6.1	气动夯管锤 ……………… 1252	18.2.14	消防吸水胶管 …………… 1277
17.6.2	气动铆钉机 ……………… 1253	**第19章**	**电动工具** ……………………… 1278
17.6.3	气动铆钉机用窝头 ……… 1254	**19.1**	**电动工具型号编制方法** …… 1278
17.6.4	气动式管子坡口机 ……… 1256	19.1.1	电动工具产品型号编制
17.6.5	手持式气动捆扎拉紧机 … 1259		方法 …………………… 1278
17.6.6	手持式气动捆扎锁紧机 … 1259	19.1.2	电动工具组件型号编制
17.6.7	气动油雾弹 ……………… 1259		方法 …………………… 1281
17.6.8	打气筒 …………………… 1260	**19.2**	**常用电动工具** ……………… 1282
17.6.9	空气锤 …………………… 1261	19.2.1	电钻 ……………………… 1282
17.6.10	气动螺丝刀 ……………… 1262	19.2.2	电动冲击扳手 …………… 1283
17.6.11	气动打钉机 ……………… 1262	19.2.3	电动刀锯 ………………… 1284
17.6.12	气动指针式测量仪 ……… 1263	19.2.4	电动螺丝刀 ……………… 1285
第18章	**气动辅件** ……………………… 1264	19.2.5	自攻螺丝刀 ……………… 1286
18.1	**管接头及组件** ……………… 1264	19.2.6	电剪刀 …………………… 1286
18.1.1	气动管接头 ……………… 1264	19.2.7	双刃电剪刀 ……………… 1287
18.1.2	锥密封钢丝编织胶管	19.2.8	电推剪 …………………… 1288
	总成 …………………… 1265	19.2.9	电圆锯 …………………… 1288
18.1.3	锥密封90°钢丝编织胶管	19.2.10	电刨 ……………………… 1289
	总成 …………………… 1266	19.2.11	电动开门机 ……………… 1289
18.2	**胶管** ………………………… 1268	19.2.12	电力金具 ………………… 1290
18.2.1	普通全胶管 ……………… 1268	**19.3**	**工程用电动工具** …………… 1294
18.2.2	通用输水织物增强橡胶	19.3.1	冲击电钻 ………………… 1294

19.3.2 电锤 …………………… 1295
19.3.3 电锤钻 ………………… 1296
19.3.4 套式电锤钻 …………… 1297
19.3.5 石材切割机 …………… 1297
19.3.6 捣固镐 ………………… 1298
19.3.7 天然饰面石材连续磨机 … 1299
19.3.8 矿用隔爆电动岩石钻 … 1300
19.3.9 煤矿用岩石电钻 ……… 1301
19.4 电动磨光抛光机 …………… 1301
19.4.1 抛光机 ………………… 1301
19.4.2 地板磨光机 …………… 1302
19.4.3 角向磨光机 …………… 1303
19.4.4 电动湿式磨光机 ……… 1304
19.4.5 地面抹光机 …………… 1305
19.4.6 辊式砂光机 …………… 1306
19.4.7 立式万能砂光机 ……… 1307
19.4.8 落地砂轮机 …………… 1307
19.4.9 平板砂光机 …………… 1308
19.4.10 台式砂轮机 ………… 1309
19.5 木工用电动工具 …………… 1310
19.5.1 带移动工作台木工锯板机 …………………… 1310
19.5.2 单锯片手动进给木工圆锯机 …………………… 1311
19.5.3 多锯片木工圆锯机 …… 1311
19.5.4 横截木工圆锯机 ……… 1312
19.5.5 纵剖木工圆锯机 ……… 1312
19.5.6 万能木工圆锯机 ……… 1313
19.5.7 摇臂式万能木工圆锯机 … 1314
19.5.8 木工自动万能磨锯机 … 1315
19.5.9 卧式木工带锯机 ……… 1315
19.5.10 细木工带锯机 ……… 1316
19.5.11 锯片往复式木工锯板机 …………………… 1316
19.5.12 环式木材剥皮机 …… 1317
19.5.13 双圆锯裁边机 ……… 1317
19.5.14 刀辊切竹机 ………… 1318
19.5.15 纤维帘布裁断机 …… 1318
19.5.16 立式单轴木工钻床 … 1319
19.5.17 数控雕铣机 ………… 1319
19.5.18 单轴木工铣床 ……… 1320
19.5.19 木工刨刀刃磨机 …… 1321
19.5.20 电动雕刻机 ………… 1322
19.5.21 电动木工开槽机 …… 1322
19.5.22 电动木工修边机 …… 1322
19.5.23 电动木工凿眼机 …… 1322
19.5.24 木材斜断机 ………… 1323
19.5.25 台式木工多用机床 … 1323
19.6 割草电动工具 ……………… 1324
19.6.1 刀辊切草机 …………… 1324
19.6.2 电动草坪割草机的形式 … 1325
19.6.3 往复式割草机 ………… 1325
19.6.4 旋转割草机 …………… 1326
19.6.5 旋转搂草机 …………… 1327
19.7 其他电动工具 ……………… 1328
19.7.1 电动套丝机 …………… 1328
19.7.2 钥匙铣槽机 …………… 1328
19.7.3 钥匙压印机 …………… 1329
19.7.4 型材切割机 …………… 1330
19.7.5 胶带封箱机 …………… 1331
19.7.6 电钉枪 ………………… 1331
19.7.7 电动拉铆枪 …………… 1332
19.7.8 电喷枪 ………………… 1332
19.7.9 热风枪 ………………… 1333
19.7.10 热熔胶枪 …………… 1333
19.7.11 打蜡机 ……………… 1333
19.7.12 电动管道清理机 …… 1333
19.7.13 电动坡口机 ………… 1334

第20章 消防及起重器材 ……… 1335
20.1 消防器材 …………………… 1335
20.1.1 灭火器相关术语 ……… 1335
20.1.2 手提式灭火器 ………… 1336
20.1.3 推车式灭火器 ………… 1339
20.1.4 消防水枪 ……………… 1340
20.1.5 消防梯 ………………… 1342
20.1.6 消防腰斧 ……………… 1343
20.1.7 消防应急灯具 ………… 1344
20.1.8 消火栓箱 ……………… 1345
20.2 起重器材 …………………… 1347
20.2.1 千斤顶 ………………… 1347

20.2.2 活头千斤顶 ………… 1347
20.2.3 手拉葫芦 …………… 1348
20.2.4 环链手扳葫芦 ……… 1349
20.2.5 防爆钢丝绳电动葫芦 …… 1349
20.2.6 索具螺旋扣 …………… 1351
20.2.7 索具套环 ……………… 1357

第21章 常用焊接工具及材料 … 1359
21.1 等离子喷焊枪 …………… 1359
21.2 等压式焊炬及割炬 ……… 1359
21.3 电焊钳 …………………… 1362
21.4 焊接用钨铈电极 ………… 1362
21.5 焊接绝热气瓶 …………… 1364
21.6 钢质焊接气瓶 …………… 1365
21.7 焊接及切割用气瓶减压器 …… 1365
21.8 气体焊接及切割用橡胶软管 … 1366
21.9 气焊及切割用软管接头 ……… 1367
21.10 电焊条保温筒 ……………… 1368
21.11 焊条的型号及牌号 ………… 1369
  21.11.1 焊条的型号 …………… 1369
  21.11.2 焊条的牌号 …………… 1370
  21.11.3 焊条的型号与牌号对照 …………… 1376

附录 …………………………………… 1377
  附录A 变形铝及铝合金的状态代号 ………………… 1377
  附录B 铜及铜合金的状态代号 …… 1381

参考文献 ……………………………… 1387

第1章 基 础 资 料

1.1 常用计量单位

1.1.1 国际单位制的基本单位（表1-1）

表1-1 国际单位制的基本单位

量的名称	单位名称	单位符号	量的名称	单位名称	单位符号
长度	米	m	热力学温度	开[尔文]	K
质量	千克,(公斤)	kg	物质的量	摩[尔]	mol
时间	秒	s	发光强度	坎[德拉]	cd
电流	安[培]	A			

注：1. 方括号内的字是在不致混淆的情况下,可以省略的字,下同。
　　2. 圆括号内的字为前者的同义语,下同。
　　3. 人民生活和贸易中,质量习惯称为重量。

1.1.2 国际单位制中具有专门名称的导出单位（表1-2）

表1-2 国际单位制中具有专门名称的导出单位

量的名称	单位名称	单位符号	其他表示式例
频率	赫[兹]	Hz	s^{-1}
力	牛[顿]	N	$kg \cdot m/s^2$
压力,压强,应力	帕[斯卡]	Pa	N/m^2
能[量],功,热量	焦[耳]	J	$N \cdot m$
功率,辐[射能]通量	瓦[特]	W	J/s
电荷[量]	库[仑]	C	$A \cdot s$
电压,电动势,电位,(电势)	伏[特]	V	W/A
电容	法[拉]	F	C/V
电阻	欧[姆]	Ω	V/A
电导	西[门子]	S	A/V
磁通[量]	韦[伯]	Wb	$V \cdot s$
磁通[量]密度,磁感应强度	特[斯拉]	T	Wb/m^2
电感	亨[利]	H	Wb/A
摄氏温度	摄氏度	℃	—
光通量	流[明]	lm	$cd \cdot sr$
[光]照度	勒[克斯]	lx	lm/m^2
[放射性]活度	贝可[勒尔]	Bq	s^{-1}
吸收剂量	戈[瑞]	Gy	J/kg
剂量当量	希[沃特]	Sv	J/kg

1.1.3 我国选定的非国际单位制单位（表1-3）

表1-3 我国选定的非国际单位制单位

量的名称	单位名称	单位符号	换算关系和说明
时间	分	min	1min = 60s
	[小]时	h	1h = 60min = 3600s
	日,(天)	d	1d = 24h = 86400s

（续）

量的名称	单位名称	单位符号	换算关系和说明
[平面]角	[角]秒	(″)	$1″ = (\pi/648000)\,rad$ （π 为圆周率）
	[角]分	(′)	$1′ = 60″ = (\pi/10800)\,rad$
	度	(°)	$1° = 60′ = (\pi/180)\,rad$
旋转速度	转每分	r/min	$1\,r/min = (1/60)\,s^{-1}$
长度	海里	n mile	$1\,n\,mile = 1852\,m$（只用于航行）
速度	节	kn	$1\,kn = 1\,n\,mile/h$ $= (1852/3600)\,m/s$ （只用于航行）
质量	吨	t	$1\,t = 10^3\,kg$
	原子质量单位	u	$1\,u \approx 1.6605655 \times 10^{-27}\,kg$
体积	升	L, (l)	$1\,L = 1\,dm^3 = 10^{-3}\,m^3$
能	电子伏	eV	$1\,eV \approx 1.6021892 \times 10^{-19}\,J$
级差	分贝	dB	
线密度	特[克斯]	tex	$1\,tex = 1\,g/km$
面积	公顷	hm^2	$1\,hm^2 = 10^4\,m^2$

注：1. 周、月、年（年的符号为 a）为一般常用时间单位。
    2. 角度单位度、分、秒的符号不处于数字后时加圆括号。
    3. 升的符号中，小写字母 l 为备用符号。
    4. r 为"转"的符号。
    5. 公顷的国际通用符号为 ha。

1.1.4 用于构成十进倍数和分数单位的词头（表1-4）

表1-4 用于构成十进倍数和分数单位的词头

所表示的因数	词头名称	词头符号
10^{18}	艾[可萨]	E
10^{15}	拍[它]	P
10^{12}	太[拉]	T
10^{9}	吉[咖]	G
10^{6}	兆	M
10^{3}	千	k
10^{2}	百	h
10^{1}	十	da
10^{-1}	分	d
10^{-2}	厘	c
10^{-3}	毫	m
10^{-6}	微	μ
10^{-9}	纳[诺]	n
10^{-12}	皮[可]	p
10^{-15}	飞[母托]	f
10^{-18}	阿[托]	a

注：10^4 称为万，10^8 称为亿，10^{12} 称为万亿，这类数词的使用不受词头名称的影响，但不应与词头混淆。

1.1.5 常用法定计量单位及其换算（表1-5）

表1-5 常用法定计量单位及其换算

扫码查表

1.1.6 常用线规号与公称直径对照（表1-6）

表1-6 常用线规号与公称直径对照

线规号	SWG 英国线规		BWG 伯明翰线规		AWG 美国线规	
	in	mm	in	mm	in	mm
3	0.252	6.401	0.259	6.58	0.2294	5.83
4	0.232	5.893	0.238	6.05	0.2043	5.19
5	0.212	5.385	0.220	5.59	0.1819	4.62
6	0.192	4.877	0.203	5.16	0.1620	4.11
7	0.176	4.470	0.180	4.57	0.1443	3.67
8	0.160	4.064	0.165	4.19	0.1285	3.26
9	0.144	3.658	0.148	3.76	0.1144	2.91
10	0.128	3.251	0.134	3.40	0.1019	2.59
11	0.116	2.946	0.120	3.05	0.09074	2.30
12	0.104	2.642	0.109	2.77	0.08081	2.05
13	0.092	2.337	0.095	2.41	0.07196	1.83
14	0.080	2.032	0.083	2.11	0.06408	1.63
15	0.072	1.829	0.072	1.83	0.05707	1.45
16	0.064	1.626	0.065	1.65	0.05082	1.29
17	0.056	1.422	0.058	1.47	0.04526	1.15
18	0.048	1.219	0.049	1.24	0.04030	1.02
19	0.040	1.016	0.042	1.07	0.03589	0.91
20	0.036	0.914	0.035	0.89	0.03196	0.812
21	0.032	0.813	0.032	0.81	0.02846	0.723
22	0.028	0.711	0.028	0.71	0.02535	0.644
23	0.024	0.610	0.025	0.64	0.02257	0.573
24	0.022	0.559	0.022	0.56	0.02010	0.511
25	0.020	0.508	0.020	0.51	0.01790	0.455
26	0.018	0.457	0.018	0.46	0.01594	0.405
27	0.0164	0.4166	0.016	0.41	0.01420	0.361
28	0.0148	0.3759	0.014	0.36	0.01264	0.321
29	0.0136	0.3454	0.013	0.33	0.01126	0.286
30	0.0124	0.3150	0.012	0.30	0.01003	0.255
31	0.0116	0.2946	0.010	0.25	0.008928	0.227
32	0.0108	0.2743	0.009	0.23	0.007950	0.202
33	0.0100	0.2540	0.008	0.20	0.007080	0.180
34	0.0092	0.2337	0.007	0.18	0.006304	0.160
35	0.0084	0.2134	0.005	0.13	0.005615	0.143
36	0.0076	0.1930	0.004	0.10	0.005000	0.127

1.1.7 标准筛网号及目数对照（表1-7）

表1-7 标准筛网号及目数对照

网号/号	目数/目	孔数/(个/cm²)	网号/号	目数/目	孔数/(个/cm²)
5	4	2.56	0.301	60	576
4	5	4	0.28	65	676
3.22	6	5.76	0.261	70	784
2.5	8	10.24	0.25	75	900
2	10	16	0.2	80	1024
	12	23.04	0.18	85	
1.43	14	31.36	0.17	90	1296
1.24	16	40.96	0.15	100	1600
1	18	51.84	0.14	110	1936
0.95	20	64	0.125	120	2304
	22	77.44	0.12	130	2704
0.7	24	92.16		140	3136
0.71	26	108.16	0.1	150	3600
0.63	28	125.44	0.088	160	
0.6	30	144	0.077	180	5184
0.55	32	163.84		190	5776
0.525	34	185	0.076	200	6400
0.5	36	207	0.065	230	8464
0.425	38	231		240	9216
0.4	40	256	0.06	250	10000
0.375	42	282	0.052	275	12100
	44	310		280	12544
0.345	46	339	0.045	300	14400
	48	369	0.044	320	16384
0.325	50	400	0.042	350	19600
	55	484	0.034	400	25600

注：1. 网号系指筛网的公称尺寸，单位为mm。例如：1号网，即指正方形网孔每边长1mm。
  2. 目数系指1in（25.4mm）长度上的孔眼数目，单位为目/in。例如：1in长度上有20孔眼，即为20目。
  3. 一般英美各国用目数表示，俄罗斯用网号表示。

1.1.8 粒度代号及尺寸范围（表1-8）

表1-8 粒度代号及尺寸范围

粒度代号	公称筛孔尺寸范围 /μm	99.9%通过的网孔尺寸（上限筛）/μm	上检查筛 网孔尺寸 /μm	上检查筛 筛上物不多于（%）	下检查筛 网孔尺寸 /μm	下检查筛 筛上物不少于（%）	下检查筛 筛下物不多于（%）	不多于2%通过的网孔尺寸(下限筛)/μm
窄 范 围								
16/18	1180/1000	1700	1180	8	1000	90	8	710
18/20	1000/850	1400	1000	8	850	90	8	600
20/25	850/710	1180	850	8	710	90	8	500
25/30	710/600	1000	710	8	600	90	8	425
30/35	600/500	850	600	8	500	90	8	355
35/40	500/425	710	500	8	425	90	8	300
40/45	425/355	600	455	8	360	90	8	255
45/50	355/300	500	384	8	302	90	8	213
50/60	300/250	455	322	8	255	90	8	181
60/70	250/212	384	271	8	213	90	8	151
70/80	212/180	322	227	8	181	90	8	127
80/100	180/150	271	197	10	151	87	10	107
100/120	150/125	227	165	10	127	87	10	90
120/140	125/106	197	139	10	107	87	10	75
140/170	106/90	165	116	11	90	85	11	65
170/200	90/75	139	97	11	75	85	11	57
200/230	75/63	116	85	11	65	85	11	49
230/270	63/53	97	75	11	57	85	11	41
270/325	53/45	85	65	15	49	80	15	—
325/400	45/38	75	57	15	41	80	15	—
宽 范 围								
16/20	1180/850	1700	1180	8	850	90	8	600
20/30	850/600	1180	850	8	600	90	8	425
30/40	600/425	850	600	8	425	90	8	300
40/50	425/300	600	455	8	302	90	8	213
60/80	250/180	384	271	8	181	90	8	127

注：隔离粗线以上者用金属编织筛，其余用电成形筛筛分。

1.2 常用物理量名称及符号（表1-9）

表1-9 常用物理量名称及符号

扫码查表

1.3 常用公式

1.3.1 常用面积计算公式（表1-10）
1.3.2 常用体积及表面积计算公式（表1-11）

表1-10 常用面积计算公式　　　　　　　表1-11 常用体积及表面积计算公式

扫码查表　　　　　　　　　　　　　　　　扫码查表

1.3.3 常用金属材料理论重量计算公式（表1-12）

表1-12 常用金属材料理论重量计算公式

序号	类别	理论重量 $m/$（kg/m）
1	圆钢、钢线材、钢丝	$m = 0.00617 \times 直径^2$
2	方钢	$m = 0.00785 \times 边长^2$
3	六角钢	$m = 0.0068 \times 对边距离^2$
4	八角钢	$m = 0.0065 \times 对边距离^2$
5	等边角钢	$m = 0.00785 \times 边厚 \times (2 \times 边宽 - 边厚)$
6	不等边角钢	$m = 0.00785 \times 边厚 \times (长边宽 + 短边宽 - 边厚)$
7	工字钢	$m = 0.00785 \times 腰厚 \times [高 + f \times (腿宽 - 腰厚)]$
8	槽钢	$m = 0.00785 \times 腰厚 \times [高 + e \times (腿宽 - 腰厚)]$
9	扁钢、钢板、钢带①	$m = 0.00785 \times 宽 \times 厚$
10	钢管	$m = 0.02466 \times 壁厚 \times (外径 - 壁厚)$
11	纯铜棒	$m = 0.00698 \times 直径^2$
12	六角纯铜棒	$m = 0.0077 \times 对边距离^2$
13	纯铜板①	$m = 8.89 \times 厚度$
14	纯铜管	$m = 0.02794 \times 壁厚 \times (外径 - 壁厚)$
15	黄铜棒	$m = 0.00668 \times 直径^2$
16	六角黄铜棒	$m = 0.00736 \times 对边距离^2$
17	黄铜板①	$m = 8.5 \times 厚度$
18	黄铜管	$m = 0.0267 \times 壁厚 \times (外径 - 壁厚)$
19	铝棒	$m = 0.0022 \times 直径^2$
20	铝板①	$m = 2.71 \times 厚度$
21	铝管	$m = 0.008478 \times 壁厚 \times (外径 - 壁厚)$
22	铅板①	$m = 11.37 \times 厚度$
23	铅管	$m = 0.0355 \times 壁厚 \times (外径 - 壁厚)$

注：1. 腰高相同的工字钢，如有几种不同的腿宽和腰厚，需在型号右边加 a、b、c 予以区别，如 32a、32b、32c 等。腰高相同的槽钢，如有几种不同的腿宽和腰厚也需在型号右边加 a、b、c 予以区别。

2. f 值：一般型号及带 a 的为 3.34，带 b 的为 2.65，带 c 的为 2.26。

3. e 值：一般型号及带 a 的为 3.26，带 b 的为 2.44，带 c 的为 2.24。

4. 各长度单位均为 mm。

① 理论重量 m 的单位为 kg/m^2。

1.4 常用数据

1.4.1 常用化学元素的物理性能（表1-13）
1.4.2 常用材料的密度（表1-14）

表1-13 常用化学元素的物理性能

扫码查表

表1-14 常用材料的密度

扫码查表

1.5 常用代号及标记

1.5.1 钢铁材料的标记代号和涂色标记

1. 钢铁材料的标记代号（表1-15）

表1-15 钢铁材料的标记代号

总类	分类代号	中文名称	总类	分类代号	中文名称
加工状态或方法（W）	WH	热加工	表面处理（ST）	STC	钝化（铬酸）
	WHR	热轧		STP	磷化
	WHE	热扩		STO	涂油
	WHEX	热挤		STS	耐指纹处理
	WHF	热锻	软化程度（S）	S1/4	1/4 软
	WC	冷加工、冷轧		S1/2	半软
	WCE	冷挤压		S	软
	WCD	冷拉、冷拔		S2	特软
	WW	焊接	硬化程度（H）	H1/4	低冷硬
尺寸精度（P）	尺寸精度	—		H1/2	半冷硬
边缘状态（E）	EC	切边		H	冷硬
	EM	不切边		H2	特硬
	ER	磨边	热处理类型	A	退火
表面质量（F）	FA	普通级		SA	软化退火
	FB	较高级		G	球化退火
	FC	高级		L	光亮退火
表面种类（S）	SPP	压力加工表面		N	正火
	SA	酸洗		T	回火
	SS	喷丸、喷砂		QT	淬火 + 回火
	SF	剥皮		NT	正火 + 回火
	SP	磨光		S	固溶
	SB	抛光		AG	时效
	SBL	氧化（发蓝）			
	S__	镀层			
	SC__	涂层			

（续）

总类	分类代号	中文名称	总类	分类代号	中文名称
冲压性能	CQ	普通级	使用加工方法（U）	UP	压力加工用
	DQ	冲压级		UHP	热加工用
	DDQ	深冲级		UCP	冷加工用
	EDDQ	特深冲级		UF	顶锻用
	SDDQ	超深冲级		UHF	热顶锻用
	ESDDQ	特超深冲级		UCF	冷顶锻用
				UC	切削加工用

2. 钢铁材料的涂色标记（表1-16）

表1-16 钢铁材料的涂色标记

类别	牌号或组别	涂色标记	类别	牌号或组别	涂色标记
优质碳素结构钢	05～15	白色	高速工具钢	W12Cr4V4Mo	棕色1条+黄色1条
	20～25	棕色+绿色		W18Cr4V	棕色1条+蓝色1条
	30～40	白色+蓝色		W9Cr4V2	棕色2条
	45～85	白色+棕色		W9Cr4V	棕色1条
	15Mn～40Mn	白色2条	铬轴承钢	GCr6	绿色1条+白色1条
	45Mn～70Mn	绿色3条		GCr9	白色1条+黄色1条
合金结构钢	锰钢	黄色+蓝色		GCr9SiMn	绿色2条
	硅锰钢	红色+黑色		GCr15	蓝色1条
	锰钒钢	蓝色+绿色		GCr15SiMn	绿色1条+蓝色1条
	铬钢	绿色+黄色	不锈钢	铬钢	铝色+黑色
	铬硅钢	蓝色+红色		铬钛钢	铝色+黄色
	铬锰钢	蓝色+黑色		铬锰钢	铝色+绿色
	铬锰硅钢	红色+紫色		铬钼钢	铝色+白色
	铬钒钢	绿色+黑色		铬镍钢	铝色+红色
	铬锰钛钢	黄色+黑色		铬锰镍钢	铝色+棕色
	铬钨钒钢	棕色+黑色		铬锰钛钢	铝色+蓝色
	钼钢	紫色		铬镍铌钢	铝色+蓝色
	铬钼钢	绿色+紫色		铬钼钛钢	铝色+白色+黄色
	铬锰钼钢	绿色+白色		铬钼钒钢	铝色+红色+黄色
	铬钼钒钢	紫色+棕色		铬镍钛钢	铝色+紫色
	铬硅钼钒钢	紫色+棕色		铬钼钒钴钢	铝色+紫色
	铬铝钢	铝白色		铬镍铜钛钢	铝色+蓝色+白色
	铬钼铝钢	黄色+紫色		铬镍钼铜钛钢	铝色+黄色+绿色
	铬钨钒铝钢	黄色+红色		铬镍钼铜铌钢	铝色+黄色+绿色（铝色为宽色条，其余为窄色）
	硼钢	紫色+蓝色			
	铬钼钨钒钢	紫色+黑色			

1.5.2 有色金属材料的状态代号和涂色标记

1. 有色金属材料的状态代号（表1-17）

表1-17 有色金属材料的状态代号

代号	状态	代号	状态
m	消除应力状态	CT	超弹硬状态
M(C)	软状态①	R	热轧状态
M_2	轻软状态	CYS②	淬火+冷加工+人工时效状态
TM	特软状态	ST	固溶状态
Y(CY)	硬状态	TH01	1/4 硬时效状态
$Y_2(CY_2)$	1/2 硬状态	TH02	1/2 硬时效状态
$Y_3(CY_3)$	1/3 硬状态	TH03	3/4 硬时效状态
$Y_4(CY_4)$	1/4 硬状态	TH04	硬时效状态
$Y_8(CY_8)$	1/8 硬状态	TF00	软时效状态
T	特硬状态	Sh	烧结状态
TY	弹硬状态	X	交叉辗压状态

注：1. 本表的状态代号是指除铝及铝合金、镁及镁合金、铜及铜合金之外有色金属材料的状态代号。铝及铝合金状态代号表示方法见本书附录A，镁及镁合金状态代号表示方法与铝及铝合金状态代号表示方法相同，铜及铜合金状态代号表示方法见本书附录B。
2. 工业生产中，在表示有色金属材料的状态时，有时用括号内的代号。

① 也称为退火状态。
② 根据硬度大小分为 CYS、CY_2S、CY_3S、CY_4S、CY_8S。

2. 有色金属材料的涂色标记（表1-18）

表1-18 有色金属材料的涂色标记

名称	牌号或组别	标记涂色	名称	牌号或组别	标记涂色
锌锭	Zn-01	红色2条	铝锭	Al-00,特一号	白色1条
	Zn-1	红色1条		Al-0,特二号	白色2条
	Zn-2	黑色2条		Al-1,一号	红色1条
	Zn-3	黑色1条		Al-2,二号	红色2条
	Zn-4	绿色2条		Al-3,三号	红色3条
	Zn-5	绿色1条	镍板	Ni-01,特号	红色
铅锭	Pb-1	红色2条		Ni-1,一号	蓝色
	Pb-2	红色1条		Ni-2,二号	黄色
	Pb-3	黑色2条	铸造碳化钨	二号	绿色
	Pb-4	黑色1条		三号	黄色
	Pb-5	绿色2条		四号	白色
	Pb-6	绿色1条		六号	浅蓝色

1.5.3 热处理工艺代号（表1-19）
1.5.4 常用塑料及树脂缩写代号（表1-20）

表1-19 热处理工艺代号　　　　　表1-20 常用塑料及树脂缩写代号

扫码查表

扫码查表

1.6 常用新旧对照及换算

1.6.1 灰铸铁牌号新旧对照（表1-21）

表1-21 灰铸铁牌号新旧对照

标准	新标准（GB/T 9439—2010）	旧标准（GB/T 976—1967、GB/T 5675—1985）
牌号意义	HT100 ← 抗拉强度(MPa)，灰铸铁代号	HT10—26 ← 抗弯强度(kgf/mm^2)，抗拉强度(kgf/mm^2)，灰铸铁代号
牌号	HT100 HT150 HT200 HT225 HT250 HT275 HT300 HT350 —	HT10—26 HT15—33 HT20—40 — HT25—47 — HT30—54 HT35—60 HT40—68

注：GB/T 9439—2010 替代 GB/T 9439—1988，增加了 HT225、HT275 两个牌号。

1.6.2 一般工程用铸造碳钢新旧牌号对照（表1-22）

表1-22 一般工程用铸造碳钢新旧牌号对照

标准	新标准（GB/T 11352—2009）	旧标准		
		GB/T 11352—1989	GB/T 5676—1985	GB/T 979—1967
牌号	ZG200-400 ZG230-450 ZG270-500 ZG310-570 ZG340-640	ZG200-400 ZG230-450 ZG270-500 ZG310-570 ZG340-640	ZG200-400 ZG230-450 ZG270-500 ZG310-570 ZG340-640	ZG15 ZG25 ZG35 ZG45 ZG55

注：GB/T 11352—2009 降低了各牌号中 S、P 控制量。

1.6.3 碳素结构钢牌号新旧对照（表1-23）

表1-23 碳素结构钢牌号新旧对照

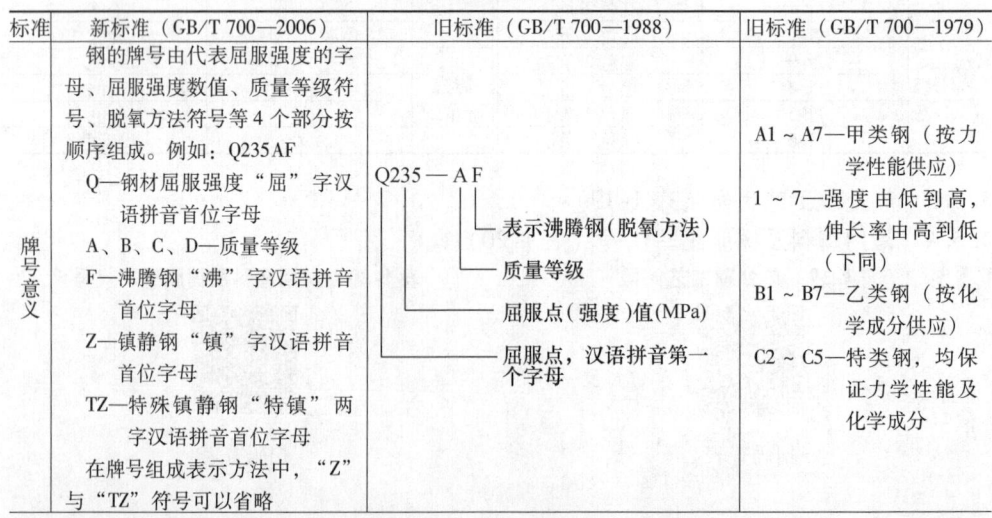

（续）

牌 号	统一数字代号①	质量等级	牌号	等 级	牌 号
Q195	U11952	—	Q195	不分等级，化学成分及力学性能必须保证（见右）	A1（力学性能同Q195） B1（化学成分同Q915）
Q215	U12152	A	Q215	A级 B级（做常温冲击试验，V形缺口）	A2 C2
	U12155	B			
Q235	U12352	A	Q235	A级（不做冲击试验） B级（做常温冲击试验，V形缺口） C级、D级作重要焊接结构	A3（附加保证常温冲击试验，V形缺口） C3（附加保证常温或-20℃冲击试验，U形缺口）
	U12355	B			
	U12358	C			
	U12359	D			
Q275②	U12752	A	Q255	A级 B级（做常温冲击试验，V形缺口）	A4 C4（附加保证冲击试验，U形缺口）
	U12755	B			
	U12758	C	Q275	不分等级，化学成分和力学性能均须保证	—
	U12759	D			

① 表中为镇静钢、特殊镇静钢牌号的统一数字，沸腾钢牌号的统一数字代号为：Q195F—U11950；Q215AF—U12150，Q215BF—U12153；Q235AF—U12350，Q235BF—U12353；Q275AF—U12750。
② GB/T 700—2006中取消了Q255、Q275牌号，新增ISO630：1995中E275牌号，改为新的Q275牌号。

1.6.4 不锈钢和耐热钢新旧牌号对照（表1-24）

表1-24 不锈钢和耐热钢新旧牌号对照（GB/T 20878—2007）

扫码查表

1.6.5 变形铝及铝合金状态代号新旧对照（表1-25）

表1-25 变形铝及铝合金状态代号新旧对照

新代号	旧代号	新代号	旧代号	新代号	旧代号
O	M	HX9	T	T62	MCS
H112或F	R	T4	CZ	T42	MCZ
HX8	Y	T6	CS	T73	CGS1
HX6	Y_1	T_51、T_52等	CYS	T76	CGS2
HX4	Y_2	T2	CZY	T74	CGS3
HX2	Y_4	T9	CSY	T5	RCS

1.6.6 变形铝及铝合金新旧牌号对照（表1-26）

表1-26 变形铝及铝合金新旧牌号对照

扫码查表

1.6.7 金属材料力学性能符号新旧对照（表1-27）

表1-27 金属材料力学性能符号新旧对照

性能指标	符号（新标准）	符号（旧标准）	名称及说明
硬度指标	HBW	HB、HBS、HBW	布氏硬度
	HR	HR	洛氏硬度，有 A、B、C、D、E、F、G、H、K、N、T 共11种标尺
	HV	HV	维氏硬度
	HL	HL	里氏硬度
	HK	HK	努氏硬度
	HS	HS	肖氏硬度，有 C、D 两种测头（可有 HS、HSC、HSD）
	H_{IT}	—	压痕硬度
强度指标	R_m	σ_b	抗拉强度
	R_t	σ_t	规定总延伸强度
	R_p	σ_p	规定塑性延伸强度，常见指标 $R_{p0.2}$
	R_r	σ_r	规定残余延伸强度，常见指标 $R_{r0.2}$
		σ_s	屈服点（屈服强度，一般对应下屈服强度）
	$R_{p0.2}$	$\sigma_{0.2}$	条件屈服强度，也叫名义屈服强度
	R_{eH}	σ_{sU}	上屈服强度
	R_{eL}	σ_{sL}	下屈服强度
	R_{mc}	σ_{bc}、σ_b	抗压强度
	σ_{bb}	σ_w	抗弯强度
	τ_b	—	抗剪强度
	τ_m	—	抗扭强度
冲击指标	K	A	吸收能量（冲击吸收功），单位为 J
	K_T		总吸收能量，单位为 J
	KU	A_{KU}	测定的 U 型缺口试样的吸收能量，单位为 J
	KV	A_{KV}	测定的 V 型缺口试样的吸收能量，单位为 J
	KN	—	测定的无缺口试样的吸收能量，单位为 J
	—	a_K	冲击韧度，稿件中出现时建议保留，单位为 J/cm²
断裂指标	K		应力强度因子，单位为 MPa·m$^{1/2}$
	K_I		张开型应力强度因子（I型），单位为 MPa·m$^{1/2}$
	K_{IC}		平面应变断裂韧度（K_I 的临界值），单位为 MPa·m$^{1/2}$
	K_Q		K_{IC} 的条件值，单位为 MPa·m$^{1/2}$
疲劳指标	N_f		疲劳寿命或耐久性
	σ_D		疲劳极限
	σ_N		在 N 次循环的疲劳强度
	S	σ_{-1}	疲劳强度

(续)

性能指标	符号		名称及说明
	新标准	旧标准	
其他指标	A	δ	伸长率（%）
	A_e	δ_s	屈服点延伸率（%）
	A_u	—	持久伸长率（%）
	Z	Ψ	断面收缩率（%）
	Z_u	—	持久断面收缩率（%）

注：参考标准 GB/T 10623—2008《金属材料 力学性能试验术语》、GB/T 24182—2009《金属力学性能试验 出版标准中的符号和定义》。

1.6.8 各种硬度间的换算（表1-28）

表1-28　各种硬度间的换算

洛氏硬度 HRC	肖氏硬度 HS	维氏硬度 HV	布氏硬度 HBW	洛氏硬度 HRC	肖氏硬度 HS	维氏硬度 HV	布氏硬度 HBW	洛氏硬度 HRC	肖氏硬度 HS	维氏硬度 HV	布氏硬度 HBW
70	—	1037	—	52	69.1	543	—	34	46.6	320	314
69	—	997	—	51	67.7	525	501	33	45.6	312	306
68	96.6	959	—	50	66.3	509	488	32	44.5	304	298
67	94.6	923	—	49	65	493	474	31	43.5	296	291
66	92.6	889	—	48	63.7	478	461	30	42.5	289	283
65	90.5	856	—	47	62.3	463	449	29	41.6	281	276
64	88.4	825	—	46	61	449	436	28	40.6	274	269
63	86.5	795	—	45	59.7	436	424	27	39.7	268	263
62	84.8	766	—	44	58.4	423	413	26	38.8	261	257
61	83.1	739	—	43	57.1	411	401	25	37.9	255	251
60	81.4	713	—	42	55.9	399	391	24	37	249	245
59	79.7	688	—	41	54.7	388	380	23	36.3	243	240
58	78.1	664	—	40	53.5	377	370	22	35.5	237	234
57	76.5	642	—	39	52.3	367	360	21	34.7	231	229
56	74.9	620	—	38	51.1	357	350	20	34	226	225
55	73.5	599	—	37	50	347	341	19	33.2	221	220
54	71.9	579	—	36	48.8	338	332	18	32.6	216	216
53	70.5	561	—	35	47.8	329	323	17	31.9	211	211

1.6.9 钢铁材料硬度与强度换算

为了能用硬度试验代替某些力学性能试验，生产上需要一个比较准确的硬度和强度的换算关系。布氏硬度与抗拉强度的换算关系近似为：

1）低碳钢：$R_m \approx 3.53 \text{HBW}$。
2）高碳钢：$R_m \approx 3.33 \text{HBW}$。
3）合金钢：$R_m \approx 3.19 \text{HBW}$。
4）灰铸铁：$R_m \approx 0.98 \text{HBW}$。

钢铁材料硬度与强度换算如表1-29所示。

表1-29　钢铁材料硬度与强度换算

扫码查表

1.6.10 有色金属材料硬度与强度换算

有色金属材料硬度（HBW）与抗拉强度 R_m（MPa）的关系可按关系式 $R_m = K\text{HBW}$

计算,其中强度-硬度系数 K 值按表1-30取值。

表1-30 有色金属材料强度-硬度系数 K 值

材料	K 值	材料	K 值
铝	2.7	铝黄铜	4.8
铅	2.9	铸铝 ZL103	2.12
锡	2.9	铸铝 ZL101	2.66
铜	5.5	硬铝	3.6
单相黄铜	3.5	锌合金铸件	0.9
H62	4.3~4.6		

1.7 极限与配合

1.7.1 基本偏差系列(图1-1)

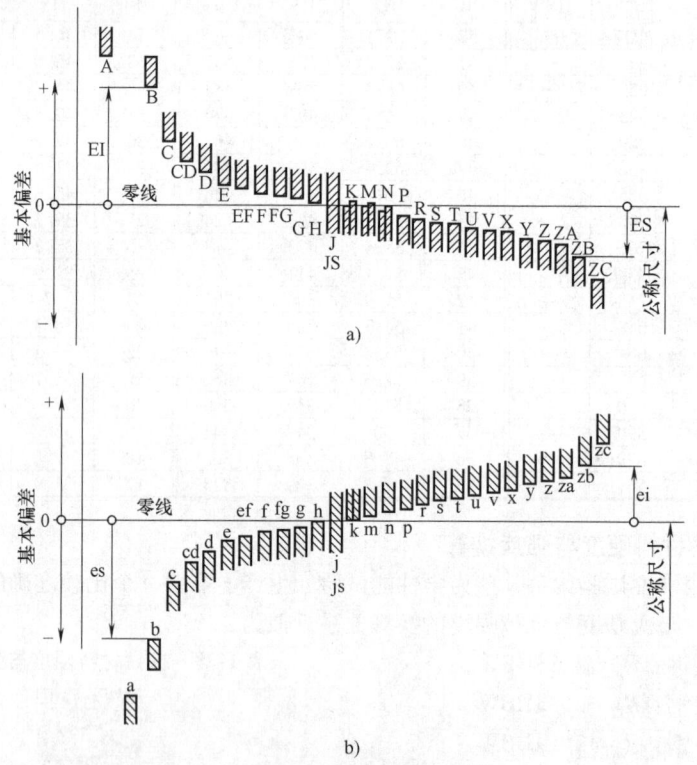

图1-1 基本偏差系列
a)孔 b)轴

1.7.2 公称尺寸至3150mm的标准公差数值(表1-31)
1.7.3 孔A~M的基本偏差数值(表1-32)

表1-31 公称尺寸至3150mm的标准公差数值
（GB/T 1800.1—2020）

扫码查表

表1-32 孔 A~M 的基本偏差数值
（GB/T 1800.1—2020）

扫码查表

1.7.4 孔 N~ZC 的基本偏差数值（表1-33）

1.7.5 轴 a~j 的基本偏差数值（表1-34）

表1-33 孔 N~ZC 的基本偏差数值
（GB/T 1800.1—2020）

扫码查表

表1-34 轴 a~j 的基本偏差数值
（GB/T 1800.1—2020）

扫码查表

1.7.6 轴 k~zc 的基本偏差数值（表1-35）

1.7.7 基孔制和基轴制配合的优先配合（表1-36）

表1-35 轴 k~zc 的基本偏差数值
（GB/T 1800.1—2020）

扫码查表

表1-36 基孔制和基轴制配合的优先配合
（GB/T 1800.1—2020）

扫码查表

1.8 表面粗糙度

1.8.1 表面粗糙度的特征（表1-37）

表1-37 表面粗糙度的特征

表面粗糙度 $Ra/\mu m$	表面形状特征	表面粗糙度 $Ra/\mu m$	表面形状特征
50	明显可见刀痕	0.4	不可辨加工痕迹的方向
25	微见刀痕	0.2	暗光泽面
12.5	可见加工痕迹	0.1	亮光泽面
6.3	微见加工痕迹	0.05	镜状光泽面
3.2	看不见的加工痕迹	0.025	雾状镜面
1.6	可辨加工痕迹的方向	0.012	镜面
0.8	微辨加工痕迹的方向		

1.8.2 表面粗糙度的符号及意义

1. 表面结构的图形符号及意义（表1-38）

表1-38 表面结构的图形符号及意义

符号	意义及说明
✓	基本符号,表示指定表面可用任何工艺获得。当不加注表面粗糙度参数值或有关说明(如表面热处理、局部热处理状况)时,仅适用于简化代号标注,没有补充说明时不能单独使用
✓ (加横线)	去除材料的扩展符号,基本符号加一短横,表示指定表面是用去除材料的方法获得,如车、铣、钻、磨、剪切、抛光、腐蚀、电火花加工、气割等
✓ (加圆圈)	不去除材料的扩展符号,基本符号加一圆圈,表示指定表面是用不去除材料的方法获得,如铸、锻、冲压变形、热轧、冷轧、粉末冶金等;或者是用于保持原供应状况的表面(包括保持上道工序的状况)
✓ ✓ ✓ (加横线顶)	完整符号,当要求标注表面结构的补充信息时,应在上述3个图形符号的长边上加一横线
✓ ✓ ✓ (加圆圈顶)	工件轮廓各表面的图形符号,当在图样某个视图上构成封闭轮廓的各表面有相同的表面结构要求时,应在完整图形符号上加一圆圈,标注在图样中工件的封闭轮廓线上。如果标注会引起歧义时,各表面应分别标注

2. 表面结构完整图形符号的组成(表1-39)

表1-39 表面结构完整图形符号的组成

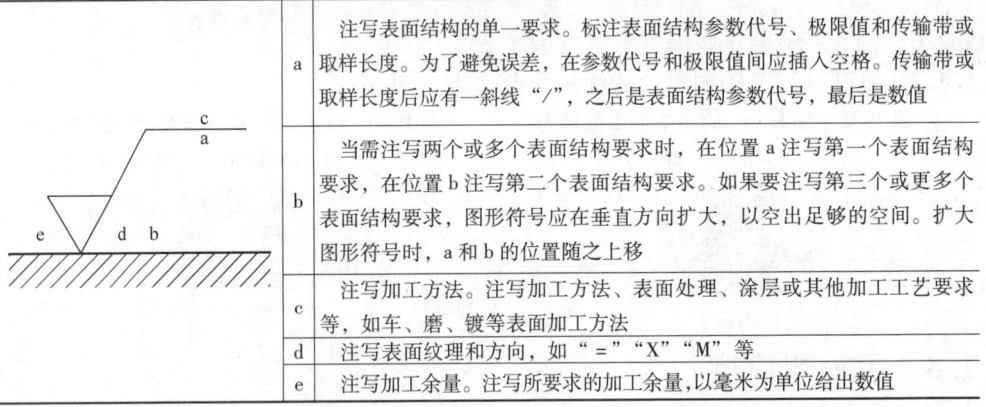

a	注写表面结构的单一要求。标注表面结构参数代号、极限值和传输带或取样长度。为了避免误差,在参数代号和极限值间应插入空格。传输带或取样长度后应有一斜线"/",之后是表面结构参数代号,最后是数值
b	当需注写两个或多个表面结构要求时,在位置a注写第一个表面结构要求,在位置b注写第二个表面结构要求。如果要注写第三个或更多个表面结构要求,图形符号应在垂直方向扩大,以空出足够的空间。扩大图形符号时,a和b的位置随之上移
c	注写加工方法。注写加工方法、表面处理、涂层或其他加工工艺要求等,如车、磨、镀等表面加工方法
d	注写表面纹理和方向,如"="、"X"、"M"等
e	注写加工余量。注写所要求的加工余量,以毫米为单位给出数值

3. 表面结构代号标注示例(表1-40)

表1-40 表面结构代号标注示例

符号	含义解释
✓ Rz 0.4	表示不允许去除材料,单向上限值,默认传输带,R轮廓,表面粗糙度的最大高度0.4μm,评定长度为5个取样长度(默认),"16%规则"(默认)
✓ Rz max 0.2	表示去除材料,单向上限值,默认传输带,R轮廓,表面粗糙度的最大高度的最大值0.2μm,评定长度为5个取样长度(默认),"最大规则"
✓ 0.0008~0.8/Ra 3.2	表示去除材料,单向上限值,传输带0.008~0.8mm,R轮廓,算术平均偏差3.2μm,评定长度为5个取样长度(默认),"16%规则"(默认)
✓ -0.8/Ra 3 3.2	表示去除材料,单向上限值,传输带:取样长度0.8mm(λ_s默认0.0025mm),R轮廓,算术平均偏差3.2μm,评定长度包括3个取样长度,"16%规则"(默认)
✓ U Ra max 3.2 L Ra 0.8	表示不允许去除材料,双向极限值,两极限值均使用默认传输带,R轮廓。上限值:算术平均偏差3.2μm,评定长度为5个取样长度(默认),"最大规则";下限值:算术平均偏差0.8μm,评定长度为5个取样长度(默认),"16%规则"(默认)

4. 新旧标准表面结构图形标注对照（表1-41）

表1-41　新旧标准表面结构图形标注对照

序号	GB/T 131 的版本			说明主要问题的示例
	1983（第1版）①	1993（第2版）②	2006（第3版）③	
1	∇ 1.6	∇ 1.6 / 1.6	√ Ra 1.6	Ra 只采用"16%规则"
2	∇ Ry 3.2	Ry 3.2 / Ry 3.2	√ Rz 3.2	除了 Ra "16%规则"的参数
3	—④	1.6max	√ Ra max 1.6	"最大规则"
4	1.6/0.8 ∇	1.6/0.8	√ -0.8/Ra 1.6	Ra 加取样长度
5	—④	—④	√ 0.025-0.8/Ra 1.6	传输带
6	Ry 3.2/0.8	Ry 3.2/0.8	√ -0.8/Rz 6.3	除 Ra 外其他参数及取样长度
7	1.6 / Ry 6.3	1.6 / Ry 6.3	√ Ra 1.6 / Rz 6.3	Ra 及其他参数
8	—④	Ry 3.2	√ Rz3 6.3	评定长度中的取样长度个数如果不是5
9	—④	—④	√ L Ra 1.6	下限值
10	3.2/1.6 ∇	3.2/1.6	√ U Ra 3.2 / L Ra 1.6	上、下限值

① 即没有定义默认值也没有其他的细节，尤其是：无默认评定长度；无默认取样长度；无"16%规则"或"最大规则"。

② 在 GB/T 3505—1983 和 GB/T 10610—1989 中定义的默认值和规则仅用于参数 R_a、R_y 和 R_z（10点高度）。此外，GB/T 131—1993 中存在着参数代号书写不一致问题，标准正文要求参数代号第二个字母标注为下标，但在所有的图表中，第二个字母都是小写，而当时所有的其他表面结构标准都使用下标。

③ 新的 R_z 为原 R_y 的定义，原 R_y 的符号不再使用。

④ 表示没有该项。

1.8.3 不同加工方法能达到的表面粗糙度（表1-42）

表1-42 不同加工方法能达到的表面粗糙度

加工方法		表面粗糙度 $Ra/\mu m$ 范围
砂型、壳型铸造		6.30～50
金属型铸造		3.20～25
离心铸造		3.20～12.5
精密铸造		1.60～12.5
熔模铸造		1.60～6.30
压力铸造		0.80～6.30
热轧		6.30～50
模锻		3.20～25
冷轧		0.80～6.30
挤压		0.40～3.20
冷拉		0.40～6.30
刮削		0.10～1.60
刨削	粗	3.20～25
	精	0.40～3.20
插削		1.60～12.5
钻孔		1.60～12.5
扩孔	粗	3.20～12.5
	精	0.80～6.30
金刚镗孔		0.10～0.80
镗孔	粗	6.30～50
	半精	0.80～6.30
	精	0.40～3.20
铰孔	粗	3.20～12.5
	半精	0.80～3.20
	精	0.20～1.60
拉削	半精	0.40～3.20
	精	0.20～1.60
滚铣	粗	3.20～25
	半精	1.60～6.30
	精	0.40～3.20

（续）

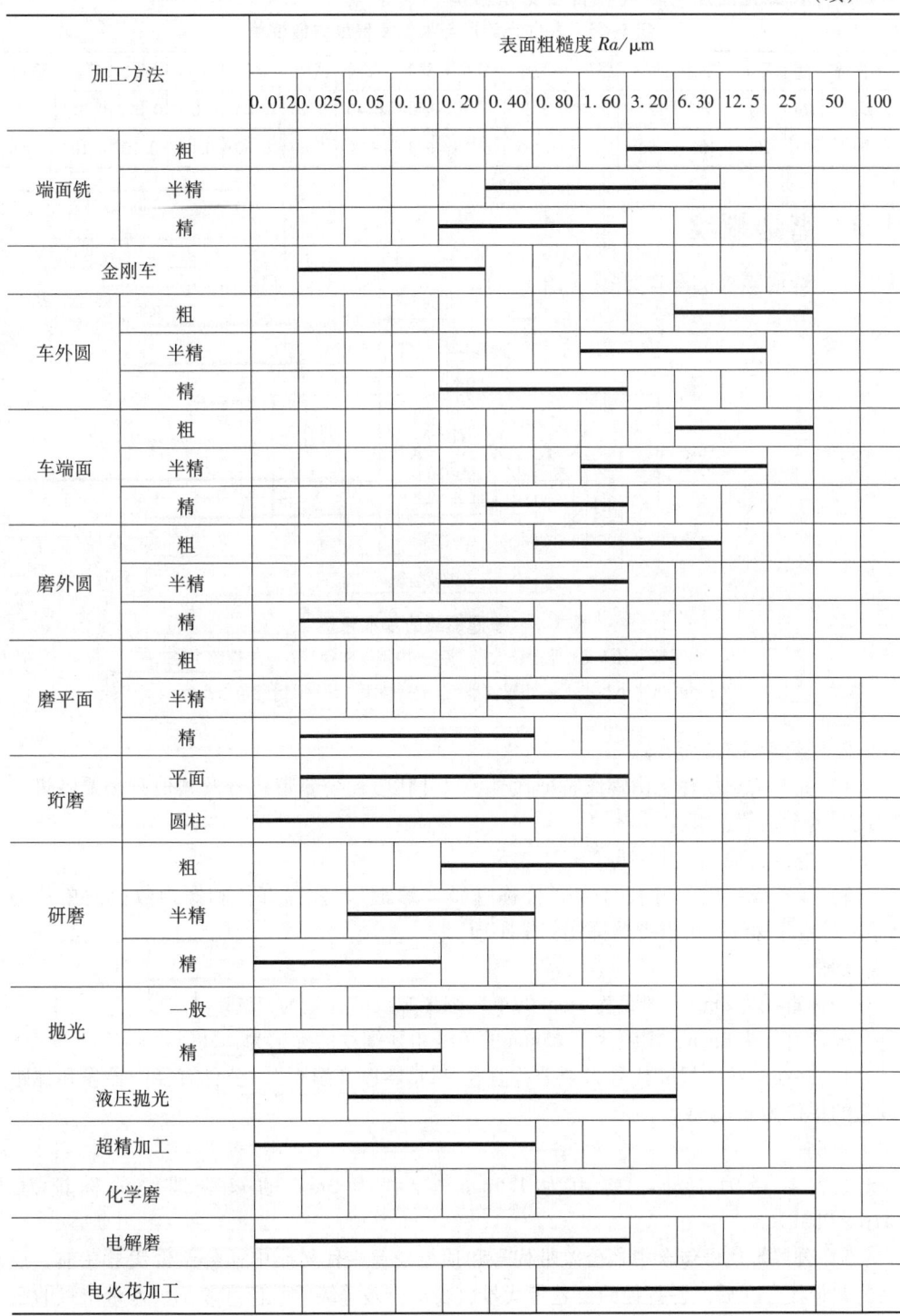

1.8.4 表面光洁度与表面粗糙度数值换算（表1-43）

表1-43 表面光洁度与表面粗糙度数值换算　　　　（单位：μm）

表面光洁度		▽1	▽2	▽3	▽4	▽5	▽6	▽7	▽8	▽9	▽10	▽11	▽12	▽13	▽14
表面粗糙度	Ra	50	25	12.5	6.3	3.2	1.60	0.80	0.40	0.20	0.100	0.050	0.025	0.012	—
	Rz	200	100	50	25	12.5	6.3	6.3	3.2	1.60	0.80	0.40	0.20	0.100	0.050

1.9 普通螺纹

1.9.1 普通螺纹的基本牙型（图1-2）

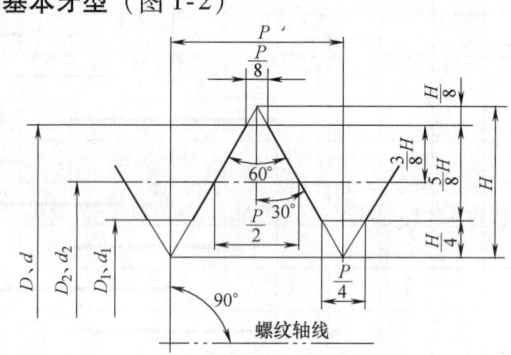

图1-2 普通螺纹的基本牙型

D—内螺纹大径　d—外螺纹大径　D_2—内螺纹中径　d_2—外螺纹中径
D_1—内螺纹小径　d_1—外螺纹小径　P—螺距　H—原始三角形高度

1.9.2 普通螺纹的标记

1）完整的螺纹标记由螺纹特征代号、尺寸代号、公差带代号及其他有必要做进一步说明的个别信息组成。

2）螺纹特征代号用字母"M"表示。

3）单线螺纹的尺寸代号为"公称直径×螺距"，公称直径和螺距数值的单位为mm。对粗牙螺纹，可以省略标注其螺距项。

示例：

公称直径为8mm，螺距为1mm的单线细牙螺纹的标记为：M8×1。

公称直径为8mm，螺距为1.25mm的单线粗牙螺纹的标记为：M8。

4）多线螺纹的尺寸代号为"公称直径×Ph导程P螺距"，公称直径、导程和螺距数值的单位为mm。

示例：

公称直径为16mm，螺距为1.5mm，导程为3mm的双线螺纹的标记为：M16×Ph3P1.5。

5）公差带代号包含中径公差带代号和顶径公差带代号。中径公差带代号在前，顶径公差带代号在后。各直径的公差带代号由表示公差等级的数值和表示公差带位置的字母（内螺纹用大写字母，外螺纹用小写字母）组成。如果中径公差带代号与顶径公差带代号相同，则应只标注一个公差带代号。螺纹规格代号与公差带间用"-"号分开。

示例：

中径公差带为5g，顶径公差带为6g的外螺纹的标记为：M10×1-5g6g。

中径公差带和顶径公差带为6g的粗牙外螺纹的标记为：M10-6g。

中径公差带为5H，顶径公差带为6H的内螺纹的标记为：M10×1-5H6H。

中径公差带和顶径公差带为6H的粗牙内螺纹的标记为：M10-6H。

6）在下列情况下，中等公差精度螺纹不标注其公差带代号。

内螺纹：5H公称直径小于等于1.4mm时，6H公称直径大于等于1.6mm时。

注：对螺距为0.2mm的螺纹，其公差等级为4级。

外螺纹：6h公称直径小于等于1.4mm时，6g公称直径大于等于1.6mm时。

示例：

中径公差带和顶径公差带为6g，中等公差精度的粗牙外螺纹的标记为：M10。

中径公差带和顶径公差带为6H，中等公差精度的粗牙内螺纹的标记为：M10。

7）表示内、外螺纹配合时，内螺纹公差带代号在前，外螺纹公差带代号在后，中间用斜线分开。

示例：

公差带为6H的内螺纹与公差带为5g6g的外螺纹组成配合的标记为：M20×2-6H/5g6g。

公差带为6H的内螺纹与公差带为6g的外螺纹组成配合（中等公差精度、粗牙）的标记为：M6。

8）标记内有必要说明的其他信息包括螺纹的旋合长度和旋向。

对短旋合长度组和长旋合长度组的螺纹，宜在公差带代号后分别标注"S"和"L"代号。旋合长度代号与公差带间用"-"号分开。中等旋合长度组螺纹不标注旋合长度代号（N）。

示例：

短旋合长度的内螺纹的标记为：M20×2-5H-S。

长旋合长度的内、外螺纹的标记为：M4-7H/7g6g-L。

中等旋合长度的外螺纹（粗牙、中等精度的6g公差带）的标记为：M6。

9）对左螺纹，应在旋合长度代号之后标注"LH"代号。旋合长度代号与旋向代号间用"-"号分开。右旋螺纹不标注旋向代号。

示例：

左旋螺纹的标记为：M8×1-LH（公差带代号和旋合长度代号被省略），M6×0.74-5h6h-S-LH，M14×Ph6P2-7H-L-LH。

右旋螺纹的标记为：M6（螺距、公差带代号、旋合长度代号和旋向代号被省略）。

1.9.3 普通螺纹的直径与螺距系列

直径与螺距标准组合系列应符合表1-44的规定。在表1-44内，应选择与直径处于同一行内的螺距。优先选用第一系列直径，其次选择第二系列直径，最后选择第三系列直径。尽可能地避免选用括号内的螺距，部分螺距对应的最大直径如表1-45所示。

表 1-44 直径与螺距标准组合系列（GB/T 193—2003）

扫码查表

表 1-45 螺距与最大公称直径（GB/T 193—2003） （单位：mm）

螺距	最大公称直径	螺距	最大公称直径
0.5	22	1.5	150
0.75	33	2	200
1	80	3	300

1.9.4 普通螺纹的基本尺寸（表 1-46）

表 1-46 普通螺纹的基本尺寸（GB/T 196—2003） （单位：mm）

公称直径（大径）D、d	螺距 P	中径 D_2、d_2	小径 D_1、d_1	公称直径（大径）D、d	螺距 P	中径 D_2、d_2	小径 D_1、d_1
1	0.25	0.838	0.729	8	1.25	7.188	6.647
	0.2	0.870	0.783		1	7.350	6.917
1.1	0.25	0.938	0.829		0.75	7.513	7.188
	0.2	0.970	0.883		1.25	8.188	7.647
1.2	0.25	1.038	0.929	9	1	8.350	7.917
	0.2	1.070	0.983		0.75	8.513	8.188
1.4	0.3	1.205	1.075		1.5	9.026	8.376
	0.2	1.270	1.183	10	1.25	9.188	8.647
1.6	0.35	1.373	1.221		1	9.350	8.917
	0.2	1.470	1.383		0.75	9.513	9.188
1.8	0.35	1.573	1.421		1.5	10.026	9.376
	0.2	1.670	1.583	11	1	10.350	9.917
2	0.4	1.740	1.567		0.75	10.513	10.188
	0.25	1.838	1.729		1.75	10.863	10.106
2.2	0.45	1.908	1.713	12	1.5	11.026	10.376
	0.25	2.038	1.929		1.25	11.188	10.647
2.5	0.45	2.208	2.013		1	11.350	10.917
	0.35	2.273	2.121		2	12.701	11.835
3	0.5	2.675	2.459	14	1.5	13.026	12.376
	0.35	2.773	2.621		1.25	13.188	12.647
3.5	0.6	3.110	2.850		1	13.350	12.917
	0.35	3.273	3.121	15	1.5	14.026	13.376
4	0.7	3.545	3.242		1	14.350	13.917
	0.5	3.675	3.459		2	14.701	13.835
4.5	0.75	4.013	3.688	16	1.5	15.026	14.376
	0.5	4.175	3.959		1	15.350	14.917
5	0.8	4.480	4.134	17	1.5	16.026	15.376
	0.5	4.675	4.459		1	16.350	15.917
5.5	0.5	5.175	4.959		2.5	16.376	15.294
6	1	5.350	4.917		2	16.701	15.835
	0.75	5.513	5.188	18	1.5	17.026	16.376
7	1	6.350	5.917		1	17.350	16.917
	0.75	6.513	6.188				

(续)

公称直径（大径）D、d	螺距 P	中径 D_2、d_2	小径 D_1、d_1	公称直径（大径）D、d	螺距 P	中径 D_2、d_2	小径 D_1、d_1
20	2.5	18.376	17.294	45	4.5	42.077	40.129
	2	18.701	17.835		4	42.402	40.670
	1.5	19.026	18.376		3	43.051	41.752
	1	19.350	18.917		2	43.701	42.835
22	2.5	20.376	19.294		1.5	44.026	43.376
	2	20.701	19.835	48	5	44.752	42.587
	1.5	21.026	20.376		4	45.402	43.670
	1	21.350	20.917		3	46.051	44.752
24	3	22.051	20.752		2	46.701	45.835
	2	22.701	21.835		1.5	47.026	46.376
	1.5	23.026	22.376	50	3	48.051	46.752
	1	23.350	22.917		2	48.701	47.835
25	2	23.701	22.835		1.5	49.026	48.376
	1.5	24.026	23.376	52	5	48.752	46.587
	1	24.350	23.917		4	49.402	47.670
26	1.5	25.026	24.376		3	50.051	48.752
27	3	25.051	23.752		2	50.701	49.835
	2	25.701	24.835		1.5	51.026	50.376
	1.5	26.026	25.376	55	4	52.402	50.670
	1	26.350	25.917		3	53.051	51.752
28	2	26.701	25.835		2	53.701	52.835
	1.5	27.026	26.376		1.5	54.026	53.376
	1	27.350	26.917	56	5.5	52.428	50.046
30	3.5	27.727	26.211		4	53.402	51.670
	3	28.051	26.752		3	54.051	52.752
	2	28.701	27.835		2	54.701	53.835
	1.5	29.026	28.376		1.5	55.026	54.376
	1	29.350	28.917	58	4	55.402	53.670
32	2	30.701	29.835		3	56.051	54.752
	1.5	31.026	30.376		2	56.701	55.835
33	3.5	30.727	29.211		1.5	57.026	56.376
	3	31.051	29.752	60	5.5	56.428	54.046
	2	31.701	30.835		4	57.402	55.670
	1.5	32.026	31.376		3	58.051	56.752
35	1.5	34.026	33.376		2	58.701	57.835
36	4	33.402	31.670		1.5	59.026	58.376
	3	34.051	32.752	62	4	59.402	57.670
	2	34.701	33.835		3	60.051	58.752
	1.5	35.026	34.376		2	60.701	59.835
38	1.5	37.026	36.376		1.5	61.026	60.376
39	4	36.402	34.670	64	6	60.103	57.505
	3	37.051	35.752		4	61.402	59.670
	2	37.701	36.835		3	62.051	60.752
	1.5	38.026	37.376		2	62.701	61.835
40	3	38.051	36.752		1.5	63.026	62.376
	2	38.701	37.835	65	4	62.402	60.670
	1.5	39.026	38.376		3	63.051	61.752
42	4.5	39.077	37.129		2	63.701	62.835
	4	39.402	37.670		1.5	64.026	63.376
	3	40.051	38.752	68	6	64.103	61.505
	2	40.701	39.835		4	65.402	63.670
	1.5	41.026	40.376		3	66.051	64.752

(续)

公称直径（大径）D、d	螺距 P	中径 D_2、d_2	小径 D_1、d_1	公称直径（大径）D、d	螺距 P	中径 D_2、d_2	小径 D_1、d_1
68	2	66.701	65.835	110	6	106.103	103.505
	1.5	67.026	66.376		4	107.402	105.670
70	6	66.103	63.505		3	108.051	106.752
	4	67.402	65.670		2	108.701	107.835
	3	68.051	66.752	115	6	111.103	108.505
	2	68.701	67.835		4	112.402	110.670
	1.5	69.026	68.376		3	113.051	111.752
72	6	68.103	65.505		2	113.701	112.835
	4	69.402	67.670	120	6	116.103	113.505
	3	70.051	68.752		4	117.402	115.670
	2	70.701	69.835		3	118.051	116.752
	1.5	71.026	70.376		2	118.701	117.835
75	4	72.402	70.670	125	6	121.103	118.505
	3	73.051	71.752		4	122.402	120.670
	2	73.701	72.835		3	123.051	121.752
	1.5	74.026	73.376		2	123.701	122.835
76	6	72.103	69.505	130	6	126.103	123.505
	4	73.402	71.670		4	127.402	125.670
	3	74.051	72.752		3	128.051	126.752
	2	74.701	73.835		2	128.701	127.835
	1.5	75.026	74.376	135	6	131.103	128.505
78	2	76.700	75.835		4	132.402	130.670
80	6	76.103	73.505		3	133.051	131.752
	4	77.402	75.670		2	133.701	132.835
	3	78.051	76.752	140	6	136.103	133.505
	2	78.701	77.835		4	137.402	135.670
	1.5	79.026	78.376		3	138.051	136.752
82	2	80.701	79.835		2	138.701	137.835
85	6	81.103	78.505	145	6	141.103	138.505
	4	82.402	80.670		4	142.402	140.670
	3	83.051	81.752		3	143.051	141.752
	2	83.701	82.835		2	143.701	142.835
90	6	86.103	83.505	150	8	144.804	141.340
	4	87.402	85.670		6	146.103	143.505
	3	88.051	86.752		4	147.402	145.670
	2	88.701	87.835		3	148.051	146.752
95	6	91.103	88.505		2	148.701	147.835
	4	92.402	90.670	155	6	151.103	148.505
	3	93.051	91.752		4	152.402	150.670
	2	93.701	92.835		3	153.051	151.752
100	6	96.103	93.505	160	8	154.804	151.340
	4	97.402	95.670		6	156.103	153.505
	3	98.051	96.752		4	157.402	155.670
	2	98.701	97.835		3	158.051	156.752
105	6	101.103	98.505				
	4	102.402	100.670				
	3	103.051	101.752				
	2	103.701	102.835				

(续)

公称直径（大径）D、d	螺距 P	中径 D_2、d_2	小径 D_1、d_1	公称直径（大径）D、d	螺距 P	中径 D_2、d_2	小径 D_1、d_1
165	6	161.103	158.505	225	6	221.103	218.505
	4	162.402	160.670		4	222.402	220.670
	3	163.051	161.752		3	223.051	221.752
170	8	164.804	161.340	230	8	224.804	221.340
	6	166.103	163.505		6	226.103	223.505
	4	167.402	165.670		4	227.402	225.670
	3	168.051	166.752		3	228.051	226.752
175	6	171.103	168.505	235	6	231.103	228.505
	4	172.402	170.670		4	232.402	230.670
	3	173.051	171.752		3	233.051	231.752
180	8	174.804	171.340	240	8	234.804	231.340
	6	176.103	173.505		6	236.103	233.505
	4	177.402	175.670		4	237.402	235.670
	3	178.051	176.752		3	238.051	236.752
185	6	181.103	178.505	245	6	241.103	238.505
	4	182.402	180.670		4	242.402	240.670
	3	183.051	181.752		3	243.051	241.752
190	8	184.804	181.340	250	8	244.804	241.340
	6	186.103	183.505		6	246.103	243.505
	4	187.402	185.670		4	247.402	245.670
	3	188.051	186.752		3	248.051	246.752
195	6	191.103	188.505	255	6	251.103	248.505
	4	192.402	190.670		4	252.402	250.670
	3	193.051	191.752		8	254.804	251.340
200	8	194.804	191.340	260	6	256.103	253.505
	6	196.103	193.505		4	257.402	255.670
	4	197.402	195.670	265	6	261.103	258.505
	3	198.051	196.752		4	262.402	260.670
205	6	201.103	198.505	270	8	264.804	261.340
	4	202.402	200.670		6	266.103	263.505
	3	203.051	201.752		4	267.402	265.670
210	8	204.804	201.340	275	6	271.103	268.505
	6	206.103	203.505		4	272.402	270.670
	4	207.402	205.670	280	8	274.804	271.340
	3	208.051	206.752		6	276.103	273.505
215	6	211.103	208.505		4	277.402	275.670
	4	212.402	210.670	285	6	281.103	278.505
	3	213.051	211.752		4	282.402	280.670
220	8	214.804	211.340	290	8	284.804	281.340
	6	216.103	213.505		6	286.103	283.505
	4	217.402	215.670		4	287.402	285.670
	3	218.051	216.752	295	6	291.103	288.505
					4	292.402	290.670
				300	8	294.804	291.340
					6	296.103	293.505
					4	297.402	295.670

1.10 紧固件标记方法

1. 紧固件产品的完整标记

紧固件产品的完整标记如下：

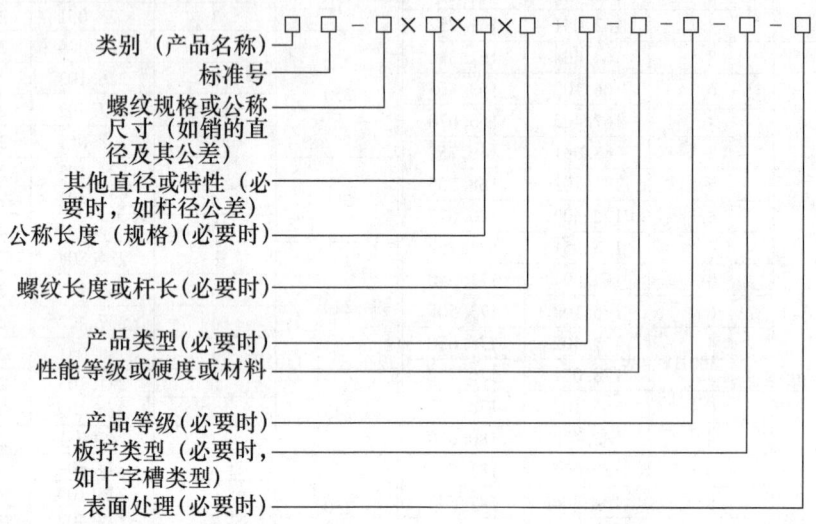

2. 紧固件标记的简化原则

1）类别（名称）、标准年代号及其前面的"-"，允许全部或部分省略。省略年代号的标准应以现行标准为准。

2）标记中的"-"允许全部或部分省略；标记中"其他直径或特性"前面的"×"允许省略。但省略后不应导致对标记的误解，一般以空格代替。

3）当产品标准中只规定一种产品形式、性能等级或硬度或材料、产品等级、扳拧形式及表面处理时，允许全部或部分省略。

4）当产品标准中规定两种及其以上的产品形式、性能等级或硬度或材料、产品等级、扳拧形式及表面处理时，应规定可以省略其中的一种，并在产品标准的标记中给出省略后的简化标记。

3. 紧固件的标记（表1-47）

表1-47 紧固件的标记（GB/T 1237—2000）

序号	紧固件名称	完整标记	简化标记
1	螺栓	螺纹规格 d = M12、公称长度 l = 80mm、性能等级为10.9级、表面氧化、产品等级为A级的六角头螺栓的标记如下 螺栓　GB/T 5782—2016-M12 × 80-10.9-A-O	螺纹规格 d = M12、公称长度 l = 80mm、性能等级为8.8级、表面氧化、产品等级为A级的六角头螺栓的标记如下 螺栓　GB/T 5782 M12 × 80

序号	紧固件名称	完整标记	简化标记
2	螺钉	螺纹规格 d = M6、公称长度 l = 6mm、长度 z = 4mm、性能等级为 33H 级、表面氧化的开槽盘头定位螺钉的标记如下 螺钉　GB/T 828—1988-M6×6×4-33H-O	螺纹规格 d = M6、公称长度 l = 6mm、长度 z = 4mm、性能等级为 14H 级、不经表面处理的开槽盘头定位螺钉的标记如下 螺钉　GB/T 828 M6×6×4
3	螺母	螺纹规格 D = M12、性能等级为 10 级、表面氧化、产品等级为 A 级的 1 型六角螺母的标记如下 螺母　GB/T 6170—2015-M12-10-A-O	螺纹规格 D = M12、性能等级为 8 级、不经表面处理、产品等级为 A 级的 1 型六角螺母的标记如下 螺母　GB/T 6170 M12
4	垫圈	标准系列、规格 8mm、性能等级为 300HV、表面氧化、产品等级为 A 级的平垫圈的标记如下 垫圈　GB/T 97.1—2002-8-300HV-A-O	标准系列、规格 8mm、性能等级为 140HV、不经表面处理、产品等级为 A 级的平垫圈的标记如下 垫圈　GB/T 97.1 8
5	自攻螺钉	螺纹规格 ST3.5、公称长度 l = 16mm、Z 型槽、表面氧化的 F 型十字槽盘头自攻螺钉的标记如下 自攻螺钉　GB/T 845—2017-ST3.5×16-F-Z-O	螺纹规格 ST3.5、公称长度 l = 16mm、H 型槽、镀锌钝化的 C 型十字槽盘头自攻螺钉的标记如下 自攻螺钉　GB/T 845 ST3.5×16
6	销	公称直径 d = 6mm、公差为 m6、公称长度 l = 30mm、材料为 C1 组马氏体不锈钢、表面简单处理的圆柱销的标记如下 销　GB/T 119.2—2000-6-m6×30-C1-简单处理	公称直径 d = 6mm、公差为 m6、公称长度 l = 30mm、材料为钢、普通淬火（A 型）、表面氧化的圆柱销的标记如下 销　GB/T 119.2 6×30
7	铆钉	公称直径 d = 5mm、公称长度 l = 10mm、性能等级为 10 级的开口型扁圆头抽芯铆钉的标记如下 抽芯铆钉　GB/T 12618.1—2006-5×10-08	公称直径 d = 5mm、公称长度 l = 10mm、性能等级为 10 级的开口型扁圆头抽芯铆钉的标记如下 抽芯铆钉　GB/T 12618.1 5×10
8	挡圈	公称直径 d = 30mm、外径 D = 40mm、材料为 35 钢、热处理硬度 25~35HRC、表面氧化的轴肩挡圈的标记如下 挡圈　GB/T 886—1986-30×40-35 钢-热处理 25~35HRC-O	公称直径 d = 30mm、外径 D = 40mm、材料为 35 钢、不经热处理及表面处理的轴扁挡圈的标记如下 挡圈　GB/T 886 30×40

1.11 国家标准及行业标准代号（表1-48）

表1-48 国家标准及行业标准代号

代号	意义	代号	意义
GB	国家标准（强制性标准）	JY	教育行业标准
GB/T	国家标准（推荐性标准）	LD	劳动和劳动安全行业标准
GBn	国家内部标准	LY	林业行业标准
GJB	国家军用标准	MH	民用航空行业标准
GBJ	国家工程建设标准	MT	煤炭行业标准
□□	□□行业标准（强制性标准）	MZ	民政行业标准
□□/T	□□行业标准（推荐性标准）	NY	农业行业标准
CB	船舶行业标准	QB	轻工行业标准
CH	测绘行业标准	QC	汽车行业标准
CJ	城镇建设行业标准	QJ	航天行业标准
CY	新闻出版行业标准	SC	水产行业标准
DA	档案工作行业标准	SH	石油化工行业标准
DL	电力行业标准	SJ	电子行业标准
DZ	地质矿产行业标准	SL	水利行业标准
EJ	核工业行业标准	SN	商检行业标准
FZ	纺织行业标准	SY	石油天然气行业标准
GA	公共安全行业标准	TB	铁路运输行业标准
GY	广播电影电视行业标准	TD	土地管理行业标准
HB	航空行业标准	TY	体育行业标准
HG	化工行业标准	WB	物资行业标准
HJ	环境保护行业标准	WH	文化行业标准
HY	海洋行业标准	WJ	兵工民品行业标准
JB	机械行业标准（含机械、电工、仪器仪表等）	XB	稀土行业标准
JB		YB	黑色冶金行业标准
JC	建材行业标准	YC	烟草行业标准
JG	建筑工业行业标准	YD	通信行业标准
JR	金融行业标准	YS	有色冶金行业标准
JT	交通行业标准	YY	医药行业标准

第 2 章 金属材料相关知识

2.1 金属材料的分类

2.1.1 钢铁材料的分类

1. 生铁的分类（表2-1）

表2-1 生铁的分类

分类方法	分类名称		说　明
按用途分类	炼钢生铁		指用于平炉、转炉炼钢用的生铁，一般含硅量较低（硅的质量分数不大于0.75%），含硫量较高（硫的质量分数不大于0.07%）。这种生铁是炼钢用的主要原料，在生铁产量中占80%~90%。炼钢生铁质硬而脆，断口呈白色，所以也叫白口铁
	铸造生铁		指用于铸造各种铸件的生铁，俗称翻砂铁。一般含硅量较高（硅的质量分数达3.75%），含硫量稍低（硫的质量分数小于0.06%）。它在生铁产量中约占10%，是钢铁厂中的主要商品铁，其断口为灰色，所以也叫灰口铁
按化学成分分类	普通生铁		指不含其他合金元素的生铁，如炼钢生铁、铸造生铁都属于这一类生铁
	特种生铁	天然合金生铁	指用含有共生金属（如铜、钒、镍等）的铁矿石或精矿，或用还原剂还原而炼成的一种特种生铁，它含有一定量的合金元素（一种或多种，由矿石的成分来决定），可用来炼钢，也可用于铸造
		铁合金	铁合金和天然合金生铁不同之处，是在炼钢时特意加入其他成分，炼成含有多种合金元素的特种生铁。铁合金是炼钢的原料之一，也可用于铸造。在炼钢时作钢的脱氧剂和合金元素添加剂，用以改善钢的性能。铁合金的品种很多，如按所含的元素来分，可分为硅铁、锰铁、铬铁、钨铁、钼铁、钛铁、钒铁、磷铁、硼铁、镍铁、铌铁、硅锰合金及稀土合金等，其中用量最大的是锰铁、硅铁和铬铁；按照生产方法的不同，可分为高炉铁合金、电炉铁合金、炉外法铁合金、真空碳还原铁合金等

2. 铸铁的分类（表2-2）

表2-2 铸铁的分类

分类方法	分类名称	说　明
按断口颜色分类	灰口铸铁	1）这种铸铁中的碳大部分或全部以自由状态的石墨形式存在，其断口呈灰色或灰黑色。灰口铸铁包括灰铸铁、球墨铸铁、蠕墨铸铁等 2）有一定的力学性能和良好的可加工性，在工业上应用普遍
	白口铸铁	1）白口铸铁是组织中完全没有或几乎完全没有石墨的一种铁碳合金，其中碳全部以渗碳体形式存在，断口呈白亮色 2）硬而且脆，不能进行切削加工，工业上很少直接应用其来制造机械零件。在机械制造中，只能用来制造对耐磨性要求较高的零件 3）可以用激冷的办法制造内部为灰铸铁组织、表层为白口铸铁组织的耐磨零件，如火车轮圈、轧辊、犁铧等。这种铸铁具有很高的表面硬度和耐磨性，通常又称为激冷铸铁或冷硬铸铁
	麻口铸铁	这是介于白口铸铁和灰铸铁之间的一种铸铁，其组织为珠光体+渗碳体+石墨，断口呈灰白相间的麻点状，故称麻口铸铁。这种铸铁性能不好，极少应用

分类方法	分类名称	说明
按化学成分分类	普通铸铁	普通铸铁是指不含任何合金元素的铸铁,一般常用的灰铸铁、可锻铸铁和球墨铸铁等都属于这一类铸铁
	合金铸铁	在普通铸铁内有意识地加入一些合金元素,以提高铸铁某些特殊性能而配制成的一种高级铸铁,如各种耐蚀、耐热、耐磨的特殊性能铸铁,都属于这一类铸铁
按生产方法和组织性能分类	灰铸铁	1) 灰铸铁中碳以片状石墨形式存在 2) 灰铸铁具有一定的强度、硬度,良好的减振性和耐磨性,较高的导热性和抗热疲劳性,同时还具有良好的铸造工艺性能及可加工性,生产简便,成本低,在工业和民用生活中得到了广泛的应用
	孕育铸铁	1) 孕育铸铁是铁液经孕育处理后获得的亚共晶灰铸铁。在铁液中加入孕育剂,造成人工晶核,从而可获得细晶粒的珠光体和细片状石墨组织 2) 这种铸铁的强度、塑性和韧性均比一般灰铸铁要好得多,组织也较均匀一致,主要用来制造力学性能要求较高而截面尺寸变化较大的大型铸铁件
	可锻铸铁	1) 由一定成分的白口铸铁经石墨化退火后而成,其中碳大部或全部呈团絮状石墨的形式存在,由于其对基体的破坏作用较之片状石墨大大减轻,因而比灰铸铁具有较高的韧性 2) 可锻铸铁实际并不可以锻造,只不过具有一定的塑性而已,通常多用来制造承受冲击载荷的铸件
	球墨铸铁	1) 球墨铸铁是通过在浇铸前往铁液中加入一定量的球化剂(如纯镁或其合金)和墨化剂(硅铁或硅钙合金),以促进碳呈球状石墨结晶而获得的 2) 由于石墨呈球形,应力大为减轻,因而这种铸铁的力学性能比灰铸铁高得多,也比可锻铸铁好 3) 具有比灰铸铁好的焊接性和热处理工艺性 4) 和钢相比,除塑性、韧性稍低外,其他性能均接近,是一种同时兼有钢和铸铁优点的优良材料,因此在机械工程上获得了广泛的应用
	特殊性能铸铁	这是一类具有某些特性的铸铁,根据用途的不同,可分为耐磨铸铁、耐热铸铁、耐蚀铸铁等。这类铸铁大部分属于合金铸铁,在机械制造上应用也较为广泛

3. 钢的分类(表2-3)

表2-3 钢的分类

分类方法	分类名称	说明
按冶炼方法分类	按冶炼设备分类 平炉钢	1) 指用平炉炼钢法炼制出来的钢 2) 按炉衬材料不同,分酸性平炉钢和碱性平炉钢两种。一般平炉钢都是碱性的,只有特殊情况下才在酸性平炉内炼制 3) 平炉炼钢法具有原料来源广、设备容量大、品种多、质量好等优点。平炉钢以往曾在世界钢总产量中占绝对优势,现在世界各国有停建平炉的趋势 4) 平炉钢的主要品种是普通碳素钢、低合金钢和优质碳素钢
	转炉钢	1) 指用转炉炼钢法炼制出来的钢 2) 除分为酸性和碱性转炉钢外,还可分为底吹、侧吹、顶吹和空气吹炼、纯氧吹炼等转炉钢,常可混合使用 3) 我国现在大量生产的为侧吹碱性转炉钢和氧气顶吹转炉钢。氧气顶吹转炉钢有生产速度快、质量高、成本低、投资少、基建快等优点,是当代炼钢的主要方法 4) 转炉钢的主要品种是普通碳素钢,氧气顶吹转炉也可生产优质碳素钢和合金钢

(续)

分类方法	分类名称		说明
按冶炼方法分类	按冶炼设备分类	电炉钢	1) 指用电炉炼钢法炼制出的钢 2) 可分为电弧炉钢、感应电炉钢、真空感应电炉钢、电渣炉钢、真空自耗炉钢、电子束炉钢等 3) 工业上大量生产的主要是碱性电弧炉钢,品种是优质碳素钢和合金钢
	按脱氧程度和浇注制度分类	沸腾钢	1) 指脱氧不完全的钢,浇注时在钢模里产生沸腾,所以称沸腾钢 2) 其特点是收缩率高,成本低,表面质量及深冲性能好 3) 成分偏析大,质量不均匀,耐蚀性和力学性能较差 4) 大量用于轧制普通碳素钢的型钢和钢板
		镇静钢	1) 脱氧完全的钢,浇注时钢液镇静,没有沸腾现象,所以称镇静钢 2) 成分偏析少,质量均匀,但金属的收缩率低(缩孔多),成本较高 3) 通常情况下,合金钢和优质碳素钢都是镇静钢
		半镇静钢	1) 脱氧程度介于沸腾钢和镇静钢之间的钢,浇注时沸腾现象较沸腾钢弱 2) 钢的质量、成本和收缩率也介于沸腾钢和镇静钢之间。生产较难控制,故目前在钢产量中占比例不大
按化学成分分类	碳素钢		1) 指碳的质量分数≤2%,并含有少量锰、硅、硫、磷和氧等杂质元素的铁碳合金 2) 按钢中含碳量分类 低碳钢:碳的质量分数≤0.25%的钢 中碳钢:碳的质量分数>0.25%~0.60%的钢 高碳钢:碳的质量分数>0.60%的钢 3) 按钢的质量和用途的不同,又分为普通碳素结构钢、优质碳素结构钢和碳素工具钢3大类
	合金钢		1) 在碳素钢基础上,为改善钢的性能,在冶炼时加入一些合金元素(如铬、镍、硅、锰、钼、钨、钒、钛、硼等)而炼成的钢 2) 按其合金元素的总含量分类 低合金钢:这类钢的合金元素总质量分数≤5% 中合金钢:这类钢的合金元素总质量分数>5%~10% 高合金钢:这类钢的合金元素总质量分数>10% 3) 按钢中主要合金元素的种类分类 三元合金钢:指除铁、碳以外,还含有另一种合金元素的钢,如锰钢、铬钢、硼钢、钼钢、硅钢、镍钢等 四元合金钢:指除铁、碳以外,还含有另外两种合金元素的钢,如硅锰钢、锰硼钢、铬锰钢、铬镍钢等 多元合金钢:指除铁、碳以外,还含有另外3种或3种以上合金元素的钢,如铬锰钛钢、硅锰钼钒钢等
按用途分类	结构钢	建筑及工程用结构钢	1) 用于建筑、桥梁、船舶、锅炉或其他工程上制造金属结构件的钢,多为低碳钢。由于大多要经过焊接施工,故其含碳量不宜过高,一般都是在热轧供应状态或正火状态下使用 2) 主要类型如下 普通碳素结构钢:按用途又分为一般用途的普通碳素结构钢和专用普通碳素结构钢 低合金钢:按用途又分为低合金结构钢、耐腐蚀用钢、低温用钢、钢筋钢、钢轨钢、耐磨钢和特殊用途专用钢
		机械制造用结构钢	1) 用于制造机械设备上的结构零件 2) 这类钢基本上都是优质钢或高级优质钢,需要经过热处理、冷塑成形和机械切削加工后才能使用 3) 主要类型有优质碳素结构钢、合金结构钢、易切结构钢、弹簧钢、滚动轴承钢

（续）

分类方法	分类名称	说　　明
按用途分类	工具钢	1）指用于制造各种工具的钢 2）这类钢按其化学成分为碳素工具钢、合金工具钢、高速工具钢 3）按照用途又可分为刃具钢（或称刀具钢）、模具钢（包括冷作模具钢和热作模具钢）、量具钢
按用途分类	特殊钢	1）指用特殊方法生产，具有特殊物理性能、化学性能和力学性能的钢 2）主要包括不锈钢、耐热钢、高电阻合金钢、低温用钢、耐磨钢、磁钢（包括硬磁钢和软磁钢）、抗磁钢和超高强度钢（指 $R_m \geq 1400 MPa$ 的钢）
按用途分类	专业用钢	指各工业部门专业用途的钢，例如，农机用钢、机床用钢、重型机械用钢、汽车用钢、航空用钢、宇航用钢、石油机械用钢、化工机械用钢、锅炉用钢、电工用钢、焊条用钢等
按金相组织分类	按退火后的金相组织分类 亚共析钢	碳的质量分数 <0.77%，组织为游离铁素体+珠光体
按金相组织分类	按退火后的金相组织分类 共析钢	碳的质量分数为 0.77%，组织全部为珠光体
按金相组织分类	按退火后的金相组织分类 过共析钢	碳的质量分数 >0.77%，组织为游离碳化物+珠光体
按金相组织分类	按退火后的金相组织分类 莱氏体钢	实际上也是过共析钢，但其组织为碳化物和珠光体的共晶体
按金相组织分类	按正火后的金相组织分类 珠光体钢、贝氏体钢	当合金元素含量较少时，在空气中冷却得到珠光体或索氏体、托氏体的钢，就属于珠光体钢；得到贝氏体的钢，就属于贝氏体钢
按金相组织分类	按正火后的金相组织分类 马氏体钢	当合金元素含量较高时，在空气中冷却得到马氏体的钢称为马氏体钢
按金相组织分类	按正火后的金相组织分类 奥氏体钢	当合金元素含量较高时，在空气中冷却，奥氏体直到室温仍不转变的钢称为奥氏体钢
按金相组织分类	按正火后的金相组织分类 碳化物钢	当含碳量较高并含有大量碳化物组成元素时，在空气中冷却，得到由碳化物及其基体组织（珠光体或马氏体、奥氏体）所构成的混合物组织的钢称为碳化物钢。最典型的碳化物钢是高速工具钢
按金相组织分类	按加热、冷却时有无相变和室温时的金相组织分类 铁素体钢	含碳量很低并含有大量的形成或稳定铁素体的元素，如铬、硅等，故在加热或冷却时，始终保持铁素体组织
按金相组织分类	按加热、冷却时有无相变和室温时的金相组织分类 半铁素体钢	含碳量较低并含有较多的形成或稳定铁素体的元素，如铬、硅等，在加热或冷却时，只有部分发生 α⇌γ 相变，其他部分始终保持 α 相的铁素体组织
按金相组织分类	按加热、冷却时有无相变和室温时的金相组织分类 半奥氏体钢	含有一定的形成或稳定奥氏体的元素，如镍、锰等，故在加热或冷却时，只有部分发生 α⇌γ 相变，其他部分始终保持 γ 相的奥氏体组织
按金相组织分类	按加热、冷却时有无相变和室温时的金相组织分类 奥氏体钢	含有大量的形成或稳定奥氏体的元素，如锰、镍等，故在加热或冷却时，始终保持奥氏体组织
按品质分类	普通钢	1）含杂质元素较多，其中磷、硫的质量分数均应≤0.07% 2）主要用作建筑结构和要求不太高的机械零件 3）主要类型有普通碳素钢、低合金结构钢等
按品质分类	优质钢	1）含杂质元素较少，质量较好，其中硫、磷的质量分数均应≤0.04%，主要用于机械结构零件和工具 2）主要类型有优质碳素结构钢、合金结构钢、碳素工具钢和合金工具钢、弹簧钢、轴承钢等
按品质分类	高级优质钢	1）含杂质元素极少，其中硫、磷的质量分数均应≤0.03%，主要用于重要机械结构零件和工具 2）属于这一类的钢大多是合金结构钢和工具钢，为了区别于一般优质钢，这类钢的钢号后面，通常加符号"A"，以便识别

(续)

分类方法	分类名称	说　明
按制造加工形式分类	铸钢	1）指采用铸造方法而生产出来的一种钢铸件，其碳的质量分数一般为0.15%~0.60% 2）铸造性能差，往往需要用热处理和合金化等方法来改善其组织和性能，主要用于制造一些形状复杂、难于进行锻造或切削加工成形，而又要求较高的强度和塑性的零件 3）按化学成分分为铸造碳钢和铸造合金钢，按用途分为铸造结构钢、铸造特殊钢和铸造工具钢
	锻钢	1）采用锻造方法生产出来的各种锻材和锻件 2）塑性、韧性和其他方面的力学性能也都比铸钢件高，用于制造一些重要的机器零件 3）冶金工厂中某些截面较大的型钢也采用锻造方法来生产和供应一定规格的锻材，如锻制圆钢、方钢和扁钢等
	热轧钢	1）指用热轧方法生产出的各种热轧钢材。大部分钢材都是采用热轧轧成的 2）热轧常用于生产型钢、钢管、钢板等大型钢材，也用于轧制线材
	冷轧钢	1）指用冷轧方法生产出的各种钢材 2）与热轧钢相比，冷轧钢的特点是：表面光洁，尺寸精确，力学性能好 3）冷轧常用来轧制薄板、钢带和钢管
	冷拔钢	1）指用冷拔方法生产出的各种钢材 2）特点是：精度高，表面质量好 3）冷拔主要用于生产钢丝，也用于生产直径在50mm以下的圆钢和六角钢，以及直径在76mm以下的钢管

4. 钢产品分类（表2-4）

表2-4　钢产品分类（GB/T 15574—2016）

序号	类别	释义
1	液态钢	通过冶炼或直接熔化原料而获得的液体状态钢，用于铸锭或连续浇注或铸造铸钢件
2	钢锭和半成品	钢锭：将液态钢浇注到具有一定形状的锭模中得到的产品 半成品：由轧制或锻造钢锭获得的，或者由连铸获得的产品
3	轧制成品和最终产品	包括扁平产品和长材 扁平产品：包括无涂层扁平产品、电工钢、包装用镀锡和相关产品、热轧或冷轧扁平镀层产品、压型板材、复合产品 长材：包括盘条、钢丝、热成型棒材、光亮产品、钢筋混凝土用和预应力混凝土用产品、热轧型材、焊接型钢、冷弯型钢、管状产品
4	其他产品	包括钢丝绳、自由锻产品、模锻和冲压件、铸件、粉末冶金产品

5. 钢材十五大类及品种规格（表2-5）

表2-5　钢材十五大类及品种规格

序号	类别	品　种　规　格
1	重轨	重量大于24kg/m
2	轻轨	重量不大于24kg/m
3	其他钢材	鱼尾板、垫板、车轮坯、锻件坯、车轮、轮箍、法兰（直径为700~2100mm）、盘件（直径为300~500mm）、坯件（最大尺寸为600~2100mm）、钢球

(续)

序号	类别	品 种 规 格
4	大型型钢	1）圆钢、方钢、六角钢、八角钢：对边≥81mm 2）扁钢：宽度≥101mm 3）工字钢、槽钢：高度≥180mm 4）角钢：等边，边宽≥150mm；不等边，边宽≥150mm×100mm 5）异型钢：18号异型槽钢
5	中型型钢	1）圆钢、螺纹钢、方钢、六角钢、八角钢：对边38~80mm 2）扁钢：宽度60~100mm 3）工字钢、槽钢：高度<180mm 4）角钢：等边，边宽50~149mm；不等边，边宽40mm×60mm~99mm×149mm 5）异型钢：10号斜腿槽钢
6	小型型钢	1）圆钢、方钢、螺纹钢、六角钢、八角钢：对边10~37mm 2）扁钢：宽度≤59mm 3）角钢：等边，边宽20~49mm；不等边，边宽20mm×30mm~39mm×59mm 4）异型钢：磁极钢、小槽钢等
7	线材	1）盘条：直径6~9mm 2）其他：优质盘条、电焊盘条等
8	中厚钢板	厚度大于4mm，包括普通中板和优质中板，如造船、汽车、锅炉等用的中板
9	薄板	厚度不大于4mm，包括普通薄板、优质薄板和镀层薄板、黑铁皮、马口铁等
10	硅钢片	1）电机硅钢片，分冷轧、热轧 2）变压器硅钢片0.35mm、0.50mm，分冷轧、热轧
11	钢带	1）普通钢带、优质钢带，分冷轧、热轧 2）镀锡钢带、打包铁皮等
12	优质钢材	1）碳素结构钢、碳素工具钢、弹簧钢、合金结构钢、高速工具钢、不锈钢等，包括圆钢、方钢、六角钢、扁钢、异型钢等 2）冷拉优质钢 3）高温合金 4）精密合金
13	无缝钢管	热轧、冷轧、冷拔的无缝管及镀锌无缝管，包括一般锅炉用无缝钢管、合金钢无缝钢管、不锈钢无缝钢管、渗铝无缝管、石油用无缝钢管、地质用无缝钢管、异型断面管及其他用无缝钢管
14	焊接钢管	一般焊管、镀锌焊管、电线套管、薄壁管、异型管、螺旋焊管、波纹管、吹氧管等
15	金属制品	1）钢丝绳 2）钢绞线 3）钢丝 4）铁丝、镀锌铁丝、通信铁丝、黑铁丝

2.1.2 有色金属材料的分类

1. 有色金属的分类（表2-6）

表2-6 有色金属的分类

类 型	性能特点与用途
轻金属（Al、Mg、Ti、Na、K、Ca、Sr、Ba）	密度在4.5g/cm^{3}以下，化学性质活泼。其中铝（Al）的生产量最大，占有色金属总产量的1/3以上，使用最为广泛。纯的轻金属主要利用其特殊的物理或化学性能，铝（Al）、镁（Mg）、钛（Ti）用于配制轻质合金
重金属（Cu、Ni、Co、Zn、Sn、Pb、Sb、Cd、Bi、Hg）	密度均大于4.5g/cm^3，其中Cu、Ni、Co、Pb、Cd、Bi、Hg的密度都大于铁的密度（7.87g/cm^3）。纯金属状态多利用其独特的物理或化学性能，如Cu应用于电工及电子工业。Ni、Co用于配制磁性合金、高温合金及用作钢中的重要合金元素。Pb、Zn、Sn、Cd、Cu用于轴承合金与印刷合金，Ni、Cu还用于催化剂

类型	性能特点与用途
贵金属（Au、Ag、Pt、Ir、Os、Ru、Pd、Rh）	储量少，提取困难，价格昂贵，化学活性低，密度大（10.5～22.5g/cm³）。Au、Ag、Pt、Pd 具有良好的塑性，Au、Ag 还有良好的导电和导热性能。应用于电工、电子、宇航、仪表和化学催化剂
稀有金属	稀有金属是指储量稀少，难以提取的金属，通常可包括：锂（Li）、铍（Be）、钪（Sc）、钒（V）、镓（Ga）、锗（Ge）、铷（Rb）、钇（Y）、锆（Zr）、铌（Nb）、钼（Mo）、铯（Cs）、镧系元素（La、Ce、Pr、Nd 等 15 个元素）、铪（Hf）、钽（Ta）、W（钨）、铼（Re）、铊（Tl）、钋（Po）、钫（Fr）、镭（Ra）、锕系元素（Ac、Th、Pa、U）及人造超铀元素。根据这些稀有金属元素的物理、化学性能或生产特点又可分为：稀有轻金属、稀有难熔金属、稀有分散金属、稀土金属、稀有放射性金属 5 类
稀有轻金属（Li、Be、Rb、Cs）	密度均小于 2g/cm³，其中锂的密度仅为 0.534g/cm³。化学性质活泼。除了利用它们特殊的物理或化学性能外，还作为特殊性能合金中的重要合金元素使用，如铝锂（Al-Li）合金、铍合金等
稀有难熔金属（W、Mo、Ta、Nb、Zr、Hf、V、Re）	熔点高（如锆的熔点为 1852℃，钨的熔点为 3387℃），硬度高，耐蚀性好，可形成非常坚硬和难溶的碳化物、氮化物、硅化物和硼化物。用作硬质合金、电热合金、灯丝、电极等的重要材料，并作为钢和其他合金的合金元素
稀土金属	共 17 个金属元素，从 La 至 Eu（原子序数 57～63）称为轻稀土金属，从 Gd 至 Lu（原子序数 64～71）称为重稀土金属。200 年前，人们只能获得外观近似碱土金属氧化物的稀土金属氧化物，故起名"稀土"，沿用至今。稀土金属元素的原子结构接近，物理、化学性能也相似，在矿石中伴生，在提取过程中需经繁杂的工艺步骤才能将各个元素分离。工业上有时可使用混合稀土，即轻稀土金属的合金或重稀土金属的合金。稀土金属化学性质活泼，与非金属元素可形成稳定的氧化物、氢化物等。稀土金属和稀土化合物具有一系列特殊的物理、化学性能，可资利用，同时还是其他合金熔炼过程中的优良脱氧剂和净化剂，少量的稀土金属对改善合金的组织和性能常起到显著作用，稀土金属也是一系列特殊性能合金的主要成分之一
稀有放射性金属	包括天然放射性元素：钋（Po）、镭（Ra）、锕（Ac）、钍（Th）、镤（Pa）、铀（U）及人造超铀元素钫（Fr）、锝（Tc）、镎（Np）、钚（Pu）、镅（Am）、锔（Cm）、锫（Bk）、锎（Cf）、锿（Es）、镄（Fm）、钔（Md）、锘（No）和铹（Lw）。它们是科学研究和核工业的重要材料

2. 工业上常用有色合金的分类（表 2-7）

表 2-7 工业上常用有色合金的分类

合金类型	合金品种	合金系列
铜合金	普通黄铜	Cu-Zn 合金，可变形加工或铸造
	特殊黄铜	在 Cu-Zn 基础上还含有 Al、Si、Mn、Pb、Sn、Fe、Ni 等合金元素，可变形加工或铸造
	锡青铜	在 Cu-Sn 基础上加入 P、Zn、Pb 等合金元素，可变形加工或铸造
	特殊青铜	不以 Zn、Sn 或 Ni 为主要合金元素的铜合金，有铝青铜、硅青铜、锰青铜、铍青铜、锆青铜、铬青铜、镉青铜、镁青铜等，可变形加工或铸造
	普通白铜	Cu-Ni 合金，可变形加工
	特殊白铜	在 Cu-Ni 基础上加入其他合金元素，有锰白铜、铁白铜、锌白铜、铝白铜等，可变形加工

(续)

合金类型	合金品种	合金系列
铝合金	变形铝合金	以变形加工方法生产管、棒、线、型、板、带、条、锻件等。合金系列有：工业纯铝（质量分数＞99%）、Al-Cu 或 Al-Cu-Li、Al-Mn、Al-Si、Al-Mg、Al-Mg-Si、Al-Zn-Mg、Al-Li-Sn、Zr、B、Fe 或 Cu 等
	铸造铝合金	浇注异型铸件用的铝合金，合金系列有工业纯铝、Al-Cu、Al-Si-Cu 或 Al-Mg-Si、Al-Si、Al-Mg、Al-Zn-Mg、Al-Li-Sn（Zr、B 或 Cu）
镁合金	变形镁合金	以变形加工方法生产板、棒、型、管、线、锻件等，合金系列有 Mg-Al-Zn-Mn、Mg-Al-Zn-Cs、Mg-Al-Zn-Zr、Mg-Th-Zr、Mg-Th-Mn 等，其中含 Zr、Th 的镁合金可时效硬化
	铸造镁合金	合金系与变形合金类似，砂型铸造的镁合金中还可含有质量分数为 1.2% ~ 3.2% 的稀土元素或质量分数为 2.5% 的 Be
钛合金	α 钛合金	具有 α（密排六方 hcp）固溶体的晶体结构，含有稳定 α 相和固溶强化的合金元素铝（提高 α—β 转变温度）以及固溶强化的合金元素铜与锡，铜还有沉淀强化作用。合金系是 Ti-Al、Ti-Cu-Sn
	近 α 钛合金	通过化学成分调整和不同的热处理制度可形成 α 或 "α+β" 的相结构，以满足某些性能要求
	α+β 钛合金	同时含有稳定 α 相的合金元素铝和稳定 β 相（降低 α—β 转变温度）的合金元素钒或钽、钼、铌，在室温下具有 "α+β" 的相结构。合金系为 Ti-Al-V（Ta、Mo、Nb）
	β 钛合金	含有稳定 β 相的合金元素钒或钼，快冷后在室温下为亚稳 β 结构。合金系为 Ti-V（Mo、Ta、Nb）
		钛合金与铝合金、镁合金、铍合金同属轻有色合金。钛合金具有中等的密度，很高的比强度与比刚度，良好的耐热性和很好的耐蚀性，主要用于航空航天和化工设备
高温合金	镍基高温合金	高温合金是指在 1000℃ 左右高温下仍具有足够的持久强度、蠕变强度、热疲劳强度、高温韧性及足够的化学稳定性的热强性材料，可用于在高温下工作的热动力部件。合金系为 Ni-Cr-Al、Ni-Cr-Al-Ti 等，常含有其他合金元素
	钴基高温合金	合金系为 Co-Cr、Co-Ni-W、Co-Mo-Mn-Si-C 等
锌合金	变形加工锌合金	合金系为 Zn-Cu 等
	铸造锌合金	合金系为 Zn-Al 等
轴承合金	铅基轴承合金	合金系为 Pb-Sn、Pb-Sb、Pb-Sb-Sn 等
	锡基轴承合金	合金系为 Sn-Sb 等
	其他轴承合金	合金系为铜合金、铝合金等
硬质合金	碳化钨	以钴作为黏结剂的合金，用于切削铸铁或制成矿山用钻头
	碳化钨、碳化钛	以钴作为黏结剂的合金，用于钢材的切削
	碳化钨、碳化钛、碳化铌	以钴作为黏结剂的合金，具有较高的高温性能和耐磨性，用于加工合金结构钢和镍铬不锈钢

2.2 常用金属材料性能术语

2.2.1 常用金属材料物理性能术语（表 2-8）

表 2-8 常用金属材料物理性能术语

序号	术语	释义
1	比热容	单位质量的物质的热容。比热容与物质的质量无关，只与物质的本性有关，但在热力学过程中，物质的比热容还与过程有关
2	热膨胀	物体温度升高时长度或体积会发生变化，可用相对膨胀量、平均线胀系数及平均体胀系数来表征

(续)

序号	术语	释义
3	热导率	又称导热系数,是表征物质热传导能力的物理量。一维稳态热流时,单位时间内单位面积上通过的热量与温度梯度成正比,其比例系数即热导率
4	热扩散系数	反映温度不均匀的物体中温度均匀化速度的物理量。它与物体的热导率成正比,与物体的体积热容成反比
5	热稳定性	材料经受剧烈的温度变化或在一定起始温度范围内冷热交替而不致破坏的能力
6	热辐射功率	材料在一定温度下单位时间内单位表面积上的热辐射强度,与同温度下黑体热辐射功率之比定义为热辐射率。它是表征材料在某一温度下热辐射能力的物理量
7	密度	规定温度下,单位体积物质的质量
8	堆积密度	堆积密度是把粉末或粉料自由填充于某一容器中,在刚填充完成时所测得的单位容积的质量
9	松装密度	在规定条件下粉末自由填充单位容积的质量
10	振实密度	在规定条件下容器中的粉末经振实后所测得的单位容积的质量
11	电阻	表征导体对电流阻碍作用的大小的物理量。电阻是导体本身的一种性质,不同的导体,电阻一般不同。导体的电阻越大,表示导体对电流的阻碍作用越大
12	电导率	反映导体中电场和电流密度关系的物理量,是决定导体电阻大小的参量
13	介电常数	相同几何尺寸的某种电介质电容器与真空电容器的电容量的比值,称为该电介质的相对介电常数。它是表征介质材料的介电性质或极化性质的物理参数
14	磁化强度	物质磁化后单位体积内的总磁矩。它是表征物质磁化程度的物理量
15	磁化率	在外磁场中,物质的磁化强度与磁场强度的比值。它是表征物质磁化的难易程度的物理量。除铁磁性和亚铁磁性物质外的物质的磁化率主要决定于化学成分,而铁磁性和亚铁磁性物质的磁化率与化学成分、晶体结构、晶粒组织、内应力等都有密切的关系
16	剩余极化强度	铁电体经极化后,撤除外电场作用时所具有的极化强度。它是铁电体的一个重要性质,是铁电陶瓷经极化后具有压电效应的物理基础
17	抗磁性	在外磁场作用下,物质的磁化强度与外磁场方向相反的现象。只有原子各壳层都充满电子,原子磁矩为零的物质才能表现出抗磁性
18	磁畴	在居里温度下,大块的铁磁体(亚铁磁体)内部所形成的许多自发磁化的小区域。每一个磁畴内相邻原子磁矩呈平行(反平行)排列,自发磁化达到饱和。各个磁畴的自发磁化方向是不同的。磁畴的大小从几十纳米到几厘米,根据其形状可称为:片状、封闭畴、树枝状畴、磁泡畴等
19	磁通	磁通是通过某一截面积的磁力线总数
20	磁致伸缩	在磁场中磁化时,铁磁体或亚铁磁体的长度或体积发生变化的现象。可以用纵向、横向和体积三种磁致伸缩系数来描述。由于体伸缩比线伸缩小得多,通常只考虑线伸缩
21	居里温度	又称为居里点,是铁磁性和亚铁磁性物质转变为顺磁性物质的临界温度

2.2.2 常用金属材料力学性能术语(表2-9)

表2-9 常用金属材料力学性能术语(GB/T 10623—2008)

序号	术语	释义
1	弹性极限	材料在应力完全释放时能够保持没有永久应变的最大应力
2	弹性模量	低于比例极限的应力与相应应变的比值,用符号 E 表示。杨氏模量为正应力和线性应变下的弹性模量特例
3	泊松比	低于材料比例极限的轴向应力所产生的横向应变与相应轴向应变的负比值,用符号 μ 表示
4	蠕变断裂时间	在规定的温度下,试样承受规定的拉应力发生变形直至断裂所需的时间,用符号 t_u 表示

(续)

序号	术语	释义
5	蠕变强度	蠕变试验中在规定的恒定温度和时间内，引起规定应变的应力
6	断后伸长率	断后标距（或参考长度）的残余伸长与原始标距（或参考长度）之比的百分率，用符号 A 表示。对于比例试样，若原始标距不为 $5.65\sqrt{S_0}$（S_0 为平行长度的原始横截面积），符号 A 应附以下角标说明所使用的比例系数，例如 $A_{11.3}$ 表示原始标距为 $11.3\sqrt{S_0}$ 的断后伸长率。对于非比例试样，符号 A 应附以下角标说明所使用的原始标距，例如 A_{80mm} 表示原始标距为 80mm 的断后伸长率
7	断面收缩率	断裂后试样横截面积的最大缩减量与原始横截面积之比的百分率，用符号 Z 表示
8	抗拉强度	与最大试验力相对应的应力，用符号 R_m 表示。通过拉伸试验到断裂过程中的最大试验力和试样原始横截面积之间的比值来计算
9	抗压强度	对于脆性材料，试样压至破坏过程中的最大压缩应力；对于在压缩中不以粉碎性破裂而失效的塑性材料，则抗压强度取决于规定应变和试样几何形状。用符号 R_{mc} 表示
10	抗扭强度	相应最大扭矩的切应力，用符号 τ_m 表示
11	屈服强度	当金属材料呈现屈服现象时，该材料在试验过程中发生塑性变形而力不再增加时所对应的应力。应区分上屈服强度和下屈服强度
12	上屈服强度	试样发生屈服而力首次下降前的最高应力值，用符号 R_{eH} 表示
13	下屈服强度	在屈服期间，不计初始瞬时效应时的最低应力值，用符号 R_{eL} 表示
14	压缩屈服强度	当金属材料呈现屈服现象时，试样在试验过程中达到力不再增加而继续变形所对应的压缩应力。应区分上压缩屈服强度和下压缩屈服强度
15	上压缩屈服强度	试样发生屈服而力首次下降前的最高压缩应力值，用符号 R_{eHc} 表示
16	下压缩屈服强度	在屈服期间，不计初始瞬时效应时的最低压缩应力值，用符号 R_{eLc} 表示
17	规定塑性延伸强度	塑性延伸率（试验中任一给定时刻引伸计标距的塑性延伸与引伸计标距之比的百分率）等于引伸计标距规定百分率时的应力。用符号 R_p 表示，使用的符号应附以下角标说明所规定的百分率，例如 $R_{p0.2}$
18	规定残余延伸强度	残余延伸率（试样施加并卸除应力后引伸计标距的延伸与引伸计标距之比的百分率）等于引伸计标距规定百分率时的应力。用符号 R_r 表示，使用的符号应附以下角标说明所规定的百分率，例如 $R_{r0.2}$
19	规定塑性压缩强度	试样标距段的塑性压缩变形达到规定的原始标距百分比时的压缩应力。用符号 R_{pc} 表示，使用的符号应附以下角标说明所规定的百分率，例如 $R_{pc0.2}$
20	布氏硬度	材料抵抗通过硬质合金球压头施加试验力所产生永久压痕变形的度量单位，用符号 HBW 表示
21	努氏硬度	材料抵抗通过金刚石菱形锥体（正四棱锥体或正三棱锥体）压头施加试验力所产生塑性变形和弹性变形的度量单位，用符号 HK 表示
22	马氏硬度	材料抵抗通过金刚石棱锥体（正四棱锥体或正三棱锥体）压头施加试验力所产生塑性变形和弹性变形的度量单位，用符号 HM 表示
23	洛氏硬度	材料抵抗通过硬质合金或钢球压头，或对应某一标尺的金刚石圆锥体压头施加试验力所产生永久压痕变形的度量单位，用符号 HR 表示
24	维氏硬度	材料抵抗通过金刚石四棱锥体压头施加试验力所产生永久压痕变形的度量单位，用符号 HV 表示

(续)

序号	术语	释义
25	里氏硬度	用规定质量的冲击体在弹性力作用下以一定速度冲击试样表面,用冲头在距试样表面1mm处的回弹速度与冲击速度的比值计算硬度值,用符号HL表示
26	(冲击)吸收能量	通过摆锤冲击试验机试验折断试样时所需的能量。它等于试样被折断过程中摆锤从起始位置到第一个半周期终止产生的势能差。用符号 KU_2 或 KU_8、KV_2 或 KV_8 分别表示 U 型、V 型缺口试样测得的冲击吸收能量,下角标 2 或 8 表示摆锤刀刃半径(mm)。在旧标准中,(冲击)吸收能量称为冲击吸收功,用符号 A_{KU}、A_{KV} 分别表示 U 型、V 型缺口试样测得的冲击吸收功

2.3 钢铁材料牌号表示方法

2.3.1 生铁牌号表示方法

生铁产品牌号通常由两部分组成。

第一部分:表示产品用途、特性及工艺方法的大写汉语拼音字母。

第二部分:表示主要元素平均含量(以千分之几计)的阿拉伯数字。炼钢用生铁、铸造用生铁、球墨铸铁用生铁、耐磨生铁为硅元素平均含量,脱碳低磷粒铁为碳元素平均含量,含钒生铁为钒元素平均含量。

生铁牌号表示方法见表 2-10。

表 2-10 生铁牌号表示方法(GB/T 221—2008)

产品名称	第一部分			第二部分	牌号示例
	采用汉字	汉语拼音	采用字母		
炼钢用生铁	炼	LIAN	L	硅的质量分数为 0.85%~1.25% 的炼钢用生铁,阿拉伯数字为 10	L10
铸造用生铁	铸	ZHU	Z	硅的质量分数为 2.80%~3.20% 的铸造用生铁,阿拉伯数字为 30	Z30
球墨铸铁用生铁	球	QIU	Q	硅的质量分数为 1.00%~1.40% 的球墨铸铁用生铁,阿拉伯数字为 12	Q12
耐磨生铁	耐磨	NAI MO	NM	硅的质量分数为 1.60%~2.00% 的耐磨生铁,阿拉伯数字为 18	NM18
脱碳低磷粒铁	脱粒	TUO LI	TL	碳的质量分数为 1.20%~1.60% 的炼钢用脱碳低磷粒铁,阿拉伯数字为 14	TL14
含钒生铁	钒	FAN	F	钒的质量分数不小于 0.40% 的含钒生铁,阿拉伯数字为 04	F04

2.3.2 铁合金产品牌号表示方法

各类铁合金产品牌号表示方法如下:

× × × ×
| | | └—— 表示主要杂质元素及其最高质量分数或组别(第四部分)
| | └———— 表示主元素(或化合物)及其质量分数(第三部分)
| └—————— 表示含铁元素的铁合金产品,以化学符号"Fe"表示(第二部分)
└———————— 表示铁合金产品名称、用途、工艺方法和特性,以汉语拼音字母表示(第一部分)

1) 需要表示产品名称、用途、工艺方法和特性时，其牌号以汉语拼音字母开始。例如：①高炉法用"G"（"高"字汉语拼音中的第一个字母）表示。②电解法用"D"（"电"字汉语拼音中的第一个字母）表示。③重熔法用"C"（"重"字汉语拼音中的第一个字母）表示。④真空法用"ZK"（"真""空"字汉语拼音中的第一个字母组合）表示。⑤金属用"J"（"金"字汉语拼音中的第一个字母）表示。⑥氧化物用"Y"（"氧"字汉语拼音中的第一个字母）表示。⑦钒渣用"FZ"（"钒""渣"字汉语拼音中的第一个字母组合）表示。铁合金产品名称、用途、工艺方法和特性表示符号见表2-11。

表2-11 铁合金产品名称、用途、工艺方法和特性表示符号（GB/T 7738—2008）

名称	采用的汉字及汉语拼音		采用符号	字体	位置
	汉字	汉语拼音			
金属锰（电硅热法）、金属铬	金	JIN	J	大写	牌号头
金属锰（电解重熔法）	金重	JIN CHONG	JC	大写	牌号头
真空法微碳铬铁	真空	ZHEN KONG	ZK	大写	牌号头
电解金属锰	电金	DIAN JIN	DJ	大写	牌号头
钒渣	钒渣	FAN ZHA	FZ	大写	牌号头
氧化钼块	氧	YANG	Y	大写	牌号头
组别			英文字母	A	大写	牌号尾
				B	大写	牌号尾
				C	大写	牌号尾
				D	大写	牌号尾

2) 需要表明产品的杂质含量时，以元素符号及其最高质量分数或以组别符号"A""B"等表示。

3) 含有一定铁量的铁合金产品，其牌号中应有"Fe"的符号。

铁合金牌号表示示例见表2-12。

表2-12 铁合金牌号表示示例（GB/T 7738—2008）

产品名称	第一部分	第二部分	第三部分	第四部分	牌号示例
硅铁		Fe	Si75	Al1.5-A	FeSi75Al1.5-A
金属锰	J		Mn97	A	JMn97-A
	JC		Mn98		JCMn98
金属铬	J		Cr99	A	JCr99-A
钛铁		Fe	Ti30	A	FeTi30-A
钨铁		Fe	W78	A	FeW78-A
钼铁		Fe	Mo60	A	FeMo60-A
锰铁		Fe	Mn68	C7.0	FeMn68C7.0
钒铁		Fe	V40	A	FeV40-A
硼铁		Fe	B23	C0.1	FeB23C0.1
铬铁		Fe	Cr65	C1.0	FeCr65C1.0
	ZK	Fe	Cr65	C0.010	ZKFeCr65C0.010
铌铁		Fe	Nb60	B	FeNb60-B
锰硅合金		Fe	Mn64Si27		FeMn64Si27

(续)

产品名称	第一部分	第二部分	第三部分	第四部分	牌号示例
硅铬合金		Fe	Cr30Si40	A	FeCr30Si40-A
稀土硅铁合金		Fe	SiRE23		FeSiRE23
稀土镁硅铁合金		Fe	SiMg8RE5		FeSiMg8RE5
硅钡合金		Fe	Ba30Si35		FeBa30Si35
硅铝合金		Fe	Al52Si5		FeAl52Si5
硅钡铝合金		Fe	Al34Ba6Si20		FeAl34Ba6Si20
硅钙钡铝合金		Fe	Al16Ba9Ca12Si30		FeAl16Ba9Ca12Si30
硅钙合金			Ca31Si60		Ca31Si60
磷铁		Fe	P24		FeP24
五氧化二钒			$V_2O_5$98		$V_2O_5$98
钒氮合金			VN12		VN12
电解金属锰	DJ		Mn	A	DJMn-A
钒渣	FZ			1	FZ1
氧化钼块	Y		Mo55.0	A	YMo55.0-A
氮化金属锰	J		MnN	A	JMnN-A
氮化锰铁		Fe	MnN	A	FeMnN-A
氮化铬铁		Fe	NCr3	A	FeNCr3-A

2.3.3 铸铁牌号表示方法

1. 铸铁代号

1）铸铁基本代号由表示该铸铁特征的汉语拼音字母的第一个大写正体字母组成，当两种铸铁名称的代号字母相同时，可在该大写正体字母后加小写正体字母来区别。

2）当要表示铸铁的组织特征或特殊性能时，代表铸铁组织特征或特殊性能的汉语拼音的第一个大写正体字母排列在基本代号的后面。

2. 以化学成分表示的铸铁牌号

1）当以化学成分表示铸铁的牌号时，合金元素符号及名义含量（质量分数）排在铸铁代号之后。

2）在牌号中，常规碳、硅、锰、硫、磷元素一般不标注，有特殊作用时，才标注其元素符号及含量。

3）合金化元素的质量分数大于或等于1%时，在牌号中用整数标注，数值修约按GB/T 8170执行；质量分数小于1%时，一般不标注，只有对该合金特性有较大影响时，才标注其合金化学元素符号。

4）合金化元素按其含量递减次序排列，含量相等时按元素符号的字母顺序排列。

3. 以力学性能表示的铸铁牌号

1）当以力学性能表示铸铁的牌号时，力学性能值排列在铸铁代号之后。当牌号中有合金元素符号时，抗拉强度值排列于元素符号及含量之后，之间用"-"隔开。

2）牌号中代号后面有一组数字时，该组数字表示抗拉强度值，单位为MPa；当有两组数字时,第一组表示抗拉强度值,单位为 MPa,第二组表示断后伸长率值(%),两组数字间用"-"隔开。

4. 铸铁牌号示例

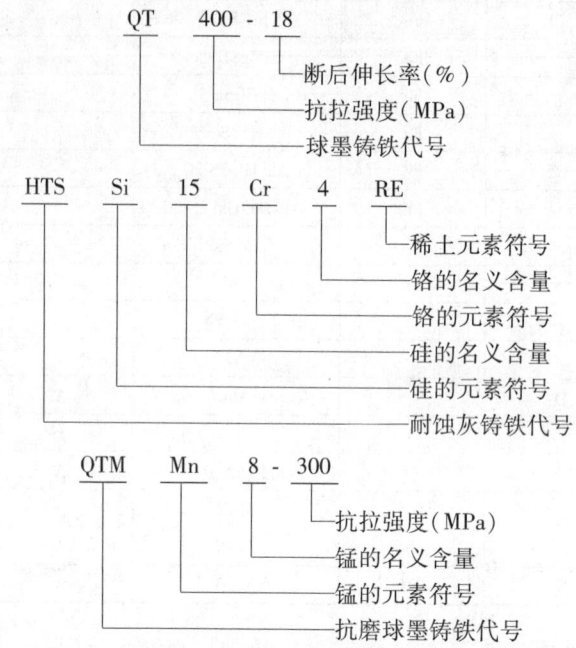

5. 各种铸铁名称、代号及牌号表示方法(表2-13)

表2-13 各种铸铁名称、代号及牌号表示方法(GB/T 5612—2008)

铸铁名称	代号	牌号示例	铸铁名称	代号	牌号示例
灰铸铁	HT		耐热球墨铸铁	QTR	QTRSi5
灰铸铁	HT	HT250,HTCr-300	耐蚀球墨铸铁	QTS	QTSNi20Cr2
奥氏体灰铸铁	HTA	HTANi20Cr2	蠕墨铸铁	RuT	RuT420
冷硬灰铸铁	HTL	HTLCr1Ni1Mo	可锻铸铁	KT	
耐磨灰铸铁	HTM	HTMCu1CrMo	白心可锻铸铁	KTB	KTB350-04
耐热灰铸铁	HTR	HTRCr	黑心可锻铸铁	KTH	KTH350-10
耐蚀灰铸铁	HTS	HTSNi2Cr	珠光体可锻铸铁	KTZ	KTZ650-02
球墨铸铁	QT		白口铸铁	BT	
球墨铸铁	QT	QT400-18	抗磨白口铸铁	BTM	BTMCr15Mo
奥氏体球墨铸铁	QTA	QTANi30Cr3	耐热白口铸铁	BTR	BTRCr16
冷硬球墨铸铁	QTL	QTLCrMo	耐蚀白口铸铁	BTS	BTSCr28
抗磨球墨铸铁	QTM	QTMMn8-30			

2.3.4 铸钢牌号表示方法

1. 铸钢代号

1)铸钢代号用"铸"和"钢"两字的汉语拼音的第一个大写正体字母"ZG"表示。

2) 当要表示铸钢的特殊性能时,可以用代表铸钢特殊性能的汉语拼音的第一个大写正体字母排列在铸钢代号的后面。

3) 各种铸钢名称、代号及牌号表示方法见表 2-14。

表 2-14 各种铸钢名称、代号及牌号表示方法

铸钢名称	代 号	牌号示例
铸造碳钢	ZG	ZG270-500
焊接结构用铸钢	ZGH	ZGH230-450
耐热铸钢	ZGR	ZGR40Cr25Ni20
耐蚀铸钢	ZGS	ZGS06Cr16Ni5Mo
耐磨铸钢	ZGM	ZGM30CrMnSiMo

2. 元素符号、名义含量及力学性能

铸钢牌号中主要合金元素符号用国际化学元素符号表示,混合稀土元素用符号"RE"表示。名义含量及力学性能用阿拉伯数字表示。其含量修约规则执行 GB/T 8170 的规定。

3. 以力学性能表示的铸钢牌号

在牌号中,"ZG"后面的两组数字表示力学性能,第一组数字表示该牌号铸钢的屈服强度最低值,第二组数字表示其抗拉强度最低值,单位均为 MPa,两组数字间用"-"隔开。

4. 以化学成分表示的铸钢牌号

1) 当以化学成分表示铸钢的牌号时,碳含量和合金元素符号及其含量排列在铸钢代号"ZG"之后。

2) 在牌号中,"ZG"后面以一组(两位或三位)阿拉伯数字表示铸钢的名义碳含量(以万分之几计)。

3) 平均碳的质量分数 <0.1% 的铸钢,其第一位数字为"0",牌号中名义碳含量用上限表示;平均碳的质量分数 ≥0.1% 的铸钢,牌号中名义碳含量用平均碳含量表示。

4) 在名义碳含量后面排列各主要合金元素符号,在元素符号后用阿拉伯数字表示合金元素名义含量(以百分之几计)。合金元素的平均质量分数 <1.50% 时,牌号中只标明元素符号,一般不标明含量;合金元素的平均质量分数为 1.50% ~ 2.49%、2.50% ~ 3.49%、3.50% ~ 4.49%、4.50% ~ 5.49% 等时,在合金元素符号后面相应写成 2、3、4、5 等。

5) 当主要合金化元素多于三种时,可以在牌号中只标注前两种或前三种元素的名义含量值;各元素符号的标注顺序按它们的平均含量的递减顺序排列。若两种或多种元素平均含量相同,则按元素符号的英文字母顺序排列。

6) 铸钢中常规的锰、硅、磷、硫等元素一般在牌号中不标明。

7) 在特殊情况下,当同一牌号分几个品种时,可在牌号后面用"-"隔开,用阿拉伯数字标注品种序号。

5. 铸钢牌号示例

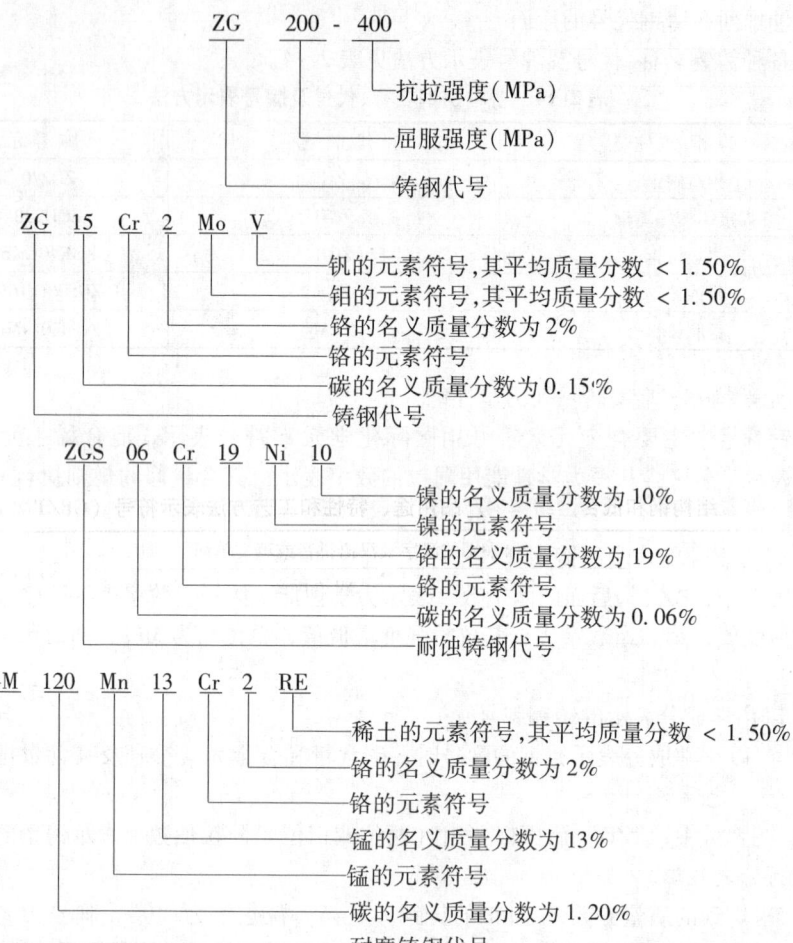

2.3.5 钢牌号表示方法

1. 碳素结构钢和低合金结构钢

碳素结构钢和低合金结构钢的牌号通常由四部分组成。

第一部分：前缀符号+强度值（以 MPa 为单位），其中通用结构钢前缀符号为代表屈服强度的拼音的字母"Q"，专用结构钢的前缀符号见表 2-15。

表 2-15 专用结构钢的前缀符号（GB/T 221—2008）

产品名称	采用的汉字及汉语拼音或英文单词			采用字母	位置
	汉字	汉语拼音	英文单词		
细晶粒热轧带肋钢筋	热轧带肋钢筋+细	—	Hot Rolled Ribbed Bars + Fine	HRBF	牌号头
冷轧带肋钢筋	冷轧带肋钢筋		Cold Rolled Ribbed Bars	CRB	牌号头
预应力混凝土用螺纹钢筋	预应力、螺纹、钢筋		Prestressing、Screw、Bars	PSB	牌号头
焊接气瓶用钢	焊瓶	HAN PING	—	HP	牌号头

(续)

产品名称	采用的汉字及汉语拼音或英文单词			采用字母	位置
	汉字	汉语拼音	英文单词		
管线用钢	管线	—	Line	L	牌号头
船用锚链钢	船锚	CHUAN MAO	—	CM	牌号头
煤机用钢	煤	MEI	—	M	牌号头

第二部分（必要时）：钢的质量等级，用英文字母 A、B、C、D、E、F 等表示。

第三部分（必要时）：脱氧方式表示符号，即沸腾钢、半镇静钢、镇静钢、特殊镇静钢分别以 F、b、Z、TZ 表示。镇静钢、特殊镇静钢表示符号通常可以省略。

第四部分（必要时）：产品用途、特性和工艺方法表示符号，见表 2-16。

根据需要，低合金高强度结构钢的牌号也可以采用两位阿拉伯数字（表示平均碳含量，以万分之几计）加元素符号（必要时加代表产品用途、特性和工艺方法的表示符号）按顺序表示。例如：碳的质量分数为 0.15% ~ 0.26%、锰的质量分数为 1.20% ~ 1.60% 的矿用钢牌号为 20MnK。

表 2-16 碳素结构钢和低合金结构钢产品用途、特性和工艺方法表示符号（GB/T 221—2008）

产品名称	采用的汉字及汉语拼音或英文单词			采用字母	位置
	汉字	汉语拼音	英文单词		
锅炉和压力容器用钢	容	RONG	—	R	牌号尾
锅炉用钢（管）	锅	GUO	—	G	牌号尾
低温压力容器用钢	低容	DI RONG	—	DR	牌号尾
桥梁用钢	桥	QIAO	—	Q	牌号尾
耐候钢	耐候	NAI HOU	—	NH	牌号尾
高耐候钢	高耐候	GAO NAI HOU	—	GNH	牌号尾
汽车大梁用钢	梁	LIANG	—	L	牌号尾
高性能建筑结构用钢	高建	GAO JIAN	—	GJ	牌号尾
低焊接裂纹敏感性钢	低焊接裂纹敏感性	—	Crack Free	CF	牌号尾
保证淬透性钢	淬透性	—	Hardenability	H	牌号尾
矿用钢	矿	KUANG	—	K	牌号尾
船用钢	采用国际符号				

碳素结构钢和低合金结构钢的牌号示例见表 2-17。

表 2-17 碳素结构钢和低合金结构钢的牌号示例（GB/T 221—2008）

序号	产品名称	第一部分	第二部分	第三部分	第四部分	牌号示例
1	碳素结构钢	最小屈服强度 235MPa	A 级	沸腾钢	—	Q235AF
2	低合金高强度结构钢	最小屈服强度 345MPa	D 级	特殊镇静钢	—	Q345D
3	热轧光圆钢筋	屈服强度特征值 235MPa				HPB235
4	热轧带肋钢筋	屈服强度特征值 335MPa				HRB335
5	细晶粒热轧带肋钢筋	屈服强度特征值 335MPa				HRBF335
6	冷轧带肋钢筋	最大抗拉强度 550MPa				CRB550
7	预应力混凝土用螺纹钢筋	最小屈服强度 830MPa				PSB830

（续）

序号	产品名称	第一部分	第二部分	第三部分	第四部分	牌号示例
8	焊接气瓶用钢	最小屈服强度345MPa	—	—	—	HP345
9	管线用钢	最小规定总延伸强度415MPa	—	—	—	L415
10	船用锚链钢	最小抗拉强度370MPa	—	—	—	CM370
11	煤机用钢	最小抗拉强度510MPa	—	—	—	M510
12	锅炉和压力容器用钢	最小屈服强度345MPa	—	特殊镇静钢	压力容器"容"的汉语拼音首位字母"R"	Q345R

2. 优质碳素结构钢和优质碳素弹簧钢

优质碳素结构钢牌号通常由五部分组成。

第一部分：以两位阿拉伯数字表示平均碳含量（以万分之几计）。

第二部分（必要时）：较高锰含量的优质碳素结构钢，加锰元素符号 Mn。

第三部分（必要时）：钢材冶金质量，即高级优质钢、特级优质钢分别以 A、E 表示，优质钢不用字母表示。

第四部分（必要时）：脱氧方式表示符号，即沸腾钢、半镇静钢、镇静钢分别以 F、b、Z 表示，但镇静钢表示符号通常可以省略。

第五部分（必要时）：产品用途、特性或工艺方法表示符号，应符合表 2-16 的规定。

优质碳素弹簧钢牌号表示方法与优质碳素结构钢相同。

优质碳素结构钢和弹簧钢的牌号示例见表 2-18。

表 2-18 优质碳素结构钢和弹簧钢的牌号示例（GB/T 221—2008）

产品名称	第一部分	第二部分	第三部分	第四部分	第五部分	牌号示例
优质碳素结构钢	碳的质量分数：0.05%~0.11%	锰的质量分数：0.25%~0.50%	优质钢	沸腾钢	—	08F
	碳的质量分数：0.47%~0.55%	锰的质量分数：0.50%~0.80%	高级优质钢	镇静钢	—	50A
	碳的质量分数：0.48%~0.56%	锰的质量分数：0.70%~1.00%	特级优质钢	镇静钢	—	50MnE
保证淬透性用钢	碳的质量分数：0.42%~0.50%	锰的质量分数：0.50%~0.85%	高级优质钢	镇静钢	保证淬透性钢表示符号"H"	45AH
优质碳素弹簧钢	碳的质量分数：0.62%~0.70%	锰的质量分数：0.90%~1.20%	优质钢	镇静钢		65Mn

3. 易切削钢

易切削钢牌号通常由三部分组成。

第一部分：易切削钢表示符号"Y"。

第二部分：以两位阿拉伯数字表示平均碳含量（以万分之几计）。

第三部分：易切削元素符号，例如：含钙、铅、锡等易切削元素的易切削钢分别以 Ca、Pb、Sn 表示。加硫和加硫磷易切削钢，通常不加易切削元素符号 S、P。较高锰含量的加硫或加硫磷易切削钢，本部分为锰元素符号 Mn。为区分牌号，对较高硫含量的易切削，在牌号尾部加硫元素符号 S。

例如：①碳的质量分数为 0.42%～0.50%、钙的质量分数为 0.002%～0.006% 的易切削钢，其牌号表示为 Y45Ca。②碳的质量分数为 0.40%～0.48%、锰的质量分数为 1.35%～1.65%、硫的质量分数为 0.16%～0.24% 的易切削钢，其牌号表示为 Y45Mn。③碳的质量分数为 0.40%～0.48%、锰的质量分数为 1.35%～1.65%、硫的质量分数为 0.24%～0.32% 的易切削钢，其牌号表示为 Y45MnS。

4. 车辆车轴及机车车辆用钢牌号表示方法

车辆车轴及机车车辆用钢牌号通常由两部分组成。

第一部分：车辆车轴用钢表示符号 "LZ" 或机车车辆用钢表示符号 "JZ"。

第二部分：以两位阿拉伯数字表示平均碳含量（以万分之几计）。

5. 合金结构钢及合金弹簧钢牌号表示方法

合金结构钢牌号通常由四部分组成：

第一部分：以两位阿拉伯数字表示平均碳含量（以万分之几计）。

第二部分：合金元素含量，以化学元素符号及阿拉伯数字表示。具体表示方法为：平均质量分数小于 1.50% 时，牌号中仅标明元素，一般不标明含量；平均质量分数为 1.50%～2.49%、2.50%～3.49%、3.50%～4.49%、4.50%～5.49% 等时，在合金元素后相应写成 2、3、4、5 等；化学元素符号的排列顺序推荐按含量值递减排列，如果两个或多个元素的含量相等时，相应符号位置按英文字母的顺序排列。

第三部分：钢材冶金质量，即高级优质钢、特级优质钢分别以 A、B 表示，优质钢不用字母表示。

第四部分（必要时）：产品用途、特性或工艺方法表示符号。

合金弹簧钢的表示方法与合金结构钢相同。

合金结构钢和合金弹簧钢的牌号示例见表 2-19。

表 2-19 合金结构钢和合金弹簧钢的牌号示例（GB/T 221—2008）

产品名称	第一部分	第二部分	第三部分	第四部分	牌号示例
合金结构钢	碳的质量分数：0.22%～0.29%	铬的质量分数:1.50%～1.80% 钼的质量分数:0.25%～0.35% 钒的质量分数:0.15%～0.30%	高级优质钢	—	25Cr2MoVA
锅炉和压力容器用钢	碳的质量分数：≤0.22%	锰的质量分数:1.20%～1.60% 钼的质量分数:0.45%～0.65% 铌的质量分数:0.025%～0.050%	特级优质钢	锅炉和压力容器用钢	18MnMoNbER
优质弹簧钢	碳的质量分数：0.56%～0.64%	硅的质量分数:1.60%～2.00% 锰的质量分数:0.70%～1.00%	优质钢	—	60Si2Mn

6. 非调质机械结构钢牌号表示方法

非调质机械结构钢牌号通常由四部分组成。

第一部分：非调质机械结构钢表示符号 "F"。

第二部分：以两位阿拉伯数字表示平均碳含量（以万分之几计）。

第三部分：合金元素含量，以化学元素符号及阿拉伯数字表示，表示方法同合金结构钢第二部分。

第四部分（必要时）：改善切削性能的非调质机械结构钢加硫元素符号 S。

7. 工具钢牌号表示方法

工具钢通常分为碳素工具钢、合金工具钢和高速工具钢三类。

(1) **碳素工具钢** 碳素工具钢牌号通常由四部分组成。

第一部分：碳素工具钢表示符号"T"。

第二部分：阿拉伯数字表示平均碳含量（以千分之几计）。

第三部分（必要时）：较高锰含量碳素工具钢，加锰元素符号 Mn。

第四部分（必要时）：钢材冶金质量，即高级优质碳素工具钢以 A 表示，优质钢不用字母表示。

(2) **合金工具钢** 合金工具钢牌号通常由两部分组成。

第一部分：平均碳的质量分数小于 1.00% 时，采用一位数字表示碳含量（以千分之几计）。平均碳的质量分数不小于 1.00% 时，不标明碳含量数字。

第二部分：合金元素含量，以化学元素符号及阿拉伯数字表示，表示方法同合金结构钢第二部分。低铬（平均铬的质量分数小于1%）合金工具钢，在铬含量（以千分之几计）前加数字"0"。

(3) **高速工具钢** 高速工具钢牌号表示方法与合金结构钢相同，但在牌号头部一般不标明表示碳含量的阿拉伯数字。为了区别牌号，在牌号头部可以加"C"，表示高碳高速工具钢。

8. 轴承钢牌号表示方法

轴承钢分为高碳铬轴承钢、渗碳轴承钢、高碳铬不锈轴承钢和高温轴承钢四大类。

(1) **高碳铬轴承钢** 高碳铬轴承钢牌号通常由两部分组成。

第一部分：（滚珠）轴承钢表示符号"G"，但不标明碳含量。

第二部分：合金元素"Cr"符号及其含量（以千分之几计）。其他合金元素含量，以化学元素符号及阿拉伯数字表示，表示方法同合金结构钢第二部分。

(2) **渗碳轴承钢** 在牌号头部加符号"G"，采用合金结构钢的牌号表示方法。高级优质渗碳轴承钢在牌号尾部加"A"。

例如：碳的质量分数为 0.17% ~ 0.23%、铬的质量分数为 0.35% ~ 0.65%、镍的质量分数为 0.40% ~ 0.70%、钼的质量分数为 0.15% ~ 0.30% 的高级优质渗碳轴承钢，其牌号表示为 G20CrNiMoA。

(3) **高碳铬不锈轴承钢和高温轴承钢** 在牌号头部加符号"G"，采用不锈钢和耐热钢的牌号表示方法。

例如：①碳的质量分数为 0.90% ~ 1.00%、铬的质量分数为 17.0% ~ 19.0% 的高碳铬不锈轴承钢，其牌号表示为 G95Cr18；②碳的质量分数为 0.75% ~ 0.85%、铬的质量分数为 3.75% ~ 4.25%、钼的质量分数为 4.00% ~ 4.50% 的高温轴承钢，其牌号表示为 G80Cr4Mo4V。

9. 钢轨钢及冷镦钢牌号表示方法

钢轨钢、冷镦钢牌号通常由三部分组成。

第一部分：钢轨钢表示符号"U"，冷镦钢（铆螺钢）表示符号"ML"。

第二部分：以阿拉伯数字表示平均碳含量，优质碳素结构钢同优质碳素结构钢第一部分，合金结构钢同合金结构钢第一部分。

第三部分：合金元素含量，以化学元素符号及阿拉伯数字表示，表示方法同合金结构钢第二部分。

10. 不锈钢及耐热钢牌号表示方法

不锈钢和耐热钢的牌号采用化学元素符号和表示各元素含量的阿拉伯数字表示，各元素含量的阿拉伯数字表示应符合下列规定：

（1）碳含量　用两位或三位阿拉伯数字表示碳含量最佳控制值（以万分之几或十万分之几计）。

1）只规定碳含量上限者，当碳的质量分数上限不大于0.10%时，以其上限的3/4表示碳含量；当碳的质量分数上限大于0.10%时，以其上限的4/5表示碳含量。

例如：①碳的质量分数上限为0.08%，碳含量以06表示；②碳的质量分数上限为0.20%，碳含量以16表示；③碳的质量分数上限为0.15%，碳含量以12表示。

对超低碳不锈钢（即碳的质量分数不大于0.030%），用三位阿拉伯数字表示碳含量最佳控制值（以十万分之几计）。

例如：①碳的质量分数上限为0.03%时，其牌号中的碳含量以022表示；②碳的质量分数上限为0.02%时，其牌号中的碳含量以015表示。

2）规定上、下限者，以平均碳含量乘以100表示。

例如：碳的质量分数为0.16%~0.25%时，其牌号中的碳含量以20表示。

（2）合金元素含量　合金元素含量以化学元素符号及阿拉伯数字表示，表示方法同合金结构钢第二部分。钢中有意加入的铌、钛、锆、氮等合金元素，虽然含量很低，也应在牌号中标出。

例如：①碳的质量分数不大于0.08%、铬的质量分数为18.00%~20.00%、镍的质量分数为8.00%~11.00%的不锈钢，牌号为06Cr19Ni10。②碳的质量分数不大于0.030%、铬的质量分数为16.00%~19.00%、钛的质量分数为0.10%~1.00%的不锈钢，牌号为022Cr18Ti。③碳的质量分数为0.15%~0.25%、铬的质量分数为14.00%~16.00%、锰的质量分数为14.00%~16.00%、镍的质量分数为1.50%~3.00%、氮的质量分数为0.15%~0.30%的不锈钢，牌号为20Cr15Mn15Ni2N。④碳的质量分数不大于0.25%、铬的质量分数为24.00%~26.00%、镍的质量分数为19.00%~22.00%的耐热钢，牌号为20Cr25Ni20。

11. 焊接用钢牌号表示方法

焊接用钢包括焊接用碳素钢、焊接用合金钢和焊接用不锈钢等。

焊接用钢牌号通常由两部分组成。

第一部分：焊接用钢表示符号"H"。

第二部分：各类焊接用钢牌号表示方法。其中优质碳素结构钢、合金结构钢和不锈钢应分别符合相关规定。

12. 冷轧电工钢牌号表示方法

冷轧电工钢分为取向电工钢和无取向电工钢，牌号通常由三部分组成。

第一部分：材料公称厚度（单位：mm）100倍的数字。

第二部分：普通级取向电工钢表示符号"Q"、高磁导率级取向电工钢表示符号"QG"或无取向电工钢表示符号"W"。

第三部分：对于取向电工钢，磁极化强度在1.7T以下和频率在50Hz以下时，或对于无取向电工钢，磁极化强度为1.5T和频率为50Hz时，用以W/kg为单位的相应厚度产品的最大比总损耗值 100 倍的数值表示。

例如：①公称厚度为 0.30mm、比总损耗 P1.7/50 为 1.30W/kg 的普通级取向电工钢，牌号为 30Q130；②公称厚度为 0.30mm、比总损耗 P1.7/50 为 1.10W/kg 的高磁导率级取向电工钢，牌号为 30QG110；③公称厚度为 0.50mm、比总损耗 P1.5/50 为 4.0W/kg 的无取向电工钢，牌号为 50W400。

2.3.6 其他钢铁材料牌号表示方法

1. 电磁纯铁牌号表示方法

电磁纯铁牌号通常由三部分组成。

第一部分：电磁纯铁表示符号"DT"。

第二部分：以阿拉伯数字表示不同牌号的顺序号。

第三部分：根据电磁性能不同，分别加质量等级表示符号 A。

2. 原料纯铁牌号表示方法

原料纯铁牌号通常由两部分组成。

第一部分：原料纯铁表示符号"YT"。

第二部分：以阿拉伯数字表示不同牌号的顺序号。

3. 高电阻电热合金牌号表示方法

高电阻电热合金牌号采用化学元素符号和阿拉伯数字表示，牌号表示方法与不锈钢和耐热钢的牌号表示方法相同（镍铬基合金不标出碳含量）。

例如：铬的质量分数为 18.00% ~ 21.00%、镍的质量分数为 34.00% ~ 37.00%、碳的质量分数不大于 0.08% 的合金（其余为铁），其牌号表示为 06Cr20Ni35。

2.3.7 钢铁及合金牌号统一数字代号体系

1. 基本原则

1）统一数字代号由固定的六位符号组成，左边首位用大写的拉丁字母作为前缀（一般不使用"1"和"0"字母），后接五位阿拉伯数字，字母和数字之间应无间隙排列。

2）每一个统一数字代号只适用于一个产品牌号；反之，每一个产品牌号只对应于一个统一数字代号。当产品牌号取消后，一般情况下，原对应的统一数字代号不再分配给另一个产品牌号。

2. 钢铁及合金牌号统一数字代号的结构形式

根据 GB/T 17616—2013 的规定，钢铁及合金牌号统一数字代号的结构形式如下所示：

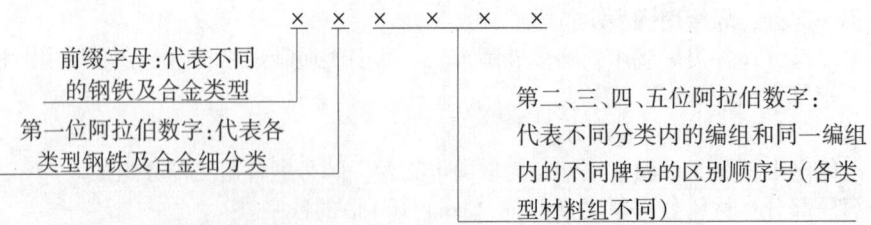

3. 钢铁及合金的分类、编组与统一数字代号

（1）钢铁及合金的分类和编组

1）钢铁及合金的分类和编组，主要按其基本成分、特性和用途，同时兼顾我国现有的习惯分类方法以及各类产品牌号实际数量等情况综合考虑。

2）钢铁及合金的分类和编组及顺序号的编排，应充分考虑到各类钢铁及合金的发展和新型材料的出现，留有一定的备用空位。

（2）钢铁及合金的类型与统一数字代号（表2-20）

表2-20 钢铁及合金的类型与统一数字代号（GB/T 17616—2013）

钢铁及合金的类型	英文名称	前缀字母	统一数字代号（ISC）
合金结构钢	Alloy structural steel	A	A×××××
轴承钢	Bearing steel	B	B×××××
铸铁、铸钢及铸造合金	Cast iron、cast steel and cast alloy	C	C×××××
电工用钢和纯铁	Electrical steel and iron	E	E×××××
铁合金和生铁	Ferro alloy and pig iron	F	F×××××
耐蚀合金和高温合金	Heat resisting and corrosion resisting alloy	H	H×××××
金属功能材料	Metallic functional materials	J	J×××××
低合金钢	Low alloy steel	L	L×××××
杂类材料	Miscellaneous materiais	M	M×××××
粉末及粉末冶金材料	Powders and powder metallurgy materials	P	P×××××
快淬金属及合金	Quick quench matels and alloys	Q	Q×××××
不锈钢和耐热钢	Stainless steel and heat resisting steel	S	S×××××
工模具钢	Tool and mould steel	T	T×××××
非合金钢	Unalloy steel	U	U×××××
焊接用钢及合金	Steel and alloy for welding	W	W×××××

2.4 火花法鉴别钢铁材料的简易方法

火花鉴别法是利用试样在砂轮上磨削时发射出的火花来鉴别钢种的方法。这种方法快速、简便，在冶金和机械制造工厂的车间现场广泛用以鉴别钢种和进行废钢分类，并用以鉴定热处理后表面的含碳量。在没有其他分析手段的情况下，也用来大致估量钢材的成分。

2.4.1 火花的组成及结构特征

1. 火花的组成

钢材在砂轮上磨削时所射出的火花由根部火花、中部火花和尾部火花构成，如图2-1所示。

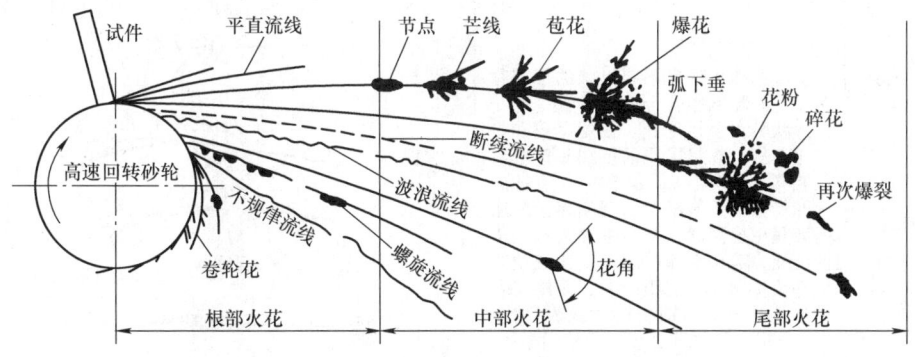

图2-1 火花的组成

火花鉴别是用肉眼观察，因此容易受操作经验的影响。为了减少错觉和误差，应制备已知成分的标准样块，在鉴别时进行比较。操作时磨削压力要适中，使火花束大致向水平方向发射。应在黑色背景和较暗环境中进行火花鉴别，以增强鉴别能力。

2. 火花的结构特征（表2-21）

表2-21　火花的结构特征

名称	释义及特征	图例
流线	流线是线条状的光亮火花。由于钢的化学成分不同，流线开头可分为直线流线、断续流线和波浪流线，碳含量越多流线越短。碳钢的流线多是亮白色，合金钢和铸钢是橙色和红色，高速工具钢的流线接近暗红色。碳钢的流线为直线状，高速工具钢的流线呈断续状或波纹状	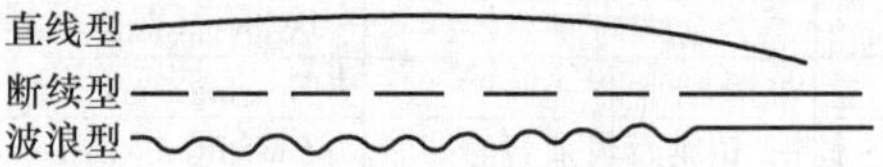 直线型 断续型 波浪型
节点和苞花	流线上明亮且较粗的点称为节点和苞花，节点是含有硅的特征，苞花是含有镍的特征	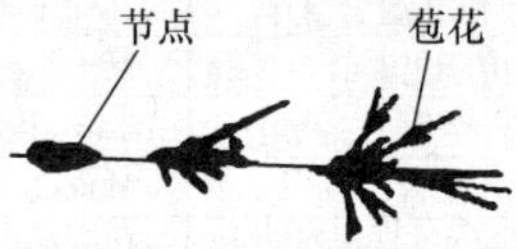 节点　苞花
爆花	流线中途爆裂所产生的光亮火花称为爆花，由节点和芒线组成，是钢中含有碳所特有的火花特征。爆花形状随钢铁材料中碳含量而变化，粉碎状的花粉随碳含量的增高而增加。爆花随流线上芒线的爆裂情况的不同，有一次花、二次花、三次花和多次花之分。一次爆花是流线上第一次发射出来的爆花，它是碳的质量分数在0.25%以下的碳钢的火花特征。二次爆花是在一次爆花的芒线上，又一次发生爆裂所呈现的爆花，它是碳的质量分数为0.25%~0.60%的中碳钢的火花特征。三次爆花是在二次爆花的芒线上，再一次发生爆裂的爆花，它是高碳钢的火花特征。碳含量越多，三次爆花越多、越明亮。分散在爆花芒线间的点状火花称为花粉	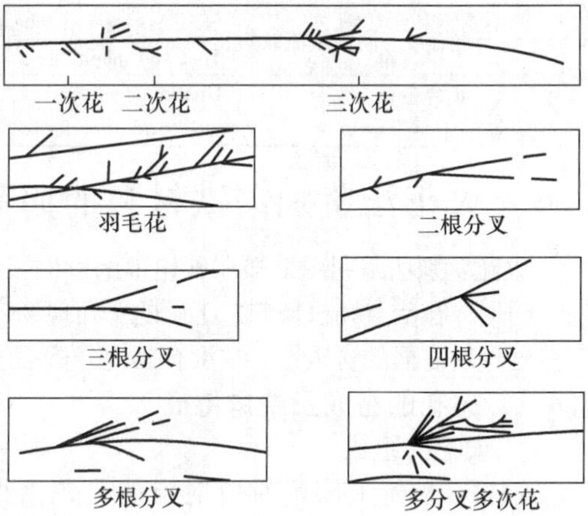 一次花　二次花　三次花 羽毛花　　二根分叉 三根分叉　　四根分叉 多根分叉　　多分叉多次花
尾花	流线尾端呈现出不同形状的爆花称为尾花。随钢中合金元素不同，尾花的形状分为直尾尾花、狐尾尾花和枪尖尾花等。直尾尾花的尾端和整根流线相同，呈羽毛状，是钢中含有硅的火花特征。狐尾尾花的尾端逐渐膨胀呈狐狸尾巴形状，是钢中含有钨的火花特征，其亮度和粗细程度比流线其他部位更明亮、更粗一些，狐尾尾花的数量及长度与钢中钨含量成反比。枪尖尾花的尾端膨胀呈三角枪尖形状，是钢中含有钼的火花特征	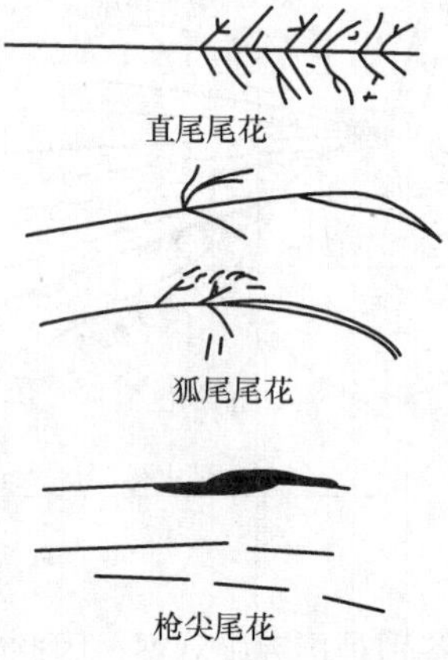 直尾尾花 狐尾尾花 枪尖尾花

3. 合金元素对火花特征的影响（表2-22）

表 2-22 合金元素对火花特征的影响

合金元素	对火花特征的影响
镍	镍对爆花有较弱的抑制作用,使花形不整齐并缩小,流线较碳钢细。随着镍含量增高,流线的数量减少及长度变短,色泽变暗
硅	硅也有抑制爆花爆裂作用,当硅的质量分数达到2%~3%时,这种抑制作用就较明显,它能使爆裂芒线缩短。硅锰弹簧钢的火花呈橙红色,流线粗而短,芒线短粗且少,火花试验时手感抗力较小
钼	钼具有较强烈的抑制爆花爆裂、细化芒线和加深火花色泽的作用。钼钢的火花色泽是不明亮的,当钼含量较高时,火花呈深橙色。钼钢有没枪尖尾花与钼含量和碳含量有关,碳含量越低,枪尖越明显
钨	钨抑制爆花爆裂作用最为强烈,钨的质量分数达到1.0%左右时,爆花显著减少;钨的质量分数为2.5%时,爆花呈秃尾状。钨抑制爆花爆裂作用的大小,与钢中碳含量有关。低碳钢中钨的质量分数为4%~5%时,钨可完全抑制爆花爆裂。从火花色泽上看,钨钢中碳含量越高,越是呈暗红色火花
锰	锰元素有促进爆花爆裂作用,锰钢的火花爆裂强度比碳钢强,爆花位置比碳钢离砂轮远。钢中锰含量稍高时,钢的火花比较整齐,色泽也比碳钢黄亮。碳含量较低的锰钢呈白亮色,爆花核心有大而白亮的节点,花形较大,芒线稀少且细长;碳含量较高的锰钢,爆花有较多的花粉。低锰钢的流线粗而长。高锰钢流线短粗且量少,由于锰是助长爆裂的元素,因此有时可能误认为钢的碳含量高
钒	钒促进爆花爆裂
铬	铬的影响比较复杂。对于低铬低碳钢,铬有促进火花爆裂、增加流线长度和数量的作用,火花呈亮白色,爆花为一次花和二次花,花形较大。对于碳含量较高的低铬钢,铬助长爆裂的作用不明显,并阻止枝状爆花的发生,流线粗短而量较少,火花束仍然明亮。由于碳含量高,爆花有花粉。随铬含量增加,火花的爆裂强度、流线长度、流线数量等均有所减少,色泽也将变暗。铬钢中若含有抑制爆裂和促进爆裂的合金元素存在,则钢的火花现象表现复杂,若判定钢的铬含量,需配合其他试验方法

2.4.2 常见钢铁材料的火花特征

1. 碳钢的火花特征(表2-23)

表 2-23 碳钢的火花特征

$w(C)$ (%)	流线					爆花				磨砂轮时手的感觉
	颜色	亮度	长度	粗细	数量	形状	大小	花粉	数量	
0	亮黄	暗	长	粗	少	无	爆花			软
0.05	↓	↓	↓	↓	↓	二根分叉	小	无	少	↓
0.1						三根分叉	↓	无	↓	
0.2						多根分叉	↓	无	↓	
0.3						二次花多分叉	↓	微量	↓	
0.4		亮	长	粗		三次花多分叉	↓	稍多	↓	
0.5		↓	↓	↓		↓	大	↓	↓	
0.6		↓	↓	↓		↓	↓	↓	↓	
0.7		↓	↓	↓		↓	↓	↓	↓	
0.8	↓	↓	↓	↓	↓	复杂	↓	↓	↓	↓
0.8以上	黄橙	暗	短	细	多	复杂	小	多量	多	硬

2. 典型钢铁材料的火花特征（表2-24）

表2-24　典型钢铁材料的火花特征

钢铁材料	特征	图示
20	流线不太多，带红色，火束长，芒线稍粗，花量不多，有多根分叉，一次花爆裂，尾端呈明显的枪尖形，色泽呈草黄色	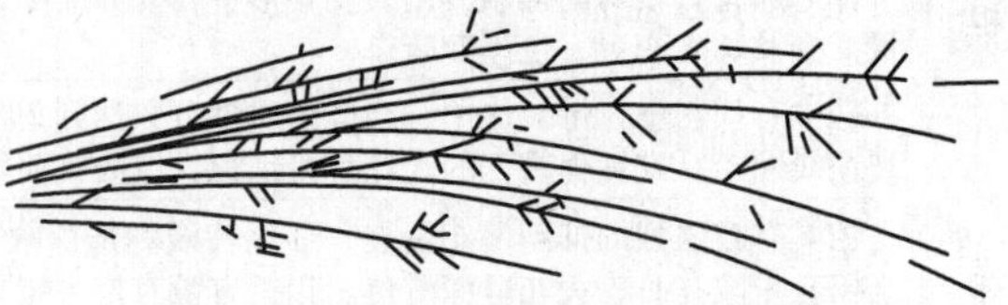
20Cr	与20钢的火花比较，色泽白亮，辉光度高，爆花大而整齐，流线粗而长，一次多叉爆花，且有少量二次花。花形较大，芒线粗而稀，爆花核心有明亮节点	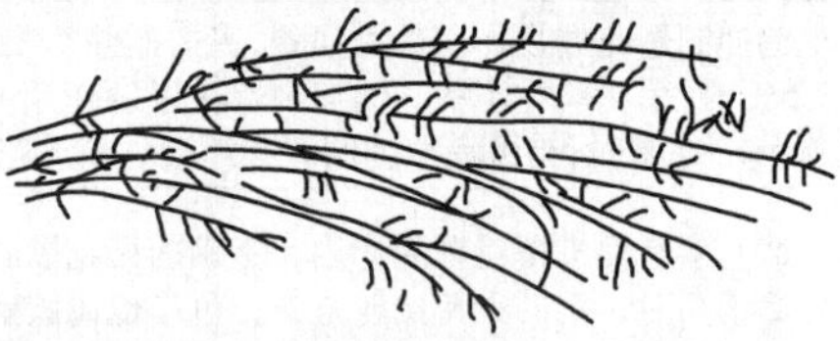
45	火束较短，流线较多而稍细，辉光度高，爆裂为多分叉三次花，有小花及花粉，尾尖端有分叉	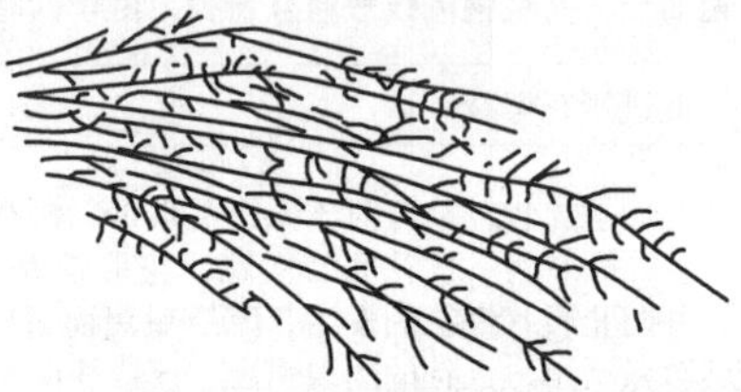
T10	流线多而细，火束比中碳钢更短更粗，三次花占5/6以上。爆花辉光度稍弱，带有红色爆裂和碎花，小花和花粉极多	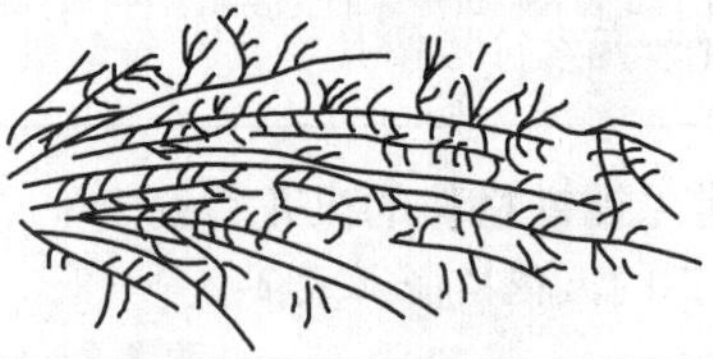
GCr15	火束粗而短，整个火束呈橙黄色，芒线多而细，三次花占5/6以上。尾部细而长，碎花及小花和花粉极多	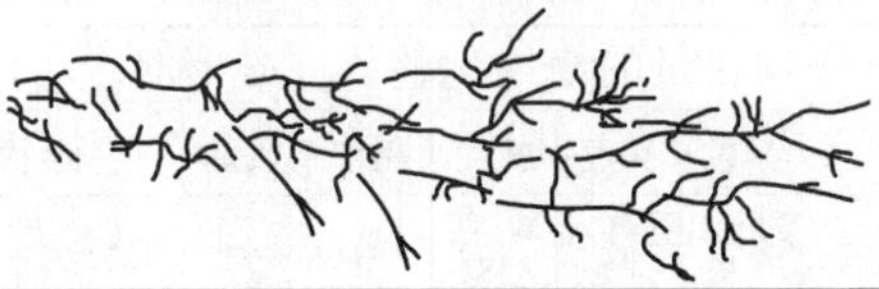
W18Cr4V	火束细长，整个火花呈极暗红色，无火花爆裂，仅在尾端略有三四根分叉爆花。芒线长而尖端秃，常呈断续流线或波状流线。尾端膨胀而下垂，呈狐尾尾花	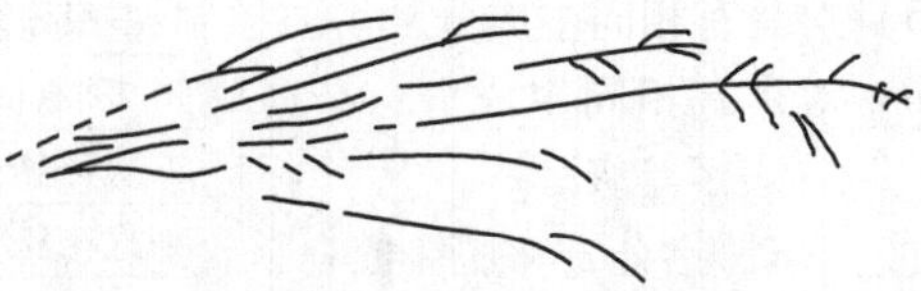
灰铸铁	灰铸铁中因碳含量和硅含量较高，有游离的石墨碳存在，因此流线尾端有羽毛状尾花，火束短而细，流线呈暗红色，辉光度在尾部增强	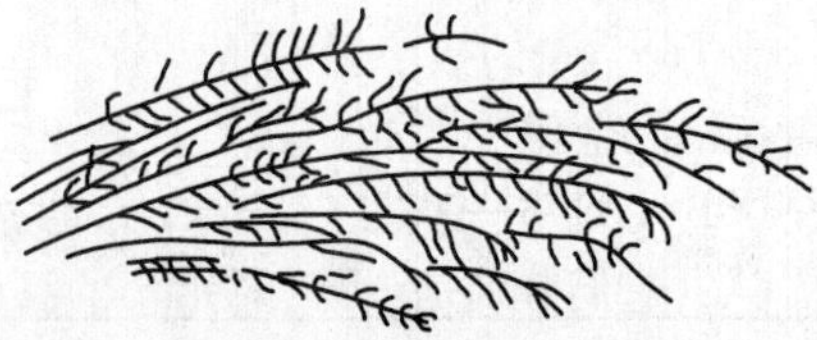

2.5 有色金属材料牌号表示方法

2.5.1 铝及铝合金牌号（代号）表示方法

1. 铸造铝及铝合金牌号表示方法

（1）铸造纯铝 按 GB/T 8063—2017《铸造有色金属及其合金牌号表示方法》的规定，铸造纯铝牌号由铸造代号"Z"（"铸"的汉语拼音第一个字母）和基体金属的化学元素符号 Al，以及表明产品纯度百分含量的数字组成，如 ZAl99.5。

（2）铸造铝合金 按 GB/T 8063—2017《铸造有色金属及其合金牌号表示方法》的规定，铸造铝合金牌号由铸造代号"Z"和基体金属的化学元素符号 Al、主要合金的化学元素符号，以及表明合金元素名义百分含量的数字组成。示例如下：

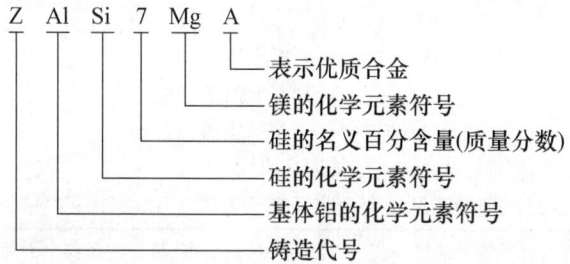

1）当合金元素多于两个时，合金牌号中应列出足以表明合金主要特性的元素符号及其名义百分含量的数字。

2）合金元素符号按其名义百分含量递减的次序排列。当名义含量相等时，则按元素符号字母顺序排列。当需要表明决定合金类别的合金元素首先列出时，不论其含量多少，该元素符号均应置于基体元素符号之后。

3）除基体元素的名义百分含量不标注外，其他合金元素的名义百分含量均标注于该元素符号之后。当合金元素含量规定为大于或等于1%（质量分数）的某个范围时，采用其平均含量的修约化整值。必要时也可用带一位小数的数字标注。合金元素含量小于1%（质量分数）时，一般不标注，只有对合金性能起重大影响的合金元素，才允许用一位小数标注其平均含量。

4）数值修约按 GB/T 8170 的规定进行。

5）对具有相同主成分，需要控制超低间隙元素的合金，在牌号结尾加注（ELI）。

6）对具有相同主成分，杂质限量有不同要求的合金，在牌号结尾加注"A、B、C……"等表示等级。

（3）压铸铝合金 压铸铝合金牌号由压铸铝合金代号"YZ"（"压"和"铸"的汉语拼音第一个字母）和基体金属的化学元素符号 Al、主要合金元素符号，以及表明合金元素名义百分含量的数字组成，如 YZAlSi10Mg。

2. 铸造铝合金代号表示方法

1）按 GB/T 1173—2013《铸造铝合金》的规定，铸造铝合金（除压铸外）代号由字母"Z""L"（它们分别是"铸""铝"的汉语拼音第一个字母）及其后的三个阿拉伯数字组成。ZL 后面第一个数字表示合金系列，其中 1、2、3、4 分别表示铝硅、铝铜、铝镁、铝锌系列合金，ZL 后面第二、三两个数字表示顺序号。优质合金在数字后面附加字母"A"。示例如下：

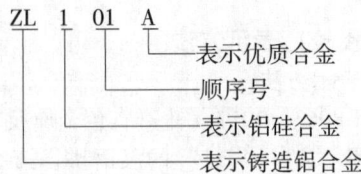

2) 按 GB/T 15115—2009《压铸铝合金》的规定，压铸铝合金代号由字母"Y""L"（它们分别是"压""铝"的汉语拼音第一个字母）及其后的三个阿拉伯数字组成。YL 后面第一个数字表示合金系列，其中 1、2、3、4 分别表示铝硅、铝铜、铝镁、铝锡系列合金，YL 后面第二、三两个数字表示顺序号。示例如下：

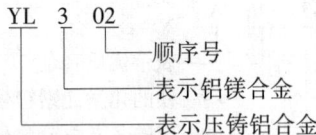

3. 变形铝及铝合金牌号表示方法（表 2-25）

表 2-25　变形铝及铝合金牌号表示方法（GB/T 16474—2011）

四位字符体系牌号命名方法	四位字符体系牌号的第一、三、四位为阿拉伯数字，第二位为英文大写字母（C、I、L、N、O、P、Q、Z 字母除外）。牌号的第一位数字表示铝及铝合金的组别，见表 2-26。除改型合金外，铝合金组别按主要合金元素（6×××系按 Mg_2Si）来确定，主要合金元素指极限含量算术平均值为最大的合金元素。当有一个以上的合金元素极限含量算术平均值同为最大时，应按 Cu、Mn、Si、Mg、Mg_2Si、Zn、其他元素的顺序来确定合金组别。牌号的第二位字母表示原始纯铝或铝合金的改型情况，最后两位数字用以标识同一组中不同的铝合金或表示铝的纯度
纯铝的牌号命名法	铝的质量分数不低于 99.00% 时为纯铝，其牌号用 1××× 系列表示。牌号的最后两位数字表示最低铝百分含量（质量分数）。当最低铝的质量分数精确到 0.01% 时，牌号的最后两位数字就是最低铝百分含量中小数点后面的两位。牌号第二位的字母表示原始纯铝的改型情况。如果第二位的字母为 A，则表示为原始纯铝；如果是 B~Y 的其他字母，则表示为原始纯铝的改型，与原始纯铝相比，其元素含量略有改变
铝合金的牌号命名法	铝合金的牌号用 2×××~8××× 系列表示。牌号的最后两位数字没有特殊意义，仅用来区分同一组中不同的铝合金。牌号第二位的字母表示原始合金的改型情况。如果牌号第二位的字母是 A，则表示为原始合金；如果是 B~Y 的其他字母（按国际规定用字母表的次序运用），则表示为原始合金的改型合金。改型合金与原始合金相比，化学成分的变化，仅限于下列任何一种或几种情况 1) 一个合金元素或一组组合元素①形式的合金元素，极限含量算术平均值的变化量符合表 2-27 的规定 2) 增加或删除了极限含量算术平均值不超过 0.30%（质量分数）的一个合金元素；增加或删除了极限含量算术平均值不超过 0.40%（质量分数）的一组组合元素①形式的合金元素 3) 为了同一目的，用一个合金元素代替了另一个合金元素 4) 改变了杂质的极限含量 5) 细化晶粒的元素含量有变化

① 组合元素是指在规定化学成分时，对某两种或两种以上的元素总含量规定极限值时，这两种或两种以上的元素的统称。

表2-26 铝及铝合金的组别（GB/T 16474—2011）

组　　别	牌号系列
纯铝（铝的质量分数不小于99.00%）	1×××
以铜为主要合金元素的铝合金	2×××
以锰为主要合金元素的铝合金	3×××
以硅为主要合金元素的铝合金	4×××
以镁为主要合金元素的铝合金	5×××
以镁和硅为主要合金元素并以 Mg_2Si 相为强化相的铝合金	6×××
以锌为主要合金元素的铝合金	7×××
以其他合金元素为主要合金元素的铝合金	8×××
备用合金组	9×××

表2-27 合金元素极限含量的变化量（GB/T 16474—2011）

原始合金中的极限含量(质量分数)算术平均值范围	极限含量(质量分数)算术平均值的变化量≤	原始合金中的极限含量(质量分数)算术平均值范围	极限含量(质量分数)算术平均值的变化量≤
≤1.0%	0.15%	>4.0%~5.0%	0.35%
>1.0%~2.0%	0.20%	>5.0%~6.0%	0.40%
>2.0%~3.0%	0.25%	>6.0%	0.50%
>3.0%~4.0%	0.30%		

注：改型合金中的组合元素极限含量的算术平均值，应与原始合金中相同组合元素的算术平均值或各相同元素（构成该组合元素的各单个元素）的算术平均值之和相比较。

2.5.2 镁及镁合金牌号（代号）表示方法

1. 铸造镁及镁合金牌号表示方法

1）铸造镁及镁合金牌号表示方法应符合 GB/T 8063—2017《铸造有色金属及其合金牌号表示方法》的规定。示例如下：

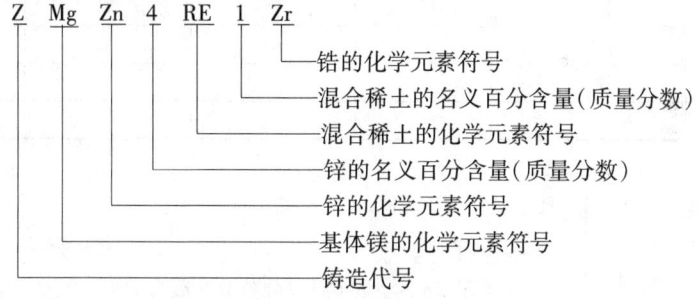

2）压铸镁合金牌号由压铸镁合金代号"YZ"（"压"和"铸"的汉语拼音第一个字母）和基体金属的化学元素符号 Mg、主要合金化学元素符号，以及表明合金化元素名义百分含量的数字组成，如 YZMgAl2Si。

2. 铸造镁合金代号表示方法

1）按 GB/T 1177—2018《铸造镁合金》的规定，铸造镁合金（除压铸外）代号由字母"Z""M"（它们分别是"铸""镁"的汉语拼音第一个字母）及其后的一个阿拉伯数字组成。ZM 后面数字表示合金的顺序号。示例如下：

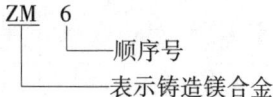

2）按 GB/T 25748—2010《压铸镁合金》的规定，压铸镁合金代号由字母"Y"

"M"（它们分别是"压""镁"的汉语拼音第一个字母）及其后的三个阿拉伯数字组成。YM 后面第一个数字表示合金系列，其中 1、2、3 分别表示镁铝硅、镁铝锰、镁铝锌系列合金，YM 后面第二、三两个数字表示顺序号。示例如下：

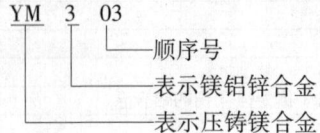

3. 变形镁及镁合金牌号表示方法

按 GB/T 5153—2016《变形镁及镁合金牌号和化学成分》的规定，变形镁及镁合金牌号表示方法如下：

1）纯镁牌号以 Mg 加数字的形式表示，Mg 后的数字表示 Mg 的质量分数。

2）镁合金牌号以英文字母加数字再加英文字母的形式表示。前面的英文字母是其最主要的合金组成元素代号（元素代号符合表 2-28 的规定，可以是一位也可以是两位），其后的数字表示其最主要的合金组成元素的大致含量。最后面的英文字母为标识代号，用以标识各具体组成元素相异或元素含量有微小差别的不同合金。

表 2-28 镁及镁合金中的元素代号（GB/T 5153—2016）

元素代号	元素名称	元素代号	元素名称	元素代号	元素名称
A	铝	H	钍	R	铬
B	铋	K	锆	S	硅
C	铜	L	锂	T	锡
D	镉	M	锰	W	钇
E	稀土	N	镍	Y	锑
F	铁	P	铅	Z	锌
G	钙	Q	银		

示例如下：

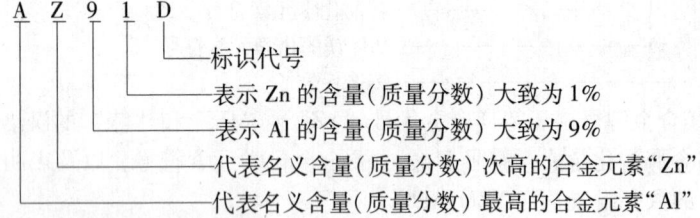

2.5.3 铜及铜合金牌号表示方法

1. 铸造铜及铜合金牌号表示方法

1）铸造铜及铜合金牌号表示方法应符合 GB/T 8063—2017《铸造有色金属及其合金牌号表示方法》的规定。示例如下：

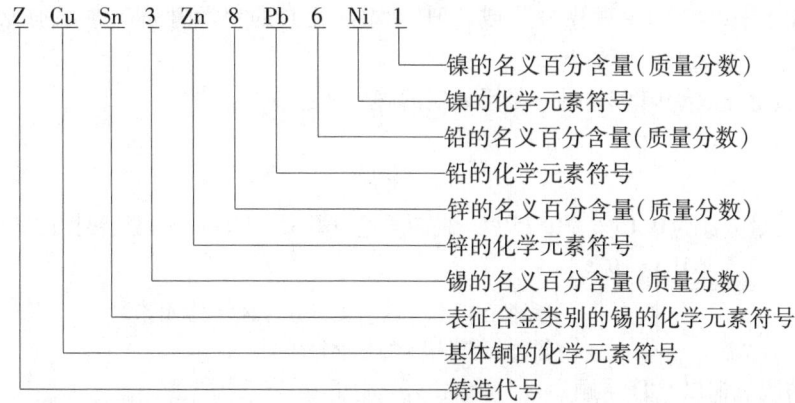

2）压铸铜合金牌号和代号表示方法应符合 GB/T 15116—1994《压铸铜合金》的规定。压铸铜合金牌号由压铸代号"YZ"（"压"和"铸"的汉语拼音第一个字母）和铜及主要合金元素的化学符号组成，主要合金元素后面跟有表示其名义百分含量的数字（名义百分含量为该元素平均百分含量的修约化整值）。压铸镁合金代号按合金名义成分的百分含量命名，并在合金代号前面标注字母"YT"（"压"和"铜"汉语拼音的第一个字母）表示压铸铜合金，后加文字说明合金分类，如 YT40-1 铅黄铜、YT16-4 硅黄铜、YT30-3 铝黄铜。

2. 加工铜及铜合金牌号表示方法

按 GB/T 29091—2012《铜及铜合金牌号和代号表示方法》的规定，加工铜及铜合金牌号表示方法如下：

（1）铜和高铜合金牌号表示方法　高铜合金是指以铜为基体金属，在铜中加入一种或几种微量元素以获得某些预定特性的合金。一般铜的质量分数为 96%～<99.3%，用于冷、热压力加工。铜和高铜合金牌号中不体现铜的含量，其命名方法如下：

1）铜以"T+顺序号"或"T+第一主添加元素化学符号+各添加元素含量（质量分数，数字间以"-"隔开）"命名。示例如下：

铜的质量分数≥99.90%的二号纯铜（含银）的牌号为：

$$\underset{\text{顺序号}}{\text{T2}}$$

银的质量分数为 0.06%～0.12% 的银铜的牌号为：

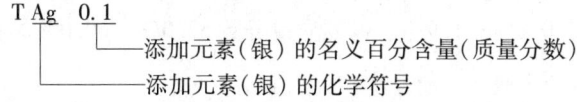

银的质量分数为 0.08%～0.12%、磷的质量分数为 0.004%～0.012% 的银铜的牌号为：

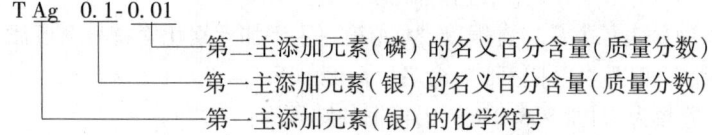

2) 无氧铜以"TU + 顺序号"或"TU + 添加元素的化学符号 + 各添加元素含量（质量分数）"命名。示例如下：

氧的质量分数≤0.002%的一号无氧铜的牌号为：

　　　　　　　　TU1
　　　　　　　　　└──顺序号

银的质量分数为0.15%～0.25%、氧的质量分数≤0.003%的无氧银铜的牌号为：

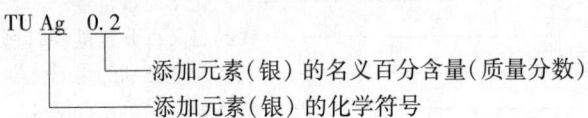

3) 磷脱氧铜以"TP + 顺序号"命名。示例如下：

磷的质量分数为0.015%～0.040%的二号磷脱氧铜的牌号为：

4) 高铜合金以"T + 第一主添加元素化学符号 + 各添加元素含量（质量分数，数字间以"-"隔开）"命名。示例如下：

铬的质量分数为0.50%～1.50%、锆的质量分数为0.05%～0.25%的高铜合金的牌号为：

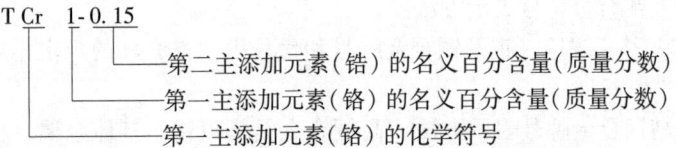

(2) 黄铜牌号表示方法　黄铜中锌为第一主添加元素，但牌号中不体现锌的含量。其命名方法如下：

1) 普通黄铜以"H + 铜含量（质量分数）"命名。示例如下：

铜的质量分数为63%～68%的普通黄铜的牌号为：

　　　　　　　　H 65
　　　　　　　　　└──铜的名义百分含量(质量分数)

2) 复杂黄铜以"H + 第二主添加元素化学符号 + 铜含量（质量分数）+ 除锌以外的各添加元素含量（质量分数，数字间以"-"隔开）"命名。示例如下：

铅的质量分数为0.8%～1.9%、铜的质量分数57.0%～60.0%的铅黄铜的牌号为：

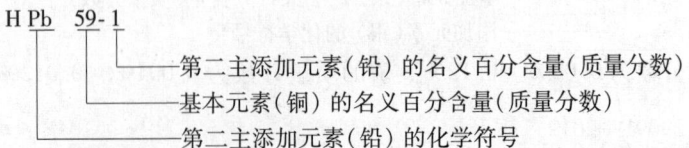

(3) 青铜牌号表示方法　青铜以"Q + 第一主添加元素化学符号 + 各添加元素含量（质量分数，数字间以"-"隔开）"命名。示例如下：

铝的质量分数为4.0%～6.0%的铝青铜的牌号为：

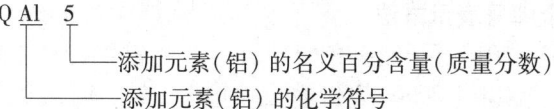

锡的质量分数为6.0%~7.0%、磷的质量分数为0.10%~0.25%的锡磷青铜的牌号为：

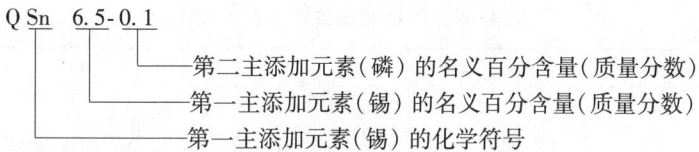

(4) 白铜牌号表示方法　白铜牌号命名方法如下：

1) 普通白铜以"B+铜含量（质量分数）"命名。示例如下：

镍的质量分数（含钴）为29%~33%的普通白铜的牌号为：

```
B 30
   └──镍的名义百分含量(质量分数)
```

2) 复杂白铜包括铜为余量的复杂白铜和锌为余量的复杂白铜：①铜为余量的复杂白铜，以"B+第二主添加元素化学符号+镍含量（质量分数）+各添加元素含量（质量分数，数字间以"-"隔开）"命名；②锌为余量的锌白铜，以"B+Zn元素化学符号+第一主添加元素（镍）含量（质量分数）+第二主添加元素（锌）含量（质量分数）+第三主添加元素含量（质量分数，数字间以"-"隔开）"命名。示例如下：

镍的质量分数为9.0%~11.0%、铁的质量分数为1.0%~1.5%、锰的质量分数为0.5%~1.0%的铁白铜的牌号为：

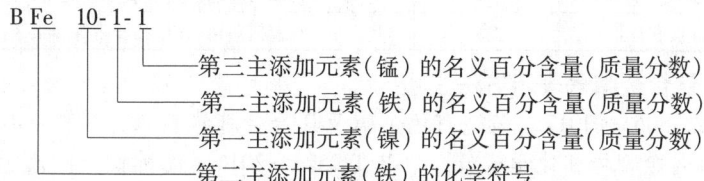

铜的质量分数为60.0%~63.0%，镍的质量分数为14.0%~16.0%，铅的质量分数为1.5%~2.0%、锌为余量的含铅锌白铜的牌号为：

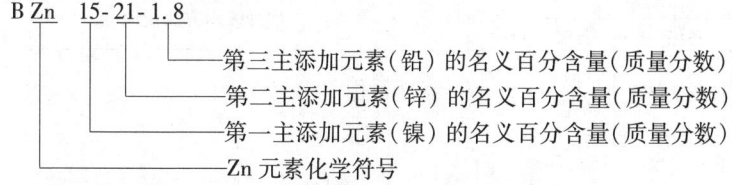

3. 再生铜及铜合金牌号表示方法

按GB/T 29091—2012《铜及铜合金牌号和代号表示方法》的规定，再生铜及铜合金牌号表示方法为：在加工铜及铜合金牌号的命名方法的基础上，牌号的最前端冠以"再生"英文单词"recycling"的第一个大写字母"R"。

2.5.4 锌及锌合金牌号表示方法

根据 GB/T 8063—2017《铸造有色金属及其合金牌号表示方法》、GB/T 13818—2009《压铸锌合金》、GB/T 2056—2005《电镀用铜、锌、镉、镍、锡阳极板》、GB/T 3610—2010《电池锌饼》、YS/T 565—2010《电池用锌板和锌带》的规定,锌及锌合金牌号表示方法见表2-29。

表 2-29 锌及锌合金牌号表示方法

牌号名称	牌号举例	表示方法说明
铸造锌合金	ZZnAl4Cu1Mg	Z Zn Al 4 Cu 1 Mg — 加有少量镁 — 铜的名义百分含量(质量分数) — 铜的元素符号 — 铝的名义百分含量(质量分数) — 铝的元素符号 — 基体金属锌的元素符号 — 铸造代号
压铸锌合金	YZZnAl4Cu1	YZ Zn Al 4 Cu 1 — 铜的名义百分含量(质量分数) — 铜的元素符号 — 铝的名义百分含量(质量分数) — 铝的元素符号 — 基体金属锌的元素符号 — 压力铸造代号
加工锌 由锌锭加工成的锌制品	Zn99.95	与所用锌锭牌号相同,如电镀用锌阳极板
加工锌 锌饼、锌板和锌带	DX	包括锌饼、锌板和锌带等加工产品

2.5.5 钛及钛合金牌号表示方法

根据 GB/T 8063—2017《铸造有色金属及其合金牌号表示方法》、GB/T 3620.1—2007《钛及钛合金牌号和化学成分》、GB/T 2524—2010《海绵钛》的规定,钛及钛合金牌号表示方法见表2-30。

表 2-30 钛及钛合金牌号表示方法

类别	牌号举例 名称	牌号举例 牌号	牌号表示方法说明
加工钛及钛合金	α钛及钛合金	TA1、TA3	TA 1 — 顺序号 金属或合金的顺序号 合金代号 表示金属或合金组织类型 TA—α型钛及钛合金 TB—β型钛合金 TC—(α+β)型钛合金
加工钛及钛合金	β钛合金	TB2、TB3	
加工钛及钛合金	α+β钛合金	TC1、TC4、TC9	

（续）

类别	牌号举例		牌号表示方法说明
	名称	牌号	
铸造钛及钛合金	ZTiAl5Sn2.5(ELI)		Z Ti Al 5 Sn 2.5 (ELI) (ELI)—超低间隙元素的英文缩写 2.5—锡的名义百分含量(质量分数) Sn—锡的化学元素符号 5—铝的名义百分含量(质量分数) Al—铝的化学元素符号 Ti—基体钛的化学元素符号 Z—铸造代号
海绵钛	MHT-200		MHT-200 200—布氏硬度的最大值 MHT—海绵钛的汉语拼音代号

2.5.6　镍及镍合金牌号表示方法

1. 铸造镍及镍合金牌号表示方法

铸造镍及镍合金牌号表示方法应符合 GB/T 8063—2017《铸造有色金属及其合金牌号表示方法》的规定。

2. 加工镍及镍合金牌号表示方法

根据 GB/T 5235—2007《加工镍及镍合金化学成分和产品形状》、GB/T 6516—2010《电解镍》的规定，加工镍及镍合金牌号表示方法见表 2-31。

表 2-31　加工镍及镍合金牌号表示方法

类　别	牌号示例	说　明
加工镍及镍合金	N4、NY1、NSi0.19、NMn2-2-1、NCu28-2.5-1.5、NCr10	N Cu 28 - 2.5 - 1.5 1.5、2.5—添加元素含量(质量分数)以百分之几表示 28—序号或主添加元素含量(质量分数)：纯镍中为顺序号；以百分之几表示主添加元素含量 Cu—主添加元素用国际化学符号表示 N—分类代号：N— 纯镍或镍合金；NY— 阳极镍
电解镍	Ni9990	表示镍含量不低于 99.90%(质量分数)

2.5.7　稀土金属材料牌号表示方法

稀土金属材料的牌号分两个层次，见表 2-32。稀土金属材料牌号表示方法见表 2-33。

表 2-32 稀土金属材料牌号的两个层次（GB/T 17803—2015）

类别	两个层次
单一稀土金属、混合稀土金属、单一稀土化合物、混合稀土化合物	××-×× └─ 第二层次：表示该产品的级别（规格） └── 第一层次：表示该产品名称
稀土合金	××-×× └─ 第二层次：表示合金中稀土元素的百分含量 └── 第一层次：表示该产品的名称

表 2-33 稀土金属材料牌号表示方法（GB/T 17803—2015）

类别	第一层次	第二层次	示例
单一稀土金属	该产品的名称，采用元素符号表示	该产品的级别（规格），采用其稀土相对纯度（质量分数）来表示 当该产品稀土相对纯度（质量分数）等于或大于99%时，用质量分数中"9"的个数加"N"来表示（"N"为数字9的英文首字母），如99%用2N表示，99.995%用4N5表示 稀土相对纯度（质量分数）小于99%的产品，其稀土相对纯度（质量分数）采用四舍五入方法修约后取前两位数字表示 稀土相对纯度（质量分数）相同，但其他成分（包括杂质）百分含量要求不同的产品，可在数字代号最后面依次加大写字母A、B、C、D……表示，以示区别这些不同的产品	稀土相对纯度为99.95%的金属钐的牌号表示为Sm-3N5（第一层次为Sm，第二层次为3N5）
混合稀土金属	该产品的名称，采用元素符号表示，按元素周期表内的先后顺序编写	该产品的规格（级别），采用有价元素（有价元素指Eu、Tb、Dy、Lu）的百分含量加元素符号表示。如果该产品不含有价元素时，则用主量元素的百分含量加主量元素符号表示；如果该产品中含两个有价元素（含两个）以上时，则取百分含量最高的有价元素的百分含量加该元素的元素符号表示 稀土相对纯度（质量分数）相同，但其他成分（包括杂质）百分含量要求不同的产品，可在数字代号最后面依次加大写字母A、B、C、D……表示，以示区别这些不同的产品	稀土相对纯度为Pr25%、Nd75%的镨钕金属的牌号表示为PrNd-75Nd（第一层次为PrNd，第二层次为75Nd）
单一稀土化合物	该产品的名称，采用该产品的分子式表示	该产品的级别（规格），采用其稀土相对纯度（质量分数）来表示 当该产品稀土相对纯度（质量分数）等于或大于99%时，用质量分数中"9"的个数加"N"来表示，如99%用2N表示，99.995%用4N5表示 稀土相对纯度（质量分数）小于99%的产品，其质量分数采用四舍五入方法修约后取前两位数字表示。当质量分数只有一位数字时，采用四舍五入修约后取整数，再在该数字前加"0"补足两位数字表示 稀土相对纯度（质量分数）相同，但其他成分（包括杂质）百分含量要求不同的产品，可在该组牌号最后面依次加上大写字母A、B、C、D……表示，以示区别这些不同的产品	稀土相对纯度为99.999%的氧化镧的牌号表示为La_2O_3-5N（第一层次为La_2O_3，第二层次为5N）

（续）

类别	第一层次	第二层次	示例
混合稀土化合物	该产品名称，用该产品的分子式表示	该产品的规格（级别），用有价元素（有价元素指Eu、Tb、Dy、Lu）的百分含量加元素符号表示。如果该产品不含有价元素时，则用主量元素的百分含量加主量元素符号表示；如果该产品中含两个有价元素（含两个）以上时，则取百分含量最高的有价元素的百分含量加该元素的元素符号表示 稀土百分含量相同，但其他成分（包括杂质）百分含量要求不同的产品，可在数字代号最后面依次加大写字母A、B、C、D……表示，以示区别这些不同的产品	各元素含量（质量分数）为Y94.6%、Eu5.4%的氧化钇铕牌号表示为（YEu）$_2$O$_3$-5.4Eu（第一层次为（YEu）$_2$O$_3$，第二层次为5.4Eu）
稀土合金	该产品的名称，用元素符号表示，并按照稀土元素在前，其他元素在后的排序方法来排序。当合金中有两种（含两个）以上的稀土元素时，其排列顺序按照元素周期表的顺序排列	该合金中稀土元素的百分含量，采用合金中稀土元素的百分含量的前两位数字表示，含两种及两种以上稀土元素的稀土合金用四位阿拉伯数字表示两种稀土元素的百分含量 合金中构成元素相同，稀土元素百分含量也相同，但非稀土元素的百分含量不同，或者成分相同，性能、结构不一致的产品，可在数字代号最后面依次加大写字母A、B、C、D……表示，以示区别这些不同的产品 当稀土合金中稀土含量未知、不可检测、波动很大，或者稀土含量不是重点关注指标时，可用阿拉伯数字"00"特指稀土成分不确定的稀土合金，数字"00"后面可增加A、B、C……来区分产品等级	稀土相对纯度为Dy80.2%、Fe19.8%的镝铁合金的牌号表示为DyFe-80（第一层次为Dy-Fe，第二层次为80）

2.5.8 贵金属及其合金牌号表示方法

贵金属及其合金牌号表示方法见表2-34。

表2-34 贵金属及其合金牌号表示方法

类别	牌号举例	方法说明
冶炼产品	IC-Au99.99 SM-Pt99.999	□-□□ 　　├─产品纯度（用百分含量的数字表示，不含百分号） 　├───产品名称（用化学元素符号表示） └─────产品形状 {IC— 英文字母，表示铸锭状金属；SM— 英文字母，表示海绵状金属}
加工产品	Pl-Au99.999 W-Pt90Rh W-Au93NiFeZr St-Au75Pd St-Ag30Cu	□-□□□□ 　　　　├─添加元素 {纯金属无此项；二元及以上的合金依含量的多少依次用化学元素符号表示} 　　├───基体元素含量 {纯金属用百分含量，不含百分号；合金用基体元素的百分含量，不含百分号} 　├─────产品名称（用纯金属及合金基体的化学元素符号表示） └───────产品形状（用英文字母表示：Pl— 板材，Sh— 片材，St— 带材，F— 箔材，T— 管材，R— 棒材，W— 线材，Th— 丝材） 注：若产品的基体元素为贱金属，添加元素为贵金属，则仍将贵金属作为基体元素放在第二项，第三项表示该贵金属的含量，贱金属元素放在第四项

类别	牌号举例	方法说明
复合材料	St-Ag99.95/ QSn6.5~0.1 St-Ag90Ni/H62 St-Ag99.95/T2/ Ag99.95	□-□/□ ├─产品状态（可省略） ├─贱金属牌号（表示方法参见现行国标） ├─贵金属牌号相关部分（表示方法同加工产品牌号 　表示方法中的第二项～第四项及"注"） └─产品形状（表示方法同加工产品牌号 　表示方法中的第一项） 注：三层及三层以上复合材料，在第三项后面依次插入表示后面 层的相关牌号，并以"/"相隔开
粉末产品	PAg-S6.0 PPd-G0.15	P-□□□ ├─粉末平均粒径（用单位为微米的粒径数值表示， 　当平均粒径为一范围时则取其上限值） ├─粉末形状 { S—（英文字母）表示片状 　　　　　　　 G—（英文字母）表示球状 ├─粉末名称（纯金属用元素符号；氧化物用分子式； 　合金用基体元素符号及其含量、添加元素符号，依次表示） └─粉末产品代号（英文字母）
钎焊料	BVAg72Cu-780 BAg70CuZn-690/740	B(□)□-□ ├─钎焊料熔化温度（共晶温度或固液相线温度） ├─钎焊料的基体元素及其含量、添加元素（表示方法同加工 　产品表示方法中第二项～第四项及"注"） ├─钎焊料用途（用英文字母大写表示，如V为电真空钎焊料） └─钎焊料代号（英文字母） 注：若不强调钎焊料的用途，第二项可不用字母表示

2.6 金属材料废料的分类分级

2.6.1 废钢铁的分类分级

1. 熔炼用废铁的分类（表2-35）
2. 熔炼用废钢分类（表2-36）

表2-35 熔炼用废铁的分类
（GB/T 4223—2017）

扫码查表

表2-36 熔炼用废钢分类
（GB/T 4223—2017）

扫码查表

2.6.2 镁及镁合金废料的分类分级（表2-37）
2.6.3 铝及铝合金废料的分类分级（表2-38）

表2-37 镁及镁合金废料的分类分级
（GB/T 20926—2007）

扫码查表

表2-38 铝及铝合金废料的分类分级
（GB/T 13586—2006）

扫码查表

2.6.4 铜及铜合金废料的分类分级（表2-39）
2.6.5 锌及锌合金废料的分类分级（表2-40）

表2-39 铜及铜合金废料的分类分级
（GB/T 13587—2006）

扫码查表

表2-40 锌及锌合金废料的分类分级
（GB/T 13589—2007）

扫码查表

2.6.6 钛及钛合金废料的分类分级（表2-41）
2.6.7 镍及镍合金废料的分类分级（表2-42）

表2-41 钛及钛合金废料的分类分级
（GB/T 20927—2007）

扫码查表

表2-42 镍及镍合金废料的分类分级
（GB/T 21179—2007）

扫码查表

2.7 金属材料的储运管理

2.7.1 钢铁材料的储运管理（表2-43）

表2-43 常用钢铁材料的储运管理

原　则	说　明
选择适宜的场地和库房	1）保管钢材的场地或仓库应该清洁干净，排水通畅，远离产生有害气体或粉尘的厂矿，并清除杂草及一切脏物。一般采用普通封闭式库房，有房顶和围墙，门窗严密，有通风装置。晴天注意通风，雨天注意关闭防潮 2）不与酸、碱、盐、水泥等对钢材有侵蚀性的材料堆放在一起 3）大型型钢、钢轨、厚钢板、大口径钢管等可以露天堆放 4）中小型型钢、盘条、中口径钢管、钢丝及钢丝绳等，可在通风良好的料库内存放；一些小型钢材、薄钢板、钢带、硅钢片、小口径或薄壁钢管、各种冷轧及冷拔钢材，以及价格高、易腐蚀的金属制品，可入库存放

(续)

原　则	说　明
合理堆码，先进先发	1）在码垛稳固、确保安全的条件下，做到按品种、规格码垛，不同品种的材料要分别码垛，防止混淆和相互腐蚀。不在垛位附近存放对钢材有腐蚀作用的物品 2）垛底应垫高、坚固、平整，防止材料受潮或变形，同种材料按入库先后分别堆码，便于执行先进先发的原则 3）露天堆放的型钢下面必须有垫木或条石，垛面略有倾斜，以利排水，并注意材料安放平直，防止造成弯曲变形。在垛与垛之间应留有一定的通道，工字钢应立放，钢材的槽面不能朝上，以免积水生锈
保护材料的包装和保护层	钢材出厂前涂防腐剂或有其他包装是防止材料锈蚀的重要措施。在运输装卸过程中须注意保护，不能损坏
保持仓库清洁，加强材料养护	1）材料在入库前要注意防止雨淋或混入杂质，对已经淋雨或弄污的材料要按其性质采用不同的方法擦净，如硬度高的可用钢丝刷，硬度低的用布、棉等 2）材料入库后要经常检查，如有锈蚀，应清除锈蚀层 3）一般钢材表面清除干净后，不必涂油，但对优质钢、合金钢薄钢板、薄壁管、合金钢管等，除锈后其内外表面均须涂防锈油后再存放 4）对锈蚀较严重的钢材，除锈后不宜长期保管，应尽快使用

2.7.2　有色金属材料的储运管理（表2-44）

表2-44　有色金属材料的储运管理

名称	储运注意事项
铜材	1）铜材应按成分、牌号分别存放在清洁、干燥的库房内，不得与酸、碱、盐等物资同库存放 2）铜材如在运输中受潮，应用布拭干或在日光下晒干后再行堆放 3）库房内要通风，调节库内的温度、湿度，一般要求库内温度保持在15～30℃，相对湿度保持在40%～80%为宜 4）电解铜因带来未洗净的残留电解质，所以不能与橡胶及其他怕酸材料混放一起 5）由于铜质软，搬运堆垛时应避免拉、拖或摔、扔、磕、碰，以免损坏或弄伤表面 6）如发现有锈蚀时，可用麻布或铜丝刷擦除，切勿用钢丝刷，以防划伤表面，也不宜涂油 7）对于线材，无论锈蚀轻重，原则上一律不进行除锈或涂油。如属沾染锈，则在不影响线径要求时，对铜材除锈，然后用防潮纸包好 8）锈蚀严重的，除了进行除锈外，还要隔离存放，且不宜久储。若发现锈蚀裂纹，则应立即从库中清出
铝材	1）按GB/T 3199—2007的规定，经验收合格的产品应保管在清洁干燥的库房内，且不受雨、雪侵入，库房内不应同时储存活性化学物资（如酸、碱、盐等）和潮湿物品。未经雨水侵入的油封的产品可在防腐期内妥善储存，超过防腐期的或不涂油的产品，若需长期储存，则应重新涂油 2）对表面质量较高的铝材，如薄板、薄壁管、小型材等的表面要涂油，在保管条件较好或作短期存放时也可不涂油 3）铝材如暂时不用，以原包装保管。拆包后，要用防锈纸包裹 4）铝材的保管要特别注意铝板，由于铝性质软，搬动时要防止擦伤。受潮铝板不宜摩擦，宜用日光晒，潮湿铝板不能堆放 5）铝材如发生锈蚀，可用浮石、棉纱头或洁净碎布擦除后，加涂工业凡士林，但不宜长期存放 6）在经运输中，应防止雨淋、雪侵，以及其他有腐蚀性介质的侵入或渗入。不准用运送过酸类、碱类或其他化学物质并留有气味的车辆运送铝材

（续）

名称	储运注意事项
镁	1）镁在空气中极易氧化，生成氧化膜。受潮及酸、碱、盐类侵蚀，即向深处腐蚀，蔓延甚快。高纯度镁在空气中能引起燃烧。镁锭需在密闭的铁、铝桶内保管，并远离火源 2）镁锭应定期检查，发现表面白斑粉化或有麻点时，应将镁锭浸入热碱水及重铬酸盐溶液中，将腐蚀氧化物清洗干净后涂上工业凡士林、石蜡或防腐油 3）不宜长期保管。应注意先进先出，码垛分清牌号和等级
镍	1）镍的化学性质比较稳定，保管时避免与酸、碱物质接触，也不得与铅锭或锡锭混杂 2）按品种、批号和牌号分别存放。有浮锈斑点不宜涂油，用麻布擦去即可
锌	1）锌易与酸、碱、盐化合而变质，与木材的有机酸接触后能破坏表面，因此不宜与酸碱和湿木材共存放 2）锌质硬而脆，搬运时避免碰撞。存放库内时应按品种和牌号分别保管
铅材	1）铅板遇潮或接触二氧化碳，生成氧化膜，用麻布擦去即可，不宜涂油 2）铅材虽耐硫酸侵蚀，但不耐碱和其他酸类物质，应避免接触 3）铅管质软，承受压力过大容易压扁，因此码垛时不宜过高。要求在收发操作时轻拿轻放，严格避免碰伤、压伤和刮伤 4）无包装的铅卷板，在装卸过程中应加衬垫物，防止卷边、碰撞、撕裂和划伤外皮
锡	1）每批锡锭应整齐堆放，不得与其他批锡锭互相混杂 2）库房内最低温度不得低于$-15℃$，因为锡在低温时，特别是$-20℃$以下，内部组织变化，表面起泡膨胀，质地逐渐变松，最后分裂为粒状或变成粉末，称为锡疫 3）保管时，如发现锡锭有腐蚀迹象时，应将好的锡锭与腐蚀的锡锭分开堆放，同时细心清除所有腐蚀的锡锭并重加熔炼。可用松香或氯化铵作覆盖剂重熔，缓慢冷却使之恢复原状
锑	1）可在普通库房内保管，但是不能与酸、碱和盐类接触存放 2）如发现锈蚀，可用麻布擦去浮锈及除去垢尘，但不宜涂油 3）锑的性质硬脆，易碎为粉屑状，装卸搬运时需要注意

第3章 常用金属材料的化学成分及力学性能

3.1 生铁及铁合金

3.1.1 生铁

1. 炼钢用生铁的化学成分（表3-1）

表3-1 炼钢用生铁的化学成分（YB/T 5296—2011）

牌 号			L03	L07	L10
化学成分 （质量分数,%）	C			≥3.50	
	Si		≤0.35	>0.35~0.70	>0.70~1.25
	Mn	一组		≤0.40	
		二组		>0.40~1.00	
		三组		>1.00~2.00	
	P	特级		≤0.100	
		一级		>0.100~0.150	
		二级		>0.150~0.250	
		三级		>0.250~0.400	
	S	一类		≤0.030	
		二类		>0.030~0.050	
		三类		>0.050~0.070	

2. 铸造用生铁的化学成分（表3-2）

表3-2 铸造用生铁的化学成分（GB/T 718—2005）

牌 号			Z14	Z18	Z22	Z26	Z30	Z34
化学成分 （质量分数,%）	C				≥3.30			
	Si		1.25~1.60	>1.60~2.00	>2.00~2.40	>2.40~2.80	>2.80~3.20	>3.20~3.60
	Mn	1组			≤0.50			
		2组			>0.50~0.90			
		3组			>0.90~1.30			
	P	1级			≤0.060			
		2级			>0.060~0.100			
		3级			>0.100~0.200			
		4级			>0.200~0.400			
		5级			>0.400~0.900			
	S	1类			≤0.030			
		2类			≤0.040			
		3类			≤0.050			

3. 球墨铸铁用生铁的化学成分（表3-3）

表3-3 球墨铸铁用生铁的化学成分（GB/T 1412—2005）

牌 号			Q10	Q12
化学成分（质量分数,%）	C		≥3.40	
	Si		0.50~1.00	>1.00~1.40
	Ti	1档	≤0.050	
		2档	>0.050~0.080	
	Mn	1组	≤0.20	
		2组	>0.20~0.50	
		3组	>0.50~0.80	
	P	1级	≤0.050	
		2级	>0.050~0.060	
		3级	>0.060~0.080	
	S	1类	≤0.020	
		2类	>0.020~0.030	
		3类	>0.030~0.040	
		4类	≤0.045	

3.1.2 钒铁（表3-4）

表3-4 钒铁的化学成分（GB/T 4139—2012）

牌 号	化学成分（质量分数,%）						
	V	C	Si	P	S	Al	Mn
		≤					
FeV50-A	48.0~55.0	0.40	2.0	0.06	0.04	1.5	—
FeV50-B	48.0~55.0	0.60	3.0	0.10	0.06	2.5	—
FeV50-C	48.0~55.0	5.0	3.0	0.10	0.06	0.5	—
FeV60-A	58.0~65.0	0.40	2.0	0.06	0.04	1.5	—
FeV60-B	58.0~65.0	0.60	2.5	0.10	0.06	2.5	—
FeV60-C	58.0~65.0	3.0	1.5	0.10	0.06	0.5	—
FeV80-A	78.0~82.0	0.15	1.5	0.05	0.04	1.5	0.50
FeV80-B	78.0~82.0	0.30	1.5	0.08	0.06	2.0	0.50
FeV80-C	75.0~80.0	0.30	1.5	0.08	0.06	2.0	0.50

3.1.3 硅铁（表3-5）

表3-5 硅铁的化学成分（GB/T 2272—2020）

类别	牌号	化学成分(质量分数,%)									
		Si	Al	Fe	Ca	Mn	Cr	P	S	C	Ti
			≤								
高硅硅铁	GG FeSi97 Al1.5	≥97.0	1.5	1.5	0.3	0.4	0.2	0.040	0.030	0.20	—
	GG FeSi95 Al1.5	95.0~<97.0	1.5	2.0	0.3						
	GG FeSi95 Al2.0		2.0	2.0	0.4						
	GG FeSi93 Al1.5	93.0~<95.0	1.5	2.0	0.6						
	GG FeSi93 Al3.0		3.0	2.5	0.6						
	GG FeSi90 Al2.0	90.0~<93.0	2.0	—	1.5	0.4	0.2	0.040	0.030	0.20	—
	GG FeSi90 Al3.0		3.0	—	1.5						
	GG FeSi87 Al2.0	87.0~<90.0	2.0	—	1.5						
	GG FeSi87 Al3.0		3.0	—	1.5						

（续）

类别	牌号	化学成分(质量分数,%)								
		Si	Al	Ca	Mn	Cr	P	S	C	Ti
						≤				
普通硅铁	PG FeSi75Al1.5	75.0~<80.0	1.5	1.5	0.4	0.3	0.045	0.020	0.10	0.30
	PG FeSi75Al2.0		2.0	1.5	0.4	0.3	0.040	0.020	0.20	0.30
	PG FeSi75Al2.5		2.5	—						
	PG FeSi72Al1.5	72.0~<75.0	1.5	1.5	0.4	0.3	0.045	0.020	0.20	0.30
	PG FeSi72Al2.0		2.0				0.040			
	PG FeSi72Al2.5		2.5	—						
	PG FeSi70Al2.0	70.0~<72.0	2.0	—	0.5	0.5	0.045	0.020	0.20	—
	PG FeSi70Al2.5		2.5							
	PG FeSi65	65.0~<70.0	3.0	—	0.5	0.5	0.045	0.020	—	—
	PG FeSi40	40.0~<47.0	—	—	0.6	0.5	0.045	0.020	—	—
低铝硅铁	DL FeSi75Al0.3	75.0~<80.0	0.3	0.3	0.4	0.3	0.030	0.020	0.10	0.30
	DL FeSi75Al0.5		0.5	0.5						
	DL FeSi75Al0.8		0.8	1.0			0.035			
	DL FeSi75Al1.0		1.0	1.0						
	DL FeSi72Al0.3	72.0~<75.0	0.3	0.3	0.4	0.3	0.030	0.020	0.10	0.30
	DL FeSi72Al0.5		0.5	0.5			0.030			
	DL FeSi72Al0.8		0.8	1.0			0.035			
	DL FeSi72Al1.0		1.0	1.0			0.035			

类别	牌号	化学成分(质量分数,%)											
		Si	Ti	C	Al	P	S	Mn	Cr	Ca	V	Ni	B
		≥					≤						
高纯硅铁	GC FeSi75Ti0.01-A	75.0	0.010	0.012	0.01	0.010	0.010	0.1	0.1	0.01	0.010	0.02	0.002
	GC FeSi75Ti0.01-B			0.015	0.03	0.015	0.010	0.2	0.1	0.03	0.020	0.03	0.005
	GC FeSi75Ti0.015-A	75.0	0.015	0.015	0.01	0.020	0.010	0.1	0.1	0.01	0.015	0.03	—
	GC FeSi75Ti0.015-B			0.020	0.03	0.025	0.010	0.2	0.1	0.03	0.020	0.03	—
	GC FeSi75Ti0.02-A	75.0	0.020	0.015	0.025	0.030	0.010	0.2	0.1	0.03	0.020	0.03	—
	GC FeSi75Ti0.02-B			0.020	0.10		0.010	0.2	0.1	0.10	0.020	0.03	—
	GC FeSi75Ti0.02-C			0.050	0.50		0.010	0.2	0.1	0.50	0.020	0.03	—
	GC FeSi75Ti0.03-A	75.0	0.030	0.015	0.10	0.030	0.010	0.2	0.1	0.10	0.020	0.03	—
	GC FeSi75Ti0.03-B			0.020	0.20		0.010	0.2	0.1	0.20	0.020	0.03	—
	GC FeSi75Ti0.03-C			0.050	0.50		0.015	0.2	0.1	0.50	0.020	0.03	—
	GC FeSi75Ti0.05-A	75.0	0.050	0.015	0.10	0.025	0.010	0.2	0.1	0.10	0.020	0.03	—
	GC FeSi75Ti0.05-B			0.020	0.20	0.030	0.010	0.2	0.1	0.20	0.020	0.03	—
	GC FeSi75Ti0.05-C			0.050	0.50		0.015	0.2	0.1	0.50	0.020	0.05	—

3.1.4 铬铁(表3-6)

表3-6 铬铁的化学成分(GB/T 5683—2008)

类别	牌号	化学成分(质量分数,%)								
		Cr			C	Si		P		S	
		范围	I	II		I	II	I	II	I	II
		≥			≤						
微碳	FeCr65C0.03	60.0~70.0			0.03	1.0		0.03		0.025	
	FeCr55C0.03		60.0	52.0	0.03	1.5	2.0	0.03	0.04	0.03	
	FeCr65C0.06	60.0~70.0			0.06	1.0		0.03		0.025	
	FeCr55C0.06		60.0	52.0	0.06	1.5	2.0	0.04	0.06	0.03	
	FeCr65C0.10	60.0~70.0			0.10	1.0		0.03		0.025	
	FeCr55C0.10		60.0	52.0	0.10	1.5	2.0	0.04	0.06	0.03	
	FeCr65C0.15	60.0~70.0			0.15	1.0		0.03		0.025	
	FeCr55C0.15		60.0	52.0	0.15	1.5	2.0	0.04	0.06	0.03	
低碳	FeCr65C0.25	60.0~70.0			0.25	1.5		0.03		0.025	
	FeCr55C0.25		60.0	52.0	0.25	2.0	3.0	0.04	0.06	0.03	0.05
	FeCr65C0.50	60.0~70.0			0.50	1.5		0.03		0.025	
	FeCr55C0.50		60.0	52.0	0.50	2.0	3.0	0.04	0.06	0.03	0.05
中碳	FeCr65C1.0	60.0~70.0			1.0	1.5		0.03		0.025	
	FeCr55C1.0		60.0	52.0	1.0	2.5	3.0	0.06		0.03	0.05
	FeCr65C2.0	60.0~70.0			2.0	1.5		0.03		0.025	
	FeCr55C2.0		60.0	52.0	2.0	2.5	3.0	0.06		0.03	0.05
	FeCr65C4.0	60.0~70.0			4.0	1.5		0.03		0.025	
	FeCr55C4.0		60.0	52.0	4.0	2.5	3.0	0.06		0.03	0.05
高碳	FeCr67C6.0	60.0~72.0			6.0	3.0		0.03		0.04	0.06
	FeCr55C6.0		60.0	52.0	6.0	3.0	5.0	0.03		0.04	0.06
	FeCr67C9.5	60.0~72.0			9.5	3.0		0.03		0.04	0.06
	FeCr55C10.0		60.0	52.0	10.0	3.0	5.0	0.04		0.04	0.06
真空法微碳铬铁	ZKFeCr65C0.010		65.0		0.010	1.0	2.0	0.025	0.030	0.03	
	ZKFeCr65C0.020		65.0		0.020	1.0	2.0	0.025	0.030	0.03	
	ZKFeCr65C0.010		65.0		0.010	1.0	2.0	0.025	0.035	0.04	
	ZKFeCr65C0.030		65.0		0.030	1.0	2.0	0.025	0.035	0.04	
	ZKFeCr65C0.050		65.0		0.050	1.0	2.0	0.025	0.035	0.04	
	ZKFeCr65C0.100		65.0		0.100	1.0	2.0	0.025	0.035	0.04	

3.1.5 磷铁(表3-7)

表3-7 磷铁的化学成分(YB/T 5036—2012)

牌号	化学成分(质量分数,%)								
	P	Si	C		S		Mn	Ti	
			I	II	I	II		I	II
			≤						
FeP29	28.0~30.0	2.0	0.20	1.00	0.05	0.50	2.0	0.70	2.00
FeP26	25.0~<28.0	2.0	0.20	1.00	0.05	0.50	2.0	0.70	2.00
FeP24	23.0~<25.0	3.0	0.20	1.00	0.05	0.50	2.0	0.70	2.00
FeP21	20.0~<23.0	3.0	1.0		0.5		2.0	—	
FeP18	17.0~<20.0	3.0	1.0		0.5		2.5	—	
FeP16	15.0~<17.0	3.0	1.0		0.5		2.5	—	

3.1.6 锰铁（表3-8）

表3-8 锰铁的化学成分（GB/T 3795—2014）

类别	牌号	化学成分（质量分数,%）						
		Mn	C	Si I	Si II	P I	P II	S
				≤				
微碳锰铁	FeMn90C0.05	87.0~93.5	0.05	0.5	1.0	0.03	0.04	0.02
	FeMn84C0.05	80.0~87.0	0.05	0.5	1.0	0.03	0.04	0.02
	FeMn90C0.10	87.0~93.5	0.10	1.0	2.0	0.05	0.10	0.02
	FeMn84C0.10	80.0~87.0	0.10	1.0	2.0	0.05	0.10	0.02
	FeMn90C0.15	87.0~93.5	0.15	1.0	2.0	0.08	0.10	0.02
	FeMn84C0.15	80.0~87.0	0.15	1.0	2.0	0.08	0.10	0.02
低碳锰铁	FeMn88C0.2	85.0~92.0	0.2	1.0	2.0	0.10	0.30	0.02
	FeMn84C0.4	80.0~87.0	0.4	1.0	2.0	0.15	0.30	0.02
	FeMn84C0.7	80.0~87.0	0.7	1.0	2.0	0.20	0.30	0.02
中碳锰铁	FeMn82C1.0	78.0~85.0	1.0	1.0	2.5	0.20	0.35	0.03
	FeMn82C1.5	78.0~85.0	1.5	1.5	2.5	0.20	0.35	0.03
	FeMn78C2.0	75.0~82.0	2.0	1.5	2.5	0.20	0.40	0.03
高碳锰铁	FeMn78C8.0	75.0~82.0	8.0	1.5	2.5	0.20	0.33	0.03
	FeMn74C7.5	70.0~77.0	7.5	2.0	3.0	0.25	0.38	0.03
	FeMn68C7.0	65.0~72.0	7.0	2.5	4.5	0.25	0.40	0.03

3.1.7 钼铁（表3-9）

表3-9 钼铁的化学成分（GB/T 3649—2008）

牌号	化学成分（质量分数,%）							
	Mo	Si	S	P	C	Cu	Sb	Sn
				≤				
FeMo70	65.0~75.0	2.0	0.08	0.05	0.10	0.5	—	—
FeMo60-A	60.0~65.0	1.0	0.08	0.04	0.10	0.5	0.04	0.04
FeMo60-B	60.0~65.0	1.5	0.10	0.05	0.10	0.5	0.05	0.06
FeMo60-C	60.0~65.0	2.0	0.15	0.05	0.15	1.0	0.08	0.08
FeMo55-A	55.0~60.0	1.0	0.08	0.05	0.15	0.5	0.05	0.06
FeMo55-B	55.0~60.0	1.5	0.15	0.10	0.20	0.5	0.08	0.08

3.1.8 铌铁（表3-10）

表3-10 铌铁的化学成分（GB/T 7737—2007）

牌号	化学成分（质量分数,%）												
	Nb+Ta	Ta	Al	Si	C	S	P	W	Mn	Sn	Pb	As	Sb	Bi	Ti
						≤								
FeNb70	70~80	0.3	3.8	1.0	0.03	0.03	0.04	0.3	0.8	0.02	0.02	0.01	0.01	0.01	0.30
FeNb60-A	60~70	0.3	2.5	2.0	0.04	0.03	0.04	0.2	1.0	0.02	0.02	—	—	—	—
FeNb60-B	60~70	2.5	3.0	3.0	0.30	0.10	0.30	1.0	—	—	—	—	—	—	—
FeNb50-A	50~60	0.2	2.0	1.0	0.05	0.03	0.05	0.1	—	—	—	—	—	—	—
FeNb50-B	50~60	0.3	2.0	2.5	0.04	0.03	0.04	0.2	—	—	—	—	—	—	—

3.1.9 硼铁（表3-11）

表3-11 硼铁的化学成分（GB/T 5682—2015）

类别	牌号		化学成分（质量分数,%）					
			B	C	Si	Al	S	P
						≤		
低碳	FeB22C0.05		21.0~25.0	0.05	1.0	1.5	0.010	0.050
	FeB20C0.05		19.0~<21.0	0.05	1.0	1.5	0.010	0.050
	FeB18C0.1		17.0~<19.0	0.10	1.0	1.5	0.010	0.050
	FeB16C0.1		14.0~<17.0	0.10	1.0	1.5	0.010	0.050
中碳	FeB20C0.15		19.0~21.0	0.15	1.0	0.50	0.010	0.050
	FeB20C0.5	A	19.0~21.0	0.50	1.5	0.05	0.010	0.10
		B		0.50	1.5	0.50	0.010	0.10
	FeB18C0.5	A	17.0~<19.0	0.50	1.5	0.05	0.010	0.10
		B		0.50	1.5	0.50	0.010	0.10
	FeB16C1.0		15.0~17.0	1.0	2.5	0.50	0.010	0.20
	FeB14C1.0		13.0~<15.0	1.0	2.5	0.50	0.010	0.20
	FeB12C1.0		9.0~<13.0	1.0	2.5	0.50	0.010	0.20

3.1.10 钛铁（表3-12）

表3-12 钛铁的化学成分（GB/T 3282—2012）

牌号	化学成分（质量分数,%）							
	Ti	C	Si	P	S	Al	Mn	Cu
				≤				
FeTi30-A	25.0~35.0	0.10	4.5	0.05	0.03	8.0	2.5	0.10
FeTi30-B	25.0~35.0	0.20	5.0	0.07	0.04	8.5	2.5	0.20
FeTi40-A	>35.0~45.0	0.10	3.5	0.05	0.03	9.0	2.5	0.20
FeTi40-B	>35.0~45.0	0.20	4.0	0.08	0.04	9.5	3.0	0.40
FeTi50-A	>45.0~55.0	0.10	3.5	0.05	0.03	8.5	3.0	0.20
FeTi50-B	>45.0~55.0	0.20	4.0	0.08	0.04	9.5	3.0	0.40
FeTi60-A	>55.0~65.0	0.10	3.0	0.04	0.03	7.0	1.0	0.20
FeTi60-B	>55.0~65.0	0.20	4.0	0.06	0.04	8.0	1.5	0.20
FeTi60-C	>55.0~65.0	0.30	5.0	0.08	0.04	8.5	2.0	0.20
FeTi70-A	>65.0~75.0	0.10	0.50	0.04	0.03	3.0	1.0	0.20
FeTi70-B	>65.0~75.0	0.20	3.5	0.06	0.04	6.0	1.0	0.20
FeTi70-C	>65.0~75.0	0.40	4.0	0.08	0.04	8.0	1.0	0.20
FeTi80-A	>75.0	0.10	0.50	0.04	0.03	3.0	1.0	0.20
FeTi80-B	>75.0	0.20	3.5	0.06	0.04	6.0	1.0	0.20
FeTi80-C	>75.0	0.40	4.0	0.08	0.04	7.0	1.0	0.20

3.1.11 钨铁（表3-13）

表3-13 钨铁的化学成分（GB/T 3648—2013）

牌号	化学成分（质量分数,%）										
	W	C	P	S	Si	Mn	Cu	As	Bi	Pb	Sb	Sn
						≤					
FeW80-A	75.0~85.0	0.10	0.03	0.06	0.50	0.25	0.10	0.06	0.05	0.05	0.05	0.06
FeW80-B	75.0~85.0	0.30	0.04	0.07	0.70	0.35	0.12	0.08	0.05	0.05	0.05	0.08
FeW80-C	75.0~85.0	0.40	0.05	0.08	0.70	0.50	0.15	0.10	0.05	0.05	0.05	0.08
FeW70	≥70.0	0.80	0.07	0.10	1.20	0.60	0.18	0.12	0.05	0.05	0.05	0.10

3.2 铸铁

3.2.1 灰铸铁

1. 灰铸铁的力学性能（表3-14）

表 3-14 灰铸铁的力学性能（GB/T 9439—2010）

牌号	铸件壁厚 /mm		抗拉强度 R_m（强制性值）/MPa ≥		铸件本体预期抗拉强度 R_m /MPa ≥
	>	≤	单铸试棒	附铸试棒或试块	
HT100	5	40	100	—	—
HT150	5	10	150	—	155
	10	20		—	130
	20	40		120	110
	40	80		110	95
	80	150		100	80
	150	300		90①	—
HT200	5	10	200	—	205
	10	20		—	180
	20	40		170	155
	40	80		150	130
	80	150		140	115
	150	300		130①	—
HT225	5	10	225	—	230
	10	20		—	200
	20	40		190	170
	40	80		170	150
	80	150		155	135
	150	300		145①	—
HT250	5	10	250	—	250
	10	20		—	225
	20	40		210	195
	40	80		190	170
	80	150		170	155
	150	300		160①	—
HT275	10	20	275	—	250
	20	40		230	220
	40	80		205	190
	80	150		190	175
	150	300		175①	—
HT300	10	20	300	—	270
	20	40		250	240
	40	80		220	210
	80	150		210	195
	150	300		190①	—
HT350	10	20	350	—	315
	20	40		290	280
	40	80		260	250
	80	150		230	225
	150	300		210①	—

注：1. 当铸件壁厚超过 300mm 时，其力学性能由供需双方商定。

2. 当某牌号的铁液浇注壁厚均匀、形状简单的铸件时，壁厚变化引起抗拉强度的变化，可从本表查出参考数据。当铸件壁厚不均匀，或有型芯时，此表只能给出不同壁厚处大致的抗拉强度值，铸件的设计应根据关键部位的实测值进行。

① 指导值，其余抗拉强度值均为强制性值，铸件本体预期抗拉强度值不作为强制性值。

2. 灰铸铁件硬度等级和铸件硬度（表 3-15）

表 3-15　灰铸铁件硬度等级和铸件硬度（GB/T 9439—2010）

硬度等级	铸件主要壁厚/mm		铸件硬度范围 HBW	
	>	≤	min	max
H155	5	10	—	185
	10	20	—	170
	20	40	—	160
	40	80	—	155
H175	5	10	140	225
	10	20	125	205
	20	40	110	185
	40	80	100	175
H195	4	5	190	275
	5	10	170	260
	10	20	150	230
	20	40	125	210
	40	80	120	195
H215	5	10	200	275
	10	20	180	255
	20	40	160	235
	40	80	145	215
H235	10	20	200	275
	20	40	180	255
	40	80	165	235
H255	20	40	200	275
	40	80	185	255

注：在供需双方商定的铸件某位置上，铸件硬度差可以控制在 40HBW 硬度值范围内。

3.2.2　蠕墨铸铁（表 3-16）

表 3-16　蠕墨铸铁的力学性能（GB/T 26655—2011）

牌号及铸件壁厚		抗拉强度 R_m /MPa≥	规定塑性延伸强度 $R_{p0.2}$ /MPa≥	伸长率 A（%）≥	典型的布氏硬度范围/HBW
单铸试样牌号		单铸试样力学性能			
RuT300		300	210	2.0	140~210
RuT350		350	245	1.5	160~220
RuT400		400	280	1.0	180~240
RuT450		450	315	1.0	200~250
RuT500		500	350	0.5	220~260
附铸试样牌号	铸件壁厚 t/mm	附铸试样力学性能			
RuT300A	$t≤12.5$	300	210	2.0	140~210
	$12.5<t≤30$	300	210	2.0	140~210
	$30<t≤60$	275	195	2.0	140~210
	$60<t≤120$	250	175	2.0	140~210
RuT350A	$t≤12.5$	350	245	1.5	160~220
	$12.5<t≤30$	350	245	1.5	160~220
	$30<t≤60$	325	230	1.5	160~220
	$60<t≤120$	300	210	1.5	160~220

（续）

牌号及铸件壁厚		抗拉强度 R_m /MPa≥	规定塑性延伸强度 $R_{p0.2}$ /MPa≥	伸长率 A（%）≥	典型的布氏硬度范围/HBW
附铸试样牌号	铸件壁厚 t/mm	附铸试样力学性能			
RuT400A	t≤12.5	400	280	1.0	180~240
	12.5<t≤30	400	280	1.0	180~240
	30<t≤60	375	260	1.0	180~240
	60<t≤120	325	230	1.0	180~240
RuT450A	t≤12.5	450	315	1.0	200~250
	12.5<t≤30	450	315	1.0	200~250
	30<t≤60	400	280	1.0	200~250
	60<t≤120	375	260	1.0	200~250
RuT500A	t≤12.5	500	350	0.5	220~260
	12.5<t≤30	500	350	0.5	220~260
	30<t≤60	450	315	0.5	220~260
	60<t≤120	400	280	0.5	220~260

注：1. 采用附铸试块时，牌号后加字母"A"。
2. 从附铸试样测得的力学性能并不能准确地反映铸件本体的力学性能，但与单铸试棒上测得的值相比更接近于铸件的实际性能值。
3. 力学性能随铸件结构（形状）和冷却条件而变化，随铸件断面厚度增加而相应降低。
4. 布氏硬度值仅供参考。

3.2.3 球墨铸铁（表3-17）

表3-17 球墨铸铁的力学性能（GB/T 1348—2019）

材料牌号	铸件壁厚 t/mm	规定塑性延伸强度 $R_{p0.2}$ /MPa≥	抗拉强度 R_m /MPa≥	断后伸长率 A（%）≥
QT350-22L	t≤30	220	350	22
	30<t≤60	210	330	18
	60<t≤200	200	320	15
QT350-22R	t≤30	220	350	22
	30<t≤60	220	330	18
	60<t≤200	210	320	15
QT350-22	t≤30	220	350	22
	30<t≤60	220	330	18
	60<t≤200	210	320	15
QT400-18L	t≤30	240	400	18
	30<t≤60	230	380	15
	60<t≤200	220	360	12
QT400-18R	t≤30	250	400	18
	30<t≤60	250	390	15
	60<t≤200	240	370	12

(续)

材料牌号	铸件壁厚 t/mm	规定塑性延伸强度 $R_{p0.2}$ /MPa≥	抗拉强度 R_m /MPa≥	断后伸长率 A (%)≥
QT400-18	$t \leq 30$	250	400	18
	$30 < t \leq 60$	250	390	15
	$60 < t \leq 200$	240	370	12
QT400-15	$t \leq 30$	250	400	15
	$30 < t \leq 60$	250	390	14
	$60 < t \leq 200$	240	370	11
QT450-10	$t \leq 30$	310	450	10
	$30 < t \leq 60$	供需双方商定		
	$60 < t \leq 200$			
QT500-7	$t \leq 30$	320	500	7
	$30 < t \leq 60$	300	450	7
	$60 < t \leq 200$	290	420	5
QT550-5	$t \leq 30$	350	550	5
	$30 < t \leq 60$	330	520	4
	$60 < t \leq 200$	320	500	3
QT600-3	$t \leq 30$	370	600	3
	$30 < t \leq 60$	360	600	2
	$60 < t \leq 200$	340	550	1
QT700-2	$t \leq 30$	420	700	2
	$30 < t \leq 60$	400	700	2
	$60 < t \leq 200$	380	650	1
QT800-2	$t \leq 30$	480	800	2
	$30 < t \leq 60$	供需双方商定		
	$60 < t \leq 200$			
QT900-2	$t \leq 30$	600	900	2
	$30 < t \leq 60$	供需双方商定		
	$60 < t \leq 200$			

注：1. 从试样测得的力学性能并不能准确地反映铸件本体的力学性能。
2. 本表数据适用于单铸试样、附铸试样和并排铸造试样。
3. 字母"L"表示低温，字母"R"表示室温。

3.2.4 可锻铸铁

1. 黑心可锻铸铁和珠光体可锻铸铁的力学性能（表3-18）

表3-18 黑心可锻铸铁和珠光体可锻铸铁的力学性能（GB/T 9440—2010）

牌号	试样直径 d[①]/mm	抗拉强度 R_m/MPa≥	规定塑性延伸强度 $R_{p0.2}$/MPa≥	断后伸长率 ($L_0=3d$) A (%)≥	布氏硬度 HBW
KTH275-05[②]	12 或 15	275	—	5	≤150
KTH300-06[②]	12 或 15	300	—	6	
KTH330-08	12 或 15	330	—	8	
KTH350-10	12 或 15	350	200	10	
KTH370-12	12 或 15	370	—	12	

(续)

牌号	试样直径 d[①]/mm	抗拉强度 R_m/MPa≥	规定塑性延伸强度 $R_{p0.2}$/MPa≥	断后伸长率 ($L_0=3d$) A (%)≥	布氏硬度 HBW
KTZ450-06	12 或 15	450	270	6	150~200
KTZ500-05	12 或 15	500	300	5	165~215
KTZ550-04	12 或 15	550	340	4	180~230
KTZ600-03	12 或 15	600	390	3	195~245
KTZ650-02[③]	12 或 15	650	430	2	210~260
KTZ700-02	12 或 15	700	530	2	240~290
KTZ800-01[④]	12 或 15	800	600	1	270~320

① 如果需方没有明确要求，供方可以任意选取两种试棒直径中的一种。试样直径代表同样壁厚的铸件，如果铸件为薄壁件时，供需双方可以协商选取直径6mm或者9mm试样。
② KTH275-05 和 KTH300-06 专门用于保证压力密封性能，而不要求高强度或者高延展性的工作条件。
③ 油淬加回火或空冷加回火。
④ 空冷加回火。

2. 白心可锻铸铁的力学性能（表3-19）

表3-19 白心可锻铸铁的力学性能（GB/T 9440—2010）

牌号	试样直径 d/mm	抗拉强度 R_m/MPa≥	规定塑性延伸强度 $R_{p0.2}$/MPa≥	断后伸长率 ($L_0=3d$) A (%)≥	布氏硬度 HBW ≤
KTB350-04	6	270	—	10	230
	9	310	—	5	
	12	350	—	4	
	15	360	—	3	
KTB360-12	6	280	—	16	200
	9	320	170	15	
	12	360	190	12	
	15	370	200	7	
KTB400-05	6	300	—	12	220
	9	360	200	8	
	12	400	220	5	
	15	420	230	4	
KTB450-07	6	450	—	12	220
	9	400	230	10	
	12	450	260	7	
	15	480	280	4	

(续)

牌号	试样直径 d/mm	抗拉强度 R_m/MPa ≥	规定塑性延伸强度 $R_{p0.2}$/MPa ≥	断后伸长率 ($L_0=3d$) A(%) ≥	布氏硬度 HBW ≤
KTB550-04	6	—	—	—	250
	9	490	310	5	
	12	550	340	4	
	15	570	350	3	

注：1. 所有级别的白心可锻铸铁均可以焊接。
2. 对于小尺寸的试样，很难判断其0.2%屈服强度，0.2%屈服强度的检测方法和数值由供需双方在签订订单时商定。
3. 试样直径同表3-18中①。

3.2.5 耐热铸铁

1. 耐热铸铁的牌号和化学成分（表3-20）

表3-20 耐热铸铁的牌号和化学成分（GB/T 9437—2009）

牌号	化学成分(质量分数,%)						
	C	Si	Mn	P	S	Cr	Al
			≤				
HTRCr	3.0~3.8	1.5~2.5	1.0	0.10	0.08	0.50~1.00	—
HTRCr2	3.0~3.8	2.0~3.0	1.0	0.10	0.08	1.00~2.00	—
HTRCr16	1.6~2.4	1.5~2.2	1.0	0.10	0.05	15.00~18.00	—
HTRSi5	2.4~3.2	4.5~5.5	0.8	0.10	0.08	0.5~1.00	—
QTRSi4	2.4~3.2	3.5~4.5	0.7	0.07	0.015	—	—
QTRSi4Mo	2.7~3.5	3.5~4.5	0.5	0.07	0.015	Mo0.5~0.9	—
QTRSi4Mo1	2.7~3.5	4.0~4.5	0.3	0.05	0.015	Mo1.0~1.5	Mg0.01~0.05
QTRSi5	2.4~3.2	4.5~5.5	0.7	0.07	0.015	—	—
QTRAl4Si4	2.5~3.0	3.5~4.5	0.5	0.07	0.015	—	4.0~5.0
QTRAl5Si5	2.3~2.8	4.5~5.5	0.5	0.07	0.015	—	5.0~5.8
QTRAl22	1.6~2.2	1.0~2.0	0.7	0.07	0.015	—	20.0~24.0

注：本表适用于工作温度在1100℃以下的耐热铸铁件。

2. 耐热铸铁的室温力学性能（表3-21）

表3-21 耐热铸铁的室温力学性能（GB/T 9437—2009）

牌号	抗拉强度 R_m/MPa ≥	硬度 HBW	牌号	抗拉强度 R_m/MPa ≥	硬度 HBW
HTRCr	200	189~288	QTRSi4Mo1	550	200~240
HTRCr2	150	207~288	QTRSi5	370	228~302
HTRCr16	340	400~450	QTRAl4Si4	250	285~341
HTRSi5	140	160~270	QTRAl5Si5	200	302~363
QTRSi4	420	143~187	QTRAl22	300	241~364
QTRSi4Mo	520	188~241			

注：允许用热处理方法达到上述性能。

3. 耐热铸铁的高温短时抗拉强度（表3-22）

表3-22 耐热铸铁的高温短时抗拉强度（GB/T 9437—2009）

牌号	在下列温度时的抗拉强度 R_m/MPa ≥				
	500℃	600℃	700℃	800℃	900℃
HTRCr	225	144	—	—	—

(续)

牌号	在下列温度时的抗拉强度 R_m/MPa ≥				
	500℃	600℃	700℃	800℃	900℃
HTRCr2	243	166	—	—	—
HTRCr16	—	—	—	144	88
HTRSi5	—	—	41	27	—
QTRSi4	—	—	75	35	—
QTRSi4Mo	—	—	101	46	—
QTRSi4Mo1	—	—	101	46	—
QTRSi5	—	—	67	30	—
QTRAl4Si4	—	—	—	82	32
QTRAl5Si5	—	—	—	167	75
QTRAl22	—	—	—	130	77

3.2.6 高硅耐蚀铸铁

1. 高硅耐蚀铸铁的牌号和化学成分（表 3-23）

表 3-23 高硅耐蚀铸铁的牌号和化学成分（GB/T 8491—2009）

牌号	化学成分（质量分数,%）								
	C	Si	Mn≤	P≤	S≤	Cr	Mo	Cu	RE 残留量≤
HTSSi11Cu2CrR	≤1.20	10.00~12.00	0.50	0.10	0.10	0.60~0.80	—	1.80~2.20	0.10
HTSSi15R	0.65~1.10	14.20~14.75	1.50	0.10	0.10	≤0.50	≤0.50	≤0.50	0.10
HTSSi15Cr4MoR	0.75~1.15	14.20~14.75	1.50	0.10	0.10	3.25~5.00	0.40~0.60	≤0.50	0.10
HTSSi15Cr4R	0.70~1.10	14.20~14.75	1.50	0.10	0.10	3.25~5.00	≤0.20	≤0.50	0.10

2. 高硅耐蚀铸铁的力学性能（表 3-24）

表 3-24 高硅耐蚀铸铁的力学性能（GB/T 8491—2009）

牌号	抗弯强度/MPa≥	挠度/mm≥	牌号	抗弯强度/MPa≥	挠度/mm≥
HTSSi11Cu2CrR	190	0.80	HTSSi15Cr4MoR	118	0.66
HTSSi15R	118	0.66	HTSSi15Cr4R	118	0.66

3.2.7 抗磨白口铸铁

1. 抗磨白口铸铁的牌号和化学成分（表 3-25）

表 3-25 抗磨白口铸铁的牌号和化学成分（GB/T 8263—2010）

牌号	化学成分（质量分数,%）								
	C	Si	Mn	Cr	Mo	Ni	Cu	S	P
BTMNi4Cr2-DT	2.4~3.0	≤0.8	≤2.0	1.5~3.0	≤1.0	3.3~5.0	—	≤0.10	≤0.10
BTMNi4Cr2-GT	3.0~3.6	≤0.8	≤2.0	1.5~3.0	≤1.0	3.3~5.0	—	≤0.10	≤0.10
BTMCr9Ni5	2.5~3.6	1.5~2.2	≤2.0	8.0~10.0	≤1.0	4.5~7.0	—	≤0.06	≤0.06
BTMCr2	2.1~3.6	≤1.5	≤2.0	1.0~3.0	—	—	—	≤0.10	≤0.10
BTMCr8	2.1~3.6	1.5~2.2	≤2.0	7.0~11.0	≤3.0	≤1.0	≤1.2	≤0.06	≤0.06
BTMCr12-DT	1.1~2.0	≤1.5	≤2.0	11.0~14.0	≤3.0	≤2.5	≤1.2	≤0.06	≤0.06
BTMCr12-GT	2.0~3.6	≤1.5	≤2.0	11.0~14.0	≤3.0	≤2.5	≤1.2	≤0.06	≤0.06
BTMCr15	2.0~3.6	≤1.2	≤2.0	14.0~18.0	≤3.0	≤2.5	≤1.2	≤0.06	≤0.06

(续)

牌号	化学成分（质量分数,%）								
	C	Si	Mn	Cr	Mo	Ni	Cu	S	P
BTMCr20	2.0~3.3	≤1.2	≤2.0	18.0~23.0	≤3.0	≤2.5	≤1.2	≤0.06	≤0.06
BTMCr26	2.0~3.3	≤1.2	≤2.0	23.0~30.0	≤3.0	≤2.5	≤1.2	≤0.06	≤0.06

注：1. 牌号中，"DT"和"GT"分别是"低碳"和"高碳"的汉语拼音大写字母，表示该牌号碳含量的高低。
  2. 允许加入微量 V、Ti、Nb、B 和 RE 等元素。

2. 抗磨白口铸铁件的硬度（表3-26）

表3-26 抗磨白口铸铁件的硬度（GB/T 8263—2010）

牌号	表面硬度					
	铸态或铸态去应力处理		硬化态或硬化态去应力处理		软化退火态	
	HRC	HBW	HRC	HBW	HRC	HBW
BTMNi4Cr2-DT	≥53	≥550	≥56	≥600	—	—
BTMNi4Cr2-GT	≥53	≥550	≥56	≥600	—	—
BTMCr9Ni5	≥50	≥500	≥56	≥600	—	—
BTMCr2	≥45	≥435				
BTMCr8	≥46	≥450	≥56	≥600	≤41	≤400
BTMCr12-DT			≥50	≥500	≤41	≤400
BTMCr12-GT	≥46	≥450	≥58	≥650	≤41	≤400
BTMCr15	≥46	≥450	≥58	≥650	≤41	≤400
BTMCr20	≥46	≥450	≥58	≥650	≤41	≤400
BTMCr26	≥46	≥450	≥58	≥650	≤41	≤400

注：1. 洛氏硬度值（HRC）和布氏硬度值（HBW）之间没有精确的对应值，因此，这两种硬度值应独立使用。
  2. 铸件断面深度40%处的硬度应不低于表面硬度值的92%。

3.3 铸钢

3.3.1 一般用途铸造碳钢

1. 一般工程用铸造碳钢件的牌号和化学成分（表3-27）

表3-27 一般工程用铸造碳钢件的牌号和化学成分（GB/T 11352—2009）

牌号	化学成分(质量分数,%) ≤									
	C	Si	Mn	S	P	残余元素				
						Ni	Cr	Cu	Mo	V	残余元素总量
ZG200-400	0.20	0.60	0.80	0.035	0.035	0.40	0.35	0.40	0.20	0.05	1.00
ZG230-450	0.30										
ZG270-500	0.40		0.90								
ZG310-570	0.50										
ZG340-640	0.60										

注：1. 对质量分数上限减少0.01%的碳，允许增加质量分数可至0.04%的锰。对于ZG200-400，锰的最高质量分数可至1.00%，其余四个牌号锰的质量分数可至1.20%。
  2. 除另有规定外，残余元素不作为验收依据。

2. 一般工程用铸造碳钢件的力学性能（表3-28）

表3-28 一般工程用铸造碳钢件的力学性能（GB/T 11352—2009）

牌号	规定塑性延伸强度 $R_{p0.2}$ /MPa	抗拉强度 R_m /MPa	断后伸长率A（%）	根据合同选择 断面收缩率 Z（%）	冲击性能 KV/J	冲击性能 KU/J
			≥			
ZG200-400	200	400	25	40	30	47
ZG230-450	230	450	22	32	25	35
ZG270-500	270	500	18	25	22	27
ZG310-570	310	570	15	21	15	24
ZG340-640	340	640	10	18	10	16

3.3.2 一般用途低合金铸钢

1. 一般工程与结构用低合金钢铸件的牌号及磷硫含量（表3-29）

表3-29 一般工程与结构用低合金钢铸件的牌号及磷硫含量（GB/T 14408—2014）

材料牌号	化学成分（质量分数,%） S ≤	化学成分（质量分数,%） P ≤
ZGD270-480	0.040	0.040
ZGD290-510	0.040	0.040
ZGD345-570	0.040	0.040
ZGD410-620	0.040	0.040
ZGD535-720	0.040	0.040
ZGD650-830	0.040	0.040
ZGD730-910	0.035	0.035
ZGD840-1030	0.035	0.035
ZGD1030-1240	0.020	0.020
ZGD1240-1450	0.020	0.020

2. 一般工程与结构用低合金钢铸件的力学性能（表3-30）

表3-30 一般工程与结构用低合金钢铸件的力学性能（GB/T 14408—2014）

材料牌号	规定塑性延伸强度 $R_{p0.2}$ /MPa ≥	抗拉强度 R_m /MPa ≥	断后伸长率A（%）≥	断面收缩率Z（%）≥	冲击吸收能量 KV /J ≥
ZGD270-480	270	480	18	38	25
ZGD290-510	290	510	16	35	25
ZGD345-570	345	570	14	35	20
ZGD410-620	410	620	13	35	20
ZGD535-720	535	720	12	30	18
ZGD650-830	650	830	10	25	18
ZGD730-910	730	910	8	22	15
ZGD840-1030	840	1030	6	20	15
ZGD1030-1240	1030	1240	5	20	22
ZGD1240-1450	1240	1450	4	15	18

3.3.3 一般用途耐热铸钢

1. 一般用途耐热钢的化学成分（表3-31）

表 3-31　一般用途耐热钢的化学成分（GB/T 8492—2014）

材料牌号	主要元素含量（质量分数,%）								
	C	Si	Mn	P	S	Cr	Mo	Ni	其他
ZG30Cr7Si2	0.20~0.35	1.0~2.5	0.5~1.0	0.04	0.04	6~8	0.5	0.5	
ZG40Cr13Si2	0.30~0.50	1.0~2.5	0.5~1.0	0.04	0.03	12~14	0.5	1	
ZG40Cr17Si2	0.30~0.50	1.0~2.5	0.5~1.0	0.04	0.03	16~19	0.5	1	
ZG40Cr24Si2	0.30~0.50	1.0~2.5	0.5~1.0	0.04	0.03	23~26	0.5	1	
ZG40Cr28Si2	0.30~0.50	1.0~2.5	0.5~1.0	0.04	0.03	27~30	0.5	1	
ZGCr29Si2	1.20~1.40	1.0~2.5	0.5~1.0	0.04	0.03	27~30	0.5	1	
ZG25Cr18Ni9Si2	0.15~0.35	1.0~2.5	2.0	0.04	0.03	17~19	0.5	8~10	
ZG25Cr20Ni14Si2	0.15~0.35	1.0~2.5	2.0	0.04	0.03	19~21	0.5	13~15	
ZG40Cr22Ni10Si2	0.30~0.50	1.0~2.5	2.0	0.04	0.03	21~23	0.5	9~11	
ZG40Cr24Ni24Si2Nb	0.25~0.5	1.0~2.5	2.0	0.04	0.03	23~25	0.5	23~25	Nb：1.2~1.8
ZG40Cr25Ni12Si2	0.30~0.50	1.0~2.5	2.0	0.04	0.03	24~27	0.5	11~14	
ZG40Cr25Ni20Si2	0.30~0.50	1.0~2.5	2.0	0.04	0.03	24~27	0.5	19~22	
ZG40Cr27Ni4Si2	0.30~0.50	1.0~2.5	1.5	0.04	0.03	25~28	0.5	3~6	
ZG45Cr20Cu20Ni20Mo3W3	0.35~0.60	1.0	2.0	0.04	0.03	19~22	2.5~3.0	18~22	Co：18~22 W：2~3
ZG10Ni31Cr20Nb1	0.05~0.12	1.2	1.2	0.04	0.03	19~23	0.5	30~34	Nb：0.8~1.5
ZG40Ni35Cr17Si2	0.30~0.50	1.0~2.5	2.0	0.04	0.03	16~18	0.5	34~36	
ZG40Ni35Cr26Si2	0.30~0.50	1.0~2.5	2.0	0.04	0.03	24~27	0.5	33~36	
ZG40Ni35Cr26Si2Nb1	0.30~0.50	1.0~2.5	2.0	0.04	0.03	24~27	0.5	33~36	Nb：0.8~1.8
ZG40Ni38Cr19Si2	0.30~0.50	1.0~2.5	2.0	0.04	0.03	18~21	0.5	36~39	
ZG40Ni38Cr19Si2Nb1	0.30~0.50	1.0~2.5	2.0	0.04	0.03	18~21	0.5	36~39	Nb：1.2~1.8
ZNiCr28Fe17W5Si2C0.4	0.35~0.55	1.0~2.5	1.5	0.04	0.03	27~30		47~50	W：4~6
ZNiCr50Nb1C0.1	0.10	0.5	0.5	0.02	0.02	47~52	0.5	a	N：0.16 N+C：0.2 Nb：1.4~1.7
ZNiCr19Fe18Si1C0.5	0.40~0.60	0.5~2.0	1.5	0.04	0.03	16~21	0.5	50~55	
ZNiFe18Cr15Si1C0.5	0.35~0.65	2.0	1.3	0.04	0.03	13~19		64~69	
ZNiCr25Fe20Co15W5Si1C0.46	0.44~0.48	1.0~2.0	2.0	0.04	0.03	24~26		33~37	W：4~6 Co：14~16
ZCoCr28Fe18C0.3	0.50	1.0	1.0	0.04	0.03	25~30	0.5	1	Co：48~52 Fe：20最大值

注：1. 表中的单个值表示最大值。

2. a 为余量。

2. 一般用途耐热钢的力学性能（表3-32）

表3-32 一般用途耐热钢的力学性能（GB/T 8492—2014）

牌号	规定塑性延伸强度 $R_{p0.2}$/MPa ≥	抗拉强度 R_m/MPa ≥	断后伸长率 A（%）≥	布氏硬度 HBW	最高使用温度[1]/℃
ZG30Cr7Si2					750
ZG40Cr13Si2				300[2]	850
ZG40Cr17Si2				300[2]	900
ZG40Cr24Si2				300[2]	1050
ZG40Cr28Si2				320[2]	1100
ZGCr29Si2				400[2]	1100
ZG25Cr18Ni9Si2	230	450	15		900
ZG25Cr20Ni14Si2	230	450	10		900
ZG40Cr22Ni10Si2	230	450	8		950
ZG40Cr24Ni24Si2Nb1	220	400	4		1050
ZG40Cr25Ni12Si2	220	450	6		1050
ZG40Cr25Ni20Si2	220	450	6		1100
ZG45Cr27Ni4Si2	250	400	3	400[3]	1100
ZG45Cr20Co20Ni20Mo3W3	320	400	6		1150
ZG10Ni31Cr20Nb1	170	440	20		1000
ZG40Ni35Cr17Si2	220	420	6		980
ZG40Ni35Cr26Si2	220	440	6		1050
ZG40Ni35Cr26Si2Nb1	220	440	4		1050
ZG40Ni38Cr19Si2	220	420	6		1050
ZG40Ni38Cr19Si2Nb1	220	420	4		1100
ZNiCr28Fe17W5Si2C0.4	220	400	3		1200
ZNiCr50Nb1C0.1	230	540	8		1050
ZNiCr19Fe18Si1C0.5	220	440	5		1100
ZNiFe18Cr15Si1C0.5	200	400	3		1100
ZNiCr25Fe20Co15W5Si1C0.46	270	480	5		1200
ZCoCr28Fe18C0.3	[4]	[4]	[4]	[4]	1200

[1] 最高使用温度取决于实际使用条件，所列数据仅供用户参考，这些数据适用于氧化气氛，实际的合金成分对其也有影响。
[2] 退火态最大 HBW 硬度值，铸件也可以铸态提供，此时硬度限制就不适用。
[3] 最大 HBW 值。
[4] 由供需双方协商确定。

3.3.4 一般用途耐蚀铸钢

1. 一般用途耐蚀钢铸件牌号及化学成分（表3-33）

表3-33 一般用途耐蚀钢铸件牌号及化学成分（GB/T 2100—2017）

序号	牌号	化学成分（质量分数,%）								
		C	Si	Mn	P	S	Cr	Mo	Ni	其他
1	ZG15Cr13	0.15	0.80	0.80	0.035	0.025	11.50~13.50	0.50	1.00	
2	ZG20Cr13	0.16~0.24	1.00	0.60	0.035	0.025	11.50~14.00	—	—	

(续)

序号	牌号	化学成分（质量分数,%）								
		C	Si	Mn	P	S	Cr	Mo	Ni	其他
3	ZG10Cr13Ni2Mo	0.10	1.00	1.00	0.035	0.025	12.00~13.50	0.20~0.50	1.00~2.00	
4	ZG06Cr13Ni4Mo	0.06	1.00	1.00	0.035	0.025	12.00~13.50	0.70	3.50~5.00	Cu: 0.50, V: 0.05 W: 0.10
5	ZG06Cr13Ni4	0.06	1.00	1.00	0.035	0.025	12.00~13.00	0.70	3.50~5.00	
6	ZG06Cr16Ni5Mo	0.06	0.80	1.00	0.035	0.025	15.00~17.00	0.70~1.50	4.00~6.00	
7	ZG10Cr12Ni1	0.10	0.40	0.50~0.80	0.030	0.020	11.5~12.50	0.50	0.8~1.5	Cu: 0.30 V: 0.30
8	ZG03Cr19Ni11	0.03	1.50	2.00	0.035	0.025	18.00~20.00	—	9.00~12.00	N: 0.20
9	ZG03Cr19Ni11N	0.03	1.50	2.00	0.040	0.030	18.00~20.00	—	9.00~12.00	N: 0.12~0.20
10	ZG07Cr19Ni10	0.07	1.50	1.50	0.040	0.030	18.00~20.00	—	8.00~11.00	
11	ZG07Cr19Ni11Nb	0.07	1.50	1.50	0.040	0.030	18.00~20.00		9.00~12.00	Nb: 8C~1.00
12	ZG03Cr19Ni11Mo2	0.03	1.50	2.00	0.035	0.025	18.00~20.00	2.00~2.50	9.00~12.00	N: 0.20
13	ZG03Cr19Ni11Mo2N	0.03	1.50	2.00	0.035	0.030	18.00~20.00	2.00~2.50	9.00~12.00	N: 0.10~0.20
14	ZG05Cr26Ni6Mo2N	0.05	1.00	2.00	0.035	0.025	25.00~27.00	1.30~2.00	4.50~6.50	N: 0.12~0.20
15	ZG07Cr19Ni11Mo2	0.07	1.50	1.50	0.040	0.030	18.00~20.00	2.00~2.50	9.00~12.00	
16	ZG07Cr19Ni11Mo2Nb	0.07	1.50	1.50	0.040	0.030	18.00~20.00	2.00~2.50	9.00~12.00	Nb: 8C~1.00
17	ZG03Cr19Ni11Mo3	0.03	1.50	1.50	0.040	0.030	18.00~20.00	3.00~3.50	9.00~12.00	
18	ZG03Cr19Ni11Mo3N	0.03	1.50	1.50	0.040	0.030	18.00~20.00	3.00~3.50	9.00~12.00	N: 0.10~0.20
19	ZG03Cr22Ni6Mo3N	0.03	1.00	2.00	0.035	0.025	21.00~23.00	2.50~3.50	4.50~6.50	N: 0.12~0.20
20	ZG03Cr25Ni7Mo4WCuN	0.03	1.00	1.50	0.030	0.020	24.00~26.00	3.00~4.00	6.00~8.50	Cu: 1.00 N: 0.15~0.25 W: 1.00
21	ZG03Cr26Ni7Mo4CuN	0.03	1.00	1.00	0.035	0.025	25.00~27.00	3.00~5.00	6.00~8.00	N: 0.12~0.22 Cu: 1.30
22	ZG07Cr19Ni12Mo3	0.07	1.50	1.50	0.040	0.030	18.00~20.00	3.00~3.50	10.00~13.00	

序号	牌号	化学成分（质量分数,%）								
		C	Si	Mn	P	S	Cr	Mo	Ni	其他
23	ZG025Cr20Ni25Mo7Cu1N	0.025	1.00	2.00	0.035	0.020	19.00~21.00	6.00~7.00	24.00~26.00	N: 0.15~0.25 Cu: 0.50~1.50
24	ZG025Cr20Ni19Mo7CuN	0.025	1.00	1.20	0.030	0.010	19.50~20.50	6.00~7.00	17.50~19.50	N: 0.18~0.24 Cu: 0.50~1.00
25	ZG03Cr26Ni6Mo3Cu3N	0.03	1.00	1.50	0.035	0.025	24.50~26.50	2.50~3.50	5.00~7.00	N: 0.12~0.22 Cu: 2.75~3.50
26	ZG03Cr26Ni6Mo3Cu1N	0.03	1.00	2.00	0.030	0.020	24.50~26.50	2.50~3.50	5.50~7.00	N: 0.12~0.25 Cu: 0.80~1.30
27	ZG03Cr26Ni6Mo3N	0.03	1.00	2.00	0.035	0.025	24.50~26.50	2.50~3.50	5.50~7.00	N: 0.12~0.25

注：表中的单个值为最大值。

2. 一般用途耐蚀钢铸件力学性能（表3-34）

表3-34 一般用途耐蚀钢铸件力学性能（GB/T 2100—2017）

序号	牌号	厚度t/mm ≤	规定塑性延伸强度$R_{p0.2}$/MPa ≥	抗拉强度R_m/MPa ≥	伸长率A(%) ≥	冲击吸收能量KV_2/J ≥
1	ZG15Cr13	150	450	620	15	20
2	ZG20Cr13	150	390	590	15	20
3	ZG10Cr13Ni2Mo	300	440	590	15	27
4	ZG06Cr13Ni4Mo	300	550	760	15	50
5	ZG06Cr13Ni4	300	550	750	15	50
6	ZG06Cr16Ni5Mo	300	540	760	15	60
7	ZG10Cr12Ni1	150	355	540	18	45
8	ZG03Cr19Ni11	150	185	440	30	80
9	ZG03Cr19Ni11N	150	230	510	30	80
10	ZG07Cr19Ni10	150	175	440	30	60
11	ZG07Cr19Ni11Nb	150	175	440	25	40
12	ZG03Cr19Ni11Mo2	150	195	440	30	80
13	ZG03Cr19Ni11Mo2N	150	230	510	30	80
14	ZG05Cr26Ni6Mo2N	150	420	600	20	30
15	ZG07Cr19Ni11Mo2	150	185	440	30	60
16	ZG07Cr19Ni11Mo2Nb	150	185	440	25	40
17	ZG03Cr19Ni11Mo3	150	180	440	30	80
18	ZG03Cr19Ni11Mo3N	150	230	510	30	80
19	ZG03Cr22Ni6Mo3N	150	420	600	20	30
20	ZG03Cr25Ni7Mo4WCuN	150	480	650	22	50
21	ZG03Cr26Ni7Mo4CuN	150	480	650	22	50
22	ZG07Cr19Ni12Mo3	150	205	440	30	60
23	ZG025Cr20Ni25Mo7Cu1N	50	210	480	30	60
24	ZG025Cr20Ni19Mo7CuN	50	260	500	35	50
25	ZG03Cr26Ni6Mo3Cu3N	150	480	650	22	50
26	ZG03Cr26Ni6Mo3Cu1N	200	480	650	22	60
27	ZG03Cr26Ni6Mo3N	150	480	650	22	50

3.4 工模具钢

3.4.1 刃具模具用非合金钢

1. 刃具模具用非合金钢的牌号及化学成分（表3-35）

表3-35 刃具模具用非合金钢的牌号及化学成分（GB/T 1299—2014）

序号	统一数字代号	牌号	化学成分（质量分数,%)		
			C	Si	Mn
1-1	T00070	T7	0.65~0.74	≤0.35	≤0.40
1-2	T00080	T8	0.75~0.84	≤0.35	≤0.40
1-3	T01080	T8Mn	0.80~0.90	≤0.35	0.40~0.60
1-4	T00090	T9	0.85~0.94	≤0.35	≤0.40
1-5	T00100	T10	0.95~1.04	≤0.35	≤0.40
1-6	T00110	T11	1.05~1.14	≤0.35	≤0.40
1-7	T00120	T12	1.15~1.24	≤0.35	≤0.40
1-8	T00130	T13	1.25~1.35	≤0.35	≤0.40

注：表中钢可供应高级优质钢，此时牌号后加"A"。

2. 刃具模具用非合金钢交货状态的硬度值和试样的淬火硬度值（表3-36）

表3-36 刃具模具用非合金钢交货状态的硬度值和试样的淬火硬度值（GB/T 1299—2014）

序号	统一数字代号	牌号	退火交货状态的钢材硬度 HBW ≤	试样淬火硬度		
				淬火温度/℃	冷却剂	洛氏硬度 HRC ≥
1-1	T00070	T7	187	800~820	水	62
1-2	T00080	T8	187	780~800	水	62
1-3	T01080	T8Mn	187	780~800	水	62
1-4	T00090	T9	192	760~780	水	62
1-5	T00100	T10	197	760~780	水	62
1-6	T00110	T11	207	760~780	水	62
1-7	T00120	T12	207	760~780	水	62
1-8	T00130	T13	217	760~780	水	62

注：非合金工具钢材退火后冷拉交货的布氏硬度应不大于HBW241。

3.4.2 量具刃具用钢

1. 量具刃具用钢的牌号及化学成分（表3-37）

表3-37 量具刃具用钢的牌号及化学成分（GB/T 1299—2014）

序号	统一数字代号	牌号	化学成分（质量分数,%)				
			C	Si	Mn	Cr	W
2-1	T31219	9SiCr	0.85~0.95	1.20~1.60	0.30~0.60	0.95~1.25	—
2-2	T30108	8MnSi	0.75~0.85	0.30~0.60	0.80~1.10	—	—
2-3	T30200	Cr06	1.30~1.45	≤0.40	≤0.40	0.50~0.70	—
2-4	T31200	Cr2	0.95~1.10	≤0.40	≤0.40	1.30~1.65	—
2-5	T31209	9Cr2	0.80~0.95	≤0.40	≤0.40	1.30~1.70	—
2-6	T30800	W	1.05~1.25	≤0.40	≤0.40	0.10~0.30	0.80~1.20

2. 量具刃具用钢交货状态的硬度值和试样的淬火硬度值（表3-38）

表3-38　量具刃具用钢交货状态的硬度值和试样的淬火硬度值（GB/T 1299—2014）

序号	统一数字代号	牌号	退火交货状态的钢材硬度 HBW	试样淬火硬度 淬火硬度/℃	试样淬火硬度 冷却剂	试样淬火硬度 洛氏硬度 HRC ≥
2-1	T31219	9SiCr	197~241①	820~860	油	62
2-2	T30108	8MnSi	≤229	800~820	油	60
2-3	T30200	Cr06	187~241	780~810	水	64
2-4	T31200	Cr2	179~229	830~860	油	62
2-5	T31209	9Cr2	179~217	820~850	油	62
2-6	T30800	W	187~229	800~830	水	62

① 根据需方要求，并在合同中注明，制造螺纹刃具用钢为HBW187~HBW229。

3.4.3　耐冲击工具用钢

1. 耐冲击工具用钢的牌号及化学成分（表3-39）

表3-39　耐冲击工具用钢的牌号及化学成分（GB/T 1299—2014）

序号	统一数字代号	牌号	化学成分（质量分数,%）						
			C	Si	Mn	Cr	W	Mo	V
3-1	T40294	4CrW2Si	0.35~0.45	0.80~1.10	≤0.40	1.00~1.30	2.00~2.50	—	—
3-2	T40295	5CrW2Si	0.45~0.55	0.50~0.80	≤0.40	1.00~1.30	2.00~2.50	—	—
3-3	T40296	6CrW2Si	0.55~0.65	0.50~0.80	≤0.40	1.10~1.30	2.20~2.70	—	—
3-4	T40356	6CrMnSi2Mo1V	0.50~0.65	1.75~2.25	0.60~1.00	0.10~0.50	—	0.20~1.35	0.15~0.35
3-5	T40355	5Cr3MnSiMo1V	0.45~0.55	0.20~1.00	0.20~0.90	3.00~3.50	—	1.30~1.80	≤0.35
3-6	T40376	6CrW2SiV	0.55~0.65	0.70~1.00	0.15~0.45	0.90~1.20	1.70~2.20	—	0.10~0.20

2. 耐冲击工具用钢交货状态的硬度值和试样的淬火硬度值（表3-40）

表3-40　耐冲击工具用钢交货状态的硬度值和试样的淬火硬度值（GB/T 1299—2014）

序号	统一数字代号	牌号	退火交货状态的钢材硬度 HBW	试样淬火硬度 淬火温度/℃	试样淬火硬度 冷却剂	试样淬火硬度 洛氏硬度 HRC ≥
3-1	T40294	4CrW2Si	179~217	860~900	油	53
3-2	T40295	5CrW2Si	207~255	860~900	油	55
3-3	T40296	6CrW2Si	229~285	860~900	油	57
3-4	T40356	6CrMnSi2Mo1V①	≤229	667℃±15℃预热，885℃（盐浴）或900℃（炉控气氛）±6℃加热，保温5~15min油冷，58~204℃回火		58
3-5	T40355	5Cr3MnSiMo1V①	≤235	667℃±15℃预热，941℃（盐浴）或955℃（炉控气氛）±6℃加热，保温5~15min油冷，55~204℃回火		56
3-6	T40376	6CrW2SiV	≤225	870~910	油	58

注：保温时间指试样达到加热温度后保持的时间。

① 试样在盐浴中保持时间为5min，在炉控气氛中保持时间为5~15min。

3.4.4 轧辊用钢

1. 轧辊用钢的牌号及化学成分（表3-41）

表3-41 轧辊用钢的牌号及化学成分（GB/T 1299—2014）

序号	统一数字代号	牌号	化学成分（质量分数,%）									
			C	Si	Mn	P	S	Cr	W	Mo	Ni	V
4-1	T42239	9Cr2V	0.85~0.95	0.20~0.40	0.20~0.45	①	①	1.40~1.70	—	—	—	0.10~0.25
4-2	T42309	9Cr2Mo	0.85~0.95	0.25~0.45	0.20~0.35	①	①	1.70~2.10	—	0.20~0.40	—	—
4-3	T42319	9Cr2MoV	0.80~0.90	0.15~0.40	0.25~0.55	①	①	1.80~2.40	—	0.20~0.40	—	0.05~0.15
4-4	T42518	8Cr3NiMoV	0.82~0.90	0.30~0.50	0.20~0.45	≤0.020	≤0.015	2.80~3.20	—	0.20~0.40	0.60~0.80	0.05~0.15
4-5	T42519	9Cr5NiMoV	0.82~0.90	0.50~0.80	0.20~0.50	≤0.020	≤0.015	4.80~5.20	—	0.20~0.40	0.30~0.50	0.10~0.25

① 见表3-42。

表3-42 钢中残余元素含量（GB/T 1299—2014）

组别	冶炼方法	化学成分（质量分数,%） ≤						
		P		S		Cu	Cr	Ni
1	电弧炉	高级优质非合金工具钢	0.030	高级优质非合金工具钢	0.020	0.25	0.25	0.25
		其他钢类	0.030	其他钢类	0.030			
2	电弧炉+真空脱气	冷作模具用钢 高级优质非合金工具钢	0.030	冷作模具用钢 高级优质非合金工具钢	0.020	0.25	0.25	0.25
		其他钢类	0.025	其他钢类	0.025			
3	电弧炉+电渣重熔 真空电弧重熔（VAR）	0.025		0.010				

注：供制造铅浴淬火非合金工具钢丝时，钢中残余铬含量不大于0.10%，镍含量不大于0.12%，铜含量不大于0.20%，三者之和不大于0.40%。

2. 轧辊用钢交货状态的硬度值和试样的淬火硬度值（表3-43）

表3-43 轧辊用钢交货状态的硬度值和试样的淬火硬度值（GB/T 1299—2014）

序号	统一数字代号	牌号	退火交货状态的钢材硬度 HBW	试样淬火硬度		
				淬火温度/℃	冷却剂	洛氏硬度 HRC ≥
4-1	T42239	9Cr2V	≤229	830~900	空气	64
4-2	T42309	9Cr2Mo	≤229	830~900	空气	64
4-3	T42319	9Cr2MoV	≤229	880~900	空气	64
4-4	T42518	8Cr3NiMoV	≤269	900~920	空气	64
4-5	T42519	9Cr5NiMoV	≤269	930~950	空气	64

3.4.5 冷作模具用钢

1. 冷作模具用钢的牌号及化学成分（表3-44）

表3-44 冷作模具用钢的牌号及化学成分（GB/T 1299—2014）

序号	统一数字代号	牌号	化学成分（质量分数，%）									
			C	Si	Mn	P	S	Cr	W	Mo	V	Nb	Co
5-1	T20019	9Mn2V	0.85~0.95	≤0.40	1.70~2.00	①	①	—	—	—	0.10~0.25	—	—
5-2	T20299	9CrWMn	0.85~0.95	≤0.40	0.90~1.20	①	①	0.50~0.80	0.50~0.80	—	—	—	—
5-3	T21290	CrWMn	0.90~1.05	≤0.40	0.80~1.10	①	①	0.90~1.20	1.20~1.60	—	—	—	—
5-4	T20250	MnCrWV	0.90~1.05	0.10~0.40	1.05~1.35	①	①	0.50~0.70	0.50~0.70	—	0.05~0.15	—	—
5-5	T21347	7CrMn2Mo	0.65~0.75	0.10~0.50	1.80~2.50	①	①	0.90~1.20	—	0.90~1.40	—	—	—
5-6	T21355	5Cr8MoVSi	0.48~0.53	0.75~1.05	0.35~0.50	≤0.030	≤0.015	8.00~9.00	—	1.25~1.70	0.30~0.55	—	—
5-7	T21357	7CrSiMnMoV	0.65~0.75	0.85~1.15	0.65~1.05	①	①	0.90~1.20	—	0.20~0.50	0.15~0.30	—	—
5-8	T21350	Cr8Mo2SiV	0.95~1.03	0.80~1.20	0.20~0.50	①	①	7.80~8.30	—	2.00~2.80	0.25~0.40	—	—
5-9	T21320	Cr4W2MoV	1.12~1.25	0.40~0.70	≤0.40	①	①	3.50~4.00	—	0.80~1.20	0.80~1.10	—	—
5-10	T21386	6Cr4W3Mo2VNb	0.60~0.70	≤0.40	≤0.40	①	①	3.80~4.40	1.90~2.60	1.80~2.50	0.80~1.20	0.20~0.35	—
5-11	T21836	6W6Mo5Cr4V	0.55~0.65	≤0.40	≤0.60	①	①	3.70~4.30	6.00~7.00	4.50~5.50	0.70~1.10	—	—
5-12	T21830	W6Mo5Cr4V2	0.80~0.90	0.15~0.40	0.20~0.45	①	①	3.80~4.40	5.50~6.75	4.50~5.50	1.75~2.20	—	—
5-13	T21209	Cr8	1.60~1.90	0.20~0.60	0.20~0.60	①	①	7.50~8.50	—	—	—	—	—
5-14	T21200	Cr12	2.00~2.30	≤0.40	≤0.40	①	①	11.50~13.00	—	—	—	—	—
5-15	T21290	Cr12W	2.00~2.30	0.10~0.40	0.30~0.60	①	①	11.00~13.00	0.60~0.80	—	—	—	—
5-16	T21317	7Cr7Mo2V2Si	0.68~0.78	0.70~1.20	≤0.40	①	①	6.50~7.50	—	1.90~2.30	1.80~2.20	—	—
5-17	T21318	Cr5Mo1V	0.95~1.05	≤0.50	≤1.00	①	①	4.75~5.50	—	0.90~1.40	0.15~0.50	—	—
5-18	T21319	Cr12MoV	1.45~1.70	≤0.40	≤0.40	①	①	11.00~12.50	—	0.40~0.60	0.15~0.30	—	—
5-19	T21310	Cr12Mo1V1	1.40~1.60	≤0.60	≤0.60	①	①	11.00~13.00	—	0.70~1.20	0.50~1.10	—	≤1.00

① 见表3-42。

2. 冷作模具用钢交货状态的硬度值和试样的淬火硬度值（表3-45）

表3-45 冷作模具用钢交货状态的硬度值和试样的淬火硬度值（GB/T 1299—2014）

序号	统一数字代号	牌号	退火交货状态的钢材硬度 HBW	淬火温度 /℃	冷却剂	洛氏硬度 HRC ≥
5-1	T20019	9Mn2V	≤229	780~810	油	62
5-2	T20299	9CrWMn	197~241	800~830	油	62
5-3	T21290	CrWMn	207~255	800~830	油	62
5-4	T20250	MnCrWV	≤255	790~820	油	62
5-5	T21347	7CrMn2Mo	≤235	820~870	空气	61
5-6	T21355	5Cr8MoVSi	≤229	1000~1050	油	59
5-7	T21357	7CrSiMnMoV	≤235	870~900℃油冷或空冷，150℃±10℃回火空冷		60
5-8	T21350	Cr8Mo2SiV	≤255	1020~1040	油或空气	62
5-9	T21320	Cr4W2MoV	≤269	960~980 或 1020~1040	油	60
5-10	T21386	6Cr4W3Mo2VNb①	≤255	1100~1160	油	60
5-11	T21836	6W6Mo5Cr4V	≤269	1180~1200	油	60
5-12	T21830	W6Mo5Cr4V2①	≤255	730~840℃预热，1210~1230℃（盐浴或控制气氛）加热，保温5~15min油冷，540~560℃回火两次（盐浴或控制气氛），每次2h		64（盐浴） 63（炉控气氛）
5-13	T21209	Cr8	≤255	920~980	油	63
5-14	T21200	Cr12	217~269	950~1000	油	60
5-15	T21290	Cr12W	≤255	950~980	油	60
5-16	T21317	7Cr7Mo2V2Si	≤255	1100~1150	油或空气	60
5-17	T21318	Cr5Mo1V①	≤255	790℃±15℃预热，940℃（盐浴）或950℃（炉控气氛）±6℃加热，保温5~15min油冷，200℃±6℃回火一次，2h		60
5-18	T21319	Cr12MoV	207~255	950~1000	油	58
5-19	T21310	Cr12Mo1V1②	≤255	820℃±15℃预热，1000℃（盐浴）±6℃或1010℃（炉控气氛）±6℃加热，保温10~20min空冷，200℃±6℃回火一次，2h		59

注：保温时间指试样达到加热温度后保持的时间。
① 试样在盐浴中保持时间为5min，在炉控气氛中保持时间为5~15min。
② 试样在盐浴中保持时间为10min，在炉控气氛中保持时间为10~20min。

3.4.6 热作模具用钢

1. 热作模具用钢的牌号及化学成分（表3-46）

表3-46 热作模具用钢牌号及化学成分（GB/T 1299—2014）

序号	统一数字代号	牌号	化学成分（质量分数，%）										
			C	Si	Mn	P	S	Cr	W	Mo	Ni	V	Al	Co
6-1	T22345	5CrMnMo	0.50~0.60	0.25~0.60	1.20~1.60	①	①	0.60~0.90	—	0.15~0.30	—	—	—	—
6-2	T22505	5CrNiMo②	0.50~0.60	≤0.40	0.50~0.80	①	①	0.50~0.80	—	0.15~0.30	1.40~1.80	—	—	—
6-3	T23504	4CrNi4Mo	0.40~0.50	0.10~0.40	0.20~0.50	①	①	1.20~1.50	—	0.15~0.35	3.80~4.30	—	—	—
6-4	T23514	4Cr2NiMoV	0.35~0.45	≤0.40	≤0.40	①	①	1.80~2.20	—	0.45~0.60	1.10~1.50	0.10~0.30	—	—
6-5	T23515	5CrNi2MoV	0.50~0.60	0.10~0.40	0.60~0.90	①	①	0.80~1.20	—	0.35~0.55	1.50~1.80	0.05~0.15	—	—
6-6	T23535	5Cr2NiMoVSi	0.46~0.54	0.60~0.90	0.40~0.60	①	①	1.50~2.00	—	0.80~1.20	0.80~1.20	0.30~0.50	—	—
6-7	T23208	8Cr3	0.75~0.85	≤0.40	≤0.40	①	①	3.20~3.80	—	—	—	—	—	—
6-8	T23274	4Cr5W2VSi	0.32~0.42	0.80~1.20	≤0.40	①	①	4.50~5.50	1.60~2.40	—	—	0.60~1.00	—	—
6-9	T23273	3Cr2W8V	0.30~0.40	≤0.40	≤0.40	①	①	2.20~2.70	7.50~9.00	—	—	0.20~0.50	—	—
6-10	T23352	4Cr5MoSiV	0.33~0.43	0.80~1.20	0.20~0.50	①	①	4.75~5.50	—	1.10~1.60	—	0.30~0.60	—	—
6-11	T23353	4Cr5MoSiV1	0.32~0.45	0.80~1.20	0.20~0.50	①	①	4.75~5.50	—	1.10~1.75	—	0.80~1.20	—	—
6-12	T23354	4Cr3Mo3SiV	0.35~0.45	0.80~1.20	0.25~0.70	①	①	3.00~3.75	—	2.00~3.00	—	0.25~0.75	—	—
6-13	T23355	5Cr4Mo3SiMnVAl	0.47~0.57	0.80~1.10	0.80~1.10	①	①	3.80~4.30	—	2.80~3.40	—	0.80~1.20	0.30~0.70	—
6-14	T23364	4CrMoSiMoV	0.35~0.45	0.80~1.10	0.80~1.10	①	①	1.30~1.50	—	0.40~0.60	—	0.20~0.40	—	—
6-15	T23375	5Cr5WMoSi	0.50~0.60	0.75~1.10	0.20~0.50	①	①	4.75~5.50	1.00~1.50	1.15~1.65	—	0.20~0.50	—	—
6-16	T23324	4Cr5MoWVSi	0.32~0.40	0.80~1.20	0.20~0.50	①	①	4.75~5.50	1.10~1.60	1.25~1.60	—	0.80~1.20	—	—
6-17	T23323	3Cr3Mo3W2V	0.32~0.42	0.60~0.90	0.65	①	①	2.80~3.30	1.20~1.80	2.50~3.00	—	0.80~1.20	—	—
6-18	T23325	5Cr4W5Mo2V	0.40~0.50	≤0.40	≤0.40	①	①	3.40~4.40	4.50~5.30	1.50~2.10	—	0.70~1.10	—	—
6-19	T23314	4Cr5Mo2V	0.35~0.42	0.25~0.50	0.40~0.60	≤0.020	0.008	5.00~5.50	—	2.30~2.60	—	0.60~0.80	—	—
6-20	T23313	3Cr3Mo3V	0.28~0.35	0.10~0.40	0.15~0.45	≤0.030	≤0.020	2.70~3.20	—	2.50~3.00	—	0.40~0.70	—	—
6-21	T23314	4Cr5Mo3V	0.35~0.40	0.30~0.50	0.30~0.50	≤0.030	≤0.020	4.80~5.20	—	2.70~3.20	—	0.40~0.60	—	—
6-22	T23393	3Cr3Mo3VCo3	0.28~0.35	0.10~0.40	0.15~0.45	≤0.030	≤0.020	2.70~3.20	—	2.60~3.00	—	0.40~0.70	—	2.50~3.00

① 见表3-42。
② 经供需双方同意允许钒含量小于0.20%。

2. 热作模具用钢交货状态的硬度值和试样的淬火硬度值（表3-47）

表3-47　热作模具用钢交货状态的硬度值和试样的淬火硬度值（GB/T 1299—2014）

序号	统一数字代号	牌号	退火交货状态的钢材硬度 HBW	试样淬火硬度 淬火温度 /℃	冷却剂	洛氏硬度 HRC
6-1	T22345	5CrMnMo	197~241	820~850	油	②
6-2	T22505	5CrNiMo	197~241	830~860	油	②
6-3	T23504	4CrNi4Mo	≤285	840~870	油或空气	②
6-4	T23514	4Cr2NiMoV	≤220	910~960	油	②
6-5	T23515	5CrNi2MoV	≤255	850~880	油	②
6-6	T23535	5Cr2NiMoVSi	≤255	960~1010	油	②
6-7	T23208	8Cr3	207~255	850~880	油	②
6-8	T23274	4Cr5W2VSi	≤229	1030~1050	油或空气	②
6-9	T23273	3Cr2W8V	≤255	1075~1125	油	②
6-10	T23352	4Cr5MoSiV①	≤229	790℃±15℃预热，1010℃（盐浴）或1020℃（炉控气氛）1020℃±6℃加热，保温5~15min 油冷，550℃±6℃回火两次回火，每次2h		②
6-11	T23353	4Cr5MoSiV1①	≤229	790℃±15℃预热，1000℃（盐浴）或1010℃（炉控气氛）±6℃加热，保温5~15min 油冷，550℃±6℃回火两次回火，每次2h		②
6-12	T23354	4Cr3Mo3SiV①	≤229	790℃±15℃预热，1010℃（盐浴）或1020℃（炉控气氛）1020℃±6℃加热，保温5~15min 油冷，550℃±6℃回火两次回火，每次2h		②
6-13	T23355	5Cr4Mo3SiMnVAl	≤255	1090~1120	②	②
6-14	T23364	4CrMnSiMoV	≤255	870~930	油	②
6-15	T23375	5Cr5WMoSi	≤248	990~1020	油	②
6-16	T23324	4Cr5MoWVSi	≤235	1000~1030	油或空气	②
6-17	T23323	3Cr3Mo3W2V	≤255	1060~1130	油	②
6-18	T23325	5Cr4W5Mo2V	≤269	1100~1150	油	②
6-19	T23314	4Cr5Mo2V	≤220	1000~1030	油	②
6-20	T23313	3Cr3Mo3V	≤229	1010~1050	油	②
6-21	T23314	4Cr5Mo3V	≤229	1000~1030	油或空气	②
6-22	T23393	3Cr3Mo3VCo3	≤229	1000~1050	油	②

注：保温时间指试样达到加热温度后保持的时间。
① 试样在盐浴中保持时间为5min；在炉控气氛中保持时间为5~15min。
② 根据需方要求，并在合同中注明，可提供实测值。

3.4.7 塑料模具用钢

1. 塑料模具用钢的牌号及化学成分（表3-48）

表3-48 塑料模具用钢的牌号及化学成分（GB/T 1299—2014）

序号	统一数字代号	牌号	化学成分（质量分数，%）											
			C	Si	Mn	P	S	Cr	W	Mo	Ni	V	Al	Co	其他
7-1	T10450	SM45	0.42~0.48	0.17~0.37	0.50~0.80	①	①	—	—	—	—	—	—	—	—
7-2	T10500	SM50	0.47~0.53	0.17~0.37	0.50~0.80	①	①	—	—	—	—	—	—	—	—
7-3	T10550	SM55	0.52~0.58	0.17~0.37	0.50~0.80	①	①	—	—	—	—	—	—	—	—
7-4	T25303	3Cr2Mo	0.28~0.40	0.20~0.80	0.60~1.00	①	①	1.40~2.00	—	0.30~0.55	—	—	—	—	—
7-5	T25553	3Cr2MnNiMo	0.32~0.40	0.20~0.40	1.10~1.50	①	①	1.70~2.00	—	0.25~0.40	0.85~1.15	—	—	—	—
7-6	T25344	4Cr2Mn1MoS	0.35~0.45	0.30~0.50	1.40~1.60	≤0.030	0.05~0.10	1.80~2.00	—	0.15~0.25	—	—	—	—	—
7-7	T25378	8Cr2MnWMoVS	0.75~0.85	≤0.40	1.30~1.70	≤0.030	0.08~0.15	2.30~2.60	0.70~1.10	0.50~0.80	—	0.10~0.25	—	—	—
7-8	T25515	5CrNiMnMoVSCa	0.50~0.60	≤0.45	0.80~1.20	≤0.030	0.06~0.15	0.80~1.20	—	0.30~0.60	0.80~1.20	0.15~0.30	—	—	Ca: 0.002~0.008
7-9	T25512	2CrNiMoMnV	0.24~0.30	≤0.30	1.40~1.60	≤0.025	≤0.015	1.25~1.45	—	0.45~0.60	0.80~1.20	0.10~0.20	—	—	—
7-10	T25572	2CrNi3MoAl	0.20~0.30	0.20~0.50	0.50~0.80	①	①	1.20~1.80	—	0.20~0.40	3.00~4.00	—	1.00~1.60	—	—

序号	统一数字代号	牌号	C	Si	Mn	P	S	Cr	Mo	Ni	V	其他
7-11	T25611	1Ni3MnCuMoAl	0.10~0.20	≤0.45	1.40~2.00	≤0.030	≤0.015	—	0.20~0.50	2.90~3.40	—	Al: 0.70~1.20; Cu: 0.80~1.20
7-12	A64060	06Ni6CrMoVTiAl	≤0.06	≤0.50	≤0.50	①	①	1.30~1.60	0.90~1.20	5.50~6.50	0.08~0.16	Al: 0.50~0.90
7-13	A64000	00Ni18Co8Mo5TiAl	≤0.03	≤0.10	≤0.15	≤0.010	≤0.010	≤0.60	4.50~5.00	17.5~18.5	—	Co: 8.50~10.0; Ti: 0.80~1.10
7-14	S42023	2Cr13	0.16~0.25	≤1.00	≤1.00	①	≤0.010	12.00~14.00	—	≤0.60	—	—
7-15	S42043	4Cr13	0.35~0.45	≤0.60	≤0.80	①	①	12.00~14.00	—	≤0.60	0.25~0.35	—
7-16	T25444	4Cr13NiVSi	0.36~0.45	0.90~1.20	0.40~0.70	≤0.010	≤0.003	13.00~14.00	—	0.15~0.30	—	—
7-17	T25402	2Cr17Ni2	0.12~0.22	≤1.00	≤1.50	①	①	15.00~17.00	—	1.50~2.50	—	—
7-18	T25303	3Cr17Mo	0.33~0.45	≤1.00	≤1.50	①	①	15.50~17.50	1.50~2.50	≤1.00	—	—
7-19	T25513	3Cr17NiMoV	0.32~0.40	0.30~0.60	0.60~0.80	≤0.025	≤0.005	16.00~18.00	≤1.00	0.60~1.00	0.15~0.35	—
7-20	S44093	9Cr18	0.90~1.00	≤0.80	≤0.80	①	①	17.00~19.00	—	≤0.60	—	—
7-21	S46993	9Cr18MoV	0.85~0.95	≤0.80	≤0.80	①	①	17.00~19.00	1.00~1.30	≤0.60	0.07~0.12	—

① 见表3-42。

2. 塑料模具用钢交货状态的硬度值和试样的淬火硬度值（表3-49）

表3-49 塑料模具用钢交货状态的硬度值和试样的淬火硬度值（GB/T 1299—2014）

序号	统一数字代号	牌号	交货状态的钢材硬度		试样淬火硬度		
			退火硬度 HBW ≤	预硬化硬度 HRC	淬火温度 /℃	冷却剂	洛氏硬度 HRC ≥
7-1	T10450	SM45	热轧交货状态硬度 155~215	—			
7-2	T10500	SM50	热轧交货状态硬度 165~225	—			
7-3	T10550	SM55	热轧交货状态硬度 170~230	—			
7-4	T25303	3Cr2Mo	235	28~36	850~880	油	52
7-5	T25553	3Cr2MnNiMo	235	30~36	830~870	油或空气	48
7-6	T25344	4Cr2Mn1MoS	235	28~36	830~870	油	51
7-7	T25378	8Cr2MnWMoVS	235	40~48	860~900	空气	62
7-8	T25515	5CrNiMnMoVSCa	255	35~45	860~920	油	62
7-9	T25512	2CrNiMoMnV	235	30~38	850~930	油或空气	48
7-10	T25572	2CrNi3MoAl		38~43			
7-11	T25611	1Ni3MnCuMoAl		38~42			
7-12	A64060	06Ni6CrMoVTiAl	255	43~48	850~880℃固溶，油或空冷 500~540℃时效，空冷		实测
7-13	A64000	00Ni18Co8Mo5TiAl	协议	协议	805~825℃固溶，空冷 460~530℃时效，空冷		协议
7-14	S42023	2Cr13	220	30~36	1000~1050	油	45
7-15	S42043	4Cr13	235	30~36	1050~1100	油	50
7-16	T25444	4Cr13NiVSi	235	30~36	1000~1030	油	50
7-17	T25402	2Cr17Ni2	285	28~32	1000~1050	油	49
7-18	T25303	3Cr17Mo	285	33~38	1000~1040	油	46
7-19	T25513	3Cr17NiMoV	285	33~38	1030~1070	油	50
7-20	S44093	9Cr18	255	协议	1000~1050	油	55
7-21	S46993	9Cr18MoV	269	协议	1050~1075	油	55

3.4.8 特殊用途模具用钢

1. 特殊用途模具用钢的牌号及化学成分（表3-50）

表3-50　特殊用途模具用钢牌号及化学成分（GB/T 1299—2014）

序号	统一数字代号	牌号	化学成分（质量分数，%）											
			C	Si	Mn	P	S	Cr	W	Mo	Ni	V	Al	Nb	Co	其他
8-1	T26377	7Mn15Cr2Al3V2WMo	0.65~0.75	≤0.80	14.50~16.50	①	①	2.00~2.50	0.50~0.80	0.50~0.80	—	1.50~2.00	2.30~3.30	—	—	—
8-2	S31049	2Cr25Ni20Si2	≤0.25	1.50~2.50	≤1.50	①	①	24.00~27.00	—	—	18.00~21.00	—	—	—	—	—
8-3	S51740	0Cr17Ni4Cu4Nb	≤0.07	≤1.00	≤1.00	①	①	15.00~17.00	—	—	3.00~5.00	—	—	Nb: 0.15~0.45	—	Cu: 3.00~5.00
8-4	H21231	Ni25Cr15Ti2MoMn	≤0.08	≤1.00	≤2.00	≤0.030	≤0.020	13.50~17.00	—	1.00~1.50	22.00~26.00	0.10~0.50	≤0.40	—	—	Ti: 1.80~2.50; B: 0.001~0.010
8-5	H07718	Ni53Cr19Mo3TiNb	≤0.08	≤0.35	≤0.35	≤0.015	≤0.015	17.00~21.00	—	2.80~3.30	50.00~55.00	—	0.20~0.80	Nb+Ta②: 4.75~5.50	≤1.00	Ti: 0.65~1.15; B≤0.006

① 见表3-42。
② 除非特殊要求，允许仅分析Nb。

2. 特殊用途模具用钢交货状态的硬度值和试样的淬火硬度值（表3-51）

表3-51　特殊用途模具用钢交货状态的硬度值和试样的淬火硬度值（GB/T 1299—2014）

序号	统一数字代号	牌号	交货状态的钢材硬度		试样淬火硬度	
			退火硬度 HBW	淬火硬度	热处理制度	洛氏硬度 HRC ≥
8-1	T26377	7Mn15Cr2Al3V2WMo	—	—	1170~1190℃固溶，水冷 650~700℃时效，空冷	45
8-2	S31049	2Cr25Ni20Si2	—	—	1040~1150℃固溶，水或空冷	①
8-3	S51740	0Cr17Ni4Cu4Nb	协议	—	1020~1060℃固溶，水或空冷 470~630℃时效，空冷	①
8-4	H21231	Ni25Cr15Ti2MoMn	≤300	—	950~980℃固溶，水冷空冷 720+620℃时效，空冷	①
8-5	H07718	Ni53Cr19Mo3TiNb	≤300	—	980~1000℃固溶，水、油或空冷 710~730℃时效，空冷	①

① 根据需方要求，并在合同中注明，可提供实测值。

3.4.9 高速工具钢

1. 高速工具钢的牌号及化学成分（表3-52）

表3-52 高速工具钢的牌号及化学成分（GB/T 9943—2008）

序号	统一数字代号	牌号	化学成分（质量分数，%）								
			C	Mn	Si	S	P	Cr	V	W	Mo	Co
1	T63342	W3Mo3Cr4V2	0.95~1.03	≤0.40	≤0.45	≤0.030	≤0.030	3.80~4.50	2.20~2.50	2.70~3.00	2.50~2.90	—
2	T64340	W4Mo3Cr4VSi	0.83~0.93	0.20~0.40	0.70~1.00	≤0.030	≤0.030	3.80~4.40	1.20~1.80	3.50~4.50	2.50~3.50	—
3	T51841	W18Cr4V	0.73~0.83	0.10~0.40	0.20~0.40	≤0.030	≤0.030	3.80~4.50	1.00~1.20	17.20~18.70	—	—
4	T62841	W2Mo8Cr4V	0.77~0.87	≤0.40	≤0.70	≤0.030	≤0.030	3.50~4.50	1.00~1.40	1.40~2.00	8.00~9.00	—
5	T62942	W2Mo9Cr4V2	0.95~1.05	0.15~0.40	≤0.70	≤0.030	≤0.030	3.50~4.50	1.75~2.20	1.50~2.10	8.20~9.20	—
6	T66541	W6Mo5Cr4V2	0.80~0.90	0.15~0.40	0.20~0.45	≤0.030	≤0.030	3.80~4.40	1.75~2.20	5.50~6.75	4.50~5.50	—
7	T66542	CW6Mo5Cr4V2	0.86~0.94	0.15~0.40	0.20~0.45	≤0.030	≤0.030	3.80~4.50	1.75~2.10	5.90~6.70	4.70~5.20	—
8	T66642	W6Mo6Cr4V2	1.00~1.10	≤0.40	≤0.45	≤0.030	≤0.030	3.80~4.50	2.30~2.60	5.90~6.50	5.50~6.50	—
9	T69341	W9Mo3Cr4V	0.77~0.87	0.20~0.40	0.20~0.40	≤0.030	≤0.030	3.80~4.40	1.30~1.70	8.50~9.50	2.70~3.30	—
10	T66543	W6Mo5Cr4V3	1.15~1.25	0.15~0.40	0.20~0.45	≤0.030	≤0.030	3.80~4.50	2.70~3.20	5.90~6.70	4.70~5.20	—
11	T66545	CW6Mo5Cr4V3	1.25~1.32	0.15~0.40	≤0.70	≤0.030	≤0.030	3.75~4.50	2.70~3.20	5.90~6.70	4.70~5.20	—
12	T66544	W6Mo5Cr4V4	1.25~1.40	≤0.40	≤0.45	≤0.030	≤0.030	3.80~4.50	3.70~4.20	5.20~6.00	4.20~5.00	—
13	T66546	W6Mo5Cr4V2Al	1.05~1.15	0.15~0.40	0.20~0.60	≤0.030	≤0.030	3.80~4.40	1.75~2.20	5.50~6.75	4.50~5.50	Al: 0.80~1.20
14	T71245	W12Cr4V5Co5	1.50~1.60	0.15~0.40	0.15~0.40	≤0.030	≤0.030	3.75~5.00	4.50~5.25	11.75~13.00	—	4.75~5.25
15	T76545	W6Mo5Cr4V2Co5	0.87~0.95	0.15~0.40	0.15~0.45	≤0.030	≤0.030	3.80~4.50	1.70~2.10	5.90~6.70	4.70~5.20	4.50~5.00
16	T76438	W6Mo5Cr4V3Co8	1.23~1.33	≤0.40	≤0.70	≤0.030	≤0.030	3.80~4.50	2.70~3.20	5.90~6.70	4.70~5.30	8.00~8.80
17	T77445	W7Mo4Cr4V2Co5	1.05~1.15	0.20~0.60	0.15~0.50	≤0.030	≤0.030	3.75~4.50	1.75~2.25	6.25~7.00	3.25~4.25	4.75~5.75
18	T72948	W2Mo9Cr4VCo8	1.05~1.15	0.15~0.40	0.15~0.65	≤0.030	≤0.030	3.50~4.25	0.95~1.35	1.15~1.85	9.00~10.00	7.75~8.75
19	T71010	W10Mo4Cr4V3Co10	1.20~1.35	≤0.40	≤0.45	≤0.030	≤0.030	3.80~4.50	3.00~3.50	9.00~10.00	3.20~3.90	9.50~10.50

2. 高速工具钢棒的硬度值（表3-53）

表3-53　高速工具钢棒的硬度值（GB/T 9943—2008）

序号	牌　　号	交货硬度（退火态）HBW≤	试样热处理制度及淬、回火硬度					
			预热温度/℃	淬火温度/℃		淬火冷却介质	回火温度/℃	硬度 HRC≥
				盐浴炉	箱式炉			
1	W3Mo3Cr4V2	255	800~900	1180~1220	1180~1220	油或盐浴	540~560	63
2	W4Mo3Cr4VSi	255		1170~1190	1170~1190		540~560	63
3	W18Cr4V	255		1250~1270	1260~1280		550~570	63
4	W2Mo8Cr4V	255		1180~1220	1180~1220		550~570	63
5	W2Mo9Cr4V2	255		1190~1210	1200~1220		540~560	64
6	W6Mo5Cr4V2	255		1200~1220	1210~1230		540~560	64
7	CW6Mo5Cr4V2	255		1190~1210	1200~1220		540~560	64
8	W6Mo6Cr4V2	262		1190~1210	1190~1210		550~570	64
9	W9Mo3Cr4V	255		1200~1220	1220~1240		540~560	64
10	W6Mo5Cr4V3	262		1190~1210	1200~1220		540~560	64
11	CW6Mo5Cr4V3	262		1180~1200	1190~1210		540~560	64
12	W6Mo5Cr4V4	269		1200~1220	1200~1220		550~570	64
13	W6Mo5Cr4V2Al	269		1200~1220	1230~1240		550~570	65
14	W12Cr4V5Co5	277		1220~1240	1230~1250		540~560	65
15	W6Mo5Cr4V2Co5	269		1190~1210	1200~1220		540~560	64
16	W6Mo5Cr4V3Co8	285		1170~1190	1170~1190		550~570	65
17	W7Mo4Cr4V2Co5	269		1180~1200	1190~1210		540~560	66
18	W2Mo9Cr4VCo8	269		1170~1190	1180~1200		540~560	66
19	W10Mo4Cr4V3Co10	285		1220~1240	1220~1240		550~570	66

3.5　结构钢

3.5.1　碳素结构钢

1. 碳素结构钢的牌号和化学成分（表3-54）

表3-54　碳素结构钢的牌号和化学成分（GB/T 700—2006）

牌　号	统一数字代号	等级	厚度（或直径）/mm	脱氧方法	化学成分（质量分数,%）≤				
					C	Si	Mn	P	S
Q195	U11952	—	—	F、Z	0.12	0.30	0.50	0.035	0.040
Q215	U12152	A		F、Z	0.15	0.35	1.20	0.045	0.050
	U12155	B							0.045
Q235	U12352	A	—	F、Z	0.22	0.35	1.40	0.045	0.050
	U12355	B		F、Z	0.20			0.045	0.045
	U12358	C		Z	0.17			0.040	0.040
	U12359	D		TZ				0.035	0.035
Q275	U12752	A	—	F、Z	0.24	0.35	1.50	0.045	0.050
	U12755	B	≤40	Z	0.21			0.045	0.045
			>40		0.22				
	U12758	C		Z	0.20			0.040	0.040
	U12759	D		TZ				0.035	0.035

2. 碳素结构钢的力学性能（表3-55）

表3-55　碳素结构钢的力学性能（GB/T 700—2006）

牌号	等级	上屈服强度 R_{eH}[①]/MPa ≥						抗拉强度[②] R_m/MPa	断后伸长率 A（%）≥					冲击试验（V型缺口）	
		厚度（或直径）/mm							厚度（或直径）/mm					温度/℃	冲击吸收能量（纵向）/J ≥
		≤16	>16~40	>40~60	>60~100	>100~150	>150~200		≤40	>40~60	>60~100	>100~150	>150~200		
Q195	—	195	185	—	—	—	—	315~430	33	—	—	—	—	—	—
Q215	A	215	205	195	185	175	165	335~450	31	30	29	27	26	—	—
	B													+20	27
Q235	A	235	225	215	215	195	185	370~500	26	25	24	22	21	—	—
	B													+20	27
	C													0	
	D													-20	
Q275	A	275	265	255	245	225	215	410~540	22	21	20	18	17	—	—
	B													+20	27
	C													0	
	D													-20	

① Q195的上屈服强度值仅供参考，不作交货条件。
② 厚度大于100mm的钢材，抗拉强度下限允许降低20MPa。宽带钢（包括剪切钢板）抗拉强度上限不作交货条件。

3.5.2　优质碳素结构钢

1. 优质碳素结构钢的牌号和化学成分（表3-56）

表3-56　优质碳素结构钢的牌号和化学成分（GB/T 699—2015）

序号	统一数字代号	牌号	化学成分（质量分数,%）							
			C	Si	Mn	P	S	Cr	Ni	Cu[①]
						≤				
1	U20082	08[②]	0.05~0.11	0.17~0.37	0.35~0.65	0.035	0.035	0.10	0.30	0.25
2	U20102	10	0.07~0.13	0.17~0.37	0.35~0.65	0.035	0.035	0.15	0.30	0.25
3	U20152	15	0.12~0.18	0.17~0.37	0.35~0.65	0.035	0.035	0.25	0.30	0.25
4	U20202	20	0.17~0.23	0.17~0.37	0.35~0.65	0.035	0.035	0.25	0.30	0.25
5	U20252	25	0.22~0.29	0.17~0.37	0.50~0.80	0.035	0.035	0.25	0.30	0.25
6	U20302	30	0.27~0.34	0.17~0.37	0.50~0.80	0.035	0.035	0.25	0.30	0.25
7	U20352	35	0.32~0.39	0.17~0.37	0.50~0.80	0.035	0.035	0.25	0.30	0.25
8	U20402	40	0.37~0.44	0.17~0.37	0.50~0.80	0.035	0.035	0.25	0.30	0.25
9	U20452	45	0.42~0.50	0.17~0.37	0.50~0.80	0.035	0.035	0.25	0.30	0.25
10	U20502	50	0.47~0.55	0.17~0.37	0.50~0.80	0.035	0.035	0.25	0.30	0.25
11	U20552	55	0.52~0.60	0.17~0.37	0.50~0.80	0.035	0.035	0.25	0.30	0.25
12	U20602	60	0.57~0.65	0.17~0.37	0.50~0.80	0.035	0.035	0.25	0.30	0.25

(续)

序号	统一数字代号	牌号	化学成分（质量分数,%）							
			C	Si	Mn	P	S	Cr	Ni	Cu[①]
						≤				
13	U20652	65	0.62~0.70	0.17~0.37	0.50~0.80	0.035	0.035	0.25	0.30	0.25
14	U20702	70	0.67~0.75	0.17~0.37	0.50~0.80	0.035	0.035	0.25	0.30	0.25
15	U20702	75	0.72~0.80	0.17~0.37	0.50~0.80	0.035	0.035	0.25	0.30	0.25
16	U20802	80	0.77~0.85	0.17~0.37	0.50~0.80	0.035	0.035	0.25	0.30	0.25
17	U20852	85	0.82~0.90	0.17~0.37	0.50~0.80	0.035	0.035	0.25	0.30	0.25
18	U21152	15Mn	0.12~0.18	0.17~0.37	0.70~1.00	0.035	0.035	0.25	0.30	0.25
19	U21202	20Mn	0.17~0.23	0.17~0.37	0.70~1.00	0.035	0.035	0.25	0.30	0.25
20	U21252	25Mn	0.22~0.29	0.17~0.37	0.70~1.00	0.035	0.035	0.25	0.30	0.25
21	U21302	30Mn	0.27~0.34	0.17~0.37	0.70~1.00	0.035	0.035	0.25	0.30	0.25
22	U21352	35Mn	0.32~0.39	0.17~0.37	0.70~1.00	0.035	0.035	0.25	0.30	0.25
23	U21402	40Mn	0.37~0.44	0.17~0.37	0.70~1.00	0.035	0.035	0.25	0.30	0.25
24	U21452	45Mn	0.42~0.50	0.17~0.37	0.70~1.00	0.035	0.035	0.25	0.30	0.25
25	U21502	50Mn	0.48~0.56	0.17~0.37	0.70~1.00	0.035	0.035	0.25	0.30	0.25
26	U21602	60Mn	0.57~0.65	0.17~0.37	0.70~1.00	0.035	0.035	0.25	0.30	0.25
27	U21652	65Mn	0.62~0.70	0.17~0.37	0.90~1.20	0.035	0.035	0.25	0.30	0.25
28	U21702	70Mn	0.67~0.75	0.17~0.37	0.90~1.20	0.035	0.035	0.25	0.30	0.25

注：未经用户同意不得有意加入本表中未规定的元素。应采取措施防止从废钢或其他原料中带入影响钢性能的元素。

① 热压力加工用钢铜含量应不大于0.20%；

② 用铝脱氧的镇静钢，碳、锰含量下限不限，锰含量上限为0.45%，硅含量不大于0.03%，全铝含量为0.020%~0.070%，此时牌号为08Al。

2. 优质碳素结构钢的力学性能（表3-57）

表3-57 优质碳素结构钢的力学性能（GB/T 699—2015）

序号	牌号	试样毛坯尺寸[①]/mm	推荐的热处理制度[③]			力学性能					交货硬度 HBW	
			正火	淬火	回火	抗拉强度 R_m /MPa	下屈服强度 R_{eL}[④] /MPa	断后伸长率 A (%)	断面收缩率 Z (%)	冲击吸收能量 KU_2 /J	未热处理钢	退火钢
			加热温度/℃			≥					≤	
1	08	25	930	—	—	325	195	33	60	—	131	—
2	10	25	930	—	—	335	205	31	55	—	137	—
3	15	25	920	—	—	375	225	27	55	—	143	—
4	20	25	910	—	—	410	245	25	55	—	156	—

（续）

序号	牌号	试样毛坯尺寸①/mm	推荐的热处理制度③			力学性能					交货硬度 HBW	
			正火	淬火	回火	抗拉强度 R_m /MPa	下屈服强度 R_{eL}④ /MPa	断后伸长率 A (%)	断面收缩率 Z (%)	冲击吸收能量 KU_2 /J	未热处理钢	退火钢
			加热温度/℃			≥					≤	
5	25	25	900	870	600	450	275	23	50	71	170	—
6	30	25	880	860	600	490	295	21	50	63	179	—
7	35	25	870	850	600	530	315	20	45	55	197	—
8	40	25	860	840	600	570	335	19	45	47	217	187
9	45	25	850	840	600	600	355	16	40	39	229	197
10	50	25	830	830	600	630	375	14	40	31	241	207
11	55	25	820	—	—	645	380	13	35	—	255	217
12	60	25	810	—	—	675	400	12	35	—	255	229
13	65	25	810	—	—	695	410	10	30	—	255	229
14	70	25	790	—	—	715	420	9	30	—	269	229
15	75	试样②	—	820	480	1080	880	7	30	—	285	241
16	80	试样②	—	820	480	1080	930	6	30	—	285	241
17	85	试样②	—	820	480	1130	980	6	30	—	302	255
18	15Mn	25	920	—	—	410	245	26	55	—	163	—
19	20Mn	25	910	—	—	450	275	24	50	—	197	—
20	25Mn	25	900	870	600	490	295	22	50	71	207	—
21	30Mn	25	880	860	600	540	315	20	45	63	217	187
22	35Mn	25	870	850	600	560	335	18	45	55	229	197
23	40Mn	25	860	840	600	590	355	17	45	47	229	207
24	45Mn	25	850	840	600	620	375	15	40	39	241	217
25	50Mn	25	830	830	600	645	390	13	40	31	255	217
26	60Mn	25	810	—	—	690	410	11	35	—	269	229
27	65Mn	25	830	—	—	735	430	9	30	—	285	229
28	70Mn	25	790	—	—	785	450	8	30	—	285	229

注：1. 表中的力学性能适用于公称直径或厚度不大于80mm的钢棒。
  2. 公称直径或厚度大于80~250mm的钢棒，允许其断后伸长率、断面收缩率比本表的规定分别降低2%（绝对值）和5%（绝对值）。
  3. 公称直径或厚度大于120~250mm的钢棒允许改锻（轧）成70~80mm的试料取样检验，其结果应符合本表的规定。
① 钢棒尺寸小于试样毛坯尺寸时，用原尺寸钢棒进行热处理。
② 留有加工余量的试样，其性能为淬火+回火状态下的性能。
③ 热处理温度允许调整范围：正火±30℃，淬火±20℃，回火±50℃；推荐保温时间：正火不少于30min，空冷；淬火不少于30min，75、80和85钢油冷，其他钢棒水冷；600℃回火不少于1h。
④ 当屈服现象不明显时，可用规定塑性延伸强度 $R_{p0.2}$ 代替。

3.5.3 合金结构钢

1. 合金结构钢的牌号和化学成分（表 3-58）

表 3-58 合金结构钢的牌号和化学成分（GB/T 3077—2015）

钢组	序号	统一数字代号	牌号	化学成分（质量分数,%）									
				C	Si	Mn	Cr	Mo	Ni	W	B	Al	Ti	V
Mn	1	A00202	20Mn2	0.17~0.24	0.17~0.37	1.40~1.80	—	—	—	—	—	—	—	—
	2	A00302	30Mn2	0.27~0.34	0.17~0.37	1.40~1.80	—	—	—	—	—	—	—	—
	3	A00352	35Mn2	0.32~0.39	0.17~0.37	1.40~1.80	—	—	—	—	—	—	—	—
	4	A00402	40Mn2	0.37~0.44	0.17~0.37	1.40~1.80	—	—	—	—	—	—	—	—
	5	A00452	45Mn2	0.42~0.49	0.17~0.37	1.40~1.80	—	—	—	—	—	—	—	—
	6	A00502	50Mn2	0.47~0.55	0.17~0.37	1.40~1.80	—	—	—	—	—	—	—	—
MnV	7	A01202	20MnV	0.17~0.24	0.17~0.37	1.30~1.60	—	—	—	—	—	—	—	0.07~0.12
SiMn	8	A10272	27SiMn	0.24~0.32	1.10~1.40	1.10~1.40	—	—	—	—	—	—	—	—
	9	A10352	35SiMn	0.32~0.40	1.10~1.40	1.10~1.40	—	—	—	—	—	—	—	—
	10	A10422	42SiMn	0.39~0.45	1.10~1.40	1.10~1.40	—	—	—	—	—	—	—	—
SiMnMoV	11	A14202	20SiMn2MoV	0.17~0.23	0.90~1.20	2.20~2.60	—	0.30~0.40	—	—	—	—	—	0.05~0.12
	12	A14262	25SiMn2MoV	0.22~0.28	0.90~1.20	2.20~2.60	—	0.30~0.40	—	—	—	—	—	0.05~0.12
	13	A14372	37SiMn2MoV	0.33~0.39	0.60~0.90	1.60~1.90	—	0.40~0.50	—	—	—	—	—	0.05~0.12

(续)

钢组	序号	统一数字代号	牌号	化学成分（质量分数，%）										
				C	Si	Mn	Cr	Mo	Ni	W	B	Al	Ti	V
B	14	A70402	40B	0.37~0.44	0.17~0.37	0.60~0.90	—	—	—	—	0.0008~0.0035	—	—	—
	15	A70452	45B	0.42~0.49	0.17~0.37	0.60~0.90	—	—	—	—	0.0008~0.0035	—	—	—
	16	A70502	50B	0.47~0.55	0.17~0.37	0.60~0.90	—	—	—	—	0.0008~0.0035	—	—	—
MnB	17	A712502	25MnB	0.23~0.28	0.17~0.37	1.00~1.40	—	—	—	—	0.0008~0.0035	—	—	—
	18	A713502	35MnB	0.32~0.38	0.17~0.37	1.10~1.40	—	—	—	—	0.0008~0.0035	—	—	—
	19	A71402	40MnB	0.37~0.44	0.17~0.37	1.10~1.40	—	—	—	—	0.0008~0.0035	—	—	—
	20	A71452	45MnB	0.42~0.49	0.17~0.37	1.10~1.40	—	—	—	—	0.0008~0.0035	—	—	—
MnMoB	21	A72202	20MnMoB	0.16~0.22	0.17~0.37	0.90~1.20	—	0.20~0.30	—	—	0.0008~0.0035	—	—	—
MnVB	22	A73152	15MnVB	0.12~0.18	0.17~0.37	1.20~1.60	—	—	—	—	0.0008~0.0035	—	—	0.07~0.12
	23	A73202	20MnVB	0.17~0.23	0.17~0.37	1.20~1.60	—	—	—	—	0.0008~0.0035	—	—	0.07~0.12
	24	A73402	40MnVB	0.37~0.44	0.17~0.37	1.10~1.40	—	—	—	—	0.0008~0.0035	—	—	0.05~0.10
MnTiB	25	A74202	20MnTiB	0.17~0.24	0.17~0.37	1.30~1.60	—	—	—	—	0.0008~0.0035	—	0.04~0.10	—
	26	A74252	25MnTiBRE[①]	0.22~0.28	0.20~0.45	1.30~1.60	—	—	—	—	0.0008~0.0035	—	0.04~0.10	—

类别	序号	统一数字代号	牌号	C	Si	Mn	Cr	Mo	Ni	—	—	—	—
Cr	27	A20152	15Cr	0.12~0.17	0.17~0.37	0.40~0.70	0.70~1.00	—	—	—	—	—	—
	28	A20202	20Cr	0.18~0.24	0.17~0.37	0.50~0.80	0.70~1.00	—	—	—	—	—	—
	29	A20302	30Cr	0.27~0.34	0.17~0.37	0.50~0.80	0.80~1.10	—	—	—	—	—	—
	30	A20352	35Cr	0.32~0.39	0.17~0.37	0.50~0.80	0.80~1.10	—	—	—	—	—	—
	31	A20402	40Cr	0.37~0.44	0.17~0.37	0.50~0.80	0.80~1.10	—	—	—	—	—	—
	32	A20452	45Cr	0.42~0.49	0.17~0.37	0.50~0.80	0.80~1.10	—	—	—	—	—	—
	33	A20502	50Cr	0.47~0.54	0.17~0.37	0.50~0.80	0.80~1.10	—	—	—	—	—	—
CrSi	34	A21382	38CrSi	0.35~0.43	1.00~1.30	0.30~0.60	1.30~1.60	—	—	—	—	—	—
CrMo	35	A30122	12CrMo	0.08~0.15	0.17~0.37	0.40~0.70	0.40~0.70	0.40~0.55	—	—	—	—	—
	36	A30152	15CrMo	0.12~0.18	0.17~0.37	0.40~0.70	0.80~1.10	0.40~0.55	—	—	—	—	—
	37	A30202	20CrMo	0.17~0.24	0.17~0.37	0.40~0.70	0.80~1.10	0.15~0.25	—	—	—	—	—
	38	A30252	25CrMo	0.22~0.29	0.17~0.37	0.60~0.90	0.90~1.20	0.15~0.30	—	—	—	—	—
	39	A30302	30CrMo	0.26~0.33	0.17~0.37	0.40~0.70	0.80~1.10	0.15~0.25	—	—	—	—	—

(续)

钢组	序号	统一数字代号	牌号	化学成分（质量分数,%）										
				C	Si	Mn	Cr	Mo	Ni	W	B	Al	Ti	V
CrMo	40	A30352	35CrMo	0.32~0.40	0.17~0.37	0.40~0.70	0.80~1.10	0.15~0.25	—	—	—	—	—	—
	41	A30422	42CrMo	0.38~0.45	0.17~0.37	0.50~0.80	0.90~1.20	0.15~0.25	—	—	—	—	—	—
	42	A30502	50CrMo	0.46~0.54	0.17~0.37	0.50~0.80	0.90~1.20	0.15~0.30	—	—	—	—	—	—
CrMoV	43	A31122	12CrMoV	0.08~0.15	0.17~0.37	0.40~0.70	0.30~0.60	0.25~0.35	—	—	—	—	—	0.15~0.30
	44	A31352	35CrMoV	0.30~0.38	0.17~0.37	0.40~0.70	1.00~1.30	0.20~0.30	—	—	—	—	—	0.10~0.20
	45	A31132	12Cr1MoV	0.08~0.15	0.17~0.37	0.40~0.70	0.90~1.20	0.25~0.35	—	—	—	—	—	0.15~0.30
	46	A31252	25Cr2MoV	0.22~0.29	0.17~0.37	0.40~0.70	1.50~1.80	0.25~0.35	—	—	—	—	—	0.15~0.30
	47	A31262	25Cr2Mo1V	0.22~0.29	0.17~0.37	0.50~0.80	2.10~2.50	0.90~1.10	—	—	—	—	—	0.30~0.50
CrMoAl	48	A33382	38CrMoAl	0.35~0.42	0.20~0.45	0.30~0.60	1.35~1.65	0.15~0.25	—	—	—	0.70~1.10	—	—
CrV	49	A23402	40CrV	0.37~0.44	0.17~0.37	0.50~0.80	0.80~1.10	—	—	—	—	—	—	0.10~0.20
	50	A23502	50CrV	0.47~0.54	0.17~0.37	0.50~0.80	0.80~1.10	—	—	—	—	—	—	0.10~0.20
CrMn	51	A22152	15CrMn	0.12~0.18	0.17~0.37	1.10~1.40	0.40~0.70	—	—	—	—	—	—	—

类别	序号	代号	牌号	C	Si	Mn		Cr					
CrMn	52	A22202	20CrMn	0.17~0.23	0.17~0.37	0.90~1.20	—	0.90~1.20	—	—	—	—	—
	53	A22402	40CrMn	0.37~0.45	0.17~0.37	0.90~1.20	—	0.90~1.20	—	—	—	—	—
CrMnSi	54	A24202	20CrMnSi	0.17~0.23	0.90~1.20	0.80~1.10	—	0.80~1.10	—	—	—	—	—
	55	A24252	25CrMnSi	0.22~0.28	0.90~1.20	0.80~1.10	—	0.80~1.10	—	—	—	—	—
	56	A24302	30CrMnSi	0.28~0.34	0.90~1.20	0.80~1.10	—	0.80~1.10	—	—	—	—	—
	57	A24352	35CrMnSi	0.32~0.39	1.10~1.40	0.80~1.10	—	1.10~1.40	—	—	—	—	—
CrMnMo	58	A34202	20CrMnMo	0.17~0.23	0.17~0.37	0.90~1.20	0.20~0.30	1.10~1.40	—	—	—	0.04~0.10	—
	59	A34402	40CrMnMo	0.37~0.45	0.17~0.37	0.90~1.20	0.20~0.30	0.90~1.20	—	—	—	0.04~0.10	—
CrMnTi	60	A26202	20CrMnTi	0.17~0.23	0.17~0.37	0.80~1.10	—	1.00~1.30	—	—	—	—	—
	61	A26302	30CrMnTi	0.24~0.32	0.17~0.37	0.80~1.10	—	1.00~1.30	—	—	—	—	—
CrNi	62	A40202	20CrNi	0.17~0.23	0.17~0.37	0.40~0.70	—	0.45~0.75	—	—	1.00~1.40	—	—
	63	A40402	40CrNi	0.37~0.44	0.17~0.37	0.50~0.80	—	0.45~0.75	—	—	1.00~1.40	—	—

(续)

钢组	序号	统一数字代号	牌号	化学成分（质量分数,%）									
				C	Si	Mn	Cr	Mo	Ni	W	B	Al	Ti	V
CrNi	64	A40452	45CrNi	0.42~0.49	0.17~0.37	0.50~0.80	0.45~0.75	—	1.00~1.40	—	—	—	—	—
	65	A40502	50CrNi	0.47~0.54	0.17~0.37	0.50~0.80	0.45~0.75	—	1.00~1.40	—	—	—	—	—
	66	A41122	12CrNi2	0.10~0.17	0.17~0.37	0.30~0.60	0.60~0.90	—	1.50~1.90	—	—	—	—	—
	67	A41342	34CrNi2	0.30~0.37	0.17~0.37	0.60~0.90	0.80~1.10	—	1.20~1.60	—	—	—	—	—
	68	A42122	12CrNi3	0.10~0.17	0.17~0.37	0.30~0.60	0.60~0.90	—	2.75~3.15	—	—	—	—	—
	69	A42202	20CrNi3	0.17~0.24	0.17~0.37	0.30~0.60	0.60~0.90	—	2.75~3.15	—	—	—	—	—
	70	A42302	30CrNi3	0.27~0.33	0.17~0.37	0.30~0.60	0.60~0.90	—	2.75~3.15	—	—	—	—	—
	71	A42372	37CrNi3	0.34~0.41	0.17~0.37	0.30~0.60	1.20~1.60	—	3.00~3.50	—	—	—	—	—
	72	A43122	12Cr2Ni4	0.10~0.16	0.17~0.37	0.30~0.60	1.25~1.65	—	3.25~3.65	—	—	—	—	—
	73	A43202	20Cr2Ni4	0.17~0.23	0.17~0.37	0.30~0.60	1.25~1.65	—	3.25~3.65	—	—	—	—	—
CrNiMo	74	A50152	15CrNiMo	0.13~0.18	0.17~0.37	0.70~0.90	0.45~0.65	0.45~0.60	0.70~1.00	—	—	—	—	—
	75	A50202	20CrNiMo	0.17~0.23	0.17~0.37	0.60~0.95	0.40~0.70	0.20~0.30	0.35~0.75	—	—	—	—	—
	76	A50302	30CrNiMo	0.28~0.33	0.17~0.37	0.70~0.90	0.70~1.00	0.25~0.45	0.60~0.80	—	—	—	—	—

第3章　常用金属材料的化学成分及力学性能

类别	序号	统一数字代号	牌号	C	Si	Mn	Cr	Mo	Ni	W	V			
CrNiMo	77	A50300	30Cr2Ni2Mo	0.26～0.34	0.17～0.37	0.50～0.80	1.80～2.20	0.30～0.50	1.80～2.20	—	—	—	—	—
	78	A50300	30Cr2Ni4Mo	0.26～0.33	0.17～0.37	0.50～0.80	1.20～1.50	0.30～0.60	3.30～4.30	—	—	—	—	—
	79	A50342	34Cr2Ni2Mo	0.30～0.38	0.17～0.37	0.50～0.80	1.30～1.70	0.15～0.30	1.30～1.70	—	—	—	—	—
	80	A50352	35Cr2Ni4Mo	0.32～0.39	0.17～0.37	0.50～0.80	1.60～2.00	0.25～0.45	3.60～4.10	—	—	—	—	—
	81	A50402	40CrNiMo	0.37～0.44	0.17～0.37	0.50～0.80	0.60～0.90	0.15～0.25	1.25～1.65	—	—	—	—	—
	82	A50400	40CrNi2Mo	0.38～0.43	0.17～0.37	0.60～0.80	0.70～0.90	0.20～0.30	1.65～2.00	—	—	—	—	—
CrMnNiMo	83	A50182	18CrMnNiMo	0.15～0.21	0.17～0.37	1.10～1.40	1.00～1.30	0.20～0.30	1.00～1.30	—	—	—	—	—
CrNiMoV	84	A51452	45CrNiMoV	0.42～0.49	0.17～0.37	0.50～0.80	0.80～1.10	0.20～0.30	1.30～1.80	—	0.10～0.20	—	—	—
CrNiW	85	A52182	18Cr2Ni4W	0.13～0.19	0.17～0.37	0.30～0.60	1.35～1.65	—	4.00～4.50	0.80～1.20	—	—	—	—
	86	A52252	25Cr2Ni4W	0.21～0.28	0.17～0.37	0.30～0.60	1.35～1.65	—	4.00～4.50	0.80～1.20	—	—	—	—

注：1. 未经用户同意不得有意加入本表中未规定的元素。应采取措施防止从废钢或其他原料中带入影响钢性能的元素。

2. 表中各牌号可按高级优质钢或特级优质钢订货，但应在牌号后加字母"A"或"E"。

① 稀土按0.05%计算量加入，成品分析结果供参考。

2. 合金结构钢热处理纵向力学性能（表3-59）

表3-59 合金结构钢热处理纵向力学性能（GB/T 3077—2015）

钢组	序号	牌号	试样毛坯尺寸[①]/mm	推荐的热处理制度					力学性能				供货状态为退火或高温回火钢棒布氏硬度HBW ≤
				淬火			回火		抗拉强度 R_m/MPa	下屈服强度 R_{eL}[②]/MPa	断后伸长率 A (%)	断面收缩率 Z (%)	冲击吸收能量 KU_2[③]/J
				加热温度/℃		冷却剂	加热温度/℃	冷却剂					
				第1次淬火	第2次淬火				≥				
Mn	1	20Mn2	15	850	—	水、油	200	水、空气	785	590	10	40	47	187
	2	30Mn2	25	880	—	水、油	440	水	785	635	12	45	63	207
	3	35Mn2	25	840	—	水	500	水	835	685	12	45	55	207
	4	40Mn2	25	840	—	水、油	500	水	885	735	12	45	55	217
	5	45Mn2	25	840	—	水、油	540	水、油	885	735	10	45	47	217
	6	50Mn2	25	820	—	油	550	水、油	930	785	9	40	39	229
MnV	7	20MnV	15	880	—	水、空气	200	水、空气	785	590	10	40	55	187
SiMn	8	27SiMn	25	920	—	水	450	水、油	980	835	12	40	39	217
	9	35SiMn	25	900	—	水	570	水、油	885	735	15	45	47	229
	10	42SiMn	25	880	—	水	590	水	885	735	15	40	47	229
SiMnMoV	11	20SiMn2MoV	试样	900	—	水、油	200	水、空气	1380	—	10	45	55	269
	12	25SiMn2MoV	试样	900	—	水、油	200	水、空气	1470	—	10	40	47	269
	13	37SiMn2MoV	25	870	—	水、油	650	水、空气	980	835	12	50	63	269
B	14	40B	25	840	—	水	550	水	785	635	12	45	55	207
	15	45B	25	840	—	水	550	水	835	685	12	45	47	217
	16	50B	20	840	—	油	600	空气	785	540	10	45	39	207

第 3 章 常用金属材料的化学成分及力学性能

序号	牌号	试样毛坯尺寸	正火	淬火温度	淬火介质	回火温度	回火介质	σb	σs	δ	ψ	αk	HB	分类
17	25MnB	25	—	850	油	500	水、油	835	635	10	45	47	207	MnB
18	35MnB	25	—	850	油	500	水、油	930	735	10	45	47	207	
19	40MnB	25	—	850	油	500	水、油	980	785	10	45	47	207	
20	45MnB	25	—	840	油	500	水、油	1030	835	9	40	39	217	
21	20MnMoB	15	—	880	油	200	油、空气	1080	885	10	50	55	207	MnMoB
22	15MnVB	15	—	860	油	200	水、空气	885	635	10	45	55	207	MnVB
23	20MnVB	15	—	860	油	200	水、空气	1080	885	10	45	55	207	
24	40MnVB	25	—	850	油	520	水、油	980	785	10	45	47	207	
25	20MnTiB	15	—	860	油	200	水、空气	1130	930	10	45	55	187	
26	25MnTiBRE	试样	—	860	水、油	200	空气	1380	—	10	40	47	229	
27	15Cr	15	770~820	880	水、油	180	油、空气	685	490	12	45	55	179	MnTiB
28	20Cr	15	780~820	880	水、油	200	水、空气	835	540	10	40	47	179	
29	30Cr	25	—	860	油	500	水、油	885	685	11	45	47	187	
30	35Cr	25	—	860	油	500	水、油	930	735	11	45	47	207	
31	40Cr	25	—	850	油	520	水、油	980	785	9	45	47	207	
32	45Cr	25	—	840	油	520	水、油	1030	835	9	40	39	217	
33	50Cr	25	—	830	油	520	水、油	1080	930	9	40	39	229	

(续)

钢组	序号	牌号	试样毛坯尺寸[1]/mm	推荐的热处理制度						力学性能					供货状态为退火或高温回火钢棒布氏硬度HBW ≤
				淬火			回火			抗拉强度 R_m/MPa	下屈服强度 R_{eL}[2]/MPa	断后伸长率 A (%)	断面收缩率 Z (%)	冲击吸收能量 KU_2[3]/J	
				加热温度/℃		冷却剂	加热温度/℃	冷却剂							
				第1次淬火	第2次淬火							≥			
CrSi	34	38CrSi	25	900	—	油	600	水、油		980	835	12	50	55	255
CrMo	35	12CrMo	30	900	—	空气	650	空气		410	265	24	60	110	179
	36	15CrMo	30	900	—	空气	650	空气		440	295	22	60	94	179
	37	20CrMo	15	880	—	水、油	500	水、油		885	685	12	50	78	197
	38	25CrMo	25	870	—	水、油	600	水、油		900	600	14	55	68	229
	39	30CrMo	15	880	—	油	540	水、油		930	735	12	50	71	229
	40	35CrMo	25	850	—	油	550	水、油		980	835	12	45	63	229
	41	42CrMo	25	850	—	油	560	水、油		1080	930	12	45	63	229
	42	50CrMo	25	840	—	油	560	水、油		1130	930	11	45	48	248
CrMoV	43	12CrMoV	30	970	—	空气	750	空气		440	225	22	50	78	241
	44	35CrMoV	25	900	—	油	630	空气		1080	930	10	50	71	241
	45	12Cr1MoV	30	970	—	空气	750	空气		490	245	22	55	71	179
	46	25Cr2MoV	25	900	—	油	640	空气		930	785	14	50	63	241
	47	25Cr2Mo1V	25	1040	—	空气	700	空气		735	590	16	50	47	241
CrMoAl	48	38CrMoAl	30	940	—	水、油	640	水、油		980	835	14	50	71	229
CrV	49	40CrV	25	880	—	油	650	油		885	735	10	50	71	241
	50	50CrV	25	850	—	油	500	水、油		1280	1130	10	40	—	255

第 3 章 常用金属材料的化学成分及力学性能

类别	序号	牌号	试样尺寸	淬火温度1/℃	淬火温度2/℃	冷却介质	回火温度/℃	冷却介质	σ_b	σ_s	δ	ψ	A_k	HBS
CrMn	51	15CrMn	15	880	—	油	200	水、空气	785	590	12	50	51	179
	52	20CrMn	15	850	—	油	200	水、空气	930	735	10	45	47	187
	53	40CrMn	25	840	—	油	550	水、油	980	835	9	45	47	229
CrMnSi	54	20CrMnSi	25	880	—	油	480	水、油	785	635	12	45	55	207
	55	25CrMnSi	25	880	—	油	480	水、油	1080	885	10	40	39	217
	56	30CrMnSi	25	880	—	油	540	水、油	1080	835	10	45	39	229
	57	35CrMnSi	试样	950	加热到880℃，于280~310℃等温淬火				1620	1280	9	40	31	241
CrMnMo	58	20CrMnMo	15	850	890	油	230	空气、油	1180	885	10	45	55	217
	59	40CrMnMo	25	850	—	油	200	水、油	980	785	10	45	63	217
CrMnTi	60	20CrMnTi	15	880	870	油	600	水、油	1080	850	10	45	55	217
	61	30CrMnTi	试样	880	850	油	200	水、油	1470	—	9	40	47	229
CrNi	62	20CrNi	25	850	—	水、油	460	水、空气	785	590	10	50	63	197
	63	40CrNi	25	820	—	油	500	水、油	980	785	10	45	55	241
	64	45CrNi	25	820	—	油	530	水、油	980	785	10	45	55	255
	65	50CrNi	25	820	—	油	500	水、油	1080	835	8	40	39	255
	66	12CrNi2	15	860	780	水、油	200	水、空气	785	590	12	50	63	207

(续)

钢组	序号	牌号	试样毛坯尺寸[1]/mm	推荐的热处理制度					力学性能					供货状态为退火或高温回火钢棒布氏硬度 HBW ≤
				淬火				回火		抗拉强度 R_m/MPa	下屈服强度 R_{eL}[2]/MPa	断后伸长率 A (%)	断面收缩率 Z (%)	冲击吸收能量 KU_2[3]/J	
				加热温度/℃		冷却剂	加热温度/℃	冷却剂			≥			
				第1次淬火	第2次淬火									
CrNi	67	34CrNi2	25	840	—	水、油	530	水、空气	930	735	11	45	71	241
	68	12CrNi3	15	860	780	油	200	水、空气	930	685	11	50	71	217
	69	20CrNi3	25	830	—	水、油	480	水、油	930	735	11	55	78	241
	70	30CrNi3	25	820	—	油	500	水、油	980	785	9	45	63	241
	71	37CrNi3	25	820	—	油	500	水、油	1130	980	10	50	47	269
	72	12Cr2Ni4	15	860	780	油	200	水、空气	1080	835	10	50	71	269
	73	20Cr2Ni4	15	880	780	油	200	水、空气	1180	1080	10	45	63	269
CrNiMo	74	15CrNiMo	15	850	—	油	200	空气	930	750	10	40	46	197
	75	20CrNiMo	15	850	—	油	200	空气	980	785	9	40	47	197
	76	30CrNiMo	25	850	—	油	500	水、油	980	785	10	50	63	269
	77	30Cr2Ni2Mo	25	850	—	油	600	水、油	980	835	12	55	78	269
	78	30Cr2Ni4Mo	25	正火 890	850	油	560~580	空气	1050	980	12	45	48	269
			试样	正火 890	850	油	220两次回火	空气	1790	1500	6	25	—	

第 3 章　常用金属材料的化学成分及力学性能

序号	牌号													钢组
79	34Cr2Ni2Mo	25	850	—	油	520	水、油	980	835	10	50	71	269	CrNiMo
80	35Cr2Ni4Mo	25	850	—	油	540	水、油	1080	930	10	50	71	269	
81	40CrNiMo	25	850	—	油	560	水、油	1080	930	10	50	71	269	
82	40CrNi2Mo	25	850	—	油	560	水、油	1130	980	10	50	71	269	
83	18CrMnNiMo	15	830	—	油	200	空气	1180	885	10	45	71	269	CrMnNiMo
84	45CrNiMoV	试样	860	—	油	460	油	1470	1330	7	35	31	269	CrNiMoV
85	18Cr2Ni4W	15	950	850	空气	200	水、空气	1180	835	10	45	78	269	CrNiW
86	25Cr2Ni4W	25	850	—	油	550	水、油	1080	930	11	45	71	269	

注：1. 表中所列热处理温度允许调整范围：淬火±15℃，低温回火±20℃，高温回火±50℃。
   2. 硼钢在淬火前先经正火，正火温度应不高于其淬火温度，铬锰钛钢第一次淬火可用正火代替。
   ① 钢棒尺寸小于试样毛坯尺寸时，用原尺寸钢棒进行热处理。
   ② 当屈服现象不明显时，可用规定塑性延伸强度 $R_{p0.2}$ 代替。
   ③ 直径小于 16mm 的圆钢和厚度小于 12mm 的方钢、扁钢，不做冲击试验。

3.5.4 低合金高强度结构钢

1. 热轧钢的牌号及化学成分（表3-60）

表3-60 热轧钢的牌号及化学成分（GB/T 1591—2018）

牌号 钢级	质量等级	C[①] 以下公称厚度或直径/mm ≤40[②]	C[①] >40	Si	Mn	P[③]	S[③]	Nb[④]	V[⑤]	Ti[⑤]	Cr	Ni	Cu	Mo	N[⑥]	B
		≤		≤												
Q355	B	0.24	—	0.55	1.60	0.035	0.035	—	—	—	0.30	0.30	0.40	—	0.012	—
Q355	C	0.20	0.22	0.55	1.60	0.030	0.030	—	—	—	0.30	0.30	0.40	—	0.012	—
Q355	D	0.20	0.22	0.55	1.60	0.025	0.025	—	—	—	0.30	0.30	0.40	—	0.012	—
Q390	B	0.20		0.55	1.70	0.035	0.035	0.05	0.13	0.05	0.30	0.50	0.40	0.10	0.015	—
Q390	C	0.20		0.55	1.70	0.030	0.030	0.05	0.13	0.05	0.30	0.50	0.40	0.10	0.015	—
Q390	D	0.20		0.55	1.70	0.025	0.025	0.05	0.13	0.05	0.30	0.50	0.40	0.10	0.015	—
Q420[⑦]	B	0.20		0.55	1.70	0.035	0.035	0.05	0.13	0.05	0.30	0.80	0.40	0.20	0.015	—
Q420[⑦]	C	0.20		0.55	1.70	0.030	0.030	0.05	0.13	0.05	0.30	0.80	0.40	0.20	0.015	—
Q460[⑦]	C	0.20		0.55	1.80	0.030	0.030	0.05	0.13	0.05	0.30	0.80	0.40	0.20	0.015	0.004

① 公称厚度大于100mm 的型钢，碳含量可由供需双方协商确定。
② 公称厚度大于30mm 的钢材，碳含量不大于0.22%。
③ 对于型钢和棒材，其磷和硫含量上限值可提高0.005%。
④ Q390、Q420 最高可到0.07%，Q460 最高可到0.11%。
⑤ 最高可到0.20%。
⑥ 如果钢中酸溶铝Als 含量不小于0.015%或全铝Alt 含量不小于0.020%，或添加了其他固氮合金元素，氮元素含量不作限制，固氮元素应在质量证明书中注明。
⑦ 仅适用于型钢和棒材。

2. 正火、正火轧制钢的牌号及化学成分（表3-61）

表3-61　正火、正火轧制钢的牌号及化学成分（GB/T 1591—2018）

牌号	质量等级	化学成分（质量分数,%）													
钢级		C	Si	Mn	P①	S①	Nb	V	Ti③	Cr	Ni	Cu	Mo	N	Als④
		≤	≤		≤	≤						≤			≥
Q355N	B	0.20	0.50	0.90~1.65	0.035	0.035	0.005~0.05	0.01~0.12	0.006~0.05	0.30	0.50	0.40	0.10		
	C	0.20			0.030	0.030									0.015
	D				0.030	0.025								0.015	0.015
	E	0.18			0.025	0.020									0.015
	F	0.16			0.020	0.010									
Q390N	B	0.20	0.50	0.90~1.70	0.035	0.035	0.01~0.05	0.01~0.20	0.006~0.05	0.30	0.50	0.40	0.10		
	C				0.030	0.030									0.015
	D				0.030	0.025								0.015	0.015
	E				0.025	0.020									
Q420N	B	0.20	0.60	1.00~1.70	0.035	0.035	0.01~0.05	0.01~0.20	0.006~0.05	0.30	0.80	0.40	0.10	0.015	
	C				0.030	0.030									
	D				0.030	0.025								0.025	0.015
	E				0.025	0.020									
Q460N②	C	0.20	0.60	1.00~1.70	0.030	0.030	0.01~0.05	0.01~0.20	0.006~0.05	0.30	0.80	0.40	0.10	0.015	
	D				0.030	0.025								0.025	0.015
	E				0.025	0.020									

注：钢中应至少含有铝、铌、钒、钛等细化晶粒元素中一种，单独或组合加入时，应保证其中至少一种合金元素目含量不小于表中规定含量的下限。
① 对于型钢和棒材，磷和硫含量上限值可提高0.005%。
② V+Nb+Ti≤0.22%，Mo+Cr≤0.30%。
③ 最高可到0.20%。
④ 可用全铝Alt替代，此时全铝最小含量为0.020%。当钢中添加了铌、钒、钛等细化晶粒元素目含量不小于表中规定含量的下限时，铝含量下限值不限。

3. 热机械轧制钢的牌号及化学成分（表3-62）

表3-62 热机械轧制钢的牌号及化学成分（GB/T 1591—2018）

牌号		化学成分（质量分数，%）													
钢级	质量等级	C ≤	Si ≤	Mn ≤	P[①] ≤	S[①] ≤	Nb	V	Ti[②]	Cr ≤	Ni ≤	Cu ≤	Mo ≤	N ≤	B ≤	Als[③] ≥
Q355M	B	0.14[④]	0.50	1.60	0.035	0.035	0.01~0.05	0.01~0.10	0.006~0.05	0.30	0.50	0.40	0.10	0.015	—	0.015
	C				0.030	0.030										
	D				0.030	0.025										
	E				0.025	0.020										
	F				0.020	0.010										
Q390M	B	0.15[④]	0.50	1.70	0.035	0.035	0.01~0.05	0.01~0.12	0.006~0.05	0.30	0.50	0.40	0.10	0.015	—	0.015
	C				0.030	0.030										
	D				0.030	0.025										
	E				0.025	0.020										
Q420M	B	0.16[④]	0.50	1.70	0.035	0.035	0.01~0.05	0.01~0.12	0.006~0.05	0.30	0.80	0.40	0.20	0.015	—	0.015
	C				0.030	0.030									0.025		
	D				0.030	0.025											
	E				0.025	0.020											
Q460M	C	0.16[④]	0.60	1.70	0.030	0.030	0.01~0.05	0.01~0.12	0.006~0.05	0.30	0.80	0.40	0.20	0.015	—	0.015
	D				0.030	0.025								0.025		
	E				0.025	0.020										
Q500M	C	0.18	0.60	1.80	0.030	0.030	0.01~0.11	0.01~0.12	0.006~0.05	0.60	0.80	0.55	0.20	0.015	0.004	0.015
	D				0.030	0.025								0.025		
	E				0.025	0.020										
Q550M	C	0.18	0.60	2.00	0.030	0.030	0.01~0.11	0.01~0.12	0.006~0.05	0.80	0.80	0.80	0.30	0.015	0.004	0.015
	D				0.030	0.025								0.025		
	E				0.025	0.020										
Q620M	C	0.18	0.60	2.60	0.030	0.030	0.01~0.11	0.01~0.12	0.006~0.05	1.00	0.80	0.80	0.30	0.015	0.004	0.015
	D				0.030	0.025								0.025		
	E				0.025	0.020										
Q690M	C	0.18	0.60	2.00	0.030	0.030	0.01~0.11	0.01~0.12	0.006~0.05	1.00	0.80	0.80	0.30	0.015	0.004	0.015
	D				0.030	0.025								0.025		
	E				0.025	0.020										

注：铜中应至少含有铝、铌、钒、钛等细化晶粒元素中至少一种，单独或组合加入时，应保证其中至少一种合金元素含量不小于表中规定含量的下限。

① 对于型钢和棒材，磷和硫含量可以提高0.005%。

② 最高可到0.20%。

③ 可用全铝Alt替代，此时全铝最小含量为0.020%。当钢中添加了铌、钒、钛等细化晶粒元素且含量不小于表中规定含量的下限时，铝含量下限值不限。

④ 对于型钢和棒材，Q355M、Q390M、Q420M和Q460M的最大碳含量可提高0.02%。

4. 热轧钢材的拉伸性能（表3-63）

表3-63 热轧钢材的拉伸性能（GB/T 1591—2018）

牌号		上屈服强度 R_{eH}[①]/MPa ≥								抗拉强度 R_m/MPa			
钢级	质量等级	公称厚度或直径/mm											
		≤16	>16~40	>40~63	>63~80	>80~100	>100~150	>150~200	>200~250	>250~400	≤100	>100~150	>150~250	>250~400
Q355	B、C	355	345	335	325	315	295	285	275	—	470~630	450~600	450~600	—
	D									265[②]				450~600[②]
Q390	B、C、D	390	380	360	340	340	320	—	—	—	490~650	470~620	—	—
Q420[③]	B、C	420	410	390	370	370	350	—	—	—	520~680	500~650	—	—
Q460[③]	C	460	450	430	410	410	390	—	—	—	550~720	530~700	—	—

① 当屈服不明显时，可用规定塑性延伸强度 $R_{p0.2}$ 代替上屈服强度。
② 只适用于质量等级为 D 的钢板。
③ 只适用于型钢和棒材。

5. 热轧钢材的伸长率（表3-64）

表3-64 热轧钢材的伸长率（GB/T 1591—2018）

牌号			断后伸长率 A(%) ≥					
钢级	质量等级	试样方向	公称厚度或直径/mm					
			≤40	>40~63	>63~100	>100~150	>150~250	>250~400
Q355	B、C、D	纵向	22	21	20	18	17	17[①]
		横向	20	19	18	18	17	17[①]
Q390	B、C、D	纵向	21	20	20	19	—	—
		横向	20	19	19	18	—	—
Q420[②]	B、C	纵向	20	19	19	19	—	—
Q460[②]	C	纵向	18	17	17	17	—	—

① 只适用于质量等级为 D 的钢板。
② 只适用于型钢和棒材。

6. 正火、正火轧热钢材的拉伸性能（表3-65）

表3-65 正火、正火热轧钢材的拉伸性能（GB/T 1591—2018）

钢级	牌号	质量等级	上屈服强度 R_{eH}[①]/MPa ≥								抗拉强度 R_m/MPa							断后伸长率 A（%）≥				
			公称厚度或直径/mm																			
			≤16	>16~40	>40~63	>63~80	>80~100	>100~150	>150~200	>200~250	≤100	>100~200	>200~250	≤16	>16~40	>40~63	>63~80	>80~200	>200~250
	Q355N	B、C、D、E、F	355	345	335	325	315	295	285	275	470~630	450~600	450~600	22	22	22	21	21	21
	Q390N	B、C、D、E	390	380	360	340	340	320	310	300	490~650	470~620	470~620	20	20	20	19	19	19
	Q420N	B、C、D、E	420	400	390	370	360	340	330	320	520~680	500~650	500~650	19	19	19	18	18	18
	Q460N	C、D、E	460	440	430	410	400	380	370	370	540~720	510~690	510~690	17	17	17	17	17	16

注：正火状态包含正火加回火状态。
① 当屈服不明显时，可用规定塑性延伸强度 $R_{p0.2}$ 代替上屈服强度 R_{eH}。

7. 热机械轧制钢材的拉伸性能（表3-66）

表3-66 热机械轧制钢材的拉伸性能（GB/T 1591—2018）

钢级	质量等级	上屈服强度 R_{eH}[①]/MPa ≥							抗拉强度 R_m/MPa						断后伸长率 A（%）≥
		公称厚度或直径/mm													
		≤16	>16~40	>40~63	>63~80	>80~100	>100~120[①]	≤40	>40~63	>63~80	>80~100	>100~120[②]	
Q355M	B、C、D、E、F	355	345	335	325	325	320	470~630	450~610	440~600	440~600	430~590	22
Q390M	B、C、D、E	390	380	360	340	340	335	490~650	480~630	470~630	460~620	450~610	20
Q420M	B、C、D、E	420	400	390	380	370	365	520~680	500~660	480~640	470~630	460~620	19
Q460M	C、D、E	460	440	430	410	400	385	540~720	530~710	510~690	500~680	490~660	17
Q500M	C、D、E	500	490	480	460	450	—	610~770	600~760	590~750	540~730	—	17
Q550M	C、D、E	550	540	530	510	500	—	670~830	620~810	600~790	590~780	—	16
Q620M	C、D、E	620	610	600	580	—	—	710~880	690~880	670~860	—	—	15
Q690M	C、D、E	690	680	670	650	—	—	770~940	750~920	730~900	—	—	14

注：热机械轧制（TMCP）状态包含热机械轧制（TMCP）加回火状态。
① 当屈服不明显时，可用规定塑性延伸强度 $R_{p0.2}$ 代替上屈服强度 R_{eH}。
② 对于型钢和棒材，厚度或直径不大于150mm。

第3章 常用金属材料的化学成分及力学性能

8. 夏比（V型）冲击试验的冲击吸收能量（表3-67）

表3-67 夏比（V型）冲击试验的冲击吸收能量（GB/T 1591—2008）

牌号 钢级	质量等级	以下试验温度的冲击吸收能量最小值 KV_2/J									
		20℃		0℃		-20℃		-40℃		-60℃	
		纵向	横向	纵向	横向	纵向	横向	纵向	横向	纵向	横向
Q355、Q390、Q420	B	34	27	—	—	—	—	—	—	—	—
Q355、Q390、Q420、Q460	C	—	—	34	27	—	—	—	—	—	—
Q355、Q390	D	—	—	—	—	34①	27①	—	—	—	—
Q355N、Q390N、Q420N	B	34	27	—	—	—	—	—	—	—	—
Q355N、Q390N、Q420N、Q460N	C	—	—	34	27	—	—	—	—	—	—
	D	55	31	47	27	40②	20	—	—	—	—
	E	63	40	55	34	47	27	31③	20③	—	—
Q355N	F	63	40	55	34	47	27	31	20	27	16
Q355M、Q390M、Q420M	B	34	27	—	—	—	—	—	—	—	—
Q355M、Q390M、Q420M、Q460M	C	—	—	34	27	—	—	—	—	—	—
	D	55	31	47	27	40②	20	—	—	—	—
	E	63	40	55	34	47	27	31③	20③	—	—
Q355M	F	63	40	55	34	47	27	31	20	27	16
Q500M、Q550M、Q620M、Q690M	C	—	—	55	34	—	—	—	—	—	—
	D	—	—	—	—	47②	27	—	—	—	—
	E	—	—	—	—	—	—	31③	20③	—	—

注：1. 当需方未指定试验温度时，正火、正火轧制和热机械轧制的C、D、E、F级钢材分别做0℃、-20℃、-40℃、-60℃冲击。

  2. 冲击试验取纵向试样。经供需双方协商，也可取横向试样。

① 仅适用于厚度大于250mm的Q355D钢板。

② 当需方指定时，D级钢可做-30℃冲击试验时，冲击吸收能量纵向不小于27J。

③ 当需方指定时，E级钢可做-50℃冲击时，冲击吸收能量纵向不小于27J、横向不小于16J。

3.5.5 保证淬透性结构钢

1. 保证淬透性结构钢的牌号和化学成分

表 3-68 保证淬透性结构钢的牌号和化学成分（GB/T 5216—2014）

序号	统一数字代号	牌号	化学成分（质量分数，%）									
			C	Si①	Mn	Cr	Ni	Mo	B	Ti	V	S②	P
1	U59455	45H	0.42~0.50	0.17~0.37	0.50~0.85	—	—	—	—	—	—	≤0.035	≤0.030
2	A20155	15CrH	0.12~0.18	0.17~0.37	0.55~0.90	0.85~1.25	—	—	—	—	—		
3	A20205	20CrH	0.17~0.23	0.17~0.37	0.50~0.85	0.70~1.10	—	—	—	—	—		
4	A20215	20Cr1H	0.17~0.23	0.17~0.37	0.55~0.90	0.85~1.25	—	—	—	—	—		
5	A20255	25CrH	0.23~0.28	≤0.37	0.60~0.90	0.90~1.20	—	—	—	—	—		
6	A20285	28CrH	0.24~0.31	≤0.37	0.60~0.90	0.90~1.20	—	—	—	—	—		
7	A20405	40CrH	0.37~0.44	0.17~0.37	0.50~0.85	0.70~1.10	—	—	—	—	—		
8	A20455	45CrH	0.42~0.49	0.17~0.37	0.50~0.85	0.70~1.10	—	—	—	—	—		
9	A22165	16CrMnH	0.14~0.19	≤0.37	1.10~1.40	0.80~1.10	—	—	—	—	—		
10	A22205	20CrMnH	0.17~0.22	0.17~0.37	1.00~1.30	1.00~1.30	—	—	—	—	—		
11	A25155	15CrMnBH	0.13~0.18	≤0.37	1.00~1.40	0.80~1.10	—	—	0.0008~0.0035	—	—		
12	A25175	17CrMnBH	0.15~0.20	≤0.37	1.00~1.40	1.00~1.30	—	—		—	—		
13	A71405	40MnBH	0.37~0.44	0.17~0.37	1.00~1.40	—	—	—	0.0008~0.0035	—	—		
14	A71455	45MnBH	0.42~0.49	0.17~0.37	1.00~1.40	—	—	—		—	—		
15	A73205	20MnVBH	0.17~0.23	0.17~0.37	1.05~1.45	—	—	—		—	0.07~0.12		
16	A74205	20MnTiBH	0.17~0.23	0.17~0.37	1.20~1.55	—	—	—		0.04~0.10	—		
17	A30155	15CrMoH	0.12~0.18	0.17~0.37	0.55~0.90	0.85~1.25	—	0.15~0.25	—	—	—		
18	A30205	20CrMoH	0.17~0.23	0.17~0.37	0.55~0.90	0.85~1.25	—	0.15~0.25	—	—	—		
19	A30225	22CrMoH	0.19~0.25	0.17~0.37	0.55~0.90	0.85~1.25	—	0.35~0.45	—	—	—		
20	A30355	35CrMoH	0.32~0.39	0.17~0.37	0.55~0.95	0.85~1.25	—	0.15~0.35	—	—	—		
21	A30425	42CrMoH	0.37~0.44	0.17~0.37	0.55~0.90	0.85~1.25	—	0.15~0.25	—	—	—		
22	A34205	20CrMnMoH	0.17~0.23	0.17~0.37	0.85~1.20	1.05~1.40	—	0.20~0.30	—	—	—		
23	A26205	20CrMnTiH	0.17~0.23	0.17~0.37	0.80~1.20	1.05~1.40	—	—	—	0.04~0.10	—		
24	A42175	17Cr2Ni2H	0.14~0.20	0.17~0.37	0.50~0.90	1.40~1.70	1.40~1.70	—	—	—	—		
25	A42205	20CrNi3H	0.17~0.23	0.17~0.37	0.30~0.65	0.60~0.95	2.70~3.25	—	—	—	—		
26	A43125	12Cr2Ni4H	0.10~0.17	0.17~0.37	0.30~0.65	1.20~1.75	3.20~3.75	—	—	—	—		
27	A50205	20CrNiMoH	0.17~0.23	0.17~0.37	0.60~0.95	0.35~0.65	0.35~0.75	0.15~0.25	—	—	—		
28	A50225	22CrNiMoH	0.19~0.25	0.17~0.37	0.60~0.95	0.35~0.65	0.35~0.75	0.15~0.25	—	—	—		
29	A50275	27CrNiMoH	0.24~0.30	0.17~0.37	0.60~0.95	0.35~0.65	0.35~0.65	0.15~0.25	—	—	—		
30	A50215	20CrNi2MoH	0.17~0.23	0.17~0.37	0.40~0.70	0.35~0.65	1.55~2.00	0.20~0.30	—	—	—		
31	A50405	40CrNi2MoH	0.37~0.44	0.17~0.37	0.55~0.90	0.65~0.95	1.55~2.00	0.20~0.30	—	—	—		
32	A50185	18Cr2Ni2MoH	0.15~0.21	0.17~0.37	0.50~0.90	1.50~1.80	1.40~1.70	0.25~0.35	—	—	—		

① 根据需方要求，16CrMnH、20CrMnH、25CrH 和 28CrH 钢中的 Si 含量允许不大于 0.12%，但此时应考虑其对力学性能的影响。
② 根据需方要求，钢中的硫含量（质量分数）也可以在 0.015%~0.035% 范围。此时，硫含量允许偏差为 ±0.005%。

2. 保证淬透性结构钢退火或高温回火状态的硬度（表3-69）

表3-69 保证淬透性结构钢退火或高温回火状态的硬度（GB/T 5216—2014）

序号	牌号	退火或高温回火后的硬度 HBW ≤	序号	牌号	退火或高温回火后的硬度 HBW ≤
1	45H	197	10	16CrMnH	207
2	20CrH	179	11	20CrMnH	217
3	28CrH	217	12	20CrMnMoH	217
4	40CrH	207	13	20CrMnTiH	217
5	45CrH	217	14	17Cr2Ni2H	229
6	40MnBH	207	15	20CrNi3H	241
7	45MnBH	217	16	12Cr2Ni4H	269
8	20MnVBH	207	17	20CrNiMoH	197
9	20MnTiBH	187	18	18Cr2Ni2MoH	229

3.5.6 易切削结构钢

1. 易切削结构钢的牌号和化学成分

1）硫系易切削结构钢的牌号和化学成分如表3-70所示。

表3-70 硫系易切削结构钢的牌号和化学成分（GB/T 8731—2008）

牌号	化学成分（质量分数,%）				
	C	Si	Mn	P	S
Y08	≤0.09	≤0.15	0.75~1.05	0.04~0.09	0.26~0.35
Y12	0.08~0.16	0.15~0.35	0.70~1.00	0.08~0.15	0.10~0.20
Y15	0.10~0.18	≤0.15	0.80~1.20	0.06~0.10	0.23~0.33
Y20	0.17~0.25	0.15~0.35	0.70~1.00	≤0.06	0.08~0.15
Y30	0.27~0.35	0.15~0.35	0.70~1.00	≤0.06	0.08~0.15
Y35	0.32~0.40	0.15~0.35	0.70~1.00	≤0.06	0.08~0.15
Y45	0.42~0.50	≤0.40	0.70~1.10	≤0.06	0.15~0.25
Y08MnS	≤0.09	≤0.07	1.00~1.50	0.04~0.09	0.32~0.48
Y15Mn	0.14~0.20	≤0.15	1.00~1.50	0.04~0.09	0.08~0.13
Y35Mn	0.32~0.40	≤0.10	0.90~1.35	≤0.04	0.18~0.30
Y40Mn	0.37~0.45	0.15~0.35	1.20~1.55	≤0.05	0.20~0.30
Y45Mn	0.40~0.48	≤0.40	1.35~1.65	≤0.04	0.16~0.24
Y45MnS	0.40~0.48	≤0.40	1.35~1.65	≤0.04	0.24~0.33

2）铅系易切削结构钢的牌号和化学成分如表3-71所示。

表3-71 铅系易切削结构钢的牌号和化学成分（GB/T 8731—2008）

牌号	化学成分（质量分数,%）					
	C	Si	Mn	P	S	Pb
Y08Pb	≤0.09	≤0.15	0.72~1.05	0.04~0.09	0.26~0.35	0.15~0.35
Y12Pb	≤0.15	≤0.15	0.85~1.15	0.04~0.09	0.26~0.35	0.15~0.35
Y15Pb	0.10~0.18	≤0.15	0.80~1.20	0.05~0.10	0.23~0.33	0.15~0.35
Y45MnSPb	0.40~0.48	≤0.40	1.35~1.65	≤0.04	0.24~0.33	0.15~0.35

3）锡系易切削结构钢的牌号和化学成分如表3-72所示。

表3-72 锡系易切削结构钢的牌号和化学成分（GB/T 8731—2008）

牌号	化学成分（质量分数,%）					
	C	Si	Mn	P	S	Sn
Y08Sn	≤0.09	≤0.15	0.75~1.20	0.04~0.09	0.26~0.40	0.09~0.25
Y15Sn	0.13~0.18	≤0.15	0.40~0.70	0.03~0.07	≤0.05	0.09~0.25
Y45Sn	0.40~0.48	≤0.40	0.60~1.00	0.03~0.07	≤0.05	0.09~0.25
Y45MnSn	0.40~0.48	≤0.40	1.20~1.70	≤0.06	0.20~0.35	0.09~0.25

4）钙系易切削结构钢的牌号和化学成分如表3-73所示。

表3-73 钙系易切削结构钢的牌号和化学成分（GB/T 8731—2008）

牌号	化学成分（质量分数,%）					
	C	Si	Mn	P	S	Ca
Y45Ca	0.42~0.50	0.20~0.40	0.60~0.90	≤0.04	0.04~0.08	0.002~0.006

2. 易切削结构钢的力学性能

1）热轧状态易切削钢条钢和盘条的硬度如表3-74所示。

表3-74 热轧状态易切削钢条钢和盘条的硬度（GB/T 8731—2008）

分类	牌号	硬度HBW ≤	分类	牌号	硬度HBW ≤
硫系易切削钢	Y08	163	硫系易切削钢	Y45Mn	241
	Y12	170		Y45MnS	241
	Y15	170	铅系易切削钢	Y08Pb	165
	Y20	175		Y12Pb	170
	Y30	187		Y15Pb	170
	Y35	187		Y45MnSPb	241
	Y45	229	锡系易切削钢	Y08Sn	165
	Y08MnS	165		Y15Sn	165
	Y15Mn	170		Y45Sn	241
	Y35Mn	229		Y45MnSn	241
	Y40Mn	229	钙系易切削钢	Y45Ca	241

2）热轧状态硫系易切削钢条钢和盘条的力学性能如表3-75所示。

表3-75 热轧状态硫系易切削钢条钢和盘条的力学性能（GB/T 8731—2008）

牌号	力学性能		
	抗拉强度 R_m/MPa	断后伸长率 A(%) ≥	断面收缩率 Z（%） ≥
Y08	360~570	25	40
Y12	390~540	22	36
Y15	390~540	22	36
Y20	450~600	20	30
Y30	510~655	15	25

（续）

牌号	力学性能		
	抗拉强度 R_m/MPa	断后伸长率 A（%） ≥	断面收缩率 Z（%） ≥
Y35	510~655	14	22
Y45	560~800	12	20
Y08MnS	350~500	25	40
Y15Mn	390~540	22	36
Y35Mn	530~790	16	22
Y40Mn	590~850	14	20
Y45Mn	610~900	12	20
Y45MnS	610~900	12	20

3) 热轧状态铅系易切削钢条钢和盘条的力学性能如表3-76所示。

表3-76 热轧状态铅系易切削钢条钢和盘条的力学性能（GB/T 8731—2008）

牌号	力学性能		
	抗拉强度 R_m/MPa	断后伸长率 A（%） ≥	断面收缩率 Z（%） ≥
Y08Pb	360~570	25	40
Y12Pb	360~570	22	36
Y15Pb	390~540	22	36
Y45MnSPb	610~900	12	20

4) 热轧状态锡系易切削钢条钢和盘条的力学性能如表3-77所示。

表3-77 热轧状态锡系易切削钢条钢和盘条的力学性能（GB/T 8731—2008）

牌号	力学性能		
	抗拉强度 R_m/MPa	断后伸长率 A（%） ≥	断面收缩率 Z（%） ≥
Y08Sn	350~500	25	40
Y15Sn	390~540	22	36
Y45Sn	600~745	12	26
Y45MnSn	610~850	12	26

5) 热轧状态钙系易切削钢条钢和盘条的力学性能如表3-78所示。

表3-78 热轧状态钙系易切削钢条钢和盘条的力学性能（GB/T 8731—2008）

牌号	力学性能		
	抗拉强度 R_m/MPa	断后伸长率 A（%） ≥	断面收缩率 Z（%） ≥
Y45Ca	600~745	12	26

6) 经热处理毛坯制成的Y45Ca试样钢的力学性能如表3-79所示。

表3-79 经热处理毛坯制成的Y45Ca试样钢的力学性能（GB/T 8731—2008）

牌号	力学性能				
	下屈服强度 R_{eL}/MPa	抗拉强度 R_m/MPa	断后伸长率 A（%）	断面收缩率 Z（%）	冲击吸收功 A_K/J
	≥				
Y45Ca	355	600	16	40	39

7) 冷拉状态硫系易切削钢条钢和盘条的力学性能如表3-80所示。

表3-80　冷拉状态硫系易切削钢条钢和盘条的力学性能（GB/T 8731—2008）

牌号	力学性能			断后伸长率 A (%) ≥	硬度 HBW
	抗拉强度 R_m/MPa				
	钢材公称尺寸/mm				
	8~20	>20~30	>30		
Y08	480~810	460~710	360~710	7.0	140~217
Y12	530~755	510~735	490~685	7.0	152~217
Y15	530~755	510~735	490~685	7.0	152~217
Y20	570~785	530~745	510~705	7.0	167~217
Y30	600~825	560~765	540~735	6.0	174~223
Y35	625~845	590~785	570~765	6.0	176~229
Y45	695~980	655~880	580~880	6.0	196~255
Y08MnS	480~810	460~710	360~710	7.0	140~217
Y15Mn	530~755	510~735	490~685	7.0	152~217
Y45Mn	695~980	655~880	580~880	6.0	196~255
Y45MnS	695~980	655~880	580~880	6.0	196~255

8) 冷拉状态铅系易切削钢条钢和盘条的力学性能如表3-81所示。

表3-81　冷拉状态铅系易切削钢条钢和盘条的力学性能（GB/T 8731—2008）

牌号	力学性能			断后伸长率 A (%) ≥	硬度 HBW
	抗拉强度 R_m/MPa				
	钢材公称尺寸/mm				
	8~20	>20~30	>30		
Y08Pb	480~810	460~710	360~710	7.0	140~217
Y12Pb	480~810	460~710	360~710	7.0	140~217
Y15Pb	530~755	510~735	490~685	7.0	152~217
Y45MnSPb	695~980	655~880	580~880	6.0	196~255

9) 冷拉状态锡系易切削钢条钢和盘条的力学性能如表3-82所示。

表3-82　冷拉状态锡系易切削钢条钢和盘条的力学性能（GB/T 8731—2008）

牌号	力学性能			断后伸长率 A (%) ≥	硬度 HBW
	抗拉强度 R_m/MPa				
	钢材公称尺寸/mm				
	8~20	>20~30	>30		
Y08Sn	480~705	460~685	440~635	7.5	140~200
Y15Sn	530~755	510~735	490~685	7.0	152~217
Y45Sn	695~920	655~855	635~835	6.0	196~255
Y45MnSn	695~920	655~855	635~835	6.0	196~255

10) 冷拉状态钙系易切削钢条钢和盘条的力学性能如表3-83所示。

表3-83　冷拉状态钙系易切削钢条钢和盘条的力学性能（GB/T 8731—2008）

牌号	力学性能			断后伸长率 A (%) ≥	硬度 HBW
	抗拉强度 R_m/MPa				
	钢材公称尺寸/mm				
	8~20	>20~30	>30		
Y45Ca	695~920	655~855	635~835	6.0	196~255

11) Y40Mn冷拉条钢高温回火状态的力学性能如表3-84所示。

表3-84　Y40Mn冷拉条钢高温回火状态的力学性能（GB/T 8731—2008）

力学性能		硬度 HBW
抗拉强度 R_m/MPa	断后伸长率 A(%)	
590~785	≥17	179~229

3.5.7 非调质机械结构钢

1. 非调质机械结构钢的牌号和化学成分

表 3-85 非调质机械结构钢的牌号和化学成分（GB/T 15712—2016）

序号	分类	统一数字代号	牌号①	化学成分（质量分数,%）								
				C	Si	Mn	S	P	V②	Cr	Ni	Cu③	其他④
1	铁素体-珠光体	L22358	F35VS	0.32~0.39	0.15~0.35	0.60~1.00	0.035~0.075	≤0.035	0.06~0.13	≤0.30	≤0.30	≤0.30	Mo≤0.05
2		L22408	F40VS	0.37~0.44	0.15~0.35	0.60~1.00	0.035~0.075	≤0.035	0.06~0.13	≤0.30	≤0.30	≤0.30	Mo≤0.05
3		L22458	F45VS	0.42~0.49	0.15~0.35	0.60~1.00	0.035~0.075	≤0.035	0.06~0.13	≤0.30	≤0.30	≤0.30	Mo≤0.05
4		L22708	F70VS	0.67~0.73	0.15~0.35	0.40~0.70	0.035~0.075	≤0.045	0.03~0.08	≤0.30	≤0.30	≤0.30	Mo≤0.05
5		L22308	F30MnVS	0.26~0.33	0.30~0.80	1.20~1.60	0.035~0.075	≤0.035	0.08~0.15	≤0.30	≤0.30	≤0.30	Mo≤0.05
6		L22358	F35MnVS	0.32~0.39	0.30~0.60	1.00~1.50	0.035~0.075	≤0.035	0.06~0.13	≤0.30	≤0.30	≤0.30	Mo≤0.05
7		L22388	F38MnVS	0.35~0.42	0.30~0.60	1.20~1.60	0.035~0.075	≤0.035	0.08~0.15	≤0.30	≤0.30	≤0.30	Mo≤0.05
8		L22408	F40MnVS	0.37~0.44	0.30~0.60	1.00~1.50	0.035~0.075	≤0.035	0.06~0.13	≤0.30	≤0.30	≤0.30	Mo≤0.05
9		L22458	F45MnVS	0.42~0.49	0.30~0.60	1.00~1.50	0.035~0.075	≤0.035	0.08~0.15	≤0.30	≤0.30	≤0.30	Mo≤0.05
10		L22498	F49MnVS	0.44~0.52	0.15~0.60	0.70~1.00	0.035~0.075	≤0.035	0.06~0.13	≤0.30	≤0.30	≤0.30	Mo≤0.05
11		L22488	F48MnV	0.45~0.51	0.15~0.35	1.00~1.30	≤0.035	≤0.035	0.06~0.13	≤0.30	≤0.30	≤0.30	Mo≤0.05
12		L22378	F37MnSiVS	0.34~0.41	0.50~0.80	0.90~1.10	0.035~0.075	≤0.045	0.25~0.35	≤0.30	≤0.30	≤0.30	Mo≤0.05
13		L22418	F41MnSiV	0.30~0.45	0.50~0.80	1.20~1.60	0.035	≤0.035	0.08~0.15	≤0.30	≤0.30	≤0.30	Mo≤0.05
14	珠光体	L26388	F38MnSiNS	0.35~0.42	0.50~0.80	1.20~1.60	0.035~0.075	≤0.035	≤0.06	≤0.30	≤0.30	≤0.30	N: 0.010~0.020
15		L27128	F12Mn2VBS	0.09~0.16	0.30~0.60	2.20~2.65	0.035~0.075	≤0.035	0.06~0.12	≤0.30	≤0.30	≤0.30	B: 0.001~0.004
16	贝氏体	L28258	F25Mn2CrVS	0.22~0.28	0.20~0.40	1.80~2.10	0.035~0.065	≤0.030	0.10~0.15	0.40~0.60	≤0.30	≤0.30	—

① 当硫含量只有上限要求时，牌号尾部不加"S"。
② 经供需双方协商，可以用铌或钛代替全部或部分钒含量，在全部分代替情况下，钒的下限含量应由双方协商。
③ 热压力加工用钢的铜含量应不大于0.20%。
④ 为了保证钢材的力学性能，允许添加氮，推荐氮含量为0.0080%~0.0200%。

2. 直接切削加工用非调质机械结构钢力学性能（表3-86）

表3-86 直接切削加工用非调质机械结构钢力学性能（GB/T 15712—2016）

牌号	公称直径或边长/mm	抗拉强度 R_m/MPa	下屈服强度 R_{eL}/MPa	断后伸长率 A(%)	断面收缩率 Z(%)	冲击吸收能量[①] KU_2/J
				≥		
F35VS	≤40	590	390	18	40	47
F40VS	≤40	640	420	16	35	37
F45VS	≤40	685	440	15	30	35
F30MnVS	≤60	700	450	14	30	实测值
F35MnVS	≤40	735	460	17	35	37
	>40~60	710	440	15	33	35
F38MnVS	≤60	800	520	12	25	实测值
F40MnVS	≤40	785	490	15	33	32
	>40~60	760	470	13	30	28
F45MnVS	≤40	835	510	13	28	28
	>40~60	810	490	12	28	25
F49MnVS	≤60	780	450	8	20	实测值

注：根据需方要求，并在合同中注明，可提供表中未列牌号钢材、公称直径或边长大于60mm钢材的力学性能，具体指标由供需双方协商确定。

① 公称直径不大于16mm圆钢或边长不大于12mm方钢不作冲击试验；F30MnVS、F38MnVS、F49MnVS钢提供实测值，不作判定依据。

3.5.8 耐候结构钢

1. 耐候性结构钢的分类、牌号及用途（表3-87）

表3-87 耐候性结构钢的分类、牌号及用途（GB/T 4171—2008）

类别	牌号	生产方式	用途
高耐候钢	Q295GNH、Q355GNH	热轧	车辆、集装箱、建筑、塔架或其他结构件等结构用，与焊接耐候钢相比，具有较好的耐大气腐蚀性能
	Q265GNH、Q310GNH	冷轧	
焊接耐候钢	Q235NH、Q295NH、Q355NH、Q415NH、Q460NH、Q500NH、Q550NH	热轧	车辆、桥梁、集装箱、建筑或其他结构件等结构用，与高耐候钢相比，具有较好的焊接性

2. 耐候性结构钢的牌号和化学成分（表3-88）

表3-88 耐候性结构钢的牌号和化学成分（GB/T 4171—2008）

牌号	化学成分（质量分数，%）							
	C	Si	Mn	P	S	Cu	Cr	Ni
Q265GNH	≤0.12	0.10~0.40	0.20~0.50	0.07~0.12	≤0.020	0.20~0.45	0.30~0.65	0.25~0.50
Q295GNH	≤0.12	0.10~0.40	0.20~0.50	0.07~0.12	≤0.020	0.25~0.45	0.30~0.65	0.25~0.50

(续)

牌号	化学成分（质量分数,%）							
	C	Si	Mn	P	S	Cu	Cr	Ni
Q310GNH	≤0.12	0.25~0.75	0.20~0.50	0.07~0.12	≤0.020	0.20~0.50	0.30~1.25	≤0.65
Q355GNH	≤0.12	0.20~0.75	≤1.00	0.07~0.15	≤0.020	0.25~0.55	0.30~1.25	≤0.65
Q235NH	≤0.13	0.10~0.40	0.20~0.60	≤0.030	≤0.030	0.25~0.55	0.40~0.80	≤0.65
Q295NH	≤0.15	0.10~0.50	0.30~1.00	≤0.030	≤0.030	0.25~0.55	0.40~0.80	≤0.65
Q355NH	≤0.16	≤0.50	0.50~1.50	≤0.030	≤0.030	0.25~0.55	0.40~0.80	≤0.65
Q415NH	≤0.12	≤0.65	≤1.10	≤0.025	≤0.030	0.20~0.55	0.30~1.25	0.12~0.65
Q460NH	≤0.12	≤0.65	≤1.50	≤0.025	≤0.030	0.20~0.55	0.30~1.25	0.12~0.65
Q500NH	≤0.12	≤0.65	≤2.0	≤0.025	≤0.030	0.20~0.55	0.30~1.25	0.12~0.65
Q550NH	≤0.16	≤0.65	≤2.0	≤0.025	≤0.030	0.20~0.55	0.30~1.25	0.12~0.65

3. 耐候性结构钢的力学性能（表3-89）

表3-89　耐候性结构钢的力学性能（GB/T 4171—2008）

牌号	拉伸试验								
	下屈服强度 R_{eL}/MPa ≥				抗拉强度 R_m/MPa	断后伸长率 A（%） ≥			
	钢材公称尺寸/mm					钢材公称尺寸/mm			
	≤16	>16~40	>40~60	>60		≤16	>16~40	>40~60	>60
Q235NH	235	225	215	215	360~510	25	25	24	23
Q295NH	295	285	275	255	430~560	24	24	23	22
Q295GNH	295	285	—	—	430~560	24	24	—	—
Q355NH	355	345	335	325	490~630	22	22	21	20
Q355GNH	355	345	—	—	490~630	22	22	—	—
Q415NH	415	405	395	—	520~680	22	22	20	—
Q460NH	460	450	440	—	570~730	20	20	19	—
Q500NH	500	490	480	—	600~760	18	16	15	—
Q550NH	550	540	530	—	620~780	16	16	15	—
Q265GNH	265	—	—	—	≥410	27	—	—	—
Q310GNH	310	—	—	—	≥450	26	—	—	—

4. 耐候性结构钢钢材的冲击试验（表3-90）

表3-90　耐候性结构钢钢材的冲击试验（GB/T 4171—2008）

质量等级	V型缺口冲击试验[①]		
	试样方向	温度/℃	冲击吸收能量 KV_2/J
A	纵向	—	—
B		+20	≥47
C		0	≥34
D		-20	≥34
E		-40	≥27

① 冲击试样尺寸为10mm×10mm×55mm。

3.5.9 冷镦和冷挤压用钢

1. 冷镦和冷挤压用钢的牌号及化学成分

1) 非热处理型冷镦和冷挤压用钢的牌号及化学成分如表3-91所示。

表3-91 非热处理型冷镦和冷挤压用钢的牌号及化学成分（GB/T 6478—2015）

序号	统一数字代号	牌号	化学成分（质量分数,%）					
			C	Si	Mn	P	S	Al_t①
1	U40048	ML04Al	≤0.06	≤0.10	0.20~0.40	≤0.035	≤0.035	≥0.020
2	U40068	ML06Al	≤0.08	≤0.10	0.30~0.60	≤0.035	≤0.035	≥0.020
3	U40088	ML08Al	0.05~0.10	≤0.10	0.30~0.60	≤0.035	≤0.035	≥0.020
4	U40108	ML10Al	0.08~0.13	≤0.10	0.30~0.60	≤0.035	≤0.035	≥0.020
5	U40102	ML10	0.08~0.13	0.10~0.30	0.30~0.60	≤0.035	≤0.035	—
6	U40128	ML12Al	0.10~0.15	≤0.10	0.30~0.60	≤0.035	≤0.035	≥0.020
7	U40122	ML12	0.10~0.15	0.10~0.30	0.30~0.60	≤0.035	≤0.035	—
8	U40158	ML15Al	0.13~0.18	≤0.10	0.30~0.60	≤0.035	≤0.035	≥0.020
9	U40152	ML15	0.13~0.18	0.10~0.30	0.30~0.60	≤0.035	≤0.035	—
10	U40208	ML20Al	0.18~0.23	≤0.10	0.30~0.60	≤0.035	≤0.035	≥0.020
11	U40202	ML20	0.18~0.23	0.10~0.30	0.30~0.60	≤0.035	≤0.035	—

① 当测定酸溶铝 Al_s 时，Al_s≥0.015%。

2) 表面硬化型冷镦和冷挤压用钢的牌号及化学成分如表3-92所示。

表3-92 表面硬化型冷镦和冷挤压用钢的牌号及化学成分（GB/T 6478—2015）

序号	统一数字代号	牌号	化学成分（质量分数,%）						
			C	Si	Mn	P	S	Cr	Al_t①
1	U41188	ML18Mn	0.15~0.20	≤0.10	0.60~0.90	≤0.030	≤0.035	—	≥0.020
2	U41208	ML20Mn	0.18~0.23	≤0.10	0.70~1.00	≤0.030	≤0.035	—	≥0.020
3	A20154	ML15Cr	0.13~0.18	0.10~0.30	0.60~0.90	≤0.035	≤0.035	0.90~1.20	≥0.020
4	A20204	ML20Cr	0.18~0.23	0.10~0.30	0.60~0.90	≤0.035	≤0.035	0.90~1.20	≥0.020

注：表3-91 中序号4~11 八个牌号也适于表面硬化型钢。
① 当测定酸溶铝 Al_s 时，Al_s≥0.015%。

3) 调质型冷镦和冷挤压用钢的牌号及化学成分如表3-93 和表3-94 所示。

表3-93 调质型冷镦和冷挤压用钢的牌号及化学成分（GB/T 6478—2015）

序号	统一数字代号	牌号	化学成分（质量分数,%）						
			C	Si	Mn	P	S	Cr	Mo
1	U40252	ML25	0.23~0.28	0.10~0.30	0.30~0.60	≤0.025	≤0.025	—	—
2	U40302	ML30	0.28~0.33	0.10~0.30	0.60~0.90	≤0.025	≤0.025	—	—
3	U40352	ML35	0.33~0.38	0.10~0.30	0.60~0.90	≤0.025	≤0.025	—	—
4	U40402	ML40	0.38~0.43	0.10~0.30	0.60~0.90	≤0.025	≤0.025	—	—
5	U40452	ML45	0.43~0.48	0.10~0.30	0.60~0.90	≤0.025	≤0.025	—	—
6	L20151	ML15Mn	0.14~0.20	0.10~0.30	1.20~1.60	≤0.025	≤0.025	—	—
7	U41252	ML25Mn	0.23~0.28	0.10~0.30	0.60~0.90	≤0.025	≤0.025	—	—
8	A20304	ML30Cr	0.28~0.33	0.10~0.30	0.60~0.90	≤0.025	≤0.025	0.90~1.20	—
9	A20354	ML35Cr	0.33~0.38	0.10~0.30	0.60~0.90	≤0.025	≤0.025	0.90~1.20	—
10	A20404	ML40Cr	0.38~0.43	0.10~0.30	0.60~0.90	≤0.025	≤0.025	0.90~1.20	—
11	A20454	ML45Cr	0.43~0.48	0.10~0.30	0.60~0.90	≤0.025	≤0.025	0.90~1.20	—
12	A30204	ML20CrMo	0.18~0.23	0.10~0.30	0.60~0.90	≤0.025	≤0.025	0.90~1.20	0.15~0.30
13	A30254	ML25CrMo	0.23~0.28	0.10~0.30	0.60~0.90	≤0.025	≤0.025	0.90~1.20	0.15~0.30
14	A30304	ML30CrMo	0.28~0.33	0.10~0.30	0.60~0.90	≤0.025	≤0.025	0.90~1.20	0.15~0.30
15	A30354	ML35CrMo	0.33~0.38	0.10~0.30	0.60~0.90	≤0.025	≤0.025	0.90~1.20	0.15~0.30
16	A30404	ML40CrMo	0.38~0.43	0.10~0.30	0.60~0.90	≤0.025	≤0.025	0.90~1.20	0.15~0.30
17	A30454	ML45CrMo	0.43~0.48	0.10~0.30	0.60~0.90	≤0.025	≤0.025	0.90~1.20	0.15~0.30

表 3-94 含硼调质型冷镦和冷挤压用钢的牌号及化学成分（GB/T 6478—2015）

序号	统一数字代号	牌号	化学成分（质量分数,%）							其他
			C	Si[①]	Mn	P	S	B[②]	Al_t[③]	
1	A70204	ML20B	0.18~0.23	0.10~0.30	0.60~0.90	≤0.025	≤0.025	0.0008~0.0035	≥0.020	—
2	A70254	ML25B	0.23~0.28	0.10~0.30	0.60~0.90					—
3	A70304	ML30B	0.28~0.33	0.10~0.30	0.60~0.90					—
4	A70354	ML35B	0.33~0.38	0.10~0.30	0.60~0.90					—
5	A71154	ML15MnB	0.14~0.20	0.10~0.30	1.20~1.60					—
6	A71204	ML20MnB	0.18~0.23	0.10~0.30	0.80~1.10					—
7	A71254	ML25MnB	0.23~0.28	0.10~0.30	0.90~1.20					—
8	A71304	ML30MnB	0.28~0.33	0.10~0.30	0.90~1.20					—
9	A71354	ML35MnB	0.33~0.38	0.10~0.30	1.10~1.40					—
10	A71404	ML40MnB	0.38~0.43	0.10~0.30	1.10~1.40					—
11	A20374	ML37CrB	0.34~0.41	0.10~0.30	0.50~0.80					Cr：0.20~0.40
12	A73154	ML15MnVB	0.13~0.18	0.10~0.30	1.20~1.60					V：0.07~0.12
13	A73204	ML20MnVB	0.18~0.23	0.10~0.30	1.20~1.60					V：0.07~0.12
14	A74204	ML20MnTiB	0.18~0.23	0.10~0.30	1.30~1.60					Ti：0.04~0.10

① 经供需双方协商，硅含量下限可低于0.10%。
② 如果淬透性和力学性能能满足要求，硼含量下限可放宽到0.0005%。
③ 当测定酸溶铝 Al_s 时，Al_s≥0.015%。

4）非调质型冷镦和冷挤压用钢的牌号及化学成分如表3-95所示。

表 3-95 非调质型冷镦和冷挤压用钢的牌号及化学成分（GB/T 6478—2015）

序号	统一数字代号	牌号	化学成分（质量分数,%）						
			C	Si	Mn	P	S	Nb	V
1	L27208	MFT8	0.16~0.26	≤0.30	1.20~1.60	≤0.025	≤0.015	≤0.10	≤0.08
2	L27228	MFT9	0.18~0.26	≤0.30	1.20~1.60	≤0.025	≤0.015	≤0.10	≤0.08
3	L27128	MFT10	0.08~0.14	0.20~0.35	1.90~2.30	≤0.025	≤0.015	≤0.20	≤0.10

注：根据不同强度级别和不同规格的需求，可添加 Cr、B 等其他元素。

2. 力学性能

1）热轧状态非热处理型钢材的力学性能如表3-96所示。

表 3-96 热轧状态非热处理型钢材的力学性能（GB/T 6478—2015）

统一数字代号	牌号	抗拉强度 R_m /MPa ≤	断面收缩率 Z（%）≥
U40048	ML04Al	440	60
U40088	ML08Al	470	60
U40108	ML10Al	490	55
U40158	ML15Al	530	50
U40152	ML15	530	50
U40208	ML20Al	580	45
U40202	ML20	580	45

注：表中未列牌号钢材的力学性能按供需双方协议。未规定时，供方报实测值，并在质量证明书中注明。

2）退火状态交货的表面硬化型和调质型钢材的力学性能如表3-97所示。

表3-97 退火状态交货的表面硬化型和调质型钢材的力学性能（GB/T 6478—2015）

类型	统一数字代号	牌号	抗拉强度 R_m /MPa ≤	断面收缩率 Z (%) ≥
表面硬化型	U40108	ML10Al	450	65
	U40158	ML15Al	470	64
	U40152	ML15	470	64
	U40208	ML20Al	490	63
	U40202	ML20	490	63
	A20204	ML20Cr	560	60
调质型	U40302	ML30	550	59
	U40352	ML35	560	58
	U41252	ML25Mn	540	60
	A20354	ML35Cr	600	60
	A20404	ML40Cr	620	58
含硼调质型	A70204	ML20B	500	64
	A70304	ML30B	530	62
	A70354	ML35B	570	62
	A71204	ML20MnB	520	62
	A71354	ML35MnB	600	60
	A20374	ML37CrB	600	60

注：1. 表中未列牌号钢材的力学性能按供需双方协议。未规定时，供方报实测值，并在质量证明书中注明。

2. 钢材直径大于12mm时，断面收缩率可降低2%（绝对值）。

3）热轧状态交货的非调质型钢材的力学性能如表3-98所示。

表3-98 热轧状态交货的非调质型钢材的力学性能（GB/T 6478—2015）

统一数字代号	牌号	抗拉强度 R_m /MPa	断后伸长率 A (%) ≥	断面收缩率 Z (%) ≥
L27208	MFT8	630~700	20	52
L27228	MFT9	680~750	18	50
L27128	MFT10	≥800	16	48

3.5.10 高碳铬轴承钢

1. 高碳铬轴承钢化学成分（表3-99）

表3-99 高碳铬轴承钢化学成分（GB/T 18254—2016）

统一数字代号	牌号	化学成分（质量分数,%）				
		C	Si	Mn	Cr	Mo
B00151	G8Cr15	0.75~0.85	0.15~0.35	0.20~0.40	1.30~1.65	≤0.10
B00150	GCr15	0.95~1.05	0.15~0.35	0.25~0.45	1.40~1.65	≤0.10
B01150	GCr15SiMn	0.95~1.05	0.45~0.75	0.95~1.25	1.40~1.65	≤0.10
B03150	GCr15SiMo	0.95~1.05	0.65~0.85	0.20~0.40	1.40~1.70	0.30~0.40
B02180	GCr18Mo	0.95~1.05	0.20~0.40	0.25~0.40	1.65~1.95	0.15~0.25

2. 高碳铬轴承钢退火状态的硬度（表3-100）

表3-100 高碳铬轴承钢退火状态的硬度（GB/T 18254—2016）

统一数字代号	牌号	球化退火硬度/HBW	软化退火硬度/HBW ≤
B00151	G8Cr15	179~207	245
B00150	GCr15	179~207	
B01150	GCr15SiMn	179~217	
B03150	GCr15SiMo	179~217	
B02180	GCr18Mo	179~207	

3.5.11 渗碳轴承钢

1. 渗碳轴承钢的牌号和化学成分（表3-101）

表3-101 渗碳轴承钢的牌号和化学成分（GB/T 3203—2016）

序号	牌号	化学成分（质量分数,%）						
		C	Si	Mn	Cr	Ni	Mo	Cu
1	G20CrMo	0.17~0.23	0.20~0.35	0.65~0.95	0.35~0.65	≤0.30	0.08~0.15	≤0.25
2	G20CrNiMo	0.17~0.23	0.15~0.40	0.60~0.90	0.35~0.65	0.40~0.70	0.15~0.30	≤0.25
3	G20CrNi2Mo	0.19~0.23	0.25~0.40	0.55~0.70	0.45~0.65	1.60~2.00	0.20~0.30	≤0.25
4	G20Cr2Ni4	0.17~0.23	0.15~0.40	0.30~0.60	1.25~1.75	3.25~3.75	≤0.08	≤0.25
5	G10CrNi3Mo	0.08~0.13	0.15~0.40	0.40~0.70	1.00~1.40	3.00~3.50	0.08~0.15	≤0.25
6	G20Cr2Mn2Mo	0.17~0.23	0.15~0.40	1.30~1.60	1.70~2.00	≤0.30	0.20~0.30	≤0.25
7	G23Cr2Ni2Si1Mo	0.20~0.25	1.20~1.50	0.20~0.40	1.35~1.75	2.20~2.60	0.25~0.35	≤0.25

2. 渗碳轴承钢材的纵向力学性能（表3-102）

表3-102 渗碳轴承钢材的纵向力学性能（GB/T 3203—2016）

序号	牌号	毛坯直径/mm	淬火温度/℃ 一次	淬火温度/℃ 二次	冷却剂	回火温度/℃	冷却剂	抗拉强度 R_m/MPa	断后伸长率 A(%)	断面收缩率 Z(%)	冲击及收能量 KU_2/J
									≥		
1	G20CrMo	15	860~900	770~810	油	150~200	空气	880	12	45	63
2	G20CrNiMo	15	860~900	770~810		150~200		1180	9	45	63
3	G20CrNi2Mo	25	860~900	780~820		150~200		980	13	45	63
4	G20Cr2Ni4	15	850~890	770~810		150~200		1180	10	45	63
5	G10CrNi3Mo	15	860~900	770~810		180~200		1080	9	45	63
6	G20Cr2Mn2Mo	15	860~900	790~830		180~200		1280	9	40	55
7	G23Cr2Ni2Si1Mo	15	860~900	790~830		150~200		1180	10	40	55

注：表中所列力学性能适用于公称直径小于或等于80mm的钢材。公称直径81~100mm的钢材，允许其断后伸长率、断面收缩率及冲击吸收能量较表中的规定分别降低1%（绝对值）、5%（绝对值）及5%；公称直径101~150mm的钢材，允许其断后伸长率、断面收缩率及冲击吸收能量较表中的规定分别降低3%（绝对值）、15%（绝对值）及15%；公称直径大于150mm的钢材，其力学性能指标由供需双方协商。

3.5.12 弹簧钢

1. 弹簧钢的牌号和化学成分（表3-103）

表3-103 弹簧钢的牌号和化学成分（GB/T 1222—2016）

序号	统一数字代号	牌号	化学成分（质量分数，%）									
			C	Si	Mn	Cr	V	W	Mo	B	Ni	Cu[②]	P	S
1	U20652	65	0.62~0.70	0.17~0.37	0.50~0.80	≤0.25	—	—	—	—	≤0.35	≤0.25	≤0.030	≤0.030
2	U20702	70	0.67~0.75	0.17~0.37	0.50~0.80	≤0.25	—	—	—	—	≤0.35	≤0.25	≤0.030	≤0.030
3	U20802	80	0.77~0.85	0.17~0.37	0.50~0.80	≤0.25	—	—	—	—	≤0.35	≤0.25	≤0.030	≤0.030
4	U20852	85	0.82~0.90	0.17~0.37	0.50~0.80	≤0.25	—	—	—	—	≤0.35	≤0.25	≤0.030	≤0.030
5	U21653	65Mn	0.62~0.70	0.17~0.37	0.90~1.20	≤0.25	—	—	—	—	≤0.35	≤0.25	≤0.030	≤0.030
6	U21702	70Mn	0.67~0.75	0.17~0.37	0.90~1.20	≤0.25	—	—	—	—	≤0.35	≤0.25	≤0.030	≤0.030
7	A76282	28SiMnB	0.24~0.32	0.60~1.00	1.20~1.60	—	—	—	—	0.0008~0.0035	≤0.35	≤0.25	≤0.025	≤0.020
8	A77406	40SiMnVBE[①]	0.39~0.42	0.90~1.35	1.20~1.55	≤0.35	0.09~0.12	—	—	0.0008~0.0025	≤0.35	≤0.25	≤0.020	≤0.012
9	A77552	55SiMnVB	0.52~0.60	0.70~1.00	1.00~1.30	≤0.25	0.08~0.16	—	—	0.0008~0.0035	≤0.35	≤0.25	≤0.025	≤0.020
10	A11383	38Si2	0.35~0.42	1.50~1.80	0.50~0.80	≤0.25	—	—	—	—	≤0.35	≤0.25	≤0.025	≤0.020
11	A11603	60Si2Mn	0.56~0.64	1.50~2.00	0.70~1.00	≤0.35	—	—	—	—	≤0.35	≤0.25	≤0.025	≤0.020
12	A22553	55CrMn	0.52~0.60	0.17~0.37	0.65~0.95	0.65~0.95	—	—	—	—	≤0.35	≤0.25	≤0.025	≤0.020
13	A22603	60CrMn	0.56~0.64	0.17~0.37	0.70~1.00	0.70~1.00	—	—	—	—	≤0.35	≤0.25	≤0.025	≤0.020
14	A22609	60CrMnB	0.56~0.64	0.17~0.37	0.70~1.00	0.70~1.00	—	—	—	0.0008~0.0035	≤0.35	≤0.25	≤0.025	≤0.020
15	A34603	60CrMnMo	0.56~0.64	0.17~0.37	0.70~1.00	0.70~1.00	—	—	0.25~0.35	—	≤0.35	≤0.25	≤0.025	≤0.020
16	A21553	55SiCr	0.51~0.59	1.20~1.60	0.50~0.80	0.50~0.80	—	—	—	—	≤0.35	≤0.25	≤0.025	≤0.020
17	A21603	60Si2Cr	0.56~0.64	1.40~1.80	0.40~0.70	0.70~1.00	—	—	—	—	≤0.35	≤0.25	≤0.025	≤0.020
18	A24563	56Si2MnCr	0.52~0.60	1.60~2.00	0.70~1.00	0.20~0.45	—	—	—	—	≤0.35	≤0.25	≤0.025	≤0.020
19	A45523	52SiCrMnNi	0.49~0.56	1.20~1.50	0.70~1.00	0.70~1.00	—	—	—	—	0.50~0.70	≤0.25	≤0.025	≤0.020
20	A28553	55SiCrV	0.51~0.59	1.20~1.60	0.50~0.80	0.50~0.80	0.10~0.20	—	—	—	≤0.35	≤0.25	≤0.025	≤0.020
21	A28603	60Si2CrV	0.56~0.64	1.40~1.80	0.40~0.70	0.90~1.20	0.10~0.20	—	—	—	≤0.35	≤0.25	≤0.025	≤0.020
22	A28600	60Si2MnCrV	0.56~0.64	1.50~2.00	0.70~1.00	0.20~0.40	0.10~0.20	—	—	—	≤0.35	≤0.25	≤0.025	≤0.020
23	A23503	50CrV	0.46~0.54	0.17~0.37	0.50~0.80	0.80~1.10	0.10~0.20	—	—	—	≤0.35	≤0.25	≤0.025	≤0.020
24	A25513	51CrMnV	0.47~0.55	0.17~0.37	0.70~1.10	0.90~1.20	0.10~0.25	—	—	—	≤0.35	≤0.25	≤0.025	≤0.020
25	A36523	52CrMnMoV	0.48~0.56	0.17~0.37	0.70~1.10	0.90~1.20	0.10~0.20	—	0.15~0.30	—	≤0.35	≤0.25	≤0.025	≤0.020
26	A27303	30W4Cr2V	0.26~0.34	0.17~0.37	≤0.40	2.00~2.50	0.50~0.80	4.00~4.50	—	—	≤0.35	≤0.25	≤0.025	≤0.020

① 40SiMnVBE 为专利牌号。
② 根据需方要求，并在合同中注明，钢中残余铜含量可不大于 0.20%。

2. 弹簧钢的热处理制度和力学性能（表3-104）

表3-104 弹簧钢的热处理制度和力学性能（GB/T 1222—2016）

序号	牌号	热处理制度①			力学性能 ≥				
		淬火温度/℃	淬火介质	回火温度/℃	抗拉强度 R_m /MPa	下屈服强度 R_{eL}② /MPa	A（%）	$A_{11.3}$（%）	断面收缩率 Z（%）
1	65	840	油	500	980	785	—	9.0	35
2	70	830	油	480	1030	835	—	8.0	30
3	80	820	油	480	1080	930	—	6.0	30
4	85	820	油	480	1130	980	—	6.0	30
5	65Mn	830	油	540	980	785	—	8.0	30
6	70Mn	③	—	—	785	450	8.0	—	30
7	28SiMnB	900	水或油	320	1275	1180	—	5.0	25
8	40SiMnVBE	880	油	320	1800	1680	9.0	—	40
9	55SiMnVB	860	油	460	1375	1225	—	5.0	30
10	38Si2	880	水	450	1300	1150	8.0	—	35
11	60Si2Mn	870	油	440	1570	1375	—	5.0	20
12	55CrMn	840	油	485	1225	1080	9.0	—	20
13	60CrMn	840	油	490	1225	1080	9.0	—	20
14	60CrMnB	840	油	490	1225	1080	9.0	—	20
15	60CrMnMo	860	油	450	1450	1300	6.0	—	30
16	55SiCr	860	油	450	1450	1300	6.0	—	25
17	60Si2Cr	870	油	420	1765	1570	6.0	—	20
18	56Si2MnCr	860	油	450	1500	1350	6.0	—	25
19	52SiCrMnNi	860	油	450	1450	1300	6.0	—	35
20	55SiCrV	860	油	400	1650	1600	5.0	—	35
21	60Si2CrV	850	油	410	1860	1665	6.0	—	20
22	60Si2MnCrV	860	油	400	1700	1650	5.0	—	30
23	50CrV	850	油	500	1275	1130	10.0	—	40
24	51CrMnV	850	油	450	1350	1200	6.0	—	30
25	52CrMnMoV	860	油	450	1450	1300	6.0	—	35
26	30W4Cr2V④	1075	油	600	1470	1325	7.0	—	40

注：1. 力学性能试验采用直径10mm的比例试样，推荐取留有少许加工余量的试样毛坯（一般尺寸为11~12mm）。

2. 对于直径或边长小于11mm的棒材，用原尺寸钢材进行热处理。

3. 对于厚度小于11mm的扁钢，允许采用矩形试样。当采用矩形试样时，断面收缩率不作为验收条件。

① 表中热处理温度允许调整范围为：淬火，±20℃；回火，±50℃（28MnSiB钢±30℃）。根据需方要求，其他钢回火可按±30℃进行。

② 当检测钢材屈服现象不明显时，可用 $R_{p0.2}$ 代替 R_{eL}。

③ 70Mn的推荐热处理制度为：正火790℃，允许调整范围为±30℃。

④ 30W4Cr2V 除抗拉强度外，其他力学性能检验结果供参考，不作为交货依据。

3. 弹簧钢交货状态硬度（表 3-105）

表 3-105　弹簧钢交货状态硬度（GB/T 1222—2016）

组号	牌号	交货状态	代码	布氏硬度 HBW ≤
1	65、70、80	热轧	WHR	285
2	85、65Mn、70Mn、28SiMnB	热轧	WHR	302
3	60Si2Mn、50CrV、55SiMnVB、55CrMn、60CrMn	热轧	WHR	321
4	60Si2Cr、60Si2CrV、60CrMnB、55SiCr、30W4Cr2V、40SiMnVBE	热轧	WHR	供需双方协商
4	60Si2Cr、60Si2CrV、60CrMnB、55SiCr、30W4Cr2V、40SiMnVBE	热轧+去应力退火	WHR + A	321
5	38Si2	热轧	WHR	321
5	38Si2	去应力退火	A	280
5	38Si2	软化退火	SA	217
6	56Si2MnCr、51CrMnV、55SiCrV、60Si2MnCrV、52SiCrMnNi、52CrMnMoV、60CrMnMo	热轧	WHR	供需双方协商
6	56Si2MnCr、51CrMnV、55SiCrV、60Si2MnCrV、52SiCrMnNi、52CrMnMoV、60CrMnMo	去应力退火	A	280
6	56Si2MnCr、51CrMnV、55SiCrV、60Si2MnCrV、52SiCrMnNi、52CrMnMoV、60CrMnMo	软化退火	SA	248
7	所有牌号	冷拉+去应力退火	WCD + A	321
8	所有牌号	冷拉	WCD	供需双方协商

3.6　不锈钢和耐热钢

3.6.1　不锈钢和耐热钢的牌号及化学成分

1. 奥氏体型不锈钢和耐热钢的牌号及化学成分（表 3-106）

表 3-106　奥氏体型不锈钢和耐热钢的牌号及化学成分（GB/T 20878—2007）

序号	统一数字代号	牌号	化学成分（质量分数,%）									
			C	Si	Mn	P	S	Ni	Cr	Mo	Cu	N	其他元素
1	S35350	12Cr17Mn6Ni5N	0.15	1.00	5.50~7.50	0.050	0.030	3.50~5.50	16.00~18.00	—	—	0.05~0.25	
2	S35950	10Cr17Mn9Ni4N	0.12	0.80	8.00~10.50	0.035	0.025	3.50~4.50	16.00~18.00	—	—	0.15~0.25	
3	S35450	12Cr18Mn9Ni5N	0.15	1.00	7.50~10.00	0.050	0.030	4.00~6.00	17.00~19.00	—	—	0.05~0.25	
4	S35020	20Cr13Mn9Ni4	0.15~0.25	0.80	8.00~10.00	0.035	0.025	3.70~5.00	12.00~14.00	—	—	—	
5	S35550	20Cr15Mn15Ni2N	0.15~0.25	1.00	14.00~16.00	0.035	0.025	1.50~3.00	14.00~16.00	—	—	0.15~0.30	
6	S35650	53Cr21Mn9Ni4N	0.48~0.58	0.35	8.00~10.00	0.040	0.030	3.25~4.50	20.00~22.00	—	—	0.35~0.50	
7	S35750	26Cr18Mn12Si2N	0.22~0.30	1.40~2.20	10.50~12.50	0.050	0.030	—	17.00~19.00	—	—	0.22~0.33	
8	S35850	22Cr20Mn10Ni2Si2N	0.17~0.26	1.80~2.70	8.50~11.00	0.050	0.030	2.00~3.00	18.00~21.00	—	—	0.20~0.30	
9	S30110	12Cr17Ni7	0.15	1.00	2.00	0.045	0.030	6.00~8.00	16.00~18.00	—	—	0.10	
10	S30103	022Cr17Ni7	0.030	1.00	2.00	0.045	0.030	5.00~8.00	16.00~18.00	—	—	0.20	
11	S30153	022Cr17Ni7N	0.030	1.00	2.00	0.045	0.030	5.00~8.00	16.00~18.00	—	—	0.07~0.20	
12	S30220	17Cr18Ni9	0.13~0.21	1.00	2.00	0.035	0.025	8.00~10.50	17.00~19.00	—	—	—	

第 3 章 常用金属材料的化学成分及力学性能 139

（续）

序号	统一数字代号	牌号	化学成分（质量分数,%）										
			C	Si	Mn	P	S	Ni	Cr	Mo	Cu	N	其他元素
13	S30210	12Cr18Ni9	0.15	1.00	2.00	0.045	0.030	8.00~10.00	17.00~19.00	—	—	0.10	—
14	S30240	12Cr18Ni9Si3	0.15	2.00~3.00	2.00	0.045	0.030	8.00~10.00	17.00~19.00	—	—	0.10	—
15	S30317	Y12Cr18Ni9	0.15	1.00	2.00	0.20	≥0.15	8.00~10.00	17.00~19.00	(0.60)	—	—	—
16	S30327	Y12Cr18Ni9Se	0.15	1.00	2.00	0.20	0.060	8.00~10.00	17.00~19.00	—	—	—	Se≥0.15
17	S30408	06Cr19Ni10	0.08	1.00	2.00	0.045	0.030	8.00~11.00	18.00~20.00	—	—	—	—
18	S30403	022Cr19Ni10	0.030	1.00	2.00	0.045	0.030	8.00~12.00	18.00~20.00	—	—	—	—
19	S30409	07Cr19Ni10	0.04~0.10	1.00	2.00	0.045	0.030	8.00~11.00	18.00~20.00	—	—	—	—
20	S30450	05Cr19Ni10Si2CeN	0.04~0.06	1.00~2.00	0.80	0.045	0.030	9.00~10.00	18.00~19.00	—	—	0.12~0.18	Ce: 0.03~0.08
21	S30480	06Cr18Ni9Cu2	0.08	1.00	2.00	0.045	0.030	8.00~10.50	17.00~19.00	—	1.00~3.00	—	—
22	S30488	06Cr18Ni9Cu3	0.08	1.00	2.00	0.045	0.030	8.50~10.50	17.00~19.00	—	3.00~4.00	—	—
23	S30458	06Cr19Ni10N	0.08	1.00	2.00	0.045	0.030	8.00~11.00	18.00~20.00	—	—	0.10~0.16	—
24	S30478	06Cr19Ni9NbN	0.08	1.00	2.50	0.045	0.030	7.50~10.50	18.00~20.00	—	—	0.15~0.30	Nb: 0.15
25	S30453	022Cr19Ni10N	0.030	1.00	2.00	0.045	0.030	8.00~11.00	18.00~20.00	—	—	0.10~0.16	—
26	S30510	10Cr18Ni12	0.12	1.00	2.00	0.045	0.030	10.50~13.00	17.00~19.00	—	—	—	—
27	S30508	06Cr18Ni12	0.08	1.00	2.00	0.045	0.030	11.00~13.50	16.50~19.00	—	—	—	—
28	S30608	06Cr16Ni18	0.08	1.00	2.00	0.045	0.030	17.00~19.00	15.00~17.00	—	—	—	—
29	S30808	06Cr20Ni11	0.08	1.00	2.00	0.045	0.030	10.00~12.00	19.00~21.00	—	—	—	—
30	S30850	22Cr21Ni12N	0.15~0.28	0.75~1.25	1.00~1.60	0.040	0.030	10.50~12.50	20.00~22.00	—	—	0.15~0.30	—
31	S30920	16Cr23Ni13	0.20	1.00	2.00	0.040	0.030	12.00~15.00	22.00~24.00	—	—	—	—
32	S30908	06Cr23Ni13	0.08	1.00	2.00	0.045	0.030	12.00~15.00	22.00~24.00	—	—	—	—
33	S31010	11Cr23Ni18	0.18	1.00	2.00	0.035	0.025	17.00~20.00	22.00~25.00	—	—	—	—
34	S31020	20Cr25Ni20	0.25	1.50	2.00	0.040	0.030	19.00~22.00	24.00~26.00	—	—	—	—
35	S31008	06Cr25Ni20	0.08	1.50	2.00	0.045	0.030	19.00~22.00	24.00~26.00	—	—	—	—
36	S31053	022Cr25Ni22Mo2N	0.030	0.40	2.00	0.030	0.015	21.00~23.00	24.00~26.00	2.00~3.00	—	0.10~0.16	—
37	S31252	015Cr20Ni18Mo6CuN	0.020	0.80	1.00	0.030	0.010	17.50~18.50	19.50~20.50	6.00~6.50	0.50~1.00	0.18~0.22	—
38	S31608	06Cr17Ni12Mo2	0.08	1.00	2.00	0.045	0.030	10.00~14.00	16.00~18.00	2.00~3.00	—	—	—
39	S31603	022Cr17Ni12Mo2	0.030	1.00	2.00	0.045	0.030	10.00~14.00	16.00~18.00	2.00~3.00	—	—	—
40	S31609	07Cr17Ni12Mo2	0.04~0.10	1.00	2.00	0.045	0.030	10.00~14.00	16.00~18.00	2.00~3.00	—	—	—
41	S31668	06Cr17Ni12Mo2Ti	0.08	1.00	2.00	0.045	0.030	10.00~14.00	16.00~18.00	2.00~3.00	—	—	Ti≥5C
42	S31678	06Cr17Ni12Mo2Nb	0.08	1.00	2.00	0.045	0.030	10.00~14.00	16.00~18.00	2.00~3.00	—	0.10	Nb: 10C~1.10
43	S31658	06Cr17Ni12Mo2N	0.08	1.00	2.00	0.045	0.030	10.00~13.00	16.00~18.00	2.00~3.00	—	0.10~0.16	—
44	S31653	022Cr17Ni12Mo2N	0.030	1.00	2.00	0.045	0.030	10.00~13.00	16.00~18.00	2.00~3.00	—	0.10~0.16	—

(续)

序号	统一数字代号	牌号	化学成分（质量分数,%）										
			C	Si	Mn	P	S	Ni	Cr	Mo	Cu	N	其他元素
45	S31688	06Cr18Ni12Mo2Cu2	0.08	1.00	2.00	0.045	0.030	10.00~14.00	17.00~19.00	1.20~2.75	1.00~2.50	—	—
46	S31683	022Cr18Ni14Mo2Cu2	0.030	1.00	2.00	0.045	0.030	12.00~16.00	17.00~19.00	1.20~2.75	1.00~2.50	—	—
47	S31693	022Cr18Ni15Mo3N	0.030	1.00	2.00	0.025	0.010	14.00~16.00	17.00~19.00	2.35~4.20	—	0.10~0.20	—
48	S31782	015Cr21Ni26Mo5Cu2	0.020	1.00	2.00	0.045	0.035	23.00~28.00	19.00~23.00	4.00~5.00	1.00~2.00	0.10	—
49	S31708	06Cr19Ni13Mo3	0.08	1.00	2.00	0.045	0.030	11.00~15.00	18.00~20.00	3.00~4.00	—	—	—
50	S31703	022Cr19Ni13Mo3	0.030	1.00	2.00	0.045	0.030	11.00~15.00	18.00~20.00	3.00~4.00	—	—	—
51	S31793	022Cr18Ni14Mo3	0.030	1.00	2.00	0.045	0.010	13.00~15.00	17.00~19.00	2.25~3.50	0.50	0.10	—
52	S31794	03Cr18Ni16Mo5	0.04	1.00	2.50	0.045	0.030	15.00~17.00	16.00~6.00	4.00~6.00	—	—	—
53	S31723	022Cr19Ni16Mo5N	0.030	1.00	2.00	0.045	0.030	13.50~17.50	17.00~20.00	4.00~5.00	—	0.10~0.20	—
54	S31753	022Cr19Ni13Mo4N	0.030	1.00	2.00	0.045	0.030	11.00~15.00	18.00~20.00	3.00~4.00	—	0.10~0.22	—
55	S32168	06Cr18Ni11Ti	0.08	1.00	2.00	0.045	0.030	9.00~12.00	17.00~19.00	—	—	—	Ti: 5C~0.70
56	S32169	07Cr19Ni11Ti	0.04~0.10	0.75	2.00	0.030	0.030	9.00~13.00	17.00~20.00	—	—	—	Ti: 4C~0.60
57	S32590	45Cr14Ni14W2Mo	0.40~0.50	0.80	0.70	0.040	0.030	13.00~15.00	13.00~15.00	0.25~0.40	—	—	W: 2.00~2.75
58	S32652	015Cr24Ni22Mo8Mn3CuN	0.020	0.50	2.00~4.00	0.030	0.005	21.00~23.00	24.00~25.00	7.00~8.00	0.30~0.60	0.45~0.55	—
59	S32720	24Cr18Ni8W2	0.21~0.28	0.30~0.80	0.70	0.030	0.025	7.50~8.50	17.00~19.00	—	—	—	W: 2.00~2.50
60	S33010	12Cr16Ni35	0.15	1.00	2.00	0.040	0.030	33.00~37.00	14.00~17.00	—	—	—	—
61	S34553	022Cr24Ni17Mo5Mn6NbN	0.030	1.00	5.00~7.00	0.045	0.010	16.00~18.00	23.00~25.00	4.00~5.00	—	0.40~0.60	Nb: 0.10
62	S34778	06Cr18Ni11Nb	0.08	1.00	2.00	0.045	0.030	9.00~12.00	17.00~19.00	—	—	—	Nb: 10C~1.10
63	S34779	07Cr18Ni11Nb	0.04~0.10	1.00	2.00	0.045	0.030	9.00~12.00	17.00~19.00	—	—	—	Nb: 8C~1.10
64	S38148	06Cr18Ni13Si4	0.08	3.00~5.00	2.00	0.045	0.030	11.50~15.00	15.00~20.00	—	—	—	—
65	S38240	16Cr20Ni14Si2	0.20	1.50~2.50	1.50	0.040	0.030	12.00~15.00	19.00~22.00	—	—	—	—
66	S38340	16Cr25Ni20Si2	0.20	1.50~2.50	1.50	0.040	0.030	18.00~21.00	24.00~27.00	—	—	—	—

注：表中所列成分除标明范围或最小值外，其余均为最大值。

2. 奥氏体-铁素体型不锈钢和耐热钢的牌号及化学成分（表3-107）

表3-107 奥氏体-铁素体型不锈钢和耐热钢的牌号及化学成分（GB/T 20878—2007）

序号	统一数字代号	牌号	化学成分（质量分数,%）										
			C	Si	Mn	P	S	Ni	Cr	Mo	Cu	N	其他元素
67	S21860	14Cr18Ni11Si4AlTi	0.10~0.18	3.10~4.00	0.80	0.035	0.030	10.00~12.00	17.50~19.50	—	—	—	Ti: 0.40~0.70 Al: 0.10~0.30
68	S21953	022Cr19Ni5Mo3Si2N	0.030	1.30~2.00	1.00~2.00	0.035	0.030	4.50~5.50	18.00~19.50	2.50~3.00	—	0.05~0.12	—
69	S22160	12Cr21Ni5Ti	0.09~0.14	0.80	0.80	0.035	0.030	4.80~5.80	20.00~22.00	—	—	—	Ti: 5(C-0.02)~0.80
70	S22253	022Cr22Ni5Mo3N	0.030	1.00	2.00	0.030	0.020	4.50~6.50	21.00~23.00	2.50~3.50	—	0.08~0.20	—
71	S22053	022Cr23Ni5Mo3N	0.030	1.00	2.00	0.030	0.020	4.50~6.50	22.00~23.00	3.00~3.50	—	0.14~0.20	—

(续)

序号	统一数字代号	牌号	化学成分（质量分数,%）									
			C	Si	Mn	P	S	Ni	Cr	Mo	Cu	N	其他元素
72	S23043	022Cr23Ni4MoCuN	0.030	1.00	2.50	0.035	0.030	3.00~5.50	21.50~24.50	0.05~0.60	0.05~0.60	0.05~0.20	—
73	S22553	022Cr25Ni6Mo2N	0.030	1.00	2.00	0.030	0.030	5.50~6.50	24.00~26.00	1.20~2.50	—	0.10~0.20	—
74	S22583	022Cr25Ni7Mo3WCuN	0.030	1.00	0.75	0.030	0.030	5.50~7.50	24.00~26.00	2.50~3.50	0.20~0.80	0.10~0.30	W: 0.10~0.50
75	S25554	03Cr25Ni6Mo3Cu2N	0.04	1.00	1.50	0.035	0.030	4.50~6.50	24.00~27.00	2.90~3.90	1.30~2.50	0.10~0.25	—
76	S25073	022Cr25Ni7Mo4N	0.030	0.80	1.20	0.035	0.020	6.00~8.00	24.00~26.00	3.00~5.00	0.50	0.24~0.32	—
77	S27603	022Cr25Ni7Mo4WCuN	0.030	1.00	1.00	0.030	0.010	6.00~8.00	24.00~26.00	3.00~4.00	0.50~1.00	0.20~0.30	W: 0.50~1.00 Cr+3.3Mo+16N ≥40

3. 铁素体型不锈钢和耐热钢的牌号及化学成分（表3-108）

表3-108　铁素体型不锈钢和耐热钢的牌号及化学成分（GB/T 20878—2007）

序号	统一数字代号	牌号	化学成分（质量分数,%）									
			C	Si	Mn	P	S	Ni	Cr	Mo	Cu	N	其他元素
78	S11348	06Cr13Al	0.08	1.00	1.00	0.040	0.030	(0.60)	11.50~14.50	—	—	—	Al: 0.10~0.30
79	S11168	06Cr11Ti	0.08	1.00	1.00	0.045	0.030	(0.60)	10.50~11.70	—	—	—	Ti: 6C~0.75
80	S11163	022Cr11Ti	0.030	1.00	1.00	0.040	0.020	(0.60)	10.50~11.70	—	—	0.030	Ti≥8(C+N) Ti: 0.15~0.50 Nb: 0.10
81	S11173	022Cr11NbTi	0.030	1.00	1.00	0.040	0.020	(0.60)	10.50~11.70	—	—	0.030	Ti+Nb: 8(C+N)+0.08~0.75 Ti≥0.05
82	S11213	022Cr12Ni	0.030	1.00	1.50	0.040	0.015	0.30~1.00	10.50~12.50	—	—	0.030	—
83	S11203	022Cr12	0.030	1.00	1.00	0.040	0.030	(0.60)	11.00~13.50	—	—	—	—
84	S11510	10Cr15	0.12	1.00	1.00	0.040	0.030	(0.60)	14.00~16.00	—	—	—	—
85	S11710	10Cr17	0.12	1.00	1.00	0.040	0.030	(0.60)	16.00~18.00	—	—	—	—
86	S11717	Y10Cr17	0.12	1.00	1.25	0.060	≥0.15	(0.60)	16.00~18.00	(0.60)	—	—	—
87	S11863	022Cr18Ti	0.030	0.75	1.00	0.040	0.030	(0.60)	16.00~19.00	—	—	—	Ti 或 Nb: 0.10~1.00
88	S11790	10Cr17Mo	0.12	1.00	1.00	0.040	0.030	(0.60)	16.00~18.00	0.75~1.25	—	—	—
89	S11770	10Cr17MoNb	0.12	1.00	1.00	0.040	0.030	(0.60)	16.00~18.00	0.75~1.25	—	—	Nb: 5C~0.80
90	S11862	019Cr18MoTi	0.025	1.00	1.00	0.040	0.030	(0.60)	16.00~19.00	0.75~1.50	—	0.025	Ti、Nb、Zr 或其组合: 8(C+N)~0.80
91	S11873	022Cr18NbTi	0.030	1.00	1.00	0.040	0.015	(0.60)	17.50~18.50	—	—	—	Ti: 0.10~0.60 Nb≥0.30+3C
92	S11972	019Cr19Mo2NbTi	0.025	1.00	1.00	0.040	0.030	1.00	17.50~19.50	1.75~2.50	—	0.035	(Ti+Nb): [0.20+4(C+N)]~0.80
93	S12550	16Cr25N	0.20	1.00	1.50	0.040	0.030	(0.60)	23.00~	—	(0.30)	0.25	—
94	S12791	008Cr27Mo	0.010	0.40	0.40	0.030	0.020	—	25.00~27.50	0.75~1.50	—	0.015	—
95	S13091	008Cr30Mo2	0.010	0.10	0.40	0.030	0.020	—	28.50~32.00	1.50~2.50	—	0.015	—

注：表中所列成分除标明范围或最小值外，其余均为最大值。括号内值为允许添加的最大值。

4. 马氏体型不锈钢和耐热钢的牌号及化学成分（表 3-109）

表 3-109 马氏体型不锈钢和耐热钢的牌号及化学成分（GB/T 20878—2007）

序号	统一数字代号	牌号	化学成分（质量分数,%）									
			C	Si	Mn	P	S	Ni	Cr	Mo	Cu	N	其他元素
96	S40310	12Cr12	0.15	0.50	1.00	0.040	0.030	(0.60)	11.50~13.00	—	—	—	—
97	S41008	06Cr13	0.08	1.00	1.00	0.040	0.030	(0.60)	11.50~13.50	—	—	—	—
98	S41010	12Cr13	0.15	1.00	1.00	0.040	0.030	(0.60)	11.50~13.50	—	—	—	—
99	S41595	04Cr13Ni5Mo	0.05	0.60	0.50~1.00	0.030	0.030	3.50~5.50	11.50~14.00	0.50~1.00	—	—	—
100	S41617	Y12Cr13	0.15	1.00	1.25	0.060	≥0.15	(0.60)	12.00~14.00	(0.60)	—	—	—
101	S42020	20Cr13	0.16~0.25	1.00	1.00	0.040	0.030	(0.60)	12.00~14.00	—	—	—	—
102	S42030	30Cr13	0.26~0.35	1.00	1.00	0.040	0.030	(0.60)	12.00~14.00	—	—	—	—
103	S42037	Y30Cr13	0.26~0.35	1.00	1.25	0.060	≥0.15	(0.60)	12.00~14.00	(0.60)	—	—	—
104	S42040	40Cr13	0.36~0.45	0.60	0.80	0.040	0.030	(0.60)	12.00~14.00	—	—	—	—
105	S41427	Y25Cr13Ni2	0.20~0.30	0.50	0.80~1.20	0.08~0.12	0.15~0.25	1.50~2.00	12.00~14.00	(0.60)	—	—	—
106	S43110	14Cr17Ni2	0.11~0.17	0.80	0.80	0.040	0.030	1.50~2.50	16.00~18.00	—	—	—	—
107	S43120	17Cr16Ni2	0.12~0.22	1.00	1.50	0.040	0.030	1.50~2.50	15.00~17.00	—	—	—	—
108	S41070	68Cr17	0.60~0.75	1.00	1.00	0.040	0.030	(0.60)	16.00~18.00	(0.75)	—	—	—
109	S44080	85Cr17	0.75~0.95	1.00	1.00	0.040	0.030	(0.60)	16.00~18.00	(0.75)	—	—	—
110	S44096	108Cr17	0.95~1.20	1.00	1.00	0.040	0.030	(0.60)	16.00~18.00	(0.75)	—	—	—
111	S44097	Y108Cr17	0.95~1.20	1.00	1.25	0.060	≥0.15	(0.60)	16.00~18.00	(0.75)	—	—	—
112	S44090	95Cr18	0.90~1.00	0.80	0.80	0.040	0.030	(0.60)	17.00~19.00	—	—	—	—
113	S45110	12Cr5Mo	0.15	0.50	0.60	0.040	0.030	(0.60)	4.00~6.00	0.40~0.60	—	—	—
114	S45610	12Cr12Mo	0.10~0.15	0.50	0.30~0.50	0.040	0.030	0.30~0.60	11.50~13.00	0.30~0.60	(0.30)	—	—
115	S45710	13Cr13Mo	0.08~0.18	0.60	1.00	0.040	0.030	(0.60)	11.50~14.00	0.30~0.60	(0.30)	—	—
116	S45830	32Cr13Mo	0.28~0.35	0.80	1.00	0.040	0.030	(0.60)	12.00~14.00	0.50~1.00	—	—	—
117	S15990	102Cr17Mo	0.95~1.10	0.80	0.80	0.040	0.030	(0.60)	16.00~18.00	0.40~0.70	—	—	—
118	S46990	90Cr18MoV	0.85~0.95	0.80	0.80	0.040	0.030	(0.60)	17.00~19.00	1.00~1.30	—	—	V: 0.07~0.12
119	S46010	14Cr11MoV	0.11~0.18	0.50	0.60	0.035	0.030	0.60	10.00~11.50	0.50~0.70	—	—	V: 0.25~0.40
120	S46110	158Cr12MoV	1.45~1.70	0.10	0.35	0.030	0.025	—	11.00~12.50	0.40~0.60	—	—	V: 0.15~0.30
121	S46020	21Cr12MoV	0.18~0.24	0.10~0.50	0.30~0.80	0.030	0.025	0.30~0.60	11.00~12.50	0.80~1.20	0.30	—	V: 0.25~0.35
122	S46250	18Cr12MoVNbN	0.15~0.20	0.50	0.50~1.00	0.035	0.030	(0.60)	10.00~13.00	0.30~0.90	—	0.05~0.10	V: 0.10~0.40 Nb: 0.20~0.60
123	S47010	15Cr12WMoV	0.12~0.18	0.50	0.50~0.90	0.035	0.030	0.40~0.80	11.00~13.00	0.50~0.70	—	—	W: 0.70~1.10 V: 0.15~0.30
124	S47220	22Cr12NiWMoV	0.20~0.25	0.50	0.50~1.00	0.040	0.030	0.50~1.00	11.00~13.00	0.75~1.25	—	—	W: 0.75~1.25 V: 0.20~0.40

(续)

序号	统一数字代号	牌号	化学成分（质量分数,%）									
			C	Si	Mn	P	S	Ni	Cr	Mo	Cu	N	其他元素
125	S47310	13Cr11Ni2W2MoV	0.10~0.16	0.60	0.60	0.035	0.030	1.40~1.80	10.50~12.00	0.35~0.50	—	—	W: 1.50~2.00 V: 0.18~0.30
126	S47410	14Cr12Ni2WMoVNb	0.11~0.17	0.60	0.60	0.030	0.025	1.80~2.20	11.00~12.00	0.80~1.20	—	—	W: 0.70~1.00 V: 0.20~0.30 Nb: 0.15~0.30
127	S47250	10Cr12Ni3Mo2VN	0.08~0.13	0.40	0.50~0.90	0.030	0.025	2.00~3.00	11.00~12.50	1.50~2.00	—	0.020~0.040	V: 0.25~0.40
128	S47450	18Cr11NiMoNbVN	0.15~0.20	0.50	0.50~0.80	0.020	0.015	0.30~0.60	10.00~12.00	0.60~0.90	0.10	0.04~0.09	V: 0.20~0.30 Al: 0.30 Nb: 0.20~0.60
129	S47710	13Cr14Ni3W2VB	0.10~0.16	0.60	0.60	0.300	0.030	2.80~3.40	13.00~15.00	—	—	—	W: 1.60~2.20 Ti: 0.05 B: 0.004 V: 0.18~0.28
130	S48040	42Cr9Si2	0.35~0.50	2.00~3.00	0.70	0.035	0.030	0.60	8.00~10.00	—	—	—	—
131	S48045	45Cr9Si3	0.40~0.50	3.00~3.50	0.60	0.030	0.030	0.60	7.50~9.50	—	—	—	—
132	S48140	40Cr10Si2Mo	0.35~0.45	1.90~2.60	0.70	0.030	0.030	0.60	9.00~10.50	0.70~0.90	—	—	—
133	S48380	80Cr20Si2Ni	0.75~0.85	1.75~2.25	0.20~0.60	0.030	0.030	1.15~1.65	19.00~20.50	—	—	—	—

注：表中所列成分除标明范围或最小值外，其余均为最大值。括号内值为允许添加的最大值。

5. 沉淀硬化型不锈钢和耐热钢的牌号及化学成分（表3-110）

表3-110 沉淀硬化型不锈钢和耐热钢的牌号及化学成分（GB/T 20878—2007）

序号	统一数字代号	牌号	化学成分（质量分数,%）									
			C	Si	Mn	P	S	Ni	Cr	Mo	Cu	N	其他元素
134	S51380	04Cr13Ni8Mo2Al	0.05	0.10	0.20	0.010	0.008	7.50~8.50	12.30~13.20	2.00~3.00	—	0.01	Al: 0.90~1.35
135	S51290	022Cr12Ni9Cu2NbTi	0.030	0.50	0.50	0.040	0.030	7.50~9.50	11.00~12.50	0.50	1.50~2.50	—	Ti: 0.80~1.40 Nb: 0.10~0.50
136	S51550	05Cr15Ni5Cu4Nb	0.07	1.00	1.00	0.040	0.030	3.50~5.50	14.00~15.50	—	2.50~4.50	—	Nb: 0.15~0.45
137	S51740	05Cr17Ni4Cu4Nb	0.07	1.00	1.00	0.040	0.030	3.00~5.00	15.00~17.50	—	3.00~5.00	—	Nb: 0.15~0.45
138	S51770	07Cr17Ni7Al	0.09	1.00	1.00	0.040	0.030	6.50~7.75	16.00~18.00	—	—	—	Al: 0.75~1.50
139	S51570	07Cr15Ni7Mo2Al	0.09	1.00	1.00	0.040	0.030	6.50~7.75	14.00~16.00	2.00~3.00	—	—	Al: 0.75~1.50
140	S51240	07Cr12Ni4Mn5Mo3Al	0.09	0.80	4.40~5.30	0.030	0.025	4.00~5.00	11.00~12.00	2.70~3.30	—	—	Al: 0.50~1.00
141	S51750	09Cr17Ni5Mo3N	0.07~0.11	0.50	0.50~1.25	0.040	0.030	4.00~5.00	16.00~17.00	2.50~3.20	—	0.07~0.13	—
142	S51778	06Cr17Ni7AlTi	0.08	1.00	1.00	0.040	0.030	6.00~7.50	16.00~17.50	—	—	—	Al: 0.40 Ti: 0.40~1.20
143	S51525	06Cr15Ni25Ti2MoAlVB	0.08	1.00	2.00	0.040	0.030	24.00~27.00	13.50~16.00	1.00~1.50	—	—	Al: 0.35 Ti: 1.90~2.35 B: 0.001~0.010 V: 0.10~0.50

注：表中所列成分除标明范围或最小值外，其余均为最大值。

3.6.2 不锈钢的力学性能

1. 不锈钢板和带的力学性能

1) 经固溶处理的奥氏体不锈钢板和带的力学性能如表3-111所示。

表 3-111　经固溶处理的奥氏体不锈钢板和带的力学性能（GB/T 3280—2015、GB/T 4237—2015）

统一数字代号	牌号	规定塑性延伸强度 $R_{p0.2}$/MPa	抗拉强度 R_m/MPa	断后伸长率[①] A(%)	硬度值 HBW	HRB	HV
		≥			≤		
S30103	022Cr17Ni7	220	550	45	241	100	242
S30110	12Cr12Ni7	205	515	40	217	95	220
S30153	022Cr17Ni7N	240	550	45	241	100	242
S30210	12Cr18Ni9	205	515	40	201	92	210
S30240	12Cr18Ni9Si3	205	515	40	217	95	220
S30403	022Cr19Ni10	180	485	40	201	92	210
S30408	06Cr19Ni10	205	515	40	201	92	210
S30409	07Cr19Ni10	205	515	40	201	92	210
S30450	05Cr19Ni10Si2CeN	290	600	40	217	95	220
S30453	022Cr19Ni10N	205	515	40	217	95	220
S30458	06Cr19Ni10N	240	550	30	217	95	220
S30478	06Cr19Ni9NbN	345	620	30	241	100	242
S30510	10Cr18Ni12	170	485	40	183	88	200
S30859	08Cr21Ni11Si2CeN	310	600	40	217	95	220
S30908	06Cr23Ni13	205	515	40	217	95	220
S31008	06Cr25Ni20	205	515	40	217	95	220
S31053	022Cr25Ni22Mo2N	270	580	25	217	95	220
S31252	015Cr20Ni18Mo6CuN	310	690	35	223	96	225
S31603	022Cr17Ni12Mo2	180	485	40	217	95	220
S31608	06Cr17Ni12Mo2	205	515	40	217	95	220
S31609	07Cr17Ni12Mo2	205	515	40	217	95	220
S31653	022Cr17Ni12Mo2N	205	515	40	217	95	220
S31658	06Cr17Ni12Mo2N	240	550	35	217	95	220
S31668	06Cr17Ni12Mo2Ti	205	515	40	217	95	220
S31678	06Cr17Ni12Mo2Nb	205	515	30	217	95	220
S31688	06Cr18Ni12Mo2Cu2	205	520	40	187	90	200
S31703	022Cr19Ni13Mo3	205	515	40	217	95	220
S31708	06Cr19Ni13Mo3	205	515	35	217	95	220
S31723	022Cr19Ni16Mo5N	240	550	40	223	96	225
S31753	022Cr19Ni13Mo4N	240	550	40	217	95	220
S31782	015Cr21Ni26Mo5Cu2	220	490	35	—	90	200
S32168	06Cr18Ni11Ti	205	515	40	217	95	220
S32169	07Cr19Ni11Ti	205	515	40	217	95	220
S32652	015Cr24Ni22Mo8Mn3CuN	430	750	40	250	—	252
S34553	022Cr24Ni17Mo5Mn6NbN	415	795	35	241	100	242
S34778	06Cr18Ni11Nb	205	515	40	201	92	210
S34779	07Cr18Ni11Nb	205	515	40	201	92	210
S38367	022Cr21Ni25Mo7N	310	690	30	—	100	258
S38926	015Cr20Ni25Mo7CuN	295	650	35	—	—	—

① 厚度不大于 3mm 时使用 A_{50mm} 试样。

2）经固溶处理的奥氏体-铁素体不锈钢板和带的力学性能如表3-112所示。

表3-112 经固溶处理的奥氏体-铁素体不锈钢板和带的力学性能
（GB/T 3280—2015、GB/T 4237—2015）

统一数字代号	牌号	规定塑性延伸强度 $R_{p0.2}$/MPa	抗拉强度 R_m/MPa	断后伸长率[①] A(%)	硬度值 HBW	硬度值 HRC
		≥			≤	
S21860	14Cr18Ni11Si4AlTi	—	715	25	—	—
S21953	022Cr19Ni5Mo3Si2N	440	630	25	290	31
S22053	022Cr23Ni5Mo3N	450	655	25	293	31
S22152	022Cr21Mn5Ni2N	450	620	25		25
S22153	022Cr21Ni3Mo2N	450	655	25	293	31
S22160	12Cr21Ni5Ti	—	635	20	—	—
S22193	022Cr21Mn3Ni3Mo2N	450	620	25	293	31
S22253	022Cr22Mn3Ni2MoN	450	655	30	293	31
S22293	022Cr22Ni5Mo3N	450	620	25	293	31
S22294	03Cr22Mn5Ni2MoCuN	450	650	30	290	
S22353	022Cr23Ni2N	450	650	30	290	
S22493	022Cr24Ni4Mn3Mo2CuN	540	740	25	290	
S22553	022Cr25Ni6Mo2N	450	640	25	295	31
S23043	022Cr23Ni4MoCuN	400	600	25	290	31
S25073	022Cr25Ni7Mo4N	550	795	15	310	32
S25554	03Cr25Ni6Mo3Cu2N	550	760	15	302	32
S27603	022Cr25Ni7Mo4WCuN	550	750	25	270	—

① 厚度不大于3mm时使用 A_{50mm} 试样。

3）经退火处理的铁素体不锈钢板和带的力学性能如表3-113所示。

表3-113 经退火处理的铁素体不锈钢板和带的力学性能（GB/T 3280—2015、GB/T 4237—2015）

统一数字代号	牌号	规定塑性延伸强度 $R_{p0.2}$/MPa	抗拉强度 R_m/MPa	断后伸长率[①] A(%)	180°弯曲试验弯曲压头直径 D	硬度值 HBW	硬度值 HRB	硬度值 HV
		≥				≤		
S11163	022Cr11Ti	170	380	20	$D=2a$	179	88	200
S11173	022Cr11NbTi	170	380	20	$D=2a$	179	88	200
S11203	022Cr12	195	360	22	$D=2a$	183	88	200
S11213	022Cr12Ni	280	450	18	—	180	88	200
S11348	06Cr13Al	170	415	20	$D=2a$	179	88	200
S11510	10Cr15	205	450	22	$D=2a$	183	89	200
S11573	022Cr15NbTi	205	450	22	$D=2a$	183	89	200
S11710	10Cr17	205	420	22	$D=2a$	183	89	200
S11763	022Cr17Ti	175	360	22	$D=2a$	183	88	200
S11790	10Cr17Mo	240	450	22	$D=2a$	183	89	200

(续)

统一数字代号	牌号	规定塑性延伸强度 $R_{p0.2}$/MPa	抗拉强度 R_m/MPa	断后伸长率[①] $A(\%)$	180°弯曲试验弯曲压头直径 D	硬度值 HBW	硬度值 HRB	硬度值 HV
		≥				≤		
S11862	019Cr18MoTi	245	410	20	$D=2a$	217	96	230
S11863	022Cr18Ti	205	415	22	$D=2a$	183	89	200
S11873	022Cr18Nb	250	430	18	—	180	88	200
S11882	019Cr18CuNb	205	390	22	$D=2a$	192	90	200
S11972	019Cr19Mo2NbTi	275	415	20	$D=2a$	217	96	230
S11973	022Cr18NbTi	205	415	22	$D=2a$	183	89	200
S12182	019Cr21CuTi	205	390	22	$D=2a$	192	90	200
S12361	019Cr23Mo2Ti	245	410	20	$D=2a$	217	96	230
S12362	019Cr23MoTi	245	410	20	$D=2a$	217	96	230
S12763	022Cr27Ni2Mo4NbTi	450	585	18	$D=2a$	241	100	242
S12791	008Cr27Mo	275	450	22	$D=2a$	187	90	200
S12963	022Cr29Mo4NbTi	415	550	18	$D=2a$	255	25[②]	257
S13091	008Cr30Mo2	295	450	22	$D=2a$	207	95	220

注：a 为弯曲试样厚度。

① 厚度不大于3mm时使用 A_{50mm} 试样。

② 为HRC硬度值。

4）经退火处理的马氏体不锈钢板和带的力学性能如表3-114所示。

表3-114 经退火处理的马氏体不锈钢板和带的力学性能（GB/T 3280—2015、GB/T 4237—2015）

统一数字代号	牌号	规定塑性延伸强度 $R_{p0.2}$/MPa	抗拉强度 R_m/MPa	断后伸长率[①] $A(\%)$	180°弯曲试验弯曲压头直径 D	硬度值 HBW	硬度值 HRB	硬度值 HV
		≥				≤		
S40310	12Cr12	205	485	20	$D=2a$	217	96	210
S41008	06Cr13	205	415	22	$D=2a$	183	89	200
S41010	12Cr13	205	450	20	$D=2a$	217	96	210
S41595	04Cr13Ni5Mo	620	795	15	—	302	32[②]	308
S42020	20Cr13	225	520	18		223	97	234
S42030	30Cr13	225	540	18		235	99	247
S42040	40Cr13	225	590	15		—	—	—
S43120	17Cr16Ni2[③]	690	880~1080	12		262~326	—	—
		1050	1350	10		388	—	—
S44070	68Cr17	245	590	15		255	25[②]	269
S46050	50Cr15MoV	—	≤850	12		280	100	280

注：a 为弯曲试样厚度。

① 厚度不大于3mm时使用 A_{50mm} 试样。

② 为HRC硬度值。

③ 表列为淬火、回火后的力学性能。

5) 经固溶处理的沉淀硬化型不锈钢板和带的力学性能如表 3-115 所示。

表 3-115 经固溶处理的沉淀硬化型不锈钢板和带的力学性能（GB/T 3280—2015、GB/T 4237—2015）

统一数字代号	牌号	钢材厚度/mm	规定塑性延伸强度 $R_{p0.2}$/MPa ≤	抗拉强度 R_m/MPa ≥	断后伸长率[1] $A(\%)$	硬度值 HRC ≤	硬度值 HBW ≤
S51380	04Cr13Ni8Mo2Al	0.10 ~ <8.0	—	—	—	38	363
S51290	022Cr12Ni9Cu2NbTi	0.30 ~ 8.0	1105	1205	3	36	331
S51770	07Cr17Ni7Al	0.10 ~ <0.30	450	1035	—	—	—
		0.30 ~ 8.0	380	1035	20	92[2]	—
S51570	07Cr15Ni7Mo2Al	0.10 ~ <8.0	450	1035	25	100[2]	—
S51750	09Cr17Ni5Mo3N	0.10 ~ <0.30	585	1380	8	30	—
		0.30 ~ 8.0	585	1380	12	30	—
S51778	06Cr17Ni7AlTi	0.10 ~ <1.50	515	825	4	32	—
		1.50 ~ 8.0	515	825	5	32	—

[1] 厚度不大于 3mm 时使用 A_{50mm} 试样。
[2] 为 HRB 硬度值。

6) 经时效处理的沉淀硬化型不锈钢板和带的力学性能如表 3-116 所示。

表 3-116 经时效处理的沉淀硬化型不锈钢板和带的力学性能（GB/T 3280—2015、GB/T 4237—2015）

统一数字代号	牌号	钢材厚度/mm	处理[1]温度/℃	规定塑性延伸强度 $R_{p0.2}$/MPa ≥	抗拉强度 R_m/MPa ≥	断后[2][3]伸长率 $A(\%)$	硬度值 HRC ≥	硬度值 HBW ≥
S51380	04Cr13Ni8Mo2Al	0.10 ~ <0.50	510 ±6	1410	1515	6	45	—
		0.50 ~ <5.0		1410	1515	8	45	—
		5.0 ~ 8.0		1410	1515	10	45	—
		0.10 ~ <0.50	538 ±6	1310	1380	6	43	—
		0.50 ~ <5.0		1310	1380	8	43	—
		5.0 ~ 8.0		1310	1380	10	43	—
S51290	022Cr12Ni9Cu2NbTi	0.10 ~ <0.50	510 ±6 或 482 ±6	1410	1525	—	44	—
		0.50 ~ <1.50		1410	1525	3	44	—
		1.50 ~ 8.0		1410	1525	4	44	—
S51770	07Cr17Ni7Al	0.10 ~ <0.30	760 ±15	1035	1240	3	38	—
		0.30 ~ <5.0	15 ±3	1035	1240	5	38	—
		5.0 ~ 8.0	566 ±6	965	1170	7	38	352
		0.10 ~ <0.30	954 ±8	1310	1450	1	44	—
		0.30 ~ <5.0	−73 ±6	1310	1450	3	44	—
		5.0 ~ 8.0	510 ±6	1240	1380	6	43	401

[1] 为推荐性热处理温度，供方应向需方提供推荐性热处理制度。
[2] 适用于沿宽度方向的试验，垂直于轧制方向且平行于钢板表面。
[3] 厚度不大于 3mm 时使用 A_{50mm} 试样。

7) 经时效处理的沉淀硬化型不锈钢板和带的力学性能如表 3-117 所示。

表 3-117 经时效处理的沉淀硬化型不锈钢板和带的力学性能（GB/T 3280—2015、GB/T 4237—2015）

统一数字代号	牌号	钢材厚度/mm	处理①温度/℃	规定塑性延伸强度 $R_{p0.2}$/MPa	抗拉强度 R_m/MPa	断后②③伸长率 A(%)	硬度值 HRC	硬度值 HBW
				≥			≥	
S51570	07Cr15Ni7Mo2Al	0.10 ~ <0.30	760 ± 15	1170	1310	3	40	—
		0.30 ~ <5.0	15 ± 3	1170	1310	5	40	—
		5.0 ~ 8.0	566 ± 6	1170	1310	4	40	375
		0.10 ~ <0.30	954 ± 8	1380	1550	2	46	—
		0.30 ~ <0.50	−73 ± 6	1380	1550	4	46	—
		5.0 ~ 8.0	510 ± 6	1380	1550	4	46	429
S51750	09Cr17Ni5Mo3N	0.10 ~ 1.2	冷轧	1205	1380	1	41	—
		0.10 ~ 1.2	冷轧 +482	1580	1655	1	46	—
		0.10 ~ <0.30	455 ± 8	1035	1275	6	42	—
		0.30 ~ 5.0		1035	1275	8	42	—
		0.10 ~ <0.30	540 ± 8	1000	1140	6	36	—
		0.30 ~ 5.0		1000	1140	8	36	—
S51778	06Cr17Ni7AlTi	0.10 ~ <0.80	510 ± 8	1170	1310	3	39	—
		0.80 ~ <1.50		1170	1310	4	39	—
		1.50 ~ 8.0		1170	1310	5	39	—
		0.10 ~ <0.80	538 ± 8	1105	1240	3	37	—
		0.80 ~ <1.50		1105	1240	4	37	—
		1.50 ~ 8.0		1105	1240	5	37	—
		0.10 ~ <0.80	566 ± 8	1035	1170	3	35	—
		0.80 ~ <1.50		1035	1170	4	35	—
		1.50 ~ 8.0		1035	1170	5	35	—

① 为推荐性热处理温度，供方应向需方提供推荐性热处理制度。
② 适用于沿宽度方向的试验，垂直于轧制方向且平行于钢板表面。
③ 厚度不大于 3mm 时使用 A_{50mm} 试样。

2. 不锈钢棒

(1) 经固溶处理的奥氏体型不锈钢棒的力学性能（表3-118）

表3-118 经固溶处理的奥氏体型不锈钢棒的力学性能（GB/T 1220—2007）

GB/T 20878 中序号	牌号	规定塑性延伸强度 $R_{p0.2}$ /MPa	抗拉强度 R_m /MPa	断后伸长率 A (%)	断面收缩率 Z (%)	硬度 HBW	硬度 HRB	硬度 HV
		≥				≤		
1	12Cr17Mn6Ni5N	275	520	40	45	241	100	253
3	12Cr18Mn9Ni5N	275	520	40	45	207	95	218
9	12Cr17Ni7	205	520	40	60	187	90	200
13	12Cr18Ni9	205	520	40	60	187	90	200
15	Y12Cr18Ni9	205	520	40	50	187	90	200
16	Y12Cr18Ni9Se	205	520	40	50	187	90	200
17	06Cr19Ni10	205	520	40	60	187	90	200
18	022Cr19Ni10	175	480	40	60	187	90	200
22	06Cr18Ni9Cu3	175	480	40	60	187	90	200
23	06Cr19Ni10N	275	550	35	50	217	95	220
24	06Cr19Ni9NbN	345	685	35	50	250	100	260
25	022Cr19Ni10N	245	550	40	50	217	95	220
26	10Cr18Ni12	175	480	40	60	187	90	200
32	06Cr23Ni13	205	520	40	60	187	90	200
35	06Cr25Ni20	205	520	40	50	187	90	200
38	06Cr17Ni12Mo2	205	520	40	60	187	90	200
39	022Cr17Ni12Mo2	175	480	40	60	187	90	200
41	06Cr17Ni12Mo2Ti	205	530	40	55	187	90	200
43	06Cr17Ni12Mo2N	275	550	35	50	217	95	220
44	022Cr17Ni12Mo2N	245	550	40	50	217	95	220
45	06Cr18Ni12Mo2Cu2	205	520	40	60	187	90	200
46	022Cr18Ni14Mo2Cu2	175	480	40	60	187	90	200
49	06Cr19Ni13Mo3	205	520	40	60	187	90	200
50	022Cr19Ni13Mo3	175	480	40	60	187	90	200
52	03Cr18Ni16Mo5	175	480	40	45	187	90	200
55	06Cr18Ni11Ti	205	520	40	50	187	90	200
62	06Cr18Ni11Nb	205	520	40	50	187	90	200
64	06Cr18Ni13Si4	205	520	40	60	207	95	218

(2) 经固溶处理的奥氏体－铁素体型钢棒的力学性能（表3-119）

表3-119 经固溶处理的奥氏体－铁素体型钢棒的力学性能（GB/T 1220—2007）

GB/T 20878 中序号	牌号	规定塑性延伸强度 $R_{p0.2}$ /MPa	抗拉强度 R_m /MPa	断后伸长率 A (%)	断面收缩率 Z (%)	冲击吸收能量 KU_2/J	硬度 HBW	硬度 HRB	硬度 HV
		≥					≤		
67	14Cr18Ni11Si4AlTi	440	715	25	40	63	—	—	—
68	022Cr19Ni5Mo3Si2N	390	590	20	40	—	290	30	300
70	022Cr22Ni5Mo3N	450	620	25	—	—	290	—	—
71	022Cr23Ni5Mo3N	450	655	25	—	—	290	—	—
73	022Cr25Ni6Mo2N	450	620	20	—	—	260	—	—
75	03Cr25Ni6Mo3Cu2N	550	750	25	—	—	290	—	—

(3) 经退火处理的铁素体型钢棒的力学性能（表3-120）

表3-120　经退火处理的铁素体型钢棒的力学性能（GB/T 1220—2007）

GB/T 20878 中序号	牌号	规定塑性延伸强度 $R_{p0.2}$ /MPa	抗拉强度 R_m /MPa	断后伸长率 A (%)	断面收缩率 Z (%)	冲击吸收能量 KU_2/J	硬度 HBW
		≥					≤
78	06Cr13Al	175	410	20	60	78	183
83	022Cr12	195	360	22	60	—	183
85	10Cr17	205	450	22	50	—	183
86	Y10Cr17	205	450	22	50	—	183
88	10Cr17Mo	205	450	22	60	—	183
94	008Cr27Mo	245	410	20	45	—	219
95	008Cr30Mo2	295	450	20	45	—	228

(4) 经热处理的马氏体型钢钢棒的力学性能（表3-121）

表3-121　经热处理的马氏体型钢钢棒的力学性能（GB/T 1220—2007）

GB/T 20878 中序号	牌号	经淬火回火后试样的力学性能和硬度							退火后钢棒的硬度 HBW
		规定塑性延伸强度 $R_{p0.2}$ /MPa	抗拉强度 R_m /MPa	断后伸长率 A (%)	断面收缩率 Z (%)	冲击吸收能量 KU_2/J	HBW	HRC	
		≥							≤
96	12Cr12	390	590	25	55	118	170	—	200
97	06Cr13	345	490	24	60	—	—	—	183
98	12Cr13	345	540	22	55	78	159	—	200
100	Y12Cr13	345	540	17	45	55	159	—	200
101	20Cr13	440	640	20	50	63	192	—	223
102	30Cr13	540	735	12	—	24	217	—	235
103	Y30Cr13	540	735	8	35	24	217	—	235
104	40Cr13	—	—	—	—	—	—	50	235
106	14Cr17Ni2	—	1080	10	—	39	—	—	285
107	17Cr16Ni2	700	900~1050	12	45	25	—	—	295
		600	800~950	14					
108	68Cr17	—	—	—	—	—	—	54	255
109	85Cr17	—	—	—	—	—	—	56	255
110	108Cr17	—	—	—	—	—	—	58	269
111	Y108Cr17	—	—	—	—	—	—	58	269
112	95Cr18	—	—	—	—	—	—	55	255
115	13Cr13Mo	490	690	20	60	78	192	—	200
116	32Cr13Mo	—	—	—	—	—	—	50	207
117	102Cr17Mo	—	—	—	—	—	—	55	269
118	90Cr18MoV	—	—	—	—	—	—	55	269

3. 不锈钢管的力学性能

(1) 结构用不锈钢无缝钢管的力学性能 (表 3-122)

表 3-122 结构用不锈钢无缝钢管的力学性能 (GB/T 14975—2012)

组织类型	序号	GB/T 20878		推荐热处理制度	力学性能			硬度 HBW/HV/HRB ≤	密度 ρ/ (kg/dm³)
		序号	统一数字代号	牌号		抗拉强度 R_m/ MPa ≥	规定塑性延伸强度 $R_{p0.2}$/ MPa ≥	断后伸长率 A (%) ≥		
奥氏体型	1	13	S30210	12Cr18Ni9	1010~1150℃,水冷或其他方式快冷	520	205	35	192HBW/200HV/90HRB	7.93
	2	17	S30438	06Cr19Ni10	1010~1150℃,水冷或其他方式快冷	520	205	35	192HBW/200HV/90HRB	7.93
	3	18	S30403	022Cr19Ni10	1010~1150℃,水冷或其他方式快冷	480	175	35	192HBW/200HV/90HRB	7.90
	4	23	S30458	06Cr19Ni10N	1010~1150℃,水冷或其他方式快冷	550	275	35	192HBW/200HV/90HRB	7.93
	5	24	S30478	06Cr19Ni9NbN	1010~1150℃,水冷或其他方式快冷	685	345	40	—	7.98
	6	25	S30453	022Cr19Ni10N	1010~1150℃,水冷或其他方式快冷	550	245	40	192HBW/200HV/90HRB	7.93
	7	32	S30908	06Cr23Ni13	1030~1180℃,水冷或其他方式快冷	520	205	35	192HBW/200HV/90HRB	7.98
	8	35	S31008	06Cr25Ni20	1030~1180℃,水冷或其他方式快冷	520	205	40	192HBW/200HV/90HRB	7.98
	9	37	S31252	015Cr20Ni18Mo6CuN	≥1150℃,水冷或其他方式快冷	655	310	35	220HBW/230HV/96HRB	8.00
	10	38	S31608	06Cr17Ni12Mo2	1010~1150℃,水冷或其他方式快冷	520	205	35	192HBW/200HV/90HRB	8.00
	11	39	S31603	022Cr17Ni12Mo2	1010~1150℃,水冷或其他方式快冷	480	175	35	192HBW/200HV/90HRB	8.00
	12	40	S31609	07Cr17Ni12Mo2	≥1040℃,水冷或其他方式快冷	515	205	35	192HBW/200HV/90HRB	7.98
	13	41	S31668	06CR17Ni12Mo2Ti	1000~1100℃,水冷或其他方式快冷	530	205	35	192HBW/200HV/90HRB	7.90
	14	44	S31653	022Cr17Ni12Mo2N	1010~1150℃,水冷或其他方式快冷	550	245	40	192HBW/200HV/90HRB	8.04
	15	43	S31658	06Cr17Ni12Mo2N	1010~1150℃,水冷或其他方式快冷	550	275	35	192HBW/200HV/90HRB	8.00
	16	45	S31688	06Cr18Ni12Mo2Cu2	1010~1150℃,水冷或其他方式快冷	520	205	35	—	7.96
	17	46	S31683	022Cr18Ni14Mo2Cu2	1010~1150℃,水冷或其他方式快冷	480	180	35	—	7.96
	18	48	S31782	015Cr21Ni26Mo5Cu2	≥1100℃,水冷或其他方式快冷	490	215	35	192HBW/200HV/90HRB	8.00

(续)

组织类型	序号	GB/T 20878 序号	统一数字代号	牌号	推荐热处理制度	抗拉强度 R_m/MPa ≥	规定塑性延伸强度 $R_{p0.2}$/MPa ≥	断后伸长率 A (%) ≥	硬度 HBW/HV/HRB ≤	密度 ρ/(kg/dm³)
奥氏体型	19	49	S31708	06Cr19Ni13Mo3	1010~1150℃，水冷或其他方式快冷	520	205	35	192HBW/200HV/90HRB	8.00
	20	50	S31703	022Cr19Ni13Mo3	1010~1150℃，水冷或其他方式快冷	480	175	35	192HBW/200HV/90HRB	7.98
	21	55	S32168	06Cr18Ni11Ti	920~1150℃，水冷或其他方式快冷	520	205	35	192HBW/200HV/90HRB	8.03
	22	56	S32169	07Cr19Ni11Ti	冷拔（轧）≥1100℃，热轧（挤、扩）≥1050℃，水冷或其他方式快冷	520	205	35	192HBW/200HV/90HRB	7.93
	23	62	S34778	06Cr18Ni11Nb	980~1150℃，水冷或其他方式快冷	520	205	35	192HBW/200HV/90HRB	8.03
	24	63	S34779	07Cr18Ni11Nb	冷拔（轧）≥1100℃，热轧（挤、扩）≥1050℃，水冷或其他方式快冷	520	205	35	192HBW/200HV/90HRB	8.00
	25	66	S38340	16Cr25Ni20Si2	1030~1180℃，水冷或其他方式快冷	520	205	40	192HBW/200HV/90HRB	7.98
铁素体型	26	78	S11348	06Cr13Al	780~830℃，空冷或缓冷	415	205	20	207HBW/95HRB	7.75
	27	84	S11510	10Cr15	780~850℃，空冷或缓冷	415	240	20	190HBW/90HRB	7.70
	28	85	S11710	10Cr17	780~850℃，空冷或缓冷	410	245	20	190HBW/90HRB	7.70
	29	87	S11863	022Cr18Ti	780~950℃，空冷或缓冷	415	205	20	190HBW/90HRB	7.70
	30	92	S11972	019Cr19Mo2NbTi	800~1050℃，空冷	415	275	20	217HBW/230HV/96HRB	7.75
马氏体型	31	97	S41008	06Cr13	800~900℃，缓冷或750℃空冷	370	180	22	—	7.75
	32	98	S41010	12Cr13	800~900℃，缓冷或750℃空冷	410	205	20	207HBW/95HRB	7.70
	33	101	S42020	20Cr13	800~900℃，缓冷或750℃空冷	470	215	19	—	7.75

（2）流体输送用不锈钢焊接钢管的力学性能（表3-123）

表3-123 流体输送用不锈钢焊接钢管的力学性能（GB/T 12771—2019）

序号	类型	统一数字代号	牌号	推荐热处理制度	抗拉强度 R_m/MPa ≥	规定塑性延伸强度 $R_{p0.2}$/MPa ≥	断后伸长率 A(%) 热处理	断后伸长率 A(%) 非热处理
1	奥氏体型	S30210	12Cr18Ni9	≥1040℃，快冷	515	205	40	35
2	奥氏体型	S30403	022Cr19Ni10	≥1040℃，快冷	485	180	40	35
3	奥氏体型	S30408	06Cr19Ni10	≥1040℃，快冷	515	205	40	35
4	奥氏体型	S30409	07Cr19Ni10	≥1040℃，快冷	515	205	40	35
5	奥氏体型	S30453	022Cr19Ni10N	≥1040℃，快冷	515	205	40	35
6	奥氏体型	S30458	06Cr19Ni10N	≥1040℃，快冷	550	240	30	25
7	奥氏体型	S30908	06Cr23Ni13	≥1040℃，快冷	515	205	40	35
8	奥氏体型	S31008	06Cr25Ni20	≥1040℃，快冷	515	205	40	35
9	奥氏体型	S31252	015Cr20Ni18Mo6CuN	≥1150℃，快冷	655	310	35	30
10	奥氏体型	S31603	022Cr17Ni12Mo2	≥1040℃，快冷	485	180	40	35
11	奥氏体型	S31608	06Cr17Ni12Mo2	≥1040℃，快冷	515	205	40	35
12	奥氏体型	S31609	07Cr17Ni12Mo2	≥1040℃，快冷	515	205	40	35
13	奥氏体型	S31653	022Cr17Ni12Mo2N	≥1040℃，快冷	515	205	40	35
14	奥氏体型	S31658	06Cr17Ni12Mo2N	≥1040℃，快冷	550	240	35	30
15	奥氏体型	S31668	06Cr17Ni12Mo2Ti	≥1040℃，快冷	515	205	40	35
16	奥氏体型	S31782	015Cr21Ni26Mo5Cu2	1030~1180℃，快冷	490	220	35	30
17	奥氏体型	S32168	06Cr18Ni11Ti[①]	≥1040℃，快冷	515	205	40	35
18	奥氏体型	S32169	07Cr19Ni11Ti[①]	≥1095℃，快冷	515	205	40	35
19	奥氏体型	S34778	06Cr18Ni11Nb[①]	≥1040℃，快冷	515	205	40	35
20	奥氏体型	S34779	07Cr18Ni11Nb[①]	≥1095℃，快冷	515	205	40	35
21	铁素体型	S11163	022Cr11Ti	800~900℃，快冷或缓冷	380	170	20	—
22	铁素体型	S11213	022Cr12Ni	700~820℃，快冷或缓冷	450	280	18	—
23	铁素体型	S11348	06Cr13Al	780~830℃，快冷或缓冷	415	170	20	—
24	铁素体型	S11863	022Cr18Ti	780~950℃，快冷或缓冷	415	205	22	—
25	铁素体型	S11972	019Cr19Mo2NbTi	800~1050℃，快冷	415	275	20	—

① 需方规定在固溶处理后进行稳定化热处理时，稳定化热处理温度为：850~930℃，进行稳定化热处理的钢管应标识代号"ST"。

(3) 锅炉和换热器用不锈钢无缝钢管的力学性能（表3-124）

表3-124 锅炉和换热器用不锈钢无缝钢管的力学性能（GB 13296—2013）

组织类型	序号	GB/T 20878中序号	统一数字代号	牌号	热处理制度	力学性能 抗拉强度 R_m/MPa	力学性能 规定塑性延伸强度 $R_{p0.2}$/MPa ≥	力学性能 断后延长率 A(%) ≥	密度 ρ/(kg/dm³)
奥氏体型	1	13	S30210	12Cr18Ni9	1010~1150℃，急冷	520	205	35	7.93
	2	17	S30408	06Cr19Ni10	1010~1150℃，急冷	520	205	35	7.93
	3	18	S30403	022Cr19Ni10	1010~1150℃，急冷	480	175	35	7.90
	4	19	S30409	07Cr19Ni10	1010~1150℃，急冷	520	205	35	7.90
	5	23	S30458	06Cr19Ni10N	1010~1150℃，急冷	550	240	35	7.93
	6	25	S30453	022Cr19Ni10N	1010~1150℃，急冷	515	205	35	7.93
	7	31	S30920	15Cr23Ni13	1030~1150℃，急冷	520	205	35	7.98
	8	32	S30908	06Cr23Ni13	1030~1180℃，急冷	520	205	35	7.98
	9	34	S31020	20Cr25Ni20	1030~1180℃，急冷	520	205	35	7.98
	10	35	S31008	06Cr25Ni20	1030~1180℃，急冷	520	205	35	8.00
	11	38	S31608	06Cr17Ni12Mo2	1010~1150℃，急冷	520	205	35	8.00
	12	39	S31603	022Cr17Ni12Mo2	1010~1150℃，急冷	480	175	40	8.00
	13	40	S31609	07Cr17Ni12Mo2	≥1040℃，急冷	520	205	35	8.00
	14	41	S31668	06Cr17Ni12Mo2Ti	1000~1100℃，急冷	530	205	35	7.90
	15	43	S31658	06Cr17Ni12Mo2N	1010~1150℃，急冷	550	240	35	8.00
	16	44	S31653	022Cr17Ni12Mo2N	1010~1150℃，急冷	515	205	35	8.04
	17	45	S31688	06Cr18Ni12Mo2Cu2	1010~1150℃，急冷	520	205	35	7.96
	18	46	S31683	022Cr18Ni14Mo2Cu2	1010~1150℃，急冷	480	180	35	7.96
	19	48	S39042	015Cr21Ni26Mo5Cu2	1065~1150℃，急冷	490	220	35	8.00
	20	49	S31708	06Cr19Ni13Mo3	1010~1150℃，急冷	520	205	35	8.00
	21	50	S31703	022Cr19Ni13Mo3	1010~1150℃，急冷	480	175	35	7.98
	22	55	S32168	06Cr18Ni11Ti	920~1150℃，急冷	520	205	35	8.03
	23	56	S32169	07Cr19Ni11Ti	热轧（挤压）≥1050℃，急冷 冷拔（轧）≥1100℃，急冷	520	205	35	8.03
	24	62	S34778	06Cr18Ni11Nb	980~1150℃，急冷	520	205	35	8.03
	25	63	S34779	07Cr18Ni11Nb	热轧（挤压）≥1050℃，急冷 冷拔（轧）≥1100℃，急冷	520	205	35	8.03
	26	64	S38148	06Cr18Ni13Si4	1010~1150℃，空冷或缓冷	520	205	35	7.75
铁素体型	27	85	S11710	10Cr17	780~850℃，空冷或缓冷	410	245	20	7.70
	28	94	S12791	008Cr27Mo	900~1050℃，急冷	410	245	20	7.67
马氏体型	29	97	S41008	06Cr13	750℃空冷或800~900℃缓冷	410	210	20	7.75

注：热挤压钢管的抗拉强度可降低20MPa。

3.6.3 耐热钢的力学性能

1. 经固溶处理的奥氏体型耐热钢钢板和钢带的力学性能（表3-124a）

表3-124a 经固溶处理的奥氏体型耐热钢钢板和钢带的力学性能（GB/T 4238—2015）

牌号	拉伸性能			硬度		
	规定塑性延伸强度 $R_{p0.2}$/MPa	抗拉强度 R_m/MPa	断后伸长率 A[①]（%）	HBW	HRB	HV
	≥			≤		
12Cr18Ni9	205	515	40	201	92	210
12Cr18Ni9Si3	205	515	40	217	95	220
06Cr19Ni10	205	515	40	201	92	210
07Cr19Ni10	205	515	40	201	92	210
05Cr19Ni10Si2CeN	290	600	40	217	95	220
06Cr20Ni11	205	515	40	183	88	200
08Cr21Ni11Si2CeN	310	600	40	217	95	220
16Cr23Ni13	205	515	40	217	95	220
06Cr23Ni13	205	515	40	217	95	220
20Cr25Ni20	205	515	40	217	95	220
06Cr25Ni20	205	515	40	217	95	220
06Cr17Ni12Mo2	205	515	40	217	95	220
07Cr17Ni12Mo2	205	515	40	217	95	220
06Cr19Ni13Mo3	205	515	35	217	95	220
06Cr18Ni11Ti	205	515	40	217	95	220
07Cr19Ni11Ti	205	515	40	217	95	220
12Cr16Ni35	205	560	—	201	92	210
06Cr18Ni11Nb	205	515	40	201	92	210
07Cr18Ni11Nb	205	515	40	201	92	210
16Cr20Ni14Si2	220	540	40	217	95	220
16Cr25Ni20Si2	220	540	35	217	95	220

① 厚度不大于3mm时使用 A_{50mm} 试样。

2. 经退火处理的铁素体型耐热钢钢板和钢带的力学性能（表3-124b）

表3-124b 经退火处理的铁素体型耐热钢钢板和钢带的力学性能（GB/T 4238—2015）

牌号	拉伸性能			硬度			弯曲性能	
	规定塑性延伸强度 $R_{p0.2}$/MPa	抗拉强度 R_m/MPa	断后伸长率 A[①]（%）	HBW	HRB	HV	弯曲角度	弯曲压头直径 D
	≥			≤				
06Cr12Al	170	415	20	179	88	200	180°	$D=2a$
022Cr11Ti	170	380	20	179	88	200	180°	$D=2a$
022Cr11NbTi	170	380	20	179	88	200	180°	$D=2a$
10Cr17	205	420	22	183	89	200	180°	$D=2a$
16Cr25N	275	510	20	201	95	210	135°	—

注：a 为钢板和钢带的厚度。

① 厚度不大于3mm时使用 A_{50mm} 试样。

3. 经退火处理的马氏体型耐热钢钢板和钢带的力学性能（表3-124c）

表3-124c 经退火处理的马氏体型耐热钢钢板和钢带的力学性能（GB/T 4238—2015）

牌号	拉伸性能			硬度			弯曲性能	
	规定塑性延伸强度 $R_{p0.2}$/MPa	抗拉强度 R_m/MPa	断后伸长率 A[①] (%)	HBW	HRB	HV	弯曲角度	弯曲压头直径 D
	≥			≤				
12Cr12	205	485	25	217	88	210	180°	$D=2a$
12Cr13	205	450	20	217	96	210	180°	$D=2a$
22Cr12NiMoWV	275	510	20	200	95	210	—	$a \geq 3mm, D=a$

注：a 为钢板和钢带的厚度。

① 厚度不大于3mm时使用 A_{50mm} 试样。

4. 经固溶处理的沉淀硬化型耐热钢钢板和钢带的力学性能（表3-124d）

表3-124d 经固溶处理的沉淀硬化型耐热钢钢板和钢带的力学性能（GB/T 4238—2015）

牌号	钢材厚度 /mm	规定塑性延伸强度 $R_{p0.2}$/MPa	抗拉强度 R_m/MPa	断后伸长率 A[①] (%)	硬度	
					HRC	HBW
022Cr12Ni9Cu2NbTi	0.30~100	≤1105	≤1205	≥3	≤36	≤331
05Cr17Ni4Cu4Nb	0.40~100	≤1105	≤1255	≥3	≤38	≤363
07Cr17Ni7Al	0.10~<0.30	≤450	≤1035	—	—	—
	0.30~100	≤380	≤1035	≥20	≤92[②]	
07Cr15Ni7Mo2Al	0.10~100	≤450	≤1035	≥25	≤100[②]	
06Cr17Ni7AlTi	0.10~<0.80	≤515	≤825	≥3	≤32	
	0.80~<1.50	≤515	≤825	≥4	≤32	
	1.50~100	≤515	≤825	≥5	≤32	
06Cr15Ni25Ti2MoAlVB[③]	<2	—	≥725	≥25	≤91[②]	≤192
	≥2	≥590	≥900	≥15	≤101[②]	≤248

① 厚度不大于3mm时使用 A_{50mm} 试样。
② HRB硬度值。
③ 时效处理后的力学性能。

5. 经沉淀硬化处理的耐热钢钢板和钢带的力学性能（表3-124e）

表3-124e 经沉淀硬化处理的耐热钢钢板和钢带的力学性能（GB/T 4238—2015）

牌号	钢材厚度 /mm	处理温度[①] /℃	规定塑性延伸强度 $R_{p0.2}$/MPa	抗拉强度 R_m/MPa	断后伸长率 A[②] (%)	硬度	
			≥			HRC	HBW
022Cr12Ni9Cu2NbTi	0.10~<0.75	510±10 或 480±6	1410	1525	—	≥44	—
	0.75~<1.50		1410	1525	3	≥44	
	1.50~16		1410	1525	4	≥44	

(续)

牌号	钢材厚度/mm	处理温度[1]/℃	规定塑性延伸强度 $R_{p0.2}$/MPa ≥	抗拉强度 R_m/MPa ≥	断后伸长率 A[2](%) ≥	硬度 HRC	硬度 HBW
05Cr17Ni4Cu4Nb	0.1~<5.0	482±10	1170	1310	5	40~48	—
	5.0~<16	482±10	1170	1310	8	40~48	388~477
	16~100	482±10	1170	1310	10	40~48	388~477
	0.1~<5.0	496±10	1070	1170	5	38~46	—
	5.0~<16	496±10	1070	1170	8	38~47	375~477
	16~100	496±10	1070	1170	10	38~47	375~477
	0.1~<5.0	552±10	1000	1070	5	35~43	—
	5.0~<16	552±10	1000	1070	8	33~42	321~415
	16~100	552±10	1000	1070	12	33~42	321~415
	0.1~<5.0	579±10	860	1000	5	31~40	—
	5.0~<16	579±10	860	1000	9	29~38	293~375
	16~100	579±10	860	1000	13	29~38	293~375
	0.1~<5.0	593±10	790	965	5	31~40	—
	5.0~<16	593±10	790	965	10	29~38	293~375
	16~100	593±10	790	965	14	29~38	293~375
	0.1~<5.0	621±10	275	930	8	28~38	—
	5.0~<16	621±10	725	930	10	26~36	269~352
	16~100	621±10	725	930	16	26~36	269~352
05Cr17Ni4Cu4Nb	0.10~<0.75	760±10 621±10	515	790	9	26~36	255~331
	5.0~<16	760±10 621±10	515	790	11	24~34	248~321
	16~100	760±10 621±10	515	790	18	24~34	248~321
07Cr17Ni7Al	0.05~<0.30	760±15 15±3 566±6	1035	1240	3	≥38	—
	0.30~<5.0	760±15 15±3 566±6	1035	1240	5	≥38	—
	5.0~16	760±15 15±3 566±6	965	1170	7	≥38	≥352
	0.05~<0.30	954±8 −73±6 510±6	1310	1450	1	≥44	—
	0.30~<5.0	954±8 −73±6 510±6	1310	1450	3	≥44	—
	5.0~16	954±8 −73±6 510±6	1240	1380	6	≥43	≥401
07Cr15Ni7Mo2Al	0.05~<0.30	760±15 15±3 566±10	1170	1310	3	≥40	—
	0.30~<5.0	760±15 15±3 566±10	1170	1310	5	≥40	—
	5.0~16	760±15 15±3 566±10	1170	1310	4	≥40	≥375
	0.05~<0.30	954±8 −73±6 510±6	1380	1550	2	≥46	—
	0.30~<5.0	954±8 −73±6 510±6	1380	1550	4	≥46	—
	5.0~16	954±8 −73±6 510±6	1380	1550	4	≥45	≥429

(续)

牌号	钢材厚度/mm	处理温度[1]/℃	规定塑性延伸强度 $R_{p0.2}$/MPa	抗拉强度 R_m/MPa	断后伸长率 $A^{[2]}$(%)	硬度	
			≥			HRC	HBW
06Cr17Ni7AlTi	0.10 ~ <0.80	510±8	1170	1310	3	≥39	—
	0.80 ~ <1.50		1170	1310	4	≥39	—
	1.50 ~ 16		1170	1310	5	≥39	—
	0.10 ~ <0.75	538±8	1105	1240	3	≥37	—
	0.75 ~ <1.50		1105	1240	4	≥37	—
	1.50 ~ 16		1105	1240	5	≥37	—
	0.10 ~ <0.75	566±8	1035	1170	3	≥35	—
	0.75 ~ <1.50		1035	1170	4	≥35	—
	1.50 ~ 16		1035	1170	5	≥35	—
06Cr15Ni25Ti2MoAlVB	2.0 ~ <8.0	700 ~ 760	590	900	15	≥101	≥248

[1] 表中所列为推荐性热处理温度。供方应向需方提供推荐性热处理制度。
[2] 适用于沿宽度方向的试验,垂直于轧制方向且平行于钢板表面。厚度不大于3mm时使用 A_{50mm} 试样。

6. 奥氏体型耐热钢棒的力学性能(表 3-124f)

表 3-124f 奥氏体型耐热钢棒的力学性能(GB/T 1221—2007)

牌号	热处理状态	规定塑性延伸强度 $R_{p0.2}^{[1]}$/MPa	抗拉强度 R_m/MPa	断后伸长率 A(%)	断面收缩率 $Z^{[2]}$(%)	硬度 HBW[1]
		≥				≤
53Cr21Mn9Ni4N	固溶+时效	560	885	8	—	≥302
26Cr18Mn12Si2N	固溶处理	390	685	35	45	248
22Cr20Mn10Ni2Si2N		390	635	35	45	248
06Cr19Ni10		205	520	40	60	187
22Cr21Ni12N	固溶+时效	430	820	26	20	269
16Cr23Ni13	固溶处理	205	560	45	50	201
06Cr23Ni13		205	520	40	60	187
20Cr25Ni20		205	590	40	50	201
06Cr25Ni20		205	520	40	50	187
06Cr17Ni12Mo2		205	520	40	60	187
06Cr19Ni13Mo3		205	520	40	60	187
06Cr18Ni11Ti		205	520	40	50	187

(续)

牌号	热处理状态	规定塑性延伸强度 $R_{p0.2}$[①]/MPa	抗拉强度 R_m/MPa	断后伸长率 A(%)	断面收缩率 Z[②](%)	硬度 HBW[①]
		≥				≤
45Cr14Ni14W2Mo	退火	315	705	20	35	248
12Cr16Ni35	固溶处理	205	560	40	50	201
06Cr18Ni11Nb		205	520	40	50	187
06Cr18Ni13Si4		205	520	40	60	207
16Cr20Ni14Si2		295	590	35	50	187
16Cr25Ni20Si2		295	590	35	50	187

注：53Cr21Mn9Ni4N 和 22Cr21Ni12N 仅适用于直径、边长及对边距离或厚度小于或等于25mm 的钢棒；大于25mm 的钢棒，可改锻成25mm 的样坯检验或由供需双方协商确定允许降低其力学性能的数值。其余牌号仅适用于直径、边长及对边距离或厚度小于或等于180mm 的钢棒。大于180mm 的钢棒，可改锻成180mm 的样坯检验或由供需双方协商确定，允许降低其力学性能数值。

① 规定塑性延伸强度和硬度，仅当需方要求时（合同中注明）才进行测定。
② 扁钢不适用，但需方要求时，可由供需双方协商确定。

7. 经退火的铁素体型耐热钢棒的力学性能（表 3-124g）

表 3-124g 经退火的铁素体型耐热钢棒的力学性能（GB/T 1221—2007）

牌号	热处理状态	规定塑性延伸强度 $R_{p0.2}$[①]/MPa	抗拉强度 R_m/MPa	断后伸长率 A(%)	断面收缩率 Z[②](%)	硬度[①] HBW
		≥				≤
06Cr13Al	退火	175	410	20	60	183
022Cr12		195	360	22	60	183
10Cr17		205	450	22	50	183
16Cr25N		275	510	20	40	201

注：表中数值仅适用于直径、边长及对边距离或厚度小于或等于75mm 的钢棒；大于75mm 的钢棒，可改锻成75mm 的样坯检验或由供需双方协商确定允许降低其力学性能的数值。

① 规定塑性延伸强度和硬度，仅当需方要求时（合同中注明）才进行测定。
② 扁钢不适用，但需方要求时，由供需双方协商确定。

8. 经淬火 + 回火的马氏体型耐热钢棒的力学性能（表 3-124h）

表 3-124h 经淬火 + 回火的马氏体型耐热钢棒的力学性能（GB/T 1221—2007）

牌号	热处理状态	规定塑性延伸强度 $R_{p0.2}$/MPa	抗拉强度 R_m/MPa	断后伸长率 A(%)	断面收缩率 Z[①](%)	冲击吸收能量 KU[②]/J	经淬火回火后的硬度 HBW	退火后的硬度 HBW[③]
		≥						≤
12Cr13	淬火+回火	345	540	22	55	78	159	200
20Cr13		440	640	20	50	63	192	223
14Cr17Ni2		—	1080	10	—	39	—	—

（续）

牌号	热处理状态	规定塑性延伸强度 $R_{p0.2}$/MPa	抗拉强度 R_m/MPa	断后伸长率 A(%)	断面收缩率 Z[①](%)	冲击吸收能量 KU[②]/J	经淬火回火后的硬度 HBW	退火后的硬度 HBW[③] ≤
				≥				
17Cr16Ni2[④]	淬火+回火	700	900~1050	12	45	25	—	295
		600	800~950	14				
12Cr5Mo		390	590	18	—	—	—	200
12Cr12Mo		550	685	18	60	78	217~248	255
13Cr13Mo		490	690	20	60	78	192	200
14Cr11MoV		490	685	16	55	47	—	200
18Cr2MoVNbN		685	835	15	30	—	≤321	269
15Cr12WMoV		585	735	15	25	47	—	—
22Cr12NiWMoV		735	885	10	25	—	≤341	269
13Cr11Ni2W2MoV[④]		735	885	15	55	71	269~321	269
		885	1080	12	50	55	311~388	
18Cr11NiMoNbVN		760	930	12	32	20	227~331	255
42Cr9Si2		590	885	19	50	—	—	269
45Cr9Si3		685	930	15	35	—	≥269	—
40Cr10Si2Mo		685	885	10	35	—	—	269
80Cr20Si2Ni		685	885	10	15	8	≥262	321

注：表中数值仅适用于直径、边长及对边距离或厚度小于或等于75mm的钢棒；大于75mm的钢棒，可改锻成75mm的样坯检验或由供需双方协商确定允许降低其力学性能的数值。

① 扁钢不适用，但需方要求时，由供需双方协商确定。
② 直径或对边距离小于等于16mm的圆钢、六角钢、八角钢和边长或厚度小于等于12mm的方钢、扁钢不作冲击试验。
③ 采用750℃退火时，其硬度由供需双方协商。
④ 17Cr16Ni2 和 13Cr11Ni2W2MoV 钢的性能组别应在合同中注明，未注明时，由供方自行选择。

9. 沉淀硬化型耐热钢棒的力学性能（表3-124i）

表3-124i 沉淀硬化型耐热钢棒的力学性能（GB/T 1221—2017）

牌号	热处理		规定塑料延伸强度 $R_{p0.2}$/MPa	抗拉强度 R_m/MPa	断后伸长率 A(%)	断面收缩率 Z[①](%)	硬度[②]	
	类型	组别		≥			HBW	HRC
05Cr17Ni4Cu4Nb	沉淀硬化	固熔处理	0	—	—	—	—	≤363	≤38
		480℃时效	1	1180	1310	10	40	≥375	≥40
		550℃时效	2	1000	1070	12	45	≥331	≥35
		580℃时效	3	865	1000	13	45	≥302	≥31
		620℃时效	4	725	930	16	50	≥277	≥28
07Cr17Ni7Al	沉淀硬化	固熔处理	0	≤380	≤1030	20	—	≤229	—
		510℃时效	1	1030	1230	4	10	≥388	—
		565℃时效	2	960	1140	5	25	≥363	—
06Cr15Ni25Ti2MoAlVB	固溶+时效			590	900	15	18	≥248	—

注：表中数值仅适用于直径、边长、厚度或对边距离小于等于75mm的钢棒；大于75mm的钢棒，可改锻成75mm的样坯检验，或由供需双方协商，规定允许降低其力学性能的数据。

① 扁钢不适用，但需方要求时，由供需双方协商。
② 供方可根据钢棒的尺寸或状态任选一种方法测定硬度。

3.7 铝及铝合金

3.7.1 铸造铝合金

1. 铸造铝合金的化学成分（表3-125）

表3-125 铸造铝合金的化学成分（GB/T 1173—2013）

合金种类	合金牌号	合金代号	主要元素（质量分数,%)						
			Si	Cu	Mg	Zn	Mn	Ti	其他	Al
Al-Si合金	ZAlSi7Mg	ZL101	6.5~7.5		0.25~0.45			0.08~0.20		余量
	ZAlSi7MgA	ZL101A	6.5~7.5		0.25~0.45			0.08~0.20		余量
	ZAlSi12	ZL102	10.0~13.0							余量
	ZAlSi9Mg	ZL104	8.0~10.5		0.17~0.35		0.2~0.5			余量
	ZAlSi5Cu1Mg	ZL105	4.5~5.5	1.0~1.5	0.4~0.6					余量
	ZAlSi5Cu1MgA	ZL105A	4.5~5.5	1.0~1.5	0.4~0.55					余量
	ZAlSi8Cu1Mg	ZL106	7.5~8.5	1.0~1.5	0.3~0.5		0.3~0.5	0.10~0.25		余量
	ZAlSi7Cu4	ZL107	6.5~7.5	3.5~4.5						余量
	ZAlSi12Cu2Mg1	ZL108	11.0~13.0	1.0~2.0	0.4~1.0		0.3~0.9			余量
	ZAlSi12Cu1Mg1Ni1	ZL109	11.0~13.0	0.5~1.5	0.8~1.3				Ni: 0.8~1.5	余量
	ZAlSi5Cu6Mg	ZL110	4.0~6.0	5.0~8.0	0.2~0.5					余量
	ZAlSi9Cu2Mg	ZL111	8.0~10.0	1.3~1.8	0.4~0.6		0.10~0.35	0.10~0.35		余量
	ZAlSi7Mg1A	ZL114A	6.5~7.5		0.45~0.75			0.10~0.20	Be: 0~0.07	余量
	ZAlSi5Zn1Mg	ZL115	4.8~6.2		0.4~0.65	1.2~1.8			Sb: 0.1~0.25	余量
	ZAlSi8MgBe	ZL116	6.5~8.5		0.35~0.55			0.10~0.30	Be: 0.15~0.40	余量
	ZAlSi7Cu2Mg	ZL118	6.0~8.0	1.3~1.8	0.2~0.5		0.1~0.3	0.10~0.25		余量

(续)

合金种类	合金牌号	合金代号	主要元素（质量分数,%）							Al
			Si	Cu	Mg	Zn	Mn	Ti	其他	
Al-Cu合金	ZAlCu5Mn	ZL201		4.5~5.3			0.6~1.0	0.15~0.35		余量
	ZAlCu5MnA	ZL201A		4.8~5.3			0.6~1.0	0.15~0.35		余量
	ZAlCu10	ZL202		9.0~11.0						余量
	ZAlCu4	ZL203		4.0~5.0						余量
	ZAlCu5MnCdA	ZL204A		4.6~5.3			0.6~0.9	0.15~0.35	Cd: 0.15~0.25	余量
	ZAlCu5MnCdVA	ZL205A		4.6~5.3			0.3~0.5	0.15~0.35	Cd: 0.15~0.25 V: 0.05~0.3 Zr: 0.15~0.25 B: 0.005~0.6	余量
	ZAlR5Cu3Si2	ZL207	1.6~2.0	3.0~3.4	0.15~0.25		0.9~1.2		Zr: 0.15~0.2 Ni: 0.2~0.3 RE: 4.4~5.0	余量
Al-Mg合金	ZAlMg10	ZL301			9.5~11.0					余量
	ZAlMg5Si	ZL303	0.8~1.3		4.5~5.5		0.1~0.4			余量
	ZAlMg8Zn1	ZL305			7.5~9.0	1.0~1.5		0.10~0.20	Be: 0.03~0.10	余量
Al-Zn合金	ZAlZn11Si7	ZL401	6.0~8.0		0.1~0.3	9.0~13.0				余量
	ZAlZn6Mg	ZL402			0.5~0.65	5.0~6.5	0.2~0.5	0.15~0.25	Cr: 0.4~0.6	余量

注："RE"为"含铈混合稀土"，其中混合稀土总量应不少于98%，铈含量不少于45%。

2. 铸造铝合金的力学性能（表3-126）

表3-126 铸造铝合金的力学性能（GB/T 1173—2013）

合金种类	合金牌号	合金代号	铸造方法	合金状态	力学性能≥ 抗拉强度 R_m/MPa	伸长率 $A(\%)$	布氏硬度 HBW
Al-Si 合金	ZAlSi7Mg	ZL101	S、J、R、K	F	155	2	50
			S、J、R、K	T2	135	2	45
			JB	T4	185	4	50
			S、R、K	T4	175	4	50
			J、JB	T5	205	2	60
			S、R、K	T5	195	2	60
			SB、RB、KB	T5	195	2	60
			SB、RB、KB	T6	225	1	70
			SB、RB、KB	T7	195	2	60
			SB、RB、KB	T8	155	3	55
	ZAlSi7MgA	ZL101A	S、R、K	T4	195	5	60
			J、JB	T4	225	5	60
			S、R、K	T5	235	4	70
			SB、RB、KB	T5	235	4	70
			J、JB	T5	265	4	70
			SB、RB、KB	T6	275	2	80
			J、JB	T6	295	3	80
	ZAlSi12	ZL102	SB、JB、RB、KB	F	145	4	50
			J	F	155	2	50
			SB、JB、RB、KB	T2	135	4	50
			J	T2	145	3	50
	ZAlSi9Mg	ZL104	S、R、J、K	F	150	2	50
			J	T1	200	1.5	65
			SB、RB、KB	T6	230	2	70
			J、JB	T6	240	2	70
	ZAlSi5Cu1Mg	ZL105	S、J、R、K	T1	155	0.5	65
			S、R、K	T5	215	1	70
			J	T5	235	0.5	70
			S、R、K	T6	225	0.5	70
			S、J、R、K	T7	175	1	65
	ZAlSi5Cu1MgA	ZL105A	SB、R、K	T5	265	1	80
			J、JB	T5	295	2	80
	ZAlSi8Cu1Mg	ZL106	SB	F	175	1	70
			JB	T1	195	1.5	70
			SB	T5	235	2	60
	ZAlSi8Cu1Mg	ZL106	JB	T5	255	2	70
			SB	T6	245	1	80
			JB	T6	265	2	70
			SB	T7	225	2	60
			JB	T7	245	2	60

（续）

合金种类	合金牌号	合金代号	铸造方法	合金状态	抗拉强度 R_m/MPa	伸长率 $A(\%)$	布氏硬度 HBW
Al-Si 合金	ZAlSi7Cu4	ZL107	SB	F	165	2	65
			SB	T6	245	2	90
			J	F	195	2	70
			J	T6	275	2.5	100
	ZAlSi12Cu2Mg1	ZL108	J	T1	195	—	85
			J	T6	255	—	90
	ZAlSi12Cu1Mg1Ni1	ZL109	J	T1	195	0.5	90
			J	T6	245	—	100
	ZAlSi5Cu6Mg	ZL110	S	F	125	—	80
			J	F	155	—	80
			S	T1	145	—	80
			J	T1	165	—	90
	ZAlSi9Cu2Mg	ZL111	J	F	205	1.5	80
			SB	T6	255	1.5	90
			J、JB	T6	315	2	100
	ZAlSi7Mg1A	ZL114A	SB	T5	290	2	85
			J、JB	T5	310	3	95
	ZAlSi5Zn1Mg	ZL115	S	T4	225	4	70
			J	T4	275	6	80
			S	T5	275	3.5	90
			J	T5	315	5	100
	ZAlSi8MgBe	ZL116	S	T4	255	4	70
			J	T4	275	6	80
			S	T5	295	2	85
			J	T5	335	4	90
	ZAlSi7Cu2Mg	ZL118	SB、RB	T6	290	1	90
			JB	T6	305	2.5	105
Al-Cu 合金	ZAlCu5Mg	ZL201	S、J、R、K	T4	295	8	70
			S、J、R、K	T5	335	4	90
			S	T7	315	2	0
	ZAlCu5MgA	ZL201A	S、J、R、K	T5	390	8	100
	ZAlCu10	ZL202	S、J	F	104	—	50
			S、J	T6	163	—	100
	ZAlCu4	ZL203	S、R、K	T4	195	6	60
			J	T4	205	6	60
			S、R、K	T5	215	3	70
			J	T5	225	3	70
	ZAlCu5MnCdA	ZL204A	S	T5	440	4	100
	ZAlCu5MnCdVA	ZL205A	S	T5	440	7	100
			S	T6	470	3	120
			S	T7	460	2	110
	ZAlR5Cu3Si2	ZL207	S	T1	165	—	75
			J	T1	175	—	75

(续)

合金种类	合金牌号	合金代号	铸造方法	合金状态	力学性能≥		
					抗拉强度 R_m/MPa	伸长率 $A(\%)$	布氏硬度 HBW
Al-Mg 合金	ZAlMg10	ZL301	S、J、R	T4	280	9	60
	ZAlMg5Si	ZL303	S、J、R、K	F	143	1	55
	ZAlMg8Zn1	ZL305	S	T4	290	8	90
Al-Zn 合金	ZAlZn11Si7	ZL401	S、R、K	T1	195	2	80
			J	T1	245	1.5	90
	ZAlZn6Mg	ZL402	J	T1	235	4	70
			S	T1	220	4	65

3.7.2 压铸铝合金

1. 压铸铝合金的化学成分（表3-127）

表3-127 压铸铝合金的化学成分（GB/T 15115—2009）

序号	合金牌号	合金代号	化学成分（质量分数,%）										
			Si	Cu	Mn	Mg	Fe	Ni	Ti	Zn	Pb	Sn	Al
1	YZAlSi10Mg	YL101	9.0~10.0	≤0.6	≤0.35	0.45~0.65	≤1.0	≤0.50	—	≤0.40	≤0.10	≤0.15	余量
2	YZAlSi12	YL102	10.0~13.0	≤1.0	≤0.35	≤0.10	≤0.7	≤0.50	—	≤0.40	≤0.10	≤0.15	余量
3	YZAlSi10	YL104	8.0~10.5	≤0.3	0.2~0.5	0.30~0.50	0.5~0.8	≤0.10	—	≤0.30	≤0.05	≤0.01	余量
4	YZAlSi9Cu4	YL112	7.5~9.5	3.0~4.0	≤0.50	≤0.10	≤1.0	≤0.50	—	≤2.90	≤0.10	≤0.15	余量
5	YZAlSi11Cu3	YL113	9.5~11.5	2.0~3.0	≤0.50	≤0.10	≤1.0	≤0.30	—	≤2.90	≤0.10	—	余量
6	YZAlSi17Cu5Mg	YL117	16.0~18.0	4.0~5.0	≤0.50	0.50~0.70	≤1.0	≤0.10	≤0.20	≤1.40	≤0.10	—	余量
7	YZAlMg5Si1	YL302	≤0.35	≤0.25	≤0.35	7.60~8.60	≤1.1	≤0.15	—	≤0.15	≤0.10	≤0.15	余量

注：除有范围的元素和铁为必检元素外，其余元素在有要求时抽检。

2. 铝合金压铸件的化学成分（表3-128）

表3-128 铝合金压铸件的化学成分（GB/T 15114—2009）

序号	合金牌号	合金代号	化学成分（质量分数,%）										
			Si	Cu	Mn	Mg	Fe	Ni	Ti	Zn	Pb	Sn	Al
1	YZAlSi10Mg	YL101	9.0~10.0	≤0.6	≤0.35	0.40~0.60	≤1.3	≤0.50	—	≤0.50	≤0.10	≤0.15	余量
2	YZAlSi12	YL102	10.0~13.0	≤1.0	≤0.35	≤0.10	≤1.3	≤0.50	—	≤0.50	≤0.10	≤0.15	余量
3	YZAlSi10	YL104	8.0~10.5	≤0.3	0.2~0.5	0.17~0.30	≤1.0	≤0.50	—	≤0.40	≤0.05	≤0.01	余量

(续)

序号	合金牌号	合金代号	化学成分（质量分数,%）										
			Si	Cu	Mn	Mg	Fe	Ni	Ti	Zn	Pb	Sn	Al
4	YZAlSi9Cu4	YL112	7.5~9.5	3.0~4.0	≤0.50	≤0.10	≤1.3	≤0.50	—	≤3.00	≤0.10	≤0.15	余量
5	YZAlSi11Cu3	YL113	9.5~11.5	2.0~3.0	≤0.50	≤0.10	≤1.3	≤0.30	—	≤3.00	≤0.10	≤0.35	余量
6	YZAlSi17Cu5Mg	YL117	16.0~18.0	4.0~5.0	≤0.50	0.45~0.65	≤1.3	≤0.10	≤0.1	≤1.50	≤0.10	—	余量
7	YZAlMg5Si1	YL302	≤0.35	≤0.25	≤0.35	7.5~8.5	≤1.8	≤0.15	—	≤0.15	≤0.10	≤0.15	余量

注：除有范围的元素和铁为必检元素外，其余元素在有要求时抽检。

3. 压铸铝合金的力学性能（表3-129）

表3-129 压铸铝合金的力学性能（GB/T 15115—2009）

序号	合金牌号	合金代号	抗拉强度 R_m/MPa ≥	断后伸长率 A_{50mm}（%）≥	硬度 HBW ≥
1	YZAlSi10Mg	YL101	200	2.0	70
2	YZAlSi12	YL102	220	2.0	60
3	YZAlSi10	YL104	220	2.0	70
4	YZAlSi9Cu4	YL112	320	3.5	85
5	YZAlSi11Cu3	YL113	230	1.0	80
6	YZAlSi17Cu5Mg	YL117	220	<1.0	—
7	YZAlMg5Si1	YL302	220	2.0	70

3.7.3 变形铝及铝合金

1. 变形铝及铝合金的化学成分

1）变形铝及铝合金数字牌号（适用国际牌号）的化学成分如表3-130所示。

2）变形铝及铝合金字符牌号的化学成分如表3-131所示。

2. 变形铝及铝合金的力学性能

（1）铝及铝合金板和带的力学性能（表3-132）

表3-130 变形铝及铝合金数字牌号（适用国际牌号）的化学成分（GB/T 3190—2020）

扫码查表

表3-131 变形铝及铝合金字符牌号的化学成分（GB/T 3190—2020）

扫码查表

表3-132 铝及铝合金板和带的力学性能（GB/T 3880.2—2012）

扫码查表

（2）铝及铝合金管的力学性能

1）铝及铝合金拉（轧）制无缝管材的力学性能如表3-133所示。

表 3-133 铝及铝合金拉（轧）制无缝管材的力学性能（GB/T 6893—2010）

牌号	状态	壁厚/mm		抗拉强度 R_m/MPa	规定塑性延伸强度 $R_{p0.2}$/MPa	断后伸长率(%)		
						全截面试样	其他试样	
						A_{50mm}	A_{50mm}	A
				≥				
1035 1050A 1050	O	所有		60~95	—	—	22	25
	H14	所有		100~135	70	—	5	6
1060 1070A 1070	O	所有		60~95	—	—	—	—
	H114	所有		85	70	—	—	—
1100 1200	O	所有		70~105	—	—	16	20
	H14	所有		110~145	80	—	4	5
2A11	O	所有		≤245		10		
	T4	外径 ≤22	≤1.5	375	195	13		
			>1.5~2.0			14		
			>2.0~5.0			—		
		外径 >22~50	≤1.5	390	225	12		
			>1.5~5.0			13		
		>50	所有	390	225	11		
2017	O	所有		≤245	≤125	17	16	16
	T4	所有		375	215	13	12	12
2A12	O	所有		≤245	—	10		
	T4	外径 ≤22	≤2.0	410	225	13		
			>2.0~5.0			—		
		外径 >22~50	所有	420	275	12		
		>50	所有	420	275	10		
2A14	T4	外径 ≤22	1.0~2.0	360	205	10		
			>2.0~5.0	360	205	—		
		外径 >22	所有	360	205	10		
2024	O	所有		≤240	≤140	—	10	12
	T4	0.63~1.2		440	290	12	10	—
		>1.2~5.0		440	290	14	10	—
3003	O	所有		95~130	35	—	20	25
	H14	所有		130~165	110	—	4	6
3A21	O	所有		≤135	—	—	—	—
	H14	所有		135	—	—	—	—
	H18	外径<60,壁厚0.5~5.0		185	—	—	—	—
		外径≥60,壁厚2.0~5.0		175	—	—	—	—
	H24	外径<60,壁厚0.5~5.0		145	—	—	8	—
		外径≥60,壁厚2.0~5.0		135	—	—	8	—
5A02	O	所有		≤225	—	—	—	—
	H14	外径≤55,壁厚≤2.5		225	—	—	—	—
		其他所有		195	—	—	—	—

（续）

牌号	状态	壁厚/mm	抗拉强度 R_m/MPa	规定塑性延伸强度 $R_{p0.2}$/MPa	断后伸长率(%)		
					全截面试样	其他试样	
					A_{50mm}	A_{50mm}	A
			≥				
5A03	O	所有	175	80	15		
	H34	所有	215	125	8		
5A05	O	所有	215	90	15		
	H32	所有	245	145	8		
5A06	O	所有	315	145	15		
5052	O	所有	170~230	65	—	17	20
	H14	所有	230~270	180	—	4	5
5056	O	所有	≤315	100	16		
	H32	所有	305	—	—		
5083	O	所有	270~350	110		14	16
	H32	所有	280	200		4	6
5754	O	所有	180~250	80		14	16
6A02	O	所有	≤155	—	14		
	T4	所有	205		14		
	T6	所有	305		8		
6061	O	所有	≤150	≤110		14	16
	T4	所有	205	110		14	16
	T6	所有	290	240		8	10
6063	O	所有	≤130	—		15	20
	T4	所有	220	190		8	10
7A04	O	所有	≤265	—	8		
7020	T6	所有	350	280		8	10
8A06	O	所有	≤120	—	20		
	H14	所有	100		5		

2）铝及铝合金热挤压无缝圆管材的室温纵向力学性能如表3-134所示。

表3-134　铝及铝合金热挤压无缝圆管材的室温纵向力学性能（GB/T 4437.1—2015）

扫码查表

3）铝及铝合金热挤压有缝管材的室温纵向力学性能如表3-135所示。

表 3-135　铝及铝合金热挤压有缝管材的室温纵向力学性能（GB/T 4437.2—2017）

牌号	供应状态	试样状态	壁厚 /mm	抗拉强度 R_m /MPa	规定塑性延伸强度 $R_{p0.2}$ /MPa	断后伸长率（%） A ≥	A_{50mm}
1070A、1060	O	O	所有	60~95	≥15	22	20
	H112	H112	所有	≥60	≥15	22	20
1050A、1035	O	O	所有	60~95	≥20	25	23
	H112	H112	所有	≥60	≥20	25	23
1100	O	O	所有	75~105	≥20	22	20
	H112	H112	所有	≥75	≥20	22	20
1200	H112	H112	所有	≥75	≥25	20	18
2A11	O	O	所有	≤245	—	12	10
	T1、T4	T42、T4	≤10.00	≥335	≥190	—	10
			>10.00~20.00	≥335	≥200	10	8
			>20.00~50.00	≥365	≥210	10	—
2017	O	O	所有	≤245	≤125	16	16
	T1、T4	T42、T4	≤12.50	≥345	≥215	—	12
			>12.50~100.00	≥345	≥195	12	—
2A12	O	O	所有	≤245	—	12	10
	T1、T4	T42、T4	≤5.00	≥390	≥295	—	8
			>5.00~10.00	≥410	≥295	—	8
			>10.00~20.00	≥420	≥305	10	8
			>20.00~50.00	≥440	≥315	10	—
2024	O	O	所有	≤250	≤150	12	10
	T3、T3510、T3511	T3、T3510、T3511	≤15.00	≥395	≥290	8	6
			>15.00~50.00	≥420	≥290	8	—
3003	O	O	所有	95~135	≥35	25	20
	H112	H112	所有	≥95	≥35	25	20
5A02	H112	H112	所有	≤245	—	12	10
5052	H112	H112	所有	≥170	≥70	15	13
	O	O	所有	175~230	≥70	17	15
5A03	H112	H112	所有	≥180	≥80	12	10
5A05	H112	H112	所有	≥255	≥130	15	13
5A06	O、H112	O、H112	所有	≥315	≥160	15	13
5083	O	O	所有	≥270	≥110	12	10
	H112	H112	所有	≥270	≥125	12	10
5454	O	O	≤25.00	200~275	≥85	18	16
	H112	H112	≤25.00	≥200	≥85	16	14
5086	O	O	所有	240~320	≥95	18	15
	H112	H112	所有	≥240	≥95	12	10

（续）

牌号	供应状态	试样状态	壁厚 /mm	室温拉伸试验结果		断后伸长率（%）	
				抗拉强度 R_m /MPa	规定塑性延伸强度 $R_{p0.2}$ /MPa	A	A_{50mm}
						$\geq$	
6A02	O	O	所有	≤145	—	17	—
	T4	T4	所有	≥205	—	14	—
	T1、T6	T62、T6	所有	≥295	≥230	10	8
6101	T6	T6	≥3.00~7.00	≥195	≥165	—	10
			>7.00~17.00	≥195	≥165	12	10
			>17.00~30.00	≥175	≥145	14	—
6101B	T6	T6	≤15.00	≥215	≥160	8	6
	T7	T7	≤15.00	≥170	≥120	12	10
6005A	T1	T1	≤6.30	≥170	≥100	—	15
6005A、6005	T5	T5	≤6.30	≥250	≥200	—	7
			>6.30~25.00	≥250	≥200	8	7
	T6	T6	≤5.00	≥270	≥225	—	6
			>5.00~10.00	≥260	≥215	—	6
6105	T6	T6	≤3.20	≥250	≥240	—	8
			>3.20~25.00	≥250	≥240	—	10
6351	T6	T6	≤5.00	≥290	≥250	8	6
			>5.00~25.00	≥300	≥255	10	8
6060	T5	T5	≤15.00	≥160	≥120	8	6
	T6	T6	≤15.00	≥190	≥150	8	6
	T66	T66	≤15.00	≥215	≥160	8	6
6061	T4	T4	≤25.00	≥180	≥110	15	13
	T5	T5	≤16.00	≥240	≥205	9	7
	T6	T6	≤5.00	≥260	≥240	8	6
			>5.00~25.00	≥260	≥240	10	8
6063	T1	T1	≤12.50	≥120	≥60	—	12
			>12.50~25.00	≥110	≥55	—	12
	T4	T4	≤10.00	≥130	≥65	14	12
			>10.00~25.00	≥125	≥60	12	10
	T5	T5	≤25.00	≥175	≥130	8	6
	T6	T6	≤25.00	≥215	≥170	10	8
6063A	T5	T5	≤25.00	≥200	≥160	7	5
	T6	T6	≤25.00	≥230	≥190	7	5
6082	T4	T4	≤25.00	≥205	≥110	14	12
	T6	T6	≤5.00	≥290	≥250	—	6
			>5.00~25.00	≥310	≥260	10	8
7003	T6	T6	≤10.00	≥350	≥290	—	8
			>10.00~25.00	≥340	≥280	10	8

(3) 铝及铝合金拉制棒的力学性能

1) 一般工业用铝及铝合金棒材的室温纵向力学性能如表 3-136 所示。

表 3-136　一般工业用铝及铝合金棒材的室温纵向力学性能（YS/T 624—2019）

牌号	状态	圆棒直径、方棒或扁棒的厚度 /mm	室温拉伸试验结果			
			抗拉强度 R_m	规定塑性延伸强度 $R_{p0.2}$	断后伸长率 A	A_{50mm}
			MPa		%	
1060	O	≤100.00	≥55	≥15	≥22	≥25
	H18	≤10.00	≥110	≥90	—	—
	F	≤100.00	—	—	—	—
1100	O	≤30.00	75~105	≥20	≥22	≥25
	H18	≤10.00	≥150	—	—	—
	F	≤100.00	—	—	—	—
2A12	T4	≤22.00	≥390	≥255	≥12	—
		>22.00~100.00	≥420	≥255	≥12	—
2A40	T6	≥8.00~12.50	≥431	≥265	≥15	—
		>12.50~16.00	≥431	≥265	—	≥16
2014	O	≤100.00	≤240	—	≥10	≥12
	T4、T351	≤100.00	≥380	≥220	≥12	≥16
	T6、T651	≤100.00	≥450	≥380	≥7	≥8
	F	≤100.00	—	—	—	—
2024	O	≤100.00	≤240	—	≥14	≥16
	T4	≤12.50	≥425	≥310	—	≥10
	T4、T351	>12.50~100.00	≥425	≥290	≥9	—
	T6	≤80.00	≥425	≥315	≥5	≥4
	F	≤100.00	—	—	—	—
3003	O	≤50.00	95~130	≥35	≥22	≥25
	H14	≤10.00	≥140	—	—	—
	H18	≤10.00	≥185	—	—	—
	F	≤100.00	—	—	—	—
5052	O	≤50.00	170~220	≥65	≥22	≥25
	H14	≤30.00	≥235	≥180	≥5	—
	H18	≤10.00	≥265	≥220	≥2	—
	F	≤100.00	—	—	—	—
5083	O	≤80.00	270~350	≥110	≥14	≥16
6060	T6	≤80.00	≥215	≥160	≥12	≥10
6061	T4	≤100.00	≥205	≥110	≥16	≥14
	T6	≤100.00	≥290	≥240	≥9	≥10
	F	≤100.00	—	—	—	—

（续）

牌号	状态	圆棒直径、方棒或扁棒的厚度/mm	室温拉伸试验结果			
			抗拉强度 R_m	规定塑性延伸强度 $R_{p0.2}$	断后伸长率	
					A	A_{50mm}
			MPa		%	
6063	T4	≤80.00	≥150	≥75	≥15	≥13
	T6	≤80.00	≥220	≥190	≥10	≥8
6082	T6	≤80.00	≥310	≥255	≥10	≥9
7A09	T6	≤22.00	≥490	≥370	≥7	—
		>22.00~100.00	≥530	≥400	≥6	—
7075	O	≤100.00	≤275	—	≥9	≥10
	T6、T651	≤100.00	≥530	≥455	≥6	≥7
	F	≤100.00	—	—	—	—

2）铝及铝合金挤压扁棒的力学性能如表3-137所示。

3. 铝及铝合金挤压棒

铝及铝合金挤压棒材的室温纵向力学性能如表3-138所示。

表 3-137 铝及铝合金挤压扁棒的力学性能（YS/T 439—2012）

扫码查表

表 3-138 铝及铝合金挤压棒材的室温纵向力学性能（GB/T 3191—2019）

扫码查表

3.8 镁及镁合金

3.8.1 铸造镁合金

1. 铸造镁合金的化学成分（表3-139）

表 3-139 铸造镁合金的化学成分（GB/T 1177—2018）

合金牌号	合金代号	Mg	化学成分① （质量分数,%）										其他元素④	
			Al	Zn	Mn	RE	Zr	Ag	Nd	Si	Fe	Cu	Ni	单个	总量
ZMgZn5Zr	ZM1	余量	0.02	3.5~5.5	—	—	0.5~1.0	—	—	—	—	0.10	0.01	0.05	0.30
ZMgZn4RE1Zr	ZM2	余量	—	3.5~5.0	0.15	0.75②~1.75	0.4~1.0	—	—	—	—	0.10	0.01	0.05	0.30
ZMgRE3ZnZr	ZM3	余量	—	0.2~0.7	—	2.5②~4.0	0.4~1.0	—	—	—	—	0.10	0.01	0.05	0.30
ZMgRE3Zn3Zr	ZM4	余量	—	2.0~3.1	—	2.5②~4.0	0.5~1.0	—	—	—	—	0.10	0.01	0.05	0.30

（续）

合金牌号	合金代号	Mg	化学成分① （质量分数，%）											其他元素④	
			Al	Zn	Mn	RE	Zr	Ag	Nd	Si	Fe	Cu	Ni	单个	总量
ZMgAl8Zn	ZM5	余量	7.5~9.0	0.2~0.8	0.15~0.5	—	—	—	—	0.30	0.05	0.10	0.01	0.10	0.50
ZMgAl8ZnA	ZM5A	余量	7.5~9.0	0.2~0.8	0.15~0.5	—	—	—	—	0.10	0.005	0.015	0.001	0.01	0.20
ZMgNd2ZnZr	ZM6	余量	—	0.1~0.7	—	—	0.4~1.0	—	2.0③~2.8	—	0.10	0.01	0.05	0.30
ZMgZn8AgZr	ZM7	余量	—	7.5~9.0	—	—	0.5~1.0	0.6~1.2	—	—	0.10	0.01	0.05	0.30
ZMgAl10Zn	ZM10	余量	9.0~10.7	0.6~1.2	0.1~0.5	—	—	—	—	0.30	0.05	0.10	0.05	0.50
ZMgNd2Zr	ZM11	余量	0.02	—	—	—	0.4~1.0	—	2.0③~3.0	0.01	0.01	0.03	0.005	0.05	0.20

注：含量有上下限者为合金主元素，含量为单个数值者为最高限，"—"为未规定具体数值。
① 合金可加入铍，其含量不大于0.002%。
② 稀土为富铈混合稀土或稀土中间合金。当稀土为富铈混合稀土时，稀土金属总量不小于98%，铈含量不小于45%。
③ 稀土为富钕混合稀土，含钕量不小于85%，其中Nd、Pr含量之和不小于95%。
④ 其他元素是指在本表头列出了元素符号，但在本表中却未规定极限数值含量的元素。

2. 铸造镁合金的力学性能（表3-140）

表3-140 铸造镁合金的力学性能（GB/T 1177—2018）

合金牌号	合金代号	热处理状态	力学性能 ≥		
			抗拉强度 R_m/MPa	规定塑性延伸强度 $R_{p0.2}$/MPa	断后伸长率 A（%）
ZMgZn5Zr	ZM1	T1	235	140	5.0
ZMgZn4RE1Zr	ZM2	T1	200	135	2.5
ZMgRE3ZnZr	ZM3	F	120	85	1.5
		T2	120	85	1.5
ZMgRE3Zn3Zr	ZM4	T1	140	95	2.0
ZMgAl8Zn ZMgAl8ZnA	ZM5 ZM5A	F	145	75	2.0
		T1	155	80	2.0
		T4	230	75	6.0
		T6	230	100	2.0
ZMgNd2ZnZr	ZM6	T6	230	135	3.0
ZMgZn8AgZr	ZM7	T4	265	110	6.0
		T6	275	150	4.0
ZMgAl10Zn	ZM10	F	145	85	1.0
		T4	230	85	4.0
		T6	230	130	1.0
ZMgNd2Zr	ZM11	T6	225	135	3.0

3.8.2 压铸镁合金

1. 压铸镁合金的化学成分（表3-141）

表3-141 压铸镁合金的化学成分（GB/T 25748—2010）

序号	合金牌号	合金代号	化学成分（质量分数,%）								
			Al	Zn	Mn	Si	Cu	Ni	Fe	RE	其他杂质	Mg

序号	合金牌号	合金代号	Al	Zn	Mn	Si	Cu	Ni	Fe	RE	其他杂质	Mg
1	YZMgAl2Si	YM102	1.9~2.5	≤0.20	0.20~0.60	0.70~1.20	≤0.008	≤0.001	≤0.004	—	≤0.01	余量
2	YZMgAl2Si(B)	YM103	1.9~2.5	≤0.25	0.05~0.15	0.70~1.20	≤0.008	≤0.001	≤0.004	0.06~0.25	≤0.01	余量
3	YZMgAl4Si(A)	YM104	3.7~4.8	≤0.10	0.22~0.48	0.60~1.40	≤0.040	≤0.010	—	—	—	余量
4	YZMgAl4Si(B)	YM105	3.7~4.8	≤0.10	0.35~0.60	0.60~1.40	≤0.015	≤0.001	≤0.004	—	≤0.01	余量
5	YZMgAl4Si(S)	YM106	3.5~5.0	≤0.20	0.18~0.70	0.5~1.5	≤0.01	≤0.002	≤0.004	—	≤0.02	余量
6	YZMgAl2Mn	YM202	1.6~2.5	≤0.20	0.33~0.70	≤0.08	≤0.008	≤0.001	≤0.004	—	≤0.01	余量
7	YZMgAl5Mn	YM203	4.5~5.3	≤0.20	0.28~0.50	≤0.08	≤0.008	≤0.001	≤0.004	—	≤0.01	余量
8	YZMgAl6Mn(A)	YM204	5.6~6.4	≤0.20	0.15~0.50	≤0.20	≤0.250	≤0.010	—	—	—	余量
9	YZMgAl6Mn	YM205	5.6~6.4	≤0.20	0.26~0.50	≤0.08	≤0.008	≤0.001	≤0.004	—	≤0.01	余量
10	YZMgAl8Zn1	YM302	7.0~8.1	0.40~1.00	0.13~0.35	≤0.30	≤0.10	≤0.010	—	—	≤0.30	余量
11	YZMgAl9Zn1(A)	YM303	8.5~9.5	0.45~0.90	0.15~0.40	≤0.20	≤0.080	≤0.010	—	—	—	余量
12	YZMgAl9Zn1(B)	YM304	8.5~9.5	0.45~0.90	0.15~0.40	≤0.20	≤0.250	≤0.010	—	—	—	余量
13	YZMgAl9Zn1(D)	YM305	8.5~9.5	0.45~0.90	0.17~0.40	≤0.08	≤0.025	≤0.001	≤0.004	—	≤0.01	余量

注：除有范围的元素和铁为必检元素外，其余元素有要求时抽检。

2. 镁合金压铸件的化学成分（表3-142）

表3-142 镁合金压铸件的化学成分（GB/T 25747—2010）

序号	合金牌号	合金代号	Al	Zn	Mn	Si	Cu	Ni	Fe	RE	其他元素	Mg
1	YZMgAl2Si	YM102	1.8~2.5	≤0.20	0.18~0.70	0.70~1.20	≤0.01	≤0.001	≤0.005	—	≤0.01	余量
2	YZMgAl2Si(B)	YM103	1.8~2.5	≤0.25	0.05~0.15	0.70~1.20	≤0.008	≤0.001	≤0.0035	0.06~0.25	≤0.01	余量
3	YZMgAl4Si(A)	YM104	3.5~5.0	≤0.12	0.20~0.50	0.50~1.50	≤0.06	≤0.030	—	—	—	余量

第 3 章 常用金属材料的化学成分及力学性能

（续）

序号	合金牌号	合金代号	化学成分(质量分数,%)									Mg
			Al	Zn	Mn	Si	Cu	Ni	Fe	RE	其他元素	
4	YZMgAl4Si(B)	YM105	3.5~5.0	≤0.12	0.35~0.70	0.50~1.50	≤0.02	≤0.002	≤0.0035	—	≤0.02	余量
5	YZMgAl4Si(S)	YM106	3.5~5.0	≤0.20	0.18~0.70	0.50~1.50	≤0.01	≤0.002	≤0.004	—	≤0.02	余量
6	YZMgAl2Mn	YM202	1.6~2.5	≤0.20	0.33~0.70	≤0.08	≤0.008	≤0.001	≤0.004	—	≤0.01	余量
7	YZMgAl5Mn	YM203	4.4~5.4	≤0.22	0.26~0.60	≤0.10	≤0.01	≤0.002	≤0.004	—	≤0.02	余量
8	YZMgAl6Mn(A)	YM204	5.5~6.5	≤0.22	0.13~0.60	≤0.50	≤0.35	≤0.030	—	—	—	余量
9	YZMgAl6Mn	YM205	5.6~6.5	≤0.22	0.26~0.60	≤0.10	≤0.01	≤0.002	≤0.005	—	≤0.02	余量
10	YZMgAl8Zn1	YM302	7.0~8.1	0.4~1.0	0.13~0.35	≤0.30	≤0.10	≤0.010	≤0.0700	—	≤0.30	余量
11	YZMgAl9Zn1(A)	YM303	8.3~9.7	0.35~1.00	0.13~0.50	≤0.10	≤0.10	≤0.030				余量
12	YZMgAl9Zn1(B)	YM304	8.3~9.7	0.35~1.00	0.13~0.50	≤0.10	≤0.35	≤0.030				余量
13	YZMgAl9Zn1(D)	YM305	8.3~9.7	0.35~1.00	0.15~0.50	≤0.10	≤0.03	≤0.002	≤0.005	—	≤0.02	余量

注：除有范围的元素和铁为必检元素外，其余元素有要求时抽检。

3. 压铸镁合金的力学性能（表 3-143）

表 3-143 压铸镁合金的力学性能（GB/T 25747—2010）

序号	合金牌号	合金代号	抗拉强度 R_m/MPa	规定塑性延伸强度 $R_{p0.2}$/MPa	断后伸长率 A_{50mm}(%)	硬度 HBW
1	YZMgAl2Si	YM102	230	120	12	55
2	YZMgAl2Si(B)	YM103	231	122	13	55
3	YZMgAl4Si(A)	YM104	210	140	6	55
4	YZMgAl4Si(B)	YM105	210	140	6	55
5	YZMgAl4Si(S)	YM106	210	140	6	55
6	YZMgAl2Mn	YM202	200	110	10	58
7	YZMgAl5Mn	YM203	220	130	8	62
8	YZMgAl6Mn(A)	YM204	220	130	8	62
9	YZMgAl6Mn	YM205	220	130	8	62
10	YZMgAl8Zn1	YM302	230	160	3	63
11	YZMgAl9Zn1(A)	YM303	230	160	3	63
12	YZMgAl9Zn1(B)	YM304	230	160	3	63
13	YZMgAl9Zn1(D)	YM305	230	160	3	63

注：表中未特殊说明的数值均为最小值。

3.8.3 变形镁及镁合金

1. 变形镁及镁合金的化学成分（表3-144）

2. 变形镁及镁合金的力学性能

1）镁及镁合金板的力学性能如表3-145所示。

表 3-144 变形镁及镁合金的化学成分（GB/T 5153—2016）

扫码查表

表 3-145 镁及镁合金板的力学性能（GB/T 5154—2010）

牌号	状态	板材厚度/mm	抗拉强度 R_m/MPa	规定塑性延伸强度 $R_{p0.2}$/MPa	规定塑性压缩强度 $R_{pc0.2}$/MPa	断后伸长率(%) A	A_{50mm}
			≥				
M2M	O	0.80~3.00	190	110	—	—	6.0
		>3.00~5.00	180	100	—	—	5.0
		>5.00~10.00	170	90	—	—	5.0
	H112	8.00~12.50	200	90	—	—	4.0
		>12.50~20.00	190	100	—	4.0	—
		>20.00~70.00	180	110	—	4.0	—
AZ40M	O	0.80~3.00	240	130	—	—	12.0
		>3.00~10.00	230	120	—	—	12.0
	H112	8.00~12.50	230	140	—	—	10.0
		>12.50~20.00	230	140	—	8.0	—
		>20.00~70.00	230	140	70	8.0	—
AZ41M	H18	0.40~0.80	290	—	—	—	2.0
	O	0.40~3.00	250	150	—	—	12.0
		>3.00~5.00	240	140	—	—	12.0
		>5.00~10.00	240	140	—	—	10.0
	H112	8.00~12.50	240	140	—	—	10.0
		>12.50~20.00	250	150	—	6.0	—
		>20.00~70.00	250	140	80	10.0	—
AZ31B	O	0.40~3.00	225	150	—	—	12.0
		>3.00~12.50	225	140	—	—	12.0
		>12.50~70.00	225	140	—	10.0	—
	H24	0.40~8.00	270	200	—	—	6.0
		>8.00~12.50	255	165	—	—	8.0
		>12.50~20.00	250	150	—	8.0	—
		>20.00~70.00	235	125	—	8.0	—
	H26	6.30~10.00	270	186	—	—	6.0
		>10.00~12.50	265	180	—	—	6.0
		>12.50~25.00	255	160	—	6.0	—
		>25.00~50.00	240	150	—	5.0	—
	H112	8.00~12.50	230	140	—	—	10.0
		>12.50~20.00	230	140	—	8.0	—
		>20.00~32.00	230	140	70	8.0	—
		>32.00~70.00	230	130	60	8.0	—
ME20M	H18	0.40~0.80	260	—	—	—	2.0
	H24	>0.80~3.00	250	160	—	—	8.0
		>3.00~5.00	240	140	—	—	7.0
		>5.00~10.00	240	140	—	—	6.0

（续）

牌号	状态	板材厚度 /mm	抗拉强度 R_m/MPa	规定塑性延伸强度 $R_{p0.2}$/MPa	规定塑性压缩强度 $R_{pc0.2}$/MPa	断后伸长率（%）	
						A	A_{50mm}
			≥				
ME20M	O	0.40~3.00	230	120	—	—	12.0
		>3.00~10.00	220	110	—	—	10.0
	H112	8.00~12.50	220	110	—	—	10.0
		>12.50~20.00	210	110	—	10.0	—
		>20.00~32.00	210	110	70	7.0	—
		>32.00~70.00	200	90	50	6.0	—

2）镁合金挤压棒的力学性能如表3-146所示。

表3-146 镁合金挤压棒的力学性能（GB/T 5155—2013）

合金牌号	状态	棒材直径（方棒、六角棒内切圆直径）/mm	抗拉强度 R_m/MPa	规定塑性延伸强度 $R_{p0.2}$/MPa	断后伸长率 A（%）
			≥		
AZ31B	H112	≤130	220	140	7.0
AZ40M	H112	≤100	245	—	6.0
		>100~130	245	—	5.0
AZ41M	H112	≤130	250	—	5.0
AZ61A	H112	≤130	260	160	6.0
AZ61M	H112	≤130	265	—	8.0
AZ80A	H112	≤60	295	195	6.0
		>60~130	290	180	4.0
	T5	≤60	325	205	4.0
		>60~130	310	205	2.0
ME20M	H112	≤50	215	—	4.0
		>50~100	205	—	3.0
		>100~130	195	—	2.0
ZK61M	T5	≤100	315	245	6.0
		>100~130	305	235	6.0
ZK61S	T5	≤130	310	230	5.0

注：直径大于130mm的棒材力学性能附实测结果。

3）镁合金热挤压管的力学性能如表3-147所示。

表3-147 镁合金热挤压管的力学性能（YS/T 495—2005）

牌号	状态	管材壁厚/mm	抗拉强度 R_m/MPa	规定塑性延伸强度 $R_{p0.2}$/MPa	断后伸长率 A（%）
			≥		
AZ31B	H112	0.70~6.30	220	140	8
		>6.30~20.00	220	140	4
AZ61A	H112	0.70~20.00	250	110	7
M2S	H112	0.70~20.00	195	—	2
ZK61S	H112	0.70~20.00	275	195	5
	T5	0.70~6.30	315	260	4
		2.50~30.00	305	230	4

注：壁厚<1.60mm的管材不要求规定塑性延伸强度。

3.9 铜及铜合金

3.9.1 铸造铜合金

1. 铸造铜合金的主要化学成分（表3-148）

表3-148 铸造铜合金的主要化学成分（GB/T 1176—2013）

序号	合金牌号	合金名称	主要元素含量(质量分数,%)									
			Sn	Zn	Pb	P	Ni	Al	Fe	Mn	Si	其他	Cu
1	ZCu99	99 铸造纯铜											≥99.0
2	ZCuSn3Zn8Pb6Ni1	3-8-6-1 锡青铜	2.0~4.0	6.0~9.0	4.0~7.0		0.5~1.5						其余
3	ZCuSn3Zn11Pb4	3-11-4 锡青铜	2.0~4.0	9.0~13.0	3.0~6.0								其余
4	ZCuSn5Pb5Zn5	5-5-5 锡青铜	4.0~6.0	4.0~6.0	4.0~6.0								其余
5	ZCuSn10P1	10-1 锡青铜	9.0~11.5			0.8~1.1							其余
6	ZCuSn10Pb5	10-5 锡青铜	9.0~11.0		4.0~6.0								其余
7	ZCuSn10Zn2	10-2 锡青铜	9.0~11.0	1.0~3.0									其余
8	ZCuPb9Sn5	9-5 铅青铜	4.0~6.0		8.0~10.0								其余
9	ZCuPb10Sn10	10-10 铅青铜	9.0~11.0		8.0~11.0								其余
10	ZCuPb15Sn8	15-8 铅青铜	7.0~9.0		13.0~17.0								其余
11	ZCuPb17Sn4Zn4	17-4-4 铅青铜	3.5~5.0	2.0~6.0	14.0~20.0								其余
12	ZCuPb20Sn5	20-5 铅青铜	4.0~6.0		18.0~23.0								其余
13	ZCuPb30	30 铅青铜			27.0~33.0								其余
14	ZCuAl8Mn13Fe3	8-13-3 铝青铜						7.0~9.0	2.0~4.0	12.0~14.5			其余
15	ZCuAl8Mn13Fe3Ni2	8-13-3-2 铝青铜					1.8~2.5	7.0~8.5	2.5~4.0	11.5~14.0			其余
16	ZCuAl8Mn14Fe3Ni2	8-14-3-2 铝青铜	<0.5				1.9~2.3	7.4~8.1	2.6~3.5	12.4~13.2			其余
17	ZCuAl9Mn2	9-2 铝青铜						8.0~10.0		1.5~2.5			其余

(续)

序号	合金牌号	合金名称	Sn	Zn	Pb	P	Ni	Al	Fe	Mn	Si	其他	Cu
18	ZCuAl8Be1Co1	8-1-1 铝青铜						7.0~8.5	<0.4			Be: 0.7~1.0 Co: 0.7~1.0	其余
19	ZCuAl9Fe4Ni4Mn2	9-4-4-2 铝青铜					4.0~5.0	8.5~10.0	4.0~5.0[①]	0.8~2.5			其余
20	ZCuAl10Fe4Ni4	10-4-4 铝青铜					3.5~5.5	9.5~11.0	3.5~5.5				其余
21	ZCuAl10Fe3	10-3 铝青铜						8.5~11.0	2.0~4.0				其余
22	ZCuAl10Fe3Mn2	10-3-2 铝青铜						9.0~11.0	2.0~4.0	1.0~2.0			其余
23	ZCuZn38	38 黄铜		其余									60.0~63.0
24	ZCuZn21Al5Fe2Mn2	21-5-2-2 铝黄铜	<0.5	其余				4.5~6.0	2.0~3.0	2.0~3.0			67.0~70.0
25	ZCuZn25Al6Fe3Mn3	25-6-3-3 铝黄铜		其余				4.5~7.0	2.0~4.0	2.0~4.0			60.0~66.0
26	ZCuZn26Al4Fe3Mn3	26-4-3-3 铝黄铜		其余				2.5~5.0	2.0~4.0	2.0~4.0			60.0~66.0
27	ZCuZn31Al2	31-2 铝黄铜		其余				2.0~3.0					66.0~68.0
28	ZCuZn35Al2Mn2Fe1	35-2-2-1 铝黄铜		其余				0.5~2.5	0.5~2.0	0.1~3.0			57.0~65.0
29	ZCuZn38Mn2Pb2	38-2-2 锰黄铜		其余	1.5~2.5					1.5~2.5			57.0~60.0
30	ZCuZn40Mn2	40-2 锰黄铜		其余						1.0~2.0			57.0~60.0
31	ZCuZn40Mn3Fe1	40-3-1 锰黄铜		其余					0.5~1.5	3.0~4.0			53.0~58.0
32	ZCuZn33Pb2	33-2 铅黄铜		其余	1.0~3.0								63.0~67.0
33	ZCuZn40Pb2	40-2 铅黄铜		其余	0.5~2.5				0.2~0.8				58.0~63.0
34	ZCuZn16Si4	16-4 硅黄铜		其余							2.5~4.5		79.0~81.0
35	ZCuNi10Fe1Mn1	10-1-1 镍白铜					9.0~11.0		1.0~1.8	0.8~1.5			84.5~87.0
36	ZCuNi30Fe1Mn1	30-1-1 镍白铜					29.5~31.5		0.25~1.5	0.8~1.5			65.0~67.0

① 表示铁的含量不能超过镍的含量。

2. 铸造铜合金的力学性能（表3-149）

表3-149 铸造铜合金的力学性能（GB/T 1176—2013）

序号	合金牌号	铸造方法	抗拉强度 R_m /MPa	规定塑性延伸强度 $R_{p0.2}$/MPa	伸长率 A（%）	布氏硬度 HBW
1	ZCu99	S	150	40	40	40
2	ZCuSn3Zn8Pb6Ni1	S	175		8	60
		J	215		10	70
3	ZCuSn3Zn11Pb4	S、R	175		8	60
		J	215		10	60
4	ZCuSn5Pb5Zn5	S、J、R	200	90	13	60*
		Li、La	250	100	13	65*
5	ZCuSn10P1	S、R	220	130	3	80*
		J	310	170	2	90*
		Li	330	170	4	90*
		La	360	170	6	90*
6	ZCuSn10Pb5	S	195		10	70
		J	245		10	70
7	ZCuSn10Zn2	S	240	120	12	70*
		J	245	140	6	80*
		Li、La	270	140	7	80*
8	ZCuPb9Sn5	La	230	110	11	60
9	ZCuPb10Sn10	S	180	80	7	65*
		J	220	140	5	70*
		Li、La	220	110	6	70*
10	ZCuPb15Sn8	S	170	80	5	60*
		J	200	100	6	65*
		Li、La	220	100	8	65*
11	ZCuPb17Sn4Zn4	S	150		5	55
		J	175		7	60
12	ZCuPb20Sn5	S	150	60	5	45*
		J	150	70	6	55*
		La	180	80	7	55*
13	ZCuPb30	J				25
14	ZCuAl8Mn13Fe3	S	600	270	15	160
		J	650	280	10	170
15	ZCuAl8Mn13Fe3Ni2	S	645	280	20	160
		J	670	310	18	170
16	ZCuAl8Mn14Fe3Ni2	S	735	280	15	170

(续)

序号	合金牌号	铸造方法	室温力学性能 ≥			
			抗拉强度 R_m /MPa	规定塑性延伸强度 $R_{p0.2}$/MPa	伸长率 A（%）	布氏硬度 HBW
17	ZCuAl9Mn2	S、R	390	150	20	85
		J	440	160	20	95
18	ZCuAl8Be1Co1	S	647	280	15	160
19	ZCuAl9Fe4Ni4Mn2	S	630	250	16	160
20	ZCuAl10Fe4Ni4	S	539	200	5	155
		J	588	235	5	166
21	ZCuAl10Fe3	S	490	180	13	100*
		J	540	200	15	110*
		Li、La	540	200	15	110*
22	ZCuAl10Fe3Mn2	S、R	490		15	110
		J	540		20	120
23	ZCuZn38	S	295	95	30	60
		J	295	95	30	70
24	ZCuZn21Al5Fe2Mn2	S	608	275	15	160
25	ZCuZn25Al6Fe3Mn3	S	725	380	10	160*
		J	740	400	7	170*
		Li、La	740	400	7	170*
26	ZCuZn26Al4Fe3Mn3	S	600	300	18	120*
		J	600	300	18	130*
		Li、La	600	300	18	130*
27	ZCuZn31Al2	S、R	295		12	80
		J	390		15	90
28	2CuZn35Al2Mn2Fe2	S	450	170	20	100*
		J	475	200	18	110*
		Li、La	475	200	18	110*
29	ZCuZn38Mn2Pb2	S	245		10	70
		J	345		18	80
30	ZCuZn40Mn2	S、R	345		20	80
		J	390		25	90
31	ZCuZn40Mn3Fe1	S、R	440		18	100
		J	490		15	110
32	ZCuZn33Pb2	S	180	70	12	50*
33	ZCuZn40Pb2	S、R	220	95	15	80*
		J	280	120	20	90*

（续）

序号	合金牌号	铸造方法	抗拉强度 R_m /MPa	规定塑性延伸强度 $R_{p0.2}$ /MPa	伸长率 A （%）	布氏硬度 HBW
34	ZCuZn16Si4	S、R	345	180	15	90
		J	390		20	100
35	ZCuNi10Fe1Mn1	S、J、Li、La	310	170	20	100
36	ZCuNi30Fe1Mn1	S、J、Li、La	415	220	20	140

注：有"*"符号的数据为参考值。

3.9.2 压铸铜合金

1. 压铸铜合金的化学成分（表3-150）

表3-150 压铸铜合金的化学成分（GB/T 15116—1994）

合金牌号	合金代号	主要化学成分						杂质含量≤							总和
		Cu	Pb	Al	Si	Mn	Fe	Zn	Fe	Si	Ni	Sn	Mn	Al	Pb	Sb	
YZCuZn40Pb	YT40-1 铅黄铜	58.0~63.0	0.5~1.5	0.2~0.5	—	—	—	余	0.8	0.05	—	—	—	0.5	—	1.0	1.5
YZCuZn16Si4	YT16-4 硅黄铜	79.0~81.0	—	—	2.5~4.5	—	—	余	0.6	—	—	0.3	0.5	0.1	0.5	0.1	2.0
YZCuZn30Al3	YT30-3 铝黄铜	66.0~68.0	—	2.0~3.0	—	—	—	余	0.8	—	—	1.0	0.5	—	1.0	—	3.0
YZCuZn35Al2Mn2Fe	YT35-2-2-1 铝锰铁黄铜	57.0~65.0	—	0.5~2.5	—	0.1~3.0	0.5~2.0	余	—	0.1	3.0	1.0	—	—	0.5	Sb+Pb+As;0.4	2.0

2. 压铸铜合金的力学性能（表3-151）

表3-151 压铸铜合金的力学性能（GB/T 15116—1994）

合金牌号	合金代号	抗拉强度 R_m/MPa≥	断后伸长率 A （%）≥	硬度 HBW≥
YZCuZn40Pb	YT40-1 铜黄铜	300	6	85
YZCuZn16Si4	YT16-4 硅黄铜	345	25	85
YZCuZn30Al3	YT30-3 铝黄铜	400	15	110
YZCuZn35Al2Mn2Fe	YT35-2-2-1 铝锰铁黄铜	475	3	130

3.9.3 加工铜及铜合金

1. 加工铜及铜合金的化学成分

1) 加工铜及铜合金的化学成分如表 3-152 所示。

2) 加工黄铜化学成分如表 3-153 所示。

表 3-152 加工铜及铜合金的化学成分
（GB/T 5231—2012）

扫码查表

表 3-153 加工黄铜化学成分
（GB/T 5231—2012）

扫码查表

3) 加工青铜化学成分如表 3-154 所示。

4) 加工白铜化学成分如表 3-155 所示。

表 3-154 加工青铜化学成分
（GB/T 5231—2012）

扫码查表

表 3-155 加工白铜化学成分
（GB/T 5231—2012）

扫码查表

5) 加工高铜化学成分如表 3-156 所示。

表 3-156 加工高铜化学成分
（GB/T 5231—2012）

扫码查表

2. 加工铜及铜合金的力学性能

(1) 铜及铜合金带和板的力学性能

1) 铜及铜合金带的力学性能如表 3-157 所示。

表 3-157 铜及铜合金带的力学性能（GB/T 2059—2017）

牌号	状态	厚度 /mm	拉伸试验		硬度试验
			抗拉强度 R_m /MPa	断后伸长率 $A_{11.3}$ (%)	维氏硬度 HV
TU1、TU2、T2、T3、TP1、TP2	O60	>0.15	≥195	≥30	≤70
	H01		215~295	≥25	60~95
	H02		245~345	≥8	80~110
	H04		295~395	≥3	90~120
	H06		≥350	—	≥110

(续)

牌号	状态	厚度 /mm	拉伸试验 抗拉强度 R_m /MPa	断后伸长率 $A_{11.3}$ (%)	硬度试验 维氏硬度 HV
TCd1	H04	≥0.2	≥390	—	—
H95	O60	≥0.2	≥215	≥30	—
H95	H04	≥0.2	≥320	≥3	—
H90	O60	≥0.2	≥245	≥35	—
H90	H02	≥0.2	330~440	≥5	—
H90	H04	≥0.2	≥390	≥3	—
H85	O60	≥0.2	≥260	≥40	≤85
H85	H02	≥0.2	305~380	≥15	80~115
H85	H04	≥0.2	≥350	—	≥105
H80	O60	≥0.2	≥265	≥50	—
H80	H04	≥0.2	≥390	≥3	—
H70、H68、H66、H65	O60	≥0.2	≥290	≥40	≤90
H70、H68、H66、H65	H01	≥0.2	325~410	≥35	85~115
H70、H68、H66、H65	H02	≥0.2	355~460	≥25	100~130
H70、H68、H66、H65	H04	≥0.2	410~540	≥13	120~160
H70、H68、H66、H65	H06	≥0.2	520~620	≥4	150~190
H70、H68、H66、H65	H08	≥0.2	≥570	—	≥180
H63、H62	O60	≥0.2	≥290	≥35	≤95
H63、H62	H02	≥0.2	350~470	≥20	90~130
H63、H62	H04	≥0.2	410~630	≥10	125~165
H63、H62	H06	≥0.2	≥585	≥2.5	≥155
H59	O60	≥0.2	≥290	≥10	—
H59	H04	≥0.2	≥410	≥5	≥130
HPb59-1	O60	≥0.2	≥340	≥25	—
HPb59-1	H02	≥0.2	390~490	≥12	—
HPb59-1	H04	≥0.2	≥440	≥5	—
HPb59-1	H06	≥0.32	≥590	≥3	—

（续）

牌号	状态	厚度 /mm	拉伸试验 抗拉强度 R_m /MPa	断后伸长率 $A_{11.3}$ (%)	硬度试验 维氏硬度 HV
HMn58-2	O60	≥0.2	≥380	≥30	—
	H02		440~610	≥25	
	H04		≥585	≥3	
HSn62-1	H04	≥0.2	390	≥5	—
QAl5	O60	≥0.2	≥275	≥33	—
	H04		≥585	≥2.5	
QAl7	H02	≥0.2	585~740	≥10	—
	H04		≥635	≥5	
QAl9-2	O60	≥0.2	≥440	≥18	—
	H04		≥585	≥5	
	H06		≥880	—	
QAl9-4	H04	≥0.2	≥635	—	—
QSn4-3、QSn4-0.3	O60	>0.15	≥290	≥40	—
	H04		540~690	≥3	
	H06		≥635	≥2	
QSn6.5-0.1	O60	>0.15	≥315	≥40	≤120
	H01		390~510	≥35	110~155
	H02		490~610	≥10	≥150~190
	H04		590~690	≥8	180~230
	H06		635~720	≥5	200~240
	H08		≥690	—	≥210
QSn7-0.2、QSn6.5-0.4	O60	>0.15	≥295	≥40	—
	H04		540~690	≥8	
	H06		≥665	≥2	
QSn8-0.3	O60	>0.15	≥345	≥45	≤120
	H01		390~510	≥40	100~160
	H02		490~610	≥30	150~205
	H04		590~705	≥12	180~235
	H06		685~785	≥5	210~250
	H08		≥735	—	≥230
QSn4-4-2.5、QSn4-4-4	O60	≥0.8	≥290	≥35	—
	H01		390~490	≥10	
	H02		420~510	≥9	
	H04		≥490	≥5	
QMn1.5	O60	≥0.2	≥205	≥30	—

（续）

牌号	状态	厚度 /mm	拉伸试验 抗拉强度 R_m /MPa	拉伸试验 断后伸长率 $A_{11.3}$ (%)	硬度试验 维氏硬度 HV
QMn5	O60	≥0.2	≥290	≥30	—
QMn5	H04	≥0.2	≥440	≥3	—
QSi3-1	O60	>0.15	≥370	≥45	—
QSi3-1	H04	>0.15	635～785	≥5	—
QSi3-1	H06	>0.15	735	≥2	—
B5	O60	≥0.2	≥215	≥32	—
B5	H04	≥0.2	≥370	≥10	—
B19	O60	≥0.2	≥290	≥25	—
B19	H04	≥0.2	≥390	≥3	—
BFe10-1-1	O60	≥0.2	≥275	≥25	—
BFe10-1-1	H04	≥0.2	≥370	≥3	—
BFe30-1-1	O60	≥0.2	≥370	≥23	—
BFe30-1-1	H04	≥0.2	≥540	≥3	—
BMn3-12	O60	≥0.2	≥350	≥25	—
BMn40-1.5	O60	≥0.2	390～590	—	—
BMn40-1.5	H04	≥0.2	≥635	—	—
BAl6-1.5	H04	≥0.2	≥600	≥5	—
BAl13-3	TH04	≥0.2	实测值		—
BZn15-20	O60	>0.15	≥340	≥35	—
BZn15-20	H02	>0.15	440～570	≥5	—
BZn15-20	H04	>0.15	540～690	≥1.5	—
BZn15-20	H06	>0.15	≥640	≥1	—
BZn18-18	O60	≥0.2	≥385	≥35	≤105
BZn18-18	H01	≥0.2	400～500	≥20	100～145
BZn18-18	H02	≥0.2	460～580	≥11	130～180
BZn18-18	H04	≥0.2	≥545	≥3	≥165
BZn18-17	O60	≥0.2	≥375	≥20	—
BZn18-17	H02	≥0.2	440～570	≥5	120～180
BZn18-17	H04	≥0.2	≥540	≥3	≥150
BZn18-26	H01	≥0.2	≥475	≥25	≤165
BZn18-26	H02	≥0.2	540～650	≥11	140～195
BZn18-26	H04	≥0.2	≥645	≥4	≥190

注：1. 超出表中规定厚度范围的带材，其性能指标由供需双方协商。
　　2. 表中的"—"，表示没有统计数据，如果需方要求该性能，其性能指标由供需双方协商。
　　3. 维氏硬度的试验力由供需双方协商。

2) 铜及铜合金板的力学性能如表3-158所示。

表3-158 铜及铜合金板的力学性能（GB/T 2040—2017）

牌号	状态	拉伸试验 厚度/mm	拉伸试验 抗拉强度 R_m/MPa	拉伸试验 断后伸长率 $A_{11.3}$(%)	硬度试验 厚度/mm	硬度试验 维氏硬度 HV
T2、T3、TP1、TP2、TU1、TU2	M20	4～14	≥195	≥30	—	—
T2、T3、TP1、TP2、TU1、TU2	O60	0.3～10	≥205	≥30	≥0.3	≤70
T2、T3、TP1、TP2、TU1、TU2	H01	0.3～10	215～295	≥25	≥0.3	60～95
T2、T3、TP1、TP2、TU1、TU2	H02	0.3～10	245～345	≥8	≥0.3	80～110
T2、T3、TP1、TP2、TU1、TU2	H04	0.3～10	295～395	—	≥0.3	90～120
T2、T3、TP1、TP2、TU1、TU2	H06	0.3～10	≥350	—	≥0.3	≥110
TFe0.1	O60	0.3～5	255～345	≥30	≥0.3	≤100
TFe0.1	H01	0.3～5	275～375	≥15	≥0.3	90～120
TFe0.1	H02	0.3～5	295～430	≥4	≥0.3	100～130
TFe0.1	H04	0.3～5	335～470	≥4	≥0.3	110～150
TFe2.5	O60	0.3～5	≥310	≥20	≥0.3	≤120
TFe2.5	H02	0.3～5	365～450	≥5	≥0.3	115～140
TFe2.5	H04	0.3～5	415～500	≥2	≥0.3	125～150
TFe2.5	H06	0.3～5	460～515	—	≥0.3	135～155
TCd1	H04	0.5～10	≥390	—	—	—
TQCr0.5、TCr0.5-0.2-0.1	H04	—	—	—	0.5～15	≥100
H95	O60	0.3～1.0	≥215	≥30	—	—
H95	H04	0.3～1.0	≥320	≥3	—	—
H90	O60	0.3～10	≥245	≥35	—	—
H90	H02	0.3～10	330～440	≥5	—	—
H90	H04	0.3～10	≥390	≥3	—	—
H85	O60	0.3～10	≥260	≥35	≥0.3	≤85
H85	H02	0.3～10	305～380	≥15	≥0.3	80～115
H85	H04	0.3～10	≥350	≥3	≥0.3	≥105
H80	O60	0.3～1.0	≥265	≥50	—	—
H80	H04	0.3～1.0	≥390	≥3	—	—
H70、H68	M20	4～14	≥290	≥40	—	—
H70、H68、H66、H65	O60	0.3～10	≥290	≥40	≥0.3	≤90
H70、H68、H66、H65	H01	0.3～10	325～410	≥35	≥0.3	85～115
H70、H68、H66、H65	H02	0.3～10	355～440	≥25	≥0.3	100～130
H70、H68、H66、H65	H04	0.3～10	410～540	≥10	≥0.3	120～160
H70、H68、H66、H65	H06	0.3～10	520～620	≥3	≥0.3	150～190
H70、H68、H66、H65	H08	0.3～10	≥570	—	≥0.3	≥180

（续）

牌号	状态	拉伸试验			硬度试验	
		厚度 /mm	抗拉强度 R_m /MPa	断后伸长率 $A_{11.3}$ (%)	厚度 /mm	维氏硬度 HV
H63 H62	M20	4~14	≥290	≥30	—	—
	O60	0.3~10	≥290	≥35	≥0.3	≤95
	H02		350~470	≥20		90~130
	H04		410~630	≥10		125~165
	H06		≥585	≥2.5		≥155
H59	M20	4~14	≥290	≥25	—	—
	O60	0.3~10	≥290	≥10	≥0.3	—
	H04		≥410	≥5		≥130
HPb59-1	M20	4~14	≥370	≥18	—	—
	O60	0.3~10	≥340	≥25		
	H02		390~490	≥12		
	H04		≥440	≥5		
HPb60-2	H04	—	—	—	0.5~2.5	165~190
					2.6~10	—
	H06	—	—	—	0.5~1.0	≥180
HMn58-2	O60	0.3~10	≥380	≥30	—	—
	H02		440~610	≥25		
	H04		≥585	≥3		
HSn62-1	M20	4~14	≥340	≥20	—	—
	O60	0.3~10	≥295	≥35		
	H02		350~400	≥15		
	H04		≥390	≥5		
HSn88-1	H02	0.4~2	370~450	≥14	0.4~2	110~150
HMn55-3-1	M20	4~15	≥490	≥15		
HMn57-3-1	M20	4~8	≥440	≥10		
HAl60-1-1	M20	4~15	≥440	≥15		
HAl67-2.5	M20	4~15	≥390	≥15		
HAl66-6-3-2	M20	4~8	≥685	≥3	—	—
HNi65-5	M20	4~15	≥290	≥35		
QSn6.5-0.1	M20	9~14	≥290	≥38		
	O60	0.2~12	≥315	≥40	≥0.2	≤120
	H01	0.2~12	390~510	≥35		110~155
	H02	0.2~12	490~610	≥8		150~190
	H04	0.2~3	590~690	≥5		180~230
		>3~12	540~690	≥5		180~230
	H06	0.2~5	635~720	≥1		200~240
	H08	0.2~5	≥690	—		≥210

(续)

牌号	状态	拉伸试验			硬度试验	
		厚度 /mm	抗拉强度 R_m /MPa	断后伸长率 $A_{11.3}$ (%)	厚度 /mm	维氏硬度 HV
QSn6.5-0.4 QSn7-0.2	O60 H04 H06	0.2~12	≥295 540~690 ≥665	≥40 ≥8 ≥2	—	—
QSn4-3 QSn4-0.3	O60 H04 H06	0.2~12	≥290 540~690 ≥635	≥40 ≥3 ≥2	—	—
QSn8-0.3	O60 H01 H02 H04 H06	0.2~5	≥345 390~510 490~610 590~705 ≥685	≥40 ≥35 ≥20 ≥5 —	≥0.2	≤120 100~160 150~205 180~235 ≥210
QS4-4-2.5 QS4-4-4	O60 H01 H02 H04	0.8~5	≥290 390~490 420~510 ≥635	≥35 ≥10 ≥9 ≥5	≥0.8	—
QMn1.5	O60	0.5~5	≥205	≥30	—	—
QMn5	O60 H04	0.5~5	≥290 ≥440	≥30 ≥3	—	—
QAl5	O60 H04	0.4~12	≥275 ≥585	≥33 ≥2.5	—	—
QAl7	H02 H04	0.4~12	585~740 ≥635	≥10 ≥5	—	—
QAl9-2	O60 H04	0.4~12	≥440 ≥585	≥18 ≥5	—	—
QAl9-4	H04	0.4~12	≥585	—	—	—
QSi3-1	O60 H04 H06	0.5~10	≥340 585~735 ≥685	≥40 ≥3 ≥1	—	—
B5	M20 O60 H04	7~14 0.5~10	≥215 ≥215 ≥370	≥20 ≥30 ≥10	—	—
B19	M20 O60 H04	7~14 0.5~10	≥295 ≥290 ≥390	≥20 ≥25 ≥3	—	—

（续）

牌号	状态	拉伸试验			硬度试验	
		厚度 /mm	抗拉强度 R_m /MPa	断后伸长率 $A_{11.3}$ (%)	厚度 /mm	维氏硬度 HV
BFe10-1-1	M20	7~14	≥275	≥20	—	—
	O60	0.5~10	≥275	≥25		
	H04		≥370	≥3		
BFe30-1-1	M20	7~14	≥345	≥15		
	O60	0.5~10	≥370	≥20		
	H04		≥530	≥3		
BMn3-12	O60	0.5~10	≥350	≥25		
BMn40-1.5	O60	0.5~10	390~590	—		
	H04		≥590			
BAl6-1.5	H04	0.5~12	≥535	≥3		
BAl13-3	TH04	0.5~12	≥635	≥5		
BZn15-20	O60	0.5~10	≥340	≥35	—	—
	H02		440~570	≥5		
	H04		540~690	≥1.5		
	H06		≥640	≥1		
BZn18-17	O60	0.5~5	≥375	≥20	≥0.5	120~180
	H02		440~570	≥5		≥150
	H04		≥540	≥3		
BZn18-26	H02	0.25~2.5	540~650	≥13	0.5~2.5	145~195
	H04		645~750	≥5		190~240

注：1. 超出表中规定厚度范围的板材，其性能指标由供需双方协商。
2. 表中的"—"，表示没有统计数据，如果需方要求该性能，其性能指标由供需双方协商。
3. 维氏硬度试验力由供需双方协商。

(2) 铜及铜合金管的力学性能

1) 纯铜和高铜圆管的力学性能如表3-159所示。

表3-159 纯铜和高铜圆管的力学性能 (GB/T 1527—2017)

牌号	状态	壁厚 /mm	拉伸试验		硬度试验	
			抗拉强度 R_m /MPa ≥	断后伸长率 A (%) ≥	维氏硬度 HV[2]	布氏硬度 HBW[3]
T2、T3、 TU1、TU2、 TP1、TP2	O60	所有	200	41	40~65	35~60
	O50	所有	220	40	45~75	40~70
	H02[1]	≤15	250	20	70~100	65~95

第 3 章 常用金属材料的化学成分及力学性能

(续)

牌号	状态	壁厚 /mm	拉伸试验		硬度试验	
			抗拉强度 R_m /MPa ≥	断后伸长率 A (%) ≥	维氏硬度 HV[②]	布氏硬度 HBW[③]
T2、T3、TU1、TU2、TP1、TP2	H04[①]	≤6	290	—	95~130	90~125
		>6~10	265	—	75~110	70~105
		>10~15	250	—	70~100	65~95
	H06[①]	≤3mm	360	—	≥110	≥105
TCr1	TH04	5~12	375	11	—	—

① H02、H04 状态壁厚 >15mm 的管材、H06 状态壁厚 >3mm 的管材，其性能由供需双方协商确定。
② 维氏硬度试验负荷由供需双方协商确定。软化退火（O60）状态的维氏硬度试验适用于壁厚 ≥1mm 的管材。
③ 布氏硬度试验仅适用于壁厚 ≥5mm 的管材，壁厚 <5mm 的管材布氏硬度试验供需双方协商确定。

2) 黄铜和白铜管的力学性能如表 3-160 所示。

表 3-160 黄铜和白铜管的力学性能（GB/T 1527—2017）

牌号	状态	拉伸试验		硬度试验	
		抗拉强度 R_m /MPa ≥	断后伸长率 A (%) ≥	维氏硬度[①] HV	布氏硬度[②] HBW
H95	O60	205	42	45~70	40~65
	O50	220	35	50~75	45~70
	O82	260	18	75~105	70~100
	HR04	320	—	≥95	≥90
H90	O60	220	42	45~75	40~70
	O50	240	35	50~80	45~75
	O82	300	18	75~105	70~100
	HR04	360	—	≥100	≥95
H85、HAs85-0.05	O60	240	43	45~75	40~70
	O50	260	35	50~80	45~75
	O82	310	18	80~110	75~105
	HR04	370	—	≥105	≥100
H80	O60	240	43	45~75	40~70
	O50	260	40	55~85	50~80
	O82	320	25	85~120	80~115
	HR04	390	—	≥115	≥110
H70、H68、HAs70-0.05、HAs68-0.04	O60	280	43	55~85	50~80
	O50	350	25	85~120	80~115
	O82	370	18	95~135	90~130
	HR04	420	—	≥115	≥110

(续)

牌号	状态	拉伸试验		硬度试验	
		抗拉强度 R_m /MPa ≥	断后伸长率 A (%) ≥	维氏硬度[①] HV	布氏硬度[②] HBW
H65、HPb66-0.5、HAs65-0.04	O60	290	43	55~85	50~80
	O50	360	25	80~115	75~110
	O82	370	18	90~135	85~130
	HR04	430	—	≥110	≥105
H63、H62	O60	300	43	60~90	55~85
	O50	360	25	75~110	70~105
	O82	370	18	85~135	80~130
	HR04	440	—	≥115	≥110
H59、HPb59-1	O60	340	35	75~105	70~100
	O50	370	20	85~115	80~110
	O82	410	15	100~130	95~125
	HR04	470	—	≥125	≥120
HSn70-1	O60	295	40	60~90	55~85
	O50	320	35	70~100	65~95
	O82	370	20	85~135	80~130
	HR04	455	—	≥110	≥105
HSn62-1	O60	295	35	60~90	55~85
	O50	335	30	75~105	70~100
	O82	370	20	85~110	80~105
	HR04	455	—	≥110	≥105
HPb63-0.1	O82	353	20	—	110~165
BZn15-20	O60	295	35	—	—
	O82	390	20	—	—
	HR04	490	8	—	—
BFe10-1-1	O60	290	30	75~110	70~105
	O82	310	12	≥105	≥100
	H80	480	8	≥150	≥145
BFe30-1-1	O60	370	35	85~120	80~115
	O82	480	12	≥135	≥130

① 维氏硬度试验负荷由供需双方协商确定。软化退火（O60）状态的维氏硬度试验仅适用于壁厚≥0.5mm的管材。

② 布氏硬度试验仅适用于壁厚≥3mm的管材，壁厚<3mm的管材布氏硬度试验供需双方协商确定。

(3) 铜及铜合金棒的力学性能（表3-161）

表 3-161 铜及铜合金棒的力学性能 (GB/T 4423—2007)

牌 号	状态	直径(方棒、六角棒指内切圆直径)/mm	抗拉强度 R_m/MPa	断后伸长率 A(%)	硬度 HBW
			≥		
T2、T3	Y	3~40	275	10	—
		>40~60	245	12	—
		>60~80	210	16	—
	M	3~80	200	40	—
TU1、TU2、TP2	Y	3~80	—	—	—
H96	Y	3~40	275	8	—
		>40~60	245	10	—
		>60~80	205	14	—
	M	3~80	200	40	—
H90	Y	3~40	330	—	—
H80	Y	3~40	390	—	—
	M	3~40	275	50	—
H68	Y_2	3~12	370	18	—
		>12~40	315	30	—
		>40~80	295	34	—
	M	13~35	295	50	—
H65	Y	3~40	390	—	—
	M	3~40	295	44	—
H62	Y_2	3~40	370	18	—
		>40~80	335	24	—
HPb61-1	Y_2	3~20	390	11	—
HPb59-1	Y_2	3~20	420	12	—
		>20~40	390	14	—
		>40~80	370	19	—
HPb63-0.1、H63	Y_2	3~20	370	18	—
		>20~40	340	21	—
HPb63-3	Y	3~15	490	4	—
		>15~20	450	9	—
		>20~30	410	12	—
	Y_2	3~20	390	12	—
		>20~60	360	16	—
HSn62-1	Y	4~40	390	17	—
		>40~60	360	23	—
HMn58-2	Y	4~12	440	24	—
		>12~40	410	24	—
		>40~60	390	29	—
HFe58-1-1	Y	4~40	440	11	—
		>40~60	390	13	—
HFe59-1-1	Y	4~12	490	17	—
		>12~40	440	19	—
		>40~60	410	22	—

（续）

牌 号	状态	直径(方棒、六角棒指内切圆直径)/mm	抗拉强度 R_m/MPa	断后伸长率 A (%)	硬度 HBW
				≥	
QAl9-2	Y	4~40	540	16	—
QAl9-4	Y	4~40	580	13	—
QAl10-3-1.5	Y	4~40	630	8	—
QSi3-1	Y	4~12	490	13	—
		>12~40	470	19	—
QSi1.8	Y	3~15	500	15	—
QSn6.5-0.1、QSn6.5-0.4	Y	3~12	470	13	—
		>12~25	440	15	—
		>25~40	410	18	—
QSn7-0.2	Y	4~40	440	19	130~200
	T	4~40	—	—	≥180
QSn4-0.3	Y	4~12	410	10	—
		>12~25	390	13	—
		>25~40	355	15	—
QSn4-3	Y	4~12	430	14	—
		>12~25	370	21	—
		>25~35	335	23	—
		>35~40	315	23	—
QCd1	Y	4~60	370	5	≥100
	M	4~60	215	36	≤75
QCr0.5	Y	4~40	390	6	—
	M	4~40	230	40	—
QZr0.2、QZr0.4	Y	3~40	294	6	130
BZn15-20	Y	4~12	440	6	—
		>12~25	390	8	—
		>25~40	345	13	—
	M	3~40	295	33	—
BZn15-24-1.5	T	3~18	590	3	—
	Y	3~18	440	5	—
	M	3~18	295	30	—
BFe30-1-1	Y	16~50	490	—	—
	M	16~50	345	25	—
BMn40-1.5	Y	7~20	540	6	—
		>20~30	490	8	—
		>30~40	440	11	—

3.10 锌及锌合金

3.10.1 铸造锌合金

1. 铸造锌合金的化学成分（表3-162）

表3-162　铸造锌合金的化学成分（GB/T 1175—2018）

序号	合金牌号	合金代号	合金元素（质量分数,%）			杂质元素（质量分数,%） ≤					
			Al	Cu	Mg	Zn	Fe	Pb	Cd	Sn	其他
1	ZZnAl4Cu1Mg	ZA4-1	3.9~4.3	0.7~1.1	0.03~0.06	余量	0.02	0.003	0.003	0.0015	Ni：0.001
2	ZZnAl4Cu3Mg	ZA4-3	3.0~4.3	2.7~3.3	0.03~0.06	余量	0.02	0.003	0.003	0.0015	Ni：0.001
3	ZZnAl6Cu1	ZA6-1	5.6~6.0	1.2~1.6	—	余量	0.02	0.003	0.003	0.001	Mg：0.005 Si：0.02 Ni：0.001
4	ZZnAl8Cu1Mg	ZA8-1	8.2~8.8	0.9~1.3	0.02~0.03	余量	0.035	0.005	0.005	0.002	Si：0.02 Ni：0.001
5	ZZnAl9Cu2Mg	ZA9-2	8.0~10.0	1.0~2.0	0.03~0.06	余量	0.05	0.005	0.005	0.002	Si：0.05
6	ZZnAl11Cu1Mg	ZA11-1	10.8~11.5	0.5~1.2	0.02~0.03	余量	0.05	0.005	0.005	0.002	
7	ZZnAl11Cu5Mg	ZA11-5	10.0~12.0	4.0~5.5	0.03~0.06	余量	0.05	0.005	0.005	0.002	Si：0.05
8	ZZnAl27Cu2Mg	ZA27-2	25.5~28.0	2.0~2.5	0.012~0.02	余量	0.07	0.005	0.005	0.002	

2. 铸造锌合金的力学性能（表3-163）

表3-163　铸造锌合金的力学性能（GB/T 1175—2018）

序号	合金牌号	合金代号	铸造方法及状态	抗拉强度 R_m /MPa ≥	伸长率 A （%）≥	布氏硬度 HBW ≥
1	ZZnAl4Cu1Mg	ZA4-1	JF	175	0.5	80
2	ZZnAl4Cu3Mg	ZA4-3	SF	220	0.5	90
			JF	240	1	100
3	ZZnAl6Cu1	ZA6-1	SF	180	1	80
			JF	220	1.5	80
4	ZZnAl8Cu1Mg	ZA8-1	SF	250	1	80
			JF	225	1	85

（续）

序号	合金牌号	合金代号	铸造方法及状态	抗拉强度 R_m /MPa ≥	伸长率 A (%) ≥	布氏硬度 HBW ≥
5	ZZnAl9Cu2Mg	ZA9-2	SF	275	0.7	90
			JF	315	1.5	105
6	ZZnAl11Cu1Mg	ZA11-1	SF	280	1	90
			JF	310	1	90
7	ZZnAl11Cu5Mg	ZA11-5	SF	275	0.5	80
			JF	295	1	100
8	ZZnAl27Cu2Mg	ZA27-2	SF	400	3	110
			ST3[①]	310	8	90
			JF	420	1	110

① ST3 工艺为加热到 320℃ 后保温 3h，然后随炉冷却。

3.10.2 压铸锌合金

1. 压铸锌合金的化学成分（表 3-164）

表 3-164　压铸锌合金的化学成分（GB/T 13818—2009）

序号	合金牌号	合金代号	化学成分（质量分数，%）							
			Al	Cu	Mg	Zn	Fe	Pb	Sn	Cd
1	YZZnAl4A	YX040A	3.9~4.3	≤0.1	0.030~0.060	余量	0.035	0.004	0.0015	0.003
2	YZZnAl4B	YX040B	3.9~4.3	≤0.1	0.010~0.020	余量	0.075	0.003	0.0010	0.002
3	YZZnAl4Cu1	YX041	3.9~4.3	0.7~1.1	0.030~0.060	余量	0.035	0.004	0.0015	0.003
4	YZZnAl4Cu3	YX043	3.9~4.3	2.7~3.3	0.025~0.050	余量	0.035	0.004	0.0015	0.003
5	YZZnAl8Cu1	YX081	8.2~8.8	0.9~1.3	0.020~0.030	余量	0.035	0.005	0.0050	0.002
6	YZZnAl11Cu1	YX111	10.8~11.5	0.5~1.2	0.020~0.030	余量	0.050	0.005	0.0050	0.002
7	YZZnAl27Cu2	YX272	25.5~28.0	2.0~2.5	0.012~0.020	余量	0.070	0.005	0.0050	0.002

注：YZZnAl4B 中 Ni 质量分数为 0.005%~0.020%。

2. 锌合金压铸件的化学成分（表 3-165）

表 3-165　锌合金压铸件的化学成分（GB/T 13821—2009）

序号	合金牌号	合金代号	化学成分（质量分数，%）							
			Al	C	Mg	Zn	Fe	Pb	Sn	Cd
1	YZZnAl4A	YX040A	3.5~4.3	≤0.25	0.02~0.06	余量	0.10	0.005	0.003	0.004
2	YZZnAl4B	YX040B	3.5~4.3	≤0.25	0.005~0.02	余量	0.075	0.003	0.001	0.002
3	YZZnAl4Cu1	YX041	3.5~4.3	0.75~1.25	0.03~0.08	余量	0.10	0.005	0.003	0.004
4	YZZnAl4Cu3	YX043	3.5~4.3	2.5~3.3	0.02~0.05	余量	0.10	0.005	0.003	0.004
5	YZZnAl8Cu1	YX081	8.0~8.8	0.8~1.3	0.015~0.03	余量	0.075	0.006	0.003	0.006
6	YZZnAl11Cu1	YX111	10.5~11.5	0.5~1.2	0.015~0.03	余量	0.075	0.006	0.003	0.006
7	YZZnAl27Cu2	YX272	25.0~28.0	2.0~2.5	0.010~0.02	余量	0.075	0.006	0.003	0.006

3. 压铸锌合金的力学性能（表3-166）

表3-166　压铸锌合金的力学性能（GB/T 13821—2009）

合金代号	YX040A	YX040B	YX041	YX043	YX081	YX111	YX272
抗拉强度/MPa	283	283	328	359	372	400	426
断后伸长率(%)	10	13	7	7	6~10	4~7	2.0~3.5
硬度　HBW	82	82	91	100	100~106	95~105	116~122
抗剪强度/MPa	214	214	262	317	275	296	325

3.10.3　加工锌及锌合金

1. 电池锌饼（表3-167）

表3-167　电池锌饼的牌号及化学成分（GB/T 3610—2010）

牌号	化学成分(质量分数,%)									
	Zn	合金元素			杂质元素					
DX		Al	Ti	Mg	Pb	Cd	Fe	Cu	Sn	杂质总和
	余量	0.002~0.02	0.001~0.05	0.0005~0.0015	<0.004	<0.002	≤0.003	≤0.001	≤0.001	<0.011

注：杂质总和为表中所列杂质元素总和。

2. 锌板

1）电池锌板的牌号及化学成分如表3-168所示。

表3-168　电池锌板的牌号及化学成分（YS/T 565—2010）

牌号	化学成分(质量分数,%)									
DX	Zn	Ti	Mg	Al	Pb	Cd	Fe	Cu	Sn	杂质总和
	余量	0.001~0.05	0.0005~0.0015	0.002~0.02	<0.004	<0.002	≤0.003	≤0.001	≤0.001	0.040

注：1. 元素含量为上下限者为合金元素，元素含量为单个数值者为杂质元素，单个数值者表示最高限量。
　　2. 杂质总和为表中所列杂质元素实测值总和。
　　3. 表中用"余量"表示的元素含量为100%减去表中所列元素实测值所得。

2）锌阳极板的化学成分如表3-169所示。

表3-169　锌阳极板的化学成分（GB/T 2056—2005）

牌号	化学成分(质量分数,%)							
	Zn ≥	杂质 ≤						
		Pb	Cd	Fe	Cu	Sn	Al	总和
Zn1（Zn99.99）	99.99	0.005	0.003	0.003	0.002	0.001	0.002	0.01
Zn2（Zn99.95）	99.95	0.030	0.01	0.02	0.002	0.001	0.01	0.05

3.11 钛及钛合金

3.11.1 铸造钛及钛合金

1. 铸造钛及钛合金的化学成分（表3-170）

表3-170 铸造钛及钛合金的化学成分（GB/T 15073—2014）

铸造钛及钛合金		化学成分（质量分数,%）													
		主要成分							杂质 ≤						其他元素
牌号	代号	Ti	Al	Sn	Mo	V	Zr	Nb	Ni	Pd	Fe	Si	C	N	H	O	单个	总和
ZTi1	ZTA1	余量	—	—	—	—	—	—	—	—	0.25	0.10	0.10	0.03	0.015	0.25	0.10	0.40
ZTi2	ZTA2	余量	—	—	—	—	—	—	—	—	0.30	0.15	0.10	0.05	0.015	0.35	0.10	0.40
ZTi3	ZTA3	余量	—	—	—	—	—	—	—	—	0.40	0.15	0.10	0.05	0.015	0.40	0.10	0.40
ZTiAl4	ZTA5	余量	3.3~4.7	—	—	—	—	—	—	—	0.30	0.15	0.10	0.04	0.015	0.20	0.10	0.40
ZTiAl5Sn2.5	ZTA7	余量	4.0~6.0	2.0~3.0	—	—	—	—	—	—	0.50	0.15	0.10	0.05	0.015	0.20	0.10	0.40
ZTi1	ZTA1	余量	—	—	—	—	—	—	—	—	0.25	0.10	0.10	0.03	0.015	0.25	0.10	0.40
ZTi2	ZTA2	余量	—	—	—	—	—	—	—	—	0.30	0.15	0.10	0.05	0.015	0.35	0.10	0.40
ZTi3	ZTA3	余量	—	—	—	—	—	—	—	—	0.40	0.15	0.10	0.05	0.015	0.40	0.10	0.40
ZTiAl4	ZTA5	余量	3.3~4.7	—	—	—	—	—	—	—	0.30	0.15	0.10	0.04	0.015	0.20	0.10	0.40
ZTiAl5Sn2.5	ZTA7	余量	4.0~6.0	2.0~3.0	—	—	—	—	—	—	0.50	0.15	0.10	0.05	0.015	0.20	0.10	0.40

2. 铸造钛及钛合金的室温力学性能（表3-171）

表3-171 铸造钛及钛合金的室温力学性能（GB/T 6614—2014）

代号	牌号	抗拉强度 R_m/MPa ≥	规定塑性延伸强度 $R_{p0.2}$/MPa ≥	伸长率 A（%） ≥	硬度 HBW ≤
ZTA1	ZTi1	345	275	20	210
ZTA2	ZTi2	440	370	13	235
ZTA3	ZTi3	540	470	12	245
ZTA5	ZTiAl4	590	490	10	270
ZTA7	ZTiAl5Sn2.5	795	725	9	335
ZTA9	ZTiPd0.2	450	380	12	235
ZTA10	ZTiMo0.3Ni0.8	483	345	8	235
ZTA15	ZTiAl6Zr2Mo1V1	885	785	5	—
ZTA17	ZTiAl4V2	740	660	5	—
ZTB32	ZTiMo32	795	—	2	260
ZTC4	ZTiAl6V4	835（895）	765（825）	5（6）	365
ZTC21	ZTiAl6Sn4.5Nb2-Mo1.5	980	850	5	350

注：括号内的性能指标为氧含量控制较高时测得。

3.11.2 加工钛及钛合金

1. 工业纯钛、α 型和近 α 型钛及钛合金的化学成分（表3-172）
2. 工业纯钛、β 型和近 β 型钛及钛合金的化学成分（表3-173）
3. α-β 型钛及钛合金的化学成分（表3-174）

表3-172 工业纯钛、α 型和近 α 型钛及钛合金的化学成分（GB/T 3620.1—2016）

扫码查表

表3-173 工业纯钛、β 型和近 β 型钛及钛合金的化学成分（GB/T 3620.1—2016）

扫码查表

表3-174 α-β 型钛及钛合金的化学成分（GB/T 3620.1—2016）

扫码查表

3.12 镍及镍合金

1. 镍及镍合金加工产品的化学成分（表3-175）
2. 镍及镍合金的力学性能

1) 镍及镍合金板的室温力学性能（表3-176）。

表3-175 镍及镍合金加工产品的化学成分（GB/T 5235—2007）

扫码查表

表3-176 镍及镍合金板的室温力学性能（GB/T 2054—2013）

牌号	状态	厚度 /mm	室温力学性能 ≥			硬度	
			抗拉强度 R_m /MPa	规定塑性延伸强度① $R_{p0.2}$ /MPa	断后伸长率 A_{50mm} (%)	HV	HRB
N4、N5、NW4-0.15、NW4-0.1、NW4-0.07	M	≤1.5②	345	80	35	—	—
		>1.5	345	80	40	—	—
	R③	>4	345	80	30	—	—
	Y	≤2.5	490	—	2	—	—
N6、N7、DN⑤、NSi0.19、NMg0.1	M	≤1.5②	380	100	35	—	—
		>1.5	380	100	40	—	—
	R	>4	380	135	30	—	—
	Y④	>1.5	620	480	2	188~215	90~95
		≤1.5	540	—	2	—	—
	Y④₂	>1.5	490	290	20	147~170	80~85
NCu28-2.5-1.5	M	—	440	160	35	—	—
	R③	>4	440	—	25	—	—
	Y④₂	—	570	—	6.5	157~188	82~90

（续）

牌号	状态	厚度 /mm	室温力学性能 ≥			硬度	
			抗拉强度 R_m /MPa	规定塑性延伸强度① $R_{p0.2}$/MPa	断后伸长率 A_{50mm} (%)	HV	HRB
NCu30 (N04400)	M	—	485	195	35	—	—
	R③	>4	515	260	25	—	—
	$Y_2$④	—	550	300	25	157~188	82~90
NS1101 (N08800)	R	所有规格	550	240	25		
	M		520	205	30		
NS1102(N08810)	M	所有规格	450	170	30		
NS1402(N08825)	M	所有规格	586	241	30		
NS3102 (NW6600、N06600)	M	0.1~100	550	240	30	—	≤88⑥
	Y	<6.4	860	620	2		
	Y_2	<6.4	—	—	—		93~98
NS3304（N10275）	ST	所有规格	690	283	40	—	≤100
NS3306（N06625）	ST	所有规格	690	276	30		

① 厚度≤0.5mm 板材的规定塑性延伸强度不作考核。
② 厚度<1.0mm 用于成型换热器的 N4 和 N6 薄板力学性能报实测数据。
③ 热轧板材可在最终热轧前做一次热处理。
④ 硬态及半硬态供货的板材性能，以硬度作为验收依据，需方要求时，可提供拉伸性能。提供拉伸性能时，不再进行硬度测试。
⑤ 仅适用于电真空器件用板。
⑥ 仅适用于薄板和带材，且用于深冲成型时的产品要求。用户要求并在合同中注明时进行检测。

2）镍及镍合金带材的室温力学性能（表3-177）。

表3-177　镍及镍合金带材的室温力学性能（GB/T 2072—2007）

牌　号	产品厚度 /mm	状态	抗拉强度 R_m /MPa	规定塑性延伸强度 $R_{p0.2}$/MPa	断后伸长率(%)	
					$A_{11.3}$	A_{50mm}
N4、NW4-0.15、NW4-0.1、NW4-0.07	0.25~1.2	M	≥345	—	≥30	—
		Y	≥490	—	≥2	—
N5	0.25~1.2	M	≥350	≥85	—	≥35
N7	0.25~1.2	M	≥380	≥105	—	≥35
		Y	≥620	≥480	—	≥2
N6、DN、NMg0.1、NSi0.19	0.25~1.2	M	≥392	—	≥30	—
		Y	≥539	—	≥2	—
NCu28-2.5-1.5	0.5~1.2	M	≥441	—	≥25	—
		Y_2	≥568	—	≥6.5	—

(续)

牌号	产品厚度 /mm	状态	抗拉强度 R_m /MPa	规定塑性延伸强度 $R_{p0.2}$/MPa	断后伸长率(%) $A_{11.3}$	断后伸长率(%) A_{50mm}
NCu30	0.25~1.2	M	≥480	≥195	≥25	—
		Y_2	≥550	≥300	≥25	—
		Y	≥680	≥620	≥2	—
NCu40-2-1	0.25~1.2	M Y_2 Y	报实测	—	报实测	—

3) 镍及镍合金管材的室温力学性能（表3-178）。

表3-178　镍及镍合金管材的室温力学性能（GB/T 2882—2013）

牌号	壁厚 /mm	状态	抗拉强度 R_m/MPa ≥	规定塑性延伸强度 $R_{p0.2}$/MPa	断后伸长率(%) ≥ A	断后伸长率(%) ≥ A_{50mm}
N4、N2、DN	所有规格	M	390	—	35	—
		Y	540	—	—	—
N6	<0.90	M	390	—	—	35
		Y	540	—	—	—
	≥0.90	M	370	—	35	—
		Y_2	450	—	—	12
		Y	520	—	6	—
		Y_0	460	—	—	—
N7（N02200）、N8	所有规格	M	380	105	—	35
		Y_0	450	275	—	15
N5（N02201）	所有规格	M	345	80	—	35
		Y_0	415	205	—	15
NCu30（N04400）	所有规格	M	480	195	—	35
		Y_0	585	380	—	15
NCu28-2.5-1.5、NCu40-2-1、NSi0.19、NMg0.1	所有规格	M	440	—	—	20
		Y_1	540	—	6	—
		Y	585	—	3	—
NCr15-8（N06600）	所有规格	M	550	240	—	30

注：1. 外径小于18mm、壁厚小于0.09mm的硬（Y）态镍及镍合金管材的断后伸长率值仅供参考。
2. 供农用飞机作喷头用的NCu28-2.5-1.5合金硬状态管材，其抗拉强度不小于645MPa、断后伸长率不小于2%。

4) 镍及镍合金棒的室温力学性能（表3-179）。

表 3-179 镍及镍合金棒的室温力学性能（GB/T 4435—2010）

断　号	状　态	直径/mm	抗拉强度 R_m/MPa ≥	断后伸长率 A（%） ≥
N4、N5、N6、N7、N8	Y	3～20	590	5
		>20～30	540	6
		>30～65	510	9
N4、N5、N6、N7、N8	M	3～30	380	34
		>30～65	345	34
	R	32～60	345	25
		>60～254	345	20
NCu28-2.5-1.5	Y	3～15	665	4
		>15～30	635	6
		>30～65	590	8
	Y_2	3～20	590	10
		>20～30	540	12
	M	3～30	440	20
		>30～65	440	20
	R	6～254	390	25
NCu30-3-0.5	Y	3～20	1000	15
		>20～40	965	17
		>40～65	930	20
	R	6～251	实测	实测
	M	3～65	895	20
NCu40-2-1	Y	3～20	635	4
		>20～40	590	5
	M	3～40	390	25
	R	6～254	实测	实测
NMn5	M	3～65	345	40
	R	32～254	345	40
NCu30	R	76～152	550	30
		>152～254	515	30
	M	3～65	480	35
	Y	3～15	700	8
	Y_2	3～15	580	10
		>15～30	600	20
		>30～65	580	20
NCu35-1.5-1.5	R	6～254	实测	实测

第4章 常用金属材料的品种及规格

4.1 生铁和铁合金

4.1.1 生铁

生铁的供货状态及规格如表 4-1 所示。

表 4-1 生铁的供货状态及规格

生铁种类	供应状态	要求
炼钢用生铁	小块	每块重量为 2～7kg
	大块	每块重量≤40kg,且每块上有两个凹口,凹口处厚度≤45mm
铸造用生铁和球墨铸铁用生铁	小块	每块重量为 2～7kg,大于 7kg 与小于 2kg 之和小于总重量的 10%
	大块	每块重量≤40kg,且每块上有 1～2 道深度不小于铁块厚度 2/3 的凹槽
铸造用磷铜钛低合金耐磨生铁	小块	每块重量为 2～7kg,大于 7kg 与小于 2kg 之和不超过总重量的 10%
脱碳低磷粒铁	颗粒	粒度为 3～15mm,大于 15mm 与小于 3mm 之和不超过总重量的 5%

4.1.2 铁合金

1. 钒铁的粒度（表 4-2）

表 4-2 钒铁的粒度（GB/T 4139—2012）

粒度组别	粒度/mm	小于下限粒度(%)	大于上限粒度(%)
		≤	
1	5～15	5	5
2	10～50	5	5
3	10～100	5	5

2. 硅铁的粒度（表 4-3）

表 4-3 硅铁的粒度（GB/T 2272—2020）

级别	规格/mm	筛下物(质量分数)(%) 粒度下限值	筛上物(质量分数)(%) 2 边或 3 边长度超过粒度上限的 1.15 倍的量
自然块	—	小于 20mm×20mm 的质量 ≤8	
加工块	10～50	≤6	≤5
硅粒	3～10	≤6	≤5
硅粉	0～3	—	≤5
	0～1	—	≤10

3. 锰铁的粒度（表4-4）

表4-4 锰铁的粒度（GB/T 3795—2014）

粒度级别	粒度/mm	允许偏差（%）≤	
		筛上物	筛下物
1	20~250	3	7
2	50~150	3	7
3	10~50（或70）	3	7
4	0.097~0.45	5	30

注：中碳锰铁可以粉状交货。

4. 钼铁的粒度（表4-5）

表4-5 钼铁的粒度（GB/T 3649—2008）

粒度级别	粒度/mm	粒度偏差(%)	
		筛上物	筛下物
1	10~150	≤5	≤5
2	10~100		
3	10~50	≤5	≤5
4	3~10		

5. 钛铁的粒度（表4-6）

表4-6 钛铁的粒度（GB/T 3282—2012）

粒度组别	粒度/mm	小于下限粒度(%) ≤	大于上限粒度(%)
1	5~100	5	5
2	5~70	5	5
3	5~40	5	5
4	<20	—	3
5	<2	—	5

6. 磷铁、铬铁、氧化铬铁、硼铁和钨铁的粒度（表4-7）

表4-7 磷铁、铬铁、氧化铬铁、硼铁和钨铁的粒度

种类	供货状态	要求
磷铁	块状	最大块重不超过30kg，小于20mm×20mm的块重不超过批重量的10%
铬铁	块状	最大块重不超过15kg，小于20mm×20mm的块重不超过批重量的5%
氧化铬铁	块状	最大块重不超过15kg，小于10mm×10mm的块重不超过批重量的10%
硼铁	块状	粒度为5~10mm，大于100mm与小于10mm之和不超过批重量的10%
钨铁	块状	粒度为10~130mm，小于10mm×10mm的块重不超过批重量的5%

4.2 钢产品

4.2.1 盘条和钢筋

1. 热轧圆盘条的规格（表4-8）

表4-8 热轧圆盘条的规格（GB/T 14981—2009）

公称直径	允许偏差/mm			圆度误差/mm			截面面积 A/mm^2	理论重量 $m/(\mathrm{kg/m})$
	A 级	B 级	C 级	A 级	B 级	C 级		
5~10	±0.30	±0.25	±0.15	≤0.48	≤0.40	≤0.24	按公式 $A=\pi d^2/4$，其中 d 的单位为 mm	按公式 $m=0.00617×直径^2$ 计算，其中直径的单位为 mm
10.5~15	±0.40	±0.30	±0.20	≤0.64	≤0.48	≤0.32		
15.5~25	±0.50	±0.35	±0.25	≤0.80	≤0.56	≤0.40		
26~40	±0.60	±0.40	±0.30	≤0.96	≤0.64	≤0.48		
41~50	±0.80	±0.50	—	≤1.28	≤0.80	—		
51~60	±1.00	±0.60	—	≤1.60	≤0.96	—		

注：1. 公称直径在5~16mm间时按0.5的整数倍进级，在16~60mm间时按1的整数倍进级。
2. 钢的密度按 $7.85\mathrm{g/cm}^3$ 计算。

2. 钢筋混凝土用热轧带肋钢筋的规格（表4-9）

表4-9 钢筋混凝土用热轧带肋钢筋的规格

直径/mm		截面面积/mm^2	理论重量/(kg/m)
预应力热轧带肋钢筋	余热处理钢筋		
6	—	28.27	0.222
8	8	50.27	0.395
10	10	78.54	0.617
12	12	113.1	0.888
14	14	153.9	1.21
16	16	201.1	1.58
18	18	254.5	2.00
20	20	314.2	2.47
22	22	380.1	2.98
25	25	490.9	3.85
28	28	615.8	4.83
32	32	804.2	6.31
36	36	1018	7.99
40	40	1257	9.87
50	—	1964	15.42

3. 预应力混凝土用螺纹钢筋的规格（表4-10）

表 4-10 预应力混凝土用螺纹钢筋的规格 (GB/T 20065-2016)

公称直径/mm	公称截面面积/mm²	有效截面系数	理论截面面积/mm²	理论重量/(kg/m)
15	177	0.97	183.2	1.40
18	255	0.95	268.4	2.11
25	491	0.94	522.3	4.10
32	804	0.95	846.3	6.65
36	1018	0.95	1071.6	8.41
40	1257	0.95	1323.2	10.34
50	1963	0.95	2066.3	16.28
60	2827	0.95	2976	23.36
63.5	3167	0.94	3369.1	26.50
65	3318	0.95	3493	27.40
70	3848	0.95	4051	31.80
75	4418	0.94	4700	36.90

4. 钢筋混凝土用热轧光圆钢筋的规格 (表 4-11)

表 4-11 钢筋混凝土用热轧光圆钢筋的规格 (GB/T 1499.1—2017)

公称直径/mm	公称横截面面积/mm²	理论重量/(kg/m)
6	28.27	0.222
8	50.27	0.395
10	78.54	0.617
12	113.1	0.888
14	153.9	1.21
16	201.1	1.58
18	254.5	2.00
20	314.2	2.47
22	380.1	2.98

注：表中理论重量按密度为 7.85g/cm³ 计算。

5. 冷轧带肋钢筋的形式及规格

1) 冷轧带肋钢筋的形式如图 4-1 所示。

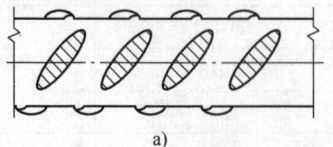
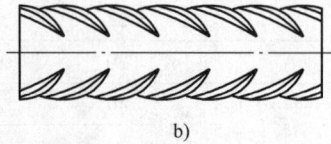

a)　　　　　　　　　b)

图 4-1　冷轧带肋钢筋

a) 三面肋　b) 两面肋

2）冷轧带肋钢筋的规格如表 4-12 所示。

表 4-12　冷轧带肋钢筋的规格（GB/T 13788—2017）

公称直径 d /mm	公称横截面面积 /mm²	重量		公称直径 d /mm	公称横截面面积 /mm²	重量	
		理论重量 /(kg/m)	允许偏差 (%)			理论重量 /(kg/m)	允许偏差 (%)
4	12.6	0.099	±4	8.5	56.7	0.445	±4
4.5	15.9	0.125		9	63.6	0.499	
5	19.6	0.154		9.5	70.8	0.556	
5.5	23.7	0.186		10	78.5	0.617	
6	28.3	0.222		10.5	86.5	0.679	
6.5	33.2	0.261		11	95.0	0.746	
7	38.5	0.302		11.5	103.8	0.815	
7.5	44.2	0.347		12	113.1	0.888	
8	50.3	0.395		—			

4.2.2　钢板和钢带

1. 普通钢板和钢带的规格

1）冷轧钢板和钢带的规格如表 4-13 所示。

表 4-13　冷轧钢板和钢带的规格（GB/T 708—2019）　（单位：mm）

公称厚度	公称宽度	公称长度
≤4.0	≤2150	1000~6000

2）热轧钢板和钢带的规格如表 4-14 所示。

表 4-14　热轧钢板和钢带的规格（GB/T 709—2019）

产品形态	边缘状态	分类及代号							
		厚度精度		宽度精度		长度精度		不平度精度	
		普通	较高	普通	较高	普通	较高	普通	较高
宽钢带	不切边 EM	PT.A	PT.B	—	—	—	—	—	—
	切边 EC	PT.A	PT.B	PW.A	PW.B	—	—	—	—
钢板	不切边 EM	PT.A	PT.B	—	—	PL.A	PL.B	PF.A	PF.B
	切边 EC	PT.A	PT.B	PW.A	PW.B	PL.A	PL.B	PF.A	PF.B
纵切钢带	切边 EC	PT.A	PT.B	PW.A	PW.B	—	—	—	—

3) 钢板和钢带的理论重量如表 4-15 所示。

表 4-15　钢板和钢带的理论重量

厚度/mm	理论重量/(kg/m²)	厚度/mm	理论重量/(kg/m²)	厚度/mm	理论重量/(kg/m²)	厚度/mm	理论重量/(kg/m²)
0.2	1.570	1.6	12.56	11	86.35	30	235.5
0.25	1.963	1.8	14.13	12	94.20	32	251.2
0.3	2.355	2.0	15.70	13	102.1	34	266.9
0.35	2.748	2.2	17.27	14	109.9	36	382.6
0.4	3.140	2.5	19.63	15	117.8	38	298.3
0.45	3.533	2.8	21.98	16	125.6	40	314.0
0.5	3.925	3.0	23.55	17	133.5	42	329.7
0.55	4.318	3.2	25.12	18	141.3	44	345.4
0.6	4.710	3.5	27.48	19	149.2	46	361.1
0.7	5.495	3.8	29.83	20	157.0	48	376.8
0.75	5.888	4.0	31.40	21	164.9	50	392.5
0.8	6.280	4.5	35.33	22	172.7	52	408.2
0.9	7.065	5.0	39.25	23	180.6	54	423.9
1.0	7.850	5.5	43.18	24	188.4	56	439.6
1.1	8.635	6.0	47.10	25	196.3	58	455.3
1.2	9.420	7.0	54.95	26	204.1	60	471.0
1.25	9.813	8.0	62.80	27	212.0	—	—
1.4	10.99	9.0	70.65	28	219.8	—	—
1.5	11.78	10	78.50	29	227.7	—	—

2．热轧花纹钢板和钢带形式及规格

1) 热轧花纹钢板和钢带的形式如图 4-2 所示。

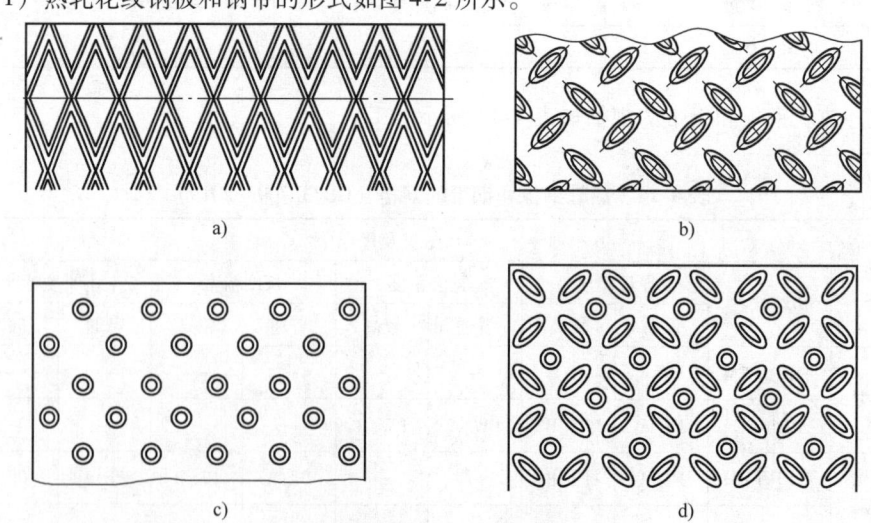

图 4-2　热轧花纹钢板和钢带
a) 菱形　b) 扁豆形　c) 圆豆形　d) 组合形

2) 热轧花纹钢板和钢带的规格如表 4-16 所示。

表 4-16　热轧花纹钢板和钢带的规格（YB/T 4159—2007）

基本厚度 /mm	钢板理论重量/(kg/m²)			
	菱形	圆豆形	扁豆形	组合形
2.0	17.7	16.1	16.8	16.5
2.5	21.6	20.4	20.7	20.4
3.0	25.9	24.0	24.8	24.5
3.5	29.9	27.9	28.8	28.4
4.0	34.4	31.9	32.8	32.4
4.5	38.3	35.9	36.7	36.4
5.0	42.2	39.8	40.1	40.3
5.5	46.6	43.8	44.9	44.4
6.0	50.5	47.7	48.8	48.4
7.0	58.4	55.6	56.7	56.2
8.0	67.1	63.6	64.9	64.4
10.0	83.2	79.3	80.8	80.27

3. 冷弯波形钢板的形式及规格

1) 冷弯波形钢板的形式如图 4-3 所示。

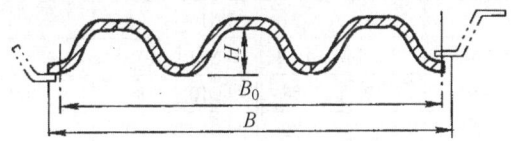

图 4-3　冷弯波形钢板

2) 冷弯波形钢板的规格如表 4-17 所示。

表 4-17　冷弯波形钢板的规格（YB/T 5327—2006）

代号	高度 H	宽度 B	宽度 B_0	截面面积 /cm²	理论重量/ (kg/m)	代号	高度 H	宽度 B	宽度 B_0	截面面积 /cm²	理论重量/ (kg/m)
AKA15	12	370	—	6.00	4.71	AKF08	25	650	—	7.29	5.72
AKB12	14	488	—	6.30	4.95	AKF10	25	650	—	9.05	7.10
AKC12	15	378	—	5.02	3.94	AKF12	25	650	—	10.78	8.46
AKD12	15	488	—	6.58	5.17	AKG10	30	690	—	9.60	7.54
AKD15	15	488	—	8.20	6.44	AKG16	30	690	—	15.04	11.81
AKE05	25	830	—	5.87	4.61	AKG20	30	690	—	18.60	14.60
AKE08	25	830	—	9.32	7.32	ALA08	50	—	800	9.28	7.28
AKE10	25	830	—	11.57	9.08	ALA10	50	—	800	11.56	9.07
AKE12	25	830	—	13.79	10.83	ALA12	50	—	800	13.82	10.85
AKF05	25	650	—	4.58	3.60	ALA16	50	—	800	18.30	14.37

(续)

代号	高度 H	宽度 B	宽度 B_0	截面面积 /cm^2	理论重量/ (kg/m)	代号	高度 H	宽度 B	宽度 B_0	截面面积 /cm^2	理论重量/ (kg/m)
ALB12	50	—	614	10.46	8.21	ALK16	75	—	600	15.84	12.43
ALB16	50	—	614	13.86	10.88	ALK23	75	—	600	22.53	17.69
ALC08	50	—	614	7.04	5.53	ALL08	75	—	690	9.18	7.21
ALC10	50	—	614	8.76	6.88	ALL10	75	—	690	10.44	8.20
ALC12	50	—	614	10.47	8.22	ALL12	75	—	690	13.69	10.75
ALC16	50	—	614	13.87	10.89	ALL16	75	—	690	18.14	14.24
ALD08	50	—	614	7.04	5.53	ALM08	75	—	690	8.93	7.01
ALD10	50	—	614	8.76	6.88	ALM10	75	—	690	11.12	8.73
ALD12	50	—	614	10.47	8.22	ALM12	75	—	690	13.31	10.45
ALD16	50	—	614	13.87	10.89	ALM16	75	—	690	17.65	13.86
ALE08	50	—	614	7.04	5.53	ALM23	75	—	690	25.09	19.70
ALE10	50	—	614	8.76	6.88	ALN08	75	—	690	8.74	6.86
ALE12	50	—	614	10.47	8.22	ALN10	75	—	690	10.89	8.55
ALE16	50	—	614	13.87	10.89	ALN12	75	—	690	13.03	10.23
ALF12	50	—	614	10.46	8.21	ALN16	75	—	690	17.28	13.56
ALF16	50	—	614	13.86	10.88	ALN23	75	—	690	24.60	19.31
ALG08	60	—	600	7.49	5.88	ALO10	80	—	600	10.18	7.99
ALG10	60	—	600	9.33	7.32	ALO12	80	—	600	12.19	9.57
ALG12	60	—	600	11.17	8.77	ALO16	80	—	600	16.15	12.68
ALG16	60	—	600	14.79	11.61	ANA05	25	—	360	2.64	2.07
ALH08	75	—	600	8.42	6.61	ANA08	25	—	360	4.21	3.30
ALH10	75	—	600	10.49	8.23	ANA10	25	—	360	5.23	4.11
ALH12	75	—	600	12.55	9.85	ANA12	25	—	360	6.26	4.91
ALH16	75	—	600	16.62	13.05	ANA16	25	—	360	8.29	6.51
ALI08	75	—	600	8.38	6.58	ANB08	40	—	600	7.22	5.67
ALI10	75	—	600	10.45	8.20	ANB10	40	—	600	8.99	7.06
ALI12	75	—	600	12.52	9.83	ANB12	40	—	600	10.70	8.40
ALI16	75	—	600	16.60	13.03	ANB16	40	—	600	14.17	11.12
ALJ08	50	—	600	8.13	6.38	ANB23	40	—	600	20.03	15.72
ALJ10	50	—	600	10.12	7.94	ARA08	50	—	614	7.04	5.53
ALJ12	50	—	600	12.11	9.51	ARA10	50	—	614	8.76	6.88
ALJ16	50	—	600	16.05	12.60	ARA12	50	—	614	10.47	8.22
ALJ23	60	—	600	22.81	17.91	ARA16	50	—	614	13.87	10.89
ALK08	60	—	600	8.06	6.33	BLA05	50	—	614	4.69	3.68
ALK10	60	—	600	10.02	7.87	BLA08	50	—	614	7.46	5.86
ALK12	60	—	600	11.95	9.38	BLA10	50	—	614	9.29	7.29

(续)

代号	高度 H	宽度 B	宽度 B_0	截面面积 /cm²	理论重量/ (kg/m)	代号	高度 H	宽度 B	宽度 B_0	截面面积 /cm²	理论重量/ (kg/m)
BLA12	50	—	614	11.10	8.71	BLC12	75	—	600	11.99	9.41
BLA15	50	—	614	13.78	10.82	BLC16	75	—	600	15.89	12.47
BLB05	75	—	690	5.73	4.50	BLC23	75	—	600	22.60	17.74
BLB08	75	—	690	9.13	7.17	BLD05	75	—	690	5.50	4.32
BLB10	75	—	690	11.37	8.93	BLD08	75	—	690	8.76	6.88
BLB12	75	—	690	13.61	10.68	BLD10	75	—	690	10.92	8.57
BLB16	75	—	690	18.04	14.16	BLD12	75	—	690	13.07	10.26
BLC05	75	—	600	5.05	3.96	BLD16	75	—	690	17.32	13.60
BLC08	75	—	600	8.04	6.31	BLD23	75	—	690	24.67	19.37
BLC10	75	—	600	10.02	7.87						

4. 金属软管用碳素钢冷轧钢带的规格（表4-18）

表4-18 金属软管用碳素钢冷轧钢带的规格（YB/T 023—1992）

钢带厚度 /mm	钢带宽度/mm									
	4	6	7.1	8.6	9.5	12.7	15	16	17	21.2	25	35
0.20			×									
0.25	×			×								
0.30		×	×	×	×	×						×
0.35				×	×							
0.40					×							
0.45						×						
0.50						×	×		×		×	
0.60										×		

注："×"表示有此规格。

5. 铠装电缆用钢带的规格（表4-19）

表4-19 铠装电缆用钢带的规格（YB/T 024—2008） （单位：mm）

公称厚度	公称宽度									
	15	20	25	30	35	40	45	50	55	60
0.20	×	×	×	×						
0.30	×	×	×	×	×	×	×			
0.50	×	×	×	×	×	×	×	×	×	×
0.80					×	×	×	×	×	×

注："×"表示有此规格。

6. 不锈钢钢板和钢带的规格

1) 不锈钢热轧钢板和钢带的规格如表4-20所示。

表4-20 不锈钢热轧钢板和钢带的规格（GB/T 4237—2015）（单位：mm）

产品名称	公称厚度	公称宽度
厚钢板	3.0~200	600~4800
宽钢带、卷切钢板、纵剪宽钢带	2.0~25.4	600~2500
窄钢带、卷切钢带	2.0~13.0	<600

2）不锈钢冷轧钢板和钢带的规格如表4-21所示。

表4-21 不锈钢冷轧钢板和钢带的规格（GB/T 3280—2015）（单位：mm）

形态	公称厚度	公称宽度
宽钢带、卷切钢板	0.10~8.00	600~2100
纵剪宽钢带①、卷切钢带Ⅰ①	0.10~8.00	<600
窄钢带、卷切钢带Ⅱ	0.01~3.00	<600

① 由宽度大于600mm的宽钢带纵剪（包括纵剪加横切）成宽度小于600mm的钢带或钢板。

4.2.3 无缝钢管

1. 普通无缝钢管的规格（表4-22）

表4-22 普通无缝钢管的规格（GB/T 17395—2008）（单位：mm）

外径	系列1	10(10.2)、13.5、17(17.2)、21(21.3)、27(26.9)、34(33.7)、42(42.4)、48(48.3)、60(60.3)、76(76.1)、89(88.9)、114(114.3)、140(139.7)、168(168.3)、219(219.1)、273、325(323.9)、356(355.6)、406(406.4)、457、508、610、711、813、914、1016
	系列2	6、7、8、9、10、11、12、13(12.7)、16、19、20、25、28、32(31.8)、38、40、51、57、63(63.5)、65、68、70、77、80、85、95、102(101.6)、121、127、133、146、203、299(298.5)、340(339.7)、351、377、402、426、450、473、480、500、530、630、720、762
	系列3	14、18、22、25.4、30、35、45(44.5)、54、73、83(82.5)、108、142(141.3)、152(152.4)、159、180(177.8)、194(193.7)、232、245(244.5)、267(267.4)、302、318.5、368、419、560(599)、660、699、788.5、864、965
壁厚		0.25、0.30、0.40、0.50、0.60、0.80、1.0、1.2、1.4、1.5、1.6、1.8、2.0、2.2(2.3)、2.5(2.6)、2.8(2.9)、3.0、3.2、3.5(3.6)、4.0、4.5、5.0、(5.4)5.5、6.0、(6.3)6.5、7.0(7.1)、7.5、8.0、8.5、(8.8)9.0、9.5、10、11、12(12.5)、13、14(14.2)、15、16、17(17.5)、18、19、20、22(22.2)、24、25、26、28、30、32、34、36、38、40、42、45、48、50、55、60、65、70、75、80、85、90、95、100、110、120

注：括号内的尺寸为相应的ISO 4200的规格。

2. 精密无缝钢管的规格（表4-23）

表4-23 精密无缝钢管的规格（GB/T 17395—2008）（单位：mm）

外径	系列2	4、5、6、8、10、12、12.7、16、20、25、32、38、40、42、48、50、60、63、70、76、80、100、120、130、150、160、170、190、200
	系列3	14、18、22、28、30、35、45、55、90、110、140、180、220、240、260
壁厚		0.5、(0.8)、1、(1.2)、1.5、(1.8)、2、(2.2)、2.5、(2.8)、3、(3.5)、4、(4.5)、5、(5.5)、6、(7)、8、9、10、(11)、12.5、(14)、16、(18)、20、(22)、25、26

注：括号内的尺寸为相应的ISO 4200的规格。

4.2.4 冷拔异形钢管

1. 冷拔正方形无缝钢管的形式及规格

1）冷拔正方形无缝钢管的形式如图4-4所示。

2）冷拔正方形无缝钢管的规格如表4-24所示。

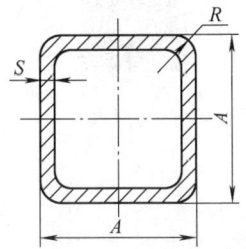

图4-4 冷拔正方形无缝钢管

表4-24 冷拔正方形无缝钢管的规格
（GB/T 3094—2012）

扫码查表

2. 冷拔长方形无缝钢管的形式及规格

1）冷拔长方形无缝钢管的形式如图4-5所示。

2）冷拔长方形无缝钢管的规格如表4-25所示。

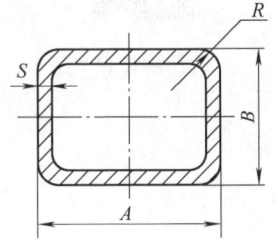

图4-5 冷拔长方形无缝钢管

表4-25 冷拔长方形无缝钢管的规格
（GB/T 3094—2012）

扫码查表

3. 冷拔椭圆形无缝钢管的形式及规格

1）冷拔椭圆形无缝钢管如图4-6所示，其规格如表4-26所示。

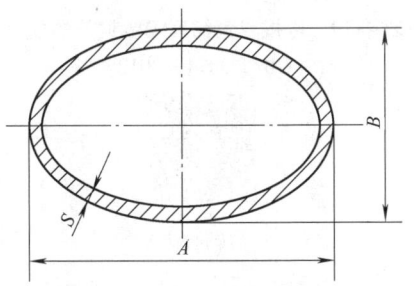

图4-6 冷拔椭圆形无缝钢管

表4-26 冷拔椭圆形无缝钢管的规格
（GB/T 3094—2012）

扫码查表

2）冷拔平椭圆形无缝钢管如图4-7所示，其规格如表4-27所示。

4. 冷拔内外六角形无缝钢管的形式及规格

1）冷拔内外六角形无缝钢管的形式如图4-8所示。

2）冷拔内外六角形无缝钢管的规格如表4-28所示。

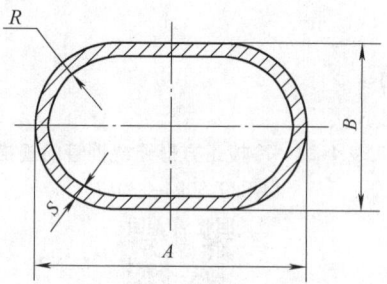

图 4-7　冷拔平椭圆形无缝钢管

表 4-27　冷拔平椭圆形无缝钢管的规格
（GB/T 3094—2012）

扫码查表

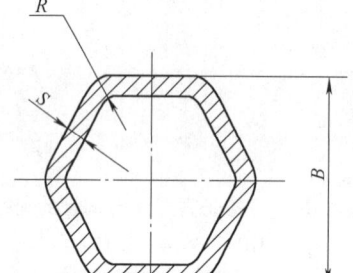

图 4-8　冷拔内外六角形无缝钢管

表 4-28　冷拔内外六角形无缝钢管的规格
（GB/T 3094—2012）

扫码查表

5. 冷拔直角梯形无缝钢管的形式及规格

1）冷拔直角梯形无缝钢管的形式如图 4-9 所示。

2）冷拔直角梯形无缝钢管的规格如表 4-29 所示。

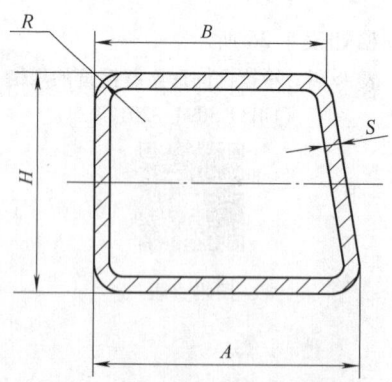

表 4-29　冷拔直角梯形无缝钢管的规格
（GB/T 3094—2012）

扫码查表

图 4-9　冷拔直角梯形无缝钢管

4.2.5　特殊用途用钢管

1. 汽车半轴套管用无缝钢管的规格（表 4-30）
2. 钻探用无缝钢管的规格（表 4-31）

表 4-30　汽车半轴套管用无缝钢管的规格
（YB/T 5035—2010）

扫码查表

表 4-31　钻探用无缝钢管的规格
（GB/T 9808—2008）

扫码查表

3. 柴油机用高压无缝钢管的规格（表 4-32）
4. 高压锅炉用内螺纹管的规格（表 4-33）

表 4-32　柴油机用高压无缝钢管的规格
（GB/T 3093—2002）　（单位：mm）

表 4-33　高压锅炉用内螺纹管的规格
（GB/T 20409—2018）

扫码查表

5. 建筑结构用冷弯钢管的规格
1) 建筑结构用冷弯正方形钢管的规格如表 4-34 所示。
2) 建筑结构用冷弯长方形钢管的规格（表 4-35）。

表 4-34　建筑结构用冷弯正方形钢管的规格
（JG/T 178—2005）

扫码查表

表 4-35　建筑结构用冷弯长方形钢管的规格
（JG/T 178—2005）

扫码查表

6. 双焊缝冷弯正方形钢管及长方形钢管的形式及规格
1) 双焊缝冷弯正方形钢管及长方形钢管的形式如图 4-10 所示。

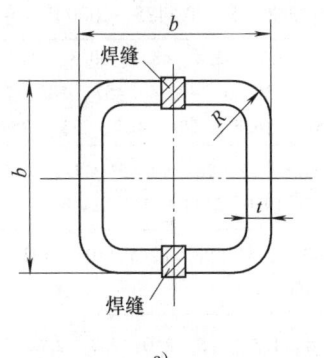
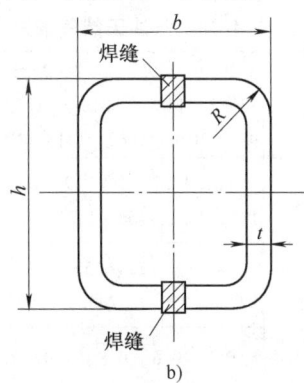

图 4-10　双焊缝冷弯钢管
a) 正方形　b) 长方形

2) 双焊缝冷弯正方形钢管的规格如表 4-36 所示。
3) 双焊缝冷弯长方形钢管的规格如表 4-37 所示。

表 4-36 双焊缝冷弯正方形钢管的规格（YB/T 4181—2008）（单位：mm）

公称边长 b	公称壁厚 t
300、320	8、10、12、14、16
350、380	8、10、12、14、16、19
400	8、10、12、14、16、19、22
450、500	8、10、12、14、16、19、22、25
550、600	9、10、12、14、16、19、22、25、32
650	12、16、19、25、32、36
700、750、800、850、900	16、19、25、32、36
950、1000	19、25、32、36、40

表 4-37 双焊缝冷弯长方形钢管的规格（YB/T 4181—2008）（单位：mm）

公称边长 h	公称边长 b	公称壁厚 t	公称边长 h	公称边长 b	公称壁厚 t
350	250	8、10、12、14、16	550	500	10、12、14、16、20
350	300		600	400	9、10、12、14、16
400	200		600	450	
400	250		600	500	9、10、12、14、16、19、22
400	300		600	550	9、10、12、14、16、19、22、25
450	250		700	600	16、19、22、25、32、36
450	300		800	600	
450	350		800	700	19、25、32、36、40
450	400	9、10、12、14、16	900	700	
500	300	10、12、14、16	900	800	
500	400		1000	850	19、25、32、36、40
500	450	9、10、12、14、16	1000	900	
550	400				

7. 石油天然气输送钢管的规格（表 4-38）

表 4-38 石油天然气输送钢管的规格（SY/T 6475—2000）（单位：mm）

外径	系列 1	10.2、13.5、17.2、21.3、26.9、33.7、42.4、48.3、60.3、76.1、88.9、114.3、139.7、168.3、219.1、273、323.9、355.6、406.4、457、508、610、711、813、914、1016、1067、1118、1219、1422、1626、1829、2032、2235、2540
	系列 2	12、12.7、16、19、20、25、31.8、32、38、40、51、57、63.5、101.6、127、133、762、1168、1321、1524、1727、1930、2134、2337、2438
	系列 3	14、18、22、25.4、30、35、44.5、54、73、82.5、108、141.3、152.4、159、177.8、193.7、244.5、599、660、864
壁厚		0.5、0.6、0.8、1.0、1.2、1.4、1.5、1.6、2.0、2.3、2.6、2.9、3.2、3.6、4.0、4.5、5、5.4、5.6、6.3、7.1、8.0、8.8、10、11、12.5、14.2、16、17.5、20、22.2、25、28、30、32、36、40、45、50、55、60、65

8. 双层铜焊钢管的形式及规格

1）双层铜焊钢管的截面形状如图4-11所示。

2）双层铜焊钢管的规格如表4-39所示。

9. 深井水泵用电焊钢管的规格（表4-40）

图4-11 双层铜焊钢管的截面形状

表4-39 双层铜焊钢管的规格（YB/T 4164—2007）

扫码查表

表4-40 深井水泵用电焊钢管的规格（YB/T 4028—2013）

扫码查表

4.2.6 不锈钢管

1. 不锈钢无缝钢管的规格（表4-41）

表4-41 不锈钢无缝钢管的规格（GB/T 17395—2008）（单位：mm）

外径	系列1	10（10.2）、13（13.5）、17（17.2）、21（21.3）、27（26.9）、34（33.7）、42（42.4）、48（48.3）、60（60.3）、76（76.1）、89（88.9）、114（114.3）、140（139.7）、168（168.3）、219（219.1）、273、325（323.9）、356（355.6）、406（406.4）
	系列2	6、7、8、9、12、12.7、16、19、20、24、25、28、32（31.8）、38、40、51、57、63（63.5）、68、70、73、95、102（101.6）、108、127、133、146、152、159、180、194、245、351、377、426、450、473、480、500、530、630、720、762
	系列3	14、18、22、25.4、30、35、45（44.5）、54、83（82.5）、108、142（141.3）、152（152.4）、159、180（177.8）、194（193.7）、232、245（244.5）、267（267.4）、302、318.5、368、419、560（599）、660、699、788.5、864、965
壁厚		0.5、0.6、0.7、0.9、1.0、1.2、1.4、1.5、1.6、2.0、2.2（2.3）、2.5（2.6）、2.8（2.9）、3.0、3.2、3.5（3.6）、4.0、4.5、5.5（5.6）、6.0、(6.3) 6.5、7.0（7.1）、7.5、8.0、8.5、(8.8) 9.0、9.5、10、11、12（12.5）、13、14（14.2）、15、16、17（17.5）、18、19、20、22（22.2）、24、25、26、28

注：括号内的尺寸为相应的 ISO 4200 的规格。

2. 不锈钢极薄壁无缝钢管的规格（表4-42）

表4-42 不锈钢极薄壁无缝钢管的规格（GB/T 3089—2020）（单位：mm）

外径×壁厚				
7×0.15	35×0.5	60×0.25	75.5×0.25	95.6×0.3
10.3×0.15	40.4×0.2	60×0.35	75.6×0.3	101×0.5
10.4×0.2	40.6×0.3	60×0.5	82.4×0.4	101.2×0.6
12.4×0.2	41×0.5	61×0.35	83.8×0.5	110.9×0.45
15.4×0.2	41.2×0.6	61×0.5	89.6×0.3	125.7×0.35
18.4×0.2	48×0.25	61.2×0.6	89.6×0.4	150.8×0.4
20.4×0.2	50.5×0.25	67.6×0.3	90.2×0.4	250.8×0.4
24.4×0.2	53.2×0.6	67.8×0.4	90.5×0.25	
26.4×0.2	55×0.5	70.2×0.6	90.6×0.3	
32.4×0.2	59.6×0.2	74×0.5	90.8×0.4	

3. 不锈钢小直径无缝钢管的规格（表4-43）

表4-43　不锈钢小直径无缝钢管的规格（GB/T 3090—2020）（单位：mm）

外径	壁厚												
	0.10	0.15	0.20	0.25	0.30	0.35	0.40	0.45	0.50	0.55	0.60	0.70	0.80	0.90	1.00
0.30	×														
0.35	×														
0.40	×	×													
0.45	×	×													
0.50	×	×													
0.55	×	×													
0.60	×	×	×												
0.70	×	×	×	×											
0.80	×	×	×	×											
0.90	×	×	×	×											
1.00	×	×	×	×	×										
1.20	×	×	×	×	×	×	×								
1.60	×	×	×	×	×	×	×	×	×						
2.00	×	×	×	×	×	×	×	×	×	×					
2.20	×	×	×	×	×	×	×	×	×	×	×				
2.50	×	×	×	×	×	×	×	×	×	×	×	×	×	×
2.80	×	×	×	×	×	×	×	×	×	×	×	×	×	×
3.00	×	×	×	×	×	×	×	×	×	×	×	×	×	×
3.20	×	×	×	×	×	×	×	×	×	×	×	×	×	×
3.40	×	×	×	×	×	×	×	×	×	×	×	×	×	×
3.60	×	×	×	×	×	×	×	×	×	×	×	×	×	×
3.80	×	×	×	×	×	×	×	×	×	×	×	×	×	×
4.00	×	×	×	×	×	×	×	×	×	×	×	×	×	×
4.20	×	×	×	×	×	×	×	×	×	×	×	×	×	×
4.50	×	×	×	×	×	×	×	×	×	×	×	×	×	×
4.80	×	×	×	×	×	×	×	×	×	×	×	×	×	×
5.00		×	×	×	×	×	×	×	×	×	×	×	×	×
5.50		×	×	×	×	×	×	×	×	×	×	×	×	×
6.00		×	×	×	×	×	×	×	×	×	×	×	×	×

注："×"表示有此规格。

4. 装饰用焊接不锈钢管的规格

1）装饰用焊接不锈钢管的外径及允许偏差如表4-44所示。

表4-44　装饰用焊接不锈钢管的外径及允许偏差（YB/T 5363—2016）

（单位：mm）

类别	外径 D	允许偏差	
		高级 PC	普通级 PA
未抛光、喷砂状态 SNB、SS	≤25	±0.10	±0.20
	>25～<50	±0.20	±0.30
	≥50	±0.5%D	±0.7%D
磨（抛）光状态 SB、SP	≤25	±0.10	±0.20
	>25～<40	±0.15	±0.22
	≥40～<50	±0.15	±0.25
	≥50～<60	±0.18	±0.28
	≥60～<90	±0.25	±0.30
	≥90～<100	±0.30	±0.35
	≥100～<200	按协议	±0.5%D
	≥200	按协议	±0.7%D

2）装饰用焊接不锈钢方管和长方形管的规格如表4-45所示。

表 4-45 装饰用焊接不锈钢方管和长方形管的规格（YB/T 5363—2016）

类型	边长×边长/mm×mm	0.4	0.5	0.6	0.7	0.8	0.9	1.0	1.2	1.4	1.5	1.6	1.8	2.0	2.2	2.5	2.8	3.0
方管	15×15	×	×	×	×	×	×	×										
	20×20		×	×	×	×	×	×	×	×	×	×	×					
	25×25			×	×	×	×	×	×	×	×	×	×	×	×			
	30×30				×	×	×	×	×	×	×	×	×	×				
	40×40					×	×	×	×	×	×	×	×	×				
	50×50						×	×	×	×	×	×	×	×				
	60×60							×	×	×	×	×	×	×				
	70×70								×	×	×	×	×	×				
	80×80									×	×	×	×	×	×			
	85×85									×	×	×	×	×	×			
	90×90									×	×	×	×	×	×	×		
	100×100									×	×	×	×	×	×	×		
	110×110									×	×	×	×	×	×	×		
	125×125													×	×	×		
	130×130													×	×	×		
	140×140													×	×	×		
	170×170														×	×	×	×
长方形管	20×10	×	×	×	×	×	×	×	×									
	25×15		×	×	×	×	×	×	×	×								
	40×20			×	×	×	×	×	×	×	×							
	50×30				×	×	×	×	×	×	×							
	70×30					×	×	×	×	×	×	×						
	80×40					×	×	×	×	×	×							
	90×30						×	×	×	×	×							
	100×40							×	×	×	×							
	110×50								×	×	×	×						
	120×40								×	×	×	×						
	120×60									×	×	×	×	×	×			
	130×50									×	×	×	×					
	130×70										×	×	×					
	140×60									×	×	×	×					
	140×80										×	×	×					
	150×50										×	×	×	×	×			
	150×70										×	×	×	×	×			
	160×40										×	×	×	×	×			
	160×60											×	×	×	×			
	160×90											×	×	×	×			
	170×50											×	×	×	×			
	170×80											×	×	×	×			
	180×70											×	×	×	×			
	180×80											×	×	×	×	×		
	180×100											×	×	×	×	×		
	190×60											×	×	×	×	×		
	190×70												×	×	×	×		
	190×90												×	×	×	×		
	200×60												×	×	×	×		
	200×80													×	×	×		
	200×140														×	×		

5. 建筑装饰用不锈钢焊接管

1）建筑装饰用不锈钢焊接管的分类及供货状态代号如表 4-46 所示。

表 4-46　建筑装饰用不锈钢焊接管的分类及供货状态代号（JG/T 539—2017）

供货状态	代号
焊接态	H
磨（抛）光状态	M

2）建筑装饰用不锈钢焊接管的截面形状代号如表 4-47 所示。

表 4-47　建筑装饰用不锈钢焊接管的截面形状代号（JG/T 539—2017）

形状	圆管	方管	矩形管	其他管
代号	Y	F	J	Q

3）建筑装饰用不锈钢焊接管焊接方法代号如表 4-48 所示。

表 4-48　建筑装饰用不锈钢焊接管焊接方法代号（JG/T 539—2017）

方法	钨极氩弧焊	等离子焊	激光焊	高频电阻焊	熔化极气体保护焊	复合热源焊
代号	W	D	J	G	R	F

4）建筑装饰用不锈钢焊接圆管的规格如表 4-49 所示。

表 4-49　建筑装饰用不锈钢焊接圆管的规格（JG/T 539—2017）

外径/mm	壁厚/mm															
	0.4	0.5	0.6	0.7	0.8	0.9	1.0	1.2	1.4	1.5	1.8	2.0	2.2	2.5	2.8	3.0
6	○	○	○													
7	○	○	○	○												
8	○	○	○	○	○											
9	○	○	○	○	○											
(9.53)		○	○	○	○	○										
10	○	○	○	○	○	○										
11	○	○	○	○	○	○		○								
12	○	○	○	○	○	○	○									
(12.7)	○	○	○	○	○	○	○									
13	○	○	○	○	○	○	○									
14	○	○	○	○	○	○	○									
15	○	○	○	○	○	○	○	○	○							
(15.9)		○	○	○	○	○	○	○								
16		○	○	○	○	○	○	○								
17		○	○	○	○	○	○	○								
18		○	○	○	○	○	○	○		○						
19		○	○	○	○	○	○	○								
20		○	○	○	○	○	○	○								
21			○	○	○	○	○	○								
22			○	○	○	○	○	○								
24			○	○	○	○	○	○								
25			○	○	○	○	○	○				○				
(25.4)			○	○	○	○	○	○								
26				○	○	○	○	○				○				

（续）

外径/mm	壁厚/mm															
	0.4	0.5	0.6	0.7	0.8	0.9	1.0	1.2	1.4	1.5	1.8	2.0	2.2	2.5	2.8	3.0
28				○	○	○	○	○	○	○	○	○	○			
30					○	○	○	○	○	○	○	○	○			
(31.8)					○	○	○	○	○	○	○	○	○	○		
32					○	○	○	○	○	○	○	○	○			
36					○	○	○	○	○	○	○	○	○	○	○	○
(38.1)					○	○	○	○	○	○	○	○	○	○	○	○
40					○	○	○	○	○	○	○	○	○	○	○	○
45						○	○	○	○	○	○	○	○	○	○	○
50						○	○	○	○	○	○	○	○	○	○	○
(50.8)						○	○	○	○	○	○	○	○	○	○	○
56						○	○	○	○	○	○	○	○	○	○	○
(57.1)							○	○	○	○	○	○	○	○	○	○
(60.3)							○	○	○	○	○	○	○	○	○	○
63							○	○	○	○	○	○	○	○	○	○
(63.5)							○	○	○	○	○	○	○	○	○	○
71								○	○	○	○	○	○	○	○	○
(76.2)								○	○	○	○	○	○	○	○	○
80								○	○	○	○	○	○	○	○	○
90								○	○	○	○	○	○	○	○	○
100								○	○	○	○	○	○	○	○	○
(101.6)								○	○	○	○	○	○	○	○	○
(108)									○	○	○	○	○	○	○	○
110									○	○	○	○	○	○	○	○
(114.3)									○	○	○	○	○	○	○	○
125											○	○	○	○	○	○
(140)											○	○	○	○	○	○
160												○	○	○	○	○

外径/mm	壁厚/mm					
	1.6	2.0	2.6	3.2	4.0	5.0
(168.3)	○	○	○	○	○	○
(219.1)		○		○	○	○
273			○	○	○	○

注：括号内尺寸不推荐使用，"○"表示圆管为常用不锈钢焊接管材，铁素体不锈钢装饰焊管壁厚不超过3mm。

5）建筑装饰用不锈钢焊接方管和矩形管的规格如表4-50所示。

表4-50 建筑装饰用不锈钢焊接方管和矩形管的规格（JG/T 539—2017）

（单位：mm）

	边长	壁厚															
		0.4	0.5	0.6	0.7	0.8	0.9	1.0	1.2	1.4	1.5	1.8	2.0	2.2	2.5	2.8	3.0
方管	10	○	○	○	○	○	○	○									
	(12.7)		○	○	○	○	○	○	○								
	(15.9)		○	○	○	○	○	○	○	○	○						
	16		○	○	○	○	○	○	○	○	○						
	20			○	○	○	○	○	○	○	○		○				
	25					○	○	○	○	○	○	○	○		○		

（续）

边长		壁厚														
		0.4	0.5	0.6	0.7	0.8	0.9	1.0	1.2	1.4	1.5	1.8	2.0	2.2	2.5	2.8	3.0
方管	(25.4)					○	○	○	○	○	○	○	○	○	○	○	
	30					○	○	○	○	○	○	○	○	○	○	○	○
	(31.8)					○	○	○	○	○	○	○	○	○	○	○	○
	(38.1)					○	○	○	○	○	○	○	○	○	○	○	○
	40						○	○	○	○	○	○	○	○	○	○	○
	50							○	○	○	○	○	○	○	○	○	○
	60								○	○	○	○	○	○	○	○	○
	70								○	○	○	○	○	○	○	○	○
	80									○	○	○	○	○	○	○	○
	90										○	○	○	○	○	○	○
	100											○	○	○	○	○	○
矩形管	20×10	○	○	○	○	○	○	○	○								
	25×13		○	○	○	○	○	○	○	○							
	(31.8×15.0)				○	○	○	○	○	○	○	○					
	(38.1×25.4)				○	○	○	○	○	○	○	○	○		○	○	○
	40×20					○	○	○	○	○	○	○	○	○	○	○	○
	50×25					○	○	○	○	○	○	○	○	○	○	○	○
	60×30						○	○	○	○	○	○	○	○	○	○	○
	70×30						○	○	○	○	○	○	○	○	○	○	○
	75×45								○	○	○	○	○	○	○	○	○
	80×45								○	○	○	○	○	○	○	○	○
	90×25								○	○	○	○	○	○	○	○	○
	90×45								○	○	○	○	○	○	○	○	○
	100×25								○	○	○	○	○	○	○	○	○
	100×45							○	○	○	○	○	○	○	○	○	○

边长		壁厚							
		2.0	3.0	4.0	5.0	6.0	8.0	10.0	12.0
方管	125		○	○					
	150		○	○	○				
	175			○	○	○			
	200			○	○	○			
	250				○	○	○		
	300					○	○	○	
	350						○	○	○
	400						○	○	○

(续)

	边长	壁厚							
		2.0	3.0	4.0	5.0	6.0	8.0	10.0	12.0
矩形管	100×50	○	○						
	150×75		○	○	○				
	150×100		○	○	○				
	200×100			○	○	○			
	200×125			○	○	○			
	250×125					○	○		
	250×150					○	○		
	300×150					○	○	○	
	300×200					○	○	○	
	350×175					○	○	○	○
	350×200					○	○	○	○
	400×200						○	○	○
	400×250					○	○	○	○

注：括号内尺寸不推荐使用，符号"○"表示方形和矩形管为常用不锈钢焊接管材。

6. 食品工业用不锈钢管的规格（表4-51）

表4-51 食品工业用不锈钢管的规格（QB/T 2467—2017）（单位：mm）

外径 D	壁厚 T		外径 D	壁厚 T	
	A类	B类		A类	B类
6	1	—	70	1.6	1.6
8	1	—	76.1	1.6	1.6
10	1	—	88.9	2	2
12	1	1	101.6	2	2
12.7	1	1	114.3	2	2
17.2	1	1	139.7	—	2
21.3	1	1	168.3		2.6
25	1.2、1.6	1.2、1.6	219.1		2.6
33.7	1.2、1.6	1.2、1.6	273		2.6
38	1.2、1.6	1.2、1.6	323.9		2.6
40	1.2、1.6	1.2、1.6	355.6		2.6
51	1.2、1.6	1.2、1.6	406.4	—	3.2
63.5	1.6	1.6			

4.2.7 钢棒

1. 热轧钢棒

1）热轧圆钢、方钢和扁钢的规格如表4-52所示。

表4-52 热轧圆钢、方钢和扁钢的规格（GB/T 702—2017）

钢棒形状		规格尺寸	理论重量 $m/(kg/m)$
圆钢	直径/mm	5.5、6、6.5、7、8、9、10、11、12、13、14、15、16、17、18、19、20、21、22、23、24、25、26、27、28、29、30、31、32、33、34、35、36、38、40、42、45、48、50、53、55、56、58、60、63、65、68、70、75、80、85、90、95、100、105、110、115、120、125、130、135、140、145、150、155、160、165、170、180、190、200、210、220、230、240、250、260、270、280、290、300、310、320、330、340、350、360、370、380	$m = 0.00617 \times $ 直径^2
方钢	边长/mm		$m = 0.00785 \times $ 边长^2
扁钢	厚度/mm	3、4、5、6、7、8、9、10、11、12、14、16、18、20、22、25、28、30、32、36、40、45、50、56、60	$m = 0.00785 \times $ 宽度 $\times$ 厚度
	宽度/mm	10、12、14、16、18、20、22、25、28、30、32、35、40、45、50、55、60、65、70、75、80、85、90、95、100、105、110、120、125、130、140、150、160、180、200	

2）热轧六角钢及八角钢的规格如表4-53所示。

表4-53 热轧六角钢及八角钢的规格（GB/T 702—2017）

钢棒形状		规格尺寸	理论重量 $m/(kg/m)$
六角钢	对边距离/mm	8、9、10、11、12、13、14、15、16、17、18、19、20、21、22、23、24、25、26、27、28、30、32、34、36、38、40、42、45、48、50、53、55、56、58、60、63、65、68、70	$m = 0.0068 \times $ 对边距离^2
八角钢			$m = 0.0065 \times $ 对边距离^2

2. 冷拉圆钢、方钢和六角钢的规格（表4-54）

表4-54 冷拉圆钢、方钢和六角钢的规格（GB/T 905—1994）

钢棒形状		规格尺寸	理论重量 $m/(kg/m)$
圆钢	直径/mm	3.0、3.2、3.5、4.0、4.5、5.0、5.5、6.0、6.3、7.0、7.5、8.0、8.5、9.0、9.5、10.0、1.05、11.0	$m = 0.00617 \times $ 直径^2
方钢	边长/mm	12.0、13.0、14.0、15.0、16.0、17.0、18.0、19.0、20.0、21.0、22.0、24.0、25.0、26.0、28.0、30.0、32.0、34.0、35.0、36.0、38.0、40.0、42.0、45.0、	$m = 0.00785 \times $ 边长^2
六角钢	对边距离/mm	48.0、50.0、52.0、55.0、56.0、60.0、63.0、65.0、67.0、70.0、75.0、80.0	$m = 0.0068 \times $ 对边距离^2

3. 不锈钢冷加工钢棒的规格（表4-55）

表 4-55 不锈钢冷加工钢棒的规格（GB/T 4226—2009）（单位：mm）

形状		规格尺寸
圆形	直径	5、6、7、8、9、10、11、12、13、14、15、16、17、18、19、20、22、23、24、25、26、28、30、32、35、36、38、40、42、45、48、50、55、60、65、70、75、80、85、90、95、100
方形	边长	5、6、7、8、9、10、12、13、14、15、16、17、19、20、22、25、28、30、32、35、36、38、40、42、45、50、55、60
六角钢	对边距离	5.5、6、7、8、9、10、11、12、13、14、17、19、21、22、23、24、26、27、29、30、32、35、36、38、41、46、50、55、60、65、70、75、80
扁形	厚度	3、4、5、6、9、10、12、16、19、22、25
	宽度	9、10、12、20、25、30、32、38、40、50

4. 预应力混凝土用钢棒

1）预应力混凝土用钢棒的分类如表 4-56 所示。

表 4-56 预应力混凝土用钢棒的分类（GB/T 5223.3—2017）

类别	代号	类别	代号
预应力混凝土用钢棒	PCB	螺旋肋钢棒	HR
光圆钢棒	P	带肋钢棒	R
螺旋槽钢棒	HG	低松弛	L

注：1. 光圆钢棒是指横截面为圆形的钢棒。
    2. 螺旋槽钢棒是指沿着表面纵向，具有规则间隔的连续螺旋凹槽的钢棒。
    3. 螺旋肋钢棒是指沿着表面纵向，具有规则间隔的连续螺旋凸肋的钢棒。
    4. 带肋钢棒是指沿着表面纵向，具有规则间隔的横肋的钢棒。

2）预应力混凝土用钢棒的规格如表 4-57 所示。

表 4-57 预应力混凝土用钢棒的规格（GB/T 5223.3—2017）

公称直径 D_n/mm	直径允许偏差 /mm	公称横截面面积 S_n/mm²	每米理论重量/ (g/m)
6	±0.10	28.3	222
7		38.5	302
8		50.3	395
9		63.6	499
10		78.5	616
11		95.0	746
12	±0.12	113	887
13		133	1044
14		154	1209
15		177	1389
16		201	1578

注：每米理论重量＝公称横截面面积×钢的密度计算，钢棒每米理论重量时钢的密度为 7.85g/cm³。

4.2.8 钢丝

1. 冷拉钢丝的规格（表 4-58）

表 4-58 冷拉钢丝的规格（GB/T 342—2017）

形状	规格尺寸		理论重量 $m/(\text{kg/km})$
圆钢	直径/mm	0.05、0.053、0.063、0.070、0.080、0.090、0.10、0.11、0.12、0.14、0.16、0.18、0.20、0.22、	$m = 0.00617 \times 直径^2$
方钢	边长/mm	0.25、0.28、0.32、0.35、0.40、0.45、0.50、0.55、0.63、0.70、0.80、0.90、1.00、1.12、1.25、1.40、	$m = 0.00785 \times 边长^2$
六角钢	对边距离/mm	1.60、1.80、2.00、2.24、2.50、2.80、3.15、3.55、4.00、4.50、5.00、5.60、6.30、7.10、8.00、9.00、10.0、11.0、12.0、14.0、16.0、18.0、20.0	$m = 0.0068 \times 对边距离^2$

2. 通信线用镀锌低碳钢丝的分类及规格

1）通信线用镀锌低碳钢丝的分类如表 4-59 所示。

表 4-59 通信线用镀锌低碳钢丝的分类（GB/T 346—1984）

分类方法	分类名称	代号
按锌层表面状态	1）经纯化处理 2）未经纯化处理	DH
按锌层质量	1）Ⅰ组 2）Ⅱ组	—
按钢丝用钢的含铜量	1）含铜钢 2）普通钢	Cu

2）通信线用镀锌低碳钢丝的规格如表 4-60 所示。

表 4-60 通信线用镀锌低碳钢丝的规格（GB/T 346—1984）

钢丝直径/mm	50kg 标准捆			非标准捆	
	每捆钢丝根数 ≤		配捆单根钢丝重量/kg ≥	单根钢丝重量/kg ≥	
	正常的	配捆的		正常的	最低重量
1.2	1	4	2	10	3
1.5	1	3	3	10	5
2.0	1	3	5	20	8
2.5	1	2	5	20	10
3.0	1	2	10	25	12
4.0	1	2	10	40	15
5.0	1	2	15	50	20
6.0	1	2	15	50	20

3. 网围栏用镀锌钢丝的规格

1）网围栏用镀锌钢丝的公称尺寸如表 4-61 所示。

表 4-61 网围栏用镀锌钢丝的公称尺寸（YB 4026—2014）

钢丝公称直径/mm	一般用途围栏 G	刺钢丝围栏 B	绞织网围栏 C	草原编结围栏 F
1.40	—	√	—	—
1.50	√	√	—	—
1.60	√	√	—	—

(续)

钢丝公称直径/mm	一般用途围栏 G	刺钢丝围栏 B	绞织网围栏 C	草原编结围栏 F
1.80	√	√	—	—
2.00	√	√	√	√
2.50	√	√	√	√
2.80	√	—	√	√
3.20	√	√	√	—
3.50	√	√	√	—
4.00	√	√	√	—
5.00	√	√	√	—

2)网围栏用镀锌钢丝的镀锌层重量如表4-62所示。

表4-62 网围栏用镀锌钢丝的镀锌层重量(YB 4026—2014)

钢丝公称直径/mm	镀锌层重量/(g/m²) ≥ 镀锌层级别			
	A	B	C	D
>1.40~1.60	200	90	70	35
>1.60~1.80	220	100	70	40
>1.80~2.00	230	105	80	45
>2.00~2.20	230	110	80	50
>2.20~2.50	240	110	80	55
>2.50~2.80	250	120	90	65
>2.80~3.00	250	125	90	70
>3.00~3.20	260	125	90	80
>3.20~3.60	270	135	100	80
>3.60~4.00	270	135	100	85
>4.00~4.40	290	135	110	95
>4.40~5.00	290	150	110	95

4. 弹簧垫圈用梯形钢丝形式及规格

1)弹簧垫圈用梯形钢丝的形式如图4-12所示。

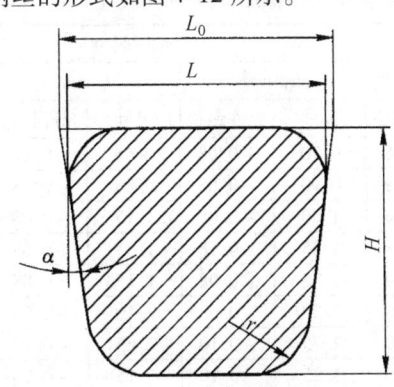

图4-12 弹簧垫圈用梯形钢丝

H—公称高度　L_0—梯形大底长　L—可测量底长　r—圆角半径　α—梯形夹角

2) 标准垫圈用梯形钢丝的规格如表4-63所示。

表4-63 标准垫圈用梯形钢丝的规格（YB/T 5319—2010）

规格型号	钢丝尺寸								r/mm
	H/mm		L_0/mm		L/mm		α/(°)		
	尺寸	允许偏差	尺寸	允许偏差	尺寸	允许偏差	角度	允许偏差	
TD0.8	0.80	-0.08	0.90	-0.08	0.85	-0.08	5.0	-0.5	0.25H
TD1.1	1.11	-0.08	1.20	-0.08	1.15	-0.08	5.0	-0.5	0.25H
TD1.3	1.31	-0.08	1.45	-0.08	1.40	-0.08	5.0	-0.5	0.25H
TD1.6	1.62	-0.08	1.75	-0.08	1.70	-0.08	5.0	-0.5	0.25H
TD2.1	2.12	-0.08	2.30	-0.08	2.20	-0.08	4.5	-0.5	0.25H
TD2.6	2.62	-0.08	2.80	-0.08	2.70	-0.08	4.5	-0.5	0.25H
TD3.1	3.13	-0.08	3.35	-0.08	3.25	-0.08	4.5	-0.5	0.20H
TD3.6	3.63	-0.10	3.90	-0.10	3.80	-0.10	4.5	-0.5	0.20H
TD4.1	4.13	-0.10	4.45	-0.10	4.30	-0.10	4.5	-0.5	0.20H
TD4.5	4.54	-0.10	4.85	-0.10	4.70	-0.10	4.0	-0.5	0.20H
TD5.0	5.04	-0.10	5.35	-0.10	5.20	-0.10	4.0	-0.5	0.20H
TD5.5	5.55	-0.10	5.90	-0.10	5.75	-0.10	4.0	-0.5	0.20H
TD6.0	6.05	-0.10	6.45	-0.10	6.30	-0.10	4.0	-0.5	0.20H
TD6.8	6.86	-0.12	7.30	-0.12	7.10	-0.12	4.0	-0.5	0.20H
TD7.5	7.56	-0.12	8.05	-0.12	7.85	-0.12	4.0	-0.5	0.18H
TD8.5	8.56	-0.12	9.10	-0.12	8.90	-0.12	4.0	-0.5	0.18H
TD9.0	9.07	-0.12	9.65	-0.12	9.45	-0.12	4.0	-0.5	0.18H
TD10.0	10.07	-0.15	10.65	-0.15	10.45	-0.15	3.5	-0.5	0.16H
TD10.5	10.57	-0.15	11.15	-0.15	10.95	-0.15	3.5	-0.5	0.16H
TD11.0	11.08	-0.15	11.70	-0.15	11.45	-0.15	3.5	-0.5	0.16H
TD12.0	12.08	-0.15	12.75	-0.15	12.50	-0.15	3.5	-0.5	0.16H

3) 轻型垫圈用梯形钢丝的规格如表4-64所示。

表4-64 轻型垫圈用梯形钢丝的规格（YB/T 5319—2010）

规格型号	钢丝尺寸								r/mm
	H/mm		L_0/mm		L/mm		α/(°)		
	尺寸	允许偏差	尺寸	允许偏差	尺寸	允许偏差	角度	允许偏差	
TD1.0×0.6	1.01	-0.08	0.70	-0.08	0.65	-0.08	4.0	-0.5	0.25H
TD1.2×0.8	1.21	-0.08	0.90	-0.08	0.85	-0.08	4.0	-0.5	0.25H
TD1.5×1.1	1.52	-0.08	1.20	-0.08	1.15	-0.08	4.0	-0.5	0.25H
TD2.0×1.3	2.02	-0.08	1.45	-0.08	1.35	-0.08	3.5	-0.5	0.25H
TD2.5×1.6	2.52	-0.08	1.75	-0.08	1.65	-0.08	3.5	-0.5	0.25H
TD3.0×2.0	3.02	-0.08	2.20	-0.08	2.10	-0.08	3.5	-0.5	0.25H
TD3.5×2.5	3.52	-0.10	2.75	-0.10	2.65	-0.10	3.5	-0.5	0.20H
TD4.0×3.0	4.03	-0.10	3.25	-0.10	3.15	-0.10	3.5	-0.5	0.20H
TD4.5×3.2	4.53	-0.10	3.45	-0.10	3.35	-0.10	3.0	-0.5	0.20H
TD5.0×3.6	5.03	-0.10	3.90	-0.10	3.75	-0.10	3.0	-0.5	0.20H

(续)

规格型号	钢丝尺寸								r/mm
	H/mm		L_0/mm		L/mm		α/(°)		
	尺寸	允许偏差	尺寸	允许偏差	尺寸	允许偏差	角度	允许偏差	
TD5.5×4.0	5.53	-0.10	4.30	-0.10	4.15	-0.10	3.0	-0.5	0.20H
TD6.0×4.5	6.05	-0.12	4.85	-0.12	4.70	-0.12	3.0	-0.5	0.20H
TD7.0×5.0	7.10	-0.12	5.40	-0.12	5.25	-0.12	3.0	-0.5	0.18H
TD8.0×5.5	8.10	-0.12	5.95	-0.12	5.75	-0.12	3.0	-0.5	0.18H
TD9.0×6.0	9.15	-0.12	6.50	-0.12	6.30	-0.12	3.0	-0.5	0.18H

4.2.9 一般用途钢丝绳

1. 钢丝绳的分类

钢丝绳按 GB/T 8760 所给体系分类,包括单层股钢丝绳(即单层圆股和异形股钢丝绳)、阻旋转圆股钢丝绳和单股钢丝绳。

1)单层股钢丝绳如表 4-65 所示。

表 4-65 单层股钢丝绳(GB/T 20118—2017)

类别(不含绳芯)	钢丝绳			外层股			
	股数	外层股数	股层数	钢丝数	外层钢丝数	钢丝层数	股捻制类型
4×19	4	4	1	15~26	7~12	2~3	平行捻
4×36	4	4	1	29~57	12~18	3~4	平行捻
6×7	6	6	1	5~9	4~8	1	单捻
6×12	6	6	1	12	12	1	单捻
6×15	6	6	1	15	15	1	单捻
6×19	6	6	1	15~26	7~12	2~3	平行捻
6×24	6	6	1	24	12~16	2~3	平行捻
6×36	6	6	1	29~57	12~18	3~4	平行捻
6×19M	6	6	1	12~19	9~12	2	多工序点接触
6×24M	6	6	1	24	12~16	2	多工序点接触
6×37M	6	6	1	27~37	16~18	3	多工序点接触
6×61M	6	6	1	45~61	18~24	4	多工序点接触
8×19M	8	8	1	12~19	9~12	2	多工序点接触
8×37M	8	8	1	27~37	16~18	3	多工序点接触
8×7	8	8	1	5~9	4~8	1	单捻
8×19	8	8	1	15~26	7~12	2~3	平行捻
8×36	8	8	1	29~57	12~18	3~4	平行捻
异形股钢丝绳							
6×V7	6	6	1	7~9	7~9	1	单捻
6×V19	6	6	1	21~24	10~14	2	多工序点接触/平行捻
6×V37	6	6	1	27~33	15~18	2	多工序点接触/平行捻
6×V8	6	6	1	8~9	8~9	1	单捻
6×V25	6	6	1	15~31	9~18	2	平行捻
4×V39	4	4	1	39~48	15~18	3	多工序复合捻

注:1. 对于 6×V8 和 6×V25 三角股钢丝绳,其股芯是独立三角形股芯,所有股芯钢丝记为一根。当用 1×7-3、3×2-3 或 6/等股芯时,其股芯钢丝根数计算到钢丝绳股结构中。
2. 6×29F 结构钢丝绳归为 6×36 类。

2）阻旋转圆股钢丝绳如表 4-66 所示。

表 4-66　阻旋转圆股钢丝绳（GB/T 20118—2017）

类别	钢丝绳			外层股			股捻制类型
	股数（芯除外）	外层股数	股的层数	钢丝数	外层钢丝数	钢丝层数	
2 次捻制							
23×7	21~27	15~18	2	5~9	4~8	1	单捻
18×7	17~18	10~12	2	5~9	4~8	1	单捻
18×19	17~18	10~12	2	15~26	7~12	2~3	平行捻
18×19M	17~18	10~12	2	12~19	9~12	2	多工序点接触
35（W）×7	27~40	15~18	3	5~9	4~8	1	单捻
35（W）×19	27~40	15~18	3	15~26	7~12	2~3	平行捻
3 次捻制							
34（M）×7	34~36	17~18	3	5~9	4~8	1	单捻

注：4 股钢丝绳也可设计为阻旋转钢丝绳。

3）单股钢丝绳如表 4-67 所示。

表 4-67　单股钢丝绳（GB/T 20118—2017）

类别	钢丝数	外层钢丝数	钢丝层数
1×7	5~9	4~8	1
1×19	17~37	11~16	2~3
1×37	34~59	17~22	3~4
1×61	57~85	23~28	4~5

4）按捻法分为右交互捻、左交互捻、右同向捻和左同向捻四种，如图 4-13 所示。图 4-13a 和图 4-13b 绳与股捻向相反，图 4-13c 和图 4-13d 绳与股捻向相同。

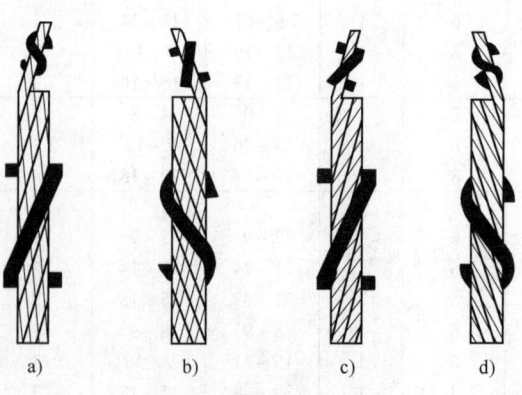

图 4-13　钢丝绳的捻向

a）右交互捻 zS　b）左交互捻 sZ　c）右同向捻 zZ　d）左同向捻 sS

2. 钢丝绳的标记

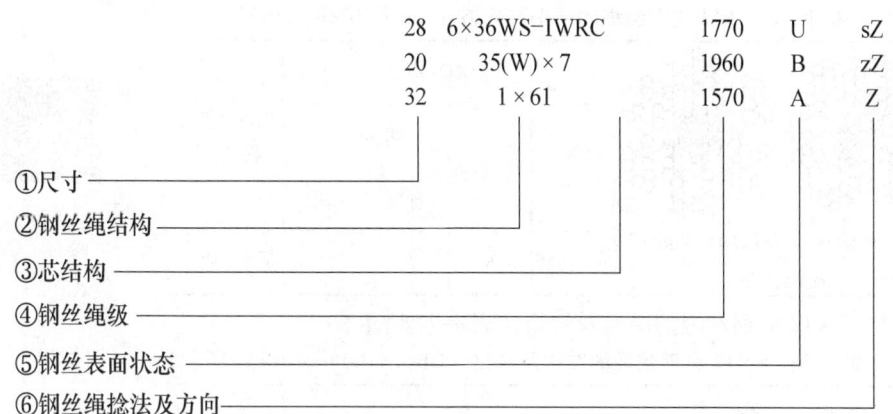

①尺寸
②钢丝绳结构
③芯结构
④钢丝绳级
⑤钢丝表面状态
⑥钢丝绳捻法及方向

3. 钢丝绳直径允许偏差及不圆度（表4-68）

表4-68　钢丝绳直径允许偏差及不圆度（GB/T 20118—2017）

钢丝绳类型	钢丝绳公称直径 D/mm	允许偏差（%）		不圆度（%D）≤	
		钢芯或纤维芯的钢丝绳	股含纤维芯的钢丝绳	钢芯或纤维芯的钢丝绳	股含纤维芯的钢丝绳
圆股钢丝绳	$0.6 \leq D < 4$	+8 0	—	7	—
	$4 \leq D < 6$	+7 0	+9 0	6	8
	$6 \leq D < 8$	+6 0	+8 0	5	7
	$D \geq 8$	+5 0	+7 0	4	6
异形股钢丝绳	$D \geq 18$	+6 0	+6 0	4	4
单股钢丝绳	$D \geq 0.6$	+4 0	—	3	—

4. 钢丝绳的结构及规格

1）6×7类钢丝绳的结构及规格如表4-69所示。

表4-69　6×7类钢丝绳的结构及规格（GB/T 20118—2017）

典型结构图		典型结构				钢丝绳直径范围/mm	
		钢丝绳结构	股结构	外层钢丝数			
				总数	每股		
6×7-FC	6×7-WSC	6×7	1-6	36	6	2~44	

扫码查表

2) 6×19M 类钢丝绳的结构及规格如表 4-70 所示。

表 4-70　6×19M 类钢丝绳的结构及规格（GB/T 20118—2017）

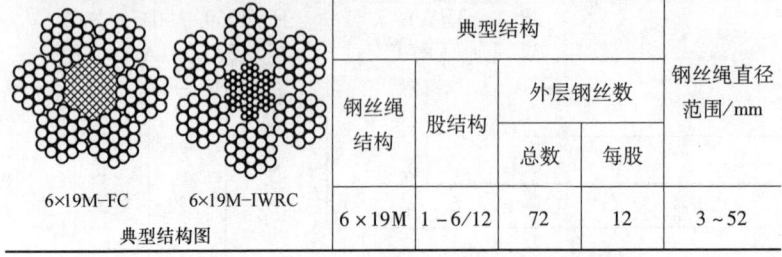

扫码查表

钢丝绳结构	股结构	外层钢丝数		钢丝绳直径范围/mm
		总数	每股	
6×19M	1-6/12	72	12	3~52

3) 6×12 类钢丝绳的结构及规格如表 4-71 所示。

表 4-71　6×12 类钢丝绳的结构及规格（GB/T 20118—2017）

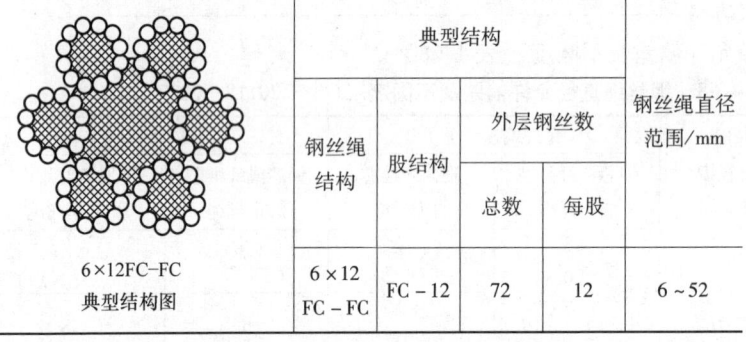

扫码查表

钢丝绳结构	股结构	外层钢丝数		钢丝绳直径范围/mm
		总数	每股	
6×12 FC-FC	FC-12	72	12	6~52

4) 6×15 类钢丝绳的结构及规格如表 4-72 所示。

表 4-72　6×15 类钢丝绳的结构及规格（GB/T 20118—2017）

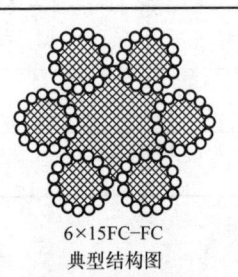

扫码查表

钢丝绳结构	股结构	外层钢丝数		钢丝绳直径范围/mm
		总数	每股	
6×15 FC-FC	FC-15	90	15	6~52

5) 6×24M 类钢丝绳的结构及规格如表 4-73 所示。

表 4-73　6×24M 类钢丝绳的结构及规格（GB/T 20118—2017）

扫码查表

钢丝绳结构	股结构	外层钢丝数		钢丝绳直径范围/mm
		总数	每股	
6×24 MFC-FC	FC-9/15	90	15	8~44

6) 6×37M 类钢丝绳的结构及规格如表 4-74 所示。

表 4-74　6×37M 类钢丝绳的结构及规格（GB/T 20118—2017）

典型结构图	典型结构			钢丝绳直径范围/mm
	钢丝绳结构	股结构	外层钢丝数	
			总数 / 每股	
6×37M-FC　6×37M-IWRC	6×37M	1-6/12/18	108　18	5~60

扫码查表

7) 6×61M 类钢丝绳的结构及规格如表 4-75 所示。

表 4-75　6×61M 类钢丝绳的结构及规格（GB/T 20118—2017）

典型结构图	典型结构			钢丝绳直径范围/mm
	钢丝绳结构	股结构	外层钢丝数	
			总数 / 每股	
6×61M-FC　6×61M-IWRC	6×61M	1-6/12/18/24	144　24	18~60

扫码查表

8) 6×19 类钢丝绳的结构及规格如表 4-76 所示。

表 4-76　6×19 类钢丝绳的结构及规格（GB/T 20118—2017）

典型结构图	典型结构				钢丝绳直径范围/mm
	钢丝绳结构	股结构	外层钢丝数		
			总数	每股	
6×19S-FC　6×19S-IWRC	6×17S	1-8-8	48	8	6~36
	6×19S	1-9-9	54	9	6~48
	6×21S	1-10-10	60	10	8~52
	6×21F	1-5-5F-10	60	10	8~52
	6×26WS	1-5-5+5-10	60	10	8~52
	6×19W	1-6-6+6	72	12	8~52
	6×25F	1-6-6F-12	72	12	10~56

扫码查表

9) 6×24 类钢丝绳的结构及规格如表 4-77 所示。

表 4-77　6×24 类钢丝绳的结构及规格（GB/T 20118—2017）

典型结构图	典型结构				钢丝绳直径范围/mm
	钢丝绳结构	股结构	外层钢丝数		
			总数	每股	
6×24SFC-FC	6×24SFC	FC-12-12	72	12	8~40
	6×24WFC	FC-8-8+8	96	16	10~40

扫码查表

10) 6×36 类钢丝绳的结构及规格如表 4-78 所示。

表 4-78　6×36 类钢丝绳的结构及规格（GB/T 20118—2017）

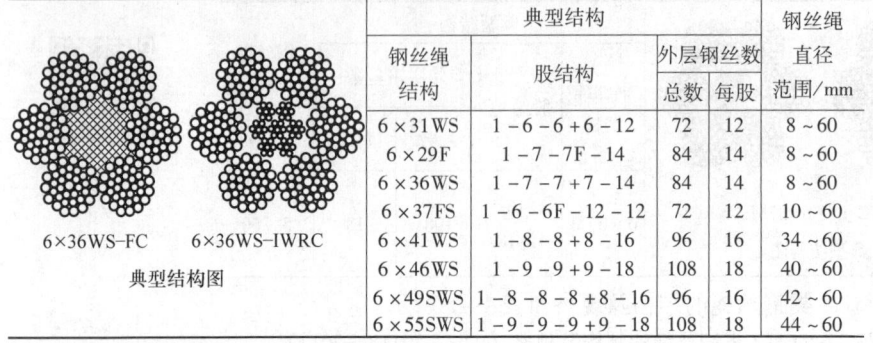

典型结构图

扫码查表

钢丝绳结构	股结构	外层钢丝数 总数	外层钢丝数 每股	钢丝绳直径范围/mm
6×31WS	1－6－6＋6－12	72	12	8～60
6×29F	1－7－7F－14	84	14	8～60
6×36WS	1－7－7＋7－14	84	14	8～60
6×37FS	1－6－6F－12－12	72	12	10～60
6×41WS	1－8－8＋8－16	96	16	34～60
6×46WS	1－9－9＋9－18	108	18	40～60
6×49SWS	1－8－8－8＋8－16	96	16	42～60
6×55SWS	1－9－9－9＋9－18	108	18	44～60

11) 6×V7 类钢丝绳的结构及规格如表 4-79 所示。

表 4-79　6×V7 类钢丝绳的结构及规格（GB/T 20118—2017）

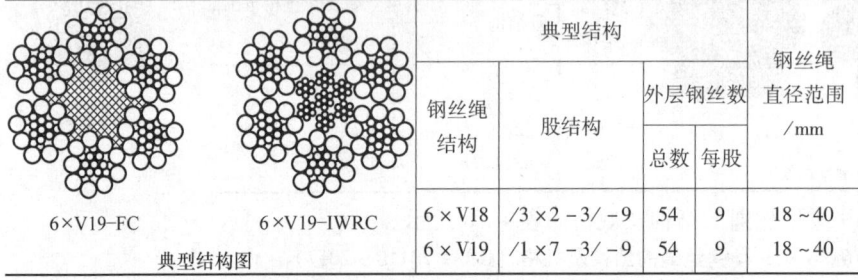

典型结构图

扫码查表

钢丝绳结构	股结构	外层钢丝数 总数	外层钢丝数 每股	钢丝绳直径范围/mm
6×V18	/3×2－3/－9	54	9	18～40
6×V19	/1×7－3/－9	54	9	18～40

12) 6×V19Ⅰ类钢丝绳的结构及规格如表 4-80 所示。

表 4-80　6×V19Ⅰ类钢丝绳的结构及规格（GB/T 20118—2017）

典型结构图

扫码查表

钢丝绳结构	股结构	外层钢丝数 总数	外层钢丝数 每股	钢丝绳直径范围/mm
6×V21FC－FC	FC－9/12	72	12	14～40
6×V24FC－FC	FC－12－12	72	12	14～40

13) 6×V19Ⅱ类钢丝绳的结构及规格如表 4-81 所示。

表 4-81　6×V19Ⅱ类钢丝绳的结构及规格（GB/T 20118—2017）

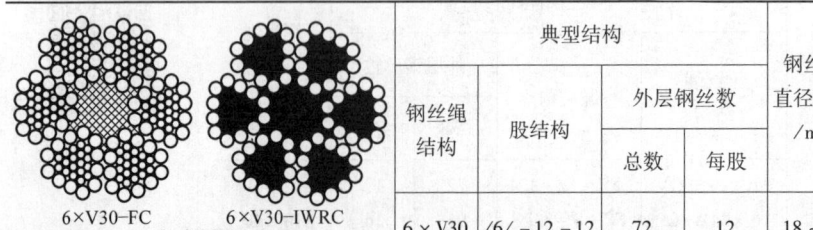

典型结构图

扫码查表

钢丝绳结构	股结构	外层钢丝数 总数	外层钢丝数 每股	钢丝绳直径范围/mm
6×V30	/6/－12－12	72	12	18～44

14）6×V19Ⅲ类钢丝绳的结构及规格如表4-82所示。

表4-82　6×V19Ⅲ类钢丝绳的结构及规格（GB/T 20118—2017）

钢丝绳结构	典型结构			钢丝绳直径范围/mm
	股结构	外层钢丝数		
		总数	每股	
6×V34	/1×7-3/-12-12	72	12	24~48

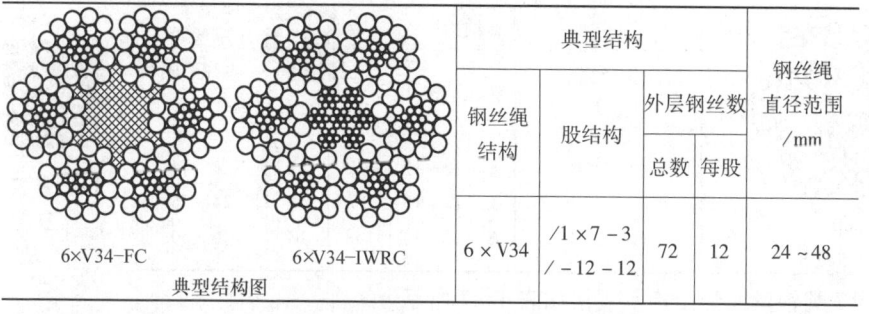
6×V34–FC　　6×V34–IWRC
典型结构图

扫码查表

15）6×V37Ⅰ类钢丝绳的结构及规格如表4-83所示。

表4-83　6×V37Ⅰ类钢丝绳的结构及规格（GB/T 20118—2017）

钢丝绳结构	典型结构			钢丝绳直径范围/mm
	股结构	外层钢丝数		
		总数	每股	
6×V37	/1×7-3/-12-15	90	15	24~56
6×V43	/1×7-3/-15-18	108	18	28~60

6×V37–FC　　6×V37–IWRC
典型结构图

扫码查表

16）6×V37Ⅱ类钢丝绳的结构及规格如表4-84所示。

表4-84　6×V37Ⅱ类钢丝绳的结构及规格（GB/T 20118—2017）

钢丝绳结构	典型结构			钢丝绳直径范围/mm
	股结构	外层钢丝数		
		总数	每股	
6×V37S	/1×7-3/-12-15	90	15	24~56

6×V37S–FC　　6×V37S+IWRC
典型结构图

扫码查表

17）6×V8类钢丝绳的结构及规格如表4-85所示。

表4-85　6×V8类钢丝绳的结构及规格（GB/T 20118—2017）

钢丝绳结构	典型结构			钢丝绳直径范围/mm
	股结构	外层钢丝数		
		总数	每股	
6×V10	▲-9	54	9	20~32

6×V10–FC
典型结构图

扫码查表

18) 6×V25 类钢丝绳的结构及规格如表 4-86 所示。

表 4-86　6×V25 类钢丝绳的结构及规格（GB/T 20118—2017）

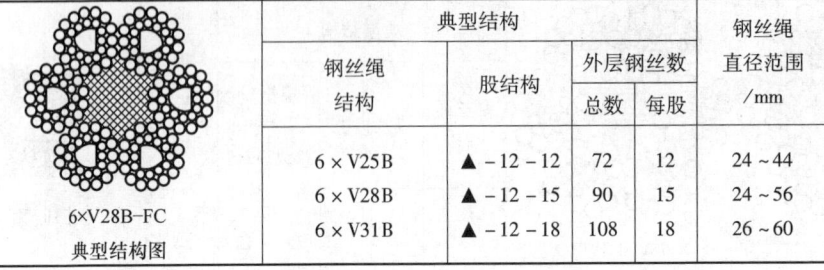

扫码查表

钢丝绳结构	典型结构			钢丝绳直径范围/mm
	股结构	外层钢丝数		
		总数	每股	
6×V25B	▲－12－12	72	12	24~44
6×V28B	▲－12－15	90	15	24~56
6×V31B	▲－12－18	108	18	26~60

19) 8×7 类钢丝绳的结构及规格如表 4-87 所示。

表 4-87　8×7 类钢丝绳的结构及规格（GB/T 20118—2017）

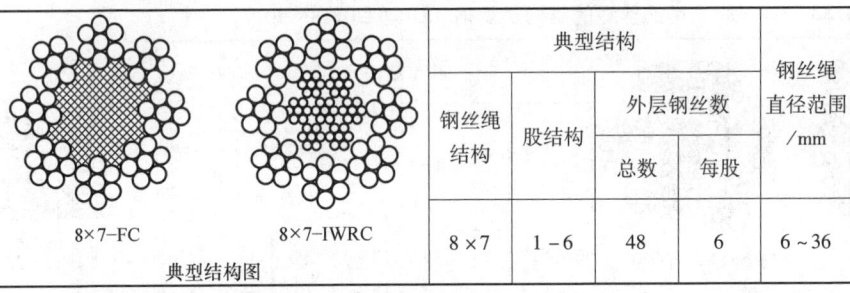

扫码查表

钢丝绳结构	典型结构			钢丝绳直径范围/mm
	股结构	外层钢丝数		
		总数	每股	
8×7	1－6	48	6	6~36

20) 8×19 类钢丝绳的结构及规格如表 4-88 所示。

表 4-88　8×19 类钢丝绳的结构及规格（GB/T 20118—2017）

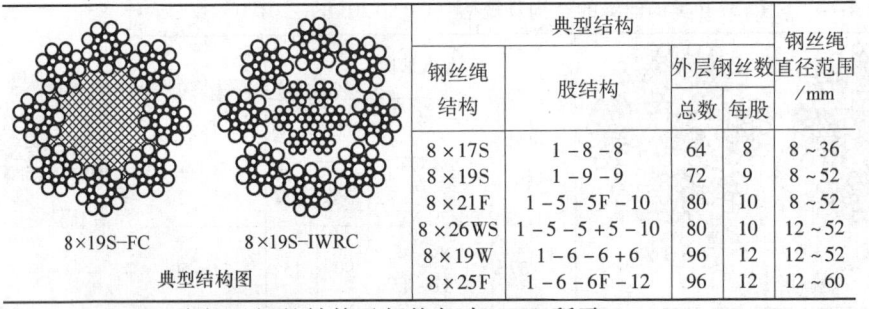

扫码查表

钢丝绳结构	典型结构			钢丝绳直径范围/mm
	股结构	外层钢丝数		
		总数	每股	
8×17S	1－8－8	64	8	8~36
8×19S	1－9－9	72	9	8~52
8×21F	1－5－5F－10	80	10	8~52
8×26WS	1－5－5+5－10	80	10	12~52
8×19W	1－6－6+6	96	12	12~52
8×25F	1－6－6F－12	96	12	12~60

21) 8×36 类钢丝绳的结构及规格如表 4-89 所示。

表 4-89　8×36 类钢丝绳的结构及规格（GB/T 20118—2017）

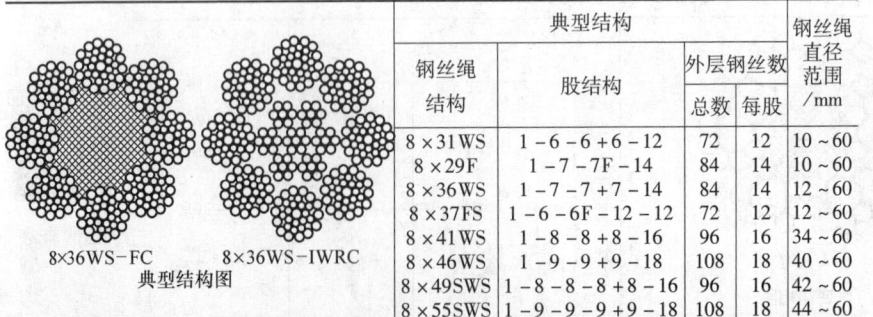

扫码查表

钢丝绳结构	典型结构			钢丝绳直径范围/mm
	股结构	外层钢丝数		
		总数	每股	
8×31WS	1－6－6+6－12	72	12	10~60
8×29F	1－7－7F－14	84	14	10~60
8×36WS	1－7－7+7－14	84	14	12~60
8×37FS	1－6－6F－12－12	72	12	12~60
8×41WS	1－8－8+8－16	96	16	34~60
8×46WS	1－9－9+9－18	108	18	40~60
8×49SWS	1－8－8+8－8－16	96	16	42~60
8×55SWS	1－9－9+9－9－18	108	18	44~60

22) 8×19M 和 8×37M 类钢丝绳的结构及规格如表4-90所示。

表4-90　8×19M 和 8×37M 类钢丝绳的结构及规格（GB/T 20118—2017）

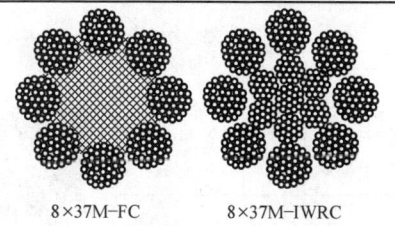
典型结构图

扫码查表

钢丝绳结构	典型结构			钢丝绳直径范围/mm
	股结构	外层钢丝数		
		总数	每股	
8×19M	1-6/12	96	12	10~52
8×37M	1-6/12/18	144	18	16~60

23) 23×7 类钢丝绳的结构及规格如表4-91所示。

表4-91　23×7 类钢丝绳的结构及规格（GB/T 20118—2017）

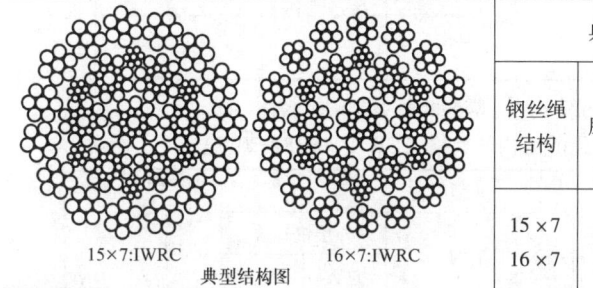
典型结构图

扫码查表

钢丝绳结构	典型结构			钢丝绳直径范围/mm
	股结构	外层钢丝数		
		总数	每股	
15×7	1-6	90	6	14~52
16×7	1-6	96	6	18~56

24) 18×7 和 18×19 类钢丝绳的结构及规格如表4-92所示。

表4-92　18×7 和 18×19 类钢丝绳的结构及规格（GB/T 20118—2017）

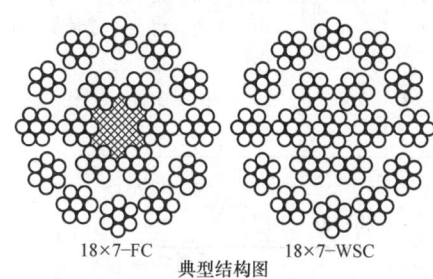
典型结构图

扫码查表

钢丝绳结构	典型结构			钢丝绳直径范围/mm
	股结构	外层钢丝数		
		总数	每股	
17×7	1-6	66	6	6~52
18×7	1-6	72	6	6~60
18×19S	1-9-9	108	9	14~60
18×19W	1-6-6+6	144	12	14~60
18×19M	1-6/12	144	12	14~60

25) 34（M）×7 类钢丝绳的结构及规格如表4-93所示。

表4-93　34（M）×7 类钢丝绳的结构及规格（GB/T 20118—2017）

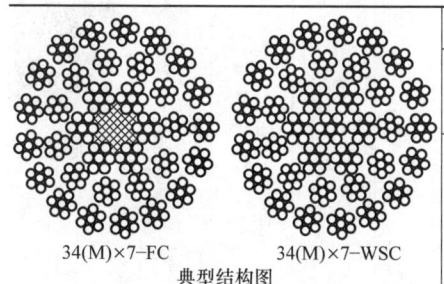
典型结构图

扫码查表

钢丝绳结构	典型结构			钢丝绳直径范围/mm
	股结构	外层钢丝数		
		总数	每股	
34（M）×7	1-6	102	6	10~60
36（M）×7	1-6	108	6	16~60

26）35（W）×7 和 35（W）×19 类钢丝绳的结构及规格如表 4-94 所示。

表 4-94　35(W)×7 和 35(W)×19 类钢丝绳的结构及规格（GB/T 20118—2017）

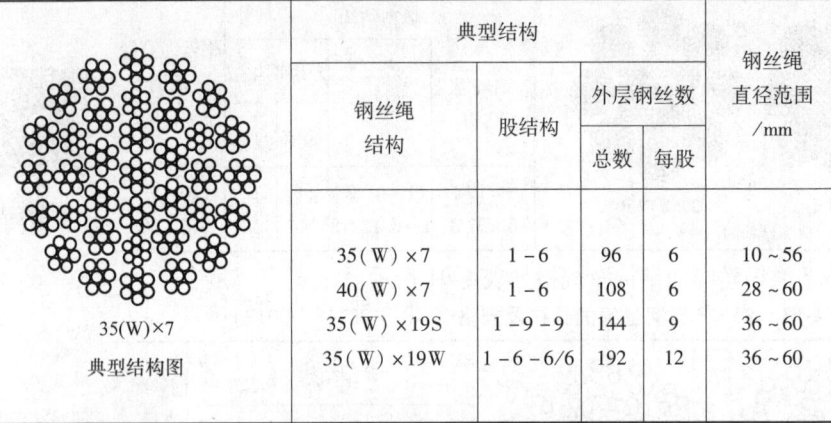

35(W)×7 典型结构图

典型结构				钢丝绳直径范围/mm
钢丝绳结构	股结构	外层钢丝数		
		总数	每股	
35(W)×7	1-6	96	6	10~56
40(W)×7	1-6	108	6	28~60
35(W)×19S	1-9-9	144	9	36~60
35(W)×19W	1-6-6/6	192	12	36~60

扫码查表

27）4×19 和 4×36 类钢丝绳的结构及规格如表 4-95 所示。

表 4-95　4×19 和 4×36 类钢丝绳的结构及规格（GB/T 20118—2017）

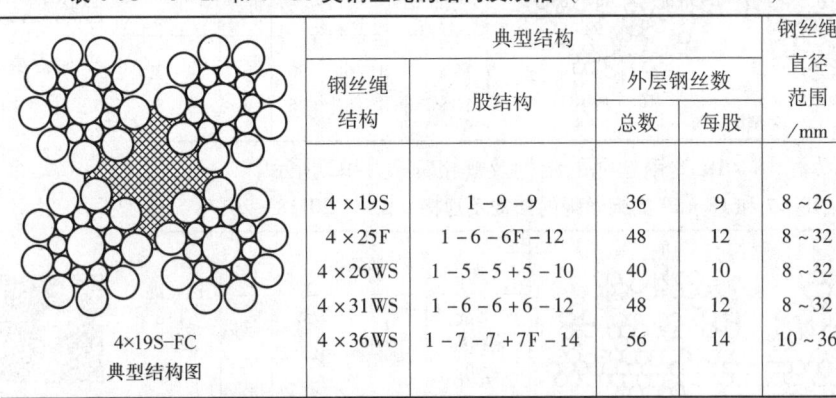

4×19S-FC 典型结构图

典型结构				钢丝绳直径范围/mm
钢丝绳结构	股结构	外层钢丝数		
		总数	每股	
4×19S	1-9-9	36	9	8~26
4×25F	1-6-6F-12	48	12	8~32
4×26WS	1-5-5+5-10	40	10	8~32
4×31WS	1-6-6+6-12	48	12	8~32
4×36WS	1-7-7+7F-14	56	14	10~36

扫码查表

28）4×V39 类钢丝绳的结构及规格如表 4-96 所示。

表 4-96　4×V39 类钢丝绳的结构及规格（GB/T 20118—2017）

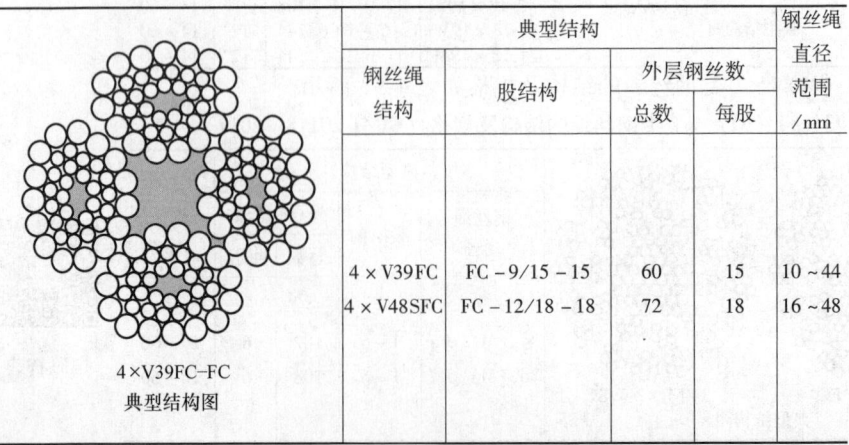

4×V39FC-FC 典型结构图

典型结构				钢丝绳直径范围/mm
钢丝绳结构	股结构	外层钢丝数		
		总数	每股	
4×V39FC	FC-9/15-15	60	15	10~44
4×V48SFC	FC-12/18-18	72	18	16~48

扫码查表

29) 1×7 类钢丝绳的结构及规格如表 4-97 所示。
30) 1×19 类钢丝绳的结构及规格如表 4-98 所示。
31) 1×37 类钢丝绳的结构及规格如表 4-99 所示。
32) 1×61 类钢丝绳的结构及规格如表 4-100 所示。

表 4-97　1×7 类钢丝绳的结构及规格
（GB/T 20118—2017）

扫码查表

表 4-98　1×19 类钢丝绳的结构及规格
（GB/T 20118—2017）

扫码查表

表 4-99　1×37 类钢丝绳的结构及规格
（GB/T 20118—2017）

扫码查表

表 4-100　1×61 类钢丝绳的结构及规格
（GB/T 20118—2017）

扫码查表

4.2.10　平衡用扁钢丝绳

1. 平衡用扁钢丝绳的断面

1) PD6×4×7 扁钢丝绳断面如图 4-14 所示。

图 4-14　PD6×4×7 扁钢丝绳断面

2) PD8×4×7 扁钢丝绳断面如图 4-15 所示。

图 4-15　PD8×4×7 扁钢丝绳断面

3) PD8×4×9 扁钢丝绳断面如图 4-16 所示。

图 4-16　PD8×4×9 扁钢丝绳断面

4）PD8×4×14 扁钢丝绳断面如图 4-17 所示。

图 4-17　PD8×4×14 扁钢丝绳断面

5）PD8×4×19 扁钢丝绳断面如图 4-18 所示。

图 4-18　PD8×4×19 扁钢丝绳断面

2. 平衡用扁钢丝绳的结构及规格（表 4-101）

表 4-101　平衡用扁钢丝绳的结构及规格（GB/T 20119—2006）

扫码查表

3. 平衡用扁钢丝绳中子绳钢丝的最小反复弯曲次数（表 4-102）

表 4-102　平衡用扁钢丝绳中子绳钢丝的最小反复弯曲次数（GB/T 20119—2006）

钢丝公称直径/mm	弯心半径/mm	最小反复弯曲次数/次		钢丝公称直径/mm	弯心半径/mm	最小反复弯曲次数/次	
		光面	镀锌			光面	镀锌
$d<1.3$	3.75	10	7	$1.8\leqslant d<1.9$	5.00	9	6
$1.3\leqslant d<1.4$		10	7	$1.9\leqslant d<2$		8	5
$1.4\leqslant d<1.5$		9	6	$2\leqslant d<2.1$	7.50	13	10
$1.5\leqslant d<1.6$	5.00	12	9	$2.1\leqslant d<2.2$		12	9
$1.6\leqslant d<1.7$		11	8	$d\geqslant 2.2$		11	8
$1.7\leqslant d<1.8$		10	7				

4. 平衡用扁钢丝绳中子绳钢丝的最小扭转次数（表 4-103）

表 4-103　平衡用扁钢丝绳中子绳钢丝的最小扭转次数（GB/T 20119—2006）

钢丝公称直径/mm	试验长度	最小扭转次数/次	
		光面	镀锌
$d<1.3$	$100d$	24	14
$1.3\leqslant d<1.8$		24	14
$d\geqslant 1.8$		22	14

4.2.11　操纵用钢丝绳

1）1×7 结构钢丝绳的形式如图 4-19 所示，其规格如表 4-104 所示。

图 4-19　1×7 结构钢丝绳

表 4-104　1×7 结构钢丝绳的规格（GB/T 14451—2008）

钢丝绳公称直径/mm	钢丝绳伸长率（%）≤		钢丝绳最小破断拉力/kN	参考重量/(kg/100m)
	弹性	永久		
0.9	0.8	0.2	0.90	0.41
1.0			1.03	0.50
1.2			1.52	0.74
1.4			2.08	1.01
1.5			2.75	1.15
1.6			2.77	1.42
1.8			3.19	1.63
2.0			4.02	2.05

2）1×12 结构钢丝绳的形式如图 4-20 所示，其规格如表 4-105 所示。

表 4-105　1×12 结构钢丝绳的规格（GB/T 14451—2008）

钢丝绳公称直径/mm	钢丝绳伸长率（%）≤		钢丝绳最小破断拉力/kN	参考重量/(kg/100m)
	弹性	永久		
1.0	0.8	0.2	1.05	0.49
1.2			1.50	0.70
1.4			2.00	0.95
1.5			2.30	1.09
1.6			2.50	1.24
1.8			3.10	1.56
2.0			3.90	1.95
2.5			5.60	3.05
2.8			7.35	3.80
3.0			8.40	4.40

图 4-20　1×12 结构钢丝绳

3）1×19 结构钢丝绳的形式如图 4-21 所示，其规格如表 4-106 所示。

表 4-106　1×19 结构钢丝绳的规格（GB/T 14451—2008）

钢丝绳公称直径/mm	钢丝绳伸长率（%）≤		钢丝绳最小破断拉力/kN	参考重量/(kg/100m)
	弹性	永久		
1.0	0.8	0.2	1.06	0.49
1.2			1.52	0.70
1.4			2.08	0.96
1.5			2.39	1.10
1.6			2.59	1.25
1.8			3.29	1.59
2.0			4.06	1.96
2.5			6.01	3.07
2.8			7.53	3.84
3.0			8.63	4.41
3.2			10.10	5.10
3.5			11.74	5.99
3.8			13.72	7.23
4.0			15.37	8.00
4.5			19.46	10.1
4.8			22.1	11.6
5.0			24.00	12.6
5.3			27.0	14.2

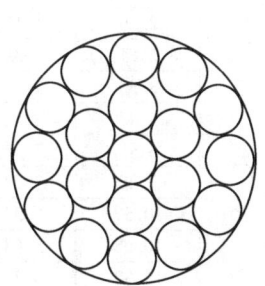

图 4-21　1×19 结构钢丝绳

4) 1×37 结构钢丝绳的形式如图 4-22 所示,其规格如表 4-107 所示。

表 4-107 1×37 结构钢丝绳的规格(GB/T 14451—2008)

钢丝绳公称直径 /mm	钢丝绳伸长率(%)≤		钢丝绳最小破断拉力/kN	参考重量/ (kg/100m)
	弹性	永久		
1.5	0.8	0.2	2.41	1.16
1.6			2.65	1.30
1.8			3.38	1.61
2.0			3.92	1.96
2.5			6.20	3.10
2.8			7.60	3.86
3.0			8.80	4.50
3.5			11.80	6.00
3.8			13.20	7.30
4.0			14.70	7.90
4.5			18.50	10.00
5.0			23.00	12.30

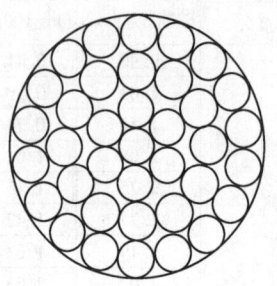

图 4-22 1×37 结构钢丝绳

5) 6×7 – WSC 结构钢丝绳的形式如图 4-23 所示,其规格如表 4-108 所示。

表 4-108 6×7 – WSC 结构钢丝绳的规格 (GB/T 14451—2008)

钢丝绳公称直径 /mm	钢丝绳伸长率(%)≤		钢丝绳最小破断拉力/kN	参考重量/ (kg/100m)
	弹性	永久		
1.0	0.9	0.2	1.00	0.50
1.1			1.17	0.58
1.2			1.35	0.67
1.4			1.76	0.87
1.5			1.99	0.98
1.6			2.29	1.13
1.8			2.81	1.39
2.0			3.38	1.67
2.5			5.45	2.37
2.8			6.45	3.34
3.0			7.28	3.77
3.5	1.1		10.37	5.37
3.6			10.68	5.68
4.0			12.92	6.70
4.5			15.89	8.69
4.8			17.79	9.73
5.0			19.79	10.83
5.5			23.19	12.68
6.0			28.11	15.37

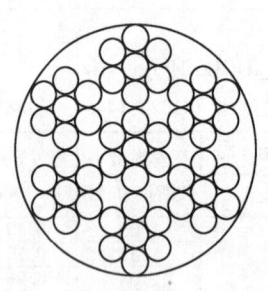

图 4-23 6×7 – WSC 结构钢丝绳

6) 6×19-WSC 结构钢丝绳的形式如图 4-24 所示,其规格如表 4-109 所示。

表 4-109　6×19-WSC 结构钢丝绳的规格 (GB/T 14451—2008)

钢丝绳公称直径/mm	钢丝绳伸长率(%)≤		钢丝绳最小破断拉力/kN	参考重量/(kg/100m)
	弹性	永久		
1.8	0.9	0.2	2.59	1.32
2.0			3.03	1.55
2.5			5.15	2.63
2.8			6.56	3.35
3.0			7.25	3.70
3.5			9.53	4.87
4.0			12.13	6.20
4.5			16.13	8.33
4.8	1.1		16.58	8.89
5.0			18.74	10.04
5.5			23.23	12.45
6.0			27.66	14.82

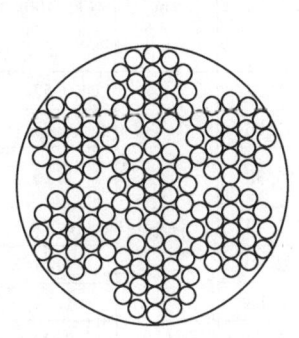

图 4-24　6×19-WSC 结构钢丝绳

7) 6×7-WSC 和 8×7-WSC 结构钢丝绳的形式如图 4-25 所示,其规格如表 4-110 所示。

表 4-110　6×7-WSC 和 8×7-WSC 结构钢丝绳的规格 (GB/T 14451—2008)

钢丝绳结构	公称直径/mm	允许偏差/mm	最小破断拉力/kN	钢丝绳伸长率(%)		切断处直径允许增大值/mm	参考重量/(kg/100m)
				弹性	永久		
6×7-WSC	1.50	+0.150	1.80	≤0.9	≤0.1	0.22	0.96
	1.80	+0.08 / -0.08	3.00			0.25	1.34
8×7-WSC	1.50	+0.08 / -0.08	1.90			0.22	0.99
	1.80	+0.08 / -0.08	3.00			0.25	1.36

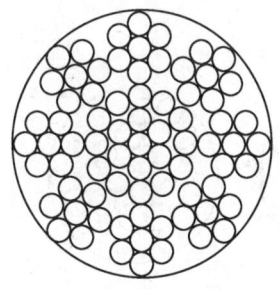

图 4-25　6×7-WSC 和 8×7-WSC 结构钢丝绳

4.2.12　高压胶管用镀锌钢丝绳

1) 高压胶管用镀锌钢丝绳的长度允许偏差如表 4-111 所示。

表 4-111　高压胶管用镀锌钢丝绳的长度允许偏差 (GB/T 12756—2018)

(单位: m)

钢丝绳的长度	长度允许偏差
≤1000	+10
>1000~2000	+15
>2000	+20

2) 高压胶管用镀锌钢丝绳的规格如表 4-112 所示。

表 4-112　高压胶管用镀锌钢丝绳的规格（GB/T 12756—2018）

结构	公称直径/mm	直径允许偏差/mm	公称抗拉强度/MPa					最短长度/m	理论重量/(kg/100m)
			1860	1960	2060	2160	2260		
			最小破断拉力/kN						
1×7	1.0	+0.10 0	1.00	1.06	1.11	1.17	1.22		0.52
	1.2		1.45	1.52	1.60	1.68	1.76		0.75
	2.1	+0.20 0	4.43	4.67	4.91	5.14	5.38		2.30
1×19	1.2	+0.15 -0.05	1.42	1.50	1.57	1.65	1.72	1500	0.73
	1.5		2.22	2.34	2.46	2.58	2.70		1.14
	1.8		3.19	3.37	3.54	3.71	3.88		1.64
	2.0		3.94	4.16	4.37	4.58	4.79		2.03
	2.5		6.16	6.49	6.82	7.16	7.49		3.17
	3.0	+0.20 -0.05	8.87	9.35	9.83	10.30	10.78		4.56
	3.5		12.08	12.73	13.37	14.02	14.67		6.21
	4.0		15.77	16.62	17.47	18.32	19.16	1000	8.11
	4.5		19.96	21.04	22.11	23.18	24.26		10.27
	5.0		24.65	25.97	27.30	28.62	29.95		12.68

4.2.13　不锈钢丝绳

1）不锈钢丝绳的结构如图 4-26 和表 4-113 所示。

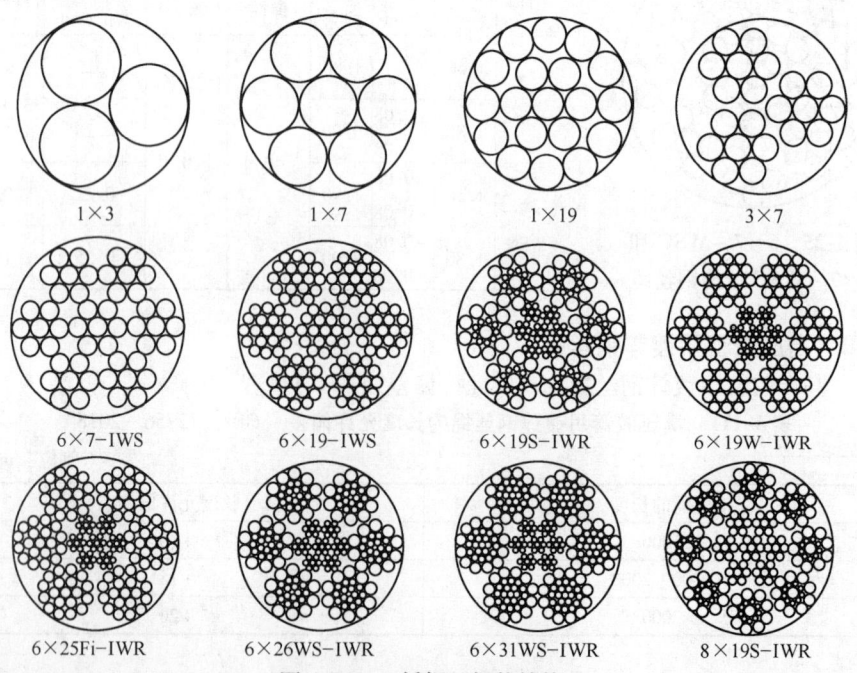

图 4-26　不锈钢丝绳的结构

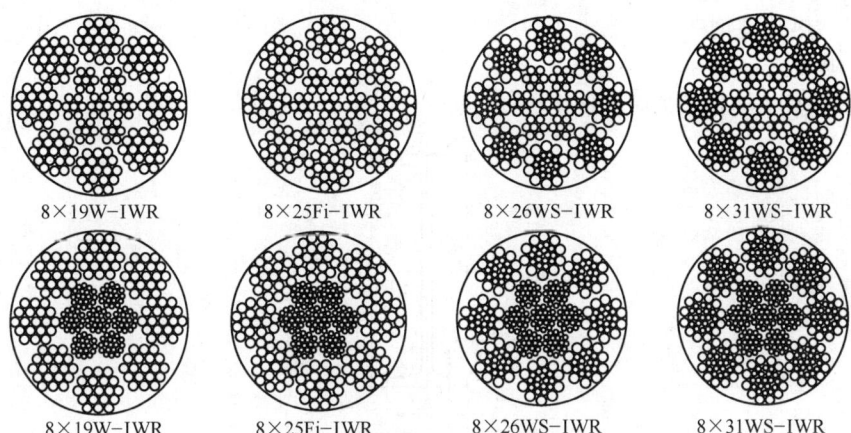

图 4-26　不锈钢丝绳的结构（续）

表 4-113　不锈钢丝绳的结构（GB/T 9944—2015）

类别	结构		公称直径范围/mm
	钢丝绳	股绳	
1×3	1×3	0-3	0.15 ~ 0.65
1×7	1×7	1-6	0.15 ~ 6.0
1×19	1×19	1-6-12	0.6 ~ 6.0
3×7	3×7	1-6	0.7 ~ 1.2
6×7	6×7	1-6	0.45 ~ 8.0
6×19（a）	6×19S 6×19W 6×25Fi 6×26WS 6×31WS	1-9-9 1-6-6+6 1-6-6F-12 1-5-5+5-10 1-6-6+6-12	6.0 ~ 35.0
6×19（b）	6×19	1-6-12	1.5 ~ 30.0
8×19	8×19S 8×19W 8×25Fi 8×26WS 8×31WS	1-9-9 1-6-6+6 1-6-6F-12 1-5-5+5-10 1-6-6+6-12	8.0 ~ 35.0

2) 不锈钢丝绳用钢丝的直径及允许偏差如表 4-114 所示。

表 4-114　不锈钢丝绳用钢丝的直径及允许偏差（GB/T 9944—2015）　（单位：mm）

钢丝公称直径	允许偏差	钢丝公称直径	允许偏差
0.045 ~ <0.10	±0.005	0.40 ~ <1.00	±0.015
0.10 ~ <0.20	±0.008	1.00 ~ <1.60	±0.025
0.20 ~ <0.40	±0.010	≥1.6	±0.030

3) 不锈钢丝绳用钢丝的最小破断力及参考重量如表 4-115 所示。

表 4-115　不锈钢丝绳用钢丝的最小破断力及参考重量（GB/T 9944—2015）

扫码查表

4.2.14 热轧型钢

1. 热轧工字钢

1) 热轧工字钢的形式如图 4-27 所示。

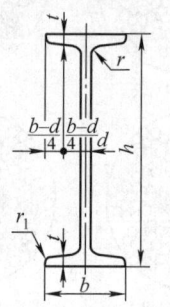

图 4-27 热轧工字钢

2) 热轧工字钢的规格如表 4-116 所示。

表 4-116 热轧工字钢的规格（GB/T 706—2016）

型号	截面尺寸/mm						截面面积/cm²	理论重量/(kg/m)	型号	截面尺寸/mm						截面面积/cm²	理论重量/(kg/m)
	h	b	d	t	r	r_1				h	b	d	t	r	r_1		
10	100	68	4.5	7.6	6.5	3.3	14.33	11.3	32a		130	9.5				67.12	52.7
12	120	74	5.0	8.4	7.0	3.5	17.80	14.0	32b	320	132	11.5	15.0	11.5	5.8	73.52	57.7
12.6	126	74	5.0	8.4	7.0	3.5	18.10	14.2	32c		134	13.5				79.92	62.7
14	140	80	5.5	9.1	7.5	3.8	21.50	16.9	36a		136	10.0				76.44	60.0
16	160	88	6.0	9.9	8.0	4.0	26.11	20.5	36b	360	138	12.0	15.8	12.0	6.0	83.64	65.7
18	180	94	6.5	10.7	8.5	4.3	30.74	24.1	36c		140	14.0				90.84	71.3
20a	200	100	7.0	11.4	9.0	4.5	35.55	27.9	40a		142	10.5				86.07	67.6
20b	200	102	9.0	11.4	9.0	4.5	39.55	31.1	40b	400	144	12.5	16.5	12.5	6.3	94.07	73.8
22a	220	110	7.5	12.3	9.5	4.8	42.10	33.1	40c		146	14.5				102.1	80.1
22b	220	112	9.5	12.3	9.5	4.8	46.50	36.5	45a		150	11.5				102.4	80.4
24a	240	116	8.0	13.0	10.0	5.0	47.71	37.5	45b	450	152	13.5	18.0	13.5	6.8	111.4	87.4
24b	240	118	10.0	13.0	10.0	5.0	52.51	41.2	45c		154	15.5				120.4	94.5
25a	250	116	8.0	13.0	10.0	5.0	48.51	38.1	50a		158	12.0				119.2	93.6
25b	250	118	10.0	13.0	10.0	5.0	53.51	42.0	50b	500	160	14.0	20.0	14.0	7.0	129.2	101
									50c		162	16.0				139.2	109
27a	270	122	8.5	13.7	10.5	5.3	54.52	42.8	55a		166	12.5				134.1	105
27b	270	124	10.5	13.7	10.5	5.3	59.92	47.0	55b	550	168	14.5	21.0	14.5	7.3	145.1	114
									55c		170	16.5				156.1	123
28a	280	122	8.5	13.7	10.5	5.3	55.37	43.5	56a		166	12.5				135.4	106
28b	280	124	10.5	13.7	10.5	5.3	60.97	47.9	56b	560	168	14.5	21.0	14.5	7.3	146.6	115
									56c		170	16.5				157.8	124
30a	300	126	9.0	14.4	11.0	5.5	61.22	48.1	63a		176	13.0				154.6	121
30b	300	128	11.0	14.4	11.0	5.5	67.22	52.8	63b	630	178	15.0	22.0	15.0	7.5	167.2	131
30c	300	130	13.0	14.4	11.0	5.5	73.22	57.5	63c		180	17.0				179.8	141

注：表中 r、r_1 的数据用于孔型设计，不做交货条件。

2. 热轧槽钢

1）热轧槽钢的形式如图 4-28 所示。

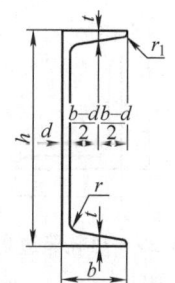

图 4-28　热轧槽钢

2）热轧槽钢的规格如表 4-117 所示。

表 4-117　热轧槽钢的规格（GB/T 706—2016）

型号	截面尺寸/mm						截面面积/cm^2	理论重量/(kg/m)	型号	截面尺寸/mm						截面面积/cm^2	理论重量/(kg/m)
	h	b	d	t	r	r_1				h	b	d	t	r	r_1		
5	50	37	4.5	7.0	7.0	3.5	6.925	5.44	27a	270	82	7.5	12.5	12.5	6.2	39.27	30.8
6.3	63	40	4.8	7.5	7.5	3.8	8.446	6.63	27b		84	9.5				44.67	35.1
6.5	65	40	4.3	7.5	7.5	3.8	8.292	6.51	27c		86	11.5				50.07	39.3
8	80	43	5.0	8.0	8.0	4.0	10.24	8.04	28a	280	82	7.5				40.02	31.4
10	100	48	5.3	8.5	8.5	4.2	12.74	10.0	28b		84	9.5				45.62	35.8
12	120	53	5.5	9.0	9.0	4.5	15.36	12.1	28c		86	11.5				51.22	40.2
12.6	126	53	5.5	9.0	9.0	4.5	15.69	12.3	30a	300	85	7.5	13.5	13.5	6.8	43.89	34.5
14a	140	58	6.0	9.5	9.5	4.8	18.51	14.5	30b		87	9.5				49.89	39.2
14b		60	8.0				21.31	16.7	30c		89	11.5				55.89	43.9
16a	160	63	6.5	10.0	10.0	5.0	21.95	17.2	32a	320	88	8.0	14.0	14.0	7.0	48.50	38.1
16b		65	8.5				25.15	19.8	32b		90	10.0				54.90	43.1
18a	180	68	7.0	10.5	10.5	5.2	25.69	20.2	32c		92	12.0				61.30	48.1
18b		70	9.0				29.29	23.0	36a	360	96	9.0	16.0	16.0	8.0	60.89	47.8
20a	200	73	7.0	11.0	11.0	5.5	28.83	22.6	36b		98	11.0				68.09	53.5
20b		75	9.0				32.83	25.8	36c		100	13.0				75.29	59.1
22a	220	77	7.0	11.5	11.5	5.8	31.83	25.0	40a	400	100	10.5	18.0	18.0	9.0	75.04	58.9
22b		79	9.0				36.23	28.5	40b		102	12.5				83.04	65.2
24a	240	78	7.0	12.0	12.0	6.0	34.21	26.9	40c		104	14.5				91.04	71.5
24b		80	9.0				39.01	30.6									
24c		82	11.0				43.81	34.4									
25a	250	78	7.0	12.0	12.0	6.0	34.91	27.4									
25b		80	9.0				39.91	31.3									
25c		82	11.0				44.91	35.3									

注：表中 r、r_1 的数据用于孔型设计，不做交货条件。

3. 热轧等边角钢

1) 热轧等边角钢的形式如图4-29所示。

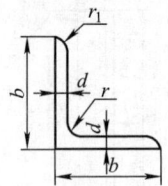

图4-29 热轧等边角钢

2) 热轧等边角钢的规格如表4-118所示。

表4-118 热轧等边角钢的规格（GB/T 706—2016）

型号	截面尺寸/mm			截面面积/ cm²	理论重量/ (kg/m)	型号	截面尺寸/mm			截面面积/ cm²	理论重量/ (kg/m)
	b	d	r				b	d	r		
2	20	3	3.5	1.132	0.89	6	60	5	6.5	5.829	4.58
		4		1.459	1.15			6		6.914	5.43
2.5	25	3		1.432	1.12			7		7.977	6.26
		4		1.859	1.46			8		9.02	7.08
3.0	30	3	4.5	1.749	1.37	6.3	63	4	7	4.978	3.91
		4		2.276	1.79			5		6.143	4.82
3.6	36	3		2.109	1.66			6		7.288	5.72
		4		2.756	2.16			7		8.412	6.60
		5		3.382	2.65			8		9.515	7.47
4	40	3	5	2.359	1.85			10		11.66	9.15
		4		3.086	2.42	7	70	4	8	5.570	4.37
		5		3.792	2.98			5		6.876	5.40
4.5	45	3		2.659	2.09			6		8.160	6.41
		4		3.486	2.74			7		9.424	7.40
		5		4.292	3.37			8		10.67	8.37
		6		5.077	3.99	7.5	75	5	9	7.412	5.82
5	50	3	5.5	2.971	2.33			6		8.797	6.91
		4		3.897	3.06			7		10.16	7.98
		5		4.803	3.77			8		11.50	9.03
		6		5.688	4.46			9		12.83	10.1
5.6	56	3	6	3.343	2.62			10		14.13	11.1
		4		4.39	3.45	8	80	5		7.912	6.21
		5		5.415	4.25			6		9.397	7.38
		6		6.42	5.04			7		10.86	8.53
		7		7.404	5.81			8		12.30	9.66
		8		8.367	6.57			9		13.73	10.8
								10		15.13	11.9

(续)

型号	截面尺寸/mm			截面面积/cm²	理论重量/(kg/m)	型号	截面尺寸/mm			截面面积/cm²	理论重量/(kg/m)
	b	d	r				b	d	r		
9	90	6	10	10.64	8.35	15	150	14	14	40.37	31.7
		7		12.30	9.66			15		43.06	33.8
		8		13.94	10.9			16		45.74	35.9
		9		15.57	12.2	16	160	10	16	31.50	24.7
		10		17.17	13.5			12		37.44	29.4
		12		20.31	15.9			14		43.30	34.0
10	100	6	12	11.93	9.37			16		49.07	38.5
		7		13.80	10.8	18	180	12	16	42.24	33.2
		8		15.64	12.3			14		48.90	38.4
		9		17.46	13.7			16		55.47	43.5
		10		19.26	15.1			18		61.96	48.6
		12		22.80	17.9	20	200	14	18	54.64	42.9
		14		26.26	20.6			16		62.01	48.7
		16		29.63	23.3			18		69.30	54.4
11	110	7	12	15.20	11.9			20		76.51	60.1
		8		17.24	13.5			24		90.66	71.2
		10		21.26	16.7	22	220	16	21	68.67	53.9
		12		25.20	19.8			18		76.75	60.3
		14		29.06	22.8			20		84.76	66.5
12.5	125	8	14	19.75	15.5			22		92.68	72.8
		10		24.37	19.1			24		100.5	78.9
		12		28.91	22.7			26		108.3	85.0
		14		33.37	26.2	25	250	18	24	87.84	69.0
		16		37.74	29.6			20		97.05	76.2
14	140	10	14	27.37	21.5			22		106.2	83.3
		12		32.51	25.5			24		115.2	90.4
		14		37.57	29.5			26		124.2	97.5
		16		42.54	33.4			28		133.0	104
15	150	8		23.75	18.6			30		141.8	111
		10		29.37	23.1			32		150.5	118
		12		34.91	27.4			35		163.4	128

4. 热轧不等边角钢

1)热轧不等边角钢的形式如图 4-30 所示。

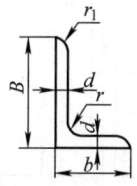

图 4-30　热轧不等边角钢

2) 热轧不等边角钢的规格如表 4-119 所示。

表 4-119 热轧不等边角钢的规格（GB/T 706—2016）

型号	截面尺寸/mm				截面面积/cm²	理论重量/(kg/m)	型号	截面尺寸/mm				截面面积/cm²	理论重量/(kg/m)
	B	b	d	r				B	b	d	r		
2.5/1.6	25	16	3	3.5	1.162	0.91	10/8	100	80	6	10	10.64	8.35
			4		1.499	1.18				7		12.30	9.66
3.2/2	32	20	3		1.492	1.17				8		13.94	10.9
			4		1.939	1.52				10		17.17	13.5
4/2.5	40	25	3	4	1.890	1.48	11/7	110	70	6	10	10.64	8.35
			4		2.467	1.94				7		12.30	9.66
4.5/2.8	45	28	3	5	2.149	1.69				8		13.94	10.9
			4		2.806	2.20				10		17.17	13.5
5/3.2	50	32	3	5.5	2.431	1.91	12.5/8	125	80	7	11	14.10	11.1
			4		3.177	2.49				8		15.99	12.6
5.6/3.6	56	36	3	6	2.743	2.15				10		19.71	15.5
			4		3.590	2.82				12		23.35	18.3
			5		4.415	3.47	14/9	140	90	8	12	18.04	14.2
6.3/4	63	40	4	7	4.058	3.19				10		22.26	17.5
			5		4.993	3.92				12		26.40	20.7
			6		5.908	4.64				14		30.46	23.9
			7		6.802	5.34	15/9	150	90	8	12	18.84	14.8
7/4.5	70	45	4	7.5	4.553	3.57				10		23.26	18.3
			5		5.609	4.40				12		27.60	21.7
			6		6.644	5.22				14		31.86	25.0
			7		7.658	6.01				15		33.95	26.7
7.5/5	75	50	5	8	6.126	4.81				16		36.03	28.3
			6		7.260	5.70	16/10	160	100	10	13	25.32	19.9
			8		9.467	7.43				12		30.05	23.6
			10		11.59	9.10				14		34.71	27.2
8/5	80	50	5	8	6.376	5.00				16		39.28	30.8
			6		7.560	5.93	18/11	180	110	10	14	28.37	22.3
			7		8.724	6.85				12		33.71	26.5
			8		9.867	7.75				14		38.97	30.6
9/5.6	90	56	5	9	7.212	5.66				16		44.14	34.6
			6		8.557	6.72	20/12.5	200	125	12	14	37.91	29.8
			7		9.881	7.76				14		43.87	34.4
			8		11.18	8.78				16		49.74	39.0
10/6.3	100	63	6	10	9.618	7.55				18		55.53	43.6
			7		11.11	8.72							
			8		12.58	9.88							
			10		15.47	12.1							

5. 热轧 H 型钢

1) 热轧 H 型钢的形式如图 4-31 所示。

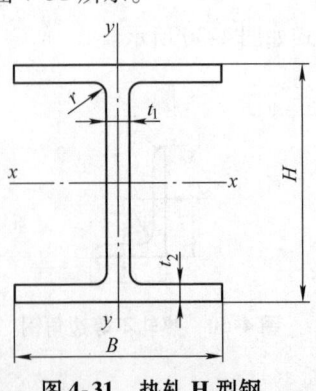

图 4-31 热轧 H 型钢

2) 热轧 H 型钢的规格如表 4-120 所示。

表 4-120　热轧 H 型钢的规格（GB/T 11263—2017）

类别	型号（高度×宽度）/mm×mm	截面尺寸/mm					截面面积/cm²	理论重量/(kg/m)	类别	型号（高度×宽度）/mm×mm	截面尺寸/mm					截面面积/cm²	理论重量/(kg/m)
		H	B	t_1	t_2	r					H	B	t_1	t_2	r		
HW	100×100	100	100	6	8	8	21.58	16.9	HM	400×300	390	300	10	16	13	133.3	105
	125×125	125	125	6.5	9	8	30.00	23.6		450×300	440	300	11	18	13	153.9	121
	150×150	150	150	7	10	8	39.64	31.1		500×300	*482	300	11	15	13	141.2	111
	175×175	175	175	7.5	11	13	51.42	40.4			488	300	11	18	13	159.2	125
	200×200	200	200	8	12	13	63.53	49.9		550×300	*544	300	11	15	13	148.0	116
		*200	204	12	12	13	71.53	56.2			*550	300	11	18	13	166.0	130
	250×250	*244	252	11	11	13	81.31	63.8		600×300	*582	300	12	17	13	169.2	133
		250	250	9	14	13	91.43	71.8			588	300	12	20	13	187.2	147
		*250	255	14	14	13	103.9	81.6			*594	302	14	23	13	217.1	170
	300×300	*294	302	12	12	13	106.3	83.5	HN	*100×50	100	50	5	7	8	11.84	9.30
		300	300	10	15	13	118.5	93.0		*125×60	125	60	6	8	8	16.68	13.1
		*300	305	15	15	13	133.5	105		150×75	150	75	5	7	8	17.84	14.0
	350×350	*338	351	13	13	13	133.3	105		175×90	175	90	5	8	8	22.89	18.0
		*344	348	10	16	13	144.0	113		200×100	*198	99	4.5	7	8	22.68	17.8
		*344	354	16	16	13	164.7	129			200	100	5.5	8	8	26.66	20.9
		350	350	12	19	13	171.9	135		250×125	*248	124	5	8	8	31.98	25.1
		*350	357	19	19	13	196.4	154			250	125	6	9	8	36.96	29.0
	400×400	*388	402	15	15	22	178.5	140		300×150	*298	149	5.5	8	13	40.80	32.0
		*394	398	11	18	22	186.8	147			300	150	6.5	9	13	46.78	36.7
		*394	405	18	18	22	214.4	168		350×175	*346	174	6	9	13	52.45	41.2
		400	400	13	21	22	218.7	172			350	175	7	11	13	62.91	49.4
		*400	408	21	21	22	250.7	197		400×150	400	150	8	13	13	70.37	55.2
		*414	405	18	28	22	295.4	232		400×200	*396	199	7	11	13	71.41	56.1
		*428	407	20	35	22	360.7	283			400	200	8	13	13	83.37	65.4
		*458	417	30	50	22	528.6	415		450×150	*446	150	7	12	13	66.99	52.6
		*498	432	45	70	22	770.1	604			450	151	8	14	13	77.49	60.8
	500×500	*492	465	15	20	22	258.0	202		450×200	*446	199	8	12	13	82.97	65.1
		*502	465	15	25	22	304.5	239			450	200	9	14	13	95.43	74.9
		*502	470	20	25	22	329.6	259		475×150	*470	150	7	13	13	71.53	56.2
HM	150×100	148	100	6	9	8	26.34	20.7			*475	151.5	8.5	15.5	13	86.15	67.6
	200×150	194	150	6	9	8	38.10	29.9			482	153.5	10.5	19	13	106.4	83.5
	250×175	244	175	7	11	13	55.49	43.5		500×150	*492	150	7	12	13	70.21	55.1
	300×200	294	200	8	12	13	71.05	55.8			*500	152	9	16	13	92.21	72.4
		*298	201	9	12	13	82.03	64.4			504	153	10	18	13	103.3	81.1
	350×250	340	250	9	14	13	99.53	78.1									

(续)

类别	型号(高度×宽度)/mm×mm	截面尺寸/mm					截面面积/cm²	理论重量/(kg/m)	类别	型号(高度×宽度)/mm×mm	截面尺寸/mm					截面面积/cm²	理论重量/(kg/m)
		H	B	t_1	t_2	r					H	B	t_1	t_2	r		
HN	500×200	*496	199	9	14	13	99.29	77.9	HN	1000×300	*990	298	17	31	18	345.3	271
		500	200	10	16	13	112.3	88.1			*1000	300	19	36	18	395.1	310
		*506	201	11	19	13	129.3	102			*1008	302	21	40	18	439.3	345
	550×200	*546	199	9	14	13	103.8	81.5	HT	100×50	95	48	3.2	4.5	8	7.620	5.98
		550	200	10	16	13	117.3	92.0			97	49	4	5.5	8	9.370	7.36
	600×200	*596	199	10	15	13	117.8	92.4		100×100	96	99	4.5	6	8	16.20	12.7
		600	200	11	17	13	131.7	103		125×60	118	58	3.2	4.5	8	9.250	7.26
		*606	201	12	20	13	149.8	118			120	59	4	5.5	8	11.39	8.94
	625×200	*625	198.5	13.5	17.5	13	150.6	118		125×125	119	123	4.5	6	8	20.12	15.8
		630	200	15	20	13	170.0	133		150×75	145	73	3.2	4.5	8	11.47	9.00
		*638	202	17	24	13	198.7	156			147	74	4	5.5	8	14.12	11.1
	650×300	*646	299	12	18	18	183.6	144		150×100	139	97	3.2	4.5	8	13.43	10.6
		*650	300	13	20	18	202.1	159			142	99	4.5	6	8	18.27	14.3
		*654	301	14	22	18	220.6	173		150×150	144	148	5	7	8	27.76	21.8
	700×300	*692	300	13	20	18	207.5	163			147	149	6	8.5	8	33.67	26.4
		700	300	13	24	18	231.5	182		175×90	168	88	3.2	4.5	8	13.55	10.6
	750×300	*734	299	12	16	18	182.7	143			171	89	4	6	8	17.58	13.8
		*742	300	13	20	18	214.0	168		175×175	167	173	5	7	13	33.32	26.2
		*750	300	13	24	18	238.5	187			172	175	6.5	9.5	13	44.64	35.0
		*758	303	16	28	18	284.8	224		200×100	193	98	3.2	4.5	8	15.25	12.0
	800×300	*792	300	14	22	18	239.5	188			196	99	4	6	8	19.78	15.5
		800	300	14	26	18	263.5	207		200×150	188	149	4.5	6	8	26.34	20.7
	850×300	*834	298	14	19	18	227.5	179		200×200	192	198	6	8	13	43.69	34.3
		*842	299	15	23	18	259.7	204		250×125	244	124	4.5	6	8	25.86	20.3
		*850	300	16	27	18	292.1	229		250×175	238	173	4.5	6	13	39.12	30.7
		*858	301	17	31	18	324.7	255		300×150	294	148	4.5	6	13	31.90	25.0
	900×300	*890	299	15	23	18	266.9	210		300×200	286	198	6	8	13	49.33	38.7
		900	300	16	28	18	305.8	240		350×175	340	173	4.5	6	13	36.97	29.0
		*912	302	18	34	18	360.1	283		400×150	390	148	4.5	6	13	47.57	37.3
	1000×300	*970	297	16	21	18	276.0	217		400×200	390	198	6	8	13	55.57	43.6
		*980	208	17	26	18	315.5	248									

注：1. 表中同一型号的产品，其内侧尺寸高度一致。
2. 表中截面面积计算公式为：$t_1(H-2t_2)+2Bt_2+0.858r^2$。
3. 表中"*"表示的规格为非常用规格。

6. 热轧剖分 T 型钢
1) 热轧剖分 T 型钢的形式如图 4-32 所示。

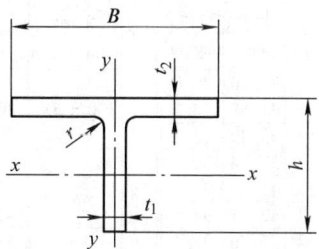

图 4-32 热轧剖分 T 型钢

2) 热轧剖分 T 型钢的规格如表 4-121 所示。

表 4-121 热轧剖分 T 型钢的规格（GB/T 11263—2017）

类别	型号（高度×宽度）/mm×mm	截面尺寸/mm				截面面积/cm²	理论重量/(kg/m)	类别	型号（高度×宽度）/mm×mm	截面尺寸/mm				截面面积/cm²	理论重量/(kg/m)
		h	B	t_1	t_2	r					h	B	t_1	t_2	r		
TW	50×100	50	100	6	8	8	10.79	8.47	TM	175×250	170	250	9	14	13	49.76	39.1
	62.5×125	62.5	125	6.5	9	8	15.00	11.8		200×300	195	300	10	16	13	66.62	52.3
	75×150	75	150	7	10	8	19.82	15.6		225×300	220	300	11	18	13	76.94	60.4
	87.5×175	87.5	175	7.5	11	13	25.71	20.2		250×300	241	300	11	15	13	70.58	55.4
	100×200	100	200	8	12	13	31.76	24.9			244	300	11	18	13	79.58	62.5
		100	204	12	12	13	35.76	28.1		275×300	272	300	11	15	13	73.99	58.1
	125×250	125	250	9	14	13	45.71	35.9			275	300	11	18	13	82.99	65.2
		125	255	14	14	13	51.96	40.8			291	300	12	17	13	84.60	66.4
	150×300	147	302	12	12	13	53.16	41.7		300×300	294	300	12	20	13	93.60	73.5
		150	300	10	15	13	59.22	46.5			297	302	14	23	13	108.5	85.2
		150	305	15	15	13	66.72	52.4	TN	50×50	50	50	5	7	8	5.920	4.65
	175×350	172	348	10	16	13	72.00	56.5		62.5×60	62.5	60	6	8	8	8.340	6.55
		175	350	12	19	13	85.94	67.5		75×75	75	75	5	7	8	8.920	7.00
	200×400	194	402	15	15	22	89.22	70.0		87.5×90	85.5	89	4	6	8	8.790	6.90
		197	398	11	22	22	93.40	73.3			87.5	90	5	8	8	11.44	8.98
		200	400	13	21	22	109.3	85.8		100×100	99	99	4.5	7	8	11.34	8.90
		200	408	21	21	22	125.3	98.4			100	100	5.5	8	8	13.33	10.5
		207	405	18	28	22	147.7	116		125×125	124	124	5	8	8	15.99	12.6
		214	407	20	35	22	180.3	142			125	125	6	9	8	18.48	14.5
TM	75×100	74	100	6	9	8	13.17	10.3		150×150	149	149	5.5	8	13	20.40	16.0
	100×150	97	150	6	9	8	19.05	15.0			150	150	6.5	9	13	23.39	18.4
	125×175	122	175	7	11	13	27.74	21.8		175×175	173	174	6	9	13	26.22	20.6
	150×200	147	200	8	12	13	35.52	27.9			175	175	7	11	13	31.45	24.7
		149	201	9	14	13	41.01	32.2									

(续)

类别	型号（高度×宽度）/mm×mm	截面尺寸/mm					截面面积/cm²	理论重量/(kg/m)	类别	型号（高度×宽度）/mm×mm	截面尺寸/mm					截面面积/cm²	理论重量/(kg/m)
		h	B	t_1	t_2	r					h	B	t_1	t_2	r		
TN	200×200	198	199	7	11	13	35.70	28.0	TN	300×200	298	199	10	15	13	58.87	46.2
		200	200	8	13	13	41.68	32.7			300	200	11	17	13	65.85	51.7
	225×150	223	150	7	12	13	33.49	26.3			303	201	12	20	13	74.88	58.8
		225	151	8	14	13	38.74	30.4		312.5×200	312.5	198.5	13.5	17.5	13	75.28	59.1
	225×200	223	199	8	12	13	41.48	32.6			315	200	15	20	13	84.97	66.7
		225	200	9	14	13	47.71	37.5			319	202	17	24	13	99.35	78.0
	237.5×150	235	150	7	13	13	35.76	28.1		325×300	323	299	12	18	18	91.81	72.1
		237.5	151.5	8.5	15.5	13	43.07	33.8			325	300	13	20	18	101.0	79.3
		241	153.5	10.5	19	13	53.20	41.8			327	301	14	22	18	110.3	86.59
	250×150	246	150	7	12	13	35.10	27.6		350×300	346	300	13	20	18	103.8	81.5
		250	152	9	16	13	46.10	36.2			350	300	13	24	18	115.8	90.9
		252	153	10	18	13	51.66	40.6		400×300	396	300	14	22	18	119.6	94.0
	250×200	248	199	9	14	13	49.64	39.0			400	300	14	26	18	131.8	103
		250	200	10	16	13	56.12	44.1		450×300	445	299	15	23	18	133.5	105
		253	201	11	19	13	64.65	50.8			450	300	16	28	18	152.9	120
	275×200	273	199	9	14	13	51.89	40.7			456	302	18	34	18	180.0	141
		275	200	10	16	13	58.62	46.0									

7. 矿用热轧型钢

（1）矿用热轧花边钢的形式及规格

1）矿用热轧花边钢的形式如图4-33所示。

2）矿用热轧花边钢的规格如表4-122所示。

表4-122 矿用热轧花边钢的规格（YB/T 5047—2016）

型号	截面面积/cm²	理论重量/kg·m^{-1}
7π	13	10.2
8π	10.15	7.97

（2）矿用热轧周期扁钢的形式及规格

1）矿用热轧周期扁钢的形式如图4-34所示。

2）矿用热轧周期扁钢的规格如表4-123所示。

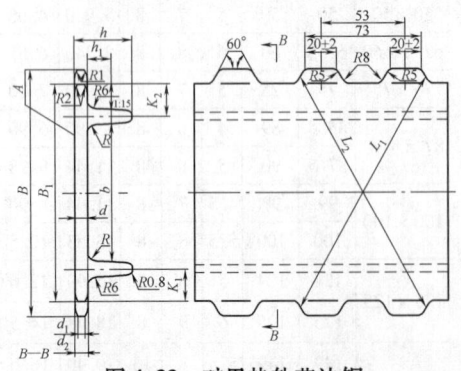

图4-33 矿用热轧花边钢

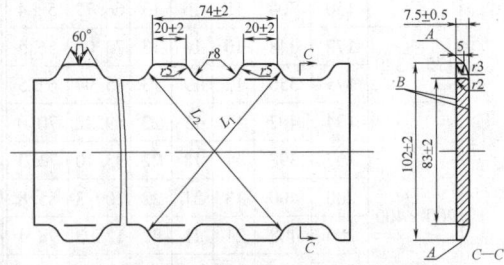

图4-34 矿用热轧周期扁钢

注：1. L_1 与 L_2 之差不大于3mm，允许用需方提供的铰链顶盖检查，铰链顶盖能套进者合格。

2. 小宽度（83mm）的飞边小于公称尺寸正偏差则合格。

表4-123 矿用热轧周期扁钢的规格（YB/T 5047—2016）

名称	截面面积/cm²	理论重量/kg·m^{-1}
周期扁钢	6.62	5.20

8. 矿山巷道支护用热轧 U 型钢的规格（表 4-124）

表 4-124　矿山巷道支护用热轧 U 型钢的规格（GB/T 4697—2017）

规格	截面面积/cm²	理论重量/(kg/m)	规格	截面面积/cm²	理论重量/(kg/m)
18UY	24.15	18.96	29U	37.00	29.00
25UY	31.54	24.76	36U	45.69	35.87
25U	31.79	24.95	40U	51.02	40.05

9. 矿山巷道支护用热轧工字钢的规格（表 4-125）

表 4-125　矿山巷道支护用热轧工字钢的规格（GB/T 4697—2017）

规格	截面面积/cm²	理论重量/(kg/m)
9	22.54	17.69
11	33.18	26.05
12	39.72	31.18

10. 煤机用热轧异型钢的规格（表 4-126）

表 4-126　煤机用热轧异型钢的规格（GB/T 3414—2015）

品种	型号	截面面积/mm	理论重量/(kg/m)	平均腿厚 t/mm	图号
刮板钢	5	8.56	6.72	—	1
刮板钢	6.5	12.59	9.89	—	2
槽帮钢	D12.5	13.42	10.54	7.50	3
槽帮钢	D15	24.28	19.06	9.24	4
槽帮钢	M15	27.74	22.00	9.00	5
槽帮钢	E15	45.88	36.00	11.00	6
槽帮钢	M18	36.63	28.80	10.00	7
槽帮钢	E19	67.53	53.00	14.00	8
槽帮钢	M22	77.01	60.45	—	9
槽帮钢	E22	90.54	71.08	—	10

注：钢的密度按照 7.85g/cm³。

11. 汽车车轮挡圈、锁圈用热轧型钢的规格（表 4-127）

表 4-127　汽车车轮挡圈、锁圈用热轧型钢的规格（YB/T 039—2016）

类别	型号	截面面积/cm²	理论重量/kg·m⁻¹
挡圈	5.50F	3.165	2.485
挡圈	6.00G	3.784	2.970
挡圈	6.5	5.261	4.130
挡圈	7.00T	4.841	3.800
挡圈	7.50V (8.00V)	6.408	5.030
挡圈	8.5-A	9.939	7.802
挡圈	8.5-B	8.917	7.000
锁圈	7.0	2.993	2.350
锁圈	HD	13.682	10.74
锁圈	W	4.255	3.34
锁圈	EM	3.797	2.98
锁圈	Z	3.211	2.52
锁圈	T	1.669	1.31

注：理论重量按密度 7.85g/cm³ 计算。

12. 汽车车轮轮辋用热轧的规格（表4-128）

表4-128 汽车车轮轮辋用热轧的规格（YB/T 5227—2016）

序号	型号	理论重量/kg·m⁻¹	截面面积/mm²	序号	型号	理论重量/kg·m⁻¹	截面面积/mm²
1	5.50F	6.95	885.35	12	8.0HT	20.30	2585.99
2	6.00G	9.36	1192.36	13	8.5-A	20.382	2596.43
3	6.5-A	10.812	1377.32	14	8.5-B	19.96	2542.68
4	6.5-B	12.01	1529.94	15	8.5H	21.958	2797.20
5	7.00T	12.595	1604.46	16	8.5HT-A	21.397	2725.74
6	7.00TH	15.10	1923.62	17	8.5HT-B	20.80	2649.69
7	7.50V-A	14.756	1879.76	18	8.5HZ	21.456	2733.25
8	7.50V-B	15.71	2001.27	19	8.5HD	21.397	2725.77
9	7.50VH	16.88	2150.32	20	9.0	23.00	2929.94
10	8.00V-A	16.788	2138.61	21	10.0	24.637	3138.476
11	8.00V-B	17.52	2231.85				

13. 电梯导轨用热轧型钢的规格（表4-129）

表4-129 电梯导轨用热轧型钢的规格（YB/T 157—1999）

型号	T75	T78	T82	T89	T90	T114	T125	T127-1	T127-2	T140-1	T140-2	T140-3
截面面积/cm²	13.000	11.752	12.994	17.873	20.453	24.312	25.452	25.442	31.735	38.200	46.826	61.500
理论重量/(kg/m)	10.205	9.225	10.200	14.030	16.056	19.085	19.980	19.972	24.912	29.987	36.758	48.278

注：理论重量按密度7.85g/cm³ 计算。

14. 铁路轨距挡板用热轧型钢的规格（表4-130）

表4-130 铁路轨距挡板用热轧型钢的规格（YB/T 2010—2003）

型 号		横截面面积/mm²	理论重量/(kg/m)
60kg/m	中间、接头通用		
	6	814.4	6.393
	10	846.4	6.644
50kg/m	接头		
	14	809.1	6.351
	20	857.1	6.728
	中间		
	14	883.3	6.934
	20	931.3	7.311

15. 履带用热轧型钢的规格（表4-131）

表4-131 履带用热轧型钢的规格（YB/T 5034—2015）

规格	截面面积/cm²	理论重量/(kg/m)	规格	截面面积/cm²	理论重量/(kg/m)
L1T-203×14×60	44.70	35.09	L3W-190×10×26	36.72	28.83
L1T-216×16×70	56.15	44.08	L3K-190×8.5×26	33.00	25.90
L3W-135×6×14	13.89	10.90	L3K-190×10×26	36.28	28.48
L3W-171×8×19	23.76	18.65	L3W-216×11×30	46.18	36.25
L3V-171×8×25	29.03	22.79			

4.2.15 冷弯型钢

1. 冷弯等边角钢的规格（表4-132）

表4-132 冷弯等边角钢的规格

规格 $b \times b \times d$	尺寸/mm b	尺寸/mm d	理论重量 /(kg/m)	截面面积 /cm²	规格 $b \times b \times d$	尺寸/mm b	尺寸/mm d	理论重量 /(kg/m)	截面面积 /cm²
20×20×1.2	20	1.2	0.354	0.451	80×80×4.0	80	4.0	4.778	6.086
20×20×2.0		2.0	0.566	0.721	80×80×5.0		5.0	5.895	7.510
30×30×1.6	30	1.6	0.714	0.909	100×100×4.0	100	4.0	6.034	7.686
30×30×2.0		2.0	0.880	1.121	100×100×5.0		5.0	7.465	9.510
30×30×3.0		3.0	1.274	1.623	150×150×6.0	150	6.0	13.458	17.254
40×40×1.6	40	1.6	0.965	1.229	150×150×8.0		8.0	17.685	22.673
40×40×2.0		2.0	1.194	1.521	150×150×10		10	21.783	27.927
40×40×3.0		3.0	1.745	2.223	200×200×6.0	200	6.0	18.138	23.254
50×50×2.0	50	2.0	1.508	1.921	200×200×8.0		8.0	23.925	30.673
50×50×3.0		3.0	2.216	2.823	200×200×10		10	29.583	37.927
50×50×4.0		4.0	2.894	3.686	250×250×8.0	250	8.0	30.164	38.672
60×60×2.0	60	2.0	1.822	2.321	250×250×10		10	37.383	47.927
60×60×3.0		3.0	2.687	3.423	250×250×12		12	44.472	57.015
60×60×4.0		4.0	3.522	4.486	300×300×10	300	10	45.183	57.927
70×70×3.0	70	3.0	3.158	4.023	300×300×12		12	53.832	69.015
70×70×4.0		4.0	4.150	5.286	300×300×14		14	62.022	79.516
					300×300×16		16	70.312	90.144

注：尺寸 b、d 见图4-29。

2. 冷弯不等边角钢的规格（表4-133）

表4-133 冷弯不等边角钢的规格

规格 $B \times b \times d$	尺寸/mm B	尺寸/mm b	尺寸/mm d	理论重量 /(kg/m)	截面面积 /cm²
30×20×2.0	30	20	2.0	0.723	0.921
30×20×3.0			3.0	1.039	1.323
50×30×2.5	50	30	2.5	1.473	1.877
50×30×4.0			4.0	2.266	2.886
60×40×2.5	60	40	2.5	1.866	2.377
60×40×4.0			4.0	2.894	3.686
70×40×3.0	70	40	3.0	2.452	3.123
70×40×4.0			4.0	3.208	4.086
80×50×3.0	80	50	3.0	2.923	3.723
80×50×4.0			4.0	3.836	4.886
100×60×3.0	100	60	3.0	3.629	4.623
100×60×4.0			4.0	4.778	6.086
100×60×5.0			5.0	5.895	7.510
150×120×6.0	150	120	6.0	12.054	15.454
150×120×8.0			8.0	15.813	20.273
150×120×10			10	19.443	24.927
200×160×8.0	200	160	8.0	21.429	27.473
200×160×10			10	24.463	33.927
200×160×12			12	31.368	40.215
250×220×10	250	220	10	35.043	44.927
250×220×12			12	41.664	53.415
250×220×14			14	47.826	61.316
300×260×12	300	260	12	50.088	64.215
300×260×14			14	57.654	73.916
300×260×16			16	65.320	83.744

注：尺寸 B、b、d 见图4-30。

3. 冷弯等边槽钢的规格（表4-134）

表4-134 冷弯等边槽钢的规格

规格 $h \times b \times d$	尺寸/mm			理论重量 /(kg/m)	截面面积 /cm²
	h	b	d		
20×10×1.5	20	10	1.5	0.401	0.511
20×10×2.0			2.0	0.505	0.643
50×30×2.0	50	30	2.0	1.604	2.043
50×30×3.0			3.0	2.314	2.947
50×50×3.0		50	3.0	3.256	4.147
100×50×3.0	100	50	3.0	4.433	5.647
100×50×4.0			4.0	5.788	7.373
140×60×3.0	140	60	3.0	5.846	7.447
140×60×4.0			4.0	7.672	9.773
140×60×5.0			5.0	9.436	12.021
200×80×4.0	200	80	4.0	10.812	13.773
200×80×5.0			5.0	13.361	17.021
200×80×6.0			6.0	15.849	20.190
250×130×6.0	250	130	6.0	22.703	29.107
250×130×8.0			8.0	29.755	38.147
300×150×6.0	300	150	6.0	26.915	34.507
300×150×8.0			8.0	35.371	45.347
300×150×10			10	43.566	55.854
350×180×8.0	350	180	8.0	42.235	54.147
350×180×10			10	52.146	66.854
350×180×12			12	61.799	79.230
400×200×10	400	200	10	59.166	75.854
400×200×12			12	70.223	90.030
400×200×14			14	80.366	103.033
450×220×10	450	220	10	66.186	84.854
450×220×12			12	78.647	100.830
450×220×14			14	90.194	115.633
500×250×12	500	250	12	88.943	114.030
500×250×14			14	102.206	131.033
550×280×12	550	280	12	99.239	127.230
550×280×14			14	114.218	146.433
600×300×14	600	300	14	124.046	159.033
600×300×16			16	140.624	180.287

注：尺寸 h、b、d 见图4-28。

4. 冷弯不等边槽钢的规格（表4-135）

表4-135 冷弯不等边槽钢的规格

规格 $h \times B \times b \times t$ /mm×mm×mm×mm	尺寸/mm				理论重量 /(kg/m)	截面面积 /cm²
	h	B	b	t		
50×32×20×2.5	50	32	20	2.5	1.840	2.344
50×32×20×3.0				3.0	2.169	2.764
80×40×20×2.5	80	40	20	2.5	2.586	3.294
80×40×20×3.0				3.0	3.064	3.904
100×60×30×3.0	100	60	30	3.0	4.242	5.404
150×60×50×3.0	150		50		5.890	7.504
200×70×60×4.0	200	70	60	4.0	9.832	12.605
200×70×60×5.0				5.0	12.061	15.463
250×80×70×5.0	250	80	70	5.0	14.791	18.963
250×80×70×6.0				6.0	17.555	22.507
300×90×80×6.0	300	90	80	6.0	20.831	26.707
300×90×80×8.0				8.0	27.259	34.947
350×100×90×6.0	350	100	90	6.0	24.107	30.907
350×100×90×8.0				8.0	31.627	40.547
400×150×100×8.0	400	150	100	8.0	38.491	49.347
400×150×100×10				10	47.466	60.854
450×200×150×10	450	200	150	10	59.166	75.854
450×200×150×12				12	70.223	90.030
500×250×200×12	500	250	200	12	84.263	108.030
500×250×200×14				14	96.746	124.033
550×300×250×14	550	300	250	14	113.126	145.033
550×300×250×16				16	128.144	164.287

注：尺寸 h 为槽钢宽度，B 为长腿的长度，b 为短腿的长度，t 为槽钢面部处的厚度。

5. 结构用冷弯空心型钢

（1）圆形结构用冷弯空心型钢的形式及规格

1）圆形结构用冷弯空心型钢的形式如图4-35所示。

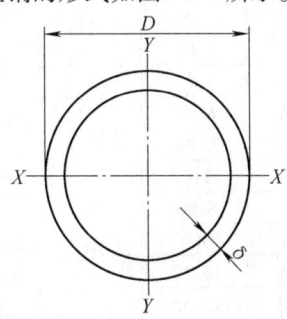

图4-35 圆形结构用冷弯空心型钢

2) 圆形结构用冷弯空心型钢的规格如表 4-136 所示。

表 4-136　圆形结构用冷弯空心型钢的规格（GB/T 6728—2017）

外径 D /mm	允许偏差 /mm	壁厚 δ/mm	理论重量 m/(kg/m)	截面面积 A/cm²	外径 D /mm	允许偏差 /mm	壁厚 δ/mm	理论重量 m/(kg/m)	截面面积 A/cm²
21.3 (21.3)	±0.5	1.2	0.59	0.76	114 (114.3)	±1.15	4.0	10.85	13.82
		1.5	0.73	0.93			5.0	13.44	17.12
		1.75	0.84	1.07			6.0	15.98	20.36
		2.0	0.95	1.21	140 (139.7)	±1.40	4.0	13.42	17.09
		2.5	1.16	1.48			5.0	16.65	21.21
		3.0	1.35	1.72			6.0	19.83	25.26
26.8 (26.9)	±0.5	1.2	0.76	0.97	165 (168.3)	±1.65	4	15.88	20.23
		1.5	0.94	1.19			5	19.73	25.13
		1.75	1.08	1.38			6	23.53	29.97
		2.0	1.22	1.56			8	30.97	39.46
		2.5	1.50	1.91	219.1 (219.1)	±2.20	5	26.4	33.60
		3.0	1.76	2.24			6	31.53	40.17
33.5 (33.7)	±0.5	1.5	1.18	1.51			8	41.6	53.10
		2.0	1.55	1.98			10	51.6	65.70
		2.5	1.91	2.43	273 (273)	±2.75	5	33.0	42.1
		3.0	2.26	2.87			6	39.5	50.3
		3.5	2.59	3.29			8	52.3	66.6
		4.0	2.91	3.71			10	64.9	82.6
42.3 (42.4)	±0.5	1.5	1.51	1.92	325 (323.9)	±3.25	5	39.5	50.3
		2.0	1.99	2.53			6	47.2	60.1
		2.5	2.45	3.13			8	62.5	79.7
		3.0	2.91	3.70			10	77.7	99.0
		4.0	3.78	4.81			12	92.6	118.0
48 (48.3)	±0.5	1.5	1.72	2.19	355.6 (355.6)	±3.55	6	51.7	65.9
		2.0	2.27	2.89			8	68.6	87.4
		2.5	2.81	3.57			10	85.2	109.0
		3.0	3.33	4.24			12	101.7	130.0
		4.0	4.34	5.53	406.4 (406.4)	±4.10	8	78.6	100
		5.0	5.30	6.75			10	97.8	125
60 (60.3)	±0.6	2.0	2.86	3.64			12	116.7	149
		2.5	3.55	4.52	457 (457)	±4.6	8	88.6	113
		3.0	4.22	5.37			10	110.0	140
		4.0	5.52	7.04			12	131.7	168
		5.0	6.78	8.64	508 (508)	±5.10	8	98.6	126
75.5 (76.1)	±0.76	2.5	4.50	5.73			10	123.0	156
		3.0	5.36	6.83			12	146.6	187
		4.0	7.05	8.98	610	±6.10	8	118.0	151
		5.0	8.69	11.07			10	148.0	189
88.5 (88.9)	±0.90	3.0	6.33	8.06			12.5	184.2	235
		4.0	8.34	10.62			16	234.4	299
		5.0	10.30	13.12					
		6.0	12.21	15.55					

注：括号内为 ISO 4019 所列规格。

（2）正方形结构用冷弯空心型钢的形式及规格

1）正方形结构用冷弯空心型钢的形式如图4-36所示。

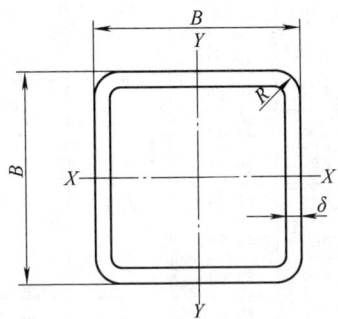

图 4-36 正方形结构用冷弯空心型钢

2）正方形结构用冷弯空心型钢的规格如表4-137所示。

表 4-137 正方形结构用冷弯空心型钢的规格（GB/T 6728—2017）

边长 B /mm	允许偏差 /mm	壁厚 δ /mm	理论重量 m /(kg/m)	截面面积 A /cm²	边长 B /mm	允许偏差 /mm	壁厚 δ /mm	理论重量 m /(kg/m)	截面面积 A /cm²
20	±0.50	1.2	0.679	0.865	60	±0.60	3.0	5.187	6.608
		1.5	0.826	1.052			4.0	6.710	8.547
		1.75	0.941	1.199			5.0	8.129	10.356
		2.0	1.050	1.340	70	±0.65	2.5	5.170	6.590
25	±0.50	1.2	0.867	1.105			3.0	6.129	7.808
		1.5	1.061	1.352			4.0	7.966	10.147
		1.75	1.215	1.548			5.0	9.699	12.356
		2.0	1.363	1.736	80	±0.70	2.5	5.957	7.589
30	±0.50	1.5	1.296	1.652			3.0	7.071	9.008
		1.75	1.490	1.898			4.0	9.222	11.747
		2.0	1.677	2.136			5.0	11.269	14.356
		2.5	2.032	2.589	90	±0.75	3.0	8.013	10.208
		3.0	2.361	3.008			4.0	10.478	13.347
40	±0.50	1.5	1.767	2.525			5.0	12.839	16.356
		1.75	2.039	2.598			6.0	15.097	19.232
		2.0	2.305	2.936	100	±0.80	4.0	11.734	11.947
		2.5	2.817	3.589			5.0	14.409	18.356
		3.0	3.303	4.208			6.0	16.981	21.632
		4.0	4.198	5.347	110	±0.90	4.0	12.99	16.548
50	±0.50	1.5	2.238	2.852			5.0	15.98	20.356
		1.75	2.589	3.298			6.0	18.866	24.033
		2.0	2.933	3.736	120	±0.90	4.0	14.246	18.147
		2.5	3.602	4.589			5.0	17.549	22.356
		3.0	4.245	5.408			6.0	20.749	26.432
		4.0	5.454	6.947			8.0	26.840	34.191
60	±0.60	2.0	3.560	4.540	130	±1.00	4.0	15.502	19.748
		2.5	4.387	5.589			5.0	19.120	24.356

(续)

边长 B /mm	允许偏差 /mm	壁厚 δ /mm	理论重量 m /(kg/m)	截面面积 A /cm²	边长 B /mm	允许偏差 /mm	壁厚 δ /mm	理论重量 m /(kg/m)	截面面积 A /cm²
130	±1.00	6.0	22.634	28.833	220	±1.80	10	63.2	80.6
		8.0	28.921	36.842			12	73.5	93.7
140	±1.10	4.0	16.758	21.347	250	±2.00	5.0	38.0	48.4
		5.0	20.689	26.356			6.0	45.2	57.6
		6.0	24.517	31.232			8.0	59.1	75.2
		8.0	31.864	40.591			10	72.7	92.6
150	±1.20	4.0	18.014	22.948			12	84.8	108
		5.0	22.26	28.356	280	±2.20	5.0	42.7	54.4
		6.0	26.402	33.633			6.0	50.9	64.8
		8.0	33.945	43.242			8.0	66.6	84.8
160	±1.20	4.0	19.270	24.547			10	82.1	104.6
		5.0	23.829	30.356			12	96.1	122.5
		6.0	28.285	36.032	300	±2.40	6.0	54.7	69.6
		8.0	36.888	46.991			8.0	71.6	91.2
170	±1.30	4.0	20.526	26.148			10	88.4	113
		5.0	25.400	32.356			12	104	132
		6.0	30.170	38.433	350	±2.80	6.0	64.1	81.6
		8.0	38.969	49.642			8.0	84.2	107
180	±1.40	4.0	21.800	27.70			10	104	133
		5.0	27.000	34.40			12	123	156
		6.0	32.100	40.80	400	±3.20	8.0	96.7	123
		8.0	41.500	52.80			10	120	153
190	±1.50	4.0	23.00	29.30			12	141	180
		5.0	28.50	36.40			14	163	208
		6.0	33.90	43.20	450	±3.60	8.0	109	139
		8.0	44.00	56.00			10	135	173
200	±1.60	4.0	24.30	30.90			12	160	204
		5.0	30.10	38.40			14	185	236
		6.0	35.80	45.60	500	±4.00	8.0	122	155
		8.0	46.50	59.20			10	151	193
		10	57.00	72.60			12	179	228
220	±1.80	5.0	33.2	42.4			14	207	264
		6.0	39.6	50.4			16	235	299
		8.0	51.5	65.6					

注：表中理论重量按密度 7.85g/cm³ 计算。

(3) 长方形结构用冷弯空心型钢的形式及规格

1) 长方形结构用冷弯空心型钢的形式如图 4-37 所示。

2) 长方形结构用冷弯空心型钢的规格如表 4-138 所示。

第4章 常用金属材料的品种及规格

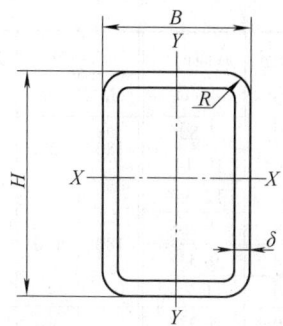

图 4-37 长方形结构用冷弯空心型钢

表 4-138 长方形结构用冷弯空心型钢的规格（GB/T 6728—2017）

边长/mm		允许偏差/mm	壁厚 δ/mm	理论重量 m/(kg/m)	截面面积 A/cm²	边长/mm		允许偏差/mm	壁厚 δ/mm	理论重量 m/(kg/m)	截面面积 A/cm²
H	B					H	B				
30	20	±0.50	1.5	1.06	1.35	50	40	±0.50	1.5	2.003	2.552
			1.75	1.22	1.55				1.75	2.314	2.948
			2.0	1.36	1.74				2.0	2.619	3.336
			2.5	1.64	2.09				2.5	3.210	4.089
40	20	±0.50	1.5	1.30	1.65				3.0	3.775	4.808
			1.75	1.49	1.90				4.0	4.826	6.148
			2.0	1.68	2.14	55	25	±0.50	1.5	1.767	2.252
			2.5	2.03	2.59				1.75	2.039	2.598
			3.0	2.36	3.01				2.0	2.305	2.936
40	25	±0.50	1.5	1.41	1.80	55	40	±0.50	1.5	2.121	2.702
			1.75	1.63	2.07				1.75	2.452	3.123
			2.0	1.83	2.34				2.0	2.776	3.536
			2.5	2.23	2.84	55	50	±0.60	1.75	2.726	3.473
			3.0	2.60	3.31				2.0	3.090	3.936
40	30	±0.50	1.5	1.53	1.95	60	30	±0.60	2.0	2.620	3.337
			1.75	1.77	2.25				2.5	3.209	4.089
			2.0	1.99	2.54				3.0	3.774	4.808
			2.5	2.42	3.09				4.0	4.826	6.147
			3.0	2.83	3.61	60	40	±0.60	2.0	2.934	3.737
50	25	±0.50	1.5	1.65	2.10				2.5	3.602	4.589
			1.75	1.90	2.42				3.0	4.245	5.408
			2.0	2.15	2.74				4.0	5.451	6.947
			2.5	2.62	3.34	70	50	±0.60	2.0	3.562	4.537
			3.0	3.07	3.91				3.0	5.187	6.608
50	30	±0.50	1.5	1.767	2.252				4.0	6.710	8.547
			1.75	2.039	2.598				5.0	8.129	10.356
			2.0	2.305	2.936	80	40	±0.70	2.0	3.561	4.536
			2.5	2.817	3.589				2.5	4.387	5.589
			3.0	3.303	4.206				3.0	5.187	6.608
			4.0	4.198	5.347				4.0	6.710	8.547
									5.0	8.129	10.356

（续）

边长/mm H	边长/mm B	允许偏差/mm	壁厚 δ/mm	理论重量 m/(kg/m)	截面面积 A/cm²	边长/mm H	边长/mm B	允许偏差/mm	壁厚 δ/mm	理论重量 m/(kg/m)	截面面积 A/cm²
80	60	±0.70	3.0	6.129	7.808	180	65	±1.20	3.0	11.075	14.108
			4.0	7.966	10.147				4.5	16.264	20.719
			5.0	9.699	12.356				4.0	16.758	21.317
90	40	±0.75	3.0	5.658	7.208	180	100	±1.30	5.0	20.689	26.356
			4.0	7.338	9.347				6.0	24.517	31.232
			5.0	8.914	11.356				8.0	31.861	40.391
90	50	±0.75	2.0	4.190	5.337	200	100	±1.30	4.0	18.014	22.941
			2.5	5.172	6.589				5.0	22.259	28.356
			3.0	6.129	7.808				6.0	26.101	33.632
			4.0	7.966	10.147				8.0	34.376	43.791
			5.0	9.699	12.356				4.0	19.3	24.5
90	55	±0.75	2.0	4.346	5.536	200	120	±1.40	5.0	23.8	30.4
			2.5	5.368	6.839				6.0	28.3	36.0
90	60	±0.75	3.0	6.600	8.408				8.0	36.5	46.4
			4.0	8.594	10.947	200	150	±1.50	4.0	21.2	26.9
			5.0	10.484	13.356				5.0	26.2	33.4
95	50	±0.75	2.0	4.347	5.537				6.0	31.1	39.6
			2.5	5.369	6.839				8.0	40.2	51.2
100	50	±0.80	3.0	6.690	8.408	220	140	±1.50	4.0	21.8	27.7
			4.0	8.594	10.947				5.0	27.0	34.4
			5.0	10.484	13.356				6.0	32.1	40.8
120	50	±0.90	2.5	6.350	8.089				8.0	41.5	52.8
			3.0	7.543	9.608	250	150	±1.60	4.0	24.3	30.9
120	60	±0.90	3.0	8.013	10.208				5.0	30.1	38.4
			4.0	10.478	13.347				6.0	35.8	45.6
			5.0	12.839	16.356				8.0	46.5	59.2
			6.0	15.097	19.232	260	180	±1.80	5.0	33.2	42.4
120	80	±0.90	3.0	8.955	11.408				6.0	39.6	50.4
			4.0	11.734	11.947				8.0	51.5	65.6
			5.0	14.409	18.356				10	63.2	80.6
			6.0	16.981	21.632	300	200	±2.00	5.0	38.0	48.4
140	80	±1.00	4.0	12.990	16.547				6.0	45.2	57.6
			5.0	15.979	20.356				8.0	59.1	75.2
			6.0	18.865	24.032				10	72.7	92.6
150	100	±1.20	4.0	14.874	18.947	350	250	±2.20	5.0	45.8	58.4
			5.0	18.334	23.356				6.0	54.7	69.6
			6.0	21.691	27.632				8.0	71.6	91.2
			8.0	28.096	35.791				10	88.4	113
160	60	±1.20	3	9.898	12.608	400	200	±2.40	5.0	45.8	58.4
			4.5	14.498	18.469				6.0	54.7	69.6
160	80	±1.20	4.0	14.216	18.117				8.0	71.6	91.2
			5.0	17.519	22.356				10	88.4	113
			6.0	20.749	26.433				12	104	132
			8.0	26.810	33.644						

(续)

边长/mm		允许偏差/mm	壁厚δ/mm	理论重量 m/(kg/m)	截面面积 A/cm²	边长/mm		允许偏差/mm	壁厚δ/mm	理论重量 m/(kg/m)	截面面积 A/cm²
H	B					H	B				
400	250	±2.60	5.0	49.7	63.4	500	300	±3.20	10	120	153
			6.0	59.4	75.6				12	141	180
			8.0	77.9	99.2	550	350	±3.60	8.0	109	139
			10	96.2	122				10	135	173
			12	113	144				12	160	204
450	250	±2.80	6.0	64.1	81.6				14	185	236
			8.0	84.2	107	600	400	±4.00	8.0	122	155
			10	104	133				10	151	193
			12	123	156				12	179	228
500	300	±3.20	6.0	73.5	93.6				14	207	264
			8.0	96.7	123				16	235	299

注：表中理论重量按密度7.85g/cm³计算。

6. 护栏波形梁用冷弯型钢形式及规格

1) 护栏波形梁用冷弯型钢的形式如图4-38所示。

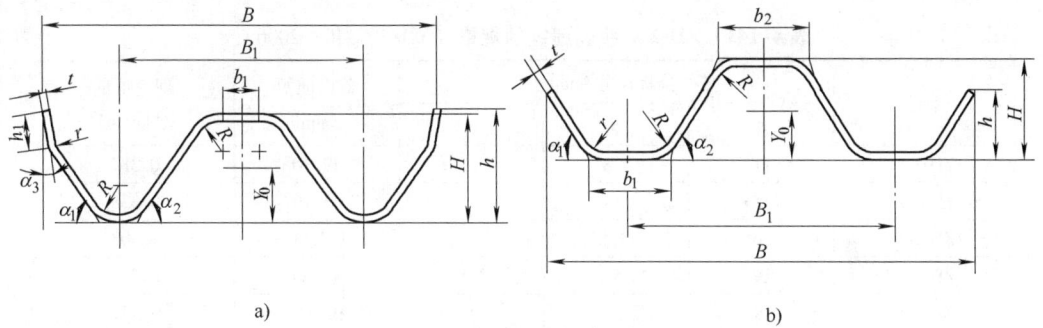

图4-38 护栏波形梁用冷弯型钢
a) A型 b) B型

2) 护栏波形梁用冷弯型钢的规格如表4-139所示。

表4-139 护栏波形梁用冷弯型钢的规格（YB/T 4081—2007）

截面型号	公称尺寸/mm								弯曲角度/(°)			截面面积/cm²	理论重量/(kg/m)
	H	h	h₁	B	B₁	b₁	b₂	R	r	t	α₁	α₂	α₃		
A型	83	85	27	310	192	28	—	24	10	3	55	55	10	14.5	11.4
B型	75	55	—	350	214	63	69	25	25	—	55	60	—	18.6	14.6
	75	53	—	350	218	68	75	25	20	—	57	62	—	18.7	14.7
	79	42	—	350	227	45	60	14	14	—	45	50	—	17.8	14.0
	53	34	—	350	223	63	63	14	14	3.2	45	45	—	13.2	10.4
	52	33	—	350	224	63	63	14	14	2.3	45	45	—	9.4	7.4

7. 冷拉异型钢的形式及规格

1) ZD-1 单头圆扁钢的形式如图4-39所示，其规格如表4-140所示。

7. 冷拉异型钢的形式及规格

1) ZD-1 单头圆扁钢的形式如图4-39所示，其规格如表4-140所示。

表 4-140　ZD-1 单头圆扁钢的规格（YB/T 5346—2006）

型号	公称尺寸/mm			截面面积 /mm²	理论重量 /(kg/m)
	A	B	R		
ZD-1-1	15	22	10	468.10	3.674
ZD-1-2	21	20	10	534.10	4.193
ZD-1-3	48	10	5	508.50	3.992

2）ZD-2 单头圆扁钢的形式如图 4-40 所示，其规格如表 4-141 所示。

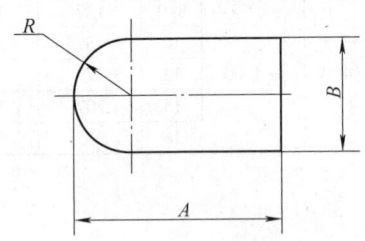

图 4-39　ZD-1 单头圆扁钢

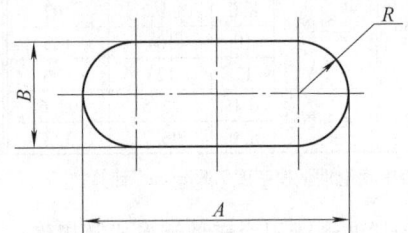

图 4-40　ZD-2 单头圆扁钢

表 4-141　ZD-2 单头圆扁钢的规格（YB/T 5346—2006）

型号	公称尺寸/mm			截面面积 /mm²	理论重量 /(kg/m)
	A	B	R		
ZD-2-1	11	4.8	3	49.30	0.387
ZD-2-2	15	3	1.5	43.10	0.338
ZD-2-3	16	14.2	8	192.20	1.508
ZD-2-4	19	5	2.5	89.60	0.703
ZD-2-5	19	5	10	93.90	0.737
ZD-2-6	19	8	4	138.30	1.086
ZD-2-7	22	16	11	317.90	2.495
ZD-2-8	28	14	7	349.90	2.747

3）ZD-3 不等双头圆扁钢的形式如图 4-41 所示，其规格如表 4-142 所示。

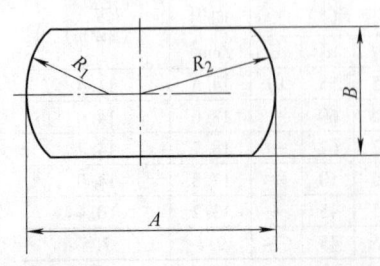

图 4-41　ZD-3 不等双头圆扁钢

表 4-142　ZD-3 不等双头圆扁钢的规格（YB/T 5346—2006）

型号	公称尺寸/mm				截面面积 /mm²	理论重量 /(kg/m)
	A	B	R_1	R_2		
ZD-3	29.7	16.3	9	14.8	447.50	3.513

4) ZD-4 倒角扁钢的形式如图 4-42 所示，其规格如表 4-143 所示。

表 4-143　ZD-4 倒角扁钢的规格（YB/T 5346—2006）

型号	公称尺寸/mm			截面面积 /mm²	理论重量 /(kg/m)
	A	B	C		
ZD-4-1	15	5	1	73.00	0.573
ZD-4-2	19	5	1	93.00	0.730
ZD-4-3	25	6	1	148.00	1.162
ZD-4-4	28	20	1	558.00	4.380
ZD-4-5	30	8	1	238.00	1.868
ZD-4-6	34	9	1.5	301.50	2.367

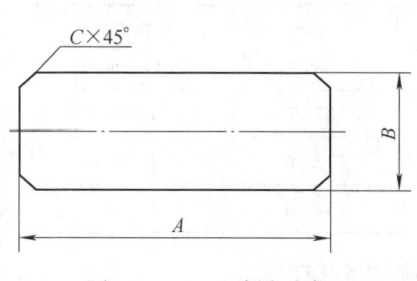

图 4-42　ZD-4 倒角扁钢

5) ZD-5 菱形钢的形式如图 4-43 所示，其规格如表 4-144 所示。

表 4-144　ZD-5 菱形钢的规格（YB/T 5346—2006）

型号	公称尺寸/mm		截面面积 /mm²	理论重量 /(kg/m)	型号	公称尺寸/mm		截面面积 /mm²	理论重量 /(kg/m)
	A	B				A	B		
ZD-5-1	9.2	7	32.40	0.254	ZD-5-3	12.6	9.6	60.90	0.478
ZD-5-2	11	8.4	46.60	0.365	ZD-5-4	14	10.7	74.90	0.587

6) ZD-6 棘轮爪形钢的形式如图 4-44 所示，其规格如表 4-145 所示。

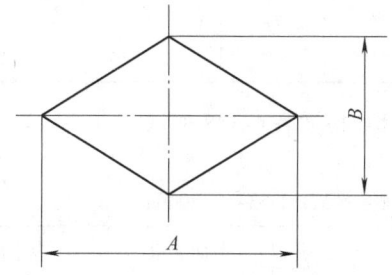

图 4-43　ZD-5 菱形钢

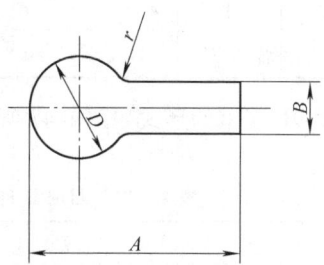

图 4-44　ZD-6 棘轮爪形钢

表 4-145　ZD-6 棘轮爪形钢的规格（YB/T 5346—2006）

型号	公称尺寸/mm				截面面积 /mm²	理论重量 /(kg/m)
	A	B	D	r		
ZD-6-1	20.5	11	15	—	245.30	1.926
ZD-6-2	22	4.8	9.5	1	131.90	1.035
ZD-6-3	22	11.5	16	—	278.80	2.188
ZD-6-4	25.4	4.8	9.5	1	148.20	1.163

7）ZD-7 梯形钢的形式如图 4-45 所示，其规格如表 4-146 所示。

表 4-146　ZD-7 梯形钢的规格（YB/T 5346—2006）

型号	公称尺寸/mm		角度	截面面积	理论重量
	A	B	α	/mm²	/(kg/m)
ZD-7-1	25	9	65°	187.20	1.469
ZD-7-2	25.5	7.5	71°30′	172.50	1.354
ZD-7-3	29	8	73°	244.50	1.920

8）ZD-8 窄条形钢的形式如图 4-46 所示，其规格如表 4-147 所示。

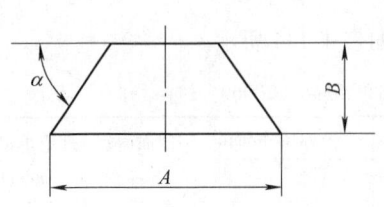

图 4-45　ZD-7 梯形钢

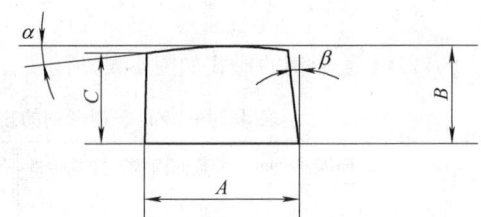

图 4-46　ZD-8 窄条形钢

表 4-147　ZD-8 窄条形钢的规格（YB/T 5346—2006）

型号	公称尺寸/mm			角度		截面面积	理论重量
	A	B	C	α	β	/mm²	/(kg/m)
ZD-8	18.7	11.2	10.8	7°31′	3°	203.10	1.594

9）ZD-9D 形钢的形式如图 4-47 所示，其规格如表 4-148 所示。

表 4-148　ZD-9D 形钢的规格（YB/T 5346—2006）

型号	公称尺寸/mm			截面面积	理论重量
	A	B	R	/mm²	/(kg/m)
ZD-9-1	10	9	5	74.50	0.584
ZD-9-2	14	10.6	7	125.10	0.982
ZD-9-3	19	15.6	9.5	249.10	1.956
ZD-9-4	21.6	9	11	145.40	1.141
ZD-9-5	25	24	12.5	484.30	3.802
ZD-9-6	30	26	15	650.80	5.109

10）XD-1 卡瓦形钢的形式如图 4-48 所示，其规格如表 4-149 所示。

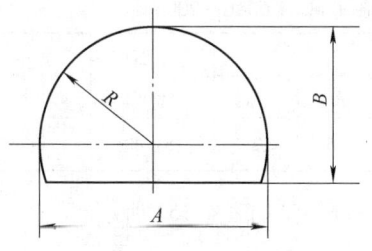

图 4-47　ZD-9D 形钢　　　　图 4-48　XD-1 卡瓦形钢

表 4-149　XD-1 卡瓦形钢的规格（YB/T 5346—2006）

型号	公称尺寸/mm			截面面积 /mm²	理论重量 /(kg/m)
	A	B	R		
XD-1-1	28	12	6	320.50	2.516
XD-1-2	33	12	6	380.50	2.987
XD-1-3	40	12	6	464.50	3.646

11）FD-1 角尺型钢的形式如图 4-49 所示，其规格如表 4-150 所示。

表 4-150　FD-1 角尺型钢的规格（YB/T 5346—2006）

型号	公称尺寸/mm				截面面积 /mm²	理论重量 /(kg/m)
	A	B	C	D		
FD-1	19	13.5	7	12.8	173.30	1.360

12）FD-2 磁座型钢的形式如图 4-50 所示，其规格如表 4-151 所示。

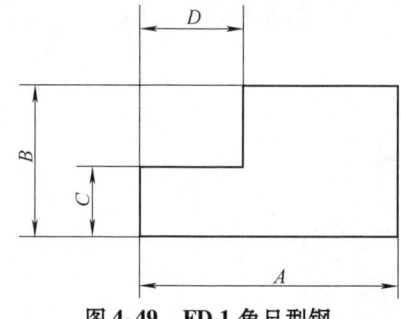

图 4-49　FD-1 角尺型钢

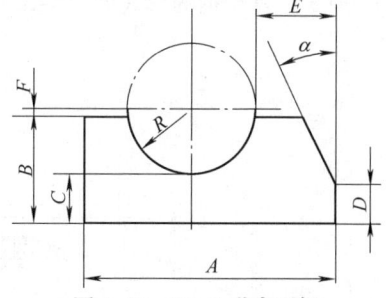

图 4-50　FD-2 磁座型钢

表 4-151　FD-2 磁座型钢的规格（YB/T 5346—2006）

型号	公称尺寸/mm							角度 α	截面面积 /mm²	理论重量 /(kg/m)
	A	B	C	D	E	F	R			
FD-2	56	23.5	10.2	7	17.3	1.5	14.7	22°30′	962.60	7.556

13）FD-3 送布牙型钢的形式如图 4-51 所示，其规格如表 4-152 所示。

表4-152　FD-3送布牙型钢的规格（YB/T 5346—2006）

型号	公称尺寸/mm							截面面积/mm²	理论重量/(kg/m)
	A	B	C	D	E	F	R		
FD-3	21.4	8.5	3.2	8.6	7	5.5	2	181.48	1.425

14）FD-4刮刀型钢的形式如图4-52所示，其规格量如表4-153所示。

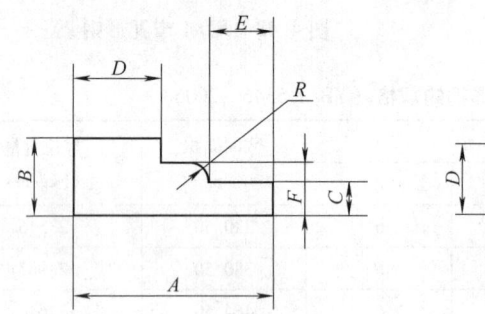

图4-51　FD-3送布牙型钢

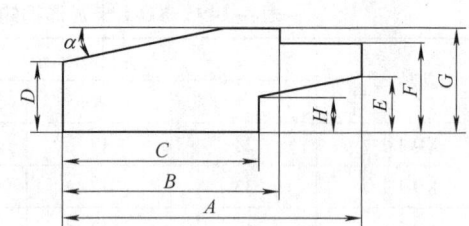

图4-52　FD-4刮刀型钢

表4-153　FD-4刮刀型钢的规格（YB/T 5346—2006）

型号	公称尺寸/mm								角度	截面面积/mm²	理论重量/(kg/m)
	A	B	C	D	E	F	G	H	α		
FD-4	68.2	49.2	44.5	16	12	20	23	8	10°	1136.07	8.918

15）FD-5下肖型钢的形式如图4-53所示，其规格如表4-154所示。

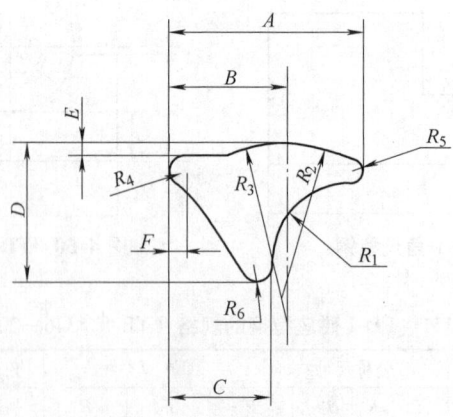

图4-53　FD-5下肖型钢

表 4-154　FD-5 下肖型钢的规格（YB/T 5346—2006）

型号	公称尺寸										截面面积 /mm²	理论重量/ (kg/m)
	A	B	C	D	E	F	R_1	R_2	R_3	R_4	R_5	R_6		
	mm											
FD-5	25	15	13	17.5	1.5	3	10	20	25	1.8	0.8	1.5	185.82	1.458

4.3　铝及铝合金产品

4.3.1　铝及铝合金板与带

1. 一般工业用铝及铝合金板与带

1) 一般工业用铝及铝合金板与带的规格如表 4-155 所示。

表 4-155　一般工业用铝及铝合金板与带的规格（GB/T 3880.1—2012）

扫码查表

2) 一般工业用铝及铝合金板与带的理论重量如表 4-156 所示。

表 4-156　一般工业用铝及铝合金板与带的理论重量

厚度 /mm	理论重量 /(kg/m²)	厚度 /mm	理论重量 /(kg/m²)	厚度 /mm	理论重量 /(kg/m²)
0.2	0.570	3.0	8.550	25	71.25
0.3	0.855	3.5	9.975	35	99.75
0.4	1.140	4.0	11.40	40	114.0
0.5	1.425	5.0	14.25	50	142.5
0.6	1.710	6.0	17.10	60	171.0
0.7	1.995	7.0	19.95	70	199.5
0.8	2.280	8.0	22.80	80	228.0
0.9	2.565	9.0	25.65	90	256.5
1.0	2.850	10	28.50	100	285.0
1.2	3.420	12	34.20	110	313.5
1.5	4.275	14	39.90	120	342.0
1.8	5.130	15	42.75	130	370.5
2.0	5.700	16	45.60	140	399.0
2.3	6.555	18	51.30	150	427.5
2.5	7.125	20	57.00	160	456.0
2.8	7.980	22	62.70		

3) 不同牌号铝及铝合金板与带的密度及理论重量换算系数如表 4-157 所示。

表 4-157　不同牌号铝及铝合金板与带的密度及理论重量换算系数

牌　号	密度/(g/cm³)	换算系数	牌　号	密度/(g/cm³)	换算系数
7A04、7A09、7075	2.85	1.000	6A02	2.70	0.947
2A16	2.84	0.996	5A02	2.68	0.940
2A11	2.80	0.982	5A43	2.68	0.940
2A14	2.80	0.982	5A03	2.67	0.937
2A12	2.78	0.975	5083	2.67	0.937
2A06	2.76	0.969	5A05	2.65	0.930
3A21	2.73	0.958	5A06	2.64	0.926
3003	2.73	0.958	5A41	2.64	0.926
1070A~8A06	2.71	0.951			

2. 铝及铝合金花纹板的花纹代号及规格

铝及铝合金花纹板的花纹代号如图 4-54～图 4-62 所示，其规格如表 4-158 所示。

表 4-158　铝及铝合金花纹板的规格（GB/T 3618—2006）

花纹代号	花纹图案	牌　号	状　态	底板厚度/mm	筋高/mm	宽度/mm	长度/mm
1 号	方格型（图 4-54）	2A12	T4	1.0~3.0	1.0	1000~1600	2000~10000
2 号	扁豆型（图 4-55）	2A11、5A02、5052	H234	2.0~4.0	1.0		
		3105、3003	H194				
3 号	五条型（图 4-56）	1×××、3003	H194	1.5~4.5	1.0		
		5A02、5052、3105、5A43、3003	O、H114				
4 号	正三条型（图 4-57）	1×××、3003	H194	1.5~4.5	1.0		
		2A11、5A02、5052	H234				
5 号	指针型（图 4-58）	1×××	H194	1.5~4.5	1.0		
		5A02、5052、5A43	O、H114				
6 号	菱型（图 4-59）	2A11	H234	3.0~8.0	0.9		

(续)

花纹代号	花纹图案	牌号	状态	底板厚度/mm	筋高/mm	宽度/mm	长度/mm
7号	四条型 (图4-60)	6061	O	2.0~4.0	1.0	1000~1600	2000~10000
		5A02、5052	O、H234				
8号	斜三条型 (图4-61)	1×××	H114、H234、H194	1.0~4.5	0.3		
		3003	H114、H194				
		5A02、5052	O、H114、H194				
9号	星月型 (图4-62)	1×××	H114、H234、H194	1.0~4.0	0.7		
		2A11	H194				
		2A12	T4	1.0~3.0			
		3003	H114、H234、H194	1.0~4.0			
		5A02、5052	H114、H234、H194				

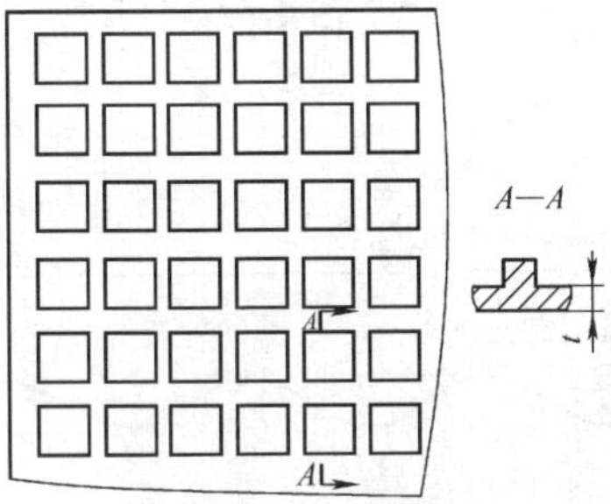

图4-54 方格型

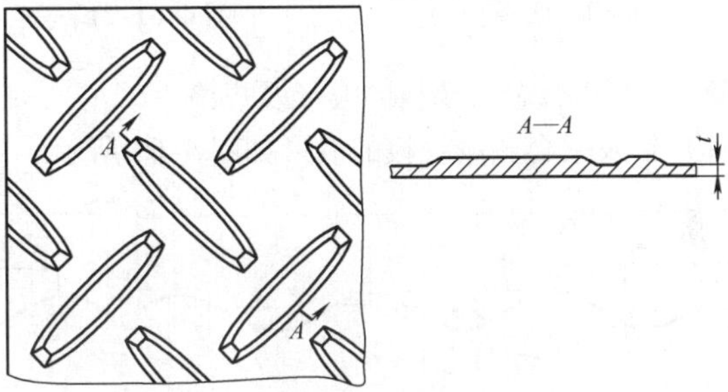

图4-55 扁豆型

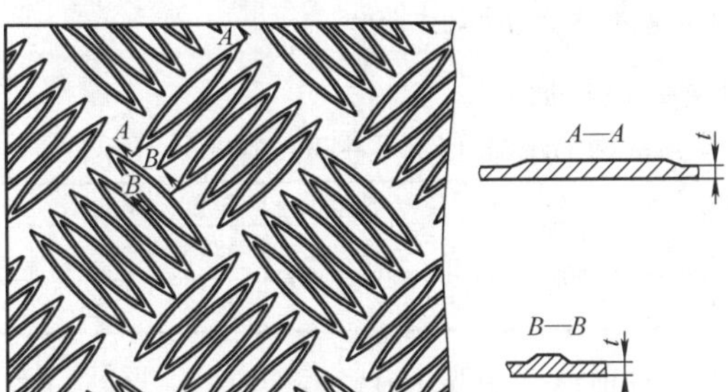

图4-56 五条型

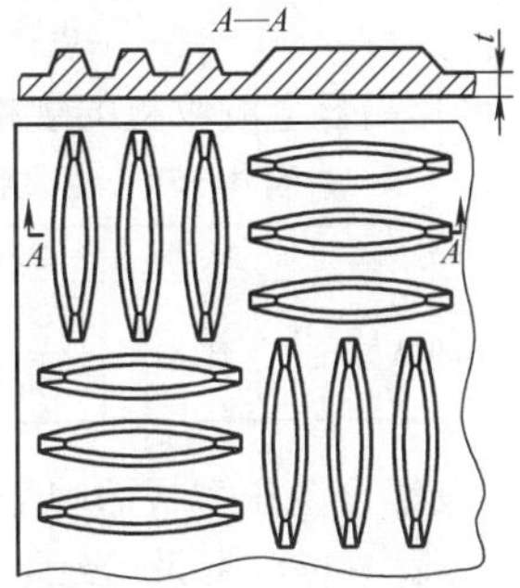

图4-57 正三条型

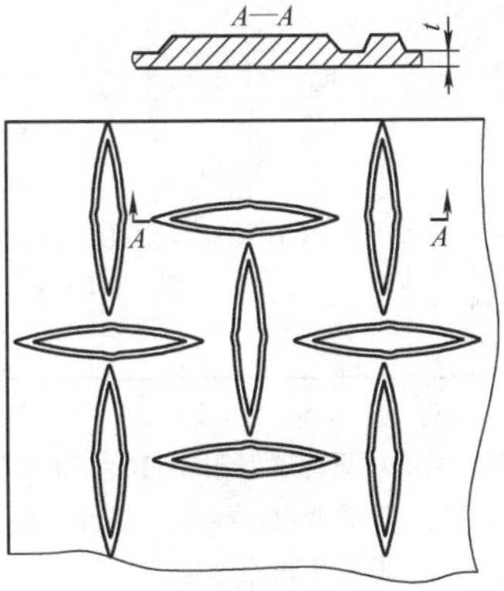

图4-58 指针型

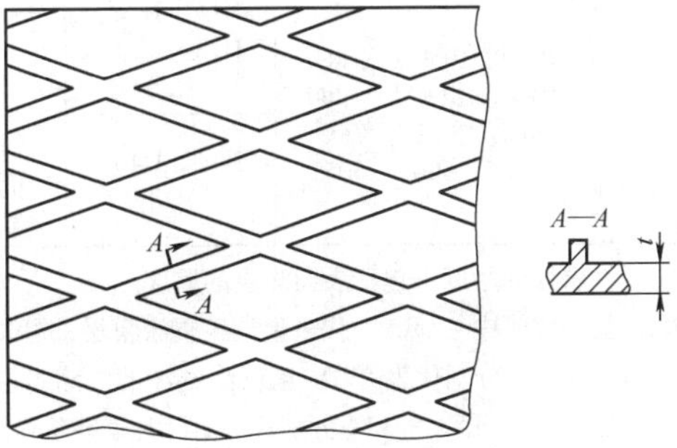

图4-59 菱型

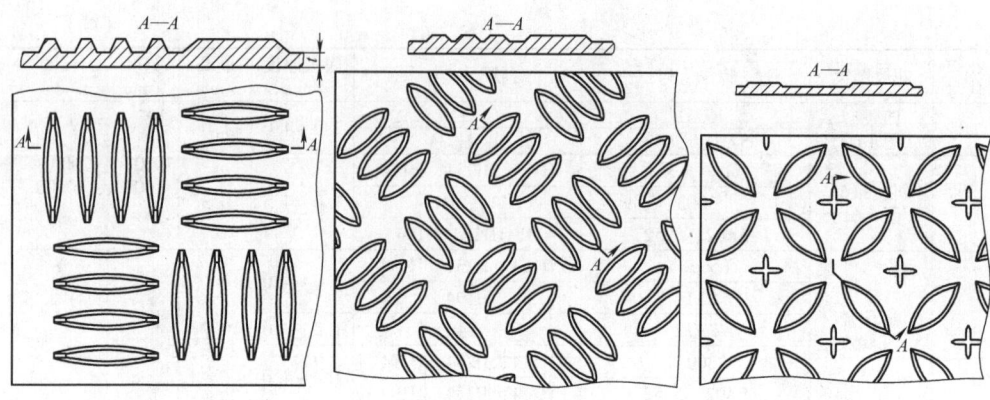

图 4-60　四条型　　图 4-61　斜三条型　　图 4-62　星月型

3. 铝及铝合金波纹板的波形及规格

1) 铝及铝合金波纹板的波形如图 4-63 所示。

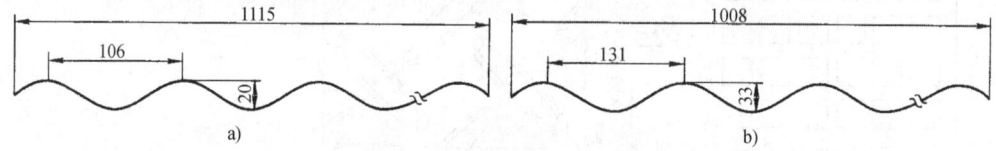

图 4-63　铝及铝合金波纹板

a) 波 20-106 波形　b) 波 33-131 波形

2) 铝及铝合金波纹板的规格如表 4-159 所示。

表 4-159　铝及铝合金波纹板的规格（GB/T 4438—2006）（单位：mm）

牌号	状态	波形代号	坯料厚度	长度	宽度	波高	波距
1050A、1050、1060、1070A、1100、1200、3003	H18	波 20-106	0.60~1.00	2000~10000	1115	20	106
		波 33-131			1008	33	131

4. 铝及铝合金压型板的牌号、状态及规格（表 4-160）

表 4-160　铝及铝合金压型板的牌号、状态及规格（GB/T 6891—2018）

类别	牌号	状态	膜层代号[②]	尺寸规格 /mm		
				厚度[①]	宽度	长度
无涂层产品	1050、1050A、1060、1070A、1100、1200、3003、3004、3005、3105、5005、5052	H14、H16、H18、H24、H26	—	0.5~3.0	250~1300	≥1200
涂层产品		H44、H46、H48	LRA15、LRF2-25、LRF3-34、LF2-25、LF3-34、LF4-55			

① 涂层板的厚度不包括表面涂层的厚度。

② 膜层代号中"LRA"代表聚酯漆辊涂膜层，"LRA"后的数字标示最小局部膜厚限定值；"LRF2"和"LRF3"分别代表 PVDF 氟碳漆辊涂的二涂膜层和三涂膜层，"-"后的数字标示最小局部膜厚限定值；LF2、LF3 和 LF4 分别代表 PVDF 氟碳漆喷涂的二涂膜层、三涂膜层和四涂膜层，"-"后的数字标示最小局部膜厚限定值。

5. 建筑幕墙用铝塑复合板的规格（表4-161）

表4-161　建筑幕墙用铝塑复合板的规格（GB/T 17748—2016）　　（单位：mm）

项目	规格
长度	2000、2440、3000、3200
宽度	1220、1250、1500
最小厚度	4

6. 普通装饰用铝塑复合板

1）普通装饰用铝塑复合板的分类及代号如表4-162所示。

表4-162　普通装饰用铝塑复合板的分类及代号（GB/T 22412—2016）

按燃烧性能分类	代号	按装饰面层材质分类	代号
普通型	G	氟碳树脂涂层型	FC
阻燃型	FR	聚酯树脂涂层型	PE
高阻燃型	HFR	丙烯酸树脂涂层型	AC
		覆膜型	F

2）普通装饰用铝塑复合板的规格（表4-163）

表4-163　普通装饰用铝塑复合板的规格（GB/T 22412—2016）　　（单位：mm）

项目	规格
长度	2000、2440、3200
宽度	1220、1250
厚度	3、4

4.3.2　铝及铝合金箔

1. 铝及铝合金箔材

1）铝及铝合金箔材的规格如表4-164所示。

表4-164　铝及铝合金箔材的规格（GB/T 3198—2020）

牌号	状态	尺寸规格/mm			
		厚度 T	宽度	管芯内径	卷外径
1035、1050、1060、1070、1100、1145、1200、1235	O	0.0040～0.2000	50.0～1890.0	75.0、76.2、150.0、152.4、300.0、305.0、400.0、406.0	150～1200
	H22	>0.0045～0.2000			
	H14、H24	0.0045～0.2000			
	H16、H26	0.0045～0.2000			
	H18	0.0045～0.2000			
	H19	>0.0060～0.2000			
2A11、2024	O、H18	0.0300～0.2000			100～1200
3003	O	0.0090～0.2000			100～1850
	H12、H22	0.0200～0.2000			
	H14、H24	0.0270～0.2000			
	H16、H26	0.1000～0.2000			
	H18	0.0100～0.2000			
	H19	0.0170～0.1500			

（续）

牌号	状态	尺寸规格/mm			
		厚度 T	宽度	管芯内径	卷外径
3004、3005、3104、3105	O、H19	0.0300~0.2000	50.0~1890.0	75.0、76.2、150.0、152.4、300.0、305.0、400.0、406.0	100~1850
3102	H18	0.0800~0.2000			
4A13	O、H18	0.0300~0.2000			
5A02	O	0.0300~0.2000			
	H16、H26	0.1000~0.2000			
	H18	0.0200~0.2000			
5B02	H18	0.0300~0.0400			
5005	O	0.1300~0.1600			
5052	O	0.0300~0.2000			
	H14、H24	0.0500~0.2000			
	H16、H26	0.1000~0.2000			
	H18	0.0500~0.2000			
	H19	>0.1000~0.2000			
5082、5083	O、H18、H38	0.1000~0.2000			
8006	O	0.0060~0.2000			250~1200
	H22	0.0350~0.2000			
	H24	0.0350~0.2000			
	H26	0.0350~0.2000			
	H18	0.0180~0.2000			
8021、8021B	O	0.0050~0.0900			
8011、8011A、8079、8111	O	0.0050~0.2000			
	H22	0.0350~0.2000			
	H14、H24	0.0350~0.2000			
	H26	0.0350~0.2000			
	H18	0.0100~0.2000			
	H19	0.0200~0.2000			

2) 铝及铝合金箔材的针孔个数如表 4-165 所示。

表 4-165 铝及铝合金箔材的针孔个数（GB/T 3198—2020）

厚度/mm	针孔个数 ≤						针孔直径/mm ≤		
	任意 1m² 内			任意 4mm×4mm 或 1mm×16mm 面积上的针孔个数					
	超高精级	高精级	普通级	超高精级	高精级	普通级	超高精级	高精级	普通级
0.0045~<0.0060	供需双方商定			6	7	8	0.1	0.2	0.3
0.0060	500	1000	1500						
>0.0060~0.0065	400	600	1000						
>0.0065~0.0070	150	300	500						
>0.0070~0.0090	100	150	200						
>0.0090~0.0120	20	50	100						
>0.0120~0.0180	10	30	50						
>0.0180~0.0200	3	20	30	3					
>0.0200~0.0400	0	5	10						
>0.0400	0	0	0	0					

3) 工业用纯铝箔的理论重量如表 4-166 所示。

表4-166 工业用纯铝箔的理论重量

厚度/mm	理论重量/(g/m²)	厚度/mm	理论重量/(g/m²)
0.006	16.20	0.030	81.00
0.007	18.90	0.040	108.00
0.0075	20.25	0.050	135.00
0.008	21.60	0.060	162.00
0.009	24.30	0.070	189.00
0.010	27.00	0.080	216.00
0.012	32.40	0.100	270.00
0.014	37.80	0.120	324.00
0.016	43.20	0.150	405.00
0.020	54.00	0.200	540.00
0.025	67.50	—	—

注：表中理论重量按纯铝密度2.70g/cm³计算。

4) 铝合金箔材的理论重量如表4-167所示。

表4-167 铝合金箔材的理论重量

| 厚度/mm | 理论重量/(g/m²) | | | 厚度/mm | 理论重量/(g/m²) | | |
	5A02(LF2) 密度 2.67g/cm³	2A12(LY12) 密度 2.79g/cm³	2A13(LY13) 密度 2.8g/cm³		5A02(LF2) 密度 2.67g/cm³	2A12(LY12) 密度 2.79g/cm³	2A13(LY13) 密度 2.8g/cm³
0.030	80.1	83.7	84.0	0.100	267.0	279.0	280.0
0.040	106.8	111.6	112.0	0.120	320.4	334.8	336.0
0.050	133.5	139.5	140.0	0.150	400.5	418.5	420.0
0.060	160.2	167.4	168.0	0.180	480.6	502.2	504.0
0.070	186.9	195.3	196.0	0.200	534.0	558.0	560.0
0.080	213.6	223.2	224.0				

2. 电解电容器用铝箔的规格（表4-168）

表4-168 电解电容器用铝箔的规格（GB/T 3615—2016）

| 类别 | 牌号 | 状态 | 尺寸规格/mm | | |
			厚度	宽度	管芯内径
中高压阳极箔	1A97、1A99	O[①]、H18	0.050~0.150	200.0~1000.0	75.0
低压阳极箔	1A85、1A90、1A93、1A95、1A97、1A99	O[①]、H18	0.050~0.150		76.2 / 150.0
阴极箔	1A90、1070A、3003	O[①]、H18、H22	0.015~0.080		152.4

① 采用保护性气体或惰性气体气氛退火，需方要求采用真空气氛退火时，应在订货单（或合同）中注明。

3. 电子电力电容器用铝箔

1) 电子电力电容器用铝箔的规格如表4-169所示。

表4-169 电子电力电容器用铝箔的规格（GB/T 22642—2008）

牌号	状态	厚度/mm	宽度/mm	管芯内径/mm	卷外径/mm
1×××系列	O、H18	0.0045~0.0090	≤1050	75、76.2 / 150、152.4	150~450 / 450~700

2) 电子电力电容器用铝箔的针孔个数及针孔直径如表4-170所示。

表4-170 电子电力电容器用铝箔的针孔个数及针孔直径（GB/T 22642—2008）

| 公称厚度/mm | 针孔数/个 | | | 针孔直径/mm | |
| | 任意25mm×25mm内 | 任意1mm×16mm内 | | 高精级 | 普通级 |
		电子箔	其他		
≤0.0050	≤20				
>0.0050~0.0060	≤15	≤8	—	≤0.2	≤0.3
>0.0060~0.0065	≤10				
>0.0065	≤5				

3）电子电力电容器用铝箔每卷允许接头个数及接头间距如表 4-171 所示。

表 4-171　电子电力电容器用铝箔每卷允许接头个数及接头间距（GB/T 22642—2008）

卷径/mm	每卷允许接头数/个		接头间距/mm	
	厚度 0.0045～0.006mm	厚度 >0.006～0.009mm	管芯内径 75～76.2	管芯内径 150～152.4
≤200	≤1	0	>1000	>2000
>200～390	≤2	≤1		
>390～450	≤3	≤2		
>450～600	≤4	≤3		
>600	≤5	≤4		

4. 卡纸用铝及铝合金箔

1）卡纸用铝及铝合金箔的规格如表 4-172 所示。

表 4-172　卡纸用铝及铝合金箔的规格（GB/T 22644—2008）

牌　号	状态	厚度/mm	宽度/mm	管芯内径/mm	卷外径①/mm
1×××、8×××系列	O	0.0060～0.0090	≥200	75.0、76.2 150.0、152.4	250～450 400～800

① 铝箔要求定尺交货时，定尺长度由供需双方协商决定，并在合同（或订货单）中注明。

2）卡纸用铝及铝合金箔的针孔个数及针孔直径如表 4-173 所示。

表 4-173　卡纸用铝及铝合金箔的针孔个数及针孔直径（GB/T 22644—2008）

厚度/mm	针孔数/个		针孔直径/mm
	任意 1m² 内	任意 4mm×4mm 或 1mm×16mm 内	
0.0060	≤1500	≤8	≤0.2
>0.0060～0.0065	≤1000		
>0.0065～0.0070	≤300		
>0.0070～0.0090	≤100		

3）卡纸用铝及铝合金箔每卷允许接头个数及接头间距如表 4-174 所示。

表 4-174　卡纸用铝及铝合金箔每卷允许接头个数及接头间距（GB/T 22644—2008）

卷径/mm	每卷允许接头数/个 厚度 0.0060～0.0090mm	接头间距/m
≤450	≤2	>1000
>450～650	≤3	>2000
>650～800	≤5	

5. 泡罩包装用铝及铝合金箔

1）泡罩包装用铝及铝合金箔的规格如表 4-175 所示。

表 4-175　泡罩包装用铝及铝合金箔的规格（GB/T 22645—2008）

牌　号	状态	厚度/mm	宽度/mm	管芯内径/mm	铝箔卷外径/mm
1100、1200、1235、1145、3003、8006、8011、8011A、8079	O、H18	0.018～0.100	200～1500	75.0、76.2 150.0、152.4	300～600 450～1200

2）泡罩包装用铝及铝合金箔的针孔个数及针孔直径如表 4-176 所示。

表 4-176　泡罩包装用铝及铝合金箔的针孔个数及针孔直径（GB/T 22645—2008）

厚度/mm	任意 1m² 内的针孔数/个	针孔直径/mm
0.018～<0.020	≤3	≤0.3
0.020～0.100	0	—

3）泡罩包装用铝及铝合金箔每卷的接头个数及接头间距如表 4-177 所示。

第4章 常用金属材料的品种及规格

表4-177 泡罩包装用铝及铝合金箔每卷的接头个数及接头间距（GB/T 22645—2008）

卷外径/mm	每卷允许接头数/个		接头间距/m
	厚度≤0.050mm	厚度>0.050mm	
≤500	≤1	0	≥2000
>500	≤2		

6. 啤酒标用铝合金箔

1）啤酒标用铝合金箔的规格如表4-178所示。

表4-178 啤酒标用铝合金箔的规格（GB/T 22646—2008）

牌号	状态	厚度/mm	宽度/mm	管芯内径/mm	卷外径/mm
8006、8011、8011A、8079	O	0.0090~0.0120	200~1500	75.0、76.2	300~600
				150.0、152.4	450~1000

2）啤酒标用铝合金箔的针孔个数及针孔直径（表4-179）

表4-179 啤酒标用铝合金箔的针孔个数及针孔直径（GB/T 22646—2008）

任意1m²内的针孔数/个	针孔直径/mm
≤50	≤0.3

3）啤酒标用铝合金箔每卷允许接头个数及接头间距（表4-180）

表4-180 啤酒标用铝合金箔每卷允许接头个数及接头间距（GB/T 22646—2008）

卷径/mm	每卷允许接头数/个	接头间距/m
≤500	≤1	>1000
>500		

7. 铝及铝合金容器箔

1）铝及铝合金容器箔基材的规格如表4-181所示。

表4-181 铝及铝合金容器箔基材的规格（GB/T 22649—2019）

牌号	状态	尺寸规格/mm		
		厚度	宽度	卷外径
1100、1200、3003、3004、8011、8011A、8006、8050、8150、8079	O	0.010~0.200	100.0~1500.0	300~2000
	H22			
	H24			
	H26			
1100、1200	H18			
3003	H19			

2）铝及铝合金容器箔涂层箔的规格如表4-182所示。

表4-182 铝及铝合金容器箔涂层箔的规格（GB/T 22649—2019）

牌号	状态	尺寸规格/mm			涂层表面密度/（g/m³）	
		厚度	宽度	卷外径	内涂层	外涂层
1100、1200、3003、3004、8011、8011A、8006、8050、8150、8079	O	0.010~0.200	100.0~1500.0	300~800	6.0~12.0	1.5~6.0
	H42					
	H44					
	H46					
1100、1200	H48					
3003	H49					

4.3.3 铝及铝合金管

1. 铝及铝合金挤压圆管的规格（表4-183）

表4-183 铝及铝合金挤压圆管的规格（GB/T 4436—2012）

扫码查表

2. 铝及铝合金冷拉正方形管的规格（表4-184）

表4-184 铝及铝合金冷拉正方形管的规格（GB/T 4436—2012）

（单位：mm）

边长	壁厚						
	1.00	1.50	2.00	2.50	3.00	4.50	5.00
10.00		—	—	—	—	—	—
12.00			—	—	—	—	—
14.00				—	—	—	—
16.00				—	—	—	—
18.00					—	—	—
20.00					—	—	—
22.00	—					—	—
25.00	—					—	—
28.00	—						—
32.00	—						—
36.00	—						
40.00	—						
42.00	—						
45.00	—						
50.00	—						
55.00	—	—					
60.00	—	—					
65.00	—	—					
70.00	—	—					

注：空白处表示可供规格。

3. 铝及铝合金冷拉长方形管的规格（表4-185）

表4-185 铝及铝合金冷拉长方形管的规格（GB/T 4436—2012）

（单位：mm）

边长×边长 （宽×高）	壁厚						
	1.00	1.50	2.00	2.50	3.00	4.00	5.00
14.00×10.00				—	—	—	—
16.00×12.00				—	—	—	—
18.00×10.00				—	—	—	—
18.00×14.00					—	—	—
20.00×12.00					—	—	—
22.00×14.00					—	—	—
25.00×15.00						—	—
28.00×16.00						—	—
28.00×22.00							—
32.00×18.00							—
32.00×25.00							
36.00×20.00							
36.00×28.00							
40.00×25.00	—						
40.00×30.00	—						
45.00×30.00	—						
50.00×30.00	—						
55.00×40.00	—						
60.00×40.00	—	—					
70.00×50.00	—	—					

注：空白处表示可供规格。

4. 铝及铝合金冷拉椭圆形管的规格（表4-186）

表4-186 铝及铝合金冷拉椭圆形管的规格（GB/T 4436—2012）

（单位：mm）

长轴	短轴	壁厚	长轴	短轴	壁厚
27.00	11.50	1.00	67.50	28.50	2.00
33.50	14.50	1.00	74.00	31.50	1.50
40.50	17.00	1.00	74.00	31.50	2.00
40.50	17.00	1.50	81.00	34.00	2.00
47.00	20.00	1.00	81.00	34.00	2.50
47.00	20.00	1.50	87.00	37.00	2.00
54.00	23.00	1.50	87.50	40.00	2.50
54.00	23.00	2.00	94.00	40.00	2.50
60.50	25.50	1.50	101.00	43.00	2.50
60.50	25.50	2.00	108.00	45.50	2.50
67.50	28.50	1.50	114.50	48.50	2.50

5. 铝管搭接焊式铝塑管

1) 铝管搭接焊式铝塑管的分类如表4-187所示。

表4-187 铝管搭接焊式铝塑管的分类（GB/T 18997.1—2003）

液体类别		用途代号	铝塑管代号	长期工作温度/℃	允许工作压力/MPa
水	冷水	L	PAP	40	1.25
	冷热水	R	PAP	60	1.00
				75[①]	0.82
				82[①]	0.69
			XPAP	75	1.00
				82	0.86
燃气[②]	天然气	Q	PAP	35	0.40
	液化石油气				0.40
	人工煤气[③]				0.20
特种流体[④]		T		40	0.50

注：在输送易在管内产生相变的流体时，在管道系统中因相变产生的膨胀力不应超过最大允许工作压力，或者在管道系统中采取防止相变的措施。

① 系指采用中密度聚乙烯（乙烯与辛烯共聚物）材料生产的复合管。
② 输送燃气时应符合燃气安装的安全规定。
③ 在输送人工煤气时应注意到冷凝剂中芳香烃对管材的不利影响，工程中应考虑这一因素。
④ 系指和HDPE的抗化学药品性能相一致的特种流体。

2) 铝管搭接焊式铝塑管的结构如图 4-64 所示。

图 4-64 铝管搭接焊式铝塑管

3) 铝管搭接焊式铝塑管的外层颜色如表 4-188 所示。

表 4-188 铝管搭接焊式铝塑管的外层颜色（GB/T 18997.1—2003）

用途	冷水	冷热水	燃气
颜色	黑色、蓝色或白色	橙红色	黄色

4) 铝管搭接焊式铝塑管的规格如表 4-189 所示。

表 4-189 铝管搭接焊式铝塑管的规格（GB/T 18997.1—2003）

（单位：mm）

公称外径	公称外径公差	参考内径	圆度误差≤		管壁厚		内层塑料最小壁厚	外层塑料最小壁厚	铝管层最小壁厚
			盘管	直管	最小值	公差			
12	+0.3 / 0	8.3	0.8	0.4	1.6	+0.5 / 0	0.7	0.4	0.18
16		12.1	1.0	0.5	1.7		0.9		
20		15.7	1.2	0.6	1.9		1.0		0.23
25		19.9	1.5	0.8	2.3		1.1		
32		25.7	2.0	1.0	2.9		1.2		0.28
40		31.6	2.4	1.2	3.9	+0.6 / 0	1.7		0.33
50		40.5	3.0	1.5	4.4	+0.7 / 0	1.7		0.47
63	+0.4 / 0	50.5	3.8	1.9	5.8	+0.9 / 0	2.1		0.57
75	+0.6 / 0	59.3	4.5	2.3	7.3	+1.1 / 0	2.8		0.67

6. 铝管对接焊式铝塑管

1) 铝管对接焊式铝塑管的分类如表 4-190 所示。

表 4-190 铝管对接焊式铝塑管的分类（GB/T 18997.2—2003）

流体类别		用途代号	铝塑管代号	长期工作温度 /℃	允许工作压力 /MPa
水	冷水	L	PAP3、PAP4	40	1.40
			XPAP1、XPAP2		2.00
	冷热水	R	PAP3、PAP4	60	1.00
			XPAP1、XPAP2	75	1.50
				95	1.25

(续)

流体类别		用途代号	铝塑管代号	长期工作温度/°C	允许工作压力/MPa
燃气①	天然气	Q	PAP4	35	0.40
	液化石油气				0.40
	人工煤气②				0.20
特种流体③		T	PAP3	40	1.00

注：在输送易在管内产生相变的流体时，在管道系统中因相变产生的膨胀力不应超过最大允许工作压力，或者在管道系统中采取防止相变的措施。
① 输送燃气时应符合燃气安装的安全规定。
② 在输送人工煤气时应注意到冷凝剂中芳香烃对管材的不利影响，工程中应考虑这一因素。
③ 系指和 HDPE 的抗化学药品性能相一致的特种流体。

2）铝管对接焊式铝塑管的结构如图 4-65 所示。

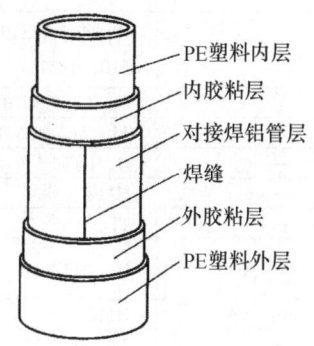

图 4-65 铝管对接焊式铝塑管

3）铝管对接焊式铝塑管的规格如表 4-191 所示。

表 4-191 铝管对接焊式铝塑管的规格（GB/T 18997.2—2003）

(单位：mm)

公称外径	公称外径公差	参考内径	圆度误差≤		管壁厚		内层塑料壁厚		外层塑料最小壁厚	铝管层壁厚	
			盘管	直管	公称值	公差	公称值	公差		公称值	公差
16	+0.3 0	10.9	1.0	0.5	2.3	+0.5 0	1.4	±0.1	0.3	0.28	±0.04
20		14.5	1.2	0.6	2.5		1.5			0.36	
25 (26)		18.5 (19.5)	1.5	0.8	3.0		1.7			0.44	
32		25.5	2.0	1.0			1.6			0.60	
40	+0.4 0	32.4	2.4	1.2	3.5	+0.6 0	1.9		0.4	0.75	
50	+0.5 0	41.4	3.0	1.5	4.0		2.0			1.00	

4.3.4 铝及铝合金棒

1. 铝及铝合金挤压棒的规格（表 4-192）

表 4-192　铝及铝合金挤压棒的规格（GB/T 3191—2019）

牌号		供应状态③	尺寸规格/mm		
Ⅰ类①	Ⅱ类②		圆棒的直径	方棒或六角棒的厚度	长度
1035、1060、1050A	—	O、H112	5~350	5~200	1000~6000
1070A、1200、1350	—	H112			
—	2A02、2A06、2A50、2A70、2A80、2A90	T1、T6			
—	2A11、2A12、2A13	T1、T4			
—	2A14、2A16	T1、T6、T6511			
—	2017A	T4、T4510、T4511			
—	2017	T4			
—	2014、2014A	O、T4、T4510、T4511、T6、T6510、T6511			
—	2024	O、T3、T3510、T3511、T8、T8510、T8511			
—	2219	O、T3、T3510、T1、T6			
—	2618	T1、T6、T6511、T8、T8511			
3A21、3003、3103	—	O、H112			
3102	—	H112			
4A11、4032	—	T1			
5A02、5052、5005、5005A、5251、5154A、5454、5754	5019、5083、5086	O、H112			
5A03、5049	5A05、5A06、5A12	H112			
6A02	—	T1、T6			
6101A、6101B、6082	—	T6			
6005、6005A、6110A	—	T5、T6			
6351	—	T4、T6			
6060、6463、6063A	—	T4、T5、T6			
6061	—	T4、T4510、T4511、T6、T6510、T6511			
6063	—	O、T4、T5、T6			
—	7A04、7A09、7A15	T1、T6			
—	7003	T5、T6			
—	7005、7020、7021、7022	T6			
—	7049A	T6、T6510、T6511			
—	7075	O、T1、T6、T6510、T6511、T73、T73510、T73511			
8A06	—	O、H12			

①　Ⅰ类为1×××系、3×××系、4×××系、6×××、8×××系合金及镁含量平均值小于4%的5×××系合金棒。

②　Ⅱ类为2×××系、7×××系合金及镁含量平均值大于或等于4%的5×××系合金棒材。

③　可热处理强化合金的挤压状态，按GB/T 16475的规定由原H112状态修改为T1状态。

2. 铝及铝合金棒材的截面尺寸偏差（表4-193）

表 4-193 铝及铝合金棒材的截面尺寸偏差（GB/T 3191—2019）

(单位：mm)

圆棒的直径、方棒或六角棒的厚度	A 级	B 级	C 级	D 级	E 级	
					Ⅰ类	Ⅱ类
5.00~6.00	-0.30	-0.48	—	—	—	—
>6.00~10.00	-0.36	-0.58	—	—	±0.20	±0.25
>10.00~18.00	-0.43	-0.70	-1.10	-1.30	±0.22	±0.30
>18.00~25.00	-0.50	-0.80	-1.20	-1.45	±0.25	±0.35
>25.00~28.00	-0.52	-0.84	-1.30	-1.50	±0.28	±0.38
>28.00~40.00	-0.60	-0.95	-1.50	-1.80	±0.30	±0.40
>40.00~50.00	-0.62	-1.00	-1.60	-2.00	±0.35	±0.45
>50.00~65.00	-0.70	-1.15	-1.80	-2.40	±0.40	±0.50
>65.00~80.00	-0.74	-1.20	-1.90	-2.50	±0.45	±0.70
>80.00~100.00	-0.95	-1.35	-2.10	-3.10	±0.55	±0.90
>100.00~120.00	-1.00	-1.40	-2.20	-3.20	±0.65	±1.00
>120.00~150.00	-1.25	-1.55	-2.40	-3.70	±0.80	±1.20
>150.00~180.00	-1.30	-1.60	-2.50	-3.80	±1.00	±1.40
>180.00~220.00	—	-1.85	-2.80	-4.40	±1.15	±1.70
>220.00~250.00	—	-1.90	-2.90	-4.50	±1.25	±1.95
>250.00~270.00	—	-2.15	-3.20	-5.40	±1.3	±2.0
>270.00~300.00	—	-2.20	-3.30	-5.50	±1.5	±2.4
>300.00~320.00	—	—	-4.00	-7.00	±1.6	±2.5
>320.00~350.00	—	—	-4.20	-7.20	—	—

3. 铝及铝合金拉制棒的规格（表 4-194）

表 4-194 铝及铝合金拉制棒的规格（YS/T 624—2019）

牌号	状态	尺寸规格/mm		扁棒	
		圆棒直径	方棒边长	厚度	宽度
1060、1100	F、O、H18	5.00~100.00	5.00~50.00	5.00~40.00	5.00~60.00
2A12	T4				
2A40	T6				
2014	F、O、T4、T6、T351、T651				
2024	F、O、T351、T4、T6				
3003、5052	F、O、H14、H18				
5083	O				
6060、6082	T6				
6061	F、T4、T6				
6063	T4、T6				
7A09	T6				
7075	F、O、T6、T651				

4.3.5 铝及铝合金线

1. 铝及铝合金拉制圆线的规格

1) 导体用线材的牌号、状态及直径如表 4-195 所示。

表 4-195 导体用线材的牌号、状态及直径（GB/T 3195—2016）

牌 号	供应状态	直径/mm
1350	O	9.50~25.00
	H12、H22	
	H14、H24	
	H16、H26	
	H19	1.20~6.50
1A50	O、H19	0.80~20.00
8017、8030、8076、8130、8176、8177	O、H19	0.20~17.00
8C05、8C12	O	0.30~2.50
	H14、H18	0.30~2.50

2）焊接用线材的牌号、状态及直径如表4-196所示。

表4-196 焊接用线材的牌号、状态及直径（GB/T 3195—2016）

牌　　号	供应状态	直径/mm
1035	O、H18	0.80~20.00
	H14	3.00~20.00
1050A、1060、1070A、1100、1200	O、H18	0.80~20.00
	H14	3.00~20.00
2A14、2A16、2A20	O、H14、H18	0.80~20.00
	H12	7.00~20.00
3A21	O、H14、H18	0.80~20.00
	H12	7.00~20.00
4A01、4043、4043A、4047	O、H14、H18	0.80~20.00
	H12	7.00~20.00
5A02、5A03、5A05、5A06	O、H14、H18	0.80~20.00
	H12	7.00~20.00
5B05、5A06、5B06、5087、5A33、5183、5183A、5356、5356A、5554、5A56	O	0.80~20.00
	H18、H14	0.80~7.00
	H12	7.00~20.00
4A47、4A54	H14	0.50~8.00

3）铆钉用线材的牌号、状态及直径如表4-197所示。

表4-197 铆钉用线材的牌号、状态及直径（GB/T 3195—2016）

牌　　号	供应状态	直径/mm
1035	H18	1.60~3.00
	H14	3.00~20.00
1100	O	1.60~25.00
2A01、2A04、2B11、2B12、2A10	H14、T4	1.60~20.00
2B16	T6	1.60~10.00
2017、2024、2117、2219	O、H13	1.60~25.00
3003	O、H14	
3A21	H14	1.60~20.00
5A02		
5A05	H18	0.80~7.00
—	O、H14	1.60~20.00
5B05、5A06	H12	
5005、5052、5056	O	1.60~25.00
6061	H18、T6	1.60~20.00
7A03	H14、T6	
7050	O、H13、T7	1.60~25.00

4) 线缆编织用线材的牌号、状态及直径如表4-198所示。

表4-198　线缆编织用线材的牌号、状态及直径（GB/T 3195—2016）

牌　号	供应状态	直径/mm
5154、5154A、5154C	O	0.10~0.50
	H38	0.10~0.50

5) 蒸发料用线材的牌号、状态及直径如表4-199所示。

表4-199　蒸发料用线材的牌号、状态及直径（GB/T 3195—2016）

牌　号	供应状态	直径/mm
Al-Sil	H14	2.00~8.00

2. 电工圆铝线

1) 电工圆铝线的型号如表4-200所示。

表4-200　电工圆铝线的型号（GB/T 3955—2009）

型号	状态代号	名　称	型号	状态代号	名　称
LR	O	软圆铝线	LY8	H8	H8状态硬圆铝线
LY4	H4	H4状态硬圆铝线	LY9	H9	H9状态硬圆铝线
LY6	H6	H6状态硬圆铝线			

2) 电工圆铝线的规格如表4-201所示。

表4-201　电工圆铝线的规格（GB/T 3955—2009）

型　号	直径范围/mm	型　号	直径范围/mm
LR	0.30~10.00	LY8	0.30~5.00
LY4	0.30~6.00	LY9	1.25~5.00
LY6	0.30~10.00		

3) 电工圆铝线的交货重量如表4-202所示。

表4-202　电工圆铝线的交货重量（GB/T 3955—2009）

公称直径/mm	每根圆铝线重量/kg ≥	短　段	
		重量	交货数量
0.30~0.50	1	不小于每根圆铝线重量最小值的50%	不大于交货总重量的15%
0.51~1.00	3		
1.01~2.00	8		
2.01~4.00	15		
4.01~6.00	20		
6.01~10.00	25		

3. 电工用铝及铝合金扁线

1) 电工用铝及铝合金扁线的型号如表4-203所示。

表4-203　电工用铝及铝合金扁线的型号（GB/T 5584.3—2009）

型号	状态	名　称	型号	状态	名　称
LBR	O	软铝扁线	LBY4	H4	H4状态硬铝扁线
LBY2	H2	H2状态硬铝扁线	LBY8	H8	H8状态硬铝扁线

2）电工用铝及铝合金扁线的交货重量如表4-204所示。

表4-204 电工用铝及铝合金扁线的交货重量（GB/T 5584.3—2009）

公称截面面积 /mm²	交货重量/kg		
	公称重量	最小重量	
		重量	数量
≤5.0	20~50	3	应不超过交货总重量的10%
>5~10		5	
>10~20		7	
>20		10	

4. 电缆屏蔽用铝镁合金线

1）电缆屏蔽用铝镁合金线的型号、状态及用途如表4-205所示。

表4-205 电缆屏蔽用铝镁合金线的型号、状态及用途（GB/T 23309—2009）

型号	状态	用途
LHP	Y（硬态）	高速编织机用
	R（软态）	普通编织机用

2）电缆屏蔽用铝镁合金线的规格如表4-206所示。

表4-206 电缆屏蔽用铝镁合金线的规格（GB/T 23309—2009）

型号状态	公称直径/mm
LHP-Y	0.10、0.11、0.12、0.13、0.14、0.15、0.16、0.18、0.20、0.22、0.24、0.26
LHP-R	

4.3.6 铝及铝合金型材

1. 一般工业用铝及铝合金型材的类别及可供合金（表4-207）

表4-207 一般工业用铝及铝合金型材的类别及可供合金（GB/T 6892—2015）

按成分分类	定义	典型牌号
Ⅰ类	1×××系、3×××系、5×××系、6×××系及镁限量平均值小于4%的5×××系合金型材	1060、1350、1050A、、1100、1200、3A21、3003、3103、5A02、5A03、5005、5005A、5051A、5251、5052、5154A、5454、5754、6A02、6101A、6101B、6005、6005A、6106、6008、6351、6060、6360、6061、6261、6063、6063A、6463、6463A、6081、6082
Ⅱ类	2×××系、7×××系及镁限量平均值不小于4%的5×××系合金型材	2A11、2A12、2014、2014A、2024、2017、2017A、5A05、5A06、5019、5083、5086、7A04、7003、7005、7020、7021、7022、7049A、7075、7178

2. 铝及铝合金直角型材的形式及规格

1）铝及铝合金直角型材的形式如图4-66所示。

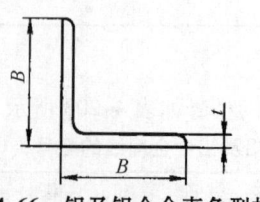

图4-66 铝及铝合金直角型材

2）铝及铝合金直角型材的规格如表4-208所示。

表 4-208 铝及铝合金直角型材的规格

基本尺寸/mm		截面面积 /cm²	理论重量 /(kg/m)	基本尺寸/mm		截面面积 /cm²	理论重量 /(kg/m)
B	t			B	t		
12	1.0	0.234	0.065	30	2.0	1.164	0.324
12	2.0	0.440	0.122	30	2.5	1.438	0.400
12.5	1.6	0.377	0.105	30	3.0	1.720	0.478
15	1.0	0.294	0.082	30	4.0	2.240	0.623
15	1.2	0.353	0.098	32	2.4	1.494	0.415
15	1.5	0.434	0.121	32	3.2	1.957	0.544
15	2.0	0.564	0.157	32	3.5	2.131	0.592
15	3.0	0.820	0.228	32	6.5	3.728	1.036
16	1.6	0.429	0.119	35	3.0	2.005	0.557
16	2.4	0.726	0.202	35	4.0	2.657	0.739
18	1.5	0.524	0.146	38	2.4	1.773	0.493
18	2.0	0.684	0.190	38.3	3.5	2.562	0.712
19	1.6	0.585	0.163	38.3	5.0	3.590	0.998
19	2.4	0.861	0.239	38.3	6.3	4.444	1.235
19	3.2	1.125	0.313	40	2.0	1.564	0.435
20	1.0	0.397	0.110	40	2.5	1.944	0.540
20	1.2	0.473	0.131	40	3.0	2.320	0.645
20	1.5	0.584	0.162	40	3.5	2.671	0.743
20	2.0	0.764	0.212	40	3.5	2.694	0.749
20	3.0	1.140	0.317	40	4.0	3.057	0.850
20	4.0	1.475	0.410	40	5.0	3.750	1.043
20.5	1.6	0.633	0.176	45	4.0	3.457	0.961
23	2.0	0.880	0.245	45	5.0	4.277	1.189
25	1.2	0.597	0.166	50	3.0	2.920	0.812
25	1.3	0.734	0.204	50	4.0	3.857	1.072
25	1.6	0.777	0.216	50	5.0	4.777	1.328
25	2.0	0.964	0.268	50	6.0	5.655	1.572
25	2.5	1.189	0.331	50	6.5	6.110	1.699
25	3.0	1.410	0.392	50	12.0	10.600	2.947
25	3.2	1.509	0.420	60	5.0	5.777	1.606
25	3.5	1.641	0.456	60	6.0	6.855	1.906
25	4.0	1.857	0.516	75	7.0	10.010	2.783
25	5.0	2.242	0.623	75	8.0	11.360	3.158
27	2.0	1.041	0.289	75	10.0	14.000	3.892
27	2.0	1.090	0.303	90	5.0	8.750	2.433
30	1.5	0.884	0.246	90	8.0	13.760	3.825

3. 铝及铝合金丁字型材的形式及规格

1) 铝及铝合金丁字型材的形式如图 4-67 所示。

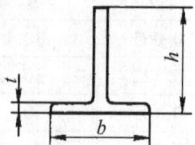

图 4-67 铝及铝合金丁字型材

2) 铝及铝合金丁字型材的规格如表 4-209 所示。

表 4-209 铝及铝合金丁字型材的规格

基本尺寸/mm			截面面积 /cm²	理论重量 /(kg/m)	基本尺寸/mm			截面面积 /cm²	理论重量 /(kg/m)
h	b	t			h	b	t		
15	25	1	0.405	0.113	30	68	6.5	6.100	1.696
19	50	2	1.378	0.383	32	45	3	2.259	0.628
20	20	2	0.760	0.211	32	48	2.4	1.874	0.521
20	30	1.5	0.740	0.206	32	50	3	2.423	0.674
20	35	2	1.060	0.295	35	32	1.5	1.000	0.278
20	37	2	1.117	0.311	35	35	4	2.713	0.754
20	42	2	1.200	0.334	35	40	2	1.468	0.408
20	42	2	1.240	0.345	37	42	2	1.500	0.417
20	45	3	1.860	0.517	38	44	5	3.910	1.087
20	90	2	2.160	0.600	38	50	3.5	3.026	0.841
21	53	1.8	1.300	0.361	38	50	4.8	3.990	1.109
22	48	1.4	0.960	0.267	39	75	5	5.510	1.532
25	29	1.6	0.847	0.235	40	36	5	3.350	0.933
25	35	1.5	0.890	0.247	40	45	3	2.479	0.689
25	38	2.5	1.510	0.420	40	45	4	3.274	0.910
25	40	2	1.280	0.356	40	68	3	3.300	0.917
25	45	2.5	1.720	0.480	40	130	6	9.840	2.736
25	45	3	2.019	0.561	42	64	4	4.100	1.140
25	45	4	2.708	0.753	45	40	2.2	1.860	0.517
25	48	1.4	1.012	0.288	50	70	4	4.640	1.300
25	48	1.5	1.082	0.301	51	51	2.4	2.443	0.679
25	50	2	1.499	0.417	54	50	3	3.040	0.845
25	50	2.5	1.851	0.515	54	68	3	3.608	1.003
26	38	2.5	1.554	0.432	64	50	5	5.781	1.607
27	70	2	1.920	0.534	68	50	2	2.320	0.645
29	38	1.6	1.055	0.293	70	37	2	2.100	0.584
29	58	2.5	2.180	0.606	70	55	2	2.460	0.684
29	58	3.5	2.991	0.831	74	66	6	8.080	2.246
30	40	1.5	1.040	0.289	75	40	3	3.400	0.945
30	40	2	1.370	0.381	80	50	2	2.560	0.712
30	45	3	2.150	0.597	80	60	3	4.110	1.143
30	56	4	3.280	0.912	83	50	3	3.953	1.099
					90	77	10	15.700	4.365

4. 铝及铝合金槽形型材的形式及规格

1) 铝及铝合金槽形型材的形式如图 4-68 所示。

2) 铝及铝合金槽形型材的规格如表 4-210 所示。

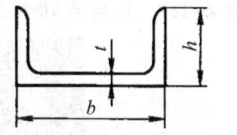

图 4-68 铝及铝合金槽形型材

表 4-210 铝及铝合金槽形型材的规格

序号	基本尺寸/mm			截面面积 /cm²	理论重量 /(kg/m)	序号	基本尺寸/mm			截面面积 /cm²	理论重量 /(kg/m)
	b	h	t				b	h	t		
1	13	13	1.6	0.561	0.156	31	45	40	3	3.638	1.011
2	13	34	3.5	2.579	0.717	32	46	25	5	4.300	1.195
3	20	15	1.3	0.620	0.172	33	50	20	4	5.331	1.482
4	21	28	4	2.868	0.797	34	50	30	2	2.120	0.589
5	25	13	2.4	1.134	0.315	35	50	30	4	4.131	1.148
6	25	15	1.5	0.795	0.221	36	55	25	5	4.819	1.340
7	25	18	1.5	0.870	0.242	37	55	30	3	3.299	0.917
8	25	18	2	1.140	0.317	38	60	25	4	4.131	1.148
9	25	20	2.5	1.520	0.423	39	60	35	5	6.000	1.668
10	25	20	4	2.280	0.634	40	60	40	4	4.480	1.245
11	25	25	5	3.250	0.904	41	63	38.3	4.8	6.275	1.744
12	30	15	1.5	0.870	0.242	42	64	38	4	5.300	1.473
13	30	18	1.5	0.960	0.267	43	70	25	3	3.449	0.959
14	30	20	2	1.335	0.371	44	70	25	5	5.500	1.529
15	30	22	6	3.870	1.076	45	70	26	3.2	3.700	1.028
16	32	25	1.8	1.437	0.399	46	70	30	4	4.931	1.371
17	32	25	2.5	1.925	0.535	47	70	40	5	7.080	1.968
18	35	20	2.5	1.770	0.492	48	75	45	5	7.831	2.177
19	35	30	2	1.833	0.510	49	80	30	4.5	6.010	1.671
20	38	50	5	6.560	1.824	50	80	35	4.5	6.414	1.783
21	40	18	2	1.453	0.404	51	80	35	6	8.280	2.302
22	40	18	2.5	1.795	0.499	52	80	40	4	6.131	1.704
23	40	18	3	2.129	0.592	53	80	40	6	8.900	2.474
24	40	21	4	2.960	0.823	54	80	60	4	7.480	2.079
25	40	25	2	1.730	0.481	55	90	50	6	10.680	2.969
26	40	25	3	2.549	0.709	56	100	40	6	10.080	2.802
27	40	30	3.5	3.250	0.904	57	100	48	6.3	11.550	3.211
28	40	32	3	2.978	0.828	58	100	50	5	9.580	2.663
29	40	50	4	5.280	1.468	59	128	40	9	17.100	4.754
30	45	20	3	2.370	0.659						

5. 铝合金门料

1) 铝合金 70 系列推拉门料的规格如表 4-211 所示。

2) 铝合金 50 系列平开门料的规格如表 4-212 所示。

表 4-211　铝合金 70 系列推拉门料的规格　　表 4-212　铝合金 50 系列平开门料的规格

扫码查表　　　　　　　　　　　　　　扫码查表

3）铝合金 55 系列平开门料的规格如表 4-213 所示。

4）铝合金 70 系列平开门料的规格如表 4-214 所示。

表 4-213　铝合金 55 系列平开门料的规格　　表 4-214　铝合金 70 系列平开门料的规格

扫码查表　　　　　　　　　　　　　　扫码查表

6. 铝合金窗料

1）铝合金 55 系列推拉窗料的规格如表 4-215 所示。

2）铝合金 60 系列推拉窗料的规格如表 4-216 所示。

表 4-215　铝合金 55 系列推拉窗料的规格　　表 4-216　铝合金 60 系列推拉窗料的规格

扫码查表　　　　　　　　　　　　　　扫码查表

3）铝合金 70 系列推拉窗料的规格如表 4-217 所示。

4）铝合金 90 系列推拉窗料的规格如表 4-218 所示。

表 4-217　铝合金 70 系列推拉窗料的规格　　表 4-218　铝合金 90 系列推拉窗料的规格

扫码查表　　　　　　　　　　　　　　扫码查表

5）铝合金 50 系列平开窗料的规格如表 4-219 所示。

6）铝合金 70 系列平开窗料的规格如表 4-220 所示。

表 4-219　铝合金 50 系列平开窗料的规格　　表 4-220　铝合金 70 系列平开窗料的规格

扫码查表　　　　　　　　　　　　　　扫码查表

4.4 铜及铜合金产品

4.4.1 铜及铜合金板与带

1. 铜及铜合金板的规格（表4-221）

表4-221 铜及铜合金板的规格（GB/T 2040—2017）

分类	牌号	代号	状态	规格/mm 厚度	宽度	长度
无氧铜、纯铜、磷脱氧铜	TU1、TU2、T2、T3、TP1、TP2	T10150、T10180、T11050、T11090、C12000、C12200	热轧（M20）	4~80	≤3000	≤6000
			软化退火（O60）、1/4硬（H01）、1/2硬（H02）、硬（H04）、特硬（H06）	0.2~12	≤3000	≤6000
铁铜	TFe0.1	C19210	软化退火（O60）、1/4硬（H01）、1/2硬（H02）、硬（H04）	0.2~5	≤610	≤2000
	TFe2.5	C19400	软化退火（O60）、1/2硬（H02）、硬（H04）、特硬（H06）	0.2~5	≤610	≤2000
镉铜	TCd1	C16200	硬（H04）	0.5~10	200~300	800~1500
铬铜	TCr0.5	T18140	硬（H04）	0.5~15	≤1000	≤2000
	TCr0.5-0.2-0.1	T18142	硬（H04）	0.5~15	100~600	≥300
普通黄铜	H95	C21000	软化退火（O60）、硬（H04）	0.2~10	≤3000	≤6000
	H80	C24000	软化退火（O60）、硬（H04）			
	H90、H85	C22000、C23000	软化退火（O60）、1/2硬（H02）、硬（H04）			
	H70、H68	T26100、T26300	热轧（M20）	4~60	≤3000	≤6000
			软化退火（O60）、1/4硬（H01）、1/2硬（H02）、硬（H04）、特硬（H06）、弹性（H08）	0.2~10	≤3000	≤6000
	H66、H65	C26800、C27000	软化退火（O60）、1/4硬（H01）、1/2硬（H02）、硬（H04）、特硬（H06）、弹性（H08）	0.2~10	≤3000	≤6000
	H63、H62	T27300、T27600	热轧（M20）	4~60	≤3000	≤6000
			软化退火（O60）、1/2硬（H02）、硬（H04）、特硬（H06）	0.2~10		
	H59	T28200	热轧（M20）	4~60		
			软化退火（O60）、硬（H04）	0.2~10		
铅黄铜	HPb59-1	T38100	热轧（M20）	4~60	≤3000	≤6000
			软化退火（O60）、1/2硬（H02）、硬（H04）	0.2~10		
	HPb60-2	C37700	硬（H04）、特硬（H06）	0.5~10		
锰黄铜	HMn58-2	T67400	软化退火（O60）、1/2硬（H02）、硬（H04）	0.2~10		
锡黄铜	HSn62-1	T46300	热轧（M20）	4~60		

(续)

分类	牌号	代号	状态	规格/mm		
				厚度	宽度	长度
锡黄铜	HSn62-1	T46300	软化退火（O60）、1/2 硬（H02）、硬（H04）	0.2~10	≤3000	≤6000
	HSn88-1	C42200	1/2 硬（H02）	0.4~2	≤610	≤2000
锰黄铜	HMn55-3-1、HMn57-3-1	T67320、T67410	热轧（M20)	4~40	≤1000	≤2000
铝黄铜	HAl60-1-1、HAl67-2.5、HAl66-6-3-2	T69240、T68900、T69200				
镍黄铜	HNi65-5	T69900				
锡青铜	QSn6.5-0.1	T51510	热轧（M20)	9~50	≤610	≤2000
			软化退火（O60）、1/4 硬（H01）、1/2 硬（H02）、硬（H04）、特硬（H06）、弹性（H08）	0.2~12		
	QSn6.5-0.4、Sn4-3、Sn4-0.3、QSn7-0.2	T51520、T50800、C51100、T51530	软化退火（O60）、硬（H04）、特硬（H06）	0.2~12	≤600	≤2000
	QSn8-0.3	C52100	软化退火（O60）、1/4 硬（H01）、1/2 硬（H02）、硬（H04）、特硬（H06）	0.2~5	≤600	≤2000
	QSn4-4-2.5、QSn4-4-4	T53300、T53500	软化退火（O60）、1/2 硬（H02）、1/4 硬（H01）、硬（H04）	0.8~5	200~600	800~2000
锰青铜	QMn1.5	T56100	软化退火（O60）	0.5~5	100~600	≤1500
	QMn5	T56300	软化退火（O60）、硬（H04）			
铝青铜	QAl5	T60700	软化退火（O60）、硬（H04）	0.4~12	≤1000	≤2000
	QAl7	C61000	1/2 硬（H02）、硬（H04）			
	QAl9-2	T61700	软化退火（O60）、硬（H04）			
	QAl9-4	T61720	硬（H04）			
硅青铜	QSi3-1	T64730	软化退火（O60）、硬（H04）、特硬（H06）	0.5~10	100~1000	≥500
普通白铜、铁白铜	B5、B19、BFe10-1-1、BFe30-1-1	T70380、T71050、T70590、T71510	热轧（M20)	7~60	≤2000	≤4000
			软化退火（O60）、硬（H04）	0.5~10	≤600	≤1500
锰白铜	BMn3-12	T71620	软化退火（O60）	0.5~10	100~600	800~1500
	BMn40-1.5	T71660	软化退火（O60）、硬（H04）			
铝白铜	BAl6-1.5	T72400	硬（H04）	0.5~12	≤600	≤1500
	BAl13-3	T72600	固溶热处理+冷加工（硬）+沉淀热处理（TH04）			
锌白铜	BZn15-20	T74600	软化退火（O60）、1/2 硬（H02）、硬（H04）、特硬（H06）	0.5~10	≤600	≤1500
	BZn18-17	T75210	软化退火（O60）、1/2 硬（H02）、硬（H04）	0.5~5	≤600	≤1500
	BZn18-26	C77000	1/2 硬（H02）、硬（H04）	0.25~2.5	≤610	≤1500

2. 导电用铜板的规格（表4-222）

表4-222 导电用铜板的规格（GB/T 2529—2012）

牌号	状态	规格/mm		
		厚度	宽度	长度
T2、TU2、TU3	热轧（M20）、热轧+再轧（M25）	4~100	50~650	≤12000
	软（O60）			
	1/2硬（H02）	4~20		
	硬（H04）			

3. 导电用铜条的规格（表4-223）

表4-223 导电用铜条的规格（GB/T 2529—2012）

牌号	状态	规格/mm		
		厚度	宽度	长度
T2、TU2、TU3	热轧（M20）、热轧+再轧（M25）	10~60	10~400	≤12000
	软（O60）			
	1/2硬（H02）	3~30		
	硬（H04）			

4. 纯铜板的规格

1）热轧纯铜板的规格如表4-224所示。

表4-224 热轧纯铜板的规格

厚度/mm	理论重量/(kg/m^2)	厚度/mm	理论重量/(kg/m^2)	厚度/mm	理论重量/(kg/m^2)
4.0	35.60	16.0	142.4	36.0	320.4
4.5	40.05	17.0	151.3	38.0	338.2
5.0	44.60	18.0	160.2	40.0	356.0
5.5	48.95	19.0	169.1	42.0	373.8
6.0	53.40	20.0	178.0	44.0	391.6
6.5	57.85	21.0	186.9	45.0	400.5
7.0	62.30	22.0	195.8	46.0	409.3
7.5	66.71	23.0	204.7	48.0	427.2
8.0	71.20	24.0	213.6	50.0	445.0
9.0	80.10	25.0	222.5	52.0	462.8
10.0	89.0	26.0	231.4	54.0	480.6
11.0	97.9	28.0	249.2	55.0	489.5
12.0	106.8	30.0	267.0	56.0	498.4
13.0	115.7	32.0	284.8	58.0	516.2
14.0	124.6	34.0	302.6	60.0	534.0
15.0	133.5	35.0	311.5		

注：理论重量按密度8.9g/cm^{3}计算。

2) 冷轧纯铜板的规格如表 4-225 所示。

表 4-225　冷轧纯铜板的规格

厚度/mm	理论重量/(kg/m²)	厚度/mm	理论重量/(kg/m²)	厚度/mm	理论重量/(kg/m²)
0.2	1.78	1.3	11.57	4.5	40.05
0.3	2.67	1.5	13.35	5.0	44.50
0.4	3.56	1.6	14.69	5.5	48.95
0.5	4.45	1.8	16.02	6.0	53.40
0.6	5.34	2.0	17.80	6.5	57.85
0.7	6.23	2.2	19.58	7.0	62.30
0.8	7.12	2.5	22.25	7.5	66.75
0.9	8.01	2.8	24.92	8.0	71.20
1.0	8.90	3.0	26.70	9.0	80.10
1.1	9.79	3.5	31.15	10.0	89.0
1.2	10.68	4.0	35.60		

注：理论重量按密度 8.9g/cm³ 计算。

5. 黄铜板的规格

1) 热轧黄铜板的规格如表 4-226 所示。

表 4-226　热轧黄铜板的规格

厚度/mm	理论重量/(kg/m²)		厚度/mm	理论重量/(kg/m²)	
	密度 8.8g/cm³	密度 8.5g/cm³		密度 8.8g/cm³	密度 8.5g/cm³
4.0	35.20	34.00	25.0	220.00	212.50
4.5	39.60	38.25	26.0	228.80	221.00
5.0	44.00	42.50	27.0	237.60	229.80
5.5	48.40	46.75	28.0	246.40	238.00
6.0	52.80	51.00	29.0	255.20	246.50
6.5	57.20	55.25	30.0	264.00	255.00
7.0	61.60	59.50	32.0	281.60	272.00
7.5	66.00	63.75	34.0	299.20	289.00
8.0	70.40	68.00	35.0	308.00	297.50
9.0	79.20	76.50	36.0	316.80	306.00
10.0	88.00	85.00	38.0	334.40	323.00
11.0	96.80	93.50	40.0	352.00	340.00
12.0	105.60	102.00	42.0	369.00	357.00
13.0	114.40	110.50	44.0	387.20	374.00
14.0	123.20	119.00	45.0	390.00	382.50
15.0	132.00	127.50	46.0	404.80	391.00
16.0	140.80	136.00	48.0	422.40	408.00
17.0	149.60	144.50	50.0	440.00	425.00
18.0	158.40	153.00	52.0	457.60	442.00
19.0	167.20	161.50	54.0	475.20	459.00
20.0	176.00	170.00	55.0	484.00	467.50
21.0	184.80	178.50	56.0	492.80	476.00
22.0	198.60	187.00	58.0	510.40	493.00
23.0	202.40	195.50	60.0	528.00	510.00
24.0	211.20	204.00			

注：表中密度为参考值，H96、H90 的密度取 8.8g/cm³，H80、H68、H65、H62、H59、HPb59-1、HSn62-1、HMn58-2 的密度取 8.5g/cm³。

2) 冷轧黄铜板的规格如表4-227所示。

表4-227 冷轧黄铜板的规格

厚度/mm	理论重量/(kg/m²) 密度 8.8g/cm³	理论重量/(kg/m²) 密度 8.5g/cm³	厚度/mm	理论重量/(kg/m²) 密度 8.8g/cm³	理论重量/(kg/m²) 密度 8.5g/cm³
0.20	1.76	1.70	1.80	15.84	15.30
0.25	2.20	2.12	2.00	17.60	17.00
0.30	2.64	2.55	2.25	19.80	19.12
0.35	3.08	2.98	2.50	22.00	21.25
0.40	3.52	3.40	2.75	24.20	23.38
0.45	3.96	3.82	3.00	26.40	25.50
0.50	4.40	4.25	3.50	30.80	29.75
0.55	4.84	4.68	4.00	35.20	34.00
0.60	5.28	5.10	4.50	39.60	38.25
0.70	6.16	5.95	5.00	44.00	42.50
0.80	7.04	6.80	5.50	48.40	46.75
0.90	7.92	7.65	6.00	52.80	51.00
1.00	8.80	8.50	6.50	57.20	55.25
1.10	9.68	9.35	7.00	61.60	59.50
1.20	10.56	10.20	7.50	66.00	63.75
1.35	11.88	11.48	8.00	70.40	68.00
1.50	13.20	12.75	9.00	79.20	76.50
1.65	14.52	14.02	10.00	88.00	85.00

注：表中密度为参考值，H96、H90 的密度取 8.8g/cm³，H80、H68、H65、H62、H59、HPb59-1、HSn62-1、HMn58-2 的密度取 8.5g/cm³。

6. 锡青铜板的规格

1) 热轧锡青铜板的规格如表4-228所示。

表4-228 热轧锡青铜板的规格

厚度/mm	理论重量/(kg/m²)	厚度/mm	理论重量/(kg/m²)	厚度/mm	理论重量/(kg/m²)
9	79.2	20	176.0	35	308.0
10	88.0	21	184.8	36	316.8
11	96.8	22	193.6	38	334.4
12	105.6	23	202.4	40	352.0
13	114.4	24	211.2	42	369.6
14	123.2	25	220.0	44	387.2
15	132.0	26	228.2	45	396.0
16	140.8	28	246.4	46	404.8
17	149.6	30	264.0	48	422.4
18	158.4	32	218.6	50	440.0
19	167.2	34	299.2		

注：理论重量按密度 8.8g/cm³ 计算。

2) 冷轧锡青铜板的规格如表 4-229 所示。

表 4-229 冷轧锡青铜板的规格

厚度/mm	理论重量/(kg/m²)	厚度/mm	理论重量/(kg/m²)	厚度/mm	理论重量/(kg/m²)
0.2	1.76	1.5	13.20	6.0	52.80
0.3	2.64	1.8	15.84	6.5	57.20
0.4	3.52	2.0	17.60	7.0	61.60
0.5	4.40	2.5	22.60	7.5	66.00
0.6	5.28	3.0	26.40	8.0	70.40
0.7	6.16	3.5	30.80	8.5	74.80
0.8	7.04	4.0	35.20	9.0	79.20
0.9	7.92	4.5	39.50	10.0	88.20
1.0	8.80	5.0	44.00	11.0	98.80
1.2	10.56	5.5	48.40	12.0	105.60

注：理论重量按密度 $8.8g/cm^3$ 计算。

7. 锌白铜板的规格（表 4-230）

表 4-230 锌白铜板的规格

厚度/mm	理论重量/(kg/m²) BZn15-20 (密度 $8.6g/cm^3$)	厚度/mm	理论重量/(kg/m²) BZn15-20 (密度 $8.6g/cm^3$)	厚度/mm	理论重量/(kg/m²) BZn15-20 (密度 $8.6g/cm^3$)
0.5	4.30	2.0	17.20	6.0	51.60
0.6	4.73	2.5	21.50	6.5	55.90
0.7	6.02	3.0	25.80	7.0	60.20
0.8	6.80	3.5	30.10	7.5	64.50
0.9	7.74	4.0	34.40	8.0	68.80
1.0	8.60	4.5	38.70	8.5	73.10
1.2	10.32	5.0	43.00	9.0	77.40
1.5	12.90	5.5	47.30	10.0	86.00
1.8	15.48				

8. 铜及铜合金带的规格（表 4-231）

表 4-231 铜及铜合金带的规格（GB/T 2059—2017）

分类	牌号	代号	状态	厚度/mm	宽度/mm
无氧铜、纯铜、磷脱氧铜	TU1、TU2、T2、T3、TP1、TP2	T10150、T10180、T11050、T11090、C12000、C12200	软化退火态（O60）、1/4 硬（H01）、1/2 硬（H02）、硬（H04）、特硬（H06）	>0.15~<0.50	≤610
				0.50~5.0	≤1200
镉铜	TCd1	C16200	硬（H04）	>0.15~1.2	≤300
普通黄铜	H95、H80、H59	C21000、C24000、T28200	软化退火态（O60）、硬（H04）	>0.15~<0.50	≤610
				0.5~3.0	≤1200
	H85、H90	C23000、C22000	软化退火态（O60）、1/2 硬（H02）、硬（H04）	>0.15~<0.50	≤610
				0.5~3.0	≤1200
	H70、H68、H66、H65	T26100、T26300、C26800、C27000	软化退火态（O60）、1/4 硬（H01）、1/2 硬（H02）、硬（H04）、特硬（H06）、弹硬（H08）	>0.15~<0.50	≤610
				0.50~3.5	≤1200
	H63、H62	T27300、T27600	软化退火态（O60）、1/2 硬（H02）、硬（H04）、特硬（H06）	>0.15~<0.50	≤610
				0.50~3.0	≤1200

(续)

分类	牌号	代号	状态	厚度/mm	宽度/mm
锰黄铜	HMn58-2	T67400	软化退火态（O60）、1/2 硬（H02）、硬（H04）	>0.15~0.20	≤300
铅黄铜	HPb59-1	T38100		>0.20~2.0	≤550
	HPb59-1	T38100	特硬（H06）	0.32~1.5	≤200
锡黄铜	HSn62-1	T46300	硬（H04）	>0.15~0.20	≤300
				>0.20~2.0	≤550
铝青铜	QAl5	T60700	软化退火态（O60）、硬（H04）	>0.15~1.2	≤300
	QAl7	C61000	1/2 硬（H02）、硬（H04）		
	QAl9-2	T61700	软化退火态（O60）、硬（H04）、特硬（H06）		
	QAl9-4	T61720	硬（H04）		
锡青铜	QSn6.5-0.1	T51510	软化退火态（O60）、1/4 硬（H01）、1/2 硬（H02）、硬（H04）、特硬（H06）、弹硬（H08）	>0.15~2.0	≤610
	QSn7-0.2、Sn6.5-0.4、QSn4-3、QSn4-0.3	T51530、T51520、T50800、C51100	软化退火态（O60）、硬（H04）、特硬（H06）	>0.15~2.0	≤610
	QSn8-0.3	C52100	软化退火态（O60）、1/4 硬（H01）、1/2 硬（H02）、硬（H04）、特硬（H06）、弹硬（H08）	>0.15~2.5	≤610
	QSn4-4-2.5、QSn4-4-4	T53300、T53500	软化退火（O60）、1/4 硬（H01）、1/2 硬（H02）、硬（H04）	0.80~1.2	≤200
锰青铜	QMn1.5	T56100	软化退火（O60）	>0.15~1.2	≤300
	QMn5	T56300	软化退火（O60）、硬（H04）		
硅青铜	QSi3-1	T64730	软化退火态（O60）、硬（H04）、特硬（H06）	>0.15~1.2	≤300
普通白铜、铁白铜、锰白铜	B5、B19、BFe10-1-1、BFe30-1-1、BMn40-1.5	T70380、T71050、T70590、T71510、T71660	软化退火态（O60）、硬（H04）	>0.15~1.2	≤400
锰白铜	BMn3-12	T71620	软化退火态（O60）	>0.15~1.3	≤400
铝白铜	BAl6-1.5	T72400	硬（H04）	>0.15~1.2	≤300
	BAl13-3	T72600	固溶热处理+冷加工（硬）+沉淀热处理（TH04）		
锌白铜	BZn15-20	T74600	软化退火态（O60）、1/2 硬（H02）、硬（H04）、特硬（H06）	>0.15~1.2	≤610
	BZn18-18	C75200	软化退火态（O60）、1/4 硬（H01）、1/2 硬（H02）、硬（H04）	>0.15~1.0	≤400
	BZn18-17	T75210	软化退火态（O60）、1/2 硬（H02）、硬（H04）	>0.15~1.2	≤610
	BZn18-26	C77000	1/4 硬（H01）、1/2 硬（H02）、硬（H04）	>0.15~2.0	≤610

9. 散热器水室和主片用黄铜带的规格（表4-232）

表4-232　散热器水室和主片用黄铜带的规格（GB/T 2532—2014）

牌号	代号	状态	规格/mm	
			厚度	宽度
H70	T26100	软化退火（O60）、完全软化退火（O70）	0.5~2.0	50~600
H68	T26300			
H66	C26800			
H65	C27000			
H63	T27300			
H62	T27600			

10. 散热器冷却管专用黄铜带的规格（表4-233）

表4-233　散热器冷却管专用黄铜带的规格（GB/T 11087—2012）

牌号	供应状态	规格/mm	
		厚度	宽度
H90、H85、H70、HAs70-0.05、H68、HAs68-0.04	1/4硬（H01）、1/2硬（H02）、硬（H04）	0.10~0.20	20~100

11. 电缆用黄铜带的规格（表4-234）

表4-234　电缆用黄铜带的规格（GB/T 11091—2014）

牌号	代号	供应状态	规格/mm	
			厚度	宽度
TU1	T10150	软化退火（O60）、退火到1/8硬（O80）、退火到1/4硬（O81）	0.07~0.80	15~305
TU2	T10180			
TU3	C10200			
TUP0.003	C10300			
T2	T11050			
TP1	C12000			

12. 变压器用铜带的规格（表4-235）

表4-235　变压器用铜带的规格（GB/T 18813—2014）

牌号	代号	状态	规格/mm	
			厚度	宽度
TU1	T10150	软化退火（O60）	0.10~<0.50	≤610
T2	T11050		0.50~3.00	≤1050

13. 钟表用锡磷青铜带的规格（表4-236）

表4-236　钟表用锡磷青铜带的规格（QB/T 1539—2005）（单位：mm）

厚度	宽度	长度
0.07、0.08、0.09、0.10、0.11、0.12、0.14、0.16、0.18、0.20、0.22、0.25、0.28、0.30、0.35、0.40、0.45、0.50、0.55、0.60、0.70、0.80、0.90、1.00	65、100、150、200	>800

14. 钟表用黄铜板与带的规格（表4-237）

表4-237　钟表用黄铜板与带的规格（QB/T 1539—2005）（单位：mm）

厚度	宽度	长度	
		板材	带材
0.10、0.15、0.20、0.25、0.30、0.35、0.40、0.45、0.50、0.55	80、90、100、110、120、155	800~1200	>12000
0.60、0.65、0.70、0.75、0.80、0.85、0.90、0.95、1.00、1.20、1.30、1.50、1.60、2.00			>6000

15. 无氧铜板与带的规格（表4-238）

表4-238 无氧铜板与带的规格（GB/T 14594—2014）

牌号	代号	供应状态	形状	规格/mm 厚度	规格/mm 宽度	规格/mm 长度
TU00	C10100	软化退火（O60）、1/2硬（H02）、硬（H04）	板	0.4~10.0	200~1000	1000~3000
TU0	T10130	软化退火（O60）、1/4硬（H01）、1/2硬（H02）、硬（H04）	带	0.05~6.0	≤1000	—
TU1	T10150					

4.4.2 铜及铜合金箔

1. 铜及铜合金箔材的规格（表4-239）

表4-239 铜及铜合金箔材的规格（GB/T 5187—2008）

牌号	状态	（厚度/mm）×（宽度/mm）
T1、T2、T3、TU1、TU2	M、Y_4、Y_2、Y	
H62、H65、H68	M、Y_4、Y_2、Y、T、TY	
QSn6.5-1、QSn7-0.2	Y、T	
QSi3-1	Y	(0.012~0.025)×≤300、(0.025~0.15)×≤600
QSn8-0.3	T、TY	
BMn40-1.5	M、Y	
BZn15-20	M、Y_2、Y	
BZn18-18、BZn18-26	Y_2、Y、T	

2. 电解铜箔

1) 电解铜箔的等级及规格如表4-240所示。

表4-240 电解铜箔的等级及规格（GB/T 5230—1995）

等级	单位面积重量/(g/m²)
标准箔（STD-E）	44.6~1831
高延箔（HD-E）	153~916

2) 电解铜箔的单位面积重量及厚度如表4-241所示。

表4-241 电解铜箔的单位面积重量及厚度（GB/T 5230—1995）

单位面积重量/(g/m²)	允许偏差(%) 普通精度	允许偏差(%) 较高精度	名义厚度/μm	单位面积重量/(g/m²)	允许偏差(%) 普通精度	允许偏差(%) 较高精度	名义厚度/μm
44.6	±10	—	5.0	610.0	±10	±5	69.0
80.3	±10	—	9.0	916.0	±10	±5	103.0
107.0	±10	—	12.0	1221.0	±10	±5	137.0
153.0	±10	±5	18.0	1526.0	±10	±5	172.0
230.0	±10	±5	25.0	1831.0	±10	±5	206.0
305.0	±10	±5	35.0				

3）电解卷状铜箔的宽度及允许偏差如表4-242所示。

表4-242　电解卷状铜箔的宽度及允许偏差（GB/T 5230—1995）　　（单位：mm）

宽度	允许偏差	宽度	允许偏差
50～300	±0.4	>600～1200	+1.6
>300～600	+0.8	>1200～1300	+2.0

3. 工艺铜箔的规格及偏差（表4-243）

表4-243　工艺铜箔的规格及偏差（QB/T 2996—2008）　　（单位：mm）

长度	宽度	极限偏差	长度	宽度	极限偏差
120	120		150	150	
130	130	±2			±2
140	140		160	160	

4.4.3　铜及铜合金管

1. 铜及铜合金拉制管的规格（表4-244）

表4-244　铜及铜合金拉制管的规格（GB/T 1527—2017）

分类	牌号	代号	状态	规格/mm 圆形 外径	规格/mm 圆形 壁厚	规格/mm 矩（方）形 对边距	规格/mm 矩（方）形 壁厚
纯铜	T2、T3、TU1、TU2、TP1、TP2	T11050、T11090、T10150、T10180、C12000、C12200	软化退火（O60）、轻退火（O50）、硬（H04）、特硬（H06）	3～360	0.3～20	3～100	1～10
			1/2硬（H02）	3～100			
高铜	TCr1	C18200	固溶热处理+冷加工（硬）+沉淀热处理（TH04）	40～105	4～12	—	—
黄铜	H95、H90	C21000、C22000	软化退火（O60）、轻退火（O50）、退火到1/2硬（O82）、硬+应力消除（HR04）	3～200	0.2～10	3～100	0.2～7
	H85、H80、HAs85-0.05	C23000、C24000、T23030					
	H70、H68、H59、HPb59-1、HSn62-1、HSn70-1、HAs70-0.05、HAs68-0.04	T26100、T26300、T28200、T38100、T46300、T45000、C26130、T26330		3～100			
	H65、H63、H62、HPb66-0.5、HAs65-0.04	C27000、T27300、T27600、C33000		3～200			
	HPb63-0.1	T34900	退火到1/2硬（O82）	18～31	6.5～13	—	—
白铜	BZn15-20	T74600	软化退火（O60）、退火到1/2硬（O82）、硬+应力消除（HR04）	4～40	0.5～8		
	BFe10-1-1	T70590	软化退火（O60）、退火到1/2硬（O82）、硬（H80）	8～160			
	BFe30-1-1	T71510	软化退火（O60）、退火到1/2硬（O82）	8～80			

2. 铜及铜合金毛细管的规格（表4-245）

表4-245 铜及铜合金毛细管的规格（GB/T 1531—2009）

牌号	供应状态	规格尺寸（外径×内径）/mm	长度/mm	
			盘管	直管
T2、TP1、TP2、H85、H80、H70、H68、H65、H63、H62	硬（Y）、半硬（Y_2）、软（M）	$(\phi0.5 \sim \phi6.10) \times (\phi0.3 \sim \phi4.45)$	≥3000	50~6000
H96、H90、QSn4-0.3、QSn6.5-0.1	硬（Y）、软（M）			

3. 铜及铜合金散热扁管的规格（表4-246）

表4-246 铜及铜合金散热扁管的规格（GB/T 8891—2013）

牌号	代号	状态	规格/mm			长度
			圆管 直径D×壁厚S	扁管 宽度A×高度B×壁厚S	矩形管 长边A×短边B×壁厚S	
TU0	T10130	拉拔硬（H80）、轻拉（H55）	$(4\sim25) \times (0.20\sim2.00)$	—	—	
T2 H95	T11050 T21000	拉拔硬（H80）				
H90 H85 H80	T22000 T23000 T24000	轻拉（H55）	$(10\sim50) \times (0.20\sim0.80)$	$(15\sim25) \times (1.9\sim6.0) \times (0.20\sim0.80)$	$(15\sim25) \times (5\sim12) \times (0.20\sim0.80)$	250~4000
H68 HAs68-0.04 H65 H63	T26300 T26330 T27000 T27300	轻软退火（O50）				
HSn70-1	T45000	软化退火（O60）				

4. 铜及铜合金波导管的规格（表4-247）

表4-247 铜及铜合金波导管的规格（GB/T 8894—2014）

牌号	代号	供应状态	规格/mm					长度
			圆形 d	矩形和方形				
				矩形 $a/b\approx2$	中等扁矩形 $a/b\approx4$	扁矩形 $a/b\approx8$	方形 $a/b\approx1$	
TU00 TU0 TU1 T2 H96	C10100 T10130 T10150 T11050 —	拉拔（H50）	3.581~149	2.540×1.270 ~ 165.10×82.55	22.85×5.00 ~ 195.58×48.90	22.86×5.00 ~ 109.22×13.10	15.00×15.00 ~ 50.00×50.00	500~4000
H62	T27600	拉拔+应力消除（HR50）						
BMn40-1.5	T71660	拉拔（H50）		22.86×10.16 ~ 40.40×20.20				

5. 常用铜及铜合金无缝管

1）挤制铜及铜合金圆形管的规格如表4-248所示。

表 4-248 挤制铜及铜合金圆形管的规格（GB/T 16866—2006）

公称外径/mm	公称壁厚/mm																										
	1.5	2.0	2.5	3.0	3.5	4.0	4.5	5.0	6.0	7.5	9.0	10.0	12.5	15.0	17.5	20.0	22.5	25.0	27.5	30.0	32.5	35.0	37.5	40.0	42.5	45.0	50.0
20、21、22	○	○	○																								
23、24、25、26	○	○	○	○																							
27、28、29			○	○	○	○	○	○																			
30、32				○	○	○	○	○	○																		
34、35、36			○	○	○	○	○	○	○	○																	
38、40、42、44				○	○	○	○	○	○	○	○																
45、46、48			○	○	○	○	○	○	○	○	○																
50、52、54、55					○	○	○	○	○	○	○	○															
56、58、60							○	○	○	○	○	○	○														
62、64、65、68、70									○	○	○	○	○	○													
72、74、75、78、80										○	○	○	○	○	○	○											
85、90											○	○	○	○	○	○	○	○									
95、100												○	○	○	○	○	○	○	○								
105、110													○	○	○	○	○	○	○	○							
115、120														○	○	○	○	○	○	○	○						
125、130															○	○	○	○	○	○	○	○					
135、140																○	○	○	○	○	○	○	○				
145、150																	○	○	○	○	○	○	○	○			
155、160																		○	○	○	○	○	○	○	○		
165、170																			○	○	○	○	○	○	○	○	
175、180																			○	○	○	○	○	○	○	○	
185、190、195、200																				○	○	○	○	○	○	○	○
210、220																				○	○	○	○	○	○	○	○
234、240、250																		○	○	○	○	○	○	○	○	○	○
260、280																				○		○		○		○	○
290、300																				○		○		○		○	○

注："○"表示推荐规格，需要其他规格的产品应由供需双方商定。

2) 拉制铜及铜合金圆形管的规格如表4-249所示。

表4-249 拉制铜及铜合金圆形管的规格（GB/T 16866—2006）

公称外径/mm	公称壁厚/mm																									
	0.2	0.3	0.4	0.5	0.6	0.75	1.0	1.25	1.5	2.0	2.5	3.0	3.5	4.0	4.5	5.0	6.0	7.0	8.0	9.0	10.0	11.0	12.0	13.0	14.0	15.0
3、4	○																									
5、6、7		○	○	○	○	○	○																			
8、9、10、11、12、13、14、15		○	○	○	○	○	○	○	○	○	○	○														
16、17、18、19、20			○	○	○	○	○	○	○	○	○	○	○	○	○											
21、22、23、24、25、26、27、28、29、30				○	○	○	○	○	○	○	○	○	○	○	○											
31、32、33、34、35、36、37、38、39、40				○	○	○	○	○	○	○	○	○	○	○	○	○										
42、44、45、46、48、49、50							○	○	○	○	○	○	○	○	○	○	○									
52、54、55、56、58、60									○	○	○	○	○	○	○	○	○	○	○							
62、64、65、66、68、70										○	○	○	○	○	○	○	○	○	○							
72、74、75、76、78、80											○	○	○	○	○	○	○	○	○	○	○					
82、84、85、86、88、90、92、94、96、100												○	○	○	○	○	○	○	○	○	○	○				
105、110、115、120、125、130、135、140、145、150													○	○	○	○	○	○	○	○	○	○	○			
155、160、165、170、175、180、185、190、195、200														○	○	○	○	○	○	○	○	○	○	○		
210、220、230、240、250																○	○	○	○	○	○	○	○	○	○	
260、270、280、290、300																	○	○	○	○	○	○	○	○	○	○
310、320、330、340、350、360																		○	○	○	○	○	○	○	○	○

注："○"表示推荐规格，需要其他规格的产品应由供需双方商定。

6. 特殊用途用铜及铜合金管

1）冰箱用高清洁度铜管的规格如表4-250所示。

表4-250 冰箱用高清洁度铜管的规格（YS/T 450—2013）

牌号	代号	状态	种类	规格/mm		
				外径	壁厚	长度
TU1	T10150	硬（H04）	直管	3.8~20	0.25~1.5	400~10000
TU2	T10180	1/2硬（H02）				
TP2	C12200	1/4硬（H01）				
		轻退火（O50）	盘管		0.3~1.5	—
		软化退火（O60）				

2）导电用无缝圆形铜管的规格如表4-251所示。

表4-251 导电用无缝圆形铜管的规格（GB/T 19850—2013）

牌号	代号	状态	规格/mm				
			圆形		矩（方）形		长度
			外径	壁厚	对边距	壁厚	
TU0	T10130		直管				
TU1	T10150						
TU2	T10180						
TU3	C10200	软化退火（O60）	5~178	0.5~10.0	10~150	0.5~10.0	900~8500
TUAg0.1	T10530	轻拉（H55）					
TAg0.1	T11210	硬态拉拔（H80）	盘管				
T1	T10900						
T2	T11050		5~22	0.5~6.0	10~35	0.5~5.0	>8500
TP1	C12000						

3）电缆用无缝铜管的规格如表4-252所示。

表4-252 电缆用无缝铜管的规格（GB/T 19849—2014）

牌号	代号	状态	种类	用途	规格/mm		
					外径	壁厚	长度
TU1	T10150	软化退火（O60）	盘管	通讯电缆	4~22	0.25~1.50	≥10000
TU2	T10180						
T2	T11050						
TP2	C12200	硬（H80）	直管	防火电缆	30~75	2.5~4.0	6000~14000
TP3	T12210						

4）空调及制冷设备用无缝铜管的规格如表4-253所示。

表4-253 空调及制冷设备用无缝铜管的规格（GB/T 17791—2017）

牌号	代号	状态	种类	规格/mm		
				外径	壁厚	长度
TU0	T10130					
TU1	T10150	拉拔硬（H80）	直管	3.0~54	0.25~2.5	400~10000
TU2	T10180	轻拉（H55）				
TP1	C12000	表面硬化（O60-H）①				
TP2	C12200	轻退火（O50）	盘管	3.0~32	0.25~2.0	
T2	T11050	软化退火（O60）				
QSn0.5-0.025	T50300					

① 表面硬化（O60-H）是指软化退火状态（O60）经过加工率为1%~5%的冷加工使其表面硬化的状态。

5) 压力表用锡青铜管的规格如表 4-254 所示。

表 4-254 压力表用锡青铜管的规格（GB/T 8892—2014）

牌号	代号	状态	规格/mm
QSn4-0.3 QSn6.5-0.1	T51010 T51510	软化退火（O60） 半硬+应力消除（HR02） 硬+应力消除（HR04）	圆管（$D \times t \times l$）见图 4-69a （$\phi1.5 \sim \phi25$）×（0.10～1.80）×≤6000
H68	T26300	半硬+应力消除（HR02） 硬+应力消除（HR04）	扁管（$A \times B \times t \times l$）见图 4-69b （7.5～20）×（5～7）×（0.15～1.0）×≤6000
BFe10-1-1	T70590	半硬+应力消除（HR02） 硬+应力消除（HR04）	椭圆管（$A \times B \times t \times l$）见图 4-69c （5～15）×（2.5～6）×（0.15～1.0）×≤6000

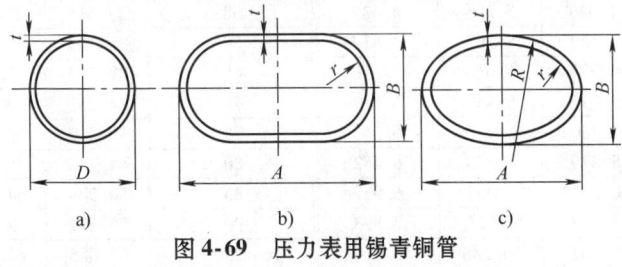

图 4-69 压力表用锡青铜管
a) 圆管 b) 扁管 c) 椭圆管

4.4.4 铜及铜合金棒

1. 纯铜棒

1) 纯铜棒的形状如图 4-70 所示。

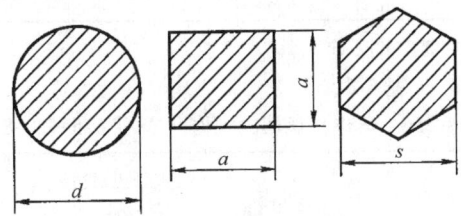

图 4-70 纯铜棒的形状

2) 纯铜棒的规格如表 4-255 所示。

表 4-255 纯铜棒的规格

d 或 a、s/mm	理论重量/(kg/m)			d 或 a、s/mm	理论重量/(kg/m)		
	圆形棒	方形棒	六角形棒		圆形棒	方形棒	六角形棒
5	0.175	0.223	0.193	9	0.566	0.720	0.624
5.5	0.211	0.269	0.233	9.5	0.631	0.803	0.696
6	0.252	0.320	0.277	10	0.699	0.890	0.771
6.5	0.295	0.376	0.326	11	0.846	1.077	0.933
7	0.343	0.436	0.378	12	1.007	1.282	1.110
7.5	0.393	0.501	0.434	13	1.181	1.504	1.303
8	0.447	0.570	0.493	14	1.370	1.744	1.511
8.5	0.505	0.643	0.557	15	1.573	2.003	1.734

（续）

d 或 a、s/mm	理论重量/(kg/m)			d 或 a、s/mm	理论重量/(kg/m)		
	圆形棒	方形棒	六角形棒		圆形棒	方形棒	六角形棒
16	1.789	2.278	1.973	45	14.155	18.023	15.607
17	2.020	2.572	2.227	46	14.791	18.832	16.309
18	2.265	2.884	2.497	48	16.105	20.506	17.758
19	2.523	3.213	2.782	50	17.475	22.250	19.269
20	2.796	3.560	3.083	52	18.901	24.066	20.841
21	3.083	3.925	3.399	54	20.383	25.952	22.475
22	3.383	4.308	3.730	55	21.145	26.923	23.315
23	3.698	4.708	4.077	56	21.921	27.910	24.170
24	4.026	5.126	4.439	58	23.515	29.940	25.928
25	4.369	5.563	4.817	60	25.164	32.040	27.747
26	4.725	6.016	5.210	65	29.533	37.603	32.564
27	5.096	6.488	5.619	70	34.251	43.610	37.766
28	5.480	6.978	6.043	75	39.319	50.063	43.354
29	5.879	7.485	6.482	80	44.736	56.960	49.327
30	6.291	8.010	6.937	85	50.504	64.303	55.686
32	7.158	9.114	7.893	90	56.619	72.090	62.430
34	8.081	10.288	8.910	95	63.085	80.323	69.559
35	8.563	10.903	9.442	100	69.900	89.000	77.074
36	9.059	11.534	9.989	(105)	77.065	98.123	84.974
38	10.094	12.852	11.129	110	84.580	107.690	93.260
40	11.184	14.240	12.332	(115)	92.444	117.703	101.930
42	12.330	15.700	13.596	120	100.657	128.160	110.987
44	13.533	17.230	14.922				

注：表中理论重量按纯铜密度 8.90g/cm³ 计算。

2. 导电用铜棒的规格（表4-256）

表4-256 导电用铜棒的规格（YS/T 615—2018）

分类	牌号	代号	状态	直径或对边距/mm	长度/mm	
					直径或对边距 3~50	长度 >50~90
无氧铜	TU0	T10130	热挤压（M30）	10~90	1000~5000	500~5000
	TU1	T10150				
	TU2	T10180				
	TU3	T10200				
	TU00Ag0.06	T10350				
	TUAg0.03	T10500				
	TUAg0.05	T10510				
	TUAg0.1	T10530				
	TUAg0.2	T10540	拉拔（H50）退火（O60）	3~80		
纯铜	T1	T10900				
	T2	T11050				
银铜	TAg0.1	T11210				

注：经协商，直径等于或小于10mm的棒材可成盘（卷）状，其长度不小于4000mm。

3. 黄铜棒

1) 普通拉制黄铜棒的形状如图 4-70 所示，其规格如表 4-257 所示。

表 4-257　普通拉制黄铜棒的规格

d 或 a、s/mm	理论重量/(kg/m)			d 或 a、s/mm	理论重量/(kg/m)		
	圆形棒	方形棒	六角形棒		圆形棒	方形棒	六角形棒
5	0.167	0.213	0.184	27	4.867	6.197	5.366
5.5	0.202	0.257	0.223	28	5.234	6.664	5.771
6	0.240	0.306	0.265	29	5.615	7.149	6.191
6.5	0.282	0.359	0.311	30	6.008	7.650	6.625
7	0.327	0.417	0.360	32	6.836	8.704	7.538
7.5	0.376	0.478	0.414	34	7.717	9.826	8.509
8	0.427	0.544	0.471	35	8.178	10.413	9.017
8.5	0.482	0.614	0.532	36	8.652	11.016	9.540
9	0.541	0.689	0.596	38	9.640	12.274	10.629
9.5	0.603	0.767	0.664	40	10.682	13.600	11.778
10	0.668	0.850	0.736	42	11.776	14.994	12.985
11	0.808	1.029	0.891	44	12.925	16.456	14.251
12	0.961	1.224	1.060	45	13.518	17.213	14.906
13	1.128	1.437	1.244	46	14.126	17.986	15.576
14	1.308	1.666	1.443	48	15.382	19.584	16.960
15	1.502	1.913	1.656	50	16.690	21.250	18.403
16	1.709	2.176	1.884	52	18.052	22.984	19.904
17	1.929	2.457	2.127	54	19.468	24.786	21.465
18	2.163	2.754	2.385	55	20.195	25.713	22.267
19	2.410	3.069	2.657	56	20.936	26.656	23.084
20	2.670	3.400	2.944	58	22.458	28.594	24.762
21	2.944	3.749	3.246	60	24.034	30.600	26.500
22	3.231	4.114	3.563	65	28.206	35.913	31.100
23	3.532	4.497	3.894	70	32.712	41.650	36.069
24	3.845	4.896	4.240	75	37.553	47.813	41.406
25	4.173	5.313	4.600	80	42.726	54.400	47.110
26	4.513	5.746	4.976				

注：理论重量按普通黄铜密度 8.5g/cm³ 计算。

2) 挤制普通黄铜棒的形状如图 4-70 所示，其规格如表 4-258 所示。

表 4-258　挤制普通黄铜棒的规格

d 或 a、s/mm	理论重量/(kg/m)			d 或 a、s/mm	理论重量/(kg/m)		
	圆形棒	方形棒	六角形棒		圆形棒	方形棒	六角形棒
10	0.668	0.850	0.736	13	1.128	1.437	1.244
11	0.808	1.029	0.891	14	1.308	1.666	1.443
12	0.961	1.224	1.060	15	1.502	1.913	1.656

(续)

d 或 a、s/mm	理论重量/(kg/m)			d 或 a、s/mm	理论重量/(kg/m)		
	圆形棒	方形棒	六角形棒		圆形棒	方形棒	六角形棒
16	1.709	2.176	1.884	48	15.382	19.584	16.960
17	1.929	2.457	2.127	50	16.690	21.250	18.403
18	2.163	2.754	2.385	52	18.052	22.984	19.904
19	2.410	3.069	2.657	54	19.468	24.786	21.465
20	2.670	3.400	2.944	55	20.195	25.713	22.267
21	2.944	3.749	3.246	56	20.936	26.656	23.084
22	3.231	4.114	3.563	58	22.458	28.594	24.762
23	3.532	4.497	3.894	60	24.034	30.600	26.500
24	3.845	4.896	4.240	65	28.206	35.913	31.100
25	4.173	5.313	4.600	70	32.712	41.650	36.069
26	4.513	5.746	4.976	75	37.553	47.813	41.406
27	4.867	6.197	5.366	80	42.726	54.400	47.110
28	5.234	6.664	5.771	85	48.234	61.413	53.183
29	5.615	7.149	6.191	90	54.076	68.850	59.624
30	6.008	7.650	6.625	95	60.251	76.713	66.433
32	6.836	8.704	7.538	100	66.760	85.000	73.610
34	7.717	9.826	8.509	(105)	73.603	93.713	81.155
35	8.178	10.413	9.017	110	80.780	102.850	89.068
36	8.652	11.016	9.540	(115)	88.290	112.413	97.349
38	9.640	12.274	10.629	120	96.134	122.400	105.998
40	10.682	13.600	11.778	130	112.824	143.650	124.400
42	11.776	14.994	12.985	140	130.850	166.600	144.276
44	12.925	16.456	14.251	150	150.210	191.250	165.622
45	13.518	17.213	14.906	160	170.906	217.600	188.442
46	14.126	17.986	15.576				

注：理论重量按黄铜密度 8.5g/cm³ 计算。

3) 热锻水暖管件用黄铜棒的规格如表 4-259 所示。

表 4-259 热锻水暖管件用黄铜棒的规格（YS/T 583—2016）

牌号	代号	状态	直径(或对边距)/mm	长度/mm
H59	T28200	热挤压（M30） 连续铸造（M07）[①] 1/2 硬（H02）	10~80	1000~6000
HPb58-2	T38210			
HPb58-3	T38310			
HPb59-1	T38100			
HPb59-2	T38200			
HPb59-3	T38300			
HPb61-1	C37100			
HPb60-2	C37700			
HPb61-2-0.1	T36230			
HPb61-2-1	T36220			

（续）

牌号	代号	状态	直径(或对边距)/mm	长度/mm
HPb62-2	C35300			
HPb62-2-0.1	T36210			
HPb62-1-0.6	—			
HPb63-1-0.6	—			
HPb63-1.5	—			
HPb63-1.5-0.6	—			
HPb65-1.5	—			
HPb66-0.5	C33000			
HBi59-1	T49360			
HBi60-1.3	T49240	热挤压（M30）		
HBi60-0.5-0.01	T49310	连续铸造（M07）[①]	10~80	1000~6000
HBi60-0.8-0.01	T49320	1/2硬（H02）		
HBi60-1.0-0.05	C49260			
HBi60-1.1-0.01	T49330			
HSi62-0.6	C68350			
HSi63-3-0.06	—			
HSi68-1	—			
HAs63-0.1	—			
HAl63-0.6-0.2	—			
HSn60-0.4-0.2	—			
HSn60-0.8	—			
HSn60-1-0.04	—			

注：含铅、铋元素的牌号不推荐用于饮用水系统。

[①] 连续铸造后，进行剥皮或拉伸处理。

4）钟表用黄铜棒（线）的规格如表4-260所示。

表4-260 钟表用黄铜棒（线）的规格（QB/T 1542—2005）（单位：mm）

形状	直径	长度	
		线材	棒材
棒、线	1.00、1.20、1.30、1.40、1.50、1.60、1.70、1.80、2.00、2.20、2.50、2.80、3.00、3.40、3.50、4.00、4.20、4.50、4.80、5.00、5.20、5.50、6.00、6.50、6.80、7.00、7.50、7.80、8.00、8.50、9.00、9.50、10.00、10.50、11.00、11.10、11.50、12.00、12.20、12.50、13.00、13.50、14.00	≥4000	2000、2400
拉花棒	6.0、8.0、10.0		
六角棒	5.00、5.50、6.0、7.0、8.0		

注：1. 如有其他要求，由供需双方商定。
    2. 六角棒直径为内切圆直径。

4. 青铜棒

1）拉制镉青铜棒的规格如表4-261所示。

表 4-261　拉制镉青铜棒的规格

公称直径/mm	理论重量/(kg/m)	公称直径/mm	理论重量/(kg/m)
5	0.173	25	4.320
5.5	0.209	26	4.673
6	0.249	27	5.039
6.5	0.292	28	5.420
7	0.339	29	5.813
7.5	0.389	30	6.221
8	0.442	32	7.078
8.5	0.499	34	7.990
9	0.560	35	8.467
9.5	0.624	36	8.958
10	0.691	38	9.981
11	0.836	40	11.059
12	0.995	42	12.193
13	1.168	44	13.382
14	1.355	45	13.997
15	1.555	46	14.626
16	1.769	48	15.925
17	1.998	50	17.280
18	2.239	52	18.690
19	2.495	54	20.155
20	2.764	55	20.910
21	3.048	56	21.676
22	3.345	58	23.252
23	3.656	60	24.883
24	3.981	—	—

注：理论重量按镉青铜密度 $8.8g/cm^3$ 计算。

2) 挤制镉青铜棒的规格如表 4-262 所示。

表 4-262　挤制镉青铜棒的规格

公称直径/mm	理论重量/(kg/m)	公称直径/mm	理论重量/(kg/m)
20	2.765	48	15.925
21	3.048	50	17.280
22	3.345	52	18.690
23	3.656	54	20.155
24	3.981	55	20.910
25	4.320	56	21.676
26	4.673	58	23.252
27	5.039	60	24.883
28	5.420	65	29.203
29	5.813	70	33.869
30	6.221	75	38.880
32	7.078	80	44.237
34	7.990	85	49.939
35	8.467	90	55.987
36	8.958	95	62.381
38	9.981	100	69.120
40	11.059	(105)	76.205
42	12.193	110	83.635
44	13.382	(115)	91.411
45	13.997	120	99.533
46	14.626	—	—

注：理论重量按镉青铜密度 $8.8g/cm^3$ 计算。

3) 拉制硅青铜棒的形状如图 4-70 所示，其规格如表 4-263 所示。

表 4-263　拉制硅青铜棒的规格

d 或 a、s /mm	理论重量/(kg/m)			d 或 a、s /mm	理论重量/(kg/m)		
	圆形棒	方形棒	六角形棒		圆形棒	方形棒	六角形棒
5	0.165	0.210	0.182	19	2.382	3.032	2.626
5.5	0.200	0.254	0.219	20	2.639	3.360	2.910
6	0.237	0.302	0.262	21	2.909	3.704	3.208
6.5	0.279	0.355	0.307	22	3.193	4.066	3.521
7	0.323	0.412	0.356	23	3.490	4.444	3.848
7.5	0.371	0.473	0.409	24	3.800	4.840	4.190
8	0.422	0.538	0.466	25	4.123	5.250	4.546
8.5	0.477	0.607	0.526	26	4.460	5.678	4.917
9	0.534	0.680	0.589	27	4.809	6.124	5.303
9.5	0.595	0.758	0.656	28	5.172	6.586	5.703
10	0.660	0.840	0.727	29	5.548	7.064	6.117
11	0.798	1.016	0.880	30	5.937	7.560	6.546
12	0.950	1.210	1.047	32	6.755	8.602	7.449
13	1.115	1.420	1.229	34	7.626	9.710	8.408
14	1.293	1.646	1.426	35	8.081	10.290	8.911
15	1.484	1.890	1.637	36	8.550	10.886	9.427
16	1.689	2.150	1.862	38	9.526	12.130	10.503
17	1.907	2.428	2.102	40	10.555	13.440	11.640
18	2.137	2.722	2.357				

注：表中理论重量按硅青铜 QSi3-1 密度 8.40g/cm³ 计算。

4) 挤制硅青铜棒的形状如图 4-70 所示，其规格如表 4-264 所示。

表 4-264　挤制硅青铜棒的规格

d 或 a、s /mm	理论重量/(kg/m)			d 或 a、s /mm	理论重量/(kg/m)		
	圆形棒	方形棒	六角形棒		圆形棒	方形棒	六角形棒
20	2.702	3.440	2.979	32	6.916	8.806	7.627
21	2.979	3.793	3.285	34	7.808	9.942	8.610
22	3.269	4.162	3.605	35	8.274	10.535	9.124
23	3.573	4.549	3.940	36	8.753	11.146	9.653
24	3.890	4.950	4.290	38	9.573	12.418	10.755
25	4.221	5.375	4.655	40	10.806	13.760	11.917
26	4.566	5.814	5.035	42	11.914	15.170	13.138
27	4.924	6.269	5.430	44	13.076	16.650	14.419
28	5.295	6.742	5.839	45	13.677	17.415	15.082
29	5.680	7.233	6.264	46	14.291	18.198	15.760
30	6.079	7.740	6.703	48	15.561	19.814	17.160

(续)

d 或 a、s /mm	理论重量/(kg/m)			d 或 a、s /mm	理论重量/(kg/m)		
	圆形棒	方形棒	六角形棒		圆形棒	方形棒	六角形棒
50	16.886	21.500	18.619	80	43.230	55.040	47.667
52	18.263	23.254	20.138	85	48.797	62.135	53.812
54	19.695	25.077	21.717	90	54.708	69.660	60.329
55	20.431	26.015	22.528	95	60.955	77.615	67.218
56	21.181	26.969	23.355	100	67.540	86.000	74.480
58	22.720	28.930	25.053	(105)	74.463	94.815	82.109
60	24.314	30.960	26.813	110	81.723	104.060	90.115
65	28.536	36.495	31.468	(115)	89.322	113.735	98.494
70	33.095	42.140	36.495	120	97.258	123.840	107.245
75	37.991	48.375	41.895				

注：表中理论重量按硅青铜 QSi1-3 密度 8.60g/cm³ 计算。

5）拉制铝青铜棒的规格如表 4-265 所示。

表 4-265　拉制铝青铜棒的规格

公称直径/mm	理论重量/(kg/m)	公称直径/mm	理论重量/(kg/m)
5	0.149	19	2.155
5.5	0.181	20	2.388
6	0.215	21	2.632
6.5	0.252	22	2.889
7	0.292	23	3.158
7.5	0.336	24	3.438
8	0.382	25	3.731
8.5	0.431	26	4.035
9	0.483	27	4.351
9.5	0.539	28	4.679
10	0.597	29	5.020
11	0.722	30	5.372
12	0.860	32	6.112
13	1.009	34	6.900
14	1.170	35	7.312
15	1.343	36	7.736
16	1.528	38	8.619
17	1.725	40	9.550
18	1.934	—	—

注：理论重量按 QAl9-2 铝青铜密度 7.6g/cm³ 计算。

6）挤制铝青铜棒的规格如表 4-266 所示。

表 4-266　挤制铝青铜棒的规格

公称直径/mm	理论重量/(kg/m)	公称直径/mm	理论重量/(kg/m)
10	0.605	44	11.709
11	0.732	45	12.247
12	0.871	46	12.798
13	1.022	48	13.935
14	1.185	50	15.120
15	1.361	52	16.354
16	1.548	54	17.636
17	1.748	55	18.295
18	1.960	56	18.967
19	2.183	58	20.345
20	2.419	60	21.773
21	2.667	65	25.553
22	2.927	70	29.635
23	3.199	75	34.020
24	3.484	80	38.710
25	3.780	85	43.697
26	4.088	90	48.989
27	4.409	95	54.583
28	4.742	100	60.480
29	5.086	(105)	66.679
30	5.443	110	73.181
32	6.193	(115)	79.985
34	6.991	120	87.091
35	7.409	130	102.211
36	7.838	140	118.541
38	8.733	150	136.080
40	9.677	160	154.829
42	10.669	—	—

注：理论重量按 QAl10-4-4 铝青铜密度 $7.7g/cm^3$ 计算。

7) 电子元器件用铍青铜棒的规格如表 4-267 所示。

表 4-267　电子元器件用铍青铜棒的规格（SJ 20716—1998）

品种	牌号	状态	直径/mm	允许偏差/mm
线	QBeMg1.9-0.1	C、CY$_4$、CY$_2$、CY$_3$、CY	0.25~0.3	±0.005
			>0.3~0.5	±0.010
			>0.5~1	±0.015
			>1~2	±0.016
			>2~3.5	±0.020
			>3.5~5	±0.025
棒		C、CY	>5~10	±0.05
			>10~20	±0.07
			>20~35	±0.10
			>35~40	±0.12

注：1. 需方只要求正偏差或负偏差时，其值为表中数值的 2 倍。

　　2. 经双方协议，可供应其他规格和允许偏差的棒（线）。

8) 拉制锡青铜棒的形状如图 4-70 所示，其规格如表 4-268 所示。

表 4-268　拉制锡青铜棒的规格

d 或 a、s/mm	理论重量/(kg/m)			d 或 a、s/mm	理论重量/(kg/m)		
	圆形棒	方形棒	六角形棒		圆形棒	方形棒	六角形棒
5	0.172	0.220	0.191	19	2.495	3.177	2.751
5.5	0.209	0.266	0.231	20	2.764	3.520	3.048
6	0.249	0.317	0.274	21	3.048	3.881	3.361
6.5	0.292	0.372	0.322	22	3.345	4.259	3.689
7	0.339	0.431	0.373	23	3.656	4.655	4.032
7.5	0.389	0.495	0.429	24	3.981	5.069	4.390
8	0.442	0.563	0.487	25	4.320	5.500	4.763
8.5	0.499	0.636	0.551	26	4.673	5.949	5.152
9	0.560	0.713	0.617	27	5.039	6.415	5.556
9.5	0.624	0.794	0.688	28	5.420	6.899	5.975
10	0.691	0.880	0.762	29	5.813	7.401	6.410
11	0.836	1.065	0.922	30	6.221	7.920	6.859
12	0.995	1.267	1.097	32	7.078	9.011	7.804
13	1.168	1.487	1.288	34	7.990	10.173	8.810
14	1.355	1.725	1.494	35	8.467	10.780	9.336
15	1.555	1.980	1.715	36	8.958	11.405	9.877
16	1.769	2.253	1.951	38	9.981	12.707	11.005
17	1.998	2.543	2.202	40	11.059	14.080	12.194
18	2.239	2.851	2.469				

注：理论重量按锡青铜密度 8.8g/cm³ 计算。

9）挤制锡青铜棒的形状如图 4-70 所示，其规格如表 4-269 所示。

表 4-269　挤制锡青铜棒的规格

d 或 a、s/mm	理论重量/(kg/m)			d 或 a、s/mm	理论重量/(kg/m)		
	圆形棒	方形棒	六角形棒		圆形棒	方形棒	六角形棒
30	6.221	7.920	6.859	56	21.676	27.597	23.899
32	7.078	9.011	7.804	58	23.252	29.603	25.637
34	7.990	10.173	8.810	60	24.883	31.680	27.436
35	8.467	10.780	9.336	65	29.203	37.180	32.199
36	8.958	11.405	9.877	70	33.869	43.120	37.343
38	9.981	12.707	11.005	75	38.880	49.500	42.868
40	11.059	14.080	12.194	80	44.237	56.320	48.774
42	12.193	15.523	13.443	85	49.939	63.580	55.062
44	13.382	17.037	14.754	90	55.987	71.280	61.730
45	13.997	17.820	15.433	95	62.381	79.420	68.780
46	14.626	18.621	16.126	100	69.120	88.000	76.210
48	15.925	20.275	17.559	(105)	76.205	97.020	84.022
50	17.280	22.000	19.053	110	83.635	106.480	92.214
52	18.690	23.795	20.607	(115)	91.411	116.380	100.788
54	20.155	25.661	22.223	120	99.533	126.720	109.742
55	20.910	26.620	23.054				

注：理论重量按锡青铜密度 8.8g/cm³ 计算。

5. 白铜棒

1）拉制锌白铜棒的规格如表 4-270 所示。

表4-270　拉制锌白铜棒的规格

公称直径/mm	理论重量/(kg/m)	公称直径/mm	理论重量/(kg/m)
5	0.169	19	2.438
5.5	0.204	20	2.702
6	0.243	21	2.979
6.5	0.285	22	3.269
7	0.331	23	3.573
7.5	0.380	24	3.890
8	0.432	25	4.221
8.5	0.488	26	4.566
9	0.547	27	4.924
9.5	0.610	28	5.295
10	0.675	29	5.680
11	0.817	30	6.079
12	0.973	32	6.916
13	1.141	34	7.808
14	1.324	35	8.274
15	1.520	36	8.753
16	1.729	38	9.753
17	1.952	40	10.806
18	2.188	—	—

注：理论重量按锌白铜密度 $8.6g/cm^3$ 计算。

2) 挤制锌白铜棒的规格如表4-271所示。

表4-271　挤制锌白铜棒的规格

公称直径/mm	理论重量/(kg/m)	公称直径/mm	理论重量/(kg/m)
25	4.221	52	18.263
26	4.566	54	19.695
27	4.924	55	20.431
28	5.295	56	21.181
29	5.680	58	22.720
30	6.079	60	24.314
32	6.916	65	28.536
34	7.808	70	33.095
35	8.274	75	37.991
36	8.753	80	43.226
38	9.753	85	48.798
40	10.806	90	54.710
42	11.914	95	60.955
44	13.076	100	67.540
45	13.677	(105)	74.463
46	14.291	110	81.723
48	15.561	(115)	89.322
50	16.885	120	97.258

注：理论重量按锌白铜密度 $8.6g/cm^3$ 计算。

4.4.5 铜及铜合金线

1. 铜及铜合金线的规格（表4-272）

表4-272 铜及铜合金线的规格

扫码查表

2. 铜及铜合金扁线材的规格（表4-273）

表4-273 铜及铜合金扁线材的规格（GB/T 3114—2010）

牌　号	状　态	规格（厚度×宽度）/mm×mm
T2、TU1、TP2	M、Y	(0.5～6.0) × (0.5～15.0)
H62、H65、H68、H70、H80、H85、H90B	M、Y_2、Y	(0.5～6.0) × (0.5～15.0)
HPb59-3、HPb62-3	Y_2	(0.5～6.0) × (0.5～15.0)
HBi60-1.3、HSb60-0.9、HSb61-0.8-0.5	Y_2	(0.5～6.0) × (0.5～12.0)
QSn6.5-0.1、QSn6.5-0.4、QSn7-0.2、QSn5-0.2	M、Y_2、Y	(0.5～6.0) × (0.5～12.0)
QSn4-3、QSi3-1	Y	(0.5～6.0) × (0.5～12.0)
BZn15-20、BZn18-20、BZn22-16	M、Y_2	(0.5～6.0) × (0.5～15.0)
QCr1-0.18、QCr1	CYS、CSY	(0.5～6.0) × (0.5～15.0)

注：扁线的厚度与宽度之比应在1∶1～1∶7的范围，其他范围的扁线由供需双方协商确定。

3. 钟用黄铜线的规格（表4-274）

表4-274 钟用黄铜线的规格（QB/T 1540—2005） （单位：mm）

直　径	长　度
0.20、0.30、0.50、1.00、1.50、2.00、2.20、2.50、3.00、3.50、4.00	≥4000

4. 电工用及铜及铜合金线

1）电工用铜线坯的规格如表4-275所示。

表4-275 电工用铜线坯的规格（GB/T 3952—2016）

牌　号	状　态	直径/mm
T1，T2，T3	热轧（M20）	6.0～35.0
TU1，TU2	铸造（M07）	6.0～35.0
	拉拔（硬）（H80）	6.0～12.0

2）电工圆铜线的规格如表4-276所示，交货状态如表4-277所示。

表4-276 电工圆铜线的规格（GB/T 3953—2009）

型　号	名　称	规格尺寸范围/mm
TR	软圆铜线	0.020～14.00
TY	硬圆铜线	0.020～14.00
TYT	特硬圆铜线	1.50～5.00

表 4-277 电工圆铜线的交货状态（GB/T 3953—2009）

公称直径 /mm	每根圆铜线重量/kg≥		短段	
	成盘	成圈	重量/kg	交货数量/kg
0.020~0.025	0.1	—	不小于标准重量的50%	不大于交货总重量的15%
0.030~0.040	0.03	—		
0.050~0.060	0.08	—		
0.070~0.100	0.15	—		
0.110~0.150	0.3	—		
0.160~0.250	0.5	—		
0.260~0.400	1.0	—		
0.410~0.600	2.5	2.5		
0.630~0.800	5	5		
0.820~1.000	10	10		
1.01~2.00	20	20		
2.01~4.00	40	40		
4.01~6.00	60	60		

3）电工用铜扁线的型号如表 4-278 所示，弯曲直径如表 4-279 所示。

表 4-278 电工用铜扁线的型号（GB/T 5584.2—2009）

型号	状态	名称
TBR	O	软铜扁线
TBY1	H1	H1 状态硬铜扁线
TBY2	H2	H2 状态硬铜扁线

表 4-279 电工用铜扁线的弯曲直径（GB/T 5584.2—2009）

公称尺寸	弯曲直径	
	TBY1，TBY2	TBR
0.80~4.00	2	2
4.25~8.00	4	4
8.50~16.00	—	8

4）电工软铜绞线的型号及规格如表 4-280 所示，TJR1 型及 TJRX1 型软铜绞线的性能如表 4-281 所示，TJR2 型及 TJRX2 型软铜绞线的性能如表 4-282 所示，TJR3 型及 TJRX3 型软铜绞线的性能如表 4-283 所示。

表 4-280 电工软铜绞线的型号及规格（GB/T 12970.2—2009）

型号	名称	公称截面面积/mm²
TJR1	1 型软铜绞线	0.10~1000
TJR2	2 型软铜绞线	2.5~63
TJR3	3 型软铜绞线	0.025~500
TJRX1	1 型镀锡软铜绞线	0.1~2.5
TJRX2	2 型镀锡软铜绞线	2.5~63
TJRX3	3 型镀锡软铜绞线	0.025~500

表 4-281 TJR1 型及 TJRX1 型软铜绞线的性能（GB/T 12970.2—2009）

公称截面面积 /mm²	计算截面面积 /mm²	结构		计算外径 /mm	20℃ 直流电阻 /(Ω/km) ≤		计算重量 /(kg/km)
		单线总数	（股数×根数）/（单线公称直径/mm）		TJR1	TJRX1	
0.10	0.102	9	9/0.12	0.44	176	179	0.94
(0.12)	0.124	7	7/0.15	0.45	145	147	1.15
0.16	0.159	9	9/0.15	0.56	113	115	1.47
(0.20)	0.194	11	11/0.15	0.60	92.9	94.4	1.80
0.25	0.247	14	14/0.15	0.68	72.9	74.1	2.29
(0.30)	0.300	17	17/0.15	0.74	60.3	61.3	2.80
0.40	0.408	13	13/0.20	0.86	44.2	44.9	3.79
0.50	0.503	16	16/0.20	0.96	36.0	36.6	4.70
0.63	0.628	20	20/0.20	1.05	28.8	29.3	5.86
(0.75)	0.754	24	24/0.20	1.14	24.0	24.4	7.04
1.00	1.01	32	32/0.20	1.30	17.9	18.2	9.43
1.60	1.57	32	32/0.25	1.63	11.5	11.7	14.7
(2.00)	1.96	40	40/0.25	1.82	9.24	9.39	18.3
2.5	2.41	49	7×7/0.25	2.25	7.58	7.92	22.7
4.0	3.94	49	7×7/0.32	2.88	4.64	—	37.1
6.3	6.16	49	7×7/0.40	3.60	2.97	—	58.0
10	10.01	49	7×7/0.51	4.59	1.83	—	94.3
16	15.84	84	7×12/0.49	6.17	1.16	—	150
25	25.08	133	19×7/0.49	7.35	0.736	—	239
(35)	35.14	133	19×7/0.58	8.70	0.525	—	334
40	40.15	133	19×7/0.62	9.30	0.459	—	382
(50)	48.30	133	19×7/0.68	10.20	0.382	—	459
63	62.72	189	27×7/0.65	12.00	0.294	—	597
(70)	68.64	189	27×7/0.68	12.53	0.269	—	653
80	78.20	259	37×7/0.62	13.02	0.236	—	744
(95)	94.06	259	37×7/0.68	14.28	0.196	—	895
100	99.68	259	37×7/0.70	14.70	0.185	—	948
(120)	117.67	324	27×12/0.68	17.39	0.157	—	1119
125	124.69	324	27×12/0.70	17.90	0.148	—	1186
160	162.86	324	27×12/0.80	20.20	0.113	—	1549
(185)	183.85	324	27×12/0.85	21.74	0.100	—	1749
200	196.15	444	37×12/0.75	21.80	0.0940	—	1866
250	251.95	444	37×12/0.85	24.72	0.0732	—	2397
315	310.58	703	37×19/0.75	26.25	0.0594	—	2954
400	398.92	703	37×19/0.85	29.75	0.0462	—	3795
500	498.30	703	37×19/0.95	33.25	0.0370	—	4740
630	627.1	1159	61×19/0.83	37.35	0.0294	—	5965
800	804.3	1159	61×19/0.94	42.30	0.0229	—	7651
1000	1003.6	1159	61×19/1.05	47.25	0.0184	—	9547

注：尽量不采用括号内规格。

表 4-282 TJR2 型及 TJRX2 型软铜绞线的性能（GB/T 12970.2—2009）

公称截面面积 /mm²	计算截面面积 /mm²	结构		计算外径 /mm	20℃ 直流电阻 /(Ω/km) ≤		计算重量 /(kg/km)
		单线总数	(股数×根数)/ (单线公称直径/mm)		TJR2	TJRX2	
2.5	2.47	140	7×20/0.15	2.369	7.4	7.73	23.3
4.0	3.96	126	7×18/0.20	3.00	4.62	4.82	37.3
6.3	6.16	196	7×28/0.20	3.72	2.97	3.10	58.0
10	9.90	315	7×45/0.20	4.62	1.85	1.93	93.3
16	15.83	504	12×42/0.20	6.18	1.16	1.23	150
25	25.07	798	19×42/0.20	7.45	0.736	0.781	238
(35)	35.41	1127	7×7×23/0.20	10.57	0.521	0.545	337
40	40.02	1274	7×7×26/0.20	10.62	0.461	0.482	381
(50)	49.26	1568	7×7×32/0.20	11.70	0.375	0.392	469
63	63.11	2009	7×7×41/0.20	13.32	0.292	0.305	600

注：尽量不采用括号内规格。

表 4-283 TJR3 型及 TJRX3 型软铜绞线的性能（GB/T 12970.2—2009）

公称截面面积 /mm²	计算截面面积 /mm²	结构		计算外径 /mm	20℃ 直流电阻 /(Ω/km) ≤		计算重量 /(kg/km)
		单线总数	(股数×根数)/ (单线公称直径/mm)		TJR3	TJRX3	
0.025	0.0255	13	13/0.05	0.22	707	759	0.24
0.04	0.0385	10	10/0.07	0.27	466	500	0.36
0.063	0.0616	16	16/0.07	0.34	294	316	0.58
0.10	0.100	26	26/0.07	0.42	181	194	0.93
0.16	0.158	41	41/0.07	0.52	115	123	1.47
0.25	0.250	65	65/0.07	0.65	72.4	77.7	2.33
(0.30)	0.296	77	7×11/0.07	0.84	61.7	64.5	2.79
0.40	0.404	105	7×15/0.07	0.97	45.2	48.5	3.81
(0.50)	0.512	133	7×19/0.07	1.05	35.7	38.3	4.82
0.63	0.620	161	7×23/0.07	1.18	29.5	31.7	5.84
(0.75)	0.754	196	7×28/0.07	1.28	24.2	26.0	7.11
1.00	0.997	259	7×37/0.07	1.47	18.3	19.6	9.40
1.60	1.57	408	12×34/0.07	1.97	11.70	12.6	14.8
2.5	2.49	646	19×34/0.07	2.35	7.41	7.96	23.7
4.0	4.03	513	19×27/0.10	3.08	4.58	4.79	38.3
6.3	6.27	798	19×42/0.10	3.73	2.94	3.07	59.6
10	10.00	1273	19×67/0.10	4.73	1.85	1.93	95.1
16	15.83	2016	12×7×24/0.10	7.18	1.16	1.21	150

(续)

公称截面面积 /mm²	计算截面面积 /mm²	结构		计算外径 /mm	20°C 直流电阻 /(Ω/km) ≤		计算重量 /(kg/km)
		单线总数	(股数×根数)/(单线公称直径/mm)		TJR3	TJRX3	
25	25.07	3192	19×7×24/0.10	8.55	0.736	0.769	238
(35)	34.47	4389	19×7×33/0.10	9.90	0.535	0.559	328
40	39.96	2261	19×7×17/0.15	11.03	0.462	0.483	380
(50)	49.36	2793	19×7×21/0.15	12.15	0.374	0.391	470
63	63.46	3591	19×7×27/0.15	13.50	0.291	0.304	604
(70)	70.51	3990	19×7×30/0.15	14.18	0.262	0.274	671
80	79.91	4522	19×7×34/0.15	15.08	0.231	0.241	760
(95)	94.01	5320	19×7×40/0.15	16.43	0.196	0.205	894
100	100.73	5700	19×12×25/0.15	18.27	0.183	0.191	958
(120)	120.87	6840	19×12×30/0.15	20.24	0.153	0.160	1150
125	127.59	7220	19×19×20/0.15	20.29	0.145	0.152	1214
160	159.42	9025	19×19×25/0.15	21.75	0.116	0.121	1517
(185)	185.00	10469	19×19×29/0.15	23.25	0.0997	0.104	1760
200	196.15	11100	37×12×25/0.15	25.58	0.0940	0.0982	1866
250	251.08	14208	37×12×32/0.15	28.67	0.0735	0.0768	2388
315	310.58	17575	37×19×25/0.15	30.45	0.0594	0.0621	2954
400	397.54	22496	37×19×32/0.15	34.13	0.0464	0.0485	3782
500	496.92	28120	37×19×40/0.15	38.06	0.0371	0.0388	4727

注：尽量不采用括号内规格。

5）电工软铜天线的规格如表 4-284 所示，性能如表 4-285 所示。

表 4-284　电工软铜天线的规格（GB/T 12970.3—2009）

型号	公称截面面积/mm²
TTR	1.0 ~ 25

表 4-285　电工软铜天线的性能（GB/T 12970.3—2009）

公称截面面积/mm²	拉断力/kN ≥	20°C 直流电阻/(Ω/km) ≤
1.0	0.16	18.0
1.6	0.26	11.5
2.5	0.40	7.37
4.0	0.66	4.51
6.3	1.03	2.88
10	1.67	1.77
16	2.71	1.09
25	4.11	0.72

6）电工软铜电刷线的规格如表 4-286 所示。

表 4-286　电工软铜电刷线的规格（GB/T 12970.4—2009）

型号	名称	公称截面面积/mm²
TS	铜电刷线	0.25~16
TSX	镀锡铜电刷线	0.25~16
TSR	软铜电刷线	0.063~6.3

5. 电力牵引用铜及铜合金接触线

1）电力牵引用铜及铜合金接触线的材料代号如表 4-287 所示。

表 4-287　电力牵引用铜及铜合金接触线的材料代号（GB/T 12971.1—2008）

材料代号	名称	材料代号	名称
CTY	圆形铜接触线	CTM	铜镁合金接触线
CT	双沟形铜接触线	CTMH	高强度铜镁合金接触线
CTA	铜银合金接触线	CTS	铜锡合金接触线

2）电力牵引用铜及铜合金圆形接触线的规格如表 4-288 所示。

表 4-288　电力牵引用铜及铜合金圆形接触线的规格（GB/T 12971.1—2008）

公称截面面积 /mm²	计算截面面积 /mm²	公称直径及偏差/mm		单位重量 /(kg/km)
		公称直径	偏　差	
50	50.2	8.00	±0.06	449
65	63.6	9.00	±0.06	568
85	86.6	10.50	±0.06	773
100	100.3	11.30	±0.06	895
110	113.1	12.00	±0.06	1009

3）电力牵引用铜及铜合金双沟形接触线如图 4-71 所示，其规格如表 4-289 所示。

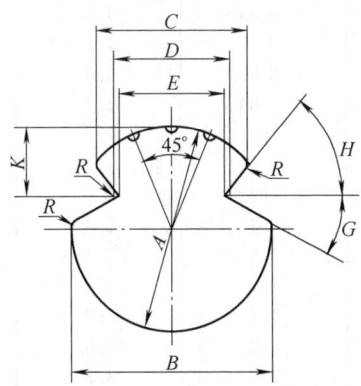

图 4-71　电力牵引用铜及铜合金双沟形接触线

A—截面直径　B—截面宽度　C—头部宽度　D—沟底间距　E—沟尖间距
K—头部高度　R—圆角半径　H—上斜角　G—下斜角

表 4-289 电力牵引用铜及铜合金双沟形接触线的规格（GB/T 12971.1—2008）

公称截面面积 /mm²	计算截面面积 /mm²	尺寸及偏差/mm							角度及偏差		单位重量 /(kg/km)
		A ±1%	B ±2%	C ±2%	D +4% -2%	E	K	R	G	H	
									±1°		
65	65	9.30	10.19	8.05	5.70	5.32	2.15	0.60	35°	50°	582
85	85	10.80	11.76	8.05	5.70	5.32	2.90	0.60	35°	50°	763
85(T)	86	10.80	10.76	9.40	7.24	6.80	4.60	0.40	27°	51°	768
100	100	11.80	12.81	8.05	5.70	5.32	3.40	0.60	35°	50°	893
110	111	12.34	12.34	9.73	7.24	6.80	4.67	0.40	27°	51°	990
120	121	12.90	12.90	9.76	7.24	6.80	4.35	0.40	27°	51°	1080
150	151	14.40	14.40	9.71	7.24	6.80	4.00	0.40	27°	51°	1347

注：截面面积允许偏差为计算截面面积的±3%。

6. 镀金属圆铜线

1）镀银软圆铜线的规格如表 4-290 所示。

表 4-290 镀银软圆铜线的规格（JB/T 3135—2011）

银层级别	A 级	B 级	C 级	D 级	E 级
银含量（质量分数,%）≥	1.25	2.50	4.00	6.00	10.00
标称直径 d /mm	最小镀层厚度 /μm				
0.030	(0.1)	(0.2)	(0.3)	(0.4)	(0.6)
0.050	(0.1)	(0.3)	(0.4)	(0.6)	1.1
0.070	(0.2)	(0.4)	(0.6)	(0.9)	1.5
0.080	(0.2)	(0.4)	(0.7)	1.0	1.7
0.100	(0.3)	(0.5)	(0.8)	1.3	2.1
0.120	(0.3)	(0.6)	1.0	1.5	2.5
0.140	(0.4)	(0.7)	1.2	1.8	3.0
0.150	(0.4)	(0.8)	1.3	1.9	3.2
0.160	(0.4)	(0.8)	1.4	2.0	3.4
0.180	(0.5)	1.0	1.5	2.3	3.8
0.200	(0.5)	1.1	1.7	2.5	4.2
0.230	(0.6)	1.2	1.9	2.9	4.9
0.260	(0.7)	1.4	2.2	3.3	5.5
0.280	(0.7)	1.5	2.4	3.6	5.9
0.300	(0.8)	1.6	2.5	3.8	6.4
0.320	(0.8)	1.7	2.7	4.1	6.8
0.350	(0.9)	1.9	3.0	4.4	7.4
0.370	1.0	2.0	3.1	4.7	7.8
0.390	1.0	2.1	3.3	5.0	8.3
0.410	1.1	2.2	3.5	5.2	8.7
0.450	1.2	2.4	3.8	5.7	9.5
0.500	1.3	2.6	4.2	6.4	10.6

(续)

银层级别	A级	B级	C级	D级	E级
银含量（质量分数,%）≥	1.25	2.50	4.00	6.00	10.00
标称直径 d /mm	最小镀层厚度 /μm				
0.530	1.4	2.8	4.5	6.7	11.2
0.560	1.5	3.0	4.7	7.1	11.9
0.600	1.6	3.2	5.1	7.6	12.7
0.630	1.7	3.3	5.3	8.0	13.3
0.670	1.8	3.5	5.7	8.5	14.2
0.710	1.9	3.8	6.0	9.0	15.0
0.750	2.0	4.0	6.4	9.5	15.9
0.800	2.1	4.2	6.8	10.2	16.9
0.850	2.2	4.5	7.2	10.8	18.0
0.900	2.4	4.8	7.6	11.4	19.1
0.950	2.5	5.0	8.0	12.1	20.1
1.00	2.6	5.3	8.4	12.7	21.2
1.05	2.8	5.6	8.9	13.3	22.2
1.10	2.9	5.8	9.3	14.0	23.3
1.15	3.0	6.1	9.7	14.6	24.3
1.20	3.2	6.4	10.2	15.2	25.4
1.30	3.4	6.9	11.0	16.5	27.5
1.40	3.7	7.4	11.9	17.8	29.6
1.50	4.0	7.9	12.7	19.1	31.8
1.60	4.2	8.5	13.5	20.3	33.9
1.70	4.5	9.0	14.4	21.6	36.0
1.80	4.8	9.5	15.2	22.9	38.1
1.90	5.0	10.1	16.1	24.1	40.2
2.00	5.3	10.6	16.9	25.4	42.3
2.30	6.1	12.2	19.5	29.2	48.7
2.60	6.9	13.8	22.0	33.0	55.0
2.90	7.7	15.3	24.6	36.8	61.4
3.20	8.5	16.9	27.1	40.6	67.7

注：括号内的数据仅供参考。

2) 镀锡圆铜线的型号如表4-291所示，规格如表4-292所示。

表4-291　镀锡圆铜线的型号
（GB/T 4910—2009）

型　号	名　　称
TXR	镀锡软圆铜线
TXRH	可焊镀锡软圆铜线

表4-292　镀锡圆铜线的规格
（GB/T 4910—2009）

型　号	规格尺寸（直径）/mm
TXR	0.05～4.00
TXRH	0.20～1.20

3）镀镍圆铜线的镍含量等级与镀层厚度关系如表 4-293 所示，直径及偏差如表 4-294 所示。

表 4-293 镀镍圆铜线的镍含量等级与镀层厚度关系（GB/T 11019—2009）

级别/级	2	4	7	10	27
Ni 含量(质量分数,%)	2	4	7	10	27
公称直径 d/mm	\multicolumn{5}{c}{镀层厚度/mm}				
0.05	—	—	—	0.0013	0.0034
0.07	—	—	—	0.0018	0.0048
0.08	—	—	0.0014	0.0020	0.0055
0.10	—	—	0.0018	0.0025	0.0068
0.12	—	—	0.0021	0.0030	0.0082
0.14	—	0.0014	0.0025	0.0036	0.0095
0.15	—	0.0015	0.0026	0.0038	0.0102
0.16	—	0.0016	0.0028	0.0041	0.0117
0.18	—	0.0018	0.0033	0.0046	0.0132
0.20	—	0.0021	0.0036	0.0051	0.0147
0.23	—	0.0023	0.0041	0.0058	0.0165
0.26	0.0013	0.0025	0.0046	0.0066	0.0185
0.28	0.0014	0.0028	0.0051	0.0074	0.0208
0.32	0.0016	0.0033	0.0056	0.0081	0.0234
0.35	0.0017	0.0035	0.0062	0.0088	0.0239
0.37	0.0019	0.0037	0.0065	0.0093	0.0252
0.39	0.0020	0.0039	0.0069	0.0098	0.0266
0.41	0.0021	0.0041	0.0072	0.0104	0.0280
0.45	0.0023	0.0046	0.0081	0.0117	0.0330
0.50	0.0025	0.0051	0.0088	0.0126	0.0341
0.53	0.0027	0.0054	0.0094	0.0134	0.0361
0.56	0.0028	0.0057	0.0099	0.0141	0.0382
0.60	0.0030	0.0061	0.0106	0.0152	0.0409
0.63	0.0032	0.0064	0.0111	0.0159	0.0430
0.67	0.0034	0.0068	0.0118	0.0169	0.0457
0.71	0.0036	0.0072	0.0126	0.0179	0.0484
0.75	0.0038	0.0076	0.0133	0.0189	0.0511
0.80	0.0040	0.0081	0.0141	0.0202	0.0545
0.85	0.0043	0.0086	0.0150	0.0215	0.0580
0.90	0.0045	0.0091	0.0159	0.0227	0.0614
1.00	0.0051	0.0101	0.0177	0.0253	0.0682
1.05	0.0053	0.0106	0.0186	0.0265	0.0716
1.10	0.0056	0.0111	0.0194	0.0277	0.0750

级别/级	2	4	7	10	27
Ni 含量(质量分数,%)	2	4	7	10	27
公称直径 d/mm	镀层厚度/mm				
1.15	0.0058	0.0116	0.0203	0.0290	0.0784
1.20	0.0061	0.0121	0.0212	0.0303	0.0818
1.30	0.0066	0.0131	0.0230	0.0328	0.0886
1.40	0.0071	0.0141	0.0247	0.0354	0.0955
1.50	0.0076	0.0152	0.0265	0.0379	0.1023
1.60	0.0081	0.0162	0.0283	0.0404	0.1091
1.70	0.0086	0.0172	0.0301	0.0429	0.1159
1.80	0.0091	0.0182	0.0318	0.0454	0.1227
1.90	0.0096	0.0192	0.0336	0.0480	0.1295
2.00	0.0101	0.0202	0.0354	0.0550	0.1364
2.30	0.0117	0.0234	0.0411	0.0592	0.1679
2.60	0.0129	0.0264	0.0462	0.0665	0.1885
2.90	0.0145	0.0295	0.0518	0.0747	0.2116
3.26	0.0165	0.0330	0.0582	0.0838	0.2375

表 4-294 镀镍圆铜线的直径及偏差 (GB/T 11019—2009) (单位: mm)

公称直径 d	偏 差
$0.05 \leq d < 0.25$	+0.008 -0.003
$0.25 \leq d < 1.30$	+3%d -1%d
$1.30 \leq d \leq 3.26$	+0.038 -0.013

4.5 镁及镁合金产品

4.5.1 镁及镁合金板与带

镁及镁合金板与带的状态和规格(表 4-295)。

表 4-295 镁及镁合金板与带的状态和规格 (GB/T 5154—2010)

牌号	状态	规格/mm		
		厚度	宽度	长度
Mg99.00	H18	0.20	3.0~6.0	≥100
M2M	O	0.80~10.00	400~1200	1000~3500
AZ40M	H112、F	>8.00~70.00	400~1200	1000~3500

(续)

牌号	状态	规格/mm		
		厚度	宽度	长度
AZ41M	H18、O	0.40~2.00	≤1000	≤2000
	O	>2.00~10.00	400~1200	1000~3500
	H112、F	>8.00~70.00	400~1200	1000~2000
AZ31B	H24	>0.40~2.00	≤600	≤2000
		>2.00~4.00	≤1000	≤2000
		>8.00~32.00	400~1200	1000~3500
		>32.00~70.00	400~1200	1000~2000
	H26	6.30~50.00	400~1200	1000~2000
	O	>0.40~1.00	≤600	≤2000
		>1.00~8.00	≤1000	≤2000
		>8.00~70.00	400~1200	1000~2000
	H112、F	>8.00~70.00	400~1200	1000~2000
ME20M	H18、O	0.40~0.80	≤1000	≤2000
	H24、O	>0.80~10.00	400~1200	1000~3500
		>8.00~32.00	400~1200	1000~3500
	H112、F	>32.00~70.00	400~1200	1000~2000

4.5.2 镁及镁合金管

1. 镁及镁合金管挤压圆管的直径及允许偏差（表4-296）

表4-296 镁及镁合金管挤压圆管的直径及允许偏差（YS/T 495—2005）

（单位：mm）

直径（外径或内径）	直径允许偏差	
	平均直径与公称直径间的偏差	任一点直径与公称直径间的偏差
	$(AA+BB)/2$ 与公称直径之差	AA 与公称直径之差
≤12.50	±0.20	±0.40
>12.50~25.00	±0.25	±0.50
>25.00~50.00	±0.30	±0.64
>50.00~100.00	±0.38	±0.76
>100.00~150.00	±0.64	±1.25
>150.00~200.00	±0.88	±1.90

注：1. 当要求非对称偏差时，其非对称偏差的绝对值的平均值不大于表中标定偏差数值。
  2. 仅要求内径、外径与壁厚三项中的任意二项的偏差。
  3. 平均直径为在两个互为垂直方向测得的直径的平均值。
  4. 表中偏差数值不适用于壁厚小于2.5%×外径的管材。

2. 镁合金热挤压圆管的壁厚及允许偏差（表4-297）

表4-297　镁合金热挤压圆管的壁厚及允许偏差（YS/T 495—2005）

（单位：mm）

公称壁厚	壁厚允许偏差				
	平均壁厚与公称壁厚间的允许偏差 $(AA+BB)/2$ 与公称壁厚之差				任意点的壁厚与平均壁厚的允许偏差 AA 与平均壁厚之差
	外径				
	≤30	>30~80	>80~130	>130	
≤1.20	±0.15	—	—	—	
>1.20~1.60	±0.18	±0.20	±0.20	±0.25	
>1.60~2.00	±0.20	±0.20	±0.23	±0.30	
>2.00~3.20	±0.23	±0.25	±0.25	±0.38	
>3.20~6.30	±0.25	±0.25	±0.33	±0.50	
>6.30~10.00	±0.28	±0.28	±0.40	±0.64	±10%×平均壁厚，但最大值：±1.50，最小值：±0.25
>10.00~12.50	—	±0.38	±0.53	±0.88	
>12.5~20.0	—	±0.50	±0.72	±1.15	
>20.00~25.00	—	—	±0.98	±1.40	
>25.00~35.00	—	—	±1.15	±1.65	
>35.00~50.00	—	—	—	±1.90	
>50.00~60.00	—	—	—	±2.15	
>60.00~80.00	—	—	—	±2.40	±3.00
>80.00~90.00	—	—	—	±2.65	
>90.00~100.00	—	—	—	±2.90	

注：1. 仅要求内径、外径与壁厚三项中的任意二项的偏差。

2. 如果标定了外径和内径尺寸，而未标定出壁厚尺寸，则除要求外径和内径尺寸偏差符合本标准规定外，还要求任意点壁厚与平均壁厚的允许偏差（偏心度）不大于平均壁厚的±10%，但最大：±1.50mm，最小：±0.25mm。

3. 当要求非对称偏差时，其非对称偏差的绝对值的平均值不大于表中标定偏差数值。

4. 平均壁厚是指在管材断面的外径两端测得壁厚的平均值。

3. 镁合金热挤压异形管宽度或高度及允许偏差（表4-298）

表4-298 镁合金热挤压异形管宽度或高度及允许偏差（YS/T 495—2005）

（单位：mm）

公称宽度或高度	宽度或高度允许偏差		
	棱角处宽度或高度与相应公称宽度或高度间的允许偏差	非棱角处的宽度或高度与相应公称宽度或高度间的允许偏差	
	AA与公称宽度或高度之差	AA与公称宽度、高度之差	
	正方形、矩形管	正方形、六角形、八角形管	矩形管
1栏	2栏	3栏	4栏
>12.5~20.00	±0.30	±0.50	宽度允许偏差采用与高度相对的3栏；反之，高度允许偏差采用与宽度相对的3栏。但是，当这些数值小于本身所对应的2栏数值时，则按2栏
>20.00~25.00	±0.36	±0.50	
>25.00~50.00	±0.46	±0.64	
>50.00~100.00	±0.64	±0.88	
>100.00~130.00	±0.88	±1.15	
>130.00~150.00	±1.15	±1.40	
>150.00~180.00	±1.40	±1.65	

注：1. 当要求非对称偏差时，其非对称偏差的绝对值的平均值不大于表中标定偏差数值。
2. 仅要求内径、外径与壁厚三项中的任意二项的偏差。
3. 不适应于壁厚小于2.5%×外接圆直径的管材。

4. 镁合金热挤压异形管的壁厚及允许偏差（表 4-299）

表 4-299 镁合金热挤压异形管的壁厚及允许偏差（YS/T 495—2005）

（单位：mm）

公称壁厚	壁厚允许偏差			
	平均壁厚与公称壁厚间的允许偏差 $(AA+BB)/2$ 与公称壁厚之差		任意点的壁厚与平均壁厚的允许偏差（偏心度） AA 与平均壁厚之差	
	外接圆直径			
	≤130	>130	≤130	>130
≤1.20	±0.13	±0.20	±0.13	±10%×平均壁厚，但最大值为±1.50，最小值为±0.25
>1.20~1.60	±0.15	±0.23	±0.18	
>1.60~3.20	±0.18	±0.25	±0.25	
>3.20~6.30	±0.20	±0.38	±0.38	
>6.30~10.00	±0.28	±0.50	±0.64	
>10.00~12.5	±0.36	±0.76	±0.76	
>12.50~20.00	±0.64	±1.00	±1.00	
>20.00~25.00	±0.88	±1.25	±1.25	
>25.00~35.00	±1.15	±1.50	±1.50	
>35.00~50.00	—	1.75	—	

注：1. 仅要求内径、外径与壁厚三项中的任意二项的偏差。
2. 如果标定了外径和内径尺寸，而未标定出壁厚尺寸，则除要求外径和内径尺寸偏差符合本标准规定外，还要求任意点壁厚与平均壁厚的允许偏差（偏心度）不大于平均壁厚的±10%，但最大值为±1.50mm，最小值为±0.25mm。
3. 当要求非对称偏差时，其非对称偏差的绝对值的平均值不大于表中标定偏差数值。
4. 在分别位于两平行对边上的任意两个对称点处测得的壁厚值的平均值称平均壁厚。

4.5.3 镁及镁合金棒

镁及镁合金棒的规格及尺寸偏差如表4-300所示。

表4-300 镁及镁合金棒的规格及尺寸偏差（GB/T 5155—2013）

（单位：mm）

棒材直径（方棒、六角棒为内切圆直径）	直径允许偏差		
	A级	B级	C级
5~6	-0.30	-0.48	—
>6~10	-0.36	-0.58	—
>10~18	-0.43	-0.70	-1.10
>18~30	-0.52	-0.84	-1.30
>30~50	-0.62	-1.00	-1.60
>50~80	-0.74	-1.20	-1.90
>80~120	—	-1.40	-2.20
>120~180	—	—	-2.50
>180~250	—	—	-2.90
>250~300	—	—	-3.30

注：外径要求（±）偏差时，其偏差为本表对应数值绝对值的一半。

4.6 锌及锌合金

1. 锌阳极板的规格（表4-301）

表4-301 锌阳极板的规格（GB/T 2056—2005）

牌号	状态	厚度/mm	宽度/mm	长度/mm
Zn1（Zn99.99）	R	6.0~20.0	100~500	300~2000
Zn2（Zn99.95）	R	6.0~20.0	100~500	300~2000

2. 锌饼的规格及其允许偏差（表4-302）

表4-302 锌饼的规格及其允许偏差（GB/T 3610—2010）

牌号	形状	型号	直径或最长对角线/mm	厚度/mm
DX	圆形	R20	30.90~31.90	3.00~5.00
		R14	24.10~24.40	3.00~4.60
		R10	19.00~19.20	3.30~4.10
		R6	12.90~13.20	5.00~6.00
		R1	10.60	3.80
		R03	9.30~9.60	6.50~6.80
DX	六角形	R20	30.90~31.90	3.90~5.60
		R14	24.40	4.50~5.00

4.7 钛及钛合金产品

4.7.1 钛及钛合金板与带

1. 钛及钛合金板的规格（表4-303）

表4-303 钛及钛合金板的规格（GB/T 3621—2007）

牌号	制造方法	供应状态	厚度/mm	宽度/mm	长度/mm
TA1、TA2、TA3、TA4、TA5、TA6、TA7、TA8、TA8-1、TA9、TA9-1、TA10、TA11、TA15、TA17、TA18、TC1、TC2、TC3、TC4、TC4ELI	热轧	R、M	>4.75~60.0	400~3000	1000~4000
	冷轧	Y、M、ST	0.30~6.0	400~1000	1000~3000
TB2	热轧	ST	>4.0~10.0	400~3000	1000~4000
	冷轧	ST	1.0~4.0	400~1000	1000~3000
TB5、TB6、TB8	冷轧	ST	0.30~4.75	400~1000	1000~3000

注：工业纯钛板材供货的最小厚度为0.3mm。

2. 板式换热器用钛板的规格（表4-304）

表4-304 板式换热器用钛板的规格（GB/T 14845—2007）

牌号	状态	规格		
		厚度/mm	宽度/mm	长度/mm
TA1、TA8-1、TA9-1	M	0.5~1.0	300~1000	800~3000

3. 钛及钛合金带与箔的规格（表4-305）

表4-305 钛及钛合金带与箔的规格（GB/T 3622—2012）

牌号	品种	加工方式	供货状态	规格（厚度×宽度×长度）/mm	供货方式
TA1、TA2、TA3、TA4、TA8、TA8-1、TA9、TA9-1、TA10	箔材	冷轧	冷加工态（Y）	(0.01~<0.03)×(30~100)×(≥500)	产品可以片式或卷式供货 卷式供货可分为切边和不切边两种
			退火态（M）	(0.03~<0.10)×(50~300)×(≥500)	
	带材	冷轧	冷加工态（Y）	(0.10~<0.30)×(50~300)×(≥500)	
			退火态（M）	(0.30<3.00)×(<500)×C	
		热轧	热加工态（R）	(3.00~4.75)×(<600)×C	
			退火态（M）		

注：TA4仅供带材，其最小厚度为0.30mm。

4.7.2 钛及钛合金管

1. 普通钛及钛合金管的规格（表4-306）

表 4-306 普通钛及钛合金管的规格（GB/T 3624—2010）

牌号	状态	外径/mm	壁厚/mm															
			0.2	0.3	0.5	0.6	0.8	1.0	1.25	1.5	2.0	2.5	3.0	3.5	4.0	4.5	5.0	5.5
TA1 TA2 TA8 TA8-1 TA9 TA9-1 TA10	M	3~5	○	○	○	○	—	—	—	—	—	—	—	—	—	—	—	—
		>5~10	—	○	○	○	○	○	○	—	—	—	—	—	—	—	—	—
		>10~15	—	—	○	○	○	○	○	○	○	—	—	—	—	—	—	—
		>15~20	—	—	—	○	○	○	○	○	○	○	—	—	—	—	—	—
		>20~30	—	—	—	—	○	○	○	○	○	○	○	—	—	—	—	—
		>30~40	—	—	—	—	—	○	○	○	○	○	○	○	—	—	—	—
		>40~50	—	—	—	—	—	—	○	○	○	○	○	○	○	—	—	—
		>50~60	—	—	—	—	—	—	—	○	○	○	○	○	○	○	—	—
		>60~80	—	—	—	—	—	—	—	—	○	○	○	○	○	○	○	—
		>80~110	—	—	—	—	—	—	—	—	—	○	○	○	○	○	○	○

牌号	外径/mm	壁厚/mm											
		0.5	0.6	0.8	1.0	1.25	1.5	2.0	2.5	3.0	3.5	4.0	4.5
TA3	>10~15	○	○	○	○	○	○	○	—	—	—	—	—
	>15~20	—	○	○	○	○	○	○	○	—	—	—	—
	>20~30	—	—	○	○	○	○	○	○	○	—	—	—
	>30~40	—	—	—	○	○	○	○	○	○	○	—	—
	>40~50	—	—	—	—	○	○	○	○	○	○	○	—
	>50~60	—	—	—	—	—	○	○	○	○	○	○	○
	>60~80	—	—	—	—	—	—	○	○	○	○	○	○

注："○"表示可以生产的规格。

2. 换热器及冷凝器用钛及钛合金管规格

1) 冷轧钛及钛合金无缝管的规格如表 4-307 所示。

表 4-307 冷轧钛及钛合金无缝管的规格（GB/T 3625—2007）

牌号	状态	外径/mm	壁厚/mm											
			0.5	0.6	0.8	1.0	1.25	1.5	2.0	2.5	3.0	3.5	4.0	4.5
TA1 TA2 TA3 TA9 TA9-1 TA10	退火态（M）	>10~15	○	○	○	○	○	○	○	—	—	—	—	—
		>15~20	—	○	○	○	○	○	○	○	—	—	—	—
		>20~30	—	—	○	○	○	○	○	○	○	—	—	—
		>30~40	—	—	—	○	○	○	○	○	○	○	—	—
		>40~50	—	—	—	—	○	○	○	○	○	○	○	—
		>50~60	—	—	—	—	—	○	○	○	○	○	○	○
		>60~80	—	—	—	—	—	—	○	○	○	○	○	○

注："○"表示可以生产的规格。

2) 钛及钛合金焊接管的规格如表 4-308 所示。

表 4-308 钛及钛合金焊接管的规格（GB/T 3625—2007）

牌号	状态	外径/mm	壁厚/mm							
			0.5	0.6	0.8	1.0	1.25	1.5	2.0	2.5
TA1、TA2、TA3、TA9、TA9-1、TA10	M	16	○	○	○	○	—	—	—	—
		19	○	○	○	○	—	—	—	—
		25、27	○	○	○	○	○	—	—	—
		31、32、33	—	—	○	○	○	○	—	—
		38	—	—	—	—	—	○	○	○
		50	—	—	—	—	—	—	○	○
		63	—	—	—	—	—	—	○	○

注："○"表示可以生产的规格。

3）钛及钛合金焊接-轧制管的规格如表 4-309 所示。

表 4-309 钛及钛合金焊接-轧制管的规格（GB/T 3625—2007）

牌号	状态	外径/mm	壁厚/mm						
			0.5	0.6	0.8	1.0	1.25	1.5	2.0
TA1、TA2 TA3、TA9-1、 TA9、TA10	M	6~10	○	○	○	○	—	—	—
		>10~15	○	○	○	○	○	—	—
		>15~30	○	○	○	○	○	○	○

注："○"表示可以生产的规格。

4.8 镍及镍合金产品

4.8.1 镍及镍合金板与带

1. 镍及镍合金板的规格（表 4-310）

表 4-310 镍及镍合金板的规格（GB/T 2054—2013）

牌号	制造方法	状态	规格/mm	
			矩形板材（厚度×厚度×长度）	圆形板材（厚度×直径）
N4、N5（NW2201，N02201）、N6、N7（NW2200，N02200）、NSi0.19、NMg0.1、NW4-0.15、NW4-0.1、NW4-0.07、DN、NCu28-2.5-1.5、NCu30（NW4400，N04400）、NS1101（N08800）、NS1102（N08810）、NS1402（N08825）、NS3304（N10276）、NS3102（NW6600，N06600）、NS3306（N06625）	热轧	热加工态(R) 软态(M) 固溶退火态(ST)①	(4.1~100.0)×(50~3000)×(50~4500)	(4.1~100.0)×(500~3000)
	冷轧	冷加工态(Y) 半硬状态(Y₂) 软态(M) 固溶退火态(ST)①	(0.1~4.0)×(50~1500)×(500~4000)	(0.5~4.0)×(50~1500)

① 固溶退火态仅适用于 NS3304（N10276）和 NS3306（N06625）。

2. 镍及镍合金带的规格（表4-311）

表4-311 镍及镍合金带的规格（GB/T 2072—2007）

牌号	状态	规格		
		厚度/mm	宽度/mm	长度/mm
N4、N5、N6、N7、NMg0.1、DN、NSi0.19、NCu40-2-1、NCu28-2.5-1.5、NW4-0.15、NW4-0.1、NW4-0.07、NCu30	软态（M）	0.05~0.15	20~250	≥5000
	半硬态（Y_2）	>0.15~0.55		≥3000
	硬态（Y）	>0.55~1.2		≥2000

4.8.2 镍及镍合金管

镍及镍合金管的规格如表4-312所示。

表4-312 镍及镍合金管的规格（GB/T 2882—2013）

牌号	状态	规格/mm		长度
		外径	壁厚	
N2、N4、DN	软态（M） 硬态（Y）	0.35~18	0.05~0.90	100~15000
N6	软态（M） 半硬态（Y_2） 硬态（Y） 消除应力状态（Y_0）	0.35~110	0.05~8.00	
N5（N02201）、N7（N02200）、N8	软态（M） 消除应力状态（Y_0）	5~110	1.00~8.00	
NCr15-8（N06600）	软态（M）	12~80	1.00~3.00	
NCu30（N04400）	软态（M） 消除应力状态（Y_0）	10~110	1.00~8.00	
NCu28-2.5-1.5	软态（M） 硬态（Y）	0.35~110	0.05~5.00	
	半硬态（Y_2）	0.35~18	0.05~0.90	
NCu40-2-1	软态（M） 硬态（Y）	0.35~110	0.05~6.00	
	半硬态（Y_2）	0.35~18	0.05~0.90	
NSi0.19、NMg0.1	软态（M） 硬态（Y） 半硬态（Y_2）	0.35~18	0.05~0.90	

4.8.3 镍及镍合金棒

镍及镍合金棒的规格如表4-313所示。

表 4-313 镍及镍合金棒的规格（GB/T 4435—2010）

牌号	状态	直径/mm	长度/mm
N4、N5、N6、N7、N8、NCu28-2.5-1.5、NCu30-3-0.5、NCu40-2-1、NMn5、NCu30、NCu35-1.5-1.5	Y（硬） Y$_2$（半硬） M（软）	3~65	300~6000
	R（热加工）	6~254	

4.9 钼及钼合金产品

4.9.1 钼及钼合金板

1. 钼及钼合金板的规格（表4-314）

表 4-314 钼及钼合金板的规格（GB/T 3876—2017）

牌号	规格/mm			状态
	厚度	宽度	长度	
Mo1 Mo2 MoTi0.5 TZM MoLa	0.13~20.0	50~1750	200~2500	冷轧态（Y） 热轧态（R） 消应力退火态（m）

2. 钼圆片的规格（表4-315）

表 4-315 钼圆片的规格（GB/T 14592—2014）

牌号	供货状态	制造方法举例	规格/mm	
			直径	厚度
Mo1、Mo2	毛坯（M），退火态	冲裁-切割	≥4.0	≥0.6
	喷砂车边（P），退火态	喷砂-车边	≥4.0	≥0.6
	粗磨车边（C），退火态	粗磨-车边	≥10.0	≥0.6
	精磨车边（J），退火态	精磨-车边	≥10.0	≥0.6
	精轧电火花切割（D），退火态	精轧-线切割	≥4.0	≥0.1
Mo1	研磨车边（Y），退火态	研磨-车边	≥15.0	≥0.9

4.9.2 钼箔

钼箔的规格如表4-316所示。

表 4-316 钼箔的规格（GB/T 3877—2006）

牌号	状态	（厚度/mm）×（宽度/mm）×（长度/mm）
Mo1 Mo2 MoLa	冷轧（Y） 退火（m）	（0.01~0.03）×（50~120）×（≥200） （>0.03~0.13）×（50~240）×（≥200）

4.9.3 钼丝

1. 钼丝的牌号及用途（表4-317）

表4-317 钼丝的牌号及用途（GB/T 4182—2017）

牌号	用途
Mo1	照明用芯线、灯泡元器件及钼箔带、真空电子器件、喷涂、加热元件、线切割等
MoLa	照明用芯线、灯泡元器件及钼箔带、真空电子器件、喷涂、加热元件、焊接电极、高温构件、线切割等
MoY	钼箔带、支架、引出线、加热元件、高温构件等
MoK	引出线、喷涂、加热元件、高温构件、打印机针头等

2. 钼丝分级及分类标记方法（表4-318）

表4-318 钼丝分级及分类标记方法（GB/T 4182—2017）

分级标记方法		分类标记方法	
分级	标记	分类	标记
Ⅰ级	Ⅰ	拉制	D
Ⅱ级	Ⅱ	矫直	S
Ⅲ级	Ⅲ	退火	H
—	—	电解	E
—	—	化学处理	C

4.10 其他有色金属产品

4.10.1 钨及钨合金

1. 钨板的规格（表4-319）

表4-319 钨板的规格（GB/T 3875—2017）

牌号	制造方法	状态	规格/mm		
			厚度	宽度	长度
W1	烤轧-消除应力	轧制态（m）	0.10~0.20	30~300	50~1000
			>0.20~1.0	50~500	50~1000
			>1.0~4.0	50~610	50~1000
	热轧-消除应力		>4.0~6.0	50~610	50~800
			>6.0~20.0	50~610	50~800
	热轧-消除应力-机加工	机加工态（J）	>1.5~20.0	10~300	10~610

注：经供需双方协商，可供应其他规格的钨板。

2. 照明及电子设备用钨丝

1）照明及电子设备用钨丝的加工状态及用途如表4-320所示。

表4-320 照明及电子设备用钨丝的加工状态及用途（GB/T 23272—2009）

牌号	加工状态	用途
W91	拉制/矫直/退火/电解抛光/化学清洗	制造高色温灯丝、耐振灯丝，如卤素灯
W71	拉制/矫直/退火/电解抛光/化学清洗	制造高温耐振灯丝
W61	拉制/矫直/退火/电解抛光/化学清洗	制造双螺旋普灯、荧光灯、节能灯灯丝
W31	拉制/矫直/退火/电解抛光/化学清洗	制造普灯灯丝、支架丝、栅丝、照明电极
W41	拉制/矫直/退火/电解抛光/化学清洗	制造钨加热子、引线、炉体加热材料
W42	拉制/矫直/退火/电解抛光/化学清洗	制造钨加热子、引线、高温构件
W11	拉制/矫直/退火/电解抛光/化学清洗	制造焊接电极、炉体加热材料、引线

注：经退火/电解抛光/化学清洗去除表面石墨、氧化层后的钨丝称为白钨丝，表面有石墨乳涂层的钨丝称为黑钨丝。

2）照明及电子设备用钨丝的标识方法如表4-321所示。

表4-321 照明及电子设备用钨丝的标识方法（GB/T 23272—2009）

公差等级		加工状态	
分类	标识	分类	标识
超0级	00	拉制	D
0级	0	矫直	S
I级	I	退火	H
II级	不标识	电解抛光	E
		化学清洗	C

3）照明及电子设备用钨丝的单根最短长度如表4-322所示。

表4-322 照明及电子设备用钨丝的单根最短长度（GB/T 23272—2009）

钨丝直径 $d/\mu m$	钨丝200mm丝段重量 m/mg	最短长度/m
$8 \leqslant d < 15$	$0.19 \leqslant m < 0.68$	3000
$15 \leqslant d < 25$	$0.68 \leqslant m < 1.89$	2000
$25 \leqslant d < 50$	$1.89 \leqslant m < 7.57$	1000
$50 \leqslant d < 80$	$7.57 \leqslant m < 19.39$	800
$80 \leqslant d < 130$	$19.39 \leqslant m < 51.21$	300
$130 \leqslant d < 200$	$51.21 \leqslant m < 121.20$	200
$200 \leqslant d < 390$	$121.20 \leqslant m < 460.86$	100
$390 \leqslant d < 500$	—	相当于400g重量的长度
$500 \leqslant d < 1800$	—	相当于600g重量的长度

4.10.2 钽及钽合金

1. 钽及钽合金板、带和箔的规格（表4-323）

表 4-323 钽及钽合金板、带和箔的规格 (GB/T 3629—2017)

牌号	供应状态	规格/mm 厚度	规格/mm 宽度	规格/mm 长度	品种
Ta1	Y(冷加工态)	0.01~0.1	30~300	≥300	箔材
Ta2		>0.1~0.5	50~650	≥50	带材
FTa1		>0.5~0.8	50~800	50~3000	板材
FTa2	M(退火态)	>0.8~2.0	50~1200	50~2000	
TaNb3	Y(冷加工态)	>2.0~6.0	50~1000	50~1500	板材
TaNb20					
TaNb40					
TaW2.5					
TaW10		>6.0	50~650	50~1500	

2. 钽及钽合金无缝管的规格 (表 4-324)

表 4-324 钽及钽合金无缝管的规格 (GB/T 8182—2008)

牌号	供货状态	外径/mm	壁厚/mm 0.2	0.3	0.4	0.5	0.6	0.8	1.0	1.2	1.5	2.0	2.5	3.0	3.5	4.0
Ta1	退火(M)	1~3	○	○	—	—	—	—	—	—	—	—	—	—	—	—
Ta2	冷轧、冷拔	>3~5	○	○	○	○	—	—	—	—	—	—	—	—	—	—
TaNb3	(Y)	>5~15	—	○	○	○	○	○	—	—	—	—	—	—	—	—
TaNb20	消除应力	>15~25	—	—	—	○	○	○	○	○	○	—	—	—	—	—
TaW2.5	(M)	>25~35	—	—	—	—	○	○	○	○	○	○	—	—	—	—
		>35~40	—	—	—	—	—	○	○	○	○	○	○	○	—	—
		>40~50	—	—	—	—	—	—	○	○	○	○	○	○	○	○
		>50~65	—	—	—	—	—	—	—	○	○	○	○	○	○	○

注:"○"表示可以生产的规格。

3. 钽及钽合金棒的规格 (表 4-325)

表 4-325 钽及钽合金棒的规格 (GB/T 14841—2008)

牌号	状态	直径或边长/mm	长度/mm
Ta1 Ta2 TaNb3 TaNb20 TaNb40 TaW2.5 TaW10	冷加工态(Y) 热加工态(R) 退火态(M)	3.0~95	≥200
FTa1 FTa2	冷加工态(Y) 退火态(M)	3.5~5.0 >5.0~25	≥500 ≥300

4.10.3 铌及铌合金

1. 增材制造用铌及铌合金粉的粒径 (表 4-326)

表 4-326　增材制造用铌及铌合金粉的粒径（GB/T 38974—2020）

类别	粒度范围	粒度组成	粒度分布	用途
Ⅰ类	≤63μm	>63μm 不大于 5%	$25\mu m \leq D_{50} \leq 45\mu m$	适用于粉末床熔融（选区激光熔融）增材制造领域
Ⅱ类	45~150μm	≤45μm 不大于 5%，>150μm 不大于 5%	$3\mu m \leq D_{50} \leq 105\mu m$	适用于粉末床熔融（电子束熔化）增材制造领域
Ⅲ类	30~250μm	≤30μm 不大于 5%，>250μm 不大于 5%	$53\mu m \leq D_{50} \leq 212\mu m$	适用于定向能量沉积增材制造领域

2. 铌及铌合金无缝管的规格（表 4-327）

表 4-327　铌及铌合金无缝管的规格（GB/T 8182—2008）

牌号	状态	外径/mm	壁厚/mm												
			0.2	0.3	0.4	0.5	0.6	0.8	1.0	1.2	1.5	2.0	2.5	3.0	3.5	4.0
Nb1 Nb2 NbZr1 NbZr2	退火（M） 冷轧（冷拔）（Y） 消除应力（m）	1~3	○	○	○	—	—	—	—	—	—	—	—	—	—	—
		>3~5	○	○	○	○	○	—	—	—	—	—	—	—	—	—
		>5~15	—	○	○	○	○	○	○	—	—	—	—	—	—	—
		>15~25	—	—	○	○	○	○	○	○	○	○	—	—	—	—
		>25~35	—	—	—	—	○	○	○	○	○	○	○	○	—	—
		>35~40	—	—	—	—	—	○	○	○	○	○	○	○	○	—
		>40~50	—	—	—	—	—	—	○	○	○	○	○	○	○	○
		>50~65	—	—	—	—	—	—	—	○	○	○	○	○	○	○

注："○"表示可以生产的规格。

3. 铌及铌合金棒的规格（表 4-328）

表 4-328　铌及铌合金棒的规格（GB/T 14841—2008）

牌号	供应状态	直径或边长/mm	长度/mm
Nb1 Nb2 NbZr1 NbZr2	冷加工态（Y） 热加工态（R） 退火态（M）	3.0~80	≥500
FNb1 FNb2	冷加工态（Y） 退火态（M）	3.5~5.0 >5.0~12	≥500 ≥300
NbHf10-1	冷加工态（Y） 退火态（M）	20~80	500~2000

第5章 建筑装潢五金件

5.1 合页

5.1.1 H型合页

1. H型合页的形式（图5-1）

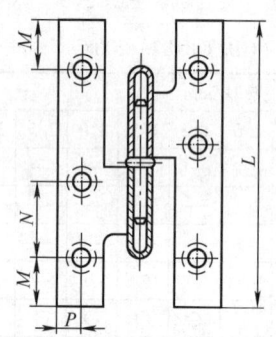
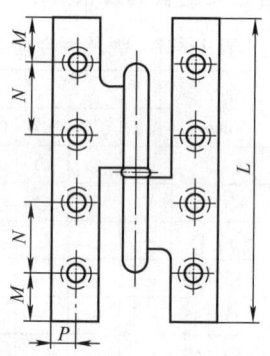

（单位：mm）

L	80.00	95.00	110.00
M	8.00	8.00	9.00
N	22.00	27.50	33.00
P	7.00	7.00	7.50

a)

（单位：mm）

L	140.00
M	10.00
N	40.00
P	7.50

b)

图5-1 H型合页

a) A型 b) B型

2. H型合页的基本尺寸（表5-1）

表5-1 H型合页的基本尺寸（QB/T 4595.4—2013）

系列编号	合页长度/mm	合页厚度/mm		每片页片的最少螺孔数/个
		基本尺寸	极限偏差	
H30	80.00	2.00		3
H40	95.00	2.00	0	3
H45	110.00	2.00	-0.10	3
H55	140.00	2.50		4

注：H为H型合页，后面两个数字表示合页长度，30表示约为3in，45表示约为4½in，依次类推。

5.1.2 T型合页

1. T型合页的形式（图5-2）

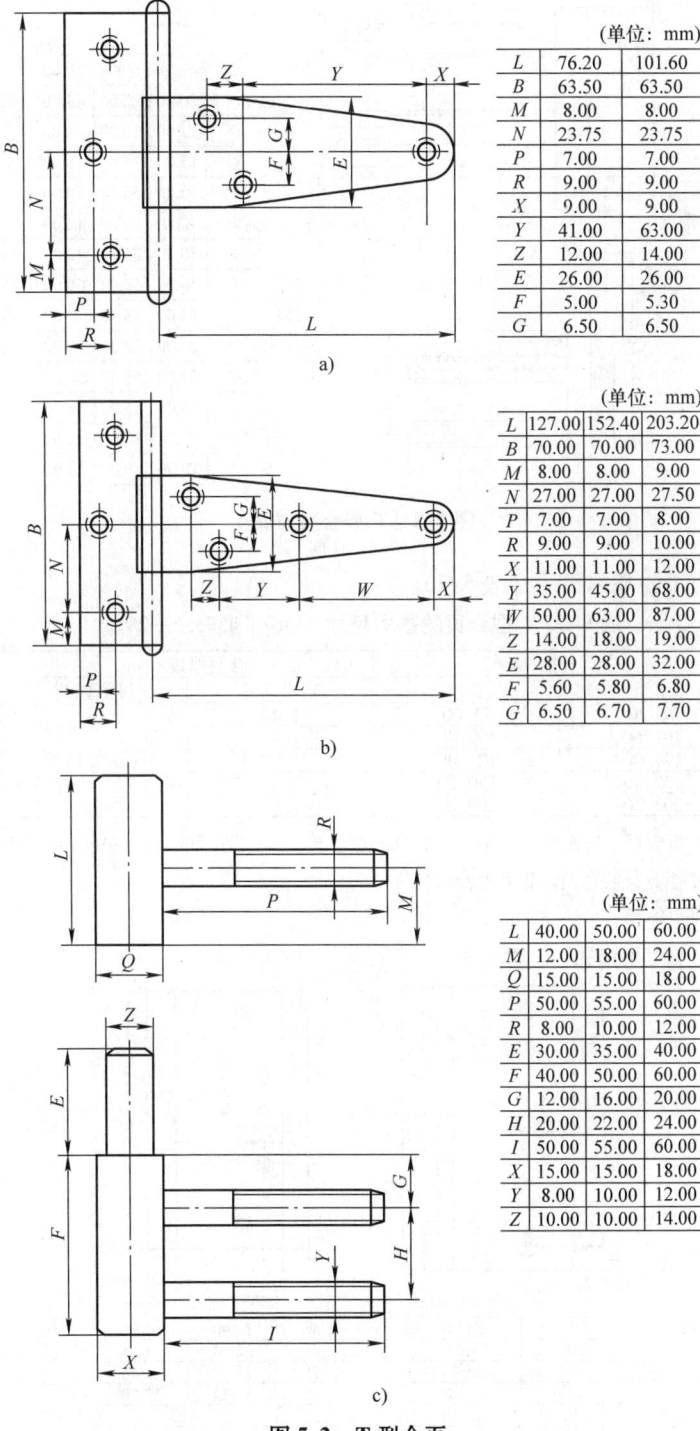

图 5-2　T 型合页

a) A 型　b) B 型　c) C 型

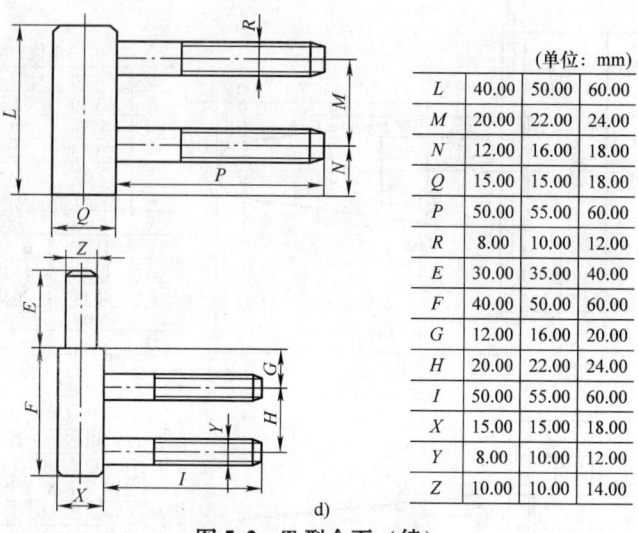

图 5-2 T 型合页（续）
d) D 型

（单位：mm）

L	40.00	50.00	60.00
M	20.00	22.00	24.00
N	12.00	16.00	18.00
Q	15.00	15.00	18.00
P	50.00	55.00	60.00
R	8.00	10.00	12.00
E	30.00	35.00	40.00
F	40.00	50.00	60.00
G	12.00	16.00	20.00
H	20.00	22.00	24.00
I	50.00	55.00	60.00
X	15.00	15.00	18.00
Y	8.00	10.00	12.00
Z	10.00	10.00	14.00

2. T 型合页的基本尺寸（表 5-2）

表 5-2 T 型合页的基本尺寸（QB/T 4595.5—2013）

系列编号	合页长度/mm		合页厚度/mm		每片页片的最少螺孔数/个
	I 组	II 组	基本尺寸	极限偏差	
T30	76.20	75.00	1.40	±0.10	3
T40	101.60	100.00	1.40		3
T50	127.00	125.00	1.50		4
T60	152.40	150.00	1.50		4
T80	203.20	200.00	1.80		4

注：T 表示 T 型合页，后面两个数字表示合页长度，30 = 3in（76.20mm），40 = 4in（101.60mm），依次类推。I 组为英制系列，II 组为公制系列。

5.1.3 普通型合页

1. 普通型合页的形式（图 5-3）

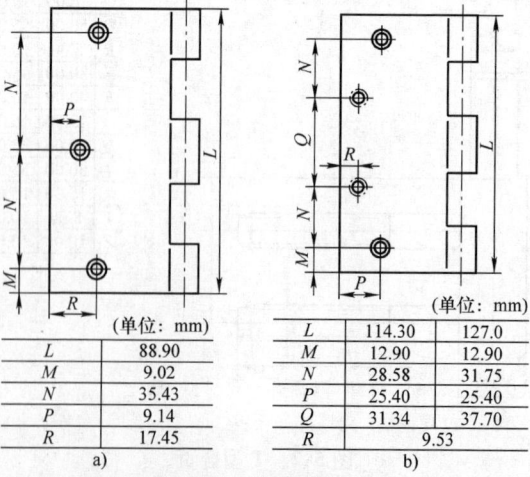

（单位：mm）

a)			b)		
L	88.90		L	114.30	127.0
M	9.02		M	12.90	12.90
N	35.43		N	28.58	31.75
P	9.14		P	25.40	25.40
R	17.45		Q	31.34	37.70
			R	9.53	

图 5-3 普通型合页
a) A 型　b) B 型

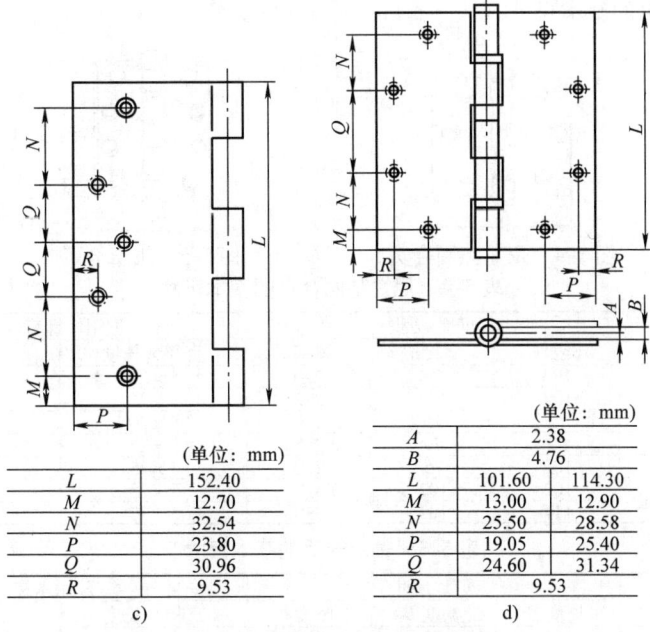

	(单位：mm)
L	152.40
M	12.70
N	32.54
P	23.80
Q	30.96
R	9.53

c)

	(单位：mm)	
A	2.38	
B	4.76	
L	101.60	114.30
M	13.00	12.90
N	25.50	28.58
P	19.05	25.40
Q	24.60	31.34
R	9.53	

d)

图 5-3　普通型合页（续）

c) C 型　d) D 型

2. 普通型合页的基本尺寸（表 5-3）

表 5-3　普通型合页的基本尺寸（QB/T 4595.1—2013）

系列编号	合页长度 L/mm		合页厚度 T/mm	每片页片最少螺孔数/个
	Ⅰ组	Ⅱ组		
A35	88.90	90.00	2.50	3
A40	101.60	100.00	3.00	4
A45	114.30	110.00	3.00	4
A50	127.00	125.00	3.00	4
A60	152.40	150.00	3.00	5
B45	114.30	110.00	3.50	4
B50	127.00	125.00	3.50	4
B60	152.40	150.00	4.00	5
B80	203.20	200.00	4.50	7

注：1. 系列编号中 A 为中型合页，B 为重型合页，后跟两个数字表示合页长度，35 = 3½in（88.90mm），40 = 4in（101.60mm），依次类推。

2. Ⅰ组为英制系列，Ⅱ组为公制系列。

5.1.4　尼龙垫圈合页

1. 尼龙垫圈合页的形式（图 5-4）
2. 尼龙垫圈合页的基本尺寸（表 5-4）

5.1.5　轴承合页

1. 轴承合页的形式（图 5-5）

2. 轴承合页的基本尺寸（表5-5）

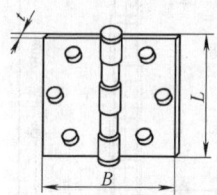
图5-4 尼龙垫圈合页

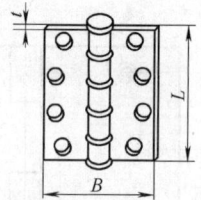
图5-5 轴承合页

表5-4 尼龙垫圈合页的基本尺寸 （单位：mm）

规　格	页片尺寸			配用木螺钉（参考）	
	长度 L	宽度 B	厚度 t	直径×长度	数量/个
102×76	102	76	2.0	5×25	8
102×102	102	102	2.2	5×25	8
75×75	75	75	2.0	5×20	6
89×89	89	89	2.5	5×25	8
102×75	102	75	2.0	5×25	8
102×102	102	102	3.0	5×25	8
114×102	114	102	3.0	5×30	8

表5-5 轴承合页的基本尺寸 （单位：mm）

规　格	页片尺寸			配用木螺钉	
	长度 L	宽度 B	厚度 t	直径×长度	数量/个
114×98	114	98	3.5	6×30	8
114×114	114	114	3.5	6×30	8
200×140	200	140	4.0	6×30	8
102×102	102	102	3.2	6×30	8
114×102	114	102	3.3	6×30	8
114×114	114	114	3.3	6×30	8
127×114	127	114	3.7	6×30	8

5.1.6 轻型合页

1. 轻型合页的形式（图5-6）

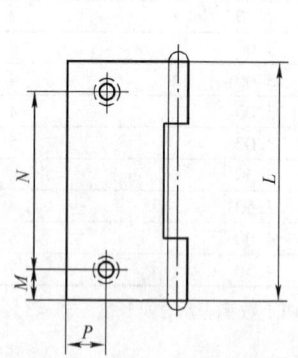

（单位：mm）

L	25.40	38.10
M	3.50	5.50
N	18.00	27.00
P	4.00	4.50

a)

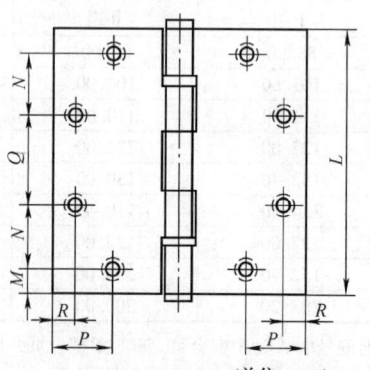

（单位：mm）

L	76.20	88.90	101.60
M	9.50	9.50	90.00
N	15.00	21.50	28.00
P	13.00	13.00	13.00
Q	27.00	27.00	28.00
R	8.00	10.00	8.00

b)

图5-6 轻型合页
a) A型　b) B型

2. 轻型合页的基本尺寸（表5-6）

表5-6 轻型合页的基本尺寸（QB/T 4595.2—2013）

系列编号	合页长度/mm		合页厚度/mm		每片页片的最少螺孔数/个
	Ⅰ组	Ⅱ组	基本尺寸	极限偏差	
C10	25.40		0.70		2
C15	38.10		0.80		2
C20	50.80	50.00	1.00	0 −0.10	3
C25	63.50	65.00	1.10		3
C30	76.20	75.00	1.10		4
C35	88.90	90.00	1.20		4
C40	101.60	100.00	1.30		4

注：C为轻型合页，后面两个数字表示合页长度，35 = 3½in（88.90mm），40 = 4in（101.60mm），依次类推。Ⅰ组为英制系列，Ⅱ组为公制系列。

5.1.7 双袖型合页

双袖型合页如图5-7所示，基本尺寸如表5-7所示。

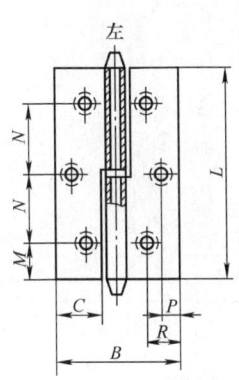

（单位：mm）

L	75.00	100.00
M	9.00	9.50
N	28.50	40.50
P	8.00	9.00
R	15.00	17.00
C	23.00	28.00
B	60.00	70.00

a)

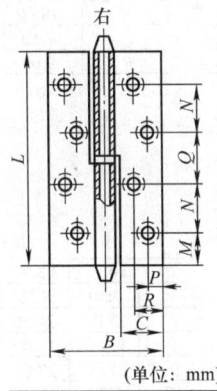

（单位：mm）

L	125.00	150.00
M	13.00	15.00
N	33.00	40.00
Q	33.00	40.00
P	10.00	10.00
R	15.00	17.00
C	33.00	38.00
B	85.00	95.00

b)

图5-7 双袖型合页
a) A型　b) B型

表5-7 双袖型合页的基本尺寸（QB/T 4595.6—2013）

系列编号	合页长度/mm	合页厚度/mm		每片页片的螺孔数/个
		基本尺寸	极限偏差	
G30	75.00	1.50		3
G40	100.00	1.50	±0.10	3
G50	125.00	1.80		4
G60	150.00	2.00		4

注：G表示双袖型合页，后面两个数字表示合页长度，30 = 3in（75.00mm），40 = 4in（100mm），依次类推。

5.1.8 脱卸合页

1. 脱卸合页的形式（图5-8）
2. 脱卸合页的基本尺寸（表5-8）

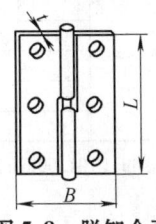

图5-8 脱卸合页

表5-8 脱卸合页的基本尺寸 （单位：mm）

规格	页片尺寸			配用木螺钉（参考）	
	长度 L	宽度 B	厚度 t	直径×长度	数量/个
50	50	39	1.2	3×20	4
65	65	44	1.2	3×25	6
75	75	50	1.5	3×30	6

5.1.9 抽芯型合页

1. 抽芯型合页的形式（图5-9）

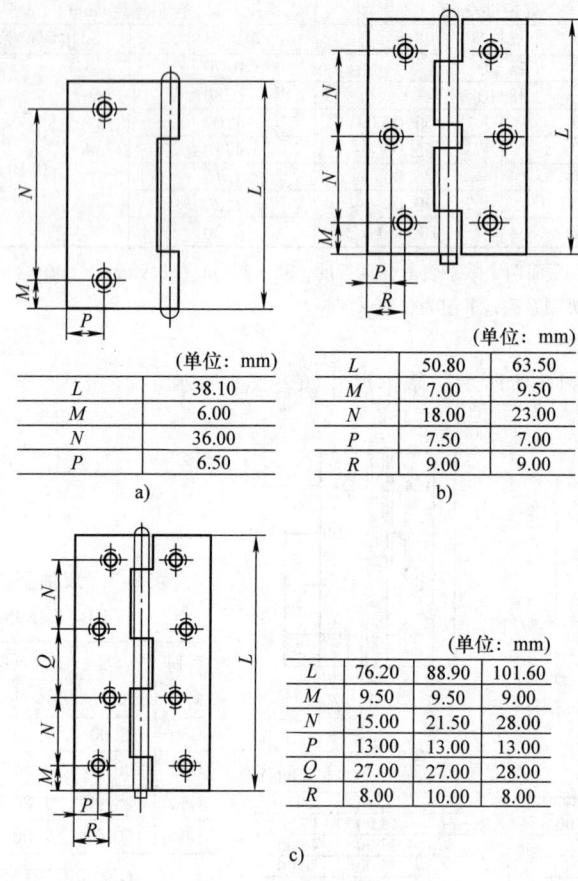

	（单位：mm）
L	38.10
M	6.00
N	36.00
P	6.50

a)

	（单位：mm）	
L	50.80	63.50
M	7.00	9.50
N	18.00	23.00
P	7.50	7.00
R	9.00	9.00

b)

	（单位：mm）		
L	76.20	88.90	101.60
M	9.50	9.50	9.00
N	15.00	21.50	28.00
P	13.00	13.00	13.00
Q	27.00	27.00	28.00
R	8.00	10.00	8.00

c)

图5-9 抽芯型合页
a) A型 b) B型 c) C型

2. 抽芯型合页的基本尺寸（表5-9）

表5-9 抽芯型合页的基本尺寸（QB/T 4595.3—2013）

系列编号	合页长度/mm		合页厚度/mm		每片页片的螺孔数/个
	Ⅰ组	Ⅱ组	基本尺寸	极限偏差	
D15	38.10		1.20	±0.10	2
D20	50.80	50.00	1.30		3
D25	63.50	65.00	1.40		3
D30	76.20	75.00	1.60		4
D35	88.90	90.00	1.60		4
D40	101.60	100.00	1.80		4

注：D为抽芯型合页，后面两个数字表示合页长度，35 = 3½in（88.90mm），40 = 4in（101.60mm），依次类推。Ⅰ组为英制系列，Ⅱ组为公制系列。

5.1.10 扇形合页

1. 扇形合页的形式（图 5-10）
2. 扇形合页的基本尺寸（表 5-10）

5.1.11 自关合页

1. 自关合页的形式（图 5-11）

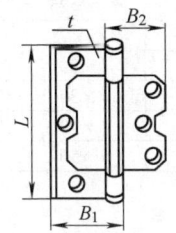

图 5-10 扇形合页

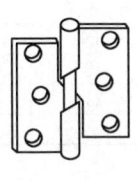 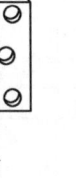 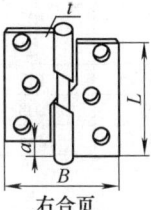

左合页　　　　　右合页

图 5-11 自关合页

表 5-10 扇形合页的基本尺寸　　　　　（单位：mm）

规格	页片尺寸				配用木螺钉/沉头螺钉(参考)	
	长度 L	宽度 B_1	宽度 B_2	厚度 t	直径×长度	数量/个
75	75	48.0	40.0	2.0	4.5×25/M5×10	3/3
100	100	48.5	40.5	2.5	4.5×25/M5×10	3/3

2. 自关合页的基本尺寸（表 5-11）

表 5-11 自关合页的基本尺寸　　　　　（单位：mm）

规格	页片尺寸				配用木螺钉(参考)	
	长度 L	宽度 B	厚度 t	升高 a	直径×长度	数量/个
75	75	70	2.7	12	4.5×30	6
100	100	80	3.0	13	4.5×40	8

5.1.12 台合页

1. 台合页的形式（图 5-12）
2. 台合页的基本尺寸（表 5-12）

5.1.13 弹簧合页

1. 弹簧合页的形式（图 5-13）

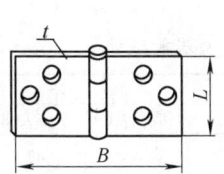 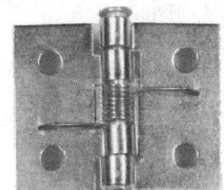

图 5-12 台合页　　　　　图 5-13 弹簧合页

表 5-12 台合页的基本尺寸　　　　　（单位：mm）

页片尺寸/mm			配用木螺钉	
长度 L	宽度 B	厚度 t	直径×长度	数量/个
34	80	1.2	3×16	6
38	136	2.0	3.5×25	6

2. 弹簧合页的基本尺寸（表 5-13）

表 5-13　弹簧合页的基本尺寸（QB/T 1738—1993）　　（单位：mm）

规格	页片尺寸					配用木螺钉（参考）	
	长度		宽度		厚度	直径× 长度	数量/个
	Ⅱ型	Ⅰ型	单弹簧	双弹簧			
75	75	76	36	48	1.8	3.5×25	8
100	100	102	39	56	1.8	3.5×25	8
125	125	127	45	64	2.0	4×30	8
150	150	152	50	64	2.0	4×30	10
200	200	203	71	95	2.4	4×40	10
250	250	254	—	95	2.4	5×50	10

5.1.14　蝴蝶合页

1. 蝴蝶合页的形式（图 5-14）
2. 蝴蝶合页的基本尺寸（表 5-14）

5.1.15　自弹杯状暗合页

1. 自弹杯状暗合页的形式（图 5-15）

图 5-14　蝴蝶合页

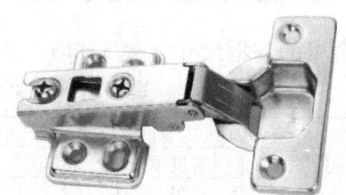

图 5-15　自弹杯状暗合页

表 5-14　蝴蝶合页的基本尺寸　　（单位：mm）

规格	页片尺寸			配用木螺钉	
	长度	宽度	厚度	直径×长度	数量/个
70	70	72	1.2	4×30	6

2. 自弹杯状暗合页的基本尺寸（表 5-15）

表 5-15　自弹杯状暗合页的基本尺寸　　（单位：mm）

带底座的合页				基座				
类型	底座直径	合页总长	合页总宽	类型	中心距	底板厚	基座总长	基座总宽
直臂式	35	95	66	V型	28	4	42	45
曲臂式	35	90	66	K型	28	4	42	45
大曲臂式	35	93	66					

5.2　拉手和执手

5.2.1　玻璃大门拉手

1. 玻璃大门拉手的形式（图 5-16）

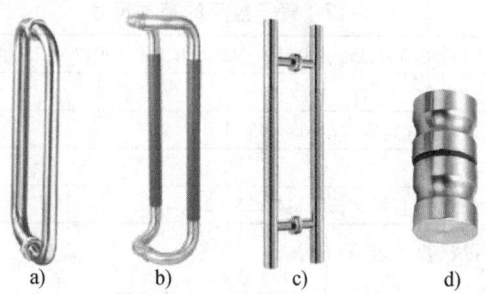

图 5-16 玻璃大门拉手

a) 弯管拉手 b) 花（弯）管拉手 c) 直管拉手 d) 圆盘拉手（太阳拉手）

2. 玻璃大门拉手的规格（表 5-16）

表 5-16 玻璃大门拉手的规格

品种	代号	规格尺寸/mm	材料及表面处理
弯管拉手	MA113	管子全长×外径： 600×51，457×38， 457×32，300×32	不锈钢，表面抛光
花（弯） 管拉手	MA112 MA123	管子全长×外径： 800×51，600×51， 600×32，457×38， 457×32，350×32	不锈钢，表面抛光，环状花纹表面为金黄色；手柄部分也有用柚木、彩色大理石或有机玻璃制造的
直管 拉手	MA104 MA122	600×51，457×38 457×32，300×32 800×54，600×54 600×42，457×42	不锈钢，表面抛光，环状花纹表面为金黄色；手柄部分也有用彩色大理石、柚木制造的
圆盘拉手 （太阳拉手）		圆盘直径：160，180， 200，220	不锈钢、黄铜，表面抛光；铝合金，表面喷塑（白色、红色等）；有机玻璃

5.2.2 管子拉手

1. 管子拉手的形式（图 5-17）
2. 管子拉手的基本尺寸（表 5-17）

5.2.3 梭子拉手

1. 梭子拉手的形式（图 5-18）

图 5-17 管子拉手

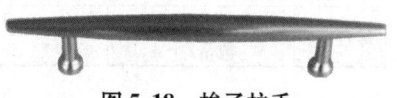

图 5-18 梭子拉手

表 5-17 管子拉手的基本尺寸　　　　　　　　　（单位：mm）

主要尺寸	管子	长度(规格尺寸):250、300、350、400、450、500、550、600、650、700、750、800、850、900、950、1000
		外径×壁厚:32×1.5
	桩头	底座直径×圆头直径×高度:77×65×95
	拉手总长:管子长度+40	

每副(2只)拉手配用镀锌木螺钉(直径×长度):4×25,12个

2. 梭子拉手的基本尺寸（表 5-18）

表 5-18 梭子拉手的基本尺寸　　　　　　　　　（单位：mm）

主要尺寸					每副(2只)拉手配用镀锌木螺钉	
规格尺寸（全长）	管子外径	高度	桩脚底座直径	两桩脚中心距	直径×长度	数量/个
200	19	65	51	60	3.5×18	12
350	25	69	51	210	3.5×18	12
450	25	69	51	310	3.5×18	12

5.2.4 小拉手

1. 小拉手的形式（图 5-19）
2. 小拉手的基本尺寸（表 5-19）

5.2.5 蟹壳拉手

1. 蟹壳拉手的形式（图 5-20）

图 5-19　小拉手　　　　　图 5-20　蟹壳拉手

表 5-19 小拉手的基本尺寸　　　　　　　　　（单位：mm）

拉手品种		普通式				香蕉式		
拉手规格尺寸(全长)		75	100	125	150	90	110	130
钉孔中心距(纵向)		65	88	108	131	60	75	90
配用螺钉	品种	沉头木螺钉				盘头螺钉		
	直径	3	3.5	3.5	4	M3.5		
	长度	16	20	20	25	25		
	数量/个	4				2		

2. 蟹壳拉手的基本尺寸（表 5-20）

表 5-20 蟹壳拉手的基本尺寸　　　　　　　　　（单位：mm）

长度		65(普通)	80(普通)	90(方型)
配用木螺钉	直径×长度	3×16	3.5×20	3.5×20
	数量/个	3	3	4

5.2.6 圆柱拉手

1. 圆柱拉手的形式（图 5-21）

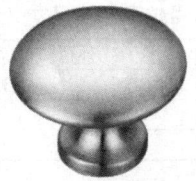

图 5-21　圆柱拉手

2. 圆柱拉手的基本尺寸（表 5-21）

表 5-21　圆柱拉手的基本尺寸

品　名	材料	表面处理	圆柱拉手尺寸/mm		配用镀锌半圆头螺钉和垫圈
			直径	高度	
圆柱拉手	低碳钢	镀铬	35	22.5	M5×25；垫圈 5
塑料圆柱拉手	ABS		40	20	M5×30

5.2.7　铝合金门窗拉手

1. 标记

1）铝合金门窗拉手标记如下：

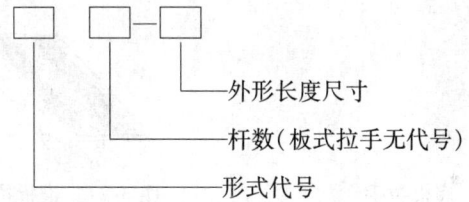

2）门用拉手形式代号如表 5-22 所示，窗用拉手形式代号如表 5-23 所示。

表 5-22　门用拉手形式代号（QB/T 3889—1999）

形式名称	杆式	板式	其他
代号	MG	MB	MQ

表 5-23　窗用拉手形式代号（QB/T 3889—1999）

形式名称	板式	盒式	其他
代号	CB	CH	CQ

2. 形式与尺寸

铝合金门窗拉手如图 5-22 所示，门用拉手外形尺寸如表 5-24 所示，窗用拉手外形尺寸如表 5-25 所示。

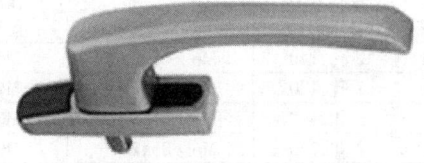

图 5-22　铝合金门窗拉手

表 5-24　铝合金门用拉手外形尺寸（QB/T 3889—1999）（单位：mm）

名称	外形长度系列					
门用拉手	200	250	300	350	400	450
	500	550	600	650	700	750
	800	850	900	950	1000	—

表 5-25　铝合金窗用拉手外形尺寸（QB/T 3889—1999）（单位：mm）

名　称	外形长度系列			
窗用拉手	50	60	70	80
	90	100	120	150

5.2.8　底板拉手

1. 底板拉手的形式（图 5-23）
2. 底板拉手的基本尺寸（表 5-26）

5.2.9　推板拉手

1. 推板拉手的形式（图 5-24）

图 5-23　底板拉手

图 5-24　推板拉手

表 5-26　底板拉手的基本尺寸　　　　　　（单位：mm）

规格尺寸	普通式			方柄式			每副(2只)拉手附 镀锌木螺钉	
（底板全长）	底板宽度	底板厚度	手柄长度	底板宽度	底板厚度	手柄长度	直径×长度	数量/个
150	40	1.0	90	30	2.5	120	3.5×25	8
200	48	1.2	120	35	2.5	163	3.5×25	8
250	58	1.2	150	50	3.0	196	4×25	8
300	66	1.6	190	55	3.0	240	4×25	8

2. 推板拉手的基本尺寸（表 5-27）

表 5-27　推板拉手的基本尺寸　　　　　　（单位：mm）

型号	拉手主要尺寸				每副(2只)拉手附件的品种、规格和数量		
	规格（长度）	宽度	高度	螺栓孔数及中心距	双头螺柱	盖形螺母	铜垫圈
X-3	200	100	40	2孔,140	M6×65,2个	M6,4个	6,4个
	250	100	40	2孔,170	M6×65,2个	M6,4个	6,4个
	300	100	40	3孔,110	M6×65,3个	M6,6个	6,6个
228	300	100	40	2孔,270	M6×85,2个	M6,4个	6,4个

注：拉手材料为铝合金，表面为银白色、古铜色或金黄色。

5.2.10 钢窗执手

1. 211 左执手的形式及尺寸（图 5-25）
2. 212 右执手的形式及尺寸（图 5-26）

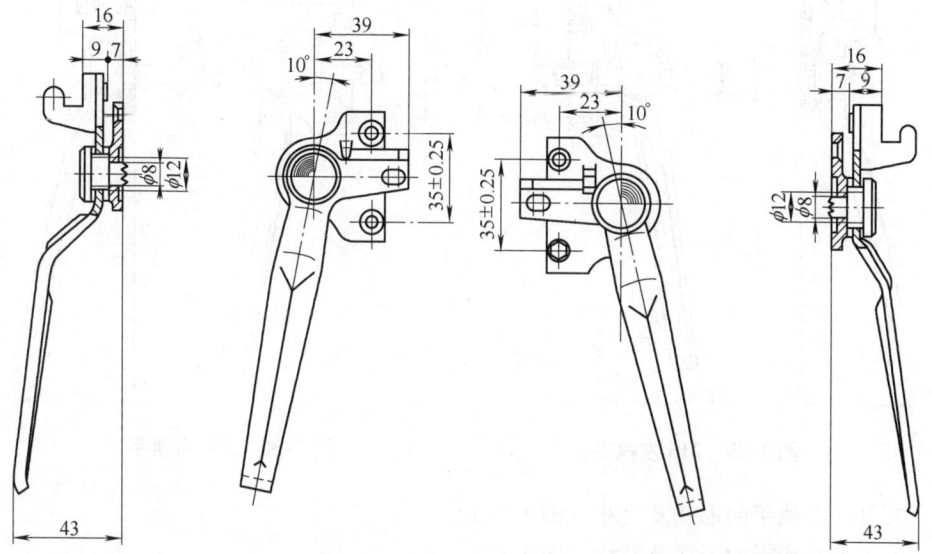

图 5-25　211 左执手　　　　　图 5-26　212 右执手

3. 213 左执手的形式及尺寸（图 5-27）
4. 214 右执手的形式及尺寸（图 5-28）

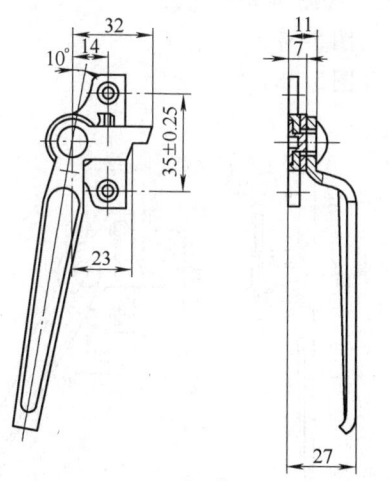 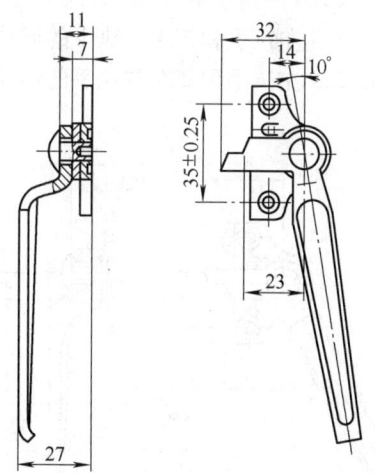

图 5-27　213 左执手　　　　　图 5-28　214 右执手

5. 215 左执手的形式及尺寸（图 5-29）
6. 216 右执手的形式及尺寸（图 5-30）

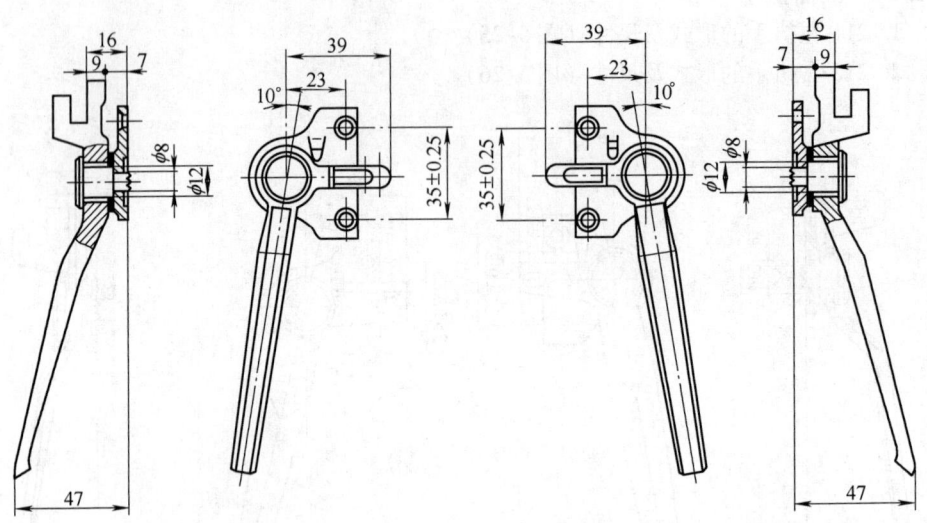

图 5-29　215 左执手　　　　　图 5-30　216 右执手

7. 217 左执手的形式及尺寸（图 5-31）
8. 218 右执手的形式及尺寸（图 5-32）
9. 219 左执手的形式及尺寸（图 5-33）
10. 220 右执手的形式及尺寸（图 5-34）
11. 221 左执手和 222 右执手的形式及尺寸（图 5-35）
12. 221A 左执手和 222A 右执手的形式及尺寸（图 5-36）
13. 223 左执手和 224 右执手的形式及尺寸（图 5-37）
14. 225 左执手和 226 右执手的形式及尺寸（图 5-38）

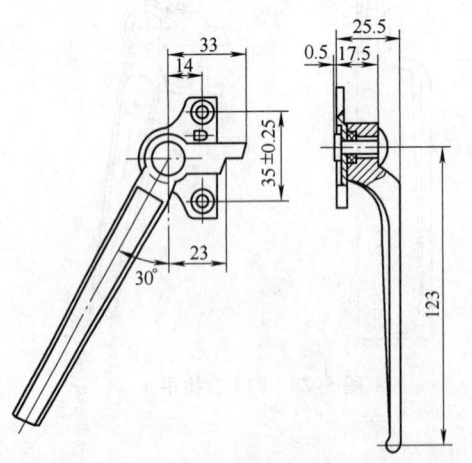 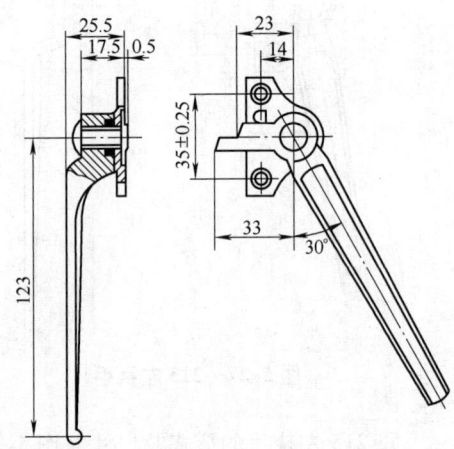

图 5-31　217 左执手　　　　　图 5-32　218 右执手

第 5 章 建筑装潢五金件

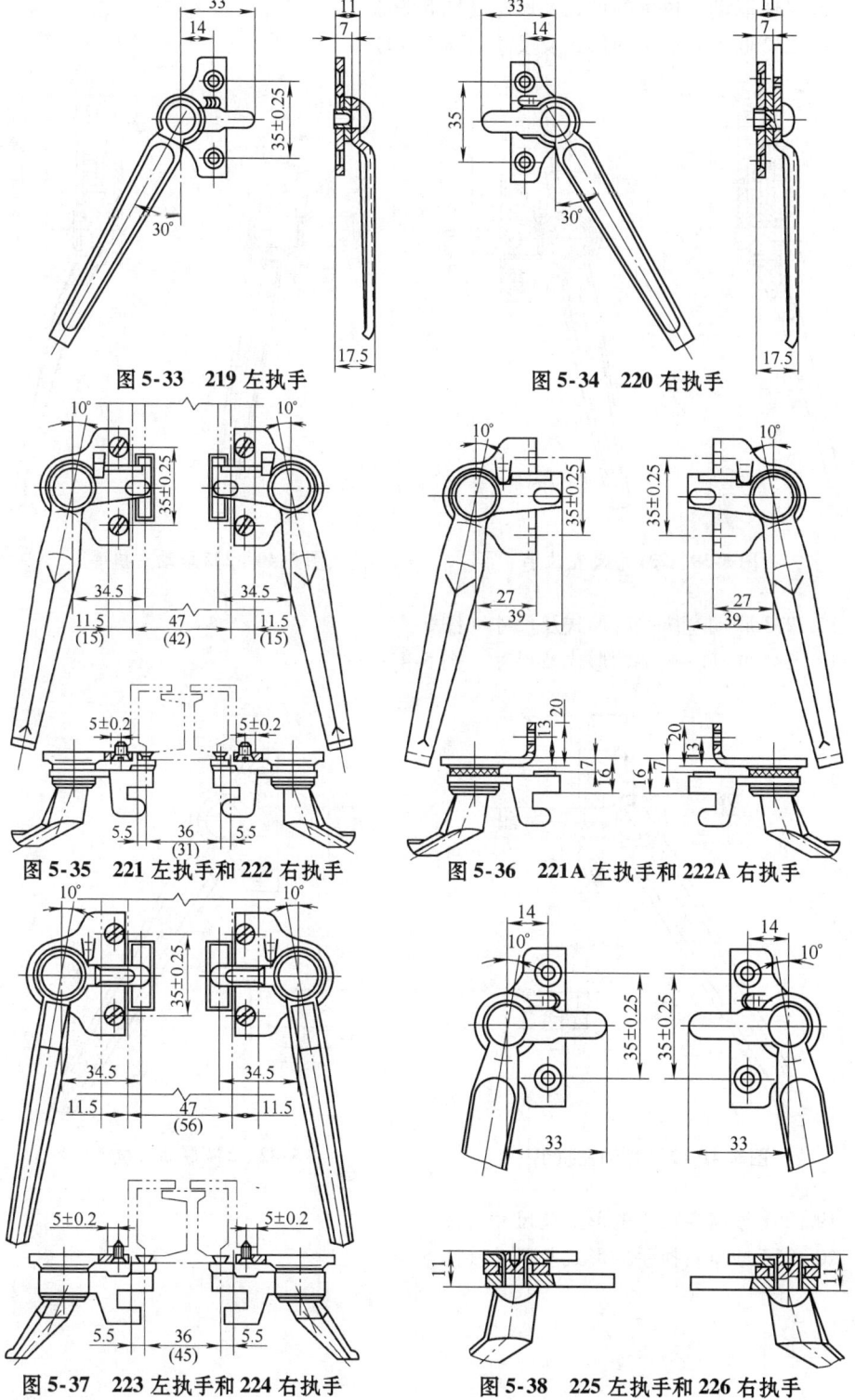

图 5-33 219 左执手
图 5-34 220 右执手
图 5-35 221 左执手和 222 右执手
图 5-36 221A 左执手和 222A 右执手
图 5-37 223 左执手和 224 右执手
图 5-38 225 左执手和 226 右执手

15. 231 联动左执手的形式及尺寸（图 5-39）
16. 232 联动右执手的形式及尺寸（图 5-40）

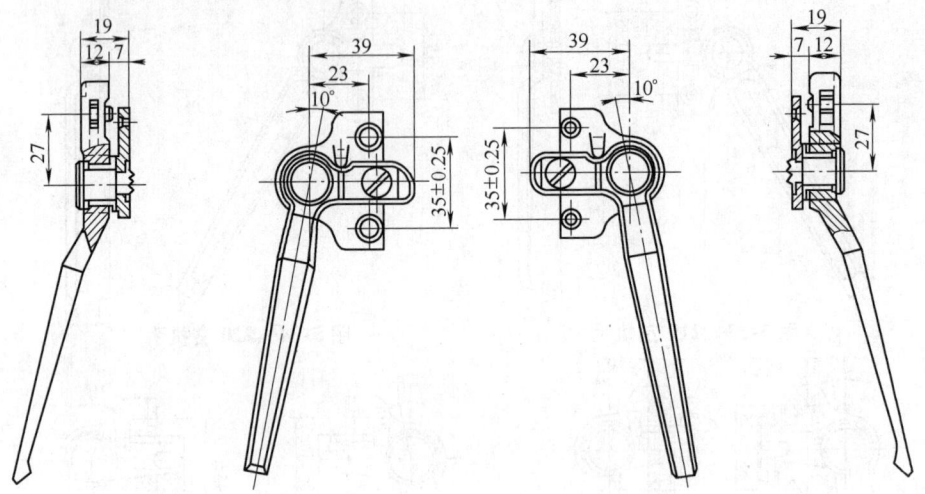

图 5-39　231 联动左执手　　　图 5-40　232 联动右执手

17. 233 联动左执手的形式及尺寸（图 5-41）
18. 234 联动右执手的形式及尺寸（图 5-42）

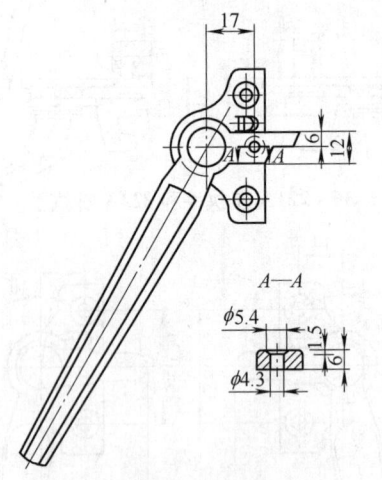 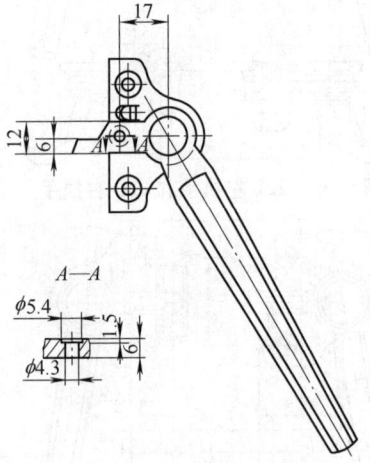

图 5-41　233 联动左执手　　　图 5-42　234 联动右执手

19. 251 纱窗左执手的形式及尺寸（图 5-43）
20. 252 纱窗右执手的形式及尺寸（图 5-44）

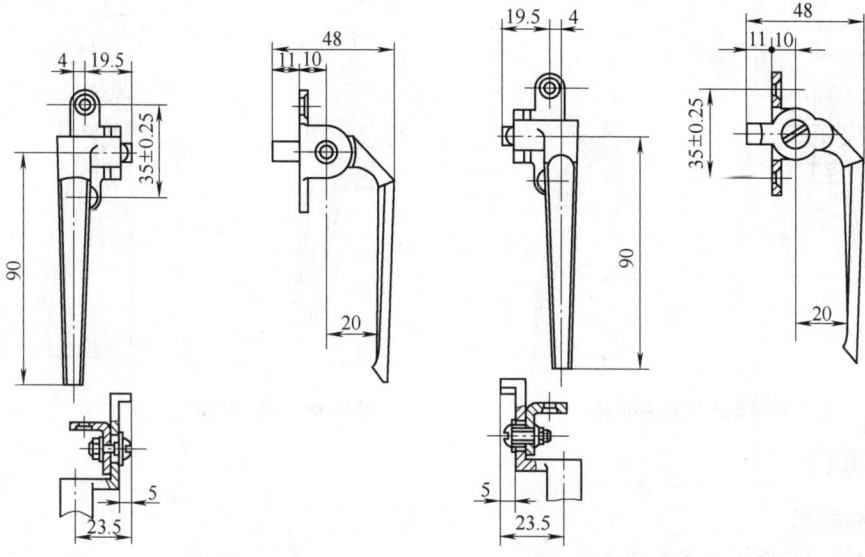

图 5-43　251 纱窗左执手　　　　图 5-44　252 纱窗右执手

21. 271 气窗左执手的形式及尺寸（图 5-45）
22. 272 气窗右执手的形式及尺寸（图 5-46）
23. 273 气窗左执手的形式及尺寸（图 5-47）
24. 274 气窗右执手的形式及尺寸（图 5-48）

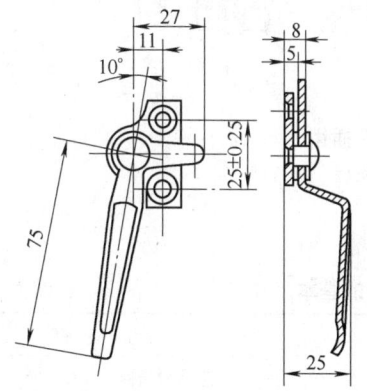 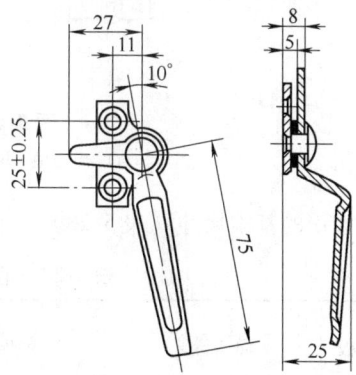

图 5-45　271 气窗左执手　　　　图 5-46　272 气窗右执手

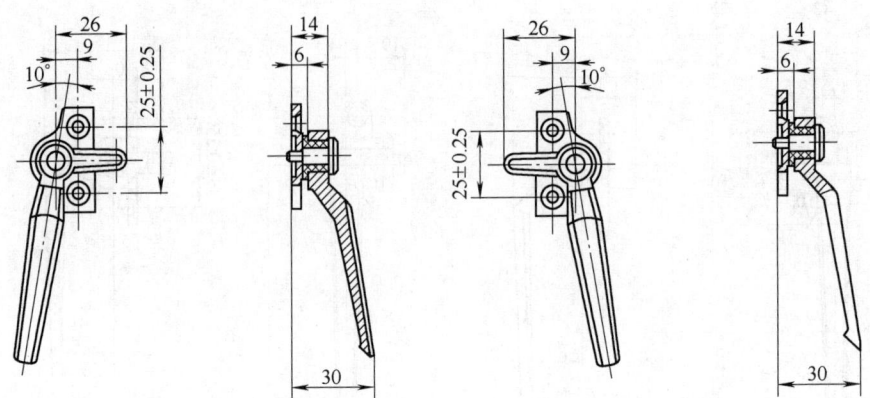

图 5-47　273 气窗左执手　　　　　图 5-48　274 气窗右执手

5.3　插销

5.3.1　钢插销

1. 钢插销的形式（图 5-49）

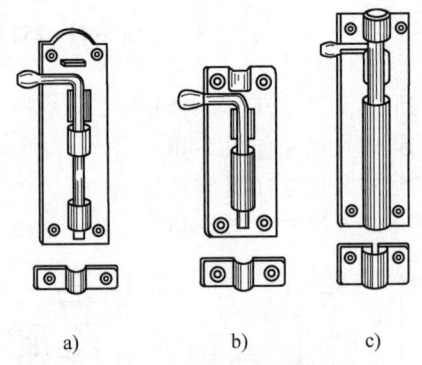

a)　　　　　b)　　　　　c)

图 5-49　钢插销

a) 普通型　b) 封闭型　c) 管型

2. 钢插销的基本尺寸（表 5-28）

表 5-28　钢插销的基本尺寸　　　　　　　　　　（单位：mm）

规格	插板长度	插板宽度			插板厚度			配用木螺钉			数量/个
								直径×长度			
		普通	封闭	管型	普通	封闭	管型	普通	封闭	管型	
40	40	—	25	23	—	1.0	1.0	—	3×12	3×12	6
50	50	—	25	23	—	1.0	1.0	—	3×12	3×12	6
65	65	25	25	23	1.0	1.0	1.0	3×12	3×12	3×12	6
75	75	25	29	23	1.0	1.0	1.0	3×16	3.5×16	3×14	6
100	100	28	29	26	1.0	1.0	1.0	3×16	3.5×16	3.5×16	6

（续）

规格	插板长度	插板宽度			插板厚度			配用木螺钉			
								直径×长度			数量/个
		普通	封闭	管型	普通	封闭	管型	普通	封闭	管型	
125	125	28	29	26	1.2	1.2	1.2	3×16	3.5×16	3.5×16	8
150	150	28	29	26	1.2	1.2	1.2	3×18	3.5×18	3.5×16	8
200	200	28	36	—	1.2	1.2	—	3×18	4×18	—	8
250	250	28	—	—	1.2	—	—	3×18	—	—	8
300	300	28	—	—	1.2	—	—	3×18	—	—	8
350	350	32	—	—	1.2	—	—	3×20	—	—	10
400	400	32	—	—	1.2	—	—	3×20	—	—	10
450	450	32	—	—	1.2	—	—	3×20	—	—	10
500	500	32	—	—	1.2	—	—	3×20	—	—	10
550	550	32	—	—	1.2	—	—	3×20	—	—	10
600	600	32	—	—	1.2	—	—	3×20	—	—	10

注：封闭型（代号F）按外形分FⅠ、FⅡ、FⅢ型。表列为封闭FⅡ型规格。封闭FⅠ型规格尺寸为40～600mm，其中250～300mm和350～600mm的插板长度分别为150mm、200mm，并加配一插节。封闭FⅢ型规格尺寸为75～200mm的插板宽度为33～40mm；规格尺寸小于75mm的基本尺寸参照FⅡ型。材料为低碳钢；插板、插座、插节表面一般涂漆，插杆表面一般镀镍。

5.3.2 蝴蝶型插销

1. 蝴蝶型插销的形式（图5-50）
2. 蝴蝶型插销的基本尺寸（表5-29）

5.3.3 暗插销

1. 暗插销的形式（图5-51）

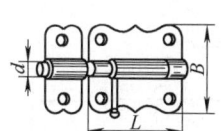

图5-50 蝴蝶型插销

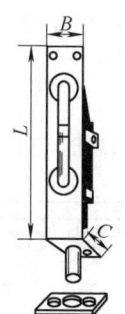

图5-51 暗插销

表5-29 蝴蝶型插销的基本尺寸　　　　（单位：mm）

规格	插板尺寸			插杆直径d	配用木螺钉	
	长度L	宽度B	厚度		直径×长度	数量/个
40	40	35	1.2	7	3.5×18	6
50	50	44	1.2	8	3.5×18	6

2. 暗插销的基本尺寸（表5-30）

表5-30 暗插销的基本尺寸　　　　　　　　　（单位：mm）

规格	主要尺寸			配用木螺钉	
	长度 L	宽度 B	深度 C	直径×长度	数量/个
150	150	20	35	3.5×18	5
200	200	20	40	3.5×18	5
250	250	22	45	4×25	5
300	300	25	50	4×25	6

5.3.4 翻窗插销

1. 翻窗插销的形式（图5-52）

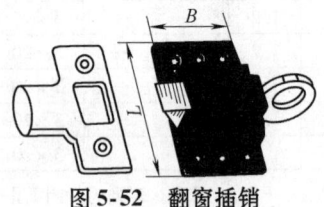

图5-52 翻窗插销

2. 翻窗插销的基本尺寸（表5-31）

表5-31 翻窗插销的基本尺寸

规格 （长度 L）	本体 宽度 B	滑板		销舌伸出 长度	配用木螺钉	
		长度	宽度		直径×长度	数量/个
		mm				
50	30	50	43	9	3.5×18	6
60	35	60	46	11	3.5×20	6
70	45	70	48	12	3.5×22	6

注：除弹簧采用弹簧钢丝，表面发黑外，其余材料均为低碳钢；本体表面喷漆，滑板、销舌表面镀锌。

5.3.5 铝合金门插销

1. 形式与尺寸

铝合金门插销分为台阶式（图5-53a）和平板式（图5-53b）两类，基本尺寸如表5-32所示。

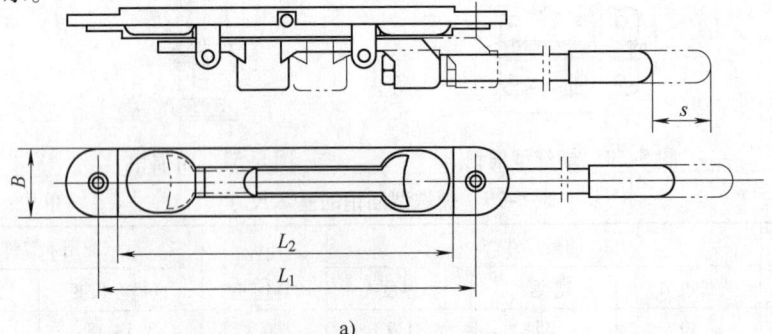

a)

图5-53 铝合金门插销
a) 台阶式

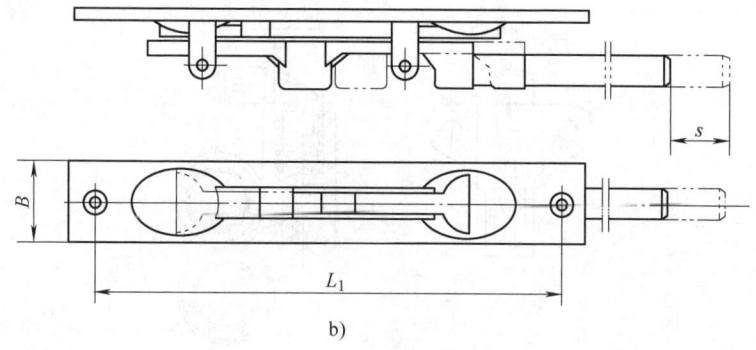

图 5-53 铝合金门插销（续）
b）平板式

表 5-32 铝合金门插销的基本尺寸（QB/T 3885—1999）（单位：mm）

行程 s	宽度 B	孔距 L_1		台阶 L_2	
		基本尺寸	极限偏差	基本尺寸	极限偏差
>16	22	130	±0.20	110	±0.25
	25	155			

2. 标记及代号

1）铝合金门插销标记如下：

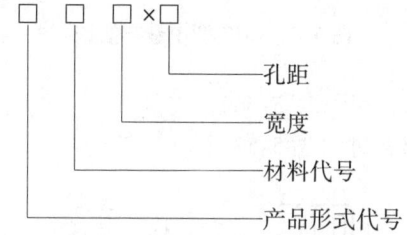

2）铝合金门插销的材料代号及产品形式代号分别如表 5-33 和表 5-34 所示。

表 5-33 铝合金门插销材料代号（QB/T 3885—1999）

材料名称	锌合金	铜
代号	ZZn	ZH

表 5-34 铝合金门插销产品形式代号（QB/T 3885—1999）

产品形式	台阶式插销	平板式插销
代号	T	P

5.3.6 钢门窗用插销

1. 511 型中悬窗插销的形式及尺寸（图 5-54）
2. 512 型中悬窗插销的形式及尺寸（图 5-55）

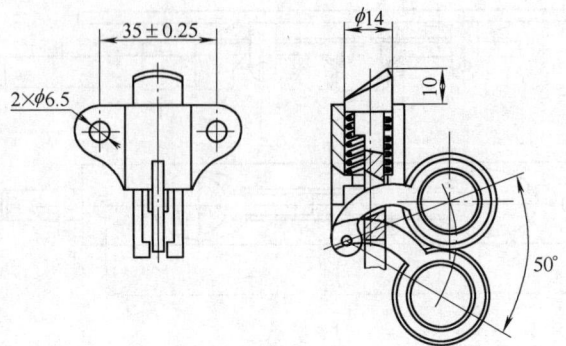

图 5-54　511 型中悬窗插销

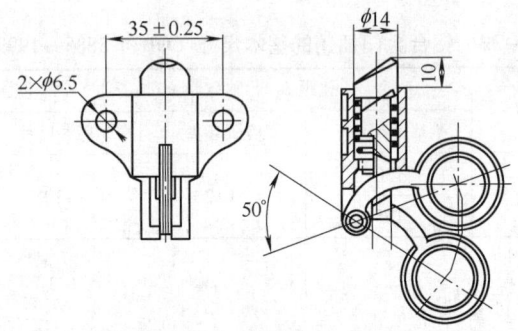

图 5-55　512 型中悬窗插销

3. 521 暗插销的形式及尺寸（图 5-56）
4. 522 暗插销的形式及尺寸（图 5-57）

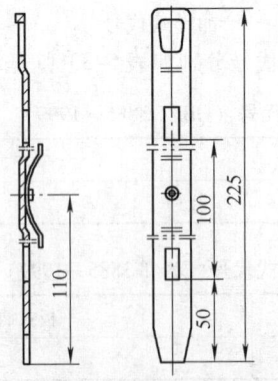 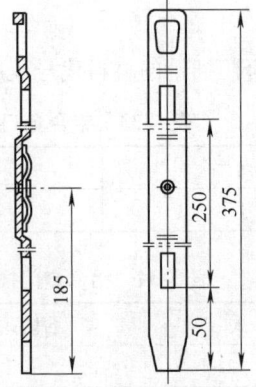

图 5-56　521 暗插销的形式及尺寸　　图 5-57　522 暗插销

5. 523 暗插销的形式及尺寸（图 5-58）
6. 524 暗插销的形式及尺寸（图 5-59）

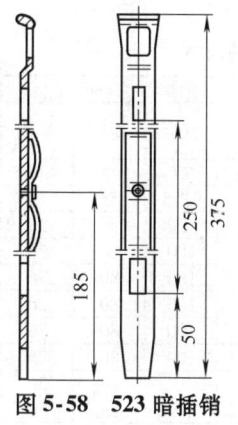
图 5-58　523 暗插销

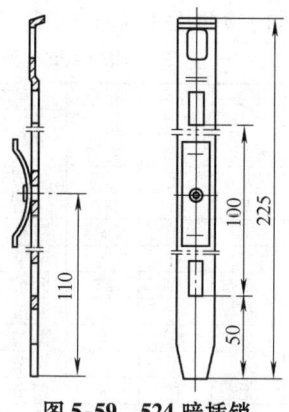
图 5-59　524 暗插销

7. 525 插销拉手的形式及尺寸（图 5-60）
8. 527 暗插销的形式及尺寸（图 5-61）
9. 纱门插销的形式及尺寸（图 5-62）

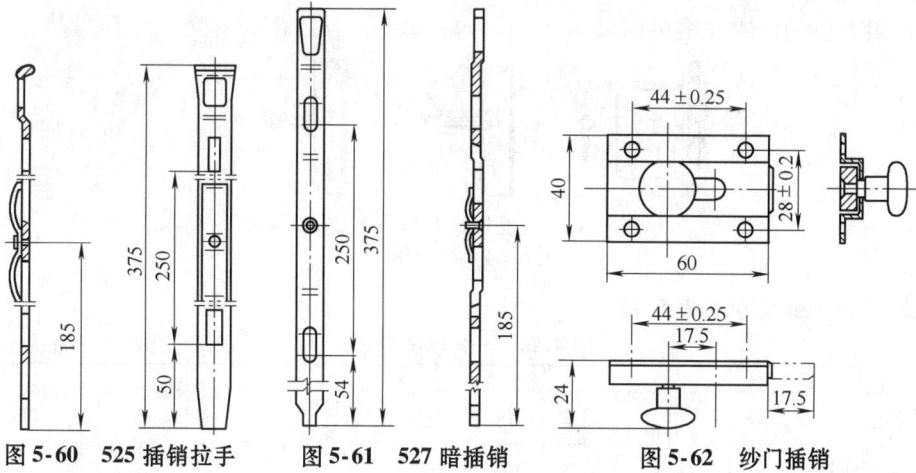

图 5-60　525 插销拉手　　图 5-61　527 暗插销　　图 5-62　纱门插销

5.4　锁具

5.4.1　外装双舌门锁

1. 外装双舌门锁的形式（图 5-63）

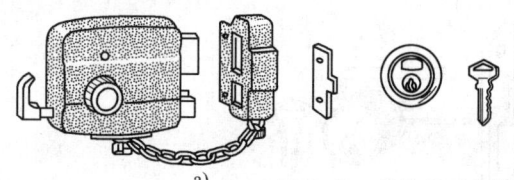
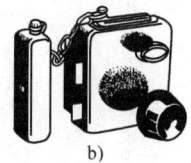

图 5-63　外装双舌门锁
a) 6685C 型　b) 6669L 型

2. 外装双舌门锁的尺寸（表5-35）

表5-35 外装双舌门锁的尺寸

型号	锁头数目	锁头防钻结构	方舌防锯结构	安全链装置	方舌伸出		中心距	锁体尺寸/mm			适用门厚/mm
					节数	总长度/mm		宽度	高度	厚度	
6669	单头	无	无	无	一节	18	45	77	55	25	35~55
6669L	单头	无	有	有	一节	18	60	91.5	55	25	35~55
6682	双头	无	无	无	三节	31.5	60	120	96	26	35~50
6685	单头	有	有	无	两节	25	60	100	80	26	35~55
6685C	单头	有	有	无	两节	25	60	100	80	26	35~55
6687	单头	有	有	有	两节	25	60	100	80	26	35~55
6687C	单头	有	有	有	两节	25	60	100	80	26	35~55
6688	双头	无	无	无	两节	25	60	100	80	26	35~50
6690	单头	无	无	无	两节	22	60	95	84	30	35~55
6690A	双头	无	有	无	两节	22	60	95	84	30	35~55
6692	双头	无	有	无	两节	22	60	95	84	30	35~55

注：1. 制造材料：锁体、安全链采用低碳钢；锁舌、钥匙采用铜合金。
2. 外装双舌门锁的技术要求，参见 QB/T 2473—2017《外装门锁》的规定。

5.4.2 叶片锁

1. 叶片锁的形式（图5-64）

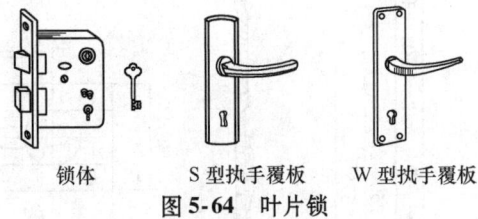

锁体　　　S型执手覆板　　　W型执手覆板

图5-64 叶片锁

2. 叶片锁的尺寸（表5-36）

表5-36 叶片锁的尺寸 （单位：mm）

锁体类型、型号		锁体尺寸				方舌伸出长度	执手覆板型号	适用门厚
类型	型号	钥匙孔中心距	宽度	高度	厚度			
狭型	普通式 9242	44.5	63.5	105	16	12.5	W4型（铝合金制）	35~50
	双开式 9332					16.5		
宽型	双开式 9552	53	78	126	19	16.5	S8型（锌合金制）	

注：1. 制造材料：锁体采用低碳钢，锁舌采用铜合金，钥匙采用锌合金。
2. 叶片执手插锁的技术要求，参见 QB/T 2473—2017《外装门锁》的规定。

5.4.3 弹子插芯门锁

1. 弹子插芯门锁的形式（图5-65）

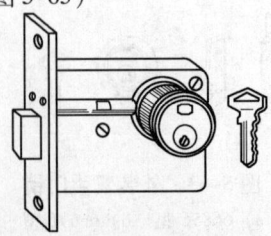

图5-65 弹子插芯门锁

2. 弹子插芯门锁的尺寸（表5-37）

表5-37 弹子插芯门锁的尺寸　　　　　　　　　（单位：mm）

锁体类型	型号		锁面板形状	锁头中心距	锁体尺寸			适用门厚
	单头锁	双头锁			宽度	高度	厚度	
中型	9411	9412	平口式	56	78	73	19	38～45
	9413	9414	左企口式					
	9415	9416	右企口式					
	9417	9418	圆口式	56.7	78.7	73	19	38～45

注：1. 单头锁的旋钮形状有 A、B、J 型三种。
　　2. 各种弹子插锁（包括执手插锁、拉手插锁、拉环插锁、双舌锁等）的技术要求，参见 QB/T 2474 《插芯门锁》的规定。

5.4.4　球形门锁

1. 球形门锁的形式（图5-66）

图5-66　球形门锁

2. 球形门锁的结构及用途（表5-38）

表5-38　球形门锁的结构及用途

84××AA系列球形门锁（又称：三柱式球形门锁）	
结构简图	8400AA4型　　8430AA4型　　8433AA4型 8411AA4型　　　　8421AA4型
品种、结构特点及用途	8400AA4型（防风门锁）：锁的外执手中无锁头，内执手中无旋钮，平时室内外均用执手开启，仅起防风作用，适用于平时不需锁闭的门上 8411AA4型（更衣室门锁）：与8400AA4型不同之处，内执手中有旋钮，平时锁仅起防风作用，如室内用旋钮将锁保险后，室外即无法开启；但在必要时可用无齿钥匙插入外执手的小孔中开启，适用于更衣室、浴室等的门上 8421AA4型（厕所门锁）：结构与8411AA4型相似，仅外执手中多一扇形孔，平时孔中显示出"无人"字样，如在室内用旋钮将锁保险后，孔中则显示出"有人"字样，适用于厕所门上

（续）

	84××AA 系列球形门锁（又称：三柱式球形门锁）
品种、结构特点及用途	8430AA4 型（弹子球型门锁）：锁的外执手中有弹子锁头，内执手中有旋钮。平时室内外均用执手开启；如在室内用旋钮或在室外用钥匙将锁保险后，室内外均不能转动执手；如需开锁时，在室内用旋钮或在室外用钥匙松开保险，才能转动执手开启锁。锁上还有锁舌保险机构。适用于一般需要锁闭的门上，如房门、办公室门等
	8433AA4 型（弹子壁橱门锁）：外执手中有弹子锁头，无内执手，适用于需要锁闭的壁橱门上
其他说明	1）锁头中心距：60mm 2）适用门厚：35～50mm（8433AA4 型为 35～45mm） 3）球形执手材料为铝合金，表面本色

	869× 系列球形门锁（又称：圆筒形球形门锁）
结构简图	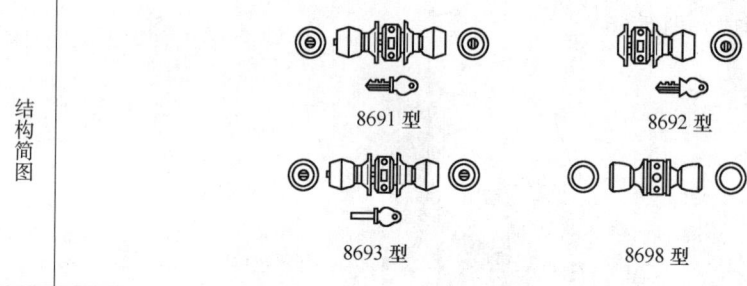 8691 型　　　8692 型 8693 型　　　8698 型
品种、结构特点及用途	8691 型（弹子球型门锁）：外执手中有弹子锁头，内执手中有旋钮。平时用执手开启；如在室内将旋钮撳进，室外要用钥匙开启，但旋钮亦自动弹出；如在室内将旋钮撳进后再旋转 90°，可使室外长期要用钥匙开启。锁带有锁舌保险机构。适用于一般需要锁闭的门上，如房门、办公室门等
	8692 型（弹子壁橱门锁）：外执手中有弹子锁头，无内执手。外执手不能转动，需用钥匙开启。适用于壁橱门上
	8693 型（浴室门锁）：外执手中无弹子锁头，内执手中有旋钮。平时用执手开启；如在室内将旋钮撳进，室外即不能用执手开启，但必要时可用无齿钥匙插入外执手的小孔中开启。适用于浴室、厕所、更衣室等门上
	8698 型（通道门锁）：外执手中无锁头，内执手中无旋钮。执手可自由开启。适用于只需防风、不需锁闭的门上，如通道门等
执手类型	执手有 C、G、O 型三种类型。完整的球形门锁型号，由门锁型号和执手型号两部分组成。例：8691C 型、8691G 型 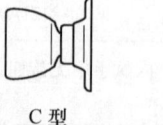　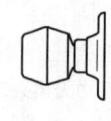　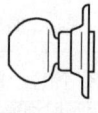 　C 型　　　　G 型　　　　O 型
其他说明	1）锁头中心距：70mm 2）适用门厚：35～50mm 3）执手、锁面板、锁扣板、覆圈材料：黄铜，表面镀铬；不锈钢，本色 4）球形门锁的技术要求，参见 QB/T 2476—2000《球形门锁》的规定

5.4.5 铝合金门锁

1. 铝合金门锁的形式（图5-67）

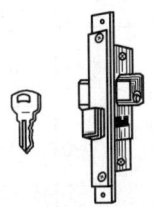

图 5-67　铝合金门锁

2. 铝合金门锁的尺寸（表5-39）

表 5-39　铝合金门锁的尺寸　　　　　　　　　　　（单位：mm）

型号	锁头形状	锁面板形状	锁体尺寸				锁舌伸出长度	适用门厚
			锁头中心距	宽度	高度	厚度		
LS-83	椭圆形	圆口式	20.5	38	115	17	13	44~48
LS-84	椭圆形	平口式	28	43.5	90	17	15	48~54
LS-85A	圆形	圆口式	26	43.5	83	17	14	40~46
LS-85B	圆形	圆口式	26	43.5	83	17	14	55

注：制造材料：锁体为低碳钢，锁面板为铝合金，锁头、锁舌、钥匙为铜合金。

5.5 龙骨

5.5.1 墙体轻钢龙骨

1. 墙体轻钢龙骨的形式（图5-68）

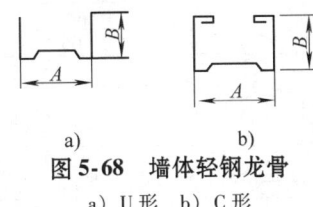

图 5-68　墙体轻钢龙骨

a) U形　b) C形

2. 墙体轻钢龙骨的尺寸（表5-40）

表 5-40　墙体轻钢龙骨的尺寸　　　　　　　　　　（单位：mm）

名称	横截面形状	规格尺寸						用途
		Q50		Q75		Q100		
		A	B	A	B	A	B	
横龙骨	U形	52	40	77	40	102	40	用作墙体横向（沿顶、沿地）使用的龙骨，一般常与建筑结构相连接固定
竖龙骨	C形	50	45	75	45	100	45	用作墙体竖向使用的龙骨，而且其端部与横龙骨连接
通贯龙骨	U形	20	12	38	12	38	12	用于横向贯穿于竖龙骨之间的龙骨，以加强龙骨骨架的承载力、刚度

注：1. 龙骨长度由供需双方商定。
　　2. 有时出于节省材料而不采用通贯龙骨。

3. 墙体轻钢龙骨配件（表 5-41）

表 5-41　墙体轻钢龙骨配件

名称	代号	图示	重量/kg	用途
支撑卡	C50-4	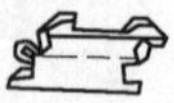	0.041	竖龙骨加强卡覆面板材与龙骨固定时起辅助支撑作用
	C75-4		0.021	
	C100-4		0.026	
	QC50-1	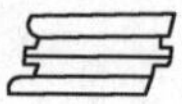	0.013	
	QC70-1			
	QC75-1			
卡托	C50-5		0.024	竖龙骨开口面与横撑连接
	C75-5		0.035	
	C100-5		0.048	
	QC70-3	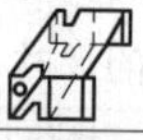		
角托	C50-6		0.017	竖龙骨背面与横撑连接
	C75-6		0.031	
	C100-6		0.048	
	QC70-2	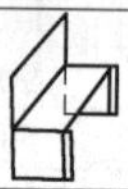		
通贯横撑连接件	C50-6		0.016	通贯横撑连接
	C75-7		—	
	C100-7		0.049	
	QC-2		0.025	
加强龙骨固定件	C50-8		0.037	加强龙骨与主体结构连接
	C75-8		0.106	
	C100-8		0.106	
竖龙骨接插件	QC70-4	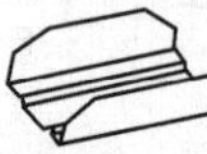	—	在局部情况下，有些龙骨长度不够，可以用它接长
金属护角		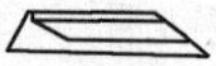	—	保护石膏板墙柱易磨损的边角
	QC-4	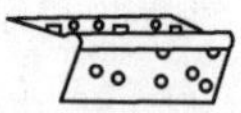	≤0.12	保护石膏板墙柱易磨损的边角
金属包边（镶边条）			—	为使墙体边角的石膏板与其他相邻部位的交接处取得整齐的效果，将此条固定于石膏板的侧边和端部
	QC-5	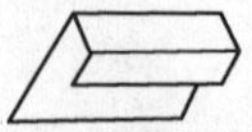	≤0.25	
减振条	QC-3		≤0.05	—
嵌缝条	QC-6		0.15	—
踢脚板卡	QU-1		0.01	—

5.5.2 轻钢吊顶龙骨

1. 轻钢吊顶龙骨的形式（图 5-69）

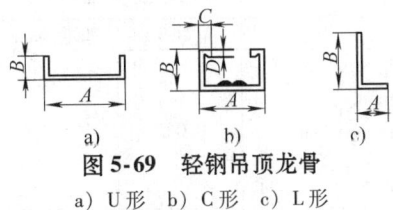

图 5-69 轻钢吊顶龙骨
a）U 形 b）C 形 c）L 形

2. 轻钢吊顶龙骨的尺寸（表 5-42）

表 5-42 轻钢吊顶龙骨的尺寸　　　　　　　　　（单位：mm）

名称	横截面形状	规格尺寸							备注
		D38		D45		D50		D60	
		A	B	A	B	A	B	A	B	
承载龙骨	U 形	38	—	45	—	50	—	60	—	承载龙骨、覆面龙骨的尺寸 B 没有明确规定，L 形龙骨的尺寸 A 和 B 没有明确规定
覆面龙骨	C 形	38	—	45	—	50	—	60	—	
L 形龙骨	L 形	—	—	—	—	—	—	—	—	

3. 轻钢吊顶龙骨的规格代号及特性（表 5-43）

表 5-43 轻钢吊顶龙骨的规格代号及特性

规格	名称	代号	标记	重量/(kg/m)	长度/m	适用范围
D38、D50、D60、(UC38、UC50、UC60)	承载龙骨（主龙骨）	UC38	DU38×12×1.2	0.56	3	UC38 用于吊点间距 900～1200mm，不上人吊顶；UC50 用于吊点间距 900～1200mm；上人吊顶，承载龙骨承受 800N 检修载荷。UC60 用于吊点间距 1500mm，上人吊顶，承载龙骨可承受 1000N 检修载荷
		UC50	DU50×15×1.5	0.92	2	
		UC60	DC60×30×1.5	1.53	2	
	覆面龙骨	U25	DC25×19×0.5	0.132	3,4	
		U50	DC50×19×0.5	0.41	3,4	
	L 形龙骨（异形龙骨）	L35	DL15×35×1.2	0.46	3	
D60 (CS60)	承载龙骨（主龙骨）	CS60	DC60×27×1.5	1.366		吊点间距 1000～1200mm，上人吊顶，上人检修时承受 800～1000N 集中活载荷
D60 (C60)	承载龙骨（主龙骨）	C60	DC60×27×0.63	0.61		吊点间距 1100～1250mm，不上人吊顶，中距 ≤1100mm
D 形 (U 形)	承载龙骨（大龙骨）	BD	DU45×15×1.2	—	—	吊顶间距 900～1200mm，不上人吊顶，中距 <1200mm
	覆面龙骨（中龙骨）	UZ	DC50×19×0.5	—	—	
	覆面龙骨（小龙骨）	UX	DC25×19×0.5	—	—	
D 形 (U 形)	承载龙骨（大龙骨）	SD	DC60×30×1.5	—	—	吊顶间距 1200～1500mm，上人吊顶，上人检修可承受 8000～1000N 集中活载荷，中距 <1200mm
	覆面龙骨（中龙骨）	UZ	DC50×19×0.5	—	—	
	覆面龙骨（小龙骨）	UX	DC25×19×0.5	—	—	

4. 轻钢吊顶龙骨配件（表5-44）

表5-44 轻钢吊顶龙骨配件

名　称	图　示	重量/kg	厚度/mm	适用规格或尺寸/mm
吊件 （主龙骨吊件）		0.062	2	D38（UC38）
		0.138	3	D50（UC50）
		0.169		D60（UC60）
		0.091	2	D60（UC60）
挂件 （龙骨吊件）		0.04	0.75	D60（UC60）
		0.024		D50（UC50）
		0.02		D38（UC38）
		0.025	0.75	D60（UC60）
		0.015		D50（UC50）
		0.013		D38（UC38）
挂插件 （龙骨支托）		0.0135	0.75	通用
		0.009	0.75	通用
覆面龙骨 连接件 （龙骨连接件）		0.08	0.5	通用
		0.02	0.5	通用

(续)

名称	图示	重量/kg	厚度/mm	适用规格或尺寸/mm
承载龙骨连接件（龙骨连接件）		0.019	1.2	L:100 H:60
		0.06		L:100 H:50
		0.03		L:82 H:39
		0.101	1.2	L:100 H:56
		0.067		L:100 H:47
		0.041		L:82 H:35.6

5.5.3 铝合金吊顶龙骨

1. 铝合金吊顶龙骨的型号及特性（表5-45）

表5-45 铝合金吊顶龙骨的型号及特性

型号	名称	厂内代号	断面尺寸 $A \times B$/mm	重量/(kg/m)	厚度/mm	适用范围
LT形	承载龙骨（主龙骨）	TC38	38×12	0.56	1.2	TC38用于吊点间距900~1200mm,不上人吊顶。TC50用于吊点间距900~1200mm,上人吊顶。承载龙骨承受800N检修载荷TC60用于吊点间距1500mm,上人吊顶。承载龙骨可承受1000N,检修载荷
		TC50	50×15	0.92	1.5	
		TC60	60×30	1.53	1.5	
	龙骨	LT-23	23×32	0.2	1.2	
	横撑龙骨	LT-23	23	0.135	1.2	
	边龙骨	LT	18×32	0.15	1.2	
	异形龙骨	LT	20×18×32	0.25	1.2	
T形	承载龙骨（大龙骨）	BD	45×15		1.2	吊点间距900~1200mm,不上人吊顶,中距<1200mm
	中龙骨	TZL	22×32		1.3	
	小龙骨	TXL	22.5×25			
	边墙龙骨	TIL	22×22		1	

2. 铝合金吊顶龙骨配件（表5-46）

表5-46 铝合金吊顶龙骨配件

名称	图示	重量/kg	厚度/mm	适用规格或尺寸/mm
主龙骨吊件		0.138	3	TC60
		0.169		TC50
		0.062	2	TC38
主龙骨连接件				TC60 L:100,H:60
				TC50 L:100,H:50
				TC38 L:82,H:39

(续)

名称	图示	重量/kg	厚度/mm	适用规格或尺寸/mm
LT-23 龙骨及 LT-异形龙骨吊钩		0.014	φ3.5	TC60 $A:31, B:75$
				TC50 $A:16, B:60$
		0.012	φ3.0	TC38 $A:13, B:48$
LT-异形龙骨吊挂钩		0.019	φ3.5	TC60 $A:31, B:75$
				TC50 $A:16, B:65$
				TC38 $A:13, B:55$
LT-23 龙骨及 LT 异形龙骨连接件		0.025	0.8	通用
LT-23 横撑龙骨连接钩		0.0007	0.8	通用

5.6 门窗用五金配件

5.6.1 铝合金窗用配件

1. 窗纱

1)窗纱的形式如图 5-70 所示。

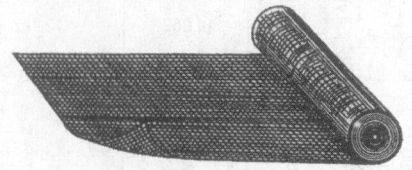

图 5-70 窗纱

2)窗纱的尺寸如表 5-47 所示。

表 5-47　窗纱的尺寸

品　种		每 25.4mm 目数/目		孔距/mm		规格尺寸(宽度×长度)/m			用　途
						1×25	1×30	0.914×30.48	
		经向	纬向	经向	纬向	每匹重量/kg			
金属丝编织涂漆、涂塑、镀锌窗纱		14	14	1.8	1.8	10.5	12.5	11.5	用于门、窗及食品橱、罩、养蜂笼等器具上,不仅可以通风,还能阻止昆虫的飞入;也可作制造蝇拍、捕虫笼等 塑料窗纱还可作过滤器材,但工作温度不得超过50℃
		16	16	1.6	1.6	12	14	13	
		18	18	1.4	1.4	13	15	14.5	
		14	16	1.8	1.6	11	13	12	
玻璃纤维涂塑窗纱	5112	14	14	1.8	1.8	3.9~4.1			
	5116	16	16	1.6	1.6	4.3~4.5			
塑料窗纱（聚乙烯）		16	16	1.6	1.6	—	3.9	—	

注：涂漆（镀锌、涂塑）窗纱的制造材料,主要为低碳钢丝（牌号一般为 Q195F）,也有的用铝合金丝（牌号一般为 5052）。其规格尺寸还有宽度1.2m、长度15m 的；表中14目×16目是非标准产品。

2. 窗锁

1) 窗锁的形式如图 5-71 所示。

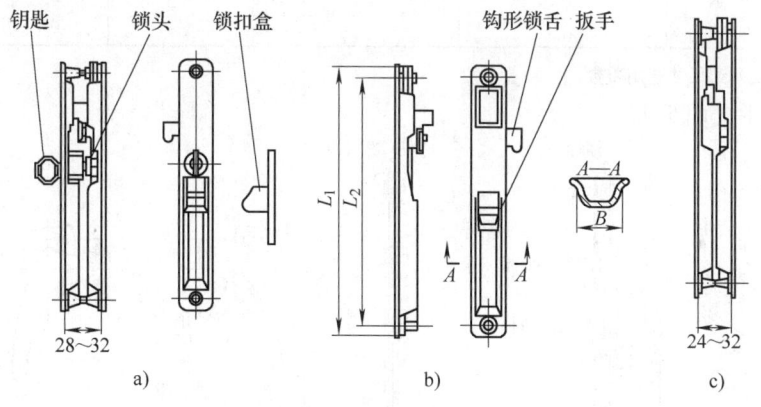

图 5-71　窗锁
a) 有锁头窗锁　b) 无锁头单面窗锁　c) 无锁头双面窗锁

2) 窗锁的尺寸如表 5-48 所示。

表 5-48　窗锁的尺寸　　　　　　　　　　　　（单位：mm）

规格尺寸	B	12	15	17	19
安装尺寸	L_1	87	77	125	180
	L_2	80	87	112	168
用途		用于铝合金推拉窗			

3. 滑轮

1) 滑轮的形式如图 5-72 所示。

2) 滑轮的尺寸如表 5-49 所示。

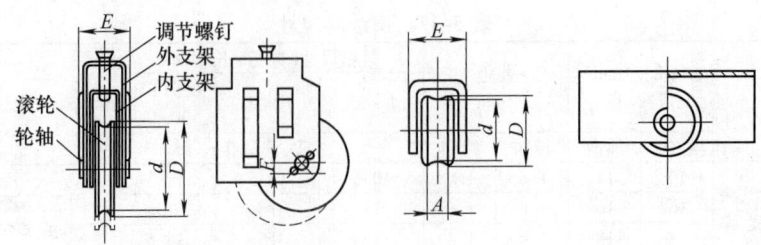

图 5-72 滑轮

a) 可调型　b) 固定型

表 5-49 滑轮的尺寸　　　　　　　　　　　　　　　（单位：mm）

规格尺寸 D	底径 d	滚轮槽宽 A 一系列	二系列	外支架宽度 E 一系列	二系列	调节高度 F	用途
20	16	8	—	16	6~16	—	用于推拉铝合金门窗
24	20	6.50		—	12~16	—	
30	26	4	3~9	13	12~20	—	
36	31	7		17	—	—	
42	36	6	6~13	24	—	≥5	
45	38				—		

注：第二系列尺寸选用整数。

4. 执手（图 5-73）

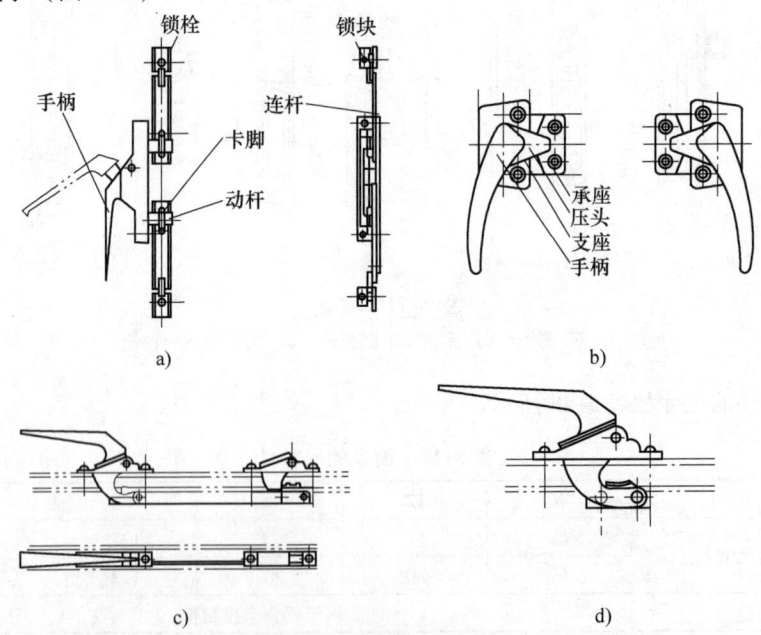

图 5-73 铝合金窗执手

a) 单头双向板扣型（DSK 型）　b) 单动旋压型（DY 型）
c) 双头联动板扣型（SLK 型）　d) 单动板扣型（DK 型）

注：联动杆长度由供需双方协商。

5.6.2 木门窗用五金

1. 窗钩

1）窗钩的形式如图 5-74 所示。

2）窗钩的尺寸如表 5-50 所示。

表 5-50　窗钩的尺寸　　　　　　　　　　（单位：mm）

长度 L		40	50	65	75	100	125	150	200	250	300
直径 d	普通	2.8	2.8	2.8	3.2	3.6	4	4.5	5	5.4	5.8
	粗型	—	—	—	4	4.5	5	5.4	—	—	—
羊眼外径 D	普通	9.6	9.6	9.6	11	12.4	13.8	15.2	16.6	18	19.4
	粗型	—	—	—	13.8	15.2	16.6	18	—	—	—
用途		装在门窗上，用来扣住开启的门窗，以防止被风吹动，也可当作搁板支架									

2. 羊眼

1）羊眼的形式如图 5-75 所示。

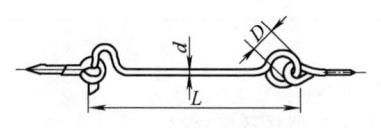
图 5-74　窗钩

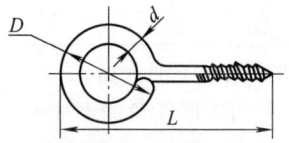
图 5-75　羊眼

2）羊眼的尺寸如表 5-51 所示。

表 5-51　羊眼的尺寸　　　　　　　　　　（单位：mm）

型号	主要尺寸			用　途
	直径 d	圈外径 D	全长 L	
1	1.6	9	20	
2	1.8	10	22	
3	2.2	11	24	
4	2.5	12	26	
5	2.8	13	28	
6	3.2	14	31	
7	3.5	15.5	34	
8	3.8	17	37	用于吊挂物件及橱、柜、抽屉等挂锁用
9	4.0	18	39	
10	4.2	19	41	
11	4.5	20	43	
12	5.0	21	46	
13	5.2	22.5	49	
14	5.5	24	52	
16	6.0	26	58	
18	6.5	28	64	
20	7.2	31	70	

3. 碰珠

1）碰珠的形式如图 5-76 所示。

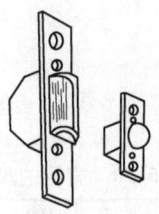

图 5-76 碰珠

2) 碰珠的尺寸如表 5-52 所示。

表 5-52 碰珠的尺寸 （单位：mm）

规 格	长度/mm	用 途
50	50	用于橱门及其他门上，当门扇关闭时，只需向关闭方向一推，门扇即可轧住
65	65	
75	75	
100	100	

4. 铁三角和 T 形铁角

铁三角和 T 形铁角的形式及尺寸如表 5-53 所示。

表 5-53 铁三角和 T 形铁角的形式及尺寸

名 称	简 图	规格尺寸/mm	用 途
铁三角		边长：50、60、75、90、100、125、150	用于钉在门窗四角，能加强其刚度和坚固性
T 形铁角		边长：50、60、75	用于门、窗冒头与边梃交叉之处，能加强门、窗的刚度和坚固性

5.6.3 自动闭门器配件

1. 地弹簧

1) 地弹簧的形式如图 5-77 所示。

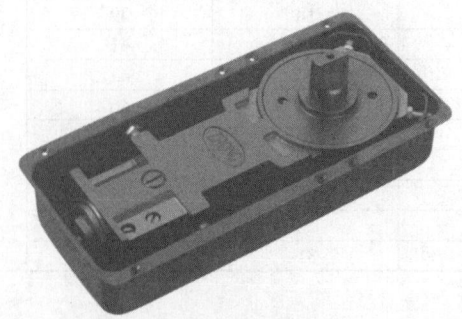

图 5-77 地弹簧

2）地弹簧的尺寸如表 5-54 所示。

表 5-54　地弹簧的尺寸

型号	地弹簧尺寸/mm			适用门的范围/cm			
	面板长	面板宽	底座总高	门高	门宽	门厚	门重/kg
785[①]	315	90	55	180~250	70~90	4~5	35~50
765	294	171	57	200~280	70~100	4~5	70~140
739	260	141	85	200~280	70~100	4~5	80~150
用途	地弹簧系用于比较高级建筑物门扇下面的一种自动闭门器。当门扇向内或向外开启不到 90°时，能使门扇自动关闭；当门扇转动到 90°位置时，可固定不动。关门速度可调节。不需要铰链配合，朝一个方向或两个方向开启的门扇都可应用。它的主要结构埋于地下，门扇上不再需另安铰链或定位器等						

① 785 无液压泵机构。

2. 门顶弹簧

1）门顶弹簧的形式如图 5-78 所示。

2）门顶弹簧的尺寸如表 5-55 所示。

表 5-55　门顶弹簧的尺寸

型号	适用范围			
	门高/cm	门宽/cm	门厚/cm	门重/kg
2[①]	190~220	70~80	3~5	25~40
140	200~250	60~90	4~5	15~30
用途	装于门扇顶上，使门扇在开启后能自动关闭。其特点是内有缓冲液压泵，关门速度较慢（可调节），没有碰撞声，适合装在朝一个方向开启的门上，需与铰链配合使用			

① 2 号门顶弹簧开启到 90°时，可固定不动。

3. 鼠尾弹簧

1）鼠尾弹簧的形式如图 5-79 所示。

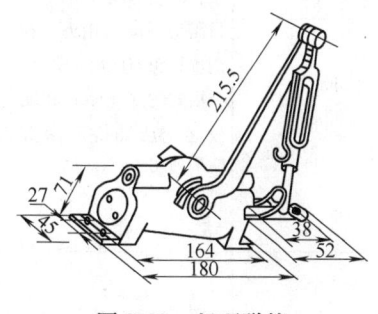

图 5-78　门顶弹簧

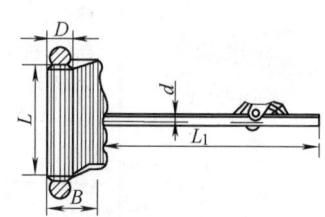

图 5-79　鼠尾弹簧

2）鼠尾弹簧的尺寸如表 5-56 所示。

表 5-56　鼠尾弹簧的尺寸　　　　　　　　　　　（单位：mm）

规格	页板长度 L	筒管宽度 B	筒管直径 D	臂梗长度 L₁	臂梗直径 d	弹簧钢丝直径	配沉头木螺钉 直径×长度	配沉头木螺钉 数量/个	用　途
200	89	43	20	203	7.14	2.8	3.5×26	6	用于内外开木门上。规格为 200~300 者用于轻便门扇上，规格为 400 和 450 者用于一般门扇上
250	89	43	20	254	7.14	2.8	3.5×26	6	
300	89	43	20	305	7.14	2.8	3.5×26	6	
400	150	66	24	400	9	3.6	4.0	4	
450	150	66	24	450	9	3.6	3.5×25	9	

5.6.4　定门器（表 5-57）

表 5-57　定门器的形式及尺寸

名称	简　图	规格尺寸	用　途
脚踏门钩	立式（904 型）	三角形钩座：32mm×20mm×40mm 带活动钩底座：65mm×47mm×90mm 木螺钉：3.5mm×25mm	用来钩住开启的门扇，使之固定不动。三角形钩座装在门扇的下角；带活动钩和橡胶头的底座，横式装在墙壁的踢脚板上，立式装在靠近墙壁的地板上；橡胶头用来缓冲门扇与底座之间的碰撞
脚踏门钩	横式（903 型）	三角形钩座：32mm×20mm×40mm 带活动钩座：80mm×47mm×47mm 木螺钉：3.5mm×25mm，5 个	
门轧头	立式（902 型）	弹性轧头：53mm×56mm×18mm 楔形头底座：48mm×48mm×40mm 木螺钉：4mm×25mm，2 个；3.5mm×20mm，4 个	用以固定开启的门扇，使它不能关闭。其特点是使用方便。开门时，只要将门扇向墙壁方向一推，门扇即能固定。关闭门扇时，只需将门扇稍用力一拉，即可使钢皮轧头与底座分开。横式的底座装置在墙壁或踢脚板上，立式的底座装置在靠近墙壁的地板上
门轧头	横式（901 型）	弹性轧头：53mm×56mm×18mm 楔形头底座：58mm×75mm×30mm 木螺钉：4mm×25mm，2 个；3.5mm×20mm，4 个	
冷库门轧头		有大号、小号两种	用于一般冷库门 大号用于 1000mm 宽的门；小号用于 600mm 宽的门。本轧头不适于 "J620" 冷库门

5.7 水嘴

水嘴的类型、供水系统及使用范围如表 5-58 所示。

表 5-58 水嘴的类型、供水系统及使用范围（QB 1334—2013）

水嘴类型	供水系统	使用范围	
		使用极限	推荐使用范围
感应水嘴	压力	动态压力≥0.05MPa 静态压力≤1.0MPa	动态压力为 0.1~0.5MPa
	温度	≤85℃	≤65℃
恒温水嘴	普通压力	动态压力≥0.05MPa 静态压力≤1.0MPa	动态压力为 0.1~0.5MPa
	低水压	动态压力≥0.01MPa 静态压力≤0.1MPa	动态压力为 0.02~0.1MPa
	温度	≤85℃	≤65℃
电热水嘴	压力	动态压力≥0.05MPa 静态压力≤1.0MPa	动态压力为 0.1~0.5MPa
	温度	≤49℃	自然供水温度
其他水嘴	压力	动态压力≥0.05MPa 静态压力≤1.0MPa	动态压力为 0.1~0.5MPa
	温度	≤90℃	≤65℃

5.8 阀门

5.8.1 阀门型号编制方法

1）阀门型号的组成如下：

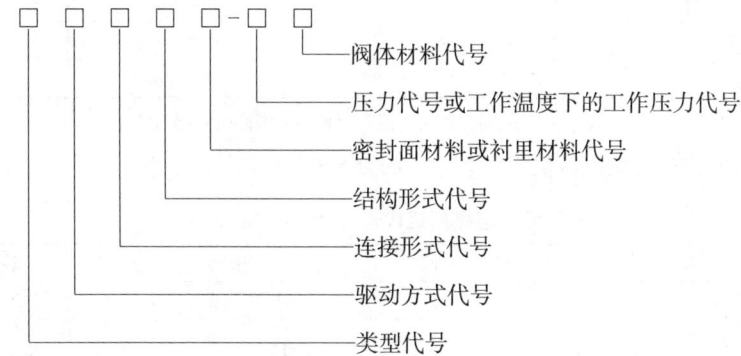

2）阀门类型代号如表 5-59 所示。

3）当阀门还具有其他功能作用或带有其他特异结构时，在阀门类型代号前再加注一个汉语拼音字母，如表 5-60 所示。

表 5-59　阀门类型代号（JB/T 308—2004）

阀门类型	代号	阀门类型	代号
弹簧载荷安全阀	A	排污阀	P
蝶阀	D	球阀	Q
隔膜阀	G	蒸汽疏水阀	S
杠杆式安全阀	GA	柱塞阀	U
止回阀和底阀	H	旋塞阀	X
截止阀	J	减压阀	Y
节流阀	L	闸阀	Z

表 5-60　具有其他功能作用或带有其他特异结构的阀门表示代号（JB/T 308—2004）

第二功能作用名称	代号	第二功能作用名称	代号
保温型	B	排渣型	P
低温型	D①	快速型	Q
防火型	F	（阀杆密封）波纹管型	W
缓闭型	H		

① 低温型指允许使用温度低于 −46℃ 的阀门。

4) 驱动方式代号用阿拉伯数字表示，如表 5-61 所示。安全阀、减压阀、疏水阀、手轮直接连接阀杆操作结构形式的阀门，本代号省略，不表示。对于气动或液动机构操作的阀门：常开式用 6K、7K 表示；常闭式用 6B、7B 表示。防爆电动装置的阀门用 9B 表示。

表 5-61　驱动方式代号（JB/T 308—2004）

驱动方式	代号	驱动方式	代号
电磁动	0	锥齿轮	5
电磁-液动	1	气动	6
电-液动	2	液动	7
蜗轮	3	气-液动	8
直齿轮	4	电动	9

注：代号1、代号2及代号8是用在阀门启闭时，需有两种动力源同时对阀门进行操作。

5) 连接形式代号用阿拉伯数字表示，如表 5-62 所示。

表 5-62　连接形式代号（JB/T 308—2004）

连接形式	代号	连接形式	代号
内螺纹	1	对夹	7
外螺纹	2	卡箍	8
法兰式	4	卡套	9
焊接式	6		

6) 阀门结构形式用阿拉伯数字表示，如表 5-63 ~ 表 5-73 所示。

第5章 建筑装潢五金件

表5-63 闸阀结构形式代号（JB/T 308—2004）

结构形式			代号
阀杆升降式（明杆）	楔式闸板	弹性闸板	0
		单闸板	1
		双闸板	2
	平行式闸板	单闸板	3
		双闸板	4
阀杆非升降式（暗杆）	楔式闸板	刚性闸板 单闸板	5
		双闸板	6
	平行式闸板	单闸板	7
		双闸板	8

表5-64 截止阀、节流阀和柱塞阀结构形式代号（JB/T 308—2004）

结构形式		代号	结构形式		代号
阀瓣非平衡式	直通流道	1	阀瓣平衡式	直通流道	6
	Z形流道	2			
	三通流道	3			
	角式流道	4		角式流道	7
	直流流道	5			

表5-65 球阀结构形式代号（JB/T 308—2004）

结构形式		代号	结构形式		代号
浮动球	直通流道	1	固定球	直通流道	7
	Y形三通流道	2		四通流道	6
	L形三通流道	4		T形三通流道	8
	T形三通流道	5		L形三通流道	9
				半球直通	0

表5-66 蝶阀结构形式代号（JB/T 308—2004）

结构形式		代号	结构形式		代号
密封型	单偏心	0	非密封型	单偏心	5
	中心垂直板	1		中心垂直板	6
	双偏心	2		双偏心	7
	三偏心	3		三偏心	8
	连杆机构	4		连杆机构	9

表5-67 隔膜阀结构形式代号（JB/T 308—2004）

结构形式	代号	结构形式	代号
屋脊流道	1	直通流道	6
直流流道	5	Y形角式流道	8

表5-68 旋塞阀结构形式代号（JB/T 308—2004）

结构形式		代号	结构形式		代号
填料密封	直通流道	3	油密封	直通流道	7
	T形三通流道	4		T形三通流道	8
	四通流道	5			

表 5-69 止回阀结构形式代号（JB/T 308—2004）

结构形式		代号	结构形式		代号
升降式阀瓣	直通流道	1	旋启式阀瓣	单瓣结构	4
	立式结构	2		多瓣结构	5
	角式流道	3		双瓣结构	6
			蝶形止回式		7

表 5-70 安全阀结构形式代号（JB/T 308—2004）

结构形式		代号	结构形式		代号
弹簧载荷弹簧封闭结构	带散热片全启式	0	弹簧载荷弹簧不封闭且带扳手结构	微启式、双联阀	3
	微启式	1		微启式	7
	全启式	2		全启式	8
	带扳手全启式	4	带控制机构全启式		6
杠杆式	单杠杆	2			
	双杠杆	4	脉冲式		9

表 5-71 减压阀结构形式代号（JB/T 308—2004）

结构形式	代号	结构形式	代号
薄膜式	1	波纹管式	4
弹簧薄膜式	2	杠杆式	5
活塞式	3		

表 5-72 蒸汽疏水阀结构形式代号（JB/T 308—2004）

结构形式	代号	结构形式	代号
浮球式	1	蒸汽压力式或膜盒式	6
浮桶式	3	双金属片式	7
液体或固体膨胀式	4	脉冲式	8
钟形浮子式	5	圆盘热动力式	9

表 5-73 排污阀结构形式代号（JB/T 308—2004）

结构形式		代号	结构形式		代号
液面连接排放	截止型直通式	1	液底间断排放	截止型直流式	5
				截止型直通式	6
	截止型角式	2		截止型角式	7
				浮动闸板型直通式	8

7）除隔膜阀外，当密封副的密封面材料不同时，以硬度低的材料表示。阀座密封面或衬里材料代号按表 5-74 规定的字母表示。

表 5-74 密封面或衬里材料代号（JB/T 308—2004）

密封面或衬里材料	代号	密封面或衬里材料	代号
锡基轴承合金(巴氏合金)	B	尼龙塑料	N
搪瓷	C	渗硼钢	P
渗氮钢	D	衬铅	Q
氟塑料	F	奥氏体不锈钢	R
陶瓷	G	塑料	S
Cr13 系不锈钢	H	铜合金	T
衬胶	J	橡胶	X
蒙乃尔合金	M	硬质合金	Y

8）阀门使用的压力级符合 GB/T 1048 的规定时，采用 GB/T 1048 标准 10 倍的 MPa 单位数值表示。当介质最高温度超过 425℃时，标注最高工作温度下的工作压力代号。压力等级采用磅级（1b）或 K 级单位的阀门，在型号编制时，应在压力代号栏后有 1b 或 K 的单位符号。公称压力小于等于 1.6MPa 的灰铸铁阀门的阀体材料代号在型号编制时予以省略。公称压力大于等于 2.5MPa 的碳素钢阀门的阀体材料代号在型号编制时予以省略。

9）阀体材料代号用表 5-75 的规定字母表示。

表5-75　阀体材料代号（JB/T 308—2004）

阀体材料	代号	阀体材料	代号
碳钢	C	铬镍钼系不锈钢	R
Cr13 系不锈钢	H	塑料	S
铬钼系钢	I	铜及铜合金	T
可锻铸铁	K	钛及钛合金	Ti
铝合金	L	铬钼钒钢	V
铬镍系不锈钢	P	灰铸铁	Z
球墨铸铁	Q		

注：CF3、CF8、CF3M、CF8M 等材料牌号可直接标注在阀体上。

5.8.2 闸阀

1. 闸阀的形式（图 5-80）

图 5-80　闸阀

2. 常用闸阀的型号及主要技术参数（表 5-76）

表5-76　常用闸阀的型号及主要技术参数

型号	公称压力/MPa	适用介质	适用温度/℃ ≤	公称通径/mm
Z42W-1	0.1	煤气	100	300 ~ 500
Z542W-1				600 ~ 1000
Z942W-1				600 ~ 1400
Z946T-2.5	0.25	水		1600、1800
Z945T-6	0.6			1200、1400
Z41T-10	1.0	蒸汽、水	200	50 ~ 450
Z41W-10		油品	100	50 ~ 450
Z941T-10		蒸汽、水	200	100 ~ 450
Z44T-10				50 ~ 400
Z44W-10		油品	100	50 ~ 400
Z741T-10		水		100 ~ 600
Z944T-10		蒸汽、水	200	100 ~ 400
Z944W-10		油品		100 ~ 400
Z45T-10		水	100	50 ~ 700
Z45W-10		油品		50 ~ 450
Z445T-10		水		800 ~ 1000
Z945T-10				100 ~ 1000
Z945W-10		油品		100 ~ 450

（续）

型　号	公称压力 /MPa	适用介质	适用温度 /℃ ≤	公称通径/mm
Z40H-16C	1.6	油品、蒸汽、水	350	200~400
Z940H-16C				200~400
Z640H-16C				200~500
Z40H-16Q				65~200
Z940H-16Q				65~200
Z40W-16P		硝酸类	100	200~300
Z40W-16R		醋酸类		200~300
Z40Y-16I		油品	550	200~400
Z40H-25	2.5	油品、蒸汽、水	350	50~400
Z940H-25				50~400
Z640H-25				50~400
Z40H-25Q				50~200
Z940H-25Q				50~200
Z542H-25		蒸汽、水	300	300~500
Z942H-25				300~800
Z61Y-40	4.0	油品、蒸汽、水	425	15~40
Z41H-40				15~40
Z40H-40				50~250
Z440H-40				300~400
Z940H-40				50~400
Z640H-40				50~400
Z40H-40Q			350	50~200
Z940H-40Q				50~200
Z40Y-40P		硝酸类	100	200~250
Z440Y-40P				300~500
Z40Y-40I		油品	550	50~250
Z40H-64	6.4	油品、蒸汽、水	425	50~250
Z440H-64				300~400
Z940H-64				50~800
Z940Y-64I		油品	550	300~500
Z40Y-64I				50~250
Z40Y-100	10.0	油品、蒸汽、水		50~200
Z440Y-100				250~300
Z940Y-100				50~300
Z61Y-160	16.0	油品	450	15~40
Z41H-160				15~40
Z40Y-160				50~200
Z940Y-160				50~300
Z40Y-160I			550	50~200
Z940Y-160I				50~200

5.8.3　常用内螺纹连接闸阀

1) 内螺纹连接闸阀的形式如图 5-81 所示。

2) 公称压力为 1.0MPa 铁制闸阀的基本尺寸如表 5-77 所示。

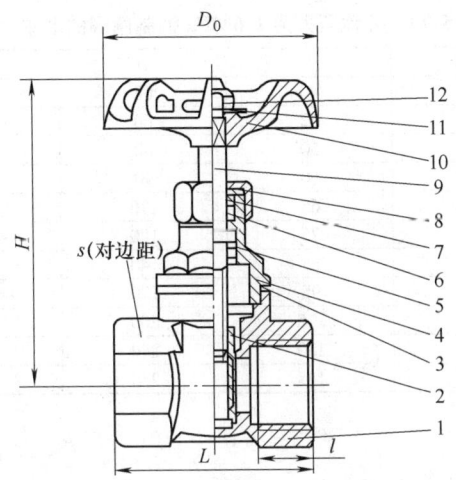

图 5-81 内螺纹连接闸阀

1—阀体 2—闸板 3—垫圈 4—阀盖 5—紧圈
6—填料 7—压圈 8—压紧螺母 9—阀杆 10—手轮 11—铭牌 12—螺母

表 5-77 公称压力为 1.0MPa 铁制闸阀的基本尺寸 （单位：mm）

公称通径	$l_{有效}$ ≥	L		H	s	D_0
		A	B			
15	11	60	65	110	30	60
20	13	65	70	120	36	60
25	15	75	80	145	46	80
32	17	85	90	155	55	90
40	18	95	100	180	62	100
50	20	110	110	205	75	100
65	23	120	130	235	92	120

3) 公称压力为 1.0MPa 铜制闸阀的基本尺寸如表 5-78 所示。

表 5-78 公称压力为 1.0MPa 铜制闸阀的基本尺寸 （单位：mm）

公称通径	$l_{有效}$ ≥	L		H		D_0		s
		A	B	A	B	A	B	
15	9.2	50	42	131	75	55	55	27
20	10.0	60	45	143	80	55	55	33
25	11.4	65	52	157	90	65	65	40
32	11.5	75	55	162	110	75	65	50
40	11.7	85	60	166	120	100	70	55
50	13.2	95	70	205	140	115	80	70
65	14.6	115	82	236	170	135	100	90
80	15.1	130	90	298	200	210	110	100
100	17.1	145	110	320	240	240	130	125

注：H、D_0、s 为参考尺寸。

4) 公称压力为 1.6MPa 铜制闸阀的基本尺寸如表 5-79 所示。

表 5-79 公称压力为 1.6MPa 铜制闸阀的基本尺寸　　（单位：mm）

公称通径	$l_{有效} \geq$	L	H	D_0	s
8	8.5	40	60	45	18
10	9.0	42	60	45	21
15	9.2	50	80	55	27
20	10.0	60	90	65	33
25	11.4	65	110	65	40
32	11.5	75	120	70	50
40	11.7	85	140	80	55
50	13.2	95	170	100	70
65	14.6	115	200	110	90
80	15.1	130	240	130	100
100	17.1	145	240	130	124

5.8.4　球阀

1. 球阀的形式（图 5-82）

图 5-82　球阀

2. 常用球阀的型号及主要技术参数（表 5-80）

表 5-80　常用球阀的型号及主要技术参数

型号	公称压力/MPa	适用介质	适用温度/℃ ≤	公称通径/mm
Q11F-16	1.6	油品、水	100	15～65
Q41F-16	1.6	油品、水	100	32～150
Q941F-16	1.6	油品、水	100	50～150
Q41F-16P	1.6	硝酸类	100	100～150
Q41F-16R	1.6	醋酸类	100	100～150
Q44F-16Q	1.6		100	15～150
Q45F-16Q	1.6		100	15～150
Q347F-25	2.5	油品、水	150	200～500
Q647F-25	2.5	油品、水	150	200～500
Q947F-25	2.5	油品、水	150	200～500
Q21F-40	4.0			10～25
Q21F-40P	4.0	硝酸类	100	10～25
Q21F-40R	4.0	醋酸类	100	10～25
Q41F-40Q	4.0	油品、水	150	32～100
Q41F-40P	4.0	硝酸类	100	32～200
Q41F-40R	4.0	醋酸类	100	32～200
Q641F-40Q	4.0	油品、水	150	50～100
Q941F-40Q	4.0	油品、水	150	50～100

5.8.5 常用内螺纹连接球阀

1) 内螺纹连接球阀的结构如图 5-83 所示。

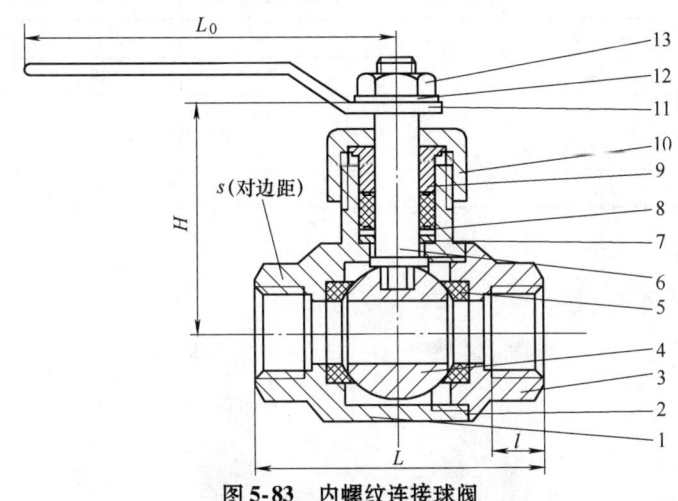

图 5-83 内螺纹连接球阀

1—阀体 2、12—垫圈 3—阀盖 4—球 5—阀座 6—阀杆
7—填料垫 8—填料 9—填料压盖 10—压紧螺母 11—手柄 13—螺母

2) 公称压力为 1.6MPa 铁制球阀的基本尺寸如表 5-81 所示。

表 5-81 公称压力为 1.6MPa 铁制球阀的基本尺寸 （单位：mm）

公称通径	$l_{有效}$ ≥	L		H	s	L_0
		A	B			
15	11	65	90	65	30	110
20	13	75	100	74	36	110
25	15	90	115	87	46	130
32	17	105	130	92	55	130
40	18	120	150	108	62	180
50	20	140	180	114	75	180

注：H、s、L_0 为参考尺寸。

3) 公称压力为 1.0MPa 铜制球阀的基本尺寸如表 5-82 所示。

表 5-82 公称压力为 1.0MPa 铜制球阀的基本尺寸 （单位：mm）

公称通径	$l_{有效}$ ≥	L	H	s	L_0
6	7	46	38	18	90
10	7.5	48	38	22	90
15	9.5	60	44	27	100
20	10.5	65	48	33	100
25	12	75	54	40	120
32	13.5	85	58	50	120
40	13.5	95	75	55	160
50	17	110	82	70	160

注：H、s、L_0 为参考尺寸。

4）公称压力为 1.6MPa 铜制球阀的基本尺寸如表 5-83 所示。

表 5-83　公称压力为 1.6MPa 铜制球阀的基本尺寸　　（单位：mm）

公称通径	$l_{有效}\geqslant$	L	H	s	L_0
6	8.4	48	38	18	90
8	8.4	48	42	18	90
10	9.0	56	44	22	90
15	11.2	68	48	27	100

5.8.6　截止阀

1. 截止阀的形式（图 5-84）

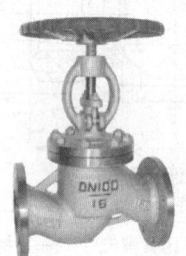 

图 5-84　截止阀

2. 常用截止阀的型号及主要技术参数（表 5-84）

表 5-84　常用截止阀的型号及主要技术参数

型　号	公称压力/MPa	适用介质	适用温度/℃≤	公称通径/mm
J11W-16	1.6	油品	100	15~65
J11T-16		蒸汽、水	200	15~65
J41W-16		油品	100	25~150
J41T-16		蒸汽、水	200	25~150
J41W-16P		硝酸类	100	80~150
J41W-16R		醋酸类		80~150
J21W-25K	2.5	氨、氨液	-40~+150	6
J24W-25K				6
J21B-25K				10~25
J24B-25K				10~25
J41B-25Z				32~200
J44B-25Z				32~50
WJ41W-25P		硝酸类	100	25~150
J45W-25P				25~100

(续)

型号	公称压力 /MPa	适用介质	适用温度 /℃≤	公称通径 /mm
J21W-40	4.0	油品	200	6、10
J91W-40		油品	200	6、10
J91H-40		油品、蒸汽、水	425	15~25
J94W-40		油品	200	6、10
J94H-40		油品、蒸汽、水	425	15~25
J21H-40		油品、蒸汽、水	425	15~25
J24W-40		油品	200	6、10
J24H-40		油品、蒸汽、水	425	15~25
J21W-40P		硝酸类	100	6~25
J21W-40R		醋酸类	100	6~25
J24W-40P		硝酸类	100	6~25
J24W-40R		醋酸类	100	6~25
J61Y-40		油品、蒸汽、水	100	10~25
J41H-40		油品、蒸汽、水	100	10~150
J41W-40P		硝酸类	100	32~150
J41W-40R		醋酸类	100	32~150
J941H-40		油品、蒸汽、水	425	50~150
J41H-40Q		油品、蒸汽、水	350	32~150
J44H-40		油品、蒸汽、水	425	32~50
J41H-64	6.4	油品、蒸汽、水	425	50~100
J941H-64			425	50~100
J41H-100	10.0	油品、蒸汽、水	450	10~100
J941H-100			450	50~100
J44H-100			450	32~50
J61Y-160	16.0	油品	550	15~40
J41H-160				15~40
J41Y-160I			550	15~40
J21W-160			200	6、10

5.8.7 常用内螺纹连接截止阀

1) 内螺纹连接截止阀的结构如图 5-85 所示。
2) 公称压力为 1.6MPa 铁制截止阀的基本尺寸如表 5-85 所示。

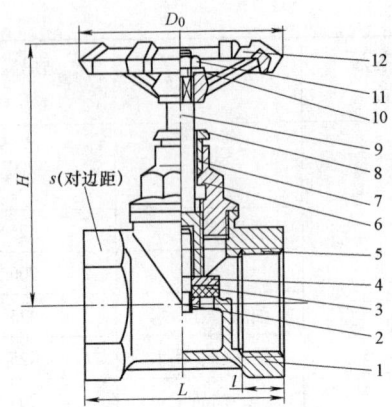

图 5-85　内螺纹连接截止阀

1—阀体　2—螺母　3—阀瓣　4—瓣片　5—瓣杆　6—阀盖
7—填料　8—填料压盖　9—阀杆　10—铭牌　11—螺母　12—手轮

表 5-85　公称压力为 1.6MPa 铁制截止阀的基本尺寸　（单位：mm）

公称通径	$l_{有效}$ ≥	L		H	s	D_0
		A	B			
15	11	65	90	86	30	60
20	13	75	100	104	36	60
25	15	90	120	120	46	80
32	17	105	140	130	55	90
40	18	120	170	150	62	100
50	20	140	200	165	75	100
65	23	165	260	200	90	120

注：H、s、D_0 为参考尺寸。

3）公称压力为 1.0MPa 铜制截止阀的基本尺寸如表 5-86 所示。

表 5-86　公称压力为 1.0MPa 铜制截止阀的基本尺寸　（单位：mm）

公称通径	$l_{有效}$ ≥	L		H		D_0	s
		A	B	A	B		
15	9.5	52	50	76	80	55	27
20	10.5	60	60	80	88	55	33
25	12	70	65	87	98	65	40
32	13.5	80	75	101	110	65	50
40	13.5	86	85	127	140	70	55
50	17	104	95	148	152	80	70

注：H、D_0、s 为参考尺寸。

4）公称压力为 1.6MPa 铜制截止阀的基本尺寸如表 5-87 所示。

表 5-87　公称压力为 1.6MPa 铜制截止阀的基本尺寸　（单位：mm）

公称通径	$l_{有效}$ ≥	L	D_0	H	s
15	9.5	56	55	88	27
20	11.0	67	65	98	33
25	13.7	78	65	110	40
32	14.0	88	70	140	50
40	14.6	104	80	155	55
50	19.0	120	100	170	70

注：D_0、H、s 为参考尺寸。

5.8.8 止回阀

1. 止回阀的形式（图5-86）

图5-86 止回阀

2. 常用止回阀的型号及主要技术参数（表5-88）

表5-88 常用止回阀的型号及主要技术参数

型　号	公称压力 /MPa	适用介质	适用温度 /℃ ≤	公称通径 /mm
H12X-2.5	0.25	水	50	50～80
H42X-2.5				50～300
H46X-2.5				350～500
H45X-2.5				1600～1800
H45X-6	0.6	水	50	1200～1400
H45X-10	1.0			700～1000
H44X-10				50～600
H44Y-10		蒸汽、水	200	50～600
H44W-10		油类	100	50～450
H11T-16	1.6	蒸汽、水	200	15～65
H11W-16		油类	100	15～65
H41T-16		蒸汽、水	200	25～150
H41W-16		油类	100	25～150
H41W-16P		硝酸类	100	80～150
H41W-16R		醋酸类	100	80～150
H21B-25K	2.5	氨、氨液	-40～+150	15～25
H41B-25Z				32～50
H44H-25		油类、蒸汽、水	350	200～500
H41H-40	4.0		425	10～150
H41H-40Q			350	32～150
H44H-40			425	50～400
H44Y-40I		油类	550	50～250
H44W-40P		硝酸类	100	200～400
H21W-40P				15～25
H41W-40P				32～150
H41W-40R		醋酸类	100	32～150
H41H-64	6.4	油类、蒸汽、水	425	50～100
H44H-64		油类	550	50～500
H44Y-64I				
H41H-100	10.0	油类、蒸汽、水	450	10～100
H44H-100				50～200
H44H-160	16.0	油类、水		50～300
H44Y-160I		油类	550	50～200
H41H-160			450	15～40
H61Y-160				15～40

5.8.9 常用内螺纹止回阀

内螺纹连接止回阀分为旋启式、升降式、升降立式,其形式分别如图 5-87、图 5-88、图 5-89 所示。

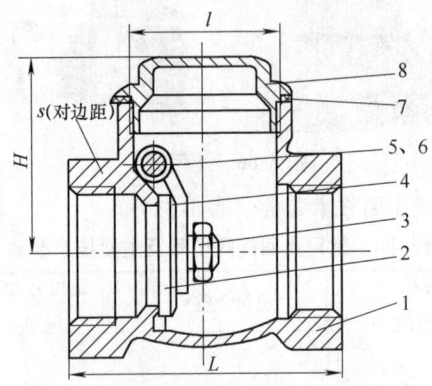

图 5-87 公称压力为 1.6MPa 铁制止回阀

1—阀体 2—阀瓣 3—螺母 4—摇杆 5—销轴螺母 6—销轴 7—垫圈 8—阀盖

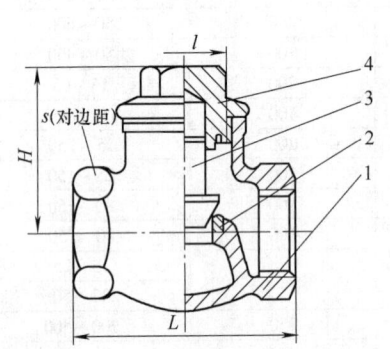

图 5-88 公称压力为 1.0MPa 铜制止回阀

1—阀体 2—阀座
3—阀瓣 4—阀盖

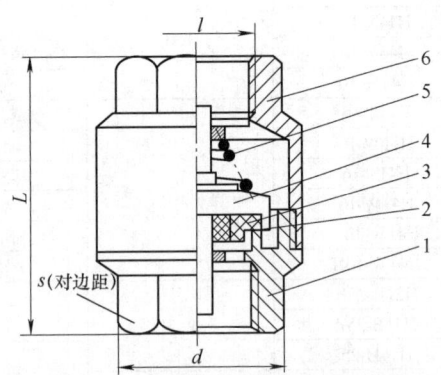

图 5-89 公称压力为 1.6MPa 铜制止回阀

1—阀盖 2—压圈 3—阀瓣
4—阀瓣架 5—弹簧 6—阀体

1) 公称压力为 1.6MPa 铁制止回阀的基本尺寸如表 5-89 所示。

表 5-89 公称压力为 1.6MPa 铁制止回阀的基本尺寸 (单位:mm)

公称通径	$l_{有效}$ ≥	L		H	s
		A	B		
15	11	65	90	46	30
20	13	75	100	52	36
25	15	90	120	60	46
32	17	105	140	70	55
40	18	120	170	78	62
50	20	140	200	86	75

2) 公称压力为1.0MPa铜制止回阀的基本尺寸如表5-90所示。

表5-90 公称压力为1.0MPa铜制止回阀的基本尺寸 （单位：mm）

公称通径	$l_{有效} \geqslant$	L		H	s
		A	B		
15	9.5	60	52	30	27
20	10.5	65	60	38	33
25	12	75	70	46	40
32	13.5	85	80	52	50
40	13.5	95	86	60	55
50	17	110	104	70	70

3) 公称压力为1.6MPa铜制止回阀的基本尺寸如表5-91所示。

表5-91 公称压力为1.6MPa铜制止回阀的基本尺寸 （单位：mm）

公称通径	$l_{有效} \geqslant$	L			s	d
		A	B	C		
15	11.4	68	56	50	27	35
20	12.7	78	67	60	33	41
25	14.5	86	78	65	40	48
32	16.8	100	88	—	50	
40	16.8	106	104	—	55	
50	21.1	130	120		70	

5.9 铸铁管路连接件

5.9.1 基础知识

1) 管件规格（即螺纹规格代号）与公称通径之间的关系如表5-92所示。

表5-92 管件规格与公称通径之间的关系（GB/T 3287—2011）

管件规格	1/8	1/4	3/8	1/2	3/4	1	1¼	1½	2	2½	3	4	5	6
公称通径/mm	6	8	10	15	20	25	32	40	50	65	80	100	125	150

2) 不同的管件各自有不同的代号，管路图中均用代号表示，管件形式与符号关系如表5-93所示。

表5-93 管件形式与符号（GB/T 3287—2011）

类型	符号(代号)			
A 弯头	A1(90)	A1/45°(120)	A4(92)	A4/45°(121)
B 三通	B1(130)			

(续)

类型	符号(代号)			
C 四通	C1(180)			
D 短月弯	D1(2a)	D4(1a)		
E 单弯三通及双弯弯头	E1(131)		E2(132)	
G 长月弯	G1(2)	G1/45°(41)	G4(1)	G4/45°(40)	G8(3)
M 外接头	M2(270) M2R—L(271)	M2(240)	M4(529a)	M4(246)
N 内外螺丝内接头	N4(241)		N8(280) N8R—L(281)	N8(245)
P 锁紧螺母	P4(310)			

(续)

类型	符号(代号)			
T 管帽 管堵	T1(300)	T8(291)	T9(290)	T11(596)
U 活接头	U1(330)	U2(331)	U11(340)	U12(341)
UA 活接弯头	UA1(95)	UA2(97)	UA11(96)	UA12(98)
Za 侧孔弯头 侧孔三通	Za1(221)	Za2(223)		

5.9.2 弯头、三通和四通

1. 弯头、三通和四通的形式（图5-90）

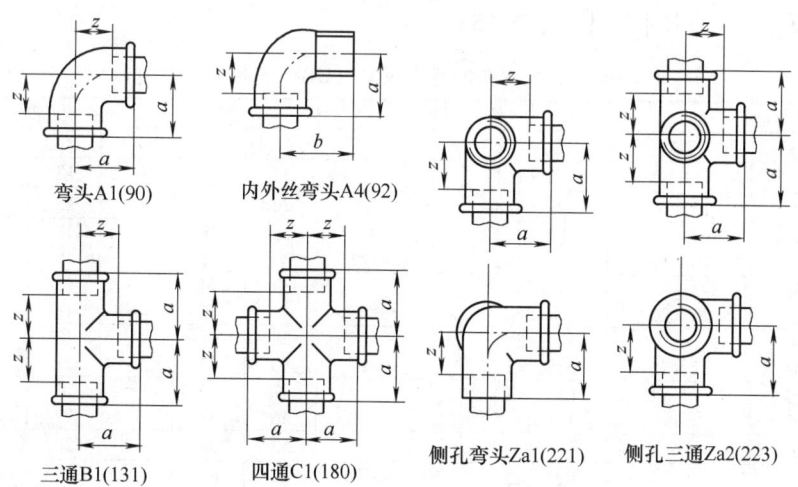

图 5-90 弯头、三通和四通的形式

2. 弯头、三通和四通的基本尺寸（表5-94）

表5-94 弯头、三通和四通的基本尺寸（GB/T 3287—2011）

公称通径/mm					管件规格					尺寸/mm		安装长度/mm
A1	A4	B1	C1	Za1	Za2	A1	A4	B1	C1	Za1	Za2	a	b	z
6	6	6	—	—	—	1/8	1/8	1/8	—	—	—	19	25	12
8	8	8	(8)	—	—	1/4	1/4	1/4	(1/4)	—	—	21	28	11
10	10	10	10	(10)	(10)	3/8	3/8	3/8	3/8	(3/8)	(3/8)	25	32	15
15	15	15	15	15	(15)	1/2	1/2	1/2	1/2	1/2	(1/2)	28	37	15
20	20	20	20	20	(20)	3/4	3/4	3/4	3/4	3/4	(3/4)	33	43	18
25	25	25	25	(25)	(25)	1	1	1	1	(1)	(1)	38	52	21
32	32	32	32	—	—	1¼	1¼	1¼	1¼	—	—	45	60	26
40	40	40	40	—	—	1½	1½	1½	1½	—	—	50	65	31
50	50	50	50	—	—	2	2	2	2	—	—	58	74	34
65	65	65	(65)	—	—	2½	2½	2½	(2½)	—	—	69	88	42
80	80	80	(80)	—	—	3	3	3	(3)	—	—	78	98	48
100	100	100	(100)	—	—	4	4	4	(4)	—	—	96	118	60
(125)	—	(125)	—	—	—	(5)	—	(5)	—	—	—	115	—	75
(150)	—	(150)	—	—	—	(6)	—	(6)	—	—	—	131	—	91

注：尽量不采用括号内的规格。

5.9.3 异径弯头

1. 异径弯头的形式（图5-91）

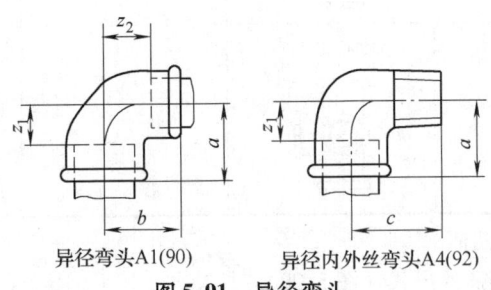

异径弯头A1(90)　　异径内外丝弯头A4(92)

图5-91 异径弯头

2. 异径弯头的基本尺寸（表5-95）

表5-95 异径弯头的基本尺寸（GB/T 3287—2011）

公称通径/mm		管件规格		尺寸/mm			安装长度/mm	
A1	A4	A1	A4	a	b	c	z_1	z_2
(10×8)	—	(3/8×1/4)	—	23	23	—	13	13
15×10	15×10	1/2×3/8	1/2×3/8	26	26	33	13	16
(20×10)	—	(3/4×3/8)	—	28	28	—	13	18
20×15	20×15	3/4×1/2	3/4×1/2	30	31	40	15	18
25×15	—	1×1/2	—	32	34	—	15	21
25×20	25×20	1×3/4	1×3/4	35	36	46	18	21
32×20	—	1¼×3/4	—	36	41	—	17	26
32×25	32×25	1¼×1	1¼×1	40	42	56	21	25
(40×25)	—	(1½×1)	—	42	46	—	23	29
40×32	—	1½×1¼	—	46	48	—	27	29
50×40	—	2×1½	—	52	56	—	28	36
(65×50)	—	(2½×2)	—	61	66	—	34	42

注：尽量不采用括号内的规格。

5.9.4 45°弯头

1. 45°弯头的形式（图5-92）
2. 45°弯头的基本尺寸（表5-96）

表5-96 45°弯头的基本尺寸（GB/T 3287—2011）

公称通径/mm		管件规格		尺寸/mm		安装长度/mm
A1/45°	A4/45°	A1/45°	A4/45°	a	b	z
10	10	3/8	3/8	20	25	10
15	15	1/2	1/2	22	28	9
20	20	3/4	3/4	25	32	10
25	25	1	1	28	37	11
32	32	1¼	1¼	33	43	14
40	40	1½	1½	36	46	17
50	50	2	2	43	55	19

5.9.5 中大异径三通

1. 中大异径三通的形式（图5-93）

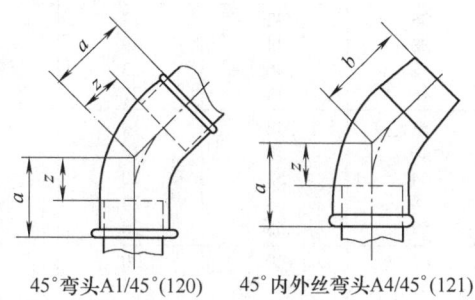

图5-92 45°弯头

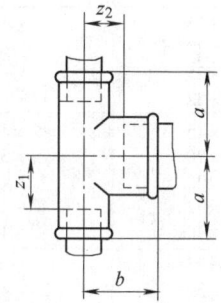

图5-93 中大异径三通

2. 中大异径三通的基本尺寸（表5-97）

表5-97 中大异径三通的基本尺寸（GB/T 3287—2011）

公称通径/mm	管件规格	尺寸/mm		安装长度/mm	
		a	b	z_1	z_2
10×15	3/8×1/2	26	26	16	13
15×20	1/2×3/4	31	30	18	15
(15×25)	(1/2×1)	34	32	21	15
20×25	3/4×1	36	35	21	18
(20×32)	(3/4×1¼)	41	36	26	17
25×32	1×1¼	42	40	25	21
(25×40)	(1×1½)	46	42	29	23
32×40	1¼×1½	48	46	29	27
(32×50)	(1¼×2)	54	48	35	24
40×50	1½×2	55	52	36	28

注：尽量不采用括号内规格。

5.9.6 中小异径三通

1. 中小异径三通的形式（图5-94）
2. 中小异径三通的基本尺寸（表5-98）

表 5-98 中小异径三通的基本尺寸（GB/T 3287—2011）

公称通径/mm	管件规格	尺寸/mm		安装长度/mm	
		a	b	z_1	z_2
10×8	3/8×1/4	23	23	13	13
15×8	1/2×1/4	24	24	11	14
15×10	1/2×3/8	26	26	13	16
(20×8)	(3/4×1/4)	26	27	11	17
20×10	3/4×3/8	28	28	13	18
20×15	3/4×1/2	30	31	15	18
(25×8)	(1×1/4)	28	31	11	21
25×10	1×3/8	30	32	13	22
25×15	1×1/2	32	34	15	21
25×20	1×3/4	35	36	18	21
(32×10)	(1¼×3/8)	32	36	13	26
32×15	1¼×1/2	34	38	15	25
32×20	1¼×3/4	36	41	17	26
32×25	1¼×1	40	42	21	25
40×15	1½×1/2	36	42	17	29
40×20	1½×3/4	38	44	19	29
40×25	1½×1	42	46	23	29
40×32	1½×1¼	46	48	27	29
50×15	2×1/2	38	48	14	35
50×20	2×3/4	40	50	16	35
50×25	2×1	44	52	20	35
50×32	2×1¼	48	54	24	35
50×40	2×1½	52	55	28	36
65×25	2½×1	47	60	20	43
65×32	2½×1¼	52	62	25	43
65×40	2½×1½	55	63	28	44
65×50	2½×2	61	66	34	42
80×25	3×1	51	67	21	50
(80×32)	(3×1¼)	55	70	25	51
80×40	3×1½	58	71	28	52
80×50	3×2	64	73	34	49
80×65	3×2½	72	76	42	49
100×50	4×2	70	86	34	62
100×80	4×3	84	92	48	62

注：尽量不采用括号内的规格。

5.9.7 异径三通

1. 异径三通的形式（图 5-95）

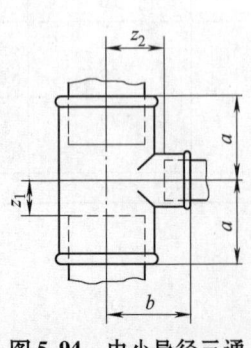

图 5-94 中小异径三通

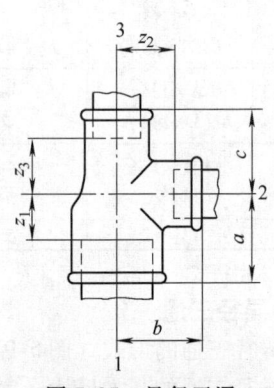

图 5-95 异径三通

2. 异径三通的基本尺寸（表5-99）

表5-99　异径三通的基本尺寸（GB/T 3287—2011）

公称通径/mm	管件规格	尺寸/mm			安装长度/mm		
1 × 2 × 3	1 × 2 × 3	a	b	c	z_1	z_2	z_3
15 × 10 × 10	1/2 × 3/8 × 3/8	26	26	25	13	16	15
20 × 10 × 15	3/4 × 3/8 × 1/2	28	28	26	13	18	13
20 × 15 × 10	3/4 × 1/2 × 3/8	30	31	26	15	18	16
20 × 15 × 15	3/4 × 1/2 × 1/2	30	31	28	15	18	15
25 × 15 × 15	1 × 1/2 × 1/2	32	34	28	15	21	15
25 × 15 × 20	1 × 1/2 × 3/4	32	34	30	15	21	15
25 × 20 × 15	1 × 3/4 × 1/2	35	36	31	18	21	18
25 × 20 × 20	1 × 3/4 × 3/4	35	36	33	18	21	18
32 × 15 × 25	1¼ × 1/2 × 1	34	38	32	15	25	15
32 × 20 × 20	1¼ × 3/4 × 3/4	36	41	33	17	26	18
32 × 20 × 25	1¼ × 3/4 × 1	36	41	35	17	26	18
32 × 25 × 20	1¼ × 1 × 3/4	40	42	36	21	25	21
32 × 25 × 25	1¼ × 1 × 1	40	42	38	21	25	21
40 × 15 × 32	1½ × 1/2 × 1¼	36	42	34	17	29	15
40 × 20 × 32	1½ × 3/4 × 1¼	38	44	36	19	29	17
40 × 25 × 25	1½ × 1 × 1	42	46	38	23	29	21
40 × 25 × 32	1½ × 1 × 1¼	42	46	40	23	29	21
(40 × 32 × 25)	(1½ × 1¼ × 1)	46	48	42	27	29	25
40 × 32 × 32	1½ × 1¼ × 1¼	46	48	45	27	29	26
50 × 20 × 40	2 × 3/4 × 1½	40	50	39	16	35	19
50 × 25 × 40	2 × 1 × 1½	44	52	42	20	35	23
50 × 32 × 32	2 × 1¼ × 1¼	48	54	45	24	35	26
50 × 32 × 40	2 × 1¼ × 1½	48	54	46	24	35	27
(50 × 40 × 32)	(2 × 1½ × 1¼)	52	55	48	28	36	29
50 × 40 × 40	2 × 1½ × 1½	52	55	50	28	36	31

注：尽量不采用括号内规格。

5.9.8　侧小异径三通

1. 侧小异径三通的形式（图5-96）
2. 侧小异径三通的基本尺寸（表5-100）

表5-100　侧小异径三通的基本尺寸（GB/T 3287—2011）

公称通径/mm	管件规格	尺寸/mm			安装长度/mm		
		a	b	c	z_1	z_2	z_3
15 × 15 × 10	1/2 × 1/2 × 3/8	28	28	26	15	15	16
20 × 20 × 10	3/4 × 3/4 × 3/8	33	33	28	18	18	18
20 × 20 × 15	3/4 × 3/4 × 1/2	33	33	31	18	18	18
(25 × 25 × 10)	(1 × 1 × 3/8)	38	38	32	21	21	22
25 × 25 × 15	1 × 1 × 1/2	38	38	34	21	21	21
25 × 25 × 20	1 × 1 × 3/4	38	38	36	21	21	21

(续)

公称通径/mm	管件规格	尺寸/mm			安装长度/mm		
		a	b	c	z_1	z_2	z_3
32×32×15	1¼×1¼×1/2	45	45	38	26	26	25
32×32×20	1¼×1¼×3/4	45	45	41	26	26	26
32×32×25	1¼×1¼×1	45	45	42	26	26	25
40×40×15	1½×1½×1/2	50	50	42	31	31	19
40×40×20	1½×1½×3/4	50	50	44	31	31	29
40×40×25	1½×1½×1	50	50	46	31	31	29
40×40×32	1½×1½×1¼	50	50	48	31	31	29
50×50×20	2×2×3/4	58	58	50	34	34	35
50×50×25	2×2×1	58	58	52	34	34	35
50×50×32	2×2×1¼	58	58	54	34	34	35
50×50×40	2×2×1½	58	58	55	34	34	36

注：尽量不采用括号内的规格。

5.9.9 异径四通

1. 异径四通的形式（图5-97）

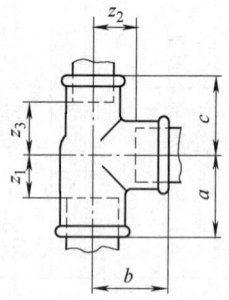

图 5-96 侧小异径三通

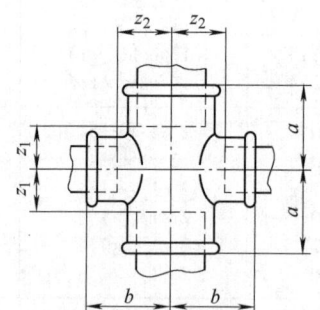

图 5-97 异径四通

2. 异径四通的基本尺寸（表5-101）

表 5-101 异径四通的基本尺寸（GB/T 3287—2011）

公称通径/mm	管件规格	尺寸/mm		安装长度/mm	
		a	b	z_1	z_2
(15×10)	(1/2×3/8)	26	26	13	16
20×15	3/4×1/2	30	31	15	18
25×15	1×1/2	32	34	15	21
25×20	1×3/4	35	36	18	21
(32×20)	(1¼×3/4)	36	41	17	26
32×25	1¼×1	40	42	21	25
(40×25)	(1½×1)	42	46	23	29

注：尽量不采用括号内的规格。

5.9.10 短月弯、单弯三通和双弯弯头

1. 短月弯、单弯三通和双弯弯头的形式（图5-98）

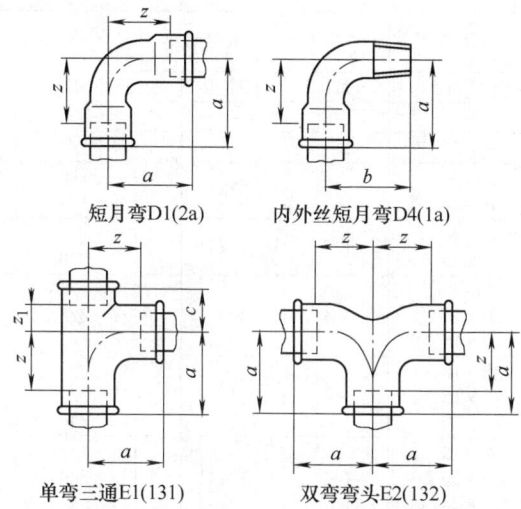

图5-98 短月弯、单弯三通和双弯弯头

2. 短月弯、单弯三通和双弯弯头的基本尺寸（表5-102）

表5-102 短月弯、单弯三通和双弯弯头的基本尺寸（GB/T 3287—2011）

公称通径/mm				管件规格				尺寸/mm		安装长度/mm	
D1	D4	E1	E2	D1	D4	E1	E2	$a=b$	c	z	z_1
8	8	—	—	1/4	1/4	—	—	30	—	20	—
10	10	10	10	3/8	3/8	3/8	3/8	36	19	26	9
15	15	15	15	1/2	1/2	1/2	1/2	45	24	32	11
20	20	20	20	3/4	3/4	3/4	3/4	50	28	35	13
25	25	25	25	1	1	1	1	63	33	46	16
32	32	32	32	1¼	1¼	1¼	1¼	76	40	57	21
40	40	40	40	1½	1½	1½	1½	85	43	66	24
50	50	50	50	2	2	2	2	102	53	78	29

5.9.11 外接头

1. 外接头的形式（图5-99）

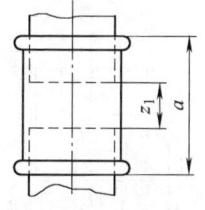 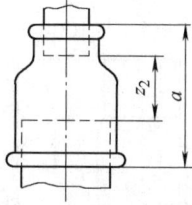

外接头M2(270)　　　异径外接头M2(240)
左右旋外接头M2R-L(271)
图5-99 外接头

2. 外接头的基本尺寸（表 5-103）

表 5-103　外接头的基本尺寸（GB/T 3287—2011）

公称通径/mm			管件规格			尺寸/mm	安装长度/mm	
M2	M2R-L	异径 M2	M2	M2R-L	异径 M2	a	z_1	z_2
6	—	—	1/8	—	—	25	11	—
8	—	8×6	1/4	—	1/4×1/8	27	7	10
10	10	(10×6) 10×8	3/8	3/8	(3/8×1/8) 3/8×1/4	30	10	13 10
15	15	15×8 15×10	1/2	1/2	1/2×1/4 1/2×3/8	36	10	13 13
20	20	(20×8) 20×10 20×15	3/4	3/4	(3/4×1/4) 3/4×3/8 3/4×1/2	39	9	14 14 11
25	25	25×10 25×15 25×20	1	1	1×3/8 1×1/2 1×3/4	45	11	18 15 13
32	32	32×15 32×20 32×25	1¼	1¼	1¼×1/2 1¼×3/4 1¼×1	50	12	18 16 14
40	40	(40×15) 40×20 40×25 40×32	1½	1½	(1½×1/2) 1½×3/4 1½×1 1½×1¼	55	17	23 21 19 17
(50)	(50)	(50×15) (50×20) 50×25 50×32 50×40	(2)	(2)	(2×1/2) (2×3/4) 2×1 2×1¼ 2×1½	65	17	28 26 24 22 22
(65)	—	(65×32) (65×40) (65×50)	(2½)	—	(2½×1¼) (2½×1½) (2½×2)	74	20	28 28 23
(80)	—	(80×40) (80×50) (80×65)	(3)	—	(3×1½) (3×2) (3×2½)	80	20	31 26 23
(100)	—	(100×50) (100×65) (100×80)	(4)	—	(4×2) (4×2½) (4×3)	94	22	34 31 28
(125)	—	—	(5)	—	—	109	29	—
(150)	—	—	(6)	—	—	120	40	—

注：尽量不采用括号内的规格。

5.9.12　内外丝接头

1. 内外丝接头的形式（图 5-100）

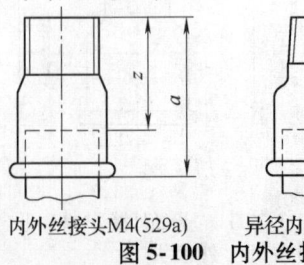

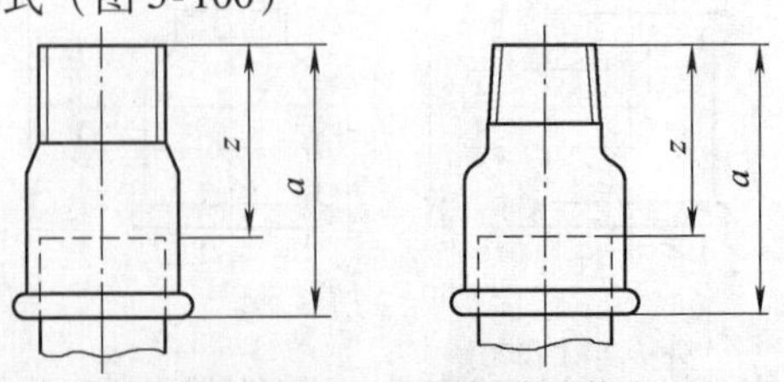

内外丝接头 M4(529a)　　异径内外丝接头 M4(246)

图 5-100　内外丝接头

2. 内外丝接头的基本尺寸（表5-104）

表5-104　内外丝接头的基本尺寸（GB/T 3287—2011）

公称通径/mm		管件规格		尺寸/mm	安装长度/mm
M4	异径 M4	M4	异径 M4	a	z
10	10×8	3/8	3/8×1/4	35	25
15	15×8 15×10	1/2	1/2×1/4 1/2×3/8	43	30
20	(20×10) 20×15	3/4	(3/4×3/8) 3/4×1/2	48	33
25	25×15 25×20	1	1×1/2 1×3/4	55	38
32	32×20 32×25	1¼	1¼×3/4 1¼×1	60	41
—	40×25 40×32	—	1½×1 1½×1¼	63	44
—	(50×32) (50×40)	—	(2×1¼) (2×1½)	70	46

注：尽量不采用括号内的规格。

5.9.13　内外螺丝

1. 内外螺丝的形式（图5-101）

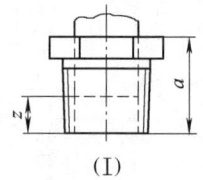 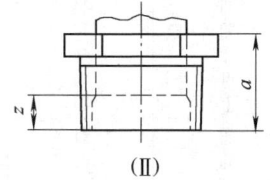 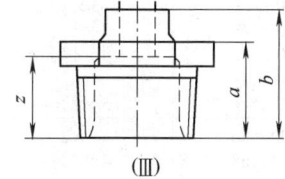

(Ⅰ)　　　　　　　　　(Ⅱ)　　　　　　　　　(Ⅲ)

图5-101　内外螺丝

2. 内外螺丝的基本尺寸（表5-105）

表5-105　内外螺丝的基本尺寸（GB/T 3287—2011）

公称通径/mm	管件规格	类型	尺寸/mm		安装长度/mm
			a	b	z
8×6	1/4×1/8	Ⅰ	20	—	13
10×6 10×8	3/8×1/8 3/8×1/4	Ⅱ Ⅰ	20 20	— —	13 10

(续)

公称通径/mm	管件规格	类型	尺寸/mm		安装长度/mm
			a	b	z
15×6	1/2×1/8	II	24	—	17
15×8	1/2×1/4	II	24	—	14
15×10	1/2×3/8	I	24	—	14
20×8	3/4×1/4	II	26	—	16
20×10	3/4×3/8	II	26	—	16
20×15	3/4×1/2	I	26	—	13
25×8	1×1/4	II	29	—	19
25×10	1×3/8	II	29	—	19
25×15	1×1/2	II	29	—	16
25×20	1×3/4	I	29	—	14
32×10	1¼×3/8	II	31	—	21
32×15	1¼×1/2	II	31	—	18
32×20	1¼×3/4	II	31	—	16
32×25	1¼×1	I	31	—	14
(40×10)	(1½×3/8)	II	31	—	21
40×15	1½×1/2	II	31	—	18
40×20	1½×3/4	II	31	—	16
40×25	1½×1	II	31	—	14
40×32	1½×1¼	I	31	—	12
50×15	2×1/2	III	35	48	35
50×20	2×3/4	III	35	48	33
50×25	2×1	II	35	—	18
50×32	2×1¼	II	35	—	16
50×40	2×1½	II	35	—	16
65×25	2½×1	III	40	54	37
65×32	2½×1¼	III	40	54	35
65×40	2½×1½	II	40	—	21
65×50	2½×2	II	40	—	16
80×25	3×1	III	44	59	42
80×32	3×1¼	III	44	59	40
80×40	3×1½	III	44	59	40
80×50	3×2	II	44	—	20
80×65	3×2½	II	44	—	17
100×50	4×2	III	51	69	45
100×65	4×2½	III	51	69	42
100×80	4×3	II	51	—	21

注：尽量不采用括号内的规格。

5.9.14 内接头

1. 内接头的形式（图 5-102）

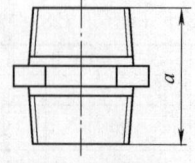
内接头N8(280)
左右旋内接头N8R-L(281)

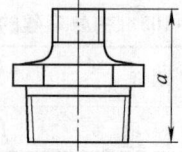
异径内接头N8(245)

图 5-102 内接头

2. 内接头的基本尺寸（表5-106）

表5-106 内接头的基本尺寸（GB/T 3287—2011）

公称通径/mm			管件规格			尺寸/mm
N8	N8R-L	异径N8	N8	N8R-L	异径N8	a
6	—	—	1/8	—	—	29
8	—	—	1/4	—	—	36
10	—	10×8	3×8	—	3/8×1/4	38
15	15	15×8 15×10	1/2	1/2	1/2×1/4 1/2×3/8	44
20	20	20×10 20×15	3/4	3/4	3/4×3/8 3/4×1/2	47

5.9.15 管帽和管堵

1. 管帽和管堵的形式（图5-103）

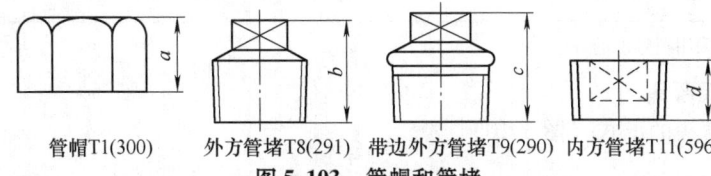

管帽T1(300)　　外方管堵T8(291)　　带边外方管堵T9(290)　　内方管堵T11(596)

图5-103 管帽和管堵

2. 管帽和管堵的基本尺寸（表5-107）

表5-107 管帽和管堵的基本尺寸（GB/T 3287—2011）

公称通径/mm				管件规格				尺寸/mm			
T1	T8	T9	T11	T1	T8	T9	T11	a_{min}	b_{min}	c_{min}	d_{min}
(6)	6	6	—	(1/8)	1/8	1/8	—	13	11	20	—
8	8	8	—	1/4	1/4	1/4	—	15	14	22	—
10	10	10	(10)	3/8	3/8	3/8	(3/8)	17	15	24	11
15	15	15	(15)	1/2	1/2	1/2	(1/2)	19	18	26	15
20	20	20	(20)	3/4	3/4	3/4	(3/4)	22	20	32	16
25	25	25	(25)	1	1	1	(1)	24	23	36	19
32	32	32	—	1¼	1¼	1¼	—	27	29	39	—
40	40	40	—	1½	1½	1½	—	27	30	41	—
50	50	50	—	2	2	2	—	32	36	48	—
65	65	65	—	2½	2½	2½	—	35	39	54	—
80	80	80	—	3	3	3	—	38	44	60	—
100	100	100	—	4	4	4	—	45	58	70	—

注：尽量不采用括号内的规格。

5.9.16 活接头

1. 活接头的形式（图5-104）

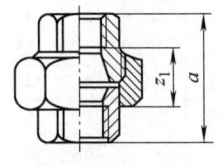 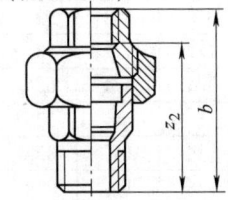 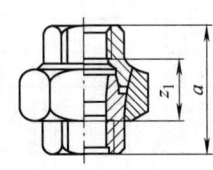 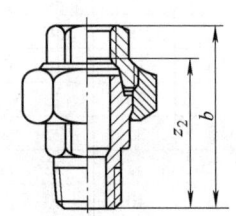

平座活接头U1(330)　　内外丝平座活接头U2(331)　　锥座活接头U11(340)　　内外丝锥座活接头U12(341)

图5-104 活接头

2. 活接头的基本尺寸（表5-108）

表5-108　活接头的基本尺寸（GB/T 3287—2011）

公称通径/mm				管件规格				尺寸/mm		安装长度/mm	
U1	U2	U11	U12	U1	U2	U11	U12	a	b	z_1	z_2
—	—	(6)	—	—	—	(1/8)	—	38	—	24	—
8	8	8	8	1/4	1/4	1/4	1/4	42	55	22	45
10	10	10	10	3/8	3/8	3/8	3/8	45	58	25	48
15	15	15	15	1/2	1/2	1/2	1/2	48	66	22	53
20	20	20	20	3/4	3/4	3/4	3/4	52	72	22	57
25	25	25	25	1	1	1	1	58	80	24	63
32	32	32	32	1¼	1¼	1¼	1¼	65	90	27	71
40	40	40	40	1½	1½	1½	1½	70	95	32	76
50	50	50	50	2	2	2	2	78	106	30	82
65	—	65	65	2½	—	2½	2½	85	118	31	91
80	—	80	80	3	—	3	3	95	130	35	100
—	—	100	—	—	—	4	—	100	—	38	—

注：尽量不采用括号内的规格。

5.9.17　活接弯头

1. 活接弯头的形式（图5-105）

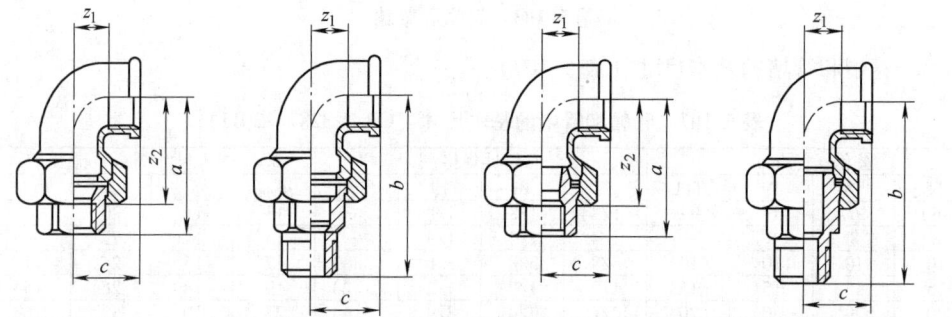

平座活接弯头UA1(95)　内外丝平座活接弯头UA2(97)　锥座活接弯头UA11(96)　内外丝锥座活接弯头UA12(98)

图5-105　活接弯头

2. 活接弯头的基本尺寸（表5-109）

表5-109　活接弯头的基本尺寸（GB/T 3287—2011）

公称通径/mm				管件规格				尺寸/mm			安装长度/mm	
UA1	UA2	UA11	UA12	UA1	UA2	UA11	UA12	a	b	c	z_1	z_2
—	—	8	8	—	—	1/4	1/4	48	61	21	11	38
10	10	10	10	3/8	3/8	3/8	3/8	52	65	25	15	42
15	15	15	15	1/2	1/2	1/2	1/2	58	76	28	15	45
20	20	20	20	3/4	3/4	3/4	3/4	62	82	33	18	47
25	25	25	25	1	1	1	1	72	94	38	21	55
32	32	32	32	1¼	1¼	1¼	1¼	82	107	45	26	63
40	40	40	40	1½	1½	1½	1½	90	115	50	31	71
50	50	50	50	2	2	2	2	100	128	58	34	76

5.10 建筑排水用卡箍式铸铁管及管件

5.10.1 88°弯头

1. 88°弯头的形式（图5-106）
2. 88°弯头的尺寸和重量（表5-110）

表5-110 88°弯头的尺寸和重量（CJ/T 177—2002）

公称直径 DN/mm	a/mm	重量/kg
50	75	0.7
75	95	1.4
100	110	2.0
125	125	3.2
150	145	4.2
200	175	7.5
250	220	14.8
300	260	24.0

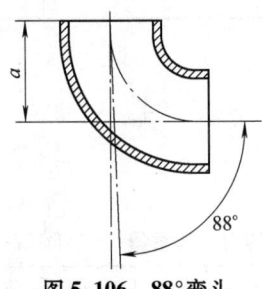

图5-106 88°弯头

5.10.2 乙字弯头

1. 乙字弯头的形式（图5-107）

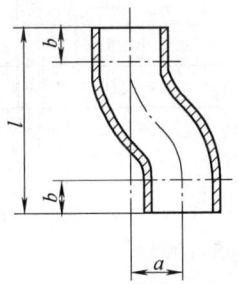

图5-107 乙字弯头

2. 乙字弯头的尺寸和重量（表5-111）

表5-111 乙字弯头的尺寸和重量（CJ/T 177—2002）

公称直径 DN/mm	a/mm	b/mm	l/mm	重量/kg
50	65	50	165	0.9
75	65	65	190	1.7
100	65	70	205	2.8
125	65	80	225	3.6
150	65	90	245	5.3
200	65	110	285	8.9
50	130	50	230	1.4
75	130	65	260	2.4
100	130	70	270	3.4
125	130	80	290	4.8
150	130	90	310	6.9
200	130	110	350	11.4
50	200	50	300	1.9

（续）

公称直径 DN/mm	a/mm	b/mm	l/mm	重量/kg
75	200	65	330	3.2
100	200	70	340	4.4
125	200	80	360	6.2
150	200	90	380	8.7
200	200	110	420	14.1

5.10.3　88°小半径弯头

1. 88°小半径弯头的形式（图5-108）
2. 88°小半径弯头的尺寸和重量（表5-112）

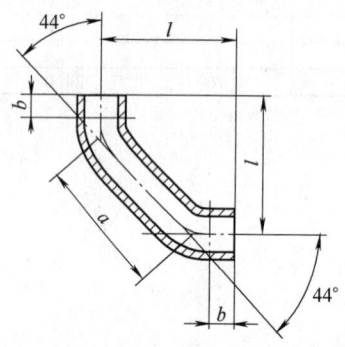

图5-108　88°小半径弯头

表5-112　88°小半径弯头的尺寸和重量（CJ/T 177—2002）

公称直径 DN/mm	a/mm	b/mm	l/mm	重量/kg
50	100	50	121	1.2
75	125	60	150	2.0
100	140	70	170	3.3
125	160	80	195	4.6
150	180	90	219	7.0

5.10.4　88°大半径弯头

1. 88°大半径弯头的形式（图5-109）
2. 88°大半径弯头的尺寸和重量（表5-113）

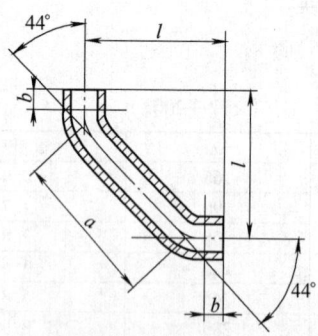

图5-109　88°大半径弯头

表5-113　88°大半径弯头的尺寸和重量（CJ/T 177—2002）

公称直径 DN/mm	a/mm	b/mm	l/mm	重量/kg
50	250	50	230	1.7
75	310	60	280	3.5
100	312	70	291	4.8
125	321	80	308	6.8
150	333	90	325	9.8

5.10.5　88°鸭脚支撑弯头

1. 88°鸭脚支撑弯头的形式（图5-110）
2. 88°鸭脚支撑弯头的尺寸和重量（表5-114）

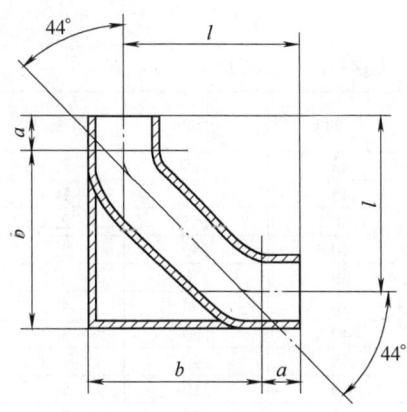

图 5-110　88°鸭脚支撑弯头

表 5-114　88°鸭脚支撑弯头的尺寸和重量
（CJ/T 177—2002）

公称直径 DN/mm	a/mm	b/mm	l/mm	重量/kg
75	60	150	150	4.1
100	70	170	170	5.3
125	80	195	195	7.8
150	90	219	219	10.0
200	110	240	240	18.5
250	130	280	280	22.7
300	155	320	320	52.2

5.10.6　88°长短弯头

1. 88°长短弯头的形式（图 5-111）
2. 88°长短弯头的尺寸和重量（表 5-115）

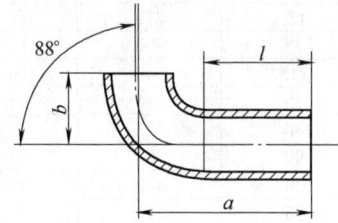

图 5-111　88°长短弯头

表 5-115　88°长短弯头的尺寸和重量
（CJ/T 177—2002）

公称直径 DN/mm	a/mm	b/mm	l/mm	重量/kg
100	250	110	140	4.6

5.10.7　45°三通

1. 45°三通的形式（图 5-112）

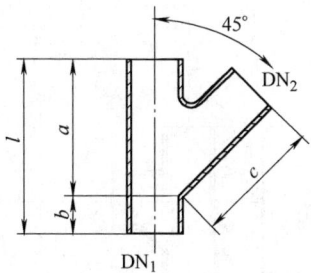

图 5-112　45°三通

2. 45°三通的尺寸和重量（表5-116）

表5-116　45°三通的尺寸和重量（CJ/T 177—2002）

公称直径/mm		l/mm	a/mm	b/mm	c/mm	重量/kg
DN_1	DN_2					
50	50	160	115	45	115	1.3
70	50	180	135	45	135	1.9
75	75	215	155	60	155	2.4
100	50	190	160	40	150	2.5
100	75	220	170	60	170	3.6
100	100	260	190	70	190	4.3
125	50	200	160	40	160	3.2
125	75	235	190	45	190	4.3
125	100	270	210	60	210	5.0
125	125	305	230	75	230	6.1
150	50	230	180	50	180	3.7
150	75	250	200	50	200	6.0
150	100	280	225	55	225	6.5
150	125	320	240	60	240	8.1
150	150	355	265	90	265	9.3
200	75	255	195	60	195	8.3
200	100	300	230	70	230	9.1
200	125	335	275	60	275	11.9
200	150	375	300	75	300	11.6
200	200	455	340	115	340	16.3
250	100	320	245	75	345	15.4
250	150	405	325	80	325	20.2
250	200	470	380	90	380	24.8
250	250	560	430	130	430	31.5
300	100	350	275	75	275	22.0
300	150	415	335	80	335	26.0
300	200	485	395	90	395	34.0
300	300	660	505	155	505	50.1

5.10.8　88°三通

1. 88°三通的形式（图5-113）

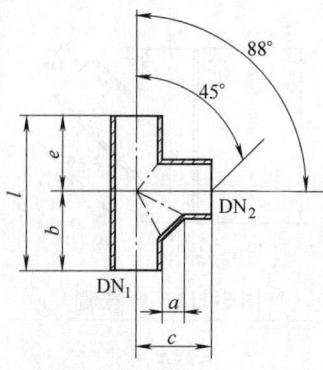

图5-113　88°三通

2. 88°三通的尺寸和重量（表5-117）

表 5-117 88°三通的尺寸和重量（CJ/T 177—2002）

公称直径/mm		l/mm	a/mm	b/mm	c/mm	e/mm	重量/kg
DN_1	DN_2						
50	50	145	20.0	79	80	66	1.1
75	50	155	22.0	83	90	73	1.6
75	75	185	22.0	98	95	83	1.8
100	50	170	22.0	94	105	76	2.7
100	75	190	22.0	102	115	88	2.5
100	100	220	22.0	115	115	105	3.6
125	50	180	25.0	98	120	82	3.0
125	75	205	25.0	109	125	96	3.6
125	100	235	25.0	125	130	110	4.0
125	125	260	25.0	137	135	123	4.6
150	50	200	27.5	100	140	100	3.7
150	75	220	27.5	120	140	100	4.0
150	100	245	27.5	130	145	115	5.2
150	125	275	27.5	147	150	128	6.2
150	150	300	27.5	156	155	142	6.3
200	100	270	32.5	144	175	126	8.0
200	125	295	32.5	156	180	139	9.8
200	150	325	32.5	173	185	152	10.7
200	200	360	32.5	180	200	180	12.8
250	250	450	38.0	225	230	225	19.8
300	300	530	42.0	265	271	265	32.0

5.10.9 88°TY 三通

1. 88°TY 三通的形式（图 5-114）

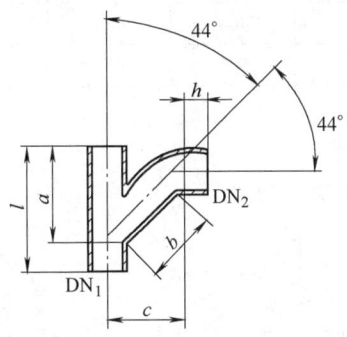

图 5-114 88°TY 三通

2. 88°TY 三通的尺寸和重量（表 5-118）

表 5-118 88°TY 三通的尺寸和重量（CJ/T 177—2002）

公称直径/mm		a/mm	b/mm	c/mm	h/mm	l/mm	重量/kg
DN_1	DN_2						
50	50	115	115	102	40	160	1.4
75	50	135	135	116	40	180	2.2
75	75	155	155	139	45	215	3.2

(续)

公称直径/mm		a/mm	b/mm	c/mm	h/mm	l/mm	重量/kg
DN₁	DN₂						
100	50	150	150	127	40	180	2.3
100	75	170	170	150	45	220	3.8
100	100	190	190	174	50	260	4.1
150	50	205	205	185	40	230	5.4
150	75	215	215	190	45	260	6.4
150	100	225	225	198	50	280	7.5
150	150	265	265	244	60	355	12.1
200	75	245	245	212	45	285	9.2
200	100	260	260	223	50	300	11.4
200	150	300	300	269	60	375	16.8
200	200	340	340	315	70	455	23.4
250	100	290	290	260	50	330	17.0
250	150	340	340	305	60	385	23.5
250	200	380	380	343	70	470	31.0
250	250	430	430	401	80	560	41.8
300	100	310	310	275	50	345	23.6
300	150	370	370	340	60	400	30.1
300	200	420	420	390	70	495	30.2
300	250	465	465	426	80	580	52.4
300	300	505	505	473	95	600	67.6

5.10.10 88°直角四通

1. 88°直角四通的形式（图5-115）

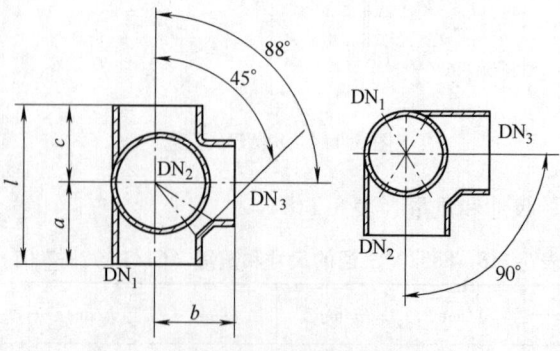

图5-115 88°直角四通

2. 88°直角四通的尺寸和重量（表5-119）

表5-119　88°直角四通的尺寸和重量（CJ/T 177—2002）

公称直径/mm			l/mm	a/mm	b/mm	c/mm	重量/kg
DN_1	DN_2	DN_3					
100	100	100	220	115	115	105	3.6
125	100	100	235	125	130	110	4.4
150	100	100	245	130	145	115	6.1

5.10.11　88°四通

1. 88°四通的形式（图5-116）

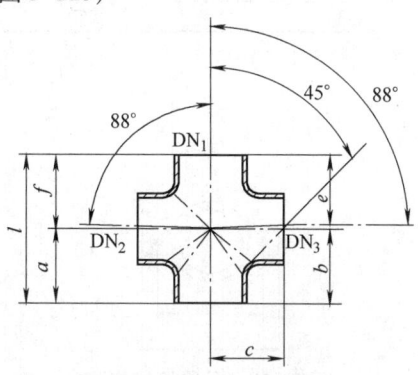

图5-116　88°四通

2. 88°四通的尺寸和重量（表5-120）

表5-120　88°四通的尺寸和重量（CJ/T 177—2002）

公称直径/mm			l/mm	a/mm	b/mm	c/mm	e/mm	f/mm	重量/kg
DN_1	DN_2	DN_3							
100	50	50	170	94	94	105	76	75	2.2
100	75	75	190	102	102	110	88	88	2.7
100	100	100	220	115	115	115	105	105	3.2
150	100	50	245	130	104	145	141	115	5.0
150	100	75	245	130	112	145	133	115	6.0
150	100	100	245	130	130	145	115	115	5.7

5.10.12　承重短管及支架

1. 承重短管的形式（图5-117）

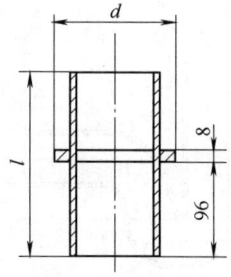

图5-117　承重短管

2. 承重短管的尺寸和重量（表5-121）

表5-121 承重短管的尺寸和重量（CJ/T 177—2002）

公称直径 DN/mm	d/mm	l/mm	重量/kg
50	87	200	1.3
75	111	200	2.0
100	145	200	2.3
125	170	200	3.0
150	195	200	4.0
200	245	200	6.0
250	309	250	10.0
300	361	250	11.0

3. 承重短管支架的形式（图5-118）

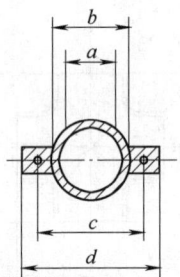

图5-118 承重短管支架

4. 承重短管支架的尺寸和重量（表5-122）

表5-122 承重短管支架的尺寸和重量（CJ/T 177—2002）

公称直径 DN/mm	a/mm	b/mm	c/mm	d/mm	重量/kg
50	63	93	148	195	0.7
75	86	113	170	215	1.0
100	113	147	202	250	1.3
125	138	171	225	275	1.5
150	163	196	310	300	2.0
200	213	250	395	360	3.5
250	279	344	395	445	8.0
300	330	392	448	500	10.0

5.10.13 P型存水弯

1. P型存水弯的形式（图5-119）

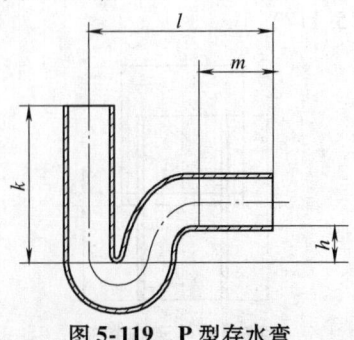

图5-119 P型存水弯

2. P型存水弯的尺寸和重量（表5-123）

表5-123　P型存水弯的尺寸和重量（CJ/T 177—2002）

公称直径 DN/mm	h/mm	k/mm	m/mm	l/mm	重量/kg
50	50	223	75	180	4.6
75	50	223	100	225	6.3
100	50	250	120	300	10.5
150	50	280	130	430	16.1

5.10.14　S型存水弯

1. S型存水弯的形式（图5-120）

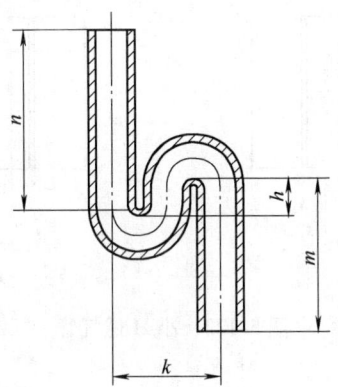

图5-120　S型存水弯

2. S型存水弯的尺寸和重量（表5-124）

表5-124　S型存水弯的尺寸和重量（CJ/T 177—2002）

公称直径 DN/mm	h/mm	n/mm	m/mm	k/mm	重量/kg
50	50	223	160	140	3.2
75	50	223	210	196	6.2
100	50	250	240	240	12.0
150	50	280	270	340	23.0

5.10.15　H管

1. H管的形式（图5-121）

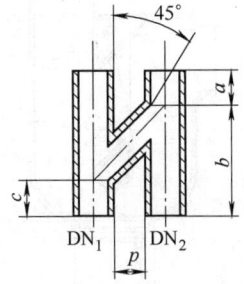

图5-121　H管

2. H 管的尺寸和重量（表 5-125）

表 5-125　H 管的尺寸和重量（CJ/T 177—2002）

公称直径/mm		a/mm	b/mm	c/mm	p/mm	重量/kg
DN_1	DN_2					
100	75	40	140	40	100	6.5
100	100	40	140	40	100	7.8
150	75	40	210	50	100	9.9
150	100	40	210	50	100	10.9

5.10.16　小 H 透气管

1. 小 H 透气管的形式（图 5-122）

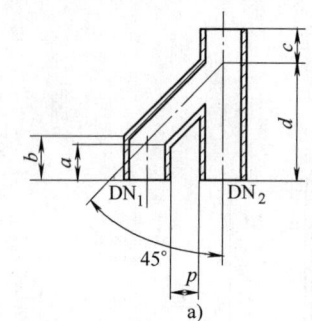 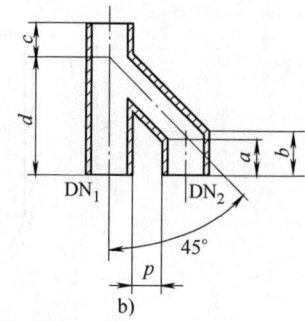

图 5-122　小 H 透气管

a) 左型　b) 右型

2. 小 H 透气管的尺寸和重量（表 5-126）

表 5-126　小 H 透气管的尺寸和重量（CJ/T 177—2002）

公称直径/mm		a/mm	b/mm	c/mm	d/mm	p/mm	重量/kg
DN_1	DN_2						
100	75	40	42	40	140	100	5.8
100	100	40	42	40	140	100	7.0
150	75	40	42	40	200	100	9.1
150	100	40	42	40	200	100	10.0

5.10.17　防虹吸存水弯

1. 防虹吸存水弯的形式（图 5-123）

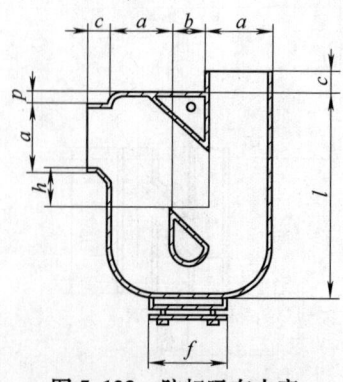

图 5-123　防虹吸存水弯

2. 防虹吸存水弯的尺寸和重量（表5-127）

表5-127 防虹吸存水弯的尺寸和重量（CJ/T 177—2002）

公称直径 DN/mm	a/mm	b/mm	c/mm	p/mm	f/mm	h/mm	l/mm	重量/kg
50	58	58	30	20	98	50	231	4.1
75	83	60	35	20	108	50	261	6.3
100	110	62	40	20	130	50	345	8.7

5.10.18 大小接头

1. 大小接头的形式（图5-124）

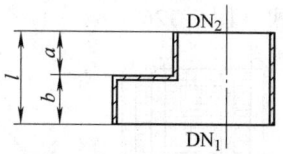

图5-124 大小接头

2. 大小接头的尺寸和重量（表5-128）

表5-128 大小接头的尺寸和重量（CJ/T 177—2002）

公称直径/mm		l/mm	a/mm	b/mm	重量/kg
DN_1	DN_2				
75	50	75	35	40	0.6
100	50	80	35	45	0.9
100	75	85	40	45	1.0
125	50	85	35	50	1.4
125	75	90	40	50	1.6
125	100	95	45	50	1.7
150	50	95	35	60	2.0
150	75	100	45	55	2.1
150	100	105	45	60	2.2
150	125	110	50	60	2.4
200	100	115	45	70	3.1
200	125	125	55	70	3.2
200	150	125	55	70	3.4
250	150	135	60	75	6.8
250	200	145	70	75	7.0
300	150	150	60	90	10.7
300	200	160	70	90	11.4
300	250	170	80	90	12.4

5.10.19 堵头

1. 堵头的形式（图5-125）

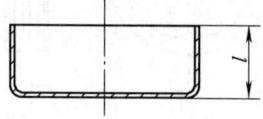

图5-125 堵头

2. 堵头的尺寸和重量（表5-129）

表5-129 堵头的尺寸和重量（CJ/T 177—2002）

公称直径 DN/mm	l/mm	重量/kg	公称直径 DN/mm	l/mm	重量/kg
50	30	0.3	150	50	1.7
75	35	0.5	200	60	3.1
100	40	0.8	250	70	6.0
125	45	1.1	300	80	9.5

5.10.20 钢带型不锈钢卡箍

1. 钢带型不锈钢卡箍的形式（图5-126）

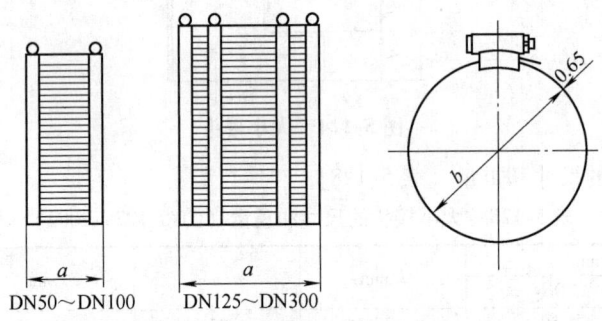

图5-126 钢带型不锈钢卡箍

2. 钢带型不锈钢卡箍的尺寸（表5-130）

表5-130 钢带型不锈钢卡箍的尺寸（CJ/T 177—2002） （单位：mm）

公称直径 DN	a	b	公称直径 DN	a	b
50	54	50~76	150	76	159~182
75	54	76~101	200	101	209~233
100	54	101~127	250	101	265~298
125	76	131~157	300	101	320~352

5.10.21 拉锁型不锈钢卡箍

1. 拉锁型不锈钢卡箍的形式（图5-127）

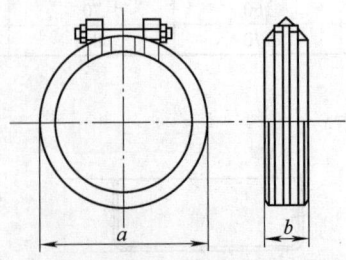

图5-127 拉锁型不锈钢卡箍

2. 拉锁型不锈钢卡箍的尺寸（表5-131）

表5-131　拉锁型不锈钢卡箍的尺寸（CJ/T 177—2002）　　（单位：mm）

公称直径 DN	a	b	公称直径 DN	a	b
50	70	39	125	152	54
75	95	39	150	177	54
100	122	39	200	238	63

5.10.22　加强型不锈钢卡箍

1. 加强型不锈钢卡箍的形式（图5-128）

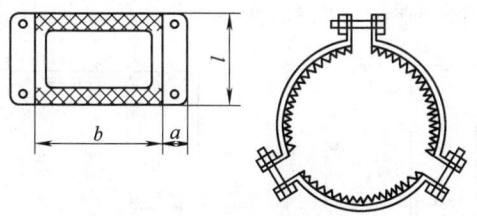

图5-128　加强型不锈钢卡箍

2. 加强型不锈钢卡箍的尺寸（表5-132）

表5-132　加强型不锈钢卡箍的尺寸（CJ/T 177—2002）　　（单位：mm）

公称直径 DN	a	b	l	公称直径 DN	a	b	l
50	23	74	84	150	23	174	108
75	23	99	84	200	23	224	141
100	23	124	84	250	27	294	141
125	23	149	108	300	27	346	141

5.10.23　钢带型橡胶密封圈

1. 钢带型橡胶密封圈的形式（图5-129）

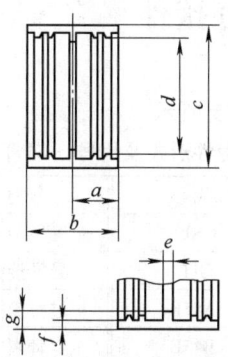

图5-129　钢带型橡胶密封圈

2. 钢带型橡胶密封圈的尺寸（表5-133）

表 5-133 钢带型橡胶密封圈的尺寸（CJ/T 177—2002） （单位：mm）

公称直径 DN	a	b	c	d	e	f	g
50	27	54	57	50	2.5	2.4	4.5
75	27	54	82	74	2.5	2.4	4.5
100	27	54	109	101	3	2.4	4.5
125	37.5	75	134	125	4	2.4	4.5
150	37.5	75	159	150	4	2.4	4.5
200	50	100	208	198	5	2.4	4.5
250	50	100	272	248	5	2.4	4.5
300	50	100	324	298	5	3	5

5.10.24 拉锁型橡胶密封圈

1. 拉锁型橡胶密封圈的形式（图 5-130）

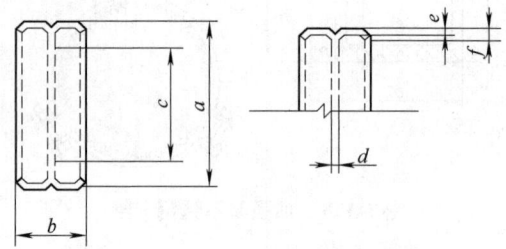

图 5-130 拉锁型橡胶密封圈

2. 拉锁型橡胶密封圈的尺寸（表 5-134）

表 5-134 拉锁型橡胶密封圈的尺寸（CJ/T 177—2002） （单位：mm）

公称直径 DN	a	b	c	d	e	f
50	68	38	50	2.5	2.8	4.5
75	93	38	74	2.5	2.8	4.5
100	120	38	104	3	3	4.8
125	150	53	125	4	3	4.8
150	175	53	150	4	3	4.8
200	236	62	198	5	4	5

5.11 铜及不锈钢管路连接件

5.11.1 基础知识

1）管件形式及代号如表 5-135 所示。

表 5-135 管件形式及代号（CJ/T 117—2018）

分类	形式	代号	分类	形式	代号
等径三通	—	ST	等径接头	—	SC
异径三通	—	RT	异径接头	—	RC
45°弯头	A 型	A45E	过桥接头	—	GC
	B 型	B45E	管帽		CAP
90°弯头	A 型	A90E	内螺纹转换接头		FTC
	B 型	B90E	外螺纹转换接头		ETC

注：A 型管件接口两端均为承口；B 型管件接口一端为承口，另一端为插口。

2) 管件的基本参数如表 5-136 所示。

表 5-136　管件的基本参数（CJ/T 117—2018）

分类	公称压力/MPa		公称尺寸 DN/mm	
	水介质	气介质	不锈钢	钢
等径三通、45°弯头、90°弯头、等径接头	1.6	0.4	10~300	6~300
异径三通、异径接头				
内螺纹转换接头			15~50	6~50
外螺纹转换接头			15~100	6~100
管帽			15~300	6~50
过桥接头			15~25	15~25

3) 管件的材料如表 5-137 所示。

表 5-137　管件的材料（CJ/T 117—2018）

形式代号	材料			
	名称	牌号		标准编号
ST\RT\A45E\B45E\A90E\B90E\SC\BC\GC	不锈钢管	06Cr19Ni10（S30408）、022Cr19Ni10（S30403）、06Cr17Ni12Mo2（S31608）、022Cr17Ni12Mo2（S31603）		GB/T 12771
	铜管	TP2、TU2		GB/T 18033
CAP	不锈钢板（带）	06Cr19Ni10（S30408）、022Cr19Ni10（S30403）、06Cr17Ni12Mo2（S31608）、022Cr17Ni12Mo2（S31603）		GB/T 3280
	铜板	TP2、TU2		GB/T 2040
	铜带			GB/T 2059
FTC\ETC	无缝不锈钢管	06Cr19Ni10（S30408）、022Cr19Ni10（S30403）、06Cr17Ni12Mo2（S31608）、022Cr17Ni12Mo2（S31603）		GB/T 14976
	黄铜棒	HMn58-2、HPb59-1		YS/T 649
	铸铜	ZCuZn40Mn2、ZCuA19Mn2、ZCuZn40Pb2		GB/T 1176
	铸不锈钢	06Cr19Ni10（S30408）、022Cr19Ni10（S30403）、06Cr17Ni12Mo2（S31608）、022Cr17Ni12Mo2（S31603）		GB/T 2100

注：铜管供货状态为半硬态（Y2）或硬态（Y）。

4) 管件的产品标记如下：

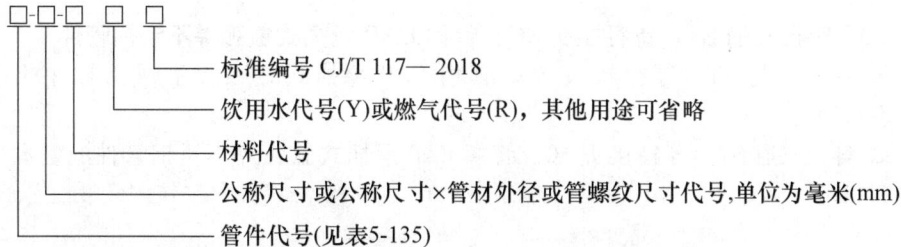

a) 标记顺序：以承插式连接的大端为起始端，按逆时针方向依次标记。
b) 当有更多连接端时按以上原则顺序标记。

5.11.2 承插式氩弧焊不锈钢管件承口

1. 承插式氩弧焊不锈钢管件承口的形式（图 5-131）

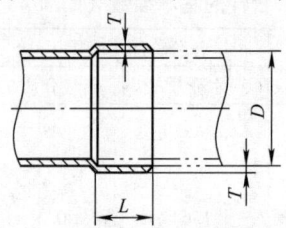

图 5-131 承插式氩弧焊不锈钢管件承口

2. 承插式氩弧焊不锈钢管件承口的基本尺寸（表 5-138）

表 5-138 承插式氩弧焊不锈钢管件承口的基本尺寸（CJ/T 117—2018）

（单位：mm）

公称尺寸 DN	不锈钢管外径 D_w	承口内径 D		承口长度 L_{min}	壁厚 $T \geqslant$
		D_{min}	D_{max}		
10	12	12.10	12.22	6	0.6
15	14	14.10	14.22	8	0.8
	16	16.10	16.22	8	0.8
20	20	20.10	20.22	10	0.8
25	25.4	25.50	25.65	12	0.8
	26	26.10	26.25	12	0.8
32	32	32.13	32.30	14	1.0
	35	35.13	35.30	14	1.0
40	40	40.15	40.35	16	1.0
50	50	50.18	50.40	18	1.0
	50.8	50.98	51.20	18	1.0
65	63.5	63.70	63.95	20	1.2
	67	67.20	67.45	20	1.2
80	76.1	76.35	76.60	22	1.5
100	101.6	102.00	102.50	25	1.5
125	133	133.55	134.55	30	2.0
150	159	159.65	160.75	35	2.5
200	219	219.90	221.40	40	3.0
250	273	274.10	275.70	45	3.5
300	325	326.30	328.10	50	4.0

5.11.3 等径三通 ST、等径接头 SC、管帽 CAP 承插式氩弧焊不锈钢管件

1. 等径三通 ST、等径接头 SC、管帽 CAP 承插式氩弧焊不锈钢管件的形式（图 5-132）

2. 等径三通 ST、等径接头 SC、管帽 CAP 承插式氩弧焊不锈钢管件的基本尺寸（表 5-139）

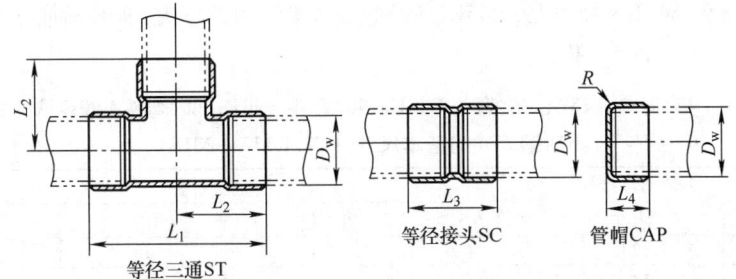

图 5-132 等径三通 ST、等径接头 SC、管帽 CAP 承插式氩弧焊不锈钢管件

表 5-139 等径三通 ST、等径接头 SC、管帽 CAP 承插式氩弧焊不锈钢管件的基本尺寸（CJ/T 117—2018） （单位：mm）

公称尺寸 DN	不锈钢管外径 D_w	结构尺寸				
		L_1	L_2	L_3	L_4	R
10	12	36	18	24	12	2
15	14	42	21	25	13	2
	16	44	22	25	13	2
20	20	50	25	26	13	2
25	25.4	60	30	30	15	2
	26	60	30	30	15	2
32	32	76	38	36	18	3
	35	76	38	36	18	3
40	40	86	43	40	20	3
50	50	100	50	45	22	3
	50.8	100	50	45	22	3
65	63.5	122	61	52	26	4
	67	122	61	52	26	4
80	76.1	136	68	60	28	4
100	101.6	170	85	68	31	4
125	133	226	113	84	38	5
150	159	264	132	100	44	6
200	219	360	180	120	50	6
250	273	434	217	145	57	8
300	325	500	250	155	63	8

5.11.4　45°弯头 A45E、45°弯头 B45E、90°弯头 A90E、90°弯头 B90E 承插式氩弧不锈钢管件

1. 45°弯头 A45E、45°弯头 B45E、90°弯头 A90E、90°弯头 B90E 承插式氩弧不锈钢管件的形式（图 5-133）

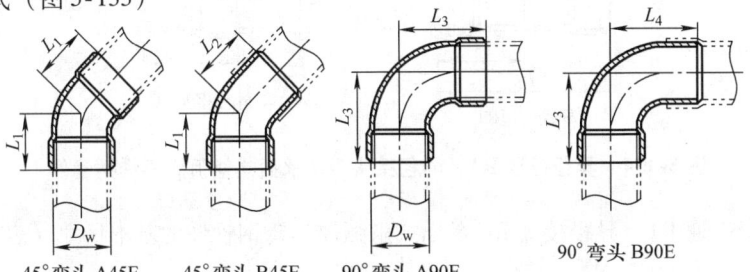

图 5-133　45°弯头 A45E、45°弯头 B45E、90°弯头 A90E、90°弯头 B90E 承插式氩弧不锈钢管件

2. 45°弯头 A45E、45°弯头 B45E、90°弯头 A90E、90°弯头 B90E 承插式氩弧不锈钢管件的基本尺寸（表5-140）

表 5-140　45°弯头 A45E、45°弯头 B45E、90°弯头 A90E、90°弯头 B90E 承插式氩弧不锈钢管件的基本尺寸（CJ/T 117—2018）　　　　（单位：mm）

公称尺寸 DN	不锈钢管外径 D_w	结构尺寸			
		L_1	L_2	L_3	L_4
10	12	14	15	18	19
15	14	16	17	24	25
	16	17	18	26	27
20	20	18	19	30	31
25	25.4	23	24	38	39
	26	23	24	38	39
32	32	28	30	49	51
	35	28	30	49	51
40	40	33	35	56	58
50	50	39	41	68	70
	50.8	39	41	68	70
65	63.5	48	50	87	89
	67	48	50	87	89
80	76.10	53	55	98	100
100	101.6	67	69	127	129
125	133	85	88	163	166
150	159	101	104	194	197
200	219	131	136	259	264
250	273	158	163	318	323
300	325	185	190	375	380

5.11.5　异径三通 RT、异径接头 RC 承插式氩弧焊不锈钢管件

1. 异径三通 RT、异径接头 RC 承插式氩弧焊不锈钢管件的形式（图 5-134）

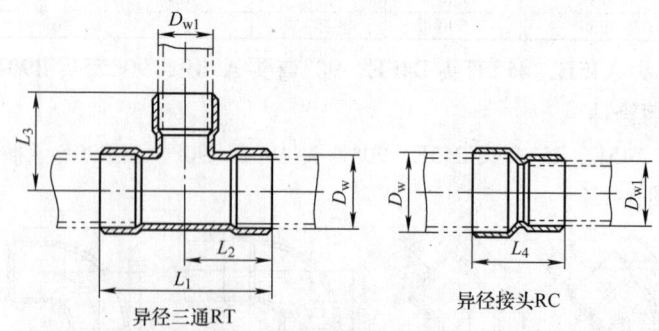

图 5-134　异径三通 RT、异径接头 RC 承插式氩弧焊不锈钢管件

2. 异径三通 RT、异径接头 RC 承插式氩弧焊不锈钢管件的基本尺寸（表 5-141）

表 5-141　异径三通 RT、异径接头 RC 承插式氩弧焊不锈钢管件的基本尺寸（CJ/T 117—2018）

（单位：mm）

公称尺寸 $DN \times DN_1$	不锈钢管外径 $D_w \times D_{w1}$	结构尺寸			
		L_1	L_2	L_3	L_4
15×10	14×12	40	20	23	25
	16×12	40	20	23	25
20×15	20×14	44	22	25	29
	20×16	46	23	25	29
25×15	25.4×14	48	24	28	34
	25.4×16	50	25	28	34
	26×14	48	24	28	34
	26×16	48	24	28	34
25×20	25.4×20	54	27	28	31
	26×20	54	27	28	31
32×15	32×14	55	27.5	34	41
	32×16	57	28.5	34	41
	35×14	55	27.5	34	41
	35×16	55	27.5	34	41
32×20	32×20	61	30.5	34	39
	35×20	61	30.5	34	39
32×25	32×25.4	67	33.5	36	38
	32×26	67	33.5	36	38
	35×25.4	67	33.5	36	38
	35×26	67	33.5	36	38
40×15	40×14	60	30	37	46
	40×16	62	31	37	46
40×20	40×20	66	33	37	43
40×25	40×25.4	72	36	39	42
	40×26	72	36	39	42
40×32	40×32	81	40.5	41	41
	40×35	81	40.5	41	41
50×15	50×14	64	32	42	53
	50×16	66	33	42	53
	50.8×14	64	32	42	53
	50.8×16	66	33	42	53
50×20	50×20	70	35	42	50
	50.8×20	70	35	42	50
50×25	50×25.4	76	38	44	49
	50×26	76	38	44	49
	50.8×25.4	76	38	44	49
	50.8×26	76	38	44	49
50×32	50×32	85	42.5	46	48
	50×35	85	42.5	46	48
	50.8×32	85	42.5	46	48
	50.8×35	85	42.5	46	48
50×40	50×40	90	45	48	47
	50.8×40	90	45	48	47

(续)

公称尺寸 $DN \times DN_1$	不锈钢管外径 $D_w \times D_{w1}$	结构尺寸			
		L_1	L_2	L_3	L_4
65×20	63.5×20	74	37	50	62
	67×20	74	37	50	62
65×25	63.5×25.4	80	40	52	62
	63.5×26	80	40	52	62
	67×25.4	80	40	52	62
	67×26	80	40	52	62
65×32	63.5×32	89	44.5	54	60
	63.5×35	89	44.5	54	60
	67×32	89	44.5	54	60
	67×35	89	44.5	54	60
65×40	63.5×40	94	47	56	60
65×40	67×40	94	47	56	60
65×50	63.5×50	104	52	58	57
	63.5×50.8	104	52	58	57
	67×50	104	52	58	57
	67×50.8	104	52	58	57
80×32	76.1×32	95	47.5	60	68
	76.1×35	95	47.5	60	68
80×40	76.1×40	100	50	62	68
80×50	76.1×50	110	55	64	65
	76.1×50.8	110	55	64	65
80×65	76.1×63.5	127	63.5	66	59
	76.1×67	127	63.5	66	59
100×50	101.6×50	118	69	78	83
	101.6×50.8	118	69	78	83
100×65	101.6×63.5	135	67.5	80	77
	101.6×67	135	67.5	80	77
100×80	101.6×76.1	144	72	82	75
125×65	133×63.5	160	80	103	100
	133×67	160	80	103	100
125×80	133×76.1	169	84.5	105	98
125×100	133×101.6	195	97.5	108	90
150×80	159×76.1	181	90.5	119	112
150×100	159×101.6	207	103.5	122	103
150×125	159×133	238	119	127	96
200×100	219×101.6	232	116	159	143
200×125	219×133	263	131.5	164	136
200×150	219×159	289	144.5	169	130
250×125	273×133	283	141.5	196	173
250×150	273×159	309	154.5	201	167
250×200	273×219	369	184.5	206	143
300×150	325×159	319	159.5	227	198
300×200	325×219	379	189.5	232	178
300×250	325×273	433	216.5	237	161

5.11.6 内螺纹转换接头 FTC 承插式氩弧焊不锈钢管件

1. 内螺纹转换接头 FTC 承插式氩弧焊不锈钢管件的形式（图 5-135）

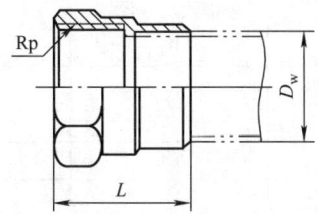

图 5-135　内螺纹转换接头 FTC 承插式氩弧焊不锈钢管件

2. 内螺纹转换接头 FTC 承插式氩弧焊不锈钢管件的基本尺寸（表 5-142）

表 5-142　内螺纹转换接头 FTC 承插式氩弧焊不锈钢管件的基本尺寸（CJ/T 117—2018）

（单位：mm）

公称尺寸 DN	不锈钢管外径 D_w	管螺纹尺寸代号 Rp	结构尺寸 L
15	14	1/2	27
	16		
20	20	3/4	28
25	25.4	1	32
	26		
32	32	1¼	36
	35		
40	40	1½	38
50	50	2	43
	50.8		

5.11.7 外螺纹转换接头 FTC 承插式氩弧焊不锈钢管件

1. 外螺纹转换接头 FTC 承插式氩弧焊不锈钢管件的形式（图 5-136）

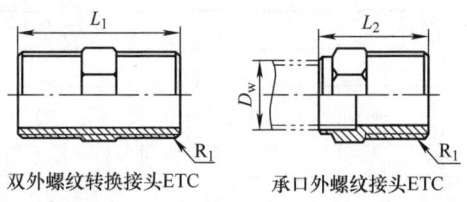

图 5-136　外螺纹转换接头 FTC 承插式氩弧焊不锈钢管件

2. 外螺纹转换接头 FTC 承插式氩弧焊不锈钢管件的基本尺寸（表 5-143）

表 5-143 外螺纹转换接头 FTC 承插式氩弧焊不锈钢管件的基本尺寸（CJ/T 117—2018）

（单位：mm）

公称尺寸 DN	不锈钢管外径 D_w	管螺纹尺寸代号 R_1	结构尺寸	
			L_1	L_2
15	14	1/2	36	27
	16			
20	20	3/4	40	30
25	25.4	1	45	33
	26			
32	32	1¼	49	35
	35			
40	40	1½	52	37
50	50	2	59	41
	50.8			
65	63.5	2½	69	47
	67			
80	76.1	3	78	52
100	101.6	4	82	60

5.11.8 过桥接头 GC 承插式氩弧焊不锈钢管件

1. 过桥接头 GC 承插式氩弧焊不锈钢管件的形式（图 5-137）

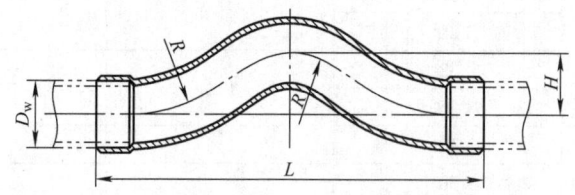

图 5-137 过桥接头 GC 承插式氩弧焊不锈钢管件

2. 过桥接头 GC 承插式氩弧焊不锈钢管件的基本尺寸（表 5-144）

表 5-144 过桥接头 GC 承插式氩弧焊不锈钢管件的基本尺寸（CJ/T 117—2018）

（单位：mm）

公称尺寸 DN	不锈钢管外径 D_w	结构尺寸		
		L	H	R
15	14	142	23	25
	16			
20	20	154	26	30
25	25.4	176	29	39
	26			

5.11.9 承插式钎焊铜管件承、插口

1. 承插式钎焊铜管件承、插口的形式（图 5-138）

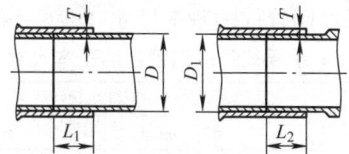

图 5-138　承插式钎焊铜管件承、插口

2. 承插式钎焊铜管件承、插口的基本尺寸（表 5-145）

表 5-145　承插式钎焊铜管件承、插口的基本尺寸（CJ/T 117—2018）

（单位：mm）

公称尺寸 DN	铜管外径 D_w	承口内径 D	插口外径 D_1	承口长度 $L_1 \geqslant$	插口长度 $L_2 \geqslant$	壁厚 $T \geqslant$
6	8	$8^{+0.15}_{+0.06}$	$8^{+0.04}_{-0.05}$	7	9	0.6
8	10	$10^{+0.15}_{+0.06}$	$10^{+0.04}_{-0.05}$	7	9	0.6
10	12	$12^{+0.15}_{+0.06}$	$12^{+0.04}_{-0.05}$	9	11	0.6
15	15	$15^{+0.15}_{+0.06}$	$15^{+0.04}_{-0.05}$	11	13	0.7
20	22	$22^{+0.15}_{+0.07}$	$22^{+0.05}_{-0.06}$	15	17	0.9
25	28	$28^{+0.15}_{+0.07}$	$28^{+0.05}_{-0.06}$	18	20	1.0
32	35	$35^{+0.23}_{+0.09}$	$35^{+0.06}_{-0.07}$	20	22	1.2
40	42	$42^{+0.23}_{+0.09}$	$42^{+0.06}_{-0.07}$	22	24	1.3
50	54	$54^{+0.23}_{+0.09}$	$54^{+0.06}_{-0.07}$	25	27	1.5
65	67	$67^{+0.33}_{+0.10}$	$67^{+0.07}_{-0.08}$	28	30	1.7
80	76	$76^{+0.33}_{+0.10}$	$76^{+0.07}_{-0.08}$	30	32	1.9
100	108	$108^{+0.33}_{+0.10}$	$108^{+0.07}_{-0.08}$	36	38	2.4
125	133	$133^{+0.80}_{+0.30}$	$133^{+0.20}_{-0.20}$	38	41	2.5
150	159	$159^{+0.80}_{+0.30}$	$159^{+0.20}_{-0.20}$	42	45	3.0
200	219	$219^{+1.40}_{+0.60}$	$219^{+0.40}_{-0.40}$	45	48	4.0
250	273	$273^{+2.10}_{+0.90}$	$273^{+0.60}_{-0.60}$	48	51	5.8
300	325	$325^{+2.10}_{+0.90}$	$325^{+0.60}_{-0.60}$	52	55	6.0

注：1. D_1—插口平均外径允许偏差。

2. D—承口平均内径允许偏差。

5.11.10　等径三通 ST 承插式钎焊铜管件

1. 等径三通 ST 承插式钎焊铜管件的形式（图 5-139）

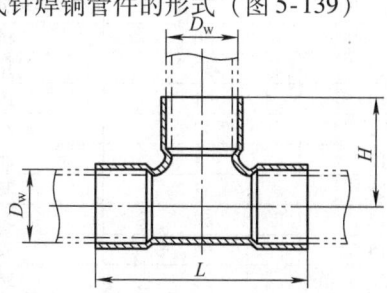

图 5-139　等径三通 ST 承插式钎焊铜管件

2. 等径三通 ST 承插式钎焊铜管件的基本尺寸（表5-146）

表5-146　等径三通 ST 承插式钎焊铜管件的基本尺寸（CJ/T 117—2018）

公称尺寸 DN	铜管外径 D_w/mm	结构尺寸		重量 /kg
		L/mm	H/mm	
6	8	30	15	0.01
8	10	32	16	0.01
10	12	39	20	0.01
15	15	46	23	0.02
20	22	64	32	0.05
25	28	78	39	0.09
32	35	90	45	0.14
40	42	102	51	0.21
50	54	120	60	0.36
65	67	144	72	0.59
80	76	156	78	0.80
100	108	206	103	1.83
125	133	236	118	2.53
150	159	272	136	4.14
200	219	342	171	9.23
250	273	404	202	19.35
300	325	466	233	27.20

5.11.11　等径三通 RT 承插式钎焊铜管件

1. 等径三通 RT 承插式钎焊铜管件的形式（图5-140）

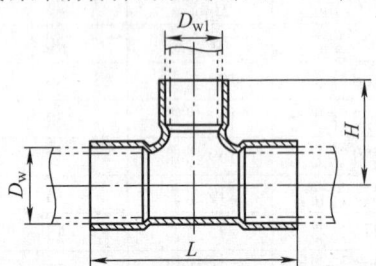

图5-140　等径三通 RT 承插式钎焊铜管件

2. 等径三通 RT 承插式钎焊铜管件的基本尺寸（表5-147）

表5-147　等径三通 RT 承插式钎焊铜管件的基本尺寸（CJ/T 117—2018）

公称尺寸 $DN \times DN_1$	铜管外径 $D_w \times D_{w1}$/mm	结构尺寸		重量 /kg
		L/mm	H/mm	
8×6	10×8	30	16	0.01
10×8	12×10	37	18	0.01
15×8	15×10	41	19	0.02
15×10	15×12	43	21	0.02
20×10	22×12	54	26	0.04
20×15	22×15	57	28	0.04
25×10	28×12	62	30	0.06
25×15	28×15	65	32	0.06
25×20	28×22	72	36	0.08
32×15	35×15	69	36	0.10

(续)

公称尺寸 $DN \times DN_1$	铜管外径 $D_w \times D_{w1}$/mm	结构尺寸 L/mm	结构尺寸 H/mm	重量 /kg
32×20	35×22	76	40	0.11
32×25	35×28	82	43	0.13
40×15	42×15	74	40	0.13
40×20	42×22	81	44	0.15
40×25	42×28	87	47	0.17
40×32	42×35	94	49	0.19
50×15	54×15	81	46	0.21
50×20	54×22	88	50	0.24
50×25	54×28	94	53	0.26
50×32	54×35	101	55	0.28
50×40	54×42	108	57	0.31
65×20	67×22	98	59	0.36
65×25	67×28	104	62	0.39
65×32	67×35	111	64	0.42
65×40	67×42	118	66	0.46
65×50	67×54	130	69	0.52
80×32	76×35	115	68	0.55
80×40	76×42	122	70	0.59
80×50	76×54	134	73	0.66
80×65	76×67	152	77	0.83
100×50	108×54	152	92	1.27
100×65	108×67	165	95	1.40
100×80	108×76	174	97	1.49
125×65	133×67	170	108	1.74
125×80	133×76	179	110	1.84
125×100	133×108	211	116	2.23
150×80	159×76	190	125	2.85
150×100	159×108	221	130	3.28
150×125	159×133	246	132	3.68
200×100	219×108	230	162	6.11
200×125	219×133	255	164	6.79
200×150	219×159	281	168	7.54
250×150	273×159	289	196	13.85
250×200	273×219	349	199	16.69
300×200	325×219	360	226	20.90
300×250	325×273	414	229	24.01

5.11.12　45°弯头承插式钎焊铜管件

1. 45°弯头承插式钎焊铜管件的形式（图 5-141）

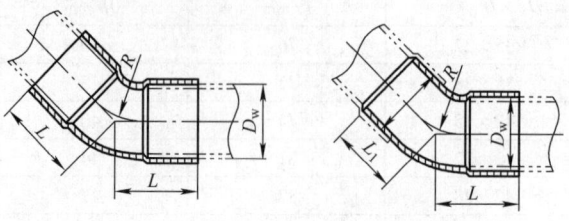

图 5-141　45°弯头承插式钎焊铜管件

2. 45°弯头承插式钎焊铜管件的基本尺寸（表 5-148）

表 5-148　45°弯头承插式钎焊铜管件的基本尺寸（CJ/T 117—2018）

公称尺寸 DN	铜管外径 D_w/mm	结构尺寸			重量 /kg
		L/mm	L_1/mm	R/mm	
6	8	10	12	8	0.01
8	10	11	13	10	0.01
10	12	14	16	12	0.01
15	15	17	19	15	0.01
20	22	23	25	22	0.03
25	28	27	29	28	0.05
32	35	32	34	35	0.08
40	42	36	38	42	0.12
50	54	43	45	54	0.21
65	67	50	52	67	0.34
80	76	55	57	76	0.46
100	108	72	74	108	1.07
125	133	79	82	106	1.43
150	159	91	94	127	2.40
200	219	113	116	175	5.40
250	273	133	136	218	11.40
300	325	153	156	260	16.15

5.11.13　90°弯头钎焊管件

1. 90°弯头钎焊管件的形式（图 5-142）

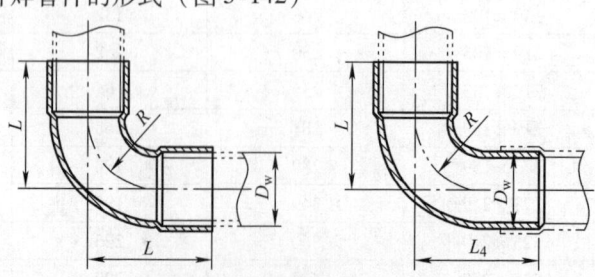

图 5-142　90°弯头钎焊管件

2. 90°弯头钎焊管件的基本尺寸（表5-149）

表5-149 90°弯头钎焊管件的基本尺寸（CJ/T 117—2018）

公称尺寸DN	铜管外径D_w/mm	结构尺寸			重量/kg	公称尺寸DN	铜管外径D_w/mm	结构尺寸			重量/kg
		L/mm	L_4/mm	R/mm				L/mm	L_4/mm	R/mm	
6	8	15	17	8	0.01	65	67	95	97	67	0.54
8	10	17	19	10	0.01	80	76	106	108	76	0.76
10	12	21	23	12	0.01	100	108	144	146	108	1.83
15	15	26	28	15	0.02	125	133	144	147	106	2.27
20	22	37	39	22	0.04	150	159	169	172	127	3.79
25	28	46	48	28	0.07	200	219	220	223	175	8.94
32	35	55	57	35	0.12	250	273	266	269	218	19.40
40	42	64	66	42	0.18	300	325	312	315	260	27.91
50	54	79	81	54	0.33						

5.11.14 等径接头钎焊铜管件

1. 等径接头钎焊铜管件的形式（图5-143）

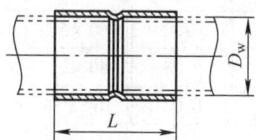

图5-143 等径接头钎焊铜管件

2. 等径接头钎焊铜管件的基本尺寸（表5-150）

表5-150 等径接头钎焊铜管件的基本尺寸（CJ/T 117—2018）

公称尺寸DN	铜管外径D_w/mm	结构尺寸L/mm	重量/kg	公称尺寸DN	铜管外径D_w/mm	结构尺寸L/mm	重量/kg
6	8	16	0.01	65	67	63	0.22
8	10	16	0.01	80	76	68	0.30
10	12	20	0.01	100	108	87	0.67
15	15	24	0.01	125	133	96	0.91
20	22	33	0.02	150	159	109	1.50
25	28	40	0.04	200	219	125	3.15
32	35	45	0.06	250	273	141	6.40
40	42	49	0.09	300	325	149	8.30
50	54	56	0.14				

5.11.15 异径接头钎焊管件

1. 异径接头钎焊管件的形式(图5-144)

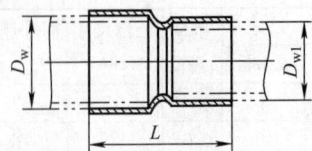

图 5-144 异径接头钎焊管件

2. 异径接头钎焊管件的基本尺寸(表5-151)

表 5-151 异径接头钎焊管件的基本尺寸 (CJ/T 117—2018)

公称尺寸 $DN \times DN_1$	铜管外径 $D_w \times D_{w1}$/mm	结构尺寸 L/mm	重量 /kg	公称尺寸 $DN \times DN_1$	铜管外径 $D_w \times D_{w1}$/mm	结构尺寸 L/mm	重量 /kg
8×6	10×8	19	0.01	65×32	67×35	72	0.22
10×8	12×10	21	0.01	65×40	67×42	71	0.22
15×8	15×10	24	0.01	65×50	67×54	70	0.22
15×10	15×12	25	0.01	80×32	76×35	79	0.29
20×10	22×12	34	0.02	80×40	76×42	77	0.22
20×15	22×15	35	0.02	80×50	76×54	76	0.30
25×10	28×12	40	0.02	80×65	76×67	79	0.32
25×15	28×15	41	0.03	100×50	108×54	100	0.65
25×20	28×22	41	0.03	100×65	108×67	96	0.65
32×15	35×15	46	0.05	100×80	108×76	93	0.65
32×20	35×22	47	0.05	125×65	133×67	110	0.90
32×25	35×28	47	0.06	125×80	133×76	109	0.90
40×15	42×15	52	0.07	125×100	133×108	100	0.90
40×20	42×22	53	0.08	150×80	159×76	125	1.45
40×25	42×28	53	0.08	150×100	159×108	118	1.45
40×32	42×35	51	0.08	150×125	159×133	107	1.41
50×15	54×15	62	0.12	200×100	219×108	155	3.30
50×20	54×22	63	0.13	200×125	219×133	145	3.21
50×25	54×28	63	0.13	200×150	219×159	135	3.13
50×32	54×35	61	0.14	250×150	273×159	166	6.76
50×40	54×42	60	0.14	250×200	273×219	140	6.20
65×20	67×22	73	0.20	300×200	325×219	172	9.00
65×25	67×28	73	0.21	300×250	325×273	150	8.20

5.11.16 过桥接头承插式钎焊铜管件

1. 过桥接头承插式钎焊铜管件(图5-145)

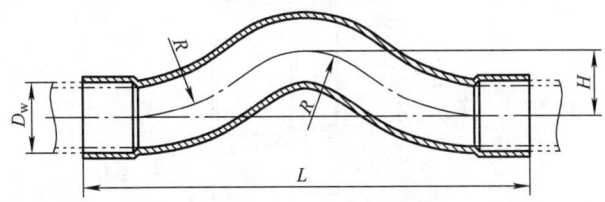

图 5-145 过桥接头承插式钎焊铜管件

2. 过桥接头承插式钎焊铜管件的基本尺寸（表 5-152）

表 5-152 过桥接头承插式钎焊铜管件的基本尺寸（CJ/T 117—2018）

公称尺寸 DN	铜管外径 D_w/mm	结构尺寸			重量 /kg
		L/mm	H/mm	R/mm	
15	15	112	20	28	0.04
20	22	160	26	42	0.10
25	28	190	32	50	0.18

5.11.17 管帽接头承插式钎焊铜管件

1. 管帽接头承插式钎焊铜管件（图 5-146）

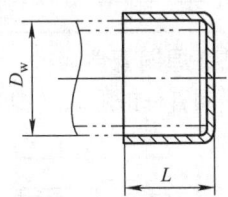

图 5-146 管帽接头承插式钎焊铜管件

2. 管帽接头承插式钎焊铜管件的基本尺寸（表 5-153）

表 5-153 管帽接头承插式钎焊铜管件的基本尺寸（CJ/T 117—2018）

公称尺寸 DN	铜管外径 D_w/mm	结构尺寸 L/mm	重量 /kg	公称尺寸 DN	铜管外径 D_w/mm	结构尺寸 L/mm	重量 /kg
6	8	9	0.01	25	28	22	0.03
8	10	9	0.01	32	35	24	0.04
10	12	11	0.01	40	42	26	0.06
15	15	14	0.01	50	54	29	0.10
20	22	18	0.02				

5.11.18 内螺纹转换接头承插式钎焊铜管件

1. 内螺纹转换接头承插式钎焊铜管件的形式（图 5-147）

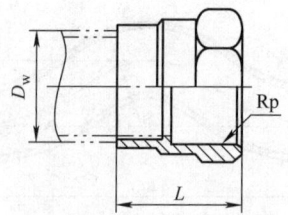

图 5-147　内螺纹转换接头承插式钎焊铜管件

2. 内螺纹转换接头承插式钎焊铜管件的基本尺寸（表 5-154）

表 5-154　内螺纹转换接头承插式钎焊铜管件的基本尺寸（CJ/T 117—2018）

公称尺寸 DN	铜管外径 D_w/mm	管螺纹尺寸代号 Rp	结构尺寸 L/mm	重量 /kg
6	8	1/8	15	0.01
8	10	1/4	19	0.02
10	12	3/8	21	0.03
15	15	1/2	26	0.04
20	22	3/4	32	0.07
25	28	1	37	0.10
32	35	$1\frac{1}{4}$	42	0.16
40	42	$1\frac{1}{2}$	44	0.19
50	54	2	52	0.29

5.11.19　外螺纹转换接头承插式钎焊铜管件

1. 外螺纹转换接头承插式钎焊铜管件的形式（图 5-148）

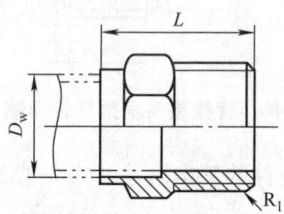

图 5-148　外螺纹转换接头承插式钎焊铜管件

2. 外螺纹转换接头承插式钎焊铜管件的基本尺寸（表 5-155）

表 5-155　外螺纹转换接头承插式钎焊铜管件的基本尺寸（CJ/T 117—2018）

公称尺寸 DN	铜管外径 D_w/mm	管螺纹尺寸代号 R_1	结构尺寸 L/mm	重量 /kg
6	8	1/8	15	0.01
8	10	1/4	18	0.01
10	12	3/8	21	0.02
15	15	1/2	26	0.04
20	22	3/4	30	0.05

(续)

公称尺寸 DN	铜管外径 D_w/mm	管螺纹尺寸代号 R_1	结构尺寸 L/mm	重量 /kg
25	28	1	36	0.09
32	35	1¼	41	0.13
40	42	1½	43	0.17
50	54	2	49	0.25
65	67	2½	57	0.44
80	76	3	59	0.68
100	108	4	62	0.92

5.11.20 承插式氩弧焊不锈钢钢管件连接用不锈钢管

承插式氩弧焊不锈钢钢管件连接用不锈钢管的基本尺寸如表 5-156 所示。

表 5-156 承插式氩弧焊不锈钢钢管件连接用不锈钢管的基本尺寸（CJ/T 117—2018）

(单位: mm)

公称尺寸 DN	外径 D_w	壁厚 T_1	壁厚 T_2	公称尺寸 DN	外径 D_w	壁厚 T_1	壁厚 T_2
10	12	0.6	0.8	50	50	1.0	1.5
15	14	0.6	0.8		50.8	1.0	1.5
		0.8	1.0	65	63.5	1.2	1.5
	16	0.6	0.8		67	1.2	1.5
		0.8	1.0	80	76.1	1.5	2.0
20	20	0.6	0.8	100	101.6	1.5	2.0
		0.8	1.0	125	133	2.0	2.5
25	25.4	0.8	1.0	150	159	2.5	3.0
	26	0.8	1.0	200	219	3.0	4.0
32	32	1.0	1.2	250	273	3.5	4.0
	35	1.0	1.2	300	325	4.0	4.0
40	40	1.0	1.2				

5.11.21 承插式钎焊铜管件连接用铜管

承插式钎焊铜管件连接用铜管的基本尺寸如表 5-157 所示。

表 5-157 承插式钎焊铜管件连接用铜管的基本尺寸（CJ/T 117—2018）

(单位: mm)

公称尺寸 DN	B 型 外径 D_w	壁厚 T	C 型 外径 D_w	壁厚 T	公称尺寸 DN	B 型 外径 D_w	壁厚 T	C 型 外径 D_w	壁厚 T
15	15	1.0	15	0.7	80	76	2.0	76	1.5
20	22	1.2	22	0.9	100	108	2.5	108	1.5
25	28	1.2	28	0.9	125	133	2.5	133	1.5
32	35	1.5	35	1.2	150	159	3.5	159	2.0
40	42	1.5	42	1.2	200	219	5.0	219	4.0
50	54	2.0	54	1.2	250	273	5.8	273	5.0
65	67	2.0	67	1.5	300	325	6.5	325	5.5

5.12 网

5.12.1 六角网

六角网按编织形式可分为单向搓捻式（图 5-149a）代号为 Q；双向搓捻式

（图5-149b）代号为S；双向搓捻式有加强筋（图5-149c）代号为J。按镀锌方式先编后镀网，代号为B；先电镀锌后织网，代号为D；先热镀锌后织网，代号为R。

六角网的网孔尺寸、斜边差、丝径如表5-158所示，网面长度L和宽度B如表5-159所示。

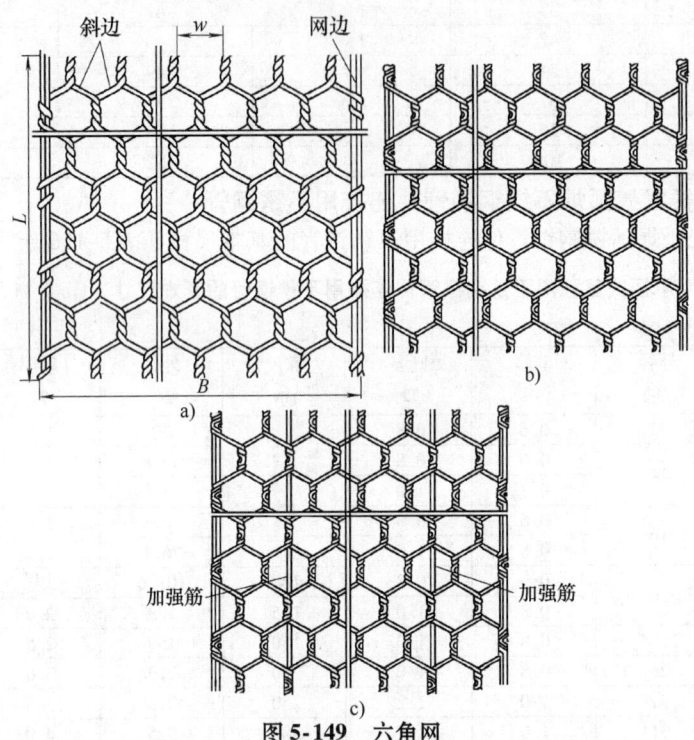

图5-149 六角网
a) 单向搓捻式 b) 双向搓捻式 c) 双向搓捻式有加强筋

表5-158 六角网网孔尺寸、斜边差及丝径（QB/T 1925.2—1993）

网孔尺寸 w/mm		斜边差 /mm	网面丝径/mm			网面锌层重量 /(g/m²)
规格	极限偏差		镀前		镀后	
			直径 d	极限偏差	直径 d	
10	±3	≤2.5	0.40	±0.03	≥0.42	≥225
			0.45		≥0.47	≥205
			0.50		≥0.52	≥195
			0.55		≥0.57	≥125
			0.60		≥0.62	≥135
13	±3	≤3	0.40	±0.03	≥0.42	≥225
			0.45		≥0.47	≥205
			0.50		≥0.52	≥195
			0.55		≥0.57	≥125
			0.60		≥0.62	≥135
			0.70	±0.04	≥0.72	≥145
			0.80		≥0.82	≥155
			0.90		≥0.92	≥165

（续）

网孔尺寸 w/mm		斜边差 /mm	网面丝径/mm			网面锌层重量 /(g/m²)
规格	极限偏差		镀前		镀后	
			直径 d	极限偏差	直径 d	
16	±3	≤4	0.40	±0.03	≥0.42	≥50
			0.45		≥0.47	≥60
			0.50		≥0.52	≥70
			0.55		≥0.57	≥80
			0.60		≥0.62	≥90
			0.70	±0.04	≥0.72	≥100
			0.80		≥0.82	≥110
			0.90		≥0.92	≥120
20	±3	≤5	0.40	±0.03	≥0.42	≥20
			0.45		≥0.47	≥30
			0.50		≥0.52	≥40
			0.55		≥0.57	≥50
			0.60		≥0.62	≥60
			0.70	±0.04	≥0.72	≥70
			0.80		≥0.82	≥80
			0.90		≥0.92	≥90
			1.00	±0.05	≥1.02	≥100
25	±3	≤6.5	0.40	±0.03	≥0.42	≥20
			0.45		≥0.47	≥20
			0.50		≥0.52	≥30
			0.55		≥0.57	≥40
			0.60		≥0.62	≥50
			0.70	±0.04	≥0.72	≥60
			0.80		≥0.82	≥70
			0.90		≥0.92	≥80
			1.00	±0.05	≥1.02	≥90
			1.10		≥1.12	≥100
			1.20		≥1.22	≥110
			1.30		≥1.32	≥120
30	±4	≤7.5	0.45	±0.03	≥0.47	≥30
			0.50		≥0.52	≥35
			0.55		≥0.57	≥40
			0.60		≥0.62	≥45
			0.70	±0.04	≥0.72	≥50
			0.80		≥0.82	≥55
			0.90		≥0.92	≥65
			1.00	±0.05	≥1.02	≥75
			1.10		≥1.02	≥85
			1.20		≥1.22	≥95
			1.30		≥1.32	≥105
40	±5	≤8	0.50	±0.03	≥0.52	≥25
			0.55		≥0.57	≥30
			0.60		≥0.62	≥35
			0.70	±0.04	≥0.72	≥40
			0.80		≥0.82	≥45
			0.90		≥0.92	≥55
			1.00	±0.05	≥1.02	≥65
			1.10		≥1.12	≥75
			1.20		≥1.22	≥85
			1.30		≥1.32	≥95

(续)

网孔尺寸 w/mm		斜边差 /mm	网面丝径/mm				网面锌层重量 /(g/m²)
规格	极限偏差		镀前			镀后	
			直径 d	极限偏差		直径 d	
50	±6	≤10	0.50	±0.03		≥0.52	≥20
			0.55			≥0.57	≥20
			0.60			≥0.62	≥25
			0.70	±0.04		≥0.72	≥30
			0.80			≥0.82	≥35
			0.90			≥0.92	≥40
			1.00	±0.05		≥1.02	≥45
			1.10			≥1.12	≥50
			1.20			≥1.22	≥65
			1.30			≥1.32	≥70
75	±12	≤12	0.50	±0.03		≥0.52	≥20
			0.55			≥0.57	≥20
			0.60			≥0.62	≥20
			0.70	±0.04		≥0.72	≥20
			0.80			≥0.82	≥20
			0.90			≥0.92	≥25
			1.00	±0.05		≥1.02	≥30
			1.10			≥1.12	≥35
			1.20			≥1.22	≥40
			1.30			≥1.32	≥45

注：网孔斜边差就是两根相邻金属丝组成网孔斜边长短之差。

表 5-159　网面长度及宽度（QB/T 1925.2—1993）　　（单位：mm）

类别	长度 L		宽度 B	
	基本尺寸	允许误差	基本尺寸	允许误差
B 型	25000	≥0	500	±2.5%
	30000		1000	
			1500	
	50000		2000	
D 型、R 型	25000	≥0	500	±1.5%
	30000		1000	
			1500	
	50000		2000	

5.12.2　波纹方孔网

一般用途镀锌低碳钢丝编织网波纹方孔网按编制形式分为 A 型网（图 5-150a）、B 型网（图 5-150b），按材料分为热镀锌低碳钢丝编织网（代号为 R）、电镀锌低碳钢丝编织网（代号为 D）。网面长度和宽度如表 5-160 所示，网孔尺寸如表 5-161 所示。

第5章 建筑装潢五金件

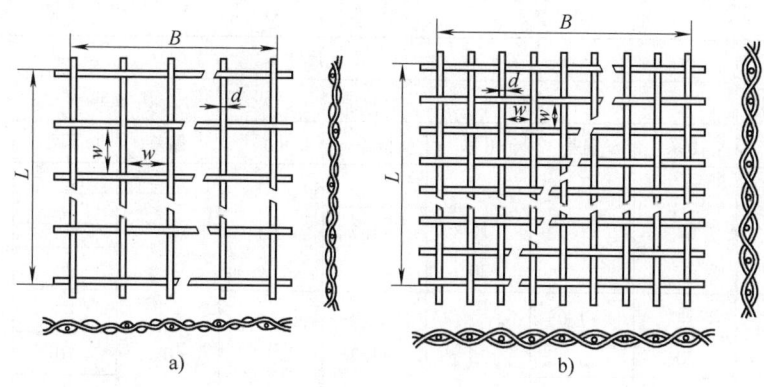

图 5-150 孔网
a) A型 b) B型

表 5-160 网面长度和宽度（QB/T 1925.3—1993） （单位：mm）

产品分类	L		B	
	基本尺寸	极限偏差	基本尺寸	极限偏差
片网	<1000	+10 / 0	900	±6
	1000~5000	+50 / 0	1000	
	5001~10000	+100 / 0	1500	±8
卷网	10000~30000	≥0	2000	±180

表 5-161 网孔尺寸（QB/T 1925.3—1993） （单位：mm）

丝径 d	网孔尺寸 w							
	A型				B型			
	I系	偏差	II系	偏差	I系	偏差	II系	偏差
0.70					1.5	±0.2		
					2.0			
0.90					2.5	±0.2		
1.20	6	±0.7						
			8	±0.7				
1.60	8				3	±0.7	5	±0.8
	10	±0.8	12	±1.0				

(续)

丝径 d	网孔尺寸 w							
	A 型				B 型			
	Ⅰ系	偏差	Ⅱ系	偏差	Ⅰ系	偏差	Ⅱ系	偏差
2.20	12	±1.0	15	±1.2	4			
			20				6	±0.9
2.80	15	±1.0	25	±1.2		±0.8	10	±0.8
	20						12	±1.0
3.50	20	±1.0			6		8	±0.8
	25						10	±1.0
			30	±1.5			15	±1.5
4.00	20	±1.0			6	±0.7		
	25				8	±0.8	12	±1.5
			30	±1.5			16	
5.00	25	±1.5	28	±2.0	20	±1	22	±1.5
	30		36					
6.00	30	±1.5	28	±2.0			18	±1.5
	40	±2.0	35	±3.0	20	±1		
	50		45		25		22	
8.00	40	±3.0	45	±3.0	30	±1.5	35	±2
	50		50					
10.00	80	±4.0	70	±5.0				
	100	±5.0	90	±7.0				
	125		110					

注：1. Ⅰ系为优先选用规格，Ⅱ系为一般规格。
  2. 可根据用户需要生产其他规格尺寸。

5.12.3 钢板网

1. 分类

钢板网按用途分类如表 5-162 所示，按产品材料分类如表 5-163 所示。

表 5-162 钢板网按用途分类（QB/T 2959—2008）

用途	普通钢板网	建 筑 网	
		有筋扩张网	扒荡网
代号	P	Y	D

表 5-163 钢板网按材料分类（QB/T 2959—2008）

材料	低碳钢		不锈钢	其他
	非镀锌	镀锌		
代号	F	D	B	Q

2. 形式与尺寸

1) 普通钢板网的形式如图 5-151 所示，其尺寸如表 5-164 所示。

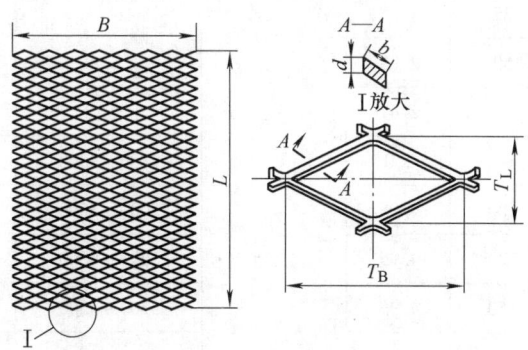

图 5-151　普通钢板网

表 5-164 普通钢板网的基本尺寸（QB/T 2959—2008）

d/mm	网格尺寸/mm			网面尺寸/mm		钢板网理论重量 /(kg/m²)
	T_L	T_B	b	B	L	
0.3	2	3	0.3	100~500		0.71
	3	4.5	0.4			0.63
0.4	2	3	0.4	500	—	1.26
	3	4.5	0.5			1.05
0.5	2.5	4.5	0.5	500		1.57
	5	12.5	1.11	1000		1.74
	10	25	0.96	2000	600~4000	0.75
0.8	8	16	0.8	1000		1.26
	10	20	1.0		600~5000	1.26
	10	25	0.96			1.21
1.0	10	25	1.10			1.73
	15	40	1.68	2000		1.76
1.2	10	25	1.13		4000~5000	2.13
	15	30	1.35			1.7
	15	40	1.68			2.11

（续）

d/mm	网格尺寸/mm			网面尺寸/mm		钢板网理论重量 /(kg/m²)
	T_L	T_B	b	B	L	
1.5	15	40	1.69		4000~5000	2.65
	18	50	2.03			2.66
	24	60	2.47			2.42
2.0	12	25	2			5.23
	18	50	2.03			3.54
	24	60	2.47			3.23
3.0	24	60	3.0		4800~5000	5.89
	40	100	4.05		3000~3500	4.77
	46	120	4.95		5600~6000	5.07
	55	150	4.99		3300~3500	4.27
4.0	24	60	4.5	2000	3200~3500	11.77
	32	80	5.0		3850~4000	9.81
	40	100	6.0		4000~4500	9.42
5.0	24	60	6.0		2400~3000	19.62
	32	80	6.0		3200~3500	14.72
	40	100	6.0		4000~4500	11.78
	56	150	6.0		5600~6000	8.41
6.0	24	60	6.0		2900~3500	23.55
	32	80	7.0		3300~3500	20.60
	40	100			4150~4500	16.49
	56	150			5800~6000	11.77
8.0	40	100	8.0		3650~4000	25.12
			9.0		3250~3500	28.26
	60	150			4850~5000	18.84
10.0	45	100	10.0	1000	4000	34.89

注：d 为 0.3~0.5mm 一般长度板网为卷网。钢板网长度根据市场可供钢板作调整。

2）有筋扩张网的形式如图 5-152 所示，基本尺寸如表 5-165 所示。

3）批荡网的形式如图 5-153 所示，基本尺寸如表 5-166 所示。

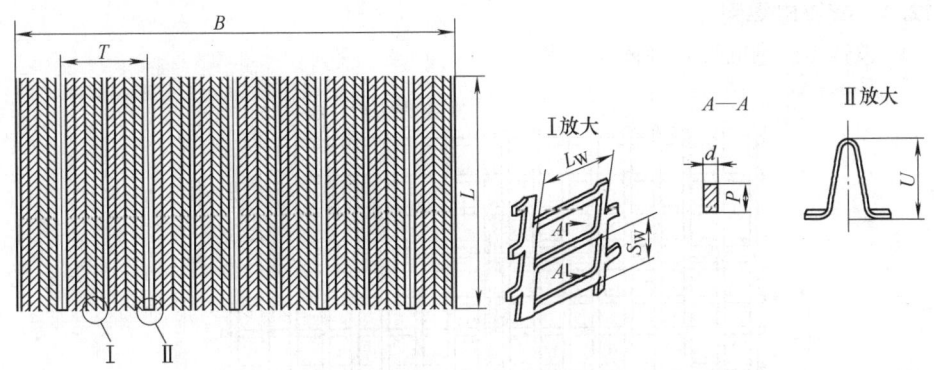

图 5-152 有筋扩张网

表 5-165 有筋扩张网的基本尺寸（QB/T 2959—2008）

网格尺寸/mm			网面尺寸/mm			材料镀锌层双面重量/(g/m²)	d/mm					
							0.25	0.3	0.35	0.4	0.45	0.5
S_W	L_W	P	U	T	B	L		钢板网理论重量/(kg/m²)				
5.5	8	1.28	9.5	97	686	2440	≥120	1.16	1.40	1.63	1.86	2.09	2.33
11	16	1.22	8	150	600	2440	≥120	0.66	0.79	0.92	1.05	1.17	1.31
8	12	1.20	8	100	900	2440	≥120	0.97	1.17	1.36	1.55	1.75	1.94
5	8	1.42	12	100	600	2440	≥120	1.45	1.76	2.05	2.34	2.64	2.93
4	7.5	1.20	5	75	600	2440	≥120	1.01	1.22	1.42	1.63	1.82	2.03
3.5	13	1.05	6	75	750	2440	≥120	1.17	1.42	1.65	1.89	2.12	2.36
8	10.5	1.10	8	50	600	2440	≥120	1.18	1.42	1.66	1.89	2.13	2.37

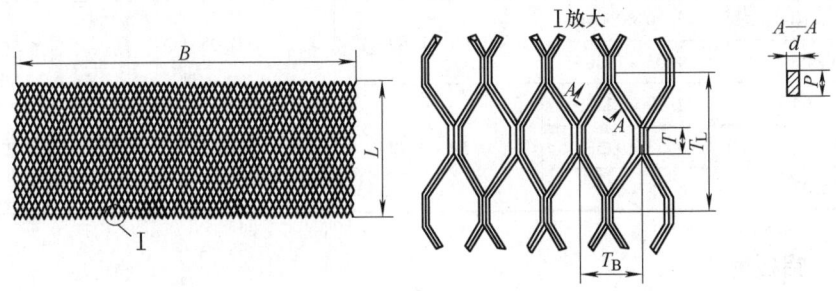

图 5-153 批荡网

表 5-166 批荡网的基本尺寸（QB/T 2959—2008）

d/mm	P/mm	网格尺寸/mm			网面尺寸/mm		材料镀锌层双面重量/(g/m²)	钢板网理论重量/(kg/m²)
		T_L	T_B	T	L	B		
0.4	1.5	17	8.7	4	2440	690	≥120	0.95
0.5	1.5	20	9.5					1.36
0.6	1.5	17	8					1.84

5.12.4 镀锌电焊网

1. 镀锌电焊网的形式（图 5-154）

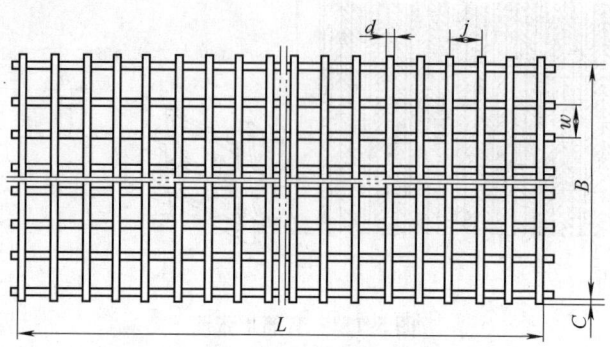

图 5-154　镀锌电焊网

B—网宽　d—丝径　L—网长　C—网边露头长　j—经向网孔长　w—纬向网孔长

2. 镀锌电焊网的基本尺寸（表 5-167）

表 5-167　镀锌电焊网的基本尺寸（QB/T 3897—1999）　（单位：mm）

网　号	网孔尺寸 $j \times w$	丝径 d 尺寸	丝径 d 极限偏差	网边露头长
20×20	50.80×50.80	1.80～2.50	±0.07	≤2.5
10×20	25.40×50.80			
10×10	25.40×25.40			
04×10	12.70×25.40	1.00～1.80	±0.05	≤2
06×06	19.05×19.05			
04×04	12.70×12.70	0.50～0.90	±0.04	≤1.5
03×03	9.53×9.53			
02×02	6.35×6.35			

5.12.5 铝板网

1. 铝板网的形式（图 5-155）

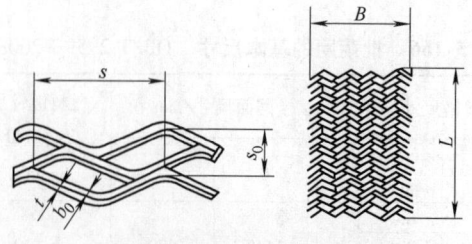

图 5-155　铝板网

2. 铝板网的基本尺寸（表5-168）

表5-168　铝板网的基本尺寸　　　　　　　　　　　（单位：mm）

种类	板厚 t	短节距 s_0	长节距 s	丝梗宽 b_0	宽度 B	长度 L
铝板网	0.3	1.1	3	0.4	≤500	500~2000
		1.5	4	0.5		
		3	6	0.6		
	0.4	1.5	4	0.5		
		2.3	6	0.6		
	0.5	3	8	0.7	≥400	
		5	10	0.8		
	1.0	4	10	1.1		
		5	12.5	1.2		
人字形铝板网	0.4	1.7	6	0.5	≤400	500~2000
		2.2	8	0.5		
	0.5	1.7	6	0.6	≤500	
		2.8	10	0.7		
		3.5	12.5	0.8		
	1.0	2.8	10	2.5	1000	
		3.5	12.5	3.1	2000	

注：材料为1060、1050A。

5.12.6　铝合金花格网
1. 铝合金花格网的形式（图5-156）

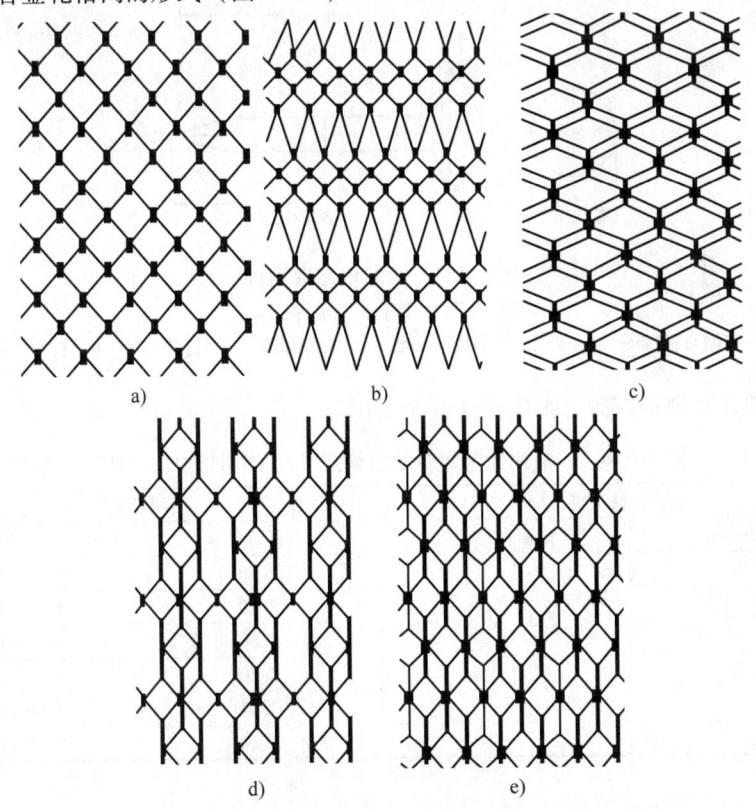

图5-156　铝合金花格网
a) 中孔花　b) 异型花　c) 大双花　d) 单双花　e) 五孔花

2. 铝合金花格网的尺寸（表 5-169）

表 5-169　铝合金花格网的尺寸（YS/T 92—1995）

型号	花形	规格尺寸/mm		
		厚度	宽度	长度
LGH101	中孔花	5.0、5.5、6.0、6.5、7.0、7.5	480～2000	≤6000
LGH102	异型花			
LGH103	大双花			
LGH104	单双花			
LGH105	五孔花			

5.13　钉

5.13.1　一般用途圆钢钉

1. 一般用途圆钢钉的形式（图 5-157）

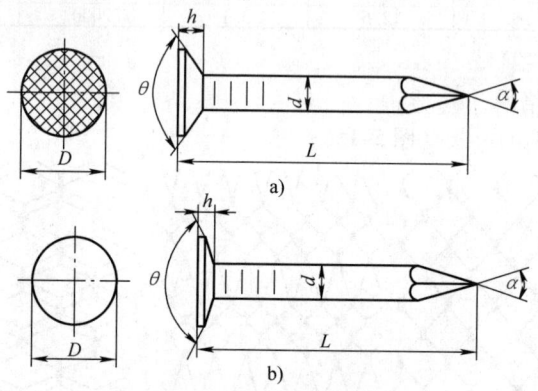

图 5-157　一般用途圆钢钉

a）菱形方格帽钉　b）平帽钉

D—钉帽直径　d—钉杆直径　L—圆钉长度　h—钉帽厚度　α—钉尖角度　θ—钉帽夹角

2. 一般用途圆钢钉的钉帽尺寸（表 5-170）

表 5-170　一般用途圆钢钉的钉帽尺寸（YB/T 5002—2017）（单位：mm）

菱形方格帽钉		平帽钉	
钉杆直径 d	钉帽直径 D	钉杆直径 d	钉帽直径 D
≤1.60	2.0d～2.3d	2.10	5.30±0.20
>1.60～2.10		2.30	5.80±0.20
>2.10～3.75		2.50	6.30±0.20
>3.75		2.80	6.80±0.20
—	—	3.05	7.00±0.20
—	—	3.30	7.00±0.20

3. 一般用途菱形方格帽钉钉长与直径（表 5-171）

表5-171 一般用途菱形方格帽钉钉长与直径（YB/T 5002—2017）

（单位：mm）

钉长	圆钉直径	钉长	圆钉直径
10	0.90	60	2.80
13	1.00	70	3.10
16	1.10	80	3.40
20	1.20	90	3.70
25	1.40	100	4.10
30	1.60	110	4.50
35	1.80	130	5.00
40	2.00	150	5.50
45	2.20	175	6.00
50	2.50	200	6.50

5.13.2 扁圆头钢钉

1. 扁头圆钢钉的形式（图5-158）

图5-158 扁头圆钢钉

2. 扁头圆钢钉的基本尺寸（表5-172）

表5-172 扁头圆钢钉的基本尺寸

钉长/mm	35	40	50	60	80	90	100
钉杆直径/mm	2	2.2	2.5	2.8	3.2	3.4	3.8
每千个约重/kg	0.95	1.18	1.75	2.9	4.7	6.4	8.5

5.13.3 拼合用圆钢钉

1. 拼合用圆钢钉的形式（图5-159）

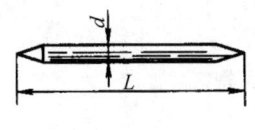 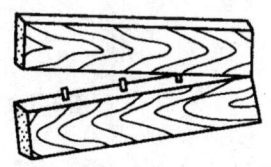

图5-159 拼合用圆钢钉

2. 拼合用圆钢钉的基本尺寸（表5-173）

表5-173 拼合用圆钢钉的基本尺寸

钉长 L/mm	25	30	35	40	45	50	60
钉杆直径 d/mm	1.6	1.8	2	2.2	2.5	2.8	2.8
每千个约重/kg	0.36	0.55	0.79	1.08	1.52	2	2.4

5.13.4 水泥钉

1. 水泥钉的形式（图 5-160）

图 5-160 水泥钉

2. 水泥钉的基本尺寸（表 5-174）

表 5-174 水泥钉的基本尺寸

钉 号	钉杆尺寸/mm		每千个约重 /kg
	长 度	直 径	
7	101.6	4.57	13.38
7	76.2	4.57	10.11
8	76.2	4.19	8.55
8	63.5	4.19	7.17
9	50.8	3.76	4.73
9	38.1	3.76	3.62
9	25.4	3.76	2.51
10	50.8	3.40	3.92
10	38.1	3.30	3.01
10	25.4	3.40	2.11
11	38.1	3.05	2.49
11	25.4	3.05	1.76
12	38.1	2.77	2.10
12	25.4	2.77	1.40

5.13.5 瓦楞钉

1. 瓦楞钉的形式（图 5-161）

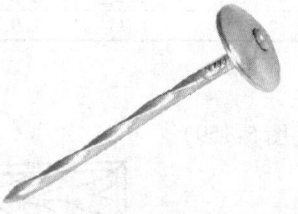

图 5-161 瓦楞钉

2. 瓦楞钉的基本尺寸（表 5-175）

表 5-175 瓦楞钉的基本尺寸

钉身直径 /mm	钉帽直径 /mm	长度(除帽)/mm			
		38	44.5	50.8	63.5
		每千个约重/kg			
3.73	20	6.30	6.75	7.35	8.35
3.37	20	5.58	6.01	6.44	7.30
3.02	18	4.53	4.90	5.25	6.17
2.74	18	3.74	4.03	4.32	4.90
2.38	14	2.30	2.38	2.46	—

5.13.6 瓦楞钩钉

瓦楞钩钉（见图 5-162）专用于将瓦楞铁皮或石棉固定于屋梁或壁柱上，直径 6mm，螺纹长度 45mm，钩钉长度有 80mm、100mm、120mm、140mm、160mm 等规格。

5.13.7 鞋钉

1. 鞋钉的形式（图 5-163）

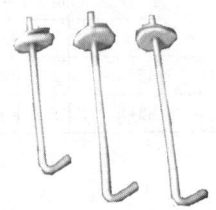

图 5-162 瓦楞钩钉

图 5-163 鞋钉

2. 鞋钉的基本尺寸（表 5-176）

表 5-176 鞋钉的基本尺寸（QB/T 1559—1992）

规格尺寸（全长）/mm		10	13	16	19	22	25
钉帽直径/mm≥	普通型 P	3.10	3.40	3.90	4.40	4.70	4.90
	重型 Z	4.50	5.20	5.90	6.10	6.60	7.00
钉帽厚度/mm≥	普通型 P	0.24	0.30	0.34	0.40	0.44	0.44
	重型 Z	0.30	0.34	0.38	0.40	0.44	0.44
钉杆末端宽度/mm≤	普通型 P	0.74	0.84	0.94	1.04	1.14	1.24
	重型 Z	1.04	1.10	1.20	1.30	1.40	1.50
钉尖角度/(°)≤	P、Z	28	28	28	30	30	30
每千个约重/g	普通型 P	91	152	244	345	435	526
	重型 Z	156	238	345	476	625	769
每 100g 个数/个	普通型 P	1100	660	410	290	230	190
	重型 Z	640	420	290	210	160	130

5.13.8 平杆型鞋钉

1. 平杆型鞋钉的形式（图 5-164）

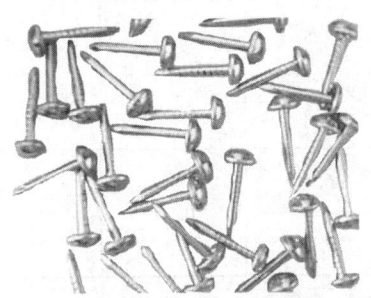

图 5-164 平杆型鞋钉

2. 平杆型鞋钉基本尺寸（表5-177）

表5-177 平杆型鞋钉的基本尺寸

全长/mm	10	13	16	19	25
钉帽直径/mm	4	4.5	5	5.5	6
钉帽厚度/mm	0.25	0.30	0.35	0.40	0.40
钉身末端宽度/mm≤	0.80	0.90	0.95	1.05	1.15
钉尖角度/(°)	30	30	30	35	35
每千个约重/g	102	185	333	455	556
每千克个数/个	9800	5400	3000	2200	1800

5.13.9 无头焊钉

1. 无头焊钉的形式（图5-165）

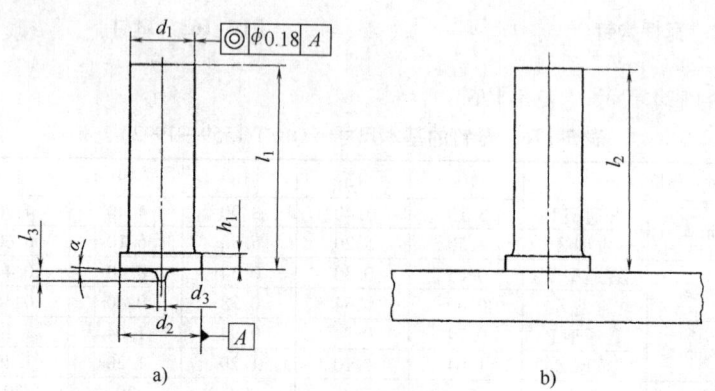

图5-165 无头焊钉
a) 焊接前　b) 焊接后

2. 无头焊钉的尺寸（表5-178）

表5-178 无头焊钉的尺寸（GB/T 10432.3—2010）　　（单位：mm）

$d_1 \pm 0.1$	$l_1 {}^{+0.5}_{\ 0}$ ①	$d_2 \pm 0.2$	$d_3 \pm 0.08$	$l_3 \pm 0.05$	h_1	$\alpha \pm 1°$
3	8 10 12	4.5	0.60	0.55	0.7~1.4	3°
4	16 20	5.5	0.65			
5	12 16	6.5		0.75	0.80	0.8~1.4
6	20 25	7.5				

① 其他长度由双方协议。

5.13.10 电弧螺柱焊用无头焊钉

1. 电弧螺柱焊用无头焊钉的形式（图5-166）

第5章 建筑装潢五金件

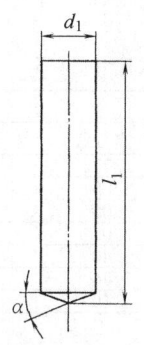 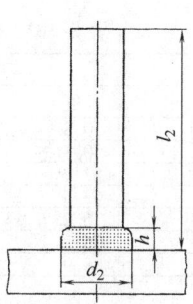

图 5-166　电弧螺柱焊用无头焊钉

2. 电弧螺柱焊用无头焊钉的尺寸（表 5-179）

表 5-179　电弧螺柱焊用无头焊钉的尺寸（GB/T 10432.1—2010）　（单位：mm）

d_1	6	8	10	12	14.6	16
d_2	8.5	11	13	16	18.5	21
h	4	4	4	5	6	7
$\alpha \pm 2.5°$	22.5°	22.5°	22.5°	22.5°	22.5°	22.5°
$l_1 \pm 1$	$l_2+2.4$	$l_2+2.6$	$l_2+2.8$	$l_2+3.4$	$l_2+3.9$	$l_2+3.9$

5.13.11　家具钉

1. 家具钉的形式（图 5-167）

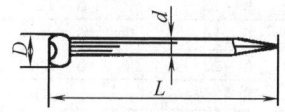

图 5-167　家具钉

2. 家具钉的基本尺寸（表 5-180）

表 5-180　家具钉的基本尺寸　（单位：mm）

钉长 L	19	25	30	32	38	40	45	50	60	64	70	80	82	90	100	130
钉杆直径 d	1.2 1.5	1.5 1.5	1.6	1.6 1.8	1.8	1.8	1.8	2.1	2.3	2.4 2.8	2.5	2.8	3.0	3.0	3.4	4.1
钉帽直径 D	1.3~1.4d															
材质	Q195,Q235															

5.13.12　麻花钉

1. 麻花钉的形式（图 5-168）

2. 麻花钉的基本尺寸（表5-181）

表5-181　麻花钉的基本尺寸

规格尺寸/mm	钉杆尺寸/mm		每千个约重/kg
	长度	直径	
50	50.8	2.77	2.40
50	50.8	3.05	2.91
55	57.2	3.05	3.28
65	63.5	3.05	3.64
75	76.2	3.40	5.43
75	76.2	3.76	6.64
85	88.9	4.19	9.62

5.13.13　木螺钉

1. 木螺钉的形式（图5-169）

图5-168　麻花钉

图5-169　木螺钉

2. 木螺钉的基本尺寸（表5-182）

表5-182　木螺钉的基本尺寸（GB/T 100—1986，GB 951—1986）

（单位：mm）

直径	开槽木螺钉钉长			十字槽木螺钉	
	沉头	圆头	半沉头	十字槽号	钉长
1.6	6~12	6~12	6~12	—	—
2	6~16	6~14	6~16	1	6~16
2.5	6~25	6~22	6~25	1	6~25
3	8~30	8~25	8~30	2	8~30
3.5	8~40	8~38	8~40	2	8~40
4	12~70	12~65	12~70	2	12~70
(4.5)	16~85	14~80	16~85	2	16~85
5	18~100	16~90	18~100	2	18~100
(5.5)	25~100	22~90	30~100	3	25~100
6	25~120	22~120	30~120	3	25~120
(7)	40~120	38~120	40~120	3	40~120
8	40~120	38~120	40~120	4	40~120
10	75~120	65~120	70~120	4	70~120

注：1. 钉长系列（mm）：6，8，10，12，14，16，18，20，(22)，25，30，(32)，35，(38)，40，45，50，(55)，60，(65)，70，(75)，80，(85)，90，100，120。

2. 括号内的直径和长度，尽可能不采用。

5.13.14　油毡钉

1. 油毡钉的形式（图5-170）
2. 油毡钉的基本尺寸（表5-183）

表 5-183 油毡钉的基本尺寸

钉杆尺寸/mm		每千个约重/kg	钉杆尺寸/mm		每千个约重/kg
长度	直径		长度	直径	
15	2.5	0.58	25.40		1.47
20	2.8	1.00	28.58		1.65
25	3.2	1.50	31.75	3.06	1.83
30	3.4	2.00	38.10		2.20
19.05	3.06	1.10	44.45		2.57
22.23		1.28	50.80		2.93

5.13.15 鱼尾钉

1. 鱼尾钉的形式（图 5-171）

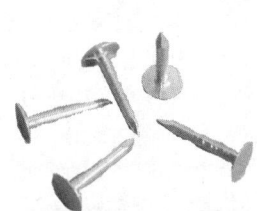

图 5-170 油毡钉

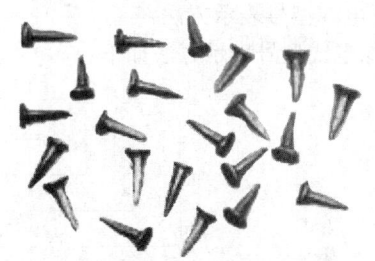

图 5-171 鱼尾钉

2. 鱼尾钉的基本尺寸（表 5-184）

表 5-184 鱼尾钉的基本尺寸

种类	薄型(A 型)					厚型(B 型)				
全长/mm	6	8	10	13	16	10	13	16	19	22	25
钉帽直径/mm≥	2.2	2.5	2.6	2.7	3.1	3.7	4	4.2	4.5	5	5
钉帽厚度/mm≥	0.2	0.25	0.30	0.35	0.40	0.45	0.50	0.55	0.60	0.65	0.65
卡颈尺寸/mm≥	0.80	1.0	1.15	1.25	1.35	1.50	1.60	1.70	1.80	2.0	2.0
每千个约重/g	44	69	83	122	180	132	278	357	480	606	800
每千克个数/个	22700	14400	12000	8200	5550	7600	3600	2800	2100	1650	1250

注：卡颈尺寸指接近钉头处钉身的椭圆形断面短轴直径尺寸。

5.13.16 骑马钉

1. 骑马钉的形式（图 5-172）

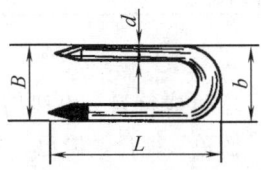

图 5-172 骑马钉

2. 骑马钉的基本尺寸（表 5-185）

表 5-185 骑马钉的基本尺寸

钉长 L/mm	10	11	12	13	15	16	20	25	30
钉杆直径 d/mm	1.6	1.8	1.8	1.8	1.8	1.8	2.0	2.2	2.5/2.7
大端宽度 B/mm	8.5	8.5	8.5	8.5	10	10	10.5/12	11/13	13.5/14.5
小端宽度 b/mm	7	7	7	7	8	8	8.5	9	10.5
每千个约重/kg	0.37	—	—	—	0.56		0.89	1.36	2.19
材质	Q195、Q215、Q235								

第6章 电器五金件

6.1 基础知识

6.1.1 绝缘电线型号及颜色

1. 绝缘电线型号表示方法

1) 绝缘电线型号表示方法如下：

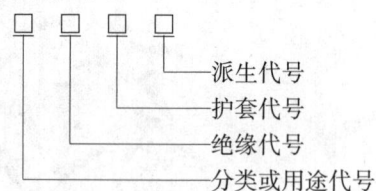

2) 绝缘电线型号中字母代号及含义如表6-1所示。

表6-1 绝缘电线型号中字母代号及含义

分类或用途		绝缘		护套		派生	
符号	含义	符号	含义	符号	含义	符号	含义
A	安装线缆	V	聚氯乙烯	V	聚氯乙烯	P	屏蔽
B	布电线	F	氟塑料	H	橡胶套	R	软
F	飞机用低压线	Y	聚乙烯	B	编织套	S	双绞
Y	一般工业移动电器用线	X	橡胶	L	蜡克	B	平行
T	天线	ST	天然丝	N	尼龙套	D	带形
HR	电话软线	SE	双丝包	SK	尼龙丝	T	特种
HP	配线	VZ	阻燃聚氯乙烯	VZ	阻燃聚氯乙烯	P_1	缠绕屏蔽
I	电影用电缆	R	辐照聚乙烯	ZR	具有阻燃性	W	耐气候、耐油
SB	无线电装置用电缆	B	聚丙烯				

2. 绝缘电线颜色识别标志

识别标志主要有颜色、文字、字母或符号。电线用标志识别颜色色谱共12种，具体为：白色、红色、黑色、黄色、蓝色、绿色、橙色、灰色、棕色、青绿色、紫色、粉红色。

1) 接地线芯或类似保护目的用线芯，都必须采用绿/黄组合颜色作为识别标志。其他线芯则不允许使用。多芯电缆中的绿/黄组合颜色线芯应置放在缆芯的最外层。

2) 塑料和橡皮绝缘电力电缆采用颜色识别：2芯者颜色应为红、浅蓝（或蓝）色，3芯者颜色应为红、黄、绿色，4芯者颜色，红、黄、绿用于主线芯，浅蓝色用于中性线芯。

6.1.2 电气常用图形符号

1. 插座及开关常用图形符号（表6-2）

表6-2　插座及开关常用图形符号

名称		图形符号	名称		图形符号
单相插座	一般符号		单极开关	一般符号	
	暗装			暗装	
	密闭(防水)			密闭(防水)	
	防爆			防爆	
带接地面插孔的单相插座	一般符号		双极开关	一般符号	
	暗装			暗装	
	密闭(防水)			密闭(防水)	
	防爆			防爆	
带接地插孔的三相插座	一般符号		三极开关	一般符号	
	暗装			暗装	
	密闭(防水)			密闭(防水)	
	防爆			防爆	
多个插座(示出3个)			单极拉线开关		
具有护板的插座			单极双控拉线开关		
具有单极开关的插座			多拉开关(如用于不同照度)		
具有连锁开关的插座			单极限时开关		
具有隔离变压器的插座(如电动剃刀的插座)			双控开关(单极三线)		
电信插座的一般符号①			具有指示灯的开关		
带熔断器的插座			定时开关		
开关一般符号			钥匙开关		

① 可用文字或符号加以区别：TP—电话；TX—电传；TV—电视；●—扬声器；M—传声器；FM—调频。

2. 灯具常用图形符号（表6-3）

表6-3 灯具常用图形符号

名　　称	图形符号
投光灯一般符号	 ⊗
聚光灯	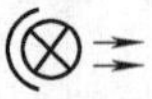 ⊗→
泛光灯	 ⊗
荧光灯一般符号	 ⊢⊣
三管荧光灯	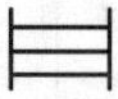 ⊢≡⊣
五管荧光灯	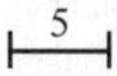 ⊢5⊣
防爆荧光灯	 ⊢◁
天棚灯	⌒
弯灯	 ⌐○
在专用电路上的事故照明灯	✲
自带电源的事故照明灯装置(应急灯)	▣
气体放电灯的辅助设备(仅用于辅助设备与光源不在一起时)	⊟
深照型灯	⊕
广照型灯(配照型灯)	⊕
防水防尘灯	⊕
球形灯	●
局部照明灯	◐
矿山灯	⊪
安全灯	⊖
隔爆灯	◎
花灯	⊗
壁灯	⊖

6.1.3 低压电器型号类组代号及派生代号

1. 低压电器型号类组代号（表6-4）

表6-4 低压电器型号类组代号

类别代号及名称	A	B	C	D	G	H	J	K	L	M	P	Q	R	S	T	U	W	X	Y	Z
H 空气式开关隔离器及熔断器组合电器				隔离器	熔断器或隔离器	封闭式负荷开关	开启式负荷开关					熔断器式开关	转换隔离器						组合开关
R 熔断器			插入式			汇流排式			螺旋式	密闭管封式			有填料封闭管式				熔断信号器	其他	自复
D 断路器		小型								灭磁	平面			快速半导体元件保护	万能式				塑料外壳式
K 控制器					鼓形									凸轮					
C 接触器			电磁式		高压		交流				中频			时间	通用	油浸	无触点		
Q 启动器	按钮式			漏电			减压							手动			温度	星三角	
J 继电器									电流		频率		热	时间	通用		万能转换开关		
L 主令电器			旋臂式		管形元件		接近开关							主令开关	足踏开关	旋钮		行程开关	超速开关
Z 电阻器		板形元件	冲片元件	铁铬铝带元件			锯齿电阻元件		励磁		频敏		非线性电力	烧结元件	转铁元件	油浸起动	液体起动	电阻器	硅碳元件	制动
B 变阻器												起动		石墨	起动调整		起重	滑线式	
T 调整器				电压								牵引							
M 电磁铁																			
P 组合电器																			
A 其他	保护器	插销		信号灯		接线盒	交流接触器节电器		电铃										其他	中间 综合 直流

2. 低压电器产品型号派生代号（表6-5）

表6-5　低压电器产品型号派生代号

派生代号	代 表 意 义
A、B、C、D、E 等	结构设计稍有改进或变化
C	插入式、抽屉式
D	达标验证攻关
E	电子式
J	交流、防溅式、较高通断能力型、节电型
Z	直流、防震、正向、重任务、自动复位、组合式、中性接线柱式
W	失压、无极性、外销用、无灭弧装置
N	可逆、逆向
S	三相、双线圈、防水式、手动复位、三个电源、有锁柱机构、塑料熔管式、保持式
P	单相、电压的、防滴式、电磁复位、两个电源、电动机操作
K	开启式
H	保护式、带缓冲装置
M	灭磁、母线式、密封式
Q	防尘式、手车式、柜式
L	电流的、折板式、漏电保护、单独安装式
F	高返回、带分励脱扣、多纵缝灭弧结构式、防护盖式
X	限流
G	高电感、高通断能力型
TH	湿热带产品代号
TA	干热带产品代号

6.1.4　低压电器外壳防护等级分类（表6-6）

表6-6　低压电器外壳常用的防护等级

第一位表征数字及其数后补充字母	第二位表征数字								
	0	1	2	3	4	5	6	7	8
	防护等级 IP								
0	IP00	—	—	—	—	—	—	—	—
0A	IP0A0	IP0A1	—	—	—	—	—	—	—
1	IP10	IP11	IP12	—	—	—	—	—	—
1B	IP1B0	IP1B1	IP1B2	—	—	—	—	—	—
2	IP20	IP21	IP22	IP23	—	—	—	—	—
2C	IP2C0	IP2C1	IP2C2	IP2C3	—	—	—	—	—
3	IP30	IP31	IP32	IP33	IP34	—	—	—	—
4	IP40	IP41	IP42	IP43	—	—	—	—	—
5	IP50	—	—	—	IP54	IP55	—	—	—
6	IP60	—	—	—	—	IP65	IP66	IP67	IP68

6.1.5 低压电器常见使用类别（表6-7）

表6-7 低压电器常见使用类别

电流种类	使用类别	典型用途	有关产品标准
交流	AC-1	无感或微感负载、电阻炉	GB 14048.4—2010
	AC-2	绕线式电动机的起动、分断	
	AC-3	笼型感应电动机的起动、运转中分断	
	AC-4	笼型感应电动机的起动、反接制动与反向运转、点动	
	AC-5a	放电灯的通断	
	AC-5b	白炽灯的通断	
	AC-6a	变压器的通断	
	AC-6b	电容器组的通断	
	AC-7a	家用电器和类似用途的低感负载	
	AC-7b	家用电动机负载	
	AC-8a	具有手动复位过载脱扣器的密封制冷压缩机中的电动机控制	
	AC-8b	具有自动复位过载脱扣器的密封制冷压缩机中的电动机控制	
	AC-12	控制电阻性负载和光电耦合隔离的固态负载	GB 14048.5—2017
	AC-13	控制具有变压器隔离的固态负载	
	AC-14	控制小型电磁铁负载（≤72V·A）	
	AC-15	控制电磁铁负载（>72V·A）	
	AC-20A/B	在空载条件下闭合和断开	GB 14048.3—2017
	AC-21A/B	通断电阻性负载，包括适当的过负载	
	AC-22A/B	通断电阻和电感混合负载，包括适当的过负载	
	AC-23A/B	通断电动机负载或其他高电感负载	
	AC-31A/B	无感或微感负载	GB/T 14048.11—2016
	AC-33A/B	电动机负载或包含电动机、电阻负载和30%以下白炽灯负载的混合负载	
	AC-35A/B	放电灯负载	
	AC-36A/B	白炽灯负载	
	AC-140	控制小电磁负载，承载电流小于0.2A，例如：接触器式继电器	GB/T 14048.10—2016
交流和直流	A	短路情况下，选择性保护无人为短延时，无额定短时耐受电流	GB 14048.2—2008
	B	短路情况下，选择性保护有人为短延时（可调节）。断路器具有额定短时耐受电流	
直流	DC-1	无感或微感负载、电阻炉	GB 14048.4—2010
	DC-3	并激电动机的起动、反接制动或反向运转、点动、电动机在动态中分断	
	DC-5	串激电动机的起动、反接制动或反向运转、点动、电动机在动态中分断	
	DC-6	白炽灯的通断	
	DC-12	控制电阻性负载和光电耦合隔离的固态负载	GB 14048.5—2017
	DC-13	控制电磁铁负载	
	DC-14	控制电路中具有经济电阻的电磁铁负载	
	DC-20A/B	在空载条件下闭合和断开	GB 14048.3—2017
	DC-21A/B	通断电阻性负载，包括适当的过负载	
	DC-22A/B	通断电阻和电感混合负载，包括适当的过负载（如并激电动机）	
	DC-23A/B	通断高电感负载（如串激电动机）	

（续）

电流种类	使用类别	典型用途	有关产品标准
直流	DC-31A/B	电阻负载	GB/T 14048.11—2016
	DC-33A/B	电动机负载或包含电动机的混合负载	
	DC-35A/B	白炽灯负载	

注：1. 反接制动与反向运转意指当电动机正在运转时通过反接电动机原来的连接方式，使电动机迅速停止或反转。

2. 点动意指在短时间内激励电动机一次或重复多次，以此使被驱动机械获得小的移动。

3. AC-3 使用类别可用于不频繁的点动或在有限的时间内反接制动，例如机械的移动。在有限的时间内操作次数不超过 1min 内 5 次或 10min 内 10 次。

6.1.6 低压电器常用量的代号、符号及名称（表6-8）

表 6-8 低压电器常用量的代号、符号及名称

代号和符号	量名称	代号和符号	量名称
U_n	额定电压	I_{th2}	持续电流(8h 工作制下)
U_e	额定工作电压	I_{cs}	额定运行短路分断能力
U_i	额定绝缘电压(有效值)	I_{cu}	额定极限短路分断能力
U_c	额定控制电路电压	I_{cw}	额定短时耐受电流
U_s	额定控制电源电压	I_{cn}	额定短时分断电流
U_{er}	额定转子工作电压	I_{cm}	额定短路接通能力
U_{es}	额定定子工作电压	I_{er}	额定转子工作电流
U_{ir}	额定转子绝缘电压	I_{es}	额定定子工作电流
U_{is}	额定定子绝缘电压	I_{ter}	转子发热电流
U_{imp}	额定冲击耐受电压	I_{tes}	定子发热电流
I	额定接通电流	$T_{0.95}$	达到稳定值的 95% 时的时间常数（ms）
I_n	额定电流		
I_c	额定工作电流		
I_{th}	约定自由空气发热电流	CTI	相比漏电起痕指数
I_{the}	约定封闭发热电流	AC 或 a.c	交流
I_{th1}	短时工作的额定电流	DC 或 d.c	直流

6.2 电线

6.2.1 通用绝缘电线

1) 通用绝缘电线的型号、名称及使用场所如表 6-9 所示。

表 6-9 通用绝缘电线的型号、名称及使用场所

型 号	产品名称	敷设场合要求	导体长期允许工作温度/℃
BXF	铜芯橡胶绝缘氯丁或其他合成胶护套电线	适用于户内明敷和户外寒冷地区	65
BLXF	铝芯橡胶绝缘氯丁或其他合成胶护套电线		
BXY	铜芯橡胶绝缘黑色聚乙烯护套电线		
BLXY	铝芯橡胶绝缘黑色聚乙烯护套电线		
BX	铜芯橡胶绝缘棉纱或其他纤维编织电线	固定敷设，可明敷暗敷	
BLX	铝芯橡胶绝缘棉纱或其他纤维编织电线		
BXR	铜芯橡胶绝缘棉纱或其他纤维编织软电线	室内安装要求较柔软时使用	
245IEC04（YYY） 245IEC06（YYY）	铜芯聚乙烯乙酸乙酯橡胶或其他合成弹性体绝缘电线	固定敷设于高温环境等场合	110
227IEC01·05（BV）	铜芯聚氯乙烯绝缘电线	固定敷设，可用于室内明敷、穿管等场合	70
BLV	铝芯聚氯乙烯绝缘电线		
227IEC07（BV-90）	铜芯耐热90℃聚氯乙烯绝缘电线	固定敷设于高温环境场合，其他同上	90
BVR	铜芯聚氯乙烯绝缘软电线	固定敷设于要求柔软的场合	
227IEC10（BVV）	铜芯聚氯乙烯绝缘聚氯乙烯护套圆形电线	固定敷设于要求机械防护较高，潮湿等场合；可明敷或暗敷设	70
BVV	铜芯聚氯乙烯绝缘聚氯乙烯护套圆形电线		
BLVV	铝芯聚氯乙烯绝缘聚氯乙烯护套圆形电线		
BVVB	铜芯聚氯乙烯绝缘聚氯乙烯护套扁形电线		
BLVVB	铝芯聚氯乙烯绝缘聚氯乙烯护套扁形电线		
AV	铜芯聚氯乙烯绝缘安装电线	电气、仪表、电子设备等用的硬接线	

(续)

型　号	产品名称	敷设场合要求	导体长期允许工作温度/℃
AV-90	铜芯耐热90℃聚氯乙烯绝缘安装电线	敷设于高温环境等场合，其他同上	90
NLYV	农用直埋铝芯聚乙烯绝缘聚氯乙烯护套电线	一般地区	70
NLYV-H	农用直埋铝芯聚乙烯绝缘耐寒聚氯乙烯护套电线	一般及耐寒地区	70
NLYV-Y	农用直埋铝芯聚乙烯绝缘防蚁聚氯乙烯护套电线	白蚁活动地区	70
NLYY	农用直埋铝芯聚乙烯绝缘聚乙烯护套电线	一般及耐寒地区	70
NLVV	农用直埋铝芯聚氯乙烯绝缘聚氯乙烯护套电线	一般及耐寒地区	70
NLVV-Y	农用直埋铝芯聚氯乙烯绝缘防蚁聚氯乙烯护套电线	白蚁活动地区	70
BVF	铝芯丁腈聚氯乙烯绝缘聚氯乙烯绝缘电线	交流500V及以下的电器等装置连接线	65
BY	铜芯聚乙烯绝缘电线	用于移动式无线电装置连接，绝缘电阻较高，可用于高频场合和低温-60℃场合	70

2）通用绝缘电线的产品规格如表6-10所示。

表6-10　通用绝缘电线的产品规格

型　号	额定电压 (U_0/U)[①]/V	芯数	标称截面面积/mm^2
BXF	300/500	1	0.75~240
BLXF	300/500	1	2.5~240
BXY	300/500	1	0.75~240
BLXY	300/500	1	2.5~240
BX	300/500	1	0.75~630
BLX	300/500	1	2.5~630
BXR	300/500	1	0.75~400
245IEC04（YYY）	450/750	1	0.5~95
245IEC06（YYY）	300/500	1	0.5~1
227IEC05（BV）	300/500	1	0.5~1
227IEC01（BV）	450/750	1	1.5~400
BLV	450/750	1	2.5~400
227IEC07（BV-90）	300/500	1	0.5~2.5
BVR	450/750	1	2.5~70
227IEC10（BVV）	300/500	2~5	1.5~35
BVV	300/500	1	0.75~10

(续)

型　号	额定电压 (U_0/U)[①]/V	芯数	标称截面面积/mm^2
BLVV	300/500	1	2.5~10
BVVB	300/500	2、3	0.75~10
BLVVB	300/500	2、3	2.5~10
AV	300/300	1	0.08~0.4
AV-90	300/300	1	0.08~0.4
NLYV	—	1	4~95
NLYV-H	—	1	4~95
NLYV-Y	—	1	4~95
NLYY	—	1	4~95
NLVV	—	1	4~95
NLVV-Y	—	1	4~95
BVF	300/500	1	0.75~6
BY	300/500	1	0.06~2.5

① 指相电压/线电压。

6.2.2　通用绝缘软电线

1) 通用绝缘软电线的型号、名称使用场所如表6-11所示。

表6-11　通用绝缘软电线的型号、名称使用场所

型　号	产品名称	敷设场合要求	导体长期允许工作温度/℃
RXS	铜芯橡胶绝缘编织双绞软电线	适用于电热电器、家用电器、灯头线等使用要求柔软的地方	65
245IEC51（RX）	铜芯橡胶绝缘总编织圆形软电线		60
RXH	铜芯橡胶绝缘橡胶护套总编织圆形软电线		65
245IEC03（YG）	铜芯耐热硅橡胶绝缘电缆	要求高温等场合	180
245IEC05（YRYY） 245IEC07（YRYY）	铜芯聚乙烯-乙酸乙烯酯橡胶或其他合成弹性体绝缘软电线		110
227IEC02（RV）	铜芯聚氯乙烯绝缘连接软电线	用于中轻型移动电器、仪器仪表、家用电器、动力照明等要求柔软的地方	70
227IEC06（RV）	铜芯聚氯乙烯绝缘连接软电线		70
227IEC42（RVB）	铜芯聚氯乙烯绝缘扁形连接软电线		70
RVS	铜芯聚氯乙烯绝缘绞型连接软电线		70
227IEC52（RVV）	铜芯聚氯乙烯绝缘聚氯乙烯护套圆形连接软电缆（轻型、普通型）		70
227IEC53（RVV）	铜芯聚氯乙烯绝缘聚氯乙烯护套圆形连接软电缆（轻型、普通型）		70
227IEC08（RV-90）	铜芯耐热90℃聚氯乙烯绝缘连接软电线	用于要求耐热场合	90

型号	产品名称	敷设场合要求	导体长期允许工作温度/℃
RFB	铜芯丁腈聚氯乙烯复合物绝缘扁形软电线	适用于小型家用电器、灯头线等使用要求柔软的地方	70
RRS	铜芯丁腈聚氯乙烯复合物绝缘绞型软电线		
AVR	铜芯聚氯乙烯绝缘安装软电线	用于仪器仪表电子设备等内部用软线	
AVRB	铜芯聚氯乙烯绝缘扁形安装软电线		
AVRS	铜芯聚氯乙烯绝缘绞型安装软电线	轻型电器设备、控制系统等柔软场合使用电源或控制信号连接线	
AVVR	铜芯聚氯乙烯绝缘聚氯乙烯护套安装软电缆		
AVR-90	铜芯耐热90℃聚氯乙烯绝缘安装软电线	用于耐热场合	90
227IEC41（RTPVR）	扁形铜皮软线	用于电话听筒用线	
227IEC43（SVR）	户内装饰照明回路用软线	用于户内装饰与照明等	
227IEC71f（TVVB）	扁形聚氯乙烯护套电梯电缆和绕性连接用软电缆	用于自由悬挂长度不超过35m及移动速度不超过1.6m/s的电梯和升降机	70
227IEC74（RVVYP） 227IEC75（RVVY）	耐油聚氯乙烯护套屏蔽软电缆 耐油聚氯乙烯护套非屏蔽软电缆	用于包括机床和起重设备等制造加工机械各部件之间的内部连接	

2）通用绝缘软电线的产品规格如表6-12所示。

表6-12 通用绝缘软电线的产品规格

型号	额定电压（U_0/U）/V	芯数	标称截面面积/mm²
RXS	300/300	2	0.3~4
245IEC51（RX）	300/300	2~3	0.75~1.5
RX	300/300	2~3	0.3~0.2,5~4
RXH	300/300	1	0.3~4
245IEC03（YG）	300/500	1	0.5~16
245IEC05（YRYY）	450/750	1	0.5~95
245IEC07（YRYY）	300/500	1	0.5~1
227IEC06（RV）	300/500	1	0.5~1
227IEC02（RV）	450/750	1	1.5~240
227IEC42（RVB）	300/300	2	0.5~0.75
RVS	300/300	2	0.5~0.75

(续)

型号	额定电压（U_0/U）/V	芯数	标称截面积/mm^2
227IEC52（RVV）	300/300	2～3	0.5～0.75
227IEC53（RVV）	300/500	2～5	0.75～2.5
227IEC08（RV-90）	300/500	1	0.5～2.5
RFB	300/300	2	0.12～2.5
RFS	300/300	2	0.12～2.5
AVR	300/300	1	0.08～0.4
AVRB	300/300	2	0.12～0.4
AVRS	300/300	2	0.12～0.4
AVVR	300/300	2 3～24	0.08～0.4 0.12～0.4
AVR-90	300/300	1	0.08～0.4
227IEC41（RTPVR）	300/300	1	—
227IEC43（SVR）	300/300	1	0.5～0.75
227IEC71f（TVVB）	300/500 450/750	6、9、12、24 4、5、6、9、12 4、5	0.75～1 1.5～2.5 4～25

6.3 开关及插座

6.3.1 常用开关（表6-13）

表6-13 常用开关的名称、型号及图例

名称	型号	图例
一位开关	M120K11（12）D10-B-N U86K11（2）D10B RL86K11（12）D10B	
二位开关	M120K21（22）D10-B-N U86K21（2）D10B RL86K21（22）-10	
三位开关	M120K31（32）D10-B-N U86K31（2）D10B RL86K31（32）D10B	
四位开关	M120K41D10-B-N RL86K41（42）-10 A86K41（42）-10N	
插牌取电开关	U86KJD16 RL86KJD16 RL86KJD16II	

(续)

名 称	型 号	图 例
空调风机开关	U86KKT	
	RL86KKT	
	A86KKTN	
声光控开关	U86KSGY100	
	RL86KSGY60	
	A86KSGY100N	
调光开关	U86KT500E	
	U86KT400	
	M120KT100N	
调速开关	U86KTSD150	
	M120KTS100N	
	A86KTSD150N	

6.3.2 常用插座（表6-14）

表6-14 常用插座的名称、型号及图例

名称	二极带接地插座	三极带接地插座	二二三插座	二位二极插座
型号	U86Z13A10（16）	U86Z15-16	U86Z223A10（16）	U86Z22TA10
图例				
名称	一位多功能插座	带开关二极插座	带开关二极带接地插座	带开关二二三插座
型号	A86Z1WA10N	RL86Z12（A）K11-10	RL86Z13K11（A）10（16）	RL86Z22（A）K11-10-16
图例				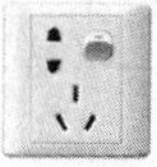

第7章 紧 固 件

7.1 螺栓

7.1.1 六角头螺栓

1. 六角头螺栓的形式（图7-1）

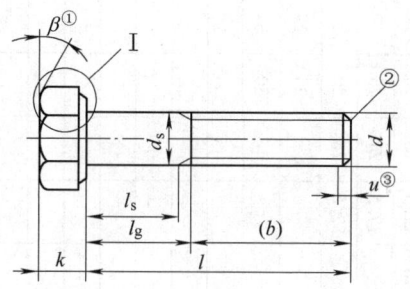
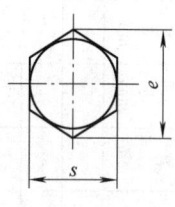

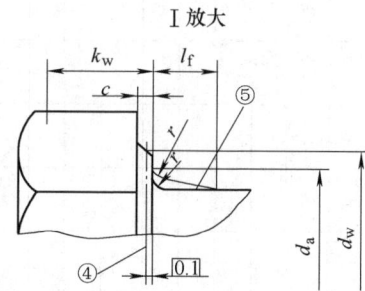

图 7-1 六角头螺栓

① $\beta = 15° \sim 30°$。
② 末端应倒角，对螺纹规格≤M4 可为辗制末端（GB/T 2）。
③ 不完整螺纹 $u \leq 2P$。
④ d_w 的仲裁基准。
⑤ 圆滑过渡。

2. 六角头螺栓的基本尺寸

1) 六角头螺栓优选系列的尺寸如表 7-1 所示。

表 7-1 六角头螺栓优选系列的尺寸（GB/T 5782—2016）

（单位：mm）

螺纹规格 d					M1.6		M2		M2.5		M3		M4		M5		M6		M8		M10	
l 公称	产品等级				l_s 和 l_g																	
	A		B		l_s min	l_g max	l_s min	l_g max	l_s min	l_g max	l_s min	l_g max	l_s min	l_g max	l_s min	l_g max	l_s min	l_g max	l_s min	l_g max	l_s min	l_g max
	max	min	max	min																		
12	12.35	11.65	—	—	1.2	3																
16	16.35	15.65	—	—	5.2	7																
20	20.42	19.58	21.05	18.95			4	6														
25	25.42	24.58	26.05	23.95			8	10	2.75	5												
30	30.42	29.58	31.05	28.95					6.75	9	5.5	8										
35	35.5	34.5	36.25	33.75					11.75	14	10.5	13	7.5	11	5	9						
40	40.5	39.5	41.25	38.75							15.5	18	12.5	16	10	14	7	12				
45	45.5	44.5	46.25	43.75									17.5	21	15	19	12	17	11.57	18		
50	50.5	49.5	51.25	48.75									22.5	26	20	24	17	22	16.75	23	11.5	19
55	55.6	54.4	56.5	53.5											25	29	22	27	21.75	28	16.5	24
60	60.6	59.4	61.5	58.5											30	34	27	32	26.75	33	21.5	29
65	65.6	64.4	66.5	63.5													32	37	31.75	38	26.5	34
70	70.6	69.4	71.5	68.5													37	42	36.75	43	31.5	39
80	80.6	79.4	81.5	78.5															41.75	48	36.5	44
90	90.7	89.3	91.75	88.25															51.75	58	46.5	54
100	100.7	99.3	101.75	98.25																	56.5	64
110	110.7	109.3	111.75	108.25																	66.5	74
120	120.7	119.3	121.75	118.25																		

阶梯实线以上的规格推荐采用 GB/T 5783

（续）

螺纹规格 d					l				l_s 和 l_g[⑥]																
		产品等级							M12		M16		M20		M24		M30		M36		M42		M48		M56		M64	
	A		B						l_g max	l_s min	l_g max	l_s min	l_g max	l_s min	l_g max	l_s min	l_g max	l_s min	l_g max	l_s min	l_g max	l_s min	l_g max	l_s min	l_g max	l_s min
公称	min	max	min	max																							
50	49.5	50.5	—	—					20	11.25																	
55	54.4	55.6	53.5	56.5					25	16.25																	
60	59.4	60.6	58.5	61.5					30	21.25	27	17															
65	64.4	65.6	63.5	66.5					35	26.25	32	22															
70	69.4	70.6	68.5	71.5					40	31.25	42	32															
80	79.4	80.6	78.5	81.5					50	41.25	52	42	34	21.5													
90	89.3	90.7	88.25	91.75					60	51.25	62	52	44	31.5													
100	99.3	100.7	98.25	101.75					70	61.25	72	62	54	41.5	36	21											
110	109.3	110.7	108.25	111.75					80	71.25	82	72	64	51.5	46	31											
120	119.3	120.7	118.25	121.75					90	81.25			74	61.5	56	41	44	26.5									
130	129.2	130.8	128	132									86	65.5	66	51	54	36.5	56	36							
140	139.2	140.8	138	142									96	75.5	76	55	58	40.5	66	46							
150	149.2	150.8	148	152									106	85.5	86	65	68	50.5	76	56							
160	—	—	158	162							106	96	116	95.5	96	75	78	60.5	88	76							
180	—	—	178	182										115.5	100	85	90	70.5	108	96	64	41.5	47	72			
200	—	—	197.7	202.3										135.5	120	105	110.5	90.5	128	116	84	61.5	67	92			
220	—	—	217.7	222.3											140	125	128	110.5	135	123	104	81.5	74	99	55.5	83	
240	—	—	237.7	242.3											147	132	135	117.5	155	143	111	88.5	94	119	75.5	103	
260	—	—	257.4	262.6											167	152	157.5	137.5	175	163	131	108.5	114	139	95.5	123	77	107
280	—	—	277.4	282.6													177.5	157.5	195	183	151	128.5	134	159	115.5	143	97	127

（续）

螺纹规格 d 公称	l 产品等级 A min	A max	B min	B max	M12 l_s min	M12 l_g max	M16 l_s min	M16 l_g max	M20 l_s min	M20 l_g max	M24 l_s min	M24 l_g max	M30 l_s min	M30 l_g max	M36 l_s min	M36 l_g max	M42 l_s min	M42 l_g max	M48 l_s min	M48 l_g max	M56 l_s min	M56 l_g max	M64 l_s min	M64 l_g max
300	—	—	297.4	302.6									197.5	215	183	203	168.5	191	154	179	135.5	163	117	147
320	—	—	317.15	322.85											203	223	188.5	211	174	199	155.5	183	137	167
340	—	—	337.15	342.85											223	243	208.5	231	194	219	175.5	203	157	187
360	—	—	357.15	362.85											243	263	228.5	251	214	239	195.5	223	177	207
380	—	—	377.15	382.85													248.5	271	234	259	215.5	243	197	227
400	—	—	397.15	402.85													268.5	291	254	279	235.5	263	217	247
420	—	—	416.85	423.15													288.5	311	274	299	255.5	283	237	267
440	—	—	436.85	443.15													308.5	331	294	319	275.5	303	257	287
460	—	—	456.85	463.15															314	339	295.5	323	277	307
480	—	—	476.85	483.15															334	359	315.5	343	297	327
500	—	—	496.85	503.15																	335.5	363	317	347

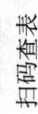

扫码查表

注：1. 商品长度规格由 l_s 和 l_g 确定。
2. 阶梯虚线以上的为 A 级产品，以下的为 B 级产品。
3. 本表剩余部分可扫码查表。
①~⑤ 见数字化表。
⑥ $l_{gmax} = l_{公称} - b$，$l_{smin} = l_{gmax} - 5P$。

2）六角头螺栓非优选系列的尺寸如表7-2所示。

表7-2 六角头螺栓非优选系列的尺寸（GB/T 5782—2016）（单位：mm）

螺纹规格 d				M3.5		M14		M18		M22		M27	
l				l_s 和 l_g [⑥]									
产品等级													
公称	A		B		l_s	l_g	l_s	l_g	l_s	l_g	l_s	l_g	l_s	l_g
	min	max	min	max	min	max	min	max	min	max	min	max	min	max
20	19.58	20.42	—	—	4	7								
25	24.58	25.42	—	—	9	12								
30	29.58	30.42	—	—	14	17								
35	34.5	35.5	—	—	19	22	阶梯实线以上的规格推荐采用 GB/T 5783							
40	39.5	40.5	38.75	41.25										
45	44.5	45.5	43.75	46.25										
50	49.5	50.5	48.75	51.25										
55	54.4	55.6	53.5	56.5										
60	59.4	60.6	58.5	61.5			16	26						
65	64.4	65.6	63.5	66.5			21	31						
70	69.4	70.6	68.5	71.5			26	36	15.5	28				
80	79.4	80.6	78.5	81.5			36	46	25.5	38				
90	89.3	90.7	88.25	91.75			46	56	35.5	48	27.5	40		
100	99.3	100.7	98.25	101.75			56	66	45.5	58	37.5	50	25	40
110	109.3	110.7	108.25	111.75			66	76	55.5	68	47.5	60	35	50
120	119.3	120.7	118.25	121.75			76	86	65.5	78	57.5	70	45	60
130	129.2	130.8	128	132			80	90	69.5	82	61.5	74	49	64
140	139.2	140.8	138	142			90	100	79.5	92	71.5	84	59	74
150	149.2	150.8	148	152					89.5	102	81.5	94	69	84
160	—	—	158	162					99.5	112	91.5	104	79	94
180	—	—	178	182					119.5	132	111.5	124	99	114
200	—	—	197.7	202.3							131.5	144	119	134
220	—	—	217.7	222.3							138.5	151	126	141
240	—	—	237.7	242.3									146	161
260	—	—	257.4	262.6									166	181

（续）

螺纹规格 d				M33		M39		M45		M52		M60	
l				l_s 和 l_g [6]									
	产品等级												
公称	A		B		l_s		l_g		l_s		l_g		
	min	max	min	max	min	max	min	max	min	max	min	max	
					l_s	l_g	l_s	l_g	l_s	l_g	l_s	l_g	l_s	l_g

公称	A min	A max	B min	B max	M33 l_s min	M33 l_g max	M39 l_s min	M39 l_g max	M45 l_s min	M45 l_g max	M52 l_s min	M52 l_g max	M60 l_s min	M60 l_g max
130	129.2	130.8	128	132	34.5	52								
140	139.2	140.8	138	142	44.5	62			阶梯实线以上的规格推荐采用 GB/T 5783						
150	149.2	150.8	148	152	54.5	72	40	60						
160	—	—	158	162	64.5	82	50	70						
180	—	—	178	182	84.5	102	70	90	55.5	78				
200	—	—	197.7	202.3	104.5	122	90	110	75.5	98	59	84		
220	—	—	217.7	222.3	111.5	129	97	117	82.5	105	66	91		
240	—	—	237.7	242.3	131.5	149	117	137	102.5	125	86	111	67.5	95
260	—	—	257.4	262.6	151.5	169	137	157	122.5	145	106	131	87.5	115
280	—	—	277.4	282.6	171.5	189	157	177	142.5	165	126	151	107.5	135
300	—	—	297.4	302.6	191.5	209	177	197	162.5	185	146	171	127.5	155
320	—	—	317.15	322.85	211.5	229	197	217	182.5	205	166	191	147.5	175
340	—	—	337.15	342.85			217	237	202.5	225	186	211	167.5	195
360	—	—	357.15	362.85			237	257	222.5	245	206	231	187.5	215
380	—	—	377.15	382.85			257	277	242.5	265	226	251	207.5	235
400	—	—	397.15	402.85					262.5	285	246	271	227.5	255
420	—	—	416.85	423.15					282.5	305	266	291	247.5	275
440	—	—	436.85	443.15					302.5	325	286	311	267.5	295
460	—	—	456.85	463.15							306	331	287.5	315
480	—	—	476.85	483.15							326	351	307.5	335
500	—	—	496.85	503.15									327.5	355

注：1. 商品长度规格由 l_s 和 l_g 确定。
  2. 阶梯虚线以上的为 A 级产品；以下的为 B 级产品。
  3. 本表剩余部分可扫码查表。
① ~ ⑤ 见数字化表。
⑥ $l_{g\max} = l_{公称} - b$；$l_{s\min} = l_{g\max} - 5P$。

扫码查表

7.1.2 C级六角头螺栓

1. C级六角头螺栓的形式（图7-2）

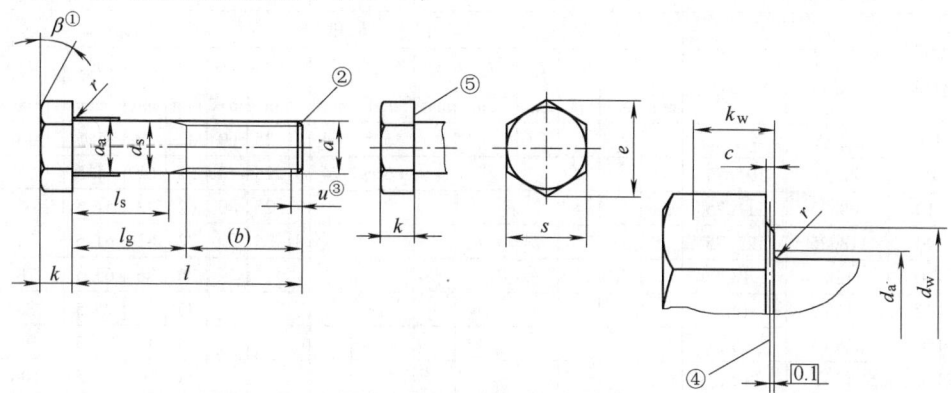

图7-2 六角头螺栓（C级）

① $\beta=15°\sim30°$。
② 无特殊要求的末端。
③ 不完整螺纹 $u\leqslant2P$。
④ d_w的仲裁基准。
⑤ 允许的垫圈面形式。

2. C级六角头螺栓的基本尺寸

1）C级六角头螺栓优选系列的尺寸如表7-3所示。
2）C级六角头螺栓非优选系列的尺寸如表7-4所示。

表7-3 C级六角头螺栓优选系列的尺寸（GB/T 5780—2016）（单位：mm）

螺纹规格 d			M5		M6		M8		M10		M12		M16		M20	
l			l_s 和 l_g⑥													
公称	min	max	l_s min	l_g max	l_s min	l_g max	l_s min	l_g max	l_s min	l_g max	l_s min	l_g max	l_s min	l_g max	l_s min	l_g max
25	23.95	26.05	5	9												
30	28.95	31.05	10	14	7	12	阶梯实线以上的规格推荐采用 GB/T 5781									
35	33.75	36.25	15	19	12	17										
40	38.75	41.25	20	24	17	22	11.75	18								
45	43.75	46.25	25	29	22	27	16.75	23	11.5	19						
50	48.75	51.25	30	34	27	32	21.75	28	16.5	24						
55	53.5	56.5			32	37	26.75	33	21.5	29	16.25	25				
60	58.5	61.5			37	42	31.75	38	26.5	34	21.25	30				
65	63.5	66.5					36.75	43	31.5	39	26.25	35	17	27		
70	68.5	71.5					41.75	48	36.5	44	31.25	40	22	32		
80	78.5	81.5					51.75	58	46.5	54	41.25	50	32	42	21.5	34

（续）

螺纹规格 d			M5		M6		M8		M10		M12		M16		M20	
l			\multicolumn{14}{c}{l_s 和 l_g[6]}
公称	min	max	l_s min	l_g max	l_s min	l_g max	l_s min	l_g max	l_s min	l_g max	l_s min	l_g max	l_s min	l_g max	l_s min	l_g max
90	88.25	91.75							56.5	64	51.25	60	42	52	31.5	44
100	98.25	101.75							66.5	74	61.25	70	52	62	41.5	54
110	108.25	111.75									71.25	80	62	72	51.5	64
120	118.25	121.75									81.25	90	72	82	61.5	74
130	128	132											76	86	65.5	78
140	138	142											86	96	75.5	88
150	148	152											96	106	85.5	98
160	156	164											106	116	95.5	108
180	176	184													115.5	128
200	195.4	204.6													135.5	148
220	215.4	224.6														
240	235.4	244.6														
260	254.8	265.2														
280	274.8	285.2														
300	294.8	305.2														
320	314.3	325.7														
340	334.3	345.7														
360	354.3	365.7														
380	374.3	385.7														
400	394.3	405.7														
420	413.7	426.3														
440	433.7	446.3														
460	453.7	466.3														
480	473.7	486.3														
500	493.7	506.3														

螺纹规格 d			M24		M30		M36		M42		M48		M56		M64	
l			\multicolumn{14}{c}{l_s 和 l_g[6]}
公称	min	max	l_s min	l_g max	l_s min	l_g max	l_s min	l_g max	l_s min	l_g max	l_s min	l_g max	l_s min	l_g max	l_s min	l_g max
25	23.95	26.05														
30	28.95	31.05			\multicolumn{12}{l}{阶梯实线以上的规格推荐采用 GB/T 5781}
35	33.75	36.25														
40	38.75	41.25														
45	43.75	46.25														
50	48.75	51.25														
55	53.5	56.5														
60	58.5	61.5														

(续)

螺纹规格 d			M24		M30		M36		M42		M48		M56		M64	
l			l_s 和 l_g [⑥]													
公称	min	max	l_s min	l_g max	l_s min	l_g max	l_s min	l_g max	l_s min	l_g max	l_s min	l_g max	l_s min	l_g max	l_s min	l_g max
65	63.5	66.5														
70	68.5	71.5														
80	78.5	81.5														
90	88.25	91.75														
100	98.25	101.75	31	46												
110	108.25	111.75	41	56												
120	118.25	121.75	51	66	36.5	54										
130	128	132	55	70	40.5	58										
140	138	142	65	80	50.5	68	36	56								
150	148	152	75	90	60.5	78	46	66								
160	156	164	85	100	70.5	88	56	76								
180	176	184	105	120	90.5	108	76	96	61.5	84						
200	195.4	204.6	125	140	110.5	128	96	116	81.5	104	67	92				
220	215.4	224.6	132	147	117.5	135	103	123	88.5	111	74	99				
240	235.4	244.6	152	167	137.5	155	123	143	108.5	131	94	119	75.5	103		
260	254.8	265.2			157.5	175	143	163	128.5	151	114	139	95.5	123	77	107
280	274.8	285.2			177.5	195	163	183	148.5	171	134	159	115.5	143	97	127
300	294.8	305.2			197.5	215	183	203	168.5	191	154	179	135.5	163	117	147
320	314.3	325.7					203	223	188.5	211	174	199	155.5	183	137	167
340	334.3	345.7					223	243	208.5	231	194	219	175.5	203	157	187
360	354.3	365.7					243	263	228.5	251	214	239	195.5	223	177	207
380	374.3	385.7							248.5	271	234	259	215.5	243	197	227
400	394.3	405.7							268.5	291	254	279	235.5	263	217	247
420	413.7	426.3							288.5	311	274	299	255.5	283	237	267
440	433.7	446.3									294	319	275.5	303	257	287
460	453.7	466.3									314	339	295.5	323	277	307
480	473.7	486.3									334	359	315.5	343	297	327
500	493.7	506.3											335.5	363	317	347

注：1. 商品长度规格由 l_s 和 l_g 确定。
   2. 本表剩余部分可扫码查表。

① ~ ⑤ 见数字化表。

⑥ $l_{g max} = l_{公称} - b$；$l_{s min} = l_{g max} - 5P$。

扫码查表

表 7-4 C级六角头螺栓非优选系列的尺寸（GB/T 5780—2016）　（单位：mm）

螺纹规格 d		M14		M18		M22		M27		M33		M39		M45		M52		M60	
l		l_s min	l_g max	l_s min	l_g max	l_s min	l_g max	l_s min	l_g max	l_s min	l_g max	l_s min	l_g max	l_s min	l_g max	l_s min	l_g max	l_s min	l_g max
公称	min	max																	
60	58.5	61.5	16	26															
65	63.5	66.5	21	31															
70	68.5	71.5	26	36															
80	78.5	81.5	36	46	25.5	38													
90	88.25	91.75	46	56	35.5	48	27.5	40											
100	98.25	101.75	56	66	45.5	58	37.5	50											
110	108.25	111.75	66	76	55.5	68	47.5	60	35	50									
120	118.25	121.75	76	86	65.5	78	57.5	70	45	60									
130	128	132	80	90	69.5	82	61.5	74	49	64	34.5	52							
140	138	142	90	100	79.5	92	71.5	84	59	74	44.5	62							
150	148	152			89.5	102	81.5	94	69	84	54.5	72	40	60					
160	156	164			99.5	112	91.5	104	79	94	64.5	82	50	70					
180	176	184			119.5	132	111.5	124	99	114	84.5	102	70	90	55.5	78			
200	195.4	204.6					131.5	144	119	134	104.5	122	90	110	75.5	98	59	84	
220	215.4	224.6					138.5	151	126	141	111.5	129	97	117	82.5	105	66	91	
240	235.4	244.6							146	161	131.5	149	117	137	102.5	125	86	111	67.5	95
260	254.8	265.2							166	181	151.5	167	137	157	122.5	145	106	131	87.5	115
280	274.8	285.2									171.5	189	157	177	142.5	165	126	151	107.5	135
300	294.8	305.2									191.5	209	177	197	162.5	185	146	171	127.5	155
320	314.3	325.7									211.5	229	197	217	182.5	205	166	191	147.5	175
340	334.3	345.7											217	237	202.5	225	186	211	167.5	195
360	354.3	365.7											237	257	222.5	245	206	231	187.5	215
380	374.3	385.7											257	277	242.5	265	226	251	207.5	235
400	394.3	405.7											277	297	262.5	285	246	271	227.5	255
420	413.7	426.3													282.5	305	266	291	247.5	275
440	433.7	446.3													302.5	325	286	311	267.5	295
460	453.7	466.3															306	331	287.5	315
480	473.7	486.3															326	351	307.5	335
500	493.7	506.3															346	371	327.5	355

注：1. 商品长度规格由 l_s 和 l_g 确定。
2. 本表剩余部分扫码查表。
① ~ ⑤ 见数字化表。
⑥ $l_{gmax} = l_{公称} - b$；$l_{smin} = l_{gmax} - 5P$。

阶梯实线以上的规格推荐采用 GB/T 5781

扫码查表

7.1.3 六角头全螺纹螺栓

1. 六角头全螺纹螺栓的形式（图7-3）

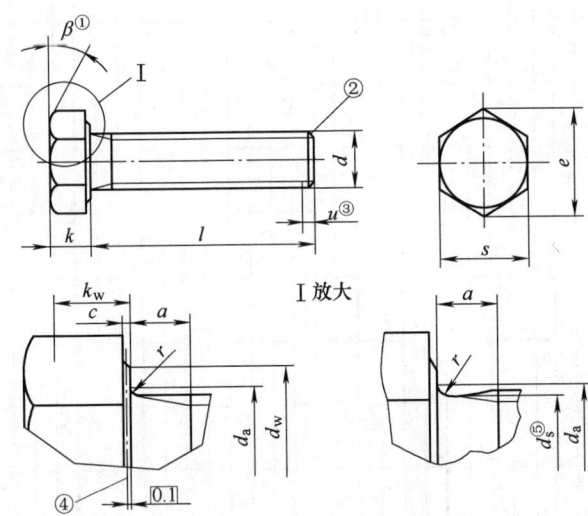

图7-3 六角头全螺纹螺栓

① $\beta = 15° \sim 30°$。
② 末端应倒角，对螺纹规格≤M4可为辗制末端（GB/T 2）。
③ 不完整螺纹 $u \leq 2P$。
④ d_w 的仲裁基准。
⑤ d_s = 螺纹中径。

2. 六角头全螺纹螺栓的基本尺寸

1）六角头全螺纹螺栓优选系列的尺寸如表7-5所示。
2）六角头全螺纹螺栓非优选系列的尺寸如表7-6所示。

表 7-5 六角头全螺纹螺栓优选系列的尺寸（GB/T 5783—2016） （单位：mm）

螺纹规格 d		M1.6	M2	M2.5	M3	M4	M5	M6	M8	M10	M12	M16	M20	M24	M30	M36	M42	M48	M56	M64
公称 l	产品等级																			
	A min	A max	B min	B max																

公称 l	A min	A max	B min	B max
2	1.8	2.2	—	—
3	2.8	3.2	—	—
4	3.76	4.24	—	—
5	4.76	5.24	—	—
6	5.76	6.24	—	—
8	7.71	8.29	—	—
10	9.71	10.29	—	—
12	11.65	12.35	—	—
16	15.65	16.35	—	—
20	19.58	20.42	18.95	21.05
25	24.58	25.42	23.95	26.05
30	29.58	30.42	28.95	31.05
35	34.5	35.5	33.75	36.25
40	39.5	40.5	38.75	41.25
45	44.5	45.5	43.75	46.25
50	49.5	50.5	48.75	51.25
55	54.4	55.6	53.5	56.5
60	59.4	60.6	58.5	61.5
65	64.4	65.6	63.5	66.5
70	69.4	70.6	68.5	71.5
80	79.4	80.6	78.5	81.5
90	89.3	90.7	88.25	91.75
100	99.3	100.7	98.25	101.75
110	109.3	110.7	108.25	111.75
120	119.3	120.7	118.25	121.75
130	129.2	130.8	128	132
140	139.2	140.8	138	142
150	149.2	150.8	148	152
160	—	—	158	162
180	—	—	178	182
200	—	—	197.7	202.3

扫码查表

注：1. 阶梯实线间为商品长度规格范围。
2. 阶梯虚线以上的为 A 级产品；以下的为 B 级产品。
3. 本表剩余部分可扫码查表。

①~③ 见数字化表。

表 7-6 六角头全螺纹螺栓非优选系列的尺寸（GB/T 5783—2016） (单位：mm)

螺纹规格 d					M3.5	M14	M18	M22	M27	M33	M39	M45	M52	M60
l 公称	产品等级													
	A		B											
	min	max	min	max										
8	7.71	8.29	—	—										
10	9.71	10.29	—	—										
12	11.65	12.35	—	—										
16	15.65	16.35	—	—										
20	19.58	20.42	—	—										
25	24.58	25.42	—	—										
30	29.58	30.42	—	—										
35	34.5	35.5	—	—										
40	39.5	40.5	38.75	41.25										
45	44.5	45.5	43.75	46.25										
50	49.5	50.5	48.75	51.25										
55	54.4	55.6	53.5	56.5										
60	59.4	60.6	58.5	61.5										
65	64.4	65.6	63.5	66.5										
70	69.4	70.6	68.5	71.5										
80	79.4	80.6	78.5	81.5										
90	89.3	90.7	88.25	91.75										
100	99.3	100.7	98.25	101.75										
110	109.3	110.7	108.25	111.75										
120	119.3	120.7	118.25	121.75										
130	129.2	130.8	128	132										
140	139.2	140.8	138	142										
150	149.2	150.8	148	152										
160	—	—	158	162										
180	—	—	178	182										
200	—	—	197.7	202.3										

扫码查表

注：1. 阶梯实线间为商品长度规格范围。
2. 阶梯虚线以上的为 A 级产品；以下的为 B 级产品。
3. 本表剩余部分可扫码查表。

①~③ 见数字化表。

7.1.4 C级六角头全螺纹螺栓

1. C级六角头全螺纹螺栓的形式（图7-4）

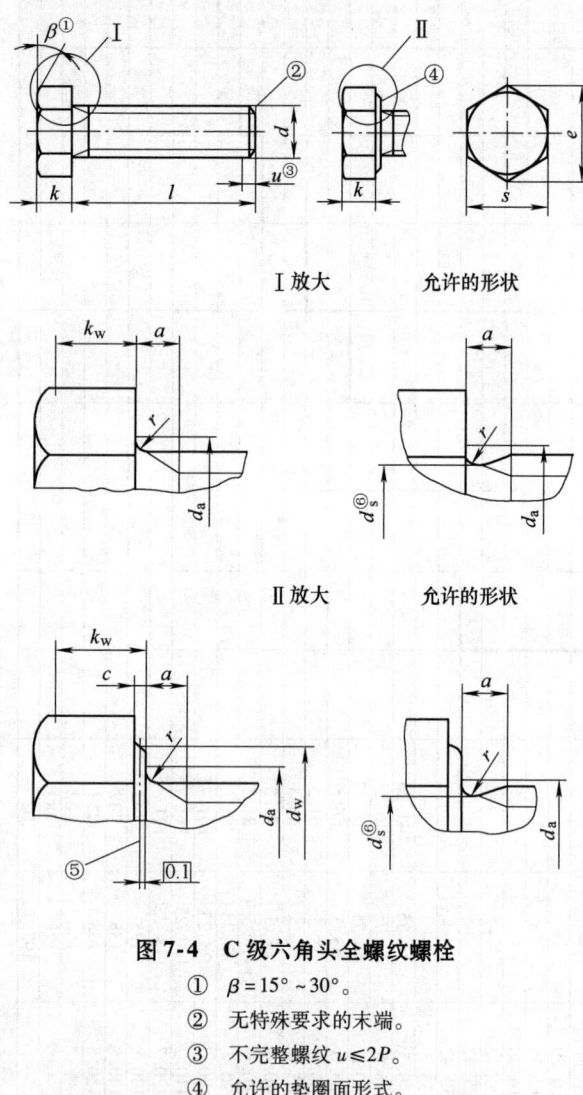

图7-4　C级六角头全螺纹螺栓

① $\beta=15°\sim30°$。
② 无特殊要求的末端。
③ 不完整螺纹 $u\leqslant 2P$。
④ 允许的垫圈面形式。
⑤ d_w 的仲裁基准。
⑥ $d_s\approx$ 螺纹中径。

2. C级六角头全螺纹螺栓的尺寸

1) C级六角头全螺纹螺栓优选系列的尺寸如表7-7所示。

表7-7 C级六角头全螺纹螺栓优选系列的尺寸（GB/T 5781—2016） （单位：mm）

螺纹规格 d		M5	M6	M8	M10	M12	M16	M20	M24	M30	M36	M42	M43	M56	M64
$l^{③}$	max	10.75													
	min	9.25													
公称															
10		9.25													
12		11.1													
16		15.1													
20		18.95													
25		23.95													
30		28.95													
35		33.75													
40		38.75													
45		43.75													
50		48.75													
55		53.5													
60		58.5													
65		63.5													
70		68.5													
80		78.5													
90		88.25													
100		98.25													
110		108.25													
120		118.25													
130		128													
140		138													
150		148													

（注：max列数值依次为 10.75, 12.9, 16.9, 21.05, 26.05, 31.05, 36.25, 41.25, 46.25, 51.25, 56.5, 61.5, 66.5, 71.5, 81.5, 91.75, 101.75, 111.75, 121.75, 132, 142, 152）

(续)

螺纹规格 d		M5	M6	M8	M10	M12	M16	M20	M24	M30	M36	M42	M48	M56	M64
公称 l[③]	min														
	max														
160	156	164													
180	176	184													
200	195.4	204.6													
220	215.4	224.6													
240	235.4	244.6													
260	254.8	265.2													
280	274.8	285.2													
300	294.8	305.2													
320	314.3	325.7													
340	334.3	345.7													
360	354.3	365.7													
380	374.3	385.7													
400	394.3	405.7													
420	413.7	426.3													
440	433.7	446.3													
460	453.7	466.3													
480	473.7	486.3													
500	493.7	506.3													

注：本表剩余部分可扫码查表。
①~② 见数字化表。
③ 阶梯实线间为商品长度规格范围。

扫码查表

2）C级六角头全螺纹螺栓非优选系列的尺寸如表7-8所示。

表7-8　C级六角头全螺纹螺栓非优选系列的尺寸（GB/T 5781—2016）

扫码查表

7.1.5　六角头细牙全螺纹螺栓

1. 六角头细牙全螺纹螺栓的形式（图7-5）

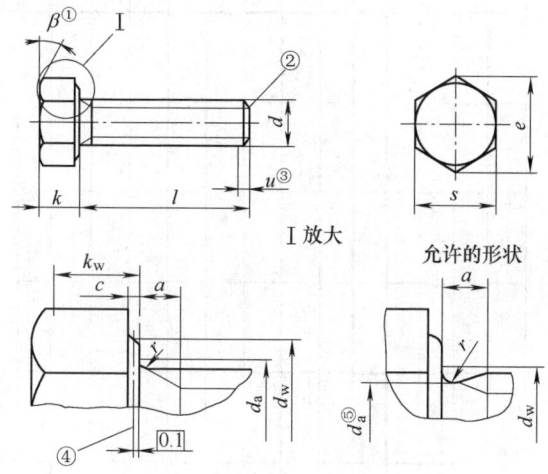

图7-5　六角头细牙全螺纹螺栓

① $\beta = 15° \sim 30°$。
② 末端应倒角（GB/T 2）。
③ 不完整螺纹 $u \leqslant 2P$。
④ d_w 的仲裁基准。
⑤ $d_a \approx$ 螺纹中径。

2. 六角头细牙全螺纹螺栓的尺寸

1）六角头细牙全螺纹螺栓优选系列的尺寸如表7-9所示。
2）六角头细牙全螺纹螺栓非优选系列的尺寸如表7-10所示。

表7-9 六角头细牙全螺纹螺栓优选系列的尺寸（GB/T 5786—2016）　（单位：mm）

螺纹规格 $d\times P$				M8×1	M10×1	M12×1.5	M16×1.5	M20×1.5	M24×2	M30×2	M36×3	M42×3	M48×3	M56×4	M64×4
l[②] 公称	产品等级 A		产品等级 B												
	min	max	min	max											
16	15.65	16.35	—	—											
20	19.58	20.42	—	—											
25	24.58	25.42	—	—											
30	29.58	30.42	—	—											
35	34.5	35.5	—	—											
40	39.5	40.5	38.75	41.25											
45	44.5	45.5	43.75	46.25											
50	49.5	50.5	48.75	51.25											
55	54.4	55.6	53.5	56.5											
60	59.4	60.6	58.5	61.5											
65	64.4	65.6	63.5	66.5											
70	69.4	70.6	68.5	71.5											
80	79.4	80.6	78.5	81.5											
90	89.3	90.7	88.25	91.75											
100	99.3	100.7	98.25	101.75											
110	109.3	110.7	108.25	111.75											
120	119.3	120.7	118.25	121.75											
130	129.2	130.8	128	132											
140	139.2	140.8	138	142											

150	160	180	200	220	240	260	280	300	320	340	360	380	400	420	440	460	480	500
149.2	—	—	—	—	—	—	—	—	—	—	—	—	—	—	—	—	—	—
150.8	—	—	—	—	—	—	—	—	—	—	—	—	—	—	—	—	—	—
148	158	178	197.7	217.7	237.7	257.4	277.4	297.4	317.15	337.15	357.15	377.15	397.15	416.85	436.85	456.85	476.85	496.85
152	162	182	202.3	222.3	242.3	262.6	282.6	302.6	322.85	342.85	362.85	382.85	402.85	423.15	443.15	463.15	483.15	503.15

注：本表剩余部分可扫码查表。
① 见数字化表。
② 阶梯实线间为商品长度规格范围。阶梯虚线以上的为 A 级产品，以下的为 B 级产品。

扫码查表

表 7-10 六角头细牙全螺纹螺栓非优选系列的尺寸（GB/T 5786—2016） （单位：mm）

螺纹规格 $d\times P$		M10×1.25	M12×1.25	M14×1.5	M18×1.5	M20×2	M22×1.5	M27×1.5	M33×2	M39×3	M45×3	M52×4	M60×4

公称 l	产品等级 A		产品等级 B	
	min	max	min	max
20	19.58	20.42	—	—
25	24.58	25.42	—	—
30	29.58	30.42	—	—
35	34.5	35.5	—	—
40	39.5	40.5	—	—
45	44.5	45.5	—	—
50	49.5	50.5	—	—
55	54.4	55.6	53.5	56.5
60	59.4	60.6	58.5	61.5
65	64.4	65.6	63.5	66.5
70	69.4	70.6	68.5	71.5
80	79.4	80.6	78.5	81.5
90	89.3	90.7	88.25	91.75
100	99.3	100.7	98.25	101.75
110	109.3	110.7	108.25	111.75
120	119.3	120.7	118.25	121.75
130	129.2	130.8	128	132
140	139.2	140.8	138	142
150	149.2	150.8	148	152
160	—	—	158	162

第7章 紧固件

180	—	—		
200	—	—	178	182
220	—	—	197.7	202.3
240	—	—	217.7	222.3
260	—	—	237.7	242.3
280	—	—	257.4	262.6
300	—	—	277.4	282.6
320	—	—	297.4	302.6
340	—	—	317.15	322.85
360	—	—	337.15	342.85
380	—	—	357.15	362.85
400	—	—	377.15	382.85
420	—	—	397.15	402.85
440	—	—	416.85	423.15
460	—	—	436.85	443.15
480	—	—	456.85	463.15
500	—	—	476.85	483.15
	—	—	496.85	503.15

注：本表剩余部分可扫码查表。
① 见数字化表。
② 阶梯实线间为商品长度规格范围。阶梯虚线以上的为 A 级产品，以下的为 B 级产品。

扫码查表

7.1.6 B级六角头细杆螺栓

1. B级六角头细杆螺栓的形式（图7-6）

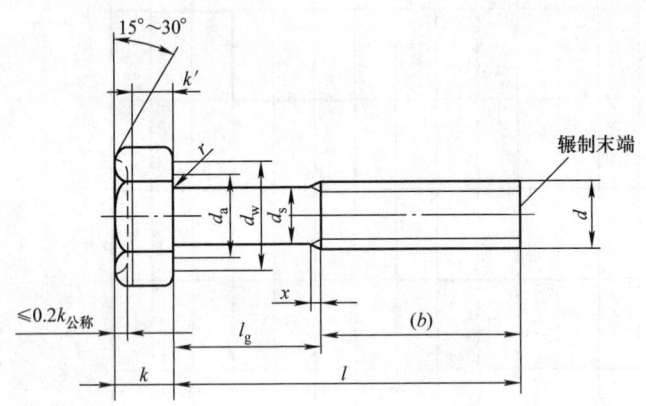

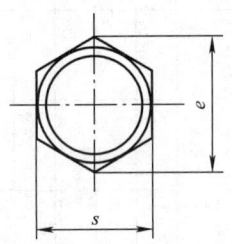

图 7-6　B级六角头细杆螺栓

注：1. 末端按 GB/T 2 规定。

2. $d_s \approx$ 螺纹中径。

3. $l_{g\,max} = l_{公称} - b_{参考}$，$l_{g\,min} = l_{g\,max} - 2P$（$P$ 为螺距）。

2. B级六角头细杆螺栓的尺寸（表7-11）

表 7-11　B级六角头细杆螺栓的尺寸（GB/T 5784—1986）

扫码查表

7.1.7 B级六角法兰面螺栓（加大系列）

1. B级六角法兰面螺栓（加大系列）的形式（图7-7）

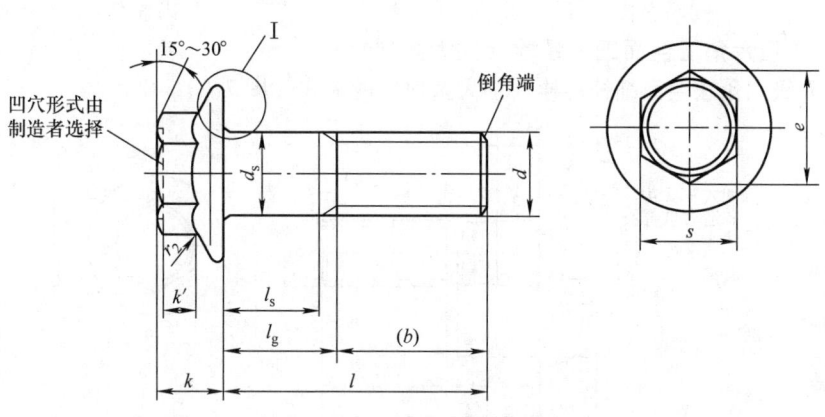

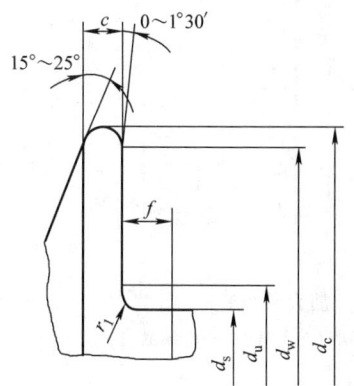

Ⅰ放大(A型)

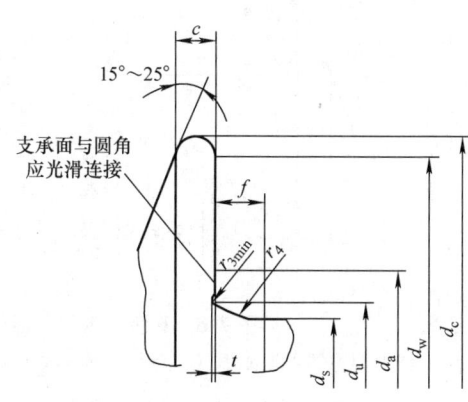

Ⅰ放大(B型)

图7-7 B级六角法兰面螺栓（加大系列）

注：末端按 GB/T 2—1985 的规定；$l_{gmax} = l_{公称} - b_{参考}$，$l_{smin} = l_{gmax} - 5P$（$P$ 为螺距）。

2. B级六角法兰面螺栓（加大系列）的头部尺寸（表7-12）

3. B 级六角法兰面螺栓（加大系列）的规格（表 7-13）

表 7-12　B 级六角法兰面螺栓（加大系列）的头部尺寸（GB/T 5789—1986）

扫码查表

表 7-13　B 级六角法兰面螺栓（加大系列）的规格（GB/T 5789—1986）

扫码查表

7.1.8　B 级六角法兰面细杆螺栓（加大系列）

1. B 级六角法兰面细杆螺栓（加大系列）的形式（图 7-8）

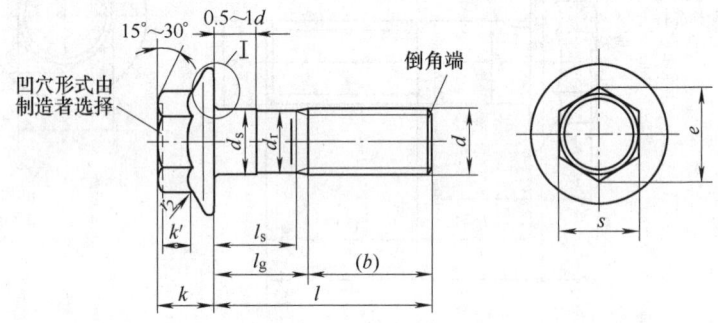

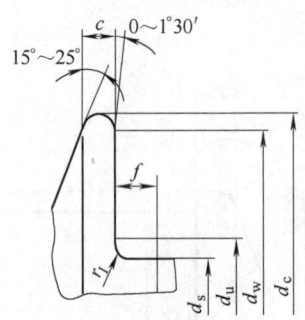

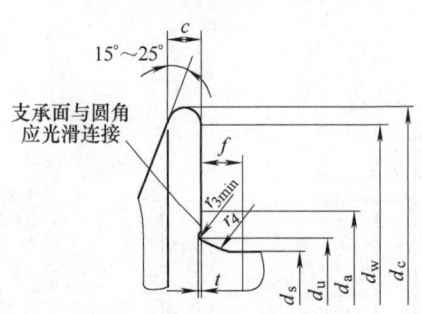

图 7-8　B 级六角法兰面细杆螺栓（加大系列）

注：末端按 GB/T 2 的规定；$l_{gmax} = l_{公称} - b_{参考}$；$l_{smin} = l_{gmax} - 5P$（$P$ 为螺距）；$d_r \approx$ 螺纹中径。

2. B 级六角法兰面细杆螺栓（加大系列）的尺寸（表 7-14）

表 7-14　B 级六角法兰面细杆螺栓（加大系列）的尺寸（GB/T 5790—1986）

扫码查表

7.1.9 小系列六角法兰面螺栓

1. 小系列六角法兰面螺栓的形式

小系列六角法兰面螺栓有粗杆六角法兰面螺栓（标准型）（见图7-9）、细杆六角法兰面螺栓（R型）（使用要求时）（见图7-10）和头下形状六角法兰面螺栓（支撑面）（图7-11）三种形式。

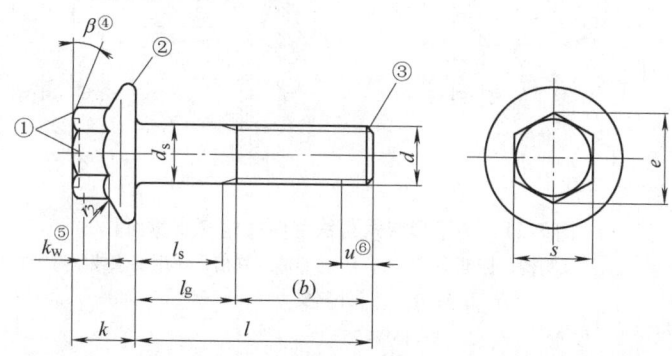

图 7-9　粗杆六角法兰面螺栓（标准型）

① 头部顶面应为平的或凹穴的，由制造者选择，顶面应倒角或倒圆。倒角或倒圆的最小直径应为最大对边宽度减去其数值的15%。如头部顶面倒成凹穴的，其边缘可以道圆。
② 棱边形状可任选。
③ 倒角端按 GB/T 2 的规定。
④ $\beta = 15° \sim 30°$。
⑤ k_w 是板扭高度。
⑥ 不完整螺纹的长度 $u \leq 2P$。

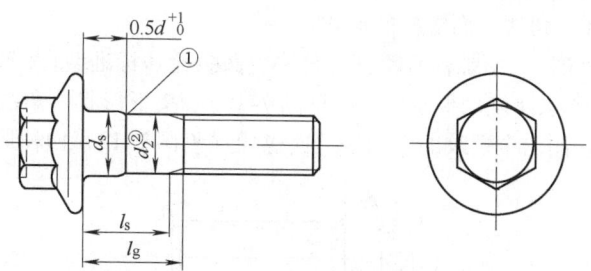

图 7-10　细杆六角法兰面螺栓（R型）（使用要求时）

① 倒圆或倒角或圆锥的。
② $d_2 \approx$ 螺纹中径（辗制螺纹坯径）。

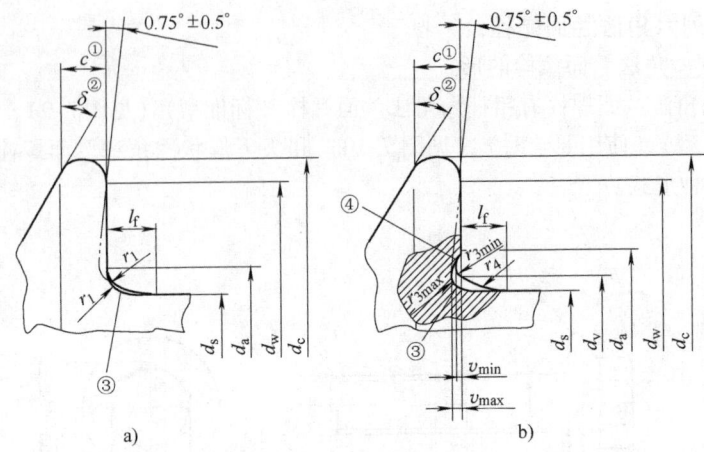

图 7-11　头下形状六角法兰面螺栓（支撑面）

a) F 型（不带沉割槽，标准型）　　b) U 型（带沉割槽，使用要求或制造者选择）

① c 在 $d_{w\,min}$ 处测量。
② $\delta = 15° \sim 25°$。
③ 最大和最小头下倒圆。
④ 支撑面与圆角应光滑连接。

2. 小系列六角法兰面螺栓的尺寸（表 7-15）

表 7-15　小系列六角法兰面螺栓的尺寸（GB/T 16674.1—2016）

扫码查表

7.1.10　小系列细牙六角法兰面螺栓

1. 小系列细牙六角法兰面螺栓的形式

小系列细牙六角法兰面螺栓有粗杆六角法兰面螺栓（标准型）（见图 7-9）、细杆六角法兰面螺栓（R 型）（使用要求时）（见图 7-10）、头下形状六角法兰面螺栓（支撑面）（见图 7-11）、制出全螺纹的六角法兰面螺栓（见图 7-12）四种形式。

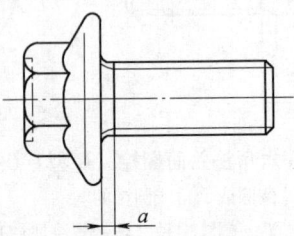

图 7-12　制出全螺纹的六角法兰面螺栓

2. 小系列细牙六角法兰面螺栓的尺寸（表 7-16）

表7-16 小系列细牙六角法兰面螺栓的尺寸（GB/T 16674.2—2016）

（单位：mm）

螺纹规格 $(d \times P^{①})$			M8×1		M10×1 M10×1.25		M12×1.25 M12×1.5		(M14×1.5)[②]		M16×1.5	
$l^{⑦}$			l_s 和 $l_g^{⑧}$									
公称	min	max	l_s min	l_g max	l_s min	l_g max	l_s min	l_g max	l_s min	l_g max	l_s min	l_g max
16	15.65	16.35	—	—								
20	19.58	20.42	—	—								
25	24.58	25.42	—	—	—	—						
30	29.58	30.42	—	—	—	—						
35	34.5	35.5	6.75	13	—	—	—	—				
40	39.5	40.5	11.75	18	6.5	14	—	—				
45	44.5	45.5	16.75	23	11.5	19	6.25	15	—	—	—	—
50	49.5	50.5	21.75	28	16.5	24	11.25	20	6	16	—	—
55	54.4	55.6	26.75	33	21.5	29	16.25	25	11	21	7	17
60	59.4	60.6	31.75	38	26.5	34	21.25	30	16	26	12	22
65	64.4	65.6	36.75	43	31.5	39	26.25	35	21	31	17	27
70	69.4	70.6	41.75	48	36.5	44	31.25	40	26	36	22	32
80	79.4	80.6	51.75	58	46.5	54	41.25	50	36	46	32	42
90	89.3	90.7			56.5	64	51.25	60	46	56	42	52
100	99.3	100.7			66.5	74	61.25	70	56	66	52	62
110	109.3	110.7					71.25	80	66	76	62	72
120	119.3	120.7					81.25	90	76	86	72	82
130	129.2	130.8							80	90	76	86
140	139.2	140.8							90	100	86	96
150	149.2	150.8									96	106
160	159.2	160.8									106	116

注：本表剩余部分可扫码查表。

① P—螺距。
② 尽可能不采用括号内的规格。
③~⑥见数字化表。
⑦ 阶梯虚线以上"—"，即未规定 l_s 和 l_g 尺寸的螺栓，应制出全螺纹。细杆型（R型）仅适用于公称长度在虚线以下的螺栓。
⑧ $l_{gmax} = l_{公称} - b$，$l_{smin} = l_{gmax} - 5P$。

扫码查表

7.1.11 钢结构用高强度大六角头螺栓

1. 钢结构用高强度大六角头螺栓的形式（图7-13）
2. 钢结构用高强度大六角头螺栓头部尺寸（表7-17）
3. 钢结构用高强度大六角头螺栓杆部尺寸（表7-18）

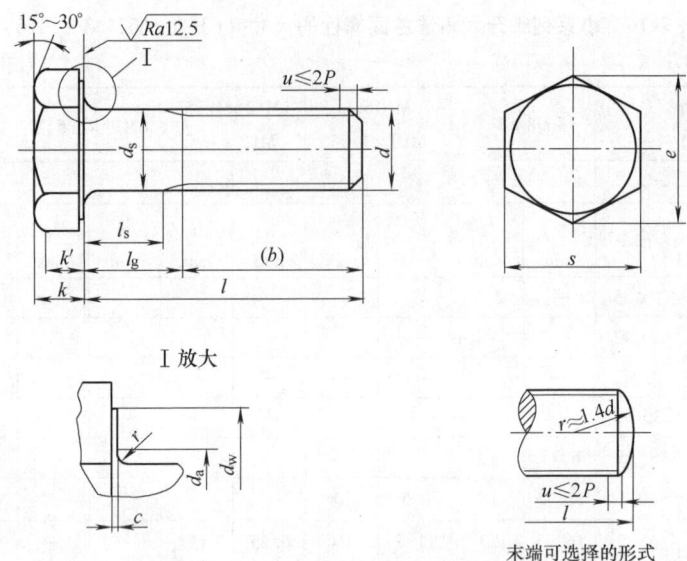

图 7-13　钢结构用高强度大六角头螺栓

表 7-17　钢结构用高强度大六角头螺栓头部尺寸（GB/T 1228—2006）

扫码查表

表 7-18　钢结构用高强度大六角头螺栓杆部尺寸（GB/T 1228—2006）

扫码查表

4. 钢结构用高强度大六角头螺栓螺纹部分尺寸及理论重量（表 7-19）

表 7-19　钢结构用高强度大六角头螺栓螺纹部分尺寸及理论重量（GB/T 1228—2006）

扫码查表

7.1.12　B 级小方头螺栓

1. B 级小方头螺栓的形式（图 7-14）

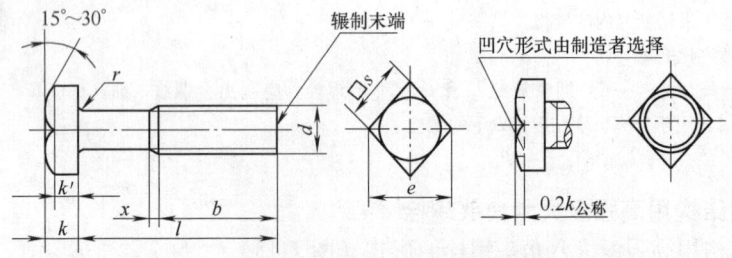

图 7-14　B 级小方头螺栓

注：末端按 GB/T 2 规定，无螺纹部分杆径约等于螺纹中径或等于螺纹大径。

2. B级小方头螺栓的尺寸（表7-20）

表7-20 B级小方头螺栓优选的规格尺寸（GB/T 35—2013）

扫码查表

7.1.13 C级方头螺栓

1. C级方头螺栓的形式（图7-15）
2. C级方头螺栓的尺寸（表7-21）

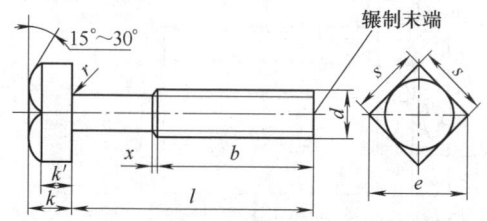

表7-21 C级方头螺栓的尺寸（GB/T 8—1988）

扫码查表

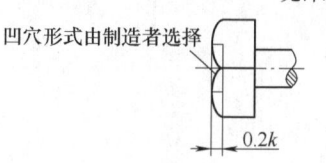
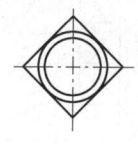

图7-15 C级方头螺栓

注：末端按GB/T 2规定，无螺纹部分杆径等于螺纹中径或等于螺纹大径。

7.1.14 小半圆头低方颈螺栓

1. 小半圆头低方颈螺栓的形式（图7-16）

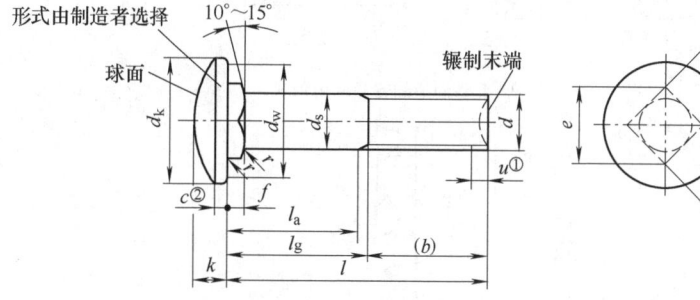

图7-16 小半圆头低方颈螺栓

① 不完整螺纹的长度 $u \leq 2P$（P 为螺距）。
② 尺寸 c 应以直径 d_w 平面为基准进行测量。

2. 小半圆头低方颈螺栓的尺寸（表7-22）

表 7-22 小半圆头低方颈螺栓的尺寸（GB/T 801—1998）

扫码查表

7.1.15 加强半圆头方颈螺栓

1. 加强半圆头方颈螺栓的形式（图 7-17）

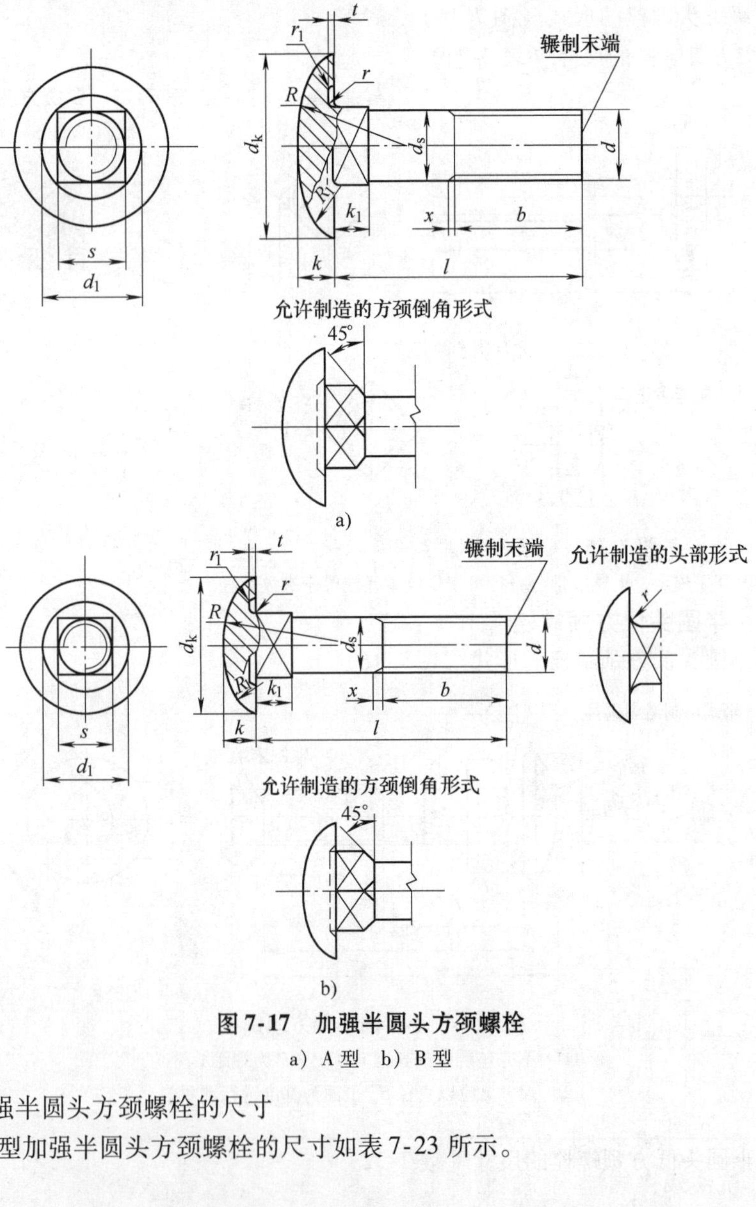

图 7-17 加强半圆头方颈螺栓
a) A 型　b) B 型

2. 加强半圆头方颈螺栓的尺寸

1) A 型加强半圆头方颈螺栓的尺寸如表 7-23 所示。

表 7-23　A 型加强半圆头方颈螺栓的尺寸（GB/T 794—1993）

扫码查表

2）B 型加强半圆头方颈螺栓的尺寸如表 7-24 所示。

表 7-24　B 型加强半圆头方颈螺栓的尺寸（GB/T 794—1993）

扫码查表

7.1.16　沉头方颈螺栓

1. 沉头方颈螺栓的形式（图 7-18）

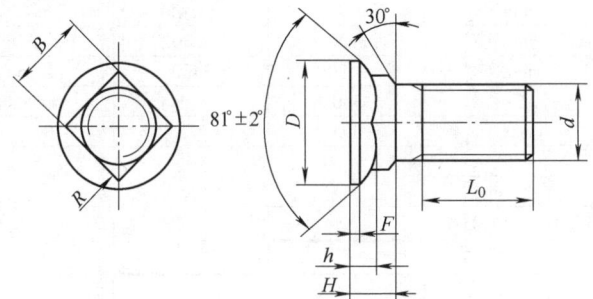

图 7-18　沉头方颈螺栓

2. 沉头方颈螺栓的尺寸（表 7-25）

表 7-25　沉头方颈螺栓的尺寸（GB/T 21934—2008）　　（单位：mm）

规格 d	B		R ≈	D		F max	H		h ≈	L_0 参考
	公称尺寸	偏差		公称尺寸	偏差		max	min		
12	12.7	+0.4 0	2.0	22.2	+0.8 0	1.1	9.4	8.3	6.7	25
16	15.9			27.0		1.3	12.3	11.1	7.8	28
20	19.0			31.0		2.0	14.4	13.2	9.0	30
22	22.2	+0.8 0	2.4	35.7	+0.9 0	3.2	17.2	15.6	11.1	35
24	25.4			40.5		5.0	20.0	18.4	13.8	40
32	31.8			53.5	+1.4 0	8.0	27.0	25.4	17.7	50

7.1.17　沉头双榫螺栓

1. 沉头双榫螺栓的形式（图 7-19）

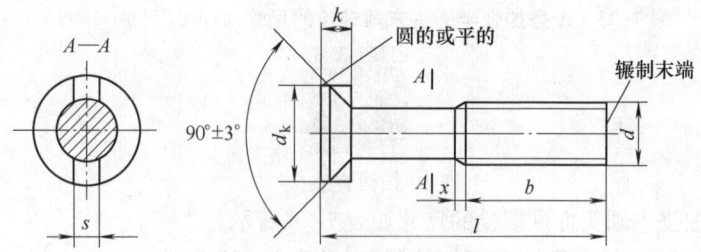

图 7-19 沉头双榫螺栓

注：末端按 GB/T 2 规定，无螺纹部分杆径等于螺纹中径或等于螺纹大径。

2. 沉头双榫螺栓的尺寸（表 7-26）

表 7-26 沉头双榫螺栓的尺寸（GB/T 800—1988） （单位：mm）

螺纹规格 d		M6	M8	M10	M12
b		18	22	26	30
d_k	max	11.05	14.55	17.55	21.65
	min	9.95	13.45	16.45	20.35
s	max	3.20	4.20	5.24	5.24
	min	2.80	3.80	4.76	4.76
k		3.0	4.1	4.5	5.5
x	max	2.5	3.2	3.8	4.2
l 公称	min	max				
25	23.95	26.05				
30	28.95	31.05				
35	33.75	36.25				
40	38.75	41.25				
45	43.75	46.25	通用		
50	48.75	51.25			
(55)	53.5	56.5		规格	
60	58.5	61.5			
(65)	63.5	66.5			范围
70	68.5	71.5			
80	78.5	81.5			

注：尽可能不采用括号内的规格。

7.1.18 活节螺栓

1. 活节螺栓的形式（图 7-20）
2. 活节螺栓的尺寸（表 7-27）

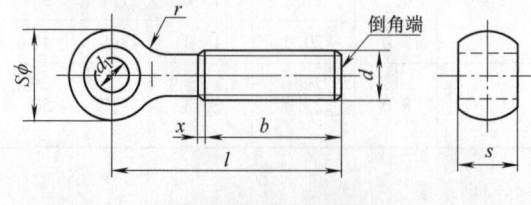

图 7-20 活节螺栓

表 7-27 活节螺栓的尺寸
（GB/T 798—1988）

扫码查表

7.1.19 地脚螺栓

1. 地脚螺栓的形式（图7-21）

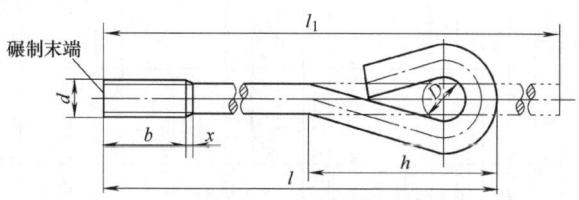

图7-21 地脚螺栓

注：末端按GB/T 2规定，无螺纹部分杆径等于螺纹中径或等于螺纹大径。

2. 地脚螺栓的尺寸（表7-28）

表7-28 地脚螺栓的尺寸（GB/T 799—1988）　　　（单位：mm）

螺纹规格 d		M6	M8	M10	M12	M16	M20	M24	M30	M36	M42	M48
b	max	27	31	36	40	50	58	68	80	94	106	118
	min	24	28	32	36	44	52	60	72	84	96	108
D		10	10	15	20	20	30	30	45	60	60	70
h		41	46	65	82	93	127	139	192	244	261	302
l_1		$l+37$	$l+37$	$l+53$	$l+72$	$l+72$	$l+110$	$l+110$	$l+165$	$l+217$	$l+217$	$l+255$
x	max	2.5	3.2	3.8	4.2	5	6.3	7.5	8.8	10	11.3	12.5

l 公称	min	max	M6	M8	M10	M12	M16	M20	M24	M30	M36	M42	M48
80	72	88											
120	112	128											
160	152	168											
220	212	228					商						
300	292	308						品					
400	392	408							规				
500	488	512								格			
600	618	642									范		
800	788	812									围		
1000	988	912											
1250	1238	1262											
1500	1488	1512											

7.1.20 T型槽用螺栓

1. T型槽用螺栓的形式（图7-22）

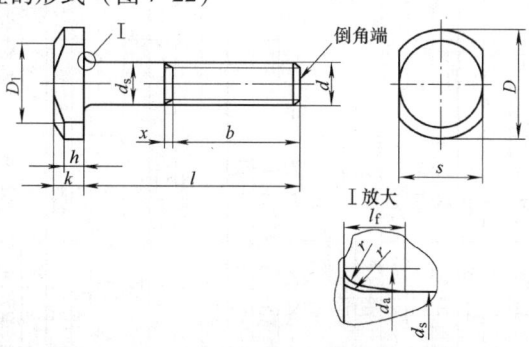

图7-22 T型槽用螺栓

注：$D_1 \approx 0.95S$，末端按GB/T 2的规定。

2. T型槽用螺栓的尺寸（表7-29）

表 7-29 T 型槽用螺栓的尺寸（GB/T 37—1988）　　　　　　　　　　　　　　　　　　　（单位：mm）

螺纹规格 d			M5	M6	M8	M10	M12	M16	M20	M24	M30	M36	M42	M48
公称 l	min	max												
25	23.95	26.05												
30	28.95	31.05												
35	33.75	36.25												
40	38.75	41.25												
45	43.75	46.25												
50	48.75	61.25												
(55)	53.5	56.5												
60	58.5	61.5												
(65)	63.5	66.5												
70	68.5	71.5												
80	78.5	81.5												
90	88.85	91.75												
100	98.25	101.75												
110	108.25	111.75												
120	118.25	121.75												
130	128	132												
140	138	142												
150	148	152												
160	158	162												
180	178	182												
200	197.7	202.3												
220	217.7	222.3												
240	237.7	242.3												
260	257.4	262.6												
280	277.4	282.6												
300	297.4	302.6												

注：尽可能不采用括号内的规格。

扫码查表

7.1.21 土壤工作部件固定螺栓

1. 土壤工作部件固定螺栓的形式

土壤工作部件固定螺栓有圆形沉头方颈螺栓（图 7-23）、椭圆形沉头方颈螺栓（图 7-24）、双楔形沉头螺栓（图 7-25）三种形式。

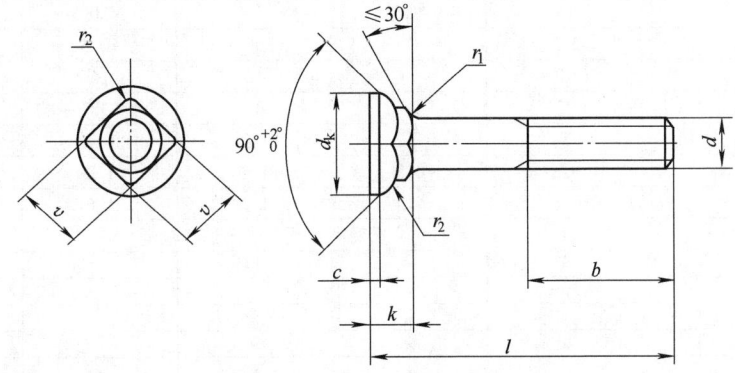

图 7-23　圆形沉头方颈螺栓

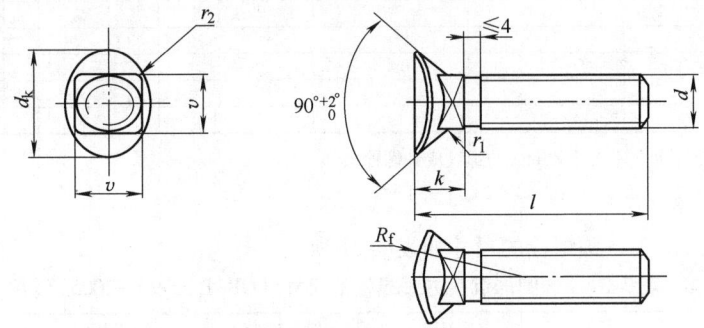

图 7-24　椭圆形沉头方颈螺栓

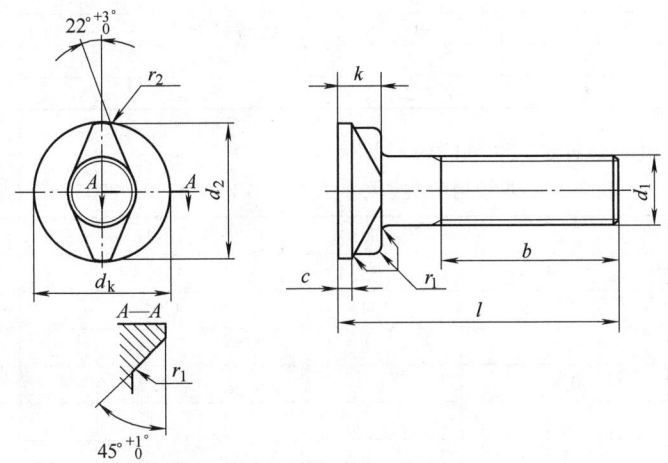

图 7-25　双楔形沉头螺栓

2. 土壤工作部件固定螺栓的尺寸

1) 圆形沉头方颈螺栓的尺寸如表7-30所示。

表7-30 圆形沉头方颈螺栓的尺寸（GB/T 19990—2005）（单位：mm）

螺纹规格 d	M8	M10	M12	M16	M20
d_k(h15)	14	18	21	30	36
k(h14)	5.5	7	8	10.5	13.5
v(h14)	8	10	12	16	20
b①	22	26	30	38	46
c②	1	1.2	1.2	1.4	2.5
r_1 max	0.8	0.8	1.2	1.2	1.6
r_2 max	0.8	1	1.2	1.6	2
l(js17)	公称长度用×表示选择范围				
20	×				
25	×	×			
30	×	×	×		
35	×	×	×		
40		×	×	×	
45		×	×	×	×
50		×	×	×	×
60			×	×	×
70				×	×
80				×	×
90				×	×
100				×	×

① 螺栓公称长度 l 不大于45mm的螺纹应到螺栓头部。
② 参考尺寸。

2) 椭圆形沉头方颈螺栓的尺寸如表7-31所示。

表7-31 椭圆形沉头方颈螺栓的尺寸（GB/T 19990—2005）（单位：mm）

螺纹规格 d	M10	M12	螺纹规格 d	M10	M12
v(h14)	10	12	R_f ±2	16	20
d_k(h15)	19	23		35	35
k(h16)	7.5	9	l(js17)	40	40
r_1 max	1	1.2		45	45
r_2 max	1	1.2			

3) 双楔形沉头螺栓的尺寸如表7-32所示。

表7-32 双楔形沉头螺栓的尺寸（GB/T 19990—2005）（单位：mm）

螺纹规格 d_1	M8	M10	M12	M16
d_2(js13)	13.4	15.4	19.4	27.4
d_k(h14)	14	16	20	28
k(h15)	4.1	4.5	5.5	8.5
r_1 max	0.8	1	1.2	1.6
r_2 max	3	3	3	3
c	1	1.5	1.5	2.5
b①	20	22	26	30

(续)

螺纹规格 d_1	M8	M10	M12	M16
l(js17)		公称长度用×表示选择范围		
25	×	×	×	
30	×	×	×	
35	×	×	×	
40	×	×	×	
45	×	×	×	
50	×	×	×	
55	×	×	×	
60			×	
65				×
70				×
80				×
90				×
100				×

① 螺栓长度 l 不大于30mm的螺纹到头部。

7.2 螺母

7.2.1 C级1型六角螺母

1. C级1型六角螺母的形式（图7-26）

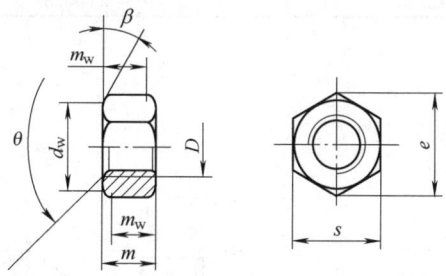

图7-26 C级六角螺母

注：$\beta = 15° \sim 30°$，$\theta = 90° \sim 120°$。

2. C级1型六角螺母的尺寸

1) C级1型六角螺母优选的螺纹规格如表7-33所示。

表7-33 优选的螺纹规格（GB/T 41—2016） （单位：mm）

螺纹规格 D		M5	M6	M8	M10	M12	M16	M20
P①		0.8	1	1.25	1.5	1.75	2	2.5
d_w	min	6.7	8.7	11.5	14.5	16.5	22	27.7
e	min	8.63	10.89	14.20	17.59	19.85	26.17	32.95
m	max	5.6	6.4	7.9	9.5	12.2	15.9	19
	min	4.4	4.9	6.4	8	10.4	14.1	16.9
m_w	min	3.5	3.7	5.1	6.4	8.3	11.3	13.5
s	公称=max	8	10	13	16	18	24	30
	min	7.64	9.64	12.57	15.57	17.57	23.16	29.16

（续）

螺纹规格 D		M24	M30	M36	M42	M48	M56	M64
P[①]		3	3.5	4	4.5	5	5.5	6
d_w	min	33.3	42.8	51.1	60	69.5	78.7	88.2
e	min	39.55	50.85	60.79	71.3	82.6	93.56	104.86
m	max	22.3	26.4	31.9	34.9	38.9	45.9	52.4
	min	20.2	24.3	29.4	32.4	36.4	43.4	49.4
m_w	min	16.2	19.4	23.2	25.9	29.1	34.7	39.5
s	公称 = max	36	46	55	65	75	85	95
	min	35	45	53.8	63.1	73.1	82.8	92.8

① P—螺距。

2）非优选的螺纹规格如表7-34所示。

表7-34　非优选的螺纹规格（GB/T 41—2016）　　　（单位：mm）

螺纹规格 D		M14	M18	M22	M27	M33	M39	M45	M52	M60
P[①]		2	2.5	2.5	3	3.5	4	4.5	5	5.5
d_w	min	19.2	24.9	31.4	38	46.6	55.9	64.7	74.2	83.4
e	min	22.78	29.56	37.29	45.2	55.37	66.44	76.95	88.25	99.21
m	max	13.9	16.9	20.2	24.7	29.5	34.3	36.9	42.9	48.9
	min	12.1	15.1	18.1	22.6	27.4	31.8	34.4	40.4	46.4
m_w	min	9.7	12.1	14.5	18.1	21.9	25.4	27.5	32.3	37.1
s	公称 = max	21	27	34	41	50	60	70	80	90
	min	20.16	26.16	33	40	49	58.8	68.1	78.1	87.8

① P—螺距。

7.2.2　1型六角螺母

1. 1型六角螺母的形式（图7-27）

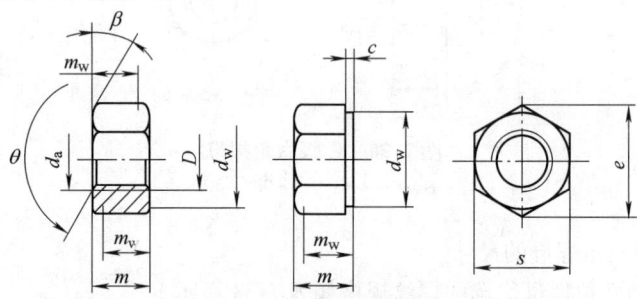

图7-27　1型六角螺母

注：$\beta = 15° \sim 30°$，$\theta = 90° \sim 120°$。

2. 1型六角螺母的尺寸

1）1型六角螺母的优选尺寸如表7-35所示。

表7-35　1型六角螺母的优选尺寸（GB/T 6170—2015）　　　（单位：mm）

螺纹规格 D		M1.6	M2	M2.5	M3	M4	M5	M6	M8	M10	M12
P[①]		0.35	0.4	0.45	0.5	0.7	0.8	1	1.25	1.5	1.75
c	max	0.2	0.2	0.3	0.40	0.40	0.50	0.50	0.60	0.60	0.60
	min	0.1	0.1	0.1	0.15	0.15	0.15	0.15	0.15	0.15	0.15

（续）

螺纹规格 D		M1.6	M2	M2.5	M3	M4	M5	M6	M8	M10	M12
d_a	max	1.84	2.3	2.9	3.45	4.6	5.75	6.75	8.75	10.8	13
	min	1.60	2.0	2.5	3.00	4.0	5.00	6.00	8.00	10.0	12
d_w	min	2.4	3.1	4.1	4.6	5.9	6.9	8.9	11.6	14.6	16.6
e	min	3.41	4.32	5.45	6.01	7.66	8.79	11.05	14.38	17.77	20.03
m	max	1.30	1.60	2.00	2.40	3.2	4.7	5.2	6.80	8.40	10.80
	min	1.05	1.35	1.75	2.15	2.9	4.4	4.9	6.44	8.04	10.37
m_w	min	0.8	1.1	1.4	1.7	2.3	3.5	3.9	5.2	6.4	8.3
s	公称=max	3.20	4.00	5.00	5.50	7.00	8.00	10.00	13.00	16.00	18.00
	min	3.02	3.82	4.82	5.32	6.78	7.78	9.78	12.73	15.73	17.73
螺纹规格 D		M16	M20	M24	M30	M36	M42	M48	M56	M64	
P [1]		2	2.5	3	3.5	4	4.5	5	5.5	6	
c	max	0.8	0.8	0.8	0.8	0.8	1.0	1.0	1.0	1.0	
	min	0.2	0.2	0.2	0.2	0.2	0.3	0.3	0.3	0.3	
d_a	max	17.3	21.6	25.9	32.4	38.9	45.4	51.8	60.5	69.1	
	min	16.0	20.0	24.0	30.0	36.0	42.0	48.0	56.0	64.0	
d_w	min	22.5	27.7	33.3	42.8	51.1	60	69.5	78.7	88.2	
e	min	26.75	32.95	39.55	50.85	60.79	71.3	82.6	93.56	104.86	
m	max	14.8	18.0	21.5	25.6	31.0	34.0	38.0	45.0	51.0	
	min	14.1	16.9	20.2	24.3	29.4	32.4	36.4	43.4	49.1	
m_w	min	11.3	13.5	16.2	19.4	23.5	25.9	29.1	34.7	39.3	
s	公称=max	24.00	30.00	36	46	55.0	65.0	75.0	85.0	95.0	
	min	23.67	29.16	35	45	53.8	63.1	73.1	82.8	92.8	

[1] P—螺距。

2）1 型六角螺母的非优选尺寸如表 7-36 所示。

表 7-36 1 型六角螺母的非优选尺寸（GB/T 6170—2015） （单位：mm）

螺纹规格 D		M3.5	M14	M18	M22	M27	M33	M39	M45	M52	M60
P [1]		0.6	2	2.5	2.5	3	3.5	4	4.5	5	5.5
c	max	0.40	0.60	0.8	0.8	0.8	0.8	1.0	1.0	1.0	1.0
	min	0.15	0.15	0.2	0.2	0.2	0.2	0.3	0.3	0.3	0.3
d_a	max	4.0	15.1	19.5	23.7	29.1	35.6	42.1	48.6	56.2	64.8
	min	3.5	14.0	18.0	22.0	27.0	33.0	39.0	45.0	52.0	60.0
d_w	min	5	19.6	24.9	31.4	38	46.6	55.9	64.7	74.2	83.4
e	min	6.58	23.36	29.56	37.29	45.2	55.37	66.44	76.95	88.25	99.21
m	max	2.80	12.8	15.8	19.4	23.8	28.7	33.4	36.0	42.0	48.0
	min	2.55	12.1	15.1	18.1	22.5	27.4	31.8	34.4	40.4	46.4
m_w	min	2	9.7	12.1	14.5	18	21.9	25.4	27.5	32.3	37.1
s	公称=max	6.00	21.00	27.00	34	41	50	60.0	70.0	80.0	90.0
	min	5.82	20.67	26.16	33	40	49	58.8	68.1	78.1	87.8

[1] P—螺距。

7.2.3　1 型细牙六角螺母

1. 1 型细牙六角螺母的形式（图 7-28）

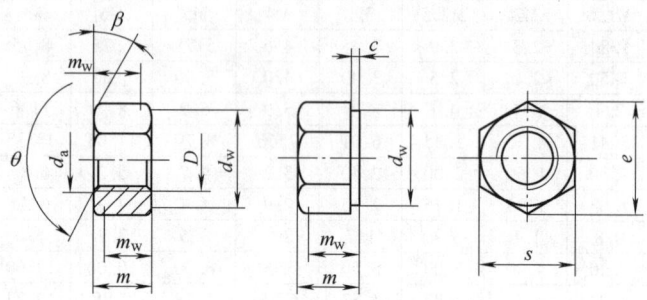

图 7-28　1 型细牙六角螺母

注：$\beta = 15° \sim 30°$；$\theta = 90° \sim 120°$。

2. 1 型细牙六角螺母的尺寸

1）1 型细牙六角螺母的优选尺寸如表 7-37 所示。

表 7-37　1 型细牙六角螺母的优选尺寸（GB/T 6171—2016）（单位：mm）

螺纹规格 $D \times P$		M8×1	M10×1	M12×1.5	M16×1.5	M20×1.5	M24×2
c	max	0.60	0.60	0.60	0.8	0.8	0.8
	min	0.15	0.15	0.15	0.2	0.2	0.2
d_a	max	8.75	10.8	13	17.3	21.6	25.9
	min	8.00	10.0	12	16.0	20.0	24.0
d_w	min	11.63	14.63	16.63	22.49	27.7	33.25
e	min	14.38	17.77	20.03	26.75	32.95	39.55
m	max	6.80	8.40	10.80	14.8	18.0	21.5
	min	6.44	8.04	10.37	14.1	16.9	20.2
m_w	min	5.15	6.43	8.3	11.28	13.52	16.16
s	公称=max	13.00	16.00	18.00	24.00	30.00	36
	min	12.73	15.73	17.73	23.67	29.16	35
螺纹规格 $D \times P$		M30×2	M36×3	M42×3	M48×3	M56×4	M64×4
c	max	0.8	0.8	1.0	1.0	1.0	1.0
	min	0.2	0.2	0.3	0.3	0.3	0.3
d_a	max	32.4	38.9	45.4	51.8	60.5	69.1
	min	30.0	36.0	42.0	48.0	56.0	64.0
d_w	min	42.75	51.11	59.95	69.45	78.66	88.16
e	min	50.85	60.79	71.3	82.6	93.56	104.86
m	max	25.6	31.0	34.0	38.0	45.0	51.0
	min	24.3	29.4	32.4	36.4	43.4	49.1
m_w	min	19.44	23.52	25.92	29.12	34.72	39.28
s	公称=max	46	55.0	65.0	75.0	85.0	95.0
	min	45	53.8	63.1	73.1	82.8	92.8

2）1 型细牙六角螺母的非优选尺寸如表 7-38 所示。

表7-38　1型细牙六角螺母的非优选尺寸（GB/T 6171—2016）　（单位：mm）

螺纹规格 $D \times P$		M10×1.25	M12×1.25	M14×1.5	M18×1.5	M20×2	M22×1.5
c	max	0.60	0.60	0.60	0.8	0.8	0.8
	min	0.15	0.15	0.15	0.2	0.2	0.2
d_a	max	10.8	13	15.1	19.5	21.6	23.7
	min	10.0	12	14.0	18.0	20.0	22.0
d_w	min	14.63	16.63	19.64	24.85	27.7	31.35
e	min	17.77	20.03	23.36	29.56	32.95	37.29
m	max	8.40	10.80	12.8	15.8	18.0	19.4
	min	8.04	10.37	12.1	15.1	16.9	18.1
m_w	min	6.43	8.3	9.68	12.08	13.52	14.48
s	公称=max	16.00	18.00	21.00	27.00	30.00	34
	min	15.73	17.73	20.67	26.16	29.16	33
螺纹规格 $D \times P$		M27×2	M33×2	M39×3	M45×3	M52×4	M60×4
c	max	0.8	0.8	1.0	1.0	1.0	1.0
	min	0.2	0.2	0.3	0.3	0.3	0.3
d_a	max	29.1	35.6	42.1	48.6	56.2	64.8
	min	27.0	33.0	39.0	45.0	52.0	60.0
d_w	min	38	46.55	55.86	64.7	74.2	83.41
e	min	45.2	55.37	66.44	76.95	88.25	99.21
m	max	23.8	28.7	33.4	36.0	42.0	48.0
	min	22.5	27.4	31.8	34.4	40.4	46.4
m_w	min	18	21.92	25.44	27.52	32.32	37.12
s	公称=max	41	50	60.0	70.0	80.0	90.0
	min	40	49	58.8	68.1	78.1	87.8

7.2.4　2型六角螺母

1. 2型六角螺母的形式（图7-29）

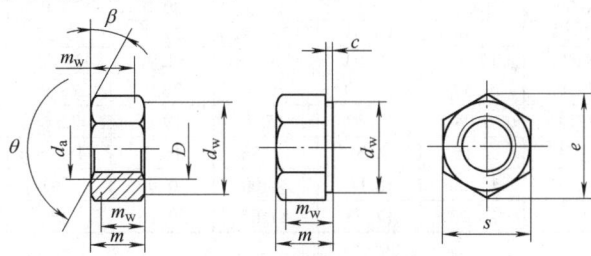

图7-29　2型六角螺母

注：$\beta=15°\sim30°$；$\theta=90°\sim120°$。

2. 2型六角螺母的尺寸（表7-39）

表7-39　2型六角螺母的尺寸（GB/T 6175—2016）　（单位：mm）

螺纹规格 D		M5	M6	M8	M10	M12	(M14)[①]
P[②]		0.8	1	1.25	1.5	1.75	2
c	max	0.5	0.5	0.6	0.6	0.6	0.6
d_a	max	5.75	6.75	8.75	10.8	13	15.1
	min	5.00	6.00	8.00	10.0	12	14.0
d_w	min	6.9	8.9	11.6	14.6	16.6	19.6
e	min	8.79	11.05	14.38	17.77	20.03	23.36
m	max	5.1	5.7	7.5	9.3	12.00	14.1
	min	4.8	5.4	7.14	8.94	11.57	13.4
m_w	min	3.84	4.32	5.71	7.15	9.26	10.7
s	max	8.00	10.00	13.00	16.00	18.00	21.00
	min	7.78	9.78	12.73	15.73	17.73	20.67

(续)

螺纹规格 D		M16	M20	M24	M30	M36
P②		2	2.5	3	3.5	4
c	max	0.8	0.8	0.8	0.8	0.8
d_a	max	17.3	21.6	25.9	32.4	38.9
	min	16.0	20.0	24.0	30.0	36.0
d_w	min	22.5	27.7	33.2	42.7	51.1
e	min	26.75	32.95	39.55	50.85	60.79
m	max	16.4	20.3	23.9	28.6	34.7
	min	15.7	19.0	22.6	27.3	33.1
m_w	min	12.6	15.2	18.1	21.8	26.5
s	max	24.00	30.00	36	46	55.0
	min	23.67	29.16	35	45	53.8

① 尽可能不采用括号内的规格。
② P—螺距。

7.2.5 2型细牙六角螺母

1. 2型细牙六角螺母的形式（图7-29）
2. 2型细牙六角螺母的优选尺寸（表7-40）

表7-40 2型细牙六角螺母的优选尺寸（GB/T 6176—2016）（单位：mm）

螺纹规格 $D\times P$		M8 ×1	M10 ×1	M12 ×1.5	M16 ×1.5	M20 ×1.5	M24 ×2	M30 ×2	M36 ×3
c	max	0.60	0.60	0.60	0.8	0.8	0.8	0.8	0.8
	min	0.15	0.15	0.15	0.2	0.2	0.2	0.2	0.2
d_a	max	8.75	10.8	13	17.3	21.6	25.9	32.4	38.9
	min	8.00	10.0	12	16.0	20.0	24.0	30.0	36.0
d_w	min	11.63	14.63	16.63	22.49	27.7	33.25	42.75	51.11
e	min	14.38	17.77	20.03	26.75	32.95	39.55	50.85	60.79
m	max	7.50	9.30	12.00	16.4	20.3	23.9	28.6	34.7
	min	7.14	8.94	11.57	15.7	19.0	22.6	27.3	33.1
m_w	min	5.71	7.15	9.26	12.56	15.2	18.08	21.84	26.48
s	公称=max	13.00	16.00	18.00	24.00	30.00	36	46	55.0
	min	12.73	15.73	17.73	23.67	29.16	35	45	53.8

3. 2型细牙六角螺母的非优选尺寸（表7-41）

表7-41 2型细牙六角螺母的非优选尺寸（GB/T 6176—2000）

（单位：mm）

螺纹规格 $D\times P$		M10 ×1.25	M12 ×1.25	M14 ×1.5	M18 ×1.5	M20 ×2	M22 ×1.5	M27 ×2	M33 ×2
c	max	0.60	0.60	0.60	0.8	0.8	0.8	0.8	0.8
	min	0.15	0.15	0.15	0.2	0.2	0.2	0.2	0.2
d_a	max	10.8	14	15.1	19.5	21.6	23.7	29.1	35.6
	min	10.0	13	14.0	18.0	20.0	22.0	27.0	33.0
d_w	min	14.63	16.63	19.64	24.85	27.7	31.35	38	46.55
e	min	17.77	20.03	23.36	29.56	32.95	37.29	45.2	55.37
m	max	9.30	12.00	14.1	17.6	20.3	21.8	26.7	32.5
	min	8.94	11.57	13.4	16.9	19.0	20.5	25.4	30.9
m_w	min	7.15	9.26	10.72	13.52	15.2	16.4	20.32	24.72
s	公称=max	16.00	18.00	21.00	27.00	30.00	34	41	50
	min	15.73	17.73	20.67	26.16	29.16	33	40	49

7.2.6 六角厚螺母

1. 六角厚螺母的形式（图7-30）

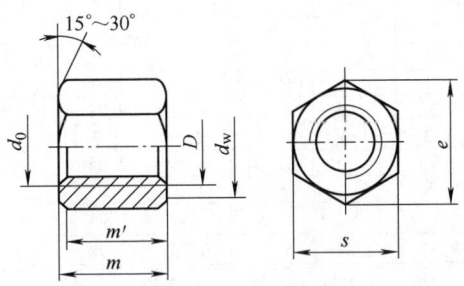

图7-30 六角厚螺母

2. 六角厚螺母的尺寸（表7-42）

表7-42 六角厚螺母的尺寸（GB/T 56—1988） （单位：mm）

螺纹规格 D		M16	(M18)	M20	(M22)	M24	(M27)	M30	M36	M42	M48
d_0	max	17.3	19.5	21.6	23.7	25.9	29.1	32.4	38.9	45.4	51.8
	min	16	18	20	22	24	27	30	36	42	48
d_w	min	22.5	24.8	27.7	31.4	33.2	38	42.7	51.1	60.6	69.4
e	min	26.17	29.56	32.95	37.29	39.55	45.2	50.85	60.79	72.09	82.6
m	max	25	28	32	35	38	42	48	55	65	75
	min	24.16	27.16	30.4	33.4	36.4	40.4	46.4	53.1	63.1	73.1
m'	min	19.33	21.73	24.32	26.72	29.12	32.32	37.12	42.48	50.48	58.48
s	max	24	27	30	34	36	41	46	55	65	75
	min	23.16	26.16	29.16	33	35	40	45	53.8	63.8	73.1

注：尽可能不采用括号内的规格。

7.2.7 六角薄螺母

1. 六角薄螺母的形式（图7-31）

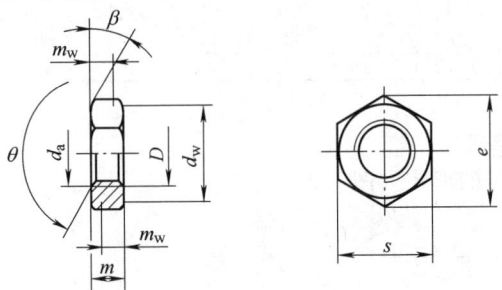

图7-31 六角薄螺母

注：$\beta = 15° \sim 30°$，$\theta = 110° \sim 120°$。

2. 六角薄螺母的尺寸

1）六角薄螺母的优选尺寸如表7-43所示。

2）六角薄螺母的非优选尺寸如表7-44所示。

表 7-43 六角薄螺母的优选尺寸（GB/T 6172.1—2016）（单位：mm）

螺纹规格 D		M1.6	M2	M2.5	M3	M4	M5	M6	M8	M10	M12
P[①]		0.35	0.4	0.45	0.5	0.7	0.8	1	1.25	1.5	1.75
d_a	min	1.6	2	2.5	3	4	5	6	8	10	12
	max	1.84	2.3	2.9	3.45	4.6	5.75	6.75	8.75	10.8	13
d_w	min	2.4	3.1	4.1	4.6	5.9	6.9	8.9	11.6	14.6	16.6
e	min	3.41	4.32	5.45	6.01	7.66	8.79	11.05	14.38	17.77	20.03
m	max	1	1.2	1.6	1.8	2.2	2.7	3.2	4	5	6
	min	0.75	0.95	1.35	1.55	1.95	2.45	2.9	3.7	4.7	5.7
m_w	min	0.6	0.8	1.1	1.2	1.6	2	2.3	3	3.8	4.6
s	公称=max	3.2	4	5	5.5	7	8	10	13	16	18
	min	3.02	3.82	4.82	5.32	6.78	7.78	9.78	12.73	15.73	17.73
螺纹规格 D		M16	M20	M24	M30	M36	M42	M48	M56	M64	
P[①]		2	2.5	3	3.5	4	4.5	5	5.5	6	
d_a	min	16	20	24	30	36	42	48	56	64	
	max	17.3	21.6	25.9	32.4	38.9	45.4	51.8	60.5	69.1	
d_w	min	22.5	27.7	33.3	42.8	51.1	60	69.5	78.7	88.2	
e	min	26.75	32.95	39.55	50.85	60.79	71.3	82.6	93.56	104.86	
m	max	8	10	12	15	18	21	24	28	32	
	min	7.42	9.10	10.9	13.9	16.9	19.7	22.7	26.7	30.4	
m_w	min	5.9	7.3	8.7	11.1	13.5	15.8	18.2	21.4	24.3	
s	公称=max	24	30	36	46	55	65	75	85	95	
	min	23.67	29.16	35	45	53.8	63.1	73.1	82.8	92.8	

① P—螺距。

表 7-44 六角薄螺母的非优选尺寸（GB/T 6172.1—2016）（单位：mm）

螺纹规格 D		M3.5	M14	M18	M22	M27	M33	M39	M45	M52	M60
P[①]		0.6	2	2.5	2.5	3	3.5	4	4.5	5	5.5
d_a	min	3.5	14	18	22	27	33	39	45	52	60
	max	4	15.1	19.5	23.7	29.1	35.6	42.1	48.6	56.2	64.8
d_w	min	5.1	19.6	24.9	31.4	38	46.6	55.9	64.7	74.2	83.4
e	min	6.58	23.35	29.56	37.29	45.2	55.37	66.44	76.95	88.25	99.21
m	max	2	7	9	11	13.5	16.5	19.5	22.5	26	30
	min	1.75	6.42	8.42	9.9	12.4	15.4	18.2	21.2	24.7	28.7
m_w	min	1.4	5.1	6.7	7.9	9.9	12.3	14.6	17	19.8	23
s	公称=max	6	21	27	34	41	50	60	70	80	90
	min	5.82	20.67	26.16	33	40	49	58.8	68.1	78.1	87.8

① P—螺距。

7.2.8 六角细牙薄螺母

1. 六角细牙薄螺母的形式（图 7-32）

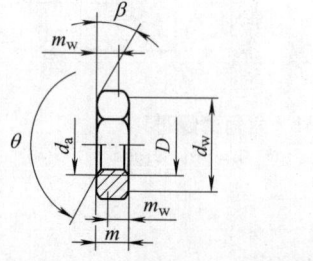
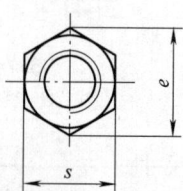

图 7-32 六角细牙薄螺母

注：$\beta = 15° \sim 30°$，$\theta = 110° \sim 120°$。

2. 六角细牙薄螺母的尺寸

1) 六角细牙薄螺母的优选尺寸如表 7-45 所示。

表 7-45　六角细牙薄螺母的优选尺寸（GB/T 6173—2015）（单位：mm）

螺纹规格 $D \times P$		M8×1	M10×1	M12×1.5	M16×1.5	M20×1.5	M24×2
d_a	max	8.75	10.8	13	17.3	21.6	25.9
	min	8.00	10.0	12	16.0	20.0	24.0
d_w	min	11.63	14.63	16.63	22.49	27.7	33.25
e	min	14.38	17.77	20.03	26.75	32.95	39.55
m	max	4.0	5.0	6.0	8.00	10.0	12.0
	min	3.7	4.7	5.7	7.42	9.1	10.9
m_w	min	2.96	3.76	4.56	5.94	7.28	8.72
s	公称 = max	13.00	16.00	18.00	24.00	30.00	36
	min	12.73	15.73	17.73	23.67	29.16	35
螺纹规格 $D \times P$		M30×2	M36×3	M42×3	M48×3	M56×4	M64×4
d_a	max	32.4	38.9	45.4	51.8	60.5	69.1
	min	30.0	36.0	42.0	48.0	56.0	64.0
d_w	min	42.75	51.11	59.95	69.45	78.66	88.16
e	min	50.85	60.79	71.3	82.6	93.56	104.86
m	max	15.0	18.0	21.0	24.0	28.0	32.0
	min	13.9	16.6	19.7	22.7	26.7	30.4
m_w	min	11.12	13.52	15.76	18.16	21.36	24.32
s	公称 = max	46	55.0	65.0	75.0	85.0	95.0
	min	45	53.8	63.1	73.1	82.8	92.8

2) 六角细牙薄螺母的非优选尺寸如表 7-46 所示。

表 7-46　六角细牙薄螺母的非优选尺寸（GB/T 6173—2015）（单位：mm）

螺纹规格 $D \times P$		M10×1.25	M12×1.25	M14×1.5	M18×1.5	M20×2	M22×1.5
d_a	max	10.8	13	15.1	19.5	21.6	23.7
	min	10.0	12	14.0	18.0	20.0	22.0
d_w	min	14.63	16.63	19.64	24.85	27.7	31.35
e	min	17.77	20.03	23.36	29.56	32.95	37.29
m	max	5.0	6.0	7.00	9.00	10.0	11.0
	min	4.7	5.7	6.42	8.42	9.1	9.9
m_w	min	3.76	4.56	5.14	6.74	7.28	7.92
s	公称 = max	16.00	18.00	21.00	27.00	30.00	34
	min	15.73	17.73	20.67	26.16	29.16	33
螺纹规格 $D \times P$		M27×2	M33×2	M39×3	M45×3	M52×4	M60×4
d_a	max	29.1	35.6	42.1	48.6	56.2	64.8
	min	27.0	33.0	39.0	45.0	52.0	60.0
d_w	min	38	46.55	55.86	64.7	74.2	83.41
e	min	45.2	55.37	66.44	76.95	88.25	99.21
m	max	13.5	16.5	19.5	22.5	26.0	30.0
	min	12.4	15.4	18.2	21.2	24.7	28.7
m_w	min	9.92	12.32	14.56	16.96	19.76	22.96
s	公称 = max	41	50	60.0	70.0	80.0	90.0
	min	40	49	58.8	68.1	78.1	87.8

7.2.9　小六角特扁细牙螺母

1. 小六角特扁细牙螺母的形式（图 7-33）

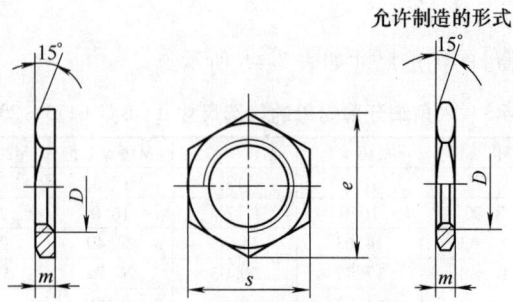

图 7-33 小六角特扁细牙螺母

2. 小六角特扁细牙螺母的尺寸（表 7-47）

表 7-47 小六角特扁细牙螺母的尺寸（GB/T 808—1988）（单位：mm）

螺纹规格 $D \times P$		M4 ×0.5	M5 ×0.5	M6 ×0.75	M8 ×1	M8 ×0.75	M10 ×1	M10 ×0.75	M12 ×1.25	M12 ×1
e	min	7.66	8.79	11.05	13.25	13.25	15.51	15.51	18.90	18.90
m	max	1.7	1.7	2.4	3.0	2.4	3.0	2.4	3.74	3
	min	1.3	1.3	2.0	2.6	2.0	2.6	2.0	3.26	2.6
s	max	7	8	10	12	12	14	14	17	17
	min	6.78	7.78	9.78	11.73	11.73	13.73	13.73	16.73	16.73
螺纹规格 $D \times P$		M14 ×1	M16 ×1.5	M16 ×1	M18 ×1.5	M18 ×1	M20 ×1	M22 ×1	M24 ×1.5	M24 ×1
e	min	21.10	24.49	24.49	26.75	26.75	30.14	33.53	35.72	35.72
m	max	3.2	4.24	3.2	4.24	3.44	3.74	3.74	4.24	3.74
	min	2.8	3.76	2.8	3.76	2.96	3.26	3.26	3.76	3.26
s	max	19	22	22	24	24	27	30	32	32
	min	18.67	21.67	21.67	23.16	23.16	26.16	29.16	31	31

7.2.10 2 型六角法兰面螺母

1. 2 型六角法兰面螺母的形式（图 7-34）

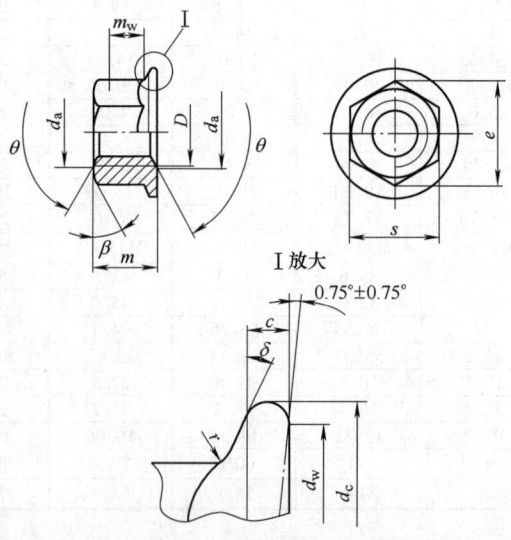

图 7-34 2 型六角法兰面螺母

注：$\theta = 90° \sim 120°$，$\beta = 15° \sim 30°$，$\delta = 15° \sim 25°$。c 在 d_{wmin} 处测量。棱边形状由制造者任选。

2. 2型六角法兰面螺母的尺寸（表7-48）

表7-48 2型六角法兰面螺母的尺寸（GB/T 6177.1—2016）（单位：mm）

螺纹规格 D		M5	M6	M8	M10	M12	(M14)[①]	M16	M20
P[②]		0.8	1	1.25	1.5	1.75	2	2	2.5
c	min	1	1.1	1.2	1.5	1.8	2.1	2.4	3
d_a	min	5.00	6.00	8.00	10.0	12	14.0	16.0	20.0
	max	5.75	6.75	8.75	10.8	13	15.1	17.3	21.6
d_c	max	11.8	14.2	17.9	21.8	26.0	29.9	34.5	42.8
d_w	min	9.8	12.2	15.8	19.6	23.8	27.6	31.9	39.9
e	min	8.79	11.05	14.38	16.64	20.03	23.36	26.75	32.95
m	max	5.0	6.0	8.00	10.00	12.00	14.0	16.0	20.0
	min	4.7	5.7	7.64	9.64	11.57	13.3	15.3	18.7
m_w	min	2.5	3.1	4.6	5.6	6.8	7.7	8.9	10.7
s	max	8.00	10.00	13.00	15.00	18.00	21.00	24.00	30.00
	min	7.78	9.78	12.73	14.73	17.73	20.67	23.67	29.16
r[③]	max	0.3	0.4	0.5	0.6	0.7	0.9	1	1.2

① 尽可能不采用括号内的规格。
② P—螺距。
③ r适用于棱角和六角面。

7.2.11 六角细牙法兰面螺母

1. 六角细牙法兰面螺母的形式（图7-34）
2. 六角细牙法兰面螺母的尺寸（表7-49）

表7-49 六角细牙法兰面螺母的尺寸（GB/T 6177.2—2016）（单位：mm）

螺纹规格 $D\times P$[①]		M8×1	M10×1.25 (M10×1)[②]	M12×1.25 (M12×1.5)[②]	(M14×1.5)[②]	M16 ×1.5	M20 ×1.5
c	min	1.2	1.5	1.8	2.1	2.4	3
d_a	max	8.75	10.8	13	15.1	17.3	21.6
	min	8.00	10.0	12	14.0	16.0	20.0
d_c	max	17.9	21.8	26	29.9	34.5	42.8
d_w	min	15.8	19.6	23.8	27.6	31.9	39.9
e	min	14.38	16.64	20.03	23.36	26.75	32.95
m	max	8.00	10.00	12.00	14.0	16.0	20.0
	min	7.64	9.64	11.57	13.3	15.3	18.7
m_w	min	4.6	5.6	6.8	7.7	8.9	10.7
s	max	13.00	15.00	18.00	21.00	24.00	30.00
	min	12.73	14.73	17.73	20.67	23.67	29.16
r[③]	max	0.5	0.6	0.7	0.9	1	1.2

① P—螺距。
② 尽可能不采用括号内的规格。
③ r适用于棱角和六角面。

7.2.12 六角自锁螺母

1. 六角自锁螺母的形式（图7-35）

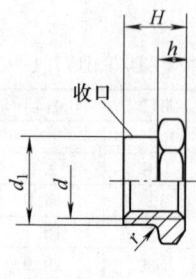
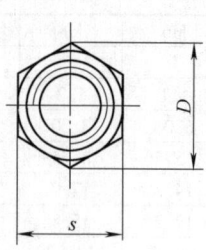

图7-35 六角自锁螺母的形式

2. 六角自锁螺母的尺寸（表7-50）

表7-50 六角自锁螺母的尺寸（GB/T 1337—1988） （单位：mm）

d	d_1		H		h	
	基本尺寸	极限偏差	基本尺寸	极限偏差	基本尺寸	极限偏差
M3	3.7	0 -0.06	4	±0.15	2	±0.13
M4	4.8		5		2.5	
M5	5.8		6		3	
M6	6.9		7		3.5	
M8	9		8	±0.18	4	±0.15
M10	11		10		5.5	
M12×1.5	13.2		12		6.5	
(M14×1.5)	15.5	0 -0.10	13		8	±0.18
M16×1.5	17.6		15	±0.22	9	
(M18×1.5)	19.6		16.5		11	
M20×1.5	21.6		18		12	±0.22
(M22×1.5)	23.7		20	±0.26	12.5	
M24×1.5	25.7		22		14	

d	s		D	r		1000件螺母重量/kg ≈
	基本尺寸	极限偏差	min	基本尺寸	极限偏差	
M3	6	h12	6.5	0.5	±0.3	0.482
M4	7		7.6			0.798
M5	8		8.7			1.182
M6	10		10.9	1		2.177
M8	14		15.5			4.778
M10	17		18.9			9.135
M12×1.5	19		21.1	1.5	±0.5	12.832
(M14×1.5)	22		24.5			20.127
M16×1.5	24	h13	26.8			25.860
(M18×1.5)	27		30.2			38.104
M20×1.5	30		33.6	2		50.526
(M22×1.5)	32		35.8			58.453
M24×1.5	36		40.4			84.006

注：括号内的尺寸，尽可能不采用。

7.2.13 六角盖形螺母

1. 六角盖形螺母的形式（图7-36）

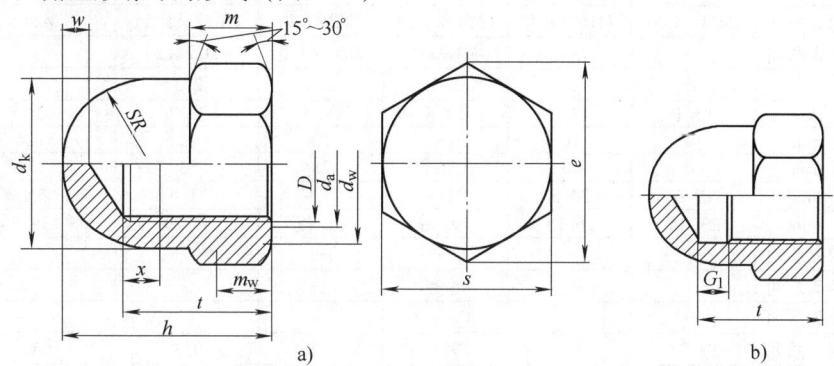

图 7-36 六角盖形螺母

a) $D \leqslant 10\text{mm}$ b) $D \geqslant 12\text{mm}$

2. 六角盖形螺母的尺寸（表7-51）

表 7-51 六角盖形螺母的尺寸（GB/T 923—2009）　（单位：mm）

螺纹规格 D		M4	M5	M6	M8	M10	M12
	第1系列	M4	M5	M6	M8	M10	M12
	第2系列	—	—	—	M8×1	M10×1	M12×1.5
	第3系列	—	—	—	—	M10×1.25	M12×1.25
P[①]		0.7	0.8	1	1.25	1.5	1.75
d_a	max	4.6	5.75	6.75	8.75	10.8	13
	min	4	5	6	8	10	12
d_k	max	6.5	7.5	9.5	12.5	15	17
d_w	min	5.9	6.9	8.9	11.6	14.6	16.6
e	min	7.66	8.79	11.05	14.38	17.77	20.03
x_{max}[②]	第1系列	1.4	1.6	2	2.5	3	—
	第2系列	—	—	—	2	2	—
	第3系列	—	—	—	—	2.5	—
G_{1max}[③]	第1系列	—	—	—	—	—	6.4
	第2系列	—	—	—	—	—	5.6
	第3系列	—	—	—	—	—	4.9
h	max=公称	8	10	12	15	18	22
	min	7.64	9.64	11.57	14.57	17.57	21.48
m	max	3.2	4	5	6.5	8	10
	min	2.9	3.7	4.7	6.14	7.64	9.64
m_w	min	2.32	2.96	3.76	4.91	6.11	7.71
SR	≈	3.25	3.75	4.75	6.25	7.5	8.5
s	公称	7	8	10	13	16	18
	min	6.78	7.78	9.78	12.73	15.73	17.73
t	max	5.74	7.79	8.29	11.35	13.35	16.35
	min	5.26	7.21	7.71	10.65	12.65	15.65
w	min	2	2	2	2	2	3
第1000件钢螺母重量/kg ≈		—	—	4.66	11	20.1	28.3

(续)

螺纹规格 D	第1系列	(M14)	M16	(M18)	M20	(M22)	M24
	第2系列	(M14×1.5)	M16×1.5	(M18×1.5)	M20×2	(M22×1.5)	M24×2
	第3系列	—	—	(M18×2)	M20×1.5	(M22×2)	—
$P^{①}$		2	2	2.5	2.5	2.5	3
d_a	max	15.1	17.3	19.5	21.6	23.7	25.9
	min	14	16	18	20	22	24
d_k	max	20	23	26	28	33	34
d_w	min	19.6	22.5	24.9	27.7	31.4	33.3
e	min	23.35	26.75	29.56	32.95	37.29	39.55
$x_{max}^{②}$	第1系列	—	—	—	—	—	—
	第2系列	—	—	—	—	—	—
	第3系列	—	—	—	—	—	—
$G_{1max}^{③}$	第1系列	7.3	7.3	9.3	9.3	9.3	10.7
	第2系列	5.6	5.6	5.6	7.3	5.6	7.3
	第3系列	—	—	7.3	5.6	7.3	—
h	max=公称	25	28	32	34	39	42
	min	24.48	27.48	31	33	38	41
m	max	11	13	15	16	18	19
	min	10.3	12.3	14.3	14.9	16.9	17.7
m_w	min	8.24	9.84	11.44	11.92	13.52	14.16
SR	≈	10	11.5	13	14	16.5	17
s	公称	21	24	27	30	34	36
	min	20.67	23.67	26.16	29.16	33	35
t	max	18.35	21.42	25.42	26.42	29.42	31.5
	min	17.65	20.58	24.58	25.58	28.58	30.5
w	min	4	4	5	5	5	6
第1000件钢螺母重量/kg	≈	—	54.3	95	104	—	216

注：尽可能不采用括号内的规格；按螺纹规格第1～3系列，依次优先选用。
① P—粗牙螺纹螺距。
② 内螺纹的收尾 $x_{max}=2P$，适用于 $D⩽M10$。
③ 内螺纹的退刀槽 G_{1max}，适用于 $D>M10$。

7.2.14 组合式盖形螺母

1. 组合式盖形螺母的形式（图7-37）

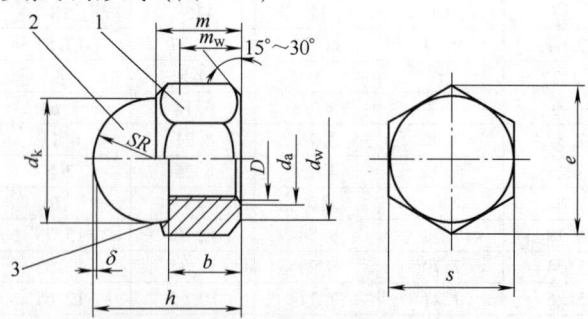

图7-37 组合式盖形螺母
1—螺母体 2—螺母盖 3—铆合部位（形状由制造者任选）

2. 组合式盖形螺母的尺寸（表7-52）

表7-52 组合式盖形螺母的尺寸（GB/T 802.1—2008）（单位：mm）

螺纹规格 D[①]		第1系列	M4	M5	M6	M8	M10	M12
		第2系列	—	—	—	M8×1	M10×1	M12×1.5
		第3系列	—	—	—	—	M10×1.25	M12×1.25
P[②]			0.7	0.8	1	1.25	1.5	1.75
d_a	max		4.6	5.75	6.75	8.75	10.8	13
	min		4	5	6	8	10	12
d_k	≈		6.2	7.2	9.2	13	16	18
d_w	min		5.9	6.9	8.9	11.6	14.6	16.6
e	min		7.66	8.79	11.05	14.38	17.77	20.03
h	max=公称		7	9	11	15	18	22
m	≈		4.5	5.5	6.5	8	10	12
b	≈		2.5	4	5	6	8	10
m_w	min		3.6	4.4	5.2	6.4	8	9.6
SR	≈		3.2	3.6	4.6	6.5	8	9
s	公称		7	8	10	13	16	18
	min		6.78	7.78	9.78	12.73	15.73	17.73
δ	≈		0.5	0.5	0.8	0.8	0.8	1
螺纹规格 D[①]		第1系列	(M14)	M16	(M18)	M20	(M22)	M24
		第2系列	(M14×1.5)	M16×1.5	(M18×1.5)	M20×2	(M22×1.5)	M24×2
		第3系列	—	—	(M18×2)	M20×1.5	(M22×2)	—
P[②]			2	2	2.5	2.5	2.5	3
d_a	max		15.1	17.3	19.5	21.6	23.7	25.9
	min		14	16	18	20	22	24
d_k	≈		20	22	25	28	30	34
d_w	min		19.6	22.5	24.9	27.7	31.4	33.3
e	min		23.35	26.75	29.56	32.95	37.29	39.55
h	max=公称		24	26	30	35	38	40
m	≈		13	15	17	19	21	22
b	≈		11	13	14	16	18	19
m_w	min		10.4	12	13.6	15.2	16.8	17.6
SR	≈		10	11.5	12.5	14	15	17
s	公称		21	24	27	30	34	36
	min		20.67	23.67	26.16	29.16	33	35
δ	≈		1	1	1.2	1.2	1.2	1.2

① 尽可能不采用括号内的规格；按螺纹规格第1至第3系列，依次优先选用。

② P—粗牙螺纹螺距。

7.2.15 球面六角螺母

1. 球面六角螺母的形式（图7-38）

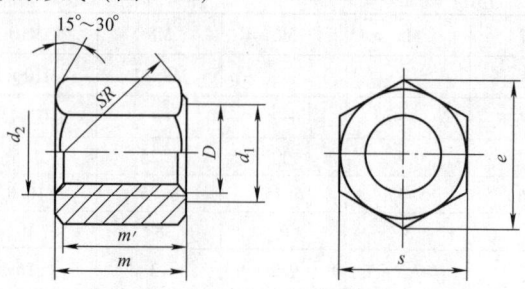

图7-38 球面六角螺母

2. 球面六角螺母的尺寸（表7-53）

表7-53 球面六角螺母的尺寸（GB/T 804—1988） （单位：mm）

螺纹规格 D		M6	M8	M10	M12	M16	M20	M24	M30	M36	M42	M48
d_2	max	6.75	8.75	10.8	13	17.3	21.6	25.9	32.4	38.9	45.4	51.8
	min	6	8	10	12	16	20	24	30	36	42	48
d_1		7.5	9.5	11.5	14	18	22	26	32	38	44	50
e	min	11.05	14.38	17.77	20.03	26.75	32.95	39.55	50.85	60.79	72.09	82.6
m	max	10.29	12.35	16.35	20.42	25.42	32.5	38.5	48.5	55.6	65.6	75.6
	min	9.71	11.65	15.65	19.58	24.58	31.5	37.5	47.5	54.4	64.4	74.4
m'	min	7.77	9.32	12.52	15.66	19.66	25.2	30.0	38.0	43.52	51.52	59.52
SR		10	12	16	20	25	32	36	40	50	63	70
s	max	10	13	16	18	24	30	36	46	55	65	75
	min	9.78	12.73	15.73	17.73	23.67	29.16	35	45	53.8	63.8	73.1

7.2.16 焊接六角法兰面螺母

1. 焊接六角法兰面螺母的形式（图7-39）

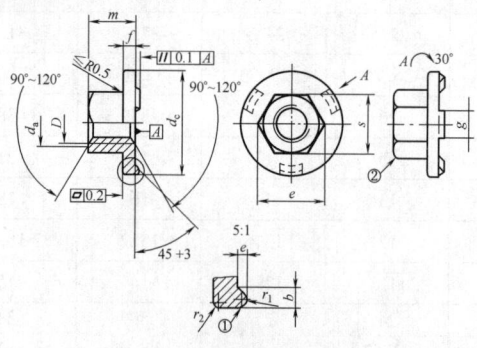

图7-39 焊接六角法兰面螺母

① 镦制成形。
② 镦制成形，最小15°。

2. 焊接六角法兰面螺母的尺寸（表7-54）

表7-54　焊接六角法兰面螺母的尺寸（GB/T 13681.2—2017）（单位：mm）

螺纹规格		$P_2$②	$b_{-0.2}^{0}$	c ±0.1	d_a max	d_c min	e ±0.25	f ±0.1	g	m		s		r_1 ±0.1	r_2 ±0.1	每1000件钢螺母的质量（ρ = 7.85 g/dm³）≈ kg
D	$D \times P_1$①									min	max	公称 = max	min			
M5	—	0.8	2.20	0.8	6.0	15.5	8.2	1.7	4.0	4.70	5.00	7.7	8	0.6	0.3	2.9
M6	—	1	2.70	0.8	7.0	18.5	10.6	2.0	5.0	6.64	7.00	9.7	10	0.6	0.5	5.7
M8	M8×1	1.25	2.70	1.0	9.5	22.5	13.6	2.5	6.0	9.64	10.00	12.64	13	0.8	0.8	12.2
M10	M10×1.25 M10×1	1.5	2.95	1.2	11.5	26.5	16.9	3.0	7.0	12.57	13.00	15.64	16	1.0	1.0	21.8
M12	M12×1.5 M12×1.25	1.75	3.20	1.2	14.0	30.5	19.4	3.0	8.0	14.57	15.00	17.57	18	1.0	1.2	29.4
M14	M14×1.5	2	3.45	1.2	16.0	33.5	22.4	4.0	8.0	16.16	17.00	20.57	21	1.0	1.2	45.8
M16	M16×1.5	2	3.70	1.2	18.0	36.5	25.0	4.0	8.0	18.66	19.50	23.57	24	1.0	1.2	63.1

① 细牙螺纹螺距。
② 粗牙螺纹螺距。

7.2.17　焊接型六角法兰面盖形螺母

1. 焊接型六角法兰面盖形螺母的形式（图7-40）

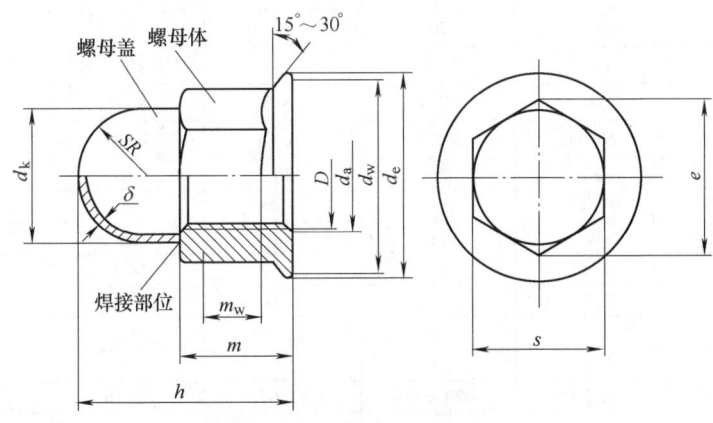

图7-40　焊接型六角法兰面盖形螺母

2. 焊接型六角法兰面盖形螺母的尺寸（表7-55）

表7-55 焊接型六角法兰面盖形螺母的尺寸（GB/T 802.3—2009）

（单位：mm）

螺纹规格 D [1]		M4	M5	M6	M8	M10
	第1系列	M4	M5	M6	M8	M10
	第2系列	—	—	—	M8×1	M10×1
	第3系列	—	—	—	—	M10×1.25
P [2]		0.7	0.8	1	1.25	1.5
d_a	max	4.6	5.75	6.75	8.75	10.8
	min	4	5	6	8	10
d_k	max	6.5	7.5	9.5	12.5	15
d_w	min	5.9	6.9	8.9	11.6	14.6
d_e	max	9	11.8	14.2	17.9	21.8
e	min	7.66	8.79	11.05	14.38	17.77
h	max=公称	7.5	9	11	14	18
	min	7.14	8.64	10.57	13.57	17.57
m	max	4.5	5	6	8	10
	min	4.2	4.7	5.7	7.64	9.64
m_w	min	2.32	2.96	3.76	4.91	6.11
SR	≈	3.25	3.75	4.75	6.25	7.5
s	max=公称	7	8	10	13	16
	min	6.78	7.78	9.78	12.73	15.73
δ	≈	0.5	0.5	0.8	0.8	0.8
螺纹规格 D [1]	第1系列	M12	(M14)	M16	M20	M24
	第2系列	M12×1.5	(M14×1.5)	M16×1.5	M20×2	M24×2
	第3系列	M12×1.25	—	—	M20×1.5	—
P [2]		1.75	2	2	2.5	3
d_a	max	13	15.1	17.3	21.6	25.9
	min	12	14	16	20	24
d_k	max	17	20	23	28	34
d_w	min	16.6	19.6	22.5	27.7	33.3
d_e	max	26	29.9	34.5	42.8	46
e	min	20.03	23.35	26.75	32.95	39.55
h	max=公称	22	26	30	32	36
	min	21.48	25.48	29.48	31	35
m	max	12	14	16	20	24
	min	11.57	13.3	15.3	18.7	22.7
m_w	min	7.71	8.24	9.84	11.92	14.16
SR	≈	8.5	10	11.5	14	17
s	max=公称	18	21	24	30	36
	min	17.73	20.67	23.67	29.16	35
δ	≈	1	1	1	1.2	1.2

[1] 尽可能不采用括号内的规格；按螺纹规格第1~3系列，依次优先选用。
[2] P—粗牙螺纹螺距。

7.2.18 焊接型六角低球面盖形螺母

1. 焊接型六角低球面盖形螺母的形式（图 7-41）

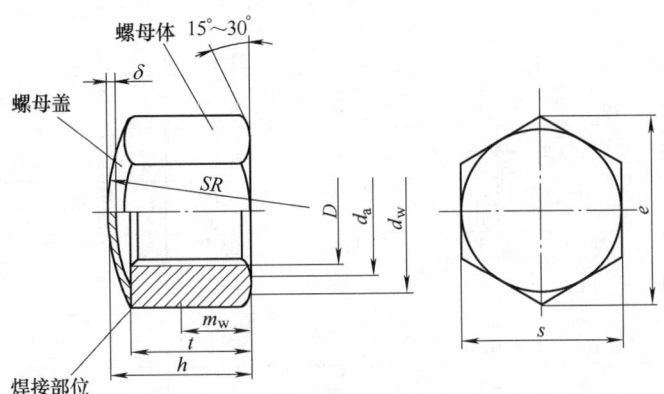

图 7-41 焊接型六角低球面盖形螺母

2. 焊接型六角低球面盖形螺母的尺寸（表 7-56）

表 7-56 焊接型六角低球面盖形螺母的尺寸（GB/T 802.4—2009）

（单位：mm）

螺纹规格 D		第1系列	M4	M5	M6	M8	M10	M12
		第2系列	—	—	—	M8×1	M10×1	M12×1.5
		第3系列	—	—	—	—	M10×1.25	M12×1.25
P[①]			0.7	0.8	1	1.25	1.5	1.75
d_a	max		4.6	5.75	6.75	8.75	10.8	13
	min		4	5	6	8	10	12
d_w	min		5.9	6.9	8.9	11.6	14.6	16.6
e	min		7.66	8.79	11.05	14.38	17.77	20.03
h	max=公称		5.5	7	9	12	14	16
	min		5.2	6.64	8.64	11.57	13.57	15.57
m_w	min		2.75	3.5	4.5	6	7	8
SR	≈		8	10	12	15	20	25
s	公称		7	8	10	13	16	18
	min		6.78	7.78	9.78	12.73	15.73	17.73
t	max		4.64	5.44	7.29	9.79	11.35	13.85
	min		4.16	4.96	6.71	9.21	10.65	13.15
δ	≈		0.5	0.5	0.8	0.8	0.8	1

(续)

螺纹规格 D	第1系列	(M14)	M16	(M18)	M20	(M22)	M24
	第2系列	(M14×1.5)	M16×1.5	(M18×1.5)	M20×2	(M22×1.5)	M24×2
	第3系列	—	—	(M18×2)	M20×1.5	(M22×2)	—
P①		2	2	2.5	2.5	2.5	3
d_a	max	15.1	17.3	19.5	21.6	23.7	25.9
	min	14	16	18	20	22	24
d_w	min	19.6	22.5	24.9	27.7	31.4	33.3
e	min	23.35	26.75	29.56	32.95	37.29	39.55
h	max=公称	18	20	22	25	28	30
	min	17.57	19.48	21.48	24.48	27.48	29.48
m_w	min	9	10	11	12.5	14	15
SR	≈	28	30	32	35	35	40
s	公称	21	24	27	30	34	36
	min	20.67	23.67	26.16	29.16	33	35
t	max	15.35	17.35	19.42	21.42	22.42	24.42
	min	14.65	16.65	18.58	20.58	21.58	23.58
δ	≈	1	1	1.2	1.2	1.2	1.2
螺纹规格 D	第1系列	(M27)	M30	M36	M42	M48	M64
	第2系列	(M27×2)	M30×2	M36×3	M42×3	M48×3	M64×2
	第3系列	—	—	—	—	—	—
P①		3	3.5	4	4.5	5	6
d_a	max	29.1	32.4	38.9	45.4	51.8	69.1
	min	27	30	36	42	48	64
d_w	min	38	42.8	51.1	60	69.5	88.2
e	min	45.2	50.85	60.79	72.02	82.60	104.86
h	max=公称	32	34	44	52	58	75
	min	31.38	33.38	43.38	51.26	57.26	74.26
m_w	min	16	17	22	26	29	37.5
SR	≈	50	60	70	80	90	130
s	公称	41	46	55	65	75	95
	min	40	45	53.8	63.1	73.1	92.8
t	max	26.42	28.42	36.5	42.5	48.5	62.6
	min	25.58	27.58	35.5	41.5	47.5	61.4
δ	≈	1.5	1.5	1.5	2	2	2

注：尽可能不采用括号内的规格；按螺纹规格第1~3系列，依次优先选用。

① P—粗牙螺纹螺距。

7.2.19 焊接型非金属嵌件六角锁紧盖形螺母

1. 焊接型非金属嵌件六角锁紧盖形螺母的形式（图7-42）

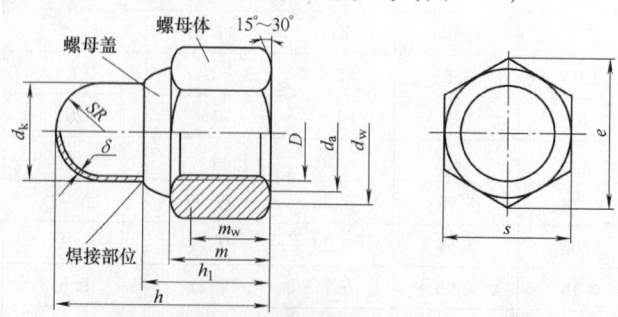

图7-42 焊接型非金属嵌件六角锁紧盖形螺母

2. 焊接型非金属嵌件六角锁紧盖形螺母的尺寸（表7-57）

表7-57 焊接型非金属嵌件六角锁紧盖形螺母的尺寸（GB/T 802.5—2009）

（单位：mm）

螺纹规格 D	第1系列	M4	M5	M6	M8	M10	M12	(M14)	M16	M20
	第2系列	—	—	—	M8×1	M10×1	M12×1.5	(M14×1.5)	M16×1.5	M20×2
	第3系列	—	—	—	—	M10×1.25	M12×1.25	—	—	M20×1.5
P①		0.7	0.8	1	1.25	1.5	1.75	2	2	2.5
d_a	max	4.6	5.75	6.75	8.75	10.8	13	15.1	17.3	21.6
	min	4	5	6	8	10	12	14	16	20
d_w	min	5.9	6.9	8.9	11.6	14.6	16.6	19.6	22.5	27.7
d_k	max	6.5	7.5	9.5	12.5	16	18	21	23	28
e	min	7.66	8.79	11.05	14.38	17.77	20.03	23.35	26.75	32.95
h_1	公称	5.6	6	7.5	8.9	10.5	13.5	15.5	16.5	21
	max	5.85	6.25	7.85	9.25	10.9	13.9	15.9	16.9	21.5
	min	5.35	5.75	7.15	8.55	10.1	13.1	15.1	16.1	20.5
h	公称	9.6	10.5	12	14	18.1	22.5	26.4	27.5	35
	max	9.9	10.85	12.35	14.35	18.5	22.9	26.8	27.9	35.5
	min	9.3	10.15	11.65	13.65	17.7	22.1	26	27.1	34.5
m	min②	2.9	4.4	4.9	6.44	8.04	10.37	12.1	14.1	16.9
m_w	min	2.32	3.52	3.92	5.15	6.43	8.3	9.68	11.28	13.52
SR	≈	2.5	3	3.5	4.6	5.8	6.8	7.8	8.8	10.8
s	公称	7	8	10	13	16	18	21	24	30
	min	6.78	7.78	9.78	12.73	15.73	17.73	20.67	23.67	29.16
δ	≈	0.5	0.5	0.8	0.8	0.8	1	1	1	1.2
每1000件钢螺母重量③/kg	≈	1.4	1.55	3.3	5.3	10.1	18.3	26.1	37.1	111

注：尽可能不采用括号内的规格；按螺纹规格第1~3系列，依次优先选用。
① P—粗牙螺纹螺距。
② 也是最小螺纹长度。
③ 近似的重量，也可以是细牙螺母的计算值。

7.2.20 非金属嵌件六角锁紧薄螺母

1. 非金属嵌件六角锁紧薄螺母的形式（图7-43）

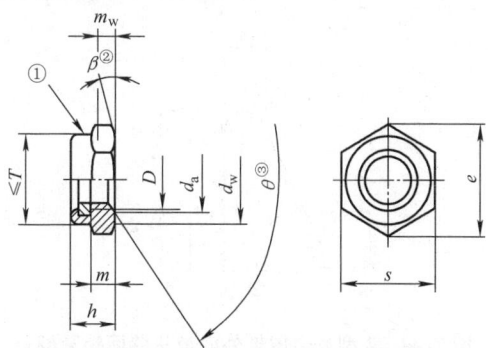

图7-43 非金属嵌件六角锁紧薄螺母

① 有效力矩部分，形状由制造者任选。
② $\beta = 15° \sim 30°$。
③ $\theta = 110° \sim 120°$。

2. 非金属嵌件六角锁紧薄螺母的尺寸（表7-58）

表7-58 非金属嵌件六角锁紧薄螺母的尺寸（GB/T 6172.2—2016）

（单位：mm）

螺纹规格 D		M3	M4	M5	M6	M8	M10	M12	(M14)[①]	M16	M20	M24	M30	M36
P[②]		0.5	0.7	0.8	1	1.25	1.5	1.75	2	2	2.5	3	3.5	4
d_a	max	3.45	4.6	5.75	6.75	8.75	10.8	13	15.1	17.3	21.6	25.9	32.4	38.9
	min	3.00	4.0	5.00	6.00	8.00	10.0	12	14.0	16.0	20.0	24.0	30.0	36.0
d_w	min	4.6	5.9	6.9	8.9	11.6	14.6	16.6	19.6	22.5	27.7	33.2	42.8	51.1
e	min	6.01	7.66	8.79	11.05	14.38	17.77	20.03	23.35	26.75	32.95	39.55	50.85	60.79
h	max	3.90	5.00	5.00	6.00	6.76	8.56	10.23	11.32	12.42	14.9	17.8	22.2	25.5
	min	3.42	4.52	4.52	5.52	6.18	7.98	9.53	10.22	11.32	13.1	16.0	20.1	23.4
m	min	1.55	1.95	2.45	2.9	3.7	4.7	5.7	6.42	7.42	9.1	10.9	13.9	16.9
m_w	min	1.24	1.56	1.96	2.32	2.96	3.76	4.56	5.14	5.94	7.28	8.72	11.12	13.52
s	max	5.50	7.00	8.00	10.00	13.00	16.00	18.00	21.00	24.00	30.00	36	46	55.0
	min	5.32	6.78	7.78	9.78	12.73	15.73	17.73	20.67	23.67	29.16	35	45	53.8

① 尽可能不采用括号内的规格。
② P—螺距。

7.2.21　2型非金属嵌件六角法兰面锁紧螺母

1. 2型非金属嵌件六角法兰面锁紧螺母的形式（图7-44）

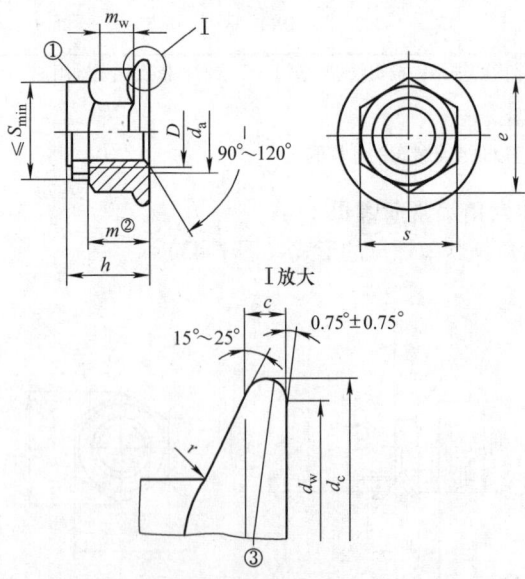

图7-44　2型非金属嵌件六角法兰面锁紧螺母

① 有效力矩部分，形状任选。
② 螺纹长度。
③ 棱边形状任选。

2. 2型非金属嵌件六角法兰面锁紧螺母的尺寸（表7-59）

表7-59 2型非金属嵌件六角法兰面锁紧螺母的尺寸（GB/T 6183.1—2016）

（单位：mm）

螺纹规格 D		M5	M6	M8	M10	M12	(M14)[①]	M16	M20
P[②]		0.8	1	1.25	1.5	1.75	2	2	2.5
c	min	1	1.1	1.2	1.5	1.8	2.1	2.4	3
d_a	max	5.75	6.75	8.75	10.8	13	15.1	17.3	21.6
	min	5.00	6.00	8.00	10.0	12	14.0	16.0	20.0
d_c	max	11.8	14.2	17.9	21.8	26	29.9	34.5	42.8
d_w	min	9.8	12.2	15.8	19.6	23.8	27.6	31.9	39.9
e	min	8.79	11.05	14.38	16.64	20.03	23.36	26.75	32.95
h	max	7.10	9.10	11.1	13.5	16.1	18.2	20.3	24.8
	min	6.52	8.52	10.4	12.8	15.4	16.9	19.0	22.7
m	min	4.7	5.7	7.64	9.64	11.57	13.3	15.3	18.7
m_w	min	2.5	3.1	4.6	5.6	6.8	7.7	8.9	10.7
s	max	8.00	10.00	13.00	15.00	18.00	21.00	24.00	30.00
	min	7.78	9.78	12.73	14.73	17.73	20.67	23.67	29.16
r[③]	max	0.3	0.36	0.48	0.6	0.72	0.88	0.96	1.2

① 尽可能不采用括号内的规格。
② P—螺距。
③ r 适用于棱角和六角面。

7.2.22 2型非金属嵌件细牙六角法兰面锁紧螺母

1. 2型非金属嵌件细牙六角法兰面锁紧螺母的形式（图7-44）
2. 2型非金属嵌件细牙六角法兰面锁紧螺母的尺寸（表7-60）

表7-60 2型非金属嵌件细牙六角法兰面锁紧螺母的尺寸（GB/T 6183.2—2016）

（单位：mm）

螺纹规格 $D \times P$[①]		M8×1	M10×1 M10×1.25	M12×1.5 M12×1.25	(M14×1.5)[②]	M16×1.5	M20×1.5
c	min	1.2	1.5	1.8	2.1	2.4	3
d_a	max	8.75	10.8	13	15.1	17.3	21.6
	min	8.00	10.0	12	14.0	16.0	20.0
d_c	max	17.9	21.8	26	29.9	34.5	42.8
d_w	min	15.8	19.6	23.8	27.6	31.9	39.9
e	min	14.38	16.64	20.03	23.36	26.75	32.95
h	max	11.1	13.5	16.1	18.2	20.3	24.8
	min	10.4	12.8	15.4	16.9	19.0	22.7
m	min	7.64	9.64	11.57	13.3	15.3	18.7
m_w	min	4.6	5.6	6.8	7.7	8.9	10.7
s	max	13.00	15.00	18.00	21.00	24.00	30.00
	min	12.73	14.73	17.73	20.67	23.67	29.16
r[③]	max	0.48	0.6	0.72	0.88	0.96	1.2

① P—螺距。
② 尽可能不采用括号内的规格。
③ r 适用于棱角和六角面。

7.2.23 1型非金属嵌件六角锁紧螺母

1. 1型非金属嵌件六角锁紧螺母的形式（图7-45）

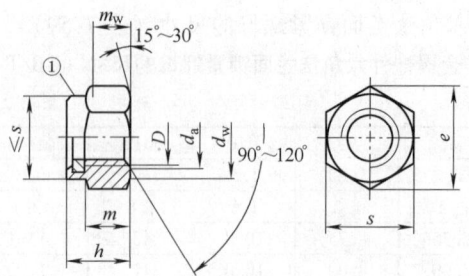

图 7-45　1 型非金属嵌件六角锁紧螺母

① 有效力矩部分，形状任选。

2. 1 型非金属嵌件六角锁紧螺母的尺寸（表 7-61）

表 7-61　1 型非金属嵌件六角锁紧螺母的尺寸（GB/T 889.1—2015）

（单位：mm）

螺纹规格 D		M3	M4	M5	M6	M8	M10	M12	(M14)①	M16	M20	M24	M30	M36
P②		0.5	0.7	0.8	1	1.25	1.5	1.75	2	2	2.5	3	3.5	4
d_a	max	3.45	4.6	5.75	6.75	8.75	10.8	13	15.1	17.3	21.6	25.9	32.4	38.9
	min	3.00	4.0	5.00	6.00	8.00	10.0	12	14.0	16.0	20.0	24.0	30.0	36.0
d_w	min	4.57	5.88	6.88	8.88	11.63	14.63	16.63	19.64	22.49	27.7	33.25	42.75	51.11
e	min	6.01	7.66	8.79	11.05	14.38	17.77	20.03	23.36	26.75	32.95	39.55	50.85	60.79
h	max	4.5	6.00	6.80	8.00	9.50	11.9	14.9	17.0	19.1	22.8	27.1	32.6	38.9
	min	4.02	5.52	6.22	7.42	8.92	11.2	14.2	15.9	17.8	20.7	25.0	30.1	36.4
m	min	2.15	2.9	4.4	4.9	6.44	8.04	10.37	12.1	14.1	16.9	20.2	24.3	29.4
m_w	min	1.72	2.32	3.52	3.92	5.15	6.43	8.3	9.68	11.28	13.52	16.16	19.44	23.52
s	max	5.50	7.00	8.00	10.00	13.00	16.00	18.00	21.00	24.00	30.00	36	46	55.0
	min	5.32	6.78	7.78	9.78	12.73	15.73	17.73	20.67	23.67	29.16	35	45	53.8

① 尽可能不采用括号内的规格。

② P—螺距。

7.2.24　1 型非金属嵌件细牙六角锁紧螺母

1. 1 型非金属嵌件细牙六角锁紧螺母的形式（图 7-45）
2. 1 型非金属嵌件细牙六角锁紧螺母的尺寸（表 7-62）

表 7-62　1 型非金属嵌件细牙六角锁紧螺母的尺寸（GB/T 889.2—2016）

（单位：mm）

螺纹规格 $D \times P$①		M8 ×1	M10 ×1 M10 ×1.25	M12 ×1.25 M12 ×1.5	(M14 ×1.5)②	M16 ×1.5	M20 ×1.5	M24 ×2	M30 ×2	M36 ×3
d_a	max	8.75	10.8	13	15.1	17.3	21.6	25.9	32.4	38.9
	min	8.00	10.0	12	14.0	16.0	20.0	24.0	30.0	36.0
d_w	min	11.63	14.63	16.63	19.64	22.49	27.7	33.25	42.75	51.11
e	min	14.38	17.77	20.03	23.36	26.75	32.95	39.55	50.85	60.79
h	max	9.50	11.9	14.9	17.0	19.1	22.8	27.1	32.6	38.9
	min	8.92	11.2	14.2	15.9	17.8	20.7	25.0	30.1	36.4
m	min	6.44	8.04	10.37	12.1	14.1	16.9	20.2	24.3	29.4
m_w	min	5.15	6.43	8.3	9.68	11.28	13.52	16.16	19.44	23.52
s	max	13.00	16.00	18.00	21.00	24.00	30.00	36	46	55.0
	min	12.73	15.73	17.73	20.67	23.67	29.16	35	45	53.8

① P—螺距。

② 尽可能不采用括号内的规格。

7.2.25 2型非金属嵌件六角锁紧螺母

1. 2型非金属嵌件六角锁紧螺母的形式（图7-46）

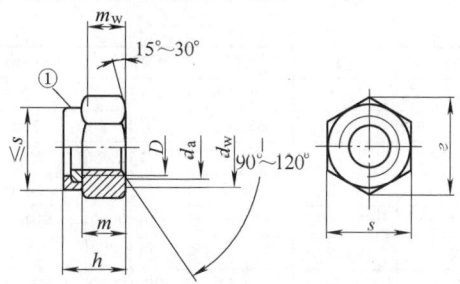

图7-46 2型非金属嵌件六角锁紧螺母
① 有效力矩部分，形状任选。

2. 2型非金属嵌件六角锁紧螺母的尺寸（表7-63）

表7-63 2型非金属嵌件六角锁紧螺母的尺寸（GB/T 6182—2016）（单位：mm）

螺纹规格 D		M5	M6	M8	M10	M12	(M14)①	M16	M20	M24	M30	M36
P②		0.8	1	1.25	1.5	1.75	2	2	2.5	3	3.5	4
d_a	max	5.75	6.75	8.75	10.8	13	15.1	17.3	21.6	25.9	32.4	38.9
	min	5.00	6.00	8.00	10.00	12	14.0	16.0	20.0	24.0	30.0	36.0
d_w	min	6.88	8.88	11.63	14.63	16.63	19.64	22.49	27.7	33.25	42.75	51.11
e	min	8.79	11.05	14.38	17.77	20.03	23.36	26.75	32.95	39.55	50.85	60.79
h	max	7.20	8.50	10.2	12.8	16.1	18.3	20.7	25.1	29.5	35.6	42.6
	min	6.62	7.92	9.5	12.1	15.4	17.0	19.4	23.0	27.4	33.1	40.1
m③	min	4.8	5.4	7.14	8.94	11.57	13.4	15.7	19	22.6	27.3	33.1
m_w④	min	3.52	3.92	5.15	6.43	8.3	9.68	11.28	13.52	16.16	19.44	23.52
s	max	8.00	10.00	13.00	16.00	18.00	21.00	24.00	30.00	36	46	55.0
	min	7.78	9.78	12.73	15.73	17.73	20.67	23.67	29.16	35	45	53.8

① 尽可能不采用括号内的规格。
② P—螺距。
③ m—最小螺纹长度。
④ m_w—最小板拧长度。

7.2.26 2型全金属六角法兰面锁紧螺母

1. 2型全金属六角法兰面锁紧螺母的形式（图7-47）

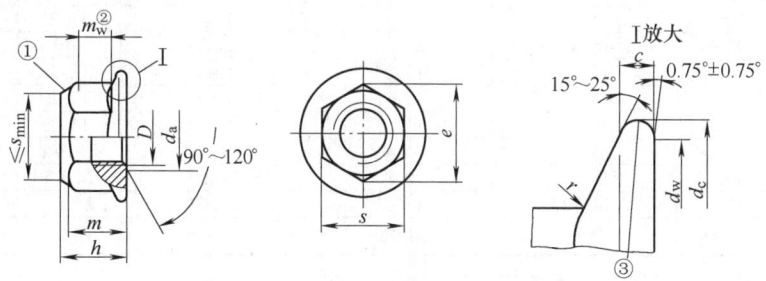

图7-47 2型全金属六角法兰面锁紧螺母
① 有效力矩部分，形状任选。
② 螺纹长度。
③ 棱边形状任选。

2.2型全金属六角法兰面锁紧螺母的尺寸（表7-64）

表7-64　2型全金属六角法兰面锁紧螺母的尺寸（GB/T 6187.1—2016）

（单位：mm）

螺纹规格 D		M5	M6	M8	M10	M12	(M14)①	M16	M20
P②		0.8	1	1.25	1.5	1.75	2	2	2.5
c	min	1	1.1	1.2	1.5	1.8	2.1	2.4	3
d_a	max	5.75	6.75	8.75	10.8	13	15.1	17.3	21.6
	min	5.00	6.00	8.00	10.0	12	14.0	16.0	20.0
d_c	max	11.8	14.2	17.9	21.8	26.0	29.9	34.5	42.8
d_w	min	9.8	12.2	15.8	19.6	23.8	27.6	31.9	39.9
e	min	8.79	11.05	14.38	16.64	20.03	23.36	26.75	32.95
h	max	6.2	7.3	9.40	11.40	13.80	15.9	18.3	22.4
	min	5.7	6.8	8.74	10.34	12.57	14.8	17.2	20.3
m	min	4.7	5.7	7.64	9.64	11.57	13.3	15.3	18.7
m_w	min	2.5	3.1	4.6	5.6	6.8	7.7	8.9	10.7
s	max	8.00	10.00	13.00	15.00	18.00	21.00	24.00	30.00
	min	7.78	9.78	12.73	14.73	17.73	20.67	23.67	29.16
r③	max	0.3	0.36	0.48	0.6	0.72	0.88	0.96	1.2

① 尽可能不采用括号内的规格。
② P—螺距。
③ r适用于棱角和六角面。

7.2.27　2型全金属细牙六角法兰面锁紧螺母

1. 2型全金属细牙六角法兰面锁紧螺母的形式（图7-47）
2. 2型全金属细牙六角法兰面锁紧螺母的尺寸（表7-65）

表7-65　2型全金属细牙六角法兰面锁紧螺母的尺寸（GB/T 6187.2—2016）

（单位：mm）

螺纹规格 $D \times P$①		M8×1	M10×1 M10×1.25	M12×1.5 M12×1.25	(M14×1.5)②	M16×1.5	M20×1.5
c	min	1.2	1.5	1.8	2.1	2.4	3
d_a	max	8.75	10.8	13	15.1	17.3	21.6
	min	8.00	10.0	12	14.0	16.0	20.0
d_c	max	17.9	21.8	26	29.9	34.5	42.8
d_w	min	15.8	19.6	23.8	27.6	31.9	39.9
e	min	14.38	16.64	20.03	23.36	26	32.95
h	max	9.40	11.40	13.80	15.9	18.3	22.4
	min	8.74	10.34	12.57	14.8	17.2	20.3
m	min	7.64	9.64	11.57	13.3	15.3	18.7
m_w	min	4.6	5.6	6.8	7.7	8.9	10.7
s	max	13.00	15.00	18.00	21.00	24.00	30.00
	min	12.73	14.73	17.73	20.67	23.67	29.16
r③	max	0.48	0.6	0.72	0.88	0.96	1.2

① P—螺距。
② 尽可能不采用括号内的规格。
③ r适用于棱角和六角面。

7.2.28　1型全金属六角锁紧螺母

1. 1型全金属六角锁紧螺母的形式（图7-48）

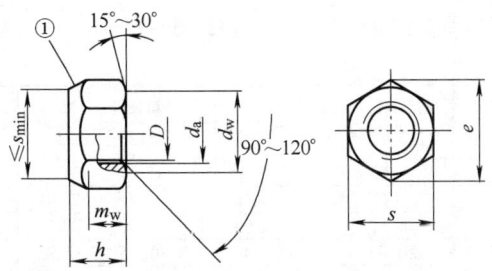

图 7-48　1 型、2 型全金属六角锁紧螺母

① 有效力矩部分,形状任选。

2. 1 型全金属六角锁紧螺母的尺寸（表 7-66）

表 7-66　1 型全金属六角锁紧螺母的尺寸（GB/T 6184—2000）

（单位：mm）

螺纹规格 D		M5	M6	M8	M10	M12	(M14)①	M16	(M18)①	M20	(M22)①	M24	M30	M36
P②		0.8	1	1.25	1.5	1.75	2	2	2.5	2.5	2.5	3	3.5	4
d_a	max	5.75	6.75	8.75	10.8	13	15.1	17.3	19.5	21.6	23.7	25.9	32.4	38.9
	min	5.00	6.00	8.00	10.0	12	14.0	16.0	18.0	20.0	22.0	24.0	30.0	36.0
d_w	min	6.88	8.88	11.63	14.63	16.63	19.64	22.49	24.9	27.7	31.4	33.25	42.75	51.11
e	min	8.79	11.05	14.38	17.77	20.03	23.36	26.75	29.56	32.95	37.29	39.55	50.85	60.79
h	max	5.3	5.9	7.10	9.00	11.60	13.2	15.2	17.00	19.0	21.0	23.0	26.9	32.5
	min	4.8	5.4	6.44	8.04	10.37	12.1	14.1	15.01	16.9	18.1	20.2	24.3	29.4
m_w	min	3.52	3.92	5.15	6.43	8.3	9.68	11.28	12.08	13.52	14.5	16.16	19.44	23.52
s	max	8.00	10.00	13.00	16.00	18.00	21.00	24.00	27.00	30.00	34	36	46	55.0
	min	7.78	9.78	12.73	15.73	17.73	20.67	23.67	26.16	29.16	33	35	45	53.8

① 尽可能不采用括号内的规格。

② P—螺距。

7.2.29　2 型全金属六角锁紧螺母

1. 2 型全金属六角锁紧螺母的形式（图 7-48）
2. 2 型全金属六角锁紧螺母的尺寸（表 7-67）

表 7-67　2 型全金属六角锁紧螺母的尺寸（GB/T 6185.1—2016）

（单位：mm）

螺纹规格 D		M5	M6	M8	M10	M12	(M14)①	M16	M20	M24	M30	M36
P②		0.8	1	1.25	1.5	1.75	2	2	2.5	3	3.5	4
d_a	max	5.75	6.75	8.75	10.8	13	15.1	17.3	21.6	25.9	32.4	38.9
	min	5.00	6.00	8.00	10.0	12	14.0	16.0	20.0	24.0	30.0	36.0
d_w	min	6.88	8.88	11.63	14.63	16.63	19.64	22.49	27.7	33.25	42.75	51.11
e	min	8.79	11.05	14.38	17.77	20.03	23.36	26.75	32.95	39.55	50.85	60.79
h	max	5.1	6.0	8.00	10.00	12.00	14.1	16.4	20.3	23.9	30.0	36.0
	min	4.8	5.4	7.14	8.94	11.57	13.4	15.7	19.0	22.6	27.3	33.1
m_w	min	3.52	3.92	5.15	6.43	8.3	9.68	11.28	13.52	16.16	19.44	23.52
s	max	8.00	10.00	13.00	16.00	18.00	21.00	24.00	30.00	36	46	55.0
	min	7.78	9.78	12.73	15.73	17.73	20.67	23.67	29.16	35	45	53.8

① 尽可能不采用括号内的规格。

② P—螺距。

7.2.30　2 型全金属细牙六角锁紧螺母

1. 2 型全金属细牙六角锁紧螺母的形式（图 7-48）
2. 2 型全金属细牙六角锁紧螺母的尺寸（表 7-68）

表 7-68　2 型全金属细牙六角锁紧螺母的尺寸（GB/T 6185.2—2016）

（单位：mm）

螺纹规格 $D \times P$[①]		M8 ×1	M10×1 M10×1.25	M12×1.25 M12×1.5	(M14×1.5)[②]	M16 ×1.5	M20 ×1.5	M24 ×2	M30 ×2	M36 ×3
d_a	max	8.75	10.8	13	15.1	17.3	21.6	25.9	32.4	38.9
	min	8.00	10.0	12	14.0	16.0	20.0	24.0	30.0	36.0
d_w	min	11.63	14.63	16.63	19.64	22.49	27.7	33.25	42.75	51.11
e	min	14.38	17.77	20.03	23.36	26.75	32.95	39.55	50.85	60.79
h	max	8.00	10.00	12.00	14.1	16.4	20.3	23.9	30.0	36.0
	min	7.14	8.94	11.57	13.4	15.7	19.0	22.6	27.3	33.1
m_w	min	5.15	6.43	8.3	9.68	11.28	13.52	16.16	19.44	23.52
s	max	13.00	16.00	18.00	21.00	24.00	30.00	36	46	55.0
	min	12.73	15.73	17.73	20.67	23.67	29.16	35	45	53.8

① P—螺距。

② 尽可能不采用括号内的规格。

7.2.31　A 和 B 级六角开槽薄螺母

1. A 和 B 级六角开槽薄螺母的形式（图 7-49）

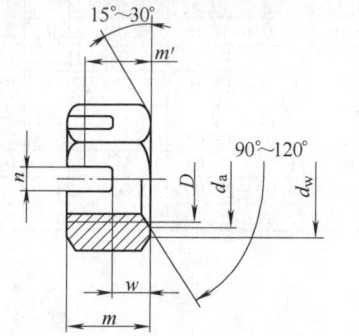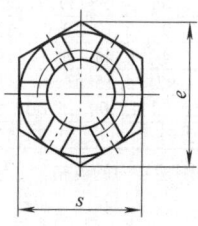

图 7-49　A 和 B 级六角开槽薄螺母

2. A 和 B 级六角开槽薄螺母的尺寸（表 7-69）

表 7-69　A 和 B 级六角开槽薄螺母的尺寸（GB/T 6181—1986）

（单位：mm）

螺纹规格 D		M5	M6	M8	M10	M12	(M14)	M16	M20	M24	M30	M36
d_a	max	5.75	6.75	8.75	10.8	13	15.1	17.3	21.6	25.9	32.4	38.9
	min	5	6	8	10	12	14	16	20	24	30	36
d_w	min	6.9	8.9	11.6	14.6	16.6	19.4	22.5	27.7	33.2	42.7	51.1
e	min	8.79	11.05	14.38	17.77	20.03	23.35	26.75	32.95	39.55	50.85	60.79
m	max	5.1	5.7	7.5	9.3	12	14.1	16.4	20.3	23.9	28.6	34.7
	min	4.8	5.4	7.14	8.94	11.57	13.4	15.7	19	22.6	27.3	33.1
m'	min	3.84	4.32	5.71	7.15	9.26	10.7	12.6	15.2	18.1	21.8	26.5
n	max	2	2.6	3.1	3.4	4.25	4.25	5.7	5.7	6.7	8.5	8.5
	min	1.4	2	2.5	2.8	3.5	3.5	4.5	4.5	5.5	7	7
s	max	8	10	13	16	18	21	24	30	36	46	55
	min	7.78	9.78	12.73	15.73	17.73	20.67	23.67	29.16	35	45	53.8
w	max	3.1	3.5	4.5	5.3	7	9.1	10.4	14.3	15.9	19.6	23.7
	min	2.8	3.2	4.2	5	6.64	8.74	9.97	13.87	15.41	19.08	23.18
开口销		1.2× 12	1.6× 14	2× 16	2.5× 20	3.2× 22	3.2× 25	4× 28	4× 36	5× 40	6.3× 50	6.3× 63

注：尽可能不采用括号内的规格。

7.2.32 A 和 B 级 1 型六角开槽螺母

1. A 和 B 级 1 型六角开槽螺母的形式（图 7-50）

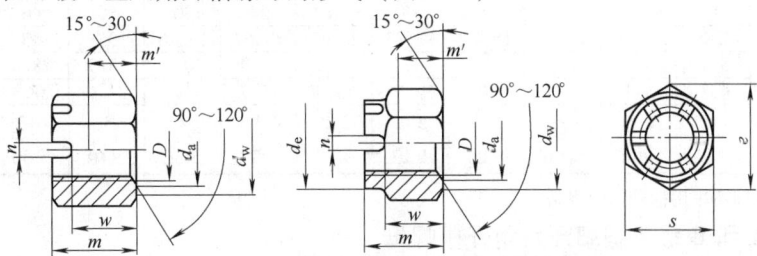

图 7-50 A 和 B 级 1 型、2 型六角开槽螺母

注：1. 槽底板允许制成平底。
2. $(m-\omega)$ 长度内允许制成喇叭形的螺纹孔。
3. 六角与螺母的开槽端的端面交接处允许有圆钝。

2. A 和 B 级 1 型六角开槽螺母的尺寸（表 7-70）

表 7-70 A 和 B 级 1 型六角开槽螺母的尺寸（GB/T 6178—1986）（单位：mm）

螺纹规格 D		M4	M5	M6	M8	M10	M12	(M14)	M16	M20	M24	M30	M36
d_a	max	4.6	5.75	6.75	8.75	10.8	13	15.1	17.3	21.6	25.9	32.4	38.9
	min	4	5	6	8	10	12	14	16	20	24	30	36
d_e	max	—	—	—	—	—	—	—	—	28	34	42	50
	min	—	—	—	—	—	—	—	—	27.16	33	41	49
d_w	min	5.9	6.9	8.9	11.6	14.6	16.6	19.6	22.5	27.7	33.2	42.7	51.1
e	min	7.66	8.79	11.05	14.38	17.77	20.03	23.35	26.75	32.95	39.55	50.85	60.79
m	max	5	6.7	7.7	9.8	12.4	15.8	17.8	20.8	24	29.5	34.6	40
	min	4.7	6.4	7.34	9.44	11.97	15.37	17.37	20.28	23.16	28.66	33.6	39
m'	min	2.32	3.52	3.92	5.15	6.43	8.3	9.68	11.28	13.52	16.16	19.44	23.52
n	min	1.2	1.4	2	2.5	2.8	3.5	3.5	4.5	4.5	5.5	7	7
	max	1.8	2	2.6	3.1	3.4	4.25	4.25	5.7	5.7	6.7	8.5	8.5
s	max	7	8	10	13	16	18	21	24	30	36	46	55
	min	6.78	7.78	9.78	12.73	15.73	17.73	20.67	23.67	29.16	35	45	53.8
w	max	3.2	4.7	5.2	6.8	8.4	10.8	12.8	14.8	18	21.5	25.6	31
	min	2.9	4.4	4.9	6.44	8.04	10.37	12.37	14.37	17.37	20.88	24.98	30.38
开口销		1×10	1.2×12	1.6×14	2×16	2.5×20	3.2×22	3.2×25	4×28	4×36	5×40	6.3×50	6.3×63

注：尽可能不采用括号内的规格。

7.2.33 A 和 B 级 2 型六角开槽螺母

1. A 和 B 级 2 型六角开槽螺母的形式（图 7-50）

2. A 和 B 级 2 型六角开槽螺母的尺寸（表 7-71）

表 7-71 A 和 B 级 2 型六角开槽螺母的尺寸（GB/T 6180—1986）（单位：mm）

螺纹规格 D		M5	M6	M8	M10	M12	(M14)	M16	M20	M24	M30	M36
d_a	max	5.75	6.75	8.75	10.8	13	15.1	17.3	21.6	25.9	32.4	38.9
	min	5	6	8	10	12	14	16	20	24	30	36
d_e	max	—	—	—	—	—	—	—	28	34	42	50
	min	—	—	—	—	—	—	—	27.16	33	41	49
d_w	min	6.9	8.9	11.6	14.6	16.6	19.6	22.5	27.7	33.2	42.7	51.1
e	min	8.79	11.05	14.38	17.77	20.03	23.35	26.75	32.95	39.55	50.85	60.79
m	max	6.9	8.3	10	12.3	15	19.1	21.1	26.3	31.9	37.6	43.7
	min	6.6	7.94	9.64	11.87	15.57	18.58	20.58	25.46	31.06	36.7	42.7
m'	min	3.84	4.32	5.71	7.15	9.26	10.7	12.6	15.7	18.1	21.8	26.5
n	min	1.4	2	2.5	2.8	3.5	3.5	4.5	4.5	5.5	7	7
	max	2	2.6	3.1	3.4	4.25	4.25	5.7	5.7	6.7	8.5	8.5

(续)

螺纹规格 D		M5	M6	M8	M10	M12	(M14)	M16	M20	M24	M30	M36
s	max	8	10	13	16	18	21	24	30	36	46	55
	min	7.85	9.78	12.73	15.73	17.73	20.67	23.67	29.16	35	45	53.8
w	max	5.1	5.7	7.5	9.3	12	14.1	16.4	20.3	23.9	28.6	34.7
	min	4.8	5.4	7.14	8.94	11.57	13.4	15.7	19	22.6	27.3	33.1
开口销		1.2×12	1.6×14	2×16	2.5×20	3.2×22	3.2×25	4×28	4×36	5×40	6.3×50	6.3×63

注：尽可能不采用括号内的规格。

7.2.34 A 和 B 级 2 型细牙六角开槽螺母

1. A 和 B 级 2 型细牙六角开槽螺母的形式（图 7-50）
2. A 和 B 级 2 型细牙六角开槽螺母的尺寸（表 7-72）

表 7-72 A 和 B 级 2 型细牙六角开槽螺母的尺寸（GB/T 9458—1988）

（单位：mm）

螺纹规格 $D \times P$		M8×1	M10×1 (M10×1.25)	M12×1.5 (M12×1.25)	(M14×1.5)	M16×1.5	(M18×1.5)	M20×2 (M20×1.5)
d_a	max	8.75	10.8	13	15.1	17.3	19.5	21.6
	min	8	10	12	14	16	18	20
d_e	max	—	—	—	—	—	25	28
	min	—	—	—	—	—	24.16	27.16
d_w	min	11.6	14.6	16.6	19.6	22.5	24.8	27.7
e	min	14.38	17.77	20.03	23.36	26.75	29.56	32.95
m	max	10.5	13.3	17	19.1	22.4	23.6	26.3
	min	10.07	12.87	16.57	18.58	21.88	22.76	25.46
m'	min	5.71	7.15	9.26	10.7	12.6	13.5	15.2
n	max	3.1	3.4	4.25	4.25	5.7	5.7	5.7
	min	2.5	2.8	3.5	3.5	4.5	4.5	4.5
s	max	13	16	18	21	24	27	30
	min	12.73	15.73	17.73	20.67	23.67	26.16	29.16
w	max	7.5	9.3	12	14.1	16.4	17.6	20.3
	min	7.14	8.94	11.57	13.67	15.97	16.9	19.46
开口销		2×16	2.5×20	3.2×22	3.2×26	4×28	4×32	4×36
螺纹规格 $D \times P$		(M22×1.5)	M24×2	(M27×2)	M30×2	(M33×2)	M36×3	
d_a	max	23.7	25.9	29.1	32.4	35.6	38.9	
	min	22	24	27	30	33	36	
d_e	max	30	34	38	42	46	50	
	min	29.16	33	37	41	45	49	
d_w	min	31.4	33.2	38	42.7	46.6	51.1	
e	min	37.29	39.55	45.2	50.85	55.37	60.75	
m	max	29.8	31.9	34.7	37.6	41.5	43.7	
	min	28.96	30.9	33.7	36.6	40.5	42.7	
m'	min	16.4	18.1	20.3	21.8	24.7	26.5	
n	max	6.7	6.7	6.7	8.5	8.5	8.5	
	min	5.5	5.5	5.5	7	7	7	
s	max	34	36	41	46	50	55	
	min	33	35	40	45	49	53.8	
w	max	21.8	23.9	26.7	28.6	32.5	34.7	
	min	20.5	23.06	25.4	27.76	30.9	33.7	
开口销		5×40	5×40	5×45	6.3×50	6.3×60	6.3×65	

注：尽可能不采用括号内的规格。

7.2.35 C 级 1 型六角开槽螺母

1. C 级 1 型六角开槽螺母的形式（图 7-51）

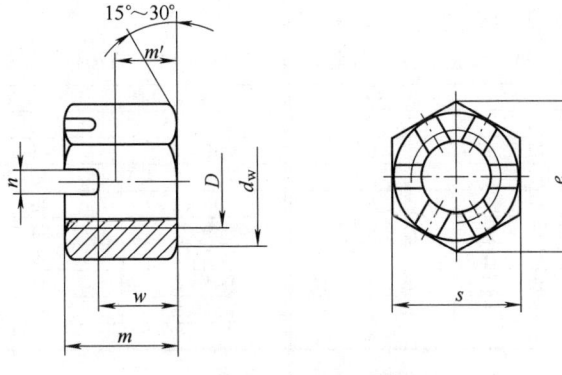

图 7-51　C 级 1 型六角开槽螺母

注：1. 槽底板允许制成平底。
　　2. （$m-\omega$）长度内允许制成喇叭形的螺纹孔。
　　3. 六角与螺母的开槽端的端面交接处允许有圆钝。

2. C 级 1 型六角开槽螺母的尺寸（表 7-73）

表 7-73　C 级 1 型六角开槽螺母的尺寸（GB/T 6179—1986）（单位：mm）

螺纹规格 D		M5	M6	M8	M10	M12	(M14)	M16	M20	M24	M30	M36
d_w	min	6.9	8.7	11.5	14.5	16.5	19.2	22	27.7	33.2	42.7	51.1
e	min	8.63	10.89	14.20	17.59	19.85	22.78	26.17	32.95	39.55	50.85	60.79
m	max	6.7	7.7	9.8	12.4	15.8	17.8	20.8	24	29.5	34.6	40
	min	5.2	6.2	8.3	10.6	14	16	18.7	21.9	27.4	32.1	37.5
m'	min	3.5	3.9	5.1	6.4	8.3	9.7	11.3	13.5	16.2	19.5	23.5
n	max	2	2.6	3.1	3.4	4.25	4.25	5.7	5.7	6.7	8.5	8.5
	min	1.4	2	2.5	2.8	3.5	3.5	4.5	4.5	5.5	7	7
s	max	8	10	13	16	18	21	24	30	36	46	55
	min	7.64	9.64	12.57	15.57	17.57	20.16	23.16	29.16	35	45	53.8
w	max	4.7	5.2	6.8	8.4	10.8	12.8	14.8	18	21.5	25.6	31
	min	4.22	4.72	6.22	7.82	10.1	12.1	14.1	17.3	20.66	24.76	30
开口销		1.2×12	1.6×14	2×16	2.5×20	3.2×22	3.2×25	4×28	4×36	5×40	6.3×50	6.3×63

注：尽可能不采用括号内的规格。

7.2.36　管接头用六角薄螺母

1. 管接头用六角薄螺母的形式（图 7-52）

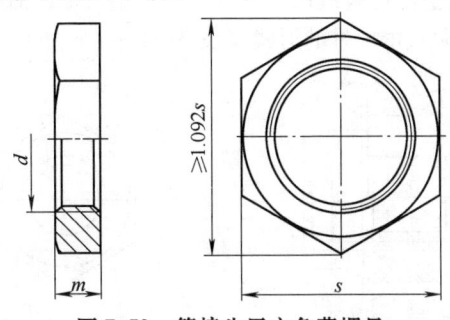

图 7-52　管接头用六角薄螺母

2. 管接头用六角薄螺母的尺寸（表 7-74）

表 7-74　管接头用六角薄螺母的尺寸（GB/T 3763—2008）　（单位：mm）

d	s	$m \pm 0.2$	d	s	$m \pm 0.2$
M10×1	14	6	M27×1.5	36	8
M12×1.5	17	6	M30×2	41	8
M14×1.5	19	6	M33×2	46	8
M16×1.5	22	6	M36×2	46	9
M18×1.5	24	6	M39×2	50	9
M20×1.5	27	6	M42×2	50	9
M22×1.5	30	7	M45×2	55	9
M24×1.5	32	7	M52×2	65	10
M26×1.5	36	8			

7.2.37　精密机械用六角螺母

1. 精密机械用六角螺母的形式（图 7-53）

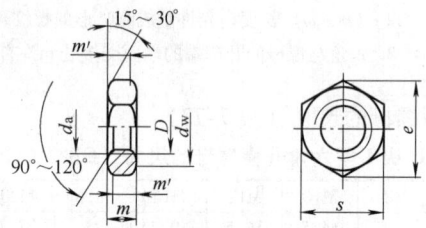

图 7-53　精密机械用六角螺母

2. 精密机械用六角螺母的尺寸（表 7-75）

表 7-75　精密机械用六角螺母的尺寸（GB/T 18195—2000）（单位：mm）

螺纹规格 D		M1	M1.2	M1.4
P[①]		0.25	0.25	0.3
d_a	min	1	1.2	1.4
	max	1.15	1.35	1.6
d_w	min	2.25	2.7	2.7
e	min	2.69	3.25	3.25
m	max	0.8	1	1.2
	min	0.66	0.86	1.06
m'	min	0.53	0.69	0.85
s	max	2.5	3	3
	min	2.4	2.9	2.9

① P—螺距。

7.2.38　钢结构用高强度大六角螺母

1. 钢结构用高强度大六角螺母的形式（图 7-54）

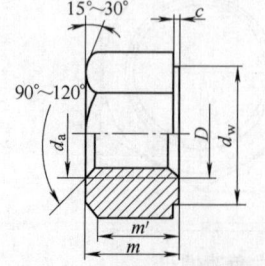 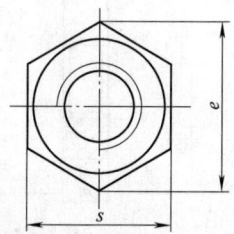

图 7-54　钢结构用高强度大六角螺母

2. 钢结构用高强度大六角螺母的尺寸（表7-76）

表7-76 钢结构用高强度大六角螺母的尺寸（GB/T 1229—2006）（单位：mm）

螺纹规格 D		M12	M16	M20	(M22)	M24	(M27)	M30
P		1.75	2	2.5	2.5	3	3	3.5
d_a	max	13	17.3	21.6	23.8	25.9	29.1	32.4
	min	12	16	20	22	24	27	30
d_w	min	19.2	24.9	31.4	33.3	38.0	42.8	46.5
e	min	22.78	29.56	37.29	39.55	45.20	50.85	55.37
m	max	12.3	17.1	20.7	23.6	24.2	27.6	30.7
	min	11.87	16.4	19.4	22.3	22.9	26.3	29.1
m'	min	8.3	11.5	13.6	15.6	16.0	18.4	20.4
c	max	0.8	0.8	0.8	0.8	0.8	0.8	0.8
	min	0.4	0.4	0.4	0.4	0.4	0.4	0.4
s	max	21	27	34	36	41	46	50
	min	20.16	26.16	33	35	40	45	49
支承面对螺纹轴线的垂直度公差		0.29	0.38	0.47	0.50	0.57	0.64	0.70
每1000个钢螺母重量/kg ≈		27.68	61.51	118.77	146.59	202.67	288.51	374.01

注：括号内的规格为第二选择系列。

7.2.39 圆翼蝶形螺母

1. 圆翼蝶形螺母的形式（图7-55）

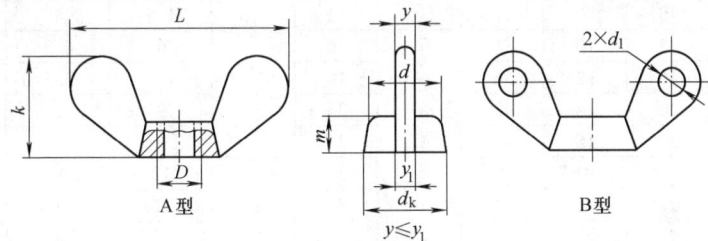

图7-55 圆翼蝶形螺母

2. 圆翼蝶形螺母的尺寸（表7-77）

表7-77 圆翼蝶形螺母的尺寸（GB/T 62.1—2004） （单位：mm）

螺纹规格 D	d_k min	d ≈	L	k	m min	y max	y_1 max	d_1 max
M2	4	3	12	6	2	2.5	3	2
M2.5	5	4	16	8	3	2.5	3	2.5
M3	5	4	16	8	3	2.5	3	3
M4	7	6	20	±1.5	10	4	3	4	4
M5	8.5	7	25	12	5	3.5	4.5	4
M6	10.5	9	32	16	6	4	5	5
M8	14	12	40	20	8	4.5	5.5	6
M10	18	15	50	25	10	5.5	6.5	7
M12	22	18	60	±2	30	12	7	8	8
(M14)	26	22	70	35	14	8	9	9
M16	26	22	70	35	14	8	9	9
(M18)	30	25	80	40	±2	16	8	10	10
M20	34	28	90	45	18	9	11	10
(M22)	38	32	100	50	20	10	12	10
M24	43	36	112	±2.5	56	22	11	13	12

注：尽可能不采用括号内的规格。

7.2.40 方翼蝶形螺母

1. 方翼蝶形螺母的形式（图 7-56）

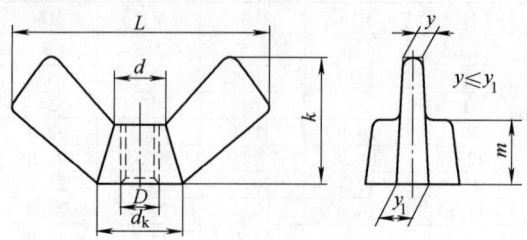

图 7-56 方翼蝶形螺母

2. 方翼蝶形螺母的尺寸（表 7-78）

表 7-78 方翼蝶形螺母的尺寸（GB/T 62.2—2004） （单位：mm）

螺纹规格 D	d_k min	d ≈	L		k		m min	y max	y_1 max
M3	6.5	4	17	±1.5	9	±1.5	3	3	4
M4	6.5	4	17		9		3	3	4
M5	8	6	21		11		4	3.5	4.5
M6	10	7	27		13		4.5	4	5
M8	13	10	31		16		6	4.5	5.5
M10	16	12	36		18		7.5	5.5	6.5
M12	20	16	48	±2	23	±2	9	7	8
(M14)	20	16	48		23		9	7	8
M16	27	22	68		35		12	8	9
(M18)	27	22	68		35		12	8	9
M20	27	22	68		35		12	8	9

注：尽可能不采用括号内的规格。

7.2.41 冲压蝶形螺母

1. 冲压蝶形螺母的形式（图 7-57）

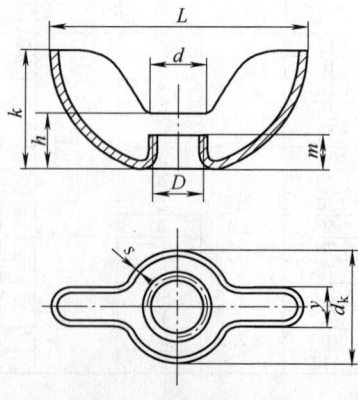

图 7-57 冲压蝶形螺母

2. 冲压蝶形螺母的尺寸（表7-79）

表7-79 冲压蝶形螺母的尺寸（GB/T 62.3—2004）　　（单位：mm）

螺纹规格 D	d_k max	d ≈	L	k	h ≈	y max	A型（高型）		B型（低型）	
							m	s	m	s
M3	10	5	16	6.5	2	4	3.5	±0.5	1.4	±0.3	0.8
M4	12	6	19	8.5	2.5	5	4	±0.5	1.6	±0.3	0.8
M5	13	7	22	9	3	5.5	4.5	1	1.8		
M6	15	9	25	9.5	3.5	5	2.4	±0.4	1
M8	17	10	28	11	5	7	6	±0.8	3.1	±0.5	1.2
M10	20	12	35	±1.5	12	6	8	7	1.2	3.8	

7.2.42 压铸蝶形螺母

1. 压铸蝶形螺母的形式（图7-58）

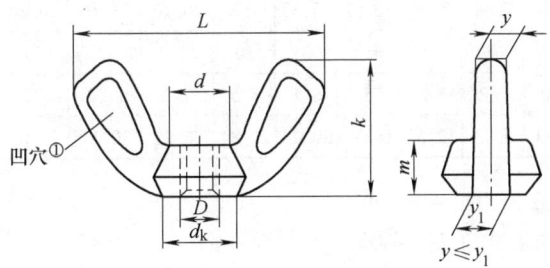

图7-58 压铸蝶形螺母

① 有无凹穴及其形式与尺寸，由制造者确定。

2. 压铸蝶形螺母的尺寸（表7-80）

表7-80 压铸蝶形螺母的尺寸（GB/T 62.4—2004）　　（单位：mm）

螺纹规格 D	d_k min	d ≈	L	k	m min	y max	y_1 max
M3	5	4	16	8.5	2.4	2.5	3
M4	7	6	21	11	3.2	3	4
M5	8.5	7	21	±1.5	11	±1.5	4	3.5	4.5
M6	10.5	9	23	14	5	4	5
M8	13	10	30	16	6.5	4.5	5.5
M10	16	12	37	±2	19	8	5.5	6.5

7.2.43 C级方螺母

1. C级方螺母的形式（图7-59）

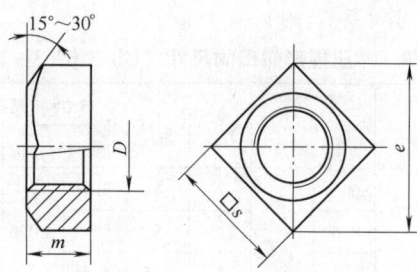

图 7-59 C 级方螺母

2. C 级方螺母的尺寸（表 7-81）

表 7-81　C 级方螺母的尺寸（GB/T 39—1988）　　　　（单位：mm）

螺纹规格 D		M3	M4	M5	M6	M8	M10	M12	(M14)	M16	(M18)	M20	(M22)	M24
s	max	5.5	7	8	10	13	16	18	21	24	27	30	34	36
	min	5.2	6.64	7.64	9.64	12.57	15.57	17.57	20.16	23.16	26.16	29.16	33	35
m	max	2.4	3.2	4	5	6.5	8	10	11	13	15	16	18	19
	min	1.4	2.0	2.8	3.8	5	6.5	8.5	9.2	11.2	13.2	14.2	16.2	16.9
e	min	6.76	8.63	9.93	12.53	16.34	20.24	22.84	26.21	30.11	34.01	37.91	42.9	45.5

7.2.44　焊接方螺母

1. 焊接方螺母的形式（图 7-60）

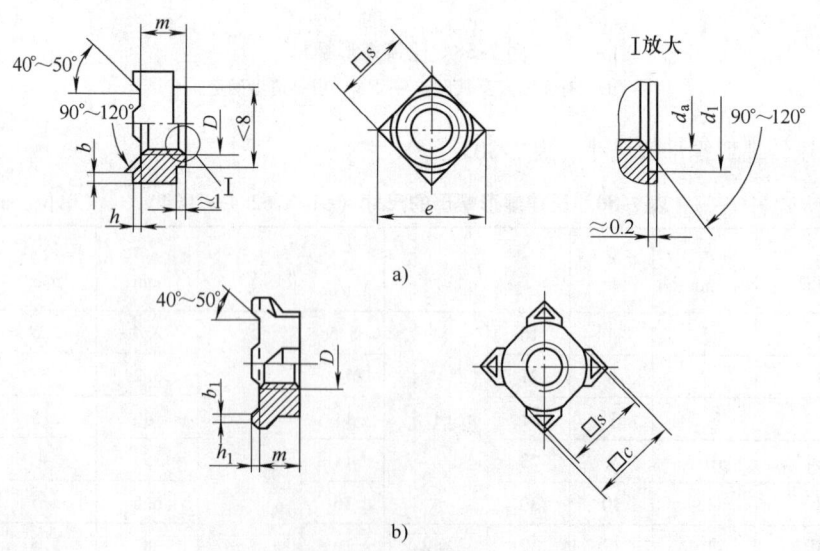

图 7-60　焊接方螺母

a) A 型　　b) B 型

注：尽可能不采用 B 型。

2. 焊接方螺母的尺寸（表7-82）

表7-82 焊接方螺母的尺寸（GB/T 13680—1992） （单位：mm）

螺纹规格 D 或 $D \times P$		M4	M5	M6	M8	M10	M12	(M14)	M16
		—	—	—	M8×1	M10×1	M12×1.5	(M14×1.5)	M16×1.5
		—	—	—	—	M10×1.25	M12×1.25	—	—
b	max	0.8	1.0	1.2	1.5	1.8	2.0	2.5	2.5
	min	0.5	0.7	0.9	1.2	1.4	1.6	2.1	2.1
b_1	max		1.5			1.5	2	—	—
	min		0.3			0.3	0.5	—	—
d_1	max	5.18	6.18	7.72	10.22	12.77	13.77	17.07	19.13
	min	5	6	7.5	10	12.5	13.5	16.8	18.8
d_a	max	4.6	5.75	6.75	8.75	10.8	13	15.1	17.3
	min	4	5	6	8	10	12	14	16
e	min	8.63	9.93	12.53	16.34	20.24	22.84	26.21	30.11
h	max	0.7	0.9	0.9	1.1	1.3	1.5	1.5	1.7
	min	0.5	0.7	0.7	0.9	1.1	1.3	1.3	1.5
h_1	max		1			1	1.2	—	—
	min		0.8			0.8	1	—	—
m	max	3.5	4.2	5.0	6.5	8.0	9.5	11.0	13.0
	min	3.2	3.9	4.7	6.14	7.64	9.14	10.3	12.3
s	max	7	8	10	13	16	18	21	24
	min	6.64	7.64	9.64	12.57	15.57	17.57	20.16	23.16
0.5 $(c-s)$		0.3~0.5			0.5~1	0.5~1		—	—

注：尽可能不采用括号内的规格。

7.2.45 圆螺母

1. 圆螺母的形式（图7-61）

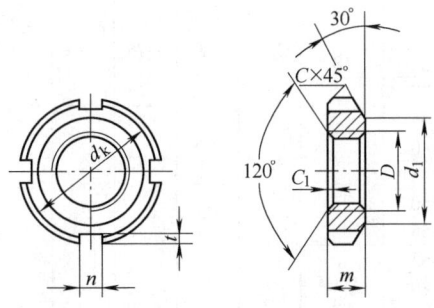

图7-61 圆螺母

注：$D \leqslant M100 \times 2$，槽数 $n=4$；$D \geqslant M105 \times 2$，槽数 $n=6$。

2. 圆螺母的尺寸（表7-83）

表 7-83 圆螺母的尺寸（GB/T 812—1988） （单位：mm）

螺纹规格 $D \times P$	d_k	d_1	m	n max	n min	t max	t min	C	C_1
M10×1	22	16	8	4.3	4	2.6	2	0.5	0.5
M12×1.25	25	19	8	4.3	4	2.6	2	0.5	0.5
M14×1.5	28	20	8	4.3	4	2.6	2	0.5	0.5
M16×1.5	30	22	8	4.3	4	2.6	2	0.5	0.5
M18×1.5	32	24	8	4.3	4	2.6	2	0.5	0.5
M20×1.5	35	27	8	4.3	4	2.6	2	0.5	0.5
M22×1.5	38	30	10	5.3	5	3.1	2.5	1	0.5
M24×1.5	42	34	10	5.3	5	3.1	2.5	1	0.5
M25×1.5①	42	34	10	5.3	5	3.1	2.5	1	0.5
M27×1.5	45	37	10	5.3	5	3.1	2.5	1	0.5
M30×1.5	48	40	10	5.3	5	3.1	2.5	1	0.5
M33×1.5	52	43	10	5.3	5	3.1	2.5	1	0.5
M35×1.5①	52	43	10	5.3	5	3.1	2.5	1	0.5
M36×1.5	55	46	10	6.3	6	3.6	3	1	0.5
M39×1.5	58	49	10	6.3	6	3.6	3	1	0.5
M40×1.5①	58	49	10	6.3	6	3.6	3	1	0.5
M42×1.5	62	53	10	6.3	6	3.6	3	1	0.5
M45×1.5	68	59	10	6.3	6	3.6	3	1	0.5
M48×1.5	72	61	12	8.36	8	4.25	3.5	1.5	1
M50×1.5①	72	61	12	8.36	8	4.25	3.5	1.5	1
M52×1.5	78	67	12	8.36	8	4.25	3.5	1.5	1
M55×2	78	67	12	8.36	8	4.25	3.5	1.5	1
M58×2	85	74	12	8.36	8	4.25	3.5	1.5	1
M60×2	90	79	12	8.36	8	4.25	3.5	1.5	1
M64×2	95	84	12	8.36	8	4.25	3.5	1.5	1
M65×2①	95	84	12	8.36	8	4.25	3.5	1.5	1
M68×2	100	88	12	8.36	8	4.25	3.5	1.5	1
M72×2	105	93	15	10.36	10	4.75	4	1.5	1
M75×2①	105	93	15	10.36	10	4.75	4	1.5	1
M76×2	110	98	15	10.36	10	4.75	4	1.5	1
M80×2	115	103	15	10.36	10	4.75	4	1.5	1
M85×2	120	108	15	10.36	10	4.75	4	1.5	1
M90×2	125	112	18	12.43	12	5.75	5	1.5	1
M95×2	130	117	18	12.43	12	5.75	5	1.5	1
M100×2	135	122	18	12.43	12	5.75	5	1.5	1
M105×2	140	127	18	12.43	12	5.75	5	1.5	1
M110×2	150	135	22	14.43	14	6.75	6	1.5	1
M115×2	155	140	22	14.43	14	6.75	6	1.5	1
M120×2	160	145	22	14.43	14	6.75	6	1.5	1
M125×2	165	150	22	14.43	14	6.75	6	1.5	1
M130×2	170	155	22	14.43	14	6.75	6	1.5	1
M140×2	180	165	26	16.43	16	7.9	7	2	1.5
M150×2	200	180	26	16.43	16	7.9	7	2	1.5
M160×3	210	190	26	16.43	16	7.9	7	2	1.5
M170×3	220	200	30	16.43	16	7.9	7	2	1.5
M180×3	230	210	30	16.43	16	7.9	7	2	1.5
M190×3	240	220	30	16.43	16	7.9	7	2	1.5
M200×3	250	230	30	16.43	16	7.9	7	2	1.5

① 仅用于滚动轴承锁紧装置。

7.2.46 小圆螺母

1. 小圆螺母的形式（图7-62）

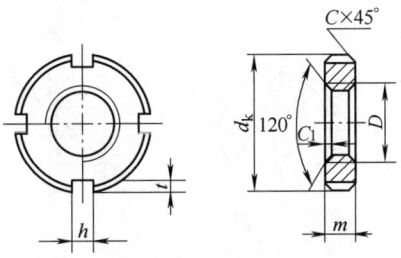

图7-62 小圆螺母

注：$D \leqslant M100 \times 2$，槽数 $n=4$；$D \geqslant M105 \times 2$，槽数 $n=6$。

2. 小圆螺母的尺寸（表7-84）

表7-84 小圆螺母的尺寸（GB/T 810—1988） （单位：mm）

螺纹规格 $D \times P$		M10×1	M12×1.25	M14×1.5	M16×1.5	M18×1.5	M20×1.5	M22×1.5	M24×1.5	M27×1.5	M30×1.5	M33×1.5	M36×1.5	M39×1.5	M42×1.5
d_k		20	22	25	28	30	32	35	38	42	45	48	52	55	58
m		6							8						
h	max	4.3					5.30					6.30			
	min	4					5					6			
t	max	2.6					3.10					3.60			
	min	2					2.5					3			
C		0.5							1						
C_1							0.5								

螺纹规格 $D \times P$		M45×1.5	M48×1.5	M52×1.5	M56×2	M60×2	M64×2	M68×2	M72×2	M76×2	M80×2	M85×2	M90×2	M95×2	M100×2
d_k		62	68	72	78	80	85	90	95	100	105	110	115	120	125
m		8			10						12				
h	max	6.3			8.36						10.36				12.43
	min	6			8						10				12
t	max	3.6			4.25						4.75				5.75
	min	3			3.5						4				5
C		1									1.5				
C_1		0.5							1						

螺纹规格 $D \times P$		M105×2	M110×2	M115×2	M120×2	M125×2	M130×2	M140×2	M150×2	M160×3	M170×3	M180×3	M190×3	M200×3
d_k		130	135	140	145	150	160	170	180	195	205	220	230	240
m		15						18				22		
h	max	12.43						14.43				16.43		
	min	12						14				16		
t	max	5.75						6.75				7.90		
	min	5						6				7		
C		1.5								2				
C_1		1								1.5				

7.2.47 带槽圆螺母

1. 带槽圆螺母的形式（图 7-63）

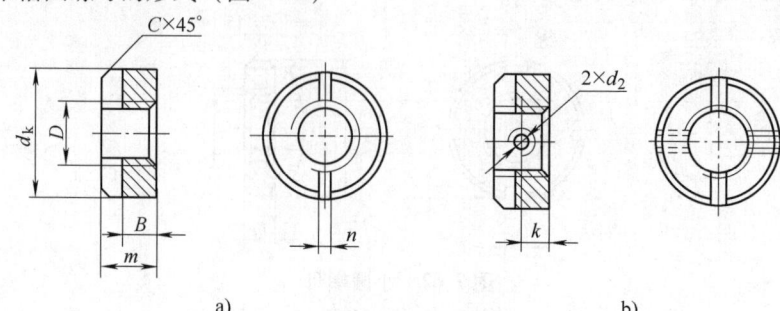

图 7-63 带槽圆螺母
a) A 型　b) B 型

2. 带槽圆螺母的尺寸（表 7-85）

表 7-85 带槽圆螺母的尺寸（GB/T 817—1988）　（单位：mm）

螺纹规格 D		M1.4	M1.6	M2	M2.5	M3	M4	M5	M6	M8	M10	M12
d_k	max	3	4	4.5	5.5	6	8	10	11	14	18	22
	min	2.86	3.82	4.32	5.32	5.82	7.78	9.78	10.73	13.73	17.73	21.67
m	max	1.6	2	2.2	2.5	3	3.5	4.2	5	6.5	8	10
	min	1.35	1.75	1.95	2.25	2.70	3.2	3.9	4.7	6.14	7.64	9.64
B	max	1.1	1.2	1.4	1.6	2	2.5	2.8	3	4	5	6
	min	0.85	0.95	1.15	1.35	1.75	2.25	2.55	2.75	3.70	4.70	5.70
n	公称	0.4	0.5	0.6	0.8	1	1.2	1.6	2	2.5	3
	min	0.46	0.56	0.66	0.86	0.96	1.26	1.66	2.06	2.56	3.06
	max	0.6	0.7	0.8	1	1.31	1.51	1.91	2.31	2.81	3.31
k		—	—	—	1.1	1.3	1.8	2.1	2.5	3.3	4	5
C		0.1			0.2		0.3		0.4		0.5	0.8
d_2		—	—	—			M1.4		M2		M3	M4

7.2.48 端面带孔圆螺母

1. 端面带孔圆螺母的形式（图 7-64）

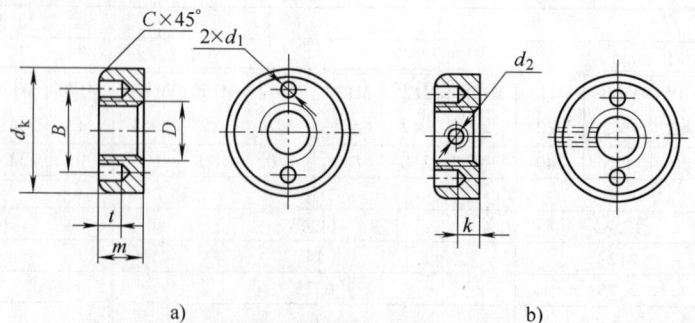

图 7-64 端面带孔圆螺母
a) A 型　b) B 型

2. 端面带孔圆螺母的尺寸（表7-86）

表7-86 端面带孔圆螺母的尺寸（GB/T 815—1988） （单位：mm）

螺纹规格 D		M2	M2.5	M3	M4	M5	M6	M8	M10
d_k	max	5.5	7	8	10	12	14	18	22
	min	5.32	6.78	7.78	9.78	11.73	13.73	17.73	21.67
m	max	2	2.2	2.5	3.5	4.2	5	6.5	8
	min	1.75	1.95	2.25	3.2	3.9	4.7	6.14	7.64
d_1		1	1.2	1.5		2	2.5	3	3.5
t		2	2.2	1.5	2	2.5	3	3.5	4
B		4	5	5.5	7	8	10	13	15
k		1	1.1	1.3	1.8	2.1	2.5	3.3	4
C		0.2		0.3		0.4		0.5	0.8
d_2		M1.2		M1.4		M2		M2.5	M3

7.2.49 侧面带孔圆螺母

1. 侧面带孔圆螺母的形式（图7-65）

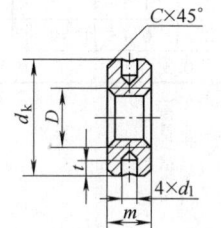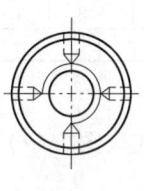

图7-65 侧面带孔圆螺母

2. 侧面带孔圆螺母的尺寸（表7-87）

表7-87 侧面带孔圆螺母的尺寸（GB/T 816—1988） （单位：mm）

螺纹规格 D		M2	M2.5	M3	M4	M5	M6	M8	M10
d_k	max	5.5	7	8	10	12	14	18	22
	min	5.32	6.78	7.78	9.78	11.73	13.73	17.73	21.67
m	max	2	2.2	2.5	3.5	4.2	5	6.5	8
	min	1.75	1.95	2.25	3.2	3.9	4.7	6.14	7.64
d_1		1	1.2	1.5		2	2.5	3	3.5
t		1.2		1.5	2	2.5	3	3.5	4
C		0.2		0.3		0.4		0.5	0.8

7.2.50 滚花高螺母

1. 滚花高螺母的形式（图7-66）

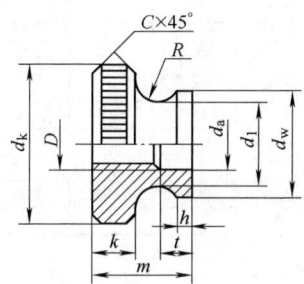

图7-66 滚花高螺母

2. 滚花高螺母的尺寸（表 7-88）

表 7-88 滚花高螺母的尺寸（GB/T 806—1988）　　（单位：mm）

螺纹规格 D		M1.6	M2	M2.5	M3	M4	M5	M6	M8	M10
d_k（滚花前）	max	7	8	9	11	12	16	20	24	30
	min	6.78	7.78	8.78	10.73	11.73	15.73	19.67	23.67	29.67
m	max	4.7	5	5.5	7	8	10	12	16	20
	min	4.4	4.7	5.2	6.64	7.64	9.64	11.57	15.57	19.48
k		2	2	2.2	2.8	3	4	5	6	8
d_w	max	4	4.5	5	6	8	10	12	16	20
	min	3.7	4.2	4.7	5.7	7.64	9.64	11.57	15.57	19.48
d_a	max	2.05	2.45	2.95	3.5	4.5	5.5	6.56	8.86	10.93
	min	1.8	2.2	2.7	3.2	4.2	5.2	6.2	8.5	10.5
t	max	1.5	1.5	2	2	2.5	3	4	5	6.5
R	min	1.25	1.25	1.5	2	2	2.5	3	4	5
h		0.8	0.8	1	1.2	1.5	2	2.5	3	3.8
d_1		3.6	3.8	4.4	5.2	6.4	9	11	13	17.5
C		0.2	0.2	0.2	0.3	0.3	0.5	0.5	0.8	0.8

7.2.51 滚花薄螺母

1. 滚花薄螺母的形式（图 7-67）

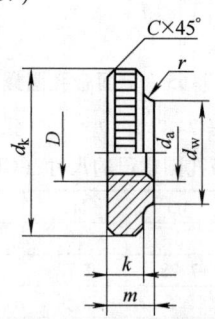

图 7-67 滚花薄螺母

2. 滚花薄螺母的尺寸（表 7-89）

表 7-89 滚花薄螺母的尺寸（GB/T 807—1988）　　（单位：mm）

螺纹规格 D		M1.4	M1.6	M2	M2.5	M3	M4	M5	M6	M8	M10
d_k（滚花前）	max	6	7	8	9	11	12	16	20	24	30
	min	5.78	6.78	7.78	8.78	10.73	11.73	15.73	19.67	23.67	29.67
m	max	2	2.5	2.5	2.5	3	3	4	5	6	8
	min	1.75	2.25	2.25	2.25	2.75	2.75	3.7	4.7	5.7	7.64
k		1.5	1.5	2	2	2.0	2.5	3.5	4.0	5.0	6.0
d_w	max	3.5	4	4.5	5	6	8	10	12	16	20
	min	3.2	3.7	4.2	4.7	5.7	7.64	9.64	11.57	15.57	19.48
r		0.5	0.5	0.5	0.5	0.5	0.5	0.5	0.5	1	2
C		0.2	0.2	0.2	0.2	0.3	0.3	0.5	0.5	0.8	0.8
d_a	max	1.64	1.84	2.3	2.9	3.45	4.6	5.75	6.75	8.75	10.8
	min	1.4	1.6	2	2.5	3	4	5	6	8	10

7.2.52 平头铆螺母

1. 平头铆螺母的形式（图 7-68）

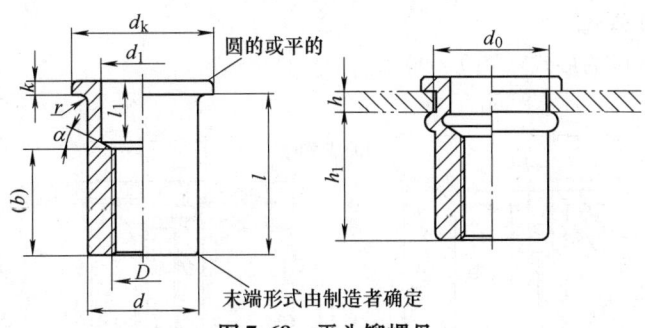

图 7-68 平头铆螺母

注：$b = (1.25 \sim 1.5) D$；α 由制造者确定；允许在支承面和（或）d 圆周表面制出花纹，其形式与尺寸由制造者确定。

2. 平头铆螺母的尺寸（表 7-90）

表 7-90 平头铆螺母的尺寸（GB/T 17880.1—1999）　　（单位：mm）

螺纹规格		d	d_1	d_k	k	r	l	l_1	d_0	h_1	铆接厚度
粗牙 D	细牙 $D \times P$	-0.03 -0.10	H12	max			max	参考	$+0.15$ 0	参考	h 推荐
M3	—	5	4.0	8	0.8	0.2	7.5 8.5 9.5 10.5	3.3 4.3 5.3 6.3	5	5.8	0.25~1.0 1.0~2.0 2.0~3.0 3.0~4.0
M4	—	6	4.8	9	0.8	0.2	9.0 10.0 11.0 12.0	3.3 4.3 5.3 6.3	6	7.5	0.25~1.0 1.0~2.0 2.0~3.0 3.0~4.0
M5	—	7	5.6	10	1.0	0.2	11.0 12.0 13.0 14.0	4.0 5.0 6.0 7.0	7	9.3	0.25~1.0 1.0~2.0 2.0~3.0 3.0~4.0
M6	—	9	7.5	12	1.5	0.2	13.5 15.0 16.5 18.0	5.5 7.0 8.5 10.0	9	11	0.5~1.5 1.5~3.0 3.0~4.5 4.5~6.0
M8	—	11	9.2	14	1.5	0.3	15.0 16.5 18.0 19.5	6.0 7.5 9.0 10.5	11	12.3	0.5~1.5 1.5~3.0 3.0~4.5 4.5~6.0
M10	M10×1	13	11	16	1.8	0.3	18.0 19.5 21.0 22.5	6.8 8.3 9.8 11.3	13	15.0	0.5~1.5 1.5~3.0 3.0~4.5 4.5~6.0
M12	M12×1.5	15	13	18	1.8	0.3	21.0 22.5 24.0 25.5	7.3 8.8 10.3 11.8	15	17.5	0.5~1.5 1.5~3.0 3.0~4.5 4.5~6.0

7.2.53 沉头铆螺母

1. 沉头铆螺母的形式（图 7-69）

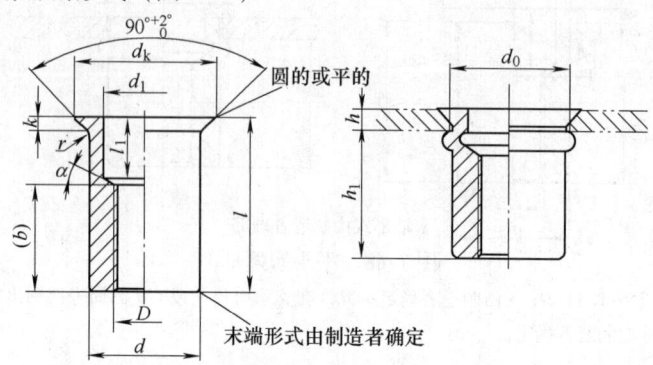

图 7-69　沉头铆螺母

注：$b = (1.25 \sim 1.5) D$；α 由制造者确定；允许在支承面和（或）d 圆周表面制出花纹，其形式与尺寸由制造者确定。

2. 沉头铆螺母的尺寸（表 7-91）

表 7-91　沉头铆螺母的尺寸（GB/T 17880.2—1999）　　（单位：mm）

螺纹规格		d	d_1	d_k	k	r	l	l_1	d_0	h_1	铆接厚度
粗牙 D	细牙 $D \times P$	-0.03 -0.10	H12	max			max	参考	$+0.15$ 0	参考	h 推荐
M3	—	5	4.0	8	1.5	0.2	9.0	4.0	5	5.8	1.7~2.5
							10.0	5.0			2.5~3.5
							11.0	6.0			3.5~4.5
M4	—	6	4.8	9	1.5	0.2	10.5	4.0	6	7.5	1.7~2.5
							11.5	5.0			2.5~3.5
							12.5	6.0			3.5~4.5
M5	—	7	5.6	10	1.5	0.2	12.5	4.5	7	9.3	1.7~2.5
							13.5	5.5			2.5~3.5
							14.5	6.5			3.5~4.5
M6	—	9	7.5	12	1.5	0.2	15.0	5.5	9	11.0	1.7~3.0
							16.5	7.0			3.0~4.5
							18.0	8.5			4.5~6.0
M8	—	11	9.2	14	1.5	0.3	16.5	6.0	11	12.3	1.7~3.0
							18.0	7.5			3.0~4.5
							19.5	9.0			4.5~6.0
M10	M10×1	13	11	16	1.5	0.3	19.5	6.5	13	15.0	1.7~3.0
							21.0	8.0			3.0~4.5
							22.5	9.5			4.5~6.0
							24.0	11.0			6.0~7.5
M12	M12×1.5	15	13	18	1.5	0.3	22.5	7.0	15	17.5	1.7~3.0
							24.0	8.5			3.0~4.5
							25.5	10.0			4.5~6.0
							27.0	11.5			6.0~7.5

7.2.54 小沉头铆螺母

1. 小沉头铆螺母的形式（图7-69）
2. 小沉头铆螺母的尺寸（表7-92）

表7-92 小沉头铆螺母的尺寸（GB/T 17880.3—1999）（单位：mm）

| 螺纹规格 | | d | d_1 | d_k | k | r | l | l_1 | d_0 | h_1 | 铆接厚度 |
粗牙 D	细牙 $D \times P$	-0.03 -0.10	H12	max			max	参考	$+0.15$ 0	参考	h 推荐
M3	—	5	4.0	5.5	0.35	0.2	7.5	2.5	5	5.8	0.5~1.0
							8.5	3.5			1.0~2.0
							9.5	4.5			2.0~3.0
M4	—	6	4.8	6.75	0.5	0.2	9.0	2.5	6	7.5	0.5~1.0
							10.0	3.5			1.0~2.0
							11.0	4.5			2.0~3.0
M5	—	7	5.6	8.0	0.6	0.2	11.0	3.0	7	9.3	0.5~1.0
							12.0	4.0			1.0~2.0
							13.0	5.0			2.0~3.0
M6	—	9	7.5	10.0	0.6	0.2	13.5	4.0	9	11.0	0.5~1.5
							15.0	5.5			1.5~3.0
							16.5	7.0			3.0~4.5
M8	—	11	9.2	12.0	0.6	0.3	15.0	4.5	11	12.3	0.5~1.5
							16.5	6.0			1.5~3.0
							18.0	7.5			3.0~4.5
M10	M10×1	13	11	14.5	0.85	0.3	18.0	5.0	13	15.0	0.5~1.5
							19.5	6.5			1.5~3.0
							21.0	8.0			3.0~4.5
M12	M12×1.5	15	13	16.5	0.85	0.3	21.0	5.5	15	17.5	0.5~1.5
							22.5	7.0			1.5~3.0
							24.0	8.5			3.0~4.5

7.2.55 120°小沉头铆螺母

1. 120°小沉头铆螺母的形式（图7-70）

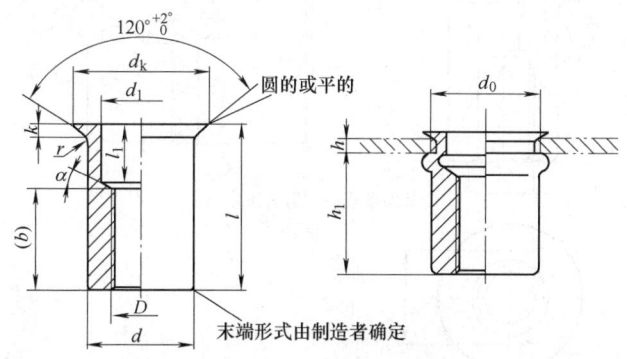

图7-70 120°小沉头铆螺母

注：$b = (1.25 \sim 1.5) D$；α 由制造者确定；允许在支承面和（或）d 圆周表面制出花纹，其形式与尺寸由制造者确定。

2. 120°小沉头铆螺母的尺寸（表7-93）

表7-93　120°小沉头铆螺母的尺寸（GB/T 17880.4—1999）（单位：mm）

螺纹规格		d -0.03 -0.10	d_1 H12	d_k max	k	r	l max	l_1 参考	d_0 +0.15 0	h_1 参考	铆接厚度 h 推荐
粗牙 D	细牙 $D \times P$										
M3	—	5	4.0	6.5	0.35	0.2	7.5	2.5	5	5.8	0.5~1.0
							8.5	3.5			1.0~2.0
							9.5	4.5			2.0~3.0
M4	—	6	4.8	8.0	0.5	0.2	9.0	2.5	6	7.5	0.5~1.0
							10.0	3.5			1.0~2.0
							11.0	4.5			2.0~3.0
M5	—	7	5.6	9.0	0.6	0.2	11.0	3.0	7	9.3	0.5~1.0
							12.0	4.0			1.0~2.0
							13.0	5.0			2.0~3.0
M6	—	9	7.5	11.0	0.6	0.2	13.5	4.0	9	11.0	0.5~1.5
							15.0	5.5			1.5~3.0
							16.5	7.0			3.0~4.5
M8	—	11	9.2	13.0	0.6	0.3	15.0	4.5	11	12.3	0.5~1.5
							16.5	6.0			1.5~3.0
							18.0	7.5			3.0~4.5
M10	M10×1	13	11	16.0	0.85	0.3	18.0	5.0	13	15.0	0.5~1.5
							19.5	6.5			1.5~3.0
							21.0	8.0			3.0~4.5
M12	M12×1.5	15	13	18.0	0.85	0.3	21.0	5.5	15	17.5	0.5~1.5
							22.5	7.0			1.5~3.0
							24.0	8.5			3.0~4.5

7.2.56　平头六角铆螺母

1. 平头六角铆螺母的形式（图7-71）

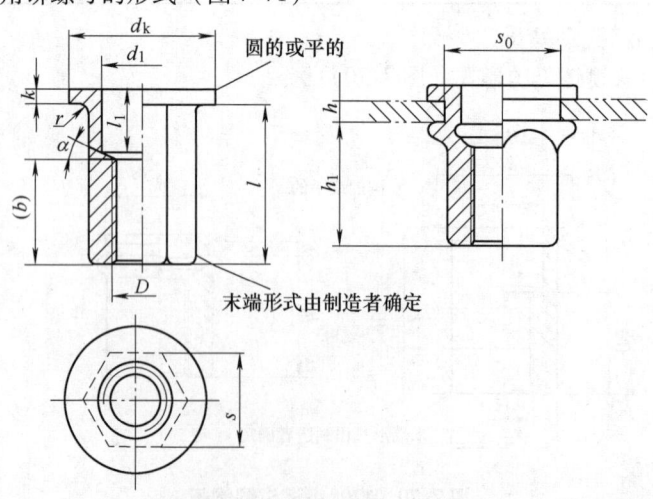

图7-71　平头六角铆螺母

注：$b = (1.25 \sim 1.5)D$；α 由制造者确定。

2. 平头六角铆螺母的尺寸（表7-94）

表7-94 平头六角铆螺母的尺寸（GB/T 17880.5—1999） （单位：mm）

螺纹规格		s -0.03 -0.10	d_1 H12	d_k max	k	r	l max	l_1 参考	s_0 $+0.15$ 0	h_1 参考	铆接厚度 h 推荐
粗牙 D	细牙 $D \times P$										
M6	—	9	8	12	1.5	0.2	13.5	5.5	9	11	0.5~1.5
							15.0	7.0			1.5~3.0
							16.5	8.5			3.0~4.5
							18.0	10.0			4.5~6.0
M8	—	11	10	14	1.5	0.3	15.0	6.0	11	12.3	0.5~1.5
							16.5	7.5			1.5~3.0
							18.0	9.0			3.0~4.5
							19.5	10.5			4.5~6.0
M10	M10×1	13	11.5	16	1.8	0.3	18.0	6.8	13	15.0	0.5~1.5
							19.5	8.3			1.5~3.0
							21.0	9.8			3.0~4.5
							22.5	11.3			4.5~6.0
M12	M12×1.5	15	13.5	18	1.8	0.3	21.0	7.3	15	17.5	0.5~1.5
							22.5	8.8			1.5~3.0
							24.0	10.3			3.0~4.5
							25.5	11.8			4.5~6.0

7.2.57 扩口式管接头用A型螺母

1. 扩口式管接头用A型螺母的形式（图7-72）

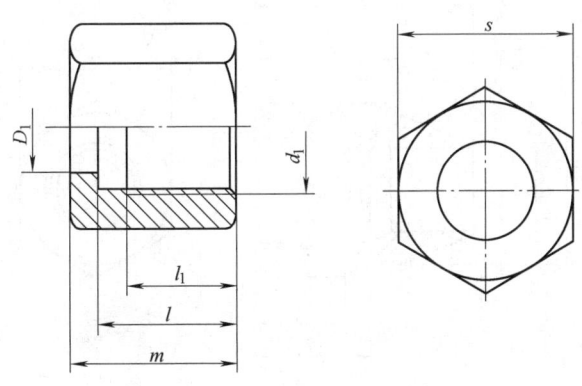

图7-72 扩口式管接头用A型螺母

2. 扩口式管接头用 A 型螺母的尺寸（表 7-95）

表 7-95 扩口式管接头用 A 型螺母的尺寸（GB/T 5647—2008）

（单位：mm）

管子外径 D_0	d_1	D_1 公称尺寸	D_1 极限偏差	l_1	l	m	s
4	M10×1	5.5	+0.075 0	6.5	11.5	13.5	12
5		6.5					
6	M12×1.5	7.5	+0.09 0	7.5	13.5	16.5	14
8	M14×1.5	9.5		8.5	15.5	18.5	17
10	M16×1.5	11.5	+0.11 0	9.5	16.5	19.5	19
12	M18×1.5	13.5					22
14	M22×1.5	16					27
16	M24×1.5	18		10	17	20	30
18	M27×1.5	20					32
20	M30×2	22	+0.13 0	10.5	20.5	24.5	36
22	M33×2	24		11.5	21.5	25.5	
25	M36×2	27		12	22	26	41
28	M39×2	30		13	23	27.5	46
32	M42×2	34	+0.16 0	13.5	23.5	28.5	50
34	M45×2	36		14	24	29	

7.2.58 扩口式管接头用 B 型螺母

1. 扩口式管接头用 B 型螺母的形式（图 7-73）

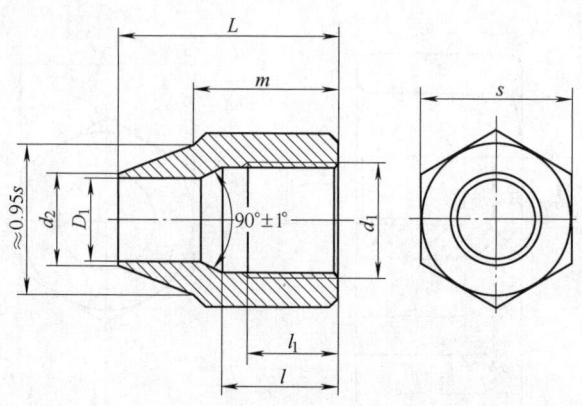

图 7-73 扩口式管接头用 B 型螺母

2. 扩口式管接头用 B 型螺母的尺寸（表 7-96）

表 7-96 扩口式管接头用 B 型螺母的尺寸（GB/T 5648—2008）

（单位：mm）

管子外径 D_0	d_1	D_1 +0.25 +0.15	d_2	l	l_1	L	m	s
4	M10×1	4	6	7	5	16	10	12
5		5	8					
6	M12×1.5	6	9	9.5	7			14
8	M14×1.5	8	11	11	8	20	12	17
10	M16×1.5	10	14	11.5	8.5	26	14	19
12	M18×1.5	12	16			28	16	22
14	M22×1.5	14	17	12	9	32	18	27
16	M24×1.5	16	19	13	10	34	20	
18	M27×1.5	18	22	14	11	38	22	30

7.2.59 卡套式管接头用连接螺母

1. 卡套式管接头用连接螺母的形式（图 7-74）

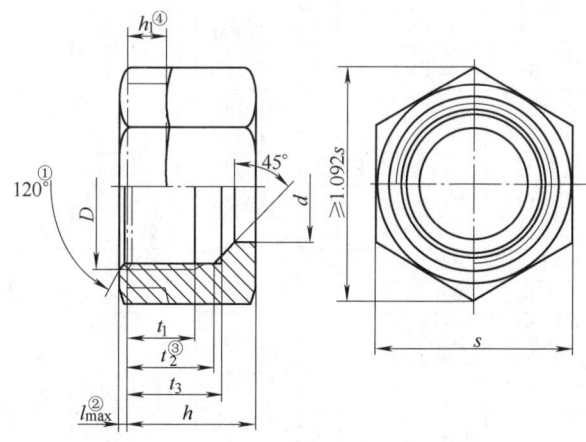

图 7-74 卡套式管接头用连接螺母

① 螺口倒角。
② 冷成型时允许加高。
③ 全锥面的尺寸。
④ 可选机加工圆柱身高。

2. 卡套式管接头用连接螺母的尺寸（表7-97）

表7-97　卡套式管接头用连接螺母的尺寸（GB/T 3759—2008）

（单位：mm）

系列	最大工作压力/(N/mm^2)	管子外径 D_0	D	d 公称尺寸	d 极限偏差	t_1 min	h +0.5 −0.2	h_1[①]	s	t_2 +0.2 0	t_3 +0.2 0
LL	10	4	M8×1	4	+0.215 +0.140	5	11	3.5	10	7.5	8
		5	M10×1	5		5.5	11.5	3.5	12	7.8	8.5
		6	M10×1	6		5.5	11.5	3.5	12	8.2	8.5
		8	M12×1	8	+0.240 +0.150	6	12	3.5	14	8.7	9
L	25	6	M12×1.5	6	+0.215 +0.140	7	14.5	4	14	10	10.5
		8	M14×1.5	8	+0.240 +0.150	7	14.5	4	17	10	10.5
		10	M16×1.5	10		8	15.5	4	19	11	11.5
		12	M18×1.5	12		8	15.5	5	22	11	11.5
		(14)	M20×1.5	14		8	15.5	5	24	11	11.5
		15	M22×1.5	15	+0.260 +0.150	8.5	17	5	27	11.5	12.5
		(16)	M24×1.5	16		8.5	17.5	5	30	11.5	13
	16	18	M26×1.5	18		8.5	18	5	32	11.5	13
		22	M30×2	22	+0.290 −0.160	9.5	20	7	36	13.5	14.5
	10	28	M36×2	28		10	21	7	41	14	15
		35	M45×2	35.3	+0.100 0	12	24	8	50	16	17
		42	M52×2	42.3		12	24	8	60	16	17
S	63	6	M14×1.5	6	+0.215 +0.140	8.5	16.5	5	17	11	12.5
		8	M16×1.5	8	+0.240 +0.150	8.5	16.5	5	19	11	12.5
		10	M18×1.5	10		8.5	17.5	5	22	11	12.5
		12	M20×1.5	12	+0.260 +0.150	8.5	17.5	5	24	11	12.5
		(14)	M22×1.5	14		10	19	6	27	12	13.5
		16	M24×1.5	16		10.5	20.5	6	30	13	14.5
	40	20	M30×2	20	+0.290 −0.160	12	24	8	36	15.5	17
		25	M35×2	25		14	27	9	46	17	19
	25	30	M42×2	30		15	29	10	50	18	20
		38	M52×2	38.3	+0.100 0	17	32.5	10	60	19.5	22.5

注：尽可能不采用括号内的规格。

① 尺寸 h_1 为可选机加工圆柱肩高。

7.2.60 环形螺母

1. 环形螺母的形式（图7-75）

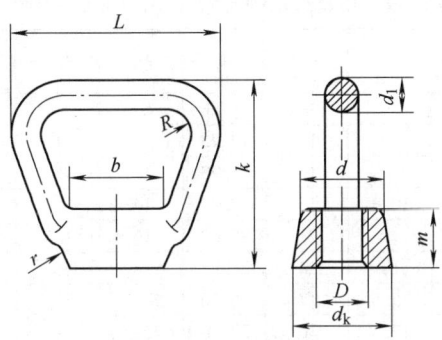

图7-75 环形螺母

注：$b \approx d_k$。

2. 环形螺母的尺寸（表7-98）

表7-98 环形螺母的尺寸（GB/T 63—1988） （单位：mm）

螺纹规格 D	M12	(M14)	M16	(M18)	M20	(M22)	M24
d_k	24		30		36		46
d	20		26		30		38
m	15		18		22		26
k	52		60		72		84
L	66		76		86		98
d_1	10		12		13		14
R	6				8		10
r	6		8		11		14

注：尽可能不采用括号内的规格。

7.2.61 扣紧螺母

1. 扣紧螺母的形式（图7-76）

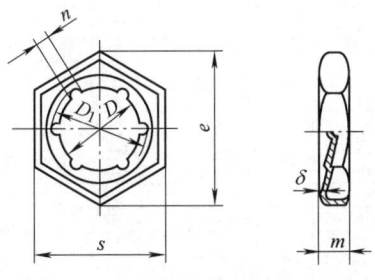

图7-76 扣紧螺母

2. 扣紧螺母的尺寸（表7-99）

表7-99　扣紧螺母的尺寸（GB/T 805—1988）　　　　　（单位：mm）

螺纹规格 $D \times P$	D		s		D_1	n	e	m	δ
	max	min	max	min					
6×1	5.3	5	10	9.73	7.5	1	11.5	3	0.4
8×1.25	7.16	6.8	13	12.73	9.5		16.2	4	0.5
10×1.5	8.86	8.5	16	15.73	12		19.6	5	0.6
12×1.75	10.73	10.3	18	17.73	14		21.9		0.7
(14×2)	12.43	12	21	20.67	16	1.5	25.4	6	0.8
16×2	14.43	14	24	23.67	18		27.7		
(18×2.5)	15.93	15.5	27	26.16	20.5		31.2		
20×2.5	17.93	17.5	30	29.16	22.5	2	34.6	7	1
(22×2.5)	20.02	19.5	34	33	25		36.9		
24×3	21.52	21	36	35	27		41.6		1.2
(27×3)	24.52	24	41	40	30	2.5	47.3	9	
30×3.5	27.02	26.5	46	45	34		53.1		1.4
36×4	32.62	32	55	53.8	40		63.5	12	
42×4.5	38.12	37.5	65	63.8	47	3	75		
48×5	43.62	43	75	73.1	54		86.5	14	1.8

7.3　垫圈

7.3.1　A级小垫圈

1. A级小垫圈的形式（图7-77）

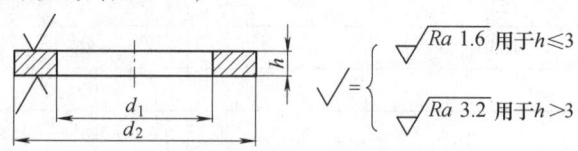

图7-77　A级小垫圈

2. A级小垫圈的尺寸

1) A级小垫圈的优选尺寸如表7-100所示。

表7-100　A级小垫圈的优选尺寸（GB/T 848—2002）　　　　（单位：mm）

规格	内径 d_1		外径 d_2		厚度 h		
（螺纹大径）	公称（min）	max	公称（max）	min	公称	max	min
1.6	1.7	1.84	3.5	3.2	0.3	0.35	0.25
2	2.2	2.34	4.5	4.2	0.3	0.35	0.25
2.5	2.7	2.84	5	4.7	0.5	0.55	0.45
3	3.2	3.38	6	5.7	0.5	0.55	0.45
4	4.3	4.48	8	7.64	0.5	0.55	0.45
5	5.3	5.48	9	8.64	1	1.1	0.9
6	6.4	6.62	11	10.57	1.6	1.8	1.4
8	8.4	8.62	15	14.57	1.6	1.8	1.4
10	10.5	10.77	18	17.57	1.6	1.8	1.4
12	13	13.27	20	19.48	2	2.2	1.8
16	17	17.27	28	27.48	2.5	2.7	2.3
20	21	21.33	34	33.38	3	3.3	2.7
24	25	25.33	39	38.38	4	4.3	3.7
30	31	31.39	50	49.38	4	4.3	3.7
36	37	37.62	60	58.8	5	5.6	4.4

2）A级小垫圈的非优选尺寸如表7-101所示。

表7-101　A级小垫圈的非优选尺寸（GB/T 848—2002）　（单位：mm）

规格	内径 d_1		外径 d_2		厚度 h		
（螺纹大径）	公称（min）	max	公称（max）	min	公称	max	min
3.5	3.7	3.88	7	6.64	0.5	0.55	0.45
14	15	15.27	24	23.48	2.5	2.7	2.3
18	19	19.33	30	29.48	3	3.3	2.7
22	23	23.33	37	36.38	3	3.3	2.7
27	28	28.33	44	43.38	4	4.3	3.7
33	34	34.62	56	54.8	5	5.6	4.4

7.3.2　A级大垫圈

1. A级大垫圈的形式（图7-78）

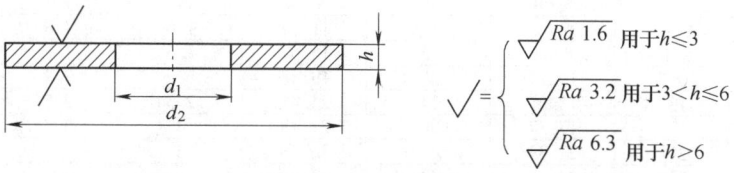

图7-78　A级大垫圈

2. A级大垫圈的尺寸

1）A级大垫圈的优选尺寸如表7-102所示。

表7-102　A级大垫圈的优选尺寸（GB/T 96.1—2002）　（单位：mm）

规格	内径 d_1		外径 d_2		厚度 h		
（螺纹大径）	公称（min）	max	公称（max）	min	公称	max	min
3	3.2	3.38	9	8.64	0.8	0.9	0.7
4	4.3	4.48	12	11.57	1	1.1	0.9
5	5.3	5.48	15	14.57	1	1.1	0.9
6	6.4	6.62	18	17.57	1.6	1.8	1.4
8	8.4	8.62	24	23.48	2	2.2	1.8
10	10.5	10.77	30	29.48	2.5	2.7	2.3
12	13	13.27	37	36.38	3	3.3	2.7
16	17	17.27	50	49.38	3	3.3	2.7
20	21	21.33	60	59.26	4	4.3	3.7
24	25	25.52	72	70.8	5	5.6	4.4
30	33	33.62	92	90.6	6	6.6	5.4
36	39	39.62	110	108.6	8	9	7

2）A级大垫圈的非优选尺寸如表7-103所示。

表7-103　A级大垫圈的非优选尺寸（GB/T 96.1—2002）　（单位：mm）

规格	内径 d_1		外径 d_2		厚度 h		
（螺纹大径）	公称（min）	max	公称（max）	min	公称	max	min
3.5	3.7	3.88	11	10.57	0.8	0.9	0.7
14	15	15.27	44	43.38	3	3.3	2.7
18	19	19.33	56	55.26	4	4.3	3.7
22	23	23.52	66	64.8	5	5.6	4.4
27	30	30.52	85	83.6	6	6.6	5.4
33	36	36.62	105	103.6	6	6.6	5.4

7.3.3　A级倒角型平垫圈

1. A级倒角型平垫圈的形式（图7-79）

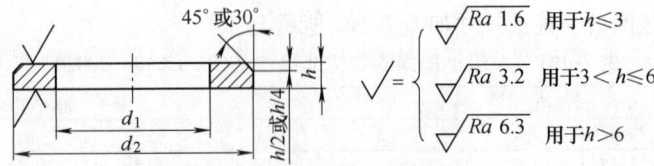

图 7-79　A 级倒角型平垫圈

2. A 级倒角型平垫圈的尺寸

1）A 级倒角型平垫圈的优选尺寸如表 7-104 所示。

表 7-104　A 级倒角型平垫圈的优选尺寸（GB/T 97.2—2002）（单位：mm）

规格	内径 d_1		外径 d_2		厚度 h		
（螺纹大径）	公称（min）	max	公称（max）	min	公称	max	min
5	5.3	5.48	10	9.64	1	1.1	0.9
6	6.4	6.62	12	11.57	1.6	1.8	1.4
8	8.4	8.62	16	15.57	1.6	1.8	1.4
10	10.5	10.77	20	19.48	2	2.2	1.8
12	13	13.27	24	23.48	2.5	2.7	2.3
16	17	17.27	30	29.48	3	3.3	2.7
20	21	21.33	37	36.38	3	3.3	2.7
24	25	25.33	44	43.38	4	4.3	3.7
30	31	31.39	56	55.26	4	4.3	3.7
36	37	37.62	66	64.8	5	5.6	4.4
42	45	45.62	78	76.8	8	9	7
48	52	52.74	92	90.6	8	9	7
56	62	62.74	105	103.6	10	11	9
64	70	70.74	115	113.6	10	11	9

2）A 级倒角型平垫圈的非优选尺寸如表 7-105 所示。

表 7-105　A 级倒角型平垫圈的非优选尺寸（GB/T 97.2—2002）（单位：mm）

规格	内径 d_1		外径 d_2		厚度 h		
（螺纹大径）	公称（min）	max	公称（max）	min	公称	max	min
14	15	15.27	28	27.48	2.5	2.7	2.3
18	19	19.33	34	33.38	3	3.3	2.7
22	23	23.33	39	38.38	3	3.3	2.7
27	28	28.33	50	49.38	4	4.3	3.7
33	34	34.62	60	58.8	5	5.6	4.4
39	42	42.62	72	70.8	6	6.6	5.4
45	48	48.62	85	83.6	8	9	7
52	56	56.74	98	96.6	8	9	7
60	66	66.74	110	108.6	10	11	9

7.3.4　C 级平垫圈

1. C 级平垫圈的形式（图 7-80）

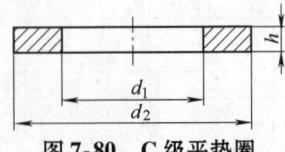

图 7-80　C 级平垫圈

2. C 级平垫圈的尺寸

1）C 级平垫圈的优选尺寸如表 7-106 所示。

表 7-106　C级平垫圈的优选尺寸（GB/T 95—2002）　（单位：mm）

规格 （螺纹大径）	内径 d_1		外径 d_2		厚度 h		
	公称（min）	max	公称（max）	min	公称	max	min
1.6	1.8	2.05	4	3.25	0.3	0.4	0.2
2	2.4	2.65	5	4.25	0.3	0.4	0.2
2.5	2.9	3.15	6	5.25	0.5	0.6	0.4
3	3.4	3.7	7	6.1	0.5	0.6	0.4
4	4.5	4.8	9	8.1	0.8	1.0	0.6
5	5.5	5.8	10	9.1	1	1.2	0.8
6	6.6	6.96	12	10.9	1.6	1.9	1.3
8	9	9.36	16	14.9	1.6	1.9	1.3
10	11	11.43	20	18.7	2	2.3	1.7
12	13.5	13.93	24	22.7	2.5	2.8	2.2
16	17.5	17.93	30	28.7	3	3.6	2.4
20	22	22.52	37	35.4	3	3.6	2.4
24	26	26.52	44	42.4	4	4.6	3.4
30	33	33.62	56	54.1	4	4.6	3.4
36	39	40	66	64.1	5	6	4
42	45	46	78	76.1	8	9.2	6.8
48	52	53.2	92	89.8	8	9.2	6.8
56	62	63.2	105	102.8	10	11.2	8.8
64	70	71.2	115	112.8	10	11.2	8.8

2）C级平垫圈的非优选尺寸如表 7-107 所示。

表 7-107　C级平垫圈的非优选尺寸（GB/T 95—2002）　（单位：mm）

规格 （螺纹大径）	内径 d_1		外径 d_2		厚度 h		
	公称（min）	max	公称（max）	min	公称	max	min
3.5	3.9	4.2	8	7.1	0.5	0.6	0.4
14	15.5	15.93	28	26.7	2.5	2.8	2.2
18	20	20.43	34	32.4	3	3.6	2.4
22	24	24.52	39	37.4	3	3.6	2.4
27	30	30.52	50	48.4	4	4.6	3.4
33	36	37	60	58.1	5	6	4
39	42	43	72	70.1	6	7	5
45	48	49	85	82.8	8	9.2	6.8
52	56	57.2	98	95.8	8	9.2	6.8
60	66	67.2	110	107.8	10	11.2	8.8

7.3.5　C级大垫圈

1. C级大垫圈的形式（图 7-80）
2. C级大垫圈的优选尺寸（表 7-108）

表 7-108　C级大垫圈的优选尺寸（GB/T 96.2—2002）　（单位：mm）

规格 （螺纹大径）	内径 d_1		外径 d_2		厚度 h		
	公称（min）	max	公称（max）	min	公称	max	min
3	3.4	3.7	9	8.1	0.8	1.0	0.6
4	4.5	4.8	12	10.9	1	1.2	0.8
5	5.5	5.8	15	13.9	1	1.2	0.8
6	6.6	6.96	18	16.9	1.6	1.9	1.3
8	9	9.36	24	22.7	2	2.3	1.7
10	11	11.43	30	28.7	2.5	2.8	2.2
12	13.5	13.93	37	35.4	3	3.6	2.4
16	17.5	17.93	50	48.4	3	3.6	2.4
20	22	22.52	60	58.1	4	4.6	3.4
24	26	26.84	72	70.1	5	6	4
30	33	34	92	89.8	6	7	5
36	39	40	110	107.8	8	9.2	6.8

3. C 级大垫圈的非优选尺寸（表 7-109）

表 7-109　C 级大垫圈的非优选尺寸（GB/T 96.2—2002）　（单位：mm）

规格	内径 d_1		外径 d_2		厚度 h		
（螺纹大径）	公称（min）	max	公称（max）	min	公称	max	min
3.5	3.9	4.2	11	9.9	0.8	1.0	0.6
14	15.5	15.93	44	42.4	3	3.6	2.4
18	20	20.43	56	54.9	4	4.6	3.4
22	24	24.84	66	64.9	5	6	4
27	30	30.84	85	82.8	6	7	5
33	36	37	105	102.8	6	7	5

7.3.6　C 级特大垫圈

1. C 级特大垫圈的形式（图 7-81）

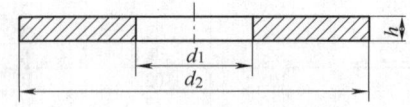

图 7-81　C 级特大垫圈

2. C 级特大垫圈的尺寸

1) C 级特大垫圈的优选尺寸如表 7-110 所示。

表 7-110　C 级特大垫圈的优选尺寸（GB/T 5287—2002）　（单位：mm）

公称规格	内径 d_1		外径 d_2		厚度 h		
（螺纹大径 d）	公称（min）	max	公称（max）	min	公称	max	min
5	5.5	5.8	18	16.9	2	2.3	1.7
6	6.6	6.96	22	20.7	2	2.3	1.7
8	9	9.36	28	26.7	3	3.6	2.4
10	11	11.43	34	32.4	3	3.6	2.4
12	13.5	13.93	44	42.4	4	4.6	3.4
16	17.5	18.2	56	54.1	5	6	4
20	22	22.84	72	70.1	6	7	5
24	26	26.84	85	82.8	6	7	5
30	33	34	105	102.8	6	7	5
36	39	40	125	122.5	8	9.2	6.8

2) C 级特大垫圈的非优选尺寸如表 7-111 所示。

表 7-111　C 级特大垫圈的非优选尺寸（GB/T 5287—2002）　（单位：mm）

公称规格	内径 d_1		外径 d_2		厚度 h		
（螺纹大径 d）	公称（min）	max	公称（max）	min	公称	max	min
14	15.5	15.93	50	48.1	4	4.6	3.4
18	20	20.84	60	58.1	5	6	4
22	24	24.84	80	78.1	6	7	5
27	30	30.84	98	95.8	6	7	5
33	36	37	115	112.8	8	9.2	6.8

7.3.7　标准型弹簧垫圈

1. 标准型弹簧垫圈的形式（图 7-82）

第7章 紧 固 件

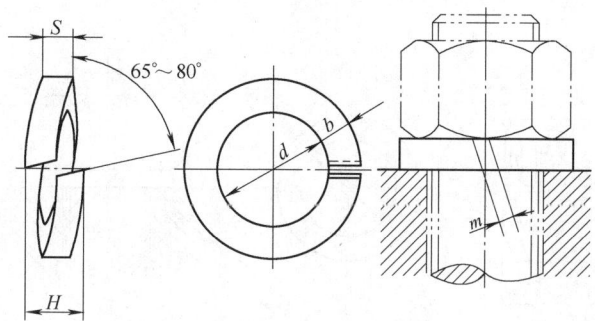

图 7-82　标准型弹簧垫圈

2. 标准型弹簧垫圈的尺寸（表7-112）

表 7-112　标准型弹簧垫圈的尺寸（GB/T 93—1987）　（单位：mm）

螺纹规格 D	d min	d max	S (b) 公称	H min	H max	m ≤
2	2.1	2.35	0.5	0.42	0.58	1	1.25	0.25
2.5	2.6	2.85	0.65	0.57	0.73	1.3	1.63	0.33
3	3.1	3.4	0.8	0.7	0.9	1.6	2	0.4
4	4.1	4.4	1.1	1	1.2	2.2	2.75	0.55
5	5.1	5.4	1.3	1.2	1.4	2.6	3.25	0.65
6	6.1	6.68	1.6	1.5	1.7	3.2	4	0.8
8	8.1	8.68	2.1	2	2.2	4.2	5.25	1.05
10	10.2	10.9	2.6	2.45	2.75	5.2	6.5	1.3
12	12.2	12.9	3.1	2.95	3.25	6.2	7.75	1.55
(14)	14.2	14.9	3.6	3.4	3.8	7.2	9	1.8
16	16.2	16.9	4.1	3.9	4.3	8.2	10.25	2.05
(18)	18.2	19.04	4.5	4.3	4.7	9	11.25	2.25
20	20.2	21.04	5	4.8	5.2	10	12.5	2.5
(22)	22.5	23.34	5.5	5.3	5.7	11	13.75	2.75
24	24.5	25.5	6	5.8	6.2	12	15	3
(27)	27.5	28.5	6.8	6.5	7.1	13.6	17	3.4
30	30.5	31.5	7.5	7.2	7.8	15	18.75	3.75
(33)	33.5	34.7	8.5	8.2	8.8	17	21.25	4.25
36	36.5	37.7	9	8.7	9.3	18	22.5	4.5
(39)	39.5	40.7	10	9.7	10.3	20	25	5
42	42.5	43.7	10.5	10.2	10.8	21	26.25	5.25
(45)	45.5	46.7	11	10.7	11.3	22	27.5	5.5
48	48.5	49.7	12	11.7	12.3	24	30	6

注：1. 尽可能不采用括号内的规格。
　　2. m 应大于 0。

7.3.8　组合件用弹簧垫圈

1. 组合件用弹簧垫圈的形式（图7-83）

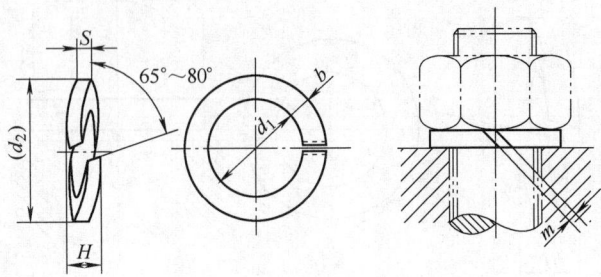

图 7-83 组合件用弹簧垫圈

2. 组合件用弹簧垫圈的尺寸（表7-113）

表7-113 组合件用弹簧垫圈的尺寸（GB/T 9074.26—1988）（单位：mm）

规格（螺纹大径）		2.5	3	4	5	6	8	10	12
d_1	max	2.34	2.83	3.78	4.75	5.71	7.64	9.59	11.53
	min	2.20	2.69	3.60	4.45	5.41	7.28	9.23	11.10
S	公称	0.6	0.8	1.1	1.3	1.6	2.0	2.5	3.0
	min	0.52	0.70	1.00	1.20	1.50	1.90	2.35	2.85
	max	0.68	0.90	1.20	1.40	1.70	2.10	2.65	3.15
b	公称	1.0	1.2	1.5	2.0	2.5	3.0	3.5	4.0
	min	0.90	1.10	1.40	1.90	2.35	2.85	3.3	3.8
	max	1.10	1.30	1.60	2.10	2.65	3.15	3.7	4.2
H	max	1.50	2.00	2.75	3.25	4.00	5.00	6.25	7.50
	min(公称)	1.2	1.6	2.2	2.6	3.2	4.0	5.0	6.0
m	≤	0.30	0.40	0.55	0.65	0.80	1.00	1.25	1.50
d_2	（参考）	4.34	5.23	6.78	8.75	10.71	13.64	16.59	19.53

注：m 应大于 0。

7.3.9 轻型弹簧垫圈

1. 轻型弹簧垫圈的形式（图7-84）

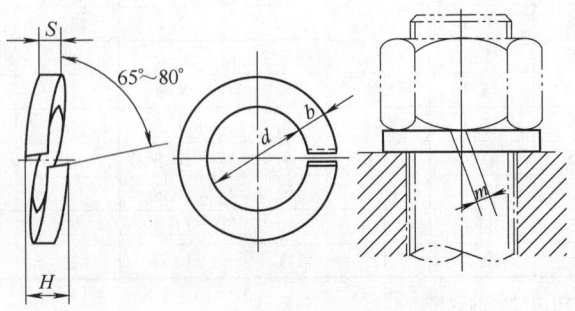

图 7-84 轻型弹簧垫圈

2. 轻型弹簧垫圈的尺寸（表7-114）

表7-114 轻型弹簧垫圈的尺寸（GB/T 859—1987） （单位：mm）

规格（螺纹大径）	d		S			b			H		m
	min	max	公称	min	max	公称	min	max	min	max	≤
3	3.1	3.4	0.6	0.52	0.68	1	0.9	1.1	1.2	1.5	0.3
4	4.1	4.4	0.8	0.70	0.90	1.2	1.1	1.3	1.6	2	0.4
5	5.1	5.4	1.1	1	1.2	1.5	1.4	1.6	2.2	2.75	0.55
6	6.1	6.68	1.3	1.2	1.4	2	1.9	2.1	2.6	3.25	0.65
8	8.1	8.68	1.6	1.5	1.7	2.5	2.35	2.65	3.2	4	0.8
10	10.2	10.9	2	1.9	2.1	3	2.85	3.15	4	5	1
12	12.2	12.9	2.5	2.35	2.65	3.5	3.3	3.7	5	6.25	1.25
(14)	14.2	14.9	3	2.85	3.15	4	3.8	4.2	6	7.5	1.5
16	16.2	16.9	3.2	3	3.4	4.5	4.3	4.7	6.4	8	1.6
(18)	18.2	19.04	3.6	3.4	3.8	5	4.8	5.2	7.2	9	1.8
20	20.2	21.04	4	3.8	4.2	5.5	5.3	5.7	8	10	2
(22)	22.5	23.34	4.5	4.3	4.7	6	5.8	6.2	9	11.25	2.25
24	24.5	25.5	5	4.8	5.2	7	6.7	7.3	10	12.5	2.5
(27)	27.5	28.5	5.5	5.3	5.7	8	7.7	8.3	11	13.75	2.75
30	30.5	31.5	6	5.8	6.2	9	8.7	9.3	12	15	3

注：1. 尽可能不采用括号内的规格。

2. m 应大于 0。

7.3.10 重型弹簧垫圈

1. 重型弹簧垫圈的形式（图7-85）

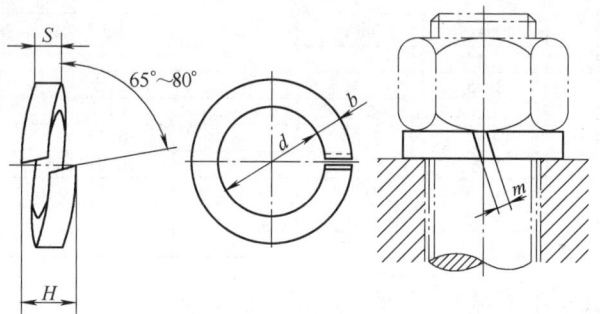

图 7-85 重型弹簧垫圈

2. 重型弹簧垫圈的尺寸（表7-115）

表7-115 重型弹簧垫圈的尺寸（GB/T 7244—1987） （单位：mm）

规格（螺纹大径）	d		S			b			H		m
	min	max	公称	min	max	公称	min	max	min	max	≤
6	6.1	6.68	1.8	1.65	1.95	2.6	2.45	2.75	3.6	4.5	0.9
8	8.1	8.68	2.4	2.25	2.55	3.2	3	3.4	4.8	6	1.2
10	10.2	10.9	3	2.85	3.15	3.8	3.6	4	6	7.5	1.5
12	12.2	12.9	3.5	3.3	3.7	4.3	4.1	4.5	7	8.75	1.75
(14)	14.2	14.9	4.1	3.9	4.3	4.8	4.6	5	8.2	10.25	2.05
16	16.2	16.9	4.8	4.6	5	5.3	5.1	5.5	9.6	12	2.4
(18)	18.2	19.04	5.3	5.1	5.5	5.8	5.6	6	10.6	13.25	2.65
20	20.2	21.04	6	5.8	6.2	6.4	6.1	6.7	12	15	3
(22)	22.5	23.34	6.6	6.3	6.9	7.2	6.9	7.5	13.2	16.5	3.3
24	24.5	25.5	7.1	6.8	7.4	7.5	7.2	7.8	14.2	17.75	3.55
(27)	27.5	28.5	8	7.7	8.3	8.5	8.2	8.8	16	20	4
30	30.5	31.5	9	8.7	9.3	9.3	9	9.6	18	22.5	4.5
(33)	33.5	34.7	9.9	9.6	10.2	10.2	9.9	10.5	19.8	24.75	4.95
36	36.5	37.7	10.8	10.5	11.1	11	10.7	11.3	21.6	27	5.4

注：1. 尽可能不采用括号内的规格。

2. m 应大于 0。

7.3.11 鞍形弹性垫圈

1. 鞍形弹性垫圈的形式（图 7-86）

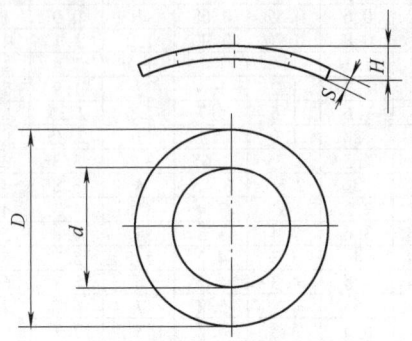

图 7-86 鞍形弹性垫圈

2. 鞍形弹性垫圈的尺寸（表 7-116）

表 7-116 鞍形弹性垫圈的尺寸（GB/T 860—1987）　　（单位：mm）

规格	d		D		H		S
（螺纹大径）	min	max	min	max	min	max	
2	2.2	2.45	4.2	4.5	0.5	1	0.3
2.5	2.7	2.95	5.2	5.5	0.55	1.1	0.3
3	3.2	3.5	5.7	6	0.65	1.3	0.4
4	4.3	4.6	7.64	8	0.8	1.6	
5	5.3	5.6	9.64	10	0.9	1.8	0.5
6	6.4	6.76	10.57	11	1.1	2.2	0.5
8	8.4	8.76	14.57	15	1.7	3.4	
10	10.5	10.93	17.57	18	2	4	0.8

7.3.12 波形弹性垫圈

1. 波形弹性垫圈的形式（图 7-87）

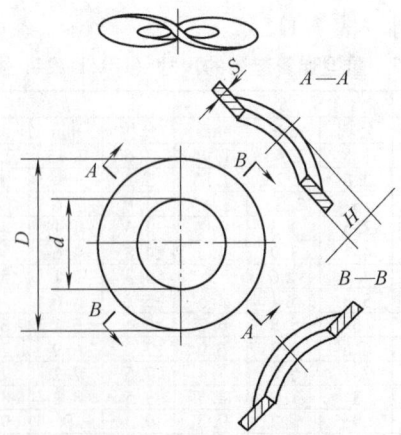

图 7-87 波形弹性垫圈

2. 波形弹性垫圈的尺寸（表 7-117）

表 7-117 波形弹性垫圈的尺寸（GB/T 955—1987） （单位：mm）

规格（螺纹大径）	d min	d max	D min	D max	H min	H max	S
3	3.2	3.5	7.42	8	0.8	1.6	
4	4.3	4.6	8.42	9	1	2	0.5
5	5.3	5.6	10.30	11	1.1	2.2	
6	6.4	6.76	11.30	12	1.3	2.6	
8	8.4	8.76	14.30	15	1.5	3	0.8
10	10.5	10.93	20.16	21	2.1	4.2	1.0
12	13	13.43	23.16	24	2.5	5	1.2
(14)	15	15.43	27.16	28	3	5.9	
16	17	17.43	29	30	3.2	6.3	1.5
(18)	19	19.52	33	34	3.3	6.5	
20	21	21.52	35	36	3.7	7.4	1.6
(22)	23	23.52	39	40	3.9	7.8	
24	25	25.52	43	44	4.1	8.2	1.8
(27)	28	28.52	49	50	4.7	9.4	
30	31	31.62	54.8	56	5	10	2

注：尽可能不采用括号内的规格。

7.3.13 单耳止动垫圈

1. 单耳止动垫圈的形式（图 7-88）

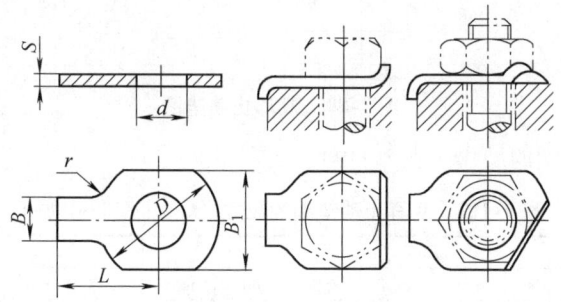

图 7-88 单耳止动垫圈

2. 单耳止动垫圈的尺寸（表 7-118）

表 7-118 单耳止动垫圈的尺寸（GB/T 854—1988） （单位：mm）

规格（螺纹大径）	d max	d min	D max	D min	L 公称	L min	L max	S	B	B_1	r
2.5	2.95	2.7	8	7.64	10	9.17	10.29		3	6	
3	3.5	3.2	10	9.64	12	11.65	12.35	0.4	4	7	2.5
4	4.5	4.2	14	13.57	14	13.65	14.35		5	9	
5	5.6	5.3	17	16.57	16	15.65	16.35		6	11	
6	6.76	6.4	19	18.48	18	17.65	18.35		7	12	4
8	8.76	8.4	22	21.48	20	19.58	20.42	0.5	8	16	
10	10.93	10.5	26	25.48	22	21.58	22.42		10	19	6
12	13.43	13	32	31.38	28	27.58	28.42		12	21	
(14)	15.43	15	32	31.38	28	27.58	28.42			25	
16	17.43	17	40	39.38	32	31.50	32.50		15	32	10
(18)	19.52	19	45	44.38	36	35.50	36.50	1	18	38	
20	21.52	21	45	44.38	36	35.50	36.50				
(22)	23.52	23	50	49.38	42	41.50	42.50		20	39	
24	25.52	25	50	49.38	42	41.50	42.50			42	

(续)

规格 (螺纹大径)	d max	d min	D max	D min	L 公称	L min	L max	S	B	B_1	r
(27)	28.52	28	58	57.26	48	47.50	48.50		24	48	
30	31.62	31	63	62.26	52	51.40	52.60		26	55	
36	37.62	37	75	74.26	62	61.40	62.60	1.5	30	65	16
42	43.62	43	88	87.13	70	69.40	70.60		35	78	
48	50.62	50	100	99.13	80	79.40	80.60		40	90	

注：尽可能不采用括号内的规格。

7.3.14 双耳止动垫圈

1. 双耳止动垫圈的形式（图 7-89）

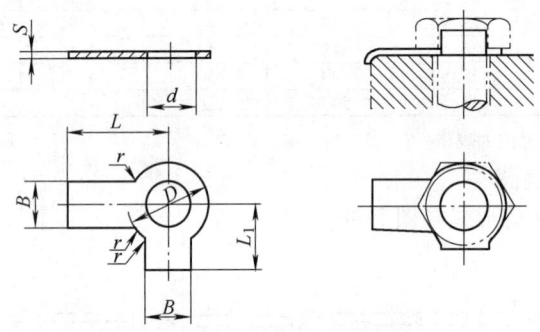

图 7-89 双耳止动垫圈

2. 双耳止动垫圈的尺寸（表 7-119）

表 7-119 双耳止动垫圈的尺寸（GB/T 855—1988） （单位：mm）

规格 (螺纹大径)	d max	d min	D max	D min	L 公称	L min	L max	L_1 公称	L_1 min	L_1 max	B	S	r
2.5	2.95	2.7	5	4.7	10	9.71	10.29	4	3.76	4.24	3	0.4	1
3	3.5	3.2	5	4.7	12	11.65	12.35	5	4.76	5.24	4		
4	4.5	4.2	8	7.64	14	13.65	14.35	7	6.71	7.29	5		
5	5.6	5.3	9	8.64	16	15.65	16.35	8	7.71	8.29	6		
6	6.76	6.4	11	10.57	18	17.65	18.35	9	8.71	9.29	7	0.5	
8	8.76	8.4	14	12.57	20	19.58	20.42	11	10.65	11.35	8		
10	10.93	10.5	17	15.57	22	21.58	22.42	13	12.65	13.35	10		
12	13.43	13	22	21.48	28	27.58	28.42	16	15.65	16.35	12		2
(14)	15.43	15	22	21.48	28	27.58	28.42	16	15.65	16.35			
16	17.43	17	27	26.48	32	31.5	32.5	20	19.58	20.42	15		
(18)	19.52	19	32	31.38	36	35.5	36.5	22	21.58	22.42	18	1	
20	21.52	21	32	31.38	36	35.5	36.5	22	21.58	22.42			
(22)	23.52	23	36	35.38	42	41.5	42.5	25	24.58	25.42	20		3
24	25.52	25	36	35.38	42	41.5	42.5	25	24.58	25.42			
(27)	28.52	28	41	40.38	48	47.5	48.5	30	29.58	30.42	24		
30	31.62	31	46	45.38	52	51.4	52.6	32	31.50	32.50	26		
36	37.62	37	55	54.26	62	61.4	62.6	38	37.50	38.50	30	1.5	
42	43.62	43	65	64.26	70	69.4	70.6	44	43.50	44.50	35		4
48	50.62	50	75	74.26	80	79.4	80.6	50	49.50	50.50	40		

注：尽可能不采用括号内的规格。

7.3.15 外舌止动垫圈

1. 外舌止动垫圈的形式（图7-90）

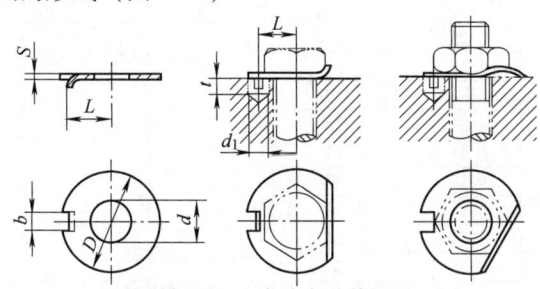

图7-90 外舌止动垫圈

2. 外舌止动垫圈的尺寸（表7-120）

表7-120 外舌止动垫圈的尺寸（GB/T 856—1988） （单位：mm）

规格（螺纹大径）	d		D		b		L			S	d_1	t
	max	min	max	min	max	min	公称	min	max			
2.5	2.95	2.7	10	9.64	2	1.75	3.5	3.2	3.8	0.4	2.5	3
3	3.5	3.2	12	11.57	2.5	2.25	4.5	4.2	4.8		3	3
4	4.5	4.2	14	13.57	2.5	2.25	5.5	5.2	5.8			
5	5.6	5.3	17	16.57	3.5	3.2	7	6.64	7.36	0.5	4	4
6	6.76	6.4	19	18.48	3.5	3.2	7.5	7.14	7.86			
8	8.76	8.4	22	21.48	3.5	3.2	8.5	8.14	8.86			
10	10.93	10.5	26	25.48	4.5	4.2	10	9.64	10.36		5	5
12	13.43	13	32	31.38	4.5	4.2	12	11.57	12.43		5	6
(14)	15.43	15	32	31.38	4.5	4.2	12	11.57	12.43			
16	17.43	17	40	39.38	5.5	5.2	15	14.57	15.43	1	6	7
(18)	19.52	19	45	44.38	6	5.7	18	17.57	18.43		7	
20	21.52	21	45	44.38	6	5.7	18	17.57	18.43			
(22)	23.52	23	50	49.38	7	6.64	20	19.48	20.52		8	
24	25.52	25	50	49.38	7	6.64	20	19.48	20.52			
(27)	28.52	28	58	57.26	8	7.64	23	22.48	23.52		9	10
30	31.62	31	63	62.26	8	7.64	25	24.48	25.52	1.5		
36	37.62	37	75	74.26	11	10.57	31	30.38	31.62		12	12
42	43.62	43	88	87.13	11	10.57	36	35.38	36.62			
48	50.62	50	100	99.13	13	12.57	40	39.38	40.62		14	13

注：尽可能不采用括号内的规格。

7.3.16 圆螺母用止动垫圈

1. 圆螺母用止动垫圈的形式（图7-91）

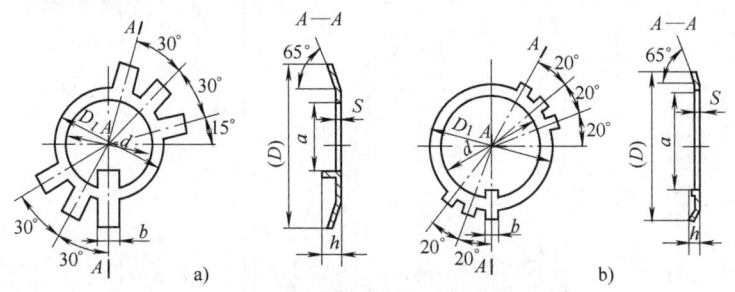

图7-91 圆螺母用止动垫圈
a) $d \leqslant 100$mm b) $d > 100$mm

2. 圆螺母用止动垫圈的尺寸（表7-121）

表 7-121 圆螺母用止动垫圈的尺寸（GB/T 858—1988）（单位：mm）

规格（螺纹大径）	d	D 参考	D_1	S	h	b	a
10	10.5	25	16	3		3.8	8
12	12.5	28	19	3		3.8	9
14	14.5	32	20	3		3.8	11
16	16.5	34	22				13
18	18.5	35	24				15
20	20.5	38	27	1	4	4.8	17
22	22.5	42	30				19
24	24.5	45	34				21
25[①]	25.5	45	34				22
27	27.5	48	37				24
30	30.5	52	40				27
33	33.5	56	43				30
35[①]	35.5	56	43				32
36	36.5	60	46		5	5.7	33
39	39.5	62	49				36
40[①]	40.5	62	49				37
42	42.5	66	53				39
45	45.5	72	59				42
48	48.5	76	61				45
50[①]	50.5	76	61				47
52	52.5	82	67	1.5		7.7	49
55[①]	56	82	67		6		52
56	57	90	74				53
60	61	94	79				57
64	65	100	84				61
65[①]	66	100	84				62
68	69	105	88				65
72	73	110	93				69
75[①]	76	110	93			9.6	71
76	77	115	98				72
80	81	120	103				76
85	86	125	108				81
90	91	130	112				86
95	96	135	117			11.6	91
100	101	140	122		7		96
105	106	145	127				101
110	111	156	135	2			106
115	116	160	140				111
120	121	166	145			13.5	116
125	126	170	150				121
130	131	176	155				126
140	141	186	165				136
150	151	206	180				146
160	161	216	190				156
170	171	226	200	2.5	8	15.5	166
180	181	236	210				176
190	191	246	220				186
200	201	256	230				196

① 仅用于滚动轴承锁紧装置。

7.3.17 内齿锁紧垫圈

1. 内齿锁紧垫圈的形式（图7-92）
2. 内齿锁紧垫圈的尺寸（表7-122）

表7-122 内齿锁紧垫圈的尺寸（GB/T 861.1—1987） （单位：mm）

| 规格 | d | | D | | S | 齿数 |
(螺纹大径)	min	max	min	max		min
2	2.2	2.45	4.2	4.5	0.3	6
2.5	2.7	2.95	5.2	5.5	0.3	6
3	3.2	3.5	5.7	6	0.4	
4	4.3	4.6	7.64	8	0.5	
5	5.3	5.6	9.64	10	0.6	8
6	6.4	6.76	10.57	11	0.6	8
8	8.4	8.76	14.57	15	0.8	
10	10.5	10.93	17.57	18	1.0	9
12	12.5	12.93	19.98	20.5	1.0	10
(14)	14.5	14.93	23.48	24	1.2	10
16	16.5	16.93	25.48	26	1.2	
(18)	19	19.52	29.48	30	1.5	12
20	21	21.52	32.38	33	1.5	

注：尽可能不采用括号内的规格。

7.3.18 内锯齿锁紧垫圈

1. 内锯齿锁紧垫圈的形式（图7-93）

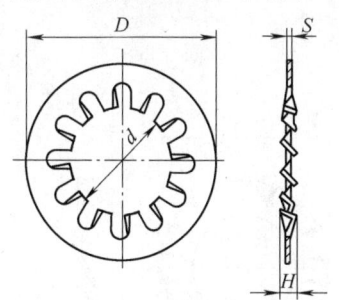

图7-92 内齿锁紧垫圈
注：$H \approx 2S$。

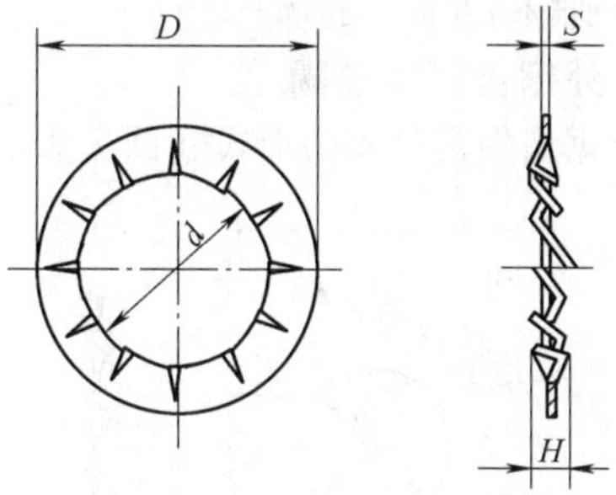

图7-93 内锯齿锁紧垫圈
注：$H \approx 3S$。

2. 内锯齿锁紧垫圈的尺寸（表7-123）

表7-123 内锯齿锁紧垫圈的尺寸（GB/T 861.2—1987） （单位：mm）

| 规格 | d | | D | | S | 齿数 |
(螺纹大径)	min	max	min	max		min
2	2.2	2.45	4.2	4.5	0.3	7
2.5	2.7	2.95	5.2	5.5	0.3	7
3	3.2	3.5	5.7	6	0.4	
4	4.3	4.6	7.64	8	0.5	8
5	5.3	5.6	9.64	10	0.6	8
6	6.4	6.76	10.57	11	0.6	9
8	8.4	8.76	14.57	15	0.8	10
10	10.5	10.93	17.57	18	1.0	12
12	12.5	12.93	19.98	20.5	1.0	12
(14)	14.5	14.93	23.48	24	1.2	14
16	16.5	16.93	25.48	26	1.2	14
(18)	19	19.52	29.48	30	1.5	16
20	21	21.52	32.38	33	1.5	16

注：尽可能不采用括号内的规格。

7.3.19 外齿锁紧垫圈

1. 外齿锁紧垫圈的形式（图7-94）
2. 外齿锁紧垫圈的尺寸（表7-124）

表7-124 外齿锁紧垫圈的尺寸（GB/T 862.1—1987） （单位：mm）

| 规格 | d | | D | | S | 齿数 |
(螺纹大径)	min	max	min	max		min
2	2.2	2.45	4.2	4.5	0.3	6
2.5	2.7	2.95	5.2	5.5		
3	3.2	3.5	5.7	6	0.4	
4	4.3	4.6	7.64	8	0.5	
5	5.3	5.6	9.64	10	0.6	8
6	6.4	6.76	10.57	11		
8	8.4	8.76	14.57	15	0.8	
10	10.5	10.93	17.57	18	1.0	9
12	12.5	12.93	19.98	20.5		10
(14)	14.5	14.93	23.48	24	1.2	
16	16.5	16.93	25.48	26		
(18)	19	19.52	29.48	30	1.5	12
20	21	21.52	32.38	33		

注：尽可能不采用括号内的规格。

7.3.20 外锯齿锁紧垫圈

1. 外锯齿锁紧垫圈的形式（图7-95）

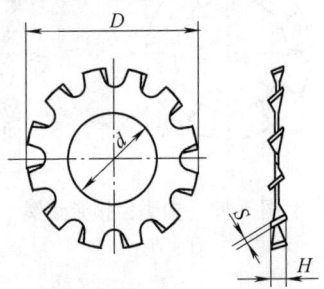

图7-94 外齿锁紧垫圈　　　　图7-95 外锯齿锁紧垫圈
　　　注：$H \approx 2S$。　　　　　　　　注：$H \approx 3S$。

2. 外锯齿锁紧垫圈的尺寸（表7-125）

表7-125 外锯齿锁紧垫圈的尺寸（GB/T 862.2—1987） （单位：mm）

| 规格 | d | | D | | S | 齿数 |
(螺纹大径)	min	max	min	max		min
2	2.2	2.45	4.2	4.5	0.3	9
2.5	2.7	2.95	5.2	5.5		
3	3.2	3.5	5.7	6	0.4	
4	4.3	4.6	7.64	8	0.5	11
5	5.3	5.6	9.64	10	0.6	
6	6.4	6.76	10.57	11		12
8	8.4	8.76	14.57	15	0.8	14

(续)

规格 (螺纹大径)	d		D		S	齿数 min
	min	max	min	max		
10	10.5	10.93	17.57	18	1.0	16
12	12.5	12.93	19.98	20.5	1.0	16
(14)	14.5	14.93	23.48	24	1.2	18
16	16.5	16.93	25.48	26	1.2	18
(18)	19	19.52	29.48	30	1.5	18
20	21	21.52	32.38	33	1.5	20

注: 尽可能不采用括号内的规格。

7.3.21 锥形锁紧垫圈

1. 锥形锁紧垫圈的形式 (图7-96)
2. 锥形锁紧垫圈的尺寸 (表7-126)

表7-126 锥形锁紧垫圈的尺寸 (GB/T 956.1—1987)　　(单位: mm)

规格 (螺纹大径)	d		D ≈	S	齿数 min
	min	max			
3	3.2	3.5	6	0.4	6
4	4.3	4.6	8	0.5	8
5	5.3	5.6	9.8	0.6	8
6	6.4	6.76	11.8	0.6	8
8	8.4	8.76	15.3	0.8	10
10	10.5	10.93	19	1.0	10
12	12.5	12.93	23	1.0	10

7.3.22 锥形锯齿锁紧垫圈

1. 锥形锯齿锁紧垫圈的形式 (图7-97)

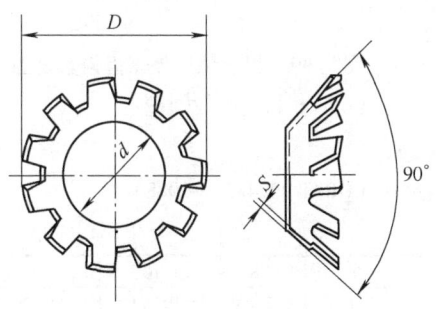

图7-96 锥形锁紧垫圈

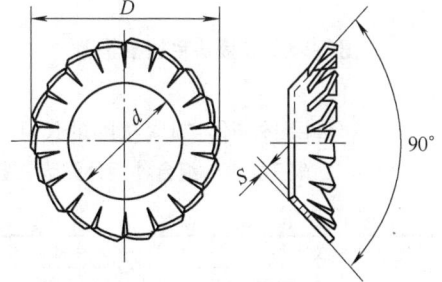

图7-97 锥形锯齿锁紧垫圈

2. 锥形锯齿锁紧垫圈的尺寸 (表7-127)

7.3.23 管接头用锁紧垫圈

1. 管接头用锁紧垫圈的形式 (图7-98)
2. 管接头用锁紧垫圈的尺寸 (表7-128)

表7-127 锥形锯齿锁紧垫圈的尺寸（GB/T 956.2—1987）（单位：mm）

规格 （螺纹大径）	d min	d max	D ≈	S	齿数 min
3	3.2	3.5	6	0.4	12
4	4.3	4.6	8	0.5	14
5	5.3	5.6	9.8	0.6	14
6	6.4	6.76	11.8	0.6	16
8	8.4	8.76	15.3	0.8	18
10	10.5	10.93	19	1.0	20
12	12.5	12.93	23	1.0	26

表7-128 管接头用锁紧垫圈的尺寸（GB/T 5649—2008）（单位：mm）

适用螺纹	$d_1 \pm 0.4$	d_2	$L \pm 0.08$	适用螺纹	$d_1 \pm 0.4$	d_2	$L \pm 0.08$
M10×1	14.5	8.4	0.9	M22×1.5	27.5	19.7	1.25
M12×1.5	17.5	9.7	0.9	M27×2	32.5	24	1.25
M14×1.5	19.5	11.7	0.9	M33×2	41.5	30	1.25
M16×1.5	22.5	13.7	0.9	M42×2	50.5	39	1.25
M18×1.5	24.5	15.7	0.9	M48×2	55.5	45	1.25
M20×1.5	27.5	17.7	1.25				

7.3.24 组合件用外锯齿锁紧垫圈

1. 组合件用外锯齿锁紧垫圈的形式（图7-99）

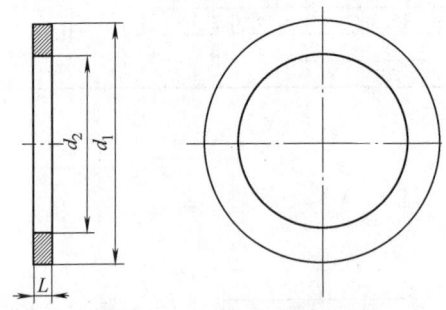

图7-98 管接头用锁紧垫圈

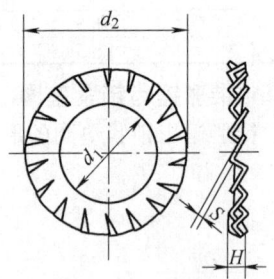

图7-99 组合件用外锯齿锁紧垫圈

注：$H \approx 3S$。

2. 组合件用外锯齿锁紧垫圈的尺寸（表7-129）

表7-129 组合件用外锯齿锁紧垫圈的尺寸（GB/T 9074.27—1988）

（单位：mm）

规格（螺纹大径）		3	4	5	6	8	10	12
d_1	max	2.83	3.78	4.75	5.71	7.64	9.59	11.53
	min	2.73	3.66	4.57	5.53	7.42	9.37	11.26
d_2	max（公称）	6	8	10	11	15	18	20.5
	min	5.70	7.64	9.64	10.57	14.57	17.57	19.98
S		0.4	0.5	0.6	0.6	0.8	1.0	1.0
齿数 min		9	11	11	12	14	16	16

7.3.25 钢结构用高强度垫圈

1. 钢结构用高强度垫圈的形式（图7-100）

2. 钢结构用高强度垫圈的尺寸（表7-130）

表7-130 钢结构用高强度垫圈的尺寸（GB/T 1230—2006）（单位：mm）

规格（螺纹大径）		12	16	20	(22)	24	(27)	30
d_1	min	13	17	21	23	25	28	31
	max	13.43	17.43	21.52	23.52	25.52	28.52	31.62
d_2	min	23.7	31.4	38.4	40.4	45.4	50.1	54.1
	max	25	33	40	42	47	52	56
h	公称	3.0	4.0	4.0	5.0	5.0	5.0	5.0
	min	2.5	3.5	3.5	4.5	4.5	4.5	4.5
	max	3.8	4.8	4.8	5.8	5.8	5.8	5.8
d_3	min	15.23	19.23	24.32	26.32	28.32	32.84	35.84
	max	16.03	20.03	25.12	27.12	29.12	33.64	36.64
1000个钢垫圈的理论重量/kg		10.47	23.40	33.55	43.34	55.76	66.52	75.42

注：括号内的规格为第二选择系列。

7.3.26 工字钢用方斜垫圈

1. 工字钢用方斜垫圈的形式（图7-101）

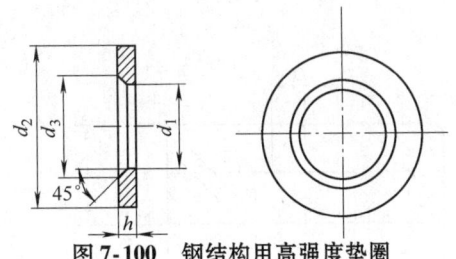

图7-100 钢结构用高强度垫圈

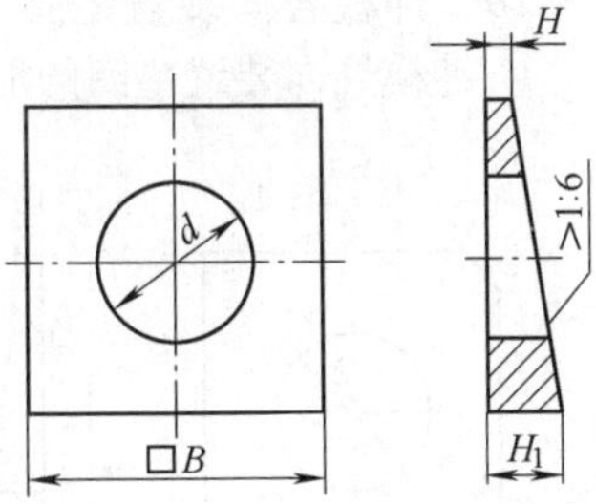

图7-101 工字钢用方斜垫圈

2. 工字钢用方斜垫圈的尺寸（表7-131）

表7-131 工字钢用方斜垫圈的尺寸（GB/T 852—1988）（单位：mm）

规格（螺纹大径）	d		B	H	H_1
	max	min			
6	6.96	6.6	16	2	4.7
8	9.36	9	18		5.0
10	11.43	11	22		5.7
12	13.93	13.5	28		6.7
16	17.93	17.5	35		7.8
(18)	20.52	20			9.7
20	22.52	22	40		9.7
(22)	24.52	24			9.7
24	26.52	26	50	3	11.3
(27)	30.52	30			11.3
30	33.62	33	60		13.0
36	39.62	39	70		14.7

注：尽可能不采用括号内的规格。

7.3.27 槽钢用方斜垫圈

1. 槽钢用方斜垫圈的形式（图7-102）

2. 槽钢用方斜垫圈的尺寸（表7-132）

表7-132　槽钢用方斜垫圈的尺寸（GB/T 853—1988）　　（单位：mm）

规格（螺纹大径）	d max	d min	B	H	(H_1)
6	6.96	6.6	16	2	3.6
8	9.36	9	18	2	3.8
10	11.43	11	22	2	4.2
12	13.93	13.5	28	2	4.8
16	17.93	17.5	35	2	5.4
(18)	20.52	20	40	2	7
20	22.52	22	40	2	7
(22)	24.52	24	40	2	7
24	26.52	26	50	3	8
(27)	30.52	30	50	3	8
30	33.62	33	60	3	9
36	39.62	39	70	3	10

注：尽可能不采用括号内的规格。

7.3.28　冲模导向装置垫圈

1. 冲模导向装置垫圈的形式（图7-103）

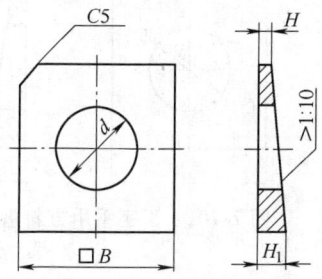

图7-102　槽钢用方斜垫圈

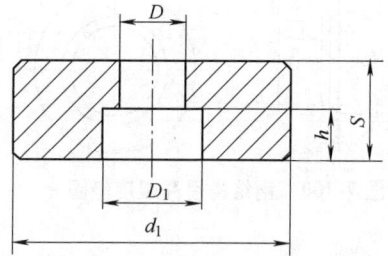

图7-103　冲模导向装置垫圈

注：未标注表面粗糙度 $Ra6.3\mu m$；未注倒角 $C1$。

2. 冲模导向装置垫圈的尺寸（表7-133）

表7-133　冲模导向装置垫圈的尺寸（GB/T 2861.10—2008）（单位：mm）

螺钉直径 d	D	D_1	d_1	S	h
6	6.4	12	30	9	6
8	8.4	15	33	11	8
8	8.4	15	36	11	8
8	8.4	15	40	11	8
8	8.4	15	43	11	8
8	8.4	15	48	11	8
12	13	22	53	16	12
12	13	22	58	16	12
12	13	22	63	16	12
12	13	22	68	16	12
12	13	22	74	16	12

7.3.29　球面垫圈

1. 球面垫圈的形式（图7-104）

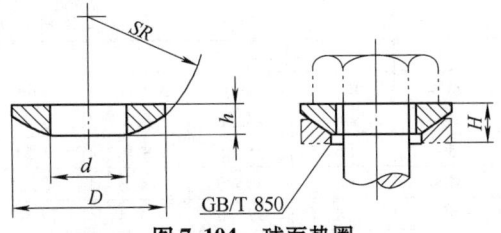

图 7-104 球面垫圈

2. 球面垫圈的尺寸（表7-134）

表7-134 球面垫圈的尺寸（GB/T 849—1988） （单位：mm）

规格 （螺纹大径）	d		D		h		SR	H≈
	max	min	max	min	max	min		
6	6.60	6.40	12.50	12.07	3.00	2.75	10	4
8	8.60	8.40	17.00	16.57	4.00	3.70	12	5
10	10.74	10.50	21.00	20.48	4.00	3.70	16	6
12	13.24	13.00	24.00	23.48	5.00	4.70	20	7
16	17.24	17.00	30.00	29.48	6.00	5.70	25	8
20	21.28	21.00	37.00	36.38	6.60	6.24	32	10
24	25.28	25.00	44.00	43.38	9.60	9.24	36	13
30	31.34	31.00	56.00	55.26	9.80	9.44	40	16
36	37.34	37.00	66.00	65.26	12.00	11.57	50	19
42	43.34	43.00	78.00	77.26	16.00	15.57	63	24
48	50.34	50.00	92.00	91.13	20.00	19.48	70	30

7.3.30 锥面垫圈

1. 锥面垫圈的形式（图7-105）

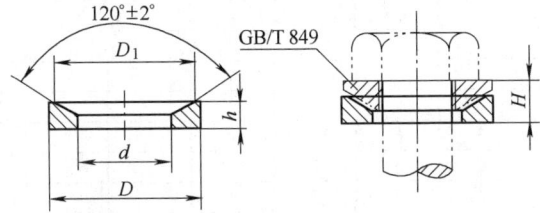

图 7-105 锥面垫圈

2. 锥面垫圈的尺寸（表7-135）

表7-135 锥面垫圈的尺寸（GB/T 850—1988） （单位：mm）

规格 （螺纹大径）	d		D		h		D_1	H≈
	max	min	max	min	max	min		
6	8.36	8	12.5	12.07	2.6	2.35	12	4
8	10.36	10	17	16.57	3.2	2.9	16	5
10	12.93	12.5	21	20.48	4	3.70	18	6
12	16.43	16	24	23.48	4.7	4.40	23.5	7
16	20.52	20	30	29.48	5.1	4.80	29	8
20	25.52	25	37	36.38	6.6	6.24	34	10

（续）

规格 （螺纹大径）	d		D		h		D_1	$H\approx$
	max	min	max	min	max	min		
24	30.52	30	44	43.38	6.8	6.44	38.5	13
30	36.62	36	56	55.26	8.9	9.54	45.2	16
36	43.62	43	66	65.26	14.3	13.87	64	19
42	50.62	50	78	77.26	14.4	13.97	69	24
48	60.74	60	92	91.13	17.4	16.97	78.6	30

7.3.31 开口垫圈

1. 开口垫圈的形式（图7-106）

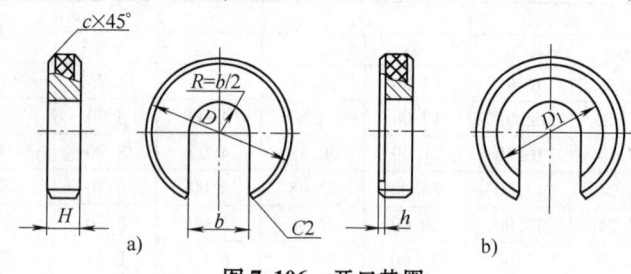

图 7-106　开口垫圈

a) A型　b) B型

2. 开口垫圈的尺寸（表7-136）

表7-136　开口垫圈的尺寸（GB/T 851—1988）　　（单位：mm）

规格（螺纹大径）	5	6	8	10	12	16	20	24	30	36
b	6	8	10	12	14	18	22	26	32	40
D_1	13	15	19	23	26	32	42	50	60	72
h	0.6	0.8	1.0		1.5		2.0		2.5	
c	0.5		0.8		1.0		1.5		2.0	2.5
D					H					
16	4									
20	4	5								
25	4	5	6							
30	4	6	6	7						
35		6	7	7	8					
40			7	8	8	10				
D					H					
50			7	8	8	10	10			
60				8	10	10	10	12		
70					10	10	10	12	14	
80					10	12	12	12	14	
90						12	12	12	14	16
100						12	12	14	14	16
110							14	14	16	—
120							14	16	16	16
130									16	18
140									18	18
160										20

7.3.32 销轴用平垫圈

1. 销轴用平垫圈的形式（图 7-107）

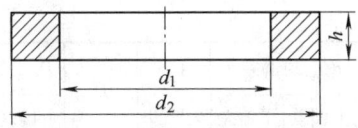

图 7-107 销轴用平垫圈

2. 销轴用平垫圈的尺寸（表 7-137）

表 7-137 销轴用平垫圈的尺寸（GB/T 97.3—2000） （单位：mm）

规 格	内 径 d_1		外 径 d_2		厚 度 h		
	公称（min）	max	公称（max）	min	公称	max	min
3	3	3.14	6	5.70	0.8	0.9	0.7
4	4	4.18	8	7.64	0.8	0.9	0.7
5	5	5.18	10	9.64	1	1.1	0.9
6	6	6.18	12	11.57	1.6	1.8	1.4
8	8	8.22	15	14.57	2	2.2	1.8
10	10	10.22	18	17.57	2.5	2.7	2.3
12	12	12.27	20	19.48	3	3.3	2.7
14	14	14.27	22	21.48	3	3.3	2.7
16	16	16.27	24	23.48	3	3.3	2.7
18	18	18.27	28	27.48	4	4.3	3.7
20	20	20.33	30	29.48	4	4.3	3.7
22	22	22.33	34	33.38	4	4.3	3.7
24	24	24.33	37	36.38	4	4.3	3.7
25	25	25.33	38	37.38	4	4.3	3.7
27	27	27.52	39	38	5	5.6	4.4
28	28	28.52	40	39	5	5.6	4.4
30	30	30.52	44	43	5	5.6	4.4
32	32	32.62	46	45	5	5.6	4.4
33	33	33.62	47	46	5	5.6	4.4
36	36	36.62	50	49	6	6.6	5.4
40	40	40.62	56	54.8	6	6.6	5.4
45	45	45.62	60	58.8	6	6.6	5.4
50	50	50.62	66	64.8	8	9	7
55	55	55.74	72	70.8	8	9	7
60	60	60.74	78	76.8	10	11	9
70	70	70.74	92	90.6	10	11	9
80	80	80.74	98	96.6	12	13.2	10.8
90	90	90.87	110	108.6	12	13.2	10.8
100	100	100.87	120	118.6	12	13.2	10.8

7.3.33 滚动轴承推力垫圈

1. 滚动轴承推力垫圈的形式（图 7-108）

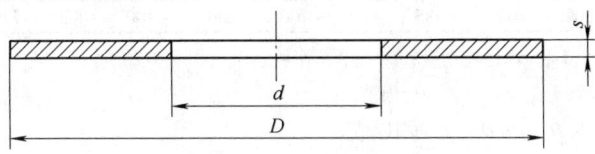

图 7-108 滚动轴承推力垫圈

2. 滚动轴承推力垫圈的尺寸（表7-138）

表7-138 滚动轴承推力垫圈的尺寸和公差（GB/T 4605—2003）

（单位：μm）

垫圈型号		d	d_{smin}的偏差①		V_{ds} max	D	D_{smax}的偏差②		V_{Ds} max	s③	
系列a	系列b		上偏差	下偏差			上偏差	下偏差		系列a	系列b
ASA 0619	AS 0619	6	+140	+20	120	19	-40	-370	330	0.8	1
ASA 0720	AS 0720	7	+175	+25	150	20	-40	-370	330	0.8	1
ASA 0821	AS 0821	8	+175	+25	150	21	-40	-370	330	0.8	1
ASA 0922	AS 0922	9	+175	+25	150	22	-40	-370	330	0.8	1
ASA 1024	AS 1024	10	+175	+25	150	24	-40	-370	330	0.8	1
ASA 1226	AS 1226	12	+212	+32	180	26	-40	-370	330	0.8	1
ASA 1427	AS 1427	14	+212	+32	180	27	-40	-370	330	0.8	1
ASA 1528	AS 1528	15	+212	+32	180	28	-40	-370	330	0.8	1
ASA 1629	AS 1629	16	+212	+32	180	29	-40	-370	330	0.8	1
ASA 1730	AS 1730	17	+212	+32	180	30	-40	-370	330	0.8	1
ASA 1831	AS 1831	18	+212	+32	180	31	-50	-440	390	0.8	1
ASA 2035	AS 2035	20	+250	+40	210	35	-50	-440	390	0.8	1
ASA 2237	AS 2237	22	+250	+40	210	37	-50	-440	390	0.8	1
ASA 2542	AS 2542	25	+250	+40	210	42	-50	-440	390	0.8	1
ASA 2845	AS 2845	28	+250	+40	210	45	-50	-440	390	0.8	1
ASA 3047	AS 3047	30	+250	+40	210	47	-50	-440	390	0.8	1
ASA 3249	AS 3249	32	+300	+50	250	49	-50	-440	390	0.8	1
ASA 3552	AS 3552	35	+300	+50	250	52	-60	-520	460	0.8	1
ASA 4060	AS 4060	40	+300	+50	250	60	-60	-520	460	0.8	1
ASA 4565	AS 4565	45	+300	+50	250	65	-60	-520	460	0.8	1
ASA 5070	AS 5070	50	+300	+50	250	70	-60	-520	460	0.8	1
ASA 5578	AS 5578	55	+360	+60	300	78	-60	-520	460	0.8	1
ASA 6085	AS 6085	60	+360	+60	300	85	-72	-612	540	0.8	1
ASA 6590	AS 6590	65	+360	+60	300	90	-72	-612	540	0.8	1
ASA 7095	AS 7095	70	+360	+60	300	95	-72	-612	540	0.8	1
ASA 75100	AS 75100	75	+360	+60	300	100	-72	-612	540	0.8	1
ASA 80105	AS 80105	80	+360	+60	300	105	-72	-612	540	0.8	1
ASA 85110	AS 85110	85	+422	+72	350	110	-72	-612	542	0.8	1
ASA 90120	AS 90120	90	+422	+72	350	120	-72	-612	540	0.8	1
—	AS 100135	100	+422	+72	350	135	-85	-715	630	—	1
—	AS 110145	110	+422	+72	350	145	-85	-715	630	—	1
—	AS 120155	120	+422	+72	350	155	-85	-715	630	—	1
—	AS 130170	130	+485	+85	400	170	-85	-715	630	—	1
—	AS 140180	140	+485	+85	400	180	-85	-715	630	—	1
—	AS 150190	150	+485	+85	400	190	-100	-820	720	—	1
—	AS 160200	160	+485	+85	400	200	-100	-820	720	—	1

注：d_s—单一内径；V_{ds}—内径变动量；D_s—单一外径；V_{Ds}—外径变动量。
① 表中所列的值为d_{smin}与d之差的极限值。
② 表中所列的值为D_{smax}与D之差的极限值。
③ 偏差按GB/T 1800.2—2009中js12级的规定。

7.4 销

7.4.1 开口销

1. 开口销的形式（图 7-109）

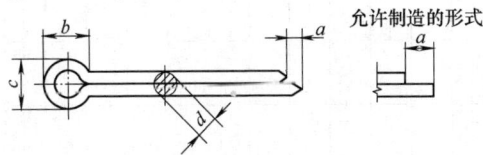

图 7-109　开口销

2. 开口销的尺寸（表 7-139）

表 7-139　开口销的尺寸（GB/T 91—2000）　　　　（单位：mm）

公称规格①			0.6	0.8	1	1.2	1.6	2	2.5	3.2
d		max	0.5	0.7	0.9	1.0	1.4	1.8	2.3	2.9
		min	0.4	0.6	0.8	0.9	1.3	1.7	2.1	2.7
a		max	1.6	1.6	1.6	2.50	2.50	2.50	2.50	3.2
		min	0.8	0.8	0.8	1.25	1.25	1.25	1.25	1.6
b		≈	2	2.4	3	3	3.2	4	5	6.4
c		max	1.0	1.4	1.8	2.0	2.8	3.6	4.6	5.8
		min	0.9	1.2	1.6	1.7	2.4	3.2	4.0	5.1
适用的直径②	螺栓	>	—	2.5	3.5	4.5	5.5	7	9	11
		≤	2.5	3.5	4.5	5.5	7	9	11	14
	U形销	>	—	2	3	4	5	6	8	9
		≤	2	3	4	5	6	8	9	12
公称规格①			4	5	6.3	8	10	13	16	20
d		max	3.7	4.6	5.9	7.5	9.5	12.4	15.4	19.3
		min	3.5	4.4	5.7	7.3	9.3	12.1	15.1	19.0
a		max	4	4	4	4	6.30	6.30	6.30	6.30
		min	2	2	2	2	3.15	3.15	3.15	3.15
b		≈	8	10	12.6	16	20	26	32	40
c		max	7.4	9.2	11.8	15.0	19.0	24.8	30.8	38.5
		min	6.5	8.0	10.3	13.1	16.6	21.7	27.0	33.8
适用的直径②	螺栓	>	14	20	27	39	56	80	120	170
		≤	20	27	39	56	80	120	170	—
	U形销	>	12	17	23	29	44	69	110	160
		≤	17	23	29	44	69	110	160	—

① 公称规格等于开口销孔的直径。对销孔直径推荐的公差为：公称规格≤1.2mm，H13；公称规格>1.2mm，H14。根据供需双方协议，允许采用公称规格为 3mm、6mm 和 12mm 的开口销。
② 用于铁道和在 U 形销中开口销承受交变横向力的场合，推荐使用的开口销规格应较本表规定的加大一档。

7.4.2 圆锥销

1. 圆锥销的形式（图 7-110）

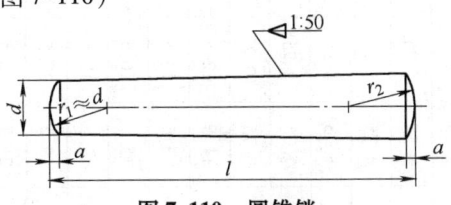

图 7-110　圆锥销

2. 圆锥销的尺寸（表 7-140）

表 7-140　圆锥销的尺寸（GB/T 117—2000）　　　　　　　　　　（单位：mm）

d 公称[①]	0.6	0.8	1	1.2	1.5	2	2.5	3	4	5	6	8	10	12	16	20	25	30	40	50
a ≈	0.08	0.1	0.12	0.16	0.2	0.25	0.3	0.4	0.5	0.63	0.8	1	1.2	1.6	2	2.5	3	4	5	6.3

l[②] 公称	min	max
2	1.75	2.25
3	2.75	3.25
4	3.75	4.25
5	4.75	5.25
6	5.75	6.25
8	7.75	8.25
10	9.75	10.25
12	11.5	12.5
14	13.5	14.5
16	15.5	16.5
18	17.5	18.5
20	19.5	20.5
22	21.5	22.5
24	23.5	24.5
26	25.5	26.5
28	27.5	28.5
30	29.5	30.5
32	31.5	32.5
35	34.5	35.5

（商品规格范围见表中阶梯线所示区域）

第 7 章 紧 固 件

40	39.5	40.5	
45	44.5	45.5	
50	49.5	50.5	
55	54.25	55.75	
60	59.25	60.75	商品规格范围
65	64.25	65.75	
70	69.25	70.75	
75	74.25	75.75	
80	79.25	80.75	
85	84.25	85.75	
90	89.25	90.75	
95	94.25	95.75	
100	99.25	100.75	
120	119.25	120.75	
140	139.25	140.75	
160	159.25	160.75	
180	179.25	180.75	
200	199.25	200.75	

① 其他公差，如 a11、c11 和 f8，由供需双方协议。
② 公称长度大于 200mm，按 20mm 递增。

7.4.3 内螺纹圆锥销

1. 内螺纹圆锥销的形式（图 7-111）

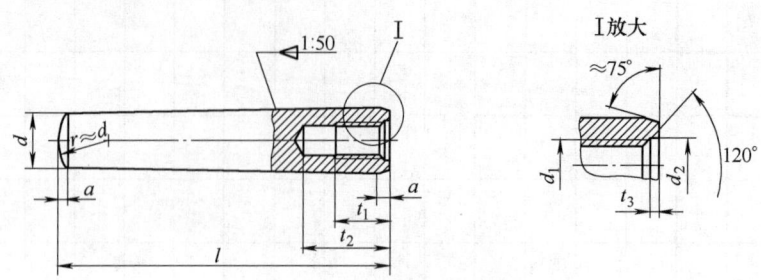

图 7-111 内螺纹圆锥销

注：A 型（磨削），锥面表面粗糙度 $Ra = 0.8\mu m$；B 型（切削或冷镦），锥面表面粗糙度 $Ra = 3.2\mu m$。

2. 内螺纹圆锥销的尺寸（表 7-141）

表 7-141 内螺纹圆锥销的尺寸（GB/T 118—2000）　　　（单位：mm）

d	h10[①]	6	8	10	12	16	20	25	30	40	50
a	≈	0.8	1	1.2	1.6	2	2.5	3	4	5	6.3
d_1		M4	M5	M6	M8	M10	M12	M16	M20	M20	M24
P[②]		0.7	0.8	1	1.25	1.5	1.75	2	2.5	2.5	3
d_2		4.3	5.3	6.4	8.4	10.5	13	17	21	21	25
t_1		6	8	10	12	16	18	24	30	30	36
t_2	min	10	12	16	20	25	28	35	40	40	50
t_3		1	1.2	1.2	1.2	1.5	1.5	2	2	2.5	2.5
l[③] 公称	min	max									
16	15.5	16.5									
18	17.5	18.5									
20	19.5	20.5									
22	21.5	22.5									
24	23.5	24.5									
26	25.5	26.5									
28	27.5	28.5	商品								
30	29.5	30.5									
32	31.5	32.5									
35	34.5	35.5									
40	39.5	40.5	规格								
45	44.5	45.5									
50	49.5	50.5									
55	54.25	55.75									
60	59.25	60.75			范围						

(续)

d	h10①	6	8	10	12	16	20	25	30	40	50
	l③										
公称	min	max									
65	64.25	65.75									
70	69.25	70.75				商品					
75	74.25	75.75									
80	79.25	80.75									
85	84.25	85.75					规格				
90	89.25	90.75									
95	94.25	95.75									
100	99.25	100.75									
120	119.25	120.75									
140	139.25	140.75							范围		
160	159.25	160.75									
180	179.25	180.75									
200	199.25	200.75									

① 其他公差, 如 a11, c11 和 f8, 由供需双方协议。
② P—螺距。
③ 公称长度大于200mm, 按20mm递增。

7.4.4 开尾圆锥销

1. 开尾圆锥销的形式 (图7-112)

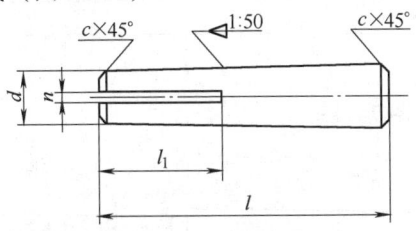

图7-112 开尾圆锥销

2. 开尾圆锥销的尺寸 (表7-142)

表7-142 开尾圆锥销的尺寸 (GB/T 877—1986)　　　(单位: mm)

	公称	3	4	5	6	8	10	12	16
d	min	2.96	3.952	4.952	5.952	7.942	9.942	11.93	15.93
	max	3	4	5	6	8	10	12	16
	公称	0.8		1		1.6		2	
n	min	0.86		1.06		1.66		2.06	
	max	1		1.2		1.91		2.31	
l_1		10	12	15	20	25	30		40
c	≈	0.5			1		1.5		

(续)

d 公称			3	4	5	6	8	10	12	16
公称	l min	max								
30	29.58	30.42								
32	31.50	32.50								
35	34.50	35.50								
40	39.50	40.50								
45	44.50	45.50		商						
50	49.50	50.50								
55	54.40	55.60			品					
60	59.40	60.60								
65	64.40	65.60				规				
70	69.40	70.60								
75	74.40	75.60					格			
80	79.40	80.60								
85	84.30	85.70					范			
90	89.30	90.70								
95	94.30	95.70						围		
100	99.30	100.70								
120	119.30	120.70								
140	139.20	140.80								
160	159.20	160.80								
180	179.20	180.80								
200	199.08	200.92								

7.4.5 螺尾锥销

1. 螺尾锥销的形式（图7-113）

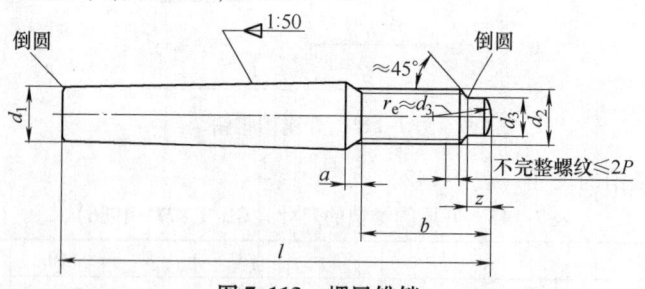

图 7-113 螺尾锥销

2. 螺尾锥销的尺寸（表7-143）

表 7-143 螺尾锥销的尺寸（GB/T 881—2000）　　　（单位：mm）

d_1	h10[①]	5	6	8	10	12	16	20	25	30	40	50
a	max	2.4	3	4	4.5	5.3	6	6	7.5	9	10.5	12
b	max	15.6	20	24.5	27	30.5	39	39	45	52	65	78
	min	14	18	22	24	27	35	35	40	46	58	70

（续）

d_2		M5	M6	M8	M10	M12	M16	M16	M20	M24	M30	M36
P[②]		0.8	1	1.25	1.5	1.75	2	2	2.5	3	3.5	4
d_3	max	3.5	4	5.5	7	8.5	12	12	15	18	23	28
	min	3.25	3.7	5.2	6.6	8.1	11.5	11.5	14.5	17.5	22.5	27.5
z	max	1.5	1.75	2.25	2.75	3.25	4.3	4.3	5.3	6.3	7.5	9.4
	min	1.25	1.5	2	2.5	3	4	4	5	6	7	9
l[③]												
公称	min	max										
40	39.5	40.5										
45	44.5	45.5										
50	49.5	50.5										
55	54.25	55.75										
60	59.25	60.75										
65	64.25	65.75										
75	74.25	75.75										
85	84.25	85.75					商品					
100	99.25	100.75										
120	119.25	120.75										
140	139.25	140.75						规格				
160	159.25	160.75										
190	189.25	190.75										
220	219	221								范围		
250	249	251										
280	279	281										
320	319	321										
360	359	361										
400	399	401										

① 其他公差由供需双方协议。
② P—螺距。
③ 公称长度大于400mm，按40mm递增。

7.4.6 不淬硬钢和奥氏体不锈钢圆柱销

1. 不淬硬钢和奥氏体不锈钢圆柱销的形式（图7-114）

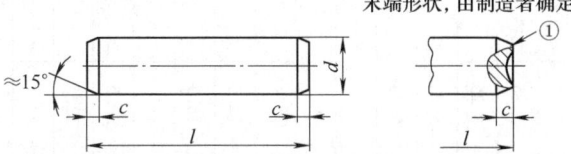

图7-114 不淬硬钢和奥氏体不锈钢、淬硬钢和马氏体不锈钢圆柱销
① 允许倒圆或凹穴。

2. 不淬硬钢和奥氏体不锈钢圆柱销的尺寸（表7-144）

表 7-144 不淬硬钢和奥氏体不锈钢圆柱销的尺寸（GB/T 119.1—2000） （单位：mm）

d m6/h8[①]	0.6	0.8	1	1.2	1.5	2	2.5	3	4	5	6	8	10	12	16	20	25	30	40	50
c ≈	0.12	0.16	0.2	0.25	0.3	0.35	0.4	0.5	0.63	0.8	1.2	1.6	2	2.5	3	3.5	4	5	6.3	8

公称	l[②] max	min
2	2.25	1.75
3	3.25	2.75
4	4.25	3.75
5	5.25	4.75
6	6.25	5.75
8	8.25	7.75
10	10.25	9.75
12	12.5	11.5
14	14.5	13.5
16	16.5	15.5
18	18.5	17.5
20	20.5	19.5
22	22.5	21.5
24	24.5	23.5
26	26.5	25.5
28	28.5	27.5
30	30.5	29.5
32	32.5	31.5
35	35.5	34.5

商品规格范围

第7章 紧 固 件

(续)

商品规格范围		
40	39.5	40.5
45	44.5	45.5
50	49.5	50.5
55	54.25	55.75
60	59.25	60.75
65	64.25	65.75
70	69.25	70.75
75	74.25	75.75
80	79.25	80.75
85	84.25	85.75
90	89.25	90.75
95	94.25	95.75
100	99.25	100.75
120	119.25	120.75
140	139.25	140.75
160	159.25	160.75
180	179.25	180.75
200	199.25	200.75

① 其他公差由供需双方协议。
② 公称长度大于200mm，按20mm递增。

7.4.7 淬硬钢和马氏体不锈钢圆柱销

1. 淬硬钢和马氏体不锈钢圆柱销的形式（图7-114）
2. 淬硬钢和马氏体不锈钢圆柱销的尺寸（表7-145）

表7-145 淬硬钢和马氏体不锈钢圆柱销的尺寸（GB/T 119.2—2000）

（单位：mm）

d	m6①		1	1.5	2	2.5	3	4	5	6	8	10	12	16	20
c	≈		0.2	0.3	0.35	0.4	0.5	0.63	0.8	1.2	1.6	2	2.5	3	2.5
公称	l② min	max													
3	2.75	3.25													
4	3.75	4.25													
5	4.75	5.25													
6	5.75	6.25													
8	7.75	8.25													
10	9.75	10.25													
12	11.5	12.5													
14	13.5	14.5													
16	15.5	16.5													
18	17.5	18.5													
20	19.5	20.5						商品							
22	21.5	22.5													
24	23.5	24.5													
26	25.5	26.5								规格					
28	27.5	28.5													
30	29.5	30.5													
32	31.5	32.5									范围				
35	34.5	35.5													
40	39.5	40.5													
45	44.5	45.5													
50	49.5	50.5													
55	54.25	55.75													
60	59.25	60.75													
65	64.25	65.75													
70	69.25	70.75													
75	74.25	75.75													
80	79.25	80.75													
85	84.25	85.75													
90	89.25	90.75													
95	94.25	95.75													
100	99.25	100.75													

① 其他公差由供需双方协议。
② 公称长度大于100mm，按20mm递增。

7.4.8 不淬硬钢和奥氏体不锈钢内螺纹圆柱销

1. 不淬硬钢和奥氏体不锈钢内螺纹圆柱销的形式（图7-115）

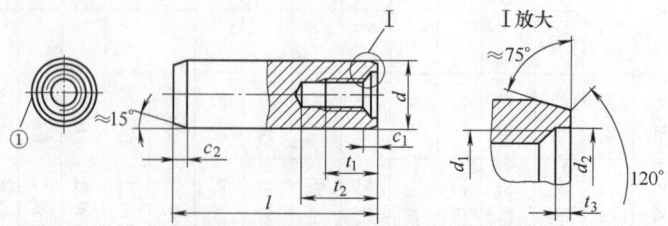

图7-115 不淬硬钢和奥氏体不锈钢内螺纹圆柱销
① 小平面或凹槽，由制造者确定。

2. 不淬硬钢和奥氏体不锈钢内螺纹圆柱销的尺寸（表7-146）

表7-146 不淬硬钢和奥氏体不锈钢内螺纹圆柱销的尺寸（GB/T 120.1—2000）

（单位：mm）

d	m6①	6	8	10	12	16	20	25	30	40	50
c_1	≈	0.8	1	1.2	1.6	2	2.5	3	4	5	6.3
c_2	≈	1.2	1.6	2	2.5	3	3.5	4	5	6.3	8
d_1		M4	M5	M6	M6	M8	M10	M16	M20	M20	M24
P②		0.7	0.8	1	1	1.25	1.5	2	2.5	2.5	3
d_2		4.3	5.3	6.4	6.4	8.4	10.5	17	21	21	25
t_1		6	8	10	12	16	18	24	30	30	36
t_2	min	10	12	16	20	25	28	35	40	40	50
t_3		1	1.2	1.2	1.2	1.5	1.5	2	2	2.5	2.5

公称	l③ min	max									
16	15.5	16.5									
18	17.5	18.5									
20	19.5	20.5									
22	21.5	22.5									
24	23.5	24.5									
26	25.5	26.5									
28	27.5	28.5									
30	29.5	30.5									
32	31.5	32.5									
35	34.5	35.5									
40	39.5	40.5			商品						
45	44.5	45.5									
50	49.5	50.5									
55	54.25	55.75									
60	59.25	60.75									
65	64.25	65.75									
70	69.25	70.75				规格					
75	74.25	75.75									
80	79.25	80.75									
85	84.25	85.75									
90	89.25	90.75									
95	94.25	95.75									
100	99.25	100.75						范围			
120	119.25	120.75									
140	139.25	140.75									
160	159.25	160.75									
180	179.25	180.75									
200	199.25	200.75									

① 其他公差由供需双方协议。
② P—螺距。
③ 公称长度大于200mm，按20mm递增。

7.4.9 淬硬钢和马氏体不锈钢内螺纹圆柱销

1. 淬硬钢和马氏体不锈钢内螺纹圆柱销的形式（图7-116）

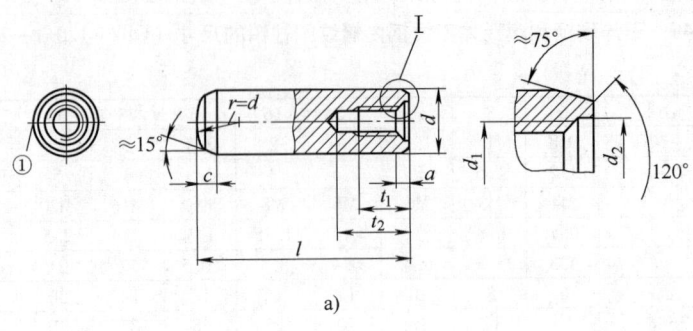

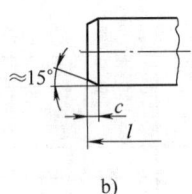

a)

b)

图 7-116　淬硬钢和马氏体不锈钢内螺纹圆柱销

a) A 型 (球面圆柱端)　b) B 型 (平端)

① 小平面或凹槽，由制造者确定。

2. 淬硬钢和马氏体不锈钢内螺纹圆柱销的尺寸（表 7-147）

表 7-147　淬硬钢和马氏体不锈钢内螺纹圆柱销的尺寸（GB/T 120.2—2000）

（单位：mm）

d	m6①		6	8	10	12	16	20	25	30	40	50
a	≈		0.8	1	1.2	1.6	2	2.5	3	4	5	6.3
c			2.1	2.6	3	3.8	4.6	6	6	7	8	10
d_1			M4	M5	M6	M6	M8	M10	M16	M20	M20	M24
P②			0.7	0.8	1	1	1.25	1.5	2	2.5	2.5	3
d_2			4.3	5.3	6.4	6.4	8.4	10.5	17	21	21	25
t_1			6	8	10	12	16	18	24	30	30	36
t_2	min		10	12	16	20	25	28	35	40	40	50
	l③											
公称	min	max										
16	15.5	16.5										
18	17.5	18.5	商品									
20	19.5	20.5										
22	21.5	22.5		规格								
24	23.5	24.5										
26	25.5	26.5			范围							
28	27.5	28.5										

(续)

d	m6[①]		6	8	10	12	16	20	25	30	40	50
公称	l[③]											
	min	max										
30	29.5	30.5	商品									
32	31.5	32.5										
35	34.5	35.5										
40	39.5	40.5										
45	44.5	45.5										
50	49.5	50.5										
55	54.25	65.75					规格					
60	59.25	60.75										
65	64.25	65.75										
70	69.25	70.75										
75	74.25	75.75										
80	79.25	80.75										
85	84.25	85.75							范围			
90	89.25	90.75										
95	94.25	95.75										
100	99.25	100.75										
120	119.25	120.75										
140	139.25	140.75										
160	159.25	160.75										
180	179.25	180.75										
200	199.25	200.75										

① 其他公差由供需双方协议。
② P—螺距。
③ 公称长度大于200mm，按20mm递增。

7.4.10 重型直槽弹性圆柱销

1. 重型直槽弹性圆柱销的形式（图7-117）

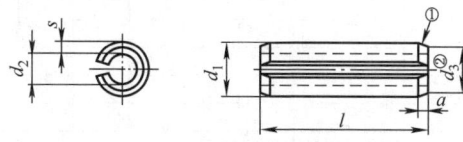

图7-117 重型直槽弹性圆柱销

① 公称直径 $d_1 \geqslant 10$mm 的弹性销，可由制造者选用单面倒角的形式。
② $d_3 < d_1$公称。

2. 重型直槽弹性圆柱销的尺寸（表7-148）

表 7-148　重型直槽弹性圆柱销的尺寸

			1	1.5	2	2.5	3	3.5	4	4.5	5	6	8	10	12	13
d_1	装配前	公称	1	1.5	2	2.5	3	3.5	4	4.5	5	6	8	10	12	13
		max	1.3	1.8	2.4	2.9	3.5	4.0	4.6	5.1	5.6	6.7	8.8	10.8	12.8	13.8
		min	1.2	1.7	2.3	2.8	3.3	3.8	4.4	4.9	5.4	6.4	8.5	10.5	12.5	13.5
d_2	装配前[①]		0.8	1.1	1.5	1.8	2.1	2.3	2.8	2.9	3.4	4.0	5.5	6.5	7.5	8.5
a	max		0.35	0.45	0.55	0.6	0.7	0.8	0.85	1.0	1.1	1.4	2.0	2.4	2.4	2.4
	min		0.15	0.25	0.35	0.4	0.5	0.6	0.65	0.8	0.9	1.2	1.6	2.0	2.0	2.0
s			0.2	0.3	0.4	0.5	0.6	0.75	0.8	1.0	1.0	1.2	1.5	2.0	2.5	2.5
最小剪切载荷（双面剪切[②]）/kN			0.7	1.58	2.82	4.38	6.32	9.06	11.24	15.36	17.54	26.04	42.76	70.16	104.1	115.1

l[③] 公称	min	max	1	1.5	2	2.5	3	3.5	4	4.5	5	6	8	10	12	13
4	3.75	4.25														
5	4.75	5.25														
6	5.75	6.25														
8	7.75	8.25														
10	9.75	10.25														
12	11.5	12.5														
14	13.5	14.5														
16	15.5	16.5														
18	17.5	18.5														
20	19.5	20.5														
22	21.5	22.5														
24	23.5	24.5														
26	25.5	26.5														
28	27.5	28.5														
30	29.5	30.5														
32	31.5	32.5														
35	34.5	35.5														
40	39.5	40.5														
45	44.5	45.5														
50	49.5	50.5														
55	54.25	55.75														
60	59.25	60.75														
65	64.25	65.75														
70	69.25	70.75														
75	74.25	75.75														
80	79.25	80.75														
85	84.25	85.75														
90	89.25	90.75														
95	94.25	95.75														
100	99.25	100.75														
120	119.25	120.75														
140	139.25	140.75														
160	159.25	160.75														
180	179.25	180.75														
200	199.25	200.75														

注：阶梯实线间为优选长度范围。

① 参考。

② 仅适用于钢和马氏体不锈钢产品；对奥氏体不锈钢弹性销，不规定双面剪切载荷值。

③ 公称长度大于200mm，按20mm递增。

(GB/T 879.1—2018) (单位：mm)

14	16	18	20	21	25	28	30	32	35	38	40	45	50
14.8	16.8	18.9	20.9	21.9	25.9	28.9	30.9	32.9	35.9	38.9	40.9	45.9	50.9
14.5	16.5	18.5	20.5	21.5	25.5	28.5	30.5	32.5	35.5	38.5	40.5	45.5	50.5
8.5	10.5	11.5	12.5	13.5	15.5	17.5	18.5	20.5	21.5	23.5	25.5	28.5	31.5
2.4	2.4	2.4	3.4	3.4	3.4	3.4	3.4	3.6	3.6	4.6	4.6	4.6	4.6
2.0	2.0	2.0	3.0	3.0	3.0	3.0	3.0	3.0	3.0	4.0	4.0	4.0	4.0
3.0	3.0	3.5	4.0	4.0	5.0	5.5	6.0	6.0	7.0	7.5	7.5	8.5	9.5
144.7	171	222.5	280.6	298.2	438.5	542.6	631.4	684	859	1003	1068	1360	1685

7.4.11 轻型直槽弹性圆柱销

1. 轻型直槽弹性圆柱销的形式（图7-118）

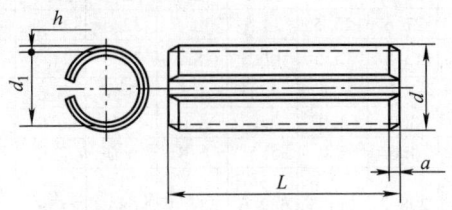

图7-118 轻型直槽弹性圆柱销

2. 轻型直槽弹性圆柱销的尺寸（表7-149）

表7-149 轻型直槽弹性圆柱销的尺寸（GB/T 879.2—2018）（单位：mm）

公称直径 d			2	2.5	3	3.5	4	4.5	5	6	8	10	12	13
d	装配前	max	2.4	2.9	3.5	4	4.6	5.1	5.6	6.7	8.8	10.8	12.8	13.8
		min	2.3	2.8	3.3	3.8	4.4	4.9	5.4	6.4	8.5	10.5	12.5	13.5
d_1	装配前	参考	1.9	2.3	2.7	3.1	3.4	3.9	4.4	4.9	7	8.5	10.5	11
a		max	0.4	0.45	0.45	0.5	0.7	0.7	0.7	0.9	1.8	2.4	2.4	2.4
		min	0.2	0.25	0.25	0.3	0.5	0.5	0.5	0.7	1.5	2	2	2
	h		0.2	0.25	0.3	0.35	0.5	0.5	0.5	0.75	0.75	1	1	1.2
最小剪切载荷,双面剪/kN[①]			1.5	2.4	3.5	4.6	8	8.8	10.4	18	24	40	48	66
公称直径 d			14	16	18	20	21	25	28	30	35	40	45	50
d	装配前	max	14.8	16.8	18.9	20.9	21.9	25.9	28.9	30.9	35.9	40.9	45.9	50.9
		min	14.5	16.5	18.5	20.5	21.5	25.5	28.5	30.5	35.5	40.5	45.5	50.5
d_1	装配前	参考	11.5	13.5	15	16.5	17.5	21.5	23.5	25.5	28.5	32.5	37.5	40.5
a		max	2.4	2.4	2.4	2.4	2.4	3.4	3.4	3.4	3.6	4.6	4.6	4.6
		min	2	2	2	2	2	3	3	3	4	4	4	4
	h		1.5	1.5	1.7	2	2	2.5	2.5	3.5	4	4	5
最小剪切载荷,双面剪/kN[①]			84	98	126	158	168	202	280	302	490	634	720	1000

① 仅适用于钢和马氏体不锈钢产品；对奥氏体不锈钢弹性销,不规定双面剪切载荷值。

7.4.12 标准型卷制弹性圆柱销

1. 标准型卷制弹性圆柱销的形式（图7-119）

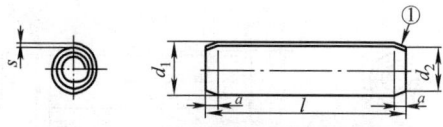

图7-119 标准型卷制弹性圆柱销

① 两端挤压倒角。

2. 标准型卷制弹性圆柱销的尺寸（表7-150）

表7-150 标准型卷制弹性圆柱销的尺寸（GB/T 879.4—2018）（单位：mm）

d_1	公称		0.8	1	1.2	1.5	2	2.5	3	3.5	4	5	6	8	10	12	14	16	20
	装配前	max	0.91	1.15	1.35	1.73	2.25	2.78	3.30	3.84	4.4	5.50	6.50	8.63	10.80	12.85	14.95	17.00	21.10
		min	0.85	1.05	1.25	1.62	2.13	2.65	3.15	3.67	4.2	5.25	6.25	8.30	10.35	12.40	14.45	16.45	20.40
d_2	装配前	max	0.75	0.95	1.15	1.4	1.9	2.4	2.9	3.4	3.9	4.85	5.85	7.8	9.75	11.7	13.6	15.6	19.6
a	≈		0.3	0.3	0.4	0.5	0.7	0.7	0.9	1	1.1	1.3	1.5	2	2.5	3	3.5	4	4.5
	s		0.07	0.08	0.1	0.13	0.17	0.21	0.25	0.29	0.33	0.42	0.5	0.67	0.84	1	1.2	1.3	1.7
最小剪切载荷（双面剪切）/kN		①	0.4	0.6	0.9	1.45	2.5	3.9	5.5	7.5	9.6	15	22	39	62	89	120	155	250
		②	0.3	0.45	0.65	1.05	1.9	2.9	4.2	5.7	7.6	11.5	16.8	30	48	67	—	—	—

l③ 公称	min	max																	
4	3.75	4.25																	
5	4.75	5.25																	
6	5.75	6.25																	
8	7.75	8.25																	
10	9.75	10.25																	
12	11.5	12.5																	
14	13.5	14.5																	
16	15.5	16.5																	
18	17.5	18.5																	
20	19.5	20.5																	
22	21.5	22.5																	
24	23.5	24.5																	
26	25.5	26.5																	
28	27.5	28.5																	
30	29.5	30.5																	
32	31.5	32.5																	
35	34.5	35.5																	
40	39.5	40.5																	
45	44.5	45.5																	
50	49.5	50.5																	
55	54.25	55.75																	
60	59.25	60.75																	
65	64.25	65.75																	
70	69.25	70.75																	
75	74.25	75.75																	
80	79.25	80.75																	
85	84.25	85.75																	
90	89.25	90.75																	
95	94.25	95.75																	
100	99.25	100.75																	
120	119.25	120.75																	
140	139.25	140.75																	
160	159.25	160.75																	
180	179.25	180.75																	
200	199.25	200.75																	

注：阶梯实线间为优选长度范围。

① 适用于钢和马氏体不锈钢产品。

② 适用于奥氏体不锈钢产品。

③ 公称长度大于200mm，按20mm递增。

7.4.13 重型卷制弹性圆柱销

1. 重型卷制弹性圆柱销的形式（图 7-120）

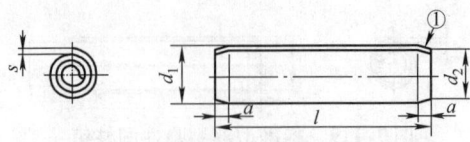

图 7-120 重型卷制弹性圆柱销

① 两端挤压倒角。

2. 重型卷制弹性圆柱销的尺寸（表 7-151）

表 7-151 重型卷制弹性圆柱销的尺寸（GB/T 879.3—2018）（单位：mm）

d_1	公称		1.5	2	2.5	3	3.5	4	5	6	8	10	12	14	16	20
	装配前	max	1.71	2.21	2.73	3.25	3.79	4.30	5.35	6.40	8.55	10.65	12.75	14.85	16.9	21.0
		min	1.61	2.11	2.62	3.12	3.64	4.15	5.15	6.18	8.25	10.30	12.35	14.40	16.4	20.4
d_2	装配前	max	1.4	1.9	2.4	2.9	3.4	3.9	4.85	5.85	7.8	9.75	11.7	13.6	15.6	19.6
a	≈		0.5	0.7	0.7	0.9	1	1.1	1.3	1.5	2	2.5	3	3.5	4	4.5
	s		0.17	0.22	0.28	0.33	0.39	0.45	0.56	0.67	0.9	1.1	1.3	1.6	1.8	2.2
最小剪切载荷		①	1.9	3.5	5.5	7.6	10	13.5	20	30	53	84	120	165	210	340
（双面剪切）/kN		②	1.45	2.5	3.8	5.7	7.6	10	15.5	23	41	64	91	—	—	—
l③																
公称	min	max														
4	3.75	4.25														
5	4.75	5.25														
6	5.75	6.25														
8	7.75	8.25														
10	9.75	10.25														
12	11.5	12.5														
14	13.5	14.5														
16	15.5	16.5														
18	17.5	18.5														
20	19.5	20.5														
22	21.5	22.5														
24	23.5	24.5														
26	25.5	26.5														
28	27.5	28.5														
30	29.5	30.5														
32	31.5	32.5														
35	34.5	35.5														
40	39.5	40.5														
45	44.5	45.5														
50	49.5	50.5														
55	54.25	55.75														
60	59.25	60.75														
65	64.25	65.75														
70	69.25	70.75														
75	74.25	75.75														
80	79.25	80.75														
85	84.25	85.75														
90	89.25	90.75														
95	94.25	95.75														
100	99.25	100.75														
120	119.25	120.75														
140	139.25	140.75														
160	159.25	160.75														
180	179.25	180.75														
200	199.25	200.75														

注：阶梯实线间为优选长度范围。

① 适用于钢和马氏体不锈钢产品。

② 适用于奥氏体不锈钢产品。

③ 公称长度大于200mm，按20mm递增。

7.4.14 轻型卷制弹性圆柱销

1. 轻型卷制弹性圆柱销的形式（图 7-121）

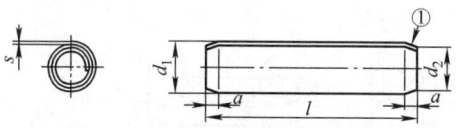

图 7-121 轻型卷制弹性圆柱销

① 两端挤压倒角。

2. 轻型卷制弹性圆柱销的尺寸（表 7-152）

表 7-152　轻型卷制弹性圆柱销的尺寸（GB/T 879.5—2018）（单位：mm）

d_1	公称		1.5	2	2.5	3	3.5	4	5	6	8
	装配前	max	1.75	2.28	2.82	3.35	3.87	4.45	5.5	6.55	8.65
		min	1.62	2.13	2.65	3.15	3.67	4.20	5.2	6.25	8.30
d_2	装配前	max	1.4	1.9	2.4	2.9	3.4	3.9	4.85	5.85	7.8
$a \approx$			0.5	0.7	0.7	0.9	1	1.1	1.3	1.5	2
s			0.08	0.11	0.14	0.17	0.19	0.22	0.28	0.33	0.45
最小剪切载荷（双面剪切）/kN	①		0.8	1.5	2.3	3.3	4.5	5.7	9	13	23
	②		0.65	1.1	1.8	2.5	3.4	4.4	7	10	18

l ③											
公称	min	max									
4	3.75	4.25									
5	4.75	5.25									
6	5.75	6.25									
8	7.75	8.25									
10	9.75	10.25									
12	11.5	12.5									
14	13.5	14.5									
16	15.5	16.5									
18	17.5	18.5									
20	19.5	20.5									
22	21.5	22.5									
24	23.5	24.5									
26	25.5	26.5									
28	27.5	28.5									
30	29.5	30.5									
32	31.5	32.5									
35	34.5	35.5									
40	39.5	40.5									
45	44.5	45.5									
50	49.5	50.5									
55	54.25	55.75									
60	59.25	60.75									
65	64.25	65.75									
70	69.25	70.75									
75	74.25	75.75									
80	79.25	80.75									
85	84.25	85.75									
90	89.25	90.75									
95	94.25	95.75									
100	99.25	100.75									
120	119.25	120.75									

注：阶梯实线间为优选长度范围。

① 适用于钢和马氏体不锈钢产品。

② 适用于奥氏体不锈钢产品。

③ 公称长度大于120mm，按20mm递增。

7.4.15 圆头槽销

1. 圆头槽销的形式（图7-122）

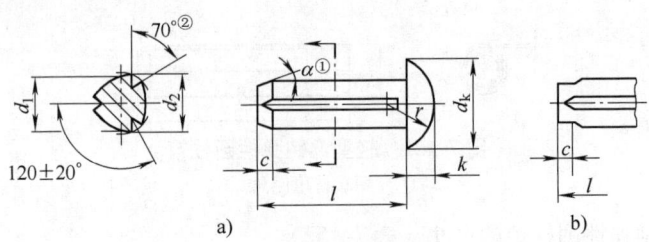

图 7-122　圆头槽销

a) A 型（倒角端槽销）　　b) B 型（导杆端槽销，其他尺寸同 A 型）

① $\alpha = 15° \sim 30°$。

② 槽角应按材料的弹性进行修正。

2. 圆头槽销的尺寸（表7-153）

表 7-153　圆头槽销的尺寸（GB/T 13829.8—2004）　　（单位：mm）

d_1	公称	1.4	1.6	2	2.5	3	4	5	6	8	10	12	16	20
	max	1.40	1.60	2.00	2.500	3.000	4.0	5.0	6.0	8.00	10.00	12.0	16.0	20.0
	min	1.35	1.55	1.95	2.425	2.925	3.9	4.9	5.9	7.85	9.85	11.8	15.8	19.8
d_k	max	2.6	3.0	3.7	4.6	5.45	7.25	9.1	10.8	14.4	16.0	19.0	25.0	32.0
	min	2.2	2.6	3.3	4.2	4.95	6.75	8.5	10.2	13.6	14.9	17.7	23.7	30.7
k	max	0.9	1.1	1.3	1.6	1.95	2.55	3.15	3.75	5.0	7.4	8.4	10.9	13.9
	min	0.7	0.9	1.1	1.4	1.65	2.25	2.85	3.45	4.6	6.5	7.5	10.0	13.0
r	≈	1.4	1.6	1.9	2.4	2.8	3.8	4.6	5.7	7.5	8	9.5	13	16.5
c		0.42	0.48	0.6	0.75	0.9	1.2	1.5	1.8	2.4	3.0	3.6	4.8	6

l①			扩展直径 $d_2$②③											
公称	min	max	+0.05 / 0			±0.05						±0.1		
3	2.8	3.2												
4	3.7	4.3												
5	4.7	5.3	1.5	1.7										
6	5.7	6.3			2.15	2.7								
8	7.7	8.3					3.2							
10	9.7	10.3						4.25						
12	11.6	12.4							5.25					
16	15.6	16.4								6.3				
20	19.5	20.5									8.3			
25	24.5	25.5										10.35		
30	29.5	30.5											12.35	16.4
35	34.5	35.5												
40	39.5	40.5												20.5

① 阶梯实线间为商品长度规格范围。
② 扩展直径 d_2 仅适用于由冷镦钢制造的槽销。对其他材料（如不锈钢），则应从给出的数值中减去一定的数量，并应经供需双方协议。
③ 对 d_2 应使用光滑通、止环规进行检验。

7.4.16 沉头槽销

1. 沉头槽销的形式（图7-123）

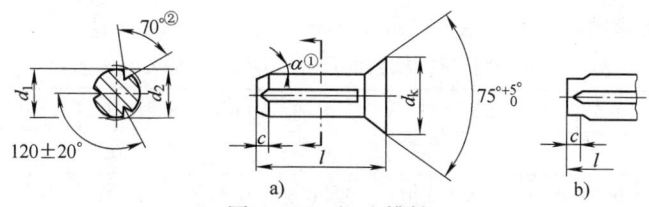

图 7-123 沉头槽销

a) A 型（倒角端槽销） b) B 型（导杆端槽销，其他尺寸同 A 型）

① α = 15°~30°。
② 槽角应按材料的弹性进行修正。

2. 沉头槽销的尺寸（表 7-154）

表 7-154 沉头槽销的尺寸（GB/T 13829.9—2004）　　（单位：mm）

	公称	1.4	1.6	2	2.5	3	4	5	6	8	10	12	16	20
d_1	max	1.40	1.60	2.00	2.500	3.000	4.0	5.0	6.0	8.00	10.00	12.0	16.0	20.0
	min	1.35	1.55	1.95	2.425	2.925	3.9	4.9	5.9	7.85	9.85	11.8	15.8	19.8
d_k	max	2.7	3.0	3.7	4.6	5.45	7.25	9.1	10.8	14.4	16.0	19.0	26.0	31.5
	min	2.3	2.6	3.3	4.2	4.95	6.75	8.5	10.2	13.6	14.9	17.7	23.7	30.7
c		0.42	0.48	0.6	0.75	0.9	1.2	1.5	1.8	2.4	3.0	3.6	4.8	6
l①						扩展直径 $d_2$②③								

l①		+0.05 / 0		±0.05				±0.1		
公称	min	max								
3	2.8	3.2	1.5	1.7	2.15	2.7	3.2	4.25	5.25	6.3	8.3	10.35	12.35	16.4	20.5
4	3.7	4.3
5	4.7	5.3
6	5.7	6.3
8	7.7	8.3
10	9.7	10.3
12	11.6	12.4
16	15.6	16.4
20	19.5	20.5
25	24.5	25.5
30	29.5	30.5
35	34.5	35.5
40	39.5	40.5

① 阶梯实线间为商品长度规格范围。
② 扩展直径 d_2 仅适用于由冷镦钢制造的槽销。对其他材料（如不锈钢），则应从给出的数值中减去一定的数量，并应经供需双方协议。
③ 对 d_2 应使用光滑通、止环规进行检验。

7.4.17 全长锥槽槽销

1. 全长锥槽槽销的形式（图 7-124）

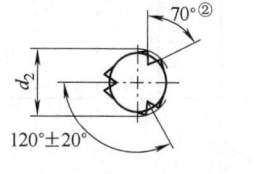 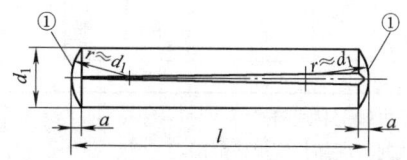

图 7-124 全长锥槽槽销

① 允许制成倒角端。
② 槽角应按材料的弹性进行修正。

2. 全长锥槽槽销的尺寸（表7-155）

表7-155 全长锥槽槽销的尺寸（GB/T 13829.5—2004）（单位：mm）

d_1 公称	1.5	2	2.5	3	4	5	6	8	10	12	16	20	25
公差	h9					h11							
a ≈	0.2	0.25	0.3	0.4	0.5	0.63	0.8	1	1.2	1.6	2	2.5	3
最小剪切载荷 /kN 双面剪[1]	1.6	2.84	4.4	6.4	11.3	17.6	25.4	45.2	70.4	101.8	181	283	444

l[2]			扩展直径 d_2[3][4]												
公称	min	max	+0.05/0			±0.05					±0.1				
			1.5	2	2.5	3	4	5	6	8	10	12	16	20	25
8	7.75	8.25	1.63				3.25								
10	9.75	10.25					4.3	5.3	6.3						
12	11.5	12.5				2.7									
14	13.5	14.5					3.3			8.35					
16	15.5	16.5	1.6				4.35	5.35			10.4	12.4			
18	17.5	18.5			2.15										
20	19.5	20.5					3.25								
22	21.5	22.5							6.35						
24	23.5	24.5			2.65					8.4			16.55		
26	25.5	26.5													
28	27.5	28.5					4.3	5.3			10.45	12.45			
30	29.5	30.5													
32	31.5	32.5				3.2							16.6		
35	34.5	35.5													
40	39.5	40.5							6.3	8.35					
45	44.5	45.5													
50	49.5	50.5					4.25	5.25			10.4	12.4			
55	54.25	55.75												20.6	25.6
60	59.25	60.75													
65	64.25	65.75													
70	69.25	70.75							6.25	8.3			16.55		
75	74.25	75.75													
80	79.25	80.75									10.35	12.3			
85	84.25	85.75													
90	89.25	90.75								8.25					
95	94.25	95.75													
100	99.25	100.75											16.5		
120	119.25	120.75								10.3					

[1] 仅适用于由碳钢制造的槽销。
[2] 阶梯实线间为商品长度规格范围。
[3] 扩展直径 d_2 仅适用于由碳钢制造的槽销。对其他材料（如不锈钢），则应从给出的数值中减去一定的数量，并应经供需双方协议。
[4] 对 d_2 应使用光滑通、止环规进行检验。

7.4.18 半长锥槽槽销

1. 半长锥槽槽销的形式（图 7-125）

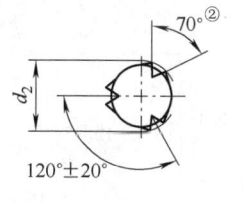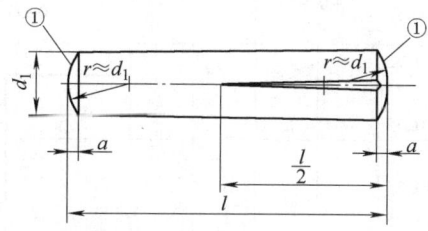

图 7-125 半长锥槽槽销

① 允许制成倒角端。
② 槽角应按材料的弹性进行修正。

2. 半长锥槽槽销的尺寸（表 7-156）

表 7-156 半长锥槽槽销的尺寸（GB/T 13829.6—2004）（单位：mm）

d_1	公称	1.5	2	2.5	3	4	5	6	8	10	12	16	20	25
	公差	h9				h11								
a	≈	0.2	0.25	0.3	0.4	0.5	0.63	0.8	1	1.2	1.6	2	2.5	3
最小剪切载荷 /kN 双面剪①		1.6	2.84	4.4	6.4	11.3	17.6	25.4	45.2	70.4	101.8	181	283	444
l②		扩展直径 $d_2$③④												
公称	min	max	+0.05 / 0			±0.05					±0.1			
8	7.75	8.25												
10	9.75	10.25		2.65	3.2									
12	11.5	12.5				4.25	5.25							
14	13.5	14.5	1.63		3.25			6.25	8.25					
16	15.5	16.5				4.3	5.3			10.3				
18	17.5	18.5		2.15					8.3		12.3			
20	19.5	20.5			2.7			6.3						
22	21.5	22.5								10.35	12.35			
24	23.5	24.5				3.3								
26	25.5	26.5												
28	27.5	28.5				4.35		8.35				16.5		
30	29.5	30.5					5.35			10.4	12.4			
32	31.5	32.5											20.55	25.5
35	34.5	35.5				3.25		6.35						
40	39.5	40.5										16.55		
45	44.5	45.5												
50	49.5	50.5					4.3		8.4	10.45	12.45			
55	54.25	55.75					5.3						20.6	25.6

(续)

l[2]			扩展直径 d_2[3][4]							
公称	min	max	+0.05 0	±0.05					±0.1	
60	59.25	60.75		4.3	5.3	6.35				
65	64.25	65.75					8.4	10.45	12.45	
70	69.25	70.75				6.3				
75	74.25	75.75								16.6
80	79.25	80.75								
85	84.25	85.75					8.35			
90	89.25	90.75						10.4	12.4	20.6	25.6
95	94.25	95.75								
100	99.25	100.75								
120	119.25	120.75								
140	139.25	140.75								
160	159.25	160.75						10.35	12.35	16.55
180	179.25	180.75								
200	199.25	200.75								

① 仅适用于由碳钢制造的槽销。
② 阶梯实线间为商品长度规格范围。
③ 扩展直径 d_2 仅适用于由碳钢制造的槽销。对其他材料(如不锈钢),则应从给出的数值中减去一定的数量,并应经供需双方协议。
④ 对 d_2 应使用光滑通、止环规进行检验。

7.4.19 半长倒锥槽槽销

1. 半长倒锥槽槽销的形式(图7-126)

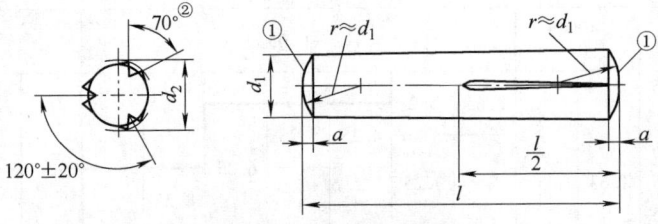

图7-126 半长倒锥槽槽销
① 允许制成倒角端。
② 槽角应按材料的弹性进行修正。

2. 半长倒锥槽槽销的尺寸(表7-157)

表7-157 半长倒锥槽槽销的尺寸(GB/T 13829.7—2004) (单位:mm)

d_1	公称	1.5	2	2.5	3	4	5	6	8	10	12	16	20	25
	公差	h9							h11					
a	≈	0.2	0.25	0.3	0.4	0.5	0.63	0.8	1	1.2	1.6	2	2.5	3
最小剪切载荷/kN 双面剪①		1.6	2.84	4.4	6.4	11.3	17.6	25.4	45.2	70.4	101.8	181	283	444

(续)

l[2]			扩展直径 d_2[3][4]							
公称	min	max	+0.05 / 0		±0.05				±0.1	
8	7.75	8.25	1.6							
10	9.75	10.25			2.6	3.1				
12	11.5	12.5		2.1		4.15	5.15			
14	13.5	14.5						6.15		
16	15.5	16.5	1.63		3.15	4.2	5.2			
18	17.5	18.5		2.65				8.2		
20	19.5	20.5			3.2				10.2	
22	21.5	22.5					6.25			
24	23.5	24.5		2.15				8.25		
26	25.5	26.5		2.7						
28	27.5	28.5				4.25	5.25	8.3	12.25	16.25
30	29.5	30.5			3.25				10.3	20.25	25.25
32	31.5	32.5						6.3			
35	34.5	35.5							8.35	12.3	16.3
40	39.5	40.5								10.4	20.3	25.3
45	44.5	45.5										
50	49.5	50.5				4.3	5.3			12.4	16.4
55	54.25	55.75									20.4	25.4
60	59.25	60.75										
65	64.25	65.75						6.35	8.4			
70	69.25	70.75								10.45		
75	74.25	75.75										
80	79.25	80.75									12.5	16.5
85	84.25	85.75										20.5	25.5
90	89.25	90.75							8.35			
95	94.25	95.75										
100	99.25	100.75										
120	119.25	120.75								10.4		
140	139.25	140.75										
160	159.25	160.75									12.45	16.45
180	179.25	180.75										20.45	25.45
200	199.25	200.75										

① 仅适用于由碳钢制造的槽销。
② 阶梯实线间为商品长度规格范围。
③ 扩展直径 d_2 仅适用于由碳钢制造的槽销。对其他材料（如不锈钢），则应从给出的数值中减去一定的数量，并应经供需双方协议。
④ 对 d_2 应使用光滑通、止环规进行检验。

7.4.20 带导杆及全长平行沟槽槽销

1. 带导杆及全长平行沟槽槽销的形式（图7-127）

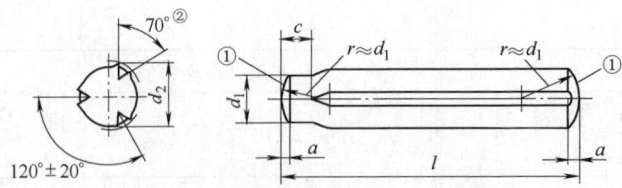

图 7-127 带导杆及全长平行沟槽槽销
① 允许制成倒角端。
② 槽角应按材料的弹性进行修正。

2. 带导杆及全长平行沟槽槽销的尺寸（表 7-158）

表 7-158 带导杆及全长平行沟槽槽销的尺寸（GB/T 13829.1—2004）

（单位：mm）

d_1	公称	1.5	2	2.5	3	4	5	6	8	10	12	16	20	25
	公差	h9	h9	h9	h9	h11	h11	h11	h11	h11	h11	h11	h11	h11
c	max	2	2	2.5	2.5	3	4	4	4	5	5	5	7	7
	min	1	1	1.5	1.5	2	2	3	3	4	4	4	6	6
a	≈	0.2	0.25	0.3	0.4	0.5	0.63	0.8	1	1.2	1.6	2	2.5	3
最小剪切载荷 /kN 双面剪①		1.6	2.84	4.4	6.4	11.3	17.6	25.4	45.2	70.4	101.8	181	283	444

l②			扩展直径 $d_2$③④												
公称	min	max	+0.05 / 0			±0.05						±0.1			
8	7.75	8.25	1.6												
10	9.75	10.25	1.6												
12	11.5	12.5	1.6												
14	13.5	14.5	1.6	2.15											
16	15.5	16.5		2.15											
18	17.5	18.5		2.15											
20	19.5	20.5		2.15	2.65										
22	21.5	22.5			2.65	3.2									
24	23.5	24.5			2.65	3.2	4.25								
26	25.5	26.5				3.2	4.25								
28	27.5	28.5				3.2	4.25	5.25							
30	29.5	30.5				3.2	4.25	5.25	6.3						
32	31.5	32.5				3.2	4.25	5.25	6.3	8.3					
35	34.5	35.5					4.25	5.25	6.3	8.3	10.35				
40	39.5	40.5					4.25	5.25	6.3	8.3	10.35				
45	44.5	45.5						5.25	6.3	8.3	10.35	12.35			
50	49.5	50.5						5.25	6.3	8.3	10.35	12.35	16.4		
55	54.25	55.75							6.3	8.3	10.35	12.35	16.4	20.5	
60	59.25	60.75								8.3	10.35	12.35	16.4	20.5	25.5
65	64.25	65.75								8.3	10.35	12.35	16.4	20.5	25.5
70	69.25	70.75								8.3	10.35	12.35	16.4	20.5	25.5
75	74.25	75.75									10.35	12.35	16.4	20.5	25.5
80	79.25	80.75										12.35	16.4	20.5	25.5
85	84.25	85.75											16.4	20.5	25.5

(续)

公称	l[2] min	l[2] max	+0.05 0	扩展直径 d_2[3][4] ±0.05					±0.1			
90	89.25	90.75						8.3	10.35	12.35	16.4	20.5	25.5
95	94.25	95.75											
100	99.25	100.75											

① 仅适用于由碳钢制造的槽销。
② 阶梯实线间为商品长度规格范围。
③ 扩展直径 d_2 仅适用于由碳钢制造的槽销。对其他材料（如不锈钢），则应从给出的数值中减去一定的数量，并应经供需双方协议。
④ 对 d_2 应使用光滑通、止环规进行检验。

7.4.21 带倒角及全长平行沟槽槽销

1. 带倒角及全长平行沟槽槽销的形式（图 7-128）

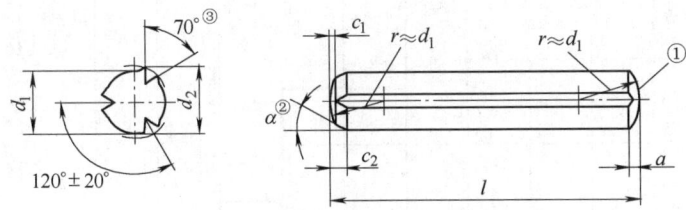

图 7-128 带倒角及全长平行沟槽槽销

① 允许制成倒角端。
② $\alpha = 15° \sim 30°$。
③ 槽角应按材料的弹性进行修正。

2. 带倒角及全长平行沟槽槽销的尺寸（表 7-159）

表 7-159 带倒角及全长平行沟槽槽销的尺寸（GB/T 13829.2—2004）

（单位：mm）

d_1	公称	1.5	2	2.5	3	4	5	6	8	10	12	16	20	25
	公差	h9				h11								
c_1	≈	0.12	0.18	0.25	0.3	0.4	0.5	0.6	0.8	1	1.2	1.6	2	2.5
c_2		0.6	0.8	1	1.2	1.4	1.7	2.1	2.6	3	3.8	4.6	6	7.5
a	≈	0.2	0.25	0.3	0.4	0.5	0.63	0.8	1	1.2	1.6	2	2.5	3
最小剪切载荷 /kN 双面剪①		1.6	2.84	4.4	6.4	11.3	17.6	25.4	45.2	70.4	101.8	181	283	444

（续）

公称	l[2] min	l[2] max	d_2 +0.05/0 [3][4]	d_2 ±0.05 [3][4]	d_2 ±0.1 [3][4]
8	7.75	8.25	1.6		
10	9.75	10.25	1.6		
12	11.5	12.5	1.6		
14	13.5	14.5	2.15		
16	15.5	16.5	2.15		
18	17.5	18.5	2.15		
20	19.5	20.5	2.65		
22	21.5	22.5		3.2	
24	23.5	24.5		3.2	
26	25.5	26.5		4.25	
28	27.5	28.5		4.25	
30	29.5	30.5		4.25	
32	31.5	32.5		5.25	
35	34.5	35.5		5.25	
40	39.5	40.5		5.25	
45	44.5	45.5		6.3	
50	49.5	50.5		6.3	
55	54.25	55.75		8.3	
60	59.25	60.75		8.3	
65	64.25	65.75		10.35	
70	69.25	70.75		10.35	
75	74.25	75.75		10.35	
80	79.25	80.75		12.35	
85	84.25	85.75		12.35	
90	89.25	90.75			16.4
95	94.25	95.75			20.5
100	99.25	100.75			25.5

① 仅适用于由碳钢制造的槽销。
② 阶梯实线间为商品长度规格范围。
③ 扩展直径 d_2 仅适用于由碳钢制造的槽销。对其他材料（如不锈钢），则应从给出的数值中减去一定的数量，并应经供需双方协议。
④ 对 d_2 应使用光滑通、止环规进行检验。

7.4.22 中部槽长为1/3全长槽销

1. 中部槽长为1/3全长槽销的形式（图7-129）

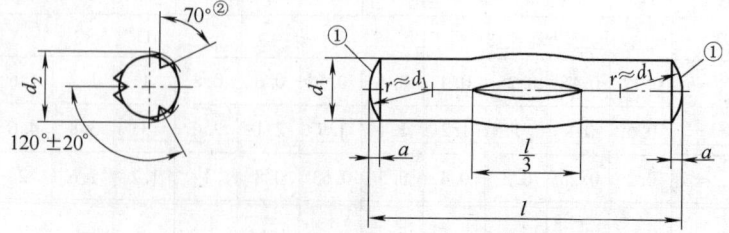

图7-129 中部槽长为1/3全长槽销
① 允许制成倒角端。
② 槽角应按材料的弹性进行修正。

2. 中部槽长为1/3全长槽销的尺寸（表7-160）

表7-160　中部槽长为1/3全长槽销的尺寸（GB/T 13829.3—2004）

（单位：mm）

d_1	公称	1.5	2	2.5	3	4	5	6	8	10	12	16	20	25
	公差	h9							h11					
a	≈	0.2	0.25	0.3	0.4	0.5	0.63	0.8	1	1.2	1.6	2	2.5	3
最小剪切载荷/kN 双面剪①		1.6	2.84	4.4	6.4	11.3	17.6	25.4	45.2	70.4	101.8	181	283	444
l②		\multicolumn{13}{c	}{扩展直径 $d_2$③④}

公称	min	max	+0.05 / 0			±0.05						±0.1		
8	7.75	8.25												
10	9.75	10.25	1.6											
12	11.5	12.5												
14	13.5	14.5			2.6	3.1								
16	15.5	16.5		2.1										
18	17.5	18.5	1.63				4.15	5.15						
20	19.5	20.5												
22	21.5	22.5				3.15								
24	23.5	24.5			2.65			6.15						
26	25.5	26.5		2.15			4.2	5.2						
28	27.5	28.5							8.2					
30	29.5	30.5						6.25						
32	31.5	32.5				3.2			8.25					
35	34.5	35.5					4.25			10.2				
40	39.5	40.5							8.3	12.25				
45	44.5	45.5						5.25			16.25			
50	49.5	50.5					4.3			10.3		20.25	25.25	
55	54.25	55.75							8.35		12.3	16.3		
60	59.25	60.75						5.3					20.3	25.3
65	64.25	65.75								10.4				
70	69.25	70.75							6.35		12.4	16.4		
75	74.25	75.75												
80	79.25	80.75											20.4	25.4
85	84.25	85.75							8.4					
90	89.25	90.75								10.45				
95	94.25	95.75												
100	99.25	100.75												
120	119.25	120.75									12.5	16.5		
140	139.25	140.75											20.5	25.5
160	159.25	160.75								10.4				
180	179.25	180.75												
200	199.25	200.75												

① 仅适用于由碳钢制造的槽销。
② 阶梯实线间为商品长度规格范围。
③ 扩展直径 d_2 仅适用于由碳钢制造的槽销。对其他材料（如不锈钢），则应从给出的数值中减去一定的数量，并应经供需双方协议。
④ 对 d_2 应使用光滑通、止环规进行检验。

7.4.23 中部槽长为1/2全长槽销

1. 中部槽长为1/2全长槽销的形式（图7-130）

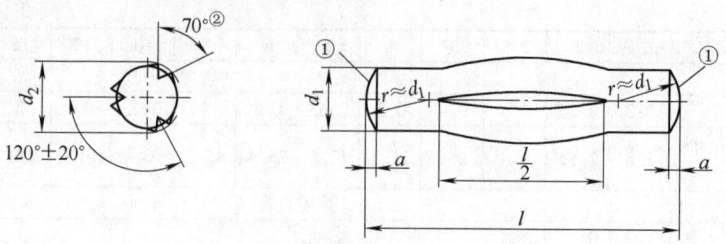

图7-130 中部槽长为1/2全长槽销

① 允许制成倒角端。
② 槽角应按材料的弹性进行修正。

2. 中部槽长为1/2全长槽销的尺寸（表7-161）

表7-161 中部槽长为1/2全长槽销的尺寸（GB/T 13829.4—2004）

（单位：mm）

d_1	公称	1.5	2	2.5	3	4	5	6	8	10	12	16	20	25
	公差		h9						h11					
$a \approx$		0.2	0.25	0.3	0.4	0.5	0.63	0.8	1	1.2	1.6	2	2.5	3
最小剪切载荷/kN 双面剪①		1.6	2.84	4.4	6.4	11.3	17.6	25.4	45.2	70.4	101.8	181	283	444
l②		扩展直径 $d_2$③④												
公称	min	max	+0.05 / 0			±0.05					±0.1			
8	7.75	8.25												
10	9.75	10.25	1.6											
12	11.5	12.5												
14	13.5	14.5		2.1	2.6	3.1								
16	15.5	16.5	1.63											
18	17.5	18.5												
20	19.5	20.5					4.15	5.15						
22	21.5	22.5			3.15									
24	23.5	24.5		2.65				6.15						
26	25.5	26.5		2.15			4.2	5.2						
28	27.5	28.5							8.2					
30	29.5	30.5						6.25						
32	31.5	32.5			3.2									
35	34.5	35.5							8.25	10.2				
40	39.5	40.5					4.25		8.3		12.85			
45	44.5	45.5					5.25				12.35	16.25		
50	49.5	50.5						6.3		10.3			20.25	25.25
55	54.25	55.75					4.3		8.35		12.3	16.3	20.3	25.3

（续）

公称	l② min	l② max	扩展直径 $d_2$③④ +0.05 / 0	±0.05					±0.1			
60	59.25	60.75		4.3	5.3	6.3	8.35		12.3	16.3	20.3	25.3
65	64.25	65.75						10.4				
70	69.25	70.75				6.35			12.4	16.4		
75	74.25	75.75										
80	79.25	80.75									20.4	25.4
85	84.25	85.75					8.4					
90	89.25	90.75						10.45				
95	94.25	95.75										
100	99.25	100.75										
120	119.25	120.75							12.5	16.5		
140	139.25	140.75						10.4			20.5	25.5
160	159.25	160.75										
180	179.25	180.75										
200	199.25	200.75										

① 仅适用于由碳钢制造的槽销。
② 阶梯实线间为商品长度规格范围。
③ 扩展直径 d_2 仅适用于由碳钢制造的槽销。对其他材料（如不锈钢），则应从给出的数值中减去一定的数量，并应经供需双方协议。
④ 对 d_2 应使用光滑通、止环规进行检验。

7.4.24 销轴

1. 销轴的形式（图 7-131）

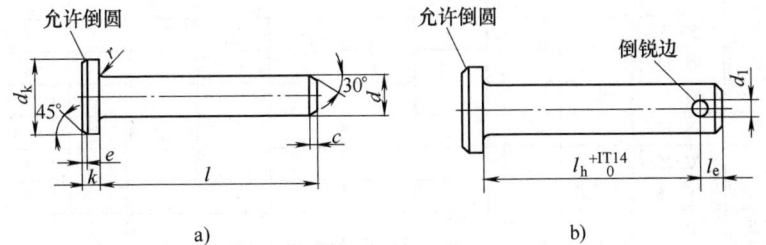

a)　　　　　　　　　　　　　b)

图 7-131　销轴

a) A 型（无开口销孔）　b) B 型①②（带开口销孔）

注：用于铁路和开口销承受交变横向力的场合，推荐采用表 7-162 规定的下一档较大的开口销及相应的孔径。

① 其余尺寸、角度和表面粗糙度值见 A 型。
② 某些情况下，不能按 $l-l_e$ 计算 l_h 尺寸，所需要的尺寸应在标记中注明允许 l_h 尺寸小于表 7-162 规定的数值。

2. 销轴的尺寸（表7-162）

表7-162 销轴的尺寸（GB/T 882—2008） （单位：mm）

d	h11①	3	4	5	6	8	10	12	14	16	18
d_k	h14	5	6	8	10	14	18	20	22	25	28
d_1	H13②	0.8	1	1.2	1.6	2	3.2	3.2	4	4	5
c	max	1	1	2	2	2	2	3	3	3	3
e	≈	0.5	0.5	1	1	1	1	1.6	1.6	1.6	1.6
k	js14	1	1	1.6	2	3	4	4	4	4.5	5
l_e	min	1.6	2.2	2.9	3.2	3.5	4.5	5.5	6	6	7
r		0.6	0.6	0.6	0.6	0.6	0.6	0.6	0.6	0.6	1

l③		
公称	min	max
6	5.75	6.25
8	7.75	8.25
10	9.75	10.25
12	11.5	12.5
14	13.5	14.5
16	15.5	16.5
18	17.5	18.5
20	19.5	20.5
22	21.5	22.5
24	23.5	24.5
26	25.5	26.5
28	27.5	28.5
30	29.5	30.5
32	31.5	32.5
35	34.5	35.5
40	39.5	40.5
45	44.5	45.5
50	49.5	50.5
55	54.25	55.75
60	59.25	60.75
65	64.25	65.75
70	69.25	70.75
75	74.25	75.75
80	79.25	80.75
85	84.25	85.75
90	89.25	90.75
95	94.25	95.75
100	99.25	100.75
120	119.25	120.75
140	139.25	140.75
160	159.25	160.75
180	179.25	180.75
200	199.25	200.75

（商品规格范围）

第 7 章 紧 固 件

(续)

d	h11[①]	20	22	24	27	30	33	36	40
d_k	h14	30	33	36	40	44	47	50	55
d_1	H13[②]	5	5	6.3	6.3	8	8	8	8
c	max	4	4	4	4	4	4	4	4
e	≈	2	2	2	2	2	2	2	2
k	js14	5	5.5	6	6	8	8	8	8
l_e	min	8	8	9	9	10	10	10	10
r		1	1	1	1	1	1	1	1

l[③]			
公称	min	max	商品规格范围
40	39.5	40.5	
45	44.5	45.5	
50	49.5	50.5	
55	54.25	55.75	
60	59.25	60.75	
65	64.25	65.75	
70	69.25	70.75	
75	74.25	75.75	
80	79.25	80.75	
85	84.25	85.75	
90	89.25	90.75	
95	94.25	95.75	
100	99.25	100.75	
120	119.25	120.75	
140	139.25	140.75	
160	159.25	160.75	
180	179.25	180.75	
200	199.25	200.75	

d	h11[①]	45	50	55	60	70	80	90	100
d_k	h14	60	66	72	78	90	100	110	120
d_1	H13[②]	10	10	10	10	13	13	13	13
c	max	4	4	6	6	6	6	6	6
e	≈	2	2	3	3	3	3	3	3
k	js14	9	9	11	12	13	13	13	13
l_e	min	12	12	14	14	16	16	16	16
r		1	1	1	1	1	1	1	1

l[③]			
公称	min	max	商品规格范围
90	89.25	90.75	
95	94.25	95.75	
100	99.25	100.75	
120	119.25	120.75	
140	139.25	140.75	
160	159.25	160.75	
180	179.25	180.75	
200	199.25	200.75	

① 其他公差，如 a11、c11、f8 应由供需双方协议。
② 孔径 d_1 等于开口销的公称规格（见 GB/T 91）。
③ 公称长度大于 200mm，按 20mm 递增。

7.4.25 无头销轴

1. 无头销轴的形式（图7-132）

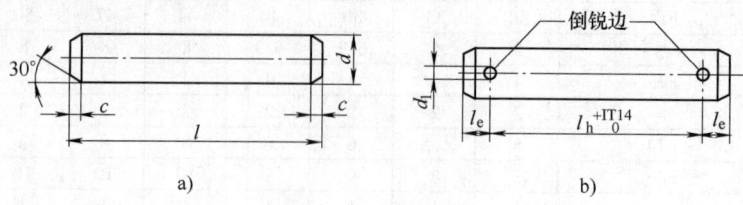

图 7-132　无头销轴

a) A 型（无开口销孔）　b) B 型[1][2]（带开口销孔）

注：用于铁路和开口销承受交变横向力的场合，推荐采用表7-163规定的下一档较大的开口销及相应的孔径。

[1] 其余尺寸、角度和表面粗糙度值见 A 型。

[2] 某些情况下，不能按 $l - l_e$ 计算 l_h 尺寸，所需要的尺寸应在标记中注明允许 l_h 尺寸小于表 7-163 规定的数值。

2. 无头销轴的尺寸（表7-163）

表 7-163　无头销轴的尺寸（GB/T 880—2008）　　（单位：mm）

d	h11[1]	3	4	5	6	8	10	12	14	16	18
d_1	H13[2]	0.8	1	1.2	1.6	2	3.2	3.2	4	4	5
c	max	1	1	2	2	2	2	3	3	3	3
l_e	min	1.6	2.2	2.9	3.2	3.5	4.5	5.5	6	6	7

l[3]											
公称	min	max									
6	5.75	6.25									
8	7.75	8.25									
10	9.75	10.25									
12	11.5	12.5									
14	13.5	14.5	商								
16	15.5	16.5									
18	17.5	18.5		品							
20	19.5	20.5									
22	21.5	22.5			规						
24	23.5	24.5									
26	25.5	26.5				格					
28	27.5	28.5									
30	29.5	30.5					范				
32	31.5	32.5									
35	34.5	35.5					围				
40	39.5	40.5									
45	44.5	45.5									

（续）

d	h11[①]	3	4	5	6	8	10	12	14	16	18
公称	l[③] min	max									
50	49.5	50.5									
55	54.25	55.75					商品				
60	59.25	60.75									
65	64.25	65.75									
70	69.25	70.75						规格			
75	74.25	75.75									
80	79.25	80.75									
85	84.25	85.75							范围		
90	89.25	90.75									
95	94.25	95.75									
100	99.25	100.75									
120	119.25	120.75									
140	139.25	140.75									
160	159.25	160.75									
180	179.25	180.75									
200	199.25	200.75									

d	h11[①]	20	22	24	27	30	33	36	40
d_1	H13[②]	5	5	6.3	6.3	8	8	8	8
c	max	4	4	4	4	4	4	4	4
l_e	min	8	8	9	9	10	10	10	10
公称	l[③] min	max							
40	39.5	40.5							
45	44.5	45.5							
50	49.5	50.5	商						
55	54.25	55.75							
60	59.25	60.75	品						
65	64.25	65.75							
70	69.25	70.75			规				
75	74.25	75.75							
80	79.25	80.75				格			
85	84.25	85.75							
90	89.25	90.75					范		
95	94.25	95.75							
100	99.25	100.75						围	
120	119.25	120.75							
140	139.25	140.75							
160	159.25	160.75							
180	179.25	180.75							
200	199.25	200.75							

(续)

d	h11①	45	50	55	60	70	80	90	100
d_1	H13②	10	10	10	10	13	13	13	13
c	max	4	4	6	6	6	6	6	6
l_e	min	12	12	14	14	16	16	16	16

l③										
公称	min	max								
90	89.25	90.75								
95	94.25	95.75								
100	99.25	100.75	商							
120	119.25	120.75		品						
140	139.25	140.75			规					
160	159.25	160.75				格				
180	179.25	180.75					范			
200	199.25	200.75						围		

① 其他公差，如 a11、c11、f8 应由供需双方协议。
② 孔径 d_1 等于开口销的公称规格。
③ 公称长度大于 200mm，按 20mm 递增。

7.5 螺钉

7.5.1 六角头木螺钉

1. 六角头木螺钉的形式（图7-133）

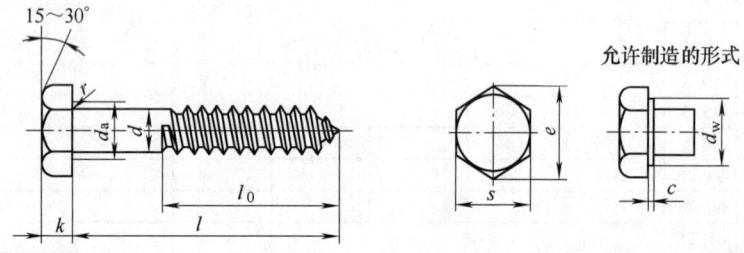

图 7-133　六角头木螺钉

2. 六角头木螺钉的尺寸（表7-164）

表 7-164　六角头木螺钉的尺寸（GB/T 102—1986）　（单位：mm）

		公称	6	8	10	12	16	20
d		min	5.7	7.64	9.64	11.57	15.57	19.48
		max	6	8	10	12	16	20
c		max	0.5	0.6	0.6	0.6	0.8	0.8
d_a		max	7.2	10.2	12.2	14.7	18.7	24.4

（续）

	d_w		min	8.7	11.4	14.4	16.4	22	27.7
	e		min	10.89	14.20	17.59	19.85	26.17	32.95
	k		公称	4	5.3	6.4	7.5	10	12.5
			min	3.62	4.92	5.95	7.05	9.25	11.6
			max	4.38	5.68	6.85	7.95	10.75	13.4
	r		min	0.25	0.4	0.4	0.6	0.6	0.8
	s		max	10	13	16	18	24	30
			min	9.64	12.57	15.57	17.57	23.16	29.16

l			l_0							
公称	min	max	公称	min	max					
35	33.40	35	23	21.7	24.3					
40	38.40	40	26	24.7	27.3					
50	48.40	50	33	31.4	34.6		通用			
65	63.10	65	43	41.4	44.6					
80	78.10	80	52	50.1	53.9			规格		
100	97.80	100	66	64.1	67.9					
120	117.80	120	80	78.1	31.9				范围	
140	137.50	140	93	90.8	95.2					
160	157.50	160	106	103.8	108.2					
180	177.50	180	130	127.5	132.5					
200	197.10	200	133	130.5	135.5					
(225)	222.1	225	163	160.5	165.5					
(250)	247.1	250	166	163.5	168.5					

注：尽可能不采用括号内的规格。

7.5.2 六角头不脱出螺钉

1. 六角头不脱出螺钉的形式（图7-134）

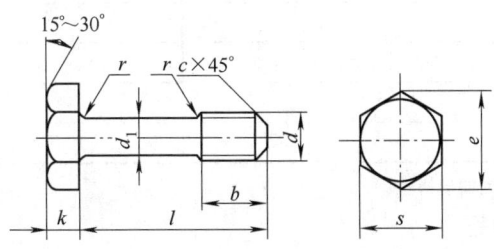

图7-134 六角头不脱出螺钉

2. 六角头不脱出螺钉的尺寸（表 7-165）

表 7-165　六角头不脱出螺钉的尺寸（GB/T 838—1988）

螺纹规格 d		M5	M6	M8	M10	M12	(M14)	M16
d_1	max	3.5	4.5	5.5	7	9	11	12
	min	3.32	4.32	5.32	6.78	8.78	10.73	11.73
s	max	8	10	13	16	18	21	24
	min	7.78	9.78	12.73	15.73	17.73	20.67	23.67
k	公称	3.5	4	5.3	6.4	7.5	8.8	10
	min	3.35	3.85	5.15	6.22	7.32	8.62	9.82
	max	3.65	4.15	5.45	6.58	7.68	8.98	10.18
b		8	10	12	15	18	20	24
r	min	0.2	0.25	0.4	0.4	0.6	0.6	0.6
c		1.6	2	2.5	3	4	5	6
e	min	8.79	11.05	14.38	17.77	20.03	23.35	26.75

l		
公称	min	max
(14)	13.65	14.35
16	15.65	16.35
20	19.58	20.42
25	24.58	25.42
30	29.58	30.42
35	34.50	35.50
40	39.50	40.50
45	44.50	45.50
50	49.50	50.50
(55)	54.05	55.95
60	59.05	60.95
(65)	64.05	65.95
70	69.05	70.95
75	74.05	75.95
80	79.05	80.95
90	88.90	91.10
100	98.90	101.10

（通用规格范围）

注：尽可能不采用括号内的规格。

7.5.3　六角头自攻螺钉

1. 六角头自攻螺钉的形式（图 7-135）

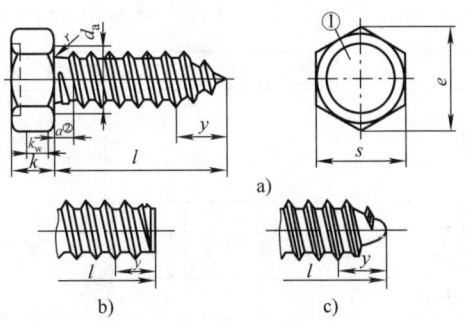

图 7-135 六角头自攻螺钉

a) C 型　b) F 型　c) R 型

① 凹穴形式由制造者选择。

② 尺寸 a 应在第一扣完整螺纹的小径处测量。

2. 六角头自攻螺钉的尺寸（表 7-166）

表 7-166 六角头自攻螺钉的尺寸（GB/T 5285—2017）（单位：mm）

螺纹规格			ST2.2	ST2.9	ST3.5	ST4.2	ST4.8	ST5.5	ST6.3	ST8	ST9.5
P①			0.8	1.1	1.3	1.4	1.6	1.8	1.8	2.1	2.1
a		max	0.8	1.1	1.3	1.4	1.6	1.8	1.8	2.1	2.1
d_a		max	2.8	3.5	4.1	4.9	5.5	6.3	7.1	9.2	10.7
s		max	3.20	5.00	5.50	7.00	8.00	8.00	10.00	13.00	16.00
		min	3.02	4.82	5.32	6.78	7.78	7.78	9.78	12.73	15.73
e		min	3.38	5.40	5.96	7.59	8.71	8.71	10.95	14.26	17.62
k		max	1.6	2.3	2.6	3.0	3.8	4.1	4.7	6.0	7.5
		min	1.3	2.0	2.3	2.6	3.3	3.6	4.1	5.2	6.5
k_w		min	0.9	1.4	1.6	1.8	2.3	2.5	2.9	3.6	4.5
r		min	0.10	0.10	0.10	0.20	0.20	0.25	0.25	0.40	0.40
y 参考		C 型	2.0	2.6	3.2	3.7	4.3	5.0	6.0	7.5	8.0
		F 型	1.6	2.1	2.5	2.8	3.2	3.6	3.6	4.2	4.2
		R 型	—	—	2.7	3.2	3.6	4.3	5.0	6.3	—
l②											
公称	C 型和 R 型		F 型								
	min	max	min	max							
4.5	3.7	5.3	3.7	4.5	—	—	—	—	—	—	—
6.5	5.7	7.3	5.7	6.5		—	—	—	—	—	—
9.5	8.7	10.3	8.7	9.5			—	—	—	—	—
13	12.2	13.8	12.2	13.0							—
16	15.2	16.8	15.2	16.0							
19	18.2	19.8	18.2	19.0							
22	21.2	22.8	20.7	22.0							
25	24.2	25.8	23.7	25.0							

(续)

螺纹规格					ST2.2	ST2.9	ST3.5	ST4.2	ST4.8	ST5.5	ST6.3	ST8	ST9.5
l[②]													
公称	C型和R型		F型										
	min	max	min	max									
32	30.7	33.3	30.7	32.0									
38	36.7	39.3	36.7	38.0									
45	43.7	46.3	43.5	45.0									
50	48.7	51.3	48.5	50.0									

注：阶梯实线间为优选长度范围。
① P—螺距。
② 不能制造带"—"标记的长度规格。

7.5.4 六角头自挤螺钉

1. 六角头自挤螺钉的形式（图7-136）

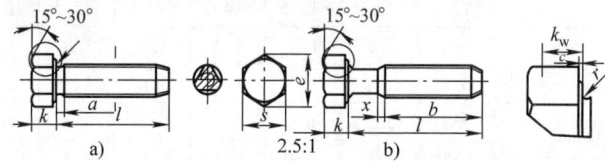

图7-136 六角头自挤螺钉
a) A型 b) B型

2. 六角头自挤螺钉的尺寸（表7-167）

表7-167 六角头自挤螺钉的尺寸（GB/T 6563—2014）（单位：mm）

螺纹规格		M2	M2.5	M3	M4	M5	M6	M8	M10	M12
P[①]		0.4	0.45	0.5	0.7	0.8	1	1.25	1.5	1.75
y[②]	max	1.6	1.8	2	2.8	3.2	4	5	6	7
a	max	1.2	1.35	1.5	2.1	2.4	3	4	4.5	5.3
b	min	25	25	25	38	38	38	38	38	38
c	max	0.25	0.25	0.4	0.4	0.5	0.5	0.6	0.6	0.6
	min	0.10	0.10	0.15	0.15	0.15	0.15	0.15	0.15	0.15
e	min	4.32	5.45	6.01	7.66	8.79	11.05	14.38	17.77	20.03
k	公称	1.4	1.7	2	2.8	3.5	4	5.3	6.4	7.5
	max	1.525	1.825	2.125	2.925	3.65	4.15	5.45	6.58	7.68
	min	1.275	1.575	1.875	2.675	3.35	3.85	5.15	6.22	7.32
k_w	min	0.89	1.1	1.31	1.87	2.35	2.7	3.61	4.35	5.12
r	min	0.1	0.1	0.1	0.2	0.2	0.25	0.4	0.4	0.6
x	max	1	1.1	1.25	1.75	2	2.5	3.2	3.8	4.4
s	max	4	5	5.5	7	8	10	13	16	18
	min	3.82	4.82	5.32	6.78	7.78	9.78	12.78	15.73	17.73

(续)

螺纹规格			M2	M2.5	M3	M4	M5	M6	M8	M10	M12
公称	l④ min	max									
3	2.8	3.2									
4	3.76	4.24									
5	4.76	5.24									
6	5.76	6.24									
8	7.71	8.29									
10	9.71	10.29									
12	11.65	12.35									
(14)③	13.65	14.35									
16	15.65	16.35									
20	19.58	20.42									
25	24.58	25.42									
30	29.58	30.42									
35	34.5	35.5									
40	39.5	40.5									
45	44.5	45.5									
50	49.5	50.5									
(55)③	54.4	55.6									
60	59.05	60.95									
70	69.05	70.95									
80	79.05	80.95									

注：阶梯粗实线间为优选长度。
① P—螺距。
② y—螺纹末端长度（见 GB/T 6559）。
③ 尽可能不采用括号内的规格。
④ 公称长度在阶梯虚线以上的螺钉，制出全螺纹（$b = l - a$）。

7.5.5 六角法兰面自攻螺钉

1. 六角法兰面自攻螺钉的形式（图 7-137）

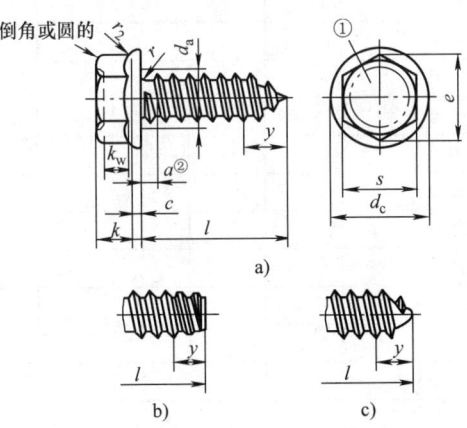

图 7-137 六角法兰面自攻螺钉
a) C 型　b) F 型　c) R 型
① 凹穴形式由制造者选择。
② 尺寸 a 应在第一扣完整螺纹的小径处测量。

2. 六角法兰面自攻螺钉的尺寸（表7-168）

表7-168 六角法兰面自攻螺钉的尺寸（GB/T 16824.2—2016）（单位：mm）

螺纹规格			ST2.2	ST2.9	ST3.5	ST4.2	ST4.8	ST5.5	ST6.3	ST8	ST9.5
P①			0.8	1.1	1.3	1.4	1.6	1.8	1.8	2.1	2.1
a		max	0.8	1.1	1.3	1.4	1.6	1.8	1.8	2.1	2.1
d_a		max	2.8	3.5	4.1	4.9	5.6	6.3	7.3	9.2	10.7
d_c		max	4.5	6.4	7.5	8.5	10.0	11.2	12.8	16.8	21.0
		min	4.1	5.9	6.9	7.8	9.3	10.3	11.8	15.5	19.3
c		min	0.3	0.4	0.5	0.6	0.6	0.8	1.0	1.2	1.4
s		公称=max	3.00	4.00	5.00	5.50	7.00	7.00	8.00	10.00	13.00
		min	2.86	3.82	4.82	5.32	6.78	6.78	7.78	9.78	12.73
e		min	3.16	4.27	5.36	5.92	7.55	7.55	8.66	10.89	14.16
k		max	2.2	3.2	3.8	4.3	5.2	6.0	6.7	8.6	10.7
k_w		min	0.85	1.25	1.60	1.80	2.20	2.50	2.80	3.70	4.60
r		min	0.1	0.1	0.1	0.2	0.2	0.2	0.3	0.4	0.4
r_2		max	0.1	0.2	0.2	0.2	0.3	0.3	0.4	0.5	0.6
y 参考		C型	2.0	2.6	3.2	3.7	4.3	5.0	6.0	7.5	8.0
		F型	1.6	2.1	2.5	2.8	3.2	3.6	3.6	4.2	4.2
		R型	—	—	2.7	3.2	3.6	4.3	5.0	6.3	—
l②	C型和R型		F型									
公称	min	max	min	max								
4.5	3.7	5.3	3.7	4.5	—	—	—	—	—	—	—
6.5	5.7	7.3	5.7	6.5		—	—	—	—	—	—
9.5	8.7	10.3	8.7	9.5			—	—	—	—	—
13	12.2	13.8	12.2	13.0					—	—	—
16	15.2	16.8	15.2	16.0							—
19	18.2	19.8	18.2	19.0							
22	21.2	22.8	20.7	22.0							
25	24.2	25.8	23.7	25.0							
32	30.7	33.3	30.7	32.0							
38	36.7	39.3	36.7	38.0							
45	43.7	46.3	43.5	45.0							
50	48.7	51.3	48.5	50.0							

注：阶梯线间为优选长度。

① P—螺距。

② 表中标记"—"的长度规格，不予制造。

7.5.6 六角法兰面自钻自攻螺钉

1. 六角法兰面自钻自攻螺钉的形式（图7-138）

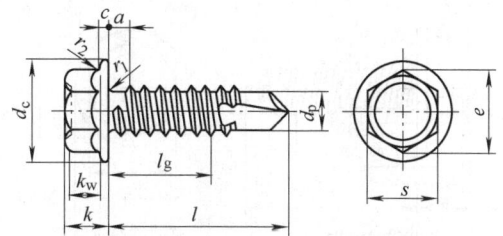

图 7-138 六角法兰面自钻自攻螺钉

2. 六角法兰面自钻自攻螺钉的尺寸（表 7-169）

表 7-169 六角法兰面自钻自攻螺钉的尺寸（GB/T 15856.4—2002）

（单位：mm）

螺纹规格			ST2.9	ST3.5	ST4.2	ST4.8	ST5.5	ST6.3
P[①]			1.1	1.3	1.4	1.6	1.8	1.8
a[②]		max	1.1	1.3	1.4	1.6	1.8	1.8
d_c		max	6.3	8.3	8.8	10.5	11	13.5
		min	5.8	7.6	8.1	9.8	10	12.2
c		min	0.4	0.6	0.8	0.9	1	1
s		公称=max	4.00	5.50	7.00	8.00	8.00	10.00
		min	3.82	5.32	6.78	7.78	7.78	9.78
e		min	4.28	5.96	7.59	8.71	8.71	10.95
k		公称=max	2.8	3.4	4.1	4.3	5.4	5.9
		min	2.5	3.0	3.6	3.8	4.8	5.3
k_w[③]		min	1.3	1.5	1.8	2.2	2.7	3.1
r_1		max	0.4	0.5	0.6	0.7	0.8	0.9
r_2		max	0.2	0.25	0.3	0.3	0.4	0.5
钻削范围		≥	0.7	0.7	1.75	1.75	1.75	2
（板厚）[④]		≤	1.9	2.25	3	4.4	5.25	6
l[⑤]					l_g[⑥] min			
公称	min	max						
9.5	8.75	10.25	3.25	2.85				
13	12.1	13.9	6.6	6.2	4.3	3.7		
16	15.1	16.9	9.6	9.2	7.3	5.8	5	
19	18	20	12.5	12.1	10.3	8.7	8	7
22	21	23		15.1	13.3	11.7	11	10
25	24	26		18.1	16.3	14.7	14	13
32	30.75	33.25			23	21.5	21	20
38	36.75	39.25			29	27.5	27	26
45	43.75	46.25				34.5	34	33
50	48.75	51.25				39.5	39	38

注：产品通过了相关检验，则应视为满足了尺寸 e、c 和 k_w 的要求。
① P—螺距。
② a—最末一扣完整螺纹至支承面的距离。
③ k_w—扳拧高度。
④ 为确定公称长度 l，需对每个板的厚度加上间隙或夹层厚度。
⑤ $l>50mm$ 的长度规格，由供需双方协议。但其长度规格 l（mm）应为 55、60、65、70、75、80、85、90、95、100、110、120、130、140、150、160、170、180、190、200。
⑥ l_g—第一扣完整螺纹至支承面的距离。

7.5.7 六角凸缘自攻螺钉

1. 六角凸缘自攻螺钉的形式（图 7-139）

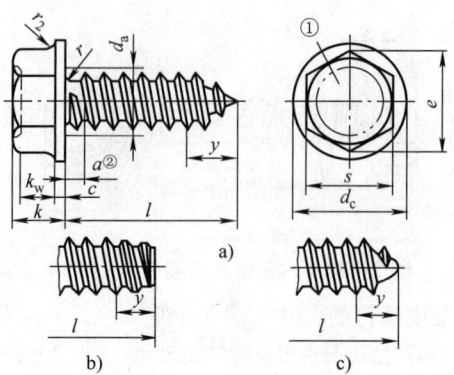

图 7-139 六角凸缘自攻螺钉
a) C 型　b) F 型　c) R 型
① 凹穴形式由制造者选择。
② 尺寸 a 应在第一扣完整螺纹的小径处测量。

2. 六角凸缘自攻螺钉的尺寸（表 7-170）

表 7-170　六角凸缘自攻螺钉的尺寸（GB/T 16824.1—2016）（单位：mm）

螺纹规格			ST2.2	ST2.9	ST3.5	ST3.9	ST4.2	ST4.8	ST5.5	ST6.3	ST8
P①			0.8	1.1	1.3	1.3	1.4	1.6	1.8	1.8	2.1
a		max	0.8	1.1	1.3	1.3	1.4	1.6	1.8	1.8	2.1
c		min	0.25	0.40	0.60	0.60	0.80	0.90	1.00	1.00	1.20
d_a		max	2.8	3.5	4.1	4.6	4.9	5.6	6.3	7.3	9.2
d_c		max	4.2	6.3	8.3	8.3	8.8	10.5	11.0	13.5	18.0
		min	3.8	5.8	7.6	7.6	8.1	9.8	10.0	12.2	16.7
s	公称 =	max	3.00	4.00	5.50	5.50	7.00	8.00	8.00	10.00	13.00
		min	2.86	3.82	5.32	5.32	6.78	7.78	7.78	9.78	12.73
e		min	3.20	4.28	5.96	5.96	7.59	8.71	8.71	10.95	14.26
k	公称 =	max	2.0	2.8	3.4	3.4	4.1	4.3	5.4	5.9	7.0
		min	1.7	2.5	3.0	3.0	3.6	3.8	4.8	5.3	6.4
k_w		min	0.9	1.3	1.5	1.5	1.8	2.2	2.7	3.1	3.3
r		min	0.3	0.4	0.5	0.5	0.6	0.7	0.8	0.9	1.1
r_2		max	0.15	0.20	0.25	0.25	0.30	0.30	0.40	0.50	0.60
y 参考	C 型		2.0	2.6	3.2	3.5	3.7	4.3	5.0	6.0	7.5
	F 型		1.6	2.1	2.5	2.7	3.2	3.6	3.6	3.6	4.2
	R 型		—	—	2.7	3.0	3.2	3.6	4.3	5.0	6.3

l②					每 1000 件（ρ = 7.85kg/dm³）的质量 ≈ kg（仅供参考）							
公称	C 型和 R 型		F 型									
	min	max	min	max								
4.5	3.7	5.3	3.7	4.5	0.17	—	—	—	—	—	—	—
6.5	5.7	7.3	5.7	6.5	0.21	0.43	0.93	—	—	—	—	—
9.5	8.7	10.3	8.7	9.5	0.27	0.54	1.10	1.14	1.84	2.48	—	—
13	12.2	13.8	12.2	13.0	0.35	0.66	1.28	1.35	2.09	2.80	3.64	5.44	—
16	15.2	16.8	15.2	16.0	0.41	0.77	1.44	1.54	2.31	3.10	4.01	5.95	10.90
19	18.2	19.8	18.2	19.0	0.47	0.87	1.59	1.73	2.52	3.39	4.40	6.49	11.70
22	21.2	22.8	20.7	22.0			1.74	1.93	2.74	3.68	4.78	7.01	12.70
25	24.2	25.8	23.7	25.0				2.12	2.95	3.97	5.17	7.54	16.60
32	30.7	33.3	30.7	32.0						4.66	6.06	8.76	15.70
38	36.7	39.3	36.7	38.0							6.82	9.82	17.50
45	43.7	46.3	43.5	45.0								11.10	19.60
50	48.7	51.3	48.5	50.0								12.00	21.10

注：阶梯线间为优选长度。
① P—螺距。
② 标记短划"—"的长度规格，不予制造。

7.5.8 六角凸缘自钻自攻螺钉

1. 六角凸缘自钻自攻螺钉的形式（图7-140）

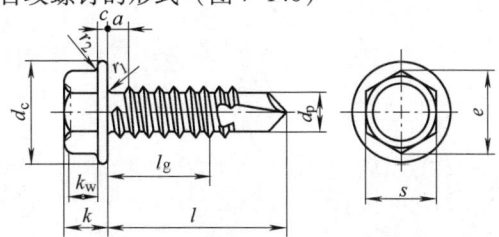

图7-140 六角凸缘自钻自攻螺钉

2. 六角凸缘自钻自攻螺钉的尺寸（表7-171）

表7-171 六角凸缘自钻自攻螺钉的尺寸（GB/T 15856.5—2002）

（单位：mm）

螺纹规格		ST2.9	ST3.5	ST4.2	ST4.8	ST5.5	ST6.3
P [1]		1.1	1.3	1.4	1.6	1.8	1.8
a [2]	max	1.1	1.3	1.4	1.6	1.8	1.8
d_c	max	6.3	8.3	8.8	10.5	11	13.5
	min	5.8	7.6	8.1	9.8	10	12.2
c	min	0.4	0.6	0.8	0.9	1	1
s	公称 = max	4.00 [3]	5.50	7.00	8.00	8.00	10.00
	min	3.82	5.32	6.78	7.78	7.78	9.78
e	min	4.28	5.96	7.59	8.71	8.71	10.95
k	公称 = max	2.8	3.4	4.1	4.3	5.4	5.9
	min	2.5	3.0	3.6	3.8	4.8	5.3
k_w [4]	min	1.3	1.5	1.8	2.2	2.7	3.1
r_1	max	0.4	0.5	0.6	0.7	0.8	0.9
r_2	max	0.2	0.25	0.3	0.3	0.4	0.5
钻削范围	≥	0.7	0.7	1.75	1.75	1.75	2
（板厚）[5]	≤	1.9	2.25	3	4.4	5.25	6
l					l_g [6]		
公称	min	max			min		
9.5	8.75	10.25	3.25	2.85			
13	12.1	13.9	6.6	6.2	4.3	3.7	
16	15.1	16.9	9.6	9.2	7.3	5.8	5
19	18	20	12.5	12.1	10.3	8.7	8	7
22	21	23		15.1	13.3	11.7	11	10
25	24	26		18.1	16.3	14.7	14	13
32	30.75	33.25			23	21.5	21	20
38	36.75	39.25			29	27.5	27	26
45	43.75	46.25				34.5	34	33
50	48.75	51.25				39.5	39	38

[1] P—螺距。
[2] a—最末一扣完整螺纹至支承面的距离。
[3] 该尺寸与GB/T 5285对六角头自攻螺钉规定的 s = 5mm不一致。GB/T 16824.1对六角凸缘自攻螺钉规定的 s = 4mm在世界范围内业已采用。
[4] k_w—扳拧高度。
[5] 为确定公称长度 l，需对每个板的厚度加上间隙或夹层厚度。
[6] l_g—第一扣完整螺纹至支承面的距离。

7.5.9 内六角沉头螺钉

1. 内六角沉头螺钉的形式（图 7-141）

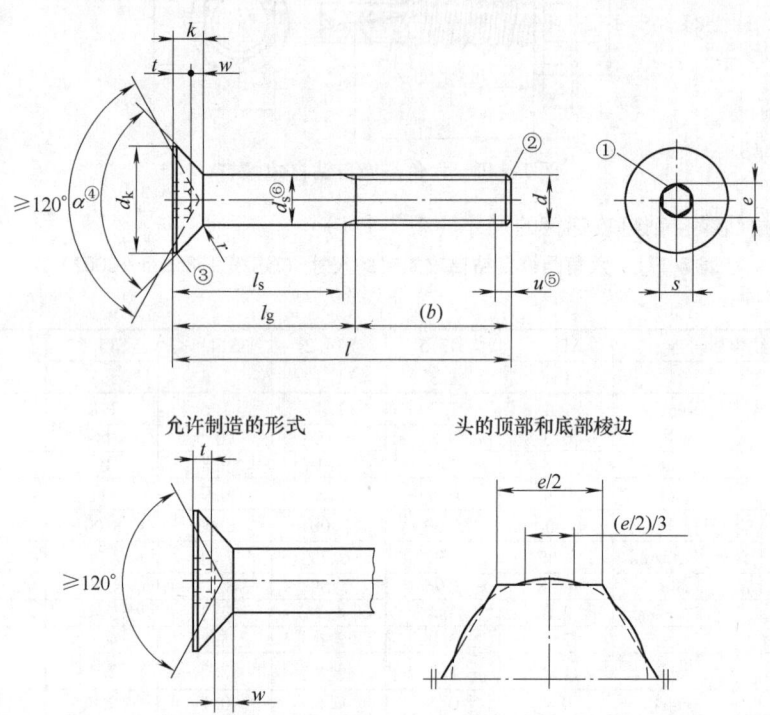

图 7-141　内六角沉头螺钉

注：对切制内六角，当尺寸达到最大极限时，由于钻孔造成的过切不应超过内六角任何一面长度（$e/2$）的 $1/3$。

① 内六角口部允许稍许倒圆或沉孔。
② 末端倒角，$d \leqslant M4$ 的为辗制末端，见 GB/T 2。
③ 头部棱边可以是圆的或平的，由制造者任选。
④ $\alpha = 90° \sim 92°$。
⑤ 不完整螺纹的长度 $u \leqslant 2P$。
⑥ d_s 适用于规定了 $l_{s\,min}$ 数值的产品。

2. 内六角沉头螺钉的尺寸（表 7-172）

表7-172 内六角沉头螺钉的尺寸（GB/T 70.3—2008）（单位：mm）

螺纹规格 d			M3	M4	M5	M6	M8	M10	M12	(M14)⑦	M16	M20
P①			0.5	0.7	0.8	1	1.25	1.5	1.75	2	2	2.5
b② 参考			18	20	22	24	28	32	36	40	44	52
d_k	理论值 max③		6.72	8.96	11.20	13.44	17.92	22.40	26.88	30.8	33.60	40.32
	实际值 max④		5.54	7.53	9.43	11.34	15.24	19.22	23.12	26.52	29.01	36.05
d_s	max		3.00	4.00	5.00	6.00	8.00	10.00	12.00	14.00	16.00	20.00
	min		2.86	3.82	4.82	5.82	7.78	9.78	11.73	13.73	15.73	19.67
e③④ min			2.303	2.873	3.443	4.583	5.723	6.863	9.149	11.429	11.429	13.716
k max			1.86	2.48	3.1	3.72	4.96	6.2	7.44	8.4	8.8	10.16
F⑤ max			0.25	0.25	0.3	0.35	0.4	0.4	0.45	0.5	0.6	0.75
r min			0.1	0.2	0.2	0.25	0.4	0.4	0.6	0.6	0.6	0.8
s④	公称		2	2.5	3	4	5	6	8	10	10	12
	max		2.08	2.58	3.08	4.095	5.14	6.140	8.175	10.175	10.175	12.212
	min		2.02	2.52	3.02	4.020	5.02	6.020	8.025	10.025	10.025	12.032
t min			1.1	1.5	1.9	2.2	3	3.6	4.3	4.5	4.8	5.6
w min			0.25	0.45	0.66	0.7	1.16	1.62	1.8	1.62	2.2	2.2

l⑥ 和 l_s、l_g 值：

公称	min	max	M3 $l_s$min / $l_g$max	M4 $l_s$min / $l_g$max	M5 $l_s$min / $l_g$max	M6 $l_s$min / $l_g$max	M8 $l_s$min / $l_g$max	M10 $l_s$min / $l_g$max	M12 $l_s$min / $l_g$max	M14 $l_s$min / $l_g$max	M16 $l_s$min / $l_g$max	M20 $l_s$min / $l_g$max
8	7.71	8.29										
10	9.71	10.29										
12	11.65	12.35	9.5 / —									
16	15.65	16.35	— / 12	6.5 / 10								
20	19.58	20.42		11.5 / 15	9 / 13							
25	24.58	25.42		16.5 / 20	14 / 18	11 / 16						
30	29.58	30.42			19 / 23	16 / 21						
35	34.5	35.5			24 / 28	21 / 26	15.75 / 22	15.5 / 23				
40	39.5	40.5				26 / 31	20.75 / 27	20.5 / 28				
45	44.5	45.5				31 / 36	25.75 / 32	25.5 / 33	20.25 / 29			
50	49.5	50.5					30.75 / 37	30.5 / 38	25.25 / 34	20 / 30		
55	54.4	55.6					35.75 / 42					
60	59.4	60.6						40.5 / 48	35.25 / 44	30 / 40	26 / 36	
65	64.4	65.6					45.75 / 52					
70	69.4	70.6						50.5 / 58	45.25 / 54	40 / 50	36 / 46	
80	79.4	80.6						60.5 / 68	55.25 / 64	50 / 60	46 / 56	35.5 / 48
90	89.3	90.7										
100	99.3	100.7										

① P—螺距。
② 用于在阶梯实线之间的长度。
③ $e_{min} = 1.14 s_{min}$。
④ 内六角组合量规尺寸见 GB/T 70.5。
⑤ F 是头部的沉头公差。
⑥ 阶梯实线同为商品长度规格。阴影部分，螺纹长度制到距头部 $3P$ 以内；阴影以下的长度，l_s 和 l_g 值按下式计算：$l_{gmax} = l_{公称} - b$；$l_{smin} = l_{gmax} - 5P$。
⑦ 尽可能不采用括号内的规格。

7.5.10 内六角花形沉头螺钉

1. 内六角花形沉头螺钉的形式（图7-142）

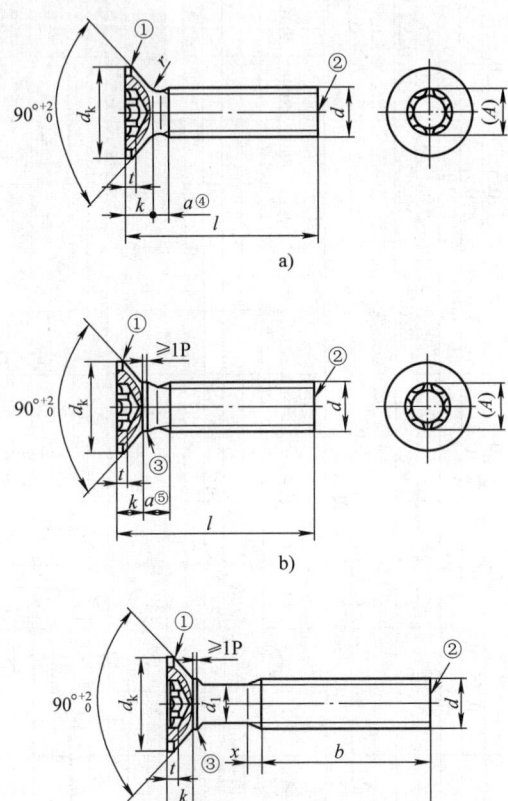

图 7-142 内六角花形沉头螺钉

a）A 型（无轴肩全螺纹螺钉 M2～M4） b）B 型（带轴肩的全螺纹螺钉 M5～M10）

c）C 型（带轴肩的部分螺纹螺钉 M5～M10）

注：无螺纹杆径 d_s 约等于螺纹中径或螺纹大径。

① 棱边可以是圆的或直的。

② 辗制末端见 GB/T 2。

③ 轴肩的形状和尺寸由制造商确定，但最大直径不能超过 d。

④ $a_{max} \leq 2P$。

⑤ $a_{max} \leq 2.5P$。

2. 内六角花形沉头螺钉的尺寸（表7-173）

表7-173 内六角花形沉头螺钉的尺寸（GB/T 2673.1—2018）

螺纹规格 d			M2	M2.5	M3	(M3.5)①	M4	M5	M6	M8	M10
			不带轴肩					带轴肩			
P②			0.4	0.45	0.5	0.6	0.7	0.8	1	1.25	1.5
b min			25	25	25	38	38	38	38	38	38
d_k③	理论值	max	4.4	5.5	6.3	8.2	9.4	10.4	12.6	17.3	20.0
	实际值	公称 = max	3.80	4.70	5.50	7.30	8.40	9.30	11.30	15.80	18.30
		min	3.50	4.40	5.20	6.94	8.04	8.94	10.87	15.37	17.78
k	公称 = max		1.20	1.50	1.65	2.35	2.70	2.70	3.30	4.65	5.00
r	max		0.5	0.6	0.8	0.9	1.0	1.3	1.5	2.0	2.5
x	max		1.00	1.10	1.25	1.50	1.75	2.00	2.50	3.20	3.80
内六角花形④	槽号 No.		6	8	10	15	20	25	30	45	50
	A 参考		1.75	2.40	2.80	3.35	3.95	4.50	5.60	7.93	8.95
	t	max	0.64	0.79	0.83	1.32	1.53	1.51	1.78	2.54	2.80
		min	0.51	0.66	0.70	1.16	1.14	1.12	1.39	2.15	2.41
l⑤											
公称	min	max									
3	2.80	3.20									
4	3.76	4.24									
5	4.76	5.24									
6	5.76	6.24									
8	7.71	8.29									
10	9.71	10.29									
12	11.65	12.35									
(14)①	13.65	14.35									
16	15.65	16.35									
20	19.58	20.42									
25	24.58	25.42									
30	29.58	30.42									
35	34.50	35.50									
40	39.50	40.50									
45	44.50	45.50									
50	49.50	50.50									
(55)①	54.40	55.60									
60	59.40	60.60									

注：阶梯实线间为优选长度范围。
① 尽可能不采用括号内的规格。
② P—螺距。
③ 头部尺寸的测量按 GB/T 5279 规定。
④ 内六角花形的验收检查见 GB/T 6188。
⑤ 虚线以上的长度，螺纹制到头部 $[b=l-(k+a)]$。

7.5.11 内六角花形半沉头螺钉

1. 内六角花形半沉头螺钉的形式（图7-143）

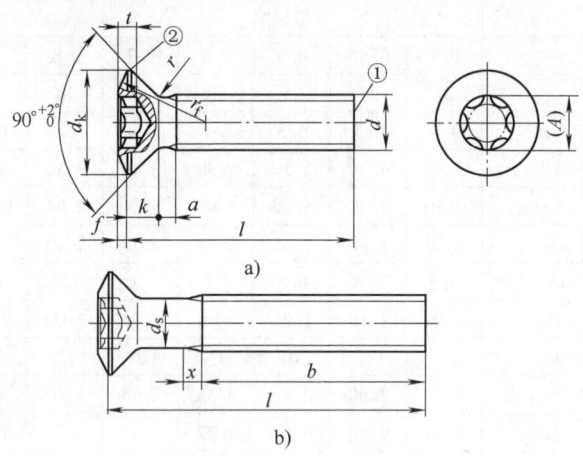

图7-143 内六角花形半沉头螺钉
a) A型　b) B型

注：无螺纹杆径 d_s 约等于螺纹中径或螺纹大径。
① 辗制末端见 GB/T 2。
② 棱边可以是圆的或直的，由制造者任选。

2. 内六角花形半沉头螺钉的尺寸（表7-174）

表7-174　内六角花形半沉头螺钉的尺寸（GB/T 2674—2017）（单位：mm）

螺纹规格 d			M2	M2.5	M3	(M3.5)①	M4	M5	M6	M8	M10
P②			0.4	0.45	0.5	0.6	0.7	0.8	1.0	1.25	1.5
a		max	0.8	0.9	1.0	1.2	1.4	1.6	2.0	2.5	3.0
b		min	25	25	25	38	38	38	38	38	38
d_k③	理论值	max	4.0	5.5	6.3	8.2	9.4	10.4	12.6	17.3	20.0
	实际值	公称=max	3.80	4.70	5.50	7.30	8.40	9.30	11.30	15.80	18.30
		min	3.50	4.40	5.20	6.94	8.04	8.94	10.87	15.37	17.78
f		≈	0.5	0.6	0.7	0.8	1.0	1.2	1.4	2.0	2.3
k③		公称=max	1.20	1.50	1.65	2.35	2.70	2.70	3.30	4.65	5.00
r		max	0.5	0.6	0.8	0.9	1.0	1.3	1.5	2.0	2.5
r_f		≈	4.0	5.0	6.0	8.5	9.5	9.5	12.0	16.5	19.5
x		max	1.00	1.10	1.25	1.50	1.75	2.00	2.50	3.20	3.80
内六角花形④	槽号 No.		6	8	10	15	20	25	30	45	50
	A	参考	1.75	2.40	2.80	3.35	3.95	4.50	5.60	7.95	8.95
	t	max	0.77	1.04	1.15	1.53	1.80	2.03	2.42	3.31	3.81
		min	0.63	0.91	0.88	1.27	1.42	1.65	2.02	2.92	3.42

(续)

螺纹规格 d			M2	M2.5	M3	(M3.5)①	M4	M5	M6	M8	M10
l⑤			每1000件钢螺钉的质量（$\rho=7.85\mathrm{kg/dm^3}$）								
公称	min	max	$\approx$ kg								
3	2.8	3.2	0.119	0.212							
4	3.76	4.24	0.138	0.242	0.351						
5	4.76	5.24	0.156	0.272	0.395	0.669	0.99				
6	5.76	6.24	0.175	0.302	0.439	0.729	1.07	1.49			
8	7.71	8.29	0.212	0.362	0.527	0.849	1.23	1.73	2.79		
10	9.71	10.29	0.249	0.422	0.615	0.969	1.39	1.97	3.14	6.89	
12	11.65	12.35	0.287	0.482	0.703	1.09	1.54	2.21	3.49	7.53	11.4
(14)①	13.65	14.35	0.325	0.543	0.791	1.21	1.70	2.45	3.84	8.17	12.5
16	15.65	16.35	0.362	0.603	0.879	1.33	1.85	2.69	4.19	8.81	13.5
20	19.58	20.42	0.436	0.723	1.06	1.57	2.17	3.17	4.89	10.1	15.5
25	24.58	25.42		0.874	1.28	1.87	2.56	3.77	5.77	11.7	18.0
30	29.58	30.42			1.50	2.17	2.95	4.37	6.64	13.3	20.6
35	34.5	35.5				2.47	3.34	4.97	7.52	14.9	23.1
40	39.5	40.5					3.73	5.57	8.39	16.5	25.6
45	44.5	45.5						6.16	9.27	18.1	28.5
50	49.5	50.5						6.76	10.1	19.7	30.7
(55)①	54.4	55.6							11.0	21.3	33.2
60	59.4	60.6							11.9	22.9	35.7

注：阶梯实线间为优选长度范围。
① 尽可能不采用括号内的规格。
② P—螺距。
③ 头部尺寸的测量按 GB/T 5279 规定。
④ 内六角花形的验收检查见 GB/T 6188。
⑤ 虚线以上的长度，螺纹制到头部 $[b=l-(k+a)]$。

7.5.12 内六角花形盘头螺钉

1. 内六角花形盘头螺钉的形式（图7-144）

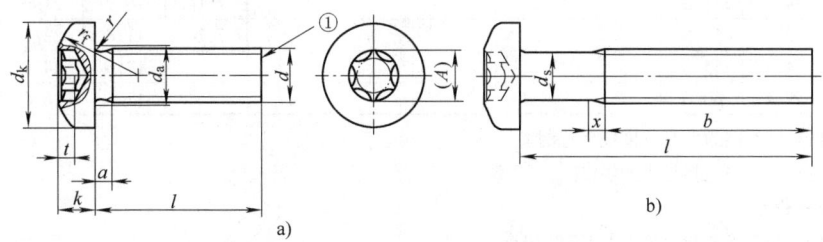

图 7-144 内六角花形盘头螺钉
a) A型　b) B型
注：无螺纹杆径 d_s 约等于螺纹中径或螺纹大径。
① 辗制末端见 GB/T 2。

2. 内六角花形盘头螺钉的尺寸（表 7-175）

表 7-175　内六角花形盘头螺钉的尺寸（GB/T 2672—2017）（单位：mm）

螺纹规格 d			M2	M2.5	M3	(M3.5)①	M4	M5	M6	M8	M10
P②			0.4	0.45	0.5	0.6	0.7	0.8	1.0	1.25	1.5
a		max	0.8	0.9	1	1.2	1.4	1.6	2	2.5	3
b		min	25	25	25	38	38	38	38	38	38
d_a		max	2.6	3.1	3.6	4.1	4.7	5.7	6.8	9.2	11.2
d_k	公称 = max		4.0	5.0	5.6	7.00	8.00	9.50	12.00	16.00	20.00
	min		3.7	4.7	5.3	6.64	7.64	9.14	11.57	15.57	19.48
k	公称 = max		1.60	2.10	2.40	2.60	3.10	3.70	4.6	6.0	7.50
	min		1.46	1.96	2.26	2.46	2.92	3.52	4.3	5.7	7.14
r		max	0.1	0.1	0.1	0.1	0.2	0.2	0.25	0.4	0.4
r_f		≈	3.2	4	5	6	6.5	8	10	13	16
x		max	1.0	1.1	1.25	1.5	1.75	2.0	2.5	3.2	3.8
内六角花形③	槽号 No.		6	8	10	15	20	25	30	45	50
	A	参考	1.75	2.4	2.8	3.35	3.95	4.5	5.6	7.95	8.95
	t	max	0.77	1.04	1.27	1.33	1.66	1.91	2.42	3.18	4.02
		min	0.63	0.91	1.01	1.07	1.27	1.52	2.02	2.79	3.62

l④			每 1000 件钢螺钉的重量（$\rho = 7.85 \text{kg/dm}^3$）/kg ≈								
公称①	min	max									
3	2.8	3.2	0.178	0.336							
4	3.76	4.24	0.196	0.366	0.544						
5	4.76	5.24	0.215	0.396	0.588	0.891	1.30				
6	5.76	6.24	0.233	0.426	0.632	0.951	1.38	2.32			
8	7.71	8.29	0.270	0.486	0.720	1.07	1.53	2.57	4.37		
10	9.71	10.29	0.307	0.546	0.808	1.19	1.69	2.81	4.72	9.96	
12	11.65	12.35	0.344	0.606	0.896	1.31	1.84	3.06	5.07	10.6	19.8
(14)	13.65	14.35	0.381	0.666	0.984	1.43	2.00	3.31	5.42	11.2	20.5
16	15.65	16.35	0.418	0.726	1.07	1.55	2.15	3.56	5.78	11.9	21.8
20	19.58	20.42	0.492	0.846	1.25	1.79	2.46	4.05	6.48	13.2	23.8
25	24.58	25.42		0.996	1.47	2.09	2.85	4.67	7.36	14.8	26.3
30	29.58	30.42			1.69	2.39	3.23	5.29	8.24	16.4	28.8
35	34.5	35.5				2.68	3.62	5.91	9.12	18.0	31.3
40	39.5	40.5					4.01	6.52	10.0	19.6	33.9
45	44.5	45.5						7.14	10.9	21.2	36.4
50	49.5	50.5						7.76	11.8	22.8	38.8
(55)	54.4	55.6							12.6	24.4	41.4
60	59.4	60.6							13.5	26.0	43.9

注：阶梯实线间为商品长度规格范围。
① 尽可能不采用括号内的规格。
② P—螺距。
③ 内六角花形的验收检查见 GB/T 6188。
④ 虚线以上的长度，螺纹制到头部（$b = l - a$）。

7.5.13　内六角花形盘头自攻螺钉

1. 内六角花形盘头自攻螺钉的形式（图 7-145）

第7章 紧 固 件

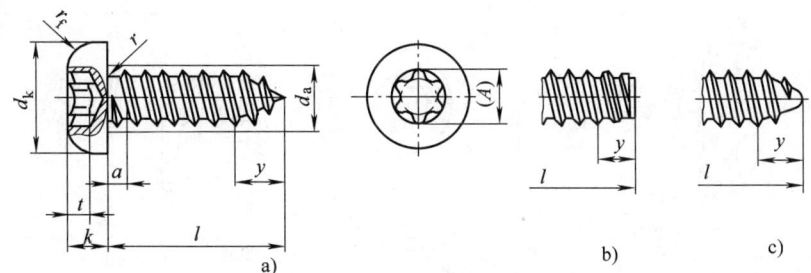

图 7-145 内六角花形盘头自攻螺钉

a) C 型　b) F 型　c) R 型

2. 内六角花形盘头自攻螺钉的尺寸（表 7-176）

表 7-176 内六角花形盘头自攻螺钉的尺寸（GB/T 2670.1—2017）

（单位：mm）

螺纹规格			ST2.9	ST3.5	ST4.2	ST4.8	ST5.5	ST6.3
P①			1.1	1.3	1.4	1.6	1.8	1.8
a			1.1	1.3	1.4	1.6	1.8	1.8
d_a		max	3.5	4.1	4.9	5.6	6.3	7.3
d_k	公称 = max		5.6	7.00	8.00	9.50	11.00	12.00
	min		5.3	6.64	7.64	9.14	10.57	11.57
k	公称 = max		2.40	2.60	3.1	3.7	4.0	4.6
	min		2.15	2.35	2.8	3.4	3.7	4.3
r	max		0.1	0.1	0.2	0.2	0.25	0.25
r_f	≈		5	6	6.5	8	9	10
y 参考		C 型	2.6	3.2	3.7	4.3	5	6.0
		F 型	2.1	2.5	2.8	3.2	3.6	3.6
		R 型	—	2.7	3.2	3.6	4.3	5
内六角花形	槽号 No.		10	15	20	25	25	30
	A 参考		2.8	3.35	3.95	4.5	4.5	5.6
	t	max	1.27	1.40	1.80	2.03	2.03	2.42
		min	1.01	1.14	1.42	1.65	1.65	2.02

l②										
公称	C 型、R 型		F 型							
	min	max	min	max						
4.5	3.7	5.3	3.7	4.5	—	—	—	—	—	—
6.5	5.7	7.3	5.7	6.5					—	—
9.5	8.7	10.3	8.7	9.5						—
13	12.2	13.8	12.2	13.5						
16	15.2	16.8	15.2	16.0						
19	18.2	19.8	18.2	19.0						
22	21.2	22.8	20.7	22.0						
25	24.2	25.8	23.7	25.0						
32	30.7	33.3	30.7	32.0						
38	36.7	39.3	36.7	38.0						
45	43.7	46.3	43.5	45.0						
50	48.7	51.3	48.5	50.0						

注：阶梯实线间为商品长度规格范围。

① P—螺距。

② 表中带"—"标记的规格，不予制造。

7.5.14 内六角花形沉头自攻螺钉

1. 内六角花形沉头自攻螺钉的形式（图 7-146）

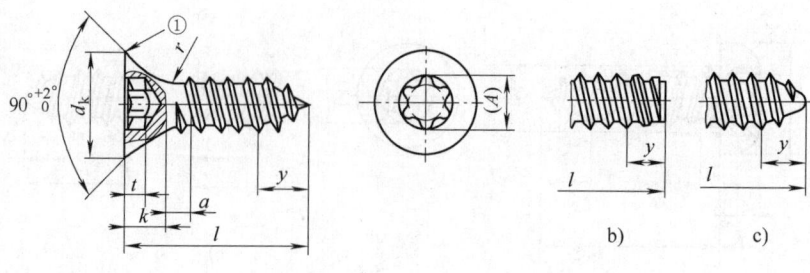

图 7-146 内六角花形沉头自攻螺钉
a) C 型 b) F 型 c) R 型
① 棱边可以是圆的或直的，由制造者任选。

2. 内六角花形沉头自攻螺钉的尺寸（表 7-177）

表 7-177 内六角花形沉头自攻螺钉的尺寸（GB/T 2670.2—2017）

（单位：mm）

螺纹规格			ST2.9	ST3.5	ST4.2	ST4.8	ST5.5	ST6.3
P①			1.1	1.3	1.4	1.6	1.8	1.8
a			1.1	1.3	1.4	1.6	1.8	1.8
d_k②	理论	max	6.3	8.2	9.4	10.4	11.5	12.6
	实际	max	5.5	7.3	8.4	9.3	10.3	11.3
		min	5.2	6.9	8.0	8.9	9.9	10.9
k		max	1.7	2.35	2.6	2.8	3	3.15
r		max	1.2	1.4	1.6	2	2.2	2.4
y 参考	C 型		2.6	3.2	3.7	4.3	5	6
	R 型		2.1	2.5	2.8	3.2	3.6	3.6
	F 型		—	2.7	3.2	3.6	4.3	5
内六角花形	槽号 No.		10	15	20	25	25	30
	A 参考		2.8	3.35	3.95	4.5	4.5	5.6
	t	max	0.91	1.3	1.58	1.78	2.03	2.42
		min	0.65	1.0	1.14	1.39	1.65	2.02

l③										
公称	C 型、R 型		F 型							
	min	max	min	max						
4.5	3.7	5.3	3.7	4.5	—	—	—	—	—	—
6.5	5.7	7.3	5.7	6.5						
9.5	8.7	10.3	8.7	9.5						
13	12.2	13.8	12.2	13.0						
16	15.2	16.8	15.2	16.0						
19	18.2	19.8	18.2	19.0						
22	21.2	22.8	20.7	22.0						
25	24.2	25.8	23.7	25.0						
32	30.7	33.3	30.7	32.0						
38	36.7	39.3	36.7	38.0						
45	43.7	46.3	43.5	45.0						
50	48.7	51.3	48.5	50.0						

注：阶梯实线间为商品长度规格范围。
① P—螺距。
② 头部尺寸的测量按 GB/T 5279 规定。
③ 表中带 "—" 标记的规格，不予制造。

7.5.15 内六角花形半沉头自攻螺钉

1. 内六角花形半沉头自攻螺钉的形式（图 7-147）

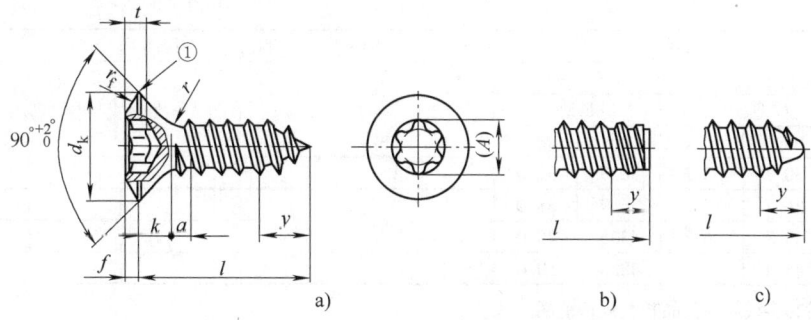

图 7-147　内六角花形半沉头自攻螺钉

a) C 型　b) F 型　c) R 型

① 棱边可以是圆的或直的，由制造者任选。

2. 内六角花形半沉头自攻螺钉的尺寸（表 7-178）

表 7-178　内六角花形半沉头自攻螺钉的尺寸（GB/T 2670.3—2017）

（单位：mm）

螺纹规格				ST2.9	ST3.5	ST4.2	ST4.8	ST5.5	ST6.3
P①				1.1	1.3	1.4	1.6	1.8	1.8
a				1.1	1.3	1.4	1.6	1.8	1.8
d_k②		理论	max	6.3	8.2	9.4	10.4	11.5	12.6
		实际	max	5.5	7.3	8.4	9.3	10.3	11.3
			min	5.2	6.9	8.0	8.9	9.9	10.9
f			≈	0.7	0.8	1	1.2	1.3	1.4
k②			max	1.7	2.35	2.6	2.8	3	3.15
r			max	1.2	1.4	1.6	2.0	2.2	2.4
r_f			≈	6.0	8.5	9.5	9.5	11	12
y　参考		C 型		2.6	3.2	3.7	4.3	5.0	6
		F 型		2.1	2.5	2.8	3.2	3.6	3.6
		R 型		—	2.7	3.2	3.6	4.3	5
内六角花形		槽号 No.		10	15	20	25	25	30
		A　参考		2.8	3.35	3.95	4.5	4.5	5.6
		t	max	1.27	1.40	1.80	2.03	2.03	2.42
			min	1.01	1.14	1.42	1.65	1.65	2.02

l③									
公称	C 型、R 型		F 型						
	min	max	min	max					
4.5	3.7	5.3	3.7	4.5	—	—	—	—	—
6.5	5.7	7.3	5.7	6.5		—	—	—	—
9.5	8.7	10.3	8.7	9.5				—	—
13	12.2	13.8	12.2	13.0					
16	15.2	16.8	15.2	16.0					
19	18.2	19.8	18.2	19.0					
22	21.2	22.8	20.7	22.0					
25	24.2	25.8	23.7	25.0					

(续)

螺纹规格					ST2.9	ST3.5	ST4.2	ST4.8	ST5.5	ST6.3
	l③									
公称	C型、R型		F型							
	min	max	min	max						
32	30.7	33.3	30.7	32.0						
38	36.7	39.3	36.7	38.0						
45	43.7	46.3	43.5	45.0						
50	48.7	51.3	48.5	50.0						

注：阶梯实线间为商品长度规格范围。
① P—螺距。
② 头部尺寸的测量按 GB/T 5279 规定。
③ 表中带"—"标记的规格，不予制造。

7.5.16 内六角花形圆柱头螺钉

1. 内六角花形圆柱头螺钉的形式（图 7-148）

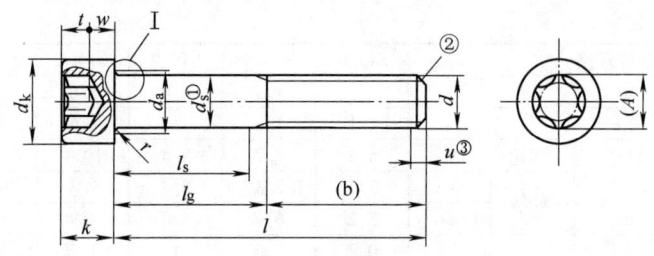

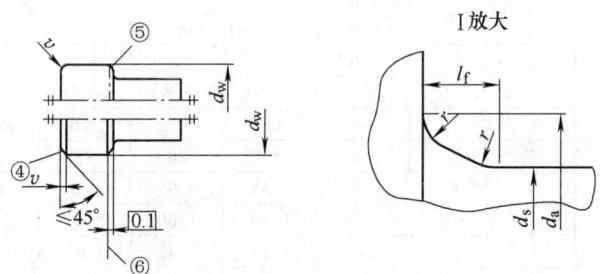

图 7-148 内六角花形圆柱头螺钉

① d_s 适用于规定了 l_{smin} 的数值的产品。
② 末端倒角，或 $d \leqslant M4$ 的规格为辗制末端，见 GB/T 2。
③ 不完整螺纹的长度 $u \leqslant 2P$。
④ 头的顶部棱边可以是圆的或倒角的，由制造者任选。
⑤ 底部棱边可以是圆的或倒角到 d_w，但均不得有毛刺。
⑥ d_w 的仲裁基准。

2. 内六角花形圆柱头螺钉的尺寸（表 7-179）

表 7-179 内六角花形圆柱头螺钉的尺寸（GB/T 2671.2—2017） (单位：mm)

无螺纹杆部长度 l_s 和夹紧长度 l_g

公称 l	d min	d max	M2 l_s min	M2 l_g max	M2.5 l_s min	M2.5 l_g max	M3 l_s min	M3 l_g max	M4 l_s min	M4 l_g max	M5 l_s min	M5 l_g max	M6 l_s min	M6 l_g max	M8 l_s min	M8 l_g max
3	2.8	3.2														
4	3.76	4.24														
5	4.76	5.24														
6	5.76	6.24														
8	7.71	8.29														
10	9.71	10.29														
12	11.65	12.35														
16	15.65	16.35														
20	19.58	20.42	2	4												
25	24.58	25.42			5.75	8	4.5	7								
30	29.58	30.42					9.5	12	6.5	10						
35	34.5	35.5							11.5	15	4	8				
40	39.5	40.5							16.5	20	9	13	6	11	5.75	12
45	44.5	45.5									14	18	11	16	10.75	17
50	49.5	50.5									19	23	16	21	15.75	22
55	54.4	55.6									24	28	21	26	20.75	27
60	59.4	60.6											26	31	25.75	32
65	64.4	65.6											31	36	30.75	37
70	69.4	70.6													35.75	42
80	79.4	80.6													45.75	52

(续)

螺纹规格 d			M10		M12		(M14)⑦		M16		(M18)⑦		M20	
公称	l⑥ max	min	l_s min	l_g max	l_s min	l_g max	l_s min	l_g max	l_s min	l_g max	l_s min	l_g max	l_s min	l_g max
			无螺纹杆部长度 l_s 和夹紧长度 l_g											
16	16.35	15.65												
20	20.42	19.58												
25	25.42	24.58												
30	30.42	29.58												
35	35.5	34.5												
40	40.5	39.5	5.5	13										
45	45.5	44.5	10.5	18										
50	50.5	49.5	15.5	23	10.25	29	10	20						
55	55.6	54.4	20.5	28	15.25	24	15	25	11	21				
60	60.6	59.4	25.5	33	20.25	29	20	30	16	26				
65	65.6	64.4	30.5	38	25.25	34	30	40	26	36	9.5	22		
70	70.6	69.4	40.5	48	35.25	44	40	50	36	46	19.5	32	15.5	28
80	80.6	79.4	50.5	58	45.25	54	50	60	46	56	29.5	42	25.5	38
90	90.7	89.3	60.5	68	55.25	64	60	70	56	66	39.5	52	35.5	48
100	100.7	99.3			65.25	74	70	80	66	76	49.5	62	45.5	58
110	110.7	109.3			75.25	84	80	90	76	86	59.5	72	55.5	68
120	120.7	119.3					90	100	86	96	69.5	82	65.5	78
130	130.8	129.2							96	106	79.5	92	75.5	88
140	140.8	139.2							106	116	89.5	102	85.5	98
150	150.8	149.2									99.5	112	95.5	108
160	160.8	159.2									119.5	132	115.5	128
180	180.8	179.2											135.5	148
200	200.925	199.075												

扫码查表

注: 本表剩余部分可扫码查表。

① ~ ⑤ 见数字化表。
⑥ 阶梯实线间为商品长度规格范围。虚线以上的长度, 螺纹制到距头部 3P 以内; 虚线以下的长度, l_g 和 l_s 按下式计算:
$l_{gmax} = l_{公称} - b$; $l_{smin} = l_{gmax} - 5P$, 见 GB/T 6188。
⑦ 尽可能不采用括号内的规格。

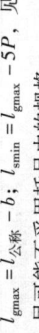

7.5.17 内六角花形圆柱头自挤螺钉

1. 内六角花形圆柱头自挤螺钉的形式（图7-149）

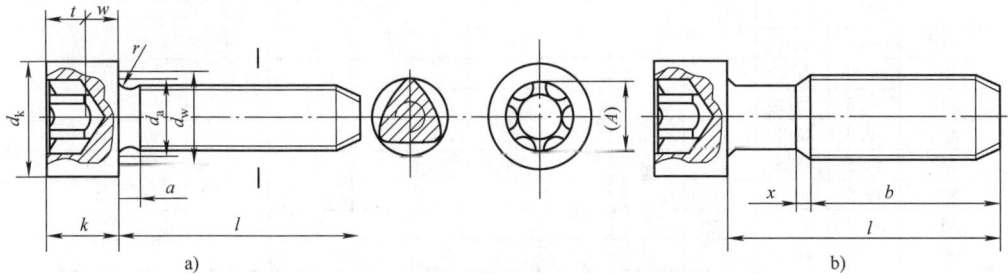

图 7-149　内六角花形圆柱头自挤螺钉

a) A 型　b) B 型

2. 内六角花形圆柱头自挤螺钉的尺寸（表7-180）

表 7-180　内六角花形圆柱头自挤螺钉的尺寸（GB/T 6564.1—2014）

（单位：mm）

螺纹规格			M2	M2.5	M3	M4	M5	M6	M8	M10	M12
P①			0.4	0.45	0.5	0.7	0.8	1	1.25	1.5	1.75
y②		max	1.6	1.8	2	2.8	3.2	4	5	6	7
a		max	0.8	0.9	1	1.4	1.6	2	2.5	3	3.5
b		min	25	25	25	38	38	38	38	38	38
d_k		max③	3.8	4.5	5.5	7	8.5	10	13	16	18
		max④	3.98	4.68	5.68	7.22	8.72	10.22	13.27	16.27	18.27
		min	3.62	4.32	5.32	6.78	8.28	9.78	12.73	15.73	17.73
d_a		max	2.6	3.1	3.6	4.7	5.7	6.8	9.2	11.2	13.7
k		max	2	2.5	3	4	5	6	8	10	12
		min	1.86	2.36	2.86	3.82	4.82	5.7	7.64	9.64	11.57
r		min	0.1	0.1	0.1	0.2	0.2	0.25	0.4	0.4	0.6
d_w		min	3.48	4.18	5.07	6.53	8.03	9.38	12.33	15.33	17.23
w		min	0.55	0.85	1.15	1.4	1.9	2.3	3.3	4	4.8
内六角花形	槽号 No.		6	8	10	20	25	30	45	50	55
	A 参考		1.75	2.4	2.8	3.95	4.5	5.6	7.95	8.95	11.35
	t	max	0.84	1.04	1.27	1.8	2.03	2.42	3.31	4.02	5.21
		min	0.71	0.91	1.01	1.42	1.65	2.02	2.92	3.62	4.82
x		max	1	1.1	1.25	1.75	2	2.5	3.2	3.8	4.4
l⑤⑥ 公称	min	max									
3	2.8	3.2									
4	3.76	4.24									
5	4.76	5.24									
6	5.76	6.24									
8	7.71	8.29									
10	9.71	10.29									
12	11.65	12.35									
(14)	13.65	14.35									
16	15.65	16.35									
20	19.58	20.42									
25	24.58	25.42									

（续）

螺纹规格			M2	M2.5	M3	M4	M5	M6	M8	M10	M12
l [5][6]											
公称	min	max									
30	29.58	30.42									
35	34.5	35.5									
40	39.5	40.5									
45	44.5	45.5									
50	49.5	50.5									
(55)	54.4	55.6									
60	59.05	60.95									
70	69.05	70.95									
80	79.05	80.95									

注：阶梯粗实线间为优选长度。
① P—螺距。
② y—螺纹末端长度。
③ 对光滑头部。
④ 对滚花头部。
⑤ 尽可能不采用括号内的规格。
⑥ 公称长度在阶梯虚线以上的螺钉，制出全螺纹（$b=l-a$）。

7.5.18　内六角花形低圆柱头螺钉

1. 内六角花形低圆柱头螺钉的形式（图7-150）

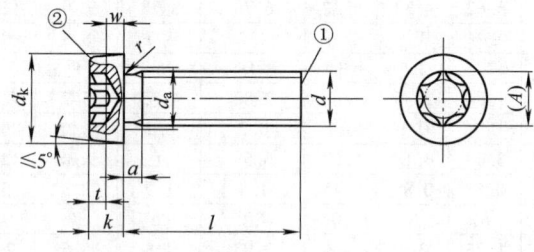

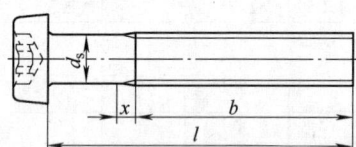

图7-150　内六角花形低圆柱头螺钉

注：无螺纹杆径 d_s 约等于螺纹中径或螺纹大径。
① 辗制末端见 GB/T 2。
② 棱边可以是圆的或直的，由制造者任选。

2. 内六角花形低圆柱头螺钉的尺寸（表7-181）

表 7-181 内六角花形低圆柱头螺钉的尺寸（GB/T 2671.1—2017）

（单位：mm）

螺纹规格 d		M2	M2.5	M3	(M3.5)①	M4	M5	M6	M8	M10
	P②	0.4	0.45	0.5	0.6	0.7	0.8	1	1.25	1.5
a	max	0.8	0.9	1.0	1.2	1.4	1.6	2.0	2.5	3.0
b	min	25	25	25	38	38	38	38	38	38
d_k	公称 = max	3.80	4.50	5.50	6.00	7.00	8.50	10.00	13.00	16.00
	min	3.62	4.32	5.32	5.82	6.78	8.28	9.78	12.73	15.73
d_a	max	2.60	3.10	3.60	4.10	4.70	5.70	6.80	9.20	11.20
k③	公称 = max	1.55	1.85	2.40	2.60	3.10	3.65	4.40	5.80	6.90
	min	1.41	1.71	2.26	2.46	2.92	3.47	4.10	5.50	6.54
r	min	0.10	0.10	0.10	0.10	0.20	0.20	0.25	0.40	0.40
w	min	0.50	0.70	0.75	1.00	1.10	1.30	1.60	2.00	2.40
x	max	1.00	1.10	1.25	1.50	1.75	2.00	2.50	3.20	3.80
内六角花形④	槽号 No.	6	8	10	15	20	25	30	45	50
	A 参考	1.75	2.40	2.80	3.35	3.95	4.50	5.60	7.95	8.95
	t max	0.84	0.91	1.27	1.33	1.66	1.91	2.29	3.05	3.43
	t min	0.71	0.78	1.01	1.07	1.27	1.52	1.90	2.66	3.04

l⑤			每1000件钢螺钉的质量（ρ = 7.85kg/dm³） ≈ kg							
公称①	min	max								
3	2.80	3.20	0.160	0.272						
4	3.76	4.24	0.179	0.302	0.515					
5	4.76	5.24	0.198	0.332	0.560	0.786	1.09			
6	5.76	6.24	0.217	0.362	0.604	0.845	1.17	2.06		
8	7.71	8.29	0.254	0.422	0.692	0.966	1.33	2.30	3.56	
10	9.71	10.29	0.291	0.482	0.780	1.08	1.47	2.55	3.92	7.85
12	11.65	12.35	0.329	0.542	0.868	1.20	1.63	2.80	4.27	8.49	14.6
(14)	13.65	14.35	0.365	0.602	0.956	1.32	1.79	3.05	4.62	9.13	15.6
16	15.65	16.35	0.402	0.662	1.04	1.44	1.95	3.30	4.98	9.77	16.6
20	19.58	20.42	0.478	0.782	1.22	1.68	2.25	3.78	5.69	11.0	18.6
25	24.58	25.42		0.932	1.44	1.98	2.64	4.40	6.56	12.6	21.1
30	29.58	30.42			1.66	2.28	3.02	5.02	7.45	14.2	23.6
35	34.50	35.50				2.57	3.41	5.62	8.25	15.8	26.1
40	39.50	40.50					3.80	6.25	9.20	17.4	28.6
45	44.50	45.50						6.88	10.0	18.9	31.1
50	49.50	50.50						7.50	10.9	20.6	33.6
(55)	54.40	55.60							11.8	22.1	36.1
60	59.40	60.60							12.7	23.7	38.6
(65)	64.40	65.60								25.2	41.1
70	69.40	70.60								26.8	43.6
(75)	74.40	75.60								28.3	46.1
80	79.40	80.60								29.8	48.6

注：阶梯实线间为优选长度范围。
① 尽可能不采用括号内的规格。
② P—螺距。
③ 比 GB/T 65 增加了头部高度，以改善头部强度。
④ 内六角花形的验收检查见 GB/T 6188。
⑤ 虚线以上的长度，螺纹制到头部（$b = l - a$）。

7.5.19 内六角圆柱头轴肩螺钉

1. 内六角圆柱头轴肩螺钉的形式(图 7-151)

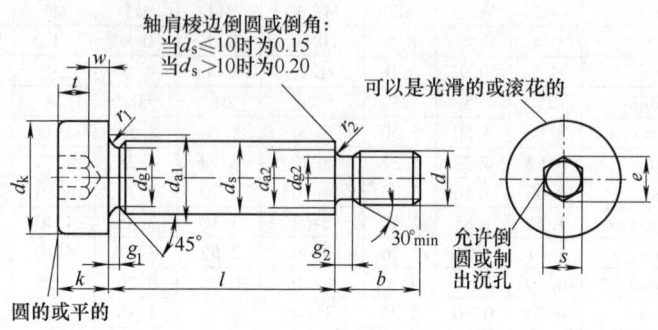

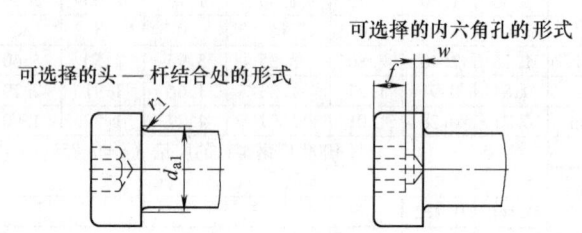

图 7-151 内六角圆柱头轴肩螺钉

2. 内六角圆柱头轴肩螺钉的尺寸(表 7-182)

表 7-182 内六角圆柱头轴肩螺钉的尺寸(GB/T 5281—1985)

	公称	6.5	8	10	13	16	20	25
d_s	max	6.487	7.987	9.987	12.984	15.984	19.980	24.980
	min	6.451	7.951	9.951	12.941	15.941	19.928	24.928
d	公称	M5	M6	M8	M10	M12	M16	M20
P[①]		0.8	1	1.25	1.5	1.75	2	2.5
b	max	9.75	11.25	13.25	16.40	18.40	22.40	27.40
	min	9.25	10.75	12.75	15.60	17.60	21.60	26.60
d_k	max[②]	10	13	16	18	24	30	36
	max[③]	10.22	13.27	16.27	18.27	24.33	30.33	36.39
	min	9.78	12.73	15.73	17.73	23.67	29.67	35.61
d_{g1}	min	5.92	7.42	9.42	12.42	15.42	19.42	24.42
d_{g2}	max	3.86	4.58	6.25	7.91	9.57	13.33	16.57
	min	3.68	4.40	6.03	7.69	9.35	12.96	16.30
d_{a1}	max	7.5	9.2	11.2	15.2	18.2	22.4	27.4
d_{a2}	max	5	6	8	10	12	16	20
e	min	3.44	4.58	5.72	6.86	9.15	11.43	13.72
k	max	4.5	5.5	7	9	11	14	16
	min	4.32	5.32	6.78	8.78	10.73	13.73	15.73

（续）

		2.5	2.5	2.5	2.5	2.5	2.5	3
g_1	max	2.5	2.5	2.5	2.5	2.5	2.5	3
g_2	max	2	2.5	3.1	3.7	4.4	5	6.3
r_1	min	0.25	0.4	0.6	0.6	0.6	0.8	0.8
r_2	min	0.5	0.53	0.64	0.77	0.87	1.14	1.38
s	公称	3	4	5	6	8	10	12
	max	3.08	4.095	5.095	6.095	8.115	10.115	12.142
	min	3.02	4.02	5.02	6.02	8.025	10.025	12.032
t	min	2.4	3.3	4.2	4.9	6.6	8.8	10
w	min	1	1.15	1.6	1.8	2	3.2	3.25

l [4]									
公称	min	max							
10	10	10.25							
12	12	12.25							
16	16	16.25							
20	20	20.25							
25	25	25.25		通用					
30	30	30.25							
40	40	40.25							
50	50	50.25				规格			
60	60	60.25							
70	70	70.25							
80	80	80.25							
90	90	90.25						范围	
100	100	100.25							
120	120	120.25							

① P—螺距。
② 光滑头部。
③ 滚花头部。
④ 允许根据 GB/T 3106 选取中间长度规格。

7.5.20 内六角圆柱头螺钉

1. 内六角圆柱头螺钉的形式（图7-152）

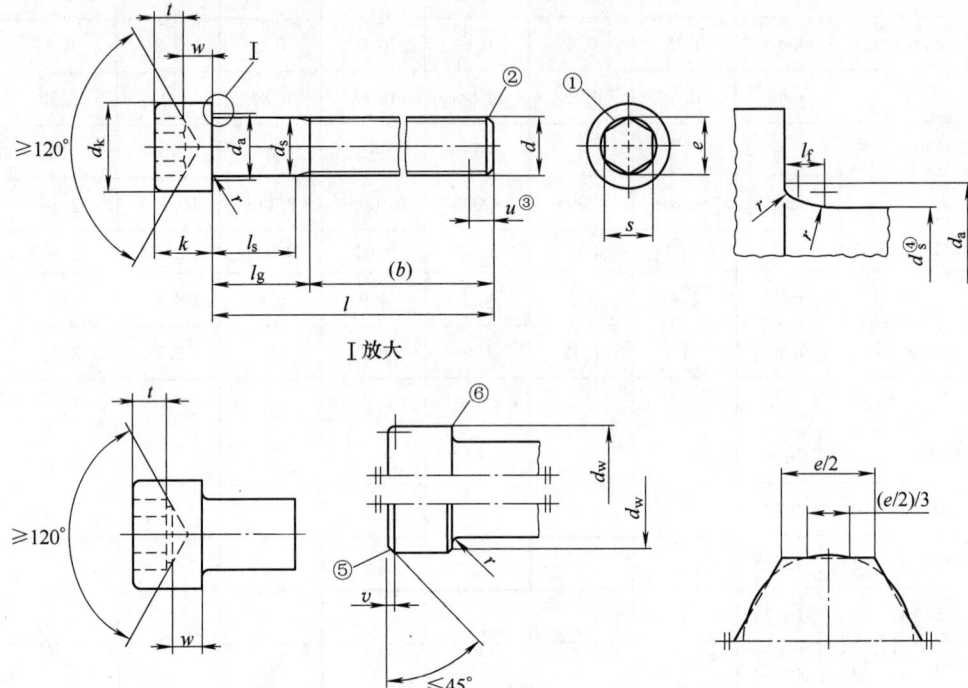

图7-152　内六角圆柱头螺钉

注：1. 最大的头下圆角：$l_{f\,max} = 1.7 r_{max}$，$r_{max} = \dfrac{d_{a\,max} - d_{s\,max}}{2}$，$r_{min}$见表7-183。

2. 对切制内六角，当尺寸达到最大极限时，由于钻孔造成的过切不应超过内六角任何一面长度（$e/2$）的1/3。

① 内六角口部允许稍许倒圆或沉孔。

② 末端倒角，$d \leqslant M4$ 的为辗制末端，见 GB/T 2。

③ 不完整螺纹的长度 $u \leqslant 2P$。

④ d_s 适用于规定了 $l_{s\,min}$ 数值的产品。

⑤ 头的顶部棱边可以是圆的或倒角的，由制造者任选。

⑥ 底部棱边可以是圆的或倒角到 d_a，但均不得有毛刺。

2. 内六角圆柱头螺钉的尺寸（表7-183）

表7-183 内六角圆柱头螺钉的尺寸（GB/T 70.1—2008） （单位：mm）

l_s 和 l_g

螺纹规格 d	M1.6		M2		M2.5		M3		M4		M5		M6		M8		M10		M12	
公称 l[①] min / max	l_s min	l_g max	l_s min	l_g max	l_s min	l_g max	l_s min	l_g max	l_s min	l_g max	l_s min	l_g max	l_s min	l_g max	l_s min	l_g max	l_s min	l_g max	l_s min	l_g max
2.5	2.3	2.7																		
3	2.8	3.2																		
4	3.76	4.24																		
5	4.76	5.24																		
6	5.76	6.24																		
8	7.71	8.29																		
10	9.71	10.29																		
12	11.65	12.35																		
16	15.65	16.35			2	4														
20	19.58	20.42																		
25	24.58	25.42					5.75	8	4.5	7										
30	29.58	30.42							9.5	12	6.5	10								
35	34.5	35.5									11.5	15	6	11						
40	39.5	40.5									16.5	20	11	16						
45	44.5	45.5											16	21	5.75	12				
50	49.5	50.5											21	26	10.75	17	5.5	13		
55	54.4	55.6											26	31	15.75	22	10.5	18		
60	59.4	60.6											31	36	20.75	27	15.5	23	10.25	19
65	64.4	65.6													25.75	32	20.5	28	15.25	24
70	69.4	70.6													30.75	37	25.5	33	20.25	29
80	79.4	80.6													35.75	42	30.5	38	25.25	34
90	89.3	90.7													45.75	52	40.5	48	35.25	44
100	99.3	100.7															50.5	58	45.25	54
110	109.3	110.7															60.5	68	55.25	64
120	119.3	120.7																	65.25	74
130	129.2	130.8																	75.25	84
140	139.2	140.8																		
150	149.2	150.8																		
160	159.2	160.8																		
180	179.2	180.8																		
200	199.075	200.925																		
220	219.075	220.925																		
240	239.075	240.925																		
260	258.95	261.05																		
280	278.95	281.05																		
300	298.95	301.05																		

(续)

螺纹规格 d		(M14)[8]		M16		M20		M24		M30		M36		M42		M48		M56		M64	
l[①]		l_s 和 l_g																			
公称	min	max	l_s min	l_g max	l_s min	l_g max	l_s min	l_g max	l_s min	l_g max	l_s min	l_g max	l_s min	l_g max	l_s min	l_g max	l_s min	l_g max	l_s min	l_g max	l_s min	l_g max
2.5	2.3	2.7																				
3	2.8	3.2																				
4	3.76	4.24																				
5	4.76	5.24																				
6	5.76	6.24																				
8	7.71	8.29																				
10	9.71	10.29																				
12	11.65	12.35																				
16	15.65	16.35																				
20	19.58	20.42																				
25	24.58	25.42																				
30	29.58	30.42																				
35	34.5	35.5																				
40	39.5	40.5																				
45	44.5	45.5																				
50	49.5	50.5																				
55	54.4	55.6																				
60	59.4	60.6	10	20																		
65	64.4	65.6	15	25	11	21																
70	69.4	70.6	20	30	16	26																

80	79.4	80.6															
90	89.3	90.7	15.5	28	36	26	30										
100	99.3	100.7	25.5	38	46	36	40	15							30	60	
110	109.3	110.7	35.5	48	56	46	50	25							50	80	
120	119.3	120.7	45.5	58	66	56	60	35	20.5	38		21.5	44	27	52	28.5	56	70	100
130	129.2	130.8	55.5	68	76	66	70	45	30.5	48	16	31.5	54	47	72	48.5	76	90	120
140	139.2	140.8	65.5	78	86	76	80	55	40.5	58	26	41.5	64	67	92	68.5	96	110	140
150	149.2	150.8	75.5	88	96	86	90	65	50.5	68	36	61.5	84	87	112	88.5	116	130	160
160	159.2	160.8	85.5	98	106	96	100	75	60.5	78	46	81.5	104	107	132	108.5	136		
180	179.2	180.8	95.5	108	116	106		85	70.5	88	56	101.5	124	127	152	128.5	156		
200	199.075	200.925	115.5	128		116		105	90.5	108	76	121.5	155	147	172	148.5	176		
220	219.075	220.925	135.5	148				125	110.5	128	96	141.5	164	167	192				
240	239.075	240.925						140				161.5	184						
260	258.95	261.05										181.5	204						
280	278.95	281.05																	
300	298.95	301.05																	

注：本表剩余部分可扫码查表。

① ~⑥ 见数字化表。
⑦ 阶梯实线间为商品长度规格。阴影部分长度，阴影以下的长度，l_s 和 l_g 值制到距头部 $3P$ 以内；$l_{s\,min} = l_{g\,max} - 5P$。
按下式计算：$l_{g\,max} = l_{公称} - b$；
⑧ 尽可能不采用括号内的规格。

扫码查表

7.5.21 内六角平圆头螺钉

1. 内六角平圆头螺钉的形式（图7-153）

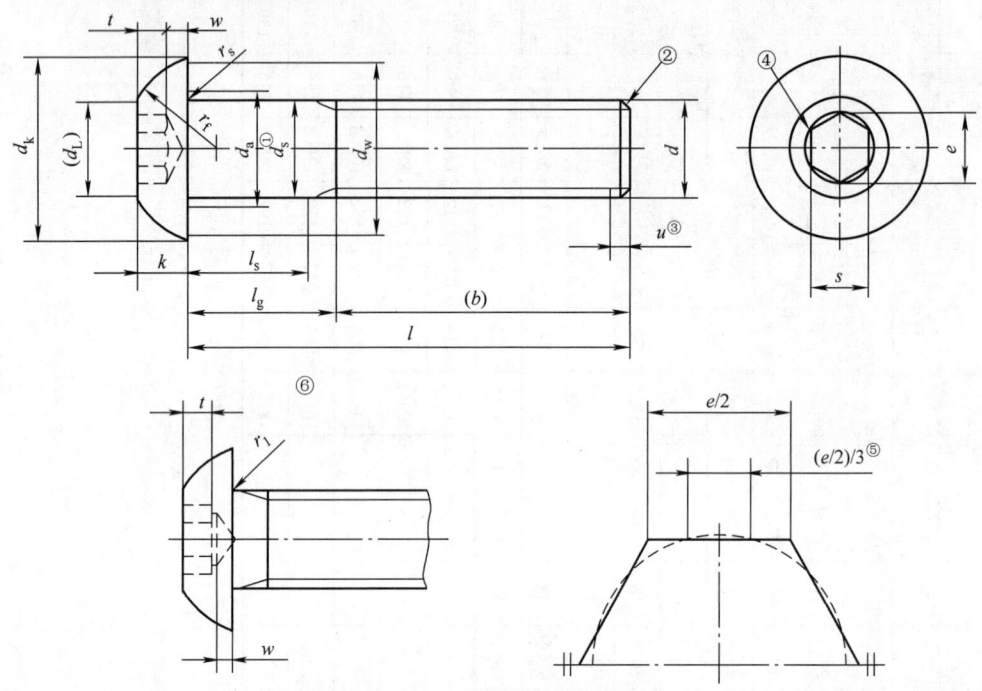

图7-153 内六角平圆头螺钉

r_s—带无螺纹杆部的螺钉头下圆角半径　r_1—全螺纹螺钉头下圆角半径

① 在 l_{smin} 范围内，d_s 应符合规定。
② 按 GB/T 2 倒角端或对 M4 及其以下"辗制末端"。
③ 不完整螺纹的长度 $u \leq 2P$。
④ 内六角口部允许倒圆或沉孔。
⑤ 对切制内六角，当尺寸达到最大极限时，由于钻孔造成的过切不应超过内六角任何一面长度（$e/2$）的1/3。
⑥ 允许制造的形式。

2. 内六角平圆头螺钉的尺寸（表7-184）

表7-184 内六角平圆头螺钉的尺寸（GB/T 70.2—2015）　（单位：mm）

螺纹规格 d		M3	M4	M5	M6	M8	M10	M12	M16
P①		0.5	0.7	0.8	1	1.25	1.5	1.75	2
b②	≈	18	20	22	24	28	32	36	44
d_a	max	3.6	4.7	5.7	6.8	9.2	11.2	13.7	17.7
d_k	max	5.70	7.60	9.50	10.50	14.00	17.50	21.00	28.00
	min	5.40	7.24	9.14	10.07	13.57	17.07	20.48	27.48
d_L	≈	2.6	3.8	5.0	6.0	7.7	10.0	12.0	16.0
d_s	max	3	4	5	6	8	10	12	16
	min	2.86	3.82	4.82	5.82	7.78	9.78	11.73	15.73

(续)

螺纹规格 d		M3	M4	M5	M6	M8	M10	M12	M16
d_w	min	5.00	6.84	8.74	9.57	13.07	16.57	19.68	26.68
e③④	min	2.303	2.873	3.443	4.583	5.723	6.863	9.149	11.429
k	max	1.65	2.20	2.75	3.30	4.40	5.50	6.60	8.80
	min	1.40	1.95	2.50	3.00	4.10	5.20	6.24	8.44
r_1	max	3.70	4.60	5.75	6.15	7.95	9.80	11.20	15.30
	min	3.30	4.20	5.25	5.65	7.45	9.20	10.50	14.50
r_s	min	0.10	0.20	0.20	0.25	0.40	0.40	0.60	0.60
r_f	min	0.30	0.40	0.45	0.50	0.70	0.70	1.10	1.10
s④	公称	2	2.5	3	4	5	6	8	10
	max	2.080	2.580	3.080	4.095	5.140	6.140	8.175	10.175
	min	2.020	2.520	3.020	4.020	5.020	6.020	8.025	10.025
t	min	1.04	1.30	1.56	2.08	2.60	3.12	4.14	5.20
w	min	0.20	0.30	0.38	0.74	1.05	1.45	1.63	2.25

螺纹规格 d			M3		M4		M5		M6	
l⑤			l_s 和 l_g⑥							
公称	min	max	l_s min	l_g max	l_s min	l_g max	l_s min	l_g max	l_s min	l_g max
6	5.76	6.24								
8	7.71	8.29								
10	9.71	10.29								
12	11.65	12.35								
16	15.65	16.35								
20	19.58	20.42								
25	24.58	25.42	4.5	7						
30	29.58	30.42	9.5	12	6.5	10	4	8		
35	34.5	35.5			11.5	15	9	13	6	11
40	39.5	40.5			16.5	20	14	18	11	16
45	44.5	45.5					19	23	16	21
50	49.5	50.5					24	28	21	26
55	54.4	55.6							26	31
60	59.4	60.6							31	36

螺纹规格 d			M8		M10		M12		M16	
l⑤			l_s 和 l_g⑥							
公称	min	max	l_s min	l_g max	l_s min	l_g max	l_s min	l_g max	l_s min	l_g max
12	11.65	12.35								
16	15.65	16.35								
20	19.58	20.42								
25	24.58	25.42								
30	29.58	30.42								
35	34.5	35.5								
40	39.5	40.5	5.75	12						
45	44.5	45.5	10.5	17	5.5	13				
50	49.5	50.5	15.75	22	10.5	18				
55	54.4	55.6	20.75	27	15.5	23	10.25	19		

(续)

螺纹规格 d			M8		M10		M12		M16	
l [5]			l_s 和 l_g [6]							
公称	min	max	l_s min	l_g max	l_s min	l_g max	l_s min	l_g max	l_s min	l_g max
60	59.4	60.6	25.75	32	20.5	28	15.25	24		
65	64.4	65.6	30.75	37	25.5	33	20.25	29	11	21
70	69.4	70.6	35.75	42	30.5	38	25.25	34	16	26
80	79.4	80.6	45.75	52	40.5	48	35.25	44	26	36
90	89.4	90.6			50.5	58	45.25	54	36	46

① P—螺距。
② 用于粗阶梯实线与无阴影区之间的长度。
③ $e_{min} = 1.14 s_{min}$。
④ e 和 s 内六角尺寸综合测量，见 GB/T 70.5。
⑤ 粗阶梯实线间为优选长度范围。
⑥ 阴影区内长度的螺钉制成全螺纹（距头部 $3P$ 以内）。长度在阴影区以下的 l_g 和 l_s 尺寸按下式计算：
$l_{g,max} = l_{公称} - b$；$l_{s,min} = l_{g,max} - 5P$。

7.5.22 内六角平端紧定螺钉

1. 内六角平端紧定螺钉的形式（图 7-154）

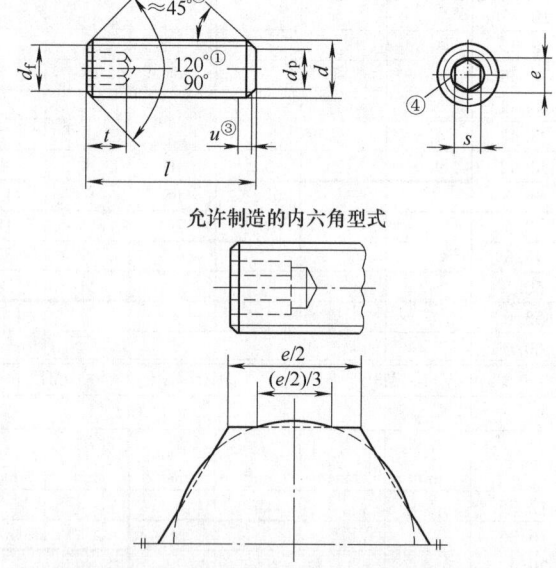

图 7-154 内六角平端紧定螺钉

注：对切制内六角，当尺寸达到最大极限时，由钻孔造成的过切不应超过内六角任何一面长度（$e/2$）的 1/3。
① 公称长度 l 在表 7-185 阴影部分的短螺钉应制成 120°。
② 45°仅适用于螺纹小径以内的末端部分。
③ 不完整螺纹的长度 $u \leq 2P$。
④ 内六角口部允许稍许倒圆或沉孔。

2. 内六角平端紧定螺钉的尺寸（表7-185）

表7-185 内六角平端紧定螺钉的尺寸（GB/T 77—2007）（单位：mm）

螺纹规格 d		M1.6	M2	M2.5	M3	M4	M5	M6	M8	M10	M12	M16	M20	M24
P[①]		0.35	0.4	0.45	0.5	0.7	0.8	1	1.25	1.5	1.75	2	2.5	3
d_p	max	0.80	1.00	1.50	2.00	2.50	3.50	4.00	5.50	7.00	8.50	12.0	15.0	18.0
	min	0.55	0.75	1.25	1.75	2.25	3.20	3.70	5.20	6.64	8.14	11.57	14.57	17.57
d_f	min						≈螺纹小径							
e[②③]	min	0.809	1.011	1.454	1.733	2.303	2.873	3.443	4.583	5.723	6.863	9.149	11.429	13.716
s[③]	公称	0.7	0.9	1.3	1.5	2	2.5	3	4	5	6	8	10	12
	max	0.724	0.913	1.300	1.58	2.08	2.58	3.08	4.095	5.14	6.14	8.175	10.175	12.212
	min	0.710	0.887	1.275	1.52	2.02	2.52	3.02	4.02	5.02	6.02	8.025	10.025	12.032
t	min[④]	0.7	0.8	1.2	1.2	1.5	2	2	3	4	4.8	6.4	8	10
	min[⑤]	1.5	1.7	2	2	2.5	3	3.5	5	6	8	10	12	15

l 公称	l min	l max	每1000件钢螺钉的重量（$\rho = 7.85\text{kg/dm}^3$）/kg ≈											
2	1.8	2.2	0.021	0.029										
2.5	2.3	2.7	0.025	0.037	0.063									
3	2.8	3.2	0.029	0.044	0.075	0.1								
4	3.76	4.24	0.037	0.059	0.1	0.14	0.22							
5	4.76	5.24	0.046	0.074	0.125	0.18	0.3	0.44						
6	5.76	6.24	0.054	0.089	0.15	0.22	0.38	0.56	0.76					
8	7.71	8.29	0.07	0.119	0.199	0.3	0.54	0.8	1.11	1.89				
10	9.71	10.29		0.148	0.249	0.38	0.7	1.04	1.46	2.52	3.78			
12	11.65	12.35			0.299	0.46	0.86	1.28	1.81	3.15	4.78	6.8		
16	15.65	16.35				0.62	1.18	1.76	2.51	4.41	6.78	9.6	16.3	
20	19.58	20.42					1.49	2.24	3.21	5.67	8.76	12.4	21.5	32.3
25	24.58	25.42						2.84	4.09	7.25	11.2	15.9	28	42.6	57
30	29.58	30.42							4.97	8.82	13.7	19.4	34.6	52.9	72
35	34.5	35.5								10.4	16.2	22.9	41.1	63.2	87
40	39.5	40.5								12	18.7	26.4	47.7	73.5	102
45	44.5	45.5									21.2	29.9	54.4	83.8	117
50	49.5	50.5									23.7	33.4	60.7	94.1	132
55	54.4	55.6										36.8	67.3	104	147
60	59.4	60.6										40.3	73.7	115	162

注：阶梯实线间为商品长度规格。

① P—螺距。

② $e_{\min} = 1.14 s_{\min}$。

③ 内六角尺寸 e 和 s 的综合测量见 ISO 23429：2004。

④ 适用于公称长度处于阴影部分的螺钉。

⑤ 适用于公称长度在阴影部分以下的螺钉。

7.5.23 内六角锥端紧定螺钉

1. 内六角锥端紧定螺钉的形式（图 7-155）

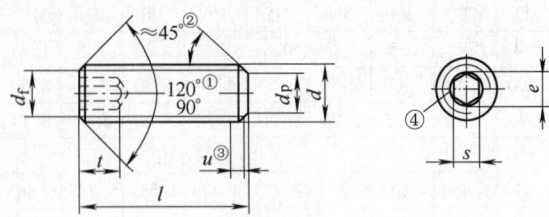

允许制造的内六角型式

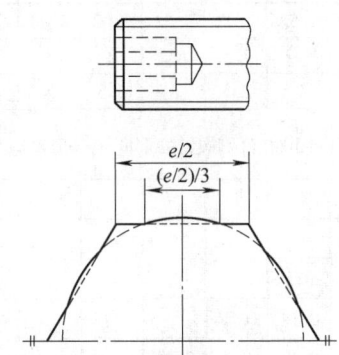

图 7-155 内六角锥端紧定螺钉

注：对切制内六角，当尺寸达到最大极限时，由钻孔造成的过切不应超过内六角任何一面长度（$e/2$）的 1/3。
① 公称长度 l 在表 7-186 阴影部分的短螺钉应制成 120°。
② 45°仅适用于螺纹小径以内的末端部分。
③ 不完整螺纹的长度 $u \leq 2P$。
④ 内六角口部允许稍许倒圆或沉孔。

2. 内六角锥端紧定螺钉的尺寸（表 7-186）

表 7-186 内六角锥端紧定螺钉的尺寸（GB/T 78—2007） （单位：mm）

螺纹规格 d		M1.6	M2	M2.5	M3	M4	M5	M6	M8	M10	M12	M16	M20	M24
P①		0.35	0.4	0.45	0.5	0.7	0.8	1	1.25	1.5	1.75	2	2.5	3
d_p	max	0.4	0.5	0.65	0.75	1	1.25	1.5	2	2.5	3	4	5	6
d_f	min	≈螺纹小径												
e②③	min	0.809	1.011	1.454	1.733	2.303	2.873	3.443	4.583	5.723	6.863	9.149	11.429	13.716
s③	公称	0.7	0.9	1.3	1.5	2	2.5	3	4	5	6	8	10	12
	max	0.724	0.913	1.300	1.58	2.08	2.58	3.08	4.095	5.14	6.14	8.175	10.175	12.212
	min	0.710	0.887	1.275	1.52	2.02	2.52	3.02	4.02	5.02	6.02	8.025	10.025	12.032
t	min④	0.7	0.8	1.2	1.2	1.5	2	2	3	4	4.8	6.4	8	10
	min⑤	1.5	1.7	2	2	2.5	3	3.5	5	6	8	10	12	15

(续)

螺纹规格 d			M1.6	M2	M2.5	M3	M4	M5	M6	M8	M10	M12	M16	M20	M24
l			每1000件钢螺钉的重量($\rho = 7.85 \text{kg/dm}^3$)/kg≈												
公称	min	max													
2	1.8	2.2	0.021	0.029											
2.5	2.3	2.7	0.025	0.037	0.063										
3	2.8	3.2	0.029	0.044	0.075	0.09									
4	3.76	4.24	0.037	0.059	0.1	0.13	0.18								
5	4.76	5.24	0.046	0.074	0.125	0.17	0.26	0.37							
6	5.76	6.24	0.054	0.089	0.15	0.21	0.34	0.49	0.69						
8	7.71	8.29	0.07	0.119	0.199	0.29	0.5	0.73	1.04	1.72					
10	9.71	10.29		0.148	0.249	0.37	0.66	0.97	1.39	2.35	3.41				
12	11.65	12.35			0.299	0.45	0.82	1.21	1.74	2.98	4.42	6.1			
16	15.65	16.35				0.61	1.14	1.69	2.44	4.24	6.43	8.9	14.9		
20	19.58	20.42					1.46	2.17	3.14	5.5	8.44	11.7	20.1	30.4	
25	24.58	25.42						2.77	4.02	7.08	10.9	15.3	26.6	40.7	54.2
30	29.58	30.42							4.89	8.65	13.5	18.8	33.1	51	68.7
35	34.5	35.5								10.2	16	22.3	39.6	61.3	83.2
40	39.5	40.5								11.8	18.5	25.8	46.1	71.6	97.7
45	44.5	45.5									21	29.3	52.6	81.9	112
50	49.5	50.5									23.5	32.8	59.1	92.2	127
55	54.4	55.6										36.3	65.6	103	141
60	59.4	60.6										39.8	72.2	113	156

注：阶梯实线间为商品长度规格。
① P—螺距。
② $e_{min} = 1.14 s_{min}$。
③ 内六角尺寸 e 和 s 的综合测量见 ISO 23429：2004。
④ 适用于公称长度处于阴影部分的螺钉。
⑤ 适用于公称长度在阴影部分以下的螺钉。

7.5.24 内六角圆柱端紧定螺钉

1. 内六角圆柱端紧定螺钉的形式（图 7-156）

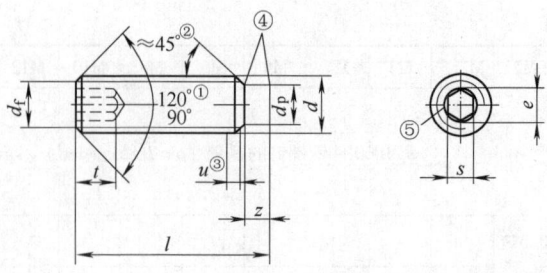

允许制造的内六角型式

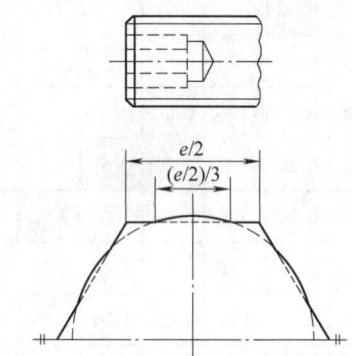

图 7-156　内六角圆柱端紧定螺钉

注：对切制内六角，当尺寸达到最大极限时，由钻孔造成的过切不应超过内六角任何一面长度($e/2$)的1/3。
① 公称长度 l 在表 7-187 阴影部分的短螺钉应制成 120°。
② 45°仅适用于螺纹小径以内的末端部分。
③ 不完整螺纹的长度 $u \leq 2P$。
④ 稍许倒圆。
⑤ 内六角口部允许稍许倒圆或沉孔。

2. 内六角圆柱端紧定螺钉的尺寸（表 7-187）

表 7-187　内六角圆柱端紧定螺钉的尺寸（GB/T 79—2007）　　（单位：mm）

螺纹规格 d		M1.6	M2	M2.5	M3	M4	M5	M6	M8	M10	M12	M16	M20	M24
P①		0.35	0.4	0.45	0.5	0.7	0.8	1	1.25	1.5	1.75	2	2.5	3
d_p	max	0.80	1.00	1.50	2.00	2.50	3.5	4.0	5.5	7.0	8.5	12.0	15.0	18.0
	min	0.55	0.75	1.25	1.75	2.25	3.2	3.7	5.2	6.64	8.14	11.57	14.57	17.57
d_f	min	≈螺纹小径												
e②③	min	0.809	1.011	1.454	1.733	2.303	2.873	3.443	4.583	5.723	6.863	9.149	11.429	13.716
s③	公称	0.7	0.9	1.3	1.5	2	2.5	3	4	5	6	8	10	12
	max	0.724	0.913	1.300	1.58	2.08	2.58	3.08	4.095	5.14	6.14	8.175	10.175	12.212
	min	0.710	0.887	1.275	1.52	2.02	2.52	3.02	4.02	5.02	6.02	8.025	10.025	12.032
t	min④	0.7	0.8	1.2	1.2	1.5	2	2	3	4	4.8	6.4	8	10
	min⑤	1.5	1.7	2	2	2.5	3	3.5	5	6	8	10	12	15

(续)

螺纹规格 d			M1.6	M2	M2.5	M3	M4	M5	M6	M8	M10	M12	M16	M20	M24
z	短圆柱端④	max	0.65	0.75	0.88	1.00	1.25	1.50	1.75	2.25	2.75	3.25	4.3	5.3	6.3
		min	0.40	0.50	0.63	0.75	1.00	1.25	1.50	2.00	2.50	3.0	4.0	5.0	6.0
	长圆柱端⑤	max	1.05	1.25	1.50	1.75	2.25	2.75	3.25	4.3	5.3	6.3	8.36	10.36	12.43
		min	0.80	1.00	1.25	1.50	2.00	2.50	3.0	4.0	5.0	6.0	8.0	10.0	12.0

l 公称	min	max	每1000件钢螺钉的重量 ($\rho = 7.85 \text{kg/dm}^3$) /kg≈												
2	1.8	2.2	0.024												
2.5	2.3	2.7	0.028	0.046											
3	2.8	3.2	0.029	0.053	0.085										
4	3.76	4.24	0.037	0.059	0.11	0.12									
5	4.76	5.24	0.046	0.074	0.125	0.161	0.239								
6	5.76	6.24	0.054	0.089	0.15	0.186	0.319	0.528							
8	7.71	8.29	0.07	0.119	0.199	0.266	0.442	0.708	1.07	1.68					
10	9.71	10.29		0.148	0.249	0.346	0.602	0.948	1.29	2.31	3.6				
12	11.65	12.35			0.299	0.427	0.763	1.19	1.63	2.68	4.78	6.06			
16	15.65	16.35				0.586	1.08	1.67	2.31	3.94	6.05	8.94	15		
20	19.58	20.42					1.4	2.15	2.99	5.2	8.02	11	20.3	28.3	
25	24.58	25.42						2.75	3.84	6.78	10.5	14.6	25.1	38.6	55.4
30	29.58	30.42							4.69	8.35	13	18.2	31.7	45.5	69.9
35	34.5	35.5								9.93	15.5	21.8	38.3	55.8	78.4
40	39.5	40.5								11.5	18	25.4	44.9	66.1	92.9
45	44.5	45.5									20.5	29	51.5	76.4	107
50	49.5	50.5									23	32.6	58.1	86.7	122
55	54.4	55.6										36.2	64.7	97	136
60	59.4	60.6										39.8	71.3	107	151

注：阶梯实线间为商品长度规格。

① P—螺距。
② $e_{\min} = 1.14 s_{\min}$。
③ 内六角尺寸 e 和 s 的综合测量见 ISO 23429：2004。
④ 适用于公称长度处于阴影部分的螺钉。
⑤ 适用于公称长度在阴影部分以下的螺钉。

7.5.25 内六角凹端紧定螺钉

1. 内六角凹端紧定螺钉的形式（图7-157）

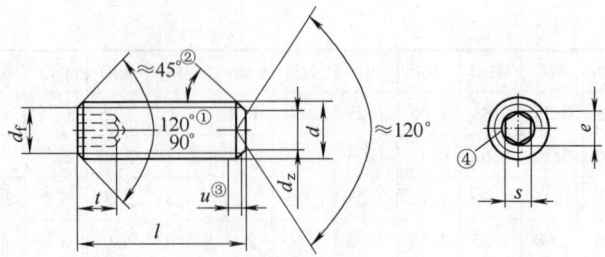

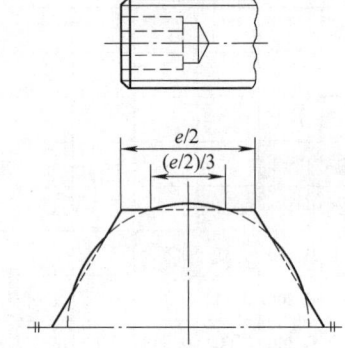

图 7-157　内六角凹端紧定螺钉

注：对切制内六角，当尺寸达到最大极限时，由钻孔造成的过切不应超过内六角任何一面长度（$e/2$）的 1/3。
① 公称长度 l 在表 7-188 阴影部分的短螺钉应制成 120°。
② 45°仅适用于螺纹小径以内的末端部分。
③ 不完整螺纹的长度 $u \leq 2P$。
④ 内六角口部允许稍许倒圆或沉孔。

2. 内六角凹端紧定螺钉的尺寸（表 7-188）

表 7-188　内六角凹端紧定螺钉的尺寸（GB/T 80—2007）　（单位：mm）

螺纹规格 d		M1.6	M2	M2.5	M3	M4	M5	M6	M8	M10	M12	M16	M20	M24
P①		0.35	0.4	0.45	0.5	0.7	0.8	1	1.25	1.5	1.75	2	2.5	3
d_z	max	0.80	1.00	1.20	1.40	2.00	2.50	3.0	5.0	6.0	8.0	10.0	14.0	16.0
	min	0.55	0.75	0.95	1.15	1.75	2.25	2.75	4.7	5.7	7.64	9.64	13.57	15.57
d_f	min	≈螺纹小径												
e②③	min	0.809	1.011	1.454	1.733	2.303	2.873	3.443	4.583	5.723	6.863	9.149	11.429	13.716
s③	公称	0.7	0.9	1.3	1.5	2	2.5	3	4	5	6	8	10	12
	max	0.724	0.913	1.300	1.58	2.08	2.58	3.08	4.095	5.14	6.14	8.175	10.175	12.212
	min	0.710	0.887	1.275	1.52	2.02	2.52	3.02	4.02	5.02	6.02	8.025	10.025	12.032
t	min④	0.7	0.8	1.2	1.2	1.5	2	2	3	4	4.8	6.4	8	10
	min⑤	1.5	1.7	2	2	2.5	3	3.5	5	6	8	10	12	15

（续）

螺纹规格 d			M1.6	M2	M2.5	M3	M4	M5	M6	M8	M10	M12	M16	M20	M24
l			每1000件钢螺钉的重量（$\rho=7.85\text{kg/dm}^3$）/kg≈												
公称	min	max													
2	1.8	2.2	0.019	0.029											
2.5	2.3	2.7	0.025	0.037	0.063										
3	2.8	3.2	0.029	0.044	0.075	0.1									
4	3.76	4.24	0.037	0.059	0.1	0.14	0.23								
5	4.76	5.24	0.046	0.074	0.125	0.18	0.305	0.42							
6	5.76	6.24	0.054	0.089	0.15	0.22	0.38	0.54	0.74						
8	7.71	8.29	0.07	0.119	0.199	0.3	0.53	0.78	1.09	1.88					
10	9.71	10.29		0.148	0.249	0.38	0.68	1.02	1.44	2.51	3.72				
12	11.65	12.35			0.299	0.46	0.83	1.26	1.79	3.14	4.73	6.7			
16	15.65	16.35				0.62	1.13	1.74	2.49	4.4	6.73	9.5	15.7		
20	19.58	20.42					1.4	2.22	3.19	5.66	8.72	12.3	20.9	31.1	
25	24.58	25.42						2.82	4.07	7.24	11.2	15.8	27.4	41.4	55.4
30	29.58	30.42							4.94	8.81	13.7	19.3	33.9	51.7	70.3
35	34.5	35.5								10.4	16.2	22.7	40.4	62	85.3
40	39.5	40.5								12	18.7	26.2	46.9	72.3	100
45	44.5	45.5									21.2	29.7	53.3	82.6	115
50	49.5	50.5									23.6	33.2	59.8	92.6	130
55	54.4	55.6										36.6	66.3	103	145
60	59.4	60.6										40.1	72.8	114	160

注：阶梯实线间为商品长度规格。
① P—螺距。
② $e_{\min}=1.14s_{\min}$。
③ 内六角尺寸 e 和 s 的综合测量见 ISO 23429：2004。
④ 适用于公称长度处于阴影部分的螺钉。
⑤ 适用于公称长度在阴影部分以下的螺钉。

7.5.26 开槽圆柱头螺钉

1. 开槽圆柱头螺钉形式（图7-158）

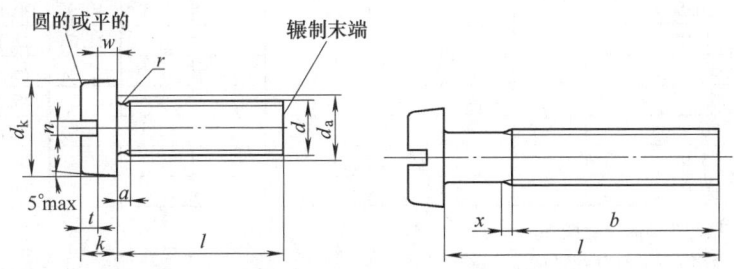

图7-158　开槽圆柱头、盘头螺钉

2. 开槽圆柱头螺钉的尺寸（表7-189）

表 7-189 开槽圆柱头螺钉的尺寸（GB/T 65—2016） （单位：mm）

螺纹规格 d		M1.6	M2	M2.5	M3	(M3.5)①	M4	M5	M6	M8	M10
P②		0.35	0.4	0.45	0.5	0.6	0.7	0.8	1	1.25	1.5
a	max	0.7	0.8	0.9	1	1.2	1.4	1.6	2	2.5	3
b	min	25	25	25	25	38	38	38	38	38	38
d_k	公称 = max	3.00	3.80	4.50	5.50	6.00	7.00	8.50	10.00	13.00	16.00
	min	2.86	3.62	4.32	5.32	5.82	6.78	8.28	9.78	12.73	15.73
d_a	max	2	2.6	3.1	3.6	4.1	4.7	5.7	6.8	9.2	11.2
k	公称 = max	1.10	1.40	1.80	2.00	2.40	2.60	3.30	3.9	5.0	6.0
	min	0.96	1.26	1.66	1.86	2.26	2.46	3.12	3.6	4.7	5.7
n	公称	0.4	0.5	0.6	0.8	1	1.2	1.2	1.6	2	2.5
	max	0.60	0.70	0.80	1.00	1.20	1.51	1.51	1.91	2.31	2.81
	min	0.46	0.56	0.66	0.86	1.06	1.26	1.26	1.66	2.06	2.56
r	min	0.1	0.1	0.1	0.1	0.1	0.2	0.2	0.25	0.4	0.4
t	min	0.45	0.6	0.7	0.85	1	1.1	1.3	1.6	2	2.4
w	min	0.4	0.5	0.7	0.75	1	1.1	1.3	1.6	2	2.4
x	max	0.9	1	1.1	1.25	1.5	1.75	2	2.5	3.2	3.8

l③			每1000件钢螺钉的重量（ρ = 7.85kg/dm³）/kg≈								
公称①	min	max									
2	1.8	2.2	0.07								
3	2.8	3.2	0.082	0.16	0.272						
4	3.76	4.24	0.094	0.179	0.302	0.515					
5	4.76	5.24	0.105	0.198	0.332	0.56	0.786	1.09			
6	5.76	6.24	0.117	0.217	0.362	0.604	0.845	1.17	2.06		
8	7.71	8.29	0.14	0.254	0.422	0.692	0.966	1.33	2.3	3.56	
10	9.71	10.29	0.163	0.291	0.482	0.78	1.08	1.47	2.55	3.92	7.85
12	11.65	12.35	0.186	0.329	0.542	0.868	1.2	1.63	2.8	4.27	8.49	14.6
(14)	13.65	14.35	0.209	0.365	0.602	0.956	1.32	1.79	3.05	4.62	9.13	15.6
16	15.65	16.35	0.232	0.402	0.662	1.04	1.44	1.95	3.3	4.98	9.77	16.6
20	19.58	20.42		0.478	0.782	1.22	1.68	2.25	3.78	5.69	11	18.6
25	24.58	25.42			0.932	1.44	1.98	2.64	4.4	6.56	12.6	21.1
30	29.58	30.42				1.66	2.28	3.02	5.02	7.45	14.2	23.6
35	34.5	35.5					2.57	3.41	5.62	8.25	15.8	26.1
40	39.5	40.5						3.8	6.25	9.2	17.4	28.6
45	44.5	45.5							6.88	10	18.9	31.1
50	49.5	50.5							7.5	10.9	20.6	33.6
(55)	54.05	55.95								11.8	22.1	36.1
60	59.05	60.95								12.7	23.7	38.6
(65)	64.05	65.95									25.2	41.1
70	69.05	70.95									26.8	43.6
(75)	74.05	75.95									28.3	46.1
80	79.05	80.95									29.8	48.6

注：阶梯实线间为商品长度规格。
① 尽可能不采用括号内的规格。
② P—螺距。
③ 公称长度在阶梯虚线以上的螺钉，制出全螺纹（$b = l - a$）。

7.5.27 开槽大圆柱头螺钉

1. 开槽大圆柱头螺钉的形式（图 7-159）

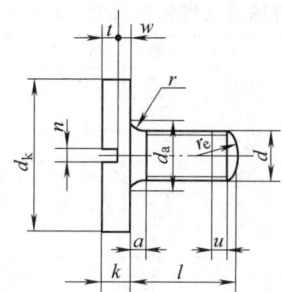

图 7-159　开槽大圆柱头螺钉

注：u（不完整螺纹的长度）$\leqslant 2P$，P 为螺距。

2. 开槽大圆柱头螺钉的尺寸（表7-190）

表 7-190　开槽大圆柱头螺钉的尺寸（GB/T 833—1988）　　（单位：mm）

螺纹规格 d		M1.6	M2	M2.5	M3	M4	M5	M6	M8	M10
a	max	0.7	0.8	0.9	1	1.4	1.6	2	2.5	3
d_k	max	6	7	9	11	14	17	20	25	30
	min	5.82	6.78	8.78	10.73	13.73	16.73	19.67	24.67	29.67
d_a	max	2.1	2.6	3.1	3.6	4.7	5.7	6.8	9.2	11.2
k	max	1.2	1.4	1.8	2	2.8	3.5	4	5	6
	min	1.06	1.26	1.66	1.86	2.66	3.32	3.7	4.7	5.7
n	公称	0.4	0.5	0.6	0.8	1.2	1.2	1.6	2	2.5
	min	0.46	0.56	0.66	0.86	1.26	1.26	1.66	2.06	2.56
	max	0.6	0.7	0.8	1	1.51	1.51	1.91	2.31	2.81
r	min	0.1	0.1	0.1	0.1	0.2	0.2	0.25	0.4	0.4
t	min	0.6	0.7	0.9	1	1.4	1.7	2	2.5	3
w	min	0.26	0.36	0.56	0.66	1.06	1.22	1.3	1.5	1.8
r_e	≈	2.24	2.8	3.5	4.2	5.6	7	8.4	11.2	14

l											
公称	min	max									
2.5	2.30	2.70									
3	2.80	3.20									
4	3.76	4.24									
5	4.76	5.24	通								
6	5.76	6.24		用							
8	7.71	8.29			规						
10	9.71	10.29				格					
12	11.65	12.35					范				
(14)	13.65	14.35						围			
16	15.65	16.35									
20	19.58	20.42									

注：尽可能不采用括号内的规格。

7.5.28　开槽盘头螺钉

1. 开槽盘头螺钉的形式（图7-158）
2. 开槽盘头螺钉的尺寸（表7-191）

表 7-191 开槽盘头螺钉的尺寸（GB/T 67—2016） （单位：mm）

螺纹规格 d			M1.6	M2	M2.5	M3	(M3.5)[①]	M4	M5	M6	M8	M10
P[②]			0.35	0.4	0.45	0.5	0.6	0.7	0.8	1	1.25	1.5
a		max	0.7	0.8	0.9	1	1.2	1.4	1.6	2	2.5	3
b		min	25	25	25	25	38	38	38	38	38	38
d_k	公称 = max		3.2	4.0	5.0	5.6	7.00	8.00	9.50	12.00	16.00	20.00
		min	2.9	3.7	4.7	5.3	6.64	7.64	9.14	11.57	15.57	19.48
d_a		max	2	2.6	3.1	3.6	4.1	4.7	5.7	6.8	9.2	11.2
k	公称 = max		1.00	1.30	1.50	1.80	2.10	2.40	3.00	3.6	4.8	6.0
		min	0.86	1.16	1.36	1.66	1.96	2.26	2.86	3.3	4.5	5.7
n	公称		0.4	0.5	0.6	0.8	1	1.2	1.2	1.6	2	2.5
		max	0.60	0.70	0.80	1.00	1.20	1.51	1.51	1.91	2.31	2.81
		min	0.46	0.56	0.66	0.86	1.06	1.26	1.26	1.66	2.06	2.56
r		min	0.1	0.1	0.1	0.1	0.1	0.2	0.2	0.25	0.4	0.4
t		min	0.35	0.5	0.6	0.7	0.8	1	1.2	1.4	1.9	2.4
w		min	0.3	0.4	0.5	0.7	0.8	1	1.2	1.4	1.9	2.4
x		max	0.9	1	1.1	1.25	1.5	1.75	2	2.5	3.2	3.8

l[①][③]			每1000 件钢螺钉的重量（$\rho = 7.85 \text{kg/dm}^3$）/kg =

公称	min	max										
2	1.8	2.2	0.075									
2.5	2.3	2.7	0.081	0.152								
3	2.8	3.2	0.087	0.161	0.281							
4	3.76	4.24	0.099	0.18	0.311	0.463						
5	4.76	5.24	0.11	0.198	0.341	0.507	0.825	1.16				
6	5.76	6.24	0.122	0.217	0.371	0.551	0.885	1.24	2.12			
8	7.71	8.29	0.145	0.254	0.431	0.639	1	1.39	2.37	4.02		
10	9.71	10.29	0.168	0.292	0.491	0.727	1.12	1.55	2.61	4.37	9.38	
12	11.65	12.35	0.192	0.329	0.551	0.816	1.24	1.7	2.86	4.72	10	18.2
(14)	13.65	14.35	0.215	0.366	0.611	0.904	1.36	1.86	3.11	5.1	10.6	19.2
16	15.65	16.35	0.238	0.404	0.671	0.992	1.48	2.01	3.36	5.45	11.2	20.2
20	19.58	20.42		0.478	0.792	1.17	1.72	2.32	3.85	6.14	12.6	22.2
25	24.58	25.42			0.942	1.39	2.02	2.71	4.47	7.01	14.1	24.7
30	29.58	30.42				1.61	2.32	3.1	5.09	7.9	15.7	27.2
35	34.5	35.5					2.62	3.48	5.71	8.78	17.3	29.7
40	39.5	40.5						3.87	6.32	9.66	18.9	32.2
45	44.5	45.5							6.94	10.5	20.5	34.7
50	49.5	50.5							7.56	11.4	22.1	37.2
(55)	54.05	55.95								12.3	23.7	39.7
60	59.05	60.95								13.2	25.3	42.2
(65)	64.05	65.95									26.9	44.7
70	69.05	70.95									28.5	47.2
(75)	74.05	75.95									30.1	49.7
80	79.05	80.95									31.7	52.2

注：阶梯实线间为商品长度规格。
① 尽可能不采用括号内的规格。
② P—螺距。
③ 公称长度在阶梯虚线以上的螺钉，制出全螺纹（$b = l - a$）。

7.5.29 开槽盘头定位螺钉

1. 开槽盘头定位螺钉的形式（图7-160）

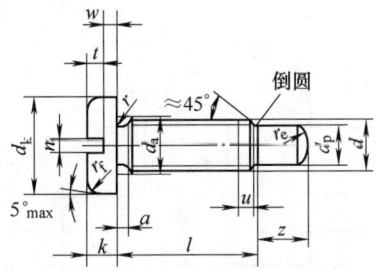

图7-160 开槽盘头定位螺钉

注：u（不完整螺纹的长度）$\leq 2P$，P为螺距。

2. 开槽盘头定位螺钉的尺寸（表7-192）

表7-192 开槽盘头定位螺钉的尺寸（GB/T 828—1988）

螺纹规格d		M1.6	M2	M2.5	M3	M4	M5	M6	M8	M10
a	max	0.7	0.8	0.9	1.0	1.4	1.6	2.0	2.5	3.0
d_k	max	3.2	4.0	5.0	5.6	8.0	9.5	12.0	16.0	20.0
	min	2.9	3.7	4.7	5.3	7.64	9.14	11.57	15.57	19.48
d_a	max	2.1	2.6	3.1	3.6	4.7	5.7	6.8	9.2	11.2
k	max	1.0	1.3	1.5	1.8	2.4	3.0	3.6	4.8	6.0
	min	0.85	1.1	1.3	1.6	2.2	2.8	3.3	4.5	5.7
n	公称	0.4	0.5	0.6	0.8	1.2	1.2	1.6	2	2.5
	min	0.46	0.56	0.66	0.86	1.26	1.26	1.66	2.06	2.56
	max	0.6	0.7	0.8	1	1.51	1.51	1.91	2.31	2.81
d_p	max	0.8	1	1.5	2	2.5	3.5	4	5.5	7
	min	0.55	0.75	1.25	1.75	2.25	3.2	3.7	5.2	6.64
t	min	0.35	0.5	0.6	0.7	1.0	1.2	1.4	1.9	2.4
w	min	0.3	0.4	0.5	0.7	1.0	1.2	1.4	1.9	2.4
r_f	参考	0.5	0.6	0.8	0.9	1.2	1.5	1.8	2.4	3.0
r	min	0.1	0.1	0.1	0.1	0.2	0.2	0.25	0.4	0.4
r_e	≈	1.12	1.4	2.1	2.8	3.5	4.9	5.6	7.7	9.8
$l_{公称}$										
1.5					通					
2										
2.5					用					
3										
4					规					
5						格				
6							范			
8								围		
10										
12										
16										
20										

(续)

螺纹规格 d		M1.6	M2	M2.5	M3	M4	M5	M6	M8	M10
z										
公称（min）	max									
1	1.25									
1.2	1.45									
1.5	1.75			通						
2	2.25				用					
2.5	2.75					规				
3	3.25						格			
4	4.30							范		
5	5.30								围	
6	6.30									
8	8.36									
10	10.36									

7.5.30 开槽盘头不脱出螺钉

1. 开槽盘头不脱出螺钉的形式（图 7-161）

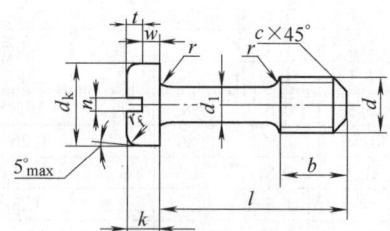

图 7-161 开槽盘头不脱出螺钉

2. 开槽盘头不脱出螺钉的尺寸（表 7-193）

表 7-193 开槽盘头不脱出螺钉的尺寸（GB/T 837—1988）

螺纹规格 d		M3	M4	M5	M6	M8	M10
d_k	max	5.6	8.0	9.5	12.0	16.0	20.0
	min	5.30	7.64	9.14	11.57	15.57	19.48
k	max	1.8	2.4	3.0	3.6	4.8	6.0
	min	1.6	2.2	2.8	3.3	4.5	5.7
n	公称	0.8	1.2	1.2	1.6	2.0	2.5
	min	0.86	1.26	1.26	1.66	2.06	2.56
	max	1.00	1.51	1.51	1.91	2.31	2.81
r_f	参考	0.9	1.2	1.5	1.8	2.4	3.0
t	min	0.7	1.0	1.2	1.4	1.9	2.4
w	min	0.7	1.0	1.2	1.4	1.9	2.4
d_1	max	2.0	2.8	3.5	4.5	5.5	7.0
	min	1.86	2.66	3.32	4.32	5.32	6.78

(续)

螺纹规格 d			M3	M4	M5	M6	M8	M10
b			4	6	8	10	12	15
r	min		0.1	0.2	0.2	0.25	0.4	0.4
c	≈		1.0	1.2	1.6	2.0	2.5	3.0
l			\multicolumn{6}{c}{d}					
			M3	M4	M5	M6	M8	M10
公称	min	max						
10	9.71	10.29						
12	11.65	12.35	通					
(14)	13.65	14.35						
16	15.65	16.35		用				
20	19.58	20.42						
25	24.58	25.42			规			
30	29.58	30.42						
35	34.50	35.50				格		
40	39.50	40.50						
45	44.50	45.50					范	
50	49.50	50.50						
(55)	54.05	55.95						围
60	59.05	60.95						

7.5.31 开槽沉头螺钉

1. 开槽沉头螺钉的形式（图 7-162）

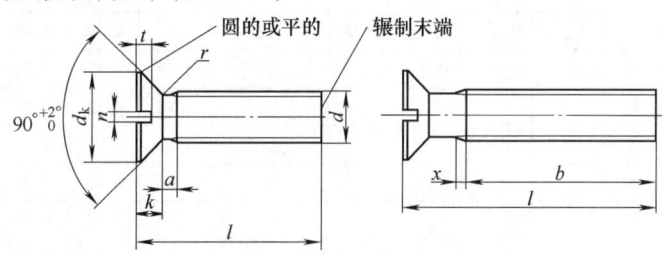

图 7-162 开槽沉头螺钉

2. 开槽沉头螺钉的尺寸（表 7-194）

表 7-194 开槽沉头螺钉的尺寸（GB/T 68—2016） （单位：mm）

螺纹规格 d			M1.6	M2	M2.5	M3	(M3.5)[①]	M4	M5	M6	M8	M10
P[②]			0.35	0.4	0.45	0.5	0.6	0.7	0.8	1	1.25	1.5
a	max		0.7	0.8	0.9	1	1.2	1.4	1.6	2	2.5	3
b	min		25	25	25	25	38	38	38	38	38	38
d_k[③]	理论值	max	3.6	4.4	5.5	6.3	8.2	9.4	10.4	12.6	17.3	20
	实际值	公称=max	3.0	3.8	4.7	5.5	7.30	8.40	9.30	11.30	15.80	18.30
		min	2.7	3.5	4.4	5.2	6.94	8.04	8.94	10.87	15.37	17.78

（续）

螺纹规格 d			M1.6	M2	M2.5	M3	(M3.5)[①]	M4	M5	M6	M8	M10
k[③]	公称 = max		1	1.2	1.5	1.65	2.35	2.7	2.7	3.3	4.65	5
n	公称		0.4	0.5	0.6	0.8	1	1.2	1.2	1.6	2	2.5
	max		0.60	0.70	0.80	1.00	1.20	1.51	1.51	1.91	2.31	2.81
	min		0.46	0.56	0.66	0.86	1.06	1.26	1.26	1.66	2.06	2.56
r	max		0.4	0.5	0.6	0.8	0.9	1	1.3	1.5	2	2.5
t	max		0.50	0.6	0.75	0.85	1.2	1.3	1.4	1.6	2.3	2.6
	min		0.32	0.4	0.50	0.60	0.9	1.0	1.2	1.8	2.0	
x	max		0.9	1	1.1	1.25	1.5	1.75	2	2.5	3.2	3.8
l[①④]				每1000件钢螺钉的重量（$\rho = 7.85\text{kg/dm}^3$）/kg $\approx$								
公称	min	max										
2.5	2.3	2.7	0.053									
3	2.8	3.2	0.058	0.101								
4	3.76	4.24	0.069	0.119	0.206							
5	4.76	5.24	0.081	0.137	0.236	0.335						
6	5.76	6.24	0.093	0.152	0.266	0.379	0.633	0.903				
8	7.71	8.29	0.116	0.193	0.326	0.467	0.753	1.06	1.48	2.38		
10	9.71	10.29	0.139	0.231	0.386	0.555	0.873	1.22	1.72	2.73	5.68	
12	11.65	12.35	0.162	0.268	0.446	0.643	0.993	1.37	1.96	3.08	6.32	9.54
(14)	13.65	14.35	0.185	0.306	0.507	0.731	1.11	1.53	2.2	3.43	6.96	10.6
16	15.65	16.35	0.208	0.343	0.567	0.82	1.23	1.68	2.44	3.78	7.6	11.6
20	19.58	20.42		0.417	0.687	0.996	1.47	2	2.92	4.48	8.88	13.6
25	24.58	25.42			0.838	1.22	1.77	2.39	3.52	5.36	10.5	16.1
30	29.58	30.42				1.44	2.07	2.78	4.12	6.23	12.1	18.7
35	34.5	35.5					2.37	3.17	4.72	7.11	13.7	21.2
40	39.5	40.5						3.56	5.32	7.98	15.3	23.7
45	44.5	45.5							5.92	8.86	16.9	26.2
50	49.5	50.5							6.52	9.73	18.5	28.8
(55)	54.05	55.95								10.6	20.1	31.3
60	59.05	60.95								11.5	21.7	33.8
(65)	64.05	65.95									23.3	36.3
70	69.05	70.95									24.9	38.9
(75)	74.05	75.95									26.5	41.4
80	79.05	80.95									28.1	43.9

注：阶梯实线间为商品长度规格。

① 尽可能不采用括号内的规格。
② P—螺距。
③ 见 GB/T 5279。
④ 公称长度在阶梯虚线以上的螺钉，制出全螺纹（$b = l - a$）。

7.5.32 开槽半沉头螺钉

1. 开槽半沉头螺钉的形式(图7-163)

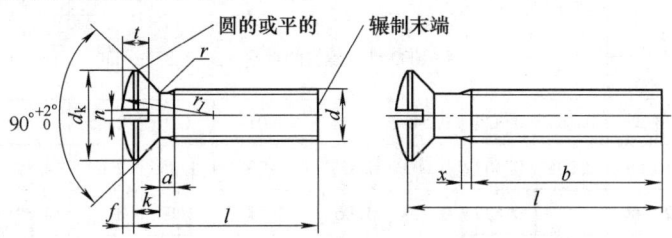

图 7-163 开槽半沉头螺钉

2. 开槽半沉头螺钉的尺寸(表7-195)

表 7-195 开槽半沉头螺钉的尺寸(GB/T 69—2016) (单位:mm)

螺纹规格 d			M1.6	M2	M2.5	M3	(M3.5)①	M4	M5	M6	M8	M10
P②			0.35	0.4	0.45	0.5	0.6	0.7	0.8	1	1.25	1.5
a		max	0.7	0.8	0.9	1	1.2	1.4	1.6	2	2.5	3
b		min	25	25	25	25	38	38	38	38	38	38
d_k③	理论值	max	3.6	4.4	5.5	6.3	8.2	9.4	10.4	12.6	17.3	20
	实际值	公称=max	3.0	3.8	4.7	5.5	7.30	8.40	9.30	11.30	15.80	18.30
		min	2.7	3.5	4.4	5.2	6.94	8.04	8.94	10.87	15.37	17.78
f		≈	0.4	0.5	0.6	0.7	0.8	1	1.2	1.4	2	2.3
k③	公称=max		1	1.2	1.5	1.65	2.35	2.7	2.7	3.3	4.65	5
n	公称		0.4	0.5	0.6	0.8	1	1.2	1.2	1.6	2	2.5
		max	0.60	0.70	0.80	1.00	1.20	1.51	1.51	1.91	2.31	2.81
		min	0.46	0.56	0.66	0.86	1.06	1.26	1.26	1.66	2.06	2.56
r		max	0.4	0.5	0.6	0.8	0.9	1	1.3	1.5	2	2.5
r_1		≈	3	4	5	6	8.5	9.5	9.5	12	16.5	19.5
t		max	0.80	1.0	1.2	1.45	1.7	1.9	2.4	2.8	3.7	4.4
		min	0.64	0.8	1.0	1.20	1.45	1.6	2.0	2.4	3.2	3.8
x		max	0.9	1	1.1	1.25	1.5	1.75	2	2.5	3.2	3.8

l①④			每1000件钢螺钉的重量(ρ=7.85kg/dm³)/kg ≈								
公称	min	max									
2.5	2.3	2.7	0.062								
3	2.8	3.2	0.067	0.119							
4	3.76	4.24	0.078	0.138	0.242						
5	4.76	5.24	0.09	0.156	0.272	0.395					
6	5.76	6.24	0.102	0.175	0.302	0.439	0.729	1.07			
8	7.71	8.29	0.125	0.212	0.362	0.527	0.849	1.23	1.73	2.79	
10	9.71	10.29	0.145	0.249	0.422	0.615	0.969	1.39	1.97	3.14	6.89
12	11.65	12.35	0.165	0.287	0.482	0.703	1.09	1.54	2.21	3.49	7.53	11.4

（续）

螺纹规格 d			M1.6	M2	M2.5	M3	(M3.5)[①]	M4	M5	M6	M8	M10
l[①④]			每1000件钢螺钉的重量（$\rho=7.85\text{kg/dm}^3$）/kg ≈									
公称	min	max										
(14)	13.65	14.35	0.185	0.325	0.543	0.791	1.21	1.7	2.45	3.84	8.17	12.5
16	15.65	16.35	0.205	0.362	0.603	0.879	1.33	1.85	2.69	4.19	8.81	13.5
20	19.58	20.42		0.436	0.723	1.06	1.57	2.17	3.17	4.89	10.1	15.5
25	24.58	25.42			0.874	1.28	1.87	2.56	3.77	5.77	11.7	18
30	29.58	30.42				1.5	2.17	2.95	4.37	6.64	13.3	20.6
35	34.5	35.5					2.47	3.34	4.97	7.52	14.9	23.1
40	39.5	40.5						3.73	5.57	8.39	16.5	25.6
45	44.5	45.5							6.16	9.27	18.1	28.1
50	49.5	50.5							6.76	10.1	19.7	30.7
(55)	54.05	55.95								11	21.3	33.2
60	59.05	60.95								11.9	22.9	35.7
(65)	64.05	65.95									24.5	38.2
70	69.05	70.95									26.1	40.8
(75)	74.05	75.95									27.7	43.3
80	79.05	80.95									29.3	45.8

注：阶梯实线间为商品长度规格。
① 尽可能不采用括号内的规格。
② P—螺距。
③ 见 GB/T 5279。
④ 公称长度在阶梯虚线以上的螺钉，制出全螺纹（$b=l-a$）。

7.5.33 开槽沉头木螺钉

1. 开槽沉头木螺钉的形式（图7-164）

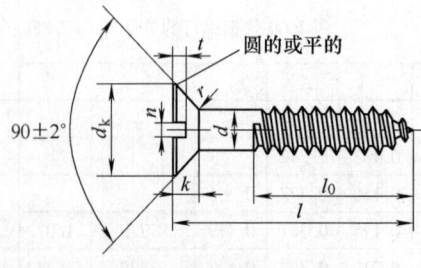

图 7-164 开槽沉头木螺钉

2. 开槽沉头木螺钉的尺寸（表7-196）

表 7-196 开槽沉头木螺钉的尺寸（GB/T 100—1986）

（单位：mm）

d 公称	1.6	2	2.5	3	3.5	4	(4.5)	5	(5.5)	6	(7)	8	10
d min	1.46	1.86	2.25	2.75	3.2	3.7	4.2	4.7	5.2	5.7	6.64	7.64	9.64
d max	1.6	2	2.5	3	3.5	4	4.5	5	5.5	6	7	8	10
d_k max	3.2	4	5	6	7	8	9	10	11	12	14	16	20
d_k min	2.9	3.7	4.7	5.7	6.64	7.64	8.64	9.64	10.57	11.57	13.57	15.57	19.48
k max	1	1.2	1.4	1.7	2	2.2	2.7	3	3.2	3.5	4	4.5	5.8
n 公称	0.4	0.5	0.6	0.8	0.9	1.0	1.2	1.2	1.4	1.6	1.8	2.0	2.5
n min	0.4	0.5	0.6	0.8	0.9	1.0	1.2	1.2	1.4	1.6	1.8	2.0	2.5
r ≈	0.65	0.75	0.85	1.05	1.15	1.35	1.55	1.55	1.75	1.95	2.15	2.35	2.85
t max	0.2	0.2	0.2	0.2	0.4	0.4	0.4	0.4	0.4	0.4	0.5	0.5	0.5
t min	0.72	0.82	0.96	1.11	1.35	1.45	1.70	1.94	2.04	2.19	2.55	2.80	3.50
	0.48	0.58	0.64	0.79	0.95	1.05	1.30	1.46	1.56	1.71	1.95	2.20	2.90

l 公称	l min	l max	l_0 公称	l_0 min	l_0 max
6	5.25	6	4	3.3	4.7
8	7.10	8	5	4.3	5.7
10	9.10	10	6	5.3	6.7
12	10.90	12	8	7.1	8.9
14	12.90	14	9	8.1	9.9
16	14.90	16	10	9.1	10.9
18	16.90	18	12	10.9	13.1
20	18.70	22	13	11.9	14.1
(22)	20.70	22	14	12.9	15.1
25	23.70	25	17	15.9	18.1
30	28.70	30	20	18.7	21.3
(32)	30.40	32	21	19.7	22.3
35	33.40	35	23	21.7	24.3
(38)	36.40	38	25	23.7	26.3
40	38.40	40	26	24.7	27.3
45	43.40	45	30	28.7	31.3

注：商品规格范围

（续）

公称 l	l min	l max	公称 l_0	l_0 min	l_0 max
50	48.40	50	33	31.4	34.6
(55)	53.10	55	36	34.4	37.6
60	58.10	60	40	38.4	41.6
(65)	63.10	65	43	41.4	44.6
70	68.10	70	46	44.4	47.6
(75)	73.10	75	50	48.4	51.6
80	78.10	80	52	50.1	53.9
(85)	82.80	85	56	54.1	57.9
90	87.80	90	60	58.1	61.9
100	97.80	100	66	64.1	67.9
120	117.80	120	80	78.1	81.9

注：1. 尽可能不采用括号内的规格。
2. 带▲号者优先选用。

7.5.34 开槽半沉头木螺钉

1. 开槽半沉头木螺钉的形式（图 7-165）

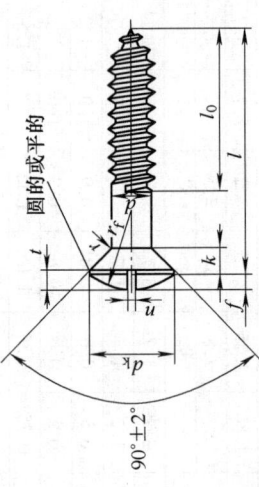

图 7-165 开槽半沉头木螺钉

2. 开槽半沉头木螺钉的尺寸（表7-197）

表7-197 开槽半沉头木螺钉的尺寸（GB/T 101—1986）

（单位：mm）

d	公称	1.6	2	2.5	3	3.5	4	(4.5)	5	(5.5)	6	(7)	8	10
	min	1.46	1.86	2.25	2.75	3.2	3.7	4.2	4.7	5.2	5.7	6.64	7.64	9.64
d_k	max	1.6	2.0	2.5	3.0	3.5	4.0	4.5	5.0	5.5	6.0	7.0	8.0	10.0
	min	3.2	4	5	6	7	8	9	10	11	12	14	16	20
	≈	2.9	3.7	4.7	5.7	6.64	7.64	8.64	9.64	10.57	11.57	13.57	15.57	19.48
f	≈	0.5	0.6	0.8	0.9	1.1	1.2	1.4	1.5	1.7	1.8	2.1	2.4	3
k	max	1	1.2	1.4	1.7	2	2.2	2.7	3	3.2	3.5	4	4.5	5.8
n	公称	0.4	0.5	0.6	0.8	0.9	1.0	1.2	1.2	1.4	1.6	1.8	2.0	2.5
	min	0.4	0.5	0.6	0.8	0.9	1.0	1.2	1.2	1.4	1.6	1.8	2.0	2.5
	max	0.65	0.75	0.85	1.05	1.15	1.35	1.55	1.55	1.75	1.95	2.15	2.35	2.85
r	≈	0.2	0.2	0.2	0.2	0.4	0.4	0.4	0.4	0.4	0.4	0.5	0.5	0.5
r_f	≈	2.8	3.6	4.3	5.5	6.1	7.3	7.9	9.1	9.7	10.9	12.4	14.5	18.2
t	max	0.96	1.06	1.3	1.5	1.84	1.94	2.4	2.6	2.8	2.9	3.4	3.7	4.76
	min	0.64	0.74	0.9	1.1	1.36	1.46	1.8	2.0	2.2	2.3	2.8	3.1	4.04

l 公称	min	max	l_0 公称	min	max
6	5.25	6	4	3.3	4.7
8	7.10	8	5	4.3	5.7
10	9.10	10	6	5.3	6.7
12	10.90	12	8	7.1	8.9
14	12.90	14	9	8.1	9.9
16	14.90	16	10	9.1	10.9
18	16.90	18	12	10.9	13.1

商品规格范围

(续)

商品规格范围

l 公称	l min	l max	l_0 公称	l_0 min	l_0 max
20	18.70	20	13	11.9	14.1
(22)	20.70	22	14	12.9	15.1
25	23.70	25	17	15.9	18.1
30	28.70	30	20	18.7	21.3
(32)	30.40	32	21	19.7	22.3
35	33.40	35	23	21.7	24.3
(38)	36.40	38	25	23.7	26.3
40	38.40	40	26	24.7	27.3
45	43.40	45	30	28.7	31.3
50	48.40	50	33	31.4	34.6
(55)	53.10	55	36	34.4	37.6
60	58.10	60	40	38.4	41.6
(65)	63.10	65	43	41.4	44.6
70	68.10	70	46	44.4	47.6
(75)	73.10	75	50	48.4	51.6
80	78.10	80	52	50.1	53.9
(85)	82.80	85	56	54.1	57.9
90	87.80	90	60	58.1	61.9
100	97.80	100	66	64.1	67.9
120	117.80	120	80	78.1	81.9

注：尽可能不采用括号内的规格。

7.5.35 开槽沉头不脱出螺钉

1. 开槽沉头不脱出螺钉的形式（图 7-166）

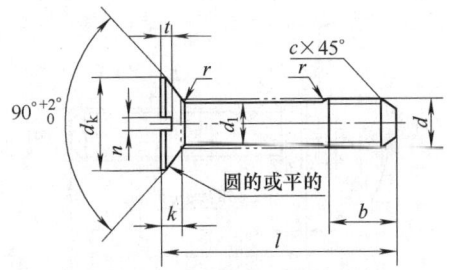

图 7-166 开槽沉头不脱出螺钉

2. 开槽沉头不脱出螺钉的尺寸（表 7-198）

表 7-198 开槽沉头不脱出螺钉的尺寸（GB/T 948—1988） （单位：mm）

螺纹规格 d			M3	M4	M5	M6	M8	M10
d_k	理论值	max	6.3	9.4	10.4	12.6	17.3	20.0
	实际值	max	5.5	8.4	9.3	11.3	15.8	18.3
		min	5.2	8.0	8.9	10.9	15.4	17.8
k		max	1.65	2.70	2.70	3.30	4.65	5.00
n	公称		0.8	1.2	1.2	1.6	2.0	2.5
	min		0.86	1.26	1.26	1.66	2.06	2.56
	max		1.00	1.51	1.51	1.91	2.31	2.81
t	max		0.85	1.3	1.4	1.6	2.3	2.6
	min		0.6	1.0	1.1	1.2	1.8	2.0
d_1	max		2.0	2.8	3.5	4.5	5.5	7.0
	min		1.86	2.66	3.32	4.32	5.32	6.78
b			4	6	8	10	12	15
r	max		0.8	1.0	1.3	1.5	2.0	2.5
c	≈		1.0	1.2	1.6	2.0	2.5	3.0
l			\multicolumn{6}{c}{d}
公称	min	max	M3	M4	M5	M6	M8	M10
10	9.71	10.29						
12	11.65	12.35	通					
(14)	13.65	14.35						
16	15.65	16.35		用				
20	19.58	20.42						
25	24.58	25.42			规			
30	29.58	30.42						
35	34.50	35.50				格		
40	39.50	40.50						
45	44.50	45.50					范	
50	49.50	50.50						
(55)	54.05	55.95						围
60	59.05	60.95						

注：尽可能不采用括号内的规格。

7.5.36 开槽半沉头不脱出螺钉

1. 开槽半沉头不脱出螺钉的形式（图7-167）

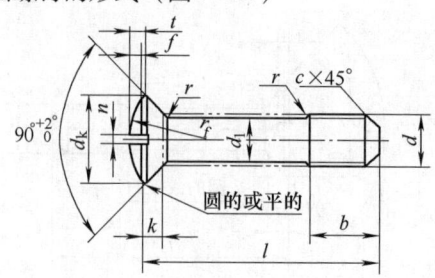

图 7-167 开槽半沉头不脱出螺钉

2. 开槽半沉头不脱出螺钉的尺寸（表7-199）

表 7-199 开槽半沉头不脱出螺钉的尺寸（GB/T 949—1988）（单位：mm）

螺纹规格 d			M3	M4	M5	M6	M8	M10
d_k	理论值	max	6.3	9.4	10.4	12.6	17.3	20.0
	实际值	max	5.5	8.4	9.3	11.3	15.8	18.3
		min	5.2	8.0	8.9	10.9	15.4	17.8
f		≈	0.7	1.0	1.2	1.4	2.0	2.3
k		max	1.65	2.70	2.70	3.30	4.65	5.00
n		公称	0.8	1.2	1.2	1.6	2.0	2.5
		min	0.86	1.26	1.26	1.66	2.06	2.56
		max	1.00	1.51	1.51	1.91	2.31	2.81
r_f		≈	6.0	9.5	9.5	12.0	16.5	19.5
t		max	1.45	1.9	2.4	2.8	3.7	4.4
		min	1.2	1.6	2.0	2.4	3.2	3.8
d_1		max	2.0	2.8	3.5	4.5	5.5	7.0
		min	1.68	2.66	3.32	4.32	5.32	6.78
b			4	6	8	10	12	15
r		max	0.8	1.0	1.3	1.5	2.0	2.5
c		≈	1.0	1.2	1.6	2.0	2.5	3.0
l			d					
			M3	M4	M5	M6	M8	M10
公称	min	max						
10	9.71	10.29	通用					
12	11.65	12.35		规格				
(14)	13.65	14.35			范围			
16	15.65	16.35	通					
20	19.58	20.42	用					
25	24.58	25.42				规		
30	29.58	30.42				格		
35	34.50	35.50					范	
40	39.50	40.50						围
45	44.50	45.50						
50	49.50	50.50						
(55)	54.05	55.95						
60	59.05	60.95						

注：尽可能不采用括号内的规格。

7.5.37 开槽盘头自攻螺钉

1. 开槽盘头自攻螺钉的形式（图7-168）

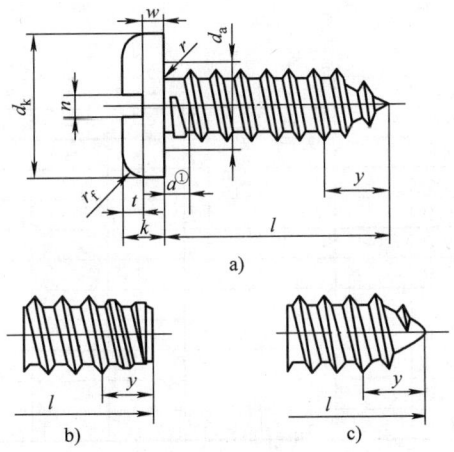

图7-168 开槽盘头自攻螺钉

a) C型 b) F型 c) R型

① 尺寸 a 应在第一扣完整螺纹的小径处测量。

2. 开槽盘头自攻螺钉的尺寸（表7-200）

表7-200 开槽盘头自攻螺钉的尺寸（GB/T 5282—2017） （单位：mm）

螺纹规格		ST2.2	ST2.9	ST3.5	ST4.2	ST4.8	ST5.5	ST6.3	ST8	ST9.5
P①		0.8	1.1	1.3	1.4	1.6	1.8	1.8	2.1	2.1
a	max	0.8	1.1	1.3	1.4	1.6	1.8	1.8	2.1	2.1
d_a	max	2.8	3.5	4.1	4.9	5.5	6.3	7.1	9.2	10.7
d_k	max	4.0	5.6	7.0	8.0	9.5	11.0	12.0	16.0	20.0
	min	3.7	5.3	6.6	7.6	9.1	10.6	11.6	15.6	19.5
k	max	1.3	1.8	2.1	2.4	3.0	3.2	3.6	4.8	6.0
	min	1.1	1.6	1.9	2.2	2.7	2.9	3.3	4.5	5.7
n	公称	0.5	0.8	1.0	1.2	1.2	1.6	1.6	2.0	2.5
	0.70	1.00	1.20	1.51	1.51	1.91	1.91	2.31	2.81	
	0.56	0.86	1.05	1.26	1.26	1.66	1.66	2.06	2.56	
r	min	0.10	0.10	0.10	0.20	0.20	0.25	0.25	0.40	0.40
r_f	参考	0.6	0.8	1.0	1.2	1.5	1.6	1.8	2.4	3.0
t	min	0.5	0.7	0.8	1.0	1.2	1.3	1.4	1.9	2.4
w	min	0.5	0.7	0.8	0.9	1.2	1.3	1.4	1.9	2.4
y 参考	C型	2.0	2.6	3.2	3.7	4.3	5.0	6.0	7.5	8.0
	F型	1.6	2.1	2.5	2.8	3.2	3.6	3.6	4.2	4.2
	R型	—	—	2.7	3.2	3.6	4.3	5.0	6.3	—

(续)

螺纹规格 l[2]				ST2.2	ST2.9	ST3.5	ST4.2	ST4.8	ST5.5	ST6.3	ST8	ST9.5
公称	C 型和 R 型		F 型									
	min	max	min	max									
4.5	3.7	5.3	3.7	4.5			—	—	—	—	—	—	—
6.5	5.7	7.3	5.7	6.5				—	—	—	—	—	—
9.5	8.7	10.3	8.7	9.5						—	—	—	—
13	12.2	13.8	12.2	13.0								—	—
16	15.2	16.8	15.2	16.0									
19	18.2	19.8	18.2	19.0									
22	21.2	22.8	20.7	22.0									
25	24.2	25.8	23.7	25.0									
32	30.7	33.3	30.7	32.0									
38	36.7	39.3	36.7	38.0									
45	43.7	46.3	43.5	45.0									
50	48.7	51.3	48.5	50.0									

注：阶梯实线间为优选长度范围。
① P—螺距。
② 不能制造带"—"标记的长度规格。

7.5.38 开槽沉头自攻螺钉

1. 开槽沉头自攻螺钉的形式（图7-169）

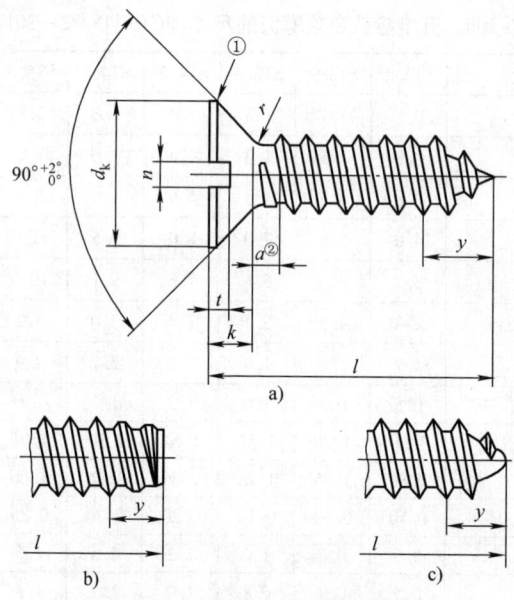

图 7-169 开槽沉头自攻螺钉
a) C 型 b) F 型 c) R 型

① 棱边可以是圆的或直的，由制造者选择。
② 尺寸 a 应在第一扣完整螺纹的小径处测量。

2. 开槽沉头自攻螺钉的尺寸（表7-201）

表7-201 开槽沉头自攻螺钉的尺寸（GB/T 5283—2017）（单位：mm）

螺纹规格			ST2.2	ST2.9	ST3.5	ST4.2	ST4.8	ST5.5	ST6.3	ST8	ST9.5
P①			0.8	1.1	1.3	1.4	1.6	1.8	1.8	2.1	2.1
a		max	0.8	1.1	1.3	1.4	1.6	1.8	1.8	2.1	2.1
d_k	理论值②	max	4.4	6.3	8.2	9.4	10.4	11.5	12.6	17.3	20.0
	实际值	max	3.8	5.5	7.3	8.4	9.3	10.3	11.3	15.8	18.3
		min	3.5	5.2	6.9	8.0	8.9	9.9	10.9	15.4	17.8
k		max	1.10	1.70	2.35	2.60	2.80	3.00	3.15	4.65	5.25
n		公称	0.5	0.8	1.0	1.2	1.2	1.6	1.6	2.0	2.5
		max	0.70	1.00	1.20	1.51	1.51	1.91	1.91	2.31	2.81
		min	0.56	0.86	1.06	1.26	1.26	1.66	1.66	2.06	2.56
r		max	0.8	1.2	1.4	1.6	2.0	2.2	2.4	3.2	4.0
t		max	0.60	0.85	1.20	1.30	1.40	1.50	1.60	2.30	2.60
		min	0.40	0.60	0.90	1.00	1.10	1.10	1.20	1.80	2.00
y 参考		C 型	2.0	2.6	3.2	3.7	4.3	5.0	6.0	7.5	8.0
		F 型	1.6	2.1	2.5	2.8	3.2	3.6	3.6	4.2	4.2
		R 型	—	—	2.7	3.2	3.6	4.3	5.0	6.3	—

l③				
公称	C 型和 R 型		F 型	
	min	max	min	max
4.5	3.7	5.3	3.7	4.5
6.5	5.7	7.3	5.7	6.5
9.5	8.7	10.3	8.7	9.5
13	12.2	13.8	12.2	13.0
16	15.2	16.8	15.2	16.0
19	18.2	19.8	18.2	19.0
22	21.2	22.8	20.7	22.0
25	24.2	25.8	23.7	25.0
32	30.7	33.3	30.7	32.0
38	36.7	39.3	36.7	38.0
45	43.7	46.3	43.5	45.0
50	48.7	51.3	48.5	50.0

注：阶梯实线间为优选长度范围。
① P—螺距。
② 符合 GB/T 5279 要求。
③ 不能制造带"—"标记的长度规格。

7.5.39 开槽无头螺钉

1. 开槽无头螺钉的形式（图7-170）

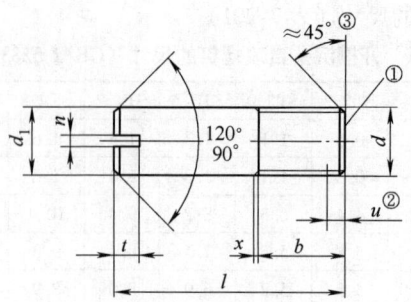

图 7-170 开槽无头螺钉

① 平端（GB/T 2）。
② 不完整螺纹的长度 $u \leq 2P$，P 为螺距。
③ 45°仅适用于螺纹小径以内的末端部分。

2. 开槽无头螺钉的尺寸（表 7-202）

表 7-202 开槽无头螺钉的尺寸（GB/T 878—2007） （单位：mm）

螺纹规格 d		M1	M1.2	M1.6	M2	M2.5	M3	(M3.5)①	M4	M5	M6	M8	M10
P②		0.25	0.25	0.35	0.4	0.45	0.5	0.6	0.7	0.8	1	1.25	1.5
b	$^{+2P}_{0}$	1.2	1.4	1.9	2.4	3	3.6	4.2	4.8	6	7.2	9.6	12
d_1	min	0.86	1.06	1.46	1.86	2.36	2.86	3.32	3.82	4.82	5.82	7.78	9.78
	max	1.0	1.2	1.6	2.0	2.5	3.0	3.5	4.0	5.0	6.0	8.0	10.0
n	公称	0.2	0.25	0.3	0.3	0.4	0.5	0.5	0.6	0.8	1	1.2	1.6
	min	0.26	0.31	0.36	0.36	0.46	0.56	0.56	0.66	0.86	1.06	1.26	1.66
	max	0.40	0.45	0.50	0.50	0.60	0.70	0.70	0.80	1.0	1.2	1.51	1.91
t	min	0.63	0.63	0.88	1.0	1.10	1.25	1.5	1.75	2.0	2.5	3.1	3.75
	max	0.78	0.79	1.06	1.2	1.33	1.5	1.78	2.05	2.35	2.9	3.6	4.25
x	max	0.6	0.6	0.9	1	1.1	1.25	1.5	1.75	2	2.5	3.2	3.8

l 公称	min	max											
2.5	2.3	2.7											
3	2.8	3.2											
4	3.7	4.3											
5	4.7	5.3											
6	5.7	6.3					商品						
8	7.7	8.3					规格						
10	9.7	10.3											
12	11.6	12.4						范围					
(14)①	13.6	14.4											
16	15.6	16.4											
20	19.6	20.4											
25	24.6	25.4											
30	29.6	30.4											
35	34.5	35.5											

① 尽可能不采用括号内的规格。
② P—螺距。

7.5.40 开槽无头轴位螺钉

1. 开槽无头轴位螺钉的形式（图 7-171）

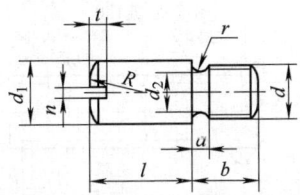

图 7-171 开槽无头轴位螺钉

2. 开槽无头轴位螺钉的尺寸（表 7-203）

表 7-203 开槽无头轴位螺钉的尺寸（GB/T 831—1988）　（单位：mm）

螺纹规格 d			M1.6	M2	M2.5	M3	M4	M5	M6	M8	M10
d_1		max	2.48	2.98	3.47	3.97	4.97	5.97	7.96	9.96	11.84
		min	2.42	2.92	3.395	3.895	4.895	5.895	7.87	9.87	11.95
n		公称	0.4	0.5	0.5	0.6	0.8	0.8	1.2	1.6	2
		min	0.46	0.56	0.66	0.66	0.86	0.86	1.26	1.66	2.06
		max	0.6	0.7	0.7	0.8	1	1	1.51	1.91	2.31
t		min	0.6	0.7	0.9	1	1.4	1.7	2	2.5	3
r		≤	0.3	0.3	0.3	0.3	0.5	0.5	0.5	0.5	1.0
d_2			1.1	1.4	1.8	2.2	3	3.8	4.5	6.2	7.8
a		≈	1				1.5			2	3
R		≈	2.5	3	3.5	4	5	6	8	10	12
b			2.5	3	3.5	4	5	6	8	10	12
l			d								
			M1.6	M2	M2.5	M3	M4	M5	M6	M8	M10
公称	min	max									
2	1.80	2.20									
2.5	2.30	2.70									
3	2.80	3.20				通					
4	3.76	4.24					用				
5	4.76	5.24						规			
6	5.76	6.24							格		
8	7.71	8.29								范	
10	9.71	10.29									围
12	11.65	12.35									
(14)	13.65	14.35									
16	15.65	16.35									
20	19.58	20.42									

注: 1. 尽可能不采用括号内的规格。
　　2. 轴位直径 d_1 亦可按 f9 极限偏差制造。

7.5.41 开槽平端紧定螺钉

1. 开槽平端紧定螺钉的形式（图 7-172）

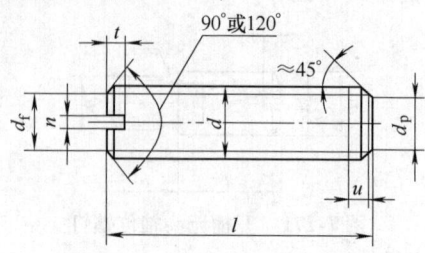

图 7-172　开槽平端紧定螺钉

注：1. 公称长度在表 7-204 中虚线以上的短螺钉应制成 120°。
　　2. 45°仅适用于螺纹小径以内的末端部分。
　　3. u(不完整螺纹的长度)$\leq 2P$。

2. 开槽平端紧定螺钉的尺寸（表 7-204）

表 7-204　开槽平端紧定螺钉的尺寸（GB/T 73—2017）　（单位：mm）

螺纹规格 d		M1.2	M1.6	M2	M2.5	M3	(M3.5)①	M4	M5	M6	M8	M10	M12
P②		0.25	0.35	0.4	0.45	0.5	0.6	0.7	0.8	1	1.25	1.5	1.75
d_f	max	螺纹小径											
d_p	min	0.35	0.55	0.75	1.25	1.75	1.95	2.25	3.20	3.70	5.20	6.64	8.14
	max	0.60	0.80	1.00	1.50	2.00	2.20	2.50	3.50	4.00	5.50	7.00	8.50
n	公称	0.2	0.25	0.25	0.4	0.4	0.5	0.6	0.8	1	1.2	1.6	2
	min	0.26	0.31	0.31	0.46	0.46	0.56	0.66	0.86	1.06	1.26	1.66	2.06
	max	0.40	0.45	0.45	0.60	0.60	0.70	0.80	1.00	1.20	1.51	1.91	2.31
t	min	0.40	0.56	0.64	0.72	0.80	0.96	1.12	1.28	1.60	2.00	2.40	2.80
	max	0.52	0.74	0.84	0.95	1.05	1.21	1.42	1.63	2.00	2.50	3.00	3.60
l③													
公称	min	max											
2	1.8	2.2											
2.5	2.3	2.7											
3	2.8	3.2											
4	3.7	4.3											
5	4.7	5.3											
6	5.7	6.3											
8	7.7	8.3											
10	9.7	10.3											
12	11.6	12.4											
(14)①	13.6	14.4											
16	15.6	16.4											
20	19.6	20.4											
25	24.6	25.4											
30	29.6	30.4											

第7章 紧 固 件

（续）

螺纹规格 d		M1.2	M1.6	M2	M2.5	M3	(M3.5)①	M4	M5	M6	M8	M10	M12
l③													
公称	min	max											
35	34.5	35.5											
40	39.5	40.5											
45	44.5	45.5											
50	49.5	50.5											
55	54.4	55.6											
60	59.4	60.6											

注：阶梯实线间为优选长度范围。
① 尽可能不采用括号内的规格。
② P—螺距。
③ 最小和最大值按 GB/T 3103.1 规定，并圆整到小数点后1位。

7.5.42 开槽凹端紧定螺钉

1. 开槽凹端紧定螺钉的形式（图7-173）

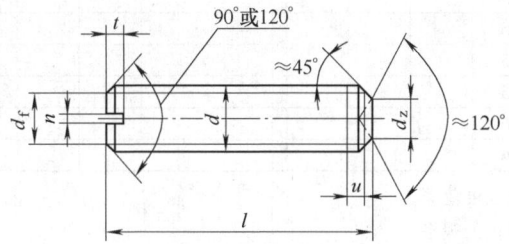

图7-173 开槽凹端紧定螺钉

注：1. 公称长度在表7-205中虚线以上的短螺钉应制成120°。
2. 45°仅适用于螺纹小径以内的末端部分。
3. u（不完整螺纹的长度）$\leq 2P$。

2. 开槽凹端紧定螺钉的尺寸（表7-205）

表7-205 开槽凹端紧定螺钉的尺寸（GB/T 74—2018） （单位：mm）

螺纹规格 d		M1.6	M2	M2.5	M3	(M3.5)①	M4	M5	M6	M8	M10	M12
P②		0.35	0.4	0.45	0.5	0.6	0.7	0.8	1	1.25	1.5	1.75
d_f	≈	螺纹小径										
d_z	min	0.55	0.75	0.95	1.15	1.45	1.75	2.25	2.75	4.70	5.70	7.70
	max	0.80	1.00	1.20	1.40	1.70	2.00	2.50	3.00	5.00	6.00	8.00
n	公称	0.25	0.25	0.4	0.4	0.5	0.6	0.8	1	1.2	1.6	2
	min	0.31	0.31	0.46	0.46	0.56	0.66	0.86	1.06	1.26	1.66	2.06
	max	0.45	0.45	0.60	0.60	0.70	0.80	1.00	1.20	1.51	1.91	2.31
t	min	0.56	0.64	0.72	0.80	0.96	1.12	1.28	1.60	2.00	2.40	2.80
	max	0.74	0.84	0.95	1.05	1.21	1.42	1.63	2.00	2.50	3.00	3.60

（续）

螺纹规格 d			M1.6	M2	M2.5	M3	(M3.5)[①]	M4	M5	M6	M8	M10	M12
l													
公称	min	max											
2	1.8	2.2											
2.5	2.3	2.7											
3	2.8	3.2											
4	3.7	4.3											
5	4.7	5.3											
6	5.7	6.3											
8	7.7	8.3											
10	9.7	10.3											
12	11.6	12.4											
(14)[①]	13.6	14.4											
16	15.6	16.4											
20	19.6	20.4											
25	24.6	25.4											
30	29.6	30.4											
35	34.5	35.5											
40	39.5	40.5											
45	44.5	45.5											
50	49.5	50.5											
55	54.4	55.6											
60	59.4	60.6											

注：阶梯实线间为优选长度范围。

① 尽可能不采用括号内的规格。

② P—螺距。

7.5.43 开槽锥端紧定螺钉

1. 开槽锥端紧定螺钉的形式（图 7-174）

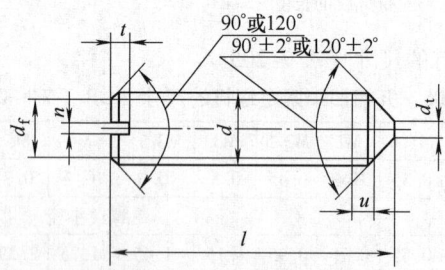

图 7-174　开槽锥端紧定螺钉

注：1. 公称长度在表 7-206 中虚线以上的短螺钉应制成 120°。

2. 公称长度在表 7-206 中虚线以下的长螺钉应制成 90°，虚线以上的短螺钉应制成 120°。90° 或 120° 仅适用螺纹小径以内的末端部分。

3. u（不完整螺纹的长度）$\leq 2P$。

2. 开槽锥端紧定螺钉的尺寸（表 7-206）

表 7-206 开槽锥端紧定螺钉的尺寸（GB/T 71—2018） （单位：mm）

螺纹规格 d		M1.2	M1.6	M2	M2.5	M3	(M3.5)[1]	M4	M5	M6	M8	M10	M12
P[2]		0.25	0.35	0.4	0.45	0.5	0.6	0.7	0.8	1	1.25	1.5	1.75
d_f	≈	螺纹小径											
d_t[3]	min	—	—	—	—	—	—	—	—	—	—	—	—
	max	0.12	0.16	0.20	0.25	0.30	0.35	0.40	0.50	1.50	2.00	2.50	3.00
n	公称	0.2	0.25	0.25	0.4	0.4	0.5	0.6	0.8	1	1.2	1.6	2
	min	0.26	0.31	0.31	0.46	0.46	0.56	0.66	0.86	1.06	1.26	1.66	2.06
	max	0.40	0.45	0.45	0.60	0.60	0.70	0.80	1.00	1.20	1.51	1.91	2.31
t	min	0.40	0.56	0.64	0.72	0.80	0.96	1.12	1.28	1.60	2.00	2.40	2.80
	max	0.52	0.74	0.84	0.95	1.05	1.21	1.42	1.63	2.00	2.50	3.00	3.60

l														
公称	min	max												
2	1.8	2.2												
2.5	2.3	2.7												
3	2.8	3.2												
4	3.7	4.3												
5	4.7	5.3												
6	5.7	6.3												
8	7.7	8.3												
10	9.7	10.3												
12	11.6	12.4												
(14)[1]	13.6	14.4												
16	15.6	16.4												
20	19.6	20.4												
25	24.6	25.4												
30	29.6	30.4												
35	34.5	35.5												
40	39.5	40.5												
45	44.5	45.5												
50	49.5	50.5												
55	54.4	55.6												
60	59.4	60.6												

注：阶梯实线间为优选长度范围。
① 尽可能不采用括号内的规格。
② P—螺距。
③ 不大于 M5 的螺钉不要求锥端平面部分尺寸 d_t，可以倒圆。

7.5.44 开槽长圆柱端紧定螺钉

1. 开槽长圆柱端紧定螺钉的形式（图 7-175）

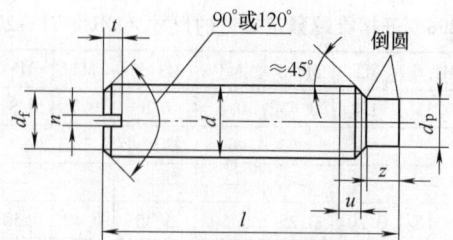

图 7-175　开槽长圆柱端紧定螺钉

注：1. 公称长度在表 7-207 中虚线以上的短螺钉应制成 120°。
　　2. 45°仅适用于螺纹小径以内的末端部分。
　　3. u（不完整螺纹的长度）$\leqslant 2P$。

2. 开槽长圆柱端紧定螺钉的尺寸（表 7-207）

表 7-207　开槽长圆柱端紧定螺钉的尺寸（GB/T 75—2018）（单位：mm）

螺纹规格 d		M1.6	M2	M2.5	M3	(M3.5)[①]	M4	M5	M6	M8	M10	M12
P[②]		0.35	0.4	0.45	0.5	0.6	0.7	0.8	1	1.25	1.5	1.75
d_f ≈		\multicolumn{11}{c|}{螺纹小径}											
d_p	min	0.55	0.75	1.25	1.75	1.95	2.25	3.20	3.70	5.20	6.64	8.14
	max	0.80	1.00	1.50	2.00	2.20	2.50	3.50	4.00	5.50	7.00	8.50
n	公称	0.25	0.25	0.4	0.4	0.5	0.6	0.8	1	1.2	1.6	2
	min	0.31	0.31	0.46	0.46	0.56	0.66	0.86	1.06	1.26	1.66	2.06
	max	0.45	0.45	0.60	0.60	0.70	0.80	1.00	1.20	1.51	1.91	2.31
t	min	0.56	0.64	0.72	0.80	0.96	1.12	1.28	1.60	2.00	2.40	2.80
	max	0.74	0.84	0.95	1.05	1.21	1.42	1.63	2.00	2.50	3.00	3.60
z	min	0.80	1.00	1.25	1.50	1.75	2.00	2.50	3.00	4.00	5.00	6.00
	max	1.05	1.25	1.50	1.75	2.00	2.25	2.75	3.25	4.30	5.30	6.30

l												
公称	min	max										
2	1.8	2.2										
2.5	2.3	2.7										
3	2.8	3.2										
4	3.7	4.3										
5	4.7	5.3										
6	5.7	6.3										
8	7.7	8.3										
10	9.7	10.3										
12	11.6	12.4										
(14)[①]	13.6	14.4										
16	15.6	16.4										
20	19.6	20.4										
25	24.6	25.4										
30	29.6	30.4										
35	34.5	35.5										
40	39.5	40.5										
45	44.5	45.5										
50	49.5	50.5										
55	54.4	55.6										
60	59.4	60.6										

注：阶梯实线间为优选长度范围。
① 尽可能不采用括号内的规格。
② P—螺距。

7.5.45 开槽带孔球面圆柱头螺钉

1. 开槽带孔球面圆柱头螺钉的形式（图7-176）

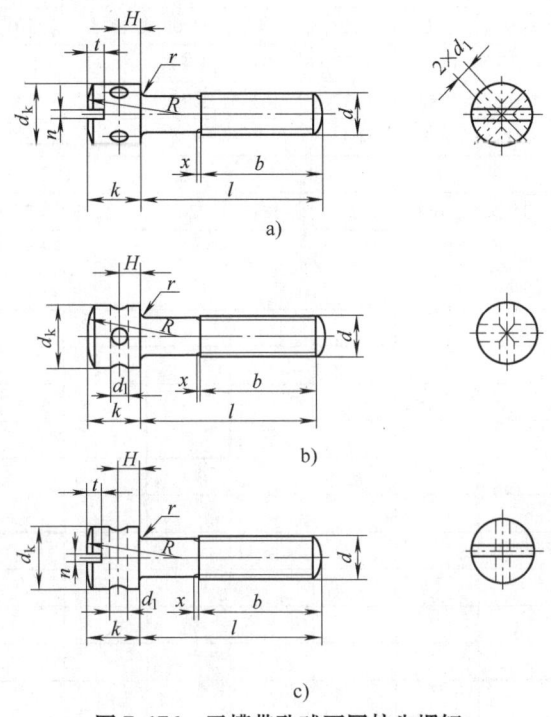

图7-176 开槽带孔球面圆柱头螺钉
a) A型 b) B型 c) C型

注: 1. 无螺纹部分杆径约等于螺纹中径或等于螺纹大径。
2. 末端按 GB/T 2 规定。
3. $x \leqslant 2.5P$，P 为螺距。

2. 开槽带孔球面圆柱头螺钉的尺寸（表7-208）

表7-208 开槽带孔球面圆柱头螺钉的尺寸（GB/T 832—1988）

（单位：mm）

螺纹规格 d		M1.6	M2	M2.5	M3	M4	M5	M6	M8	M10
d_k	max	3	3.5	4.2	5	7	8.5	10	12.5	15
	min	2.7	3.2	3.9	4.7	6.64	8.14	9.64	12.07	14.57
k	max	2.6	3	3.6	4	5	6.5	8	10	12.5
	min	2.35	2.75	3.3	3.5	4.7	6.14	7.64	9.64	12.07
n	公称	0.4	0.5	0.6	0.8	1.0	1.2	1.5	2.0	2.5
	min	0.46	0.56	0.66	0.86	1.06	1.26	1.56	2.06	2.56
	max	0.6	0.7	0.8	1	1.2	1.51	1.81	2.31	2.81
t	min	0.6	0.7	0.9	1.0	1.4	1.7	2.0	2.5	3.0
d_1	max	1.12	1.12	1.32	1.62	2.12	2.12	3.12	3.12	4.16
	min	1.0	1.0	1.2	1.5	2.0	2.0	3.0	3.0	4.0

（续）

螺纹规格 d			M1.6	M2	M2.5	M3	M4	M5	M6	M8	M10
H	公称		0.9	1.0	1.2	1.5	2.0	2.5	3.0	4.0	5.0
	min		0.77	0.87	1.07	1.37	1.87	2.37	2.87	3.85	4.85
	max		1.03	1.13	1.37	1.63	2.13	2.63	3.13	4.15	5.15
r	min		0.1	0.1	0.1	0.1	0.2	0.2	0.25	0.4	0.4
R	≈		5	6	8		10		15	20	25
b			15	16	17	18	20	22	24	28	32
l											
公称	min	max									
2.5	2.30	2.70	通								
3	2.80	3.20									
4	3.76	4.24	用								
5	4.76	5.24									
6	5.76	6.24			规						
8	7.71	8.29									
10	9.71	10.29				格					
12	11.65	12.35									
(14)	13.65	14.35					范				
16	15.65	16.35									
20	19.58	20.42							围		
25	24.58	25.42									
30	29.58	30.42									
35	34.50	35.50									
40	39.50	40.50									
45	44.50	45.50									
50	49.50	50.50									
(55)	54.05	55.95									
60	59.05	60.95									

注：尽可能不采用括号内的规格。

7.5.46 开槽球面圆柱头轴位螺钉

1. 开槽球面圆柱头轴位螺钉的形式（图7-177）

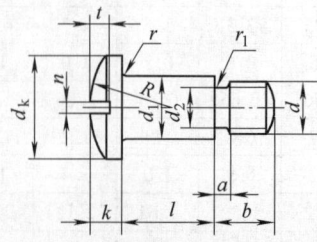

图7-177 开槽球面圆柱头轴位螺钉

2. 开槽球面圆柱头轴位螺钉的尺寸（表7-209）

表7-209　开槽球面圆柱头轴位螺钉的尺寸（GB/T 946—1988）

（单位：mm）

螺纹规格 d		M1.6	M2	M2.5	M3	M4	M5	M6	M8	M10
d_1	max	2.48	2.98	3.97	3.97	4.97	5.97	7.96	9.96	11.95
	min	2.42	2.92	3.395	3.895	4.895	5.895	7.87	9.87	11.84
d_k	max	3.5	4	5	6	8	10	12	15	20
	min	3.2	3.7	4.7	5.7	7.64	9.64	11.57	14.57	19.48
k	max	1.2	1.6	1.8	2	2.8	3.5	4	5	6
	min	1.06	1.46	1.66	1.86	2.66	3.32	3.82	4.82	5.82
n	公称	0.4	0.5	0.6	0.8	1	1.2	1.6	2	2.5
	min	0.46	0.56	0.66	0.86	1.06	1.26	1.66	2.06	2.56
	max	0.6	0.7	0.8	1	1.2	1.51	1.91	2.31	2.81
t	min	0.6	0.7	0.9	1	1.4	1.7	2	2.5	3
r	min	0.2				0.4			0.5	
r_1	≤	0.3				0.5			1	
d_2		1.1	1.4	1.8	2.2	3	3.8	4.5	6.2	7.8
a	≈	1				1.5		2		3
R	≈	3.5	4	5	6	8	10	12	15	20
b		2.5	3	3.5	4	5	6	8	10	12
l		\multicolumn{9}{c}{d}
		M1.6	M2	M2.5	M3	M4	M5	M6	M8	M10

公称	min	max									
1	0.80	1.20									
1.2	1.00	1.40			通						
1.6	1.40	1.80									
2	1.80	2.20			用						
2.5	2.30	2.70									
3	2.80	3.20				规					
4	3.76	4.24									
5	4.76	5.24				格					
6	5.76	6.24									
8	7.71	8.29					范				
10	9.71	10.29									
12	11.65	12.35					围				
(14)	13.65	14.35									
16	15.65	16.35									
20	19.58	20.42									

注：1. 尽可能不采用括号内的规格。
2. 轴位直径 d_1 亦可按 f9 制造。

7.5.47 开槽球面大圆柱头螺钉

1. 开槽球面大圆柱头螺钉的形式（图7-178）

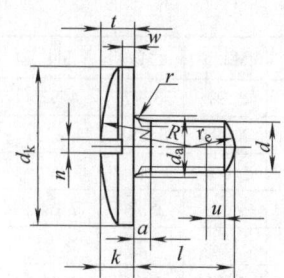

图7-178 开槽球面大圆柱头螺钉

注：u（不完整螺纹的长度）$\leqslant 2P$，P 为螺距。

2. 开槽球面大圆柱头螺钉的尺寸（表7-210）

表7-210 开槽球面大圆柱头螺钉的尺寸（GB/T 947—1988）（单位：mm）

螺纹规格 d		M1.6	M2	M2.5	M3	M4	M5	M6	M8	M10
a	max	0.7	0.8	0.9	1	1.4	1.6	2	2.5	3
d_k	max	6	7	9	11	14	17	20	25	30
	min	5.82	6.78	8.78	10.73	13.73	16.73	19.67	24.67	29.67
d_a	max	2.1	2.6	3.1	3.6	4.7	5.7	6.8	9.2	11.2
k	max	1.2	1.4	1.8	2	2.8	3.5	4	5	6
	min	1.06	1.26	1.66	1.86	2.66	3.32	3.7	4.7	5.7
n	公称	0.4	0.5	0.6	0.8	1.2	1.2	1.6	2	2.5
	min	0.46	0.56	0.66	0.86	1.26	1.26	1.66	2.66	2.56
	max	0.6	0.7	0.8	1	1.51	1.51	1.91	2.31	2.81
r	min	0.1	0.1	0.1	0.1	0.2	0.2	0.25	0.4	0.4
t	min	0.6	0.7	0.9	1	1.4	1.7	2	2.5	3
w	min	0.26	0.36	0.56	0.66	1.06	1.22	1.3	1.5	1.8
R	≈	10	12	14	16	20	25	30	36	40
r_e	≈	2.24	2.8	3.5	4.2	5.6	7	8.4	11.2	14

公称	l min	l max									
2	1.80	2.20									
2.5	2.30	2.70									
3	2.80	3.20									
4	3.76	4.24	通								
5	4.76	5.24		用							
6	5.76	6.24			规						
8	7.71	8.29				格					
10	9.71	10.29					范				
12	11.65	12.35						围			
(14)	13.65	14.35									
16	15.65	16.35									
20	19.58	20.42									

注：尽可能不采用括号内的规格。

7.5.48 开槽圆柱端定位螺钉

1. 开槽圆柱端定位螺钉的形式（图 7-179）

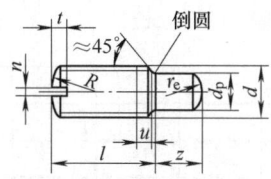

图 7-179 开槽圆柱端定位螺钉

注：u（不完整螺纹的长度）$\leqslant 2P$，P 为螺距。

2. 开槽圆柱端定位螺钉的尺寸（表 7-211）

表 7-211 开槽圆柱端定位螺钉的尺寸（GB/T 829—1988）（单位：mm）

螺纹规格 d		M1.6	M2	M2.5	M3	M4	M5	M6	M8	M10
d_p	max	0.8	1	1.5	2	2.5	3.5	4	5.5	7
	min	0.55	0.75	1.25	1.75	2.25	3.2	3.7	5.2	6.64
n	公称	0.25	0.25	0.4	0.4	0.6	0.8	1	1.2	1.6
	min	0.31	0.31	0.46	0.46	0.66	0.86	1.06	1.26	1.66
	max	0.45	0.45	0.6	0.6	0.8	1	1.2	1.51	1.91
t	max	0.74	0.84	0.95	1.05	1.42	1.63	2	2.5	3
	min	0.56	0.64	0.72	0.8	1.12	1.28	1.6	2	2.4
R	≈	1.6	2	2.5	3	4	5	6	8	10
r_e	≈	1.12	1.4	2.1	2.8	3.5	4.9	5.6	7.7	9.8
$l_{公称}$										
1.5										
2										
2.5										
3										
4						通				
5						用				
6							规			
8								格		
10									范	
12										围
16										
20										

(续)

螺纹规格 d		M1.6	M2	M2.5	M3	M4	M5	M6	M8	M10
z 公称(min)	max									
1	1.25									
1.2	1.45									
1.5	1.75	通								
2	2.25		用							
2.5	2.75			规						
3	3.25				格					
4	4.30					范				
5	5.30						围			
6	6.30									
8	8.36									
10	10.36									

7.5.49 开槽锥端定位螺钉

1. 开槽锥端定位螺钉的形式（图 7-180）

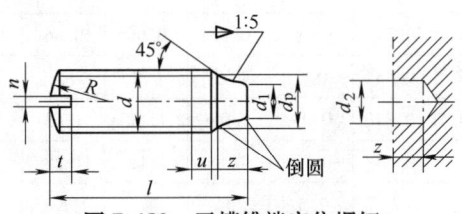

图 7-180 开槽锥端定位螺钉

注：u（不完整螺纹的长度）$\leq 2P$，P 是螺距。

2. 开槽锥端定位螺钉的尺寸（表 7-212）

表 7-212 开槽锥端定位螺钉的尺寸（GB/T 72—1988） （单位：mm）

螺纹规格 d		M3	M4	M5	M6	M8	M10	M12
d_p	max	2	2.5	3.5	4	5.5	7	8.5
	min	1.75	2.25	3.2	3.7	5.2	6.64	8.14
n	公称	0.4	0.6	0.8	1	1.2	1.6	2
	min	0.46	0.66	0.86	1.06	1.26	1.66	2.06
	max	0.6	0.8	1	1.2	1.51	1.91	2.31
t	max	1.05	1.42	1.63	2	2.5	3	3.6
	min	0.8	1.12	1.28	1.6	2	2.4	2.8
d_1	≈	1.7	2.1	2.5	3.4	4.7	6	7.3
z		1.5	2	2.5	3	4	5	6
R	≈	3	4	5	6	8	10	12
d_2（推荐）		1.8	2.2	2.6	3.5	5	6.5	8

(续)

螺纹规格 d		M3	M4	M5	M6	M8	M10	M12
l								
公称	min	max							
4	3.76	4.34							
5	4.76	5.24							
6	5.76	6.24							
8	7.71	8.29							
10	9.71	10.29	通						
12	11.65	12.35		用					
(14)	13.65	14.35			规				
16	15.65	16.35			格				
20	19.58	20.42				范			
25	24.58	25.42					围		
30	29.58	30.42							
35	34.50	35.50							
40	39.50	40.50							
45	44.50	45.50							
50	49.50	50.50							

注：尽可能不采用括号内的规格。

7.5.50 十字槽圆柱头螺钉

1. 十字槽圆柱头螺钉的形式（图 7-181）

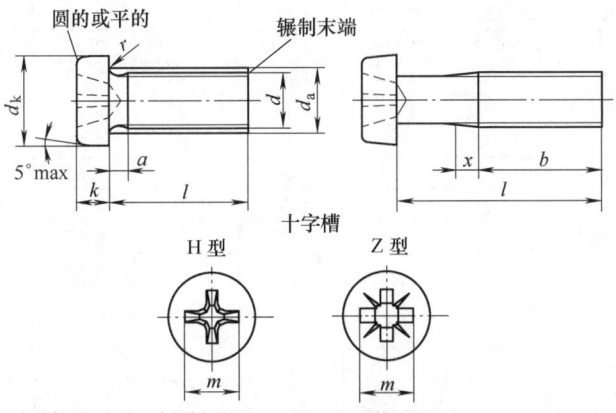

图 7-181　十字槽圆柱头螺钉

2. 十字槽圆柱头螺钉的尺寸（表 7-213）

表 7-213　十字槽圆柱头螺钉的尺寸（GB/T 822—2016）　（单位：mm）

螺纹规格 d			M2.5	M3	(M3.5)[1]	M4	M5	M6	M8
P[2]			0.45	0.5	0.6	0.7	0.8	1	1.25
a	max		0.9	1	1.2	1.4	1.6	2	2.5
b	min		25	25	38	38	38	38	38
d_k	max		4.50	5.50	6.00	7.00	8.50	10.00	13.00
	min		4.32	5.32	5.82	6.78	8.28	9.78	12.73
d_a	max		3.1	3.6	4.1	4.7	5.7	6.8	9.2
k	max		1.80	2.00	2.40	2.60	3.30	3.9	5.0
	min		1.66	1.86	2.26	2.46	3.12	3.6	4.7
r	min		0.1	0.1	0.1	0.2	0.2	0.25	0.4
x	max		1.1	1.25	1.5	1.75	2	2.5	3.2
十字槽	槽号 No.		1	2	2	2	2	3	3
	H型	m 参考	2.7	3.5	3.8	4.1	4.8	6.2	7.7
		插入深度 min	1.20	0.86	1.15	1.45	2.14	2.25	3.73
		插入深度 max	1.62	1.43	1.73	2.03	2.73	2.86	4.36
	Z型	m 参考	2.4	3.5	3.7	4.0	4.6	6.1	7.5
		插入深度 min	1.10	1.22	1.34	1.60	2.26	2.46	3.88
		插入深度 max	1.35	1.47	1.80	2.06	2.72	2.92	4.34

l[3]			每1000件钢螺钉的重量（ρ = 7.85kg/dm³）/kg ≈						
公称	min	max							
2	1.8	2.2							
3	2.8	3.2	0.272						
4	3.76	4.24	0.302	0.515					
5	4.76	5.24	0.332	0.560	0.786	1.09			
6	5.76	6.24	0.362	0.604	0.845	1.17	2.06		
8	7.71	8.29	0.422	0.692	0.966	1.33	2.20	3.56	
10	9.71	10.29	0.482	0.780	1.08	1.47	2.55	3.92	7.85
12	11.65	12.35	0.542	0.868	1.20	1.63	2.80	4.27	8.49
16	15.65	16.35	0.662	1.04	1.44	1.95	3.30	4.98	9.77
20	19.58	20.42	0.782	1.22	1.68	2.25	3.78	5.69	11.0
25	24.58	25.42	0.932	1.44	1.98	2.64	4.40	6.56	12.6
30	29.58	30.42		1.66	2.28	3.02	5.02	7.45	14.2
35	34.5	35.5			2.57	3.41	5.62	8.25	15.8
40	39.5	40.5				3.80	6.25	9.20	17.4
45	44.5	45.5					6.88	10.0	18.9
50	49.5	50.5					7.50	10.9	20.6
60	59.05	60.95						12.7	23.7
70	69.05	70.95							26.8
80	79.05	80.95							29.8

注：阶梯实线间为商品长度规格。
① 尽可能不采用括号内的规格。
② P—螺距。
③ 公称长度在阶梯虚线以上的螺钉，制出全螺纹（$b = l - a$）。

7.5.51 十字槽盘头螺钉

1. 十字槽盘头螺钉的形式（图7-182）

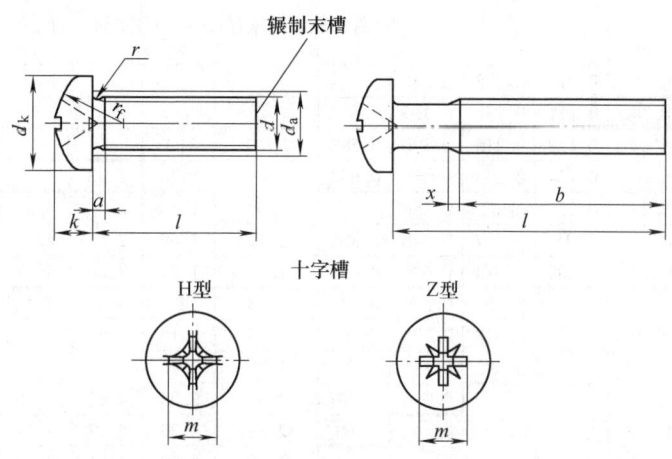

图7-182 十字槽盘头螺钉

2. 十字槽盘头螺钉的尺寸（表7-214）

表7-214 十字槽盘头螺钉的尺寸（GB/T 818—2016）　　（单位：mm）

螺纹规格 d			M1.6	M2	M2.5	M3	(M3.5)①	M4	M5	M6	M8	M10
P②			0.35	0.4	0.45	0.5	0.6	0.7	0.8	1	1.25	1.5
a		max	0.7	0.8	0.9	1	1.2	1.4	1.6	2	2.5	3
b		min	25	25	25	25	38	38	38	38	38	38
d_a		max	2	2.6	3.1	3.6	4.1	4.7	5.7	6.8	9.2	11.2
d_k	公称=max		3.2	4.0	5.0	5.6	7.00	8.00	9.50	12.00	16.00	20.00
	min		2.9	3.7	4.7	5.3	6.64	7.64	9.14	11.57	15.57	19.48
k	公称=max		1.30	1.60	2.10	2.40	2.60	3.10	3.70	4.6	6.0	7.50
	min		1.16	1.46	1.96	2.26	2.46	2.92	3.52	4.3	5.7	7.14
r		min	0.1	0.1	0.1	0.1	0.1	0.2	0.2	0.25	0.4	0.4
r_f		≈	2.5	3.2	4	5	6	6.5	8	10	13	16
x		max	0.9	1	1.1	1.25	1.5	1.75	2	2.5	3.2	3.8
十字槽	槽号 No.		0		1			2		3		4
	H型	m 参考	1.7	1.9	2.7	3	3.9	4.4	4.9	6.9	9	10.1
		插入深度 max	0.95	1.2	1.55	1.8	1.9	2.4	2.9	3.6	4.6	5.8
		插入深度 min	0.70	0.9	1.15	1.4	1.4	1.9	2.4	3.1	4.0	5.2
	Z型	m 参考	1.6	2.1	2.6	2.8	3.9	4.3	4.7	6.7	8.8	9.9
		插入深度 max	0.90	1.42	1.50	1.75	1.93	2.34	2.74	3.46	4.50	5.69
		插入深度 min	0.65	1.17	1.25	1.50	1.48	1.89	2.29	3.03	4.05	5.24

（续）

螺纹规格 d			M1.6	M2	M2.5	M3	(M3.5)[1]	M4	M5	M6	M8	M10
l[1][3]			每1000件钢螺钉的重量（$\rho=7.85\text{kg/dm}^3$）/kg≈									
公称	min	max										
3	2.8	3.2	0.099	0.178	0.336							
4	3.76	4.24	0.111	0.196	0.366	0.544						
5	4.76	5.24	0.123	0.215	0.396	0.588	0.891	1.3				
6	5.76	6.24	0.134	0.233	0.426	0.632	0.951	1.38	2.32			
8	7.71	8.29	0.157	0.27	0.486	0.72	1.07	1.53	2.57	4.37		
10	9.71	10.29	0.18	0.307	0.546	0.808	1.19	1.69	2.81	4.72	9.96	
12	11.65	12.35	0.203	0.344	0.606	0.896	1.31	1.84	3.06	5.07	10.6	19.8
(14)	13.65	14.35	0.226	0.381	0.666	0.984	1.43	2	3.31	5.42	11.2	20.8
16	15.65	16.35	0.245	0.418	0.726	1.07	1.55	2.15	3.56	5.78	11.9	21.8
20	19.58	20.42		0.492	0.846	1.25	1.79	2.46	4.05	6.48	13.2	23.8
25	24.58	25.42			0.996	1.47	2.09	2.85	4.67	7.36	14.8	26.3
30	29.58	30.42				1.69	2.39	3.23	5.29	8.24	16.4	28.8
35	34.5	35.5					2.68	3.62	5.91	9.12	18	31.3
40	39.5	40.5						4.01	6.52	10	19.6	33.9
45	44.5	45.5							7.14	10.9	21.2	36.4
50	49.5	50.5								11.8	22.8	38.9
(55)	54.05	55.95								12.6	24.4	41.4
60	59.05	60.95								13.5	26	43.9

注：阶梯实线间为商品长度规格。
① 尽可能不采用括号内的规格。
② P—螺距。
③ 公称长度在阶梯虚线以上的螺钉，制出全螺纹（$b=l-a$）。

7.5.52 十字槽半沉头螺钉

1. 十字槽半沉头螺钉的形式（图7-183）

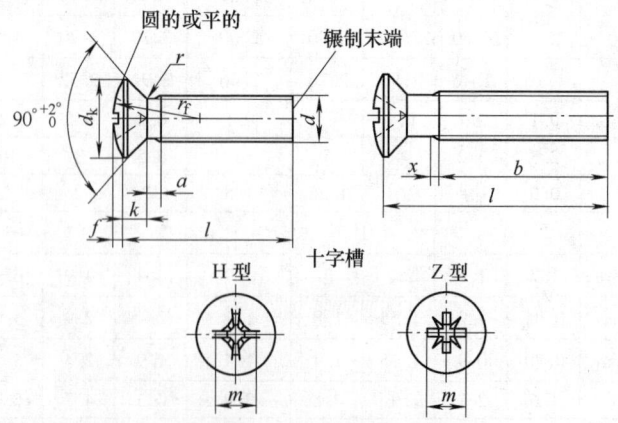

图7-183 十字槽半沉头螺钉

2. 十字槽半沉头螺钉的尺寸（表7-215）

表7-215 十字槽半沉头螺钉的尺寸（GB/T 820—2015）（单位：mm）

螺纹规格 d			M1.6	M2	M2.5	M3	(M3.5)①	M4	M5	M6	M8	M10
P②			0.35	0.4	0.45	0.5	0.6	0.7	0.8	1	1.25	1.5
a		max	0.7	0.8	0.9	1	1.2	1.4	1.6	2	2.5	3
b		min	25	25	25	25	38	38	38	38	38	38
d_k③	理论值	max	3.6	4.4	5.5	6.3	8.2	9.4	10.4	12.6	17.3	20
	实际值	公称=max	3.0	3.8	4.7	5.5	7.30	8.40	9.30	11.30	15.80	18.30
		min	2.7	3.5	4.4	5.2	6.94	8.04	8.94	10.87	15.37	17.78
f		≈	0.4	0.5	0.6	0.7	0.8	1	1.2	1.4	2	2.3
k③	公称=max		1	1.2	1.5	1.65	2.35	2.7	2.7	3.3	4.65	5
r		max	0.4	0.5	0.6	0.8	0.9	1	1.3	1.5	2	2.5
r_f		≈	3	4	5	6	8.5	9.5	9.5	12	16.5	19.5
x		max	0.9	1	1.1	1.25	1.5	1.75	2	2.5	3.2	3.8
十字槽	槽号 No.		0		1		2			3		4
	H型	m 参考	1.9	2	3	3.4	4.8	5.2	5.4	7.3	9.6	10.4
		插入深度 max	1.2	1.5	1.85	2.2	2.75	3.2	3.4	4.0	5.25	6.0
		插入深度 min	0.9	1.2	1.50	1.8	2.25	2.7	2.9	3.5	4.75	5.5
	Z型	m 参考	1.9	2.2	2.8	3.1	4.6	5	5.3	7.1	9.5	10.3
		插入深度 max	1.20	1.40	1.75	2.08	2.70	3.10	3.35	3.85	5.20	6.05
		插入深度 min	0.95	1.15	1.50	1.83	2.25	2.65	2.90	3.40	4.75	5.60
l①④			每1000件钢 ($\rho=7.85$kg/dm³) 螺钉的重量/kg≈									
公称	min	max										
3	2.8	3.2	0.067	0.119	0.212							
4	3.76	4.24	0.078	0.138	0.242	0.351						
5	4.76	5.24	0.09	0.156	0.272	0.395	0.669	0.99				
6	5.76	6.24	0.102	0.175	0.302	0.439	0.729	1.07	1.49			
8	7.71	8.29	0.125	0.212	0.362	0.527	0.849	1.23	1.73	2.79		
10	9.71	10.29	0.145	0.249	0.422	0.615	0.969	1.39	1.97	3.14	6.89	
12	11.65	12.35	0.165	0.287	0.482	0.703	1.09	1.54	2.21	3.49	7.53	11.4
(14)	13.65	14.35	0.185	0.325	0.543	0.791	1.21	1.7	2.45	3.84	8.17	12.5
16	15.65	16.35	0.205	0.362	0.603	0.879	1.33	1.85	2.69	4.19	8.81	13.5
20	19.58	20.42		0.436	0.723	1.06	1.57	2.17	3.13	4.89	10.1	15.5
25	24.58	25.42			0.874	1.28	1.87	2.56	3.77	5.77	11.7	18
30	29.58	30.42				1.5	2.17	2.95	4.37	6.64	13.3	20.6
35	34.5	35.5					2.47	3.34	4.97	7.52	14.9	23.1
40	39.5	40.5						3.73	5.57	8.39	16.5	25.6
45	44.5	45.5							6.16	9.27	18.1	28.1
50	49.5	50.5							6.76	10.1	19.7	30.7
(55)	54.05	55.95								11	21.3	33.2
60	59.05	60.95								11.9	22.9	35.7

注：阶梯实线间为商品长度规格。
① 尽可能不采用括号内的规格。
② P—螺距。
③ 见 GB/T 5279。
④ 公称长度在阶梯虚线以上的螺钉，制出全螺纹（$b=l-a$）。

7.5.53 十字槽沉头木螺钉

1. 十字槽沉头木螺钉的形式（图7-184）

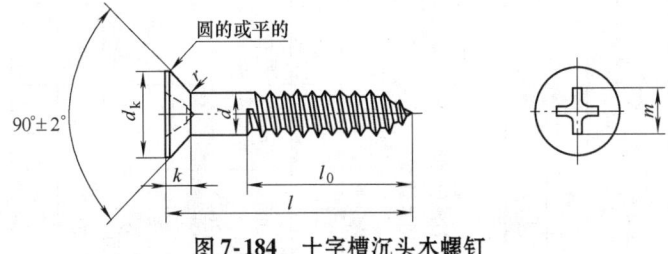

图7-184 十字槽沉头木螺钉

2. 十字槽沉头木螺钉的尺寸（表7-216）

表 7-216 十字槽沉头木螺钉的尺寸 (GB/T 951—1986)

(单位: mm)

d	公称	2	2.5	3	3.5	4	(4.5)	5	(5.5)	6	(7)	8	10
	min	1.86	2.25	2.75	3.2	3.7	4.2	4.7	5.2	5.7	6.64	7.64	9.64
d_k	max	2	2.5	3	3.5	4	4.5	5	5.5	6	7	8	10
	min	3.70	4.70	5.70	6.64	7.64	8.64	9.64	10.57	11.57	13.57	15.57	19.48
k	max	1.2	1.4	1.7	2	2.2	2.7	3	3.2	3.5	4	4.5	5.8
r	≈	0.2	0.2	0.2	0.4	0.4	0.4	0.4	0.4	0.4	0.5	0.5	0.5
十字槽 (H型)	槽号	1				2			3		4		
	m(参考)	2.5	1.7	3.8	4.2	4.8	5.2	5.4	6.7	7.3	7.8	9.3	10.3
插入深度	min	0.95	1.14	1.20	1.60	2.19	2.58	2.77	2.80	3.39	3.87	4.41	5.39
	max	1.32	1.52	1.73	2.13	2.73	3.13	3.33	3.36	3.96	4.46	4.95	5.95

l			l_0		
公称	min	max	公称	min	max
6	5.25	6	4	3.3	4.7
8	7.10	8	5	4.3	5.7
10	9.10	10	6	5.3	6.7
12	10.90	12	8	7.1	8.9
14	12.90	14	9	8.1	9.9
16	14.90	16	10	9.1	10.9
18	16.90	18	12	10.9	13.1
20	18.70	20	13	11.9	14.1

商品规格范围

(22)	20.70	22	14	12.9	15.1	商
25	23.70	25	17	15.9	18.1	
30	28.70	30	20	18.7	21.3	品
(32)	30.40	32	21	19.7	22.3	
35	33.40	35	23	21.7	24.3	规
(38)	36.40	38	25	23.7	26.3	
40	38.40	40	26	24.7	27.3	格
45	43.40	45	30	28.7	31.3	
50	48.40	50	33	31.4	34.6	范
(55)	53.10	55	36	34.4	37.6	
60	58.10	60	40	38.4	41.6	围
(65)	63.10	65	43	41.4	44.6	
70	68.10	70	46	44.4	47.6	
(75)	73.10	75	50	48.4	51.6	
80	78.10	80	52	50.1	53.9	
(85)	82.80	85	56	54.1	57.9	
90	87.80	90	60	58.1	61.9	
100	97.80	100	66	64.1	67.9	
120	117.80	120	80	78.1	81.9	

注：尽可能不采用括号内的规格。

7.5.54 十字槽半沉头木螺钉

1. 十字槽半沉头木螺钉的形式（图 7-185）

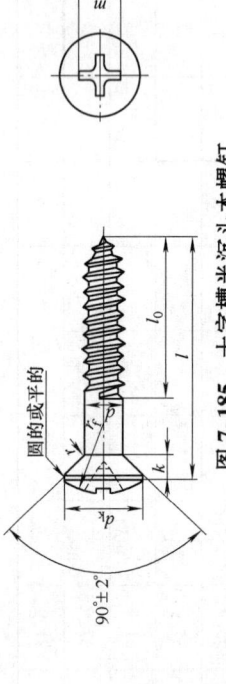

图 7-185 十字槽半沉头木螺钉

2. 十字槽半沉头木螺钉的尺寸（表 7-217）

表 7-217 十字槽半沉头木螺钉的尺寸（GB/T 952—1986）　（单位：mm）

公称直径 d		2	2.5	3	3.5	4	(4.5)	5	(5.5)	6	(7)	8	10
d	min	1.86	2.25	2.75	3.20	3.70	4.20	4.70	5.20	5.70	6.64	7.64	9.64
	max	2.0	2.5	3.0	3.5	4.0	4.5	5.0	5.5	6.0	7.0	8.0	10.0
d_k	max	4	5	6	7	8	9	10	11	12	14	16	20
	min	3.70	4.70	5.70	6.64	7.64	8.64	9.64	10.57	11.57	13.57	15.57	19.48
k	max	1.2	1.4	1.7	2	2.2	2.7	3	3.2	3.5	4	4.5	5.8
r		0.2	0.2	0.2	0.4	0.4	0.4	0.4	0.4	0.4	0.5	0.5	0.5
r_f	≈	3.6	4.3	5.5	6.1	7.3	7.9	9.1	9.7	10.9	12.4	14.5	16.2
十字槽（H型）	槽号（参考）	1			2			3			4		
	m（参考）	2.7	2.9	3.9	4.3	4.9	5.3	5.5	6.8	7.4	7.9	9.5	10.5
插入深度 l_0	min	1.14	1.34	1.30	1.69	2.28	2.68	2.87	2.90	3.48	3.97	4.60	5.58
	max	1.52	1.72	1.83	2.23	2.83	3.23	3.43	3.46	4.06	4.56	5.15	6.15

l														
公称	max	min												
6	5.25													
8	7.10													
10	9.10													
12	10.90													

公称	max	min
4	4.7	3.3
5	5.7	4.3
6	6.7	5.3
8	8.9	7.1

14	12.90	14	9	8.1	9.9
16	14.90	16	10	9.1	10.9
18	16.90	18	12	10.9	13.1
20	18.70	20	13	11.9	14.1
(22)	20.70	22	14	12.9	15.1
25	23.70	25	17	15.9	18.1
30	28.70	30	20	18.7	21.3
(32)	30.40	32	21	19.7	22.3
35	33.40	35	23	21.7	24.3
(38)	36.40	38	25	23.7	26.3
40	38.40	40	26	24.7	27.3
45	43.40	45	30	28.7	31.3
50	48.40	50	33	31.4	34.6
(55)	53.10	55	36	34.4	37.6
60	58.10	60	40	38.4	41.6
(65)	63.10	65	43	41.4	44.6
70	68.10	70	46	44.4	47.6
(75)	73.10	75	50	48.4	51.6
80	78.10	80	52	50.1	53.9
(85)	82.80	85	56	54.1	57.9
90	87.80	90	60	58.1	61.9
100	97.80	100	66	64.1	67.9
120	117.80	120	80	78.1	81.9

注：尽可能不采用括号内的规格。

7.5.55 十字槽盘头自攻螺钉

1. 十字槽盘头自攻螺钉的形式（图7-186）

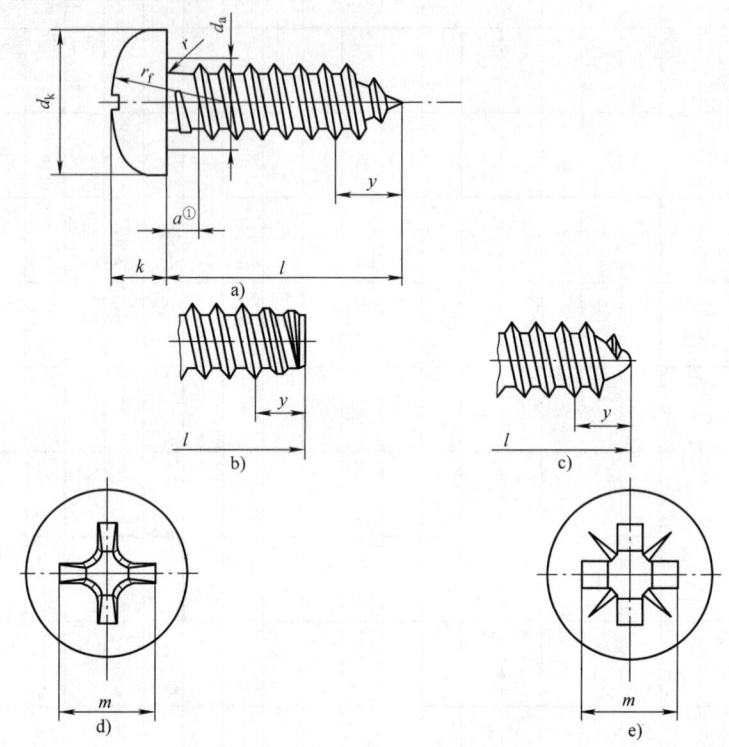

图 7-186 十字槽盘头自攻螺钉

a) C 型 b) F 型 c) R 型 d) H 型 e) Z 型

① 尺寸 a 应在第一扣完整螺纹的小径处测量。

2. 十字槽盘头自攻螺钉的尺寸（表7-218）

表 7-218 十字槽盘头自攻螺钉的尺寸（GB/T 845—2017）（单位：mm）

螺纹规格			ST 2.2	ST 2.9	ST 3.5	ST 4.2	ST 4.8	ST 5.5	ST 6.3	ST 8	ST 9.5
P①			0.8	1.1	1.3	1.4	1.6	1.8	1.8	2.1	2.1
a		max	0.8	1.1	1.3	1.4	1.6	1.8	1.8	2.1	2.1
d_a		max	2.8	3.5	4.1	4.9	5.6	6.3	7.3	9.2	10.7
d_k		max	4.00	5.60	7.00	8.00	9.50	11.00	12.00	16.00	20.00
		min	3.70	5.30	6.64	7.64	9.14	10.57	11.57	15.57	19.48
k		max	1.60	2.40	2.60	3.10	3.70	4.00	4.60	6.00	7.50
		min	1.40	2.15	2.35	2.80	3.40	3.70	4.30	5.60	7.10
r		min	0.10	0.10	0.10	0.20	0.20	0.25	0.25	0.40	0.40
r_f		≈	3.2	5.0	6.0	6.5	8.0	9.0	10.0	13.0	16.0
十字槽	槽号 No.		0	1	2		3			4	
	H 型	m 参考	1.9	3.0	3.9	4.4	4.9	6.4	6.9	9.0	10.1
		插入深度 max	1.20	1.80	1.90	2.40	2.90	3.10	3.60	4.70	5.80
		插入深度 min	0.85	1.40	1.40	1.90	2.40	2.60	3.10	4.15	5.20
	Z 型	m 参考	2.0	3.0	4.0	4.4	4.8	6.2	6.8	8.9	10.1
		插入深度 max	1.20	1.75	1.90	2.35	2.75	3.00	3.50	4.50	5.70
		插入深度 min	0.95	1.45	1.50	1.95	2.30	2.55	3.05	4.05	5.25

(续)

螺纹规格			ST 2.2	ST 2.9	ST 3.5	ST 4.2	ST 4.8	ST 5.5	ST 6.3	ST 8	ST 9.5
y 参考	C 型		2.0	2.6	3.2	3.7	4.3	5.0	6.0	7.5	8.0
	F 型		1.6	2.1	2.5	2.8	3.2	3.6	3.6	4.2	4.2
	R 型		—	—	2.7	3.2	3.6	4.3	5.0	6.3	—
l [2]											
公称	C 型和 R 型		F 型									
	min	max	min	max								
4.5	3.7	5.3	3.7	4.5	—	—	—	—	—	—	—
6.5	5.7	7.3	5.7	6.5	—	—	—	—	—	—	—
9.5	8.7	10.3	8.7	9.5		—	—	—	—	—	—
13	12.2	13.8	12.2	13.0			—	—	—	—	—
16	15.2	16.8	15.2	16.0				—	—	—	—
19	18.2	19.8	18.2	19.0					—	—	—
22	21.2	22.8	20.7	22.0						—	—
25	24.2	25.8	23.7	25.0							—
32	30.7	33.3	30.7	32.0							
38	36.7	39.3	36.7	38.0							
45	43.7	46.3	43.5	45.0							
50	48.7	51.3	48.5	50.0							

注:阶梯实线间为优选长度范围。

① P—螺距。

② 不能制造带"—"标记的长度规格。

7.5.56 十字槽沉头自攻螺钉

1. 十字槽沉头自攻螺钉的形式(图7-187)

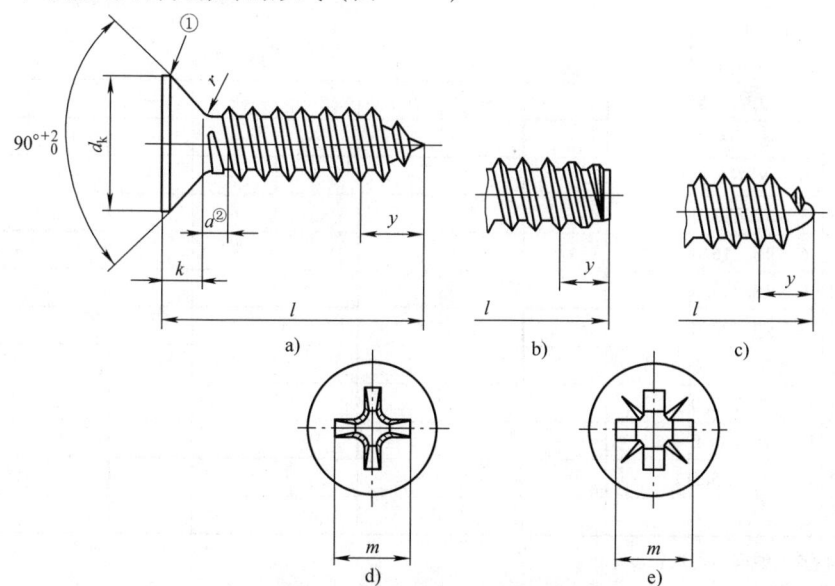

图 7-187 十字槽沉头自攻螺钉

a) C 型 b) F 型 c) R 型 d) H 型 e) Z 型

① 棱边可以是圆的或直的,由制造者选择。

② 尺寸 a 应在第一扣完整螺纹的小径处测量。

2. 十字槽沉头自攻螺钉的尺寸（表7-219）

表7-219　十字槽沉头自攻螺钉的尺寸（GB/T 846—2017）　（单位：mm）

螺纹规格			ST 2.2	ST 2.9	ST 3.5	ST 4.2	ST 4.8	ST 5.5	ST 6.3	ST 8	ST 9.5
P①			0.8	1.1	1.3	1.4	1.6	1.8	1.8	2.1	2.1
a		max	1.6	2.2	2.6	2.8	3.2	3.6	3.6	4.2	4.2
d_k	理论值②	max	4.4	6.3	8.2	9.4	10.4	11.5	12.6	17.3	20.0
	实际值	max	3.8	5.5	7.3	8.4	9.3	10.3	11.3	15.8	18.3
		min	3.5	5.2	6.9	8.0	8.9	9.9	10.9	15.4	17.8
k		max	1.10	1.70	2.35	2.60	2.80	3.00	3.15	4.65	5.25
r		max	0.8	1.2	1.4	1.6	2.0	2.2	2.4	3.2	4.0
十字槽系列1（深）	槽号	No.	0	1	2	2	2	3	3	4	4
	H型	m 参考	1.9	3.2	4.4	4.6	5.2	6.6	6.8	8.9	10.0
		插入深度 max	1.2	2.1	2.4	2.6	3.2	3.3	3.5	4.6	5.7
		插入深度 min	0.9	1.7	1.9	2.1	2.7	2.8	3.0	4.0	5.1
	Z型	m 参考	2.0	3.0	4.1	4.4	4.9	6.3	6.6	8.8	9.8
		插入深度 max	1.20	2.01	2.20	2.51	3.05	3.18	3.45	4.60	5.64
		插入深度 min	0.95	1.76	1.75	2.06	2.60	2.73	3.00	4.15	5.19
y 参考	C 型		2.0	2.6	3.2	3.7	4.3	5.0	6.0	7.5	8.0
	F 型		1.6	2.1	2.5	2.8	3.2	3.6	3.6	4.2	4.2
	R 型		—	—	2.7	3.2	3.6	4.3	5.0	6.3	—

l③											
公称	C型和R型		F型								
	min	max	min	max							
4.5	3.7	5.3	3.7	4.5	—	—	—	—	—	—	—
6.5	5.7	7.3	5.7	6.5		—	—	—	—	—	—
9.5	8.7	10.3	8.7	9.5			—	—	—	—	—
13	12.2	13.8	12.2	13.0					—	—	—
16	15.2	16.8	15.2	16.0						—	—
19	18.2	19.8	18.2	19.0							
22	21.2	22.8	20.7	22.0							
25	24.2	25.8	23.7	25.0							
32	30.7	33.3	30.7	32.0							
38	36.7	39.3	36.7	38.0							
45	43.7	46.3	43.5	45.0							
50	48.7	51.3	48.5	50.0							

注：阶梯实线间为优选长度范围。
① P—螺距。
② 按 GB/T 5279 的规定。
③ 不能制造带"—"标记的长度规格。

7.5.57 十字槽半沉头自攻螺钉

1. 十字槽半沉头自攻螺钉的形式（图7-188）

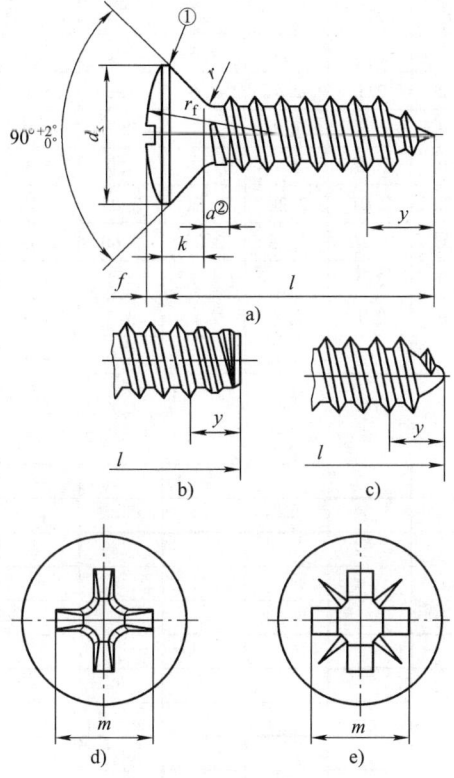

图7-188 十字槽半沉头自攻螺钉

a) C型　b) F型　c) R型　d) H型　e) Z型

① 棱边可以是圆的或直的，由制造者选择。
② 尺寸 a 应在第一扣完整螺纹的小径处测量。

2. 十字槽半沉头自攻螺钉的尺寸（表7-220）

表7-220　十字槽半沉头自攻螺钉的尺寸（GB/T 847—2017）（单位：mm）

螺纹规格			ST 2.2	ST 2.9	ST 3.5	ST 4.2	ST 4.8	ST 5.5	ST 6.3	ST 8	ST 9.5
P①			0.8	1.1	1.3	1.4	1.6	1.8	1.8	2.1	2.1
a		max	1.6	2.2	2.6	2.8	3.2	3.6	3.6	4.2	4.2
d_k	理论值②	max	4.4	6.3	8.2	9.4	10.4	11.5	12.6	17.3	20.0
	实际值	max	3.8	5.5	7.3	8.4	9.3	10.3	11.3	15.8	18.3
		min	3.5	5.2	6.9	8.0	8.9	9.9	10.9	15.4	17.8
f	≈		0.5	0.7	0.8	1.0	1.2	1.3	1.4	2.0	2.3
k	max		1.10	1.70	2.35	2.60	2.80	3.00	3.15	4.65	5.25
r	max		0.8	1.2	1.4	1.6	2.0	2.2	2.4	3.2	4.0
r_f	≈		4.0	6.0	8.5	9.5	9.5	11.0	12.0	16.5	19.5

(续)

螺纹规格			ST 2.2	ST 2.9	ST 3.5	ST 4.2	ST 4.8	ST 5.5	ST 6.3	ST 8	ST 9.5
十字槽		槽号 No.	0	1	2	2	2	3	3	4	4
	H 型	m 参考	1.9	3.2	4.4	4.6	5.2	6.6	6.8	8.9	10.0
		插入深度 max	1.2	2.1	2.4	2.6	3.2	3.3	3.5	4.6	5.7
		插入深度 min	0.9	1.7	1.9	2.1	2.7	2.8	3.0	4.0	5.1
	Z 型	m 参考	2.0	3.0	4.1	4.4	4.9	6.3	6.6	8.8	9.8
		插入深度 max	1.20	2.01	2.20	2.51	3.05	3.18	3.45	4.60	5.64
		插入深度 min	0.95	1.76	1.75	2.06	2.60	2.73	3.00	4.15	5.19
y 参考	C 型		2.0	2.6	3.2	3.7	4.3	5.0	6.0	7.5	8.0
	F 型		1.6	2.1	2.5	2.8	3.2	3.6	3.6	4.2	4.2
	R 型		—	—	2.7	3.2	3.6	4.3	5.0	6.3	—

$l^③$ 公称	C 型和 R 型		F 型		ST 2.2	ST 2.9	ST 3.5	ST 4.2	ST 4.8	ST 5.5	ST 6.3	ST 8	ST 9.5
	min	max	min	max									
4.5	3.7	5.3	3.7	4.5		—	—	—	—	—	—	—	—
6.5	5.7	7.3	5.7	6.5			—	—	—	—	—	—	—
9.5	8.7	10.3	8.7	9.5				—	—	—	—	—	—
13	12.2	13.8	12.2	13.0						—	—	—	—
16	15.2	16.8	15.2	16.0								—	—
19	18.2	19.8	18.2	19.0									
22	21.2	22.8	20.7	22.0									
25	24.2	25.8	23.7	25.0									
32	30.7	33.3	30.7	32.0									
38	36.7	39.3	36.7	38.0									
45	43.7	46.3	43.5	45.0									
50	48.7	51.3	48.5	50.0									

注: 阶梯实线间为优选长度范围。

① P—螺距。

② 按 GB/T 5279 的规定。

③ 不能制造带"—"标记的长度规格。

7.5.58 十字槽盘头自挤螺钉

1. 十字槽盘头自挤螺钉的形式（图 7-189）

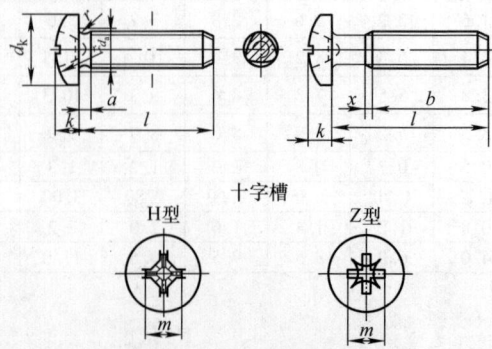

图 7-189 十字槽盘头自挤螺钉

2. 十字槽盘头自挤螺钉的尺寸（表7-221）

表7-221 十字槽盘头自挤螺钉的尺寸（GB/T 6560—2014）（单位：mm）

螺纹规格			M2	M2.5	M3	M4	M5	M6	M8	M10
P[①]			0.4	0.45	0.5	0.7	0.8	1	1.25	1.5
y[②]		max	1.6	1.8	2	2.8	3.2	4	5	6
a		max	0.8	0.9	1	1.4	1.6	2	2.5	3
b		min	25	25	25	38	38	38	38	38
d_a		max	2.6	3.1	3.6	4.7	5.7	6.8	9.2	11.2
d_k	公称=max		4	5	5.6	8	9.5	12	16	20
	min		3.7	4.7	5.3	7.64	9.14	11.57	15.57	19.48
k	公称=max		1.6	2.1	2.4	3.1	3.7	4.6	6	7.5
	min		1.46	1.96	2.26	2.92	3.52	4.3	5.7	7.14
r		min	0.1	0.1	0.1	0.2	0.2	0.25	0.4	0.4
r_f		≈	3.2	4	5	6.5	8	10	13	16
x		max	1	1.1	1.25	1.75	2	2.5	3.2	3.8
十字槽	槽号 No.		0	1	1	2	2	3	4	4
	H型插入深度	m 参考	1.9	2.7	3	4.4	4.9	6.9	9	10.1
		max	1.2	1.55	1.8	2.4	2.9	3.6	4.6	5.8
		min	0.9	1.15	1.4	1.9	2.4	3.1	4	5.2
	Z型插入深度	m 参考	2.1	2.6	2.8	4.3	4.7	6.7	8.8	9.9
		max	1.42	1.5	1.75	2.34	2.74	3.46	4.5	5.69
		min	1.17	1.25	1.5	1.89	2.29	3.03	4.05	5.24

l[③④]										
公称	min	max								
3	2.8	3.2								
4	3.76	4.24								
5	4.76	5.24								
6	5.76	6.24								
8	7.71	8.29								
10	9.71	10.29								
12	11.65	12.35								
(14)	13.65	14.35								
16	15.65	16.35								
20	19.58	20.42								
25	24.58	25.42								
30	29.58	30.42								
35	34.5	35.5								
40	39.5	40.5								
45	44.5	45.5								
50	49.5	50.5								

(续)

螺纹规格		M2	M2.5	M3	M4	M5	M6	M8	M10
l [3][4]									
公称	min	max								
(55)	54.4	55.6								
60	59.05	60.95								
70	69.05	70.95								
80	79.05	80.95								

注：阶梯粗实线间为优选长度。
① P— 螺距。
② y— 螺纹末端长度（见 GB/T 6559）。
③ 尽可能不采用括号内的规格。
④ 公称长度在阶梯虚线以上的螺钉，制出全螺纹（$b=l-a$）。

7.5.59 十字槽沉头自挤螺钉

1. 十字槽沉头自挤螺钉的形式（图 7-190）

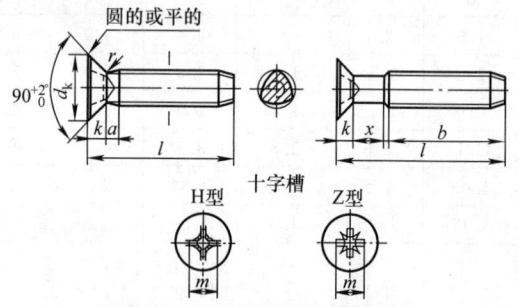

图 7-190 十字槽沉头自挤螺钉

2. 十字槽沉头自挤螺钉的尺寸（表 7-222）

表 7-222 十字槽沉头自挤螺钉的尺寸（GB/T 6561—2014） （单位：mm）

螺纹规格			M2	M2.5	M3	M4	M5	M6	M8	M10
P[1]			0.4	0.45	0.5	0.7	0.8	1	1.25	1.5
y[2]	max		1.6	1.8	2	2.8	3.2	4	5	6
a	max		0.8	0.9	1	1.4	1.6	2	2.5	3
b	min		25	25	25	38	38	38	38	38
d_k[3]	理论值 max		4.4	5.5	6.3	9.4	10.4	12.6	17.3	20
	实际值	公称=max	3.8	4.7	5.5	8.4	9.3	11.3	15.8	18.3
		min	3.5	4.4	5.2	8.04	8.94	10.87	15.37	17.78
k[3]	公称=max		1.2	1.5	1.65	2.7	2.7	3.3	4.65	5
r	max		0.5	0.6	0.8	1	1.3	1.5	2	2.5
x	max		1	1.1	1.25	1.75	2	2.5	3.2	3.8
十字槽（系列2）[4]	槽号 No.		0	1		2		3		4
	H型	插入 m 参考	1.9	2.7	2.9	4.6	4.8	6.6	8.7	9.6
		深度 max	1.2	1.55	1.8	2.6	2.8	3.3	4.4	5.3
		min	0.9	1.25	1.4	2.1	2.3	2.8	3.9	4.8
	Z型	插入 m 参考	1.9	2.5	2.8	4.4	4.6	6.3	8.5	9.4
		深度 max	1.2	1.47	1.73	2.51	2.72	3.18	4.32	5.23
		min	0.95	1.22	1.48	2.06	2.27	2.73	3.87	4.78

(续)

螺纹规格			M2	M2.5	M3	M4	M5	M6	M8	M10
l⑤⑥										
公称	min	max								
4	3.76	4.24								
5	4.76	5.24								
6	5.76	6.24								
8	7.71	8.29								
10	9.71	10.29								
12	11.65	12.35								
(14)	13.65	14.35								
16	15.65	16.35								
20	19.58	20.42								
25	24.58	25.42								
30	29.58	30.42								
35	34.5	35.5								
40	39.5	40.5								
45	44.5	45.5								
50	49.5	50.5								
(55)	54.4	55.6								
60	59.05	60.95								
70	69.05	70.95								
80	79.05	80.95								

注：阶梯粗实线间为优选长度。

① P——螺距。
② y——螺纹末端长度（见 GB/T 6559）。
③ 见 GB/T 5279。
④ 头部尺寸的测量按 GB/T 5279.2 规定。
⑤ 尽可能不采用括号内的规格。
⑥ 公称长度在阶梯虚线以上的螺钉，制出全螺纹 $b = l - (k + a)$。

7.5.60 十字槽半沉头自挤螺钉

1. 十字槽半沉头自挤螺钉的形式（图 7-191）

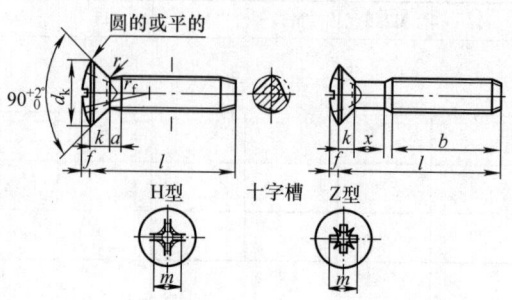

图 7-191 十字槽半沉头自挤螺钉

2. 十字槽半沉头自挤螺钉的尺寸（表7-223）

表7-223 十字槽半沉头自挤螺钉的尺寸（GB/T 6562—2014）

（单位：mm）

螺纹规格			M2	M2.5	M3	M4	M5	M6	M8	M10
P[①]			0.4	0.45	0.5	0.7	0.8	1	1.25	1.5
y[②]		max	1.6	1.8	2	2.8	3.2	4	5	6
a		max	0.8	0.9	1	1.4	1.6	2	2.5	3
b		min	25	25	25	38	38	38	38	38
d_k[③]	理论值	max	4.4	5.5	6.3	9.4	10.4	12.6	17.3	20
	实际值	公称=max	3.8	4.7	5.5	8.4	9.3	11.3	15.8	18.3
		min	3.5	4.4	5.2	8.04	8.94	10.87	15.37	17.78
f		≈	0.5	0.6	0.7	1	1.2	1.4	2	2.3
k[③]	公称=max		1.2	1.5	1.65	2.7	2.7	3.3	4.65	5
r		max	0.5	0.6	0.8	1	1.3	1.5	2	2.5
r_f		≈	4	5	6	9.5	9.5	12	16.5	19.5
x		max	1	1.1	1.25	1.75	2	2.5	3.2	3.8
十字槽	槽号 No.		0		1		2		3	4
	H型插入深度	m 参考	2	3	3.4	5.2	5.4	7.3	9.6	10.4
		max	1.5	1.85	2.2	3.2	3.4	4	5.25	6
		min	1.2	1.5	1.8	2.7	2.9	3.5	4.75	5.5
	Z型插入深度	m 参考	2.2	2.8	3.1	5	5.3	7.1	9.5	10.3
		max	1.4	1.75	2.08	3.1	3.35	3.85	5.2	6.05
		min	1.15	1.5	1.83	2.65	2.9	3.4	4.75	5.6

(续)

螺纹规格		M2	M2.5	M3	M4	M5	M6	M8	M10
l ④⑤									
公称	min	max								
4	3.76	4.24								
5	4.76	5.24								
6	5.76	6.24								
8	7.71	8.29								
10	9.71	10.29								
12	11.65	12.35								
(14)	13.65	14.35								
16	15.65	16.35								
20	19.58	20.42								
25	24.58	25.42								
30	29.58	30.42								
35	34.5	35.5								
40	39.5	40.5								
45	44.5	45.5								
50	49.5	50.5								
(55)	54.4	55.6								
60	59.05	60.95								
70	69.05	70.95								
80	79.05	80.95								

注：阶梯粗实线间为优选长度。

① P——螺距。
② y——螺纹末端长度。
③ 头部尺寸的测量按 GB/T 5279 规定。
④ 尽可能不采用括号内的规格。
⑤ 公称长度在阶梯虚线以上的螺钉，制出全螺纹 $b = l - (k + a)$。

7.5.61 十字槽盘头自钻自攻螺钉

1. 十字槽盘头自钻自攻螺钉的形式（图7-192）

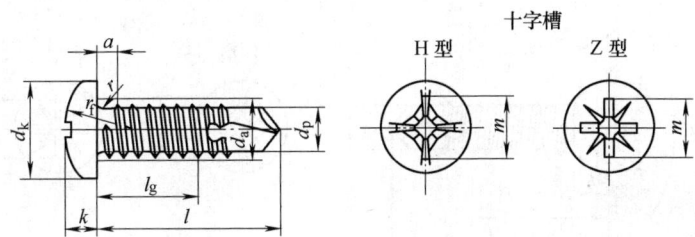

图 7-192　十字槽盘头自钻自攻螺钉

2. 十字槽盘头自钻自攻螺钉的尺寸（表7-224）

表7-224 十字槽盘头自钻自攻螺钉的尺寸（GB/T 15856.1—2002） （单位：mm）

螺纹规格			ST2.9	ST3.5	ST4.2	ST4.8	ST5.5	ST6.3
P[①]			1.1	1.3	1.4	1.6	1.8	1.8
a[②]		max	1.1	1.3	1.4	1.6	1.8	1.8
d_a		max	3.5	4.1	4.9	5.6	6.3	7.3
d_k		max	5.6	7.00	8.00	9.50	11.00	12.00
		min	5.3	6.64	7.64	9.14	10.57	11.57
k		max	2.40	2.60	3.1	3.7	4.0	4.6
		min	2.15	2.35	2.8	3.4	3.7	4.3
r		min	0.1	0.1	0.2	0.2	0.25	0.25
r_f		≈	5	6	6.5	8	9	10
十字槽	槽号 No.		1	2			3	
	H型	m 参考	3	3.9	4.4	4.9	6.4	6.9
		插入深度 max	1.8	1.9	2.4	2.9	3.1	3.6
		插入深度 min	1.4	1.4	1.9	2.4	2.6	3.1
	Z型	m 参考	3	4	4.4	4.8	6.2	6.8
		插入深度 max	1.75	1.9	2.35	2.75	3.00	3.50
		插入深度 min	1.45	1.5	1.95	2.3	2.55	3.05
钻削范围(板厚)[③]		≥	0.7	0.7	1.75	1.75	1.75	2
		≤	1.9	2.25	3	4.4	5.25	6

l 公称	l min	l max	l_g[④] min					
9.5	8.75	10.25	3.25	2.85				
13	12.1	13.9	6.6	6.2	4.3	3.7		
16	15.1	16.9	9.6	9.2	7.3	5.8	6	
19	18	20	12.5	12.1	10.3	8.7	8	7
22	21	23		15.1	13.3	11.7	11	10
25	24	26		18.1	16.3	14.7	14	13
32	30.75	33.25			23	21.5	21	20
38	36.75	39.25			29	27.5	27	26
45	43.75	46.25				34.5	34	33
50	48.75	51.25				39.5	39	38

① P—螺距。
② a—最末一扣完整螺纹至支承面的距离。
③ 为确定公称长度 l，需对每个板的厚度加上间隙或夹层厚度。
④ l_g—第一扣完整螺纹至支承面的距离。

7.5.62 十字槽沉头自钻自攻螺钉

1. 十字槽沉头自钻自攻螺钉的形式（图7-193）

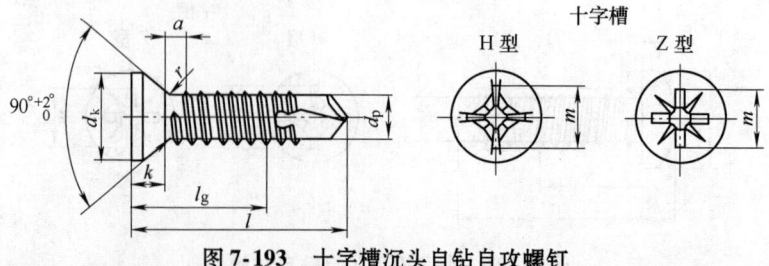

图7-193 十字槽沉头自钻自攻螺钉

2. 十字槽沉头自钻自攻螺钉的尺寸（表7-225）

表 7-225　十字槽沉头自钻自攻螺钉的尺寸（GB/T 15856.2—2002）　　（单位：mm）

螺纹规格			ST2.9	ST3.5	ST4.2	ST4.8	ST5.5	ST6.3
P①			1.1	1.3	1.4	1.6	1.8	1.8
a②		max	1.1	1.3	1.4	1.6	1.8	1.8
d_k	理论值③	max	6.3	8.2	9.4	10.4	11.5	12.6
	实际值	max	5.5	7.3	8.4	9.3	10.3	11.3
		min	5.2	6.9	8.0	8.9	9.9	10.9
k		max	1.7	2.35	2.6	2.8	3	3.15
r		max	1.2	1.4	1.6	2	2.2	2.4
十字槽	槽号 No.		1	2		3		
	H型	m 参考	3.2	4.4	4.6	5.2	6.6	6.8
		插入深度 max	2.1	2.4	2.6	3.2	3.3	3.5
		插入深度 min	1.7	1.9	2.1	2.7	2.8	3.0
	Z型	m 参考	3.2	4.3	4.6	5.1	6.5	6.8
		插入深度 max	2	2.2	2.5	3.05	3.2	3.45
		插入深度 min	1.6	1.75	2.05	2.6	2.75	3.00
钻削范围(板厚)④		≥	0.7	0.7	1.75	1.75	1.75	2
		≤	1.9	2.25	3	4.4	5.25	6

l						l_g⑤ min		
公称	min	max						
13	12.1	13.9	6.6	6.2	4.3	3.7		
16	15.1	16.9	9.6	9.2	7.3	5.8	5	
19	18	20	12.5	12.1	10.3	8.7	8	7
22	21	23		15.1	13.3	11.7	11	10
25	24	26		18.1	16.3	14.7	14	13
32	30.75	33.25			23	21.5	21	20
38	36.75	39.25			29	27.5	27	26
45	43.75	46.25				34.5	34	33
50	48.75	51.25				39.5	39	38

① P—螺距。
② a—最末一扣完整螺纹至支承面的距离。
③ 见 GB/T 5279。
④ 为确定公称长度 l，需对每个板的厚度加上间隙或夹层厚度。
⑤ l_g—第一扣完整螺纹至支承面的距离。

7.5.63　十字槽半沉头自钻自攻螺钉

1. 十字槽半沉头自钻自攻螺钉的形式（图7-194）

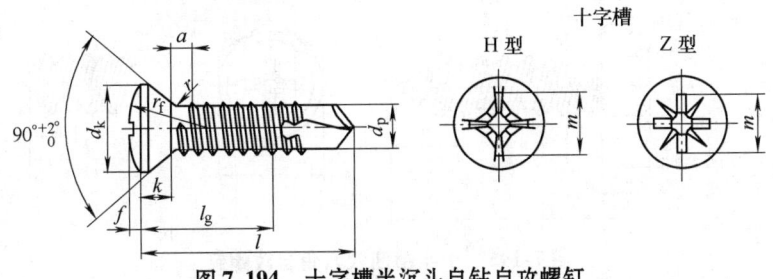

图 7-194　十字槽半沉头自钻自攻螺钉

2. 十字槽半沉头自钻自攻螺钉的尺寸（表7-226）

表7-226 十字槽半沉头自钻自攻螺钉的尺寸（GB/T 15856.3—2002）（单位：mm）

螺纹规格			ST2.9	ST3.5	ST4.2	ST4.8	ST5.5	ST6.3
P[①]			1.1	1.3	1.4	1.6	1.8	1.8
a[②]		max	1.1	1.3	1.4	1.6	1.8	1.8
d_k	理论值[③]	max	6.3	8.2	9.4	10.4	11.5	12.6
	实际值	max	5.5	7.3	8.4	9.3	10.3	11.3
		min	5.2	6.9	8.0	8.9	9.9	10.9
f		≈	0.7	0.8	1	1.2	1.3	1.4
k		max	1.7	2.35	2.6	2.8	3	3.15
r		max	1.2	1.4	1.6	2	2.2	2.4
r_f		≈	6	8.5	9.5	9.5	11	12
十字槽	槽号 No.		1		2		3	
	H型	m 参考	3.4	4.8	5.2	5.4	6.7	7.3
		插入深度 max	2.2	2.75	3.2	3.4	3.45	4.0
		插入深度 min	1.8	2.25	2.7	2.9	2.95	3.5
	Z型	m 参考	3.3	4.8	5.2	5.6	6.6	7.2
		插入深度 max	2.1	2.70	3.10	3.35	3.40	3.85
		插入深度 min	1.8	2.25	2.65	2.90	2.95	3.40
钻削范围(板厚)[④]		≥	0.7	0.7	1.75	1.75	1.75	2
		≤	1.9	2.25	3	4.4	5.25	6

l			$l_g^⑤$ min					
公称	min	max						
13	12.1	13.9	6.6	6.2	4.3	3.7		
16	15.1	16.9	9.6	9.2	7.3	5.8	5	
19	18	20	12.5	12.1	10.3	8.7	8	7
22	21	23		15.1	13.3	11.7	11	10
25	24	26		18.1	16.3	14.7	14	13
32	30.75	33.25			23	21.5	21	20
38	36.75	39.25			29	27.5	27	26
45	43.75	46.25				34.5	34	33
50	48.75	51.25				39.5	39	38

① P—螺距。
② a—最末一扣完整螺纹至支承面的距离。
③ 见 GB/T 5279。
④ 为确定公称长度 l，需对每个板的厚度加上间隙或夹层厚度。
⑤ l_g—第一扣完整螺纹至支承面的距离。

7.5.64 十字槽凹穴六角自攻螺钉

1. 十字槽凹穴六角自攻螺钉的形式（图7-195）

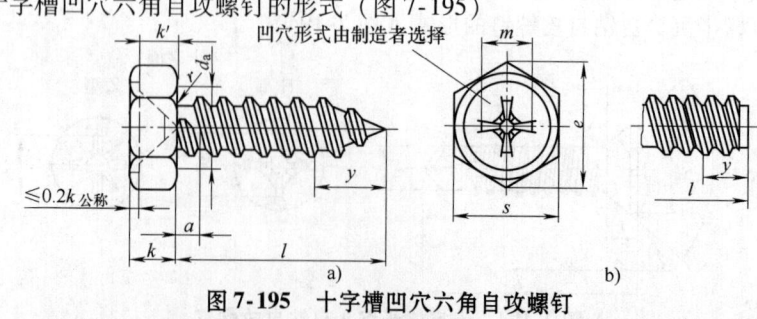

图 7-195 十字槽凹穴六角自攻螺钉
a) C型 b) F型

2. 十字槽凹穴六角自攻螺钉的尺寸（表7-227）

表7-227 十字槽凹穴六角自攻螺钉的尺寸（GB/T 9456—1988） （单位：mm）

螺纹规格			ST2.9	ST3.5	ST4.2	ST4.8	ST6.3	ST8
P			1.1	1.3	1.4	1.6	1.8	2.1
a		max	1.1	1.3	1.4	1.6	1.8	2.1
d_a		max	3.5	4.1	4.9	5.5	7.1	9.2
s		max	5.00	5.50	7.00	8.00	10.00	13.00
		min	4.82	5.32	6.78	7.78	9.78	12.73
e		min	5.4	5.96	7.59	8.71	10.95	14.26
k		max	2.3	2.6	3.0	3.8	4.7	6.0
		min	2.0	2.3	2.6	3.3	4.1	5.2
k'		min	1.4	1.6	1.8	2.3	2.9	3.6
r		min	0.10	0.10	0.20	0.20	0.25	0.40
y 参考	C 型		2.6	3.2	3.7	4.3	6.0	7.5
	F 型		2.1	2.5	2.8	3.2	3.6	4.2
十字槽 H 型	槽号 No.		1		2		3	
	m 参考		2.5	3.5	4.0	4.4	6.2	7.2
	插入深度	min	0.95	0.91	1.40	1.80	2.36	3.20
		max	1.32	1.43	1.90	2.33	2.86	3.86

l									
公称	C 型		F 型						
	min	max	min	max					
6.5	5.7	7.3	5.7	6.5					
9.5	8.7	10.3	8.7	9.5	通				
13	12.2	13.8	12.2	13.0	用				
16	15.2	16.8	15.2	16.0		规			
19	18.2	19.8	18.2	19.0		格			
22	21.2	22.8	20.7	22.0			范		
25	24.2	25.8	23.7	25.0				围	
32	30.7	33.2	30.7	32.0					
38	36.7	39.3	36.7	38.0					
45	43.7	46.3	43.5	45.0					
50	48.7	51.3	48.5	50.0					

注：P—螺距。

7.5.65 滚花高头螺钉

1. 滚花高头螺钉的形式（图7-196）

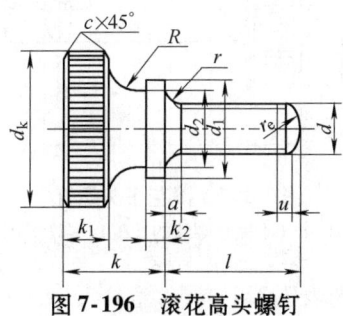

图7-196 滚花高头螺钉

注：$a \leq 3P$，u（不完整螺纹的长度）$\leq 2P$，P 为螺距。

2. 滚花高头螺钉的尺寸（表7-228）

表7-228 滚花高头螺钉的尺寸（GB/T 834—1988） （单位：mm）

螺纹规格 d		M1.6	M2	M2.5	M3	M4	M5	M6	M8	M10
d_k	max	7	8	9	11	12	16	20	24	29.67
（滚花前）	min	6.78	7.78	8.78	10.73	11.73	15.73	19.67	23.67	30
k	max	4.7	5	5.5	7	8	10	12	16	19.84
	min	4.52	4.82	5.32	6.78	7.78	9.78	11.57	15.57	20
k_1		2	2	2.2	2.8	3	4	5	6	8
k_2		0.8	1	1	1.2	1.5	2	2.5	3	3.8
R	≥	1.25	1.25	1.5	2	2	2.5	3	4	5
r	min	0.1	0.1	0.1	0.1	0.2	0.2	0.25	0.4	0.4
r_e	≈	2.24	2.8	3.5	4.2	5.6	7	8.4	11.2	14
c		0.2	0.2	0.2	0.3	0.3	0.5	0.5	0.8	0.8
d_1		4	4.5	5	6	8	10	12	16	20
d_2		3.6	3.8	4.4	5.2	6.4	9	11	13	17.5

l										
公称	min	max								
2	1.80	2.20								
2.5	2.30	2.70								
3	2.80	3.20		通用						
4	3.76	4.24			规格					
5	4.76	5.24				范围				
6	5.76	6.24								

7.5.66 滚花平头螺钉

1. 滚花平头螺钉的形式（图7-197）

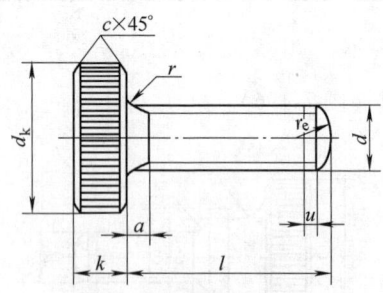

图7-197 滚花平头螺钉

注：$a \leq 3P$，u（不完整螺纹的长度）$\leq 2P$，P 为螺距。

2. 滚花平头螺钉的尺寸（表7-229）

表 7-229 滚花平头螺钉的尺寸（GB/T 835—1988） （单位：mm）

螺纹规格 d		M1.6	M2	M2.5	M3	M4	M5	M6	M8	M10
d_k（滚花前）	max	7	8	9	11	12	16	20	24	30
	min	6.78	7.78	8.78	10.73	11.73	15.73	19.67	23.67	29.67
k	max	4.7	5	5.5	7	8	10	12	16	20
	min	4.52	4.82	5.32	6.78	7.78	9.78	11.57	15.57	19.84
r	min	0.1	0.1	0.1	0.1	0.2	0.2	0.25	6.4	0.4
r_e	≈	2.24	2.8	3.5	4.2	5.6	7	8.4	11.2	14
c		0.2	0.2	0.2	0.3	0.3	0.5	0.5	0.8	0.8
l 公称	min	max								
2	1.80	2.20								
2.5	2.30	2.70								
3	2.80	3.20								
4	3.76	4.24								
5	4.76	5.24								
6	5.76	6.24								
8	7.71	8.29	通							
10	9.71	10.29		用						
12	11.65	12.35			规					
(14)	13.65	14.35				格				
16	15.65	16.35					范			
20	19.58	20.42						围		
25	24.58	25.42								
30	29.58	30.42								
35	34.50	35.50								
40	39.50	40.50								
45	44.50	45.50								

注：尽可能不采用括号内的规格。

7.5.67 滚花小头螺钉

1. 滚花小头螺钉的形式（图 7-198）

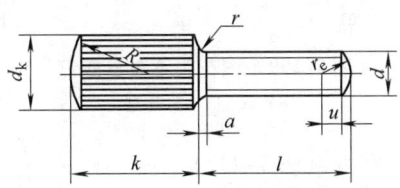

图 7-198 滚花小头螺钉

注：$a \leqslant 3P$，u（不完整螺纹的长度）$\leqslant 2P$，P 为螺距。

2. 滚花小头螺钉的尺寸（表 7-230）

表 7-230　滚花小头螺钉的尺寸（GB/T 836—1988）　（单位：mm）

螺纹规格 d		M1.6	M2	M2.5	M3	M4	M5	M6
d_k（滚花前）	max	3.5	4	5	6	7	8	10
	min	3.32	3.82	4.82	5.82	6.78	7.78	9.78
k	max	10	11	11	12	12	13	13
	min	9.78	10.73	10.73	11.73	11.73	12.73	12.57
R	≈	4	4	5	6	8	8	10
r	min	0.1	0.1	0.1	0.1	0.2	0.2	0.25
r_e	≈	2.24	2.8	3.5	4.2	5.6	7	8.4

l									
公称	min	max							
3	2.80	3.20							
4	3.76	4.24							
5	4.76	5.24							
6	5.76	6.2							
8	7.71	8.29	通						
10	9.71	10.29	用						
12	11.65	12.35		规					
(14)	13.65	14.35		格					
16	15.65	16.35			范				
20	19.58	20.42			围				
25	24.58	25.42							
30	29.58	30.42							
35	34.50	35.50							
40	39.50	40.50							

注：尽可能不采用括号内的规格。

7.5.68　滚花头不脱出螺钉

1. 滚花头不脱出螺钉的形式（图 7-199）

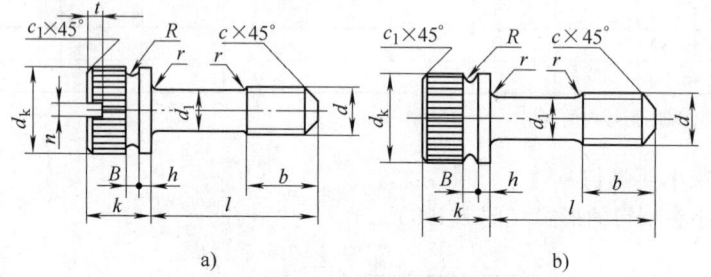

图 7-199　滚花头不脱出螺钉

a) A 型　b) B 型

2. 滚花头不脱出螺钉的尺寸（表 7-231）

表 7-231　滚花头不脱出螺钉的尺寸（GB/T 839—1988）　（单位：mm）

螺纹规格 d		M3	M4	M5	M6	M8	M10
d_1	max	2	2.8	3.5	4.5	5.5	7
	min	1.86	2.66	3.32	4.32	5.32	6.78
d_k（滚花前）	max	5	8	9	11	14	17
	min	4.82	7.78	8.78	10.73	13.73	16.73

(续)

螺纹规格 d		M3	M4	M5	M6	M8	M10
k	max	4.5	6.5	7	10	12	13.5
	min	4.32	6.32	6.78	9.64	11.57	13.07
n	公称	0.8	1.2	1.2	1.6	2	2.5
	min	0.86	1.26	1.28	1.66	2.06	2.56
	max	1	1.51	1.51	1.91	2.31	2.81
t	min	0.7	1.0	1.2	1.4	1.9	2.4
b		4	6	8	10	12	15
r	min	0.1	0.2	0.2	0.25	0.4	0.4
h		1	1.5		2	2.5	
B	≈	1	1.5		2	2.5	3
R	≈	0.5	0.75		1	1.25	1.5
c		1	1.2	1.6	2	2.5	3
c_1		0.3			0.5		0.8
l		螺纹规格 d					
		M3	M4	M5	M6	M8	M10

公称	min	max						
10	9.71	10.29						
12	11.65	12.35	通					
(14)	13.65	14.35						
16	15.65	16.35		用				
20	19.58	20.42						
25	24.58	25.42			规			
30	29.58	30.42						
35	34.50	35.50			格			
40	39.50	40.50						
45	44.50	45.50					范	
50	49.50	50.50						
(55)	54.05	55.95					围	
60	59.05	60.95						

注：尽可能不采用括号内的规格。

7.5.69 塑料滚花头螺钉

1. 塑料滚花头螺钉的形式（图7-200）

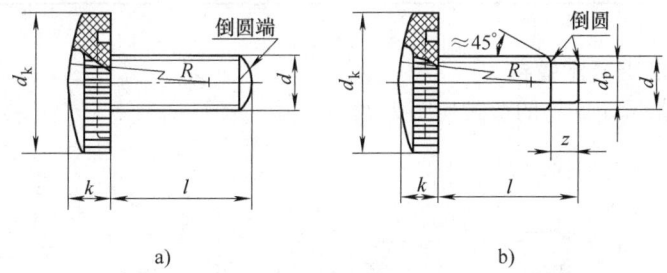

图7-200 塑料滚花头螺钉
a) A型 b) B型

2. 塑料滚花头螺钉的尺寸（表7-232）

表 7-232　塑料滚花头螺钉的尺寸（GB/T 840—1988）　　（单位：mm）

螺纹规格 d			M4	M5	M6	M8	M10	M12	M16
d_k			12	16	20	25	28	32	40
k			5	6	6	8	8	10	12
d_p		max	2.5	3.5	4	5.5	7	8.5	12
		min	2.25	3.2	3.7	5.2	6.64	8.14	11.57
z		max	2.25	2.75	3.25	4.3	5.3	6.3	8.36
		min	2	2.5	3	4	5	6	8
R		≈	25	32	40	50	55	65	80
l									
公称	min	max							
8	7.71	8.29							
10	9.71	10.29							
12	11.65	12.35							
16	15.65	16.35							
20	19.58	20.42	通						
25	24.58	25.42		用					
30	29.58	30.42			规				
35	34.50	35.50			格				
40	39.50	40.50				范			
45	44.50	45.50					围		
50	49.50	50.50							
60	59.05	60.95							
70	69.05	70.95							
80	79.05	80.95							

7.5.70　方头凹端紧定螺钉

1. 方头凹端紧定螺钉的形式（图 7-201）

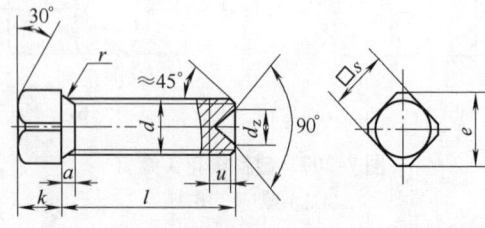

图 7-201　方头凹端紧定螺钉

注：$a \leqslant 4P$，u（不完整螺纹的长度）$\leqslant 2P$，P 是螺距。

2. 方头凹端紧定螺钉的尺寸（表7-233）

表7-233　方头凹端紧定螺钉的尺寸（GB/T 84—2018）　（单位：mm）

螺纹规格 d		M5	M6	M8	M10	M12	M16	M20
d_z	min	2.25	2.75	4.7	5.7	6.64	9.64	12.57
	max	2.5	3	5	6	7	10	13
e	min	6	7.3	9.7	12.2	14.7	20.9	27.1
k	公称	5	6	7	8	10	14	18
	min	4.85	5.85	6.82	7.82	9.82	13.785	17.785
	max	5.15	6.15	7.18	8.18	10.18	14.215	18.215
r	min	0.2	0.25	0.4	0.5	0.6	0.6	0.8
s	公称	5	6	8	10	12	17	22
	min	4.82	5.82	7.78	9.78	11.73	16.73	21.67
	max	5	6	8	10	12	17	22

l									
公称	min	max							
10	9.71	10.29							
12	11.65	12.35							
(14)	13.65	14.35							
16	15.65	16.35	通						
20	19.58	20.42							
25	24.58	25.42	用						
30	29.58	30.42							
35	34.50	35.50	规						
40	39.50	40.50							
45	44.50	45.50	格						
50	49.50	50.50							
(55)	54.05	55.95	范						
60	59.05	60.95							
70	69.05	70.95	围						
80	79.05	80.95							
90	88.90	91.10							
100	98.90	101.10							

注：尽可能不采用括号内的规格。

7.5.71　方头倒角端紧定螺钉

1. 方头倒角端紧定螺钉的形式（图7-202）

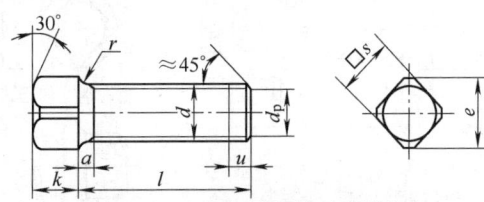

图7-202　方头倒角端紧定螺钉

注：$a \leq 4P$，u（不完整螺纹的长度）$\leq 2P$，P 为螺距。

2. 方头倒角端紧定螺钉的尺寸（表7-234）

表 7-234 方头倒角端紧定螺钉的尺寸（GB/T 821—2018）（单位：mm）

螺纹规格 d			M5	M6	M8	M10	M12	M16	M20
d_p		min	3.2	3.7	5.2	6.64	8.14	11.57	14.57
		max	3.5	4	5.5	7	8.5	12	15
e		min	6	7.3	9.7	12.2	14.7	20.9	27.1
k		公称	5	6	7	8	10	14	18
		min	4.85	5.85	6.82	7.82	9.82	13.785	17.785
		max	5.15	6.15	7.18	8.18	10.18	14.215	18.215
r		min	0.2	0.25	0.4	0.4	0.6	0.6	0.8
s		公称	5	6	8	10	12	17	22
		min	4.82	5.82	7.78	9.78	11.73	16.73	21.67
		max	5	6	8	10	12	17	22
l									
公称	min	max							
8	7.71	8.29							
10	9.71	10.29							
12	11.65	12.35	通						
(14)	13.65	14.35							
16	15.65	16.35		用					
20	19.58	20.42							
25	24.58	25.42				规			
30	29.58	30.42							
35	34.50	35.50					格		
40	39.50	40.50							
45	44.50	45.50						范	
50	49.50	50.50							
(55)	54.05	55.95						围	
60	59.05	60.95							
70	69.05	70.95							
80	79.05	80.95							
90	88.90	91.10							
100	98.90	101.10							

注：尽可能不采用括号内的规格。

7.5.72 方头长圆柱球面端紧定螺钉

1. 方头长圆柱球面端紧定螺钉的形式（图 7-203）

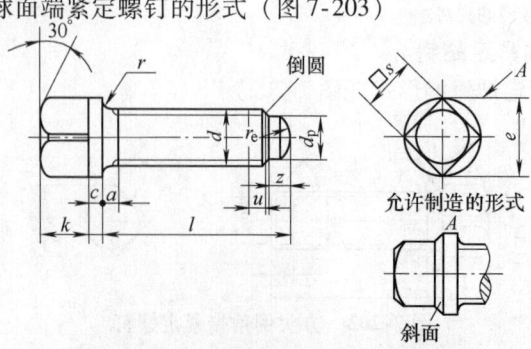

图 7-203 方头长圆柱球面端紧定螺钉

注：$a \leqslant 4P$，u（不完整螺纹的长度）$\leqslant 2P$，P 为螺距。

2. 方头长圆柱球面端紧定螺钉的尺寸（表7-235）

表7-235 方头长圆柱球面端紧定螺钉的尺寸（GB/T 83—2018）　　（单位：mm）

螺纹规格 d		M8	M10	M12	M16	M20
d_p	max	5.5	7	8.5	12	15
	min	5.2	6.64	8.14	11.57	14.57
e	min	9.7	12.2	14.7	20.9	27.1
k	公称	9	11	13	18	23
	min	8.82	10.78	12.78	17.78	22.58
	max	9.18	11.22	13.22	18.22	23.42
c	≈	2	3	3	4	5
r	min	0.4	0.5	0.6	0.6	0.8
z	max	4.3	5.3	6.3	8.36	10.36
	min	4	5	6	8	10
r_e	≈	7.7	9.8	11.9	16.8	21
s	公称	8	10	12	17	22
	min	7.78	9.78	11.73	16.73	21.67
	max	8	10	12	17	22
l 公称	l min	l max					
16	15.65	16.35					
20	19.58	20.42					
25	24.58	25.42					
30	29.58	30.42	通				
35	34.5	35.5	用				
40	39.5	40.5		规			
45	44.5	45.5			格		
50	49.5	50.5				范	
(55)	54.05	55.95					围
60	59.05	60.95					
70	69.05	70.95					
80	79.05	80.95					
90	88.9	91.10					
100	98.9	101.10					

注：尽可能不采用括号内的规格。

7.5.73 吊环螺钉

1. 吊环螺钉的形式（图7-204）

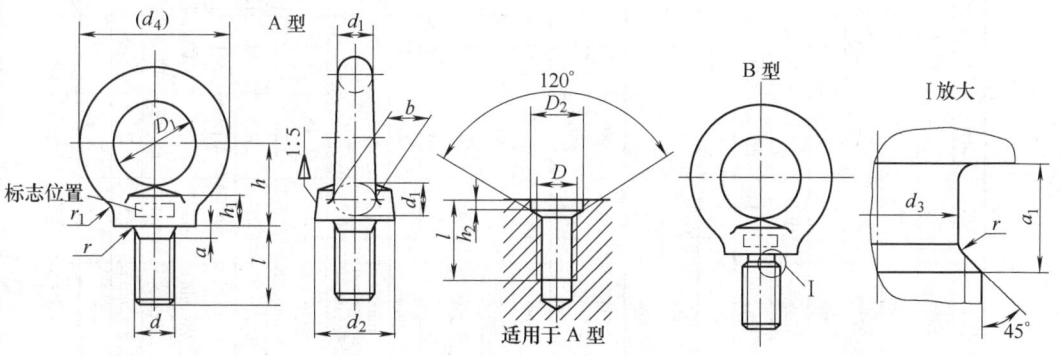

图7-204 吊环螺钉

2. 吊环螺钉的尺寸（表7-236）

表 7-236 吊环螺钉的尺寸（GB/T 825—1988）　　　　　　　　　　　　　　　　　　（单位：mm）

规格 d		M8	M10	M12	M16	M20	M24	M30	M36	M42	M48	M56	M64	M72×6	M80×6	M100×6
d_1	max	9.1	11.1	13.1	15.2	17.4	21.4	25.7	30	34.4	40.7	44.7	51.4	63.8	71.8	79.2
	min	7.6	9.6	11.6	13.6	15.6	19.6	23.5	27.5	31.2	37.1	41.1	46.9	58.8	66.8	73.6
D_1	公称	20	24	28	34	40	48	56	67	80	95	112	125	140	160	200
	min	19	23	27	32.9	38.8	46.8	54.6	65.5	78.1	92.9	109.9	122.3	137	157	196.7
d_2	公称	20.4	24.4	28.4	34.5	40.6	48.6	56.6	67.7	80.9	96.1	113.1	126.3	141.5	161.5	201.7
	max	21.1	25.1	29.1	35.2	41.4	49.4	57.7	69	82.4	97.7	114.7	128.4	143.8	163.8	204.2
	min	19.6	23.6	27.6	33.6	39.6	47.6	55.5	66.5	79.2	94.1	111.1	123.9	138.8	158.8	198.6
h_1	max	7	9	11	13	15.1	19.1	23.2	27.4	31.7	36.9	39.9	44.1	52.4	57.4	62.4
	min	5.6	7.6	9.6	11.6	13.5	17.5	21.4	25.4	29.2	34.1	37.1	40.9	48.8	53.8	58.8
l	公称	16	20	22	28	35	40	45	55	65	70	80	90	100	115	140
	max	15.1	18.95	20.95	26.95	33.75	38.75	43.75	53.5	63.5	68.5	78.5	88.25	98.25	113.25	138
	min	16.9	21.05	23.05	29.05	36.25	41.25	46.25	56.5	66.5	71.5	81.5	91.75	101.75	116.75	142
d_4	参考	36	44	52	62	72	88	104	123	144	171	196	221	260	296	350
h		18	22	26	31	36	44	53	63	74	87	100	115	130	150	175
r_1	min	4	4	6	6	8	12	15	18	20	22	25	25	35	35	40
r	min	1	1	1	1	1	2	2	3	3	3	4	4	4	4	5
a_1	max	3.75	4.5	5.25	6	7.5	9	10.5	12	13.5	15	16.5	18	18	18	18
d_3	公称(max)	6	7.7	9.4	13	16.4	19.6	25	30.8	35.6	41	48.3	55.7	63.7	71.7	91.7
	min	5.82	7.48	9.18	12.73	16.13	19.27	24.67	29.91	35.21	40.61	47.91	55.24	63.24	71.24	91.16
a	max	2.5	3	3.5	4	5	6	7	8	9	10	11	12	12	12	12
b		10	12	14	16	19	24	28	32	38	46	50	58	72	80	88
D_2	公称(min)	13	15	17	22	28	32	38	45	52	60	68	75	85	95	115
	max	13.43	15.43	17.52	22.52	28.52	32.62	38.62	45.62	52.74	60.74	68.74	75.74	85.87	95.87	115.87
h_2	公称(min)	2.5	3	3.5	4.5	5	7	8	9.5	10.5	11.5	12.5	13.5	14	14	14
	max	2.9	3.4	3.98	4.98	5.48	7.58	8.58	10.08	11.2	12.2	13.2	14.2	14.7	14.7	14.7

注：M8～M36 为商品紧固件规格。

7.5.74 墙板自攻螺钉

1. 墙板自攻螺钉的形式(图 7-205)

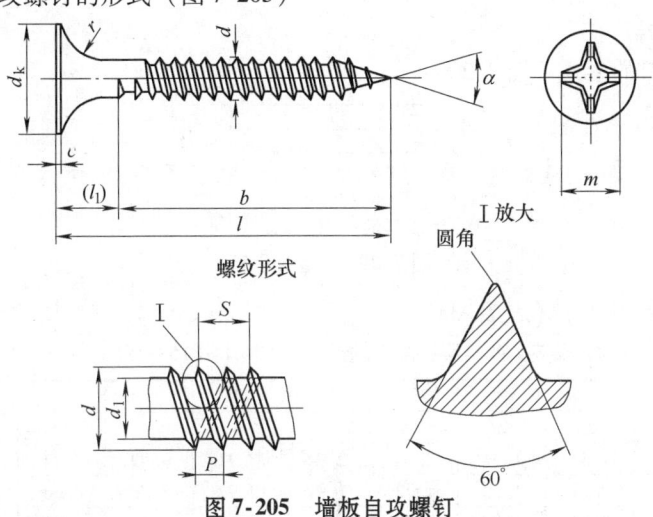

图 7-205 墙板自攻螺钉

2. 墙板自攻螺钉的尺寸(表 7-237)

表 7-237 墙板自攻螺钉的尺寸(GB/T 14210—1993) (单位:mm)

螺纹规格 d			ST3.5	ST3.9	ST4.2
螺距 P			1.4	1.6	1.7
导程 S			2.8	3.2	3.4
d_k		max	8.58	8.58	8.58
		min	8.00	8.00	8.00
c		max	0.8	0.8	0.8
		min	0.5	0.5	0.5
r		≈	4.5	5.0	5.0
d		max	3.65	3.95	4.30
		min	3.45	3.75	4.10
d_1		max	2.46	2.74	2.93
		min	2.33	2.59	2.78
α			22°~28°		
H型十字槽	槽号 No.		2		
	m 参考		5.0		
	插入深度	max	3.10		
		min	2.50		
l			螺纹规格 d		
公 称	min	max	ST3.5	ST3.9	ST4.2
19	18.2	19.8			
25	24.2	25.8			
(32)	30.7	33.3			
35	33.7	36.3	商品		
(38)	36.7	39.3			
40	38.7	41.3		规格	
45	43.7	46.3			
50	48.7	51.3			范围
55	53.7	56.3			
60	58.7	61.3			
70	68.7	71.3			

注:1. 尽量不采用括号内规格。

2. $l \leq 50$mm 的螺钉制成全螺纹,$l_1 \approx 6$mm;$l > 50$mm 的螺钉,$b \geq 45$mm。

7.6 铆钉

7.6.1 无头铆钉

1. 无头铆钉的形式（图 7-206）

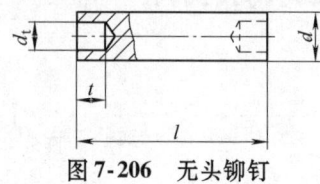

图 7-206 无头铆钉

2. 无头铆钉的尺寸（表 7-238）

表 7-238 无头铆钉的尺寸（GB/T 1016—1986） （单位：mm）

d	公称	1.4	2	2.5	3	4	5	6	8	10
	max	1.4	2	2.5	3	4	5	6	8	10
	min	1.34	1.94	2.44	2.94	3.92	4.92	5.92	7.9	9.9
d_t	max	0.77	1.32	1.72	1.92	2.92	3.76	4.66	6.16	7.2
	min	0.65	1.14	1.54	1.74	2.74	3.52	4.42	5.92	6.9
t	max	1.74	1.74	2.24	2.74	3.24	4.29	5.29	6.29	7.35
	min	1.26	1.26	1.76	2.26	2.76	3.71	4.71	5.71	6.65

3. 无头铆钉的规格（表 7-239）

表 7-239 无头铆钉的规格（GB/T 1016—1986） （单位：mm）

	l		d								
公称	min	max	1.4	2	2.5	3	4	5	6	8	10
6	5.76	6.24									
8	7.71	8.29									
10	9.71	10.29									
12	11.65	12.35									
14	13.65	14.35									
16	15.65	16.35									
18	17.65	18.35									
20	19.58	20.42									
22	21.58	22.42									
24	23.58	24.42									
26	25.58	26.42									
28	27.58	28.42									
30	29.58	30.42									
32	31.5	32.5									
35	34.5	35.5									
38	37.5	38.5									
40	39.5	40.5									
42	41.5	42.5									
45	44.5	45.5									
48	47.5	48.5									
50	49.5	50.5									
52	51.4	52.6									
55	54.4	55.6									
58	57.4	58.6									
60	59.4	60.6									

注：表中阶梯折线范围内为通用规格范围。

7.6.2 平头铆钉

1. 平头铆钉的形式（图 7-207）

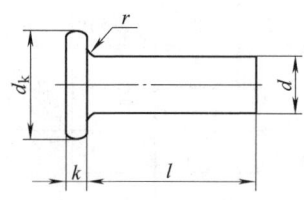

图 7-207　平头铆钉

2. 平头铆钉的尺寸（表 7-240）

表 7-240　平头铆钉的尺寸（GB/T 109—1986）　（单位：mm）

	公称	2	2.5	3	(3.5)	4	5	6	8	10
d	max	2.06	2.56	3.06	3.58	4.08	5.08	6.08	8.1	10.1
	min	1.94	2.44	2.94	3.42	3.92	4.92	5.92	7.9	9.9
d_k	max	4.24	5.24	6.24	7.29	8.29	10.29	12.35	16.35	20.42
	min	3.76	4.76	5.76	6.71	7.71	9.71	11.65	15.65	19.58
k	max	1.2	1.4	1.6	1.8	2	2.2	2.6	3	3.44
	min	0.8	1	1.2	1.4	1.6	1.8	2.2	2.6	2.96
r	max	0.1	0.1	0.1	0.3	0.3	0.3	0.3	0.5	0.5

注：尽可能不采用括号内的规格。

3. 平头铆钉的规格（表 7-241）

表 7-241　平头铆钉的规格（GB/T 109—1986）　（单位：mm）

l			d								
公称	min	max	2	2.5	3	(3.5)	4	5	6	8	10
4	3.76	4.24									
5	4.76	5.24									
6	5.76	6.24									
7	6.71	7.29	商品								
8	7.71	8.29			规格						
9	8.71	9.29					范围				
10	9.71	10.29									
11	10.65	11.35									
12	11.65	12.35									
13	12.65	13.35									

(续)

公称	l min	l max	d 2	2.5	3	(3.5)	4	5	6	8	10
14	13.65	14.35				商品					
15	14.65	15.35									
16	15.65	16.35				规格					
17	16.65	17.35									
18	17.65	18.35							范围		
19	18.58	19.42									
20	19.58	20.42									
22	21.58	22.42									
24	23.58	24.42									
26	25.58	26.42									
28	27.58	28.42									
30	29.58	30.42									

注：尽可能不采用括号内的规格。

7.6.3 半圆头铆钉

1. 半圆头铆钉的形式（图 7-208）

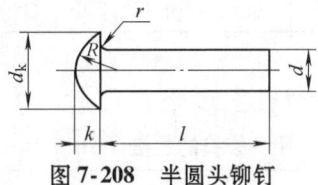

图 7-208 半圆头铆钉

2. 半圆头铆钉的尺寸（表 7-242）

表 7-242 半圆头铆钉的尺寸（GB/T 867—1986） （单位：mm）

	公称	0.6	0.8	1	(1.2)	1.4	(1.6)	2	2.5	3	(3.5)	4	5	6	8	10	12	(14)	16
d	max	0.61	0.81	1.06	1.26	1.46	1.66	2.06	2.56	3.06	3.58	4.08	5.08	6.08	8.1	10.1	12.12	14.12	16.12
	min	0.56	0.76	0.91	1.11	1.34	1.54	1.94	2.44	2.94	3.12	3.92	4.92	5.92	7.9	9.9	11.88	13.88	15.88
d_k	max	1.3	1.6	2	2.3	2.7	3.2	3.71	4.84	5.54	6.59	7.39	9.09	11.35	14.35	17.35	21.12	24.12	29.12
	min	0.9	1.2	1.6	1.9	2.3	2.8	3.26	4.36	5.06	6.01	6.81	8.51	10.65	13.65	16.65	20.58	23.58	28.58
k	max	0.5	0.6	0.7	0.8	0.9	1.2	1.4	1.8	2	2.3	2.6	3.2	3.81	5.04	6.24	8.29	9.29	10.29
	min	0.3	0.4	0.5	0.6	0.7	0.8	1	1.4	1.6	1.9	2.2	2.8	3.36	4.56	5.76	7.71	8.71	9.71
R		0.58	0.71	1	1.2	1.4	1.6	1.9	2.5	2.9	3.1	3.8	4.7	6	8	9	11	12.5	15.5
r	max	0.05	0.05	0.1	0.1	0.1	0.1	0.1	0.1	0.1	0.3	0.3	0.3	0.3	0.3	0.3	0.4	0.4	0.4

注：尽可能不采用括号内的规格。

3. 半圆头铆钉的规格（表 7-243）

第 7 章 紧 固 件　　725

表 7-243　半圆头铆钉的规格（GB/T 867—1986）　（单位：mm）

公称 l	min	max	0.6	0.8	1	(1.2)	1.4	(1.6)	2	2.5	3	(3.5)	4	5	6	8	10	12	(14)	16
1	0.8	1.2																		
1.5	1.3	1.7																		
2	1.8	2.2																		
2.5	2.3	2.7																		
3	2.8	3.2																		
3.5	3.26	3.74																		
4	3.76	4.24																		
5	4.76	5.24																		
6	5.76	6.24																		
7	6.71	7.29																		
8	7.71	8.29																		
9	8.71	9.29																		
10	9.71	10.29																		
11	10.65	11.35																		
12	11.65	12.35																		
13	12.65	13.35																		
14	13.65	14.35																		
15	14.65	15.35																		
16	15.65	16.35																		
17	16.65	17.35																		
18	17.65	18.35																		
19	18.58	19.42																		
20	19.58	20.42																		
22	21.58	22.42																		
24	23.58	24.42																		
26	25.58	26.42																		

通用规格范围　　商品规格范围　　通用规格范围

(续)

l			d															
公称	min	max	0.6	0.8	1	(1.2)	1.4	(1.6)	2	2.5	3	(3.5)	4	5	6	8	10	12	(14)	16
28	27.58	28.42																		
30	29.58	30.42																		
32	31.5	32.5																		
34	33.5	34.5																		
36	35.5	36.5																		
38	37.5	38.5																		
40	39.5	40.5																		
42	41.5	42.5																		
44	43.5	44.5																		
46	45.5	46.5																		
48	47.5	48.5																		
50	49.5	50.5																		
52	51.4	52.6																		
55	54.4	55.6																		
58	57.4	58.6																		
60	59.4	60.6																		
62	61.4	62.6																		
65	64.4	65.6																		
68	67.4	68.6																		
70	69.4	70.6																		
75	74.4	75.6																		
80	79.4	80.6																		
85	84.3	85.7																		
90	89.3	90.7																		
95	94.3	95.7																		
100	99.3	100.7																		
110	109.3	110.7																		

7.6.4 扁圆头铆钉

1. 扁圆头铆钉的形式（图7-209）

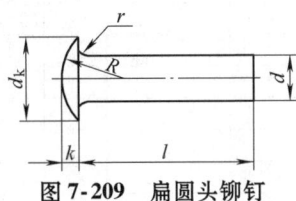

图7-209 扁圆头铆钉

2. 扁圆头铆钉的尺寸（表7-244）

表7-244 扁圆头铆钉的尺寸（GB/T 871—1986） （单位：mm）

	公称	(1.2)	1.4	(1.6)	2	2.5	3	(3.5)	4	5	6	8	10
d	max	1.26	1.46	1.66	2.06	2.56	3.06	3.58	4.08	5.08	6.08	8.1	10.1
	min	1.14	1.34	1.54	1.94	2.44	2.94	3.42	3.92	4.92	5.92	7.9	9.9
d_k	max	2.6	3	3.44	4.24	5.24	6.24	7.29	8.29	10.29	12.35	16.35	20.42
	min	2.2	2.6	2.96	3.76	4.76	5.76	6.71	7.71	9.71	11.65	15.65	19.58
k	max	0.6	0.7	0.8	0.9	0.9	1.2	1.4	1.5	1.9	2.4	3.2	4.24
	min	0.4	0.5	0.6	0.7	0.7	0.8	1	1.1	1.5	2	2.8	3.76
r	max	0.1	0.1	0.1	0.1	0.1	0.1	0.3	0.3	0.3	0.3	0.3	0.3
R	≈	1.7	1.9	2.2	2.9	4.3	5	5.7	6.8	8.7	9.3	12.2	14.5

注：尽可能不采用括号内的规格。

3. 扁圆头铆钉的规格（表7-245）

表7-245 扁圆头铆钉的规格（GB/T 871—1986） （单位：mm）

	l		d										
公称	min	max	(1.2)	1.4	(1.6)	2	2.5	3	(3.5)	4	5	6	8	10
1.5	1.3	1.7												
2	1.8	2.2												
2.5	2.3	2.7												
3	2.8	3.2												
3.5	3.26	3.74												
4	3.76	4.24												
5	4.76	5.24					通							
6	5.76	6.24												
7	6.71	7.29					用							
8	7.71	8.29												
9	8.71	9.29					规							
10	9.71	10.29												
11	10.65	11.35					格							
12	11.65	12.35												
13	12.65	13.35					范							
14	13.65	14.35												
15	14.65	15.35					围							
16	15.65	16.35												

(续)

l 公称	l min	l max	d (1.2)	d 1.4	d (1.6)	d 2	d 2.5	d 3	d (3.5)	d 4	d 5	d 6	d 8	d 10
17	16.65	17.35												
18	17.65	18.35												
19	18.58	19.42						通用						
20	19.58	20.42												
22	21.58	22.42												
24	23.58	24.42												
26	25.58	26.42									规格			
28	27.58	28.42												
30	29.58	30.42												
32	31.5	33.5												
34	33.5	34.5										范围		
36	35.5	36.5												
38	37.5	38.5												
40	39.5	40.5												
42	41.5	42.5												
44	43.5	44.5												
46	45.5	46.5												
48	47.5	48.5												
50	49.5	50.5												

注：尽可能不采用括号内的规格。

7.6.5 大扁圆头铆钉

1. 大扁圆头铆钉的形式（图 7-210）

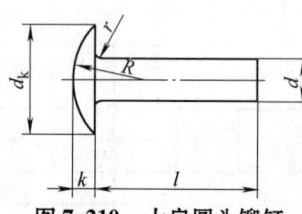

图 7-210 大扁圆头铆钉

2. 大扁圆头铆钉的尺寸（表 7-246）

表 7-246 大扁圆头铆钉的尺寸（GB/T 1011—1986） （单位：mm）

	公称	2	2.5	3	(3.5)	4	5	6	8
d	max	2.06	2.56	3.06	3.58	4.08	5.08	6.08	8.1
	min	1.94	2.44	2.94	3.42	3.92	4.92	5.92	7.9
d_k	max	5.04	6.49	7.49	8.79	9.89	12.45	14.85	19.92
	min	4.56	5.91	6.91	8.21	9.31	11.75	14.15	19.08
k	max	1.0	1.4	1.6	1.9	2.1	2.6	3.0	4.14
	min	0.8	1.0	1.2	1.5	1.7	2.2	2.6	3.66
R	≈	3.6	4.7	5.4	6.3	7.3	9.1	10.9	14.5
r	max	0.1	0.1	0.1	0.3	0.3	0.3	0.3	0.3

注：尽可能不采用括号内的规格。

3. 大扁圆头铆钉的规格（表7-247）

表7-247 大扁圆头铆钉的规格（GB/T 1011—1986） （单位：mm）

公称	l min	l max	d=2	2.5	3	(3.5)	4	5	6	8
3.5	3.26	3.74								
4	3.76	4.24								
5	4.76	5.24								
6	5.76	6.24								
7	6.71	7.29								
8	7.71	8.29								
9	8.71	9.29		通						
10	9.71	10.29								
11	10.65	11.35		用						
12	11.65	12.35								
13	12.65	13.35				规				
14	13.65	14.35								
15	14.65	15.35				格				
16	15.65	16.35								
17	16.65	17.35					范			
18	17.65	18.35								
19	18.58	19.42							围	
20	19.58	20.42								
22	21.58	22.42								
24	23.58	24.42								
26	25.58	26.42								
28	27.58	28.42								
30	29.58	30.42								
32	31.5	32.5								
34	33.5	34.5								
36	35.5	36.5								
38	37.5	38.5								
40	39.5	40.5								
42	41.5	42.5								
44	43.5	44.5								
46	45.5	46.5								
48	47.5	48.5								
50	49.5	50.5								

注：尽可能不采用括号内的规格。

7.6.6 扁平头铆钉

1. 扁平头铆钉的形式（图7-211）

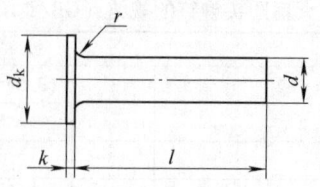

图 7-211　扁平头铆钉

2. 扁平头铆钉的尺寸（表 7-248）

表 7-248　扁平头铆钉的尺寸（GB/T 872—1986）　（单位：mm）

	公称	(1.2)	1.4	(1.6)	2	2.5	3	(3.5)	4	5	6	8	10
d	max	1.26	1.46	1.66	2.06	2.56	3.06	3.58	4.08	5.08	6.08	8.1	10.1
	min	1.14	1.34	1.54	1.94	2.44	2.94	3.42	3.92	4.92	5.92	7.9	9.9
d_k	max	2.4	2.7	3.2	3.74	4.74	5.74	6.79	7.79	9.79	11.85	15.85	19.42
	min	2	2.3	2.8	3.26	4.26	5.26	6.21	7.21	9.21	11.15	15.15	18.58
k	max	0.58	0.58	0.58	0.68	0.68	0.88	0.88	1.13	1.13	1.33	1.33	1.63
	min	0.42	0.42	0.42	0.52	0.52	0.72	0.72	0.87	0.87	1.07	1.07	1.37
r	max	0.1	0.1	0.1	0.1	0.1	0.1	0.3	0.3	0.3	0.3	0.3	0.3

注：尽可能不采用括号内的规格。

3. 扁平头铆钉的规格（表 7-249）

表 7-249　扁平头铆钉的规格（GB/T 872—1986）　（单位：mm）

	l		d											
公称	min	max	(1.2)	1.4	(1.6)	2	2.5	3	(3.5)	4	5	6	8	10
1.5	1.3	1.7	商											
2	1.8	2.2		品										
2.5	2.3	2.7			规									
3	2.8	3.2				格								
3.5	3.26	3.74					范							
4	3.76	4.24						围						

(续)

公称	l min	l max	(1.2)	1.4	(1.6)	2	2.5	3	(3.5)	4	5	6	8	10
5	4.76	5.24												
6	5.76	6.24												
7	6.71	7.29												
8	7.71	8.29					商							
9	8.71	9.29												
10	9.71	10.29					品							
11	10.65	11.35												
12	11.65	12.35					规							
13	12.65	13.35												
14	13.65	14.35					格							
15	14.65	15.35												
16	15.65	16.35					范							
17	16.65	17.35												
18	17.65	18.35					围							
19	18.58	19.42												
20	19.58	20.42												
22	21.58	22.42												
24	23.58	24.42												
26	25.58	26.42												
28	27.58	28.42												
30	29.58	30.42												
32	31.5	32.5												
34	33.5	34.5												
36	35.5	36.5												
38	37.5	38.5												
40	39.5	40.5												
42	41.5	42.5												
44	43.5	44.5												
46	45.5	46.5												
48	47.5	48.5												
50	49.5	50.5												

注：尽可能不采用括号内的规格。

7.6.7 平锥头铆钉

1. 平锥头铆钉的形式（图7-212）

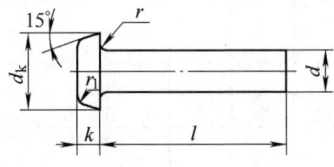

图 7-212　平锥头铆钉

2. 平锥头铆钉的尺寸（表7-250）

表7-250　平锥头铆钉的尺寸（GB/T 868—1986）　　（单位：mm）

	公称	2	2.5	3	(3.5)	4	5	6	8	10	12	(14)	16
d	max	2.06	2.56	3.06	3.58	4.08	5.08	6.08	8.1	10.1	12.12	14.12	16.12
	min	1.94	2.44	2.94	3.42	3.92	4.92	5.92	7.9	9.9	11.88	13.88	15.88
d_k	max	3.84	4.74	5.64	6.59	7.49	9.29	11.15	14.75	18.35	20.42	24.42	28.42
	min	3.36	4.26	5.16	6.01	6.91	8.71	10.45	14.05	17.65	19.58	23.58	27.58
k	max	1.2	1.5	1.7	2	2.2	2.7	3.2	4.24	5.24	6.24	7.29	8.29
	min	0.8	1.1	1.3	1.6	1.8	2.3	2.8	3.76	4.76	5.76	6.71	7.71
r	max	0.1	0.1	0.1	0.3	0.3	0.3	0.3	0.3	0.3	0.4	0.4	0.4
r_1	max	0.7	0.7	0.7	1	1	1	1	1	1	1.5	1.5	1.5

注：尽可能不采用括号内的规格。

3. 平锥头铆钉的规格（表7-251）

表7-251　平锥头铆钉的规格（GB/T 868—1986）　　（单位：mm）

	l		d										
公称	min	max	2	2.5	3	(3.5)	4	5	6	8	10	12	(14)	16
3	2.8	3.2												
3.5	3.26	3.74												
4	3.76	4.24												
5	4.76	5.24												
6	5.76	6.24												
7	6.71	7.29												
8	7.71	8.29												
9	8.71	9.29												
10	9.71	10.29												
11	10.65	11.35												
12	11.65	12.35												
13	12.65	13.35												
14	13.65	14.35					商							
15	14.65	15.35					品							
16	15.65	16.35												
17	16.65	17.35						规						
18	17.65	18.35												
19	18.58	19.42						格						
20	19.58	20.42												
22	21.58	22.42						范						
24	23.58	24.42									通			
26	25.58	26.42						围			用			
28	27.58	28.42										规		
30	29.58	30.42										格		
32	31.5	32.5											范	
34	33.5	34.5											围	

(续)

公称	l min	l max	d 2	2.5	3	(3.5)	4	5	6	8	10	12	(14)	16
36	35.5	36.5												
38	37.5	38.5												
40	39.5	40.5												
42	41.5	42.5												
44	43.5	44.5												
46	45.5	46.5												
48	47.5	48.5							商					
50	49.5	50.5							品					
52	51.4	52.6							规					
55	54.4	55.6							格					
58	57.4	58.6							范					
60	59.1	60.6							围		通			
62	61.4	62.6									用			
65	64.4	65.6										规		
68	67.4	68.6										格		
70	69.4	70.6												范
75	74.4	75.6												围
80	79.4	80.6												
85	84.3	85.7												
90	89.3	90.7												
95	94.3	95.7												
100	99.3	100.7												
110	109.3	110.7												

注：尽可能不采用括号内的规格。

7.6.8 平锥头半空心铆钉

1. 平锥头半空心铆钉的形式（图7-213）

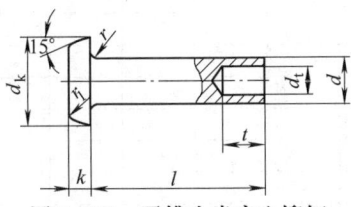

图7-213 平锥头半空心铆钉

2. 平锥头半空心铆钉的尺寸（表7-252）

表7-252 平锥头半空心铆钉的尺寸（GB/T 1013—1986）（单位：mm）

	公称	1.4	(1.6)	2	2.5	3	(3.5)	4	5	6	8	10
d	max	1.46	1.66	2.06	2.56	3.06	3.58	4.08	5.08	6.08	8.1	10.1
	min	1.34	1.54	1.94	2.44	2.94	3.42	3.92	4.92	5.92	7.9	9.9
d_k	max	2.7	3.2	3.84	4.74	5.64	6.59	7.49	9.29	11.15	14.75	18.35
	min	2.3	2.8	3.36	4.26	5.16	6.01	6.91	8.71	10.45	14.05	17.65

（续）

k	max	0.9	0.9	1.2	1.5	1.7	2	2.2	2.7	3.2	4.24	5.24
	min	0.7	0.7	0.8	1.1	1.3	1.6	1.8	2.3	2.8	3.76	4.76
d_t 黑色	max	0.77	0.87	1.12	1.62	2.12	2.32	2.62	3.66	4.66	6.16	7.7
	min	0.65	0.75	0.94	1.44	1.94	2.14	2.44	3.42	4.42	5.92	7.4
有色	max	0.77	0.87	1.12	1.62	2.12	2.32	2.52	3.46	4.16	4.66	7.7
	min	0.65	0.75	0.94	1.44	1.94	2.14	2.34	3.22	3.92	4.42	7.4
t	max	1.64	1.84	2.24	2.74	3.24	3.79	4.29	5.29	6.29	8.35	10.35
	min	1.16	1.36	1.76	2.26	2.76	3.21	3.71	4.71	5.71	7.65	9.65
r	max	0.1	0.1	0.1	0.1	0.1	0.3	0.3	0.3	0.3	0.3	0.3
r_1	max	0.7	0.7	0.7	0.7	0.7	1	1	1	1	1	1

注：1. 尽可能不采用括号内的规格。

2. d_t 栏内"黑色"适用于由钢材制成的铆钉，"有色"适用于由铝或铜材制成的铆钉。

3. 平锥头半空心铆钉的规格（表7-253）

表7-253 平锥头半空心铆钉的规格（GB/T 1013—1986）（单位：mm）

公称	l min	l max	d 1.4	(1.6)	2	2.5	3	(3.5)	4	5	6	8	10
3	2.8	3.2											
4	3.76	4.24											
5	4.76	5.24											
6	5.76	6.24											
7	6.71	7.29			通								
8	7.71	8.29			用								
10	9.71	10.29				规							
12	11.65	12.35					格						
14	13.65	14.35						范					
16	15.65	16.35						围					
18	17.65	18.35											
20	19.58	20.42											
22	21.58	22.42											
24	23.58	24.42											
26	25.58	26.42											
28	27.58	28.42											
30	29.58	30.42											
32	31.5	32.5											
34	33.5	34.5											
36	35.5	36.5											
38	37.5	38.5											
40	39.5	40.5											
42	41.5	42.5											
44	43.5	44.5											
46	45.5	46.5											
48	47.5	48.5											
50	49.5	50.5											

注：尽可能不采用括号内的规格。

7.6.9 沉头铆钉

1. 沉头铆钉的形式(图 7-214)

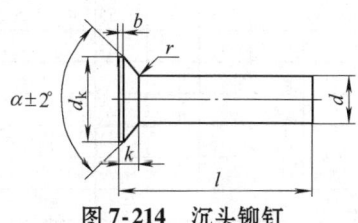

图 7-214 沉头铆钉

2. 沉头铆钉的尺寸(表 7-254)

表 7-254 沉头铆钉的尺寸(GB/T 869—1986) (单位:mm)

	公称	1	(1.2)	1.4	(1.6)	2	2.5	3	(3.5)	4	5	6	8	10	12	(14)	16
d	max	1.06	1.26	1.46	1.66	2.06	2.56	3.06	3.58	4.08	5.08	6.08	8.1	10.1	12.12	14.12	16.12
	min	0.94	1.14	1.34	1.54	1.94	2.44	2.94	3.42	3.92	4.92	5.92	7.9	9.9	11.88	13.88	15.88
d_k	max	2.03	2.23	2.83	3.03	4.05	4.75	5.35	6.28	7.18	8.98	10.62	14.22	17.82	18.86	21.76	24.96
	min	1.77	1.97	2.57	2.77	3.75	4.45	5.05	5.92	6.82	8.62	10.18	13.78	17.38	18.34	21.24	24.44
α		90											60				
r	max	0.1	0.1	0.1	0.1	0.1	0.1	0.1	0.3	0.3	0.3	0.3	0.3	0.3	0.4	0.4	0.4
b	max	0.2	0.2	0.2	0.2	0.2	0.2	0.2	0.4	0.4	0.4	0.4	0.4	0.4	0.5	0.5	0.5
k	≈	0.5	0.5	0.7	0.7	1	1.1	1.2	1.4	1.6	2	2.4	3.2	4	6	7	8

注:尽可能不采用括号内的规格。

3. 沉头铆钉的规格(表 7-255)

表 7-255 沉头铆钉的规格(GB/T 869—1986) (单位:mm)

公称	l min	l max	1	(1.2)	1.4	(1.6)	2	2.5	3	(3.5)	4	5	6	8	10	12	(14)	16
2	1.8	2.2																
2.5	2.3	2.7																
3	2.8	3.2																
3.5	3.26	3.74																
4	3.76	4.24																
5	4.76	5.24																
6	5.76	6.24																
7	6.71	7.29																
8	7.71	8.29																
9	8.71	9.29																
10	9.71	10.29																
11	10.65	11.35																
12	11.65	12.35																
13	12.65	13.35																
14	13.65	14.35																
15	14.65	15.35																
16	15.65	16.35																
17	16.65	17.35																
18	17.65	18.35																
19	18.58	19.42																

(续)

l			d												
公称	min	max	1	(1.2)	1.4	(1.6)	2	2.5	3	(3.5)	4	5	6	8	10	12	(14)	16
20	19.58	20.42																
22	21.58	22.42														通用		
24	23.58	24.42																
26	25.58	26.42														规格		
28	27.58	28.42																
30	29.58	30.42														范围		
32	31.5	32.5																
34	33.5	34.5																
36	35.5	36.5																
38	37.5	38.5																
40	39.5	40.5																
42	41.5	42.5																
44	43.5	44.5																
46	45.5	46.5																
48	47.5	48.5												商品				
50	49.5	50.5																
52	51.4	52.6												规格				
55	54.4	55.6																
58	57.4	58.6												范围				
60	59.4	60.6																
62	61.4	62.6																
65	64.4	65.6																
68	67.4	68.6																
70	69.4	70.6																
75	74.4	75.6																
80	79.4	80.6																
85	84.3	85.7																
90	89.3	90.7																
95	94.3	95.7																
100	99.3	100.7																

注：尽可能不采用括号内的规格。

7.6.10 粗制沉头铆钉

1. 粗制沉头铆钉的形式（图7-215）

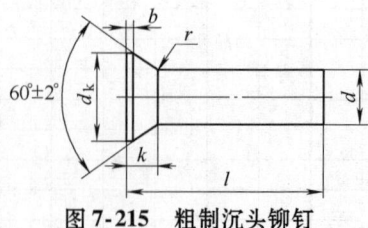

图7-215 粗制沉头铆钉

2. 粗制沉头铆钉的尺寸（表7-256）

表 7-256　粗制沉头铆钉的尺寸（GB/T 865—1986）　（单位：mm）

	公称	12	(14)	16	(18)	20	(22)	24	(27)	30	36
d	max	12.3	14.3	16.3	18.30	20.35	22.35	24.35	27.35	30.35	36.4
	min	11.7	13.7	15.7	17.7	19.65	21.65	23.65	26.65	29.65	35.6
d_k	max	19.6	22.5	25.7	29	33.4	37.4	40.4	44.4	51.4	59.8
	min	17.6	20.6	23.7	27	30.6	34.6	37.6	41.6	48.6	56.2
r	max	0.5	0.5	0.5	0.5	0.8	0.8	0.8	0.8	0.8	0.8
b	max	0.6	0.6	0.6	0.8	0.8	0.8	0.8	0.8	0.8	0.8
k	≈	6	7	8	9	11	12	13	14	17	19

注：尽可能不采用括号内的规格。

3. 粗制沉头铆钉的规格（表 7-257）

表 7-257　粗制沉头铆钉的规格（GB/T 865—1986）　（单位：mm）

l			d								
公称	min	max	12	(14)	16	(18)	20	(22)	24	(27)	30	36
20	19.35	20.65										
22	21.35	22.65										
24	23.35	24.65										
26	25.35	26.65										
28	27.35	28.65										
30	29.35	30.65										
32	31.2	32.8										
35	34.2	35.8										
38	37.2	38.8										
40	39.2	40.8										
42	41.2	42.8										
45	44.2	45.8			商							
48	47.2	48.8										
50	49.2	50.8					品					
52	51.05	52.95										
55	54.05	55.95					规					
58	57.05	58.95										
60	59.05	60.95					格					
65	64.05	65.95										
70	69.05	70.95					范					
75	74.05	75.95										
80	79.05	80.95					围					
85	83.9	86.1										

(续)

公称	l min	l max	d 12	(14)	16	(18)	20	(22)	24	(27)	30	36
90	88.9	91.1										
95	93.9	96.1										
100	98.9	101.1										
110	108.9	111.1										
120	118.9	121.1							商品			
130	128.7	131.3										
140	138.7	141.3								规格		
150	148.7	151.3										
160	158.7	161.3									范围	
170	168.7	171.3										
180	178.7	181.3										
190	188.55	191.45										
200	198.55	201.45										

注：尽可能不采用括号内的规格。

7.6.11 半沉头铆钉

1. 半沉头铆钉的形式（图7-216）

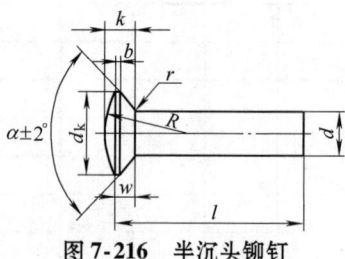

图7-216 半沉头铆钉

2. 半沉头铆钉的尺寸（表7-258）

表7-258 半沉头铆钉的尺寸（GB/T 870—1986） （单位：mm）

	公称	1	(1.2)	1.4	(1.6)	2	2.5	3	(3.5)	4	5	6	8	10	12	(14)	16
d	max	1.06	1.26	1.46	1.66	2.06	2.56	3.06	3.58	4.08	5.08	6.08	8.1	10.1	12.12	14.12	16.12
	min	0.94	1.14	1.34	1.54	1.94	2.44	2.94	3.42	3.92	4.92	5.92	7.9	9.9	11.88	13.88	15.88
d_k	max	2.03	2.23	2.83	3.03	4.05	4.75	5.35	6.28	7.18	8.98	10.62	14.22	17.82	18.86	21.76	24.96
	min	1.77	1.97	2.57	2.77	3.75	4.45	5.05	5.92	6.82	8.62	10.18	13.78	17.38	18.34	21.24	24.44
α		90												60			
k	≈	0.8	0.85	1.1	1.15	1.55	1.8	2.05	2.4	2.7	3.4	4	5.2	6.6	8.8	10.4	11.4
w	≈	0.5	0.5	0.7	0.7	1	1.1	1.2	1.4	1.6	2	2.4	3.2	≈	6	7	8
r	max	0.1	0.1	0.1	0.1	0.1	0.1	0.1	0.3	0.3	0.3	0.3	0.3	0.3	0.4	0.4	0.4

(续)

b	max	0.2	0.2	0.2	0.2	0.2	0.2	0.4	0.4	0.4	0.4	0.4	0.4	0.4	0.5	0.5
R	≈	1.8	1.8	2.5	2.6	3.8	4.2	4.5	5.3	6.3	7.6	9.5	13.6	17	17.5	19.5	24.7

注：尽可能不采用括号内的规格。

3. 半沉头铆钉的规格（表7-259）

表7-259 半沉头铆钉的规格（GB/T 870—1986）　　（单位：mm）

l			d											
公称	min	max	1	(1.2)	1.4	(1.6)	2	2.5	3	(3.5)	4	5	6	8	10	12	(14)	16
2	1.8	2.2																
2.5	2.3	2.7																
3	2.8	3.2																
3.5	3.26	3.74																
4	3.76	4.24																
5	4.76	5.24																
6	5.76	6.24																
7	6.71	7.29																
8	7.71	8.29																
9	8.71	9.29																
10	9.71	10.29																
11	10.65	11.35																
12	11.65	12.35																
13	12.65	13.35																
14	13.65	14.35																
15	14.65	15.35																
16	15.65	16.35																
17	16.65	17.35																
18	17.65	18.35																
19	18.58	19.42																
20	19.58	20.42																
22	21.58	22.42																
24	23.58	24.42																
26	25.58	26.42																
28	27.58	28.42																
30	29.58	30.42																
32	31.5	32.5																

通用规格范围

(续)

l			d											
公称	min	max	1	(1.2)	1.4	(1.6)	2	2.5	3	(3.5)	4	5	6	8	10	12	(14)	16
34	33.5	34.5															
36	35.5	36.5															
38	37.5	38.5															
40	39.5	40.5															
42	41.5	42.5															
44	43.5	44.5															
46	45.5	46.5															
48	47.5	48.5															
50	49.5	50.5															
52	51.4	52.6															
55	54.4	55.6															
58	57.4	58.6												通用			
60	59.4	60.6															
62	61.4	62.6													规格		
65	64.4	65.6															
68	67.4	68.6													范围		
70	69.4	70.6															
75	74.4	75.6															
80	79.4	80.6															
85	84.3	85.7															
90	89.3	90.7															
95	94.3	95.7															
100	99.3	100.7															

注：尽可能不采用括号内的规格。

7.6.12 粗制半沉头铆钉

1. 粗制半沉头铆钉的尺寸（图7-217）

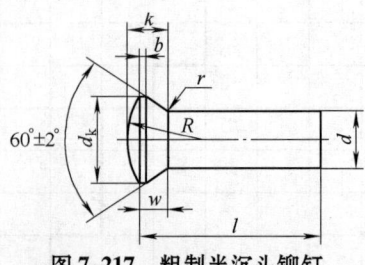

图7-217 粗制半沉头铆钉

2. 粗制半沉头铆钉的尺寸（表7-260）

表7-260　粗制半沉头铆钉的尺寸（GB/T 866—1986）　（单位：mm）

	公称	12	(14)	16	(18)	20	(22)	24	(27)	30	36
d	max	12.3	14.3	16.3	18.3	20.35	22.35	24.35	27.35	30.35	36.4
	min	11.7	13.7	15.7	17.7	19.65	21.65	23.65	26.65	29.65	35.6
d_k	max	19.6	22.5	25.7	29	33.4	37.4	40.4	44.4	51.4	59.8
	min	17.6	20.5	23.7	27	30.6	34.6	37.6	41.6	48.6	56.2
k	≈	8.8	10.4	11.4	12.8	15.3	16.8	18.3	19.5	23	26
w	≈	6	7	8	9	11	12	13	14	17	19
r	max	0.5	0.5	0.5	0.5	0.8	0.8	0.8	0.8	0.8	0.8
b	max	0.6	0.6	0.6	0.8	0.8	0.8	0.8	0.8	0.8	0.8
R	≈	17.5	19.5	24.7	27.7	32	36	38.5	44.5	55	63.6

注：尽可能不采用括号内的规格。

3. 粗制半沉头铆钉的规格（表7-261）

表7-261　粗制半沉头铆钉的规格（GB/T 866—1986）　（单位：mm）

	l		d								
公称	min	max	12	(14)	16	(18)	20	(22)	24	(27)	30	36
20	19.35	20.65										
22	21.35	22.65										
24	23.35	24.65										
26	25.35	26.65	通									
28	27.35	28.65										
30	29.35	30.65	用									
32	31.2	32.8										
35	34.2	35.8			规							
38	37.2	38.8										
40	39.2	40.8					格					
42	41.2	42.8										
45	44.2	45.8						范				
48	47.2	48.8										
50	49.2	50.8							围			
52	51.05	52.95										
55	54.05	55.95										
58	57.05	58.95										

	l		d								
公称	min	max	12	(14)	16	(18)	20	(22)	24	(27)	30	36
60	59.05	60.95										
65	64.05	65.95										
70	69.05	70.95			通							
75	74.05	75.95										
80	79.05	80.95				用						
85	83.9	86.1										
90	88.9	91.1					规					
95	93.9	96.1										
100	98.9	101.1					格					
110	108.9	111.1										
120	118.9	121.1						范				
130	128.7	131.3										
140	138.7	141.3							围			
150	148.7	151.3										
160	158.7	161.3										
170	168.7	171.3										
180	178.7	181.3										
190	188.55	191.45										
200	198.55	201.45										

注：尽可能不采用括号内的规格。

7.6.13　120°半沉头铆钉

1. 120°半沉头铆钉的形式（图7-218）

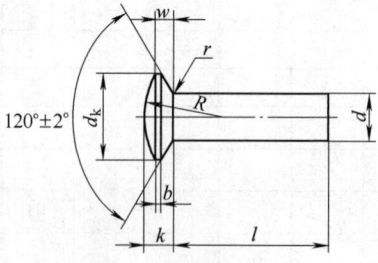

图7-218　120°半沉头铆钉

2. 120°半沉头铆钉的尺寸（表7-262）

表7-262 120°半沉头铆钉的尺寸（GB/T 1012—1986） （单位：mm）

	公称	3	(3.5)	4	5	6
d	max	3.06	3.58	4.08	5.08	6.08
	min	2.94	3.42	3.92	4.92	5.92
d_k	max	6.28	7.08	7.98	9.68	11.72
	min	5.92	6.72	7.62	9.32	11.28
k	≈	1.8	1.9	2	2.2	2.5
w	≈	1	1.1	1.2	1.4	1.7
r	max	0.1	0.3	0.3	0.3	0.3
b	max	0.2	0.4	0.4	0.4	0.4
R	≈	6.5	7.5	11	15.7	19

注：尽可能不采用括号内的规格。

3. 120°半沉头铆钉的规格（表7-263）

表7-263 120°半沉头铆钉的规格（GB/T 1012—1986） （单位：mm）

	l		d				
公称	min	max	3	(3.5)	4	5	6
5	4.76	5.24					
6	5.76	6.24					
7	6.71	7.29					
8	7.71	8.29					
9	8.71	9.29					
10	9.71	10.29					
11	10.65	11.35					
12	11.65	12.35			通用		
13	12.65	13.35					
14	13.65	14.35					
15	14.65	15.35				规格	
16	15.65	16.35					
17	16.65	17.35					
18	17.65	18.35				范围	
19	18.58	19.42					
20	19.58	20.42					
22	21.58	22.42					
24	23.58	24.42					
26	25.58	26.42					
28	27.58	28.42					
30	29.58	30.42					
32	31.5	32.5					
34	33.5	34.5					
36	35.5	36.5					
38	37.5	38.5					
40	39.5	40.5					

注：尽可能不采用括号内的规格。

7.6.14 空心铆钉

1. 空心铆钉的形式（图 7-219）

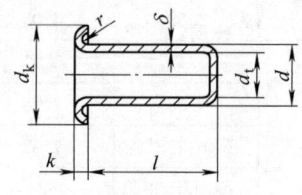

图 7-219 空心铆钉

2. 空心铆钉的尺寸（表 7-264）

表 7-264 空心铆钉的尺寸（GB/T 876—1986） （单位：mm）

d	公称	1.4	(1.6)	2	2.5	3	(3.5)	4	5	6
d	max	1.53	1.73	2.13	2.63	3.13	3.65	4.15	5.15	6.15
	min	1.27	1.47	1.87	2.37	2.87	3.35	3.85	4.85	5.85
d_k	max	2.6	2.8	3.5	4	5	5.5	6	8	10
	min	2.35	2.55	3.2	3.7	4.7	5.2	5.7	7.64	9.64
k	max	0.5	0.5	0.6	0.6	0.7	0.7	0.82	1.12	1.12
	min	0.3	0.3	0.4	0.4	0.5	0.5	0.58	0.88	0.88
d_t	min	0.8	0.9	1.2	1.7	2	2.5	2.9	4	5
δ		0.2	0.22	0.25	0.25	0.3	0.3	0.35	0.35	0.35
r	max	0.15	0.2	0.25	0.25	0.25	0.3	0.3	0.5	0.7

注：尽可能不采用括号内的规格。

3. 空心铆钉的规格（表 7-265）

表 7-265 空心铆钉的规格（GB/T 876—1986） （单位：mm）

l			d							
公称	min	max	1.4	(1.6)	2	2.5	3	(3.5)	4	5	6
1.5	1.3	1.7									
2	1.8	2.2									
2.5	2.3	2.7									
3	2.8	3.2			商						
3.5	3.26	3.74					品				
4	3.76	4.24					规				
5	4.76	5.24						格			
6	5.76	6.24							范		
7	6.71	7.29								围	
8	7.71	8.29									
9	8.71	9.29									
10	9.71	10.29									
11	10.65	11.35									
12	11.65	12.35									
13	12.65	13.35									
14	13.65	14.35									
15	14.65	15.35									

注：尽可能不采用括号内的规格。

7.6.15 沉头半空心铆钉

1. 沉头半空心铆钉的形式（图 7-220）

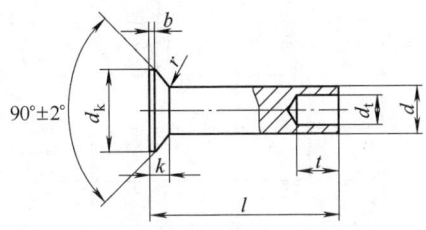

图 7-220 沉头半空心铆钉

2. 沉头半空心铆钉的尺寸（表 7-266）

表 7-266 沉头半空心铆钉的尺寸（GB/T 1015—1986） （单位：mm）

		公称	1.4	(1.6)	2	2.5	3	(3.5)	4	5	6	8	10
d		max	1.46	1.66	2.06	2.56	3.06	3.58	4.08	5.08	6.08	8.1	10.1
		min	1.34	1.54	1.94	2.44	2.94	3.42	3.92	4.92	5.92	7.9	9.9
d_k		max	2.83	3.03	4.05	4.75	5.35	6.28	7.18	8.98	10.62	14.22	17.82
		min	2.57	2.77	3.75	4.45	5.05	5.92	6.82	8.62	10.18	13.78	17.38
d_t	黑色	max	0.77	0.87	1.12	1.62	2.12	2.32	2.62	3.66	4.66	6.16	7.7
		min	0.65	0.75	0.94	1.44	1.94	2.14	2.44	3.42	4.42	5.92	7.4
	有色	max	0.77	0.87	1.12	1.62	2.12	2.32	2.52	3.46	4.16	4.66	7.7
		min	0.65	0.75	0.94	1.44	1.94	2.14	2.34	3.22	3.92	4.42	7.4
t		max	1.64	1.84	2.24	2.74	3.24	3.79	4.29	5.29	6.29	8.35	10.35
		min	1.16	1.36	1.76	2.26	2.76	3.21	3.71	4.71	5.71	7.65	9.65
k		≈	0.7	0.7	1	1.1	1.2	1.4	1.6	2	2.4	3.2	4
r		max	0.1	0.1	0.1	0.1	0.1	0.1	0.3	0.3	0.3	0.3	0.3
b		max	0.2	0.2	0.2	0.2	0.2	0.4	0.4	0.4	0.4	0.4	0.4

注：1. 尽可能不采用括号内的规格。
  2. d_t 栏内"黑色"适用于由钢材制成的铆钉，"有色"适用于由铝或铜材制成的铆钉。

3. 沉头半空心铆钉的规格（表 7-267）

表 7-267 沉头半空心铆钉的规格（GB/T 1015—1986）　（单位：mm）

公称	l min	l max	d=1.4	d=(1.6)	d=2	d=2.5	d=3	d=(3.5)	d=4	d=5	d=6	d=8	d=10
3	2.8	3.2											
4	3.76	4.24											
5	4.76	5.24											
6	5.76	6.24											
7	6.71	7.29											
8	7.71	8.29											
10	9.71	10.29											
12	11.65	12.35											
14	13.65	14.35											
16	15.65	16.35											
18	17.65	18.35											
20	19.58	20.42											
22	21.58	22.42											
24	23.58	24.42											
26	25.58	26.42											
28	27.58	28.42											
30	29.58	30.42											
32	31.5	32.5											
34	33.5	34.5											
36	35.5	36.5											
38	37.5	38.5											
40	39.5	40.5											
42	41.5	42.5											
44	43.5	44.5											
46	45.5	46.5											
48	47.5	48.5											
50	49.5	50.5											

表中阶梯线围成的区域为通用规格范围。

注：尽可能不采用括号内的规格。

7.6.16 扁圆头半空心铆钉

1. 扁圆头半空心铆钉的形式（图7-221）

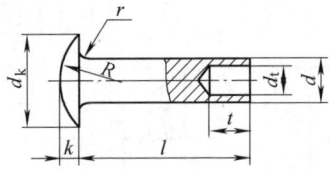

图 7-221 扁圆头半空心铆钉

2. 扁圆头半空心铆钉的尺寸（表7-268）

表 7-268 扁圆头半空心铆钉的尺寸（GB/T 873—1986）（单位：mm）

	公称		(1.2)	1.4	(1.6)	2	2.5	3	(3.5)	4	5	6	8	10
d	max		1.26	1.46	1.66	2.06	2.56	3.06	3.58	4.08	5.08	6.08	8.1	10.1
	min		1.14	1.34	1.54	1.94	2.44	2.94	3.42	3.92	4.92	5.92	7.9	9.9
d_k	max		2.6	3	3.44	4.24	5.24	6.24	7.29	8.29	10.29	12.35	16.35	20.42
	min		2.2	2.6	2.96	3.76	4.76	5.76	6.71	7.71	9.71	11.65	15.65	19.58
k	max		0.6	0.7	0.8	0.9	0.9	1.2	1.4	1.5	1.9	2.4	3.2	4.24
	min		0.4	0.5	0.6	0.7	0.7	0.8	1	1.1	1.5	2	2.8	3.76
d_t	黑色	max	0.66	0.77	0.87	1.12	1.62	2.12	2.32	2.62	3.66	4.66	6.16	7.7
		min	0.56	0.65	0.75	0.94	1.44	1.94	2.14	2.44	3.42	4.42	5.92	7.4
	有色	max	0.66	0.77	0.87	1.12	1.62	2.12	2.32	2.52	3.46	4.16	4.66	7.7
		min	0.56	0.65	0.75	0.94	1.44	1.94	2.14	2.34	3.22	3.92	4.42	7.4
t	max		1.44	1.64	1.84	2.24	2.74	3.24	3.79	4.29	5.29	6.29	8.35	10.35
	min		0.96	1.16	1.36	1.76	2.26	2.76	3.21	3.71	4.71	5.71	7.65	9.65
r	max		0.1	0.1	0.1	0.1	0.1	0.1	0.3	0.3	0.3	0.3	0.3	0.3
R	≈		1.7	1.9	2.2	2.9	4.3	5	5.7	6.8	8.7	9.3	12.2	14.5

注：1. 尽可能不采用括号内的规格。
2. d_t 栏内"黑色"适用于由钢材制成的铆钉，"有色"适用于由铝或铜材制成的铆钉。

3. 扁圆头半空心铆钉的规格（表7-269）

表 7-269 扁圆头半空心铆钉的规格（GB/T 873—1986）（单位：mm）

l 公称	l min	l max	d=(1.2)	d=1.4	d=(1.6)	d=2	d=2.5	d=3	d=(3.5)	d=4	d=5	d=6	d=8	d=10
1.5	1.3	1.7												
2	1.8	2.2												
2.5	2.3	2.7												
3	2.8	3.2												
3.5	3.26	3.74												
4	3.76	4.24												
5	4.76	5.24												
6	5.76	6.24												
7	6.71	7.29												
8	7.71	8.29												
9	8.71	9.29												
10	9.71	10.29												
11	10.65	11.35												
12	11.65	12.35												
13	12.65	13.35												
14	13.65	14.35												
15	14.65	15.35												
16	15.65	16.35												
17	16.65	17.35												
18	17.65	18.35												
19	18.58	19.42												
20	19.58	20.42												
22	21.58	22.42												
24	23.58	24.42												
26	25.58	26.42												
28	27.58	28.42												
30	29.58	30.42												
32	31.5	32.5												
34	33.5	34.5												
36	35.5	36.5												
38	37.5	38.5												
40	39.5	40.5												
42	41.5	42.5												
44	43.5	44.5												
46	45.5	46.5												
48	47.5	48.5												
50	49.5	50.5												

注：尽可能不采用括号内的规格。

7.6.17 扁平头半空心铆钉

1. 扁平头半空心铆钉的形式（图 7-222）

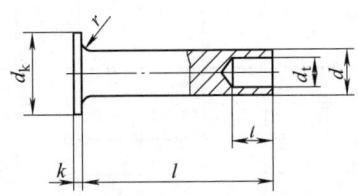

图 7-222　扁平头半空心铆钉

2. 扁平头半空心铆钉的尺寸（表 7-270）

表 7-270　扁平头半空心铆钉的尺寸（GB/T 875—1986）　（单位：mm）

	公称	(1.2)	1.4	(1.6)	2	2.5	3	(3.5)	4	5	6	8	10
d	max	1.26	1.46	1.66	2.06	2.56	3.06	3.58	4.08	5.08	6.08	8.1	10.1
	min	1.14	1.34	1.54	1.94	2.44	2.94	3.42	3.92	4.92	5.92	7.9	9.9
d_k	max	2.4	2.7	3.2	3.74	4.74	5.74	6.79	7.79	9.79	11.85	15.85	19.42
	min	2	2.3	2.8	3.26	4.26	5.26	6.21	7.21	9.21	11.15	15.15	18.58
k	max	0.58	0.58	0.58	0.68	0.68	0.88	0.88	1.13	1.13	1.33	1.33	1.63
	min	0.42	0.42	0.42	0.52	0.52	0.72	0.72	0.87	0.87	1.07	1.07	1.37
d_t 黑色	max	0.66	0.77	0.87	1.12	1.62	2.12	2.32	2.62	3.66	4.66	6.16	7.7
	min	0.56	0.65	0.75	0.94	1.44	1.94	2.14	2.44	3.42	4.42	5.92	7.4
d_t 有色	max	0.66	0.77	0.87	1.12	1.62	2.12	2.32	2.52	3.46	4.16	4.66	7.7
	min	0.56	0.65	0.75	0.94	1.44	1.94	2.14	2.34	3.22	3.92	4.42	7.4
t	max	1.44	1.64	1.84	2.24	2.74	3.24	3.79	4.29	5.29	6.29	8.35	10.35
	min	0.96	1.16	1.36	1.76	2.26	2.76	3.21	3.71	4.71	5.71	7.65	9.65
r	max	0.1	0.1	0.1	0.1	0.1	0.1	0.3	0.3	0.3	0.3	0.3	0.3

注：1. 尽可能不采用括号内的规格。
　　2. d_t 栏内"黑色"适用于由钢材制成的铆钉，"有色"适用于由铝或铜材制成的铆钉。

3. 扁平头半空心铆钉的规格（表 7-271）

表 7-271 扁平头半空心铆钉的规格（GB/T 875—1986）（单位：mm）

公称	l min	l max	d (1.2)	1.4	(1.6)	2	2.5	3	(3.5)	4	5	6	8	10
1.5	1.3	1.7												
2	1.8	2.2												
2.5	2.3	2.7												
3	2.8	3.2												
3.5	3.26	3.74												
4	3.76	4.24												
5	4.76	5.24												
6	5.76	6.24												
7	6.71	7.29					商							
8	7.71	8.29												
9	8.71	9.29					品							
10	9.71	10.29												
11	10.65	11.35						规						
12	11.65	12.35												
13	12.65	13.35						格						
14	13.65	14.35												
15	14.65	15.35								范				
16	15.65	16.35												
17	16.65	17.35									围			
18	17.65	18.35												
19	18.58	19.42												
20	19.58	20.42												
22	21.58	22.42												
24	23.58	24.42												
26	25.58	26.42												
28	27.58	28.42												
30	29.58	30.42												
32	31.5	32.5												
34	33.5	34.5												
36	35.5	36.5												
38	37.5	38.5												
40	39.5	40.5												
42	41.5	42.5												
44	43.5	44.5												
46	45.5	46.5												
48	47.5	48.5												
50	49.5	50.5												

注：尽可能不采用括号内的规格。

7.6.18 大扁圆头半空心铆钉

1. 大扁圆头半空心铆钉的形式（图7-223）

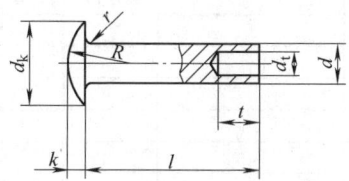

图7-223　大扁圆头半空心铆钉

2. 大扁圆头半空心铆钉的尺寸（表7-272）

表7-272　大扁圆头半空心铆钉的尺寸（GB/T 1014—1986）（单位：mm）

	公称	2	2.5	3	(3.5)	4	5	6	8
d	max	2.06	2.56	3.06	3.58	4.08	5.08	6.08	8.1
	min	1.94	2.44	2.94	3.42	3.92	4.92	5.92	7.9
d_k	max	5.04	6.49	7.49	8.79	9.89	12.45	14.85	19.92
	min	4.56	5.91	6.91	8.21	9.31	11.75	14.15	19.08
k	max	1	1.4	1.6	1.9	2.1	2.6	3	4.14
	min	0.8	1	1.2	1.5	1.7	2.2	2.6	3.66
d_t 黑色	max	1.12	1.62	2.12	2.32	2.62	3.66	4.66	6.16
	min	0.94	1.44	1.94	2.14	2.44	3.42	4.42	5.92
d_t 有色	max	1.12	1.62	2.12	2.32	2.52	3.46	4.16	4.66
	min	0.94	1.44	1.94	2.14	2.34	3.22	3.92	4.42
t	max	2.24	2.74	3.24	3.79	4.29	5.29	6.29	8.35
	min	1.76	2.26	2.76	3.21	3.71	4.71	5.71	7.65
R	≈	3.6	4.7	5.4	6.3	7.3	9.1	10.9	14.5
r	max	0.1	0.1	0.1	0.3	0.3	0.3	0.3	0.3

注：1. 尽可能不采用括号内的规格。
　　2. d_t 栏内"黑色"适用于由钢材制成的铆钉，"有色"适用于由铝或铜材制成的铆钉。

3. 大扁圆头半空心铆钉的规格（表7-273）

表7-273　大扁圆头半空心铆钉的规格（GB/T 1014—1986）（单位：mm）

	l		d							
公称	min	max	2	2.5	3	(3.5)	4	5	6	8
4	3.76	4.24								
5	4.76	5.24								
6	5.76	6.24								
7	6.71	7.29								
8	7.71	8.29	通							
10	9.71	10.29		用						
12	11.65	12.35			规					
14	13.65	14.35				格				
16	15.65	16.35					范			
18	17.65	18.35						围		

（续）

公称	l min	l max	d=2	2.5	3	(3.5)	4	5	6	8
20	19.58	20.42								
22	21.58	22.42								
24	23.58	24.42								
26	25.58	26.42								
28	27.58	28.42								
30	29.58	30.42								
32	31.5	32.5								
34	33.5	34.5								
36	35.5	36.5								
38	37.5	38.5								
40	39.5	40.5								

7.6.19 120°沉头半空心铆钉

1. 120°沉头半空心铆钉的形式（图7-224）

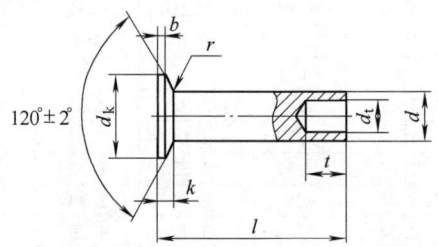

图7-224 120°沉头半空心铆钉

2. 120°沉头半空心铆钉的尺寸（表7-274）

表7-274 120°沉头半空心铆钉的尺寸（GB/T 874—1986）（单位：mm）

		公称	(1.2)	1.4	(1.6)	2	2.5	3	(3.5)	4	5	6	8
d		max	1.26	1.46	1.66	2.06	2.56	3.06	3.58	4.08	5.08	6.08	8.1
		min	1.14	1.34	1.54	1.94	2.44	2.94	3.42	3.92	4.92	5.92	7.9
d_k		max	2.83	3.45	3.95	4.75	5.35	6.28	7.08	7.98	9.68	11.72	15.82
		min	2.57	3.15	3.65	4.45	5.05	5.92	6.72	7.62	9.32	11.28	15.38
d_t	黑色	max	0.66	0.77	0.87	1.12	1.62	2.12	2.32	2.62	3.66	4.66	6.16
		min	0.56	0.65	0.75	0.94	1.44	1.94	2.14	2.44	3.42	4.42	5.92
	有色	max	0.66	0.77	0.87	1.12	1.62	2.12	2.32	2.52	3.46	4.16	4.66
		min	0.56	0.65	0.75	0.94	1.44	1.94	2.14	2.34	3.22	3.92	4.42
t		max	1.44	1.64	1.84	2.24	2.74	3.24	3.79	4.29	5.29	6.29	8.35
		min	0.96	1.16	1.36	1.76	2.26	2.76	3.21	3.71	4.71	5.71	7.65
r		max	0.1	0.1	0.1	0.1	0.1	0.1	0.3	0.3	0.3	0.3	0.3
b		max	0.2	0.2	0.2	0.2	0.2	0.2	0.4	0.4	0.4	0.4	0.4
k		≈	0.5	0.6	0.7	0.8	0.9	1	1.1	1.2	1.4	1.7	2.3

注：1. 尽可能不采用括号内的规格。
2. d_t 栏内"黑色"适用于由钢材制成的铆钉，"有色"适用于由铝或铜材制成的铆钉。

3. 120°沉头半空心铆钉的规格（表7-275）

表7-275　120°沉头半空心铆钉的规格（GB/T 874—1986）（单位：mm）

公称	l min	l max	(1.2)	1.4	(1.6)	2	2.5	3	(3.5)	4	5	6	8
1.5	1.3	1.7											
2	1.8	2.2											
2.5	2.3	2.7											
3	2.8	3.2											
3.5	3.26	3.74											
4	3.76	4.24											
5	4.76	5.24											
6	5.76	6.24											
7	6.71	7.29											
8	7.71	8.29											
9	8.71	9.29											
10	9.71	10.29											
11	10.65	11.35											
12	11.65	12.35											
13	12.65	13.35											
14	13.65	14.35											
15	14.65	15.35											
16	15.65	16.35											
17	16.65	17.35											
18	17.65	18.35											
19	18.58	19.42											
20	19.58	20.42											
22	21.58	22.42											
24	23.58	24.42											
26	25.58	26.42											
28	27.58	28.42											
30	29.58	30.42											
32	31.5	32.5											
34	33.5	34.5											
36	35.5	36.5											
38	37.5	38.5											
40	39.5	40.5											
42	41.5	42.5											
44	43.5	44.5											
46	45.5	46.5											
48	47.5	48.5											
50	49.5	50.5											

注：尽可能不采用括号内的规格。

7.6.20 封闭型平圆头抽芯铆钉（11级）

1. 封闭型平圆头抽芯铆钉（11级）的形式（图7-225）
2. 封闭型平圆头抽芯铆钉（11级）的尺寸（表7-276）

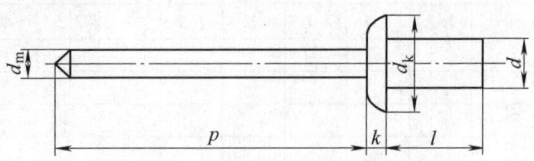

图7-225 封闭型平圆头抽芯铆钉

7.6.21 封闭型平圆头抽芯铆钉（06级）

1. 封闭型平圆头抽芯铆钉（06级）的形式（图7-225）
2. 封闭型平圆头抽芯铆钉（06级）的尺寸（表7-277）

表7-276 封闭型平圆头抽芯铆钉（11级）的尺寸（GB/T 12615.1—2004）

扫码查表

表7-277 封闭型平圆头抽芯铆钉（06）级的尺寸（GB/T 12615.3—2004）

扫码查表

7.6.22 封闭型沉头抽芯铆钉（11级）

1. 封闭型沉头抽芯铆钉（11级）的形式（图7-226）

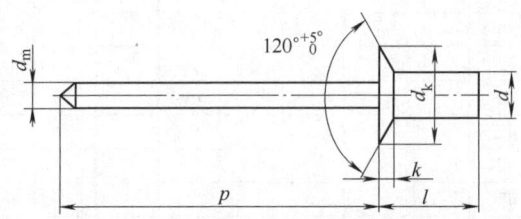

图7-226 封闭型沉头抽芯铆钉（11级）

2. 封闭型沉头抽芯铆钉（11级）的尺寸（表7-278）

7.6.23 封闭型平圆头抽芯铆钉（30级）

1. 封闭型平圆头抽芯铆钉（30级）的形式（图7-225）
2. 封闭型平圆头抽芯铆钉（30级）的尺寸（表7-279）

表7-278 封闭型沉头抽芯铆钉（11级）的尺寸（GB/T 12616.1—2004）

扫码查表

表7-279 封闭型平圆头抽芯铆钉（30级）的尺寸（GB/T 12615.2—2004）

扫码查表

7.6.24 封闭型平圆头抽芯铆钉（51级）

1. 封闭型平圆头抽芯铆钉（51级）的形式（图7-225）
2. 封闭型平圆头抽芯铆钉（51级）的尺寸（表7-280）

7.6.25 开口型沉头抽芯铆钉（10级和11级）

1. 开口型沉头抽芯铆钉（10级和11级）的形式（图7-227）
2. 开口型沉头抽芯铆钉（10级和11级）的尺寸（表7-281）

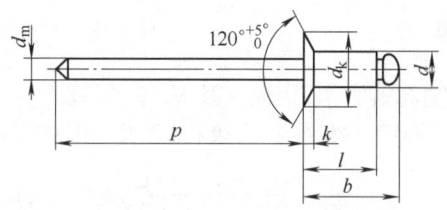

图7-227 开口型沉头抽芯铆钉

表7-280 封闭型平圆头抽芯铆钉（51级）的尺寸（GB/T 12615.4—2004）

扫码查表

表7-281 开口型沉头抽芯铆钉（10级和11级）的尺寸（GB/T 12617.1—2006）

扫码查表

7.6.26 开口型沉头抽芯铆钉（12级）

1. 开口型沉头抽芯铆钉（12级）的形式（图7-227）
2. 开口型沉头抽芯铆钉（12级）的尺寸（表7-282）

7.6.27 开口型沉头抽芯铆钉（20级、21级和22级）

1. 开口型沉头抽芯铆钉（20级、21级和22级）的形式（图7-227）
2. 开口型沉头抽芯铆钉（20级、21级和22级）的尺寸（表7-283）

表7-282 开口型沉头抽芯铆钉（12级）的尺寸（GB/T 12617.3—2006）

扫码查表

表7-283 开口型沉头抽芯铆钉（20级、21级和22级）的尺寸（GB/T 12617.5—2006）

扫码查表

7.6.28 开口型沉头抽芯铆钉（30级）

1. 开口型沉头抽芯铆钉（30级）的形式（图7-227）
2. 开口型沉头抽芯铆钉（30级）的尺寸（表7-284）

7.6.29 开口型沉头抽芯铆钉（51级）

1. 开口型沉头抽芯铆钉（51级）的形式（图7-227）

2. 开口型沉头抽芯铆钉（51级）的尺寸（表7-285）

表7-284 开口型沉头抽芯铆钉（30级）的尺寸（GB/T 12617.2—2006）

扫码查表

表7-285 开口型沉头抽芯铆钉（51级）的尺寸（GB/T 12617.4—2006）

扫码查表

7.6.30 开口型平圆头抽芯铆钉（20级、21级和22级）

1. 开口型平圆头抽芯铆钉（20级、21级和22级）形式（图7-228）

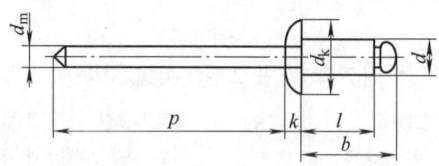

图7-228 开口型平圆头抽芯铆钉

2. 开口型平圆头抽芯铆钉（20级、21级和22级）的尺寸（表7-286）

7.6.31 开口型平圆头抽芯铆钉（40级和41级）

1. 开口型平圆头抽芯铆钉（40级和41级）的形式（图7-228）

2. 开口型平圆头抽芯铆钉（40级和41级）的尺寸（表7-287）

表7-286 开口型平圆头抽芯铆钉（20级、21级和22级）的尺寸（GB/T 12618.5—2006）

扫码查表

表7-287 开口型平圆头抽芯铆钉（40级和41级）的尺寸（GB/T 12618.6—2006）

扫码查表

7.6.32 扁圆头击芯铆钉

1. 扁圆头击芯铆钉的形式（图7-229）

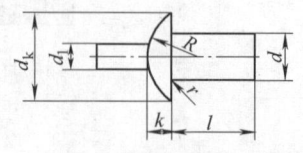 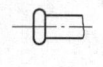

允许制造的钉芯形式

图7-229 扁圆头击芯铆钉

2. 扁圆头击芯铆钉的尺寸（表7-288）

表 7-288　扁圆头击芯铆钉的尺寸（GB/T 15855.1—1995）（单位：mm）

d	公称	3	4	5	(6)	6.4
	min	2.94	3.92	4.92	5.92	6.32
	max	3.06	4.08	5.08	6.08	6.48
d_k	max	6.24	8.29	9.89	12.35	13.29
	min	5.76	7.71	9.31	11.65	12.71
k	max	1.4	1.7	2	2.4	3
d_1	参考	1.8	2.18	2.8	3.6	3.8
R	≈	5	6.8	8.7	9.3	9.3
r	max	0.5			0.7	

l							
公称	min	max					
6	5.5	6.5					
7	6.5	7.5					
8	7.5	8.5					
9	8.5	9.5					
10	9.5	10.5					
(11)	10.5	11.5	商				
12	11.5	12.5					
(13)	12.5	13.5					
14	13.5	14.5					
(15)	14.5	15.5		品			
16	15.5	16.5					
(17)	16.5	17.5					
18	17.5	18.5					
(19)	18.5	19.5			规		
20	19.5	20.5					
(21)	20.5	21.5					
22	21.5	22.5					
(23)	22.5	23.5				格	
24	23.5	24.5					
(25)	24.5	25.5					
26	25.5	26.5					范
(27)	26.5	27.5					
28	27.5	28.5					
(29)	28.5	29.5					围
30	29.5	30.5					
(31)	30.5	31.5					
32	31.5	32.5					
(33)	32.5	33.5					
34	33.5	34.5					
(35)	34.5	35.5					
36	35.5	36.5					
(37)	36.5	37.5					
38	37.5	38.5					
(39)	38.5	39.5					
40	39.5	40.5					
(41)	40.5	41.5					
42	41.5	42.5					
(43)	42.5	43.5					
44	43.5	44.5					
(45)	44.5	45.5					

注：尽可能不采用括号内的规格。

7.6.33 沉头击芯铆钉

1. 沉头击芯铆钉的形式（图 7-230）

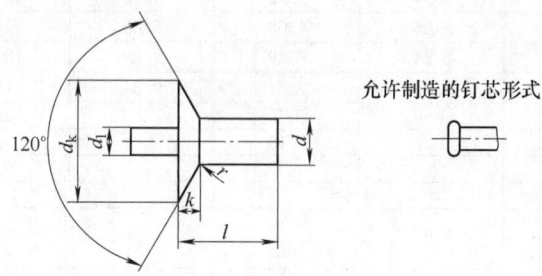

图 7-230　沉头击芯铆钉

2. 沉头击芯铆钉的尺寸（表 7-289）

表 7-289　沉头击芯铆钉的尺寸（GB/T 15855.2—1995）　（单位：mm）

d	公称	3	4	5	(6)	6.4
	min	2.94	3.92	4.92	5.92	6.32
	max	3.06	4.08	5.08	6.08	6.48
d_k	max	6.24	8.29	9.89	12.35	13.29
	min	5.76	7.71	9.31	11.65	12.71
k	≈	1.4	1.7	2	2.4	3
d_1	参考	1.8	2.18	2.8	3.6	3.8
r	max	0.5	0.5	0.5	0.7	0.7
l 公称	min	max				
6	5.5	6.5				
7	6.5	7.5				
8	7.5	8.5				
9	8.5	9.5				
10	9.5	10.5				
(11)	10.5	11.5	商			
12	11.5	12.5				
(13)	12.5	13.5				
14	13.5	14.5	品			
(15)	14.5	15.5				
16	15.5	16.5				
(17)	16.5	17.5		规		
18	17.5	18.5				
(19)	18.5	19.5				
20	19.5	20.5			格	
(21)	20.5	21.5				
22	21.5	22.5				
(23)	22.5	23.5				范

公称	l min	l max					
24	23.5	24.5					
(25)	24.5	25.5					
26	25.5	26.5					围
(27)	26.5	27.5					
28	27.5	28.5					
(29)	28.5	29.5					
30	29.5	30.5					
(31)	30.5	31.5					
32	31.5	32.5					
(33)	32.5	33.5					
34	33.5	34.5					
(35)	34.5	35.5					
36	35.5	36.5					
(37)	36.5	37.5					
38	37.5	38.5					
(39)	38.5	39.5					
40	39.5	40.5					
(41)	40.5	41.5					
42	41.5	42.5					
(43)	42.5	43.5					
44	43.5	44.5					
(45)	44.5	45.5					

注：尽可能不采用括号内的规格。

7.6.34 标牌铆钉

1. 标牌铆钉的形式（图 7-231）

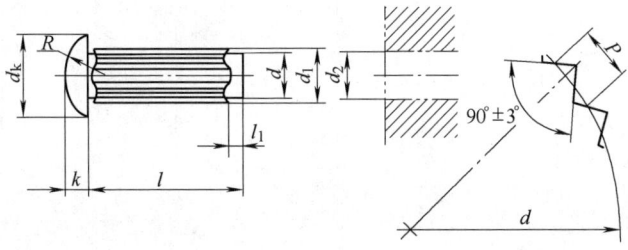

图 7-231 标牌铆钉

2. 标牌铆钉的尺寸（表7-290）

表7-290　标牌铆钉的尺寸（GB/T 827—1986）　　　　（单位：mm）

d	公称	(1.6)	2	2.5	3	4	5
d_k	max	3.2	3.74	4.84	5.54	7.39	9.09
	min	2.8	3.26	4.36	5.06	6.81	8.51
k	max	1.2	1.4	1.8	2.0	2.6	3.2
	min	0.8	1.0	1.4	1.6	2.2	2.8
d_1	min	1.75	2.15	2.65	3.15	4.15	5.15
P	≈	0.72	0.70	0.72	0.72	0.84	0.92
l_1		1	1	1	1	1.5	1.5
R	≈	1.6	1.9	2.5	2.9	3.8	4.7
d_2	max	1.56	1.96	2.46	2.96	3.96	4.96
（推荐）	min	1.5	1.9	2.4	2.9	3.9	4.9

注：尽可能不采用括号内的规格。

3. 标牌铆钉的规格（表7-291）

表7-291　标牌铆钉的规格（GB/T 827—1986）　　　　（单位：mm）

	l		d					
公称	min	max	(1.6)	2	2.5	3	4	5
3	2.8	3.2		商品				
4	3.76	4.24						
5	4.76	5.24			规格			
6	5.76	6.24						
8	7.71	8.29				范围		
10	9.71	10.29						
12	11.65	12.35						
15	14.65	15.35						
18	17.65	18.35						
20	19.58	20.42						

注：尽可能不采用括号内的规格。

第 8 章 传 动 件

8.1 轴承

8.1.1 滚动轴承代号方法

轴承代号由基本代号、前置代号和后置代号构成。

1. 基本代号

基本代号表示轴承的基本类型、结构和尺寸,是轴承代号的基础。

(1) 滚动轴承(滚针轴承除外)的基本代号　由轴承类型代号、尺寸系列代号、内径代号构成,排列如表 8-1 所示。

表 8-1　基本代号的排列(GB/T 272—2017)

轴承代号				
前置代号	基本代号			后置代号
	类型代号	轴承系列	内径代号	
		尺寸系列代号		
		宽度(或高度)系列代号	直径系列代号	

1) 轴承类型代号用数字或字母如表 8-2 所示。

表 8-2　轴承类型代号用数字或字母(GB/T 272—2017)

代号	轴承类型	代号	轴承类型
0	双列角接触球轴承	7	角接触球轴承
1	调心球轴承	8	推力圆柱滚子轴承
2	调心滚子轴承和推力调心滚子轴承	N	圆柱滚子轴承
3	圆锥滚子轴承		双列或多列用字母 NN 表示
4	双列深沟球轴承	U	外球面球轴承
5	推力球轴承	QJ	四点接触球轴承
6	深沟球轴承	C	长弧面滚子轴承(圆环轴承)

注:在代号后或前加字母或数字表示该类轴承中的不同结构。

2) 尺寸系列代号由轴承的宽(高)度系列代号和直径系列代号组合而成。向心轴承、推力轴承尺寸系列代号如表 8-3 所示。

表 8-3　向心轴承、推力轴承尺寸系列代号（GB/T 272—2017）

直径系列代号	向心轴承								推力轴承			
	宽度系列代号								高度系列代号			
	8	0	1	2	3	4	5	6	7	9	1	2
	尺寸系列代号											
7	—	—	17	—	37	—	—	—	—	—	—	—
8	—	08	18	28	38	48	58	68	—	—	—	—
9	—	09	19	29	39	49	59	69	—	—	—	—
0	—	00	10	20	30	40	50	60	70	90	10	—
1	—	01	11	21	31	41	51	61	71	91	11	—
2	82	02	12	22	32	42	52	62	72	92	12	22
3	83	03	13	23	33	—	—	—	73	93	13	23
4	—	04	—	24	—	—	—	—	74	94	14	24
5	—	—	—	—	—	—	—	—	—	95	—	—

3) 常用的轴承类型及组合代号如表 8-4 所示。

表 8-4　常用的轴承类型及组合代号（GB/T 272—2017）

轴承类型	简图	类型代号	尺寸系列代号	轴承系列代号	标准号
双列角接触球轴承		(0)	32	32	GB/T 296
			33	33	
调心球轴承		1	39	139	GB/T 281
		1	(1) 0	10	
		1	30	130	
		1	(0) 2	12	
		(1)	22	22	
		1	(0) 3	13	
		(1)	23	23	
调心滚子轴承		2	38	238	GB/T 288
			48	248	
			39	239	
			49	249	
			30	230	
			40	240	
			31	231	
			41	241	
			22	222	
			32	232	
			03①	213	
			23	223	

（续）

轴承类型		简图	类型代号	尺寸系列代号	轴承系列代号	标准号
推力调心滚子轴承			2	92	292	GB/T 5859
				93	293	
				94	294	
圆锥滚子轴承			3	29	329	GB/T 297
				20	320	
				30	330	
				31	331	
				02	302	
				22	322	
				32	332	
				03	303	
				13	313	
				23	323	
双列深沟球轴承			4	(2) 2	42	—
				(2) 3	43	
推力球轴承	推力球轴承		5	11	511	GB/T 301
				12	512	
				13	513	
				14	514	
	双向推力球轴承		5	22	522	GB/T 301
				23	523	
				24	524	
	带球面座圈的推力球轴承		5	12[②]	532	GB/T 28697
				13[②]	533	
				14[②]	534	
	带球面座圈的双向推力球轴承		5	22[③]	542	
				23[③]	543	
				24[③]	544	
深沟球轴承			6	17	617	GB/T 276
				37	637	
				18	618	
				19	619	
			16	(0) 0	160	
			6	(1) 0	60	
				(0) 2	62	
				(0) 3	63	
				(0) 4	64	

(续)

轴承类型		简图	类型代号	尺寸系列代号	轴承系列代号	标准号
角接触球轴承			7	18	718	GB/T 292
				19	719	
				(1) 0	70	
				(0) 2	72	
				(0) 3	73	
				(0) 4	74	
推力圆柱滚子轴承			8	11	811	GB/T 4663
				12	812	
圆柱滚子轴承	外圈无挡边圆柱滚子轴承		N	10	N 10	GB/T 283
				0 (2)	N 2	
				22	N 22	
				(0) 3	N 3	
				23	N 23	
				(0) 4	N 4	
	内圈无挡边圆柱滚子轴承		NU	10	NU 10	
				(0) 2	NU 2	
				22	NU 22	
				(0) 3	NU 3	
				23	NU 23	
				(0) 4	NU 4	
	内圈单挡边圆柱滚子轴承		NJ	(0) 2	NJ 2	
				22	NJ 22	
				(0) 3	NJ 3	
				23	NJ 23	
				(0) 4	NJ 4	
	内圈单挡边并带平挡圈圆柱滚子轴承		NUP	(0) 2	NUP 2	
				22	NUP 22	
				(0) 3	NUP 3	
				23	NUP 23	
				(0) 4	NUP 4	
	外圈单挡边圆柱滚子轴承		NF	(0) 2	NF 2	
				(0) 3	NF 3	
				23	NF23	

(续)

轴承类型		简图	类型代号	尺寸系列代号	轴承系列代号	标准号
圆柱滚子轴承	双列圆柱滚子轴承		NN	49	NN 49	GB/T 285
				30	NN 30	
	内圈无挡边双列圆柱滚子轴承		NNU	49	NNU 49	GB/T 285
				41	NNU 41	
外球面球轴承	带顶丝外球面球轴承		UC	2	UC 2	GB/T 3882
				3	UC 3	
	带偏心套外球面球轴承		UEL	2	UEL 2	
				3	UEL 3	
	圆锥孔外球面球轴承		UK	2	UK 2	
				3	UK 3	
四点接触球轴承			QJ	(0) 2	QJ 2	GB/T 294
				(0) 3	QJ 3	
				10	QJ 10	
长弧面滚子轴承			C	29	C 29	—
				39	C 39	
				49	C 49	
				59	C 59	
				69	C 69	
				30	C 30	
				40	C 40	
				50	C 50	
				60	C 60	
				31	C 31	
				41	C 41	
				22	C 22	
				32	C 32	

注：括号中的数字表示在组合代号中省略。
① 尺寸系列实为03，用13表示。
② 尺寸系列实为12、13、14，分别用32、33、34表示。
③ 尺寸系列实为22、23、24，分别用42、43、44表示。

4）表示轴承公称内径的内径代号如表8-5所示。

表 8-5 表示轴承公称内径的内径代号（GB/T 272—2017）

轴承公称内径/mm		内径代号	示　　　例
0.6~10（非整数）		用公称内径毫米数直接表示，在其与尺寸系列代号之间用"/"分开	深沟球轴承　617/0.6　d = 0.6mm 深沟球轴承　618/2.5　d = 2.5mm
1~9（整数）		用公称内径毫米数直接表示，对深沟及角接触球轴承直径系列 7、8、9，内径与尺寸系列代号之间用"/"分开	深沟球轴承　625　d = 5mm 深沟球轴承　618/5　d = 5mm 角接触球轴承　707　d = 7mm 角接触球轴承　719/7　d = 7mm
10~17	10	00	深沟球轴承　6200　d = 10mm
	12	01	调心球轴承　1201　d = 12mm
	15	02	圆柱滚子轴承　NU 202　d = 15mm
	17	03	推力球轴承　51103　d = 17mm
20~480（22、28、32 除外）		公称内径除以 5 的商数，商数为个位数，需在商数左边加"0"，如 08	调心滚子轴承　22308　d = 40mm 圆柱滚子轴承　NU 1096　d = 480mm
≥500 以及 22、28、32		用公称内径毫米数直接表示，但在与尺寸系列之间用"/"分开	调心滚子轴承　230/500　d = 500mm 深沟球轴承　62/22　d = 22mm

（2）滚针轴承基本代号　其基本代号由轴承类型代号和表示轴承配合安装特征的尺寸构成，如表 8-6 所示。

表 8-6 滚针轴承基本代号的排列（GB/T 272—2017）

轴承类型		简　　图	类型代号	配合安装特征尺寸表示		轴承基本代号	标准号
滚针和保持架组件	向心滚针和保持架组件		K	$F_w \times E_w \times B_c$		$KF_w \times E_w \times B_c$	GB/T 20056
	推力滚针和保持架组件		AXK	$d_c D_c$①		AXK $d_c D_c$	GB/T 4605
滚针轴承	滚针轴承		NA	用尺寸系列代号和内径代号表示		NA 4800 NA 4900 NA 6900	GB/T 5801
				尺寸系列代号 48 49 69	内径代号按表 8-9②的规定		
	开口型冲压外圈滚针轴承		HK	$F_w C$①		HK $F_w C$	GB/T 290
	封口型冲压外圈滚针轴承		BK	$F_w C$①		BK $F_w C$	

① 尺寸直接用毫米数表示时，如是个位数，应在其左边加"0"，如 8mm 用 08 表示。
② 内径代号除 d < 10mm 用 "/实际公称毫米数" 表示外，其余按表 8-9。

2. 前置、后置代号

（1）前置代号 前置代号用字母表示，其含义如表 8-7 所示。

表 8-7 前置代号用字母及其含义（GB/T 272—2017）

代号	含 义	示 例
L	可分离轴承的可分离内圈或外圈	LNU 207，表示 NU 207 轴承的内圈 LN 207，表示 N 207 轴承的外圈
LR	带可分离内圈或外圈与滚动体的组件	—
R	不带可分离内圈或外圈的组件 （滚针轴承仅适用于 NA 型）	RNU 207，表示 NU 207 轴承的外圈和滚子组件 RNA 6904，表示无内圈的 NA 6904 滚针轴承
K	滚子和保持架组件	K 81107，表示无内圈和外圈的 81107 轴承
WS	推力圆柱滚子轴承轴圈	WS 81107
GS	推力圆柱滚子轴承座圈	GS 81107
F	带凸缘外圈的向心球轴承（仅适用于 $d \leqslant$ 10mm）	F 618/4
FSN	凸缘外圈分离型微型角接触球轴承（仅适用于 $d \leqslant$ 10mm）	FSN 719/5-Z
KIW -	无座圈的推力轴承组件	KIW-51108
KOW -	无轴圈的推力轴承组件	KOW-51108

（2）后置代号 后置代号用字母（或加数字）表示。

1）后置代号数字含义如表 8-8 所示。

表 8-8 后置代号数字含义（GB/T 272—2017）

组别	1	2	3	4	5	6	7	8	9
含义	内部结构	密封与防尘与外部形状	保持架及其材料	轴承零件材料	公差等级	游隙	配置	振动及噪声	其他

2）后置代号中内部结构代号如表 8-9 所示。

表 8-9 内部结构代号（GB/T 272—2017）

代号	含 义	示例
A	无装球缺口的双列角接触或深沟球轴承	3205 A
	滚针轴承外圈带双锁圈（$d > 9$mm，$F_w > 12$mm）	—
	套圈直滚道的深沟球轴承	—
AC	角接触球轴承 公称接触角 $\alpha = 25°$	7210 AC
B	角接触球轴承 公称接触角 $\alpha = 40°$	7210B
	圆锥滚子轴承 接触角加大	32310 B
C	角接触球轴承 公称接触角 $\alpha = 15°$	7005C
	调心滚子轴承 C 型 调心滚子轴承设计改变，内圈无挡边，活动中挡圈，冲压保持架，对称型滚子，加强型	23122 C

（续）

代号	含义	示例
CA	C 型调心滚子轴承，内圈带挡边，活动中挡圈，实体保持架	23084 CA/W33
CAB	CA 型调心滚子轴承，滚子中部穿孔，带柱销式保持架	—
CABC	CAB 型调心滚子轴承，滚子引导方式有改进	—
CAC	CA 型调心滚子轴承，滚子引导方式有改进	22252 CACK
CC	C 型调心滚子轴承，滚子引导方式有改进 注：CC 还有第二种解释，见表 8-15	22205 CC
D	部分式轴承	K 50×55×20 D
E	加强型[①]	NU 207E
ZW	滚针保持架组件　双列	K 20×25×40 ZW

① 加强型，即内部结构设计改进，增大轴承承载能力。

3）后置代号中密封、防尘与外部形状变化代号及含义如表 8-10 所示。

表 8-10　密封、防尘与外部形状变化代号及含义（GB/T 272—2017）

代号	含义	示例
D	双列角接触球轴承，双内圈	3307 D
D	双列圆锥滚子轴承，无内隔圈，端面不修磨	
D1	双列圆锥滚子轴承，无内隔圈，端面修磨	
DC	双列角接触球轴承，双外圈	3924-2KDC
DH	有两个座圈的单向推力轴承	
DS	有两个轴圈的单向推力轴承	
-FS	轴承一面带毡圈密封	6203-FS
-2FS	轴承两面带毡圈密封	6206-2FSWB
K	圆锥孔轴承　锥度为 1∶12（外球面球轴承除外）	1210K，锥度为 1∶12 代号为 1210 的圆锥孔调心球轴承
K30	圆锥孔轴承　锥度为 1∶30	24122 K30，锥度为 1∶30 代号为 24122 的圆锥孔调心滚子轴承
-2K	双圆锥孔轴承，锥度为 1∶12	QF 2308-2K
L	组合轴承带加长阶梯形轴圈	ZARN 1545 L
-LS	轴承一面带骨架式橡胶密封圈（接触式，套圈不开槽）	—
-2LS	轴承两面带骨架式橡胶密封圈（接触式，套圈不开槽）	NNF 5012-2LSNV
N	轴承外圈上有止动槽	6210 N
NR	轴承外圈上有止动槽，并带止动环	6210 NR
N1	轴承外圈有一个定位槽口	
N2	轴承外圈有两个或两个以上的定位槽口	
N4	N + N2　定位槽口和止动槽不在同一侧	
N6	N + N2　定位槽口和止动槽在同一侧	

(续)

代号	含 义	示例
P	双半外圈的调心滚子轴承	—
PP	轴承两面带软质橡胶密封圈	NATR 8 PP
PR	同P，两半外圈间有隔圈	—
-2PS	滚轮轴承，滚轮两端为多片卡簧式密封	—
R	轴承外圈有止动挡边（凸缘外圈）（不适用于内径小于10mm的向心球轴承）	30307 R
-RS	轴承一面带骨架式橡胶密封圈（接触式）	6210-RS
-2RS	轴承两面带骨架式橡胶密封圈（接触式）	6210-2RS
-RSL	轴承一面带骨架式橡胶密封圈（轻接触式）	6210-RSL
-2RSL	轴承两面带骨架式橡胶密封圈（轻接触式）	6210-2RSL
-RSZ	轴承一面带骨架式橡胶密封圈（接触式）、一面带防尘盖	6210-RSZ
-RZZ	轴承一面带骨架式橡胶密封圈（非接触式）、一面带防尘盖	6210-RZZ
-RZ	轴承一面带骨架式橡胶密封圈（非接触式）	6210-RZ
-2RZ	轴承两面带骨架式橡胶密封圈（非接触式）	6210-2RZ
S	轴承外圈表面为球面（外球面球轴承和滚轮轴承除外）	—
	游隙可调（滚针轴承）	NA 4906 S
SC	带外罩向心轴承	—
SK	螺栓型滚轮轴承，螺栓轴端部有内六角盲孔	—
U	推力球轴承　带调心座垫圈	53210 U
WB	宽内圈轴承（双面宽）	—
WB1	宽内圈轴承（单面宽）	—
WC	宽外圈轴承	—
X	滚轮轴承外圈表面为圆柱面	KR 30 X NUTR 30 X
Z	带防尘罩的滚针组合轴承	NK 25 Z
	带外罩的滚针和满装推力球组合轴承（脂润滑）	—
-Z	轴承一面带防尘盖	6210-Z
-2Z	轴承两面带防尘盖	6210-2Z
-ZN	轴承一面带防尘盖，另一面外圈有止动槽	6210-ZN
-2ZN	轴承两面带防尘盖，外圈有止动槽	6210-2ZN
-ZNB	轴承一面带防尘盖，同一面外圈有止动槽	6210-ZNB
-ZNR	轴承一面带防尘盖，另一面外圈有止动槽并带止动环	6210-ZNR
ZH	推力轴承，座圈带防尘罩	—
ZS	推力轴承，轴圈带防尘罩	—

注：1. 密封圈代号与防尘盖代号同样可以与止动槽代号进行多种组合。
　　2. 对螺栓型滚轮轴承，滚轮两端为多片卡簧式密封，螺栓轴端部有内六角盲孔，后置代号可简化为-2PSK。

4）后置代号中保持架代号如表8-11所示。

表 8-11 后置代号中保持架代号 (GB/T 272—2017)

代号		含 义	代号		含 义
保持架材料	F	钢、球墨铸铁或粉末冶金实体保持架	保持架结构形式及表面处理	A	外圈引导
				B	内圈引导
	J	钢板冲压保持架		C	有镀层的保持架（C1——镀银）
	L	轻合金实体保持架		D	碳氮共渗保持架
	M	黄铜实体保持架		D1	渗碳保持架
	Q	青铜实体保持架		D2	渗氮保持架
	SZ	保持架由弹簧丝或弹簧制造		D3	低温碳氮共渗保持架
	T	酚醛层压布管实体保持架		E	磷化处理保持架
	TH	玻璃纤维增强酚醛树脂保持架（筐型）		H	自锁兜孔保持架
				P	由内圈或外圈引导的拉孔或冲孔的窗形保持架
	TN	工程塑料模注保持架			
	Y	铜板冲压保持架		R	铆接保持架（用于大型轴承）
	ZA	锌铝合金保持架		S	引导面有润滑槽
无保持架	V	满装滚动体		W	焊接保持架

注：保持架结构形式及表面处理的代号只能与保持架材料代号结合使用。

5) 材料代号如表 8-12 所示。

表 8-12 材料代号 (GB/T 272—2017)

代号	含 义	示例
/CS	轴承零件采用碳素结构钢制造	—
/HC	套圈和滚动体或仅是套圈由渗碳轴承钢（/HC 表示 G20Cr2Ni4A；/HC1 表示 G20Cr2Mn2MoA；/HC2 表示 15Mn）制造	—
/HE	套圈和滚动体由电渣重熔轴承钢 GCr15Z 制造	6204/HE
/HG	套圈和滚动体或仅是套圈由其他轴承钢（/HG 表示 5CrMnMo；/HG1 表示 55SiMoVA）制造	—
/HN	套圈、滚动体由高温轴承钢（/HN 表示 Cr4Mo4V；/HN1 表示 Cr14Mo4；/HN2 表示 Cr15Mo4V；/HN3 表示 W18Cr4V）制造	NU 208/HN
/HNC	套圈和滚动体由高温渗碳轴承钢 G13Cr4Mo4 Ni4V 制造	—
/HP	套圈和滚动体由铍青铜或其他防磁材料制造	—
/HQ	套圈和滚动体由非金属材料（/HQ 表示塑料；/HQ1 表示陶瓷）制造	—
/HU	套圈和滚动体由 1Cr18Ni9Ti 不锈钢制造	6004/HU
/HV	套圈和滚动体由可淬硬不锈钢（/HV 表示 G95Cr18；/HV1 表示 G102Cr18Mo）制造	6014/HV

6) 后置代号中公差等级代号如表 8-13 所示。

表 8-13 公差等级代号 (GB/T 272—2017)

代号	含 义	示例
/PN	公差等级符合标准规定的普通级，代号中省略不表示	6203
/P6	公差等级符合标准规定的 6 级	6203/P6
/P6X	公差等级符合标准规定的 6X 级	30210/P6X

(续)

代号	含义	示例
/P5	公差等级符合标准规定的 5 级	6203/P5
/P4	公差等级符合标准规定的 4 级	6203/P4
/P2	公差等级符合标准规定的 2 级	6203/P2
/SP	尺寸精度相当于 5 级，旋转精度相当于 4 级	234420/SP
/UP	尺寸精度相当于 4 级，旋转精度高于 4 级	234730/UP

7）后置代号中游隙代号如表 8-14 所示。

表 8-14　游隙代号（GB/T 272—2017）

代号	含义	示例
/C2	游隙符合标准规定的 2 组	6210/C2
/CN	游隙符合标准规定的 N 组，代号中省略不表示	6210
/C3	游隙符合标准规定的 3 组	6210/C3
/C4	游隙符合标准规定的 4 组	NN 3006 K/C4
/C5	游隙符合标准规定的 5 组	NNU 4920 K/C5
/CA	公差等级为 SP 和 UP 的机床主轴用圆柱滚子轴承径向游隙	—
/CM	电机深沟球轴承游隙	6204-2RZ/P6CM
/CN	N 组游隙，/CN 与字母 H、M 和 L 组合，表示游隙范围减半，或与 P 组合，表示游隙范围偏移，如： /CNH 表示 N 组游隙减半，相当于 N 组游隙范围的上半部 /CNL 表示 N 组游隙减半，相当于 N 组游隙范围的下半部 /CNM 表示 N 组游隙减半，相当于 N 组游隙范围的中部 /CNP 表示偏移的游隙范围，相当于 N 组游隙范围的上半部及 3 组游隙范围的下半部组成	—
/C9	轴承游隙不同于现标准	6205-2RS/C9

8）后置代号中配置代号如表 8-15 所示。

表 8-15　配置代号（GB/T 272—2017）

代号		含义	示例
/DB		成对背靠背安装	7210 C/DB
/DF		成对面对面安装	32208/DF
/DT		成对串联安装	7210 C/DT
配置组中轴承数目	/D	两套轴承	配置组中轴承数目和配置中轴承排列可以组合成多种配置方式，如： 1）成对配置的/DB、/DF、/DT 2）三套配置的/TBT、/TFT、/TT 3）四套配置的/QBC、/QFC、/QT、/QBT、/QFT 等 7210 C/TFT 表示接触角 $\alpha = 15°$ 的角接触球轴承 7210C，三套配置，两套串联和一套面对面 7210 C/PT 表示接触角 $\alpha = 15°$ 的角接触球轴承 7210C，五套串联配置 7210 AC/QBT 表示接触角 $\alpha = 25°$ 的角接触球轴承 7210 AC，四套成组配置，三套串联和一套背对背
	/T	三套轴承	
	/Q	四套轴承	
	/P	五套轴承	
	/S	六套轴承	
配置中轴承排列	B	背对背	
	F	面对面	
	T	串联	
	G	万能组配	
	BT	背对背和串联	
	FT	面对面和串联	
	BC	成对串联的背对背	
	FC	成对串联的面对面	

(续)

代号		含义	示例
预载荷	G	特殊预紧，附加数字直接表示预紧的大小（单位为N）用于角接触球轴承时，"G"可省略	7210 C/G325 表示接触角 $\alpha = 15°$ 的角接触球轴承 7210 C，特殊预载荷为 325N
	GA	轻预紧，预紧值较小（深沟及角接触球轴承）	7210 C/DBGA 表示接触角 $\alpha = 15°$ 的角接触球轴承 7210 C，成对背对背配置，有轻预紧
	GB	中预排，预紧值大于GA（深沟及角接触球轴承）	—
	GC	重预紧，预紧值大于GB（深沟及角接触球轴承）	—
	R	径向载荷均匀分配	NU 210/QTR 表示圆柱滚子轴承 NU210，四套配置，均匀预紧
轴向游隙	CA	轴向游隙较小（深沟及角接触球轴承）	—
	CB	轴向游隙大于CA（深沟及角接触球轴承）	—
	CC	轴向游隙大于CB（深沟及角接触球轴承）	—
	CG	轴向游隙为零（圆锥滚子轴承）	—

9）后置代号中其他特性代号如表 8-16 所示。

表 8-16 其他特性代号（GB/T 272—2017）

代号		含义	示例
工作温度	/S0	轴承套圈经过高温回火处理，工作温度可达 150℃	N 210/S0
	/S1	轴承套圈经过高温回火处理，工作温度可达 200℃	NUP 212/S1
	/S2	轴承套圈经过高温回火处理，工作温度可达 250℃	NU 214/S2
	/S3	轴承套圈经过高温回火处理，工作温度可达 300℃	NU 308/S3
	/S4	轴承套圈经过高温回火处理，工作温度可达 350℃	NU 214/S4
摩擦力矩	/T	对启动力矩有要求的轴承，后接数字表示启动力矩	—
	/RT	对转动力矩有要求的轴承，后接数字表示转动力矩	—
润滑	/W20	轴承外圈上有三个润滑油孔	—
	/W26	轴承内圈上有六个润滑油孔	—
	/W33	轴承外圈上有润滑油槽和三个润滑油孔	23120 CC/W33
	/W33X	轴承外圈上有润滑油槽和六个润滑油孔	—
	W513	W26 + W33	—
	W518	W20 + W26	—
	/AS	外圈有油孔，附加数字表示油孔数（滚针轴承）	HK 2020/AS1
	/IS	内圈有油孔，附加数字表示油孔数（滚针轴承）	NAO 17×30×13/IS1
	/ASR	外圈有润滑油孔和沟槽	NAO 15×28×13/ASR
	/ISR	内圈有润滑油孔和沟槽	—

(续)

代号		含义	示例
润滑脂	/HT	轴承内充特殊高温润滑脂,当轴承内润滑脂的装填量和标准值不同时附加字母表示 A 表示润滑脂的装填量少于标准值 B 表示润滑脂的装填量多于标准值 C 表示润滑脂的装填量多于 B（充满）	NA 6909/ISR/HT
	/LT	轴承内充特殊低温润滑脂	—
	/MT	轴承内充特殊中温润滑脂	—
	/LHT	轴承内充特殊高、低温润滑脂	—
表面涂层	/VL	套圈表面带涂层	—
其他	/Y	Y 和另一个字母（如 YA、YB）组合用来识别无法用现有后置代号表达的非成系列的改变,凡轴承代号中有 Y 的后置代号,应查阅图样或补充技术条件以便了解其改变的具体内容 YA 表示结构改变（综合表达） YB 表示技术条件改变（综合表达）	

8.1.2 调心球轴承

1. 调心球轴承的形式（图 8-1）

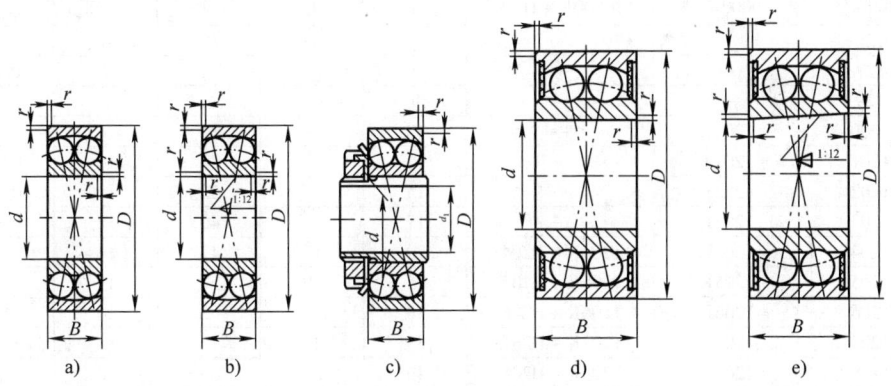

图 8-1 调心球轴承

a）圆柱孔调心球轴承 10000 型　b）圆锥孔调心球轴承 10000K 型
c）带紧定套的调心球轴承 10000K + H 型
d）两面带密封圈的圆柱孔调心球轴承 10000 - 2RS 型
e）两面带密封圈的圆锥孔调心球轴承 10000K - 2RS 型

d—轴承公称内径　d_1—紧定套公称内径　D—轴承公称外径　B—轴承公称宽度
r—轴承内外圈公称倒角尺寸

2. 调心球轴承的尺寸（表 8-17 ~ 表 8-23）

表 8-17　39 系列调心球轴承的尺寸（GB/T 281—2013）（单位：mm）

轴承型号	外形尺寸			
	d	D	B	r_{smin}[①]
13940	200	280	60	2.1
13994	220	300	60	2.1
13948	240	320	60	2.1

① 最大倒角尺寸规定在 GB/T 274 中。

表 8-18　10 系列调心球轴承的尺寸（GB/T 281—2013）（单位：mm）

轴承型号	外形尺寸			
	d	D	B	r_{smin}[①]
108	8	22	7	0.3

① 最大倒角尺寸规定在 GB/T 274 中。

表 8-19　30 系列调心球轴承的尺寸（GB/T 281—2013）（单位：mm）

轴承型号	外形尺寸			
	d	D	B	r_{smin}[①]
13030	150	225	56	2.1
13036	180	280	74	2.1

① 最大倒角尺寸规定在 GB/T 274 中。

表 8-20　02 系列调心球轴承的尺寸（GB/T 281—2013）（单位：mm）

轴承型号			外形尺寸				
10000 型	10000K 型	10000K + H 型	d	d_1	D	B	r_{smin}[①]
126	—	—	6	—	19	6	0.3
127	—	—	7	—	22	7	0.3
129	—	—	9	—	26	8	0.3
1200	1200K	—	10	—	30	9	0.6
1201	1201K	—	12	—	32	10	0.6
1202	1202K	—	15	—	35	11	0.6
1203	1203K	—	17	—	40	12	0.6
1204	1204K	1204K + H204	20	17	47	14	1
1205	1205K	1205K + H205	25	20	52	15	1
1206	1206K	1206K + H206	30	25	62	16	1
1207	1207K	1207K + H207	35	30	72	17	1.1
1208	1208K	1208K + H208	40	35	80	18	1.1
1209	1209K	1209K + H209	45	40	85	19	1.1
1210	1210K	1210K + H210	50	45	90	20	1.1
1211	1211K	1211K + H211	55	50	100	21	1.5
1212	1212K	1212K + H212	60	55	110	22	1.5
1213	1213K	1213K + H213	65	60	120	23	1.5
1214	1214K	1214K + H214	70	60	125	24	1.5
1215	1215K	1215K + H215	75	65	130	25	1.5
1216	1216K	1216K + H216	80	70	140	26	2
1217	1217K	1217K + H217	85	75	150	28	2
1218	1218K	1218K + H218	90	80	160	30	2

（续）

轴承型号			外形尺寸				r_{smin}[①]
10000 型	10000K 型	10000K + H 型	d	d_1	D	B	
1219	1219K	1219K + H219	95	85	170	32	2.1
1220	1220K	1220K + H220	100	90	180	34	2.1
1221	1221K	1221K + H221	105	95	190	36	2.1
1222	1222K	1222K + H222	110	100	200	38	2.1
1224	1224K	1224K + H3024	120	110	215	42	2.1
1226	—	—	130	—	230	46	3
1228	—	—	140	—	250	50	3

① 最大倒角尺寸规定在 GB/T 274 中。

表 8-21　22 系列调心球轴承的尺寸（GB/T 281—2013）　（单位：mm）

轴承型号[①]					外形尺寸				r_{smin}[②]
10000 型	10000-2RS 型	10000K 型	10000K-2RS 型	10000K + H 型	d	d_1	D	B	
2200	2200-2RS	—	—	—	10	—	30	14	0.6
2201	2201-2RS	—	—	—	12	—	32	14	0.6
2202	2202-2RS	2202K	—	—	15	—	35	14	0.6
2203	2203-2RS	2203K	—	—	17	—	40	16	0.6
2204	2204-2RS	2204K	—	2204K + H304	20	17	47	18	1
2205	2205-2RS	2205K	2205K-2RS	2205K + H305	25	20	52	18	1
2206	2206-2RS	2206K	2206K-2RS	2206K + H306	30	25	62	20	1
2207	2207-2RS	2207K	2207K-2RS	2207K + H307	35	30	72	23	1.1
2208	2208-2RS	2208K	2208K-2RS	2208K + H308	40	35	80	23	1.1
2209	2209-2RS	2209K	2209K-2RS	2209K + H309	45	40	85	23	1.1
2210	2210-2RS	2210K	2210K-2RS	2210K + H310	50	45	90	23	1.1
2212	2212-2RS	2212K	2212K-2RS	2212K + H312	60	55	110	28	1.5
2213	2213-2RS	2213K	2213K-2RS	2213K + H313	65	60	120	31	1.5
2214	2214-2RS	2214K	2214K-2RS	2214K + H314	70	60	125	31	1.5
2215	—	2215K	—	2215K + H315	75	65	130	31	1.5
2216	—	2216K	—	2216K + H316	80	70	140	33	2
2217	—	2217K	—	2217K + H317	85	75	150	36	2
2218	—	2218K	—	2218K + H318	90	80	160	40	2
2219	—	2219K	—	2219K + H319	95	85	170	43	2.1
2220	—	2220K	—	2220K + H320	100	90	180	46	2.1
2221	—	2221K	—	2221K + H321	105	95	190	50	2.1
2222	—	2222K	—	2222K + H322	110	100	200	53	2.1

① 类型代号"1"按 GB/T 272 的规定省略。
② 最大倒角尺寸规定在 GB/T 274 中。

表 8-22　03 系列调心球轴承的尺寸（GB/T 281—2013）　（单位：mm）

轴承型号			外形尺寸				r_{smin}[①]
10000 型	10000K 型	10000K + H 型	d	d_1	D	B	
135	—	—	5	—	19	6	0.3
1300	1300K	—	10	—	35	11	0.6
1301	1301K	—	12	—	37	12	1
1302	1302K	—	15	—	42	13	1
1303	1303K	—	17	—	47	14	1

(续)

轴承型号			外形尺寸				
10000 型	10000K 型	10000K + H 型	d	d_1	D	B	r_{smin}①
1304	1304K	1304K + H304	20	17	52	15	1.1
1305	1305K	1305K + H305	25	20	62	17	1.1
1306	1306K	1306K + H306	30	25	72	19	1.1
1307	1307K	1307K + H307	35	30	80	21	1.5
1308	1308K	1308K + H308	40	35	90	23	1.5
1309	1309K	1309K + H309	45	40	100	25	1.5
1310	1310K	1310K + H310	50	45	110	27	2
1311	1311K	1311K + H311	55	50	120	29	2
1312	1312K	1312K + H312	60	55	130	31	2.1
1313	1313K	1313K + H313	65	60	140	33	2.1
1314	1314K	1314K + H314	70	60	150	35	2.1
1315	1315K	1315K + H315	75	65	160	37	2.1
1316	1316K	1316K + H316	80	70	170	39	2.1
1317	1317K	1317K + H317	85	75	180	41	3
1318	1318K	1318K + H318	90	80	190	43	3
1319	1319K	1319K + H319	95	85	200	45	3
1320	1320K	1320K + H320	100	90	215	47	3
1321	1321K	1321K + H321	105	95	225	49	3
1322	1322K	1322K + H322	110	100	240	50	3

① 最大倒角尺寸规定在 GB/T 274 中。

表 8-23 23 系列调心球轴承的尺寸（GB/T 281—2013） （单位：mm）

轴承型号①				外形尺寸				
10000 型	10000-2RS 型	10000K 型	10000K + H 型	d	d_1	D	B	r_{smin}②
2300	—	—	—	10	—	35	17	0.6
2301	—	—	—	12	—	37	17	1
2302	2302-2RS	—	—	15	—	42	17	1
2303	2303-2RS	—	—	17	—	47	19	1
2304	2304-2RS	2304K	2304K + H2304	20	17	52	21	1.1
2305	2305-2RS	2305K	2305K + H2305	25	20	62	24	1.1
2306	2306-2RS	2306K	2306K + H2306	30	25	72	27	1.1
2307	2307-2RS	2307K	2307K + H2307	35	30	80	31	1.5

(续)

轴承型号[①]				外形尺寸				
10000 型	10000-2RS 型	10000K 型	10000K + H 型	d	d_1	D	B	r_{smin}[②]
2308	2308-2RS	2308K	2308K + H2308	40	35	90	33	1.5
2309	2309-2RS	2309K	2309K + H2309	45	40	100	36	1.5
2310	2310-2RS	2310K	2310K + H2310	50	45	110	40	2
2311	—	2311K	2311K + H2311	55	50	120	43	2
2312	—	2312K	2312K + H2312	60	55	130	46	2.1
2313	—	2313K	2313K + H2313	65	60	140	48	2.1
2314	—	2314K	2314K + H2314	70	60	150	51	2.1
2315	—	2315K	2315K + H2315	75	65	160	55	2.1
2316	—	2316K	2316K + H2316	80	70	170	58	2.1
2317	—	2317K	2317K + H2317	85	75	180	60	3
2318	—	2318K	2318K + H2318	90	80	190	64	3
2319	—	2319K	2319K + H2319	95	85	200	67	3
2320	—	2320K	2320K + H2320	100	90	215	73	3
2321	—	2321K	2321K + H2321	105	95	225	77	3
2322	—	2322K	2322K + H2322	110	100	240	80	3

① 类型代号"1"按 GB/T 272 的规定省略。
② 最大倒角尺寸规定在 GB/T 274 中。

8.1.3 推力球轴承

1. 推力球轴承的形式（图 8-2）

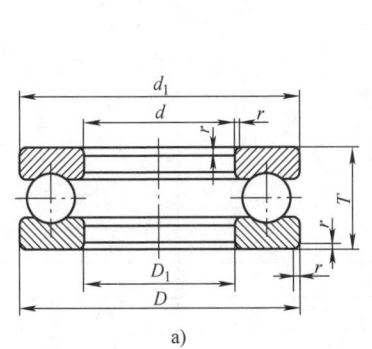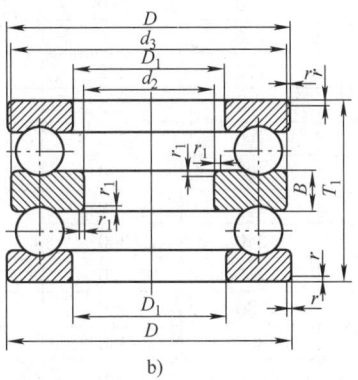

图 8-2 推力球轴承
a) 单向推力球轴承 51000 型 b) 双向推力球轴承 52000 型

2. 推力球轴承的尺寸（表 8-24 ~ 表 8-30）

表 8-24　11 系列推力球轴承的尺寸（GB/T 301—2015）　（单位：mm）

轴承型号	d	D	T	D_{1smin}	d_{1smax}	r_{smin}[①]
51100	10	24	9	11	24	0.3
51101	12	26	9	13	26	0.3
51102	15	28	9	16	28	0.3

（续）

轴承型号	d	D	T	D_{1smin}	d_{1smax}	r_{smin} [①]
51103	17	30	9	18	30	0.3
51104	20	35	10	21	35	0.3
51105	25	42	11	26	42	0.6
51106	30	47	11	32	47	0.6
51107	35	52	12	37	52	0.6
51108	40	60	13	42	60	0.6
51109	45	65	14	47	65	0.6
51110	50	70	14	52	70	0.6
51111	55	78	16	57	78	0.6
51112	60	85	17	62	85	1
51113	65	90	18	67	90	1
51114	70	95	18	72	95	1
51115	75	100	19	77	100	1
51116	80	105	19	82	105	1
51117	85	110	19	87	110	1
51118	90	120	22	92	120	1
51120	100	135	25	102	135	1
51122	110	145	25	112	145	1
51124	120	155	25	122	155	1
51126	130	170	30	132	170	1
51128	140	180	31	142	178	1
51130	150	190	31	152	188	1
51132	160	200	31	162	198	1
51134	170	215	34	172	213	1.1
51136	180	225	34	183	222	1.1
51138	190	240	37	193	237	1.1
51140	200	250	37	203	247	1.1
51144	220	270	37	223	267	1.1
51148	240	300	45	243	297	1.5
51152	260	320	45	263	317	1.5
51156	280	350	53	283	347	1.5
51160	300	380	62	304	376	2
51164	320	400	63	324	396	2
51168	340	420	64	344	416	2
51172	360	440	65	364	436	2
51176	380	460	65	384	456	2
51180	400	480	65	404	476	2
51184	420	500	65	424	495	2
51188	440	540	80	444	535	2.1
51192	460	560	80	464	555	2.1
51196	480	580	80	484	575	2.1
511/500	500	600	80	504	595	2.1

(续)

轴承型号	d	D	T	D_{1smin}	d_{1smax}	r_{smin}[①]
511/530	530	640	85	534	635	3
511/560	560	670	85	564	665	3
511/600	600	710	85	604	705	3
511/630	630	750	95	634	745	3
511/670	670	800	105	674	795	4

① 对应的最大倒角尺寸在 GB/T 274 中规定。

表 8-25 12 系列推力球轴承的尺寸（GB/T 301—2015）　　（单位：mm）

轴承型号	d	D	T	D_{1smin}	d_{1smax}	r_{smin}[①]
51200	10	26	11	12	26	0.6
51201	12	28	11	14	28	0.6
51202	15	32	12	17	32	0.6
51203	17	35	12	19	35	0.6
51204	20	40	14	22	40	0.6
51205	25	47	15	27	47	0.6
51206	30	52	16	32	52	0.6
51207	35	62	18	37	62	1
51208	40	68	19	42	68	1
51209	45	73	20	47	73	1
51210	50	78	22	52	78	1
51211	55	90	25	57	90	1
51212	60	95	26	62	95	1
51213	65	100	27	67	100	1
51214	70	105	27	72	105	1
51215	75	110	27	77	110	1
51216	80	115	28	82	115	1
51217	85	125	31	88	125	1
51218	90	135	35	93	135	1.1
51220	100	150	38	103	150	1.1
51222	110	160	38	113	160	1.1
51224	120	170	39	123	170	1.1
51226	130	190	45	133	187	1.5
51228	140	200	46	143	197	1.5
51230	150	215	50	153	212	1.5
51232	160	225	51	163	222	1.5
51234	170	240	55	173	237	1.5
51236	180	250	56	183	247	1.5
51238	190	270	62	194	267	2
51240	200	280	62	204	277	2
51244	220	300	63	224	297	2

(续)

轴承型号	d	D	T	D_{1smin}	d_{1smax}	r_{smin}[①]
51248	240	340	78	244	335	2.1
51252	260	360	79	264	355	2.1
51256	280	380	80	284	375	2.1
51260	300	420	95	304	415	3
51264	320	440	95	325	435	3
51268	340	460	96	345	455	3
51272	360	500	110	365	495	4
51276	380	520	112	385	515	4

① 对应的最大倒角尺寸在 GB/T 274 中规定。

表8-26 13系列推力球轴承的尺寸（GB/T 301—2015） （单位：mm）

轴承型号	d	D	T	D_{1smin}	d_{1smax}	r_{smin}[①]
51304	20	47	18	22	47	1
51305	25	52	18	27	52	1
51306	30	60	21	32	60	1
51307	35	68	24	37	68	1
51308	40	78	26	42	78	1
51309	45	85	28	47	85	1
51310	50	95	31	52	95	1.1
51311	55	105	35	57	105	1.1
51312	60	110	35	62	110	1.1
51313	65	115	36	67	115	1.1
51314	70	125	40	72	125	1.1
51315	75	135	44	77	135	1.5
51316	80	140	44	82	140	1.5
51317	85	150	49	88	150	1.5
51318	90	155	50	93	155	1.5
51320	100	170	55	103	170	1.5
51322	110	190	63	113	187	2
51324	120	210	70	123	205	2.1
51326	130	225	75	134	220	2.1
51328	140	240	80	144	235	2.1

(续)

轴承型号	d	D	T	$D_{1\text{min}}$	$d_{1\text{smax}}$	r_{smin}[①]
51330	150	250	80	154	245	2.1
51332	160	270	87	164	265	3
51334	170	280	87	174	275	3
51336	180	300	95	184	295	3
51338	190	320	105	195	315	4
51340	200	340	110	205	335	4
51344	220	360	112	225	355	4
51348	240	380	112	245	375	4

① 对应的最大倒角尺寸在 GB/T 274 中规定。

表 8-27　14 系列推力球轴承的尺寸（GB/T 301—2015）　（单位：mm）

轴承型号	d	D	T	$D_{1\text{min}}$	$d_{1\text{smax}}$	r_{smin}[①]
51405	25	60	24	27	60	1
51406	30	70	28	32	70	1
51407	35	80	32	37	80	1.1
51408	40	90	36	42	90	1.1
51409	45	100	39	47	100	1.1
51410	50	110	43	52	110	1.5
51411	55	120	48	57	120	1.5
51412	60	130	51	62	130	1.5
51413	65	140	56	68	140	2
51414	70	150	60	73	150	2
51415	75	160	65	78	160	2
51416	80	170	68	83	170	2.1
51417	85	180	72	88	177	2.1
51418	90	190	77	93	187	2.1
51420	100	210	85	103	205	3
51422	110	230	95	113	225	3
51424	120	250	102	123	245	4
51426	130	270	110	134	265	4
51428	140	280	112	144	275	4
51430	150	300	120	154	295	4
51432	160	320	130	164	315	5
51434	170	340	135	174	335	5
51436	180	360	140	184	355	5

① 对应的最大倒角尺寸在 GB/T 274 中规定。

表8-28　22系列双向推力球轴承的尺寸（GB/T 301—2015）

（单位：mm）

轴承型号	d_2	D	T_1	d [1]	B	d_{3smax}	D_{1smin}	r_{smin} [2]	r_{1smin} [2]
52202	10	32	22	15	5	32	17	0.6	0.3
52204	15	40	26	20	6	40	22	0.6	0.3
52205	20	47	28	25	7	47	27	0.6	0.3
52206	25	52	29	30	7	52	32	0.6	0.3
52207	30	62	34	35	8	62	37	1	0.3
52208	30	68	36	40	9	68	42	1	0.6
52209	35	73	37	45	9	73	47	1	0.6
52210	40	78	39	50	9	78	52	1	0.6
52211	45	90	45	55	10	90	57	1	0.6
52212	50	95	46	60	10	95	62	1	0.6
52213	55	100	47	65	10	100	67	1	0.6
52214	55	105	47	70	10	105	72	1	1
52215	60	110	47	75	10	110	77	1	1
52216	65	115	48	80	10	115	82	1	1
52217	70	125	55	85	12	125	88	1	1
52218	75	135	62	90	14	135	93	1.1	1
52220	85	150	67	100	15	150	103	1.1	1
52222	95	160	67	110	15	160	113	1.1	1
52224	100	170	68	120	15	170	123	1.1	1.1
52226	110	190	80	130	18	189.5	133	1.5	1.1
52228	120	200	81	140	18	199.5	143	1.5	1.1
52230	130	215	89	150	20	214.5	153	1.5	1.1
52232	140	225	90	160	20	224.5	163	1.5	1.1
52234	150	240	97	170	21	239.5	173	1.5	1.1
52236	150	250	98	180	21	249	183	1.5	2
52238	160	270	109	190	24	269	194	2	2
52240	170	280	109	200	24	279	204	2	2
52244	190	300	110	220	24	299	224	2	2

① d 对应于表8-25的单向轴承轴圈内径。

② 对应的最大倒角尺寸在GB/T 274中规定。

表 8-29 23 系列双向推力球轴承的尺寸（GB/T 301—2015）（单位：mm）

轴承型号	d_2	D	T_1	d[①]	B	d_{3smax}	D_{1smin}	r_{smin}[②]	r_{1smin}[②]
52305	20	52	34	25	8	52	27	1	0.3
52306	25	60	38	30	9	60	32	1	0.3
52037	30	68	44	35	10	68	37	1	0.3
52308	30	78	49	40	12	78	42	1	0.6
52309	35	85	52	45	12	85	47	1	0.6
52310	40	95	58	50	14	95	52	1.1	0.6
52311	45	105	64	55	15	105	57	1.1	0.6
52312	50	110	64	60	15	110	62	1.1	0.6
52313	55	115	65	65	15	115	67	1.1	0.6
52314	55	125	72	70	16	125	72	1.1	1
52315	60	135	79	75	18	135	77	1.5	1
52316	65	140	79	80	18	140	82	1.5	1
52317	70	150	87	85	19	150	88	1.5	1
52318	75	155	88	90	19	155	93	1.5	1
52320	85	170	97	100	21	170	103	1.5	1
52322	95	190	110	110	24	189.5	113	2	1
52324	100	210	123	120	27	209.5	123	2.1	1.1
52326	110	225	130	130	30	224	134	2.1	1.1
52328	120	240	140	140	31	239	144	2.1	1.1
52330	130	250	140	150	31	249	154	2.1	1.1
52332	140	270	153	160	33	269	164	3	1.1
52334	150	280	153	170	33	279	174	3	1.1
52336	150	300	165	180	37	299	184	3	2
52338	160	320	183	190	40	319	195	4	2
52340	170	340	192	200	42	339	205	4	2

① d 对应于表 8-26 的单向轴承轴圈内径。
② 对应的最大倒角尺寸在 GB/T 274 中规定。

表 8-30 24 系列双向推力球轴承的尺寸（GB/T 301—2015）（单位：mm）

轴承型号	d_2	D	T_1	d[①]	B	d_{3smax}	D_{1smin}	r_{smin}[②]	r_{1smin}[②]
52405	15	60	45	25	11	27	60	1	0.6
52406	20	70	52	30	12	32	70	1	0.6
52407	25	80	59	35	14	37	80	1.1	0.6
52408	30	90	65	40	15	42	90	1.1	0.6
52409	35	100	72	45	17	47	100	1.1	0.6
52410	40	110	78	50	18	52	110	1.5	0.6
52411	45	120	87	55	20	57	120	1.5	0.6

（续）

轴承型号	d_2	D	T_1	d[①]	B	d_{3smax}	D_{1smin}	r_{smin}[②]	r_{1smin}[②]
52412	50	130	93	60	21	62	130	1.5	0.6
52413	50	140	101	65	23	68	140	2	1
52414	55	150	107	70	24	73	150	2	1
52415	60	160	115	75	26	78	160	2	1
52416	65	170	120	80	27	83	170	2.1	1
52417	65	180	128	85	29	88	179.5	2.1	1.1
52418	70	190	135	90	30	93	189.5	2.1	1.1
52420	80	210	150	100	33	103	209.5	3	1.1
52422	90	230	166	110	37	113	229	3	1.1
52424	95	250	177	120	40	123	249	4	1.5
52426	100	270	192	130	42	134	269	4	2
52428	110	280	196	140	44	144	279	4	2
52430	120	300	209	150	46	154	299	4	2
52432	130	320	226	160	50	164	319	5	2
52434	135	340	236	170	50	174	339	5	2.1
52436	140	360	245	180	52	184	359	5	3

① d 对应于表 8-27 的单向轴承轴圈内径。
② 对应的最大倒角尺寸在 GB/T 274 中规定。

8.1.4 圆锥滚子轴承

1. 圆锥滚子轴承的形式（图 8-3）

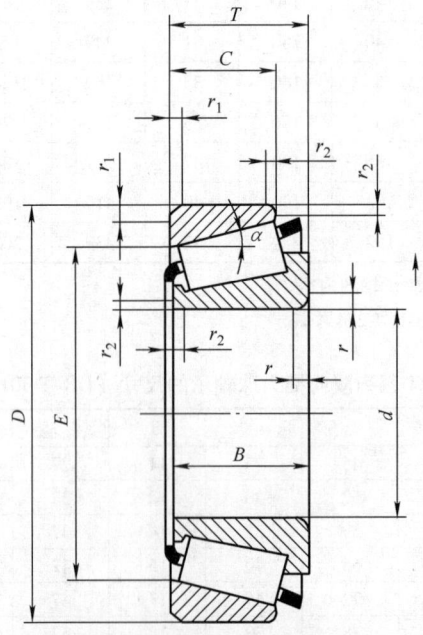

图 8-3 圆锥滚子轴承 30000 型

2. 圆锥滚子轴承的尺寸（表 8-31～表 8-40）

表 8-31　29 系列圆锥滚子轴承的尺寸（GB/T 297—2015）　（单位：mm）

轴承型号	d	D	T	B	r_{smin}①	C	r_{1smin}①	α	E	ISO尺寸系列
32904	20	37	12	12	0.3	9	0.2	12°	29.621	2BD
329/22	22	40	12	12	0.3	9	0.3	12°	32.665	2BC
32905	25	42	12	12	0.3	9	0.3	12°	34.608	2BD
329/28	28	45	12	12	0.3	9	0.3	12°	37.639	2BD
32906	30	47	12	12	0.3	9	0.3	12°	39.617	2BD
329/32	32	52	14	14	0.6	10	0.6	12°	44.261	2BD
32907	35	55	14	14	0.6	11.5	0.6	11°	47.220	2BD
32908	40	62	15	15	0.6	12	0.6	10°55′	53.388	2BC
32909	45	68	15	15	0.6	12	0.6	12°	58.852	2BC
32910	50	72	15	15	0.6	12	0.6	12°50′	62.748	2BC
32911	55	80	17	17	1	14	1	11°39′	69.503	2BC
32912	60	85	17	17	1	14	1	12°27′	74.185	2BC
32913	65	90	17	17	1	14	1	13°15′	78.849	2BC
32914	70	100	20	20	1	16	1	11°53′	88.590	2BC
32915	75	105	20	20	1	16	1	12°31′	93.223	2BC
32916	80	110	20	20	1	16	1	13°10′	97.974	2BC
32917	85	120	23	23	1.5	18	1.5	12°18′	106.599	2BC
32918	90	125	23	23	1.5	18	1.5	12°51′	111.282	2BC
32919	95	130	23	23	1.5	18	1.5	13°25′	116.082	2BC
32920	100	140	25	25	1.5	20	1.5	12°23′	125.717	2CC
32921	105	145	25	25	1.5	20	1.5	12°51′	130.359	2CC
32922	110	150	25	25	1.5	20	1.5	13°20′	135.182	2CC
32924	120	165	29	29	1.5	23	1.5	13°05′	148.464	2CC
32926	130	180	32	32	2	25	1.5	12°45′	161.652	2CC
32928	140	190	32	32	2	25	1.5	13°30′	171.032	2CC
32930	150	210	38	38	2.5	30	2	12°20′	187.926	2DC
32932	160	220	38	38	2.5	30	2	13°	197.962	2DC
32934	170	230	38	38	2.5	30	2	14°20′	206.564	3DC
32936	180	250	45	45	2.5	34	2	17°45′	218.571	4DC
32938	190	260	45	45	2.5	34	2	17°39′	228.578	4DC

(续)

轴承型号	d	D	T	B	r_smin①	C	r_1smin①	α	E	ISO尺寸系列
32940	200	280	51	51	3	39	2.5	14°45′	249.698	3EC
32944	220	300	51	51	3	39	2.5	15°50′	267.685	3EC
32948	240	320	51	51	3	39	2.5	17°	286.852	4EC
32952	260	360	63.5	63.5	3	48	2.5	15°10′	320.783	3EC
32956	280	380	63.5	63.5	3	48	2.5	16°05′	339.778	4EC
32960	300	420	76	76	4	57	3	14°45′	374.706	3FD
32964	320	440	76	76	4	57	3	15°30′	393.406	3FD
32968	340	460	76	76	4	57	3	16°15′	412.043	4FD
32972	360	480	76	76	4	57	3	17°	430.612	4FD

① 对应的最大倒角尺寸规定在 GB/T 274 中。

表8-32 20系列圆锥滚子轴承的尺寸（GB/T 297—2015） （单位：mm）

轴承型号	d	D	T	B	r_smin①	C	r_1smin①	α	E	ISO尺寸系列
32004	20	42	15	15	0.6	12	0.6	14°	32.781	3CC
320/22	22	44	15	15	0.6	11.5	0.6	14°50′	34.708	3CC
32005	25	47	15	15	0.6	11.5	0.6	16°	37.393	4CC
320/28	28	52	16	16	1	12	1	16°	41.991	4CC
32006	30	55	17	17	1	13	1	16°	44.438	4CC
320/32	32	58	17	17	1	13	1	16°50′	46.708	4CC
32007	35	62	18	18	1	14	1	16°50′	50.510	4CC
32008	40	68	19	19	1	14.5	1	14°10′	56.897	3CD
32009	45	75	20	20	1	15.5	1	14°40′	63.248	3CC
32010	50	80	20	20	1	15.5	1	15°45′	67.841	3CC
32011	55	90	23	23	1.5	17.5	1.5	15°10′	76.505	3CC
32012	60	95	23	23	1.5	17.5	1.5	16°	80.634	4CC
32013	65	100	23	23	1.5	17.5	1.5	17°	85.567	4CC
32014	70	110	25	25	1.5	19	1.5	16°10′	93.633	4CC
32015	75	115	25	25	1.5	19	1.5	17°	98.358	4CC
32016	80	125	29	29	1.5	22	1.5	15°45′	107.334	3CC
32017	85	130	29	29	1.5	22	1.5	16°25′	111.788	4CC
32018	90	140	32	32	2	24	1.5	15°45′	119.948	3CC

（续）

轴承型号	d	D	T	B	r_{smin} ①	C	r_{1smin} ①	α	E	ISO尺寸系列
32019	95	145	32	32	2	24	1.5	16°25′	124.927	4CC
32020	100	150	32	32	2	24	1.5	17°	129.269	4CC
32021	105	160	35	35	2.5	26	2	16°30′	137.685	4DC
32022	110	170	38	38	2.5	29	2	16°	146.290	4DC
32024	120	180	38	38	2.5	29	2	17°	155.239	4DC
32026	130	200	45	45	2.5	34	2	16°10′	172.043	4EC
32028	140	210	45	45	2.5	34	2	17°	180.720	4DC
32030	150	225	48	48	3	36	2.5	17°	193.674	4EC
32032	160	240	51	51	3	38	2.5	17°	207.209	4EC
32034	170	260	57	57	3	43	2.5	16°30′	223.031	4EC
32036	180	280	64	64	3	48	2.5	15°45′	239.898	3FD
32038	190	290	64	64	3	48	2.5	16°25′	249.853	4FD
32040	200	310	70	70	3	53	2.5	16°	226.039	4FD
32044	220	340	76	76	4	57	3	16°	292.464	4FD
32048	240	360	76	76	4	57	3	17°	310.356	4FD
32052	260	400	87	87	5	65	4	16°10′	344.432	4FC
32056	280	420	87	87	5	65	4	17°	361.811	4FC
32060	300	460	100	100	5	74	4	16°10′	395.676	4GD
32064	320	480	100	100	5	74	4	17°	415.640	4GD

① 对应的最大倒角尺寸规定在 GB/T 274 中。

表8-33 30系列圆锥滚子轴承的尺寸（GB/T 297—2015） （单位：mm）

轴承型号	d	D	T	B	r_{smin} ①	C	r_{1smin} ①	α	E	ISO尺寸系列
33005	25	47	17	17	0.6	14	0.6	10°55′	38.278	2CE
33006	30	55	20	20	1	16	1	11°	45.283	2CE
33007	35	62	21	21	1	17	1	11°30′	51.320	2CE
33008	40	68	22	22	1	18	1	10°40′	57.290	2BE
33009	45	75	24	24	1	19	1	11°05′	63.116	2CE
33010	50	80	24	24	1	19	1	11°55′	67.775	2CE
33011	55	90	27	27	1.5	21	1.5	11°45′	76.656	2CE

（续）

轴承型号	d	D	T	B	r_{smin}①	C	r_{1smin}①	α	E	ISO尺寸系列
33012	60	95	27	27	1.5	21	1.5	12°20′	80.422	2CE
33013	65	100	27	27	1.5	21	1.5	13°05′	85.257	2CE
33014	70	110	31	31	1.5	25.5	1.5	10°45′	95.021	2CE
33015	75	115	31	31	1.5	25.5	1.5	11°15′	99.400	2CE
33016	80	125	36	36	1.5	29.5	1.5	10°30′	107.750	2CE
33017	85	130	36	36	1.5	29.5	1.5	11°	112.838	2CE
33018	90	140	39	39	2	32.5	1.5	10°10′	122.363	2CE
33019	95	145	39	39	2	32.5	1.5	10°30′	126.346	2CE
33020	100	150	39	39	2	32.5	1.5	10°50′	130.323	2CE
33021	105	160	43	43	2.5	34	2	10°40′	139.304	2DE
33022	110	170	47	47	2.5	37	2	10°50′	146.265	2DE
33024	120	180	48	48	2.5	38	2	11°30′	154.777	2DE
33026	130	200	55	55	2.5	43	2	12°50′	172.017	2EE
33028	140	210	56	56	2.5	44	2	13°30′	180.353	2DE
33030	150	225	59	59	3	46	2.5	13°40′	194.260	2EE

① 对应的最大倒角尺寸规定在 GB/T 274 中。

表 8-34　31 系列圆锥滚子轴承的尺寸（GB/T 297—2015）　（单位：mm）

轴承型号	d	D	T	B	r_{smin}①	C	r_{1smin}①	α	E	ISO尺寸系列
33108	40	75	26	26	1.5	20.5	1.5	13°20′	61.169	2CE
33109	45	80	26	26	1.5	20.5	1.5	14°20′	65.700	3CE
33110	50	85	26	26	1.5	20	1.5	15°20′	70.214	3CE
33111	55	95	30	30	1.5	23	1.5	14°	78.893	3CE
33112	60	100	30	30	1.5	23	1.5	14°50′	83.522	3CE
33113	65	110	34	34	1.5	26.5	1.5	14°30′	91.653	3DE
33114	70	120	37	37	2	29	1.5	14°10′	99.733	3DE
33315	75	125	37	37	2	29	1.5	14°50′	104.358	3DE
33116	80	130	37	37	2	29	1.5	15°30′	108.970	3DE
33117	85	140	41	41	2.5	32	2	15°10′	117.097	3DE
33118	90	150	45	45	2.5	35	2	14°50′	125.283	3DE
33119	95	160	49	49	2.5	38	2	14°35′	133.240	3EE

(续)

轴承型号	d	D	T	B	r_{smin}①	C	r_{1smin}①	α	E	ISO尺寸系列
33120	100	165	52	52	2.5	40	2	15°10′	137.129	3EE
33121	105	175	56	56	2.5	44	2	15°05′	144.427	3EE
33122	110	180	56	56	2.5	43	2	15°35′	149.127	3EE
33124	120	200	62	62	2.5	48	2	14°50′	166.144	3FE

① 对应的最大倒角尺寸规定在 GB/T 274—2000 中。

表 8-35　02 系列圆锥滚子轴承的尺寸（GB/T 297—2015）（单位：mm）

轴承型号	d	D	T	B	r_{smin}①	C	r_{1smin}①	α	E	ISO尺寸系列
30202	15	35	11.75	11	0.6	10	0.6	—	—	—
30203	17	40	13.25	12	1	11	1	12°57′10″	31.408	2DB
30204	20	47	15.25	14	1	12	1	12°57′10″	37.304	2DB
30205	25	52	16.25	15	1	13	1	14°02′10″	41.135	3CC
30206	30	62	17.25	16	1	14	1	14°02′10″	49.990	3DB
302/32	32	65	18.25	17	1	15	1	14°	52.500	3DB
30207	35	72	18.25	17	1.5	15	1.5	14°02′10″	58.844	3DB
30208	40	80	19.75	18	1.5	16	1.5	14°02′10″	65.730	3DB
30209	45	85	20.75	19	1.5	16	1.5	15°06′34″	70.440	3DB
30210	50	90	21.75	20	1.5	17	1.5	15°38′32″	75.078	3DB
30211	55	100	22.75	21	2	18	1.5	15°06′34″	84.197	3DB
30212	60	110	23.75	22	2	19	1.5	15°06′34″	91.876	3EB
30213	65	120	24.75	23	2	20	1.5	15°06′34″	101.934	3EB
30214	70	125	26.25	24	2	21	1.5	15°38′32″	105.748	3EB
30215	75	130	27.25	25	2	22	1.5	16°10′20″	110.408	4DB
30216	80	140	28.25	26	2.5	22	2	15°38′32″	119.169	3EB
30217	85	150	30.5	28	2.5	24	2	15°38′32″	126.685	3EB
30218	90	160	32.5	30	2.5	26	2	15°38′32″	134.901	3FB
30219	95	170	34.5	32	3	27	2.5	15°38′32″	143.385	3FB
30220	100	180	37	34	3	29	2.5	15°38′32″	151.310	3FB
30221	105	190	39	36	3	30	2.5	15°38′32″	159.795	3FB
30222	110	200	41	38	3	32	2.5	15°38′32″	168.548	3FB
30224	120	215	43.5	40	3	34	2.5	16°10′20″	181.257	3FB
30226	130	230	43.75	40	4	34	3	16°10′20″	196.420	4FB
30228	140	250	45.75	42	4	36	3	16°10′20″	212.270	4FB
30230	150	270	49	45	4	38	3	16°10′20″	227.408	4GB
30232	160	290	52	48	4	40	3	16°10′20″	244.958	4GB

（续）

轴承型号	d	D	T	B	r_{smin}①	C	r_{1smin}①	α	E	ISO尺寸系列
30234	170	310	57	52	5	43	4	16°10′20″	262.483	4GB
30236	180	320	57	52	5	43	4	16°41′57″	270.928	4GB
30238	190	340	60	55	5	46	4	16°10′20″	291.083	4GB
30240	200	360	64	58	5	48	4	16°10′20″	307.196	4GB
30244	220	400	72	65	5	54	4	15°38′32″②	339.941②	3GB②
30248	240	440	79	72	5	60	4	15°38′32″②	374.976②	3GB②
30252	260	480	89	80	6	67	5	16°25′56″②	410.444②	4GB②
30256	280	500	89	80	6	67	5	17°03′②	423.879②	4GB②

① 对应的最大倒角尺寸规定在 GB/T 274 中。

② 参考尺寸。

表 8-36　22 系列圆锥滚子轴承的尺寸（GB/T 297—2015）（单位：mm）

轴承型号	d	D	T	B	r_{smin}①	C	r_{1smin}①	α	E	ISO尺寸系列
32203	17	40	17.25	16	1	14	1	11°45′	31.170	2DD
32204	20	47	19.25	18	1	15	1	12°28′	35.810	2DD
32205	25	52	19.25	18	1	16	1	13°30′	41.331	2CD
32206	30	62	21.25	20	1	17	1	14°02′10″	48.982	3DC
32207	35	72	24.25	23	1.5	19	1.5	14°02′10″	57.087	3DC
32208	40	80	24.75	23	1.5	19	1.5	14°02′10″	64.715	3DC
32209	45	85	24.75	23	1.5	19	1.5	15°06′34″	69.610	3DC
32210	50	90	24.75	23	1.5	19	1.5	15°38′32″	74.226	3DC
32211	55	100	26.75	25	2	21	1.5	15°06′34″	82.837	3DC
32212	60	110	29.75	28	2	24	1.5	15°06′34″	90.236	3EC
32213	65	120	32.75	31	2	27	1.5	15°06′34″	99.484	3EC
32214	70	125	33.25	31	2	27	1.5	15°38′32″	103.765	3EC
32215	75	130	33.25	31	2	27	1.5	16°10′20″	108.932	4DC
32216	80	140	35.25	33	2.5	28	2	15°38′32″	117.466	3EC
32217	85	150	38.5	36	2.5	30	2	15°38′32″	124.970	3EC
32218	90	160	42.5	40	2.5	34	2	15°38′32″	132.615	3FC
32219	95	170	45.5	43	3	37	2.5	15°38′32″	140.259	3FC
32220	100	180	49	46	3	39	2.5	15°38′32″	148.184	3FC
32221	105	190	53	50	3	43	2.5	15°38′32″	155.269	3FC
32222	110	200	56	53	3	46	2.5	15°38′32″	164.022	3FC
32224	120	215	61.5	58	3	50	2.5	16°10′20″	174.825	4FD
32226	130	230	67.75	64	4	54	3	16°10′20″	187.088	4FD
32228	140	250	71.75	68	4	58	3	16°10′20″	204.046	4FD
32230	150	270	77	73	4	60	3	16°10′20″	219.157	4GD
32232	160	290	84	80	4	67	3	16°10′20″	234.942	4GD

(续)

轴承型号	d	D	T	B	$r_{s\min}$[①]	C	$r_{1s\min}$[①]	α	E	ISO尺寸系列
32234	170	310	91	86	5	71	4	16°10′20″	251.873	4GD
32236	180	320	91	86	5	71	4	16°41′57″	259.938	4GD
32238	190	340	97	92	5	75	4	16°10′20″	279.024	4GD
32240	200	360	104	98	5	82	4	15°10′	294.880	3GD
32244	220	400	114	108	5	90	4	16°10′20″[②]	326.455[②]	4GD[②]
32248	240	440	127	120	5	100	4	16°10′20″[②]	356.929[②]	4GD[②]
32252	260	480	137	130	6	105	5	16°[②]	393.025[②]	4GD[②]
32256	280	500	137	130	6	105	5	16°[②]	409.128[②]	4GD[②]
32260	300	540	149	140	6	115	5	16°10′	443.659[②]	4GD[②]

① 对应的最大倒角尺寸规定在GB/T 274中。
② 参考尺寸。

表8-37　32系列圆锥滚子轴承的尺寸（GB/T 297—2015）　（单位：mm）

轴承型号	d	D	T	B	$r_{s\min}$[①]	C	$r_{1s\min}$[①]	α	E	ISO尺寸系列
33205	25	52	22	22	1	18	1	13°10′	40.441	2DE
332/28	28	58	24	24	1	19	1	12°45′	45.846	2DE
33206	30	62	25	25	1	19.5	1	12°50′	49.524	2DE
332/32	32	65	26	26	1	20.5	1	13°	51.791	2DE
33207	35	72	28	28	1.5	22	1.5	13°15′	57.186	2DE
33208	40	80	32	32	1.5	25	1.5	13°25′	60.405	2DE
33209	45	85	32	32	1.5	25	1.5	14°25′	68.075	3DE
33210	50	90	32	32	1.5	24.5	1.5	15°25′	72.727	3DE
33211	55	100	35	35	2	27	1.5	14°55′	81.240	3DE
33212	60	110	38	38	2	29	1.5	15°05′	89.032	3EE
33213	65	120	41	41	2	32	1.5	14°35′	97.863	3EE
33214	70	125	41	41	2	32	1.5	15°15′	102.275	3EE
33215	75	130	41	41	2	31	1.5	15°55′	106.675	3EE
33216	80	140	46	46	2.5	35	2	15°50′	114.582	3EE
33217	85	150	49	49	2.5	37	2	15°35′	122.894	3EE
33218	90	160	55	55	2.5	42	2	15°40′	129.820	3FE
33219	95	170	58	58	3	44	2.5	15°15′	138.642	3FE
33220	100	180	63	63	3	48	2.5	15°05′	145.949	3FE
33221	105	190	68	68	3	52	2.5	15°	153.622	3FE

① 对应的最大倒角尺寸规定在GB/T 274中。

表 8-38　03 系列圆锥滚子轴承的尺寸（GB/T 297—2015）　（单位：mm）

轴承型号	d	D	T	B	r_{smin}①	C	r_{1smin}①	α	E	ISO 尺寸系列
30302	15	42	14.25	13	1	11	1	10°45′29″	33.272	2FB
30303	17	47	15.25	14	1	12	1	10°45′29″	37.420	2FB
30304	20	52	16.25	15	1.5	13	1.5	11°18′36″	41.318	2FB
30305	25	62	18.25	17	1.5	15	1.5	11°18′36″	50.637	2FB
30306	30	72	20.75	19	1.5	16	1.5	11°51′35″	58.287	2FB
30307	35	80	22.75	21	2	18	1.5	11°51′35″	65.769	2FB
30308	40	90	25.25	23	2	20	1.5	12°57′10″	72.703	2FB
30309	45	100	27.25	25	2	22	1.5	12°57′10″	81.780	2FB
30310	50	110	29.25	27	2.5	23	2	12°57′10″	90.633	2FB
30311	55	120	31.5	29	2.5	25	2	12°57′10″	99.146	2FB
30312	60	130	33.5	31	3	26	2.5	12°57′10″	107.769	2FB
30313	65	140	36	33	3	28	2.5	12°57′10″	116.846	2GB
30314	70	150	38	35	3	30	2.5	12°57′10″	125.244	2GB
30315	75	160	40	37	3	31	2.5	12°57′10″	134.097	2GB
30316	80	170	42.5	39	3	33	2.5	12°57′10″	143.174	2GB
30317	85	180	44.5	41	4	34	3	12°57′10″	150.433	2GB
30318	90	190	46.5	43	4	36	3	12°57′10″	159.061	2GB
30319	95	200	49.5	45	4	38	3	12°57′10″	165.861	2GB
30320	100	215	51.5	47	4	39	3	12°57′10″	178.578	2GB
30321	105	225	53.5	49	4	41	3	12°57′10″	186.752	2GB
30322	110	240	54.5	50	4	42	3	12°57′10″	199.925	2GB
30324	120	260	59.5	55	4	46	3	12°57′10″	214.892	2GB
30326	130	280	63.75	58	5	49	4	12°57′10″	232.028	2GB
30328	140	300	67.75	62	5	53	4	12°57′10″	247.910	2GB
30330	150	320	72	65	5	55	4	12°57′10″	265.955	2GB
30332	160	340	75	68	5	58	4	12°57′10″	282.751	2GB
30334	170	360	80	72	5	62	4	12°57′10″	299.991	2GB
30336	180	380	83	75	5	64	4	12°57′10″	319.070	2GB
30338	190	400	86	78	6	65	5	12°57′10″②	333.507②	2GB②
30340	200	420	89	80	6	67	5	12°57′10″②	352.209②	2GB②
30344	220	460	97	88	6	73	5	12°57′10″②	383.498②	2GB②
30348	240	500	105	95	6	80	5	12°57′10″②	416.303②	2GB②
30352	260	540	113	102	6	85	6	13°29′32″②	451.991②	2GB②

① 对应的最大倒角尺寸规定在 GB/T 274 中。
② 参考尺寸。

表 8-39 13 系列圆锥滚子轴承的尺寸 (GB/T 297—2015) (单位：mm)

轴承型号	d	D	T	B	r_{smin}①	C	r_{1smin}①	α	E	ISO 尺寸系列
31305	25	62	18.25	17	1.5	13	1.5	28°48′39″	44.130	7FB
31306	30	72	20.75	19	1.5	14	1.5	28°48′39″	51.771	7FB
31307	35	80	22.75	21	2	15	1.5	28°48′39″	58.861	7FB
31308	40	90	25.25	23	2	17	1.5	28°48′39″	66.984	7FB
31309	45	100	27.25	25	2	18	1.5	28°48′39″	75.107	7FB
31310	50	110	29.25	27	2.5	19	2	28°48′39″	82.747	7FB
31311	55	120	31.5	29	2.5	21	2	28°48′39″	89.563	7FB
31312	60	130	33.5	31	3	22	2.5	28°48′39″	98.236	7FB
31313	65	140	36	33	3	23	2.5	28°48′39″	106.359	7GB
31314	70	150	38	35	3	25	2.5	28°48′39″	113.449	7GB
31315	75	160	40	37	3	26	2.5	28°48′39″	122.122	7GB
31316	80	170	42.5	39	3	27	2.5	28°48′39″	129.213	7GB
31317	85	180	44.5	41	4	28	3	28°48′39″	137.403	7GB
31318	90	190	46.5	43	4	30	3	28°48′39″	145.527	7GB
31319	95	200	49.5	45	4	32	3	28°48′39″	151.584	7GB
31320	100	215	56.5	51	4	35	3	28°48′39″	162.739	7GB
31321	105	225	58	53	4	36	3	28°48′39″	170.724	7GB
31322	110	240	63	57	4	38	3	28°48′39″	182.014	7GB
31324	120	260	68	62	4	42	3	28°48′39″	197.022	7GB
31326	130	280	72	66	5	44	4	28°48′39″	211.753	7GB
31328	140	300	77	70	5	47	4	28°48′39″	227.999	7GB
31330	150	320	82	75	5	50	4	28°48′39″	244.244	7GB

① 对应的最大倒角尺寸规定在 GB/T 274 中。

表 8-40 23 系列圆锥滚子轴承的尺寸 (GB/T 297—2015) (单位：mm)

轴承型号	d	D	T	B	r_{smin}①	C	r_{1smin}①	α	E	ISO 尺寸系列
32303	17	47	20.25	19	1	16	1	10°45′29″	36.090	2FD
32304	20	52	22.25	21	1.5	18	1.5	11°18′36″	39.518	2FD
32305	25	62	25.25	24	1.5	20	1.5	11°18′36″	48.637	2FD
32306	30	72	28.75	27	1.5	23	1.5	11°51′35″	55.767	2FD
32307	35	80	32.75	31	2	25	1.5	11°51′35″	62.829	2FE
32308	40	90	35.25	33	2	27	1.5	12°57′10″	69.253	2FD
32309	45	100	38.25	36	2	30	1.5	12°57′10″	78.330	2FD
32310	50	110	42.25	40	2.5	33	2	12°57′10″	86.263	2FD
32311	55	120	45.5	43	2.5	35	2	12°57′10″	94.316	2FD
32312	60	130	48.5	46	3	37	2.5	12°57′10″	102.939	2FD
32313	65	140	51	48	3	39	2.5	12°57′10″	111.786	2GD
32314	70	150	54	51	3	42	2.5	12°57′10″	119.724	2GD

（续）

轴承型号	d	D	T	B	r_{smin}①	C	r_{1smin}①	α	E	ISO 尺寸系列
32315	75	160	58	55	3	45	2.5	12°57′10″	127.887	2GD
32316	80	170	61.5	58	3	48	2.5	12°57′10″	136.504	2GD
32317	85	180	63.5	60	4	49	3	12°57′10″	144.223	2GD
32318	90	190	67.5	64	4	53	3	12°57′10″	151.701	2GD
32319	95	200	71.5	67	4	55	3	12°57′10″	160.318	2GD
32320	100	215	77.5	73	4	60	3	12°57′10″	171.650	2GD
32321	105	225	81.5	77	4	63	3	12°57′10″	179.359	2GD
32322	110	240	84.5	80	4	65	3	12°57′10″	192.071	2GD
32324	120	260	90.5	86	4	69	3	12°57′10″	207.039	2GD
32326	130	280	98.75	93	5	78	4	12°57′10″	223.692	2GD
32328	140	300	107.75	102	5	85	4	13°08′03″	240.000	2GD
32330	150	320	114	108	5	90	4	13°08′03″	256.671	2GD
32332	160	340	121	114	5	95	4	—	—	—
32334	170	360	127	120	5	100	4	13°29′32″②	286.222②	2GD②
32336	180	380	134	126	5	106	4	13°29′32″②	303.693②	2GD②
32338	190	400	140	132	6	109	5	13°29′32″②	321.711②	2GD②
32340	200	420	146	138	6	115	5	13°29′32″②	335.821②	2GD②
32344	220	460	154	145	6	122	5	12°57′10″②	368.132②	2GD②
32348	240	500	165	155	6	132	5	12°57′10″②	401.268②	2GD②

① 对应的最大倒角尺寸规定在 GB/T 274 中。
② 参考尺寸。

8.1.5 杆端关节轴承

1. 杆端关节轴承的形式

1) M 型外螺纹杆端关节轴承如图 8-4 所示。

2) F 型内螺纹杆端关节轴承如图 8-5 所示。

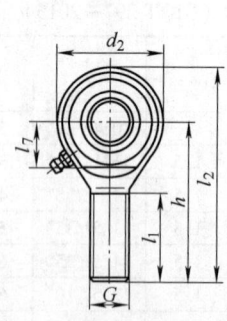

图 8-4 M 型外螺纹杆端关节轴承
注：根据杆端关节轴承的尺寸大小，润滑接口的位置可以有所不同，制造时可自行确定润滑接口的类型和结构。

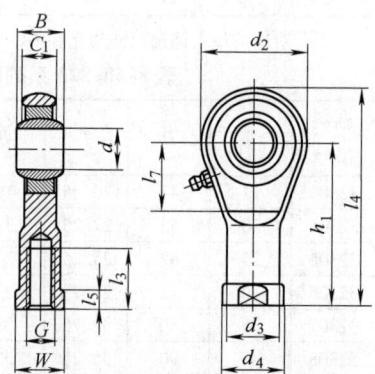

图 8-5 F 型内螺纹杆端关节轴承
注：F 型润滑接口可以设置在柄部。

3) S 型焊接柄杆端关节轴承如图 8-6 所示。

4) 装有向心关节轴承的杆端关节轴承如图 8-7 所示。

第 8 章 传 动 件　　795

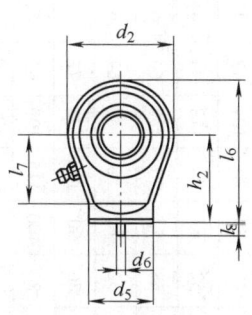

图 8-6　S 型焊接柄杆端关节轴承
注：$l_8 = 6\text{mm}$。

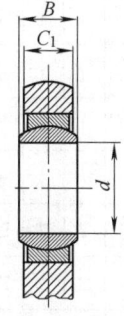

图 8-7　装有向心关节轴承的杆端
关节轴承（组装结构）

5）只带内圈的杆端关节轴承如图 8-8 所示。
6）向心关节轴承如图 8-9 所示。

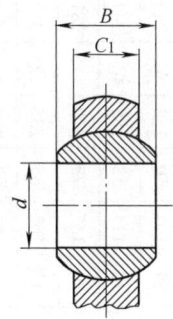

图 8-8　只带内圈的杆端关节轴承

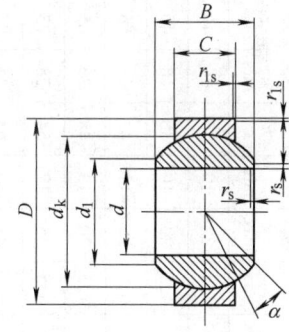

图 8-9　向心关节轴承

2. 杆端关节轴承的尺寸系列

尺寸系列 E 或 G 适用于杆端眼圆柱形内孔装有 E 或 G 系列向心关节轴承的杆端关节轴承。在尺寸系列 E 和 G 中，根据柄部结构不同，还可分螺纹或内螺纹、普通型或加强型或焊接型杆端关节轴承。尺寸系列 K 适用于杆端眼圆柱形内孔装有 K 系列向心关节轴承的杆端关节轴承。在尺寸系列 K 中，根据柄部结构不同，还可分为外螺纹或内螺纹杆端关节轴承。对于两件式杆端关节轴承（整体结构见图 8-8），可选择一种滑动材料组合。

3. 杆端关节轴承的外形尺寸

1）E 系列杆端关节轴承的尺寸如表 8-41 所示。
2）符合尺寸系列 E、柄部为加强型的 EH 系列杆端关节轴承的尺寸如表 8-42 所示。
3）G 系列杆端关节轴承的尺寸如表 8-43 所示。
4）符合尺寸系列 G、柄部为加强型的 GH 系列杆端关节轴承的尺寸如表 8-44 所示。
5）K 系列杆端关节轴承的尺寸如表 8-45 所示。

表 8-41 E 系列杆端关节轴承的尺寸（GB/T 9161—2001） （单位：mm）

d	D[①]	d_1 ≈	B	C[①]	d_1[②]	r_{1smin}[①]	$\alpha/(°)$ ≈	带外螺纹或内螺纹或焊接柄 G	带外螺纹 C_1 max	带外螺纹 d_2 max	带外螺纹 l_7 min	带外螺纹 h	带外螺纹 l_1 min	带外螺纹 l_2 max	带内螺纹 h_1	带内螺纹 l_3 min	带内螺纹 l_4 max	带内螺纹 l_5 ≈	带内螺纹 d_3 ≈	带内螺纹 d_4 max	带焊接柄 h_2	带焊接柄 l_6 max	带焊接柄 d_5 max	带焊接柄 d_6
5[③]	14	8	6	4	10	0.3	13	M5	4.5	22	10	36	16	49	30	11	43	5	11	14	—	—	—	—
6[③]	14	8	6	4	10	0.3	13	M6	4.5	22	10	36	16	49	30	11	43	5	11	14	—	—	—	—
8[③]	16	10	8	5	13	0.3	15	M8	6.5	25	11	42	21	56	36	15	50	6.5	13	17	—	—	—	—
10[③]	19	13	9	6	16	0.3	12	M10	7.5	30	13	48	26	65	43	15	60	6.5	16	20	24	40	16	3
12[③]	22	15	10	7	18	0.3	10	M12	8.5	35	17	54	28	73	50	18	69	8	19	23	27	45	19	3
15[④]	26	18	12	9	22	0.3	8	M14	10.5	41	19	63	34	85	61	21	83	10	22	27	31	52	22	4
17[④]	30	20	14	10	25	0.3	10	M16	11.5	47	22	69	36	94	67	24	92	10	25	31	35	59	25	4
20[④]	35	24	16	12	29	0.3	9	M20×1.5	13.5	54	24	78	43	107	77	30	106	12	28	36	38	66	29	4
25	42	29	20	16	35	0.6	7	M24×2	18	65	30	94	53	128	94	36	128	15	35	44	45	78	35	4
30	47	34	22	18	40	0.6	6	M30×2	20	75	34	110	65	149	110	45	149	15	42	52	51	89	42	4
35	55	39	25	20	47	1	6	M36×3	22	84	40	140	82	184	125	60	169	18	47	60	61	104	49	4
40	62	45	28	22	53	1	7	M39×3	24	94	46	150	86	199	142	65	191	20	52	67	69	118	54	4
45	68	50	32	25	60	1	7	M42×3	28	104	50	163	92	217	145	65	199	20	58	72	77	132	60	6
50	75	55	35	28	66	1	6	M45×3	31	114	58	185	104	244	160	68	219	20	62	77	88	150	64	6
60	90	66	44	36	80	1	6	M52×3	39	137	73	210	115	281	175	70	246	20	70	90	100	173	72	6
70	105	77	49	40	92	1	6	M56×4	43	162	85	235	125	319	200	80	284	20	80	100	115	199	82	6
80	120	88	55	45	105	1	6	M64×4	48	182	98	270	140	364	230	85	324	25	95	112	141	237	97	6

① 参考尺寸。
② 参考尺寸。
③ 这些杆端关节轴承无再润滑装置。
④ 这些杆端关节轴承具有再润滑装置，是通过润滑孔而不是通过润滑接口进行再润滑的。
⑤ 参考尺寸，不适用于整体结构。

表 8-42 符合尺寸系列 E、柄部为加强型的 EH 系列杆端关节轴承的尺寸 (GB/T 9161—2001)

(单位: mm)

d	D[①]	d_1 ≈	B	C[①]	d_k[②]	r_{smin}	r_{1smin}[①]	α/(°) ≈	G	C_1 max	d_2 max	l_7 min	带外螺纹 h	带外螺纹 l_1 min	带外螺纹 l_2 max	带外螺纹 h_1	带外螺纹 l_3 min	带内螺纹 l_4 max	带内螺纹 l_5 ≈	带内螺纹 d_3 ≈
35	55	39	25	20	47	0.6	1	6	M36×3	22	84	40	130	82	174	130	60	174	25	49
40	62	45	28	22	53	0.6	1	7	M42×3	24	94	46	145	90	194	145	65	194	25	58
45	68	50	32	25	60	0.6	1	7	M45×3	28	104	50	165	95	219	165	65	219	30	65
50	75	55	35	28	66	0.6	1	6	M52×3	31	114	58	195	110	254	195	68	254	30	70
60	90	66	44	36	80	1	1	6	M60×4	39	137	73	225	120	296	225	70	296	35	82
70	105	77	49	40	92	1	1	6	M72×4	43	162	85	265	132	349	265	80	349	40	92
80	120	88	55	45	105	1	1	6	M80×4	48	182	98	295	147	389	295	85	389	45	105

① 参考尺寸。
② 参考尺寸,不适用于整体结构。

表 8-43 G 系列杆端关节轴承的尺寸 (GB/T 9161—2001)

(单位: mm)

d	D[①]	d_1 ≈	B	C[①]	d_k[②]	r_{smin}	r_{1smin}[①]	α/(°) ≈	G	C_1 max	d_2 max	l_7 min	带外螺纹 h	带外螺纹 l_1 min	带外螺纹 l_2 max	带外螺纹 h_1	带内螺纹 l_3 min	带内螺纹 d_3 ≈	带内螺纹 l_4 max	带内螺纹 l_5 ≈	带焊接柄 d_4 max	带焊接柄 h_2	带焊接柄 l_6 max	带焊接柄 d_5 max	带焊接柄 d_6 ≈
4[③]	14	7	7	4	10	0.3	0.3	20	M5	4.5	22	10	36	16	49	30	11	11	43	5	12	—	—	—	—
5[③]	14	7	7	4	10	0.3	0.3	20	M6	4.5	22	10	36	16	49	30	11	11	43	5	14	—	—	—	—
6[③]	16	9	9	5	13	0.3	0.3	21	M8	6.5	25	11	42	21	56	36	15	13	50	6.5	17	—	—	—	3
8[③]	19	11	11	6	16	0.3	0.3	21	M10	7.5	30	13	48	26	65	43	15	16	60	6.5	20	24	40	16	3
10[③]	22	13	12	7	18	0.3	0.3	18	M12	8.5	35	17	54	28	73	50	18	19	69	8	23	27	45	19	4
12[④]	26	16	15	9	22	0.3	0.3	18	M14	10.5	41	19	63	34	85	61	21	22	83	10	27	31	52	22	4
15[④]	30	19	16	10	25	0.3	0.3	16	M16	11.5	47	22	69	36	94	67	24	25	92	10	31	35	59	25	4
17[④]	35	21	20	12	29	0.3	0.3	19	M20×1.5	13.5	54	24	78	43	107	77	30	28	106	12	36	38	66	29	4
20	42	24	25	16	35	0.6	0.3	17	M24×2	18	65	30	94	53	128	94	36	35	128	12	44	45	78	35	4

（续）

带外螺纹或内螺纹或焊接柄

d	$D^{①}$	d_1 ≈	B	$C^{①}$	$d_k^{②}$	r_{smin}	$r_{1min}^{①}$	α/(°) ≈	G	C_1 max	d_2 max	l_7 min	h	l_1 min	l_2 max	h_1	带内螺纹 l_3 min	带内螺纹 l_4 max	带内螺纹 l_5 ≈	d_3 ≈	d_4 max	h_2	带焊接柄 l_6 ≈	d_5 max	d_6 ≈
25	47	29	28	18	40	0.6	0.6	17	M30×2	20	75	34	110	65	149	110	45	149	15	42	52	51	89	42	4
30	55	34	32	20	47	1	1	17	M36×3	22	84	40	140	82	184	125	60	169	15	47	60	61	104	49	4
35	62	39	35	22	53	0.6	0.6	16	M39×3	24	94	46	150	86	199	142	65	191	18	52	67	69	118	54	4
40	68	44	40	25	60	0.6	0.6	17	M42×3	28	104	50	163	92	217	145	65	199	20	58	72	77	132	60	6
45	75	50	43	28	66	0.6	0.6	15	M45×3	31	114	58	185	104	244	160	68	219	20	62	77	88	150	64	6
50	90	57	56	36	80	0.6	0.6	17	M52×3	39	137	73	210	115	281	175	70	246	20	70	90	100	173	72	6
60	105	67	63	40	92	1	1	17	M56×4	43	162	85	235	125	319	200	80	284	20	80	100	115	199	82	6
70	120	77	70	45	105	1	1	16	M64×4	48	182	98	270	140	364	230	85	324	25	95	112	141	237	97	6

① 参考尺寸，不适用于整体结构。
② 参考尺寸。
③ 这些杆端关节轴承具有再润滑装置。
④ 这些杆端关节轴承具有再润滑装置，是通过润滑孔而不是通过润滑接口进行再润滑的。

表 8-44 符合尺寸系列 G、柄部为加强型的 GH 系列杆端关节轴承的尺寸（GB/T 9161—2001）　　　（单位：mm）

带外螺纹或内螺纹

d	$D^{①}$	d_1 ≈	B	$C^{①}$	$d_k^{②}$	r_{smin}	$r_{1smin}^{①}$	α/(°) ≈	G	C_1 max	d_2 max	l_7 min	h	l_1 min	l_2 max	h_1	带内螺纹 l_3 min	带内螺纹 l_4 max	带内螺纹 l_5 ≈	d_3 ≈
30	55	34	32	20	47	0.6	1	17	M36×3	22	84	40	130	82	174	130	60	174	25	49
35	62	39	35	22	53	0.6	1	16	M42×3	24	94	46	145	90	194	145	65	194	25	58
40	68	44	40	25	60	0.6	1	17	M45×3	28	104	50	165	95	219	165	65	219	30	65
45	75	50	43	28	66	0.6	1	15	M52×3	31	114	58	195	110	254	195	68	254	30	70
50	90	57	56	36	80	0.6	1	17	M60×4	39	137	73	225	120	296	225	70	296	35	82
60	105	67	63	40	92	1	1	17	M72×4	43	162	85	265	132	349	265	80	349	40	92
70	120	77	70	45	105	1	1	16	M80×4	48	182	98	295	147	389	295	85	389	45	105

① 参考尺寸，不适用于整体结构。
② 参考尺寸。

表 8-45 K 系列杆端关节轴承的尺寸 (GB/T 9161—2001)

(单位: mm)

d	D[①]	d_1 ≈	B	C[①]	d_k[②]	r_{smin}	r_{1smin}[①]	$\alpha/(°)$ ≈	G	C_1 max	d_2 max	l_7 min	带外螺纹 h	带外螺纹 l_1 min	带外螺纹 l_2 max	h_1	带内螺纹 l_3 min	带内螺纹 l_4 max	带内螺纹 l_5 ≈	带内螺纹 d_3 ≈	d_4 max
5[③]	13	7.7	8	6	11.1	0.3	0.3	13	M5	7.5	19	9	33	19	44	27	8	38	4	9	12
6	16	8.9	9	6.75	12.7	0.3	0.3	13	M6	7.5	21	10	36	21	48	30	9	42	5	10	14
8	19	10.3	12	9	15.8	0.3	0.3	14	M8	9.5	25	12	42	25	56	36	12	50	5	12.5	17
10	22	12.9	14	10.5	19	0.3	0.3	13	M10	11.5	29	14	48	28	64	43	15	59	6.5	15	20
12	26	15.4	16	12	22.2	0.3	0.3	13	M12	12.5	33	16	54	32	72	50	18	68	6.5	17.5	23
14	29	16.8	19	13.5	25.4	0.3	0.3	16	M14	14.5	37	18	60	36	80	57	21	77	8	20	27
16	32	19.3	21	15	28.5	0.3	0.3	15	M16	15.5	43	21	66	37	89	64	24	87	8	22	29
18	35	21.8	23	16.5	31.7	0.3	0.3	15	M18×1.5	17.5	47	23	72	41	97	71	27	96	10	25	32
20	40	24.3	25	18	34.9	0.3	0.6	14	M20×1.5	18.5	51	25	78	45	106	77	30	105	10	27.5	37
22	42	25.8	28	20	38.1	0.3	0.6	15	M22×1.5	21	55	27	84	48	114	84	33	114	12	30	40
25	47	29.5	31	22	42.8	0.3	0.6	15	M24×2	23	61	30	94	55	127	94	36	127	12	33.5	44
30	55	34.8	37	25	50.8	0.3	0.6	17	M30×2	27	71	35	110	66	148	110	45	148	15	40	52
35	65	40.3	43	30	59	0.6	1	16	M36×2	32	81	40	140	85	183	125	56	168	20	49	60
40	72	44.2	49	35	66	0.6	1	16	M42×2	37	91	45	150	90	198	142	60	190	25	57	69
50	90	55.8	60	45	82	0.6	1	14	M48×2	47	117	58	185	105	246	160	65	221	25	65	78

① 参考尺寸。
② 参考尺寸。
③ 该杆端关节轴承无再润滑装置。

[①] 参考尺寸，不适用于整体结构。
[②] 参考尺寸。
[③] 该杆端关节轴承无再润滑装置。

8.1.6 农机用圆盘轴承

1. 农机用圆盘轴承的形式（图 8-10）

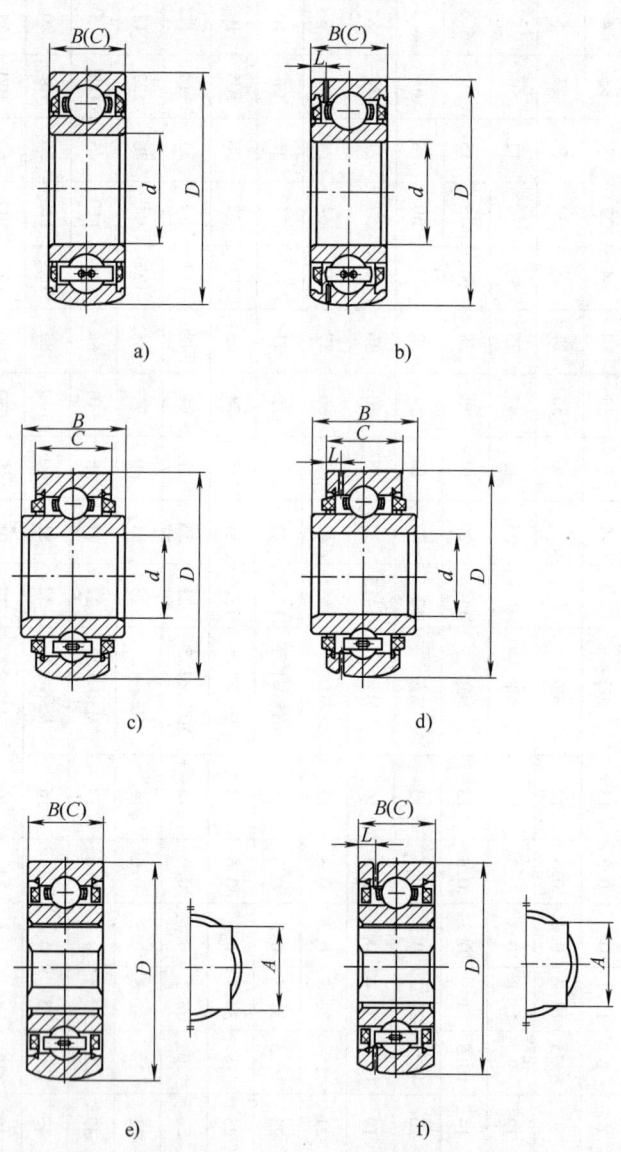

图 8-10 农机用圆盘轴承

a）DC…PP 和 DS…PP 型　b）DC…PP/R 型和 DS…PP/R 型
c）DC…PPWB 型和 DS…PPWB 型　d）DC…PPWB/R 型和 DS…PPWB/R 型
e）DC…SQ–PP 型和 DS…SQ–PP 型　f）DC…SQ–PP/R 型和 DS…SQ–PP/R 型

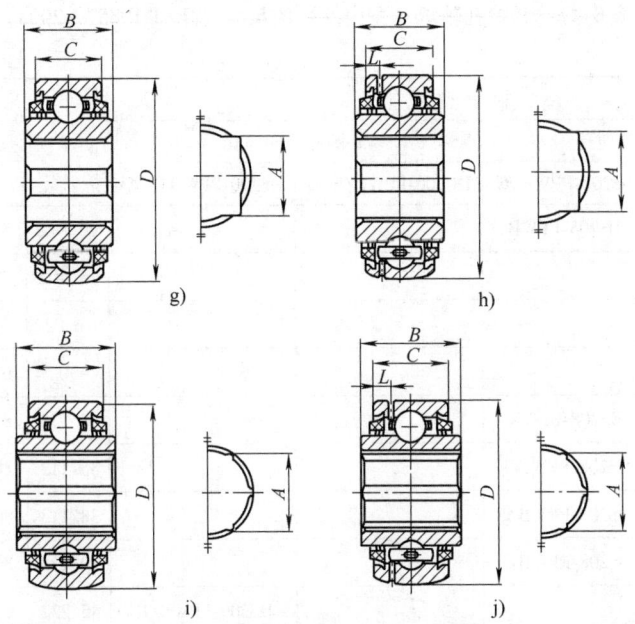

图 8-10　农机用圆盘轴承（续）

g) DC…SQ–PPWB 型和 DS…SQ–PPWB 型　　h) DC…SQ–PPWB/R 型和 DS…SQ–PPWB/R 型
i) DC…HX–PPWB 型和 DS…HX–PPWB 型　　j) DC…HX–PPWB/R 型和 DS…HX–PPWB/R 型

2. 农机用圆盘轴承的尺寸

1) 常用圆柱孔轴承的尺寸如表 8-46、表 8-47 所示。
2) 常用四方孔轴承的尺寸如表 8-48、表 8-49 所示。
3) 常用六角孔轴承的尺寸如表 8-50 所示。

表 8-46　圆柱孔轴承（内、外圈宽度相等）的尺寸（JB/T 10857—2008）

（单位：mm）

轴承型号				d	D	B	C	L $\approx$
外圈无径向通孔		外圈有径向通孔						
DC200-PP 型	DS200-PP 型	DC200-PP/R 型	DS200-PP/R 型					
	DS209-PP		DS209-PP/R	45	85	30.2	30.2	8.8
	DS209-PP-1		DS209-PP/R-1	39	85	30.2	30.2	8.8
DC210-PP	DS210-PP		DS210-PP/R	49.225	90	30.2	30.2	9.0
	DS210-PP-1		DS210-PP/R-1	45.339	90	30.2	30.2	9.0
DC210-PP-2				38.862	90	30.2	30.2	—
DC211-PP	DS211-PP	DC211-PP/R	DS211-PP/R	55.575	100	33.3	33.3	9.9
			DS211-PP/R-1	49.225	100	33.3	33.3	9.9
DC214-PP	DS214-PP	DC214-PP/R	DS214-PP/R	70	125	39.7	39.7	10.5
			DS214-PP/R-1	49.225	125	39.7	39.7	10.5

表 8-47 圆柱孔轴承（宽内圈）的尺寸（JB/T 10857—2008）

（单位：mm）

轴承型号				d	D	B	C	L $\approx$
外圈无径向通孔		外圈有径向通孔						
DC200-PPWB 型	DS200-PPWB 型	DC200-PPWB/R 型	DS200-PPWB/R 型					
	DS205-PPWB			23.812	52	34.9	15	—
DC205-PPWB-1				19.202	52	34.9	15	—
DC205-PPWB-2				16.03	52	34.9	15	—
DC206-PPWB				30	62	24	16	—
	DS208-PPWB			38.113	80	42.9	18	—
DC208-PPWB-1	DS208-PPWB-1			38.113	80	42.9	21	—
	DS208-PPWB-2			38.113	80	42.9	30.2	—
	DS208-PPWB-3			30.175	80	30.2	18	—
			DS209-PPWB/R	45.237	85	36.5	22	4.6
		DC210-PPWB/R		49.403	90	36.5	23	4.7
DC210-PPWB-1				49.225	90	49.2	34.4	—
		DC210-PPWB/R-2		49.225	90	49.2	30.2	8.5
	DS211-PPWB			55.575	100	55.6	33.3	—
			DS211-PPWB/R-1	55.575	100	33.3	25	5.8
			DS211-PPWB/R-2	51.181	100	33.3	25	5.8
			DS211-PPWB/R-3	45.339	100	33.3	25	5.8
		DC211-PPWB/R-4		45.339	100	44.4	33.3	9.3
			DS214-PPWB/R	70	125	61.9	39.7	10.5
			DS214-PPWB/R-1	68.278	125	68.3	28	5.5

表 8-48 四方孔轴承（内、外圈宽度相等）的尺寸（JB/T 10857—2008）

（单位：mm）

轴承型号				方轴尺寸	A	D	B	C	L $\approx$
外圈无径向通孔		外圈有径向通孔							
DC200SQ-PP 型	DS200SQ-PP 型	DC200SQ-PP/R 型	DS200SQ-PP/R 型						
DC210SQ-PP	DS210SQ-PP	DC210SQ-PP/R	DS210SQ-PP/R	28.575	29.970	90	30.2	30.2	9.0
DC211SQ-PP	DS211SQ-PP	DC211SQ-PP/R	DS211SQ-PP/R	38.100	38.890	100	33.3	33.3	9.9
			DS214SQ-PP/R	50.8	52.2	125	39.7	39.7	10.3

表 8-49 四方孔轴承（宽内圈）的尺寸（JB/T 10857—2008） (单位：mm)

轴承型号			方轴尺寸	A	D	B	C	L ≈
外圈无径向通孔	外圈有径向通孔							
DC...PPWB型	DC...PPWB/R型	DS...PPWB/R型						
DC200SQ-PPWB型	DC200SQ-PPWB/R型	DS200SQ-PPWB/R型	25.4	26.162	80	36.5	18	—
DC208SQ-PPWB			25.4	26.162	80	36.5	21	5.6
		DS208SQ-PPWB/R-1	28.575	29.972	80	36.5	18	—
DC208SQ-PPWB-2			28.575	29.972	80	36.5	21	5.6
DC208SQ-PPWB-4		DS208SQ-PPWB/R-3	28.575	29.972	80	36.5	30.2	8.4
DC208SQ-PPWB-5		DS208SQ-PPWB/R-4	22.225	23.000	80	36.5	18	—
DS209SQ-PPWB		DS209SQ-PPWB/R	31.75	32.766	85	36.5	30.2	8.8
		DS209SQ-PPWB/R-1	31.75	32.766	85	36.5	22	4.6
DS210SQ-PPWB			28.575	29.970	90	36.5	30.2	—
	DC211SQ-PPWB/R-1	DS211SQ-PPWB/R-1	38.1	38.89	100	36.5	33.3	9.9
	DC211SQ-PPWB/R-2		38.1	38.89	100	44.5	36.5	10.8
DC211SQ-PPWB-3			38.1	38.89	101.6	44.5	36.5	—
	DC212SQ-PPWB/R		44.45	45.466	110	50.8	38.3	10.6
	DC216SQ-PPWB/R	DS216SQ-PPWB/R	57.15	58.8	140	63.5	30	6.1

表 8-50 六角孔轴承（宽内圈）的尺寸（JB/T 10857—2008）

（单位：mm）

轴承型号			六角轴尺寸	A	D	B	C	L≈
外圈无径向通孔 DC200HX-PPWB 型 DC200HX-RRWB 型	外圈有径向通孔 DC200HX-PPWB/R 型	DS200HX-PPWB/R 型						
DC200HX-PPWB DC200HX-RRWB	DC200HX-PPWB/R	DS200HX-PPWB/R						
DC205HX-PPWB DC205HX-RRWB	DS205HX-PPWB DS205HX-RRWB		22.225	22.25	52	25.4	15	—
DC206HX-PPWB DC206HX-RRWB	DS206HX-PPWB DS206HX-RRWB		25.4	25.425	62	24	16	—
		DS206HX-PPWB/R-1 DS206HX-RRWB/R-1	25.4	25.425	62	24	18	3.8
DC207HX-PPWB DC207HX-RRWB	DS207HX-PPWB DS207HX-RRWB		31.75	31.77	72	25	17	—
DC207HX-RRWB-1	DS207HX-RRWB-1		28.575	28.6	72	25	17	—
DC207HX-YYWB-1	DS207HX-YYWB-2		28.575	28.6	72	37.7	17	—
DC207HX-PPWB-2	DS207HX-PPWB-2	DS207HX-PPWB/R-3	28.575	28.6	72	37.7	19	3.6
DC208HX-RRWB	DS208HX-RRWB		34.925	34.95	80	36.5	21	—
DC208HX-PPWB-1	DS208HX-PPWB-1		31.75	31.775	80	36.5	18	—
		DS208HX-RRWB/R-2	31.75	31.877	80	36.5	21	3.9
	DS209HX-RRWB	DS209HX-PPWB/R	38.1	38.125	85	30	19	2.9
DC210HX-PPWB			31.75	31.877	90	36.5	22	—
	DS211HX-RRWB		44.45	44.475	100	42.9	25	—

8.1.7 滚针和推力球组合轴承

1. 滚针和推力球组合轴承（图 8-11）

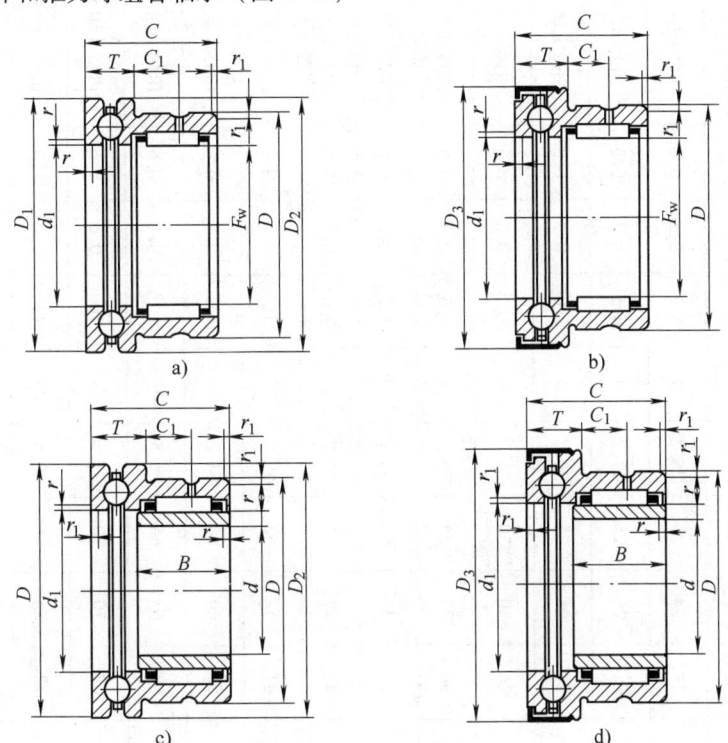

图 8-11 滚针和推力球组合轴承

a) NKX 00 型滚针和推力球组合轴承　b) NKX 00Z 型滚针和带外罩的推力球组合轴承　c) NKX 00 + IR 型有内圈的滚针和推力球组合轴承　d) NKX 00Z + IR 型有内圈的滚针和带外罩的推力球组合轴承

2. 组合轴承的尺寸

组合轴承的尺寸如表 8-51、表 8-52 所示。

表 8-51　组合轴承的尺寸（一）（JB/T 3122—2007）　　（单位：mm）

轴承型号		外形尺寸								
NKX00 型	NKX00Z 型	F_w	d_1	C	D	D_{1smax}	D_2	D_{3smax}	T	C_1	r_{1smin}[2]
NKX10[1]	NKX10Z[1]	10	10	23	19	24	24	25.2	9	6.5	0.3
NKX12[1]	NKX12Z[1]	12	12	23	21	26	26	27.2	9	6.5	0.3
NKX15	NKX15Z	15	15	23	24	28	28	29.2	9	6.5	0.3
NKX17	NKX17Z	17	17	25	26	30	30	31.2	9	8.0	0.3
NKX20	NKX20Z	20	20	30	30	35	35	36.2	10	10.5	0.3
NKX25	NKX25Z	25	25	30	37	42	42	43.2	11	9.5	0.6
NKX30	NKX30Z	30	30	30	42	47	47	48.2	11	9.5	0.6
NKX35	NKX35Z	35	35	30	47	52	52	53.2	12	9.0	0.6
NKX40	NKX40Z	40	40	32	52	60	60	61.2	13	10	0.6
NKX45	NKX45Z	45	45	32	58	65	65	66.5	14	9.0	0.6
NKX50	NKX50Z	50	50	35	62	70	70	71.5	14	10	0.6
NKX60	NKX60Z	60	60	40	72	85	85	86.5	17	12	1.0
NKX70	NKX70Z	70	70	40	85	95	95	96.5	18	11	1.0

[1] 可采用带锁圈的结构。
[2] 对应的最大倒角尺寸规定在 GB/T 274 中。

表 8-52 组合轴承的尺寸（二）(JB/T 3122—2007) (单位：mm)

轴承型号	轴承型号	外形尺寸											内圈型号
		F_w	d	d_1	C	B	D	D_{1smax}	D_2	D_{3smax}	T	C_1	r_{smin}[②]	r_{1smin}[②]	
NKX00+IR 型	NKX00Z+IR 型														
NKX10+IR[①]	NKX10Z+IR[①]	10	7	10	23	16	19	24	24	25.2	9	6.5	0.3	0.3	IR00×00×00
NKX12+IR[①]	NKX12Z+IR[①]	12	9	12	23	16	21	26	26	27.2	9	6.5	0.3	0.3	IR7×10×16
NKX15+IR	NKX15Z+IR	15	12	15	23	16	24	28	28	29.2	9	8.0	0.3	0.3	IR9×12×16
NKX17+IR	NKX17Z+IR	17	14	17	25	17	26	30	30	31.2	9	10.5	0.3	0.3	IR12×15×16
NKX20+IR	NKX20Z+IR	20	17	20	30	20	30	35	35	36.2	10	9.5	0.3	0.3	IR14×17×17
NKX25+IR	NKX25Z+IR	25	20	25	30	20	37	42	42	43.2	11	9.5	0.3	0.3	IR17×20×20
NKX30+IR	NKX30Z+IR	30	25	30	30	20	42	47	47	48.2	11	9.0	0.6	0.6	IR20×25×20
NKX35+IR	NKX35Z+IR	35	30	35	30	20	47	52	52	53.2	12	10	0.6	0.6	IR25×30×20
NKX40+IR	NKX40Z+IR	40	35	40	32	20	52	60	60	61.2	13	9.0	0.6	0.6	IR30×35×20
NKX45+IR	NKX45Z+IR	45	40	45	32	20	58	65	65	66.5	14	9.0	0.6	0.6	IR35×40×20
NKX50+IR	NKX50Z+IR	50	45	50	35	25	62	70	70	71.5	14	10	0.6	0.6	IR40×45×20
NKX60+IR	NKX60Z+IR	60	50	60	40	25	72	85	85	86.5	17	12	1.0	1.0	IR45×50×25
NKX70+IR	NKX70Z+IR	70	60	70	40	25	85	95	95	96.5	18	11	1.0	1.0	IR50×60×25
															IR60×70×25

① 可采用带锁圈的结构。
② 对应的最大倒角尺寸规定在 GB/T 274 中。

8.1.8 滚针和角接触球组合轴承

1. 滚针和角接触球组合轴承的形式（图 8-12）

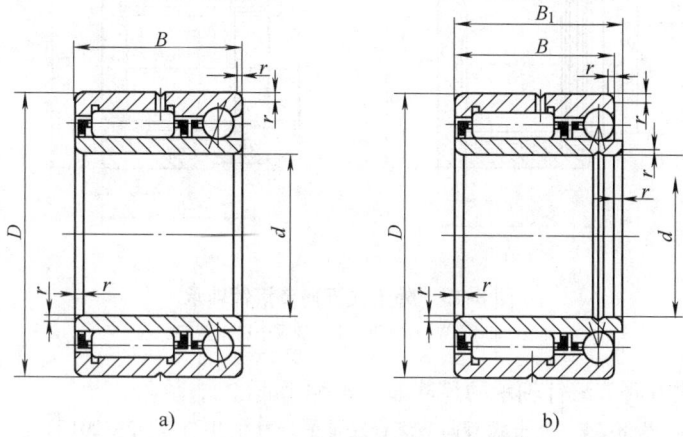

图 8-12 滚针和角接触球组合轴承
a) NKIA 0000 型　b) NKIB 0000 型

2. 滚针和角接触球组合轴承的尺寸（表 8-53）

表 8-53　滚针和角接触球组合轴承的尺寸（JB/T 3123—2007）

（单位：mm）

轴承型号		外形尺寸				
NKIA0000 型	NKIB0000 型	d	D	B	B_1	r_{smin}[①]
NKIA5901	NKIB5901	12	24	16	17.5	0.3
NKIA5902	NKIB5902	15	28	18	20	0.3
NKIA5903	NKIB5903	17	30	18	20	0.3
NKIA5904	NKIB5904	20	37	23	25	0.3
NKIA59/22	NKIB59/22	22	39	23	25	0.3
NKIA5905	NKIB5905	25	42	23	25	0.3
NKIA5906	NKIB5906	30	47	23	25	0.3
NKIA5907	NKIB5907	35	55	27	30	0.6
NKIA5908	NKIB5908	40	62	30	34	0.6
NKIA5909	NKIB5909	45	68	30	34	0.6
NKIA5910	NKIB5910	50	72	30	34	0.6
NKIA5911	NKIB5911	55	80	34	38	1.0
NKIA5912	NKIB5912	60	85	34	38	1.0
NKIA5913	NKIB5913	65	90	34	38	1.0
NKIA5914	NKIB5914	70	100	40	45	1.0

① 对应的最大倒角尺寸规定在 GB/T 274 中。

8.1.9 万向节滚针轴承

1. 外卡式万向节滚针轴承

1) 外卡式万向节滚针轴承的结构如图 8-13 所示。

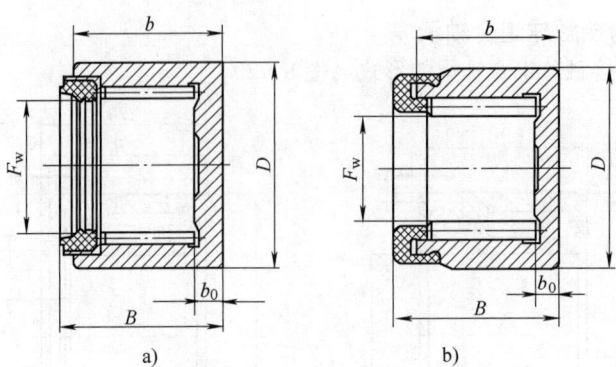

图 8-13 外卡式万向节滚针轴承
a) WW…RS 型 b) WW…PP2 型

2) 外卡式万向节滚针轴承的尺寸如表 8-54 所示。

表 8-54 外卡式万向节滚针轴承的尺寸 (JB/T 3232—2017) (单位：mm)

轴承型号	基本尺寸				
	F_w	D	b	b_0	B
WW 1012 RS	10	16	10.7	2	11.8
WW 1013 RS	10	17	11.8	2.25	13.2
WW 1116 RS	11	20	15	2.5	16
WW 1214 RS	12.1	20	12.1	2.25	13.6
WW 1217 RS	12	21	16	3	17
WW 1314 RS[①]	13.4	22	12.6	2.5	13.6
WW 1316 RS	13.4	22	15.5	2.2	16.3
WW 1516 RS	14.7	23.8	15.4	3.1	16.2
WW 1517 RS	14.87	25	16.9	3.1	16.9
WW 1722 RS	16.7	27	20	3.7	22.4
WW 1818 RS	18.2	28.6	15.8	2.75	17.8
WW 1825 RS	18.25	30	22.4	3	24.9
WW 1821 RS	18.46	29	19.3	2.8	21.1
WW 2223 RS	21.94	33	21.2	4	23.3
WW 2319 RS	23.04	32	18.7	2.75	18.9
WW 2424 RS	23.8	36	23	3.2	24
WW 2527 RS	25	39	27	5	27
WW 2832 RS	27.94	41	29.3	5	32
WW 2925 RS	28.65	42.1	24	5	25.2
WW 3236 RS	31.66	47	30.5	5	36
WW 3230 RS	31.72	48	26.5	4	29.5
WW 3636 RS	35.92	52	29.2	5	36.3
WW 3636 RS[①]	35.92	53	29.2	5	36.3
WW 4140 RS	41	57	34.7	5	39.7
WW 4242 RS	41.5	60	36.5	6	41.6
WW 4443 RS	44.35	62	37.2	6	42.5

(续)

轴承型号	基本尺寸				
	F_w	D	b	b_0	B
WW 4845 RS	47.77	65	42.5	6.5	45
WW 4848 RS	47.77	68	46.4	6.9	48
WW 5048 RS	49.6	70	45.1	6.5	48
WW 5050 RS	49.55	72	48	6.5	50.3
WW 5358 RS	53.45	75	50.5	8.5	57.5
WW 1113 PP2	11	18	10	2.5	12.7
WW 1115 PP2	11	19.1	12.8	2.5	15.2
WW 1316 PP2	13.4	22	13.3	2.3	16.1
WW 1417 PP2	14	24	13	3	17
WW 1518 PP2	14.7	23.8	15	2.7	18
WW 1519 PP2	14.7	25	16.6	3.4	19.4
WW 1618 PP2[①]	15.7	27	14.3	3.2	17.5
WW 1719 PP2	16.7	27	15.6	2.8	18.9
WW 1721 PP2	16.7	28.6	17.3	2.8	20.6
WW 2024 PP2[①]	19.7	30.2	19.8	3.2	23.8
WW 2124 PP2	20.5	30.2	20.4	3.5	24
WW 2026 PP2	20	32	21.5	4	26
WW 2328 PP2	22.72	35	23.7	3.9	27.9
WW 2325 PP2	23.2	34.9	21.1	3.5	24.6
WW 2729 PP2	27	39	22.5	5	28.5
WW 3033 PP2	29.54	44	28.5	5.2	32.5
WW 3434 PP2	33.62	50	27.7	4	33.5

① 非优选型号。

2. 内卡式万向节滚针轴承

1) 内卡式万向节滚针轴承的形式如图 8-14 所示。

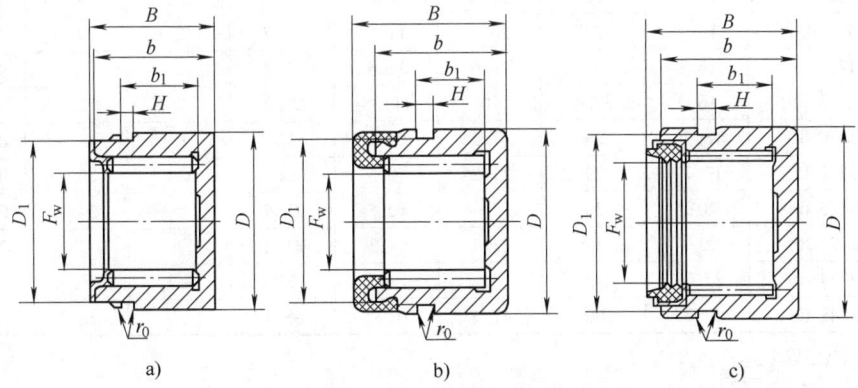

图 8-14 内卡式万向节滚针轴承
a) WN…T 型 b) WN…PP2 型 c) WN…RS 型

2) 内卡式万向节滚针轴承的尺寸如表 8-55 所示。

表 8-55 内卡式万向节滚针轴承的尺寸 (JB/T 3232—2017) (单位: mm)

轴承型号	基本尺寸							
	F_w	D	b	b_1	D_1	H	B	r_{0max}
WN 1519 T	15.2	28	18.5	11.5	25.7	2.5	19	0.25
WN 1621 T[①]	16.3	30	20.5	12.5	27.5	3	21	0.25
WN 1821 T	17.6	30	20.5	12.5	27.5	3	21	0.25
WN 2026 T	20	32	21.5	12.5	29.5	3	26	0.25
WN 2226 T	22	35	21.5	12.5	32.5	3	26	0.25
WN 2532 T	25	39	22.5	12.5	20	3	32	0.25
WN 2827 T	27.7	42	25	13	22	3.5	27	0.25
WN 3232 T	31.7	47	25	13	22	4	32	0.25
WN 3434 T[①]	33.65	50	27	15	24	4	34	0.25
WN 3634 T	35.5	50	27	15	24	4	34	0.25
WN 1319 PP2	13.36	22.5	16.2	8.9	20.75	2.1	19	0.2
WN 1422 PP2[①]	13.5	26	19	9.8	22.85	2.8	22.2	0.2
WN 1521 PP2	14.7	26	18.5	7.55	23.8	2.7	21.2	0.2
WN 1621 PP2	15.9	26.5	17.5	8	24.6	2	21.2	0.2
WN 1721 PP2	16.7	27	17.3	9.5	25	2	20.6	0.2
WN 2030 PP2	20.35	30	21.7	12.5	27.5	3	25	0.25
WN 2532 PP2	24.62	38	28.5	17.1	34.8	3	32.1	0.25
WN 2533 PP2	24.62	38	29.1	16.45	34.8	2.8	32.7	0.25
WN 0610 RS	6.15	11.5	10	5	10	1.3	10.1	0.2
WN 1011 RS	10	16	9.7	5.85	14.7	1.5	11.1	0.2
WN 1116 RS	10.85	20	15.3	8	18	2	16.3	0.2
WN 1319 RS	13.3	24.6	17.5	8.55	22	2	18.8	0.2
WN 1424 RS	14	26	24	11	23	4	24	0.2
WN 1518 RS	14.7	25	15.8	8.6	22.5	2	17.8	0.2
WN 1620 RS[①]	15.8	27	17.8	7.6	25	2.6	19.5	0.2
WN 1721 RS[①]	16.7	27	20.2	11.5	25.2	2	20.8	0.2
WN 1722 RS	16.7	27	19.5	11.5	25	2	22	0.2
WN 1723 RS	16.7	27.4	20	11.35	25.2	2	23	0.2
WN 1819 RS	18.46	29	17.5	9.5	27	2	18.6	0.25
WN 1822 RS	17.77	29	21.2	10.5	26	2.1	22.2	0.25
WN 1825 RS	18.25	30	22.4	12.5	27.5	2	24.9	0.25
WN 2025 RS	20.4	34	23.4	14.3	31.2	3	25	0.25
WN 2734 RS	27.03	42	31	19	39	3.3	34.2	0.25
WN 4848 RS	47.77	68	47.5	31.85	65.1	3.7	48.4	0.25

① 非优选型号。

3. 压板式万向节滚针轴承

1) 压板式万向节滚针轴承的形式如图 8-15 所示。

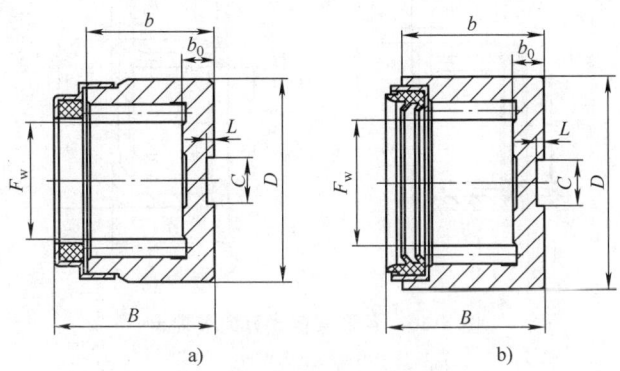

图 8-15 压板式万向节滚针轴承
a) WY…ZC 型   b) WY…RS 型

2) 压板式万向节滚针轴承的尺寸如表 8-56 所示。

表 8-56　压板式万向节滚针轴承的尺寸 （JB/T 3232—2017）（单位：mm）

轴承型号	基本尺寸					
	F_w	D	b	b_0	$C \times L$	B
WY 1417 ZC	14	24	12.6	3	6×1	16.6
WY 2026 ZC	20	32	21.5	4	10×1.5	26
WY 2227 ZC	22	35	21.5	4	10×1.5	26.5
WY 2528 ZC	25	39	22.5	5	10×1.5	28
WY 2533 ZC	25	39	22.5	5	10×1.5	32.6
WY 2832 ZC	27.7	42	25	5	10×1.5	32
WY 3232 ZC	31.7	47	25	5	10×1.5	32
WY 3233 ZC	31.7	47	22.5	5	10×1.5	32.8
WY 3434 ZC	33.65	50	27	5	10×1.5	34
WY 3634 ZC	35.5	50	27	5	10×1.5	34
WY 4034 ZC	40	56	27	5	10×1.5	34
WY 4335 ZC	43	59	28	5	10×1.5	35.2
WY 4540 ZC	45	62	30	6	10×1.5	40
WY 5048 ZC	50	72	30	6	10×1.5	48
WY 3230 RS	31.72	48	27.7	5.2	10×1.5	30.4
WY 4849 RS	47.77	68	48	7.5	14×2	49.4

4. 条形背板式万向节轴承

1) 条形背板式万向节轴承的形式如图 8-16 所示。

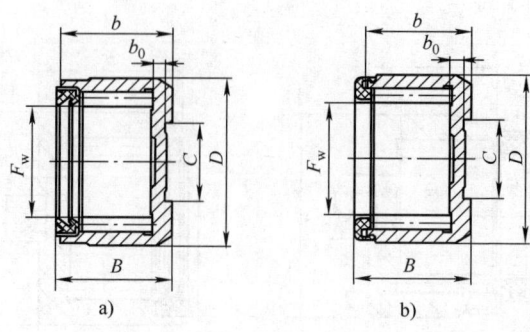

图 8-16 条形背板式万向节轴承
a) WT…RS 型　b) WT…PP2 型

2) 条形背板式万向节轴承的尺寸如表 8-57 所示。

表 8-57　条形背板式万向节轴承的尺寸（JB/T 3232—2017）（单位：mm）

轴承型号	基本尺寸					
	F_w	D	b	b_0	B	C
WT 2935 RS	28.62	44	34.7	5	34.9	25.2
WT 3133 RS	30.5	46	31.5	4	33	25
WT 3137 RS	31.14	47	34.6	4	36.6	25
WT 3338 RS	32.98	50	34.3	4	38.3	24
WT 3641 RS	36.26	52	40.6	5	41.2	25.1
WT 3638 RS	36	53.5	36.5	4	38	24
WT 3839 RS	37.8	55	37.8	4.47	38.9	26
WT 3846 RS	38.11	58	45	4.45	46	25.2
WT 4141 RS	40.98	60	40.3	4	41.4	33
WT 4346 RS	43.22	63.5	44.5	4	45.9	30
WT 1930 PP2	19.22	32	26.6	3.5	29.5	11
WT 2326 PP2	23.02	36	21.8	3.5	25.8	18

5. 点焊盖板式万向节滚针轴承

1) 点焊盖板式万向节滚针轴承的形式如图 8-17 所示。

2) 点焊盖板式万向节滚针轴承的尺寸如表 8-58 所示。

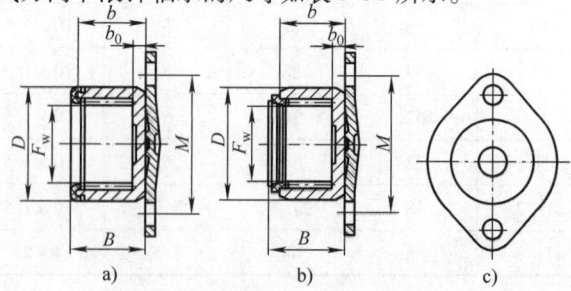

图 8-17 点焊盖板式万向节滚针轴承
a) WD…PP2 型　b) WD…RS 型　c) 盖板结构

表8-58 点焊盖板式万向节滚针轴承的尺寸（JB/T 3232—2017） （单位：mm）

轴承型号	基本尺寸					
	F_w	D	b	b_0	B	M
WD 2527 PP2	25.36	39.7	22.13	3.7	27.1	50.5
WD 4335 PP2	42.7	59	29.9	4	34.7	71.4
WD 3333 RS	32.5	47.6	26.3	3.9	32.8	58.6
WD 3335 RS	32.96	49.2	30.75	4	35	62
WD 3542 RS	35	55.5	37.5	6.4	41.5	71.4

注：盖板厚度一般为 3~7mm。

8.1.10 碳钢深沟球轴承

1. 碳钢深沟球轴承的形式（图 8-18）
2. 碳钢深沟球轴承的尺寸

1) 02 系列碳钢深沟球轴承的尺寸如表 8-59 所示。

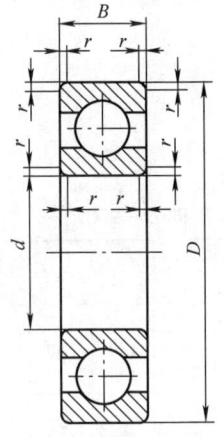

图 8-18 碳钢深沟球轴承
注：轴承可一面或两面带密封圈，一面或两面带防尘盖。

表8-59 02 系列碳钢深沟球轴承的尺寸
（JB/T 8570—2008）
（单位：mm）

轴承型号	外形尺寸			
	d	D	B	r_{smin} [①]
6200/CS	10	30	9	0.6
6201/CS	12	32	10	0.6
6202/CS	15	35	11	0.6
6203/CS	17	40	12	0.6
6204/CS	20	47	14	1
6205/CS	25	52	15	1
6206/CS	30	62	16	1
6207/CS	35	72	17	1.1
6208/CS	40	80	18	1.1
6209/CS	45	85	19	1.1
6210/CS	50	90	20	1.1

① 对应的最大倒角尺寸规定参见 GB/T 274。

2) 03 系列碳钢深沟球轴承的尺寸如表 8-60 所示。

表8-60 03 系列碳钢深沟球轴承的尺寸（JB/T 8570—2008）（单位：mm）

轴承型号	外形尺寸			
	d	D	B	r_{smin} [①]
6300/CS	10	35	11	0.6
6301/CS	12	37	12	1
6302/CS	15	42	13	1
6303/CS	17	47	14	1
6304/CS	20	52	15	1.1
6305/CS	25	62	17	1.1
6306/CS	30	72	19	1.1
6307/CS	35	80	21	1.5
6308/CS	40	90	23	1.5
6309/CS	45	100	25	1.5
6310/CS	50	110	27	2

① 对应的最大倒角尺寸规定参见 GB/T 274。

8.1.11 轧辊油膜轴承

1. 轧辊油膜轴承的形式（图 8-19）

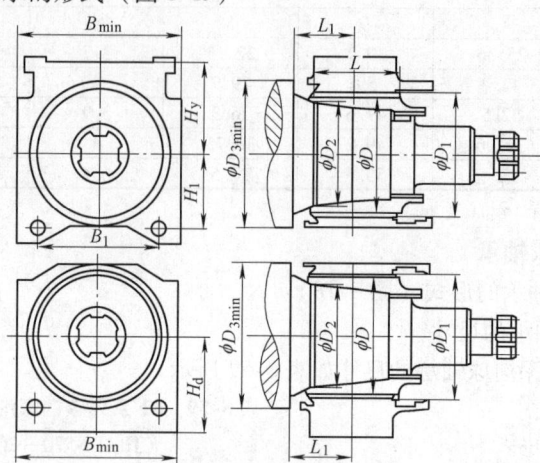

图 8-19 轧辊油膜轴承

2. 轧辊油膜轴承的尺寸

1) 轧辊油膜轴承 A 系列尺寸及承载能力如表 8-61 所示。

表 8-61 轧辊油膜轴承 A 系列尺寸及承载能力（JB/T 9049—2007）

序号	轴承规格 D/mm	轴承长径比	额定载荷 /kN	L_1	H_y	H_d	B_{min}	D_1	H_1	B_1	D_2	D_{3min}
				mm								
1	160	60	370	100	125	135	270	180	105	150	140	210
		75	470	105	135	145						
		90	—	—	—	—						
2	180	60	485	110	140	150	290	200	120	170	160	250
		75	595	115	150	155						
		90	—	—	—	—						
3	200	60	590	120	155	165	320	220	130	180	170	270
		75	735	130	165	175						
		90	—	—	—	—						
4	220	60	700	130	170	185	350	240	145	200	190	290
		75	890	145	180	190						
		90	—	—	—	—						
5	250	60	920	140	190	205	390	270	160	230	220	320
		75	1165	160	200	215						
		90	—	—	—	—						
6	280	60	1165	150	210	230	430	300	180	255	240	360
		75	1440	170	225	240						
		90	—	—	—	—						
7	320	60	1490	165	245	265	480	345	205	290	280	410
		75	1880	190	260	275						
		90	—	—	—	—						
8	360	60	1940	185	275	300	530	390	235	330	310	460
		75	2380	210	290	310						
		90	—	—	—	—						

(续)

序号	轴承规格 D/mm	轴承长径比	额定载荷 /kN	L_1	H_y	H_d	B_{min}	D_1	H_1	B_1	D_2	D_{3min}
							mm					
9	400	60	—	—	—	—	580	430	260	365	350	510
		75	2940	230	320	340						
		90	3530	260	335	360						
10	450	60	—	—	—	—	650	485	290	410	390	580
		75	3750	260	360	385						
		90	4520	295	380	405						
11	500	60	—	—	—	—	710	540	325	455	435	640
		75	4590	280	400	430						
		90	5510	320	420	450						
12	560	60	—	—	—	—	790	600	360	515	490	720
		75	5760	300	450	475						
		90	6860	340	470	500						
13	630	60	—	—	—	—	880	680	410	650	550	800
		75	7260	330	505	540						
		90	8800	380	530	565						
14	710	60	—	—	—	—	980	770	460	720	630	900
		75	9220	370	575	610						
		90	11140	430	600	640						
15	800	60	—	—	—	—	1090	865	520	810	710	1030
		75	11770	410	645	685						
		90	14120	470	675	720						
16	900	60	—	—	—	—	1220	970	580	900	795	1160
		75	14900	460	725	770						
		90	17870	530	755	805						
17	1000	60	—	—	—	—	1350	1080	650	1000	900	1260
		75	18390	500	805	860						
		90	22070	580	840	900						
18	1100	60	—	—	—	—	1480	1190	715	1130	995	1360
		75	22250	550	890	945						
		90	26700	620	930	990						
19	1200	60	—	—	—	—	1610	1300	780	1210	1090	1470
		75	26480	580	970	1035						
		90	31780	670	1015	1080						
20	1300	60	—	—	—	—	1740	1400	840	1390	1180	1590
		75	31080	630	1065	1140						
		90	37300	730	1130	1180						
21	1400	60	—	—	—	—	1870	1510	905	1500	1280	1700
		75	36050	660	1150	1230						
		90	43260	770	1220	1285						
22	1500	60	—	—	—	—	2000	1620	970	1600	1370	1820
		75	41380	700	1235	1320						
		90	49660	810	1310	1380						
23	1600	60	—	—	—	—	2130	1730	1040	1700	1470	1950
		75	47080	740	1315	1410						
		90	56500	860	1400	1475						

序号	轴承规格 D/mm	轴承长径比	额定载荷 /kN	L_1	H_y	H_d	B_{min}	D_1	H_1	B_1	D_2	D_{3min}
							mm					
24	1700	60	—	—	—	—	2260	1840	1100	1800	1560	2060
		75	53150	780	1400	1500						
		90	63790	910	1490	1570						
25	1800	60	—	—	—	—	2390	1940	1160	1900	1660	2190
		75	59590	820	1475	1580						
		90	71510	960	1570	1660						

注：表中所列参数系列为米制无键结构系列。轴承长径比 = $(L/D) \times 100$。

2）轧辊油膜轴承 C 系列尺寸及承载能力如表 8-62 所示。

表 8-62　轧辊油膜轴承 C 系列尺寸及承载能力（JB/T 9049—2007）

序号	轴承规格 D/mm	轴承长径比	额定载荷 /kN	L_1	H_y	H_d	B_{min}	D_1	H_1	B_1	D_2	D_{3min}
							mm					
1	413	67	2800	205	310	335	585	440	265	375	360	520
		75	3130	220	330	350						
		84	3510	240	345	360						
2	475	67	3680	240	365	390	660	510	305	435	410	600
		75	4120	260	380	405						
		84	4610	280	395	420						
3	515	67	4340	265	395	425	710	555	325	460	450	650
		75	4860	285	415	440						
		84	5450	310	430	455						
4	550	67	5010	275	425	455	760	595	355	510	480	700
		75	5610	300	445	475						
		84	6290	325	465	495						
5	590	67	5750	295	450	485	815	635	380	600	520	750
		75	6430	320	475	505						
		84	7200	345	495	530						
6	630	67	6530	310	480	515	865	675	405	650	555	790
		75	7320	335	505	540						
		84	8190	360	530	560						
7	670	67	7380	325	510	545	915	715	430	700	590	840
		75	8260	355	535	570						
		84	9250	385	560	595						
8	710	67	8270	345	540	580	965	760	455	700	630	890
		75	9260	370	565	605						
		84	10370	405	595	630						
9	750	67	9220	355	570	615	1015	805	480	750	665	950
		75	10320	385	600	640						
		84	11550	420	630	670						
10	785	67	10210	370	600	645	1065	845	510	800	705	1000
		75	11430	400	630	670						
		84	12790	435	660	700						
11	825	67	11260	390	630	675	1115	885	535	800	740	1050
		75	12600	425	660	705						
		84	14110	460	690	735						

(续)

序号	轴承规格 D/mm	轴承长径比	额定载荷 /kN	L_1	H_y	H_d	B_{min}	D_1	H_1	B_1	D_2	D_{3min}
						mm						
12	865	67	12360	400	660	710	1170	930	560	850	775	1090
		75	13830	435	690	740						
		84	15490	475	725	770						
13	905	67	13510	425	690	740	1220	970	585	900	810	1150
		75	15110	460	720	770						
		84	16930	500	760	805						
14	945	67	14700	435	725	775	1270	1015	610	950	850	1180
		75	16460	470	755	805						
		84	18430	515	790	840						
15	985	67	15960	450	755	810	1320	1060	635	1000	885	1230
		75	17860	490	790	840						
		84	20000	535	825	880						
16	1025	67	17250	470	780	835	1370	1095	660	1050	920	1260
		75	19310	510	815	870						
		84	21640	555	855	910						
17	1065	67	18610	485	815	870	1420	1140	685	1100	955	1290
		75	20830	530	850	905						
		84	23330	575	890	945						
18	1115	67	20430	505	855	910	1475	1195	710	1150	1015	1350
		75	22860	550	890	950						
		84	25610	600	930	995						
19	1195	67	23450	525	910	975	1570	1275	760	1200	1095	1440
		75	26250	570	950	1015						
		84	29410	625	955	1060						
20	1270	67	26680	555	985	1065	1675	1360	810	1350	1170	1520
		75	29870	605	1035	1110						
		84	33460	660	1090	1160						
21	1340	67	29710	575	1045	1125	1775	1440	865	1450	1245	1640
		75	33260	630	1095	1175						
		84	37250	690	1155	1225						
22	1450	67	34540	610	1125	1210	1910	1550	915	1550	1340	1740
		75	38670	670	1180	1265						
		84	43310	740	1240	1325						
23	1560	67	39980	650	1210	1305	2040	1670	965	1650	1440	1860
		75	44750	715	1270	1360						
		84	50220	780	1335	1425						
24	1670	67	45820	685	1305	1405	2180	1800	1015	1750	1540	2000
		75	51290	755	1365	1465						
		84	57440	830	1435	1530						
25	1720	67	48510	700	1345	1445	2230	1850	1040	1800	1590	2050
		75	54410	775	1405	1505						
		84	61160	850	1480	1575						
26	1760	67	50930	715	1380	1480	2290	1890	1060	1850	1630	2100
		75	56970	785	1440	1540						
		84	63880	865	1520	1610						

注：表中所列参数系列为米制无键结构系列的补充系列。轴承长径比 = $(L/D) \times 100$。

3）轧辊油膜轴承 D 系列尺寸及承载能力如表 8-63 所示。

表 8-63　轧辊油膜轴承 D 系列尺寸及承载能力（JB/T 9049—2007）

序号	轴承规格 D/mm	轴承长径比	额定载荷 /kN	L_1	H_y	H_d	B_{min}	D_1	H_1	B_1	D_2	D_{3min}
							mm					
1	450	66	3310	250	335	365	645	480	290	450	415	600
		76	3800	270	360	385						
		86	4370	295	380	405						
2	500	66	4040	265	375	410	705	535	325	510	460	650
		76	4660	290	400	430						
		86	5270	315	425	450						
3	530	66	4550	280	400	435	745	570	345	545	490	690
		76	5260	305	425	455						
		86	5910	330	455	480						
4	580	66	6100	295	435	480	805	620	375	600	535	740
		76	7020	325	465	505						
		86	7950	355	495	530						
5	615	66	6860	310	465	510	850	660	395	645	570	780
		76	7900	340	495	535						
		86	8930	370	530	565						
6	650	66	7660	325	490	540	890	695	415	680	605	820
		76	8820	355	525	565						
		86	9980	390	555	595						
7	690	66	8630	335	520	575	940	740	445	730	645	860
		76	9940	370	560	600						
		86	11250	405	590	635						
8	725	66	9530	355	545	600	985	775	465	770	680	910
		76	10970	390	585	630						
		86	12420	425	620	665						
9	765	66	10610	365	575	635	1040	820	490	815	715	960
		76	12220	405	620	670						
		86	13820	445	655	700						
10	805	66	11750	395	605	665	1090	860	515	860	755	1020
		76	13530	435	650	700						
		86	15310	475	690	740						
11	840	66	12790	405	635	695	1130	900	540	900	790	1060
		76	14730	450	680	735						
		86	16670	490	720	770						
12	875	66	13880	420	665	725	1180	940	560	945	825	1110
		76	15980	460	710	765						
		86	18090	505	750	805						
13	920	66	15340	435	695	760	1235	985	590	1000	870	1160
		76	17670	480	745	805						
		86	19990	525	790	845						
14	955	66	16530	445	725	790	1280	1025	610	1040	900	1190
		76	19040	490	775	835						
		86	21540	540	820	875						
15	990	66	17770	455	750	820	1320	1060	635	1080	935	1230
		76	20460	505	800	865						
		86	23150	555	850	910						

（续）

序号	轴承规格 D/mm	轴承长径比	额定载荷 /kN	L_1	H_y	H_d	B_{min}	D_1	H_1	B_1	D_2	D_{3min}
							mm					
16	1030	66	19230	470	780	855	1370	1105	660	1120	970	1260
		76	22150	520	835	900						
		86	25060	570	885	945						
17	1090	66	21540	490	830	905	1445	1170	700	1195	1035	1330
		76	24800	545	885	950						
		86	28070	600	935	1000						
18	1130	66	23150	505	855	935	1500	1210	720	1240	1070	1370
		76	26660	565	915	985						
		86	30160	620	970	1035						
19	1170	66	24820	520	890	970	1545	1255	745	1285	1110	1410
		76	28580	580	950	1025						
		86	32340	635	1010	1075						
20	1250	66	28330	545	960	1060	1645	1340	795	1375	1185	1490
		76	32620	610	1025	1120						
		86	36910	670	1095	1180						
21	1320	66	31590	575	1015	1120	1740	1415	840	1460	1255	1580
		76	36370	640	1085	1185						
		86	41160	710	1155	1245						
22	1420	66	36560	610	1090	1205	1860	1520	905	1575	1350	1690
		76	42090	680	1165	1270						
		86	47630	750	1245	1340						
23	1520	66	41890	645	1170	1290	1990	1630	970	1690	1450	1800
		76	48230	720	1250	1365						
		86	54580	800	1330	1435						
24	1620	66	47580	680	1245	1375	2120	1735	1030	1810	1550	1920
		76	54790	760	1335	1455						
		86	61990	840	1420	1530						
25	1670	66	50560	695	1285	1420	2180	1790	1065	1870	1600	1980
		76	58220	780	1375	1500						
		86	65880	860	1465	1580						

注：表中所列参数系列为无键薄壁结构系列。轴承长径比 = $(L/D) \times 100$。

8.1.12 向心关节轴承

1. 向心关节轴承的形式（图8-20）

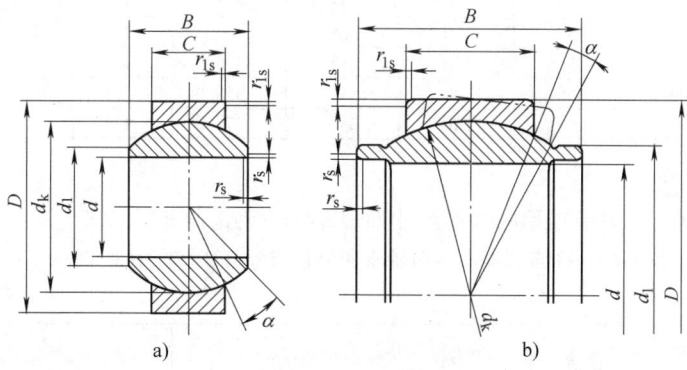

图8-20 向心关节轴承

a）E、G、C、K、H系列向心关节轴承　b）W系列带再润滑装置的宽内圈向心关节轴承

2. 向心关节轴承的尺寸

1）E 系列向心关节轴承的外形尺寸如表 8-64 所示。

表 8-64　E 系列向心关节轴承的外形尺寸（GB/T 9163—2001）

（单位：mm）

d	D	B	C	d_1 ≈	d_k[①]	r_{smin}	r_{1smin}	$\alpha/(°)$ ≈
4	12	5	3	6	8	0.3	0.3	16
5	14	6	4	8	10	0.3	0.3	13
6	14	6	4	8	10	0.3	0.3	13
8	16	8	5	10	13	0.3	0.3	15
10	19	9	6	13	16	0.3	0.3	12
12	22	10	7	15	18	0.3	0.3	10
15	26	12	9	18	22	0.3	0.3	8
17	30	14	10	20	25	0.3	0.3	10
20	35	16	12	24	29	0.3	0.3	9
25	42	20	16	29	35	0.6	0.6	7
30	47	22	18	34	40	0.6	0.6	6
35	55	25	20	39	47	0.6	1	6
40	62	28	22	45	53	0.6	1	7
45	68	32	25	50	60	0.6	1	7
50	75	35	28	55	66	0.6	1	6
55	85	40	32	62	74	0.6	1	7
60	90	44	36	66	80	1	1	6
70	105	49	40	77	92	1	1	6
80	120	55	45	88	105	1	1	6
90	130	60	50	98	115	1	1	5
100	150	70	55	109	130	1	1	7
110	160	70	55	120	140	1	1	6
120	180	85	70	130	160	1	1	6
140	210	90	70	150	180	1	1	7
160	230	105	80	170	200	1	1	8
180	260	105	80	192	225	1.1	1.1	6
200	290	130	100	212	250	1.1	1.1	7
220	320	135	100	238	275	1.1	1.1	8
240	340	140	100	265	300	1.1	1.1	8
260	370	150	110	285	325	1.1	1.1	7
280	400	155	120	310	350	1.1	1.1	6
300	430	165	120	330	375	1.1	1.1	7

① 参考尺寸。

2）G 系列向心关节轴承的外形尺寸如表 8-65 所示。

表 8-65　G 系列向心关节轴承的外形尺寸（GB/T 9163—2001）

（单位：mm）

d	D	B	C	d_1 ≈	d_k[①]	r_{smin}	r_{1smin}	$\alpha/(°)$ ≈
4	14	7	4	7	10	0.3	0.3	20
5	14	7	4	7	10	0.3	0.3	20

(续)

d	D	B	C	d_1 ≈	d_k ①	r_{smin}	r_{1smin}	$\alpha/(°)$ ≈
6	16	9	5	9	13	0.3	0.3	21
8	19	11	6	11	16	0.3	0.3	21
10	22	12	7	13	18	0.3	0.3	18
12	26	15	9	16	22	0.3	0.3	18
15	30	16	10	19	25	0.3	0.3	16
17	35	20	12	21	29	0.3	0.3	19
20	42	25	16	24	35	0.3	0.6	17
25	47	28	18	29	40	0.6	0.6	17
30	55	32	20	34	47	0.6	1	17
35	62	35	22	39	53	0.6	1	16
40	68	40	25	44	60	0.6	1	17
45	75	43	28	50	66	0.6	1	15
50	90	56	36	57	80	0.6	1	17
60	105	63	40	67	92	1	1	17
70	120	70	45	77	105	1	1	16
80	130	75	50	87	115	1	1	14
90	150	85	55	98	130	1	1	15
100	160	85	55	110	140	1	1	14
110	180	100	70	122	160	1	1	12
120	210	115	70	132	180	1	1	16
140	230	130	80	151	200	1	1	16
160	260	135	80	176	225	1	1.1	16
180	290	155	100	196	250	1.1	1.1	14
200	320	165	100	220	275	1.1	1.1	15
220	340	175	100	243	300	1.1	1.1	16
240	370	190	110	263	325	1.1	1.1	15
260	400	205	120	283	350	1.1	1.1	15
280	430	210	120	310	375	1.1	1.1	15

① 参考尺寸。

3) C 系列向心关节轴承的外形尺寸如表 8-66 所示。

表 8-66 C 系列向心关节轴承的外形尺寸（GB/T 9163—2001）

（单位：mm）

d	D	B	C	d_1 ≈	d_k ①	r_{smin}	r_{1smin}	$\alpha/(°)$ ≈
320	440	160	135	340	375	1.1	3	4
340	460	160	135	360	390	1.1	3	3
360	480	160	135	380	410	1.1	3	3
380	520	190	160	400	440	1.5	4	4
400	540	190	160	425	465	1.5	4	3
420	560	190	160	445	480	1.5	4	3
440	600	218	185	465	515	1.5	4	3
460	620	218	185	485	530	1.5	4	3
480	650	230	195	510	560	2	5	3
500	670	230	195	530	580	2	5	3

(续)

d	D	B	C	d_1 ≈	d_k [1]	r_{smin}	r_{1smin}	$\alpha/(°)$ ≈
530	710	243	205	560	610	2	5	3
560	750	258	215	590	645	2	5	4
600	800	272	230	635	690	2	5	3
630	850	300	260	665	730	3	6	3
670	900	308	260	710	770	3	6	3
710	950	325	275	755	820	3	6	3
750	1000	335	280	800	870	3	6	3
800	1060	355	300	850	915	3	6	3
850	1120	365	310	905	975	3	6	3
900	1180	375	320	960	1030	3	6	3
950	1250	400	340	1015	1090	4	7.5	3
1000	1320	438	370	1065	1150	4	7.5	3
1060	1400	462	390	1130	1220	4	7.5	3
1120	1460	462	390	1195	1280	4	7.5	3
1180	1540	488	410	1260	1350	4	7.5	3
1250	1630	515	435	1330	1425	4	7.5	3
1320	1720	545	460	1405	1510	4	7.5	3
1400	1820	585	495	1485	1600	5	9.5	3
1500	1950	625	530	1590	1710	5	9.5	3
1600	2060	670	565	1690	1820	5	9.5	3
1700	2180	710	600	1790	1925	5	9.5	3
1800	2300	750	635	1890	2035	6	12	3
1900	2430	790	670	2000	2150	6	12	3
2000	2570	835	705	2100	2260	6	12	3

[1] 参考尺寸。

4) K系列向心关节轴承的外形尺寸如表8-67所示。

表8-67 K系列向心关节轴承的外形尺寸（GB/T 9163—2001）

(单位：mm)

d	D	B	C	d_1 ≈	d_k [1]	r_{smin}	r_{1smin}	$\alpha/(°)$ ≈
3	10	6	4.5	5.1	7.9	0.2	0.2	14
5	13	8	6	7.7	11.1	0.3	0.3	13
6	16	9	6.75	8.9	12.7	0.3	0.3	13
8	19	12	9	10.3	15.8	0.3	0.3	14
10	22	14	10.5	12.9	19	0.3	0.3	13
12	26	16	12	15.4	22.2	0.3	0.3	14
14	29	19	13.5	16.8	25.4	0.3	0.3	16
16	32	21	15	19.3	28.5	0.3	0.3	15
18	35	23	16.5	21.8	31.7	0.3	0.3	15
20	40	25	18	24.3	34.9	0.3	0.6	14
22	42	28	20	25.8	38.1	0.3	0.6	15
25	47	31	22	29.5	42.8	0.3	0.6	15
30	55	37	25	34.8	50.8	0.3	0.6	17
35	65	43	30	40.3	59	0.6	1	16
40	72	49	35	44.2	66	0.6	1	16
50	90	60	45	55.8	82	0.6	1	14

注：该系列轴承并入了符合 GB/T 9161—2001 中规定的杆端关节轴承中。

[1] 参考尺寸。

5）H 系列向心关节轴承的外形尺寸如表 8-68 所示。

表 8-68　H 系列向心关节轴承的外形尺寸（GB/T 9163—2001）

（单位：mm）

d	D	B	C	d_1 ≈	d_k [①]	r_{smin}	r_{1smin}	$\alpha/(°)$ ≈
100	150	71	67	114	135	1	1	2
110	160	78	74	122	145	1	1	2
120	180	85	80	135	160	1	1	2
140	210	100	95	155	185	1	1	2
160	230	115	109	175	210	1	1	2
180	260	128	122	203	240	1.1	1.1	2
200	290	140	134	219	260	1.1	1.1	2
220	320	155	148	245	290	1.1	1.1	2
240	340	170	162	259	310	1.1	1.1	2
260	370	185	175	285	340	1.1	1.1	2
280	400	200	190	311	370	1.1	1.1	2
300	430	212	200	327	390	1.1	1.1	2
320	460	230	218	344	414	1.1	3	2
340	480	243	230	359	434	1.1	3	2
360	520	258	243	397	474	1.1	4	2
380	540	272	258	412	494	1.5	4	2
400	580	280	265	431	514	1.5	4	2
420	600	300	280	441	534	1.5	4	2
440	630	315	300	479	574	1.5	4	2
460	650	325	308	496	593	1.5	5	2
480	680	340	320	522	623	2	5	2
500	710	355	335	536	643	2	5	2
530	750	375	355	558	673	2	5	2
560	800	400	380	602	723	2	5	2
600	850	425	400	645	773	2	6	2
630	900	450	425	677	813	3	6	2
670	950	475	450	719	862	3	6	2
710	1000	500	475	762	912	3	6	2
750	1060	530	500	814	972	3	6	2
800	1120	565	530	851	1022	3	6	2
850	1220	600	565	936	1112	3	7.5	2
900	1250	635	600	949	1142	3	7.5	2
950	1360	670	635	1045	1242	4	7.5	2
1000	1450	710	670	1103	1312	4	7.5	2

① 参考尺寸。

6）W 系列向心关节轴承的外形尺寸如表 8-69 所示。

表 8-69　W 系列向心关节轴承的外形尺寸（GB/T 9163—2001）

（单位：mm）

d	D	B	C	d_1 $\approx$	d_k[①]	r_{smin}	r_{1smin}	$\alpha/(°)$ $\approx$
12[②]	22	12	7	15.5	18	0.3	0.3	4
15	26	15	9	18.5		0.3	0.3	5
16	28	16	9	20	23	0.3	0.3	4
17	30	17	10	21		0.3	0.3	7
20	35	20	12	25	29	0.3	0.3	4
25	42	25	16	30.5	35	0.6	0.6	4
30	47	30	18	34		0.6	0.6	4
32	52	32	18	38	44	0.6	1	4
35	55	35	20	40		0.6	1	4
40	62	40	22	46	53	0.6	1	4
45	68	45	25	52		0.6	1	4
50	75	50	28	57	66	0.6	1	4
60	90	60	36	68		1	1	3
63	95	63	36	71.5	83	1	1	4
70	105	70	40	78		1	1	4
80	120	80	45	91	105	1	1	4
100	150	100	55	113	130	1	1	4
125	180	125	70	138	160	1	1	4
160	230	160	80	177	200	1	1	4
200	290	200	100	221	250	1.1	1.1	4
250	400	250	120	317	350	2.5	1	4
320	520	320	160	405	450	2.5	4	4

① 参考尺寸。
② 制造厂家可自行决定是否在外圈上设置再润滑装置。

8.2　传动带

8.2.1　普通 V 带和窄 V 带

1. V 带的截面（图 8-21）

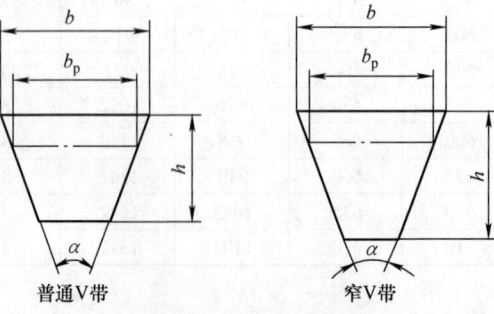

图 8-21　V 带的截面

2. V带的截面尺寸（表 8-70）

表 8-70　V带的截面尺寸（GB/T 11544—2012）

型号	节宽 b_p /mm	顶宽 b /mm	高度 h /mm	楔角 α /(°)
Y	5.3	6	4	40
Z	8.5	10	6	40
A	11.0	13	8	40
B	14.0	17	11	40
C	19.0	22	14	40
D	27.0	32	19	40
E	32.0	38	23	40
SPZ	8.5	10	8	40
SPA	11.0	13	10	40
SPB	14.0	17	14	40
SPC	19.0	22	18	40

8.2.2　机用皮带扣

1. 机用皮带扣的形式（图 8-22）

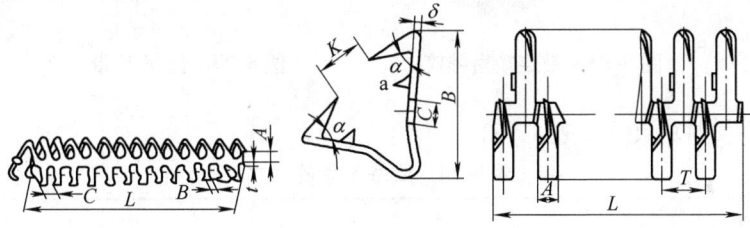

图 8-22　机用皮带扣

注：1. 15 号机用皮带扣无 a 齿。
　　2. 大齿角度 α 为 74°±2°。

2. 机用皮带扣的尺寸（表 8-71）

表 8-71　机用皮带扣的尺寸（QB/T 2291—1997）

号数	长度 L /mm	厚度 t /mm	齿宽 B /mm	筋宽 A /mm	齿尖距 K/mm	每支齿数	每盒支数	适用传动带厚度 /mm
15	190	1.10	2.30	3.0	5.0	34	16	3~4
20	290	1.20	2.60	3.0	6.0	45	10	4~5
25	290	1.30	3.30	3.3	7.0	36	16	5~6
27	290	1.30	3.30	3.3	8.0	36	16	5~6
35	290	1.50	3.90	4.7	9.0	30	8	7~8
45	290	1.80	5.00	5.5	10.0	24	8	8~9.5
55	290	2.30	6.70	6.5	12.0	18	8	9.5~11
65	290	2.50	6.90	7.2	14.0	18	8	11~12.5
75	290	3.00	8.50	9.0	18.0	14	8	12.5~16

8.2.3 带连接用螺栓

1. 带连接用螺栓的形式（图 8-23）
2. 带连接用螺栓的尺寸（表 8-72）

表 8-72 带连接用螺栓的尺寸　　　　　　　　　（单位：mm）

螺栓	直径	5	6	8	10
	长度	20	25	32	42
适用平带	宽度	20~40	40~100	100~125	125~300
	厚度	3~4	4~6	5~7	7~13

8.2.4 活络 V 带

1. 活络 V 带（图 8-24）

 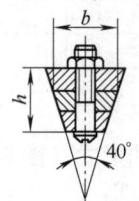

图 8-23　带连接用螺栓　　　　图 8-24　活络 V 带

2. 活络 V 带的尺寸（表 8-73）

表 8-73　活络 V 带的尺寸

活络 V 带类型		A	B	C	D	E
截面尺寸/mm	宽度 b	12.7	16.5	22	32	38
	高度 h	11	11	15	23	27
截面组成片数		3	3	4	5	6
整根扯断力/kN≥		1.57	2.06	4.22	7.85	9.81
每米节数		40	32	32	30	30
每盘 V 带长度/m		30	30	30	15	15

8.2.5 平型传动带

1. 平型传动带的形式（图 8-25）

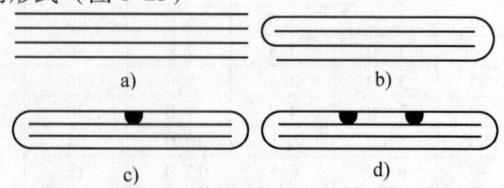

图 8-25　平型传动带

a) 切边式　b) 包边式（边部封口）　c) 包边式（中部封口）　d) 包边式（双封口）

2. 平型传动带的尺寸（表 8-74）

表 8-74　平型传动带的尺寸

规格①		190/40	190/60	240/40	240/60	290/40	290/60	340/40	340/60	385/60	425/60	450/40	500/40	560/40
拉伸强度/（kN/m）	纵向≥	190	190	240	240	290	290	340	340	385	425	450	500	560
	横向≥	75	110	95	140	115	175	130	200	225	250	180	200	225
织物材料黏合类型		通用橡胶材料用"R"表示，氯丁胶材料用"C"表示，塑料材料用"P"表示												
伸长率		对平带进行纵向拉伸试验时，在与拉伸强度规格对应的拉力下，伸长率应≤20%												
平带宽度系列/mm		16、20、25、32、40、50、63、71、80、90、100、112、125、140、160、180、200、224、250、280、315、355、400、450、500												
有端平带最小长度		b≤90mm，长度≥8m；90＜b≤250mm，长度≥15m；b＞250mm，长度≥20m（b—平带宽度）												
环形平带内周长度系列/mm		500、530*、560、600*、630、670*、710、750*、800、850*、900、950*、1000、1060*、1120、1180*、1250、1320*、1400、1500*、1600、1700*、1800、1900*、2000、2240、2500、2800、3150、3550、4000、4500、5000（不带"*"长度为优选系列，带"*"长度为第二系列）												

注：有端平带规格以拉伸强度规格、织物材料黏合类型代号和宽度表示，例如 340/40R 160。环形平带还应增加内周长度（单位为 m，不标出）190/40 P 50-20。

① 分数形式的拉伸强度规格的分子为纵向强度，分母为横向强度与纵向强度比（%）。规格为 450～560kN/m 的横向强度与纵向强度比只有 40% 一种。

8.3　传动链

8.3.1　滚子链

1. 短节距传动用精密滚子链的形式（图 8-26）

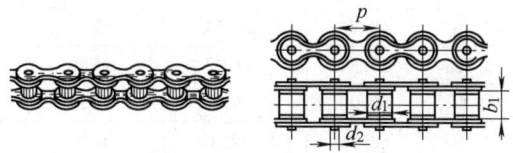

图 8-26　滚子链

2. 短节距传动用精密滚子链的尺寸（表 8-75）

表 8-75　短节距传动用精密滚子链的尺寸

ISO链号	主要尺寸/mm				抗拉载荷/kN≥		
	节距 p	滚子直径 d_1≤	内链节内宽 b_1≥	销轴直径 d_2≤	单排	双排	三排
05B	8	5	3	2.31	4.4	7.8	11.1
06B	9.525	6.35	5.72	3.28	8.9	16.9	24.9
08A	12.7	7.92	7.85	3.98	13.8	27.6	41.4
08B	12.7	8.51	7.75	4.45	17.8	31.1	44.5

(续)

ISO链号	主要尺寸/mm				抗拉载荷/kN≥		
	节距 p	滚子直径 $d_1 \leq$	内链节内宽 $b_1 \geq$	销轴直径 $d_2 \leq$	单排	双排	三排
081	12.7	7.75	3.3	3.66	8	—	—
083	12.7	7.75	4.88	4.09	11.6	—	—
084	12.7	7.75	4.88	4.09	15.6	—	—
085	12.7	7.77	6.25	3.58	6.7	—	—
10A	15.875	10.16	9.4	5.09	21.8	43.6	65.4
10B	15.875	10.16	9.65	5.08	22.2	44.5	66.7
12A	19.05	11.91	12.57	5.96	31.1	62.3	93.4
12B	19.05	12.07	11.68	5.72	28.9	57.8	86.7
16A	25.4	15.88	15.75	7.94	55.6	111.2	166.8
16B	25.4	15.88	17.02	8.28	60	106	160
20A	31.75	19.05	18.9	9.54	86.7	173.5	260.2
20B	31.75	19.05	19.56	10.19	95	170	250
24A	38.1	22.23	25.22	11.11	124.6	249.1	373.7
24B	38.1	25.4	25.4	14.63	160	280	425
28A	44.45	25.4	25.22	12.71	169	338.1	507.1
28B	44.45	27.94	30.99	15.9	200	360	530
32A	50.8	28.58	31.55	14.9	222.4	444.8	667.2
32B	50.8	29.21	30.99	17.81	250	450	670
36A	57.15	35.71	35.48	17.46	280.2	560.5	840.7
40A	63.5	39.68	37.85	19.85	347	683.9	1040.9
40B	63.5	39.37	38.1	22.89	355	630	950
48A	76.2	47.63	47.35	23.81	500.4	1000.8	1501.3
48B	76.2	48.26	45.72	29.24	560	1000	1500
56B	88.9	53.98	53.34	34.32	850	1600	2240
64B	101.6	63.5	60.96	39.4	1120	2000	3000
72B	114.3	72.39	68.58	44.8	1400	2500	3750

8.3.2 方框链

1. 方框链的形式（图8-27）

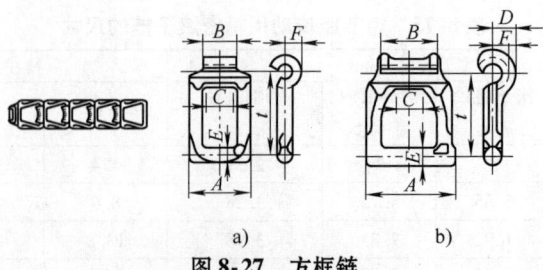

图8-27 方框链

a）标准型　b）加强型

2. 方框链的尺寸（表8-76）

表8-76 方框链的尺寸

链号	节距 t /mm	每10m的近似数量/个	尺寸/mm					
			A	B	C	D	E	F
25	22.911	436	19.84	10.32	9.53	—	3.57	5.16
32	29.312	314	24.61	14.68	12.70	—	4.37	6.35
33	35.408	282	26.19	15.48	12.70	—	4.37	6.35
34	35.509	282	29.37	17.46	12.70	—	4.76	6.75
42	34.925	289	32.54	19.05	15.88	—	5.56	7.14
45	41.402	243	33.34	19.84	17.46	—	5.56	7.54
50	35.052	285	34.13	19.05	15.88	—	6.75	7.94
51	29.337	314	31.75	16.67	14.29	—	6.75	9.13
52	38.252	262	38.89	20.64	15.88	—	6.75	8.73
55	41.427	243	35.72	19.84	17.46	—	6.75	9.13
57	58.623	171	46.04	27.78	17.46	—	6.75	10.32
62	42.012	239	42.07	24.61	20.64	—	7.94	10.72
66	51.130	197	46.04	27.78	23.81	—	7.94	10.72
67	58.623	171	51.59	34.93	17.46	13.49	7.94	10.32
75	66.269	151	53.18	25.58	23.81	—	9.92	12.30
77	58.344	171	56.36	36.51	17.46	15.48	9.53	9.13

第 9 章 弹 簧

9.1 圆柱弹簧

9.1.1 圆柱螺旋弹簧

1. 圆柱螺旋弹簧的形式（表 9-1）

表 9-1 圆柱螺旋弹簧的形式（CB/T 144—1976）

名称	代号	简图	端部结构
压缩弹簧	YⅠ		$n_1 - n = 1.5$ 圈，有效圈从 $\frac{3}{4}$ 圈算起
	YⅡ		$n_1 - n = 2$ 圈，有效圈从 1 圈算起，两尖端与邻圈贴紧，磨平
	YⅢ		$n_1 - n = 2.5$ 圈，有效圈从 $1\frac{1}{4}$ 圈算起，两端圈与邻圈贴紧至 $\frac{1}{4}$ 圈，磨削面可均匀磨至 360°
	YⅣ		两端不并紧不磨平
	YⅤ		$n_1 - n = 2$ 圈，两端与邻圈贴紧不磨平
拉伸弹簧	LⅠ		两端具有半环形钩环
	LⅡ		两端成"一字"形钩环

（续）

名称	代号	简图	端部结构
拉伸弹簧	LⅢ		两端成"十字"形钩环
拉伸弹簧	LⅣ		两端具有可转钩环
拉伸弹簧	LⅤ		两端具有螺旋块的钩环
扭转弹簧	NⅠ		外臂扭转弹簧
扭转弹簧	NⅡ		双扭簧

注：n 为工作圈数，n_1 为总圈数。

2. 圆柱螺旋弹簧的尺寸（表 9-2）

表 9-2 圆柱螺旋弹簧的尺寸（GB/T 1358—2009） （单位：mm）

参数		尺寸
弹簧材料直径 d	第一系列	0.10、0.12、0.14、0.16、0.20、0.25、0.30、0.35、0.40、0.45、0.50、0.60、0.70、0.80、0.90、1.00、1.20、1.60、2.00、2.50、3.00、3.50、4.00、4.50、5.00、6.00、8.00、10.0、12.0、15.0、16.0、20.0、25.0、30.0、35.0、40.0、45.0、50.0、60.0
弹簧材料直径 d	第二系列	0.05、0.06、0.07、0.08、0.09、0.18、0.22、0.28、0.32、0.55、0.65、1.40、1.80、2.20、2.80、3.20、5.50、6.50、7.00、9.00、11.0、14.0、18.0、22.0、28.0、32.0、38.0、42.0、55.0
弹簧中径 D		0.3、0.4、0.5、0.6、0.7、0.8、0.9、1、1.2、1.4、1.6、1.8、2、2.2、2.5、2.8、3、3.2、3.5、3.8、4、4.2、4.5、4.8、5、5.5、6、6.5、7、7.5、8、8.5、9、10、12、14、16、18、20、22、25、28、30、32、38、42、45、48、50、52、55、58、60、65、70、75、80、85、90、95、100、105、110、115、120、125、130、135、140、145、150、160、170、180、190、200、210、220、230、240、250、260、270、280、290、300、320、340、360、380、400、450、500、550、600
压缩弹簧自由高度 H_0		2、3、4、5、6、7、8、9、10、11、12、13、14、15、16、17、18、19、20、22、24、26、28、30、32、35、38、40、42、45、48、50、52、55、58、60、65、70、75、80、85、90、95、100、105、110、115、120、130、140、150、160、170、180、190、200、220、240、260、280、300、320、340、360、380、400、420、450、480、500、520、550、580、600、620、650、680、700、720、750、780、800、850、900、950、1000

注：设计时优先选用第一系列。

9.1.2 多股圆柱螺旋弹簧

1. 三股压缩弹簧的形式（图9-1）
2. 四股压缩弹簧的形式（图9-2）

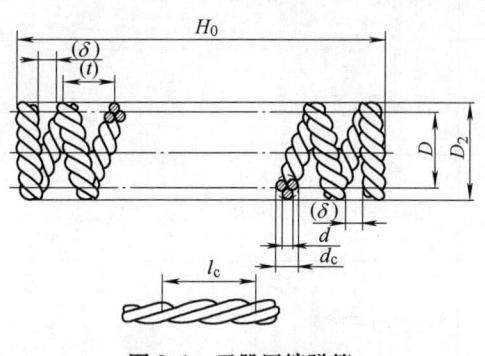

图9-1 三股压缩弹簧　　　　　图9-2 四股压缩弹簧

3. 弹簧外径或内径的极限偏差（表9-3）

表9-3 弹簧外径或内径的极限偏差（GB/T 13828—2009）（单位：mm）

旋绕比	弹簧组别	
	I	II
	极限偏差	
≤4	±0.015D 最小 ±0.2	±0.025D 最小 ±0.4
>4~8	±0.02D 最小 ±0.3	±0.03D 最小 ±0.5
>8~15	±0.03D 最小 ±0.5	±0.04D 最小 ±0.7

注：D 为弹簧的外径或内径。

4. 弹簧自由高度或长度的极限偏差（表9-4）

表9-4 弹簧自由高度或长度的极限偏差（GB/T 13828—2009）

（单位：mm）

自由高度（长度）H_0	弹簧组别	
	I	II
	极限偏差	
≤50	±0.06H_0	±0.08H_0
>50~100	±0.05H_0	±0.06H_0
>100~300	±0.04H_0	±0.05H_0
>300~500	±0.03H_0	±0.04H_0

5. 弹簧总圈数的极限偏差（表9-5）

表9-5 弹簧总圈数的极限偏差　　　　　（单位：圈）

总圈数 n_1	弹簧组别	
	I	II
	极限偏差	
≤15	±0.25	±0.50
>15~30	±0.50	±0.75
>30~50	±0.75	±1.00
>50	±1.00	±1.50

9.1.3 冷卷圆柱螺旋弹簧

1. 拉伸弹簧的结构形式（表9-6）

表9-6 拉伸弹簧结构形式（GB/T 1239.1—2009）

代号	简图	端部结构形式
LⅠ		半圆钩环
LⅡ		长臂半圆钩环
LⅢ		圆钩环扭中心（圆钩环）
LⅣ		长臂偏心半圆钩环
LⅤ		偏心圆钩环
LⅥ		圆钩环压中心
LⅦ		可调式拉簧
LⅧ		具有可转钩环

（续）

代号	简图	端部结构形式
LIX	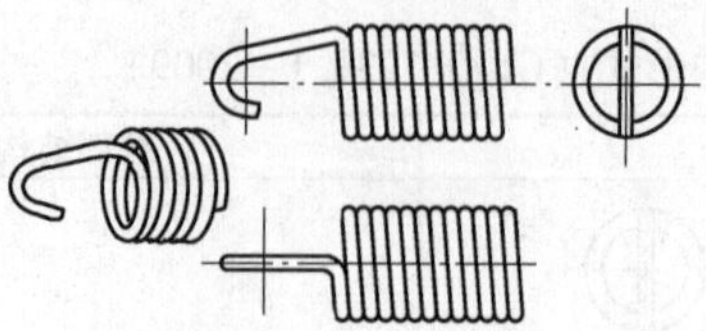	长臂小圆钩环
LX	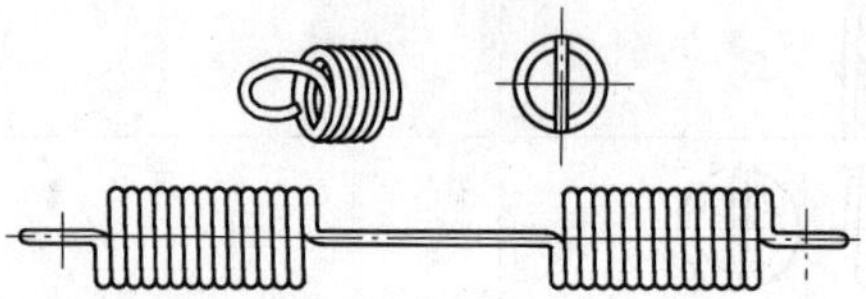	连接式圆钩环

2. 压缩弹簧的结构形式（表9-7）

表9-7　压缩弹簧结构形式（GB/T 1239.2—2009）

代号	简图	端部结构形式
YⅠ	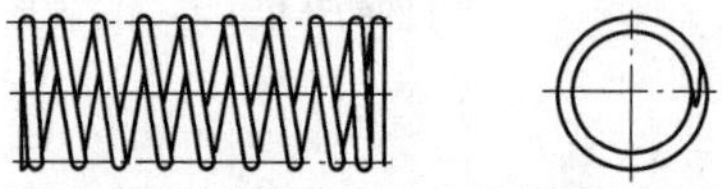	两端圈并紧磨平
YⅡ	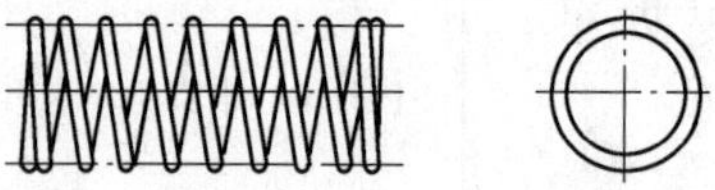	两端圈并紧不磨
YⅢ	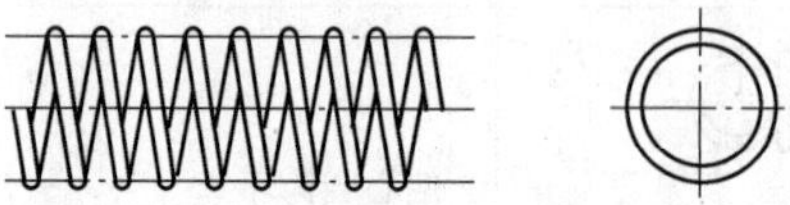	两端圈不并紧

3. 扭转弹簧的结构形式（表9-8）

表9-8　扭转弹簧结构形式（GB/T 1239.3—2009）

代号	简图	端部结构形式
NⅠ	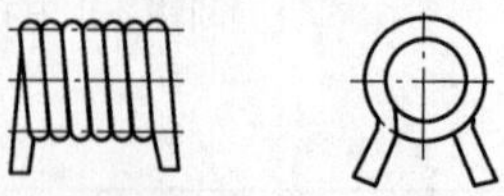	外臂扭转弹簧
NⅡ	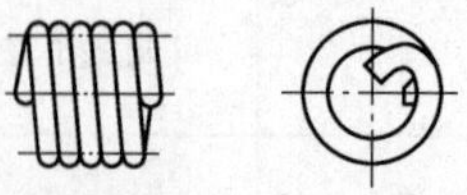	内臂扭转弹簧
NⅢ	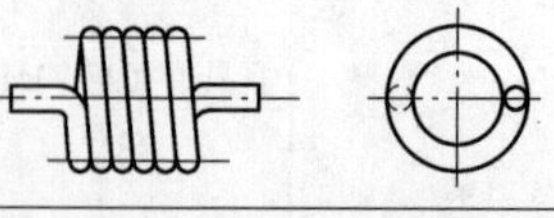	中心距扭转弹簧

（续）

代号	简图	端部结构形式
NⅣ		平列双扭弹簧
NⅤ		直臂扭转弹簧
NⅥ		单臂弯曲扭转弹簧

9.1.4 小型圆柱螺旋压缩弹簧

1. 小型圆柱螺旋压缩弹簧的形式（图9-3）

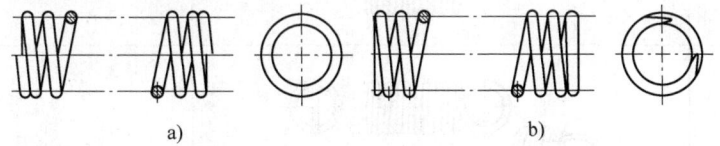

a)   b)

图 9-3 小型圆柱螺旋压缩弹簧

a) 两端圈并紧不磨型（YⅡ）　b) 两端圈并紧磨平型（YⅠ）

2. 标记

弹簧的标记由名称、形式、尺寸、标准编号、材料牌号以及表面处理组成。规定如下：

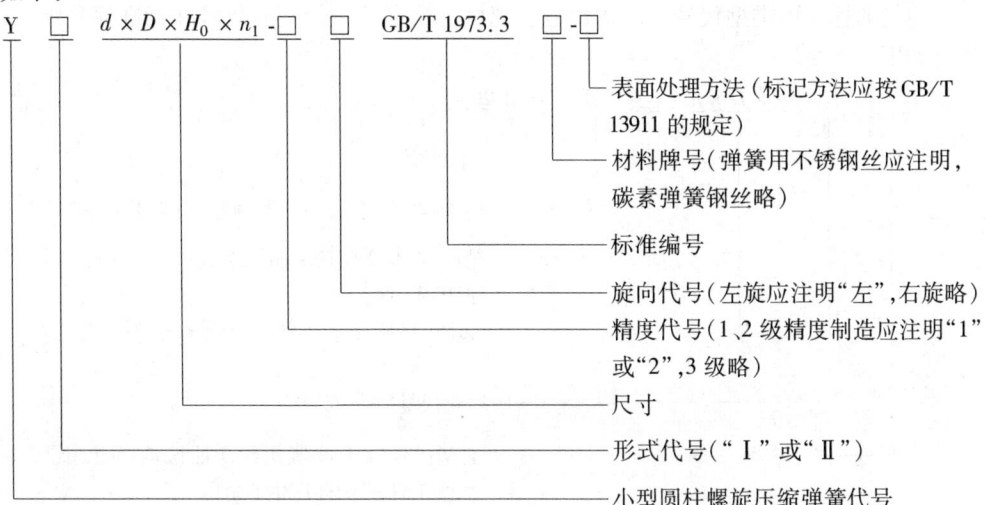

示例：YⅠ型弹簧、材料直径0.20mm、弹簧中径2.50mm、自由高度6mm、总圈数5.5圈、左旋、刚度2级、外径及自由高度精度为2级、材料为碳素弹簧钢丝B级、表面镀锌处理的标记：YⅠ　0.20×2.50×6×5.5－2左　GB/T 1973.3－Ep·Zn。

9.1.5　普通圆柱螺旋拉伸弹簧

1. 普通圆柱螺旋拉伸弹簧的形式（表9-9）

表9-9　普通圆柱螺旋拉伸弹簧的形式（GB/T 2088—2009）

代号	简　图	端部结构形式
LⅠ		半圆钩环
LⅢ		圆钩环扭中心（圆钩环）
LⅥ		圆钩环压中心

2. 标记

弹簧的标记由类型代号、形式代号、规格、精度代号、旋向代号和标准编号组成，规定如下：

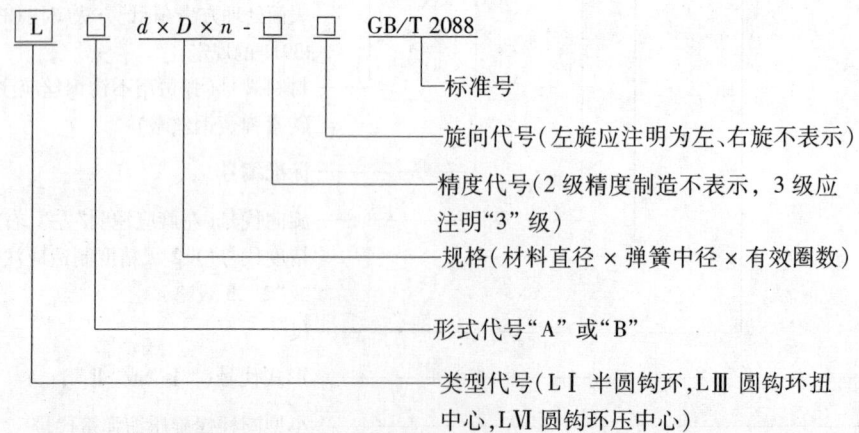

示例1：LⅠ型弹簧、材料直径为1mm、弹簧中径为7mm、有效圈数为10.5、精度为3级的A型左旋弹簧标记：LⅠ A 1×7×10.5-3 左 GB/T 2088。

示例2：LⅢ型弹簧、材料直径为1mm、弹簧中径为5mm、有效圈数为12.25、精度为2级的B型弹簧标记：LⅢ B 1×5×12.25 GB/T 2088。

9.1.6 热卷圆柱螺旋压缩弹簧

热卷圆柱螺旋压缩弹簧端部结构的形式（图9-4）。

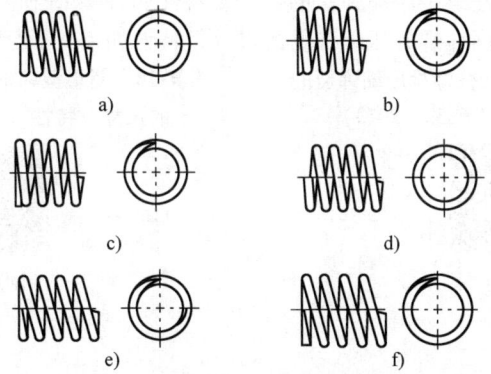

图9-4 热卷圆柱螺旋压缩弹簧端部结构的形式
a）并紧（不磨） b）并紧（磨平） c）并紧（制扁） d）开口（不磨）
e）开口（磨平） f）开口（制扁）

9.1.7 扁钢丝圆柱螺旋压缩弹簧

1. 扁钢丝圆柱螺旋压缩弹簧的分类（表9-10）

表9-10 扁钢丝圆柱螺旋压缩弹簧的分类（JB/T 6653—2013）

负荷类型	代　号	色　标
轻型	L	蓝
中型	M	红
重型	H	棕黄
超重型	EH	绿

2. 扁钢丝圆柱螺旋压缩弹簧的形式（图9-5）

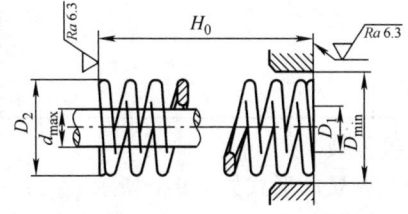

图9-5 扁钢丝圆柱螺旋压缩弹簧

3. 扁钢丝圆柱螺旋压缩弹簧的尺寸及特性
1）轻型扁钢丝圆柱螺旋压缩弹簧的尺寸及特性如表9-11所示。
2）中型扁钢丝圆柱螺旋压缩弹簧的尺寸及特性如表9-12所示。

表 9-11 轻型扁钢丝圆柱螺旋压缩弹簧的尺寸及特性（JB/T 6653—2013）

扫码查表

表 9-12 中型扁钢丝圆柱螺旋压缩弹簧的尺寸及特性（JB/T 6653—2013）

扫码查表

3）重型扁钢丝圆柱螺旋压缩弹簧的尺寸及特性如表 9-13 所示。

4）超重型扁钢丝圆柱螺旋压缩弹簧的尺寸及特性如表 9-14 所示。

表 9-13 重型扁钢丝圆柱螺旋压缩弹簧的尺寸及特性（JB/T 6653—2013）

扫码查表

表 9-14 超重型扁钢丝圆柱螺旋压缩弹簧的尺寸及特性（JB/T 6653—2013）

扫码查表

9.2 特殊弹簧

9.2.1 冲模用氮气弹簧

1. 冲模用氮气弹簧的通用标称规格（表 9-15）

表 9-15 冲模用氮气弹簧的通用标称规格（GB/T 20914.1—2007）

型　号	标称初始弹压力/N		最大充气压力/(N/mm^2)	行程终点标称工作力增加系数
900	900		18	1.5
1500	1700		15	1.3
2000	2000		18	1.5
2500	2600			1.3
5000	4700	±5%		
7500	7400			
15000	15000		15	1.5
30000	30000			
50000	50000			
75000	75000			
100000	100600			

2. 900 型和 2000 型氮气弹簧

1）900 型和 2000 型氮气弹簧的形式如图 9-6 所示。

2）900 型和 2000 型氮气弹簧的尺寸如表 9-16 所示。

3. 1500~100000 型氮气弹簧的形式

1）1500 型和 2500 型氮气弹簧的形式如图 9-7 所示。

2）5000 型和 7500 型氮气弹簧的形式如图 9-8 所示。

3) 15000 型 ~ 100000 型氮气弹簧的形式如图 9-9 所示。

表 9-16　900 型和 2000 型氮气弹簧的尺寸（GB/T 20914.1—2007）

（单位：mm）

型号	标称行程 s	$L \pm 0.25$	$l_1{}^{+1}_{\ 0}$	$l_2{}^{+1}_{\ 0}$	r	d	$D \pm 0.3$	$D_1{}^{\ 0}_{-0.1}$
900	15	72	1	16	1	8	19	17
	25	92						
	38	118						
	50	142						
	63	172						
	80	205						
2000	15	72				12	25	23
	25	92						
	38	118						
	50	142						
	63	172						
	80	205						
	100	245						
	125	295						

注：最大充气压力为 18MPa。

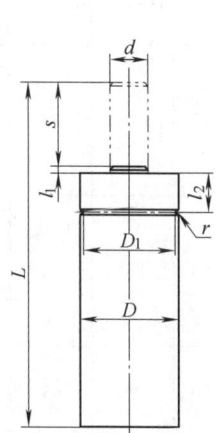

图 9-6　900 型和 2000 型氮气弹簧

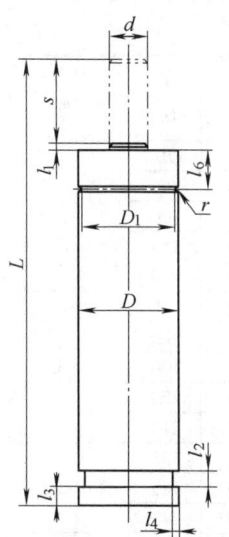

图 9-7　1500 型和 2500 型氮气弹簧

4. 1500、2500 ~ 100000 型氮气弹簧的尺寸如表 9-17 所示。

9.2.2　橡胶空气弹簧

1. 橡胶空气弹簧的形式（图 9-10）

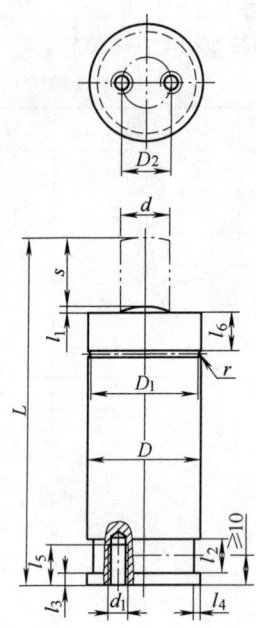

图9-8　5000型和7500型氮气弹簧

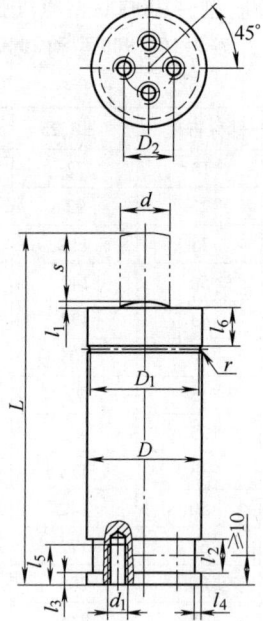

图9-9　15000型~100000型氮气弹簧

表9-17　1500、2500~100000型氮气弹簧的尺寸（GB/T 20914.1—2007）

（单位：mm）

型号	标称行程 s	L ±0.25	l_1	l_2 min	l_3 $^{+0.15}_{0}$	l_4 min	l_5 min	l_6	r	d	D ±0.3	D_1 $^{0}_{-0.1}$	d_1	D_2	孔数
1500	10	70	2	3.5	4	2.5	—	10.5	1	12	32	30	—	—	—
	16	82													
	25	100													
	50	150													
	80	210													
2500	10	70	2	3.5	4	2.5	—	10.5	1	15	38	36	—	—	—
	16	82													
	25	100													
	50	150													
	80	210													
5000	25	135	2	3.5	4	2.5	13	14.5	1	20	45	43	M8	20	2
	50	185													
	80	245													
7500	25	145	3	5	8	3.5	13	14.5	2	25	50	46	M8	20	2
	50	195													
	80	255													
	100	295													
	125	345													
	160	415													

(续)

型号	标称行程 s	L ±0.25	l_1	l_2 min	$l_3{}^{+0.15}_{0}$	l_4 min	l_5 min	l_6	r	d	D±0.3	$D_1{}^{0}_{-0.1}$	d_1	D_2	孔数
15000	25	160	3	5	8	4	13	18	2.5	36	75	70	M8	40	4
	50	210													
	80	270													
	100	310													
	125	360													
	160	430													
30000	25	170	3	5	8	4	13	21	2.5	50	95	90	M8	60	4
	50	220													
	80	280													
	100	320													
	125	370													
	160	440													
50000	25	190	3	5	8	4	16	22.5	2.5	65	120	115	M10	80	4
	50	240													
	80	300													
	100	340													
	125	390													
	160	460													
75000	25	205	3	5	8	4	16	24.5	2.5	80	150	145	M10	100	4
	50	255													
	80	315													
	100	355													
	125	405													
	160	475													
100000	50	260	3	8	8	4	16	30.5	2.5	95	195	190	M12	120	4
	80	320													
	100	360													
	125	410													
	160	480													
	200	560													
	250	660													
	300	760													

注：最大充气压力为 15MPa。

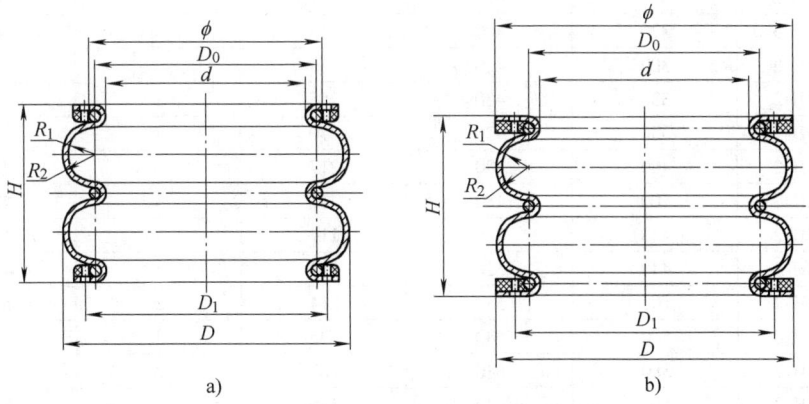

图 9-10　橡胶空气弹簧
a）固定式（G型）　b）活套式（H型）

2. 活套式橡胶空气弹簧产品规格（表9-18）

表9-18　活套式橡胶空气弹簧产品规格（QB/T 2577—2002）

型号	公称通径 D_0/mm	最大外径 D/mm	设计高度 H/mm	曲囊数 $N/$个	端部外径 ϕ/mm
086060H-1	50	86	60	1	66
150076H-1	104	150	76	1	88
188102H-1	120	188	102	1	140
215112H-1	125	215	112	1	150
260120H-1	170	260	120	1	150
320124H-1	230	320	124	1	182
130142H-2	80	130	142	2	92
160166H-2	100	160	166	2	120
168132H-2	120	168	132	2	136
200142H-2	150	200	142	2	132
230214H-2	150	230	214	2	169
235152H-2	180	235	152	2	145
250180H-2	185	250	180	2	130
250260H-3	185	250	260	3	130
255230H-3	200	255	230	3	160
280214H-2	200	280	214	2	223
300170H-2	240	300	170	2	210
310214H-2	230	310	214	2	248
310306H-3	230	310	306	3	248
330214H-2	250	330	214	2	269
330306H-3	250	330	306	3	269
350255H-2	250	350	255	2	260
360214H-2	280	360	214	2	294
360306H-3	280	360	306	3	294
400217H-2	320	400	217	2	343
400312H-3	320	400	312	3	343
400255H-2	300	400	255	2	310
430255H-2	330	430	255	2	343
430370H-3	330	430	370	3	343
480217H-2	400	480	217	2	423
480312H-3	400	480	312	3	423
520217H-2	440	520	217	2	455
520312H-3	440	520	312	3	455
580214H-2	500	580	214	2	515
580306H-3	500	580	306	3	515
680262H-2	580	680	262	2	590
680376H-3	580	680	376	3	590

注：产品规格也可按使用方要求生产。

3. 固定式橡胶空气弹簧产品规格（表9-19）

表9-19 固定式橡胶空气弹簧产品规格（QB/T 2577—2002）

型号	公称通径 D_0/mm	最大外径 D/mm	设计高度 H/mm	曲囊数 N/个	端部外径 ϕ/mm
120058G-1	80	120	58	1	110
188102G-1	120	188	102	1	180
160166G-2	100	160	166	2	160
230206G-2	150	230	206	2	220
280206G-2	200	280	206	2	280
310206G-2	230	310	206	2	310
310298G-3	230	310	298	3	310
330206G-2	250	330	206	2	330
330298G-3	250	330	298	3	330
360206G-2	280	360	206	2	360
360298G-3	280	360	298	3	360
400215G-2	320	400	215	2	400
400310G-3	320	400	310	3	400
430255G-2	330	430	255	2	430
430370G-3	330	430	370	3	430
480215G-2	400	480	215	2	480
480310G-3	400	480	310	3	480
520215G-2	440	520	215	2	520
520310G-3	440	520	310	3	520
580208G-2	500	580	208	2	580
580300G-3	500	580	300	3	580
680262G-2	580	680	262	2	660
680376G-3	580	680	376	3	660

9.2.3 机用钢质波形弹簧

1. 电机用钢质波形弹簧的形式（图9-11）

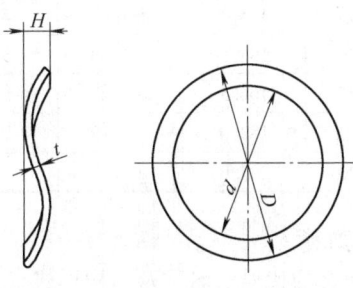

图9-11 电机用钢质波形弹簧

2. 电机用钢质波形弹簧的尺寸（表9-20）

表9-20　电机用钢质波形弹簧的尺寸（JB/T 7590—2005）

规格	外径 D/mm		内径 d/mm		自由高度 H/mm	厚度 t/mm	波形数 n
	基本尺寸	极限偏差	基本尺寸	极限偏差			
D16	15.4	±0.40	11.7	±0.40	2.0	0.3	3
D19	18.6	±0.40	14.7	±0.40	2.7	0.3	3
D22	21.4	±0.40	15.3	±0.40	3.0	0.3	3
D26	25.0	±0.40	18.7	±0.40	4.0	0.3	3
D28	27.2	±0.40	20.8	±0.40	4.1	0.3	3
D30	29.0	±0.60	22.6	±0.60	3.1	0.5	3
D32	31.4	±0.60	26.6	±0.60	4.0	0.5	3
D35	34.0	±0.60	27.8	±0.60	4.3	0.5	3
D40	38.6	±0.60	32.8	±0.60	3.2	0.5	4
D42	40.6	±0.60	34.1	±0.60	3.3	0.5	4
D47	45.5	±0.60	38.4	±0.60	4.0	0.5	4
D52	50.5	±0.60	41.0	±0.60	3.2	0.5	5
D62	60.2	±0.60	50.2	±0.60	3.9	0.5	5
D72	69.1	±0.80	59.1	±0.80	5.5	0.5	5
D80	78.0	±0.80	70.0	±0.80	3.9	0.6	6
D85	83.1	±0.80	73.1	±0.80	4.0	0.6	6
D90	87.6	±0.80	78.1	±0.80	4.5	0.6	6
D100	97.0	±0.80	87.5	±0.80	5.6	0.6	6
D110	107.3	±0.80	97.6	±0.80	4.6	0.6	7
D120	116.4	±0.80	107.0	±0.80	5.8	0.6	7
D125	120.8	±0.80	111.6	±0.80	5.9	0.6	7
D130	128.5	±0.80	109.5	±0.80	4.8	0.8	6
D140	138.5	±1.00	119.8	±1.00	4.6	0.9	6
D150	148.8	±1.00	125.4	±1.00	4.6	0.9	6
D160	159.1	±1.00	137.1	±1.00	4.5	1.0	6
D170	169.0	±1.00	142.0	±1.00	4.3	1.0	6
D180	179.1	±1.00	145.1	±1.00	4.8	1.0	6
D190	187.5	±1.20	154.5	±1.20	5.0	1.2	6
D200	197.5	±1.20	166.5	±1.20	5.5	1.2	6
D215	212.0	±1.20	182.0	±1.20	7.0	1.4	6
D240	237.0	±1.20	204.0	±1.20	7.5	1.4	6

9.2.4　橡胶-金属螺旋复合弹簧

1. 橡胶-金属螺旋复合弹簧的代号、名称及结构形式（表9-21）

表 9-21　橡胶-金属螺旋复合弹簧的代号、名称及结构形式（JB/T 8584—1997）

代号	名 称	结 构 形 式	图 示
FA	直筒型	金属螺旋弹簧内外均被光滑筒型的橡胶所包裹	
FB	外螺内直型	金属螺旋弹簧外表面为螺旋型的橡胶所包裹，金属螺旋弹簧内表面为光滑筒型的橡胶所包裹	
FC	内外螺旋型	金属螺旋弹簧内外均被螺旋型的橡胶所包裹	
FD	外直内螺型	金属螺旋弹簧内表面为螺旋型的橡胶所包裹，金属螺旋弹簧表面为光滑筒型的橡胶所包裹	
FTA	带铁板直筒型	代号为 FA 的复合弹簧的两端或一端硫化且有铁板	
FTB	带铁板外螺内直型	代号为 FB 的复合弹簧的两端或一端硫化且有铁板	
FTC	带铁板内外螺旋型	代号为 FC 的复合弹簧的两端或一端硫化且有铁板	
FTD	带铁板外直内螺型	代号为 FD 的复合弹簧的两端或一端硫化且有铁板	

2. 橡胶-金属螺旋复合弹簧的尺寸及特性（表9-22）

表9-22　橡胶-金属螺旋复合弹簧的尺寸及特性（JB/T 8584—1997）

序号	产品代号	外径 D_2/mm	内径 D_1/mm	自由高度 H_0/mm	最大外径 D_m/mm	静态负荷 P/N	静态刚度 P'/(N/mm)
1	FB52	52	25	120	62	980	78
2	FB85	85	35	120	92	3530	196
3		85	35	150	92	3720	167
4		85	65	150	108	1860	59
5	FC102	102	60	255	120	980	52
6		102	60	255	120	1470	64
7		102	60	255	120	1960	74
8		102	60	255	120	2450	98
9		102	60	255	120	2940	123
10	FA135	135	60	150	150	1960	74
11		135	60	150	150	2550	98
12	FC148	148	100	270	170	6370	127
13		148	100	270	170	4410	147
14		148	100	270	170	8820	176
15		148	80	270	170	7840	196
16		148	80	270	170	2450	245
17		148	92	250	170	20090	342
18	FC155	155	62	290	180	6270	157
19		155	62	290	180	7450	186
20		155	62	290	180	8330	206
21		155	62	290	180	9800	235
22		155	62	290	180	10780	265
23		155	62	290	180	11760	294
24	FA196	196	80	290	220	9800	372
25		196	90	270	220	11760	392
26		196	100	250	220	13720	412
27	FC260	260	120	429	310	12740	230
28		260	120	429	310	14700	284
29		260	120	429	310	19600	392
30	FC310	310	150	400	370	29400	588

注：D_m 为复合弹簧受压缩时的最大外径。

第10章 密封及润滑件

10.1 密封圈

10.1.1 液压气动用O形橡胶密封圈

1. 液压气动用O形橡胶密封圈的形式（图10-1）

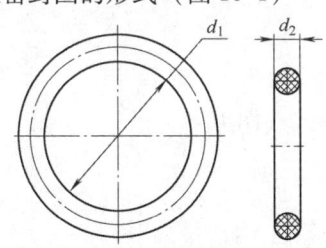

图10-1 液压气动用O形橡胶密封圈

2. 液压气动用O形圈尺寸标识代号（表10-1）

表10-1 液压气动用O形圈尺寸标识代号（GB/T 3452.1—2005）

内径 d_1/mm	截面直径 d_2/mm	系列代号（G或A）	等级代号（N或S）	O形圈尺寸标识代号
7.5	1.8	G	S	O形圈 7.5×1.8-G-S-GB/T 3452.1—2005
32.5	2.65	A	N	O形圈 32.5×2.65-A-N-GB/T 3452.1—2005
167.5	3.55	A	S	O形圈 167.5×3.55-A-S-GB/T 3452.1—2005
268	5.3	G	N	O形圈 268×5.3-G-N-GB/T 3452.1—2005
515	7	G	N	O形圈 515×7-G-N-GB/T 3452.1—2005

10.1.2 V_D形橡胶密封圈

1. V_D形橡胶密封圈的形式（图10-2）

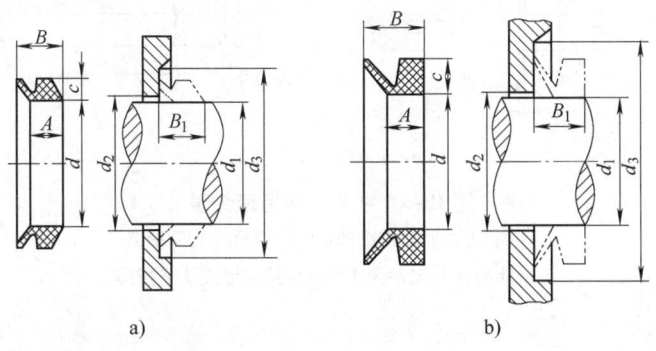

图10-2 V_D形橡胶密封圈

a) S型 　b) A型

2. V_D 形橡胶密封圈的尺寸

1) S 型 V_D 形橡胶密封圈的尺寸如表 10-2 所示。

2) A 型 V_D 形橡胶密封圈的尺寸如表 10-3 所示。

表 10-2　S 型 V_D 形橡胶密封圈的尺寸　　　　表 10-3　A 型 V_D 形橡胶密封圈的尺寸
　　　　（JB/T 6994—2007）　　　　　　　　　　　　　　（JB/T 6994—2007）

　　扫码查表　　　　　　　　　　　　　　　　　扫码查表

10.1.3　往复运动用密封圈

1. 往复运动用密封圈的形式（图 10-3）

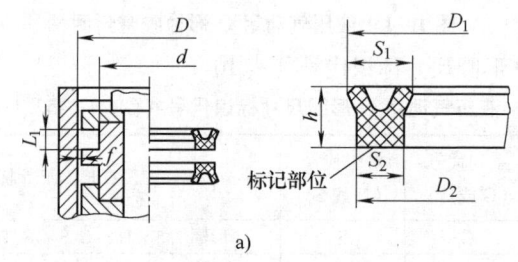

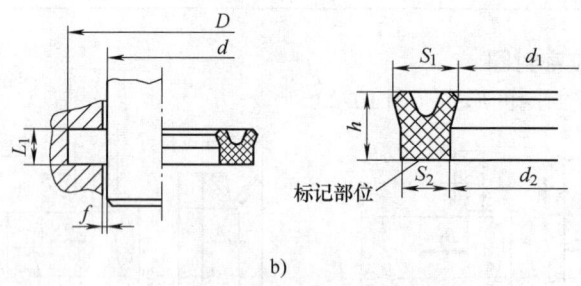

图 10-3　往复运动用密封圈

a) 活塞 L_1 密封沟槽的密封结构形式及 Y 形圈

b) 活塞杆 L_1 密封沟槽的密封结构形式及 Y 形圈

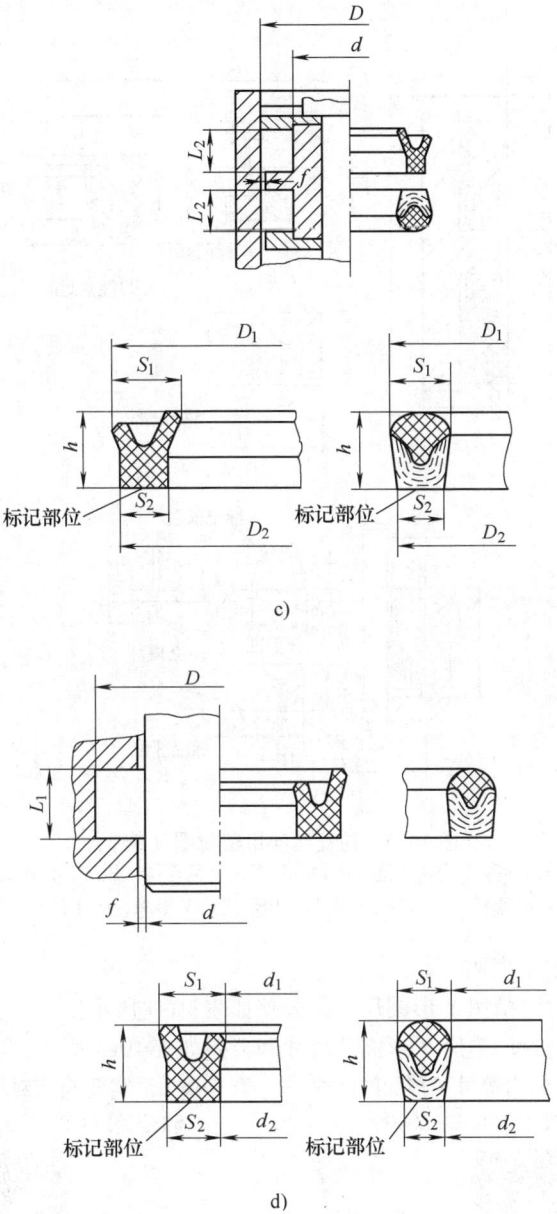

图 10-3 往复运动用密封圈（续1）

c）活塞 L_2 密封沟槽的密封结构形式及 Y 形圈、蕾形圈　d）活塞杆 L_2 密封沟槽的密封结构形式及 Y 形圈、蕾形圈

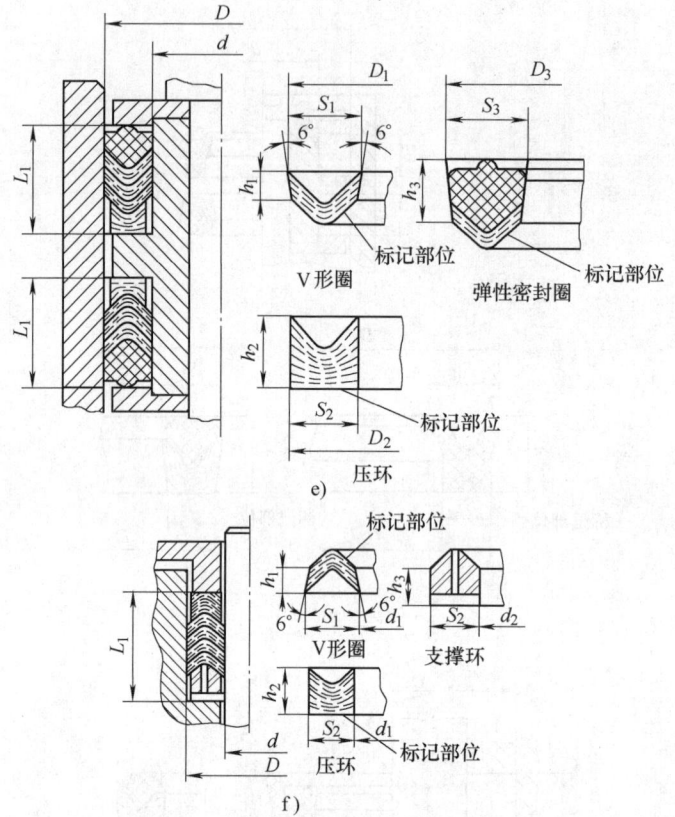

图 10-3　往复运动用密封圈（续 2）
e) 活塞 L_3 密封沟槽的密封结构形式及 V 形圈、压环和弹性圈
f) 活塞杆 L_3 密封沟槽的密封结构形式及 V 形圈、压环和弹性圈

2. 往复运动用密封圈的尺寸

1) 活塞 L_1 密封沟槽用 Y 形圈尺寸和公差如表 10-4 所示。
2) 活塞杆 L_1 密封沟槽用 Y 形圈的尺寸和公差如表 10-5 所示。

表 10-4　活塞 L_1 密封沟槽用 Y 形圈的尺寸和公差（GB/T 10708.1—2000）	表 10-5　活塞杆 L_1 密封沟槽用 Y 形圈的尺寸和公差（GB/T 10708.1—2000）
 扫码查表	 扫码查表

3) 活塞 L_2 密封沟槽用 Y 形圈及蕾形圈的尺寸和公差如表 10-6 所示。
4) 活塞杆 L_2 密封沟槽用 Y 形圈、蕾形圈的尺寸和公差如表 10-7 所示。
5) 活塞 L_3 密封沟槽用 V 形圈、压环和弹性圈的尺寸和公差如表 10-8 所示。
6) 活塞杆 L_3 密封沟槽用 V 形圈、压环和弹性圈的尺寸和公差如表 10-9 所示。

表 10-6　活塞 L_2 密封沟槽用 Y 形圈及蕾形圈的尺寸和公差（GB/T 10708.1—2000）

扫码查表

表 10-7　活塞杆 L_2 密封沟槽用 Y 形圈、蕾形圈的尺寸和公差（GB/T 10708.1—2000）

扫码查表

表 10-8　活塞 L_3 密封沟槽用 V 形圈、压环和弹性圈的尺寸和公差（GB/T 10708.1—2000）

扫码查表

表 10-9　活塞杆 L_3 密封沟槽用 V 形圈、压环和弹性圈的尺寸和公差（GB/T 10708.1—2000）

扫码查表

10.2　油枪和油杯

10.2.1　压杆式油枪

1. 压杆式油枪的形式

1）压杆式油枪的形式如图 10-4 所示。

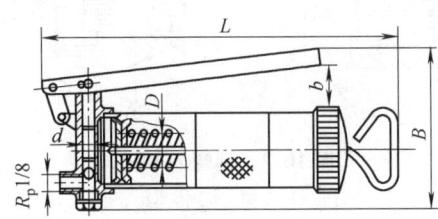

图 10-4　压杆式油枪

2）油嘴的形式如图 10-5 所示。

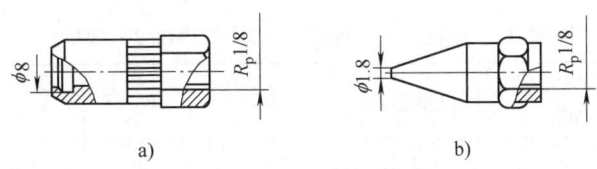

图 10-5　油嘴的形式

a) A 型　b) B 型

注：1. A 型仅用于 JB/T 7940.1—1995、JB/T 7940.2—1995 规定的油杯。

2. $R_p1/8$ 尺寸允许采用 M10×1。

2. 压杆式油枪的尺寸（表10-10）

表10-10 压杆式油枪的尺寸（JB/T 7942.1—1995） （单位：mm）

储油量/cm³	公称压力/MPa	出油量/cm³	D	L	B	b	d
100	16	0.6	35	255	90	30	8
200		0.7	42	310	96		8
400		0.8	53	385	125		9

注：表中 D、L、B、d 为推荐尺寸。

10.2.2 手推式油枪

1. 手推式油枪的形式

1）手推式油枪的形式如图10-6所示。

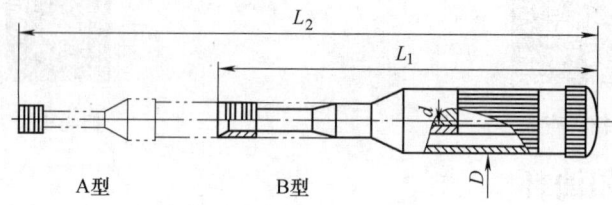

图10-6 手推式油枪

2）油嘴的形式如图10-7所示。

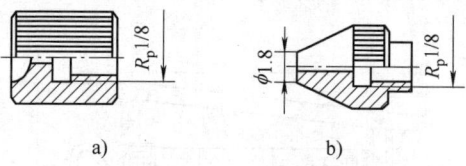

图10-7 油嘴的形式

a) A 型 b) B 型

注：1. A 型仅用于压注润滑脂。

2. $R_p 1/8$ 尺寸允许采用 M10×1 或 M8×1。

2. 手推式油枪的尺寸（表10-11）

表10-11 手推式油枪的尺寸（JB/T 7942.2—1995） （单位：mm）

储油量/cm³	公称压力/MPa	出油量/cm³	D	L_1	L_2	d
50	6.3	0.3	33	230	330	5
100		0.5				6

注：公称压力指压注润滑脂的给定压力。

10.2.3 直通式压注油杯

1. 直通式压注油杯的形式（图10-8）

2. 直通式压注油杯的尺寸（表10-12）

表10-12 直通式压注油杯的尺寸（JB/T 7940.1—1995） （单位：mm）

d	H	h	h_1	s 基本尺寸	s 极限偏差	钢球的公称直径
M6	13	8	6	8	0 -0.22	3
M8×1	16	9	6.5	10		
M10×1	18	10	7	11		

10.2.4 接头式压注油杯

1. 接头式压注油杯的形式（图10-9）

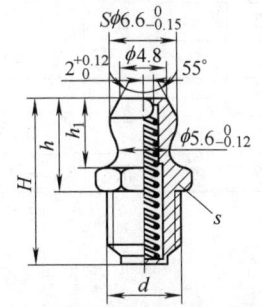

图10-8 直通式压注油杯

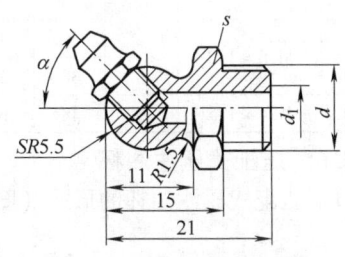

图10-9 接头式压注油杯

2. 接头式压注油杯的尺寸（表10-13）

表10-13 接头式压注油杯的尺寸（JB/T 7940.2—1995） （单位：mm）

d	d_1	α	s 基本尺寸	s 极限偏差	直通式压注油杯
M6	3	45°，90°	11	0 -0.22	M6
M8×1	4				
M10×1	5				

10.2.5 旋盖式油杯

1. 旋盖式油杯的形式（图10-10）

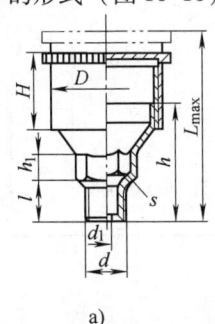

a)

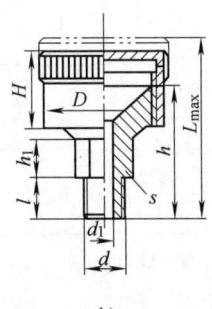

b)

图10-10 旋盖式油杯

a) A型 b) B型

2. 旋盖式油杯的尺寸（表10-14）

表10-14 旋盖式油杯的尺寸（JB/T 7940.3—1995） （单位：mm）

最小容量/cm³	d	l	H	h	h_1	d_1	D A型	D B型	L_{max}	s 基本尺寸	s 极限偏差
1.5	M8×1	8	14	22	7	3	16	18	33	10	0 −0.22
3	M10×1	8	15	23	8	4	20	22	35	13	
6	M10×1	8	17	26	8	4	26	28	40	13	
12	M14×1.5	12	20	30	10	5	32	34	47	18	0 −0.27
18	M14×1.5	12	22	32	10	5	36	40	50	18	
25	M14×1.5	12	24	34	10	5	41	44	55	18	
50	M16×1.5	12	30	44	10	5	51	54	70	21	0 −0.33
100	M16×1.5	12	38	52	10	5	68	68	85	21	
200	M24×1.5	16	48	64	16	6	—	86	105	30	

10.2.6 压配式压注油杯

1. 压配式压注油杯的形式（图10-11）

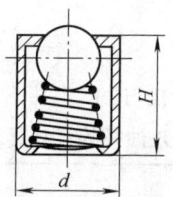

图10-11 压配式压注油杯

2. 压配式压注油杯的尺寸（表10-15）

表10-15 压配式压注油杯的尺寸（JB/T 7940.4—1995） （单位：mm）

d 基本尺寸	d 极限偏差	H	钢球的公称直径	d 基本尺寸	d 极限偏差	H	钢球的公称直径
6	+0.040 +0.028	6	4	16	+0.063 +0.045	20	11
8	+0.049 +0.034	10	5	25	+0.085 +0.064	30	13
10	+0.058 +0.040	12	6				

注：与 d 相配孔的极限偏差按 H8。

10.2.7 弹簧盖油杯

1. 弹簧盖油杯的形式（图10-12）

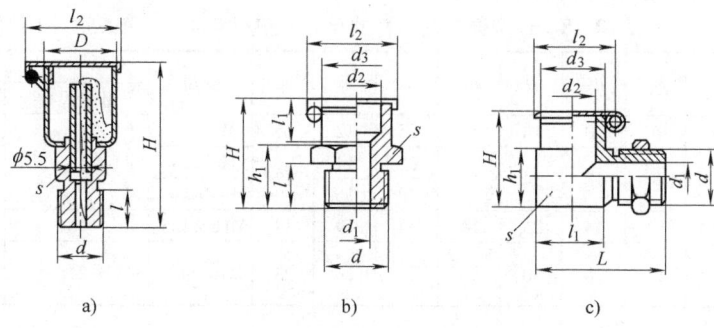

图 10-12　弹簧盖油杯

a) A 型　b) B 型　c) C 型

2．弹簧盖油杯的尺寸

1) A 型弹簧盖油杯的尺寸如表 10-16 所示。

表 10-16　A 型弹簧盖油杯的尺寸（JB/T 7940.5—1995）　（单位：mm）

最小容量 /cm³	d	H ≤	D	l_2 ≈	l	s 基本尺寸	s 极限偏差
1	M8×1	38	16	21	10	10	0 −0.22
2		40	18	23			
3	M10×1	42	20	25		11	
6		45	25	30			
12	M14×15	55	30	36	12	18	0 −0.27
18		60	32	38			
25		65	35	41			
50		68	45	51			

2) B 型弹簧盖油杯的尺寸如表 10-17 所示。

表 10-17　B 型弹簧盖油杯的尺寸（JB/T 7940.5—1995）　（单位：mm）

d	d_1	d_2	d_3	H	h_1	l	l_1	l_2	s 基本尺寸	s 极限偏差
M6	3	6	10	18	9	6	8	15	10	0 −0.22
M8×1	4	8	12	24	12	8	10	17	13	0 −0.27
M10×1	5									
M12×1.5	6	10	14	26				19	16	
M16×1.5	8	12	18	28	14	10	12	23	21	0 −0.33

3) C型弹簧盖油杯的尺寸如表10-18所示。

表10-18 C型弹簧盖油杯的尺寸（JB/T 7940.5—1995） （单位：mm）

d	d_1	d_2	d_3	H	h_1	L	l_1	l_2	螺母	s 基本尺寸	极限偏差
M6	3	6	10	18	9	25	12	15	M6	13	0 −0.27
M8×1	4	8	12	24	12	28	14	17	M8×1		
M10×1	5					30	16		M10×1		
M12×1.5	6	10	14	26	14	34	19	19	M12×1.5	16	
M16×1.5	8	12	18	30	18	37	23	23	M16×1.5	21	0 −0.33

10.2.8 针阀式油杯

1. 针阀式油杯的形式（图10-13）

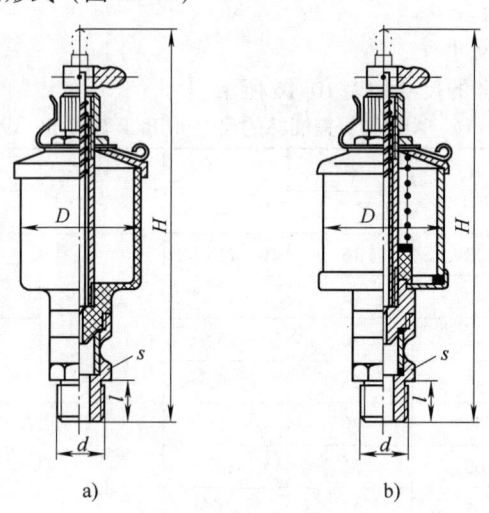

图10-13 针阀式油杯

a) A型 b) B型

2. 针阀式油杯的尺寸（表10-19）

表10-19 针阀式油杯的尺寸（JB/T 7940.6—1995） （单位：mm）

最小容量 /cm³	d	l	H	D	s 基本尺寸	极限偏差	螺母
16	M10×1	12	105	32	13	0 −0.27	M8×1
25			115	36	18		
50	M14×1.5		130	45			
100			140	55			M10×1
200	M16×1.5	14	170	70	21	0 −0.33	
400			190	85			

第 11 章 手工工具

11.1 手钳

11.1.1 钢丝钳

1. 钢丝钳的形式（图 11-1）

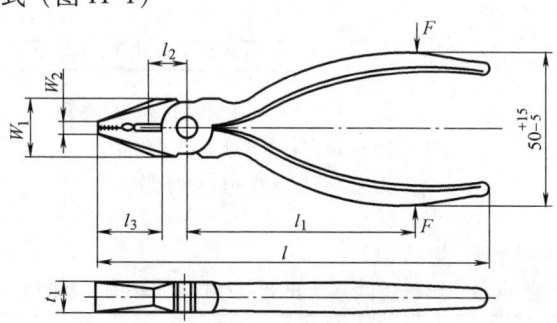

图 11-1 钢丝钳

2. 钢丝钳的基本尺寸（表 11-1）

表 11-1 钢丝钳的基本尺寸（QB/T 2442.1—2007） （单位：mm）

公称长度 l	l_3	W_{1max}	W_{2max}	t_{1max}
140 ± 8	30 ± 4	23	5.6	10
160 ± 9	32 ± 5	25	6.3	11.2
180 ± 10	36 ± 6	28	7.1	12.5
200 ± 11	40 ± 8	32	8	14
220 ± 12	45 ± 10	35	9	16
250 ± 14	45 ± 12	40	10	20

3. 钢丝钳的性能（表 11-2）

表 11-2 钢丝钳的性能（QB/T 2442.1—2007）

公称长度 l/mm	l_1/mm	l_2/mm	剪切性能		扭力		抗弯强度	
			试验钢丝直径 d/mm	剪切力 F_{1max}/N	扭矩 T/N·m	扭转角 α_{max}/(°)	载荷 F/N	永久变形量 S_{max}[①]/mm
140	70	14	16	580	15	15	1000	1
160	80	16	16	580	15	15	1120	1
180	90	18	16	580	15	15	1260	1
200	100	20	16	580	20	20	1400	1
220	110	22	16	580	20	20	1400	1
250	125	25	16	580	20	20	1400	1

① 试验前和试验后钳柄的永久变形量。

4. 钢丝钳的嘴顶缝隙

钢丝钳的嘴顶最大缝隙如图 11-2 所示。在握紧钳柄的状态下，其最大缝隙 δ 不大于 0.6mm。

11.1.2 扁嘴钳

1. 扁嘴钳的形式（图 11-3）

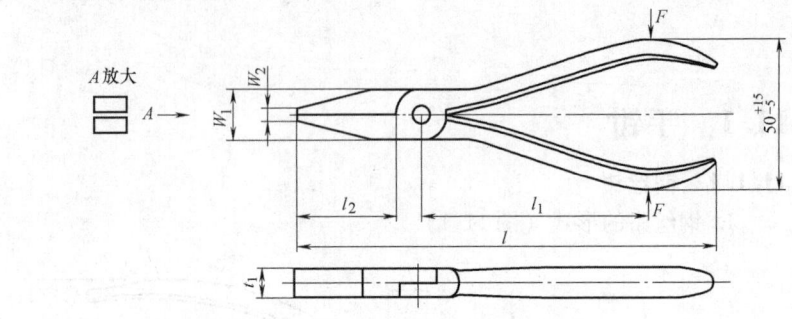

图 11-2 嘴顶缝隙　　　　图 11-3 扁嘴钳

注：1. 钳子头部在 l_2 长度上允许呈锥度。
　　2. F 为抗弯强度试验中施加的载荷。

2. 扁嘴钳的基本尺寸（表 11-3）

表 11-3　扁嘴钳的基本尺寸（QB/T 2440.2—2007）　（单位：mm）

钳嘴类型	公称长度 l	l_2	W_{1max}	W_{2max}	t_{1max}
短嘴 (S)	125±6	$25_{-5}^{\ 0}$	16	3.2	9
	140±7	$32_{-6.3}^{\ 0}$	18	4	10
	160±8	$40_{-8}^{\ 0}$	20	5	11
长嘴 (L)	140±7	40±4	16	3.2	9
	160±8	50±5	18	4	10
	180±9	63±6.3	20	5	11

3. 扁嘴钳的抗弯强度和扭力（表 11-4）

表 11-4　扁嘴钳的抗弯强度和扭力（QB/T 2440.2—2007）

钳嘴类型	公称长度 l/mm	l_1/mm	扭力		抗弯强度	
			扭矩 T/N·m	扭转角度 α_{max}/(°)	载荷 F/N	永久变形量 S_{max}[①]/mm
短嘴 (S)	125	63	4	20	630	1
	140	71	5	20	710	1
	160	80	6	20	800	1
长嘴 (L)	140	63	—	—	630	1
	160	71	—	—	710	1
	180	80	—	—	800	1

① 试验前和试验后钳柄的永久变形量。

4. 扁嘴钳的嘴顶缝隙

扁嘴钳自嘴顶以下 3mm 以内，嘴顶缝隙 δ 的最大值不超过 0.08mm，如图 11-4 所示。

11.1.3 圆嘴钳

1. 圆嘴钳的形式（图 11-5）

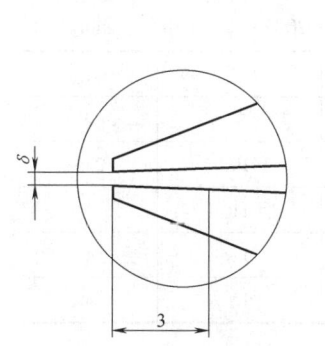

图 11-4 嘴顶缝隙

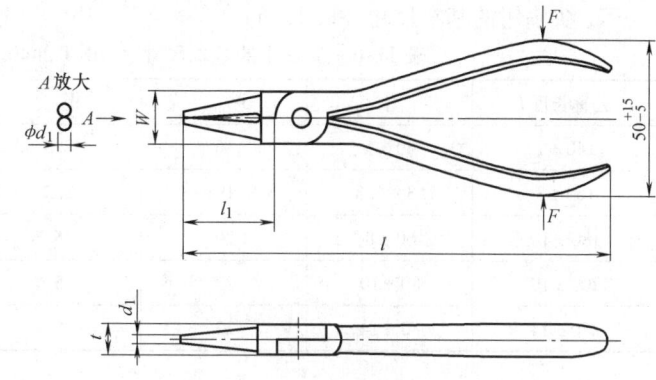

图 11-5 圆嘴钳

注：F 为抗弯强度试验中施加的载荷。

2. 圆嘴钳的基本尺寸（表 11-5）

表 11-5 圆嘴钳的基本尺寸（QB/T 2440.3—2007） (单位：mm)

钳嘴类型	公称长度 l	l_1	d_{1max}	W_{max}	t_{max}
短嘴 （S）	125±6.3	$25_{-5}^{\ 0}$	2	16	9
	140±8	$32_{-6.3}^{\ 0}$	2.8	18	10
	160±8	$40_{-8}^{\ 0}$	3.2	20	11
长嘴 （L）	140±7	40±4	2.8	17	9
	160±8	50±5	3.2	19	10
	180±9	63±6	3.6	20	11

3. 圆嘴钳的嘴顶缝隙

圆嘴钳自嘴顶以下 3mm 以内，嘴顶缝隙 δ 的最大值不超过 0.08mm。

11.1.4 尖嘴钳

1. 尖嘴钳的形式（图 11-6）

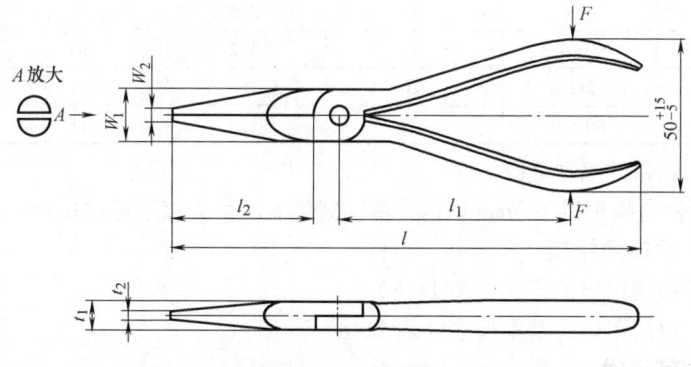

图 11-6 尖嘴钳

注：F 为抗弯强度试验中施加的载荷。

2. 尖嘴钳的基本尺寸（表 11-6）

表 11-6　尖嘴钳的基本尺寸（QB/T 2440.1—2007）　（单位：mm）

公称长度 l	l_1	W_{1max}	W_{2max}	t_{1max}	t_{2max}
140 ±7	40 ±5	16	2.5	9	2
160 ±8	53 ±6.3	19	3.2	10	2.5
180 ±10	60 ±8	20	5	11	3
200 ±10	80 ±10	22	5	12	4
280 ±14	80 ±14	22	5	12	4

3. 尖嘴钳的嘴顶缝隙

尖嘴钳自嘴顶以下 3mm 以内，嘴顶缝隙 δ 的最大值不超过 0.08mm。

11.1.5　带刃尖嘴钳

1. 带刃尖嘴钳的形式（图 11-7）

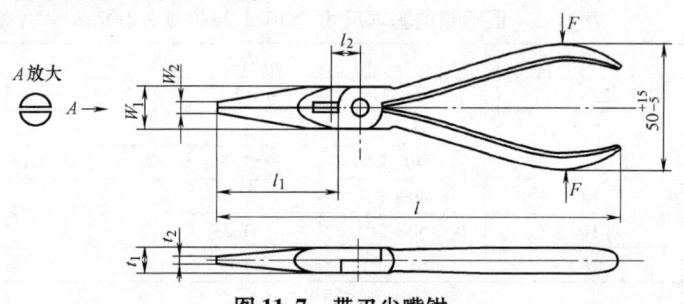

图 11-7　带刃尖嘴钳

注：F 为抗弯强度试验中施加的载荷。

2. 带刃尖嘴钳的基本尺寸（表 11-7）

表 11-7　带刃尖嘴钳的基本尺寸（QB/T 2442.3—2007）　（单位：mm）

公称长度 l	l_2	W_{1max}	W_{2max}	t_{1max}	t_{2max}
140 ±7	40 ±5	16	2.5	9	2
160 ±8	53 ±6.3	19	3.2	10	2.5
180 ±10	60 ±8	20	5	11	3
200 ±10	80 ±10	22	5	12	4

3. 带刃尖嘴钳的嘴顶缝隙

带刃尖嘴钳自嘴顶以下 3mm 以内，嘴顶缝隙 δ 的最大值不超过 0.08mm。

11.1.6　薄管扩口用钳口

1. 薄管扩口用钳口的形式（图 11-8）

2. 薄管扩口用钳口的基本尺寸（表 11-8）

11.1.7　链条管子钳

1. 链条管子钳的形式

A 型链条管子钳的形式如图 11-9 所示，B 型、C 型链条管子钳的形式如图 11-10 所示。

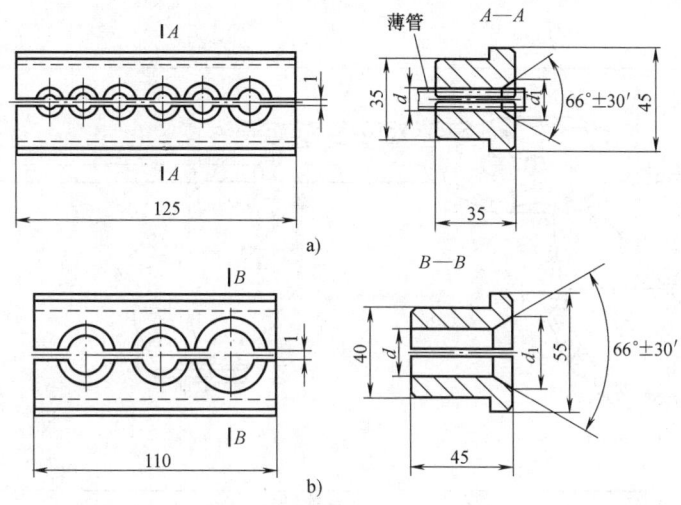

图 11-8 薄管扩口用钳口

a) $d = 4 \sim 14$mm　b) $d = 16 \sim 22$mm

表 11-8　薄管扩口用钳口的基本尺寸（JB/T 3411.46—1999）（单位：mm）

薄管外径范围	d		d_1
	基本尺寸	极限偏差 H11	
4~14	4	+0.075 0	7.5
	6		9
	8	+0.090 0	11
	10		13.5
	12	+0.110 0	16.5
	14		18.5
16~22	16		20.5
	18		23.5
	22	+0.130 0	29

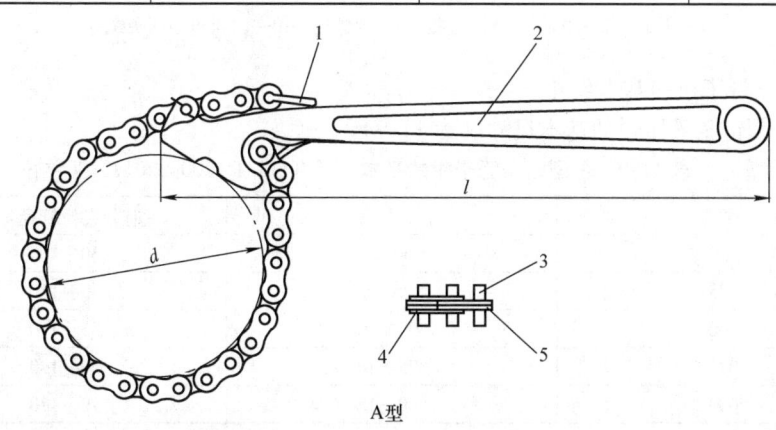

图 11-9　A 型链条管子钳

1—挂环　2—钳柄　3—销轴　4—外链板　5—内链板

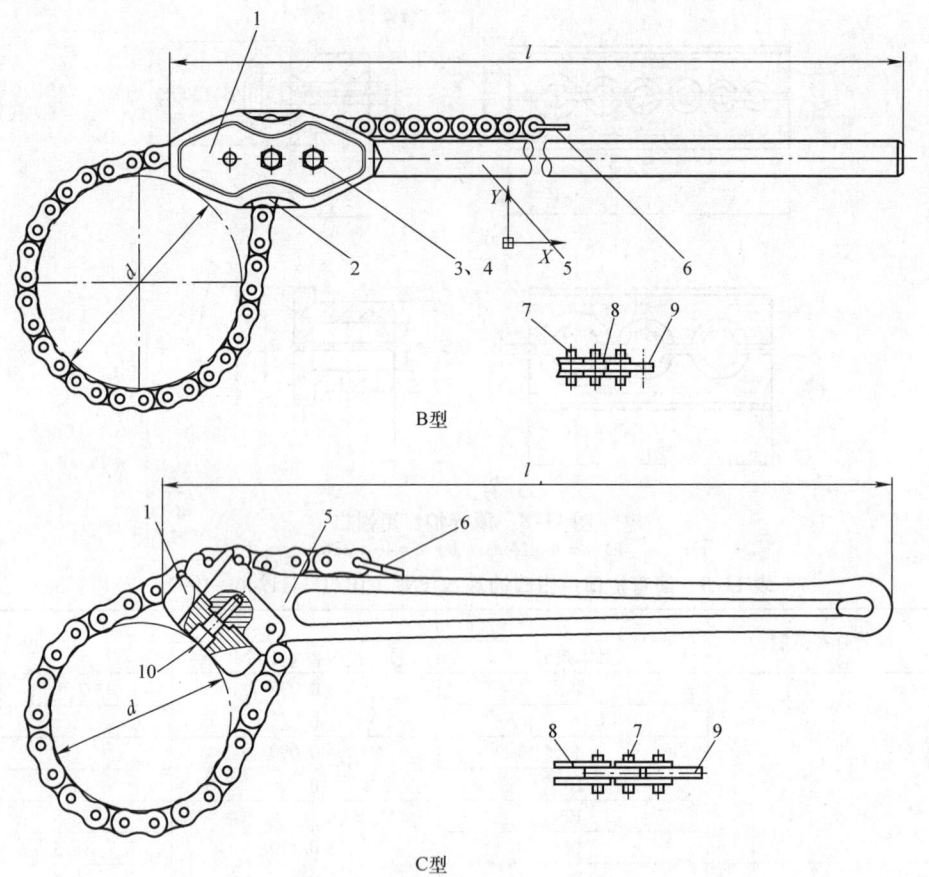

图 11-10　B 型、C 型链条管子钳

1—钳口　2—链条连接体　3—螺栓　4—螺母　5—钳柄
6—挂环　7—销轴　8—外链板　9—内链板　10—内六角圆柱头螺钉

2. 链条管子钳的基本尺寸

1）A 型链条管子钳的基本尺寸（表 11-9）。

表 11-9　A 型链条管子钳的基本尺寸（QB/T 1200—2017）（单位：mm）

规格	l	有效夹持管径 d[①]
150	150±8	30～105
225	225±8	30～110
300	300±10	55～110
375	375±10	60～140
600	600±15	70～170

① 链条管子钳应能有效夹持合适管径的工件。

2）B 型链条管子钳的基本尺寸（表 11-10）。

表11-10　B型链条管子钳的基本尺寸（QB/T 1200—2017）（单位：mm）

规格	l	有效夹持管径 d[①]
350	350±10	13~49
700	700±15	13~73
900	900±15	26~114
1000	1000±15	33~168
1200	1200±20	48~219
1300	1300±20	50~250
1400	1400±20	50~300
1600	1600±25	60~323
2200	2200±30	114~457

① 链条管子钳应能有效夹持合适管径的工件。

3）C型链条管子钳的基本尺寸（表11-11）。

表11-11　C型链条管子钳的基本尺寸　　　　　（单位：mm）

规格	l	有效夹持管径 d[①]
350	350±10	50~125
450	450±15	60~125
600	600±15	75~125
730	730±15	110~185

① 链条管子钳应能有效夹持合适管径的工件。

11.1.8　防爆用管子钳

1. 防爆用管子钳的形式（图11-11）

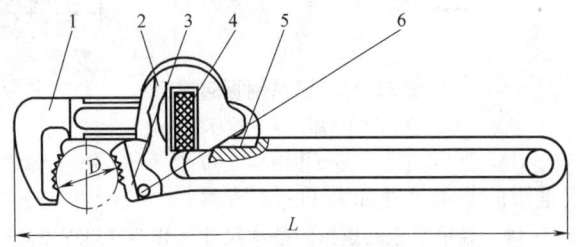

图11-11　防爆用管子钳

1—活动钳口　2—钳柄体　3—固定钳口　4—调节螺母　5—片弹簧　6—铆钉

2. 防爆用管子钳的基本尺寸（表11-12）

表11-12　防爆用管子钳的基本尺寸（QB/T 2613.10—2005）

规格/mm	全长 L		最大夹持管径 D/mm
	基本尺寸/mm	相对偏差（%）	
200	200	±3	25
250	250	±3	30
300	300	±4	40
350	350	±4	50
450	450	±4	60
600	600	±5	75
900	900	±5	85

3. 管子钳的活动钳口与钳柄体孔或嵌套孔的配合间隙（表 11-13）

表 11-13 管子钳的活动钳口与钳柄体孔或嵌套孔的配合间隙（QB/T 2613.10—2005）

（单位：mm）

规格	200	250	300	350	450	600	900
间隙 ≤	1.7	1.7	2.0	2.0	2.0	2.5	2.5

11.1.9 起重用夹钳

1. 竖吊钢板起重钳

1）竖吊钢板起重钳的产品代号为 DSQ，形式如图 11-12 所示。

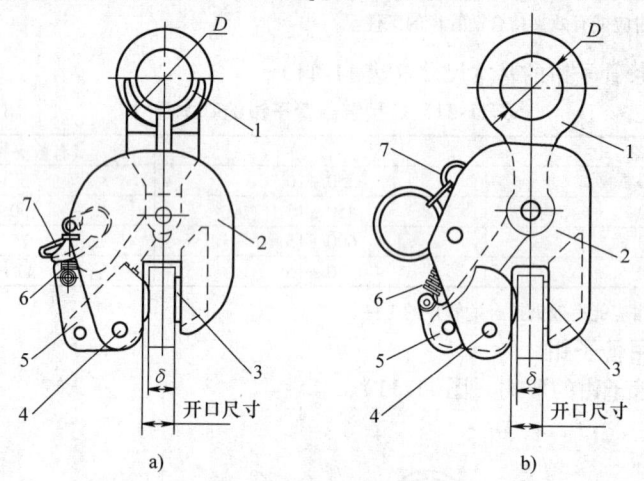

图 11-12　竖吊钢板起重钳

a）扳手结构　b）拉环结构

1—吊环　2—钳体　3—钳口垫板　4—钳轴　5—钳舌　6—弹簧　7—扳手（拉环）

2）竖吊钢板起重钳的基本尺寸如表 11-14 所示。

表 11-14　竖吊钢板起重钳的基本尺寸（JB/T 7333—2013）

型号	极限工作载荷 WLL /t	试验力 F_e /kN	最小直径 D /mm	最大夹持厚度 δ[①]（≥） /mm
DSQ-0.5	0.5	10	28	15
DSQ-0.8	0.8	16	30	15
DSQ-1	1	20	40	20
DSQ-1.6	1.6	32	45	20
DSQ-2	2	40	55	20
DSQ-3.2	3.2	63	60	30
DSQ-5	5	100	60	40
DSQ-8	8	160	70	50
DSQ-10	10	200	80	60
DSQ-12.5	12.5	250	90	70
DSQ-16	16	320	100	80

① 指可夹持钢板厚度范围的上限值。

2. 横吊钢板起重钳

1）横吊钢板起重钳的产品代号为 DHQ，形式如图 11-13 所示。

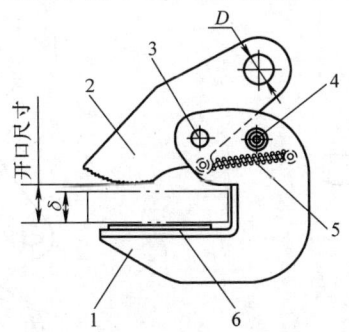

图 11-13 横吊钢板起重钳
1—钳体　2—钳舌　3—钳轴　4—定位装置　5—弹簧　6—钳口垫板

2）横吊钢板起重钳的基本尺寸如表 11-15 所示。

表 11-15　横吊钢板起重钳的基本尺寸（JB/T 7333—2013）

型号	极限工作载荷 WLL[①] /t	试验力 F_e /kN	最小直径 D /mm	最大夹持厚度 δ[②] （≥） /mm
DHQ/2-0.5	0.5	10	16	25
DHQ/2-1	1	20	16	25
DHQ/2-1.6	1.6	32	20	25
DHQ/2-2	2	40	22	25
DHQ/2-3.2	3.2	63	25	30
DHQ/2-5	5	100	30	40
DHQ/2-6	6	120	35	50
DHQ/2-8	8	160	40	60
DHQ/2-10	10	200	45	70

① 指手动夹钳成对使用且吊点夹角为 60°时，允许起吊的最大载荷。
② 指可夹持钢板厚度范围的上限值。

3. 圆钢起重钳

1）圆钢起重钳的产品代号为 DYQ，形式如图 11-14 所示。
2）圆钢起重钳的基本尺寸如表 11-16 所示。

表 11-16　圆钢起重钳的基本尺寸（JB/T 7333—2013）

型号	极限工作载荷 WLL /t	试验力 F_e /kN	最小直径 D /mm	适用圆钢直径 d /mm
DYQ-0.16	0.16	3.2	16	30~60
DYQ-0.25	0.25	5	16	60~80
DYQ-0.4	0.4	8	16	80~100
DYQ-0.63	0.63	12.6	18	100~130

4. 钢轨起重钳

1）钢轨起重钳的产品代号为 DGQ，形式如图 11-15 所示。

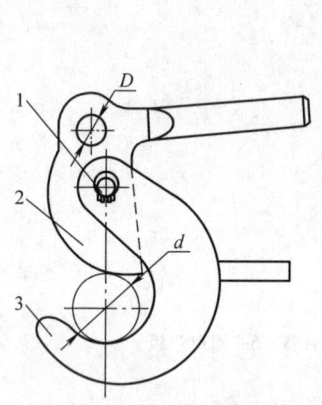

图 11-14　圆钢起重钳
1—钳轴　2—钳舌　3—钳体

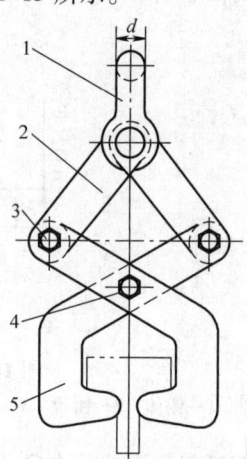

图 11-15　钢轨起重钳
1—吊环　2—拉板　3—连接轴　4—钳轴　5—钳板

2）钢轨起重钳的基本尺寸如表 11-17 所示。

表 11-17　钢轨起重钳的基本尺寸　（JB/T 7333—2013）

型号	极限工作载荷 WLL/t	试验力 F_e/kN	最小直径 d/mm	适用钢轨型号[①]/(kg/m)
DGQ-0.1	0.1	2	22.4	9~12
DGQ-0.25	0.25	5	22.4	15~22
DGQ-0.5	0.5	10	25	30~50

① 钢轨型号应符合 GB 2585 或 GB/T 11264 的规定。

5. 工字钢起重钳

1）工字钢起重钳的产品代号为 DZQ，形式如图 11-16 所示。

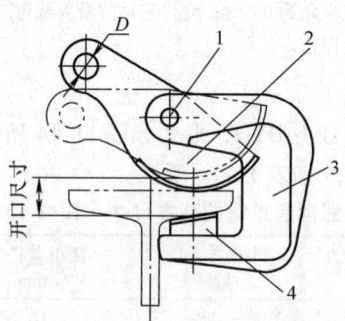

图 11-16　工字钢起重钳
1—钳轴　2—钳板　3—钳体　4—钳口垫板

2）工字钢起重钳的基本尺寸如表 11-18 所示。

表11-18 工字钢起重钳的基本尺寸（JB/T 7333—2013）

型号	极限工作载荷 WLL[①] /t	试验力 F_e /kN	最小直径 D /mm	适用工字钢型号[②]
DZQ/2-0.5	0.5	10	18	10~16
DZQ/2-1	1	20	20	18~22
DZQ/2-1.6	1.6	32	22	25~32
DZQ/2-2	2	40	24	36~45
DZQ/2-3.2	3.2	63	25	50~63

① 指手动夹钳成对使用且吊点夹角为60°时，允许起吊的最大载荷。
② 工字钢型号应符合 GB/T 706 的规定。

11.1.10 轴用弹性挡圈安装钳

1. 轴用弹性挡圈安装钳的形式（图11-17）

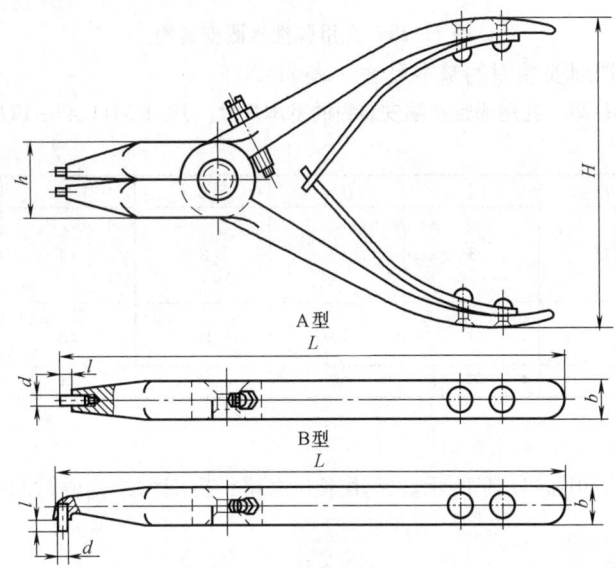

图11-17 轴用弹性挡圈安装钳

2. 轴用弹性挡圈安装钳的基本尺寸（表11-19）

表11-19 轴用弹性挡圈安装钳的基本尺寸（JB/T 3411.47—1999）

（单位：mm）

d	L	l	H≈	b	h	弹性挡圈规格
1.0	125	3	72	8	18	3~9
1.5	125	3	72	8	18	10~18
2.0	125	3	72	8	18	19~30
2.5	175	4	100	10	20	32~40
3.0	175	4	100	10	20	42~105
4.0	250	5	122	12	24	110~200

11.1.11 孔用弹性挡圈安装钳

1. 孔用弹性挡圈安装钳的形式（图 11-18）

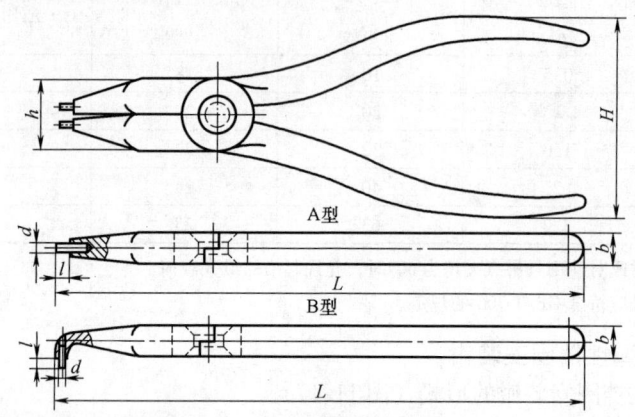

图 11-18　孔用弹性挡圈安装钳

2. 孔用弹性挡圈安装钳的基本尺寸（表 11-20）

表 11-20　孔用弹性挡圈安装钳的基本尺寸（JB/T 3411.48—1999）

（单位：mm）

d	L	l	$H\approx$	b	h	弹性挡圈规格
1.0						8～9
1.5	125	3	52	8	18	10～18
2.0						19～30
2.5						32～40
3.0	175	4	54	10	20	42～100
4.0	250	5	60	12	24	105～200

11.1.12 开箱钳

开箱钳的形式如图 11-19 所示。常用来开木箱、拆旧木结构件时起拔钢钉，长度一般为 450mm。

11.1.13 铅印钳

铅印钳的形式如图 11-20 所示，用于在仪表、包裹、文件、设备等物体上轧封铅印。长度有 150mm、175mm、200mm、240mm、250mm 五种，轧封铅印直径为 9mm、10mm、11mm、12mm、15mm。

11.1.14 大力钳

大力钳的形式如图 11-21 所示，用以夹紧零件进行铆接、焊接、磨削等加工。特点是钳口可以锁紧并产生很大的夹紧力，使被夹紧零件不会松脱。而且钳口有多挡调节位置，供夹紧不同厚度零件使用，另外也可作扳手使用。其长度为 220mm，钳口的最大开口为 50mm。

11.1.15 胡桃钳

胡桃钳的形式如图 11-22 所示，主要用于鞋工、木工拔鞋钉或起钉，也可剪切钉子及其他金属线。长度有 125mm、150mm、175mm、200mm、225mm、250mm 六种。

图 11-19　开箱钳

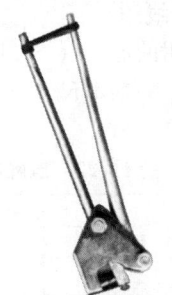

图 11-20　铅印钳

图 11-21　大力钳

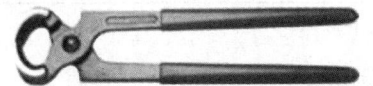

图 11-22　胡桃钳

11.1.16　羊角起钉钳

羊角起钉钳的形式如图 11-23 所示。常用来开木箱、拆旧木结构件时起拔钢钉子，长度一般为 250mm，直径为 16mm。

11.1.17　断线钳

1. 断线钳的形式（图 11-24）

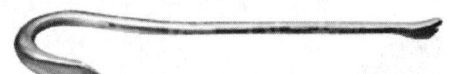

图 11-23　羊角起钉钳

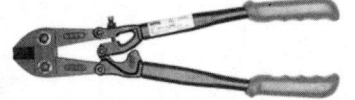

图 11-24　断线钳

2. 断线钳的基本尺寸（表 11-21）

表 11-21　断线钳的基本尺寸（QB/T 2206—2011）　（单位：mm）

规格	l		d		g		t	
	尺寸	偏差	尺寸	偏差	尺寸	偏差	尺寸	偏差
200	203	+15　0	5	H12	22	+1　-2	4.5	h12
300	305		6		38		6	
350	360		6（8）		40		7	
450	460		8		53		8	
600	615		10		62		9	
750	765	+20　0	10		68		11	
900	915		12		74	+1　-3	13	
1050	1070		14		82		15	
1200	1220		16		100		17	

注：括号内尺寸为可选尺寸。

11.1.18 鹰嘴断线钳

1. 鹰嘴断线钳的形式（图11-25）
2. 鹰嘴断线钳的基本尺寸（表11-22）

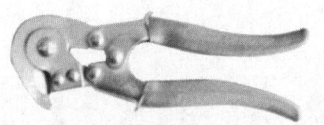

图11-25　鹰嘴断线钳

表11-22　鹰嘴断线钳的基本尺寸（QB/T 2206—2011）　（单位：mm）

规格	l		规格	l	
	尺寸	偏差		尺寸	偏差
200	203	+15 0	600	615	+20 0
300	305		750	765	
350	360		900	915	
450	460		1050	1070	
			1200	1220	

注：l为总长度。

11.1.19 剥线钳

1. 剥线钳的形式（图11-26）

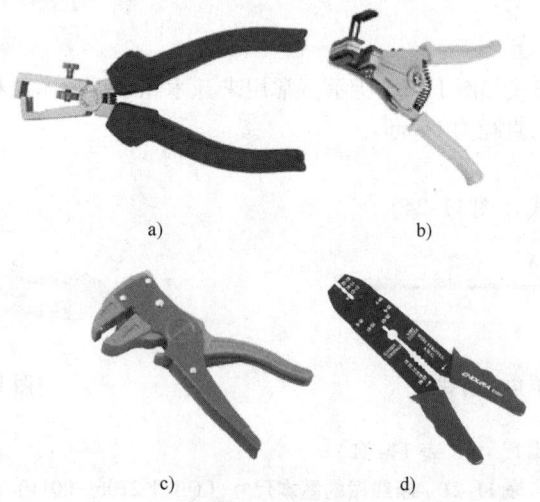

图11-26　剥线钳
a) T型　b) Z型　c) J型　d) Y型

2. 剥线钳的基本尺寸（表11-23）

表11-23　剥线钳的基本尺寸（QB/T 2207—2017）　（单位：mm）

形式	规格	全长l	柄宽w
T型	160	160±8	50±5
Z型	170	170±8	120±5
J型	170	170±8	80±5
Y型	160	160±8	≥10
	180	180±8	
	200	200±8	

11.1.20 紧线钳

紧线钳的形式如图11-27所示，紧线钳专供外线电工架设和维修各种类型的电线、电话线和广播线等空中线路，或用低碳钢丝包扎时收紧两线端，以便铰接或夹紧索具之用。平口式紧线钳的参数如表 11-24 所示，虎头式紧线钳的参数如表 11-25 所示。

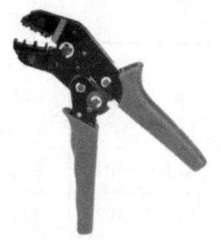

11.1.21 压线钳

压线钳的形式如图 11-28 所示，用于冷轧压接（围压、点压、叠压）铜、铝导线，起中间连接或封端作用。其基本尺寸及适用范围如表 11-26 所示。

图 11-27 紧线钳

表 11-24　平口式紧线钳的参数

规格 （号数）	钳口弹开 尺寸/mm	额定拉力 /kN	夹线直径范围/mm			
			单股钢、铜线	钢绞线	无芯铝绞线	钢芯铝绞线
1	≥21.5	15	10~20	—	12.4~17.5	13.7~19
2	≥10.5	8	5~10	5.1~9.6	5.1~9	5.4~9.9
3	≥5.5	3	1.5~5	1.5~4.8	—	—

表 11-25　虎头式紧线钳的参数

长度/mm	150	200	250	300	350	400	450	500
额定拉力/kN	2	2.5	3.5	6	8	10	12	15
夹线直径范围/mm	1~3	1.5~3.5	2~5.5	2~7	3~8.5	3~10.5	3~12	4~13.5

表 11-26　压线钳的基本尺寸及适用范围（QB/T 2733—2005）

型号	手柄长度/mm（缩/伸）	重量/kg	适用范围
JYJ-V$_1$	245	0.35	适用于压接（围压）0.5~6mm² 裸导线
JYJ-V$_2$	245	0.35	适用于压接（围压）0.5~6mm² 绝缘导线
JYJ-1	450/600	2.5	适用于压接（围压）6~240mm² 导线
JYJ-1A	450/600	2.5	适用于压接（围压）6~240mm² 导线，能自动脱模
JYJ-2	450/600	3	适用于压接（围压、点压、叠压）6~300mm² 导线
JYJ-3	450/600	4.5	适用于压接（围压、点压、叠压）16~400mm² 导线

11.1.22 线缆钳

1. 线缆钳的形式（图 11-29）

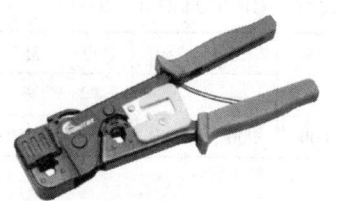
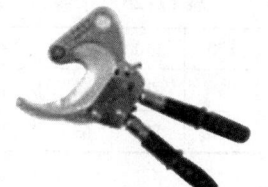

图 11-28　压线钳　　　　图 11-29　线缆钳

2. 线缆钳的基本尺寸及适用范围（表 11-27）

表 11-27　线缆钳的基本尺寸及适用范围

型号	外形长度（缩/伸）/mm	重量/kg	适用范围
XLJ-S-150	310/395	1.4	切断≤150mm^2 铜铝电缆导线和直径≤5mm 低碳圆钢
XLJ-S-240	400/555	2.5	切断≤240mm^2 铜铝电缆导线和直径≤6mm 低碳圆钢
XLJ-D-240	250	0.6	切断≤240mm^2 或直径≤30mm 铜铝电缆
XLJ-D-300	240	1.0	切断直径≤40mm 或≤300mm^2 铜铝电缆
XLJ-D-500	240/290	1.1	切断直径≤40mm 或500mm^2 铜铝电缆
XLJ-G-40	440/630	3.6	切断≤120mm^2 钢绞线，≤800mm^2 钢芯铝绞线，直径≤36mm 钢芯电缆和直径≤14mm 低碳圆钢
XLJ-G-40A	440/630	3.6	切断直径≤20mm 钢丝缆绳和直径≤36mm 铜铝电缆
XLJ-G-60	525/715	7.0	切断≤150mm^2 钢绞线，≤1200mm^2 钢芯铝绞线，直径≤52mm 钢芯电缆和直径≤16mm 低碳圆钢
XLJ-G-60A	525/715	7.0	切断直径≤26mm 钢丝缆绳和直径≤52mm 铜铝电缆

11.1.23　鸭嘴钳

鸭嘴钳与扁嘴钳相似，但其钳口部分通常制出齿纹，一般不会损伤被夹持的零件表面，多用于纺织厂修理钢筘工作中。其形式如图 11-30 所示。长度有 125mm、140mm、160mm、180mm 和 200mm 五种。

11.1.24　水泵钳

1. 水泵钳的形式（图 11-31）

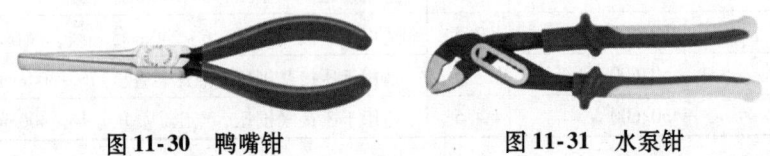

图 11-30　鸭嘴钳　　　　　图 11-31　水泵钳

2. 水泵钳的基本尺寸（表 11-28）

表 11-28　水泵钳的基本尺寸（QB/T 2440.4—2007）

长度/mm	100	120	140	160	180	200	225	250	300	350	400	500
调整档数	3	3	3	3	4	4	4	4	4	6	8	10
载荷/N	400	500	560	630	735	800	900	1000	1250	1250	1250	1250

11.2　扳手

11.2.1　活扳手

1. 活扳手的形式（图 11-32）

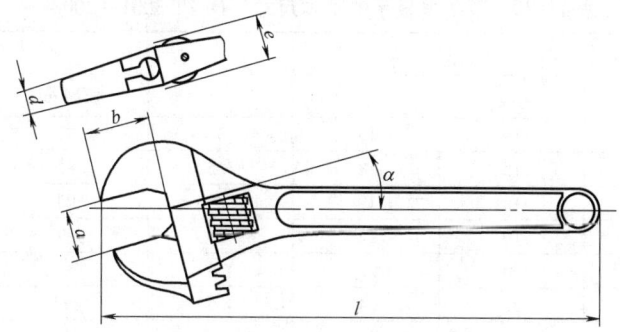

图 11-32 活扳手

2. 活扳手的基本尺寸（表 11-29）

表 11-29 活扳手的基本尺寸（GB/T 4440—2008）

长度 l/mm		开口尺寸 a/mm ≥	开口深度 b/mm ≥	扳口前端厚度 d/mm ≤	头部厚度 e/mm ≤	夹角 α /(°)		小肩离缝 /mm ≤
规格	公差					A 型	B 型	
100	+15 0	13	12	6	10	15	22.5	0.25
150		19	17.5	7	13			0.25
200		24	22	8.5	15			0.28
250		28	26	11	17			0.28
300	+30 0	34	31	13.5	20			0.30
375		43	40	16	26			0.30
450	+45 0	52	48	19	32			0.36
600		62	57	28	36			0.50

11.2.2 呆扳手

1. 双头呆扳手

1）双头呆扳手的形式如图 11-33 所示。

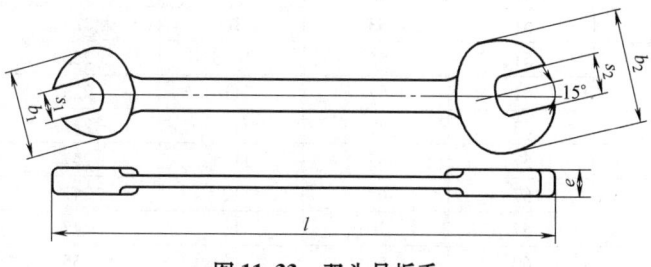

图 11-33 双头呆扳手

2）双头呆扳手的基本尺寸如表 11-30 所示。

表 11-30 双头呆扳手的基本尺寸（QB/T 3001—2008）　（单位：mm）

规格 $s_1 \times s_2$ （对边尺寸组配）	头部外形 b		厚度 e_{max}	全长 l	
	b_{1max}	b_{2max}		长型 min	短型 min
3.2×4	14	15	3	81	72
4×5	15	18	3.5	87	78
5×5.5	18	19	3.5	95	85
5.5×7	19	22	4.5	99	89
(6×7)	20	22	4.5	103	92
7×8	22	24	4.5	111	99
(8×9)	24	26	5	119	106
8×10	24	28	5.5	119	106
10×11	28	30	6	135	120
10×13	28	34	7	135	120
11×13	30	34	7	143	127
(12×13)	32	34	7	151	134
(12×14)	32	36	7	159	134
(13×14)	34	36	7	159	141
13×15	34	39	7.5	159	141
13×16	34	41	8	159	141
(13×17)	34	43	8.5	159	141
(14×15)	36	39	7.5	167	148
(14×17)	36	43	8.5	167	148
15×16	39	41	8	175	155
(15×18)	39	45	8.5	175	155
(16×17)	41	43	8.5	183	162
16×18	41	45	8.5	183	162
(17×19)	43	47	9	191	169
(18×19)	45	47	9	199	176
18×21	45	51	10	199	176
(19×22)	47	53	10.5	207	183
(19×24)	47	57	11	207	183
(20×22)	49	53	10	215	190
(21×22)	51	53	10	223	202
(21×23)	51	55	10.5	223	202
21×24	51	57	11	223	202
(22×24)	53	57	11	231	209
(24×26)	57	62	11.5	247	223
24×27	57	64	12	247	223
(24×30)	57	70	13	247	223
(25×28)	60	66	12	255	230
(27×29)	64	68	12.5	271	244
27×30	64	70	13	271	244
(27×32)	64	74	13.5	271	244

(续)

规格 $s_1 \times s_2$（对边尺寸组配）	头部外形 b		厚度 e_{max}	全长 l	
	b_{1max}	b_{2max}		长型 min	短型 min
(30×32)	70	74	13.5	295	265
30×34	70	78	14	295	265
(30×36)	70	83	14.5	295	265
(32×34)	74	78	14	311	284
(32×36)	74	83	14.5	311	284
34×36	78	83	14.5	327	298
36×41	83	93	16	343	312
41×46	93	104	17.5	383	357
46×50	104	112	19	423	392
50×55	112	123	20.5	455	420
55×60	123	133	22	495	455

注：1. 括号内的尺寸组配为非优先组配。

2. b_{1max}、$b_{2max} \approx 2.1s + 7mm$。

3. l_{min}（长型）$\approx s_1 \times 8 + 55mm$（除 34mm×36mm 之外）。

4. $e_{max} \approx s_2^{0.75}$。

2. 单头呆扳手

1) 单头呆扳手的形式如图 11-34 所示。

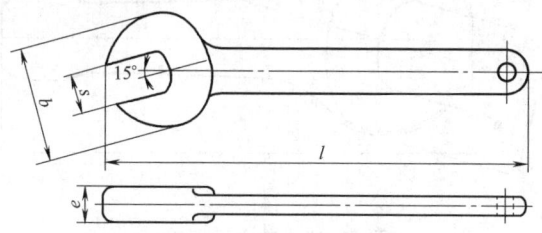

图 11-34 单头呆扳手

2) 单头呆扳手的基本尺寸如表 11-31 所示。

表 11-31 单头呆扳手的基本尺寸（QB/T 3001—2008） （单位：mm）

规格 s	头部外形 b_{max}	厚度 e_{max}	全长 l_{min}	规格 s	头部外形 b_{max}	厚度 e_{max}	全长 l_{min}
5.5	19	4.5	80	15	39	8	130
6	20	4.5	85	16	41	8	135
7	22	5	90	17	43	8.5	140
8	24	5	95	18	45	9	150
9	26	5.5	100	19	47	9	155
10	28	6	105	20	49	9.5	160
11	30	6.5	110	21	51	10	170
12	32	7	115	22	53	10.5	180
13	34	7	120	23	55	10.5	190
14	36	7.5	125	24	57	11	200

（续）

规格 s	头部外形 b_{max}	厚度 e_{max}	全长 l_{min}	规格 s	头部外形 b_{max}	厚度 e_{max}	全长 l_{min}
25	60	11.5	205	36	83	15.5	300
26	62	12	215	41	93	17.5	330
27	64	12.5	225	46	104	19.5	350
28	66	12.5	235	50	112	21	370
29	68	13	245	55	123	22	390
30	70	13.5	255	60	133	24	420
31	72	14	265	65	144	26	450
32	74	14.5	275	70	154	28	480
34	78	15	285				

11.2.3　敲击呆扳手和敲击梅花扳手

1. 敲击呆扳手和敲击梅花扳手的形式

敲击呆扳手的形式如图 11-35 所示，敲击梅花扳手的形式如图 11-36 所示。

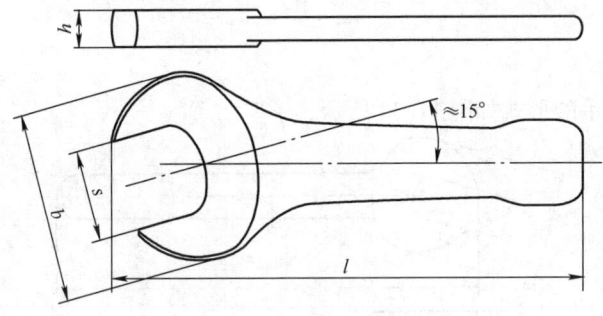

图 11-35　敲击呆扳手

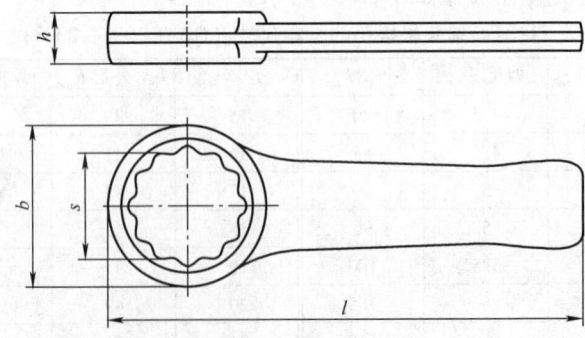

图 11-36　敲击梅花扳手

2. 敲击呆扳手和敲击梅花扳手的基本尺寸（表 11-32）

表 11-32 敲击呆扳手和敲击梅花扳手的基本尺寸（GB/T 4392—2019） (单位：mm)

规格 s[①]		头部厚度 h		头部宽度 b	长度 l	
规格	极限偏差	max	min	max	max	min
敲击呆扳手						
21	+0.36 +0.06	14	12	47	140	130
22						
23						
24		16	14	53	180	170
27	+0.48 +0.08	17	15	58	185	170
30		18	16	66	200	185
32				68		
34				73	210	195
36	+0.60 +0.10	20	18	78	220	200
41				90	240	220
46		22	19.5	100	260	240
50				110	285	265
55	+0.72 +0.12	25	22.5	120	315	295
60				130	325	305
65		30	27	142	355	335
70		32	28.5	156	380	360
75	+0.85 +0.15			164	400	365
80		35	31.5	175	415	390
85						
90	+0.85 +0.15	40	36	197	460	435
95						
100		48	43	230	500	475
105						
110		50	45	238	525	500
115	+1.00 +0.20			250		
120		56	50	258	550	525
130						
135				278	580	555
145						
150		62	55.5	308	650	625
155						
165						
170	+1.25 +0.25	70	63	345	725	700
180						
185						
190		75	67.5	385	775	750
200				405		
210		80	72	425	850	825

(续)

规格 s[①]		头部厚度 h		头部宽度 b	长度 l	
规格	极限偏差	max	min	max	max	min
敲击梅花扳手						
17	+0.40 +0.05	14	12	33	150	140
19	+0.46 +0.06					
22				39	160	150
24		16	14	43.5	170	160
27	+0.58 +0.08	17	15	47	185	175
30		18	16	54	200	185
32						
34	+0.70 +0.10			57	205	190
36		20	18	60	210	195
41		22	19.5	66	235	215
46	+0.70 +0.10	24	21.5	75	245	225
50		25	22.5	80	260	240
55		26	23	88	275	255
60	+0.92 +0.12	28	25	94	285	265
65		30	27	104	305	285
70		35	31.5	110	335	315
75				115		
80	+1.15 +0.15	38	34	126	365	340
85				130		
90		42	37.5	152	400	375
95						
100		46	41	155	430	405
105		48	43	172	435	410
110		50	45		460	435
115	+1.40 +0.20					
120		56	50	194	500	475
130		60	54	205	530	505
135		64	57.5		535	510
145						
150		65	58.5	230	590	565
155						
165						
170	+1.55 +0.25	70	63	270	660	635
180						
185						
190		75	67.5	295	710	680
200						
210		80	72	325	760	725

① 规格 s 的偏差应符合 GB/T 4390 的规定。

11.2.4 双头呆扳手和双头梅花扳手

1. 双头呆扳手和双头梅花扳手的形式

双头呆扳手的形式如图 11-37 所示，双头梅花扳手的形式如图 11-38 所示。

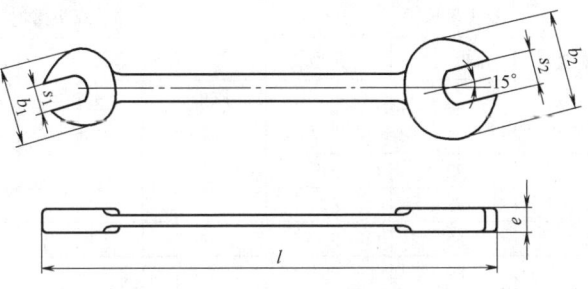

图 11-37 双头呆扳手

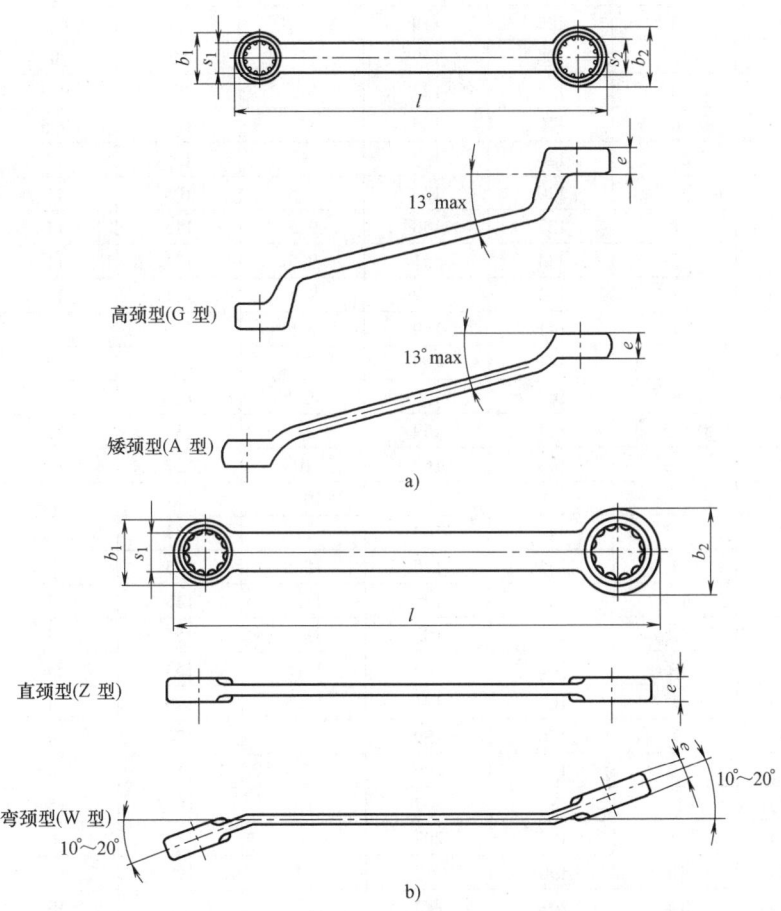

图 11-38 双头梅花扳手
a) G 型和 A 型　b) Z 型和 W 型

2. 双头呆扳手和双头梅花扳手的基本尺寸（表 11-33）

表 11-33 双头呆扳手和双头梅花扳手的基本尺寸（GB/T 4388—2008）

（单位：mm）

规格 （对边尺寸组配） $s_1 \times s_2$	双头呆扳手			双头梅花扳手			
	厚度 e $\leqslant$	短型	长型	直颈、弯颈		矮颈、高颈	
		全长 l $\geqslant$		厚度 e $\leqslant$	全长 l $\geqslant$	厚度 e $\leqslant$	全长 l $\geqslant$
3.2×4	3	72	81	—	—	—	—
4×5	3.5	78	87	—	—	—	—
5×5.5	3.5	85	95	—	—	—	—
5.5×7	4.5	89	99	—	—	—	—
(6×7)	4.5	92	103	6.5	73	7	134
7×8	4.5	99	111	7	81	7.5	143
(8×9)	5	106	119	7.5	89	8.5	152
8×10	5.5	106	119	8	89	9	152
(9×11)	6	113	127	8.5	97	9.5	161
10×11	6	120	135	8.5	105	9.5	170
(10×12)	6.5	120	135	9	105	10	170
10×13	7	120	135	9.5	105	11	170
11×13	7	127	143	9.5	113	11	179
(12×13)	7	134	151	9.5	121	11	188
(12×14)	7	134	159	9.5	121	11	188
(13×14)	7	141	159	9.5	129	11	197
13×15	7.5	141	159	10	129	12	197
13×16	8	141	159	10.5	129	12	197
(13×17)	8.5	141	159	11	139	13	197
(14×15)	7.5	148	167	10	137	12	206
(14×16)	8	148	167	10.5	137	12	206
(14×17)	8.5	148	167	11	137	13	206
15×16	8	155	175	10.5	145	12	215
(15×18)	8.5	155	175	11.5	145	13	215
(16×17)	8.5	162	183	11	153	13	224
16×18	8.5	162	183	11.5	153	13	224
(17×19)	9	169	191	11.5	166	14	233
(18×19)	9	176	199	11.5	174	14	242
18×21	10	176	199	12.5	174	14	242
(19×22)	10.5	183	207	13	182	15	251
(19×24)	11	183	207	13.5	182	16	251
(20×22)	10	190	215	13	190	15	260
(21×22)	10	202	223	13	198	15	269
(21×23)	10.5	202	223	13	198	15	269
21×24	11	202	223	13.5	198	16	269
(22×24)	11	209	231	13.5	206	16	278

(续)

规格 (对边尺寸组配) $s_1 \times s_2$	双头呆扳手			双头梅花扳手			
	厚度 e $\leq$	短型	长型	直颈、弯颈		矮颈、高颈	
		全长 l $\geq$		厚度 e $\leq$	全长 l $\geq$	厚度 e $\leq$	全长 l $\geq$
(24×26)	11.5	223	247	15.5	222	16.5	296
24×27	12	223	247	14.5	222	17	296
(24×30)	13	223	247	15.5	222	18	296
(25×28)	12	230	255	15	230	17.5	305
(27×29)	12.5	244	271	15	246	18	323
27×30	13	244	271	15.5	246	18	323
(27×32)	13.5	244	271	16	246	19	323
(30×32)	13.5	255	295	16	275	19	330
30×34	14	265	295	16.5	275	20	330
(30×36)	14.5	265	295	17	275	21	330
(32×34)	14	284	311	16.5	291	20	348
(32×36)	14.5	284	311	17	291	21	348
34×36	14.5	298	327	17	307	21	366
36×41	16	312	343	18.5	323	22	384
41×46	17.5	357	383	20	363	24	429
46×50	19	392	423	21	403	25	474
50×55	20.5	420	455	22	435	27	510
55×60	22	455	495	23.5	475	28.5	555
60×65	23	490	—	—	—	—	—
65×70	24	525	—	—	—	—	—
70×75	25.5	560	—	—	—	—	—
75×80	27	600	—	—	—	—	—

注：括号内的对边尺寸组配为非优先组配。

11.2.5 两用扳手

1. 两用扳手的形式（图 11-39）

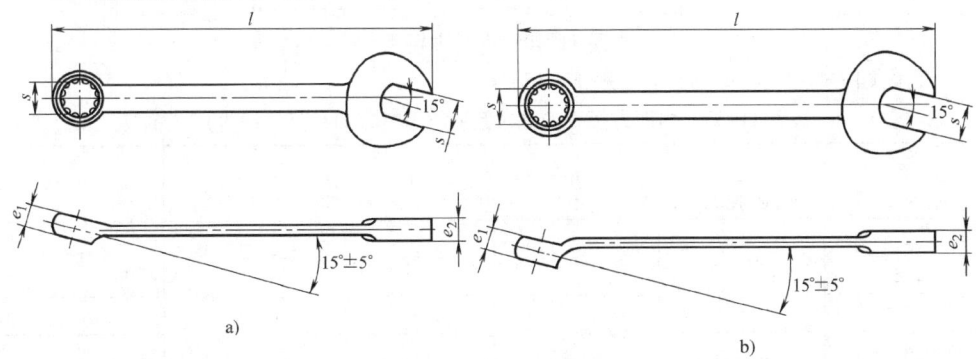

图 11-39 两用扳手
a) A 型 b) B 型

2. 两用扳手的基本尺寸（表 11-34）

表 11-34 两用扳手的基本尺寸（GB/T 4388—2008）（单位：mm）

规格 s	两用扳手			规格 s	两用扳手		
	厚度 e_1 ≤	厚度 e_2 ≤	全长 l ≥		厚度 e_1 ≤	厚度 e_2 ≤	全长 l ≥
3.2	5	3.3	55	20	15	9.5	200
4	5.5	3.5	55	21	15.5	10	205
5	6	4	65	22	16	10.5	215
5.5	6.3	4.2	70	23	16.5	10.5	220
6	6.5	4.5	75	24	17.5	11	230
7	7	5	80	25	18	11.5	240
8	8	5	90	26	18.5	12	245
9	8.5	5.5	100	27	19	12.5	255
10	9	6	110	28	19.5	12.5	270
11	9.5	6.5	115	29	20	13	280
12	10	7	125	30	20	13.5	285
13	11	7	135	31	20.5	14	290
14	11.5	7.5	145	32	21	14.5	300
15	12	8	150	34	22.5	15	320
16	12.5	8	160	36	23.5	15.5	335
17	13	8.5	170	41	26.5	17.5	380
18	14	9	180	46	29.5	19.5	425
19	14.5	9	185	50	32	21	460

11.2.6 内四方扳手

1. 内四方扳手的形式（图 11-40）

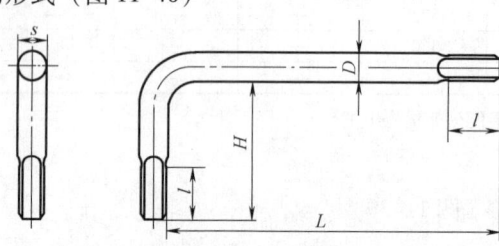

图 11-40 内四方扳手

2. 内四方扳手的基本尺寸（表 11-35）

表 11-35 内四方扳手的基本尺寸（JB/T 3411.35—1999）（单位：mm）

基本尺寸	s 极限偏差 h11	D	L	l	H
2	0 -0.060	5	56	8	18
2.5					
3		6	63		20
4			70		25
5	0 -0.075	8	80	12	28
6		10	90		32

(续)

s		D	L	l	H
基本尺寸	极限偏差 h11				
8	0	12	100	15	36
10	−0.090	14	112		40
12	0	18	125	18	45
14	−0.110	20	140		56

11.2.7 内六角扳手

1. 内六角扳手的形式（图 11-41）

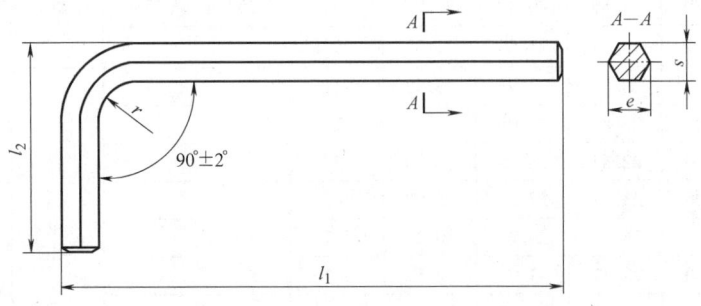

图 11-41　内六角扳手

2. 内六角扳手的基本尺寸（表 11-36）

表 11-36　内六角扳手的基本尺寸（GB/T 5356—2008）　（单位：mm）

对边尺寸 s			对角宽度 e		长度 l_1				长度 l_2	
标准	max	min	max	min	标准长	长型 M	加长型 L	偏差	长度	偏差
0.7	0.71	0.70	0.79	0.76	33	—	—	0 −2	7	
0.9	0.89	0.88	0.99	0.96	33	—	—		11	
1.3	1.27	1.24	1.42	1.37	41	63.5	81		13	
1.5	1.50	1.48	1.68	1.63	46.5	63.5	91.5		15.5	
2	2.00	1.96	2.25	2.18	52	77	102		18	
2.5	2.50	2.46	2.82	2.75	58.5	87.5	114.5		20.5	
3	3.00	2.96	3.39	3.31	66	93	129		23	
3.5	3.50	3.45	3.96	3.91	69.5	98.5	140	0 −4	25.5	0 −2
4	4.00	3.95	4.53	4.44	74	104	144		29	
4.5	4.50	4.45	5.10	5.04	80	114.5	156		30.5	
5	5.00	4.95	5.67	5.58	85	120	165		33	
6	6.00	5.95	6.81	6.71	96	141	186		38	
7	7.00	6.94	7.94	7.85	102	147	197		41	
8	8.00	7.94	9.09	8.97	108	158	208		44	
9	9.00	8.94	10.23	10.10	114	169	219	0 −6	47	
10	10.00	9.94	11.37	11.23	122	180	234		50	
11	11.00	10.89	12.51	12.31	129	191	247		53	
12	12.00	11.89	13.65	13.44	137	202	262		57	

(续)

对边尺寸 s			对角宽度 e		长度 l_1				长度 l_2	
标准	max	min	max	min	标准长	长型 M	加长型 L	偏差	长度	偏差
13	13.00	12.89	14.79	14.56	145	213	277		63	
14	14.00	13.89	15.93	15.70	154	229	294		70	
15	15.00	14.89	17.07	16.83	161	240	307	0 −7	73	0 −3
16	16.00	15.89	18.21	17.97	168	240	307		76	
17	17.00	16.89	19.35	19.09	177	262	337		80	
18	18.00	17.89	20.49	20.21	188	262	358		84	
19	19.00	18.87	21.63	21.32	199	—	—		89	
21	21.00	20.87	23.91	23.58	211	—	—		96	
22	22.00	21.87	25.05	24.71	222	—	—		102	
23	23.00	22.87	26.16	25.86	233	—	—		108	
24	24.00	23.87	27.33	26.97	248	—	—	0 −12	114	0 −5
27	27.00	26.87	30.75	30.35	277	—	—		127	
29	29.00	28.87	33.03	32.59	311	—	—		141	
30	30.00	29.87	34.17	33.75	315	—	—		142	
32	32.00	31.84	36.45	35.98	347	—	—		157	
36	36.00	35.84	41.01	40.50	391	—	—		176	

11.2.8 内六角花形扳手

1. 内六角花形扳手的形式（图11-42）

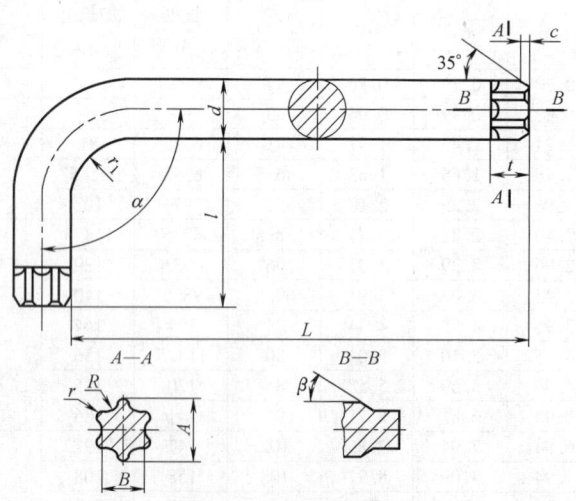

图 11-42 内六角花形扳手

2. 内六角花形扳手的基本尺寸（表 11-37）

表11-37　内六角花形扳手的基本尺寸（GB/T 5357—1998）（单位：mm）

代号	L 基本尺寸	L 公差	l 基本尺寸	l 公差	t 基本尺寸	t 公差	c	α	β	r_1
T30	70		24		3.30					
T40	76		26		4.57					
T50	96	js15	32	js15	6.05	H14	$<\dfrac{A-B}{4}$	90°±2°	40°±5°	≈d
T55	108		35		7.65					
T60	120		38		9.07					
T80	145		46		10.62					

3. 内六角花形扳手工作部分的六角花形尺寸（表11-38）

表11-38　内六角花形扳手工作部分的六角花形尺寸（GB/T 5357—1998）

（单位：mm）

代号	A 基本尺寸	A 极限偏差	B 基本尺寸	B 极限偏差	R	r
T30	5.575	-0.070 -0.145	3.990	-0.070 -0.145	1.181	0.463
T40	6.705		4.798		1.416	0.558
T50	8.890	-0.080 -0.170	6.398	-0.080 -0.170	1.805	0.787
T55	11.277		7.962		2.656	0.799
T60	13.360		9.547		2.859	1.092
T80	17.678	-0.095 -0.205	12.705	-0.095 -0.205	3.605	1.549

11.2.9　丁字形内六角扳手

1. 丁字形内六角扳手的形式（图11-43）

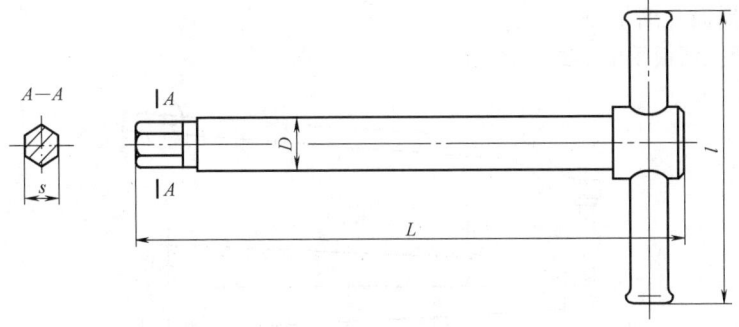

图11-43　丁字形内六角扳手

2. 丁字形内六角扳手的基本尺寸（表11-39）

表 11-39 丁字形内六角扳手的基本尺寸（JB/T 3411.36—1999）

（单位：mm）

s 基本尺寸	s 极限偏差 h11	L	l	D
3	0 −0.060	100	60	8
3	0 −0.060	150	60	8
4	0 −0.060	100	60	8
4	0 −0.060	200	60	8
5	0 −0.075	200	100	12
5	0 −0.075	300	100	12
6	0 −0.075	200	100	12
6	0 −0.075	300	100	12
8	0 −0.090	250	120	12
8	0 −0.090	350	120	12
10	0 −0.090	250	120	12
10	0 −0.090	350	120	12
12	0 −0.110	300	160	20
12	0 −0.110	400	160	20
14	0 −0.110	300	160	20
14	0 −0.110	400	160	20
17	0 −0.110	300	200	25
17	0 −0.110	450	200	25
19	0 −0.110	300	200	25
19	0 −0.110	450	200	25
22	0 −0.130	350	250	30
22	0 −0.130	500	250	30
24	0 −0.130	350	250	30
24	0 −0.130	500	250	30
27	0 −0.130	350	250	35
27	0 −0.130	500	250	35

11.2.10 端面孔活扳手

1. 端面孔活扳手的形式（图 11-44）

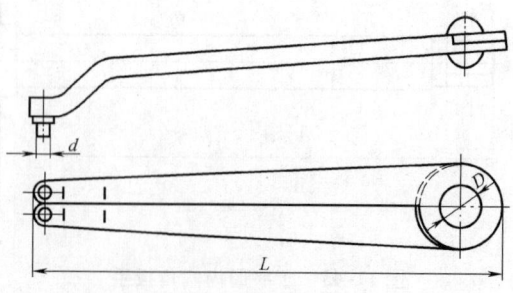

图 11-44 端面孔活扳手

2. 端面孔活扳手的基本尺寸（表 11-40）

表 11-40 端面孔活扳手的基本尺寸（JB/T 3411.37—1999）（单位：mm）

d	L≈	D
2.4	125	22
3.8	160	22
5.3	220	25

11.2.11 侧面孔钩扳手

1. 侧面孔钩扳手的形式（图 11-45）

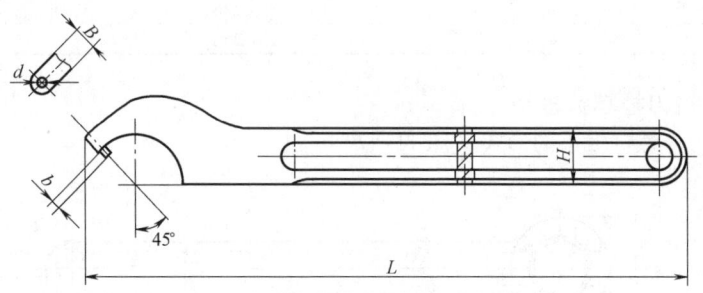

图 11-45 侧面孔钩扳手

2. 侧面孔钩扳手的基本尺寸（表 11-41）

表 11-41 侧面孔钩扳手的基本尺寸（JB/T 3411.38—1999）（单位：mm）

d	L	H	B	b	螺母外径
2.5	140	12	5	2	14~20
3.0	160	15	6	3	22~35
5.0	180	18	8	4	35~60

11.2.12 装双头螺柱扳手

1. 装双头螺柱扳手的形式（图 11-46）

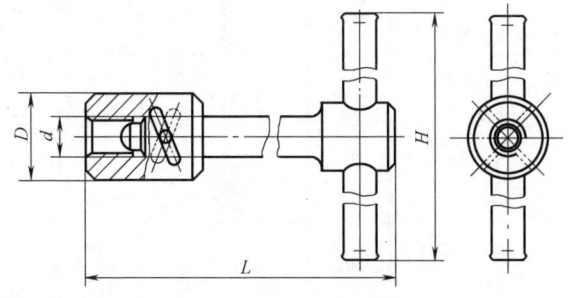

图 11-46 装双头螺柱扳手

2. 装双头螺柱扳手的基本尺寸（表 11-42）

表 11-42　装双头螺柱扳手的基本尺寸（JB/T 3411.39—1999）

（单位：mm）

d	D	L≈	H
M5	14	82	80
M6		102	100
M8	16	125	120
M10	20	136	160
M12	22	165	
M16	25	201	200
M20	30	226	250
M24	35	256	320

11.2.13　端铣刀杆螺钉扳手

1. 端铣刀杆螺钉扳手的形式（图 11-47）

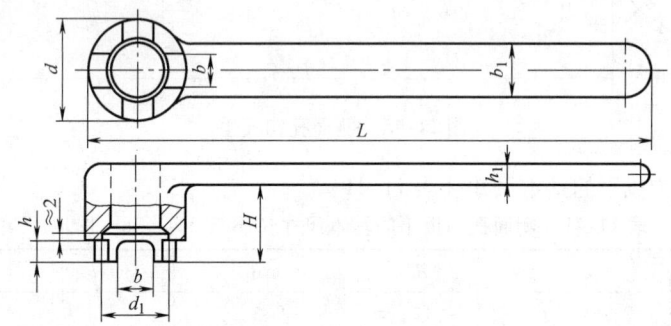

图 11-47　端铣刀杆螺钉扳手

2. 端铣刀杆螺钉扳手的基本尺寸（表 11-43）

表 11-43　端铣刀杆螺钉扳手的基本尺寸（JB/T 3411.127—1999）

（单位：mm）

公称直径（螺纹直径）	b 基本尺寸	b 极限偏差 H11	b_1≈	d	d_1	L	H	h	h_1≈
8	8.1	+0.090 0	12	20	15	180	20	6.2	5
10	10.1		16	28	19	200	25	7.2	6
12	12.1	+0.110 0	20	35	22	225	32	8.5	
16	16.2		25	40	28	250	36	9.5	8
20	20.2	+0.130 0	30	52	35	280	40	11.0	
24	24.2			63	41	315	45		

11.2.14　圆柱柄拉刀夹头用扳手

1. 圆柱柄拉刀夹头用扳手的形式（图 11-48）
2. 圆柱柄拉刀夹头用扳手的基本尺寸（表 11-44）

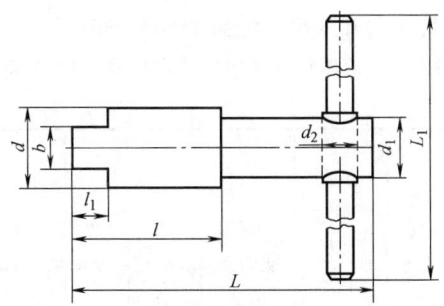

图 11-48 圆柱柄拉刀夹头用扳手

表 11-44 圆柱柄拉刀夹头用扳手的基本尺寸（JB/T 3411.20—1999）

（单位：mm）

	基本尺寸	12	14	16	18	20	22	25	28	32	36	40	45	50	56	63
d	极限偏差 e8	-0.032 -0.059					-0.040 -0.073			-0.050 -0.089				-0.060 -0.106		
	d_1	12			18			20			25		30		40	
	d_2	6			8			10			12		16			
	L	105						130			140		160		175	
	L_1	100			120			160				200			250	
	l	55							65		80			85		
	l_1	12							16		20			25		
	基本尺寸	5	6	8	9	10	11	13	15	17	22	25	26	28	30	36
b	极限偏差 h11	0 -0.075			0 -0.090			0 -0.110			0 -0.130			0 -0.160		

11.2.15 液压转矩扳手

1. LGB 型液压转矩扳手

1) LGB 型液压转矩扳手的形式如图 11-49 所示。

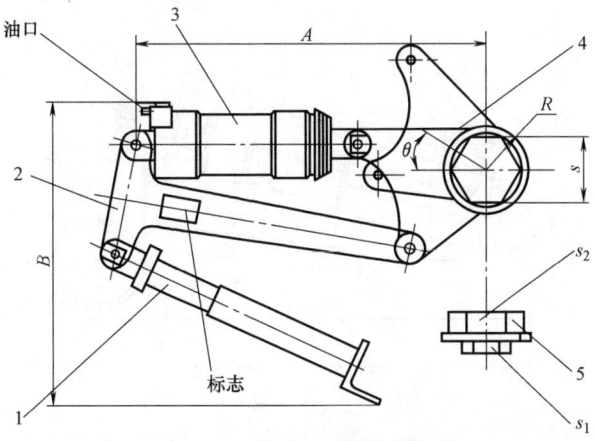

图 11-49 LGB 型液压转矩扳手

1—支架 2—连杆 3—液压缸 4—环形头 5—内六角附件

2) LGB 型液压转矩扳手的基本尺寸如表 11-45 所示。

表 11-45 LGB 型液压转矩扳手的基本尺寸（JB/T 5557—2007）

（单位：mm）

型号	公称转矩 M_A /N·m	扳手开口 s /mm	适用螺纹 d /mm	液压缸工作压力 p/MPa	液压缸一个行程环形头转动角度 θ/(°)	A /mm	B /mm	R /mm	油口连接螺纹尺寸	配套液压泵	重量 /kg
LGB50	5000	24~75	M16~M48	63	36	312.9	305	20.5~56	M10×1	手动泵 电动泵	10
LGB100	10000	27~95	M18~M64	63	36	352	330	23~68.5	M10×1	手动泵 电动泵	15
LGB150	30000	65~130	M42~M90	63	36	418.8	355	44.5~92.5	M10×1	手动泵 电动泵	26
LGB500	50000	55~155	M36~M110	31.5	36	595	410	44~106	M10×1	电动泵	40

2. WJB 型液压转矩扳手

1) WJB 型液压转矩扳手的形式如图 11-50 所示。

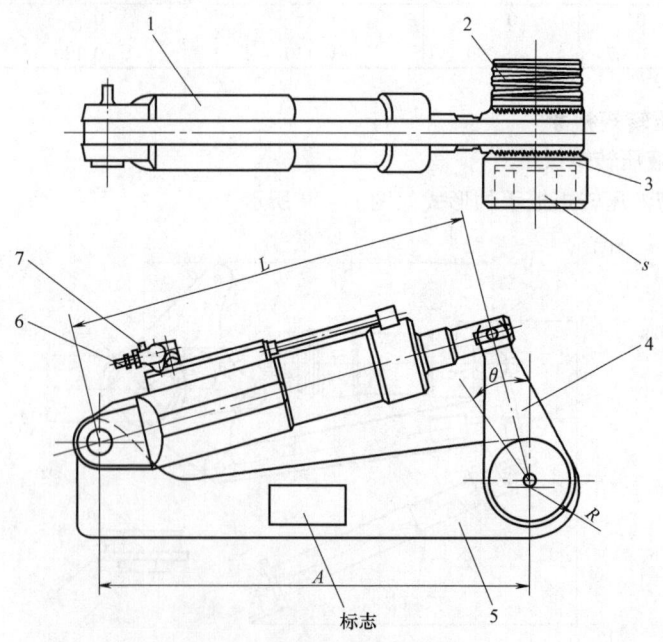

图 11-50 WJB 型液压转矩扳手
1—液压缸 2—棘轮装置 3—套筒 4—曲柄
5—反力杆 6—进油口 7—出油口

2）WJB 型液压转矩扳手的基本尺寸如表 11-46 所示。

表 11-46　WJB 型液压转矩扳手的基本尺寸（JB/T 5557—2007）

型号	公称转矩 M_A /N·m	扳手开口 s /mm	适用螺纹 d /mm	液压缸工作压力 p /MPa	液压缸一个行程环套筒转动角度 θ /(°)	A /mm	L /mm	R /mm	油口连接螺纹尺寸	配套液压泵	重量 /kg
WJB25	2500	30~65	M20~M42	32	36	295	250	35	M14×1.5	电动泵	7.5
WJB50	5000	36~75	M24~M48	32	36	330	285	40	M14×1.5	电动泵	10.5
WJB100	10000	46~90	M30~M60	40	43	410	335	50	M14×1.5	电动泵	14.5
WJB200	20000	55~100	M36~M68	50	36	430	360	58	M14×1.5	电动泵	21
WJB400	40000	75~115	M48~M80	50	30	455	380	74	M14×1.5	电动泵	40
WJB600	60000	85~145	M56~M100	50	24	500	400	82	M14×1.5	电动泵	45
WJB800	80000	95~170	M64~M120	50	21	545	425	90	M14×1.5	电动泵	59

3. NJB 型液压转矩扳手

1）NJB 型液压转矩扳手的形式如图 11-51 所示。

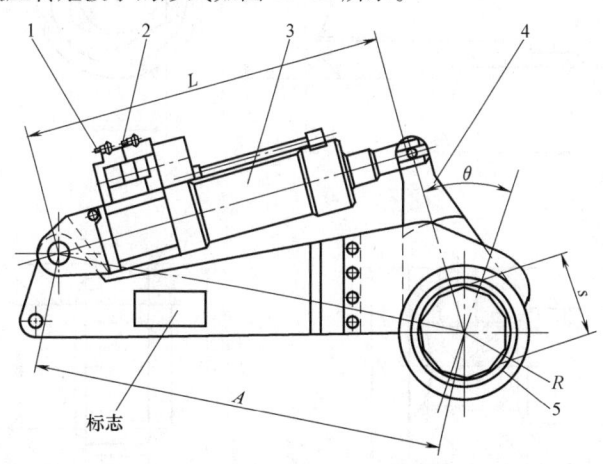

图 11-51　NJB 型液压转矩扳手

1—进油口　2—出油口　3—液压缸　4—曲柄　5—环形头

2）NJB 型液压转矩扳手的基本尺寸如表 11-47 所示。

表 11-47　NJB 型液压转矩扳手的基本尺寸（JB/T 5557—2007）

（单位：mm）

型号	公称转矩 M_A/N·m	扳手开口 s/mm	适用螺纹 d/mm	液压缸工作压力 p/MPa	液压缸一个行程环套筒转动角度 θ/(°)	A/mm	L/mm	R/mm	油口连接螺纹尺寸	配套液压泵	重量/kg
NJB25	2500	30~65	M20~M42	32	36	295	250	65	M14×1.5	电动泵	10.5
NJB50	5000	36~75	M24~M48	32	36	330	285	72	M14×1.5	电动泵	13.5
NJB100	10000	46~90	M30~M60	40	43	410	335	80	M14×1.5	电动泵	20
NJB200	20000	55~100	M36~M68	50	36	430	360	90	M14×1.5	电动泵	27

11.2.16　手动套筒扳手 – 套筒

1. 手动套筒扳手 – 套筒的形式（图 11-52）

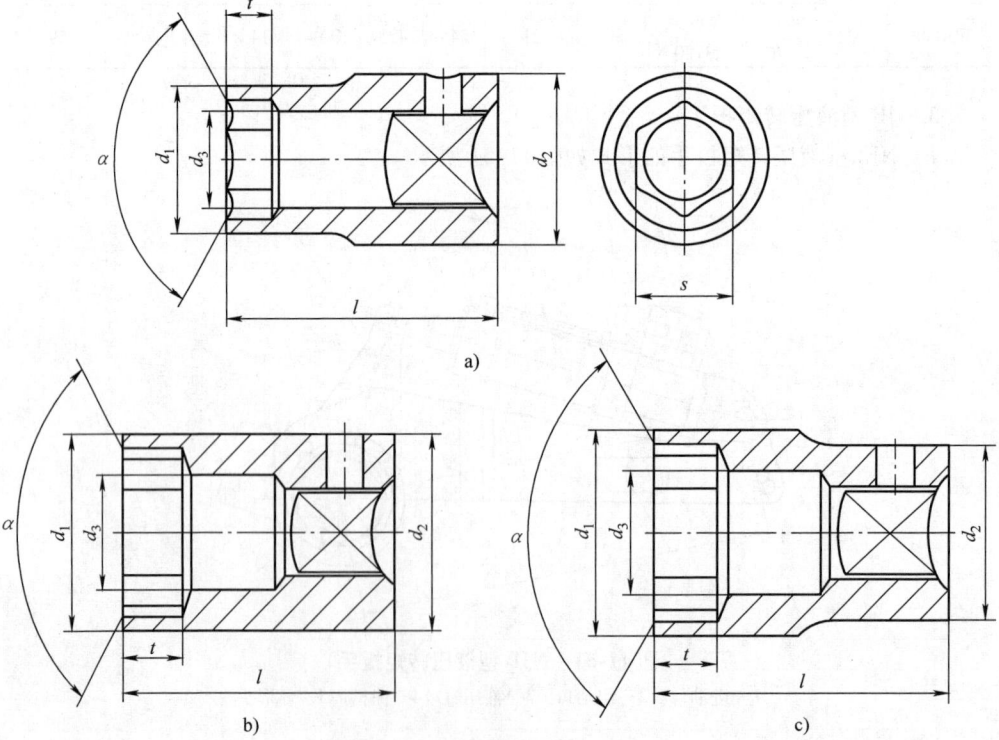

图 11-52　手动套筒扳手 – 套筒

a) $d_1 < d_2$　b) $d_1 = d_2$　c) $d_1 > d_2$

注：$115° \leqslant \alpha \leqslant 150°$。

2. 手动套筒扳手 – 套筒的基本尺寸

1) 6.3 系列套筒的基本尺寸如表 11-48 所示。

表 11-48　6.3 系列套筒的基本尺寸（GB/T 3390.1—2013）（单位：mm）

s	t ≥	d_1 ≤	d_2 ≤	d_3 ≥	l	
					A 型（普通型）≤	B 型（加长型）≥
3.2	1.8	5.9	12.5	1.9	26	45
4	2.1	6.9	12.5	2.4		
4.5	2.3	7.9	12.5	2.4		
5	2.4	8.2	12.5	3		
5.5	2.7	8.8	12.5	3.6		
6	3.1	9.4	12.5	4		
7	3.5	11	12.5	4.8		
8	4.24	12.2	12.5	6		
9	4.51	13.5	13.5	6.5		
10	4.74	14.7	14.7	7.2		
11	5.54	16	16	8.4		
12	5.74	17.2	17.2	9		
13	6.04	18.5	18.5	9.6		
14	6.74	19.7	19.7	10.5		
15	7.0	21.5	21.5	11.3		
16	7.19	22	22	12.3		

2) 10 系列套筒的基本尺寸如表 11-49 所示。

表 11-49　10 系列套筒的基本尺寸（GB/T 3390.1—2013）（单位：mm）

s	t ≥	d_1 ≤	d_2 ≤	d_3 ≥	l	
					A 型（普通型）≤	B 型（加长型）≥
7	3.5	11	20	4.8	32	44
8	4.24	12.2	20	6	32	44
9	4.51	13.5	20	6.5	32	44
10	4.74	14.7	20	7.2	32	44
11	5.54	16	20	8.4	32	44
12	5.74	17.2	20	9	32	44
13	6.04	18.5	20	9.6	32	44
14	6.74	19.7	24	10.5	32	45
15	7.0	21.0	24	11.3	32	45
16	7.19	22.2	24	12.3	32	50
17	7.73	23.5	24	13	35	54
18	8.29	24.7	24.7	14.4	35	54
19	8.72	26	26	15	35	54
21	9.59	28.5	28.8	16.8	38	60
22	9.98	29.7	29.7	17	38	60
24	10.79	32.5	32.5	19.2	38	65

3) 12.5 系列套筒的基本尺寸如表 11-50 所示。

表 11-50　12.5 系列套筒的基本尺寸（GB/T 3390.1—2013）（单位：mm）

s	t ≥	d_1 ≤	d_2 ≤	d_3 ≥	A 型(普通型)≤	B 型(加长型)≥
8	4.24	14	24	6	40	75
10	4.74	15.5		7.2	40	75
11	5.54	16.7		8.4	40	75
12	5.74	18		9	40	75
13	6.04	19.2		9.6	40	75
14	6.74	20.5		10.5	40	75
15	7.0	21.7		11.3	40	75
16	7.19	23	25.5	12.3	40	75
17	7.73	24.2	25.5	13	40	75
18	8.29	25.5		14.4	42	75
19	8.72	26.7	26.7	15	42	75
21	9.59	29.2	29.2	16.8	44	75
22	9.98	30.5	30.5	17	44	75
24	10.79	33	33	19.2	46	75
27	12.35	36.7	36.7	21.6	48	75
30	13.35	40.5	40.5	24	50	75
32	14.11	43	43	26	50	75
34	14.85	46.5	46.5	26.4	52	75

4）20 系列套筒的基本尺寸如表 11-51 所示。

表 11-51　20 系列套筒的基本尺寸（GB/T 3390.1—2013）（单位：mm）

s	t ≥	d_1 ≤	d_2 ≤	d_3 ≥	A 型(普通型)≤	B 型(加长型)≥
21	9.59	32.1	40	16.8	55	85
22	9.98	33.3	40	17	55	85
24	10.79	35.8	40	19.2	55	85
27	12.35	39.6		21.6	60	85
30	13.35	43.3	43.3	24	60	85
32	14.11	45.8	45.8	26	60	85
34	14.85	48.3	48.3	26.4	65	85
36	15.85	50.8	50.8	28.8	67	85
41	17.85	57.1	57.1	32.4	70	85
46	19.62	63.3	63.3	36	83	100
50	21.92	68.3	68.3	39.6	89	100
55	23.42	74.6	74.6	43.2	95	100
60	25.92	84.5	84.5	45.6	100	100

5) 25 系列套筒的基本尺寸如表 11-52 所示。

表 11-52　25 系列套筒的基本尺寸（GB/T 3390.1—2004）　（单位：mm）

s	t ≥	d_1 ≤	d_2 ≤	d_3 ≥	l A 型（普通型）≤
41	17.85	61	59.7	32.4	83
46	19.62	66.4	55	36	80
50	21.92	71.4	55	39.6	85
55	23.42	77.6	57	43.2	95
60	25.92	83.9	61	45.6	103
65	26.92	90.1	78	50.4	110
70	28.92	96.5	84	55.2	116
75	30.92	110	90	60	120
80	34	115	95	65	125

11.2.17　手动套筒扳手 – 传动方榫和方孔

1. 手动套筒扳手 – 传动方榫

1) 手动套筒扳手 – 传动方榫的形式如图 11-53 所示。

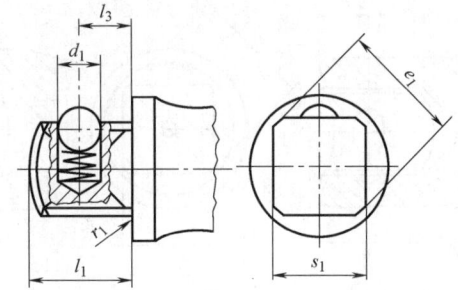

a)

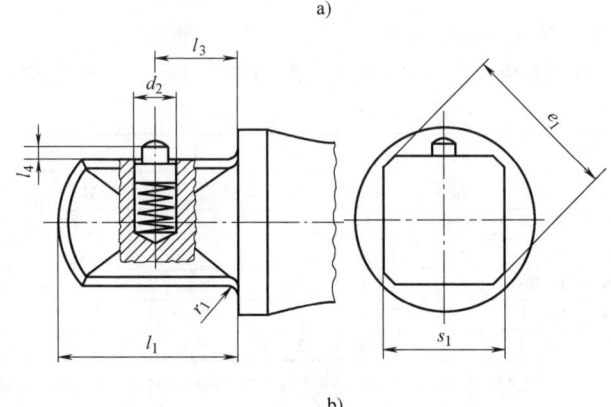

b)

图 11-53　手动套筒扳手 – 传动方榫
a）A 型传动方榫　b）B 型传动方榫

2) 手动套筒扳手 – 传动方榫的基本尺寸如表 11-53 所示。

表 11-53 手动套筒扳手-传动方榫的基本尺寸（GB/T 3390.2—2013）

（单位：mm）

类型	系列	s_1 ≤	s_1 ≥	d_1 ≈	d_2 ≤	e_1 ≤	e_1 ≥	l_1 ≤	l_3 基本尺寸	l_3 公差	l_4 ≥	r_1 ≤
A（B）	6.3	6.35	6.26	3	2	8.4	8.0	8.5	4	+0.4 0	0.9	0.5
A（B）	10	9.53	9.44	5	2.6	12.7	12.2	11	5.5		0.9	0.6
A（B）	12.5	12.70	12.59	6	3	16.9	16.3	15.5	8	+0.6 0	1.0	0.8
B（A）	20	19.05	18.92	7	4.3	25.4	24.4	23	10.2		1.0	1.2
B（A）	25	25.40	25.27	—	5	34.0	32.4	28	15		1.0	1.6

注：1. 传动方榫对边尺寸 s_1 的最大尺寸和最小尺寸是根据 GB/T 1800.1 规定的 IT11 级公差数值算出的。
2. 不推荐 B 型和 C 型配合使用。
3. 带括号的类型为非优选。
4. $l_{4,\min} = s_{2,\max} - s_{1,\min} + 0.5\text{mm}$。

2. 手动套筒扳手-传动方孔

1）手动套筒扳手-传动方孔的形式如图 11-54 所示。

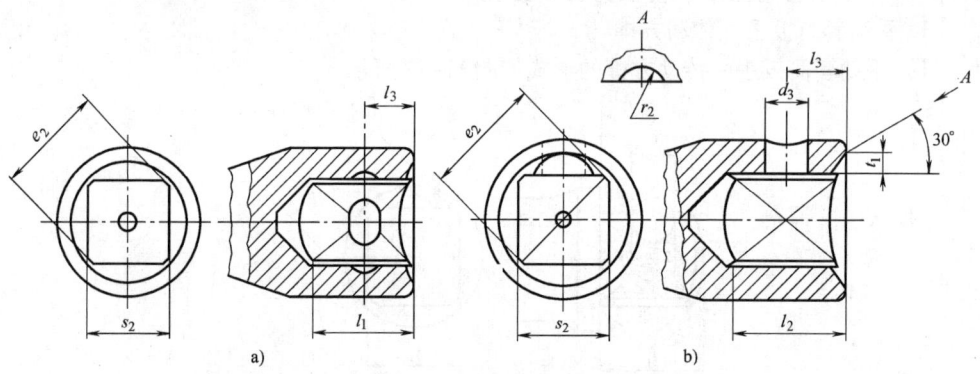

图 11-54 手动套筒扳手-传动方孔
a）C 型传动方孔 b）D 型传动方孔

2）手动套筒扳手-传动方孔的基本尺寸如表 11-54 所示。

表 11-54 手动套筒扳手-传动方孔的基本尺寸（GB/T 3390.2—2013）

（单位：mm）

类型	系列	s_2 ≤	s_2 ≥	d_3 ≥	e_2 ≥	l_2 ≥	l_3 基本尺寸	l_3 公差	r_2	t_1
C、D	6.3	6.63	6.41	2.5	8.5	9	4	0 −0.4	—	—
C（D）	10	9.80	9.58	5	12.9	11.5	5.5		—	—
C（D）	12.5	13.03	12.76	6	17.1	16	8	0 −0.6	4	3
D	20	19.44	19.11	6	25.6	24	10.2		4	3.5
D	25	25.79	25.46	6.5	34.4	29	15		6	4

注：1. 传动方孔对边尺寸 s_2 的最大尺寸和最小尺寸是根据 GB/T 1800.1 规定的 IT13 级公差数值算出的。
2. 不推荐 B 型和 C 型配合使用。
3. 带括号的类型为非优选。

11.2.18 手动套筒扳手-扳手附件

手动套筒扳手-传动附件的基本尺寸（表 11-55）

表 11-55 手动套筒扳手-传动附件的基本尺寸（GB/T 3390.3—2013） （单位：mm）

编号	名称	传动方榫系列	基本尺寸			
			d_{max}	l_{1min}	l_{1max}	l_{2max}
6100040	滑行头手柄	6.3	14	100	160	24
		10	23	150	250	35
		12.5	27	220	320	50
		20	40	430	510	62
		25	52	500	760	80
			b_{min}	l_{1max}	l_{2min}	l_{2max}
6100060	快速摇柄	6.3	30	420	60	115
6100061		10	40	470	70	125
		12.5	50	510	85	145
			d_{max}	l_{1min}	l_{1max}	l_{2max}
6100090	棘轮扳手	6.3	25	110	150	27
		10	35	140	220	36
		12.5	50	230	300	45
		20	70	430	630	62

（续）

编号	图例	名称	传动方榫系列	基本尺寸			
				d_{max}	l_{1min}	l_{1max}	l_{2max}
6100100 6100101		可逆式棘轮扳手	6.3 10 12.5 20 25	25 35 50 70 90	110 140 230 430 500	150 220 300 630 900	27 36 45 62 80
6100010 6100011		旋柄	6.3 10	b_{min}: 30 40		l_{1max}: 165 190	
6100030		转向手柄	6.3 10 12.5 20 25			l_{1max}: 165 270 490 600 850	
6100050 6100051		弯柄	6.3 10 12.5 20			l_{1max}: 110 210 250 500	l_{2max}: 35 45 60 120

11.2.19 手动套筒扳手－连接附件

手动套筒扳手－连接附件的基本尺寸（表11-56）

表11-56 手动套筒扳手－连接附件的基本尺寸（GB/T 3390.4—2013）

（单位：mm）

编号	图例	名称	传动方榫和传动方孔		基本尺寸	
			方孔	方榫	l_{max}	d_{max}
5100030		接头	10	6.3	32	20
			12.5	10	44	25
			20	12.5	58	38
			25	20	85	52
			6.3	10	27	16
			10	12.5	38	23
			12.5	20	50	30
			20	25	68	40
			方榫和方孔		l	d_{max}
5100040 5100041	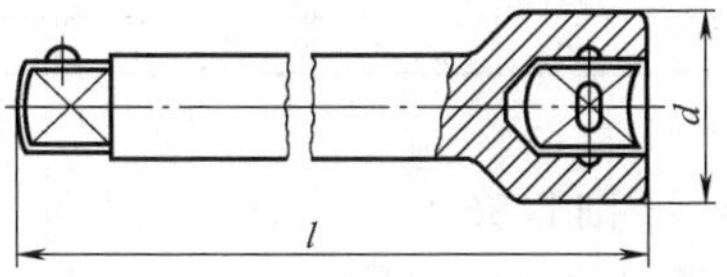	接杆	6.3		55±3	12.5
					100±5	
					150±8	
			10		75±4	20
					125±6	
					250±12	
			12.5		75±4	25
					125±6	
					250±12	
			20		200±10	38
					400±20	
			25		200±10	52
					400±20	
			方榫和方孔		l_{max}	d_{max}
5100050		万向接头	6.3		45	14
			10		68	23
			12.5		80	28
			20		110	42

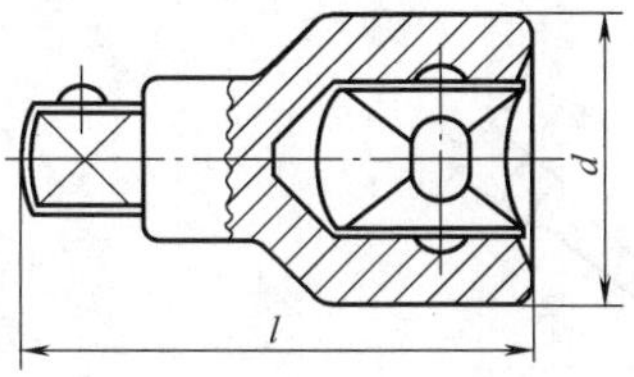

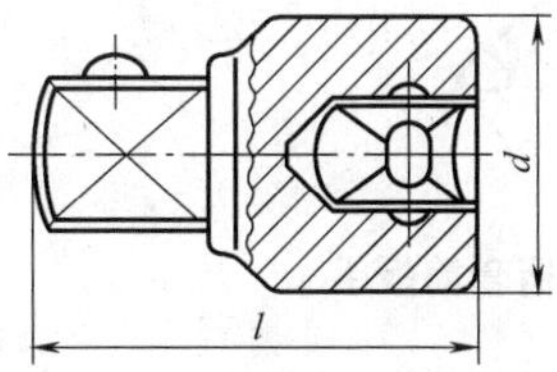

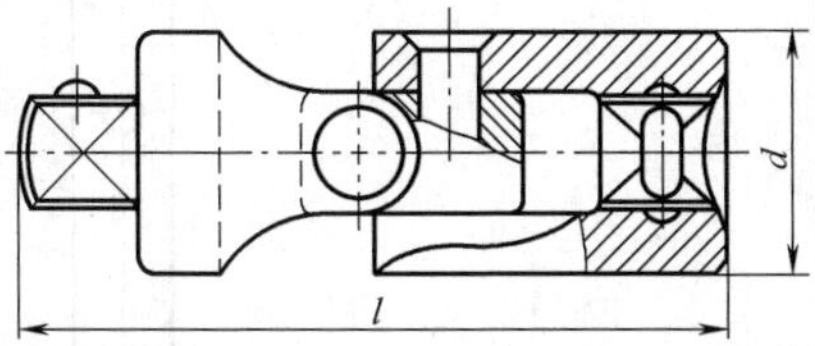

11.2.20 十字柄套筒扳手

1. 十字柄套筒扳手的形式（图11-55）

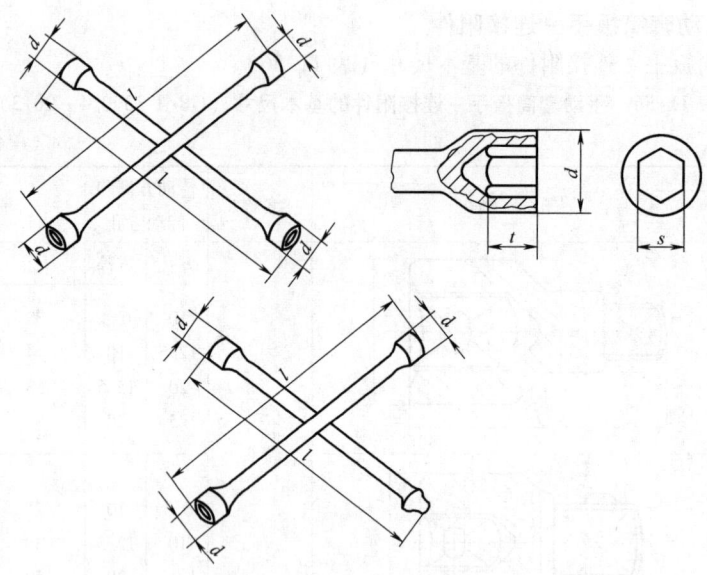

图 11-55 十字柄套筒扳手

2. 十字柄套筒扳手的基本尺寸（表 11-57）

表 11-57 十字柄套筒扳手的基本尺寸（GB/T 14765—2008）（单位：mm）

型号	套筒对边尺寸[①] s ≤	传动方榫对边尺寸	套筒外径 d ≤	柄长 l ≥	套筒孔深 t ≥
1	24	12.5	38	355	0.8s
2	27	12.5	42.5	450	0.8s
3	34	20	49.5	630	0.8s
4	41	20	63	700	0.8s

① 根据 GB/T 3104 规定的对边尺寸。

11.2.21　组合夹具组装用六角套筒扳手（图 11-56）

11.2.22　组合夹具组装用丁字形四爪扳手（图 11-57）

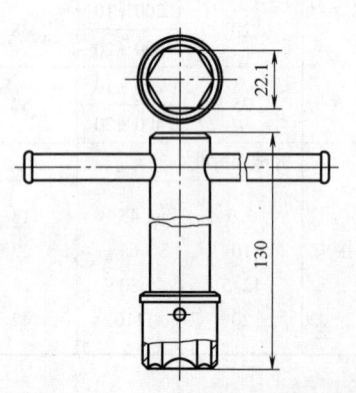

图 11-56　组合夹具组装用六角套筒扳手

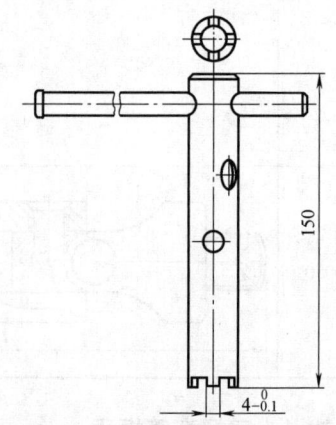

图 11-57　组合夹具组装用丁字形四爪扳手

11.2.23 组合夹具组装用四爪扳手（图11-58）

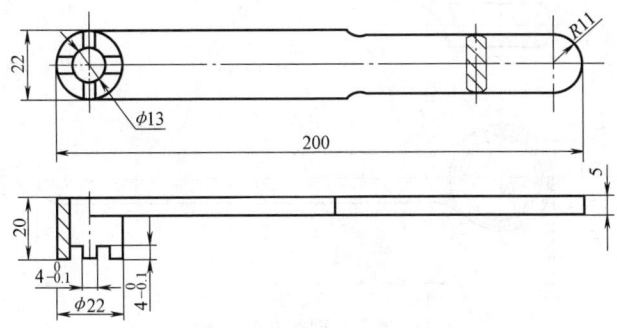

图 11-58　组合夹具组装用四爪扳手

11.2.24 防爆用桶盖扳手

1. 防爆用桶盖扳手的形式（图11-59）

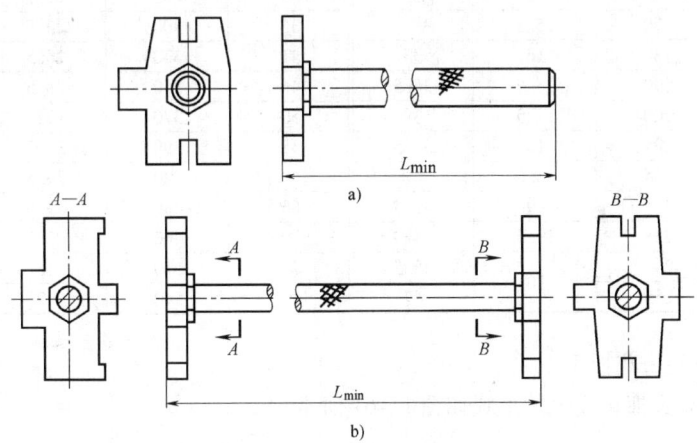

图 11-59　防爆用桶盖扳手的形式

a）A 型防爆用桶盖扳手　b）B 型防爆用桶盖扳手

2. 防爆用桶盖扳手的基本尺寸

单头桶盖扳手的全长 L_{min} 为300mm，双头桶盖扳手的全长 L_{min} 为350mm。

11.2.25 防爆用梅花扳手

1. A 型单头梅花扳手

1) A 型单头梅花扳手的形式如图11-60所示。

2) 单头梅花扳手的基本尺寸如表11-58所示。

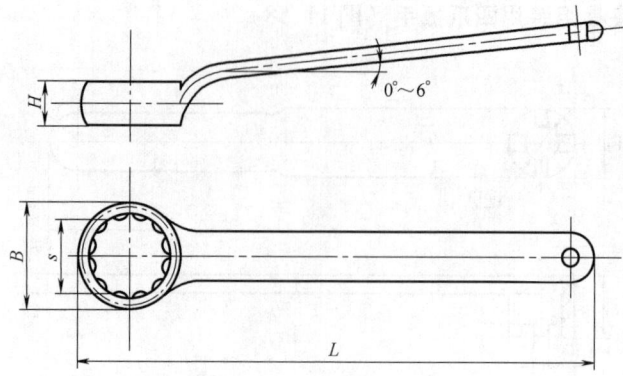

图 11-60　A 型单头梅花扳手

表 11-58　单头梅花扳手的基本尺寸（QB/T 2613.5—2003）（单位：mm）

规格 s	L ≥	H ≤	B ≤	规格 s	L ≥	H ≤	B ≤
18	150	14	29	31	265	20.5	48.5
19	155	14.5	30.5	32	275	21	50
20	160	15	32	34	285	22.5	53
21	170	15.5	33.5	36	300	23.5	56
22	180	16	35	41	330	26.5	63.5
23	190	16.5	36.5	46	350	28.5	71
24	200	17.5	38	50	370	32	77
25	205	18	39.5	55	390	33.5	84.5
26	215	18.5	41	60	420	36.5	92
27	225	19	42.5	65	450	39.5	99.5
28	235	19.5	44	70	480	42.5	107
29	245	20	45.5	75	510	46	114.5
30	255	20	47	80	540	49	122

2. A 型双头梅花扳手

1）A 型双头梅花扳手的形式如图 11-61 所示。

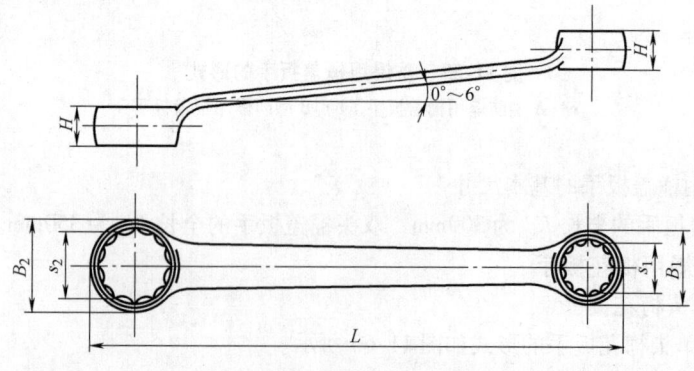

图 11-61　A 型双头梅花扳手

2）双头梅花扳手的基本尺寸如表 11-59 所示。

表 11-59　双头梅花扳手的基本尺寸（QB/T 2613.5—2003）（单位：mm）

规格 $s_1 \times s_2$	直颈、弯颈				矮颈、高颈			
	全长 L ≥	头厚 H ≤	头宽		全长 L ≥	头厚 H ≤	头宽	
			B_1 ≤	B_2 ≤			B_1 ≤	B_2 ≤
5.5×7	73	6.5	10.5	12.5	(134)	7	10.5	12.5
6×7			11				11	
7×8	81	7	12.5	14	143	7.5	12.5	14
8×9	89	7.5	14	15.5	(152)	8.5	14	15.5
8×10		8		17		9		17
9×11	97	8.5	15.5	18.5	161	9.5	15.5	18.5
10×11								
10×12	105	9	17	20	170	10	17	20
10×13								
11×13	113	9.5	18.5	21.5	179	11	18.5	21.5
12×13	121		20		188		20	
12×14				23				23
13×14								
13×15	129	10	21.5	24.5	197	12	21.5	24.5
13×16		10.5		26				26
13×17		11		27.5		13		27.5
14×15	137	10	23	24.5	206	12	23	24.5
14×16		10.5		26				26
14×17		11		27.5		13		27.5
15×16	145	10.5	24.5	26	215	12	24.5	26
15×18		11.5		29				29
16×17	153	11		27.5	224	13		27.5
16×18				29				29
17×19	166	11.5	27.5	30.5	233		27.5	30.5
18×19	174		29		242	14	29	
18×21		12.5		33.5				33.5

(续)

规格 $s_1 \times s_2$	直颈、弯颈				矮颈、高颈			
	全长 L ≥	头厚 H ≤	头宽 B_1 ≤	头宽 B_2 ≤	全长 L ≥	头厚 H ≤	头宽 B_1 ≤	头宽 B_2 ≤
19×22	182	13	30.5		251	15	30.5	
20×22	190	13	32	35	260	15	32	35
21×22		13				15		
21×23	198	13	33.5	36.5	269	15	33.5	36.5
21×24		13.5		38		16		38
22×24	206	13.5	35		278	16	35	
24×27	222	14.5	38	42.5	296	17	38	42.5
24×30	222	15.5		47	296	18		47
25×28	230	15	39.5	44	305	17.5	39.5	44
27×30	246	15.5	42.5	47	323	18	42.5	47
27×32	246	16	42.5	50	323	19	42.5	50
30×32	275	16	47		330	19	47	
30×34	275	16.5	47	53	330	20	47	53
32×34	291	16.5	50		348	20	50	
32×36	291	17		56	348	21		56
34×36	307	17	53		366	21	53	
36×41	323	18.5	56	63.5	384	22	56	63.5
41×46	363	20	63.5	71	429	24	63.5	71
46×50	403	21	71	77	474	25	71	77
50×55	435	22	77	84.5	510	27	77	84.5
55×60	475	23.5	84.5	92	555	28.5	84.5	92

注：括号内为非推荐尺寸。

3. G 型单头梅花扳手的形式（图 11-62）

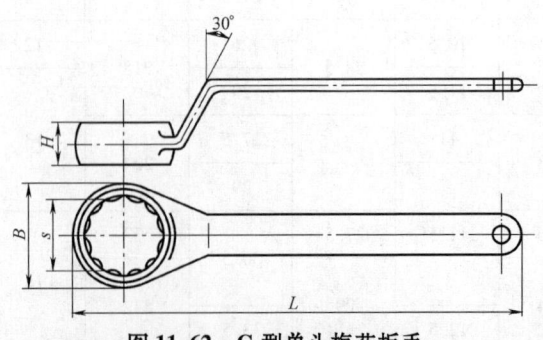

图 11-62　G 型单头梅花扳手

4. G型双头梅花扳手的形式（图11-63）

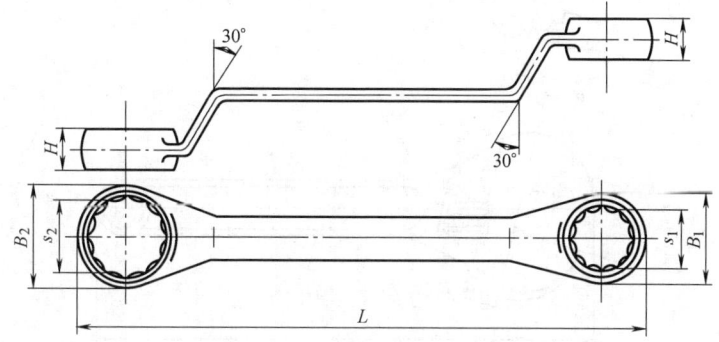

图11-63　G型双头梅花扳手

5. Z型双头梅花扳手的形式（图11-64）

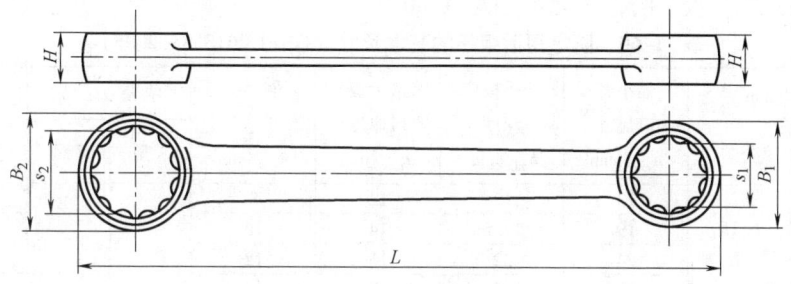

图11-64　Z型双头梅花扳手

6. W型15°双头梅花扳手的形式（图11-65）

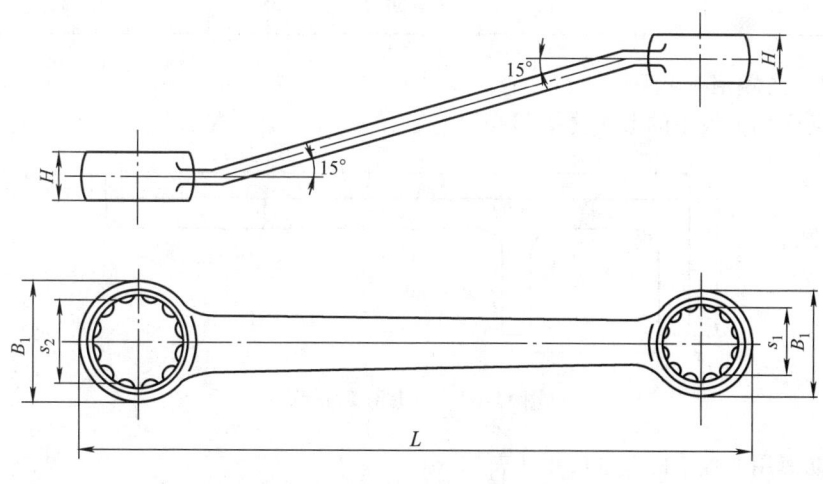

图11-65　W型15°双头梅花扳手

11.2.26　防爆用活扳手

1. 防爆用活扳手的形式（图11-66）

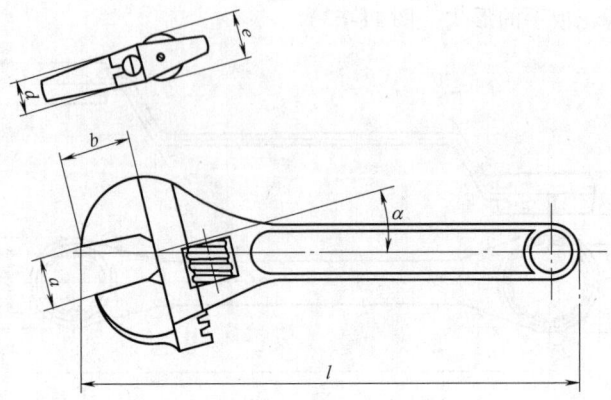

图 11-66 防爆用活扳手

2. 防爆用活扳手的基本尺寸（表 11-60）

表 11-60 防爆用活扳手的基本尺寸（QB/T 2613.8—2005）

长度 l/mm		最小开口尺寸 a_{min}/mm	最小扳口深度 b_{min}/mm	最大扳口厚度 d_{max}/mm	最小头部厚度 e_{min}/mm	夹角 α/(°)		最大小肩离缝/mm
标准长	公差					A 型	B 型	
100	+15 0	13	12	12	8	15	22.5	0.50
150		19	17.5	14	10			0.50
200		24	22	16	12			0.56
250		28	26	18	14			0.56
300	+30 0	34	31	20	16			0.60
375		43	40	25	19			0.60
450	+45 0	52	48	30	25			0.72

11.2.27 防爆用 F 扳手

1. 防爆用 F 扳手的形式（图 11-67）

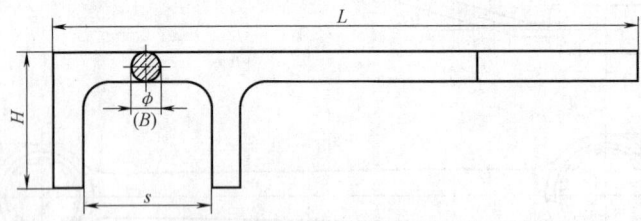

图 11-67 防爆用 F 扳手

2. 防爆用 F 扳手的基本尺寸（表 11-61）

表 11-61 防爆用 F 扳手的基本尺寸（QB/T 2613.9—2005）（单位：mm）

规格	$L×(1±6\%)$	$s±2$	$H±2$	ϕ（或 B）±1
30	200	30	31	14
35	250	35	34	14

(续)

规格	$L\times(1\pm6\%)$	$s\pm2$	$H\pm2$	ϕ（或B）±1
40	300	40	35	16
45	350	45	43	16
48	375	48	47	16
50	400	50	51	18
55	450	55	56	18
60	500	60	62	20
65	550	65	64	20
70	600	70	67	20

注：L、s、H可另行组配。

11.2.28 管活两用扳手

管活两用扳手的结构特点是固定钳口制成带有细齿的平钳口，活动钳口一端制成平钳口，另一端制成有细齿的凹钳口。向下按动蜗杆时活动钳口可迅速取下，调换钳口位置。如果利用活动钳口的平口，即可当活扳手使用；利用凹钳口，可当管子钳使用。管活两用扳手的形式如图11-68所示，基本尺寸如表11-62所示。

表11-62 管活两用扳手的基本尺寸

型 式	Ⅰ 型		Ⅱ 型			
长度/mm	250	300	200	250	300	375
夹持六角对边宽度/mm≤	30	36	24	30	36	46
夹持管子外径/mm≤	30	36	25	32	40	50

11.2.29 快速管子扳手

1. 快速管子扳手的形式（图11-69）

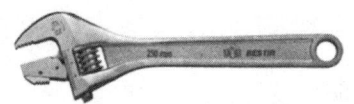 

图11-68 管活两用扳手　　　　图11-69 快速管子扳手

2. 快速管子扳手的基本尺寸（表11-63）

表11-63 快速管子扳手的基本尺寸

规格尺寸（长度）/mm	200	250	300
夹持管子外径/mm	12~25	14~30	16~40
适用螺栓规格/mm	M6~M14	M8~M18	M10~M24
试验扭矩/N·m	196	323	490

11.2.30 阀门扳手

1. 阀门扳手的形式（图11-70）

图11-70 阀门扳手

2. 阀门扳手的基本尺寸（表 11-64）

表 11-64　阀门扳手的基本尺寸　　　　　　　　（单位：mm）

方孔对边尺寸	8	9	11	12	14	17	19	22	24
全长	120	140	160	200	250	300	350	400	500

11.2.31　棘轮扳手

棘轮扳手形式如图 11-71 所示，一般用于拆装圆螺栓、螺母等，特别适合回转空间很小的场合使用。其相应对边尺寸为 5.5mm×7mm、8mm×10mm、12mm×14mm、17mm×19mm、22mm×24mm。

11.2.32　扭力扳手

1. 扭力扳手的形式（图 11-72）

图 11-71　棘轮扳手

图 11-72　扭力扳手

2. 扭力扳手的基本尺寸（表 11-65）

表 11-65　扭力扳手的基本尺寸（GB/T 15729—2008）

普通式	扭矩/N·m≤	100、200、300、500				
	方榫尺寸/mm	12.5				
预调式	扭矩范围/N·m	≤20	20~100	80~300	280~760	750~2000
	长度 L/mm	300	488	606	800	920
	方榫尺寸/mm	6.3	12.5	12.5	20	25

11.2.33　双向棘轮扭力扳手

1. 双向棘轮扭力扳手的形式（图 11-73）
2. 双向棘轮扭力扳手的基本尺寸（表 11-66）

表 11-66　双向棘轮扭力扳手的基本尺寸

力矩/N·m	精度（%）	方榫尺寸/mm	总长/mm
0~300	±5	12.7×12.7，14×14	400~478

11.2.34　丝锥扳手

1. 丝锥扳手的形式（图 11-74）

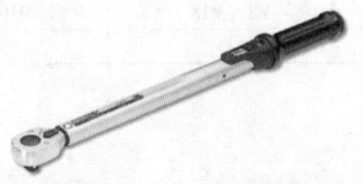
图 11-73　双向棘轮扭力扳手

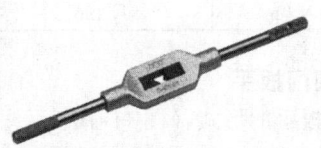
图 11-74　丝锥扳手

2. 丝锥扳手的基本尺寸（表 11-67）

表 11-67 丝锥扳手的基本尺寸

扳手长度/mm	130	180	230	280	380	480	600
适用丝锥公称直径/mm	2~4	3~6	3~10	6~14	8~18	12~24	16~27

11.2.35 增力扳手

1. 增力扳手的形式（图 11-75）
2. 增力扳手的基本尺寸（表 11-68）

表 11-68 增力扳手的基本尺寸

型号	输出扭矩/N·m ≤	减速比	输入端方孔/mm	输出端方榫/mm
Z120	1200	5.1	12.5	120
Z180	1800	6.0	12.5	25
Z300	3000	12.4	12.5	25
Z400	4000	16.0	12.5	六方32
Z500	5000	18.4	12.5	六方32
Z750	7500	68.6	12.5	六方36
Z1200	12000	82.3	12.5	六方46

11.2.36 消火栓扳手

消火栓扳手是与地上或地下消火栓配套使用的拆卸或紧固工具，如图 11-76 所示。地上消火栓的长度为 400mm，开口间距为 55mm；地下消火栓的长度为 1000mm，开口间距为 29mm×29mm 或 32mm×32mm。

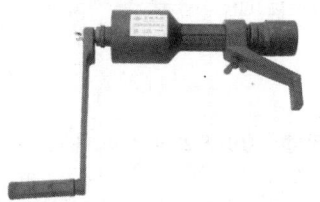

图 11-75 增力扳手

图 11-76 消火栓扳手

11.3 旋具

11.3.1 螺钉旋具通用技术条件

1. 表面质量

1）螺钉旋具的旋柄可由硬木或塑料制造，应有足够的强度，且表面光滑，握捏舒适。
2）木质旋柄不应有虫蛀、腐朽、裂纹、漆膜流痕等缺陷。
3）塑料旋柄不应有裂纹、缩孔、气泡等缺陷。
4）螺钉旋具应进行表面处理。
5）一字槽螺钉旋具旋杆的工作端面应与旋杆轴线垂直。

6）十字槽螺钉旋具旋杆的工作部位不应偏斜。

2. 旋杆和旋柄的连接强度

螺钉旋具的旋杆和旋柄应装配牢固，在承受表 11-69 规定的扭矩后，不能松动。

表 11-69　旋杆和旋柄的连接强度　　　（单位：N·m）

旋杆的试验扭矩 M	旋杆和旋柄连接处的试验扭矩 M'
≤26	>M
>26	>30

3. 磁性

带有磁性的螺钉旋具，其旋杆应具有足够的磁力。

11.3.2　螺旋棘轮螺钉旋具

1. 螺旋棘轮螺钉旋具的形式（图 11-77）

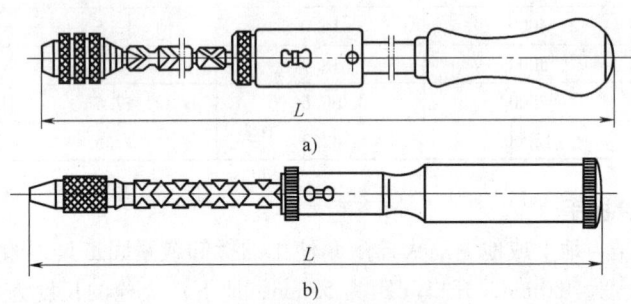

图 11-77　螺旋棘轮螺钉旋具
a）A 型旋具　b）B 型旋具

2. 螺旋棘轮螺钉旋具的基本尺寸（表 11-70）

表 11-70　螺旋棘轮螺钉旋具的基本尺寸（QB/T 2564.6—2002）

（单位：mm）

型　式	规　格	L	
		基本尺寸	偏　差
A 型	220	220	±1
	300	300	±2
B 型	300	300	±3
	450	450	±3

11.3.3　内六角花形螺钉旋具

1. 内六角花形螺钉旋具的形式（图 11-78）

2. 内六角花形螺钉旋具的基本尺寸（表 11-71）

11.3.4　十字槽螺钉旋具

1. 十字槽螺钉旋具的形式（图 11-79）

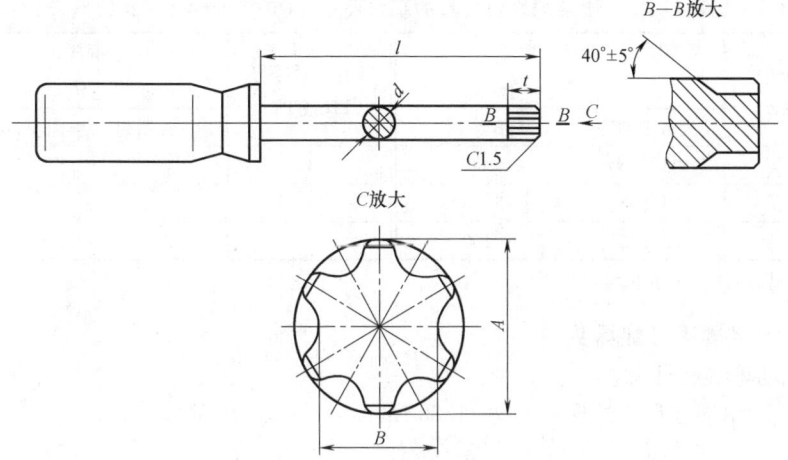

图 11-78　内六角花形螺钉旋具

表 11-71　内六角花形螺钉旋具的基本尺寸（GB/T 5358—1998）

(单位：mm)

代号	l 基本尺寸	l 极限偏差	d 基本尺寸	d 极限偏差	A 基本尺寸	A 极限偏差	B 基本尺寸	B 极限偏差	t(参考) 基本尺寸
T6	75		3		1.65		1.21		1.52
T7	75		3		1.97		1.42		1.52
T8	75		4	±0.20	2.30		1.65		1.52
T9	75		4		2.48	-0.06	1.79	-0.06	1.52
T10	75		5		2.78	-0.12	2.01	-0.12	2.03
T15	75		5		3.26		2.34		2.16
T20	100	±1.5	6		3.94		2.79		2.29
T25	125		6		4.48		3.20		2.54
T27	150		6		4.96	-0.09	3.55	-0.09	2.79
T30	150		6	±0.50	5.58	-0.145	3.99	-0.145	3.18
T40	200		8		6.71		4.79		3.30
T45	250		8		7.77	-0.09	5.54	-0.09	3.81
T50	300		9		8.89	-0.170	6.39	-0.170	4.57

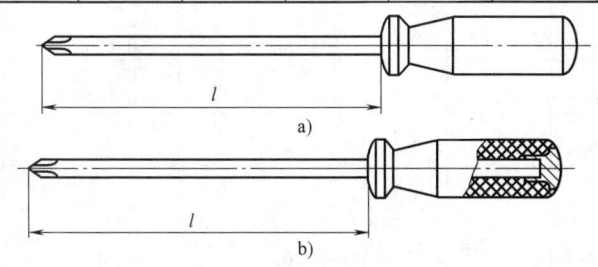

图 11-79　十字槽螺钉旋具的形式

a) 普通型　b) 穿心型

2. 十字槽螺钉旋具的基本尺寸（表 11-72）

表 11-72 十字槽螺钉旋具的基本尺寸（QB/T 2564.5—2012）（单位：mm）

工作端部槽号 PH 或 PZ	旋杆长度 l_0^{+5}		工作端部槽号 PH 或 PZ	旋杆长度 l_0^{+5}	
	A 系列	B 系列		A 系列	B 系列
0	25（35）	60	3	—	150
1	25（35）	75（80）	4	—	200
2	25（35）	100			

注：括号内的尺寸为非推荐尺寸。

11.3.5 十字槽螺钉旋具头

1. 气动单端旋具头

1）气动单端旋具头的形式如图 11-80 所示。

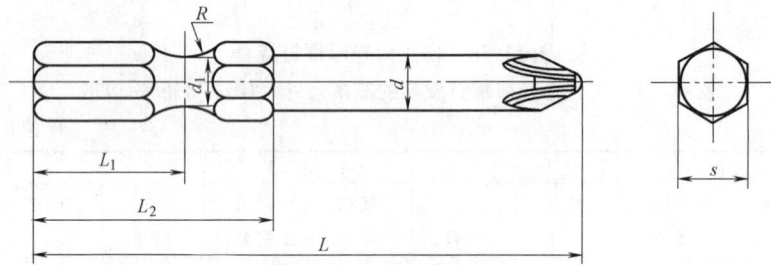

图 11-80 气动单端旋具头

2）气动单端旋具头的基本尺寸如表 11-73 所示。

表 11-73 气动单端旋具头的基本尺寸（SJ/T 10164—1991）（单位：mm）

槽号	尺寸									
	s		d	R	d_1		L_1		L_2	L
	基本尺寸	极限偏差			基本尺寸	极限偏差	基本尺寸	极限偏差		
0	5.00	0 −0.075	3	5	3.8	0 −0.18	14	0 −0.18	22	60、80、100
	6.35	0 −0.090		3	4.7	0 −0.18	9	0 −0.15		
1	5.00	0 −0.075	4.5	5	3.8	0 −0.18	14	0 −0.18	22	60、80、100、150、200、250、300
	6.35	0 −0.090		3	4.7	0 −0.18	9	0 −0.15		
2	5.00	0 −0.075	6	5	3.8	0 −0.18	14	0 −0.18	22	
	6.35	0 −0.090		3	4.7	0 −0.18	9	0 −0.15		
3	6.35	0 −0.090	8	3	4.7	0 −0.18	9	0 −0.15	22	60、80、100
	7.93	0 −0.090		2.4	6.3	0 −0.20	5.4	0 −0.12	27	
4	7.93	0 −0.090	8	2.4	6.3	0 −0.20	5.4	0 −0.12	27	60、80、100
	11.11	0 −0.110	10	2.7	8.7	0 −0.20	6.7	0 −0.15	31.5	

2. 气动双端旋具头

1) 气动双端旋具头的形式如图 11-81 所示。

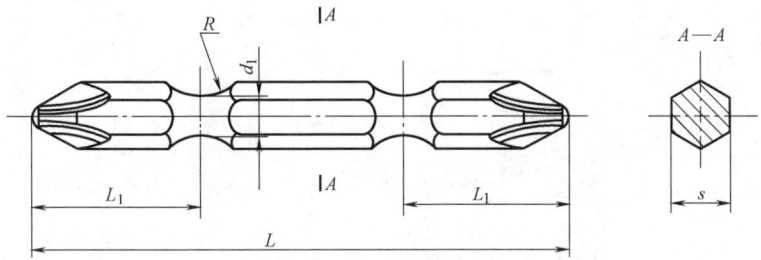

图 11-81 气动双端旋具头

2) 气动双端旋具头的基本尺寸如表 11-74 所示。

表 11-74 气动双端旋具头的基本尺寸（SJ/T 10164—1991）（单位：mm）

槽号	s		R	d_1		L_1		L
	基本尺寸	极限偏差		基本尺寸	极限偏差	基本尺寸	极限偏差	
1, 2	5.00	0 -0.075	5	3.8	0 -0.18	15.5	0 -0.18	60、80、100、150、200、250、300
	6.35	0 -0.090	3	4.7	0 -0.18	11.5	0 -0.18	

3. 电动旋具头

1) 电动旋具头的形式如图 11-82 所示。

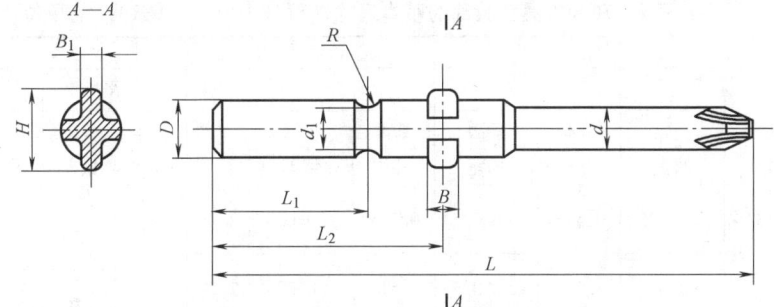

图 11-82 电动旋具头

2) 电动旋具头的基本尺寸如表 11-75 所示。

表 11-75 电动旋具头的基本尺寸（SJ/T 10164—1991）（单位：mm）

槽号	D		R	d	d_1	B	B_1	H	L_1		L_2		L
	基本尺寸	极限偏差							基本尺寸	极限偏差	基本尺寸	极限偏差	
0	5.00	0 -0.05	1.5	3	4.2	3	2	6.5	14	0 -0.18	20.5	±0.105	40、60、80
1, 2	5.00	0 -0.05	1.5	5	4.2	3	2	6.5	14	0 -0.18	20.5	±0.105	60、80、100、150
	6.35	0 -0.05	2	6	5	4	2	8.4	14	0 -0.18	20.5	±0.105	

4. 旋具头头部

1) 旋具头头部的形式如图 11-83 所示。

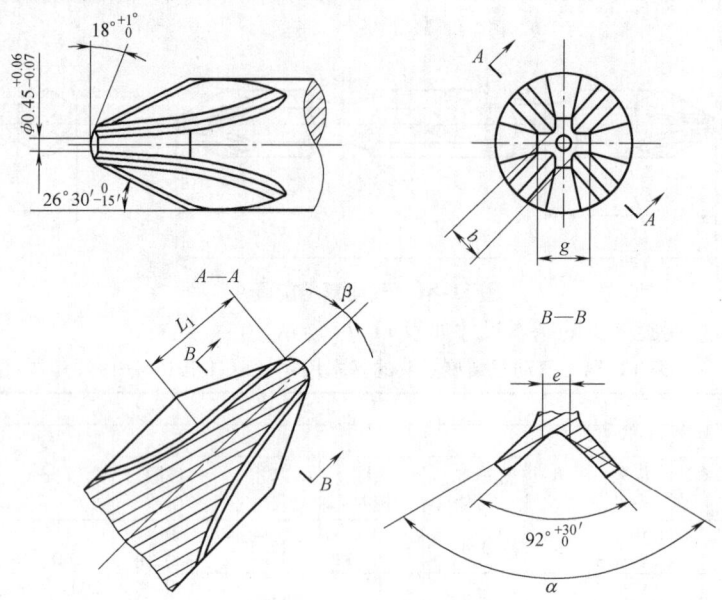

图 11-83 旋具头头部

2) 旋具头头部的基本尺寸如表 11-76 所示。

表 11-76 旋具头头部的基本尺寸（SJ/T 10164—1991） （单位：mm）

槽号	尺寸										
	g		b		e		L_1 $\geqslant$	β		α	
	基本尺寸	极限偏差	基本尺寸	极限偏差	基本尺寸	极限偏差		基本尺寸	极限偏差	基本尺寸	极限偏差
0	0.82	±0.025	0.555	±0.025	0.335	±0.025	2.78	7°	$0 \atop -30'$	r ①	
1	1.27	±0.025	1.001	±0.025	0.513	±0.025	2.78	7°	$0 \atop -30'$	138°	$+30' \atop 0$
2	2.29	±0.025	1.539	±0.025	1.102	±0.025	4.37	5°45′	$0 \atop -30'$	140°	$+30' \atop 0$
3	3.81	±0.025	2.497	±0.025	2.098	±0.025	6.74	5°45′	$0 \atop -30'$	146°	$+30' \atop 0$
4	5.08	±0.025	3.574	±0.025	2.738	±0.025	8.34	7°	$0 \atop -30'$	153°	$+30' \atop 0$

① $r = 0.24$mm。

11.3.6 十字槽螺钉旋具旋杆

1. PH 型十字槽螺钉旋具旋杆

1) PH 型十字槽螺钉旋具旋杆的形式如图 11-84 所示。

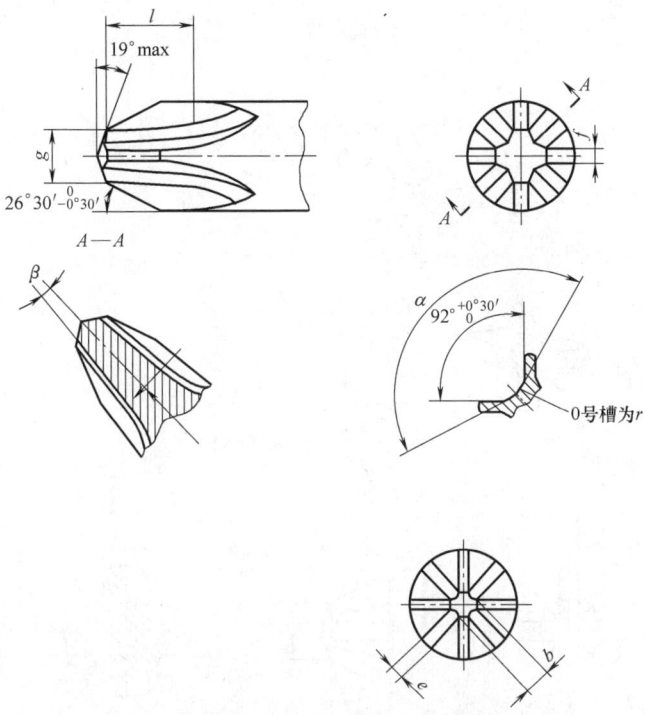

图 11-84 PH 型十字槽螺钉旋具旋杆

2）PH 型十字槽螺钉旋具旋杆的基本尺寸如表 11-77 所示。

表 11-77　PH 型十字槽螺钉旋具旋杆的基本尺寸（QB/T 2564.3—2012）

槽号	旋杆直径 D /mm	b /mm	e /mm	f /mm	g /mm	l /mm $\geqslant$	α	β
0	3	0.56~0.61	0.29~0.38	0.26~0.31	0.79~0.84	2.78		6°30′~7°00′
1	4.5	0.98~1.03	0.49~0.54	0.48~0.53	1.25~1.30	2.78	138°00′~138°30′	6°30′~7°00′
2	6	1.51~1.56	1.08~1.13	0.59~0.64	2.26~2.31	4.37	140°00′~140°30′	5°15′~5°45′
3	8	2.47~2.25	2.07~2.12	0.73~0.81	3.79~3.84	6.74	146°00′~146°30′	5°15′~5°45′
4	10	3.55~3.60	2.71~2.76	1.04~1.12	5.06~5.11	8.34	153°00′~153°30′	6°30′~7°00′

2. PZ 型十字槽螺钉旋具旋杆

1）PZ 型十字槽螺钉旋具旋杆的形式如图 11-85 所示。

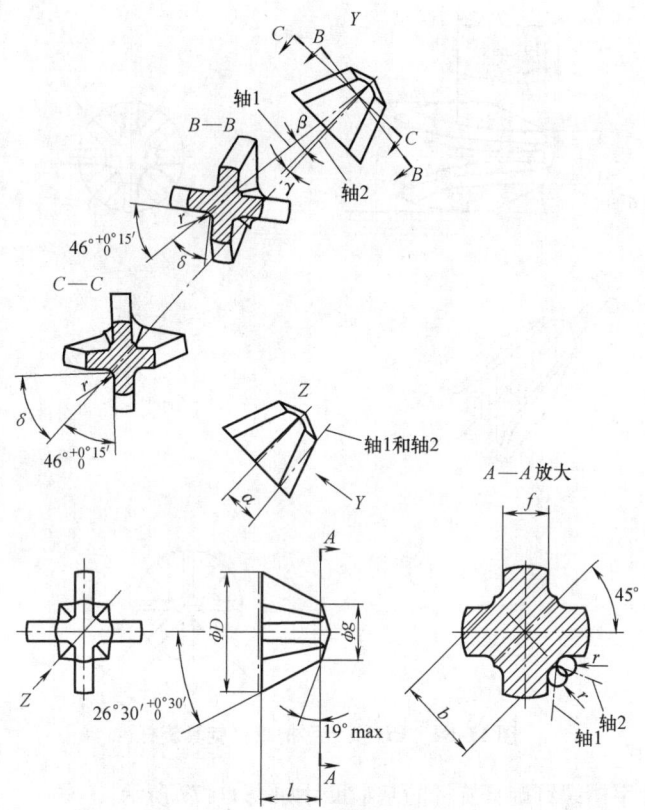

图 11-85 PZ 型十字槽螺钉旋具旋杆

2) PZ 型十字槽螺钉旋具旋杆的基本尺寸如表 11-78 所示。

表 11-78 PZ 型十字槽螺钉旋具旋杆的基本尺寸（QB/T 2564.3—2012）

槽号	旋杆直径 D /mm	b /mm	f /mm	g /mm	l /mm ≥	r /mm	α	β	γ	δ
0	3	0.70~0.78	0.42~0.45	0.89~0.92	1.54	0.07~0.10	6°30′~7°00′	7°45′~8°15′	4°23′~4°53′	46°00′~46°15′
1	4.5	1.11~1.19	0.68~0.71	1.37~1.40	2.02	0.10~0.13				
2	6	1.70~1.78	0.95~1.00	2.39~2.44	3.17	0.15~0.30	5°15′~5°45′	6°20′~6°50′	3°00′~3°30′	56°15′~56°30′
3	8	2.55~2.65	1.33~1.38	3.91~3.96	4	0.20~0.36				
4	10	3.92~4.02	2.05~2.10	5.13~5.18	5.4	0.36~0.51	6°30′~7°00′	7°45′~8°15′	4°23′~4°53′	

11.3.7 一字槽螺钉旋具

1. 一字槽螺钉旋具的形式（图 11-86）
2. 一字槽螺钉旋具的基本尺寸（表 11-79）

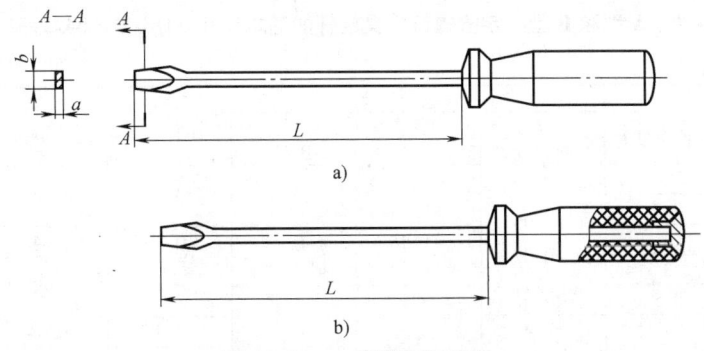

图 11-86 一字槽螺钉旋具

a) 普通型　b) 穿心型

表 11-79　一字槽螺钉旋具的基本尺寸（QB/T 2564.4—2012）（单位：mm）

规格[1] $a \times b$	旋杆长度 $l_1{}_0^{+5}$			
	A 系列[2]	B 系列	C 系列	D 系列
0.4×2		40		
0.4×2.5		50	75	100
0.5×3		50	75	100
0.6×3		75	100	125
0.6×3.5	25（35）	75	100	125
0.8×4	25（35）	75	100	125
1×4.5	25（35）	100	125	150
1×5.5	25（35）	100	125	150
1.2×6.5	25（35）	100	125	150
1.2×8	25（35）	125	150	175
1.6×8		125	150	175
1.6×10		150	175	200
2×12		150	200	250
2.5×14		200	250	300

① 规格 $a \times b$ 按 QB/T 2564.2 的规定。

② 括号内的尺寸为非推荐尺寸。

11.3.8　一字槽螺钉旋具旋杆

1. 一字槽螺钉旋具旋杆的形式（图 11-87）

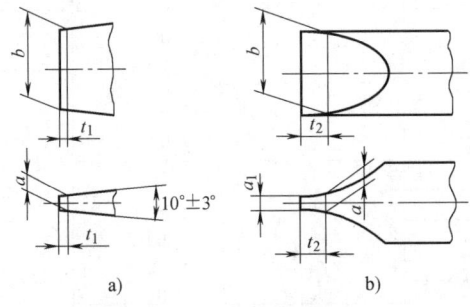

图 11-87　一字槽螺钉旋具旋杆

a) A 型旋杆　b) B 型和 C 型旋杆

2. 一字槽螺钉旋具旋杆的基本尺寸

1) A 型和 B 型一字槽螺钉旋具旋杆的基本尺寸如表 11-80 所示。

表 11-80　A 型和 B 型一字槽螺钉旋具旋杆的基本尺寸（QB/T 2564.2—2012）

（单位：mm）

规格 $a\times b$		公差			$t_1^①$	$a_{1,\min}^②$	$t_2^①$
公称厚度 a	公称宽度 b	a A 型和 B 型	b A 型	B 型			
0.4	2	+0.06 -0.02	0 -0.25	0 -0.14	0.2	0.32	0.7
	2.5						
0.5	3				0.3	0.4	0.9
0.6	3				0.4	0.48	1.1
	3.5						
0.8	4	+0.06 -0.04	0 -0.30	0 -0.18	0.5	0.64	1.4
1	4.5				0.6	0.8	1.8
	5.5						
1.2	6.5	±0.06	0 -0.36	0 -0.22	0.7	0.96	2.2
	8						
1.6	8				1	1.28	2.9
	10						
2	12		0 -0.43	0 -0.27	1.2	1.6	3.6
2.5	14				1.5	2	4.5

① t_1、t_2 为参考尺寸。$t_1 = 0.6 \times a$；$t_2 = 1.8 \times a$。
② $a_1 \leq a$，$a_{1,\min} = 0.8 \times a$（在 t_2 长度内，a_1 至 a 的厚度应逐渐加大或至少保持一致）。

2）C 型一字槽螺钉旋具旋杆的基本尺寸如表 11-81 所示。

表 11-81　C 型一字槽螺钉旋具旋杆的基本尺寸（QB/T 2564.2—2012）　（单位：mm）

规格 $a\times b$		公差		$a_{1,\min}^①$	$t_2^②$
公称厚度 a	公称宽度 b	a	b		
0.4	2	+0.04 0	0 -0.06	0.32	0.7
	2.5				
0.5	3		0 -0.075	0.4	0.9
	4				
0.6	3		0 -0.06	0.48	1.1
	3.5				
	4.5				
0.8	4		0 -0.075	0.64	1.4
	5.5				
1	4.5			0.8	1.8
	5.5				
	6.0				
1.2	6.5	±0.03	0 -0.15	0.96	2.2
	8				
1.6	8			1.28	2.9
	10				
2	12		0 -0.18	1.6	3.6
2.5	14			2	4.5

① $a_1 \leq a$，$a_{1,\min} = 0.8 \times a$（在 t_2 长度内，a_1 至 a 的厚度应逐渐加大或至少保持一致）。
② t_2 为参考尺寸，$t_2 = 1.8 \times a$。

11.3.9 夹柄螺钉旋具

夹柄螺钉旋具（图11-88）是用来紧固或拆卸一字槽螺钉，并可在尾部敲击，比一般螺钉旋具经久耐用。总长度有150mm、200mm、250mm和300mm四种规格。

图11-88 夹柄螺钉旋具

11.3.10 带孔梅花形螺钉旋具

带孔梅花形螺钉旋具是用来拆卸或紧固加长花形螺钉的专业工具，如图11-89所示。旋具头部进行镀黑铬处理，耐蚀性强，摩擦因数大，具有强磁性。手柄外形按人手握力曲线原理并加特殊柔性按摩珠设计，适应大扭力和长时间使用，不易疲劳。带孔梅花形螺钉旋具由 T10H×75、T15H×75、T20H×75、T25H×100、T27H×100、T30H×100、T40H×100 七种规格。

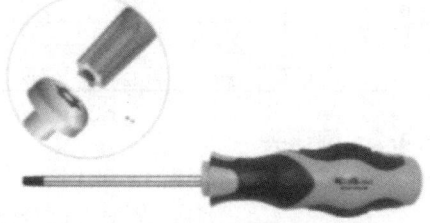

图11-89 带孔梅花形螺钉旋具

11.3.11 多用螺钉旋具

1. 多用螺钉旋具的形式（图11-90）

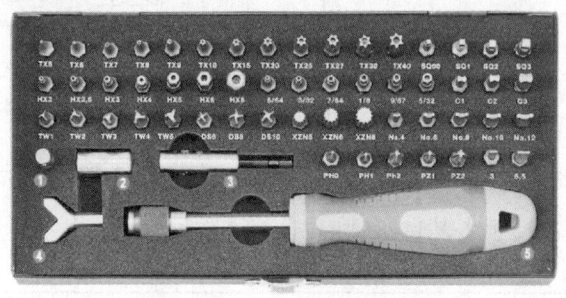

图11-90 多用螺钉旋具

2. 多用螺钉旋具的基本参数（表11-82）

表11-82 多用螺钉旋具的基本参数

全长（手柄+旋杆）/mm	件数	一字形旋杆头宽/mm	十字形旋杆（十字槽号）	钢锥数	刀片数	小锤数	木工钻直径/mm	套筒基本尺寸/mm
230	6	3、4、6	1、2	1	—	—	—	—
	8	3、4、5、6	1、2	1	1	—	—	—
	12	3、4、5、6	1、2	1	1	1	6	6、8

11.4 锤

11.4.1 锤头

1. 锤头的形式（图 11-91）
2. 锤头的基本尺寸（表 11-83）

表 11-83　锤头的基本尺寸（JB/T 3411.52—1999）　（单位：mm）

重量/kg≈		L	D	D_1	D_2	b	l	l_1	l_2
钢	铜								
0.05	0.06	60	15	12	4	6	16	14	26
0.1	0.11	80	18	15	6	8	20	18	32
0.2	0.23	100	22	18	8	10	25	22	43

11.4.2 铜锤头

1. 铜锤头的形式（图 11-92）

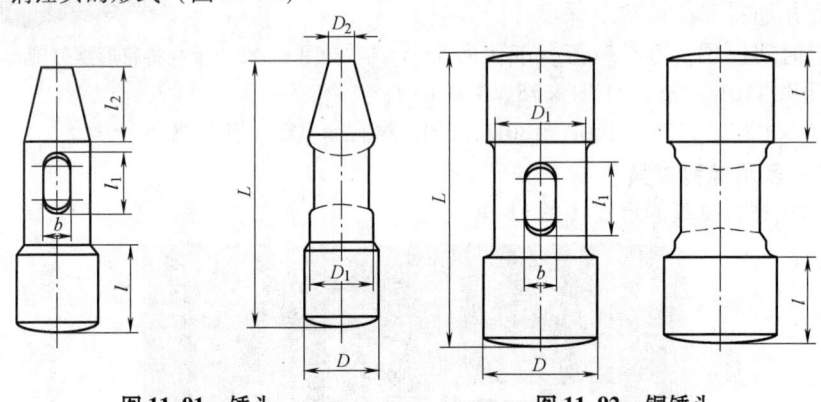

图 11-91　锤头　　　　图 11-92　铜锤头

2. 铜锤头的基本尺寸（表 11-84）

表 11-84　铜锤头的基本尺寸（JB/T 3411.53—1999）　（单位：mm）

重量/kg≈	L	D	D_1	b	l	l_1
0.5	80	32	26	12	28	18
1.0	100	38	30	12	30	25
1.5	120	45	37	22	35	36
2.5	140	60	52	24	44	40
4.0	160	70	60	26	52	44

11.4.3 什锦锤

1. 什锦锤的形式

什锦锤的形式如图 11-93 所示。什锦锤应有三角锉、锥子、木凿、一字槽螺钉旋杆、十字槽螺钉旋杆五个附件，附件的形式与基本尺寸如图 11-94 所示。

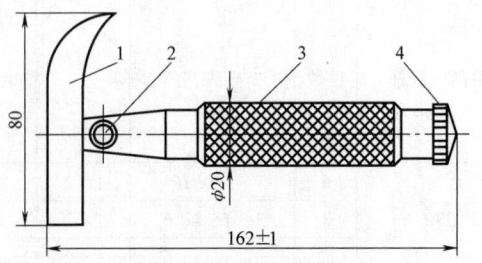

图 11-93　什锦锤
1—锤头　2—边孔螺钉　3—锤柄　4—后盖

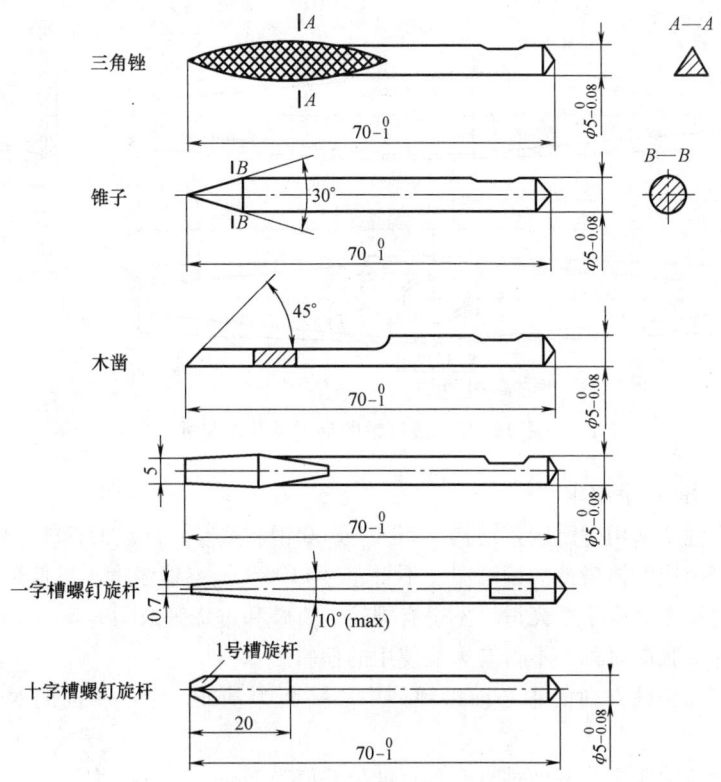

图 11-94　附件的形式与基本尺寸

2. 什锦锤及其附件的材料（表 11-85）

表 11-85　什锦锤及其附件的材料（QB/T 2209—1996）

项　目		材　料	
		名　称	牌　号
锤头		优质碳素结构钢	45
附件	三角锉	碳素工具钢	T10、T12
		铬轴承钢	GCr6
	锥子木凿	优质碳素结构钢	45
	螺钉旋杆	优质碳素结构钢	45

3. 什锦锤及其附件的热处理硬度（表 11-86）

表 11-86　什锦锤及其附件的热处理硬度（QB/T 2209—1996）

项　目		硬度 HRC	测试部位
锤头		43～50	侧面
附　件	三角锉	54～59	柄部
	螺钉旋杆	48～54	距端部 10mm 范围内
	锥子、木凿	48～54	距刃口 12mm 范围内

11.4.4　道钉锤

1. 道钉锤的形式及基本尺寸（图 11-95）

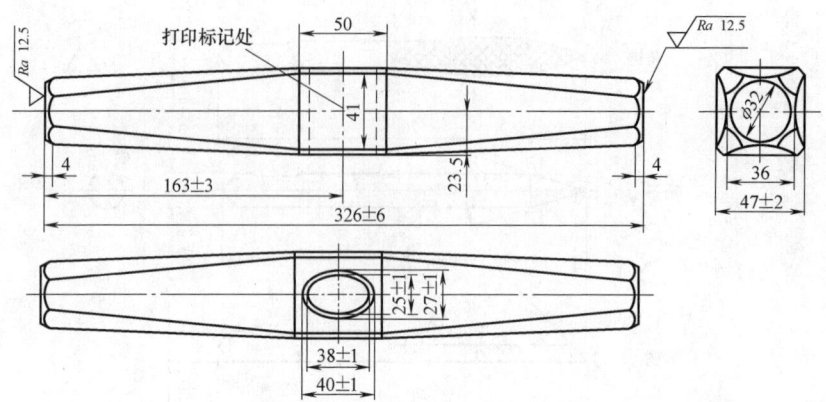

图 11-95　道钉锤的形式及基本尺寸

2. 道钉锤的技术要求

1) 道钉锤应采用优质碳素结构钢 50 钢或 60 钢制造。允许以旧钢轨、旧轮箍代用。

2) 道钉锤应整体锻造。始锻温度不得超过 1100°C，终锻温度不得低于 850°C。

3) 道钉锤表面应平整光滑，不得有裂纹、折叠和过烧等缺陷。

4) 锤体形状应对称，不得有影响使用的偏斜。

5) 锤柄孔长轴方向的中心面以锤体中心平面为基准，中心平面的对称度公差值为 1mm。

6) 锤柄孔轴线应与底面垂直，垂直度公差值为 1mm。

7) 锤柄孔周边不得有毛病，内壁不得有凸起。

8) 道钉锤两端在 10mm 范围内进行热处理，锤击面硬度为 40～48HRC。

9) 道钉锤的重量为 4.0kg，允许偏差为 ±0.2kg。

10) 道钉锤表面涂漆，漆层应均匀，不得有起泡和脱皮现象。

11.4.5　防爆用检查锤

1. 防爆用检查锤的形式（图 11-96）

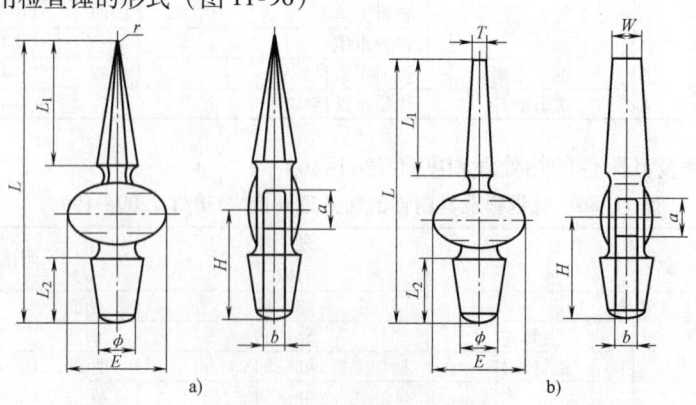

图 11-96　防爆用检查锤
a) A 型锤　b) B 型锤

2. 防爆用检查锤的基本尺寸（表11-87）

表11-87 防爆用检查锤的基本尺寸（QB/T 2613.3—2003）

类型	规格重量/kg		L/mm		L_1/mm		L_2/mm	
	重量	偏差	基本尺寸	偏差	基本尺寸	偏差	基本尺寸	偏差
A 型	0.25	±0.0125	120	±2.5	52	+1.9	27	±1.3
B 型								
类型	E/mm		ϕ/mm		H/mm		a/mm	
	基本尺寸	偏差	基本尺寸	偏差	基本尺寸	偏差	基本尺寸	偏差
A 型	42	±1.6	18	±1.1	47.5	±1.9	21	±1.3
B 型								
类型	b/mm		r/mm		W/mm		T/mm	
	基本尺寸	偏差			基本尺寸	偏差	基本尺寸	偏差
A 型	14	±1.3	1.5		—	—	—	—
B 型			—		19	±1.3	3	±0.75

11.4.6 防爆用八角锤

1. 防爆用八角锤的形式（图11-97）

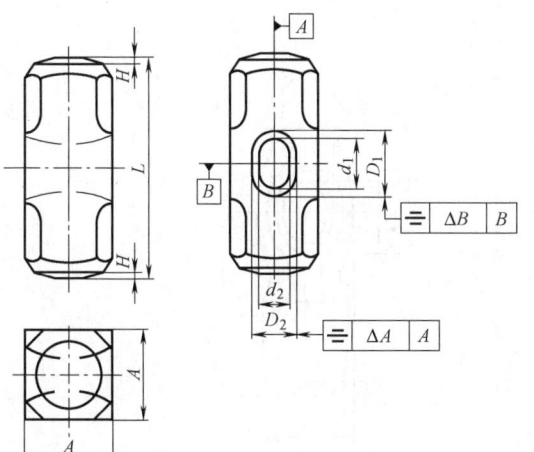

对称度 ΔA 和 ΔB 要求如下：

规格重量/kg	ΔA/mm	ΔB/mm
0.9~1.8	≤1.6	≤2.0
2.7~6.4	≤2.0	≤3.0
7.3~10.9	≤2.4	≤4.0

图11-97 防爆用八角锤

2. 防爆用八角锤的基本尺寸（表11-88）

表 11-88 防爆用八角锤的基本尺寸（QB/T 2613.6—2003）

规格	锤体重量 /kg		锤高 L /mm		锤宽 A /mm		孔长径 d_1 /mm		孔短径 d_2 /mm		孔口长径 D_1 /mm		孔口短径 D_2 /mm		弓形高 H /mm
	基本重量	偏差	尺寸	偏差	尺寸	偏差	尺寸	偏差	尺寸	偏差	尺寸	偏差	尺寸	偏差	
0.9	0.9		98	+1.0 -1.5	38	±1	27	±1	17	±1	30	±1	20	±1	1.5
1.4	1.4		108		44		29		18		32		22		
1.8	1.8		122		48		30		20		34		24		
2.7	2.7		142	±2	54		32		21		36		26		2.0
3.6	3.6		155		60		33		23		38		28		
4.5	4.5	+8% -2%	170		64		35		24		40		30		
5.4	5.4		178		68	+1.0 -1.5	37	+1.0 -1.5	26	+1.0 -1.5	42	+1.0 -1.5	32	+1.0 -1.5	2.5
6.4	6.4		186		72						43				
7.3	7.3		195		75		38		27		44		34		
8.2	8.2		203	+2.0 -3	78		40				46				
9.1	9.1		210		81		42		29		48		36		3.0
10.2	10.2		216		84		43				50				
10.9	10.9		222		87		45		30		52		38		

注：如采用密度特殊的有色金属材料，锤高 L 的尺寸可适当修改，偏差不变。

11.4.7 防爆用圆头锤

1. 防爆用圆头锤的形式（图 11-98）

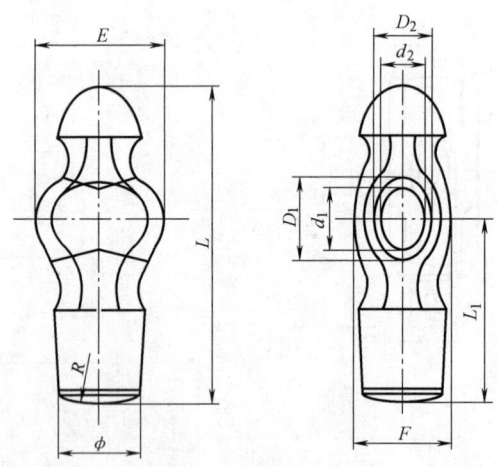

图 11-98 防爆用圆头锤

2. 防爆用圆头锤的基本尺寸（表 11-89）

表 11-89 防爆用圆头锤的基本尺寸（QB/T 2613.7—2003）

规格	锤体重量 /kg		锤高 L /mm		锤宽 E /mm		锤厚 F /mm		锤击面直径 φ /mm	
	基本重量	偏差	基本尺寸	偏差	基本尺寸	偏差	基本尺寸	偏差	基本尺寸	偏差
0.11	0.11	+8% −2%	66	±1.0	25	±1.0	20	±1.0	17.5	±1.0
0.22	0.22		80		30		25		23.0	
0.33	0.33		90		34		29		26.0	
0.44	0.44		101		38		33		29.0	
0.66	0.66		116	±1.5	43		36		34.0	±1.5
0.88	0.88		127		49		40		38.0	
1.10	1.10		137		52		43		40.0	
1.32	1.32		147		57		46		42.0	

规格	孔中心高 L_1 /mm	孔长径 d_1 /mm		孔短径 d_2 /mm		孔口长径 D_1 /mm		孔口短径 D_2 /mm	
		基本尺寸	偏差	基本尺寸	偏差	基本尺寸	偏差	基本尺寸	偏差
0.11	37	13	±1.0	9	±1.0	16	±1.0	11	±1.0
0.22	44	17		11		20		14	
0.33	49	19		13		22		16	
0.44	56	22		14		25		17	
0.66	63	24		16		27		19	
0.88	70	27		19		30		22	
1.10	74	29		20		33		24	
1.32	80	30		21		34		25	

11.4.8 八角锤

1. 八角锤的形式（图 11-99）
2. 八角锤的基本尺寸（表 11-90）

表 11-90 八角锤的基本尺寸

规格重量/kg	A/mm	B/mm	C/mm	D/mm	规格重量/kg	A/mm	B/mm	C/mm	D/mm
0.9	105	38	52.5	19.0	6.3	198	72	99.0	36.0
1.4	115	44	57.5	22.0	7.2	208	75	104.0	37.5
1.8	130	48	65.0	24.0	8.1	216	78	108.0	39.0
2.7	152	54	76.0	27.0	9.0	224	81	112.0	40.5
3.6	165	60	82.5	30.0	10.0	230	84	115.0	42.0
4.5	180	64	90.0	32.0	11.0	236	87	118.0	43.5
5.4	190	68	95.0	34.0					

11.4.9 木工锤

1. 木工锤的形式（图 11-100）

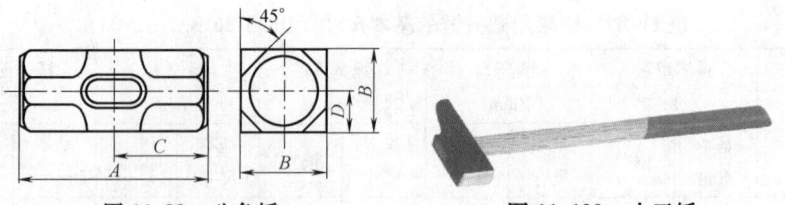

图 11-99　八角锤　　　　　图 11-100　木工锤

2. 木工锤的基本尺寸（表 11-91）

表 11-91　木工锤的基本尺寸

锤重/kg	0.20	0.25	0.33	0.42	0.50
锤高/mm	90	97	104	111	118
锤长/mm	280	285	295	308	320

11.4.10　钳工锤

1. 钳工锤的形式（图 11-101）
2. 钳工锤的基本尺寸（表 11-92）

表 11-92　钳工锤的基本尺寸

规格重量/kg		0.1	0.2	0.28	0.3	0.4	0.5	0.6	0.67	0.8	1.0	1.5	2.0
L/mm	A 型	260	280	—	300	310	320	330	—	350	360	380	400
	B 型	—	—	290	—	310	—	—	310	—	—	350	—
A/mm	A 型	82	95	—	105	112	118	122	—	130	135	145	155
	B 型	—	—	85	—	98	—	—	105	—	—	131	—
锤孔编号	A 型	A-01	A-02	—	A-05	A-04	A-05	A-06	—	A-07	A-08	A-09	A-10
	B 型	—	—	A-03	—	A-04	—	—	A-07	—	—	A-09	—

11.4.11　羊角锤

1. 羊角锤的形式（图 11-102）

　　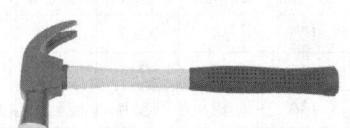

图 11-101　钳工锤　　　　　图 11-102　羊角锤

2. 羊角锤的基本尺寸（表 11-93）

表 11-93　羊角锤的基本尺寸

规格重量/kg	0.25	0.35	0.45	0.50	0.55	0.65	0.75
全长 L/mm	305	320	340	340	340	350	350

11.4.12　圆头锤

1. 圆头锤的形式（图 11-103）

2. 圆头锤的基本尺寸（表11-94）

表11-94 圆头锤的基本尺寸

规格重量/kg	0.11	0.22	0.34	0.45	0.68	0.91	1.13	1.36
L/mm	260	285	315	335	355	375	400	400
A/mm	66	80	90	101	116	127	137	147
锤孔编号	A-01	A-03	A-04	A-05	A-06	A-08	A-09	A-09

注：规格中的重量不包括锤柄。

11.4.13 斩口锤

斩口锤主要用于敲击凹凸不平、薄而宽的金属工件，使之表面平整。其斩口还用以敲制皮制品翻边或使金属薄件作纵向或横向的延伸。斩口锤的形式如图11-104所示，其规格有0.0625kg、0.125kg、0.25kg和0.5kg四种。

图11-103 圆头锤

图11-104 斩口锤

11.4.14 石工锤

石工锤是一种比较笨重、用来完成筑路采石等工作的手锤，如图11-105所示。石工锤有0.80kg、1.00kg、1.25kg、1.50kg和2.00kg五种规格。

11.4.15 电工锤

电工锤是供电工安装及维修线路用的一种手锤，如图11-106所示。锤头重0.5kg。

图11-105 石工锤

图11-106 电工锤

11.5 剪

11.5.1 纺织手用剪

1. 纺织手用剪的形式（图11-107）
2. 纺织手用剪的基本尺寸（表11-95）

表11-95 纺织手用剪的基本尺寸（FZ/T 92051—1995） （单位：mm）

型 式	剪刀长 L	极限偏差
A 型	92	±2.7
	100	
	125	±3.2
B 型	105	±2.7

11.5.2 民用剪

1. 民用剪的形式（图11-108）

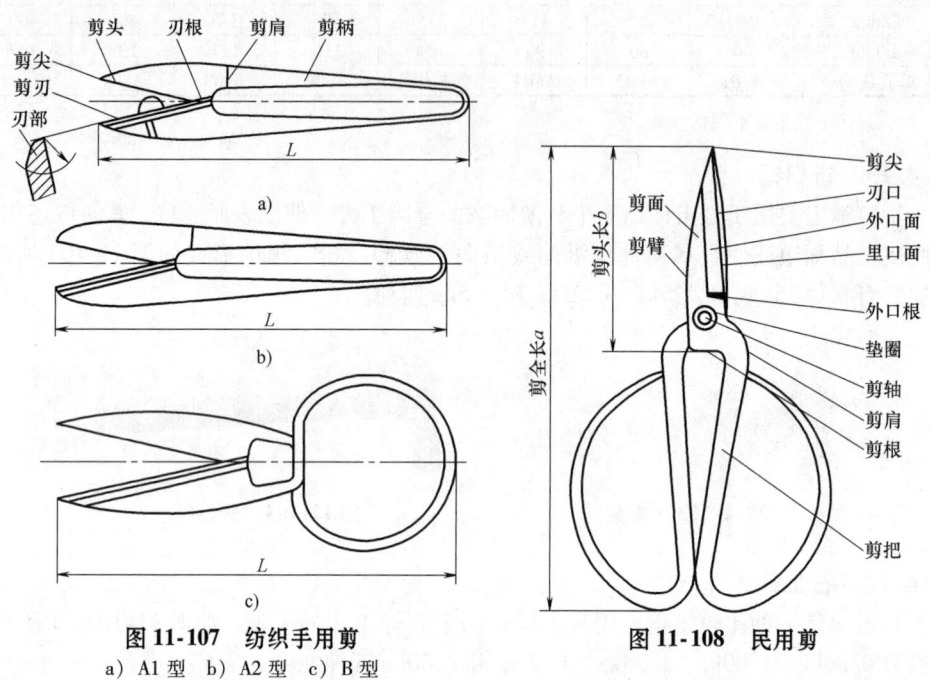

图 11-107 纺织手用剪
a) A1型 b) A2型 c) B型

图 11-108 民用剪

2. 民用剪的基本尺寸（表11-96）

表 11-96 民用剪的基本尺寸（QB/T 1966—1994） （单位：mm）

代号		剪全长 a		剪头长 b	
		公称尺寸	偏差	公称尺寸	偏差
1	A	198	±4	95	±3
	B	215		120	
2	A	174		83	
	B	200		110	
3	A	153		73	
	B	185		95	
4	A	123		52	
	B	160		75	
5	A	104		42	
	B	145		70	

11.5.3 稀果剪

1. 稀果剪的形式（图11-109）

2. 稀果剪的基本尺寸（表11-97）

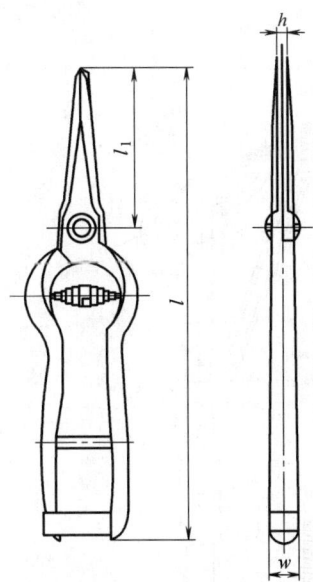

图 11-109　稀果剪

表 11-97　稀果剪的基本尺寸（QB/T 2289.1—2012）　（单位：mm）

规格	l	l_1	h	w_{min}
150	150 ± 5	45 ± 5	6 ± 1	15
200	200 ± 5	65 ± 5	8 ± 1	15

注：特殊规格的基本尺寸可不受本表限制。

11.5.4　桑剪

1. 桑剪的形式（图 11-110）

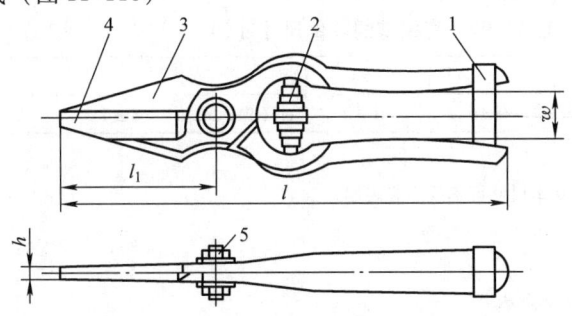

图 11-110　桑剪

1—带扣　2—弹簧　3、4—剪片　5—主轴螺栓

2. 桑剪的基本尺寸（表 11-98）

表 11-98　桑剪的基本尺寸（QB/T 2289.2—2012）　（单位：mm）

规格	l	l_1	h	w_{min}
200	200 ± 5	72 ± 5	8 ± 1	15

注：特殊规格的基本尺寸可不受本表限制。

11.5.5 高枝剪

1. 高枝剪的形式（图 11-111）

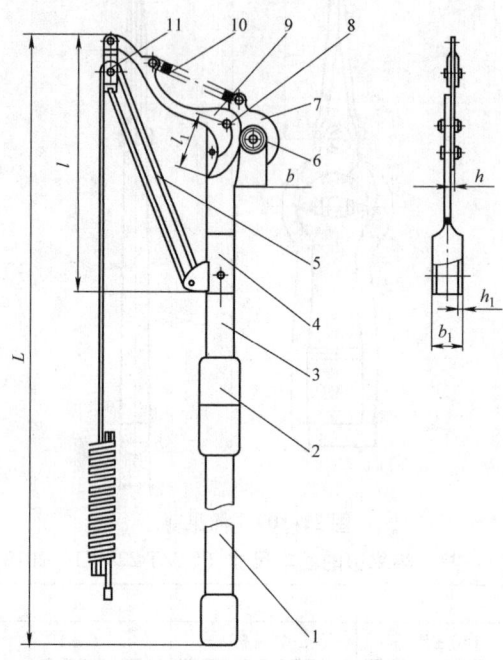

图 11-111　高枝剪

1—伸缩外手柄　2—锁紧旋钮　3—伸缩内手柄　4—工作头　5—拉绳　6—树枝
7—小剪片　8—主轴螺栓　9—大剪片　10—拉簧　11—定滑轮

2. 高枝剪的基本尺寸（表 11-99）

表 11-99　高枝剪的基本尺寸（QB/T 2289.3—2012）　（单位：mm）

规格	l	l_1	b	b_1	h	h_1	L
300	300±10	60±5	45±5	ϕ(30±5)	8±1	2±0.5	3500~5500

注：1. L 为伸长后的尺寸。
　　2. 特殊规格的基本尺寸可不受本表限制。

11.6　刀

11.6.1 金刚石玻璃刀

1. 金刚石玻璃刀的形式（图 11-112）
2. 金刚石玻璃刀的基本尺寸（表 11-100）

表 11-100　金刚石玻璃刀的基本尺寸（QB/T 2097.1—1995）（单位：mm）

规格代号	全长 L	刀板长 T	刀板宽 H	刀板厚 S
1~3	182	25	13	5
4~6	184	27	16	6

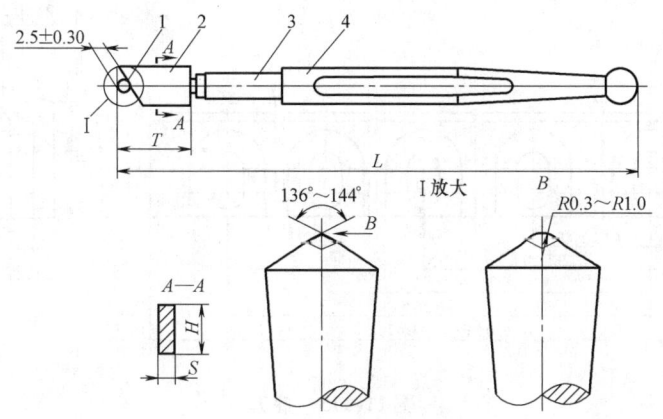

图 11-112　金刚石玻璃刀
1—刀头　2—刀板　3—铜梗　4—木柄

11.6.2　切苇刀

1. 切苇刀各部分名称（图 11-113）

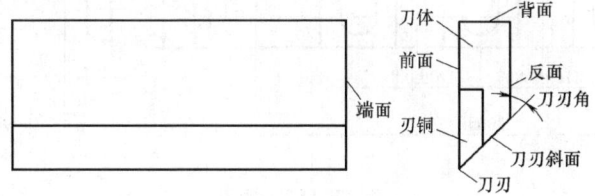

图 11-113　切苇刀各部分名称

2. 切苇刀的形式

刀片分为飞刀（图 11-114）、底刀（图 11-115）、侧刀（图 11-116）三种形式，刀片的尺寸如各图所注。

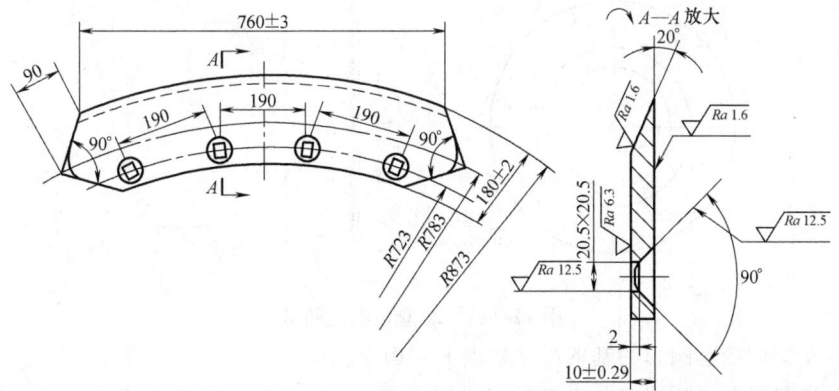

图 11-114　飞刀

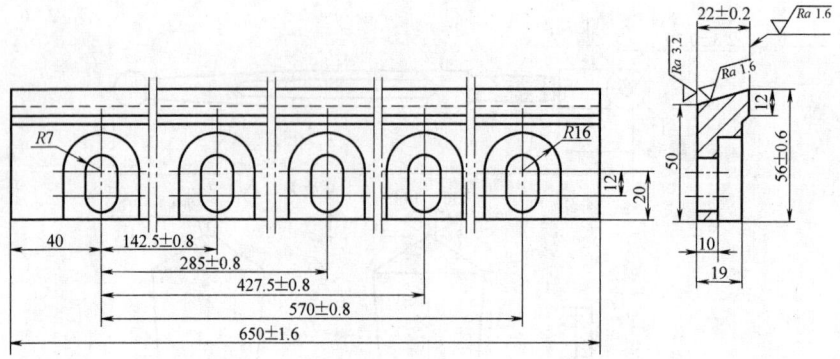

图 11-115　底刀

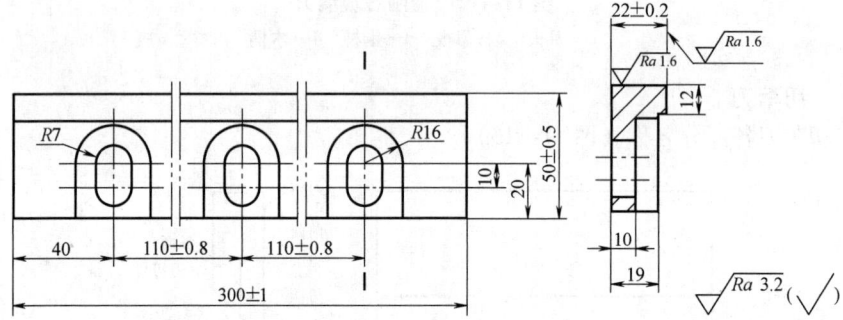

图 11-116　侧刀

11.6.3　切纸上下圆刀

1. 切纸上圆刀

1) A 型切纸上圆刀的形式如图 11-117 所示。

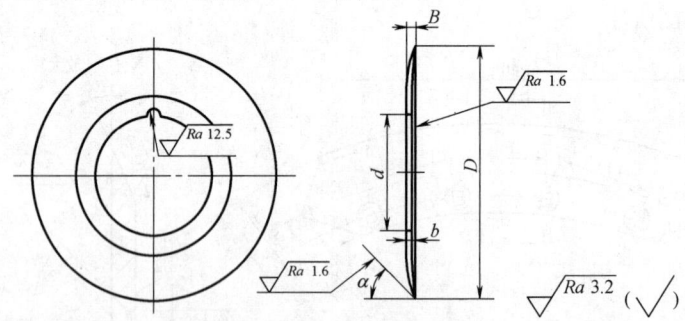

图 11-117　A 型切纸上圆刀

2) A 型切纸上圆刀的基本尺寸如表 11-101 所示。

3) B 型切纸上圆刀的形式如图 11-118 所示。

表 11-101　A 型切纸上圆刀的基本尺寸（QB/T 1567—1992）

外径 D/mm		内径 d/mm		厚度 b/mm		高度 B/mm	α/(°)	
基本尺寸	极限偏差	基本尺寸	极限偏差	基本尺寸	极限偏差		基本角度	角度偏差
ϕ125	+0.20 -0.50	ϕ33	+0.039 0	3	±0.125	5	45	±2
ϕ130		ϕ60	+0.046 0					
ϕ150		ϕ90	+0.054 0	2			60	

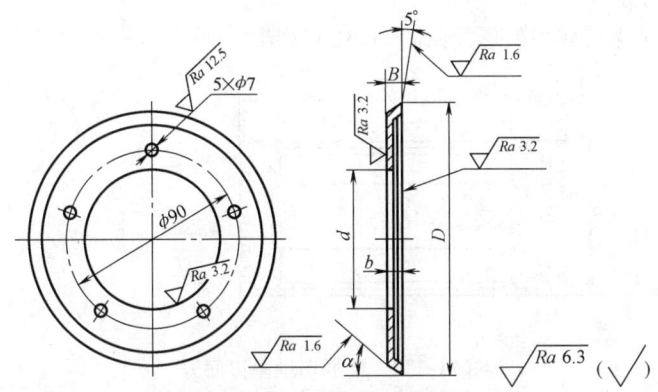

图 11-118　B 型切纸上圆刀

4）B 型切纸上圆刀的基本尺寸如表 11-102 所示。

表 11-102　B 型切纸上圆刀的基本尺寸（QB/T 1567—1992）

外径 D/mm		内径 d/mm		厚度 b/mm		高度 B/mm	α/(°)	
基本尺寸	极限偏差	基本尺寸	极限偏差	基本尺寸	极限偏差		基本角度	角度偏差
ϕ135	+0.20 -0.50	ϕ75	+0.046 0	2.5	±0.125	5	35	±2
ϕ150								

2. C 型切纸下圆刀

1）C 型切纸下圆刀的形式如图 11-119 所示。

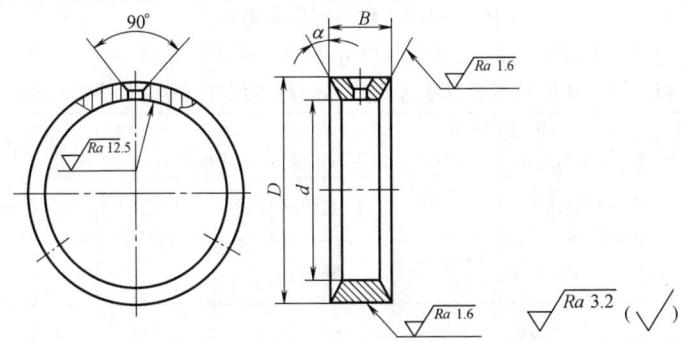

图 11-119　C 型切纸下圆刀

2）C 型切纸下圆刀的基本尺寸如表 11-103 所示。

表 11-103　C 型切纸下圆刀的基本尺寸（QB/T 1567—1992）

外径 D/mm		内径 d/mm		高度 B/mm		α/(°)	
基本尺寸	极限偏差	基本尺寸	极限偏差	基本尺寸	极限偏差	基本角度	角度偏差
φ114	±0.20	φ100	+0.054 / 0	40	±0.5	30	±2
φ136		φ120		50			
φ152		φ140	+0.063 / 0	50			
φ200		φ180		55	±0.6		

3. 切纸多刃底刀

1）D 型切纸多刃底刀的形式如图 11-120 所示。

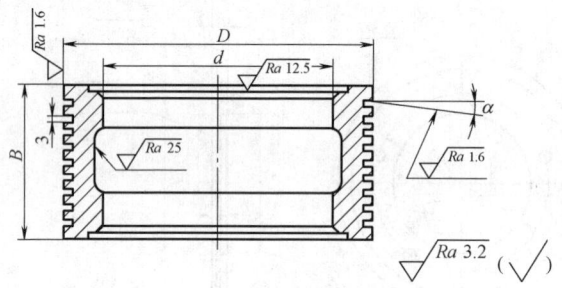

图 11-120　D 型切纸多刃底刀

2）E 型切纸多刃底刀的形式如图 11-121 所示。

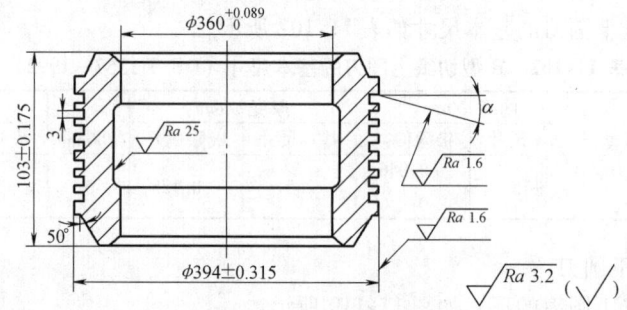

图 11-121　E 型切纸多刃底刀

3）D 型和 E 型切纸多刃底刀的基本尺寸如表 11-104 所示。

表 11-104　D 型和 E 型切纸多刃底刀的基本尺寸（QB/T 1567—1992）

外径 D/mm		内径 d/mm		高度 B/mm		槽宽 /mm	齿数	槽数	α /(°)
基本尺寸	极限偏差	基本尺寸	极限偏差	基本尺寸	极限偏差				
φ200	±0.23	φ165	+0.063 / 0	92	±0.175	3	10	11	≥7
φ409	±0.315	φ374	+0.089 / 0	88			9	10	

11.6.4　管子割刀

1. 管子割刀的形式

通用型管子割刀的形式如图 11-122 所示，轻型管子割刀的形式如图 11-123 所示。

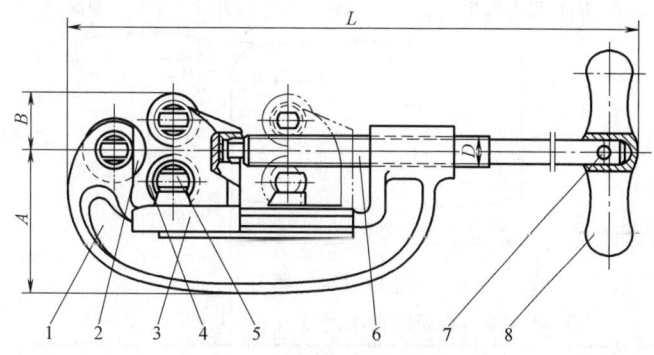

图 11-122　通用型管子割刀

1—割刀体　2—刀片　3—滑块　4—滚轮　5—轴销　6—螺杆　7—手柄锁　8—手柄

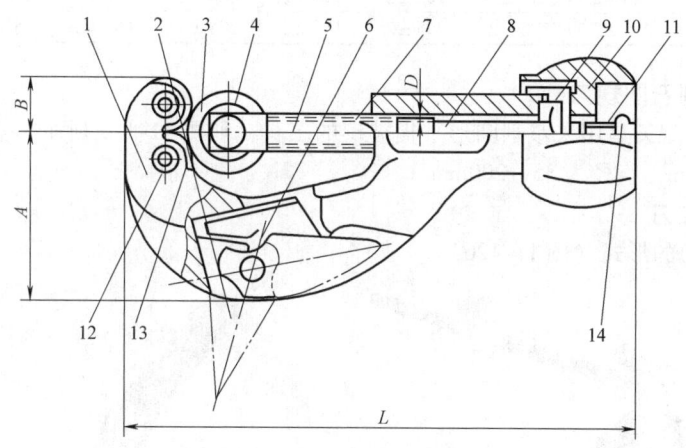

图 11-123　轻型管子割刀

1—割刀体　2—刮刀片　3—刀片　4—刀片螺钉　5—刀杆　6—撑簧
7—刮刀销　8—螺杆　9—螺母　10—手轮　11—垫圈　12—滚轮轴　13—滚轮　14—半圆头螺钉

2. 管子割刀的基本尺寸（表 11-105）

表 11-105　管子割刀的基本尺寸（QB/T 2350—1997）　　（单位：mm）

形式	规格代号	基本尺寸				可切断管子的最大外径和壁厚
		A	B	L	D	
GQ（轻型）	1	41	12.7	124	左 M8×1	25×1
GT（通用型）	1	60	22	260	M12×17.5	33.50×3.25
	2	76	31	375	M16×2	60×3.50
	3	111	44	540	M20×2.5	88.50×4
	4	143	63	665	M20×2.5	114×4

11.6.5　菜刀

1. 菜刀的形式（图 11-124）
2. 菜刀的基本尺寸（表 11-106）

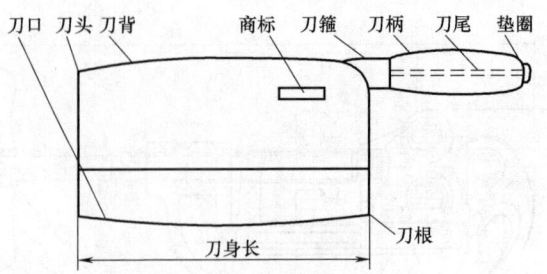

图 11-124　菜刀

表 11-106　菜刀的基本尺寸（QB/T 1924—1993）　　　　（单位：mm）

类别	规格							
	1#	2#	3#	4#	5#	6#	7#	8#
A	220±2	210±2	200±2	190±2	180±2	170±2	160±2	150±2
B	215±2	205±2	195±2	185±2	175±2	165±2	155±2	145±2

11.6.6　金刚石圆规刀

金刚石圆规刀是用来裁割圆形平板玻璃的工具，如图 11-125 所示，裁割玻璃板的厚度为 1~3mm，直径为 35~200mm。

11.6.7　电工刀

1. 电工刀的形式（图 11-126）

图 11-125　金刚石圆规刀

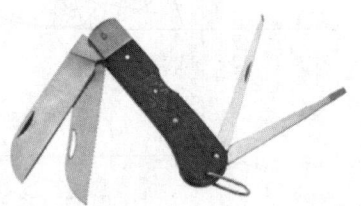

图 11-126　电工刀

2. 电工刀的基本尺寸（表 11-107）

表 11-107　电工刀的基本尺寸　　　　（单位：mm）

型号代号	产品规格	刀柄长度	型号代号	产品规格	刀柄长度
A 型	1 号	115	B 型	1 号	115
	2 号	105		2 号	105
	3 号	95		3 号	95

11.6.8　滚花刀

1. 滚花刀的形式（图 11-127）
2. 滚花刀的基本尺寸（表 11-108）

图 11-127　滚花刀

表 11-108 滚花刀的基本尺寸

滚花轮数目	单轮、双轮、六轮
滚花轮花纹种类	直纹、右斜纹、左斜纹
滚花轮花纹齿距/mm	0.6、0.8、1、1.2、1.6

11.6.9 竹刀

竹刀是指用来劈制竹片及进行表面修理用的工具，如图 11-128 所示。一般有 0.7mm、0.8mm、0.9mm、1.0mm、1.1mm、1.2mm 和 1.3mm 等规格。

11.6.10 砂轮整形刀

1. 砂轮整形刀的形式（图 11-129）

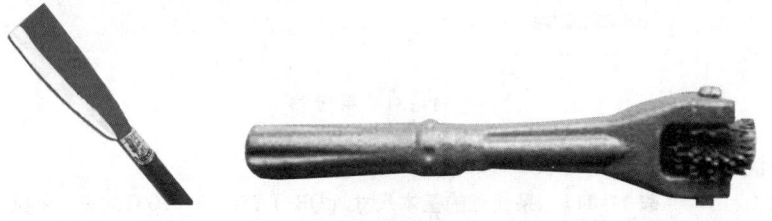

图 11-128 竹刀　　　　图 11-129 砂轮整形刀

2. 砂轮整形刀的基本尺寸（表 11-109）

表 11-109 砂轮整形刀的基本尺寸　　　（单位：mm）

直　径	孔　径	厚　度
34	7	1.25
34	7	1.5

11.6.11 金刚石砂轮整形刀

1. 金刚石砂轮整形刀的形式（图 11-130）
2. 金刚石砂轮整形刀的基本尺寸（表 11-110）

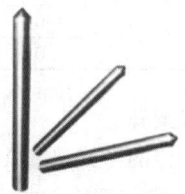

图 11-130 金刚石砂轮整形刀

表 11-110 金刚石砂轮整形刀的基本尺寸

金刚石型号	每粒金刚石含量		适用修整砂轮尺寸（直径×厚度）/mm
	克拉	mg	
100~300	0.10~0.30	20~60	≤100×12
300~500	0.30~0.50	60~100	100×12~200×12
500~800	0.50~0.80	100~160	200×12~300×15
800~1000	0.80~1.00	160~200	300×15~400×20
1000~2500	1.00~2.50	200~500	400×20~500×30
≥3000	≥3.00	≥600	≥500×40

11.7 斧

11.7.1 采伐斧

1. 采伐斧的形式（图 11-131）

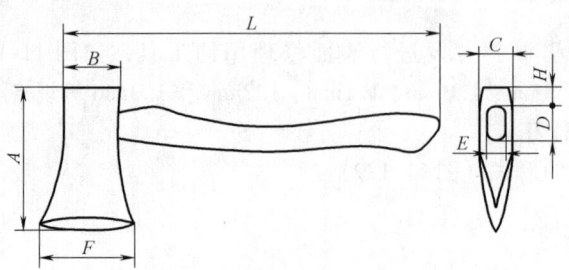

图 11-131 采伐斧

2. 采伐斧的基本尺寸（表 11-111）

表 11-111 采伐斧的基本尺寸（QB/T 2565.2—2002）（单位：mm）

规格重量 /kg	L	A ≥	B ≥	C ≥	F ≥	H ≥	D 基本尺寸	偏差	E 基本尺寸	偏差
0.7	380	130	50	20	82	15	46		16	
0.9	430	155	58	22	92	16	50		18	
1.1	510	165	62	22	98	18	60		20	
1.3	710	174	68	23	105	19	63	0 −2.0	23	0 −1.5
1.6		180	74	24	110	20	63		23	
1.8		185	76	25	110	21	73		25	
2.0	710~910	185	76	26	122	21	73		25	
2.2		190	78	27	124	22	73		25	
2.4		220	84	28	134	29	75		25	

11.7.2 劈柴斧

1. 劈柴斧的形式（图 11-132）
2. 劈柴斧的基本尺寸（表 11-112）

表 11-112 劈柴斧的基本尺寸（QB/T 2565.3—2002）（单位：mm）

规格重量 /kg	A ≥	B ≥	C ≥	D 基本尺寸	偏差	E 基本尺寸	偏差	F ≥	L
2.5	200	51	49	60	0	22	0	90	810~910
3.2	215	56	54	60	−2.0	22	−2.0	106	

11.7.3 厨房斧

1. 厨房斧的形式（图 11-133）

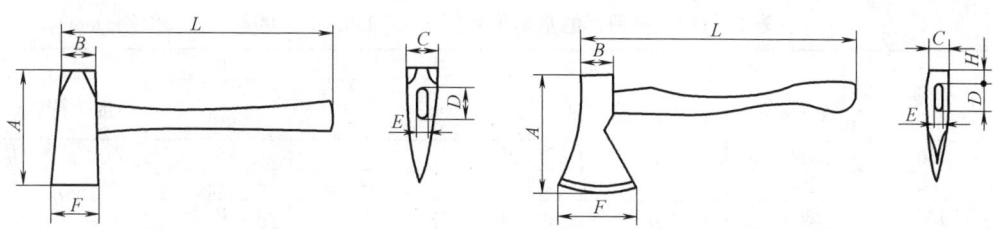

图 11-132 劈柴斧　　　　　　　　　图 11-133 厨房斧

2. 厨房斧的基本尺寸（表 11-113）

表 11-113　厨房斧的基本尺寸（QB/T 2565.4—2002）　　（单位：mm）

规格重量 /kg	A ≥	B ≥	C ≥	D		E		F ≥	H ≥	L
				基本尺寸	偏差	基本尺寸	偏差			
0.6	150	44	18	46		18		102	15	360
0.8	160	48	20	50		20		110	16	380
1.0	170	50	22	50		20		118	18	400
1.2	195	54	25	54	0 -2.0	23	0 -2.0	122	19	610~810
1.4	200	58	26	54		23		125	20	
1.6	205	60	27	58		25		130	21	710~910
1.8	210	62	28	58		25		135	21	
2.0	215	64	29	58		25		140	22	

11.7.4　木工斧

1. 木工斧的形式（图 11-134）

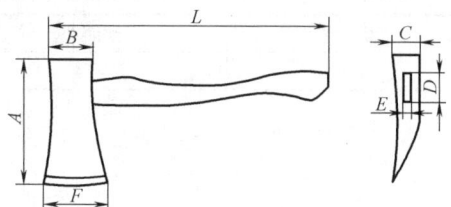

图 11-134　木工斧

2. 木工斧的基本尺寸（表 11-114）

表 11-114　木工斧的基本尺寸（QB/T 2565.5—2002）　　（单位：mm）

规格重量 /kg	A ≥	B ≥	C ≥	D		E		F ≥
				基本尺寸	偏差	基本尺寸	偏差	
1.0	120	34	26	32		14		78
1.25	135	36	28	32	0 -2.0	14	0 -1.0	78
1.5	160	48	35	32		14		78

11.7.5　多用斧

1. 多用斧的形式（图 11-135）

2. 多用斧的基本尺寸（表 11-115）

表 11-115　多用斧的基本尺寸（QB/T 2565.6—2002）　　（单位：mm）

规格	L		H ≥	B		偏差
	基本尺寸	偏　差		基本尺寸		
				A 型	B 型	
260	260	0 -3.0	98	8	8	±1.0
280	280		106	8	8	
300	300	0 -4.0	110	9	10	
340	340		118	9	13	

11.7.6　石工斧

1. 石工斧的形式（图 11-136）

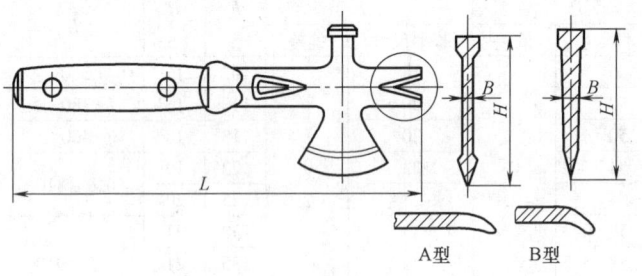

图 11-135　多用斧　　　　　　　　图 11-136　石工斧

2. 石工斧的基本尺寸（表 11-116）

表 11-116　石工斧的基本尺寸　　（单位：mm）

规格重量/kg	刃口宽	锤面	龙口
1.5	135	33×74	10×36

11.8　锹和镐

11.8.1　钢锹

1. 钢锹的形式

1）农用锹的形式如图 11-137 所示。

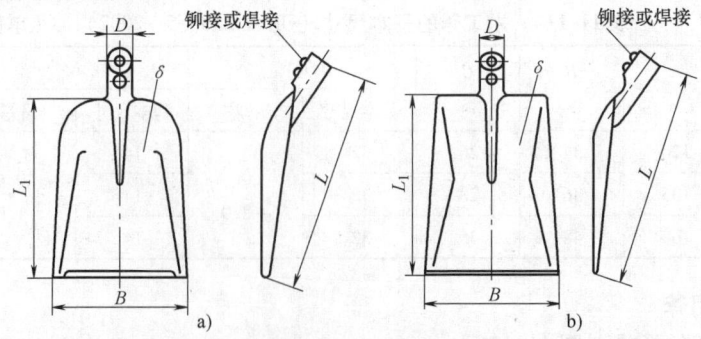

图 11-137　农用锹
a）Ⅰ型　b）Ⅱ型

2）尖锹的形式如图 11-138 所示。
3）方锹的形式如图 11-139 所示。

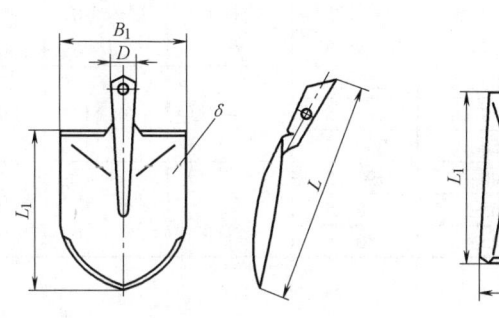

图 11-138　尖锹

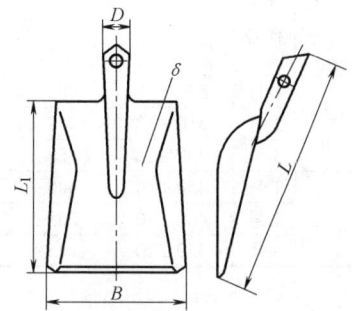

图 11-139　方锹

4）煤锹的形式如图 11-140 所示。
5）深翻锹的形式如图 11-141 所示。

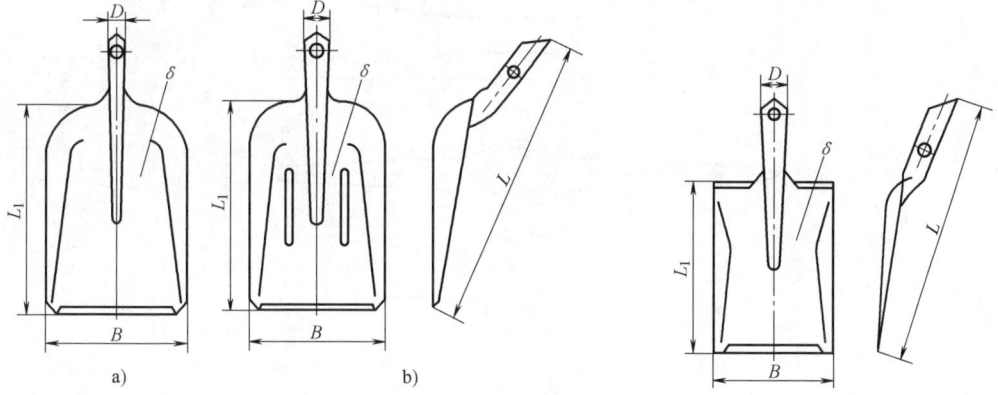

图 11-140　煤锹
　　a）Ⅰ型　b）Ⅱ型

图 11-141　深翻锹

2. 钢锹的基本尺寸（表 11-117）

表 11-117　钢锹的基本尺寸（QB/T 2095—1995）　　（单位：mm）

分类	形式代号	规格代号	基本尺寸					
			全长 L	身长 L_1	前幅宽 B	后幅宽 B_1	锹裤外径 D	厚度 δ
农用锹	Ⅰ Ⅱ	—	345±10	290±5	230±5	—	42±1	1.7±0.15
尖锹	—	1号	460±10	320±5	—	260±5	37±1	1.6±0.15
		2号	425±10	295±5		235±5		
		3号	380±10	265±5		220±5		
方锹	—	1号	420±10	295±5	250±5	—	37±1	1.6±0.15
		2号	380±10	280±5	230±5			
		3号	340±10	235±5	190±5			

（续）

分类	形式代号	规格代号	基本尺寸					
			全长 L	身长 L_1	前幅宽 B	后幅宽 B_1	锹裤外径 D	厚度 δ
煤锹	Ⅰ Ⅱ	1号	550±12	400±6	285±5	—	38±1	1.6±0.15
		2号	510±12	380±6	275±5			
		3号	490±12	360±6	250±5			
深翻锹	—	1号	450±10	300±5	190±5	—	37±1	1.7±0.15
		2号	400±10	265±5	170±5			
		3号	350±10	225±5	150±5			

11.8.2 钢镐

1. 双尖 A 型钢镐的形式（图 11-142）

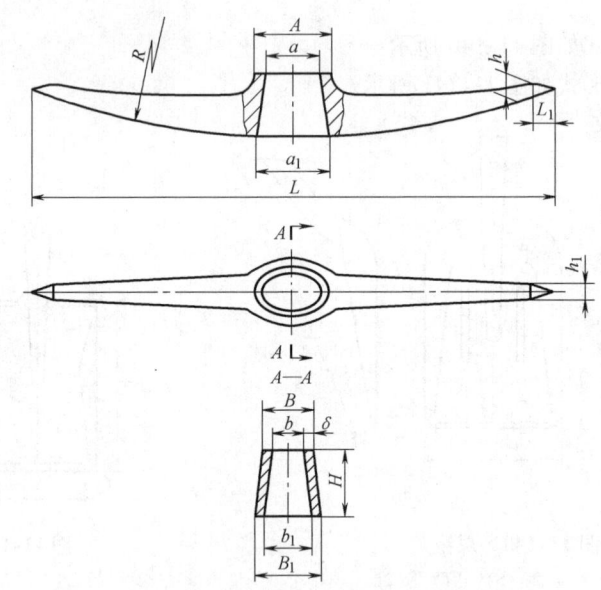

图 11-142　双尖 A 型钢镐

2. 双尖 A 型钢镐的基本尺寸（表 11-118）

表 11-118　双尖 A 型钢镐的基本尺寸（QB/T 2290—1997）（单位：mm）

规格重量[①] /kg	总长 L	镐身圆弧 R	柄孔尺寸								尖部尺寸		
			A	a	a_1	B	b	b_1	B_1	H	δ	L_1	h	h_1
1.5	450	700	60	50	60	45	35	40	56	54	5	20	15	13
2	500	800	68	58	70	48	38	45	65	62	5	25	17	14
2.5	520	800	68	58	70	48	38	45	65	62	5	25	17	14
3	560	1000	76	64	76	52	40	48	68	65	6	30	18	16
3.5	580	1000	76	64	76	52	40	48	68	65	6	30	18	16
4	600	1000	76	64	76	52	40	48	68	65	6	30	18	17

① 重量允差 ±5%。

11.8.3 耙镐（图 11-143）

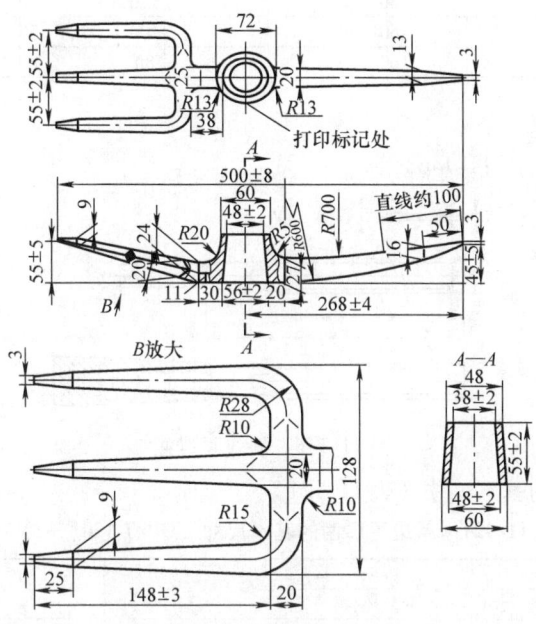

图 11-143　耙镐的形式及尺寸

11.9　凿

11.9.1　木凿

1. 木凿的形式（图 11-144）
2. 木凿的基本尺寸（表 11-119）

表 11-119　木凿的基本尺寸

种类	凿刃宽度 B/mm
平凿、圆凿	4、6、8、10、13、16、19、22、25
扁凿	13、16、19、22、25、32、38

11.9.2　石工凿

1. 石工凿（图 11-145）

图 11-144　木凿

图 11-145　石工凿

2. 石工凿的基本尺寸（表 11-120）

表 11-120　石工凿的基本尺寸　　　　（单位：mm）

规　格	长　度	宽　度	厚　度
1 号	160	120	60
2 号	160	100	60
3 号	160	80	60

11.9.3　斜边平口凿

1. 斜边平口凿（图 11-146）

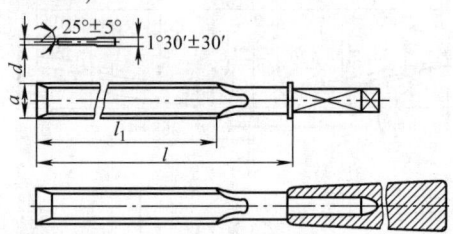

图 11-146　斜边平口凿

2. 斜边平口凿的基本尺寸（表 11-121）

表 11-121　斜边平口凿的基本尺寸（QB/T 1201—2017）　（单位：mm）

规格	a 基本尺寸	a 偏差	l ≥	l_1 ≥	d ≥
(2)	2	±0.20	109	78	3.5
3	3	±0.20	110	79	3.5
4	4	±0.24	112	80	2.1
(5)	5	±0.24	113	81	2.1
6	6	±0.24	115	82	2.1
8	8	±0.29	118	84	2.1
10	10	±0.29	121	86	2.1
12	12	±0.35	124	88	2.1
(13)	13	±0.35	125	89	2.3
14	14	±0.35	127	90	2.3
(15)	15	±0.35	128	91	2.4
16	16	±0.35	130	92	2.4
18	18	±0.35	133	94	2.6
(19)	19	±0.42	134	95	2.6
20	20	±0.42	136	96	2.6
(22)	22	±0.42	139	98	2.8
25	25	±0.42	143	101	2.9
(28)	28	±0.42	148	104	2.9
(30)	30	±0.42	150	106	3.1
32	32	±0.50	154	108	3.1
(35)	35	±0.50	158	111	3.3
(38)	38	±0.50	160	114	3.3
40	40	±0.50	166	116	3.3

注：括号内规格为非优选系列。

11.9.4　平边平口凿

1. 平边平口凿的形式（图 11-147）

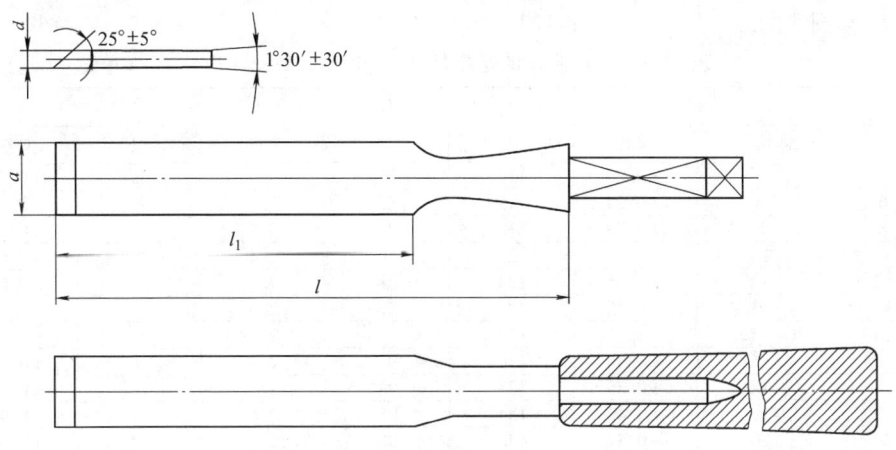

图 11-147　平边平口凿

2. 平边平口凿的基本尺寸（表 11-122）

表 11-122　平边平口凿的基本尺寸（QB/T 1201—2017）　（单位：mm）

规格	a 基本尺寸	a 偏差	l ≥	l_1 ≥	d ≥
6	6	±0.24	104	76	2.1
10	10	±0.29	107	76	2.1
(13)	13	±0.35	109	76	2.3
16	16	±0.35	111	76	2.4
(19)	19	±0.42	113	76	2.6
25	25	±0.42	118	76	2.9
32	32	±0.50	122	76	3.1
(38)	38	±0.50	127	76	3.3
50	50	±0.50	135	76	3.5

注：括号内规格为非优选系列。

11.9.5　半圆凿

1. 半圆凿的形式（图 11-148）

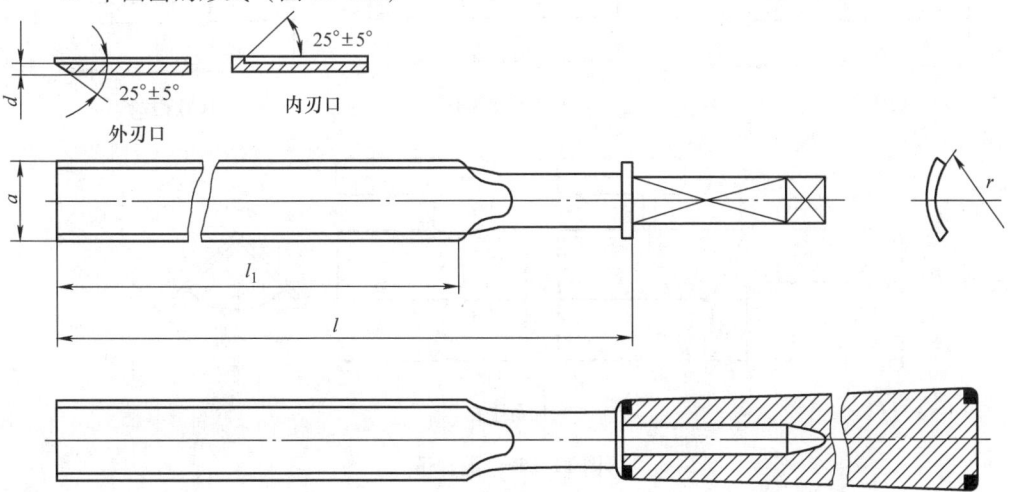

图 11-148　半圆凿

2. 半圆凿的基本尺寸（表 11-123）

表 11-123　半圆凿的基本尺寸（QB/T 1201—2017）　　（单位：mm）

规格	a		l	l_1	d	r	
	基本尺寸	偏差	≥	≥	≥	基本尺寸	偏差
(3)	3	±0.20	110	79	3.5	3	±0.45
6	6	±0.24	115	82	2.1	4	±0.60
8	8	±0.29	118	84	2.1	5	±0.60
10	10	±0.29	121	86	2.1	6	±0.60
12	12	±0.35	124	88	2.1	7	±0.60
(13)	13	±0.35	125	89	2.3	7	±0.75
(15)	15	±0.35	128	91	2.4	8	±0.75
(16)	16	±0.35	130	92	2.4	9	±0.75
18	18	±0.35	133	94	2.6	10	±0.75
(19)	19	±0.42	134	95	2.6	11	±0.90
20	20	±0.42	136	96	2.6	12	±0.90
(22)	22	±0.42	139	98	2.8	13	±0.90
25	25	±0.42	143	101	2.9	14	±0.90
(30)	30	±0.42	150	106	3.1	16	±0.90
(32)	32	±0.50	154	108	3.1	18	±0.90

注：括号内规格为非优选系列。

11.10　手工建筑工具

11.10.1　泥抹子

1. 泥抹子的形式（图 11-149）

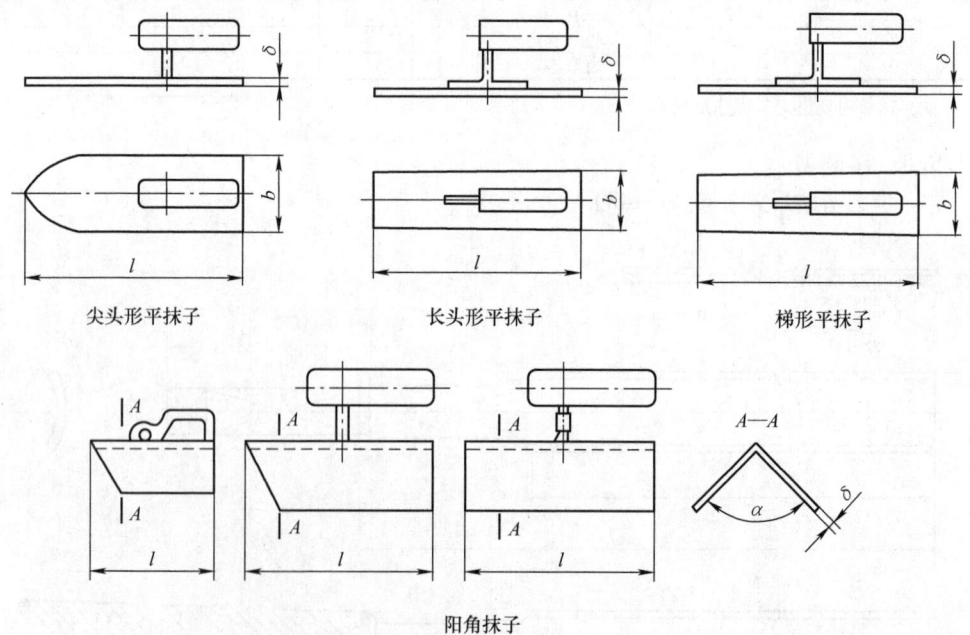

图 11-149　泥抹子

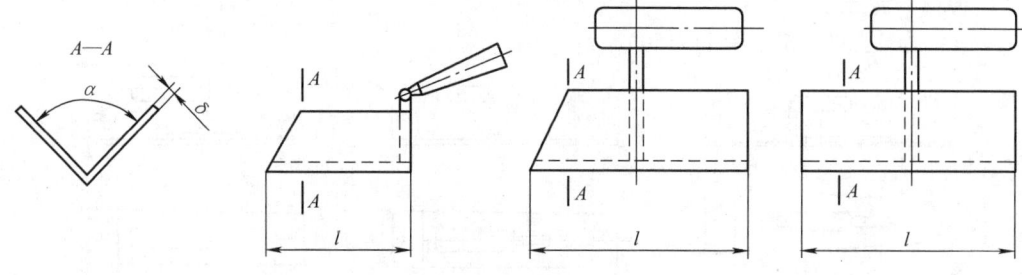

阴角抹子

图 11-149 泥抹子（续）

2. 尖头形平抹子、长方形平抹子和梯形平抹子的基本尺寸（表 11-124）

表 11-124 尖头形平抹子、长方形平抹子和梯形平抹子的基本尺寸（QB/T 2212.2—2011）

（单位：mm）

规格 l	偏差	b	偏差	δ
220	±2.0	80	±2.0	≥0.7
230		85		
240		90		
250		90		
260		95		
280		100		
300		100		
320		110		

注：特殊形式和其他规格可不受本表限制。

3. 阳角抹子和阴角抹子的基本尺寸（表 11-125）

表 11-125 阳角抹子和阴角抹子的基本尺寸（QB/T 2212.2—2011）

（单位：mm）

| 规格 l/mm | 偏差/mm | δ/mm | α | |
			阳角抹子	阴角抹子
100	±2.0	≥1.0	92°±1°	88°±1°
110				
120				
130				
140				
150				
160				
170				
180				

注：特殊形式和其他规格可不受本表限制。

11.10.2 泥压子

1. 泥压子的形式（图 11-150）

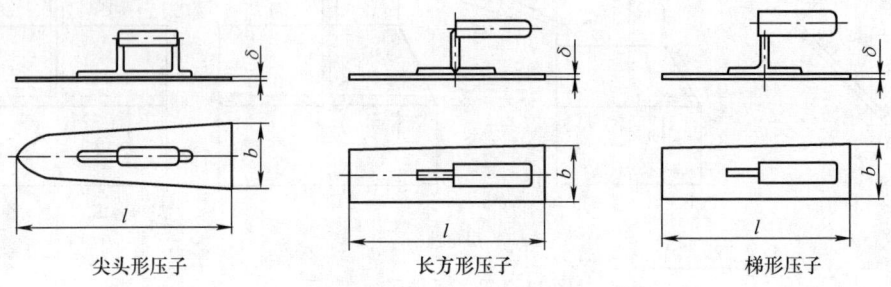

图 11-150　泥压子

2. 泥压子的基本尺寸（表 11-126）

表 11-126　泥压子的基本尺寸（QB/T 2212.3—2011）　（单位：mm）

规格 l	偏差	b	偏差	δ
190		50		
195		50		
200	±2.0	55	±2.0	≥1.0
205		55		
210		60		

注：特殊形式和其他规格可不受本表限制。

11.10.3 砌铲

1. 砌铲的形式（图 11-151）

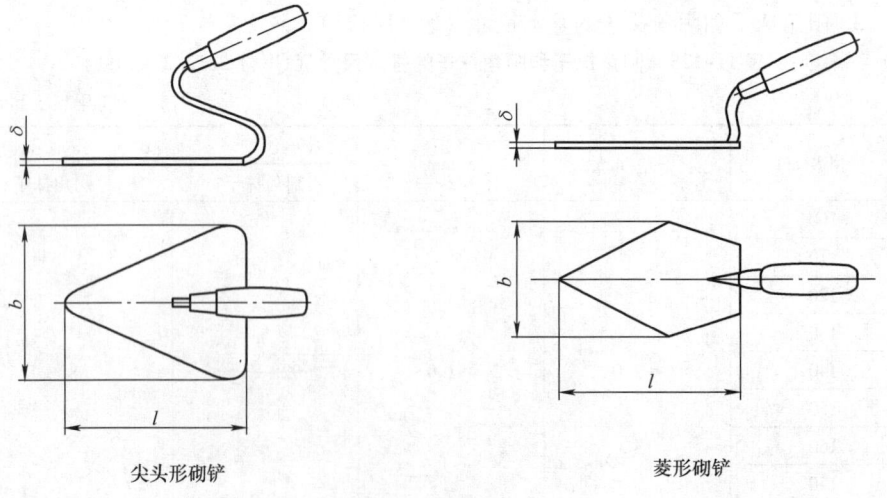

图 11-151　砌铲

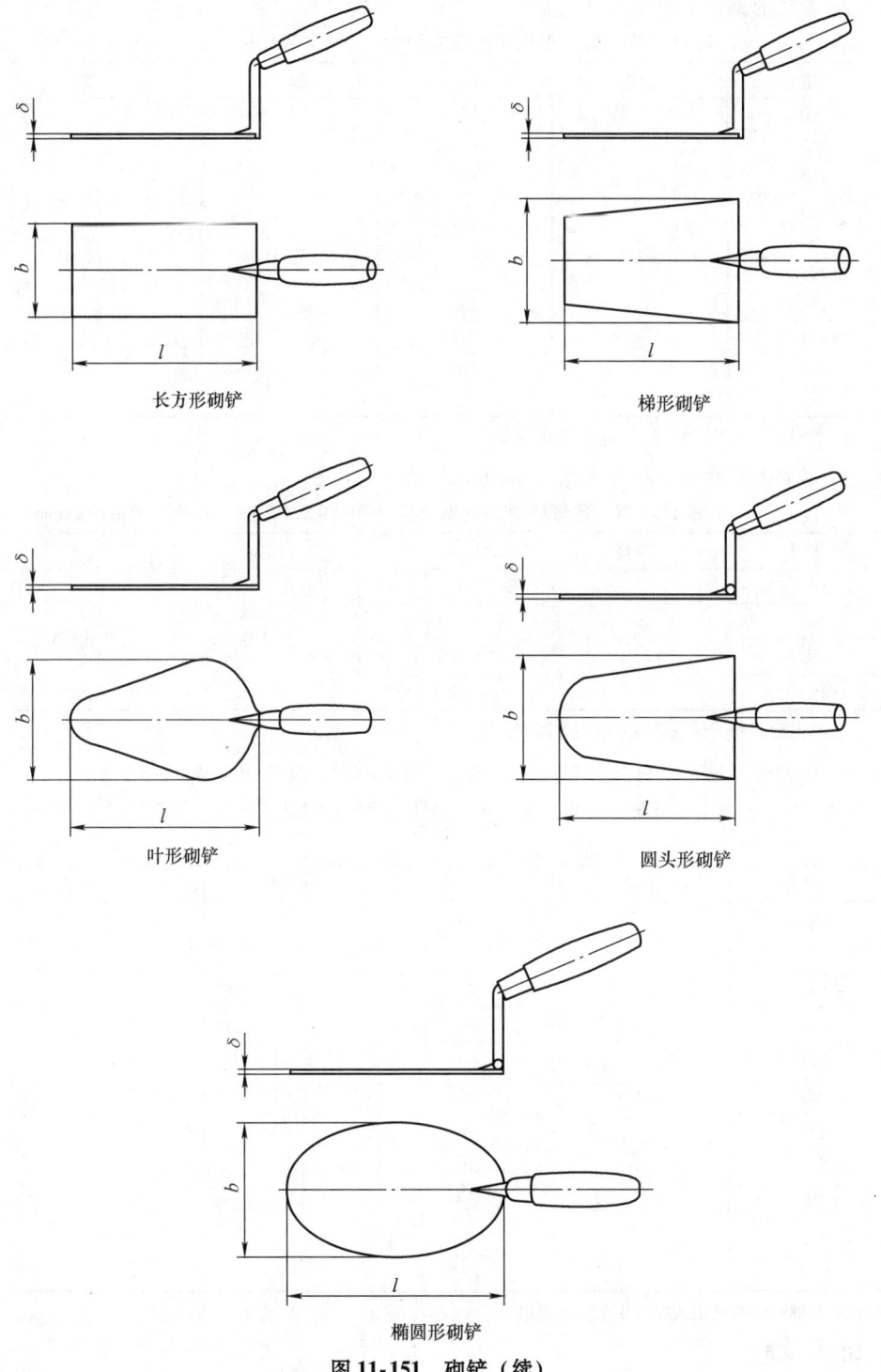

图 11-151 砌铲（续）

2. 尖头形砌铲的基本尺寸（表 11-127）

表 11-127　尖头形砌铲的基本尺寸（QB/T 2212.4—2011）（单位：mm）

规格 l	偏差	b	偏差	δ
140	±2.0	170	±2.0	≥1.0
145		175		
150		180		
155		185		
160		190		
165		195		
170		200		
175		205		
180		210		
185		215		

注：特殊形式和其他规格可不受本表限制。

3. 菱形砌铲的基本尺寸（表 11-128）

表 11-128　菱形砌铲的基本尺寸（QB/T 2212.4—2011）（单位：mm）

规格 l	偏差	b	偏差	δ
180	±2.0	125	±2.0	≥1.0
200		140		
230		160		
250		175		

注：特殊形式和其他规格可不受本表限制。

4. 长方形、梯形、叶形、圆头形、椭圆形砌铲的基本尺寸（表 11-129）

表 11-129　长方形、梯形、叶形、圆头形、椭圆形砌铲的基本尺寸（QB/T 2212.4—2011）

（单位：mm）

规格 l	偏差	b	偏差	δ
125	±2.0	60	±2.0	≥1.0
140		70		
150		75		
165		80		
180		90		
190		95		
200		100		
215		105		
230		115		
240		120		
250		125		

注：特殊形式和其他规格可不受本表限制。

11.10.4　砌刀

1. 砌刀的形式（图 11-152）

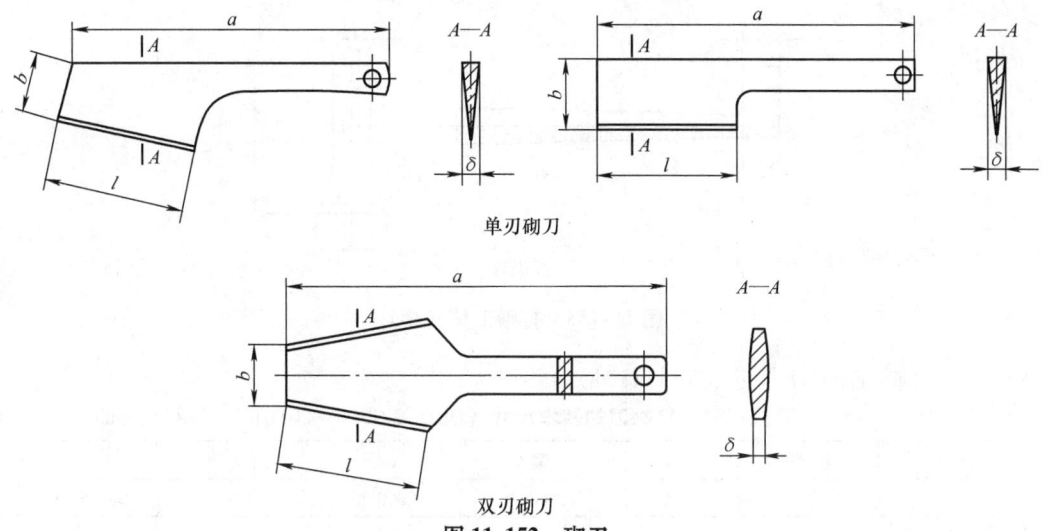

图 11-152 砌刀

2. 砌刀的基本尺寸（表 11-130）

表 11-130　砌刀的基本尺寸（QB/T 2212.5—2011）　　　（单位：mm）

规格 l	偏差	b	偏差	a	偏差	δ
135	±2.0	50	±1.5	335	±3.0	≥4.0
140		50		340		
145		50		345		
150		50		350		
155		55		355		
160		55		360		
165		55		365		
170		60		370		≥6.0
175		60		375		
180		60		380		

注：1. 刃口厚度不小于 1.0mm。
　　2. 特殊形式和其他规格可不受本表限制。

11.10.5　打砌工具

1. 打砌工具的形式（图 11-153）

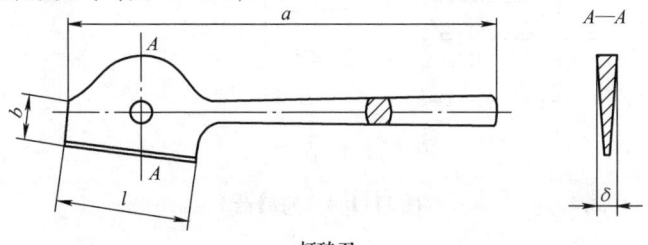

打砖刀

图 11-153　打砌工具

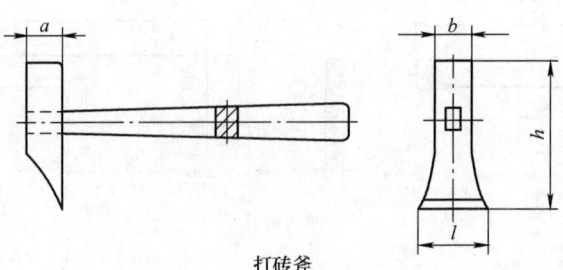

打砖斧

图 11-153 打砌工具（续）

2. 打砌刀的基本尺寸（表 11-131）

表 11-131　打砌刀的基本尺寸（QB/T 2212.6—2011）　（单位：mm）

规格 l	偏差	b	偏差	a	偏差	δ
110	±2.0	75	±1.5	300	±2.5	≥6.0

注：特殊形式和其他规格可不受本表限制。

3. 打砌斧的基本尺寸（表 11-132）

表 11-132　打砌斧的基本尺寸（QB/T 2212.6—2011）　（单位：mm）

规格 l	偏差	a	偏差	b	偏差	h	偏差
50	±1.5	20	±1.5	25	±1.5	110	±2.0
55		25		30		120	

注：特殊形式和其他规格可不受本表限制。

11.10.6　勾缝器

1. 勾缝器的形式（图 11-154）

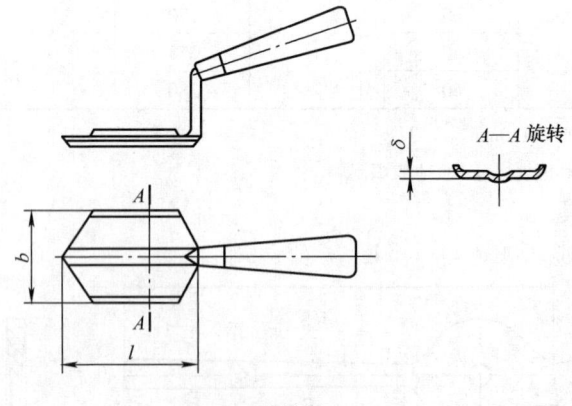

分格器

图 11-154　勾缝器

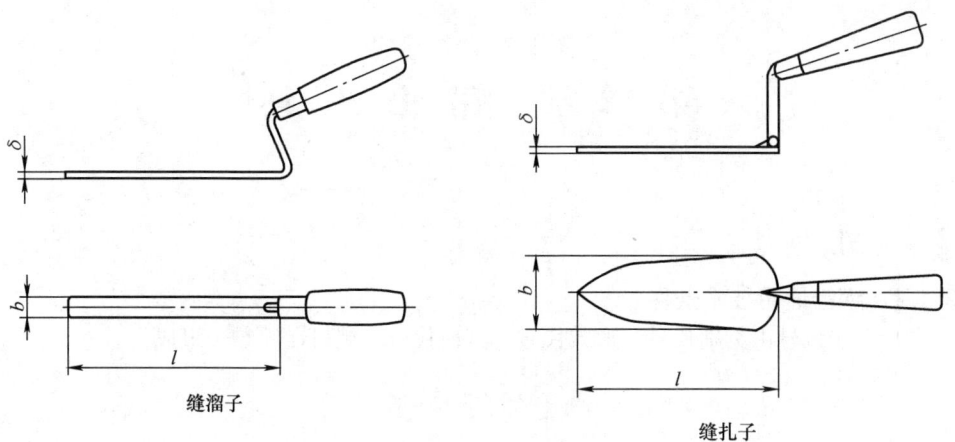

图 11-154 勾缝器（续）

2. 分格器的基本尺寸（表 11-133）

表 11-133 分格器的基本尺寸（QB/T 2212.7—2011） （单位：mm）

规格 l	偏差	b	偏差	δ
80		45		
100	±2.0	60	±1.5	≥1.5
110		65		

注：特殊形式和其他规格可不受本表限制。

3. 缝溜子的基本尺寸（表 11-134）

表 11-134 缝溜子的基本尺寸（QB/T 2212.7—2011） （单位：mm）

规格 l	偏差	b	偏差	δ
100				
110				
120				
130	±1.5	10	±1.0	≥2.5
140				
150				
160				

注：特殊形式和其他规格可不受本表限制。

第12章 钳工工具

12.1 锉

12.1.1 钢锉通用技术条件

1) 钢锉编号由类别代号、形式代号、其他代号、规格、锉纹号组成。

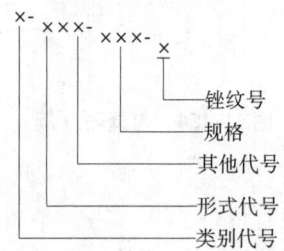

示例：钳工锉类的半圆锉，厚壁250mm1号纹的标记为：Q-03h-250-1。

2) 钢锉的类别代号如表12-1所示。

表12-1 钢锉的类别代号（GB/T 5806—2003）

类别代号	类别	类别代号	类别
Q	钳工锉	B	钟表锉
J	锯锉	T	特殊钟表锉
Z	整形锉	M	木锉
Y	异形锉		

3) 钢锉形式代号如表12-2所示。

表12-2 钢锉形式代号（GB/T 5806—2003）

类别代号	形式代号	形式	类别代号	形式代号	形式
Q	01	齐头扁锉	Z	01	齐头扁锉
	02	尖头扁锉		02	尖头扁锉
	03	半圆锉		03	半圆锉
	04	三角锉		04	三角锉
	05	方锉		05	方锉
	06	圆锉		06	圆锉
J	01	齐头三角锯锉		07	单面三角锉
	02	尖头三角锯锉		08	刀形锉
	03	齐头扁锯锉		09	双半圆锉
	04	尖头扁锯锉		10	椭圆锉
	05	菱形锯锉		11	圆边扁锉
	06	弧面菱形锯锉		12	菱形锉
	07	弧面三角锯锉			

(续)

类别代号	形式代号	形式	类别代号	形式代号	形式
Y	01	齐头扁锉	B	07	单面三角锉
Y	02	尖头扁锉	B	08	刀形锉
Y	03	半圆锉	B	09	双半圆锉
Y	04	三角锉	B	10	棱边锉
Y	05	方锉	T	01	齐头扁锉
Y	06	圆锉	T	02	三角锉
Y	07	单面三角锉	T	03	方锉
Y	08	刀形锉	T	04	圆锉
Y	09	双半圆锉	T	05	单面三角锉
Y	10	椭圆锉	T	06	刀形锉
B	01	齐头扁锉	M	01	扁木锉
B	02	尖头扁锉	M	02	半圆木锉
B	03	半圆锉	M	03	圆木锉
B	04	三角锉	M	04	家具半圆木锉
B	05	方锉			
B	06	圆锉			

4) 钢锉其他代号如表 12-3 所示。

表 12-3 钢锉其他代号（GB/T 5806—2003）

代号	形式	代号	形式
P	普通型	z	窄型
b	薄型	t	特窄型
h	厚型	l	螺旋型

5) 最大与最小锉纹距的差数与最大锉纹距的比值如表 12-4 所示。

表 12-4 最大与最小锉纹距的差数与最大锉纹距的比值（GB/T 5806—2003）

每 10mm 轴向长度内的锉纹条数	最大与最小锉纹距的差数与最大锉纹距的比值
5.5 ~ 15	≤1/10
16 ~ 28	≤1/10
32 ~ 56	≤1/5
63 ~ 80	≤1/3
100 ~ 112	—

6) 钳工锉、钢锉的直线度如表 12-5 所示。

表 12-5 钳工锉、钢锉的直线度（GB/T 5806—2003） （单位：mm）

规格尺寸	测量长度	直线度公差 宽面	直线度公差 狭面
≤250	50	0.08	0.10
>250	100	0.10	0.15

7) 钳工锉、锯锉锉梢端与锉身平行部分相应面的距离公差如表 12-6 所示，但其锉梢不得超过锉身平行部分相应面（母线）。

表 12-6 钳工锉、锯锉锉梢端与锉身平行部分相应面的距离公差 (GB/T 5806—2003)

(单位：mm)

规格尺寸	半圆锉梢部只允许向弧面弯，梢端与平行部分相应的距离公差	扁锉、三角锉、方锉、圆锉任意两个相邻或相对面（母线）的距离公差
≤100	0.7	0.3
125~150	0.75	0.4
200~300	1.25	0.6
350~450	1.75	0.8

8) 齿尖硬度和锋利性试验应采用检验板进行，检验板的要求如表 12-7 所示，且齿尖不得有崩刃和打滑现象。

表 12-7 齿尖硬度和锋利性试验所有检验板要求 (GB/T 5806—2003)

类别	材料	硬度值 HRC	尺寸/mm
钳工锉	GB/T 1299—2014 规定的 T12	55~57	20×4
锯锉			
整形锉			
异形锉			
钟表锉			
特殊钟表锉			
木锉	枣、檀、栗、竹	—	—

9) 主锉纹斜角如图 12-1 所示。

10) 齐头扁锉、尖头扁锉、半圆锉、圆锉、方锉和三角锉的锉纹参数如表 12-8 所示，采用螺旋锉纹回锉的锉纹参数如表 12-9 所示，锯锉的锉纹参数如表 12-10 所示，整形锉、异形锉、钟表锉和特殊钟表锉的锉纹参数如表 12-11 所示。

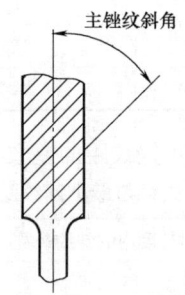

图 12-1 主锉纹斜角

表 12-8 齐头扁锉、尖头扁锉、半圆锉、圆锉、方锉和三角锉的锉纹参数 (GB/T 5806—2003)

规格尺寸/mm	每10mm 锉纹条数 锉纹号					辅锉纹条数	边锉纹条数	主锉纹斜角 λ		辅锉纹斜角 ω		边锉纹斜角 θ
	1	2	3	4	5			1~3号锉纹	4~5号锉纹	1~3号锉纹	4~5号锉纹	
100	14	20	28	40	56	为主锉纹条数的75%~95%	为主锉纹条数的100%~120%	65°	72°	45°	52°	90°
125	12	18	25	36	50							
150	11	16	22	32	45							
200	10	14	20	28	40							
250	9	12	18	25	36							
300	8	11	16	22	32							
350	7	10	14	20	—							
400	6	9	12	—	—							
450	5.5	8	11	—	—							
偏差	±5%（其偏差值不足 0.5 条时可圆整为 0.5 条）							±5°				

表 12-9 采用螺旋锉纹回锉的锉纹参数（GB/T 5806—2003）

规格尺寸/mm		每10mm主锉纹条数锉纹号			辅锉纹条数	主锉纹斜角 λ	辅锉纹斜角 ω
		1	2	3			
100	单螺纹	13	16	19	—	70°~80°	—
125		12	15	18			
150		11	14	17			
200		10	13	16			
250	双螺纹	9	12	15	为主锉纹条数的 75%~95%	70°~80°	45°~55°
300		8	11	14			
350		7	10	13			
400		6	9	12			
偏差		±5%（其偏差值不足0.5条时可圆整为0.5条）			—		

表 12-10 锯锉的锉纹参数（GB/T 5806—2003）

规格尺寸/mm	每10mm三角锯锉纹条数			每10mm扁锯锉锉纹条数		菱形锯锉锉纹条数	边锉纹条数	主锉纹斜角 λ	边锉纹斜角 θ
	普通型	窄型	特窄型	锉纹号					
				1	2				
60	—	—	—	—	—	32	为主锉纹条数的100%~120%	65°	90°
80	22	25	28	—	—	28			
100	22	25	28	25	28	25			
125	20	22	25	22	25	22			
150	18	20	22	20	22	20（18）			
175	18	20	22	20	22	—			
200	16	18	20	18	20	18			
250	14	16	18	16	18	—			
300	—	—	—	14	16	—			
350	—	—	—	12	14	—			
偏差	±5%							±5°	

表 12-11 整形锉、异形锉、钟表锉和特殊钟表锉的锉纹参数（GB/T 5806—2003）

规格/mm	每10mm主锉纹条数									辅锉纹条数	边锉纹条数	主锉纹斜角 λ	辅锉纹斜角 ω	边锉纹斜角 θ	切齿数	
	锉纹号														主锉纹斜角 λ	辅锉纹斜角 ω
	00	0	1	2	3	4	5	6	7	8							
75	—	—	—	—	50	56	63	80	100	112	为主锉纹条数的65%~85%	为主锉纹条数的90%~110%	72°	52°	80°	55°	40°
100	—	—	—	40	50	56	63	80	100	112							
120	—	—	32	40	50	56	63	80	100	—							
140	—	25	32	40	50	56	63	80	—	—							
160	20	25	32	40	50	—	—	—	—	—							
170	20	25	32	40	50	—	—	—	—	—							
180	20	25	32	40	—	—	—	—	—	—							
偏差	±5%												±4°	±10°	±5°		

11）木锉的平行部分上每平方厘米的齿数 Z 按下式进行计算。

$$Z = \frac{1000(n-1)}{LW}$$

式中　n——每排齿数；

　　　L——第 1 排和第 11 排齿顶间距离（mm），如图 12-2 所示；

　　　W——每排齿中第 1 齿和第 n 齿之间距离（mm），如图 12-2 所示。

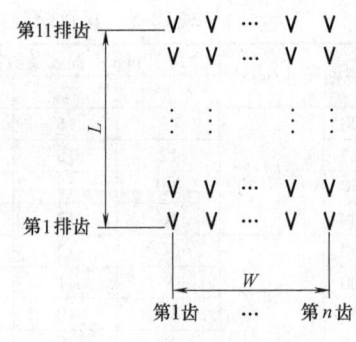

图 12-2　齿数的计算

12.1.2　钳工锉

1. 齐头扁锉

1）齐头扁锉的形式如图 12-3 所示。

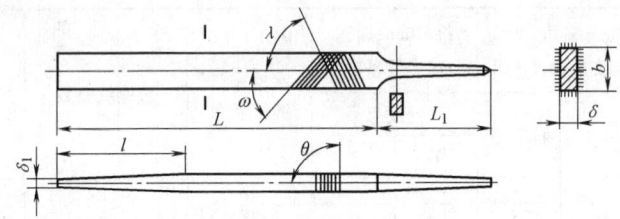

图 12-3　齐头扁锉

2）齐头扁锉的基本尺寸如表 12-12 所示。

表 12-12　齐头扁锉的基本尺寸（QB/T 2569.1—2002）　（单位：mm）

代　号	L 基本尺寸	偏差	L_1 基本尺寸	偏差	b 基本尺寸	偏差	δ 基本尺寸	偏差	δ_1	l
Q-01-100-1～5	100		35		12		2.5 (3)			
Q-01-125-1～5	125	±3	40	±3	14	0 -1.0	3.0 (3.5)	0 -0.6		
Q-01-150-1～5	150		45		16		3.5 (4)		≤80% δ	(25%～50%)L
Q-01-200-1～5	200		55		20		4.5 (5)			
Q-01-250-1～5	250	±4	65	±4	24	0 -1.2	5.5	0 -0.8		
Q-01-300-1～5	300		75		28		6.5			
Q-01-350-1～5	350		85		32		7.5			
Q-01-400-1～5	400	±5	90	±5	36	0 -1.4	8.5	0 -1.0		
Q-01-450-1～5	450		90		40		9.5			

注：带括号的尺寸为非推荐尺寸。

2. 尖头扁锉

1) 尖头扁锉的形式如图 12-4 所示。

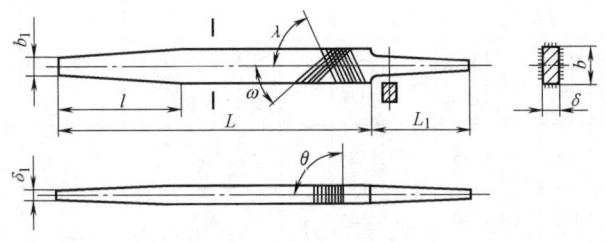

图 12-4 尖头扁锉

2) 尖头扁锉的基本尺寸如表 12-13 所示。

表 12-13　尖头扁锉的基本尺寸（QB/T 2569.1—2002）　（单位：mm）

代号	L 基本尺寸	L 偏差	L_1 基本尺寸	L_1 偏差	b 基本尺寸	b 偏差	δ 基本尺寸	δ 偏差	b_1	δ_1	l
Q-02-100-1～5	100	±3	35	±3	12	0 −1.0	2.5 (3)	0 −0.6	≤80% b	≤80% δ	(25%～50%) L
Q-02-125-1～5	125		40		14		3.0 (3.5)				
Q-02-150-1～5	150		45		16		3.5 (4)				
Q-02-200-1～5	200	±4	55	±4	20	0 −1.2	4.5 (5)	0 −0.8			
Q-02-250-1～5	250		65		24		5.5				
Q-02-300-1～5	300		75		28		6.5				
Q-02-350-1～5	350	±5	85	±5	32	0 −1.4	7.5	0 −1.0			
Q-02-400-1～5	400		90		36		8.5				
Q-02-450-1～5	450		90		40		9.5				

注：带括号的尺寸为非推荐尺寸。

3. 半圆锉

1) 半圆锉的形式如图 12-5 所示。

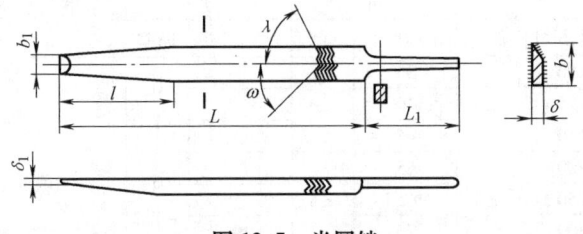

图 12-5 半圆锉

2）半圆锉的基本尺寸如表 12-14 所示。

表 12-14 半圆锉的基本尺寸（QB/T 2569.1—2002）　　（单位：mm）

代　号	L 基本尺寸	L 偏差	L_1 基本尺寸	L_1 偏差	b 基本尺寸	b 偏差	δ 薄型	δ 厚型	δ 偏差	b_1	δ_1	l
Q-03b/03h-100-1~5	100		35		12		3.5	4				
Q-03b/03h-125-1~5	125	±3	40	±3	14	0 -1.0	4	4.5	0 -0.6			
Q-03b/03h-150-1~5	150		45		16		4.5	5				
Q-03b/03h-200-1~5	200		55		20		5.5	6.5		≤80%b	≤80%δ	(25%~50%)L
Q-03b/03h-250-1~5	250	±4	65	±4	24	0 -1.2	7	8	0 -0.8			
Q-03b/03h-300-1~5	300		75		28		8	9				
Q-03b/03h-350-1~5	350	±5	85	±5	32	0 -1.4	9	10	0 -1.0			
Q-03b/03h-400-1~5	400		90		36		10	11.5				

4. 三角锉

1）三角锉的形式如图 12-6 所示。

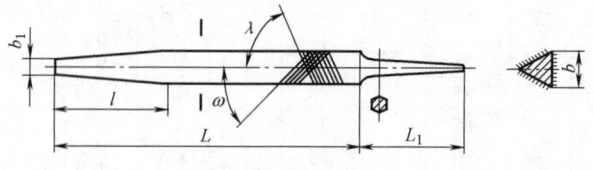

图 12-6　三角锉

2）三角锉的基本尺寸如表 12-15 所示。

表 12-15 三角锉的基本尺寸（QB/T 2569.1—2002）　　（单位：mm）

代　号	L 基本尺寸	L 偏差	L_1 基本尺寸	L_1 偏差	b 基本尺寸	b 偏差	b_1	l
Q-04-100-1~5	100		35		8			
Q-04-125-1~5	125	±3	40	±3	9.5	0 -1.0		
Q-04-150-1~5	150		45		11			
Q-04-200-1~5	200		55		13		≤80%b	(25%~50%)L
Q-04-250-1~5	250	±4	65	±4	16	0 -1.2		
Q-04-300-1~5	300		75		19			
Q-04-350-1~5	350	±5	85	±5	22	0 -1.4		
Q-04-400-1~5	400		90		26			

5. 方锉

1）方锉的形式如图 12-7 所示。

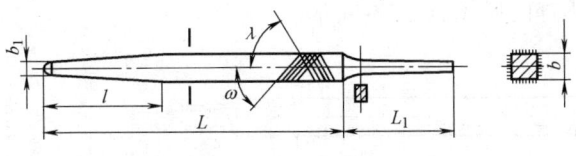

图 12-7　方锉

2）方锉的基本尺寸如表 12-16 所示。

表 12-16　方锉的基本尺寸（QB/T 2569.1—2002）　　　（单位：mm）

代号	L 基本尺寸	L 偏差	L_1 基本尺寸	L_1 偏差	b 基本尺寸	b 偏差	b_1	l
Q-05-100-1～5	100	±3	35	±3	3.5	0 -1.0	≤80%b	(25%～50%)L
Q-05-125-1～5	125		40		4.5			
Q-05-150-1～5	150		45		5.5			
Q-05-200-1～5	200	±4	55	±4	7	0 -1.2		
Q-05-250-1～5	250		65		9			
Q-05-300-1～5	300		75		11			
Q-05-350-1～5	350	±5	85	±5	14	0 -1.4		
Q-05-400-1～5	400		90		18			
Q-05-450-1～5	450		90		22			

6. 圆锉

1）圆锉的形式如图 12-8 所示。

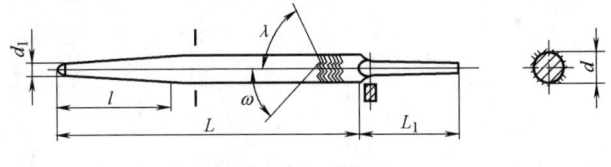

图 12-8　圆锉

2）圆锉的基本尺寸如表 12-17 所示。

表 12-17　圆锉的基本尺寸（QB/T 2569.1—2002）　　　（单位：mm）

代号	L 基本尺寸	L 偏差	L_1 基本尺寸	L_1 偏差	d 基本尺寸	d 偏差	d_1	l
Q-06-100-1～5	100	±3	35	±3	3.5	0 -0.6	≤80%d	(25%～50%)L
Q-06-125-1～5	125		40		4.5			
Q-06-150-1～5	150		45		5.5			
Q-06-200-1～5	200	±4	55	±4	7	0 -0.8		
Q-06-250-1～5	250		65		9			
Q-06-300-1～5	300		75		11			
Q-06-350-1～5	350	±5	85	±5	14	0 -1.0		
Q-06-400-1～5	400		90		18			

12.1.3 锯锉

1. 齐头三角锯锉

1) 齐头三角锯锉的形式如图 12-9 所示。

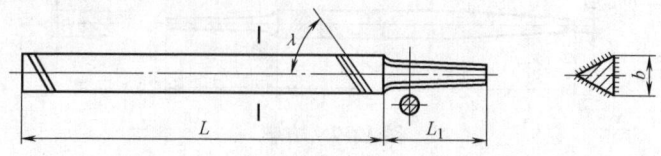

图 12-9 齐头三角锯锉

2) 齐头三角锯锉的基本尺寸如表 12-18 所示。

表 12-18 齐头三角锯锉的基本尺寸（QB/T 2569.2—2002）（单位：mm）

代 号	L 基本尺寸	L 偏差	L_1 基本尺寸	L_1 偏差	b 基本尺寸	b 偏差
J-01p-80 J-01z-80 J-01t-80	80	±3	30	±3	6 5 4	0 -0.8
J-01p-100 J-01z-100 J-01t-100	100	±3	35	±3	8 6 5	0 -0.8
J-01p-125 J-01z-125 J-01t-125	125	±3	40	±3	9.5 7 6	0 -0.8
J-01p-150 J-01z-150 J-01t-150	150	±3	45	±3	11 8.5 7	0 -0.8
J-01p-175 J-01z-175 J-01t-175	175	±3	50	±3	12 10 8.5	0 -0.8
J-01p-200 J-01z-200 J-01t-200	200	±4	55	±4	13 12 10	0 -1.0
J-01p-250 J-01z-250	250	±4	65	±4	16 14	0 -1.0

2. 尖头三角锯锉

1) 尖头三角锯锉的形式如图 12-10 所示。

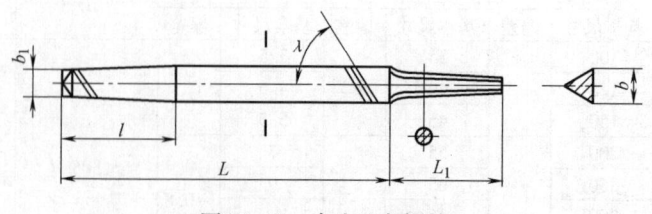

图 12-10 尖头三角锯锉

2）尖头三角锯锉的基本尺寸如表12-19所示。

表 12-19　尖头三角锯锉的基本尺寸（QB/T 2569.2—2002）（单位：mm）

代号	L 基本尺寸	偏差	L_1 基本尺寸	偏差	b 基本尺寸	偏差	b_1	l
J-02p-80 J-02z-80 J-02t-80	80	±3	30	±3	6 5 4	0 -0.8	≤80%b	(25%～50%)L
J-02p-100 J-02z-100 J-02t-100	100		35		8 6 5			
J-02p-125 J-02z-125 J-02t-125	125		40		9.5 7 6			
J-02p-150 J-02z-150 J-02t-150	150		45		11 8.5 7			
J-02p-175 J-02z-175 J-02t-175	175		50		12 10 8.5			
J-02p-200 J-02z-200 J-02t-200	200	±4	55	±4	13 12 10	0 -1.0		
J-02p-250 J-02z-250	250		65		16 14			

3. 齐头扁锯锉

1）齐头扁锯锉的形式如图12-11所示。

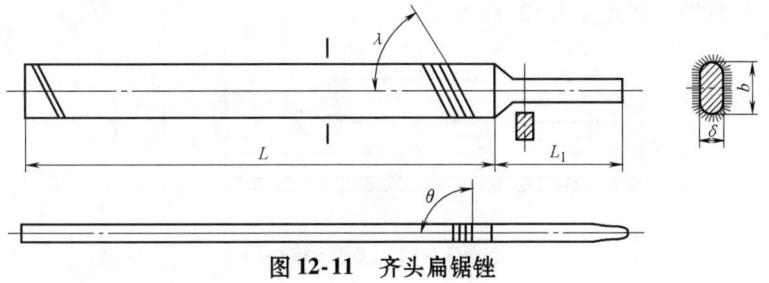

图 12-11　齐头扁锯锉

2）齐头扁锯锉的基本尺寸如表12-20所示。

表 12-20　齐头扁锯锉的基本尺寸（QB/T 2569.2—2002）（单位：mm）

代号	L 基本尺寸	偏差	L_1 基本尺寸	偏差	b 基本尺寸	偏差	δ 基本尺寸	偏差
J-03-100-1～2	100	±3	35	±3	12	0 -1.0	1.8	0 -0.5
J-03-125-1～2	120		40		14		2.0	
J-03-150-1～2	150		45		16		2.5	
J-03-175-1～2	175	±4	50	±4	18	0 -1.2	3.0	0 -0.6
J-03-200-1～2	200		55		20		3.5	
J-03-250-1～2	250		65		24		4.5	
J-03-300-1～2	300		75		28		5.0	
J-03-350-1～2	350	±5	85	±5	32	0 -1.4	6.0	0 -0.8

4. 尖头扁锯锉

1) 尖头扁锯锉的形式如图 12-12 所示。

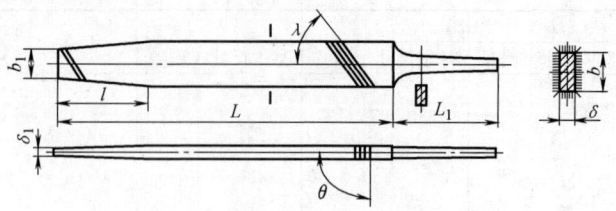

图 12-12 尖头扁锯锉

2) 尖头扁锯锉的基本尺寸如表 12-21 所示。

表 12-21 尖头扁锯锉的基本尺寸（QB/T 2569.2—2002） （单位：mm）

代号	L 基本尺寸	偏差	L_1 基本尺寸	偏差	b 基本尺寸	偏差	δ 基本尺寸	偏差	b_1	δ_1	l
J-04-100-1~5	100	±3	35	±3	12	0 −1.0	1.8	0 −0.5	≤80% b	≤80% δ	(25%~50%)L
J-04-125-1~5	125		40		14		2.0				
J-04-150-1~5	150		45		16		2.5				
J-04-175-1~5	175	±4	50	±4	18	0 −1.2	3.0	0 −0.6			
J-04-200-1~5	200		55		20		3.5				
J-04-250-1~5	250		65		24		4.5				
J-04-300-1~5	300		75		28		5.0				
J-04-350-1~5	350	±5	85	±5	32	0 −1.4	6.0	0 −0.8			

5. 菱形锯锉

1) 菱形锯锉的形式如图 12-13 所示。

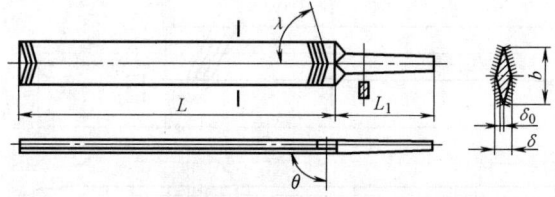

图 12-13 菱形锯锉

2) 菱形锯锉的基本尺寸如表 12-22 所示。

表 12-22 菱形锯锉的基本尺寸（QB/T 2569.2—2002） （单位：mm）

代号	L 基本尺寸	偏差	L_1 基本尺寸	偏差	b 基本尺寸	偏差	δ 基本尺寸	偏差	δ_0
J-05-60	60	±3	30	±3	16	0 −1.0	2.1	0 −0.3	≤0.4
J-05-80	80		30		19		2.3		≤0.45
J-05-100	100		35		22		3.2		≤0.5
J-05b-125	125		40		25	0 −1.2	3.5 (4.0)	0 −0.4	≤0.55
J-05h-125									≤0.7
J-05b-150	150		45		28		4.0 (5.0)		≤0.7
J-05h-150									≤1.0
J-05-200	200	±4	55	±4	32	0 −1.4	5.0	0 −0.6	≤0.9

注：带括号的尺寸为非推荐尺寸。

12.1.4 异形锉

1. 齐头扁锉

1）齐头扁锉的形式如图 12-14 所示。

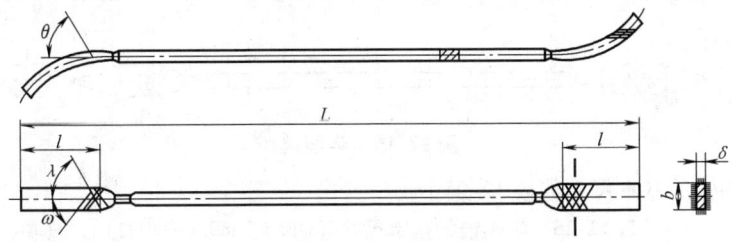

图 12-14 齐头扁锉

2）齐头扁锉的基本尺寸如表 12-23 所示。

表 12-23 齐头扁锉的基本尺寸（QB/T 2569.4—2002） （单位：mm）

代　号	L		l		b	δ
	基本尺寸	偏差	基本尺寸	偏差		
Y-01-170-2	170	±5	25	±5	5.4	1.2

注：两端形式尺寸相同，弯曲方向相反。

2. 尖头扁锉

1）尖头扁锉的形式如图 12-15 所示。

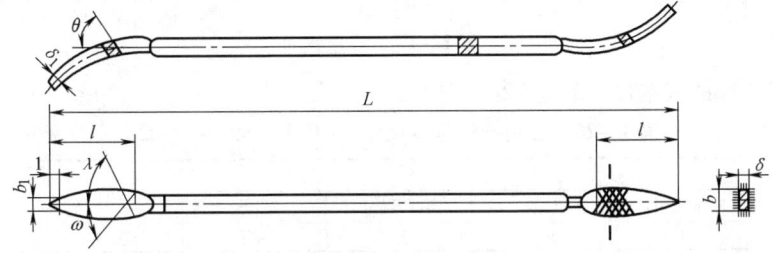

图 12-15 尖头扁锉

2）尖头扁锉的基本尺寸如表 12-24 所示。

表 12-24 尖头扁锉的基本尺寸（QB/T 2569.4—2002） （单位：mm）

代　号	L		l		b	δ	b_1	δ_1
	基本尺寸	偏差	基本尺寸	偏差				
Y-02-170-2	170	±5	25	±5	5.2	1.1	0.8	0.9

注：两端形式尺寸相同，弯曲方向相反。

3. 半圆锉

1）半圆锉的形式如图 12-16 所示。

图 12-16　半圆锉

2）半圆锉的基本尺寸如表 12-25 所示。

表 12-25　半圆锉的基本尺寸（QB/T 2569.4—2002）　　（单位：mm）

代　号	L		l		b	δ	b_1	δ_1
	基本尺寸	偏差	基本尺寸	偏差				
Y-03-170-2	170	±5	25	±5	4.9	1.6	0.8	0.7

注：两端形式尺寸相同，弯曲方向相反。

4. 三角锉

1）三角锉的形式如图 12-17 所示。

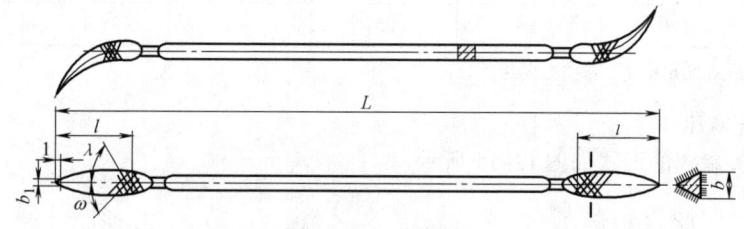

图 12-17　三角锉

2）三角锉的基本尺寸如表 12-26 所示。

表 12-26　三角锉的基本尺寸（QB/T 2569.4—2002）　　（单位：mm）

代　号	L		l		b	b_1
	基本尺寸	偏差	基本尺寸	偏差		
Y-04-170-2	170	±5	25	±5	3.3	0.8

注：两端形式尺寸相同，弯曲方向相反。

5. 方锉

1）方锉的形式如图 12-18 所示。

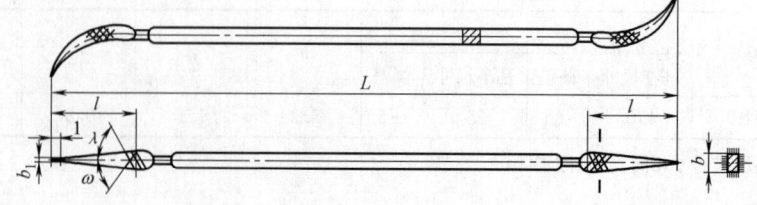

图 12-18　方锉

2）方锉的基本尺寸如表12-27所示。

表12-27 方锉的基本尺寸（QB/T 2569.4—2002） （单位：mm）

代 号	L		l		b	b_1
	基本尺寸	偏差	基本尺寸	偏差		
Y-05-170-2	170	±5	25	±5	2.4	0.8

注：两端形式尺寸相同，弯曲方向相反。

6. 圆锉

1）圆锉的形式如图12-19所示。

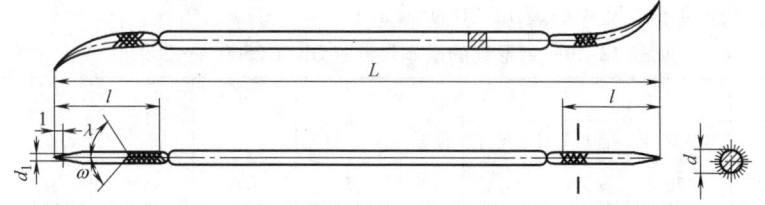

图12-19 圆锉

2）圆锉的基本尺寸如表12-28所示。

表12-28 圆锉的基本尺寸（QB/T 2569.4—2002） （单位：mm）

代 号	L		l		d	d_1
	基本尺寸	偏差	基本尺寸	偏差		
Y-06-170-2	170	±5	25	±5	3	0.8

注：两端形式尺寸相同，弯曲方向相反。

7. 单边三角锉

1）单边三角锉的形式如图12-20所示。

图12-20 单边三角锉

2）单边三角锉的基本尺寸如表12-29所示。

表12-29 单边三角锉的基本尺寸（QB/T 2569.4—2002） （单位：mm）

代 号	L		l		b	δ	b_1	δ_1
	基本尺寸	偏差	基本尺寸	偏差				
Y-07-170-2	170	±5	25	±5	5.2	1.9	0.8	0.7

注：两端形式尺寸相同，弯曲方向相反。

8. 刀形锉

1）刀形锉的形式如图 12-21 所示。

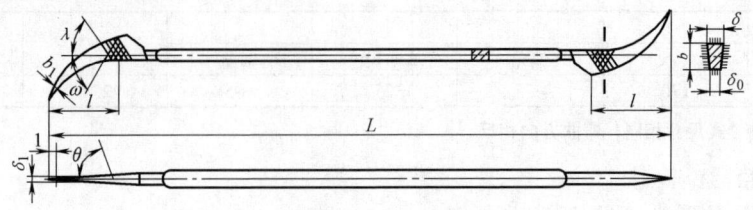

图 12-21 刀形锉

2）刀形锉的基本尺寸如表 12-30 所示。

表 12-30 刀形锉的基本尺寸（QB/T 2569.4—2002）　　　（单位：mm）

代　号	L		l		b	δ	b_1	δ_1	δ_0
	基本尺寸	偏差	基本尺寸	偏差					
Y-08-170-2	170	±5	25	±5	5	1.6	0.9	0.8	0.6

注：两端形式尺寸相同，弯曲方向相反。

9. 双半圆锉

1）双半圆锉的形式如图 12-22 所示。

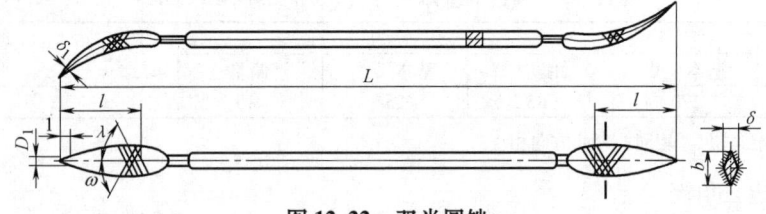

图 12-22 双半圆锉

2）双半圆锉的基本尺寸如表 12-31 所示。

表 12-31 双半圆锉的基本尺寸（QB/T 2569.4—2002）　　　（单位：mm）

代　号	L		l		b	δ	D_1	δ_1
	基本尺寸	偏差	基本尺寸	偏差				
Y-09-170-2	170	±5	25	±5	5.2	1.9	0.8	0.7

注：两端形式尺寸相同，弯曲方向相反。

10. 椭圆锉

1）椭圆锉的形式如图 12-23 所示。

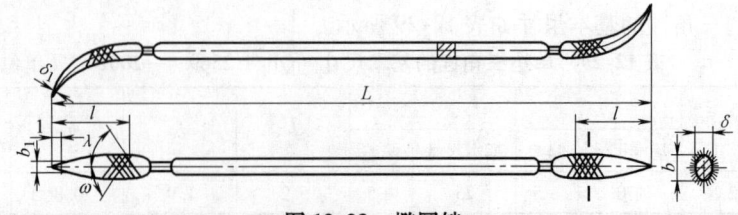

图 12-23 椭圆锉

2）椭圆锉的基本尺寸如表12-32所示。

表12-32 椭圆锉的基本尺寸（QB/T 2569.4—2002） （单位：mm）

代号	L 基本尺寸	L 偏差	l 基本尺寸	l 偏差	b	δ	b_1	$δ_1$
Y-10-170-2	170	±5	25	±5	3.3	2.3	0.8	0.7

注：两端形式尺寸相同，弯曲方向相反。

12.1.5 普通钟表锉

1. 齐头扁锉

1）齐头扁锉的形式如图12-24所示。

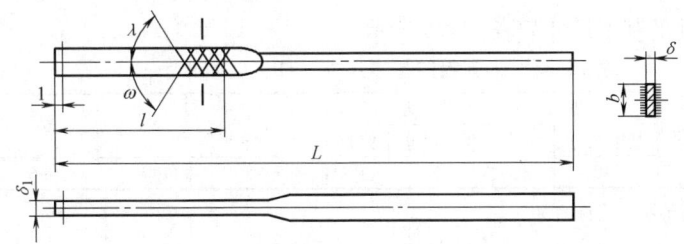

图12-24 齐头扁锉

2）齐头扁锉的基本尺寸如表12-33所示。

表12-33 齐头扁锉的基本尺寸（QB/T 2569.5—2002） （单位：mm）

代号	L 基本尺寸	L 偏差	l 基本尺寸	l 偏差	b	δ	$δ_1$
B-01-140-3～6	140	±3	45	±3	5.3	1.3	1.2

2. 尖头扁锉

1）尖头扁锉的形式如图12-25所示。

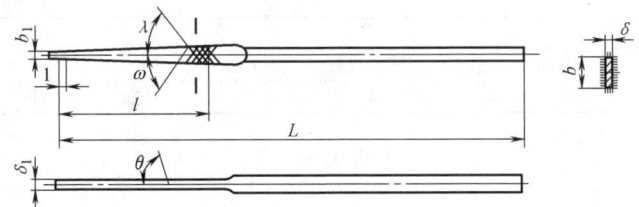

图12-25 尖头扁锉

2）尖头扁锉的基本尺寸如表12-34所示。

表12-34 尖头扁锉的基本尺寸（QB/T 2569.5—2002） （单位：mm）

代号	L 基本尺寸	L 偏差	l 基本尺寸	l 偏差	b	δ	b_1	$δ_1$
B-02-140-3～6	140	±3	45	±3	5.3	1.3	0.8	1.2

注：梢部长度不小于锉身的50%。

3. 半圆锉

1）半圆锉的形式如图 12-26 所示。

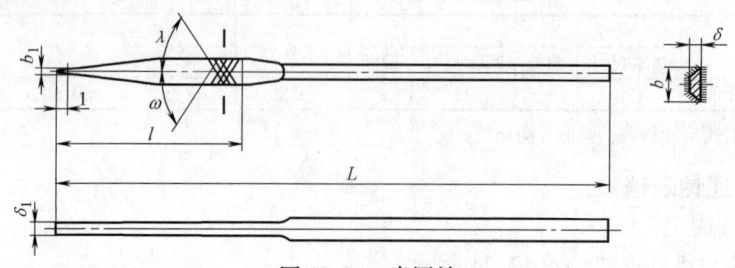

图 12-26 半圆锉

2）半圆锉的基本尺寸如表 12-35 所示。

表 12-35　半圆锉的基本尺寸（QB/T 2569.5—2002）　（单位：mm）

代　号	L		l		b	δ	b_1	δ_1
	基本尺寸	偏差	基本尺寸	偏差				
B-03-140-3～6	140	±3	45	±3	5.1	1.7	0.6	0.7

注：梢部长度不小于锉身的 50%。

4. 三角锉

1）三角锉的形式如图 12-27 所示。

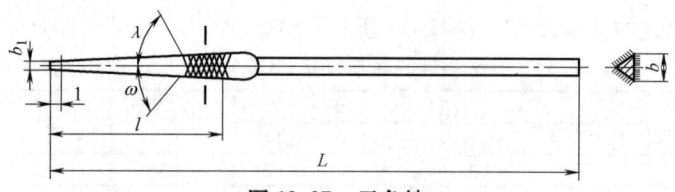

图 12-27　三角锉

2）三角锉的基本尺寸如表 12-36 所示。

表 12-36　三角锉的基本尺寸（QB/T 2569.5—2002）　（单位：mm）

代　号	L		l		b	b_1
	基本尺寸	偏差	基本尺寸	偏差		
B-04-140-3～6	140	±3	45	±3	5.1	0.6

注：梢部长度不小于锉身的 50%。

5. 方锉

1）方锉的形式如图 12-28 所示。

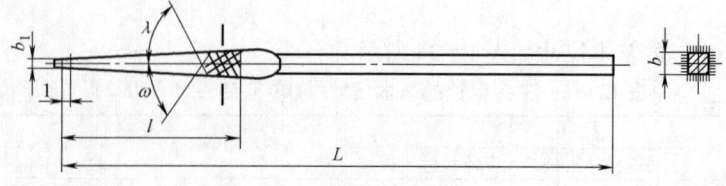

图 12-28　方锉

2) 方锉的基本尺寸如表 12-37 所示。

表 12-37　方锉的基本尺寸（QB/T 2569.5—2002）　　（单位：mm）

代　号	L		l		b	b_1
	基本尺寸	偏差	基本尺寸	偏差		
B-05-140-3~6	140	±3	45	±3	2.1	0.6

注：梢部长度不小于锉身的 50%。

6. 圆锉

1) 圆锉的形式如图 12-29 所示。

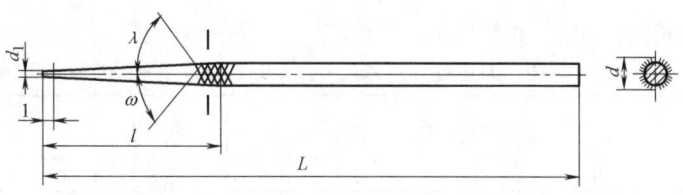

图 12-29　圆锉

2) 圆锉的基本尺寸如表 12-38 所示。

表 12-38　圆锉的基本尺寸（QB/T 2569.5—2002）　　（单位：mm）

代　号	L		l		d	d_1
	基本尺寸	偏差	基本尺寸	偏差		
B-06-140-3~6	140	±3	45	±3	2.1	0.6

注：梢部长度不小于锉身的 50%。

7. 单面三角锉

1) 单面三角锉的形式如图 12-30 所示。

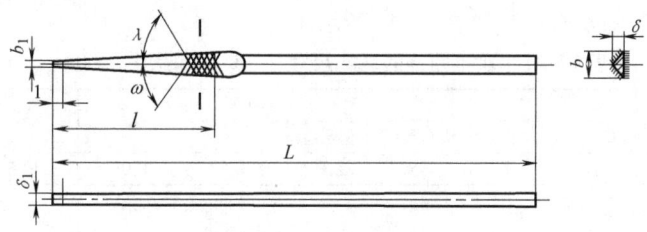

图 12-30　单面三角锉

2) 单面三角锉的基本尺寸如表 12-39 所示。

表 12-39　单面三角锉的基本尺寸（QB/T 2569.5—2002）　　（单位：mm）

代　号	L		l		b	δ	b_1	$δ_1$
	基本尺寸	偏差	基本尺寸	偏差				
B-07-140-3~6	140	±3	45	±3	4.7	1.6	0.7	0.6

注：梢部长度不小于锉身的 50%。

8. 刀形锉

1）刀形锉的形式如图 12-31 所示。

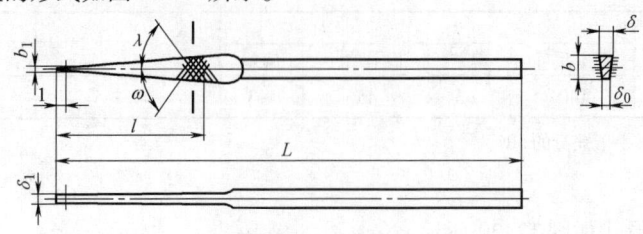

图 12-31　刀形锉

2）刀形锉的基本尺寸如表 12-40 所示。

表 12-40　刀形锉的基本尺寸（QB/T 2569.5—2002）　（单位：mm）

代　　号	L		l		b	δ	b_1	δ_1	δ_0
	基本尺寸	偏差	基本尺寸	偏差					
B-08-140-3~6	140	±3	45	±3	5.6	1.7	0.7	0.6	0.6

注：梢部长度不小于锉身的 50%。

9. 双半圆锉

1）双半圆锉的形式如图 12-32 所示。

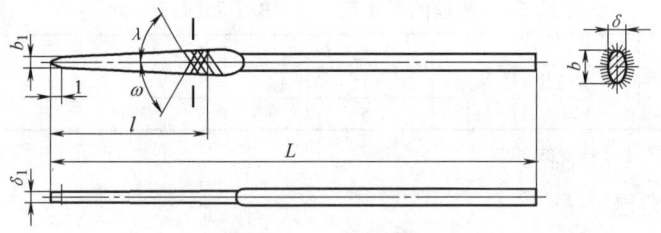

图 12-32　双半圆锉

2）双半圆锉的基本尺寸如表 12-41 所示。

表 12-41　双半圆锉的基本尺寸（QB/T 2569.5—2002）　（单位：mm）

代　　号	L		l		b	δ	b_1	δ_1
	基本尺寸	偏差	基本尺寸	偏差				
B-09-140-3~6	140	±3	45	±3	5.0	1.9	0.6	0.7

注：梢部长度不小于锉身的 50%。

10. 菱边锉

1）菱边锉的形式如图 12-33 所示。

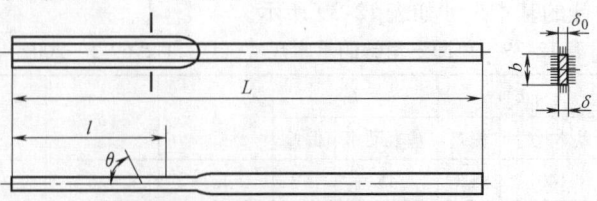

图 12-33　菱边锉

2) 菱边锉的基本尺寸如表 12-42 所示。

表 12-42 菱边锉的基本尺寸（QB/T 2569.5—2002）　（单位：mm）

代　号	L		l		b	δ	δ_0
	基本尺寸	偏差	基本尺寸	偏差			
B-10-140-3~6	140	±3	45	±3	5.8	0.8	0.2

12.1.6　特殊钟表锉

1. 齐头扁锉

1) 齐头扁锉的形式如图 12-34 所示。

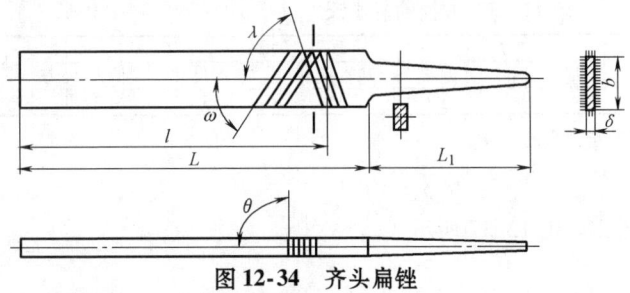

图 12-34　齐头扁锉

2) 齐头扁锉的基本尺寸如表 12-43 所示。

表 12-43　齐头扁锉的基本尺寸（QB/T 2569.5—2002）　（单位：mm）

代　号	L		L_1	l		b	δ
	基本尺寸	偏差	基本尺寸	基本尺寸	偏差		
T-01-75-3~8	75	±3	35	65	±3	9.3	1.9

2. 三角锉

1) 三角锉的形式如图 12-35 所示。

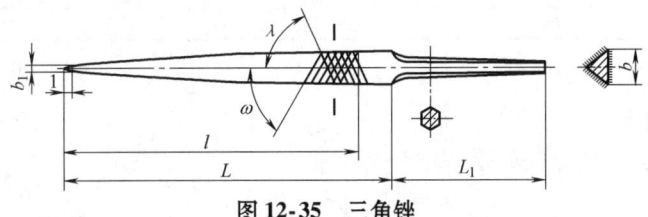

图 12-35　三角锉

2) 三角锉的基本尺寸如表 12-44 所示。

表 12-44　三角锉的基本尺寸（QB/T 2569.5—2002）　（单位：mm）

代　号	L		L_1	l		b	b_1
	基本尺寸	偏差	基本尺寸	基本尺寸	偏差		
T-02-75-3~8	75	±3	35	65	±3	5.4	0.7

注：梢部长度不小于锉身的 50%。

3. 方锉

1) 方锉的形式如图 12-36 所示。

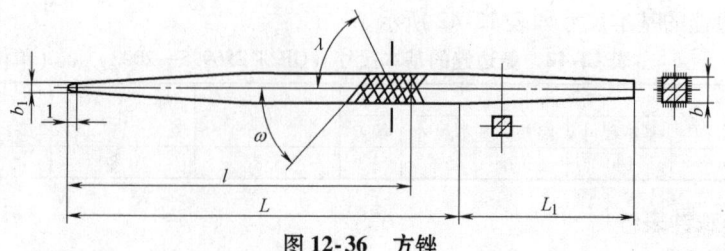

图 12-36 方锉

2）方锉的基本尺寸如表 12-45 所示。

表 12-45 方锉的基本尺寸（QB/T 2569.5—2002） （单位：mm）

代 号	L		L_1	l		b	b_1
	基本尺寸	偏差	基本尺寸	基本尺寸	偏差		
T-03-75-3~8	75	±3	35	65	±3	2.2	0.6

注：梢部长度不小于锉身的 50%。

4. 圆锉

1）圆锉的形式如图 12-37 所示。

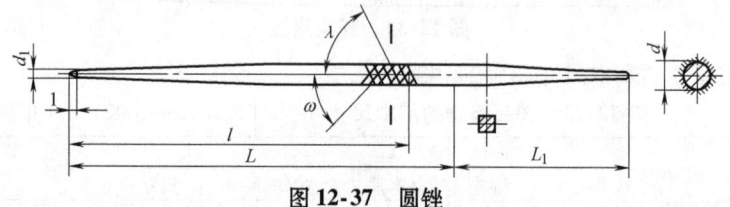

图 12-37 圆锉

2）圆锉的基本尺寸如表 12-46 所示。

表 12-46 圆锉的基本尺寸（QB/T 2569.5—2002） （单位：mm）

代 号	L		L_1	l		d	d_1
	基本尺寸	偏差	基本尺寸	基本尺寸	偏差		
T-04-75-3~8	75	±3	35	65	±3	1.9	0.5

注：梢部长度不小于锉身的 50%。

5. 单面三角锉

1）单面三角锉的形式如图 12-38 所示。

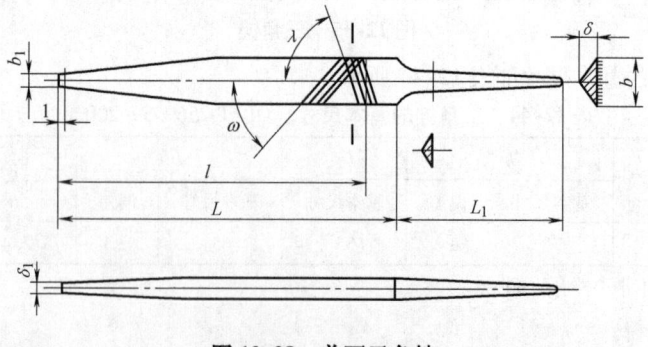

图 12-38 单面三角锉

2) 单面三角锉的基本尺寸如表12-47所示。

表12-47 单面三角锉的基本尺寸（QB/T 2569.5—2002） （单位：mm）

代号	L		L_1	l		b	δ	b_1	δ_1
	基本尺寸	偏差	基本尺寸	基本尺寸	偏差				
T-05-75-3~8	75	±3	35	65	±3	8.5	2.3	0.9	0.7

注：梢部长度不小于锉身的50%。

6. 刀形锉

1) 刀形锉的形式如图12-39所示。

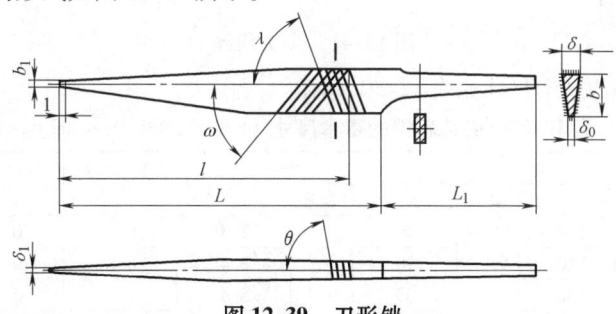

图12-39 刀形锉

2) 刀形锉的基本尺寸如表12-48所示。

表12-48 刀形锉的基本尺寸（QB/T 2569.5—2002） （单位：mm）

代号	L		L_1	l		b	δ	b_1	δ_1	δ_0
	基本尺寸	偏差	基本尺寸	基本尺寸	偏差					
T-06-75-3~8	75	±3	35	65	±3	8.6	2.6	1.0	2.5	0.7

注：梢部长度不小于锉身的50%。

12.1.7 整形锉

1. 齐头扁锉

1) 齐头扁锉的形式如图12-40所示。

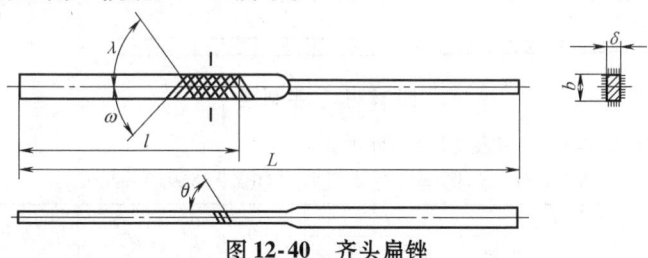

图12-40 齐头扁锉

2) 齐头扁锉的基本尺寸如表12-49所示。

表12-49 齐头扁锉的基本尺寸（QB/T 2569.3—2002） （单位：mm）

代号	L		l		b	δ
	基本尺寸	偏差	基本尺寸	偏差		
Z-01-100-2~8	100	±3	40	±3	2.8	0.6
Z-01-120-1~7	120		50		3.4	0.8
Z-01-140-0~6	140		65		5.4	1.2
Z-01-160-00~3	160		75		7.3	1.6
Z-01-180-00~2	180		85		9.2	2.0

2. 尖头扁锉

1) 尖头扁锉的形式如图 12-41 所示。

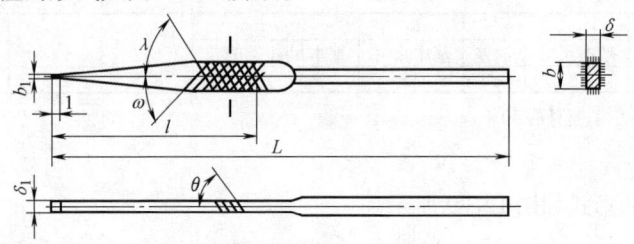

图 12-41 尖头扁锉

2) 尖头扁锉的基本尺寸如表 12-50 所示。

表 12-50 尖头扁锉的基本尺寸（QB/T 2569.3—2002）　（单位：mm）

代　号	L		l		b	δ	b_1	δ_1
	基本尺寸	偏差	基本尺寸	偏差				
Z-02-100-2～8	100	±3	40	±3	2.8	0.6	0.4	0.5
Z-02-120-1～7	120		50		3.4	0.8	0.5	0.6
Z-02-140-0～6	140		65		5.4	1.2	0.7	1.0
Z-02-160-00～3	160		75		7.3	1.6	0.8	1.2
Z-02-180-00～2	180		85		9.2	2.0	1.0	1.7

注：梢部长度不小于锉身的 50%。

3. 半圆锉

1) 半圆锉的形式如图 12-42 所示。

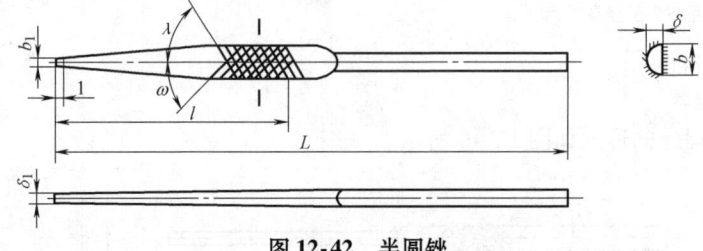

图 12-42 半圆锉

2) 半圆锉的基本尺寸如表 12-51 所示。

表 12-51 半圆锉的基本尺寸（QB/T 2569.3—2002）　（单位：mm）

代　号	L		l		b	δ	b_1	δ_1
	基本尺寸	偏差	基本尺寸	偏差				
Z-03-100-2～8	100	±3	40	±3	2.9	0.9	0.5	0.4
Z-03-120-1～7	120		50		3.3	1.2	0.6	0.5
Z-03-140-0～6	140		65		5.2	1.7	0.8	0.6
Z-03-160-00～3	160		75		6.9	2.2	0.9	0.7
Z-03-180-00～2	180		85		8.5	2.9	1.0	0.9

注：梢部长度不小于锉身的 50%。

4. 三角锉

1) 三角锉的形式如图 12-43 所示。

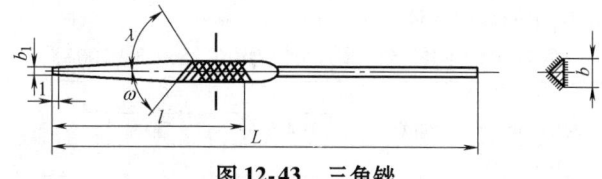

图 12-43 三角锉

2) 三角锉的基本尺寸如表 12-52 所示。

表 12-52 三角锉的基本尺寸 (QB/T 2569.3—2002) (单位：mm)

代 号	L 基本尺寸	L 偏差	l 基本尺寸	l 偏差	b	b_1
Z-04-100-2~8	100	±3	40	±3	1.9	0.4
Z-04-120-1~7	120		50		2.4	0.6
Z-04-140-0~6	140		65		3.6	0.7
Z-04-160-00~3	160		75		4.8	0.8
Z-04-180-00~2	180		85		6.0	1.1

注：梢部长度不小于锉身的 50%。

5. 方锉

1) 方锉的形式如图 12-44 所示。

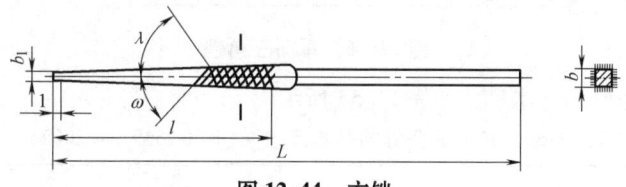

图 12-44 方锉

2) 方锉的基本尺寸如表 12-53 所示。

表 12-53 方锉的基本尺寸 (QB/T 2569.3—2002) (单位：mm)

代 号	L 基本尺寸	L 偏差	l 基本尺寸	l 偏差	b	b_1
Z-05-100-2~8	100	±3	40	±3	1.2	0.4
Z-05-120-1~7	120		50		1.6	0.6
Z-05-140-0~6	140		65		2.6	0.7
Z-05-160-00~3	160		75		3.4	0.8
Z-05-180-00~2	180		85		4.2	1.0

注：梢部长度不小于锉身的 50%。

6. 圆锉

1) 圆锉的形式如图 12-45 所示。

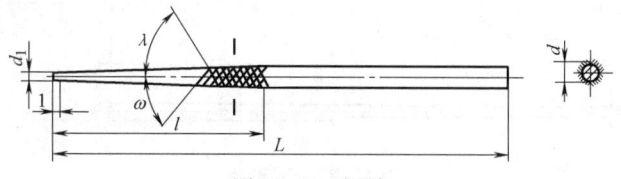

图 12-45 圆锉

2）圆锉的基本尺寸如表12-54所示。

表12-54　圆锉的基本尺寸（QB/T 2569.3—2002）　（单位：mm）

代　号	L		l		d	d_1
	基本尺寸	偏差	基本尺寸	偏差		
Z-06-100-2~8	100	±3	40	±3	1.4	0.4
Z-06-120-1~7	120		50		1.9	0.5
Z-06-140-0~6	140		65		2.9	0.7
Z-06-160-00~3	160		75		3.9	0.9
Z-06-180-00~2	180		85		4.9	1.1

注：梢部长度不小于锉身的50%。

7. 单面三角锉

1）单面三角锉的形式如图12-46所示。

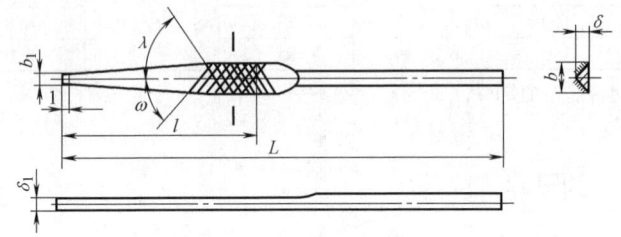

图12-46　单面三角锉

2）单面三角锉的基本尺寸如表12-55所示。

表12-55　单面三角锉的基本尺寸（QB/T 2569.3—2002）　（单位：mm）

代　号	L		l		b	δ	b_1	δ_1
	基本尺寸	偏差	基本尺寸	偏差				
Z-07-100-2~8	100	±3	40	±3	3.4	1.0	0.4	0.3
Z-07-120-1~7	120		50		3.8	1.4	0.6	0.4
Z-07-140-0~6	140		65		5.5	1.9	0.7	0.5
Z-07-160-00~3	160		75		7.1	2.7	0.9	0.8
Z-07-180-00~2	180		85		8.7	3.4	1.3	1.1

注：梢部长度不小于锉身的50%。

8. 刀形锉

1）刀形锉的形式如图12-47所示。

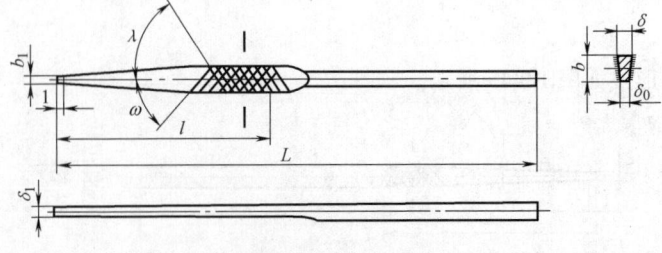

图12-47　刀形锉

2) 刀形锉的基本尺寸如表 12-56 所示。

表 12-56　刀形锉的基本尺寸（QB/T 2569.3—2002）　（单位：mm）

代　号	L		l		b	δ	b_1	δ_1	δ_0
	基本尺寸	偏差	基本尺寸	偏差					
Z-08-100-2~8	100	±3	40	±3	3.0	0.9	0.5	0.4	0.3
Z-08-120-1~7	120		50		3.4	1.1	0.6	0.5	0.4
Z-08-140-0~6	140		65		5.4	1.7	0.8	0.7	0.6
Z-08-160-00~3	160		75		7.0	2.3	1.1	1.0	0.8
Z-08-180-00~2	180		85		8.7	3.0	1.4	1.3	1.0

注：梢部长度不小于锉身的 50%。

9. 双半圆锉

1) 双半圆锉的形式如图 12-48 所示。

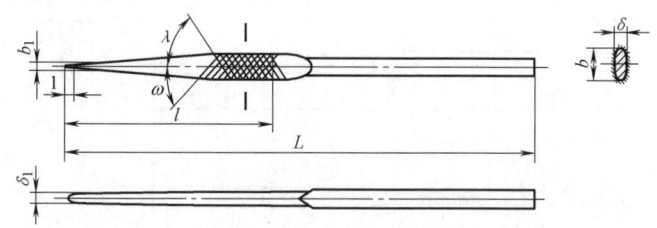

图 12-48　双半圆锉

2) 双半圆锉的基本尺寸如表 12-57 所示。

表 12-57　双半圆锉的基本尺寸（QB/T 2569.3—2002）　（单位：mm）

代　号	L		l		b	δ	b_1	δ_1
	基本尺寸	偏差	基本尺寸	偏差				
Z-09-100-2~8	100	±3	40	±3	2.6	1.0	0.4	0.3
Z-09-120-1~7	120		50		3.2	1.2	0.6	0.5
Z-09-140-0~6	140		65		5.0	1.8	0.7	0.6
Z-09-160-00~3	160		75		6.3	2.5	0.8	0.6
Z-09-180-00~2	180		85		7.8	3.4	1.0	0.8

注：梢部长度不小于锉身的 50%。

10. 椭圆锉

1) 椭圆锉的形式如图 12-49 所示。

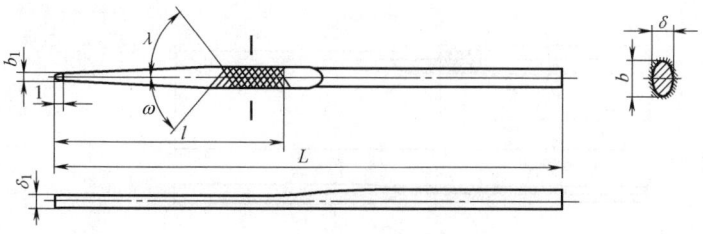

图 12-49　椭圆锉

2）椭圆锉的基本尺寸如表 12-58 所示。

表 12-58　椭圆锉的基本尺寸（QB/T 2569.3—2002）　（单位：mm）

代　号	L		l		b	δ	b_1	$δ_1$
	基本尺寸	偏差	基本尺寸	偏差				
Z-10-100-2～8	100		40		1.8	1.2	0.4	0.3
Z-10-120-1～7	120		50		2.2	1.3	0.6	0.5
Z-10-140-0～6	140	±3	65	±3	3.4	2.4	0.7	0.6
Z-10-160-00～3	160		75		4.4	3.4	0.9	0.8
Z-10-180-00～2	180		85		6.4	4.3	1.0	0.9

注：梢部长度不小于锉身的 50%。

11. 圆边扁锉

1）圆边扁锉的形式如图 12-50 所示。

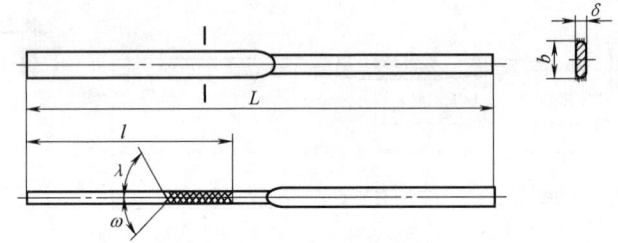

图 12-50　圆边扁锉

2）圆边扁锉的基本尺寸如表 12-59 所示。

表 12-59　圆边扁锉的基本尺寸（QB/T 2569.3—2002）　（单位：mm）

代　号	L		l		b	δ
	基本尺寸	偏差	基本尺寸	偏差		
Z-11-100-2～8	100		40		2.8	0.6
Z-11-120-1～7	120		50		3.4	0.8
Z-11-140-0～6	140	±3	65	±3	5.4	1.2
Z-11-160-00～3	160		75		7.3	1.6
Z-11-180-00～2	180		85		9.2	2.0

12. 菱形锉

1）菱形锉的形式如图 12-51 所示。

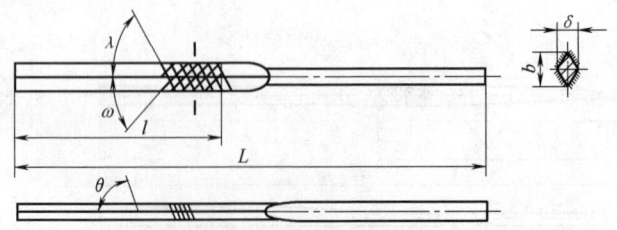

图 12-51　菱形锉

2）菱形锉的基本尺寸如表 12-60 所示。

表 12-60　菱形锉的基本尺寸（QB/T 2569.3—2002）　（单位：mm）

代　号	L		l		b	δ
	基本尺寸	偏差	基本尺寸	偏差		
Z-12-100-2~8	100	±3	40	±3	2.8	0.6
Z-12-120-1~7	120		50		3.4	0.8
Z-12-140-0~6	140		65		5.4	1.2
Z-12-160-00~3	160		75		7.3	1.6
Z-12-180-00~2	180		85		9.2	2.0

12.1.8　电镀金刚石整形锉

1. 电镀金刚石整形锉（图 12-52）

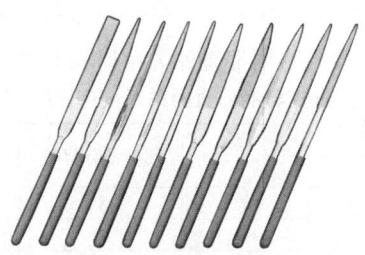

图 12-52　电镀金刚石整形锉

2. 电镀金刚石整形锉基本尺寸（表 12-61）

表 12-61　电镀金刚石整形锉的基本尺寸

组　别		平头扁锉	尖头半圆锉	尖头方锉	尖头等边三角锉	尖头圆锉	尖头双边圆扁锉	尖头刀形锉	尖头三角锉	尖头双圆锉	尖头椭圆锉
140mm10 支组		○	○	○	○	○	○	○	○	○	○
180mm5 支组		○	○	○	○	○					
（全长/mm）×（柄部直径/mm）		140×3				160×4			180×5		
工作面长度/mm		50，70									
磨料	种类	人造金刚石：RVD（不规则针片状的人造金刚石单晶体），MBD（晶面光滑且形状完整的人造金刚石单晶体）；天然金刚石									
	常见粒度/目	120/140（粗），140/170（中），170/200（细）									

注："○" 为市场上供应的规格。

12.1.9　硬质合金旋转锉通用技术条件

1. 硬质合金旋转锉的形式和尺寸

1）硬质合金旋转锉各切削部分直径及相关偏差如表 12-62 所示。

表 12-62　切削部分直径及相关偏差（GB/T 9217.1—2005）（单位：mm）

切削部分直径	偏差	切削部分直径	偏差
2	±0.1	8	±0.2
3		10	
4	±0.2	12	±0.3
6		16	

2）硬质合金旋转锉柄部直径与长度的关系如表 12-63 所示。

表 12-63　柄部直径与长度的关系（GB/T 9217.1—2005）（单位：mm）

柄部直径	柄部长度
3	30
6	40

3）硬质合金旋转锉切削直径与柄部直径关系如表 12-64 所示。

表 12-64　切削直径与柄部直径关系（GB/T 9217.1—2005）（单位：mm）

切削部分直径	柄部直径		切削部分直径	柄部直径	
	3	6		3	6
2	×		8		×
3	×	×	10		×
4	×	×	12		×
6		×	16		×

注："×"表示切削直径和柄部直径存在对应关系。

4）按规定，旋转锉应做成右螺旋槽和右切削。60°和 90°的锥形旋转锉也可制成直槽。

2. 符号

硬质合金旋转锉的代号包括 6 个符号，分别是旋转锉形式的字母符号、切削直径的数字符号、切削部分长度的数字符号、刀齿形式的字母符号、柄部直径的数字符号和柄部长度的数字符号。其中，前五部分按如下规定，第六部分可任选。

1）旋转锉形式的字母符号如表 12-65 所示。

表 12-65　旋转锉形式的字母符号（GB/T 9217.1—2005）

字母符号	旋转锉形式	图
A	圆柱形旋转锉	
C	圆柱形球头旋转锉	
D	圆球形旋转锉	
E	椭圆形旋转锉	
F	弧形圆头旋转锉	

（续）

字母符号	旋转锉形式	图
G	弧形尖头旋转锉	
H	火炬形旋转锉	
J	60°圆锥形旋转锉	
K	90°圆锥形旋转锉	
L	锥形圆头旋转锉	
M	锥形尖头旋转锉	
N	倒锥形旋转锉	

2）切削直径的数字符号是以毫米为单位的切削直径的数值，一位数字之前应加一个0。示例：切削直径为6mm 符号为06；切削直径为12mm 符号为12。

3）切削部分长度的数字符号是以毫米为单位的切削部分长度的数值，不记小数。一位数字之前应加一个0。示例：切削部分长度5.2mm 符号为05；切削部分长度10mm 符号为10。

4）柄部直径的数字符号如表12-66所示。

表12-66 柄部直径的数字符号（GB/T 9217.1—2005）

数字符号	柄部直径/mm	数字符号	柄部直径/mm
03	3	06	6

5）柄部长度的数字符号是以毫米为单位的柄部长度的数值，不计小数。

12.1.10 硬质合金圆柱形旋转锉

1. 硬质合金圆柱形旋转锉的形式（图12-53）

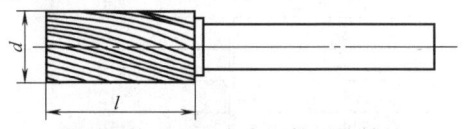

图12-53 硬质合金圆柱形旋转锉

2. 硬质合金圆柱形旋转锉的基本尺寸（表12-67）

表12-67 硬质合金圆柱形旋转锉的基本尺寸（GB/T 9217.2—2005）

（单位：mm）

d	l	d	l
2	10	8	20
3	13	10	20
4	13	12	25
6	16	16	25

12.1.11 硬质合金圆柱形球头旋转锉

1. 硬质合金圆柱形球头旋转锉的形式(图 12-54)

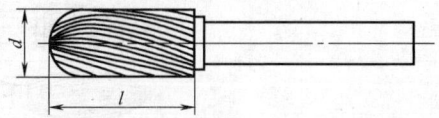

图 12-54　硬质合金圆柱形球头旋转锉

2. 硬质合金圆柱形球头旋转锉的基本尺寸(表 12-68)

表 12-68　硬质合金圆柱形球头旋转锉的基本尺寸 (GB/T 9217.3—2005)

(单位: mm)

d	l	d	l
2	10	8	20
3	13	10	20
4	13	12	25
6	16	16	25

12.1.12 硬质合金圆球形旋转锉

1. 硬质合金圆球形旋转锉的形式(图 12-55)

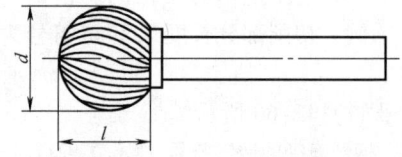

图 12-55　硬质合金圆球形旋转锉

2. 硬质合金圆球形旋转锉的基本尺寸(表 12-69)

表 12-69　硬质合金圆球形旋转锉的基本尺寸 (GB/T 9217.4—2005)

(单位: mm)

d	l[①]	d	l[①]
2	1.8	8	7.2
3	2.7	10	9.0
4	3.6	12	10.8
6	5.4	16	14.4

① l 的数值根据 $l=0.9d$ 来计算。

12.1.13 硬质合金椭圆形旋转锉

1. 硬质合金椭圆形旋转锉的形式(图 12-56)

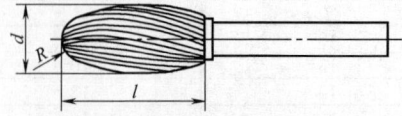

图 12-56　硬质合金椭圆形旋转锉

2. 硬质合金椭圆形旋转锉的基本尺寸（表12-70）

表12-70　硬质合金椭圆形旋转锉的基本尺寸（GB/T 9217.5—2005）

（单位：mm）

d	l	$R\approx$	d	l	$R\approx$
3	7	1.2	10	16	4
6	10	2.5	12	20	5
8	13	3.7	16	25	6.5

12.1.14　硬质合金弧形圆头旋转锉

1. 硬质合金弧形圆头旋转锉的形式（图12-57）

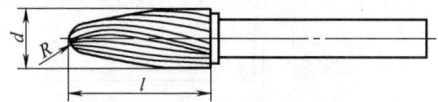

图12-57　硬质合金弧形圆头旋转锉

2. 硬质合金弧形圆头旋转锉的基本尺寸（表12-71）

表12-71　硬质合金弧形圆头旋转锉的基本尺寸（GB/T 9217.6—2005）

（单位：mm）

d	l	$R\approx$	d	l	$R\approx$
3	13①	0.8	10	20	2.5
6	18①	1.5	12	25	3.0

① 这种切削长度可包括圆柱形部分。

12.1.15　硬质合金弧形尖头旋转锉

1. 硬质合金弧形尖头旋转锉的形式（图12-58）

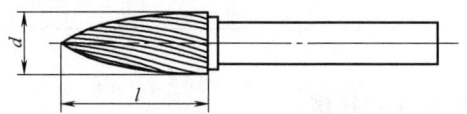

图12-58　硬质合金弧形尖头旋转锉

2. 硬质合金弧形尖头旋转锉的基本尺寸（表12-72）

表12-72　硬质合金弧形尖头旋转锉的基本尺寸（GB/T 9217.7—2005）

（单位：mm）

d	l	d	l
3	13①	10	20
6	18①	12	25

① 这种切削长度可包括圆柱形部分。

12.1.16　硬质合金火炬形旋转锉

1. 硬质合金火炬形旋转锉的形式（图12-59）

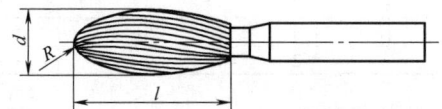

图12-59　硬质合金火炬形旋转锉

2. 硬质合金火炬形旋转锉的基本尺寸（表 12-73）

表 12-73　硬质合金火炬形旋转锉的基本尺寸（GB/T 9217.8—2005）

（单位：mm）

d	l	R≈	d	l	R≈
3	13	0.8①	10	25	2.0
6	18	1.0①	12	32	2.5
8	20	1.5	16	36	2.5

① 这种旋转锉可制成平头或尖头的。

12.1.17　硬质合金 60°和 90°圆锥形旋转锉

1. 硬质合金 60°和 90°圆锥形旋转锉的形式（图 12-60）

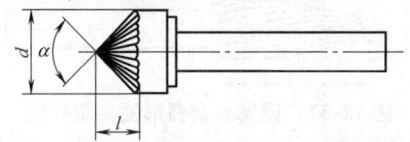

图 12-60　硬质合金 60°和 90°圆锥形旋转锉

2. 硬质合金 60°和 90°圆锥形旋转锉的基本尺寸（表 12-74）

表 12-74　硬质合金 60°和 90°圆锥形旋转锉的基本尺寸（GB/T 9217.9—2005）

（单位：mm）

d	l①		d	l①	
	α=60°	α=90°		α=60°	α=90°
3	2.6	1.5	12	10.4	6
6	5.2	3	16	13.8	8
10	8.7	5			

① 计算值。

12.1.18　硬质合金锥形圆头旋转锉

1. 硬质合金锥形圆头旋转锉的形式（图 12-61）

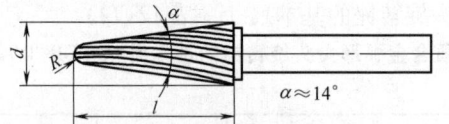

图 12-61　硬质合金锥形圆头旋转锉

2. 硬质合金锥形圆头旋转锉的基本尺寸（表 12-75）

表 12-75　硬质合金锥形圆头旋转锉的基本尺寸（GB/T 9217.10—2005）

（单位：mm）

d	l	R≈	d	l	R≈
6	16	1.2	12	28	3.0
8	22	1.4	16	33	4.5
10	25	2.2			

12.1.19　硬质合金锥形尖头旋转锉

1. 硬质合金锥形尖头旋转锉的形式（图 12-62）

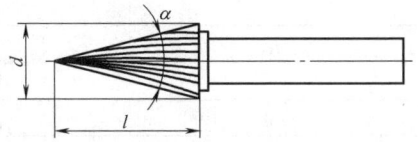

图 12-62 硬质合金锥形尖头旋转锉

2. 硬质合金锥形尖头旋转锉的基本尺寸（表 12-76）

表 12-76 硬质合金锥形尖头旋转锉的基本尺寸（GB/T 9217.11—2005）

（单位：mm）

d	l	$\alpha\approx$	d	l	$\alpha\approx$
3	11	14°	12	25	25°
6	18	14°	16	25	30°
10	20	25°			

12.1.20 硬质合金倒锥形旋转锉

1. 硬质合金倒锥形旋转锉的形式（图 12-63）

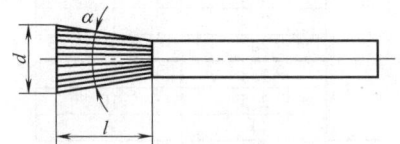

图 12-63 硬质合金倒锥形旋转锉

2. 硬质合金倒锥形旋转锉的基本尺寸（表 12-77）

表 12-77 硬质合金倒锥形旋转锉的基本尺寸（GB/T 9217.12—2005）

（单位：mm）

| d | l | | | d | l | | |
	$\alpha=10°$	$\alpha=20°$	$\alpha=30°$		$\alpha=10°$	$\alpha=20°$	$\alpha=30°$
3	7	—	—	12	—	13	13
6	7	—	—	16	—	16	13

12.2 锯

12.2.1 机用锯条技术条件

1. 标记方法

机用锯条的标记内容包括：机用锯条、标准号（GB/T 6080.1—2010）、锯条长度 l_1（mm）、锯条宽度 a（mm）、锯条厚度 b（mm）、25mm 长度上的齿数 N。例如，长度 $l_1=300$mm，宽度 $a=25$mm，厚度 $b=1.25$mm，25mm 长度上的齿数 $N=10$ 的机用锯条标记为：机用锯条 GB/T 6080.1—2010—300×25×1.25×10。

2. 机用锯条的形式与尺寸

1) 机用锯条的形式如图 12-64 所示。

2) 机用锯条的尺寸如表 12-78 所示。

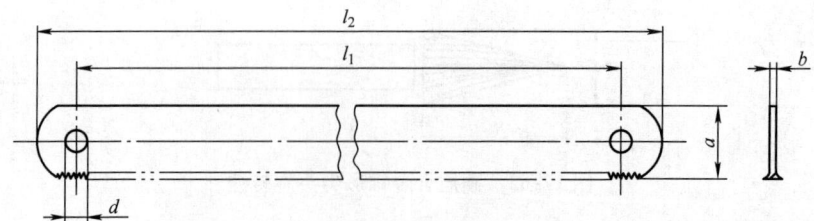

图 12-64 机用锯条

表 12-78 机用锯条的尺寸（GB/T 6080.1—2010） （单位：mm）

$l_1 \pm 2$	a_{-1}^{0}	b	齿距		l_2	d
			P	N	$\leqslant$	H14
300	25	1.25	1.8	14	330	8.4
			2.5	10		
		1.5	1.8	14		
			2.5	10		
			4	6		
350	25	1.25	1.8	14	380	8.4
			2.5	10		
		1.5	1.8	14		
			2.5	10		
			4	6		
	30	1.5	1.8	14		
			2.5	10		
			4	6		
		2	1.8	14		
			2.5	10		
			4	6		
400	25	1.5	1.8	14	430	8.4
			2.5	10		
			4	6		
	30	1.5	1.8	14		
			2.5	10		
			4	6		
		2	2.5	10		
			4	6		
			6.3	4		
	40		4	6	440	10.4
			6.3	4		
450	30	1.5	2.5	10	490	8.4
			4	6		
		2	2.5	10		8.4/10.4
			4	6		
			6.3	4		
500	40	2	2.5	10	540	10.4
			4	6		
			6.3	4		
575			4	6	615	
			6.3	4		
			8.5	3		
600	50	2.5	4	6	640	
			6.3	4		
700			4	6	745	10.4/12.9
			6.3	4		
			8.5	3		

3. 材料和硬度

机用锯条用高速钢制造，其硬度分布如图 12-65 所示。其中 A 区硬度不得高于 48HRC，B 区硬度不应低于 63HRC。

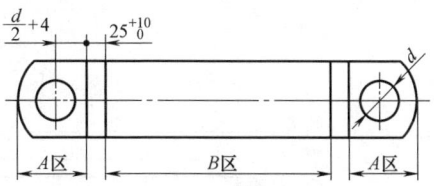

图 12-65　机用锯条硬度分布图

12.2.2　手用钢锯条

1. 手用钢锯条的分类

手用钢锯条按其特性分全硬型（H）和挠性型（F）两种类型；按使用材质分为碳素结构钢（D）、碳素工具钢（T）、合金工具钢（M）、高速钢（G）及双金属复合钢（Bi）五种类型；按其形式分为单面齿型（A）、双面齿型（B）两种类型。

2. 形状与尺寸

1) 手用钢锯条的形状及各部位名称如图 12-66 所示。

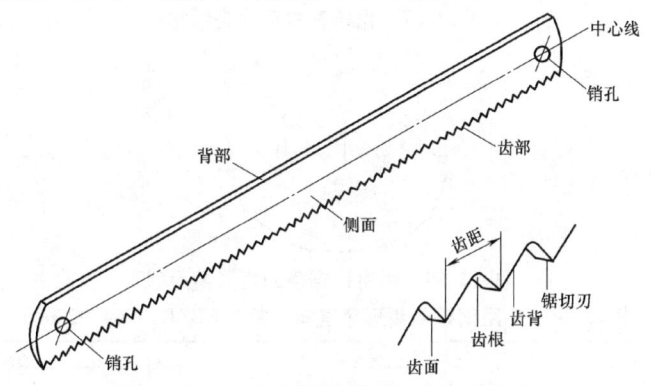

图 12-66　手用钢锯条形状及各部位名称

2) 手用钢锯条的基本尺寸如表 12-79 所示，基本尺寸表示法如图 12-67 所示。

表 12-79　手用钢锯条的基本尺寸（GB/T 14764—2008）　（单位：mm）

类型	长度 l 基本尺寸	长度 l 偏差	宽度 a 基本尺寸	宽度 a 偏差	厚度 b 基本尺寸	厚度 b 偏差	齿数 每25mm	齿距 p 基本尺寸	齿距 p 偏差	销孔 d (e×f) 基本尺寸	销孔 偏差	全长 L ≤ 基本尺寸
A 型	300	±2	12.0 或 10.7	+0.20 −0.50	0.65	0 −0.06	32 24 20 18	0.8 1.0 1.2 1.4	±0.08	3.8	+0.30 0	315
A 型	250	±2	12.0 或 10.7	+0.20 −0.30	0.65	0 −0.06	16 14	1.5 1.8	±0.08	3.8	+0.30 0	265
B 型	296	±2	22	+0.20 −0.80	0.65	0 −0.06	32 24 18	0.8 1.0 1.4	±0.08	8×5 12×6	±0.30	315
B 型	292	±2	25	+0.20 −0.80	0.65	0 −0.06	32 24 18	0.8 1.0 1.4	±0.08	8×5 12×6	±0.30	315

3) 手用钢锯条的齿形角形状如图 12-68 所示，其基本参数如表 12-80 所示。

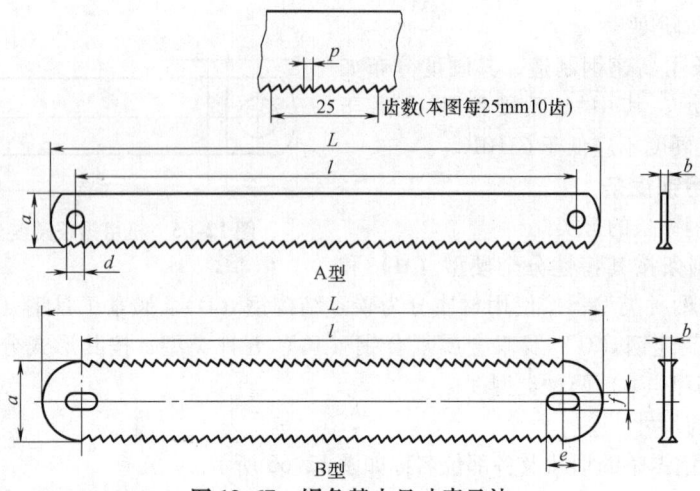

图 12-67　锯条基本尺寸表示法

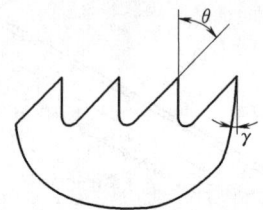

图 12-68　手用钢锯条的齿形角形状

表 12-80　手用钢锯条齿形角基本参数（GB/T 14764—2008）

齿距/mm	$\theta/(°)$	$\gamma/(°)$
0.8、1.0、1.2	46~53	-2~2
1.4、1.5、1.8	50~58	

4）手用钢锯条的分齿形式如图 12-69 所示，分齿宽如表 12-81 所示。

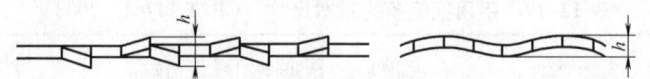

图 12-69　手用钢锯条的分齿形式

a) 交叉形分齿　b) 波浪形分齿

表 12-81　手用钢锯条的分齿宽（GB/T 14764—2008）　（单位：mm）

齿距 p	分齿宽 h	偏差（除两端 35mm 外）
0.8	0.90	+0.10
1.0		-0.07
1.2	0.95	
1.4	1.00	±0.10
1.5		
1.8		

3. 技术要求

1）锯条侧面平面度误差不得大于 2mm；齿部、背部直线度误差不得大于 1.5mm。

2) 锯条齿部硬度如表12-82所示。

表12-82 锯条的齿部硬度（GB/T 14764—2008）

材 料	最小硬度 HRA	材 料	最小硬度 HRA
碳素结构钢	76	高速工具钢	82
碳素工具钢	81	双金属复合钢	
合金工具钢			

3) 锯条锯切参数如表12-83所示。

表12-83 锯条的锯切参数（GB/T 14764—2008）

规 格		碳素结构钢、碳素工具钢、合金工具钢		高速钢、双金属复合钢	
长度×宽度（$l×a$）/mm	齿距 p/mm	最大锯切时间/min		最大锯切时间/min	
		第1片	第5片	第1片	第5片
300×12.0 250×12.0 300×10.7 250×10.7	0.8	5.5	7.5	4.5	5.5
	1.0				
	1.2				
	1.4	5.5	8		
	1.5				
	1.8	6	9		

12.2.3 镶片圆锯

1. 镶片圆锯的形式（图12-70）

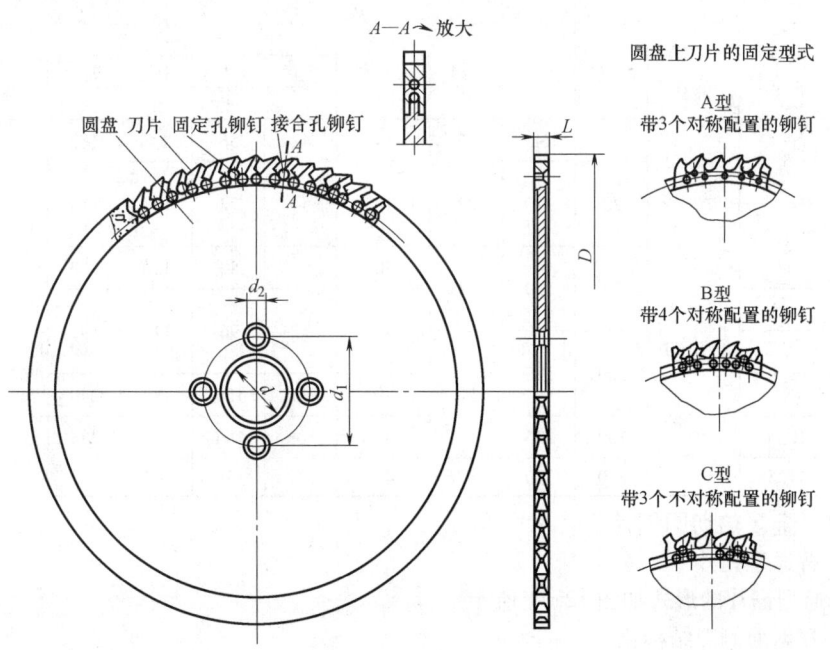

图12-70 镶片圆锯

2. 镶片圆锯的基本尺寸

1) Ⅰ系列镶片圆锯的基本尺寸如表 12-84 所示。

表 12-84　Ⅰ系列镶片圆锯的基本尺寸（GB/T 6130—2001）

D mm js16	L mm 基本尺寸	L mm 极限偏差	d H8	d_1/mm	d_2/mm js14	刀片数	参考 齿型 齿数 粗齿	参考 齿型 齿数 普通齿	参考 齿型 齿数 中齿	参考 齿型 齿数 细齿	刀片固定形式
250	5	±0.30	32	50	8.5	14	42	56	84	112	A
315	5	±0.30	40	63	10.5	14	42	56	84	112	A
400	5	±0.30	50	80	17	18	54	72	108	114	A
500	6	±0.30	50	100	17	18	54	72	108	114	A
630	6	±0.30	80	120	22	20	60	80	120	160	A
800	7	±0.30	80	120	22	24	72	96	144	192	A
1000	8	±0.50	100	200	32	30	90	120	180	240	A
1250	9	±0.50	100	200	32	36	108	144	216	288	A
1600	12	±0.50	120	315	40	40	120	160	240	320	B
2000	14.5	±0.50	120	400	40	44	132	176	264	352	B

2) Ⅱ系列镶片圆锯的基本尺寸如表 12-85 所示。

表 12-85　Ⅱ系列镶片圆锯的基本尺寸（GB/T 6130—2001）

D mm js16	L mm 基本尺寸	L mm 极限偏差	d H8	d_1/mm	d_2/mm H14	刀片数	参考 齿型 齿数 粗齿	参考 齿型 齿数 普通齿	参考 齿型 齿数 中齿	参考 齿型 齿数 细齿	刀片固定形式
350	5	±0.30	32	62	16	14	42	56	84	112	A
410	5	±0.30	70	110	22	18	54	72	108	114	A
510	6	±0.30	70	110	22	18	54	72	108	114	A
610	6	±0.30	80	120	24	20	60	80	120	160	A
710	6.5	±0.50	80	120	24	24	72	96	144	192	A
810	7	±0.50	120	185	27	24	72	96	144	192	A
1010	8	±0.50	120	185	27	30	90	120	180	240	A
1430	10.5	±0.50	150	225	36	36	108	144	216	288	B
2010	14.5	±0.50	240	320	37	44	132	176	264	352	B

12.2.4　金属热切圆锯片

1. 普通型锯片

普通型锯片的形式如图 12-71 所示。

2. 双斜面侧隙结构锯片

双斜面侧隙结构锯片的形式如图 12-72 所示。

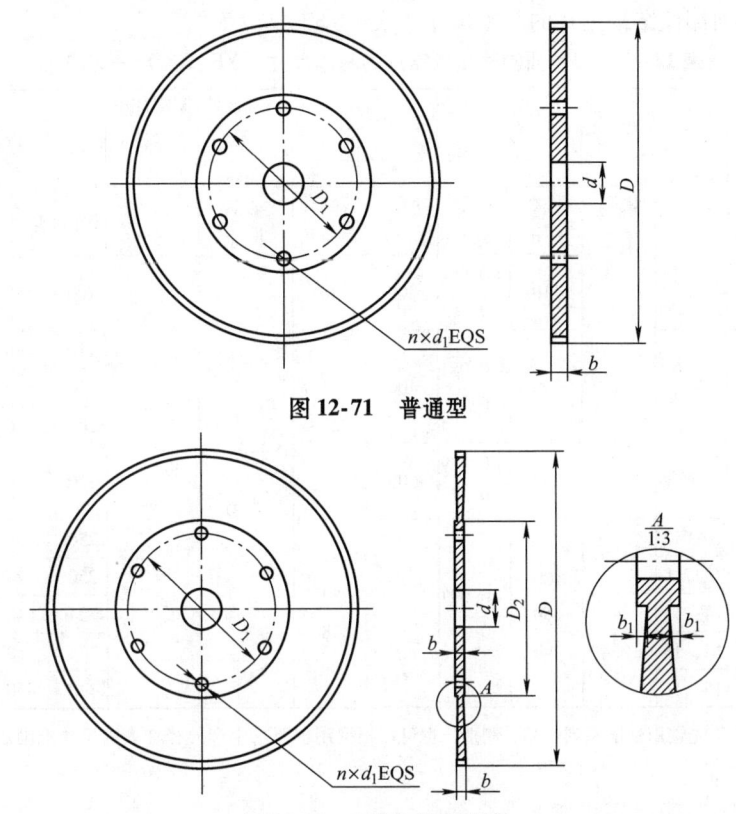

图 12-71 普通型

图 12-72 双斜面侧隙结构

3. 普通型锯片的基本尺寸（表 12-86）

表 12-86 普通型锯片的基本尺寸（YB/T 5223—2013）

外径 D /mm		厚度 b /mm		安装孔 d /mm		传动孔 /mm		齿数 Z			
基本尺寸	极限偏差	基本尺寸	极限偏差	基本尺寸	极限偏差	分布圆直径 D_1	传动孔直径 d_1	粗齿	普通齿	中齿	细齿
800	±3	5	±0.24	110	+0.054 0	300	20	100	150	200	220
900	±4	5、6		300	+0.081 0	400	27	110	176	208	220
1000								120	180	230	320
1200		6、7、8						200	210	276	328
1500		7、8、9	±0.29	360	+0.089 0	600		220	276	318	350
1800	±5	10、12						250	296	378	624
2000		10、12、13		400	+0.097 0	510	32	250	324	480	660
2100		14、15	±0.40	450		620	38	324	440	600	700
2200		14、15		500		740		324	450	630	730
2500		15、16						370	460	660	750

注：用户应优先选用标准系列产品，制造厂也可以根据用户要求生产外径在表内尺寸范围之内的非标准系列产品。

4. 双斜面侧隙结构锯片的基本尺寸（表 12-87）

表 12-87　双斜面侧隙结构锯片的基本尺寸（YB/T 5223—2013）

外径 D /mm 基本尺寸	极限偏差	厚度 b /mm 基本尺寸	极限偏差	安装孔 d /mm 基本尺寸	极限偏差	传动孔 分布圆直径 D_1 /mm	传动孔直径 d_1 /mm	凸台直径 D_2 /mm 基本尺寸	侧隙深度 b_1 /mm 基本尺寸	齿数 Z 粗齿	普通齿	中齿	细齿
800	±3	5	±0.24	110	+0.054 0	300	20	$\frac{1}{3}D \sim \frac{1}{2}D$	0.4~0.6	100	150	200	220
900	±4	5, 6		300	+0.081 0	400	27			110	176	208	220
1000										120	180	230	320
1200		6, 7, 8								200	210	276	328
1500		7, 8, 9	±0.29	360	+0.089 0	600				220	276	318	350
1800		10, 12								250	296	378	624
2000	±5	10,12,13		400	+0.097 0	510	32			250	324	480	660
2100		14, 15		450		620	38			324	440	600	700
2200		14, 15	±0.40	500		740				324	450	630	730
2500		15, 16								370	460	660	750

注：用户应优先选用标准系列产品，制造厂也可以根据用户要求生产外径在表内尺寸范围之内的非标准系列产品。

12.2.5　金刚石圆锯焊接锯片

1. 金刚石圆锯焊接锯片的型号编制方法

金刚石圆锯焊接锯片的型号内容由形状代号、用途代号、尺寸代号（直径 D、锯齿厚度 T、孔径 H、金刚石层深度 X、齿数 Z 等）、磨料牌号代号、粒度代号、结合剂代号、浓度代号组成。

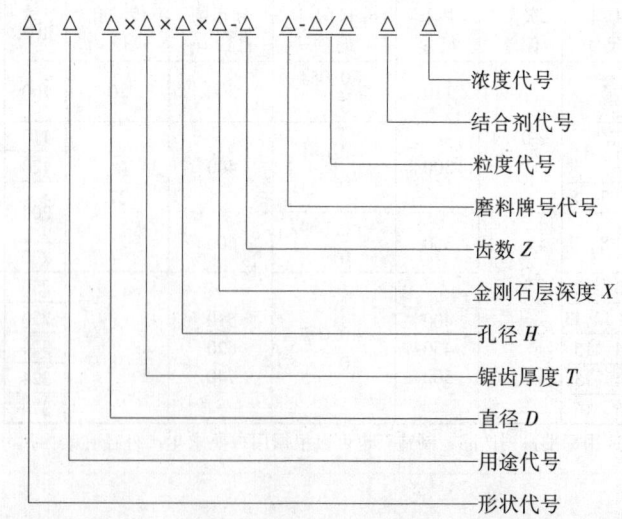

1) 锯片形状代号如表12-88所示,形状代号说明如表12-89所示,形状代号示例如图12-73所示。

表12-88 锯片形状代号 (GB/T 11270.1—2002)

形 状	代 号	形 状	代 号
	1A1RS		1A1RSS/C_2
	1A1RSS/C_1		

表12-89 锯片形状代号说明 (GB/T 11270.1—2002)

名 称	代 号	名 称	代 号
基体基本形状	1	锯片基体无水槽	S
金刚石层断面形状	A	锯片基体有水槽	SS
金刚石层在基体上的位置	1	锯片基体宽水槽	C_1
锯片基体双面减薄	R	锯片基体窄水槽	C_2

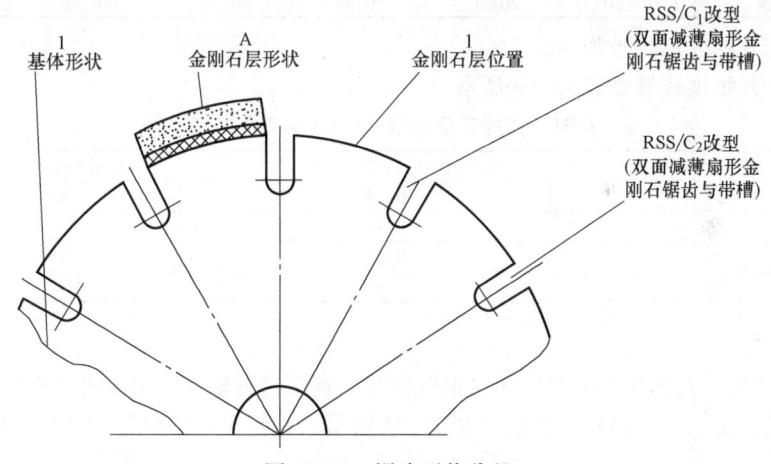

图12-73 锯片形状代号

2) 锯片用途代号如表12-90所示。

表12-90 锯片用途代号 (GB/T 11270.1—2002)

用 途	代 号	用 途	代 号
切割大理石用锯片	Ma	切割路面用锯片	R
切割花岗石用锯片	G	切割碳素用锯片	Car
切割混凝土用锯片	Con	切割陶瓷用锯片	V
切割耐火材料用锯片	Re	切割摩擦材料用锯片	Fm
切割砂石用锯片	S		

3) 锯片尺寸代号如表12-91所示。

表 12-91 锯片尺寸代号 (GB/T 11270.1—2002)

代 号	名 称	代 号	名 称
A	槽深	L_1	基体齿长度
B	槽宽	L_2	锯齿长度
C	槽孔直径	S	侧隙 $\left(\dfrac{T-E}{2}\right)$
D	直径	T	金刚石锯齿厚度
E	基体厚度	X	金刚石层深度
H	孔径	X_1	锯齿总深度

4) 锯片磨料牌号代号如表 12-92 所示。

表 12-92 锯片磨料牌号代号 (GB/T 11270.1—2002)

	代号	SD			
人造金刚石	牌号	MBD6	MBD8	MBD10	SMD
		SMD25	SMD30	SMD35	SMD40
天然金刚石	代号	ND			

5) 锯片磨料粒度代号如表 12-93 所示。

表 12-93 锯片磨料粒度代号 (GB/T 11270.1—2002)

粒度范围	粒 度 代 号					
窄范围	16/18	18/20	20/25	25/30	30/35	35/40
	40/45	45/50	50/60	60/70	70/80	
宽范围	16/20	20/30	30/40	40/50	60/80	

6) 锯片结合剂代号为 M。

7) 锯片浓度代号如表 12-94 所示。

表 12-94 锯片浓度代号 (GB/T 11270.1—2002)

浓度代号	金刚石质量浓度/(g/cm³)	质量分数 (%)
25	0.22	25
50	0.44	50
75	0.66	75
100	0.88	100

2. 分类

按形状可将圆锯片分为基体无水槽圆锯片、宽水槽圆锯片、窄水槽圆锯片三种。

1) 基体无水槽圆锯片的形状如图 12-74 所示,其基本尺寸如表 12-95 所示。

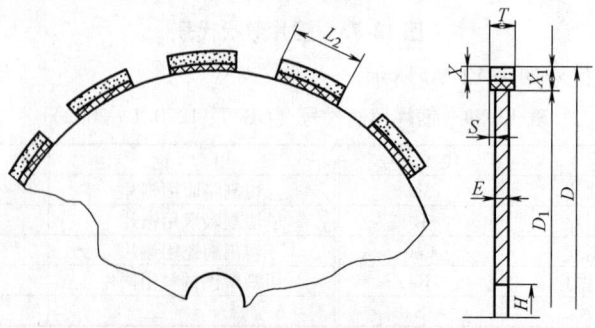

图 12-74 基体无水槽圆锯片

表 12-95 基体无水槽圆锯片的基本尺寸（GB/T 11270.1—2002）

（单位：mm）

D	H		E	Z/个	L_2	T		X	X_1		S
	基本尺寸	极限偏差				基本尺寸	极限偏差		基本尺寸	极限偏差	
180	70	H8	2.8	17	20	4	+0.20 / -0.10	5	7	+0.30 / -0.10	0.5
			3			6					0.5
250	50		5	20		8					0.5
											1.5

2) 宽水槽圆锯片的形状如图 12-75 所示，其基本尺寸如表 12-96 所示。

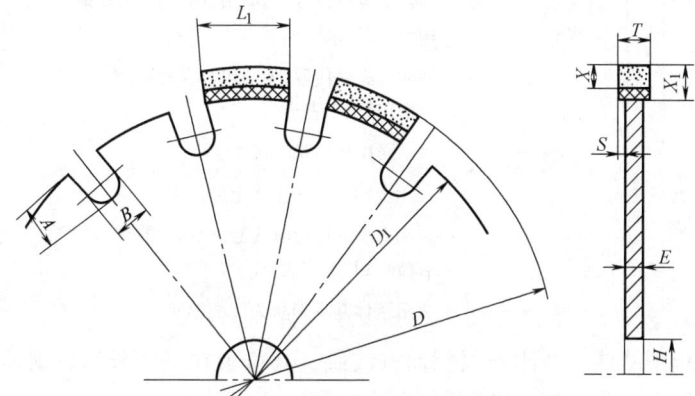

图 12-75 宽水槽圆锯片

表 12-96 宽水槽圆锯片的基本尺寸（GB/T 11270.1—2002）

扫码查表

3) 窄水槽圆锯片的形状如图 12-76 所示，其基本尺寸如表 12-97 所示。

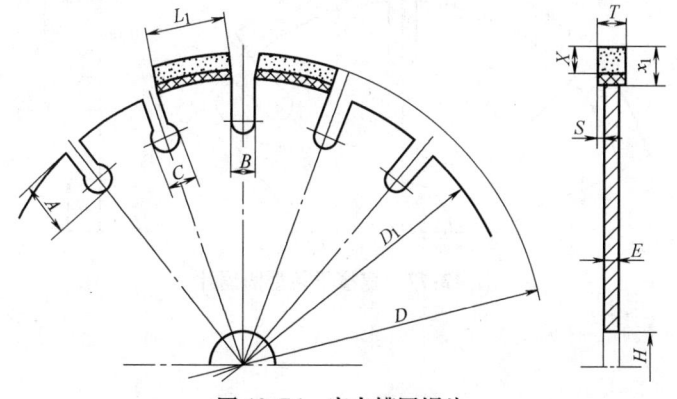

图 12-76 窄水槽圆锯片

表 12-97　窄水槽圆锯片的基本尺寸（GB/T 11270.1—2002）

扫码查表

12.2.6　金刚石圆锯烧结锯片

1. 金刚石圆锯烧结锯片型号编制方法

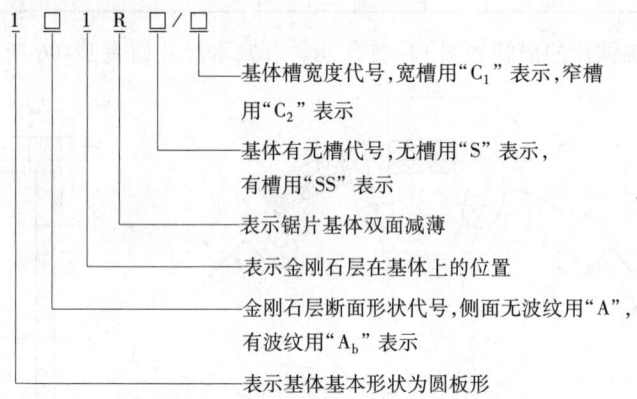

示例：圆板形基体，金刚石层侧面有波纹，其位置在基体外缘，锯片基体双面减薄，有窄槽，其型号为：$1A_b1RSS/C_2$。

2. 分类

按形状可将金刚石圆锯烧结锯片分为宽槽干切型圆锯片、窄槽干切型圆锯片、连续边无波纹湿切型圆锯片、连续边有波纹干湿切型圆锯片四种。

1）宽槽干切型圆锯片的形状如图 12-77 所示，其基本尺寸如表 12-98 所示。

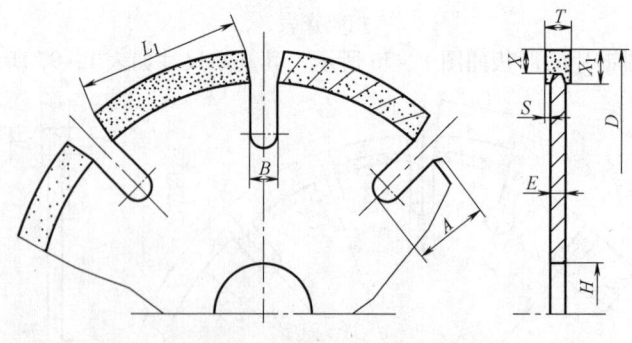

图 12-77　宽槽干切型圆锯片

表 12-98 宽槽干切型圆锯片的基本尺寸（GB/T 11270.2—2002）

（单位：mm）

D	Z/个	E	A	B	L_1	$T^{+0.20}_{\ 0}$	X	$X_1{}^{+0.20}_{\ 0}$	S
105	8	1.2	6.5	3	32.4	1.7			0.25
110	8	1.2	6.5	3	34.3	1.8	6.0	7.0	0.30
	9				30.3				
115	8	1.2	8.5	4	35.3	1.8			0.30
	9				31.1				
125	9	1.2	8.5	4	34.5	1.8			0.30
	10				30.8				
150	12	1.4	8.5	4	31.6	2.0			0.30
(178)	14	1.4	8.5	4	32.8	2.0			0.30
		1.6							0.20
200	14	1.4	11	5	36.7	2.0	6.0	7.0	0.30
		1.6							0.20
230	16	1.6	11	5	37.4	2.2			0.30
250	18	1.6	11	5	36.2	2.5			0.45
300	22	1.6	14	8	32.9	2.5			0.45
		2.0							0.25
(355)	19	2.2	14	8	48.2	3.2	6.5	7.5	0.50

注：1. H 根据用户要求而定，其极限偏差为 H8。
    2. 一般不采用括号内尺寸。

2）窄槽干切型圆锯片的形状如图 12-78 所示，其基本尺寸如表 12-99 所示。

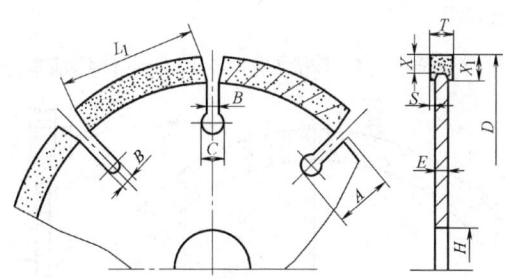

图 12-78 窄槽干切型圆锯片

表 12-99　窄槽干切型圆锯片的基本尺寸（GB/T 11270.2—2002）

（单位：mm）

D	Z/个	L_1	A	B	C	E	$T_{\ 0}^{+0.20}$	X	$X_{1\ 0}^{+0.20}$	S
(100)	7	35.9	8	2	5	1.2	1.7	7.0	8.0	0.25
105	8	33.4	10	2	5	1.2	1.8	6.0	7.0	0.30
110	8	35.5	10	2	5	1.2	1.8	6.0	7.0	0.30
110	9	31.3	10	2	5	1.4	2.0	6.0	7.0	0.30
115	8	37.2	10	2	5	1.2	1.8	6.0	7.0	0.30
115	9	33.0	10	2	5	1.4	2.0	6.0	7.0	0.30
125	9	36.4	10	2	5	1.2	1.8	6.0	7.0	0.30
125	10	32.7	10	2	5	1.4	2.0	6.0	7.0	0.30
150	12	33.5	10	2	5	1.4	2.0	6.0	7.0	0.30
180	13	38.0	10	2	5	1.6	2.2	6.0	7.0	0.30
180	14	35.2	10	2	5	1.6	2.4	6.0	7.0	0.40
200	14	39.2	11.5	2.5	6	1.4	2.0	6.0	7.0	0.30
200	14	39.2	11.5	2.5	6	1.6	2.0	6.0	7.0	0.20
200	15	36.4	11.5	2.5	6	1.8	2.4	6.0	7.0	0.30
230	16	39.9	11.5	2.5	6	1.6	2.2	6.0	7.0	0.30
230	18	35.2	11.5	2.5	6	1.8	2.4	6.0	7.0	0.40
250	17	41.1	12	2.5	6	1.6	2.5	6.0	7.0	0.45
250	17	41.1	12	2.5	6	2.0	3.0	6.0	7.0	0.50
250	18	38.7	12	2.5	6	2.2	3.0	6.0	7.0	0.40
300	20	42.4	13	2.5	6	1.6	2.5	6.0	7.0	0.45
300	21	40.3	13	2.5	6	2.0	2.5	6.0	7.0	0.25
300	21	40.3	13	2.5	6	2.0	3.0	6.0	7.0	0.40
300	22	38.4	13	2.5	6	2.2	3.4	6.0	7.0	0.60
350	24	41.0	14	3.0	6	2.2	3.2	6.0	7.0	0.50
350	24	41.0	14	3.0	6	2.2	3.6	6.0	7.0	0.70
(355)	19	53.3	19	3.0	6	2.2	3.2	6.5	7.5	0.50

注：1. H 根据客户要求而定，其极限偏差为 H8。

2. 一般不采用括号内尺寸。

3）连续边无波纹湿切型圆锯片的形状如图 12-79 所示，其基本尺寸如表 12-100 所示。

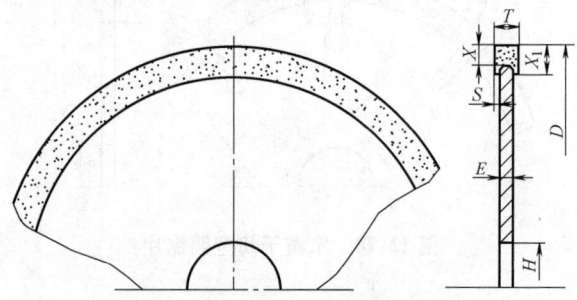

图 12-79　连续边无波纹湿切型圆锯片

表 12-100 连续边无波纹湿切型圆锯片的基本尺寸（GB/T 11270.2—2002）

（单位：mm）

D	E	$T_{\ 0}^{+0.20}$	X	$X_{1\ 0}^{+0.20}$	S
60	1.0	1.6			0.30
80	1.0	1.5			0.25
	1.2	1.7			
85	1.2	1.7			0.25
100	1.2	1.7			0.25
105	1.2	1.7			0.25
110	1.2	1.7			0.25
	1.4	1.9			
115	1.2	1.7			0.25
	1.4	1.9			
125	1.2	1.7	4.0	5.0	0.25
	1.4	1.9			
150	1.4	1.9			0.25
180	1.4	1.9			0.25
	1.6	2.1			
200	1.6	2.1			0.25
	1.8	2.3			
230	1.6	2.1			0.25
	1.8	2.3			
250	2.0	2.8			0.40
300	2.2	3.2			0.50
350	2.2	3.4			0.60

4）连续边有波纹干湿切型圆锯片的形状如图 12-80 所示，其基本尺寸如表 12-101 所示。

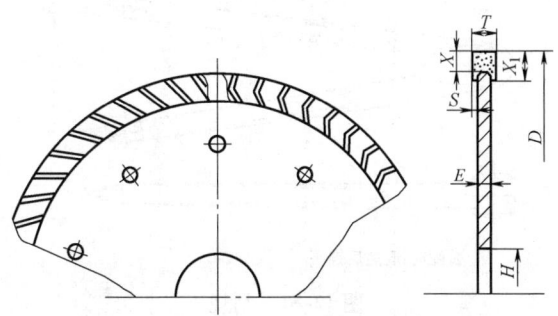

图 12-80 连续边有波纹干湿切型圆锯片

表 12-101　连续边有波纹干湿切型圆锯片的基本尺寸（GB/T 11270.2—2002）

（单位：mm）

D	E	$T^{+0.20}_{0}$	X	$X_1^{+0.20}_{0}$	S
80	1.0	2.2	7.5	8.5	0.60
100	1.2	2.2			0.50
105	1.2	2.2			0.50
110	1.2	2.2			0.50
115	1.2	2.2			0.50
	1.4	2.4			
125	1.2	2.2			0.50
	1.4	2.4			
150	1.4	2.4			0.50
180	1.6	2.8			0.60
200	1.4	2.5			0.55
	1.6				0.45
	1.8	3.0	6.0	7.0	0.60
230	1.6	2.5			0.45
	1.8	3.0			0.60
250	1.6	2.6			0.50
	2.0	3.4			0.70
	2.2				0.60
300	1.6	2.6			0.50
	2.0				0.30
	2.2	3.6			0.70
350	2.2	3.4			0.60
		3.8			0.80
(355)	2.2	3.2			0.50

12.3　划线工具

12.3.1　划规

1. 划规的形式（图 12-81）

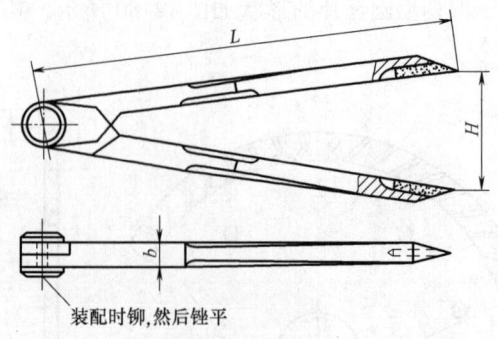

装配时铆,然后锉平

图 12-81　划规

2. 划规的基本尺寸（表 12-102）

表 12-102　划规的基本尺寸（JB/T 3411.54—1999）　（单位：mm）

L	H_{max}	b
160	200	9
200	280	10
250	350	10
320	430	13
400	520	16
500	620	16

12.3.2　长划规

1. 长划规的形式（图 12-82）

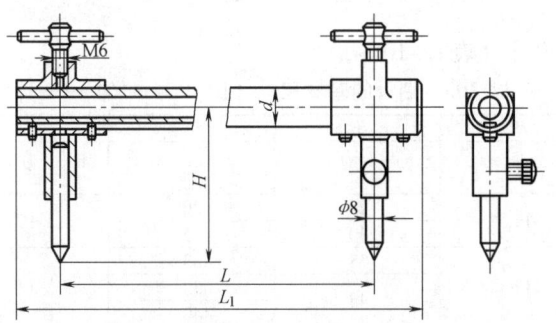

图 12-82　长划规

2. 长划规的基本尺寸（表 12-103）

表 12-103　长划规的基本尺寸（JB/T 3411.55—1999）　（单位：mm）

L_{max}	L_1	d	$H \approx$
800	850	20	70
1250	1315	20	70
2000	2065	32	90

12.3.3　钩头划规

1. 钩头划规的形式（图 12-83）

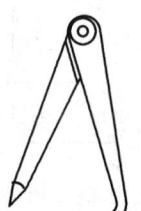

图 12-83　钩头划规

2. 钩头划规的基本尺寸（表 12-104）

表 12-104　钩头划规的基本尺寸　（单位：mm）

代号	总长	头部直径	销轴直径
JB/ZQ7001.P5.42.1.00	100	16	8
JB/ZQ7001.P5.42.2.00	200	20	10
JB/ZQ7001.P5.42.3.00	300	30	15
JB/ZQ7001.P5.42.4.00	400	35	15

12.3.4 划针

1. 划针的形式（图 12-84）

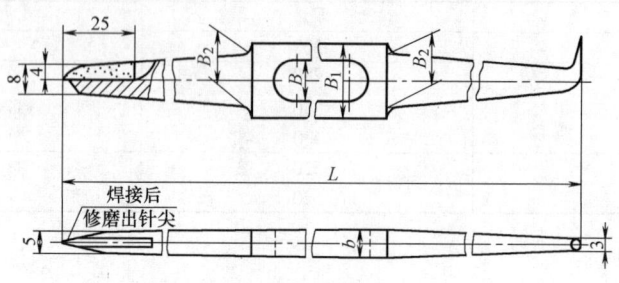

图 12-84 划针

2. 划针的基本尺寸（表 12-105）

表 12-105 划针的基本尺寸（JB/T 3411.64—1999） （单位：mm）

L	B	B_1	B_2	b	展开长≈
320	11	20	15	8	330
450	11	20	15	8	460
500	13	25	20	10	510
700	13	30	25	10	710
800	17	38	33	12	860
1200	17	45	37	12	1210
1500	17	45	40	12	1510

12.3.5 划线盘

1. 划线盘的形式（图 12-85）

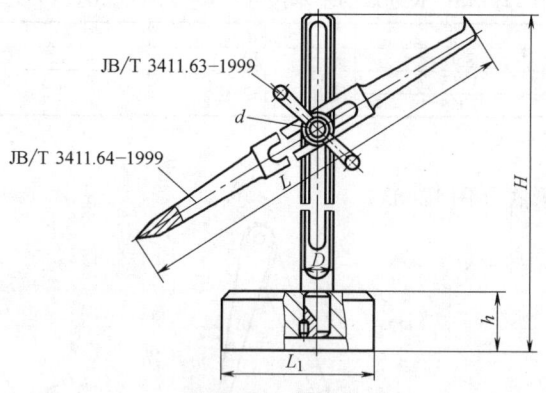

图 12-85 划线盘

2. 划线盘的基本尺寸（表 12-106）

表 12-106 划线盘的基本尺寸（JB/T 3411.65—1999） （单位：mm）

H	L	L_1	D	d	h
355	320	100	22	M10	35
450	320	100	22	M10	35
560	450	120	25	M10	40
710	500	140	30	M12	50
900	700	160	35	M12	60

12.3.6 大划线盘

1. 大划线盘的形式(图12-86)

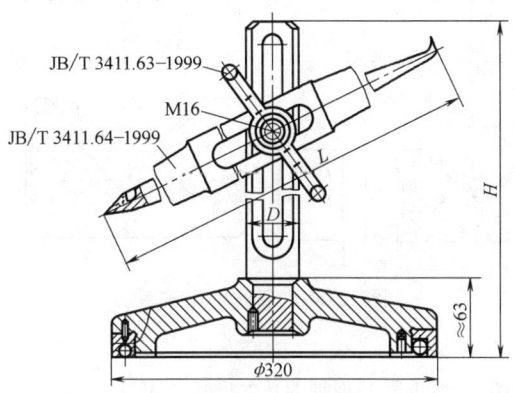

图12-86 大划线盘

2. 大划线盘的基本尺寸(表12-107)

表12-107 大划线盘的基本尺寸(JB/T 3411.66—1999) (单位：mm)

H	L	D	H	L	D
1000	850	45	1600	1200	50
1250			2000	1500	

12.3.7 划线尺架

1. 划线尺架的形式(图12-87)

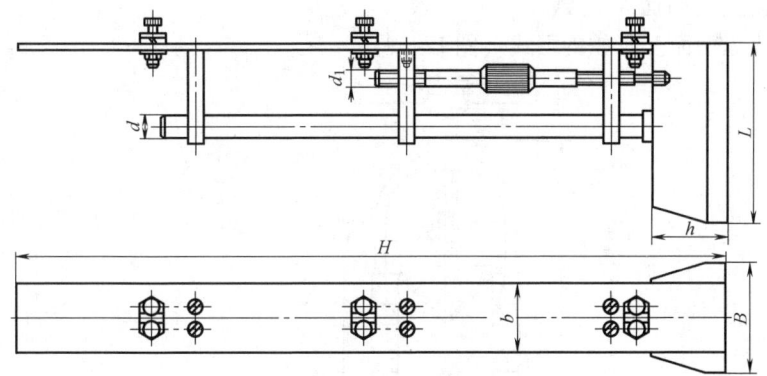

图12-87 划线尺架

2. 划线尺架的基本尺寸(表12-108)

表12-108 划线尺架的基本尺寸(JB/T 3411.57—1999) (单位：mm)

H	L	B	h	b	d	d_1
500	130	80	60	50	15	M10
800	150	95	65		20	M10
1250	200	140	100	55	25	M16
2000	250	160	120	60		M16

12.3.8　划线用 V 形铁

1. 划线用 V 形铁的形式（图 12-88）

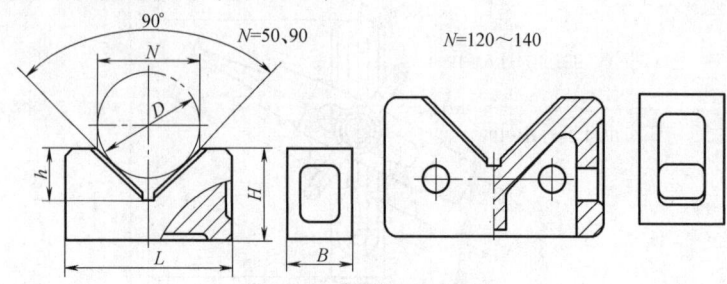

图 12-88　划线用 V 形铁

2. 划线用 V 形铁的基本尺寸（表 12-109）

表 12-109　划线用 V 形铁的基本尺寸（JB/T 3411.60—1999）（单位：mm）

N	D	L	B	H	h
50	15~60	100	50	50	26
90	40~100	150	60	80	46
120	60~140	200	80	120	61
150	80~180	250	90	130	75
200	100~240	300	120	180	100
300	120~350	400	160	250	150
350	150~450	500	200	300	175
400	180~550	600	250	400	200

12.3.9　带夹紧两面 V 形铁

1. 带夹紧两面 V 形铁的形式（图 12-89）

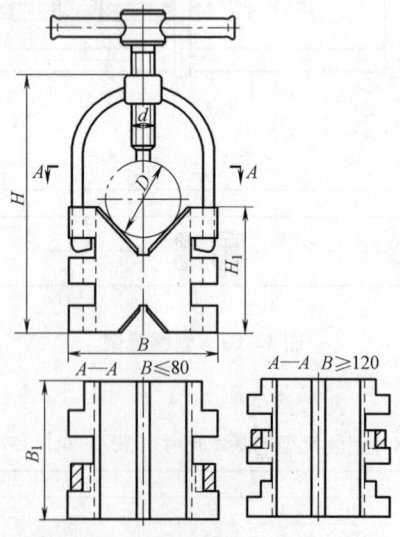

图 12-89　带夹紧两面 V 形铁

2. 带夹紧两面V形铁的基本尺寸（表12-110）

表12-110 带夹紧两面V形铁的基本尺寸（JB/T 3411.61—1999） （单位：mm）

夹持工件直径 D	B	B_1	H	H_1	d
8～35	50	50	85	40	M8
10～60	80	80	130	60	M10
15～100	125	120	200	90	M12
20～135	160	150	260	120	M16
30～175	200	160	325	150	

12.3.10 方箱

1. 方箱的形式（图12-90）

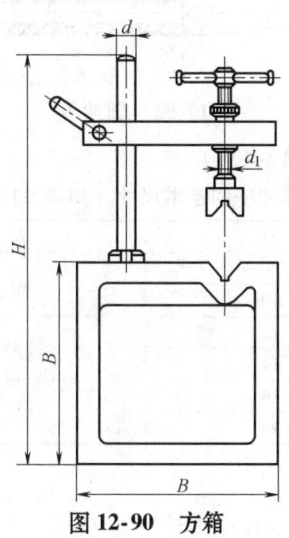

图12-90 方箱

2. 方箱的基本尺寸（表12-111）

表12-111 方箱的基本尺寸（JB/T 3411.56—1999） （单位：mm）

B	H	d	d_1
160	320	20	M10
200	400		M12
250	500	25	M16
320	600		
400	750	30	M20
500	900		

12.3.11 尖冲子

1. 尖冲子的形式（图12-91）

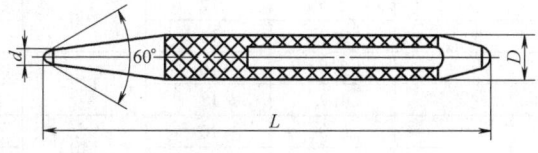

图12-91 尖冲子

2. 尖冲子的基本尺寸（表12-112）

表12-112 尖冲子的基本尺寸（JB/T 3411.29—1999）　（单位：mm）

d	D	L
2	8	80
3	8	80
4	10	80
6	14	100

12.3.12　圆冲子

1. 圆冲子的形式（图12-92）

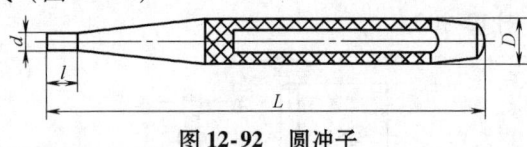

图12-92　圆冲子

2. 圆冲子的基本尺寸（表12-113）

表12-113　圆冲子的基本尺寸（JB/T 3411.30—1999）　（单位：mm）

d	D	L	l
3	8	80	6
4	10	80	6
5	12	100	10
6	14	100	10
8	16	125	14
10	18	125	14

12.3.13　半圆头铆钉冲子

1. 半圆头铆钉冲子的形式（图12-93）

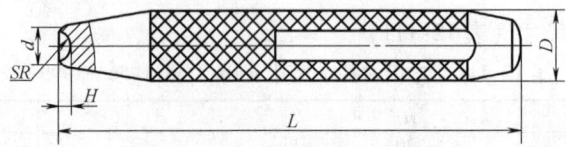

图12-93　半圆头铆钉冲子

2. 半圆头铆钉冲子的基本尺寸（表12-114）

表12-114　半圆头铆钉冲子的基本尺寸（JB/T 3411.31—1999）

（单位：mm）

公称直径（铆钉直径）	SR	D	L	d	H
2.0	1.9	10	80	5	1.1
2.5	2.5	12	100	6	1.4
3.0	2.9	14	100	8	1.6
4.0	3.8	16	125	10	2.2
5.0	4.7	18	125	12	2.6
6.0	6.0	20	140	14	3.2
8.0	8.0	22	140	16	4.4

12.3.14 四方冲子

1. 四方冲子的形式（图 12-94）

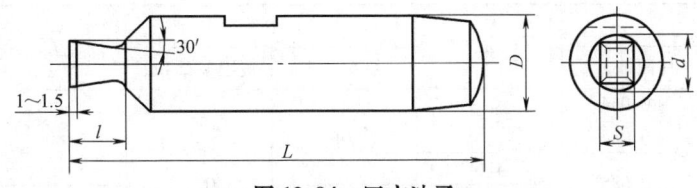

图 12-94 四方冲子

2. 四方冲子的基本尺寸（表 12-115）

表 12-115 四方冲子的基本尺寸（JB/T 3411.33—1999） （单位：mm）

S		$d \approx$	D		L	l
基本尺寸	极限偏差		基本尺寸	极限偏差 h11		
2.00	+0.070	3.0	8	0 -0.090	80	4
2.24		3.2				
2.50	+0.050	3.6				
2.80		4.0				
3.00	+0.095 +0.070	4.2	14			6
3.15		4.5				
3.55		5.0				
4.00		5.6	16	0 -0.110	100	10
4.50		6.4				
5.00		7.0				
5.60		7.8				
6.00		8.4				
6.30	+0.115 +0.085	8.9	18			14
7.10		10.0				
8.00		11.3				
9.00		12.7				
10.00	+0.142 +0.105	14.1	20	0 -0.130	125	18
11.20		15.8				
12.00		16.9				
12.50		17.6				
14.00		19.7	25			25
16.00	+0.230 +0.170	22.6				
17.00		24.0				
18.00		25.4	30			
20.00		28.2			150	32
22.00	+0.275 +0.205	31.1	35	0 -0.160		
22.40		31.6				
25.00		35.3	40			

12.3.15 六方冲子

1. 六方冲子的形式（图 12-95）

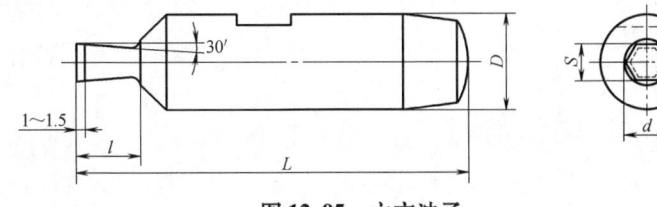

图 12-95 六方冲子

2. 六方冲子的基本尺寸（表 12-116）

表 12-116　六方冲子的基本尺寸（JB/T 3411.34—1999）　（单位：mm）

S		d	D		L	l
基本尺寸	极限偏差		基本尺寸	极限偏差 h11		
3	+0.064 +0.044	3.5	14	0 -0.110	80	6
4	+0.085 +0.060	4.6	16		100	10
5		5.8				
6		6.9				
8	+0.100 +0.070	9.2	18			14
10		11.5				
12	+0.124 +0.087	13.8	20			18
14		16.2				
17	+0.205 +0.145	19.6	25	0 -0.130	125	25
19		21.9				
22	+0.205 +0.145	25.4	30		150	32
24		27.7				
27		31.2	35	0 -0.160		

第 13 章 木 工 工 具

13.1 木工锯

13.1.1 木工圆锯片

1. 木工圆锯片的形式（图 13-1）

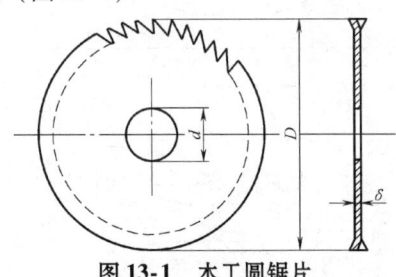

图 13-1 木工圆锯片

2. 木工圆锯片的基本尺寸（表 13-1）

表 13-1 木工圆锯片的基本尺寸（GB/T 13573—1992） （单位：mm）

外径 D		孔径 d		厚度 δ						齿数/个
基本尺寸	极限偏差	基本尺寸	极限偏差	1	2	3	4	5	极限偏差	
160	±1.5	20（30）	H11（H9）	0.8	1.0	1.2	1.6	—	±0.05	80 或 100
(180)				0.8	1.0	1.2	1.6	2.0		
200	±2.0	30 或 60		0.8	1.0	1.2	1.6	2.0		
(225)				0.8	1.0	1.2	1.6	2.0		
250				0.8	1.0	1.2	1.6	2.0		
(280)				0.8	1.0	1.2	1.6	2.0		
315				1.0	1.2	1.6	2.0	2.5	±0.07	
(355)				1.0	1.2	1.6	2.0	2.5		
400				1.0	1.2	1.6	2.0	2.5		
(450)	±3.0	30 或 85		1.2	1.6	2.0	2.5	3.2		
500				1.2	1.6	2.0	2.5	3.2		
(560)				1.2	1.6	2.0	2.5	3.2		
630				1.6	2.0	2.5	3.2	4.0	±0.10	
(710)				1.6	2.0	2.5	3.2	4.0		
800	±4.0	40 或 (50)		1.6	2.0	2.5	3.2	4.0		
(900)				2.0	2.5	3.2	4.0	5.0		
1000				2.0	2.5	3.2	4.0	5.0		
1250	±5.0	60		—	3.2	3.6	4.0	5.0	±0.30	
1600				—	3.2	4.5	5.0	6.0		
2000				—	3.6	5.0	7.0	—		

注：1. 括号内尺寸尽量避免使用，用户特殊要求例外。
 2. 公差等级 H9 用于特殊情况，如用于同时在机床上安装多锯片，而且高速旋转的情况。

3. 木工圆锯片齿形的基本形状（表 13-2）

表 13-2　木工圆锯片齿形的基本形状（GB/T 13573—1992）

齿形名称	齿形代号	锯齿形状	参数名称代号
直背齿	N		
折背齿	K		t—齿距 h—齿高 γ—前角 α—后角 β—楔角 R—齿槽半径
等腰三角形	A		

13.1.2　木工硬质合金圆锯片

1. 木工硬质合金圆锯片的形式（图 13-2）

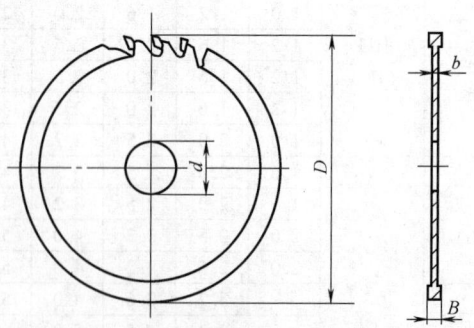

图 13-2　木工硬质合金圆锯片

2. 木工硬质合金圆锯片的基本尺寸（表 13-3）

表 13-3　木工硬质合金圆锯片的基本尺寸（GB/T 14388—2010）

扫码查表

3. 木工硬质合金圆锯片锯齿基本形状与组合

木工硬质合金圆锯片锯齿基本形状如表 13-4 所示，组合举例如表 13-5 所示。

表 13-4　推荐的木工硬质合金圆锯片锯齿基本形状（GB/T 14388—2010）

代号	P	T	X_Z	X_Y
名称	平齿	梯形齿	左斜齿	右斜齿
形状				

表 13-5　推荐的木工硬质合金圆锯片锯齿组合举例（GB/T 14388—2010）

代号	TP	$X_Z X_Y$	$X_Z P X_Y$
名称	梯形齿和平齿	左右斜齿	左右斜齿和平齿
形状			

13.1.3　木工锯条

1. 木工锯条的形式（图 13-3）

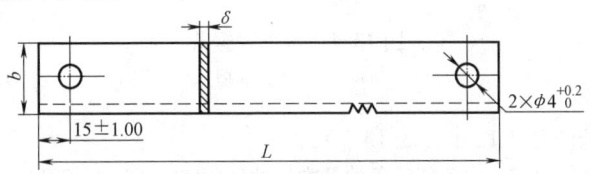

图 13-3　木工锯条

2. 木工锯条的基本尺寸（表 13-6）

表 13-6　木工锯条的基本尺寸（QB/T 2094.1—2015）　（单位：mm）

规格	长度 L		宽度 b		厚度 δ	
	基本尺寸	极限偏差	基本尺寸	极限偏差	基本尺寸	极限偏差
400	400	±2.00	22	±1.00	0.50	+0.02 −0.08
450	450		25			
500	500		25			
550	550		32			
600	600		32		0.60	
650	650		38			

（续）

规格	长度 L		宽度 b		厚度 δ	
	基本尺寸	极限偏差	基本尺寸	极限偏差	基本尺寸	极限偏差
700	700	±2.00	38 44	±1.00	0.70	+0.02 -0.08
750	750					
800	800					
850	850					
900	900					
950	950					
1000	1000		44 50		0.80 0.90	
1050	1050					
1100	1100					
1150	1150					

13.1.4 木工绕锯条

1. 木工绕锯条的形式（图13-4）

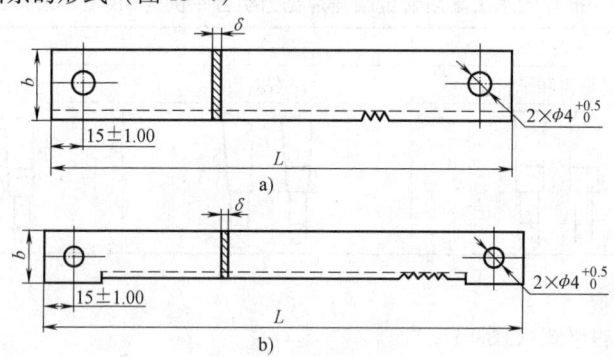

图 13-4　木工绕锯条

a) A 型　b) B 型

2. 木工绕锯条的基本尺寸（表13-7）

表 13-7　木工绕锯条的基本尺寸（QB/T 2094.4—2015）　（单位：mm）

规格	长度 L		宽度 b		厚度 δ	
	基本尺寸	极限偏差	基本尺寸	极限偏差	基本尺寸	极限偏差
400	400	±1.00	10	+0.50 -1.00	0.50	+0.02 -0.08
450	450					
500	500					
550	550					
600	600					
650	650				0.60 0.70	
700	700					
750	750					
800	800					

13.1.5 细木工带锯条

1. 细木工带锯条的形式（图 13-5）

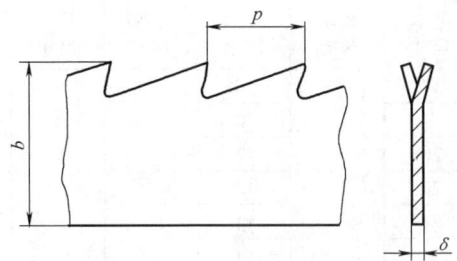

图 13-5 细木工带锯条

2. 细木工带锯条的基本尺寸（表 13-8）

表 13-8 细木工带锯条的基本尺寸（GB/T 21690—2008） （单位：mm）

宽度 b	厚度 δ	齿距 p	厚度 δ	齿距 p	厚度 δ	齿距 p
6.3	(0.4)	(3.2)	0.5	4	(0.6)	(5)
10	(0.4)	(4)	0.5	6.3	(0.6)	(6.3)
12.5			(0.5)	(6.3)	0.6	6.3
16			(0.5)	(6.3)	0.6	6.3
20			0.5	6.3	0.7	8
25			0.5	6.3	0.7	8
(30)					0.7	10
32					0.7	10
(35)					0.7	10
40					0.8	10
(45)					0.8	10
50					0.9	12.5
63					0.9	12.5

注：1. 表格中规定的齿距仅仅适用于图中的齿形。
  2. 尽可能选择括号内尺寸。

13.2 木工钻

13.2.1 木工钻通用技术条件

1. 手用支罗钻（图 13-6）

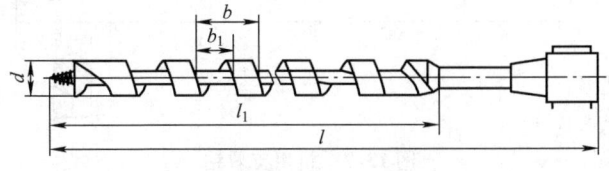

图 13-6 手用支罗钻

2. 手用支罗钻的基本尺寸（表 13-9）

表 13-9　手用支罗钻的基本尺寸（QB/T 1736—2018）　（单位：mm）

规格	d 基本尺寸	d 极限偏差	b 基本尺寸	b 极限偏差	b_1 基本尺寸	b_1 极限偏差	l 基本尺寸	l 极限偏差	l_1 基本尺寸	l_1 极限偏差
6	6		17		10					
8	8		17		10					
10	10		20		12					
11	11		20		12					
12	12		24		14					
13	13		24		14					
14	14		28		17					
15	15		28		17					
16	16		30		18					
17	17		30		18					
18	18		34		21					
19	19		34		21					
20	20	±0.10	36	±2.0	22	±1.0	150~610	±3.0	70~340	±3.0
21	21		36		22					
22	22		36		22					
23	23		36		22					
24	24		36		22					
25	25		36		22					
26	26		38		23					
28	28		38		23					
30	30		40		24					
32	32		40		24					
34	34		44		25					
36	36		44		25					
38	38		44		25					

3. 机用支罗钻（图 13-7）

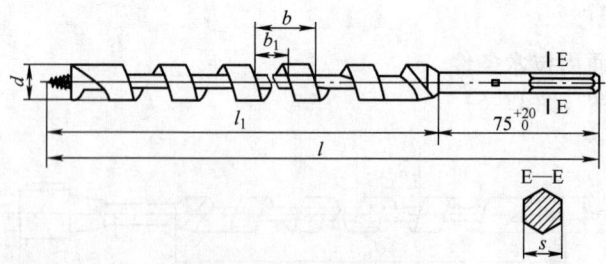

图 13-7　机用支罗钻

4. 机用支罗钻的基本尺寸（表 13-10）

表 13-10　机用支罗钻的基本尺寸（QB/T 1736—2018）　（单位：mm）

规格	d 基本尺寸	d 极限偏差	b 基本尺寸	b 极限偏差	b_1 基本尺寸	b_1 极限偏差	s 基本尺寸	s 极限偏差	l 基本尺寸	l 极限偏差	l_1 基本尺寸	l_1 极限偏差
6	6		17		10		5.0					
8	8		17		10		7.0					
10	10		20		12		9.0					
11	11		20		12		9.0					
12	12		24		14		9.0					
13	13		24		14		9.0					
14	14		28		17		9.0					
15	15		28		17		9.0					
16	16		30		18		9.0					
17	17		30		18		9.0					
18	18		34		21		9.0					
19	19		34		21		9.0					
20	20		36		22		11.0					
21	21	±0.10	36	±2.0	22	±1.0	11.0	$0 \atop -0.25$	100~1000	±3.0	25~925	±3.0
22	22		36		22		11.0					
23	23		36		22		11.0					
24	24		36		22		11.0					
25	25		36		22		11.0					
26	26		38		23		11.0					
28	28		38		23		11.0					
30	30		40		24		11.0					
32	32		40		24		11.0					
34	34		44		25		11.0					
36	36		44		25		11.0					
38	38		44		25		11.0					
40	40		44		25		11.0					
52	52		45		26		12.5					

5. 三尖木工钻（图 13-8）

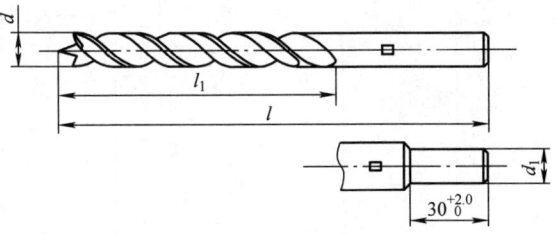

图 13-8　三尖木工钻

6. 三尖木工钻的基本尺寸（表 13-11）

表13-11 三尖木工钻的基本尺寸（QB/T 1736—2018） （单位：mm）

规格	d		d_1		l		l_1	
	基本尺寸	极限偏差	基本尺寸	极限偏差	基本尺寸	极限偏差	基本尺寸	极限偏差
4	4		—		80		48	
5	5				90		56	
6	6				100		62	
7	7				110		68	
8	8				120		75	
9	9				130		82	
10	10				160		95	
11	11		10		165		100	
12	12				170		105	
13	13				175		110	
14	14				180		115	
15	15				185		120	
16	16				190		125	
18	18	±0.10		$0 \atop -0.15$	200	±1.5	130	±2.0
20	20				210		140	
22	22				220		150	
24	24				235		160	
26	26				250		170	
28	28		13		260		180	
30	30				270		190	
32	32				280		195	
34	34				285		200	
36	36				290		205	
38	38				295		210	
40	40				300		215	
45	45				310		225	
50	50				325		240	

13.2.2 木工机用长麻花钻

1. 木工机用长麻花钻的形式(图 13-9)

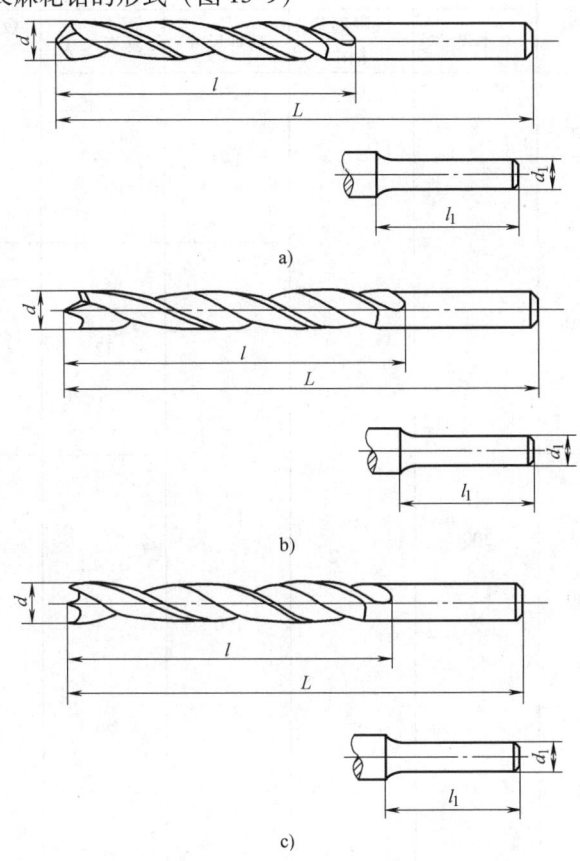

图 13-9 木工机用长麻花钻
a) Ⅰ型 b) Ⅱ型 c) Ⅲ型

2. 木工机用长麻花钻的尺寸(表 13-12)

表 13-12 木工机用长麻花钻的尺寸 (JB/T 5738—1991) (单位:mm)

d		L		l	d_1		l_1
基本尺寸	极限偏差 h11	基本尺寸	极限偏差 h16	基本尺寸	基本尺寸	极限偏差 h11	基本尺寸
3	0 −0.060	150 (300)	0 −2.5	90 (125)	—	—	30
4	0 −0.075		$\begin{pmatrix}0\\-3.2\end{pmatrix}$				
5							
6	0 −0.090	300	0 −3.2	140			
7							
8							

(续)

d 基本尺寸	d 极限偏差 h11	L 基本尺寸	L 极限偏差 h16	l 基本尺寸	d_1 基本尺寸	d_1 极限偏差 h11	l_1 基本尺寸
9	0 −0.090			140	—	—	
10							
11							
12							
13	0 −0.110				12	0 −0.11	
14							
15							
16							
18							
20		300	0 −3.2	190			30
22							
24	0 −0.130						
26							
28							
30							
32					20	0 −0.13	
34							
36	0 −0.160						
38							
40							
45							
50							

注:括号内尺寸尽量不采用。

13.2.3 木工方凿钻

1. 木工方凿钻的形式

1)木工方凿钻是由钻头和空心凿刀组合而成的一种复合刀具,如图 13-10 所示。

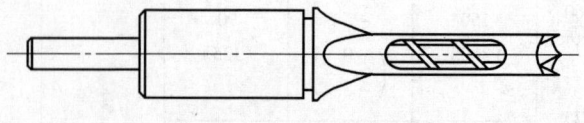

图 13-10 木工方凿钻

2)空心凿刀须有出屑口,如图 13-11 所示。

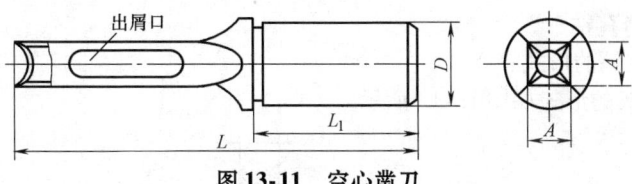

图 13-11　空心凿刀

3) 钻头切削部分采用蜗旋式（Ⅰ型）或螺旋式（Ⅱ型），如图 13-12 所示。

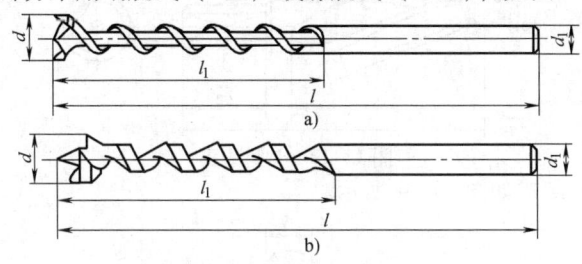

图 13-12　钻头切削部分

a) 蜗旋式（Ⅰ型）　b) 螺旋式（Ⅱ型）

2. 木工方凿钻的空心凿刀和钻头的尺寸（表 13-13）

表 13-13　木工方凿钻的空心凿刀和钻头的尺寸　　（单位：mm）

方凿钻规格	空心凿刀								钻头							
	A		D		L_1		L		d		d_1		l_1		l	
尺寸	尺寸	偏差	尺寸	偏差	尺寸	偏差	尺寸	偏差	尺寸	偏差	尺寸	偏差	尺寸	偏差	尺寸	偏差
6.3	6.3	+0.10 0	19	0 -0.052	40	±1.25	100 ~ 150	±1.25	6	0 -0.09	7~10	0 -0.15	50~80	±1.2	160 ~ 250	±1.85
8	8								7.8							
9.5	9.5								9.2							
10	10								9.8							
11	11								10.8	0 -0.11						
12	12								11.8							
12.5	12.5								12.3							
14	14								13.8		11~16	0 -0.18				
16	16								15.8							
20	20		28.5		50		200 ~ 220	±1.45	19.8	0 -0.13	18~22	0 -0.21	90~180	±1.6	255 ~ 315	±2.10
22	22								21.8							
25	25								24.8							

13.2.4 木工销孔钻

1. 木工销孔钻的形式

1）Ⅰ型钻头的形式如图 13-13 所示。

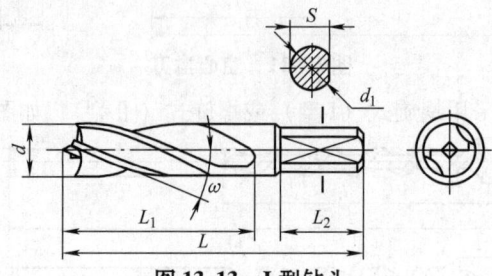

图 13-13　Ⅰ型钻头

2）Ⅱ型钻头的形式如图 13-14 所示。

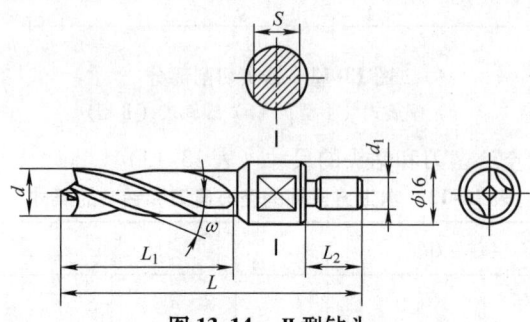

图 13-14　Ⅱ型钻头

3）Ⅲ型钻头的形式如图 13-15 所示。

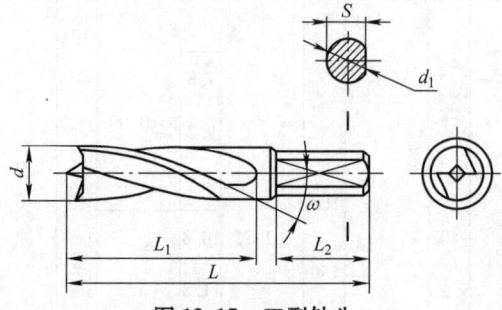

图 13-15　Ⅲ型钻头

4）Ⅳ型钻头的形式如图 13-16 所示。

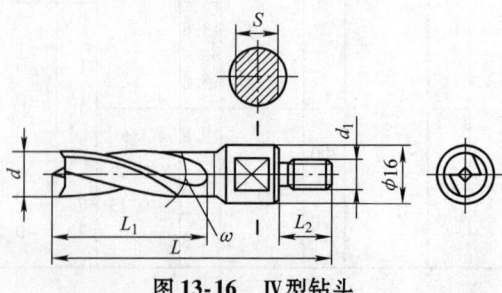

图 13-16　Ⅳ型钻头

2. 木工销孔钻钻头的尺寸（表13-14）

表13-14 木工销孔钻钻头的尺寸（JB/T 9947—2018） （单位：mm）

d		极限偏差	d_1		ω	L	L_1	L_2	S	旋向
公称尺寸			公称尺寸	极限偏差						
第1系列	第2系列									
5	4.8	$0 \atop -0.048$	10	$0 \atop -0.015$				22	9	
			M8	6g		57.5	32	15	12	
			M10							
6	5.8		10	$0 \atop -0.015$				22	9	
			M8	6g				15	12	
			M10							
7	6.8		10	$0 \atop -0.015$				22	9	
			M8	6g				15	12	
			M10							
8	7.8	$0 \atop -0.058$	10	$0 \atop -0.015$	$15°\sim20°$	70	45	22	9	左或右
			M8	6g				15	12	
			M10							
9	8.8		10	$0 \atop -0.015$				22	9	
			M8	6g				15	12	
			M10							
10	9.8		10	$0 \atop -0.015$				22	9	
			M8	6g				15	12	
			M10							
12	11.8		10	$0 \atop -0.015$		85	60	22	9	
			M8	6g				15	12	
			M10							
14	13.8	$0 \atop -0.070$	10	$0 \atop -0.015$				22	9	
			M8	6g				15	12	
			M10							
16	15.8		10	$0 \atop -0.015$				22	9	
			M8	6g				15	12	
			M10							

注：当螺纹为右旋时，钻头旋向为右旋；当螺纹为左旋时，钻头旋向为左旋。

13.2.5 木工硬质合金销孔钻

1. A型（整体硬质合金通孔钻）

1）A型（整体硬质合金通孔钻）的形式如图13-17所示。

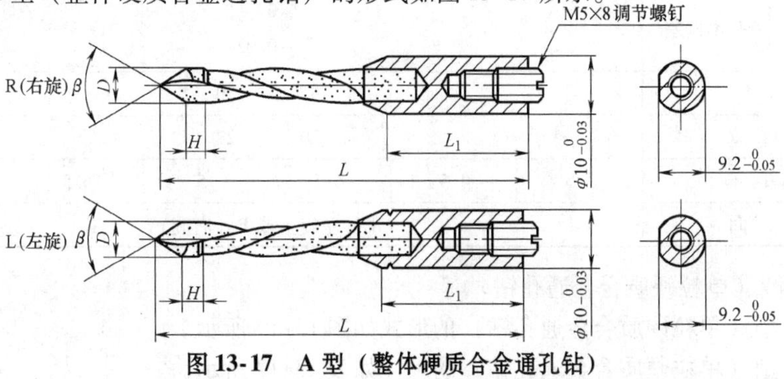

图13-17 A型（整体硬质合金通孔钻）

2）A型（整体硬质合金通孔钻）的尺寸如表13-15所示。

表13-15 A型（整体硬质合金通孔钻）的尺寸（JB/T 10849—2008）

（单位：mm）

	基本尺寸	3	4	5	6	7	8
D	基本偏差	\multicolumn{6}{c}{0 / −0.02}
	L			57	70		
	L_1			20	27		
	H	\multicolumn{6}{c}{2}
	β	\multicolumn{6}{c}{60°±1°}
	旋向	\multicolumn{6}{c}{L（左旋）或 R（右旋）}

2. B型（整体硬质合金不通孔钻）

1）B型（整体硬质合金不通孔钻）的形式如图13-18所示。

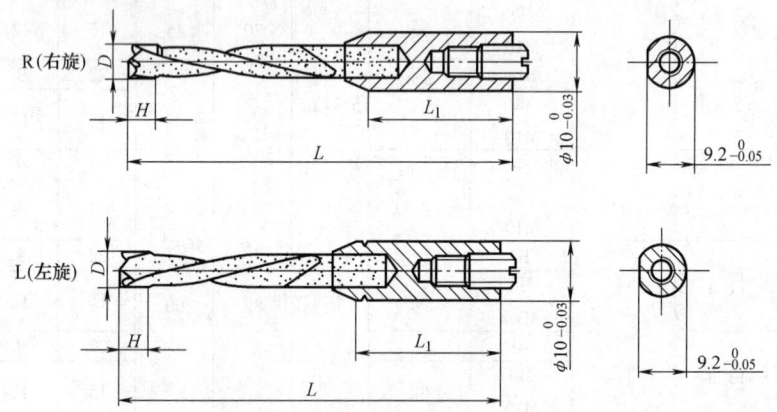

图13-18 B型（整体硬质合金不通孔钻）

2）B型（整体硬质合金不通孔钻）的尺寸如表13-16所示。

表13-16 B型（整体硬质合金不通孔钻）的尺寸（JB/T 10849-2008）

（单位：mm）

	基本尺寸	3	4	5	6	7	8
D	基本偏差	\multicolumn{6}{c}{0 / −0.02}
	L			57	70		
	L_1			20	27		
	H	3.5	4.5	4.5	5	5.5	6
	旋向	\multicolumn{6}{c}{L（左旋）或 R（右旋）}

3. C型（单粒硬质合金通孔钻）

1）C型（单粒硬质合金通孔钻）的形式如图13-19所示。

2）C型（单粒硬质合金通孔钻）的尺寸如表13-17所示。

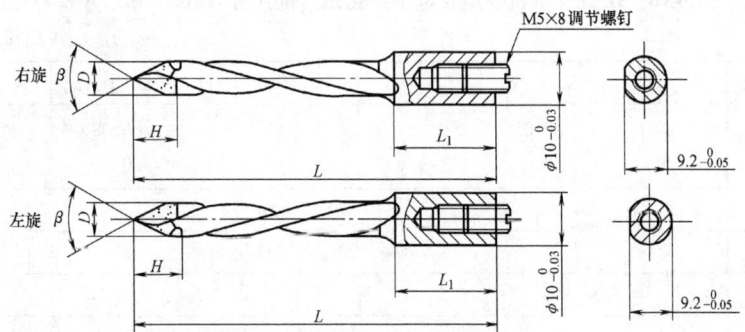

图 13-19　C 型（单粒硬质合金通孔钻）

表 13-17　C 型（单粒硬质合金通孔钻）的尺寸（JB/T 10849—2008）

（单位：mm）

	基本尺寸	4	5	6	7	8	9	10	11	12	13	14	15	16
D	基本偏差	+0.048 0			+0.058 0				+0.07 0					
	L					57			70					
	L_1					20			27					
	H	6	7	8.5	11	11	13.5	13.5	14.5	15	16	18	19	20
	β					60°±1°								
	旋向					L（左旋）或 R（右旋）								

4. D 型（单粒硬质合金不通孔钻）

1）D 型（单粒硬质合金不通孔钻）的形式如图 13-20 所示。

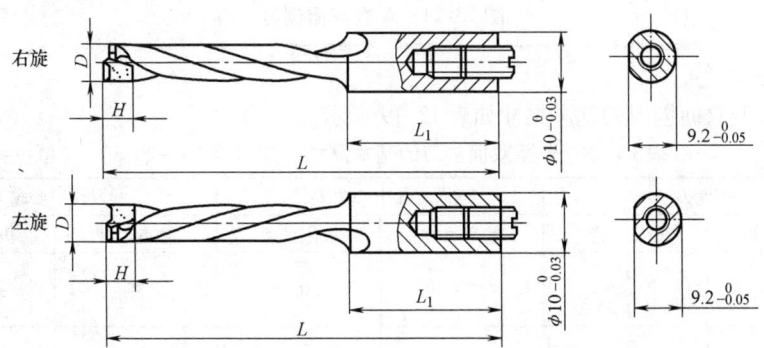

图 13-20　D 型（单粒硬质合金不通孔钻）

2）D 型（单粒硬质合金不通孔钻）的尺寸如表 13-18 所示。

表 13-18 D 型（单粒硬质合金不通孔钻）的尺寸（JB/T 10849—2008）

（单位：mm）

	基本尺寸	3	4	5	6	7	8	9	10	11	12	13	14	15	16
D	基本偏差	+0.05 0						+0.08 0							
	L							57	70						
	L_1							20	27						
	H	4.5		5.5		6.5			7.5				8.5		
	旋向	L（左旋）或 R（右旋）													

13.3 木工刀

13.3.1 刨刀

1. A 型双面刨刀

1）A 型双面刨刀的形式如图 13-21 所示。

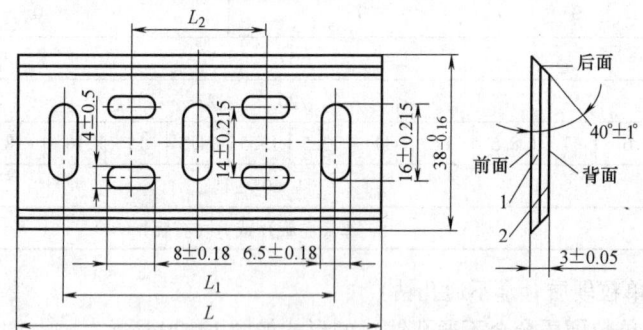

图 13-21 A 型双面刨刀
1—刃片 2—刀体

2）A 型双面刨刀的基本尺寸如表 13-19 所示。

表 13-19 A 型双面刨刀的基本尺寸（JB/T 9603—2013） （单位：mm）

长度 L		固定孔中心距 L_1		调刀孔中心距 L_2	
基本尺寸	极限偏差	基本尺寸	极限偏差	基本尺寸	极限偏差
100	0 −0.35	74	±0.15	35	±0.125
90	0 −0.35	64	±0.15	32	±0.125
80	0 −0.30	60	±0.15	30	±0.125
60	0 −0.30	40	±0.125	20	±0.105

2. B型双面刨刀

1) B型双面刨刀的形式如图13-22所示。

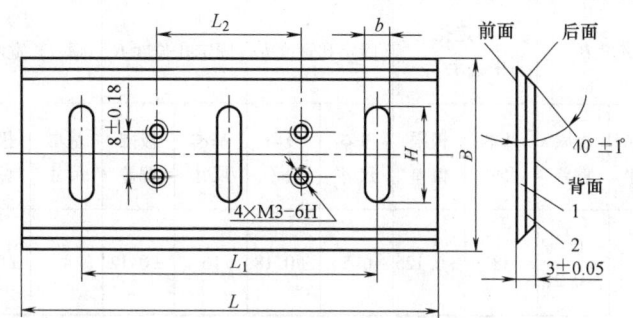

图 13-22　B型双面刨刀
1—刀片　2—刀体

2) B型双面刨刀的基本尺寸如表13-20所示。

表 13-20　B型双面刨刀的基本尺寸（JB/T 9603—2013）　（单位：mm）

长度 L		宽度 B		固定孔中心距 L_1		固定孔宽度 b		固定孔长度 H		调刀孔中心距 L_2	
基本尺寸	极限偏差	基本尺寸	极限偏差	基本尺寸	极限偏差	基本尺寸	极限偏差	基本尺寸	极限偏差	基本尺寸	极限偏差
90	0 -0.35	39	0 -0.16	64	±0.15	6.5	±0.18	20	±0.26	32	±0.125
80（82）	0 -0.35	38	0 -0.16	60	±0.15	6.5	±0.18	16	±0.215	26	±0.125
60	0 -0.30	34	0 -0.16	40	±0.15	6.5	±0.18	15	±0.215	16	±0.105

3. C型双面刨刀

1) C型双面刨刀的形式如图13-23所示。

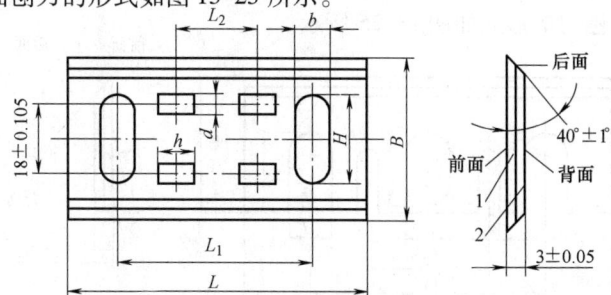

图 13-23　C型双面刨刀
1—刀片　2—刀体

2) C 型双面刨刀的基本尺寸如表 13-21 所示。

表 13-21　C 型双面刨刀的基本尺寸（JB/T 9603—2013）　（单位：mm）

长度 L		宽度 B		固定孔中心距 L_1		固定孔宽度 b		固定孔长度 H		调刀孔宽度 d		调刀孔长度 h	
基本尺寸	极限偏差	基本尺寸	极限偏差	基本尺寸	极限偏差	基本尺寸	极限偏差	基本尺寸	极限偏差	基本尺寸	极限偏差	基本尺寸	极限偏差
60	0 -0.30	32	0 -0.21	38	±0.125	6.5	±0.18	16	±0.12	4	±0.15	8	±0.18

4. D 型单面刨刀

1) D 型单面刨刀的形式如图 13-24 所示。

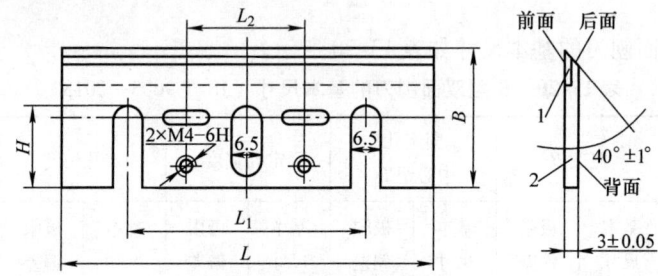

图 13-24　D 型单面刨刀

1—刀片　2—刀体

2) D 型单面刨刀的基本尺寸如表 13-22 所示。

表 13-22　D 型单面刨刀的基本尺寸（JB/T 9603—2013）　（单位：mm）

长度 L		宽度 B		固定孔中心距 L_1		调刀孔心距 L_2		固定孔长度 H	
基本尺寸	极限偏差	基本尺寸	极限偏差	基本尺寸	极限偏差	基本尺寸	极限偏差	基本尺寸	极限偏差
82	±0.175	29	0 -0.21	82	±0.06	26	±0.042	17.5	±0.12

5. E 型单面刨刀

1) E 型单面刨刀的形式如图 13-25 所示。

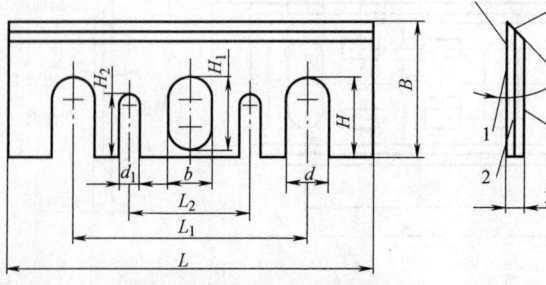

图 13-25　E 型单面刨刀

1—刀片　2—刀体

2) E型单面刨刀的基本尺寸如表13-23所示。

表13-23 E型双面刨刀的基本尺寸 (JB/T 9603—2013) （单位：mm）

长度 L		宽度 B		开口孔中心距 L_1		调刀中心距 L_2		开口孔宽度 d	
基本尺寸	极限偏差	基本尺寸	极限偏差	基本尺寸	极限偏差	基本尺寸	极限偏差	基本尺寸	极限偏差
100	0 -0.35	30	0 -0.21	70	±0.15	35	±0.125	9	±0.18
90	0 -0.35	28	0 -0.21	58	±0.15	29	±0.125	9	±0.18
80 (82)	0 -0.35	28	0 -0.21	52	±0.15	26	±0.125	9	±0.18
调刀孔宽度 d_1		固定孔宽度 b		开口孔长度 H		调刀孔长度 H_2		固定孔长度 H_1	
基本尺寸	极限偏差	基本尺寸	极限偏差	基本尺寸	极限偏差	基本尺寸	极限偏差	基本尺寸	极限偏差
4.4	±0.15	9	±0.18	18	±0.215	15	±0.215	15	±0.215
4.4	±0.15	9	±0.18	18	±0.215	15	±0.215	15	±0.215
4.4	±0.15	9	±0.18	18	±0.215	15	±0.215	15	±0.215

13.3.2 木工手用刨刀

1. 木工手用刨刀的基本结构（图13-26）

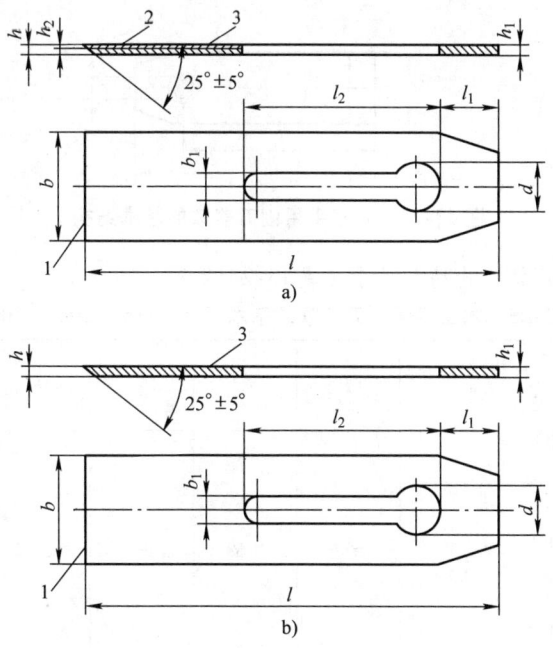

图13-26 木工手用刨刀的基本结构

a) 复合型 b) 全钢型

1—刃口 2—镶嵌钢 3—正面

2. 木工手用刨刀的基本尺寸（表 13-24）

表 13-24　木工手用刨刀的基本尺寸（QB/T 2082—2017）（单位：mm）

规格	b 基本尺寸	偏差	b_1 基本尺寸	偏差	d	h	h_1	h_2[①]	l	l_1	l_2
19	19	±0.4	—	—	—	3.00 ± 0.30	$2.5^{+0.30}_{0}$	≥0.7	≥180	32.0 ± 0.5	≥90
25	25		9	±0.30	≥16						
32	32	±0.5	11	±0.35	≥19						
38	38										
44	44										
51	51										
57	57	±0.6									
60	60										
64	64										

① h_2 为镶嵌钢厚度，应在与本体分离后测量。

13.3.3　木工手用刨刀盖铁

1. 木工手用刨刀盖铁的基本结构（图 13-27）

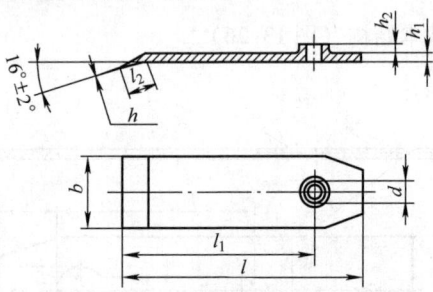

图 13-27　木工手用刨刀盖铁的基本结构

2. 木工手用刨刀盖铁的基本尺寸（表 13-25）

表 13-25　木工手用刨刀盖铁的基本尺寸（QB/T 2082—2017）（单位：mm）

规格	b 基本尺寸	偏差	d	l	l_1	l_2	h	h_1	h_2
19	19	0 −0.8	—	≥96	≥68	≥8	≤1.2	3.00 ± 0.20	2.00 ± 0.50
25	25								
32	32	0 −1.0	M10						
38	38								
44	44								
51	51	0 −1.2							
57	57								
60	60								
64	64								

13.3.4　木工机用异型刨刀

1. 木工机用异型刨刀的形式（图 13-28）

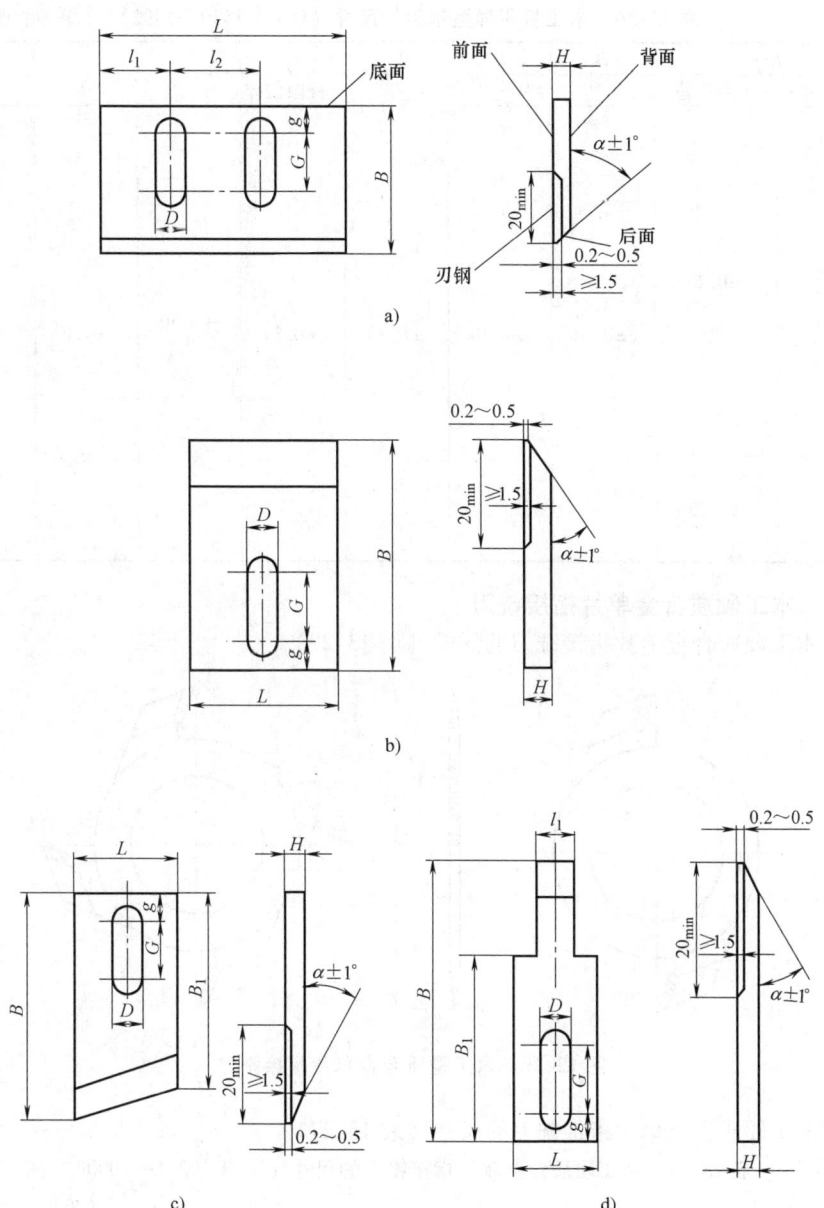

图 13-28 木工机用异型刨刀

a) A型 b) B型 c) C型 d) D型

2. 木工机用异型刨刀的尺寸（表 13-26）

表 13-26　木工机用异型刨刀的尺寸（QB/T 1529—1992）　（单位：mm）

L		B	H	l_1	l_2	D	G	g
基本尺寸	极限偏差	极限偏差						
25 30 35 40 45 50 60 70 80 90 95 100 110 135	±0.20	±0.30	±0.10	±0.30	±0.35	+0.50 0	±1.0	±0.50
150 170 200	±0.25							

13.3.5　木工硬质合金单片指接铣刀

1. 木工硬质合金单片指接铣刀的形式（图 13-29）

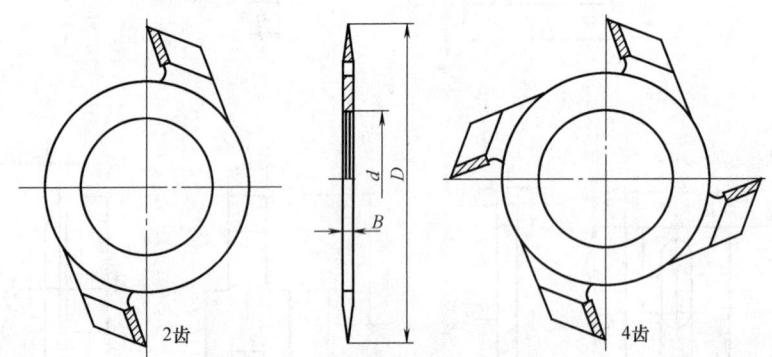

图 13-29　木工硬质合金单片指接铣刀

2. 木工硬质合金单片指接铣刀的尺寸（表 13-27）

表 13-27　木工硬质合金单片指接铣刀的尺寸（JB/T 10211—2000）

（单位：mm）

D		B		d		齿数
基本尺寸	极限偏差 JS9	基本尺寸	极限偏差 JS8	基本尺寸	极限偏差 H7	
160	±0.05	4	±0.009	40	+0.025 0	2
				50		
				70	+0.03 0	4

13.3.6 木工硬质合金圆柱铣刀

1. 木工硬质合金圆柱铣刀的形式（图13-30）

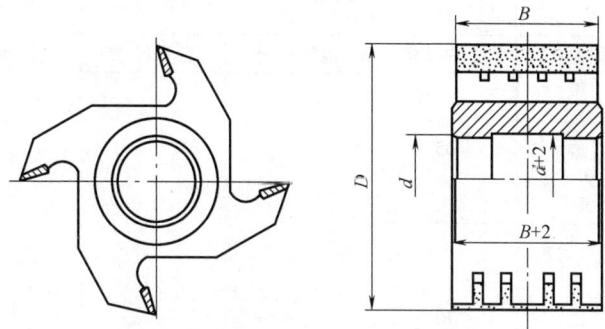

图13-30　木工硬质合金圆柱铣刀

2. 木工硬质合金圆柱铣刀的尺寸（表13-28）

表13-28　木工硬质合金圆柱铣刀的尺寸（JB/T 10210—2000）（单位：mm）

D（JS15）		B（JS15）		d（H7）
尺寸	极限偏差	尺寸	极限偏差	尺寸和极限偏差
70	±0.6	30	±0.5	$25.4^{+0.021}_{0}$
		50		
80		60	±0.6	
		80		$30^{+0.021}_{0}$
100	±0.7	100	±0.7	
		110		
		120		$35^{+0.025}_{0}$
125		150		
150	±0.8	160	±0.8	
		180		
		200		$40^{+0.025}_{0}$
180		210	±0.925	

13.3.7 木工硬质合金直刃镂铣刀

1. 木工硬质合金直刃镂铣刀的形式（图13-31）

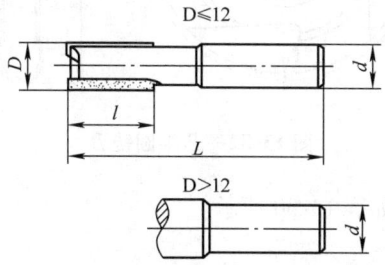

图13-31　木工硬质合金直刃镂铣刀

2. 木工硬质合金直刃镂铣刀的尺寸（表13-29）

表 13-29　木工硬质合金直刃镂铣刀的尺寸（JB/T 8341—2018）

（单位：mm）

D (h11)		L		l		d (h7)
公称尺寸	极限偏差	公称尺寸	极限偏差	公称尺寸	极限偏差	
6	0 −0.090	65	±0.5			6.35 12 12.7
6.35						
8						
10						
12	0 −0.110	70		20 25 30	±0.5	12 12.7 16
12.7						
14						
16						
18						
20	0 −0.130	75				
22						
24						
26						
28						
30						

13.3.8　木工硬质合金圆弧铣刀

1. 凸半圆铣刀

1）凸半圆铣刀的形式如图 13-32 所示。

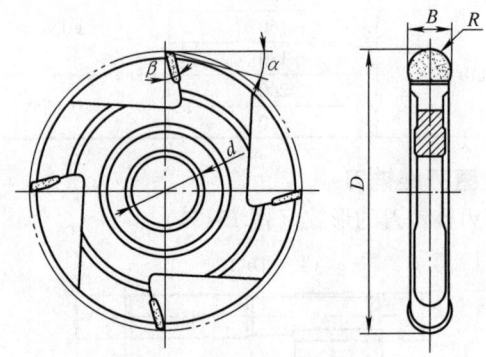

图 13-32　凸半圆铣刀

2）凸半圆铣刀的尺寸如表 13-30 所示。

表 13-30　凸半圆铣刀的尺寸（JB/T 8776—2018）　　（单位：mm）

R	D (js15)		B (js15)		d (H7)		参考值	
	公称尺寸	极限偏差	公称尺寸	极限偏差	公称尺寸	极限偏差	β	α
5	120	±0.7	10	±0.29	25.4	+0.021 / 0	15°~25°	15°~20°
7.5			15	±0.35				
10			20	±0.42				
15	140	±0.8	30		30	+0.021 / 0		
20			40	±0.50				
22	160	±0.8	44	±0.60	35	+0.025 / 0		
25			50					
28			56					
30			60		40	+0.025 / 0		

2. 凹半圆铣刀

1）凹半圆铣刀的形式如图 13-33 所示。

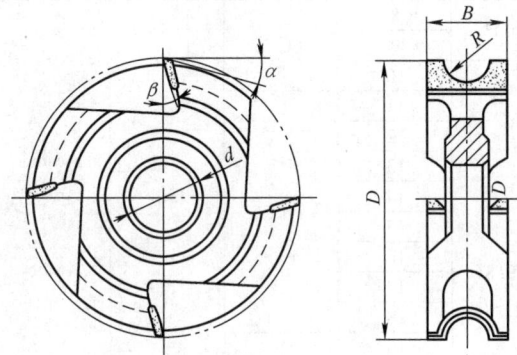

图 13-33　凹半圆铣刀

2）凹半圆铣刀的尺寸如表 13-31 所示。

表 13-31　凹半圆铣刀的尺寸（JB/T 8776—2018）　　（单位：mm）

R	D (js15)		B (js15)		d (H7)		参考值	
	公称尺寸	极限偏差	公称尺寸	极限偏差	公称尺寸	极限偏差	β	α
5	120	±0.7	20	±0.42	25.4	+0.021 / 0	15°~25°	15°~20°
7.5			25					
10			30					
15	140	±0.8	40	±0.50	30	+0.021 / 0		
20			50					
22	160	±0.8	54	±0.60	35	+0.025 / 0		
25			60					
28			66					
30			70		40	+0.025 / 0		

3. 1/4 凸圆弧铣刀

1）1/4 凸圆弧铣刀的形式如图 13-34 所示。

2）1/4 凸圆弧铣刀的尺寸如表 13-32 所示。

4. 1/4 凹圆弧铣刀

1）1/4 凹圆弧铣刀的形式如图 13-35 所示。

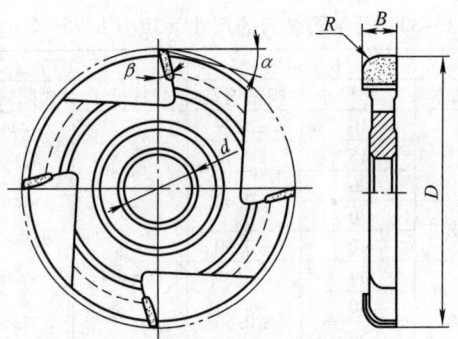

图 13-34 1/4 凸圆弧铣刀

表 13-32 1/4 凸圆弧铣刀的尺寸（JB/T 8776—2018）　　　（单位：mm）

R	D (js15)		B (js15)		d (H7)		参考值	
	公称尺寸	极限偏差	公称尺寸	极限偏差	公称尺寸	极限偏差	α	β
3	120	±0.7	8	±0.29				
4			9					
5	125		10					
6			11					
7			12					
8	140		13	±0.35	25.4	+0.021 0		
9			14					
10			15					
11	160	±0.8	16				15°~25°	15°~20°
12			17		30	+0.021 0		
13			18					
14			19		35	+0.025 0		
15			20					
16			21					
18	180		23	±0.42				
20			25		40	+0.025 0		
22			27					
24	220	±0.925	29					
25			30					
26			31					
28	250		33	±0.50				
30			35					

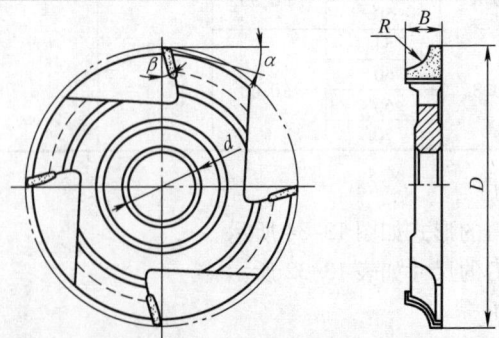

图 13-35 1/4 凹圆弧铣刀的形式

2）1/4凹圆弧铣刀的尺寸如表13-33所示。

表13-33　1/4凹圆弧铣刀的尺寸（JB/T 8776—2018）　（单位：mm）

R	D (js15)		B (js15)		d (H7)		参考值	
	公称尺寸	极限偏差	公称尺寸	极限偏差	公称尺寸	极限偏差	α	β
3	120	±0.7	8	±0.29				
4			9					
5	125		10					
6			11					
7			12					
8	140		13	±0.35	25.4	+0.021 / 0		
9			14					
10			15					
11	160	±0.8	16					
12			17		30	+0.021 / 0	15°~25°	15°~20°
13			18					
14			19		35	+0.025 / 0		
15			20					
16			21					
18	180		23	±0.42	40	+0.025 / 0		
20			25					
22			27					
24	220		29					
25		±0.925	30					
26			31					
28	250		33	±0.50				
30			35					

13.3.9　木工硬质合金封边刀

1. 木工硬质合金封边刀的形式

1）木工封边机硬质合金封边刀有焊接式和可转换刀片式两种基本形式，如图13-36所示。

2）切削刃按形状分为平口和形状刃口两种，平口切削刃为一直线，形状刃口按用户要求制作（最常规的有单R和双R两种），如图13-37所示。

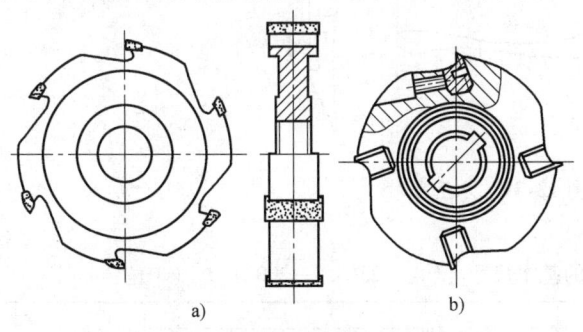

图13-36　木工硬质合金封边刀
a) 焊接式　b) 可转换刀片式

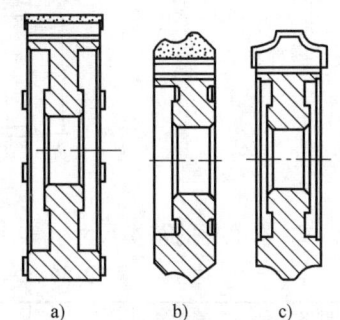

图13-37　木工硬质合金封边刀的切削刃
a) 平口切削刃　b) 单R形状刃口
c) 双R形状刃口

2. 木工硬质合金封边刀刀体和切削刃尺寸（表13-34）

表13-34 木工硬质合金封边刀刀体和切削刃尺寸（JB/T 10848—2008）

内孔 d	公差	齿数 z	前角 α	后角 γ	厚度 B	外径 $D \pm 0.05$
随封边机定	G7	4~8	15°~20°	10°~15°	$B \pm 0.1$	随机床要求定

13.4 其他木工工具

13.4.1 木工锤

1. 木工锤的形式（图13-38）

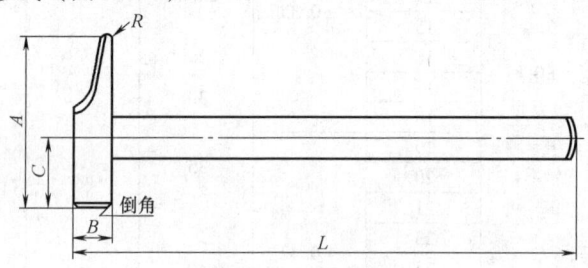

图13-38 木工锤

2. 木工锤的基本尺寸（表13-35）

表13-35 木工锤的基本尺寸　　（单位：mm）

规格重量 /kg	L 基本尺寸	偏差	A 基本尺寸	偏差	B 基本尺寸	偏差	C 基本尺寸	偏差	$R \leqslant$	锤孔编号
0.20	280	±2.00	90	±1.00	20	±0.65	36	±0.80	6.0	B—04
0.25	285		97		22		40		6.5	
0.33	295		104		25		45		8.0	B—05
0.42	308	±2.50	111		28		48		8.0	
0.50	320		118		30		50		9.0	B—06

13.4.2 木工斧

1. 木工斧的形式（图13-39）

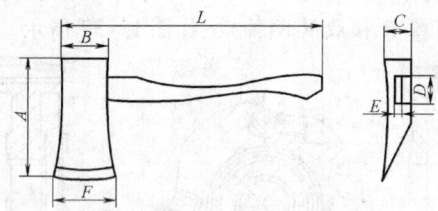

图13-39 木工斧

2. 木工斧的基本尺寸（表13-36）

表13-36 木工斧的基本尺寸（QB/T 2565.5—2002）　　（单位：mm）

规格重量 /kg	$A \geqslant$	$B \geqslant$	$C \geqslant$	D 基本尺寸	偏差	E 基本尺寸	偏差	$F \geqslant$
1.0	120	34	26	32	0 / -2.0	14	0 / -1.0	78
1.25	135	36	28	32		14		78
1.5	160	48	35	32		14		78

13.4.3 木锉

1. 扁木锉

1）扁木锉的形式如图 13-40 所示。

2）扁木锉的基本尺寸如表 13-37 所示。

表 13-37　扁木锉的基本尺寸（QB/T 2569.6—2002）　（单位：mm）

代号	L 基本尺寸	偏差	L_1	b 基本尺寸	偏差	δ 基本尺寸	偏差	b_1	$δ_1$	l
M-01-200	200	±6	55	20	±2	6.5	±2	≤80%b	≤80%δ	≤80%L
M-01-250	250		65	25		7.5				
M-01-300	300		75	30		8.5				

2. 半圆木锉

1）半圆木锉的形式如图 13-41 所示。

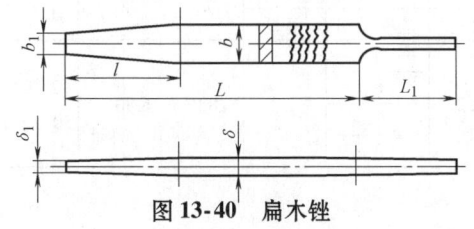

图 13-40　扁木锉

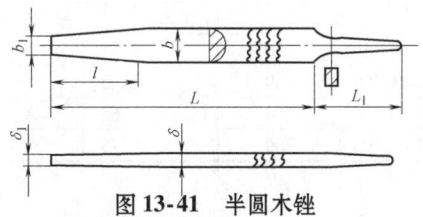

图 13-41　半圆木锉

2）半圆木锉的基本尺寸如表 13-38 所示。

表 13-38　半圆木锉的基本尺寸（QB/T 2569.6—2002）　（单位：mm）

代号	L 基本尺寸	偏差	L_1	b 基本尺寸	偏差	δ 基本尺寸	偏差	b_1	$δ_1$	l
M-02-150	150	±4	45	16	±2	6	±2	≤80%b	≤80%δ	≤80%L
M-02-200	200		55	21		7.5				
M-02-250	250	±6	65	25		8.5				
M-02-300	300		75	30		10				

3. 圆木锉

1）圆木锉的形式如图 13-42 所示。

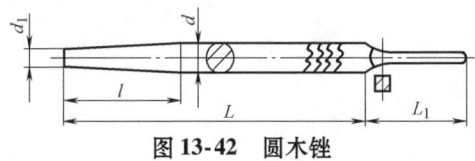

图 13-42　圆木锉

2）圆木锉的基本尺寸如表 13-39 所示。

表 13-39　圆木锉的基本尺寸（QB/T 2569.6—2002）　（单位：mm）

代号	L 基本尺寸	偏差	L_1	d 基本尺寸	偏差	d_1	l
M-03-150	150	±4	45	7.5	±2	≤80%d	(25%~50%)L
M-03-200	200		55	9.5			
M-03-250	250	±6	65	11.5			
M-03-300	300		75	13.5			

4. 家具半圆木锉

1) 家具半圆木锉的形式如图13-43所示。

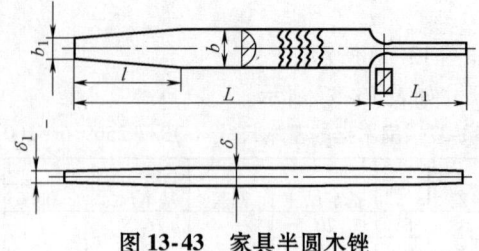

图13-43 家具半圆木锉

2) 家具半圆木锉的基本尺寸如表13-40所示。

表13-40 家具半圆木锉的基本尺寸 (QB/T 2569.6—2002) (单位: mm)

代号	L		L_1	b		δ		b_1	δ_1	l
	基本尺寸	偏差		基本尺寸	偏差	基本尺寸	偏差			
M-04-150	150	±6	45	18	±2	4	±2	≤80%b	≤80%δ	(25%~50%)L
M-04-200	200		55	25		6				
M-04-250	250		65	29		7				
M-04-300	300		75	34		8				

第 14 章 电工工具

14.1 电工刀及电工钳

14.1.1 电工刀

1. 电工刀的形式

电工刀按其用途和结构可分为单用电工刀（A 型）和多用电工刀（B 型），其形式分别如图 14-1 和图 14-2 所示。

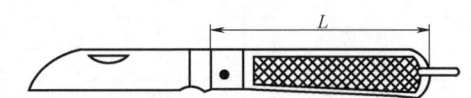

图 14-1 单用电工刀（A 型）

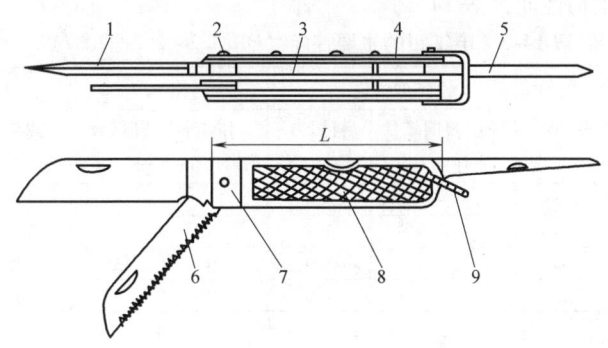

图 14-2 多用电工刀（B 型）

1—刀片 2—铆钉 3—弹簧 4—衬壳 5—引锥 6—锯片 7—包头 8—刀壳 9—刀环

2. 电工刀的基本尺寸（表 14-1）

表 14-1 电工刀的基本尺寸（QB/T 2208—1996） （单位：mm）

形式代号	产品规格代号	刀柄长度 L	形式代号	产品规格代号	刀柄长度 L
A 型	1 号	115	B 型	1 号	115
	2 号	105		2 号	105
	3 号	95		3 号	95

14.1.2 电工钳

1. 电工钳的形式（图 14-3）

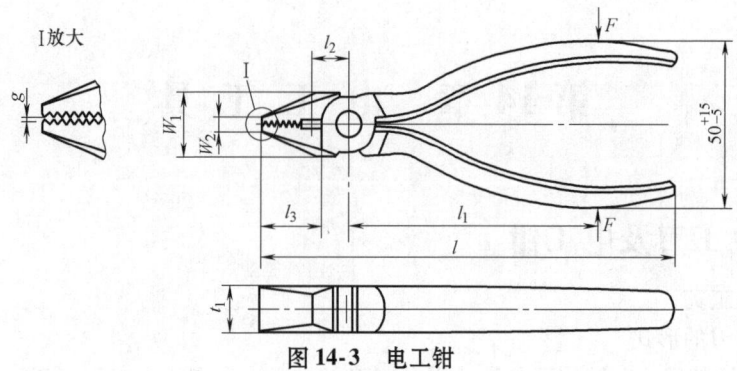

图 14-3 电工钳

2. 电工钳的尺寸（表 14-2）

表 14-2 电工钳的尺寸（QB/T 2442.2—2007）　　（单位：mm）

公称长度 l	l_3	W_{1max}	W_{2max}	t_{1max}	g_{max}
165±14	32±7	27	9	17	1.1
190±14	33±7	30	9	17	1.1
215±14	38±8	38	10	20	1.3
250±14	40±8	38	10	20	1.3

3. 电工钳的主要性能（表 14-3）

表 14-3 电工钳的主要性能（QB/T 2442.2—2007）

公称长度 l/mm	l_1/mm	l_2/mm	抗剪强度		扭力		抗弯强度	
			试验钢丝直径 d/mm	剪切力 F_{1max}/N	扭矩 T/N·m	扭转角 α_{max}	载荷 F/N	永久变形量 S_{max}[①]/mm
165	90	16	1.6	580	15	15°	1120	1
190	100	18	1.6	580	15	15°	1260	1
215	120	20	1.6	580	20	15°	1400	1
250	140	22	1.6	580	20	15°	1400	1

① 试验前和试验后手柄间的永久变形。

14.1.3 剥线钳

1. 剥线钳的形式

剥线钳按其结构分为四类，其形式及名称分别如图 14-4 ~ 图 14-7 所示。

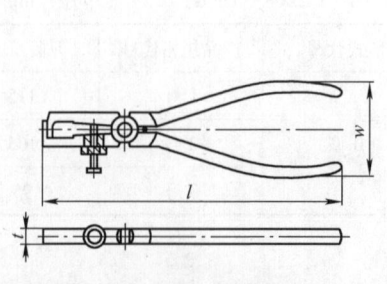

图 14-4 可调式端面剥线钳（T 型）

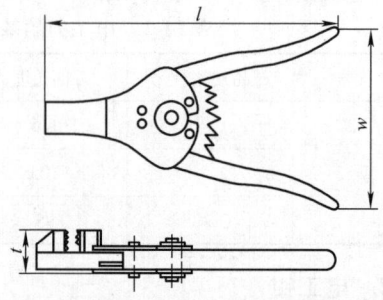

图 14-5 自动剥线钳（Z 型）

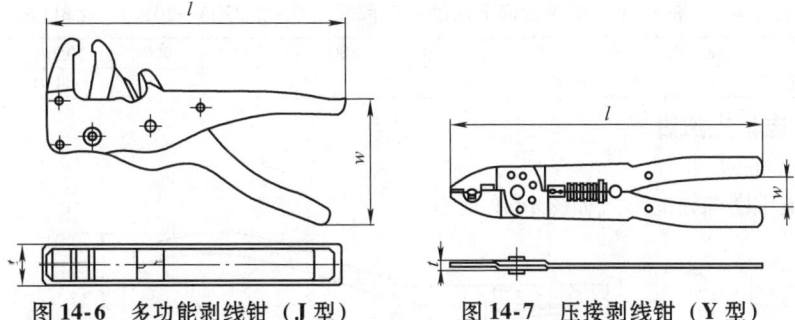

图 14-6　多功能剥线钳（J 型）　　　图 14-7　压接剥线钳（Y 型）

2. 剥线钳的基本尺寸（表 14-4）

表 14-4　剥线钳的基本尺寸（QB/T 2207—2017）　　（单位：mm）

形式	规格	全长 l	柄宽 w	t
T 型	160	160±8	50±5	≤7.5
Z 型	170	170±8	120±5	≤30.0
J 型	170	170±8	80±5	≤20.0
Y 型	160	160±8	≥10	≥5.5
	180	180±8		≥5.5
	200	200±8		≥7.0

14.1.4　断线钳

1. 断线钳的形式（图 14-8）

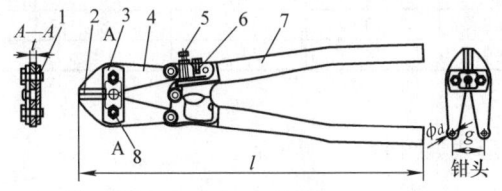

图 14-8　断线钳

1—中心轴　2—刃口　3—压板　4—刀片　5—调节螺钉　6—联臂　7—手柄　8—螺栓

2. 断线钳的基本尺寸（表 14-5）

表 14-5　断线钳的基本尺寸（QB/T 2206—2017）　　（单位：mm）

规格	l		d		g		t	
	尺寸	偏差	尺寸	偏差	尺寸	偏差	尺寸	偏差
200	203	+15 0	5	H112	22	+1 -2	4.5	h12
300	305		6		38		6	
350	360		6（8）		40		7	
450	460		8		53		8	
600	615	+20 0	10		62		9	
750	765		10		68		11	
900	915		12		74	+1 -3	13	
1050	1070		14		82		15	
1200	1220		16		100		17	

注：括号内尺寸为可选尺寸。

3. 断线钳调节后的刃口间隙（表 14-6）

表 14-6　断线钳调节后的刃口间隙（QB/T 2206—2017）　（单位：mm）

规格	200	300	350	450	600	750	900	1050	1200
刃口间隙	≤0.6				≤0.8			≤1.0	

14.1.5　电讯夹扭钳

1. 电讯圆嘴钳

1）电讯圆嘴钳的形式如图 14-9 所示。

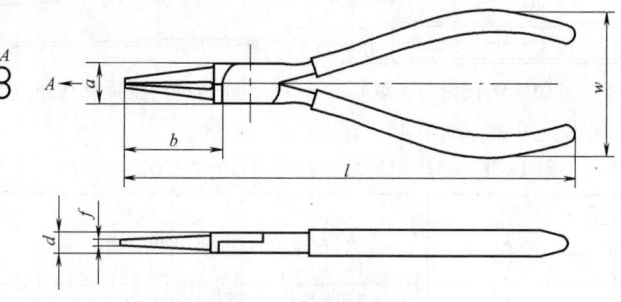

图 14-9　电讯圆嘴钳

2）电讯圆嘴钳的基本尺寸如表 14-7 所示。

表 14-7　电讯圆嘴钳的基本尺寸（QB/T 3005—2008）　（单位：mm）

钳嘴形式	规格 l	a_{max}	b	d_{max}	f_{max}	w
短嘴(S)	112±7	10	25$_{max}$	6.5	0.8	48±5
	125±8	13	30$_{max}$	8	1.5	50±5
长嘴(L)	125±8	13	30$_{min}$	8	1.5	50±5
	140±9	14	34$_{min}$	10	2	50±5

2. 电讯扁嘴钳

1）电讯扁嘴钳的形式如图 14-10 所示。

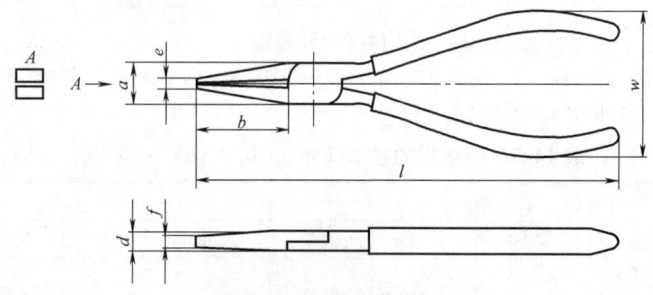

图 14-10　电讯扁嘴钳

2）电讯扁嘴钳的基本尺寸如表 14-8 所示。

表 14-8　电讯扁嘴钳的基本尺寸（QB/T 3005—2008）　（单位：mm）

钳嘴形式	规格 l	a_{max}	b	d_{max}	e_{max}	f_{min}	w
短嘴(S)	112±5	10	25$_{max}$	6.5	1.8	1.8	48±5
	125±7	13	30$_{max}$	8	2.2	2.2	50±5
长嘴(L)	125±7	13	30$_{min}$	8	2.2	2.2	50±5
	140±8	14	34$_{min}$	10	2.8	2.8	50±5

3. 电讯尖嘴钳

1）电讯尖嘴钳的形式如图 14-11 所示。

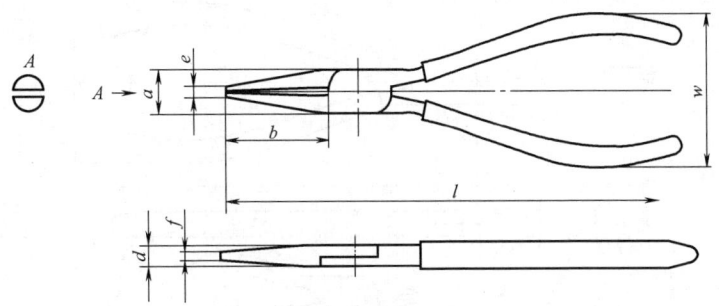

图 14-11 电讯尖嘴钳

2) 电讯尖嘴钳的基本尺寸如表 14-9 所示。

表 14-9 电讯尖嘴钳的基本尺寸（QB/T 3005—2008） （单位：mm）

钳嘴形式	规格 l	a_{max}	b	d_{max}	f_{max}	w
短嘴(S)	112 ± 7	10	25_{max}	6.5	0.8	48 ± 5
	125 ± 8	13	30_{max}	8	1.5	50 ± 5
长嘴(L)	125 ± 8	13	30_{min}	8	1.5	50 ± 5
	140 ± 9	14	34_{min}	10	2	50 ± 5

14.1.6 电讯剪切钳

1. 电讯顶切钳

1) 电讯顶切钳的形式如图 14-12 所示。

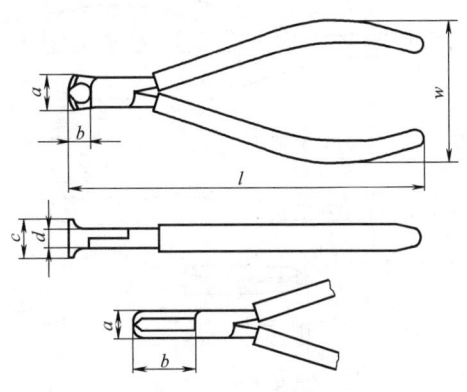

图 14-12 电讯顶切钳

2) 电讯顶切钳的基本尺寸如表 14-10 所示。

表 14-10 电讯顶切钳的基本尺寸（QB/T 3004—2008） （单位：mm）

钳嘴形式	规格 l	a_{max}	b	c_{max}	d_{max}	w
短嘴(S)	112 ± 7	13	9_{max}	22	9	48 ± 5
长嘴(L)	125 ± 8	7	14_{min}	8	9	50 ± 5
	160 ± 10	7	36_{min}	10	10	50 ± 5

2. 电讯斜嘴钳

1) 电讯斜嘴钳的形式如图 14-13 所示。

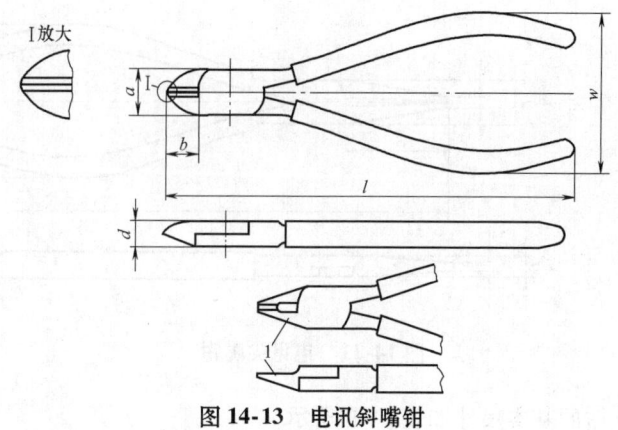

图 14-13 电讯斜嘴钳

1—可选择带有透空形状的钳口

2）电讯斜嘴钳的基本尺寸如表 14-11 所示。

表 14-11 电讯斜嘴钳的基本尺寸（QB/T 3004—2008） （单位：mm）

规格 l	a_{max}	b_{max}	d_{max}	w
112±7	13	16	8	48±5
125±8	16	20	10	50±5

3. 电讯斜刃顶切钳

1）电讯斜刃顶切钳的形式如图 14-14 所示。

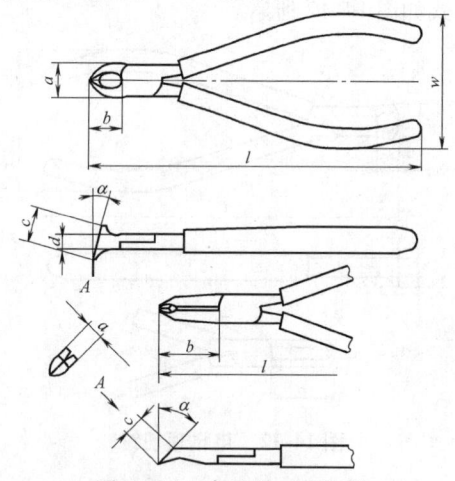

图 14-14 电讯斜刃顶切钳

2）电讯斜刃顶切钳的基本尺寸如表 14-12 所示。

表 14-12 电讯斜刃顶切钳的基本尺寸（QB/T 3004—2008）（单位：mm）

钳嘴形式	规格 l	a_{max}	b_{max}	c_{max}	d_{max}	w	α
短嘴(S)	112±7	14	14	20	8	48±5	15°±5°
长嘴(L)	125±8	8	25	10	8	50±5	45°±5°

14.1.7 熔断器手钳（图14-15）

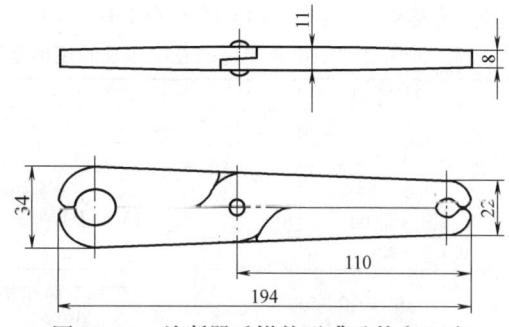

图14-15 熔断器手钳的形式及基本尺寸

14.2 电工指示仪表

14.2.1 电工指示仪表的分类（表14-13）

表14-13 电工指示仪表的分类

分类名称	符号	应用范围	性能				制成仪表类型
			工作电流	测量范围			
				电流/A	电压/V	频率/Hz	
磁电系	C	直流电表,与多种变换器配合后可扩大使用范围;作比率表	直流	$10^{-11} \sim 10^2$	$10^{-3} \sim 10^3$		电流表、电压表、欧姆表、兆欧表、检流计、钳形表
电磁系	T	安装式电表及一般实验室用交(直)流表	交直流	$10^{-3} \sim 10^2$	$1 \sim 10^3$	一般用于工频,可扩频到5kHz	电流表、电压表、频率表、功率因数表、同步表、钳形表
电动系	D	作交直流标准表及一般实验室用表	交直流	$10^{-3} \sim 10^2$	$1 \sim 10^3$	一般用于工频,有的可达10kHz	电流表、电压表、功率表、功率因数表、同步表
铁磁电动系	D	作安装式电表	交直流	$10^{-7} \sim 10^2$	$10^{-1} \sim 10^3$	一般用于工频	电流表、电压表、功率表、频率表、功率因数表
静电系	Q	在高压测量方面应用	交直流		$10 \sim 5 \times 10^6$	可达10^8	电压表、象限计
感应式	G	计算交流电路中的电能	交流	$10^{-1} \sim 10^2$	$10 \sim 10^3$	用于工频表	主要作为电能表
热电系	E	在高频线路中应用	交流	$10^{-3} \sim 10$	$10 \sim 10^3$	小于10^8	电流表、电压表、功率表
整流系	L	作万用表	交流	$10^{-5} \sim 10$	$10^{-3} \sim 10^3$	一般用于工频,有的可达5kHz	万用表、电流表、电压表、欧姆表、功率因数表、频率表
电子系	Z	在弱电线路中应用	交直流		$5 \times 10^{-2} \sim 5 \times 10^2$	一般为$10^6 \sim 10^8$	电压表,阻抗表

14.2.2 电流表及电压表

1. 开关板式磁电系电流表及电压表的规格型号（表 14-14）

表 14-14 开关板式磁电系电流表及电压表的规格型号

型号	级别	类型	单位	数值	接入方式
1C2-$\frac{A}{V}$	1.5	电流表	mA	1～500	75A 以上带外附分流器 1kV 以上带外附电阻器
			A	1～10000	
		电压表	V	3～600	
			kV	1～3	
1KC-$\frac{A}{V}$ 自动控制	2.5	电流表	A	0～10,0～500 1～0～1 500～0～500	零位在左面和零位在中间的 10A 以内直接接入。20A 以上零位在左面的使用 10mV 附定值分流器。零位在中间的可采用 75mV 外附定值分流器
		电压表	V	0～250（零位在左面） 20～50,50～75,100～150 160～240（无零位） 180～270	直接接入
12C1-$\frac{A}{V}$	1.5	电流表	mA	1～500	直接接入
			A	1～50	
			kA	75～750,1～10	外附定值分流器
12C1-$\frac{A}{V}$	1.5	电压表	V	3～300～600	直接接入
			kV	1,1.5,3	外附定值附加电阻
				零位在中间的包括上述所有量限	
44C2-$\frac{A}{V}$	1.5	电流表	μA	50,10,100,150,200,250	直接接入
			mA	1,2,3,5,10,15～500	
			A	1,2,3,5,7.5,10	
			A	15,20～300,500,750	外附定值分流器
			kA	1,1.5	
		电压表	V	1.5,3,7.5～100,150～600	直接接入
			V	750	外附定值附加电阻
			kV	1,1.5	
52C2-$\frac{A}{V}$	1.5	电流表	μA	50,75,100,150,200,300,750,1000	直接接入
			mA	1,2,3,10,20,50,100,1000	
			A	1,1.5,2,2.5,3,5,7.5	
			A	10～100,150～1000,1000～3000	配用 75FL2 型外附定值分流器
		电压表	MV	50,75,100,300～1000	直接接入
			V	1,1.5,2,2.5,3.5～30	
			V	50,75,100,150～1000	配用 F26 型外附定值附加电阻
85C10-$\frac{A}{V}$	2.5	电流表	μA	50～500	直接接入
			mA	1～10,15～100,100～750	
			A	1～10	

(续)

型号	级别	测量范围			接入方式
		类型	单位	数值	
85C10-$\frac{A}{V}$	2.5	电流表	A	15~100,150~750	外附 FL-30 型定值分流器
			kA	1,1.5,2,3	
		电压表	mV	50~100,150~300,500~1000	直接接入
			V	1~10,15~100,150~600	
			V	750	外附 FL-20 型定值附加电阻
			kV	1,1.5,2,3,5	
91C8-$\frac{A}{V}$	2.5 微安表为 5.0	电流表	μA	200,300,500	
			mA	1,2,3,5,10,20,30,50~500	
		电压表	V	1.5,3,5,7.5,10	
99C2-A	2.5	电流表	μA	50,100,200,300,500	双向量限和单向量限相同
			mA	1,2,3,5,10	
99C12-$\frac{A}{V}$	1.5 以 2.5	电流表	μA	50,100,150,200,350,500	
			mA	1,2,3,5,10~100,150	
		电压表	V	1.5,3,5,7.5,15~150	
1T1-$\frac{A}{V}$	2.5	电流表	A	0.5~200	直接接入
	1.5	电压表	V	15~600	直接接入
1T9-A	2.5	电流表 工作部分	A	1~5,2~10,4~20	量限同 1T1-A、V,过载 5 倍
		电流表 过载部分	A	5~15,10~30,20~50	
62T51-$\frac{A}{V}$	2.5	电流表	mA	100,300,500	直接接入
			A	1,2,3,5,10,20,30,50	
			A	10~100,150~600,1000~1500	配用互感器
		电压表	V	30,50,150,250,450	直接接入
44T1-$\frac{A}{V}$	2.5	电流表	mA	50,100,300,500	直接接入
			A	1,2,3,5,10,20,30,50	
			A	10,20,30,50,75,100,150,200,300,600,1000,1500	配用电流互感器
59T4-$\frac{A}{V}$	1.5	电压表	V	30,50,100,150,250,300,400	直接接入
81T1-$\frac{A}{V}$	2.5	电流表	A	0.5,1,2,3,1.5,10	直接接入
81T2-$\frac{A}{V}$		电压表	V	30,50,100,150,250,450	

2. 开关板式电动系电流表及电压表的规格型号（表14-15）

表14-15 开关板式电动系电流表及电压表的规格型号

型号	级别	测量范围 类型	测量范围 单位	测量范围 数值	接入方式
1D7-^A_V 41D4-^A_V	1.5	电流表	A	0.5,1,2,3,5,10,15,20,30,50	直接接入
			A	5,10,15,20,30,50,75,100,150,200,300,400,600,750	经电流互感器接通
			kA	1,1.5,2,2.5,3,4,5,6,7.5,10	经电流互感器接通
		电压表	V	15,30,50,75,150,250,300,450,600	直接接入
			kV	450,600	直接接入
			kV	3.6,7.2,12,18,42,150,300,460	经电流互感器接通
1D8-V	2.5	双指电压表	V	120,250	量限同上
13D1-^A_V	2.5	电流表	A	5,10,20,30,50 10/5,20/5,30/5,50/5,75/5,100/5,150/5,200/5,300/5,400/5	直接接入 经电流互感器接通
			kA/A	1/5,1.5/5,2/5,3/5,4/5,5/5,6/5	
		电压表	V	30,150,250,450	直接接入
				3.6~42kV/100V	经电压互感器接入

3. 电子数字钳形电流表的型号及特点（表14-16）

表14-16 电子数字钳形电流表的型号及特点

型号	钳口/mm	测试项目及范围	精度	特点
RS-3 Super型 指针式交流钳表	25.4	电压:150/300/600V AC 电流:6/15/40/100/300A AC 电阻测量	±3% RDG	指针式钳表系列 还有多种型号供用户选用
DLC-100型 小电流交流钳表	30	电流:40/400mA,4/40/80/100A AC 电压:400V AC 电阻:400Ω	±1% RDG ±3LSD ±1% RDG ±3LSD ±1% RDG ±3LSD	最大/最小,超限报警,电压保护,数据保持
ACD-1型 交流钳表	50.8	电压:999V AC 电流:999A AC 电阻:999Ω	±2% RDG ±1LSD ±2% RDG ±1LSD ±2% RDG ±1LSD	25~400Hz 峰值和连续测量 超限低电压指示
ACD-2型 交流钳表	25.4	电压:999V AC 电流:300/999A AC 电阻:999Ω	±2% RDG ±1LSD ±2% RDG ±1LSD ±2% RDG ±1LSD	25~400Hz 峰值和连续测量 超限低电压指示
ACD-3A型 交流钳表	50.8	电压:999V AC 电流:999A AC 配柔性互感器可测至3000/5000A AC 电阻:1999Ω	±2% RDG ±1LSD ±2% RDG ±1LSD ±2% RDG ±1LSD	40~400Hz 峰值和连续测量 超限低电压指示
ACD-4A型 交流钳表	25.4	电压:999V AC 电流:300/999A AC 配柔性互感器可测至3000/5000A AC 电阻:1999Ω	±2% RDG ±1LSD ±2% RDG ±1LSD ±2% RDG ±1LSD	40~400Hz 峰值和连续测量 超限低电压指示
ACD-10ULTR、 ACD-10H ULTR型 交流钳表	30	电流:400A AC 电压:400/600V AC 电阻:40kΩ	±1.9% RDG ±5LSD ±1.2% RDG ±5LSD ±1.9% RDG ±8LSD	平均值 自动量程切换 超限低电压指示
ACD-10 TRMS型 交流钳表	30	电流:400A AC 电压:400/600V AC 电阻:40kΩ	±1.9% RDG ±5LSD ±1.2% RDG ±5LSD ±1.9% RDG ±8LSD	真有效值 自动量程切换 超限低电压指示

(续)

型号	钳口/mm	测试项目及范围	精度	特点
ACD-11 型 交流钳表	28 54.5	电压:400/750V AC 电流:400/1000A AC 电阻:200Ω/40kΩ	±1.2% RDG ±3LSD ±2% RDG ±5LSD ±2% RDG ±5LSD	自动量程切换 超限低电压指示 数据保持
ACD-2000A、 ACD-2001A 型 大电流交流钳表	50.8 25.4	电压:399.9/999V AC 电流:399.9/999A AC 配柔性互感器可测至3000/6000A AC 电阻:399.9/3999Ω	±2% RDG ±2LSD ±2% RDG ±2LSD ±2% RDG ±2LSD	真有效值、平均值 和峰值测试,自动量 程切换
ACD-7A 型 交直流钳表	25.4	电压:199.9/999V AC/DC 电流:199.9/300A AC 配柔性互感器可测至3000/5000A AC 电阻:199.9/1999Ω	±2% RDG ±1LSD ±2% RDG ±2LSD ±2% RDG ±1LSD	40～400Hz 数据保持 超限低电压指示
ACD-8A 型 交直流钳表	25.4	电压:199.9/999V AC/DC 电流:199.9/300A AC 配柔性互感器可测至3000/5000A AC 电阻:199.9/1999Ω	±2% RDG ±1LSD ±2% RDG ±2LSD ±2% RDG ±1LSD	40～400Hz 峰值和连续测量 数据保持
ACD-9A 型 交直流钳表	50.8	电压:199.9/999V AC/DC 电流:199.9/999A AC 配柔性互感器可测至3000/5000A AC 电阻:199.9/1999Ω	±2% RDG ±1LSD ±2% RDG ±2LSD ±2% RDG ±1LSD	40～400Hz 峰值和连续测量 数据保持
ACD-12 型 交直流钳表	28	电压:400mV/4/40/400V DC 400/600V AC 电流:400A AC 电阻:400/999Ω,4/400/999kΩ,4MΩ	±1% RDG ±3LSD ±1.2% RDG ±3LSD ±1.2% RDG ±3LSD ±1.5% RDG ±3LSD	自动量程切换 超限低电压指示 数据保持 自动关机 防摔
ACD-330T 型 交直流钳表	52	电压:400/1000V AC/DC 电流:400/700/1000A AC 电阻:400/1000Ω 频率:100Hz/1kHz	±1% RDG ±3LSD ±1.2% RDG ±5LSD ±1% RDG ±3LSD ±0.2% RDG ±4LSD	真有效值 频率与电流双显 频率与电压双显 手/自动量程切换
ACDC-600A 型 交直流钳表	34	电流:20/200/600A AC/DC	±1.9% RDG ±3LSD	数据保持,超限低 电压指示,自动关机
ACDC-600AT 型 交直流钳表	34	电流:20/200/600A AC/DC	±1.9% RDG ±3LSD	真有效值,数据保 持,自动关机
ACDKW-1 型 单相交直流 功率钳表	30	电压:400/600V AC/DC 电流:40/70A AC 功率:4/40kW	±1.5% RDG ±3LSD ±1.5% RDG ±3LSD ±2% RDG ±5LSD	真有效值,监视负 载波动,不管电能质 量如何均能精确读数
KWC-2000 型 三相交直流 功率钳表	65	电压:200/500/600/800V AC/DC 电流:200/500/2000A AC/DC 功率:99.99/999.9/1200kW(kvar) 频率:10～1000Hz 功率因数:0.2～1.0	±1.5% RDG ±5LSD ±1.5% RDG ±5LSD ±2% RDG ±5LSD ±1.5% RDG ±2LSD	双显 PF/kW、Hz/ V、V/A 和 kvar/kVA, 自动变换量程,三相 功率读数,交直流真 有效值
ACDC-610 型 交直流钳表	42	电压:400/750/1000V AC/DC 电流:400/600A AC/DC 配柔性互感器可测至3000/5000A AC 电阻:4kΩ 频率:4MHz	±0.7% RDG ±2LSD ±2% RDG ±2LSD ±1% RDG ±2LSD ±0.7% RDG ±3LSD	峰值保持 自动关机 超限低电压指示
ACDC-620T 型 交直流钳表	50.8	电压:400/1000V AC/DC 电流:400/1000A AC/DC 电阻:400/1000Ω 温度:-40～1372℃(K) 电容:400/4000Uf	±1% RDG ±3LSD ±1.5% RDG ±3LSD ±1% RDG ±3LSD ±0.5% RDG ±3℃ ±3% RDG ±4LSD	真有效值 手/自动量程切换 最大/最小/平均值 双显 自动关机
ACDC-1000A 型 交直流钳表	50.8	电压:199.9/600V AC/DC 电流:199.9/999A AC/DC 配柔性互感器可测至3000/5000A AC 电阻:199.9/1999Ω	±1% RDG ±1LSD ±1% RDG ±1LSD ±1% RDG ±1LSD	自动量程切换 峰值和连续测量 超限低电压指示

（续）

型号	钳口/mm	测试项目及范围	精度	特点
ACDC-3000型交直流钳表	50.8	电压:4/40/400/1000V AC/DC 电流:40/400/1000A AC/DC 电阻:400Ω,4/40/400kΩ,4/40MΩ 频率:200Hz,2/20/200kHz 二极管测试,蜂鸣	±1.5% RDG ±5LSD ±1.5% RDG ±3LSD ±1% RDG ±3LSD ±0.2% RDG ±4LSD	真有效值,手/自动量程切换 双显示 最大/最小/平均值 数据保持 自动关机

14.2.3 电阻表

1. 电阻表的形式（图 14-16）

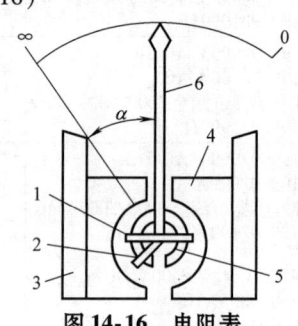

图 14-16 电阻表

1、2—线圈 3—永久磁铁 4—极掌 5—环形铁心 6—指针 α—指针偏转角度

2. 电阻表的电路连接（图 14-17）

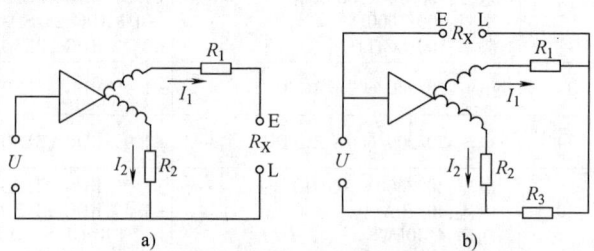

图 14-17 电阻表在电路中的连接

a）串联电路 b）并联电路

3. 不同额定工作电压的电阻表使用范围（表 14-17）

表 14-17 不同额定工作电压的电阻表使用范围

测量对象	被测绝缘额定电压/V	电阻表的额定电压/V
绕组绝缘电阻	500 以下	500
	500 以上	1000
电力变压器 电机 绕组绝缘电阻	500 以上	1000~2500
发电机绕组绝缘电阻	380 以下	1000
电气设备绝缘	500 以下	500~1000
	500 以上	2500
绝缘子		2500~5000

14.2.4 功率表和电能表

1. 常用功率表的规格和型号（表 14-18）

表 14-18 常用功率表的规格和型号

型号	级别	测量范围		接入方式
$1D6\text{-}\frac{W}{VAR}$ 41D3-W	2.5	W	额定电压 100V，200V，380V；额定电流 5A	220V380V 外附电阻器
1D5-W	2.5	3kW	额定电压 127V，220V；额定电流 5A，1~2kW	直接接入
			额定电压 380~3500V，额定电流 7.5~4000A，3~900kW	配用电流互感器次级 5A，配用电压互感器次级 100V
1D5-W	2.5	kW	额定电流 5A，额定电压 127V、220V，0.8~1.5kW	直接接入
			额定电流 7.5~5000A，额定电压 380~110000V	电流配用电流互感器次级 5A，电压配用电压互感器次级 100V
63D1-1W	2.5	W	同 $1D6\text{-}\frac{W}{VAR}$	同 $1D6\text{-}\frac{W}{VAR}$
1L1-W	2.5	W	额定电压 100V，127V，380V，220V；电流 5A	直接接入
			额定电流 5~10000/5A 或 0.5A 额定电压 380~380000/100V 或 50V	配用互感器
12L1-W	2.5	（单相） W	额定电压 50V，100V，220V；电流 5A，0.5A	直接接入
			额定电压 220~220000/100V 或 50V 额定电流 5~10000/5A 或 0.5A	外附功率变换器
$16L8\text{-}\frac{W}{VAR}$	2.5		同 $42L1\text{-}\frac{W}{VAR}$ 型三相功率表	同 $42L1\text{-}\frac{W}{VAR}$ 产品
$42L1\text{-}\frac{W}{VAR}$ $63L2\text{-}\frac{W}{VAR}$	2.5	kW	额定电流 5A，额定电压 127V，220V，380V	直接接入
			额定电压 380V~380kV/100V 额定电流 ~10kA/5A 或 0.5A	配用电流电压互感器
$59L4\text{-}\frac{W}{VAR}$	2.5	W	额定电压 127V，220V，380V；电流 5A，0.5A	直接接入
			额定电流 5~10000/5A 或 0.5A 额定电压 380~380000/100V 或 50V	外附功率变换器

2. 常用电能表的规格和型号（表 14-19）

表 14-19 常用电能表的规格和型号

型号	准确度	规格		接入方式	灵敏度在额定电压频率 $\cos\varphi=1$ 转盘转动的电流
		额定电流 /A	额定电压 /V		
DD1	2.5	2.5,5,10	220	直接接入	额定电流的 1.0%
		5,10	127		
		5,10	110		
		次级:5	220,127,110 次级	经电流互感器接入或经万用感器接入	
DD5	2.0	3,5,10	220	直接接入	额定电流的 0.5%
DD10	2.0	2.5,5,10, 20,30	220	直接接入	额定电流的 0.5%
DS2	2.0	5,10,25	100,380	直接接入,经电流电压互感器接入	额定电流的 0.5%
DT-2	2.0	5,10,25	3×380/220	同 DS2	额定电流的 0.5%
DX2	2.5	5	380,100	经万用电流互感器及电压互感器接入	额定电流的 1%

(续)

型号	准确度	规格		接入方式	灵敏度在额定电压频率 $\cos\varphi = 1$ 转盘转动的电流
		额定电流/A	额定电压/V		
DB15	0.5	1,5,10	100,220	直接接入	0.3%
DBS2	0.5	1,5,10	100,380		0.3%
DJ1		5,10,120	110,220,600	直接接入	2%
		1000,1500	750,1500	经分压器或附加电阻和分流器接入	2%
		20000	750,1500	经分压器或附加电阻和直流互感器接入	2%

14.2.5 多功能电能表

1. 多功能电能表的形式（图 14-18）

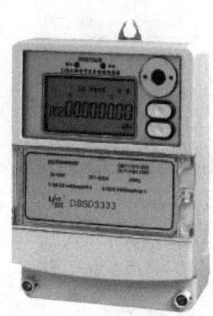

图 14-18　多功能电能表

2. 多功能电能表使用温度范围（表 14-20）

表 14-20　多功能电能表使用温度范围（DL/T 614—2007）

安装方式	户内式	户外式
规定使用温度范围/℃	-10~45	-25~55
极限使用温度范围/℃	-25~55	-40~70
储存和运输温度极限范围/℃	-25~70	-40~70

3. 多功能电能表使用相对湿度范围（表 14-21）

表 14-21　多功能电能表使用相对湿度范围（DL/T 614—2007）

年平均相对湿度	<75%
30d(这些天以自然方式分布在一年中)相对湿度	95%
在其他天偶然出现相对湿度	85%

4. 多功能电能表的参比电压（表 14-22）

表 14-22　多功能电能表的参比电压（DL/T 614—2007）

接入线路方式	参比电压/V
直接接入	220,3×220/380,3×380
经电压互感器接入	3×57.7/100,3×100

5. 多功能电能表的基本、额定电流（表14-23）

表14-23　多功能电能表的基本、额定电流（DL/T 614—2007）

接入线路方式	基本、额定电流推荐值/A
直接接入	5,10,15,20
经电流互感器接入	0.3,1,1.5,5

14.2.6　万用电表

1. 万用电表的形式

指针式万用表如图14-19所示，数字式万用表如图14-20所示。

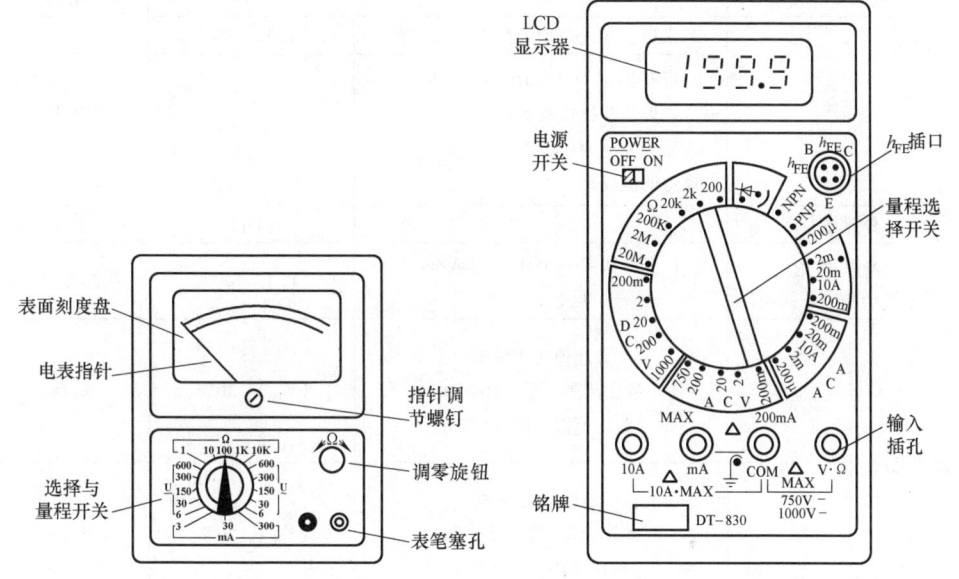

图14-19　指针式万用表　　图14-20　数字式万用表

2. 标称使用范围限值和允许改变量（表14-24）

表14-24　标称使用范围限值和允许改变量（GB/T 7676.1—2017）

影响量		标称使用范围 （另有标志者除外）	用等级指数的百分数 表示的允许改变量 （V_i）	推荐的试验方法 GB/T 7676.9 中的条款
环境温度	规定的工作范围	A组：参比温度±10K，或参比范围下限-10K，参比范围上限+10K	每10K的改变量（V_T） 100%	6.2
		B组（不标志）：-5~45℃（固定式，3K5；便携式，7K2），自参比温度改变至上下限		
		C组：-25~+55℃（3K6）	（V_T）①, 50%	
	极限工作范围	A组：-5~+45℃（7K2）	—	8.28
		B组：-25~+55℃（3K6）		
		C组：-40~+70℃（3K7）		
	贮存和运输极限范围	-40~+70℃（3K7）		

（续）

影响量		标称使用范围 （另有标志者除外）	用等级指数的百分数 表示的允许改变量 (V_i)	推荐的试验方法 GB/T 7676.9 中的条款
湿度		相对湿度：25%到95%	(V_H)，100%	6.3
直流被测量的纹波			(V_R)	6.6
交流被测量的畸变			(V_D)	6.7
			(V_{PK})	6.8
交流被测量的频率			(V_F)	6.9
位置②		若未标志参比位置则为水平和垂直	(V_F)，100%	6.4
		对带有标志 D-1 ~ D-3 的仪表，在任意方向偏离参比位置 5°	(V_P)，50%	
		对带有标志 D-4、D-6 的仪表，按标志规定的值偏离		
外磁场			(V_M)	6.5
外电场 （只适用于静电系仪表）		直流和 45 ~ 65Hz，20kV/m 见 5.3.2.3	(V_E)，100%	6.15.1
辅助电源	电压	参比值 ±10% 或 参比范围下限 -10% 和 参比范围上限 +10%	(V_{SV})，50%	6.18
	频率	参比值 ±5% 或 参比范围下限 -5% 和 参比范围上限 +5%	(V_{SF})，50%	6.19

① 每 10K 的温度引起的改变量，在标称温度范围内，相对于参比温度（或参比温度范围）每改变 10K 引起的允许改变量。
② 标有符号 D-5 的是装有水准仪的仪表，应经常用水准仪校正位置，这类仪表不必进行由于位置引起改变量的试验。

3. 仪表和附件用标志符号（表 14-25）

表 14-25　仪表和附件用标志符号（GB/T 7676.1—2017）

扫码查表

第15章 测量工具

15.1 卡尺

15.1.1 卡尺通用技术条件

1. 外观要求

1）卡尺表面不应有影响外观和使用性能的裂痕、划伤、碰伤、锈蚀、毛刺等缺陷。
2）卡尺表面的镀、涂层不应有脱落和影响外观的色泽不均等缺陷。
3）标尺标记不应有目力可见的断线、粗细不均及影响读数的其他缺陷。
4）指示装置的显示屏应透明、清洁，无划痕、气泡等影响读数的缺陷。

2. 标尺标记

1）游标卡尺的主标尺和游标尺的标记宽度及标记宽度差应符合表15-1的规定。

表15-1 游标卡尺的主标尺和游标尺的标记宽度及标记宽度差

（单位：mm）

分度值	标记宽度	标记宽度差≤
0.02	0.08~0.18	0.02
0.05		0.03
0.10		0.05

2）带表卡尺主标尺的标记宽度及其标记宽度差、圆标尺的标记宽度及标尺间距应符合表15-2的规定。

表15-2 带表卡尺主标尺的标记宽度及其标记宽度差、圆标尺的标记宽度及标尺间距

（单位：mm）

标尺名称	标记宽度	标记宽度差≤	标尺间距≥
主标尺	0.10~0.25	0.05	—
圆标尺	0.10~0.20	—	0.8

3. 指示装置及各部分相对位置

1）卡尺的游标尺标记表面棱边至主标尺标记表面的距离应不大于0.30mm；微视差卡尺的游标尺标记表面棱边至主标尺标记表面间的距离 h，游标尺标记端面与主标尺标记端面的距离 s（图15-1）应不超过表15-3的规定。

2）带表卡尺的指针末端应盖住圆标尺上短标尺标记长度的30%~80%；指针末端与圆标尺标记表面的间隙应不大于表15-4的规定。

4. 重合度

卡尺两外测量面首尾接触时，游标尺上的"零""尾"标尺标记与主标尺相应标尺标记应相互重合,其重合度不应超过表 15-5 的规定。

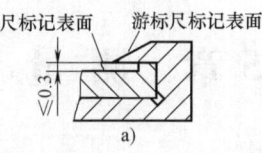

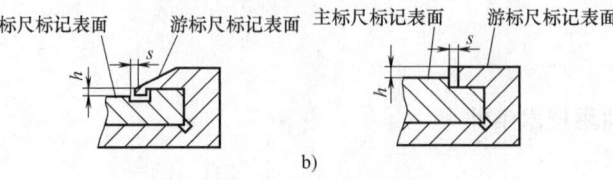

图 15-1 游标尺与主标尺间的相对位置

a) 卡尺 b) 微视差卡尺

表 15-3 指示装置各部分相对位置 （单位：mm）

分度值	游标尺标记表面棱边至主标尺标记表面间的距离 h		游标尺标记端面与主标尺标记端面的距离 s
	测量范围上限		
	≤500	>500	
0.02	±0.06	±0.08	
0.05	±0.08	±0.10	0.08
0.10	±0.10	±0.12	

表 15-4 带表卡尺相关规定 （单位：mm）

分度值	指针末端与圆标尺标记表面间的间隙
0.01, 0.02	0.7
0.05	1.0

表 15-5 重合度 （单位：mm）

分度值	"零"标尺标记重合度		"尾"标尺标记重合度	
	游标尺(可调)	游标尺(不可调)	游标尺(可调)	游标尺(不可调)
0.02	±0.005	±0.010	±0.01	±0.015
0.05			±0.02	±0.025
0.10	±0.010	±0.015	±0.03	±0.035

5. 重复性

带表卡尺和数显卡尺的重复性（表 15-6）。

表 15-6 带表卡尺和数显卡尺的重复性 （单位：mm）

分度值/分辨力	重复性	
	带表卡尺	数显卡尺
0.01	0.005	0.010
0.02, 0.05	0.010	—

6. 卡尺的指示装置（图 15-2）

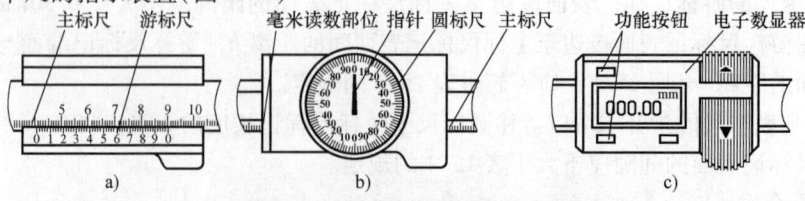

图 15-2 卡尺的指示装置示意图

a) 游标卡尺的指示装置 b) 带表卡尺的指示装置 c) 数显卡尺的指示装置

15.1.2 游标、带表和数显卡尺

1. 卡尺的形式

卡尺的形式如图 15-3 ~ 图 15-7 所示。

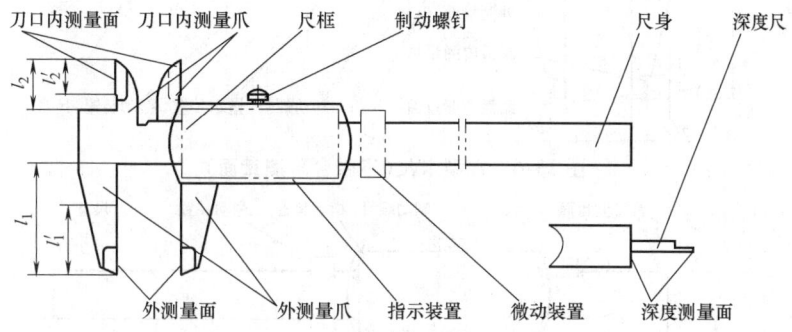

图 15-3 Ⅰ型卡尺（不带台阶测量面）

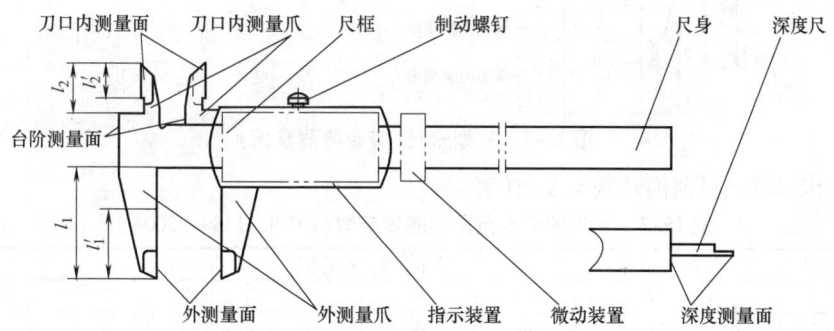

图 15-4 Ⅱ型卡尺（带台阶测量面）

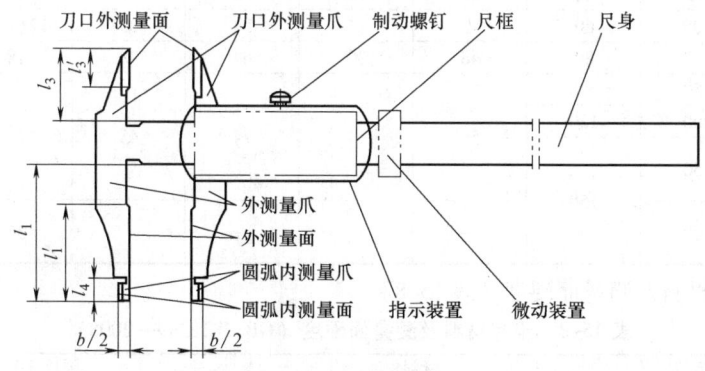

图 15-5 Ⅲ型卡尺

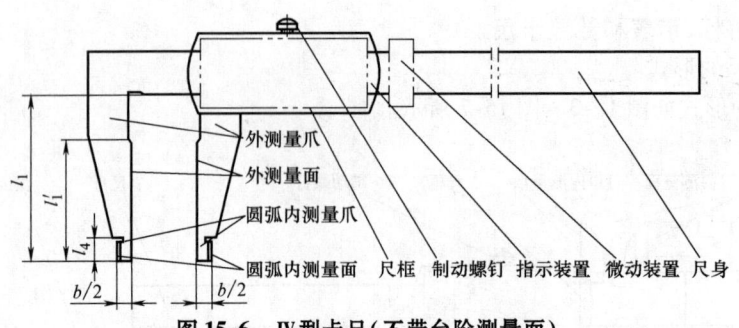

图 15-6 Ⅳ型卡尺(不带台阶测量面)

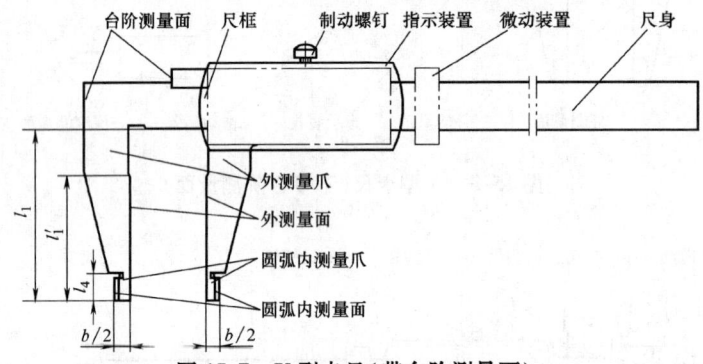

图 15-7 Ⅴ型卡尺(带台阶测量面)

2. 卡尺的测量范围及基本参数(表 15-7)

表 15-7 卡尺的测量范围及基本参数(GB/T 21389—2008)　　(单位:mm)

测量范围	基本参数(推荐值)							
	l_1	l_1'	l_2	l_2'	l_3	l_3'	l_4	b
0~70	25	15	10	6	—	—	—	—
0~150	40	24	16	10	20	12	6	10
0~200	50	30	18	12	28	18	8	
0~300	65	40	22	14	36	22	10	
0~500	100	60	40	24	54	32	12(15)	10(20)
0~1000	130	80	48	30	64	38	18	
0~1500	150	90	56	34	74	45	20	20(30)
0~2000	200	120						
0~2500	250	150						
0~3000								
0~3500	260						35	40
0~4000								

3. 卡尺材料及测量面硬度（表 15-8）

表 15-8　卡尺材料及测量面硬度（GB/T 21389—2008）

测量面名称	材料①	硬度 HV
内、外测量面	碳素钢、工具钢	664（或 58HRC）
	不锈钢	551（或 52.5HRC）
其他测量面	碳素钢、工具钢、不锈钢	377（或 40HRC）

① 测量面的材料也可采用硬质合金或其他超硬材料。

4. 卡尺测量面的表面粗糙度（表 15-9）

表 15-9　卡尺测量面的表面粗糙度（GB/T 21389—2008）

测量面名称	表面粗糙度 $Ra/\mu m$	测量面名称	表面粗糙度 $Ra/\mu m$
外测量面	0.2	其他测量面	0.8
内测量面	0.4		

5. 卡尺外测量爪的最大允许误差（表 15-10）

表 15-10　卡尺外测量爪的最大允许误差（GB/T 21389—2008）

（单位：mm）

测量范围上限	最大允许误差					
	分度值/分辨力					
	0.01, 0.02		0.05		0.10	
	最大允许误差计算公式	计算值	最大允许误差计算公式	计算值	最大允许误差计算公式	计算值
70	$\pm(20+0.05L)\mu m$	±0.02	$\pm(40+0.06L)\mu m$	±0.05	$\pm(50+0.1L)\mu m$	±0.10
150		±0.03		±0.05		
200		±0.03		±0.05		
300		±0.04		±0.06		
500		±0.05		±0.07		
1000		±0.07		±0.10		±0.15
1500	$\pm(20+0.06L)\mu m$	±0.11	$\pm(40+0.08L)\mu m$	±0.16		±0.20
2000		±0.14		±0.20		±0.25
2500	$\pm(20+0.08L)\mu m$	±0.22	$\pm(40+0.09L)\mu m$	±0.24		±0.30
3000		±0.26		±0.31		±0.35
3500		±0.30		±0.36		±0.40
4000		±0.34		±0.40		±0.45

注：表中最大允许误差计算公式中的 L 为测量范围上限值，以毫米计。计算结果应四舍五入到 $10\mu m$，且其值不能小于数字级差（分辨力）或游标标尺间隔。

6. 刀口内测量爪的最大允许误差（表 15-11）

表 15-11　刀口内测量爪的最大允许误差（GB/T 21389—2008）（单位：mm）

测量范围上限	H	刀口形内测量爪的尺寸极限偏差		刀口形内测量面的平行度公差[①]	
		分度值/分辨力			
		0.01, 0.02	0.05, 0.10	0.01, 0.02	0.05, 0.10
≤300	10	+0.02 / 0	+0.04 / 0	0.010	0.020
>300~1000	30				
>1000~4000	40	+0.03 / 0	+0.05 / 0	0.015	0.025

① 测量要求：刀口内测量爪的尺寸极限偏差及刀口内测量面的平行度，应按沿平行于尺身平面方向的实际偏差计；在其他方向的实际偏差均不应大于平行于尺身平面方向的实际偏差。

7. 深度、台阶测量的最大允许误差（表 15-12）

表 15-12　深度、台阶测量的最大允许误差（GB/T 21389—2008）（单位：mm）

分度值/分辨力	最大允许误差
0.01、0.02	±0.03
0.05、0.10	±0.05

15.1.3 游标、带表和数显高度卡尺

1. 高度卡尺的形式

高度卡尺的形式如图15-8~图15-10所示。

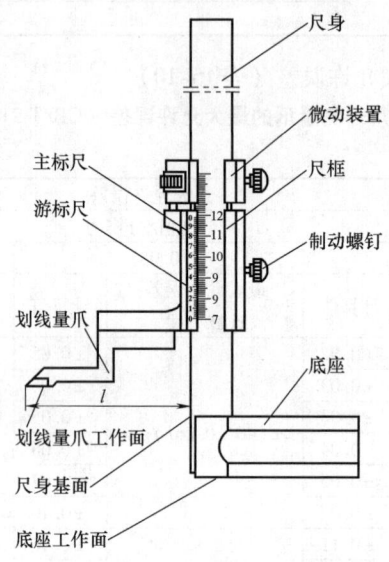

图15-8 游标高度卡尺

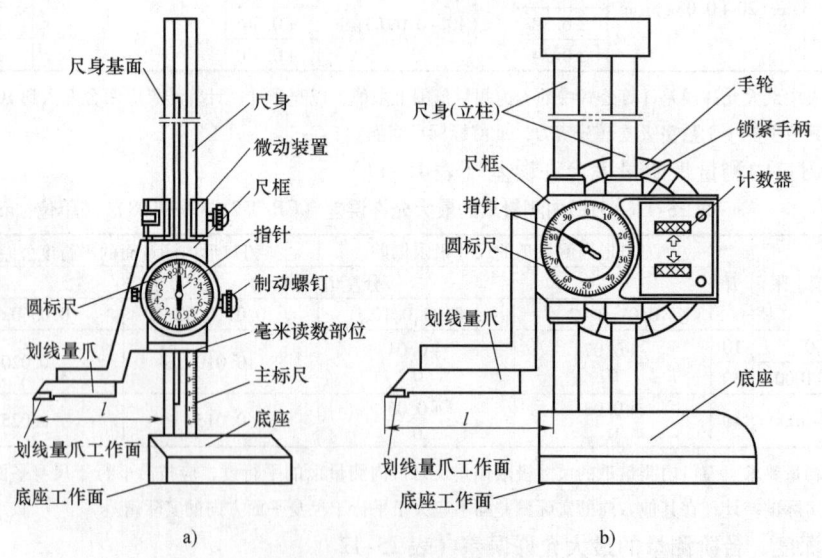

图15-9 带表高度卡尺

a) Ⅰ型带表高度卡尺(由主标尺读毫米读数) b) Ⅱ型带表高度卡尺(由计数器读毫米读数)

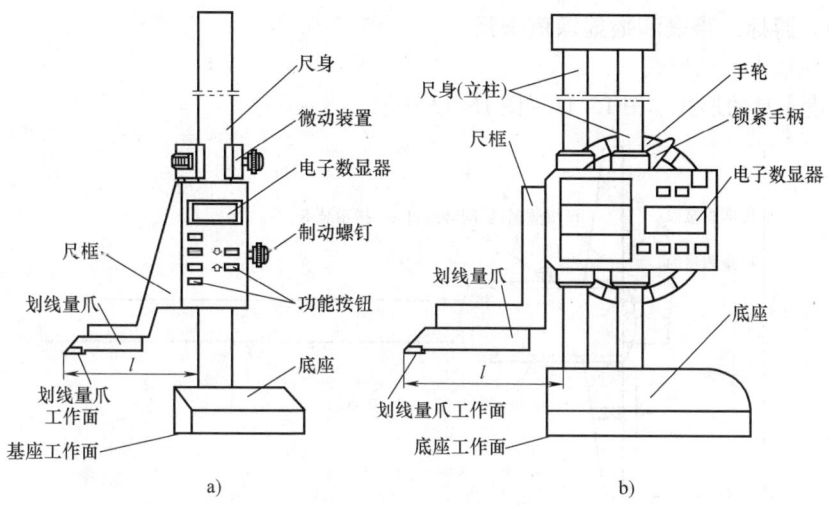

图 15-10　数显高度卡尺

a) Ⅰ型数显高度卡尺　b) Ⅱ型数显高度卡尺

2. 高度卡尺的测量范围及基本参数（表 15-13）

表 15-13　高度卡尺的测量范围及基本参数（GB/T 21390—2008）（单位：mm）

测量范围上限	基本参数 l	测量范围上限	基本参数 l
≤150	45	>400~600	100
>150~400	65	>600~1000	130

3. 高度卡尺工作面的表面粗糙度（表 15-14）

表 15-14　高度卡尺工作面的表面粗糙度（GB/T 21390—2008）

分度值/分辨力/mm	表面粗糙度 $Ra/\mu m$	
	划线量爪工作面	底座工作面
0.01,0.02	0.2	0.4
0.05,0.10	0.4	

4. 高度卡尺测量高度时的最大允许误差（表 15-15）

表 15-15　高度卡尺测量高度时的最大允许误差（GB/T 21390—2008）

（单位：mm）

测量范围上限	最大允许误差					
	分度值/分辨力					
	0.01;0.02		0.05		0.10	
	最大允许误差计算公式	计算值	最大允许误差计算公式	计算值	最大允许误差计算公式	计算值
150		±0.03		±0.05		
200		±0.03		±0.05		
300	±(20+0.05L)μm	±0.04	±(40+0.06L)μm	±0.06	±(50+0.1L)μm	±0.10
500		±0.05		±0.07		
1000		±0.07		±0.10		±0.15

注：表中最大允许误差计算公式中的 L 为测量范围上限值，以毫米计。计算结果应四舍五入到 10μm，且其值不能小于数字级差（分辨力）或游标标尺间隔。

15.1.4 游标、带表和数显深度卡尺

1. 深度卡尺的形式

深度卡尺的形式如图 15-11 ~ 图 15-13 所示。

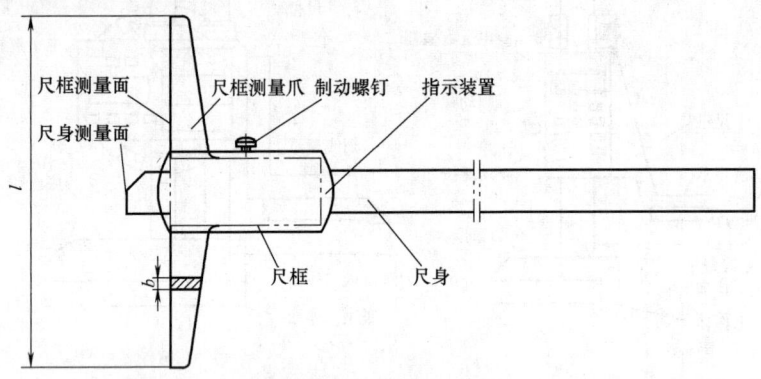

图 15-11　Ⅰ型深度卡尺

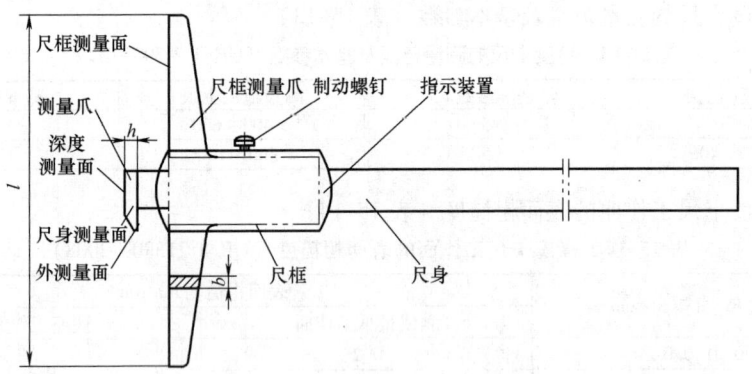

图 15-12　Ⅱ型深度卡尺（单钩型）

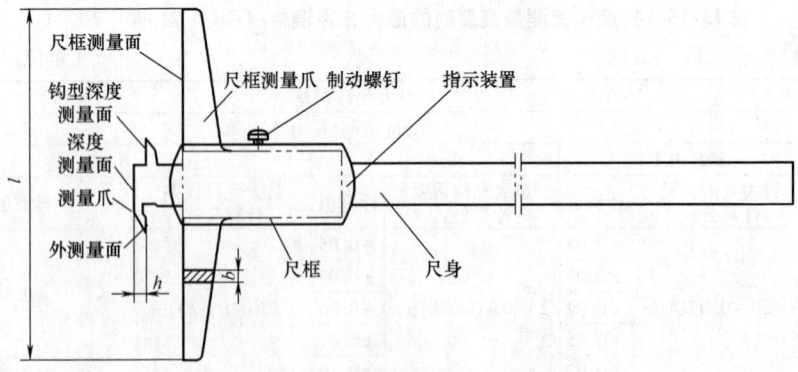

图 15-13　Ⅲ型深度卡尺（双钩型）

2. 深度卡尺的测量范围及基本参数（表 15-16）

表 15-16 深度卡尺的测量范围及基本参数（GB/T 21388—2008）

（单位：mm）

测量范围	基本参数（推荐值）	
	尺框测量面长度 l	尺框测量面宽度 b
	≥	
0～100、0～150	80	5
0～200、0～300	100	6
0～500	120	6
0～1000	150	7

3. 深度卡尺材料和测量面硬度（表 15-17）

表 15-17 深度卡尺材料和测量面硬度（GB/T 21388—2008）

材料①	硬度 HV
碳素钢、工具钢	664（或 58HRC）
不锈钢	551（或 52.5HRC）

① 各测量面的材料也可采用硬质合金或其他超硬材料。

4. 带表深度卡尺和数显深度卡尺的重复性（表 15-18）

表 15-18 带表深度卡尺和数显深度卡尺的重复性（GB/T 21388—2008）

（单位：mm）

分度值/分辨力	重复性	
	带表深度卡尺	数显深度卡尺
0.01	0.005	0.010
0.02、0.05	0.010	—

15.2 千分尺

15.2.1 两点内径千分尺

1. 两点内径千分尺的形式（图 15-14）

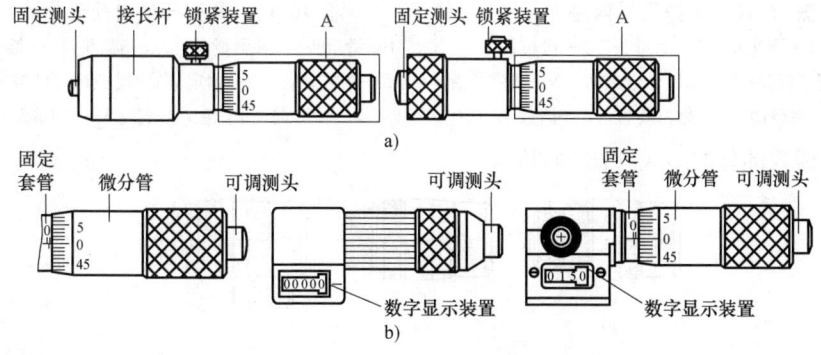

图 15-14 两点内径千分尺的形式

a）总图　b）A 部详图

2. 最大允许误差和长度尺寸的允许变化值（表 15-19）

表 15-19　最大允许误差和长度尺寸的允许变化值（GB/T 8177—2004）

测量长度 l/mm	最大允许误差/μm	长度尺寸的允许变化值/μm
$l \leqslant 50$	4	—
$50 < l \leqslant 100$	5	—
$100 < l \leqslant 150$	6	—
$150 < l \leqslant 200$	7	—
$200 < l \leqslant 250$	8	—
$250 < l \leqslant 300$	9	—
$300 < l \leqslant 350$	10	—
$350 < l \leqslant 400$	11	—
$400 < l \leqslant 450$	12	—
$450 < l \leqslant 500$	13	—
$500 < l \leqslant 800$	16	—
$800 < l \leqslant 1250$	22	—
$1250 < l \leqslant 1600$	27	—
$1600 < l \leqslant 2000$	32	10
$2000 < l \leqslant 2500$	40	15
$2500 < l \leqslant 3000$	50	25
$3000 < l \leqslant 4000$	60	40
$4000 < l \leqslant 5000$	72	60
$5000 < l \leqslant 6000$	90	80

15.2.2　三爪内径千分尺

1. 三爪内径千分尺的形式

1）Ⅰ型三爪内径千分尺（图 15-15）

2）Ⅱ型三爪内径千分尺的形式（图 15-16）

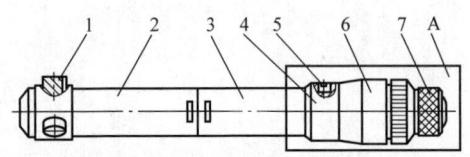 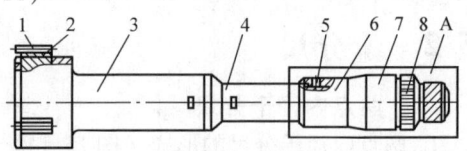

图 15-15　Ⅰ型三爪内径千分尺　　　　图 15-16　Ⅱ型三爪内径千分尺

1—测量爪　2—测量头　3—接长杆　　　1—量爪头　2—测量头　3—测量头　4—接长杆
4—固定套管/模拟标尺计数装置　5—调零装置　　5—调零装置　6—固定套管/模拟标尺计数装置
6—微分筒　7—测力装置　A—读数部分　　　7—微分筒　8—测力装置　A—读数部分

3）读数部分的形式（图 15-17）

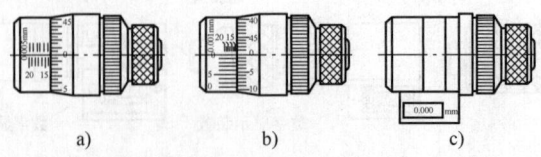

图 15-17　读数部分的形式

a) 分度值 0.005mm　b) 分度值 0.001mm　c) 分辨力 0.001mm

2. 三爪内径千分尺的测量范围（表 15-20）

表 15-20　三爪内径千分尺的测量范围（GB/T 6314—2018）（单位：mm）

测量范围 A	量程
$3 < A \leq 6$	0.5、1、2
$6 < A \leq 12$	2、2.5
$12 < A \leq 20$	2.5、3、4
$20 < A \leq 40$	4、5
$40 < A \leq 100$	10、13、25、30、50
$100 < A \leq 300$	10、13、25、30、50、100

3. 三爪内径千分尺的示值最大允许误差（表 15-21）

表 15-21　三爪内径千分尺的示值最大允许误差（GB/T 6314—2018）

（单位：mm）

测量范围上限 $A_上$	示值最大允许误差		
	量程≤25mm	25mm<量程≤50mm	量程>50mm
$A_上 \leq 50$	0.004	—	—
$50 < A_上 \leq 100$	0.005	0.006	—
$100 < A_上 \leq 150$	0.006	0.007	—
$150 < A_上 \leq 200$	0.007	0.008	0.009
$200 < A_上 \leq 250$	0.008	0.009	0.010
$250 < A_上 \leq 300$	0.009	0.010	0.011

注：示值误差的测量条件为：在全量程范围内单向移动。

15.2.3　外径千分尺

1. 外径千分尺的形式（图 15-18）

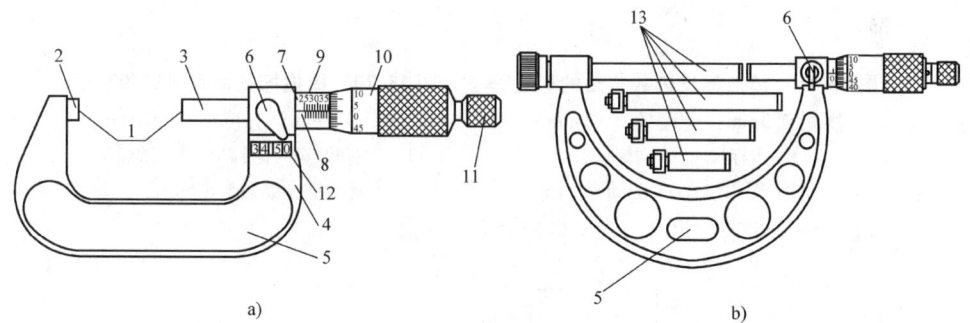

图 15-18　外径千分尺

a）测砧固定　b）测砧可更换

1—测量面　2—测砧　3—测微螺杆　4—尺架　5—隔热装置
6—锁紧装置　7—固定套管　8—基准线　9—标尺模拟读数装置
10—微分筒　11—测力装置　12—计数器数字读数装置
13—可更换的测砧

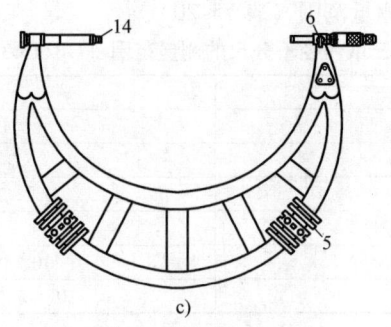

图 15-18 外径千分尺(续)

c) 测砧可调整位置(或可移动)

5—隔热装置 6—锁紧装置 14—可调整位置(或可移动)的测砧

2. 模拟标尺读数装置的形式(螺距0.5mm,分度值0.01mm)(图15-19)
3. 模拟标尺读数装置的形式(螺距0.5mm,分度值0.001mm)(图15-20)

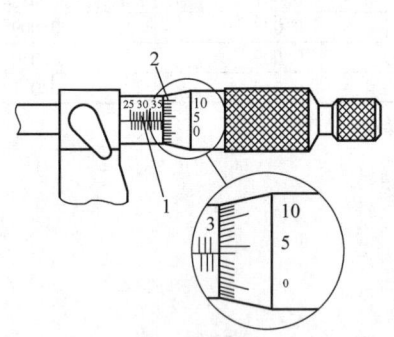
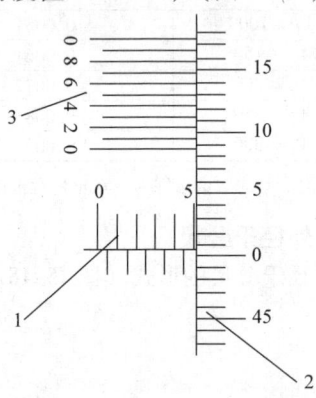

图 15-19 模拟标尺读数装置的形式

(螺距0.5mm,分度值0.01mm)

1—主标尺 2—副标尺

注:图中读数35.04mm。

图 15-20 模拟标尺读数装置的形式

(螺距0.5mm,分度值0.001mm)

1—主标尺 2—副标尺 3—游标尺

注:图中读数5.005mm。

4. 外径千分尺的基本尺寸(图15-21)

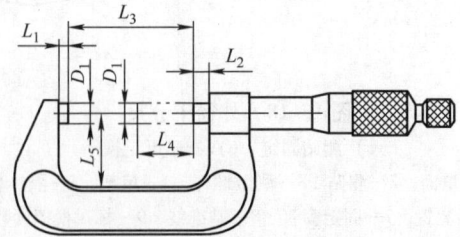

图 15-21 外径千分尺的基本尺寸

5. 外径千分尺的基本尺寸标称值(表15-22)

表15-22 外径千分尺的基本尺寸标称值（GB/T 1216—2018）（单位：mm）

基本尺寸	标称值
测微螺杆和测砧伸出尺架的部分的公称直径，D_1	5、6.35、6.5、7.5、8.0
测砧伸出尺架的长度，L_1	≥3
在测量范围上限时测微螺杆伸出尺架的长度，L_2	≥3
外径千分尺的测量范围上限，L_3	≤1000
外径千分尺的量程，L_4	13、15、25、50
尺架深度，L_5	≥0.5×L_3
外径千分尺测微螺杆的螺距	0.5、1

15.2.4 大外径千分尺

1. 大外径千分尺的形式

1）测砧为可调式的大外径千分尺形式如图15-22所示。

2）测砧为带表式的大外径千分尺形式如图15-23所示。

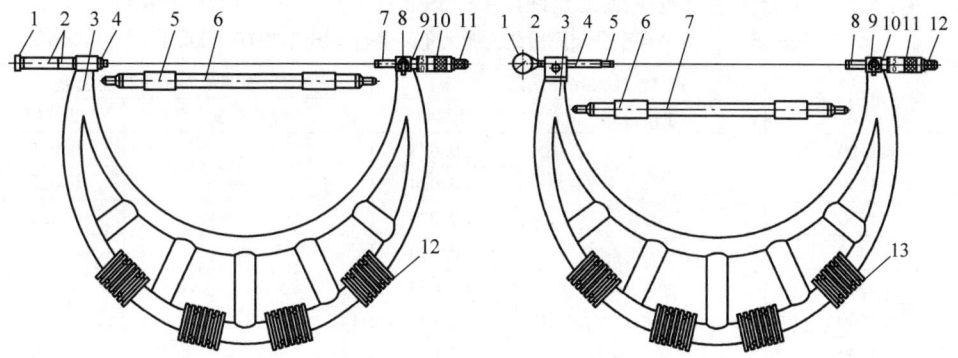

图15-22 测砧为可调式的大外径千分尺
1—紧固螺母 2—可换标准套 3—尺架 4—可调测砧 5—隔热套 6—校对量杆 7—测微螺杆 8—锁紧装置 9—固定套管 10—微分筒 11—测力装置（可选） 12—隔热装置

图15-23 测砧为带表式的大外径千分尺
1—指示表 2—防护表罩 3—尺架 4—测砧导套 5—活动测砧 6—隔热套 7—校对量杆 8—测微螺杆 9—锁紧装置 10—固定套管 11—微分筒 12—测力装置（可选） 13—隔热装置

3）大外径千分尺固定套管的刻度数字如表15-23所示。

表15-23 大外径千分尺固定套管的刻度数字（JB/T 10007—2012）（单位：mm）

测微头的量程	标尺标数的刻写
25	0、5、10、15、20、25
50	0、10、20、30、40、50

4）测微螺杆和测砧的测量端直径宜为8mm和10mm。

5）大外径千分尺应具有隔热装置和紧固测微螺杆的锁紧装置。根据需要可选配测力装置或不配测力装置。

2. 大外径千分尺测量范围（表15-24）

表 15-24　大外径千分尺测量范围（JB/T 10007—2012）　（单位：mm）

结构形式	测量范围
测砧为可调式	1000 ~ 1100、1100 ~ 1200、1000 ~ 1200、1200 ~ 1300、1300 ~ 1400、1200 ~ 1400、1400 ~ 1500、1500 ~ 1600、1400 ~ 1600、1600 ~ 1700、1700 ~ 1800、1600 ~ 1800、1800 ~ 1900、1900 ~ 2000、1800 ~ 2000、2000 ~ 2200、2200 ~ 2400、2400 ~ 2600、2600 ~ 2800、2800 ~ 3000
测砧带表式	1000 ~ 1500、1500 ~ 2000、2000 ~ 2500、2500 ~ 3000

3. 大外径千分尺测微头移动最大允许误差（表 15-25）

表 15-25　大外径千分尺测微头移动最大允许误差（JB/T 10007—2012）（单位：mm）

测微头的量程	测微头移动最大允许误差
25	±0.004
50	±0.005

4. 大外径千分尺测量范围最大允许误差（表 15-26）

表 15-26　大外径千分尺测量范围最大允许误差（JB/T 10007—2012）（单位：mm）

测量范围上限	最大允许误差		两平面测量面的平行度公差	
	计算公式	计算值	计算公式	计算值
≤1100	±(6 + A/65)/1000	±0.023	(6 + A/75)/1000	0.021
≤1200		±0.024		0.022
≤1300		±0.026		0.023
≤1400		±0.028		0.025
≤1500		±0.029		0.026
≤1600		±0.031		0.027
≤1700		±0.032		0.029
≤1800		±0.034		0.030
≤1900		±0.035		0.031
≤2000		±0.037		0.033
≤2200		±0.040		0.035
≤2400		±0.043		0.038
≤2500		±0.044		0.039
≤2600		±0.046		0.041
≤2800		±0.049		0.043
≤3000		±0.052		0.046

注：1. 表中允差计算公式中的 A 为测量范围上限值，公式计算结果四舍五入到 0.001mm。
　　2. 可调测砧大外径千分尺示值误差的判定采用固定零位的原则。即示值误差为各受检位置示值与标准尺寸之差的最大值。

15.2.5　电子数显外径千分尺

1. 电子数显外径千分尺的形式（图 15-24）

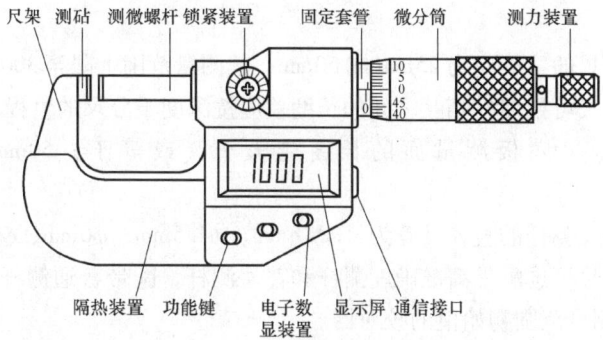

图 15-24 电子数显外径千分尺

2. 基本参数

1）电子数显千分尺测微螺杆的螺距宜为 0.5mm、1mm 或 2mm。

2）电子数显千分尺的量程宜为 25mm、30mm、50mm。

3）电子数显千分尺的测量范围的下限为 0mm 或 25mm 的整数倍。

15.2.6 深度千分尺

1. Ⅰ型深度千分尺（标尺读数）的形式（图 15-25）

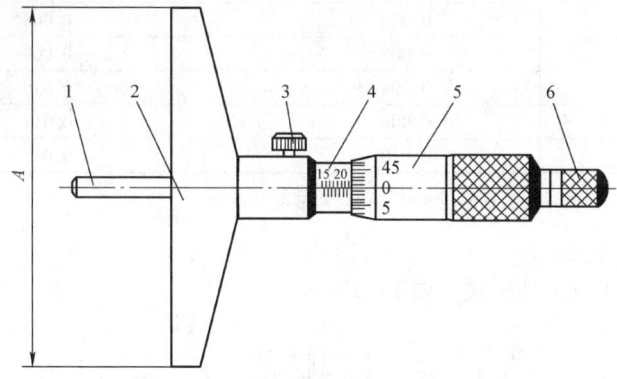

图 15-25 Ⅰ型深度千分尺（标尺读数）

1—测杆 2—底板 3—制动装置 4—固定套管/模拟标尺读数装置 5—微分筒
6—测力装置 A—底板测量面长度

2. Ⅱ型深度千分尺（数字读数）的形式（图 15-26）

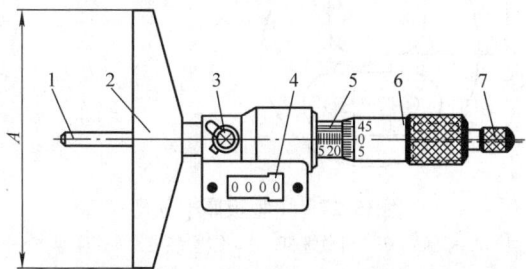

图 15-26 Ⅱ型深度千分尺（数字读数）

1—测杆 2—底板 3—制动装置 4—计数器数字读数装置 5—固定套管/模拟标尺读数装置
6—微分筒 7—测力装置 A—底板测量面长度

3. 基本参数

1) 深度千分尺的量程应为 25mm 或 50mm。其测量范围上限至 300mm。

2) 深度千分尺可换测杆相互之间的长度差应按深度千分尺的量程。

3) 深度千分尺底板测量面的长度应大于（或等于）50mm、小于（或等于）101.6mm。

4) 深度千分尺测杆的直径推荐为：$\phi3.5$mm、$\phi4.5$mm、$\phi6$mm、$\phi6.5$mm。

5) 深度千分尺可选配带高准确度测杆和普通测杆，配带普通测杆的深度千分尺应同时配带各测杆测量范围初始值的校对器。

6) 深度千分尺的分度值应为 0.01mm、0.005mm、0.001mm。

7) 计数器数字读数装置的量化步距应为 0.001mm。

4. 最大允许误差（表 15-27）

表 15-27　深度千分尺的最大允许误差（GB/T 1218—2018）（单位：mm）

测量范围 l	深度千分尺示值最大允许误差	
	量程为 25mm	量程为 50mm
$l \leqslant 50$	0.005	0.007
$50 < l \leqslant 100$	0.006	0.008
$100 < l \leqslant 150$	0.007	0.009
$150 < l \leqslant 200$	0.008	0.010
$200 < l \leqslant 250$	0.009	0.011
$250 < l \leqslant 300$	0.010	0.012

注：示值误差的测量条件为：在全量程范围内单向移动。

15.2.7　板厚千分尺

1. Ⅰ型板厚千分尺的形式（图 15-27）

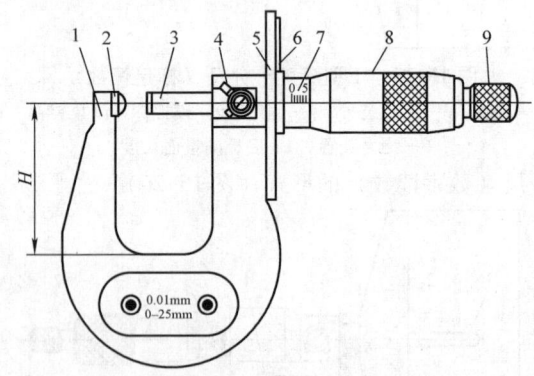

图 15-27　Ⅰ型板厚千分尺

1—尺架　2—测砧　3—测微螺杆　4—锁紧装置　5—度盘　6—指针
7—固定套管　8—微分筒　9—测力装置

2. Ⅱ型板厚千分尺的形式（图 15-28）

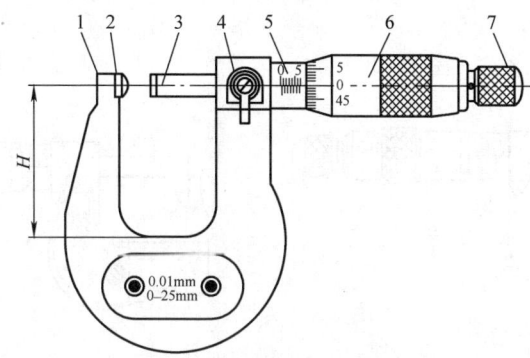

图 15-28　Ⅱ型板厚千分尺

1—尺架　2—测砧　3—测微螺杆　4—锁紧装置　5—固定套管　6—微分筒　7—测力装置

3. Ⅲ型板厚千分尺的形式（图 15-29）

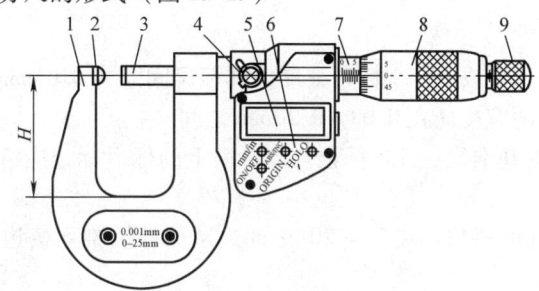

图 15-29　Ⅲ型板厚千分尺

1—尺架　2—测砧　3—测微螺杆　4—锁紧装置　5—显示屏
6—数显装置　7—固定套管　8—微分筒　9—测力装置

4. 板厚千分尺尺架弓深 H 的推荐值（表 15-28）

表 15-28　板厚千分尺尺架弓深 H 的推荐值（JB/T 2989—2016）

（单位：mm）

尺架弓深 H 尺寸系列
40、50、70、75、80、100、110、120、150、200、250、300、350、400

5. 板厚千分尺平面测量面的平面度公差和平行度公差（表 15-29）

表 15-29　板厚千分尺平面测量面的平面度公差和平行度公差（JB/T 2989—2016）

（单位：mm）

测量范围上限 t	测量面平面度公差①		两测量面间的平行度公差	
	尺架弓深 H			
	$H \leqslant 150$	$H > 150$	$H \leqslant 150$	$H > 150$
$t \leqslant 50$	0.0006	0.0015	0.003	0.004
$50 < t \leqslant 100$			0.004	0.005
$100 < t \leqslant 150$			0.005	0.006
$150 < t \leqslant 200$	0.0010		0.006	0.007
$200 < t \leqslant 250$			0.007	0.008
$250 < t \leqslant 300$			0.008	0.009

① 测量面的平面度在测量面边缘 0.5mm 范围内不计。

15.2.8 壁厚千分尺

1. 壁厚千分尺的形式（图 15-30）

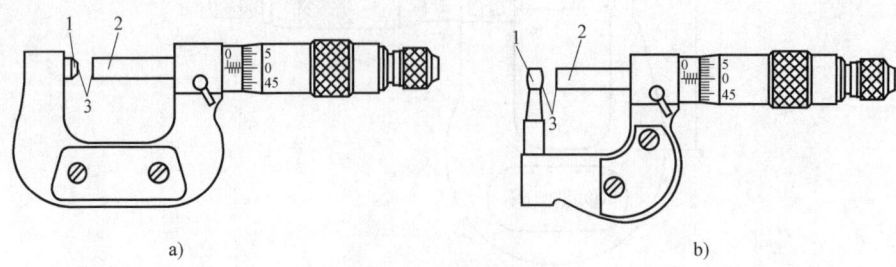

图 15-30　壁厚千分尺

a) Ⅰ型　b) Ⅱ型

1—测砧　2—测微螺杆　3—测量面

2. 标尺

1) 微分筒上应有 50 或 100 个标尺分度，其标尺间隔为 0.01mm，标尺间距应不小于 0.8mm，标尺标记的宽度应在 0.08~0.20mm 之间。

2) 固定套管上的基准线、标尺标记与微分筒上的标尺标记应清晰，其宽度差应不大于 0.03mm。

3) 微分筒圆锥面的斜角宜在 7°~20°之间，微分筒圆锥面棱边至固定套管表面的距离应不大于 0.4mm。

4) 壁厚千分尺对零位时，微分筒圆的端面棱边至固定套管标尺标记的距离，允许压线不大于 0.05 mm，离线不大于 0.10mm。

3. 最大允许误差

Ⅰ型壁厚千分尺的最大允许误差应不大于 $4\mu m$，Ⅱ型壁厚千分尺的最大允许误差应不大于 $8\mu m$。在整个 25mm 的量程中，测微头最大允许误差应不大于 $3\mu m$。

15.2.9　电子数显测微头和深度千分尺

1. 电子数显测微头的形式（图 15-31）

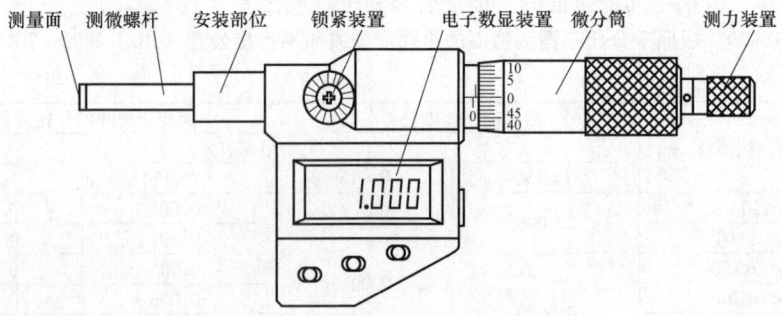

图 15-31　电子数显测微头

2. 电子数显深度千分尺的形式（图15-32）

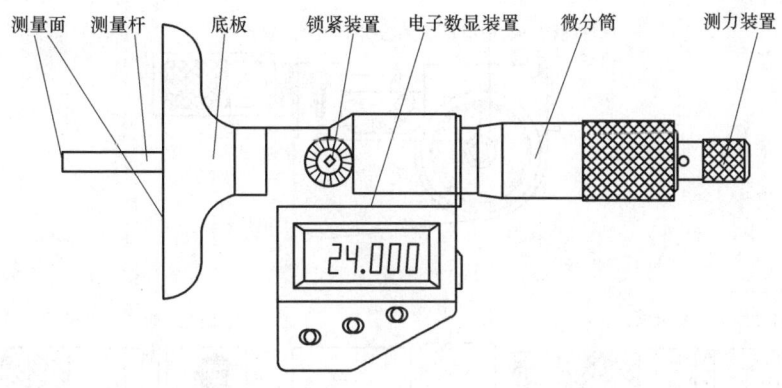

图 15-32　电子数显深度千分尺

3. 基本参数

1）电子数显测微头和深度千分尺测微螺杆的螺距宜为 0.5mm、1mm 或 2mm。
2）电子数显测微头和深度千分尺的量程为 25mm、30mm 或 50mm。
3）电子数显测微头安装部位的直径为 $\phi 2h6$。
4）电子数显深度千分尺的测量范围的下限为 0mm 或 25mm 的整数倍。

4. 最大允许误差

1）电子数显测微头的最大允许误差为 $3\mu m$。
2）电子数显深度千分尺的最大允许误差如表 15-30 所示。

表 15-30　电子数显深度千分尺的最大允许误差（GB/T 22092—2018）

测量范围 l /mm	示值最大允许误差	平行度公差	"零"值误差
		μm	
$0 \leqslant l \leqslant 25$	4	5	—
$25 < l \leqslant 50$	5	5	±2
$50 < l \leqslant 100$	6	6	±3
$100 < l \leqslant 150$	7	7	±4
$150 < l \leqslant 200$	8	8	±5
$200 < l \leqslant 250$	9	9	±6
$250 < l \leqslant 300$	10	10	±7

15.2.10 杠杆千分尺

1. 杠杆千分尺的形式(图15-33)

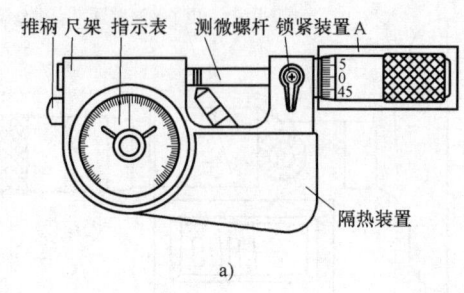

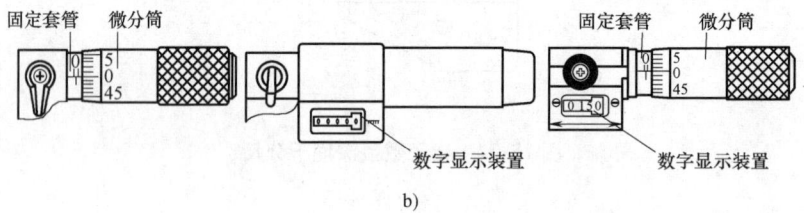

图 15-33 杠杆千分尺
a)总图 b)A部详图

2. 测量范围

杠杆千分尺的测量范围为 0~25mm、25~50mm、50~75mm、75~100mm。

3. 指示表的最大允许误差、示值变动性和位置误差(表15-31)

表 15-31 指示表的最大允许误差、示值变动性和位置误差(GB/T 8061—2004)

指示表的分度值/mm	指示表的最大允许误差/μm			示值变动性/μm	位置误差/μm
	0~±20 分度范围内	±20~±30 分度范围内	全示值范围		
0.001	±0.5	±1.0	±1.5	0.3	0.2
0.002	±1.0	±2.0	±3.0	0.5	0.4

4. 杠杆千分尺的最大允许误差(表15-32)

表 15-32 杠杆千分尺的最大允许误差(GB/T 8061—2004)

测量上限 l_{max}/mm	最大允许误差/μm
$l_{max} \leq 50$	3.0
$50 < l_{max} \leq 100$	4.0

15.2.11 公法线千分尺

1. 公法线千分尺的形式（图15-34）

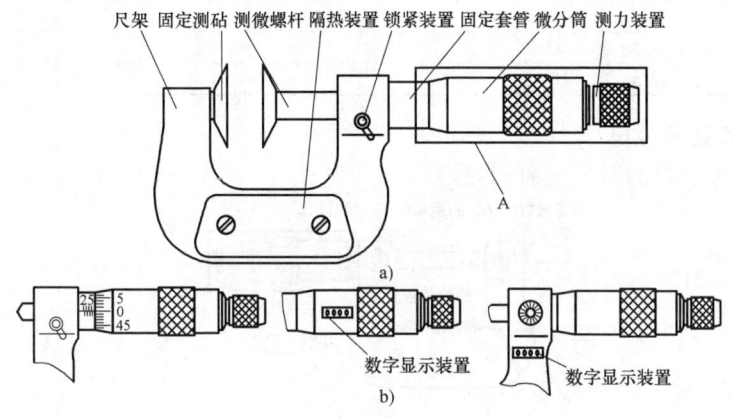

图15-34 公法线千分尺
a）总图 b）A部详图

2. 测量范围

公法线千分尺的测量范围为0~25mm、25~50mm、50~75mm、75~100mm、125~150mm、150~175mm、175~200mm。

3. 最大允许误差（表15-33）

表15-33 公法线千分尺的最大允许误差（GB/T 1217—2004）（单位：mm）

测量上限 l_{max}	最大允许误差	测量上限 l_{max}	最大允许误差
$l_{max} \leq 50$	0.004	$100 < l_{max} \leq 150$	0.006
$50 < l_{max} \leq 100$	0.005	$150 < l_{max} \leq 200$	0.007

15.2.12 尖头千分尺

1. 尖头千分尺的形式（图15-35）

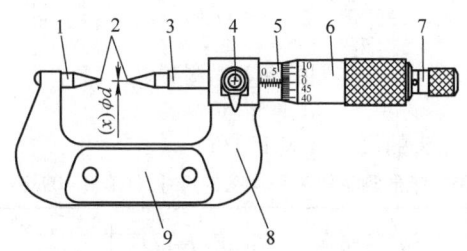

图15-35 尖头千分尺
1—测砧 2—测量面 3—测微螺杆 4—锁紧装置 5—固定套管
6—微分筒 7—测力装置 8—尺架 9—隔热装置

2. 测量范围

尖头千分尺的测量范围为0~25mm、25~50mm、50~75mm、75~100mm。

3. 最大允许误差（表15-34）

表 15-34 尖头千分尺的最大允许误差（GB/T 6313—2018）

测量范围/mm	示值最大允许误差	尺架受 10N 力时的变形量
	μm	
0~25、25~50	4	2
50~75、75~100	5	3

15.2.13 螺纹千分尺

1. 螺纹千分尺的形式（图 15-36）

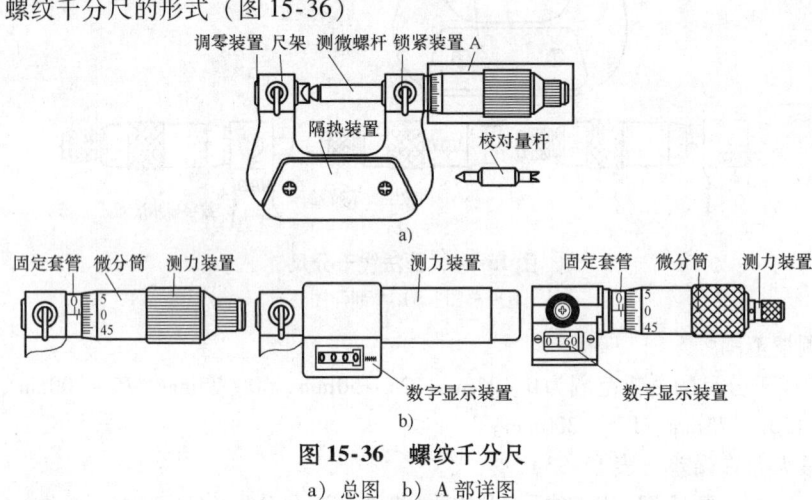

图 15-36 螺纹千分尺
a) 总图 b) A 部详图

2. 测量范围

螺纹千分尺的测量范围为：0~25mm、25~50mm、50~75mm、75~100mm、100~125mm、125~150mm。

3. 测头的形式（图 15-37）

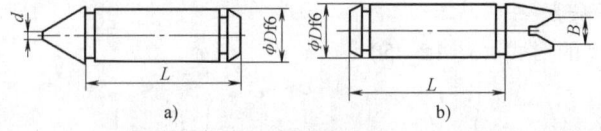

图 15-37 测头
a) 锥形 b) V 形

4. 锥形测头和 V 形测头的尺寸（表 15-35）

表 15-35 锥形测头和 V 形测头的尺寸（GB/T 10932—2004） （单位：mm）

测量螺纹的螺距范围	B	d	Df6	L
0.4~0.5	0.26~0.29	0.14~0.18		
0.6~0.8	0.41~0.44	0.22~0.28		
1.0~1.25	0.66~0.72	0.34~0.48	3.5,4 或 5	15 或 15.5
1.5~2.0	1.02~1.10	0.55~0.70		
2.5~3.5	1.77~1.85	1.00~1.20		
4.0~6.0	2.90~2.98	1.70~1.90		

15.2.14 奇数沟千分尺

1. 奇数沟千分尺的形式（图 15-38）

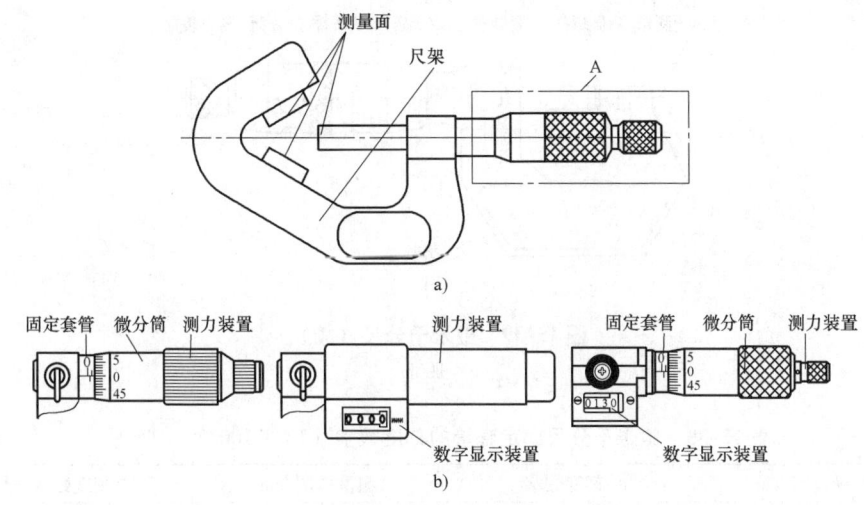

图 15-38 奇数沟千分尺

a) 总图　b) A 部详图

2. 奇数沟千分尺的基本参数（表 15-36）

表 15-36　奇数沟千分尺的基本参数（GB/T 9058—2004）

基本参数	测微螺杆螺距/mm	测砧间夹角 α	测量范围/mm
三沟千分尺	0.75	60°	1~15、15~20、20~35、35~50、50~65、65~80
五沟千分尺	0.559	108°	5~25、25~45、45~65、65~85
七沟千分尺	0.5275	128°34′17″	

3. 奇数沟千分尺的最大允许误差（表 15-37）

表 15-37　奇数沟千分尺的最大允许误差（GB/T 9058—2004）（单位：mm）

测量上限 l_{max}	最大允许误差
$l_{max} \leq 50$	0.004
$50 < l_{max} \leq 100$	0.005

15.2.15　微米千分尺

1. 微米千分尺的形式（图 15-39）
2. 微米千分尺固定套管的刻度数字（表 15-38）

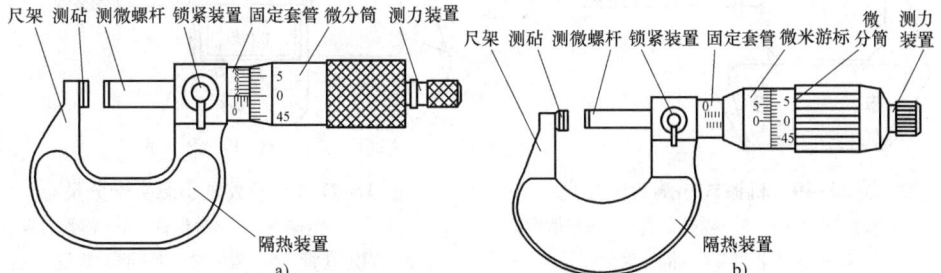

图 15-39　微米千分尺

a) Ⅰ型　b) Ⅱ型

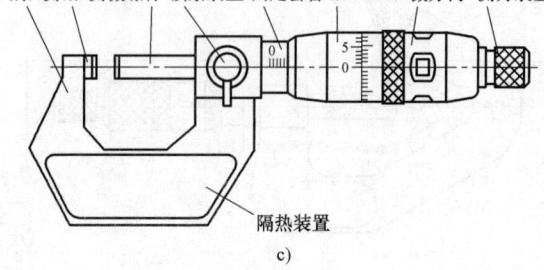

图 15-39 微米千分尺（续）

c) Ⅲ型

表 15-38 微米千分尺固定套管的刻度数字（JB/T 10032—1999）

测量范围/mm	刻度数字	测量范围/mm	刻度数字
0~15	0、5、10、15	50~75	50、55、60、65、70、75
0~25	0、5、10、15、20、25	75~100	75、80、85、90、95、100
25~50	25、30、35、40、45、50		

3. 微米千分尺的示值误差（表 15-39）

表 15-39 微米千分尺的示值误差（JB/T 10032—1999）

测量范围/mm	示值误差/μm	测量范围/mm	示值误差/μm
0~15		50~75	
0~25	2	75~100	3
25~50			

15.2.16 小测头千分尺

1. 机械式小测头千分尺的形式（图 15-40）
2. 电子数显小测头千分尺的形式（图 15-41）

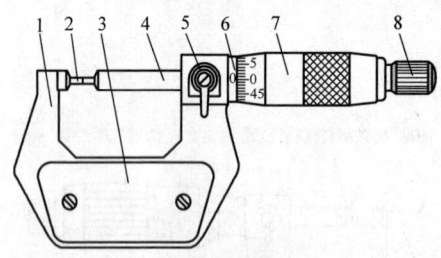

图 15-40 机械式小测头千分尺

1—尺架 2—测砧 3—隔热装置 4—测微螺杆
5—锁紧装置 6—固定套管
7—微分筒 8—测力装置

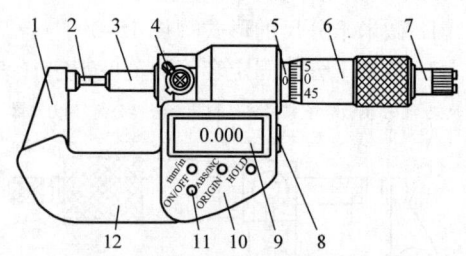

图 15-41 电子数显小测头千分尺

1—尺架 2—测砧 3—测微螺杆 4—锁紧装置
5—固定套管 6—微分筒 7—测力装置
8—输出口 9—显示屏 10—数显装置
11—功能键 12—隔热装置

3. 小测头千分尺固定套管的标尺标数（表 15-40）

表15-40 小测头千分尺固定套管的标尺标数（JB/T 10005—2012）

（单位：mm）

测微头的量程	标尺标数的刻写
15	$0+A$、$5+A$、$10+A$、$15+A$
25	$0+A$、$5+A$、$10+A$、$15+A$、$20+A$、$25+A$
30	$0+A$、$5+A$、$10+A$、$15+A$、$20+A$、$25+A$、$30+A$

注：测量范围上限至100mm的小测头千分尺，表中A为测量范围下限值；测量范围下限大于100mm的小测头千分尺，表中A为测量范围下限值减100。

4. 小测头千分尺的测微头移动最大允许误差（表15-41）

表15-41 小测头千分尺的测微头移动最大允许误差（JB/T 10005—2012）

（单位：mm）

测微头的量程	测微头移动最大允许误差	
	分度值：0.01mm；分辨力：0.001mm	分度值：0.001mm
15，25，30	±0.003	±0.002

15.3 量尺

15.3.1 直尺

1. 直尺的形式（图15-42）

图15-42 直尺

2. 直尺的基本尺寸（表15-42）

表15-42 直尺的基本尺寸（QB/T 1474.1—2005） （单位：mm）

尺寸分段范围	厘米线长	毫米线长	线纹宽度		宽度差	
			00级	0级	00级	0级
100~300	5~10	3~6	0.10~0.30	0.10~0.40	≤0.10	≤0.12
>300~600						
>600~900	6~12	4~10				
>900~1200						

15.3.2 金属直尺

1. 金属直尺的形式（图15-43）

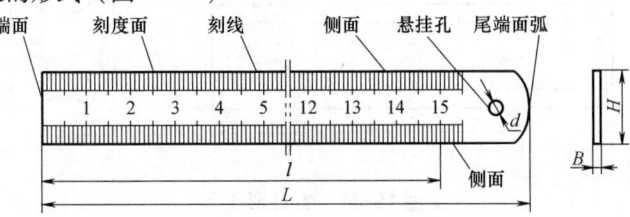

图15-43 金属直尺

2. 金属直尺的基本参数（表 15-43）

表 15-43　金属直尺的基本参数（GB/T 9056—2004）　　（单位：mm）

标称长度 l	全长 L		厚度 B		宽度 H		孔径 d
	尺寸	偏差	尺寸	偏差	尺寸	偏差	
150	175	±5	0.5	±0.05	15 或 20	±0.3 或 ±0.4	5
300	335		1.0	±0.10	25	±0.5	
500	540		1.2	±0.12	30	±0.6	
600	640		1.2	±0.12	30	±0.6	
1000	1050		1.5	±0.15	35	±0.7	7
1500	1565		2.0	±0.20	40	±0.8	
2000	2055		2.0	±0.20	40	±0.8	

3. 金属直尺的允许误差（表 15-44）

表 15-44　金属直尺的允许误差（GB/T 9056—2004）　　（单位：mm）

标称长度 l	允许误差	标称长度 l	允许误差
150	±0.15	1000	±0.20
300		1500	±0.25
500		2000	±0.30
600	±0.20		

15.3.3　刀口形直尺

1. 刀口形直尺的形式（图 15-44）

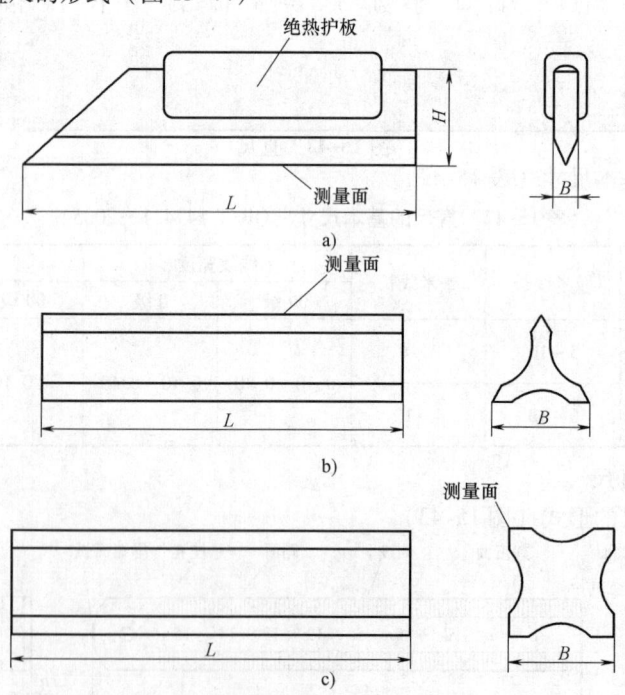

图 15-44　刀口形直尺

a) 刀口尺　b) 三棱尺　c) 四棱尺

2. 刀口形直尺的基本参数（表 15-45）

表 15-45　刀口形直尺的基本参数（GB/T 6091—2004）　（单位：mm）

类型	测量面长度 L	高度 H	宽度 B	类型	测量面长度 L	高度 H	宽度 B
刀口尺	75	22	6	三棱尺	200	—	26
	125	27	6		300	—	30
	200	30	8		500	—	40
	300	40	8	四棱尺	200	—	20
	400	45	8		300	—	25
	500	50	10		500	—	35

15.3.4　圆柱直角尺

1. 圆柱直角尺的形式（图 15-45）

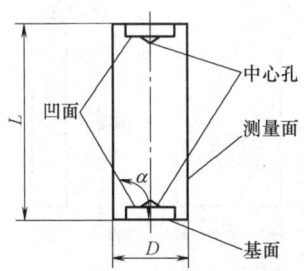

图 15-45　圆柱直角尺

注：图中 α 角为直角尺的工作角。

2. 圆柱直角尺的基本参数（表 15-46）

表 15-46　圆柱直角尺的基本参数（GB/T 6092—2004）　（单位：mm）

精度等级		00 级、0 级				
基本尺寸	D	200	315	500	800	1250
	L	80	100	125	160	200

15.3.5　矩形直角尺

1. 矩形直角尺的形式（图 15-46）

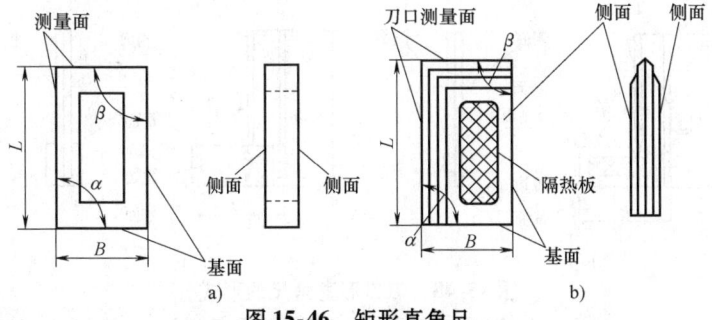

图 15-46　矩形直角尺

a) 矩形直角尺　b) 刀口矩形直角尺

2. 矩形直角尺的基本参数（表 15-47）

表 15-47 矩形直角尺的基本参数（GB/T 6092—2004）　　（单位：mm）

矩形直角尺	精度等级		00 级、0 级、1 级				
	基本尺寸	L	125	200	315	500	800
		B	80	125	200	315	500
刀口矩形直角尺	精度等级		00 级、0 级				
	基本尺寸	L	63		125		200
		B	40		80		125

15.3.6　三角形直角尺

1. 三角形直角尺的形式（图 15-47）

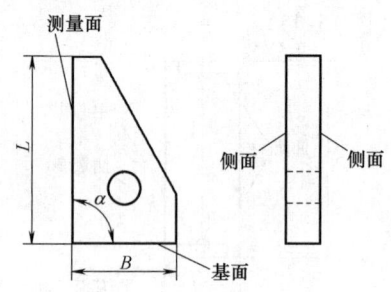

图 15-47　三角形直角尺

注：图中 α 角为直角尺的工作角。

2. 三角形直角尺的基本参数（表 15-48）

表 15-48　三角形直角尺的基本参数（GB/T 6092—2004）　　（单位：mm）

精度等级		00 级、0 级					
基本尺寸	L	125	200	315	500	800	1250
	B	80	125	200	315	500	800

15.3.7　刀口形直角尺

1. 刀口形直角尺的形式（图 15-48）

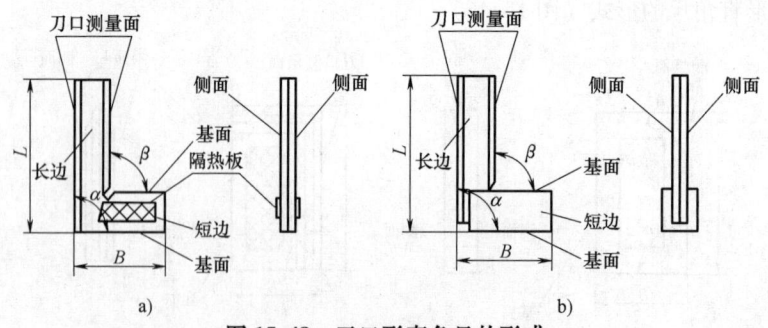

图 15-48　刀口形直角尺的形式

a) 刀口形直角尺　b) 宽座刀口形直角尺

注：图中 α、β 角为直角尺的工作角。

2. 刀口形直角尺的基本参数（表 15-49）

表 15-49　刀口形直角尺的基本参数（GB/T 6092—2004）　（单位：mm）

刀口形直角尺	精度等级		0 级、1 级						
	基本尺寸	L	50	63	80	100	125	160	200
		B	32	40	50	63	80	100	125
宽座刀口形直角尺	精度等级		0 级、1 级						
	基本尺寸	L	50	75	100	150	200	250	300	500	750	1000
		B	40	50	70	100	130	165	200	300	400	550

15.3.8　平面形直角尺

1. 平面形直角尺的形式（图 15-49）

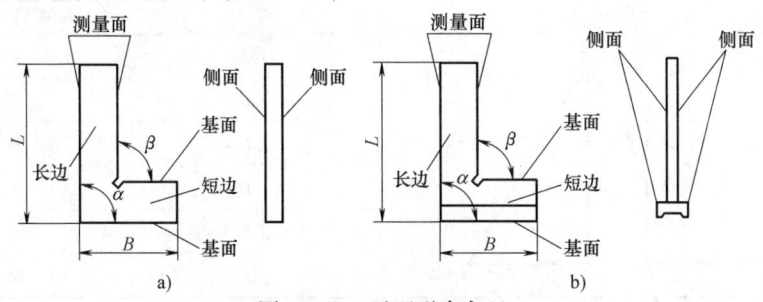

图 15-49　平面形直角尺

a) 平面形直角尺　b) 带座平面形直角尺

注：图中 α、β 角为直角尺的工作角。

2. 平面形直角尺的基本参数（表 15-50）

表 15-50　平面形直角尺的基本参数（GB/T 6092—2004）　（单位：mm）

平面形直角尺和带座平面形直角尺	精度等级		0 级、1 级和 2 级									
	基本尺寸	L	50	75	100	150	200	250	300	500	750	1000
		B	40	50	70	100	130	165	200	300	400	550

15.3.9　宽座直角尺

1. 宽座直角尺的形式（图 15-50）

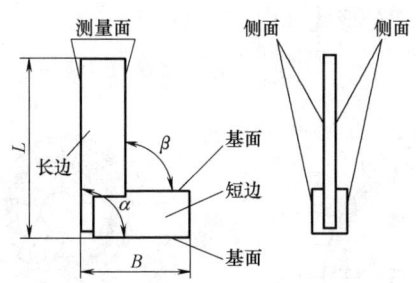

图 15-50　宽座直角尺

注：图中 α、β 角为直角尺的工作角。

2. 宽座直角尺的基本参数（表 15-51）

表 15-51　宽座直角尺的基本参数（GB/T 6092—2004）　　（单位：mm）

精度等级		0级、1级和2级											
基本尺寸	L	63	80	100	125	160	200	250	315	400	500	630	800	1000	1250	1600
	B	40	50	63	80	100	125	160	200	250	315	400	500	630	800	1000

15.3.10　三角尺

1. 三角尺的角度规定（表 15-52）

表 15-52　三角尺的角度规定（QB/T 1474.2—2005）

示意图	符号	标称角度/(°)
	∠A	60
	∠B	30
	∠C	90
	∠D	45
	∠E	45
	∠F	90

2. 三角尺尺寸分段、线纹长度和宽度及宽度差（表 15-53）

表 15-53　三角尺尺寸分段、线纹长度和宽度及宽度差（QB/T 1474.2—2005）

（单位：mm）

尺寸分段	厘米线长	毫米线长	线纹宽度		宽度差	
			00级	0级	00级	0级
75~150	5~10	3~6	0.10~0.30	0.10~0.40	≤0.10	≤0.12
>150~300	5~10	3~6	0.10~0.30	0.10~0.40	≤0.10	≤0.12
>300~450	6~12	4~10	0.10~0.30	—	≤0.10	—
>450~600	6~12	4~10	0.10~0.30	—	≤0.10	—

15.3.11　游标、带表和数显万能角度尺

1. Ⅰ型游标万能角度尺的形式（图 15-51）
2. Ⅱ型游标万能角度尺的形式（图 15-52）

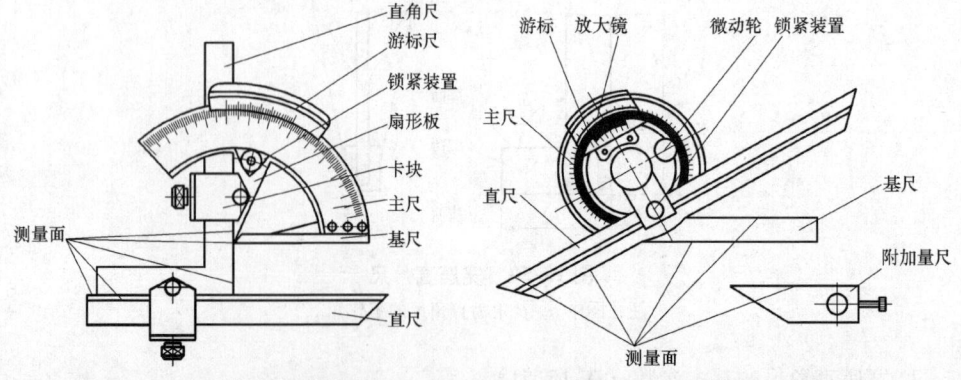

图 15-51　Ⅰ型游标万能角度尺　　　　图 15-52　Ⅱ型游标万能角度尺

3. 带表万能角度尺的形式（图 15-53）

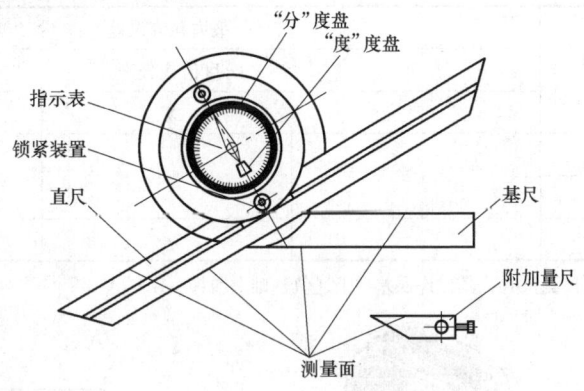

图 15-53　带表万能角度尺

4. 数显万能角度尺的形式（图 15-54）

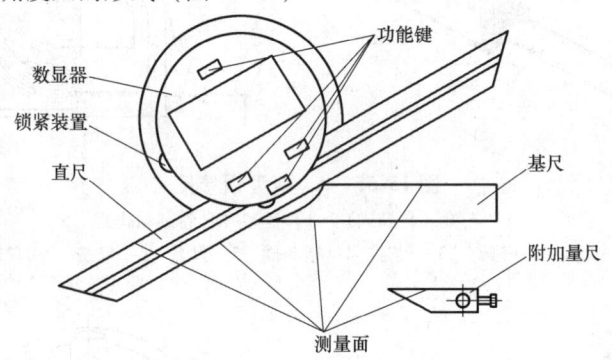

图 15-54　数显万能角度尺

5. 万能角度尺的基本参数（表 15-54）

表 15-54　万能角度尺的基本参数（GB/T 6315—2008）

形式	测量范围 /(°)	直尺测量面标称长度	基尺测量面标称长度	附加量尺测量面标称长度
			mm	
Ⅰ型游标万能角度尺	0~320	≥150		—
Ⅱ型游标万能角度尺	0~360	150 或 200 或 300	≥50	≥70
带表万能角度尺				
数显万能角度尺				

6. 万能角度尺的最大允许误差（表 15-55）

15.3.12　钢卷尺

1. 钢卷尺的形式

钢卷尺按结构和用途不同分为 A、B、C、D、E、F 六种形式，如图 15-55~图 15-58 所示。

表 15-55 万能角度尺的最大允许误差（GB/T 6315—2008）

万能角度尺名称	最大允许误差		
	分度值或分辨力		
	2′	5′	30″
游标万能角度尺	±2′	±5′	—
带表万能角度尺			
数显万能角度尺	—	—	±4′

注：当使用附加量尺测量时，其允许误差在上述值基础上增加 ±1.5′。

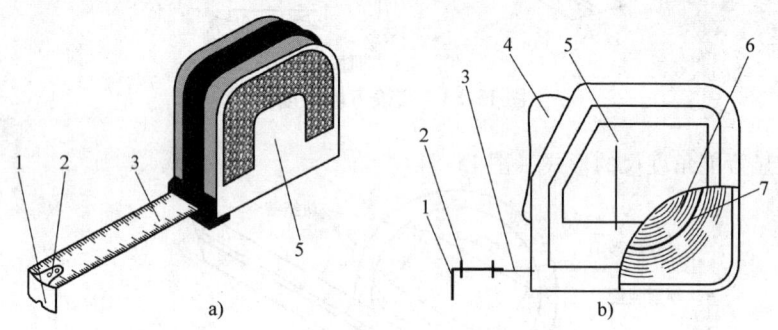

图 15-55　A、B 型钢卷尺
a）A 型（自卷式）　b）B 型（自卷制动式）
1—尺钩　2—铆钉　3—尺带　4—制动键　5—尺盒　6—尺簧　7—尺芯

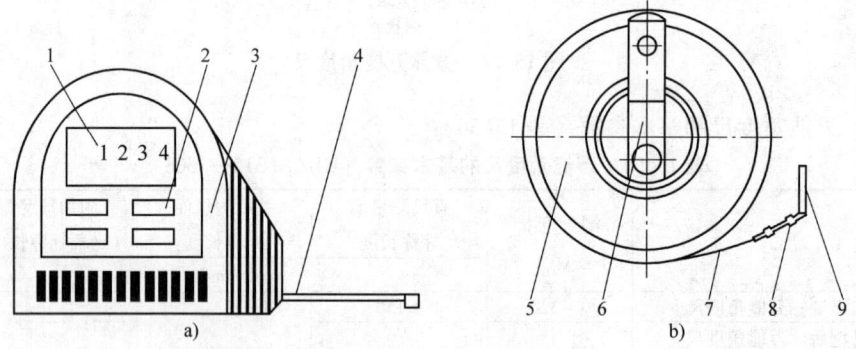

图 15-56　C、D 型钢卷尺
a）C 型（数显式）　b）D 型（摇卷盒式）
1—显示器　2—操作按钮　3—尺盒　4—尺带组件　5—尺盒　6—摇柄　7—尺带　8—铆钉　9—拉环

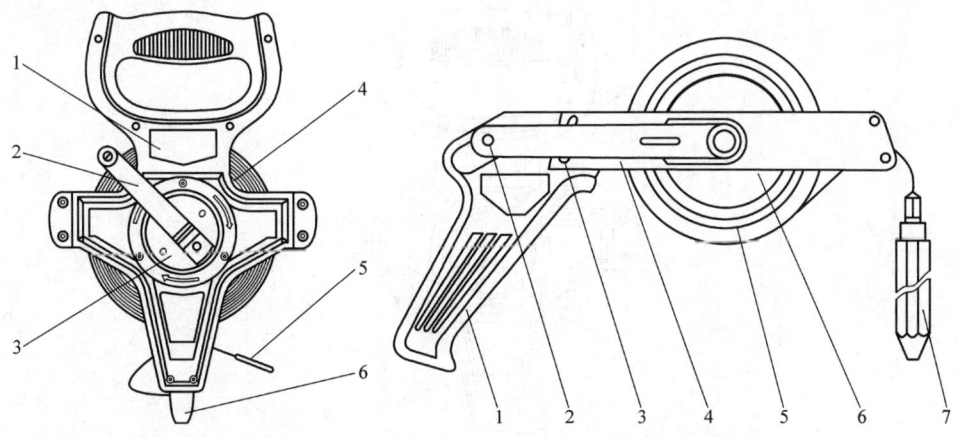

图 15-57 E型（摇卷架式）
1—尺架 2—摇柄 3—转盘 4—尺带
5—拉环 6—记号尖及护套

图 15-58 F型（量油尺）
1—手把 2—摇柄 3—铆钉 4—尺架 5—尺带
6—转盘 7—重锤

2. 钢卷尺的线纹宽度（表15-56）

表15-56 钢卷尺的线纹宽度（QB/T 2443—2011）

类型	尺带规格/m	尺带截面				形状
		宽度/mm		厚度/mm		
		基本尺寸	允许偏差	基本尺寸	允许偏差	
A、B、C型	0.5 的整数倍	4~40	0	0.11~0.16	0	弧面或平面
D、E、F型	5 的整数倍	10~16	-0.02	0.14~0.28	-0.02	平面

注：1. 有特殊要求的尺带不受本表限制。
2. 尺带的宽度和厚度系指金属材料的宽度和厚度。

15.3.13 纤维卷尺

1. 纤维卷尺的形式

纤维卷尺按结构不同分为Z型、H型、J型三种，其形式如图15-59~图15-61所示。

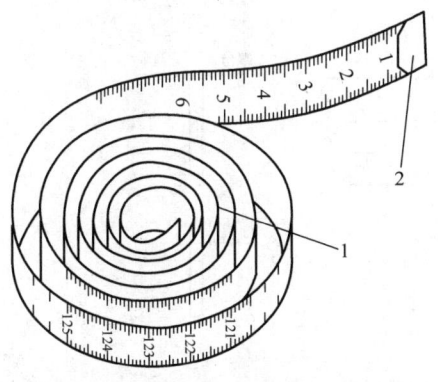

图 15-59 Z型（折卷式）
1—尺带 2—尺带护夹

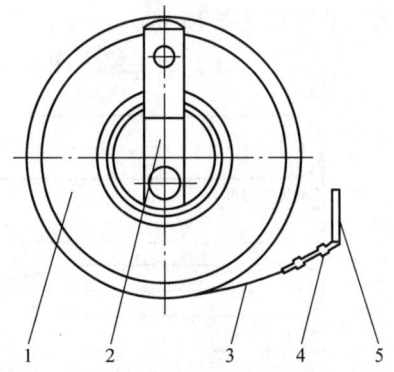

图 15-60 H型（摇卷盒式）
1—尺盒 2—摇柄 3—尺带
4—铆钉 5—拉环

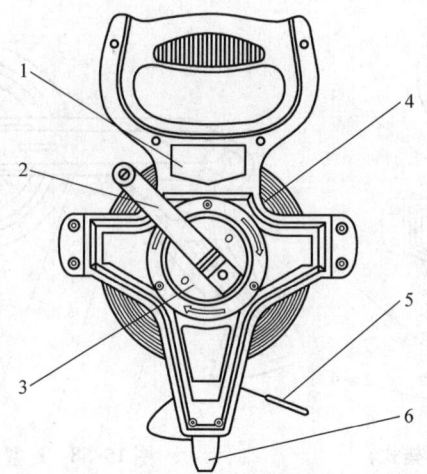

图 15-61　J 型（摇卷架式）

1—尺架　2—摇柄　3—转盘　4—尺带　5—拉环　6—记号尖及护套

2. 纤维卷尺的规格（表 15-57）

表 15-57　纤维卷尺的规格（QB/T 1519—2011）

类型	尺带规格 /m	尺带截面尺寸/mm			
		宽度		厚度	
		基本尺寸	允许偏差	基本尺寸	允许偏差
Z 型	0.5 的整数倍（5m 以下）	4~40	±4%	0.45	±0.18
H 型					
Z 型	5 的整数倍				
H 型					
J 型					

注：有特殊要求的尺带不受本表限制。

15.3.14　塞尺

1. 塞尺的形式（图 15-62）

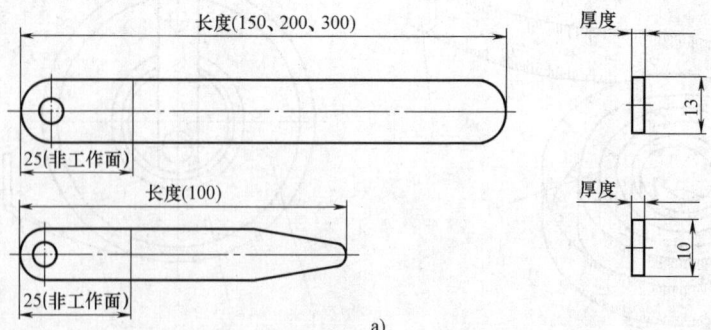

图 15-62　塞尺

a) 单片塞尺

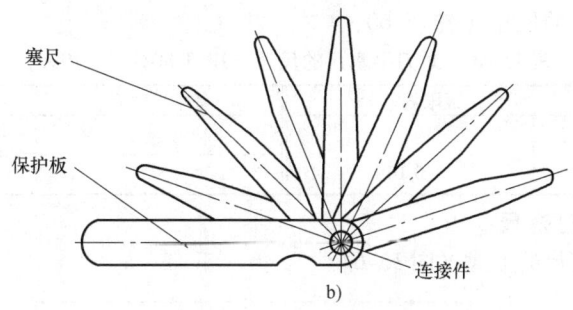

图 15-62 塞尺（续）

b）成组塞尺

2. 塞尺的厚度尺寸系列（表 15-58）

表 15-58 塞尺的厚度尺寸系列（GB/T 22523—2008）

厚度尺寸系列/mm	间隔/mm	数量
0.02,0.03,0.04,…,0.10	0.01	9
0.15,0.20,0.25,…,1.00	0.05	18

3. 成组塞尺的片数、塞尺长度及组装顺序（表 15-59）

表 15-59 成组塞尺的片数、塞尺长度及组装顺序（GB/T 22523—2008）

成组塞尺的片数	塞尺的长度/mm	塞尺厚度尺寸及组装顺序/mm
13	100,150,200,300	0.10,0.02,0.02,0.03,0.03,0.04,0.04,0.05,0.05,0.06,0.07,0.08,0.09
14		1.00,0.05,0.06,0.07,0.08,0.09,0.10,0.15,0.20,0.25,0.30,0.40,0.50,0.75
17		0.50,0.02,0.03,0.04,0.05,0.06,0.07,0.08,0.09,0.10,0.15,0.20,0.25,0.30,0.35,0.40,0.45
20		1.00,0.05,0.10,0.15,0.20,0.25,0.30,0.35,0.40,0.45,0.50,0.55,0.60,0.65,0.70,0.75,0.80,0.85,0.90,0.95
21		0.50,0.02,0.02,0.03,0.03,0.04,0.04,0.05,0.05,0.06,0.07,0.08,0.09,0.10,0.15,0.20,0.25,0.30,0.35,0.40,0.45

15.3.15 对刀平塞尺

1. 对刀平塞尺的形式（图 15-63）

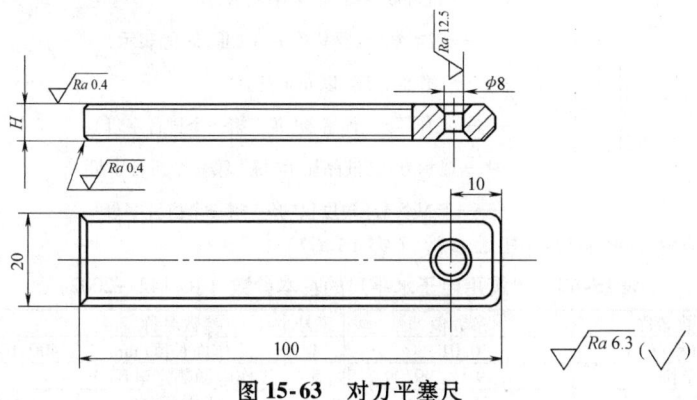

图 15-63 对刀平塞尺

2. 对刀平塞尺的尺寸（表15-60）

表15-60 对刀平塞尺的尺寸（JB/T 8032.1—1999） （单位：mm）

基本尺寸 H	极限偏差 h8	基本尺寸 H	极限偏差 h8
1	0	4	0
2	−0.014	5	−0.018
3			

15.3.16 对刀圆柱塞尺

1. 对刀圆柱塞尺的形式（图15-64）

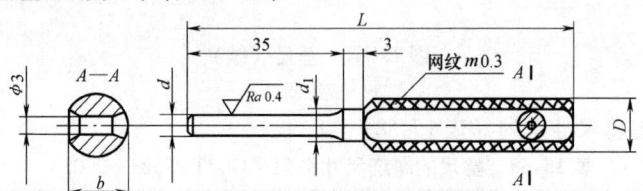

图15-64 对刀圆柱塞尺

2. 对刀圆柱塞尺的尺寸（表15-61）

表15-61 对刀圆柱塞尺的尺寸（JB/T 8032.2—1999） （单位：mm）

d 基本尺寸	极限偏差 h8	D（滚花前）	L	d_1	b
3	0 −0.014	7	90	5	6
5	0 −0.018	10	100	8	9

15.3.17 建筑用电子水平尺

1. 建筑用电子水平尺的形式（图15-65）

图15-65 建筑用电子水平尺

2. 建筑用电子水平尺的型号编制

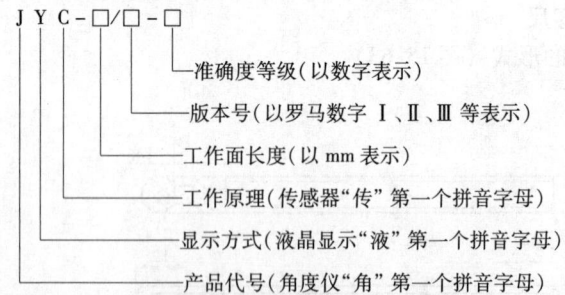

3. 建筑用电子水平尺的基本参数（表15-62）

表15-62 建筑用电子水平尺的基本参数（JG 142—2002）

序号	参数名称	参数值	序号	参数名称	参数值
1	分辨率/(°)	0.01	4	工作面长度/mm	400、1000、2000、3000
2	测量范围/(°)	−9.99 ~ +99.99	5	工作电源额定电压/V	DC12
3	温度范围/℃	−25 ~ +80	6	使用寿命	6年/8万次

15.4 量规

15.4.1 普通螺纹量规

1. 普通螺纹量规的形式（图 15-66）
2. 螺纹量规的螺纹牙型

（1）完整螺纹牙型　适用于检验工件内螺纹作用中径及大径的通端螺纹塞规的螺纹牙型、检验新制通端螺纹环规作用中径的"校通–通"螺纹塞规的螺纹牙型、检验新制止端螺纹环规单–中径的"校止–通"螺纹塞规和"校止–止"螺纹塞规的螺纹牙型、检验使用中止端螺纹环规单–中径的"校止–损"螺纹塞规的螺纹牙型如图 15-67 所示。适用于检验工件外螺纹作用中径及小径的通端螺纹环规的螺纹牙型如图 15-68 所示。

图 15-66　普通螺纹量规

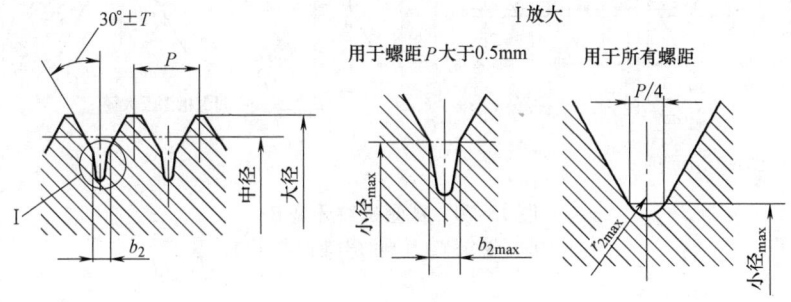

图 15-67　完整螺纹牙型 I

注：T 为完整螺纹牙型的半角偏差（°）。

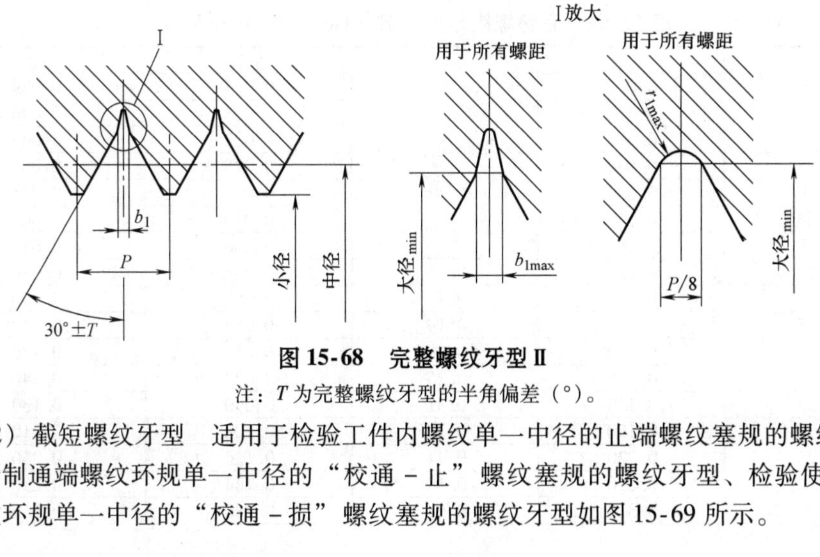

图 15-68　完整螺纹牙型 II

注：T 为完整螺纹牙型的半角偏差（°）。

（2）截短螺纹牙型　适用于检验工件内螺纹单一中径的止端螺纹塞规的螺纹牙型、检验新制通端螺纹环规单—中径的"校通–止"螺纹塞规的螺纹牙型、检验使用中通端螺纹环规单—中径的"校通–损"螺纹塞规的螺纹牙型如图 15-69 所示。

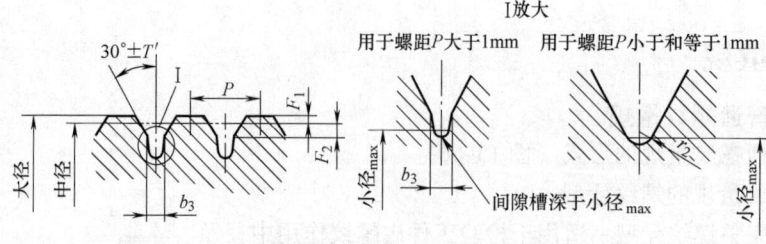

图 15-69　截短螺纹牙型 I

注：T' 为截短螺纹牙型的半角偏差（°）。

适用于检验工件外螺纹单一中径的止端螺纹环规的螺纹牙型如图 15-70 所示。

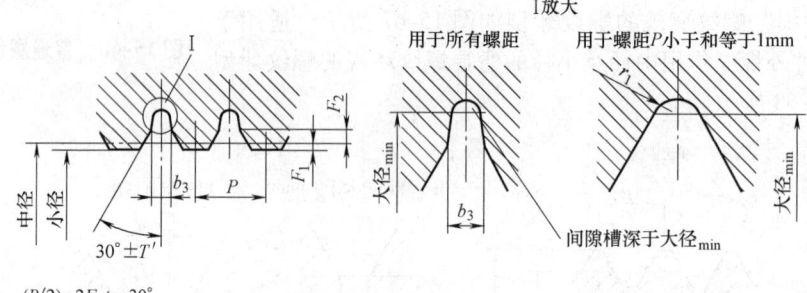

图 15-70　截短螺纹牙型 II

注：T' 为截短螺纹牙型的半角偏差（°）。

3. 基本参数

（1）完整螺纹牙型　螺纹牙型的间隙槽宽度 b_{1max}、b_{2max} 和槽底的曲率半径 r_{1max}、r_{2max} 如表 15-63 所示。

表 15-63　完整螺纹牙型参数（GB/T 3934—2003）　　（单位：mm）

P	b_{1max}	b_{2max}	r_{1max}	r_{2max}
0.2	0.025	用曲率半径 r_2 连接	0.014	0.029
0.25	0.031		0.018	0.036
0.3	0.038		0.022	0.043
0.35	0.044		0.025	0.050
0.4	0.050		0.029	0.058
0.45	0.056		0.032	0.065
0.5	0.063		0.036	0.072
0.6	0.075	0.15	0.043	0.086
0.7	0.088		0.050	0.100
0.75	0.094	0.19	0.054	0.110
0.8	0.100	0.20	0.058	0.110
1	0.125	0.25	0.072	0.140
1.25	0.150	0.31	0.090	0.180
1.5	0.190	0.37	0.108	0.210
1.75	0.220	0.44	0.126	0.250
2	0.250	0.50	0.144	0.290
2.5	0.320	0.61	0.180	0.360

P	$b_{1\max}$	$b_{2\max}$	$r_{1\max}$	$r_{2\max}$
3	0.400	0.75	0.217	0.430
3.5	0.480	0.88	0.253	0.500
4	0.500	1.00	0.288	0.580
4.5	0.550	1.10	0.325	0.650
5	0.600	1.25	0.361	0.720
5.5	0.700	1.40	0.397	0.790
6	0.800	1.50	0.433	0.860
8	1.000	2.00	0.576	1.152

(2) 螺纹牙型　螺纹牙型间隙槽宽度 b_3、在螺纹牙型的轴向剖面内由中径线与牙侧直线部分顶端（向牙顶一侧）之间的径向距离 F_1、在螺纹牙型的轴向剖面内由中径线与牙侧直线部分末端（向牙底一侧）之间的径向距离 F_2 如表 15-64 所示。

表 15-64　截短螺纹牙型参数（GB/T 3934—2003）　　（单位：mm）

P	b_3		$F_1 = 0.1P$	F_2		
	尺寸	偏差		0.1P	0.15P	0.2P
0.2			0.020			
0.25			0.025			
0.3			0.030			
0.35			0.035			
0.4	止端螺纹环规 推荐采用 r_1 连接		0.040	—		—
0.45			0.045			
0.5			0.050			
0.6			0.060			
0.7			0.070			
0.75			0.075			
0.8			0.080			
1			0.100			
1.25	0.3	±0.04	0.125			0.25
1.5	0.4		0.150			0.30
1.75	0.45		0.175			0.35
2	0.5	±0.05	0.200			0.40
2.5	0.8		0.250	0.375		
3	1.0	±0.08	0.300	0.450		
3.5	1.1		0.350	0.525		
4	1.3		0.400	0.600		
4.5	1.7	±0.10	0.450	0.45		—
5	1.9		0.500	0.50		
5.5	2.1		0.550	0.55		
6	2.3		0.600	0.60		
8	3.1		0.800	0.80		

15.4.2　统一螺纹量规

1. 统一螺纹量规的形式（图 15-71）

图 15-71 统一螺纹量规

2. 统一螺纹量规的名称、代号和使用规则（表 15-65）

表 15-65 统一螺纹量规的名称、代号和使用规则（JB/T 10865—2008）

名称	代号	使用规则
通端螺纹塞规	T	应与工件内螺纹旋合通过
止端螺纹塞规	Z	允许与工件内螺纹两端的螺纹部分旋合，旋合量不应超过三个螺距（退出量规时测定）。若工件内螺纹的螺距少于或等于三个，不应完全旋合通过
通端螺纹环规	T	应与工件外螺纹旋合通过
止端螺纹环规	Z	允许与工件外螺纹两端的螺纹部分旋合，旋合量不应超过三个螺距（退出量规时测定）。若工件外螺纹的螺距少于或等于三个，不应完全旋合通过
"校通-通"螺纹塞规	TT	应与通端螺纹环规旋合通过
"校通-止"螺纹塞规	TZ	允许与通端螺纹环规两端的螺纹部分旋合，旋合量不应超过一个螺距（退出量规时测定）
"校通-损"螺纹塞规	TS	
"校止-通"螺纹塞规	ZT	应与止端螺纹环规旋合通过
"校止-止"螺纹塞规	ZZ	允许与止端螺纹环规两端的螺纹部分旋合，旋合量不应超过一个螺距（退出量规时测定）
"校止-损"螺纹塞规	ZS	

3. 螺纹牙型基本参数（表 15-66）

表 15-66 螺纹牙型基本参数（JB/T 10865—2008） （单位：mm）

螺纹牙数 n	b_3		h_3		最大差值
	尺寸	偏差	尺寸	偏差	
80	止端螺纹量规推荐采用圆弧半径 r_1 或 r_2 连续		0.10	±0.03	0.03
72			0.11		
64			0.13	±0.04	0.05
56			0.15		
48			0.17		
44			0.19	±0.05	0.07
40	止端螺纹量规推荐采用圆弧半径 r_1 或 r_2 连接		0.21	±0.05	0.07
36			0.23		
32			0.26	±0.08	0.10
28			0.29	±0.09	0.12
24			0.34		
20	0.32	±0.04	0.41	±0.104	0.14
18	0.35		0.46		
16	0.40		0.52		
14	0.45	±0.05	0.59	±0.13	0.17
13	0.49		0.64		
12	0.53		0.69		
11	0.58		0.75		
10	0.64		0.83		

（续）

螺纹牙数 n	b_3 尺寸	b_3 偏差	h_3 尺寸	h_3 偏差	最大差值
9	0.71		0.92		
8	0.79	±0.08	1.03	±0.208	0.28
7	0.91		1.18		
6	1.06		1.38		
5	1.27		1.65		
4.5	1.41	±0.10	1.83	±0.26	0.35
4	1.59		2.06		

注：1. b_3 为内螺纹截短牙型大径处的间隙槽宽度和外螺纹截短牙型小径处的间隙槽宽度，$b_3 = P/4$。
2. h_3 为止端螺纹环规的牙型高度，h_3 及其偏差是根据 b_3 及其偏差和间隙槽允许偏移量的相关关系推导的。

15.4.3 梯形螺纹量规

1. 梯形螺纹量规的形式（图 15-72）

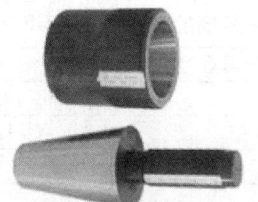

图 15-72 梯形螺纹量规

2. 截短螺纹牙型基本参数（表 15-67）

表 15-67 截短螺纹牙型的基本参数（GB/T 8124—2004）（单位：mm）

P	b 尺寸	b 偏差	S	F_1	F_2 最大值	F_2 最小值
1.5	0.60	±0.04	0.04	0.15	0.429	0.131
2	0.85	±0.05	0.05	0.20	0.448	0.075
3	1.25	±0.08	0.08	0.30	0.784	
4	1.70			0.40	0.933	0.187
5	2.20			0.50		
6	2.65			0.60	1.045	0.298
7	3.10	±0.10	0.10	0.70	1.082	
8	3.60			0.80	1.120	0.373
9	4.05			0.90	1.232	0.485
10	4.50			1.00	1.306	0.560
12	5.40			1.20	1.493	0.746
14	6.35			1.40	1.418	0.672
16	7.25			1.60	1.941	0.821
18	8.20			1.80	2.053	0.933
20	9.15	±0.15	0.15	2.00	2.164	1.045
22	10.10			2.20	2.239	1.120
24	11.05			2.40	2.314	1.194
28	12.90			2.80	2.612	1.493

（续）

P	b		S	F_1	F_2	
	尺寸	偏差			最大值	最小值
32	14.90	±0.20	0.20	3.20	2.799	1.306
36	16.85			3.60	2.911	1.418
40	18.70			4.00	3.172	1.679
44	20.60			4.40	3.359	1.866

注：P 表示工件内外螺纹的螺距；b 表示截短螺纹牙型的间隙槽宽度；S 表示短螺纹牙型的间隙槽的对称度公差；F_1 表示在截短螺纹牙型的轴向剖面内，由中径线和牙侧直线部分顶端（向牙顶一侧）之间的径向距离；F_2 表示在截短螺纹牙型的轴向剖面内，由中径线和牙侧直线部分末端（向牙底一侧）之间的径向距离。

3. 螺纹量规的螺距偏差（表 15-68）

表 15-68　螺纹量规的螺距偏差（GB/T 8124—2004）

螺纹量规的螺纹长度 l	螺纹量规的螺距偏差 $T_p/\mu m$	螺纹量规的螺纹长度 l	螺纹量规的螺距偏差 $T_p/\mu m$
$l \leqslant 32$	±5	$80 < l \leqslant 120$	±8
$32 < l \leqslant 50$	±6	$l > 120$	±10
$50 < l \leqslant 80$	±7		

4. 完整螺纹牙型槽底的曲率半径（表 15-69）

表 15-69　完整螺纹牙型槽底的曲率半径（GB/T 8124—2004）（单位：mm）

P	R
1.5	0.15
2、3、4、5	0.25
6、7、8、9、10、12	0.50
14、16、18、20、22、24、28、32、36、40、44	1.00

注：P 表示工件内外螺纹的螺距；R 表示完整螺纹牙型槽底的曲率半径。

15.4.4　气瓶专用螺纹量规

1. 圆锥光滑塞规、环规

1）圆锥光滑塞规、环规的形式如图 15-73 所示。

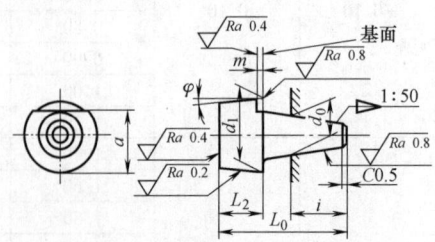

图 15-73　圆锥光滑塞规、环规

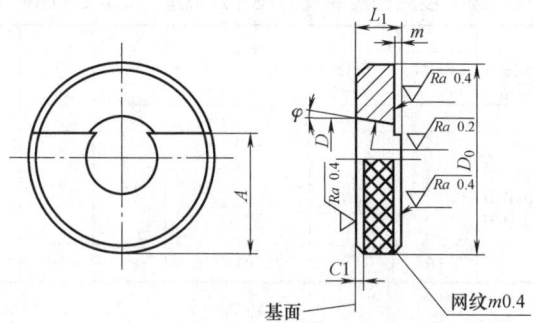

图 15-73 圆锥光滑塞规、环规（续）

2) 圆锥光滑塞规、环规的尺寸及偏差如表 15-70 所示。

表 15-70 圆锥光滑塞规、环规的尺寸及偏差（GB/T 8336—2011）

螺纹代号	塞规					环规				L_1		m		φ	$\Delta\varphi$	
	d_1		a	d_0	i	L_0	D		D_0	A	基本尺寸	极限偏差	基本尺寸	极限偏差		塞规	环规
	基本尺寸	极限偏差					基本尺寸	极限偏差	基本尺寸	基本尺寸							
	mm																
PZ39.0	36.290	±0.010	30	18	21	49.17	39.00	±0.010	60	40	17.67	±0.02	1.5	+0.1 0	3°26′	+2′ 0	0 −3′
PZ30.3	27.976		24				30.30		52	32							
PZ27.8	25.476		22				27.80		48	30							
PZ19.2	16.876		15	11	16	40.50	19.20		40	24	16.00						

2. 圆锥校对光滑塞规

1) 圆锥校对光滑塞规的形式如图 15-74 所示。

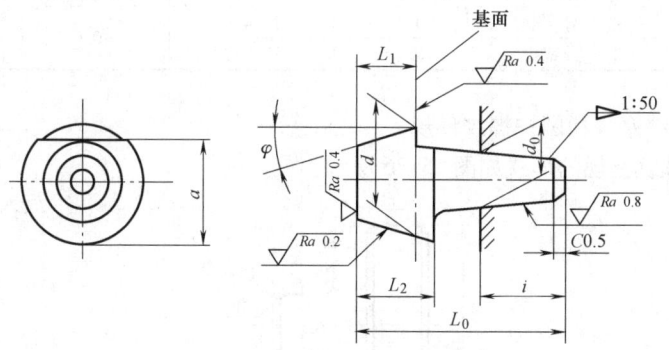

图 15-74 圆锥校对光滑塞规

2) 圆锥校对光滑塞规的尺寸及偏差如表 15-71 所示。

表 15-71　圆锥校对光滑塞规的尺寸及偏差（GB/T 8336—2011）

螺纹代号	d 基本尺寸	d 极限偏差	L_1 基本尺寸	L_1 极限偏差	L_2	a	d_0	i	L_0	φ	$\Delta\varphi$
					mm						
PZ39.0	39.00	−0.010 −0.020	17.67	±0.005	32	36	18	21	56	3°26′	+1′ 0
PZ30.3	30.30				26						
PZ27.8	27.80					24					
PZ19.2	19.20		16		22	16	11	16	44		

3. 圆柱光滑塞规

1）圆柱光滑塞规的形式如图 15-75 所示。

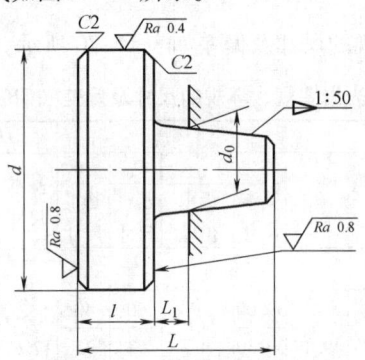

图 15-75　圆柱光滑塞规

2）圆柱光滑塞规的尺寸及偏差如表 15-72 所示。

表 15-72　圆柱光滑塞规的尺寸及偏差（GB/T 8336—2011）（单位：mm）

螺纹代号	量规名称	量规代号	d	极限偏差	磨损后极限值
PG80	通端光滑塞规	T	77.434	±0.013	77.382
	止端光滑塞规	Z	77.942		—

4. 圆柱螺纹塞规和圆柱螺纹环规

1）圆柱螺纹塞规的形式如图 15-76 所示。

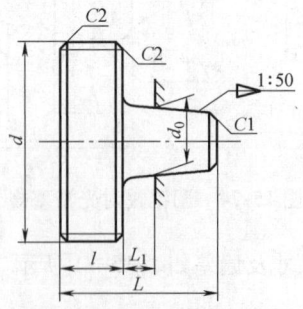

图 15-76　圆柱螺纹塞规

2) 圆柱螺纹环规的形式如图 15-77 所示。

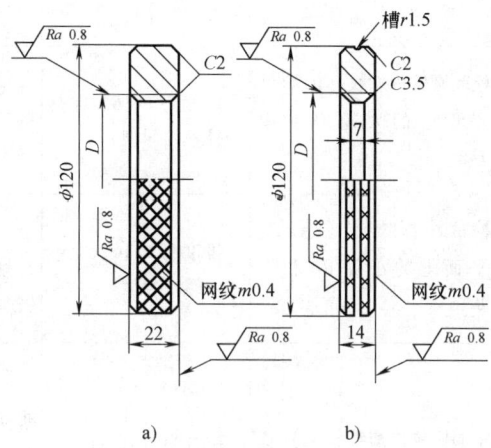

图 15-77　圆柱螺纹环规
a) 通规　b) 止规

3) 圆柱螺纹塞规、环规的尺寸及偏差如表 15-73 所示。

表 15-73　圆柱螺纹塞规、环规的尺寸及偏差（GB/T 8336—2011）

（单位：mm）

螺纹代号	量规名称	代号	$D(d)$ 基本尺寸	$D(d)$ 极限偏差	$D_2(d_2)$ 基本尺寸	$D_2(d_2)$ 极限偏差	磨损后极限值	$D_1(d_1)$ 基本尺寸	$D_1(d_1)$ 极限偏差
PG80	通端螺纹塞规	T	80.108	±0.015	78.639	±0.008	78.618	<77.042	—
	止端螺纹塞规	Z	79.350		78.888		78.871	<76.782	—
	通端螺纹环规	T	>80.000	—	78.508	±0.013	78.536	77.000	±0.013
	止端螺纹环规	Z	>80.015	—	78.249		78.270	77.787	±0.025

4) 量规的通用尺寸及偏差如表 15-74 所示。

表 15-74　量规的通用尺寸及偏差（GB/T 8336—2011）　（单位：mm）

螺纹代号	P	ΔP	l 通规	l 止规	L 通规	L 止规	L_1	d_0
PG80	2.309	±0.005	25	15	67	57	12	24

注：d_0 表示塞规锥柄安装位置直径。

15.4.5　用螺纹密封的管螺纹量规

1. 量规的名称、代号、功能和特征（表 15-75）

表 15-75 量规的名称、代号、功能和特征 (JB/T 10031—2019)

量规名称	代号	功能	特征	使用规则
全牙型圆锥螺纹工作塞规	R_c	检验圆锥内螺纹 (R_c) 基准平面上的大径 D 和中径 D_2	锥度为 1:16、完整的外螺纹牙型	工件内螺纹的端面应处于塞规两测量面之间或与测量面齐平
全牙型圆锥螺纹工作环规	R_2	检验圆锥外螺纹 (R_2) 基准平面上的小径 d_1 和中径 d_2	锥度为 1:16、完整的内螺纹牙型	工件外螺纹的小端面应处于环规两测量面之间或与测量面齐平
光滑圆锥塞规	R_{D1}	检验圆锥内螺纹 (R_c) 基准平面上的小径 D_1	锥度为 1:16 的光滑外圆锥	工件内螺纹的端面应处于塞规两测量面之间或与测量面齐平 (R_{D1} 和 R_c 的量规台阶的相对位置的变动量允许超过 $0.5P$ 但不大于 $1P$)
光滑圆锥环规	R_d	检验圆锥外螺纹 (R_2) 基准平面上的大径 d	锥度为 1:16 的光滑内圆锥	工件外螺纹的小端面应处于环规两测量面之间或与测量面齐平 (R_d 和 R_2 的量规台阶的相对位置的变动量允许超过 $0.5P$ 但不大于 $1P$)
圆锥螺纹校对塞规	R_{2CP}	检验 R_2 规制造和磨损的尺寸	锥度为 1:16、平顶的外螺纹牙型	螺纹环规的基面应与校对塞规基面齐平,其偏离量不得大于 $0.1P$
削 u 值平顶牙型圆锥螺纹工作塞规	R_B	检验圆锥内螺纹 (R_c) 基准平面上的大径 D 和中径 D_2	锥度为 1:16 削 u 值平顶的外螺纹牙型	工件内螺纹的端面应处于塞规两测量面之间或与测量面齐平
削 u 值平顶牙型圆锥螺纹工作环规	R_B	检验圆锥外螺纹 (R_2) 基准平面上的大径 d 和有效螺纹长度	锥度为 1:16 削 u 值平顶的内螺纹牙型	工件外螺纹的小端面应处于环规两测量面之间或与测量面齐平

2. 量规的结构形式和尺寸

量规的结构形式如图 15-78 ~ 图 15-80 所示,其尺寸如表 15-76 和表 15-77 所示。

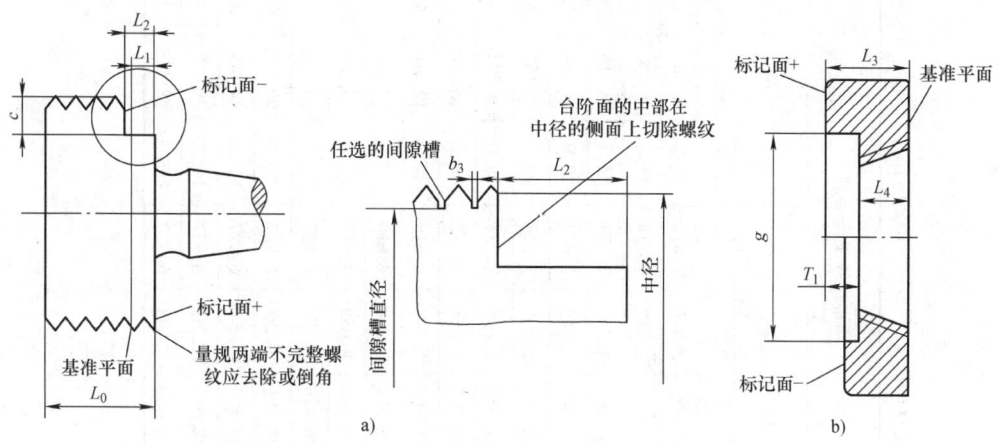

图 15-78 全牙型圆锥螺纹工作塞规、环规结构形式

a) 全牙型圆锥螺纹工作塞规 b) 全牙型圆锥螺纹工作环规

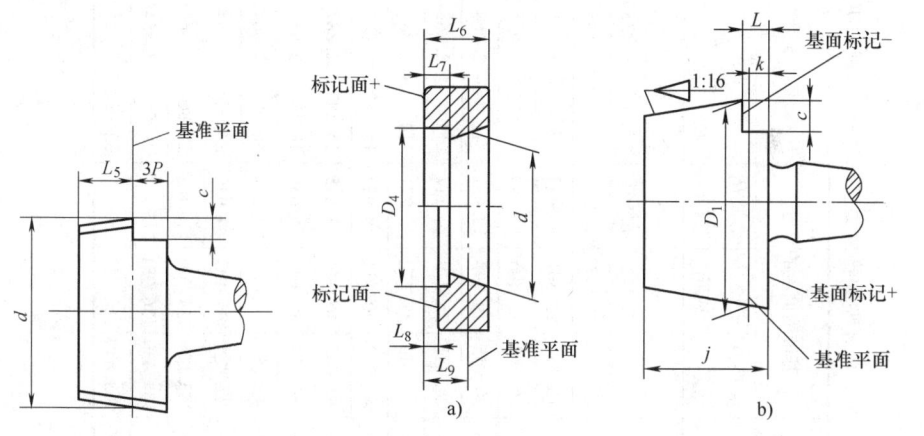

图 15-79 平顶牙型圆锥螺纹
校对塞规结构形式

图 15-80 光滑圆锥环规、塞规结构形式

a) 光滑圆锥环规 b) 光滑圆锥塞规

表 15-76　全牙型圆锥螺纹工作塞规、环规和平顶牙型圆锥螺纹校对塞规的尺寸（JB/T 10031—2019）

mm

螺纹尺寸代号	n	螺距 P	基准平面上的尺寸			全牙型圆锥螺纹工作塞规						全牙型圆锥螺纹工作环规				平顶牙型圆锥螺纹校对塞规	
			大径 D 或 d	中径 D_2 或 d_2	小径 D_1 或 d_1	L_0	L_1	L_2	b_3	c	L_3	L_4	T_1	g	L_5	c
1/16	28	0.907	7.723	7.142	6.561	5.6	1.135	1.815	—	1.8	4.876	2.948	1.814	9.5	3.969	1.8
1/8	28	0.907	9.728	9.147	8.566	5.6	1.135	1.815	—	1.8	4.876	2.948	1.814	11.5	3.969	1.8
1/4	19	1.337	13.157	12.301	11.445	8.4	1.671	2.674	0.4±0.04	2.4	7.353	4.345	2.674	15.5	6.016	2.4
3/8	19	1.337	16.662	15.806	14.950	8.8	1.671	2.674	0.4±0.04	2.4	7.687	4.345	2.674	19.0	6.350	2.4
1/2	14	1.814	20.955	19.793	18.631	11.4	2.268	3.629	0.5±0.04	3.3	9.979	5.896	3.628	23.5	8.164	3.3
3/4	14	1.814	26.441	25.279	24.117	12.7	2.268	3.629	0.5±0.04	4.5	11.339	5.896	3.628	29.0	9.525	4.5
1	11	2.309	33.249	31.770	30.291	14.5	2.887	4.619	0.6±0.04	5.8	12.700	7.504	4.618	36.0	10.391	5.8
1¼	11	2.309	41.910	40.431	38.952	15.587	2.887	4.619	0.6±0.04	5.8	15.009	7.504	4.618	44.5	12.700	5.8
1½	11	2.309	47.803	46.324	44.845	15.587	2.887	4.619	0.6±0.04	5.8	15.009	7.504	4.618	50.5	12.790	5.8
2	11	2.309	59.614	58.135	56.656	18.787	3.464	4.619	0.6±0.04	5.8	18.184	8.659	4.618	62.0	15.875	5.8
2½	11	2.309	75.184	73.705	72.226	20.964	3.464	5.773	0.6±0.04	6.9	20.926	10.390	6.927	77.5	17.462	6.9
3	11	2.309	87.884	86.405	84.926	24.064	3.464	5.773	0.6±0.04	6.9	24.101	10.390	6.927	90.5	20.638	6.9
4	11	2.309	113.030	111.551	110.072	28.864	3.464	5.773	0.6±0.04	6.9	28.864	11.545	6.927	115.5	24.400	6.9
5	11	2.309	138.430	136.951	135.472	32.064	3.464	5.773	0.6±0.04	10	32.039	12.700	6.927	141.0	28.575	10
6	11	2.309	163.830	162.351	160.872	32.064	3.464	5.773	0.6±0.04	10	32.039	12.700	6.927	166.5	28.575	10

表 15-77 光滑圆锥环规、塞规的基本尺寸（JB/T 10031—2019）

类型	光滑圆锥环规的尺寸					
螺纹尺寸代号	基本平面上的大径 d	沉孔直径 D_4	量规的全长 L_6	沉孔深度 L_7	公差台阶的长度 L_8	基准平面至量规小端面的长度 L_9
	mm					
1/16	7.723	9.5	7.369	2.3	1.814	4.876
1/8	9.728	11.5	7.369	2.3	1.814	4.876
1/4	13.157	15.5	11.030	3.3	2.674	7.353
3/8	16.662	19	11.364	3.3	2.674	7.687
1/2	20.955	23.5	14.965	4.5	3.628	9.979
3/4	26.441	29	16.326	4.5	3.628	11.339
1	33.249	36	19.049	5.8	4.618	12.700
1¼	41.910	44.5	21.358	5.8	4.618	15.009
1½	47.803	50.5	21.358	5.8	4.618	15.009
2	59.614	62	25.688	5.8	4.618	18.184
2½	75.184	77.5	30.161	8.1	6.927	20.926
3	87.884	90.5	33.336	8.1	6.927	24.101
4	113.030	115.5	39.253	8.1	6.927	28.864
5	138.430	141	43.582	8.1	6.927	32.039
6	163.830	166.5	43.582	8.1	6.927	32.039

类型	光滑圆锥塞规的尺寸				
螺纹尺寸代号	D_1	L	k	j	c
	mm				
1/16	6.561	2.8	1.854	4.2	1.8
1/8	8.566	2.8	1.854	4.2	1.8
1/4	11.445	4.2	2.769	6.2	2.4
3/8	14.95	4.2	2.769	6.2	2.4
1/2	18.631	5.7	3.757	8.4	3.3
3/4	24.117	5.7	3.757	8.4	4.5
1	30.291	7.2	4.755	10.7	5.8
1¼	38.952	7.2	4.755	10.7	5.8
1½	44.845	7.2	4.755	10.7	5.8
2	56.656	7.2	4.755	11.8	5.8
2½	72.226	8.7	5.505	14.4	6.9
3	84.926	8.7	5.505	14.4	6.9
4	110.072	8.7	5.505	15.6	6.9
5	135.472	8.7	5.505	16.7	10
6	160.872	8.7	5.505	16.7	10

注：表中给出的 d、D_1 值为基本数值。

15.4.6 莫氏与米制圆锥量规

1. 莫氏与米制圆锥量规的形式（图 15-81）

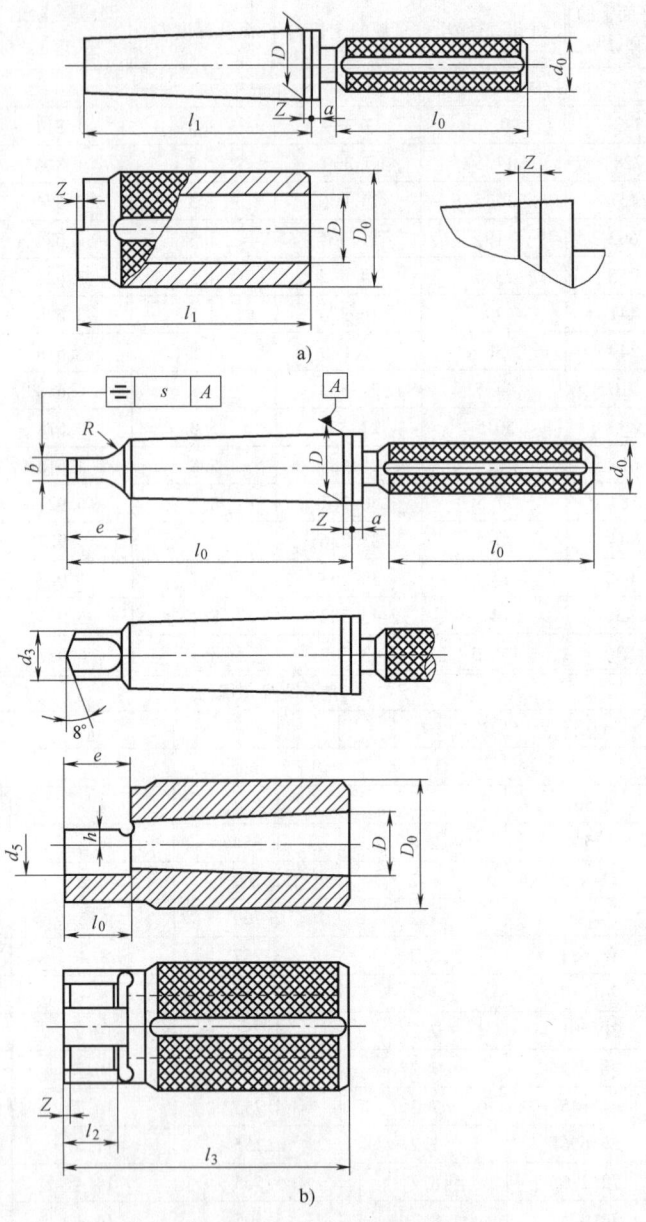

图 15-81 莫氏与米制圆锥量规
a) A型 b) B型

2. 莫氏与米制圆锥塞规的尺寸（表 15-78）
3. 莫氏与米制圆锥环规的尺寸（表 15-79）

表 15-78 莫氏与米制圆锥塞规的尺寸（GB/T 11853—2003）

圆锥规格		锥度 C	锥角 α	基本尺寸/mm										参考尺寸/mm	
				D $\pm$IT5/2	$a\geqslant$	b h8	$e\leqslant$	d_3	l_1 $\pm$IT10/2	l_3	$R\leqslant$	s	Z ± 0.05	d_0	l_0
米制圆锥	4	$1:20=0.05$	$2°51'51.1''$	4	2	—	—	—	23	—	—	—	0.5	7	60
	6			6	3	—	—	—	32	—	—	—	0.5	7	60
莫氏圆锥	0	$0.6246:12=$ $1:19.212=0.05205$	$2°58'53.8''$	9.045	3	4.05	10.5	6	50	56.5	4	0.012	1	10	60
	1	$0.59858:12=$ $1:20.047=0.04988$	$2°51'26.7''$	12.065	3.5	5.35	13.5	8.7	53.5	62	5	0.012	1	12	65
	2	$0.59941:12=$ $1:20.020=0.04995$	$2°51'41.0''$	17.780	5	6.46	16	13.5	64	75	6	0.015	1	16	70
	3	$0.60235:12=$ $1:19.922=0.05020$	$2°52'31.5''$	23.825	5	8.06	20	18.5	81	94	7	0.015	1	20	80
	4	$0.62326:12=$ $1:19.254=0.05194$	$2°58'30.6''$	31.267	6.5	12.07	24	24.5	102.5	117.5	8	0.020	1.5	25	90
	5	$0.63151:12=$ $1:19.002=0.05263$	$3°0'52.4''$	44.399	6.5	16.07	29	35.7	129.5	149.5	10	0.020	1.5	32	100
	6	$0.62565:12=$ $1:19.180=0.05214$	$2°59'11.7''$	63.348	8	19.18	40	51	182	210	13	0.025	2	35	110
米制圆锥	80	$1:20=0.05$	$2°51'51.1''$	80	8	26.18	48	67	196	220	24	0.025	2	40	115
	100			100	10	32.19	58	85	232	260	30	0.030	2	40	115
	120			120	12	38.19	68	102	268	300	36	0.030	2	40	115
	160			160	16	50.20	88	138	340	380	48	0.040	3	40	120
	200			200	20	62.22	108	174	412	460	60	0.040	3	40	120

表 15-79 莫氏与米制圆锥环规的尺寸（GB/T 11853—2003）

圆锥规格		锥度 C	锥角 α	基本尺寸/mm							参考尺寸/mm		
				D ±IT5/2	h	l_2	l_0	$e \leq$	l_1 ±IT11/2	l_3 -IT10	Z ±0.05	D_0	d_3
米制圆锥	4	1:20=0.05	2°51′51.1″	4	—	—	—	—	23	—	0.5	12	—
	6			6	—	—	—	—	32	—	0.5	16	—
莫氏圆锥	0	0.6246:12 = 1:19.212 = 0.05205	2°58′53.8″	9.045	2.01	6.5	10.5	10.5	50	56.5	1	20	6.7
	1	0.59858:12 = 1:20.047 = 0.04988	2°51′26.7″	12.065	2.66	8.5	13.5	13.5	53.5	62	1	25	9.7
	2	0.59941:12 = 1:20.020 = 0.04995	2°51′41.0″	17.780	3.21	10	16	16	64	75	1	35	14.7
	3	0.60235:12 = 1:190922 = 0.05020	2°52′31.5″	23.825	4.01	13	20	20	81	94	1	40	20.2
	4	0.62326:12 = 1:190254 = 0.05194	2°58′30.6″	31.267	6.01	16	24	24	102.5	117.5	1.5	50	26.5
	5	0.63151:12 = 1:19.002 = 0.05263	3°0′52.4″	44.399	8.01	19	29	29	129.5	149.5	1.5	70	38.2
	6	0.62565:12 = 1:19.180 = 0.05214	2°59′11.7″	63.348	9.56	27	40	40	182	210	2	92	54.6
米制圆锥	80	1:20=0.05	2°51′51.1″	80	13.06	24	48	48	196	220	2	120	71.5
	100			100	16.06	28	58	58	232	260	2	150	90
	120			120	19.06	32	68	68	268	300	2	180	108.5
	160			160	25.06	40	88	88	340	380	3	240	145.5
	200			200	31.06	48	108	108	412	460	3	300	182.5

15.4.7 内六角量规

1. 内六角量规的形式（图15-82）

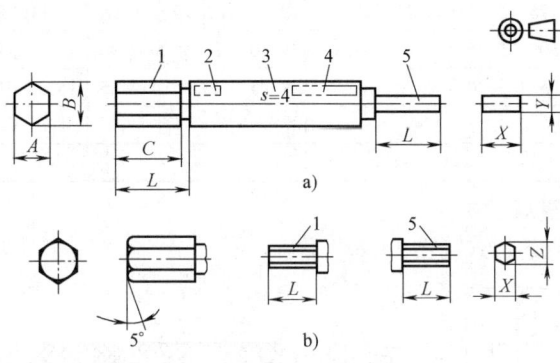

图 15-82　内六角量规

a）标准结构　b）可任选的小规格通端和止端结构

1—通端　2—通端标志部位　3—内六角规格　4—止端标志部位　5—止端

2. 内六角量规的基本参数（表15-80）

表 15-80　内六角量规的尺寸（GB/T 70.5—2008）　（单位：mm）

内六角公称规格 s			0.7	0.9	1.3	1.5	2	2.5	3	4	5	6	8
通规	对边宽度 A	≤	0.709	0.886	1.274	1.519	2.019	2.519	3.019	4.019	5.019	6.019	8.024
		≥	0.706	0.883	1.271	1.516	2.016	2.514	3.014	4.014	5.014	6.014	8.019
	对角宽度 B	≤	0.804	1.006	1.449	1.728	2.298	2.868	3.438	4.578	5.718	6.858	9.144
		≥	0.799	1.001	1.444	1.723	2.293	2.863	3.433	4.573	5.713	6.853	9.139
	长度 C	≥	1.5	2.4	4.7	5	5	7	7	7	7	8	8
量规有效长度 L ≥			1.5	2.4	4.7	5	5	7	7	7	7	12	16
止规	对边宽度 X	≤	0.727	0.916	1.303	1.583	2.083	2.586	3.086	4.101	5.146	6.146	8.181
		≥	0.725	0.914	1.301	1.581	2.081	2.581	3.081	4.096	5.141	6.141	8.176
	厚度 Y	≤	—	—	—	—	—	—	—	1.80	2.30	2.80	3.80
		≥	—	—	—	—	—	—	—	1.75	2.25	2.75	3.75
	对角宽度 Z	≤	0.782	0.980	1.397	1.68	2.23	2.79	3.35	—	—	—	—
		≥	0.770	0.968	1.384	1.66	2.21	2.77	3.33	—	—	—	—
通规	对边宽度 A	≤	10.024	12.031	14.031	17.049	19.064	22.064	27.064	32.079	36.079	41.079	46.075
		≥	10.019	12.026	14.026	17.044	19.059	22.059	27.059	32.074	36.074	41.074	46.074
	对角宽度 B	≤	11.424	13.711	15.991	19.432	21.729	25.149	30.849	36.566	41.126	46.826	52.521
		≥	11.419	13.706	15.986	19.427	21.724	25.144	30.844	36.561	41.121	46.821	52.521
	长度 C	≥	12	12	12	19	19	22	22	32	32	41	41

(续)

量规有效长度 L≥			20	24	28	34	38	44	54	64	72	82	82
止规	对边宽度 X	≤	10.181	12.218	14.218	17.236	19.281	22.281	27.281	32.336	36.336	41.336	46.331
		≥	10.176	12.213	14.213	17.231	19.276	22.276	27.276	32.331	36.331	41.331	46.331
	厚度 Y	≤	4.80	5.75	6.75	8.10	9.10	10.50	12.90	15.30	17.20	19.60	22.00
		≥	4.75	5.70	6.70	8.05	9.05	10.45	12.85	15.25	17.15	19.55	21.95
	对角宽度 Z	≤	—	—	—	—	—	—	—	—	—	—	—
		≥	—	—	—	—	—	—	—	—	—	—	—

15.4.8 钻夹圆锥量规

1. 钻夹圆锥量规的形式（图 15-83）

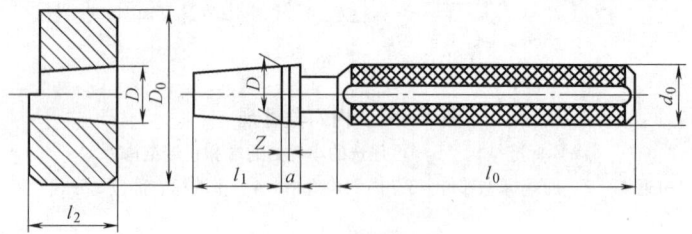

图 15-83 钻夹圆锥量规

2. 钻夹圆锥量规的尺寸（表 15-81）

表 15-81 钻夹圆锥量规的尺寸（GB/T 11855—2003）

圆锥种类和规格		锥度 C	锥角 α	基本尺寸/mm					参考尺寸/mm		
				D ±IT5/2	l_1 ±IT8/2	l_2 ±IT8/2	a≥	Z ±0.05	D_0	d_0	l_0
莫氏短锥	B10	0.59858∶12 = 1∶20.047 = 0.04988	2°51′26.7″	10.094	16	14.5	3.5	1	25	12	65
	B12			12.065	20	18.5					
	B16	0.59941∶12 = 1∶20.020 = 0.04995	2°51′41.0″	15.733	26	24	5	1	35	16	70
	B18			17.780	34	32					
	B22	0.60235∶12 = 1∶19.922 = 0.05020	2°52′31.5″	21.793	42.5	40.5	5	1	40	20	80
	B24			23.825	52.5	50.5					
贾格圆锥	0	1∶20.288 = 0.04929	2°49′24.7″	6.350	11.5	11.1	3	0.5	16	7	60
	1	1∶12.912 = 0.07709	4°24′53.1″	9.754	17.0	16.7	3.5	0.5	25	12	65
	2	1∶12.262 = 0.08155	4°40′11.6″	14.199	22.5	22.2	3.5	0.5	35	16	65
	33	1∶15.748 = 0.06350	3°38′13.4″	15.850	25.7	25.4	5	0.5	35	16	70
	6	1∶19.264 = 0.05191	2°58′24.8″	17.170	25.7	25.4	5	0.5	35	16	70
	3	1∶18.779 = 0.05325	3°3′1.0″	20.599	31.3	31	5	1	40	20	80

15.4.9 杠杆卡规

1. 杠杆卡规的形式（图 15-84）

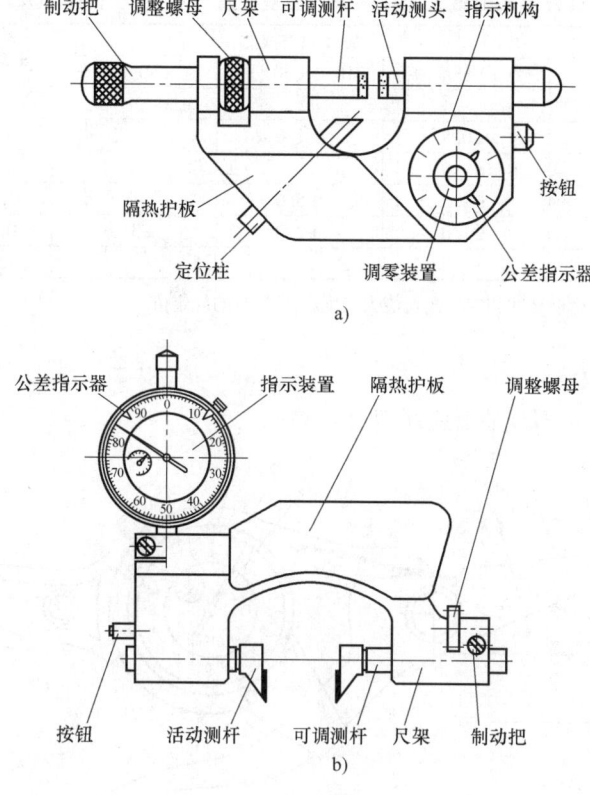

图 15-84 杠杆卡规

a) Ⅰ型 b) Ⅱ型

2. 杠杆卡规的测量范围及指示机构的示值范围（表 15-82）

表 15-82 杠杆卡规的测量范围及指示机构的示值范围（JB/T 3237—2007）

（单位：mm）

形式	分度值	杠杆卡规的测量范围	指示机构的示值范围
Ⅰ型	0.001	0~25, 25~50	±0.06, ±0.05
	0.002	0~25, 25~50, 50~75, 75~100, 100~125, 125~150	±0.03
	0.005	0~25, 25~50, 50~75, 75~100, 100~125, 125~150, 150~175, 175~200	±0.15
Ⅱ型	0.001	0~20, 20~40, 40~60, 60~80	±0.05, ±0.06
	0.002	0~20, 20~40, 40~60, 60~80, 80~130, 130~180	±0.08

3. 杠杆卡规的最大允许误差、重复性及方位误差（表 15-83）

表 15-83 杠杆卡规的最大允许误差、重复性及方位误差（JB/T 3237—2007）

形式	分度值/mm	最大允许误差			重复性	方位误差
		±10 分度内	±10～±30 分度	在 ±30 分度外		
		μm				
Ⅰ型	0.001	±0.5	±1.0	±1.5	0.3	0.2
	0.002	±1.0	±2.0		0.5	0.5
	0.005	±2.5	±5.0	—	2.5	1.0
Ⅱ型	0.001	±1.0	±2.0	±3.0	0.6	0.3
	0.002	±1.5	±3.5		1.0	0.5

注：最大允许误差、重复性和方位误差值为温度在 20℃时的规定值。

15.4.10 带表卡规

1. 指针式带表内卡规的形式（图 15-85）

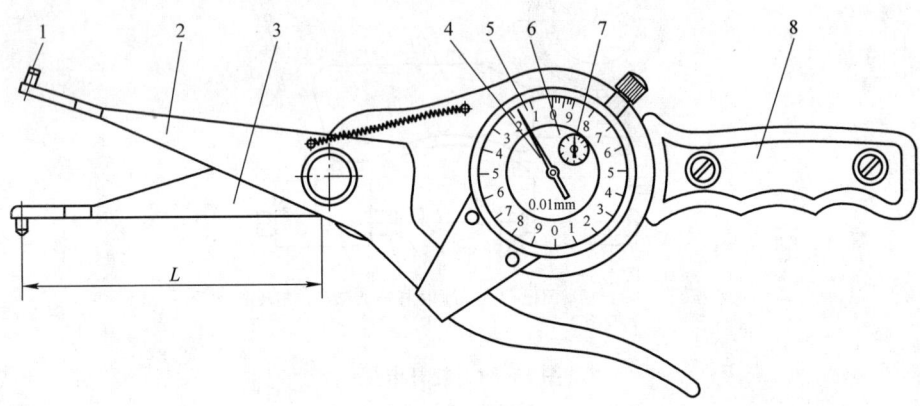

图 15-85 指针式带表内卡规

1—测头 2—活动量爪 3—固定量爪 4—指针 5—度盘 6—指示表 7—转数指针 8—手柄

2. 指针式带表外卡规的形式（图 15-86）

3. 数显带表内卡规的形式（图 15-87）

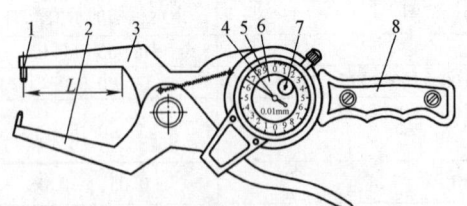

图 15-86 指针式带表外卡规

1—测头 2—活动量爪 3—固定量爪
4—指针 5—度盘 6—指示表
7—转数指针 8—手柄

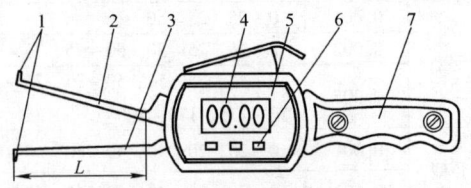

图 15-87 数显带表内卡规

1—测头 2—活动量爪 3—固定量爪
4—显示屏 5—电子数显装置
6—功能按键 7—手柄

4. 数显带表外卡规的形式（图15-88）

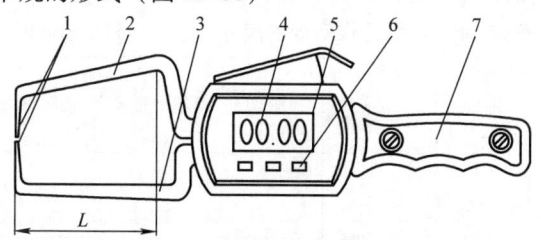

图 15-88　数显带表外卡规
1—测头　2—活动量爪　3—固定量爪　4—显示屏
5—电子数显装置　6—功能按键　7—手柄

5. 带表卡规的基本参数（表15-84）

表 15-84　带表卡规的基本参数（JB/T 10017—2012）　　（单位：mm）

名称	分度值/分辨力	量程	测量范围区间	最大测量臂长度 L
带表内卡规	0.005	5	[2.5, 5]	10, 20, 30, 40
		10		
	0.01	10	[5, 160]	10, 20, 25, 30, 35, 50, 55, 60, 80, 90, 100, 120, 150, 160, 175, 200, 250
		20		
	0.02	40	[10, 175]	25, 30, 40, 55, 60, 70, 80, 115, 170
	0.05	50	[15, 230]	125, 150, 175
	0.10	100	[30, 320]	380, 540
带表外卡规	0.005	5	[0, 10]	10, 20, 30, 40
		10	[0, 50]	
	0.01	10	[0, 100]	25, 30, 40, 55, 60, 70, 80
		20		
	0.02	20	[0, 100]	25, 30, 40, 55, 60, 70, 80, 115, 170
		40		
		50		
	0.05	50	[0, 150]	125, 150, 175
	0.10	50	[0, 400]	200, 230, 300, 360, 400, 530
		100		

15.4.11　点焊设备圆锥塞规和圆锥环规

1. 圆锥塞规的形式（图15-89）

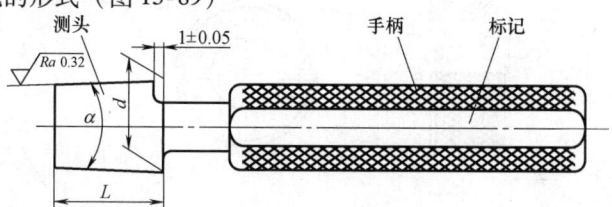

图 15-89　圆锥塞规

2. A 型圆锥塞规的尺寸（表 15-85）

表 15-85　A 型圆锥塞规的尺寸（JB/T 9527—1999）

代号	待测定圆锥的基本直径 /mm	锥度	α 基本锥角	α 极限偏差 /(″)	d 基本直径 /mm	d 极限偏差 /μm	$L_{-0.05}^{0}$ /mm	手柄号码
PA10	10	1:10	5°43′29″	0	9.8	±2.0	15	3
PA13	13			−21	12.7		18	4
PA16	16			0	15.5	±2.5	22	5
PA20	20			−16	19		27	6
PA25	25	1:5	11°25′16″	0 −13	24.5	±3.0	33.5	6
PA32	32			0	31	±3.5	43	7
PA40	40			−10	30		53	7

3. B 型圆锥塞规的尺寸（表 15-86）

表 15-86　B 型圆锥塞规的尺寸（JB/T 9527—1999）

代号	待测定圆锥的基本直径 /mm	锥度	α 基本锥角	α 极限偏差 /(″)	d 基本直径 /mm	d 极限偏差 /μm	$L_{-0.05}^{0}$ /mm	手柄号码
PB13	13	1:10	5°43′29″	0	12.7	±2.5	27	4
PB16	16			−13	15.5		33.5	5
PB20	20			0	19	±3.0	43	6
PB25	25			−10	24.5		53	6

4. C 型圆锥塞规的尺寸（表 15-87）

表 15-87　C 型圆锥塞规的尺寸（JB/T 9527—1999）

代号	待测定圆锥的基本直径 /mm	锥度	α 基本锥角	α 极限偏差 /(″)	d 基本直径 /mm	d 极限偏差 /μm	$L_{-0.05}^{0}$ /mm	手柄号码
PC13	13	1:10	5°43′29″	0	10	±2.0	7.5	3
PC16	16			−26	12		9	4
PC20	20			0 −21	15	±2.5	11	5

5. 圆锥环规的形式（图 15-90）

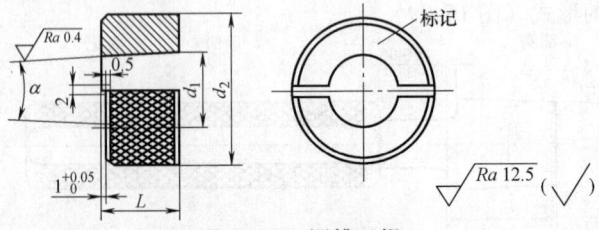

图 15-90　圆锥环规

6. A 型圆锥环规的尺寸（表 15-88）

表 15-88　A 型圆锥环规的尺寸（JB/T 9527—1999）

代号	待测定圆锥的基本直径/mm	锥度	α 基本锥角	α 极限偏差/(″)	d_1 基本直径/mm	d_1 极限偏差/μm	d_2/mm	$L_{-0.05}^{0}$/mm
RA10	10	1:10	5°43′29″	+21 0	9.8	±2.0	32	13.5
RA13	13				12.7		38	16.5
RA16	16			+16 0	15.5	±2.5	45	20.5
RA20	20				19		45	25.5
RA25	25	1:5	11°25′16″	+13 0	24.5	±3.0	53	32
RA32	32			+10 0	31	±3.5	63	40.5
RA40	40				30		71	50.5

7. B 型圆锥环规的尺寸（表 15-89）

表 15-89　B 型圆锥环规的尺寸（JB/T 9527—1999）

代号	待测定圆锥的基本直径/mm	锥度	α 基本锥角	α 极限偏差/(″)	d_1 基本直径/mm	d_1 极限偏差/μm	d_2/mm	$L_{-0.05}^{0}$/mm
RB13	13	1:10	5°43′29″	+13 0	12.7	±2.5	38	25.5
RB16	16				15.5		45	32
RB20	20			+10 0	19	±3.0	45	40.5
RB25	25				24.4		53	50.5

8. C 型圆锥环规的尺寸（表 15-90）

表 15-90　C 型圆锥环规的尺寸（JB/T 9527—1999）

代号	待测定圆锥的基本直径/mm	锥度	α 基本锥角	α 极限偏差/(″)	d_1 基本直径/mm	d_1 极限偏差/μm	d_2/mm	$L_{-0.05}^{0}$/mm
RC13	13	1:10	5°43′29″	+26 0	10	±2.0	32	7
RC16	16				12		38	8.5
RC20	20			+21 0	15	±2.5	38	10.5

15.5　样板

15.5.1　齿轮渐开线样板

1. 齿轮渐开线样板的形式（图 15-91）
2. 齿轮渐开线样板的尺寸（表 15-91）

表 15-91　齿轮渐开线样板的尺寸（GB/T 6467—2010）　（单位：mm）

基圆半径 r_0	25	50	60	100	120	150	200	250	300	400
展开角 $\theta/(°)$	48	44	42	40	40	36	30	30	27	23
展开长 ρ	20	38	44	70	84	94	105	130	140	160
孔径 d(IT3)	\multicolumn{3}{c}{28}	\multicolumn{3}{c}{32(40)}	34(40)	\multicolumn{3}{c}{45(50)}
轴径 D(IT3)										
轴长 L	(270~300)			(270~340)			(300~340)	(270~500)		

15.5.2　齿轮螺旋线样板

1. 齿轮螺旋线样板的形式（图 15-92）

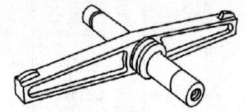

图 15-91　齿轮渐开线样板

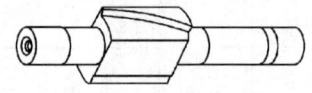

图 15-92　齿轮螺旋线样板

2. 齿轮螺旋线样板的尺寸（表 15-92）

表 15-92　齿轮螺旋线样板的尺寸（GB/T 6468—2010）　（单位：mm）

分圆螺旋角	0°	15°	30°	45°
分圆半径	24	24	—	—
	31	31	31	31
	50	50	50	50
	100	100	100	100
	200	200	200	200
齿宽	60~100	60~100	80~150	80~150
轴长	270~300	270~300	270~550	270~550

15.6　指示表

15.6.1　电子数显指示表

1. 电子数显指示表的形式及基本参数（图 15-93）

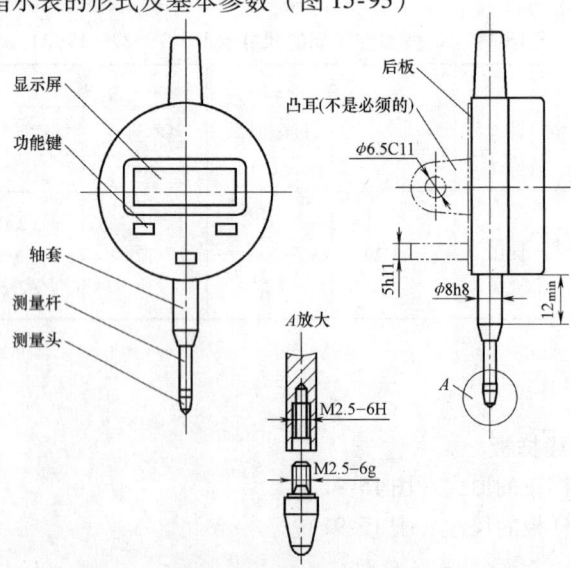

图 15-93　电子数显指示表

2. 电子数显指示表的允许误差（表 15-93）

表 15-93　电子数显指示表允许误差（GB/T 18761—2007）　（单位：mm）

分辨力	测量范围上限 t	最大允许误差					回程误差	重复性
		任意 0.02	任意 0.2	任意 1.0	任意 2.0	全量程		
0.01	t ≤ 10	—	+0.010	—	—	±0.020	0.010	0.010
	10 < t ≤ 30			±0.020		±0.030		
	30 < t ≤ 50			—	±0.020			
	50 < t ≤ 100							
0.005	t ≤ 10	—	±0.010	±0.010	—	±0.015	0.005	0.005
	10 < t ≤ 30							
	30 < t ≤ 50			—	±0.015	±0.020		
0.001	t ≤ 1	±0.002	—	—	—	±0.003	0.001	0.001
	1 < t ≤ 3		±0.003	±0.004	—	±0.005	0.002	0.002
	3 < t ≤ 10					±0.007		
	10 < t ≤ 30			±0.005		±0.010	0.003	0.003

15.6.2　杠杆指示表

1. 杠杆指示表的形式（图 15-94）

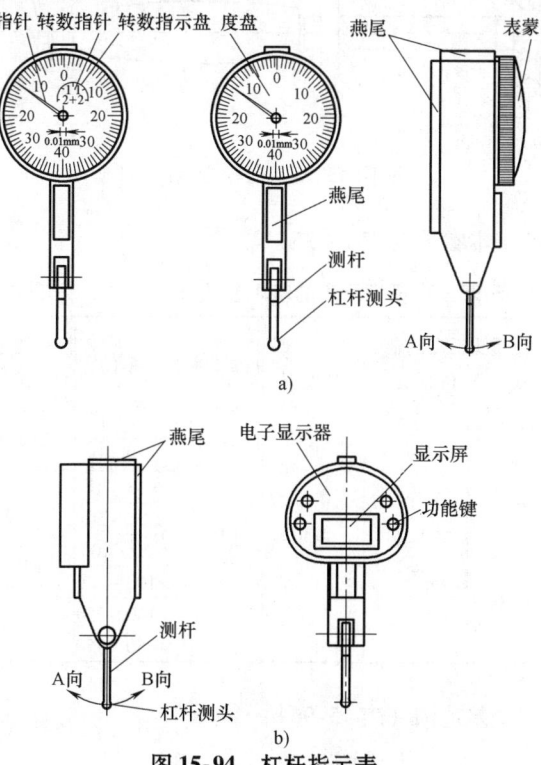

图 15-94　杠杆指示表
a）指针式　b）电子数显式

2. 指针式杠杆指示表的允许误差（表15-94）

表15-94　指针式杠杆指示表的允许误差（GB/T 8123—2007）（单位：mm）

分度值	量程	最大允许误差					回程误差	重复性
		任意5个标尺标记	任意10个标尺标记	任意1/2量程（单向）	单向量程	双向量程		
0.01	0.8	±0.004	±0.005	±0.008	±0.010	±0.013	0.003	0.003
	1.6			±0.010	±0.020	±0.023		
0.002	0.2	—	±0.002	±0.003	±0.004	±0.006	0.002	0.001
0.001	0.12	—	±0.002	±0.003	±0.003	±0.005		

注：1. 在量程内，任意状态下（任意方位、任意位置）的杠杆指示表均应符合表中的规定。
　　2. 杠杆指示表的示值误差判定，适用浮动零位的原则（即示值误差的带宽不应超过表中最大允许误差"±"符号后面对应的规定值）。

15.6.3　内径指示表

1. 内径指示表的形式（图15-95）

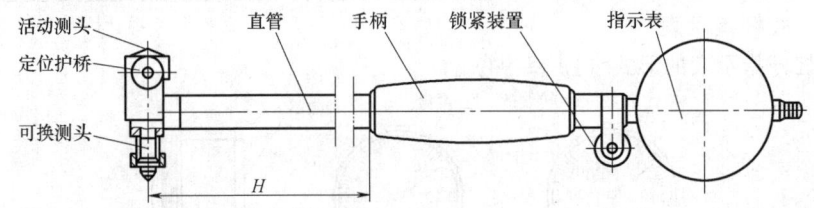

图15-95　内径指示表

2. 内径指示表的基本参数（表15-95）

表15-95　内径指示表的基本参数（GB/T 8122—2004）　（单位：mm）

分度值	测量范围	活动测量头的工作行程	活动测量头的预压量	手柄下部长度 H	分度值	测量范围	活动测量头的工作行程	活动测量头的预压量	手柄下部长度 H
0.01	6~10	≥0.6	0.1	≥40	0.001	6~10	≥0.6	0.1	≥40
	>10~18	≥0.8				>10~18			
	>18~35	≥1.0				>18~35	≥0.8	0.05	
	>35~50	≥1.2				>35~50			
	>50~100					>50~100			
	>100~160	≥1.6				>100~160			
	>160~250					>160~250			
	>250~450					>250~450			

3. 内径指示表的误差范围（表15-96）

表 15-96　内径指示表的误差范围（GB/T 8122—2004）

分度值	测量范围	最大允许误差	相邻误差	定中心误差	重复性误差
	mm		μm		
0.01	6~10	±12	5	3	3
	>10~18				
	>18~50	±15			
	>50~450	±18	6		
0.001	6~10	±5	2	2	2
	>10~18				
	>18~50	±6	3		
	>50~450	±7		2.5	

注：1. 允许误差、相邻误差、定中心误差、重复性误差值为温度在20℃时的规定值。
　　2. 用浮动零位时，示值误差值不应大于允许误差"±"符号后面对应的规定值。

15.6.4　深度指示表

1. 深度指示表的形式（图15-96）

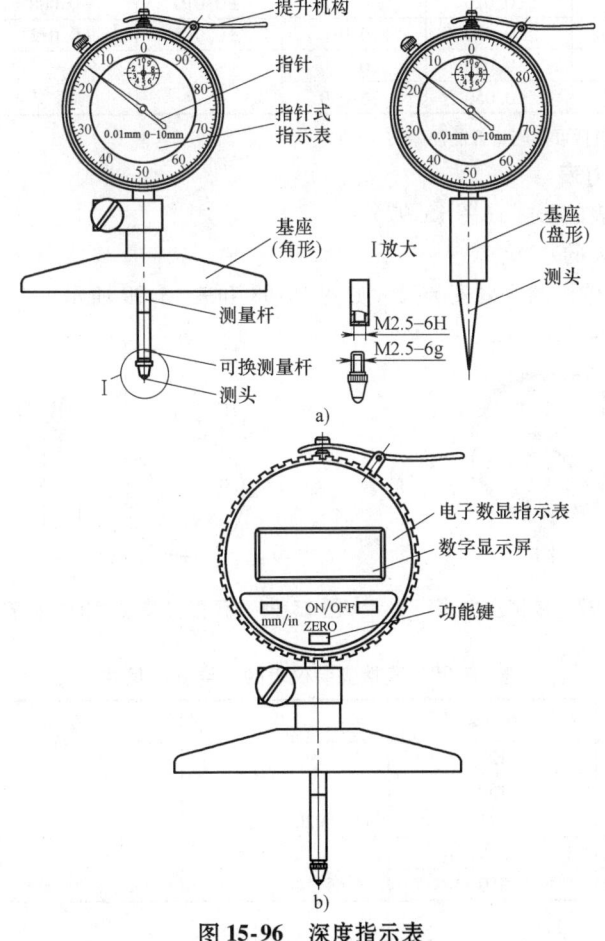

图 15-96　深度指示表
a）指针式　b）电子数显式

2. 深度指示表的基本参数（表 15-97）

表 15-97 深度指示表的基本参数（JB/T 6081—2007）　（单位：mm）

盘形基座尺寸	角形基座尺寸	基座上的安装孔径
φ16，φ25，φ40	63×12，80×15，100×16，160×20	φ8H8 $\left(^{+0.022}_{0}\right)$

3. 深度指示表的允许误差（表 15-98）

表 15-98 深度指示表的允许误差（JB/T 6081—2007）　（单位：mm）

所配指示表的量程 S	允许误差 分度值/分辨力				
	0.01		0.001		0.005
	指针式深度指示表	电子数显深度指示表	指针式深度指示表	电子数显深度指示表	电子数显深度指示表
$S \leq 1$	—	—	±0.007	±0.004	
$1 < S \leq 3$			±0.009	±0.006	
$3 < S \leq 10$	±0.020	±0.020	±0.010	±0.008	±0.015
$10 < S \leq 30$	±0.030	±0.030	±0.015	±0.012	±0.020
$30 < S \leq 50$	±0.040	±0.040	—	—	±0.030
$50 < S \leq 100$	±0.050	±0.050			—

注：允许误差不包括可换测量杆的误差。

15.6.5 精密压力表

1. 精密压力表的形式（图 15-97）
2. 精密压力表的基本参数

1）直接安装仪表的主要安装尺寸如图 15-98 和表 15-99 所示。

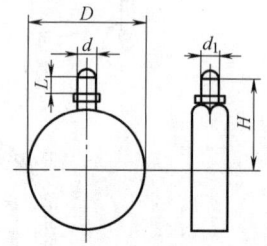

图 15-97　精密压力表　　　　图 15-98　直接安装仪表的主要安装尺寸

表 15-99　直接安装仪表的主要安装尺寸　（单位：mm）

D	$H \leq$	d	L	d_1
150	125			
200	150			
250	175	M20×1.5	20	6
300	200			
400	250			

2）嵌装式仪表的主要安装尺寸如图 15-99 和表 15-100 所示。

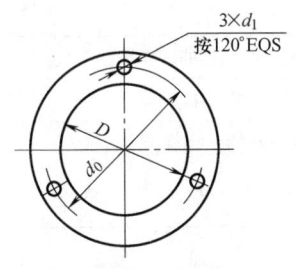

图 15-99 嵌装式仪表的主要安装尺寸

表 15-100 嵌装式仪表的主要安装尺寸

(单位：mm)

D	d_0	d_1	D	d_0	d_1
150	165	6	300	自定	7
200	215	6	400	自定	7
250	272	7			

15.7 样块及量块

15.7.1 木制件表面粗糙度比较样块

1. 样块表面粗糙度参数公称值（表 15-101）

表 15-101 样块表面粗糙度参数公称值 (GB/T 14495—2009)(单位：mm)

加工方法	砂光		光刨类		平、压刨类		车	
木材分类	粗孔材	细孔材	粗孔材	细孔材	粗孔材	细孔材	粗孔材	细孔材
表面粗糙度参数公称值 Ra	3.2	3.2	3.2	3.2	3.2	3.2	3.2	3.2
	6.3	6.3	6.3	6.3	6.3	6.3	6.3	6.3
	12.5	12.5	12.5	12.5	12.5	12.5	12.5	12.5
	25		25		25	25	25	
					50	50		

注：1. 光刨类包括手光刨、机光刨、刮刨。
    2. 平、压刨类包括铣削。
    3. 粗孔材类指管孔直径大于 $200\mu m$ 的木材；细孔材类指管孔直径小于或等于 $200\mu m$ 的木材（包括无孔材）。

2. 样块表面粗糙度的取样长度（表 15-102）

表 15-102 样块表面粗糙度的取样长度 (GB/T 14495—2009)(单位：mm)

$Ra/\mu m$		3.2	6.3	2.5	25	50①
加工方法	平、压刨类	2.5	8.0		25	
	其他		2.5		8.0	

① 对于轮廓微观不平度的平均间距大于 10mm 的木制件表面，在评定表面粗糙度 Ra 参数值时，应采用在记录轮廓图形上计算的方法。

3. 平均值偏差与标准偏差的范围（表 15-103）

表 15-103 平均值偏差与标准偏差的范围 (GB/T 14495—2009)

加工方法	木材分类	样块的表面粗糙度平均值偏差（公称值百分率,%）	评定长度所包括的取样长度个数				
			2	3	4	5	6
			标准偏差(有效值百分率,%)				
砂光	细孔材	+20 -15	24	19	17	15	14
	粗孔材	+25 -20	32	26	22	20	18

(续)

加工方法	木材分类	样块的表面粗糙度平均值偏差（公称值百分率,%）	评定长度所包括的取样长度个数				
			2	3	4	5	6
			标准偏差(有效值百分率,%)				
其他	细孔材	+25 -20	32	26	22	20	18
	粗孔材	+30 -25	40	32	28	25	23

15.7.2 铸造表面粗糙度比较样块

铸造表面粗糙度比较样块分类及数值（表15-104）

表15-104 铸造表面粗糙度比较样块分类及数值（GB/T 6060.1—2018）

合金种类	铸造方法	粗糙度参数 Ra 标称值/μm										
		0.2	0.4	0.8	1.6	3.2	6.3	12.5	25	50	100	200	400
铸钢	砂型铸造	—	—	—	—	—	—	△	△	○	○	○	○
	壳型铸造	—	—	—	△	△	○	○	○	—	—	—	—
	熔模铸造	—	—	△	○	○	○	○	○	—	—	—	—
铸铁	砂型铸造	—	—	—	—	—	△	△	○	○	○	○	—
	壳型铸造	—	—	—	△	△	○	○	○	—	—	—	—
	熔模铸造	—	—	△	○	○	○	○	○	—	—	—	—
	金属型铸造	—	—	—	—	—	△	○	○	○	—	—	—
铸造铜合金	砂型铸造	—	—	—	—	—	△	△	○	○	○	○	—
	熔模铸造	—	—	△	○	○	○	○	○	—	—	—	—
	金属型铸造	—	—	—	△	△	○	○	○	—	—	—	—
	压力铸造	—	△	△	○	○	○	—	—	—	—	—	—
铸造铝合金	砂型铸造	—	—	—	—	—	△	△	○	○	○	○	—
	熔模铸造	—	—	△	△	○	○	○	○	—	—	—	—
	金属型铸造	—	—	—	△	△	△	○	○	○	—	—	—
	压力铸造	—	△	△	○	○	○	—	—	—	—	—	—
铸造镁合金	砂型铸造	—	—	—	—	—	△	△	○	○	○	○	—
	熔模铸造	—	—	—	△	○	○	○	○	—	—	—	—
	压力铸造	△	△	○	○	○	○	—	—	—	—	—	—
铸造锌合金	砂型铸造	—	—	—	—	—	△	△	○	○	○	○	—
	压力铸造	△	△	○	○	○	○	—	—	—	—	—	—
铸造钛合金	石墨型铸造	—	—	—	—	—	△	○	○	—	—	—	—
	熔模铸造	—	—	—	—	—	—	—	—	—	—	—	—

注：1. △表示需采取特殊措施才能达到的表面粗糙度。
  2. ○表示可以达到的表面粗糙度。
  3. —表示不适用，或无此项。

15.7.3 磨、车、镗、铣、插及刨加工表面粗糙度比较样块

1. 样块的取样长度（表15-105）

表15-105 样块的取样长度（GB/T 6060.2—2006）

表面粗糙度参数公称值 Ra/μm	样块加工方法				表面粗糙度参数公称值 Ra/μm	样块加工方法			
	磨	车、镗	铣	插、刨		磨	车、镗	铣	插、刨
	取样长度/mm					取样长度/mm			
0.025	0.25	—	—	—	1.6	0.8	0.8	2.5	0.8
0.05	0.25	—	—	—	3.2	2.5	2.5	2.5	2.5
0.1	0.25	—	—	—	6.3	—	2.5	8.0	2.5
0.2	0.25	—	—	—	12.5	—	2.5	8.0	8.0
0.4	0.8	0.8	0.8	—	25.0	—	—	—	8.0
0.8	0.8	0.8	0.8	0.8					

注：1. 样块表面微观不平度主要间距应不大于给定的取样长度。
  2. 对于加工纹理呈周期变化的样块标准表面，其取样长度应取近表中规定值最近的、较大的整周期数的长度。

2. 样块的平均值公差（表15-106）

表15-106 样块的平均值公差（GB/T 6060.2—2006）

样块加工方法	样块的表面粗糙度平均值偏差（公称值百分率,%）	评定长度所包括的取样长度的数目			
		3个	4个	5个	6个
		标准偏差(有效值百分率,%)			
磨	+12 −17	12	10	9	8
铣					
车、镗		5		4	
插		4		3	
刨					

注：表中取样长度数目为3个、4个、6个的标准偏差是按取样长度数目为5个的标准偏差计算的。

3. 样块每边最小尺寸（表15-107）

表15-107 样块每边最小尺寸（GB/T 6060.2—2006）

表面粗糙度参数公称值 Ra/μm	0.025~3.2	6.3~12.5	25
最小长度/mm	20	30	50

注：表面粗糙度参数 Ra 公称值为6.3~12.5μm的模样，当取样长度为2.5mm时，其表面每边的最小长度可为20mm。

15.7.4 角度量块

1. 角度量块的形式（图15-100）

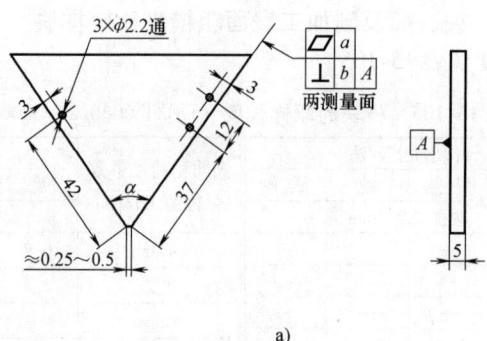

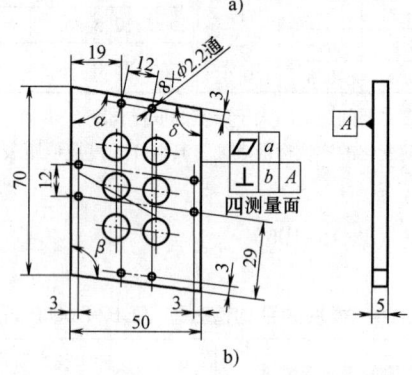

图 15-100　角度量块

a) Ⅰ型　b) Ⅱ型

2. Ⅰ型角度量块的基本参数（表 15-108）

表 15-108　Ⅰ型角度量块的基本参数（GB/T 22521—2008）

工作角度递增值	工作角度标称值 α	块数
1°	10°，11°，…，78°，79°	70
—	10°0′30″	1
15″	15°0′15″，15°0′30″，15°0′45″	3
1′	15°1′，15°2′，…，15°8′，15°9′	9
10′	15°10′，15°20′，15°30′，15°40′，15°50′	5
15°10′	30°20′，45°30′，60°40′，75°50′	4

3. Ⅱ型角度量块的基本参数（表 15-109）

表 15-109　Ⅱ型角度量块基本参数（GB/T 22521—2008）

工作角度标称值（α—β—γ—δ）	块数
80°—99°—81°—100°，82°—97°—83°—98°，84°—95°—85°—96°，86°—93°—87°—94°，88°—91°—89°—92°，90°—90°—90°—90°	6
89°10′—90°40′—89°20′—90°50′，89°30′—90°20′—89°40′—90°30′	2
89°50′—90°0′30″—89°59′30″—90°10′，89°59′30″—90°0′15″—89°59′45″—90°0′30″	2

15.7.5 长度量块

1. 量块长度

量块一个测量面上的任意点到与其相对的另一测量面相研合的辅助体表面之间的垂直距离是量块长度 l，如图 15-101 所示。

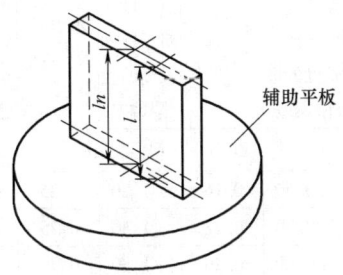

图 15-101 量块长度 l

2. 量块矩形截面的基本尺寸（表 15-110）

表 15-110 量块矩形截面的基本尺寸（GB/T 6093—2001）（单位：mm）

矩形截面	标称长度 ln	矩形截面长度 a	矩形截面宽度 b
	$0.5 \leq ln \leq 10$	$30_{-0.3}^{\ 0}$	$9_{-0.20}^{-0.05}$
	$10 < ln \leq 1000$	$35_{-0.3}^{\ 0}$	

3. 量块长度和长度变动量（表 15-111）

表 15-111 量块长度和长度变动量（GB/T 6093—2001）

标称长度 ln/mm	K级 量块测量面上任意点长度相对于标称长度的极限偏差	K级 量块长度变动量最大允许值	0级 量块测量面上任意点长度相对于标称长度的极限偏差	0级 量块长度变动量最大允许值	1级 量块测量面上任意点长度相对于标称长度的极限偏差	1级 量块长度变动量最大允许值	2级 量块测量面上任意点长度相对于标称长度的极限偏差	2级 量块长度变动量最大允许值	3级 量块测量面上任意点长度相对于标称长度的极限偏差	3级 量块长度变动量最大允许值
					μm					
$ln \leq 10$	±0.20	0.05	±0.12	0.10	±0.20	0.16	±0.45	0.30	±1.00	0.50
$10 < ln \leq 25$	±0.30	0.05	±0.14	0.10	±0.30	0.16	±0.60	0.30	±1.20	0.50
$25 < ln \leq 50$	±0.40	0.06	±0.20	0.10	±0.40	0.18	±0.80	0.30	±1.60	0.55
$50 < ln \leq 75$	±0.50	0.06	±0.25	0.12	±0.50	0.18	±1.00	0.35	±2.00	0.55
$75 < ln \leq 100$	±0.60	0.07	±0.30	0.12	±0.60	0.20	±1.20	0.35	±2.50	0.60
$100 < ln \leq 150$	±0.80	0.08	±0.40	0.14	±0.80	0.20	±1.60	0.40	±3.00	0.65
$150 < ln \leq 200$	±1.00	0.09	±0.50	0.16	±1.00	0.25	±2.00	0.40	±4.00	0.70

(续)

标称长度 ln/mm	K级		0级		1级		2级		3级	
	量块测量面上任意点长度相对于标称长度的极限偏差	量块长度变动量最大允许值	量块测量面上任意点长度相对于标称长度的极限偏差	量块长度变动量最大允许值	量块测量面上任意点长度相对于标称长度的极限偏差	量块长度变动量最大允许值	量块测量面上任意点长度相对于标称长度的极限偏差	量块长度变动量最大允许值	量块测量面上任意点长度相对于标称长度的极限偏差	量块长度变动量最大允许值
	μm									
200 < ln ≤ 250	±1.20	0.10	±0.60	0.16	±1.20	0.25	±2.40	0.45	±5.00	0.75
250 < ln ≤ 300	±1.40	0.10	±0.70	0.18	±1.40	0.25	±2.80	0.50	±6.00	0.80
300 < ln ≤ 400	±1.80	0.12	±0.90	0.20	±1.80	0.30	±3.60	0.50	±7.00	0.90
400 < ln ≤ 500	±2.20	0.14	±1.10	0.25	±2.20	0.35	±4.40	0.60	±9.00	1.00
500 < ln ≤ 600	±2.60	0.16	±1.30	0.25	±2.60	0.40	±5.00	0.70	±11.00	1.10
600 < ln ≤ 700	±3.00	0.18	±1.50	0.30	±3.00	0.45	±6.00	0.70	±12.00	1.20
700 < ln ≤ 800	±3.40	0.20	±1.70	0.30	±3.40	0.50	±6.50	0.80	±14.00	1.30
800 < ln ≤ 900	±3.80	0.20	±1.90	0.35	±3.80	0.50	±7.50	0.90	±15.00	1.40
900 < ln ≤ 1000	±4.20	0.25	±2.00	0.40	±4.20	0.60	±8.00	1.00	±17.00	1.50

注：距离测量面边缘0.8mm范围内不计。

15.7.6 量块附件

1. 量块附件的形式

量块附件包括夹持器、底座、夹子、夹块、夹紧滑块、三棱直尺，具体形式如图15-102~图15-107所示。

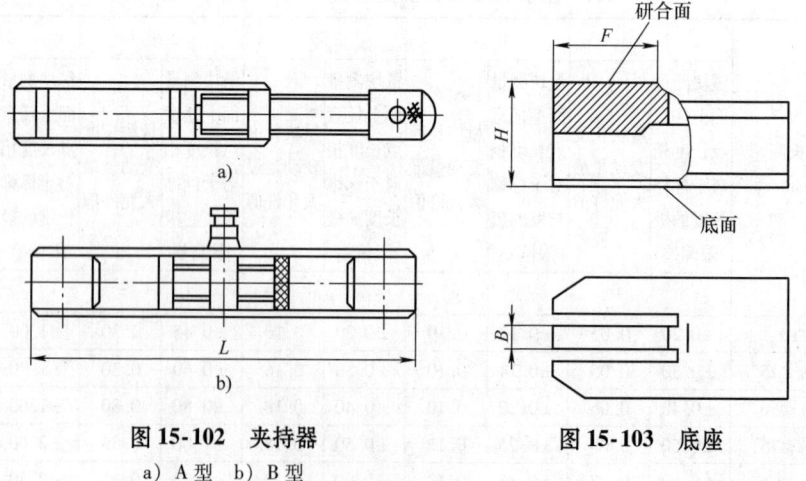

图15-102 夹持器
a) A型 b) B型

图15-103 底座

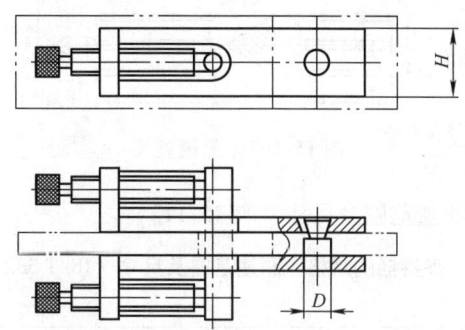

图 15-104　夹子

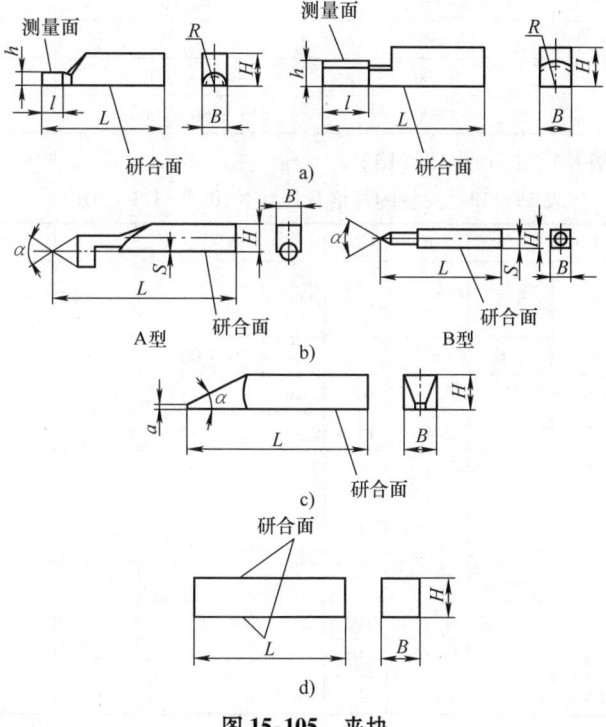

图 15-105　夹块

a) 圆弧形夹块　b) 顶尖式夹块　c) 划线夹块　d) 长方形夹块

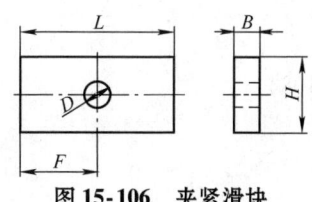

图 15-106　夹紧滑块

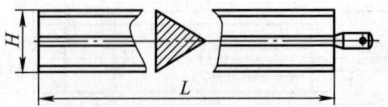

图 15-107 三棱直尺

2. 夹持器的规格、测量范围及尺寸（表 15-112）

表 15-112　夹持器的规格、测量范围及尺寸（JB/T 3323—2017）

（单位：mm）

类型	规格	测量范围	L
A 型	60	0~60	—
	110	50~110	
	210	100~210	
	330	200~330	
B 型	50	0~50	140
	100	0~100	190
	200	100~200	300

3. 夹块的规格及尺寸（表 15-113）

表 15-113　夹块的规格及尺寸（JB/T 3323—2017）　（单位：mm）

类型		L	l	B	H	h	α	S	a
圆弧形夹块		40	5.5		8	2	±0.0005	—	—
						2.5			
		45	14			5			
		75	25		10.5	10			
		100	30		15.5	15			
顶尖式夹块	A 型	45	—	$9_{-0.20}^{-0.05}$	8	—	60°	0 ± 0.005	
	B 型	50	—		10	—		$5_{-0.001}^{+0.001}$	
划线夹块		45	—		8	—	30°		0.20~0.30
长方形夹块		50	—		10	—			
		75	—		10	—			
		100	—		19	—			

15.8　常用仪器

15.8.1　垂准仪

1. 垂准仪的形式（图 15-108）

图 15-108 垂准仪

2. 垂准仪的基本参数（表 15-114）

表 15-114 垂准仪的基本参数（JB/T 9319—1999）

名称		精密型	普通型	简易型
一测回垂准测量标准偏差[①]		1/100000	1/30000	1/5000
放大率/倍		24	10	2
有效孔径/mm		30	13	6
水准泡角值/[(″)/2mm]	圆形	240	480	480
	管状	10	20	30
最短视距/m		2.0	1.5	0.6
最大使用范围/m		200	100	10
光斑最短聚焦距离/m		2.5		

注：表中放大率、有效孔径、最短视距、最大使用范围、光斑最短聚焦距离均为下限值。

① 点位标准偏差与垂准测量的高度之比。

15.8.2 水准仪

1. 水准仪的形式（图 15-109）
2. 水准仪的基本参数（表 15-115）

15.8.3 电子水平仪

1. 电子水平仪的形式

电子水平仪由传感器、指示器和底座三部分组成，分为一体型电子水平仪和分体型电子水平仪两种，如图 15-110 和图 15-111 所示。

图 15-109 水准仪

表 15-115 水准仪的基本参数（GB/T 10156—2009）

参数名称		高精密	精密	普通
望远镜	放大率/倍	38~42	32~38	20~32
	物镜有效孔径/mm	45~55	40~45	30~40
	最短视距/m ≤	2.0		
水准泡角值/[(″)/2mm]	符合式管状	10		20
	直交型管状	120		—
	圆形	240		480

(续)

参　数　名　称		高精密	精密	普通
自动安平补偿性能	补偿范围/(′)	±8		
	安平时间/s	2		
测微器	测微范围/mm	10、5		—
	分格值/mm	0.1、0.05		
主要用途		国家一等水准测量及地震水准测量	国家二等水准测量及其他精密水准测量	国家三、四等水准测量及一般工程水准测量

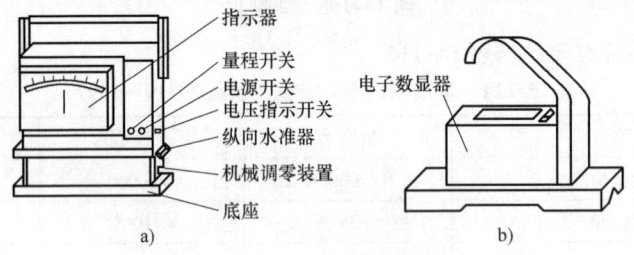

图 15-110　一体型电子水平仪

a) 指针式电子水平仪　b) 数字显示式电子水平仪

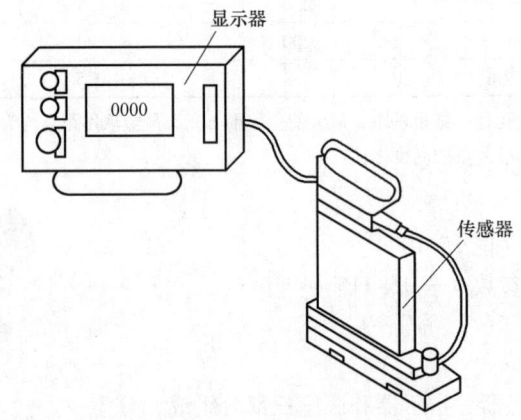

图 15-111　分体型电子水平仪

2. 电子水平仪底座的基本参数（表 15-116）

表 15-116　电子水平仪底座的基本参数（GB/T 20920—2007）

底座工作面长度 L/mm	底座工作面宽度 B/mm	底座 V 形工作面角度 α/(°)
100	25~35	120~150
150		
200	35~50	
250		
300		

15.8.4 测斜仪

1. 测斜仪的形式（图 15-112）

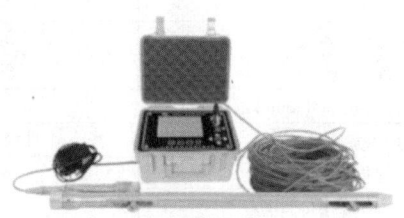

图 15-112　测斜仪

2. 测斜仪的基本参数（表 15-117）

表 15-117　测斜仪的基本参数（DZ 0022—1991）

项目	参　　数										
外径尺寸/mm	28	32	36	40	50	56	65	70	80	90	100

15.8.5 光电测距仪

1. 光电测距仪的形式（图 15-113）

图 15-113　光电测距仪

2. 光电测距仪的基本参数（表 15-118）

表 15-118　光电测距仪的基本参数（GB/T 14267—2009）

序号	名　　称	仪器等级			
		Ⅰ	Ⅱ	Ⅲ	Ⅳ
1	分辨率/mm	0.1	0.5	1.0	1.0
2	测程①	最短测程及最长测程满足标称值			
3	相位均匀性误差/mm	≤1/2a			
4	辐相误差/mm	≤1/2a			
5	鉴别力（率）/mm	≤1/4a			
6	周期误差振幅 A（相位式）	≤3/5a			
7	常温下频率偏移/Hz	≤1/2b			
8	开机频率稳定性（10^{-6}）	≤1/2b			
9	频率随环境温度变化/Hz	≤2/3b			
10	距离测量的重复性标准差/mm	≤1/2a			
11	测距标准差/mm	m'_d			
12	加常数剩余值/mm				

（续）

序号	名 称	仪器等级			
		I	II	III	IV
13	加常数检验标准差/mm	$\leqslant 1/2a$			
14	乘常数/(mm/km)	具有乘常数预置功能			
15	乘常数检验标准差/(mm/km)	$\leqslant 1/2b$			
16	激光光源发光功率[2]	III级激光以内，且 $<1.2P_0$			
17	工作温度范围/℃	$-20 \sim +50$			
	存储温度范围/℃	$-30 \sim +65$			
18	振动	振动后工作正常			
19	温度改正	温度预置至0.1℃			
	大气改正	气压预置至1kPa			
20	单次测量时间/s	$\leqslant 3$			
21	求取差值 Δ_i 中的最大值与最小值之差 ΔD	出厂检验：$\Delta D \leqslant 1.5a$			

注：1. a 为标称标准差固定部分（mm）。
  2. b 为标称标准差比例系数（mm/km）。
  [1] 光电测距仪的最长测程指大气能见度为20km，无明显大气对流时的检验结果；
  [2] 采用红外光源的仪器不检验此项；P_0 为激光光源发光功率的标称值。

15.8.6 齿轮齿距测量仪

1. 齿轮齿距测量仪的形式（图15-114）

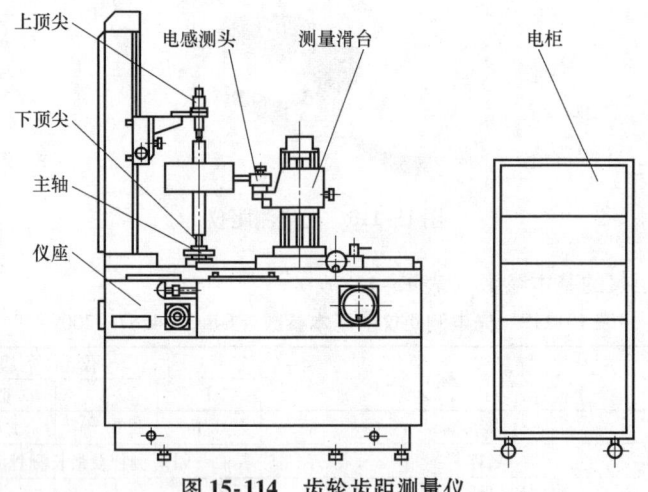

图15-114 齿轮齿距测量仪

2. 齿轮齿距测量仪的基本参数（表15-119）

表15-119 齿轮齿距测量仪的基本参数（JB/T 10019—1999）

可测齿轮模数范围/mm	1~10	1~20
可测齿顶圆最大直径/mm	400	630
测微系统示值范围/μm	±100，±200	
数显读数的分辨率/μm	0.1	

15.8.7 万能齿轮测量仪

1. 万能齿轮测量仪的形式（图15-115）

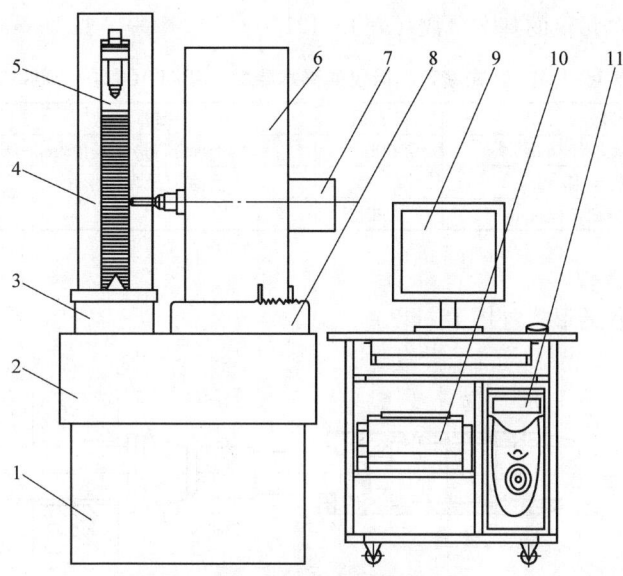

图 15-115 万能齿轮测量仪

1—底座（电控系统集成在底座内部） 2—大理石平台 3—主轴 4—顶尖立柱 5—上顶尖滑座
6—测量立柱 7—径向滑板 8—切向滑板 9—显示器 10—打印机 11—微机主机箱

2. 万能齿轮测量仪的基本参数（表 15-120）

表 15-120 万能齿轮测量仪的基本参数（JB/T 10020—2013）（单位：mm）

基本参数	参数值
可测齿轮的模数范围/mm	0.5~20
可测齿轮的最大顶圆直径/mm	≤600
螺旋角测量范围/(°)	0±90

15.8.8 卧式滚刀测量仪

1. 卧式滚刀测量仪的形式（图 15-116）

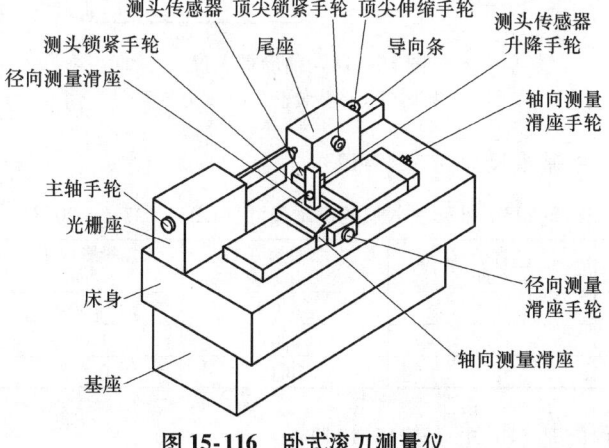

图 15-116 卧式滚刀测量仪

2. 卧式滚刀测量仪的基本参数（表15-121）

表15-121　卧式滚刀测量仪的基本参数（JB/T 10024—2008）

基本参数	参数值	基本参数	参数值
可测滚刀最大外径/mm	300	可测滚刀最大长度/mm	450
可测滚刀模数范围/mm	1~25	可测滚刀最大齿形角/(°)	60
可测滚刀最大螺旋导程/mm	220		

15.8.9　土工贯入仪

1. 土工贯入仪的形式（图15-117）

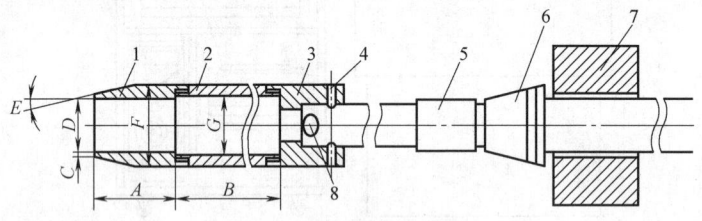

图15-117　土工贯入仪

1—贯入器靴　2—由两半圆形筒合成的贯入器身　3—贯入器头　4—排水孔　5—触探杆
6—锤垫　7—穿心锤　8—钢球阀

2. 土工贯入仪的规格尺寸（表15-122）

表15-122　土工贯入仪的规格尺寸（GB/T 12746—2007）

器靴长 A/mm	器身长 B/mm	器靴尖端壁厚 C/mm	器靴内径 D/mm	器靴刃口角度 E/(°)	器身外径 F/mm	器身内径 G/mm
50	500~760	$2.5^{+0.2}_{0}$	$35^{0}_{-0.2}$	18~20	$51^{+0.2}_{0}$	$38^{+0.2}_{0}$

3. 袖珍贯入仪的形式（图15-118）

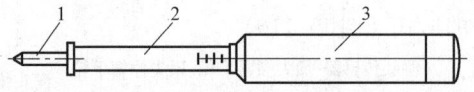

图15-118　袖珍贯入仪

1—测头　2—读数装置　3—测力装置

4. 袖珍贯入仪的基本尺寸（表15-123）

表15-123　袖珍贯入仪的基本尺寸（GB/T 12746—2007）

测头号	直径 /mm	长度 /mm	投影面积 /cm^2	形状
1	6.2	6.0	0.3019	平头
2	13.8	6.0	1.4957	平头
3	5.36	10.0	0.2256	30°锥状头

5. 加重贯入仪的基本尺寸（表15-124）

表 15-124　加重贯入仪的基本尺寸（GB/T 12746—2007）

贯入器		主要性能参数		
外径/mm	内径/mm	锤重量/kg	落高/mm	贯入深度/mm
73	54	100	1500	300

15.8.10　土工击实仪

1. 手动击实仪的形式（图 15-119）
2. 电动击实仪的形式（图 15-120）

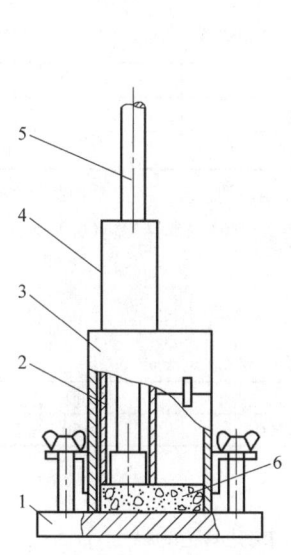

图 15-119　手动击实仪

1—底板　2—击实筒　3—护筒
4—导筒　5—击锤　6—土样

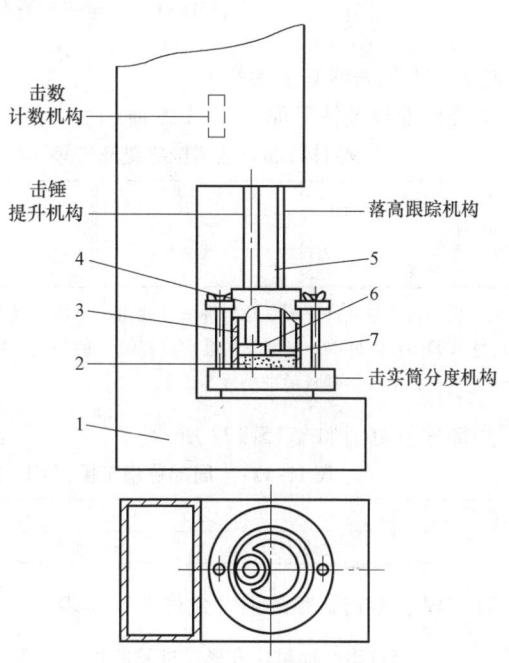

图 15-120　电动击实仪

1—机架　2—土样　3—击实筒　4—护筒
5—落高跟踪杆　6—击锤　7—落高跟踪板

3. 击实仪的基本尺寸（表 15-125）

表 15-125　击实仪的基本尺寸（GB/T 22541—2008）

击实筒		护筒		底板		导筒			击锤			锤击速率/(N/min)
内径/mm	高度/mm	内径/mm	高度/mm	直径/mm	厚度/mm	内径/mm	外径/mm	底面直径/mm	重量/kg	落高/mm		
102	116	102	70~80	180~190	14~18	53~54	57~59	51	2.5	305		10~30
152		152		230~240								
102		102		180~190					4.5	457		
152		152		230~240								

15.9　其他测量工具

15.9.1　电子称重仪表

1. 电子称重仪表的形式（图 15-121）

图 15-121　电子称重仪表

2. 电子称重仪表的基本参数

1) 准确度等级及符号如表 15-126 所示。

表 15-126　准确度等级及符号（GB/T 7724—2008）

准确度等级	符号①	准确度等级	符号①
特种准确度	Ⅰ	中准确度	Ⅲ
高准确度	Ⅱ	普通准确度	Ⅳ

① 准确度等级符号允许使用任意椭圆形，或由两条水平线与两个半圆相连的椭圆，不得采用圆［按国际建议 OIML R 34 "计量器具的准确度等级"的规定，圆形标记用于以恒定相对误差（%）表示最大允许误差的计量器具的准确度等级］。

2) 局部称量范围如表 15-127 所示。

表 15-127　局部称量范围（GB/T 7724—2008）

准确度等级	Ⅰ	Ⅱ	Ⅲ	Ⅳ
Max_i/e_i+1	≥50000	≥5000	≥500	≥50

3) 称重仪表形式试验的最大允许误差如表 15-128 所示。

表 15-128　称重仪表形式试验的最大允许误差（GB/T 7724—2008）

首次检定最大允许误差	以检定分度值 e 表示的信号 m			
	Ⅰ	Ⅱ	Ⅲ	Ⅳ
±0.5e	0≤m≤50000	0≤m≤5000	0≤m≤500	0≤m≤50
±1.0e	50000<m≤200000	5000<m≤20000	500<m≤2000	50<m≤200
±1.5e	200000<m	20000<m≤100000	2000<m≤10000	200<m≤1000

15.9.2　弹簧度盘秤

1. 弹簧度盘秤的形式（图 15-122）

图 15-122　弹簧度盘秤

2. 弹簧度盘秤的型号

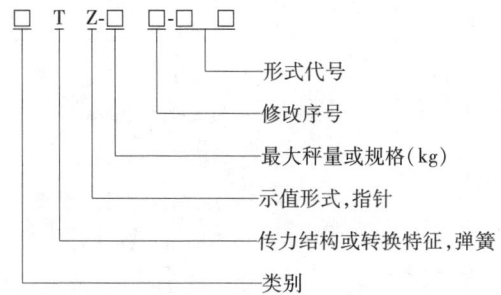

3. 准确度等级及符号（表 15-129）

表 15-129　准确度等级及符号（GB/T 11884—2008）

中准确度级	③
普通准确度级	④

4. 最大允许误差（表 15-130）

表 15-130　最大允许误差（GB/T 11884—2008）

最大允许误差	载荷 m（以检定分度值 e 表示）	
	③	④
±0.5e	$0 \leq m \leq 500$	$0 \leq m \leq 50$
±1.0e	$500 < m \leq 2000$	$50 < m \leq 200$
±1.5e	$2000 < m \leq 10000$	$200 < m \leq 1000$

5. 检定分度值、检定分度数和最小秤量的关系（表 15-131）

表 15-131　检定分度值、检定分度数和最小秤量的关系（GB/T 11884—2008）

准确度等级	检定分度值 e	检定分度数 $n = Max/e$		最小秤量 Min（下限）
		最小①	最大	
中 ③	$0.1g \leq e \leq 2g$	100	10000	20e
	$5g \leq e$	500	10000	20e
普通 ④	$5g \leq e$	100	1000	10e

① 用于贸易结算的度盘秤，其最小检定分度数，对于③，$n = 1000$；对于④，$n = 400$。

15.9.3　电子台案秤

1. 电子台案秤的形式（图 15-123）

图 15-123　电子台案秤

2. 电子台案秤的型号

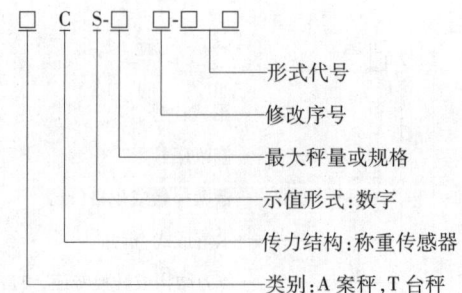

3. 电子台案秤的基本参数

1) 准确度等级如表 15-132 所示。

表 15-132　电子台案秤的准确度等级（GB/T 7722—2005）

准确度等级	检定分度值 e/g	检定分度数 $n = Max/e$		最小秤量 Min
		最小	最大	
中准确度等级 ⑪	$0.1g \leqslant e \leqslant 2g$	100	10000	$20e$
	$e \geqslant 5$	500	10000	$20e$
普通准确度等级 ⑫	$e \geqslant 5$	100	1000	$10e$

注：1. 用于贸易结算的秤，其最小检定分度数作如下规定：⑪称：$n = 1000$；⑫秤：$n = 400$。
　　2. 检定分度值 e 应等于实际分度值 d。

2) 最大允许误差如表 15-133 所示。

表 15-133　电子台案秤的最大允许误差（GB/T 7722—2005）

最大允许误差	砝码 m 以检定分度值 e 表示	
	⑪	⑫
$\pm 0.5e$	$0 \leqslant m \leqslant 500$	$0 \leqslant m \leqslant 50$
$\pm 1.0e$	$500 < m \leqslant 2000$	$50 < m \leqslant 200$
$\pm 1.5e$	$2000 < m \leqslant 10000$	$200 < m \leqslant 1000$

15.9.4　非自行指示秤

1. 非自行指示秤的形式（图 15-124）

图 15-124　非自行指示秤

2. 非自行指示秤的型号

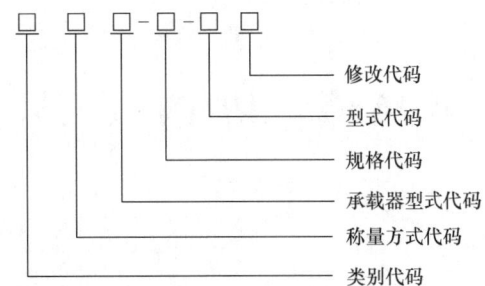

3. 准确度等级及符号（表15-134）

表15-134 准确度等级及符号（GB/T 335—2019）

准确度等级	符号
中准确度级	Ⅲ
普通准确度级	Ⅲ̄

4. 与秤的准确度等级有关的检定分度值、检定分度数和最小秤量（表15-135）

表15-135 与秤的准确度等级有关的检定分度值、检定分度数和最小秤量（GB/T 335—2019）

准确度等级	检定分度值 e	检定分度数 $n=Max/e$		最小秤量 Min
		最小	最大	
Ⅲ	$0.1g \leqslant e \leqslant 2g$	100	10000	$20e$
	$e \geqslant 5g$	500	10000	
Ⅲ̄	$e \geqslant 5g$	100	1000	$10e$

5. 最大允许误差（表15-136）

表15-136 最大允许误差（GB/T 335—2002）

最大允许误差	以检定分度值 e 表示载荷 m	
	Ⅲ	Ⅲ̄
±0.5e	$0 \leqslant m \leqslant 500$	$0 \leqslant m \leqslant 50$
±1.0e	$500 < m \leqslant 2000$	$50 < m \leqslant 200$
±1.5e	$2000 < m \leqslant 10000$	$200 < m \leqslant 1000$

15.9.5 线锤

1. 线锤的形式（图15-125）
2. 线锤的材料及重量（表15-137）

表15-137 线锤的材料及重量

材料	重量/kg
铜质	0.0125, 0.025, 0.05, 0.1, 0.15, 0.2, 0.25, 0.3, 0.4, 0.5, 0.6, 0.75, 1, 1.5
钢质	0.1, 0.15, 0.2, 0.25, 0.3, 0.4, 0.5, 0.75, 1, 1.25, 2, 2.5

图15-125 线锤

第16章 切削工具

16.1 钻

16.1.1 成套麻花钻

1. 成套麻花钻的形式（图16-1）

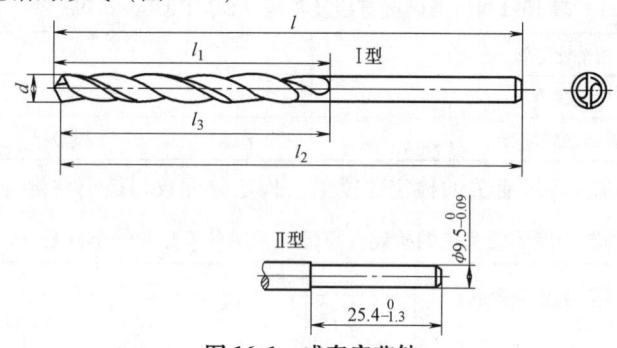

图 16-1 成套麻花钻

2. 成套麻花钻的基本尺寸和套装组合

1）第一系列成套麻花钻的套装组合支数及代号按表16-1的规定。

表 16-1 第一系列成套麻花钻套装组合（JB/T 10643—2006）（单位：mm）

套装支数	麻花钻直径/mm	套装代号
13	1.5、2.0、2.5、3.0、3.2、3.5、4.0、4.5、4.8、5.0、5.5、6.0、6.5	A-13
19	1.0、1.5、2.0、2.5、3.0、3.5、4.0、4.5、5.0、5.5、6.0、6.5、7.0、7.5、8.0、8.5、9.0、9.5、10.0	A-19
25	1.0、1.5、2.0、2.5、3.0、3.5、4.0、4.5、5.0、5.5、6.0、6.5、7.0、7.5、8.0、8.5、9.0、9.5、10.0、10.5、11.0、11.5、12.0、12.5、13.0	A-25

2）第二系列成套麻花钻套装组合支数及代号按表16-2的规定。

表 16-2 第二系列成套麻花钻套装组合（JB/T 10643—2006）

套装支数	麻花钻规格代号	套装代号
13	1/16、5/64、3/32、7/64、1/8、9/64、5/32、11/64、3/16、13/64、7/32、15/64、1/4	B-13
21	1/16、5/64、3/32、7/64、1/8、9/64、5/32、11/64、3/16、13/64、7/32、15/64、1/4、17/64、9/32、19/64、5/16、21/64、11/32、23/64、3/8	B-21
29	1/16、5/64、3/32、7/64、1/8、9/64、5/32、11/64、3/16、13/64、7/32、15/64、1/4、17/64、9/32、19/64、5/16、21/64、11/32、23/64、3/8、25/64、13/32、27/64、7/16、29/64、15/32、31/64、1/2	B-29
115	全部规格	B-115

3）第三系列成套麻花钻的套装组合支数及代号按表16-3的规定。

表16-3 第三系列成套麻花钻套装组合（JB/T 10643—2006）

套装支数	麻花钻规格代号	套装代号
13	1/16、5/64、3/32、7/64、1/8、9/64、5/32、11/64、3/16、13/64、7/32、15/64、1/4	C-13
21	1/16、5/64、3/32、7/64、1/8、9/64、5/32、11/64、3/16、13/64、7/32、15/64、1/4、17/64、9/32、19/64、5/16、21/64、11/32、23/64、3/8	C-21
29	1/16、5/64、3/32、7/64、1/8、9/64、5/32、11/64、3/16、13/64、7/32、15/64、1/4、17/64、9/32、19/64、5/16、21/64、11/32、23/64、3/8、25/64、13/32、27/64、7/16、29/64、15/32、31/64、1/2	C-29

16.1.2 硬质合金锥柄麻花钻

1. 硬质合金锥柄麻花钻的形式（图16-2）
2. 硬质合金锥柄麻花钻的尺寸（表16-4）

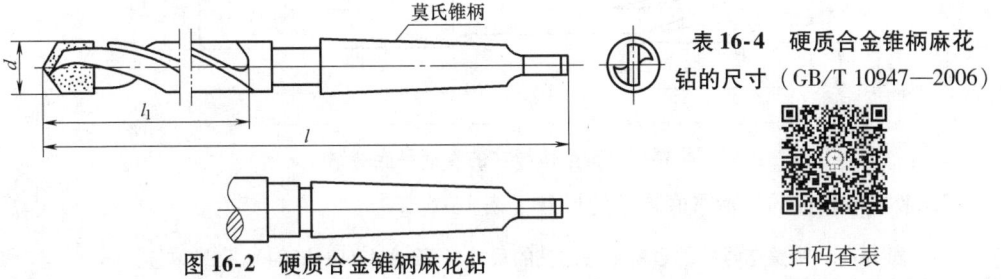

图16-2 硬质合金锥柄麻花钻

表16-4 硬质合金锥柄麻花钻的尺寸（GB/T 10947—2006）

扫码查表

16.1.3 1∶50锥孔锥柄麻花钻

1. 1∶50锥孔锥柄麻花钻的形式（图16-3）

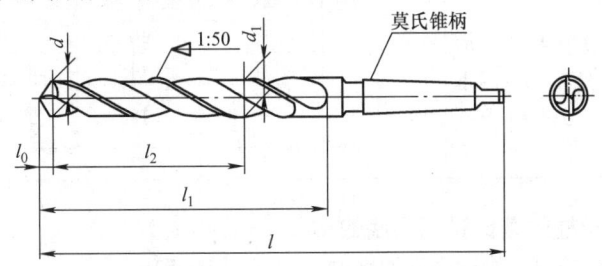

图16-3 1∶50锥孔锥柄麻花钻

2. 1∶50锥孔锥柄麻花钻的尺寸（表16-5）

表16-5 1∶50锥孔锥柄麻花钻的尺寸（JB/T 10003—2013）（单位：mm）

d		d_1	l	l_1	l_2	l_0	莫氏圆锥柄号
基本尺寸	极限偏差						
12	0 −0.043	15.1	290	190	155	12	2
		16.9	380	280	245		
16		20.2	355	255	210	16	
		22.2	455	355	310		

（续）

d		d_1	l	l_1	l_2	l_0	莫氏圆锥柄号
基本尺寸	极限偏差						
20	0 −0.052	24.3	385	265	215	20	3
		26.3	485	365	315		
25		29.4	430	280	220	25	4
		31.4	530	380	320		
30	0 −0.062	34.5	445	295	225	30	
		36.5	545	395	325		

注：莫氏圆锥锥柄的尺寸和公差按 GB/T 1443 的规定。

16.1.4 带整体导柱的直柄平底锪钻

1. 带整体导柱的直柄平底锪钻的形式（图 16-4）

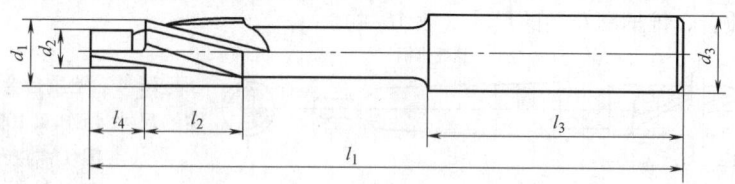

图 16-4 带整体导柱的直柄平底锪钻

2. 带整体导柱的直柄平底锪钻的尺寸（表 16-6）

表 16-6 带整体导柱的直柄平底锪钻的尺寸（GB/T 4260—2004） （单位：mm）

切削直径 d_1 z9	导柱直径 d_2 e8	柄部直径 d_3 h9	总长 l_1	刃长 l_2	柄长 l_3 ≈	导柱长 l_4
$2 \leqslant d_1 \leqslant 3.15$	按引孔直径配套要求规定（最小直径为：$d_2 = 1/3 d_1$）		45	7	—	$\approx d_2$
$3.15 < d_1 \leqslant 5$			56	10		
$5 < d_1 \leqslant 8$		$= d_1$	71	14	31.5	
$8 < d_1 \leqslant 10$			80	18	35.5	
$10 < d_1 \leqslant 12.5$		10				
$12.5 < d_1 \leqslant 20$		12.5	100	22	40	

16.1.5 带可换导柱的莫氏锥柄平底锪钻

1. 带可换导柱的莫氏锥柄平底锪钻的形式（图 16-5）

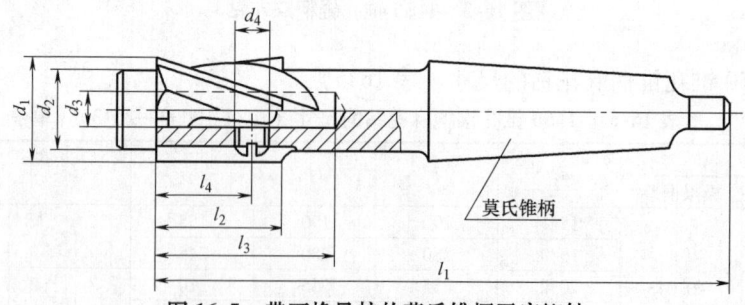

图 16-5 带可换导柱的莫氏锥柄平底锪钻

2. 带可换导柱的莫氏锥柄平底锪钻的尺寸（表 16-7）

表 16-7 带可换导柱的莫氏锥柄平底锪钻的尺寸（GB/T 4261—2004）（单位：mm）

切削直径 d_1 z9		导柱直径 d_2 e8		d_3 H8	d_4	l_1	l_2	l_3	l_4	莫氏圆锥号
大于	至	大于	至							
12.5	16	5	14	4	M3	132	22	30	16	2
16	20	6.3	18	5	M4	140	25	38	19	
20	25	8	22.4	6	M5	150	30	46	23	
25	31.5	10	28	8	M6	180	35	54	27	3
31.5	40	12.5	35.5	10	M8	190	40	64	32	
40	50	16	45	12	M8	236	50	76	42	4
50	63	20	56	16	M10	250	63	88	53	

16.1.6 带整体导柱的直柄90°锥面锪钻

1. 带整体导柱的直柄90°锥面锪钻的形式（图16-6）

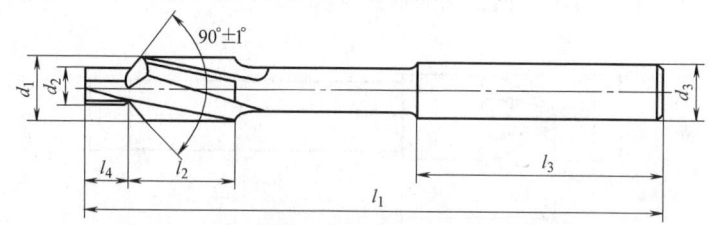

图 16-6 带整体导柱的直柄90°锥面锪钻

2. 带整体导柱的直柄90°锥面锪钻的尺寸（表16-8）

表 16-8 带整体导柱的直柄90°锥面锪钻的尺寸（GB/T 4263—2004）（单位：mm）

切削直径 d_1 z9	导柱直径 d_2 e8	柄部直径 d_3 h9	总长 l_1	刃长 l_2	柄长 l_3 ≈	导柱长 l_4
$2 \leqslant d_1 \leqslant 3.15$	按引导孔直径配套要求规定（最小直径为：$d_2 = 1/3 d_1$）	$= d_1$	45	7	—	≈d_2
$3.15 < d_1 \leqslant 5$			56	10		
$5 < d_1 \leqslant 8$			71	14	31.5	
$8 < d_1 \leqslant 10$			80	18	35.5	
$10 < d_1 \leqslant 12.5$		10				
$12.5 < d_1 \leqslant 20$		12.5	100	22	40	

16.1.7 带可换导柱的莫氏锥柄90°锥面锪钻

1. 带可换导柱的莫氏锥柄90°锥面锪钻的形式（图16-7）

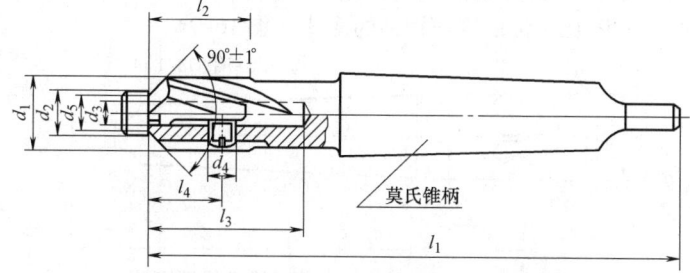

图 16-7 带可换导柱的莫氏锥柄90°锥面锪钻

2. 带可换导柱的莫氏锥柄90°锥面锪钻的尺寸（表16-9）

表16-9 带可换导柱的莫氏锥柄90°锥面锪钻的尺寸（GB/T 4264—2004）

（单位：mm）

切削直径 d_1 z9		导柱直径 d_2 e8		d_3 H8	螺钉 d_4	d_5	l_1	l_2	l_3	l_4	莫氏圆锥号
大于	至	大于	至								
12.5	16	6.3	14	4	M3	6	132	22	30	16	2
16	20	6.3	18	5	M4	6	140	25	38	19	
20	25	8	22.4	6	M5	7.5	150	30	46	23	
25	31.5	10	28	8	M6	9.5	180	35	54	27	3
31.5	40.4	12.5	35.5	10	M8	12	190	40	64	32	

16.1.8 60°、90°、120°直柄锥面锪钻

1. 60°、90°、120°直柄锥面锪钻的形式（图16-8）

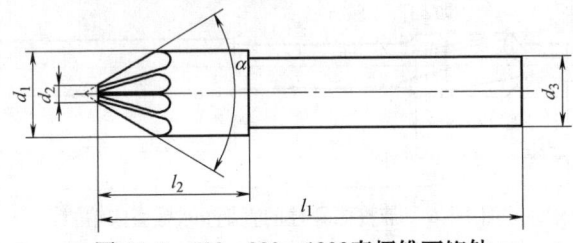

图16-8 60°、90°、120°直柄锥面锪钻

2. 60°、90°、120°直柄锥面锪钻的尺寸（表16-10）

表16-10 60°、90°、120°直柄锥面锪钻的尺寸（GB/T 4258—2004）

（单位：mm）

公称尺寸 d_1	小端直径 $d_2$①	总长 l_1		钻体长 l_2		柄部直径 d_3 h9
		$\alpha=60°$	$\alpha=90°$或120°	$\alpha=60°$	$\alpha=90°$或120°	
8	1.6	48	44	16	12	8
10	2	50	46	18	14	8
12.5	2.5	52	48	20	16	8
16	3.2	60	56	24	20	10
20	4	64	60	28	24	10
25	7	69	65	33	29	10

① 前端部结构不作规定。

16.1.9 60°、90°、120°莫氏锥柄锥面锪钻

1. 60°、90°、120°莫氏锥柄锥面锪钻的形式（图16-9）

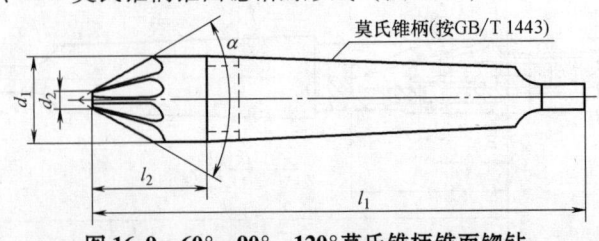

图16-9 60°、90°、120°莫氏锥柄锥面锪钻

2. 60°、90°、120°莫氏锥柄锥面锪钻的尺寸（表16-11）

表16-11 60°、90°、120°莫氏锥柄锥面锪钻的尺寸（GB/T 1143—2004）

（单位：mm）

公称尺寸 d_1	小端直径 $d_2$①	总长 l_1		钻体长 l_2		莫氏锥柄号
		$\alpha=60°$	$\alpha=90°$ 或 $120°$	$\alpha=60°$	$\alpha=90°$ 或 $120°$	
16	3.2	97	93	24	20	1
20	4	120	116	28	24	2
25	7	125	121	33	29	2
31.5	9	132	124	40	32	2
40	12.5	160	150	45	35	3
50	16	165	153	50	38	3
63	20	200	185	58	43	4
80	25	215	196	73	54	4

① 前端部结构不作规定。

16.1.10 A型中心钻

1. A型中心钻的形式（图16-10）

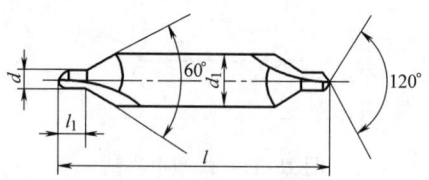

图16-10 A型中心钻

2. A型中心钻的尺寸（表16-12）

表16-12 A型中心钻的尺寸（GB/T 6078—2016） （单位：mm）

d k12	d_1 h9	l		l_1	
		基本尺寸	极限偏差	基本尺寸	极限偏差
(0.50)	3.15	31.5	±2	0.8	+0.2 / 0
(0.63)				0.9	+0.3 / 0
(0.80)				1.1	+0.4 / 0
1.00				1.3	+0.6 / 0
(1.25)				1.6	
1.60	4.0	35.5		2.0	+0.8 / 0
2.00	5.0	40.0		2.5	
2.50	6.3	45.0		3.1	+1.0 / 0
3.15	8.0	50.0		3.9	

（续）

d k12	d_1 h9	l 基本尺寸	极限偏差	l_1 基本尺寸	极限偏差
4.00	10.0	56.0		5.0	+1.2 / 0
(5.00)	12.5	63.0		6.3	
6.30	16.0	71.0	±3	8.0	
(8.00)	20.0	80.0		10.1	+1.4 / 0
10.00	25.0	100.0		12.8	

注：1. 括号内尺寸尽量不采用。
2. 中心钻直径 d 和 60°锥角与 GB/T 145 中 A 型对应尺寸一致。

16.1.11　B 型中心钻

1. B 型中心钻的形式（图 16-11）

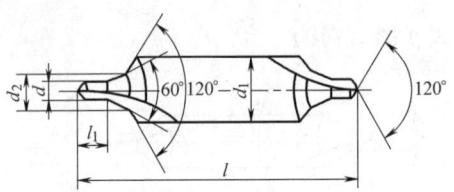

图 16-11　B 型中心钻

2. B 型中心钻的尺寸（表 16-13）

表 16-13　B 型中心钻的尺寸（GB/T 6078.2—2016）　（单位：mm）

d k12	d_1 h9	d_2 k12	l 基本尺寸	极限偏差	l_1 基本尺寸	极限偏差
1.00	4.0	2.12	35.5		1.3	+0.6 / 0
(1.25)	5.0	2.65	40.0	±2	1.6	
1.60	6.3	3.35	45.0		2.0	+0.8 / 0
2.00	8.0	4.25	50.0		2.5	
2.50	10.0	5.30	56.0		3.1	+1.0 / 0
3.15	11.2	6.70	60.0		3.9	
4.00	14.0	8.50	67.0		5.0	+1.2 / 0
(5.00)	18.0	10.60	75.0	±3	6.3	
6.30	20.0	13.20	80.0		8.0	
(8.00)	25.0	17.00	100.0		10.1	+1.4 / 0
10.00	31.5	21.20	125.0		12.8	

注：1. 括号内尺寸尽量不采用。
2. 中心钻直径 d、d_2、60°锥角和 120°护锥角与 GB/T 145 中 B 型对应尺寸一致。

16.1.12 R型中心钻

1. R型中心钻的形式（图16-12）

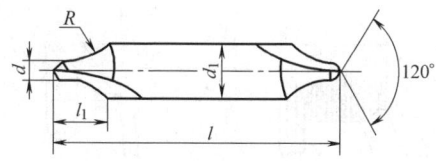

图16-12 R型中心钻

2. R型中心钻的尺寸（表16-14）

表16-14 R型中心钻的尺寸（GB/T 6078—2016） （单位：mm）

d	d_1	l		l_1	R	
k12	h9	基本尺寸	极限偏差	基本尺寸	max	min
1.00	3.15	31.5		3.0	3.15	2.5
(1.25)				3.35	4.0	3.15
1.60	4.0	35.5		4.25	5.0	4.0
2.00	5.0	40.0	±2	5.3	6.3	5.0
2.50	6.3	45.0		6.7	8.0	6.3
3.15	8.0	50.0		8.5	10.0	8.0
4.00	10.0	56.0		10.6	12.5	10.0
(5.00)	12.5	63.0		13.2	16.0	12.5
6.80	16.0	71.0		17.0	20.0	16.0
(8.00)	20.0	80.0	±3	21.2	25.0	20.0
10.00	25.0	100.0		26.5	31.5	25.0

注：1. 括号内尺寸尽量不采用。
　　2. 中心钻直径 d 和 R 与GB/T 145中R型对应尺寸一致。

16.1.13 定心钻

1. 定心钻的形式（图16-13）

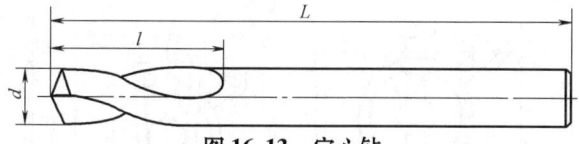

图16-13 定心钻

2. 定心钻的尺寸（表16-15）

表16-15 定心钻的尺寸（GB/T 17112—1997） （单位：mm）

d h8	l	L	d h8	l	L
4	12	52	12	30	102
6	20	66	16	35	115
8	25	79	20	40	131
10	25	89			

16.1.14 弓摇钻

1. 弓摇钻的形式（图 16-14）

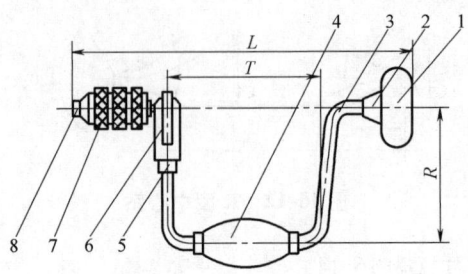

图 16-14　弓摇钻

1—顶盘　2—法兰盘　3—弓架　4—手柄　5—换向机构　6—接头　7—夹头　8—夹爪

2. 弓摇钻的基本尺寸（表 16-16）

表 16-16　弓摇钻的基本尺寸（QB/T 2510—2001）　（单位：mm）

规格	最大夹持尺寸	L	T	R
250	22	320~360	150±3	125
300	28.5	340~380	150±3	150
350	38	360~400	160±3	175

16.1.15 手摇钻

1. 手摇钻的形式（图 16-15）

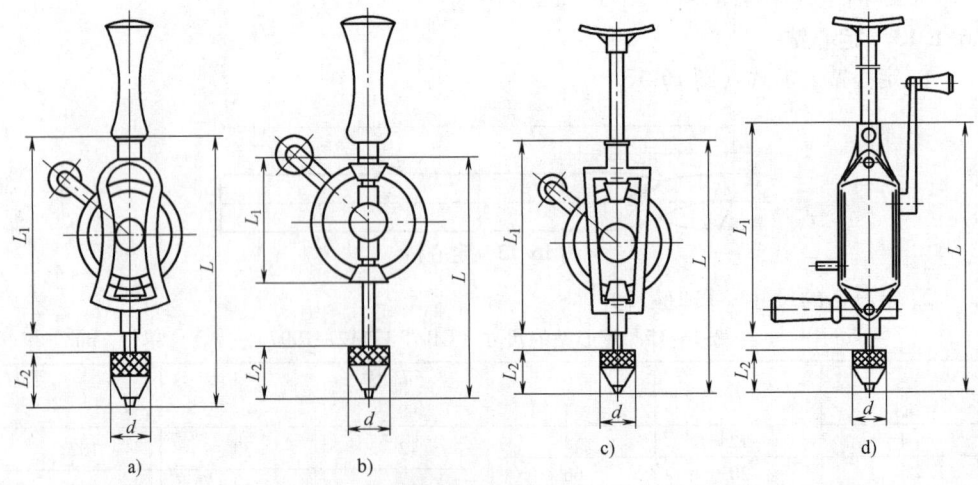

图 16-15　手摇钻

a) 手持式 A 型　b) 手持式 B 型　c) 胸压式 A 型　d) 胸压式 B 型

2. 手摇钻的基本尺寸（表 16-17）

表 16-17 手摇钻的基本尺寸（QB/T 2210—1996） （单位：mm）

形式		规格	L ≤	L_1 ≤	L_2 ≤	d ≤	夹持直径 ≤
手持式	A 型	6	200	140	45	28	6
		9	250	170	55	34	9
	B 型	6	150	85	45	28	6
胸压式	A 型	9	250	170	55	34	9
		12	270	180	65	38	12
	B 型	9	250	170	55	34	9

16.2 丝锥

16.2.1 统一螺纹螺母丝锥

1. 公称直径 $d<6.350$mm 的螺母丝锥

1）公称直径 $d<6.350$mm 的螺母丝锥的形式如图 16-16 所示。

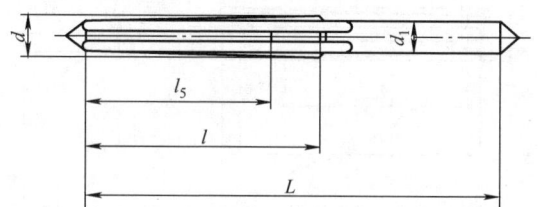

图 16-16 公称直径 $d<6.350$mm 的螺母丝锥

2）公称直径 $d<6.350$mm 的粗牙丝锥的尺寸（表 16-18）。

表 16-18 公称直径 $d<6.350$mm 的粗牙丝锥的尺寸（JB/T 8824.4—2012）

（单位：mm）

螺纹代号	每 25.4mm 上牙数	公称直径 d	螺距 P	L	l	l_5	d_1
No. 4-40 UNC	40	2.845	0.635	40	17	13	2.00
No. 5-40 UNC		3.175					2.24
No. 6-32 UNC	32	3.505	0.794	45	22	18	2.50
No. 8-32 UNC		4.166		50			3.15
No. 10-24 UNC	24	4.826	1.058	55	28	23	3.55
No. 12-24 UNC		5.486		58			4.00

注：表中切削锥长度 l_5 为推荐尺寸。

3）公称直径 $d<6.350$mm 的细牙丝锥的尺寸（表 16-19）。

表 16-19 公称直径 $d<6.350$mm 的细牙丝锥的尺寸（JB/T 8824.4—2012）

（单位：mm）

螺纹代号	每25.4mm 上牙数	公称直径 d	螺距 P	L	l	l_5	d_1
No. 6-40 UNF	40	3.505	0.635	40	17	13	2.50
No. 8-36 UNF	36	4.166	0.706	45	20	16	3.15
No. 10-32 UNF	32	4.826	0.794	48	22	18	3.55
No. 12-28 UNF	28	5.486	0.907	50	25	20	4.00

注：表中切削锥长度 l_5 为推荐尺寸。

2. 公称直径 $d=6.350\sim25.4$mm 圆柄（无方头）的螺母丝锥

1）公称直径 $d=6.350\sim25.4$mm 圆柄（无方头）的螺母丝锥的形式如图 16-17 所示。

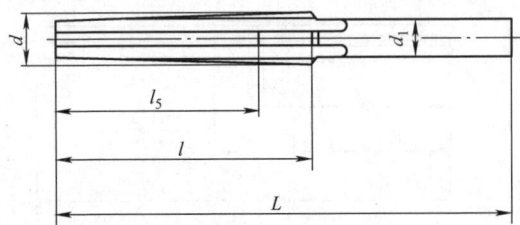

图 16-17 公称直径 $d=6.350\sim25.4$mm 圆柄（无方头）的螺母丝锥

2）公称直径 $d=6.350\sim25.4$mm 圆柄（无方头）的粗牙螺母丝锥的尺寸如表 16-20 所示。

表 16-20 公称直径 $d=6.350\sim25.4$mm 圆柄的粗牙螺母丝锥的尺寸（JB/T 8824.4—2012）

（单位：mm）

螺纹代号	每25.4mm 上牙数	公称直径 d	螺距 P	L	l	l_5	d_1
1/4-20 UNC	20	6.350	1.270	60	32	26	4.50
5/16-18 UNC	18	7.938	1.411	70	38	32	5.60
3/8-16 UNC	16	9.525	1.588	75	42	35	7.10
7/16-14 UNC	14	11.112	1.814	85	48	40	8.00
1/2-13 UNC	13	12.700	1.954	85	52	44	9.00
9/16-12 UNC	12	14.288	2.117	95	58	49	11.20
5/8-11 UNC	11	15.875	2.309	105	62	52	12.50

(续)

螺纹代号	每25.4mm 上牙数	公称直径 d	螺距 P	L	l	l_5	d_1
3/4-10 UNC	10	19.050	2.540	120	68	57	14.00
7/8-9 UNC	9	22.225	2.822		72	60	18.00
1-8 UNC	8	25.400	3.175	135	80	67	20.00

注：表中切削锥长度 l_5 为推荐尺寸。

3）公称直径 d = 6.350 ~ 25.4mm 圆柄（无方头）的细牙螺母丝锥的尺寸如表16-21所示。

表16-21　公称直径 d = 6.350 ~ 25.4mm 圆柄的细牙螺母丝锥的尺寸（JB/T 8824.4—2012）

（单位：mm）

螺纹代号	每25.4mm 上牙数	公称直径 d	螺距 P	L	l	l_5	d_1
1/4-28 UNF	28	6.350	0.907	58	27	22	4.50
5/16-24 UNF	24	7.938	1.058	65	31	26	6.30
3/8-24 UNF		9.525		70			7.10
7/16-20 UNF	20	11.112	1.270	85	38	33	8.00
1/2-20 UNF		12.700					9.00
9/16-18 UNF	18	14.288	1.411	95	42	36	11.20
5/8-18 UNF		15.875					12.50
3/4-16 UNF	16	19.050	1.588	105	47	40	14.00
7/8-14 UNF	14	22.225	1.814	115	54	46	18.00
1-12 UNF	12	25.400	2.117	130	64	55	20.00

注：表中切削锥长度 l_5 为推荐尺寸。

3. 公称直径 $d \geqslant 6.350$mm 柄部带方头的螺母丝锥

1）公称直径 $d \geqslant 6.350$mm 柄部带方头的螺母丝锥的形式如图16-18所示。

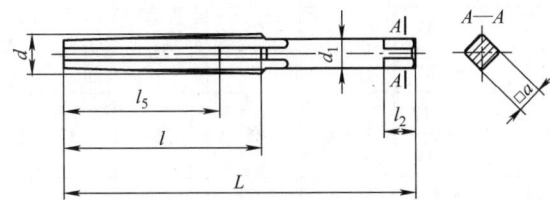

图16-18　公称直径 $d \geqslant 6.350$mm 柄部带方头的螺母丝锥

2）公称直径 $d \geqslant 6.350$mm 柄部带方头的粗牙螺母丝锥的尺寸如表16-22所示。

表16-22 公称直径 $d \geqslant 6.350$mm 柄部带方头的粗牙螺母丝锥的尺寸（JB/T 8824.4—2012）

（单位：mm）

螺纹代号	每25.4mm上牙数	公称直径 d	螺距 P	L	l	l_5	d_1	方头	
								a	l_2
1/4-20 UNC	20	6.350	1.270	60	32	26	4.50	3.55	6
5/16-18 UNC	18	7.938	1.411	70	38	32	5.60	4.50	7
3/8-16 UNC	16	9.525	1.588	75	42	35	7.10	5.60	8
7/16-14 UNC	14	11.112	1.814	85	48	40	8.00	6.30	9
1/2-13 UNC	13	12.700	1.954		52	44	9.00	7.10	10
9/16-12 UNC	12	14.288	2.117	95	58	49	11.20	9.00	12
5/8-11 UNC	11	15.875	2.309	105	62	52	12.50	10.00	13
3/4-10 UNC	10	19.050	2.540	120	68	57	14.00	11.20	14
7/8-9 UNC	9	22.225	2.822		72	60	18.00	14.00	18
1-8 UNC	8	25.400	3.175	135	80	67	20.00	16.00	20
1⅛-7 UNC	7	28.575	3.629	150	90	72	22.40	18.00	22
1¼-7 UNC		31.750					25.00	20.00	24
1⅜-6 UNC	6	34.925	4.233	170	95	75	28.00	22.40	26
1½-6 UNC		38.100					31.50	25.00	28
1¾-5 UNC	5	44.450	5.080	190	105	80	35.50	28.00	31
2-4½ UNC	4.5	50.800	5.644	200	115	85	40.00	31.50	34

注：表中切削锥长度 l_5 为推荐尺寸。

3）公称直径 $d \geqslant 6.350$mm 柄部带方头的细牙螺母丝锥的尺寸如表16-23所示。

表16-23 公称直径 $d \geqslant 6.350$mm 柄部带方头的细牙螺母丝锥的尺寸（JB/T 8824.4—2012）

（单位：mm）

螺纹代号	每25.4mm上牙数	公称直径 d	螺距 P	L	l	l_5	d_1	方头	
								a	l_2
1/4-28 UNF	28	6.350	0.907	58	27	22	4.50	3.55	6
5/16-24 UNF	24	7.938	1.058	65	31	26	5.60	4.50	7
3/8-24 UNF		9.525		70			7.10	5.60	8
7/16-20 UNF	20	11.112	1.270	85	38	33	8.00	6.30	9
1/2-20 UNF		12.700					9.00	7.10	10
9/16-18 UNF	18	14.288	1.411	95	42	36	11.20	9.00	12
5/8-18 UNF		15.875					12.50	10.00	13
3/4-16 UNF	16	19.050	1.588	105	47	40	14.00	11.20	14
7/8-14 UNF	14	22.225	1.814	115	54	46	18.00	14.00	18

(续)

螺纹代号	每25.4mm上牙数	公称直径 d	螺距 P	L	l	l_5	d_1	方头	
								a	l_2
1-12 UNF		25.400					20.00	16.00	20
1⅛-12 UNF		28.575		130			22.40	18.00	22
1¼-12 UNF	12	31.750	2.117		64	55	25.00	20.00	24
1⅜-12 UNF		34.925		140			28.00	22.40	26
1½-12 UNF		38.100					31.50	25.00	28

注：表中切削锥长度 l_5 为推荐尺寸。

16.2.2　惠氏螺纹丝锥

1. 粗柄带颈丝锥

1) 粗柄带颈丝锥的形式如图16-19所示。

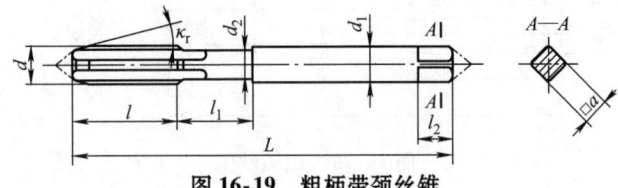

图16-19　粗柄带颈丝锥

2) 粗柄带颈粗牙丝锥的尺寸如表16-24所示。

表16-24　粗柄带颈粗牙丝锥的尺寸（JB/T 8825.1—2011）（单位：mm）

螺纹代号	每25.4mm上牙数	公称直径 d	螺距 P	d_1	l	L	l_1	d_2 min	方头	
									a	l_2
1/8-40 BSW	40	3.175	0.635	3.15	11	48	7	2.30	2.50	5
3/16-24 BSW	24	4.762	1.058	5.00	16	58	9	3.35	4.00	7
1/4-20 BSW	20	6.350	1.270	6.30	19	66	11	4.50	5.00	8
5/16-18 BSW	18	7.938	1.411	8.00	22	72	13	6.00	6.30	9
3/8-16 BSW	16	9.525	1.588	10.00	24	80	15	7.40	8.00	11

注：允许无空刀槽，无空刀槽时螺纹部分长度应为 $l+l_1/2$。

3) 粗柄带颈细牙丝锥的尺寸如表16-25所示。

表16-25　粗柄带颈细牙丝锥的尺寸（JB/T 8825.1—2011）（单位：mm）

螺纹代号	每25.4mm上牙数	公称直径 d	螺距 P	d_1	l	L	l_1	d_2 min	方头	
									a	l_2
3/16-32 BSF	32	4.762	0.794	5.00	16	58	9	3.35	4.00	7
7/32-28 BSF	28	5.556	0.907	5.60	17	62	9	4.25	4.50	7

(续)

螺纹代号	每25.4mm上牙数	公称直径 d	螺距 P	d_1	l	L	l_1	d_2 min	方头	
									a	l_2
1/4-26 BSF	26	6.350	0.977	6.30	19	66	11	4.50	5.00	8
9/32-26 BSF		7.144		7.10				5.60	5.60	
5/16-22 BSF	22	7.938	1.154	8.00	22	72	13	6.00	6.30	9
3/8-20 BSF	20	9.525	1.270	10.00	24	80	15	7.40	8.00	11

注：允许无空刀槽，无空刀槽时螺纹部分长度应为 $l+l_1/2$。

2. 细柄丝锥

1) 细柄丝锥的形式如图16-20所示。

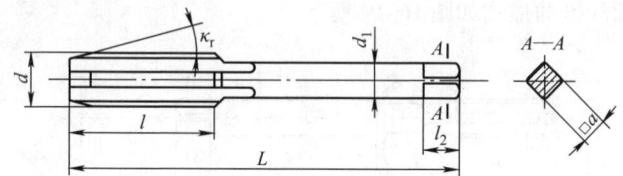

图 16-20　细柄丝锥

2) 细柄粗牙丝锥的尺寸如表16-26所示。

表 16-26　细柄粗牙丝锥的尺寸（JB/T 8825.1—2011）　（单位：mm）

螺纹代号	每25.4mm上牙数	公称直径 d	螺距 P	d_1	l	L	方头	
							a	l_2
1/8-40 BSW	40	3.175	0.635	2.24	11	48	1.80	4
3/16-24 BSW	24	4.762	1.058	3.55	16	58	2.80	5
1/4-20 BSW	20	6.350	1.270	4.50	19	66	3.55	6
5/16-18 BSW	18	7.938	1.411	5.60	22	72	4.50	7
3/8-16 BSW	16	9.525	1.588	7.10	24	80	5.60	8
7/16-14 BSW	14	11.112	1.814	8.00	25	85	6.30	9
1/2-12 BSW	12	12.700	2.117	9.00	29	89	7.10	10
9/16-12 BSW		14.288		11.20	30	95	9.00	12
5/8-11 BSW	11	15.875	2.309	12.50	32	102	10.00	13
11/16-11 BSW		17.462		14.00	37	112	11.20	14
3/4-10 BSW	10	19.050	2.540					
7/8-9 BSW	9	22.225	2.822	16.00	38	118	12.50	16
1-8 BSW	8	25.400	3.175	18.00	45	130	14.00	18

(续)

螺纹代号	每25.4mm上牙数	公称直径 d	螺距 P	d_1	l	L	方头 a	l_2
1⅛-7 BSW	7	28.575	3.629	20.00	48	138	16.00	20
1¼-7 BSW		31.750		22.40	51	151	18.00	22
1½-6 BSW	6	38.100	4.233	28.00	60	170	22.40	26
1¾-5 BSW	5	44.450	5.080	31.50	67	187	25.00	28
2-4½ BSW	4.5	50.800	5.644	35.50	70	200	28.00	31
2¼-4 BSW	4	57.150	6.350	40.00	76	221	31.50	34
2½-4 BSW		63.500			79	224		
2¾-3½ BSW	3.5	69.850	7.257	45.00		234	35.50	38
3-3½ BSW		76.200			83	258	40.00	42
3¼-3¼ BSW	3.25	82.550	7.815	50.00				
3½-3¼ BSW		88.900			86	261		
3¾-3 BSW	3	95.250	8.467	56.00	89	279	45.00	46
4-3 BSW		101.600						

3) 细柄细牙丝锥的尺寸如表16-27所示。

表16-27 细柄细牙丝锥的尺寸（JB/T 8825.1—2011） （单位：mm）

螺纹代号	每25.4mm上牙数	公称直径 d	螺距 P	d_1	l	L	方头 a	l_2
3/16-32 BSF	32	4.762	0.794	3.55	16	58	2.80	5
7/32-28 BSF	28	5.556	0.907	4.00	17	62	3.15	6
1/4-26 BSF	26	6.350	0.977	4.50	19	66	3.55	
9/32-26 BSF		7.144		5.60			4.50	7
5/16-22 BSF	22	7.938	1.154	6.30	22	72	5.00	8
3/8-20 BSF	20	9.525	1.270	7.10	24	80	5.60	
7/16-18 BSF	18	11.112	1.411	8.00	25	85	6.30	9
1/2-16 BSF	16	12.700	1.588	9.00	29	89	7.10	10
9/16-16 BSF		14.288		11.20	30	95	9.00	12
5/8-14 BSF	14	15.875	1.814	12.50	32	102	10.00	13
11/16-14 BSF		17.462		14.00	37	112	11.20	14
3/4-12 BSF	12	19.050	2.117					
7/8-11 BSF	11	22.225	2.309	16.00	38	118	12.50	16
1-10 BSF	10	25.400	2.540	18.00	45	130	14.00	18
1⅛-9 BSF	9	28.575	2.822	20.00	48	138	16.00	20
1¼-9 BSF		31.750		22.40	51	151	18.00	22

（续）

螺纹代号	每25.4mm 上牙数	公称直径 d	螺距 P	d_1	l	L	方头	
							a	l_2
1 3/8-8 BSF	8	34.925	3.175	25.00	57	162	20.00	24
1 1/2-8 BSF		38.100		28.00	60	170	22.40	26
1 5/8-8 BSF		41.275						
1 3/4-7 BSF	7	44.450	3.629	31.50	67	187	25.00	28
2-7 BSF		50.800		35.50	70	200	28.00	31
2 1/4-6 BSF	6	57.150	4.233	40.00	76	221	31.50	34
2 1/2-6 BSF		63.500			79	224		
2 3/4-6 BSF		69.850		45.00		234	35.50	38
3-5 BSF	5	76.200	5.080	50.00	83	258	40.00	42
3 1/4-5 BSF		82.550			86	261		
3 1/2-4 1/2 BSF	4.5	88.900	5.644	56.00	89	279	45.00	46
3 3/4-4 1/2 BSF		95.250						
4-4 1/2 BSF		101.600						

16.2.3 短柄机用和手用丝锥

1. 粗短柄机用和手用丝锥

1）粗短柄机用和手用丝锥的形式如图 16-21 所示。

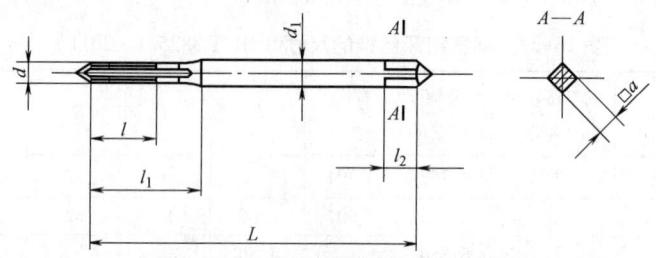

图 16-21 粗短柄机用和手用丝锥

2）粗牙普通螺纹丝锥的尺寸如表 16-28 所示。

表 16-28 粗牙普通螺纹丝锥的尺寸（GB/T 3464.3—2007）（单位：mm）

螺纹代号	公称直径 d	螺距 P	d_1	l	L	l_1	方头	
							a	l_2
M1	1	0.25	2.5	5.5	28	10	2	4
M1.1	1.1							
M1.2	1.2							
M1.4	1.4	0.3		7		12		
M1.6	1.6	0.35		8	32	13		
M1.8	1.8							
M2	2	0.4				13.5		
M2.2	2.2	0.45	2.8	9.5	36	15.5	2.24	5
M2.5	2.5							

3) 细牙普通螺纹丝锥的尺寸如表 16-29 所示。

表 16-29 细牙普通螺纹丝锥的尺寸 (GB/T 3464.3—2007)（单位：mm）

螺纹代号	公称直径 d	螺距 P	d_1	l	L	l_1	方头	
							a	l_2
M1×0.2	1	0.2	2.5	5.5	28	10	2	4
M1.1×0.2	1.1							
M1.2×0.2	1.2							
M1.4×0.2	1.4			7		12		
M1.6×0.2	1.6			8	32	13		
M1.8×0.2	1.8							
M2×0.25	2	0.25	2.8	9.5	36	13.5	2.24	5
M2.2×0.25	2.2					15.5		
M2.5×0.35	2.5	0.35						

2. 粗柄带颈短柄机用和手用丝锥

1) 粗柄带颈短柄机用和手用丝锥的形式如图 16-22 所示。

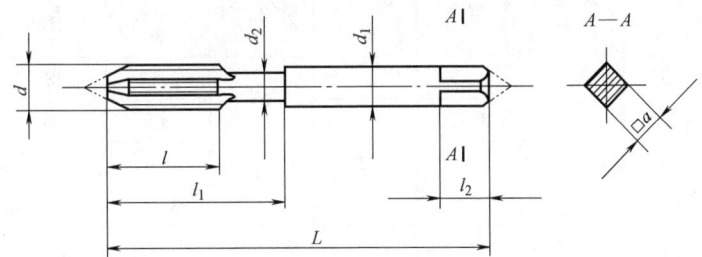

图 16-22 粗柄带颈短柄机用和手用丝锥

2) 粗牙普通螺纹丝锥的尺寸如表 16-30 所示。

表 16-30 粗牙普通螺纹丝锥的尺寸 (GB/T 3464.3—2007)

(单位：mm)

螺纹代号	公称直径 d	螺距 P	d_1	l	L	d_2 ≥	l_1	方头	
								a	l_2
M3	3	0.5	3.15	11	40	2.12	18	2.5	5
M3.5	3.5	(0.6)	3.55			2.5	20	2.8	
M4	4	0.7	4	13	45	2.8	21	3.15	6
M4.5	4.5	(0.75)	4.5			3.15		3.55	

（续）

螺纹代号	公称直径 d	螺距 P	d_1	l	L	d_2 ≥	l_1	方头	
								a	l_2
M5	5	0.8	5	16	50	3.55	25	4	7
M6	6	1	6.3	19	55	4.5	30	5	8
M7	7	1	7.1	19	55	5.3	30	5.6	8
M8	8	1.25	8	22	65	6	35	6.3	9
M9	9	1.25	9	22	65	7.1	36	7.1	10
M10	10	1.5	10	24	70	7.5	39	8	11

注：1. 括号内的尺寸尽可能不用。

2. 允许无空刀槽，无空刀槽时螺纹部分长度尺寸应为 $l+(l_1-l)/2$。

3）细牙普通螺纹丝锥的尺寸如表 16-31 所示。

表 16-31　细牙普通螺纹丝锥的尺寸（GB/T 3464.3—2007）

（单位：mm）

螺纹代号	公称直径 d	螺距 P	d_1	l	L	d_2 ≥	l_1	方头	
								a	l_2
M3×0.35	3	0.35	3.15	11	40	2.12	18	2.5	5
M3.5×0.35	3.5	0.35	3.55	11	40	2.5	20	2.8	5
M4×0.5	4	0.5	4	13	45	2.8	21	3.15	6
M4.5×0.5	4.5	0.5	4.5	13	45	3.15	21	3.55	6
M5×0.5	5	0.5	5	16	50	3.55	25	4	7
M5.5×0.5	5.5	0.5	5.6	17	50	4	26	4.5	7
M6×0.5	6	0.5	6.3	19	50	4.5	30	5	8
M6×0.75	6	0.75	6.3	19	50	4.5	30	5	8
M7×0.75	7	0.75	7.1	19	50	5.3	30	5.6	8
M8×0.5	8	0.5	8	22	60	6	32	6.3	9
M8×0.75	8	0.75	8	22	60	6	32	6.3	9
M8×1	8	1	8	22	60	6	35	6.3	9
M9×0.75	9	0.75	9	19	60	7.1	33	7.1	10
M9×1	9	1	9	22	60	7.1	36	7.1	10
M10×0.75	10	0.75	10	20	65	7.5	35	8	11
M10×1	10	1	10	20	65	7.5	35	8	11
M10×1.25	10	1.25	10	24	65	7.5	39	8	11

注：允许无空刀槽，无空刀槽时螺纹部分长度尺寸应为 $l+(l_1-l)/2$。

3. 粗短柄机用和手用丝锥

1) 粗短柄机用和手用丝锥的形式如图 16-23 所示。

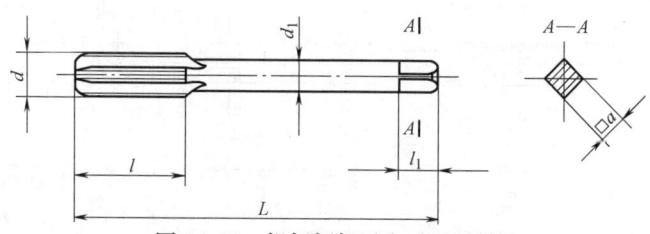

图 16-23 粗短柄机用和手用丝锥

2) 粗牙普通螺纹丝锥的尺寸如表 16-32 所示。
3) 细牙普通螺纹丝锥的尺寸如表 16-33 所示。

表 16-32 粗牙普通螺纹丝锥的尺寸（GB/T 3464.3—2007）

扫码查表

表 16-33 细牙普通螺纹丝锥的尺寸（GB/T 3464.3—2007）

扫码查表

4. 单支和成组丝锥适用范围、切削锥角及切削锥长度（表 16-34）

表 16-34 单支和成组丝锥适用范围、切削锥角及切削锥长度（GB/T 3464.3—2007）

分类	适用范围（螺距 P）/mm	名称	切削锥角	切削锥长度	图示
单支和成组（等径）丝锥	$P \leqslant 2.5$	初锥	4°30′	8 牙	
		中锥	8°30′	4 牙	
		底锥	17°	2 牙	
成组（不等径）丝锥	$P > 2.5$	第一粗锥	6°	6 牙	
		第二粗锥	8°30′	4 牙	
		精锥	17°	2 牙	

注：1. 螺距 $P \leqslant 2.5$mm 丝锥优先按中锥单支生产供应。当使用需要时，亦可按成组不等径丝锥供应。
2. 成组丝锥每组支数按使用需要，由制造厂自行决定。
3. 成组不等径丝锥在第一、第二粗锥柄部应分别切制 1 条、2 条圆环或以顺序号Ⅰ、Ⅱ标志。

16.2.4 螺旋槽丝锥

1. 螺旋槽丝锥的形式（图16-24）

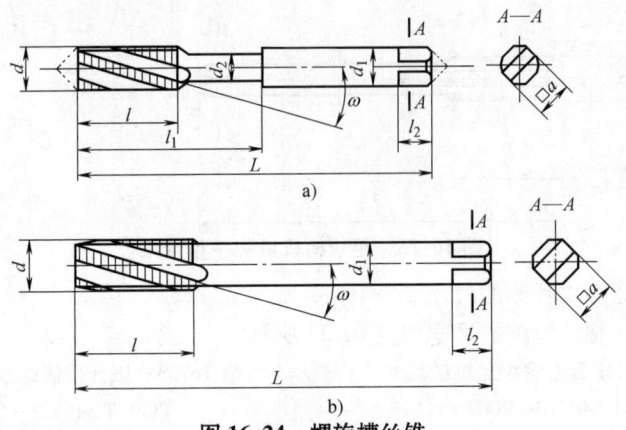

图 16-24 螺旋槽丝锥
a）适用于 M3 ~ M6 b）适用于 M7 ~ M33

2. 螺旋槽丝锥的尺寸

1）粗牙普通螺纹螺旋槽丝锥的尺寸（表16-35）。

表16-35 粗牙普通螺纹螺旋槽丝锥的尺寸（GB/T 3506—2008）（单位：mm）

螺纹代号	公称直径 d	螺距 P	L	l	l_1	d_1	$d_2 \geqslant$	a	l_2
M3	3	0.5	48	11	18	3.15	2.12	2.5	5
M3.5	3.5	0.6	50		20	3.55	2.5	2.8	5
M4	4	0.7	53	13	21	4	2.8	3.15	6
M4.5	4.5	0.75	53	13	21	4.5	3.15	3.55	6
M5	5	0.8	58	16	25	5	3.55	4	7
M6	6	1	66	19	30	6.3	4.5	5	8
M7	7	1	66	19		5.6		4.5	7
M8	8	1.25	72	22		6.3		5	8
M9	9	1.25	72	22		7.1		5.6	8
M10	10	1.5	80	24		8		6.3	9
M11	11	1.5	85	25		8		6.3	9
M12	12	1.75	89	29		9		7.1	10
M14	14	2	95	30	—	11.2	—	9	12
M16	16	2	102	32		12.5		10	13
M18	18	2.5	112	37		14		11.2	14
M20	20	2.5	112	37		14		11.2	14
M22	22	2.5	118	38		16		12.5	16
M24	24	3	130	45		18		14	18
M27	27	3	135	45		20		16	20

注：允许无空刀槽，无空刀槽时螺纹部分长度尺寸应为 $l + (l_1 - l)/2$。

2) 细牙普通螺纹螺旋槽丝锥的尺寸（表16-36）。

表16-36　细牙普通螺纹螺旋槽丝锥的尺寸（GB/T 3506—2008）（单位：mm）

螺纹代号	公称直径 d	螺距 P	L	l	l_1	d_1	$d_2 \geq$	a	l_2
M3×0.35	3	0.35	48	11	18	3.15	2.12	2.50	5
M3.5×0.35	3.5		50		20	3.55	2.50	2.80	
M4×0.5	4	0.5	53	13	21	4	2.8	3.15	6
M4.5×0.5	4.5					4.5	3.15	3.55	
M5×0.5	5		58	16	25	5	3.55	4	7
M5.5×0.5	5.5		62	17	26	5.6	4	4.5	
M6×0.75	6	0.75	66	19	30	6.3	4.5	5	8
M7×0.75	7					5.6		4.5	7
M8×1	8	1	72	22		6.3		5	8
M9×1	9					7.1		5.6	
M10×1	10		80	24		8		6.3	9
M10×1.25		1.25							
M12×1.25	12	1.25	89	29		9		7.1	10
M12×1.5		1.5							
M14×1.25	14	1.25	95	30		11.2		9	12
M14×1.5		1.5							
M15×1.5	15								
M16×1.5	16		102	32		12.5		10	13
M17×1.5	17								
M18×1.5	18	1.5	112	37		14		11.2	14
M18×2		2							
M20×1.5	20	1.5							
M20×2		2							
M22×1.5	22	1.5	118	38	—	16	—	12.5	16
M22×2		2							
M24×1.5	24	1.5	130	45		18		14	18
M24×2		2							
M25×1.5	25	1.5							
M25×2		2							
M27×1.5	27	1.5							
M27×2		2							
M28×1.5	28	1.5	127	37		20		16	20
M28×2		2							
M30×1.5	30	1.5							
M30×2		2							
M30×3		3	138	48					
M32×1.5	32	1.5	137	37		22.4		18	22
M32×2		2							
M33×1.5	33	1.5							
M33×2		2	137	37		22.4		18	22
M33×3		3	151	51					

注：允许无空刀槽，无空刀槽时螺纹部分长度尺寸应为 $l+(l_1-l)/2$。

16.2.5 丝锥夹套

1. 丝锥夹套的形式（图 16-25）

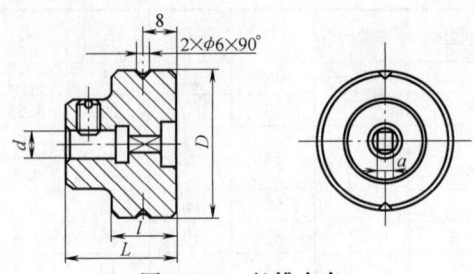

图 16-25　丝锥夹套

2. 丝锥夹套的尺寸（表 16-37）

表 16-37　丝锥夹套的尺寸（JB/T 3411.14—1999）　（单位：mm）

a		D		d		L	l
基本尺寸	极限偏差 D11	基本尺寸	极限偏差 f7	基本尺寸	极限偏差 H9		
2.50	+0.080 +0.020			3.15	+0.030 0	20	
3.15				4.00			
3.55	+0.105 +0.030			4.50			
4.00				5.00			
4.50		36		5.60		22	15.5
5.00				6.30			
6.30				8.00	+0.036 0		
7.10	+0.130 +0.040		-0.025 -0.050	9.00			
8.00				10.00		30	
10.00				12.50			
11.20				14.00	+0.043 0		
12.50	+0.160 +0.050			16.00		38	
14.00				18.00			
16.00		50		20.00			16.5
18.00				22.40	+0.052 0	50	
20.00	+0.195 +0.065			25.00			

16.2.6 丝锥用弹性夹紧套

1. 丝锥用弹性夹紧套的形式（图 16-26）

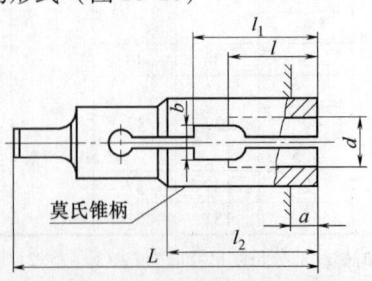

图 16-26　丝锥用弹性夹紧套

2. 丝锥用弹性夹紧套的基本尺寸（表16-38）

表16-38 丝锥用弹性夹紧套的基本尺寸（JB/T 3411.71—1999）

（单位：mm）

d	b	莫氏圆锥															l	l_1
		1			2			3			4			5				
		a	L	l_2	a	L	l_2	a	L	l_2	a	L	l_2	a	L	l_2		
>2.36~2.65	2.05																15	19
>2.65~3	2.3																17	21
>3~3.35	2.6																18	22
>3.35~3.75	2.9																	
>3.75~4.25	3.3	3.5	65.5	36														24
>4.25~4.75	3.7																19	
>4.75~5.3	4.2																	25
>5.3~6	4.7																	
>6~6.7	5.2																22	28
>6.7~7.5	5.8				5	80	42										23	30
>7.5~8.5	6.5																24	32
>8.5~9.5	7.4																23	
>9.5~10.6	8.3																	
>10.6~11.8	9.3							5	99	50							26	36
>11.8~13.2	10.3																29	40
>13.2~15	11.5																32	45
>15~17	12.8							6.5	124	63							26	
>17~19	14.4																34	50
>19~21.2	16.4																38	56
>21.2~23.6	18.4										6.5	156	80				41	60
>23.6~26.5	20.4																46	67
>26.5~30	22.8																	

注：1. 表中尺寸 d 值公差采用 H7。
　　2. 莫氏圆锥的尺寸和偏差按 GB/T 1443 的规定。

16.2.7 丝锥用快换套

1. 丝锥用快换套的形式（图16-27）

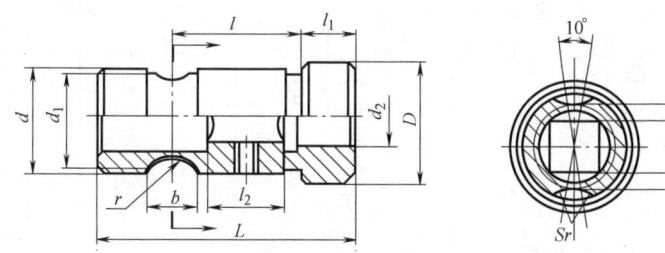

图16-27 丝锥用快换套

2. 丝锥用快换套的基本尺寸及极限偏差（表16-39）

表16-39　丝锥用快换套的基本尺寸及极限偏差（JB/T 3411.80—1999）　　　（单位：mm）

尺寸		d=25											d=35				
d	基本尺寸	25											35				
	极限偏差 f7	−0.020 / −0.041											−0.025 / −0.050				
a	基本尺寸	3.15	3.55	4.00	4.50	5.00	5.60	6.30	7.10	8.00	9.00	10.00	6.30	7.10	8.00	9.00	10.00
	极限偏差 D11	+0.105 / +0.030					+0.130 / +0.040						+0.130 / +0.040				
D		30											40				
d_1		24											34				
d_2	基本尺寸	4.00	4.50	5.00	5.60	6.30	7.10	8.00	9.00	10.00	11.20	12.50	8.00	9.00	10.00	11.20	12.50
	极限偏差 H9	+0.030 / 0				+0.036 / 0					+0.043 / 0		+0.036 / 0			+0.043 / 0	
d_3		19.5											28.5				
L		52											64				
l		30											35				
l_1		12											16				
l_2		9					11				13		11			13	
b		10											12				
r		3.75											4.25				

（续）

d	基本尺寸	35				45						60							
	极限偏差 f7	-0.025 / -0.050				-0.025 / -0.050						-0.030 / -0.060							
a	基本尺寸	9.00	10.00	11.20	12.50	10.00	11.20	12.50	14.00	16.00	18.00	16.00	18.00	20.00	22.40	25.00	28.00	31.50	35.50
	极限偏差 D11	$+0.130$ / $+0.040$	$+0.130$ / $+0.040$	$+0.160$ / $+0.050$	$+0.160$ / $+0.050$	$+0.130$ / $+0.040$	$+0.160$ / $+0.050$	$+0.160$ / $+0.050$	$+0.160$ / $+0.050$	$+0.160$ / $+0.050$	$+0.160$ / $+0.050$	$+0.160$ / $+0.050$	$+0.160$ / $+0.050$	$+0.195$ / $+0.065$	$+0.195$ / $+0.065$	$+0.195$ / $+0.065$	$+0.195$ / $+0.065$	$+0.240$ / $+0.080$	$+0.240$ / $+0.080$
D		40				50						65							
d_1		34				44						59							
d_2	基本尺寸	11.20	12.50	14.00	16.00	12.50	14.00	16.00	18.00	20.00	22.40	20.00	22.40	25.00	28.00	31.50	35.50	40.00	45.00
	极限偏差 H9	$+0.043$ / 0				$+0.043$ / 0						$+0.052$ / 0					$+0.062$ / 0		
d_3		28.5				37.5						51.5							
L		64				73						98							
l		35				40						55							
l_1		16				18						22							
l_2		13	14	16	16	14	16	18	20	22	24	22	24	26	28	31	34	38	
b		12				14						18							
r		4.25				5.75						7.25							

16.2.8 丝锥用莫氏锥柄接杆

1. 丝锥用莫氏锥柄接杆的形式（图 16-28）

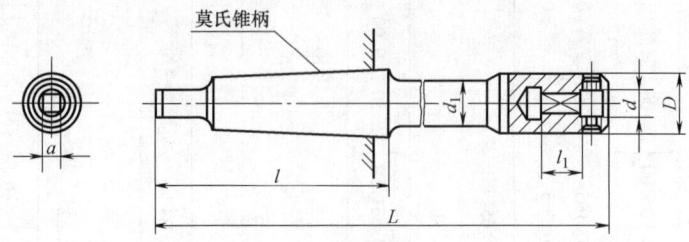

图 16-28　丝锥用莫氏锥柄接杆

2. 丝锥用莫氏锥柄接杆的基本尺寸（表 16-40）

表 16-40　丝锥用莫氏锥柄接杆的基本尺寸（JB/T 3411.75—1999）

（单位：mm）

莫氏圆锥号	a 基本尺寸	a 极限偏差 D11	L	D	d 基本尺寸	d 极限偏差 H9	d_1	l	l_1
1	3.15		160	10	4.00	+0.030 0	8	65.5	8
			200						
			250						
	3.55		200		4.50				
			280						
			400						
2	4.00	+0.105 +0.030	200	12	5.00				
			280						
			400						
	4.50		200		5.60				
			280						
			400						
	5.00		200	14	6.30	+0.036 0	14	80	10
			280						
			400						
	5.60		200		7.10				
			280						
			400						
	6.30	+0.130 +0.040	250	16	8.00				
			360						
			500						

(续)

莫氏圆锥号	a 基本尺寸	a 极限偏差 D11	L	D	d 基本尺寸	d 极限偏差 H9	d_1	l	l_1
2	7.10		250	16	9.00	+0.036 0	14	80	10
			360						
			500						
3	8.00	+0.130 +0.040	250	20	10.00		20	99	14
			360						
			500						
	9.00		250		11.20				
			360						
			500						
	10.00		250		12.50				
			360						
			500						
	11.20		250		14.00	+0.043 0			
			360						
			500						
	12.50		280	24	16.00				
			400						
			550						
	14.00	+0.160 +0.050	280	28	18.00		24		22
			400						
			550						
	16.00		280	30	20.00				
			400						
			550						
	18.00		280		22.40	+0.052 0			
			400						
			550						
4	20.00	+0.195 +0.065	300	32	25.00		30	124	28
			450						
			600						
	22.40		300	36	28.00				
			450						
			600						

注：莫氏圆锥的尺寸和偏差按 GB/T 1443 的规定。

16.3 铰刀

16.3.1 手用铰刀

1. 手用铰刀的形式（图16-29）

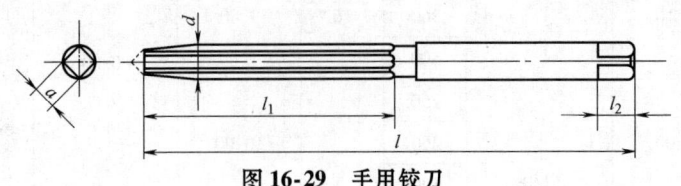

图16-29 手用铰刀

2. 手用铰刀的基本尺寸

手用铰刀的尺寸如表16-41~表16-43所示。

表16-41 手用铰刀米制系列的推荐直径和各相应尺寸（GB/T 1131.1—2004）

（单位：mm）

d	l_1	l	a	l_2	d	l_1	l	a	l_2
(1.5)	20	41	1.12		22	107	215	18.00	22
1.6	21	44	1.25		(23)				
1.8	23	47	1.40	4	(24)	115	231	20.00	24
2.0	25	50	1.60		25				
2.2	27	54	1.80		(26)				
2.5	29	58	2.00		(27)				
2.8	31	62	2.24	5	28	124	247	22.40	26
3.0					(30)				
3.5	35	71	2.80		32	133	265	25.00	28
4.0	38	76	3.15	6	(34)	142	284	28.00	31
4.5	41	81	3.55		(35)				
5.0	44	87	4.00		36				
5.5	47	93	4.50	7	(38)	152	305	31.5	34
6.0					40				
7.0	54	107	5.60	8	(42)				
8.0	58	115	6.30	9	(44)				
9.0	62	124	7.10	10	45	163	326	35.50	38
10.0	66	133	8.00	11	(46)				
11.0	71	142	9.00	12	(48)				
12.0	76	152	10.00	13	50	174	347	40.00	42
(13.0)					(52)				
14.0	81	163	11.20	14	(55)				
(15.0)					56	184	367	45.00	46
16.0	87	175	12.50	16	(58)				
(17.0)					(60)				
18.0	93	188	14.00	18	(62)	194	387	50.00	51
(19.0)					63				
20.0	100	201	16.00	20	67	203	406	56.00	56
(21.0)					71				

注：括号内的尺寸尽量不采用。

表16-42 手用铰刀英制系列的推荐直径和各相应尺寸 (GB/T 1131.1—2004)

(单位: in[①])

d	l_1	l	a	l_2	d	l_1	l	a	l_2
$1/16$	$13/16$	$1\ 3/4$	0.049	$5/32$	$3/4$	$3\ 15/16$	$7\ 15/16$	0.630	$25/32$
$3/32$	$1\ 1/8$	$2\ 1/4$	0.079		$(13/16)$				
$1/8$	$1\ 5/16$	$2\ 5/8$	0.098	$3/16$	$7/8$	$4\ 3/16$	$8\ 1/2$	0.709	$7/8$
$5/32$	$1\ 1/2$	3	0.124	$1/4$	1	$4\ 1/2$	$9\ 1/16$	0.787	$15/16$
$3/16$	$1\ 3/4$	$3\ 7/16$	0.157	$9/32$	$(1\ 1/16)$	$4\ 7/8$	$9\ 3/4$	0.882	$1\ 1/32$
$7/32$	$1\ 7/8$	$3\ 11/16$	0.177		$1\ 1/8$				
$1/4$	2	$3\ 15/16$	0.197	$5/16$	$1\ 1/4$	$5\ 1/4$	$10\ 7/8$	0.984	$1\ 3/32$
$9/32$	$2\ 1/8$	$4\ 3/16$	0.220		$(1\ 5/16)$				
$5/16$	$2\ 1/4$	$4\ 1/2$	0.248	$11/32$	$1\ 3/8$	$5\ 5/8$	$11\ 3/16$	1.102	$1\ 7/32$
$11/32$	$2\ 7/16$	$4\ 7/8$	0.280	$13/32$	$(1\ 7/16)$				
$3/8$	$2\ 5/8$	$5\ 1/4$	0.315	$7/16$	$1\ 1/2$	6	12	1.240	$1\ 11/32$
$(13/32)$					$(1\ 5/8)$				
$7/16$	$2\ 13/16$	$5\ 5/8$	0.354	$15/32$	$1\ 3/4$	$6\ 7/15$	$12\ 13/16$	1.398	$1\ 1/2$
$(15/32)$	3	6	0.394	$1/2$	$(1\ 7/8)$	$6\ 7/8$	$13\ 11/16$	1.575	$1\ 21/32$
$1/2$					2				
$9/16$	$3\ 3/16$	$6\ 7/16$	0.441	$9/16$	$2\ 1/4$	$7\ 1/4$	$14\ 7/16$	1.772	$1\ 13/16$
$5/8$	$3\ 7/16$	$6\ 7/8$	0.492	$5/8$	$2\ 1/2$	$7\ 5/8$	$15\ 1/4$	1.968	2
$11/16$	$3\ 11/16$	$7\ 7/16$	0.551	$23/32$	3	$8\ 3/8$	$16\ 11/16$	2.480	$2\ 7/16$

注: 括号内的尺寸尽量不采用。

① 1in = 25.4mm。

表16-43 手用铰刀以直径分段的尺寸 (GB/T 1131.1—2004)

直径分段 d				长 度			
大于	至	大于	至	l_1	l	l_1	l
mm		in		mm		in	
1.32	1.50	0.0520	0.0591	20	41	$25/32$	$1\ 5/8$
1.50	1.70	0.0591	0.0669	21	44	$13/16$	$1\ 3/4$
1.70	1.90	0.0669	0.0748	23	47	$29/32$	$1\ 7/8$
1.90	2.12	0.0748	0.0835	25	50	1	2
2.12	2.36	0.0835	0.0929	27	54	$1\ 1/16$	$2\ 1/8$
2.36	2.65	0.0929	0.1043	29	58	$1\ 1/8$	$2\ 1/4$
2.65	3.00	0.1043	0.1181	31	62	$1\ 7/32$	$2\ 7/16$
3.00	3.35	0.1181	0.1319	33	66	$1\ 5/16$	$2\ 5/8$
3.35	3.75	0.1319	0.1476	35	71	$1\ 3/8$	$2\ 13/16$
3.75	4.25	0.1476	0.1673	38	76	$1\ 1/2$	3
4.25	4.75	0.1673	0.1870	41	81	$1\ 5/8$	$3\ 3/16$
4.75	5.30	0.1870	0.2087	44	87	$1\ 3/4$	$3\ 7/16$
5.30	6.00	0.2087	0.2362	47	93	$1\ 7/8$	$3\ 11/16$
6.00	6.70	0.2362	0.2638	50	100	2	$3\ 15/16$

（续）

直径分段 d				长 度			
大于	至	大于	至	l_1	l	l_1	l
mm		in		mm		in	
6.70	7.50	0.2638	0.2953	54	107	$2\frac{1}{8}$	$4\frac{3}{16}$
7.50	8.50	0.2953	0.3346	58	115	$2\frac{1}{4}$	$4\frac{1}{2}$
8.50	9.50	0.3346	0.3740	62	124	$2\frac{7}{16}$	$4\frac{7}{8}$
9.50	10.60	0.3740	0.4173	66	133	$2\frac{5}{8}$	$5\frac{1}{4}$
10.60	11.80	0.4173	0.4646	71	142	$2\frac{13}{16}$	$5\frac{5}{8}$
11.80	13.20	0.4646	0.5197	76	152	3	6
13.20	15.00	0.5197	0.5906	81	163	$3\frac{3}{16}$	$6\frac{7}{16}$
15.00	17.00	0.5906	0.6693	87	175	$3\frac{7}{16}$	$6\frac{7}{8}$
17.00	19.00	0.6693	0.7480	93	188	$3\frac{11}{16}$	$7\frac{7}{16}$
19.00	21.20	0.7480	0.8346	100	201	$3\frac{15}{16}$	$7\frac{15}{16}$
21.20	23.60	0.8346	0.9291	107	215	$4\frac{3}{16}$	$8\frac{1}{2}$
23.60	26.50	0.9291	1.0433	115	231	$4\frac{1}{2}$	$9\frac{1}{16}$
26.50	30.00	1.0433	1.1811	124	247	$4\frac{7}{8}$	$9\frac{3}{4}$
30.00	33.50	1.1811	1.3189	133	265	$5\frac{1}{4}$	$10\frac{7}{16}$
33.50	37.50	1.3189	1.4764	142	284	$5\frac{5}{8}$	$11\frac{3}{16}$
37.50	42.50	1.4764	1.6732	152	305	6	12
42.50	47.50	1.6732	1.8701	163	326	$6\frac{7}{16}$	$12\frac{13}{16}$
47.50	53.00	1.8701	2.0866	174	347	$6\frac{7}{8}$	$13\frac{11}{16}$
53.00	60.00	2.0866	2.3622	184	367	$7\frac{1}{4}$	$14\frac{7}{16}$
60.00	67.00	2.3622	2.6378	194	387	$7\frac{5}{8}$	$15\frac{1}{4}$
67.00	75.00	2.6378	2.9528	203	406	8	16
75.00	85.00	2.9528	3.3465	212	424	$8\frac{3}{8}$	$16\frac{11}{16}$

3. 手用铰刀的尺寸公差

（1）切削部分 直径 d 应紧接切削锥之后测量。对于常备标准铰刀，直径 d 的公差带代号为 m6，对于加工特定公差孔的铰刀直径公差按 GB/T 4246—2004 设计，加工 H7、H8 和 H9 级孔的手用铰刀直径极限偏差如表 16-44 所示。

表 16-44 加工 H7、H8 和 H9 级孔的手用铰刀直径极限偏差（GB/T 1131.1—2004）

（单位：mm）

直径范围		极限偏差			直径范围		极限偏差		
大于	至	H7 级	H8 级	H9 级	大于	至	H7 级	H8 级	H9 级
—	3	+0.008 +0.004	+0.011 +0.006	+0.021 +0.012	18	30	+0.017 +0.009	+0.028 +0.016	+0.044 +0.025
3	6	+0.010 +0.005	+0.015 +0.008	+0.025 +0.014	30	50	+0.021 +0.012	+0.033 +0.019	+0.052 +0.030
6	10	+0.012 +0.006	+0.018 +0.010	+0.030 +0.017	50	80	+0.025 +0.014	+0.039 +0.022	+0.062 +0.036
10	18	+0.015 +0.008	+0.022 +0.012	+0.036 +0.020					

（2）柄部 柄部直径公差带代号为 h9。

（3）长度 长度极限偏差如表 16-45 所示。

表 16-45　长度极限偏差（GB/T 1131.1—2004）

总长 l 和切削刃长 l_1				极限偏差	
大于	至	大于	至		
mm		in		mm	in
0	30		1	±1	$\pm \frac{1}{32}$
30	120	1	4	±1.5	$\pm \frac{1}{16}$
120	315	4	12	±2	$\pm \frac{3}{32}$
315	1000	12	40	±3	$\pm \frac{1}{8}$

16.3.2　可调节手用铰刀

1. 可调节手用铰刀的形式（图 16-30）

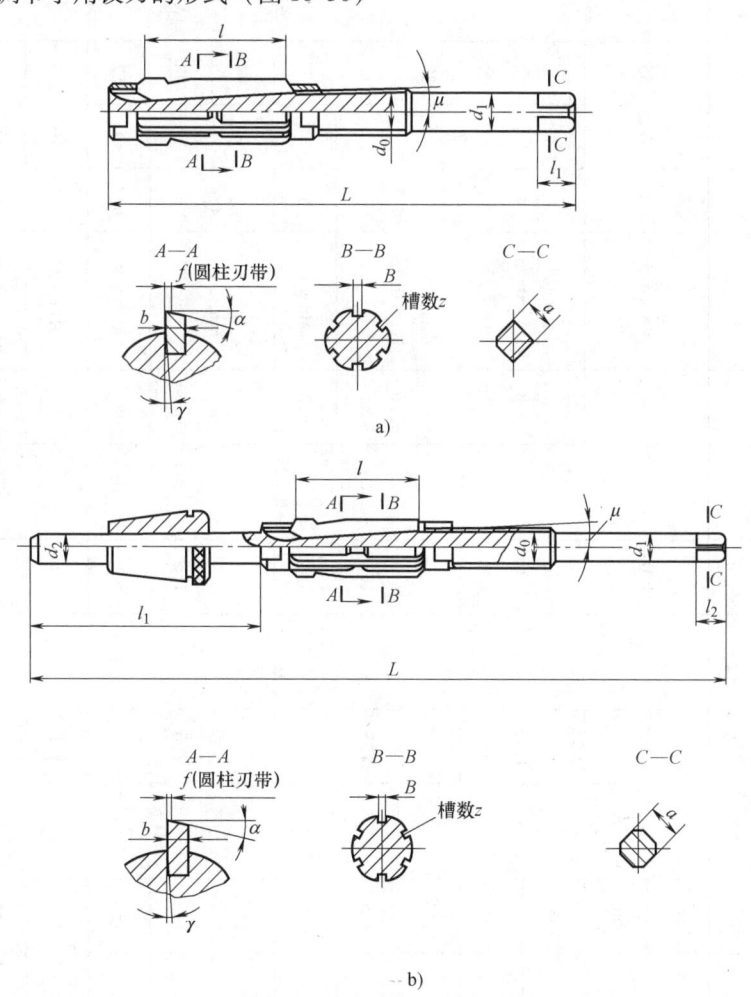

图 16-30　可调节手用铰刀

a）普通型铰刀　b）带导向套型铰刀

2. 可调节手用铰刀的基本尺寸

可调节手用铰刀的尺寸如表 16-46 和表 16-47 所示。

表 16-46 普通型铰刀的尺寸 (JB/T 3869—1999) (单位: mm)

铰刀调节范围	L 基本尺寸	L 极限偏差	B(H9) 基本尺寸	B(H9) 极限偏差	b(h9) 基本尺寸	b(h9) 极限偏差	d_1	d_0	a	l_1	l	参考 μ	参考 γ	参考 α	参考 f	参考 z
6.5~7.0	85		1.0		1.0		4	M5×0.5	3.15	6	35	1°30′		14°	0.05~0.15	5
>7.0~7.75	90	0 -2.2														
>7.75~8.5	100		1.15		1.15		4.8	M6×0.75	4	7	38				0.1~0.2	
>8.5~9.25	105															
>9.25~10	115												−1° ~ −4°			
>10~10.75	125		1.3	+0.025 0	1.3	0 -0.025	5.6	M7×0.75	4.5	7	38			12°		6
>10.75~11.75	130	0 -2.5					6.3	M8×1	5	8	44	2°				
>11.75~12.75	135		1.6		1.6		7.1	M9×1	5.6	8	48					
>12.75~13.75	145						8	M10×1	6.3	9	52					
>13.75~15.25	150		1.8		1.8		9	M11×1	7.1	10	55			10°	0.1~0.25	
>15.25~17	165						10	M12×1.25	8	11						
>17~19	170		2.0		2.0						60					
>19~21	180						11.2	M14×1.5	9	12						

第16章 切削工具

尺寸范围	D	公差	h	公差	h₁	公差	L₁	螺纹	d₁	d₂	L	α	γ	后角	进给量	齿数
>21~23	195	$\begin{array}{c}0\\-2.9\end{array}$	2.5	$\begin{array}{c}+0.03\\0\end{array}$	2.5	$\begin{array}{c}0\\-0.03\end{array}$	14	M16×1.5	11.2	14	65	2°30'	−1°~−4°	10°	0.1~0.3	6
>23~26	215		2.5		2.5		14	M18×1.5	11.2	14	72					
>26~29.5	240	$\begin{array}{c}0\\-3.2\end{array}$	3.0		3.0		18	M20×1.5	14	18	80					
>29.5~33.5	270		3.5		3.5		19.8	M22×1.5	14	18	85					
>33.5~38	310	$\begin{array}{c}0\\-3.6\end{array}$	4.0		4.0		25	M24×2	16	20	95	3°			0.15~0.4	
>38~44	350		4.5		4.5		31.5	M30×2	20	24	105					
>44~54	400	$\begin{array}{c}0\\-4.0\end{array}$	4.5		4.5		40	M32×2	25	28	120	3°30'		8°		
>54~63	460		5.0		5.0		50	M45×2	31.5	34	120				0.2~0.4	6 或 8
>63~84	510	$\begin{array}{c}0\\-4.4\end{array}$	6.0		6.0		63	M55×2	40	42	135	5°				
>84~100	570							M70×2	50	51	140					

表 16-47 带导向套型铰刀的尺寸（JB/T 3869—1999） （单位：mm）

铰刀调节范围	L 基本尺寸	L 极限偏差	B(H9) 基本尺寸	B(H9) 极限偏差	b(h9) 基本尺寸	b(h9) 极限偏差	d_1	d_0	$d_2\left(\dfrac{H9}{e9}\right)$	a	l_2	l	μ	γ	α	f	l_1	z
15.25~17	245	0 −2.9	1.8	+0.025 0	1.8	0 −0.025	9	M11×1	9	7.1	10	55	2°	−1° ~ −4°	10°	0.1~ 0.25	80	6
>17~19	260		2.0		2.0		10	M12×1.25	10	8	11	60					90	
>19~21	300	0 −3.2					11.2	M14×1.5	11.2	9	12					0.1~ 0.3	95	
>21~23	340		2.5		2.5		14	M16×1.5	14	11.2	14	65					105	
>23~26	370	0 −3.6						M18×1.5				72					115	
>26~29.5	400		3.0		3.0		18	M20×1.5	18	14	18	80	2°30′			0.15~ 0.4	125	
>29.5~33.5	420	0 −4	3.5	+0.03 0	3.5	0 −0.03	20	M22×1.5	20	16	20	85	3°				130	
>33.5~38	440		4.0		4.0		25	M24×2	25	20	24	95	3°30′					
>38~44	490	0 −4					31.5	M30×2	31.5	25	28	105	5°		8°	0.2~ 0.4	140	
>44~54	540		4.5		4.5		40	M36×2	40	31.5	34	120						
>54~68	550	0 −4.4						M45×2										

16.3.3 套式手铰刀刀杆

1. 套式手铰刀刀杆的形式（图 16-31）

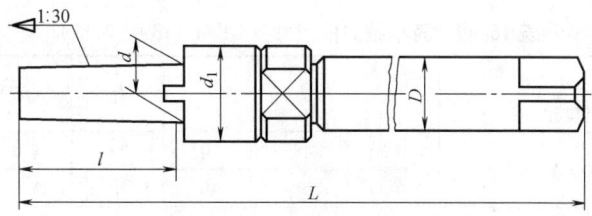

图 16-31 套式手铰刀刀杆

2. 套式手铰刀刀杆的尺寸（表 16-48）

表 16-48 套式手铰刀刀杆的尺寸（JB/T 3411.45—1999） （单位：mm）

d	l	L	d_1	D	用于铰刀直径
13	45	180	21	18.0	>23.6~30.0
16	50	180	27	22.4	>30.0~35.5
19	56	200	32	25.0	>35.5~42.5
22	63	200	39	28.0	>42.5~50.8
27	71	220	46	31.5	>50.8~60.0
32	80	240	56	35.5	>60.0~71.0

16.3.4 莫氏圆锥和米制圆锥铰刀

1. 莫氏圆锥和米制圆锥铰刀的形式（图 16-32）

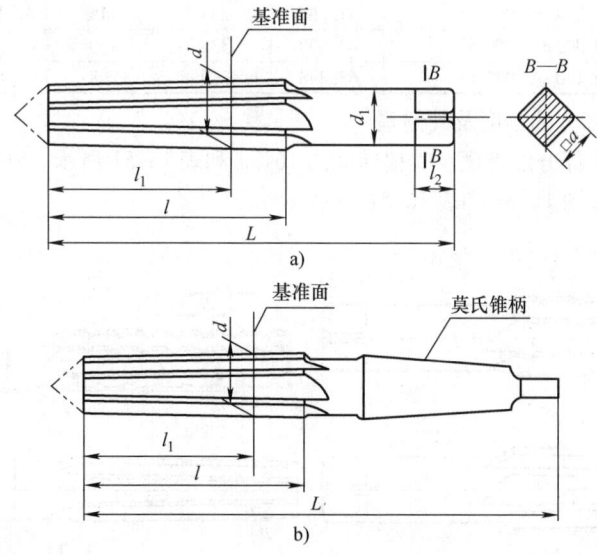

图 16-32 莫氏圆锥和米制圆锥铰刀
a) 直柄铰刀 　b) 锥柄铰刀

2. 莫氏圆锥和米制圆锥铰刀的基本尺寸

直柄铰刀的尺寸如表 16-49 所示，锥柄铰刀的尺寸如表 16-50 所示。

表 16-49　直柄铰刀的尺寸（GB/T 1139—2017）

圆锥			d	L	l	l_1	$d_1(h9)$	方头	
代号		锥度比						a	l_2
米制	4	$1:20 = 0.05$	4.000	48	30	22	4.0	3.15	6
	6		6.000	63	40	30	5.0	4.00	7
莫氏	0	$1:19.212 = 0.05205$	9.045	93	61	48	8.0	6.30	9
	1	$1:20.047 = 0.04988$	12.065	102	66	50	10.0	8.00	11
	2	$1:20.020 = 0.04995$	17.780	121	79	61	14.0	11.20	14
	3	$1:19.922 = 0.05020$	23.825	146	96	76	20.0	16.00	20
	4	$1:19.254 = 0.05194$	31.267	179	119	97	25.0	20.00	24
	5	$1:19.002 = 0.05263$	44.399	222	150	124	31.5	25.00	28
	6	$1:19.180 = 0.05214$	63.348	300	208	176	45.0	35.50	38

表 16-50　锥柄铰刀的尺寸（GB/T 1139—2017）

圆锥			d	L	l	l_1	莫氏锥柄号
代号		锥度比					
米制	4	$1:20 = 0.05$	4.000	106	30	22	1
	6		6.000	116	40	30	
莫氏	0	$1:19.212 = 0.05205$	9.045	137	61	48	
	1	$1:20.047 = 0.04988$	12.065	142	66	50	
	2	$1:20.020 = 0.04995$	17.780	173	79	61	2
	3	$1:19.922 = 0.05020$	23.825	212	96	76	3
	4	$1:19.254 = 0.05194$	31.267	263	119	97	4
	5	$1:19.002 = 0.05263$	44.399	331	150	124	5
	6	$1:19.180 = 0.05214$	63.348	389	208	176	

3. 铰刀工作部分的锥度及其偏差

直柄铰刀工作部分的锥度及其偏差如图 16-33 和表 16-51 所示，锥柄铰刀工作部分的锥度及其偏差如图 16-34 和表 16-51 所示。

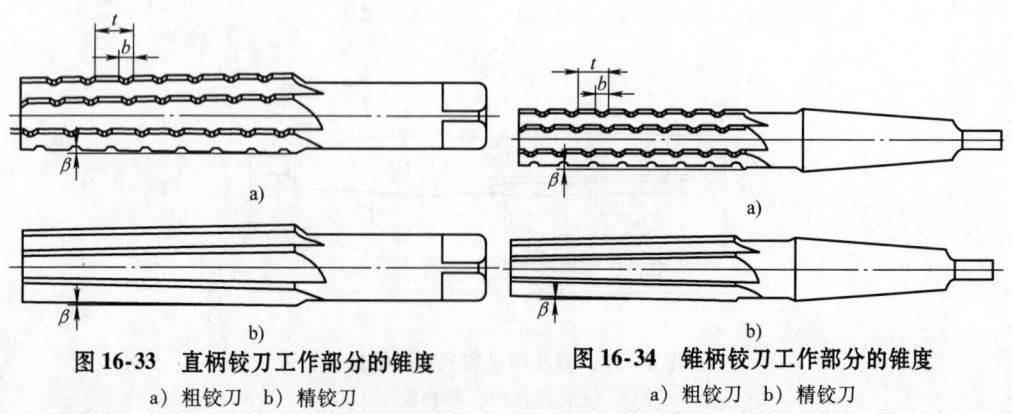

图 16-33　直柄铰刀工作部分的锥度　　　　图 16-34　锥柄铰刀工作部分的锥度
a）粗铰刀　b）精铰刀　　　　　　　　　　a）粗铰刀　b）精铰刀

表 16-51 铰刀工作部分的锥度及其偏差（GB/T 1139—2017）

圆锥号		β	圆锥角（2β）偏差	断屑槽尺寸及齿数（参考）			
				t	b	齿数	
						粗	精
米制	4	1°25′56″	粗 ±1′ 精 ±30″	—	—	—	—
	6						
莫氏	0	1°29′27″	粗 ±1′ 精 ±30″	4	1.2	5	6
	1	1°25′43″		5	1.5		7
	2	1°25′50″		6	2.0	6	
	3	1°26′16″	粗 ±50″ 精 ±25″	8	2.5		9
	4	1°29′15″		10	3.0	7	
	5	1°30′26″	粗 ±40″ 精 ±20″	12	3.5	8	11
	6	1°29′36″	精 ±30″ 精 ±15″	14	4.0	9	13

16.3.5 丁字形活铰杠

1. 丁字形活铰杠的形式（图 16-35）

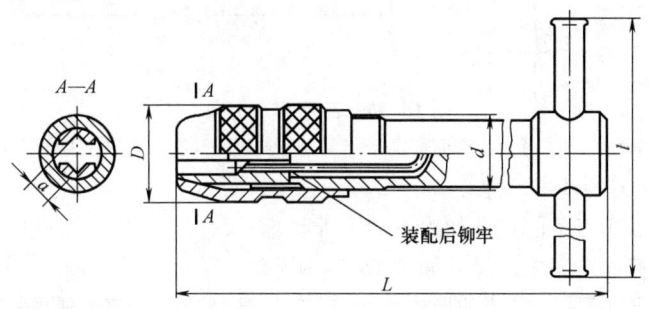

图 16-35 丁字形活铰杠

2. 丁字形活铰杠的尺寸（表 16-52）

表 16-52 丁字形活铰杠的尺寸（JB/T 3411.40—1999）　（单位：mm）

a	L_{max}	l	D	d
3.15~6.3	160	160	24	M18×1.5
>6.3~10	210	200	34	M27×1.5

16.4　车刀

16.4.1　高速钢车刀

1. 高速钢车刀的形式（图 16-36）

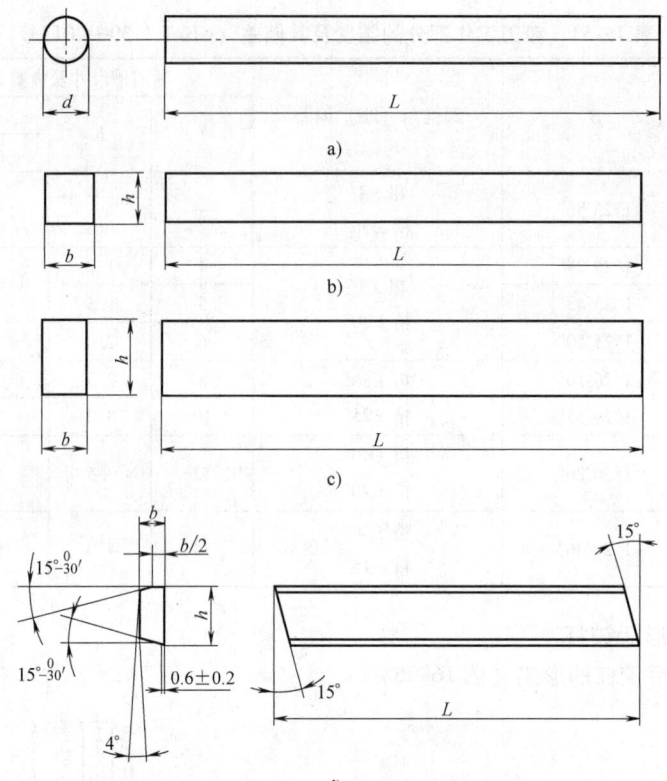

图 16-36 高速钢车刀条

a）圆形截面车刀条 b）正方形截面车刀条 c）矩形截面车刀条 d）不规则四边形截面车刀条

2. 高速钢车刀的基本尺寸

1）圆形截面车刀条的尺寸如表 16-53 所示。

2）正方形截面车刀条的尺寸如表 16-54 所示。

表 16-53 圆形截面车刀条的尺寸（GB/T 4211.1—2004）

（单位：mm）

d	$L\pm 2$				
h9	63	80	100	160	200
4	×	×	×		
5	×	×	×		
6	×	×	×		
8	×	×	×		
10		×	×	×	×
12			×	×	×
16			×	×	×
20					×

注："×"表示有此规格，下同。

表 16-54 正方形截面车刀条的尺寸（GB/T 4211.1—2004）

（单位：mm）

h	b	$L\pm 2$				
h13	h13	63	80	100	160	200
4	4	×				
5	5	×				
6	6	×	×	×	×	×
8	8	×	×	×	×	×
10	10	×	×	×	×	×
12	12	×	×	×	×	×
16	16		×	×	×	×
20	20				×	×
25	25					×

3) 矩形截面车刀条的尺寸如表 16-55 和表 16-56 所示。

表 16-55　矩形截面车刀条的第一种尺寸（GB/T 4211.1—2004）（单位：mm）

比例 h/b≈	h h13	b h13	L±2			比例 h/b≈	h h13	b h13	L±2		
			100	160	200				100	160	200
1.6	6	4	×			2	8	4	×		
	8	5	×				10	5	×		
	10	6		×	×		12	6		×	×
	12	8		×	×		16	8		×	×
	16	10		×	×		20	10		×	×
	20	12		×			25	12			×
	25	16			×						

表 16-56　矩形截面车刀条的第二种尺寸（GB/T 4211.1—2004）（单位：mm）

比例 h/b≈	h h13	b h13	L±2
2.33	14	6	140
2.5	10	4	120

4) 不规则四边形截面车刀条的尺寸如表 16-57 所示。

表 16-57　不规则四边形截面车刀条的尺寸（GB/T 4211.1—2004）（单位：mm）

h h13	b h13	L±2					h h13	b h13	L±2				
		85	120	140	200	250			85	120	140	200	250
12	3	×	×				18	4			×		
12	5	×	×				20	3			×		
16	3			×	×		20	4			×	×	×
16	4			×			25	4			×		
16	6			×			25	6			×		

注：车刀条的一端可制成直角。

16.4.2　硬质合金车刀

1. 常用硬质合金车刀的主要形式及符号（表 16-58）

表 16-58　常用硬质合金车刀的主要形式及符号（GB/T 17985.1—2000）

符号	车刀形式	名称	符号	车刀形式	名称
01		70°外圆车刀	05		90°端面车刀
02		45°端面车刀	06		90°外圆车刀
03		95°外圆车刀	07		A 型切断车刀
04		切槽车刀	08		75°内孔车刀

(续)

符号	车刀形式	名称	符号	车刀形式	名称
09		95°内孔车刀	14		75°外圆车刀
10		90°内孔车刀	15		B型切断车刀
11		45°内孔车刀			
12		内螺纹车刀	16		外螺纹车刀
13		内切槽车刀	17		皮带轮车刀

2. 硬质合金车刀的代号编制

硬质合金车刀代号由按规定顺序排列的一组字母和数字组成，共有六个符号分别表示其各项特征。

1) 第一个符号用两位数字表示车刀头部的形式。

2) 第二个符号用一字母表示车刀的切削方向，R 为右切削车刀，L 为左切削车刀。

3) 第三个符号用两位数字表示车刀的刀杆高度，如果高度不足两位数字，则在该数前面加"0"。

4) 第四个符号用两位数字表示车刀的刀杆宽度，如果宽度不足两位数字，则在该数前面加"0"。

5) 第五个符号用"-"表示该车刀的长度符合 GB/T 17985.2 或 GB/T 17985.3 的规定。

6) 第六个符号用一字母和两位数字表示车刀所焊刀片按 GB/T 2075 中规定的硬切削材料的用途小组代号。

3. 硬质合金车刀的标志

车刀上应按照 GB/T 2075—2007 的规定作如下标志：

车刀代号应标志在车刀左侧面。"切削形式大组"的色标应涂在刀杆的后部，其颜色为：①P组用蓝色；②M组用黄色；③K组用红色。车刀标志如图 16-37 所示。

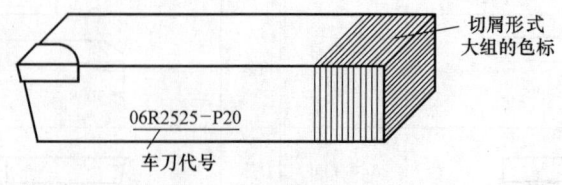

图 16-37 车刀标志

16.4.3 天然金刚石车刀

1. 天然金刚石车刀的形式（图 16-38）

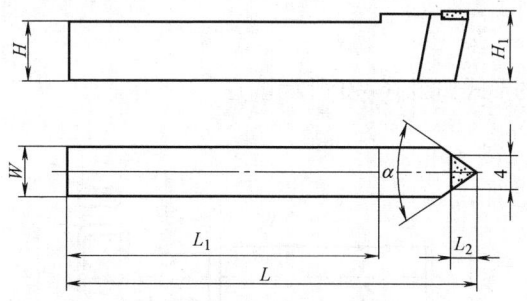

图 16-38　天然金刚石车刀

2. 天然金刚石车刀的尺寸（表 16-59）

表 16-59　天然金刚石车刀的尺寸（JB/T 10725—2007）　（单位：mm）

L js14	W js12	H js12	H_1 js12	L_1	L_2	α
48	6.0	10.0	10.0	42	2.5~3.5	30°~75°
50	6.5	6.5	10.5	44		
52	6.8	6.8	11.0	46		

注：表中尺寸为常用尺寸，对表中 L、W、H 进行任意组合可作为选用尺寸。

16.5　铣刀

16.5.1　圆柱形铣刀

1. 圆柱形铣刀的形式（图 16-39）

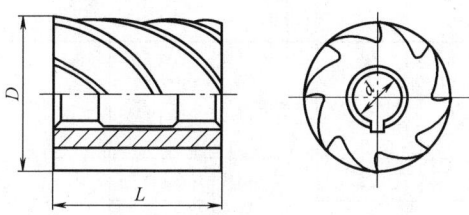

图 16-39　圆柱形铣刀

2. 圆柱形铣刀的尺寸（表 16-60）

表 16-60　圆柱形铣刀的尺寸（GB/T 1115.1—2002）　（单位：mm）

D js16	d H7	L js16						
		40	50	63	70	80	100	125
50	22	×		×		×		
63	27		×		×			
80	32			×			×	
100	40					×		×

注：×表示有此规格。

16.5.2 T型槽铣刀

1. T型槽铣刀

1）T型槽铣刀的形式如图16-40所示。

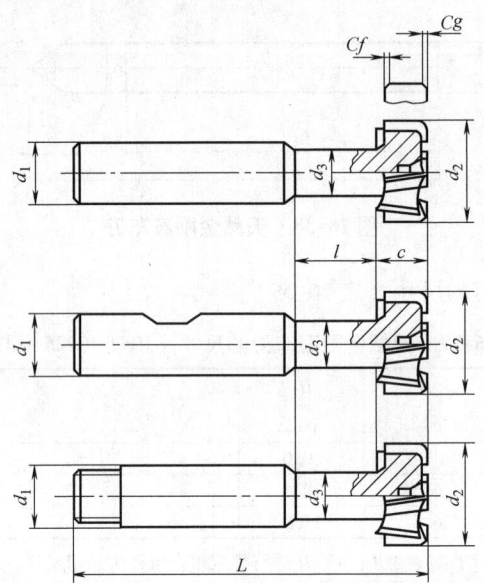

图 16-40 普通直柄、削平直柄和螺纹柄 T 型槽铣刀

2）普通直柄、削平直柄和螺纹柄 T 型槽铣刀的尺寸如表16-61所示。

表 16-61 普通直柄、削平直柄和螺纹柄 T 型槽铣刀的尺寸（GB/T 6124—2007）

（单位：mm）

d_2 h12	c h12	d_3 max	l $^{+1}_{0}$	d_1[①]	L js18	f max	g max	T型槽宽度
11	3.5	4	6.5	10	53.5	0.6	1	5
12.5	6	5	7	10	57	0.6	1	6
16	8	7	10	12	62	0.6	1	8
18	8	8	13	12	70	0.6	1	10
21	9	10	16	12	74	0.6	1	12
25	11	12	17	16	82	0.6	1.6	14
32	14	15	22	16	90	0.6	1.6	18
40	18	19	27	25	108	1	1.6	22
50	22	25	34	32	124	1	2.5	28
60	28	30	43	32	139	1	2.5	36

① d_1 的公差（按照 GB/T 6131.1，GB/T 6131.2，GB/T 6131.4）：普通直柄适用 h8；削平直柄适用 h6；螺纹柄适用 h8。

2. 带螺纹的莫式锥柄 T 型槽铣刀

1) 带螺纹的莫式锥柄 T 型槽铣刀的形式如图 16-41 所示。

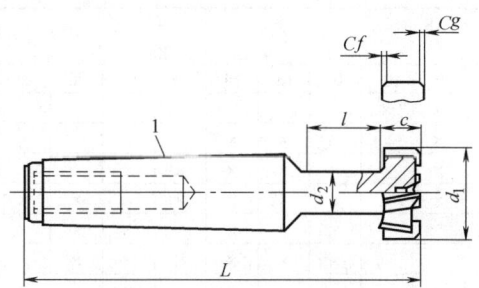

图 16-41　带螺纹的莫式锥柄 T 型槽铣刀
1—莫氏圆锥

2) 带螺纹的莫式锥柄 T 型槽铣刀的尺寸如表 16-62 所示。

表 16-62　带螺纹的莫式锥柄 T 型槽铣刀的尺寸（GB/T 6124—2007）

（单位：mm）

d_1 h12	c h12	d_2 max	l $^{+1}_{\ 0}$	L	f max	g max	莫氏圆锥号	T型槽宽度
18	8	8	13	82	0.6	1	1	10
21	9	10	16	98	0.6	1	2	12
25	11	12	17	103	0.6	1.6	2	14
32	14	15	22	111	0.6	1.6	3	18
40	18	19	27	138	1	1.6	3	22
50	22	25	34	173	1	2.5	4	28
60	28	30	43	188	1	2.5	4	36
72	35	36	50	229	1.6	4	5	42
85	40	42	55	240	1.6	4	5	48
95	44	44	62	251	2	6	5	54

16.5.3　尖齿槽铣刀

1. 尖齿槽铣刀的形式（图 16-42）

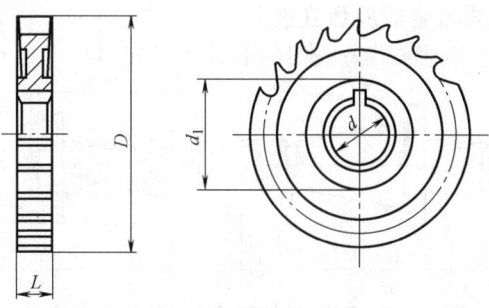

图 16-42　尖齿槽铣刀

2. 尖齿槽铣刀的尺寸（表16-63）

表16-63　尖齿槽铣刀的尺寸（GB/T 1119.1—2002）　　（单位：mm）

D Js16	d H7	d_1 min	L K8													
			4	5	6	8	10	12	14	16	18	20	22	25	28	32	36	40
50	16	27	×	×	×	×	×											
63	22	34	×	×	×	×	×	×										
80	27	41		×	×	×	×	×	×									
100	32	47				×	×	×	×	×	×	×						
125	32	47				×	×	×	×	×	×	×						
160	40	55					×	×	×	×	×			×	×			
200	40	55						×	×	×	×	×	×	×	×	×	×	

注：×表示有此规格。

16.5.4　直柄硬质合金螺旋齿立铣刀

1. 直柄硬质合金螺旋齿立铣刀的形式（图16-43）

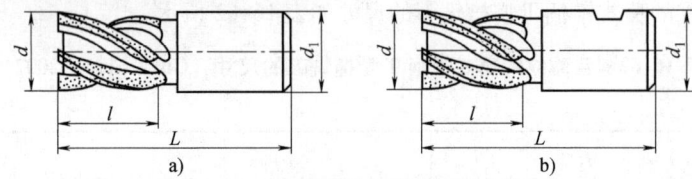

图16-43　直柄硬质合金螺旋齿立铣刀

a）A型　　b）B型

d—立铣刀直径　　d_1—立铣刀柄部直径　　l—立铣刀刃部长度　　L—立铣刀总长

2. 直柄硬质合金螺旋齿立铣刀的尺寸（表16-64）

表16-64　直柄硬质合金螺旋齿立铣刀的尺寸（GB/T 16456.1—2008）　　（单位：mm）

d k12	l		d_1	L_{0}^{+2}	d k12	l		d_1	L_{0}^{+2}
	基本尺寸	极限偏差				基本尺寸	极限偏差		
12	20	+2 0	12	75	25	40	+3 0	25	111
	25			80		50			121
16	25		16	88	32	40		32	120
	32			95		50			130
20	32		20	97	40	50		40	140
	40			105		63			153

16.5.5　7/24锥柄硬质合金螺旋齿立铣刀

1. 7/24锥柄硬质合金螺旋齿立铣刀的形式（图16-44）

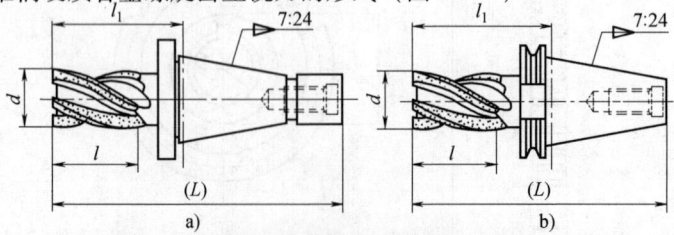

图16-44　7/24锥柄硬质合金螺旋齿立铣刀

a）A型　　b）B型

d—立铣刀直径　　l_1—立铣刀伸出长度　　l—立铣刀刃部长度　　L—立铣刀总长

2. 7/24锥柄硬质合金螺旋齿立铣刀的尺寸（表16-65）

表16-65　7/24锥柄硬质合金螺旋齿立铣刀的尺寸（GB/T 16456.2—2008）

（单位：mm）

d k12	l_{0}^{+3}	A 型				B 型			
		40号圆锥		50号圆锥		40号圆锥		50号圆锥	
		$l_{1\ 0}^{+3}$	L	$l_{1\ 0}^{+3}$	L	$l_{1\ 0}^{+3}$	L	$l_{1\ 0}^{+3}$	L
32	40	84	177.4	—	—	91	159.4	—	—
	50	94	187.4	—	—	101	169.4	—	—
40	50	94	187.4	103	229.8	101	169.4	107	208.75
	63	107	200.4	116	242.8	114	182.4	120	221.75
50	50	94	187.4	103	229.8	101	169.4	107	208.75
	80	124	217.4	133	259.8	131	199.4	137	238.75
63	63	—	—	116	242.8	—	—	120	221.75
	100	—	—	153	179.8	—	—	157	258.75

16.5.6　莫氏锥柄硬质合金螺旋齿立铣刀

1. 莫氏锥柄硬质合金螺旋齿立铣刀的形式（图16-45）

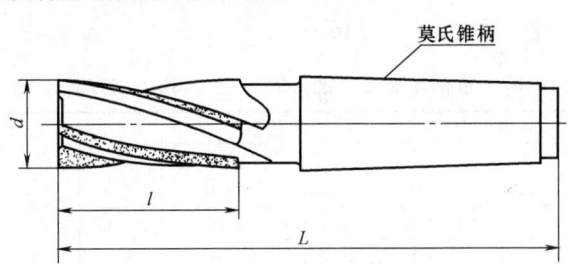

图16-45　莫氏锥柄硬质合金螺旋齿立铣刀

d—立铣刀直径　l—立铣刀刃部长度　L—立铣刀总长

2. 莫氏锥柄硬质合金螺旋齿立铣刀的尺寸（表16-66）

表16-66　莫氏锥柄硬质合金螺旋齿立铣刀的尺寸（GB/T 16456.3—2008）

（单位：mm）

d k12	l_{0}^{+2}	L_{0}^{+2}	莫氏圆锥号	d k12	l_{0}^{+2}	L_{0}^{+2}	莫氏圆锥号
16	25	110	2	32	40	165	4
	32	117			50	175	
20	32	117	2	40	50	181	4
		125			63	194	
	40	142	3	50	63	194	4
					80	238	5
25	40	142	3	63	63	221	5
	50	152			100	258	

16.5.7 直柄粗加工立铣刀

1. 直柄粗加工立铣刀的形式（图 16-46）

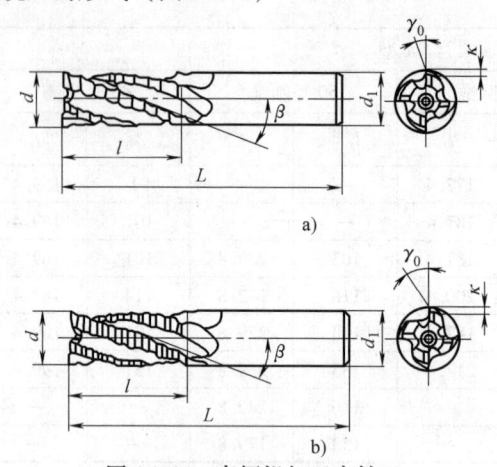

图 16-46 直柄粗加工立铣刀
a) A 型 b) B 型
注：A 型为波形刃，B 型为梯形刃。

2. 直柄粗加工立铣刀的尺寸（表 16-67）

表 16-67 直柄粗加工立铣刀的尺寸（GB/T 14328—2008）（单位：mm）

d js15	d_1 h8	标准型		长型		参 考			齿数
		l min	L js16	l min	L js16	β	γ_0	κ	
6	6	13	57	24	68			1.0	
7	8	16	60	30	74			1.2	
8	8	19	63	38	82			1.4	
9	10	19	69	38	88			1.5	
10	10	22	72	45	95			1.5~2.0	
11	12	22	79	45	102			1.5~2.0	
12	12	26	83	53	110			2.0	
14	12	26	83	53	110			2.0~2.5	4
16	16	32	92	63	123	20°~35°	6°~16°	2.5~3.0	
18	16	32	92	63	123			3.0	
20	20	38	104	75	141			3.0~3.5	
22	20	38	104	75	141			3.5~4.0	
25	25	45	121	90	166			4.0~4.5	
28	25	45	121	90	166			3.0~3.5	
32	32	53	133	106	186			3.5~4.0	
36	32	53	133	106	186			4.0~4.5	
40	40	63	155	125	217			4.0~4.5	6
45	40	63	155	125	217			4.5~5.0	
50	50	75	177	150	252			5.5~6.0	

16.5.8 削平型直柄粗加工立铣刀

1. 削平型直柄粗加工立铣刀的形式（图16-47）

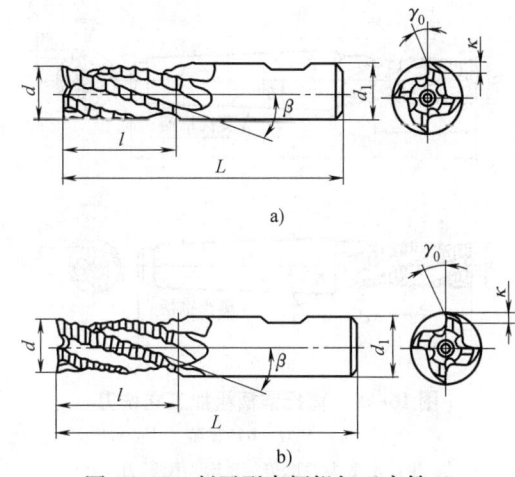

图16-47 削平型直柄粗加工立铣刀
a) A型 b) B型
注：A型为波形刃，B型为梯形刃。

2. 削平型直柄粗加工立铣刀的尺寸（表16-68）

表16-68 削平型直柄粗加工立铣刀的尺寸（GB/T 14328—2008）（单位：mm）

d js15	d_1 h6	标准型		长型		参 考			齿数
		l min	L js16	l min	L js16	β	γ_0	κ	
8	10	19	69	38	88	20°~35°	6°~16°	1.0~1.5	4
9	10	19	69	38	88			1.5	
10	10	22	72	45	95			1.5~2.0	
11	12	22	79	45	102			1.5~2.0	
12	12	26	83	53	110			2.0	
14	12	26	83	53	110			2.0~2.5	
16	16	32	92	63	123			2.5~3.0	
18	16	32	92	63	123			3.0	
20	20	38	104	75	141			3.0~3.5	
22	20	38	104	75	141			3.5~4.0	
25	25	45	121	90	166			4.0~4.5	
28	25	45	121	90	166			3.0~3.5	
32	32	53	133	106	186			3.5~4.0	6
36	32	53	133	106	186			4.0~4.5	
40	40	63	155	125	217			4.0~4.5	
45	40	63	155	125	217			4.5~5.0	
50	50	75	177	150	252			5.5~6.0	
56	50	75	177	150	252			4.5~5.0	8
63	63	90	202	180	292			5.0~5.5	

16.5.9 莫氏锥柄粗加工立铣刀

1. 莫氏锥柄粗加工立铣刀的形式（图 16-48）

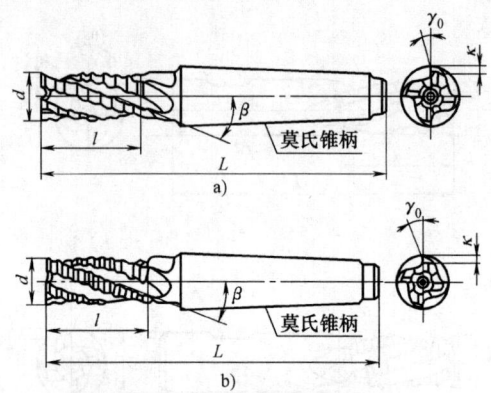

图 16-48　莫氏锥柄粗加工立铣刀
a) A 型　b) B 型

注：A 型为波形刃，B 型为梯形刃。

2. 莫氏锥柄粗加工立铣刀的尺寸（表 16-69）

表 16-69　莫氏锥柄粗加工立铣刀的尺寸（GB/T 14328—2008）　（单位：mm）

d js15	标准型		长型		莫氏锥柄号	参 考			齿数
	l min	L js16	l min	L js16		β	γ_0	κ	
10	22	92	45	115	1			1.5~2.0	
11	22	92	45	115				1.5~2.0	
12	26	96	53	123				2.0	
14	26	111	53	138				2.0~2.5	
16	32	117	63	148	2			2.5~3.0	
18	32	117	63	148				3.0	4
20	38	123	75	160				3.0~3.5	
22	38	140	75	177				3.5~4.0	
25	45	147	90	192	3			4.0~4.5	
28	45	147	90	192				3.0~3.5	
32	53	155	106	208				3.5~4.0	
32	53	178	106	231	4	20°~35°	6°~16°	3.5~4.0	
36	53	155	106	208	3			4.0~4.5	
36	53	178	106	231	4			4.0~4.5	
40	63	188	125	250				4.0~4.5	6
40	63	221	125	283	5			4.0~4.5	
45	63	188	125	250	4			4.5~5.0	
45	63	221	125	283	5			4.5~5.0	
50	75	200	150	275	4			5.5~6.0	
50	75	233	150	308	5			5.5~6.0	
56	75	200	150	275	4			4.5~5.0	
56	75	233	150	308	5			4.5~5.0	
63	90	248	180	338				5.0~5.5	8
71	90	248	180	338				5.5~6.0	
80	106	320	212	426	6			6.0~6.5	

16.5.10 直柄立铣刀

1. 直柄立铣刀的形式（图 16-49）

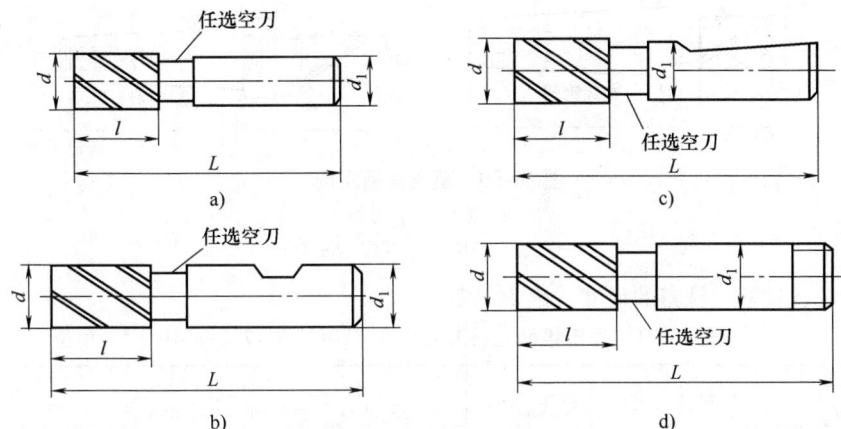

图 16-49 直柄立铣刀

a) 普通直柄立铣刀 b) 削平直柄立铣刀 c) 2°斜削平直柄立铣刀 d) 螺纹柄立铣刀
d—立铣刀直径 d_1—柄部直径 l—刃长 L—总长

2. 直柄立铣刀的尺寸（表 16-70）

表 16-70 直柄立铣刀的尺寸（GB/T 6117.1—2010） （单位：mm）

直径范围 d		推荐直径 d	d_1		标准系列			长系列			齿 数		
						L			L				
>	≤		Ⅰ组	Ⅱ组	l	Ⅰ组	Ⅱ组	l	Ⅰ组	Ⅱ组	粗齿	中齿	细齿
1.9	2.36	2	4		7	39	51	10	42	54			
2.36	3	2.5		—	8	40	52	12	44	56			
		3											
3	3.75	—		3.5	10	42	54	15	47	59			
3.75	4	4			11	43	55	19	51	63			
4	4.75	—	5			45			53				—
4.75	5	5			13	47	57	24	58	68			
5	6	6	6			57			68				
6	7.5	—	7		16	60	66	30	74	80	3	4	
7.5	8	8			19	63	69	38	82	88			
8	9.5	—	9			69			88				
9.5	10	10	10		22	72		45	95				5
10	11.8	—	11	12		79			102				
11.8	15	12	14		26	83		53	110				
15	19	16	18	16	32	92		63	123				
19	23.6	20	22	20	38	104		75	141				6
23.6	30	24	28	25	45	121		90	166				
		25											
30	37.5	32	36	32	53	133		106	186				
37.5	47.5	40	45	40	63	155		125	217		4	6	8
47.5	60	50	—	50	75	177		150	252				
		—	56										
60	67	63	—	50	63	192	202	180	282	292	6	8	10
67	75	—	71	63		202			292				

注：柄部尺寸和公差分别按 GB/T 6131.1、GB/T 6131.2、GB/T 6131.3 和 GB/T 6131.4 的规定。

16.5.11 莫氏锥柄立铣刀

1. 莫氏锥柄立铣刀的形式（图 16-50）

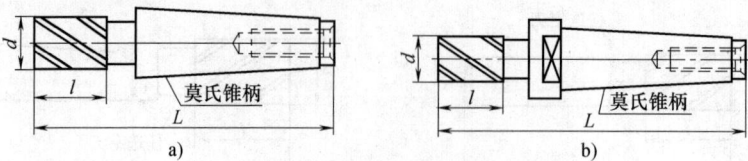

图 16-50　莫氏锥柄立铣刀

a) Ⅰ组　b) Ⅱ组

d—立铣刀直径　l—刃长　L—总长

2. 莫氏锥柄立铣刀的尺寸（表 16-71）

表 16-71　莫氏锥柄立铣刀的尺寸（GB/T 6117.2—2010）　（单位：mm）

直径范围 d		推荐直径 d		l		L				莫氏圆锥号	齿　数		
>	≤			标准系列	长系列	标准系列		长系列			粗齿	中齿	细齿
						Ⅰ组	Ⅱ组	Ⅰ组	Ⅱ组				
5	6	6	—	13	24	83		94		1			
6	7.5	—	7	16	30	86		100					—
7.5	9.5	8	—	19	38	89		108					
		—	9										
9.5	11.8	10	11	22	45	92		115					5
11.8	15	12	14	26	53	96	—	123	—		3	4	
						111		138					
15	19	16	18	32	63	117		148		2			
19	23.6	20	22	38	75	123		160					6
						140		177					
23.6	30	24	28	45	90	147		192		3			
		25											
30	37.5	32	36	53	106	155		208					
						178	201	231	254	4			
37.5	47.5	40	45	63	125	188	211	250	273		4	6	8
						221	249	283	311	5			
47.5	60	50	—	75	150	200	223	275	298	4			
						233	261	308	336	5			
		—	56			200	223	275	298	4	6	8	10
						233	261	308	336	5			
60	75	63	71	90	180	248	276	338	366				

16.5.12　7/24 锥柄立铣刀

1. 7/24 锥柄立铣刀的形式（图 16-51）

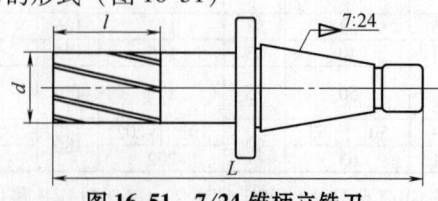

图 16-51　7/24 锥柄立铣刀

d—立铣刀直径　l—刃长　L—总长

2. 7/24 锥柄立铣刀的尺寸（表 16-72）

表 16-72　7/24 锥柄立铣刀的尺寸（GB/T 6117.3—2010）　（单位：mm）

直径范围 d		推荐直径 d		l		L		7:24 圆锥号	齿　数		
>	≤			标准系列	长系列	标准系列	长系列		粗齿	中齿	细齿
23.6	30	25	28	45	90	150	195	30	3	4	6
						158	211				
30	37.5	32	36	53	106	188	241	40			
						208	261	45			
37.5	47.5	40	45	63	125	198	260	40	4	6	8
						218	280	45			
						240	302	50			
47.5	60	50	—	75	150	210	285	40			
						230	305	45			
						252	327	50			
		—	56			210	285	40	6	8	10
						230	305	45			
						252	327	50			
60	75	63	71	90	180	245	335	45			
						267	357	50			
75	95	80	—	106	212	283	389				

16.5.13　套式立铣刀

1. 套式立铣刀的形式（图 16-52）

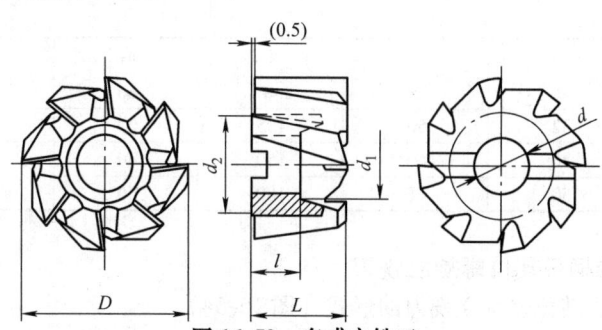

图 16-52　套式立铣刀

注：背面上 0.5mm 不作硬性规定。

2. 套式立铣刀的尺寸（表 16-73）

表 16-73　套式立铣刀的尺寸（GB/T 1114—2016）　（单位：mm）

D js16	d H7	L k16	l +1 0	d_1 最小	d_2 最小
40	16	32	18	23	33
50	22	36	20	30	41

（续）

D js16	d H7	L k16	l +1 0	d_1 最小	d_2 最小
63	27	40	22	38	49
80	27	45	22	38	49
100	32	50	25	45	59
125	40	56	28	56	71
160	50	63	31	67	91

16.5.14　削平直柄可转位螺旋立铣刀

1. 削平直柄可转位螺旋立铣刀的形式（图16-53）

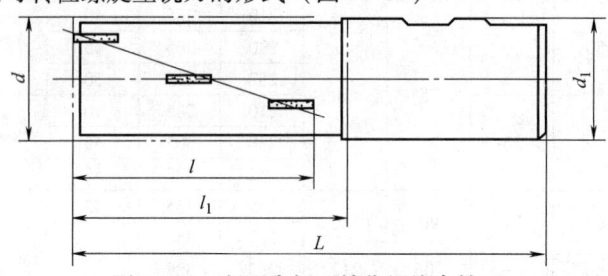

图16-53　削平直柄可转位螺旋立铣刀

2. 削平直柄可转位螺旋立铣刀的尺寸（表16-74）

表16-74　削平直柄可转位螺旋立铣刀的尺寸（GB/T 14298—2008）

（单位：mm）

d js14	l ≥	l_1 ≥	L ≤	d_1 h6	有效齿数 Z（参考值）
32	32	50	135	32	1～2
40	40	60	150	40	2～4
50	50	75	180	50	

16.5.15　莫氏锥柄可转位螺旋立铣刀

1. 莫氏锥柄可转位螺旋立铣刀的形式（图16-54）

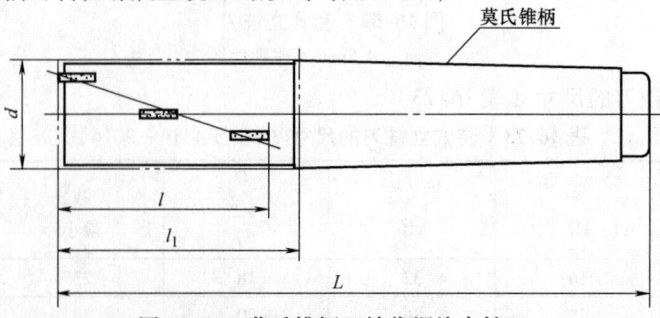

图16-54　莫氏锥柄可转位螺旋立铣刀

2. 莫氏锥柄可转位螺旋立铣刀的尺寸（表16-75）

表16-75 莫氏锥柄可转位螺旋立铣刀的尺寸（GB/T 14298—2008） （单位：mm）

d js14	l ≥	l_1 ≥	L ≤	莫氏圆锥号	有效齿数 Z（参考值）
32	32	45	165	4	1~2
40	40	60	210	5	2~4
50	50	75	230	5	2~4

16.5.16 圆角铣刀

1. 圆角铣刀的形式（图16-55）

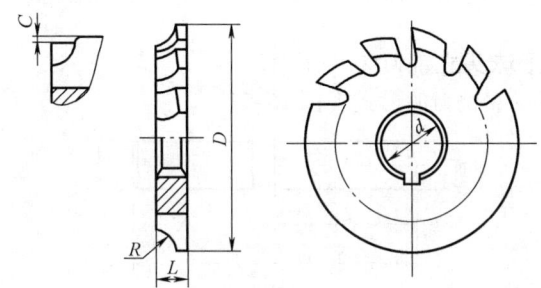

图16-55 圆角铣刀

2. 圆角铣刀的尺寸（表16-76）

表16-76 圆角铣刀的尺寸（GB/T 6122—2017） （单位：mm）

R N11	D js16	d H7	L js16	C	R N11	D js16	d H7	L js16	C
1	50	16	4	0.2	6.3(6)	80	27	12	0.6
1.25	50	16	4	0.2	8	80	27	16	0.8
1.6	50	16	5	0.25	10	100	32	18	1.0
2	50	16	5	0.25	12.5(12)	100	32	20	1.2
2.5	63	22	6	0.3	16	100	32	24	1.6
3.15(3)	63	22	6	0.3	16	125	32	24	1.6
4	63	22	8	0.4	20	125	32	28	2.0
5	63	22	10	0.5	20	125	32	28	2.0

注：括号内的值为替代方案。

16.5.17 三面刃铣刀（图16-56）

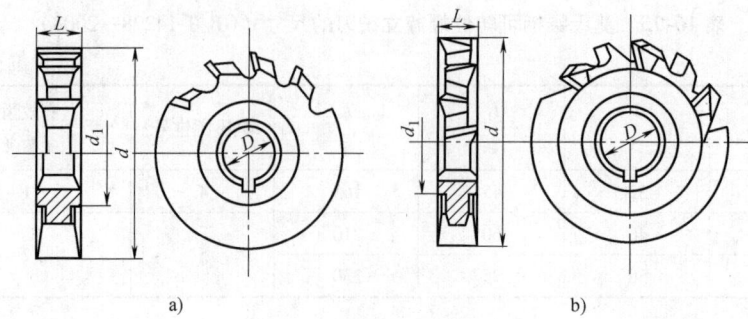

图16-56 三面刃铣刀
a）直齿三面刃铣刀 b）错齿三面刃铣刀

d—三面刃铣刀外圆直径 D—三面刃铣刀内孔直径 d_1—三面刃铣刀轴台直径 L—三面刃铣刀厚度

16.5.18 直柄圆柱形球头立铣刀

1. 直柄圆柱形球头立铣刀的形式（图16-57）

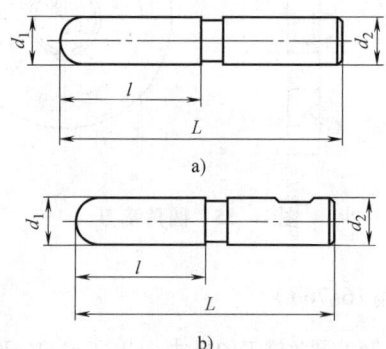

图16-57 直柄圆柱形球头立铣刀
a）普通直柄圆柱形球头立铣刀 b）削平型直柄圆柱形球头立铣刀

2. 直柄圆柱形球头立铣刀的基本尺寸（表16-77）

表16-77 直柄圆柱形球头立铣刀的基本尺寸（GB/T 20773—2006）

（单位：mm）

d_1 js12	d_2	l js16		L js15		d_1 js12	d_2	l js16		L js15	
		标准型	长型	标准型	长型			标准型	长型	标准型	长型
4	4	11	19	43	51	20	20	38	75	104	141
5	5	13	24	47	58	25	25	45	90	121	166
6	6			57	68	32	32	53	106	133	186
8	8	19	38	63	82	40	40	63	125	155	217
10	10	22	45	72	95	50	50	75	150	177	252
12	12	26	53	83	110	63		90	180	192	282
16	16	32	63	92	123						

注：1. d_2的公差：普通直柄h8，削平型直柄h6。
    2. 削平型直柄的柄部直径大于6mm。

16.5.19 莫氏锥柄圆柱形球头立铣刀

1. 莫氏锥柄圆柱形球头立铣刀的形式（图16-58）

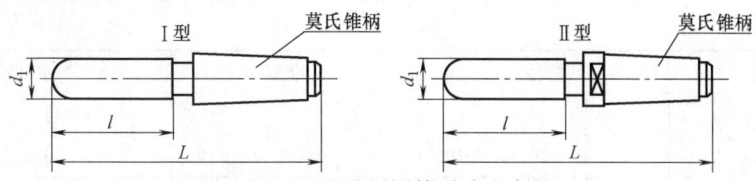

图 16-58 莫氏锥柄圆柱形球头立铣刀

2. 莫氏锥柄圆柱形球头立铣刀的基本尺寸（表16-78）

表 16-78 莫氏锥柄圆柱形球头立铣刀的基本尺寸（GB/T 20773—2006）

（单位：mm）

d_1 js12	l js16 标准型	l js16 长型	L js16 标准型 I	L js16 标准型 II	L js16 长型 I	L js16 长型 II	莫氏圆锥号
16	32	63	117	—	148	—	2
20	38	75	123	—	160	—	2
25	45	90	147	—	192	—	3
32	53	106	155	—	208	—	3
32	53	106	178	201	231	254	4
40	63	125	188	211	250	273	4
40	63	125	221	249	283	311	5
50	75	150	200	223	275	298	4
50	75	150	233	261	308	336	5
63	90	180	248	276	338	366	5

16.5.20 直柄圆锥形铣刀

1. 直柄圆锥形立铣刀及圆锥形球铣刀的形式（图16-59）

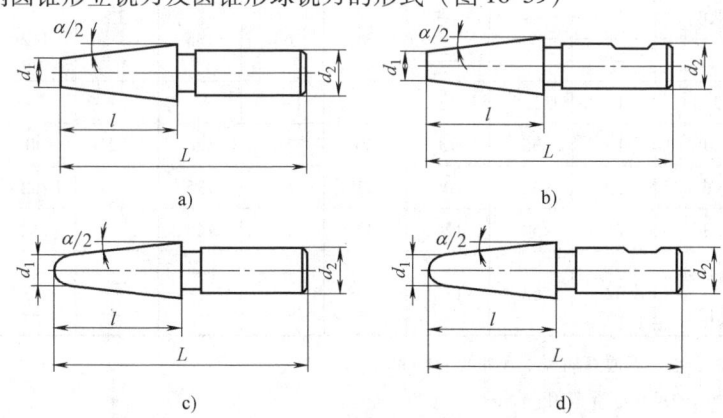

图 16-59 直柄圆锥形立铣刀及圆锥形球铣刀
a）普通直柄圆锥形立铣刀　b）削平型直柄圆锥形立铣刀
c）普通直柄圆锥形球头立铣刀　d）削平型直柄圆锥形球头立铣刀

2. 直柄圆锥形立铣刀及圆锥形球铣刀的基本尺寸（表 16-79）

表 16-79　直柄圆锥形立铣刀及圆锥形球铣刀的基本尺寸（GB/T 20773—2006）

（单位：mm）

$\alpha/2$	d_1 k12	短型 d_2	短型 l js16	短型 L js16	标准型 d_2	标准型 l js16	标准型 L js16	长型 d_2	长型 l js16	长型 L js16
3° (2°52′)	6	(10)	(40)	(95)	10	63	115	—	—	—
	8	12	45	105	(16)	(80)	(138)			
	(10)	16	50	109	16	80	140	—	—	—
	12				20			25	130	200
	16	20	56	120	25	90	160	32	160	235
	20	25	63	135		100	170			
5° (5°43′)	(2.5)	10	37.5	85	—	—	—			
	4		40	90	16	63	125	20	90	150
	6	12		95				25	100	170
	8	16		103	20		135			
	(10)	20	45	106	25	71	140	32	125	200
	12									
	16	25	50	120	32	80	155			
	20	32	63	140		100	175	(32)	(160)	(235)
7° (7°07′)	4	—	—	—	16	50	109	—	—	—
	6				20	56	120	25	90	160
	8								100	175
	(10)	—	—	—	25	63	135	32	112	185
	12									
10° (9°28′)	(2.5)	12	31.5	85	—	—	—	—	—	—
	4	16	36	93	20	56	120	32	90	165
	6	20	42	106	25	63	135	(32)	(102)	(175)
	8	25	50	120	32	71	145		(112)	(185)
	(10)	32	63	135	—	—	—			
	(12)									

注：1. d_2 的公差：普通直柄 h8，削平型直柄 h6。
　　2. 括号内的尺寸尽量不用。
　　3. 2°52′、5°43′、7°07′、9°28′由锥度 1∶20、1∶10、1∶8、1∶6 换算而得。

16.5.21　莫氏锥柄圆锥形立铣刀

1. 莫氏锥柄圆锥形立铣刀的形式（图 16-60）

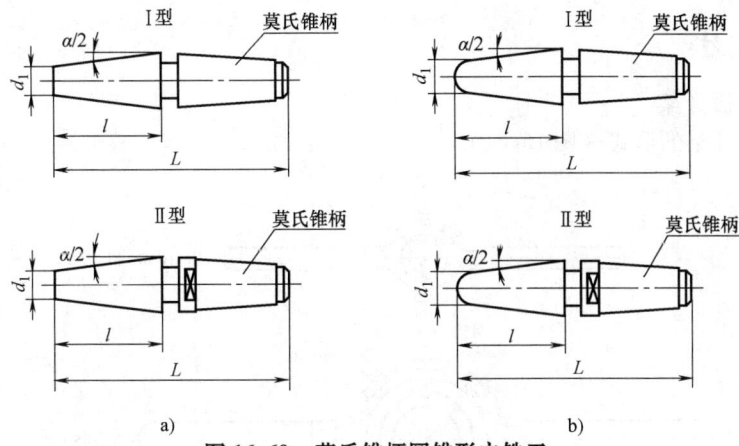

图 16-60 莫氏锥柄圆锥形立铣刀

a) 莫氏锥柄圆锥形立铣刀　b) 莫氏锥柄圆锥形球头立铣刀

2. 莫氏锥柄圆锥形立铣刀的基本尺寸（表 16-80）

表 16-80 莫氏锥柄圆锥形立铣刀的基本尺寸（GB/T 20773—2006） （单位：mm）

α/2	d_1 k12	l js16	L js16		莫氏圆锥
			Ⅰ	Ⅱ	
3° (2°52′)	16	90	192	—	3
			202	—	3
	20	100	225	248	4
	25	112	214	—	3
			237	260	4
	32	125	250	273	4
			283	311	5
	40	140	265	288	4
			298	326	5
5° (5°43′)	16	80	182	—	3
			205	228	4
	20	100	202	—	3
			225	248	4
	25	112	237	260	4
			270	298	5
	32	125	250	273	4
			283	311	5
7° (7°07′)	16	71	173	—	3
			196	219	4
	20	80	205	228	4
			238	266	—
	25	90	215	238	4
			248	276	5
10° (9°28′)	16	80	205	228	4
			238	266	5
	20	90	215	238	4
			248	276	5
	25	100	225	248	4
			258	286	5

注：1. 括号内的尺寸尽量不用。
　　2. 2°52′、5°43′、7°07′、9°28′由锥度 1:20、1:10、1:8、1:6 换算而得。

16.6 板牙

16.6.1 圆板牙架

1. 圆板牙架的形式（图16-61）

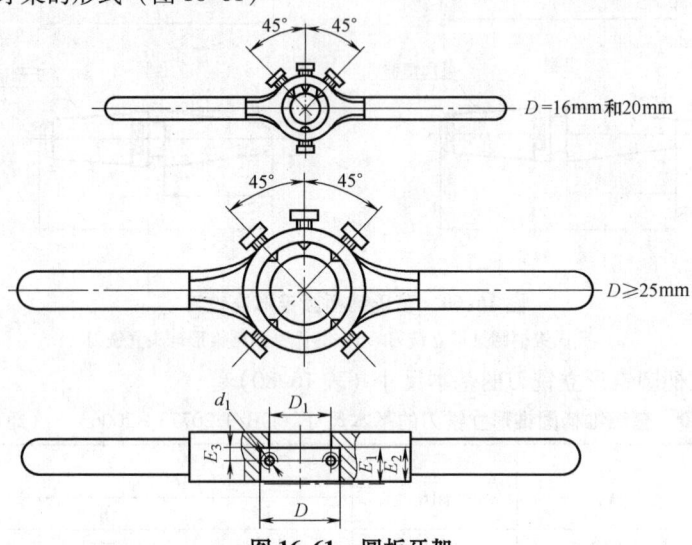

图 16-61 圆板牙架

2. 圆板牙架的互换尺寸（表16-81）

表 16-81 圆板牙架的互换尺寸（GB/T 970.1—2008） （单位：mm）

D	E_1	E_2	$E_3{}^{\ 0}_{-0.2}$	D_1	d_1
16	5	4.8	2.4	11	M3
20	7	6.5	3.4	15	M4
25	9	8.5	4.4	20	M5
30	11	10	5.3	25	M5
38	10	9	4.8	32	M6
45	14	13	6.8	38	M6
	18	17	8.8		M6
55	16	15	7.8	48	M8
	22	20	10.7		M8
65	18	17	8.8	58	M8
	25	23	12.2		M8
75	20	18	9.7	68	M8
	30	28	14.7		M8
90	22	20	10.7	82	M8
	36	34	17.7		M8
105	22	20	10.7	95	M10
	36	34	17.7		M10
120	22	20	10.7	107	M10
	36	34	17.7		M10

3. 细牙普通螺纹圆板牙厚度 E（表16-82）

表 16-82　细牙普通螺纹圆板牙厚度 E（GB/T 970.1—2008）（单位：mm）

螺纹代号	公称直径 d	螺距 P	D	E
M7×0.75	7	0.75	25	7
M8×0.75	8			
M9×0.75	9			
M8×1	8	1		
M9×1	9			
M10×0.75	10	0.75	30	8
M11×0.75	11			
M10×1	10	1		
M11×1	11			
M12×1.5	12	1.5	38	14
M14×1.5	14			
M15×1.5	15			
M16×1	16	1	45	10
M18×1	18			
M20×1	20			
M22×1	22		55	12
M24×1	24			
M27×1	27			
M28×1	28			
M30×1	30			
M27×1.5	27	1.5	65	14
M28×1.5	28			
M30×1.5	30			
M32×1.5	32			
M33×1.5	33			
M35×1.5	35			
M36×1.5	36			
M39×1.5	39		75	16
M40×1.5	40			
M42×1.5	42			
M45×1.5	45			
M48×1.5	48			
M50×1.5	50			
M52×1.5	52		90	18
M45×2	45	2		
M48×2	48			
M50×2	50			
M52×2	52			
M45×3	45	3	105	22
M48×3	48			
M50×3	50			
M52×3	52			
M55×3	55			
M56×3	56			

4. 圆板牙外径和厚度尺寸（表16-83）

表 16-83　圆板牙外径和厚度尺寸（GB/T 970.1—2008）　（单位：mm）

D	E_1	E_2	$E_3{}_{-0.2}^{\ 0}$	D_1	d_1
25	7	6.5	3.4	20	M4
30	8	7.5	3.9	25	M5
45	10	9	4.8	38	M6
55	12	11	5.8	48	
65	14	13	6.8	58	M8
75	16	15	7.8	68	
90	18	17	8.8	82	

16.6.2　惠氏螺纹圆板牙

1. 惠氏螺纹圆板牙的形式（图 16-62）

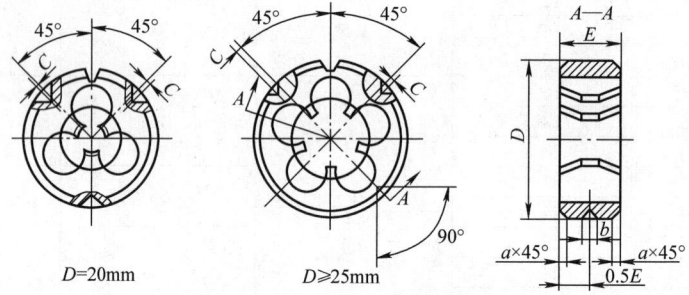

图 16-62　惠氏螺纹圆板牙

2. 粗牙惠氏螺纹圆板牙的基本尺寸（表 16-84）

表 16-84　粗牙惠氏螺纹圆板牙的基本尺寸（JB/T 8825.5—2011）

（单位：mm）

螺纹代号	每25.4mm 上牙数	公称直径 d	螺距 P	D	E	C	b	a
1/8-40 BSW	40	3.175	0.635		5	0.5		0.2
3/16-24 BSW	24	4.762	1.058	20	7	0.6	4	
1/4-20 BSW	20	6.350	1.270					0.5
5/16-18 BSW	18	7.938	1.411	25	9	0.8		
3/8-16 BSW	16	9.525	1.588	30	11	1.0	5	
7/16-14 BSW	14	11.112	1.814					
1/2-12 BSW	12	12.700	2.117	38	14			1.0
9/16-12 BSW		14.288						
5/8-11 BSW	11	15.875	2.309			1.2	6	
11/16-11 BSW		17.462		45	18			
3/4-10 BSW	10	19.050	2.540					

（续）

螺纹代号	每25.4mm上牙数	公称直径 d	螺距 P	D	E	C	b	a
7/8-9 BSW	9	22.225	2.822	45	18	1.2	6	
1-8 BSW	8	25.400	3.175	55	22	1.5		
1⅛-7 BSW	7	28.575	3.629	65	25	1.8	8	2.0
1¼-7 BSW		31.750						
1½-6 BSW	6	38.100	4.233	75	30			
1¾-5 BSW	5	44.450	5.080	90		2.0		
2-4½ BSW	4.5	50.800	5.644					
2¼-4 BSW	4	57.150	6.350	105	36	2.5	10	
2½-4 BSW		63.500		120				
2¾-3½ BSW	3.5	69.850	7.257					

3. 细牙惠氏螺纹圆板牙的基本尺寸（表16-85）

表16-85 细牙惠氏螺纹圆板牙的基本尺寸（JB/T 8825.5—2011）

（单位：mm）

螺纹代号	每25.4mm上牙数	公称直径 d	螺距 P	D	E	C	b	a
3/16-32 BSF	32	4.762	0.794	20	7	0.6	4	0.5
7/32-28 BSF	28	5.556	0.907					
1/4-26 BSF	26	6.350	0.977	25	9	0.8	5	
9/32-26 BSF		7.144						
5/16-22 BSF	22	7.938	1.154					
3/8-20 BSF	20	9.525	1.270	30	11	1.0		
7/16-18 BSF	18	11.112	1.411					
1/2-16 BSF	16	12.700	1.588	38	14	1.2	6	1.0
9/16-16 BSF		14.288						
5/8-14 BSF	14	15.875	1.814					
11/16-14 BSF		17.462						
3/4-12 BSF	12	19.050	2.117	45				
7/8-11 BSF	11	22.225	2.309		18			
1-10 BSF	10	25.400	2.540	55	22	1.5	8	2.0

(续)

螺纹代号	每25.4mm上牙数	公称直径 d	螺距 P	D	E	C	b	a
$1\frac{1}{8}$-9 BSF	9	28.575	2.822	66	25	1.8	8	2.0
$1\frac{1}{4}$-9 BSF		31.750						
$1\frac{3}{8}$-8 BSF	8	34.925	3.175	75	30			
$1\frac{1}{2}$-8 BSF		38.100						
$1\frac{5}{8}$-8 BSF		41.275						
$1\frac{3}{4}$-7 BSF	7	44.450	3.629	90		2.0		
2-7 BSF		50.800						
$2\frac{1}{4}$-6 BSF	6	57.150	4.233	105	36	2.5	10	
$2\frac{1}{2}$-6 BSF		63.500		120				
$2\frac{3}{4}$-6 BSF		69.850						

16.6.3 板牙夹套

1. 板牙夹套的形式（图 16-63）

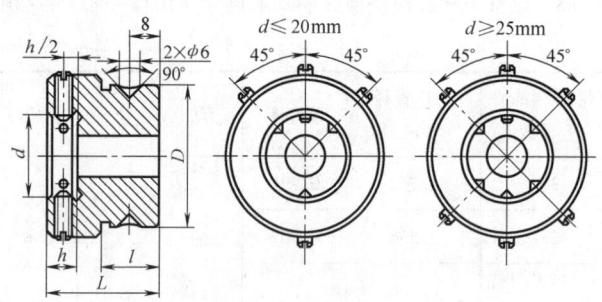

图 16-63 板牙夹套

2. 板牙夹套的基本尺寸（表 16-86）

表 16-86 板牙夹套的基本尺寸（JB/T 3411.13—1999） （单位：mm）

d		h	D		L	l
基本尺寸	极限偏差 H9		基本尺寸	极限偏差 f7		
20	+0.052 0	5	36	-0.025 -0.050	26	15.5
		7			28	
25		9			30	
30		11				
38	+0.062 0	10	50		35	
		14			40	
45		18			45	16.5
55	+0.074 0	16			42	
		22			48	

16.7 搓丝及滚丝工具

16.7.1 惠氏螺纹搓丝板

1. 惠氏螺纹搓丝板的形式（图 16-64）

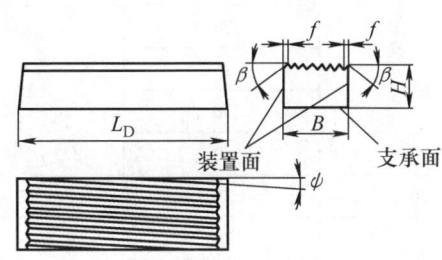

活动搓丝板

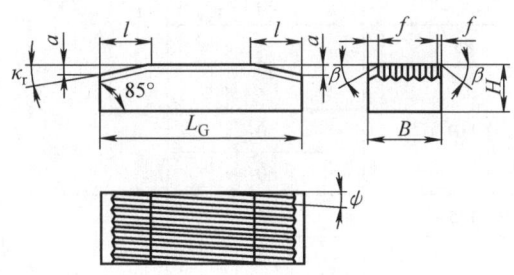

固定搓丝板

图 16-64　惠氏螺纹搓丝板

2. 惠氏螺纹用搓丝板外形尺寸（表 16-87）

表 16-87　惠氏螺纹用搓丝板外形尺寸（JB/T 8825.6—2011）

（单位：mm）

L_D	L_G	B	H(推荐)	适用范围
50	45	15	20	-1/8
		20	20	
55		22	22	

（续）

L_D	L_G	B	H(推荐)	适用范围
60	55	20	25	
		25		
65		30	28	
70	65	20	25	1/8 ~ 3/16
		25		
		30		
		40		
80	70	30	28	
85	78	20	25	
		25		
		30		
		40		
		50		
100	85	40	25	1/8 ~ 1/4
125	110	50		3/16 ~ 1/4
		60		
145	125	55	30	
170	150	50		1/4 ~ 3/8
		60		
		70		
		80		
210	190	55	40	
		80		
220	200	50		5/16 ~ 9/16
		60		
		70		
250	230	60	45	1/2 ~ 5/8
		70		
		80		
310	285	70	50	5/8 ~ 3/4
		80		
		105		
400	375	80		3/4 ~ 1
		100		

3. 粗牙惠氏螺纹搓丝板的基本尺寸（表 16-88）

表 16-88 粗牙惠氏螺纹搓丝板的基本尺寸（JB/T 8825.6—2011） （单位：mm）

螺纹代号	每25.4mm上牙数	公称直径 d	螺距 P	l	a	ψ	κ_r	f	β
1/8-40 BSW	40	3.175	0.635	16.8	0.44	4°14′		0.8	45°
3/16-24 BSW	24	4.763	1.058	28.3	0.74	4°46′		1.0	
1/4-20 BSW	20	6.350	1.270	34.0	0.89	4°13′		1.5	
5/16-18 BSW	18	7.938	1.411	37.8	0.99	3°41′			
3/8-16 BSW	16	9.525	1.588	42.4	1.11	3°25′		2.0	
7/16-14 BSW	14	11.112	1.814	48.5	1.27	3°20′			
1/2-12 BSW	12	12.700	2.117	64.5	1.69	3°25′	1°30′		25°
9/16-12 BSW		14.288				2°60′		2.5	
5/8-11 BSW	11	15.875	2.309	70.6	1.85	2°56′			
11/16-11 BSW		17.462				2°39′			
3/4-10 BSW	10	19.050	2.540	77.5	2.03	2°40′		3.0	
7/8-9 BSW	9	22.225	2.822	86.3	2.26	2°32′		3.5	
1-8 BSW	8	25.400	3.175	97.0	2.54	2°29′			

注：l、a、ψ、κ_r、f 和 β 均为参考尺寸。

4. 细牙惠氏螺纹搓丝板的基本尺寸（表 16-89）

表 16-89 细牙惠氏螺纹搓丝板的基本尺寸（JB/T 8825.6—2011）

（单位：mm）

螺纹代号	每25.4mm上牙数	公称直径 d	螺距 P	l	a	ψ	κ_r	f	β
3/16-32 BSF	32	4.762	0.794	21.4	0.56	3°25′		1.0	45°
7/32-28 BSF	28	5.556	0.907	24.1	0.63	3°20′			
1/4-26 BSF	26	6.350	0.977	26.0	0.68	3°07′			
9/32-26 BSF		7.144				2°45′			
5/16-22 BSF	22	7.938	1.155	30.9	0.81	2°56′		1.5	
3/8-20 BSF	20	9.525	1.270	34.0	0.89	2°40′			
7/16-18 BSF	18	11.112	1.411	37.8	0.99	2°32′	1°30′		25°
1/2-16 BSF	16	12.700	1.588	42.4	1.11	2°29′		2.0	
9/16-16 BSF		14.288				2°11′			
5/8-14 BSF	14	15.875	1.814	48.5	1.27	2°15′			
11/16-14 BSF		17.462				2°02′			
3/4-12 BSF	12	19.050	2.117	64.5	1.69	2°11′		2.5	
7/8-11 BSF	11	22.225	2.309	70.6	1.85	2°02′		3.0	
1-10 BSF	10	25.400	2.540	77.5	2.03	1°57′			

注：l、a、ψ、κ_r、f 和 β 均为参考尺寸。

5. 搓丝板螺纹牙型尺寸和偏差（图16-65、表16-90）

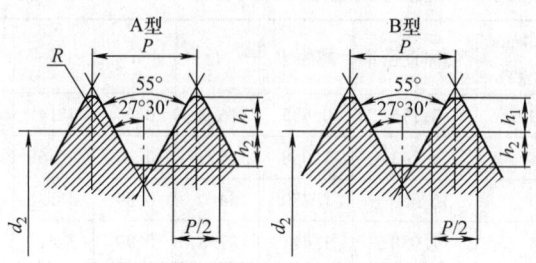

图16-65 搓丝板螺纹牙型

表16-90 搓丝板螺纹牙型尺寸和偏差（JB/T 8825.6—2011）

（单位：mm）

每25.4mm 上牙数	螺距 P	h_1 A、B型 公称尺寸	h_1 上极限偏差	h_1 下极限偏差	h_2 A型 公称尺寸	h_2 A型 上极限偏差	h_2 A型 下极限偏差	h_2 B型 下极限尺寸	每25.4mm 内的螺距极限偏差 2级	每25.4mm 内的螺距极限偏差 3级	牙型半角极限偏差
40	0.635	0.222			0.203		-0.013	0.203	±0.020	±0.030	±45′
32	0.794	0.278		-0.020	0.254			0.254			
28	0.907	0.317			0.290		-0.014	0.290	±0.025	±0.035	±40′
26	0.977	0.342			0.313			0.313			
24	1.058	0.370			0.339			0.339			
22	1.155	0.404		-0.025	0.370		-0.015	0.370	±0.030	±0.040	
20	1.270	0.445	0		0.406	+0.012		0.406			±35′
18	1.411	0.494			0.452			0.452			
16	1.588	0.556		-0.030	0.508		-0.017	0.508	±0.035	±0.045	
14	1.814	0.635			0.580		-0.020	0.580			
12	2.117	0.741			0.677			0.677			
11	2.309	0.808			0.739			0.739			±30′
10	2.540	0.889		-0.040	0.813		-0.022	0.813	±0.040	±0.050	
9	2.822	0.988			0.903			0.903			±25′
8	3.175	1.111			1.016		-0.025	1.016			

注：A型牙顶圆弧半径 R 的最大值为 $0.137P$，其变化范围由 h_1 的实际尺寸而定。

16.7.2 55°圆锥管螺纹搓丝板

1. 55°圆锥管螺纹搓丝板的形式（图16-66）
2. 搓丝板的基本尺寸（表16-91）

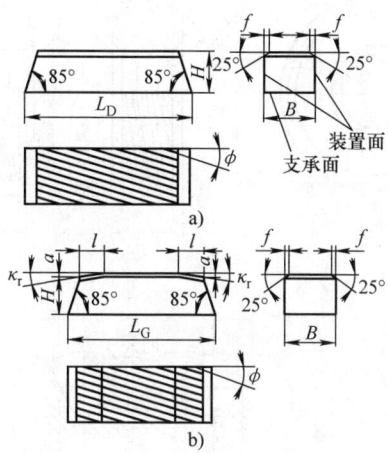

图 16-66　55°圆锥管螺纹搓丝板

a）活动搓丝板　b）固定搓丝板

表 16-91　搓丝板的基本尺寸（JB/T 9999—2013）　（单位：mm）

代号	25.4mm上的牙数	P	L_D 基本尺寸	L_D 极限偏差	L_G 基本尺寸	L_G 极限偏差	B 基本尺寸	B 极限偏差	H 参考尺寸	ϕ	参考尺寸 f	参考尺寸 l	参考尺寸 a	参考尺寸 κ_r
R1/16	28	0.907	170	0 -1.00	150	0 -1.00	50, 55,	0 -0.62	30	2°18′ 1°18′	1.5	24.4 31.6	0.64	
R1/8														
R1/4	19	1.337	210	0 -1.15	190	0 -1.15	60, 70		40	1°58′ 1°32′	2.0	42.5 53.8	0.94	
R3/8			220		200									
R1/2	14	1.814	250	0 -1.30	230	0 -1.30	60, 70, 80	0 -0.74	45	1°40′ 1°18′	2.5	68.0 83.0	1.45	1°~ 1°30′
R3/4			310		285									
R1	11	2.309	400	0 -1.40	375	0 -1.40	80, 100	0 -0.87	50	1°19′ 1°02′	3	110.0 128.0	2.24	
R1 1/4			420	0 -1.55	400									

16.7.3　滚丝轮

1. 滚丝轮的形式（图 16-67）

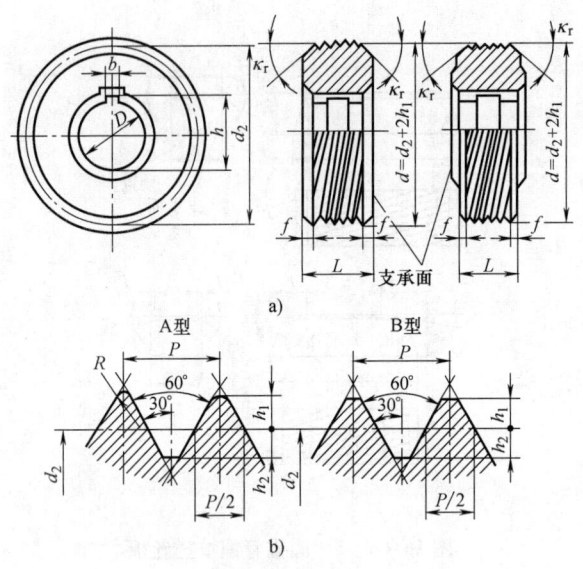

图 16-67 滚丝轮

a) 滚丝轮形式　b) 滚丝轮螺纹牙型

注：1. 滚丝轮分为带凸台和不带凸台两种。
　　2. 应优先采用 A 型滚丝轮。

2. 滚丝轮的基本尺寸（表 16-92）

表 16-92　滚丝轮的基本尺寸（GB/T 971—2008）　（单位：mm）

型　　式	内　孔	键　槽	
	D	b	h
45 型	$45^{+0.025}_{\ 0}$	$12^{+0.36}_{+0.12}$	$47.9^{+0.62}_{\ 0}$
54 型	$54^{+0.030}_{\ 0}$		$57.5^{+0.74}_{\ 0}$
75 型	$75^{+0.030}_{\ 0}$	$20^{+0.42}_{+0.14}$	$79.3^{+0.74}_{\ 0}$

3. 45 型粗牙普通螺纹用滚丝轮基本尺寸（表 16-93）

表 16-93　45 型粗牙普通螺纹用滚丝轮基本尺寸（GB/T 971—2008）

（单位：mm）

被加工螺纹公称直径 d		螺距 P	滚丝轮螺纹头数 Z	中径 d_2	宽度 L（推荐）	倒角	
第一系列	第二系列					κ_r	f
3		0.5	54	144.450			0.5
	3.5	0.6	46	143.060			0.6
4		0.7	40	141.800	30	45°	0.7
	4.5	0.75	35	140.455			0.75
5		0.8	32	143.360			0.8

（续）

被加工螺纹公称直径 d		螺距 P	滚丝轮螺纹头数 Z	中径 d_2	宽度 L（推荐）	倒角	
第一系列	第二系列					κ_r	f
6		1.0	27	144.450	30、40	25°	1.5
8		1.25	20	143.760			2.0
10		1.5	16	144.416	40、50		2.5
12		1.75	13	141.219			
	14	2	11	139.711	40、60		3.0
16			10	147.010			
	18	2.5	9	147.384	40、60		4.0
20			8	147.008			
	22		7	142.632			

4. 45 型细牙普通螺纹用滚丝轮基本尺寸（表 16-94）

表 16-94　45 型细牙普通螺纹用滚丝轮基本尺寸（GB/T 971—2008）（单位：mm）

被加工螺纹公称直径 d		螺距 P	滚丝轮螺纹头数 Z	中径 d_2	宽度 L（推荐）	倒角	
第一系列	第二系列					κ_r	f
8		1.0	20	147.000	30、40	25°	1.5
10			16	149.600	40、50		
12			13	147.550			
	14		11	146.850	50、70		
16			9	138.150			
10		1.25	16	147.008	40、50		2.0
12			13	145.444			
	14		11	145.068	50、70		
12		1.5	13	143.338	40、50		2.5
	14		11	143.286			
16			10	150.260			
	18		8	136.208			
20			7	133.182			
	22			147.182			
24			6	138.156	50、70		
	27		5	130.130			
30				145.130			
	33		4	128.104			
36				140.104			
	39		3	114.078			

（续）

被加工螺纹公称直径 d		螺距 P	滚丝轮螺纹头数 Z	中径 d_2	宽度 L（推荐）	倒角	
第一系列	第二系列					κ_r	f
	18		9	150.309			
20			8	149.608			
	22		7	144.907			
24			6	136.206			
	27	2.0	5	128.505	40、60	25°	3.0
30				143.505			
	33		4	126.804			
36				138.804			
	39		3	113.103			

5. 54型粗牙普通螺纹用滚丝轮基本尺寸（表16-95）

表16-95　54型粗牙普通螺纹用滚丝轮基本尺寸（GB/T 971—2008）

（单位：mm）

被加工螺纹公称直径 d		螺距 P	滚丝轮螺纹头数 Z	中径 d_2	宽度 L（推荐）	倒角	
第一系列	第二系列					κ_r	f
3		0.5	54	144.450			0.5
	3.5	0.6	46	143.060			0.6
4		0.7	40	141.800	30	45°	0.7
	4.5	0.75	35	140.455			0.75
5		0.8	32	143.360			0.8
6		1.0	27	144.450	30、40		1.5
8		1.25	20	143.760			2.0
10		1.5	16	144.416	40、50		2.5
12		1.75	13	141.219			
	14	2	12	152.412	50、70		3.0
16			10	147.010			
	18		9	147.384		25°	
20		2.5	8	147.008	60、80		4.0
	22		7	142.632			
24		3.0		154.357	70、90		4.5
	27		6	150.306			
30		3.5	5	138.635			5.5
	33			153.635	80、100		
36		4.0	4	133.608			6.0
	39			145.608			

6. 54型细牙普通螺纹用滚丝轮基本尺寸（表16-96）

表16-96　54型细牙普通螺纹用滚丝轮基本尺寸（GB/T 971—2008）

（单位：mm）

被加工螺纹公称直径 d		螺距 P	滚丝轮螺纹头数 Z	中径 d_2	宽度 L（推荐）	倒角	
第一系列	第二系列					κ_r	f
8		1.0	20	147.000	30、40	25°	1.5
10			16	149.600	40、50		
12			13	147.550			
	14		11	146.850	50、70		
16			10	153.500			
10		1.25	16	147.008	40、50		2.0
12			13	145.444			
	14		11	145.068	50、70		
12		1.5	13	143.338	40、50		2.5
	14		11	143.286	50、70		
16			10	150.260			
	18		8	136.208	60、80		
20				152.208			
	22		7	147.182			
24			6	138.156	70、90		
	27		5	130.130			
30				145.130			
	33		4	128.104	80、100		
36				140.104			
	39			152.104			
42			3	123.078			
	45			132.078			
	18	2.0	9	150.309	60、80		3.0
20			8	149.608			
	22		7	144.907			
24			6	136.206	70、90		
	27		5	128.505			

（续）

被加工螺纹公称直径 d		螺距 P	滚丝轮螺纹头数 Z	中径 d_2	宽度 L（推荐）	倒角	
第一系列	第二系列					κ_r	f
30		2.0	5	143.505	80、100	25°	3.0
	33	2.0		126.804	80、100	25°	3.0
36		2.0	4	138.804	80、100	25°	3.0
	39	2.0		150.804	80、100	25°	3.0
42		2.0	3	122.103	80、100	25°	3.0
	45	2.0		131.103	80、100	25°	3.0
36		3.0	4	136.204	80、100	25°	4.5
	39	3.0		148.204	80、100	25°	4.5
42		3.0	3	120.153	80、100	25°	4.5
	45	3.0		129.153	80、100	25°	4.5

7. 75 型粗牙普通螺纹用滚丝轮基本尺寸（表 16-97）

表 16-97　75 型粗牙普通螺纹用滚丝轮基本尺寸（GB/T 971—2008）　（单位：mm）

被加工螺纹公称直径 d		螺距 P	滚丝轮螺纹头数 Z	中径 d_2	宽度 L（推荐）	倒角	
第一系列	第二系列					κ_r	f
6		1.0	33	176.550	45	25°	1.5
8		1.25	23	165.324	60、70	25°	2.0
10		1.5	19	171.494	60、70	25°	2.5
12		1.75	16	173.808	60、70	25°	2.5
	14	2.0	14	177.814	60、70	25°	3.5
16		2.0	12	176.412	60、70	25°	3.5
	18	2.0	11	180.136	60、70	25°	3.5
20		2.5	10	183.760	60、70	25°	4.0
	22	2.5	9	183.384	60、70	25°	4.0
24		3.0	8	176.408	70、80	25°	4.5
	27	3.0	7	175.357	70、80	25°	4.5
30		3.5	7	194.089	70、80	25°	5.5
	33	3.5	6	184.362	70、80	25°	5.5
36		4.0	5	167.010	70、80	25°	6.0
	39	4.0	5	182.010	70、80	25°	6.0
42		4.5	5	193.385	70、80	25°	6.5

8. 75 型细牙普通螺纹用滚丝轮基本尺寸（表 16-98）

表16-98 75型细牙普通螺纹用滚丝轮基本尺寸（GB/T 971—2008）

(单位：mm)

被加工螺纹公称直径 d		螺距 P	滚丝轮螺纹头数 Z	中径 d_2	宽度 L（推荐）	倒角	
第一系列	第二系列					κ_r	f
8		1.0	23	169.050	45	25°	1.5
10		1.0	18	168.300	50、60	25°	1.5
12		1.0	15	170.250	50、60	25°	1.5
	14	1.0	13	173.550	50、60	25°	1.5
16		1.0	11	168.850	50、60	25°	1.5
10		1.25	19	174.572	45、50	25°	2.0
12		1.25	16	179.008	45、50	25°	2.0
	14	1.25	13	171.444	45、50	25°	2.0
12		1.5	16	176.416	45、50	25°	2.5
	14	1.5	14	182.364	45、50	25°	2.5
16		1.5	12	180.312	45、50	25°	2.5
	18	1.5	10	170.260	60、70	25°	2.5
20		1.5	9	171.234	60、70	25°	2.5
	22	1.5	9	189.234	60、70	25°	2.5
24		1.5	8	184.208	60、70	25°	2.5
	27	1.5	7	182.182	60、70	25°	2.5
30		1.5	6	174.156	70、80	25°	2.5
	33	1.5	6	192.156	70、80	25°	2.5
36		1.5	5	175.130	70、80	25°	2.5
	39	1.5	5	190.130	70、80	25°	2.5
42		1.5	4	164.104	70、80	25°	2.5
	45	1.5	4	176.104	70、80	25°	2.5
	18	2.0	11	183.711	50、60	25°	3.0
20		2.0	10	187.010	50、60	25°	3.0
	22	2.0	9	186.309	50、60	25°	3.0
24		2.0	8	181.608	50、60	25°	3.0

（续）

被加工螺纹公称直径 d		螺距 P	滚丝轮螺纹头数 Z	中径 d_2	宽度 L（推荐）	倒角	
第一系列	第二系列					κ_r	f
	27	2.0	7	179.907	50、60	25°	3.0
30			6	172.206			
	33			190.206			
36			5	173.505	60、70		
	39			188.505			
42			4	162.804	70、80		
	45			174.804			
36		3.0	5	170.255	90、100		4.5
	39			185.255			
42				200.255			
	45		4	172.204			

9. 滚丝轮螺纹尺寸和偏差（表 16-99）

表 16-99　滚丝轮螺纹尺寸和偏差（GB/T 971—2008）　　（单位：mm）

螺距 P	h_1 A、B 型			h_2 A 型			B 型	螺距偏差（25mm 长度上）			牙型半角偏差	
	公称尺寸	上偏差	下偏差	公称尺寸	上偏差	下偏差	最小尺寸	1 级	2 级	3 级	1 级	2、3 级
0.50	0.144	+0.025	0	0.162	+0.010	-0.012	0.162	±0.015	±0.020	±0.030	±35′	±50′
0.60	0.173			0.195		-0.013	0.195					±45′
0.70	0.202			0.227		-0.014	0.227				±30′	
0.75	0.217			0.244		-0.015	0.244					±40′
0.80	0.231			0.260		-0.018	0.260					
1.00	0.289	+0.030		0.325	+0.015	-0.015	0.325	±0.020	±0.030	±0.040	±25′	±35′
1.25	0.361			0.406		-0.017	0.406					
1.50	0.433			0.487		-0.020	0.487				±20′	±30′
1.75	0.505	+0.035		0.568		-0.025	0.568	±0.025	±0.035	±0.045		
2.00	0.577			0.650			0.650				±15′	±25′
2.50	0.722	+0.045		0.812	+0.020	-0.030	0.812					
3.00	0.866			0.974			0.974	±0.030	±0.040	0.050	±10′	±20′
3.50	1.015	+1.050		1.137	+0.025	-0.035	1.137					
4.00	1.155			1.299			1.299					

注：1. A 型牙顶圆弧半径 R 的最大值为 $0.144P$，其变化范围由 h_1 的实际尺寸而定。
　　2. 螺距 $P=1.5\sim4.0$mm 的 A 型滚丝轮，满足高强度螺纹牙底最小圆弧半径为 $0.125P$ 的要求。

16.7.4　统一螺纹滚丝轮

1. 统一螺纹滚丝轮的形式（图 16-68）
2. 常用滚丝轮的基本尺寸（表 16-100）

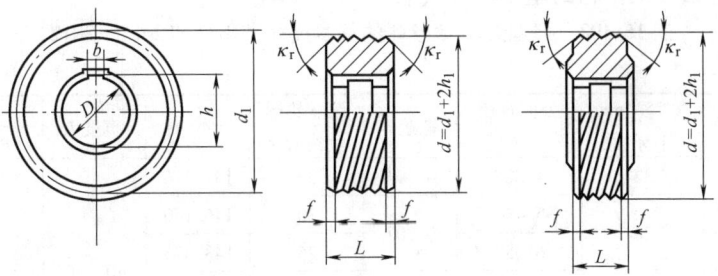

图 16-68 滚丝轮

表 16-100 常用滚丝轮的基本尺寸（JB/T 8824.7—2012） （单位：mm）

型 式	内孔 D	键槽 b	键槽 h
45 型	$45^{+0.025}_{0}$	$12^{+0.36}_{+0.12}$	$47.9^{+0.62}_{0}$
54 型	$54^{+0.030}_{0}$		$57.5^{+0.74}_{0}$
75 型	$75^{+0.030}_{0}$	$20^{+0.42}_{+0.12}$	$79.3^{+0.74}_{0}$

3. 45 型粗牙滚丝轮的基本尺寸（表 16-101）

表 16-101 45 型粗牙滚丝轮的基本尺寸（JB/T 8824.7—2012） （单位：mm）

螺纹代号	每 25.4mm 上牙数	公称直径 d	螺距 P	滚丝轮螺纹线数 Z	中径 d_2	宽度 L	倒角 κ_r	倒角 f
No. 8-32 UNC	32	4.166	0.794	40	145.080	40、50	25°	1.2
No. 10-24 UNC	24	4.826	1.058	35	143.920			1.6
1/4-20 UNC	20	6.350	1.270	26	142.896			2.0
5/16-18 UNC	18	7.938	1.411	20	139.800			2.3
3/8-16 UNC	16	9.525	1.588	17	143.820			2.3
7/16-14 UNC	14	11.112	1.814	14	138.572			2.8
1/2-13 UNC	13	12.700	1.954	12	136.704			2.8
9/16-12 UNC	12	14.288	2.117	11	141.603	50、60、70		3.4
5/8-11 UNC	11	15.875	2.309	10	143.350			3.4
3/4-10 UNC	10	19.050	2.540	8	138.824			3.8

注：1. κ_r、f 为推荐尺寸。
2. 使用厂因特殊需要，不能采用表中规定的滚丝轮宽度时，可按以下宽度系列另行选取：30、40、45、50、55、60、65、70、75、80、85、90、95、100、105。
3. 按使用厂需要制造具有备磨量的滚丝轮。

4. 45型细牙滚丝轮的基本尺寸（表16-102）

表16-102　45型细牙滚丝轮的基本尺寸（JB/T 8824.7—2012）

（单位：mm）

螺纹代号	每25.4mm上牙数	公称直径 d	螺距 P	滚丝轮螺纹线数 Z	中径 d_2	宽度 L	倒角 κ_r	f
No.10-32 UNF	32	4.826	0.794	32	137.216	40、50	25°	1.2
No.12-28 UNF	28	5.486	0.907	30	146.160			1.4
1/4-28 UNF		6.350		25	143.375			
5/16-24 UNF	24	7.938	1.058	20	144.420			1.6
3/8-24 UNF		9.525		16	140.928			
7/16-20 UNF	20	11.112	1.270	14	143.556			2.0
1/2-20 UNF		12.700		12	142.092			
9/16-18 UNF	18	14.288	1.411	10	133.350	50、60、70		2.3
5/8-18 UNF		15.875		9	134.298			
3/4-16 UNF	16	19.050	1.588	8	143.840			

注：1. κ_r、f 为推荐尺寸。

2. 使用厂因特殊需要，不能采用表中规定的滚丝轮宽度时，可按以下宽度系列另行选取：30、40、45、50、55、60、65、70、75、80、85、90、95、100、105。

3. 按使用厂需要制造具有备磨量的滚丝轮。

5. 54型粗牙滚丝轮的基本尺寸（表16-103）

表16-103　54型粗牙滚丝轮的基本尺寸（JB/T 8824.7—2012）

（单位：mm）

螺纹代号	每25.4mm上牙数	公称直径 d	螺距 P	滚丝轮螺纹线数 Z	中径 d_2	宽度 L	倒角 κ_r	f
1/4-20 UNC	20	6.350	1.270	26	142.897	40、50	25°	2.0
5/16-18 UNC	18	7.938	1.411	20	139.800			2.3
3/8-16 UNC	16	9.525	1.588	17	143.820			
7/16-14 UNC	14	11.112	1.814	14	138.572			2.8
1/2-13 UNC	13	12.700	1.954	12	136.704	50、60、70		
9/16-12 UNC	12	14.288	2.117	11	141.603			3.4
5/8-11 UNC	11	15.875	2.309	10	143.350			
3/4-10 UNC	10	19.050	2.540	8	138.824			3.8
7/8-9 UNC	9	22.225	2.822	7	142.394	70、80、90		
1-8 UNC	8	25.400	3.175	6	139.716			4.5

注：1. κ_r、f 为推荐尺寸。

2. 使用厂因特殊需要，不能采用表中规定的滚丝轮宽度时，可按以下宽度系列另行选取：30、40、45、50、55、60、65、70、75、80、85、90、95、100、105。

3. 按使用厂需要制造具有备磨量的滚丝轮。

6. 54型细牙滚丝轮的基本尺寸（表16-104）

表 16-104 54 型细牙滚丝轮的基本尺寸（JB/T 8824.7—2012）

（单位：mm）

螺纹代号	每 25.4mm 上牙数	公称直径 d	螺距 P	滚丝轮螺纹线数 Z	中径 d_2	宽度 L	倒角 κ_r	倒角 f
1/4-28 UNF	28	6.350	0.907	25	143.375	40、50	25°	1.4
5/16-24 UNF	24	7.938	1.058	20	144.420	40、50	25°	1.6
3/8-24 UNF	24	9.525	1.058	16	140.928	40、50	25°	1.6
7/16-20 UNF	20	11.112	1.270	14	143.556		25°	2.0
1/2-20 UNF	20	12.700	1.270	12	142.092		25°	2.0
9/16-18 UNF	18	14.288	1.411	10	133.350	50、60、70	25°	2.3
5/8-18 UNF	18	15.875	1.411	9	134.298	50、60、70	25°	2.3
3/4-16 UNF	16	19.050	1.588	8	143.840		25°	
7/8-14 UNF	14	22.225	1.814	7	147.035	70、80、90	25°	2.8
1-12 UNF	12	25.400	2.117	6	143.880	70、80、90	25°	3.4

注：1. κ_r、f 为推荐尺寸。
  2. 使用厂因特殊需要，不能采用表中规定的滚丝轮宽度时，可按以下宽度系列另行选取：30、40、45、50、55、60、65、70、75、80、85、90、95、100、105。
  3. 按使用厂需要制造具有备磨量的滚丝轮。

7. 75 型粗牙滚丝轮的基本尺寸（表 16-105）

表 16-105 75 型粗牙滚丝轮的基本尺寸（JB/T 8824.7—2012）

（单位：mm）

螺纹代号	每 25.4mm 上牙数	公称直径 d	螺距 P	滚丝轮螺纹线数 Z	中径 d_2	宽度 L	倒角 κ_r	倒角 f
1/2-13 UNC	13	12.700	1.954	15	170.880	50	25°	2.8
9/16-12 UNC	12	14.288	2.117	14	180.222	60、70	25°	3.4
5/8-11 UNC	11	15.875	2.309	12	172.020	60、70	25°	3.4
3/4-10 UNC	10	19.050	2.540	10	173.530		25°	3.8
7/8-9 UNC	9	22.225	2.822	9	183.078		25°	3.8
1-8 UNC	8	25.400	3.175	8	186.288		25°	4.5
1⅛-7 UNC	7	28.575	3.629	7	183.134	70、80	25°	5.4
1¼-7 UNC	7	31.750	3.629	6	176.022	70、80	25°	5.4
1⅜-6 UNC	6	34.925	4.233	6	192.678		25°	6.3
1½-6 UNC	6	38.100	4.233	5	176.440		25°	6.3

注：1. κ_r、f 为推荐尺寸。
  2. 使用厂因特殊需要，不能采用表中规定的滚丝轮宽度时，可按以下宽度系列另行选取：30、40、45、50、55、60、65、70、75、80、85、90、95、100、105。
  3. 按使用厂需要制造具有备磨量的滚丝轮。

8. 75 型细牙滚丝轮的基本尺寸（表 16-106）

表16-106 75型细牙滚丝轮的基本尺寸（JB/T 8824.7—2012） （单位：mm）

螺纹代号	每25.4mm上牙数	公称直径 d	螺距 P	滚丝轮螺纹线数 Z	中径 d_2	宽度 L	倒角 κ_r	f
1/2-20 UNF	20	12.700	1.270	15	177.615	50、60	25°	2.0
9/16-18 UNF	18	14.288	1.411	13	173.355			2.3
5/8-18 UNF		15.875		12	181.872			
3/4-16 UNF	16	19.050	1.588	10	179.800			
7/8-14 UNF	14	22.225	1.814	9	189.045			2.8
1-12 UNF		25.400	2.117	8	191.840			
1⅛-12 UNF		28.575		7	190.085			
1¼-12 UNF	12	31.750		6	181.980	60、70		3.4
1⅜-12 UNF		34.925		5	167.510			
1½-12 UNF		38.100			183.385			

注：1. κ_r、f为推荐尺寸。
  2. 使用厂因特殊需要，不能采用表中规定的滚丝轮宽度时，可按以下宽度系列另行选取：30、40、45、50、55、60、65、70、75、80、85、90、95、100、105。
  3. 按使用厂需要制造具有备磨量的滚丝轮。

16.8 砂磨器具

16.8.1 磨钢球砂轮

1. 磨钢球砂轮的形式（图16-69）

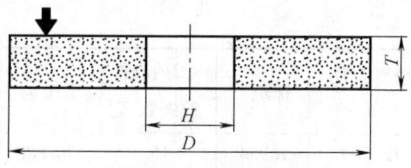

图16-69 砂轮

2. 磨钢球砂轮的尺寸（表16-107）

表16-107 磨钢球砂轮的尺寸（GB/T 23541—2017） （单位：mm）

	外径 D	厚度 T	孔径 H		外径 D	厚度 T	孔径 H
陶瓷结合剂磨钢球砂轮	420	80	150	树脂结合剂磨钢球砂轮	400	30、40、100、140	150
	560、600、650、700	100	290		400	30、40、100、140	175
	720	80、100	290		400	30、40、100、140	220
	720	100	360		660	30、40、100、140	175
	760	100	305		660	30、40、100、140	220
	800	100	290、360、420、450		660	30、40、100、140	290
	800	140	360		700、720	40、50、100、140	290
	820	100	290		720	40、50、100、140	360
	820	110、140	305		800	30、40、50、60、70、80、100、140	290、360、420、440、450、480
	860	100	290				
	900	100	360		900	40、50、60、70、80、100、140	360、420、440、480
	900	100、140	400				
	1000	140	440				

16.8.2 菱苦土砂轮

1. 菱苦土砂轮的形式（表 16-108）

表 16-108 菱苦土砂轮的形式（JB/T 4204—2006）

代号	断 面 图	代号	断 面 图
1	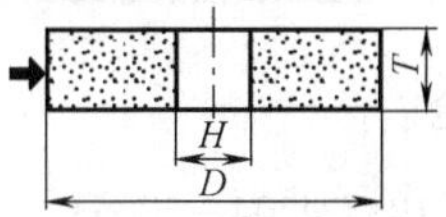	2d	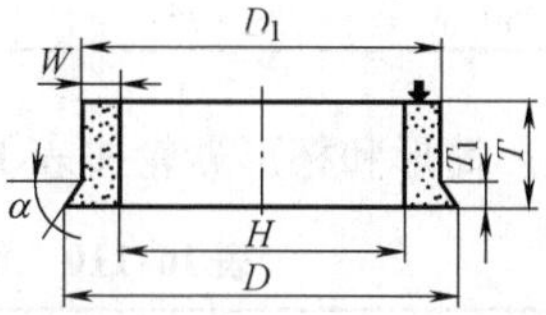
2	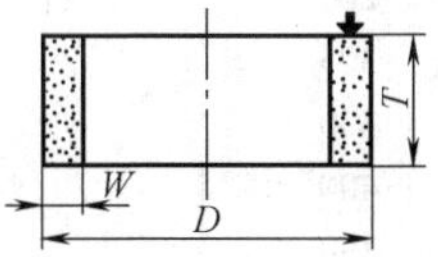	2e	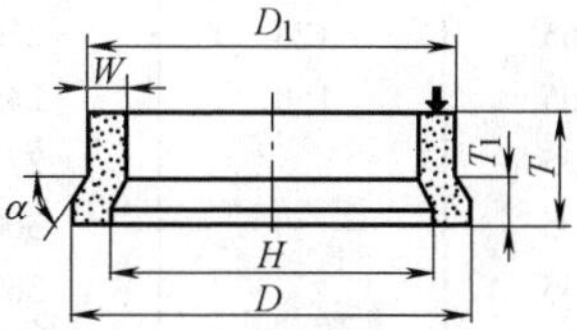
2a	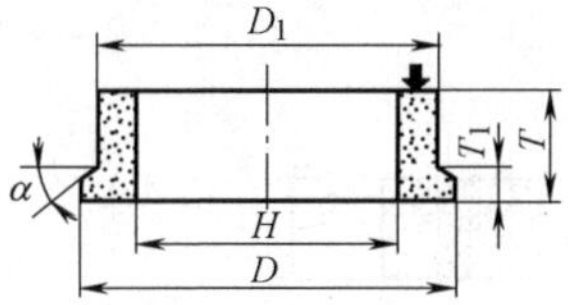	6	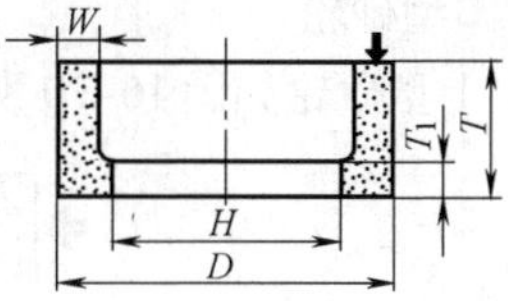
2b	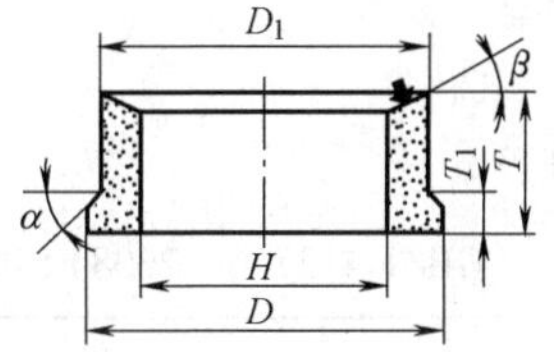	6a	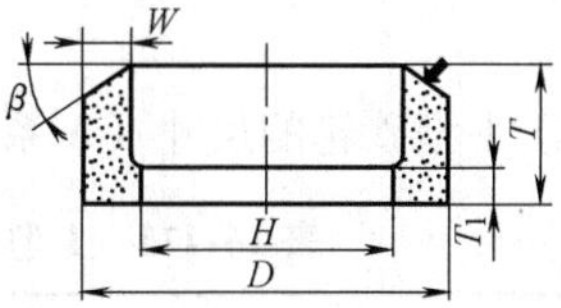
2c	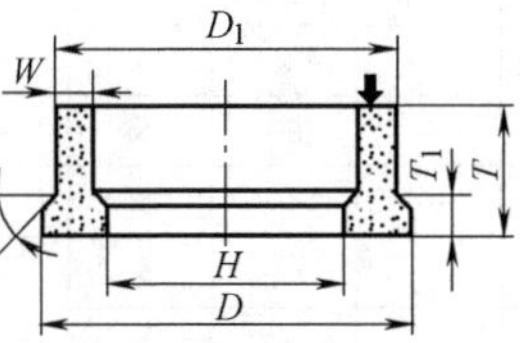	6b	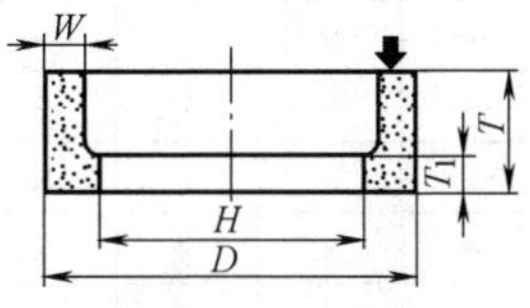

2. 菱苦土砂轮的尺寸

1) 平形砂轮按表 16-109 所规定的尺寸组合。

表 16-109　平形砂轮的尺寸（JB/T 4204—2006）　　（单位：mm）

D	T	H	D	T	H
100	10	20	300	32	
125	13	25	350	40	
150	16	32	400	50	
200	20	40	450	63	
250	25	50	500		

2）筒形和杯形砂轮按表 16-110 规定的尺寸组合。

表 16-110　筒形和杯形砂轮的尺寸（JB/T 4204—2006）　　（单位：mm）

D	T	H	W	D_1	T_1	α，β
205	100	155	25	250	15	15°
265	125	210	32	260	17	30°
305	150	245	38	305	20	45°
355		270	40	350		60°
405		300	50	400		75°
455		360		450		
500		460				

16.8.3　工具磨和工具室用砂轮

1. 1 型砂轮

1）1 型砂轮如图 16-70 所示。

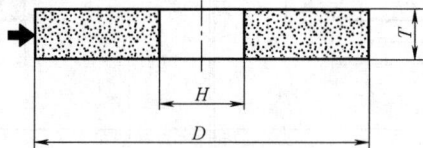

图 16-70　1 型砂轮

2）1 型砂轮的尺寸（A 系列）如表 16-111 所示。

表 16-111　1 型砂轮的尺寸（A 系列）（GB/T 4127.6—2008）（单位：mm）

D	T							H					
	6	10	13	16	20	25	32	13	16	20	25	32	51
50	×	×	×	—	—	—	—	×	—	—	—	—	—
100	—	×	×	—	×	—	—	—	×	×	—	—	—
125	—	×	×	×	×	×	—	—	—	×	×	—	—
150	×	×	×	×	×	×	—	—	—	×	×	×	—
175	—	×	×	×	×	×	×	—	—	—	×	×	—
200	×	×	×	×	×	×	×	—	—	—	×	×	×
250	—	—	—	—	×	×	×	—	—	—	—	×	—
300	—	—	—	—	×	×	×	—	—	—	—	×	—

注：× 表示有此规格。

2. 1-C型砂轮

1）1-C型砂轮如图16-71所示。

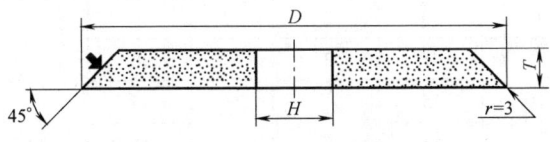

图16-71　1-C型砂轮

2）1-C型砂轮的尺寸如表16-112所示。

表16-112　1-C型砂轮的尺寸（B系列）（GB/T 4127.6—2008）

（单位：mm）

D	T					H
	8	10	13	16	25	
175	×	×	—	—	—	32
200	—	×	×	×	—	
250	—	×	×	×	—	
	—	—	—	×	—	
300	—	—	×	—	—	75
	—	—	×	×	—	
350	—	—	—	—	×	127

3. 3型砂轮

1）3型砂轮如图16-72所示。

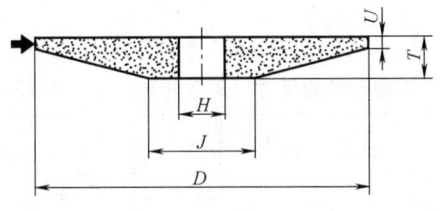

图16-72　3型砂轮

2）3型砂轮的尺寸（A系列）如表16-113所示。

表16-113　3型砂轮的尺寸（A系列）（GB/T 4127.6—2008）（单位：mm）

D	T	H	J	U	D	T	H	J	U
80	5	13	40	1	150	8	32	75	2
100	6	20	50	1.5	175	10		85	
125	7	20	63	2	200	13		100	3
		32			250	14		125	

3）3型砂轮的尺寸（B系列）如表16-114所示。

表 16-114 3 型砂轮的尺寸（B 系列）（GB/T 4127.6—2008）（单位：mm）

D	T	H	J	U	D	T	H	J	U
75	6	13	30	2	175	10	32	123	3
80	13	20	45	3	200	10	32	127	3
100	6	20	55	2	200	13	32	87	3
100	8	20	55	2	200	16	32	103	3
125	8	32	57	2	250	10	32	170	3
125	10	32	65	2	250	13	32	136	3
150	10	32	59	2	250	16	32	102	3
150	13	32	68	2	250	10	32	248	3
175	6	32	141	3	300	13	32, 127	225	3
175	8	32	118	3	300	16	32, 127	203	3

4. 4 型砂轮

1）4 型砂轮如图 16-73 所示。

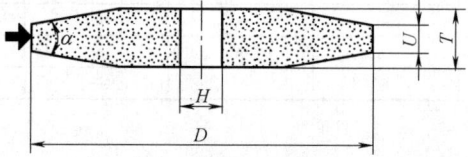

图 16-73 4 型砂轮

2）4 型砂轮的尺寸（B 系列）如表 16-115 所示。

表 16-115 4 型砂轮的尺寸（B 系列）（GB/T 4127.6—2008）（单位：mm）

D	T	H	U	α	D	T	H	U	α
125	13	20	4	40°	250	25	75	6	40°
125	16	20	4	40°	300	20	75	11	40°
125	16	32	4	40°	300	32	75	11	40°
125	20	20	6	40°	300	25	75	6	40°
150	16	32	4	40°	350	10, 16, 25, 32	127	6	40°
150	20	32	6	40°	350	8	160	3	50°
200	13, 16	32	4	40°	400	8	203	3	50°
250	10	75	4	40°	400	10	203	3	50°
250	13	75	4	40°	400	13	203	3	50°
250	16	75	4	40°	500	10	305	3	50°
250	20	75	6	40°					

5. 5 型砂轮

1) 5 型砂轮如图 16-74 所示。

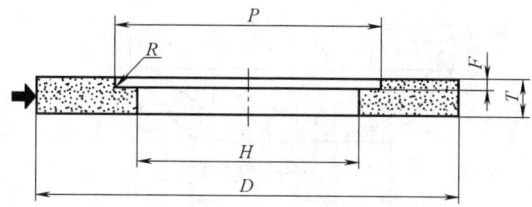

图 16-74　5 型砂轮

2) 5 型砂轮的尺寸（A 系列）如表 16-116 所示。

表 16-116　5 型砂轮的尺寸（A 系列）（GB/T 4127.6—2008）（单位：mm）

D	T	H	P	F[①]	R_{max}
150	32	20	80	16	3.2
		32			
175	32	32	90	16	
200	40	32	110	20	
		50.8			
250	40	50.8	150	20	5
		75.2			
300	45	76.2	150	20	
	50			25	
400	50	127	215	25	

① F 取值应小于或等于厚度 T 的一半。

6. 7 型砂轮

1) 7 型砂轮如图 16-75 所示。

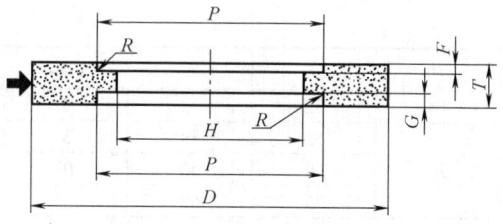

图 16-75　7 型砂轮

2) 7 型砂轮的尺寸（A 系列）如表 16-117 所示。

表 16-117　7 型砂轮的尺寸（A 系列）（GB/T 4127.6—2008）（单位：mm）

D	T	H	P	F	G	R_{max}
300	50	76.2	150	10	10	5
400	65	127	215			

7. 11 型砂轮

1) 11 型砂轮如图 16-76 所示。

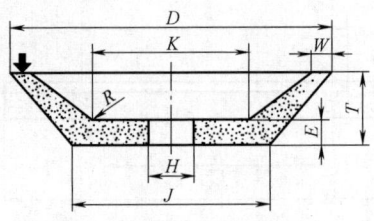

图 16-76　11 型砂轮

2) 11 型砂轮的尺寸（A 系列）如表 16-118 所示。

表 16-118　11 型砂轮的尺寸（A 系列）（GB/T 4127.6—2008）

（单位：mm）

D	T	H	J	K	W	E_{min}
50	32	13	27	22	4	8
80			57	46	6	
100	40	20	71	56	8	10
125		20	96	81		
		32				
150	50	32	114	96	10	13
180			144	120	13	13

3) 11 型砂轮的尺寸（B 系列）如表 16-119 所示。

表 16-119　11 型砂轮的尺寸（B 系列）（GB/T 4127.6—2008）

（单位：mm）

D	T	H	J	K	W	E	R
50	25	13	32	23	5	7	3
75	32		52	44	5		
100	30	20	50	40	10	10	
	35		75	62	7.5		4
125	35		66	55	10		
	45		92	75	10	13	
150	35	32	91	81	12.5		
	50		114	97	10	15	
175	63		102	86	22.5	25	5
200			127	106	25		
250	140	100	201	155	30	40	
300	150	140	247	191	35		

8. 12 型砂轮

1）12 型砂轮如图 16-77 所示。

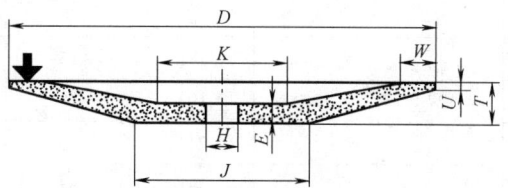

图 16-77　12 型砂轮

2）12 型砂轮的尺寸（A 系列）如表 16-120 所示。

表 16-120　12 型砂轮的尺寸（A 系列）（GB/T 4127.6—2008）

（单位：mm）

D	T	H	$J=K$	W	E_{min}	U
80	10	13	31	4	6	2.5
100	13	20	36	5	7	
125	13	20	61	6	7	
		32				3.2
150	16		66	8	9	
180	20	32	76	10	11	
200	20		90	10	12	

9. 12a 型砂轮

1）12a 型砂轮如图 16-78 所示。

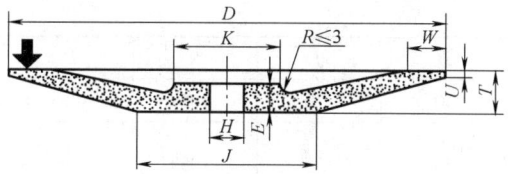

图 16-78　12a 型砂轮

2）12a 型砂轮的尺寸（B 系列）如表 16-121 所示。

表 16-121　12a 型砂轮的尺寸（B 系列）（GB/T 4127.6—2008）

（单位：mm）

D	T	H	K	J	W	U	E
75	8	13	30	30	4	2	5
100	10	20	40	40	6	2	6
125	13		50	50	6	3	8
150	16	32	60	60	8	4	10
200	20		80	81	10	4	12
250	25		100	103	13	6	15

(续)

D	T	H	K	J	W	U	E
300	20	127	180	181	15	4	13
350	25	127	180	193	25	4	18
400	25	127	180	243	25	4	18
500	32	203	255	291	35	4	27
600	32	203	255	406	35	6	24
800	35	400	500	770	40	3	30

10. 12b 型砂轮

1) 12b 型砂轮如图 16-79 所示。

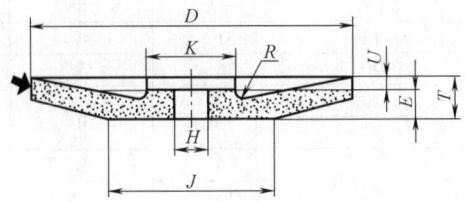

图 16-79　12b 型砂轮

2) 12b 型砂轮的尺寸（B 系列）如表 16-122 所示。

表 16-122　12b 型砂轮的尺寸（B 系列）（GB/T 4127.6—2008）

（单位：mm）

D	T	H	J	K	U	E	R
225	18	40	120	105	2, 4, 6, 8	16	4
275	20	40	125	105	2, 4, 6, 8	21	5
275	25	40	125	105	2, 4, 6, 8	21	5
350	27	55	170	130	5, 8, 10, 12	22	6
450	29	127	255	205	5, 8, 10, 12	22	7

16.8.4　树脂重负荷磨削砂轮

1. 树脂重负荷磨削砂轮的形式（图 16-80）

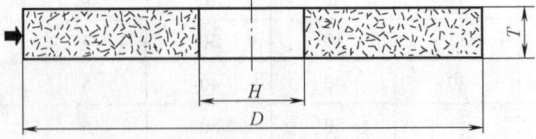

图 16-80　树脂重负荷磨削砂轮

2. 树脂重负荷磨削砂轮的基本尺寸（表 16-123）

表 16-123　树脂重负荷磨削砂轮的基本尺寸（JB/T 3631—2017）　（单位：mm）

外径 D		厚度 T		孔径 H	
基本尺寸	极限偏差	基本尺寸	极限偏差	基本尺寸	极限偏差
$400 \leqslant D < 500$	±5	$40 \leqslant T \leqslant 80$	±1	$127 \leqslant H \leqslant 203.2$	+0.46 +0.21
$500 \leqslant D \leqslant 610$	±6			$203.2 < H \leqslant 304.8$	+0.55 +0.26
$610 \leqslant D \leqslant 1000$	±7	$80 < T \leqslant 152$	±2	$H > 304.8$	+0.65 +0.33

16.8.5　树脂和橡胶薄片砂轮

1. 树脂和橡胶薄片砂轮的形式（图 16-81）

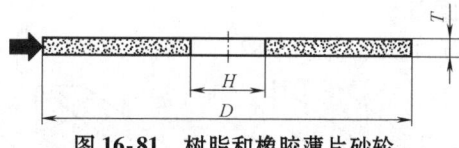

图 16-81　树脂和橡胶薄片砂轮

2. 通用切割砂轮尺寸（表 16-124）

表 16-124　通用切割砂轮尺寸（JB/T 6353—2015）　（单位：mm）

D	T									H
	0.5	0.8	1	1.5	2	2.5	3	4	5	
50	▲	▲	▲	▲	▲		▲			6
	■	▲			△					10
60				▲						6
80					▲					10
	■						▲			20
100							▲	▲		6
	■	■	■	■	■		■			16, 20, 22
125	■	▲	■	■	■		■			32
	■	■	■	■	■		■	■	△	32
150	■	△	■	■	■		■			25, 25.4
	■		■	■	■		■	■		32
175			■	▲	▲					25
	△	■	■							32
180	■	▲	■	■	▲					25, 25.4
	■	▲	■	■	■					32
200				■	■	■	▲	■		25
		△		■	■	■	▲	■		32
250					△					25
					▲		■			32
300							▲			25
					■	■	■	▲		32
								▲		40

(续)

D	T									H
	0.5	0.8	1	1.5	2	2.5	3	4	5	
400							▲	▲		25
							■	▲		32
							▲			40
500								▲		32

注：▲表示树脂结合剂；△表示橡胶结合剂；■表示树脂或橡胶结合剂。

3. 磨转子槽砂轮尺寸（表16-125）

表16-125　磨转子槽砂轮尺寸（JB/T 6353—2015）　（单位：mm）

D	T				H	结合剂代号
360	3	4	6	8	127	B

16.8.6　珩磨和超精磨磨石

1. 珩磨和超精磨磨石的形式（图16-82）

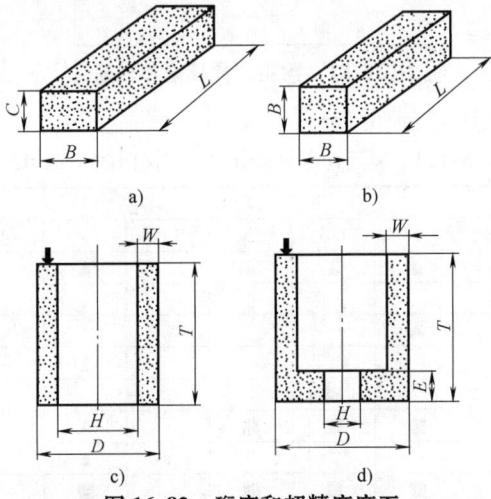

图16-82　珩磨和超精磨磨石

a) 5410型长方珩磨磨石　b) 5411型正方珩磨磨石
c) 5420型筒形珩磨磨石　d) 5421型杯形珩磨磨石

2. 5410型长方珩磨磨石的基本尺寸（A系列）（表16-126）

表16-126　5410型长方珩磨磨石的基本尺寸（A系列）（GB/T 4127.10—2008）

（单位：mm）

B	C	L	B	C	L
3	2	30	10	8	100
4	3	40	13	10	150
6	5	60	13	10	150
8	6	80/100	15	12	150

注：选择表中A系列指定之外的长度，可以按以下系列制造：25mm、30mm、40mm、50mm、60mm、80mm、100mm、125mm、150mm、200mm、300mm。

3. 5410型长方珩磨磨石的基本尺寸（B系列）（表16-127）

表16-127　5410型长方珩磨磨石的基本尺寸(B系列)(GB/T 4127.10—2008)

（单位：mm）

磨石种类	B	C	L
超精磨石	4、6、8、10、13、16、20 25、32、40、50、63	3、4、6、8、10、13、16 20、25、32、40	20、25、32、40、50、63 80、100、125、160
珩磨磨石	6	5	63
	13	10	100、125
	16	13	160

4. 5411型正方珩磨磨石的基本尺寸（A系列）（表16-128）

表16-128　5411型正方珩磨磨石的基本尺寸(A系列)(GB/T 4127.10—2008)

（单位：mm）

B	L	B	L
2	25	10	100
3	40	13	150
4	50	15	150
5	60	15	200
6	80	20	200
8	100	25	300

注：选择表中A系列指定之外的长度，可以按以下系列制造：25mm、30mm、40mm、50mm、60mm、80mm、100mm、125mm、150mm、200mm、300mm。

5. 5411型正方珩磨磨石的基本尺寸（B系列）（表16-129）

表16-129　5411型正方珩磨磨石的基本尺寸(B系列)(GB/T 4127.10—2008)

（单位：mm）

磨石种类	B	L
超精磨石	3、4、6、8、10、13、16、20 25、32、40、50、63	20、25、32、40、50、63 80、100、125、160
珩磨磨石	4	40
	6	50
	6	100
	8	80
	13	100
	10、13	125
	13、16	160
	16	200
	20、25	250

6. 5420型筒形珩磨磨石的基本尺寸（A系列）（表16-130）

表16-130　5420型筒形珩磨磨石的基本尺寸（A系列）(GB/T 4127.10—2008)

（单位：mm）

D	T	H	D	T	H
30	30	20	35	25	10
30	40	25	40	32	28

7. 5421 型杯形珩磨磨石的基本尺寸（A 系列）（表 16-131）

表 16-131　5421 型杯形珩磨磨石的基本尺寸（A 系列）（GB/T 4127.10—2008）

（单位：mm）

D	T	H	W、E	D	T	H	W、E
40	40	12	$W < 0.17D$ $E > 0.20T$	50	45	12	$W < 0.17D$ $E > 0.20T$
34	30	12		38	35	12	
40	50	20		65	50	20	
30	40	20		55	40	20	

16.8.7　手持抛光磨石

1. 手持抛光磨石的形式（图 16-83）

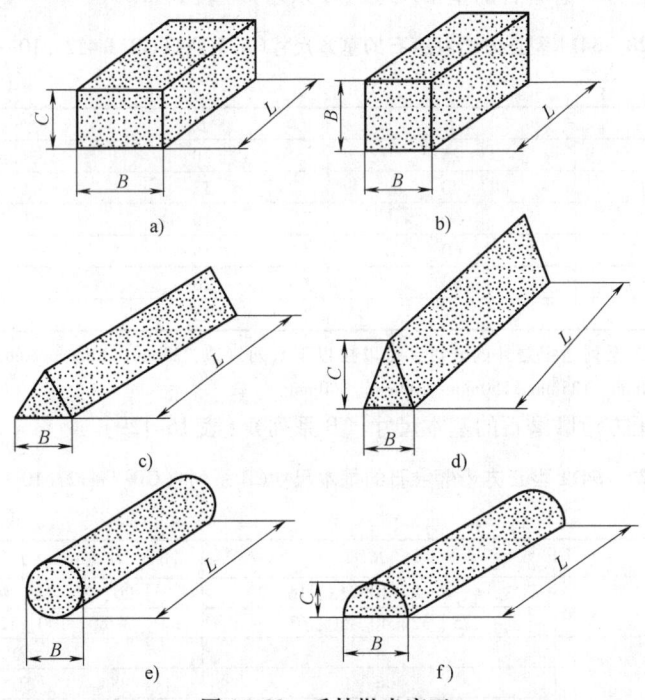

图 16-83　手持抛光磨石

a) 9010 型：长方抛光磨石　b) 9011 型：正方抛光磨石　c) 9020 型：三角抛光磨石
d) 9021 型：刀形抛光磨石　e) 9030 型：圆形抛光磨石　f) 9040 型：半圆抛光磨石

2. 9010 型长方抛光磨石的基本尺寸（A 系列）（表 16-132）

表 16-132　9010 型长方抛光磨石的基本尺寸（A 系列）（GB/T 4127.11—2008）

（单位：mm）

B	C	L	B	C	L
6	3	100	20	10	150
10	5		50	25	
13	6		20	15	200
25	13		30	20	
16	8	150	50	25	
15	10				

3. 9010型长方抛光磨石的基本尺寸（B系列）（表16-133）

表16-133　9010型长方抛光磨石的基本尺寸（B系列）（GB/T 4127.11—2008）

（单位：mm）

B	C	L	B	C	L
20	6、10	125	30	13	
20、25	10、13、16	150	40	20、25	200
			50	15/10①	
50	15/10①		75	50	

① 双面磨石，两层厚度分别为15mm和10mm。

4. 9011型正方抛光磨石的基本尺寸（A系列）（表16-134）

表16-134　9011型正方抛光磨石的基本尺寸（A系列）（GB/T 4127.11—2008）

（单位：mm）

B	L	B	L
6	100	20	150
10	—	25	
13	150	20	200
16			

5. 9011型正方抛光磨石的基本尺寸（B系列）（表16-135）

表16-135　9011型正方抛光磨石的基本尺寸（B系列）（GB/T 4127.11—2008）

（单位：mm）

B	L	B	L
8	100	25	200
13		25	250
		40	
16		50	100

6. 9020型三角抛光磨石的基本尺寸（A系列）（表16-136）

表16-136　9020型三角抛光磨石的基本尺寸（A系列）（GB/T 4127.11—2008）

（单位：mm）

B	L	B	L
6		13	150
8	100	16	
10		20	200
13		25	250
10	150	30	

7. 9020型三角抛光磨石的基本尺寸（B系列）（表16-137）

表16-137　9020型三角抛光磨石的基本尺寸（B系列）（GB/T 4127.11—2008）

（单位：mm）

B	L	B	L
8	150	16	200
20		25	300

8. 9021 型刀形抛光磨石的基本尺寸（B 系列）（表 16-138）

表 16-138　9021 型刀形抛光磨石的基本尺寸（B 系列）（GB/T 4127.11—2008）

（单位：mm）

B	C	L
10	25	150
	30	
20	50	

9. 9030 型圆形抛光磨石的基本尺寸（A 系列）（表 16-139）

表 16-139　9030 型圆形抛光磨石的基本尺寸（A 系列）（GB/T 4127.11—2008）

（单位：mm）

B	L	B	L
6	100	13	150
8		16	
10		20	200
10	150	25	250

10. 9030 型圆形抛光磨石的基本尺寸（B 系列）（表 16-140）

表 16-140　9030 型圆形抛光磨石的基本尺寸（B 系列）（GB/T 4127.11—2008）

（单位：mm）

B	L
20	150

11. 9040 型半圆抛光磨石的基本尺寸（A 系列）（表 16-141）

表 16-141　9040 型半圆抛光磨石的基本尺寸（A 系列）（GB/T 4127.11—2008）

（单位：mm）

$B=2C$	L	$B=2C$	L
6	100	13	150
8		16	
10		20	200
10	150	25	250

12. 9040 型半圆抛光磨石的基本尺寸（B 系列）（表 16-142）

表 16-142　9040 型半圆抛光磨石的基本尺寸（B 系列）（GB/T 4127.11—2008）

（单位：mm）

$B=2C$	L
25	200

第 17 章 气动工具

17.1 气动工具型号编制方法

气动工具产品型号应依次由产品类别代码、组别代码、型别代码、主参数、改进设计状态和企业标识码等产品特征组成。企业标识码为可选要素，其余为必备要素。对于有特殊性能或特殊用途的产品，则应在型别代码后增加特性代码。具体规定如表 17-1 所示。

示例：

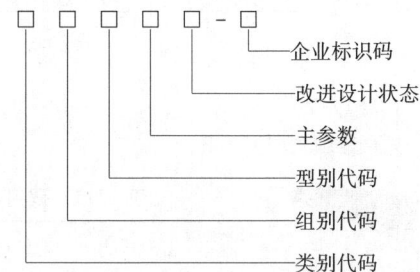

当主参数系双主参数时，应采用斜杠"/"将两个主参数隔开，斜杠前的主能数为表 17-1 中主参数栏内上一项内容的数值，后面的则为下面一项内容的数值。当第二项主参数为 1 时不标注。

示例：

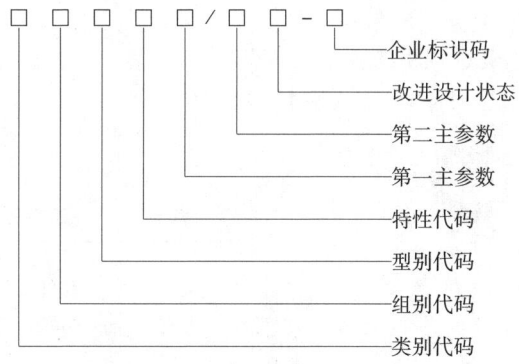

表 17-1 气动工具产品型号编制表（JB/T 1590—2010）

扫码查表

17.2 气枪

17.2.1 T形钉射钉枪

1. T形钉射钉枪的形式（图17-1）
2. T形钉射钉枪的主要技术参数（表17-2）

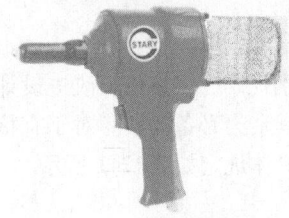

图17-1 T形钉射钉枪

表17-2 T形钉射钉枪的主要技术参数

空气压力 /MPa	射钉频率 /(个/min)	盛钉容量 /个	重量 /kg
0.40~0.70	4	120/104	3.2

17.2.2 码钉射钉枪

1. 码钉射钉枪的形式（图17-2）
2. 码钉射钉枪的主要技术参数（表17-3）

图17-2 码钉射钉枪

表17-3 码钉射钉枪的主要技术参数

空气压力 /MPa	射钉频率 /(个/min)	盛钉容量 /个	重量 /kg
0.40~0.70	6	110	1.2
0.45~0.85	5	165	2.8

17.2.3 气动充气枪

1. 气动充气枪的形式（图17-3）
2. 气动充气枪的主要技术参数（表17-4）

图17-3 气动充气枪

表17-4 气动充气枪的主要技术参数

型号	工作气压 /MPa	外形尺寸 /mm	重量 /kg
CQ	0.4~0.8	280×168	0.47

17.2.4 气动吹尘枪

1. 气动吹尘枪的形式（图17-4）
2. 气动吹尘枪的主要技术参数（表17-5）

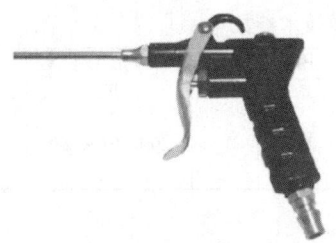

图 17-4 气动吹尘枪

表 17-5 气动吹尘枪的主要技术参数

型号	工作气压/MPa	耗气量/(L/s)	气管内径/mm	重量/kg
CC	0.2~0.49	3.7	—	0.19
TCQ2	0.63	8	10	0.15

17.2.5 气动打钉枪

1. 气动打钉枪的形式（图 17-5）
2. 气动打钉枪的主要技术参数（表 17-6）

表 17-6 气动打钉枪的主要技术参数

(1) 直钉钉枪						
型号	钉子形式	钉子规格		钉槽容量/个	工作气压/MPa	重量/kg
		截面尺寸/mm	长度/mm			
AT-3095	直钉	2.87~3.3	50~90	—	0.5~0.7	3.85
AT-309031/45	螺旋钉	φ3.1	22、25、32、38、45	120	0.5~0.8	3.2
AT-308025/64T	直钉	φ2.55	16、25、32、38、45、50	—	0.5~0.8	2.7
		φ2.55	25、32、38、45、50、57、64			
AT-307016/64A	直钉	1.6×1.4	32、38、45、50、57、64	—	0.5~0.8	2.75
AT-3020T50	直钉	1.6×1.4	20、25、32、38、45、50	100	0.4~0.7	2.3
AT-3010F30	直钉	1.25×1.0	10、15、20、25、30	100	0.35~0.7	1.15
(2) U 形钉钉枪						
型号	钉子规格			钉槽容量/个	工作气压/MPa	重量/kg
	截面尺寸/mm	跨度/mm	长度/mm			
16/951	1.6×1.4	12.25	32、35、38、45、50.8	150	0.5~0.8	2.55
2438B（s）	1.6×1.4	25.4	19、22、25、32、38	140	0.5~0.8	2.76
90/40	1.25×1	5.8	16、19、22、25、28、32、38、40	100	0.4~0.7	2.3
422J	1.2×0.58	5.1	10、13、16、19、22	100	0.35~0.7	1.15
413J	1.2×0.58	5.1	6、8、10、13	100	0.35~0.7	0.96
1022J	1.2×0.58	11.2	10、13、16、19、22	100	0.35~0.7	1.15
1013J	1.2×0.58	11.2	6、8、10、13	100	0.35~0.7	0.92

17.2.6 气动拉铆枪

1. 气动拉铆枪的形式（图 17-6）

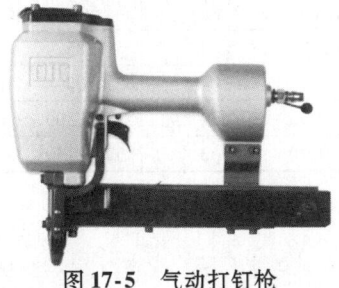

图 17-5 气动打钉枪

图 17-6 气动拉铆枪

2. 气动拉铆枪的主要技术参数（表 17-7）

表 17-7 气动拉铆枪的主要技术参数

型号	拉力/N	工作气压/MPa	枪头孔径/mm	适用抽芯铆钉直径/mm	外形尺寸/mm	重量/kg
QLM-1	7200	0.63	2 2.5 3 3.5	2.4~5	290×92×260	2.25

17.2.7 气动喷砂枪

1. 气动喷砂枪的形式（图17-7）
2. 气动喷砂枪的主要技术参数（表17-8）

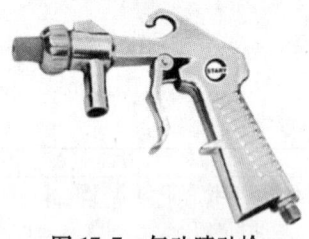

图 17-7 气动喷砂枪

表 17-8 气动喷砂枪的主要技术参数

型号	工作压力/MPa	石英砂粒度/目	喷砂效率/(kg/h)	重量/kg
FC1-6.5	0.6	≤4	40~60	1.0

17.2.8 气动洗涤枪

1. 气动洗涤枪的形式（图17-8）
2. 气动洗涤枪的主要技术参数（表17-9）

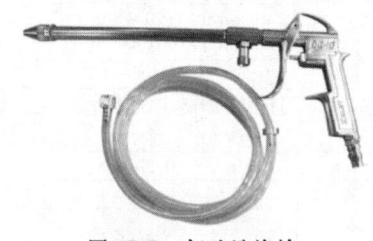

图 17-8 气动洗涤枪

表 17-9 气动洗涤枪的主要技术参数

型号	工作压力/MPa	重量/kg
XD	0.3~0.5	0.56

17.2.9 气动圆盘射钉枪

1. 气动圆盘射钉枪的形式（图17-9）
2. 气动圆盘射钉枪的主要技术参数（表17-10）

图 17-9 气动圆盘射钉枪

表 17-10 气动圆盘射钉枪的主要技术参数

空气压力/MPa	射钉频率/(个/min)	盛钉容量/个	重量/kg
0.40~0.70	4	385	2.5
0.45~0.75	4	300	3.7
0.40~0.70	4	385/300	3.2
0.40~0.70	3	300/250	3.5

17.3 气动磨具

17.3.1 气砂轮机

1. 气砂轮机的形式（图17-10）

2. 气砂轮机的主要技术参数（表17-11）

图17-10 气砂轮机

表17-11 气砂轮机的主要技术参数

工作气压/MPa	转速/(r/min)	耗气量/(m³/min)	气管内径/mm	砂轮直径/mm	重量/kg
0.60~0.65	2000	0.5	6	40	0.6

17.3.2 直柄式气砂轮机

1. 直柄式气砂轮机的形式（图17-11）

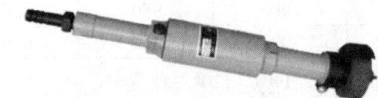

图17-11 直柄式气砂轮机

2. 直柄式气砂轮机的主要技术参数（表17-12）

表17-12 直柄式气砂轮机的主要技术参数

产品系列/mm		40	50	60	80	100	150
工作气压/MPa		0.63					
空载转速/(r/min) ≤		17500		16000	12000	9500	6600
负荷性能	主轴功率/kW ≥	—	—	0.36	0.44	0.73	1.14
	耗气量/(L/s) ≤	—	—	13.1	16.3	27.0	37.5
A声级噪声/dB ≤		94		96		98	100
气管内径/mm		6.35	9.5	13		16	
寿命/h		200		250		300	
重量(不含砂轮)/kg		1.0	1.2	2.1	3.0	4.2	6

17.3.3 立式端面气动砂轮机

1. 立式端面气动砂轮机的形式（图17-12）
2. 立式端面气动砂轮机的主要技术参数（表17-13）

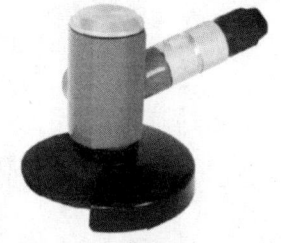

图17-12 立式端面气动砂轮机

表17-13 立式端面气动砂轮机的主要技术参数

型号	工作气压/MPa	砂轮直径/mm	空载转速/(r/min)	空载耗气量/(L/min)	气管内径/mm	重量/kg
SZD100	0.63	≤100	12000	540	10	2

17.3.4 角式端面气动砂轮机

1. 角式端面气动砂轮机的形式（图 17-13）

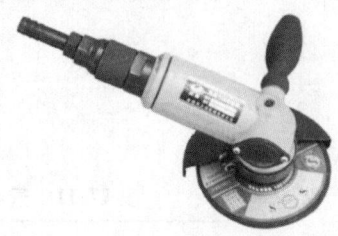

图 17-13　角式端面气动砂轮机

2. 角式端面气动砂轮机的主要技术参数（表 17-14）

表 17-14　角式端面气动砂轮机的主要技术参数

型号	砂轮直径/mm		空载转速/(r/min)	最大耗气量/(L/min)	工作气压/MPa	气管内径/mm	重量/kg
	树脂砂轮	陶瓷砂轮					
SD125	125	70	9000	950	0.63	13	2
SD150	150	80	8000	950	0.63	13	2.1
SD180	180	90	7000	950	0.63	13	2.1

注：主轴线与输出轴线间的夹角有 90°、110°、120°三种。

17.3.5 气动抛光机

1. 气动抛光机的形式（图 17-14）
2. 气动抛光机的主要技术参数（表 17-15）

图 17-14　气动抛光机

表 17-15　气动抛光机的主要技术参数

项　　目	参数值
型号	GT125
工作气压/MPa	0.60 ~ 0.65
转速/(r/min)	≥1700
耗气量/(m³/min)	0.45
气管内径/mm	10
重量/kg	1.15

17.3.6 气动磨光机

1. 气动磨光机的形式（图 17-15）

图 17-15　气动磨光机

2. 气动磨光机的主要技术参数（表17-16）

表17-16 气动磨光机的主要技术参数

型号	工作气压 /MPa	空载转速 /(r/min)	功率 /W	耗气量 /(L/min)	外形尺寸 /mm	重量 /kg
N3	0.5	7500	150	≤500	280×102×130	3
F66	0.5	5500	150	≤500	275×102×130	2.5
322	0.4	4000	1.0	≤400	225×75×120	1.6
MG	0.49	8500	0.18	≤400	250×70×125	1.8

17.3.7 气动气门研磨机

1. 气动气门研磨机的形式（图17-16）

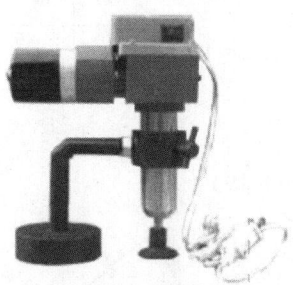

图17-16 气动气门研磨机

2. 气动气门研磨机的主要技术参数（表17-17）

表17-17 气动气门研磨机的主要技术参数

型号	工作能力 /mm	每分钟冲击次数	工作气压 /MPa	柱塞行程 /mm	外形尺寸 /mm	重量 /kg
H9-006	60	1500	0.3~0.5	6~9	250×145×56	1.3

注：工作能力指可研磨的气门大头最大直径。

17.3.8 气动水冷抛光机

1. 气动水冷抛光机的形式（图17-17）
2. 气动水冷抛光机的主要技术参数（表17-18）

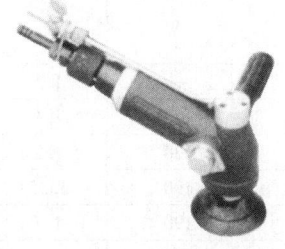

图17-17 气动水冷抛光机

表17-18 气动水冷抛光机的主要技术参数

型号	最大磨片直径 /mm	气管内径 /mm	水管内径 /mm	空载转速 /(r/min)	耗气量 /(L/s)	重量 /kg
PG100J100S	100	13	8	11000	32	2

17.4 气动切削工具

17.4.1 气冲剪

1. 气冲剪的形式（图17-18）
2. 气冲剪的主要技术参数（表17-19）

图 17-18 气冲剪

表 17-19 气冲剪的主要技术参数

规格 /mm	冲剪厚度/mm		每分钟冲击次数	工作气压 /MPa	耗气量 /(L/min)	重量 /kg
	钢	铝				
16	16	14	3500	0.63	170	—

17.4.2 气动攻丝机

1. 气动攻丝机的形式（图17-19）

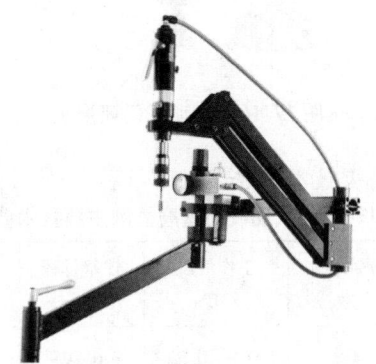

图 17-19 气动攻丝机

2. 气动攻丝机的主要技术参数（表17-20）

表 17-20 气动攻丝机的主要技术参数

型号	攻螺纹直径 /mm≤		空载转速 /(r/min)		功率 /W	重量 /kg
	铝	钢	正转	反转		
2G8-2	M8	—	300	300	—	1.5
GS6Z10	M6	M5	1000	1000	170	1.1
GS6Q10	M6	M5	1000	1000	170	1.2
GS8Z09	M8	M6	900	1800	190	1.55
GS8Q09	M8	M6	900	1800	190	1.7
GS10Z06	M10	M8	550	1100	190	1.55
GS10Q06	M10	M8	550	1100	190	1.7

17.4.3 气动式管子坡口机

1. 气动式管子坡口机的形式（图17-20）

图17-20　气动式管子坡口机

2. 气动式管子坡口机的主要技术参数（表17-21）

表17-21　气动式管子坡口机的主要技术参数（JB/T 7783—1995）

基本参数	产品规格/mm				
	30	80	150	350	630
坡口管子外径/mm	11~30	29~80	73~158	158~350	300~630
胀紧管子内径/mm	10~29	28~78	70~145	145~300	280~600
气动马达功率/W	350	440	580	740	740
驱动力盘空转转速/(r/min)	220	150	34	12	8
最大耗气量/(L/min)	550	650	960	1000	1000
轴向进刀最大行程/mm	10	35	50	55	40
A声级噪声/dB≤	94	103	92	100	100
清洁度/mg≤	600	800	1510	1510	1510
寿命指标/h	800	800	800	600	600
重量/kg	2.7	7	12.5	42	55

17.4.4 气动手持式切割机

1. 气动手持式切割机的形式（图17-21）

图17-21　气动手持式切割机

2. 气动手持式切割机的主要技术参数（表17-22）

表17-22 气动手持式切割机的主要技术参数

锯片规格尺寸/mm	转速/(r/min)	适用切割材料	重量/kg
φ50	620（低速）	厚度1.2mm以下中碳钢、铝合金、铜	1.0
	3500（中速）	塑料、塑钢、木材	
	7000（高速）	钢、玻璃纤维、瓷砖	

17.4.5 气动往复式切割机

1. 气动往复式切割机的形式（图17-22）
2. 气动往复式切割机的主要技术参数（表17-23）

表17-23 气动往复式切割机的主要技术参数

切割频率/Hz	主轴功率/kW	单位功耗气量/[L/(s·kW)]	气管内径/mm	重量/kg
76	0.6	36	13	3.2

17.4.6 气剪刀

1. 气剪刀的形式（图17-23）

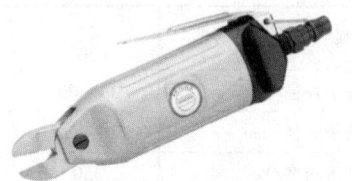

图17-22 气动往复式切割机　　　　图17-23 气剪刀

2. 气剪刀的主要技术参数（表17-24）

表17-24 气剪刀的主要技术参数

型号	工作气压/MPa	剪切厚度/mm	剪切频率/Hz	气管内径/mm	重量/kg
JD2	0.63	≤2.0	30	10	1.6
JD3	0.63	≤2.5	30	10	1.5

17.4.7 气铣

1. 气铣的形式（图17-24）
2. 气铣的主要技术参数（表17-25）

表17-25 气铣的主要技术参数

型号	工作头直径/mm		工作气压/MPa	空载转速/(r/min)	耗气量/(L/s)	气管内径/mm	长度/mm	重量/kg
	砂轮	旋转锉						
S8	8	8	0.49	80000~100000	2.5	6	140	0.28
S12	12	8		40000~42000	7.17	6	185	0.6
S25	25	8		20000~24000	6.7	6.35	140	0.6
S25A	25	10		20000~24000	8.3	6.35	212	0.65
S40	25	12		16000~17500	7.5	8	227	0.7
S50	50	22		16000~18000	8.3	8	237	1.2

17.4.8 气钻

1. 气钻的形式（图17-25）

图17-24 气铣

图17-25 气钻

2. 气钻的主要技术参数（表17-26）

表17-26 气钻的主要技术参数

产品系列 /mm	工作气压 /MPa	功率 /kW≥	空转转速 /(r/min)≥	耗气量① /(L/s)≤	气管内径 /mm	重量 /kg≤
6		0.2	900	44	9.5	0.9
8			700			1.3
10		0.29	600	36	13	1.7
13			400			2.6
16	0.63	0.66	360	35		6
22		1.07	260	33	16	9
32		1.24	180	27		13
50		2.87	110	26	19	23
80			70			35

注：弯角形气钻重量允许增加25%。
① 表示在1kW功率情况下的耗气量。

17.5 气动工程工具

17.5.1 气动扳手

1. 气动扳手的形式（图17-26）
2. 气动扳手的主要技术参数（表17-27）

表17-27 气动扳手的主要技术参数

型号	适用螺纹 范围 /mm	空载转速 /(r/min)	压缩空气 消耗量 /(m³/min)	扭矩 /N·m
BQ6	M6~M8	3000	0.35	40
B10A	M8~M12	2600	0.7	70
B16A	M12~M16	2000	0.5	200
B20A	M18~M20	1200	1.4	800
B24	M20~M24	2000	0.9	800
B30	M30	900	1.8	1000
B42A	M42	1000	2.1	18000

（续）

型号	适用螺纹范围/mm	空载转速/(r/min)	压缩空气消耗量/(m³/min)	扭矩/N·m
B76	M56~M76	650	4.1	—
ZB5-2	M5	320	0.37	21.6
ZB8-2	M8	2200	0.37	—
BQN14	M8	1450	0.35	27~125
BQN18	M8	1250	0.45	70~210

17.5.2 气动棘轮扳手

1. 气动棘轮扳手的形式（图17-27）

图17-26 气动扳手

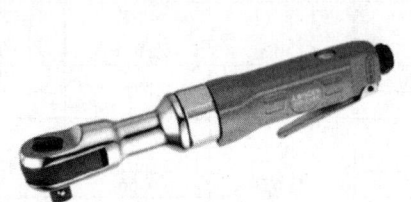

图17-27 气动棘轮扳手

2. 气动棘轮扳手的主要技术参数（表17-28）

表17-28 气动棘轮扳手的主要技术参数

项目	参数值	项目	参数值
型号	BL10	空载转速/(r/min)	120
适用螺纹范围/mm	≤M10	空载耗气量/(L/s)	6.5
工作气压/MPa	0.63	重量/kg	1.7

17.5.3 冲击式气扳机

1. 冲击式气扳机的形式（图17-28）

图17-28 冲击式气扳机

2. 冲击式气扳机的主要技术参数（表17-29）

表17-29　冲击式气扳机的主要技术参数（JB/T 8411—2016）

基本参数	产品系列												
	6	8	10	14	16	20	24	30	36	42	56	76	100
拧紧螺纹范围/mm	5~6	6~8	8~10	12~14	14~16	18~20	22~24	24~30	32~36	38~42	45~56	58~76	78~100
拧紧扭矩/N·m ≥	20	50	70	150	196	490	735	882	1350	1960	6370	14700	34300
拧紧时间/s ≤	2	2	2	2	2	3	3	3	5	5	10	20	30
负荷耗气量/(L/s) ≤	10	16	16	16	18	30	30	40	25	50	60	75	90
空转转速/(r/min) ≥	8000	8000	6500	6000	5000	5000	4800	4800	—	—	2800	—	—
	3000	3000	2500	1500	1400	1000	800	800					
噪声（声功率级）/dB(A) ≤	113	113	113	113	113	118	118	118	123	123	123	123	123
机重/kg ≤	1.0	1.2	2.0	2.5	3.0	5.0	6.0	9.5	12	16.0	30.0	36.0	76.0
	1.5	1.5	2.2	3.0	3.5	8.0	9.5	13.0	12.7	20.0	40.0	56.0	96.0
气管内径/mm	8	8	13	13	13	16	16	16	13	19	19	25	25
传动四方系列	6.3	6.3	10	12.5	16	20	20	25	40	40(63)	40(63)	63	63

注：1. 验收气压为0.63MPa。
  2. 产品的空转转速和机重栏上、下两行分别适用于无减速机构型和有减速机构型产品。
  3. 机重不包括机动套筒扳手、进气接头、辅助手柄、吊环等。
  4. 括号内数字尽可能不用。

17.5.4　定转矩气扳机

1. 定转矩气扳机的形式（图17-29）
2. 定转矩气扳机的主要技术参数（表17-30）

表17-30　定转矩气扳机的主要技术参数

型号	适用螺纹范围/mm	转矩/N·m	工作气压/MPa	空载转速/(r/min)	空载耗气量/(L/min)	重量/kg
ZB10K	≤M10	70~150	0.63	7000	900	2.6

17.5.5　气铲

1. 气铲的形式（图17-30）

图17-29　定转矩气扳机

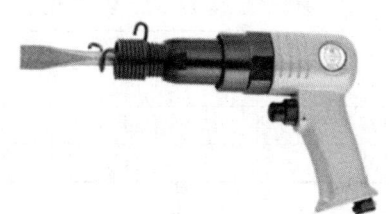

图17-30　气铲

2. 气铲的主要技术参数（表 17-31）

表 17-31 气铲的主要技术参数

规格	重量 /kg	冲击能量 /J ≥	耗气量 /(L/s) ≤	冲击频率/Hz ≥	缸径 mm	气管内径 mm	镐钎尾柄 mm	A 声级噪声 /dB ≤	清洁度 /mg ≤
2	2.4	0.7 2	7	45 60	18 25	10	12×45	103	150
5	5.4	8	19	35	28	13	17×60	116	260
6	6.4	14 10	15 21	20 32	28 30	13	17×60	116 120	300
7	7.4	17	16	13	28	13	17×60	116	355

注：1. 手柄结构有直柄、弯柄、枪柄、环柄等形式。
　　2. 产品最低寿命均为 400h。
　　3. 工作气压为 0.63MPa。

17.5.6 气铲用铲头

1. 铲头的形式（图 17-31）

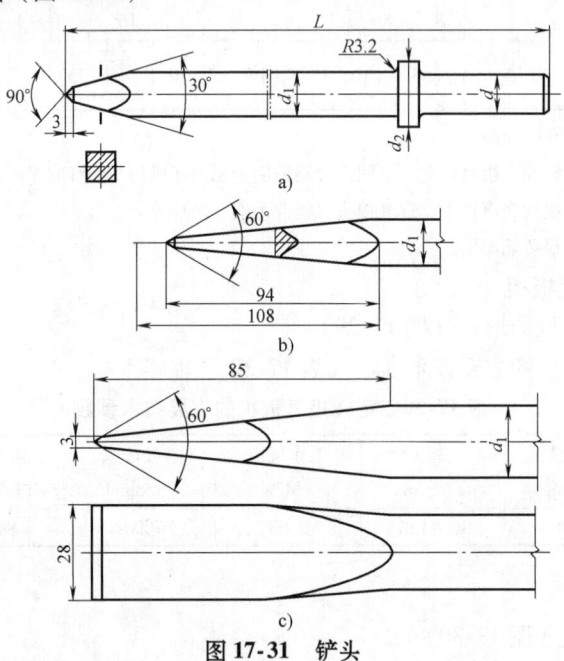

图 17-31　铲头
a) A 型　b) B 型　c) C 型

2. 铲头的尺寸（表 17-32）

表 17-32　铲头的尺寸（JB/T 5134—2006）　　（单位：mm）

基本尺寸 d	d_1 ≤	d_2 ±1	L
12	13	21	200~350
17	20	30	
20	24	34	

17.5.7 气镐

1. 气镐的形式（图17-32）
2. 气镐的基本参数（表17-33）

表17-33 气镐的基本参数（JB/T 9848—2011）

产品规格	机重/kg	验收气压为0.63MPa				气管内径/mm	镐钎尾柄/mm
		冲击量/J	耗气量/(L/s)	冲击频率/Hz	噪声(声功率级)/dB(A)		
8	8	≥30	≤20	≥18	≤116	16	φ25×75
10	10	≥43	≤26	≥16	≤118		
20	20	≥55	≤28	≥16	≤120		φ30×87

注：机重不得超过表中参数的10%。

17.5.8 气镐用镐钎

1. 气镐用镐钎的形式（图17-33）

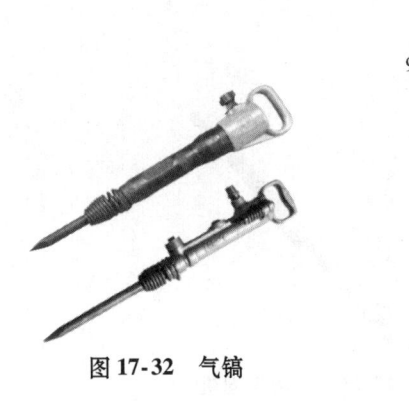

图17-32 气镐

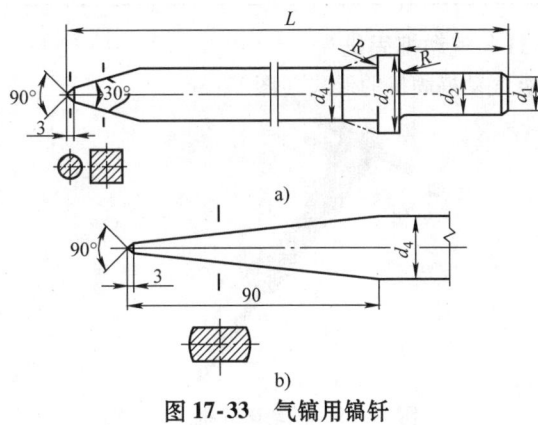

图17-33 气镐用镐钎
a) A型 b) B型

2. 气镐用镐钎的尺寸（表17-34）

表17-34 气镐用镐钎的尺寸（JB/T 5131—2016） （单位：mm）

基本尺寸	d_1	d_2	$d_3{}^{+0.3}_{-0.5}$	d_4 min	l	L	R	适用气镐
24	20	24	38	25	72	250~3000	4	G10~G16
25	20	25	41.5	25	75	250~3000	5.25	G10
26	20	26	40	28	80	250~3000	5	G7
30	26	30	40	30	87	400~3000	5	G20~G30

17.5.9 气锹

1. 气锹的形式（图17-34）

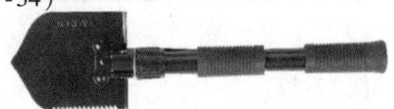

图17-34 气锹

2. 气锹的主要技术参数（表17-35）

表17-35　气锹的主要技术参数

冲击能量/J	工作气压/MPa	耗气量/(L/min)	冲击频率/Hz	气管内径/mm	钎尾尺寸/mm	重量/kg
22	0.63	1500	35	13	22.4×8.25	11.2

17.5.10　气动破碎机

1. 气动破碎机的形式（图17-35）
2. 气动破碎机的主要技术参数（表17-36）

表17-36　气动破碎机的主要技术参数

型号	工作气压/MPa	冲击能量/J	冲击频率/Hz	耗气量/(L/min)	气管内径/mm	全长/mm	重量/kg
B87C	0.63	100	18	3300	19	686	39
B67C	0.63	40	25	2100	19	615	30
B37C	0.63	26	29	960	16	550	17

17.5.11　气动捣固机

1. 气动捣固机的形式（图17-36）

图17-35　气动破碎机

图17-36　气动捣固机

2. 气动捣固机的基本参数（表17-37）

表17-37　气动捣固机的基本参数（JB/T 9849—2011）

产品规格	机重/kg	验收气压为0.63MPa			气管内径/mm
		耗气量/(L/s)	冲击频率/Hz	噪声(声功率级)/dB(A)	
2	≤3	≤7.0	≥18	≤105	10
		≤9.5	≥16		
4	≤5	≤10.0	≥15	≤109	13
6	≤7	≤13.0	≥14		
9	≤10	≤15.0	≥10	≤110	
18	≤19	≤19.0	≥8		

17.5.12　气流除尘机

1. 气流除尘机的形式（图17-37）

图 17-37 气流除尘机

2. 气流除尘机的规格（表 17-38）

表 17-38 气流除尘机的规格（QB/T 2013—1994） （单位：mm）

规格	尺寸系列			
	1200	1500	1800	2400

3. 气流除尘机的基本参数（表 17-39）

表 17-39 气流除尘机的基本参数（QB/T 2013—1994）

规格 /mm	供料速度 /(m/s)	功率 /kW	吹尘风机风压 /Pa	吹尘风机风量 /(m³/min)	吸尘风机风压 /Pa	吸尘风机风量 /(m³/min)
1200	0.4~0.8	12.0	$3.5×10^4$	5	$1.34×10^3$	80
1500		14.5		7		80
1800		18.0		10		120
2400		27.5		15		170

17.5.13 蒸压加气混凝土切割机

1. 蒸压加气混凝土切割机的形式（图 17-38）
2. 蒸压加气混凝土切割机的尺寸（表 17-40）

表 17-40 蒸压加气混凝土切割机的尺寸（JC/T 921—2014）

项目		参数
坯体公称尺寸/m	长度系列	4.2、4.8、5.0、6.0
	宽度系列	1.2、1.4、1.5
	高度	0.6
切割模数/mm	纵切	5
	横切	5
可切割制品最小尺寸/mm	纵切 a	50
	横切 b	100
	面包头和底面切 c	600
切割钢丝直径/mm	普通钢丝	≤1.0
	复合钢丝	≤1.5

注：坯体的公称尺寸为坯体切割前的长度、宽度、高度。

3. 蒸压加气混凝土切割机的型号编制

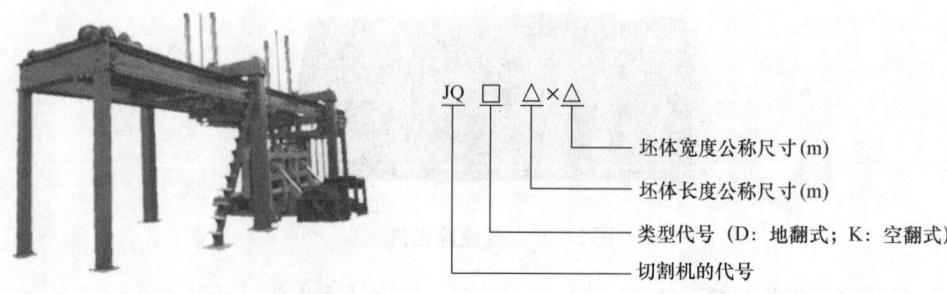

图 17-38 蒸压加气混凝土切割机

17.5.14 气动混凝土振动器

1. 气动混凝土振动器的形式（图 17-39）

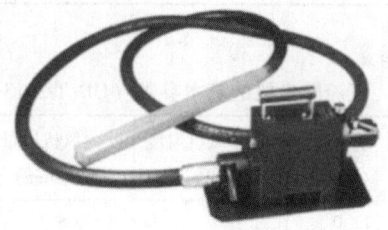

图 17-39 气动混凝土振动器

2. 气动混凝土振动器的主要技术参数（表 17-41）

表 17-41 气动混凝土振动器的主要技术参数

振动频率/Hz	耗气量/(L/s)	气管内径/mm	重量/kg
200	37	10	22

注：振动棒直径为 50mm，与电动插入式混凝土振动器的振动棒通用。重量不含振动棒重量。

17.5.15 气腿式凿岩机

1. 气腿式凿岩机的形式（图 17-40）
2. 气腿式凿岩机的基本参数（表 17-42）

表 17-42 气腿式凿岩机的基本参数（JB/T 1674—2014）

产品系列	产品重量/kg	验收气压 0.63MPa						气管内径/mm	水管内径/mm	钎尾规格/mm
		空转转速/(r/min)	冲击能量/J	凿岩冲击频率/Hz	凿岩耗气量/(L/s)	噪声（声功率级）/dB(A)	每米岩孔耗气量/(L/s)	凿孔深度/m		
轻	≤22	250~550	≥55	30~50	≤70	≤125	≤11×10³	3	20或25	8~13	六角钎尾 22×108 或 19×108
中	>22~25		≥65		≤80	≤126		5			
重	>25		≥70		≤85	≤127		5			六角钎尾 22×108 或 25×108

17.5.16 煤矿用气动凿岩机

1. 煤矿用气动凿岩机的形式（图17-41）
2. 煤矿用气动凿岩机的基本性能参数项目（表17-43）

表17-43 煤矿用气动凿岩机的基本性能参数项目

序号	参数项目	单位	序号	参数项目	单位
1	机重	kg	8	回转速度	r/min
2	工作压力	MPa	9	凿孔速度	mm/min
3	耗气量	L/s	10	噪声	dB(A)
4	工作温度	℃	11	首次无故障凿孔深度	m
5	冲击能量	J	12	不拆机凿孔深度	m
6	冲击频率	Hz	13	主要易损件使用寿命	m
7	转矩	N·m			

17.5.17 矿用手持式气动钻机

1. 矿用手持式气动钻机的形式（图17-42）

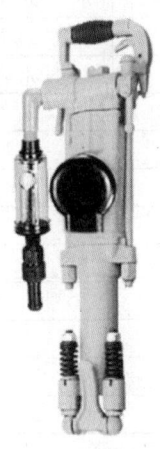
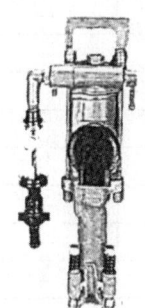
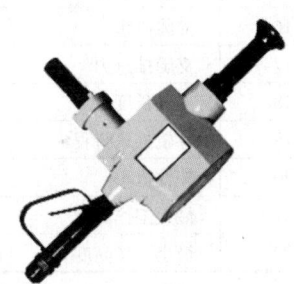

图17-40 气腿式凿岩机　　图17-41 煤矿用气动凿岩机　　图17-42 矿用手持式气动钻机

2. 手持式气动钻机型号编制

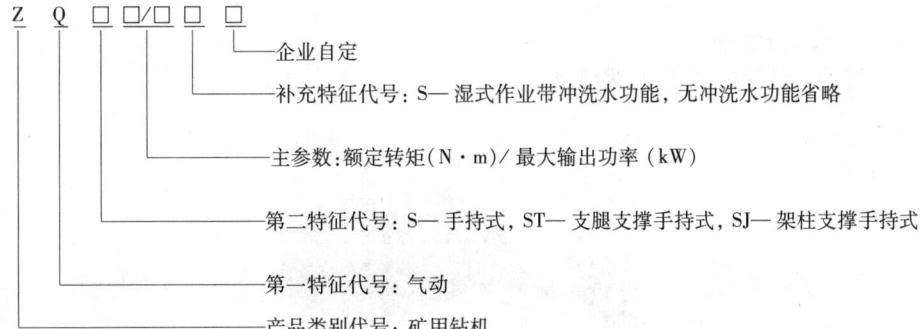

3. 手持式气动钻机的基本性能参数项目（表17-44）

表 17-44　手持式气动钻机的基本性能参数项目（MT/T 994—2006）

序号	项目		单位	手持式气动钻机	支腿支撑手持式气动钻机	架柱支撑手持式气动钻机
1	工作气压		MPa	✓	✓	✓
2	额定转矩		N·m	✓	✓	✓
3	额定转速		r/min	✓	✓	✓
4	最大输出功率		kW	✓	✓	✓
5	最大负荷转矩		N·m	✓	✓	✓
6	动力失速转矩		N·m	✓	✓	✓
7	负荷耗气量		m³/min	✓	✓	✓
8	空载转速		r/min	✓	✓	✓
9	1/2 空载转速		r/min	✓	✓	✓
10	1/2 空载转速时的转矩		N·m	✓	✓	✓
11	噪声	声压级	dB(A)	✓	✓	✓
		声功率级	dB(A)	✓	✓	✓
12	机重		kg	✓	✓	✓
13	钻尾尺寸		mm	✓	✓	✓
14	冲洗水工作压力		MPa	✓	✓	✓
15	支腿伸缩行程		mm	—	✓	—
16	支腿机重		kg	—	✓	✓
17	支腿推进力		kN	—	✓	—
18	导轨长度		mm	—	—	✓
19	导轨推进行程		mm	—	—	✓
20	架柱机重		kg	—	—	✓
21	最大工作高度		mm	—	✓	✓
22	最小工作高度		mm	—	✓	✓

注："✓"表示要求给出的基本性能参数；"—"表示不要求给出的基本性能参数。

17.6　其他气动工具

17.6.1　气动夯管锤

1. 气动夯管锤的形式（图 17-43）

图 17-43　气动夯管锤

2. 气动夯管锤的型号

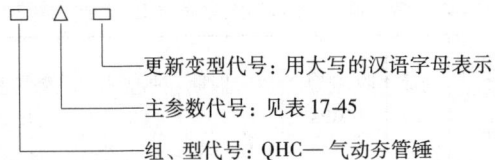

3. 气动夯管锤的基本参数

气动夯管锤的主参数代号如表 17-45 所示，基本参数如表 17-46 所示。

表 17-45 气动夯管锤的主参数代号（JB/T 10547—2006）

主参数代号	140	155	190	260	300
气动夯管锤缸体外径范围/mm	135~146	150~160	190~205	260~275	295~310
主参数代号	350	420	510	610	710
气动夯管锤缸体外径范围/mm	350~365	415~426	510~525	610~625	710~725

表 17-46 气动夯管锤的基本参数（JB/T 10547—2006）

主参数代号	冲击能量/J ≥	冲击频率/Hz ≥	工作压力 /MPa	耗气量/(m³/min) ≤
140	600	4	0.4~0.8	3.5
155	750	4	0.4~0.8	3.5
190	900	3.5	0.4~0.8	6
260	1800	3.3	0.4~0.8	8
300	3000	3.0	0.4~0.8	12
350	4800	2.5	0.6~1.2	18
420	8600	2.3	0.6~1.2	25
510	15500	2.3	0.6~1.2	35
610	30000	2.0	0.6~1.2	45
710	50000	2.0	0.6~1.2	80

17.6.2 气动铆钉机

1. 气动铆钉机的形式（图 17-44）

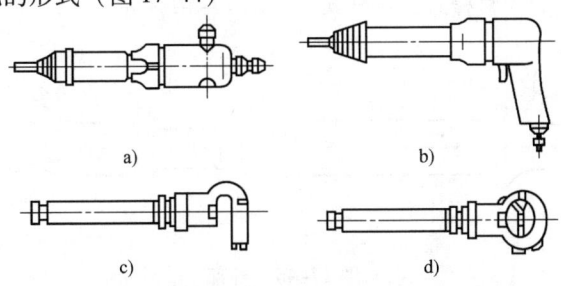

图 17-44 气动铆钉机
a) 直柄式 b) 枪柄式 c) 弯柄式 d) 环柄式

2. 气动铆钉机的基本参数（表 17-47）

表 17-47　气动铆钉机的基本参数（JB/T 9850—2010）

产品规格	铆钉直径/mm		窝头尾柄规格尺寸/mm	机重/kg	验收气压/MPa	冲击能量/J	冲击频率/Hz	耗气量/(L/s)	气管内径/mm	噪声（声功率级）/dB(A)
	冷铆硬铝	热铆钢								
4	4		10×32	≤1.2		≥2.9	≥35	≤6.0	10	≤114
5	5			≤1.5		≥4.3	≥24	≤7.0		
				≤1.8			≥28			
6	6		12×45	≤2.3		≥9.0	≥13	≤9.0	12.5	≤116
				≤2.5			≥20	≤10		
12	8	12	17×60	≤4.5	0.63	≥16.0	≥15	≤12		
16		16		≤7.5		≥22.0	≥20	≤18		
19		19		≤8.5		≥26.0	≥18			
22		22	31×70	≤9.5		≥32.0	≥15	≤19	16	≤118
28		28		≤10.5		≥40.0	≥14			
36		36		≤13.0		≥60.0	≥10	≤22		

17.6.3　气动铆钉机用窝头

1. 气动铆钉机用窝头的形式

1）按尾柄形式分为直柄式和锥柄式，如图 17-45 所示。

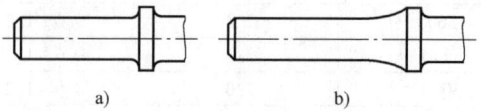

图 17-45　尾柄
a）直柄式　b）锥柄式

2）按杆部形式分为直杆式、弯杆式，如图 17-46 所示。

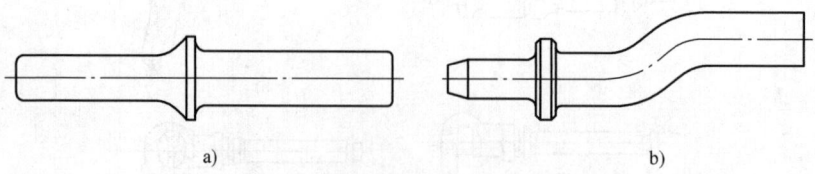

图 17-46　杆部
a）直杆式　b）弯杆式

3）按头部形式分为平头式、窝头式，如图 17-47 所示。

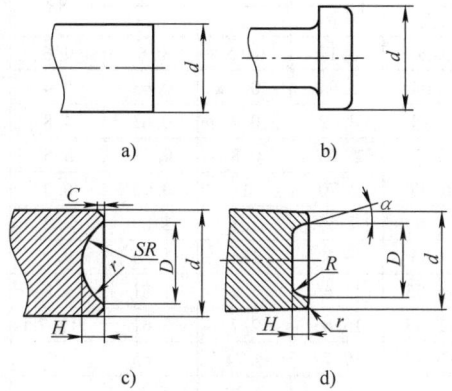

图 17-47 头部

a) Ⅰ类平头　b) Ⅱ类平头　c) 半圆头及扁圆头窝头　d) 平锥头窝头

2. 气动铆钉机用窝头的尺寸（表 17-48）

表 17-48 气动铆钉机用窝头的尺寸（JB/T 5130—2014）　（单位：mm）

窝头类型	窝头规格	铆钉直径	D max	D min	H max	H min	SR	C	d	r
半圆头	(1.6)	(1.6)	3.25	3.15	0.80	0.70	1.90	0.30	5.00	—
	2	2	3.74	3.64	1.00	0.90	2.10		6.00	
	2.5	2.5	4.84	4.74	1.40	1.30	2.70		7.00	
	3	3	5.54	5.44	1.60	1.50	3.10		8.00	
	(3.5)	(3.5)	6.59	6.44	1.90	1.78	3.60		9.00	
	4	4	7.39	7.24	2.2	1.98	4	0.3	10	—
	5	5	9.09	8.94	2.8	2.68	4.9		12	
	6	6	11.35	11.15	3.36	3.24	6.3		14	
	8	8	14.35	14.15	4.56	4.44	7.7		18	
	10	10	17.12	16.6	5.8	5.5	9	1	26	0.5
	12	12	21.02	20.5	7.86	7.5	11		30	
	(14)	(14)	24.02	23.5	8.86	8.5	12.5	1.5	38	1
	16	16	29.02	28.5	9.56	9.2	15.5		45	
	18	18	32.12	31.5	11.93	11.5	16.5	2	45	
	20	20	35.12	34.5	13.43	13	18		48	
	(22)	(22)	39.12	38.5	14.93	14.5	20	3	50	2
	24	24	42.62	42	16.43	16	22		55	
	(27)	(27)	49.12	48.5	17.93	17.5	26		60	
	30	30	52.62	52	20.02	19.5	27	3	65	2
	36	36	62.12	61.5	24.02	23.5	32		75	

(续)

窝头类型	窝头规格	铆钉直径	D max	D min	H max	H min	SR	C	d	r
扁圆头	(1.6)	(1.6)	3.24	3.14	0.65	0.6	2.6	0.3	5	—
	2	2	4.04	3.94	0.7	0.63	3.4		6	
	2.5	2.5	5.14	4.99	0.7	0.63	4.8		7	
	3	3	5.8	5.65	0.8	0.73	5.5		8	
	(3.5)	(3.5)	6.85	6.70	1	0.93	6.2		9	
	4	4	7.8	7.65	1.1	1.03	7.2		10	
	5	5	9.85	9.7	1.4	1.33	9.1		12	
	6	6	11.85	11.65	1.9	1.81	9.8	0.8	14	0.5
	8	8	15.85	15.65	2.7	2.61	12.7		18	
	10	10	19.92	19.72	3.74	3.65	15		22	
平锥头	2	2	3.84	3.79	0.78	0.7	0.7	0.5	6	15°
	2.5	2.5	4.74	4.69	1.08	1			7	
	3	3	5.64	5.59	1.28	1.2			8	
	(3.5)	(3.5)	6.59	6.49	1.58	1.5	1.0		9	
	4	4	7.49	7.39	1.78	1.7			10	
	5	5	9.29	9.19	2.28	2.2	1.0	0.5	12	15°
	6	6	11.15	11	2.78	2.7			14	
	8	8	14.75	14.6	3.74	3.64	1.0	0.5	18	
	10	10	18.35	18.2	4.74	4.59			20	
	12	12	20.42	20.22	5.74	5.59	1.5	1	22	15°
	(14)	(14)	24.42	24.22	6.67	6.52			24	
	16	16	28.42	28.22	7.67	7.52	2		28	
	(18)	(18)	32.4	31.9	15.9	15.4			35	
	20	20	35.4	34.9	16.9	16.4			40	
	(22)	(22)	39.9	39.4	19.1	18.6	3	1.5	46	20°
	24	24	41.4	40.4	21.7	21.2			50	
	(27)	(27)	46.4	45.8	23.7	23.1		2	55	
	30	30	51.4	51.8	27.2	26.6			60	
	36	36	61.8	61.2	33.6	33			70	

17.6.4 气动式管子坡口机

1. 气动式管子坡口机的形式（图17-48）

图17-48 气动式管子坡口机

2. 气动式管子坡口机的基本参数（表17-49～表17-53）

表17-49 外部安装气动式管子坡口机基本参数（JB/T 7783—2012）

参数名称	规格	基本参数											
		80	150	300	450	600	750	900	1050	1160	1240	1300	1500
管子最大壁厚/mm	25	38	48	48	48	48	48	48	58	58	58	58
适用管径范围/mm	10~80	50~150	150~300	300~450	450~600	600~750	750~900	900~1050	980~1160	1120~1240	1150~1300	1300~1500
旋转刀盘转速/(r/min)	0~29	0~26	0~16	0~12	0~9	0~11	0~9	0~8	0~7	0~7	0~7	0~6
径向进给最大行程/mm	28	40	50	50	50	50	50	50	60	60	60	60

表17-50 外部安装电动式管子坡口机基本参数（JB/T 7783—2012）

参数名称	规格	基本参数											
		80	150	300	450	600	750	900	1050	1160	1240	1300	1500
管子最大壁厚/mm	25	38	48	48	48	48	48	48	58	58	58	58
适用管径范围/mm	10~80	50~150	150~300	300~450	450~600	600~750	750~900	900~1050	980~1160	1120~1240	1150~1300	1300~1500
旋转刀盘转速/(r/min)	≥42	≥15	≥12	≥9	≥5	≥6	≥5	≥4	≥4	≥4	≥4	≥3
径向进给最大行程/mm	28	40	50	50	50	50	50	50	60	60	60	60

表17-51 外部安装液压式管子坡口机基本参数（JB/T 7783—2012）

参数名称	规格	基本参数											
		80	150	300	450	600	750	900	1050	1160	1240	1300	1500
管子最大壁厚/mm	25	38	48	48	48	48	48	48	58	58	58	58
适用管径范围/mm	10~80	50~150	150~300	300~450	450~600	600~750	750~900	900~1050	980~1160	1120~1240	1150~1300	1300~1500
旋转刀盘转速/(r/min)	0~40	0~34	0~17	0~11	0~8	0~7	0~6	0~5	0~4	0~4	0~4	0~3
径向进给最大行程/mm	28	40	50	50	50	50	50	50	60	60	60	60

表17-52 内胀式电动管子坡口机基本参数（JB/T 7783—2012）

参数名称		\	规格	28	80	120	150	250	350
管子最大壁厚/mm				15	15	15	15	15	15
适用管径范围/mm	内径			16~28	28~76	45~93	65~158	65~158	80~240
	外径			21~54	32~96	50~120	73~190	73~205	90~290
旋转刀盘转速/(r/min)				≥52	≥52	≥44	≥44	≥29	≥16
轴向进给最大行程/mm				25	25	25	25	45	45

参数名称		\	规格	630	850	1050	1300	1500
管子最大壁厚/mm				75	75	75	75	75
适用管径范围/mm	内径			300~600	460~820	750~1002	1002~1254	1170~1464
	外径			310~630	480~840	770~1050	1022~1300	1200~1480
旋转刀盘转速/(r/min)				≥7	≥7	≥7	≥7	≥7
轴向进给最大行程/mm				54	54	65	65	65

表17-53 内胀式气动管子坡口机基本参数（JB/T 7783—2012）

参数名称		\	规格	28	80	120	150	250	350
管子最大壁厚/mm				10	15	15	15	15	15
适用管径范围/mm	内径			16~28	28~76	45~93	65~160	65~160	80~240
	外径			21~54	32~96	50~120	73~190	73~205	90~290
旋转刀盘转速/(r/min)				0~52	0~52	0~38	0~38	0~16	0~15
轴向进给最大行程/mm				25	25	25	45	45	54

参数名称		\	规格	630	850	1050	1300	1500
管子最大壁厚/mm				75	75	75	75	75
适用管径范围/mm	内径			300~620	460~820	750~1002	1002~1254	1170~1464
	外径			320~630	480~840	820~1050	1022~1300	1200~1480
旋转刀盘转速/(r/min)				0~13	0~7	0~12	0~12	0~4
轴向进给最大行程/mm				54	54	65	65	65

17.6.5 手持式气动捆扎拉紧机

1. 手持式气动捆扎拉紧机的形式（图17-49）
2. 手持式气动捆扎拉紧机的基本参数（表17-54）

表17-54 手持式气动捆扎拉紧机的基本参数（JB/T 9852—2010）

使用钢带规格尺寸 （宽×厚）/mm	机重 /kg	拉紧力 /kN	空转钢带速度 /(mm/s)	空转耗气量 /(L/s)	噪声(声功率级) /dB(A)	验收气压 /MPa	气管内径 /mm
32×0.9	≤5.5	≥7.8	≥80	≤20.0	≤116	0.63	10

17.6.6 手持式气动捆扎锁紧机

1. 手持式气动捆扎锁紧机的形式（图17-50）

图17-49 手持式气动捆扎拉紧机

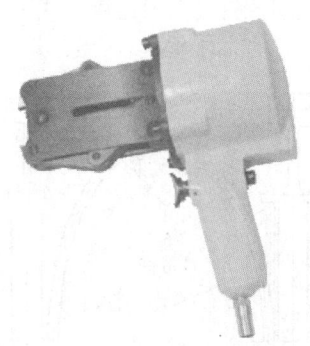

图17-50 手持式气动捆扎锁紧机

2. 手持式气动捆扎锁紧机的基本参数（表17-55）

表17-55 手持式气动捆扎锁紧机的基本参数（JB/T 9851—2010）

使用钢带规格尺寸 （宽×厚）/mm	机重 /kg	锁紧刀距离 /mm	锁扣夹口承受拉力 /kN	气管内径 /mm	验收气压 /MPa
32×0.9	≤4.5	36.5~38.0	≥12.0	10	0.63

17.6.7 气动油雾弹

1. 气动油雾弹的形式（图17-51）

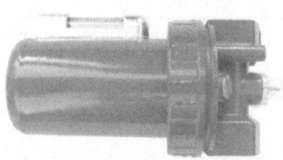

图17-51 气动油雾弹

2. 气动油雾弹的规格（表17-56）

表17-56 气动油雾弹的规格（JB/T 7375—2013）

公称通径 d/mm		6	8	10	15	20	25	32	40	50
连接螺纹	米制/mm	M10×1	M14×1.5	M18×1.5	M22×1.5	M27×2	M33×2	M42×2	M48×2	M60×2
	英制/in	G1/8	G1/4	G3/8	G1/2	G3/4	G1	G1¼	G1½	G2

注：1in=25.4mm。

17.6.8 打气筒

1. 打气筒的形式

打气筒有普通型打气筒（PD）和贮气罐型打气筒（ZD）两种，如图17-52和图17-53所示。打气筒的连接方式有拉杆连接式（A型）和螺纹连接式（B型）两种。

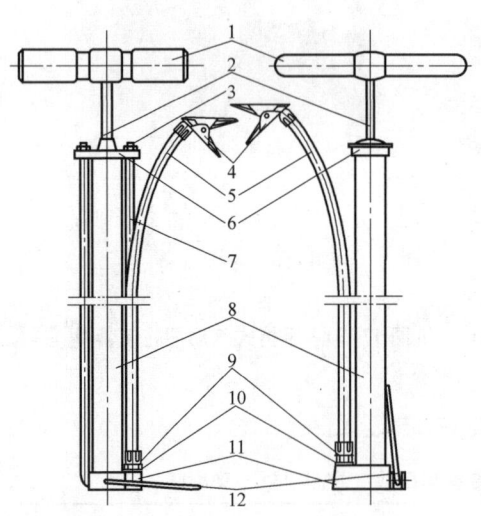

图17-52 普通型打气筒

1—手柄 2—推杆 3—拉杆螺母 4—鸭嘴
5—胶管 6—上盖 7—拉杆 8—管体
9—底嘴 10—垫圈 11—底座 12—脚踏环

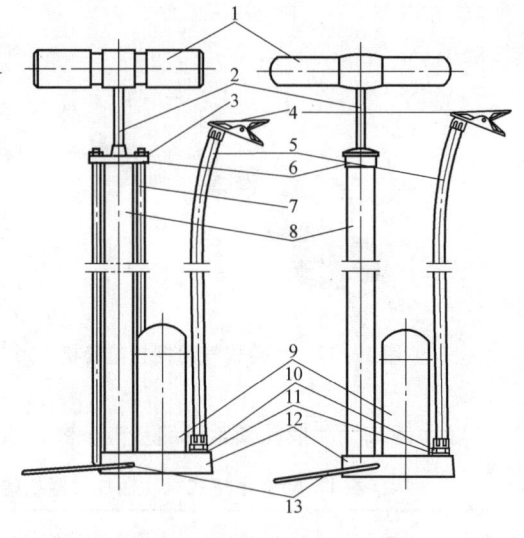

图17-53 贮气罐型打气管

1—手柄 2—推杆 3—拉杆螺母 4—鸭嘴
5—胶管 6—上盖 7—拉杆 8—管体
9—贮气罐 10—底嘴 11—垫圈 12—底座
13—脚踏环

2. 打气筒的主要规格（表17-57）

表17-57 打气筒的主要规格（SB/T 10205—1994） （单位：mm）

规格	管体外径 D	管体长度 L	胶管长度	胶管内径	手柄与上盖间的最小间距
T号	38	400~500	L+100	5	≥50
1号	35				
2号	32				
3号	28				

3. 打气筒的型号编制

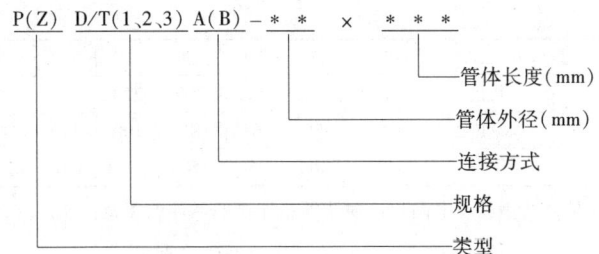

4. 打气筒的工作气压（表17-58）

表17-58 打气筒的工作气压　　　　　　　　（单位：MPa）

规　格	工作气压	规　格	工作气压
T号	0.6以上	2号	0.4以上
1号		3号	

17.6.9 空气锤

1. 空气锤的形式（图17-54）

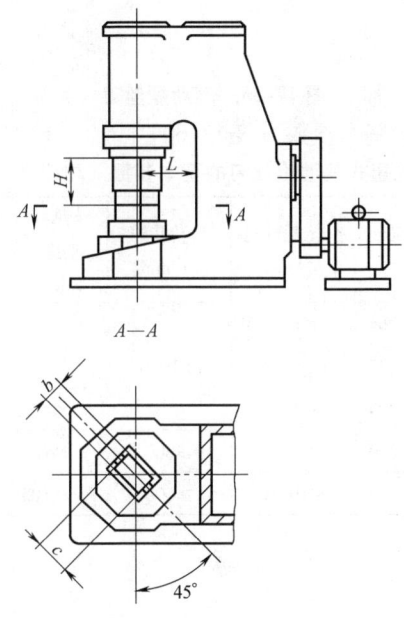

图17-54 空气锤

2. 空气锤的参数（表17-59）

表17-59 空气锤的参数（JB/T 1827—1991）

落下部分重量 m/kg	25	40	75	150	250	400	560	750	1000
打击能量 E/J ≥	270	530	1000	2500	5600	9500	13600	19000	26500
锤头每分钟打击次数/(次/min)	250	245	210	180	140	120	115	105	95
工作区间高度 H/mm	240	245	300	370	450	530	600	670	800

（续）

锤杆中心线至锤身距离 L/mm		200	235	280	350	420	520	550	750	800
上、下砧块锤面尺寸 /mm	长度 c	100	120	145	200	220	250	300	330	365
	宽度 b	50	55	65	85	100	120	140	160	180
砧座重量/kg ≥		250	400	750	1500	2500	4800	6720	9000	12000

注：1. 落下部分重量包括锤杆、上砧块、楔铁等相连接的零件的重量；允许落下部分重量较表列值大10%。
  2. 锤头的行程应不小于工作区间的高度 H。
  3. 砧座重量不包括砧垫、下砧块、楔铁等相连接的零件重量。

17.6.10 气动螺丝刀

1. 气动螺丝刀的形式（图17-55）

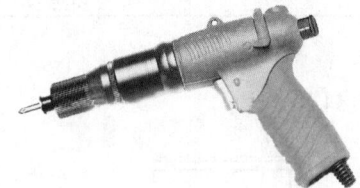

图17-55 气动螺丝刀

2. 纯扭式气动螺丝刀的基本参数（表17-60）

表17-60 纯扭式气动螺丝刀的基本参数（JB/T 5129—2014）

产品系列	拧紧螺纹规格/mm	扭矩范围 /N·m	空转耗气量 /(L/s)	空转转速 /(r/min)	空转噪声(声功率级) /dB(A)	气管内径 /mm	机重/kg	
							直柄式	枪柄式
2	M1.6~M2	0.128~0.264	≤4.00	≥1000	≤93	6.3	≤0.50	≤0.55
3	M2~M3	0.264~0.935	≤5.00				≤0.70	≤0.77
4	M3~M4	0.935~2.300	≤7.00		≤98		≤0.80	≤0.88
5	M4~M5	2.300~4.200	≤8.50	≥800	≤103		≤1.00	≤1.10
6	M5~M6	4.200~7.220	≤10.50	≥600	≤105			

注：验收气压为0.63MPa。

17.6.11 气动打钉机

1. 气动打钉机的形式（图17-56）

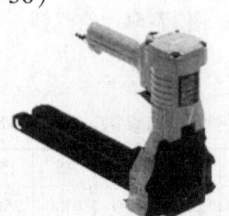

图17-56 气动打钉机

2. 气动打钉机的基本参数与尺寸（表17-61）

表17-61　气动打钉机的基本参数与尺寸（JB/T 7739—2010）

扫码查表

17.6.12　气动指针式测量仪

1. 气动指针式测量仪的组成类型

气动指针式测量仪由指示表、敏感元件、电器装置及气动测头组成。以薄膜为敏感元件的称为薄膜气动测量仪，如图17-57所示；以波纹管为敏感元件的称为波纹管气动测量仪，如图17-58所示。

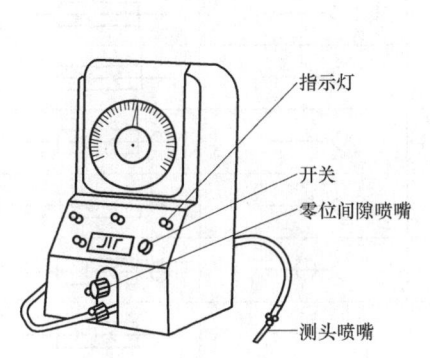

图17-57　薄膜气动测量仪

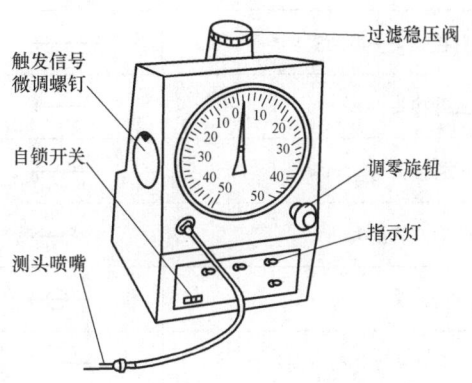

图17-58　波纹管气动测量仪

2. 气动指针式测量仪的技术参数（表17-62）

表17-62　气动指针式测量仪的技术参数（JJG 466—1993）（单位：mm）

形　式	分度值	示值范围	测头喷嘴直径	零位间隙
薄膜式	0.001	0 ~ ±0.025	2	0.12 ~ 0.14
	0.001	0 ~ ±0.04		0.12 ~ 0.14
	0.002	0 ~ ±0.08		0.18 ~ 0.20
	0.004	0 ~ ±0.16		0.25 ~ 0.27
	0.005	0 ~ ±0.20		0.28 ~ 0.30
波纹管式	0.002	-0.02 ~ +0.05		0.12 ~ 0.14
	0.002	0 ~ ±0.05		0.12 ~ 0.14
	0.001	0 ~ ±0.025		0.12 ~ 0.14
	0.0005	0 ~ ±0.01	2 或 1	0.08 ~ 0.12

第18章 气动辅件

18.1 管接头及组件

18.1.1 气动管接头

1. 气动管接头表示方法

气动管接头由一般画法加分类特征要素或代号表示,如表18-1所示。

表18-1 气动管接头表示方法

气动管接头名称	插头	插座	连接表示
气动管接头(一般画法)	 →	 ⊢	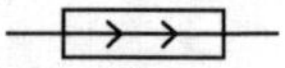 →→
插入式管接头	 →	 ⊢	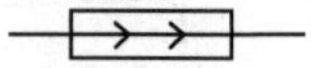 →→
卡套式管接头	 →	 ⊢	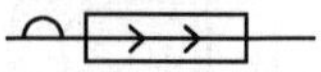 →→
锥面锁紧式管接头	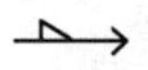 →	 ⊢	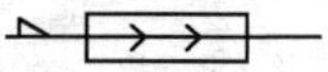 →→
卡箍式管接头	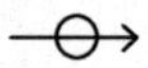 →○	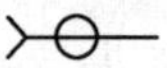 ○⊢	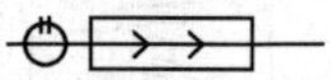 ○→→
快换式管接头(不带单向阀)	 →│	 │⊢	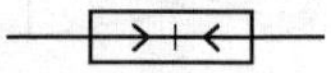 →│→
(带单向阀)	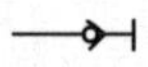 →◇│	 │◇⊢	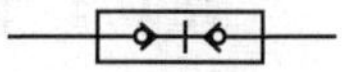 →◇│◇→
调速式管接头	 →	 ⊢	 →→

2. 气动管接头类别、系列及品种的代号(表18-2)

表18-2 气动管接头类别、系列及品种的代号

类别名称	代号	系列名称	代号	品种名称	代号
插入式	A	直通	2	终端	Z
卡套式	B	直通穿板	22	中间终端	F
锥面锁紧式	C	弯角	23	杆状	G
卡箍式	D	直角	24	活节	M
快换式	E	三通	3	铰接	J
调速式	F	四通	4	对接	D
				长终端	CZ

3. 气动管接头型号表示方法

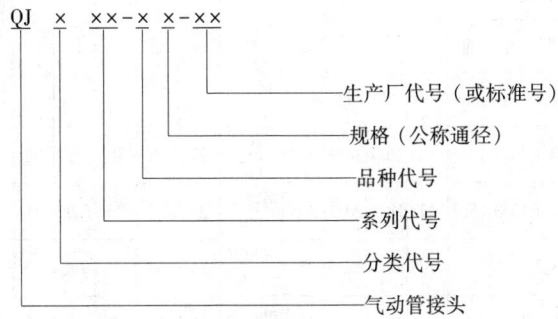

4. 气动管接头的公称通径及拉伸力（表18-3）

表18-3 气动管接头的公称通径及拉伸力

公称通径/mm		3	4	6	8	10	15	20	25
拉伸力/N	软管	70	150	250	400	600	—	—	—
	硬管			440		800	1200	1800	3100

18.1.2 锥密封钢丝编织胶管总成

1. 锥密封钢丝编织胶管总成的形式（图18-1）

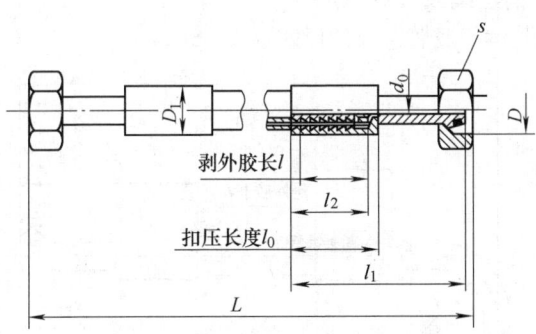

图18-1 锥密封钢丝编织胶管总成

2. 锥密封钢丝编织胶管总成的尺寸（表18-4）

表18-4 锥密封钢丝编织胶管总成的尺寸（JB/T 6142.1—2007） （单位：mm）

胶管内径	公称通径 DN	工作压力/MPa			增强层外径			扣压直径 D_1			d_0	D	s	l_0	l	l_1	l_2	O形橡胶密封圈 $d_1 \times d_2$	两端重量/kg		
		I	II	III	I max	II max	III max	I	II	III									I	II	III
5	4	21	37	45	10.1	11.7	13.5	15	16.7	18.5	2.5	M16×1.5	21	26	18	53	22	6.3×1.8	0.14	0.16	0.18
6.3	6	20	35	40	11.7	13.3	15.1	17	18.7	20.5	3.5	M18×1.5	24	37	25	65	31	8.5×1.8	0.20	0.22	0.24
8	8	17.5	30	33	13.3	14.9	16.7	19	20.7	22.5	5	M20×1.5	24	38	25	68	32	10.6×1.8	0.28	0.30	0.32
10	10	16	28	31	15.7	17.3	19.1	21	22.7	24.5	7	M22×1.5	27	38	25	69	32	12.5×1.8	0.34	0.36	0.38
12.5	10	14	25	27	19.1	20.7	22.5	25.2	28	29.5	8	M24×1.5	30	44	30	76	38	13.2×2.65	0.46	0.50	0.56
16	15	10.5	20	22	22.2	23.8	25.6	28.2	31	32.5	10	M30×2	36	44	30	82	38	17.0×2.65	0.60	0.64	0.68
19	20	9	16	18	26.2	27.8	29.6	31.2	34	35.5	13	M33×2	41	50	35	88	44	19.0×2.65	0.78	0.84	0.90
22	20	8	14	16	29.4	31.0	32.8	34.2	37	38.5	17	M36×2	46	50	35	92	44	22.4×2.65	1.10	1.12	1.14
25	25	7	13	15	33.0	34.8	36.6	38.2	40	41.5	19	M42×2	50	54	38	100	46	26.5×3.55	1.32	1.34	1.38
31.5	32	4.4	11	12	39.7	41.5	43.3	46.5	48	49.5	24	M52×2	60	60	44	115	52	34.5×3.55	1.64	1.66	1.68
38	40	3.5	9	—	46.1	47.9	—	52.5	54	—	30	M56×2	65	64	49	120	56	37.5×3.55	2.00	2.10	—
51	50	2.6	8	—	59.0	60.8	—	67.0	68.5	—	40	M64×2	75	75	59	145	67	47.5×3.55	3.90	4.00	—

18.1.3 锥密封90°钢丝编织胶管总成

1. 锥密封90°钢丝编织胶管总成的形式（图18-2）

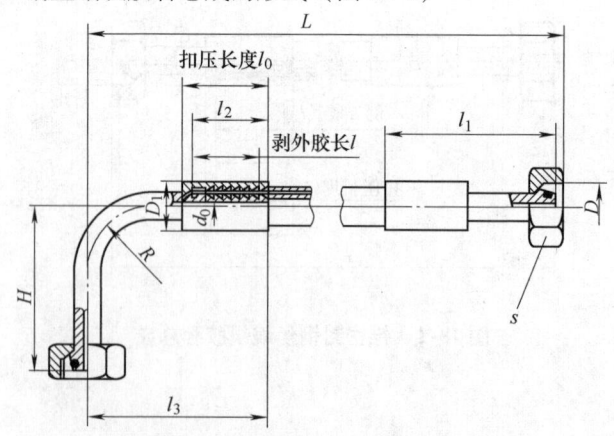

图18-2 锥密封90°钢丝编织胶管总成

2. 锥密封90°钢丝编织胶管总成的尺寸（表18-5）

表 18-5 锥密封 90°钢丝编织胶管总成的尺寸（JB/T 6142.2—2007） (单位：mm)

胶管内径	公称通径 DN	工作压力 /MPa			增强层外径			扣压直径 D_1			d_0	D	s	l_0	l	l_1	l_2	l_3	R	H	橡胶密封圈 $d_1 \times d_2$	两端重量 /kg		
		I	II	III	I max	II max	III max	I	II	III												I	II	III
5	4	21	37	45	10.1	11.7	13.5	15	16.7	18.5	2.5	M16×1.5	21	26	18	53	22	55	20	50	6.3×1.8	0.16	0.18	0.20
6.3	6	20	35	40	11.7	13.3	15.1	17	18.7	20.5	3.5	M18×1.5	24	37	25	65	31	70	20	50	8.5×1.8	0.18	0.20	0.22
8	8	17.5	30	33	13.3	14.9	16.7	19	20.7	22.5	5	M20×1.5	24	38	25	68	32	75	24	55	10.6×1.8	0.32	0.34	0.36
10	10	16	28	31	15.7	17.3	19.1	21	22.7	24.5	7	M22×1.5	27	38	25	69	32	80	28	60	12.5×1.8	0.44	0.45	0.46
12.5	12	14	25	27	19.1	20.7	22.5	25.2	28	29.5	8	M24×1.5	30	44	30	76	38	90	32	65	13.2×2.65	0.49	0.51	0.54
16	15	10.5	20	22	22.2	23.8	25.6	28.2	31	32.5	10	M30×2	36	44	30	82	38	105	45	85	17.0×2.65	0.60	0.62	0.64
19	20	9	16	18	26.2	27.8	29.6	31.2	34	35.5	13	M33×2	41	50	35	88	44	115	50	90	19.0×2.65	0.85	0.88	0.90
22	20	8	14	16	29.4	31.0	32.8	34.2	37	38.5	17	M36×2	46	50	35	92	44	125	57	100	22.4×2.65	1.30	1.33	1.35
25	25	7	13	15	33.0	34.8	36.6	38.2	40	41.5	19	M42×2	50	54	38	100	46	145	72	120	26.5×3.55	1.75	1.78	1.82
31.5	32	4.4	11	12	39.7	41.5	43.3	46.5	48	49.5	24	M52×2	60	60	44	115	52	175	90	145	34.5×3.55	2.05	2.08	2.10
38	40	3.5	9	—	46.1	47.9	—	52.5	54	—	30	M56×2	65	64	49	120	56	185	95	155	37.5×3.55	3.05	3.15	—
51	50	2.6	8	—	59.0	60.8	—	67.0	68.5	—	40	M64×2	75	75	59	145	67	230	125	200	47.5×3.55	6.10	6.20	—

18.2 胶管

18.2.1 普通全胶管

1. 普通全胶管的形式（图18-3）

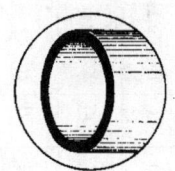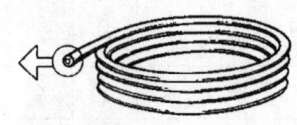

图 18-3　普通全胶管

2. 普通全胶管的尺寸（表18-6）

表 18-6　普通全胶管的尺寸　　　　　　　　　　（单位：mm）

内径	外径	壁厚	内径	外径	壁厚	内径	外径	壁厚
3	6	1.5	10	14	2	22	29	3.5
5	8	1.5	13	18	2.5	25	32	3.5
6	9	1.5	16	21	2.5	32	39	4.5
8	12	2	19	26	3.5	38	47	4.5

18.2.2 通用输水织物增强橡胶软管

1. 通用输水织物增强橡胶软管的形式（图18-4）

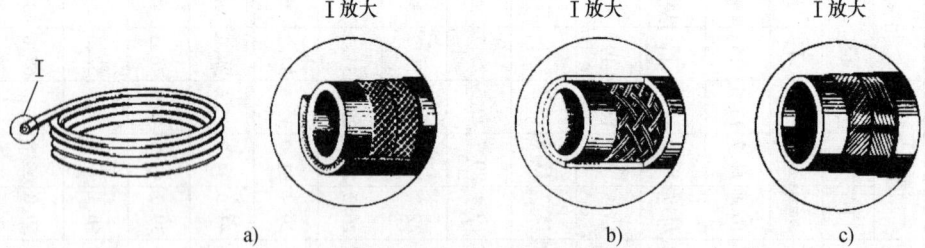

图 18-4　通用输水织物增强橡胶软管
a) 夹布胶管　b) 纤维编织胶管　c) 纤维缠绕胶管

2. 通用输水织物增强橡胶软管的尺寸（表18-7）

表 18-7 通用输水织物增强橡胶软管内径、公差及胶层厚度（HG/T 2184—2008）

（单位：mm）

内径		胶层厚度 ≥	
公称尺寸	偏差	内衬层	外覆层
10	±0.75	1.5	1.5
12.5			
16			
19		2.0	1.5
20			
22	±1.25		
25			
27		2.5	1.5
32			
38			
40	±1.50		
50			
63			
76		3.0	2.0
80	±2.00		
100			

注：未标注的软管内径、偏差及胶层厚度，可比照临近软管的内径、偏差及胶层厚度为准。

18.2.3 压缩空气用织物增强橡胶软管

1. 压缩空气用织物增强橡胶软管的形式（图 18-5）

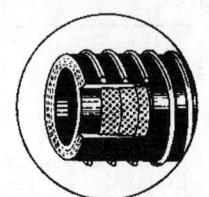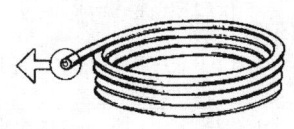

图 18-5 压缩空气用织物增强橡胶软管

2. 压缩空气用织物增强橡胶软管的尺寸（表 18-8）

表 18-8 压缩空气用织物增强橡胶软管的内径（GB/T 1186—2016）

（单位：mm）

软管规格	最小内径	最大内径
4	3.25	4.75
5	4.25	5.75
6.3	5.55	7.05
8	7.25	8.75
10	9.25	10.75
12.5	11.75	13.25
16	15.25	16.75
19	18.25	19.75
20	19.25	20.75
25	23.75	26.25
31.5	30.25	32.75

(续)

软管规格	最小内径	最大内径
38	36.50	39.50
40	38.50	41.50
51	49.50	52.50
63	61.50	64.50
76	74.50	77.50
80	78.00	82.00
100	98.00	102.00
102	100.00	104.00

18.2.4 家用煤气胶管

1. 家用煤气胶管的形式（图18-6）

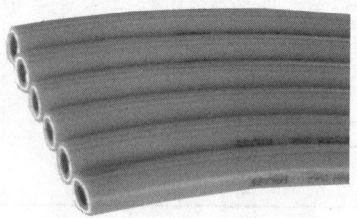

图 18-6　家用煤气胶管

2. 家用煤气胶管的尺寸（表18-9）

表 18-9　家用煤气胶管的尺寸

	品种	1) 单层：黑色，表面光滑 2) 双层（内胶层、外胶层）：其外胶层为橘黄色，并带有与轴线平行的凹槽花 3) 三层（内胶层、中胶层、外胶层）：其外胶层为橘黄色，并带有与轴线平行的凹槽花					
标准产品 （HG/T 2486—1993）	公称内径 /mm	壁厚/mm	气体透过量 /(mL/h)	适用温度/℃		气密试验	耐压试验
				树脂	橡胶	压力/MPa	
	9	3	≤5	−10~70	−10~90	0.1	0.2
	13	3.3	≤7				
市场产品	公称内径/mm	8	10	长度/m		5~30	
	每米约重/kg	0.14	0.20	色泽		深蓝色	

18.2.5 打气胶管

1. 打气胶管的形式（图18-7）

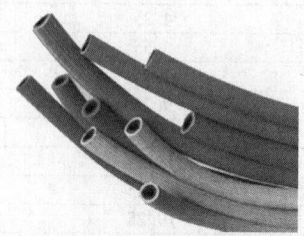

图 18-7　打气胶管

2. 打气胶管的尺寸（表18-10）

表18-10　打气胶管的尺寸

公称内径/mm	5	6	8	编织层数	1
每米约重/kg	0.147	0.166	0.210	长度/m	30

性能/MPa：工作压力为1.2，爆破压力为4.8

18.2.6　蒸汽橡胶软管

1. 蒸汽橡胶软管的形式（图18-8）

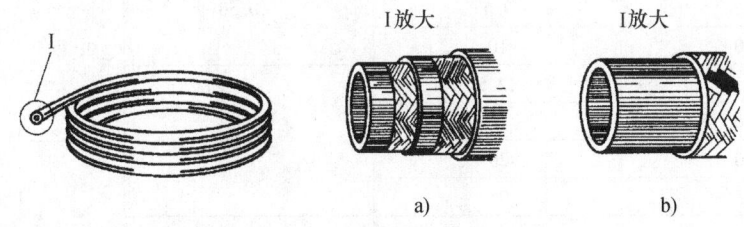

图18-8　蒸汽橡胶软管

a）钢丝编织蒸汽橡胶软管　b）熨斗蒸汽橡胶软管

2. 蒸汽橡胶软管的尺寸（表18-11）

表18-11　蒸汽橡胶软管的尺寸　（单位：mm）

公称内径	偏差	公称内径	偏差
12.5	±0.75	38	±1.50
16	±0.75	40	±1.50
19	±0.75	50	±1.50
20	±0.75	51	±1.50
25	±1.25	63	±1.50
31.5	±1.25	80	±2.00

注：内胶层厚度不应小于2.0mm，外胶层厚度不应小于1.5mm。

18.2.7　气体焊接设备焊接、切割和类似作业用橡胶软管

1. 气体焊接设备焊接、切割和类似作业用橡胶软管的形式（图18-9）

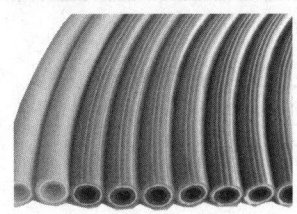

图18-9　气体焊接设备焊接、切割和类似作业用橡胶软管

2. 气体焊接设备焊接、切割和类似作业用橡胶软管的尺寸（表18-12）

表18-12 气体焊接设备焊接、切割和类似作业用橡胶软管的尺寸（GB/T 2550—2016）

公称内径	内径/mm	公差/mm	同心度（最大）/mm
4	4	±0.40	1
4.8	4.8		
5	5		
6.3	6.3		
7.1	7.1		
8	8	±0.50	
9.5	9.5		
10	10		
12.5	12.5	±0.60	1.25
16	16		
20	20		
25	25		
32	32	±1.0	
40	40	±1.25	1.50
50	50		

注：对于中间的尺寸，数字宜从R20优先数系中选取（见GB/T 321），公差按表中相邻较大内径规格的公差计。

3. 标记

1) 颜色标记如表18-13所示。

表18-13 颜色标记（GB/T 2550—2016）

气　体	外覆层颜色和标志
乙炔和其他可燃性气体[①]（除LPG、MPS、天然气、甲烷外）	红色
氧气	蓝色
空气、氮气、氢气、二氧化碳	黑色
液化石油气（LPG）和甲基乙炔-丙二烯混合物（MPS）、天然气、甲烷	橙色
除焊剂燃气外（本表中包括的）所有燃气	红色/橙色
焊剂燃气	红色-焊剂

① 关于软管对氢气的适用性，应咨询制造商。

2) 文字标记软管外覆层应至少每隔1000mm连续、牢固地标志出标准编号（GB/T 2550）、"焊剂"（仅适用焊剂燃气软管）、最大工作压力（MPa）、公称内径、制造厂或供应商的标志（如：XYZ）、制造年度。

示例：GB/T 2550-2MPa-10-XYZ-14。

18.2.8 农业喷雾用橡胶软管

1. 农业喷雾用橡胶软管的形式（图18-10）
2. 农业喷雾用橡胶软管的尺寸（表18-14）

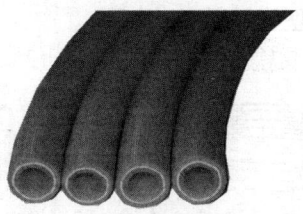

图 18-10 农业喷雾用橡胶软管

表 18-14 农业喷雾用橡胶软管的尺寸 （单位：mm）

软管公称内径	偏　差	软管公称内径	偏　差
6.3	±0.75	16	±0.75
8	±0.75	20	±0.75
10	±0.75	25	±1.25
12.5	±0.75		

18.2.9 耐稀酸碱橡胶软管

1. 耐稀酸碱橡胶软管的形式（图 18-11）

图 18-11 耐稀酸碱橡胶软管

2. 耐稀酸碱橡胶软管的尺寸（表 18-15）

表 18-15 耐稀酸碱橡胶软管的尺寸（HG/T 2183—2014）

公称内径		内径及公差/mm		内衬层厚度/mm	外覆层厚度/mm
A 型	B 型及 C 型	内径	公差	≥	≥
12.5	—	13.0	±0.5	2.2	1.2
16	—	16			
19	—	19			
22	—	22			
25	—	25	±1.0	2.2	1.2
31.5	31.5	32.0	±1.0	2.5	1.5
38	38	38	±1.3	2.5	1.5
45	45	45			
51	51	51			
63.5	63.5	64			
76	76	76			
89	89	89	±1.3	2.8	2.0
102	102	102			
127	127	127	±1.5	3.5	2.0
152	152	152			

18.2.10 钢丝编织增强液压型橡胶软管

1. 钢丝编织增强液压型橡胶软管的形式（图 18-12）

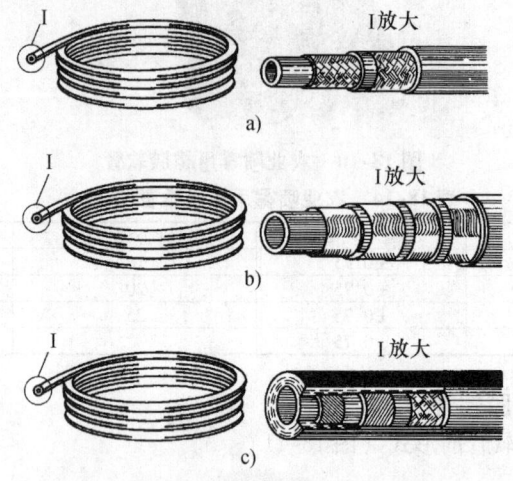

图 18-12 钢丝编织增强液压型橡胶软管
a) 钢丝编织液压胶管 2W　b) 钢丝缠绕液压胶管 4S　c) 钢丝缠编液压胶管 2S×1W

2. 钢丝编织增强液压型橡胶软管的尺寸（表 18-16）

表 18-16 钢丝编织增强液压型橡胶软管的尺寸（GB/T 3683—2011）

（单位：mm）

公称内径[①]	所有型别		R1ATS, 1SN, 1ST 型	1ST 型	1SN, R1ATS 型		R2ATS, 2SN, 2ST 型	2ST 型	2SN, R2ATS 型	
	内径		增强层外径	软管外径	软管外径	外覆层厚度	增强层外径	软管外径	软管外径	外覆层厚度
	最小	最大	最小 最大	最小 最大	最小 最大	最小 最大	最小 最大	最小 最大	最小 最大	最小 最大
5	4.6	5.4	8.9 10.1	11.9 13.5	12.5	0.8 1.5	10.6 11.7	15.1 16.7	14.1	0.8 1.5
6.3	6.1	7.0	10.6 11.7	15.1 16.7	14.1	0.8 1.5	12.1 13.3	16.7 18.3	15.7	0.8 1.5
8	7.7	8.5	12.1 13.3	16.7 18.3	15.7	0.8 1.5	13.7 14.9	18.3 19.9	17.3	0.8 1.5
10	9.3	10.1	14.5 15.7	19.0 20.6	18.1	0.8 1.5	16.1 17.3	20.6 22.2	19.7	0.8 1.5
12.5	12.3	13.5	17.5 19.1	22.2 23.8	21.5	0.8 1.5	19.0 20.6	23.8 25.4	23.1	0.8 1.5
16	15.5	16.7	20.6 22.2	25.4 27.0	24.7	0.8 1.5	22.2 23.8	27.0 28.6	26.3	0.8 1.5
19	18.6	19.8	24.6 26.2	29.4 31.0	28.6	0.8 1.5	26.2 27.8	31.0 32.6	30.2	0.8 1.5
25	25.0	26.4	32.5 34.1	36.9 39.3	36.6	0.8 1.5	34.1 35.7	38.5 40.9	38.9	0.8 1.5
31.5	31.4	33.0	39.3 41.7	44.4 47.6	44.8	1.0 2.0	43.2 45.7	49.2 52.4	49.6	1.0 2.0
38	37.7	39.3	45.6 48.0	50.8 54.0	52.1	1.3 2.5	49.6 52.0	55.6 58.8	56.0	1.3 2.5
51	50.4	52.0	58.7 61.9	65.1 68.3	65.9	1.3 2.5	62.3 64.7	68.2 71.4	68.6	1.3 2.5
63[②]	63.1	65.1					74.6 77.8		81.8	1.3 2.5

① 公称内径与 GB/T 9575 中的内径相对应。
② 此公称内径仅适用于 R2ATS。

18.2.11 农林拖拉机和机具用高温低压输油胶管

1. 农林拖拉机和机具用高温低压输油胶管的形式（图18-13）

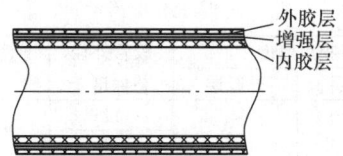

图 18-13　农林拖拉机和机具用高温低压输油胶管

2. 农林拖拉机和机具用高温低压输油胶管的尺寸（表18-17）

表 18-17　农林拖拉机和机具用高温低压输油胶管的尺寸（JB/T 10637—2016）

（单位：mm）

胶管内径		胶层厚度		胶管壁厚及极限偏差		长度及公差
公称尺寸	极限偏差	内胶层	外胶层	壁厚	极限偏差	
8	±0.7	≥1.5	≥1.2	3.8~4.8	±0.8	应符合 GB/T 9575 的规定，也可按合同的规定执行
10						
13		≥2.0				
16						
19	±0.8	≥2.2		4.5~5.5		
22				4.5~6.0		
25				5.0~6.5		
32		≥2.5		5.0~7.0		
38	±1.2			5.5~7.5		
45				5.5~8.0		
51			≥1.5	5.5~8.5		
64				6.0~10.0		
76				6.0~10.0		
89	±1.5	≥2.8		7.0~10.5		
102						
127						

注：胶管内径规格、胶层厚度和胶管壁厚可按合同的规定。

18.2.12 工程机械用高温低压输油胶管

1. 工程机械用高温低压输油胶管的形式（图18-14）

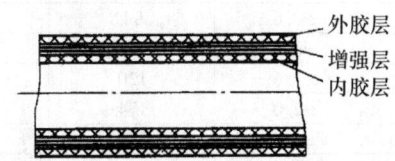

图 18-14　工程机械用高温低压输油胶管

2. 工程机械用高温低压输油胶管的尺寸（表18-18）

表18-18　工程机械用高温低压输油胶管的尺寸（JB/T 8406—2017）

（单位：mm）

胶管内径		胶层厚度		胶管外径	管壁厚度极限偏差	胶管切割长度及公差
公称尺寸	极限偏差	内胶层	外胶层	公称尺寸		
5	±0.4	≥1.5	≥1.0	12	±0.5	应符合GB/T 9575的规定
6				13		
8	+0.4 −0.6			15		
10				17		
13				21		
16	+0.5 −0.7	≥2.0		24		
19				28		
22				32		
25				36		
32				43		
38	+0.5 −1.0	≥2.5	≥1.2	50		
45				57		
51				63	±0.8	
64	+0.8 −1.2	≥2.8		77		
76				88		
89	+0.8 −1.5			104		
102				116		

18.2.13　液化石油气（LPG）用橡胶软管

1. 液化石油气（LPG）用橡胶软管的形式（图18-15）
2. 液化石油气（LPG）用橡胶软管的尺寸（表18-19）

表18-19　液化石油气（LPG）用橡胶软管的尺寸（GB/T 10546—2013）

公称内径	内径/mm	公差/mm	外径/mm	公差/mm	最小弯曲半径/mm
12	12.7	±0.5	22.7	±1.0	100
15	15	±0.5	25	±1.0	120
16	15.9	±0.5	25.9	±1.0	125
19	19	±0.5	31	±1.0	160
25	25	±0.5	38	±1.0	200
32	32	±0.5	45	±1.0	250
38	38	±0.5	52	±1.0	320
50	50	±0.6	66	±1.2	400
51	51	±0.6	67	±1.2	400
63	63	±0.6	81	±1.2	550
75	75	±0.6	93	±1.2	650
76	76	±0.6	94	±1.2	650
80	80	±0.6	98	±1.2	725
100	100	±1.6	120	±1.6	800
150	150	±2.0	174	±2.0	1200
200	200	±2.0	224	±2.0	1600
250	254	±2.0	—		2000
300	305	±2.0	—		2500

注：公称内径250和300仅应用于内接式连接管。

18.2.14 消防吸水胶管

1. 消防吸水胶管的形式（图 18-16）

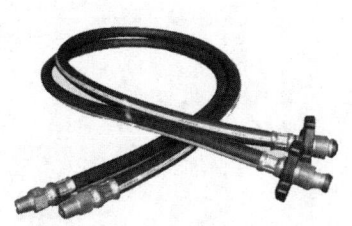

图 18-15　液化石油气（LPG）用橡胶软管

图 18-16　消防吸水胶管

2. 消防吸水胶管的尺寸

1）胶管内径与公差尺寸如表 18-20 所示。

表 18-20　胶管内径与公差尺寸（GB 6969—2005）

规　　格	公称内径/mm	允许最大偏差/mm
50	51	±1.5
65	64	
80	76	
90	89	
100	102	±2.0
125	127	
150	152	

2）胶管管头长度与公差尺寸如表 18-21 所示。

表 18-21　胶管管头长度与公差尺寸（GB 6969—2005）

规　　格	管头长度/mm	允许最大偏差/mm
50	75	±10.0
65		
80	100	
90		
100	125	±15.0
125		
150	150	

3）胶管管头内径与公差尺寸如表 18-22 所示。

表 18-22　胶管管头内径与公差尺寸（GB 6969—2005）

规　　格	管头内径/mm	允许最大偏差/mm
50	57	±1.5
65	71	
80	83	
90	96	±2.0
100	113	
125	137	
150	163	

第 19 章 电动工具

19.1 电动工具型号编制方法

19.1.1 电动工具产品型号编制方法

电动工具产品的型号组成如下:

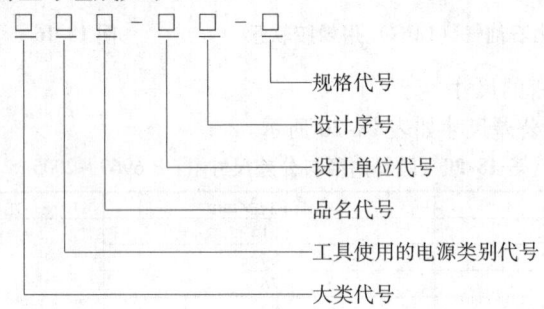

1. 大类代号

大类代号及品名代号各用一位汉语拼音字母表示,如表 19-1 所示。该字母根据下述原则选出:

1) 尽量采用对象的有代表性的汉语拼音的第一个字母。

2) 如果按上条选出,发生不同产品的大类代号和品名代号都相同时,则采用其他字母。

表 19-1 电动工具的大类和品名 (GB/T 9088—2008)

大类名称	代号	品名代号										
		A	B	C	D	E	F	G	H	I	J	K	L
金属切削	J	电铰刀	磁座钻		多用工具		刀锯	型材切割机	电冲剪		电剪刀	电刮刀	往复锯
砂磨类	S	盘式砂光机	摆动式砂光机	车床电磨		台式砂轮机	直向盘式砂光机	立式盘式砂轮机	往复砂光机或抛光机		模具电磨	无轨道不规则做圆周运动砂光机或抛光机	
装配类	P		电扳手		定矩扭电扳手			自攻螺钉旋具					
林木类	M	木工带锯	电刨	电插	木工多用工具	修枝机	碎枝机	木铲刮			木工车床	木工开槽机	电链锯

(续)

大类 名称	代号	品名代号											
		A	B	C	D	E	F	G	H	I	J	K	L
农牧类	N	采茶剪									剪毛机		粮食扦样机
园艺类	Y	草剪	剪刀型草剪		修枝剪	草坪修整机	草坪修边机		草坪松砂机		草坪割草机	遮覆式割草机	步行控制的割草机
建筑道路类	Z	锤钻	地板抛光机	电锤	混凝土振动器	石材切割机	金刚石锯	电镐	夯实机		金刚石钻	冲击电钻	铆胀螺栓扳手
矿山类	K												
其他类	Q	塑料电焊枪	热风枪	裁布机	家用水泵	气泵	吹风机	管道清洗机	卷花机	捆扎机	石膏剪	雕刻机	打蜡机

大类 名称	代号	品名代号											
		M	N	O	P	Q	R	S	T	U	V	W	X	Y	Z
金属切削类	J	坡口机			焊缝坡口	套丝机	双刃剪	攻丝机	带锯管机				斜切机	斜切割组合锯	电钻
砂磨类	S	角向磨光机			抛光机	气门座电磨		砂轮机	带式砂光机						
装配类	P	拉铆枪			定扭矩螺钉旋具		铆螺母拉枪		钉钉机	墙板螺钉旋具					胀管机
林木类	M		厚度刨		修边机	曲线锯	电木铣	木工刃磨机	木工钉钉机	摇臂锯	平刨		木工斜切机	电圆锯	木钻
农牧类	N				喷洒机			修蹄机							
园艺类	Y	转盘式割草机	镰刀杆式割草机		连枷式割草机	悬浮式割草机	手持式园艺用吹屑	手持式园艺用吹吸两用	滚筒式割草机			草坪松土机			
建筑道路类	Z	混式磨光机	插入式混凝土振动器		枕木电镐	钢筋切断机	开槽机	地板砂光机	套丝机	附着式混凝土振动器		弯管机		铲刮机	混凝土钻机

（续）

大类		品名代号												
名称	代号	M	N	O	P	Q	R	S	T	U	V	W	X	Y	Z
矿山类	K										煤钻		岩石电钻	凿岩机
其他类	Q	千斤顶	往复式雕刻机	除锈机	电喷枪	水池清洗机	碎纸机	石膏锯	地毯剪	胸骨锯	清洗机	吸枝机	牙钻	骨钻

注：本表所列基本为一般手持式工具，对某些特殊结构及功能的产品可增加第四个字母以示区别，即可移式工具加"T"，软轴式工具加"R"，电子调速工具则加"E"。

2. 工具使用的电源类别代号（表19-2）

表19-2 电源类别代码（GB/T 9088—2008）

工具使用的电源类别	代号	工具使用的电源类别	代号
直流	0	三相交流 400Hz	4
单相交流 50Hz	1	三相交流 150Hz	5
三相交流 200Hz	2		
三相交流 50Hz	3	三相交流 300Hz	6

3. 设计单位代号

设计单位代号一般由设计单位名称的汉语拼音字头组成。

4. 设计序号

1）设计序号用数字表示。第一次设计的产品可省略此项。

2）同品种、同规格产品的再设计，如果外形、性能、结构、技术指标等方面有显著改进和提高的产品，可标以新的设计序号。

3）设计序号仅表示产品的设计先后，并不反映产品的结构和产品水平的高低。

4）设计序号的改变须与新产品型号一样经申请，颁发后才有效。

5. 规格代号

规格代号一般用来表示该产品的主参数，用数字表示。

1）主参数为一项数字，即以该项数字表示。例如，电钻按其能在钢上钻孔的最大公称直径 6mm、10mm 等表示，圆锯按其所装用的锯片公称直径 200mm、300mm 等表示。

2）主参数为多项数字时，各项数字间用乘号相连表示。例如，电刨按其刀片宽度和最大刨削深度表示，刀片宽度为 80mm，最大刨削深度为 2mm，则应表示为 80×2。

3）主参数为一项数字，但在不同条件下数值不相同又必须列出者，在规格代号中可同时列出，各数值间用斜线分开。例如，双速电钻按其主轴在不同额定转速时最大钻孔直径表示，高速时为 10mm，低速时为 13mm，则与转速相应的表示为 10/13。

4）具有多种功能的工具，按其主要功能的主参数表示。例如，冲击电钻只表示在轻质混凝土或砖上钻孔的最大直径 10mm、12mm 等。

6. 产品型号示例

最大钻孔直径为13mm的A塑电钻,使用电源为单相交流50Hz,该产品由××制造商设计,型号为:

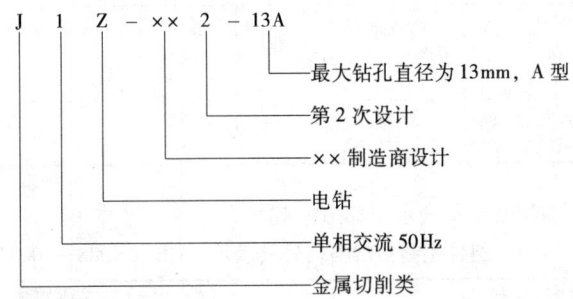

19.1.2 电动工具组件型号编制方法

凡作为标准件或通用件组织专业化生产的电动工具组件必须申请型号,其型号组成如下:

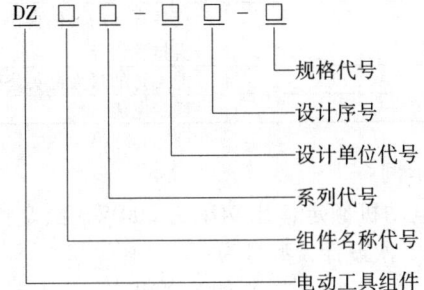

1. 组件名称及系列代号(表19-3)

表19-3 组件名称及系列代号(GB/T 9088—2008)

组件		系列代号						
名称	代号	A	B	C	D	E	F	G
电动机	J	单相串励	三相工频异步	三相中频异步(200Hz)	三相中频异步(300Hz)	三相中频异步(400Hz)	单相工频异步(电容分组)	直流永磁
开关	K	普通	耐振	组合正反转	分离正反转	电子调速		
换向器	Q	半塑(不带加强环)	半塑(带加强环)	钩形升高片(不带加强环)	钩形升高片(带加强环)	全塑		
刷握总成	S	隐盒	管式	涡形弹簧加压片				
与电缆组成一体的不可拆线插头	L	二极	二极(带接地极)	三极(不带地板)	四极			

(续)

组件名称	代号	系列代号						
		A	B	C	D	E	F	G
辅助手柄	B	螺纹连接式（带护手）	螺纹连接式（不带护手）	卡箍夹持式				
钻夹头	T	锥面连接	螺纹连接					

2. 组件主参数规格代号及表示（表 19-4）

表 19-4　组件主参数规格代号及表示（GB/T 9088—2008）

组件名称	主参数项目
电动机	定子冲片外径×额定功率×转速
开关	额定电流
换向器	工作直径×换向片工作长度×内径×片数
刷握	电刷的长×宽×高
与软电缆或软线组成一体的不可拆线插头	导电芯线的公称截面
辅助手柄	连接螺纹的公称直径
	夹持孔内径
钻夹头	能夹持的最大钻头公称直径
接插件	额定电流

3. 电动工具组件型号示例

电动工具用单相串励电动机额定输出功率为 200W，额定负载转速为 15000r/min，定子冲片外径为 56mm，第 1 次设计，型号为：

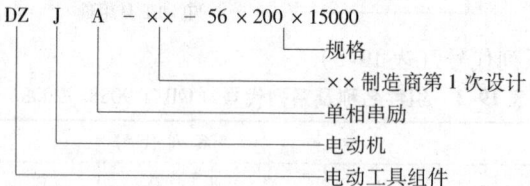

19.2　常用电动工具

19.2.1　电钻

1. 电钻的形式（图 19-1）

图 19-1　电钻

2. 电钻的型号编制方法

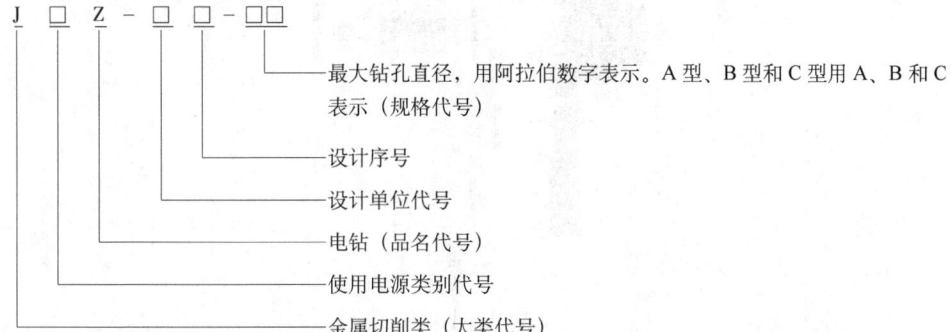

按电源种类分为单相交流电钻、直流电钻和交直流两用电钻。按电钻的基本参数和用途分为 A 型、B 型和 C 型。

1）A 型（普通型）电钻主要用于普通钢材的钻孔，也可用于塑料和其他材料的钻孔，具有较高的钻削生产率，通用性强，适用于一般体力劳动者。

2）B 型（重型）电钻的额定输出功率和转矩比 A 型大，主要用于各种钢材的钻孔，具有较高的钻削生产率。B 型电阻机构可靠，可施加较大的轴向力。

3）C 型（轻型）电钻的额定输出功率和转矩比 A 型小，主要用于有色金属、铸铁和塑料等材料的钻孔，也能用于普通钢材的钻削。C 型电钻轻便，结构简单，可施加较小的轴向力。

3. 电钻的主要技术参数（表 19-5）

表 19-5 电钻的主要技术参数（GB/T 5580—2007）

电钻规格尺寸/mm	4		6		8			10		
类型	A	C	A	B	C	A	B	C	A	B
额定输出功率/W ≥	80	90	120	160	120	160	200	140	180	230
额定转矩/N·m ≥	0.35	0.50	0.85	1.20	1.00	1.60	2.20	1.50	2.20	3.00

电钻规格尺寸/mm	13			16		19	23	32
类型	C	A	B	A	B	A		
额定输出功率/W ≥	200	230	320	320	400			500
额定转矩/N·m ≥	2.50	4.00	6.00	7.00	9.00	12.00	16.00	32.00

注：电钻规格尺寸指电钻钻削抗拉强度为 390MPa 钢材时所允许使用的最大钻头直径。

19.2.2 电动冲击扳手

1. 电动冲击扳手的形式（图 19-2）
2. 电动冲击扳手的型号编制

图 19-2 电动冲击扳手

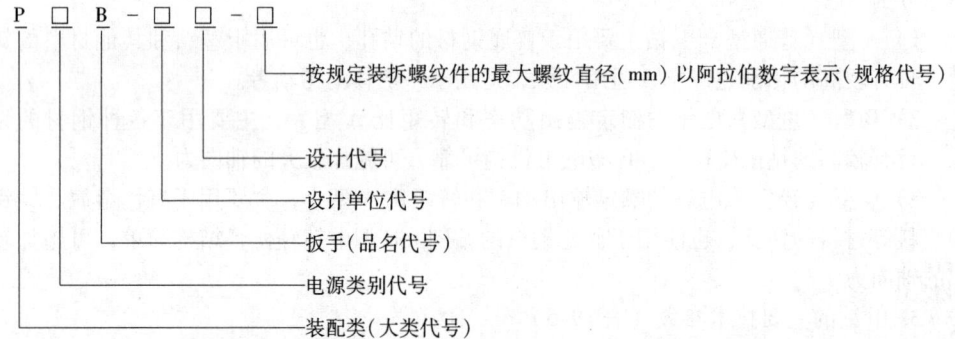

3. 电动冲击扳手的基本参数（表 19-6）

表 19-6 电动冲击扳手的基本参数（GB/T 22677—2008）

规 格	适用螺纹范围/mm	力矩范围/N·m	方头公称尺寸/mm	边心距/mm ≤
8	M6～M8	4～15	10×10	26
12	M10～M12	15～60	12.5×12.5	36
16	M14～M16	50～150	12.5×12.5	45
20	M18～M20	120～220	20×20	50
24	M22～M24	220～400	20×20	50
30	M27～M30	380～800	20×20	56
42	M36～M42	750～2000	25×25	66

注：1. 力矩范围的上限值（M_{max}）是对适用范围中大规格的上述螺栓连接系统最长连续冲击时间（t_{max}）后，系统所得到的力矩。t_{max} 对规格 42 为 10s，对规格 30 为 7s，对其余规格为 5s。

2. 力矩范围的下限值（M_{min}）是对适用范围中小规格的上述螺栓连接系统最短连续冲击时间（t_{min}）后，系统所得到的力矩。t_{min} 对各规格均为 0.5s。

3. 电扳手的规格是指在刚性衬垫系统上，装配精制的、强度级别为 6.8（GB/T 3098）内外螺纹公差配合为 6H/6g（GB/T 197）的普通粗牙螺纹（GB/T 193）的螺栓所允许使用的最大螺纹直径 d（mm）。

19.2.3 电动刀锯

1. 电动刀锯的形式（图 19-3）
2. 电动刀锯的型号编制

图 19-3 电动刀锯

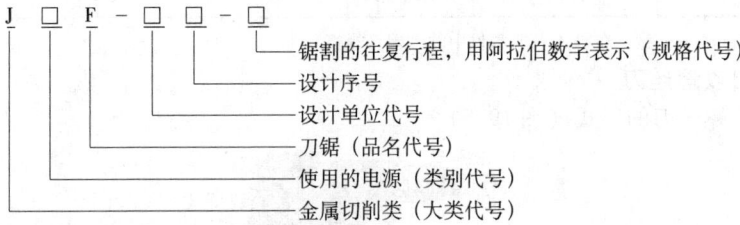

3. 电动刀锯的基本参数（表 19-7）

表 19-7 电动刀锯的基本参数（GB/T 22678—2008）

规格尺寸/mm	额定输出功率/W	额定转矩/N·m	空载往复次数/(次/min)
24	≥430	≥2.3	≥2400
26			
28	≥570	≥2.6	≥2700
30			

注：1. 额定输出功率指刀锯拆除往复机构后的额定输出功率。
　　2. 电子调速刀锯的基本参数基于电子装置调节到最大值时的参数。

19.2.4 电动螺丝刀

1. 电动螺丝刀的形式（图 19-4）

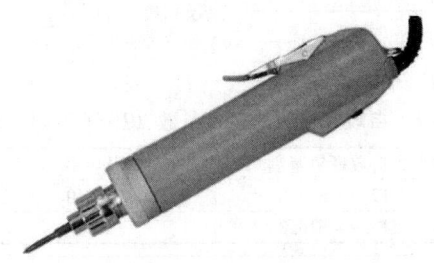

图 19-4 电动螺丝刀

2. 电动螺丝刀的型号编制

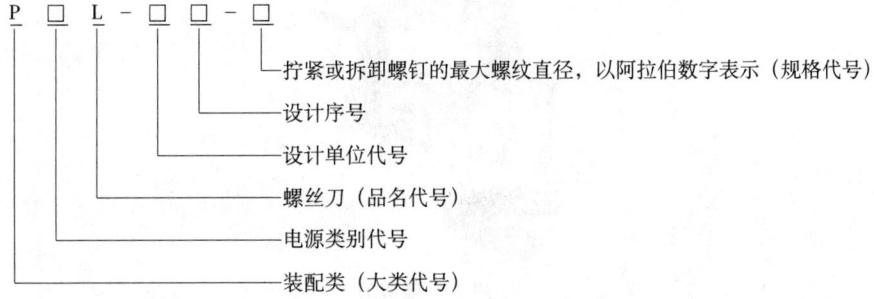

3. 电动螺丝刀的基本参数（表19-8）

表19-8　电动螺丝刀的基本参数（GB/T 22679—2008）

规格尺寸/mm	适用范围/mm	额定输出功率/W	拧紧力矩/N·m
M6	机螺钉 M4~M6 木螺钉≤4 自攻螺钉 ST3.9~ST4.8	≥85	2.45~8.0

注：木螺钉≤4mm 是指在拧入一般木材中的木螺钉规格。

19.2.5　自攻螺丝刀

1. 自攻螺丝刀的形式（图19-5）

图19-5　自攻螺丝刀

2. 自攻螺丝刀的型号编制

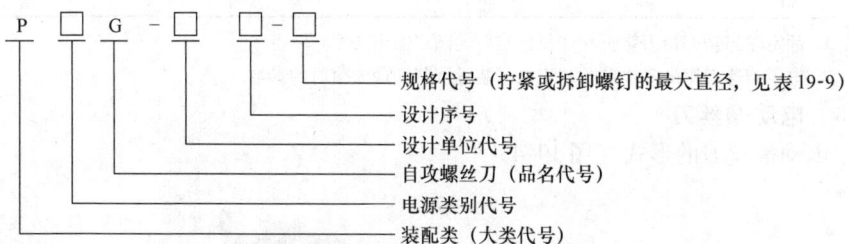

3. 自攻螺丝刀的基本参数（表19-9）

表19-9　自攻螺丝刀的基本参数（JB/T 5343—2013）

规格代号	适用的自攻螺钉范围/mm	输出功率/W	负载转速/(r/min)
5	ST2.9~ST4.8	≥140	≤1600
6	ST3.9~ST6.3	≥200	≤1500

19.2.6　电剪刀

1. 电剪刀的形式（图19-6）

图19-6　电剪刀

2. 电剪刀的型号编制

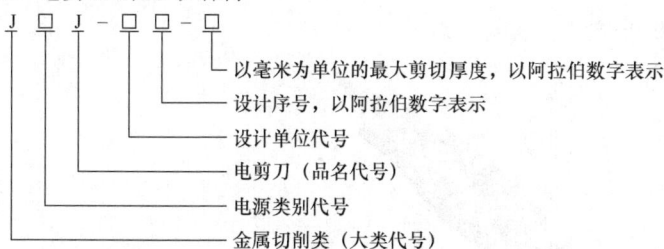

3. 电剪刀的基本参数（表 19-10）

表 19-10 电剪刀的基本参数 （GB/T 22681—2008）

规格尺寸/mm	额定输出功率/W	刀杆额定往复次数/(次/min)
1.6	≥120	≥2000
2	≥140	≥1100
2.5	≥180	≥800
3.2	≥250	≥650
4.5	≥540	≥400

注：1. 电剪刀规格尺寸是指电剪刀剪切抗拉强度 R_m = 390MPa 热轧钢板的最大厚度。
  2. 额定输出功率是指电动机的输出功率。

19.2.7 双刃电剪刀

1. 双刃电剪刀的形式（图 19-7）

图 19-7 双刃电剪刀

2. 双刃电剪刀的型号编制

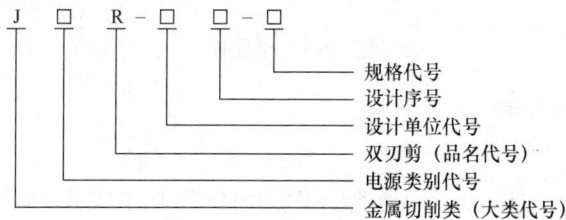

3. 双刃电剪刀的基本参数（表 19-11）

表 19-11 双刃电剪刀的基本参数 （JB/T 6208—2013）

规格/mm	最大切割厚度/mm	额定输出功率/W	额定往复次数/(次/min)
1.5	1.5	≥130	≥1850
2	2	≥180	≥1500

注：1. 最大切割厚度是指双刃剪剪切抗拉强度 R_m = 390MPa 的金属（相当于 GB/T 700 中 Q235 热轧钢板）板材的最大厚度。
  2. 额定输出功率是指电动机额定输出功率。

19.2.8 电推剪

1. 电推剪的形式（图 19-8）

图 19-8　电推剪

2. 电推剪的型号编制

```
R C □ □ - □
        └── 工厂设计序号：工厂自定（可选）
      └──── 型别代号：电磁振动式用 V 表示，电动机式用 M 表示
    └────── 系列代号：干电池式用 B 表示，充电式用 C 表示，交流式用 A 表示
  └──────── 名称代号
└────────── 类别代号
```

19.2.9 电圆锯

1. 电圆锯的形式（图 19-9）

图 19-9　电圆锯

2. 电圆锯的型号编制

```
M □ Y - □ □ - □
              └── 以毫米为单位的锯片外径，以阿拉伯数字表示（规格代号）
          └────── 设计序号
        └──────── 设计单位代号
      └────────── 电圆锯（品名代号）
    └──────────── 电源类别代号
  └────────────── 林木类（大类代号）
```

3. 电圆锯的基本参数（表 19-12）

表 19-12 电圆锯的基本参数 (GB/T 22761—2008)

规格尺寸/mm	额定输出功率/W	额定转矩/N·m	最大锯割深度/mm	最大调节角度/(°)
160×30	≥550	≥1.70	≥55	≥45
180×30	≥600	≥1.90	≥60	≥45
200×30	≥700	≥2.30	≥65	≥45
235×30	≥850	≥3.00	≥84	≥45
270×30	≥1000	≥4.20	≥98	≥45

注：表中规格尺寸指可使用的最大锯片外径×孔径。

19.2.10 电刨

1. 电刨的形式（图 19-10）

图 19-10 电刨

2. 电刨的型号编制

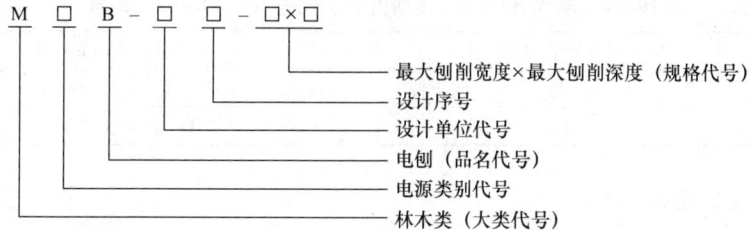

3. 电刨的基本参数（表 19-13）

表 19-13 电刨的基本参数 (JB/T 7843—2013)

（刨削宽度/mm）×（刨削深度/mm）	额定输出功率/W	额定转矩/N·m
60×1	≥250	≥0.23
82(80)×1	≥300	≥0.28
82(80)×2	≥350	≥0.33
82(80)×3	≥400	≥0.38
90×2	≥450	≥0.44
100×2	≥500	≥0.50

19.2.11 电动开门机

1. 电动开门机的形式（图 19-11）

2. 电动开门机的型号编制

图 19-11　电动开门机

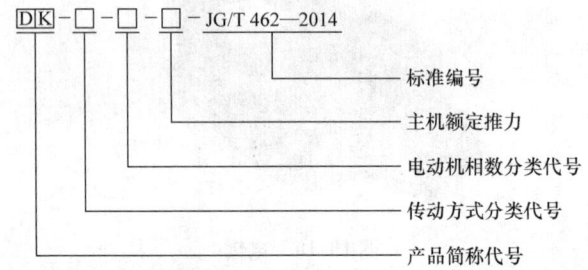

3. 电动开门机的传动方式及代号（表 19-14）

表 19-14　电动开门机的传动方式及代号（JG/T 462—2014）

类别	推拉门及伸缩门开门机			平开门及折叠门开门机			
传动方式	齿轮式	链轮式	同步带	丝杆式	液压式	地埋式	地趟式
代号	C	L	T	S	Y	M	D

19.2.12　电力金具

1. 型号命名规则

1）电力金具产品型号标记一般由汉语拼音字母（以下简称字母）和阿拉伯数字（以下简称数字）组成，不应使用罗马数字或其他数字。

2）标记中使用的字母应采用大写汉语拼音字母，I 和 O 不应使用。字母不应加角标。

3）标记中使用的符号应采用乘号（＊）、左斜杠（/）、短横线（－）、小数点（.）。

2. 型号及其含义

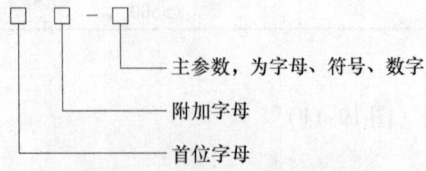

(1) 首位字母　型号标记首位字母的代表含义是：分类类别、连接金具的产品系列名称。

首位字母用金具类别或名称的第一个汉字的汉语拼音的第一个字母表示。当首位字母出现重复时，或需使用字母 I 和 O 时，可选用金具类别或名称的第二个汉字的汉语拼音的第一个字母表示，也可选用其他字母表示，或用附加字母来区分。首位字母代表的含义如表 19-15 所示。

表 19-15　首位字母代表的含义（DL/T 683—2010）

字母	表示类别	表示连接金具产品的名称	字母	表示类别	表示连接金具产品的名称
D		调整板	Q		球头
E		EB 挂板	S		设备线夹
F	防护金具		T		T 形线夹
G		GD 挂板	U		U 形
J	接续金具		V		V 形挂板
L		联板	W		碗头
M	母线金具		X		悬垂线夹
N	耐张线夹		Y		延长
P		平行	Z		直角

(2) 附加字母　附加字母是对首位字母的补充表示，以区别不同的类型、结构、特性和用途，同一字母允许表示不同的含义。一般附加字母代表的含义见表 19-16。

表 19-16　一般附加字母代表的含义（DL/T 683—2010）

字母	代表含义	字母	代表含义
B	板、爆压、并（沟）、变（电）、避（雷）、包	N	耐（热、张）、（户）内
C	槽（形）、垂（直）	P	平（行、面、放）、屏（蔽）
		Q	球（绞）、轻（型）、牵（引）
D	倒（装）、单（板、联、线）、导（线）、搭（接）、镀锌、跑（道）	R	软（线）
		S	双（线、联）、三（腿、伸、缩）、设（备）
F	方（形）、封（头）、防（晕、盗、振、滑）、覆（铜）	T	T（形）、椭（圆）、跳（线）、（可）调
		U	U（形）
G	固（定）、过（渡）、管（形）、沟、钢、间隔垫	V	V（形）
		W	（户）外
H	护（线）、环、弧、合（金）		
J	均（压）、矩（形）、间（隔）、支（架）、加（强）、（预）绞、绝	X	楔（形）、悬（垂）、悬（挂）、下（垂）、修（补）
K	卡（子）、（上）扛、扩（径）	Y	液压、圆（形）、（牵）引
L	螺（栓）、立（放）、拉（杆）、菱（形）、轮（形）、铝	Z	组（合）、终（端）、重（锤）、自（阻）尼

(3) 主参数

1) 数字

主参数中的数字用以表述下列中的一种或多种组合：

a) 表示适用于导线的标称截面面积（mm^2）或直径（mm）。

b) 当产品可适用于多个标号的导线时，为简化主参数数字，采用组合号以代表相应范围内的导线标称直径，或按不同产品型号单独设组合号，见表 19-17。

c) 表示标称破坏载荷标记,按 GB/T 2315 的规定执行。
d) 表示间距(mm、cm)。
e) 表示母线规格(mm、mm^2)。
f) 表示母线片数及顺序号。
g) 表示导线根数。
h) 表示圆杆的直径或长度(mm、cm)。

表 19-17　组合号 (DL/T 683—2010)　　　　　　(单位:mm)

组合号	导地线直径 D		组合号	导地线直径 D	
	用于导线	用于地线		用于导线	用于地线
0	$5.4 \leq D < 8.0$		6	$30.0 \leq D < 35.0$	$20 \leq D < 23$
1	$8.0 \leq D < 12.0$	$6.4 \leq D < 8.6$	7	$35.0 \leq D < 39.0$	
2	$12.0 \leq D < 16.0$	$8.6 \leq D < 12.0$	8	$39.0 \leq D < 45.0$	
3	$16.0 \leq D < 18.0$	$12.0 \leq D < 14.5$	9	$45.0 \leq D < 51.0$	
4	$18.0 \leq D < 22.5$	$14.5 \leq D < 17$	10	$51.0 \leq D < 70.0$	
5	$22.5 \leq D < 30.0$	$17 \leq D < 20$			

2) 字母。主参数中的字母是补充性的区分标记,字母代表的含义分述如下。
a) 以 A、B、C 作为区分标记,见表 19-18。

表 19-18　区分标记 (DL/T 683—2010)

区分标记字母	区分总长度	区分引流角度/(°)	区分附属构件
A	短形	0	附碗头挂板
B	长形	30	附 U 形挂板
C		90	

b) 以字母作为区分导线型号标记,导线的型号和名称表示方法按 GB/T 1179 执行,见表 19-19。

表 19-19　导线的型号和名称对应表 (DL/T 683—2010)

型号	名称
JL	铝绞线
JLHA2、JLHA1	铝合金绞线
JL/G1A、JL/G1B、JL/G2A、JL/G2B、JL/G3A	钢芯铝绞线
JL/G1AF、JL/G2AF、JL/G3AF	防腐性钢芯铝绞线
JLHA2/G1A、JLHA2/G1B、JLHA2/G3A	钢芯铝合金绞线
JLHA1/G1A、JLHA1/G1B、JLHA1/G3A	钢芯铝合金绞线
JL/LHA2、JL/LHA1	铝合金芯铝绞线
JL/LB1A	铝包钢芯铝绞线
JLHA2/LB1A、JLHA1/LB1A	铝包钢芯铝合金绞线
JG1A、JG1B、JG2A、JG3A	钢绞线
JLB1A、JLB1B、JLB2	铝包钢绞线
T	铜绞线
K	扩径导线

3. 型号命名示例（表19-20）

表19-20　型号命名示例（DL/T 683—2010）

悬垂线夹命名示例

名称	握力类型	防晕性能	标称破坏载荷/kN	线槽直径/mm	转动方式	船体材质
XGA-6/14K	固定型	普级	60	14	下垂式	可锻铸铁
XWZC-20/46	有限握力型	高级	200	46	中心回转式	铝合金

耐张线夹命名示例

名称	安装方式	导线型号	导线标称截面	引流线夹角度/(°)
NY-400/35A	液压型	钢芯铝绞线	400/35	0
NY-JLHA1/LB1A-450/60B	液压型	铝包钢芯铝合金绞线	450/60	30
NL-JG1A-85	螺栓型	钢绞线	85	

接续金具命名示例

名称	类型	安装方式	钢芯接续方式	导线型号	导线标称截面
JY-400/35	接续管	液压型	对接	钢芯铝绞线	400/35
JYD-JLHA1/LB1A-450/60	接续管	液压型	搭接	铝包钢芯铝合金绞线	450/60
JX-JL/LB1A-300/50	补修条	—	—	铝包钢芯铝绞线	300/50
JG-JL-95	并沟线夹	—	—	铝绞线	95

间隔棒命名示例

名称	间隔棒结构形式	框架形状	分裂数	分裂间距/cm	适用导线外径/mm	防晕性能
FJZ-840/35C	阻尼间隔棒	正八边形	8	40	35	高级
FJZY-640/30D	阻尼间隔棒	圆环形	6	40	30	特级

防振锤命名示例

名称	防振锤结构形式	锤头结构形式	线夹结构形式	适用导线外径/mm	绞线类型	防晕性能
FDZ-6C	对称型防振锤	钟罩式	螺栓型	30~35	导线	高级
FRYJ-5B	非对称扭转式防振锤	音叉式	预绞式线夹	22.5~30.0	导线	中级
FDT-3G	对称型防振锤	筒式	螺栓型	12~14.5	钢绞线	不防晕

均压环、屏蔽环和均压屏蔽环命名示例

名称	环的类型	说明
FJ-5X2-450T	均压环	用于I型双联十字连板悬垂串，电压等级为500kV/±500kV线路，绝缘子联距为450mm的均压环
FP-10N-J	屏蔽环	用于1000kV耐张串的屏蔽环，安装在间隔棒上
FJP-5N-D	均压屏蔽环	用于500kV/±500kV线路，倒装式耐张串均压屏蔽环

T形线夹命名示例

名称	连接主导线形式	连接引下线形式	主导线型号	主导线标称截面	主导线数目	引下线型号	引下线标称截面	主导线分裂间距/mm	引下线分裂间距/mm
TYY-JL/G1A-400/35-2/JL-300-400*400	压缩型	压缩型	钢芯铝绞线	400/35	2	铝绞线	300	400	400
TLL-JLHA2-630/JL-300	螺栓型	螺栓型	铝合金绞线	630	1	铝绞线	300	—	—

设备线夹命名示例

名称	导线数目	连接导线形式	端子板材料	导线型号	导线标称截面	导线分裂间距/mm	端子板角度/(°)	端子板外形尺寸/mm
SYG-JL/G1A-400/35S-450A200*150	2	压缩型	铜铝过渡	钢芯铝绞线	400/35	450	0	长200 宽150
SL-JLHA1-400-400B250*150	1	螺栓型	铝材	铝合金绞线	400	400	30	长250 宽150

（续）

管形母线固定金具命名示例

名称	类型	管径/mm	管母数量
MGG-120	固定型	120	1
MGGH-120S	转动滑动型	120	2
MGGZ-150	转动固定型	150	1
MGGX-180S	悬挂型	180	2

管形母线T接金具命名示例

名称	被引下线的引流方式	适用的管形母线外径/mm	引流板的位置或引流管的角度/(°)	引流板的数量
MGTP-150	端子板引流，引流面与管形母线轴线在同一水平面上	150		1
MGTC-150CS	端子板引流，引流面与管形母线轴线垂直	150	引流管的角度为90	2
MGTL-150	螺栓型引流	150		1
MGTY-150A	压缩型引流	150	引流管的角度为0	1

管形母线设备线夹命名示例

名称	设备线夹类型	适用的管形母线外径/mm	端子板的角度/(°)	端子板材料	端子板外形尺寸/mm
MGSS-150A-300*200	伸缩型	150	0	铝材	长300 宽200
MGS-150BG-300*150	固定型	150	30	铜铝过渡	长300 宽150

软母线固定金具命名示例

名称	软母线数目	适用软母线直径范围/mm	软母线分裂间距/mm
MRG-8/500	1	39~45	500
MRG-6/450	2	30~35	450

19.3 工程用电动工具

19.3.1 冲击电钻

1. 冲击电钻的形式（图19-12）

图 19-12 冲击电钻

2. 冲击电钻的型号编制

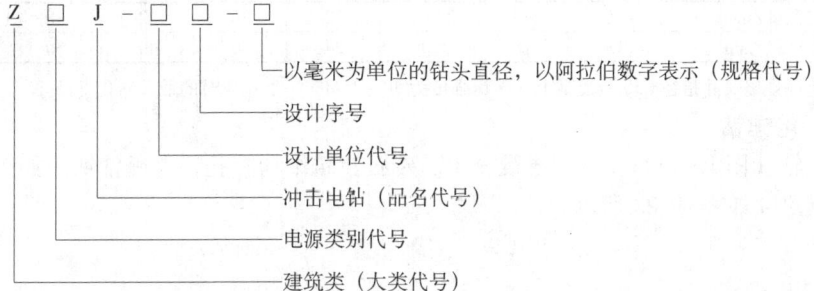

3. 冲击电钻的基本参数（表 19-21）

表 19-21　冲击电钻的基本参数（GB/T 22676—2008）

规格尺寸/mm	额定输出功率/W	额定转矩/N·m	额定冲击次数/(次/min)
10	≥220	≥1.2	≥46400
13	≥280	≥1.7	≥43200
16	≥350	≥2.1	≥41600
20	≥430	≥2.8	≥38400

注：1. 冲击电钻规格尺寸指加工砖石、轻质混凝土等材料时的最大钻孔直径。
　　2. 对双速冲击电钻表中的基本参数系指高速档时的参数，对电子调速冲击电钻是以电子装置调节到给定转速最高值时的参数。

19.3.2　电锤

1. 电锤的形式（图 19-13）

图 19-13　电锤

2. 电锤的型号编制方法

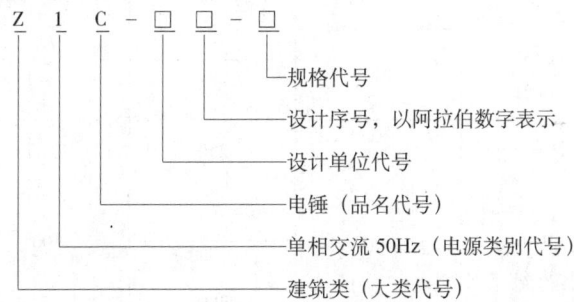

3. 电锤的基本参数（表 19-22）

表 19-22 电锤的基本参数（GB/T 7443—2007）

规格尺寸/mm	16	18	20	22	26	32	38	50
钻削率/(cm³/min)≥	15	18	21	24	30	40	50	70

注：电锤规格尺寸指在 C30 号混凝土（抗压强度为 30~35MPa）上作业时的最大钻孔直径。

19.3.3 电锤钻

电锤钻（图 19-14）主要用于混凝土、砖石建筑结构打孔，电锤钻钻头如图 19-15 所示。其尺寸如表 19-23 所示。

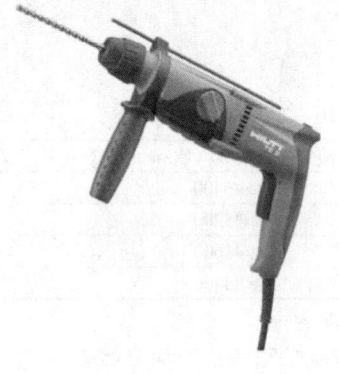

图 19-14 电锤钻

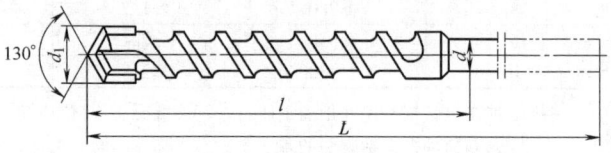

图 19-15 电锤钻钻头

L—总长　l—悬伸长度　d—电锤钻直径　d_1—柄部定位圆直径

表 19-23 电锤钻的尺寸　　　　　　　　　　（单位：mm）

d		l			
基本尺寸	极限偏差	短系列	长系列	加长系列	超长系列
5	+0.30	60	110	150	—
6	+0.12				
7	+0.36				
8	+0.15				
10					
12	+0.43	110	150	150	250
14	+0.18				
16					
18					
20					
22	+0.52	150	250	300	400
24	+0.21				
26					
28					
32					
35					
38	+0.62	200	300	400	550
40	+0.25				
42					
45					
50					

19.3.4 套式电锤钻

1. 套式电锤钻的形式（图 19-16）

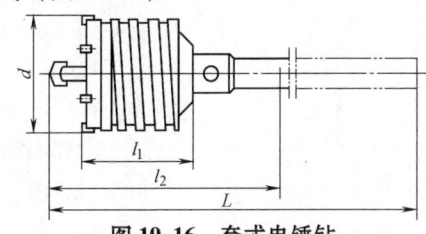

图 19-16 套式电锤钻

L—总长 l_1—套式刀的长度 l_2—悬伸长度 d—直径

2. 套式电锤钻的尺寸（表 19-24）

表 19-24 套式电锤钻的尺寸（JB/T 8368.2—1996）　（单位：mm）

d		l_1	l_2			
基本尺寸	极限偏差	基本尺寸	短系列	长系列	加长系列	超长系列
25	+0.52	70, 80, 100, 120, 150	200	300	400	550
30	+0.21					
35	+0.62					
40						
45	+0.25					
50						
55	+0.74					
65	+0.30					
70						
80						
85	+0.87					
90	+0.35					
100						
105						
125	+1.00					
130	+0.40					
150						

19.3.5 石材切割机

1. 石材切割机的形式（图 19-17）

图 19-17 石材切割机

2. 石材切割机的型号编制方法

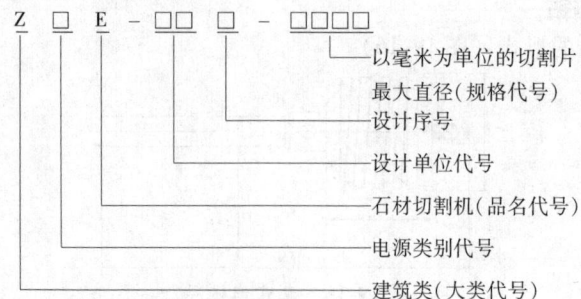

3. 石材切割机的基本参数（表 19-25）

表 19-25　石材切割机的基本参数 (GB/T 22664—2008)

规格	切割锯片尺寸（外径×内径）/mm	额定输出功率/W	额定转矩/N·m	最大切割深度/mm
110C	110×20	≥200	≥0.3	≥20
110	110×20	≥450	≥0.5	≥30
125	125×20	≥450	≥0.7	≥40
150	150×20	≥550	≥1.0	≥50
180	185×25	≥550	≥1.6	≥60
200	200×25	≥650	≥2.0	≥70

19.3.6　捣固镐

1. 捣固镐的形式（图 19-18）

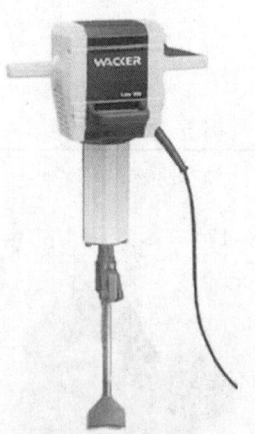

图 19-18　捣固镐

2. 振动式捣固镐的基本参数（表 19-26）

表 19-26 振动式捣固镐的基本参数 (TB/T 1347—2012)

序号	项目		基本参数
1	额定振动频率[①]/Hz	偏心式（转轴水平）	45~50
		偏心式（转轴竖直）	110~140
		行星式	140~200
2	镐尖加速度[②]/(m/s²)	转轴竖直式	600~1500
		转轴水平式	200~500
3	镐尖振幅[③]/mm		≥0.9
4	镐头质量[④]/kg		1.0~1.5
5	便携式整机质量[⑤]/kg	内燃	≤20
		电动	≤25
6	分体式整机质量[⑥]/kg	内燃/电动	≤175

① 此处指铭牌标示的额定振动频率。
② 额定振动频率下沿振动方向的稳定加速度。
③ 额定振动频率下沿振动方向的单边有效振幅。
④ 仅指转轴竖直式振动镐。
⑤ 不含燃油。
⑥ 指动力源与手持工作部分相对分离的捣镐。

3. 冲击式捣固镐的基本参数（表 19-27）

表 19-27 冲击式捣固镐的基本参数 (TB/T 1347—2012)

序号	项目	基本参数
1	额定冲击频率[①]/Hz	20~30
2	冲击功[②]/J	25~40
3	整机质量[③]/kg	≤25

① 此处指铭牌标示的额定冲击频率。
② 200N 轴向推力时额定频率下的单次最大值。
③ 不含镐钎、液压油管或燃油。

19.3.7 天然饰面石材连续磨机

天然饰面石材连续磨机用于对大理石、花岗石及其类似材质板面进行粗、细、精研磨及抛光加工，如图 19-19 所示。磨机规格以最大工作宽度划分。规格尺寸规定为：400mm、600mm、900mm、1200mm、1600mm、1800mm 和 2000mm。

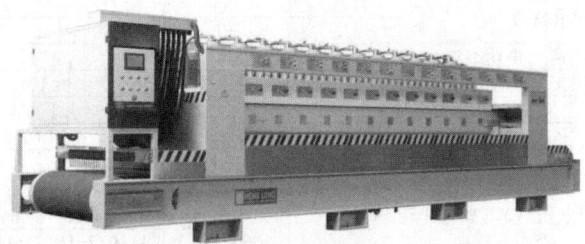

图 19-19 天然饰面石材连续磨机

磨机按机体结构形式分为摇摆式（代号 B）、桥式（代号 Q）、门式（代号 M）和一字队列固定式（代号 D）4 种，按磨盘结构形式分为平板式（代号 P）、摆动式（代号 B）和行星式（代号 Q）3 种。型号及其含义如下：

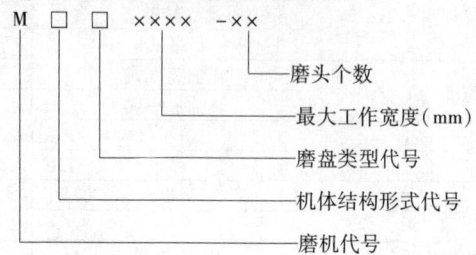

19.3.8 矿用隔爆电动岩石钻

1. 矿用隔爆电动岩石钻的形式（图 19-20）

图 19-20 矿用隔爆电动岩石钻

2. 矿用隔爆电动岩石钻的基本参数（表 19-28）

表 19-28 矿用隔爆电动岩石钻的基本参数

	性能参数		产品系列			
			KHYD40	KHYD75	KHYD140	KHYD155
主机	额定转矩/N·m		≥45	≥65	≥110	≥150
	额定转速/(r/min)		≥240			
	主机重量/kg		≤45	≤75	≤142	≤157
	推力/kN		≥7	≥10	≥12	≥15
	钻孔直径/mm		30~42		45~70	45~80
	钻孔速度/(mm/min)		≥280		≥280，≥470（变速后）	
	最大钻孔深度/m	岩石	5	8	10	15
		煤层	30	50	100	120
	空载噪声（声功率级）/dB(A)		≤95		≤97	
	负载噪声（声功率级）/dB(A)		≤105			
	钻孔角度		水平方向			
电动机	型号		YBDZ			
	额定功率/kW		2.0	3.0	5.5	7.5
	（额定电压/V）/（额定电流/A）		127/13.5 380/4.5 660/2.6	380/7.21 660/4.15 1140/2.41	380/12.74 660/7.33 1140/4.24	380/15.6 660/8.98 1140/5.18
	额定转速/(r/min)		2814	1435~1440		
	最大转矩倍数		3.2	3.0		
	堵转转矩倍数		3	2.8		

19.3.9 煤矿用岩石电钻

1. 煤矿用岩石电钻的形式（图19-21）

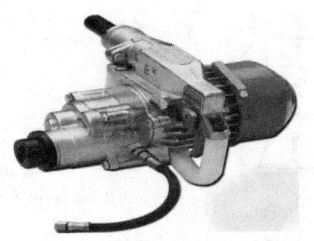

图 19-21　煤矿用岩石电钻

2. 煤矿用岩石电钻的型号编制

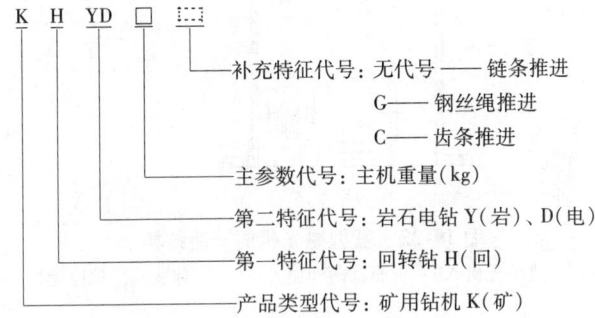

3. 煤矿用岩石电钻的基本参数（表19-29）

表 19-29　煤矿用岩石电钻的基本参数

项目	KHYD 40 型	KHYD 75 型	项目	KHYD 40 型	KHYD 75 型
额定功率/kW	2	3	最大钻孔深度/m	5（钻煤-30）	8（钻煤-50）
额定电压/V	127、380、660	127、380、660	主机重量/kg	45	75
额定频率/Hz	50	50	导轨重量/kg	34	34
钻孔直径/mm	30~42	30~42			

19.4　电动磨光抛光机

19.4.1　抛光机

1. 抛光机的分类及结构

抛光机有台式抛光机、自驱式落地抛光机和他驱式落地抛光机三种。

1）台式抛光机主要采用一台两端直接安装抛轮的电动机与台式底座装配而成，根据用户需要配备防护罩。该抛光机适用于轻工、电镀企业对小型零件表面进行抛光。

2）自驱式落地抛光机主要采用一台两端直接安装抛轮的电动机与落地底座装配而成，根据用户需要配备防护罩。该抛光机适用于一般工矿企业和电镀企业对各种零件表面进行抛光。

3）他驱式落地抛光机主要采用一台三相感应电动机，通过传动抛轮轴，落地安装使用，根据用户需要配备防护罩。该抛光机适用于一般工矿企业和电镀企业对各种零件表面进行抛光。

基型抛光机的一般结构如图 19-22 所示。

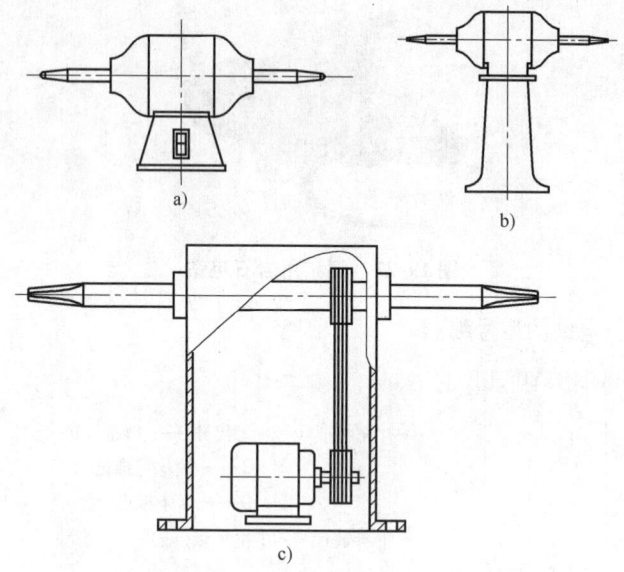

图 19-22　基型抛光机的一般结构

a）台式抛光机　b）自驱式落地抛光机　c）他驱式落地抛光机

2. 抛光机的参数（表 19-30）

表 19-30　抛光机的参数（JB/T 6090—2007）

最大抛轮直径/mm	200	300	400
电动机额定功率/kW	0.75	1.5	3
电动机同步转速/（r/min）	3000		1500
额定电压/V	380		
额定频率/Hz	50		

19.4.2　地板磨光机

1. 地板磨光机的形式（图 19-23）

图 19-23　地板磨光机

2. 地板磨光机型号编制

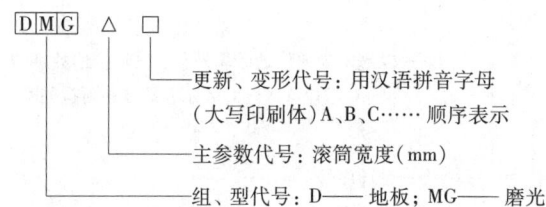

3. 地板磨光机的主参数（表19-31）

表19-31　地板磨光机的主参数（JG/T 5068—1995）

名　称	主参数系列
滚筒宽度/mm	200、(250)、300、350

4. 地板磨光机的基本参数（表19-32）

表19-32　地板磨光机的基本参数（JG/T 5068—1995）

主参数		三　相				单　相			
		200	(250)	300	350	200	(250)	300	350
基本参数	电动机功率/kW	≤1.5		≤2.2		≤3	≤1.5	≤2.2		≤3
	滚筒线速度/(m/s)	≥18								
	吸尘器风速/(m/s)	≥26								
	整机重量/kg　铝合金外壳	≤55	(≤76)	≤86	≤92	≤55	(≤76)	≤86	≤92
	整机重量/kg　铸铁外壳	≤65	(≤86)	≤96	≤108	≤65	(≤86)	≤96	≤108
	外形尺寸（长×宽×高）/mm	≤1000×450×1000		≤1150×500×1000		≤1000×450×1000		≤1150×500×1000	

注：一般不采用括号内的尺寸。

19.4.3　角向磨光机

1. 角向磨光机的形式（图19-24）

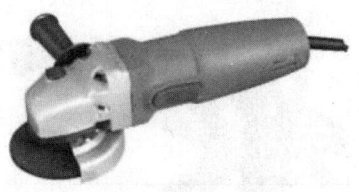

图19-24　角向磨光机

2. 角向磨光机的型号编制

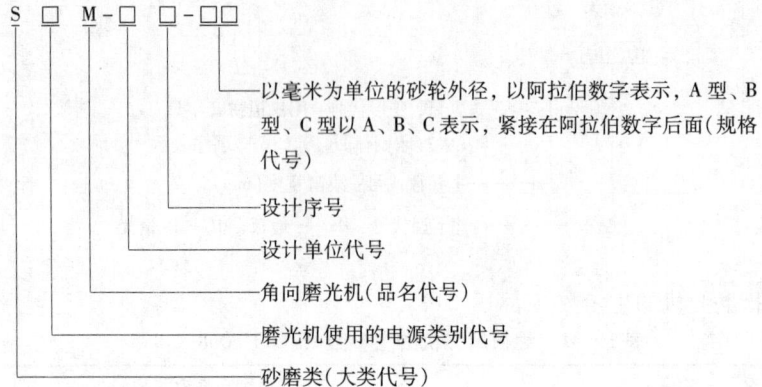

3. 角向磨光机的基本参数（表 19-33）

表 19-33　角向磨光机的基本参数（GB/T 7442—2007）

规格		额定输出功率/W	额定转矩/N·m
砂轮直径（外径×内径）/mm	类型		
100×16	A	≥200	≥0.30
	B	≥250	≥0.38
115×22	A	≥250	≥0.38
	B	≥320	≥0.50
125×22	A	≥320	≥0.50
	B	≥400	≥0.63
150×22	A	≥500	≥0.80
180×22	C	≥710	≥1.25
	A	≥1000	≥2.00
	B	≥1250	≥2.50
230×22	A	≥1000	≥2.80
	B	≥1250	≥3.55

19.4.4　电动湿式磨光机

1. 电动湿式磨光机的形式（图 19-25）

图 19-25　电动湿式磨光机

2. 电动湿式磨光机的型号编制

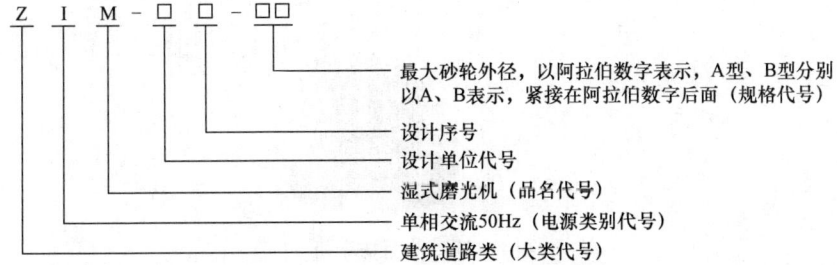

3. 电动湿式磨光机的基本参数（表19-34）

表19-34 电动湿式磨光机的基本参数（JB/T 5333—2013）

规格 /mm		额定输出功率 /W	额定转矩 /N·m	最高空载转速/(r/min)	
				陶瓷结合剂	树脂结合剂
80	A	≥200	≥0.4	≤7150	≤8350
	B	≥250	≥1.1	≤7150	≤8350
100	A	≥340	≥1	≤5700	≤6600
	B	≥500	≥2.4	≤5700	≤6600
125	A	≥450	≥1.5	≤4500	≤5300
	B	≥500	≥2.5	≤4500	≤5300
150	A	≥850	≥5.2	≤3800	≤4400
	B	≥1000	≥6.1	≤3800	≤4400

注：A表示标准型，B表示重型。

4. 电动湿式磨光机用砂轮的形式（图19-26）

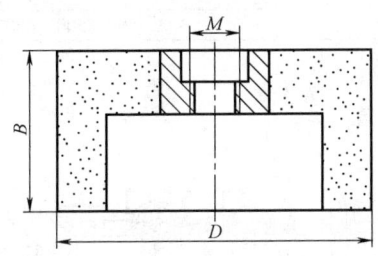

图 19-26 砂轮

5. 电动湿式磨光机用砂轮的规格（表19-35）

表19-35 电动湿式磨光机用砂轮的规格（JB/T 5333—2013）（单位：mm）

砂轮外径 D	砂轮厚度 B	螺纹孔径 M
φ80	40	M10
φ100	40	M14
φ125	50	M14
φ150	50	M14

19.4.5 地面抹光机

1. 地面抹光机的形式（图19-27）

图 19-27 地面抹光机

2. 地面抹光机的型号编制

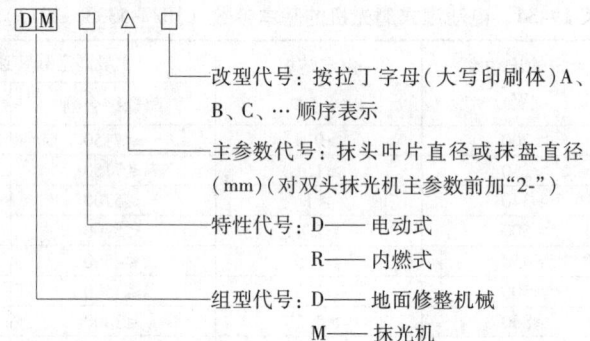

3. 地面抹光机的主参数（表 19-36）

表 19-36 地面抹光机的主参数（JG/T 5069—1995）

名称	主参数系列
抹头叶片直径或抹盘直径/mm	300、400、500、600、700、800、900、1000

19.4.6 辊式砂光机

1. 辊式砂光机的形式（图 19-28）

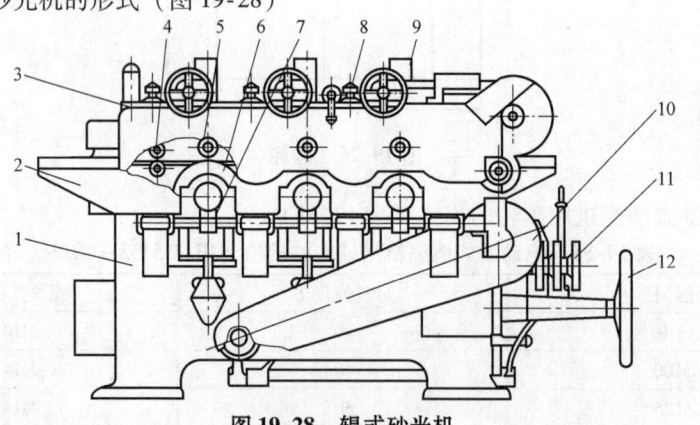

图 19-28 辊式砂光机

1—机座 2—工作台 3—上机架 4—进料辊 5—承压辊 6—砂辊
7—砂辊摆动装置 8—上送料辊高度与压力调整装置 9—承压辊高度与压力调整装置
10—进给变速装置 11—砂辊高度调整装置 12—工作台与上机架升降装置

2. 辊式砂光机的主参数（表 19-37）

表 19-37　辊式砂光机的主参数（GB/T 18004—1999）

名　　称	主　参　数　值		
最大加工宽度/mm	1000	1300	1600

19.4.7　立式万能砂光机

1. 立式万能砂光机的形式（图 19-29）

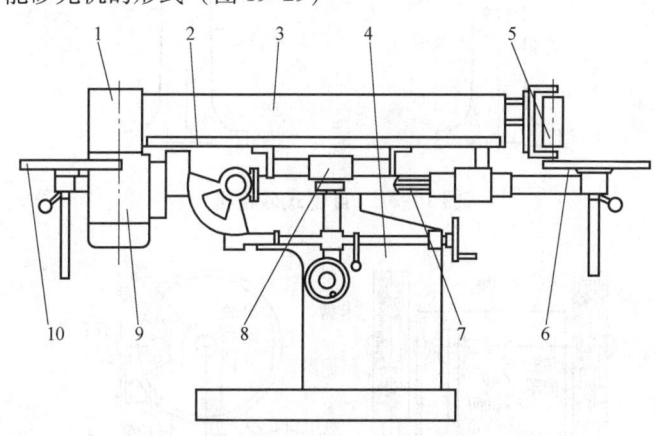

图 19-29　立式万能砂光机

1—主辊筒（检验辊筒）　2—主工作台　3—导向板　4—床身　5—被动辊筒
6—右工作台　7—偏心轴　8—工作台升降装置　9—电动机　10—左工作台

2. 立式万能砂光机的主参数（表 19-38）

表 19-38　立式万能砂光机的主参数（QB/T 1624—1992）

主参数名称	主参数值				
可加工最大宽度/mm	150	175	200	250	300

19.4.8　落地砂轮机

1. 落地砂轮机的系列构成（图 19-30）
2. 落地砂轮机的分类

（1）自驱式砂轮机　自驱式砂轮机是基型系列，采用一台两端直接安装砂轮的电动机和落地底座装配而成，如图 19-31 所示。该砂轮机适用于一般工矿企业和机械制造业对零件的磨削、去毛刺、清理铸件及修磨刀刃具等。

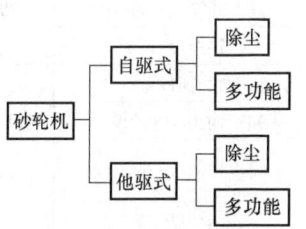

图 19-30　落地砂轮机的系列构成

（2）他驱式砂轮机　他驱式砂轮机是基型系列，采用一台电动机，通过带传动砂轮轴落地安装使用，如图 19-32 所示。该砂轮机适用于一般工矿企业和重型机械制造业对零件的磨削、去毛刺、清理铸件及修磨刀刃具等。

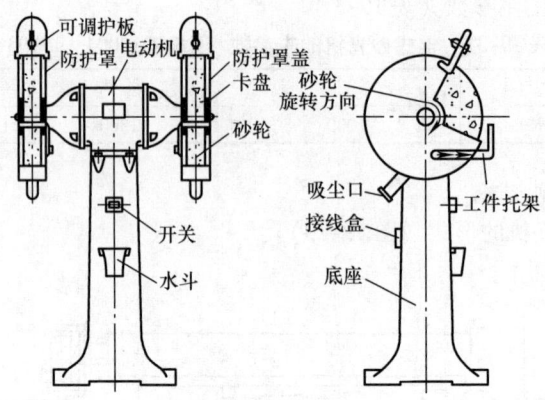

图 19-31　自驱式砂轮机

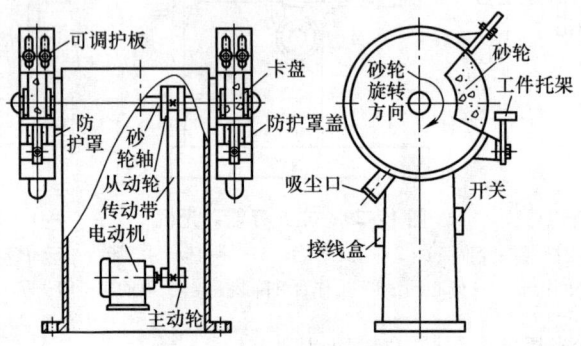

图 19-32　他驱式砂轮机

（3）除尘砂轮机　除尘砂轮机是在基型砂轮机的基础上增加落地除尘箱装配而成的，除尘箱内装有吸尘器。

3. 落地砂轮机的参数（表 19-39）

表 19-39　落地砂轮机的参数（JB/T 3770—2017）

最大砂轮直径/mm	200	250	300	350	400	500	600
砂轮厚度/mm	25	25	40	40	40	50	65
砂轮孔径/mm	32	32	75	75	127	203	305
额定输出功率/kW	0.5	0.75	1.5	1.75	2.2[①]	4.0	5.5
同步转速/(r/min)	3000	3000	1500 3000	1500	1500	1000	1000
额定电压/V	380						
额定频率/Hz	50						

① 他驱式砂轮机的额定输出功率为 3.0kW。

19.4.9　平板砂光机

1. 平板砂光机的形式（图 19-33）

图 19-33 平板砂光机

2. 平板砂光机的型号编制方法

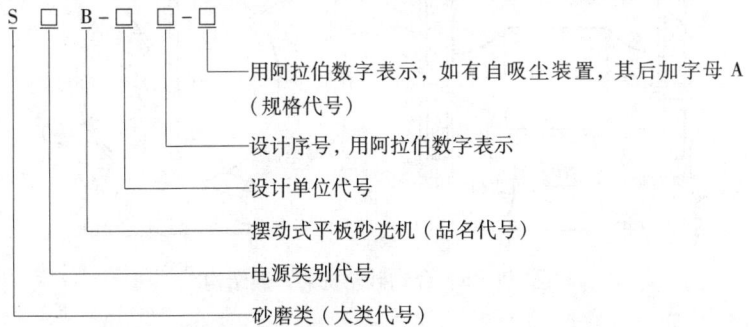

3. 平板砂光机的基本参数（表 19-40）

表 19-40 平板砂光机的基本参数（GB/T 22675—2008）

规格尺寸/mm	最小额定输入功率/W	空载摆动次数/(次/min)
90	100	≥10000
100	100	≥10000
125	120	≥10000
140	140	≥10000
150	160	≥10000
180	180	≥10000
200	200	≥10000
250	250	≥10000
300	300	≥10000
350	350	≥10000

注：1. 制造厂应在每一档砂光机的规格上指出所对应的平板尺寸，其值为多边形的一条长边或圆形的直径。
2. 空载摆动次数是指砂光机空载时平板摆动的次数（摆动1周为1次），其值等于偏心轴的空载转速。
3. 电子调速砂光机是以电子装置调节到最大值时测得的参数。

19.4.10 台式砂轮机

1. 台式砂轮机的系列构成

台式砂轮机的系列构成如图 19-34 所示。

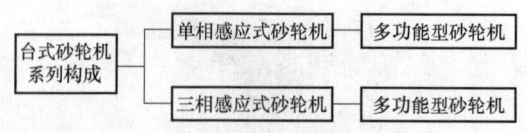

图 19-34　台式砂轮机的系列构成

台式砂轮机的一般结构如图 19-35 所示，有单相感应式砂轮机和三相感应式砂轮机两种。

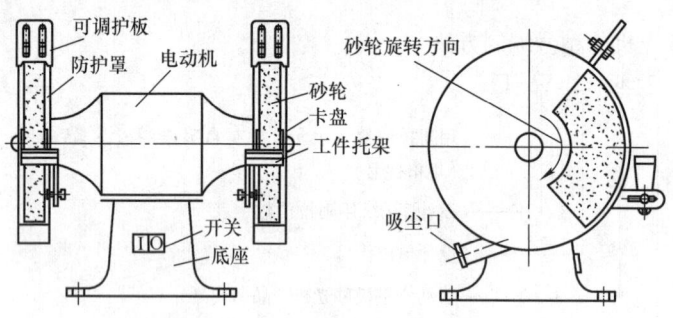

图 19-35　台式砂轮机的一般结构

1）单相感应式砂轮机适用于缺乏三相电源的修理厂和实验室对零件的磨削、去毛刺及修磨刀刃具等。采用一台两端直接安装砂轮的单相感应电动机与台式底座装配而成。

2）三相感应式砂轮机适用于一般工矿企业和修理厂对零件的磨削、去毛刺、清理铸件及修磨刀刃具等。采用一台两端直接安装砂轮的三相感应电动机与台式底座装配而成。

2. 台式砂轮机的参数（表 19-41）

表 19-41　台式砂轮机的参数（JB/T 4143—2014）

最大砂轮直径/mm	150	200	250
砂轮厚度/mm	20	25	25
砂轮孔径/mm	32	32	32
额定输出功率/kW	0.25	0.50	0.75
同步转速/(r/min)	3000	3000	3000
电动机额定电压/V	380(220)[①]		
额定频率/Hz	50		

① 当砂轮机使用三相电动机时额定电压为 380V，当砂轮机使用单相电动机时额定电压为 220V。

19.5　木工用电动工具

19.5.1　带移动工作台木工锯板机

1. 带移动工作台木工锯板机的形式（图 19-36）

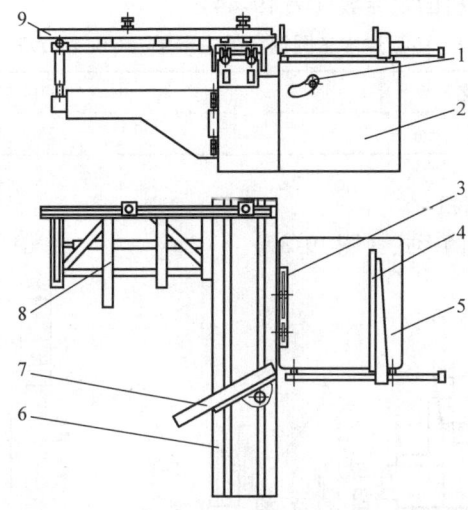

图 19-36　带移动工作台木工锯板机

1—锯板角度显示　2—床身　3—锯切机构　4—纵向导向板　5—固定工作台
6—移动工作台　7—角度锯切导向板　8—托架　9—横向导向板

2. 带移动工作台锯板机的参数

1) 带移动工作台木工锯板机的主参数如表 19-42 所示。

表 19-42　带移动工作台木工锯板机的主参数（JB/T 9950—2014）

主参数名称	主 参 数 值
最大加工长度/mm	2000、2500、2800、3000、3200、3800

2) 带移动工作台木工锯板机的其他基本参数如表 19-43 所示。

表 19-43　带移动工作台木工锯板机的其他基本参数（JB/T 9950—1999）

参数名称	参 数 值		
主锯片最大直径/mm	315	355	400
最大加工厚度/mm	70	80	90

19.5.2　单锯片手动进给木工圆锯机

1. 单锯片手动进给木工圆锯机的形式（图 19-37）

2. 单锯片手动进给木工圆锯机的性能要求

1) 主轴转速偏差不得超过标牌指示值的 ±5%。

2) 主传动系统空运转功率（不包括电动机空载功率）不超过主电动机额定功率的 25%。

19.5.3　多锯片木工圆锯机

1. 多锯片木工圆锯机的形式（图 19-38）

图 19-37　单锯片手动进给木工圆锯机

2. 多锯片木工圆锯机的主参数（表19-44）

表19-44　多锯片木工圆锯机的主参数（QB/T 1593—1992）

主参数名称	主 参 数 值
圆锯片直径/mm	250、315、400

19.5.4　横截木工圆锯机

1. 横截木工圆锯机的形式（图19-39）

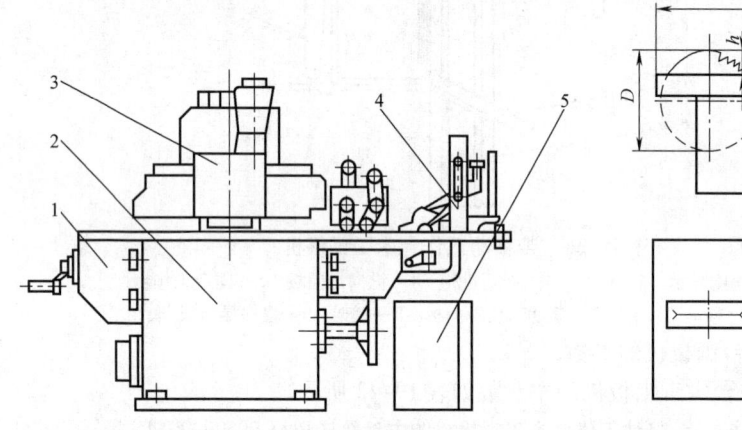

图19-38　多锯片木工圆锯机　　　　图19-39　横截木工圆锯机
1—机床减速机构　2—机床进给机构　3—机床升降机构
4—安全挡料机构　5—电器部分

2. 横截木工圆锯机的参数（表19-15）

表19-45　横截木工圆锯机的参数

最大锯片直径 D_{max}/mm	315	400	500	630	800	1000
最大锯切高度 h_{max}/mm ≥	63	80	100	140	190	280
导向板与锯片的最大距离 b_{max}/mm ≥	250	280	315	400	500	630
工作台长度 L[①]/mm	750	900	1060	—	—	—
工作台面离地高度 H[②]/mm	780~850					
装锯片处轴径（按 JB/T 4173）/mm	30			40		
电动机功率/kW	3	4	5.5	7.5	11	
锯切速度/(mm/s) ≥	45					

①　制材用机床和锯轴移动式机床，用户根据情况自己安装工作台。
②　工作台高度可调时，按最小高度计算。

19.5.5　纵剖木工圆锯机

1. 纵剖木工圆锯机的形式（图19-40）

2. 纵剖木工圆锯机的参数（表19-46）

表19-46 纵剖木工圆锯机的参数

最大锯片直径 D_{max}[①]/mm	315	400	500	630	800	1000 (900)
最大锯切高度 h_{max}/mm ≥	63	80	100	140	190	280
导向板与锯片的最大距离 b_{max}/mm ≥	250	280	315	355	400	450
工作台面长度 L/mm	630	800	1000	1000	1250	1600
工作台面离地高度 H[②]/mm	780~850					
装锯片处轴径（按JB/T 4173）/mm	30			40		
电动机功率/kW	3	4	5.5	7.5	11	
锯切速度/(mm/s) ≥	45					

① 括号内尺寸在新设计中不允许采用。
② 工作台高度可调时，按最小高度计算。

19.5.6 万能木工圆锯机

1. 单锯片手动进给万能木工圆锯机

1）单锯片手动进给万能木工圆锯机的形式如图19-41所示。

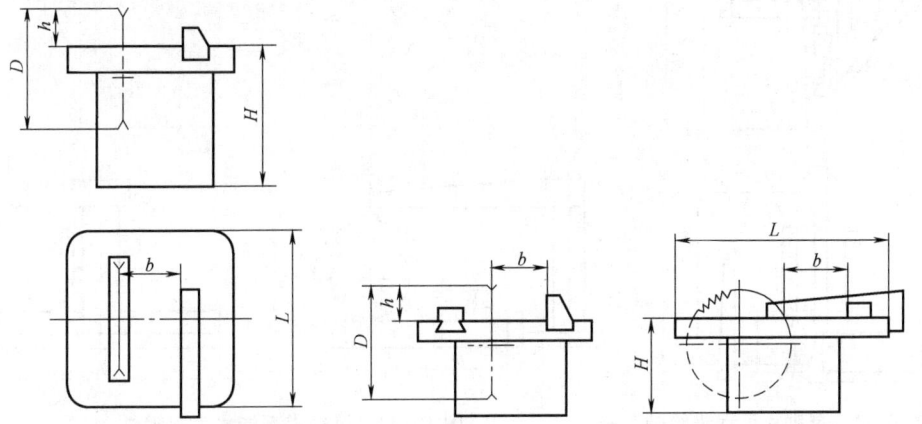

图19-40 纵剖木工圆锯机　　图19-41 单锯片手动进给万能木工圆锯机

2）单锯片手动进给万能木工圆锯机的参数如表19-47所示。

表19-47 单锯片手动进给万能木工圆锯机的参数

最大锯片直径 D_{max}/mm	315	400	500
最大锯切高度 h_{max}/mm ≥	63	80	100
导向板与锯片的最大距离 b_{max}/mm ≥	250	315	400
工作台长度 L/mm	800	1000	1250
工作台面离地高度 H[①]/mm	780~850		
装锯片处轴径（按JB/T 4173）/mm	30		
电动机功率/kW	3		4
锯切速度/(mm/s) ≥	45		

① 工作台高度可调时，按最小高度计算。

2. 单锯片手动进给带移动工作台木工圆锯机

1) 单锯片手动进给带移动工作台木工圆锯机的形式如图 19-42 所示。
2) 单锯片手动进给带移动工作台木工圆锯机的参数如表 19-48 所示。

表 19-48　单锯片手动进给带移动工作台木工圆锯机的参数

最大锯片直径 D_{max}/mm	315	400	500
最大锯切高度 h_{max}/mm ≥	63	80	100
导向板靠板与锯片的最大距离 C_{max}/mm ≥	250	315	400
工作台长度 L/mm	800	1000	1250
工作台面离地高度 H/mm	780~850		
装锯片处轴径（按 JB/T 4173）/mm	30		
电动机功率/kW	3		4
锯切速度/(mm/s) ≥	45		

19.5.7　摇臂式万能木工圆锯机

1. 摇臂式万能木工圆锯机的形式（图 19-43）

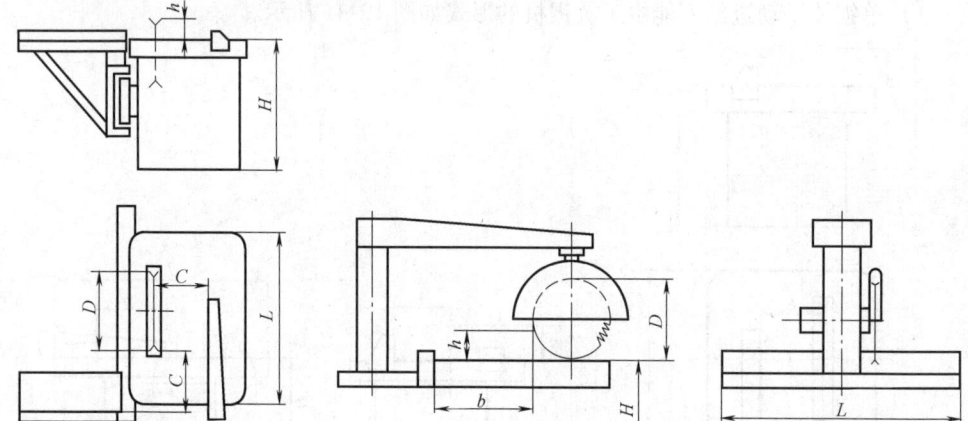

图 19-42　单锯片手动进给带移动工作台木工圆锯机

图 19-43　摇臂式万能木工圆锯机

2. 摇臂式万能木工圆锯机的参数（表 19-49）

表 19-49　摇臂式万能木工圆锯机的参数　　（单位：mm）

最大锯片直径 D_{max}/mm	315	400	500
最大锯切高度 h_{max}/mm ≥	80	100	125
锯片最大有效行程 b_{max}/mm ≥	560	630	710
工作台长度 L/mm	1000	1120	1250
工作台面离地高度 H/mm	750~800		
装锯片处轴径（按 JB/T 4173）/mm	30		
电动机功率/kW	3		4
锯切速度/(mm/s) ≥	45		
摇臂对靠板面的回转角度/(°)	±45		
锯轴对靠板面的回转角度/(°)	0、90		
锯轴对工作台面的回转角度/(°)	0、45		

19.5.8 木工自动万能磨锯机

1. 木工自动万能磨锯机的形式（图19-44）
2. 木工自动万能磨锯机的参数（表19-50）

表 19-50　木工自动万能磨锯机的参数

参数名称		参　数　值		
磨削圆锯片直径/mm	最大	800	1250	2000
	最小	≤160	≤400	≤630
磨削带锯条最大宽度/mm		≥63	≥160	≥250
磨头最大升降行程/mm		≥35	≥55	≥90
进给爪最大行程/mm		≥35	≥55	≥90
机头倾斜角度/(°)	右向	≥30	≥30	≥30
	左向	≥15	≥15	≥15

19.5.9 卧式木工带锯机

1. 卧式木工带锯机的形式（图19-45）

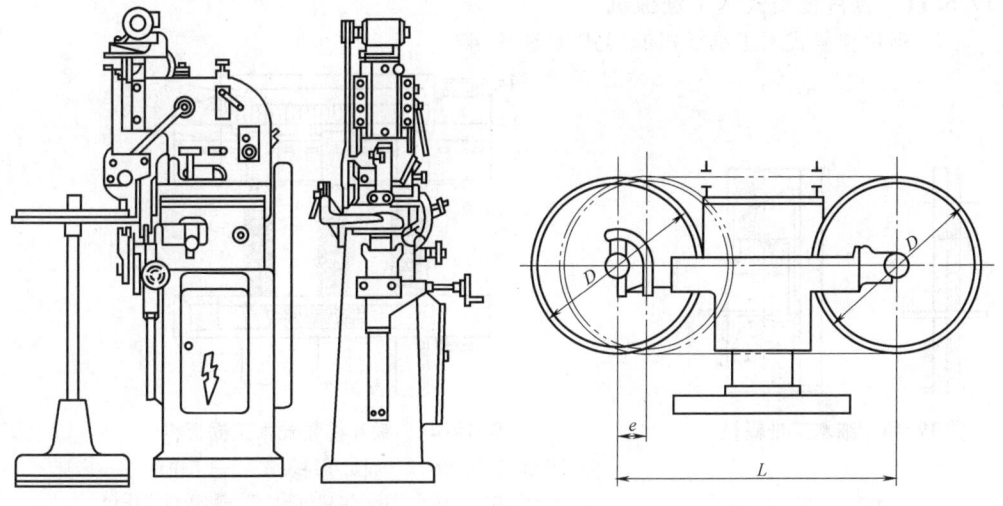

图 19-44　木工自动万能磨锯机　　　　图 19-45　卧式木工带锯机

2. 卧式木工带锯机的参数

1）卧式木工带锯机的主参数如表19-51所示。

表 19-51　卧式木工带锯机的主参数

主参数名称	主　参　数		
锯轮直径/mm	900	1060	1250

2）卧式木工带锯机的其他基本参数如表19-52所示。

表 19-52　卧式木工带锯机的其他基本参数

参数名称	参　数　值		
锯轮直径/mm	900	1060	1250
主、从动轮中心距 L/mm　≥	1300	1500	1800
从动轮可调距离 e/mm　≥	100	120	150

19.5.10 细木工带锯机

1. 细木工带锯机的形式（图 19-46）
2. 细木工带锯机的参数（表 19-53）

表 19-53 细木工带锯机的参数

锯轮直径 D/mm	400	630	800
两锯轮最大中心距/mm	900	1200	1600
锯口的最大高度/mm ≥	200	300	400
锯条离床身的距离 E/mm ≥	300	400	500
工作台面离地高度/mm	850~950		
工作台倾斜角/(°)	45		
电动机功率/kW ≥	1.5	3	5.5
锯轮转速/(r/min) ≥	900	850	800

19.5.11 锯片往复式木工锯板机

1. 锯片往复式木工锯板机的形式（图 19-47）

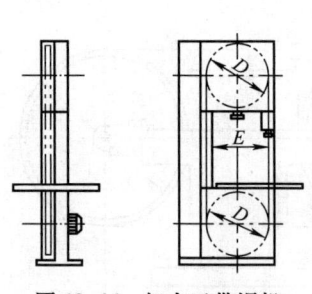

图 19-46 细木工带锯机

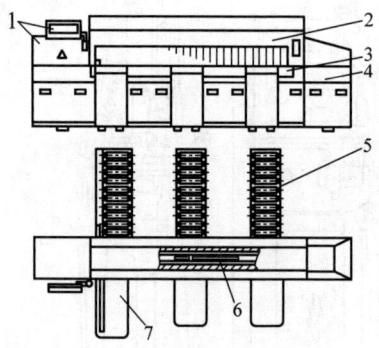

图 19-47 锯片往复式木工锯板机
1—电气柜和控制面板 2—固定压料装置 3—工作台 4—床身
5—后送料工作台 6—锯切机构 7—前送料工作台

2. 锯片往复式木工锯板机的参数

1) 锯片往复式木工锯板机的主参数如表 19-54 所示。

表 19-54 锯片往复式木工锯板机的主参数（JB/T 9949—2014）

主参数名称	主参数值
最大加工长度/mm	2000、2500、2800、3000、3200、3800

2) 锯片往复式木工锯板机的其他基本参数如表 19-55 所示。

表 19-55 锯片往复式木工锯板机的其他基本参数（JB/T 9949—2014）

参数名称	参数值			
主锯片最大直径/mm	315	355	400	450
最大加工厚度/mm	65	75	90	120

19.5.12 环式木材剥皮机

1. 环式木材剥皮机的形式（图19-48）

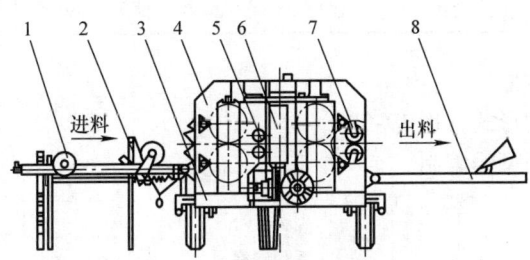

图 19-48　环式木材剥皮机

1—上料机构　2—液压系统　3—机架　4—进料机构
5—传动系统　6—刀盘转子　7—出料机构　8—接料机构

2. 环式木材剥皮机的参数（表19-56）

表 19-56　环式木材剥皮机的参数（LY/T 1567—1999）

名　称	数　值			
剥皮径级范围/mm	40~150	40~220	60~300	160~800
木材最短长度/mm	700	900	1000	1800

19.5.13 双圆锯裁边机

1. 辊筒式双圆锯裁边机的形式（图19-49）

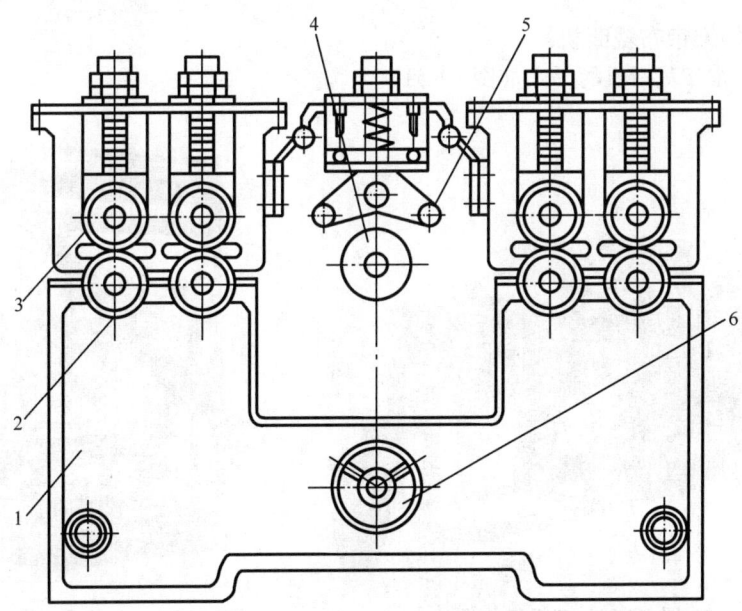

图 19-49　辊筒式双圆锯裁边机

1—床身　2—下辊筒　3—上辊筒　4—锯片　5—压辊　6—调节间距手轮

2. 双圆锯裁边机的主参数（表 19-57）

表 19-57 双圆锯裁边机的主参数（LY/T 1379—2013） （单位：mm）

主参数	915	1220	1830	2440	3050	4880	5490

19.5.14 刀辊切竹机

1. 刀辊切竹机的形式（图 19-50）
2. 刀辊切竹机的型号编制

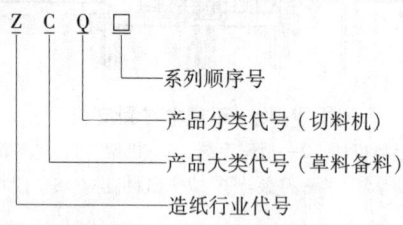

3. 刀辊切竹机的参数（表 19-58）

表 19-58 刀辊切竹机的参数（QB/T 2418—1998）

项目	参数	项目	参数
生产能力/(t/h)	7～8	飞刀数/片	3
竹片实切长度/mm ≤	50	底刀数/片	1
飞刀刃旋转直径及长度/mm	$\phi 430 \times 690$	主电动机功率/kW	75
刀辊转速/(r/min)	420		

19.5.15 纤维帘布裁断机

1. 纤维帘布裁断机的形式（图 19-51）

图 19-50 刀辊切竹机

图 19-51 纤维帘布裁断机

2. 适用于半钢子午线轮胎胎体的纤维帘布裁断机的参数（表 19-59）

表19-59 适用于半钢子午线轮胎胎体的纤维帘布裁断机参数（HG/T 2420—2011）

项目	参数值	备注
帘布最大幅宽/mm	1500	
裁断次数/(次/min) ≤	20	圆盘刀式裁断
	25	铡刀式裁断
裁断宽度范围/mm	200~900	
裁断角度范围/(°)	90±5	
接头次数/(次/min) ≤	12	圆盘刀式裁断
	20	铡刀式裁断
搭接尺寸范围/mm	2~5	
圆盘刀刀片寿命/次	5×10^4	圆盘刀式裁断
铡刀刀片寿命/(次/刃)	500×10^4	铡刀式裁断

3. 适用于斜交带束层和胎体的纤维帘布裁断机的参数（表19-60）

表19-60 适用于斜交带束层和胎体的纤维帘布裁断机的参数（HG/T 2420—2011）

项目	参数值	备注
帘布最大幅宽/mm	1500	
裁断次数/(次/min) ≤	20	
裁断角度范围/(°)	0~75	
供布输送带线速度/(m/min) ≤	60	
储布量/mm	≥4000	
送布长度/mm	25~2000	

19.5.16 立式单轴木工钻床

1. 立式单轴木工钻床的形式（图19-52）
2. 立式单轴木工钻床的参数

1) 立式单轴木工钻床的主参数如表19-61所示。

表19-61 立式单轴木工钻床的主参数（JB/T 3106—2010）

主参数名称	主参数		
最大钻孔直径/mm	12	25	40

2) 立式单轴木工钻床的其他基本参数如表19-62所示。

表19-62 立式单轴木工钻床的其他基本参数（JB/T 3106—2010）

参数名称	基本参数		
最大钻孔直径/mm	12	25	40
最大钻孔深度/mm	100		
最大榫槽长度/mm	150		200
最大榫槽深度/mm	100		
主轴端面至工作台面的最大距离 L/mm	400		
主轴中心线到机床立柱表面的最大距离/mm	320		400
主轴转速/(r/min) ≥	2800		

19.5.17 数控雕铣机

1. 数控雕铣机的形式（图19-53）

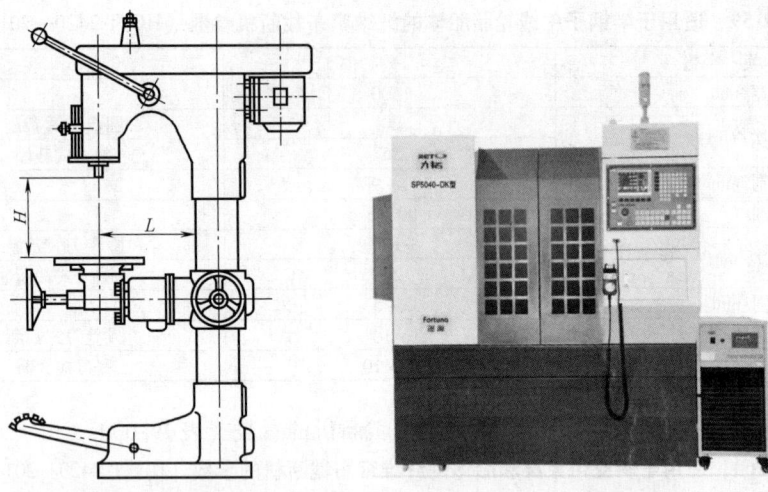

图 19-52 立式单轴木工钻床　　图 19-53 数控雕铣机

2. 数控雕铣机的附件和工具（表 19-63）

表 19-63　数控雕铣机的附件和工具（GB/T 24109—2009）

名称	用途	数量	名称	用途	数量
专用扳手	安装、调整和拆分机床	1套	水箱水泵	冷却刀具	1套
夹头	安装刀具	至少1个	手轮	调试加工	1套
垫脚调节块	安装机床	1套	工具箱	放置工具	1个
水箱水泵	冷却主轴	1套			

19.5.18　单轴木工铣床

1. 单轴木工铣床的形式（图 19-54）

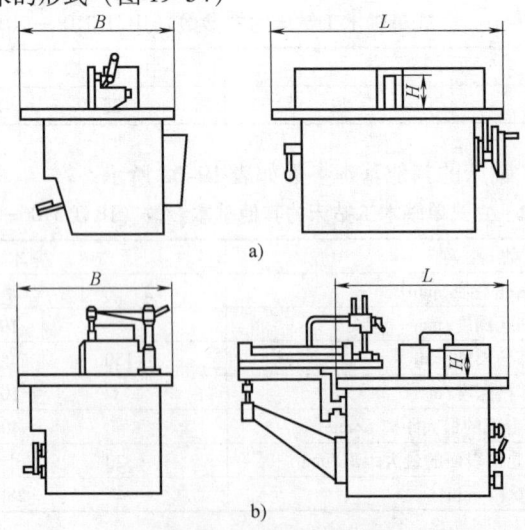

图 19-54　单轴木工铣床
a) 不带辅助工作台单轴木工铣床　b) 带辅助工作台单轴木工铣床

2. 单轴木工铣床的参数

1）单轴木工铣床的主参数如表19-64所示。

表 19-64　单轴木工铣床的主参数

主参数名称	主　参　数			
最大铣削高度 H/mm ≥	60	80	100	120

2）单轴木工铣床的其他基本参数如表19-65所示。

表 19-65　单轴木工铣床的其他基本参数

参数名称	基　本　参　数			
工作台长度 L/mm	600	800	1000	1250
工作台宽度 B/mm	500	630	800	1000

19.5.19　木工刨刀刃磨机

1. 木工刨刀刃磨机的形式（图19-55）

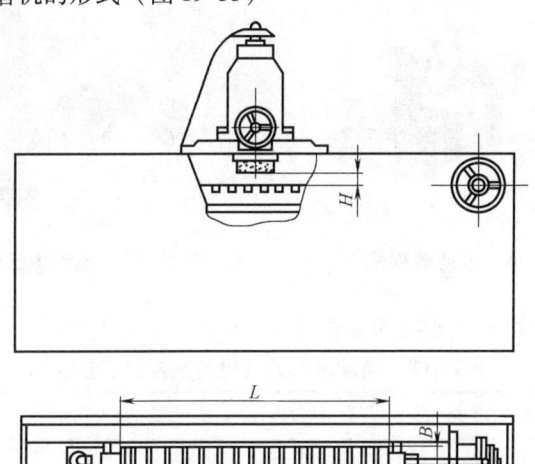

图 19-55　木工刨刀刃磨机

2. 木工刨刀刃磨机的参数（表19-66）

表 19-66　木工刨刀刃磨机的参数

参数名称	参　　数			
最大磨削长度/mm	630	800	1000	1250
工作台最大长度 L/mm ≥	630	800	1000	1250
最大磨削高度 H/mm ≥	40	50	60	80
工作台最大宽度 B/mm ≥	140			
工作台最大旋转角度 α/(°) ≥	±90			

19.5.20 电动雕刻机

1. 电动雕刻机的形式（图 19-56）
2. 电动雕刻机的主要技术参数（表 19-67）

表 19-67　电动雕刻机的主要技术参数

铣刀直径 /mm	主轴转速 /(r/min)	输入功率 /W	套爪夹头 /mm	整机高度 /mm	电缆长度 /m	重量 /kg	电源
8	10000~25000	800	8	255	2.5	2.8	
12	22000	1600	12	280	2.5	5.2	220V
12	8000~20000	1850	12	300	2.5	5.3	50Hz

19.5.21 电动木工开槽机

1. 电动木工开槽机的形式（图 19-57）

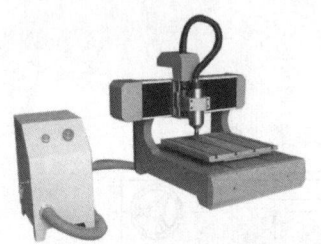

图 19-56　电动雕刻机

图 19-57　电动木工开槽机

2. 电动木工开槽机的主要技术参数（表 19-68）

表 19-68　电动木工开槽机的主要技术参数

最大刀宽/mm	可刨槽深/mm	额定电压/V	输入功率/W	空载转速/(r/min)
25	20	220	810	11000
3~36	23~64	220	1140	5500

19.5.22 电动木工修边机

1. 电动木工修边机的形式（图 19-58）
2. 电动木工修边机的主要技术参数（表 19-69）

表 19-69　电动木工修边机的主要技术参数

铣刀直径/mm	主轴转速/(r/min)	输入功率/W	底板尺寸/mm	整机高度/mm	重量/kg
6	30000	440	82×90	220	3

19.5.23 电动木工凿眼机

1. 电动木工凿眼机的形式（图 19-59）

图 19-58　电动木工修边机　　　　图 19-59　电动木工凿眼机

2. 电动木工凿眼机的主要技术参数（表 19-70）

表 19-70　电动木工凿眼机的主要技术参数

型号	凿眼宽度/mm	凿孔深度/mm	夹持工件尺寸/mm ≤	电动机功率/W	重量/kg
ZMK-16	8~16	≤100	100×100	550	74

注：1. 本机有两种款式：一种为单相异步电动机驱动，电源电压为 220V；另一种为三相异步电动机驱动，电源电压为 380V。频率均为 50Hz。
　　2. 每机附 4 号钻夹头一个，方眼钻头一套（包括 8mm、9.5mm、11mm、12.5mm、14mm、16mm 六个规格），钩形扳手 1 件，方壳锥套 3 件。

19.5.24　木材斜断机

1. 木材斜断机的形式（图 19-60）
2. 木材斜断机的主要技术参数（表 19-71）

表 19-71　木材斜断机的主要技术参数

锯片直径/mm	额定电压/V	输入功率/W	空载转速/(r/min)	重量/kg
φ255	220	1380	4100	22
φ255	220	1640	4500	20
φ380	220	1640	3400	25

19.5.25　台式木工多用机床

1. 台式木工多用机床的形式（图 19-61）

图 19-60　木材斜断机　　　　图 19-61　台式木工多用机床

2. 台式木工多用机床的主要技术参数（表19-72）

表19-72　台式木工多用机床的主要技术参数

项目							
最大平刨压刨加工宽度 B/mm		125	150①	160	180①	200	250
刨刀体长度/mm		135	160①	170	190①	210	260
平刨最大加工深度/mm		3					
压刨工件的厚度/mm	最大尺寸（加工前）	≥120					
	最小尺寸（加工后）	≤6					
圆锯片直径/mm		250，315					
最大锯削高度/mm		≥60					
锯轴装锯片处直径/mm		25，30					
最大榫槽宽度/mm		16					
最大榫槽深度/mm		≥60					
最大钻孔直径/mm		13					
最大钻孔深度/mm		≥60					
刨床切削速度/(m/s)		≥12					
锯机切削速度/(m/s)		≥36					
电动机功率②/kW		1.1③、1.5③、2.2③					

① 新设计时不应采用。
② 无锯削的机床电动机功率不受此限制。
③ 当圆锯片直径250mm时，选用电动机功率为1.1kW、1.5kW；当圆锯片直径315mm时，选用电动机功率为2.2kW。

19.6　割草电动工具

19.6.1　刀辊切草机

1. 刀辊切草机的形式（图19-62）

图19-62　刀辊切草机

2. 刀辊切草机的型号编制

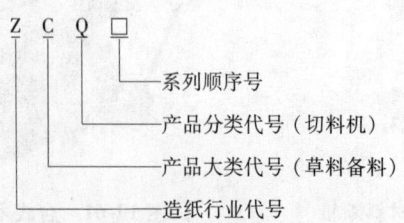

3. 刀辊切草机的参数（表19-73）

表19-73　刀辊切草机的参数（QB/T 2419—1998）

项　目	型　号		
	ZCQ2	ZCQ3	ZCQ4
生产能力/(t/h)	4～5	7～8	12～15
草片实切长度/mm ≤	40		
飞刀刃旋转直径及长度/mm	φ430×690		φ650×690
刀辊转速/(r/min)	300	400	462
飞刀数/片	3		
底刀数/片	1		
主电动机功率/kW	30	55	75

19.6.2　电动草坪割草机的形式

1. 电动草坪割草机的形式（图19-63）
2. 电动草坪割草机的技术要求

1）当草坪草高度小于100mm时，机器应能正常作业。

2）刀尖线速度应小于96.5m/s。

3）旋刀式电动草坪割草机台壳下沿应延伸到刀尖圆平面之下至少3mm。刀片紧定螺钉的螺钉头可伸出台壳下沿，但螺钉应安装在刀尖圆直径的50%范围以内。

4）对于割草宽度在600mm以内的电动草坪割草机，当操作者脱开操作机构时，刀片应在3s内停止；对于割草宽度大于600mm的电动草坪割草机，刀片应在5s内停止。

19.6.3　往复式割草机

1. 往复式割草机的形式（图19-64）

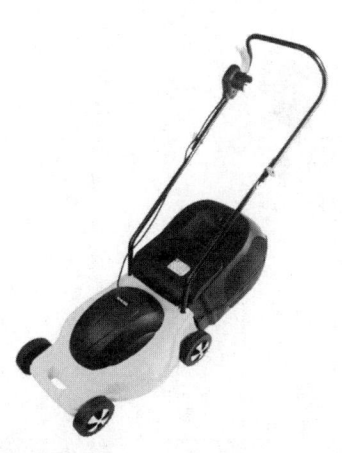

图19-63　电动草坪割草机

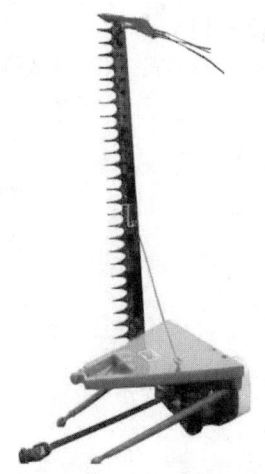

图19-64　往复式割草机

2. 往复式割草机的基本参数

1）往复式割草机的主参数如表19-74所示。

表 19-74 往复式割草机的主参数 （GB/T 10940—2008）

项目	主参数值						
割幅/m	1.1	1.4	2.1	2.8	4.0	5.4	6.0

2) 往复式割草机的工作速度与生产率如表 19-75 所示。

表 19-75 工作速度与生产率 （GB/T 10940—2008）

	割幅/m	1.1	1.4	2.1	2.8	4.0	5.4	6.0
悬挂式	工作速度/(km/h)	3~7	6~7	7~10	7~10	—	—	7~9
	生产率/(hm²/h)	0.3~0.7	0.8~1	1.5~2	2~2.8	—	—	4.2~5.4
半悬挂式	工作速度/(km/h)	—	6~7	—	—	—	—	—
	生产率/(hm²/h)	—	1.2~1.4	—	—	—	—	—
牵引式	工作速度/(km/h)	—	—	5.5	7~10	8~9	8~9	—
	生产率/(hm²/h)	—	—	1	2~2.8	3.2~3.6	4.3~4.8	—

3) 往复式割草机的主要性能和可靠性指标如表 19-76 所示。

表 19-76 往复式割草机的主要性能和可靠性指标 （GB/T 10940—2008）

项目	指标
割茬高度/mm	≤70
漏割率(%)	≤0.5
超茬损失率(%)	≤0.35
重割率(%)	≤0.8
每米割幅空载功率消耗/(kW/m)	≤0.9
每米割幅总功率消耗/(kW/m)	≤1.5
首次无故障作业量/(hm²/m)	≥70
轴承温升	空运转 30min 后，各部位轴承温升不大于 25℃

19.6.4 旋转割草机

1. 旋转割草机的形式（图 19-65）

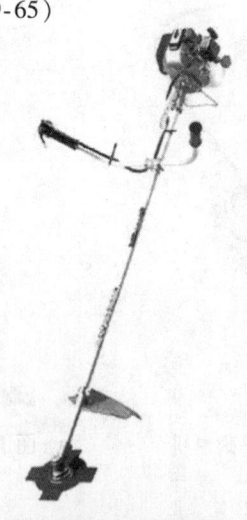

图 19-65 旋转割草机

2. 旋转割草机的参数（表19-77）

表19-77　旋转割草机的基本参数（GB/T 10938—2008）

形式	割幅/mm	滚筒（刀盘）数/个	滚筒（刀盘）转速/(r/min)	每个滚筒（刀盘）上的刀片数/片	作业速度/(km/h)
滚筒式旋转割草机	0.84	1	1400~1900	2~4	≤12
	1.65	2	1600~2100		
	2.46	3			
盘式旋转割草机	1.70	4	2500~3000	2~3	≤16
	2.07	5			
	2.46	6			

3. 旋转割草机的主要性能指标（表19-78）

表19-78　旋转割草机的主要性能指标（GB/T 10938—2008）

项　目	性能指标
每米割幅空载消耗总功率/(kW/m)	≤3.5
每米割幅消耗总功率/(kW/m)	≤8.0
割茬高度/mm	≤70
重割率(%)	≤1.5
超茬损失率(%)	≤0.5
露割损失率(%)	≤0.25
首次无故障作业量/(hm²/m)	≥70

19.6.5　旋转搂草机

1. 旋转搂草机的形式（图19-66）

图19-66　旋转搂草机

2. 旋转搂草机的主要技术参数（表19-79）

表19-79　旋转搂草机的主要技术参数（JB/T 10905—2008）

项　目	指　标
工作速度/(km/h)	6~12
工作幅宽/m	3.2~4.0
漏搂率(%)	<5
生产率/(hm²/h)	2.0~4.8
配套动力/kW	17.5~25

19.7 其他电动工具

19.7.1 电动套丝机

1. 电动套丝机的形式（图 19-67）

图 19-67　电动套丝机

2. 电动套丝机的型号编制

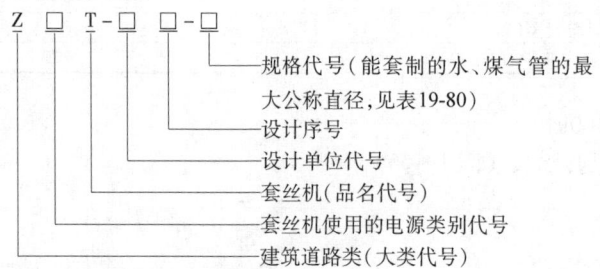

3. 电动套丝机的基本参数（表 19-80）

表 19-80　电动套丝机的基本参数（JB/T 5334—2013）

规格代号	套制圆锥外螺纹范围 （尺寸代号）	电动机额定功率 /W	主轴额定转速 /(r/min)
50	$\frac{1}{2} \sim 2$	≥600	≥16
80	$\frac{1}{2} \sim 3$	≥750	≥10
100	$\frac{1}{2} \sim 4$	≥750	≥8
150	$2\frac{1}{2} \sim 6$	≥750	≥5

注：规格是指能套制符合 GB/T 3091 规定的水、煤气管等的最大公称口径。

19.7.2 钥匙铣槽机

1. 钥匙铣槽机的形式（图 19-68）

图 19-68　钥匙铣槽机

2. 钥匙铣槽机的型号编制

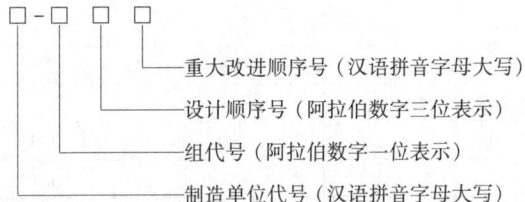

3. 钥匙铣槽机的参数（表 19-81）

表 19-81　钥匙铣槽机的参数（QB/T 1071—1991）

项　目		参　数
生产能力/(件/h)		420～1320
加工工件尺寸/mm	加工长度	13～40
	最大加工宽度	8.6
主轴转速/(r/min)		4400
主轴装刀轴颈直径/mm		16
送料滑板行程/mm		150
总功率/kW		1.54

19.7.3　钥匙压印机

1. 钥匙压印机的形式（图 19-69）

图 19-69　钥匙压印机

2. 钥匙压印机的型号编制

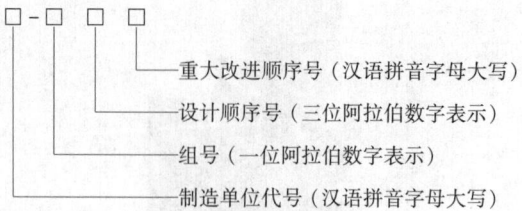

3. 钥匙压印机的基本参数（表19-82）

表 19-82　钥匙压印机的基本参数（QB/T 1070—2001）

项　　目	参　　数		
	YS–1026	YS–1032	YS–1035
公称力/kN	980	1805	1420
上梁最大行程/mm	60	60	60
生产能力/(件/h)	6600	4200	5100
上梁下平面至工作台面最大距离/mm	230	240	240
液压缸直径/mm	200	280	280
总功率/kW	6.05	8.1	8.1

19.7.4　型材切割机

1. 型材切割机的形式（图19-70）

图 19-70　型材切割机

2. 型材切割机的型号编制

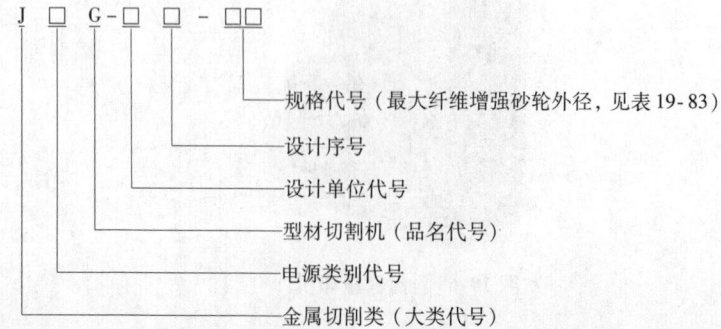

3. 型材切割机的基本参数（表19-83）

表19-83　型材切割机的基本参数（JB/T 9608—2013）

规格代号	额定输出功率/W	额定输出转矩/N·m	最大切割直径/mm	说　明
类型	A/B	A/B	A/B	—
300	≥800/1100	≥3.5/4.2	30	
350	≥900/1250	≥4.2/5.6	35	
400	≥1100	≥5.5	50	单相电容切割机
	≥2000	≥6.7		三相切割机

4. 切割机的空载转速（表19-84）

表19-84　切割机的空载转速（JB/T 9608—2013）

规格代号	所装砂轮工作线速度/(m/s)	切割机最高空载转速/(r/min)
300	72	≤4580
	80	≤5090
350	72	≤3920
	80	≤4360
400	72	≤3430
	80	≤3820

19.7.5　胶带封箱机

1. 胶带封箱机的形式（图19-71）

图19-71　胶带封箱机

2. 胶带封箱机的型号编制

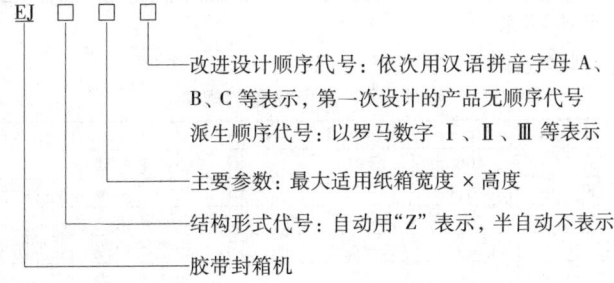

19.7.6　电钉枪

1. 电钉枪的形式（图19-72）

2. 电钉枪的主要技术参数（表 19-85）

表 19-85　电钉枪的主要技术参数

钉长/mm		额定电压/V	效率/(个/min)	重量/kg
码钉	直钉			
6~14	46	220	20	1.1

19.7.7　电动拉铆枪

1. 电动拉铆枪的形式（图 19-73）
2. 电动拉铆枪的主要技术参数（表 19-86）

表 19-86　电动拉铆枪的主要技术参数

型号	最大拉铆钉/mm	额定电压/V	额定电流/A	输入功率/W	最大拉力/kN
P1M-5	φ5	220	1.4	280~350	7.5~8.0

19.7.8　电喷枪

1. 电喷枪的形式（图 19-74）

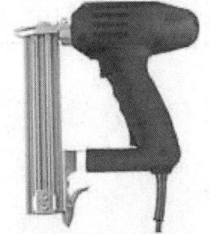
图 19-72　电钉枪

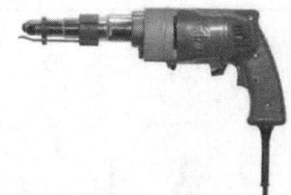
图 19-73　电动拉铆枪

图 19-74　电喷枪

2. 电喷枪的主要技术参数（表 19-87）

表 19-87　电喷枪的主要技术参数

型号	Q1P-50	Q1P-100	Q1P-150	Q1P-260	Q1P-320
额定流量/(mL/min)	50	100	150	260	320
额定最大输入功率/W	25	40	60	80	100
(额定电压/V)/(频率/Hz)	220/50				
密封泵压/MPa	>10				

注：流量与功率并非对应关系。

3. 常用喷嘴的规格（表 19-88）

表 19-88　常用喷嘴的规格

形式	规格尺寸/mm	液体种类	使用对象
圆形喷嘴	1	106 涂料、墙粉	经拉毛的墙面
	0.8	清漆	各种机械及房屋的喷涂
	0.5	水、油、蜡克、广告粉	服装整烫、家具上光、剧场布景等
	0.3	疫苗、药水、香水	养殖场免疫、卫生防疫消毒除害
直喷嘴	0.3~0.5	水、药水、香水	冲洗丝、棉、毛、针织物上的油污及难以清扫角落的冲刷
弯喷嘴	0.5~0.8	油漆、涂料	房屋内屋顶的喷涂、装饰

19.7.9 热风枪

1. 热风枪的形式（图 19-75）
2. 热风枪的主要技术参数（表 19-89）

表 19-89 热风枪的主要技术参数

型号	温度/℃	空气流量/(L/min)	输入功率/kW	降温设置/℃	重量/kg	备注
GHG500-2	300/500	240/450	1.6		0.75	两种设置
GHG600-3	50/400/600	250/350/500	1.8	50	0.8	三种设置
GHG630DCE	50~630	150/300/500	2.0	50	0.9	温度可调

注：均有温度过载保护。

19.7.10 热熔胶枪

1. 热熔胶枪的形式（图 19-76）
2. 热熔胶枪的主要技术参数（表 19-90）

表 19-90 热熔胶枪的主要技术参数

型号	胶水流出量/(g/min)	胶条长度/mm	重量/kg	备注
PKP18E	20	200	0.35	
PKP30LE	30	200	0.37	预热时间为4min

19.7.11 打蜡机

1. 打蜡机的形式（图 19-77）

图 19-75 热风枪

图 19-76 热熔胶枪

图 19-77 打蜡机

2. 打蜡机的主要技术参数（表 19-91）

表 19-91 打蜡机的主要技术参数

型号	额定电压/V	额定频率/Hz	额定电流/A	摆动次数/(次/min)	重量/kg
Q1L-150	110/220	50/60	0.27	4500	1.4
Q0L-150	12		4.17		

注：1. Q1L-150 型因额定电压及频率不同而有两种产品。
2. Q0L-150 型采用直流电源供电，也可直接取用汽车蓄电池电源。

19.7.12 电动管道清理机

1. 电动管道清理机的形式（图 19-78）

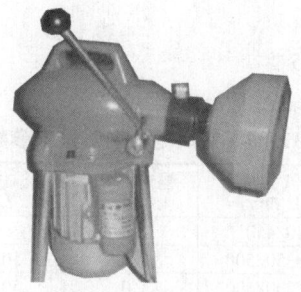

图 19-78　电动管道清理机

2. 移动式电动管道清理机的主要技术参数（表 19-92）

表 19-92　移动式电动管道清理机的主要技术参数

型号	清理管道直径 /mm	清理管道长度 /m	额定电压 /V	电动机功率 /W	清理最高转速 /(r/min)
Z-50	12.7~50	12	220	185	400
Z-500	50~250	16	220	750	400
GQ-75	20~100	30	220	180	400
GQ-100	20~100	30	220	180	380
GQ-200	38~200	50	200	180	700

3. 手持式电动管道清理机的主要技术参数（表 19-93）

表 19-93　手持式电动管道清理机的主要技术参数

型号	疏管直径 /mm	软轴长度 /m	额定功率 /W	额定转速 /(r/min)	重量 /kg	特征
QIGRES-19~76	19~76	8	300	0~500	6.75	倒、顺、无级调速
QIG-SC-10~50	12.7~50	4	130	300	3	倒、顺、恒速
GT-2	50~200	2	350	700		
GT-15	50~200	15	430	500		管道疏通和钻孔两用
T15-841	50~200	2、4、6、8、15	431	500	14	下水道用
T15-842	25~75	2			3.3	大便器用

19.7.13　电动坡口机

1. 电动坡口机的形式（图 19-79）

图 19-79　电动坡口机

2. 电动坡口机的主要技术参数（表 19-94）

表 19-94　电动坡口机的主要技术参数

型号	切口斜边最大宽度/mm	输入功率/W	加工速度/(m/min)	加工材料厚度/mm	重量/kg
J1P1~10	10	2000	≤2.4	4~25	14

第20章 消防及起重器材

20.1 消防器材

20.1.1 灭火器相关术语

(1) 有效喷射时间 指在喷射控制阀完全开启状态下，自灭火剂从喷嘴喷出开始至喷射流的气态点出现的这段时间。

(2) 完全喷射 在喷射控制阀保持完全开启的状态下，当灭火器喷射达到内部压力与外部压力相等时，称为完全喷射。

(3) 喷射距离 指在喷射控制阀完全开启状态下，当灭火剂被喷出50%时，喷射流的最远点至灭火器喷嘴之间的距离。

(4) 喷射滞后时间 指从灭火器的控制阀门开启或达到相应的开启状态时起，至灭火剂从喷嘴开始喷出的这段时间。

(5) 喷射剩余率 指额定充装的灭火器在完全喷射后，内部剩余的灭火剂量相对于原始充装量的质量百分比。

(6) 工作压力（P_s） 指按额定充装和加压的灭火器在20℃环境中放置18h后的内部平衡压力。

(7) 最大工作压力（P_{ms}） 指按额定充装和加压的灭火器在一定温度环境中放置24h后的内部平衡压力，其中手提式灭火器环境温度为60℃，推车式灭火器环境温度为55℃。

(8) 试验压力（P_t） 指灭火器筒体（或瓶体）进行水压试验时加压的压力。

(9) 最小爆破压力（P_b） 指灭火器受压部分在进行爆破试验时被加压至破裂时的压力。

(10) A类火 指固体有机物质燃烧的火，通常燃烧后会形成炽热的余烬。

(11) B类火 指液体或可熔化固体燃烧的火。

(12) C类火 指气体燃烧的火。

(13) D类火 指金属燃烧的火。

(14) E类火 指燃烧时带电的火。

(15) 充装密度 指每升容积中充装的灭火剂重量（kg）。

(16) 气态点 指灭火器的喷射流由从主要喷射灭火剂转换到主要喷射驱动气体时的转换点。

(17) 贮气瓶式灭火器 指灭火剂由灭火器的贮气瓶释放的压缩气体或液化气体的压力驱动的灭火器。

(18) 贮压式灭火器 指灭火剂由贮存于灭火器同一容器内的压缩气体或灭火剂蒸汽压力驱动的灭火器。

20.1.2 手提式灭火器

1. 手提式灭火器的形式（图20-1）
2. 手提式灭火器的规格

灭火器的规格，可按其充装的灭火剂量划分：①水基型灭火器为2L、3L、6L、9L；②干粉灭火器为1kg、2kg、3kg、4kg、5kg、6kg、8kg、9kg、12kg；③二氧化碳灭火器为2kg、3kg、5kg、7kg；④洁净气体灭火器为1kg、2kg、4kg、6kg。

3. 手提式灭火器的型号编制

灭火器的型号编制方法如下：

```
M □ C Z / □ □
│ │ │ │  │  └── 额定充装量（kg或L）
│ │ │ │  └───── 特定的灭火剂特征代号，见表20-1
│ │ │ └──────── 贮压式灭火器（贮气瓶式灭火器不写）
│ │ └────────── 车用（C）（不是车用灭火器不写）
│ └──────────── 灭火剂代号，见表20-1
└────────────── 灭火器
```

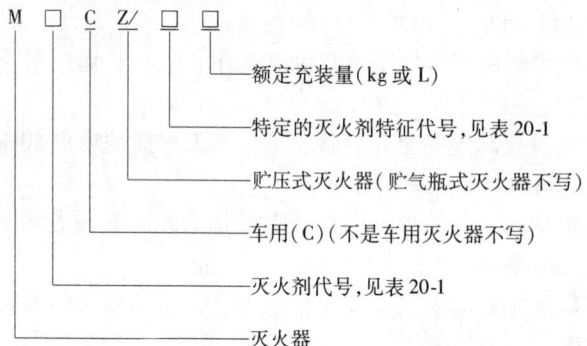

图 20-1　手提式灭火器

说明：如产品结构有改变时，其改进代号可加在原型号的尾部，以示区别。

表 20-1　手提式灭火器的灭火剂代号和特定的灭火剂特征代号（GB 4351.1—2005）

分类	灭火剂代号	灭火剂代号含义	特定的灭火剂特征代号	特征代号含义
水基型灭火器	S	清水或带添加剂的水，但不具有发泡倍数和25%析液时间要求	AR（不具有此性能不写）	具有扑灭水溶性液体燃料火灾的能力
	P	泡沫灭火剂，具有发泡倍数和25%析液时间要求，包括P、FP、S、AR、AFFF和FFFP等灭火剂	AR（不具有此性能不写）	具有扑灭水溶性液体燃料火灾的能力
干粉灭火器	F	干粉灭火剂，包括BC型和ABC型干粉灭火剂	ABC（BC干粉灭火剂不写）	具有扑灭A类火灾的能力
二氧化碳灭火器	T	二氧化碳灭火剂	—	—
洁净气体灭火器	J	洁净气体灭火剂，包括卤代烷烃类气体灭火剂、惰性气体灭火剂和混合气体灭火剂等	—	—

4. 灭火器的灭火剂充装总量误差（表20-2）

表 20-2 灭火剂充装总量的允许误差（GB 4351.1—2005）

灭火器类型	灭火剂量	允许误差
水基型	充装量（L）	−5% ~ 0%
洁净气体	充装量（kg）	−5% ~ 0%
二氧化碳	充装量（kg）	−5% ~ 0%
干粉	1kg	±5%
	>1 ~ 3kg	±3%
	>3kg	±2%

5. 最小有效喷射时间

1) 水基型灭火器在 20℃ 时的最小有效喷射时间应符合表 20-3 的规定。

表 20-3 水基型灭火器的最小有效喷射时间（20℃）（GB 4351.1—2005）

灭火剂量/L	最小有效喷射时间/s
2 ~ 3	15
>3 ~ 6	30
>6	40

2) 灭 A 类火的灭火器（水基型灭火器除外）在 20℃ 时的最小有效喷射时间应符合表 20-4 的规定。

表 20-4 灭 A 类火的灭火器的最小有效喷射时间（20℃）（GB 4351.1—2005）

灭火级别	最小有效喷射时间/s
1A	8
≥2A	13

3) 灭 B 类火的灭火器（水基型灭火器除外）在 20℃ 时的最小有效喷射时间应符合表 20-5 的规定。

表 20-5 灭 B 类火的灭火器的最小有效喷射时间（20℃）（GB 4351.1—2005）

灭火级别	最小有效喷射时间/s
21B ~ 34B	8
55B ~ 89B	9
(113B)	12
≥144B	15

6. 最小喷射距离

1) 灭 A 类火的灭火器在 20℃ 时的最小有效喷射距离应符合表 20-6 的规定。

表 20-6 灭 A 类火的灭火器的最小有效喷射距离（20℃）（GB 4351.1—2005）

灭火级别	最小喷射距离/m
1A ~ 2A	3.0
3A	3.5
4A	4.5
6A	5.0

2) 灭 B 类火的灭火器在 20℃ 时的最小有效喷射距离应符合表 20-7 的规定。

表 20-7 灭 B 类火的灭火器的最小有效喷射距离（20℃）（GB 4351.1—2005）

灭火器类型	灭火剂量/kg	最小喷射距离/m	灭火器类型	灭火剂量/kg	最小喷射距离/m
水基型	2L	3.0	二氧化碳	5	2.5
	3L	3.0		7	2.5
	6L	3.5	干粉	1	3.0
	9L	4.0		2	3.0
洁净气体	1	2.0		3	3.5
	2	2.0		4	3.5
	4	2.5		5	3.5
	6	3.0		6	4.0
二氧化碳	2	2.0		8	4.5
	3	2.0		≥9	5.0

7. 灭火性能

（1）灭火器灭 A 类火的性能　灭 A 类火的灭火器的灭火性能以级别表示，它的级别代号由数字和字母 A 组成，数字表示级别数，字母 A 表示火的类型。灭火器灭 A 类火的性能应符合表 20-8 的规定。

表 20-8 灭火器灭 A 类火的性能（GB 4351.1—2005）

级别代号	干粉充装量/kg	水基型充装量/L	洁净气体充装量/kg
1A	≤2	≤6	≥6
2A	3~4	>6~9	
3A	5~6	>9	
4A	>6~9		
6A	>9		

（2）灭火器灭 B 类火的性能　灭 B 类火的灭火器的灭火性能以级别表示，它的级别代号由数字和字母 B 组成，数字表示级别数，字母 B 表示火的类型。灭火器 20℃ 时灭 B 类火的性能应符合表 20-9 的规定。灭火器在最低使用温度时灭 B 类火的性能，可比 20℃ 时灭火性能降低两个级别。

表 20-9 灭火器灭 B 类火的性能（20℃）（GB 4351.1—2005）

级别代号	干粉充装量/kg	洁净气体充装量/kg	二氧化碳充装量/kg	水基型充装量/L
21B	1~2	1~2	2~3	
34B	3	4	5	
55B	4	6	7	≤6
89B	5~6	>6		>6~9
144B	>6			>9

（3）灭 C 类火的性能　灭 C 类火的灭火器可用字母 C 表示。C 类火无试验要求，

也没有级别大小之分,只有干粉灭火器、洁净气体灭火器和二氧化碳灭火器才可以标有字母 C。

(4) 灭 E 类火的性能 灭 E 类火的灭火器可用字母 E 表示,E 类火没有级别大小之分,干粉灭火器、洁净气体灭火器和二氧化碳灭火器,可标有字母 E。当灭火器喷射带电的金属板时,整个过程中灭火器提压把或喷嘴与大地之间,以及大地与灭火器之间的电流不应大于 0.5mA。

20.1.3 推车式灭火器

1. 推车式灭火器的形式(图 20-2)
2. 推车式灭火器的型号编制

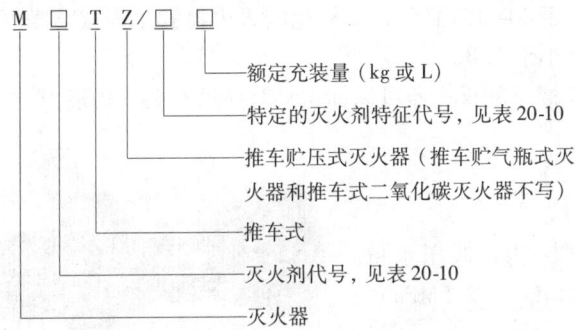

图 20-2 推车式灭火器

表 20-10 推车式灭火器的灭火剂代号及特定的灭火剂特征代号(GB 8109—2005)

分类	灭火剂代号	代 号 含 义	特定的灭火剂特征代号	特征代号含义
推车式水基型灭火器	S	清水或带添加剂的水,但不具有发泡倍数和 25% 析液时间要求	AR(不具有此性能不写)	具有扑灭水溶性液体燃料火灾的能力
推车式水基型灭火器	P	泡沫灭火剂,具有发泡倍数和 25% 析液时间要求,包括 P、FP、S、AR、AFFF 和 FFFP 等灭火剂	AR(不具有此性能不写)	具有扑灭水溶性液体燃料火灾的能力
推车式干粉灭火器	F	干粉灭火剂,包括 BC 型和 ABC 型干粉灭火剂	ABC(BC 干粉灭火剂不写)	具有扑灭 A 类火灾的能力
推车式二氧化碳灭火器	T	二氧化碳灭火剂	—	—
推车式洁净气体灭火器	J	洁净气体灭火剂,包括卤代烷烃类气体灭火剂、惰性气体灭火剂和混合气体灭火剂等	—	—

注:如产品结构有改变时,其改进代号可加在原型号的尾部,以示区别。

3. 性能参数

(1) 使用温度范围 推车式灭火器的使用温度应取下列规定的某一温度范围:①5~55℃;②0~55℃;③-10~55℃;④-20~550℃;⑤-30~55℃;⑥-40~55℃;⑦-55~55℃。

(2) 有效喷射时间和喷射距离 推车式水基型灭火器的有效喷射时间不应小于 40s,且不应大于 210s。除水基型外,具有扑灭 A 类火能力的推车式灭火器的有效喷射时间不应小于30s。除水基型外，不具有扑灭 A 类火能力的推车式灭火器的有效喷射时间不应小于20s。具有灭 A 类火能力的推车式灭火器，其喷射距离不应小于6m。对于配有喷雾喷嘴的水基型推车式灭火器，其喷射距离不应小于3m。

4. 灭火性能

(1) 灭 A 类火的性能　适用于扑灭 A 类火的推车式灭火器的灭火性能以级别表示，它的级别代号由数字和字母 A 组成，数字表示级别数，字母 A 表示火的类型。推车式灭火器的灭 A 类火的最小级别不应小于4A，且不宜大于20A。

(2) 灭 B 类火的性能　适用于扑灭 B 类火的推车式灭火器的灭火性能以级别表示，它的级别代号由数字和字母 B 组成，数字表示级别数，字母 B 表示火的类型。推车式灭火器扑灭 B 类火的最大级别不宜大于297B，推车式水基型灭火器和推车式干粉灭火器的灭 B 类火的最小级别不应小于144B，推车式二氧化碳灭火器和推车式洁净气体灭火器的灭 B 类火的最小级别不应小于43B。

(3) 灭 C 类火的性能　推车式干粉灭火器可以标志具有扑灭 C 类火的能力。

20.1.4　消防水枪

1. 消防水枪的形式（图20-3）

2. 常用水枪的分类

1）按水枪的工作压力范围分为：低压水枪（0.20～1.6MPa）、中压水枪（>1.6～2.5MPa）、高压水枪（>2.5～4.0MPa）。

2）按水枪喷射的灭火水流形式可分为：直流水枪、喷雾水枪、直流喷雾水枪、多用水枪。

3）喷雾角可调的低压直流喷雾水枪按功能分为以下四类：第 1 类：喷射压力不变，流量随喷雾角的改变而变化；第 Ⅱ 类：喷射压力不变，改变喷雾角，流量不变；第 Ⅲ 类：喷射压力不变，在每个流量刻度喷射时，喷雾角变化，对应的流量刻度值不变；第 Ⅳ 类：在一定的流量范围内，流量变化时，喷射压力恒定。

图20-3　消防水枪

3. 消防水枪的型号编制

1）水枪的型号由类、组代号，特征代号，额定喷射压力和额定流量等组成。

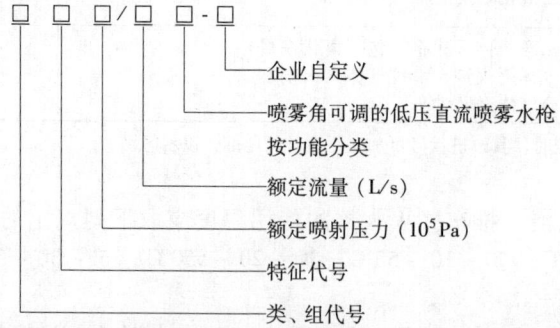

型号中的额定流量除了喷雾水枪为喷雾流量外，其余均为直流流量。对于第Ⅲ类低

压直流喷雾水枪,最大流量刻度值示为额定流量;对于第Ⅳ类低压直流喷雾水枪,最大直流流量示为额定流量。

2) 常用水枪的代号如表 20-11 所示。

表 20-11 常用水枪的代号（GB 8181—2005）

类	组	特　征	水枪代号	代号含义
枪 Q	直流水枪 Z（直）	—	QZ	直流水枪
		开关 G（关）	QZG	直流开关水枪
		开花 K（开）	QZK	直流开花水枪
	喷雾水枪 W（雾）	撞击式 J（击）	QWJ	撞击式喷雾水枪
		离心式 L（离）	QWL	离心式喷雾水枪
		簧片式 P（片）	QWP	簧片式喷雾水枪
	直流喷雾水枪 L（直流喷雾）	球阀转换式 H（换）	QLH	球阀转换式直流喷雾水枪
		导流式 D（导）	QLD	导流式直流喷雾水枪
	多用水枪 D（多）	球阀转换式 H（换）	QDH	球阀转换式多用水枪

4. 常用水枪的标记示例

1) 额定喷射压力 3.5×10^5 Pa,额定直流流量 7.5L/s 的直流开关水枪型号为 QZG3.5/7.5。

2) 额定喷射压力 6.0×10^5 Pa,额定直流流量 6.5L/s 的球阀转换式多用水枪型号为 QDH6.0/6.5。

3) 额定喷射压力 6.0×10^5 Pa,额定直流流量 6.5L/s 的第Ⅰ类导流式直流喷雾水枪型号为 QLD6.0/6.5Ⅰ。

4) 额定喷射压力 20×10^5 Pa,额定直流流量 3L/s 的中压导流式直流喷雾水枪型号为 QLD20/3。

5. 常用水枪的性能参数

(1) 低压水枪　直流水枪的额定流量和射程如表 20-12 所示,喷雾水枪的额定喷雾流量和喷雾射程如表 20-13 所示,多用水枪的额定直流流量和直流射程如表 20-14 所示。

(2) 中压水枪　其额定直流流量和直流射程如表 20-15 所示。

(3) 高压水枪　其额定直流流量和直流射程如表 20-16 所示。

表 20-12 直流水枪的额定流量和射程（GB 8181—2005）

接口公称通径 /mm	当量喷嘴直径 /mm	额定喷射压力 /MPa	额定流量 /(L/s)	流量允差	射程/m
50	13	0.35	3.5	±8%	≥22
	16		5		≥25
65	19		7.5		≥28
	22	0.20	7.5		≥20

表 20-13　喷雾水枪的额定喷雾流量和喷雾射程（GB 8181—2005）

接口公称通径 /mm	额定喷射压力 /MPa	额定喷雾流量 /(L/s)	流量允差	喷雾射程 /m
50	0.60	2.5	±8%	≥10.5
50	0.60	4	±8%	≥12.5
50	0.60	5	±8%	≥13.5
65	0.60	6.5	±8%	≥15.0
65	0.60	8	±8%	≥16.0
65	0.60	10	±8%	≥17.0
65	0.60	13	±8%	≥18.5

表 20-14　多用水枪的额定直流流量和直流射程（GB 8181—2005）

接口公称通径 /mm	额定喷射压力 /MPa	额定直流流量 /(L/s)	流量允差	直流射程 /m
50	0.60	2.5	±8%	≥21
50	0.60	4	±8%	≥25
50	0.60	5	±8%	≥27
65	0.60	6.5	±8%	≥30
65	0.60	8	±8%	≥32
65	0.60	10	±8%	≥34
65	0.60	13	±8%	≥37

表 20-15　中压水枪的额定直流流量和直流射程（GB 8181—2005）

进口连接（两者取一）		额定喷射压力 /MPa	额定直流流量 /(L/s)	流量允差	直流射程 /m
接口公称通径 /mm	进口外螺纹规格 尺寸/mm				
40	M39×2	2.0	3	±8%	≥17

表 20-16　高压水枪的额定直流流量和直流射程（GB 8181—2005）

进口外螺纹规格尺寸 /mm	额定喷射压力 /MPa	额定直流流量 /(L/s)	流量允差	直流射程 /m
M39×2	3.5	3	±8%	≥17

20.1.5　消防梯

1. 消防梯的形式（图20-4）

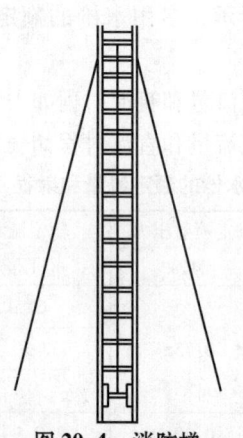

图 20-4　消防梯

2. 消防梯的型号编制

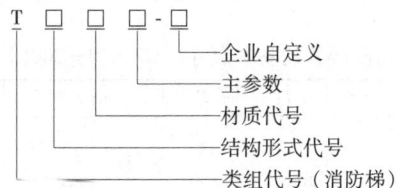

其中，消防梯的主参数为最大工作长度（单位为m），用整数形式表示；结构形式代号：单杠梯（D）、挂钩梯（G）、二节拉梯（E）、三节拉梯（S）和其他结构（Q）；材质代号：竹质（Z）、木质（M）、铝合金（L）、钢质（G）和其他材质（Q）。示例如下：

1）工作长度为3m的铝质单杠梯，其型号为TDL 3。
2）工作长度为6m的竹质二节拉梯，其型号为TEZ 6。

3. 消防梯的基本尺寸（表20-17）

表20-17 消防梯的基本尺寸（GA 137—2007）

结构形式	工作长度/m		最小梯宽/mm		整梯重量		梯蹬间距/mm	
	标称尺寸	允许偏差	标称尺寸	允许偏差	标称重量/kg	允许偏差	标称尺寸	允许偏差
单杠梯	3	±0.1	250	±2	≤12	±5%	280 300 340	±2
挂钩梯	4	±0.1	250	±2	≤12			
二节拉梯	6	±0.2	300	±3	≤35			
	9	±0.2	300	±3	≤53			
三节拉梯	12	±0.3	350	±4	≤95			
	15	±0.3	350	±4	≤120			
其他结构消防梯	3~15	±0.2	300	±3	≤120			

20.1.6 消防腰斧

1. 消防腰斧的形式（图20-5）

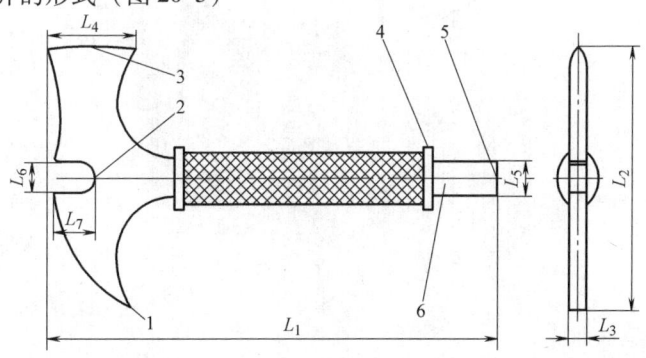

图20-5 消防腰斧
1—尖刃 2—撬口 3—平刃 4—斧柄套 5—柄刃 6—斧柄

2. 消防腰斧的基本尺寸（表 20-18）

表 20-18　消防腰斧的基本尺寸（GA 630—2006）　　（单位：mm）

规格	腰斧全长 L_1	斧头长 L_2	斧头厚 L_3	平刃宽 L_4	柄刃宽 L_5	撬口宽 L_6	撬口深 L_7
265	265	150	10	56	22	30	25
285	285	160					
305	305	165					
325	325	175					

3. 消防腰斧的型号编制

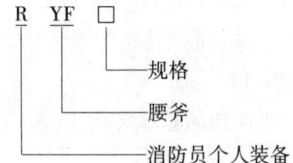

20.1.7　消防应急灯具

消防应急灯具是指发生火灾时，为人员疏散、消防作业提供标志和（或）照明的各类灯具。

1. 消防应急灯具的形式（图 20-6）

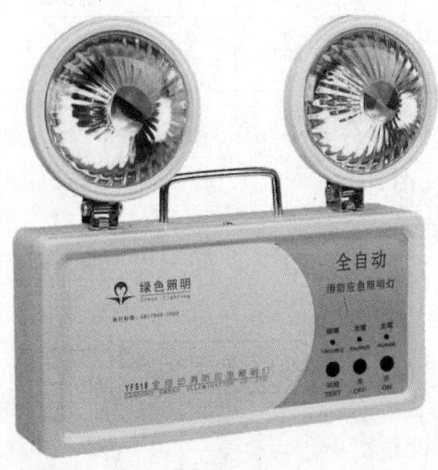

图 20-6　消防应急灯具

2. 消防应急灯具的分类

1）按照应急供电形式分为自带电源型、集中电源型和子母电源型。

2）按照用途分为标志灯、照明灯和照明、标志灯。

3）按工作方式分为持续型和非持续型。

4）按应急实现方式分为独立型、集中控制型和子母控制型。

20.1.8 消火栓箱

1. 消火栓箱的分类

1）消火栓箱按消防水带的安置方式可分为：①挂置式（见图20-7a），不标注代号；②盘卷式（见图20-7b），代号P；③卷置式（见图20-7c），代号J；④托架式（见图20-7d），代号T。

2）消火栓箱按配置消防器材数量分为：①单配置式，不标注代号；②双配置式，代号S。

双配置式消火栓箱内可配2个单栓阀室内消火栓，也可配1个双栓阀室内消火栓。

3）消火栓箱按是否配置应急照明灯分为：①不配置应急照明灯式，不标注代号；②配置应急照明灯式，代号D。

4）消火栓箱按箱门形式分为：①单开门式，不标注代号；②双开门式，代号2。

5）消火栓箱按是否配置消防软管卷盘分为：①不配置消防软管卷盘式，不标注代号；②配置消防软管卷盘式，代号Z。

2. 消火栓箱的型号编制

消火栓箱的型号由"基本型号"和"形式代号"两部分组成，其形式如下：

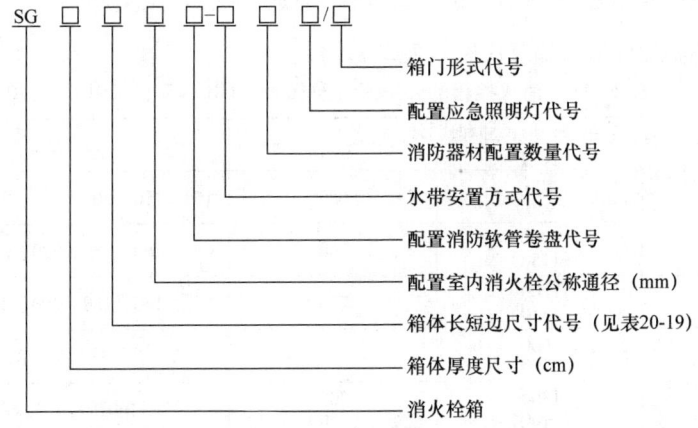

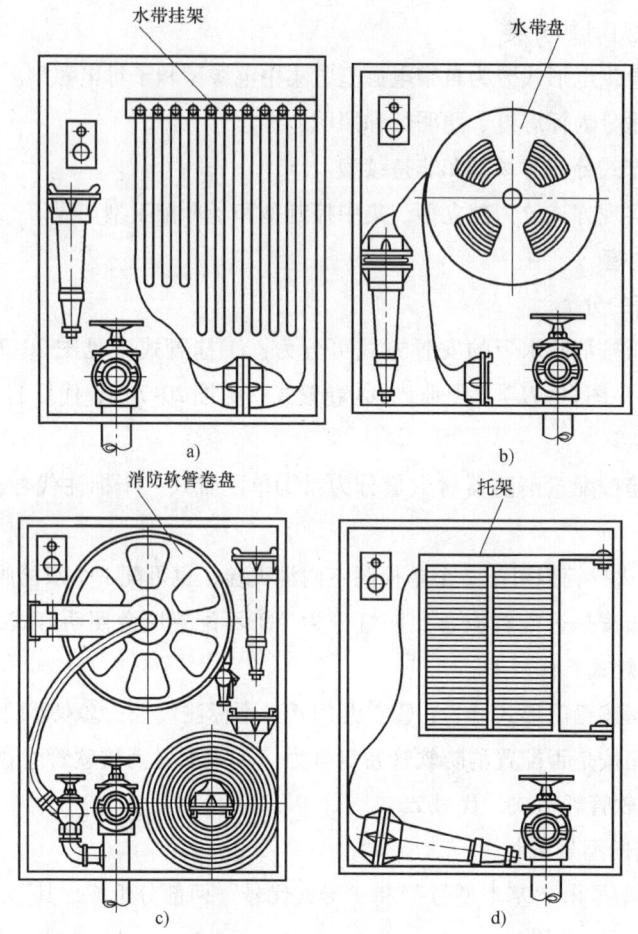

图 20-7 水带安置方式

a）挂置式栓箱　b）盘卷式栓箱　c）卷置式栓箱　d）托架式栓箱

3. 消火栓箱的外形尺寸及代号（表 20-19）

表 20-19　消火栓箱的外形尺寸及代号（GB 14561—2019）（单位：mm）

代号	消火栓箱的外形尺寸和代号		厚度
	长边	短边	
A	800 (950)	650	160、180、200、210、240、280、320
B	1000 (1150)	700	160、180、200、240、280
C	1200 (1350)	750	160、180、200、240、280
D	1600 (1700)	700	240、280
E	1800 (1900)	700 (750)	160、180、240、280
F	2000	750	160、180、240

注：1. 括号内的尺寸为配置应急照明灯的消火栓箱尺寸。
　　2. 箱体厚度小于 200mm 的消火栓箱可配置旋转型室内消火栓。
　　3. 代号 D、E、F 为可配置灭火器的消火栓箱。

20.2 起重器材

20.2.1 千斤顶

1. 千斤顶的形式（图20-8）
2. 千斤顶的基本尺寸（表20-20）

表20-20 千斤顶的基本尺寸（JB/T 3411.58—1999） （单位：mm）

d	A型 H_{min}	A型 H_{max}	B型 H_{min}	B型 H_{max}	H_1	D
M6	36	50	36	48	25	30
M8	47	60	42	55	30	35
M10	56	70	50	65	35	40
M12	67	80	58	75	40	45
M16	76	95	65	85	45	50
M20	87	110	76	100	50	60
Tr26×5	102	130	94	120	65	80
Tr32×6	128	155	112	140	80	100
Tr40×7	158	185	138	165	100	120
Tr55×9	198	255	168	225	130	160

20.2.2 活头千斤顶

1. 活头千斤顶的形式（图20-9）

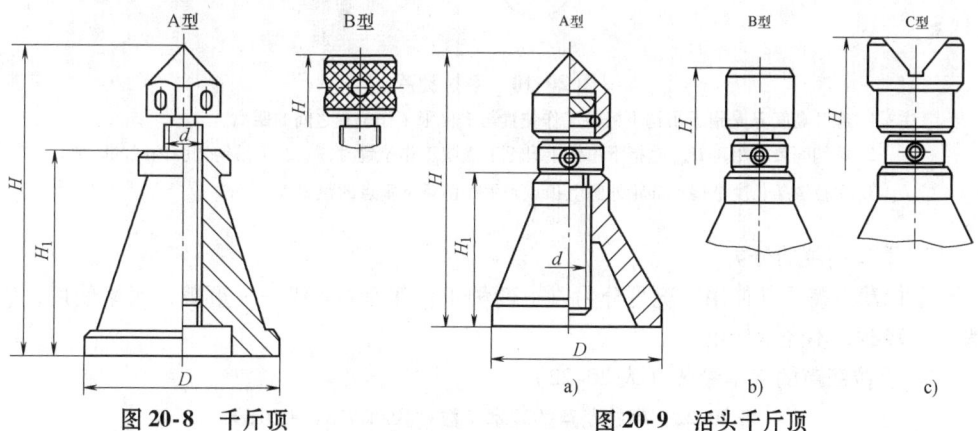

图20-8 千斤顶　　图20-9 活头千斤顶

2. 活头千斤顶的基本尺寸（表20-21）

表20-21 活头千斤顶的基本尺寸（JB/T 3411.59—1999） （单位：mm）

d	D	A型 H_{min}	A型 H_{max}	B型 H_{min}	B型 H_{max}	C型 H_{min}	C型 H_{max}	H_1
M6	30	45	55	42	52	50	60	25
M8	35	54	65	52	62	60	72	30
M10	40	62	75	60	72	70	85	35
M12	45	72	90	68	85	80	95	40
M16	50	85	105	80	100	92	110	45
M20	60	98	120	94	115	108	130	50
T26×5	80	125	150	118	145	134	160	65
T32×6	100	150	180	142	170	162	190	80
T40×6	120	182	230	172	220	194	240	100
T55×8	160	232	300	222	290	252	310	130

20.2.3 手拉葫芦

1. 手拉葫芦的形式（图20-10）

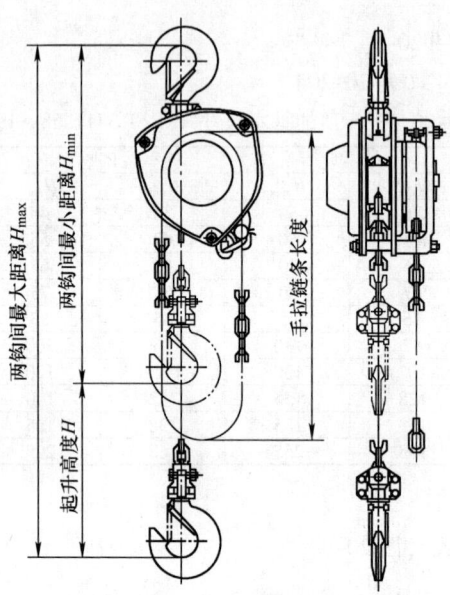

图 20-10　手拉葫芦

注：1. 起升高度 H 是指下吊钩下极限工作位置与上极限工作位置之间的距离。
　　2. 两钩间最小距离 H_{min} 是指下吊钩上升至上极限工作位置时，上、下吊钩钩腔内缘的距离。
　　3. 手拉链条长度是指手链轮外圆上顶点到手拉链条下垂点的距离。

2. 手拉葫芦的分类

手拉葫芦按照其使用工况可分为以下两种工作级别：Z级——重载，频繁使用；Q级——轻载，不经常使用。

3. 手拉葫芦的基本参数（表20-22）

表 20-22　手拉葫芦的基本参数（JB/T 7334—2016）

额定起重量 G_n /t	标准起升高度 H /m	两钩间最小距离 H_{min} /mm	标准手拉链条长度 /m
0.25	2.5	≤240	2.5
0.5		≤330	
1		≤360	
1.6		≤430	
2		≤500	
2.5		≤530	
3.2	3	≤580	3
5		≤700	
8		≤850	
10		≤950	
16		≤1200	
20		≤1350	
32		≤1600	
40		≤2000	
50		≤2200	

4. 手动链条的力学性能（表20-23）

表20-23　手动链条的力学性能（JB/T 7334—2016）

公称直径/mm	极限工作载荷/kN	破断载荷/kN ≥
3	0.7	2.8
4	1.25	5
5	2	8
6	2.8	11

20.2.4　环链手扳葫芦

1. 环链手扳葫芦的形式（图20-11）

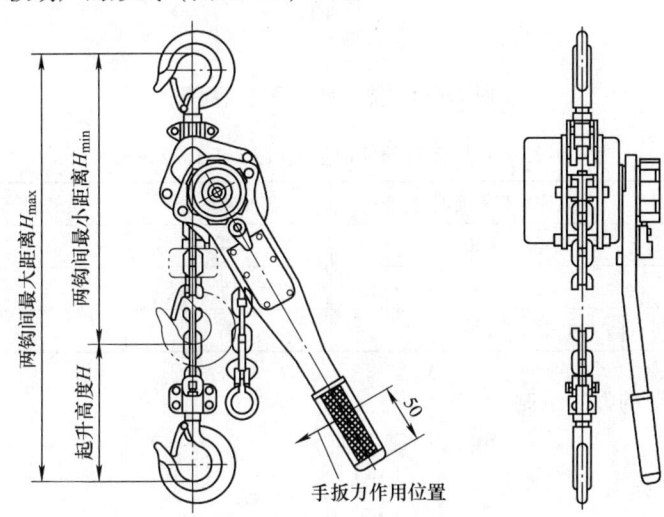

图20-11　环链手扳葫芦

注：1. 起升高度 H 是指下吊钩下极限工作位置与上极限工作位置之间的距离。
　　2. 两钩间最小距离 H_{min} 是指下吊钩上升至上极限工作位置时，上、下吊钩钩腔内缘的距离。

2. 环链手扳葫芦的基本参数（表20-24）

表20-24　环链手扳葫芦的基本参数（JB/T 7335—2016）

额定起重量 G_n/t	0.25	0.5	0.8	1	1.6	2	3.2	5	6.3	9	12
标准起升高度/m	1	1.5									
两钩间最小距离 H_{min}/mm	≤250	≤300	≤350	≤380	≤400	≤450	≤500	≤600	≤700	≤800	≤850

20.2.5　防爆钢丝绳电动葫芦

1. 防爆钢丝绳电动葫芦的形式（图20-12）
2. 电气设备类别、级别、温度组别

防爆葫芦的使用环境分为Ⅰ类（煤矿井下用）、Ⅱ类（工厂用）。Ⅱ类防爆葫芦分为A、B、C三级，并按其最高表面温度分为T1～T6六组，如表20-25所示。防爆葫芦的类别、级别根据危险物质的分级来选择，以Ⅰ、ⅡA、ⅡB、ⅡC表示。所用防爆电气设备及有热源的机械设备，其允许的最高表面温度应符合表20-25的规定。

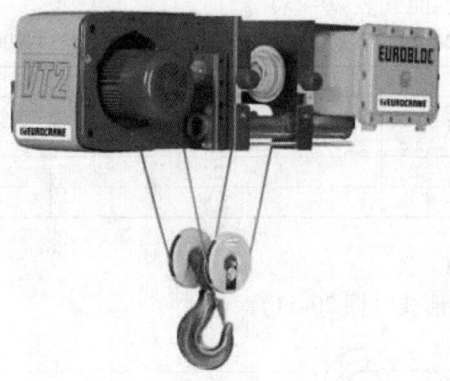

图 20-12　防爆钢丝绳电动葫芦

表 20-25　防爆葫芦的使用温度（JB/T 10222—2001）

温度组别	允许最高表面温度/℃	温度组别	允许最高表面温度/℃
T1	450	T4	135
T2	300	T5	100
T3	200	T6	85

3. 防爆葫芦的型号编制

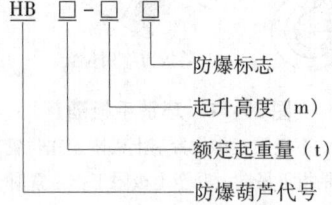

4. 基本参数（表20-26）

表 20-26　防爆钢丝绳电动葫芦的基本参数（JB/T 10222—2001）

额定起重量/t	0.32、0.4、0.5、0.63、0.8、1、1.25、1.6、2、2.5、3.2、4、5、6.3、8、10、12.5、16、20、25、32
起升高度/m	3.2、4、5、6.3、8、10、12.5、16、20、25、32、40、50、63、80、100
起升线速度/(m/min)	0.25、0.32、0.5、0.8、1、1.25、1.6、2、2.5、3.2、4、5、6.3、8、10、16、20、25
运行速度/(m/min)	2.5、3.2、4、5、6.3、8、10、12.5、16、20、25

注：1. 起升线速度为钢丝绳卷入速度。
　　2. 运行速度为常规运行速度值，如为双速时，常慢速比值采用4:1为宜。

20.2.6 索具螺旋扣

1. 索具螺旋扣的形式（表20-27）

表20-27 索具螺旋扣的形式（CB/T 3818—2013）

类型	形式	名称	螺旋扣形式简图
开式索具螺旋扣	KUUD	开式 UU 型螺杆模锻螺旋扣	
	KUUH	开式 UU 型螺杆焊接螺旋扣	
	KOOD	开式 OO 型螺杆模锻螺旋扣	
	KOOH	开式 OO 型螺杆焊接螺旋扣	
	KOUD	开式 OU 型螺杆模锻螺旋扣	
	KOUH	开式 OU 型螺杆焊接螺旋扣	
	KCCD	开式 CC 型螺杆模锻螺旋扣	
	KCUD	开式 CU 型螺杆模锻螺旋扣	
	KCOD	开式 CO 型螺杆模锻螺旋扣	
旋转式索具螺旋扣	ZCUD	旋转式 CU 型螺杆模锻螺旋扣	
	ZUUD	旋转式 UU 型螺杆模锻螺旋扣	

2. 螺旋扣安全工作负荷和最小破断负荷（表20-28）

表20-28 螺旋扣安全工作负荷和最小破断负荷（CB/T 3818—2013）

（单位：kN）

螺杆螺纹规格	M级 安全工作负荷SWL 起重、绑扎	M级 安全工作负荷SWL 救生	M级 最小破断负荷	P级 安全工作负荷SWL 起重、绑扎	P级 安全工作负荷SWL 救生	P级 最小破断负荷	T级 安全工作负荷SWL 起重、绑扎、救生	T级 最小破断负荷
M6	1.2	0.8	4.8	1.6	1.0	6.0	2.3	12.0
M8	2.5	1.6	9.6	4.0	2.5	15.0	4.9	25.0
M10	4.0	2.5	15.0	6.0	4.0	24.0	6.3	32.0
M12	6.0	4.0	24.0	8.0	5.0	30.0	10.1	51.0
M14	9.0	6.0	36.0	12.0	8.0	48.0	13.8	69.0
M16	12.0	8.0	48.0	17.0	10.0	60.0	18.9	95.0
M18	17.0	10.0	60.0	21.0	12.0	72.0	23.1	116.0
M20	21.0	12.0	72.0	27.0	16.0	96.0	29.4	147.0
M22	27.0	16.0	96.0	35.0	20.0	120.0	36.4	182.0
M24	35.0	20.0	120.0	45.0	25.0	150.0	47.6	238.0
M27	45.0	28.0	168.0	55.0	34.0	204.0	62.0	310.0
M30	55.0	35.0	210.0	65.0	43.0	258.0	75.7	378.0
M36	75.0	50.0	300.0	95.0	63.0	378.0	110.3	551.0
M39	95.0	60.0	360.0	120.0	75.0	450.0	131.7	658.0
M42	105.0	70.0	420.0	127.0	85.0	510.0	145.3	726.0
M48	140.0	90.0	540.0	158.0	110.0	660.0	164.4	822.0
M56	174.0	115.0	690.0	206.0	140.0	840.0	228.4	1142.0
M60	210.0	125.0	750.0	239.0	160.0	960.0	266.7	1333.0
M64	235.0	160.0	960.0	272.0	200.0	1200.0	301.5	1508.0
M68	268.0	185.0	1110.0	310.0	235.0	1410.0	333.4	1667.0
Tr70	300.0		1200.0	350.0		1400.0	400.0	1600.0
Tr80	400.0		1600.0	500.0		2000.0	550.0	2200.0
Tr90	500.0		2000.0	600.0		2400.0	700.0	2800.0
Tr100	700.0		2800.0	800.0		3200.0	900.0	3600.0
Tr120	800.0		3200.0	980.0		3920.0	1100.0	4400.0

3. 螺旋扣的结构形式和基本尺寸

1）KUUD 型和 KUUH 型螺旋扣的结构形式和基本尺寸如图 20-13 和表 20-29 所示。

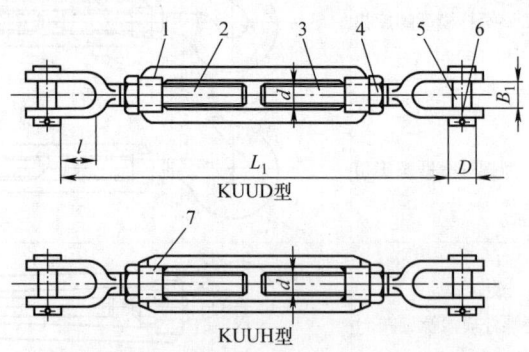

图 20-13 KUUD 型和 KUUH 型螺旋扣

1—模锻螺旋套 2—U 形左螺杆 3—U 形右螺杆 4—锁紧螺母
5—光直销 6—开口销 7—焊接螺旋套

表 20-29 KUUD 型和 KUUH 型螺旋扣的基本尺寸（CB/T 3818—2013）

（单位：mm）

螺杆螺纹规格 d		B_1	D	l	L_1		重量/kg	
KUUD 型	KUUH 型				最短	最长	KUUD 型	KUUH 型
M6	—	10	6	16	155	230	0.2	—
M8	—	12	8	20	210	325	0.4	—
M10	—	14	10	22	230	340	0.5	—
M12	—	16	12	27	280	420	0.9	—
M14	—	18	14	30	295	435	1.1	—
M16	—	22	16	34	335	525	1.8	—
M18	—	25	18	38	375	540	2.3	—
M20	—	27	20	41	420	605	3.1	—
M22	M22	30	23	44	445	630	3.7	4.1
M24	M24	32	26	52	505	720	5.8	6.2
M27	M27	38	30	61	545	755	6.9	7.3
M30	M30	44	32	69	635	880	11.4	12.1
M36	M36	49	38	73	650	900	14.1	15.1
—	M39	52	41	78	720	985	—	21.3
—	M42	60	45	86	760	1025	—	24.4
—	M48	64	50	94	845	1135	—	35.9
—	M56	68	57	104	870	1160	—	43.8
—	M60	72	61	109	940	1250	—	57.2
—	M64	75	65	113	975	1280	—	65.8
—	M68	89	71	106	1289	1639	—	112.7
—	Tr70	85	90	—	1300	1700	—	135.0
—	Tr80	95	100	—	1400	1850	—	180.0
—	Tr90	106	110	—	1500	2000	—	244.0
—	Tr100	115	120	—	1700	2250	—	280.0
—	Tr120	118	123	—	1800	2400	—	330.0

2) KOOD 型和 KOOH 型螺旋扣的结构形式和基本尺寸如图 20-14 和表 20-30 所示。

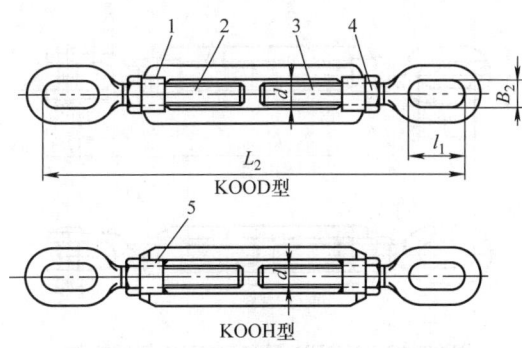

图 20-14 KOOD 型和 KOOH 型螺旋扣

1—模锻螺旋套 2—O 形左螺杆 3—O 形右螺杆 4—锁紧螺母 5—焊接螺旋套

表 20-30 KOOD 型和 KOOH 型螺旋扣的基本尺寸（CB/T 3818—2013）

（单位：mm）

螺杆螺纹规格 d		B_2	l_1	L_2		重量/kg	
KOOD 型	KOOH 型			最短	最长	KOOD 型	KOOH 型
M6	—	10	19	170	245	0.2	—
M8	—	12	24	230	345	0.3	—
M10	—	14	28	255	365	0.4	—
M12	—	16	34	310	450	0.7	—
M14	—	18	40	325	465	0.9	—
M16	—	22	47	390	560	1.6	—
M18	—	25	55	415	580	1.8	—
M20	—	27	60	470	655	2.6	—
M22	M22	30	70	495	680	2.9	3.4
M24	M24	32	80	575	785	4.8	5.2
M27	M27	36	90	610	820	5.5	6.0
M30	M30	40	100	700	950	9.8	10.5
M36	M36	44	105	730	975	11.6	12.5
—	M39	49	120	820	1085	—	18.1
—	M42	52	130	855	1120	—	19.1
—	M48	58	140	940	1230	—	29.9
—	M56	65	150	970	1260	—	35.9
—	M60	70	170	1085	1390	—	46.2
—	M64	75	180	1130	1435	—	57.3
—	M68	83	178	1447	1797	—	91.0
—	Tr70	85	—	1300	1700	—	105.0
—	Tr80	95	—	1400	1850	—	150.0
—	Tr90	106	—	1500	2000	—	220.0
—	Tr100	115	—	1700	2250	—	255.0
—	Tr120	118	—	1800	2400	—	295.0

3）KOUD 型和 KOUH 型螺旋扣的结构形式和基本尺寸如图 20-15 和表 20-31 所示。

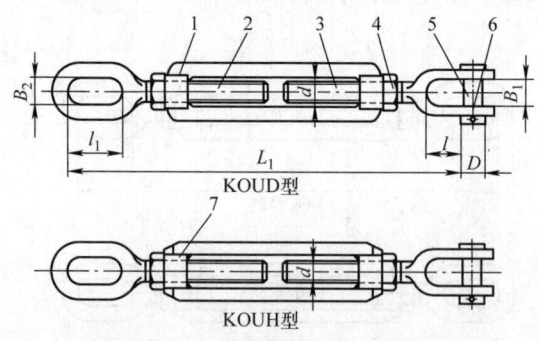

图 20-15 KOUD 型和 KOUH 型螺旋扣

1—模锻螺旋套 2—O 形左螺杆 3—U 形右螺杆 4—锁紧螺母
5—光直销 6—开口销 7—焊接螺旋套

表 20-31 KOUD 型和 KOUH 型螺旋扣的基本尺寸（CB/T 3818—2013）

（单位：mm）

螺杆螺纹规格 d		B_1	B_2	D	l	l_1	L_1		重量/kg	
KOUD 型	KOUH 型						最短	最长	KOUD 型	KOUH 型
M6	—	10	10	6	16	19	160	235	0.3	—
M8	—	12	12	8	20	24	220	335	0.4	—
M10	—	14	14	10	22	28	240	355	0.5	—
M12	—	16	16	12	27	34	295	435	0.8	—
M14	—	18	18	14	30	40	310	450	1.0	—
M16	—	22	22	16	34	47	375	540	1.7	—
M18	—	25	25	18	38	55	395	560	2.0	—
M20	—	27	27	20	41	60	445	630	2.8	—
M22	M22	30	30	23	44	70	470	655	3.3	3.8
M24	M24	32	32	26	52	80	540	775	5.3	5.7
M27	M27	38	36	30	61	90	575	790	6.2	6.7
M30	M30	44	40	32	69	100	665	915	10.6	11.3
M36	M36	49	44	38	73	105	690	940	12.8	13.7
—	M39	52	49	41	78	120	770	1035	—	19.3
—	M42	60	52	45	86	130	810	1075	—	21.8
—	M48	64	58	50	94	140	890	1180	—	32.9
—	M56	68	65	57	104	150	920	1210	—	40.9
—	M60	72	70	61	109	170	1010	1320	—	52.1
—	M64	75	75	65	113	180	1055	1360	—	61.5
—	M68	89	83	71	106	178	1369	1719	—	101.8
—	Tr70	85	85	90	—	—	1300	1700	—	115.0
—	Tr80	95	95	100	—	—	1400	1850	—	165.0
—	Tr90	106	106	110	—	—	1500	2000	—	235.0
—	Tr100	115	115	120	—	—	1700	2250	—	265.0
—	Tr120	118	118	123	—	—	1800	2400	—	315.0

4）KCCD 型、KCUD 型和 KCOD 型螺旋扣的结构形式和基本尺寸如图 20-16 和表 20-32 所示。

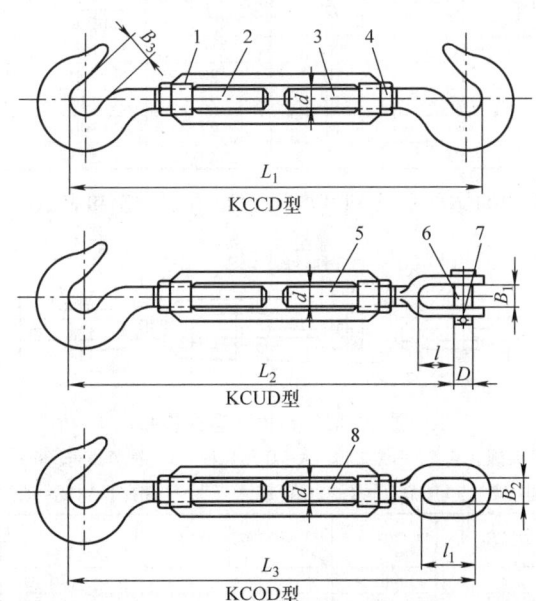

图 20-16 KCCD 型、KCUD 型和 KCOD 型螺旋扣

1—模锻螺旋套 2—C 形左螺杆 3—C 形右螺杆 4—锁紧螺母 5—U 形右螺杆
6—光直销 7—开口销 8—焊接螺旋套

表 20-32　KCCD 型、KCUD 型和 KCOD 型螺旋扣的基本尺寸（CB/T 3818—2013）

（单位：mm）

螺杆螺纹规格 d	B_1	B_2	B_3	D	l	l_1	L_1 最短	L_1 最长	L_2 最短	L_2 最长	L_3 最短	L_3 最长	重量/kg KCCD 型	重量/kg KCUD 型	重量/kg KCOD 型
M6	10	8	6	16	19		160	235	160	235	165	240	0.2		
M8	12	13	8	20	24		250	360	230	340	240	350	0.4		0.5
M10	14	16	10	22	28		270	385	250	365	260	375	0.6	0.5	0.7
M12	16	18	12	27	34		320	460	300	440	315	455	1.0		1.2
M14	18	20	14	30	40		330	470	315	455	330	470	1.2	1.1	1.3
M16	22	24	16	34	47		390	560	375	545	390	560	2.0	1.9	2.2

5）ZCUD 型螺旋扣的结构形式和基本尺寸如图 20-17 和表 20-33 所示。

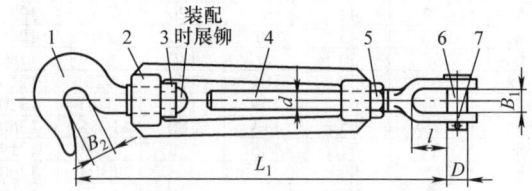

图 20-17　ZCUD 型螺旋扣

1—C 形钩子　2—模锻螺旋套　3—圆螺母　4—U 形螺杆　5—锁紧螺母　6—光直销　7—开口销

表 20-33　ZCUD 型螺旋扣的基本尺寸（CB/T 3818—2013）（单位：mm）

螺杆螺纹规格 d	B_1	B_2	D	l	L_1 最短	L_1 最长	重量/kg
M8	12	10	8	16	185	265	0.4
M10	14	11	10	20	200	285	0.5
M12	16	12	12	22	240	330	0.9
M14	18	16	14	27	300	420	1.3
M16	22	20	16	30	315	440	1.8

6）ZUUD 型螺旋扣的结构形式和基本尺寸如图 20-18 和表 20-34 所示。

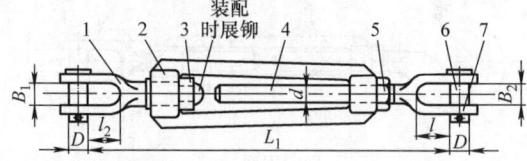

图 20-18　ZUUD 型螺旋扣

1—U 形叉子　2—模锻螺旋套　3—圆螺母　4—U 形螺杆　5—锁紧螺母　6—光直销　7—开口销

表 20-34　ZUUD 型螺旋扣的基本尺寸（CB/T 3818—2013）（单位：mm）

螺杆螺纹规格 d	B_1	B_2	D	l	l_2	L_1 最短	L_1 最长	重量/kg
M8	12		8	16		190	270	0.4
M10	14		10	20		210	295	0.5
M12	16		12	22	24	245	335	0.9
M14	18		14	27	29	305	425	1.2
M16	22		16	30	35	325	450	1.6

20.2.7 索具套环

1) 索具套环的形式如表 20-35 所示。

表 20-35　索具套环的形式（CB/T 33—1999）

形式	名称	套环的许用负荷/kN	简图
WT	钢索套环	1.67~392	
FT	纤维索套环	0.78~176.00	

2) 钢索套环的尺寸如图 20-19 和表 20-36 所示。

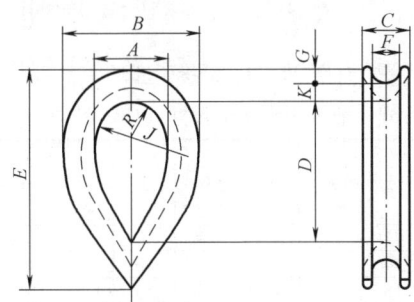

图 20-19　钢索套环

表 20-36　钢索套环的尺寸（CB/T 33—1999）　　（单位：mm）

型号	钢索直径	套环的许用负荷/kN	A	B	C	D	E	F	G	J	K	R	重量/kg≈
WT4	4	1.67	10.0	19.0	6.0	20	32	4.4	2.5	14	2.0	4.4	0.011
WT5	5	2.45	12.5	23.5	7.5	25	40	5.5	3.0	17	2.5	5.5	0.019
WT6	6	3.43	15.0	28.0	9.0	30	47	6.6	3.5	20	3.0	6.6	0.034
WT8	8	6.27	20.0	37.0	12.0	40	63	8.8	4.5	27	4.0	8.8	0.074
WT10	9~10	9.80	25.0	46.0	15.0	50	79	11.0	5.5	34	5.0	11.0	0.132
WT12	11~12	14.70	30.0	56.0	18.0	60	95	13.0	7.0	41	6.0	13.0	0.212
WT14	13~14	19.60	35.0	65.0	21.0	70	111	15.0	8.0	48	7.0	15.0	0.311
WT16	16	26.46	40.0	74.0	24.0	80	126	18.0	9.0	54	8.0	18.0	0.514
WT18	18	33.32	45.0	83.0	27.0	90	142	20.0	10.0	61	9.0	20.0	0.938
WT20	20	40.18	50.0	92.0	30.0	100	158	22.0	11.0	68	10.0	22.0	1.320

（续）

型号	钢索直径	套环的许用负荷/kN	A	B	C	D	E	F	G	J	K	R	重量/kg≈
WT22	22	49.00	55.0	101.0	33.0	110	174	24.0	12.0	75	11.0	24.0	1.750
WT25	24	63.70	62.0	115.0	38.0	125	198	28.0	14.0	85	12.5	28.0	2.550
WT28	26~28	80.36	70.0	129.0	42.0	140	221	31.0	15.5	95	14.0	31.0	3.530
WT32	32	104.86	80.0	147.0	48.0	160	253	35.0	17.0	109	16.0	35.0	5.150
WT36	36	132.30	90.0	166.0	54.0	180	284	40.0	20.0	122	18.0	40.0	7.250
WT40	40	166.60	100.0	184.0	60.0	200	316	44.0	22.0	136	20.0	44.0	10.430
WT45	44	205.80	112.0	207.0	68.0	225	356	50.0	25.0	153	22.5	50.0	14.810
WT50	48	264.60	125.0	231.0	75.0	250	395	55.0	28.0	170	25.0	55.0	21.940
WT56	52~56	323.40	140.0	258.0	84.0	280	442	62.0	31.0	190	28.0	62.0	30.240
WT63	60	392.00	158.0	291.0	94.0	315	498	69.0	35.0	214	31.5	69.0	40.040

3）纤维索套环的尺寸如图 20-20 和表 20-37 所示。

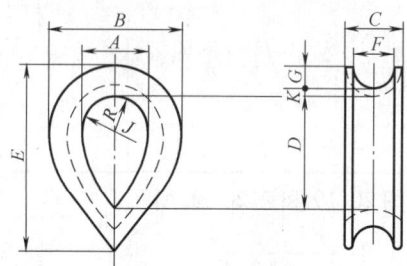

图 20-20　纤维索套环

表 20-37　纤维索套环的尺寸（CB/T 33—1999）　（单位：mm）

型号	纤维索直径	套环的许用负荷/kN	A	B	C	D	E	F	G	J	K	R	重量/kg≈
FT6	6	0.78	11	21	8.4	18	30	6.6	3.0	8.4	2.0	4.8	0.014
FT8	7~8	1.37	14	26	11.0	24	40	8.8	4.0	11.0	2.0	6.4	0.033
FT10	9~10	2.06	18	32	14.0	30	50	11.0	4.5	14.0	2.5	8.0	0.056
FT12	11~12	2.94	22	39	17.0	36	60	13.0	5.5	17.0	3.0	9.6	0.089
FT14	13~14	3.92	25	45	20.0	42	70	15.0	6.5	20.0	3.5	11.2	0.129
FT16	16	4.90	29	51	22.0	48	80	18.0	7.0	22.0	4.0	12.8	0.172
FT18	18	6.37	32	57	25.0	54	90	20.0	8.0	25.0	4.5	14.4	0.251
FT20	20	7.84	36	64	28.0	60	100	22.0	9.0	28.0	5.0	16.0	0.345
FT22	22	9.80	40	71	31.0	66	110	25.0	10.0	31.0	5.5	18.0	0.497
FT25	24	11.76	45	79	35.0	75	125	28.0	11.0	35.0	6.0	20.0	0.725
FT28	26~28	14.70	50	90	39.0	84	140	31.0	13.0	39.0	7.0	23.0	1.080
FT32	30~32	18.62	58	102	45.0	96	160	35.0	14.0	45.0	8.0	26.0	1.560
FT36	34~36	24.50	65	115	50.0	108	180	40.0	16.0	50.0	9.0	29.0	2.150
FT40	38~40	31.36	72	128	56.0	120	200	44.0	18.0	56.0	10.0	32.0	3.250
FT45	44	38.22	81	143	63.0	135	225	50.0	20.0	63.0	11.0	36.0	4.320
FT50	48	47.04	90	159	70.0	150	250	55.0	22.0	70.0	12.5	40.0	5.750
FT56	52~56	58.80	101	179	78.0	168	280	62.0	25.0	78.0	14.0	45.0	8.100
FT63	60	73.50	113	201	88.0	189	315	69.0	28.0	88.0	16.0	51.0	11.240
FT70	64~68	88.20	126	225	98.0	210	350	77.0	32.0	98.0	17.5	56.0	14.950
FT80	72.76~80	107.80	144	256	112.0	240	400	88.0	36.0	112.0	20.0	64.0	20.820
FT90	88	137.20	162	287	126.0	270	450	99.0	40.0	126.0	22.5	72.0	30.210
FT100	96	176.40	180	320	140.0	300	500	110.0	45.0	140.0	25.0	80.0	46.310

第 21 章 常用焊接工具及材料

21.1 等离子喷焊枪

1. 等离子喷焊枪的基本形式（图 21-1）

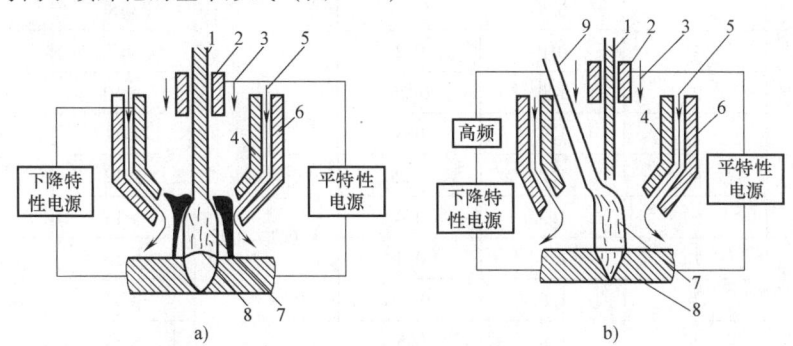

图 21-1 等离子弧焊接的喷焊枪
a）水冷喷嘴式 b）钨极式
1—焊丝 2—导电嘴 3—离子气 4—铜嘴 5—保护气体
6—保护罩 7—等离子弧 8—过渡金属 9—钨棒

2. 等离子喷焊枪的型号

等离子喷焊枪的型号表示着其最大转移弧工作电流、送粉方式等。型号由下述部分顺序组成：

1) 等离子喷焊枪的代号 QL。
2) 等离子喷焊枪的系列品种序号，由厂家自定。
3) 最大转移弧工作电流（A）。
4) 等离子喷焊枪的类型代号，N 表示深孔或内圆等离子喷焊枪，省略表示平面或外圆等离子喷焊枪。
5) 等离子喷焊枪的送粉方式代号，W 表示外送粉方式，省略表示内送粉方式。

3. 等离子喷焊枪型号标记示例

1) QLA－400NW 代表最大转移弧工作电流为 400A，深孔或内圆式、外送粉方式的等离子喷焊枪，其产品系列品种序号由厂家定为 A。
2) QLB－600 代表最大转移弧工作电流为 600A，平面或外圆式、内送粉的等离子喷焊枪，其产品系列品种序号由厂家定为 B。

21.2 等压式焊炬及割炬

1. 焊炬的基本参数（表 21-1）

表 21-1 焊炬的基本参数 (JB/T 7947—2017)

型号	焊嘴号	焊嘴孔径 /mm	氧气工作压力 /MPa	乙炔工作压力 /MPa	焰心长度 /mm	焊炬总长度 /mm
H01-2	1	0.5	0.1	0.001~0.1	≥3	300
	2	0.6	0.125		≥4	
	3	0.7	0.15		≥5	
	4	0.8	0.2		≥6	
	5	0.9	0.25		≥8	
H01-6	1	0.9	0.2		≥8	400
	2	1.0	0.25		≥10	
	3	1.1	0.3		≥11	
	4	1.2	0.35		≥12	
	5	1.3	0.4		≥13	
H01-12	1	1.4	0.4		≥13	500
	2	1.6	0.45		≥15	
	3	1.8	0.5		≥17	
	4	2.0	0.6		≥18	
	5	2.2	0.7		≥19	
H01-20	1	2.4	0.6		≥20	600
	2	2.6	0.65		≥21	
	3	2.8	0.7			
	4	3.0	0.75			
	5	3.2	0.8			
H02-12	1	0.6	0.2	0.02	≥4	500
	2	1.0	0.25	0.03	≥11	
	3	1.4	0.3	0.04	≥13	
	4	1.8	0.35	0.05	≥17	
	5	2.2	0.4	0.06	≥20	
H02-20	1	0.6	0.2	0.02	≥4	600
	2	1.0	0.25	0.03	≥11	
	3	1.4	0.3	0.04	≥13	
	4	1.8	0.35	0.05	≥17	
	5	2.2	0.4	0.06	≥20	
	6	2.6	0.5	0.07	≥21	
	7	3.0	0.6	0.08	≥21	

2. 割炬的主要参数（表 21-2）

表 21-2　割炬的主要参数（JB/T 7947—2017）

型号	割嘴号	普通割嘴			快速割嘴				可见切割氧流长度/mm	割炬总长度/mm
		切割氧孔径/mm	氧气工作压力/MPa	乙炔工作压力/MPa	切割氧喉径/mm	氧气工作压力/MPa		乙炔工作压力/MPa		
						电铸	机加			
G01-30	1	0.7	0.2	0.001~0.1	0.6			0.025~0.1	≥60	500
	2	0.9	0.25		0.8				≥70	
	3	1.1	0.3		1.0				≥80	
G01-100	1	1.0	0.3	0.001~0.1	1.0			0.03~0.1	≥80	550
	2	1.3	0.4		1.25				≥90	
	3	1.6	0.5		1.5				≥100	
G01-300	1	1.8	0.5	0.001~0.1	1.75			0.035~0.1	≥110	650
	2	2.2	0.65		2.0				≥130	
	3	2.6	0.8		2.3			0.04~0.1	≥150	
	4	3.0	1.0		2.6				≥170	
G02-100	1	0.7	0.2	0.04	0.6	0.7	0.5	0.025~0.1	≥60	550
	2	0.9	0.25	0.04	0.8				≥70	
	3	1.1	0.3	0.05	1.0				≥80	
	4	1.3	0.4	0.05	1.25			0.03~0.1	≥90	
	5	1.6	0.5	0.06	1.5				≥100	
G02-300	1	0.7	0.2	0.04	0.6			0.025~0.1	≥60	650
	2	0.9	0.25	0.04	0.8				≥70	
	3	1.1	0.3	0.05	1.0				≥80	
	4	1.3	0.4	0.05	1.25			0.03~0.1	≥90	
	5	1.6	0.5	0.06	1.5				≥100	
	6	1.8	0.5	0.06	1.75			0.035~0.1	≥110	
	7	2.2	0.65	0.07	2.0				≥130	
	8	2.6	0.8	0.08	2.3			0.04~0.1	≥150	
	9	3.0	1.0	0.09	2.6				≥170	

3. 焊割两用炬的基本参数（表 21-3）

表 21-3　焊割两用炬的基本参数（JB/T 7947—2017）

型号	喷嘴号		孔径/mm	氧气工作压力/MPa	乙炔工作压力/MPa	焰芯长度/mm	可见切割氧流长度/mm	焊割炬总长度/mm
HG02-12/100	焊嘴	1	0.6	0.2	0.02	≥4	—	550
		3	1.4	0.3	0.04	≥13	—	
		5	2.2	0.4	0.06	≥20	—	
	割嘴	1	0.7	0.2	0.04	—	≥60	
		3	1.1	0.3	0.05	—	≥80	
		5	1.6	0.5	0.06	—	≥100	

（续）

型号	喷嘴号		孔径/mm	氧气工作压力/MPa	乙炔工作压力/MPa	焰芯长度/mm	可见切割氧流长度/mm	焊割炬总长度/mm
HG02-20/200	焊嘴	1	0.6	0.2	0.02	≥4	—	650
		3	1.4	0.3	0.04	≥13	—	
		5	2.2	0.4	0.06	≥20	—	
		7	3.0	0.6	0.08	≥21	—	
	割嘴	1	0.7	0.2	0.04	—	≥60	
		3	1.1	0.5	0.05	—	≥80	
		5	1.6	0.5	0.06	—	≥100	
		6	1.8	0.5	0.06	—	≥110	
		7	2.2	0.65	0.07	—	≥130	

21.3 电焊钳

1. 电焊钳的基本形式（图21-2）

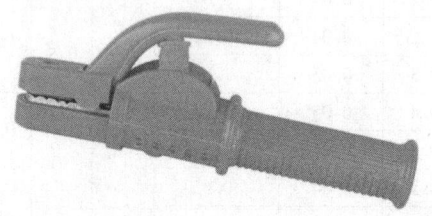

图21-2 电焊钳的基本形式

2. 电焊钳的基本参数（表21-4）

表21-4 电焊钳的基本参数（QB 1518—2018）

规格	60%负载持续率时的额定电流/A	可夹持的焊条直径/mm	连接的电缆截面积/mm²
125	125	1.6~2.5	≥10
160(150)	160(150)	2.0~4.0	≥10
200	200	2.5~4.0	≥16
250	250	2.5~5.0	≥25
315(300)	315(300)	3.2~6.3	≥35
400	400	3.2~8.0	≥50
500	500	4.0~10.0	≥70

注：括号内规格为非优选系列。

21.4 焊接用钨铈电极

1. 焊接用钨铈电极牌号及用途（表21-5）

表 21-5　焊接用钨铈电极牌号及用途（SJ/T 10743—1996）

牌　号	用　途
WCe10、WCe15、WCe20、WCe30、WCe40	供惰性气体保护电弧焊和等离子焊接、切割、喷涂、熔炼用电极

2. 钨铈电极的尺寸（表21-6）

表 21-6　钨铈电极的尺寸（SJ/T 10743—1996）　　（单位：mm）

直　径	直径偏差	长　度	长度偏差
1.00	±0.05	50	±1.0
1.25		75	
1.60		150	
2.00		175	
2.50		—	
3.15	±0.1	40	
4.0		50	
5.0		75	
6.3		150	
8.0	±0.15	170	
10.0		—	

3. 钨铈电极的化学成分（表21-7）

表 21-7　钨铈电极的化学成分（SJ/T 10743—1996）

牌号	掺杂氧化铈的含量（质量分数,%）	杂质的含量（质量分数,%）≤	钨
WCe10	0.8~1.2	0.1	余量
WCe15	1.3~1.7	0.1	余量
WCe20	1.8~2.2	0.1	余量
WCe30	2.8~3.2	0.1	余量
WCe40	3.8~4.2	0.1	余量

4. 不同直径电极在不用极性下电流的许用值（表21-8）

表 21-8　不同直径电极在不用极性下电流的许用值（SJ/T 10743—1996）

电极直径/mm	电极接负极(-)/A	电极接正极(+)/A
1.00	10~75	—
1.25	—	—
1.60	60~150	10~20
2.00	100~200	15~25
2.50	250	30
3.15	225~330	20~40
4.00	350~480	35~50
5.00	500~675	50~70
6.30	—	—
8.00	—	—
10.00	—	—

21.5 焊接绝热气瓶

1. 焊接绝热气瓶的形式（图 21-3）

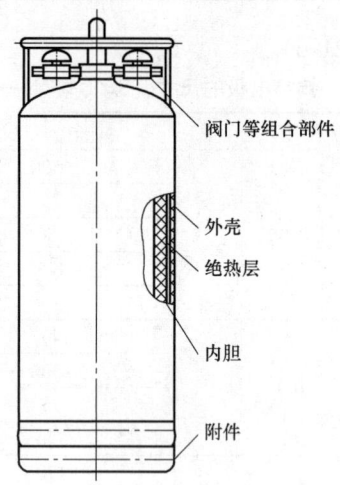

图 21-3 焊接绝热气瓶

2. 焊接绝热气瓶的产品型号编制

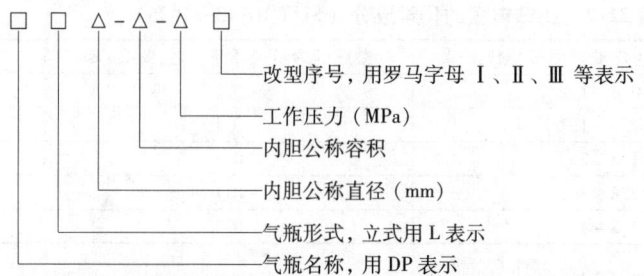

3. 焊接绝热气瓶的公称容积 V 和内胆公称直径 D（表 21-9）

表 21-9 焊接绝热气瓶的公称容积 V 和内胆公称直径 D（GB 24159—2009）

公称容积 V/L	10~25	25~50	50~150	150~200	200~450
内胆公称直径 D/mm	220~300	300~350	350~400	400~460	460~800

4. 焊接绝热气瓶的静态蒸发率、真空夹层漏率和漏放气速率（表 21-10）

表 21-10 焊接绝热气瓶的静态蒸发率、真空夹层漏率和漏放气速率（GB 24159—2009）

公称容积 V/L	10	25	50	100	150	175	200	300	450
静态蒸发率 η/(%/d) ≤	5.45	4.2	3.0	2.8	2.5	2.1	2.0	1.9	1.8
真空夹层漏率/(Pa·m³/s)	≤2×10⁻⁸				≤6×10⁻⁸				
漏放气速率/(Pa·m³/s)	≤2×10⁻⁷				≤6×10⁻⁷				

注：1. 公称容积为推荐参考值。
  2. 静态蒸发率指液氮的静态蒸发率。

21.6 钢质焊接气瓶

1. 钢制焊接气瓶的基本形式（图 21-4）

图 21-4 钢制焊接气瓶

2. 钢制焊接气瓶的公称容积 V 与公称直径 D（表 21-11）

表 21-11 钢制焊接气瓶的公称容积 V 与公称直径 D（GB 5100—2011）

公称容积 V /L	1~10	>10~25	>25~50	>50~100	>100~150	>150~200	>200~600	>600~1000
公称直径 D /mm	70、100、150	200、230、217	250、300、314	300、350、314	400、350	400、500	600、700	800、900

21.7 焊接及切割用气瓶减压器

焊接及切割用气瓶减压器如图 21-5 所示。

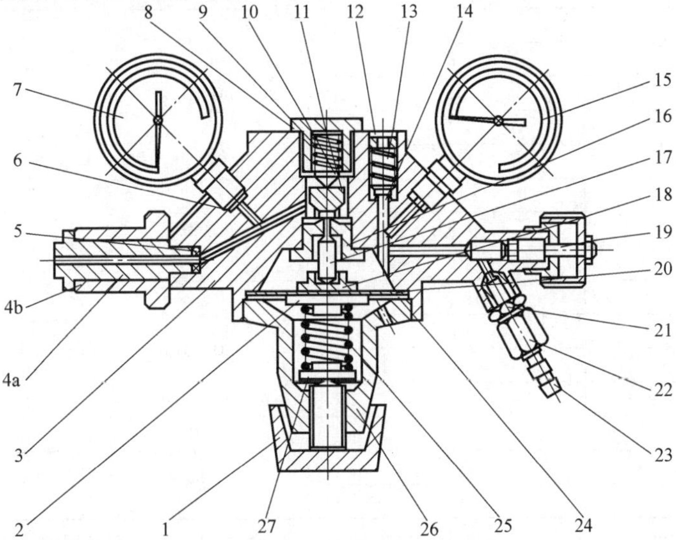

图 21-5 焊接及切割用气瓶减压器

注：1. 零件 12、13 和 14 为安全阀的零件。
  2. 图中 4a 和 4b 为示例，并非强制规定。也可使用其他类型的进气口连接。
  3. 减压器零部件名称如表 21-12 所示。

表 21-12　焊接及切割用气瓶减压器零部件名称表（GB/T 7899—2006）

序号	零部件名称	序号	零部件名称
1	压力调节螺钉	14	安全阀阀门
2	弹簧垫块	15	低压表
3	本体	16	阀门座
4a	进气口接头	17	顶杆
4b	进气口螺帽	18	膜片压板
5	进气口过滤器	19	出气口阀
6	密封圈	20	膜片
7	高压表	21	出气口接头
8	螺塞	22	出气口螺帽
9	阀门弹簧	23	软管接头
10	弹簧架	24	膜片垫圈
11	阀门	25	调节弹簧
12	安全阀调节螺钉	26	盖
13	安全阀弹簧	27	弹簧垫块

21.8　气体焊接及切割用橡胶软管

1. 气体焊接及切割用橡胶软管的基本尺寸（表 21-13）

表 21-13　气体焊接及切割用橡胶软管的基本尺寸（GB/T 2550—2016）

（单位：mm）

公称内径	内径	内径极限偏差	同心度公差
4	4	±0.40	1
4.8	4.8		
5	5		
6.3	6.3		
7.1	7.1		
8	8	±0.50	
9.5	9.5		
10	10		
12.5	12.5	±0.60	1.25
16	16		
20	20		
25	25		
32	32	±1.0	
40	40		
50	50	±1.25	1.50

注：对于中间的尺寸，数字宜从 R20 优先数系中选取（见 GB/T 321），内径极限偏差按表中所示的相邻较大内径规格的内径极限偏差计。

2. 气体焊接及切割用橡胶软管的拉伸强度和拉断伸长率（表 21-14）

表 21-14 气体焊接及切割用橡胶软管的拉伸强度和拉断伸长率（GB/T 2550—2016）

胶层	拉伸强度 /MPa	拉断伸长率 (%)
橡胶内衬层	5	200
外覆层	7	250
塑料衬里	5	120

21.9 气焊及切割用软管接头

1. 气焊及切割用软管接头的组成（图 21-6）

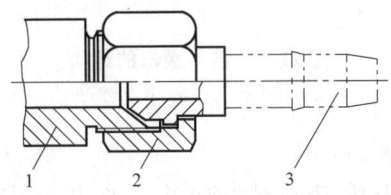

图 21-6 气焊及切割用软管接头
1—内锥密封面螺纹接头　2—接头螺母　3—球体密封面软管接头芯

2. 内锥密封面螺纹接头（图 21-7）

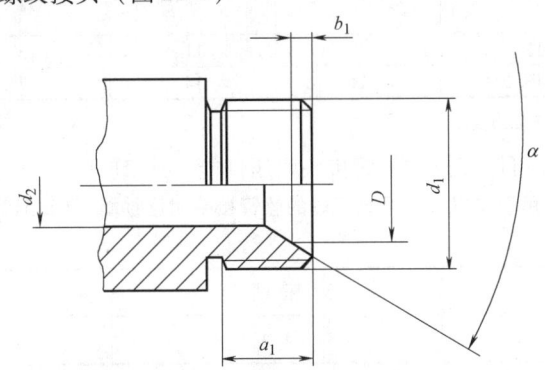

图 21-7 内锥密封面螺纹接头

3. 内锥密封面螺纹接头尺寸（表 21-15）

表 21-15 内锥密封面螺纹接头尺寸（GB 5107—2008）　（单位：mm）

螺纹 d_1 [①]	D [②]	a_1 [③] ≥	b_1 JS15	d_2 ≤	$\alpha/(°)$
M12×1	6.9	8	1.4	3.5	$60_{-5}^{\ 0}$
M12×1.25	6.9	8	1.4	3.5	
M16×1.5	11.2	9	1.5	7	
M20×1.5	15.2	11	1	10	

① 用于可燃气体为左旋螺纹。

② 基准直径（接触的公称直径）。

③ 有效螺纹长度。

4. 接头螺母的结构（图 21-8）

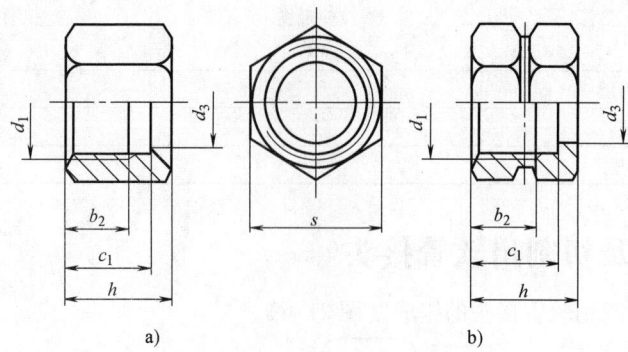

图 21-8　接头螺母的结构
a) A 型螺母　b) B 型螺母

5. 接头螺母的尺寸（表 21-16）

表 21-16　接头螺母的尺寸（GB 5107—2008）　　　（单位：mm）

螺纹 $d_1$①	d_3 H12	b_2 min	c_1 JS15	h H14	s H11
M12×1	8.2	7	9	11	14
M12×1.25					
M16×1.5	12.2	8	11	13	19
M20×1.5	15.2	11	14	17	23（22）

① 用于可燃气体为左旋螺纹。

6. 用于氧气和非可燃气体的软管接头耐压性能（表 21-17）

表 21-17　用于氧气和非可燃气体的软管接头耐压性能（GB 5107—2008）

（单位：MPa）

最大工作压力	耐 压 试 验	最小爆破压力
2.0	4.0	6.0

7. 用于可燃气体的软管接头耐压性能（表 21-18）

表 21-18　用于可燃气体的软管接头耐压性能（GB 5107—2008）

（单位：MPa）

最大工作压力	耐 压 试 验	最小爆破压力
0.3	0.6	0.9

21.10　电焊条保温筒

1. 电焊条保温筒的形式（图 21-9）

图 21-9　电焊条保温筒

2. 电焊条保温筒型号编制

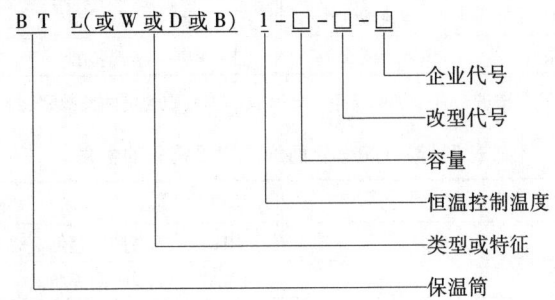

3. 电焊条保温筒的基本参数（表 21-19）

表 21-19　电焊条保温筒的基本参数（JB/T 6232—1992）

焊条容量/kg	2.5、5
额定（发热）功率/kW	≤0.120
恒温控制温度/℃	135±15
表面温升/℃	≤40
空筒升温时间/h	≤0.5
内腔尺寸/mm	$\phi60\pm2\times L_0^{+2}$（焊条容量 2.5kg，$L$ 为焊条长度） $\phi80\pm2\times L_{+5}^{+10}$（焊条容量 2.5kg，$L$ 为焊条长度）
重量/kg	≤3.5（焊条容量为 2.5kg） ≤4（焊条容量为 5kg）

21.11　焊条的型号及牌号

21.11.1　焊条的型号

焊条型号是以国家标准为依据，反映焊条主要特性的一种表示方法。焊条型号包括焊条类别、焊条特点（如焊芯金属类型、使用温度、熔敷金属化学成分及抗拉强度等）、药皮类型及焊接电源。不同类型焊条的型号表示方法也不同。

21.11.2 焊条的牌号

焊条牌号通常以一个汉语拼音字母（或汉字）与三位数字表示。拼音字母（或汉字）表示焊条各大类，后面的三位数字中，前面两位数字表示各大类中的若干小类，第三位数字表示各种焊条牌号的药皮类型及焊接电源。焊条牌号中第三位数字含义如表 21-20 所示，其中盐基型主要用于有色金属焊条，石墨型主要用于铸铁条和个别堆焊焊条。数字后面的字母符号表示焊条的特殊性能和用途，如表 21-21 所示。对于任一给定的电焊条，只要从表 21-21 中查出字母所表示的含义，就可以掌握这种焊条的主要特征。

表 21-20 焊条牌号中第三位数字的含义

焊条牌号	药皮类型	焊接电源种类	焊条牌号	药皮类型	焊接电源种类
□××0	不属已规定的类型	不规定	□××5	纤维素型	直流或交流
□××1	氧化钛型	直流或交流	□××6	低氢钾型	直流或交流
□××2	钛钙型	直流或交流	□××7	低氢钠型	直流
□××3	钛铁矿型	直流或交流	□××8	石墨型	直流或交流
□××4	氧化铁型	直流或交流	□××9	盐基型	直流

注："□"表示焊条牌号中的拼音字母或汉字，××表示牌号中的前两位数字。

表 21-21 牌号后面加注字母符号的含义

字母符号	表示的意义	字母符号	表示的意义
D	底层焊条	RH	高韧性超低氢焊条
DF	低尘焊条	LMA	低吸潮焊条
Fe	高效铁粉焊条	SL	渗铝钢焊条
Fe15	高效铁粉焊条，焊条名义熔敷效率150%	X	向下立焊用焊条
G	高韧性焊条		
GM	盖面焊条	XG	管子用向下立焊焊条
R	压力容器用焊条	Z	重力焊条
GR	高韧性压力容器用焊条	Z16	重力焊条，焊条名义熔敷效率160%
H	超低氢焊条	CuP	含 Cu 和 P 的抗大气腐蚀焊条
		CrNi	含 Cr 和 Ni 的耐海水腐蚀焊条

1. 结构钢（含低合金高强钢）焊条牌号编制方法

1）牌号前加"J"表示结构钢焊条。

2）牌号前两位数字，表示焊缝金属抗拉强度等级，如表 21-22 所示。

3）牌号第三位数字表示药皮类型和焊接电源种类。

4）药皮中铁粉的质量分数约为 30% 或熔敷金属效率 105% 以上，在牌号末尾加注"Fe"。当熔敷效率不小于 130% 时，在"Fe"后再加注两位数字（以效率的 1/10 表示）。

5）有特殊性能和用途的，则在牌号后面加注起主要作用的元素或主要用途的拼音字母（一般不超过两个）。

表 21-22 焊缝金属抗拉强度等级

焊条牌号	焊缝金属抗拉强度等级		焊条牌号	焊缝金属抗拉强度等级	
	MPa	kgf/mm²		MPa	kgf/mm²
J42×	420	43	J70×	690	70
J50×	490	50	J75×	740	75
J55×	540	55	J85×	830	85
J60×	590	60	J10×	980	100

示例：

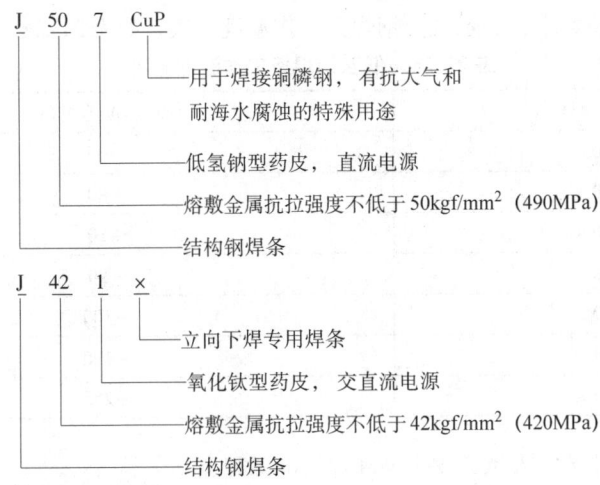

2. 钼和铬钼耐热钢焊条牌号编制方法

1）牌号前加"R"表示钼和铬钼耐热钢焊条。

2）牌号第一位数字，表示熔敷金属主要化学成分组成等级，如表 21-23 所示。

表 21-23 耐热钢焊条熔敷金属主要化学成分组成等级

焊条牌号	熔敷金属主要化学成分组成等级（质量分数）
R1××	Mo 含量约为 0.5%
R2××	Cr 含量约为 0.5%，Mo 含量约为 0.5%
R3××	Cr 含量约为 1%~2%，Mo 含量为 0.5%~1%
R4××	Cr 含量约为 2.5%，Mo 含量约为 1%
R5××	Cr 含量约为 5%，Mo 含量约为 0.5%
R6××	Cr 含量约为 7%，Mo 含量约为 1%
R7××	Cr 含量约为 9%，Mo 含量约为 1%
R8××	Cr 含量约为 11%，Mo 含量约为 1%

3）牌号第二位数字，表示同一熔敷金属主要化学成分组成等级中的不同牌号，对于同一组成等级的焊条可有 10 个牌号，即按 0、1、2、3、4、5、6、7、8、9 顺序编排，以区别铬钼之外的其他成分的不同。

4) 牌号第三位数字表示药皮类型和焊接电源种类。

示例：

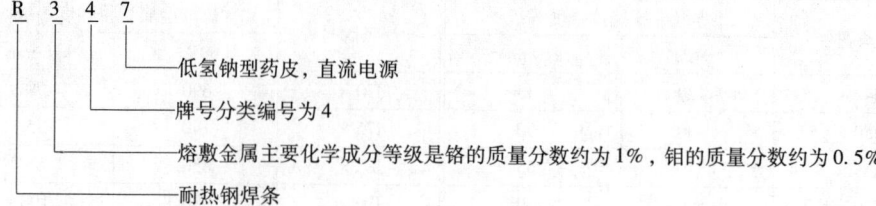

3. 低温钢焊条牌号编制方法

1) 牌号前加"W"表示低温钢焊条。

2) 牌号前两位数字，表示低温钢焊条工作温度等级，如表 21-24 所示。

表 21-24　低温钢焊条工作温度等级

焊条牌号	工作温度等级/℃
W60 ×	-60
W70 ×	-70
W80 ×	-80
W90 ×	-90
W10 ×	-100
W19 ×	-196
W25 ×	-253

3) 牌号第三位数字表示药皮类型和焊接电源种类。

示例：

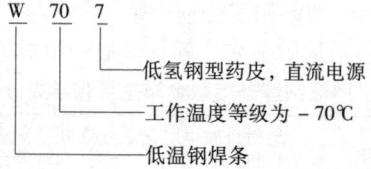

4. 不锈钢焊条牌号编制方法

1) 牌号前加"G"或"A"，分别表示铬不锈钢焊条或奥氏体铬镍不锈钢焊条。

2) 牌号第一位数字，表示熔敷金属主要化学成分组成等级，如表 21-25 所示。

表 21-25　不锈钢焊条熔敷金属主要化学成分组成等级

焊条牌号	熔敷金属主要化学成分组成等级（质量分数）	焊条牌号	熔敷金属主要化学成分组成等级（质量分数）
G2 × ×	Cr 含量约为 13%	A4 × ×	Cr 含量约为 26%，Ni 含量约为 21%
G3 × ×	Cr 含量约为 17%	A5 × ×	Cr 含量约为 16%，Ni 含量约为 25%
A0 × ×	C 含量≤0.04%（超低碳）	A6 × ×	Cr 含量约为 16%，Ni 含量约为 35%
A1 × ×	Cr 含量约为 19%，Ni 含量约为 10%	A7 × ×	铬锰氮不锈钢
A2 × ×	Cr 含量约为 18%，Ni 含量约为 12%	A8 × ×	Cr 含量约为 18%，Ni 含量约为 18%
A3 × ×	Cr 含量约为 23%，Ni 含量约为 13%	A9 × ×	待发展

3) 牌号第二位数字,表示同一熔敷金属主要化学成分组成等级中的不同牌号,对于同一组成等级的焊条可有10个牌号,即按0、1、2、3、4、5、6、7、8、9顺序编排,以区别镍、铬之外的其他成分的不同。

4) 牌号第三位数字表示药皮类型和焊接电源种类。

示例:

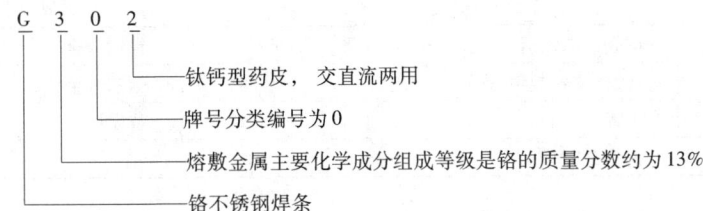

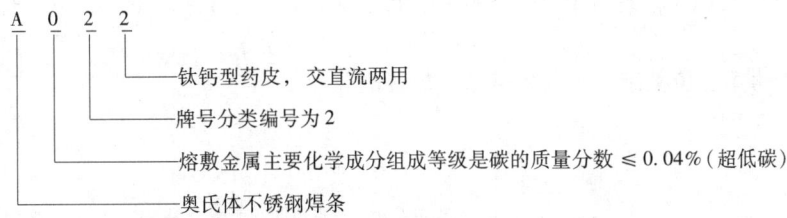

5. 堆焊焊条牌号编制方法

1) 牌号前加"D"表示低温钢焊条。

2) 牌号的前两位数字表示堆焊焊条的用途或熔敷金属的主要成分类型等,如表21-26所示。

表21-26 堆焊焊条牌号的前两位数字含义

焊条牌号	主要用途或 主要成分类型	焊条牌号	主要用途或 主要成分类型
D00×~09×	不规定	D60×~69×	合金铸铁堆焊焊条
D10×~24×	不同硬度的常温堆焊焊条	D70×~79×	碳化钨堆焊焊条
D25×~29×	常温高锰钢堆焊焊条	D80×~89×	钴基合金堆焊焊条
D30×~49×	刀具工具用堆焊焊条	D90×~99×	待发展的堆焊焊条
D50×~59×	阀门堆焊焊条		

3) 牌号第三位数字表示药皮类型和焊接电源种类。

示例:

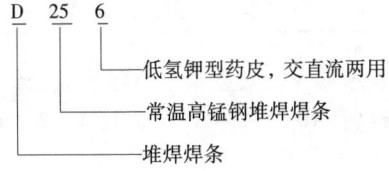

6. 铸铁焊条牌号编制方法

1) 牌号前加"Z"表示低温钢焊条。
2) 牌号第一位数字，表示熔敷金属主要化学成分组成等级，如表21-27所示。

表21-27 铸铁焊条牌号第一位数字的含义

焊条牌号	熔敷金属主要化学成分组成类型	焊条牌号	熔敷金属主要化学成分组成类型
Z1××	碳钢或高钒钢	Z5××	镍铜合金
Z2××	铸铁（包括球墨铸铁）	Z6××	铜铁合金
Z3××	纯镍	Z7××	待发展
Z4××	镍铁合金		

3) 牌号第二位数字，表示同一熔敷金属主要化学成分组成等级中的不同牌号，对于同一组成等级的焊条可有10个牌号，即按0、1、2、3、4、5、6、7、8、9顺序排列。

4) 牌号第三位数字表示药皮类型和焊接电源种类。

示例：

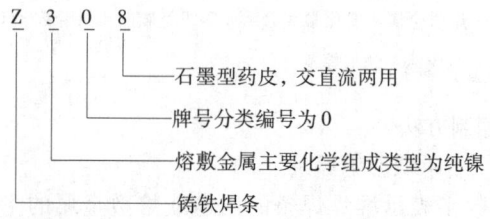

7. 有色金属焊条牌号编制方法

1) 牌号前加"Ni""T""L"，分别表示镍及镍合金焊条、铜及铜合金焊条、铝及铝合金焊条。
2) 牌号第一位数字，表示熔敷金属主要化学成分组成类型，如表21-28所示。

表21-28 有色金属焊条牌号第一位数字的含义

焊条牌号		熔敷金属化学成分组成类型	焊条牌号		熔敷金属化学成分组成类型	焊条牌号		熔敷金属化学成分组成类型
镍及镍合金焊条	Ni1××	纯镍	铜及铜合金焊条	T1××	纯铜	铝及铝合金焊条	L1××	纯铝
	Ni2××	镍铜合金		T2××	青铜合金		L2××	铝硅合金
	Ni3××	因康镍合金		T3××	白铜合金		L3××	铝锰合金
	Ni4××	待发展		T4××	待发展		L4××	待发展

3) 牌号第二位数字，表示同一熔敷金属主要化学成分组成等级中的不同牌号，对于同一成分组成类型的焊条可有10个牌号，即按0、1、2、3、4、5、6、7、8、9顺序排列。

4) 牌号第三位数字表示药皮类型和焊接电源种类。

示例：

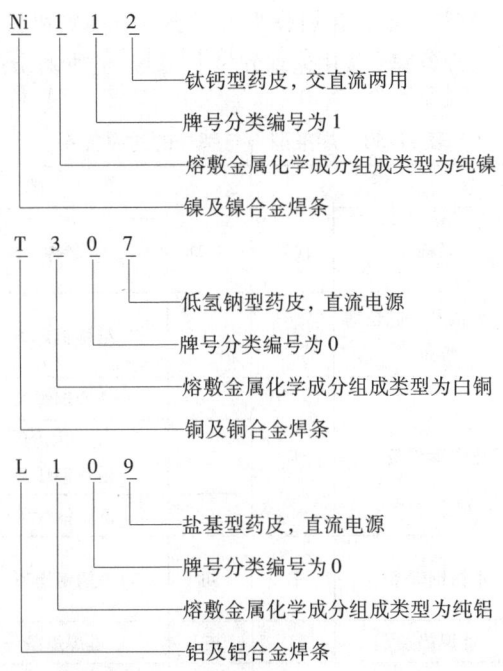

8. 特殊用途焊条牌号编制方法

1）牌号前面加"TS"表示特殊用途焊条。

2）牌号第一位数字，表示焊条的用途，第一位数字的含义如表21-29所示。

表21-29 特殊用途焊条牌号第一位数字的含义

焊条牌号	熔敷金属主要成分及焊条用途	焊条牌号	熔敷金属主要成分及焊条用途
TS2××	水下焊接用	TS5××	电渣焊用管状焊条
TS3××	水下切割用	TS6××	铁锰铝焊条
TS4××	铸铁件焊补前开坡口用	TS7××	高硫堆焊焊条

3）牌号第二位数字，表示同一熔敷金属主要化学成分组成等级中的不同牌号，对于同一成分组成类型的焊条可有10个牌号，即按0、1、2、3、4、5、6、7、8、9顺序排列。

4）牌号第三位数字表示药皮类型和焊接电源种类。

示例：

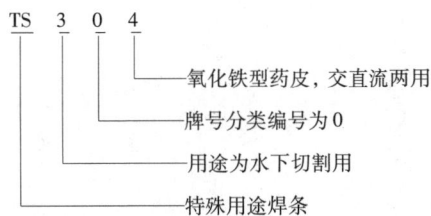

21.11.3 焊条的型号与牌号对照

国家标准将焊条用型号表示，并划分为若干类。原国家机械工业委员会则在《焊接材料产品样本》中，将焊条牌号按用途划分为十大类。这两种分类对照关系如表21-30所示。

表21-30 焊条型号与牌号的对照关系

型号			牌号			
国家标准	名称	代号	类型	名称	代号字母	代号汉字
GB/T 5117—2012	非合金钢及细晶粒钢焊条	E	一	结构钢焊条	J	结
GB/T 5118—2012	热强钢焊条	E	一	结构钢焊条	J	结
			二	钼和铬钼耐热钢焊条	R	热
			三	低温钢焊条	W	温
GB/T 983—2012	不锈钢焊条	E	四	不锈钢焊条	G	铬
					A	奥
GB/T 984—2001	堆焊焊条	ED	五	堆焊焊条	D	堆
GB/T 10044—2006	铸铁焊条及焊丝	EZ	六	铸铁焊条	Z	铸
GB/T 13814—2008	镍及镍合金焊条	E	七	镍及镍合金焊条	Ni	镍
GB/T 3670—1995	铜及铜合金焊条	E	八	铜及铜合金焊条	T	铜
GB/T 3669—2001	铝及铝合金焊条	T	九	铝及铝合金焊条	L	铝
—	—	—	十	特殊用途焊条	TS	特

附　　录

附录 A　变形铝及铝合金的状态代号（GB/T 16475—2008）

根据 GB/T 16475—2008 的规定，铝及铝合金加工产品状态的基础状态代号有 F、O、H、W、T 五类，O、H、W 和 T 状态还有其细分状态代号。

1. 基础状态代号

F 表示自由加工状态。适用于在成形过程中，对于加工硬化和热处理条件下无特殊要求的产品，该状态产品对力学性能不做规定。

O 表示退火状态。适用于经完全退火后获得最低强度的产品状态。

H 表示加工硬化状态。适用于通过加工硬化提高强度的产品。

W 表示固溶处理状态。适用于经固溶处理后，在室温下自然时效的一种不稳定状态。该状态不作为产品交货状态，仅表示产品处于自然时效阶段。

T 表示不同于 F、O 或 H 状态的热处理状态。适用于固溶处理后，经过（或不经过）加工硬化达到稳定的状态。

2. O 状态的细分状态代号

O1 表示高温退火后慢速冷却状态。适用于超声波检验或尺寸稳定化前，将产品或试样加热至近似固溶处理规定的温度并进行保温（保温时间与固溶处理规定的保温时间相近），然后出炉置于空气中冷却的状态。该状态产品对力学性能不做规定，一般不作为产品的最终交货状态。

O2 表示形变热处理状态。适用于产品进行形变热处理前，将产品进行高温（可至固溶处理规定的温度）退火，以获得良好成形性的状态。

O3 表示均匀化状态。适用于连续铸造的拉线坯或铸带，为消除或减少偏析和利于后续加工变形，而进行的高温退火状态。

3. H 状态的细分状态代号

1）H 后面的第一位数字表示获得该状态的基本工艺，用数字 1～4 表示。

H1X 表示单纯加工硬化的状态。适用于未经附加热处理，只经加工硬化即可获得所需要强度的状态。

H2X 表示加工硬化后不完全退火的状态。适用于加工硬化程度超过成品规定要求后，经不完全退火，使强度降低到规定指标的产品。对于室温下自然时效软化的合金，H2X 状态与对应的 H3X 状态具有相同的最小极限抗拉强度值；对于其他合金，H2X 状态与对应的 H1X 状态具有相同的最小极限抗拉强度值，但伸长率比 H1X 稍高。

H3X 表示加工硬化后稳定化处理的状态。适用于加工硬化后经低温热处理或由于加工过程中的受热作用致使其力学性能达到稳定的产品。H3X 状态仅适用于在室温下时效（除非经稳定化处理）的合金。

H4X 表示加工硬化后涂漆（层）处理的状态。适用于加工硬化后，经涂漆（层）处理导致了不完全退火的产品。

2）H 后面第二位数字表示产品的最终加工硬化状态，用数字 1~9 来表示。

数字 8 表示硬状态。通常采用 O 状态的最小抗拉强度与表 A-1 规定的强度差值之和，来确定 HX8 状态的最小抗拉强度。HX8 状态与 O 状态之间的状态见表 A-2。

表 A-1　HX8 状态与 O 状态的最小抗拉强度差值（GB/T 16475—2008）

O 状态的最小抗拉强度/MPa	HX8 状态与 O 状态的最小抗拉强度差值/MPa	O 状态的最小抗拉强度/MPa	HX8 状态与 O 状态的最小抗拉强度差值/MPa
≤40	55	165~200	100
45~60	65	205~240	105
65~80	75	245~280	110
85~100	85	285~320	115
105~120	90	≥325	120
125~160	95		

表 A-2　HX8 状态与 O 状态之间的状态（GB/T 16475—2008）

细分状态代号	最终加工硬化程度
HX1	最终抗拉强度极限值，为 O 状态与 HX2 状态的中间值
HX2	最终抗拉强度极限值，为 O 状态与 HX4 状态的中间值
HX3	最终抗拉强度极限值，为 HX2 状态与 HX4 状态的中间值
HX4	最终抗拉强度极限值，为 O 状态与 HX8 状态的中间值
HX5	最终抗拉强度极限值，为 HX4 状态与 HX6 状态的中间值
HX6	最终抗拉强度极限值，为 HX4 状态与 HX8 状态的中间值
HX7	最终抗拉强度极限值，为 HX6 状态与 HX8 状态的中间值

数字 9 为超硬状态，用 HX9 表示。HX9 状态的最小抗拉强度极限值，超过 HX8 状态至少 10MPa。

3）H 后面第三位数字或字母，表示影响产品特征，但产品特性仍接近其两位数字状态（H112、H116、H321 状态除外）的特殊处理。

HX11 表示适用于最终退火后又进行了适量的加工硬化，但加工硬化程度又不及 H11 状态的产品。

HX12 表示适用于经热加工成形但不经冷加工而获得一些加工硬化的产品，该状态产品对力学性能有要求。

H116 表示适用于镁的质量分数不小于 3.0% 的 5XXX 系合金制成的产品。这些产品最终经加工硬化后，具有稳定的拉伸性能和在快速腐蚀试验中具有合适的耐蚀性。腐蚀试验包括晶间腐蚀试验和剥落腐蚀试验。这种状态的产品适用于温度不大于 65℃ 的环境。

HXX4 表示适用于 HXX 状态坯料制作花纹板或花纹带材的状态。这些花纹板或花纹带材的力学性能可能与带坯不同。

H32A 表示是对 H32 状态进行强度和弯曲性能改良的工艺改进状态。

4. T 状态的细分状态代号

1）T 后面的附加数字 1~10 表示基本处理状态，见表 A-3。

表 A-3 TX 细分状态代号说明与代号释义（GB/T 16475—2008）

状态代号	代号释义
T1	高温成形 + 自然时效 适用于高温成形后冷却、自然时效，不再进行冷加工（或影响力学性能极限的矫平、矫直）的产品
T2	高温成形 + 冷加工 + 自然时效 适用于高温成形后冷却，进行冷加工（或影响力学性能极限的矫平、矫直）以提高强度，然后自然时效的产品
T3	固溶处理 + 冷加工 + 自然时效 适用于固溶处理后，进行冷加工（或影响力学性能极限的矫平、矫直）以提高强度，然后自然时效的产品
T4	固溶处理 + 自然时效 适用于固溶处理后，不再进行冷加工（或影响力学性能极限的矫直、矫平），然后自然时效的产品
T5	高温成形 + 人工时效 适用高温成形后冷却、不经冷加工（或影响力学性能极限的矫直、矫平），然后进行人工时效的产品
T6	固溶处理 + 人工时效 适用于固溶处理后，不再进行冷加工（或影响力学性能极限的矫直、矫平），然后人工时效的产品
T7	固溶处理 + 过时效 适用于固溶处理后，进行过时效至稳定化状态。为获取除力学性能外的其他某些重要特性，在人工时效时，强度在时效曲线上越过了最高峰点的产品
T8	固溶处理 + 冷加工 + 人工时效 适用于固溶处理后，经冷加工（或影响力学性能极限的矫直、矫平）以提高强度，然后人工时效的产品
T9	固溶处理 + 人工时效 + 冷加工 适用于固溶处理后，人工时效，然后进行冷加工（或影响力学性能极限的矫直、矫平）以提高强度的产品
T10	高温成形 + 冷加工 + 人工时效 适用于高温成形后冷却，经冷加工（或影响力学性能极限的矫直、矫平）以提高强度，然后进行人工时效的产品

2）T1～T10 后面的附加数字表示影响产品特性的特殊处理。

T_51、T_510 和 T_511 表示拉伸消除应力状态，见表 A-4。T1、T4、T5、T6 状态的材料不进行冷加工或影响力学性能极限的矫直、矫平，因此拉伸消除应力状态中应无 T151、T1510、T1511、T451、T4510、T4511、T551、T5510、T5511、T651、T6510、T6511 状态。

表 A-4　TXX 及 TXXX 细分状态代号说明与代号释义（GB/T 16475—2008）

状态代号	代 号 释 义
T_51	适用于固溶处理或高温成形后冷却，按规定量进行拉伸的厚板、薄板、轧制棒、冷精整棒、自然锻件、环形锻件或轧制环，这些产品拉伸后不再进行矫直，其规定的永久拉伸变形量如下： 1）厚板：1.5%～3% 2）薄板：0.5%～3% 3）轧制棒或冷精整棒：1%～3% 4）自由锻件、环形锻件或轧制：1%～5%
T_510	适用于固溶处理或高温成形后冷却，按规定量进行拉伸的挤压棒材、型材和管材，以及拉伸（或拉拔）管材，这些产品拉伸后不再进行矫直，其规定的永久拉伸变形量如下： 1）挤制棒材、型材和管材：1%～3% 2）拉伸（或拉拔）管材：0.5%～3%
T_511	适用于固溶处理或高温成形后冷却，按规定量进行拉伸的挤压棒材、型材和管材，以及拉伸（或拉拔）管材，这些产品拉伸后可轻微矫直以符合标准公差，其规定的永久拉伸变形量如下： 1）挤制棒材、型材和管材：1%～3% 2）拉伸（或拉拔）管材：0.5%～3%

T_52 表示压缩消除应力状态。适用于固溶处理或高温成形后冷却，通过压缩来消除应力，以产生 1%～5% 的永久变形量的产品。

T_54 表示拉伸与压缩相结合消除应力状态。适用于在终锻模内通过冷整形来消除应力的模锻件。

T7X 表示过时效状态，见表 A-5。T7X 状态过时效阶段材料的性能曲线如图 A-1 所示。

表 A-5　T7X 细分状态代号说明与代号释义（GB/T 16475—2008）

状态代号	代 号 释 义
T79	初级过时效状态
T76	中级过时效状态。具有较高强度、好的抗应力腐蚀和剥落腐蚀性能
T74	中级过时效状态。其强度、抗应力腐蚀和抗剥落腐蚀性能介于 T73 与 T76 之间
T73	完全过时效状态。具有最好的抗应力腐蚀和抗剥落腐蚀性能

性能	T79	T76	T74	T73
抗拉强度				
抗应力腐蚀				
抗剥落腐蚀				

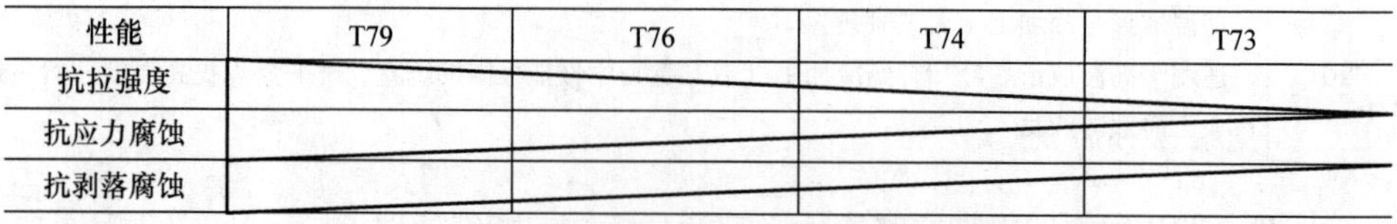

图 A-1　T7X 状态过时效阶段材料的性能曲线

T81 表示适用于固溶处理后，经 1% 左右的冷加工变形提高强度，然后进行人工时效的产品。

T87 表示适用于固溶处理后，经 7% 左右的冷加工变形提高强度，然后进行人工时效的产品。

5. W 状态的细分状态代号

1) W 的细分状态 W_h 表示室温下具体自然时效时间的不稳定状态，如 W2h 表示产品淬火后，在室温下自然时效 2h。

2) W 的细分状态 W_h/_51、W_h/_52、W_h/_54 表示室温下具体自然时效时间的不稳定消除应力状态，如 W2h/351 表示产品淬火后，在室温下自然时效 2h 便开始拉伸的消除应力状态。

附录 B 铜及铜合金的状态代号（GB/T 29094—2012）

1. 基本原则

1) 铜及铜合金状态表示方法分三级表示。

2) 一级状态用一个大写的英文字母表示，代表产品的基本生产方式。

3) 在一级状态后加一位阿拉伯数字或一个大写英文字母表示二级状态，代表产品功能或具体生产工艺。

4) 在二级状态后加 1~3 位阿拉伯数字表示三级状态，代表产品的最终成形方式。

2. 一级状态表示方法（表 B-1）

表 B-1 一级状态表示方法（GB/T 29094—2012）

状态	制造状态	冷加工状态	退火状态	热处理状态	焊接管状态
代号	M	H	O	T	W

3. 二、三级状态表示方法

（1）制造状态（M） 制造状态（M）的二、三级状态表示方法见表 B-2。

表 B-2 制造状态（M）的二、三级状态表示方法（GB/T 29094—2012）

二级状态代号	状态名称	三级状态代号	状态名称
M0	铸造态	M01	砂型铸造
		M02	离心铸造
		M03	石膏型铸造
		M04	压力铸造
		M05	金属型铸造（永久型铸造）
		M06	熔模铸造
		M07	连续铸造
		M08	低压铸造
M1	热锻	M10	热锻-空冷
		M11	热锻-淬火
M2	热轧	M20	热轧
		M25	热轧+再轧
M3	热挤压	M30	热挤压
M4	热穿孔	M40	热穿孔
		M45	热穿孔+再轧

注：1. 以制造状态供货的主要是铸件和热加工产品，一般不需要进一步的热处理。

2. M 后的第一个数字是随材料变形程度的加大而递增的。

（2）冷加工状态（H） 包括一般冷加工和冷加工后进行热处理两种情况。

1）一般冷加工状态又分为以冷变形量为基础的冷加工状态和以强度水平为基础的冷加工状态两种。以冷变形量为基础的冷加工（冷轧和冷拉）二、三级状态表示方法见表 B-3。以强度水平为基础的冷加工二、三级状态表示方法见表 B-4。

表 B-3　以冷变形量为基础的冷加工二、三级状态表示方法（GB/T 29094—2012）

二级状态代号	状态名称	三级状态代号	状态名称
H0	硬、弹	H00	1/8 硬
		H01	1/4 硬
		H02	1/2 硬
		H03	3/4 硬
		H04	硬
		H06	特硬
		H08	弹性
H1	高弹	H10	高弹性
		H12	特殊弹性
		H13	更高弹性
		H14	超高弹性

注：该类状态适用于板、带、棒、线材等产品类型。

表 B-4　以强度水平为基础的冷加工二、三级状态表示方法（GB/T 29094—2012）

二级状态代号	状态名称	三级状态代号	状态名称
H5	拉拔	H50	热挤压 + 拉拔
		H52	热穿孔 + 拉拔
		H55	轻拉，轻冷加工
		H58	常规拉拔
H6	冷成形	H60	冷锻
		H63	铆接
		H64	旋压
		H66	冲压
H7	冷弯	H70	冷弯
H8	硬态拉拔	H80	拉拔（硬）
		H85	拉拔电线（1/2 硬）
		H86	拉拔电线（硬）
H9	异型冷加工	H90	翅片成形

注：1. 以上状态供货的产品，一般不需要进一步的热处理。
　　2. H 后的第一个数字是随材料变形程度的加大而递增的。

2）冷加工后进行热处理的二、三级状态表示方法见表 B-5。

表 B-5　冷加工后进行热处理的二、三级状态表示方法（GB/T 29094—2012）

二级状态代号	状态名称	三级状态代号	状态名称
HR	冷加工 + 消除应力	HR01	1/4 硬 + 应力消除
		HR02	半硬 + 应力消除
		HR04	硬 + 应力消除
		HR06	特硬 + 应力消除

二级状态代号	状态名称	三级状态代号	状态名称
HR	冷加工+消除应力	HR08	弹性+应力消除
		HR10	高弹性+应力消除
		HR12	特殊弹性+应力消除
		HR50	拉拔+应力消除
		HR90	翅片成形+应力消除
HT	冷加工+有序强化	HT04	硬+有序强化
		HT08	弹性+有序强化
HE	冷加工+端部退火	HE80	硬态拉拔+端部退火

(3) 退火状态（O） 退火状态（O）包括为满足公称平均晶粒尺寸的退火状态和为满足力学性能的退火状态两种。为满足公称平均晶粒尺寸的退火二、三级状态表示方法见表 B-6。为满足力学性能的退火二、三级状态表示方法见表 B-7。

表 B-6　为满足公称平均晶粒尺寸的退火二、三级状态表示方法（GB/T 29094—2012）

二级状态代号	状态名称	三级状态代号	公称平均晶粒尺寸/mm
OS	有晶粒尺寸要求的退火	OS005	0.005
		OS010	0.010
		OS015	0.015
		OS025	0.025
		OS030	0.030
		OS035	0.035
		OS045	0.045
		OS050	0.050
		OS060	0.060
		OS065	0.065
		OS070	0.070
		OS100	0.100
		OS120	0.120
		OS150	0.150
		OS200	0.200

表 B-7　为满足力学性能的退火二、三级状态表示方法（GB/T 29094—2012）

二级状态代号	状态名称	三级状态代号	状态名称
O1	铸造态+热处理	O10	铸造+退火（均匀化）
		O11	铸造+沉淀热处理
O2	热锻轧+热处理	O20	热锻+退火
		O25	热轧+退火
O3	热挤压+热处理	O30	热挤压+退火
		O31	热挤压+沉淀热处理
O4	热穿孔+热处理	O40	热穿孔+退火
O5	调质退火	O50	轻退火
O6	退火	O60	软化退火
		O61	退火
		O65	拉伸退火
		O68	深拉退火
O7	完全软化退火	O70	完全软化退火
O8	退火到特定性能	O80	退火到1/8硬
		O81	退火到1/4硬
		O82	退火到1/2硬

(4) 热处理状态（T） 热处理状态（T）的二、三级状态表示方法见表 B-8。

表 B-8 热处理状态（T）的二、三级状态表示方法（GB/T 29094—2012）

二级状态代号	状态名称	三级状态代号	状态名称
TQ	淬火硬化	TQ00	淬火硬化
		TQ30	淬火硬化+退火
		TQ50	淬火硬化+调质退火
		TQ55	淬火硬化+调质退火+冷拉+应力消除
		TQ75	中间淬火
TB	固溶处理	TB00	固溶处理
TF	固溶处理+沉淀热处理	TF00	固溶处理+沉淀热处理
		TF01	沉淀热处理板—低硬化
		TF02	沉淀热处理板—高硬化
TX	固溶处理+亚稳分解热处理	TX00	亚稳分解硬化
TD	固溶处理+冷加工	TD00	固溶处理+冷加工（1/8 硬）
		TD01	固溶处理+冷加工（1/4 硬）
		TD02	固溶处理+冷加工（1/2 硬）
		TD03	固溶处理+冷加工（3/4 硬）
		TD04	固溶处理+冷加工（硬）
		TD08	固溶处理+冷加工（弹性）
TH	固溶处理+冷加工+沉淀热处理	TH01	固溶处理+冷加工（1/4 硬）+沉淀热处理
		TH02	固溶处理+冷加工（1/2 硬）+沉淀热处理
		TH03	固溶处理+冷加工（3/4 硬）+沉淀热处理
		TH04	固溶处理+冷加工（硬）+沉淀热处理
		TH08	固溶处理+冷加工（弹性）+沉淀热处理
TS	冷加工+亚稳分解热处理	TS00	冷加工（1/8 硬）+亚稳分解硬化
		TS01	冷加工（1/4 硬）+亚稳分解硬化
		TS02	冷加工（1/2 硬）+亚稳分解硬化
		TS03	冷加工（3/4 硬）+亚稳分解硬化
		TS04	冷加工（硬）+亚稳分解硬化
		TS06	冷加工（特硬）+亚稳分解硬化
		TS08	冷加工（弹性）+亚稳分解硬化
		TS10	冷加工（高弹性）+亚稳分解硬化
		TS12	冷加工（特殊弹性）+亚稳分解硬化
		TS13	冷加工（更高弹性）+亚稳分解硬化
		TS14	冷加工（超高弹性）+亚稳分解硬化
TL	沉淀热处理或亚稳分解热处理+冷加工	TL00	沉淀热处理或亚稳分解热处理+冷加工（1/8 硬）
		TL01	沉淀热处理或亚稳分解热处理+冷加工（1/4 硬）
		TL02	沉淀热处理或亚稳分解热处理+冷加工（1/2 硬）
		TL04	沉淀热处理或亚稳分解热处理+冷加工（硬）
		TL08	沉淀热处理或亚稳分解热处理+冷加工（弹性）
		TL10	沉淀热处理或亚稳分解热处理+冷加工（高弹性）
TR	沉淀热处理或亚稳分解处理+冷加工+应力消除	TR01	沉淀热处理或亚稳分解热处理+冷加工（1/4 硬）+应力消除
		TR02	沉淀热处理或亚稳分解热处理+冷加工（1/2 硬）+应力消除
		TR04	沉淀热处理或亚稳分解热处理+冷加工（硬）+应力消除
TM	加工余热淬火硬化	TM00	加工余热淬火+冷加工（1/8 硬）
		TM01	加工余热淬火+冷加工（1/4 硬）
		TM02	加工余热淬火+冷加工（1/2 硬）
		TM03	加工余热淬火+冷加工（3/4 硬）
		TM04	加工余热淬火+冷加工（硬）
		TM06	加工余热淬火+冷加工（特硬）
		TM08	加工余热淬火+冷加工（弹性）

(5) 焊接管状态 (W) 焊接管状态 (W) 的二、三级状态表示方法见表 B-9。其中焊接后进行精制加工（再次退火、再次冷加工）处理后，焊接区已变成加工结构，并可采用一般的状态代号。此类状态表示方法根据精整后的具体情况分别以 O、OS、H 为代号。

表 B-9 焊接管状态 (W) 的二、三级状态表示方法 (GB/T 29094—2012)

二级状态代号	状态名称	三级状态代号	状态名称
WM	焊接状态	WM50	由退火带材焊接
		WM00	由 1/8 硬带材焊接
		WM01	由 1/4 硬带材焊接
		WM02	由 1/2 硬带材焊接
		WM03	由 3/4 硬带材焊接
		WM04	由硬带材焊接
		WM06	由特硬带材焊接
		WM08	由弹性带材焊接
		WM10	由高弹性带材焊接
		WM15	由退火带材焊接 + 消除应力
		WM20	由 1/8 硬带焊接 + 消除应力
		WM21	由 1/4 硬带焊接 + 消除应力
		WM22	由 1/2 硬带焊接 + 消除应力
		WM24	由 3/4 硬带焊接 + 消除应力
WO	焊接后退火状态	WO50	焊接 + 轻退火
		WO60	焊接 + 软退火
		WO61	焊接 + 退火
WC	焊接后轻冷加工	WC55	焊接 + 轻冷加工
WH	焊接后冷拉状态	WH00	焊接 + 拉拔 (1/8 硬)
		WH01	焊接 + 拉拔 (1/4 硬)
		WH02	焊接 + 拉拔 (1/2 硬)
		WH03	焊接 + 拉拔 (3/4 硬)
		WH04	焊接 + 拉拔 (硬)
		WH06	焊接 + 拉拔 (特硬)
		WH55	焊接 + 冷轧或轻拉
		WH58	焊接 + 冷轧或常规拉拔
		WH80	焊接 + 冷轧或硬拉
WR	焊接管 + 冷拉 + 应力消除	WR00	由 1/8 硬带焊接 + 拉拔 + 应力消除
		WR01	由 1/4 硬带焊接 + 拉拔 + 应力消除
		WR02	由 1/2 硬带焊接 + 拉拔 + 应力消除
		WR03	由 3/4 硬带焊接 + 拉拔 + 应力消除
		WR04	由硬带焊接 + 拉拔 + 应力消除
		WR06	由特硬带焊接 + 拉拔 + 应力消除

4. 新旧状态代号对照

铜及铜合金的新状态符号推广应用还需要一个过程，目前许多铜及铜合金相关标准中仍采用的是旧状态符号。本书尊重原标准资料，对这些状态代号未做改动。表 B-10 列出了铜及铜合金的新旧状态代号对照，供读者参考。

表 B-10　铜及铜合金新旧状态代号对照（GB/T 29094—2012）

旧代号	旧状态名称	新代号	新状态名称
R	热加工	M1~M4	热加工
M	退火（焖火）	O60	软化退火
M_2	轻软	O50	轻软退火
C	淬火	TQ00	淬火硬化
CY	淬火后冷轧（冷作硬化）	TQ55	淬火硬化与调质退火、冷拉与应力消除
CZ	淬火（自然时效）	TF00	沉淀热处理
CS	淬火（人工时效）		
CYS	淬火后冷轧、人工时效	TH04	固溶处理 + 冷加工（硬）+ 沉淀热处理
CY_2S	淬火后冷轧（1/2 硬）、人工时效	TH02	固溶处理 + 冷加工（1/2 硬）+ 沉淀硬化
CY_4S	淬火后冷轧（1/4 硬）、人工时效	TH01	固溶处理 + 冷加工（1/4 硬）+ 沉淀硬化
CSY	淬火、人工时效、冷作硬化	TL00~TL10	沉淀热处理或亚稳分解热处理 + 冷加工
CZY	淬火、自然时效、冷作硬化		
Y	硬	H04、H80	硬、拉拔（硬）
Y_1	3/4 硬	H03	3/4 硬
Y_2	1/2 硬	H02、H55	1/2 硬
Y_4	1/4 硬	H01	1/4 硬
T	特硬	H06	特硬
TY	弹硬	H08	弹性

参 考 文 献

[1] 陈永,潘继民. 新编五金手册 [M]. 北京:机械工业出版社,2010.
[2] 刘光启,李成栋,赵梅. 五金手册 [M]. 北京:化学工业出版社,2017.
[3] 祝燮权. 实用五金手册 [M]. 8版. 上海:上海科学技术出版社,2015.
[4] 张能武. 五金工具手册 [M]. 北京:中国电力出版社,2019.
[5] 刘胜新. 五金大手册 [M]. 北京:机械工业出版社,2012.
[6] 李维荣. 五金手册 [M]. 北京:机械工业出版社,2019.
[7] 李书常. 电器五金速查手册 [M]. 北京:化学工业出版社,2019.
[8] 高晓芳,刘光启. 五金实用技术1000问 [M]. 北京:机械工业出版社,2017.
[9] 刘太杰. 实用五金手册 [M]. 3版. 北京:机械工业出版社,2017.
[10] 陈永. 金属材料常识普及读本 [M]. 2版. 北京:机械工业出版社,2016.
[11] 孙玉福. 新编有色金属材料手册 [M]. 2版. 北京:机械工业出版社,2016.
[12] 刘胜新. 新编钢铁材料手册 [M]. 2版. 北京:机械工业出版社,2016.
[13] 潘继民. 五金件手册 [M]. 北京:机械工业出版社,2011.
[14] 刘胜新. 五金工具手册 [M]. 2版. 北京:机械工业出版社,2015.